2024 K리그 연감 1983-2023

K LEAGUE
Annual Report
2024

(사)한국프로축구연맹

차 례 •

연감을 보기 전에 알아두어야 할 축구 기록 용어

축구장 규격 규정

형태	직사각형
길이	최소 90m(100야드) ~ 최대 120m(130야드)
너비	최소 45m(50야드) ~ 최대 90m(100야드)
길이(국제경기 기준)	최소 100m(110야드) ~ 최대 110m(120야드)
너비(국제경기 기준)	최소 64m(70야드) ~ 최대 75m(80야드)
골대 높이	2.44m(8피트)

축구장 약어 표시

E.L	엔드라인(End Line)
C.KL	코너킥 왼쪽 지점
PAL EL	페널티 에어리어 왼쪽 엔드라인 부근
GAL EL	골 에어리어 왼쪽 엔드라인 부근
GAL 내 EL	골 에어리어 왼쪽 안 엔드라인 부근
GAR 내 EL	골 에어리어 오른쪽 안 엔드라인 부근
GAR EL	골 에어리어 오른쪽 엔드라인 부근
PAR EL	페널티 에어리어 오른쪽 엔드라인 부근
C.KR	코너킥 오른쪽 지점
PAL CK	페널티 에어리어 왼쪽 코너킥 지점 부근
PAR CK	페널티 에어리어 오른쪽 코너킥 지점 부근
GAL 내	골 에어리어 왼쪽 안
GA 정면 내	골 에어리어 정면 안
GAR 내	골 에어리어 오른쪽 안
PAL	페널티 에어리어 왼쪽
GA 정면	골 에어리어 정면
GAR	골 에어리어 오른쪽
PAR TR	페널티 에어리어 오른쪽 터치라인 부근
TL	터치라인(Touch Line)
PAL 내	페널티 에어리어 왼쪽 안
PA 정면 내	페널티 에어리어 정면 안
PAR 내	페널티 에어리어 오른쪽 안
PAL	페널티 에어리어 왼쪽
PA 정면	페널티 에어리어 정면
PAR	페널티 에어리어 오른쪽
AKL	아크서클 왼쪽
AK 정면	아크서클 정면
AKR	아크서클 오른쪽
MFL TL	미드필드 왼쪽 터치라인 부근
MFR TL	미드필드 오른쪽 터치라인 부근
MFL	미드필드 왼쪽
MF 정면	미드필드 정면
MFR	미드필드 오른쪽
HLL	하프라인(Half Live) 왼쪽
HL 정면	하프라인 정면
HLR	하프라인 오른쪽
자기 측 MFL	자기 측 미드필드 왼쪽
자기 측 MF 정면	자기 측 미드필드 정면
자기 측 MFR	자기 측 미드필드 오른쪽

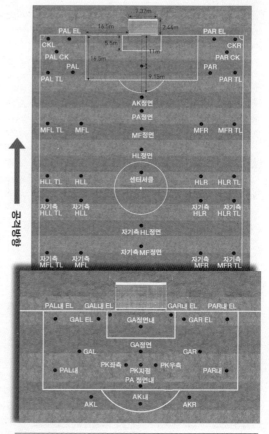

경기 기록 용어

1. 패스 종류

⌒	머리 높이 이상의 패스
→	무릎에서 가슴 높이 정도의 패스
~	땅볼 패스

2. 기타 약어

B	공이 골대의 가로축(Cross Bar)에 맞을 때
H	헤딩 패스나 슈팅 / Half time
L	좌측(Left)
P	공이 골대의 세로축(Post)에 맞을 때
R	우측(Right)
AK	아크서클(Arc Circle)
CK	코너킥(Corner Kicks)
FO	모든 종류의 파울
GA	골 에어리어(Goal Area)
GK	골키퍼 / 골킥(Goal Kick)
MF	미드필더 / 미드필드(Midfield)
OS	오프사이드(Offside)
PA	페널티 에어리어(Penalty Area)
PK	페널티킥(Penalty Kick)
PSO	승부차기(Penalty Shoot-Out)
GL	득점(Goal)
AS	도움(Assist)
ST	슈팅(Shoot)
FK	프리킥(Free Kick)

2 0 2 3 K 리 그 를 빛 낸 최 고 의 별

K 리 그 1 　　　　　　　　　　　　　　　　**K 리 그 2**

감독상
홍명보 울산 HD FC

감독상
김포FC **고정운**

MVP
김영권 울산 HD FC

MVP
전남 드래곤즈 **발디비아**

영플레이어상
정호연 광주FC

영플레이어상
부천FC 1995 **안재준**

1월
- 2022 K리그 테크니컬 리포트 발간
- GROUND.N 스토브리그 in 남해 개최
- IFFHS 선정 세계프로축구리그순위 12년 연속 아시아 1위 선정
- K리그 - 현대오일뱅크 '드림어시스트' 3기, 태국에서 전지훈련

2월
- K리그 개막 미디어데이 개최
- K리그 40주년 기념 브랜딩 발표
- K리그 - FBA, 상호 협력을 위한 파트너십 체결
- K리그 - 링티, 공식 후원 협약 체결
- K리그 아카데미 신인선수 과정 진행
- K리그 명예의 전당 선수 부문 60인 후보 발표
- K리그 신규 앤썸 'Dynamic Pitch' 공개

3월
- 2022 K리그 사회공헌백서 발간
- K리그 - 하나금융그룹 '모두의 드리블' 캠페인 홍보영상, '소비자가 선택한 좋은 광고상' 수상
- K리그 명예의 전당 초대 헌액자 발표

4월
- 사회공헌재단 'K리그어시스트' 창립총회 개최
- K리그 레전드 이천수, 'K리그 어시스트' 기부
- 연맹, 서울시립발달장애인복지관과 손잡고 통합축구팀 'FC 보라매' 창단

5월
- K리그 명예의 전당 헌액식 개최
- '모두의 축구장, 모두의 K리그' 시즌3 축구클리닉
- 2023 K리그 마스코트 반장선거 울산 '미타' 당선
- K리그 판타지 베타서비스 시작
- 한국프로축구연맹-천안시, 축구역사박물관 건립을 위한 업무협약 체결

6월
- K리그 - HD현대오일뱅크 '드림어시스트' 4기 발대식

7월
- 2024년도 FA 자격 취득 예정 선수 공시
- 한국프로축구연맹 - 한국핸드볼연맹, '맥스포츠 미디어' 설립
- 2023 GROUND.N K리그 유스 챔피언십 개막
- 쿠팡플레이시리즈 팀K리그 명단 발표
- 쿠팡플레이시리즈 1차전 팀K리그 대 AT마드리드 진행
- 추가 등록 기간 마감, 선수 84명 등록
- K리그, EA SPORTS와 파트너십 리뉴얼 체결

8월
- K리그 명예의전당 특집 '레전드K', 스카이스포츠에서 방영
- K리그, 글로벌 스포츠 카드 브랜드 '파니니'와 업무 협약
- K리그 - 캠코, 팀 K리그 유니폼 및 애장품 기부 경매
- K리그 명예의 전당 온라인 헌액 공간 오픈
- K리그 역사 토크 프로그램 'K!STORY', 스카이스포츠에서 방영

9월
- K리그 파니니 트레이딩 카드, 9월부터 편의점에서 판매 시작
- K리그 - 스포츠레이더, 해외중계권 파트너십 연장계약 체결
- K리그 - 캠코, K리그 연고지역 수해 복구 지원 성금 약 2,300만 원 기탁
- K리그, 생명나눔 주간 맞아 '생명나눔 그린라이트 캠페인' 동참
- 연맹, AFC 세미나에서 'K리그 재정건전화 제도' 소개
- K리그 파니니 트레이딩 카드 '프리즘 컬렉션' 출시

10월
- 발달장애인과 함께하는 '하나울림축구장 페스티벌' 개최
- '2023 K리그 퀸컵(K-WIN CUP) 개최
- K리그 유소년 시스템 선진화를 위한 '아카데미 디렉터 세미나' 개최
- 'K리그1 파이널라운드 미디어데이' 개최
- 한국프로축구연맹 - 한국핸드볼연맹, 필콘미디어와 스포츠 채널 MAXPORTS 론칭
- K리그 - 코리아세븐, 공동 마케팅을 위한 업무협약 체결

11월
- K리그 25개 전 구단, '2024 K리그1 라이선스' 취득
- 사단법인 한국축구국가대표, 'K리그어시스트'에 유소년 축구 발전기금 1,000만 원 전달
- K리그어시스트 - 하나금융그룹, 쓰레기 분리배출 캠페인 성료
- K리그, 국내 스포츠 단체 최초 '온실가스 배출량 측정 보고서' 발간
- K리그 - HD현대오일뱅크 '드림어시스트' 4기, 말레이시아 축구 캠프 성료
- K리그 - EA, 'EA SPORTS FC 퓨처스' 런칭
- K리그 - 라리가 상호 발전을 위한 업무협약, 2026년까지 연장

12월
- 2023 K리그 대상 시상식 개최
- K리그 40주년 기념 전시회 'K리그 더 유니버스' 개최
- 2023 K리그 의무세미나 개최

Section 1

구단별 2023 기록포인트

울산 HD FC

창단년도_ 1983년

전화_ 052-209-7000   **숙소전화_** 052-209-7114

팩스_ 052-202-6145

홈페이지_ www.uhfc.tv

인스타그램_ ulsanhyundaifootballclub

페이스북_ www.facebook.com/ulsanfc

유튜브_ www.youtube.com/ulsanhyundai

주소_ 우 44018 울산광역시 동구 봉수로 507(서부동) 현대스포츠클럽
Hyundai Sports Club, 507, Bongsuro(Seobu-dong), Dong-gu, Ulsan, KOREA 44018

연혁

1983	12월 6일 현대 호랑이 축구단 창단(인천/경기 연고)
1984	84 축구대제전 수퍼리그 종합 3위
1985	85 축구대제전 수퍼리그 종합 4위
1986	86 프로축구선수권대회 우승 86 축구대제전 종합 3위
1987	강원도로 연고지 이전 87 한국프로축구대회 4위
1988	88 한국프로축구대회 2위
1989	89 한국프로축구대회 6위
1990	울산광역시로 연고지 이전 90 한국프로축구대회 5위
1991	91 한국프로축구대회 2위
1992	92 한국프로축구대회 3위 92 아디다스컵 5위
1993	93 한국프로축구대회 3위 93 아디다스컵 2위
1994	94 하이트배 코리안리그 4위 94 아디다스컵 5위
1995	95 하이트배 코리안리그 3위(전기 2위, 후기 3위)
	95 아디다스컵 우승
1996	96 라피도컵 프로축구대회 통합우승(전기 우승, 후기 9위)
	96 아디다스컵 4위, 아시안컵 위너스컵 3위
1997	97 라피도컵 프로축구대회 전기리그 우승
	97 아디다스컵 3위, 97 프로스펙스컵 A조 4위
1998	모기업 현대자동차에서 현대중공업으로 이전
	98 아디다스코리아컵 우승 98 필립모리스코리아컵 8위
	98 현대컵 K-리그 준우승 제3회 삼보체인지업 FA컵 준우승
1999	99 바이코리아컵 K-리그 6위 99 대한화재컵 3위
	99 아디다스컵 8강 제4회 삼보컴퓨터 FA컵 3위
2000	2000 삼성 디지털 K-리그 10위
	2000 대한화재컵 B조 3위 2000 아디다스컵 8강 6위
2001	2001 포스코 K-리그 6위 아디다스컵 2001 B조 4위
2002	2002 삼성 파브 K-리그 준우승 아디다스컵 2002 준우승
2003	삼성 하우젠 K-리그 2003 준우승 제8회 하나은행 FA컵 3위
2004	삼성 하우젠 K-리그 2004 통합순위 1위(전기 3위, 후기 3위)
	삼성 하우젠컵 2004 5위
2005	삼성 하우젠 K-리그 2005 우승(전기 3위, 후기 3위)
	삼성 하우젠컵 2005 준우승
2006	제7회 삼성 하우젠 수퍼컵 2006 우승(3월 4일)
	A3 챔피언스컵 2006 우승 AFC 챔피언스리그 공동 3위
2007	삼성 하우젠컵 2007 우승
	삼성 하우젠 K-리그 2007 정규리그 4위
2008	법인설립 (주)울산 현대 축구단
	'울산 현대 호랑이 축구단'에서 '울산 현대 축구단'으로 구단명칭 변경

	삼성 하우젠컵 2008 B조 3위
	삼성 하우젠 K-리그 2008 플레이오프 최종 3위(정규리그 4위)
2009	'(주)울산 현대 축구단'에서 '(주)현대중공업 스포츠'로 법인 변경
	2009 K-리그 8위
2010	쏘나타 K리그 2010 플레이오프 최종 5위(정규리그 4위)
2011	러시앤캐시컵 2011 우승
	현대오일뱅크 K리그 2011 6위
	현대오일뱅크 K리그 2011 챔피언십 준우승
	K리그 통산 최초 400승 달성(7월 16일 강원전)
2012	현대오일뱅크 K리그 2012 5위
	김호곤 감독 통산 100승 달성(8월 8일 성남일화전, 탄천종합운동장)
	AFC 챔피언스리그 2012 우승 / MVP(이근호)
	AFC 올해의 클럽상 / 올해의 감독상(김호곤) / 올해의 선수상(이근호)
	FIFA 클럽 월드컵 6위
2013	현대오일뱅크 K리그 클래식 2013 준우승
2014	현대오일뱅크 K리그 클래식 2014 6위
2015	현대오일뱅크 K리그 클래식 2015 7위
	K리그 유소년 클럽상
2016	현대오일뱅크 K리그 클래식 2016 4위
2017	제22회 KEB하나은행 FA컵 우승
	KEB하나은행 K리그 2017 4위
	K리그 통산 최초 500승 달성 (7월 19일 강원전)
	대한민국 스포츠산업대상 우수프로스포츠단상 (장관상)
2018	제23회 KEB하나은행 FA컵 준우승 / K리그 유소년 클럽상
2019	하나원큐 K리그1 2019 준우승
2020	AFC 챔피언스리그 2020 우승
	하나원큐 K리그1 2020 준우승
	제25회 하나은행 FA컵 준우승
2021	하나원큐 K리그1 2021 준우승
	하나원큐 K리그1 팬 프렌들리상 수상
2022	하나원큐 K리그1 2022 우승
	K리그 통산 최초 600승 달성 (8월 21일 김천전)
2023	하나원큐 K리그1 2023 우승, 창단 첫 2연패
	창단 첫 유료관중 30만 달성
	'울산현대축구단'에서 '울산 HD FC'으로 구단 명칭 변경
	엠블럼 변경
	홍명보 감독 K리그 최단기간 50승 달성

2023년 선수명단

대표이사(단장)_ 김광국   부단장_ 전성우   사무국장_ 이종훈   감독_ 홍명보
코치_ 이경수 · 김상록 · 조광수   골키퍼 코치_ 양지원   피지컬 코치_ 이케다 세이고   스카우터_ 김영기   의무트레이너_ 이인철 · 정성덕 · 박영훈
전력분석관_ 이순석 · 김형철   통역_ 정유찬   선수단 매니저_ 장민기

포지션	선수명		생년월일	출신교	키(cm) / 몸무게(kg)
GK	조 수 혁	趙秀赫	1987.03.18	건국대	188 / 83
	조 현 우	趙賢祐	1991.09.25	선문대	189 / 75
	민 동 환	閔東煥	2001.01.12	현대고	187 / 78
	설 현 빈	偰賢彬	2001.08.07	울산대	190 / 78
DF	정 승 현	鄭昇炫	1994.04.03	연세대	188 / 89
	김 기 희	金基熙	1989.07.13	홍익대	188 / 80
	임 종 은	林宗垠	1990.06.18	현대고	192 / 88
	김 영 권	金英權	1990.02.27	전주대	186 / 83
	김 태 환	金太煥	1989.07.24	울산대	177 / 72
	이 명 재	李明載	1993.11.04	홍익대	182 / 68
	조 현 택	趙現澤	2001.08.02	신갈고	182 / 76
	설 영 우	薛英佑	1998.12.05	울산대	180 / 72
MF	이 청 용	李靑龍	1988.07.02	도봉중	180 / 70
	김 성 준	金聖埈	1988.04.08	홍익대	174 / 68
	이 규 성	李奎成	1994.05.10	홍익대	176 / 67
	바 코	Valeri Qazaishvili	1993.01.29	*조지아	174 / 74
	황 재 환	黃載桓	2001.04.12	현대고	170 / 60
	엄 원 상	嚴元相	1999.01.06	아주대	171 / 67
	강 윤 구	姜潤求	2002.04.08	포천일고	177 / 73
	이 재 욱	李在昱	2001.03.09	용인대	170 / 65
	장 시 영	張時榮	2002.03.31	현대고	174 / 69
	보 야 니 치	Darijan Bojanic	1994.12.28	*스웨덴	186 / 74
	아 타 루	江坂任 / Esaka Ataru	1992.05.31	*일본	175 / 68
	이 동 경	李東炅	1997.09.20	현대고	175 / 72
	루 빅 손	Gustav Erik Ludwigson	1993.10.20	*스웨덴	182 / 75
	김 민 혁	金珉赫	1992.02.16	광운대	172 / 70
FW	주 민 규	周敏圭	1990.04.13	한양대	183 / 79
	김 지 현	金祉絃	1996.07.22	제주제일고	184 / 80
	박 주 영	朴主永	1985.07.10	고려대	182 / 75
	마 틴 아 담	Martin Adam	1994.11.06	*헝가리	190 / 95

2023년 개인기록_ K리그1

위치	배번	선수 / 경기번호	01	11	16	24	29	31	41	44	50	60
		날짜	02.25	03.05	03.12	03.19	04.02	04.08	04.16	04.22	04.25	04.30
		홈/원정	홈	원정	원정	홈	원정	홈	원정	홈	원정	홈
		장소	문수	춘천	서울W	문수	제주W	문수	대전W	문수	인천	문수
		상대	전북	강원	서울	수원FC	제주	수원	대전	포항	인천	광주
		결과	승	승	승	승	승	승	패	무	승	승
		점수	2:1	1:0	2:1	3:0	3:1	2:1	1:2	2:2	1:0	2:1
		승점	3	6	9	12	15	18	18	19	22	25
		슈팅수	10:14	10:9	8:3	16:9	15:15	10:14	16:10	14:13	9:6	12:14
GK	1	조수혁										
	21	조현우	○ 0/0	○ 0/0	○ 0/0	○ 0/0	○ 0/0	○ 0/0	○ 0/0	○ 0/0	○ 0/0	○ 0/0
DF	3	장시영			▽ 0/0	▽ 0/0 C						
	5	임종은							△ 0/0		△ 0/0	
	13	이명재					○ 0/0	▽ 0/0		○ 0/0	○ 0/0	○ 0/0
	15	정승현	○ 0/0	○ 0/0 C	○ 0/0	○ 0/0	○ 1/0	▽ 0/0 C		▽ 0/0		
	19	김영권	○ 0/0	○ 0/0	○ 0/0	○ 0/0	○ 0/0 C	○ 0/0	○ 0/0 C	○ 0/0		○ 0/0 C
	23	김태환	○ 0/0 C	○ 0/0					▽ 0/0			
	26	조현택	△ 0/0	△ 0/0	△ 0/0	△ 0/0	△ 0/0	△ 0/0			△ 0/0	
	44	김기희							○ 0/0 C		○ 0/0	▽ 0/0
	66	설영우	○ 0/0	○ 0/0 C	○ 0/0	○ 1/0	○ 0/0	○ 0/1	○ 0/0	○ 0/0	○ 0/0	○ 0/0
MF	6	박용우	○ 0/0	○ 0/0 C	○ 0/0 C		○ 0/1	○ 0/0	▽ 0/0	▽ 0/0	△ 0/0	△ 0/0
	8	보야니치				▽ 0/0		△ 0/0				▽ 0/0
	10	바코	▽ 0/0	▽ 0/0	▽ 0/0	▽ 0/0	▽ 0/0		△ 0/0	○ 1/0	▽ 0/0	▽ 0/0
	11	엄원상	▽ 1/0	△ 1/0	▽ 0/0	▽ 0/0	▽ 0/1	○ 0/1	▽ 0/0	△ 0/0		▽ 0/0
	14	이동경										
	16	김성준										
	17	루빅손	△ 1/0	△ 0/0	△ 0/0	▽ 1/1	△ 0/0	○ 2/0	○ 1/0	▽ 0/0	▽ 0/0	▽ 0/0
	22	김민혁	△ 0/0	△ 0/0		▽ 0/1			△ 0/1	△ 0/0	△ 0/0	△ 0/1
	24	이규성	▽ 0/0	▽ 0/0 C	▽ 0/0		○ 0/0	▽ 0/0	△ 0/0	▽ 0/0	▽ 0/0 C	○ 0/0
	27	이청용			△ 1/0	△ 0/0	△ 0/0		△ 0/0	△ 0/0		△ 0/1 C
	29	황재환								▽ 0/0		
	30	강윤구	▽ 0/0					▽ 1/0			0/1	▽ 0/0
	31	아타루	△ 0/0	▽ 0/0	▽ 0/0		△ 0/0		▽ 0/0		▽ 0/0	
	36	이재욱										
FW	9	마틴 아담	△ 0/0	▽ 0/0	△ 0/0	△ 0/0		▽ 0/0			○ 1/0 C	
	18	주민규	○ 0/0 C	△ 0/0	▽ 1/0	▽ 1/1	○ 1/0		○ 0/0	○ 1/0 C		○ 1/0 C
	73	윤일록										
	96	김지현										

선수자료: 득점/도움 ○ = 선발출전 △ = 교체 IN ▽ = 교체 OUT ◈ = 교체 IN/OUT C = 경고 S = 퇴장

위치	배번	이름	61	67	76	83	89	91	97	104	112	118
		경기번호	61	67	76	83	89	91	97	104	112	118
		날짜	05.05	05.09	05.14	05.21	05.28	06.03	06.06	06.10	06.24	07.02
		홈/원정	원정	홈	홈	원정	홈	원정	원정	홈	홈	원정
		장소	대구전	문수	문수	수원W	문수	전주W	수원	문수	문수	광주
		상대	대구	강원	서울	수원	대전	전북	수원FC	제주	대구	광주
		결과	승	승	승	승	무	패	승	승	승	승
		점수	3:0	1:0	3:2	3:2	3:3	0:2	3:1	5:1	3:1	1:0
		승점	28	31	34	37	38	38	41	44	47	50
		슈팅수	8:12	11:6	13:17	21:5	16:13	10:10	14:11	13:13	13:7	6:6
GK	1	조수혁										
	21	조현우	○ 0/0	○ 0/0	○ 0/0	○ 0/0	○ 0/0	○ 0/0	○ 0/0	○ 0/0	○ 0/0	○ 0/0
DF	3	장시영										
	5	임종은										
	13	이명재	▽ 0/0	○ 0/0	▽ 0/1	○ 0/0	▽ 0/0 C	○ 0/0	▽ 0/0	▽ 0/0		▽ 0/1
	15	정승현			△ 0/0		△ 0/0	○ 0/0	○ 0/0	○ 0/0		
	19	김영권	○ 0/0	○ 0/0	○ 0/0	○ 1/0	▽ 0/0				○ 0/0	○ 0/0
	23	김태환		○ 0/0							▽ 1/0	○ 0/0
	26	조현택	△ 0/0	△ 0/0		△ 0/0	△ 0/0		△ 0/0	△ 0/0	△ 0/0	
	44	김기희	○ 0/0	○ 0/0	○ 0/0	○ 0/0	○ 0/0	○ 0/0 C	○ 0/0	○ 0/0		
	66	설영우	○ 0/0 C		○ 0/0	○ 0/1	○ 0/0 C		○ 0/0	○ 0/0		△ 0/0
MF	6	박용우	▽ 0/1	○ 0/0	○ 0/0 C	○ 0/0				○ 0/0		△ 1/0
	8	보야니치								▽ 0/1		
	10	바코	○ 1/0	△ 0/0 C	▽ 2/0	△ 0/0	▽ 0/0		△ 1/0	○ 2/1	○ 2/0	△ 0/0
	11	엄원상	▽ 0/0	▽ 0/0	△ 0/0	△ 0/0	▽ 0/0	△ 0/0	▽ 0/0	◆ 1/1		
	14	이동경										
	16	김성준									△ 0/0	
	17	루빅손	△ 0/0 C	▽ 0/0			▽ 1/0	△ 0/1	△ 0/0		△ 0/0 C	△ 0/0
	22	김민혁	△ 0/0	△ 0/0	○ 0/0	△ 0/0			▽ 0/0	▽ 0/0	○ 0/0 C	○ 0/0
	24	이규성	○ 0/0	▽ 0/0	▽ 0/1	▽ 0/0	▽ 0/0		○ 0/0	◆ 0/1		▽ 0/0 C
	27	이청용	△ 0/0	△ 0/0	△ 0/0	▽ 0/0	△ 0/0	○ 0/0	△ 0/0	△ 0/0	△ 0/0	▽ 0/0 C
	29	황재환	▽ 2/0	▽ 0/0		▽ 0/0	▽ 0/0	▽ 0/0				
	30	강윤구			▽ 0/0					▽ 0/0	▽ 0/0	▽ 0/0 C
	31	아타루							△ 0/1	▽ 1/0	▽ 0/1	▽ 0/0
	36	이재욱										
FW	9	마틴아담	▽ 0/2 C	△ 0/0 C	▽ 1/0	△ 1/0 C	△ 0/1	△ 0/0	○ 1/0	△ 0/0	△ 0/0	△ 0/0 C
	18	주민규	△ 0/0	▽ 1/0	△ 0/0	▽ 0/0	○ 2/0	▽ 0/0	△ 1/0	▽ 1/0		○ 0/0
	73	윤일록							▽ 0/0			
	96	김지현										

11

위치	배번	경기번호	123	129	133	139	148	152	159	167	173	178
		날짜	07.08	07.12	07.15	07.21	08.05	08.12	08.19	08.27	09.03	09.16
		홈/원정	원정	홈	원정	홈	원정	원정	홈	원정	홈	홈
		장소	포항	문수	수원W	문수	대구전	강릉	문수	서울W	문수	문수
		상대	포항	인천	수원	제주	대구	강원	전북	서울	광주	대전
		결과	승	패	패	승	무	패	승	무	패	무
		점수	1:0	1:2	1:3	2:1	0:0	0:2	1:0	2:2	0:2	1:1
		승점	53	53	53	56	57	57	60	61	61	62
		슈팅수	2:13	18:10	10:11	7:14	15:9	7:19	13:15	16:16	17:8	10:5
GK	1	조 수 혁										○ 0/0
	21	조 현 우	○ 0/0	○ 0/0	○ 0/0	○ 0/0 C	○ 0/0	○ 0/0	○ 0/0	○ 0/0	○ 0/0	
DF	3	장 시 영										△ 0/0
	5	임 종 은							△ 0/0			
	13	이 명 재		○ 0/1	○ 0/0 C	▽ 0/1	▽ 0/0	○ 0/0	▽ 0/0	○ 0/0		○ 0/0
	15	정 승 현	△ 0/0	○ 0/0	○ 0/0 C		○ 0/0 C		○ 0/0	○ 0/0	○ 0/0	
	19	김 영 권	○ 0/0	○ 0/0		○ 0/0	○ 0/0 C	○ 0/0 C			○ 0/0 C	△ 0/0
	23	김 태 환	○ 0/0			▽ 0/0	○ 0/0 C		▽ 0/0 C		△ 0/0	○ 0/0 C
	26	조 현 택	△ 0/0		△ 0/0							
	44	김 기 희	○ 0/0		△ 0/0	○ 0/0			○ 0/0 C			▽ 0/0
	66	설 영 우	○ 0/1		○ 0/0 C	○ 0/0		○ 0/0 C	△ 0/0		○ 0/1	▽ 0/0
MF	6	박 용 우	▽ 0/0									
	8	보 야 니 치		▽ 0/0							△ 0/0	
	10	바 코	▽ 0/0	▽ 0/0	△ 1/0	△ 0/0			▽ 0/0	▽ 0/0		△ 0/0
	11	엄 원 상				△ 0/0	△ 0/0		◈ 1/0		△ 0/0	
	14	이 동 경		△ 0/0		▽ 1/1	▽ 0/0		▽ 0/0	▽ 0/0		
	16	김 성 준										▽ 0/0
	17	루 빅 손	▽ 0/0			▽ 0/0	○ 0/0 C		○ 0/0	▽ 0/0		△ 0/0
	22	김 민 혁	○ 0/0 C	△ 0/0	○ 0/0	△ 1/0	○ 0/0	○ 0/0	○ 0/0 C			○ 0/0 C
	24	이 규 성	△ 0/0	▽ 0/0	▽ 0/0	○ 0/0	○ 0/0	○ 0/0	△ 0/0	△ 0/0		
	27	이 청 용	△ 0/0	△ 0/0	△ 0/0	△ 0/0	▽ 0/0		△ 0/1 C	◈ 0/0	△ 0/0	△ 0/0
	29	황 재 환				▽ 0/0			▽ 0/0	▽ 0/0		
	30	강 윤 구	▽ 0/0 C	▽ 0/0			▽ 0/0	▽ 0/0 C	▽ 0/0			
	31	아 타 루		▽ 0/0	△ 0/0					△ 0/0		▽ 0/0
	36	이 재 욱										
FW	9	마 틴 아담		○ 1/0	△ 0/0	△ 0/0	▽ 0/0	▽ 0/0	○ 0/0	△ 0/0		
	18	주 민 규	▽ 1/0	△ 0/0	○ 0/0	▽ 0/0	△ 0/0			○ 2/0	△ 0/0	○ 1/0 C
	73	윤 일 록										
	96	김 지 현	△ 0/0					▽ 0/0				▽ 0/0

선수자료 : 득점/도움 ○ = 선발출전 △ = 교체 IN ▽ = 교체 OUT ◈ = 교체 IN/OUT C = 경고 S = 퇴장

위치	배번		183	187	193	200	208	216	217	226
		경기번호	183	187	193	200	208	216	217	226
		날 짜	09.24	09.30	10.08	10.21	10.29	11.12	11.24	12.03
		홈/원정	원정	원정	홈	원정	홈	홈	원정	홈
		장 소	수원	포항	문수	광주	문수	문수	인천	문수
		상 대	수원FC	포항	인천	광주	대구	포항	인천	전북
		결 과	승	무	무	패	승	승	패	승
		점 수	3 : 2	0 : 0	0 : 0	0 : 1	2 : 0	3 : 2	1 : 3	1 : 0
		승 점	65	66	67	67	70	73	73	76
		슈팅수	10 : 5	1 : 12	9 : 6	8 : 11	10 : 6	12 : 13	13 : 14	16 : 12
GK	1	조 수 혁							○ 0/0	
	21	조 현 우	○ 0/0	○ 0/0	○ 0/0	○ 0/0	○ 0/0	○ 0/0		○ 0/0
DF	3	장 시 영	△ 0/0	▽ 0/0 C	▽ 0/0	▽ 0/0	△ 1/0	▽ 0/0		
	5	임 종 은		○ 0/0						
	13	이 명 재	○ 0/1	▽ 0/0	○ 0/0	○ 0/0	○ 0/0		○ 0/0	○ 0/0
	15	정 승 현	○ 0/0			○ 0/0		△ 0/0		○ 0/0
	19	김 영 권		○ 0/0	△ 0/0	○ 0/0	○ 0/0	○ 0/0	○ 0/0 C	○ 0/0
	23	김 태 환	○ 0/0	○ 0/0	○ 0/0	▽ 0/0 C		○ 0/1	○ 0/0	○ 0/0
	26	조 현 택		△ 0/0	△ 0/0			△ 0/0		
	44	김 기 희	○ 0/0	○ 0/0 C	▽ 0/0 C	○ 0/0	○ 0/0	○ 0/0	○ 0/0	
	66	설 영 우				△ 0/0	○ 0/0	○ 1/0	△ 0/0	○ 1/0
MF	6	박 용 우								
	8	보 야 니 치						△ 0/0	▽ 0/0	
	10	바 코	△ 0/0	△ 0/0	△ 0/0	△ 0/0	○ 0/0		▽ 0/0	
	11	엄 원 상				△ 0/0	▽ 0/0	○ 0/1	△ 0/0	▽ 0/0 C
	14	이 동 경	▽ 1/0			○ 0/0 C	△ 0/0			
	16	김 성 준	▽ 0/0		▽ 0/0		▽ 0/0			▽ 0/1
	17	루 빅 손	○ 0/1	○ 0/0	○ 0/0					
	22	김 민 혁	▽ 0/0	▽ 0/0 C		▽ 0/0	△ 1/0	▽ 0/0 C	△ 0/0	△ 0/0 C
	24	이 규 성	△ 0/0 C	▽ 0/0	◆ 0/0		△ 0/0	▽ 0/0	◆ 0/0	
	27	이 청 용		△ 0/0 C	○ 0/0	○ 0/0	▽ 0/0	▽ 0/0 C		○ 0/0
	29	황 재 환	▽ 0/0							
	30	강 윤 구				▽ 0/0	▽ 0/0		▽ 0/0	▽ 0/0
	31	아 타 루	△ 1/0	△ 0/0		▽ 0/0	△ 0/1	△ 1/0	○ 0/0	△ 0/0
	36	이 재 욱							▽ 0/0	△ 0/0
FW	9	마 틴 아 담	▽ 0/1	△ 0/0 C			▽ 0/0 C	△ 0/0	△ 0/0	△ 0/0
	18	주 민 규	△ 1/0	▽ 0/0	▽ 0/0	○ 0/0	△ 0/1	▽ 1/0	○ 1/0	▽ 0/0 C
	73	윤 일 록								
	96	김 지 현			△ 0/0	△ 0/0				

포항 스틸러스

창단년도_ 1973년

전화_ 054-282-2002

팩스_ 054-282-9500

홈페이지_ www.steelers.kr

주소_ 우 37751 경상북도 포항시 북구 중흥로 231 동양빌딩 7층

7F Dongyang Bld,, 231 Jungheung-ro, Buk-gu,

Pohang-si, Gyeongbuk, KOREA 37751

연혁

1973	실업축구단 창단 　　한홍기 1대 감독 취임
1974	제22회 대통령배 전국축구대회 우승
1975	제12회 전국실업축구연맹전 춘계 우승
1977	제14회 전국실업축구연맹전 준우승
	제32회 전국축구선수권대회 준우승
1978	제2회 실업축구회장배 준우승
1979	제3회 실업축구회장배 우승
1981	제18회 전국실업축구연맹전 추계 우승
1982	코리언리그(제19회 전국실업축구연맹전) 우승
1983	수퍼리그 참가
1984	프로축구단 전환
1985	최은택 2대 감독 취임　　팀명 변경(돌핀스 → 아톰즈)
	85 축구대제전 수퍼리그 준우승
	신인선수상 수상자(이흥실) 배출
1986	86 축구대제전 우승
1987	이회택 3대 감독 취임
	87 한국프로축구대회 준우승
1988	88 한국프로축구대회 우승
1990	국내최초 축구전용구장 준공(11월 1일)
1992	국내 최초 프로팀 통산 200승 달성(8월 26일 vs 천안일화)
	92 한국프로축구대회 우승
1993	허정무 4대 감독 취임　　93 아디다스컵 우승
1995	㈜포항프로축구 법인 출범(5월 29일)
	95 하이트배 코리안리그 준우승
1996	박성화 5대 감독 취임
	제1회 FA컵 우승　　96 아디다스컵 준우승
1997	팀명 변경(아톰즈 → 스틸러스)
	96-97 Asian Club Championship 우승
	97 Asian Super Cup 준우승　　97 프로스펙스컵 준우승
1998	97-98 Asian Club Championship 우승(2연패)
	98 Asian Super Cup 준우승
	신인선수상 수상자(이동국) 배출
2001	최순호 6대 감독 취임　　클럽하우스 준공
	제6회 서울은행 FA컵 준우승
2002	제7회 하나-서울은행 FA컵 준우승
2003	사명 변경 ㈜포항프로축구 → ㈜포항스틸러스
	산하 유소년 육성시스템 구축
2004	삼성하우젠 K-리그 2004 준우승
	신인선수상 배출(문민귀)
2005	파리아스 7대 감독 취임
	국내 최초 팀 통산 1,000호골 달성(이정호)
	팀 통산 300승 달성(10월 23일 vs 광주상무)
	A3 Nissan Champions Cup 2005 준우승
2007	삼성하우젠 K-리그 2007 우승
	제12회 하나은행 FA컵 준우승
2008	제13회 하나은행 FA컵 우승
2009	AFC Champions League 2009 우승
	피스컵 코리아 2009 우승
	FIFA Club Worldcup 3위
	AFC 선정 2009 올해의 아시아 최고 클럽
2010	레모스 8대 감독 취임　　홍콩구정컵 국제축구대회 우승
2011	황선홍 9대 감독 취임
2012	팀 통산 400승 달성(3월 25일 vs 상주상무)
	제17회 하나은행 FA컵 우승
	신인선수상 수상자(이명주) 배출
2013	구단 창단 40주년
	K리그 최초 명예의전당 신설, 초대 헌액자 13인 선정(故박태준, 故한홍기, 이회택, 박경훈, 이흥실, 최순호, 공문배, 이영상, 박태하, 황선홍, 홍명보, 라데, 김기동)
	제18회 하나은행 FA컵 우승(2연패)
	현대오일뱅크 K리그 클래식 2013 우승
	영플레이어상 수상자(고무열) 배출(2년 연속)
2014	영플레이어상 수상자(김승대) 배출(3년 연속)
	그린스타디움상 수상
2015	그린스타디움상 수상(2년 연속)
2016	최진철 10대 감독 취임
	최순호 11대 감독 취임　　그린스타디움상 수상(3년 연속)
2017	팀 통산 500승 달성(9월 20일 vs 강원FC)
	도움상 수상자 배출(손준호)　　그린스타디움상 수상(4년 연속)
2018	전 경기 전 시간 출전상 수상자(강현무, 김승대) 배출
2019	김기동 12대 감독 취임
	국내 최초 풋볼퍼포먼스센터 오픈(4월 29일)
2020	포항스틸야드 개장 30주년
	K리그 최초 3위팀 감독상 수상자(김기동) 배출
	도움상(강상우), 영플레이어상(송민규), 전 경기 전 시간 출전상(강현무) 수상자 배출
2021	AFC Champions League 2021 준우승
	공로상 수상자 배출(오범석)
2022	K리그1 베스트11 배출(신진호)
2023	구단 창단 50주년
	구단 명예의전당 신규 4인 헌액(김광석, 신화용, 황지수, 황진성)
	제28회 하나원큐 FA컵 우승
	K리그1 베스트11 배출(제카, 오베르단, 그랜트, 완델손)
	K리그1 도움상(백성동), 전 경기 전 시간 출전상(황인재) 배출

2023년 선수명단

대표이사_ 최인석   단장_ 이종하   감독_ 김기동
수석코치_ 김대건   코치_ 이광재 · 이규용   골키퍼 코치_ 박호진   피지컬 코치_ 혼돈, 손동민   스카우터_ 황재원
의무트레이너_ 이종규 강동훈   물리치료사_ 변종근   전력분석관_ 이창주   선수단 매니저_ 진남호

포지션	선수명		생년월일	출신교	키(cm) / 몸무게(kg)
GK	윤 평 국	尹 平 國	1992.02.08	인천대	189 / 85
	이 승 환	李 承 桓	2003.04.05	포항제철고	187 / 78
	조 성 훈	趙 晟 訓	1998.04.21	숭실대	189 / 85
	황 인 재	黃 仁 具	1994.04.22	광주남부대	187 / 73
DF	그 랜 트	Alexander Ian Grant	1994.01.23	*오스트레일리아	191 / 82
	김 용 환	金 容 奐	1993.05.25	숭실대	175 / 67
	박 건 우	朴 慶 佑	2001.08.09	고려대	171 / 70
	박 승 욱	朴 乘 煜	1997.05.07	동의대	184 / 78
	박 찬 용	朴 璨 溶	1996.01.27	대구대	188 / 80
	신 원 철	辛 元 鐵	2000.04.02	위덕대	175 / 65
	심 상 민	沈 相 旼	1993.05.21	중앙대	172 / 70
	이 규 백	李 圭 白	2004.02.10	포항제철고	186 / 80
	최 현 웅		2003.10.09	한마음고	188 / 80
	하 창 래	河 昌 來	1994.10.16	중앙대	188 / 82
MF	고 영 준	高 映 埈	2001.07.09	포항제철고	169 / 68
	김 규 표	金 規 漂	1999.02.08	성균관대	176 / 72
	김 정 현	金 呈 泫	2004.06.29	천안제일고	180 / 70
	김 종 우	金 鍾 佑	1993.10.01	선문대	181 / 70
	김 준 호	金 俊 鎬	2002.12.11	포항제철고	182 / 70
	송 한 록	宋 韓 錄	2004.01.07	포항제철고	181 / 76
	신 광 훈	申 光 勳	1987.03.18	포항제철공고	178 / 73
	양 태 렬	梁 兌 列	1995.05.25	광운대	179 / 73
	오 베 르 단	Oberdan Alionco de Lima	1995.07.30	*브라질	175 / 69
	윤 민 호	尹 珉 晧	1999.10.17	울산현대고	170 / 64
	조 재 훈	調 在 勳	2003.06.29	덕영고	178 / 65
	한 찬 희	韓 贊 熙	1997.03.17	광양제철고	181 / 78
FW	강 현 제	姜 鉉 齊	2002.08.31	상지대	183 / 75
	김 승 대	金 承 大	1991.04.01	영남대	175 / 64
	김 인 성	金 仁 成	1989.09.09	성균관대	180 / 77
	박 형 우	朴 炯 愚	2004.09.13	천안제일고	173 / 65
	백 성 동	白 星 東	1991.08.13	연세대	171 / 66
	완 델 손	Wanderson Carvalho de Oliveira	1989.03.31	*브라질	172 / 62
	윤 재 운	尹 在 運	2002.04.01	아주대	178 / 73
	이 호 재	李 昊 宰	2000.10.14	고려대	191 / 85
	정 재 희	鄭 在 熙	1994.04.28	상지대	174 / 70
	제 카	Jose Joaquim de Carvalho	1997.03.06	*브라질	192 / 83
	홍 윤 상	洪 胤 相	2002.03.19	포항제철고	176 / 72

2023년 개인기록_ K리그1

위치	배번	선수명	04	08	14	19	25	33	38	44	49	58
		경기번호	04	08	14	19	25	33	38	44	49	58
		날짜	02.26	03.04	03.11	03.18	04.01	04.08	04.15	04.22	04.25	04.30
		홈/원정	홈	원정	원정	홈	원정	홈	홈	원정	홈	홈
		장소	포항	수원	대전W	포항	전주W	포항	포항	문수	포항	포항
		상대	대구	수원FC	대전	강원	전북	광주	서울	울산	수원	인천
		결과	승	승	무	무	승	승	무	무	승	패
		점수	3:2	2:1	0:0	1:1	2:1	2:0	1:1	2:2	1:0	0:2
		승점	3	6	7	8	11	14	15	16	19	19
		슈팅수	9:5	9:5	3:10	12:3	8:8	9:3	8:5	13:14	7:4	2:6
GK	21	황인재	○0/0	○0/0	○0/0	○0/0	○0/0	○0/0	○0/0	○0/0	○0/0	○0/0
DF	2	심상민	○0/0	○0/0	○0/0	▽0/0	○0/0	○0/0	○0/1	○0/1 C	▽0/0	
	3	김용환					△0/0					▽0/0
	5	그랜트				△0/0	○0/0	○0/0	○0/0 C	○0/0 C		
	14	박승욱	○0/0	○0/0	○0/0	○0/0	○0/0	○0/0 C	○0/0	○0/0	○0/0	△0/0
	20	박찬용	○0/0	○0/0	○0/0	○0/0 C	△0/0				△0/0	
	22	박건우		△0/0		▽0/0						
	45	하창래	○0/0	○0/0	○0/0 S			○0/0	○0/0	○0/0	○0/0	○0/0 C
	55	최현웅										
MF	6	김종우	○0/1	▽0/0	▽0/0		▽0/0	▽0/0	○0/0	△0/0		
	8	이승모					▽0/0				▽0/0	▽0/0
	8	오베르단	○0/0	○0/0	○0/0							
	11	고영준	○0/0	▽1/0	○0/0	○0/0	○0/0	△1/0		△2/0	▽0/0	▽0/0
	16	한찬희										
	17	신광훈		△0/0	○0/0	△0/0	○0/0 C	△0/0			▽0/0	△0/0 C
	19	윤민호										
	26	조재훈						▽0/0			▽0/0	△0/0
	66	김준호			△0/0							
FW	7	김인성	△0/0 C	△0/0	△0/0	△0/0 C		▽0/0 C	▽1/0	▽0/0		○0/0 CC
	9	제카	○0/1	▽0/0	▽0/0 C	○0/1	△1/0	○0/1	○0/0	▽0/1	△0/0	▽0/0
	10	백성동	▽0/0	▽0/1		△0/0	△1/1	▽1/0	▽0/0	△0/0	▽0/0	
	12	김승대	△0/1	△0/0	△0/0	▽0/0	△0/0	△0/0	△0/0	▽0/0	○1/0	△0/0
	18	강현제										
	27	정재희	▽1/0	▽1/0	▽0/0	▽0/0	▽0/0 C	◆0/0				
	29	박형우										
	30	윤재운							▽0/0	△0/0	△0/0	
	33	이호재	△2/0	△0/0 C	△0/0	△1/0		△0/0	△0/0	△0/0	▽0/0	△0/0
	37	홍윤상										
	77	완델손				▽0/0						

선수자료: 득점/도움   ○ = 선발출전   △ = 교체 IN   ▽ = 교체 OUT   ◆ = 교체 IN/OUT   C = 경고   S = 퇴장

위치	배번		64	68	73	82	90	94	98	107	113	119
		경기번호	64	68	73	82	90	94	98	107	113	119
		날 짜	05.06	05.09	05.13	05.21	05.29	06.03	06.06	06.11	06.25	07.02
		홈/원정	원정	원정	홈	원정	홈	원정	홈	원정	원정	홈
		장 소	제주W	대구전	포항	춘천	포항	광주	포항	서울W	인천	포항
		상 대	제주	대구	대전	강원	전북	광주	제주	서울	인천	수원FC
		결 과	패	무	승	무	승	패	승	무	승	승
		점 수	1:2	1:1	3:2	0:0	1:0	2:4	2:1	1:1	1:0	3:1
		승 점	19	20	23	24	27	27	30	31	34	37
		슈팅수	13:6	12:7	10:6	11:5	13:8	8:10	11:3	8:9	11:14	16:6
GK	21	황 인 재	○ 0/0	○ 0/0	○ 0/0	○ 0/0	○ 0/0	○ 0/0	○ 0/0	○ 0/0	○ 0/0 C	○ 0/0
DF	2	심 상 민	○ 0/0	○ 0/0	○ 0/0	○ 0/0	○ 0/0	▽ 0/0				
	3	김 용 환	○ 0/0	○ 0/0	▽ 0/0	△ 0/0					△ 0/0	△ 0/0
	5	그 랜 트	○ 0/0	○ 1/0	○ 1/0	○ 0/0	○ 0/0	○ 0/0	○ 0/0 C	○ 0/0	○ 0/0	○ 1/0
	14	박 승 욱					○ 0/0	○ 0/0 C	○ 1/0	○ 0/0	○ 0/0	○ 0/1
	20	박 찬 용		○ 0/0	○ 0/0	○ 0/0			○ 0/0 C	△ 0/0		
	22	박 건 우										
	45	하 창 래	○ 0/0 C			△ 0/0		○ 0/0	○ 0/0		○ 1/0	
	55	최 현 웅										
MF	6	김 종 우										
	8	이 승 모	▽ 0/0 C	▽ 0/0 C	▽ 0/0	△ 0/0	▽ 0/0	▽ 0/0	△ 0/0 C	△ 0/0		
	8	오 베 르 단	○ 0/0	○ 0/0	○ 0/0 C	○ 0/0 C	○ 0/0	○ 0/0	○ 0/0 C	○ 0/0	○ 0/0 C	○ 0/0
	11	고 영 준	▽ 0/0		○ 1/1	▽ 0/0	▽ 1/0	▽ 0/0	▽ 0/0	△ 0/0		
	16	한 찬 희									◈ 0/0	△ 1/0
	17	신 광 훈	△ 0/0 C	△ 0/0	△ 0/0	▽ 0/0 C	△ 0/0	△ 0/0 C				
	19	윤 민 호	△ 0/0									▽ 0/1
	26	조 재 훈	△ 0/0 C	△ 0/0	△ 0/0	△ 0/0		△ 0/0		▽ 0/0	△ 0/0	▽ 0/0
	66	김 준 호				▽ 0/0	△ 0/0		▽ 0/0			
FW	7	김 인 성			▽ 0/0	▽ 0/0	△ 0/0	▽ 0/0	△ 0/0	▽ 0/0	▽ 0/0	▽ 0/0
	9	제 카	△ 0/0 C	▽ 0/0 C	▽ 0/1	○ 0/0	▽ 0/0	▽ 1/0 C	△ 0/0	○ 0/0	▽ 1/0	△ 1/0
	10	백 성 동	▽ 1/0	▽ 0/1	▽ 1/0	○ 0/0	▽ 0/0	○ 0/2 C	○ 0/1	△ 0/1		
	12	김 승 대	○ 0/1	○ 0/0	△ 0/0	△ 0/0 C	▽ 0/0		▽ 0/0 C	▽ 0/0	○ 0/1	△ 0/0
	18	강 현 제										
	27	정 재 희										
	29	박 형 우										
	30	윤 재 운										
	33	이 호 재	▽ 0/0	△ 0/0	△ 0/1	◈ 0/0	△ 0/0	△ 1/0	○ 1/0	△ 0/0	△ 0/0	▽ 0/0
	37	홍 윤 상										
	77	완 델 손		◈ 0/0			△ 0/0	△ 0/0	○ 0/0	○ 0/0	▽ 0/0	○ 0/0

17

위치	배번	선수	123	130	137	140	145	156	162	166	172	177
		경기번호	123	130	137	140	145	156	162	166	172	177
		날 짜	07.08	07.12	07.16	07.21	08.04	08.13	08.20	08.26	09.02	09.16
		홈/원정	홈	원정	홈	홈	원정	홈	홈	원정	원정	홈
		장 소	포항	수원W	포항	포항	서울W	포항	포항	강릉	인천	포항
		상 대	울산	수원	제주	전북	서울	광주	대전	강원	인천	수원FC
		결 과	패	무	승	승	무	무	승	무	승	승
		점 수	0:1	1:1	4:2	2:1	2:2	1:1	4:3	1:1	2:0	2:0
		승 점	37	38	41	44	45	46	49	50	53	56
		슈팅수	13:2	7:9	8:8	11:9	8:11	7:4	12:9	7:8	10:13	12:1
GK	21	황 인 재	○ 0/0	○ 0/0	○ 0/0	○ 0/0	○ 0/0	○ 0/0	○ 0/0	○ 0/0	○ 0/0 C	○ 0/0
DF	2	심 상 민										
	3	김 용 환	◈ 0/0									
	5	그 랜 트	○ 0/0 C	○ 0/0	○ 1/0	○ 0/0	○ 0/0	○ 0/0	○ 0/0 C		○ 0/0	○ 0/0
	14	박 승 욱	○ 0/0 C	○ 0/0	○ 0/0	○ 0/0	○ 0/0	○ 0/0	▽ 0/0 C	○ 0/0		△ 0/0
	20	박 찬 용	△ 0/0	△ 0/0	○ 0/0	○ 0/0 C	△ 0/0		○ 0/0	○ 0/0		
	22	박 건 우										
	45	하 창 래	○ 0/0 C	○ 0/0 S			○ 1/0			○ 0/0 C	○ 0/0	○ 0/0 C
	55	최 현 웅			△ 0/0						△ 0/0	
MF	6	김 종 우					△ 0/0	△ 0/0	▽ 0/0	▽ 0/0	△ 0/0	△ 0/0
	8	이 승 모										
	8	오 베 르 단	○ 0/0	○ 0/0	○ 0/1	○ 0/0	○ 1/0	○ 0/1				
	11	고 영 준	▽ 0/0	▽ 0/0	▽ 1/0	▽ 0/0	▽ 0/0	▽ 1/0		△ 0/0	▽ 0/0	
	16	한 찬 희	△ 0/0	△ 0/0 C	△ 0/0	▽ 1/0	▽ 0/0		△ 0/0	△ 0/0 C		△ 0/0
	17	신 광 훈										▽ 0/0
	19	윤 민 호										▽ 0/0 C
	26	조 재 훈				△ 0/0 C						
	66	김 준 호	▽ 0/0	▽ 0/0	▽ 0/0	△ 0/0	△ 0/0		▽ 0/0	▽ 0/0	▽ 0/0	
FW	7	김 인 성	▽ 0/0	△ 0/0	△ 0/0	△ 0/0	△ 0/1		△ 0/0	△ 0/0	▽ 0/0	△ 0/0
	9	제 카	○ 0/0	△ 1/0	▽ 0/1	▽ 0/0	▽ 0/0		△ 2/0	▽ 0/1	▽ 1/0	▽ 2/0
	10	백 성 동	△ 0/0	▽ 0/0	▽ 0/0	▽ 0/0	▽ 0/0	▽ 0/1				
	12	김 승 대	▽ 0/0	○ 0/0	○ 1/1	○ 0/0	▽ 0/1		○ 1/2	○ 0/0		○ 0/0
	18	강 현 제										
	27	정 재 희										
	29	박 형 우									▽ 0/0	
	30	윤 재 운										
	33	이 호 재	△ 0/0	▽ 0/0	△ 0/0	△ 1/0	△ 0/0	▽ 0/0	△ 0/0	△ 0/0	△ 0/0	△ 0/0
	37	홍 윤 상							△ 1/0	▽ 1/0		▽ 0/0
	77	완 델 손	○ 0/0	○ 0/0 C	○ 1/1	○ 0/0 C	○ 0/0	○ 0/0 C	○ 0/1		○ 1/0	○ 0/1

선수자료: 득점/도움 ○ = 선발출전 △ = 교체 IN ▽ = 교체 OUT ◈ = 교체 IN/OUT C = 경고 S = 퇴장

위치	배번	경기번호	186	187	196	199	205	216	220	227
		날짜	09.24	09.30	10.08	10.20	10.28	11.12	11.25	12.03
		홈/원정	원정	홈	원정	홈	원정	원정	홈	원정
		장소	대구전	포항	수원W	포항	전주W	문수	포항	광주
		상대	대구	울산	수원	인천	전북	울산	대구	광주
		결과	무	무	패	무	무	패	승	무
		점수	0:0	0:0	0:1	1:1	1:1	2:3	1:0	0:0
		승점	57	58	58	59	60	60	63	64
		슈팅수	7:9	12:1	15:10	8:7	11:12	13:12	8:8	3:17
GK	21	황인재	○ 0/0	○ 0/0	○ 0/0	○ 0/0	○ 0/0	○ 0/0	○ 0/0 C	○ 0/0
DF	2	심상민				△ 0/0	○ 0/0	△ 0/0	○ 0/0	○ 0/0
	3	김용환					▽ 0/0			
	5	그랜트	○ 0/0	○ 0/0	△ 0/0		○ 0/0	○ 0/0 C		○ 0/0
	14	박승욱	○ 0/0	△ 0/0	○ 0/0	○ 0/0		○ 0/0	○ 0/0 C	
	20	박찬용	○ 0/0			▽ 0/0	○ 0/0	○ 0/0		△ 0/0
	22	박건우								
	45	하창래		○ 0/0	○ 0/0	○ 0/0		○ 0/0 C	○ 0/0	○ 0/0
	55	최현웅								
MF	6	김종우	△ 0/0	△ 0/0	▽ 0/0	△ 0/0	○ 0/0			
	8	이승모								
	8	오베르단	○ 0/0	○ 0/0	▽ 0/0					
	11	고영준				▽ 0/0	△ 0/0			
	16	한찬희	△ 0/0	▽ 0/0	○ 0/0	○ 0/0	△ 0/0	▽ 0/0	○ 0/0	○ 0/0 C
	17	신광훈			▽ 0/0	▽ 0/0	△ 0/0	▽ 0/0	△ 0/0 C	
	19	윤민호	▽ 0/0				▽ 0/0			▽ 0/0
	26	조재훈						△ 0/0		
	66	김준호	▽ 0/0	△ 0/0	△ 0/0	▽ 0/0	▽ 0/0	△ 0/0	▽ 0/0	▽ 0/0
FW	7	김인성	△ 0/0	▽ 0/0 C	△ 0/0	△ 0/0	▽ 0/0	◆ 0/0	△ 0/0	△ 0/0
	9	제카	△ 0/0	▽ 0/0	△ 0/0	○ 1/0	△ 1/0	▽ 0/0	▽ 0/0	
	10	백성동		▽ 0/0						
	12	김승대	○ 0/0	○ 0/0	○ 0/0		○ 0/0	△ 0/0		△ 0/0
	18	강현제						▽ 1/0	▽ 0/0	
	27	정재희				▽ 0/0				
	29	박형우						△ 0/0		
	30	윤재운						▽ 0/1	▽ 0/0	▽ 0/0
	33	이호재	▽ 0/0	△ 0/0	▽ 0/0	△ 0/0	○ 0/0	△ 1/0	△ 1/0	○ 0/0 S
	37	홍윤상	▽ 0/0	△ 0/0	○ 0/0	△ 0/0	▽ 0/0	○ 0/0	○ 0/0	○ 0/0
	77	완델손	○ 0/0	○ 0/0						

광주 FC

OUR PRIDE
GWANGJU FC
®

창단년도_ 2010년

전화_ 062-373-7733

팩스_ 062-371-7734

홈페이지_ www.gwangjufc.com

주소_ 우 62048 광주광역시 서구 금화로 240(풍암동) 축구전용
구장 2층

2F, Gwangju Football Stadium, 240, Geumhwa-ro,
Seo-gu, Gwangju, KOREA 62048

연혁

2010 광주시민프로축구단 창단 발표
　범시민 창단준비위원회 발족(606명)
　㈜광주시민프로축구단 법인 설립
　시민주 제1, 2차 공모(19,068명 참여)
　구단 엠블럼 CI 공개
2011 현대오일뱅크 K리그 2011 11위
　K리그 통산 시민구단 창단 시즌 최다승 기록_9승
　박기동, 이승기 대한민국 축구 국가대표팀 발탁
2012 현대오일뱅크 K리그 2012 15위
　U-18 14회 백운기 전국고등학교 축구대회 우승
　U-15 금석배 전국학생 축구대회 저학년부 우승
2013 현대오일뱅크 K리그 챌린지 2013 3위
2014 현대오일뱅크 K리그 챌린지 2014 4위
　승강 플레이오프 통합스코어 4 : 2 승리(Vs 경남FC)
　K리그 클래식 승격 확정
　U-18 2014 아디다스 올인 K리그 주니어 우승
2015 현대오일뱅크 K리그 클래식 2015 10위
　승격팀 최초 잔류 · 팀 창단 최다승 달성(10승)
2016 현대오일뱅크 K리그 클래식 2016 8위(역대 최고 순위)
　승격팀 최초 2년 연속 잔류 · 팀 창단 최다승 신기록(11승)
　정조국 2016 K리그 대상 3관왕(MVP, 최다득점상, 베스트11)
　U-18 제18회 백운기 전국고교축구대회 우승
　U-15 2016 예산사과기 전국중등축구대회 우승(저학년부)
　U-12 2016 화랑대기 전국 유소년 축구대회 우승
2017 2017 KEB 하나은행 K리그 클래식 정규리그 12위
　제22회 KEB 하나은행 FA컵 8강 (최고성적)
　U-18 제19회 백운기 전국고교축구대회 우승
2018 2018 KEB 하나은행 K리그2 정규리그 5위 - 준플레이오프
　나상호 K리그2 대상 3관왕 (MVP, 최다득점상, 베스트11 FW부문)
　나상호 대한민국 축구 국가대표팀 발탁
　나상호 아시안게임 금메달
　U-18 제73회 전국고교선수권대회 우승
2019 하나원큐 K리그2 2019 우승, K리그1 승격
　광주 축구전용구장 및 연습구장 개장

　구단 통산 100승 달성 · 창단 첫 6연승 달성
　K리그2 최다무패 신기록(19경기)
　풀 · 플러스스타디움상 수상_13~24R
　펠리페 K리그2 대상 최다득점상 수상(19골)
　U-18 2019 K리그 유스 챔피언십 우승
　U-18 2019 전국고등리그 왕중왕전 우승
　U-18 2019 광주광역시협회장기 우승
　U-12 제48회 전국소년체전 지역예선 우승
　U-12 2019 광주광역시협회장기 우승
　U-12 2019 전국 초등 축구리그 우승_광주 지역
2020 하나원큐 K리그1 2020 6위_역대 최고 성적
　창단 첫 파이널A 진출 및 1부리그 최다 무패(7경기, 2승 5무)
　펠리페 광주FC 소속 통산 최다득점 기록 갱신(66경기 38골)
　엄원상 대한민국 축구 국가대표팀 발탁
　제25회 KEB하나은행 FA컵 16강
　U-18 2020 K리그 주니어 B조(남부권역) 우승
　제41회 대한축구협회장배 3위
2021 하나원큐 K리그1 2021 12위
　광주축구전용구장 첫 승(7라운드 vs인천)
　이한도, 구단 첫 수비수 주간 MVP 수상(11R)
　엄지성 · 엄원상, 이달의 영플레이어상 수상(8, 10월)
　창단 첫 포항스틸러스전 승리(36R)
2022 하나원큐 K리그2 2022 우승(통산 2회), K리그1 승격
　K리그2 역대 최단 기간 우승(4경기)
　K리그2 홈 최다연승(10연승 / 20R vs안양)
　K리그2 최다승 · 최다승점 신기록(25승 · 86점)
　2022 K리그 대상 시상식 9관왕(감독상, MVP, 영플레이어상, 베스트11 6명)
　엄지성 대한민국 축구 국가대표팀 발탁_데뷔전 · 데뷔골
　이정효 감독, 이달의 감독상 2회 수상(4월, 9월)
　허율 구단 통산 500호 골 득점(8R vs경남)
　2022 K리그2 최다 관중 입장(5,861명 / 43R vs경남)
　플러스스타디움상 수상_31R-44R
2023 하나원큐 K리그1 2023 3위

2023년 선수명단

대표이사_ 노동일 단장(경영본부장)_ 임근훈 감독 _ 이정효
수석코치_ 이정규 코치_ 조용태 골키퍼 코치_ 신정환 피지컬 코치_ 김경도
스카우터_ 장기봉 의무트레이너_ 이규성 김민식 전력분석관_ 박원교 선수단 매니저_ 단분도

포지션	선수명		생년월일	출신교	키(cm) / 몸무게(kg)
GK	김 경 민	金耿民	1991.11.01	한양대	190 / 78
	이 준	李準	1997.07.14	연세대	188 / 79
	노 희 동	盧熙東	2002.06.03	홍천안정환FC	192 / 88
	김 태 준	金泰準	2001.07.08	청주대	185 / 80
DF	이 민 기	李旼氣	1993.05.19	전주대	175 / 71
	김 승 우	金承優	1998.03.25	연세대	184 / 70
	티 모	Timo Letschert	1993.05.25	*네덜란드	188 / 76
	안 영 규	安泳奎	1989.12.04	울산대	185 / 79
	이 으 뜸	李으뜸	1989.09.02	용인대	177 / 73
	두 현 석	杜玹碩	1995.12.21	연세대	169 / 65
	김 경 재	金徑栽	1993.07.24	아주대	183 / 73
	이 상 기	李相基	1996.05.07	영남대	179 / 78
	김 동 국	金東局	2003.12.10	원주YMCA고	175 / 63
	아 론	Aaron Robert Calver	1996.01.12	*오스트레일리아	187 / 76
MF	정 호 연	鄭好淵	2000.09.28	단국대	180 / 73
	이 희 균	李熙均	1998.04.29	단국대	168 / 63
	최 준 혁	崔峻赫	1994.09.05	단국대	186 / 82
	이 강 현	李剛玹	1998.07.31	호남대	181 / 77
	여 봉 훈	余奉訓	1994.03.12	안동고	176 / 70
	박 한 빈	朴限彬	1997.09.21	신갈고	183 / 80
	이 순 민	李淳敏	1994.05.22	영남대	179 / 73
	오 후 성	吳厚性	1999.08.25	현풍고	173 / 64
FW	엄 지 성	嚴志成	2002.05.09	금호고	178 / 70
	허 율	許律	2001.04.12	금호고	193 / 87
	김 한 길	金한길	1995.06.21	아주대	178 / 65
	아 사 니	Jasir Asani	1995.05.19	*알바니아	175 / 68
	신 창 무	申昶武	1992.09.17	우석대	170 / 67
	이 건 희	李建喜	1998.02.17	한양대	186 / 78
	하 승 운	河勝云	1998.05.04	연세대	177 / 74
	정 지 훈	鄭支訓	2004.04.09	유성생명과학고	175 / 65
	토 마 스	Thomas Jaguaribe Bedinelli	1993.02.24	*브라질	179 / 72
	주 영 재	主領才	2002.07.12	금호고	173 / 60
	베 카	Beka Mikeltadze	1997.11.26	*조지아	185 / 77

2023년 개인기록_ K리그1

위치	배번	이름	경기번호 03	12	17	20	27	33	42	47	52	60
		날짜	02.25	03.05	03.12	03.18	04.01	04.08	04.16	04.23	04.26	04.30
		홈/원정	원정	홈	원정	홈	홈	원정	원정	홈	홈	원정
		장소	수원W	광주	전주W	광주	광주	포항	대구전	광주	광주	문수
		상대	수원	서울	전북	인천	수원FC	포항	대구	강원	제주	울산
		결과	승	패	패	승	승	패	승	무	패	패
		점수	1:0	0:2	0:2	5:0	2:0	0:2	4:3	0:0	0:1	1:2
		승점	3	3	3	6	9	9	12	13	13	13
		슈팅수	10:10	6:7	8:15	17:9	17:6	3:9	13:11	10:6	16:6	14:12
GK	1	김경민	○0/0	○0/0	○0/0	○0/0 C	○0/0	○0/0	○0/0	○0/0	○0/0	○0/0
	21	이준										
DF	3	이민기	○0/0	○0/0	○0/0	○0/0	○1/0 C	○0/0	▽0/0 C	○0/0		
	4	김승우										
	5	티모	○0/0	○0/0	○0/0 C	○0/0	○0/0	▽0/0	○0/1	○0/0	▽0/0	○0/0 CC
	6	안영규	▽0/0	▽0/0	○0/0	▽0/0	▽0/0	○0/0	○0/0		○0/0 C	○0/0
	8	이으뜸										
	10	김한길					△0/0 C		▽1/0	▽0/0		○0/0 C
	15	김경재				△0/0	△0/0					
	22	이상기		△0/0	○0/0							
	28	아론	△0/0	△0/0				△0/0		○0/0 C	△0/0	
MF	7	엄지성	▽0/0	○0/0 CC		▽1/1					▽0/0	
	14	정호연	○0/1	○0/0	○0/0	○0/1	△0/0	○0/0 C	○0/0	▽0/0	○0/0	▽0/0 C
	24	이강현			△0/0	△0/0				▽0/0	△0/0 C	△1/0
	33	박한빈	△0/0		▽0/0 C		▽1/0	△0/0	△0/0			△0/0
	44	이순민	○0/0	○0/0	△0/0	▽0/0	○0/0	○0/0	△0/0	○0/0	▽0/0	
	75	오후성						△0/0				
FW	9	허율	△0/0		△0/0	△0/0		▽0/0	▽1/0		△0/0	▽0/0
	11	아사니	△1/0 C	▽0/0	▽0/0	▽3/0		○0/0	◆0/0	○0/0		△0/0
	13	두현석	○0/0 C	▽0/0	△0/0	○0/1	○0/0	○0/2	△0/0	△0/0		
	16	이희균	▽0/0	▽0/0	▽0/0 C	○1/0	▽0/0		▽0/0	▽0/0		
	17	신창무							△0/0 C			
	18	이건희							△0/0		△0/0	△0/0
	19	하승운	△0/0	△0/0		△0/0	△0/0	△0/0	△1/0	△0/0		△0/0 C
	23	정지훈			▽0/0		▽0/0			▽0/0		
	30	토마스	▽0/0	△0/0	△0/0	△0/0						
	32	주영재					▽0/0	▽0/0	▽0/0			
	91	산드로	▽0/0	△0/0	△0/0	▽0/0	○0/1	△0/0 C	○1/1	△0/0		▽0/0
	99	베카										

선수자료: 득점/도움　○ = 선발출전　△ = 교체 IN　▽ = 교체 OUT　◆ = 교체 IN/OUT　C = 경고　S = 퇴장

위치	배번	선수	66	69	74	79	88	94	100	105	111	118
		경기번호	66	69	74	79	88	94	100	105	111	118
		날짜	05.06	05.09	05.13	05.20	05.28	06.03	06.07	06.10	06.24	07.02
		홈/원정	홈	원정	홈	원정	원정	홈	홈	원정	홈	홈
		장소	광주	서울W	광주	인천	수원	광주	광주	대전W	광주	광주
		상대	대전	서울	대구	인천	수원FC	포항	수원	대전	전북	울산
		결과	무	패	패	무	승	승	승	무	승	패
		점수	0:0	1:3	0:2	1:1	2:0	4:2	2:1	1:1	2:0	0:1
		승점	14	14	14	15	18	21	24	25	28	28
		슈팅수	10:5	5:13	7:6	11:14	20:8	10:8	9:3	11:13	10:6	6:6
GK	1	김경민	○ 0/0		○ 0/0	○ 0/0	○ 0/0	▽ 0/0				
	21	이 준		○ 0/0				△ 0/0	○ 0/0	○ 0/0 C	○ 0/0	○ 0/0
DF	3	이민기				▽ 0/0	▽ 0/0 C	○ 0/0	▽ 0/0	▽ 0/0	▽ 0/0	▽ 0/0
	4	김승우										
	5	티 모		○ 0/0	○ 0/0			○ 0/0 C	○ 0/0		○ 0/0	○ 0/0
	6	안영규	○ 0/0 C	○ 0/0			▽ 1/0	○ 0/1	○ 1/0			○ 0/0 C
	8	이으뜸										
	10	김한길	○ 0/0	○ 0/0		△ 0/0	△ 0/0 C	△ 0/0	△ 0/0	△ 0/0	△ 0/0	▽ 0/0
	15	김경재										
	22	이상기						△ 0/0	△ 0/0	△ 0/0	△ 0/0	
	28	아 론	○ 0/0			○ 0/0	△ 0/0		○ 0/0			
MF	7	엄지성	△ 0/0	○ 0/0	○ 0/0	△ 0/0	△ 0/0	▽ 1/0	◆ 0/0		△ 0/0	△ 0/0
	14	정호연	▽ 0/0	▽ 0/0 C	○ 0/0	△ 0/0	○ 0/0			○ 1/0	△ 0/1	△ 0/0
	24	이강현	▽ 0/0		△ 0/0	△ 0/0				▽ 0/0	▽ 0/0	
	33	박한빈					△ 0/0	△ 0/0	△ 0/0	△ 0/0		
	44	이순민	△ 0/0	▽ 0/0 C		○ 0/0 C	○ 0/0		△ 0/0	○ 0/0 C	○ 1/0	○ 0/0 C
	75	오후성										
FW	9	허 율	△ 0/0 C	▽ 1/0	△ 0/0 C	▽ 0/0	△ 0/0	△ 0/0 C	▽ 0/0	▽ 0/0 C		
	11	아사니	○ 0/0	○ 0/0	△ 0/0	○ 0/0		▽ 1/0	○ 0/1 C	▽ 0/0 C		△ 0/0
	13	두현석	○ 0/0	○ 0/0	○ 0/0	○ 0/0	○ 0/0 C	○ 1/1	◇ 0/1	▽ 0/0 C	○ 0/1	
	16	이희균	△ 0/0 C	△ 0/0 C	▽ 0/0	▽ 0/0	▽ 0/0	△ 0/0	○ 0/0	△ 0/0	▽ 0/0	○ 0/0 C
	17	신창무									△ 0/0	
	18	이건희	▽ 0/0	△ 0/0	▽ 0/0	△ 0/0					△ 1/0	△ 0/0
	19	하승운	▽ 0/0	▽ 0/0								
	23	정지훈				▽ 0/0	▽ 0/0		▽ 0/0		▽ 0/0	
	30	토마스			△ 0/0		▽ 0/0	▽ 0/0	△ 2/0	▽ 0/0	▽ 0/0	▽ 0/0
	32	주영재	▽ 0/0	▽ 0/0								
	91	산드로	△ 0/0	△ 0/0	▽ 0/0							
	99	베 카										

23

위치	배번	이름	122	128	135	141	146	156	158	168	173	179
		경기번호	122	128	135	141	146	156	158	168	173	179
		날짜	07.07	07.11	07.15	07.22	08.04	08.13	08.18	08.27	09.03	09.17
		홈/원정	원정	원정	홈	원정	홈	원정	원정	홈	원정	원정
		장소	강릉	제주W	광주	수원	광주	포항	인천	광주	문수	서울W
		상대	강원	제주	대구	수원FC	대전	포항	인천	수원	울산	서울
		결과	무	무	무	승	승	무	무	승	승	승
		점수	1:1	0:0	1:1	1:0	3:0	1:1	2:2	4:0	2:0	1:0
		승점	29	30	31	34	37	38	39	42	45	48
		슈팅수	11:10	8:12	7:9	14:14	12:8	4:7	14:6	14:6	8:17	3:18
GK	1	김 경 민		○ 0/0	○ 0/0	○ 0/0	○ 0/0	○ 0/0	○ 0/0	○ 0/0	○ 0/0	○ 0/0
	21	이 준	○ 0/0 C									
DF	3	이 민 기	○ 0/0	○ 0/0 C	▽ 0/0	○ 0/0	○ 0/1	△ 0/0				
	4	김 승 우										
	5	티 모		○ 1/0	▽ 0/0		○ 0/0	○ 0/0	○ 1/0			
	6	안 영 규		○ 0/0		○ 0/0	○ 0/0	○ 0/0	○ 0/0	○ 0/1	○ 0/0	○ 0/0
	8	이 으 뜸										△ 0/0
	10	김 한 길	△ 0/0 C	△ 0/0		△ 0/0	▽ 1/0	△ 0/0	▽ 0/0	△ 0/0	○ 0/0 C	
	15	김 경 재										
	22	이 상 기	△ 0/0		△ 0/0	△ 0/0		△ 0/0	△ 0/0	▽ 0/0		▽ 0/0
	28	아 론	○ 0/0	△ 0/0	○ 0/0			△ 0/0	▽ 0/0		△ 0/0 C	○ 0/0
MF	7	엄 지 성				▽ 0/0	▽ 0/1		○ 0/0 C	▽ 2/0		△ 0/0
	14	정 호 연	○ 0/0	○ 0/0	○ 0/0 C	○ 0/0	○ 1/0	○ 0/0	○ 0/0	○ 0/1	○ 0/0 C	
	24	이 강 현	▽ 0/0	△ 0/0	△ 0/0	△ 0/0	△ 0/0					
	33	박 한 빈										
	44	이 순 민	△ 0/0	○ 0/0 C		○ 0/0	○ 0/0 C	△ 0/1	△ 0/1	○ 0/0	○ 0/0	○ 0/0 C
	75	오 후 성						△ 0/0		△ 0/0	△ 0/0	
FW	9	허 율		▽ 0/0	▽ 0/1	▽ 0/0	▽ 0/1	▽ 0/0	▽ 0/0	○ 0/0 C		▽ 1/0
	11	아 사 니	△ 0/1 C	▽ 0/0	△ 0/0	▽ 0/0	▽ 0/0	▽ 0/0	△ 1/0	▽ 1/1 C		▽ 0/0
	13	두 현 석	▽ 0/0	○ 0/0	▽ 0/0	▽ 1/0	▽ 0/0	▽ 0/0	○ 0/0	△ 0/0	○ 0/0	○ 0/0
	16	이 희 균	○ 0/0	△ 0/0	○ 0/0	▽ 0/0	△ 0/0 C		▽ 0/0 C	▽ 1/0	▽ 0/0	▽ 0/0
	17	신 창 무										
	18	이 건 희	△ 0/0		△ 0/0	△ 0/0	△ 1/0		△ 1/0	△ 0/0	▽ 1/0	△ 0/0
	19	하 승 운									▽ 0/0	▽ 0/1
	23	정 지 훈	▽ 0/0	▽ 0/0						△ 0/0		
	30	토 마 스	▽ 0/0	▽ 0/0	△ 0/0	△ 0/0 C	▽ 0/0	▽ 0/0	△ 0/0	▽ 0/1	△ 0/0	▽ 0/0
	32	주 영 재	▽ 0/0			▽ 1/0						△ 0/0
	91	산 드 로										
	99	베 카		△ 0/0	△ 0/0				▽ 0/0	△ 0/0	▽ 1/0	△ 0/0

선수자료: 득점/도움 ○ = 선발출전 △ = 교체 IN ▽ = 교체 OUT ◈ = 교체 IN/OUT C = 경고 S = 퇴장

경기번호	184	192	197	200	206	212	218	227
날짜	09.24	10.01	10.08	10.21	10.28	11.11	11.25	12.03
홈/원정	홈	원정	홈	홈	홈	원정	원정	홈
장소	광주	제주W	광주	광주	광주	대구전	전주W	광주
상대	전북	제주	강원	울산	인천	대구	전북	포항
결과	패	승	승	승	패	무	패	무
점수	0:1	2:1	1:0	1:0	0:2	1:1	0:2	0:0
승점	48	51	54	57	57	58	58	59
슈팅수	15:5	7:10	6:4	11:8	11:5	9:9	10:11	17:3

위치	배번	선수	184	192	197	200	206	212	218	227
GK	1	김경민	○ 0/0						○ 0/0	○ 0/0
	21	이 준		○ 0/0	○ 0/0	○ 0/0	○ 0/0	○ 0/0		
DF	3	이민기			△ 0/0				△ 0/0	○ 0/0
	4	김승우			△ 0/0	○ 0/0	▽ 0/0		▽ 0/0	
	5	티 모							△ 0/0 C	▽ 0/0 C
	6	안영규	○ 0/0	○ 0/0	▽ 0/0 C		○ 0/0		○ 0/0	○ 0/0
	8	이으뜸	△ 0/0							
	10	김한길	△ 0/0	△ 0/0	▽ 1/0	▽ 0/0				△ 0/0
	15	김경재				△ 0/0				
	22	이상기	▽ 0/0	▽ 0/0	○ 0/0				▽ 0/0	
	28	아 론	○ 0/0	○ 0/0	○ 0/0 C	▽ 0/0				
MF	7	엄지성	○ 0/0	○ 1/1	▽ 0/0	○ 0/0	○ 0/0	▽ 0/0	○ 0/0	○ 0/0
	14	정호연				○ 0/0	○ 0/0	○ 0/0	○ 0/0	○ 0/0
	24	이강현	△ 0/0	▽ 0/0	○ 0/0	▽ 0/0 C	▽ 0/0	▽ 0/1	▽ 0/0	▽ 0/0
	33	박한빈							△ 0/0 C	
	44	이순민	○ 0/0 C			○ 0/0	○ 0/0 C	○ 0/0 C		○ 0/0
	75	오후성							▽ 0/0	
FW	9	허 율	▽ 0/0 C	▽ 0/1	△ 0/0	▽ 0/0	▽ 0/0	▽ 0/0	△ 0/0	▽ 0/0
	11	아사니	▽ 0/0 C	▽ 0/0	△ 0/0		○ 0/0	▽ 0/0		▽ 0/0
	13	두현석	○ 0/0	○ 0/0	○ 0/1					
	16	이희균				△ 0/1	△ 0/0	△ 0/0	△ 0/0	▽ 0/0
	17	신창무	△ 0/0	△ 0/0	△ 0/0	△ 0/0	△ 0/0	△ 0/0 C		
	18	이건희	△ 0/0	△ 0/0	▽ 0/0	△ 1/0	△ 0/0		▽ 0/0	△ 0/0 C
	19	하승운		△ 1/0	△ 0/0	△ 0/0		△ 0/0	△ 0/0	△ 0/0
	23	정지훈								
	30	토마스	▽ 0/0 C	▽ 0/0	▽ 0/0	▽ 0/0 C	▽ 0/0	△ 0/0	○ 0/0 C	
	32	주영재								
	91	산드로								
	99	베 카	▽ 0/0	○ 0/0			△ 0/0	▽ 1/0		

전북 현대 모터스

창단년도_ 1994년
전화_ 063-273-1763~5
팩스_ 063-273-1762
홈페이지_ www.hyundai-motorsfc.com
주소_ 우 54809 전라북도 전주시 기린대로 1055
1055, Girin-daero, Deokjin-gu, Jeonju-si, Jeollabuk-do,
KOREA 54809

연혁

1994 전북 다이노스 축구단 창단

1995 95 아디다스컵 4위　　　　95 하이트배 코리안리그 7위

1996 96 아디다스컵 7위　　　　96 라피도컵 프로축구대회 5위
96 프로축구 페어플레이상 수상

1997 구단명칭(전북 현대 다이노스 축구단) 및 심볼마크 변경
97 아디다스컵 9위　　　　97 라피도컵 프로축구대회 6위
97 프로스펙스컵 9위　　　　97 프로축구 공격상 수상

1998 98 아디다스코리아컵 B조 4위(B조 최다득점)
98 필립모리스코리아컵 7위
98 현대컵 K-리그 6위

1999 구단 CI 변경(엠블럼 제작 및 마스코트 변경)
제47회 대통령배 축구대회 준우승(2군)
현대자동차 직영 체제로 전환
새 경영진 체제 출범: 정몽구 구단주, 이용훈 단장(4대) 취임
99 대한화재컵 B조 3위(최다득점)
99 바이코리아컵 K-리그 7위　　99 아디다스컵 5위
제4회 삼보컴퓨터 FA컵 준우승

2000 구단 명칭(전북 현대 다이노스 → 전북 현대 모터스) 및 엠블럼 변경
2000 대한화재컵 A조 3위　　2000 삼성 디지털 K-리그 4위
제5회 서울은행 FA컵 우승

2001 제3회 2001 포스데이타 수퍼컵 준우승
2001 아디다스컵 B조 2위　　　중국 친선경기
독일 브레멘 친선경기　　　2001 포스코 K-리그 9위
제6회 서울은행 FA컵 3위

2002 제12회 아시안컵 위너스컵 준우승
아디다스컵 2002 A조 4위　　2002 삼성 파브 K-리그 7위
제7회 서울 - 하나은행 FA컵 4위

2003 삼성 하우젠 K-리그 2003 5위　　제8회 하나은행 FA컵 우승

2004 AFC 챔피언스리그 4강(총 10전 6승 1무 3패)
제5회 2004 K-리그 수퍼컵 우승
삼성 하우젠 K-리그 2004 전기 2위　　삼성 하우젠컵 2004 3위
삼성 하우젠 K-리그 후기 12위(정규리그 통합 5위)
제9회 하나은행 FA컵 8강

2005 통영컵 국제프로축구대회(총 3전 1승 2패)
삼성 하우젠 K-리그 2005 전기 11위　　삼성 하우젠컵 2005 12위
중국 노능태산 친선경기(총 1전 1패)
삼성 하우젠 K-리그 후기 12위(정규리그 통합 12위)
제10회 하나은행 FA컵 우승

2006 구단 엠블럼 변경
AFC 챔피언스리그 우승(총 12전 7승 1무 4패)

삼성 하우젠컵 2006 6위

삼성 하우젠 K-리그 2006 전기 7위, 후기 13위(통합 11위)
제11회 하나은행 FA컵 8강
FIFA 클럽월드컵: 클럽 아메리카전(멕시코)

2007 삼성 하우젠컵 2007 6위　　제12회 하나은행 FA컵 16강
AFC 챔피언스리그 8강
삼성 하우젠 K-리그 8강

2008 삼성 하우젠컵 2008 B조 1위
제13회 하나은행 FA컵 8강　　삼성 하우젠 K-리그 2008 4위

2009 피스컵 코리아 2009 B조 3위
2009 K-리그 정규 1위 / K-리그 챔피언십 우승

2010 쏘나타 K-리그 정규 3위, 플레이오프 3위
포스코컵 2010(A조 1위) 준우승
AFC 챔피언스리그 2010(F조 2위) 8강

2011 현대오일뱅크 K-리그 정규 1위 / 챔피언십 우승
AFC 챔피언스리그 2011 준우승

2012 현대오일뱅크 K-리그 2012 준우승
제17회 하나은행 FA컵 8강
AFC 챔피언스리그 2012 H조 3위

2013 구단 CI 변경(엠블럼 및 캐릭터 변경)
현대오일뱅크 K-리그 클래식 2013 3위
제18회 하나은행 FA컵 준우승
AFC 챔피언스리그 2013 16강

2014 현대오일뱅크 K-리그 클래식 2014 우승
제19회 하나은행 FA컵 4강　　AFC 챔피언스리그 2014 16강

2015 현대오일뱅크 K-리그 클래식 2015 우승
제20회 KEB하나은행 FA컵 16강
AFC 챔피언스리그 2015 8강

2016 현대오일뱅크 K-리그 클래식 2016 준우승
제21회 KEB하나은행 FA컵 8강
AFC 챔피언스리그 2016 우승
2016 FIFA 클럽월드컵 5위

2017 KEB하나은행 K-리그 클래식 2017 우승

2018 KEB하나은행 K-리그1 2018 우승

2019 하나원큐 K-리그1 2019 우승

2020 하나원큐 K-리그1 2020 우승　　제25회 하나은행 FA컵 2020 우승

2021 하나원큐 K-리그1 2021 우승

2022 하나원큐 K-리그1 2022 준우승 AFC 챔피언스리그 2022 4강
제27회 하나원큐 FA컵 우승

2023 하나원큐 K-리그1 2023 4위　　제28회 하나원큐 FA컵 준우승

2023년 선수명단

단장_ 이도현   감독_ 단 페트레스쿠
수석코치_ 발레리우 보르데아누   코치_ 박원재   골키퍼 코치_ 최은성   피지컬 코치_ 보그단 알데아
스카우터_ 김민수   의무트레이너_ 지우반 · 김재오 · 김병선 · 이규열   전력분석관_ 이선구 · 김기현   선수단 매니저_ 김광수

포지션	선수명		생년월일	출신교	키(cm) / 몸무게(kg)
GK	김 정 훈	金 禎 勳	2001.04.20	영생고	188 / 80
	정 민 기	鄭 民 基	1996.02.09	중앙대	190 / 78
	박 범 수	朴 範 秀	2001.03.02	동국대	190 / 81
	공 시 현	孔 視 炫	2005.02.23	영생고	192 / 82
DF	김 태 양	金 泰 揚	2001.05.04	인천대	186 / 88
	페 트 라 섹	Tomáš Petrášek	1992.03.02	*체코	200 / 102
	정 태 욱	鄭 泰 昱	1997.05.16	아주대	194 / 92
	윤 영 선	尹 榮 善	1988.10.04	단국대	185 / 78
	구 자 룡	具 滋 龍	1992.04.06	매탄고	182 / 75
	최 철 순	崔 喆 淳	1987.02.08	충북대	175 / 68
	홍 정 호	洪 正 好	1989.08.12	조선대	186 / 77
	홍 장 우	洪 壯 宇	2002.05.05	홍익대	173 / 68
	정 우 재	鄭 宇 宰	1992.06.28	태성고	179 / 70
	유 예 찬	柳 예 찬	2001.05.09	전주대	178 / 72
	이 우 연	李 優 演	2003.01.22	연세대	188 / 83
	노 윤 상	盧 尹 上	2002.03.03	영생고	193 / 83
	박 창 우	朴 昶 佑	2003.03.01	영생고	178 / 69
	유 수 환	劉 水 環	2002.03.06	동국대	173 / 69
	안 현 범	安 鉉 範	1994.12.21	동국대	179 / 74
MF	박 진 섭	朴 鎭 燮	1995.10.23	전주공고	184 / 80
	한 교 원	韓 敎 元	1990.06.15	조선이공대	182 / 73
	백 승 호	白 昇 浩	1997.03.17	대신고	180 / 78
	이 수 빈	李 秀 彬	2000.05.07	포항제철고	180 / 70
	아 마 노 준	天 野 純	1991.07.19	*일본	175 / 67
	문 선 민	文 宣 民	1992.06.09	장훈고	172 / 68
	맹 성 웅	孟 成 雄	1998.02.04	영남대	183 / 70
	류 재 문	柳 在 文	1993.11.08	영남대	184 / 72
	오 재 혁	吳 宰 奕	2002.06.21	포항제철고	174 / 69
	강 영 석	姜 瑩 碩	2002.05.05	용인대	172 / 68
	박 채 준	朴 採 浚	2003.05.26	영생고	175 / 66
	보 아 텡	Nana Boateng	1994.05.10	*가나	180 / 76
	김 래 우	金 來 佑	2004.03.12	영생고	177 / 72
	도 재 경	都 在 慶	2001.01.19	고려대	180 / 72
FW	구 스 타 보	Gustavo Sousa	1994.03.29	*브라질	189 / 83
	박 재 용	朴 才 用	2000.03.13	인천대	193 / 88
	이 동 준	李 東 俊	1997.02.01	숭실대	173 / 65
	송 민 규	松 旻 揆	1999.09.12	충주상고	179 / 72
	하 파 실 바	Rafael da Silva	1992.04.04	*브라질	179 / 73
	이 성 윤	李 聖 允	2000.10.31	영생고	184 / 75
	박 준 범	朴 俊 泛	2001.04.05	영생고	183 / 78
	이 준 호	李 俊 護	2002.09.28	중앙대	188 / 86
	윤 도 원	尹 度 元	2001.06.28	전주대	198 / 97
	이 규 동	李 奎 東	2004.01.24	영생고	179 / 72
	박 규 민	朴 奎 旻	2001.06.08	광주대	180 / 71
	안 드 레 루 이 스	Andre Luis	1997.04.21	*브라질	179 / 70
	김 창 훈	金 昌 勳	2004.10.23	영생고	173 / 71

2023년 개인기록_ K리그1

위치	배번	이름	01	10	17	22	25	34	39	48	53	56
		날짜	02.25	03.05	03.12	03.19	04.01	04.09	04.15	04.23	04.26	04.29
		홈/원정	원정	홈	홈	원정	홈	홈	원정	원정	홈	홈
		장소	문수	전주W	전주W	대구전	전주W	전주W	수원	제주W	전주W	전주W
		상대	울산	수원	광주	대구	포항	인천	수원FC	제주	대전	강원
		결과	패	무	승	패	패	승	패	승	패	패
		점수	1:2	1:1	2:0	0:2	1:2	2:0	0:1	2:0	1:2	0:1
		승점	0	1	4	4	4	7	7	10	10	10
		슈팅수	14:10	8:20	15:8	11:11	8:8	5:4	11:16	9:12	9:10	10:4
GK	1	김 정 훈	○ 0/0				○ 0/0	○ 0/0	○ 0/0	○ 0/0	○ 0/0	○ 0/0
	13	정 민 기		○ 0/0	○ 0/0	○ 0/0						
DF	2	페 트 라 섹										
	3	정 태 욱	△ 0/0	△ 0/0	△ 0/0		○ 0/0 C			○ 0/0	○ 1/0	
	4	박 진 섭	○ 0/0	○ 0/0 C			○ 0/0	○ 0/0 C	○ 0/0	○ 0/0		○ 0/0
	5	윤 영 선										
	15	구 자 룡						○ 0/0				
	23	김 진 수	○ 0/0 C	○ 0/0	▽ 0/0	○ 0/0						
	25	최 철 순								△ 0/0	△ 0/0	
	26	홍 정 호	○ 0/0 C	▽ 0/0		○ 0/0 C		▽ 0/0	○ 0/0	○ 0/0	○ 0/0	○ 0/0 CC
	32	정 우 재			△ 0/0		○ 0/0	▽ 0/0	○ 0/0	○ 0/0		△ 0/0
	33	김 문 환	○ 0/0	○ 0/0	○ 0/0	○ 0/0	○ 0/0	○ 0/0				○ 0/0 S
	70	박 창 우								▽ 0/0	▽ 0/0 C	▽ 0/0
	94	안 현 범										
MF	7	한 교 원	△ 0/0	△ 0/0	△ 0/0				▽ 0/0	▽ 0/0	△ 1/0	
	8	김 건 웅	○ 0/0	△ 0/0 C	△ 0/0 C				○ 0/0 C	○ 0/0	△ 0/0	○ 0/0
	8	백 승 호	○ 0/0	▽ 0/0	○ 0/0 C	○ 0/0			△ 0/0	▽ 0/0	▽ 0/0	
	16	이 수 빈		▽ 0/0						△ 0/0		▽ 0/0 S
	21	아 마 노 준	▽ 0/1	▽ 0/0			○ 0/0	○ 1/0		▽ 0/0	△ 0/1	▽ 0/0
	26	이 민 혁					▽ 0/0	▽ 0/0				
	28	맹 성 웅			○ 0/0 C		▽ 0/0	▽ 0/0		△ 0/0		
	29	류 재 문					○ 1/0	○ 0/1				
	30	오 재 혁										
	55	강 상 윤				▽ 0/0						
	57	보 아 텡										
FW	9	구 스 타 보		△ 0/0	△ 0/0 C	△ 0/0	△ 0/0 C	▽ 0/0			△ 0/0	△ 0/0
	10	조 규 성	○ 0/0	○ 1/0	○ 0/0	○ 0/0						
	10	박 재 용										
	11	이 동 준		▽ 0/0			△ 0/0	△ 0/0	△ 0/0	▽ 0/0		
	17	송 민 규	▽ 1/0	▽ 0/0	▽ 0/0	▽ 0/0	▽ 0/1	▽ 0/0	▽ 0/0	○ 1/0	△ 0/0	▽ 0/0
	19	하 파 실 바			△ 0/0	△ 0/0	▽ 0/0	△ 1/0 C	○ 0/0	○ 0/0 CC		○ 0/0
	27	문 선 민	△ 0/0	△ 0/0	▽ 2/0	△ 0/0				△ 0/0		
	44	이 준 호										
	97	안 드 레 루 이 스	△ 0/0	○ 0/0	▽ 0/0	▽ 0/0 C	△ 0/0				▽ 0/0	△ 0/0

1. 선수자료: 득점/도움   ○ = 선발출전   △ = 교체 IN   ▽ = 교체 OUT   ◈ = 교체 IN/OUT   C = 경고   S = 퇴장

위치	배번	경기번호	62	71	77	84	90	91	99	106	111	115
		날 짜	05.05	05.10	05.14	05.21	05.29	06.03	06.07	06.11	06.24	07.01
		홈/원정	원정	원정	원정	홈	원정	홈	홈	원정	원정	홈
		장 소	서울W	수원W	인천	전주W	포항	전주W	전주W	춘천	광주	전주W
		상 대	서울	수원	인천	수원FC	포항	울산	대구	강원	광주	제주
		결 과	무	승	무	승	패	승	승	승	패	승
		점 수	1:1	3:0	0:0	3:1	0:1	2:0	1:0	2:1	0:2	2:0
		승 점	11	14	15	18	18	21	24	27	27	30
		슈팅수	9:14	18:5	9:9	15:8	8:13	10:10	10:9	15:5	6:10	8:17
GK	1	김정훈	○ 0/0	○ 0/0 C	○ 0/0	○ 0/0	○ 0/0	○ 0/0	○ 0/0	○ 0/0	○ 0/0	○ 0/0 C
	13	정민기										
DF	2	페트라섹										
	3	정태욱	○ 0/0	○ 0/0	○ 0/0	○ 0/0	○ 0/0 C	○ 0/0	○ 0/0	○ 0/0	○ 0/0	○ 0/0 C
	4	박진섭	▽ 0/0	○ 0/0	○ 0/0	○ 1/0	○ 0/0	▽ 0/0	○ 0/0	○ 0/0		
	5	윤영선										
	15	구자룡	○ 0/0 C	○ 0/0	▽ 0/0					○ 0/0 C		
	23	김진수			△ 0/0 C	○ 0/0	○ 0/0 C	○ 0/0	○ 0/0	○ 0/1		
	25	최철순	○ 0/0 C	△ 0/0	▽ 0/0	△ 0/0	○ 0/0				▽ 0/0	
	26	홍정호			△ 0/0							
	32	정우재						○ 0/0	○ 0/0	△ 0/0	▽ 0/0	
	33	김문환				▽ 0/1	▽ 0/0				○ 0/0	
	70	박창우	○ 0/0							△ 0/0	△ 0/0	
	94	안현범										
MF	7	한교원		△ 0/0			▽ 0/0	△ 0/0		▽ 0/0	▽ 0/0	△ 0/0
	8	김건웅		▽ 0/0					△ 0/0 C	△ 0/0		
	8	백승호	○ 0/0	○ 2/0	○ 0/0	○ 1/0						△ 0/0
	16	이수빈	○ 0/0	▽ 0/0	○ 0/0	○ 0/0 C	▽ 0/0					○ 0/0
	21	아마노준	▽ 0/0					△ 0/1	△ 0/0		△ 0/0	△ 0/0
	26	이민혁										
	28	맹성웅		▽ 0/1 C	▽ 0/0				△ 0/0 C	▽ 0/0		
	29	류재문		△ 0/0		△ 0/0	△ 0/0	○ 0/0	○ 0/0	○ 0/1	○ 0/0	▽ 0/0
	30	오재혁	△ 0/0		△ 0/0			▽ 0/0	▽ 0/0			
	55	강상윤										
	57	보아텡										
FW	9	구스타보	▽ 1/0		△ 0/0	△ 0/0	△ 0/0	▽ 0/0	▽ 0/0	△ 0/0	▽ 0/0	△ 0/0
	10	조규성				○ 0/0	○ 0/0	△ 1/0	△ 0/0	▽ 2/0		○ 0/0
	10	박재용										
	11	이동준		△ 0/0	△ 0/0		▽ 0/0			▽ 0/0	▽ 0/0	
	17	송민규				△ 1/0		△ 0/1 C	▽ 1/0			
	19	하파실바	△ 0/0	▽ 0/1	▽ 0/0		▽ 0/0	▽ 0/0		▽ 0/0	▽ 0/0	
	27	문선민	○ 0/0	○ 1/0 C	○ 0/0	△ 0/1	▽ 0/0	△ 1/0	△ 0/0		△ 0/0 C	△ 1/0
	44	이준호										
	97	안드레루이스	△ 0/0 C	▽ 0/0	▽ 0/0					▽ 0/0		

위치	배번	선수	125	131	136	140	149	151	159	164	174	175
		경기번호	125	131	136	140	149	151	159	164	174	175
		날 짜	07.08	07.12	07.16	07.21	08.06	08.12	08.19	08.25	09.03	09.16
		홈/원정	홈	원정	홈	원정	홈	홈	원정	홈	원정	홈
		장 소	전주W	대전W	전주W	포항	전주W	전주W	문수	전주W	제주W	전주W
		상 대	서울	대전	수원FC	포항	인천	수원	울산	대전	제주	강원
		결 과	승	무	승	패	승	무	패	무	무	패
		점 수	2:1	2:2	1:0	1:2	2:0	1:1	0:1	1:1	0:0	1:3
		승 점	33	34	37	37	40	41	41	42	43	43
		슈팅수	12:14	15:10	13:14	9:11	11:12	11:4	15:13	10:7	17:10	12:18
GK	1	김 정 훈	○ 0/0	○ 0/0	○ 0/0	○ 0/0	○ 0/0	○ 0/0	○ 0/0	○ 0/0		
	13	정 민 기									○ 0/0	○ 0/0
DF	2	페트라섹	△ 0/0	△ 0/0	△ 0/0		○ 0/0		○ 0/0 C	○ 0/0		
	3	정 태 욱	○ 0/0 C	○ 0/0	○ 0/0			○ 0/0			○ 0/0	○ 0/0
	4	박 진 섭	○ 0/0	○ 0/1		○ 0/1	△ 0/0	▽ 0/0 C	△ 0/0		▽ 0/0	
	5	윤 영 선										
	15	구 자 룡	▽ 0/0	○ 0/0	○ 0/0						△ 0/0	△ 0/0
	23	김 진 수							○ 0/0	○ 0/0		○ 0/0 C
	25	최 철 순		▽ 0/0	▽ 0/0	▽ 0/0	○ 0/0				△ 0/0	△ 0/0
	26	홍 정 호					○ 0/0	○ 0/0 CC			▽ 0/0	
	32	정 우 재	▽ 0/0		▽ 0/0			▽ 0/1			▽ 0/0	▽ 0/0
	33	김 문 환	○ 0/0									
	70	박 창 우	△ 0/0	△ 0/0	△ 0/0	△ 0/0	△ 0/0	△ 0/0	△ 0/0	△ 0/0		
	94	안 현 범						▽ 0/0	▽ 0/0	▽ 0/0	○ 0/0	△ 0/0
MF	7	한 교 원	○ 0/1 C	▽ 0/0	△ 0/0	▽ 0/0	▽ 1/1	△ 1/0	▽ 0/0	▽ 0/0		▽ 0/0
	8	김 건 웅										
	8	백 승 호	○ 0/0	○ 0/0	○ 0/0 C	○ 0/0 C	△ 0/0			○ 0/1		▽ 0/0
	16	이 수 빈									△ 0/0	
	21	아 마 노 준				△ 0/0		△ 0/0	△ 0/0	△ 0/0		△ 0/0
	26	이 민 혁										
	28	맹 성 웅		▽ 0/0 C								
	29	류 재 문						▽ 0/0				▽ 0/0
	30	오 재 혁										
	55	강 상 윤										
	57	보 아 텡			▽ 0/0	▽ 0/0 C	▽ 0/0	▽ 0/0	▽ 0/0	○ 0/0	▽ 0/0	▽ 0/0
FW	9	구 스 타 보	▽ 0/0	▽ 0/0	○ 1/0	○ 0/0	△ 0/0	△ 0/0		△ 0/0	▽ 0/0	○ 1/0
	10	조 규 성	△ 1/0									
	10	박 재 용					▽ 1/0	△ 1/0	▽ 1/0		△ 0/0	
	11	이 동 준	▽ 0/1	△ 0/0	▽ 0/1	△ 0/0						▽ 0/0
	17	송 민 규	○ 0/0 C	▽ 1/0	▽ 0/0	○ 0/0	△ 0/0		▽ 0/0	○ 1/0	△ 0/0	
	19	하 파 실 바	△ 1/0	△ 1/0 C	▽ 0/0	▽ 0/0	▽ 0/0		▽ 0/0 C	▽ 0/0		
	27	문 선 민	▽ 0/0	△ 0/0	▽ 0/0	△ 1/0	▽ 0/0	△ 0/0	△ 0/0		○ 0/0	△ 0/0
	44	이 준 호										△ 0/0
	97	안드레루이스										

선수자료 : 득점/도움   ○ = 선발출전   △ = 교체 IN   ▽ = 교체 OUT   ◈ = 교체 IN/OUT   C = 경고   S = 퇴장

위치	배번	경기번호	184	189	195	201	205	214	218	226		
		날 짜	09.24	09.30	10.08	10.21	10.28	11.12	11.25	12.03		
		홈/원정	원정	홈	원정	원정	홈	원정	홈	원정		
		장 소	광주	전주W	서울W	대구전	전주W	인천	전주W	문수		
		상 대	광주	대구	서울	대구	포항	인천	광주	울산		
		결 과	승	패	승	승	무	무	승	패		
		점 수	1:0	1:3	2:0	2:1	1:1	1:1	2:0	0:1		
		승 점	46	46	49	52	53	54	57	57		
		슈팅수	5:15	16:14	9:15	16:17	12:11	5:14	11:10	12:16		
GK	1	김 정 훈				○ 0/0	○ 0/0		○ 0/0	○ 0/0		
	13	정 민 기	○ 0/0	○ 0/0	○ 0/0			○ 0/0				
DF	2	페 트 라 섹		○ 0/0								
	3	정 태 욱	○ 0/0		○ 0/0	○ 0/0 C			○ 0/0	○ 0/0		
	4	박 진 섭				○ 0/0	○ 0/0	○ 0/0	○ 0/0	○ 0/0		
	5	윤 영 선			△ 0/0							
	15	구 자 룡	○ 0/0 C	▽ 0/0	○ 0/0	△ 0/0	○ 0/0 C			△ 0/0 C		
	23	김 진 수	○ 0/0 C		○ 0/0	○ 0/0 C	▽ 0/0 C	○ 0/0	○ 0/0 C			
	25	최 철 순		△ 0/0	△ 0/0			○ 0/1	△ 0/0	△ 0/0		
	26	홍 정 호	○ 0/0	▽ 0/0			△ 0/0	○ 0/0	○ 0/0	▽ 0/0		
	32	정 우 재	△ 0/0	○ 0/0	○ 0/0	▽ 0/0 C	○ 0/0			▽		
	33	김 문 환										
	70	박 창 우					△ 0/0					
	94	안 현 범	○ 1/0	▽ 0/0	▽ 0/1	○ 0/0			▽ 1/0	○ 0/0		
MF	7	한 교 원		▽ 0/0	▽ 1/0	▽ 1/0	▽ 0/0	○ 0/0	△ 0/0			
	8	김 건 웅										
	8	백 승 호				○ 0/0		○ 0/0		○ 0/0		
	16	이 수 빈	▽ 0/0 C	△ 0/0	▽ 0/0			▽ 0/0 C	△ 0/0			
	21	아 마 노 준	○ 0/0		△ 0/0		△ 0/0	△ 0/0	▽ 0/0	▽ 0/0 C		
	26	이 민 혁										
	28	맹 성 웅	△ 0/0	▽ 0/0	△ 0/0	△ 0/0	▽ 0/0 C					
	29	류 재 문	▽ 0/0									
	30	오 재 혁										
	55	강 상 윤										
	57	보 아 텡		○ 1/0	▽ 0/0	▽ 0/0	▽ 0/0	▽ 0/0				
FW	9	구 스 타 보	▽ 0/0	○ 0/0	△ 1/0	△ 1/0	▽ 1/0					
	10	조 규 성										
	10	박 재 용					△ 0/0	△ 1/0	▽ 0/0	△ 0/0		
	11	이 동 준		△ 0/0	△ 0/0				▽ 0/0	▽ 0/0		
	17	송 민 규				▽ 0/0	○ 0/0	○ 0/0	▽ 1/1	○ 0/0		
	19	하 파 실 바								△ 0/0		
	27	문 선 민	▽ 0/0	○ 0/0 C	○ 0/0	△ 0/0 C	△ 0/0	△ 0/0	△ 0/0	△ 0/0		
	44	이 준 호	△ 0/0	△ 0/0	▽ 0/0	▽ 0/1		▽ 0/0 C	△ 0/0	▽ 0/0		
	97	안 드 레 우 이 스	△ 0/0			△ 0/0						

31

인천 유나이티드

창단년도_ 2003년

전화_ 032-880-5500

팩스_ 032-423-1509

홈페이지_ www.incheonutd.com

주소_ 우 22328 인천광역시 중구 참외전로 246
(도원동 7-1) 인천축구전용경기장 내 3층
Incheon Football Stadium, 246, Chamoejeon-ro(7-1,
Dowon-dong), Jung-gu, Incheon, KOREA 22328

연혁

2003 인천시민프로축구단 창단발표(안상수 인천광역시장)
　　　 안종복 단장 임용　　　　한국프로축구연맹 창단 승인
　　　 베르너 로란트 초대감독 선임
2004 캐치프레이즈 'Blue Hearts 2004', 캐릭터 '유티' 확정
　　　 창단식 및 일본 감바 오사카 초청경기(문학경기장)
2005 캐치프레이즈 '푸른물결 2005' 확정
　　　 장외룡 감독 취임
　　　 삼성 하우젠 K-리그 2005 정규리그 통합 1위(전기 2위, 후기 4위)로
　　　 플레이오프 진출, 삼성 하우젠 K-리그 2005 준우승
　　　 삼성 하우젠 K-리그 2005 관중 1위(총 316,591명, 평균 24,353명)
　　　 장외룡 감독 삼성 하우젠 K-리그 대상, 올해의 감독상 수상
　　　 삼성 하우젠 K-리그 2005 베스트11 DF 부문 수상(김동민)
　　　 인천유나이티드 서포터즈 삼성 하우젠 K-리그 대상 공로상 수상
2006 프로축구 최초의 23억여 원 경영흑자 달성
　　　 캐치프레이즈 '시민속으로(into the community)' 확정
　　　 인천유나이티드 소재 다큐멘터리 영화 《비상》 개봉
　　　 인천유나이티드 U-12팀 창단
　　　 삼성 하우젠 K-리그 2006 통합 13위(전기 10위, 후기 6위)
　　　 제11회 하나은행 FA컵 3위
2007 안종복 사장 취임, 7억여 원 경영흑자 달성
　　　 캐치프레이즈 'My Pride My United' 확정
　　　 장외룡 감독 잉글랜드 프리미어리그 유학, 박이천 감독대행 취임
　　　 제12회 하나은행 FA컵 3위
2008 3년 연속 경영흑자 달성　　　'인천축구전용경기장' 착공
　　　 인천유나이티드 U-18 대건고 창단
2009 일리야 페트코비치 감독 선임
　　　 2009 K-리그 5위(플레이오프 진출)
　　　 피스컵 코리아 A조 2위(플레이오프 진출)
　　　 인천유나이티드 U-15 광성중 창단
2010 허정무 감독 선임　　　 2010 K리그 득점왕 수상(유병수)
2011 조건도 대표이사 취임
2012 인천축구전용경기장 준공 및 개막전(2012년 3월 11일 VS 수원)
　　　 조동암 대표이사 취임, 김봉길 감독 취임
　　　 현대오일뱅크 K리그 2012 B그룹 1위(통합 9위)
　　　 현대오일뱅크 K리그 2012 베스트11 DF 부문 수상(정인환)
　　　 19경기 연속 무패 팀최다 기록 수립
2013 현대 오일뱅크 K리그 클래식 상위스플릿 진출 및 최종 7위
　　　 인천유나이티드 주주명판 및 주주동산 건립
　　　 창단 10주년 기념 경기 개최(10월 6일, 인천 vs 서울)
　　　 캐치프레이즈 '인천축구지대본' 확정
　　　 U-18 대건고 제94회 전국체육대회 준우승
2014 캐치프레이즈 '승리, 그 이상의 감동' 확정
　　　 김광석 대표이사 취임
　　　 2014년도 2차(13~25R) 그린스타디움상 수상

2015 김도훈 감독 선임, 정의석 단장 취임
　　　 캐치프레이즈 'Play, Together!' 확정
　　　 현대오일뱅크 K리그 클래식 2015 B그룹 2위(통합 8위)
　　　 2015 제20회 KEB하나은행 FA컵 준우승
　　　 U-18 대건고 2015 아디다스 K리그 주니어 A조 전, 후기 통합 우승
　　　 U-18 대건고 2015 대교눈높이 전국고등축구리그 왕중왕전 준우승
　　　 U-15 광성중 2015 대교눈높이 전국중등축구리그 왕중왕전 우승
　　　 현대오일뱅크 K리그 클래식 2015 베스트11 DF 부문 수상(요니치)
2016 박영복 대표이사 취임, 김석현 단장 취임
　　　 캐치프레이즈 '우리는 인천' 확정
　　　 U-15 광성중 '제45회 전국소년체육대회' 우승
　　　 U-18 대건고 '2016 K리그 U17, U18 챔피언십' 동반 준우승
　　　 U-18 대건고 '2016 아디다스 K리그 주니어 A조 후기리그' 준우승
　　　 2016년도 1차(1~12R) 그린스타디움상 수상
　　　 현대오일뱅크 K리그 클래식 2016 베스트11 DF 부문 수상(요니치)
2017 이기형 감독 선임　　　 정병일 대표이사 취임
　　　 강인덕 대표이사 취임
2018 욘 안데르센 감독 선임　　　 U-12, U-15 광성중 주말리그 우승
　　　 U-18 대건고 대한축구협회장배 및 전반기 왕중왕전 준우승
　　　 자카르타-탈렘방 아시안게임 금메달 획득(김진야)
　　　 구단 최초 월드컵 국가대표 배출(문선민)
　　　 KEB하나은행 K리그 1 2018 베스트11 MF부문 수상(아길라르)
　　　 전달수 대표이사 취임
2019 캐치프레이즈 '인천축구시대' 사용
　　　 유상철 감독 선임
　　　 U-15 광성중 소년체전 우승, U-15 광성중 K리그 주니어 A조 준우승
　　　 U-18 대건고 문체부장관배 및 전국체전 우승
2020 임완섭 감독 선임　　　 조성환 감독 선임
　　　 U-18 대건고 문체부장관배 및 전국체전 준우승
　　　 인천유나이티드 소재 다큐멘터리 영화 《비상 2020》 제작
　　　 구단 마스코트 '유티' 리뉴얼
　　　 무고사 선수 'EA스포츠 이달의 선수상' 9월 수상
2021 스페셜올림픽 K리그 유니파이드컵 첫 번째 승리자(B조 1위) 수상
　　　 멤버십 제도 최초 도입
2022 구단 창단 첫 ACL(아시아챔피언스리그) 진출(하나원큐 K리그 4위)
　　　 구단 창단 첫 축구센터(인천 연수구 선학동 부지) 준공
　　　 인천경찰청과 지역 실종자 찾기 합동 캠페인 'RE:United' 진행
　　　 인천유나이티드 서포터즈 올해의 인천인 대상 단체부문 수상
　　　 무고사 선수 'EA스포츠 이달의 선수상' 2~3월, 4월 수상
　　　 하나원큐 K리그1 2022 파이널 A 진출(최종 순위 4위)
　　　 창단 첫 아시아 챔피언스리그(ACL) 진출
2023 하나원큐 K리그1 2023 파이널 A 진출(최종 순위 5위)
　　　 창단 첫 아시아 챔피언스리그(ACL) 참가(G조 3위, 4승 2패)
　　　 '하나원큐 K리그1 2023' 베스트 11 MF 부문 수상(제르소)

2023년 선수명단

대표이사_ 전달수 사무국장_ 가상현 감독_ 조성환
수석코치_ 변재섭 코치_ 박용호 · 김재성 · 김광석 골키퍼 코치_ 김이섭 피지컬 코치_ 오지우
스카우터_ 김한윤 의무트레이너_ 황근우 · 피민혁 · 최재혁 · 진도형 팀매니저_ 김민석 장비담당관_ 조용희 전력분석관_ 육태훈 통역관_ 박준성

포지션	선수명		생년월일	출신교	키(cm) / 몸무게(kg)
GK	김 동 헌	金東憲	1997.03.03	대건고	186 / 86
	이 태 희	李太熙	1995.04.26	대건고	189 / 84
	민 성 준	閔盛俊	1999.07.22	대건고	188 / 82
	김 유 성	金유성	2001.03.31	대건고	187 / 81
DF	김 연 수	金延洙	1993.12.29	한라대	185 / 78
	오 반 석	吳반석	1988.05.20	건국대	190 / 80
	강 윤 구	姜潤求	1993.02.08	동아대	170 / 70
	정 동 윤	鄭東潤	1994.04.03	성균관대	173 / 72
	임 형 진	任形進	2001.07.23	동국대	191 / 82
	김 준 엽	金俊燁	1988.05.10	홍익대	178 / 76
	델 브 리 지	Harrison Andrew Delbridge	1992.03.15	*오스트레일리아	190 / 87
	김 건 희	金建熙	2002.09.16	장안대	192 / 84
	김 동 민	金東玟	1994.08.16	인천대	180 / 75
	권 한 진	權韓眞	1988.05.19	경희대	188 / 81
MF	이 명 주	李明周	1990.04.24	포철공고	176 / 75
	문 지 환	文智煥	1994.07.26	전주공고	184 / 76
	김 도 혁	金鍍爀	1992.02.08	해성고	173 / 71
	신 진 호	申嗔浩	1988.09.07	영남대	177 / 73
	박 현 빈	博賢賓	2003.05.19	대건고	177 / 72
	민 경 현	閔景現	2001.12.16	용인대	175 / 68
	최 우 진	崔禹進	2004.07.18	평택진위고	175 / 68
	김 현 서	金峴誓	2004.03.25	평택진위고	173 / 65
	박 진 홍	朴進洪	2004.10.17	보인고	184 / 75
	음 포 쿠	Paul-José M'Poku Ebunge	1992.04.19	*벨기에	179 / 81
	김 세 훈	金勢勳	2004.01.20	대건고	178 / 67
FW	무 고 사	Stefan Mugosa	1992.02.26	*몬테네그로	189 / 81
	에르난데스	Hernandes Rodrigues da Silva	1999.09.02	*브라질	183 / 75
	제 르 소	Fernandes Gerso	1991.02.23	*포르투갈	172 / 65
	김 민 석	金珉碩	2002.09.05	대건고	180 / 73
	김 보 섭	金甫燮	1998.01.10	대건고	183 / 75
	하 동 선	河同選	2004.04.16	구미방통고	179 / 76
	홍 시 후	洪施候	2001.01.08	상문고	175 / 73
	김 대 중	金大中	1992.10.13	홍익대	189 / 89
	박 승 호	朴昇浩	2003.09.01	단국대	180 / 72
	천 성 훈	千成薰	2000.09.21	대건고	191 / 85

2023년 개인기록 _ K리그1

위치	배번	선수	02	07	18	20	26	34	40	46	50	58
경기번호			02	07	18	20	26	34	40	46	50	58
날짜			02.25	03.04	03.12	03.18	04.01	04.09	04.16	04.22	04.25	04.30
홈/원정			원정	홈	홈	원정	홈	원정	원정	홈	홈	원정
장소			서울W	인천	인천	광주	인천	전주W	춘천	인천	인천	포항
상대			서울	대전	제주	광주	대구	전북	강원	수원FC	울산	포항
결과			패	무	승	패	무	패	승	무	패	승
점수			1:2	3:3	1:0	0:5	0:0	0:2	2:0	2:2	0:1	2:0
승점			0	1	4	4	5	5	8	9	9	12
슈팅수			15:13	22:7	13:9	9:17	6:5	4:5	7:5	16:12	6:9	6:2
GK	1	김 동 헌	○ 0/0	○ 0/0	○ 0/0	○ 0/0						
	21	이 태 희					○ 0/0	○ 0/0				
	23	민 성 준							○ 0/0	○ 0/0	○ 0/0	○ 0/0
DF	3	김 연 수	△ 0/0			△ 0/0			○ 0/0	○ 0/0 C	○ 0/0	○ 0/0
	4	오 반 석		○ 1/0	▽ 0/0	▽ 0/0		○ 0/0			○ 0/0	○ 0/0
	6	문 지 환	△ 0/0			△ 0/0	△ 0/0	▽ 0/0 C	▽ 0/0 C	○ 0/0	△ 0/0	▽ 1/0 C
	13	강 윤 구										
	14	정 동 윤	▽ 0/0	▽ 0/0 C	○ 0/0	△ 0/0	○ 0/0 C	△ 0/0			△ 0/0	△ 0/0
	15	임 형 진										
	17	김 준 엽		△ 0/0				○ 0/0	○ 1/0	○ 0/0		▽ 0/0
	20	델브리지	○ 0/0		○ 0/0	○ 0/0 C		○ 0/0	○ 0/0	○ 0/0		
	44	김 건 희										
	47	김 동 민	○ 0/0	○ 0/0 S				○ 0/0				
	55	권 한 진			○ 0/0	○ 0/0					○ 0/0	○ 0/0
MF	5	이 명 주	▽ 0/0 C	▽ 1/0	▽ 0/0							
	7	김 도 혁	▽ 0/0	○ 0/0 C	▽ 0/0		▽ 0/0	△ 0/0			▽ 0/0	
	8	신 진 호	○ 0/0	○ 0/0	▽ 0/0 C	○ 0/0 C	○ 0/0	○ 0/0	○ 0/0	○ 0/0 C		○ 0/0 C
	20	이 동 수						▽ 0/0 C	△ 0/0		○ 0/0	△ 0/0
	26	박 현 빈										
	28	민 경 현	△ 0/0			△ 0/0	▽ 0/0		▽ 0/0	△ 0/1	△ 0/0	▽ 0/0
	30	최 우 진										
	33	김 현 서										
	38	박 진 홍										
	40	음 포 쿠	▽ 0/0 C	△ 1/0 C	△ 0/0	△ 0/0	▽ 0/0	△ 0/0				
	66	김 세 훈										
	81	여 름		△ 0/0							▽ 0/0	
FW	9	무 고 사										
	10	에르난데스	△ 0/0	▽ 1/0	▽ 0/1	○ 0/0	○ 0/0	○ 0/0	▽ 1/0 C	○ 0/1	△ 0/0	▽ 0/0 C
	11	제 르 소	▽ 0/0	▽ 0/0	▽ 1/0	▽ 0/0	△ 0/0	△ 0/0	▽ 0/1	▽ 0/0	△ 0/0	▽ 0/1
	25	김 민 석				△ 0/0		▽ 0/0	△ 0/0	△ 0/0	△ 0/0	
	27	김 보 섭	○ 0/0	▽ 0/0	○ 0/0		△ 0/0			△ 0/0		△ 0/1
	37	홍 시 후		△ 0/0	△ 0/0			▽ 0/0				△ 0/0
	50	김 대 중										
	77	박 승 호					▽ 0/0		△ 0/0			
	82	송 시 우	△ 0/0	△ 0/1		△ 0/0		△ 0/0				△ 0/0
	99	천 성 훈							▽ 0/0	▽ 2/0	▽ 0/0	○ 1/0

선수자료: 득점/도움   ○ = 선발출전   △ = 교체 IN   ▽ = 교체 OUT   ◈ = 교체 IN/OUT   C = 경고   S = 퇴장

위치	배번	이름	63	70	77	79	86	95	101	108	113	120
		경기번호	63	70	77	79	86	95	101	108	113	120
		날짜	05.05	05.10	05.14	05.20	05.27	06.04	06.07	06.11	06.25	07.02
		홈/원정	홈	원정	홈	홈	원정	원정	홈	원정	홈	홈
		장소	인천	제주W	인천	인천	대구전	대전W	인천	수원W	인천	인천
		상대	수원	제주	전북	광주	대구	대전	서울	수원	포항	강원
		결과	패	패	무	무	무	승	무	무	패	승
		점수	0:1	0:2	0:0	1:1	2:2	3:1	1:1	0:0	0:1	1:0
		승점	12	12	13	14	15	18	19	20	20	23
		슈팅수	13:7	8:17	9:9	14:11	14:13	7:13	6:9	10:4	14:11	11:11
GK	1	김 동 헌						○ 0/0	○ 0/0	○ 0/0	○ 0/0	○ 0/0
	21	이 태 희		○ 0/0	○ 0/0	○ 0/0	○ 0/0					
	23	민 성 준	○ 0/0									
DF	3	김 연 수						○ 0/0	○ 0/0			○ 0/0 C
	4	오 반 석	○ 0/0	○ 0/0				○ 0/0	○ 0/0 C		▽ 0/0	▽ 0/0
	6	문 지 환	▽ 0/0	△ 0/0	0/0 C	▽ 0/0 C					△ 0/0	△ 0/0 C
	13	강 윤 구			▽ 0/0	▽ 0/0	▽ 0/0			▽ 0/0		
	14	정 동 윤	▽ 0/0	○ 0/0	△ 0/0	△ 0/0	△ 0/0	▽ 0/0		△ 0/0	△ 0/0	
	15	임 형 진										
	17	김 준 엽			0/0	▽ 0/0	○ 0/0	○ 0/0		▽ 0/0 C	▽ 0/0	○ 0/0
	20	델 브 리 지	△ 0/0	○ 0/0	0/0 C	○ 0/0	○ 0/0			○ 0/0	○ 0/0	○ 0/0
	44	김 건 희										
	47	김 동 민	○ 0/0	▽ 0/0 C	0/0 C	○ 0/0	▽ 0/0			0/0 S		
	55	권 한 진	○ 0/0	△ 0/0	○ 0/0	○ 1/0	○ 0/0	○ 0/0	○ 0/0		○ 0/0	○ 0/0
MF	5	이 명 주		▽ 0/0	▽ 0/0	▽ 0/0	○ 0/0	▽ 0/0	▽ 0/0 C	○ 0/0		
	7	김 도 혁	△ 0/0	▽ 0/0			△ 0/1					▽ 0/1
	8	신 진 호	○ 0/0	○ 0/0			▽ 1/0					
	20	이 동 수	△ 0/0			△ 0/0						
	26	박 현 빈										
	28	민 경 현	▽ 0/0	△ 0/0				○ 0/0	○ 0/0		○ 0/0	○ 0/0
	30	최 우 진										
	33	김 현 서										
	38	박 진 홍										
	40	음 포 쿠				△ 0/0	△ 0/0	○ 1/2	▽ 0/0	○ 0/0	○ 0/0	△ 0/0
	66	김 세 훈										
	81	여 름										
FW	9	무 고 사										
	10	에 르 난 데 스	▽ 0/0	○ 0/0	○ 0/0	○ 0/0	○ 0/0		△ 0/0	○ 0/0	△ 0/0	△ 0/0
	11	제 르 소	○ 0/0	○ 0/0	△ 0/0	○ 0/0	▽ 0/0 C	▽ 0/0	▽ 1/0	○ 0/0	△ 0/0	△ 0/0
	25	김 민 석						△ 0/0	○ 0/0		▽ 0/0	▽ 1/0
	27	김 보 섭	▽ 0/0	▽ 0/0	▽ 0/0	△ 0/0	▽ 0/1	▽ 2/0	▽ 0/1		○ 0/0	▽ 0/0
	37	홍 시 후	△ 0/0			△ 0/0	△ 1/0	◆ 0/0				
	50	김 대 중				0/0			△ 0/0		△ 0/0	
	77	박 승 호										
	82	송 시 우	△ 0/0	△ 0/0								
	99	천 성 훈										▽ 0/0

35

위치	배번	성명	124	129	138	143	149	155	158	163	172	176
		날짜	07.08	07.12	07.16	07.22	08.06	08.13	08.18	08.25	09.02	09.16
		홈/원정	원정	원정	홈	원정	원정	홈	홈	원정	홈	홈
		장소	수원	문수	인천	서울W	전주W	인천	인천	수원	인천	인천
		상대	수원FC	울산	대전	서울	전북	대구	광주	수원FC	포항	제주
		결과	무	승	승	승	패	승	무	승	패	승
		점수	2:2	2:1	2:0	1:0	0:2	3:1	2:2	2:1	0:2	2:1
		승점	24	27	30	33	33	36	37	40	40	43
		슈팅수	4:16	10:18	7:7	9:11	12:11	12:8	6:14	9:14	13:10	8:9
GK	1	김동헌	○ 0/0	○ 0/0	○ 0/0	○ 0/0 C				○ 0/0	○ 0/0	○ 0/0
	21	이태희						○ 0/0	○ 0/0	○ 0/1		
	23	민성준										
DF	3	김연수		○ 0/0	▽ 0/0	○ 0/0		△ 0/0	○ 0/0	○ 0/0		
	4	오반석	○ 0/0		○ 0/0	○ 0/0	○ 0/0	▽ 0/0		○ 1/0	○ 0/0	○ 0/0
	6	문지환	△ 0/0	○ 0/0		△ 0/0	△ 0/0	▽ 1/0		○ 0/0	▽ 0/0 C	○ 0/0
	13	강윤구					△ 0/0				▽ 0/0	
	14	정동윤		○ 0/0					△ 0/0	○ 0/0	△ 0/0	△ 0/0
	15	임형진										
	17	김준엽	○ 0/1	△ 0/0	○ 0/0		▽ 0/0	○ 0/0 C	○ 0/0	○ 0/1		▽ 0/0
	20	델브리지	○ 0/0 C	○ 0/0		△ 0/0	○ 0/0	○ 0/0	○ 0/0	○ 0/0		○ 0/0
	44	김건희			△ 0/0					▽ 0/0	△ 0/0	△ 0/0
	47	김동민		○ 0/0		○ 0/0		○ 0/0	○ 0/0		○ 0/0	▽ 0/0
	55	권한진	○ 0/0									
MF	5	이명주	○ 0/0	△ 0/0	○ 0/0 C	▽ 0/0	▽ 0/0	▽ 0/1 C	▽ 0/0 C		○ 0/0	○ 1/0
	7	김도혁	△ 0/0	○ 0/0	○ 0/0	○ 0/0	○ 0/0	○ 0/0	○ 0/0		○ 0/0	▽ 0/1
	8	신진호								○ 0/1 C		△ 0/1
	20	이동수										
	26	박현빈										
	28	민경현	○ 0/0	▽ 0/0	○ 0/0	○ 0/0	○ 0/0	○ 0/0	▽ 0/0	▽ 0/0		○ 0/0
	30	최우진										
	33	김현서										
	38	박진홍										
	40	음포쿠	▽ 0/0 C		▽ 0/0	▽ 1/0	▽ 0/0		△ 0/0 C		▽ 0/0	
	66	김세훈										
	81	여름										
FW	9	무고사					○ 0/0	▽ 1/1	▽ 0/0	△ 0/0	▽ 0/0	△ 0/0
	10	에르난데스	○ 0/0	△ 1/1 C	△ 1/1	▽ 0/0				△ 0/0	△ 0/0	○ 1/0
	11	제르소	▽ 0/0	△ 0/1	○ 1/1 C	△ 0/1	△ 0/0	▽ 1/1	▽ 2/0	△ 0/0	○ 0/0	△ 0/0
	25	김민석		▽ 0/0		▽ 0/0	▽ 0/0	△ 0/0	△ 0/0			
	27	김보섭	△ 0/0	▽ 1/0			△ 0/0	△ 0/0	△ 0/0	▽ 0/0	△ 0/0	▽ 0/0 C
	37	홍시후										
	50	김대중				△ 0/0						
	77	박승호										
	82	송시우										
	99	천성훈	▽ 1/0	▽ 0/0		△ 0/0	△ 0/0	△ 0/0	△ 0/0	▽ 1/0 C	△ 0/0	

선수자료 : 득점/도움 ○ = 선발출전 △ = 교체 IN ▽ = 교체 OUT ◈ = 교체 IN/OUT C = 경고 S = 퇴장

위치	배번		경기번호	185	190	193	199	206	214	217	228		
			날짜	09.24	09.30	10.08	10.20	10.28	11.12	11.24	12.03		
			홈/원정	원정	홈	원정	원정	원정	홈	홈	원정		
			장소	강릉	인천	문수	포항	광주	인천	인천	대구전		
			상대	강원	수원	울산	포항	광주	전북	울산	대구		
			결과	무	승	무	무	승	무	승	패		
			점수	1:1	2:0	0:0	1:1	2:0	1:1	3:1	1:2		
			승점	44	47	48	49	52	53	56	56		
			슈팅수	13:12	10:12	6:9	7:8	5:11	14:5	14:13	7:9		
GK	1	김 동 헌		○ 0/0	○ 0/0 C	○ 0/0	○ 0/1	○ 0/0	○ 0/0	○ 0/0	○ 0/0		
	21	이 태 희											
	23	민 성 준											
DF	3	김 연 수		○ 0/0 C	○ 0/0	○ 0/0	○ 0/0		○ 0/0	○ 0/0	▽ 0/0		
	4	오 반 석		○ 0/0	▽ 0/0	▽ 0/0	○ 0/0			○ 1/0	▽ 0/0		
	6	문 지 환		○ 0/0 C			△ 0/0						
	13	강 윤 구											
	14	정 동 윤		○ 0/0	○ 0/1 C	○ 0/0			△ 0/0	△ 0/0			
	15	임 형 진						○ 0/0					
	17	김 준 엽		△ 0/0	○ 0/0 C	○ 0/0	○ 0/0				△ 0/0		
	20	델 브 리 지											
	44	김 건 희			△ 0/0			○ 0/0	○ 0/0	△ 0/0	△ 0/0 C		
	47	김 동 민		○ 0/0 C	○ 0/0 C	○ 0/0	○ 0/0	○ 0/0	○ 0/0 C				
	55	권 한 진				△ 0/0				○ 0/0	○ 0/0 C		
MF	5	이 명 주			▽ 0/0	▽ 0/0	▽ 0/0						
	7	김 도 혁		△ 0/0	○ 0/0	○ 0/0 C	▽ 0/0		○ 1/0	▽ 0/0 C	○ 0/0		
	8	신 진 호		▽ 0/1									
	20	이 동 수											
	26	박 현 빈			△ 0/0 C			▽ 0/0	△ 0/0	▽ 0/0	△ 0/0 C		
	28	민 경 현				△ 0/0	○ 0/0	△ 0/0	○ 0/0 C		▽ 0/0		
	30	최 우 진		▽ 0/0				○ 1/0	△ 0/0	▽ 0/1	○ 0/0		
	33	김 현 서						△ 0/0					
	38	박 진 홍						▽ 0/0		△ 0/0			
	40	음 포 쿠		▽ 0/0 C			△ 0/0	▽ 0/0		▽ 0/0	▽ 0/0		
	66	김 세 훈						△ 0/0					
	81	여 름											
FW	9	무 고 사		○ 1/0	▽ 1/0 C	▽ 0/0							
	10	에르난데스		○ 0/0	△ 0/0	△ 0/0	○ 0/0		○ 0/0	△ 0/1	△ 1/0 C		
	11	제 르 소		△ 0/0	△ 0/0	△ 0/0	▽ 1/0						
	25	김 민 석						△ 1/0	△ 0/0	△ 0/0			
	27	김 보 섭			▽ 0/0	▽ 0/0	△ 0/0	○ 0/0 C	▽ 0/0	▽ 0/1	○ 0/0		
	37	홍 시 후						▽ 0/0 C	▽ 0/0 C	○ 1/0	△ 0/1		
	50	김 대 중											
	77	박 승 호			▽ 0/0	▽ 0/0	△ 0/0	○ 0/0 C	▽ 0/0	○ 1/0	▽ 0/0		
	82	송 시 우											
	99	천 성 훈			△ 1/0		△ 0/0	▽ 0/0		△ 0/0	▽ 0/0		

대구 F C

창단년도_ 2002년

전화_ 053-222-3600

팩스_ 053-222-3601

홈페이지_ www.daegufc.co.kr

주소_ 우 41594 대구광역시 북구 고성로 191 DGB대구은행파크 2층 대구FC 사무실

DGB Daegubank Park, 191, Goseong-ro, Buk-gu, Daegu, KOREA 41594

연혁

2002	발기인 총회
	(주)대구시민프로축구단 창립총회
	노희찬 대표이사 취임 　　초대 박종환 감독 취임
	1차 시민주 공모 　　대구FC로 구단명칭 결정
	한국프로축구연맹 창단 인가 승인
2003	초대단장 이대섭 선임 　　2차 시민주 공모
	엠블럼 및 유니폼 선정 　　대구FC 창단식
2004	주주동산 건립
2005	대구스포츠기념관 개관
2006	대구FC 통영컵 우승
	제2기 이인중 대표이사 취임 　　제2기 최종준 단장 취임
	김범일(대구광역시 시장) 구단주 취임
	제3기 최종준 대표이사 취임 　　제2대 변병주 감독 취임
2007	유소년 클럽 창단
	'삼성 하우젠 K-리그 대상' 페어플레이팀상 수상
2008	대구FC U-18클럽 창단(현풍고)
	대구FC U-15 청소년 축구대회 개최
2009	제3기 박종선 단장 취임 　　제4기 박종선 대표이사 취임
	대구FC 유소년축구센터 개관 　　제3대 이영진 감독 취임
2010	포스코컵 2010 C조 2위(8강 진출)
2011	제4기 김재하 단장 취임 　　제5기 김재하 대표이사 취임
	U-18 제52회 청룡기 전국고교축구대회 우승(현풍고등학교)
	대구FC U-15클럽 창단(율원중학교)
	제4대 모아시르 페레이라(브라질) 감독 취임
2012	제5대 당성증 감독 취임
	2012년 제1차(1R~15R) 플러스스타디움상 수상
	U-18 대구시 축구협회장기 우승(현풍고)
2013	제6대 백종철 감독 취임
	교육부 인증기관 선정(교육과학기술부)
	2013년 제2차 팬 프렌들리 클럽 수상 (프로축구연맹)
	공로상: 사랑나눔상 수상(프로축구연맹)
2014	제7대 최덕주 감독 취임
	U-18 문체부장관기 준우승(현풍고)
	제5기 조광래 단장 취임
	제6기 조광래 대표이사 취임
2015	제8대 이영진 감독 취임
	제1차 풀스타디움상, 플러스스타디움상, 그린스타디움상 수상
	U-10(신흥초) 화랑대기 전국 유소년 축구대회 우승
	U-15(율원중) 무학기 전국 중학교 축구대회 우승
	제3차 풀스타디움상, 플러스스타디움상
2016	K리그 챌린지 한 경기 최다 관중 기록 경신(4.10 경남전 / 23,015명)
	제1차 K리그 챌린지 풀스타디움 · 플러스스타디움 · 그린스타디움상 수상
	대구FC 유소년 축구센터 개관 　　K리그 클래식 승격
	제3차 K리그 챌린지 풀스타디움 · 플러스스타디움상 수상
	U-12(신흥초), U-15(율원중), U-18(현풍고) 제35회 대구광역시 협회장기 우승
	제9대 손현준 감독 취임
2017	제1차 플러스스타디움상 수상
	제10대 안드레 감독 취임(역대 최초 K리그 선수 출신 감독)
2018	제23회 KEB하나은행 FA컵 우승 　　창단 첫 ACL 진출권 획득
	창단 이후 최다 점수 차(8점) 승리(2018.08.08 VS 양평FC)
2019	마스코트 곰슈도치 리카 탄생(2019.01.30)
	DGB대구은행파크 개장(2019.03.09)
	2019 AFC 챔피언스리그 조별예선 3위
	제15회 대한민국 스포츠산업대상 우수프로스포츠단 부문 장관상
	2019 하나원큐 K리그 대상 시상식 플러스스타디움상 수상
	2019 하나원큐 K리그 대상 시상식 팬 프렌들리 클럽상 수상
	하나원큐 K리그 2019 제1, 2, 3차 팬 프렌들리 클럽상 수상
	하나원큐 K리그 2019 제1차 플러스스타디움상, 2차 그린스타디움상 수상
	2019시즌 매진 총 9회 기록
2020	하나원큐 K리그 2020 제1, 2, 3차 팬 프렌들리 클럽상 수상
	2020 하나원큐 K리그 대상 시상식 팬 프렌들리 클럽상 수상
	대구FC 통산 800호골 달성(6.7 성남전, 에드가)
	대구FC 통산 200승 달성(9.16 성남전)
	제11대 이병근 감독 취임(2020.11)
2021	하나원큐 K리그1 2021 3위(역대 최고 순위 경신)
	2021 하나은행 FA컵 준우승 　　2021 AFC 챔피언스리그 16강 진출
	대구FC U-18팀(현풍고) 2021 K리그 U-18 챔피언십 우승
	하나원큐 K리그1 2021 그린스타디움상 수상
	제12대 가마 감독 취임(2021.12)
2022	2022 AFC 챔피언스리그 16강 진출
	K리그1 평균 관중 3위 　　하나원큐 K리그1 2022 8위
	제27회 하나원큐 FA컵 4강
	하나원큐 K리그1 2022 제2차 플러스스타디움상 수상
	K4리그 페어플레이상 수상 　　제13대 최원권 감독 취임(2022.11)
2023	단일 시즌 구단 역대 최다 경기매진 기록(11회)
	단일 시즌 구단 역대 최다 유료관중 기록
	하나원큐 K리그 2023 6위
	대구FC B, 프로 B팀 최초 K3리그 승격
	대구FC B, K4리그 '페어플레이 상' 수상
	대구FC U-18 2023 춘계 전국고등축구대회 우승(현풍고)

1
2023구단기록 · 대구

2023년 선수명단

대표이사(단장)_ 조광래 감독_ 최원권
코치_ 마철준 · 정선호 골키퍼 코치_ 이용발 피지컬 코치_ 이종현
물리치료사_ 노현욱 트레이너_ 박해승 · 이대균 통역관_ 이상민 전력분석관_ 박준철 키트 매니저_ 김동규

포지션	선수명		생년월일	출신교	신장(cm)/체중(kg)
GK	최 영 은	崔 永 恩	1995.09.26	성균관대	189 / 78
	오 승 훈	吳 承 訓	1988.06.30	호남대	192 / 75
	한 태 희	韓 太 熙	2004.07.05	장훈고	196 / 90
	한 지 율	韓 智 聿	2003.03.21	현풍고	193 / 90
	이 준 희	李 俊 喜	1993.12.10	인천대	192 / 89
DF	안 창 민	安 倉 民	2001.06.28	부평고	189 / 81
	장 성 원	張 成 源	1997.06.17	한남대	175 / 70
	홍 정 운	洪 正 雲	1994.11.29	명지대	187 / 76
	김 진 혁	金 鎭 爀	1993.06.03	숭실대	187 / 78
	이 원 우	李 源 友	2003.03.16	장훈고	191 / 80
	케 이 타	鈴木圭太, Suzuki Keita	1997.12.20	*일본	172 / 70
	김 강 산	金 江 山	1998.09.15	대구대	184 / 77
	홍 철	洪 喆	1990.09.17	단국대	176 / 70
	손 승 우	孫 承 宇	2002.03.18	천안제일고	176 / 71
	윤 태 민	尹 太 民	2004.10.13	장훈고	187 / 80
	박 재 경	朴 在 慶	2000.04.28	학성고	190 / 80
	신 한 결	愼 한 결	2001.11.13	청구고	175 / 71
	정 윤 서	鄭 潤 書	2004.11.13	동북고	193 / 83
	유 지 운	有 地 運	2004.07.22	현풍고	172 / 68
	김 리 관	金 理 寬	2003.04.02	현풍고	184 / 80
	조 진 우	趙 進 優	1999.11.17	인천남고	189 / 81
MF	벨 톨 라	Victor Bobsin Pereira	2000.01.12	*브라질	183 / 78
	박 세 진	朴 世 眞	2004.03.19	태성고	171 / 67
	고 재 현	高 在 賢	1999.03.05	대륜고	180 / 74
	서 도 협	徐 道 協	2001.06.25	헤타페 CF	178 / 74
	이 진 용	李 珍 鎔	2001.05.01	현풍고	180 / 73
	최 민 기	崔 珉 綺	2002.11.08	장훈고	180 / 73
	김 희 승	金 熹 承	2003.01.19	천안제일고	184 / 81
	배 수 민	裵 沐 珉	2002.03.21	청주대	183 / 73
	이 용 래	李 容 來	1986.04.17	고려대	175 / 71
FW	에 드 가	Edgar Bruno da Silva	1987.01.03	*브라질	191 / 87
	세 징 야	César Fernando Silva Melo	1989.11.29	*브라질	177 / 74
	전 용 준	全 勇 俊	2003.07.16	진위고	180 / 69
	김 영 준	金 映 俊	2000.05.02	매탄고	184 / 80
	이 근 호	李 根 鎬	1985.04.11	부평고	176 / 74
	김 동 현	金 東 現	2003.04.17	학성고	173 / 68
	박 재 현	朴 栽 玄	2003.09.16	계명고	177 / 69
	박 용 희	朴 鏞 熹	2002.03.29	홍익대	180 / 74
	이 종 훈	李 宗 勳	2002.03.21	현풍고	175 / 70
	바셀루스	Lucas Barcelos Damacena	1998.07.19	*브라질	182 / 82

위치	배번	선수	04	09	15	22	26	32	42	45	54	59
		경기번호	04	09	15	22	26	32	42	45	54	59
		날짜	02.26	03.04	03.11	03.19	04.01	04.08	04.16	04.22	04.26	04.30
		홈/원정	원정	홈	원정	홈	원정	원정	홈	홈	원정	원정
		장소	포항	대구전	춘천	대구전	인천	서울W	대구전	대구전	수원	수원W
		상대	포항	제주	강원	전북	인천	서울	광주	대전	수원FC	수원
		결과	패	무	무	승	무	패	패	승	무	승
		점수	2:3	1:1	1:1	2:0	0:0	0:3	3:4	1:0	1:1	1:0
		승점	0	1	2	5	6	6	6	9	10	13
		슈팅수	5:9	11:12	10:7	11:11	5:6	12:14	11:13	12:11	18:14	6:13
GK	1	최영은							△0/0	○0/0	○0/0	○0/0
	21	오승훈	○0/0	○0/0	○0/0	○0/0 C	○0/0	○0/0	▽0/0			
DF	2	황재원	○0/0	○0/0	○0/0	○0/0 C	○0/0	▽0/0	△0/0 C	▽0/0		○0/0
	5	장성원	○0/0	○0/0	○0/0	○0/1	△0/0	▽0/0	▽0/0			
	6	홍정운	○0/1	○0/0	○0/0	○0/0	○0/0	○0/0	○0/0 C	○0/0		○0/0
	7	김진혁	○0/0	▽0/0 C	○0/0	○1/0	○0/0	○0/0		○0/0		○0/0
	15	이원우										
	18	케이타			△0/0	▽0/0			○1/0 C	○0/0 C	▽0/0 C	▽0/0
	20	김강산				△0/0 C	△0/0		△0/0 C	△0/0		△0/0
	26	이진용	▽0/0	△0/0		▽0/0 C	▽0/0	▽0/0 C	○0/0	▽0/0	○0/0	▽0/0
	33	홍철	▽0/0								△0/1	△0/0
	66	조진우	○0/0 C	○0/0	○0/0	○0/0		▽0/0		○0/0		
MF	8	세라토	▽0/0	▽0/0	▽0/0	▽0/0						▽0/0
	13	벨톨라										
	14	박세진		▽0/0 C	▽0/0 C			△0/0	△0/1	△0/0	△0/0	
	17	고재현		○1/0	○0/0	○0/0	○0/0 C	○0/0	○2/0 C	○0/0	○0/0	○0/0
	36	김희승										
	74	이용래	△0/0 C	△0/0	△0/0	▽0/0			▽0/0			▽0/1
FW	9	에드가	△0/0 C	○0/0	○1/0	△0/0	△0/0	○0/0	△0/1 C	▽0/0 C	○1/0	○1/0
	11	세징야	○1/0	○0/0	○0/1	△1/0 C			△0/0	○1/0	▽0/0	
	19	김영준					△0/0					
	22	이근호	△0/0			△0/0	▽0/0	△0/0		▽0/0	△0/0	△0/0 C
	30	박용희					△0/0					
	37	이종훈										
	99	바셀루스	▽0/0	△1/0	△0/0	▽0/0	▽0/0	▽0/0	▽0/0			▽0/0 C

선수자료 : 득점/도움   ○ = 선발출전   △ = 교체 IN   ▽ = 교체 OUT   ◈ = 교체 IN/OUT   C = 경고   S = 퇴장

위치	배번	이름										
		경기번호	61	68	74	81	86	96	99	103	112	116
		날짜	05.05	05.09	05.13	05.20	05.27	06.04	06.07	06.10	06.24	07.01
		홈/원정	홈	홈	원정	원정	홈	홈	원정	홈	원정	홈
		장소	대구전	대구전	광주	대전W	대구전	대구전	진주W	대구전	문수	대구전
		상대	울산	포항	광주	대전	인천	서울	전북	수원FC	울산	수원
		결과	패	무	승	승	무	승	패	승	패	무
		점수	0:3	1:1	2:0	1:0	2:2	1:0	0:1	3:1	1:3	1:1
		승점	13	14	17	20	21	24	24	27	27	28
		슈팅수	12:8	7:12	6:7	8:16	13:14	10:9	9:10	9:17	7:13	13:9
GK	1	최영은	○ 0/0	○ 0/0	○ 0/0	○ 0/0	○ 0/0	○ 0/0 C	○ 0/0	○ 0/0	○ 0/0	
	21	오승훈										○ 0/0
DF	2	황재원	○ 0/0	○ 0/0	○ 0/0 C	○ 0/1	○ 0/1	○ 0/0	○ 0/0 C	○ 1/1	△ 0/0	○ 0/0 C
	5	장성원		△ 0/0	△ 0/0					△ 0/0	▽ 0/0	△ 0/1
	6	홍정운	○ 0/0	○ 0/0		○ 0/0	○ 0/0		○ 0/0	○ 0/0		○ 0/0
	7	김진혁	○ 0/0	○ 0/0	○ 0/0	○ 0/0 C	▽ 0/0	○ 0/0	○ 0/0	○ 0/0		
	15	이원우										
	18	케이타	▽ 0/0 C	▽ 1/0			△ 0/0	△ 0/0	▽ 0/0	△ 0/0	△ 0/0	△ 0/0
	20	김강산			○ 0/0		△ 0/0				○ 0/0	
	26	이진용	▽ 0/0	▽ 0/0	○ 0/1	▽ 0/0 C	▽ 0/0	○ 0/0 C		▽ 0/0 C	▽ 0/0	▽ 0/0
	33	홍철	△ 0/0	○ 0/0	○ 0/1	○ 0/0	▽ 0/0	○ 0/0		▽ 0/0	▽ 0/0	
	66	조진우	○ 0/0	○ 0/0	○ 0/0	○ 0/0 C	○ 0/0	○ 0/0	▽ 0/0	○ 0/0	○ 0/0	○ 0/0 C
MF	8	세라토	△ 0/0	△ 0/0	△ 0/0	△ 0/0 C						
	13	벨톨라										
	14	박세진	△ 0/0	▽ 0/0 C	▽ 1/0		▽ 0/0	△ 0/0	△ 0/0	△ 0/0	△ 0/0	
	17	고재현	○ 0/0 C	△ 0/0	○ 1/0	▽ 1/0 C	○ 0/0	▽ 0/1		△ 0/0	△ 0/0	
	36	김희승										
	74	이용래	▽ 0/0	△ 0/0	△ 0/0	△ 0/0	▽ 0/0	▽ 0/0	▽ 0/0	▽ 0/0	▽ 0/0	▽ 0/0
FW	9	에드가	▽ 0/0	▽ 0/0 C			○ 2/0	○ 0/0	○ 0/0	○ 0/1	○ 0/0 S	
	11	세징야				○ 0/0	○ 0/1	▽ 1/0	○ 0/0 C	○ 1/1 C	○ 0/1 C	○ 1/0
	19	김영준	△ 0/0 C	△ 0/0	▽ 0/0	▽ 0/0 C						
	22	이근호	△ 0/0	▽ 0/1	▽ 0/0	△ 0/0		△ 0/0	△ 0/0			◆ 0/0
	30	박용희										
	37	이종훈										
	99	바셀루스	▽ 0/0		△ 0/0	△ 0/0	△ 0/0	△ 0/0	△ 0/0	▽ 1/0	○ 1/0	▽ 0/0

위치	배번	경기번호	121	127	135	144	148	155	161	165	170	180
		날 짜	07.07	07.11	07.15	07.22	08.05	08.13	08.19	08.26	09.01	09.17
		홈/원정	원정	홈	원정	원정	홈	원정	원정	홈	홈	원정
		장 소	제주W	대구전	광주	대전W	대구전	인천	서울W	대구전	대구전	수원W
		상 대	제주	강원	광주	대전	울산	인천	서울	제주	강원	수원
		결 과	승	무	무	패	무	패	무	승	승	승
		점 수	2:1	0:0	1:1	0:1	0:0	1:3	2:2	1:0	1:0	1:0
		승 점	31	32	33	33	34	34	35	38	41	44
		슈팅수	16:12	11:9	9:7	6:11	9:15	8:12	10:8	13:14	12:7	8:11
GK	1	최 영 은										○ 0/0 C
	21	오 승 훈	○ 0/0	○ 0/0	○ 0/0	○ 0/0	○ 0/0	○ 0/0	○ 0/0	○ 0/0	○ 0/0	
DF	2	황 재 원		▽ 0/0 C	○ 0/0	▽ 0/0 C	○ 0/0	○ 0/0	○ 0/0	○ 0/0	○ 0/0 C	
	5	장 성 원	○ 1/0 C	△ 0/0	△ 0/0	△ 0/0	△ 0/0	△ 0/0	△ 0/0	△ 0/0		○ 0/0
	6	홍 정 운	▽ 0/0							○ 0/0	○ 0/0	○ 0/0
	7	김 진 혁	○ 0/0	○ 0/0	○ 0/0	○ 0/0	○ 0/0	○ 0/0	○ 0/0	○ 0/0 C	▽ 0/0	○ 0/0
	15	이 원 우	△ 0/0									
	18	케 이 타				△ 0/0	△ 0/0	△ 0/0	△ 0/0		△ 0/0 C	
	20	김 강 산	○ 0/0	○ 0/0 C	△ 0/0	△ 0/0	△ 0/0	○ 0/0	▽ 0/0	○ 0/0	△ 0/0	
	26	이 진 용	○ 0/0	▽ 0/0	○ 0/0	▽ 0/0	▽ 0/0	▽ 0/0	▽ 0/0	▽ 0/0	△ 0/0	
	33	홍 철	○ 1/0	▽ 0/0	▽ 0/0 C						▽ 0/1	○ 0/0
	66	조 진 우		○ 0/0	○ 0/0	○ 0/0	○ 0/0		▽ 0/1	○ 0/0	○ 0/0 CC	
MF	8	세 라 토										
	13	벨 톨 라						△ 0/0	△ 0/0	△ 0/0	△ 0/0 C	○ 0/0 S
	14	박 세 진	▽ 0/0	△ 0/0	△ 0/0	△ 0/0				△ 0/0 C	▽ 0/0	
	17	고 재 현	▽ 0/0	○ 0/0	▽ 0/0	△ 0/0 C		○ 0/0 C	○ 0/0	▽ 1/0		○ 0/0
	36	김 희 승										
	74	이 용 래	△ 0/0	△ 0/0	▽ 0/0	▽ 0/0 C	▽ 0/0				△ 0/0	△ 0/0
FW	9	에 드 가		○ 0/0	○ 0/0	○ 0/0	○ 0/0	△ 0/0	▽ 0/0	△ 1/0	△ 0/0	△ 0/0
	11	세 징 야	○ 0/0	○ 0/0	○ 0/0	○ 0/0	○ 0/0	○ 1/0	○ 0/1	○ 0/0	▽ 1/0	
	19	김 영 준										
	22	이 근 호	△ 0/0	△ 0/0	▽ 1/0 C	△ 0/0	△ 0/0	△ 0/0	▽ 1/0		△ 0/0	△ 0/0
	30	박 용 희										
	37	이 종 훈	△ 0/0				▽ 0/0					
	99	바 셀 루 스	▽ 0/0	▽ 0/0	△ 0/0	▽ 0/0	▽ 0/0			▽ 0/0	○ 0/0	▽ 1/0 C

선수자료 : 득점/도움   ○ = 선발출전   △ = 교체 IN   ▽ = 교체 OUT   ◈ = 교체 IN/OUT   C = 경고   S = 퇴장

위치	배번		186	189	194	201	208	212	220	228			
		경기번호	186	189	194	201	208	212	220	228			
		날짜	09.24	09.30	10.08	10.21	10.29	11.11	11.25	12.03			
		홈/원정	홈	원정	홈	홈	원정	홈	원정	홈			
		장소	대구전	전주W	대구전	대구전	문수	대구전	포항	대구전			
		상대	포항	전북	수원FC	전북	울산	광주	포항	인천			
		결과	무	승	무	패	패	무	패	승			
		점수	0 : 0	3 : 1	2 : 2	1 : 2	0 : 2	1 : 1	0 : 1	2 : 1			
		승점	45	48	49	49	49	50	50	53			
		슈팅수	9 : 7	14 : 16	12 : 9	17 : 16	6 : 10	9 : 9	8 : 8	9 : 7			
GK	1	최 영 은	○ 0/0	○ 0/0	○ 0/0					○ 0/0 C			
	21	오 승 훈				○ 0/0 C	○ 0/0 C	○ 0/0	○ 0/0				
DF	2	황 재 원				△ 0/0	○ 0/0	○ 0/0	▽ 0/0	○ 0/0			
	5	장 성 원	○ 0/0	○ 0/1	○ 0/1 C	▽ 0/0	△ 0/0	▽ 0/0	△ 0/0	▽ 0/0 C			
	6	홍 정 운	○ 0/0	○ 0/0	▽ 0/0				○ 0/0				
	7	김 진 혁	○ 0/0	○ 0/0	○ 0/1	○ 0/0	○ 0/0	○ 0/0	○ 0/0	○ 0/0			
	15	이 원 우				△ 0/0							
	18	케 이 타	△ 0/0 C		△ 0/0	△ 0/0	▽ 0/0			△ 0/0			
	20	김 강 산		△ 0/0	△ 0/0		○ 0/0	○ 1/0		○ 0/0			
	26	이 진 용	▽ 0/0	▽ 0/0	0/0 C		▽ 0/0		△ 0/0				
	33	홍 철	○ 0/0 C	○ 0/0	▽ 0/0	▽ 0/0		○ 0/1	○ 0/0	○ 0/2			
	66	조 진 우	○ 0/0	○ 0/0	○ 0/0		○ 0/0	○ 0/0	△ 0/0	○ 0/0 C			
MF	8	세 라 토											
	13	벨 톨 라			○ 1/0	○ 0/0 C	○ 0/0 C	○ 0/0	▽ 0/0	▽ 0/0			
	14	박 세 진	○ 0/0	▽ 0/0				○ 0/0	△ 0/0	△ 0/0			
	17	고 재 현	▽ 0/0	▽ 2/0	○ 1/0	▽ 0/0	▽ 0/0	○ 0/0	○ 0/0	▽ 0/0			
	36	김 희 승		△ 0/0					△ 0/0 C				
	74	이 용 래				△ 0/0	△ 0/0			△ 0/0			
FW	9	에 드 가	○ 0/0	○ 0/1	○ 0/0	○ 1/0	△ 0/0	○ 0/0		○ 2/0			
	11	세 징 야											
	19	김 영 준		△ 0/0	▽ 0/0		△ 0/0			△ 0/0			
	22	이 근 호	△ 0/0	△ 0/0	△ 0/0	△ 0/0	▽ 0/0	▽ 0/0	◆ 0/0	▽ 0/0			
	30	박 용 희											
	37	이 종 훈											
	99	바 셀 루 스	○ 0/0	▽ 1/0		○ 0/1 C	▽ 0/0	△ 0/0	▽ 0/0				

FC 서 울

창단년도_ 1983년

전화_ 02-306-5050 팩스_ 02-306-1620

홈페이지_ www.fcseoul.com

인스타그램_ www.instagram.com/fcseoul

유튜브_ www.youtube.com/user/FCSEOUL

페이스북_ www.facebook.com/fcseoul

주소_ 우 03932 서울특별시 마포구 월드컵로 240
서울월드컵경기장 내
Seoul World Cup Stadium, 240, World Cup-ro, Mapo-gu,
Seoul, KOREA 03932

연혁

1983 럭키금성황소축구단 창단
제1대 구자경 구단주 취임
1985 85 축구대제전 수퍼리그 우승
1986 86 축구대제전 준우승
1987 제1회 윈폴라이컵 준우승
1988 제6회 홍콩 구정컵 3위
제43회 전국축구선수권대회 우승
1989 89 한국프로축구대회 준우승
1990 90 한국프로축구대회 우승
서울 연고지 이전
1991 구단명칭 'LG치타스'로 변경(마스코트: 황소 → 치타)
제2대 구본무 구단주 취임
1992 92 아디다스컵 준우승
1993 93 한국프로축구대회 준우승
1994 94 아디다스컵 준우승
1996 안양 연고지 이전(구단명칭 '안양LG치타스'로 변경)
1997 제2회 FA컵 3위
1998 제3대 허창수 구단주 취임
제3회 삼보체인지업 FA컵 우승
1999 99 아디다스컵 준우승
99 티켓링크 수퍼컵 준우승
2000 2000 삼성 디지털 K-리그 우승
2001 2001 포스데이타 수퍼컵 우승
2001 포스코 K-리그 준우승
2002 2001-02 아시안 클럽 챔피언십 준우승
2004 서울 연고지 복귀(구단명칭 'FC서울'로 변경)
2005 보카 주니어스 친선경기
K리그 단일 시즌 최다 관중 신기록 수립(458,605명)
문화관광부 제정 제1회 스포츠산업대상 수상
2006 삼성 하우젠컵 2006 우승
FC 도쿄 친선경기
2007 삼성 하우젠컵 2007 준우승
프로스포츠 단일 경기 최다 관중 기록 수립(55,397명)
맨체스터 유나이티드 친선경기, FC 도쿄 친선경기
2008 삼성 하우젠 K-리그 2008 준우승
LA 갤럭시 친선경기
2009 AFC 챔피언스리그 2009 8강
맨체스터 유나이티드 친선경기
2010 쏘나타 K리그 2010 우승
포스코컵 2010 우승

프로스포츠 단일 경기 최다 관중 신기록 수립(60,747명)
K리그 단일 시즌 최다 총관중 신기록(546,397명)
K리그 최다 홈 18연승 타이기록 수립
2011 AFC 챔피언스리그 2011 8강
구단 최다 7연승 신기록 수립
K리그 최초 2시즌 연속 50만 총관중 달성
2012 현대오일뱅크 K리그 2012 우승
K리그 단일 정규리그 최다 승점 신기록 수립(96점)
K리그 단일 정규리그 최다 승수 신기록 수립(29승)
K리그 3시즌 연속 최다 총관중 달성
2013 AFC 챔피언스리그 2013 준우승
K리그 통산 400승 달성
2014 제19회 하나은행 FA컵 준우승
AFC 챔피언스리그 2014 4강
K리그 최초 2년 연속 AFC 챔피언스리그 4강 진출
AFC 클럽랭킹 K리그 1위(아시아 2위)
K리그 역대 최다 관중 1~10위 석권
(7/12 對수원 46,549명 입장/K리그 역대 최다 관중 9위 기록)
바이엘 04 레버쿠젠 친선경기
2015 제20회 KEB하나은행 FA컵 우승
AFC 클럽랭킹 K리그 1위(아시아 4위)
K리그 최초 6년 연속 30만 관중 돌파
구단 통산 1,500호 골 달성(K리그 기준)
2016 현대오일뱅크 K리그 클래식 2016 우승
제21회 KEB하나은행 FA컵 준우승
2016 AFC 챔피언스리그 4강
K리그 단일 경기 최다 관중 기록 9위 달성(6월 18일 47,899명)
K리그 최초 7년 연속 30만 관중 돌파
2017 K리그 최초 8년 연속 30만 관중 돌파(310,061명)
2019 K리그 30만 관중 돌파(관중수 1위 324,162명)
K리그 관중 입장수익 1위, 관중 1인당 입장수익 1위
2021 K리그1 유소년 클럽상 수상
2022 제27회 하나원큐 FA컵 준우승
K리그1 2022 풀 스타디움상 수상
K리그1 2022 유소년 클럽상 수상
2023 대한민국 프로스포츠 역대 최다 평균 관중 기록(22,633명)
K리그 최초 40만 관중 돌파(430,029명)
K리그1 풀 스타디움상 수상
K리그1 플러스 스타디움상 수상
K리그1 유소년 클럽상 수상

2023년 선수명단

대표이사_ 여은주 단장_ 유성한 감독대행_ 김진규
코치_ 박혁순 · 조성래 · 황은찬 · 김명곤 골키퍼 코치_ 전상욱 피지컬 코치_ 정훈기
팀닥터_ 조윤상 의무트레이너_ 박성률 · 서성태 · 강대성 전력분석관_ 이용재 통역_ 이석진 · 이환 선수단 매니저_ 이지훈

포지션	선수명		생년월일	출신교	키(cm) / 몸무게(kg)
GK	백 종 범	白 種 範	2001.01.21	오산고	190 / 85
	황 성 민	黃 聖 珉	1991.06.23	한남대	188 / 83
	최 철 원	崔 喆 原	1994.07.23	광주대	194 / 87
	서 주 환	徐 宙 桓	1999.06.24	울산대	191 / 79
DF	황 현 수	黃 賢 秀	1995.07.22	오산고	183 / 80
	권 완 규	權 完 規	1991.11.20	성균관대	188 / 82
	김 진 야	金 鎭 冶	1998.06.30	대건고	177 / 63
	김 현 덕	金 賢 德	2004.11.05	보인고	190 / 78
	이 시 영	李 時 榮	1997.04.21	풍생고	173 / 65
	김 주 성	金 朱 晟	2000.12.12	오산고	186 / 76
	조 영 광	趙 榮 光	2004.03.11	보인고	173 / 68
	안 재 민	安 在 民	2003.01.23	동국대	177 / 72
	이 지 석	李 知 錫	2004.04.06	오산고	182 / 66
	박 성 훈	朴 聲 勳	2003.01.27	오산고	183 / 72
	이 태 석	李 太 錫	2002.07.28	오산고	174 / 61
	강 상 희	姜 常 熙	1998.03.07	선문대	178 / 70
	박 수 일	朴 秀 日	1996.02.22	광주대	178 / 68
MF	오 스 마 르	Osmar Ibañez Barba	1988.06.05	*스페인	192 / 83
	기 성 용	奇 誠 庸	1989.01.24	금호고	189 / 75
	이 승 모	李 勝 模	1998.03.30	포항제철고	186 / 75
	고 요 한	高 요 한	1988.03.10	토월중	170 / 65
	정 현 철	鄭 鉉 哲	1993.04.26	동국대	187 / 72
	팔로세비치	Aleksandar Paločević	1993.08.22	*세르비아	180 / 70
	김 윤 겸	金 潤 嗛	2004.02.17	보인고	173 / 61
	서 재 민	徐 材 珉	2003.09.16	오산고	178 / 73
	백 상 훈	白 尙 訓	2002.01.07	오산고	173 / 62
	박 장 한 결	朴 張 한 결	2004.02.15	보인고	178 / 72
	한 승 규	韓 承 規	1996.09.28	연세대	174 / 65
	이 승 준	李 承 俊	2004.08.11	오산고	174 / 65
	김 성 민	金 成 玟	2001.04.13	선문대	180 / 73
	황 도 윤	黃 度 尹	2004.04.09	고려대	176 / 73
FW	나 상 호	羅 相 鎬	1996.08.12	단국대	173 / 70
	김 신 진	金 信 珍	2001.07.13	선문대	186 / 80
	지 동 원	池 東 沅	1991.05.28	광양제철고	188 / 81
	강 성 진	姜 成 進	2003.03.26	오산고	178 / 76
	임 상 협	林 相 協	1988.07.08	류츠케이자이대	181 / 74
	김 경 민	金 烱 珉	1997.01.22	전주대	186 / 81
	비욘 존슨	Bjørn Johnsen	1991.11.06	*노르웨이	196 / 81
	손 승 범	孫 承 範	2004.05.04	오산고	180 / 65
	일 류 첸 코	Stanislav Iljutcenko	1990.08.13	*독일	187 / 82
	윌 리 안	Willyan da Silva Barbosa	1994.02.17	*브라질	170 / 62
	아 이 에 쉬	Hosam Aiesh	1995.04.14	*시리아	180 / 72

2023년 개인기록_ K리그1

위치	배번		02	12	16	21	28	32	38	43	51	55
		경기번호	02	12	16	21	28	32	38	43	51	55
		날 짜	02.25	03.05	03.12	03.18	04.01	04.08	04.15	04.22	04.26	04.29
		홈/원정	홈	원정	홈	원정	원정	홈	원정	홈	원정	원정
		장 소	서울W	광주	서울W	제주W	대전W	서울W	포항	서울W	춘천	수원
		상 대	인천	광주	울산	제주	대전	대구	포항	수원	강원	수원FC
		결 과	승	승	패	승	패	승	무	승	패	승
		점 수	2:1	2:0	1:2	2:1	2:3	3:0	1:1	3:1	2:3	3:0
		승 점	3	6	6	9	9	12	13	16	16	19
		슈팅수	13:15	7:6	3:8	9:10	13:16	14:12	5:8	15:10	9:7	13:8
GK	1	백 종 범					○ 0/0	○ 0/0	○ 0/0 C	○ 0/0	○ 0/0	
	18	황 성 민										
	21	최 철 원	○ 0/0	○ 0/0	○ 0/0	○ 0/0						○ 0/0
DF	2	황 현 수				△ 0/0		△ 0/0	△ 0/0	○ 0/0		△ 0/0
	3	권 완 규	△ 0/0	△ 0/0			△ 0/0	○ 0/0	○ 0/0 CC		▽ 0/0	
	4	이 한 범									△ 0/1 C	▽ 0/0 C
	17	김 진 야	○ 0/0	○ 0/0	○ 0/0 C	○ 0/1	○ 0/0	▽ 0/0	○ 0/0	○ 0/0		
	22	이 시 영	△ 0/0	△ 0/1								
	30	김 주 성	○ 1/0	▽ 0/0	○ 0/0	○ 0/0	○ 0/0	○ 0/0 C	▽ 0/0 C			
	40	박 성 훈										
	88	이 태 석	○ 0/0		○ 0/1	○ 0/0	▽ 0/0	▽ 0/0	▽ 0/0			
	96	박 수 일			△ 0/0	△ 0/0	△ 0/0	△ 0/0	△ 0/0	△ 0/0	△ 0/0	△ 0/0
MF	5	오 스 마 르	○ 0/0	○ 1/0	○ 0/0	○ 0/0		○ 0/0	○ 0/0			
	6	기 성 용	○ 0/1	○ 0/0 C	○ 0/0	○ 0/0	▽ 0/1	○ 0/0			▽ 0/0 C	○ 0/0 C
	8	이 승 모										
	13	고 요 한										
	16	한 찬 희		△ 0/0			△ 0/0	△ 0/0 C	▽ 0/0		▽ 0/0	▽ 1/0 C
	24	정 현 철										
	26	팔로세비치	▽ 0/0	▽ 0/0 C		○ 1/0	○ 1/0	▽ 1/0 C	▽ 1/0 C	▽ 1/0 C	△ 1/0	▽ 0/0
	35	백 상 훈										
	36	안 재 민										
	66	한 승 규						△ 0/0	△ 0/0		△ 0/0	
	72	이 승 준										
	81	황 도 윤										
	94	윌 리 안	△ 0/0	△ 0/0	△ 0/0					△ 0/0	○ 0/0	△ 0/0
FW	7	나 상 호	▽ 0/0	▽ 0/0	▽ 1/0	▽ 0/0	▽ 1/0	○ 1/0	○ 1/0	○ 1/0	○ 0/0	○ 2/0
	9	김 신 진	△ 0/0			△ 0/0		△ 0/0	△ 0/0	△ 0/0		▽ 0/1
	10	지 동 원										
	11	강 성 진					△ 0/0					△ 0/0
	14	임 상 협	○ 1/0 C	○ 0/1	○ 0/0	○ 0/0	▽ 0/0		▽ 0/0	▽ 0/0	○ 2/0	▽ 0/0
	16	황 의 조	▽ 0/0 C	○ 0/0	▽ 0/0	○ 0/0	○ 0/0	○ 1/0	○ 0/0	○ 1/0	◆ 0/0	
	19	김 경 민										
	25	비욘존슨										
	37	손 승 범										
	49	박 동 진	▽ 0/0 C	△ 1/0	△ 0/0		△ 0/0		△ 0/0	△ 0/0 C		△ 0/1
	90	일 류 첸 코		▽ 0/0	▽ 0/0	▽ 0/0	▽ 1/0			△ 0/0	▽ 0/0	
	99	아 이 에 쉬										

선수자료 : 득점 / 도움 ○ = 선발출전 △ = 교체 IN ▽ = 교체 OUT ◆ = 교체 IN / OUT C = 경고 S = 퇴장

위치	배번		62	69	76	80	87	96	101	107	109	117
		경기번호	62	69	76	80	87	96	101	107	109	117
		날짜	05.05	05.09	05.14	05.20	05.28	06.04	06.07	06.11	06.24	07.01
		홈/원정	홈	홈	원정	홈	홈	원정	원정	홈	원정	홈
		장소	서울W	서울W	문수	서울W	서울W	대구전	인천	서울W	수원W	서울W
		상대	전북	광주	울산	제주	강원	대구	인천	포항	수원	대전
		결과	무	승	패	무	승	패	무	무	승	무
		점수	1:1	3:1	2:3	1:1	1:0	0:1	1:1	1:1	1:0	0:0
		승점	20	23	23	24	27	27	28	29	32	33
		슈팅수	14:9	13:5	17:13	15:5	12:5	9:10	9:6	9:8	13:13	12:1
GK	1	백종범	○ 0/0	○ 0/0	○ 0/0	○ 0/0	○ 0/0	○ 0/0	○ 0/0	○ 0/0	○ 0/0	○ 0/0
	18	황성민										
	21	최철원										
DF	2	황현수					△ 0/0	△ 0/0				
	3	권완규								△ 0/0		
	4	이한범	○ 0/0 C	○ 0/0	○ 0/0	○ 0/0	○ 0/0	▽ 0/0	○ 0/0 C	○ 0/0	▽ 0/0	○ 0/0
	17	김진아	▽ 0/0	▽ 0/0	▽ 0/0	△ 0/0	△ 0/0	△ 0/0	△ 0/0		△ 0/0	◆ 0/0
	22	이시영										
	30	김주성	○ 0/0	○ 0/0	○ 0/0	○ 0/0	○ 0/0				○ 0/0	
	40	박성훈										
	88	이태석	▽ 0/0 C	▽ 0/0	○ 0/0	○ 0/0	○ 0/0 C	○ 0/0				
	96	박수일	△ 0/0	△ 0/0	△ 1/0	▽ 0/0	○ 0/0	▽ 0/0				
MF	5	오스마르	▽ 0/0	○ 0/0	○ 0/0	○ 0/0	△ 0/0	○ 0/0	○ 0/0	○ 0/0		○ 0/0 C
	6	기성용	○ 0/0	△ 0/0	△ 0/0	▽ 0/0	▽ 0/0		▽ 0/1	▽ 0/0	▽ 0/0	△ 0/0
	8	이승모									△ 0/0 C	▽ 0/0
	13	고요한						△ 0/0	△ 0/0			
	16	한찬희				△ 0/0	△ 0/0					
	24	정현철										
	26	팔로세비치	○ 0/0	▽ 0/0	▽ 0/0		▽ 0/0					
	35	백상훈										
	36	안재민										
	66	한승규				△ 0/0				△ 0/0		
	72	이승준										△ 0/0
	81	황도윤										
	94	윌리안	△ 0/0	▽ 1/0	○ 0/0	△ 1/0	▽ 1/0	▽ 0/0	▽ 0/0	△ 0/0 C	△ 1/0 C	△ 0/0
FW	7	나상호	○ 0/1	△ 1/1	△ 0/0	▽ 0/0	▽ 0/0	○ 0/0	○ 0/0	○ 0/0 C	▽ 0/0	○ 0/0
	9	김신진		○ 0/0 C	▽ 1/0	○ 0/0	△ 0/0			△ 0/0	◆ 0/0	
	10	지동원										
	11	강성진										
	14	임상협	▽ 0/0	▽ 0/0	▽ 0/0 C	▽ 0/0	△ 0/0	△ 0/0		○ 0/1	▽ 0/0	▽ 0/0
	16	황의조	○ 0/0	▽ 0/1	△ 0/1	▽ 0/0			○ 1/0	○ 1/0	○ 0/0	
	19	김경민							◆ 0/0			
	25	비욘존슨										
	37	손승범										
	49	박동진	△ 1/0	△ 1/0	▽ 0/0	△ 0/0					△ 0/0 C	△ 0/0
	90	일류첸코	△ 0/0	△ 0/0	△ 0/0				△ 0/0			▽ 0/0
	99	아이에쉬										

위치	배번	이름	125	132	134	143	145	154	161	167	171	179
		경기번호	125	132	134	143	145	154	161	167	171	179
		날 짜	07.08	07.12	07.15	07.22	08.04	08.13	08.19	08.27	09.02	09.17
		홈/원정	원정	홈	원정	홈	홈	원정	홈	홈	원정	홈
		장 소	전주W	서울W	강릉	서울W	서울W	대전W	서울W	서울W	수원W	서울W
		상 대	전북	수원FC	강원	인천	포항	대전	대구	울산	수원	광주
		결 과	패	승	무	패	무	패	무	무	승	패
		점 수	1:2	7:2	1:1	0:1	2:2	3:4	2:2	2:2	1:0	0:1
		승 점	33	36	37	37	38	38	39	40	43	43
		슈팅수	14:12	22:10	14:10	11:9	11:8	15:17	8:10	16:16	13:16	18:3
GK	1	백 종 범	○0/0	○0/0	○0/0		○0/0	○0/0	○0/0			
	18	황 성 민										
	21	최 철 원				○0/0				○0/0	○0/0	○0/0
DF	2	황 현 수		△0/0	△0/0 C		△0/0		△0/0			
	3	권 완 규							△0/0 C			
	4	이 한 범	○0/0 C		○0/0	○0/0	○0/0	○0/0	○0/0			
	17	김 진 야	△0/0	○0/0	○0/0	△0/0		△0/0	◆0/0	▽0/0	▽0/0	▽0/0
	22	이 시 영	△0/0	△0/0	△0/1			△0/0		△0/0		
	30	김 주 성	○0/0		○1/0	○0/0	○0/0	○0/0 C	○0/0	○0/0	○0/0 C	
	40	박 성 훈										
	88	이 태 석	▽0/0 C				△0/0	▽0/0	▽0/0		▽0/0	△0/0
	96	박 수 일	○0/0	○0/0	○0/0	○0/0	▽0/0	○0/0	○0/0	○0/0 C	○0/1	○0/0
MF	5	오 스 마 르	○0/0	○0/0	△1/0	○0/0 C	○0/0	▽0/0 C	○0/0	○0/0	○0/0	○0/0 C
	6	기 성 용	△0/0	○0/0	○0/0	○0/0	▽0/1		○0/0	○0/0	○0/0	○0/0 C
	8	이 승 모	▽0/0	▽0/0	▽0/0	△0/0	△0/0					
	13	고 요 한									▽0/0	▽0/0
	16	한 찬 희										
	24	정 현 철		△0/0								
	26	팔 로 세 비 치	▽0/0	▽0/1	▽0/0		○1/0	○0/0	▽0/0	○0/0	▽0/0 C	▽0/0 C
	35	백 상 훈										
	36	안 재 민										
	66	한 승 규				△0/0		△1/0 C	▽0/0	△0/0	△0/0	△0/0
	72	이 승 준										
	81	황 도 윤										
	94	윌 리 안	△0/0	▽1/0	▽0/0	▽0/0	▽0/0 C	▽0/0	△1/0 C	△0/0		△0/0
FW	7	나 상 호	○1/0	▽2/1	▽0/0	○0/0	○0/1	○0/0	○0/0	○0/0	○0/0	○0/0
	9	김 신 진		▽2/0	▽0/0	▽0/0	▽1/0	○0/0 C	○1/0	○0/0		▽0/0 C
	10	지 동 원						△0/0	△0/0	△0/0	△0/0	
	11	강 성 진										
	14	임 상 협	▽0/0				△0/0			▽0/0		▽0/0
	16	황 의 조										
	19	김 경 민		△1/0	△0/0		△0/0				▽0/0	
	25	비 욘 존 손						△0/0	△0/0		△0/0	
	37	손 승 범										
	49	박 동 진	△0/0	△0/1								
	90	일 류 첸 코	▽0/0		△0/0	△0/0		△1/0		▽1/0	▽1/0	△0/0
	99	아 이 에 쉬										

선수자료 : 득점/도움   ○ = 선발출전   △ = 교체 IN   ▽ = 교체 OUT   ◆ = 교체 IN/OUT   C = 경고   S = 퇴장

위치	배번		경기번호	182	188	195	202	210	213	221	223
			날짜	09.23	09.30	10.08	10.22	10.29	11.11	11.25	12.02
			홈/원정	원정	원정	홈	홈	원정	원정	홈	원정
			장소	제주W	수원	서울W	서울W	수원	제주W	서울W	대전W
			상대	제주	수원FC	전북	강원	수원FC	제주	수원	대전
			결과	승	무	패	승	승	무	패	무
			점수	3:1	1:1	0:2	2:1	4:3	0:0	0:1	2:2
			승점	46	47	47	50	53	54	54	55
			슈팅수	11:9	11:16	15:9	18:5	16:14	14:11	10:14	14:17
GK	1	백종범				○ 0/0	○ 0/0 C	○ 0/0	○ 0/0	○ 0/0	
	18	황성민									○ 0/0 C
	21	최철원		○ 0/0	○ 0/0						
DF	2	황현수					△ 0/0	△ 0/0	▽ 0/0		
	3	권완규									
	4	이한범									
	17	김진야									
	22	이시영		△ 0/0	△ 0/0		○ 0/0 C	○ 0/0	○ 0/0 C	○ 0/0	△ 0/0
	30	김주성		▽ 0/0	○ 0/0	○ 0/0	▽ 0/0	○ 0/0	△ 0/0	○ 0/0	○ 0/0
	40	박성훈									○ 0/0
	88	이태석		○ 0/0	○ 0/0	○ 0/0					
	96	박수일		○ 0/1	▽ 0/0	○ 0/0	○ 0/0 C	○ 0/0		○ 0/0 C	○ 0/1
MF	5	오스마르		○ 0/0	○ 0/0	○ 0/0	○ 0/0	○ 0/0	○ 0/0 S		
	6	기성용		○ 0/0	○ 1/0	○ 0/0		○ 1/0	○ 0/0 C		
	8	이승모		▽ 2/0	▽ 0/0						
	13	고요한			▽ 0/0						▽ 0/0 C
	16	한찬희									
	24	정현철					△ 0/0				
	26	팔로세비치					▽ 0/0	▽ 0/0	▽ 0/0	△ 0/0	○ 0/0
	35	백상훈		△ 0/0		▽ 0/0					
	36	안재민									△ 0/0
	66	한승규			◆ 0/0		▽ 0/0	▽ 0/0	▽ 0/0 C	▽ 0/0	
	72	이승준									▽ 0/0
	81	황도윤									▽ 0/0
	94	윌리안		▽ 0/2	▽ 0/0	△ 0/0	▽ 0/0	▽ 1/0	▽ 0/0	▽ 0/0	
FW	7	나상호		○ 0/0	○ 0/0	○ 0/0	○ 1/0	○ 0/0	○ 0/0	○ 0/0	◆ 0/0
	9	김신진		△ 0/0	△ 0/0 C		△ 0/0	▽ 0/0	△ 0/0		
	10	지동원		▽ 0/0		△ 0/0 C	△ 1/0		▽ 0/0	△ 0/0	○ 0/1
	11	강성진					▽ 0/0				▽ 2/0 C
	14	임상협									
	16	황의조									
	19	김경민					△ 0/0	△ 1/0	△ 0/0		△ 0/0
	25	비욘존슨		△ 0/0	△ 0/0	△ 0/0		△ 1/0 C	△ 0/0	△ 0/0	
	37	손승범									△ 0/0 C
	49	박동진									
	90	일류첸코		▽ 1/0	○ 0/0	▽ 0/0			△ 0/0	▽ 0/0	△ 0/0
	99	아이에쉬		△ 0/0	△ 0/0			▽ 0/0			

대전 하나 시티즌

창단년도_ 1997년
전화_ 042-824-2002
팩스_ 042-824-7048
홈페이지_ www.DHCFC.kr
페이스북_ www.facebook.com/dhcfc.kr
유튜브_ www.youtube.com/c/daejeonhanacitizen
주소_ 우 34148 대전광역시 유성구 월드컵대로 32(노은동) 대전
월드컵경기장 서관 3층
3F, West Gate, Daejeon World Cup Stadium, 32, World
Cup-daero(Noeun-dong), Yuseong-gu, Daejeon, KOREA
34148

연혁

1996	(주)대전프로축구 창설
1997	대전 시티즌 프로축구단 창설
	97 라피도컵 프로축구대회 7위
	97 아디다스컵 페어플레이팀 수상
	97 라피도컵 '올해의 페어플레이' 팀 수상
1998	98 현대컵 K-리그 9위
1999	99 바이코리아컵 K-리그 8위
2000	2000 삼성 디지털 K-리그 8위
2001	2001 포스코 K-리그 10위
	제6회 서울은행 FA컵 우승
2002	2002 삼성 파브 K-리그 10위
	제7회 하나-서울은행 FA컵 4강
2003	AFC 챔피언스리그 본선진출
	삼성 하우젠 K-리그 6위
	제8회 하나은행 FA컵 8강
2004	삼성 하우젠 K-리그 2004 통합 11위(전기 11위, 후기 11위)
	삼성 하우젠컵 2004 준우승
	제9회 하나은행 FA컵 4강
2005	삼성 하우젠컵 2005 10위
	삼성 하우젠 K-리그 2005 10위
	삼성 하우젠 K-리그 2005 전기 8위, 후기 7위
	1차 시민주 공모
2006	2차 시민주 공모
	삼성 하우젠 K-리그 2006 전기 3위, 후기 12위
	삼성 하우젠컵 2006 4위 (B조 5위)
2007	삼성 하우젠컵 2007 10위 (B조 5위)
	삼성 하우젠 K-리그 6위 (6강 진출)
2008	삼성 하우젠컵 2008년 B조 4위
	삼성 하우젠 K-리그 13위
2009	2009 K-리그 9위
	피스컵 A조 5위
	제14회 하나은행 FA컵 4강
	제14회 하나은행 FA컵 페어플레이팀 수상
2010	쏘나타 K리그 2010 13위
	포스코컵 2010 C조 5위
2011	현대오일뱅크 K리그 2011 15위
	러시앤캐시컵 2011 A조 6위
2012	현대오일뱅크 K리그 2012 13위
2013	현대오일뱅크 K리그 클래식 2013 14위
2014	현대오일뱅크 K리그 챌린지 2014 우승
2015	현대오일뱅크 K리그 클래식 2015 12위
2016	현대오일뱅크 K리그 챌린지 2016 7위
2017	KEB하나은행 K리그 챌린지 2017 10위
2018	KEB하나은행 K리그2 2018 4위
2019	하나원큐 K리그2 2019 9위
2020	하나금융그룹 인수, 기업구단 전환
	'대전하나시티즌'으로 팀명 변경
	하나원큐 K리그2 2020 4위
2021	하나원큐 K리그2 2021 2위
2022	하나원큐 K리그2 2022 2위, K리그1 승격
2023	하나원큐 K리그1 2023 8위

2023년 선수명단

이사장_ 정태희   단장_ 김원택   감독_ 이민성
수석코치_ 정광석   코치_ 배효성 · 김경량 · 진경선   골키퍼 코치_ 졸레 · 이선형   피지컬 코치_ 박근영
의무트레이너_ 김진욱 · 조상제   전력분석관_ 김동현   선수단 매니저_ 조현준

포지션	선수명		생년월일	출신교	키(cm) / 몸무게(kg)
GK	정 산	鄭 山	1989.02.10	경희대	191 / 86
	이 창 근	李 昌 根	1993.08.30	동래고	186 / 75
	안 태 윤	安 兌 胤	2001.03.02	충남기계공고	186 / 78
	이 준 서	李 俊 敍	1998.03.07	오산고	185 / 82
	배 상 필	裵 相 泌	2002.08.20	인창고	189 / 84
DF	김 민 덕	金 民 惪	1996.07.08	성균관대	183 / 78
	이 종 현	李 鐘 賢	1997.01.24	인천대	172 / 65
	변 준 수	卞 俊 殊	2001.11.30	한양대	190 / 88
	서 영 재	徐 永 在	1995.05.23	한양대	182 / 71
	오 재 석	吳 宰 碩	1990.01.04	경희대	178 / 76
	조 유 민	曹 侑 珉	1996.07.08	중앙대	182 / 79
	정 강 민	鄭 康 玫	2004.12.18	진위고	175 / 67
	민 준 영	閔 竣 渶	1996.07.27	동국대	170 / 66
	임 덕 근	林 德 近	2000.02.25	천안제일고	180 / 77
	안 톤	Anton Kryvotsyuk	1998.08.20	*아제르바이잔, 우크라이나	186 / 76
	김 현 우	金 炫 佑	1999.03.07	현대고	183 / 70
	김 태 현	金 太 賢	2003.03.08	진위고	182 / 74
	임 유 석	林 侑 奭	2001.01.15	동의대	190 / 83
	정 원 식	鄭 元 植	2002.01.02	김천대	185 / 78
	이 동 원	李 東 洹	2002.10.30	선문대	182 / 75
	김 지 훈	金 志 勳	2000.06.26	충남기계공고	175 / 60
	강 윤 성	姜 允 盛	1997.07.01	대구공고	172 / 65
	이 한 빈	李 韓 彬	2003.02.07	진위고	186 / 82
	정 진 우	貞 進 友	2004.09.26	진위고	190 / 80
	이 선 호	李 璇 浩	2003.12.16	진위고	175 / 68
	배 서 준	培 瑞 峻	2003.12.11	진위고	173 / 63
MF	임 은 수	林 恩 水	1996.04.01	동국대	181 / 70
	이 현 식	李 炫 植	1996.03.21	용인대	175 / 64
	마 사	石田雅俊 / Ishida Masatosh	1995.05.04	*일본	180 / 68
	김 영 욱	金 泳 旭	1991.04.29	광양제철고	177 / 70
	김 도 윤	金 導 潤	2002.01.25	단국대	178 / 70
	김 경 환	金 京 煥	2003.04.08	한양대	180 / 73
	정 우 빈	鄭 優 斌	2001.05.08	중앙대	175 / 64
	이 진 현	李 鎭 賢	1997.08.26	성균관대	173 / 65
	주 세 종	朱 世 鐘	1990.10.30	건국대	176 / 72
	이 은 재	李 恩 宰	2003.03.13	진위고	177 / 71
	최 재 현	崔 在 現	1994.04.20	광운대	184 / 77
FW	전 병 관	全 炳 關	2002.11.10	양지U18	170 / 63
	신 상 은	申 相 垠	1999.08.20	성균관대	183 / 76
	구 텍	Vladislavs Gutkovskis	1995.04.02	*라트비아	187 / 87
	김 인 균	金 仁 均	1998.07.23	청주대	175 / 67
	레 안 드 로	Leandro Joaquim Ribeiro	1995.01.13	*브라질	176 / 75
	유 강 현	柳 强 賢	1996.04.27	서해고	186 / 78
	유 선 우	俞 善 優	2004.06.18	안동중	182 / 73
	티 아 고	Tiago Pereira da Silva	1993.10.28	*브라질	190 / 75
	이 선 유	李 善 有	2001.03.05	한양대	175 / 70

2023년 개인기록 _ K리그1

위치	배번	선수	06	07	14	23	28	36	41	45	53	57
		날짜	02.26	03.04	03.11	03.19	04.01	04.09	04.16	04.22	04.26	04.30
		홈/원정	홈	원정	홈	원정	홈	원정	홈	원정	원정	홈
		장소	대전W	인천	대전W	수원W	대전W	수원	대전W	대구전	전주W	대전W
		상대	강원	인천	포항	수원	서울	수원FC	울산	대구	전북	제주
		결과	승	무	무	승	승	패	승	패	승	패
		점수	2:0	3:3	0:0	3:1	3:2	3:5	2:1	0:1	2:1	0:3
		승점	3	4	5	8	11	11	14	14	17	17
		슈팅수	9:11	7:22	10:3	11:15	16:13	8:19	10:16	11:12	10:9	7:15
GK	1	이 창 근	o 0/0	o 0/0	o 0/0	o 0/0	o 0/0	o 0/0	o 0/0	o 0/0	o 0/0	o 0/0
DF	2	서 영 재	o 0/0	o 0/0	▽ 0/0	▽ 0/0			△ 0/0		o 0/0	△ 0/0
	3	김 민 덕	o 0/0	o 0/0		o 1/0	o 0/0	o 0/0	o 0/0	o 0/0		o 0/0
	4	김 현 우				△ 0/0	△ 0/0	▽ 0/0			▽ 0/0	△ 0/0
	5	임 덕 근	△ 0/0	△ 0/0	▽ 0/0	o 0/0 C	o 0/0		△ 0/0		o 0/0	
	12	민 준 영										
	15	변 준 수				△ 1/0				o 0/0 C	△ 0/0 C	
	17	이 현 식	▽ 0/0 C		o 0/0	△ 0/0	△ 0/0	o 1/0 C	o 1/1	o 0/0 C		o 0/0
	20	조 유 민	o 0/0 C	o 0/0	o 0/0	o 0/0	o 1/0 C	o 0/0	o 0/0	o 0/0 C		
	22	오 재 석	o 0/0 C	o 0/0	▽ 0/0	▽ 0/0 C	▽ 0/0	▽ 0/0	o 0/0	▽ 0/0		▽ 0/0
	26	김 지 훈									▽ 0/1	
	31	임 유 석			△ 0/0							
	46	이 동 원										
	71	강 윤 성										
	98	안 톤	o 0/0	o 0/0 C	o 0/0	o 0/1	▽ 0/0	o 0/0 S			o 1/0	
MF	6	임 은 수									o 0/0	
	8	주 세 종	▽ 0/0 C	▽ 0/0				o 0/0	▽ 0/0 C			▽ 0/0
	11	김 인 균	△ 0/0	△ 2/0 C	△ 0/0	△ 0/0	△ 0/1	△ 0/0				
	14	김 영 욱	△ 0/0	▽ 0/0							o 0/0	
	33	배 준 호					▽ 0/0	▽ 0/0	▽ 0/0	o 0/0	△ 0/0	▽ 0/0
	97	이 진 현	▽ 0/0	o 0/2		o 1/0 C	o 0/1	o 0/1	o 1/0	o 0/0	o 1/0	
FW	7	마 사						△ 1/0	△ 0/0		△ 0/0	
	10	유 강 현	△ 0/0	▽ 0/0	△ 0/0							△ 0/0
	13	전 병 관				▽ 0/0	▽ 0/0		△ 0/0	△ 0/0	▽ 0/0	▽ 0/0
	19	신 상 은	△ 0/0 C	△ 0/0	▽ 0/0	△ 0/0						
	28	티 아 고	▽ 1/0	o 1/1	▽ 0/0	o 0/0	▽ 0/0 C	▽ 2/0	o 0/1	o 0/0 C		▽ 0/0
	70	레 안 드 로	◈ 1/1			▽ 0/1		△ 0/1	▽ 0/0	▽ 0/0	△ 0/0	
	77	이 선 유										
	81	공 민 현		△ 0/0	△ 0/0		△ 0/0		△ 0/0	△ 0/0	△ 0/0	△ 0/0
	99	구 텍										

선수자료 : 득점/도움 ○ = 선발출전 △ = 교체 IN ▽ = 교체 OUT ◈ = 교체 IN/OUT C = 경고 S = 퇴장

위치	배번	선수	66	72	73	81	89	95	102	105	110	117
		경기번호	66	72	73	81	89	95	102	105	110	117
		날 짜	05.06	05.10	05.13	05.20	05.28	06.04	06.07	06.10	06.24	07.01
		홈/원정	원정	홈	원정	홈	원정	홈	원정	홈	원정	원정
		장 소	광주	대전W	포항	대전W	문수	대전W	춘천	대전W	제주W	서울W
		상 대	광주	수원FC	포항	대구	울산	인천	강원	광주	제주	서울
		결 과	무	승	패	패	무	패	승	무	무	무
		점 수	0:0	2:1	2:3	0:1	3:3	1:3	2:1	1:1	1:1	0:0
		승 점	18	21	21	21	22	22	25	26	27	28
		슈팅수	5:10	12:20	6:10	16:8	13:16	13:7	8:9	13:11	10:10	1:12
GK	1	이 창 근	○ 0/0	○ 0/0 C	○ 0/0	○ 0/0	○ 0/0	○ 0/0	○ 0/0	○ 0/0	○ 0/0	○ 0/0
DF	2	서 영 재		○ 0/0	△ 0/0	○ 0/0				▽ 0/0	▽ 0/0	
	3	김 민 덕	○ 0/0 C	○ 0/0		△ 0/0		○ 0/0	○ 0/0 C		▽ 0/0	
	4	김 현 우	○ 0/0 C	△ 0/0	○ 0/0		○ 0/0 C	○ 0/0	○ 0/0	○ 0/0		○ 0/0
	5	임 덕 근	△ 0/0	▽ 0/0	△ 0/0		○ 0/0				△ 0/0	▽ 0/0
	12	민 준 영					△ 0/0					
	15	변 준 수					△ 0/0		△ 0/0	○ 0/0 C	△ 0/0	
	17	이 현 식	○ 0/0 C	▽ 0/0 C			○ 0/0		△ 0/0 CC		○ 0/0 C	○ 0/0
	20	조 유 민				○ 1/0	▽ 0/0					
	22	오 재 석		○ 0/0 C		○ 0/0	○ 0/0	○ 0/0	○ 0/0 C		○ 0/0	○ 0/0
	26	김 지 훈			○ 0/0						▽ 0/0	
	31	임 유 석										
	46	이 동 원										
	71	강 윤 성										
	98	안 톤	○ 0/0	○ 0/0	▽ 0/0	○ 0/0	▽ 0/0	○ 0/0 C	○ 0/0	○ 0/0	○ 0/0	○ 0/0 C
MF	6	임 은 수	○ 0/0		○ 0/0 C	▽ 0/0	○ 0/0 C	▽ 0/0	△ 0/0			
	8	주 세 종	▽ 0/0	▽ 0/1	▽ 0/0	○ 0/0 CC		▽ 0/1	○ 1/0	▽ 0/0	▽ 0/0	▽ 0/0
	11	김 인 균						△ 0/0	△ 0/0	△ 1/0	△ 0/1	△ 0/0
	14	김 영 욱	△ 0/0	△ 0/0	△ 0/0				▽ 0/0 C	△ 0/0	▽ 0/0	△ 0/0
	33	배 준 호	▽ 0/0								○ 0/0	▽ 0/0
	97	이 진 현	○ 0/0	△ 0/0	○ 0/1	○ 0/0	▽ 0/0	○ 0/0		○ 0/0		▽ 0/0 C
FW	7	마 사		▽ 1/0	▽ 0/0	△ 0/0	▽ 2/0	▽ 0/0		△ 0/1	△ 0/0	△ 0/0
	10	유 강 현	▽ 0/0 C			▽ 0/0	△ 0/0		△ 0/0	△ 0/0	△ 0/0	
	13	전 병 관	▽ 0/0	▽ 1/0	△ 1/0	▽ 0/0	△ 0/0					
	19	신 상 은		△ 0/0				△ 0/0	▽ 0/0	▽ 0/0		△ 0/0
	28	티 아 고	△ 0/0	○ 0/0	△ 0/0		▽ 0/0	○ 1/0	○ 1/0	○ 0/0	○ 1/0	○ 0/0
	70	레 안 드 로	△ 0/0		▽ 0/0		○ 1/2	▽ 0/0	▽ 0/2	○ 0/0		
	77	이 선 유										
	81	공 민 현		△ 0/0			○ 0/0 C	△ 0/0				
	99	구 텍										

위치	배번	선수	경기번호 126	131	138	144	146	154	162	164	169	178
		날짜	07.09	07.12	07.16	07.22	08.04	08.13	08.20	08.25	09.01	09.16
		홈/원정	홈	홈	원정	홈	원정	홈	원정	원정	홈	원정
		장소	대전W	대전W	인천	대전W	광주	대전W	포항	전주W	대전W	문수
		상대	수원	전북	인천	대구	광주	서울	포항	전북	수원FC	울산
		결과	무	무	패	승	패	승	패	무	패	무
		점수	2:2	2:2	0:2	1:0	0:3	4:3	3:4	1:1	0:1	1:1
		승점	29	30	30	33	33	36	36	37	37	38
		슈팅수	13:13	10:15	7:7	11:6	8:12	17:15	9:12	7:10	10:10	5:10
GK	1	이창근	○0/0	○0/0	○0/0	○0/0	○0/0	○0/0	○0/0	○0/0	○0/0	○0/0
DF	2	서영재	○0/0	▽0/0 C			○0/0	○0/0				
	3	김민덕		○0/0	△0/0			△0/0				○0/0
	4	김현우	○0/0	○0/0	○0/0	▽0/1 C	○0/0	○0/0	▽0/0	○0/0	○0/0	▽0/0
	5	임덕근	○0/0			▽0/0						
	12	민준영										
	15	변준수	△0/0	▽0/0		△0/0	△0/0		△0/0	▽0/0		
	17	이현식		○0/0	△0/0	△0/0 C		△0/0	△0/0	○0/0	△0/0	○0/0
	20	조유민								△0/0	▽0/0	○0/0 C
	22	오재석			▽0/0	△0/0		▽0/0	▽0/0		△0/0	○0/0 C
	26	김지훈					▽0/0			▽0/0		
	31	임유석										
	46	이동원										▽0/0 C
	71	강윤성	○0/0 C	△0/0	○0/0	▽0/0	○0/0	○1/0 C	○0/0	○0/0	○0/0	
	98	안톤	○0/0 C		○0/0	○0/0	○0/0	○0/0	○0/0 C	○0/0	○0/0 C	△0/0
MF	6	임은수			○0/0		○0/0	▽0/0 C				
	8	주세종	▽0/0		▽0/0	○0/0	○0/0	▽0/0	▽0/0	△0/0	○0/0	▽0/0
	11	김인균	▽1/0	△1/1 C	△0/0	△0/0	▽0/0	▽0/0	▽0/0	▽0/1	△0/0	▽1/0
	14	김영욱						▽0/0	▽0/0	▽0/0 C		
	33	배준호	▽0/0	△0/0	○0/0	○1/0	▽0/0	△1/0	○0/0	○0/0	○0/0	
	97	이진현	△0/0			▽0/0	△0/0	○0/0 C	△0/0	▽0/0	○0/0	△0/0
FW	7	마사	△0/0	▽0/0		▽0/0	△0/0	0/1	○0/0			▽0/1
	10	유강현	○0/1	△0/0			△0/1	△0/0		△0/0		
	13	전병관						○0/0 C	○0/3 C			△0/0
	19	신상은	▽1/0	△1/0		△0/0		△0/0	△0/0			
	28	티아고	△0/0	○0/1 C	△0/0	△0/0	▽0/0	○2/0	○3/0 C	▽1/0	○0/0	○0/0
	70	레안드로	△0/0	▽0/0			△0/0		▽0/0		○0/0	△0/0
	77	이선유									△0/0	
	81	공민현										
	99	구택			▽0/0	▽0/0	△0/0 C					

선수자료 : 득점/도움   ○ = 선발출전   △ = 교체 IN   ▽ = 교체 OUT   ◈ = 교체 IN/OUT   C = 경고   S = 퇴장

위치	배번		181	191	198	204	209	211	219	223		
		경기번호	181	191	198	204	209	211	219	223		
		날짜	09.23	10.01	10.08	10.22	10.29	11.11	11.25	12.02		
		홈/원정	홈	원정	홈	홈	원정	홈	원정	홈		
		장소	대전W	강릉	대전W	대전W	수원W	대전W	제주W	대전W		
		상대	수원	강원	제주	수원FC	수원	강원	제주	서울		
		결과	승	무	승	무	무	패	승	무		
		점수	3:1	1:1	1:0	1:1	2:2	0:1	2:0	2:2		
		승점	41	42	45	46	47	47	50	51		
		슈팅수	11:12	4:11	12:13	16:12	9:7	5:17	12:13	17:14		
GK	1	이 창 근	○ 0/0	○ 0/0	○ 0/0	○ 0/0	○ 0/0	○ 0/0	○ 0/0	○ 0/0		
DF	2	서 영 재	○ 0/0 C	○ 0/0	○ 0/0	○ 0/0		○ 0/0		△ 0/0		
	3	김 민 덕	○ 0/0	○ 0/0	○ 1/0		△ 0/0		○ 0/0	○ 0/0		
	4	김 현 우	△ 0/0			○ 0/0			○ 0/0			
	5	임 덕 근				○ 0/0	○ 0/0	△ 0/0		△ 0/0		
	12	민 준 영										
	15	변 준 수						△ 0/0				
	17	이 현 식	○ 0/0	▽ 0/0	○ 0/0			○ 0/0	○ 0/0 C			
	20	조 유 민	○ 0/1	○ 0/0	○ 0/0	○ 0/0	○ 0/0	○ 0/0 C		○ 0/0 C		
	22	오 재 석					▽ 0/0 C		▽ 0/0	▽ 0/0		
	26	김 지 훈										
	31	임 유 석							○ 0/0 C	○ 0/0		
	46	이 동 원	▽ 0/0	▽ 0/0	▽ 0/0	◆ 0/0	▽ 0/0		▽ 0/0	▽ 0/0		
	71	강 윤 성				△ 0/0	○ 0/1	○ 0/0	▽ 0/0			
	98	안 　 톤	▽ 0/0	○ 0/0	○ 0/0 C		○ 0/0	○ 0/0	△ 0/0	○ 0/0 C		
MF	6	임 은 수										
	8	주 세 종	▽ 0/0	▽ 0/0	○ 0/0	▽ 0/0				▽ 0/0 C		
	11	김 인 균	▽ 1/0	▽ 0/0	△ 0/0	○ 0/1	△ 0/0	△ 0/0	△ 1/0	▽ 0/1		
	14	김 영 욱	△ 0/0	△ 0/0	△ 0/0	△ 0/0	△ 0/0	▽ 0/0	▽ 0/0			
	33	배 준 호										
	97	이 진 현	△ 0/0	△ 0/0			▽ 0/0					
FW	7	마 　 사	○ 0/0	▽ 1/0	▽ 0/0	▽ 0/0	△ 1/0	△ 0/0				
	10	유 강 현	▽ 1/0	△ 0/0	▽ 0/0 C	▽ 0/0		△ 0/0	○ 0/0	▽ 0/0		
	13	전 병 관	△ 0/0	△ 0/0	△ 0/0	▽ 0/0		▽ 0/0		△ 0/0		
	19	신 상 은		△ 0/0					△ 1/0	△ 1/0		
	28	티 아 고	△ 1/0	○ 0/1	△ 0/0	△ 1/0	○ 1/1	▽ 0/0	○ 0/1	○ 1/1		
	70	레 안 드 로			▽ 0/0	△ 0/0	△ 0/0	▽ 0/0		△ 0/0		
	77	이 선 유					▽ 0/0					
	81	공 민 현										
	99	구 　 택										

제주 유나이티드

창단년도_ 1982년

전화_ 064-738-0934~6

팩스_ 064-738-0600

홈페이지_ www.jeju-utd.com

주소_ 우 63558 제주특별자치도 서귀포시 일주서로 166-31(강정동)

166-31, Iljuseo-ro(Gangjeong-dong), Seogwipo-si, Jeju-do,

KOREA 63558

연혁

1982	유공 코끼리 축구단 창단(프로축구단 제2호)
	초대 최종현 구단주, 조규항 단장 취임, 초대 이종환 감독 취임
1983	프로축구 원년 구단으로 리그 참가(연고지: 서울, 인천, 경기)
	83 수퍼리그 3위
1984	84 축구대제전 수퍼리그 전반기 우승
	84 축구대제전 수퍼리그 챔피언결정전 준우승
1985	제2대 김정남 감독 취임
	제1회 일본 국제평화기원 축구대회 우승
1989	89 한국프로축구대회 우승
1990	2군 창설(함흥철 감독, 조윤환 코치 취임)
	제21회 태국 킹스컵 축구대회 3위
	90 한국프로축구 2군리그 준우승
	인천, 경기 → 서울 연고지 이전 (12월)
1992	제2대 이계원 단장 취임 제3대 박성화 감독 취임
1993	제2대 김항덕 구단주 취임
1994	94 아디다스컵 우승
	94 하이트배 코리안리그 준우승
	제4대 니폼니시 감독(러시아) 취임
1996	서울 → 부천 연고지 이전 (1월)
	유공 코끼리 → 부천 유공 구단명칭 변경
	96 아디다스컵 우승
1997	부천 유공 → 부천 SK 구단명칭 변경(10월)
1998	98 아디다스컵 코리아컵 준우승
	98 필립모리스코리아컵 준우승
	제5대 조윤환 감독 취임
1999	제3대 강성길 단장 취임
	99 바이코리아컵 K-리그 3위
2000	2000 대한화재컵 우승 2000 삼성 디지털 K-리그 준우승
2001	제6대 최윤겸 감독 취임
2002	제7대 트나즈 트르판 감독(터키) 취임
2003	제8대 하재훈 감독 취임
2004	제9대 정해성 감독 취임 제9회 하나은행 FA컵 준우승
2005	제4대 정순기 단장 취임
	제3대 신한철 SK(주) 대표이사 구단주 취임
2006	부천 → 제주 연고지 이전
	부천 SK → 제주 유나이티드 FC 구단명칭 변경
2007	제주 유나이티드 FC 클럽하우스 준공
2008	제10대 알툴 감독 취임
	제주유나이티드에프씨 주식회사로 독립법인 전환
2009	제1대 변명기 대표이사 취임 제11대 박경훈 감독 취임

	코리안 풋볼 드림매치 2009 연변FC 초청경기
2010	제4대 구자영 구단주 취임
	쏘나타 K리그 2010 준우승
	제15회 하나은행 FA컵 공동 3위 및 페어플레이상 수상
	K리그 대상 감독상(박경훈), MVP(김은중), 'FAN'tastic Player(구자철), 도움상(구자철), 베스트11(홍정호, 구자철, 김은중) 수상
2011	AFC 챔피언스리그 2011 조별예선 3위
2012	축구단 창단 30주년
	제17회 하나은행 FA컵 페어플레이상 수상
2013	팬 프렌들리 클럽 수상
2014	제2대 장석수 대표이사 취임
	대한민국 스포츠산업대상 대통령표창 수상(프로구단 최초)
2015	제5대 정철길 구단주 취임 제12대 조성환 감독 취임
	제6대 김준 단장 취임
	K리그 대상 베스트11 선정(송진형)
2016	현대오일뱅크 K리그 클래식 2016 3위
	K리그 대상 페어플레이상 수상, 베스트11(정운), 영플레이어상(안현범), 사랑나눔상(이근호) 수상
2017	KEB하나은행 K리그 클래식 2018 2위
	K리그 어워즈 '팬 프렌들리 클럽상' 수상
	K리그 대상 베스트11 선정(이창민, 오반석)
2018	제3대 안승희 대표이사 취임
	오반석, 2018 러시아 월드컵 대표팀 발탁
	정태욱, 2018 자카르타-팔렘방 아시안게임 대표팀 발탁
2019	제15대 최윤겸 감독 취임
	제24회 KEB하나은행 FA컵 16강
2020	제16대 남기일 감독 취임 제4대 한중길 대표이사 취임
	제5대 김현희 단장 취임
	하나원큐 K리그2 2020 우승, K리그1 승격
	제25회 하나은행 FA컵 16강
2021	하나원큐 K리그1 2021 FINAL A 진출
	강윤성, 2021도쿄올림픽 대표팀 발탁
	K리그 대상 득점상 및 베스트11 선정(주민규)
2022	하나원큐 K리그1 2022 5위 제27회 하나원큐 FA컵 4라운드
	K리그 대상 그린 위너스상 수상, 베스트11 선정(주민규)
2023	제5대 구창용 대표이사 취임
	하나원큐 K리그1 2023 9위 K리그 역대 5번째 팀 통산 500승
	제28회 하나원큐 FA컵 6라운드
	제28회 하나원큐 FA컵 페어플레이상 수상
	제17대 김학범 감독 취임

2023년 선수명단

대표이사_ 구창용 단장_ 김현희 감독대행_ 정조국
코치_ 하대성 · 최효진 · 윤대성 골키퍼 코치_ 송유걸 피지컬 코치_ 장석민
스카우터_ 한정국 · 심영성 의무트레이너_ 윤재영 · 오경현 · 하태준 전력분석관_ 김영진 선수단 매니저_ 문대화

포지션	성명	한자명	생년월일	출신교	키(cm) / 몸무게(kg)
GK	김 동 준	金 東 俊	1994.12.19	연세대	189 / 85
	임 준 섭	林 俊 燮	2003.08.22	제주U18	194 / 80
	김 형 근	金 亨 根	1994.01.06	영남대	188 / 78
	김 근 배	金 根 培	1986.08.07	고려대	187 / 80
DF	연 제 운	延 濟 運	1994.08.28	선문대	185 / 78
	정 운	鄭 澐	1989.06.30	명지대	180 / 76
	송 주 훈	宋 株 薰	1994.01.13	광명공고	190 / 83
	홍 준 호	洪 俊 豪	1993.10.11	오현고	190 / 77
	임 동 혁	林 東 奕	1993.06.08	숭실대	190 / 86
	임 채 민	林 采 玟	1990.11.18	영남대	188 / 82
	임 창 우	任 倉 佑	1992.02.13	현대고	184 / 79
	안 태 현	安 邰 鉉	1993.03.01	홍익대	174 / 70
	김 대 환	金 大 煥	2004.10.19	제주U18	172 / 67
	이 주 용	李 周 勇	1992.09.26	동아대	180 / 78
	김 오 규	金 吾 奎	1989.06.20	관동대	182 / 75
	박 원 재	朴 原 載	1994.05.07	중앙대	176 / 66
	곽 승 민	郭 承 敏	2004.08.24	천안제일고	186 / 80
MF	최 영 준	崔 榮 峻	1991.12.15	건국대	181 / 76
	김 건 웅	金 健 雄	1997.08.29	현대고	185 / 81
	이 기 혁	李 期 奕	2000.07.07	울산대	184 / 72
	한 종 무	韓 宗 武	2003.05.02	제주U18	180 / 67
	권 순 호	權 順 護	2003.03.13	광주대	178 / 72
	전 성 진	田 聖 眞	2001.07.19	현대고	178 / 72
	김 봉 수	金 奉 首	1999.12.26	광주대	181 / 74
	구 자 철	具 慈 哲	1989.02.27	보인고	183 / 74
FW	헤 이 스	Isnairo Reis Silva Morais	1993.01.06	*브라질	175 / 75
	서 진 수	徐 進 水	2000.10.18	제주U18	185 / 81
	유리 조나탄	Yuri Jonathan Vitor Coelho	1998.06.12	*브라질	185 / 78
	조 나 탄 링	Erik Jonathan Ring	1991.12.05	*스웨덴	182 / 74
	김 승 섭	金 承 燮	1996.11.01	경희대	177 / 65
	김 주 공	金 周 孔	1996.04.23	전주대	180 / 66

2023년 개인기록 _ K리그1

위치	배번	이름	05	09	18	21	29	35	37	48	52	57
		경기번호	05	09	18	21	29	35	37	48	52	57
		날짜	02.26	03.04	03.12	03.18	04.02	04.09	04.15	04.23	04.26	04.30
		홈/원정	홈	원정	원정	홈	홈	원정	원정	홈	원정	원정
		장소	제주W	대구전	인천	제주W	제주W	춘천	수원W	제주W	광주	대전W
		상대	수원FC	대구	인천	서울	울산	강원	수원	전북	광주	대전
		결과	무	무	패	패	패	승	승	패	승	승
		점수	0:0	1:1	0:1	1:2	1:3	1:0	3:2	0:2	1:0	3:0
		승점	1	2	2	2	2	5	8	8	11	14
		슈팅수	14:8	12:11	9:13	10:9	15:15	8:11	12:11	12:9	6:16	15:7
GK	1	김동준	○ 0/0	○ 0/0	○ 0/0	○ 0/0	○ 0/0	○ 0/0	○ 0/0	○ 0/0	○ 0/0	○ 0/0
	21	김형근										
	41	김근배										
DF	2	안태현					△ 0/0		△ 0/0 C		○ 0/0	
	3	연제운										
	4	송주훈	△ 0/0		○ 0/0	△ 1/0	○ 0/0					
	13	정운	○ 0/0 C	○ 0/0	○ 0/0	▽ 0/0				△ 0/0		○ 1/0
	20	김오규	○ 0/0	○ 0/0 C	○ 0/0 C		○ 0/0		○ 0/0 C	○ 0/0		
	26	임채민	○ 0/0	○ 0/0								
	27	전성진	▽ 0/0									
	28	임창우										
	29	김대환				▽ 0/0			▽ 0/0	▽ 0/0	▽ 0/0	▽ 0/0
	32	이주용		○ 0/0 C		○ 0/0	○ 0/0		▽ 0/0	○ 0/0 CC		▽ 0/0 C
	38	곽승민										▽ 0/0
	66	김주원				○ 0/0	▽ 0/0 C		○ 0/0	▽ 0/0	○ 0/0 C	○ 0/1
	94	안현범	▽ 0/0	○ 0/0	○ 0/0 C		△ 0/0		▽ 0/1	○ 0/0	○ 0/0 C	△ 0/0
MF	6	최영준	○ 0/0 C									
	7	구자철	▽ 0/0	△ 0/0	○ 0/0	○ 0/0 C	△ 0/0				○ 0/0	○ 0/0
	8	이창민	○ 0/0	○ 0/0 C					○ 0/0	○ 0/0	○ 0/0	
	8	김건웅										
	10	헤이스		○ 1/0	▽ 0/0	▽ 0/0	△ 0/0	▽ 0/0 C	○ 2/0 C	○ 0/0		○ 0/1
	24	이기혁						△ 0/0				
	25	한종무		▽ 0/0								
	30	김봉수	△ 0/0 C		○ 0/0	▽ 0/0	○ 0/0	○ 0/0	○ 0/0 C	▽ 0/0	○ 0/0 C	△ 1/0
	37	권순호										
FW	9	유리 조나탄	○ 0/0	○ 0/1	▽ 0/0	△ 0/0	○ 1/0		○ 1/1	○ 0/0	△ 0/0	
	11	김승섭	△ 0/0		△ 0/0	△ 0/0		○ 0/0 C	○ 0/0 C			△ 0/0
	12	지상욱	△ 0/0	▽ 0/0	△ 0/0				▽ 0/0		▽ 0/0	
	14	서진수	△ 0/0	◈ 0/0	△ 0/0	△ 0/0	▽ 0/0	△ 1/0		◈ 0/0	△ 1/0	△ 0/0
	15	조나탄 링										
	18	임동혁						△ 0/0		△ 0/0 C	△ 0/0	
	19	김주공	▽ 0/0	△ 0/0	△ 0/0	△ 0/0	○ 0/0	○ 0/0	△ 0/0	△ 0/0	△ 0/0	△ 0/0
	93	진성욱			◈ 0/0							

선수자료 : 득점/도움 ○ = 선발출전 △ = 교체 IN ▽ = 교체 OUT ◈ = 교체 IN/OUT C = 경고 S = 퇴장

위치	배번		64	70	78	80	85	93	98	104	110	115
		경기번호	64	70	78	80	85	93	98	104	110	115
		날짜	05.06	05.10	05.14	05.20	05.27	06.03	06.06	06.10	06.24	07.01
		홈/원정	홈	홈	원정	원정	홈	홈	원정	원정	홈	원정
		장소	제주W	제주W	수원	서울W	제주W	제주W	포항	문수	제주W	전주W
		상대	포항	인천	수원FC	서울	수원	강원	포항	울산	대전	전북
		결과	승	승	승	무	승	무	패	패	무	패
		점수	2:1	2:0	5:0	1:1	2:1	2:2	1:2	1:5	1:1	0:2
		승점	17	20	23	24	27	28	28	28	29	29
		슈팅수	6:13	17:8	13:11	5:15	10:7	12:13	3:11	13:13	10:10	17:8
GK	1	김동준	○0/0	○0/0	○0/0	○0/0	○0/0	○0/0	○0/0	○0/0	○0/0	○0/0
	21	김형근										
	41	김근배										
DF	2	안태현	▽0/0	△0/1	△1/0	▽0/0		△0/0	○0/0	△0/0	○0/1	○0/0
	3	연제운										△0/0
	4	송주훈										
	13	정운	○0/0	○0/0 C	○0/0 C	○0/0	▽0/0	○0/0	○0/0	▽0/0	○0/0 C	○0/0
	20	김오규	○0/0 C	○0/0	○0/0	○0/0	○0/0	○0/0 C	○0/0		○0/0 C	▽0/0
	26	임채민	△0/0	△0/0	○0/0 C	○0/0		○1/0	○0/0 C	○0/0	○0/0 C	
	27	전성진										
	28	임창우										
	29	김대환	▽0/0	▽0/0	▽0/0	▽0/0	▽0/0	▽0/0	▽0/0	▽0/0	◆0/0	◆0/0
	32	이주용	○0/0	○0/0	▽0/0	△0/0		▽0/0				△0/0
	38	곽승민	▽0/0	▽0/0						▽0/0		
	66	김주원	▽0/0	▽0/0 C						○0/0 C		
	94	안현범	△0/0	▽1/0	○0/0	○0/1	▽0/0	○1/0		△0/0		
MF	6	최영준										
	7	구자철		▽0/1			○0/0					
	8	이창민	○0/0 C	○0/0	○0/0	▽0/0	○0/0	○0/0	○0/0			
	8	김건웅										
	10	헤이스	▽0/0	○1/0	◆0/2	◆0/0	△0/0 C	△0/1	▽1/0	○0/0	○0/0	○0/0
	24	이기혁				▽0/0	▽0/0		▽0/0	○0/0	△0/0 C	△0/0
	25	한종무				▽0/0	▽0/0				▽0/0	▽0/0
	30	김봉수	○1/0	△0/0	△0/0	△0/0	△0/0	○0/0	○0/0			
	37	권순호										
FW	9	유리 조나탄	△0/0	△0/0	△1/0	△1/0	▽0/0	▽1/0	△0/0	△0/0	○0/0	▽0/0
	11	김승섭					△0/0	△0/0		△0/0	▽1/0	▽0/0
	12	지상욱								▽0/0		
	14	서진수	△0/0		○2/1	△0/0	△1/0	△0/0		▽0/0	▽0/0	○0/0
	15	조나탄 링						▽0/0			△0/0	
	18	임동혁							△0/0 C			
	19	김주공	△0/0	△0/0	△1/1	○0/0			△0/0	△0/0	△0/0	△0/0
	93	진성욱										

위치	배번	선수	121	128	137	139	150	153	157	165	174	176
		경기번호	121	128	137	139	150	153	157	165	174	176
		날짜	07.07	07.11	07.16	07.21	08.06	08.12	08.18	08.26	09.03	09.16
		홈/원정	홈	홈	원정	원정	홈	홈	원정	원정	홈	원정
		장소	제주W	제주W	포항	문수	제주W	제주W	수원W	대구전	제주W	인천
		상대	대구	광주	포항	울산	강원	수원FC	수원	대구	전북	인천
		결과	패	무	패	패	무	승	패	패	무	패
		점수	1:2	0:0	2:4	1:2	1:1	3:0	0:1	0:1	0:0	1:2
		승점	29	30	30	30	31	34	34	34	35	35
		슈팅수	12:16	12:8	8:8	14:7	14:6	15:7	12:8	14:13	10:17	9:8
GK	1	김동준	○0/0	○0/0	○0/0	○0/0	○0/0	○0/0	▽0/0	○0/0	○0/0	○0/0
	21	김형근										
	41	김근배							△0/0			
DF	2	안태현	△0/0	○0/0	○0/0	△0/0		△0/0			▽0/0	○0/0
	3	연제운	○1/0	○0/0	○1/0	○0/0	○0/0	○0/0				
	4	송주훈				△0/0	△0/0		△0/0		○0/0	▽0/0
	13	정운	○0/0	△0/0		▽0/0 C		○0/0	○0/0			
	20	김오규	○0/0		○0/0				○0/0	○0/0	○0/0 C	
	26	임채민				○0/0 C		▽0/0	▽0/0	▽0/0		
	27	전성진		▽0/0				▽0/0	▽0/0	▽0/0		
	28	임창우				▽0/0	▽0/0	▽0/0	▽0/1		△0/0	
	29	김대환	▽0/0		▽0/0	▽0/0					▽0/0	
	32	이주용	▽0/0		○0/0	△0/1 C					▽0/0	○0/0
	38	곽승민										
	66	김주원										
	94	안현범										
MF	6	최영준										△0/0
	7	구자철									△0/0 C	○0/0
	8	이창민										
	8	김건웅				▽0/0	▽0/0	○0/0	○0/0	▽0/0 C		
	10	헤이스	○0/0	○0/0	○0/1	△0/0	○1/0	○1/0 C	△0/0	○0/0		○0/0
	24	이기혁	◈0/0 C	○0/0	○0/0	△0/0	△0/0				△0/0	
	25	한종무	▽0/0			▽0/0						▽0/0
	30	김봉수	○0/0	○0/0	○0/0	○0/0 C	○0/0	△0/0	△0/0	△0/0		
	37	권순호					▽0/0	▽0/0	▽0/0 C	▽0/0		▽0/0
FW	9	유리 조나탄	○0/1			▽0/1	△0/0	△2/0	△0/0 C	△0/0		
	11	김승섭	△0/0	▽0/0	△0/0	△0/0	△0/0		△0/0		△0/0	△1/0 C
	12	지상욱										
	14	서진수	△0/0			○0/0			○0/0 C	▽0/0		△0/1
	15	조나탄링	◈0/0			△0/0					◈0/0	◈0/0
	18	임동혁		△0/0								
	19	김주공	○0/0	△0/0	△1/0	○1/0	▽0/0	△0/0	▽0/0 C	○0/0	▽0/0	
	93	진성욱										

선수자료: 득점/도움   ○ = 선발출전   △ = 교체 IN   ▽ = 교체 OUT   ◈ = 교체 IN/OUT   C = 경고   S = 퇴장

위치	배번	이름	182	192	198	203	207	213	219	224		
		경기번호	182	192	198	203	207	213	219	224		
		날짜	09.23	10.01	10.08	10.22	10.28	11.11	11.25	12.02		
		홈/원정	홈	홈	원정	홈	원정	홈	홈	원정		
		장소	제주W	제주W	대전W	제주W	강릉	제주W	제주W	수원		
		상대	서울	광주	대전	수원	강원	서울	대전	수원FC		
		결과	패	패	패	승	무	무	패	무		
		점수	1:3	1:2	0:1	2:0	1:1	0:0	0:2	1:1		
		승점	35	35	35	38	39	40	40	41		
		슈팅수	9:11	10:7	13:12	12:9	9:10	11:14	13:12	9:14		
GK	1	김동준	○0/0	○0/0	○0/0 C	○0/0	○0/0 C		○0/0	▽0/0		
	21	김형근								△0/0		
	41	김근배						○0/0				
DF	2	안태현	○0/0	△0/0		△0/0				○0/0 C		
	3	연제운	○0/0	○0/0	○0/0	○0/0	○0/0					
	4	송주훈			○0/0 C		○0/0	▽0/0	○0/0			
	13	정운				▽0/0	○1/0	▽0/0	○0/0 C			
	20	김오규	△0/0	▽0/0	○0/0 C		▽0/0	△0/0		○0/0		
	26	임채민	○0/0	○0/0 C			○0/0		○0/0	○0/0 C		
	27	전성진								▽0/0		
	28	임창우						○0/0	▽0/0			
	29	김대환	▽0/0									
	32	이주용	▽0/0	○0/0	○0/0	△0/0	△0/0	△0/0	△0/0	○0/0		
	38	곽승민					▽0/0	▽0/0				
	66	김주원										
	94	안현범										
MF	6	최영준	▽0/0	○0/0 C	○0/0	▽0/1	○0/0 C		○0/0	○0/0		
	7	구자철	▽0/0 C			▽0/0						
	8	이창민										
	8	김건웅			○0/0	○1/0	▽0/0	○0/0 C	△0/0	▽1/0		
	10	헤이스	△1/0	▽0/0	○0/0	○0/0	○0/0 C		△0/0	▽0/0		
	24	이기혁	△0/0	△0/0	△0/0	○0/1 C	△0/0			△0/0		
	25	한종무			△0/0		▽0/0 C	▽0/0		▽0/0		
	30	김봉수	○0/0					△0/0				
	37	권순호	▽0/0	▽0/0	▽0/0			▽0/0	▽0/0	▽0/0		
FW	9	유리 조나탄		△1/0 C	△0/0	△1/0	△0/0	△0/0	△0/0 C	○0/0		
	11	김승섭	△0/0	△0/1	△0/0	△0/0	▽0/0	△0/0	△0/0	△0/0		
	12	지상욱										
	14	서진수	○0/0	○0/0	▽0/0	▽0/0		○0/0	○0/0 C	△0/0		
	15	조나탄 링		▽0/0			△0/0	○0/0	▽0/0	○0/0		
	18	임동혁										
	19	김주공						◆0/0				
	93	진성욱										

강원 FC

창단년도_ 2008년
홈페이지_ www.gangwon-fc.com
인스타그램_ www.instagram.com/gangwon_fc
페이스북_ www.facebook.com/gangwonfc
유튜브_ www.youtube.com/@gangwonfc2008
춘천사무국_ 우 24239 강원도 춘천시 스포츠타운길 124 1층 강원FC 사무국(124, Sports town-gil, Chuncheon-si, Gangwon-do, KOREA 24239), **전화** 033-254-2853 **팩스** 033-252-2854
강릉사무국_ 우 25611 강원도 강릉시 남부로 222 강남축구공원 내 강원FC사무국(222, Nambu-ro, Gangneung-si, Gangwon-do, KOREA 25611) **전화** 033-655-6652 / 033-655-6653 **팩스** 033-655-6660

연혁

2008	강원도민프로축구단 창단추진 발표, 창단준비팀 구성
	강원도민프로축구단 창단준비위원회 발족
	강원도민프로축구단 발기인 총회, 김병두 초대 대표이사 취임
	(주)강원도민프로축구단 법인 설립
	도민주 공모 한국프로축구연맹 창단승인
	제4차 이사회 - 신임 김원동 대표이사 취임
	초대 최순호 감독 선임 창단식 및 엠블럼 공개
2009	김영후 조모컵 2009 한일올스타전 선발
	2009 K-리그 홈경기 20만 관중(관중동원 3위) 돌파
	2009 K-리그 13위
	제5회 대한민국 스포츠산업대상 프로스포츠 부문 최우수마케팅상 대상 수상
	2009 K-리그 대상 김영후 신인선수상, 페어플레이상, 서포터스 나르샤 공로상 수상
	김원동 대표이사 2009 대한축구협회 특별공헌상 수상
2010	캐치프레이즈 '무한비상' 확정
	선수단 숙소 '오렌지하우스' 개관
	유소년클럽 창단 소나타 K리그 2010 12위
	2010 K리그 대상 페어플레이상 수상
2011	캐치프레이즈 '강원천하' 확정
	김상호 감독 선임 마스코트 '강웅이' 탄생
	남종현 대표이사 취임 U-15 및 U-18 유스팀 창단
	R리그 정성민 득점왕 수상
	현대오일뱅크 K리그 2011 16위
2012	캐치프레이즈 'stand up! 2012!!' 확정
	오재석 2012 런던올림픽 최종멤버 선발
	김학범 감독 선임
	김은중 K리그 통산 8번째 400경기 출전
	현대오일뱅크 K리그 2012 14위
2013	캐치프레이즈 '투혼 2013' 확정
	임은주 대표이사 취임 김용갑 감독 선임
	현대오일뱅크 K리그 클래식 2013 12위
2014	캐치프레이즈 'Power of Belief 2014 Born again GWFC' 확정
	알툴 감독 선임

	현대오일뱅크 K리그 챌린지 2014 4위
2015	캐치프레이즈 'Power of GangwonFC 2015' 확정
	최윤겸 감독 선임
	현대오일뱅크 K리그 챌린지 2015 7위
2016	조태룡 대표이사 취임
	K리그 클래식(1부리그) 승격(현대오일뱅크 K리그 챌린지 2016 3위)
	제2차 플러스스타디움상 수상
	세계 최초 스키점프장의 축구장 활용
2017	2017년 팀 창단 후 최초 상위 스플릿 진출
	도·시민구단 최초 K리그 클래식(1부리그) 승격 첫해 스플릿A 진출
	KEB하나은행 K리그 클래식 2017 6위
	세계 최초 프로축구단 스키점프대 홈 경기장 사용 (평창 동계올림픽 알펜시아 스타디움)
	국내 프로스포츠 최초 암호화폐 거래소 '코인원' 서브스폰서 계약
	K리그 구단 역대 한 시즌 최다 '소규모 스폰서' 173개 업체 계약
2018	조태룡 대표이사 사임 한원석 대표이사(직무대행) 취임
	KEB하나은행 K리그1 2018 8위
	코인원 2년 연속 스폰서 계약 체결
	파마누코, 광동제약 스폰서 계약 체결
	강원혈액원, 2군사령부 MOU 체결
2019	박종완 대표이사 취임
	원주 의료기기 메디컬 스폰서 MOU 체결
	하나원큐 K리그1 2019 6위 김지현 영플레이어상 수상
2020	하나원큐 K리그1 2020 7위
2021	이영표 대표이사 취임 김동현 올림픽대표팀 발탁
	제26회 하나은행 FA컵 준결승 진출(구단 최초 준결승 진출)
	최용수 감독 선임 하나원큐 K리그1 2021 11위
2022	휠라 용품 스폰서 계약 체결
	하나원큐 K리그1 2022 6위, 파이널라운드 A그룹 진출
	김대원 K리그1 베스트11, 양현준 K리그1 영플레이어상 수상
	K리그 페어플레이상 수상
2023	김병지 대표이사 선임 윤정환 감독 선임
	K리그 페어플레이상 수상
	K리그 3차 클럽상 그린스타디움상 수상

2023년 선수명단

대표이사_ 김병지   총괄단장_ 정태규   운영사업단장_ 김태주   감독_ 윤정환
수석코치_ 정경호   코치_ 최재수   골키퍼 코치_ 권찬수   피지컬 코치_ 시몬   스카우터_ 김성근   의무트레이너_ 김정훈·김민기·이재훈
전력분석관_ 김정훈·송석화   장비관리사_ 유형준·김태석   통역_ 유재학   선수단 매니저(주무)_ 김찬우

포지션	선수명		생년월일	출신교	키(cm) / 몸무게(kg)
GK	유 상 훈	柳 相 勳	1989.05.25	홍익대	198/85
	이 광 연	李 光 淵	1999.09.11	인천대	184 / 85
	조 민 규	趙 玟 奎	2003.04.30	상지대	193 / 87
DF	김 영 빈	金 榮 彬	1991.09.20	광주대	184 / 79
	이 지 솔	李 志 率	1999.07.09	언남고	185 / 78
	이 웅 희	李 雄 熙	1988.07.18	배재대	182 / 78
	강 지 훈	姜 志 勳	1997.01.06	용인대	177 / 66
	윤 석 영	尹 錫 榮	1990.02.13	광양제철고	182 / 77
	김 우 석	金 祐 錫	1996.08.04	신갈고	187 / 74
	김 진 호	金 振 浩	2000.01.21	광운대	178 / 74
	조 현 태	趙 炫 泰	2004.10.27	강릉제일고	187 / 83
	김 주 형	金 主 亨	1999.12.26	수원대	187 / 78
	이 동 진	李 東 珍	2000.12.17	광운대	186 / 77
	이 지 우	李 智 雨	2003.04.16	대륜고	175 / 68
	김 기 환	金 己 煥	2000.01.01	동국대	178 / 74
	권 석 주	權 石 主	2003.06.12	강릉제일고	178 / 63
	전 현 병	全 炫 丙	2000.05.07	연세대	188 / 84
	류 광 현	柳 光 現	2003.11.18	호남대	181 / 71
	강 투 지	Marko Tuci	1998.12.04	*몬테네그로	190 / 85
MF	서 민 우	徐 珉 優	1998.03.12	영남대	184 / 75
	알리바예프	Ikromjon Alibaev	1994.01.09	*우즈베키스탄	173 / 62
	한 국 영	韓 國 榮	1990.04.19	숭실대	183 / 76
	김 대 우	金 大 禹	2000.12.02	숭실대	179 / 78
	이 재 원	李 材 元	1997.02.21	경희대	173 / 66
	유 인 수	俞 仁 秀	1994.12.28	광운대	177 / 71
	고 민 석	高 民 碩	2000.12.12	아주대	177 / 65
	이 승 원	李 承 原	2003.03.06	단국대	174 / 66
	김 현 규	金 現 圭	2001.07.12	청주대	178 / 70
	이 강 한	李 剛 漢	2000.04.07	관동대	176 / 68
	홍 성 무	洪 成 武	2003.05.22	강릉제일고	173 / 67
	황 문 기	黃 文 基	1996.12.08	현대고	176 / 70
FW	야 고	Yago Cariello Ribeiro	1999.07.27	*브라질	187 / 82
	김 대 원	金 大 元	1997.02.10	보인고	171 / 65
	갈 레 고	Jefferson Fernando Isídio	1997.04.04	*브라질	176 / 70
	박 기 현	朴 基 賢	2004.04.10	강릉제일고	175 / 68
	이 정 협	李 庭 恊	1991.06.24	숭실대	186 / 76
	조 진 혁	調 進 革	2000.08.10	광운대	180 / 73
	우 병 철	禹 炳 鐵	2000.11.05	숭실대	183 / 78
	홍 석 환	洪 碩 煥	2003.06.05	강릉제일고	180 / 71
	박 상 혁	朴 相 赫	2002.06.13	태성고	185 / 75
	최 성 민	催 城 民	2003.06.12	강릉제일고	182 / 78
	김 해 승	金 偕 昇	2003.02.06	신라고	185 / 80
	가브리엘	Vitor Gabriel Claudino Rego Ferreira	2000.01.20	*브라질	178 / 76
	윤 일 록	尹 日 錄	1992.03.07	진주고	178 / 65
	웰 링 턴	Welinton Júnior Ferreira dos Santos	1993.06.08	*브라질	175 / 68

2023년 개인기록 _ K리그1

위치	배번	선수	06	11	15	19	30	35	40	47	51	56
		경기번호	06	11	15	19	30	35	40	47	51	56
		날짜	02.26	03.05	03.11	03.18	04.02	04.09	04.16	04.23	04.26	04.29
		홈/원정	원정	홈	홈	원정	원정	홈	홈	원정	홈	원정
		장소	대전W	춘천	춘천	포항	수원W	춘천	춘천	광주	춘천	전주W
		상대	대전	울산	대구	포항	수원	제주	인천	광주	서울	전북
		결과	패	패	무	무	무	패	패	무	승	승
		점수	0:2	0:1	1:1	1:1	1:1	0:1	0:2	0:0	3:2	1:0
		승점	0	0	1	2	3	3	3	4	7	10
		슈팅수	11:9	9:10	7:10	3:12	12:9	11:8	5:7	6:10	7:9	4:10
GK	1	유상훈	○ 0/0	○ 0/0	○ 0/0	○ 0/0	○ 0/0	○ 0/0	○ 0/0			
	31	이광연								○ 0/0	○ 0/0	○ 0/0
DF	2	김영빈	○ 0/0 C	○ 0/0	○ 0/0	○ 0/0	○ 0/0	○ 0/0	○ 0/0 C	○ 0/0 C	○ 0/0	○ 0/0
	3	이지솔										
	3	케빈			△ 0/0							
	5	이웅희								○ 0/0	○ 1/0	▽ 0/0
	17	유인수	△ 0/0	▽ 0/0	▽ 0/0	○ 0/0	▽ 0/0	△ 0/0		▽ 0/0	▽ 0/0	▽ 0/0
	20	윤석영	○ 0/0				○ 0/0	○ 0/0	○ 0/0 C	○ 0/0		
	21	김우석			○ 0/0	○ 0/0						△ 0/0
	23	정승용	○ 0/0	○ 0/0	○ 0/0		○ 0/0 C	○ 0/0 C		○ 0/0	○ 1/0	
	24	김진호	▽ 0/0	△ 0/0			△ 1/0	▽ 0/0			△ 0/0	△ 0/0
	26	조현태										
	28	임창우	○ 0/0	○ 0/0	○ 0/0	○ 0/0			○ 0/0	△ 0/0		
	45	이강한										
	66	류광현										
	74	강투지										
MF	4	서민우	▽ 0/0	▽ 0/0	○ 0/0	○ 0/0	○ 0/0	○ 0/0 C	▽ 0/0	○ 0/0	○ 0/0	○ 0/0 C
	6	알리바예프		△ 0/0	▽ 0/0	▽ 0/0	▽ 0/0	▽ 0/0	▽ 0/0			△ 0/0
	8	한국영	○ 0/0	▽ 0/0	△ 0/0 C		○ 0/0 C	▽ 0/0	△ 0/0	○ 0/0	○ 0/0	
	13	강지훈			△ 0/0							
	14	김대우								▽ 0/0	▽ 0/0	▽ 0/0 C
	15	이재원										
	33	이승원										
	88	황문기	△ 0/0		△ 0/0	△ 0/0			△ 0/0			
FW	7	양현준	▽ 0/0	○ 0/0	○ 0/0		△ 0/0	▽ 0/0 C	▽ 0/0	○ 0/0	○ 0/1	1/0
	9	디노	▽ 0/0	▽ 0/0	▽ 0/0		△ 0/0	▽ 0/0	▽ 0/0	△ 0/0 C		
	9	야고										
	10	김대원	○ 0/0	○ 0/0	△ 0/0	△ 0/0	○ 0/1	○ 0/0	○ 0/0	△ 0/0	△ 0/0	△ 0/0 C
	11	갈레고	△ 0/0	△ 0/0	△ 0/0	▽ 1/0 C	▽ 0/0	▽ 0/0	△ 0/0		△ 0/0	△ 0/0
	18	이정협	△ 0/0									
	19	조진혁				△ 0/0						
	35	박상혁				▽ 0/0	▽ 0/0	△ 0/0	△ 0/0	▽ 0/0	▽ 1/0	▽ 0/0
	63	가브리엘										
	73	윤일록										
	93	웰링턴										

선수자료: 득점/도움   ○ = 선발출전   △ = 교체 IN   ▽ = 교체 OUT   ◈ = 교체 IN/OUT   C = 경고   S = 퇴장

위치	배번		경기번호	65	67	75	82	87	93	102	106	114	120
			날짜	05.06	05.09	05.13	05.21	05.28	06.03	06.07	06.11	06.25	07.02
			홈/원정	원정	원정	홈	홈	원정	원정	홈	홈	원정	원정
			장소	수원	문수	춘천	춘천	서울W	제주W	춘천	춘천	수원	인천
			상대	수원FC	울산	수원	포항	서울	제주	대전	전북	수원FC	인천
			결과	패	패	패	무	패	무	패	패	무	패
			점수	0:2	0:1	0:2	0:0	0:1	2:2	1:2	1:2	1:1	0:1
			승점	10	10	10	11	11	12	12	12	13	13
			슈팅수	11:13	6:11	11:8	5:11	5:12	13:12	9:8	5:15	16:18	11:11
GK	1	유상훈			○ 0/0	○ 0/0	○ 0/0	○ 0/0	○ 0/0	○ 0/0		○ 0/0	○ 0/0
	31	이광연		○ 0/0							○ 0/0		
DF	2	김영빈		○ 0/0	○ 0/0	○ 0/0	○ 0/0	○ 0/0	○ 0/0	○ 0/0 C	○ 0/0		
	3	이지솔											
	3	케빈											
	5	이웅희		▽ 0/0 C	○ 0/0	▽ 0/0	△ 0/0	○ 0/0			○ 0/0	○ 0/0	▽ 0/0 C
	17	유인수		▽ 0/0			○ 0/0						△ 0/0
	20	윤석영		○ 0/0	○ 0/0	▽ 0/0	○ 0/0	○ 0/0 C	○ 0/0	○ 0/0	○ 0/0 C		△ 0/0
	21	김우석				△ 0/0	▽ 0/0						△ 0/0
	23	정승용		○ 0/0	▽ 0/0	○ 0/0	○ 0/0	○ 0/0	△ 0/0	△ 0/0	▽ 0/0	△ 0/0	
	24	김진호		△ 0/0		△ 0/0		△ 0/0		○ 0/1 C	▽ 0/0	△ 0/0	○ 0/0
	26	조현태											
	28	임창우		△ 0/0 C	○ 0/0	▽ 0/0				○ 0/0	○ 0/0		
	45	이강한											
	66	류광현											
	74	강투지											△ 0/0
MF	4	서민우		▽ 0/0	▽ 0/0	○ 0/0 C	○ 0/0	▽ 0/0	▽ 0/0	▽ 0/0	▽ 0/0		
	6	알리바예프			△ 0/0								△ 0/0
	8	한국영		○ 0/0	○ 0/0	▽ 0/0	○ 0/0	○ 0/0	○ 0/1	○ 0/0 C	○ 0/0	○ 0/1	○ 0/0
	13	강지훈						▽ 0/0	▽ 0/0 C	▽ 0/0	○ 0/0	▽ 0/0	▽ 0/0
	14	김대우		△ 0/0			▽ 0/0			△ 0/0 C	△ 0/0	△ 0/0	
	15	이재원											
	33	이승원										▽ 0/0	▽ 0/0
	88	황문기		▽ 0/0	▽ 0/0	△ 0/0		△ 0/0		△ 0/0		△ 0/0	
FW	7	양현준		○ 0/0	○ 0/0	○ 0/0	▽ 0/0	▽ 0/0	▽ 0/0	△ 0/0	○ 0/0	▽ 0/0	▽ 0/0
	9	디노				▽ 0/0 C							
	9	야고											
	10	김대원		▽ 0/0	△ 0/0	○ 0/0	△ 0/0	△ 0/0	○ 1/0	○ 0/0	▽ 0/0	▽ 0/0	▽ 0/0
	11	갈레고		△ 0/0	△ 0/0	△ 0/0	△ 0/0	▽ 0/0	▽ 0/0	▽ 0/0	△ 0/0	△ 0/0 C	△ 0/0 C
	18	이정협					△ 0/0	△ 0/0 C	▽ 0/0	▽ 0/0	▽ 0/0	▽ 1/0	○ 0/0
	19	조진혁			△ 0/0								
	35	박상혁		△ 0/0	▽ 0/0	△ 0/0	▽ 0/0	▽ 0/0	△ 1/0 C	△ 1/0	△ 0/0	△ 0/0	
	63	가브리엘											
	73	윤일록											
	93	웰링턴											

위치	배번		경기번호	122	127	134	142	150	152	160	166	170	175
			날짜	07.07	07.11	07.15	07.22	08.06	08.12	08.19	08.26	09.01	09.16
			홈/원정	홈	원정	홈	홈	원정	홈	홈	홈	원정	원정
			장소	강릉	대구전	강릉	강릉	제주W	강릉	강릉	강릉	대구전	전주W
			상대	광주	대구	서울	수원	제주	울산	수원FC	포항	대구	전북
			결과	무	무	무	패	무	승	패	무	패	승
			점수	1:1	0:0	1:1	1:2	1:1	2:0	1:2	1:1	0:1	3:1
			승점	14	15	16	16	17	20	20	21	21	24
			슈팅수	10:11	9:11	10:14	12:13	6:14	19:7	11:11	8:7	7:12	18:12
GK	1	유상훈		○ 0/0									○ 0/0
	31	이광연			○ 0/0	○ 0/0	○ 0/0	○ 0/0	○ 0/0	○ 0/0	○ 0/0	○ 0/0	
DF	2	김영빈		○ 0/0	○ 0/0		○ 0/1	○ 0/0	○ 0/0	○ 0/0	○ 0/0		○ 0/0
	3	이지솔						△ 0/0	△ 0/0				○ 0/0
	3	케빈											
	5	이웅희											
	17	유인수		▽ 0/0	△ 0/0	○ 1/0	△ 0/0		△ 0/0	△ 0/0	△ 0/0	△ 0/0	△ 0/0
	20	윤석영		△ 0/0	▽ 0/0	○ 0/0	△ 0/0	△ 0/0				△ 0/0	
	21	김우석			○ 0/0	○ 0/0	○ 0/0				○ 0/0	▽ 0/0	
	23	정승용		○ 0/0	△ 0/0	△ 0/0							
	24	김진호		▽ 0/0		△ 0/0 C	▽ 0/0	△ 0/1					△ 0/0
	26	조현태										△ 0/0	△ 0/0
	28	임창우			▽ 0/0 C	○ 0/1							
	45	이강한							△ 0/0		△ 0/0		
	66	류광현					▽ 0/0	▽ 0/0	▽ 0/0	○ 0/0 C	▽ 0/0 C	▽ 0/0	○ 0/0
	74	강투지		○ 0/0	○ 0/0	○ 0/0	○ 0/0 C	○ 0/0	○ 0/0	▽ 1/0	○ 0/0	▽ 0/0 C	
MF	4	서민우					▽ 1/0	○ 0/0	▽ 1/0	▽ 0/0 C	▽ 0/0 C		▽ 0/2
	6	알리바예프		△ 0/0	▽ 0/0	△ 0/0	△ 0/0			△ 1/0	○ 0/0		
	8	한국영		○ 1/0	○ 0/0	○ 0/0	○ 0/0	○ 0/0	○ 0/0	○ 0/0	○ 0/0		
	13	강지훈		△ 0/0				▽ 0/0	○ 0/0	○ 0/0	○ 0/0		▽ 0/0 C
	14	김대우			△ 0/0								
	15	이재원							△ 0/0	△ 0/0			
	33	이승원		▽ 0/0			▽ 0/0	▽ 0/0	▽ 0/0	▽ 0/0			
	88	황문기									△ 0/0	▽ 0/0	△ 0/0
FW	7	양현준		○ 0/0	▽ 0/0								
	9	디노											
	9	야고			△ 0/0	△ 0/0	▽ 0/0	▽ 0/0	△ 1/0	△ 0/0		△ 0/0	○ 0/1
	10	김대원				○ 0/0		▽ 0/0	▽ 0/0	▽ 0/1	▽ 0/0	▽ 0/0	▽ 1/0
	11	갈레고		○ 0/0	○ 0/0	○ 0/0	△ 0/0					○ 0/0 C	▽ 1/0
	18	이정협		▽ 0/0	△ 0/0	◆ 0/0							
	19	조진혁											
	35	박상혁		△ 0/0	▽ 0/0	▽ 0/0	▽ 0/0	△ 1/0		△ 0/0			△ 0/0
	63	가브리엘					△ 0/0 CC		○ 0/1	○ 0/0	○ 0/0	○ 0/0	▽ 1/0 C
	73	윤일록											
	93	웰링턴						▽ 0/0	▽ 0/0	▽ 0/0	▽ 0/0 C	▽ 0/0	

선수자료: 득점/도움   ○ = 선발출전   △ = 교체 IN   ▽ = 교체 OUT   ◆ = 교체 IN/OUT   C = 경고   S = 퇴장

위치	배번	선수	185	191	197	202	207	211	222	225	승강PO 02	승강PO 04
		경기번호	185	191	197	202	207	211	222	225	승강PO 02	승강PO 04
		날짜	09.24	10.01	10.08	10.22	10.28	11.11	11.25	12.02	12.06	12.09
		홈/원정	홈	홈	원정	원정	홈	원정	홈	원정	원정	홈
		장소	강릉	강릉	광주	서울W	강릉	대전W	강릉	수원W	김포	강릉
		상대	인천	대전	광주	서울	제주	대전	수원FC	수원	김포	김포
		결과	무	무	패	패	무	승	승	무	무	승
		점수	1:1	1:1	0:1	1:2	1:1	1:0	2:0	0:0	0:0	2:1
		승점	25	26	26	26	27	30	33	34	1	4
		슈팅수	12:13	11:4	4:6	5:18	10:9	17:5	7:12	9:7	8:4	11:6
GK	1	유상훈	○0/0	○0/0	○0/0							
	31	이광연				○0/0	○0/0	○0/0	○0/0 C	○0/0	○0/0	○0/0
DF	2	김영빈	○0/0	○0/0	○0/0	○0/0	○0/0	○0/0	○0/0	○0/0 C	○0/0	
	3	이지솔	○1/0				○0/0 C					
	3	케빈										
	5	이웅희										
	17	유인수				△0/0	▽0/0 C	▽0/0	▽0/0	▽0/0	△0/0	▽0/0
	20	윤석영				○0/0	○0/0	○0/0	○0/0	○0/0		
	21	김우석					△0/0					
	23	정승용										
	24	김진호			△0/0			△0/0	△1/0		△0/0	△0/0
	26	조현태	△0/0	△0/0		△0/0		△0/0	△0/0	△0/0	△0/0	△0/0
	28	임창우										
	45	이강한										
	66	류광현	○0/0	○0/0	○0/0		△0/0					
	74	강투지		○0/0	○0/0		○0/0	○0/0 C	○0/0			
MF	4	서민우	○0/0	○0/0	○0/0	○0/0	○0/0 C	○0/0 C	○0/0 C	○0/0 C	○0/0 C	○0/0 C
	6	알리바예프	△0/0	△0/0	△0/0	△0/0	△0/0	▽0/0	○0/0	○0/0	○0/0	○0/0
	8	한국영	▽0/0	▽0/0	▽0/0	▽0/0	△0/0					△0/0
	13	강지훈	○0/0		○0/0 C	○0/0						
	14	김대우										
	15	이재원										
	33	이승원				▽0/0	▽0/0	▽0/0	▽0/0	▽0/0	▽0/0	
	88	황문기	△0/0			△0/0	○0/0	○0/0	○0/0	○0/0	○0/0	○0/1
FW	7	양현준										
	9	디노										
	9	야고	▽0/0	△0/0	▽0/0							
	10	김대원	▽0/1	▽1/0	○0/0	▽0/0	○0/0	○1/0	▽0/1	○0/0	○0/0	▽0/0
	11	갈레고	△0/0		▽0/0	△0/0		◆0/0	△0/0	△0/0		△0/0 C
	18	이정협	△0/0 C	▽0/0		△0/0	△0/0	▽0/1	▽1/0	▽0/0		
	19	조진혁										
	35	박상혁				▽0/0						▽0/0
	63	가브리엘	▽0/0	▽0/0	△0/0 C	○1/0	△1/0	△0/0	△0/0 C	△0/0	△0/0	△2/0 C
	73	윤일록	△0/0	△0/0	◆0/0	▽0/0					◆0/0 C	◆0/0 C
	93	웰링턴				△0/0	0/1	◆0/0	△0/0			

수 원 FC

창단년도_ 2003년

전화_ 031-228-4521~3

팩스_ 031-228-4458

홈페이지_ www.suwonfc.com

주소_ 우 16308 경기도 수원시 장안구 경수대로 893 수원종합
운동장 내
Suwon Sports Complex, 893, Gyeongsu-daero, Jangan-
gu, Suwon-si, Gyeonggi-do, KOREA 16308

연혁

2003	수원시청축구단 창단
	제49회 경기도체육대회 우승
	인터막스 K2 전기리그 6위
	인터막스 K2 후기리그 3위
	제8회 하나은행 FA컵 16강
2004	제52회 대통령배 전국축구대회 16강
	제50회 경기도체육대회 우승
	현대자동차 K2 전기리그 5위
	2004 K2 선수권대회 준우승
	제9회 하나은행 FA컵 16강
	현대자동차 K2 후기리그 3위
2005	제53회 대통령배 전국축구대회 16강
	제51회 경기도체육대회 우승
	국민은행 K2 전기리그 우승
	생명과학기업 STC 2005 K2 선수권대회 우승
	국민은행 K2 챔피언결정전 준우승 / 후기리그 5위
2006	제54회 대통령배 전국축구대회 8강
	제52회 경기도체육대회 우승
	STC내셔널리그 전기리그 6위
	제87회 전국체육대회 축구 준우승
	STC내셔널리그 후기리그 3위
2007	제55회 대통령배 전국축구대회 우승
	제53회 경기도체육대회 우승
	KB국민은행 내셔널리그 전기리그 4위
	한국수력원자력 2007내셔널축구 선수권대회 우승
	제88회 전국체육대회 축구 준우승
	KB국민은행 내셔널리그 챔피언결정전 준우승
	KB국민은행 내셔널리그 후기리그 우승
2008	제56회 대통령배 전국축구대회 16강
	제54회 경기도 체육대회 우승

	KB국민은행 내셔널리그 전기리그 3위
	KB국민은행 내셔널리그 챔피언결정전 준우승
	KB국민은행 내셔널리그 후기리그 우승
2009	교보생명 내셔널리그 통합1위 / 후기리그 준우승
2010	제56회 경기도 체육대회 축구 준우승
	대한생명 내셔널리그 통합우승 / 후기리그 준우승
2011	제57회 경기도 체육대회 축구 우승
	제92회 전국체육대회 일반부 우승
2012	우리은행 2012 내셔널축구선수권대회 우승
	프로축구 2부 리그 참가 확정
2013	현대오일뱅크 K리그 챌린지 참가
	제18회 하나은행 FA컵 8강 진출(챌린지팀 중 유일)
	현대오일뱅크 K리그 챌린지 4위
2014	제19회 하나은행 FA컵 16강 진출
	현대오일뱅크 K리그 챌린지 정규리그 6위
2015	제4대 김춘호 이사장 취임
	현대오일뱅크 K리그 챌린지 2위(K리그 클래식 승격)
2016	현대오일뱅크 K리그 클래식 12위
2017	캐치프레이즈 'RISE AGAIN' 선정
	김대의 감독 선임
	KEB하나은행 K리그 챌린지 2017 6위
2018	KEB하나은행 K리그2 2018 7위
2019	하나원큐 K리그2 2019 8위
2020	김도균 감독 선임
	하나원큐 K리그2 2020 2위(K리그1 승격)
2021	하나원큐 K리그1 2020 스플릿A 진출, 4위
2022	김도균 감독 재계약
	하나원큐 K리그1 2022 7위
2023	하나원큐 K리그1 2023 11위

2023년 선수명단

대표이사_ 강문식 단장_ 최순호 감독_ 김도균
수석코치_ 이정수 코치_ 김영삼 · 기현서 골키퍼 코치_ 김성수 피지컬 코치_ 박성준
의무트레이너_ 김정원 · 김진석 물리치료사_ 황건하 전력분석관_ 최용욱 통역(포어)_ 황재혁 통역(영어)_ 유선우 장비 관리사_ 장재호

포지션	선수명		생년월일	출신교	키(cm) / 몸무게(kg)
GK	박 배 종	朴 培 悰	1989.10.23	광운대	185 / 78
	노 동 건	盧 東 件	1991.10.04	고려대	190 / 88
	이 범 영	李 範 永	1989.04.02	신갈고	197 / 95
	이 재 훈	李 在 訓	2005.03.13	수원공고(수원FC U18)	190 / 78
DF	정 동 호	鄭 東 浩	1990.03.07	부경고	174 / 68
	박 철 우	朴 哲 佑	1997.10.21	국제사이버대	176 / 68
	잭 슨	Lachlan Robert Tua Jackson	1995.03.12	*오스트레일리아	196 / 85
	최 보 경	崔 普 慶	1988.04.12	동국대	184 / 79
	김 주 엽	金 柱 燁	2000.04.05	보인고	180 / 76
	우고 고메스	Hugo Domingos Gomes	1995.01.04	*브라질	187 / 81
	이 태 섭	李 泰 燮	2000.04.14	고려대	176 / 72
	신 세 계	申 世 界	1990.09.16	성균관대	178 / 75
	곽 동 준		2000.10.10	광운대	176 / 70
	박 병 현	朴 炳 玹	1993.03.28	상지대	184 / 83
	이 용	李 鎔	1986.12.24	중앙대	180 / 74
MF	정 재 용	鄭 宰 溶	1990.09.14	고려대	188 / 83
	오 인 표	吳 仁 標	1997.03.18	성균관대	178 / 63
	윤 빛 가 람	尹 빛 가 람	1990.05.07	중앙대	178 / 75
	정 재 윤	鄭 載 潤	2002.05.07	청주대	180 / 75
	황 순 민	黃 順 旻	1990.09.14	카미무라고(일본)	178 / 69
	이 영 재	李 英 才	1994.09.13	용인대	174 / 60
	김 예 성	金 睿 聖	2001.03.19	안동과학대	176 / 71
	서 승 우		2002.11.18	제주국제대	182 / 81
	김 선 민	金 善 民	1991.12.12	예원예대	167 / 65
	김 도 윤		2005.05.18	수원FC U18	174 / 65
	안 치 우	安 致 祐	2005.10.23	수원공고(수원FC U18)	183 / 72
FW	김 현	金 玄	1993.05.03	전주 영생고	190 / 87
	로 페 즈	Ricardo Lopes Pereira	1990.10.28	*브라질	185 / 78
	이 승 우		1998.01.06	광성중	173 / 63
	양 동 현	梁 東 炫	1986.03.28	동북고	186 / 80
	김 규 형	金 奎 亨	1999.03.29	현대고	168 / 63
	이 광 혁	李 优 赫	1995.09.11	포항제철고	169 / 60
	장 재 웅	張 在 熊	2001.01.08	제주국제대	176 / 70
	바우테르손	Walterson Silva	1994.12.18	*브라질	180 / 72
	정 은 우	鄭 恩 宇	2003.04.22	거창FC U18	172 / 64
	김 재 현		2004.03.03	세종바네스FC	180 / 75
	강 민 성	姜 旻 成	2005.03.22	삼일공고(수원FC U18)	180 / 73

2023년 개인기록_ K리그1

위치	배번		05	08	13	24	27	36	39	46	54	55
		경기번호	05	08	13	24	27	36	39	46	54	55
		날짜	02.26	03.04	03.11	03.19	04.01	04.09	04.15	04.22	04.26	04.29
		홈/원정	원정	홈	홈	원정	원정	홈	홈	원정	홈	홈
		장소	제주W	수원	수원	문수	광주	수원	수원	인천	수원	수원
		상대	제주	포항	수원	울산	광주	대전	전북	인천	대구	서울
		결과	무	패	승	패	패	승	승	무	무	패
		점수	0:0	1:2	2:1	0:3	0:2	5:3	1:0	2:2	1:1	0:3
		승점	1	1	4	4	4	7	10	11	12	12
		슈팅수	8:14	5:9	11:10	9:16	6:17	19:8	16:11	12:16	14:18	8:13
GK	1	박배종										
	17	노동건			○0/0	○0/0	○0/0	○0/0	○0/0	○0/0	○0/0	○0/0
	31	이범영	○0/0	○0/0								
DF	2	정동호				△0/0	△0/0	○0/0	○0/0 C	○0/0 C	▽0/0 C	
	3	박철우	▽0/0 C	▽0/0	△0/0	○0/0				△0/0		▽0/0
	5	잭슨	○0/0 C	○0/0	○0/0	○0/0	○0/0 CC	△0/0	△0/0	○0/0	○0/0	○0/0
	13	오인표	△0/0		△0/0	▽0/0	○0/0	△0/1	△0/0	◆0/0	△0/0	△0/0
	15	이재성	○0/0	○0/0				○0/0	▽0/0	▽0/0		
	21	최보경										
	24	김주엽									○0/0	
	25	우고고메스										
	30	신세계	○0/0	△0/0	▽0/0		▽0/0	○0/0	▽0/0	▽0/0	▽0/0	
	44	김현훈			○0/0	▽0/0	▽0/0					▽0/0
	66	박병현	▽0/0		○0/0	○0/0	○0/0					
	88	이용			○0/0	○0/0		○1/1	○0/0	○0/0	○0/0	
MF	6	박주호	○0/0	▽0/0			△0/0 C	▽0/0	▽0/0	△0/0	▽0/0	
	8	정재용										◆0/0
	10	무릴로	▽0/0	◆1/0	△1/0 C	△0/0		△1/0	○0/0 C	○0/1	△0/0	△0/0
	14	윤빛가람	○0/0	○0/0				○0/0	○1/0 C	○1/0	○0/1	
	19	김규형		△0/0	▽0/0	△0/0						
	20	황순민	△0/0	△0/0	▽0/0		▽0/0					
	28	이영재										
	34	김예성										
	35	서승우										
	55	김선민						△0/0	△0/0	△0/0	△0/0	○0/0
	71	김도윤										
	89	안치우										
FW	7	김현				△0/0						
	9	라스	△0/0	△0/0 C	△0/2	○0/0	△0/0	○2/1	○1/0	○1/0	○0/0	
	10	로페즈										
	11	이승우	△0/0	△0/0 S			△0/0	△0/0	△0/0	△0/1	▽0/0	
	16	정재윤							▽0/0	▽0/0		
	18	양동현										△0/0
	22	이광혁	△0/0 C	○0/1	△1/0	◆0/0	△0/0	◆0/1 C	△0/0	△0/0	△1/0	
	23	루안										
	29	장재웅	▽0/0	▽0/0	▽0/0		▽0/0	▽0/0	▽0/0	▽0/0	▽0/0	△0/0
	37	바우테르손										
	39	이대광	▽0/0	▽0/0	▽0/0	▽0/0	▽0/0 C			▽0/0	▽0/0	▽0/0
	77	정은우				▽0/0						
	91	김재현										
	96	강민성										

선수자료: 득점/도움 ○ = 선발출전 △ = 교체 IN ▽ = 교체 OUT ◆ = 교체 IN/OUT C = 경고 S = 퇴장

위치	배번	경기번호	65	72	78	84	88	92	97	103	114	119
		날짜	05.06	05.10	05.14	05.21	05.28	06.03	06.06	06.10	06.25	07.02
		홈/원정	홈	원정	홈	원정	홈	원정	홈	원정	홈	원정
		장소	수원	대전W	수원	전주W	수원	수원W	수원	대구전	수원	포항
		상대	강원	대전	제주	전북	광주	수원	울산	대구	강원	포항
		결과	승	패	패	패	패	승	패	패	무	패
		점수	2:0	1:2	0:5	1:3	0:2	2:1	1:3	1:3	1:1	1:3
		승점	15	15	15	15	15	18	18	18	19	19
		슈팅수	13:11	20:12	11:13	8:15	8:20	7:18	11:14	17:9	18:16	6:16
GK	1	박배종				○ 0/0		○ 0/0	○ 0/0	○ 0/0	○ 0/0	○ 0/0
	17	노동건	○ 0/0	○ 0/0	○ 0/0		○ 0/0					
	31	이범영										
DF	2	정동호	○ 0/1			▽ 0/0	▽ 0/0	○ 0/0	○ 0/0	○ 0/0		○ 0/0
	3	박철우			▽ 0/0		△ 0/0	▽ 0/0	▽ 0/0	▽ 0/0	▽ 0/0	△ 0/0
	5	잭슨	○ 0/0 C	○ 0/0	○ 0/0	○ 0/0	○ 0/0 C	○ 0/0	○ 0/0			○ 0/0
	13	오인표	△ 0/0	△ 0/0	△ 0/0			◆ 1/0	◆ 0/0	△ 0/0	△ 0/1	◆ 0/0
	15	이재성										
	21	최보경				▽ 0/0	▽ 0/0	△ 0/0	△ 0/0			
	24	김주엽								△ 0/0		
	25	우고 고메스										
	30	신세계	○ 0/0	○ 0/0	○ 0/0						△ 0/0	○ 0/0
	44	김현훈				○ 0/0	○ 0/0	◆ 0/0	○ 0/0	○ 0/0 C		
	66	박병현										
	88	이용				△ 0/0	○ 0/0	○ 0/0 C	○ 0/0	○ 0/0	○ 0/0	▽ 0/0
MF	6	박주호	▽ 0/0		▽ 0/0	○ 0/0	○ 0/0	△ 0/0 C	▽ 0/0			
	8	정재용		△ 0/0	△ 0/0	△ 0/0	▽ 0/0				△ 0/0	△ 0/0
	10	무릴로	○ 1/0	△ 0/0	△ 0/0	△ 0/0	△ 0/0	▽ 0/0				
	14	윤빛가람	○ 0/0 CC	○ 0/0	○ 0/0			○ 1/0	○ 1/0		○ 0/0	○ 0/0
	19	김규형		◆ 0/0							◆ 0/0	
	20	황순민	▽ 0/0	▽ 0/0 C	▽ 0/0				△ 0/0			
	28	이영재										○ 0/0
	34	김예성									▽ 0/0	▽ 0/0
	35	서승우										
	55	김선민	△ 0/0	▽ 0/0	▽ 0/0 C	▽ 0/0 C	△ 0/0	▽ 0/0		○ 0/0 C		▽ 0/0
	71	김도윤										
	89	안치우										
FW	7	김현									△ 0/0	△ 0/0
	9	라스	○ 1/0	○ 1/0	○ 0/0	○ 0/0	○ 0/1 C	△ 0/0	○ 0/1	○ 1/0		○ 1/0
	10	로페즈									△ 0/0	
	11	이승우	△ 0/0 C	△ 0/0	○ 0/0	△ 1/0	△ 0/0	△ 0/0	△ 0/0	▽ 1/0 C	△ 0/0	△ 0/1
	16	정재윤	▽ 0/0	▽ 0/0	◆ 0/0	▽ 0/0	▽ 0/0					▽ 0/0
	18	양동현										
	22	이광혁	△ 0/0			▽ 0/0	△ 0/0					
	23	루안	◆ 0/0	△ 0/1	△ 0/0							
	29	장재웅	▽ 0/0 C	▽ 0/0	▽ 0/0	▽ 0/0	▽ 0/0	▽ 0/1	▽ 0/0	▽ 0/0	▽ 0/0	
	37	바우테르손										
	39	이대광						△ 0/0	▽ 0/0			
	77	정은우										
	91	김재현										
	96	강민성										

위치	배번	경기번호	124	132	136	141	147	153	160	163	169	177
		날 짜	07.08	07.12	07.16	07.22	08.05	08.12	08.19	08.25	09.01	09.16
		홈/원정	홈	원정	원정	홈	원정	원정	원정	홈	원정	원정
		장 소	수원	서울W	전주W	수원	수원W	제주W	강릉	수원	대전W	포항
		상 대	인천	서울	전북	광주	수원	제주	강원	인천	대전	포항
		결 과	무	패	패	패	승	패	승	패	승	패
		점 수	2:2	2:7	0:1	0:1	2:0	0:3	2:1	1:2	1:0	0:2
		승 점	20	20	20	20	23	23	26	26	29	29
		슈팅수	16:4	10:22	14:13	14:14	9:9	7:15	11:11	14:9	10:10	1:12
GK	1	박 배 종	○ 0/0			○ 0/0	○ 0/0	○ 0/0 C	○ 0/0			
	17	노 동 건								○ 0/0	○ 0/0	○ 0/0
	31	이 범 영		○ 0/0								
DF	2	정 동 호	○ 0/0	○ 0/0		○ 0/0	○ 0/1	○ 0/0	○ 0/0 C	○ 0/0		○ 0/0
	3	박 철 우	△ 0/0	▽ 0/0		△ 0/0		△ 0/0			△ 0/0 C	△ 0/0
	5	잭 슨		▽ 0/0								
	13	오 인 표				▽ 0/0	▽ 0/0	△ 0/0	▽ 0/0			▽ 0/0
	15	이 재 성	○ 0/0	○ 0/0								
	21	최 보 경						△ 0/0			△ 0/0	
	24	김 주 엽								○ 0/0		○ 0/0
	25	우고 고메스	○ 0/0	○ 0/0		○ 0/0	○ 0/0	○ 0/0 C	○ 0/0	○ 0/0		
	30	신 세 계	○ 0/0	○ 0/0		○ 0/0	○ 0/0	○ 0/0	○ 0/0 C	▽ 0/0		▽ 0/0
	44	김 현 훈										
	66	박 병 현				△ 0/0						
	88	이 용	▽ 0/0	△ 0/0		○ 0/0 C	○ 0/0 C					
MF	6	박 주 호										
	8	정 재 용	▽ 0/0	○ 0/0			△ 0/0	△ 0/0	▽ 0/0			
	10	무 릴 로										
	14	윤 빛 가 람	○ 2/0	○ 1/0	▽ 0/0 C		○ 0/1	▽ 0/0	△ 1/0	△ 0/0	○ 0/0 C	
	19	김 규 형										
	20	황 순 민										
	28	이 영 재						△ 0/0	○ 0/1 C	○ 0/0	○ 0/0	○ 0/0
	34	김 예 성	▽ 0/0	▽ 0/0	▽ 0/0							
	35	서 승 우			▽ 0/0							
	55	김 선 민	△ 0/0		▽ 0/0 C	▽ 0/0	○ 0/0	▽ 0/0 C		▽ 0/0	△ 0/0	▽ 0/0
	71	김 도 윤										
	89	안 치 우					▽ 0/0	▽ 0/0	▽ 0/0			
FW	7	김 현	△ 0/1	○ 0/0	△ 0/0	△ 0/0	△ 0/0	▽ 0/0	○ 0/0	△ 0/0	▽ 0/1	▽ 0/0
	9	라 스		△ 0/0	▽ 0/0		▽ 1/0					
	10	로 페 즈	△ 0/0	◆ 0/0	△ 0/0	△ 0/0					△ 0/0 C	
	11	이 승 우	▽ 0/0 C	△ 1/0			○ 0/0	▽ 1/0 C	○ 1/0	○ 1/0	▽ 1/0	
	16	정 재 윤										
	18	양 동 현										
	22	이 광 혁	◆ 0/0	△ 0/1	▽ 0/0	△ 0/0 C	△ 0/0	▽ 0/0	◆ 0/0	▽ 0/1		▽ 0/0
	23	루 안										
	29	장 재 웅	▽ 0/0	▽ 0/0		▽ 0/0					△ 0/0 C	△ 0/0
	37	바우테르손				△ 0/0	△ 0/0 C		○ 0/0	△ 0/0		△ 0/0
	39	이 대 광										
	77	정 은 우										
	91	김 재 현				▽ 0/0 C						
	96	강 민 성						▽ 0/0	▽ 0/0	▽ 0/0	▽ 0/0	▽ 0/0

선수자료 : 득점/도움 ○ = 선발출전 △ = 교체 IN ▽ = 교체 OUT ◆ = 교체 IN/OUT C = 경고 S = 퇴장

위치	배번	경기번호	183	188	194	204	210	215	222	224	승강PO 01	승강PO 03
		날짜	09.24	09.30	10.08	10.22	10.29	11.12	11.25	12.02	12.06	12.09
		홈/원정	홈	홈	원정	원정	홈	홈	원정	홈	원정	홈
		장소	수원	수원	대구전	대전W	수원	수원	강릉	수원	부산A	수원
		상대	울산	서울	대구	대전	서울	수원	강원	제주	부산	부산
		결과	패	무	무	무	패	패	패	무	패	승
		점수	2:3	1:1	2:2	1:1	3:4	2:3	0:2	1:1	1:2	5:2
		승점	29	30	31	32	32	32	32	33	0	3
		슈팅수	5:10	16:11	9:12	12:16	14:16	24:13	12:7	14:9	9:18	34:19
GK	1	박배종						○ 0/0				
	17	노동건	○ 0/0	○ 0/0	○ 0/0 C	○ 0/0	○ 0/0		○ 0/0	○ 0/0	○ 0/0	○ 0/0 C
	31	이범영										
DF	2	정동호	▽ 0/0 C					△ 0/0	△ 0/0		▽ 0/0	△ 0/0
	3	박철우	▽ 0/0	○ 0/0	○ 0/0	○ 0/0	○ 0/0	▽ 0/0	○ 0/0	○ 0/0	○ 0/0 C	○ 0/0
	5	잭슨	△ 0/0						○ 0/0	○ 0/0		
	13	오인표	△ 1/0	▽ 0/0	▽ 0/0	△ 0/0	△ 0/0	○ 0/0			△ 0/0	▽ 0/0
	15	이재성										
	21	최보경	▽ 0/0	▽ 0/0	▽ 0/0	▽ 0/0				▽ 0/0		
	24	김주엽		△ 0/0		△ 0/0				△ 0/0		△ 0/1
	25	우고 고메스	○ 0/0 S					○ 1/0 C		△ 0/0		
	30	신세계	○ 0/0	○ 0/0						▽ 0/0		
	44	김현훈										
	66	박병현		○ 0/0	○ 0/0	△ 0/0 C			○ 0/0	○ 0/0	△ 0/0	
	88	이용			△ 0/0	△ 0/0	▽ 0/0		▽ 0/0		▽ 0/0	
MF	6	박주호										
	8	정재용								▽ 0/0		△ 1/0
	10	무릴로										
	14	윤빛가람	○ 0/0	○ 0/0	○ 0/1	○ 0/0	○ 0/1	○ 0/1	○ 0/0			
	19	김규형										
	20	황순민										
	28	이영재	○ 0/0	○ 0/0	○ 0/0	○ 0/1	△ 0/0	○ 0/1	○ 0/0	○ 1/0	○ 0/1	○ 1/0 C
	34	김예성										
	35	서승우										
	55	김선민		○ 0/0	▽ 0/0	▽ 0/0 C	▽ 0/0	△ 0/0	▽ 0/0		○ 0/0	
	71	김도윤		▽ 0/0	▽ 0/0	▽ 0/0	▽ 0/0	▽ 0/0	▽ 0/0	▽ 0/0	▽ 0/0 C	▽ 0/0
	89	안치우										
FW	7	김현	△ 0/0	△ 0/0			△ 1/0	▽ 0/1	△ 0/0	△ 0/0 C	○ 0/0	▽ 1/0
	9	라스										
	10	로페즈	▽ 0/0	◆ 1/0	△ 0/1	△ 0/0	○ 2/0	○ 0/0	△ 0/0	△ 0/0		△ 1/1
	11	이승우	○ 0/1		△ 2/0	△ 0/0	△ 1/0	▽ 0/0		△ 0/0 C	△ 0/0 CC	
	16	정재윤										
	18	양동현										
	22	이광혁					▽ 0/0	◆ 0/0 C	△ 0/0		▽ 0/0	△ 1/0
	23	루안										
	29	장재웅	△ 0/0							▽ 0/0	◆ 1/0	△ 0/0 C
	37	바우테르손	△ 1/0	△ 0/0	△ 0/0			△ 0/0			▽ 0/0	
	39	이대광										
	77	정은우										
	91	김재현										
	96	강민성	▽ 0/0	▽ 0/0	▽ 0/0	▽ 0/0	△ 0/0	▽ 0/0	▽ 0/0			

73

수 원 삼 성 블 루 윙 즈

창단년도_ 1995년

전화_ 031-247-2002

팩스_ 031-257-0766

홈페이지_ www.bluewings.kr

주소_ 우 16230 경기도 수원시 팔달구 월드컵로 310(우만동)

수원월드컵경기장 4층

4F, Suwon World Cup Stadium, 310, World cup-ro(Uman
-dong), Paldal-gu, Suwon-si, Gyeonggi-do, KOREA 16230

연혁

1995	수원 삼성 블루윙즈 축구단 창단식
	제1대 윤성규 단장 취임
1996	라피도컵 프로축구대회 후기리그 우승
1998	제2대 허영호 단장 취임
	98 현대컵 K-리그 우승
1999	시즌 전관왕 달성
	제1회 99 티켓링크 수퍼컵 우승
	대한화재컵 우승
	아디다스컵 우승
	99 K-리그 우승
2000	제2회 2000 티켓링크 수퍼컵 우승
	2000 아디다스컵 우승
2001	아디다스컵 2001 우승
	제20회 아시안 클럽 챔피언십 우승
	제7회 아시안 슈퍼컵 우승
	K리그 사상 최단기간 100승 달성(3.31)
2002	제21회 아시안 클럽 챔피언십 우승
	제8회 아시안 슈퍼컵 우승
	제7회 서울 - 하나은행 FA컵 우승
2004	제3대 안기헌 단장 취임, 차범근 감독 취임
	삼성 하우젠 K-리그 2004 후기 우승
	삼성 하우젠 K-리그 2004 우승
2005	A3 챔피언스컵 우승
	제6회 K-리그 수퍼컵 2005 우승
	삼성 하우젠컵 2005 우승
2006	삼성 하우젠 K-리그 2006 후기 우승
	제11회 하나은행 FA컵 준우승
2007	K리그 사상 최단기간 200승 달성(3.17)
	K리그 사상 최단기간 총관중 400만 기록(234경기)
2008	삼성 하우젠컵 2008 우승
	삼성 하우젠 K-리그 2008 우승
2009	제14회 하나은행 FA컵 우승
2010	윤성효 감독 취임
	제15회 하나은행 FA컵 우승
2011	제4대 오근영 단장 취임
	수원월드컵경기장 첫 만석(10.3 서울전, 44,537명)
2012	제5대 이석명 단장 취임(6.1)
	수원월드컵경기장 최다 관중 경신(4.1 서울전 45,192명)
	K리그 최초 30경기 홈 연속득점(6.27 전남전, 3 : 2 승)
	K리그 최단기간 300승 달성(10.3 서울전, 1 : 0 승)
	K리그 연고도시 최초 600만 관중 달성(11.25 부산전, 2 : 1 승)
2013	서정원 감독 취임
	풀스타디움상 수상
2014	박찬형 대표이사 취임
	구단 통산 1000호골 기록(4.1 포항전 고차원)
	풀스타디움상, 팬프렌들리 클럽상 수상
2015	현대오일뱅크 K리그 클래식 2015 준우승
	K리그 페어플레이상 수상
2016	김준식 대표이사, 제6대 박창수 단장 취임
	제21회 KEB하나은행 FA컵 우승
	이임생 감독 취임
2018	박찬형 대표이사 취임
2019	제7대 오동석 단장 취임
	제24회 KEB하나은행 FA컵 우승
2020	박건하 감독 취임
	이준 대표이사 취임
2021	K리그 그린위너스상 수상
2022	이병근 감독 취임
2023	김병수 감독 취임
	K리그 그린위너스상 · 사랑나눔상 수상

2023년 선수명단

대표이사_ 이준 단장_ 오동석 감독대행_ 염기훈
코치_ 오장은 · 고차원 골키퍼 코치_ 신화용 피지컬 코치_ 주닝요 스카우터_ 이종민 · 양상민 주치의_ 배상원 의무트레이너_ 김광태 · 허지섭
· 한승희 전력분석관_ 전택수 · 백승화 스포츠사이언티스트_ 송기호 선수단 매니저_ 서영진 통역_ 알뚤 · 정준오 장비_ 엽현수

포지션	선수명		생년월일	출신교	키(cm) / 몸무게(kg)
GK ·	양 형 모	梁馨模	1991.07.16	충북대	185 / 84
	이 성 주	李聖柱	1999.04.03	동국대	192 / 85
	박 지 민	朴志旼	2000.05.25	매탄고	188 / 85
	안 찬 기	安燦基	1998.04.06	인천대	187 / 80
DF	윤 서 호	尹諝鎬	1998.02.02	경희대	176 / 73
	장 호 익	張鎬翼	1993.12.04	호남대	173 / 62
	불 투 이 스	Dave Bulthuis	1990.06.28	*네덜란드	192 / 78
	한 호 강	韓浩康	1993.09.18	일본 조선대	186 / 80
	김 태 환	金泰煥	2000.03.25	매탄고	179 / 73
	고 명 석	高明錫	1995.09.27	홍익대	189 / 80
	이 기 제	李基濟	1991.07.09	동국대	175 / 68
	장 석 환	張碩桓	2004.10.11	덕영고	178 / 70
	이 규 석	李奎錫	2001.04.23	홍익대	182 / 77
	박 대 원	朴大元	1998.02.25	고려대	178 / 76
	곽 성 훈	郭星勳	2006.06.18	매탄고	190 / 76
	고 종 현	高宗鉉	2006.04.11	매탄고	193 / 85
	김 주 원	金周元	1991.07.29	영남대	185 / 78
	손 호 준	孫昊儁	2002.07.03	매탄고	175 / 65
MF	한 석 종	韓石種	1992.07.19	숭실대	186 / 80
	고 승 범	高丞範	1994.04.24	경희대	173 / 70
	최 성 근	崔成根	1991.07.28	고려대	183 / 73
	정 승 원	鄭承原	1997.02.27	안동고	173 / 68
	김 보 경	金甫炅	1989.10.06	홍익대	176 / 72
	이 종 성	李宗成	1992.08.05	매탄고	187 / 72
	강 태 원	姜泰源	2000.03.03	숭실대	175 / 68
	권 창 훈	權昶勳	1994.06.30	매탄고	174 / 66
	허 동 호	許桐豪	2000.06.24	매탄고	180 / 73
	염 기 훈	廉基勳	1983.03.30	호남대	182 / 80
	진 현 태	陳見泰	2001.01.30	칼빈대	178 / 70
	명 준 재	明俊在	1994.07.02	고려대	178 / 68
	임 현 섭	林賢燮	2006.01.16	매탄고	181 / 73
	카 즈 키	小塚和季 / Kozuka Kazuki	1994.08.02	*일본	173 / 68
	유 제 호	劉帝護	2000.08.15	동국대	178 / 72
	김 성 주	金成柱	2006.08.02	매탄고	168 / 61
FW	안 병 준	安炳俊	1990.05.22	일본 추오대	183 / 75
	전 진 우	全晉旴	1999.09.09	매탄고	181 / 69
	김 경 중	金京中	1991.04.16	고려대	179 / 69
	아 코 스 티	Maxwell Boadu Acosty	1991.09.10	*이탈리아	178 / 76
	박 희 준	朴熙俊	2002.01.05	중대부고	191 / 80
	고 무 열	高武烈	1990.09.05	숭실대	187 / 78
	이 상 민	李尙珉	2004.06.29	매탄고	175 / 65
	서 동 한	徐東漢	2001.03.23	고려대	172 / 66
	김 주 찬	金主贊	2004.03.29	수원고	174 / 71
	뮬 리 치	Fejsal Mulić	1994.10.03	*세르비아	205 / 84
	웨 릭 포 포	Werik Silva Pinto	2001.10.17	*브라질	190 / 86
	박 승 수	朴陞洙	2007.03.17	매탄고	183 / 62
	바 사 니	Rodrigo Bassani da Cruz	1997.10.17	*브라질	177 / 79

2023년 개인기록 _ K리그1

위치	배번	선수	03	10	13	23	30	31	37	43	49	59
		경기번호	03	10	13	23	30	31	37	43	49	59
		날짜	02.25	03.05	03.11	03.19	04.02	04.08	04.15	04.22	04.25	04.30
		홈/원정	홈	원정	원정	홈	홈	원정	홈	원정	원정	홈
		장소	수원W	전주W	수원	수원W	수원W	문수	수원W	서울W	포항	수원W
		상대	광주	전북	수원FC	대전	강원	울산	제주	서울	포항	대구
		결과	패	무	패	패	무	패	패	패	패	패
		점수	0:1	1:1	1:2	1:3	1:1	1:2	2:3	1:3	0:1	0:1
		승점	0	1	1	1	2	2	2	2	2	2
		슈팅수	10:10	20:8	10:11	15:11	9:12	14:10	11:12	10:15	4:7	13:6
GK	21	양형모	○0/0	○0/0	○0/0	○0/0	○0/0	○0/0	○0/0	○0/0	○0/0	○0/0
	99	안찬기										
DF	3	장호익		△0/0			○0/0			▽0/0		▽0/0
	4	불투이스	○0/0	○0/0	○0/0	○0/0		○0/1			○0/0	
	5	한호강									○0/0	▽0/0 C
	11	김태환	○0/0	▽0/0	○0/0 C	○0/0						
	15	고명석	○0/0 C	○0/0	○0/0	○0/0			○0/0		○0/0 C	
	23	이기제	○0/0	○0/0	○0/0	○0/0	△0/0		○0/0	○0/0	△0/0	○0/0
	28	이규석										
	33	박대원		△0/0			▽0/0		▽0/0		▽0/0 C	▽0/0
	39	민상기										
	66	김주원										
	77	손호준										△0/0
MF	6	한석종										
	7	고승범	○0/0	○0/0	○0/0	○0/0	○0/0	▽0/0				
	8	최성근					▽0/0					
	10	정승원							○0/0	○0/0 C	○0/0	▽0/0
	13	김보경	▽0/0	○0/0	○0/1		△0/0		▽0/0	△0/1	○0/0 C	△0/0
	16	이종성	▽0/0 C	○0/1 C	▽0/0	○0/0 C	△0/0			△0/0		○0/0 C
	17	류승우							◆0/0	▽0/0	△0/0	▽0/0
	26	염기훈										
	36	명준재										
	81	카즈키										
	88	유제호	△0/0			△0/0			△0/0	△1/0		▽0/0
	97	바사니	○0/0	▽0/0	▽0/0	△0/0	○1/0		○0/0 C	○1/0		▽0/0
FW	9	안병준	○0/1	△0/0	△0/0	△0/0	▽0/0	▽0/0		○0/0		▽0/0
	14	전진우	△0/0							△0/0	○0/0 C	
	17	김경중		△0/0	△1/0		▽0/0		△1/0 C	▽0/0		
	18	아코스티	△0/0	△1/0	△0/0	△1/0					△0/0	○0/0
	20	박희준		▽0/0		▽0/0						
	27	고무열										
	29	이상민					△0/0		△0/0	△0/0	▽0/0	▽0/0
	32	서동한							▽0/0			
	37	김주찬	▽0/0	▽0/0	▽0/0	▽0/0				▽0/0		
	44	물리치					△0/0		△0/0	▽0/0 C	△1/0	△0/0
	45	웨릭포포										

선수자료: 득점/도움 ○ = 선발출전 △ = 교체 IN ▽ = 교체 OUT ◆ = 교체 IN/OUT C = 경고 S = 퇴장

위치	배번		63	71	75	83	85	92	100	108	109	116
		경기번호	63	71	75	83	85	92	100	108	109	116
		날짜	05.05	05.10	05.13	05.21	05.27	06.03	06.07	06.11	06.24	07.01
		홈/원정	원정	홈	원정	홈	원정	홈	원정	홈	홈	원정
		장소	인천	수원W	춘천	수원W	제주W	수원W	광주	수원W	수원W	대구전
		상대	인천	전북	강원	울산	제주	수원FC	광주	인천	서울	대구
		결과	승	패	승	패	패	패	패	무	패	무
		점수	1:0	0:3	2:0	2:3	1:2	1:2	1:2	0:0	0:1	1:1
		승점	5	5	8	8	8	8	8	9	9	10
		슈팅수	7:13	5:18	8:11	5:21	7:10	18:7	3:9	4:10	13:13	9:13
GK	21	양형모	○0/0	○0/0	○0/0	○0/0	○0/0	○0/0	○0/0	▽0/0	○0/0	○0/0
	99	안찬기								△0/0		
DF	3	장호익	△0/0 C	○0/0	○0/0	○0/0	○0/0	○0/0	○0/0	△0/0		△0/0
	4	불투이스		○0/0 CC						△0/0		
	5	한호강	○0/0 C		○1/0	○0/0	○0/0	○1/0		▽0/0		○0/0
	11	김태환	▽0/0	▽0/0		△0/0	△0/0	○0/0	○0/0		△0/0	△0/0
	15	고명석	△0/0 C	△0/0	△0/0	△0/0				○0/0	○0/0	○0/0
	23	이기제	○1/0	○0/0	○0/1 C	○1/1	○0/0	○0/1	○0/0	○0/0	○0/0	○0/0
	28	이규석										
	33	박대원	○0/0	○0/0	○0/0	○0/0	▽0/0 C	○0/0		○0/0	○0/0 C	▽0/0 C
	39	민상기					△0/0					
	66	김주원									○0/0 C	
	77	손호준		△0/0	▽0/0	▽0/0	▽0/0	△0/0		△0/0	▽0/0	
MF	6	한석종	○0/0		▽0/0	△0/0	○0/0			▽0/0		
	7	고승범			▽0/0	▽0/0	▽0/0	▽0/0	▽0/0	▽0/0	○0/0	○0/0
	8	최성근										
	10	정승원			△0/0		△0/0	▽0/0	▽0/0	▽0/0 C	△0/0 C	△0/0
	13	김보경	▽0/0	▽0/0			▽0/0					▽0/0 C
	16	이종성		○0/0	△0/0			○0/0	△0/0		△0/0	
	17	류승우	△0/0 C	△0/0	△0/0	▽0/0						
	26	염기훈			▽0/0	▽0/0						
	36	명준재										△0/0 C
	81	카즈키										
	88	유제호	▽0/0	○0/0 C	▽0/0			△0/0	△0/0	△0/0 C	△0/0	
	97	바사니	△0/0 C	◆0/0								
FW	9	안병준	△0/0 C	△0/0	○1/0	○1/0	○1/0	▽0/0	○1/0	○0/0	▽0/0	▽0/0
	14	전진우	▽0/0				◆0/0	△0/0	○0/0			
	17	김경중										
	18	아코스티				△0/0		△0/0	△0/0	○0/0	▽0/0	○0/0
	20	박희준	▽0/0 C									△0/0
	27	고무열										
	29	이상민	○0/0 C	▽0/0	△0/0	◆0/0	▽0/1 C	▽0/0	▽0/1	▽0/0	△0/0	
	32	서동한										
	37	김주찬										▽0/0
	44	물리치		▽0/0							△0/0	
	45	웨릭포포										

위치	배번	선수	126	130	133	142	147	151	157	168	171	180
		경기번호	126	130	133	142	147	151	157	168	171	180
		날짜	07.09	07.12	07.15	07.22	08.05	08.12	08.18	08.27	09.02	09.17
		홈/원정	원정	홈	홈	원정	홈	원정	홈	원정	홈	홈
		장소	대전W	수원W	수원W	강릉	수원W	전주W	수원W	광주	수원W	수원W
		상대	대전	포항	울산	강원	수원FC	전북	제주	광주	서울	대구
		결과	무	무	승	승	패	무	승	패	패	패
		점수	2:2	1:1	3:1	2:1	0:2	1:1	1:0	0:4	0:1	0:1
		승점	11	12	15	18	18	19	22	22	22	22
		슈팅수	13:13	9:7	11:10	13:12	9:9	4:11	8:12	6:14	16:13	11:8
GK	21	양형모	○0/0	○0/0	○0/0	○0/0			○0/0	○0/0	○0/0	○0/0
	99	안찬기					○0/0	○0/0 C				
DF	3	장호익	▽0/0					▽0/0				
	4	불투이스						△0/0	△1/0	△0/0		
	5	한호강		○0/0 C	▽0/0	△0/0		○1/0		▽0/0	○0/0 S	
	11	김태환						▽0/0	▽0/0		▽0/0	▽0/0
	15	고명석	○0/0				▽0/0					△0/0
	23	이기제	○0/0	○0/0	△0/0	○0/0	○0/0 C	△0/0	○0/1 C	○0/0		△0/0 C
	28	이규석										○0/0
	33	박대원		○0/0	△0/0	○0/0	○0/0	▽0/0			○0/0 C	○0/0 C
	39	민상기										
	66	김주원	○0/0 C									
	77	손호준										
MF	6	한석종										
	7	고승범	○1/0 C	○0/0		△0/1	○1/0 C	○0/0	○0/0	○0/0	▽0/0	○0/0 C
	8	최성근										
	10	정승원	△0/0 C	△0/0		△0/0	△0/0					
	13	김보경		▽0/0								▽0/0
	16	이종성								▽0/0 C		
	17	류승우										
	26	염기훈										
	36	명준재	▽0/0			▽0/0 C	▽0/0		▽0/0	▽0/0		
	81	카즈키	▽0/0 C	○0/0	○0/0		○0/0	○0/1	○0/0	○0/0	△0/0	○0/0
	88	유제호	△0/0	△0/0	▽0/0	△0/0	△0/0			△0/0	△0/0	
	97	바사니					▽0/0	○0/0			▽0/0	
FW	9	안병준							△0/0		▽0/0	▽0/0
	14	전진우	△0/0	▽0/0	▽1/0	△0/1 C	▽0/0	△0/0		△0/0		
	17	김경중			△0/1		△0/0	△0/0	△0/0	○0/0 C	△0/0	▽0/0 C
	18	아코스티	○0/2	◆0/0			△0/0	△0/0	△0/0	△0/0		
	20	박희준							▽0/0		▽0/0	
	27	고무열	△0/0	△0/0			△0/0					
	29	이상민	▽0/0	▽0/0	▽0/0	▽0/1	▽0/0					
	32	서동한								▽0/0	△0/0	
	37	김주찬	▽0/0	▽0/0	○1/0	▽1/0				○0/0	▽0/0	
	44	뮬리치	△1/0 C	△1/0	△1/0		△0/0			△0/0	△0/0	△0/0
	45	웨릭포포					▽0/0	▽0/0 C				△0/0

선수자료: 득점/도움   ○ = 선발출전   △ = 교체 IN   ▽ = 교체 OUT   ◆ = 교체 IN/OUT   C = 경고   S = 퇴장

위치	배번		181	190	196	203	209	215	221	225		
		경기번호	181	190	196	203	209	215	221	225		
		날짜	09.23	09.30	10.08	10.22	10.29	11.12	11.25	12.02		
		홈/원정	원정	원정	홈	원정	홈	원정	원정	홈		
		장소	대전W	인천	수원W	제주W	수원W	수원	서울W	수원W		
		상대	대전	인천	포항	제주	대전	수원FC	서울	강원		
		결과	패	패	승	패	무	승	승	무		
		점수	1:3	0:2	1:0	0:2	2:2	3:2	1:0	0:0		
		승점	22	22	25	25	26	29	32	33		
		슈팅수	12:11	12:10	10:15	9:12	7:9	13:24	14:10	7:9		
GK	21	양형모	○0/0	○0/0	○0/0	○0/0	○0/0	○0/0	○0/0	○0/0		
	99	안찬기										
DF	3	장호익										
	4	불투이스	△0/0	○0/0	○0/0	▽0/0						
	5	한호강			○0/0		○0/0	△0/0	○0/0	○0/0		
	11	김태환		○0/0	○0/0	○0/0	○0/0	○0/0	○0/0	○0/0		
	15	고명석		▽0/0			△0/0					
	23	이기제	○0/0	○0/0 C								
	28	이규석	▽0/0		△0/0	△0/0	△0/0					
	33	박대원	○0/0 CC		○0/0	○0/0		○0/0	△0/0	△0/0		
	39	민상기										
	66	김주원	○0/0			△0/0	○0/0	○0/0	○0/0 C	▽0/0 C		
	77	손호준					○0/0	▽0/0	▽0/0	▽0/0		
MF	6	한석종								▽0/0 C		
	7	고승범	▽0/0	△0/0	△0/0 C	▽0/0	△0/0	△0/0	○0/0			
	8	최성근										
	10	정승원								△0/0		
	13	김보경		▽0/0	▽0/0	▽0/0	▽0/0			△0/0		
	16	이종성	○0/1 C	○0/0	○0/0 CC		▽0/0	○0/0 C	○0/0 C			
	17	류승우										
	26	염기훈										
	36	명준재	△0/0 C	△0/0								
	81	카즈키	○1/0	○0/0	▽0/0	○0/0	▽0/1 C	○0/0 S				
	88	유제호										
	97	바사니		▽0/0	▽0/1 C	▽0/0	△0/0	▽0/0 C	▽1/0	○0/0		
FW	9	안병준	▽0/0		△0/0	△0/0	○0/0	▽1/0	▽0/0	○0/0		
	14	전진우	△0/0	△0/0	△0/0	△0/0		△0/0	△0/0			
	17	김경중	▽0/0				△0/0					
	18	아코스티				△0/0	△1/0	▽1/1	▽0/0	▽0/0		
	20	박희준		▽0/0								
	27	고무열	△0/0									
	29	이상민							△0/0			
	32	서동한										
	37	김주찬	▽0/0	▽0/0	▽1/0	▽0/0	▽1/0	△1/0	△0/0	△0/0		
	44	물리치	△0/0	△0/0	▽0/0	○0/0		△0/1	△0/0	△0/0		
	45	웨릭포포		△0/0				▽0/0	▽0/0	○0/0		

79

김 천 상 무

창단년도_ 2021년
전화_ 054-434-6666
팩스_ 054-434-6611
홈페이지_ www.gimcheonfc.com
주소_ 우 39524 경상북도 김천시 운동장길 1 김천종합운동장
1, Undongjang-gil, Gimcheon-si, Gyeongsangbuk-do,
KOREA 39524

연혁

2020	유치의향서 한국프로축구연맹 제출
	상무프로축구단 유치 시민 공청회 개최
	김천시↔국군체육부대 연고지 협약 체결
	김천상무프로축구단 창단 발표 (김충섭 김천시장)
	사단법인 김천시민프로축구단 설립
	창단 승인 (한국프로축구연맹 이사회)
	배낙호 대표이사, 이흥실 단장 선임 및 사무국 구성
	구단명 김천상무FC, 엠블럼, 슬로건 'Happy 김천 Together 상무' 공개
2021	초대 김태완 감독 선임
	U18 경북미용예고, U15 김천문성중 창단
	유니폼, 마스코트 '슈웅' 공개 및 출범식 진행
	16경기 연속 무패 팀최다 기록 수립
	김천 1기, 2기 전역 기념식 진행
	구성윤, 박지수, 정승현, 조규성 국가대표 발탁
	권혁규, 김주성, 박지민, 서진수, 오현규 U23 국가대표 발탁
	하나원큐 K리그2 2021 우승
	하나원큐 K리그2 2021 최다득점
	하나원큐 K리그1 2022 직행 승격
	K리그2 대상 감독상 김태완 감독 수상
	K리그2 대상 BEST11 구성윤(GK), 정승현(DF) 수상
2022	승격 기념 경기장 새단장(가변석 출입구 게이트 전면도로 외)
	김천시 교육지원청 업무 협조 MOU 체결
	창단 첫 K리그1 홈경기(VS 포항스틸러스)
	울진 산불피해 이재민 성금 전달(홈경기 유료관중 입장수익)
	2022 2차 K리그1 팬 프렌들리 클럽상 3위 수상
	김천 3기 전역(정승현 외 12명)
	김천 4기 전역기념식 진행(문지환 외 10명), 창단 이후 최다 관중 기록
	권창훈 2022 FIFA 카타르 월드컵 출전 국가대표 명단 발탁

2023	경기장 LED조명 교체, 엠블럼 포토존 설치, 슈웅이네(MD샵), 라커룸 래핑
	권창훈 국가대표 발탁
	U18 이시헌 U17 대표팀 2023년 3차 국내훈련 명단 포함
	K리그2 최초 마스코트 반장선거 부반장 당선
	김천 5기 전역기념식 진행(강윤성, 권창훈, 김지현, 이영재)
	김준홍, 이영준 2023 FIFA U20 월드컵 출전(4강)
	제2대 정정용 감독 선임
	2023 1차 K리그2 팬 프렌들리 클럽상1위 수상
	원두재 국가대표 발탁
	홈 7경기 연속 최다 승리 기록 수립(17R 안산전~28R 충남아산전)
	조영욱 역대 K리그2 타이기록 달성(7경기 연속골)
	김천 5기 전역(강윤성, 권창훈, 김지현, 이영재)
	조영욱 항저우 아시안게임 남자 축구대표팀 최종명단 포함
	U18 김정훈, 심연원 U18대표팀 2023년 국내훈련 명단 포함
	U12 유소년팀 창단 첫 승(회랑대기/ VS,대전화정초 7:1)
	김천상무 공식 맥주 'GIMCHEON 2021' 출시
	김준홍 국가대표 발탁
	강현묵, 김준홍 AFC U23 아시안컵 예선 참가 명단 포함
	구단 최초 해트트릭 달성(FC안양전, 정치인)
	창단 이후 단일 경기 최다득점 승리(10월 22일/ 7득점)
	신송훈 올림픽 대표팀 해외친선경기 명단 포함
	하나원큐 K리그2 2023 우승
	2023 K리그2 팬 프렌들리 클럽상 종합상 수상
	김천6기 전역(김륜성 외 10명)

2023년 선수명단

대표이사_ 배낙호 단장_ 이재하 감독_ 정정용
수석코치_ 성한수 코치_ 김치우 · 신상우 골키퍼 코치_ 정성윤 피지컬 코치_ 심정현
물리치료사_ 김영효 의무트레이너_ 남기원 전력분석관_ 김민혁 선수단 매니저_ 최재혁

포지션	선수명		생년월일	출신교	키 / 몸무게	전 소속팀
GK	강 현 무	姜賢茂	1995.03.13	포항제철고	185 / 78	포항
	신 송 훈	申松勳	2002.11.07	금호고	180 / 79	광주
	김 준 홍	金峻弘	2003.06.03	영생고	190 / 87	전북
	문 경 건	文慶建	1995.02.09	광운대	187 / 82	제주
DF	임 승 겸	林昇謙	1995.04.26	현대고	185 / 78	안양
	김 재 우	金載雨	1998.02.06	영등포공고	187 / 84	대전
	김 태 현	金泰賢	1996.12.19	용인대	175 / 71	전남
	박 민 규	朴玟奎	1995.08.10	호남대	177 / 67	수원FC
	최 병 찬	崔炳贊	1996.04.04	부경고	178 / 73	성남
	김 륜 성	金侖成	2002.06.04	포철고	179 / 70	포항
MF	윤 종 규	尹鍾奎	1998.03.20	신갈고	173 / 64	서울
	이 상 민	李相珉	1998.01.01	숭실대	188 / 77	서울
	김 현 욱	金賢旭	1995.06.22	동래고	160 / 61	전남
	원 두 재	元斗載	1997.11.18	한양대	187 / 80	울산
	김 동 현	金東現	1997.06.11	포항제철고	182 / 75	강원
	김 진 규	金鎭圭	1997.02.24	개성고	177 / 68	전북
	구 본 철	具本哲	1999.10.11	단국대	173 / 73	성남
	강 현 묵	姜鉉默	2001.03.28	경기매탄고	175 / 60	수원
	윤 석 주	尹碩珠	2002.02.25	포철고	178 / 69	포항
	김 준 범	金俊範	1998.01.14	연세대	176 / 74	인천
	이 지 훈	李知勳	2002.03.02	전주영생고	177 / 60	전북
	정 치 인	鄭治仁	1997.08.21	대구공고	182 / 71	대구
FW	이 중 민	李重旻	1999.11.03	광주대	188 / 84	전남
	김 민 준	金民俊	2000.02.12	울산대	183 / 74	울산
	이 영 준	李泳俊	2003.05.23	신평고	190 / 83	수원FC

2023년 개인기록_ K리그2

위치	배번	선수명	05	08	22	28	31	38	47	51	59	66
		날짜	03.01	03.04	03.19	04.02	04.08	04.15	04.19	04.22	04.30	05.03
		홈/원정	원정	원정	원정	홈	원정	홈	홈	원정	홈	원정
		장소	아산	청주	부산A	김천	천안	김천	김천	목동	김천	안산
		상대	충남아산	충북청주	부산	경남	천안	부천	전남	서울E	김포	안산
		결과	승	승	패	패	승	승	승	승	패	승
		점수	2:1	2:0	1:3	0:2	2:0	4:1	2:1	1:0	0:2	3:2
		승점	3	6	6	6	9	12	15	18	18	21
		슈팅수	8:13	12:10	13:12	14:11	19:9	18:9	21:12	12:8	9:14	14:13
GK	1	문경건		○ 0/0	○ 0/0							○ 0/0
	18	신송훈	○ 0/0			○ 0/0	○ 0/0	○ 0/0	○ 0/0	○ 0/0	○ 0/0	
	31	강현무										
	41	김준홍										
DF	6	임승겸	○ 0/0	○ 0/0 C	▽ 0/0			△ 0/0				△ 0/0
	7	최병찬										
	11	이유현					○ 0/0	○ 1/0	○ 0/1	△ 0/0	△ 0/0	○ 0/0
	12	김륜성	○ 0/0						▽ 0/0	▽ 0/0	▽ 0/0	
	23	박민규		▽ 0/0	○ 0/0	▽ 0/0						
	24	윤종규										
	28	김태현				△ 0/0	○ 0/0	○ 0/0		○ 0/0	○ 0/0 C	○ 0/0
	34	김재우	△ 0/0	△ 0/0			○ 0/1	○ 0/0	○ 0/0			
	35	이상민	○ 1/0		○ 0/0		○ 0/0	○ 0/0	○ 0/0 C			
	71	강윤성	○ 0/0	○ 0/0	○ 0/0 C	○ 0/0		△ 0/0	△ 0/0 C			
MF	14	윤석주										▽ 0/0
	17	김준범				△ 0/0	△ 1/0	△ 0/0	▽ 0/0	▽ 0/0		△ 0/0 CC
	19	이지훈			▽ 0/0							
	22	권창훈	△ 0/0		△ 0/0	△ 0/0		△ 1/0	△ 1/1	▽ 0/0		
	25	김현욱			▽ 0/0	△ 0/0					△ 0/0	△ 0/0
	26	원두재	▽ 0/0 C	▽ 0/0	○ 0/0 C	○ 0/0	△ 0/0	○ 0/0	△ 0/0	○ 0/0	○ 0/0	△ 0/0 C
	28	이영재	▽ 0/0	▽ 1/0	○ 0/0	▽ 0/0	○ 0/0	▽ 0/1	○ 0/0	△ 0/1	▽ 0/0	
	30	김동현	△ 0/0 C	△ 0/0		○ 0/0	▽ 0/0	▽ 1/0	▽ 0/0 C		▽ 0/0	
	32	김진규	△ 0/1	▽ 0/0	△ 1/0		▽ 1/0	▽ 0/1		▽ 0/0		△ 1/0
	38	김민준	▽ 0/0	▽ 0/0			▽ 0/0	△ 0/0	△ 1/0	▽ 0/0		▽ 1/1 C
	39	강현묵						▽ 0/0				▽ 0/0 C
FW	20	이준석	△ 0/1	△ 0/0	△ 0/1							
	27	조영욱	○ 1/0	▽ 0/0	○ 0/0	▽ 0/0	▽ 0/0	▽ 0/1	▽ 0/0	△ 0/0	▽ 0/0	▽ 1/0
	29	정치인	▽ 0/0			△ 0/0				△ 0/0	▽ 0/0	
	36	구본철										
	37	이중민										
	40	이영준				▽ 0/0	△ 0/1				△ 0/0	
	96	김지현	▽ 0/0	○ 1/0	○ 0/0	▽ 0/0	▽ 0/0	○ 1/0	○ 0/0	○ 1/0	▽ 0/0	○ 0/0 C

선수자료 : 득점/도움   ○ = 선발출전   △ = 교체 IN   ▽ = 교체 OUT   ◈ = 교체 IN/OUT   C = 경고   S = 퇴장

위치	배번	경기번호	72	74	84	96	97	105	110	120	122	132
		날짜	05.07	05.13	05.21	06.04	06.10	06.24	07.01	07.10	07.15	07.19
		홈/원정	원정	홈	홈	원정	홈	홈	원정	홈	원정	홈
		장소	탄천	김천	김천	광양	김천	김천	부천	김천	김포	김천
		상대	성남	안양	충북청주	전남	안산	천안	부천	부산	김포	충남아산
		결과	무	무	무	패	승	승	승	승	패	승
		점수	2:2	0:0	0:0	0:1	3:2	4:1	3:0	2:1	1:2	3:2
		승점	22	23	24	24	27	30	33	36	36	39
		슈팅수	13:7	12:8	18:5	12:4	13:9	12:8	14:11	18:13	14:5	11:8
GK	1	문경건										
	18	신송훈	○ 0/0	○ 0/0					○ 0/0	○ 0/0	○ 0/0	
	31	강현무			○ 0/0	○ 0/0	○ 0/0				○ 0/0	
	41	김준홍										○ 0/0
DF	6	임승겸	△ 0/0			○ 0/0			△ 0/0		▽ 0/0	
	7	최병찬									▽ 0/0 C	
	11	이유현	▽ 0/0 C	△ 0/0	△ 0/0	△ 0/0	○ 0/0	○ 0/0	○ 0/0	○ 1/0		○ 0/1
	12	김륜성									△ 0/0	
	23	박민규				▽ 0/0	○ 0/0	○ 0/0 C	▽ 0/0 C	▽ 0/0 C	▽ 0/0	▽ 0/0
	24	윤종규						△ 1/0	△ 0/0	△ 0/1		
	28	김태현	○ 0/0	○ 0/0 C	△ 0/0	▽ 0/0					▽ 0/0	△ 0/0
	34	김재우	○ 0/0	○ 0/0	○ 0/0	○ 0/0	○ 0/0	○ 0/1	○ 0/0	○ 0/0		○ 0/0
	35	이상민	▽ 0/0					○ 0/0	○ 0/0	○ 0/0	○ 0/0	△ 0/0
	71	강윤성	△ 0/0	▽ 0/0	▽ 0/0 C							
MF	14	윤석주					△ 0/0	△ 0/0	△ 0/1	△ 0/0		△ 0/0 C
	17	김준범	△ 0/0			△ 0/0	△ 0/0					
	19	이지훈									△ 0/0	
	22	권창훈										
	25	김현욱	△ 0/0	△ 0/0	△ 0/0	▽ 0/0	○ 0/0	▽ 0/0	△ 0/0	▽ 0/0	○ 0/0	○ 0/0
	26	원두재		○ 0/0	○ 0/0	○ 0/0	○ 0/0 C	○ 0/0	○ 0/0 C		○ 0/0	○ 0/0
	28	이영재	○ 0/0	▽ 0/0	▽ 0/0							
	30	김동현	○ 1/0	○ 0/0 C		○ 0/0	▽ 0/0			▽ 0/0		
	32	김진규	▽ 0/0	▽ 0/0	▽ 0/0	○ 0/0	▽ 0/0 C	○ 0/0	▽ 0/0	○ 0/0 C		▽ 0/1
	38	김민준	▽ 1/0		▽ 0/0	▽ 0/0	○ 0/0	○ 0/0	△ 1/0		▽ 0/0	△ 0/0
	39	강현묵		△ 0/0		△ 0/0	△ 0/0	▽ 0/0	▽ 0/0	▽ 0/1	▽ 0/0	▽ 1/0
FW	20	이준석					△ 0/0	▽ 0/1	▽ 1/0	▽ 0/0		▽ 1/0
	27	조영욱	▽ 0/0	▽ 0/0	○ 0/0 C	▽ 0/0	○ 2/0	○ 1/0	○ 1/1	○ 1/0	△ 1/0	▽ 1/0
	29	정치인	△ 0/0	△ 0/0		△ 0/0		△ 0/0	△ 1/0	△ 0/0	△ 0/0	△ 0/0
	36	구본철			△ 0/0	▽ 0/0	▽ 0/0				○ 0/0	
	37	이중민				△ 0/0	△ 1/0	△ 0/0		△ 0/0		△ 0/0
	40	이영준									▽ 0/0	
	96	김지현	○ 0/1	○ 0/0	○ 0/0							

위치	배번	경기번호	134	144	149	155	160	163	171	176	188	194
		날짜	07.23	07.31	08.06	08.15	08.20	08.26	08.29	09.02	09.19	09.23
		홈/원정	원정	원정	홈	홈	원정	홈	원정	홈	원정	홈
		장소	창원C	안양	김천	김천	광양	김천	구덕	김천	탄천	김천
		상대	경남	안양	성남	서울E	전남	충남아산	부산	충북청주	성남	안양
		결과	승	패	승	승	패	승	패	무	패	승
		점수	2:0	0:2	4:0	4:0	1:2	4:0	0:2	0:0	0:1	4:1
		승점	42	42	45	48	48	51	51	52	52	55
		슈팅수	11:12	9:10	12:6	17:9	4:14	10:10	5:15	10:4	11:13	11:14
GK	1	문경건										
	18	신송훈		○ 0/0				○ 0/0				
	31	강현무								○ 0/0	○ 0/0	○ 0/1
	41	김준홍	○ 0/0		○ 0/0	○ 0/0	○ 0/0		○ 0/0			
DF	6	임승겸	△ 0/0 C		△ 0/0	○ 0/0		○ 0/0 C	○ 0/0			▽ 0/0
	7	최병찬		◈ 0/0				○ 1/0	▽ 0/0	△ 0/0		▽ 0/0
	11	이유현										
	12	김륜성	△ 0/0 C	△ 0/0								▽ 0/0 C
	23	박민규	○ 0/0	○ 0/0	○ 0/0	○ 0/0	○ 0/0		▽ 0/0	▽ 0/0		△ 1/0
	24	윤종규			△ 0/0	△ 0/0	△ 0/0					○ 0/1
	28	김태현		○ 0/0 C		▽ 0/0	○ 0/0	△ 0/0	○ 0/0	○ 0/0	△ 0/0 C	○ 0/0
	34	김재우	○ 0/0	○ 0/0	○ 0/0	△ 0/0	○ 0/0	▽ 1/0	○ 0/0	○ 0/0		○ 0/0
	35	이상민	○ 0/0	○ 0/0	○ 0/0	○ 0/0	○ 0/0				○ 0/0	
	71	강윤성										
MF	14	윤석주		△ 0/0		○ 0/0	▽ 0/0	△ 0/0	△ 0/0			△ 0/0
	17	김준범								△ 0/0	▽ 0/0	
	19	이지훈										
	22	권창훈										
	25	김현욱	▽ 0/0	▽ 0/0	▽ 0/0	▽ 0/1	▽ 0/0		△ 0/0	▽ 0/0		▽ 0/0
	26	원두재	○ 0/0	○ 0/0	○ 0/0	▽ 1/0	○ 0/0			○ 0/0		○ 0/0
	28	이영재										
	30	김동현						△ 0/0	△ 0/0	○ 0/0	▽ 0/0	
	32	김진규	▽ 1/0 C	▽ 0/0				○ 0/0	▽ 0/0			○ 0/0
	38	김민준			△ 2/0	△ 0/1	△ 0/0 C		△ 0/0		△ 0/0	△ 0/0
	39	강현묵	▽ 0/1	▽ 0/0	▽ 1/0	▽ 0/0	▽ 1/0		▽ 0/1		△ 0/0	▽ 0/0
FW	20	이준석	▽ 0/0		▽ 0/0	▽ 1/0	▽ 0/0	▽ 1/0	▽ 0/0	▽ 0/0	▽ 0/0	
	27	조영욱	▽ 1/0	○ 0/0	○ 1/2	○ 1/0	○ 0/0	▽ 1/1	○ 0/0	○ 0/0		
	29	정치인	△ 0/0	△ 0/0	△ 0/1	△ 1/0	△ 0/0	△ 0/0	△ 0/0	△ 0/0 CC		▽ 3/0
	36	구본철	△ 0/0		△ 0/0	△ 0/0	△ 0/0			▽ 0/0 C		△ 0/1
	37	이중민	△ 0/0	△ 0/0							△ 0/0	
	40	이영준					△ 0/0	△ 0/0			○ 0/0	
	96	김지현										

선수자료: 득점/도움 ○ = 선발출전 △ = 교체 IN ▽ = 교체 OUT ◈ = 교체 IN/OUT C = 경고 S = 퇴장

위치	배번	이름	203	205	216	222	225	229
		경기번호	203	205	216	222	225	229
		날짜	10.01	10.07	10.22	10.29	11.11	11.26
		홈/원정	원정	홈	원정	홈	원정	홈
		장소	천안	김천	안산	김천	창원C	김천
		상대	천안	부천	안산	김포	경남	서울E
		결과	승	승	승	승	무	승
		점수	3:1	3:1	7:3	2:0	1:1	1:0
		승점	58	61	64	67	68	71
		슈팅수	12:2	9:14	24:12	12:6	13:8	11:5
GK	1	문경건						
	18	신송훈		△0/0	○0/0		○0/0	
	31	강현무	○0/0 C	▽0/0				
	41	김준홍				○0/0		○0/0
DF	6	임승겸						
	7	최병찬	▽0/0 C		○3/0	▽0/0	▽0/0	
	11	이유현			△0/0	○0/0	○0/0	○0/0 C
	12	김륜성	○0/1	△0/1				
	23	박민규		▽0/0	▽0/0	▽0/0	○0/0	○0/0
	24	윤종규	○0/0	○0/1	○1/1 C	△0/0		△0/0
	28	김태현						
	34	김재우	○0/0	○0/0	○0/0	○0/0	○0/0	○0/0
	35	이상민	○0/0 C	○0/0	○1/0	○0/0	○0/0	○0/0
	71	강윤성						
MF	14	윤석주	△0/0	△0/0				
	17	김준범		△0/0			△0/0	
	19	이지훈						
	22	권창훈						
	25	김현욱	▽0/0	○0/1	△0/0	△0/1	△0/0	▽1/0
	26	원두재	○0/0	○0/0 C	▽0/0	○0/0	○0/0 C	○0/0
	28	이영재						
	30	김동현			△0/0	△0/0	△0/0	△0/0 C
	32	김진규	▽1/0	▽0/0	▽0/1	▽1/0	▽0/1	▽0/0
	38	김민준	△0/0	△0/0	△0/1	△0/1	△0/0	△0/0
	39	강현묵	▽1/0	○1/0	▽1/1	○0/0	○0/0	▽0/0
FW	20	이준석	△0/0	▽1/0	▽0/0	▽1/0	▽0/0	
	27	조영욱						
	29	정치인	▽0/0				△0/0	▽0/0
	36	구본철	△1/0		△0/0		△0/0	△0/0
	37	이중민						△0/0
	40	이영준	△0/1	▽1/0	○1/0	▽0/0	▽1/0	▽0/0
	96	김지현						

부산 아이파크

창단년도_ 1983년

전화_ 051-941-1100

팩스_ 051-941-6715

홈페이지_ www.busanipark.com

주소_ 우 46703 부산광역시 강서구 체육공원로 43(대저1동, 강서체육공원)

43, Cheyukgongwon-ro, Gangseo-gu, Busan, KOREA 46703

연혁

1983	대우 로얄즈 프로축구구단 창단(전신)
1984	84 축구대제전 수퍼리그 종합우승
1986	제5회 아시안 클럽 챔피언십 우승
	프로선수권대회 준우승
1987	제1회 아프로 - 아시안 클럽 챔피언십 우승
	87 한국프로축구대회 종합우승
1989	전국축구선수권대회(왕중왕전) 우승
1990	전국축구선수권대회(왕중왕전) 우승
1991	91 한국프로축구대회 종합우승
1997	97 아디다스컵 우승
	97 라피도컵 프로축구대회 우승
	97 프로스펙스컵 우승
1998	98 필립모리스코리아컵 우승
1999	99 바이코리아컵 K-리그 준우승
2000	구단 인수(현대산업개발)
	부산 아이콘스 프로축구단 재창단
	제5회 서울은행 FA컵 3위
2001	아디다스컵 2001 준우승
2003	부산 아이콘스 클럽하우스 완공
	주식회사 부산 아이콘스 독립 법인 출범
2004	삼성 하우젠 K-리그 2004 통합 7위
	제9회 하나은행 FA컵 우승
2005	구단명 부산 아이파크, 사명 아이파크스포츠㈜ 변경
	삼성 하우젠 K-리그 2005 전기리그 우승
	AFC 챔피언스리그 4강 진출

	삼성 하우젠 K-리그 2005 공동 3위
2006	삼성 하우젠 K-리그 2006 전기 6위 / 후기 8위
2007	삼성 하우젠 K-리그 2007 13위
2008	삼성 하우젠컵 2008 6강 진출
	삼성 하우젠 K리그 2008 12위
2009	2009 K리그 12위
	피스컵 코리아 2009 2위
2010	쏘나타 K-리그 2010 8위
	제15회 하나은행 FA컵 준우승
2011	러시앤캐시컵 2011 준우승
	현대오일뱅크 K리그 2011 정규 5위 / 챔피언십 6위
2012	현대오일뱅크 K리그 2012 그룹A(상위 스플릿), 7위
2013	현대오일뱅크 K리그 클래식 2013 그룹A(상위 스플릿), 6위
2014	현대오일뱅크 K리그 클래식 2014 그룹B 8위
2015	현대오일뱅크 K리그 클래식 2015 11위, K리그 챌린지 강등
2016	현대오일뱅크 K리그 챌린지 2016 5위
2017	KEB하나은행 K리그 챌린지 2017 2위
	제22회 KEB하나은행 FA컵 준우승
2018	KEB하나은행 K리그2 2018 3위
2019	하나원큐 K리그2 2019 2위, K리그1 승격
2020	하나원큐 K리그1 2020 12위, K리그2 강등
2021	하나원큐 K리그2 2021 5위
2022	하나원큐 K리그2 2022 10위
2023	하나원큐 K리그2 2023 2위

2023년 선수명단

대표이사_ 김병석 감독_ 박진섭

수석코치_ 유경렬 코치_ 최광희 골키퍼 코치_ 최현 피지컬 코치_ 최준혁 퓨처스(B팀) 감독_ 김치곤 퓨처스(B팀) 코치_ 조성진 스카우터_ 배일환 · 이승현(유소년) 의무트레이너_ 강훈(팀장) · 이광동 · 김신유 · 김영현 전력분석관_ 전곤재 · 여성혁 선수단 매니저_ 유재영 · 진원석(B팀)

포지션	선수명		생년월일	출신교	키(cm) / 몸무게(kg)
GK	구 상 민	具 相 珉	1991.10.31	동의대	186 / 85
	황 병 근	黃 秉 根	1994.06.14	국제사이버대	193 / 93
	이 승 규	李 承 揆	1992.07.27	선문대	193 / 85
	임 기 목	任 氣 穆	2001.01.11	용인대	188 / 83
	김 민 승	金 玟 昇	2005.02.09	개성고	185 / 78
DF	어 정 원	漁 禎 元	1999.07.08	동국대	175 / 68
	김 동 수	金 東 洙	1995.02.21	영등포공고	188 / 82
	한 희 훈	韓 熙 訓	1990.08.10	상지대	183 / 78
	조 위 제	趙 偉 濟	2001.08.25	용인대	189 / 82
	최 준	崔 俊	1999.04.17	연세대	177 / 72
	홍 욱 현	洪 旭 賢	2004.01.06	개성고	188 / 74
	이 한 도	李 韓 道	1994.03.16	용인대	185 / 80
	최 예 훈	崔 豫 勳	2003.08.19	보인고	180 / 73
	이 현 규	李 玹 圭	2002.07.31	숭실대	168 / 67
	최 지 묵	崔 枝 默	1998.10.09	울산대	178 / 70
	원 태 랑	元 太 朗	2002.07.05	전주대	172 / 71
	장 명 근	張 明 根	2004.06.04	국제금융고	188 / 80
	박 호 영	朴 祜 永	1999.04.07	개성고	194 / 84
	민 상 기	閔 尙 基	1991.08.27	매탄고	184 / 77
	홍 석 현	洪 錫 鉉	2002.02.21	선문대	184 / 76
	최 동 렬		2004.11.21	아주대	184 / 77
	황 준 호	黃 浚 鎬	1998.05.04	용인대	190 / 84
	박 세 진	朴 世 晉	1995.12.15	영남대	177 / 68
	이 정	李 定	2001.03.02	성균관대	174 / 65
MF	박 종 우	朴 鍾 佑	1989.03.10	연세대	180 / 74
	이 정 윤	李 廷 潤	2000.11.09	전주대	182 / 73
	손 휘	孫 輝	2004.04.03	천안제일고	173 / 65
	임 민 혁	淋 政 赫	1997.03.05	수원공고	168 / 64
	이 상 헌	李 尙 憲	1998.02.26	현대고	178 / 67
	천 지 현	千 治 鉉	1999.07.02	한남대	172 / 60
	최 기 윤	崔 起 綸	2002.04.09	용인대	175 / 64
	양 세 영	梁 世 英	2002.10.03	용인대	168 / 58
	김 상 준	金 相 埈	2001.10.01	매탄고	185 / 75
	조 민 규	曺 旻 湖	2004.04.10	개성고	178 / 73
	전 승 민	田 昇 悶	2000.12.15	용인대	174 / 69
	강 상 윤	姜 尙 潤	2004.05.31	영생고	171 / 64
	박 건 희	舶 建 喜	2004.06.28	중동고	178 / 68
	여 름	呂 름	1989.06.22	광주대	176 / 68
	이 승 기	李 承 琪	1988.06.02	울산대	177 / 67
FW	김 찬	金 澯	2000.04.25	포항제철고	189 / 83
	페 신	Jefferson Gabriel Nascimento Brito	1999.01.04	* 브라질	175 / 65
	라 마 스	Bruno José Pavan Lamas	1994.04.13	* 브라질	178 / 78
	김 정 환	金 正 桓	1997.01.04	신갈고	175 / 65
	정 원 진	政 原 進	1994.08.10	영남대	176 / 65
	성 호 영	成 浩 永	1999.01.08	영남대	172 / 64
	강 영 웅	姜 榮 雄	1999.03.04	숭실대	178 / 72
	이 현 준	李 玹 準	2004.04.23	개성고	188 / 74
	권 민 재	權 珉 載	2001.06.11	개성고	170 / 61
	박 동 진	朴 東 眞	1994.12.10	한남대	182 / 72
	박 성 빈	朴 成 彬	2004.06.03	개성고	174 / 64
	곽 승 조	郭 丞 祚	2004.01.13	중경고	181 / 74
	프 랭 클 린	Franklin Geovane de Santana Chagas	1996.08.14	* 브라질	188 / 75
	최 건 주	崔 建 柱	1999.06.26	건국대	175 / 64

2023년 개인기록 _ K리그2

위치	배번	경기번호	02	15	22	29	36	40	46	50	57	61
		날 짜	03.01	03.11	03.19	04.02	04.09	04.15	04.19	04.22	04.29	05.02
		홈/원정	원정	원정	홈	홈	원정	홈	원정	원정	홈	원정
		장 소	천안	청주	부산A	부산A	아산	부산A	김포	탄천	부산A	광양
		상 대	천안	충북청주	김천	서울E	충남아산	경남	김포	성남	안산	전남
		결 과	승	무	승	승	무	무	패	승	무	무
		점 수	3:2	1:1	3:1	1:0	1:1	0:0	0:1	3:1	0:0	1:1
		승 점	3	4	7	10	11	12	12	15	16	17
		슈팅수	12:10	16:9	12:13	10:9	11:10	9:11	13:10	14:17	8:12	8:10
GK	1	구 상 민	○ 0/0	○ 0/0	○ 0/1	○ 0/0	○ 0/0	○ 0/0	○ 0/0	○ 0/0	○ 0/0	○ 0/0
DF	5	조 위 제	○ 0/0 C	○ 0/0	○ 0/0	○ 0/0	○ 0/0	○ 0/0	○ 0/0	○ 0/0	○ 0/0	○ 0/0
	6	최 준	○ 0/1	○ 0/0	○ 0/0	○ 0/0	○ 0/0 C	▽ 0/0	○ 0/0	○ 0/0	○ 0/0 C	○ 0/0
	20	이 한 도	○ 1/0									
	26	최 지 묵		▽ 0/0	△ 0/0	△ 0/0 C	▽ 0/0	○ 0/0		▽ 0/0	△ 0/0	○ 0/0
	39	민 상 기										
	45	황 준 호										
	66	박 세 진										
MF	2	어 정 원	○ 0/0 C	△ 0/0	○ 0/0	▽ 0/0	△ 0/0	△ 0/0	▽ 0/0 C	△ 0/0	▽ 0/0	△ 0/0
	7	페 신	▽ 1/0	▽ 0/0	▽ 1/0	▽ 0/0	▽ 0/0	▽ 0/0	▽ 0/0	▽ 1/0	▽ 0/0	△ 0/0
	8	박 종 우	△ 0/0	▽ 0/0								
	14	정 원 진		▽ 0/0	○ 0/0	○ 0/0	○ 0/0	○ 0/0	△ 0/0	○ 0/0		▽ 0/1
	18	임 민 혁			△ 0/0	▽ 0/0	▽ 0/0	△ 0/0	○ 0/0 C	△ 0/0 C		○ 1/0
	22	이 상 현	▽ 0/0		△ 0/1	▽ 0/0						
	24	천 지 현				△ 0/0		△ 0/0		△ 0/0		▽ 0/0
	30	양 세 영										
	31	이 현 준										
	33	김 상 준		△ 1/0	△ 0/1		▽ 0/0			▽ 0/0		△ 0/0
	42	권 혁 규	○ 0/0 C	○ 0/0	○ 0/0	○ 0/0 C	○ 0/0 C	○ 0/0	○ 0/0 C			▽ 0/0
	47	전 승 민										
	55	강 상 윤										
	81	여 름										
	88	이 승 기										
FW	9	김 찬							▽ 0/0	△ 1/0		
	10	라 마 스	▽ 1/1	○ 0/0	▽ 1/0	▽ 0/0	○ 1/0	▽ 0/0	○ 0/0	○ 0/1	○ 0/0	△ 0/0
	11	김 정 환										
	11	박 정 인	△ 0/0		△ 0/0	△ 0/0	△ 0/0	△ 0/0				
	23	성 호 영	▽ 0/0								△ 0/0	
	28	강 영 웅										
	29	최 기 윤	△ 0/0	△ 0/0	△ 1/0 C	△ 0/0	△ 0/0	△ 0/0	△ 0/0	△ 0/0 C	△ 0/0	▽ 0/0
	49	박 동 진										
	96	프 랭 클 린						△ 0/0	▽ 0/0		△ 0/0	△ 0/0
	99	최 건 주	△ 0/0	▽ 0/0	◈ 0/0	△ 0/0	▽ 0/0	▽ 0/0	△ 0/0	▽ 1/0	▽ 0/0 C	▽ 0/0

선수자료 : 득점/도움   ○ = 선발출전   △ = 교체 IN   ▽ = 교체 OUT   ◈ = 교체 IN/OUT   C = 경고   S = 퇴장

위치	배번	선수	71	75	83	88	95	99	103	109	120	125
		경기번호	71	75	83	88	95	99	103	109	120	125
		날 짜	05.07	05.13	05.21	05.28	06.04	06.10	06.24	07.01	07.10	07.16
		홈/원정	원정	홈	원정	홈	원정	홈	홈	원정	원정	홈
		장 소	안양	부산A	양산	구덕	목동	구덕	부산A	안산	김천	부산A
		상 대	안양	부천	경남	충남아산	서울E	김포	충북청주	안산	김천	성남
		결 과	승	패	승	승	승	무	무	승	패	패
		점 수	3:0	0:1	2:1	2:0	2:1	0:0	1:1	2:1	1:2	2:3
		승 점	20	20	23	26	29	30	31	34	34	34
		슈팅수	12:9	14:8	10:9	12:6	11:13	15:3	10:6	10:8	13:18	11:8
GK	1	구 상 민	○ 0/0	○ 0/0	○ 0/0	○ 0/0	○ 0/0	○ 0/0	○ 0/0	○ 0/0 C	○ 0/0	○ 0/0
DF	5	조 위 제	○ 0/0	○ 0/0	○ 0/0 C	○ 0/0	○ 0/0	○ 0/0 C	○ 0/0	○ 0/0	○ 0/0	○ 0/0 C
	6	최 준	○ 0/1	○ 0/0	○ 0/0	○ 0/1	○ 0/0	○ 0/0	○ 0/0	○ 0/0	▽ 0/0	△ 0/0
	20	이 한 도	○ 0/0	○ 0/0	○ 0/0	○ 0/0	○ 0/0	○ 0/0	○ 0/0	○ 1/0	○ 0/0	○ 0/0 C
	26	최 지 묵	○ 0/0	▽ 0/0	△ 0/0	△ 0/0				△ 0/0	▽ 0/0	
	39	민 상 기										
	45	황 준 호								△ 0/0		△ 1/0
	66	박 세 진	△ 0/1	△ 0/0	△ 0/1 C	△ 0/0	△ 0/0		△ 0/0		△ 0/0	▽ 0/0
MF	2	어 정 원				▽ 0/0	▽ 0/0	▽ 0/1	○ 0/0	○ 0/0	▽ 0/0	
	7	페 신	▽ 0/0									
	8	박 종 우										
	14	정 원 진			▽ 0/0	▽ 0/0	○ 0/0	▽ 0/0	▽ 0/0	○ 1/0	○ 0/1	○ 0/0
	18	임 민 혁	○ 0/0	▽ 0/0								
	22	이 상 헌								△ 0/0		△ 0/0
	24	천 지 현		△ 0/0 C								
	30	양 세 영					△ 0/0					
	31	이 현 준				△ 0/0						
	33	김 상 준	○ 0/0	▽ 0/0	○ 0/0	○ 0/1	○ 0/0	○ 0/0	○ 0/0	▽ 0/0 C	○ 1/0	▽ 0/0 C
	42	권 혁 규	△ 1/0	○ 0/0	○ 0/0	○ 1/0	○ 0/0	○ 0/0	▽ 0/0	○ 0/0	▽ 0/0	▽ 0/0
	47	전 승 민								△ 0/0	△ 0/0	△ 0/1
	55	강 상 윤										
	81	여 름										
	88	이 승 기	△ 1/0	△ 0/0	△ 0/0	△ 0/0	△ 0/0	△ 0/0				
FW	9	김 찬	△ 0/1	○ 0/0	▽ 2/0	▽ 0/0 C	▽ 1/0 C	▽ 0/0	▽ 1/0		▽ 0/0	▽ 0/0
	10	라 마 스	▽ 1/0 C	▽ 0/0				△ 0/0	▽ 0/0	▽ 0/1	▽ 0/1	○ 1/0
	11	김 정 환										△ 0/1
	11	박 정 인				△ 1/0	△ 1/0 C					
	23	성 호 영			▽ 0/0	▽ 0/0	▽ 0/0	▽ 0/0	△ 0/0		▽ 0/0	
	28	강 영 웅		△ 0/0								
	29	최 기 윤	◆ 0/0	△ 0/0			○ 0/1	△ 0/0	▽ 0/0	△ 0/0		
	49	박 동 진										
	96	프 랭 클 린	▽ 0/0							△ 0/0	△ 0/0	△ 0/0
	99	최 건 주	▽ 0/0	▽ 0/0	○ 0/0	▽ 0/0	▽ 0/0	▽ 0/0	△ 0/0	▽ 0/1	▽ 0/0	▽ 0/0

위치	배번	선수	138	141	146	156	159	165	171	180	183	187
		날짜	07.24	07.30	08.05	08.15	08.20	08.26	08.29	09.03	09.16	09.19
		홈/원정	홈	원정	홈	홈	원정	원정	홈	원정	홈	홈
		장소	부산A	부천	구덕	구덕	목동	김포	구덕	안양	부산A	부산A
		상대	안양	부천	천안	전남	서울E	김포	김천	안양	성남	안산
		결과	승	무	승	승	패	승	승	승	승	승
		점수	2:1	0:0	1:0	1:0	1:2	3:2	2:0	1:0	3:0	2:0
		승점	37	38	41	44	44	47	50	53	56	59
		슈팅수	11:9	16:9	7:11	9:13	16:4	16:9	15:5	11:7	9:4	8:5
GK	1	구 상 민	○ 0/0	○ 0/0	○ 0/0	○ 0/0	○ 0/0	○ 0/0 C	○ 0/0	○ 0/0	○ 0/0	○ 0/0
DF	5	조 위 제	▽ 0/0	○ 0/0	○ 0/0	○ 0/0	▽ 0/0	▽ 1/0 C				△ 0/0
	6	최 준	○ 0/0		○ 0/0		○ 0/0	○ 1/0	○ 0/0 C	○ 0/0 C	○ 0/1 C	
	20	이 한 도	○ 0/0	○ 0/0		○ 0/0					○ 0/0 C	○ 0/0
	26	최 지 묵	△ 0/0	△ 0/0	△ 0/0				○ 0/0	○ 0/0		○ 1/0
	39	민 상 기	○ 0/0	▽ 0/0			○ 0/0		△ 0/0			
	45	황 준 호										
	66	박 세 진		○ 0/0						△ 0/0	▽ 0/0	▽ 0/1
MF	2	어 정 원	○ 0/0	○ 0/0 C	○ 0/0	○ 0/0	▽ 0/0					△ 0/0
	7	페 신	△ 1/0	△ 0/0				▽ 0/1			△ 0/0	△ 1/0 C
	8	박 종 우			△ 0/0							
	14	정 원 진	○ 0/0 C	▽ 0/0		▽ 0/0	▽ 0/0	△ 0/0 C	△ 0/0	△ 0/0	▽ 0/0	▽ 0/0
	18	임 민 혁			▽ 0/0 C	▽ 0/0	▽ 0/0	○ 0/0	○ 1/1	○ 0/0	○ 0/1	
	22	이 상 헌										
	24	천 지 현										
	30	양 세 영										
	31	이 현 준										
	33	김 상 준		○ 0/0	○ 0/0				△ 0/0	△ 0/0	▽ 0/0	
	42	권 혁 규										
	47	전 승 민					△ 0/0					
	55	강 상 윤	△ 0/0	△ 0/0		▽ 0/0 C	○ 0/0	△ 0/0 C	△ 0/1	△ 0/0	△ 0/0	▽ 0/0
	81	여 름	△ 0/0	△ 0/0		△ 0/0		△ 0/0	△ 0/0	▽ 0/0	△ 0/0	
	88	이 승 기										
FW	9	김 찬	▽ 0/0	▽ 0/0 C	△ 1/0	▽ 0/0	▽ 0/0	△ 0/0	△ 0/0	△ 0/0	△ 1/0	▽ 0/0 C
	10	라 마 스	△ 1/0	▽ 0/0		△ 1/0	▽ 0/0	○ 0/1	▽ 0/0	▽ 0/0	▽ 1/1	▽ 0/1
	11	김 정 환	△ 0/0		△ 0/0			▽ 0/0	○ 1/0	▽ 0/0	0/1	
	11	박 정 인										
	23	성 호 영			△ 0/0	△ 0/0	▽ 0/0		▽ 1/0	▽ 1/0	○ 1/0	▽ 0/0
	28	강 영 웅										
	29	최 기 윤										
	49	박 동 진	▽ 0/0	○ 0/0	▽ 0/0	○ 0/0	▽ 0/0	△ 0/0		▽ 0/0 C		
	96	프 랭 클 린	▽ 0/0	▽ 0/0	△ 0/0			▽ 1/1				△ 0/0
	99	최 건 주	△ 0/0	△ 0/0		△ 0/0 C	△ 0/0		△ 0/0			

선수자료: 득점/도움 ○ = 선발출전 △ = 교체 IN ▽ = 교체 OUT ◆ = 교체 IN/OUT C = 경고 S = 퇴장

위치	배번	성명	204	206	213	221	228	234	승강PO 01	승강PO 03
		경기번호	204	206	213	221	228	234	승강PO 01	승강PO 03
		날짜	10.01	10.07	10.21	10.29	11.12	11.26	12.06	12.09
		홈/원정	원정	홈	원정	홈	원정	홈	홈	원정
		장소	창원C	부산A	아산	부산A	광양	부산A	부산A	수원
		상대	경남	천안	충남아산	부천	전남	충북청주	수원FC	수원FC
		결과	승	무	승	승	패	무	승	2/2
		점수	1:0	0:0	2:1	2:1	0:3	1:1	2:1	2:5
		승점	62	63	66	69	69	70	3	3
		슈팅수	11:7	11:4	12:9	11:10	14:7	16:4	18:9	19:34
GK	1	구 상 민	○ 0/0	○ 0/0	○ 0/0	○ 0/0	○ 0/0	○ 0/0	○ 0/0	○ 0/0
DF	5	조 위 제	△ 0/0		○ 0/0 C	○ 0/0	○ 0/0 C	○ 0/0	○ 0/0	
	6	최 준			○ 0/1	○ 1/0 C	○ 0/0	○ 0/0	○ 0/0	○ 1/1
	20	이 한 도	○ 0/0 C	○ 0/0	○ 0/0	○ 0/0	○ 0/0	○ 0/0	○ 0/0	
	26	최 지 묵	○ 0/0	○ 0/0	○ 0/0 C					
	39	민 상 기	○ 0/0	○ 0/0				△ 0/0		
	45	황 준 호								
	66	박 세 진				△ 0/0	▽ 0/0		▽ 0/0	▽ 0/0
MF	2	어 정 원	○ 0/0 C	▽ 0/0		▽ 0/0	△ 0/0	○ 0/0	△ 0/0	△ 0/0
	7	페 신	△ 0/0	△ 0/0 C	▽ 0/0	△ 0/0	△ 0/0	▽ 1/0		
	8	박 종 우								
	14	정 원 진		△ 0/0		△ 0/0		△ 0/0	▽ 0/0	▽ 0/0
	18	임 민 혁	▽ 0/0	○ 0/0	○ 0/0	○ 0/0	○ 0/0	▽ 0/0	○ 0/0	▽ 0/0
	22	이 상 헌								
	24	천 지 현								
	30	양 세 영								
	31	이 현 준								
	33	김 상 준	▽ 0/0 C	▽ 0/0	△ 0/0	△ 0/0				△ 0/0 C
	42	권 혁 규								
	47	전 승 민								
	55	강 상 윤	△ 0/0	△ 0/0	△ 0/0	△ 0/0	△ 0/0	△ 0/0	▽ 0/0	▽ 0/0 C
	81	여 름	△ 0/0	△ 0/0	▽ 0/0	▽ 0/0	▽ 0/0	▽ 0/0	△ 0/0	△ 0/0
	88	이 승 기								
FW	9	김 찬	▽ 0/0	▽ 0/0	▽ 1/0 C		○ 0/0	○ 0/0	△ 0/0	▽ 0/1
	10	라 마 스	▽ 1/0	○ 0/0	▽ 0/0	▽ 1/0	▽ 0/0	▽ 0/1	○ 2/0	○ 0/0
	11	김 정 환	▽ 0/0	▽ 0/0	▽ 1/0	▽ 0/0	▽ 0/0	△ 0/0	△ 0/0	△ 1/0
	11	박 정 인								
	23	성 호 영	○ 0/0	▽ 0/0	△ 0/0	▽ 0/0	▽ 0/0	△ 0/0		▽ 0/0
	28	강 영 웅								
	29	최 기 윤								
	49	박 동 진	△ 0/0	△ 0/0	△ 0/0	○ 0/0	△ 0/0	△ 0/0 C	▽ 0/0	△ 0/0
	96	프 랭 클 린								
	99	최 건 주			△ 0/0		△ 0/0			

91

김 포 FC

창단년도_ 2013년
전화_ 031-997-9527
팩스_ 031-986-5517
홈페이지_ www.gimpofc.co.kr
주소_ 우 10068 경기도 김포시 김포한강3로 385 솔터축구장
385, Gimpohang 3-ro, Gimposi, Gyeonggi-do, KOREA,
10068

연혁

2013	김포시민축구단 창단
	제1대 유종완 감독 취임
	챌린저스리그 6위
2014	제2대 안종관 감독 취임
	제3대 김승기 감독 취임
	K3챌린저스리그 15위
2015	K3리그 2위
	제20회 KEB하나은행 FA컵 32강 진출
2016	K3리그 2위
2017	K3리그 어드밴스 5위
2018	제4대 오종렬 감독 취임
	K3리그 어드밴스 4위
	제23회 KEB하나은행 FA컵 32강 진출
2019	K3리그 어드밴스 3위
	제24회 KEB하나은행 FA컵 32강 진출
2020	발기인총회 및 창립이사회 개최
	법인설립 허가 신청서류 제출

법인설립 허가
제5대 고정운 감독 취임
제1대 서영길 대표이사 취임
K3리그 8위
2021 김포FC 출범
재단법인 김포FC 업무개시
한국프로축구연맹 가입 신청
K3 정규리그 2위
대한축구협회 K3 챔피언십 우승
U18 선수단 창단
2022 한국프로축구연맹 가입 승인
K리그2 진출 시즌 개막전 프로데뷔 첫 승
하나원큐 K리그2 2022 8위(10승 11무 19패)
U12, 15 선수단 창단
서영길 대표이사 연임
2023 하나원큐 K리그2 2023 3위(K리그 승강플레이오프 진출)

2023년 선수명단

대표이사_ 홍경호 감독_ 고정운
수석코치_ 인창수 코치_ 조한범 골키퍼 코치_ 정성진 피지컬 코치_ 김연준
전력강화부장_ 손현준 의무트레이너_ 박상현 · 김우성 전력분석관_ 류제성 선수단 매니저_ 백낙우 · 배준석 · 정경영

포지션	선수명		생년월일	출신교	키(cm) / 몸무게(kg)
GK	이 상 욱	李相旭	1990.03.09	호남대	190 / 90
	박 청 효	朴青孝	1990.02.13	연세대	190 / 78
	김 민 재	金民在	2001.06.02	매탄고	187 / 78
DF	조 성 권	趙誠權	2001.02.24	금호고	182 / 75
	박 경 록	朴景祿	1994.09.30	동래고	185 / 85
	김 태 한	金台翰	1996.02.24	현풍고	184 / 76
	류 언 재	柳彦在	1994.11.05	인천대	184 / 84
	유 승 표	俞承杓	1996.04.19	고려대	184 / 83
	임 준 우	林俊優	2002.01.05	청구고	181 / 74
	김 민 호	金珉浩	1997.06.11	매탄고	189 / 90
	임 도 훈	林導訓	2001.01.22	오산고	173 / 69
	송 준 석	宋俊錫	2001.02.06	언남고	173 / 68
	이 상 혁	李常赫	2001.01.06	현대고	184 / 76
	심 민 용	心民龍	2001.12.04	부평고	186 / 76
	김 종 민	金種民	2001.04.13	보인고	191 / 85
	박 광 일	朴光一	1991.02.10	보인고	175 / 69
MF	장 윤 호	張潤鎬	1996.08.25	영생고	178 / 75
	김 이 석	金利錫	1998.06.19	수원대	180 / 72
	김 종 석	金綜錫	1995.01.11	상지대	180 / 77
	김 성 민	金聖旻	2000.07.03	대건고	171 / 67
	서 재 민	徐在民	1997.12.04	현풍고	168 / 65
	배 재 우	裵栽釪	1993.05.17	중대부고	174 / 74
	최 재 훈	崔宰熏	1995.11.20	통진고	174 / 70
	이 강 연	李康衍	1991.01.26	세종대	181 / 75
FW	주 닝 요	Paulo Afonso da Rocha Júnior	1997.11.05	*브라질	175 / 67
	파 블 로	Pablo Matías González Maciel	1996.09.19	*우루과이	165 / 57
	윤 태 웅	尹跆熊	1999.05.03	연세대	188 / 81
	송 창 석	宋昌錫	2000.06.12	대륜고	183 / 75
	루 이 스	Luis Fabián Mina Zapata	1993.08.10	*콜롬비아	180 / 78
	류 지 민	柳智旻	2004.04.07	동북고	177 / 72
	윤 민 호	尹旼顥	1995.12.06	전주대	178 / 79
	민 성 연	閔省然	2000.02.29	경신고	177 / 68
	박 재 현	朴宰賢	2001.05.26	나가사키종합과학대학부속고	179 / 70
	손 석 용	孫碩庸	1998.09.04	현풍고	178 / 78

위치	배번	경기번호	10	14	24	27	34	42	46	49	59	65
		날 짜	03.05	03.11	03.19	04.01	04.09	04.16	04.19	04.22	04.30	05.03
		홈/원정	홈	홈	원정	홈	원정	원정	홈	원정	원정	홈
		장 소	김포	김포	광양	김포	청주	안산	김포	안양	김천	김포
		상 대	천안	경남	전남	부천	충북청주	안산	부산	안양	김천	성남
		결 과	승	무	승	무	무	승	승	승	승	무
		점 수	4 : 0	0 : 0	2 : 0	1 : 1	0 : 0	3 : 2	1 : 0	2 : 1	2 : 0	0 : 0
		승 점	3	4	7	8	9	12	15	18	21	22
		슈팅수	14 : 7	7 : 11	15 : 9	6 : 10	10 : 2	12 : 13	10 : 13	10 : 12	14 : 9	10 : 3
GK	1	이 상 욱										
	13	박 청 효	○ 0/0	○ 0/0	○ 0/0	○ 0/0	○ 0/0	○ 0/0	○ 0/0	○ 0/0	○ 0/0	○ 0/0
	51	김 민 재										
DF	2	조 성 권	○ 0/0 C	○ 0/0 C	○ 0/0	○ 0/0	○ 0/0	○ 0/0	○ 0/0	○ 0/0	○ 0/0	○ 0/0
	3	박 경 록		△ 0/0				▽ 0/0				△ 0/0
	4	김 태 한	○ 0/0	▽ 0/0	○ 0/0		○ 0/0 S			○ 1/0	○ 0/0	
	20	김 민 호	○ 0/0	○ 0/0	○ 0/0 C	○ 0/0 C	○ 0/0 C	○ 0/0	○ 0/0	○ 0/0	○ 0/0	▽ 0/0
	27	임 도 훈										
	30	김 종 민										
	34	송 준 석	△ 0/0	△ 0/0			▽ 0/0	△ 0/0		▽ 0/0	▽ 0/0	
	44	이 상 혁										
	55	심 민 용						△ 0/0				
	91	박 광 일			▽ 0/0		▽ 0/0	▽ 0/0	△ 0/1	△ 0/0	△ 0/0	△ 0/0
MF	6	이 성 재					△ 0/0		○ 0/0		△ 0/0	
	7	장 윤 호	△ 1/0	△ 0/0	△ 0/0	△ 0/0		△ 0/0	▽ 0/0 C	▽ 0/0		
	8	김 이 석	○ 1/0	▽ 0/0	○ 0/0 C	▽ 0/0		○ 0/0	○ 1/0	△ 0/0		
	10	김 종 석	▽ 0/1	▽ 0/0	▽ 0/1							
	17	김 성 민	○ 0/0	○ 0/0 C	○ 0/0 C	△ 0/0						
	21	서 재 민	△ 1/0	▽ 0/0		○ 0/0 C	△ 0/0	▽ 1/0		△ 0/0		
	22	배 재 우										
	23	최 재 훈	○ 0/0	○ 0/0	○ 0/0	○ 0/0	○ 0/0 C	○ 0/0		○ 0/0		○ 0/0
	26	이 강 연						○ 0/0				
FW	9	주 닝 요	▽ 0/0	▽ 0/0	▽ 0/1 C	▽ 0/0	○ 0/0	▽ 0/0	△ 0/0	○ 0/0	△ 0/0	▽ 0/0 C
	11	파 블 로		△ 0/0				▽ 0/1	○ 0/0	▽ 1/0	▽ 1/1	▽ 0/0
	19	송 창 석										
	24	루 이 스	○ 1/1	○ 0/0	○ 2/0	○ 1/0 C	▽ 0/0	○ 1/0	▽ 0/0	▽ 0/0		▽ 0/0 C
	32	윤 민 호				○ 0/1	▽ 0/0					
	77	민 성 연						△ 0/0		△ 0/1	△ 0/0	△ 0/0
	99	손 석 용	△ 0/1	△ 0/0	△ 0/0	△ 0/0	△ 0/0	◈ 0/0 C	○ 1/0	△ 0/0	▽ 0/0	△ 0/0 C

선수자료: 득점/도움   ○ = 선발출전   △ = 교체 IN   ▽ = 교체 OUT   ◈ = 교체 IN/OUT   C = 경고   S = 퇴장

위치	배번	경기번호	68	77	90	94	99	107	112	117	122	128
		날짜	05.06	05.14	05.29	06.04	06.10	06.25	07.02	07.09	07.15	07.18
		홈/원정	홈	원정	원정	홈	원정	홈	홈	원정	홈	원정
		장소	김포	아산	부천	김포	구덕	김포	김포	탄천	김포	목동
		상대	서울E	충남아산	부천	충북청주	부산	전남	충남아산	성남	김천	서울E
		결과	무	승	패	패	무	패	무	무	승	승
		점수	0:0	1:0	0:2	1:2	0:0	1:2	1:1	0:0	2:1	1:0
		승점	23	26	26	26	27	27	28	29	32	35
		슈팅수	11:8	9:12	9:5	12:10	3:15	12:10	6:9	8:9	5:14	8:14
GK	1	이 상 욱			▽0/0							
	13	박 청 효	○0/0	○0/0		▽0/0	○0/0	○0/0	○0/0	○0/0	○0/0	○0/0
	51	김 민 재			△0/0	△0/0						
DF	2	조 성 권	○0/0	○0/0	○0/0	○0/0	○0/0	○0/0	▽0/0	○0/0		○0/0
	3	박 경 록	○0/0		△0/0 C	▽0/0				○0/0	○0/0	○0/0
	4	김 태 한	○0/0	○0/0	○0/0	○0/0	○0/0	○0/0		○0/0 C	○0/0	○0/0
	20	김 민 호		○0/0	▽0/0		○0/0 C	▽0/0	△0/0			
	27	임 도 훈										
	30	김 종 민	△0/0					△0/0				
	34	송 준 석										
	44	이 상 혁								○0/0	△0/0	△0/0
	55	심 민 용										
	91	박 광 일	○0/0	○0/0	○0/0	○0/0	▽0/0	△0/0	▽1/0	△0/0	△0/0	○1/0
MF	6	이 성 재	○0/0 C	△0/0	△0/0	△0/0			▽0/0		▽0/0	▽0/0
	7	장 윤 호							△0/0		△0/0	▽0/0
	8	김 이 석		▽0/0		▽0/0	△0/0 C	▽0/0		▽0/0	○0/0	
	10	김 종 석		△0/0	○0/0	◆0/0		△0/0 C	△0/0 C	▽0/0	▽0/1	▽0/0
	17	김 성 민	▽0/0				△0/0	○0/0	○0/0	○0/0	○0/0	○0/0 C
	21	서 재 민	△0/0		○0/0							
	22	배 재 우										
	23	최 재 훈	○0/0 C	▽0/0	▽0/0	▽0/0	▽0/0					
	26	이 강 연						○0/0	▽0/0			
FW	9	주 닝 요	○0/0 C	▽0/0	▽0/0	△0/0 C	△0/0	◆0/0			△1/0	△0/0
	11	파 블 로		○0/1 C	▽0/0	○0/0			○0/1	▽0/0 C	▽0/0	
	19	송 창 석	▽0/0								▽0/0	▽0/0
	24	루 이 스	△0/0 C	△1/0			○0/1	○0/0 C	○1/0	○0/0	○0/0	△0/0
	32	윤 민 호			○0/0		○1/0	▽0/0		△0/0	▽1/1 C	○0/0
	77	민 성 연	△0/0			△0/0		△0/0	△0/0	△0/0		
	99	손 석 용	▽0/0	△0/0	△0/0		○0/0	▽0/0	▽0/0	▽0/0		▽0/0 C

위치	배번	이름	137	139	147	154	158	165	173	178	186	196
		날짜	07.24	07.29	08.05	08.14	08.19	08.26	08.30	09.03	09.17	09.24
		홈/원정	홈	원정	홈	원정	원정	홈	원정	홈	원정	홈
		장소	김포	창원C	김포	천안	청주	김포	탄천	김포	부천	김포
		상대	안산	경남	안양	천안	충북청주	부산	성남	서울E	부천	충남아산
		결과	패	무	승	승	패	패	승	승	무	승
		점수	0:1	0:0	1:0	2:0	0:1	2:3	4:2	2:1	0:0	1:0
		승점	35	36	39	42	42	42	45	48	49	52
		슈팅수	15:5	8:7	8:11	11:9	4:10	9:16	13:10	16:8	8:10	7:12
GK	1	이 상 욱							○ 0/0			
	13	박 청 효	○ 0/0	○ 0/0	○ 0/0	○ 0/0	○ 0/0	○ 0/0		○ 0/0	○ 0/0	○ 0/0
	51	김 민 재										
DF	2	조 성 권	○ 0/0	○ 0/0	○ 0/0	○ 0/0	○ 0/0	○ 0/0			○ 0/0	○ 0/0
	3	박 경 록	▽ 0/0	△ 0/0	○ 0/0	▽ 0/0 C	◈ 0/0	▽ 0/0	▽ 0/0 C	○ 0/0	○ 0/0	▽ 0/0 C
	4	김 태 한	○ 0/0	○ 0/0	○ 0/0	○ 0/0	○ 0/0	○ 0/0		○ 0/0	○ 0/0	
	20	김 민 호		○ 0/0 C			△ 0/0 C	▽ 0/0				
	27	임 도 훈										
	30	김 종 민							△ 0/0			
	34	송 준 석				▽ 0/0 C	▽ 0/0		▽ 0/0 C	▽ 0/0		
	44	이 상 혁	△ 0/0	△ 0/0			△ 0/0	△ 0/0			△ 0/0	△ 0/0
	55	심 민 용										
	91	박 광 일	▽ 0/0	△ 0/0	△ 0/0	△ 0/0			▽ 0/0	▽ 0/0		△ 0/0
MF	6	이 성 재				△ 0/0	△ 0/0					
	7	장 윤 호	▽ 0/0	▽ 0/0	▽ 0/0	○ 1/0	▽ 0/0					▽ 0/0 C
	8	김 이 석	○ 0/0	○ 0/0	○ 0/0	○ 0/0	○ 0/0 C	○ 0/0				
	10	김 종 석						1/0	○ 1/0			
	17	김 성 민	△ 0/0		▽ 0/0	▽ 0/1	▽ 0/0	△ 0/1	△ 0/0	△ 0/0		
	21	서 재 민	○ 0/0 C	▽ 0/0	△ 0/0	△ 0/0	◈ 0/0					
	22	배 재 우				▽ 0/0	▽ 0/0		▽ 0/0		▽ 0/0 C	△ 0/0
	23	최 재 훈										
	26	이 강 연					▽ 0/0		○ 0/0 C	△ 0/0		
FW	9	주 닝 요	△ 0/0	△ 0/0	△ 0/0	△ 0/0	△ 0/0	○ 0/1 C		○ 2/0 C	△ 0/0	▽ 0/0
	11	파 블 로	△ 0/0						△ 0/0	△ 0/1	△ 0/0	△ 0/0
	19	송 창 석	▽ 0/0	▽ 0/0	△ 0/1	△ 0/0	▽ 0/0			△ 0/0	◈ 0/0	
	24	루 이 스	○ 0/0	○ 0/0	○ 1/0	○ 1/0	○ 0/0	○ 1/0	△ 3/0 C			○ 1/0
	32	윤 민 호	▽ 0/0	△ 0/0	▽ 0/0 C	▽ 0/0		△ 0/0				△ 0/1
	77	민 성 연							▽ 0/0			
	99	손 석 용	△ 0/0	▽ 0/0			▽ 0/0 C	△ 0/0	△ 0/0			

선수자료 : 득점/도움 ○ = 선발출전 △ = 교체 IN ▽ = 교체 OUT ◈ = 교체 IN/OUT C = 경고 S = 퇴장

위치	배번	경기번호	200	210	214	222	227	233	236	승강PO 02	승강PO 04
		날짜	09.30	10.07	10.22	10.29	11.12	11.26	12.02	12.06	12.09
		홈/원정	원정	홈	홈	원정	원정	홈	홈	홈	원정
		장소	안산	김포	김포	김천	천안	김포	김포	김포	강릉
		상대	안산	안양	전남	김천	천안	경남	경남	강원	강원
		결과	무	승	승	패	무	패	승	무	패
		점수	1:1	3:0	2:1	0:2	0:0	0:1	2:1	0:0	1:2
		승점	53	56	59	59	60	60	60	1	1
		슈팅수	15:12	12:8	10:9	6:12	12:4	6:8	13:7	4:8	6:11
GK	1	이 상 욱					○ 0/0				
	13	박 청 효	○ 0/0	○ 0/0	○ 0/0	○ 0/0		○ 0/0	○ 0/0	○ 0/0	○ 0/0
	51	김 민 재									
DF	2	조 성 권	○ 0/0	○ 0/0	○ 0/0	○ 0/0	○ 0/0	▽ 0/0 C	○ 0/0	○ 0/0 C	○ 1/0
	3	박 경 록	○ 0/0	○ 0/0	○ 1/0	○ 0/0	○ 0/0 C		○ 0/0		▽ 0/0
	4	김 태 한	○ 0/0 C	○ 0/0	○ 0/0	○ 0/0	○ 0/0	○ 0/0	○ 0/0		
	20	김 민 호				△ 0/0	△ 0/0	○ 0/0 C		△ 0/0	△ 0/0
	27	임 도 훈						▽ 0/0			
	30	김 종 민						△ 0/0			
	34	송 준 석		△ 0/0	△ 0/0	▽ 0/0	○ 0/0	△ 0/0	△ 0/0 C	○ 0/0	▽ 0/0
	44	이 상 혁	△ 0/1	△ 0/1		▽ 0/0					
	55	심 민 용									
	91	박 광 일	▽ 0/0	▽ 0/0	▽ 0/0		▽ 0/0	△ 0/0	○ 0/0 C	▽ 0/0 C	▽ 0/0
MF	6	이 성 재									
	7	장 윤 호	▽ 0/0	◆ 0/0	△ 0/0	○ 0/0	▽ 0/0		△ 0/0	△ 0/0	△ 0/0
	8	김 이 석	▽ 0/0 C	○ 1/0	○ 1/0	○ 0/0	○ 0/0 C		○ 0/0	○ 0/0	▽ 0/0
	10	김 종 석	▽ 0/0		▽ 0/0	△ 0/0	△ 0/0	△ 0/0	1/1		△ 0/0
	17	김 성 민	△ 0/0	△ 1/0	△ 0/0	△ 0/0	△ 0/0	△ 0/0	△ 0/0		△ 0/0
	21	서 재 민	○ 0/0	▽ 0/0	▽ 0/0	△ 0/0		▽ 0/0	▽ 0/0		△ 0/0
	22	배 재 우	▽ 0/0	▽ 0/0	▽ 0/0	◆ 0/0					
	23	최 재 훈					△ 0/0	○ 0/0 C	▽ 0/0	▽ 0/0	
	26	이 강 연		○ 0/0			▽ 0/0	▽ 0/0 C	△ 0/0		
FW	9	주 닝 요					△ 0/0	○ 0/0	○ 0/0	▽ 0/0	○ 0/0 C
	11	파 블 로	△ 0/0								
	19	송 창 석		△ 0/0	△ 0/0						
	24	루 이 스	○ 1/0	○ 0/0 C	○ 0/1	○ 0/0	○ 0/0	○ 0/0	▽ 1/0	○ 0/0	○ 0/0 S
	32	윤 민 호	△ 0/0	▽ 0/0	▽ 0/1	▽ 0/0		▽ 0/0		△ 0/0	▽ 0/0
	77	민 성 연									
	99	손 석 용	△ 0/0 C		△ 0/0						

경남 FC

창단년도_ 2006년

전화_ 055-283-2020

팩스_ 055-283-2992

홈페이지_ www.gyeongnamfc.com

주소_ 우 51460 경상남도 창원시 성산구 비음로 97

창원축구센터

1F Changwon Football Center, 97, Bieum-ro
(Sapajeong-dong), Seongsan-gu, Changwon-si,
Gyeongsangnam-do, KOREA 51460

연혁

2005	발기인 총회 및 이사회 개최(대표이사 박창식 취임)
	법인설립 등기
	법인설립 신고 및 사업자 등록
	제1차 공개 선수선발 테스트 실시
	구단 홈페이지 및 주주관리 시스템 운영
	(주)STX와 메인스폰서 계약
	구단CI 공모작 발표(명칭, 엠블럼, 캐릭터)
	도민주 공모 실시
	제2차 공개 선수선발 테스트 실시
	경남FC 창단 만장일치 승인(한국프로축구연맹 이사회)
2006	제1대 김태호 구단주 취임
	창단식(창원경륜경기장)
	K-리그 데뷔
2007	제2대 대표이사 전형두 취임
	삼성 하우젠 K-리그 2006 6강 플레이오프 진출, 종합 4위
	제3대 김영조 대표이사 취임
	제4대 김영만 대표이사 취임
2008	제13회 하나은행 FA컵 준우승
2010	새 엠블럼 및 유니폼 발표
	제2대 김두관 구단주 취임
	제5대 전형두 대표이사 취임
2011	사무국 이전 및 메가스토어 오픈
2012	제6대 권영민 대표이사 취임
	제17회 하나은행 FA컵 준우승

	제3대 홍준표 구단주 취임
2013	제7대 안종복 대표이사 취임
	대우조선해양과 메인스폰서 계약
	플러스스타디움상, 팬 프렌들리 상 수상
	현대오일뱅크 K리그 2013 대상 플러스스타디움상 수상
	현대오일뱅크 K리그 대상 팬 프렌들리 클럽상 수상
2014	경남FC vs 아인트호벤(박지성 선수 은퇴) 경기 개최
2015	제8대 김형동 대표이사 취임
	제9대 박치근 대표이사 취임
2016	제10대 조기호 대표이사 취임
2017	KEB하나은행 K리그 챌린지 2017 우승
	2018 시즌 K리그1(클래식) 승격
2018	제4대 김경수 구단주 취임
	KEB하나은행 K리그1 2018 준우승
	플러스스타디움상
2019	구단 최초 아시아 챔피언스 리그 본선 진출
	2020 시즌 K리그2 강등
2020	제11대 박진관 대표이사 취임
	하나원큐 K리그2 베스트11 수상(백성동)
2021	재단법인 경남FC 유소년재단 설립
2022	제5대 박완수 구단주 취임
	하나원큐 K리그2 베스트11 수상(티아고)
2023	하나원큐 K리그2 플레이오프 진출

2023년 선수명단

대표이사_ 지현철   단장_ 진정원   감독_ 설기현
수석코치_ 홍준형   코치_ 이문선 · 강진규   골키퍼 코치_ 강성관   피지컬 코치_ 하파엘
스카우터_ 김영근   의무트레이너_ 김도완 · 박성주 · 최인호   전력분석관_ 이순욱   선수단 매니저_ 김효빈

포지션	선수명		생년월일	출신교	키(cm)/ 몸무게(kg)
GK	고 동 민	高東民	1999.01.12	대륜고	190 / 83
	이 윤 오	移閏悟	1999.03.23	중동고	190 / 89
	손 정 현	孫政玄	1991.11.25	광주대	191 / 88
	안 호 진	安虎眞	2003.01.13	의정부FC	189 / 80
DF	이 찬 욱	異燦煜	2003.02.03	진주고	186 / 79
	김 영 찬	金榮讚	1993.09.04	고려대	189 / 84
	우 주 성	禹周成	1993.06.08	중앙대	183 / 75
	이 재 명	李在明	1991.07.25	진주고	182 / 74
	이 준 재	李準宰	2003.07.14	진주고	180 / 67
	이 광 선	李光善	1989.09.06	경희대	192 / 89
	이 민 기	李旼紀	2001.01.06	한양대	184 / 70
	정 현 욱	鄭鉉煜	2004.02.04	대륜고	188 / 78
	이 주 영	李走永	2004.04.25	진주고	183 / 75
	김 종 필	金鐘必	1992.03.09	장훈고	180 / 68
	박 재 환	朴財喚	2000.10.11	오산고	191 / 84
MF	송 홍 민	宋洪民	1996.02.07	남부대	184 / 83
	원 기 종	元基鍾	1996.01.06	건국대	178 / 75
	이 지 승	李志承	1999.01.11	호남대	178 / 75
	이 광 진	李廣鎭	1991.07.23	동북고	178 / 70
	박 민 서	朴民西	2000.09.15	현풍고	175 / 69
	국 진 우	鞠鎭宇	2003.09.06	부평고	176 / 75
	이 민 혁	李民赫	2002.01.19	연세대	177 / 66
	레 오	José Leonardo Verissimo do Nascimento	1999.03.05	*브라질	175 / 67
	도 동 현	都東顯	1993.11.19	경희대	173 / 68
	유 준 하	劉遵河	2001.11.06	서울대	180 / 75
	이 종 언	李鍾言	2001.05.08	명지대	173 / 65
	이 강 희	李康熙	2001.08.24	신평고	188 / 73
	카 스 트 로	Guilherme Nascimento de Castro	1995.02.17	*브라질	165 / 63
FW	조 향 기	趙香氣	1992.03.23	광운대	188 / 83
	모 재 현	牟在現	1996.09.24	광주대	184 / 74
	권 기 표	權奇杓	1997.06.26	건국대	175 / 71
	설 현 진	偰賢進	2000.03.10	광주대	180 / 74
	서 재 원	徐材源	2003.06.18	신평고	179 / 70
	박 민 서	朴珉緒	1998.06.30	호남대	183 / 72
	글 레 이 손	Gleyson Garcia de Oliveira	1996.11.19	*브라질	188 / 88
	조 상 준	趙相俊	1999.07.11	제주국제대	174 / 72

2023년 개인기록_ K리그2

위치	배번	선수명	01	12	14	20	28	40	45	52	56	64
		날짜	03.01	03.05	03.11	03.18	04.02	04.15	04.18	04.23	04.29	05.03
		홈/원정	홈	원정	원정	홈	원정	원정	홈	원정	홈	홈
		장소	창원C	광양	김포	창원C	김천	부산A	창원C	아산	창원C	창원C
		상대	부천	전남	김포	충북청주	김천	부산	안양	충남아산	천안	서울E
		결과	승	승	무	무	승	무	승	무	승	패
		점수	1:0	5:0	0:0	2:2	2:0	0:0	3:2	2:2	2:1	1:2
		승점	3	6	7	8	11	12	15	16	19	19
		슈팅수	16:16	13:8	11:7	13:7	11:14	11:9	11:17	11:16	8:6	11:8
GK	1	고동민	○ 0/0	○ 0/0	○ 0/0	○ 0/0	○ 0/0	○ 0/0	○ 0/0	○ 0/0	○ 0/0	○ 0/0
	25	이윤오										
	31	손정현										
DF	3	이찬욱							▽ 0/0 C			
	5	김영찬		△ 0/0	△ 0/0				○ 0/0	○ 0/0 C		
	6	김범용	▽ 0/0	△ 0/0	○ 0/0	△ 0/0	▽ 0/0					
	15	우주성	○ 0/0	○ 0/1	○ 0/0	○ 0/0	○ 0/0	▽ 0/0		○ 0/0	▽ 0/0	○ 0/0
	18	이준재					△ 1/0	△ 0/0	○ 0/0		△ 0/0	△ 0/0
	20	이광선	○ 0/0 C	▽ 0/0				○ 0/0 C				
	33	이민기	▽ 0/0							▽ 0/0	▽ 0/0	
	34	정현욱										
	73	박재환	○ 0/0	○ 1/0	○ 0/0	○ 0/0	○ 0/0	○ 0/0	○ 0/0	○ 0/0	○ 0/0	○ 0/0
MF	4	송홍민	○ 0/0		○ 0/0	○ 0/0				○ 0/1		
	8	이지승								▽ 0/0		
	16	이광진									△ 0/0	
	21	박민서	△ 0/0	○ 0/1	△ 0/0	○ 0/0	○ 0/1		△ 1/0	△ 0/0		
	26	이민혁										
	27	레오										
	88	이강희	△ 0/0	▽ 0/0		▽ 0/0	△ 0/0		▽ 0/0	▽ 0/0	▽ 0/0	
	95	카스트로	▽ 0/0	△ 1/1	▽ 0/0	▽ 1/0	▽ 0/0	▽ 0/0	○ 0/1	△ 1/0	◆ 1/1 C	▽ 0/0
FW	7	원기종	○ 1/0	○ 2/0	○ 0/0	◆ 0/0			△ 0/0	△ 0/0 C	△ 0/0	○ 1/0
	9	조향기	△ 0/0									
	10	모재현	△ 0/0	△ 0/0	△ 0/0	○ 0/0	○ 0/0	▽ 0/0	△ 0/0	○ 0/1 C	△ 0/0	○ 0/1
	11	권기표	△ 0/0	▽ 0/0	▽ 0/0	△ 0/0		△ 0/0				
	19	설현진					△ 0/0	△ 0/0	▽ 1/0	▽ 0/0		
	24	서재원										
	42	유준하				▽ 0/0						
	77	박민서										
	77	미란징야					◆ 0/0		▽ 0/0	▽ 0/0		▽ 0/0
	79	이종언		△ 0/1	△ 0/0	▽ 0/0						
	96	글레이손	▽ 0/0	▽ 1/0	▽ 0/0	○ 0/1	▽ 1/0		△ 0/0	▽ 0/0		▽ 0/0
	99	조상준	▽ 0/0	▽ 0/0	▽ 0/0	△ 1/0	▽ 0/0	▽ 0/0	▽ 0/0		△ 0/0	△ 0/0

선수자료: 득점/도움 ○ = 선발출전 △ = 교체 IN ▽ = 교체 OUT ◆ = 교체 IN/OUT C = 경고 S = 퇴장

위치	배번		67	76	83	86	91	98	111	118	126	130
		경기번호	67	76	83	86	91	98	111	118	126	130
		날짜	05.06	05.14	05.21	05.27	06.03	06.10	07.02	07.09	07.16	07.19
		홈/원정	원정	홈	홈	원정	원정	홈	원정	홈	홈	원정
		장소	안산	양산	양산	청주	천안	창원C	안양	창원C	창원C	탄천
		상대	안산	성남	부산	충북청주	천안	충남아산	안양	안산	전남	성남
		결과	무	무	패	승	승	승	승	승	패	무
		점수	1:1	2:2	1:2	2:0	3:2	2:1	4:2	3:1	0:2	1:1
		승점	20	21	21	24	27	30	33	36	36	37
		슈팅수	20:12	15:15	9:10	9:12	5:14	14:14	8:16	13:12	16:19	13:14
GK	1	고동민	○ 0/0	○ 0/0	○ 0/0			○ 0/0 C	○ 0/0 C	○ 0/0	○ 0/0	○ 0/0
	25	이윤오										
	31	손정현				○ 0/0	○ 0/0					
DF	3	이찬욱										
	5	김영찬			○ 0/0				△ 0/0			
	6	김범용										
	15	우주성		○ 0/0				△ 0/0	▽ 0/0	▽ 0/1	○ 0/0	○ 0/1
	18	이준재	○ 0/0 C	○ 0/0	○ 0/0	○ 0/1	○ 0/0	△ 0/0	○ 0/0	△ 0/0	▽ 0/0 C	○ 0/0 C
	20	이광선		▽ 0/0								
	33	이민기	▽ 0/0 C			△ 0/0	△ 0/0 C	▽ 0/0				▽ 0/0
	34	정현욱				▽ 0/0						
	73	박재환	○ 0/0	△ 0/0 C	○ 0/0	○ 0/0	○ 0/0	○ 0/0	○ 1/0	○ 0/0		
MF	4	송홍민	△ 0/0	▽ 0/0	○ 0/0	○ 0/0 C	○ 0/0	○ 0/0 C	○ 0/1	○ 0/0		△ 0/0
	8	이지승										
	16	이광진	▽ 0/0	△ 0/1	△ 0/0	▽ 0/0	▽ 0/0			△ 0/0	△ 0/1	○ 0/0
	21	박민서	△ 0/0 C	○ 0/0	○ 0/0	○ 0/1	○ 0/0	○ 0/0	○ 0/1	○ 0/0		△ 0/0
	26	이민혁										
	27	레오									△ 0/0	▽ 0/0
	88	이강희	○ 0/0	○ 0/0	▽ 0/0	△ 0/0	▽ 0/0	○ 0/0	▽ 0/0	▽ 0/0	○ 0/0	○ 0/0
	95	카스트로	△ 0/0	▽ 1/0	○ 0/0	▽ 0/0	▽ 0/0	○ 0/0	△ 1/0	▽ 0/0	▽ 0/0	△ 0/0
FW	7	원기종	△ 0/1	▽ 0/0	○ 0/0	△ 0/0	○ 1/1	○ 2/0	▽ 0/0	○ 1/0		△ 0/0
	9	조향기										
	10	모재현	△ 1/0	▽ 0/0	○ 1/0	○ 1/0 C	○ 0/0	▽ 0/0	▽ 0/1	▽ 0/1 C		△ 0/0
	11	권기표	▽ 0/0	△ 0/0	△ 0/0		△ 0/0			▽ 0/0		
	19	설현진	○ 0/0	▽ 0/1	△ 0/0	▽ 0/0	◆ 0/0	△ 0/1	▽ 0/0	△ 0/0		
	24	서재원										
	42	유준하							△ 0/0	△ 0/0		
	77	박민서									△ 0/0	△ 0/0
	77	미란징야	▽ 0/0			△ 0/0 C	◆ 0/0	△ 0/0				
	79	이종언										
	96	글레이손	▽ 0/0 C	△ 1/0	▽ 0/0	▽ 0/0	▽ 1/0	▽ 0/0	○ 2/0	▽ 2/0		○ 1/0
	99	조상준		△ 0/0	△ 0/1	△ 0/0	△ 0/0	△ 0/0	△ 0/1	△ 0/0		▽ 0/0

위치	배번	경기번호	134	139	148	153	162	164	169	184	190	198
		날짜	07.23	07.29	08.06	08.14	08.21	08.26	08.29	09.17	09.20	09.24
		홈/원정	홈	홈	원정	원정	홈	홈	원정	홈	원정	원정
		장소	창원C	창원C	목동	부천	창원C	창원C	아산	창원C	안양	부천
		상대	김천	김포	서울E	부천	천안	성남	충남아산	전남	안양	부천
		결과	패	무	승	패	무	패	승	패	무	패
		점수	0:2	0:0	2:1	0:2	1:1	0:2	1:0	2:3	1:1	0:1
		승점	37	38	41	41	42	42	45	45	46	46
		슈팅수	12:11	7:8	11:14	8:6	17:8	9:5	11:8	10:14	12:8	3:7
GK	1	고동민	○0/0	○0/0	○0/0 C	○0/0	○0/0	○0/0	○0/0	▽0/0	○0/0	○0/0
	25	이윤오								△0/0		
	31	손정현										
DF	3	이찬욱							▽1/0			
	5	김영찬									○0/0	○0/0
	6	김범용										
	15	우주성	△0/0	○0/0	○0/0	○0/0	▽0/0	△0/0	○0/0	○0/0	△0/0	
	18	이준재	△0/0	○0/0	○0/0	△0/0	○0/0	○0/0 S			▽0/0 C	○0/0
	20	이광선										
	33	이민기			△0/0			△0/0	▽0/0		△0/0	
	34	정현욱										
	73	박재환	○0/0	○0/0	▽0/0	○0/0	○0/0	○0/0	○0/0 C	○0/0	○0/0	
MF	4	송홍민	○0/0	○0/0	○0/0	○0/0	▽0/0	○0/0	○0/0	○0/0		○0/0
	8	이지승										
	16	이광진	▽0/0						▽0/1	○0/1		△0/0
	21	박민서	○0/0	○0/0	○0/0	○0/0	▽0/0	△0/0				
	26	이민혁									▽0/0	
	27	레오	△0/0	△0/0	△0/0	△0/0						
	88	이강희	○0/0 C	○0/0	○0/0	○0/0	○0/0		△0/0		○0/0	
	95	카스트로	▽0/0	▽0/0	△0/1	▽0/0	▽0/0		△0/0	△0/0		
FW	7	원기종	○0/0	○0/0 C	○1/0	△0/0	▽0/0	○0/0 C	▽0/0	▽0/0	○0/0	△0/0
	9	조향기							△0/0	△0/0	▽1/0	△0/0
	10	모재현	▽0/0						△0/0	○2/0	△0/0	△0/0
	11	권기표	▽0/0			▽0/0						
	19	설현진		▽0/0	△1/0	△0/0	▽0/0 C		▽0/0	○0/0	○0/0	
	24	서재원			○0/0	▽0/0						
	42	유준하					△0/0					
	77	박민서	▽0/0	△0/0	▽0/1	△0/0	△1/0		○0/0	▽0/0	△0/0	
	77	미란징야										
	79	이종언				▽0/0		△0/0	○0/0			○0/0
	96	글레이손	△0/0	▽0/0	▽0/0	○0/0		○0/1	△0/0	▽0/0		
	99	조상준	△0/0					△0/0	△0/0			

선수자료: 득점/도움 ○ = 선발출전 △ = 교체 IN ▽ = 교체 OUT ◈ = 교체 IN/OUT C = 경고 S = 퇴장

위치	배번	이름	204	209	215	217	225	233	235	236
		경기번호	204	209	215	217	225	233	235	236
		날 짜	10.01	10.07	10.22	10.28	11.11	11.26	11.29	12.02
		홈/원정	홈	원정	원정	홈	홈	원정	홈	원정
		장 소	창원C	목동	청주	창원C	창원C	김포	창원C	김포
		상 대	부산	서울E	충북청주	안산	김천	김포	부천	김포
		결 과	패	승	무	승	무	승	무	패
		점 수	0 : 1	3 : 1	1 : 1	4 : 2	1 : 1	1 : 0	0 : 0	1 : 2
		승 점	46	49	50	53	54	57	57	57
		슈팅수	7 : 11	18 : 10	10 : 8	24 : 6	8 : 13	8 : 6	7 : 11	7 : 13
GK	1	고 동 민	○ 0/0	○ 0/0	○ 0/0	○ 0/0	○ 0/0	○ 0/0	○ 0/0	○ 0/0
	25	이 윤 오								
	31	손 정 현								
DF	3	이 찬 욱		○ 0/0	○ 0/0	○ 0/0	○ 0/0	○ 0/0	○ 0/0 C	
	5	김 영 찬								
	6	김 범 용								
	15	우 주 성		▽ 0/0	▽ 0/0		▽ 0/0	▽ 0/0	△ 0/0	▽ 0/0
	18	이 준 재	○ 0/0	△ 0/0	△ 0/0	○ 1/0	○ 0/0	△ 0/0	○ 0/0	△ 0/0
	20	이 광 선								
	33	이 민 기					△ 0/0		▽ 0/0	
	34	정 현 욱								
	73	박 재 환	○ 0/0					▽ 0/0 C		○ 0/0
MF	4	송 홍 민	○ 0/0	△ 0/0	△ 0/0	○ 1/1	○ 0/0	▽ 0/0	▽ 0/0	△ 0/0
	8	이 지 승								▽ 0/0
	16	이 광 진								
	21	박 민 서	○ 0/0 C	○ 0/1		○ 0/0	▽ 1/0		△ 0/0	○ 0/0 C
	26	이 민 혁	○ 0/0	▽ 0/0	▽ 0/0	△ 0/0	▽ 0/0	△ 0/0	○ 0/0	
	27	레 오	△ 0/0	▽ 0/0	▽ 0/0					
	88	이 강 희	○ 0/0	○ 0/0	○ 0/0	○ 0/0	○ 0/0	○ 0/0	○ 0/0	
	95	카 스 트 로	▽ 0/0	○ 0/0 C	○ 0/0	▽ 0/0	△ 0/0	○ 0/0	△ 0/0	○ 0/0
FW	7	원 기 종	○ 0/0	○ 1/0	▽ 0/0			○ 0/1	△ 0/0	○ 1/0
	9	조 향 기		△ 0/0		△ 1/0	△ 0/0		▽ 0/0	▽ 0/0
	10	모 재 현	○ 0/0 C	○ 0/1	○ 1/0	○ 0/1	▽ 0/0			
	11	권 기 표								
	19	설 현 진	△ 0/0	△ 0/0	△ 0/0	▽ 0/0	▽ 0/0	△ 0/0	▽ 0/0	○ 0/0 S
	24	서 재 원								
	42	유 준 하				△ 0/0	△ 0/0		▽ 0/0	
	77	박 민 서			△ 0/0	○ 0/0	○ 0/0	○ 1/0	△ 0/0	△ 0/0
	77	미 란 징 야								
	79	이 종 언	△ 0/0	△ 1/0						
	96	글 레 이 손	▽ 0/0 C	▽ 1/0	▽ 0/0	▽ 1/0	△ 0/0	▽ 0/0	○ 0/0	
	99	조 상 준			△ 0/0	◆ 0/0		▽ 0/0 C	▽ 0/0	△ 0/0

103

부 천 FC 1995

창단년도_ 2007년
전화_ 032-655-1995
팩스_ 032-655-1996
홈페이지_ www.bfc1995.com
주소_ 우 14655 경기도 부천시 원미구 소사로 482(춘의동 8)
482, Sosa-ro, Wonmi-gu, Bucheon-si, Gyounggi-do,
KOREA 14655

연혁

2006 새로운 부천축구클럽 창단 시민모임 발족
2007 부천시와 연고지 협약
부천FC1995 창단
2008 2008 DAUM K3리그 13위(7승 7무 15패)
부천FC vs 부천OB 사랑의 자선경기
2009 AFC Wimbledon과 협약
2009 DAUM K3리그 4위(17승 9무 6패)
FC United of Manchester와 월드풋볼드림매치 개최
2010 (주)부천에프씨1995 법인설립(대표이사 정해춘)
2010 제15회 하나은행 FA컵 참가
2010 DAUM K3리그 7위(14승 4무 7패)
2011 전국체전 도대표 선발전(결승)
2011 챌린저스리그 컵대회 3위
DAUM 챌린저스리그 2011 A조 3위(8승 5무 9패)
2012 2012 DAUM 챌린저스리그 B조 5위(12승 5무 8패)
부천시민프로축구단으로서 시의회 지원 조례안 가결
한국프로축구연맹 가입 승인
2013 프로축구단으로 데뷔
현대오일뱅크 K리그 챌린지 2013 7위(8승 9무 18패)
유소년팀(U-18, U-15, U-12) 창단
2014 현대오일뱅크 K리그 챌린지 2014 10위(6승 9무 21패)
2015 K리그 최초 CGV 브랜드관 오픈(CGV부천역점 부천FC관)
뒤셀도르프 U-23과 아프리카 어린이를 위한 솔라등 기부 자선경기
현대오일뱅크 K리그 챌린지 2015 5위(15승 10무 15패)
2016 부천FC 사회적 협동조합 설립
복합 팬서비스 공간 레드바코드 오픈
K리그 챌린지 최초 FA컵 4강 진출
현대오일뱅크 K리그 챌린지 2016 3위(19승 10무 11패) 플레이오프 진출
2016시즌 K리그 챌린지 3차 팬 프렌들리 클럽 수상
2017 2017시즌 챌린지 1차 팬 프렌들리 클럽상 수상
KEB하나은행 K리그 챌린지 2017 5위(15승 7무 14패)
2018 K리그2 최초 개막 5연승 기록
K리그 1차 그린스타디움 수상(부천도시공사)
K리그 2차 그린스타디움 수상(부천도시공사)
KEB하나은행 K리그2 2018 8위(11승 6무 19패)

2019 구단 창단 200번째 홈경기 달성
2019 아디다스 K리그 주니어 U-15 A조 우승
2019 K리그 사랑나눔상 수상
K리그2 리그 마지막 5경기 5연승 기록
하나원큐 K리그2 2019 4위(14승 10무 13패), 플레이오프 진출
2020 구단 프로통산 100번째 승리 달성
부천FC1995 U-18 2020 춘계고등연맹전 우승
부천FC1995 U-15 2020 K리그 주니어 A조 2년 연속 우승
하나원큐 K리그2 2020 8위(7승 5무 15패)
2021 K리그 통산 100승 달성
하나원큐 K리그2 2021 10위(9승 10무 17패)
세이브더칠드런 협약 및 아동권리 강화 캠페인 진행
지역 발달장애인 축구단 '복사골FC' 지원 협약 체결
2022 구단 프로통산 홈 200득점 달성
구단 통산 500경기 달성
구단 홈경기 최다 무패 기록 달성(11경기)
K리그 통산 400번째 득점 달성
구단 역사상 세 번째 플레이오프 진출
하나원큐 K리그2 2022 5위(17승 10무 14패)
조현택 K리그2 BEST 11 수상
2023 구단 통산 원정 100승 달성
구단 프로 통산 홈 200경기 달성
구단 최초 전 좌석 매진(6,103명) 달성(2023.07.01, vs김천상무)
구단 통산 200승 달성
구단 프로 통산 400경기 달성
구단 통산 홈 100승 달성
K리그 통산 홈 200경기 달성
K리그 통산 400경기 달성
안재준 구단 프로 통산 최초 해트트릭 기록
구단 역사상 네 번째 플레이오프 진출
하나원큐 K리그2 2023 5위(16승 10무 11패)
안재준 구단 최초 K리그2 영플레이어상 수상
2023시즌 K리그2 3차 팬프렌들리 클럽상 수상
2023 K리그 사랑나눔상 수상

2023년 선수명단

대표이사_ 정해춘   단장_ 김성남   감독_ 이영민
수석코치_ 민영기   플레잉 코치_ 고경민   골키퍼 코치_ 김지운   피지컬 코치_ 김형록
스카우터_ 조범석   의무트레이너_ 최환석 · 박순호 · 유호준   전력분석관_ 박성동   통역_ 강샛별   선수단 매니저_ 조용훈

포지션	선수명		생년월일	출신교	키(cm) / 몸무게(kg)
GK	이 주 현	李周賢	1998.12.06	중앙대	188 / 78
	김 현 엽	金鉉曄	2001.08.22	명지대	187 / 82
	이 범 수	李範守	1990.12.10	경희대	190 / 85
DF	박 재 우	朴宰佑	1998.03.06	성균관대	174 / 69
	이 동 희	李東熙	2000.02.07	호남대	186 / 83
	이 용 혁	李鎔赫	1996.08.03	전주기전대	188 / 84
	닐손주니어	Nilson Ricardo da Silva Júnior	1989.03.31	브라질	185 / 85
	김 규 민	金規旻	2000.01.20	용인대	174 / 70
	서 명 관	徐名官	2002.11.23	아주대	186 / 79
	박 형 진	朴亨鎭	1990.06.24	고려대	182 / 75
	홍 성 욱	洪成昱	2002.09.17	부경고	187 / 77
	감 한 솔	甘한솔	1993.11.19	경희대	176 / 66
	김 선 호	金善鎬	2001.03.29	금호고	180 / 70
	남 현 욱	南炫旭	2004.02.23	경기경영고	187 / 80
	정 수 환	鄭守桓	2001.10.26	의정부광동고	188 / 80
	유 승 현	俞勝峴	2003.06.04	덕영고	173 / 64
MF	김 준 형	金俊炯	1996.04.05	송호대	177 / 73
	조 수 철	趙秀哲	1990.10.30	우석대	180 / 71
	최 재 영	崔載瑩	1998.03.18	중앙대	181 / 73
	송 진 규	宋珍圭	1997.07.12	중앙대	176 / 72
	카 즈	高橋一輝 / Kazuki Takahashi	1996.10.06	*일본	178 / 73
	이 현 기	李鉉基	2003.11.21	수원공고	175 / 65
	강 재 우	姜在禹	2000.05.30	고려대	180 / 72
	이 정 빈	李正斌	1995.01.11	인천대	173 / 63
FW	하 모 스	Gabriel Ramos da Penha	1996.03.20	*브라질	183 / 73
	김 보 용	金甫容	1997.07.15	숭실대	178 / 77
	안 재 준	安在俊	2001.04.03	현대고	185 / 80
	추 정 호	秋正浩	1997.12.09	중앙대	180 / 75
	이 의 형	李宜炯	1998.03.03	단국대	183 / 72
	김 호 남	金浩男	1989.06.14	광주대	177 / 74
	한 지 호	韓志皓	1988.12.15	홍익대	180 / 74
	김 규 민	金奎敏	2003.03.15	경기경영고	171 / 63
	정 희 웅	鄭喜熊	1995.05.18	청주대	175 / 60
	루 페 타	Joaquim Manuel Welo Lupeta	1993.03.24	*포르투갈	188 / 84
	고 경 민	高敬旻	1987.04.11	한양대	177 / 73
	박 호 민	朴鎬緍	2001.10.09	고려대	190 / 85

2023년 개인기록_ K리그2

위치	배번	이름	01	07	18	21	27	32	38	43	53	63
		경기번호	01	07	18	21	27	32	38	43	53	63
		날짜	03.01	03.04	03.12	03.18	04.01	04.08	04.15	04.18	04.23	05.02
		홈/원정	원정	홈	원정	홈	원정	홈	원정	홈	원정	홈
		장소	창원C	부천	천안	부천	김포	부천	김천	부천	청주	부천
		상대	경남	성남	천안	안산	김포	안양	김천	서울E	충북청주	충남아산
		결과	패	승	승	승	무	패	패	패	승	승
		점수	0:1	1:0	3:0	1:0	1:1	2:4	1:4	0:1	4:0	2:1
		승점	0	3	6	9	10	10	10	10	13	16
		슈팅수	16:16	10:12	12:9	8:13	10:6	9:14	9:18	14:4	11:12	10:4
GK	1	이 주 현									○ 0/0	
	25	이 범 수	○ 0/0	○ 0/0	○ 0/0	○ 0/0	○ 0/0	○ 0/0	○ 0/0	○ 0/0		○ 0/0
DF	3	이 동 희	○ 0/0	○ 0/0 C	○ 0/0	○ 0/0	○ 0/0	○ 0/0	○ 0/0	○ 0/0	○ 0/0	○ 0/0
	4	이 풍 연							△ 0/0			
	5	이 용 혁	○ 0/0	○ 0/0 C	○ 0/0	○ 0/0	○ 0/0	○ 0/0		▽ 0/0		
	6	닐손주니어	○ 0/0	○ 0/1	○ 0/0	○ 0/0	○ 0/0				○ 1/0	○ 0/0
	17	김 규 민										▽ 0/0
	20	서 명 관			△ 0/0			○ 0/0	△ 0/0	○ 0/0	○ 0/0 C	○ 0/0
	21	박 형 진	△ 0/0		△ 0/0	△ 0/0	△ 0/0	○ 0/0 C	▽ 0/0		△ 0/0	
	31	감 한 솔										
	37	김 선 호	▽ 0/0	○ 0/0	▽ 1/0	▽ 0/0	▽ 0/0	○ 0/0	▽ 0/0	▽ 0/0	▽ 1/0	▽ 0/0
	66	유 승 현							○ 0/0		○ 0/0	▽ 0/0
MF	8	김 준 형	▽ 0/0				▽ 0/0	▽ 0/0	◈ 0/0			
	10	조 수 철	△ 0/0	△ 0/0		△ 0/0						
	14	최 재 영		▽ 0/0	○ 0/1	▽ 0/0	△ 0/0	△ 0/0 C	▽ 0/0		△ 0/0	△ 0/0
	15	송 진 규	▽ 0/0	▽ 0/0	▽ 1/0	▽ 0/1	▽ 0/0	▽ 0/0		○ 0/0	○ 0/0	▽ 0/0 C
	23	카 즈	○ 0/0	○ 0/0	○ 0/1	○ 0/0 C	○ 0/0		○ 1/0	○ 0/0	○ 0/0	
	77	강 재 우										
	88	이 정 빈										△ 0/0 C
FW	7	하 모 스		△ 0/0 C	△ 0/0	△ 0/0		△ 0/0	▽ 0/0	▽ 0/0	▽ 0/2	▽ 1/0
	9	김 보 용										
	9	카 릴	○ 0/0	▽ 0/0	▽ 0/0	▽ 0/0	▽ 0/0	▽ 0/0	▽ 0/0	△ 0/0		◈ 1/0
	11	안 재 준	▽ 0/0	△ 0/0	△ 1/0	△ 0/0	△ 1/1		○ 1/1	○ 0/0	○ 2/1	○ 0/0 C
	16	추 정 호										
	18	이 의 형	△ 0/0	△ 0/0							△ 0/0	
	19	김 호 남		○ 0/0	○ 0/0		○ 0/0 C	○ 0/1	▽ 0/0		△ 0/0	
	22	한 지 호	△ 0/0	▽ 1/0	▽ 0/0		○ 0/0	△ 1/0	○ 0/1		▽ 0/1	○ 0/0 C
	27	김 규 민	△ 0/0						△ 0/0	△ 0/0		
	29	정 희 웅										
	42	루 페 타										
	99	박 호 민			△ 0/0	△ 0/0	△ 1/0	△ 0/0	△ 0/0			△ 0/0

선수자료 : 득점/도움   ○ = 선발출전   △ = 교체 IN   ▽ = 교체 OUT   ◈ = 교체 IN/OUT   C = 경고   S = 퇴장

위치	배번	경기번호	70	75	82	90	93	100	104	110	123	127
		날짜	05.07	05.13	05.20	05.29	06.03	06.11	06.24	07.01	07.15	07.18
		홈/원정	홈	원정	원정	홈	원정	홈	원정	홈	원정	홈
		장소	부천	부산A	목동	부천	안양	부천	탄천	부천	안산	부천
		상대	전남	부산	서울E	김포	안양	천안	성남	김천	안산	충북청주
		결과	승	승	패	승	무	무	승	패	승	무
		점수	5:2	1:0	0:2	2:0	2:2	1:1	1:0	0:3	2:0	0:0
		승점	19	22	22	25	26	27	30	30	33	34
		슈팅수	14:6	8:14	3:6	5:9	8:10	10:13	8:9	11:14	19:7	5:11
GK	1	이주현										
	25	이범수	○ 0/0	○ 0/0 C	○ 0/0	○ 0/0	○ 0/0	○ 0/0	○ 0/0	○ 0/0	○ 0/0	○ 0/0
DF	3	이동희	○ 0/0	○ 0/0	○ 0/0	○ 0/0	○ 0/0 C	○ 0/0			○ 0/0	○ 0/0 C
	4	이풍연										
	5	이용혁									△ 0/0	▽ 0/0
	6	닐손주니어	○ 1/0	○ 0/0	○ 0/0	○ 0/0	○ 1/0	○ 0/0	○ 0/0			▽ 0/0
	17	김규민	▽ 0/0									
	20	서명관	○ 0/0	○ 0/0	○ 0/0	○ 0/0 C	○ 0/0	○ 0/0	○ 0/0	○ 0/0	○ 0/0	△ 0/0
	21	박형진	△ 0/0	△ 0/0	△ 0/0	△ 1/0	△ 0/0	△ 0/0	△ 0/0	△ 0/0	△ 0/0	△ 0/0
	31	감한솔	△ 0/0	○ 0/0	△ 0/0	△ 0/0	▽ 0/0		△ 0/0			
	37	김선호	▽ 0/0	▽ 1/0 C	▽ 0/0	▽ 0/0	▽ 0/0	▽ 0/0	○ 0/0	○ 0/0	▽ 0/0	▽ 0/0
	66	유승현								▽ 0/0	○ 1/0	○ 0/0
MF	8	김준형					△ 0/0 C	△ 0/0	△ 0/0	△ 0/0		
	10	조수철							▽ 0/0 C	▽ 0/0	▽ 0/0	▽ 0/0
	14	최재영	○ 1/0 C	○ 0/0	○ 0/0	○ 0/0	▽ 0/0 C	▽ 0/0				
	15	송진규				▽ 0/0	△ 0/0	▽ 0/1	△ 0/0	△ 0/0		
	23	카즈	○ 0/0	○ 0/0 C	△ 0/0	○ 0/0 C			○ 0/1		○ 0/0	○ 0/0
	77	강재우										
	88	이정빈	△ 1/2	△ 0/0	▽ 0/0 C	▽ 0/0	▽ 1/0 C	▽ 0/0	▽ 0/0	▽ 0/0	▽ 0/0	▽ 0/0
FW	7	하모스	▽ 0/1	▽ 0/0	▽ 0/0	▽ 0/0	△ 0/0	○ 1/0		△ 0/0	▽ 0/0	▽ 0/0
	9	김보용									△ 0/0 C	△ 0/0
	9	카릴	▽ 1/0	▽ 0/0	▽ 0/0	△ 0/0	△ 0/0					
	11	안재준		△ 0/0 C	○ 0/0 C	▽ 1/0	○ 0/0					
	16	추정호						▽ 0/0				
	18	이의형	△ 0/0						▽ 0/0	▽ 0/0	▽ 1/1	▽ 0/0
	19	김호남			△ 0/0	△ 0/0	△ 0/0	○ 0/0	▽ 0/0 C	▽ 0/0	△ 0/0	
	22	한지호	▽ 0/0	▽ 0/0 C								
	27	김규민								△ 1/0	△ 0/0	
	29	정희웅										
	42	루페타									△ 0/0	△ 0/0
	99	박호민	△ 1/0	△ 0/0	△ 0/0 CC				△ 0/0	△ 0/0		

위치	배번	이름	경기번호 135	141	145	153	161	166	170	175	186	192
		날짜	07.23	07.30	08.05	08.14	08.21	08.26	08.29	09.02	09.17	09.20
		홈/원정	원정	홈	원정	홈	원정	홈	원정	홈	홈	원정
		장소	아산	부천	광양	부천	탄천	부천	안산	부천	부천	천안
		상대	충남아산	부산	전남	경남	성남	서울E	안산	충남아산	김포	천안
		결과	패	무	패	승	무	승	승	승	무	패
		점수	0:1	0:0	0:1	2:0	2:2	1:0	2:1	1:0	0:0	0:1
		승점	34	35	35	38	39	42	45	48	49	49
		슈팅수	10:11	9:16	3:11	6:8	5:8	5:9	7:18	6:7	10:8	13:7
GK	1	이 주 현			○ 0/0	○ 0/0			○ 0/0			○ 0/0
	25	이 범 수	○ 0/0			○ 0/0	○ 0/0	○ 0/0 C		○ 0/0	○ 0/0	
DF	3	이 동 희	○ 0/0	○ 0/0	▽ 0/0	△ 0/0	○ 0/0	○ 0/0 C	○ 0/1	○ 0/0	○ 0/0 C	
	4	이 풍 연										
	5	이 용 혁	△ 0/0	△ 0/0	△ 0/0		△ 0/0			▽ 0/0	△ 0/0	△ 0/0
	6	닐손주니어	○ 0/0	○ 0/0	○ 0/0	○ 0/0	○ 0/0	○ 0/0		○ 0/0	○ 0/0	○ 0/0
	17	김 규 민			▽ 0/0				○ 0/0			
	20	서 명 관	○ 0/0	○ 0/0 C	○ 0/0		○ 0/0					○ 0/0
	21	박 형 진	▽ 0/0		△ 0/0	▽ 0/0	△ 0/1	△ 0/0 C		○ 0/0	△ 0/0	
	31	감 한 솔	▽ 0/0			▽ 0/0	▽ 0/0	▽ 0/0				
	37	김 선 호	▽ 0/0	▽ 0/0			▽ 0/0	▽ 0/0		▽ 0/0	▽ 0/0	▽ 0/0
	66	유 승 현	△ 0/0	▽ 0/0	○ 0/0				▽ 0/0 C			
MF	8	김 준 형										
	10	조 수 철		▽ 0/0	△ 0/0				▽ 1/0			▽ 0/0
	14	최 재 영				▽ 0/0	▽ 0/0			○ 0/0 C		
	15	송 진 규			△ 0/0							△ 0/0
	23	카 즈	○ 0/0 C	○ 0/0	○ 0/0	○ 0/0	○ 0/0	○ 0/0		○ 0/0	○ 0/0	
	77	강 재 우									▽ 0/0	
	88	이 정 빈	△ 0/0	▽ 0/0	▽ 0/0	△ 1/0		△ 0/0	△ 0/0	○ 0/0		
FW	7	하 모 스	▽ 0/0									
	9	김 보 용	△ 0/0	△ 0/0		▽ 0/0	▽ 0/0		△ 0/0		▽ 0/0	
	9	카 릴										
	11	안 재 준				△ 0/0	△ 1/0	△ 0/0	○ 0/1	△ 1/0		
	16	추 정 호										
	18	이 의 형	○ 0/0	▽ 0/0	○ 0/0	△ 0/1	△ 1/0	▽ 1/0	▽ 0/0			○ 0/0
	19	김 호 남	▽ 0/0	▽ 0/0		▽ 0/0	▽ 0/0	▽ 0/1		△ 0/0	▽ 0/0	▽ 0/0
	22	한 지 호										
	27	김 규 민			△ 0/0						△ 0/0	△ 0/0
	29	정 희 웅				○ 0/0 C	○ 0/0	○ 0/0 C	△ 0/0	○ 0/0 C	▽ 0/0	
	42	루 페 타				△ 1/0	○ 0/1 C	▽ 0/0	△ 0/0 C	△ 0/0		△ 0/0
	99	박 호 민	△ 0/0	△ 0/0	△ 0/0		△ 0/0 C			▽ 0/0 C	△ 0/1	

선수자료 : 득점/도움 ○ = 선발출전 △ = 교체 IN ▽ = 교체 OUT ◈ = 교체 IN/OUT C = 경고 S = 퇴장

위치	배번	이름	경기번호 198	202	205	212	221	232	235
		날짜	09.24	10.01	10.07	10.21	10.29	11.26	11.29
		홈/원정	홈	원정	원정	홈	원정	홈	원정
		장소	부천	청주	김천	부천	부산A	부천	창원C
		상대	경남	충북청주	김천	안양	부산	전남	경남
		결과	승	무	패	무	패	승	무
		점수	1:0	0:0	1:3	1:1	1:2	4:1	0:0
		승점	52	53	53	54	54	57	57
		슈팅수	7:3	8:11	14:9	9:7	10:11	13:8	11:7
GK	1	이 주 현							
	25	이 범 수	○ 0/0	○ 0/0	○ 0/0	○ 0/0	○ 0/0	○ 0/0	○ 0/0
DF	3	이 동 희	○ 0/0	○ 0/0	▽ 0/0		○ 0/0	○ 0/0	
	4	이 풍 연							
	5	이 용 혁			△ 0/0	○ 0/0		△ 0/0	○ 0/0
	6	닐손주니어	○ 0/0	○ 0/0	○ 0/0	○ 1/0	▽ 0/0	○ 1/0	○ 0/0
	17	김 규 민							
	20	서 명 관	○ 0/0	○ 0/0	○ 0/0	○ 0/0	○ 0/0	○ 0/0 C	○ 0/0
	21	박 형 진	○ 0/0	▽ 0/0	○ 0/0	○ 0/0	▽ 0/0	▽ 0/0	▽ 0/0
	31	감 한 솔					△ 0/0		
	37	김 선 호		△ 0/0					
	66	유 승 현							
MF	8	김 준 형					▽ 0/0	△ 0/0	△ 0/0
	10	조 수 철	△ 0/0		△ 0/0	△ 0/0		▽ 0/2	▽ 0/0
	14	최 재 영	▽ 0/0	○ 0/0	▽ 0/0	○ 0/0 C		○ 0/0	▽ 0/0
	15	송 진 규		▽ 0/0					
	23	카 즈	○ 0/0	○ 0/0	○ 0/0	○ 0/1	○ 0/0	▽ 0/0	○ 0/0
	77	강 재 우							
	88	이 정 빈							
FW	7	하 모 스	△ 0/0	▽ 0/0					
	9	김 보 용	▽ 0/0		▽ 0/0		△ 0/0		
	9	카 릴							
	11	안 재 준				○ 0/0	○ 0/0	△ 3/0	△ 0/0
	16	추 정 호							
	18	이 의 형	▽ 0/0	△ 0/0	▽ 0/0		▽ 0/0 C	▽ 0/0	△ 0/0
	19	김 호 남	○ 0/0	△ 0/0	○ 1/0	▽ 0/0	▽ 1/0		
	22	한 지 호		△ 0/0	△ 0/0	▽ 0/0	△ 0/0	△ 0/0	▽ 0/0
	27	김 규 민					△ 0/0	△ 0/0	△ 0/0
	29	정 희 웅	○ 0/0	○ 0/0	▽ 0/0		○ 0/0	○ 0/0	▽ 0/0
	42	루 페 타	△ 0/0	▽ 0/0 C	△ 0/1	△ 0/0 C		▽ 0/0	▽ 0/0
	99	박 호 민			△ 0/0		△ 0/0		△ 0/0 C

FC 안양

창단년도_ 2013년
전화_ 031-476-3377
팩스_ 031-476-2020
홈페이지_ www.fc-anyang.com
주소_ 우 13918 경기도 안양시 동안구 평촌대로 389
389, Pyeongchon-daero, Dongan-gu, Anyang-si,
Gyeonggi-do, KOREA 13918

연혁

2012	창단 및 지원 조례안 가결
	프로축구연맹 리그 참가 승인
	재단법인 설립 승인
	초대 이우형 감독 취임
	구단명 확정
2013	초대 오근영 단장 취임
	프로축구단 창단식
	현대오일뱅크 K리그 챌린지 2013 5위(12승 9무 14패)
	K리그 대상 챌린지 베스트11(MF 최진수) 선정
2014	현대오일뱅크 K리그 챌린지 2014 5위(15승 6무 15패)
	K리그 대상 사랑나눔상 수상
	K리그 대상 챌린지 베스트11(MF 최진수) 선정
	제2대 이필운 구단주, 박영조 단장 취임
2015	현대오일뱅크 K리그 챌린지 2015 6위(13승 15무 12패)
	K리그 대상 챌린지 베스트11(MF 고경민) 선정
	제3대 이강호 단장 취임 / 제4대 김기용 단장 취임
2016	현대오일뱅크 K리그 챌린지 2016 9위(11승 13무 16패)
	제5대 송기찬 단장 취임
2017	제6대 임은주 단장 취임(2월 20일)
	제4대 고정운 감독 취임(11월 9일)

K리그 챌린지 7위(10승 9무 17패)
3차 풀스타디움 클럽 선정(한국프로축구연맹)
3차 플러스스타디움 클럽 선정(한국프로축구연맹)
2018 KEB하나은행 K리그2 2018 6위(12승 8무 16패)
제5대 김형열 감독 취임(11월 29일)
제7대 장철혁 단장 취임(12월 14일)
2019 하나원큐 K리그2 2019 3위(15승 10무 11패)
1차 풀스타디움 클럽 선정(한국프로축구연맹)
1차 플러스스타디움 클럽 선정(한국프로축구연맹)
K리그2 베스트11(FW 조규성, DF 김상원, MF 알렉스) 선정
2020 하나원큐 K리그2 2020 9위(6승 7무 14패)
제6대 이우형 감독 취임(12월 4일)
2021 하나원큐 K리그2 2021 3위(17승 11무 9패)
K리그2 베스트11(DF 주현우, MF 김경중, FW 조나탄) 선정
K리그2 도움상(DF 주현우) 수상
2022 하나원큐 K리그2 2022 3위(19승 12무 9패)
구단 최초 K리그 승강플레이오프 진출
K리그2 도움상(FW 아코스티) 수상
2023 하나원큐 K리그2 2023 6위(15승 9무 12패)

2023년 선수명단

대표이사_ 최대호 단장_ 신경호 감독_ 이우형
수석코치_ 유병훈 코치_ 김연건 골키퍼 코치_ 최익형 피지컬 코치_ 김성현
스카우터_ 주현재 의무트레이너_ 서준석·황희석·신영재 전력분석관_ 김성주 선수단 매니저_ 노상래

포지션	선수명		생년월일	출신교	키(cm) / 몸무게(kg)
GK	박 성 수	朴成洙	1996.05.12	하남FC	192 / 78
	김 태 훈	金兌勳	1997.04.24	영남대	187 / 77
	김 성 동	金成桐	2002.02.23	호원대	191 / 80
DF	정 준 연	鄭俊硯	1989.04.30	광양제철고	178 / 70
	박 경 빈	朴曔彬	2002.07.22	한양대	190 / 83
	이 창 용	李昌勇	1990.08.27	용인대	180 / 76
	박 종 현	朴終泫	2000.11.24	숭실대	185 / 78
	김 형 진	金炯進	1993.12.20	배재대	185 / 72
	이 상 용	李相龍	1994.03.19	전주대	180 / 71
	김 동 진	金東珍	1992.12.28	아주대	177 / 74
	김 하 준	金하준	2002.07.17	칼빈대	188 / 78
	백 동 규	白棟圭	1991.05.30	동아대	184 / 71
	이 태 희	李台熙	1992.06.16	숭실대	183 / 75
	연 제 민	延濟民	1993.05.28	한남대	187 / 82
	윤 준 성	尹准聖	1989.09.28	경희대	187 / 81
	구 대 영	具大榮	1992.05.09	홍익대	177 / 72
MF	김 정 현	金楨鉉	1993.06.01	중동고	185 / 74
	안 드 리 고	Andrigo Oliveira de Araújo	1995.02.27	*브라질	173 / 70
	라 에 르 시 오	Laércio da Silva Carvalho	1998.11.27	*브라질	180 / 70
	홍 창 범	洪昌汎	1998.10.22	성균관대	170 / 68
	류 승 우	柳承佑	1993.12.17	중앙대	174 / 68
	이 동 수	李東洙	1994.06.03	가톨릭관동대	185 / 72
	최 성 범	崔聖範	2001.12.24	성균관대	173 / 68
	김 정 민	金正緍	1999.11.13	금호고	187 / 75
	문 성 우	文誠友	2003.05.15	명지대	183 / 74
	주 현 우	朱眩旴	1990.09.12	동신대	173 / 67
FW	안 용 우	安庸佑	1991.08.10	동의대	176 / 69
	조 나 탄	Jonathan Alonso Moya Aguilar	1992.01.06	*코스타리카	187 / 84
	브 루 노	Bruno Pereira de Albuquerque	1994.07.20	*브라질	189 / 83
	조 성 준	趙聖俊	1990.11.27	청주대	176 / 72
	이 재 용	李在用	2002.09.20	한라대	177 / 67
	박 재 용	朴才用	2000.03.13	인천대	193 / 85
	김 륜 도	金侖度	1991.07.09	광운대	187 / 74
	양 정 운	梁正運	2001.05.14	단국대	176 / 68
	홍 현 호	洪賢虎	2002.06.11	골클럽 U18	174 / 70
	공 민 현	孔敏懸	1990.01.19	청주대	182 / 70
	야 고	Yago César da Silva	1997.05.26	*브라질	170 / 65

2023년 개인기록_ K리그2

위치	배번	선수	03	11	17	23	25	32	45	49	58	62
		날짜	03.01	03.05	03.12	03.19	04.01	04.08	04.18	04.22	04.29	05.02
		홈/원정	원정	홈	원정	홈	홈	원정	원정	홈	홈	원정
		장소	광양	안양	안산	안양	안양	부천	창원C	안양	안양	천안
		상대	전남	서울E	안산	성남	충남아산	부천	경남	김포	충북청주	천안
		결과	승	무	무	승	승	승	패	패	승	승
		점수	1:0	1:1	1:1	2:1	3:0	4:2	2:3	1:2	1:0	4:0
		승점	3	4	5	8	11	14	14	14	17	20
		슈팅수	15:11	7:4	10:11	12:7	12:10	14:9	17:11	12:10	18:10	18:13
GK	1	박성수	○0/0	○0/0	○0/0	○0/0	○0/0	○0/0 C	○0/0	○0/0	○0/0	○0/0
	21	김태훈										
	23	김성동										
DF	2	정준연				△0/0			△0/0			
	4	이창용					△0/0			○0/0	○0/0	△0/0
	5	박종현	○0/0	○0/0	○0/0 C	○0/0	○0/0	○0/0	○0/0		○0/0 C	○0/0
	15	김형진	○0/0	○0/0 C	○0/0 C	○0/0 C	○0/0	○0/0		○0/0	△0/0	○1/0 C
	22	김동진	○0/0				○2/0					
	25	김하준				△0/0	△0/0				△0/0	△0/0
	30	백동규	○0/0	○0/0		○0/0 C				○0/0	○0/0 C	○0/0
	32	이태희										▽0/0
	40	연제민										
	77	전보민								▽0/0		
	90	구대영	▽0/0	▽0/0	▽0/0				○0/0	△0/0	▽0/0	△0/0 C
	99	주현우	△0/0 C	△0/0	△0/0	▽0/0	▽0/0	△0/1	▽0/0	△0/0	△0/1	△0/2
MF	6	김정현	△0/0	▽0/0	▽0/0	○0/0	▽0/0	△0/1	△1/0	▽0/0	▽0/0	△0/0
	8	황기욱	▽0/0	△0/0	○0/0							
	10	안드리고	○0/0	▽0/0	○0/1	○0/0	▽0/2	▽1/1	▽1/0	▽1/0	○0/0 C	△1/1
	14	홍창범				△0/0	△0/0	△0/1				
	17	류승우										
	20	이동수										
	24	최성범	▽0/0	▽0/0	▽0/0							
	26	김정민										
	28	문성우						△1/0	△0/0	▽0/0	▽0/0	△0/0 C
FW	7	안용우	△0/0	△0/0	◈0/0					△0/0		
	9	조나탄	▽1/0	▽0/1	○1/0	▽2/0 C	○1/0					
	9	브루노										
	10	박재용		△0/0	△0/0	△0/0		▽2/0	▽0/0	○0/0	▽1/0	▽0/1
	10	라에르시오										
	11	조성준	△0/0	▽1/0	△0/0	△0/0	△0/0	▽0/0	△0/1	○0/0	△0/0	○1/0
	13	이재용	▽0/0	△0/0	▽0/0							
	18	김륜도	△0/0						△0/0	△0/0		
	27	홍현호				▽0/1	▽0/0	▽0/0	▽0/0	▽0/0		
	81	공민현										
	97	야고						△0/1	◈0/0	△0/0	△1/0	▽1/0

선수자료 : 득점/도움 ○ = 선발출전 △ = 교체 IN ▽ = 교체 OUT ◈ = 교체 IN/OUT C = 경고 S = 퇴장

위치	배번		경기번호	71	74	81	87	93	108	111	115	124	129
			날짜	05.07	05.13	05.20	05.27	06.03	06.25	07.02	07.08	07.15	07.18
			홈/원정	홈	원정	홈	원정	홈	원정	홈	원정	원정	홈
			장소	안양	김천	안양	탄천	안양	목동	안양	청주	아산	안양
			상대	부산	김천	전남	성남	부천	서울E	경남	충북청주	충남아산	천안
			결과	패	무	승	승	무	승	패	패	승	무
			점수	0:3	0:0	2:0	2:1	2:2	2:1	2:4	1:2	3:2	1:1
			승점	20	21	24	27	28	31	31	31	34	35
			슈팅수	9:12	8:12	12:12	11:10	10:8	9:8	16:8	15:9	9:7	5:7
GK	1	박성수		o 0/0	o 0/0	o 0/0	o 0/0				o 0/0	o 0/0	o 0/0
	21	김태훈						o 0/0	o 0/0	o 0/0			
	23	김성동											
DF	2	정준연											
	4	이창용		o 0/0	o 0/0	o 0/0	o 0/1	o 0/0	o 0/0	o 0/0	o 0/0 C	o 0/0 C	
	5	박종현		o 0/0	△ 0/0	△ 0/0	△ 0/0 C	△ 0/0	△ 0/0		o 0/0		o 0/0
	15	김형진			o 0/0								o 0/0 C
	22	김동진					△ 1/0	o 0/1	△ 0/0	▽ 0/0	▽ 0/0	o 0/0 C	
	25	김하준		△ 0/0	△ 0/0	△ 0/0	△ 0/1	△ 0/0	△ 0/0				
	30	백동규		o 0/0	o 0/0 C	o 0/0	o 0/0	o 0/0	o 0/0	o 0/0	o 0/0		o 0/0
	32	이태희		△ 0/0	o 0/0	o 0/0	o 0/0	▽ 0/1	▽ 0/0				o 0/0
	40	연제민											o 0/0
	77	전보민											
	90	구대영		▽ 0/0	▽ 0/0	△ 0/0 C					△ 0/0	△ 0/0	▽ 0/0
	99	주현우		o 0/0	△ 0/0	▽ 0/1	▽ 0/0	△ 0/0	△ 0/0	△ 1/0	▽ 0/0	▽ 0/0	△ 0/0
MF	6	김정현		▽ 0/0	△ 0/0 C	▽ 0/0	o 0/0			△ 2/0	△ 0/0	▽ 0/0 C	
	8	황기욱		△ 0/0	▽ 0/0	o 0/0	▽ 0/0	o 0/0	▽ 0/0 C	o 0/0			
	10	안드리고		▽ 0/0	▽ 0/0	▽ 1/0	▽ 0/0	▽ 1/0	o 0/0	o 0/1	o 0/1	o 1/1	
	14	홍창범						△ 0/0		△ 0/0		△ 1/0	▽ 0/0
	17	류승우											
	20	이동수											
	24	최성범									△ 0/0	△ 0/1	▽ 0/0
	26	김정민										△ 0/0	△ 0/0
	28	문성우		▽ 0/0	▽ 0/0 C	▽ 1/0	▽ 0/0	▽ 0/0	▽ 0/0	▽ 0/0	▽ 0/0	▽ 0/0	▽ 0/0
FW	7	안용우		△ 0/0			△ 0/0						
	9	조나탄											
	9	브루노										△ 1/0	▽ 0/0
	10	박재용		o 0/0	▽ 0/0	▽ 0/0	▽ 1/0 C	▽ 1/0	▽ 0/0	o 1/0	o 0/0	▽ 0/0	△ 0/0
	10	라에르시오											
	11	조성준		△ 0/0	o 0/0		△ 0/1	▽ 0/0	▽ 0/0	△ 0/1	▽ 1/0		
	13	이재용								▽ 0/0			
	18	김륜도			△ 0/0								
	27	홍현호											
	81	공민현											
	97	야 고		▽ 0/0		△ 0/1	△ 0/0	◆ 0/0	△ 0/0	△ 0/0 C	△ 0/0	▽ 0/0	△ 1/0

113

위치	배번	선수	138	144	147	151	167	174	180	185	190	194
		경기번호	138	144	147	151	167	174	180	185	190	194
		날짜	07.24	07.31	08.05	08.12	08.27	08.30	09.03	09.17	09.20	09.23
		홈/원정	원정	홈	원정	홈	홈	원정	홈	원정	홈	원정
		장소	부산A	안양	김포	안양	안양	청주	안양	아산	안양	김천
		상대	부산	김천	김포	안산	전남	충북청주	부산	충남아산	경남	김천
		결과	패	승	패	무	승	패	패	패	무	패
		점수	1:2	2:0	0:1	1:1	3:1	1:2	0:1	3:4	1:1	1:4
		승점	35	38	38	39	42	42	42	42	43	43
		슈팅수	9:11	10:9	11:8	17:6	6:12	5:16	7:11	14:11	8:12	14:11
GK	1	박성수	○ 0/0	○ 0/0	○ 0/0	○ 0/0	○ 0/0	○ 0/0	○ 0/0	○ 0/0		
	21	김태훈										
	23	김성동									○ 0/0	○ 0/0
DF	2	정준연		△ 0/0		▽ 0/0	○ 0/0	○ 0/0	△ 0/0	△ 0/0		▽ 0/0
	4	이창용	○ 0/0	○ 0/0	○ 0/0 C		○ 0/0					
	5	박종현	○ 0/0 C	○ 0/0	○ 0/0	△ 0/0	▽ 0/0	○ 0/0	▽ 0/0	○ 0/0	○ 0/0	○ 0/0 C
	15	김형진		○ 1/0	○ 0/0	○ 0/0 C	○ 0/0	○ 0/0	○ 0/0	○ 0/0 C	○ 0/0 C	
	22	김동진	○ 0/0	▽ 0/1						○ 0/0 C		△ 0/0
	25	김하준					△ 0/0			△ 0/0		
	30	백동규	○ 0/0 CC			▽ 0/0	○ 0/0					
	32	이태희	▽ 0/0									△ 0/0
	40	연제민							△ 0/0 C		△ 0/0	
	77	전보민										
	90	구대영										▽ 0/0
	99	주현우	△ 0/0	▽ 0/1			▽ 1/0	▽ 0/1		▽ 1/0		△ 0/0
MF	6	김정현										
	8	황기욱	▽ 0/0	○ 0/0 C	▽ 0/0 C	○ 0/0	○ 0/0		▽ 0/0			
	10	안드리고										
	14	홍창범	▽ 0/0		△ 0/0					△ 1/0	◆ 0/0	
	17	류승우	▽ 0/0	▽ 0/0				▽ 0/0				
	20	이동수	△ 0/0	△ 0/0	△ 0/0	○ 1/0	△ 0/0	○ 0/0	△ 0/0	△ 0/0	○ 0/0	△ 1/0
	24	최성범	▽ 0/0	▽ 0/0	▽ 0/0	▽ 0/0						
	26	김정민							△ 0/0	▽ 0/0		▽ 0/0
	28	문성우	△ 0/0	▽ 0/0	△ 0/0	▽ 0/0						
FW	7	안용우				△ 0/0					▽ 0/1	○ 0/0
	9	조나탄										
	9	브루노	○ 0/1	○ 0/0	▽ 0/0	▽ 0/0	▽ 1/1	▽ 0/0 C			▽ 1/0	▽ 0/0
	10	박재용										
	10	라에르시오		△ 1/0	△ 0/0	△ 0/0	△ 0/0			▽ 0/0		△ 0/0
	11	조성준		△ 0/0	△ 0/0	△ 0/0	○ 0/0	△ 0/0	△ 0/0		○ 0/0	
	13	이재용						▽ 0/0				
	18	김륜도										
	27	홍현호							△ 0/0 C			
	81	공민현	△ 0/0		△ 0/0	△ 0/0 C	△ 0/0	△ 1/0	△ 0/0	▽ 0/1	△ 0/0	▽ 0/1 S
	97	야고	△ 1/0	△ 0/0	△ 0/0	▽ 0/1 C	▽ 1/2	△ 0/0		○ 0/1	△ 0/0	○ 0/0 C

선수자료: 득점/도움 ○ = 선발출전 △ = 교체 IN ▽ = 교체 OUT ◆ = 교체 IN/OUT C = 경고 S = 퇴장

위치	배번	경기번호	199	210	212	219	226	231				
		날짜	09.30	10.07	10.21	10.28	11.12	11.26				
		홈/원정	홈	원정	원정	홈	원정	홈				
		장소	안양	김포	부천	안양	안산	안양				
		상대	성남	김포	부천	서울E	안산	천안				
		결과	무	패	무	승	승	승				
		점수	1:1	0:3	1:1	3:0	3:2	2:1				
		승점	44	44	45	48	51	54				
		슈팅수	16:7	8:12	7:9	14:7	14:12	10:8				
GK	1	박 성 수										
	21	김 태 훈		○ 0/0	○ 0/0 C	○ 0/0	○ 0/0	○ 0/0				
	23	김 성 동	○ 0/0									
DF	2	정 준 연	▽ 0/0									
	4	이 창 용			○ 0/0	○ 0/1	○ 0/0	○ 0/0				
	5	박 종 현			○ 0/0	○ 0/0	○ 0/0	○ 0/0				
	15	김 형 진	○ 0/0	○ 0/0								
	22	김 동 진	○ 0/0 C	▽ 0/0	○ 0/0	○ 1/0	○ 1/0	○ 0/0				
	25	김 하 준		△ 0/0	△ 0/0	△ 1/0	△ 0/0	△ 0/0				
	30	백 동 규	○ 0/0	○ 0/0	○ 0/0	○ 0/0	○ 0/0	○ 0/0				
	32	이 태 희	▽ 0/0	△ 0/0		△ 0/1	▽ 0/0 C	△ 0/0				
	40	연 제 민	△ 0/0	▽ 0/0								
	77	전 보 민										
	90	구 대 영	△ 0/0									
	99	주 현 우	○ 0/1	▽ 0/0	○ 0/0	○ 0/0	△ 0/0	▽ 0/1				
MF	6	김 정 현			△ 0/0	▽ 0/0	○ 1/0	▽ 0/0				
	8	황 기 욱			△ 0/0	△ 0/0	△ 0/0	△ 0/0				
	10	안 드 리 고										
	14	홍 창 범										
	17	류 승 우										
	20	이 동 수	▽ 0/0	○ 0/0 C	▽ 0/0	△ 0/0	▽ 0/0	○ 1/0				
	24	최 성 범										
	26	김 정 민		△ 0/0								
	28	문 성 우	△ 0/0	▽ 0/0	▽ 0/0	▽ 0/0	▽ 0/0	▽ 0/0 C				
FW	7	안 용 우	△ 0/0	△ 0/0	▽ 1/0	▽ 0/0	○ 0/0	△ 0/0				
	9	조 나 탄										
	9	브 루 노	○ 0/0 C	○ 0/0 S			△ 1/0	△ 0/0				
	10	박 재 용										
	10	라 에 르 시 오	△ 1/0	△ 0/0	△ 0/0	△ 0/0 C						
	11	조 성 준	▽ 0/0	▽ 0/0								
	13	이 재 용										
	18	김 륜 도										
	27	홍 현 호										
	81	공 민 현			▽ 0/0	▽ 1/0	▽ 0/0	▽ 0/0				
	97	야 고	▽ 0/0	○ 0/0	○ 0/1	○ 0/0	△ 0/0	▽ 1/0				

전남 드래곤즈

창단년도_ 1994년
전화_ 061-815-0114   팩스_ 061-815-0119
홈페이지_ www.dragons.co.kr
인스타그램_ https://www.instagram.com/jeonnamdragons_fc/
페이스북_ https://www.facebook.com/dragonsfc/
유튜브_ https://www.youtube.com/c/JeonnamFC
주소_ 우 57801 전라남도 광양시 희망길 12-14 제철협력회관 1층
1F, 12-14, Huimang-gil, Gwangyang-si, Jeonnam, KOREA
57801

연혁

1994	(주)전남 프로축구 설립(11월 1일)
	전남 드래곤즈 프로축구단 창단(12월 16일)
	(사장: 한경식, 단장: 서정복, 감독: 정병탁)
1995	95 하이트배 코리안리그 전기 6위, 후기 5위
1996	제2대 단장(조병옥), 제2대 감독(허정무) 취임
	96 라피도컵 프로축구대회 전기 6위, 후기 6위
1997	제2대 사장(박종태), 제3대 단장(김영석) 취임
	97 아디다스컵 준우승, 페어플레이상
	97 라피도컵 프로축구대회 준우승
	제2회 FA컵 우승, 페어플레이상
1998	제3회 삼보체인지 FA컵 3위 제3대 감독(이회택) 취임
1999	제3대 사장(한경식) 취임 프로축구 올해의 페어플레이팀
	제9회 아시안컵 위너스컵 준우승 바이코리아컵 K-리그 3위
2000	대한화재컵 준우승 아디다스컵 공동 3위
2001	2001 포스코 K-리그 8위
	제4대 사장(김문순), 제4대 단장(서정복) 취임
2002	삼성 파브 K-리그 9위
2003	삼성 하우젠 K-리그 4위
	제8회 하나은행 FA컵 준우승, 페어플레이상
	대한민국 최초 클럽시스템 도입
	광양제철중 전국대회 2관왕
	광양제철남초 동원컵 왕중왕전 우승
2004	제4대 감독(이장수) 취임 제1회 통영컵 대회 우승
	제5대 사장(박성주), 단장(김종대) 취임
	삼성 하우젠 K-리그 3위
2005	제5대 감독(허정무) 취임 삼성 하우젠 K-리그 11위
	창단멤버 김태영 통산 250경기 출전 뒤 은퇴 (11/6)
	제10회 하나은행 FA컵 3위
2006	제6대 사장(공윤찬) 취임
	삼성 하우젠 K-리그 6위 제11회 하나은행 FA컵 우승
	올해의 프로축구대상 특별상 팀 통산 500득점 달성
2007	제7대 사장(이건수) 취임
	제12회 하나은행 FA컵 우승(사상 최초 2연패)
	삼성 하우젠 K-리그 10위 AFC 챔피언스리그 출전
2008	제6대 단장(김영훈), 제6대 감독(박항서) 취임
	AFC 챔피언스리그 출전
	삼성 하우젠 K-리그 9위 삼성 하우젠컵 준우승
2009	2009 K-리그 4위
2010	쏘나타 K리그 10위 2010 하나은행 FA컵 3위
	제7대 감독(정해성) 취임

2011	제8대 사장(유종호) 취임 현대오일뱅크 K리그 2011 7위
	팀 통산 200승 달성 팀 통산 700골 달성(지동원)
	유스 출신 지동원 잉글랜드 프리미어리그 선더랜드 이적
2012	제8대 감독(하석주) 취임 감사나눔운동 시작
	현대오일뱅크 K리그 2012 11위
2013	유스 출신 윤석영 잉글랜드 프리미어리그 QPR 이적
	제9대 사장(박세연) 취임
	현대오일뱅크 K리그 클래식 2013 10위
	팀 통산 800호골 달성(임경현)
2014	현대오일뱅크 K리그 클래식 2014 7위
	제9대 감독(노상래) 취임
2015	현대오일뱅크 K리그 클래식 2015 9위
	제20회 KEB하나은행 FA컵 4강
	광양제철고 전국대회 2관왕
	(K리그 U-18 챔피언십 우승, 백운기 전구고교축구대회 우승)
	광양제철중 제51회 춘계중등연맹전 우승
2016	현대오일뱅크 K리그 클래식 2016 5위
	K리그 대상 사회공헌상 수상
	광양제철초 추계중등축구연맹전 우승
2017	KEB하나은행 K리그 클래식 2017 10위
	유스 출신 한찬희, 이유현 U-20 월드컵 16강
	제10대 사장(신승재) 취임
	U-15 대한축구협회장배 우승 U-15 무학기 우승
2018	제12대 감독(유상철) 취임
	KEB하나은행 K리그 어워즈 2018 사랑나눔상 수상
	팀 통산 1000호골 달성(유고비치)
	KEB하나은행 K리그 2018 12위
2019	제11대 사장(조청명), 제13대 감독(파비아노 수아레즈) 취임
	하나원큐 K리그2 2019 6위 제14대 감독(전경준) 취임
2020	하나원큐 K리그 대상 2020 그린스타디움상 수상
	팀 통산 1100호골 달성(쥴리안) 팀 통산 300승 달성
2021	제12대 사장(이광수) 취임
	하나원큐 K리그2 2021 제1, 2차 그린스타디움상
	하나원큐 K리그2 2021 준PO (4위)
	제26회 2021 하나은행 FA컵 우승
2022	제7대 단장(최동균) 취임 제15대 감독(이장관) 취임
	하나원큐 K리그2 2022 11위
2023	구단 통산 1,200호 골 달성(K리그 기준/발디비아)
	K리그2 MVP 수상(FW 발디비아), BEST11 선정(FW 발디비아)
	하나원큐 K리그2 2023 7위

2023년 선수명단

대표이사_ 이광수   감독_ 이장관
수석코치_ 한동훈   코치_ 김영욱   골키퍼 코치_ 조민혁   피지컬 코치_ 최희영
스카우터_ 김현배·강민수   의무트레이너_ 권혁준·김승규·최민기   전력분석관_ 이창근   팀 매니저_ 송창권   장비사_ 박상옥   통역_ 김강·유진명

포지션	성명		생년월일	출신교	키(cm) / 몸무게(kg)
GK	최 봉 진	崔鳳珍	1992.04.06	중앙대	193 / 88
	김 현 석	金現石	2005.06.18	광양제철고	185 / 80
	김 다 솔	金다솔	1989.01.04	연세대	188 / 80
	안 준 수	安俊洙	1998.01.28	의정부FC U18	187 / 75
	조 성 빈	造盛濱	2001.01.05	아주대	193 / 86
DF	유 지 하	柳知荷	1999.06.01	동경한국학교(고)	187 / 83
	최 희 원	崔熙願	1999.05.11	중앙대	184 / 78
	고 태 원	高兌沅	1993.05.10	호남대	187 / 80
	아 스 나 위	Asnawi Mangkualam Bahar	1999.10.04	*인도네시아	174 / 70
	여 승 원	余承原	2000.05.05	명지대	179 / 72
	신 일 수	申壹守	1994.09.04	고려대	189 / 89
	김 수 범	金洙範	1990.10.02	상지대	176 / 72
	김 현 훈	金泫訓	1991.04.30	홍익대	184 / 80
	황 명 현	黃溟玹	2001.11.14	동국대	190 / 85
	이 규 혁	李揆奕	1999.05.04	동국대	175 / 77
	박 성 결	朴聖潔	2001.04.03	용인대	160 / 54
MF	장 성 재	張成載	1995.09.12	고려대	178 / 69
	이 석 현	李碩賢	1990.06.13	선문대	177 / 68
	정 호 진	鄭好軫	1999.08.06	고려대	182 / 72
	이 후 권	李厚權	1990.10.30	광운대	180 / 75
	김 범 진	金汎珍	1997.02.19	한양대	170 / 70
	유 헤 이	佐藤優平 / Sato Yuhei	1990.10.29	*일본	171 / 64
	조 지 훈	趙志焄	1990.05.29	연세대	191 / 80
	박 태 용	朴泰用	2001.04.05	광운대	183 / 75
FW	임 찬 울	任찬울	1994.07.14	한양대	176 / 71
	하 남	河男	1998.12.07	남부대	185 / 75
	발 디 비 아	Wanderson Ferreira de Oliveira	1994.10.04	*브라질	177 / 70
	플 라 나	Leonard Arben Pllana	1996.08.26	*코소보	183 / 26
	지 상 욱	池尙昱	2003.01.13	제주U18	184 / 83
	이 용 재	李勇載	1991.06.08	포철공고	183 / 79
	미 키 치	Leo Mikic	1997.05.06	*크로아티아	180 / 74
	최 성 진	崔成眞	2002.06.24	광양제철고	192 / 85
	추 상 훈	秋相薰	2000.02.03	조선대	170 / 70
	노 건 우	盧建宇	2000.12.10	용인대	170 / 64
	이 태 민	李太珉	2003.05.09	개성고	177 / 67
	김 건 오	金建旿	2001.08.13	연세대	167 / 68

Section 1 2023 구단기록·전남

위치	배번		03	12	13	24	30	33	37	47	54	55
		경기번호	03	12	13	24	30	33	37	47	54	55
		날 짜	03.01	03.05	03.11	03.19	04.02	04.08	04.15	04.19	04.23	04.29
		홈/원정	홈	홈	원정	홈	원정	홈	홈	원정	원정	홈
		장 소	광양	광양	목동	광양	천안	광양	광양	김천	안산	광양
		상 대	안양	경남	서울E	김포	천안	성남	충북청주	김천	안산	충남아산
		결 과	패	패	승	패	승	무	승	패	패	승
		점 수	0:1	0:5	1:0	0:2	3:1	2:2	3:0	1:2	0:1	2:1
		승 점	0	0	3	3	6	7	10	10	10	13
		슈팅수	11:15	8:13	12:11	9:15	13:8	16:11	14:7	12:21	8:17	9:5
GK	1	최 봉 진				▽0/0	○0/0					
	31	김 다 솔	○0/0	○0/0				○0/0	▽0/0	▽0/0	○0/0	▽0/0
	98	안 준 수										
	99	조 성 빈			△0/0 C				△0/0	△0/0	△0/0	△0/0 C
DF	2	유 지 하										
	3	최 희 원	○0/0	○0/0	○0/0	○0/0 C	○0/0	○0/0				△0/0
	5	고 태 원	○0/0	○0/0	○0/0	△0/0 C	▽0/0		○1/0	○0/0		○0/0 C
	14	아 스 나 위	○0/0	○0/0 S				▽0/2	△0/0	▽0/0		○0/0 C
	17	여 승 원	○0/0			△0/0	○2/0 C	○0/0	○0/0 C	○0/0		
	26	신 일 수										
	28	김 수 범		△0/0	○0/0	▽0/0	○0/0			○0/0		○0/0
	44	김 현 훈										
	66	이 규 혁	○0/0	○0/0								○0/0
	73	박 성 결	▽0/0			▽0/0 C						
MF	6	장 성 재						△0/0	○0/0	○0/0	○0/0 C	
	8	이 석 현										
	15	정 호 진		△0/0	△0/0	○0/0 C				△0/0		
	16	이 후 권	○0/0	▽0/0		○0/0	○0/1	○0/0	○0/0	○0/0	△0/0 C	
	24	유 헤 이	○0/0	○0/0	○0/0	○0/0	○0/0	○0/0	○0/1	○0/0		
	25	조 지 훈			▽0/0	▽0/0	△0/0		△0/0		○0/0	
	47	전 승 민	△0/0				△0/0			▽0/0		△0/0
	88	박 태 용										
FW	7	임 찬 울	▽0/0	△0/0	△0/0	○0/0				▽0/0		▽1/0
	9	하 남		▽0/0			△0/0	△1/0	△1/0	○1/0		△0/0
	10	발 디 비 아	○0/0	△0/0	○1/0	○0/0	▽0/1	▽0/1	△0/0	○0/0 C		○0/1 C
	11	플 라 나	△0/0	▽0/0	△0/0	△0/0	▽1/0	△0/0	○0/0	△0/0		△1/1 C
	12	지 상 욱										
	19	이 용 재										
	20	미 키 치										
	22	최 성 진		▽0/0			▽0/0	▽0/0	▽0/0			▽0/0 C
	23	시 모 비 치	▽0/0	△0/0	△0/1	○0/0					▽0/0	
	27	추 상 훈	△0/0		▽0/0		△0/1		△0/0	△0/0	▽0/0	
	35	노 건 우			▽0/0		▽0/0	△0/0	▽1/0 C	○0/0	▽0/0	◆0/0
	44	이 준 호			▽0/0							
	77	김 건 오		▽0/0			△0/0			▽0/0	▽0/0	

선수자료: 득점/도움 ○ = 선발출전 △ = 교체 IN ▽ = 교체 OUT ◆ = 교체 IN/OUT C = 경고 S = 퇴장

위치	배번		61	70	81	85	96	101	107	114	119	126
		경기번호	61	70	81	85	96	101	107	114	119	126
		날짜	05.02	05.07	05.20	05.27	06.04	06.11	06.25	07.03	07.10	07.16
		홈/원정	홈	원정	원정	홈	홈	원정	원정	홈	원정	원정
		장소	광양	부천	안양	광양	광양	청주	김포	광양	아산	창원C
		상대	부산	부천	안양	천안	김천	충북청주	김포	서울E	충남아산	경남
		결과	무	패	패	승	승	패	승	무	무	승
		점수	1:1	2:5	0:2	2:0	1:0	1:3	2:1	3:3	3:3	2:0
		승점	14	14	14	17	20	20	23	24	25	28
		슈팅수	10:8	6:14	12:12	10:4	4:12	14:10	10:12	13:8	10:11	19:16
GK	1	최봉진			▽0/0		○0/0	▽0/0	○0/0			
	31	김다솔	▽0/0			○0/0						
	98	안준수								○0/0	○0/0	○0/0
	99	조성빈	△0/0	△0/0			△0/0 C					
DF	2	유지하					○0/0 C	○0/0	○0/0 C	○0/0 C		○0/0 C
	3	최희원			○0/0	○0/0	○0/0 C	○0/0	○0/0	○0/0 C		
	5	고태원	○0/0	○0/0		○0/0						○0/0
	14	아스나위		○0/0	△0/0		○0/0	▽0/0	△0/0		△0/0	○0/0 C
	17	여승원				▽0/0	○0/0		△0/0			
	26	신일수										
	28	김수범	○0/0			○0/0			▽0/0	○0/0 C	○0/1	
	44	김현훈									○0/0	
	66	이규혁	○0/1	○0/0			○0/0	○0/0	○0/0	○0/0	○0/0	
	73	박성결				△0/0	▽0/0	▽0/0	▽0/0			
MF	6	장성재	○0/0	○0/0	○0/0		○0/0	○0/0	○0/0			
	8	이석현		▽0/0	▽0/0	▽0/0						
	15	정호진								▽1/0	▽0/0	
	16	이후권	○0/0 C		○0/0				△0/0			▽0/0
	24	유헤이	○0/0	○0/1	▽0/0	△0/0		○1/0	○0/0	○0/0	○0/0	△0/0
	25	조지훈	△0/0	▽0/0						△0/0	○0/0	△0/0
	47	전승민	▽0/0			△0/0	○0/0	▽0/0				
	88	박태용										
FW	7	임찬울										
	9	하남		△0/0	△0/0	◆0/1	△0/0	▽0/0	▽0/0	▽0/0	▽0/0	▽1/1
	10	발디비아	▽1/0 C	○1/0	○0/0	○0/1	▽1/0	▽0/0	○1/0	○1/0	○1/0	▽1/1
	11	플라나	▽0/0	○0/0	△0/0	▽1/0	△0/0 C	▽0/1		▽0/1	▽0/0	○0/0
	12	지상욱									▽0/0	△0/0
	19	이용재					▽0/0	▽0/0				
	20	미키치								△1/0	◆0/0	
	22	최성진	▽0/0			▽0/0			△0/0	△0/0	△0/1	
	23	시모비치	△0/0	△0/0	▽0/0 C							
	27	추상훈	△0/0	△0/0		△1/0	△0/0		△0/0	△0/0	△1/0	△0/0
	35	노건우	△0/0	◆0/0 C	△0/0	△0/0	△0/1	▽0/1	△0/0	△0/0	△1/0	△0/0
	44	이준호		▽1/1	△0/0			▽0/0				
	77	김건오				▽0/0				▽1/0		

위치	배번	선수	131	140	145	156	160	167	172	179	184	191
		날짜	07.19	07.29	08.05	08.15	08.20	08.27	08.30	09.03	09.17	09.20
		홈/원정	홈	원정	홈	원정	홈	원정	원정	홈	원정	원정
		장소	광양	탄천	광양	구덕	광양	안양	목동	광양	창원C	아산
		상대	안산	성남	부천	부산	김천	안양	서울E	성남	경남	충남아산
		결과	승	패	승	패	승	패	패	무	승	승
		점수	5:2	1:2	1:0	0:1	2:1	1:3	0:1	0:0	3:2	1:0
		승점	31	31	34	34	37	37	37	38	41	44
		슈팅수	13:8	4:20	11:3	13:9	14:4	12:6	9:15	6:6	14:10	15:8
GK	1	최 봉 진				○ 0/0		○ 0/0				
	31	김 다 솔										
	98	안 준 수	○ 0/0	○ 0/0	○ 0/0		○ 0/0		○ 0/0	○ 0/0	○ 0/0	○ 0/0
	99	조 성 빈										
DF	2	유 지 하	○ 0/0 C		○ 0/0	○ 0/0	○ 0/0		○ 0/0	○ 0/0	○ 2/0	○ 0/0
	3	최 희 원										
	5	고 태 원	○ 1/0	○ 0/0 C	○ 1/0 C	○ 0/0 C		○ 0/0	○ 0/0		▽ 0/0	
	14	아 스 나 위	○ 0/0	▽ 0/0	△ 0/0 C	○ 0/0	○ 0/0		○ 0/0 C	○ 0/0	○ 0/0 CC	
	17	여 승 원										
	26	신 일 수										
	28	김 수 범	○ 0/0	○ 0/0 C	▽ 0/0	○ 0/0	▽ 0/0	▽ 0/0				
	44	김 현 훈				△ 0/0	○ 0/0					
	66	이 규 혁		△ 1/0	○ 0/0		△ 0/0	○ 0/0		○ 0/0 C	△ 0/0	○ 0/0
	73	박 성 결										
MF	6	장 성 재									△ 0/0	▽ 0/0
	8	이 석 현		△ 0/0	▽ 0/1	▽ 0/0			△ 0/0	▽ 0/0		
	15	정 호 진										
	16	이 후 권	▽ 0/0	○ 0/0 S			△ 0/0	△ 0/0	△ 0/0		△ 0/0	○ 0/0 C
	24	유 헤 이	△ 0/0	▽ 0/0	△ 0/0	◆ 0/0	▽ 0/0	▽ 0/0	△ 0/0	▽ 0/0	△ 0/0	○ 0/0
	25	조 지 훈	△ 0/0	○ 0/0	○ 0/0	○ 0/0	○ 0/0 C	○ 0/0	△ 0/0	○ 0/0	○ 0/0 C	△ 0/0
	47	전 승 민										
	88	박 태 용					▽ 0/0		▽ 0/0	▽ 0/0	▽ 0/0	▽ 0/0
FW	7	임 찬 울										
	9	하 남	▽ 1/0		▽ 0/0	○ 0/0 C	▽ 2/0		○ 0/0 C	△ 0/0	▽ 0/0	○ 0/0
	10	발 디 비 아	○ 2/2	○ 0/0	○ 0/0 C	○ 0/0	○ 0/1	▽ 1/0	△ 0/0	○ 0/0	▽ 0/2	△ 0/0
	11	플 라 나	▽ 1/0	▽ 0/0	△ 0/0	▽ 0/0	△ 0/1	△ 0/0	○ 0/0			○ 0/1
	12	지 상 욱	△ 0/2	△ 0/0	△ 0/0	△ 0/0		△ 0/0		△ 0/0		
	19	이 용 재								▽ 0/0	△ 1/0	▽ 0/0
	20	미 키 치	▽ 0/0	△ 0/0	△ 0/0	◆ 0/0	▽ 0/0	▽ 0/0				
	22	최 성 진	▽ 0/0	▽ 0/0	▽ 0/0	▽ 0/0	△ 0/0		▽ 0/0			
	23	시 모 비 치										
	27	추 상 훈	△ 0/0	▽ 0/0	△ 0/0		△ 0/0			△ 0/0	△ 0/0	△ 1/0
	35	노 건 우	△ 0/0	△ 0/0		△ 0/0			○ 0/0	△ 0/0		
	44	이 준 호										
	77	김 건 오										

선수자료 : 득점/도움 ○ = 선발출전 △ = 교체 IN ▽ = 교체 OUT ◆ = 교체 IN/OUT C = 경고 S = 퇴장

위치	배번	선수	195	208	214	220	228	232
		경기번호	195	208	214	220	228	232
		날짜	09.23	10.07	10.22	10.29	11.12	11.26
		홈/원정	홈	홈	원정	홈	홈	원정
		장소	광양	광양	김포	광양	광양	부천
		상대	천안	안산	김포	충북청주	부산	부천
		결과	패	승	패	승	승	패
		점수	1:3	3:2	1:2	3:0	3:0	1:4
		승점	44	47	47	50	53	53
		슈팅수	5:17	13:14	9:10	6:21	7:14	8:13
GK	1	최 봉 진						
	31	김 다 솔						
	98	안 준 수	○ 0/0	▽ 0/0	○ 0/0	○ 0/0	○ 0/0 C	○ 0/0
	99	조 성 빈		△ 0/0 C				
DF	2	유 지 하	○ 0/0 CC		○ 0/0	○ 0/0	○ 0/0	○ 0/0
	3	최 희 원						
	5	고 태 원						
	14	아 스 나 위	○ 0/0	▽ 0/0 C		○ 0/0	○ 0/0	○ 0/0
	17	여 승 원					▽ 0/0	○ 0/0
	26	신 일 수		△ 0/0	○ 0/0	○ 0/0 CC		
	28	김 수 범	○ 0/0 C	○ 0/0	○ 0/0 S			
	44	김 현 훈						
	66	이 규 혁		△ 0/0	○ 0/0	○ 0/0		
	73	박 성 결						
MF	6	장 성 재	○ 0/0 C	○ 0/0			○ 0/0	▽ 0/0
	8	이 석 현		△ 0/0	△ 0/0			
	15	정 호 진						
	16	이 후 권	△ 0/0 C	▽ 0/0 C		▽ 0/0		
	24	유 헤 이		○ 0/0	○ 0/0	▽ 0/0	△ 0/0	△ 0/0
	25	조 지 훈	○ 0/0	○ 0/0		△ 0/0	○ 0/0	○ 0/0
	47	전 승 민						
	88	박 태 웅		▽ 0/0	▽ 0/1 C	▽ 0/0	▽ 2/0	▽ 0/0
FW	7	임 찬 울	▽ 0/0				▽ 0/2	▽ 0/0
	9	하 남	△ 0/0	○ 0/0	△ 0/0	◈ 0/1	△ 0/0	△ 0/0
	10	발 디 비 아	○ 0/1	○ 1/1	△ 0/0	○ 0/2	▽ 0/0	○ 1/0
	11	플 라 나	○ 1/0	▽ 2/1	○ 0/0	○ 1/0	○ 0/1	○ 0/0
	12	지 상 욱	▽ 0/0				△ 1/0	△ 0/0
	19	이 용 재			▽ 1/0	▽ 1/0	▽ 0/0 C	▽ 0/0
	20	미 키 치						
	22	최 성 진				△ 0/0		
	23	시 모 비 치						
	27	추 상 훈	△ 0/0		△ 0/0 C	△ 0/0	△ 0/0	
	35	노 건 우	▽ 0/0	△ 0/0	▽ 0/0	△ 1/0	△ 0/0	△ 0/0
	44	이 준 호						
	77	김 건 오			▽ 0/0			

충북 청주 FC

창단년도_ 2022년

전화_ 043-234-0731   **팩스**_ 043-233-0732

홈페이지_ www.chfc.kr

인스타그램_ www..instagram.com/chfc_2023

유튜브_ www.youtube.com/@chfc_2023

카카오톡채널_ pf.kakao.com/_Xdxfsd

페이스북_ www.facebook.com/chfc2023

주소_ 우 28374 충청북도 청주시 흥덕구 가포산로 124 (2층)

124, Gaposan-ro, Heungdeok-gu, Cheongju-si,

Chungcheongbuk-do, KOREA 28374

연혁

2002	'청주솔베이지축구단' 창단
2007	2007 코니그린컵 전국대회 일반부 우승
2009	'청주직지FC'로 구단명 변경
	K3리그 공식참가
2014	'충북청주FC'로 구단명 변경
2015	'청주FC'로 구단명 변경
2019	'청주시티FC'와 통합
	법인명: 청주에프씨사회적협동조합
2022	(주)충북청주프로축구단 법인설립 허가
	최윤겸 감독 취임
	한국프로축구연맹 가입신청 및 승인
2023	'충북청주프로축구단' 창단식
	하나원큐 K리그2 진출
	하나원큐 K리그2 프로데뷔 첫경기 승
	2023 하나은행 FA컵 3R 진출
	U12 선수단 창단
	최윤겸 감독 이달의 감독상 수상(8월)
	하나원큐 K리그2 2023 14경기 연속무패기록 달성
	하나원큐 K리그2 2023 8위(13승 13무 10패)

2023년 선수명단

대표이사_ 김현주 단장_ 김현덕 감독_ 최윤겸
수석코치_ 권오규 코치_ 류형열 골키퍼 코치_ 이승준 피지컬 코치_ 바우지니
스카우터_ 최상현 의무트레이너_ 심명보 · 임승현 · 정재헌 전력분석관_ 김서기 선수단 매니저_ 김재형

포지션	선수명		생년월일	출신교	키(cm) / 몸무게(kg)
GK	정 현 호	鄭賢鎬	2004.11.26	청주대성고	201 / 100
	정 진 욱	鄭鎭旭	1997.05.25	중앙대	188 / 86
	박 대 한	朴大翰	1996.04.19	광양제철고	184 / 83
	류 원 우	柳垣宇	1990.08.05	광양제철고	187 / 84
DF	김 지 운	金只澐	1990.07.02	명지대	176 / 62
	이 찬 우	李讚雨	2004.11.30	평택 진위고	185 / 83
	이 종 운	李鐘訓	2001.12.01	중원대	183 / 76
	김 명 순	金明順	2000.07.17	광주대	178 / 76
	이 한 샘	李한샘	1989.10.18	건국대	186 / 85
	이 정 택	李廷澤	1998.05.23	상지대	183 / 77
	이 민 형	李玫炯	1997.04.04	동국대	189 / 87
	구 현 준	具賢峻	1993.12.13	부산동래고	183 / 77
	박 진 성	林眞星	2001.05.15	연세대	178 / 77
	박 건	朴建	1990.07.11	수원대	184 / 80
	김 원 균	金遠均	1992.05.01	고려대	186 / 81
MF	장 혁 진	張爀鎭	1989.12.06	대경대	179 / 73
	문 상 윤	文相贇	1991.01.09	아주대	179 / 77
	홍 원 진	洪元辰	2000.04.04	부산정보고	184 / 80
	양 지 훈	梁智勳	1999.05.05	연세대	176 / 70
	홍 성 민	洪成旼	2004.07.08	수원공고	183 / 80
	강 민 승	姜頤昇	2004.11.18	청주대성고	178 / 66
	유 지 원	柳智元	2004.01.07	천안제일고	182 / 72
	이 승 엽	李昇燁	2000.03.21	대구예술대	184 / 74
	김 도 현	金到炫	2004.05.12	울산현대고	178 / 72
	피 터	Peter Makrillos	1995.09.04	*오스트레일리아	186 / 82
FW	정 민 우	鄭瞥遇	2000.09.27	중동고	179 / 73
	정 기 운	鄭기운	1992.07.15	광운대	187 / 82
	김 지 운	金持云	2002.01.31	청주대	184 / 78
	이 승 재	李承宰	1998.02.06	홍익대	181 / 74
	파 울 리 뉴	Paulo Victor de Menezes Melo	1993.05.29	*브라질	177 / 72
	조 르 지	Jorge Luiz Barbosa Teixeira	1999.06.21	*브라질	190 / 84

2023년 개인기록 _ K리그2

위치	배번		경기번호	06	08	15	20	26	34	37	44	53	58
			날짜	03.01	03.04	03.11	03.18	04.01	04.09	04.15	04.18	04.23	04.29
			홈/원정	원정	홈	홈	원정	원정	홈	원정	홈	홈	원정
			장소	목동	청주	청주	창원C	탄천	청주	광양	청주	청주	안양
			상대	서울E	김천	부산	경남	성남	김포	전남	충남아산	부천	안양
			결과	승	패	무	무	패	무	패	패	패	패
			점수	3:2	0:2	1:1	2:2	2:3	0:0	0:3	0:4	0:4	0:1
			승점	3	3	4	5	5	6	6	6	6	6
			슈팅수	9:16	10:12	9:16	7:13	12:10	2:10	7:14	18:9	12:11	10:18
GK	1	류원우		○ 0/0	○ 0/0	○ 0/0	○ 0/0	○ 0/0	○ 0/0	○ 0/0	○ 0/0	○ 0/0	
	18	정진욱											
	21	박대한											○ 0/0
DF	2	김지운		○ 0/0	▽ 0/0 C	△ 0/0				△ 0/0	▽ 0/0		
	3	이한샘		○ 0/0	○ 0/0	○ 0/0		▽ 0/0			△ 0/0 C	▽ 0/0	
	5	이민형											○ 0/0
	7	피터		○ 0/1	▽ 0/0	○ 0/0 C	▽ 1/0	▽ 0/0	○ 0/0 C	▽ 0/0	○ 0/0 C	△ 0/0	○ 0/0
	13	박건							△ 0/0	▽ 0/0			
	14	이정택		△ 0/0		△ 0/0	○ 0/0	△ 0/0				○ 0/0	
	19	구현준				▽ 0/0		△ 0/1					
	24	박진성						▽ 0/0			▽ 0/0	▽ 0/0	○ 0/0 C
	27	유지원											
	33	이종훈											
	39	김명순		▽ 0/0 C	○ 0/0	▽ 0/1	○ 0/0	○ 0/0		▽ 0/0	△ 0/0		▽ 0/0
	40	김원균		○ 0/0 C	○ 0/0	○ 0/0	○ 0/0	○ 0/0 C	○ 0/0				
MF	6	문상윤		△ 1/0	△ 0/0	△ 0/0	△ 0/0	△ 0/0	◆ 0/0	△ 0/0	△ 0/0		
	8	장혁진		○ 0/0	○ 0/0 C	○ 0/0	○ 0/1 C	○ 0/0	○ 0/0	○ 0/0	○ 0/0	▽ 0/0 C	
	11	양지훈					△ 0/0			△ 0/0			△ 0/0
	15	홍성민											▽ 0/0
	20	이찬우											
	30	이주영											
	99	홍원진		○ 0/0	○ 0/0	○ 0/0	○ 0/0	○ 0/0	○ 0/0 CC		○ 0/0	○ 0/0	
FW	9	조르지		▽ 1/0	○ 0/0	○ 0/0 C		○ 1/0	▽ 0/0	○ 0/0	△ 0/0	○ 0/0	○ 0/0
	10	파울리뉴		○ 1/1	○ 0/0	○ 1/0	○ 0/0	○ 0/0	○ 0/0	○ 0/0	▽ 0/0	△ 0/0	
	16	김지운											
	17	정기운			△ 0/0							△ 0/0	△ 0/0
	22	이승엽											
	23	김도현		▽ 0/0	▽ 0/0	▽ 0/0	▽ 1/0	▽ 0/0	▽ 0/0	△ 0/0	▽ 0/0	▽ 0/0	
	29	강민승											
	77	정민우					△ 0/0	△ 0/0			△ 0/0		△ 0/0
	98	이승재		△ 0/0	△ 0/0		▽ 0/0	△ 1/0	△ 0/0	○ 0/0 C	△ 0/0	△ 0/0	▽ 0/0

선수자료 : 득점/도움 ○ = 선발출전 △ = 교체 IN ▽ = 교체 OUT ◆ = 교체 IN/OUT C = 경고 S = 퇴장

위치	배번	경기번호	69	78	84	86	94	101	103	113	115	121
		날짜	05.06	05.14	05.21	05.27	06.04	06.11	06.24	07.03	07.08	07.15
		홈/원정	홈	홈	원정	홈	원정	홈	원정	홈	홈	원정
		장소	청주	청주	김천	청주	김포	청주	부산A	청주	청주	천안
		상대	천안	안산	김천	경남	김포	전남	부산	성남	안양	천안
		결과	승	승	무	패	승	승	무	무	승	무
		점수	2:1	3:0	0:0	0:2	2:1	3:1	1:1	0:0	2:1	2:2
		승점	9	12	13	13	16	19	20	21	24	25
		슈팅수	8:10	16:7	5:18	12:9	10:12	10:14	6:10	8:7	9:15	13:13
GK	1	류원우										
	18	정진욱										
	21	박대한	○ 0/0	○ 0/0	○ 0/0	○ 0/0	○ 0/0	○ 0/0	○ 0/0	○ 0/0	○ 0/0	○ 0/0
DF	2	김지운										
	3	이한샘	○ 0/0	○ 0/0	○ 0/0	○ 0/0	○ 0/0 C	○ 0/0	○ 0/0	▽ 0/0	○ 0/0	▽ 0/0 C
	5	이민형	△ 0/0	△ 1/0	△ 0/0 C	△ 0/0	○ 0/0	○ 0/0		▽ 0/0 C	△ 0/0	△ 0/0
	7	피 터	▽ 0/0	▽ 1/0	○ 0/0	△ 0/0	▽ 0/0	▽ 1/0 C	▽ 1/0	▽ 0/0	○ 1/0 C	
	13	박 건										△ 0/0
	14	이정택	○ 0/0	○ 0/0	○ 0/0		○ 0/1	○ 0/0 C	○ 0/1	○ 0/0	○ 0/0	
	19	구현준	○ 0/0	○ 0/0 C	○ 0/0					△ 0/0	△ 0/0	△ 0/0
	24	박진성	○ 0/2 C	○ 0/0 CC			○ 0/0 C	○ 0/0	○ 0/0			
	27	유지원										
	33	이종훈										
	39	김명순	▽ 0/0 C	▽ 0/0			○ 0/0	○ 0/0	▽ 0/0	○ 0/0	○ 0/0	○ 0/0
	40	김원균							△ 0/0	△ 0/0	▽ 0/0	▽ 0/0 C
MF	6	문상윤	△ 0/0	△ 0/0	△ 0/0	△ 0/0	△ 0/0	△ 0/0	△ 0/0 C	△ 0/0		▽ 0/0
	8	장혁진	△ 0/0	△ 0/3	▽ 0/0	△ 0/0	▽ 0/0	△ 0/0	▽ 0/0	▽ 0/0 C	▽ 0/0	
	11	양지훈			△ 0/0	▽ 0/0	△ 0/0	△ 0/1	△ 0/0	△ 0/0 C	△ 1/0	△ 0/0
	15	홍성민	▽ 0/0	▽ 0/0								
	20	이찬우			▽ 0/0			△ 0/0				
	30	이주영										
	99	홍원진	○ 1/0	○ 1/0 C	○ 0/0	○ 0/0	○ 0/0	○ 0/0	○ 0/0	○ 0/0 C	○ 0/0	○ 0/0
FW	9	조르지	○ 1/0	○ 0/0	○ 0/0	▽ 0/0	▽ 2/0	▽ 2/0	○ 0/0 C	▽ 0/0		▽ 1/0
	10	파울리뉴										
	16	김지운										
	17	정기운				△ 0/0	△ 0/0 C	△ 0/0	△ 0/0			
	22	이승엽	△ 0/0	△ 0/0	▽ 0/0	▽ 0/0	△ 0/0					
	23	김도현			▽ 0/0	▽ 0/0	▽ 0/0	▽ 0/0 C	▽ 0/0	▽ 0/0	▽ 0/0	▽ 0/0
	29	강민승										
	77	정민우									△ 0/0	
	98	이승재	▽ 0/0	▽ 0/0		△ 0/0	◆ 0/0	△ 0/0	△ 0/0	△ 0/1	△ 0/1	△ 0/0

위치	배번		경기번호	127	133	150	158	168	174	176	182	189	193
			날짜	07.18	07.23	08.08	08.19	08.27	08.30	09.02	09.16	09.19	09.23
			홈/원정	원정	홈	원정	홈	원정	홈	원정	원정	홈	원정
			장소	부천	청주	안산	청주	천안	청주	김천	안산	청주	탄천
			상대	부천	서울E	안산	김포	천안	안양	김천	안산	서울E	성남
			결과	무	승	승	승	무	승	무	승	패	승
			점수	0:0	2:1	2:0	1:0	0:0	2:1	0:0	1:0	0:1	1:0
			승점	26	29	32	35	36	39	40	43	43	46
			슈팅수	11:5	8:13	15:9	10:4	12:11	16:5	4:10	18:11	20:4	11:15
GK	1	류 원 우											
	18	정 진 욱											
	21	박 대 한		○ 0/0	○ 0/0	○ 0/0	○ 0/0	○ 0/0	○ 0/0	○ 0/0	○ 0/0	○ 0/0 C	○ 0/0
DF	2	김 지 운		△ 0/0									
	3	이 한 샘			△ 0/0	○ 0/0	○ 0/0 C	▽ 0/0	○ 0/0		△ 0/0	▽ 0/0	○ 0/0
	5	이 민 형		○ 0/0	▽ 0/0	○ 0/0	○ 0/0	○ 0/0	○ 0/0		○ 0/0 C	▽ 0/0 C	△ 0/0
	7	피 터		○ 0/0 C	○ 1/0 C	▽ 1/0	▽ 0/0	○ 0/0	▽ 0/0 C			▽ 0/0	○ 0/0
	13	박 건		△ 0/0	△ 0/0	○ 0/0	○ 0/0 C	○ 0/0					
	14	이 정 택		○ 0/0	○ 0/0	▽ 0/0	○ 0/0 C		○ 0/0	○ 0/0	△ 0/0		○ 0/0 C
	19	구 현 준		▽ 0/0			△ 0/0	▽ 0/0		○ 0/0	△ 0/0	△ 0/0	
	24	박 진 성		▽ 0/0		△ 0/0		▽ 0/0	▽ 0/0			○ 0/0 C	△ 0/0
	27	유 지 원											
	33	이 종 호									▽ 0/0		
	39	김 명 순		▽ 0/0	▽ 0/0	○ 0/0 C	○ 0/0	▽ 0/0 C	△ 0/0	▽ 0/0	○ 0/0		○ 0/0
	40	김 원 균		△ 0/0 C	○ 0/0 S				△ 0/0				▽ 0/0
MF	6	문 상 윤							▽ 0/0	▽ 0/0	○ 0/0 C	△ 0/0	
	8	장 혁 진		○ 0/0	○ 0/0	○ 0/0	○ 0/0	○ 0/0	○ 0/0	○ 0/0	○ 0/1	▽ 0/0	
	11	양 지 훈		△ 0/0	△ 0/0	○ 1/0	△ 0/1	○ 0/0	△ 0/1	△ 0/0	△ 0/0 C	△ 0/0	○ 1/0
	15	홍 성 민											
	20	이 찬 우			▽ 0/0				▽ 0/0				
	30	이 주 영											
	99	홍 원 진		○ 0/0	○ 0/0	○ 0/0	○ 0/0	○ 0/0	○ 0/0 C	○ 0/0	○ 0/0 C	○ 0/0	○ 0/0
FW	9	조 르 지		▽ 0/0	▽ 1/0 C		▽ 0/0	○ 0/0	○ 1/0 C		▽ 1/0		○ 0/0
	10	파 울 리 뉴											
	16	김 지 운					▽ 0/0						
	17	정 기 운			▽ 0/0	▽ 0/0							
	22	이 승 엽				△ 0/0	△ 0/0					△ 0/0	
	23	김 도 현		▽ 0/0	△ 0/0	▽ 0/0				○ 0/0 C		▽ 0/0	
	29	강 민 승						▽ 0/0					
	77	정 민 우				△ 0/0 C			△ 1/0	△ 0/0		▽ 0/0	
	98	이 승 재		△ 0/0	△ 0/1	△ 0/1	△ 1/0	△ 0/0	▽ 0/0	△ 0/0	▽ 0/0	△ 0/0	△ 0/0

선수자료 : 득점/도움   ○ = 선발출전   △ = 교체 IN   ▽ = 교체 OUT   ◈ = 교체 IN/OUT   C = 경고   S = 퇴장

위치	배번	선수명	202	152	215	220	224	234					
		경기번호	202	152	215	220	224	234					
		날짜	10.01	10.14	10.22	10.29	11.11	11.26					
		홈/원정	홈	원정	홈	원정	홈	원정					
		장소	청주	아산	청주	광양	청주	부산A					
		상대	부천	충남아산	경남	전남	충남아산	부산					
		결과	무	패	무	패	승	무					
		점수	0:0	2:3	1:1	0:3	1:0	1:1					
		승점	47	47	48	48	51	52					
		슈팅수	11:8	8:17	8:10	21:6	9:8	4:16					
GK	1	류 원 우			○ 0/0		○ 0/0 C						
	18	정 진 욱						○ 0/0 C					
	21	박 대 한	○ 0/0	○ 0/0		○ 0/0							
DF	2	김 지 운			△ 0/0 C	△ 0/0							
	3	이 한 샘	○ 0/0 C		○ 0/0	○ 0/0	○ 0/0 C	○ 0/0 C					
	5	이 민 형	△ 0/0	▽ 0/0	▽ 1/0	▽ 0/0	△ 0/0						
	7	피 터		▽ 0/0	○ 0/0 C	▽ 0/0	○ 0/0	▽ 0/0					
	13	박 건	△ 0/0	△ 0/0	○ 0/0			△ 0/0					
	14	이 정 택	○ 0/0	○ 0/0	○ 0/0	○ 0/0	○ 0/0	○ 0/0 C					
	19	구 현 준	▽ 0/0	○ 0/0	◆ 0/0	△ 0/0	△ 0/0	△ 0/0					
	24	박 진 성	○ 0/0	○ 0/0	▽ 0/0								
	27	유 지 원						▽ 0/0					
	33	이 종 훈											
	39	김 명 순	○ 0/0	○ 0/0	○ 0/0	▽ 0/0	▽ 0/0	○ 0/1					
	40	김 원 균					▽ 0/0	▽ 0/0					
MF	6	문 상 윤		△ 0/0									
	8	장 혁 진	○ 0/0 C	○ 0/0	○ 0/0	○ 0/0	○ 0/0						
	11	양 지 훈	▽ 0/0	▽ 0/0	△ 0/0	△ 0/0	▽ 1/0 C						
	15	홍 성 민											
	20	이 찬 우				▽ 0/0 C							
	30	이 주 영						◆ 0/0					
	99	홍 원 진	○ 0/0	○ 0/0 C		○ 0/0	○ 0/0	○ 0/0					
FW	9	조 르 지	○ 0/0	○ 1/1	▽ 0/0	○ 0/0	○ 0/0	○ 1/0					
	10	파 울 리 뉴											
	16	김 지 운											
	17	정 기 운				△ 0/0	△ 0/0	△ 0/0 C					
	22	이 승 엽						▽ 0/0					
	23	김 도 현		△ 0/0			◆ 0/0 C						
	29	강 민 승	▽ 0/0		▽ 0/1	▽ 0/0	▽ 0/0						
	77	정 민 우		▽ 0/1	△ 0/0			△ 0/0					
	98	이 승 재	△ 0/0 C	△ 1/0	△ 0/0	△ 0/0	△ 0/0						

성남 FC

창단년도_ 1989년
전화_ 031-709-4133 **팩스_** 031-709-4443
홈페이지_ www.seongnamfc.com
인스타그램_ www.instagram.com/sfc.seongnam
유튜브_ www.youtube.com/@SeongnamFC
페이스북_ www.facebook.com/SFC.Seongnam
카카오톡 채널_ pf.kakao.com/_UxfHjC
주소_ 우 13553 경기도 성남시 분당구 분당수서로 489(정자동) 성
남축구센터 3층
3F, Seongnam Football Center, 489, Bundangseoseo-ro,
Bundang-gu, Seongnam-si, Gyeonggi-do, KOREA 13553

연혁

1988	일화프로축구단 창단 인가(9월 20일)
	㈜ 통일스포츠 설립(10월 28일)
1989	창단식(3월 18일)
	89 한국프로축구대회 5위
1992	92 아디다스컵 우승
	92 한국프로축구대회 준우승
1993	92 한국프로축구대회 우승
1994	94 하이트배 코리안리그 우승
1995	95 하이트배 코리안리그 챔피언결정전 우승
	제15회 아시안 클럽 챔피언십 우승
	95 하이트배 코리안리그 전기 우승
1996	제11회 아프로-아시안 클럽 챔피언십 우승, 그랜드슬램 달성
	제2회 아시안 슈퍼컵 우승
	연고지 이전(3월 27일, 서울 강북 → 충남 천안)
	96 AFC 선정 최우수클럽상 수상
1997	제16회 아시안 클럽 챔피언십 준우승
	제2회 FA컵 준우승
1999	제4회 삼보컴퓨터 FA컵 우승
	제47회 대통령배 전국축구대회 우승(2군)
	연고지 이전(12월 27일, 충남 천안 → 경기 성남)
2000	제2회 2000 티켓링크 슈퍼컵 준우승
	대한화재컵 3위 아디다스컵 축구대회 준우승
	삼성 디지털 K-리그 3위 제5회 서울은행 FA컵 3위
2001	2001 포스코 K-리그 우승 2군리그 우승
	아디다스컵 축구대회 3위 제6회 서울은행 FA컵 8강
2002	삼성 파브 K-리그 우승 아디다스컵 우승
	제3회 2001 포스데이타 슈퍼컵 우승
	제7회 서울 - 하나은행 FA컵 3위
2003	삼성 하우젠 K-리그 우승 2군리그 우승(중부)
2004	삼성 하우젠컵 2004 우승
	A3 챔피언스컵 우승 AFC 챔피언스리그 준우승
	제5회 2004 K-리그 슈퍼컵 준우승
	2군리그 준우승
2005	삼성 하우젠 K-리그 2005 후기리그 우승
2006	삼성 하우젠 K-리그 2006 우승(전기 1위 / 후기 9위)
	삼성 하우젠컵 2006 준우승
2007	삼성 하우젠 K-리그 2007 준우승(정규리그 1위)
2008	삼성 하우젠 K-리그 2008 5위(정규리그 3위)
2009	2009 K-리그 준우승(정규리그 4위)
2010	제14회 하나은행 FA컵 준우승 2군리그 준우승
	AFC 챔피언스리그 2010 우승 FIFA클럽월드컵 4강
	쏘나타 K리그 2010 4위(정규리그 5위)
	AFC '올해의 클럽' 수상
2011	제16회 하나은행 FA컵 우승 R리그 A조 1위
2012	홍콩 아시안챌린지컵 우승
	2012 피스컵수원 준우승
2013	현대오일뱅크 K리그 클래식 2013 8위
	성남시민프로축구단 창단발표
	성남시와 통일그룹 간 양해각서 체결
	시민구단 지원조례 제정
	성남일화천마프로축구단 인수계약서 체결
	초대 박종환 감독 취임, 초대 신문선 대표이사 취임
2014	구단명칭 법원 등기 이전 완료, 엠블럼 및 마스코트 확정
	창단식 개최 제2대 김학범 감독 취임
	제19회 하나은행 FA컵 우승
	현대오일뱅크 K리그 클래식 2014 9위
2015	제2대 곽선우 대표이사 취임
	시민구단 최초 AFC 챔피언스리그 16강 진출
	김학범 감독 K리그 통산 100승 달성
	현대오일뱅크 K리그 클래식 2015 5위
2016	제3대 이석훈 대표이사 취임
	2016 K리그 '팬 프렌들리 클럽상' 수상
2017	제3대 박경훈 감독 취임
	KEB하나은행 K리그 챌린지 2017 4위
	K리그 챌린지 풀스타디움상, 팬 프렌들리 클럽상 수상
2018	제4대 남기일 감독 취임 제4대 윤기천 대표이사 취임
	K리그2 풀스타디움상 수상
	2019 K리그1 승격(2018 K리그2 2위)
	제4회 스포츠마케팅어워드 프로스포츠 구단 부문 본상
2019	제5대 이재하 대표이사 취임 하나원큐 K리그1 2019 9위
	2019 K리그 사랑나눔상 수상
	제5회 스포츠마케팅어워드 프로스포츠 구단 부문 대상
2020	제5대 김남일 감독 취임 하나원큐 K리그1 2020 10위
	하나원큐 K리그1 페어플레이상 수상
2021	제6대 박창환 대표이사 취임 성남FC 클럽하우스 준공
	하나원큐 K리그1 2021 10위
2022	하나원큐 K리그1 2022 12위 제6대 이기형 감독 취임
2023	제7대 김영하 대표이사 취임 하나원큐 K리그2 2023 9위

2023년 선수명단

대표이사_ 김영하   감독_ 이기형
수석코치_ 김태수   코치_ 강승조   골키퍼 코치_ 김시훈   피지컬 코치_ 권보성
스카우터_ 조재철   의무트레이너_ 이동원 · 이강훈 · 김용하   전력분석관_ 이승민   통역_ 최혁순   선수단 매니저_ 김민재   장비사_ 변정민

포지션	선수명		생년월일	출신교	키(cm) / 몸무게(kg)
GK	김 영 광	金永光	1983.06.28	한려대	183 / 87
	최 필 수	崔弼守	1991.06.20	성균관대	190 / 85
	정 명 제	鄭明題	2002.06.30	풍생고	192 / 80
DF	강 의 빈	姜義彬	1998.04.01	광운대	189 / 86
	김 진 래	金進來	1997.05.01	매탄고	180 / 68
	양 시 후	梁時侯	2000.04.04	단국대	185 / 80
	유 선	愉善	2004.07.24	신평고	188 / 74
	이 지 훈	李知勳	1994.03.24	울산대	176 / 69
	장 영 기	長英基	2003.03.04	풍생고	175 / 67
	장 효 준	張孝俊	2000.02.09	동국대	174 / 68
	조 성 욱	趙成昱	1995.03.22	단국대	188 / 79
	김 훈 민	金訓民	2001.03.01	숭실대	173 / 69
	패 트 릭	Patrick Stacey Murnane Flottmann	1997.04.19	*오스트레일리아	191 / 88
	정 승 용	鄭昇勇	1991.03.25	동북고	182 / 83
	권 순 형	權純亨	1986.06.16	고려대	176 / 70
	안 진 범	安進範	1992.03.10	고려대	175 / 66
	문 창 진	文昶眞	1993.07.12	위덕대	170 / 62
	김 현 태	安進範	1994.11.14	영남대	187 / 74
	박 상 혁	朴相赫	1998.04.20	고려대	165 / 63
MF	이 상 민	李相旻	1999.08.30	중앙대	182 / 77
	박 태 준	朴泰濬	1999.01.19	풍생고	175 / 74
	양 태 양	梁太陽	2004.04.08	신평고	180 / 73
	박 지 원	朴祉原	2000.11.01	선문대	166 / 63
	신 재 원	申在源	1998.09.16	고려대	183 / 75
	심 동 운	沈東雲	1990.03.03	신갈고	169 / 67
	이 종 호	李宗浩	1992.02.24	광양제철고	180 / 77
FW	유 주 안	柳宙岸	1998.10.01	매탄고	177 / 70
	전 성 수	田成秀	2000.07.13	계명고	181 / 70
	김 원 준	金沅俊	2000.09.25	건국대	177 / 72
	이 준 상	李俊尙	2003.11.19	단국대	180 / 74
	정 한 민	鄭翰旻	2001.01.08	오산고	180 / 68
	박 현 빈	朴현빈	2004.06.05	장훈고	170 / 65
	데 닐 손	Denilson da Silva dos Santos	1998.03.07	*브라질	190 / 94
	크 리 스	Christy Rodolphe Manzinga	1995.01.31	*프랑스	184 / 86
	진 성 욱	陳成昱	1993.12.16	인천대건고	183 / 82
	가 브 리 엘	Gabriel Honório Ramos	1996.07.16	*브라질	184 / 78

129

2023년 개인기록 _ K리그2

위치	배번	선수	04	07	16	23	26	33	41	50	60	65
		경기번호	04	07	16	23	26	33	41	50	60	65
		날짜	03.01	03.04	03.12	03.19	04.01	04.08	04.16	04.22	04.30	05.03
		홈/원정	홈	원정	홈	원정	홈	원정	홈	홈	원정	원정
		장소	탄천	부천	탄천	안양	탄천	광양	탄천	탄천	목동	김포
		상대	안산	부천	충남아산	안양	충북청주	전남	천안	부산	서울E	김포
		결과	승	패	무	패	승	무	승	패	승	무
		점수	2:1	0:1	0:0	1:2	3:2	2:2	2:0	1:3	2:1	0:0
		승점	3	3	4	4	7	8	11	11	14	15
		슈팅수	18:9	12:10	14:8	7:12	10:12	11:16	9:10	17:14	7:6	3:10
GK	1	최 필 수	○ 0/0	○ 0/0	○ 0/0	○ 0/0					○ 0/0	○ 0/0
	41	김 영 광					○ 0/0	○ 0/0 C	○ 0/0	○ 0/0		
DF	3	강 의 빈	○ 0/0 C	○ 0/0	○ 0/0	▽ 0/0					○ 0/0	
	4	이 상 민	○ 0/0	○ 0/0	○ 0/0				○ 0/0 C	○ 0/0	△ 0/0	
	5	패 트 릭			△ 0/0	○ 0/0	○ 0/0	○ 0/0 C	○ 0/0 C	○ 0/0	○ 0/0	○ 0/0
	16	김 진 래			△ 0/0	○ 0/0	○ 0/1	○ 0/1	○ 0/1	○ 0/1 C	○ 0/0	○ 0/0
	17	이 지 훈									△ 0/1	▽ 0/0
	20	조 성 욱	○ 1/0	○ 0/0 C	○ 0/0			△ 0/0	△ 0/0			○ 0/0
	23	정 승 용										
	23	국 태 정										
	29	장 효 준					△ 0/0		△ 0/0			
	36	김 지 수						▽ 0/0				
	37	김 훈 민					▽ 0/0	▽ 0/0	▽ 0/0	○ 0/0	▽ 0/0 C	△ 0/0
	44	양 시 후						△ 0/0	△ 0/0			
	77	유 선										
MF	6	김 현 태					○ 0/1 C	△ 0/0			▽ 0/0	○ 0/0
	7	권 순 형				○ 0/0	▽ 0/0 C		▽ 0/0	▽ 0/0	▽ 0/0	○ 0/0
	8	박 상 혁	○ 0/1	○ 0/0	○ 0/0	▽ 0/1	△ 0/0	▽ 0/0	◆ 0/0	△ 0/0		△ 0/0
	15	이 재 원	○ 0/0	○ 0/0	○ 0/0	○ 0/0 C	○ 0/0	○ 0/0		○ 0/0	○ 0/0	▽ 0/0 C
	15	신 재 원	△ 1/0	▽ 0/0	△ 0/0	△ 0/0	△ 0/0 C					
	21	문 창 진	▽ 0/0	▽ 0/0	△ 0/0	▽ 0/0						
	24	장 영 기	△ 0/0	△ 0/0		△ 0/0						
	28	양 태 양										
	47	박 지 원	○ 0/0	○ 0/0	○ 0/0	○ 0/0		△ 0/0				▽ 0/0 C
	55	박 태 준										
FW	9	데 닐 손							△ 1/0	△ 0/0	▽ 0/0	▽ 0/0
	10	이 종 호	▽ 0/0	▽ 0/0	▽ 0/0	▽ 0/0	▽ 1/0	○ 1/0	▽ 0/0	▽ 0/0	△ 2/0	△ 0/0
	11	심 동 운	▽ 0/1	▽ 0/0 C	▽ 0/0	▽ 0/0	▽ 0/1	▽ 0/1	▽ 0/0	▽ 1/0	▽ 0/0	△ 0/0
	18	김 원 준	△ 0/0	△ 0/0		△ 1/0				◆ 0/0		
	19	정 한 민	▽ 0/0	△ 0/0	▽ 0/0	○ 0/0	△ 0/0	△ 0/0	△ 1/0		△ 0/0	▽ 0/0
	27	이 준 상								△ 0/0		
	33	전 성 수	△ 0/0	△ 0/0	△ 0/0							
	93	진 성 욱										
	96	가 브 리 엘										
	99	크 리 스					▽ 2/0	○ 1/0 C	○ 0/0	○ 0/0	○ 0/0	△ 0/0

선수자료: 득점/도움   ○ = 선발출전   △ = 교체 IN   ▽ = 교체 OUT   ◆ = 교체 IN/OUT   C = 경고   S = 퇴장

위치	배번	선수	72	76	79	87	92	102	104	113	117	125
		날 짜	05.07	05.14	05.20	05.27	06.03	06.11	06.24	07.03	07.09	07.16
		홈/원정	홈	원정	원정	홈	원정	홈	홈	원정	홈	원정
		장 소	탄천	양산	안산	탄천	아산	탄천	탄천	청주	탄천	부산A
		상 대	김천	경남	안산	안양	충남아산	서울E	부천	충북청주	김포	부산
		결 과	무	무	승	패	패	패	패	무	무	승
		점 수	2:2	2:2	3:0	1:2	0:2	1:2	0:1	0:0	0:0	3:2
		승 점	16	17	20	20	20	20	20	21	22	25
		슈팅수	7:13	15:15	13:11	10:11	15:9	11:12	9:8	7:8	9:8	8:11
GK	1	최 필 수	○ 0/0	○ 0/0	○ 0/0	○ 0/0		○ 0/0		○ 0/0	○ 0/0	○ 0/0
	41	김 영 광					○ 0/0		○ 0/0			
DF	3	강 의 빈				△ 0/0		○ 0/0		○ 0/0	○ 0/0	○ 1/0
	4	이 상 민		○ 0/0			△ 0/0	○ 0/0	○ 0/0	○ 0/0		○ 0/0
	5	패 트 릭	○ 1/0	○ 0/0 C	○ 0/0							△ 0/0
	16	김 진 래	○ 0/0 C	○ 0/0	○ 0/0	▽ 0/1	○ 0/0			○ 0/0		
	17	이 지 훈	△ 0/0	△ 0/0	○ 0/0 CC		○ 0/0	▽ 0/0	▽ 0/0		△ 0/0	○ 0/0
	20	조 성 욱	○ 0/0	○ 0/0	○ 0/0	○ 0/0	○ 0/0	△ 0/0	○ 0/0	○ 0/0 C	○ 0/0	○
	23	정 승 용										
	23	국 태 정						○ 0/0 C	○ 0/0 C			
	29	장 효 준				○ 0/0						
	36	김 지 수										
	37	김 훈 민	▽ 0/0	▽ 0/0				△ 0/0 C			▽ 0/0	
	44	양 시 후										
	77	유 선										
MF	6	김 현 태	▽ 0/0		○ 0/0	○ 0/0	▽ 0/0					
	7	권 순 형	○ 0/0	▽ 0/0	○ 0/0	▽ 0/0	▽ 0/0			○ 0/0		○ 0/0
	8	박 상 혁	△ 0/1	△ 1/0 C	▽ 0/1	△ 0/0				▽ 0/0 C		
	15	이 재 원	○ 0/0	○ 0/0			○ 0/0	▽ 0/0	○ 0/0	○ 0/0	△ 0/0	△ 0/0
	15	신 재 원	▽ 0/0					▽ 0/0	◆ 0/0			
	21	문 창 진					△ 0/0				▽ 0/0	
	24	장 영 기										
	28	양 태 양									△ 0/0	△ 0/0
	47	박 지 원				△ 0/0	△ 0/0			△ 0/0	▽ 0/0	
	55	박 태 준					△ 0/0	○ 1/0	○ 0/0	▽ 0/0	○ 0/0	▽ 0/1
FW	9	데 닐 손	△ 0/0	△ 1/0	△ 1/0 C	△ 0/0	△ 0/0	▽ 0/0	△ 0/0	▽ 0/0	△ 0/0	
	10	이 종 호	▽ 0/0	▽ 0/0	▽ 0/0	▽ 1/0	▽ 0/0					
	11	심 동 운		▽ 0/0	▽ 0/0							
	18	김 원 준								△ 0/0		
	19	정 한 민	△ 1/0	△ 0/0	△ 0/1	▽ 0/0	○ 0/0	▽ 0/0	▽ 0/0	▽ 0/0		△ 0/0 C
	27	이 준 상										▽ 0/0
	33	전 성 수		△ 0/1		△ 0/0	△ 0/0		△ 0/0			△ 0/0
	93	진 성 욱								△ 0/0 C	△ 0/0	▽ 2/0 C
	96	가 브 리 엘										
	99	크 리 스	○ 0/0 C	▽ 0/0	▽ 2/0	○ 0/0 S			○ 0/0	△ 0/0	▽ 0/0	▽ 0/0

위치	배번	이름	130	136	140	149	161	164	173	179	183	188
		날짜	07.19	07.23	07.29	08.06	08.21	08.26	08.30	09.03	09.16	09.19
		홈/원정	홈	원정	홈	원정	홈	원정	홈	원정	원정	홈
		장소	탄천	천안	탄천	김천	탄천	창원C	탄천	광양	부산A	탄천
		상대	경남	천안	전남	김천	부천	경남	김포	전남	부산	김천
		결과	무	패	승	패	무	승	패	무	패	승
		점수	1:1	2:3	2:1	0:4	2:2	2:0	2:4	0:0	0:3	1:0
		승점	26	26	29	29	30	33	33	34	34	37
		슈팅수	14:13	21:11	20:4	6:12	8:5	5:9	10:13	6:6	4:9	13:11
GK	1	최 필 수	○ 0/0	○ 0/0	○ 0/0	○ 0/0				○ 0/0	▽ 0/0 C	
	41	김 영 광					○ 0/0	○ 0/0	○ 0/0		△ 0/0	○ 0/0 C
DF	3	강 의 빈	○ 0/0	○ 0/0			○ 0/0 C	○ 0/0 CC		○ 0/0	○ 0/0	
	4	이 상 민	○ 0/0	○ 0/0	○ 0/0	○ 0/0						○ 0/0
	5	패 트 릭		○ 0/0		○ 0/0		△ 0/0	○ 1/0 C			
	16	김 진 래	○ 0/0	△ 0/0	○ 0/0	△ 0/0 C						
	17	이 지 훈	○ 0/0	○ 0/0	▽ 0/0	▽ 0/0	▽ 0/0	○ 0/0	△ 0/0	△ 0/0		△ 0/0
	20	조 성 욱	○ 1/0 C	○ 1/0 C	○ 0/0	○ 0/0	○ 1/0	○ 0/0	○ 0/0 C			
	23	정 승 용		▽ 0/0		▽ 0/0	△ 0/0			▽ 0/0		○ 0/0
	23	국 태 정										
	29	장 효 준										
	36	김 지 수										
	37	김 훈 민										▽ 0/0
	44	양 시 후					△ 0/0	▽ 0/0	△ 0/0 C			
	77	유 선					▽ 0/0	▽ 0/0		○ 0/0 C		
MF	6	김 현 태				△ 0/0	○ 0/0		△ 0/0			
	7	권 순 형		○ 0/0	▽ 0/0			○ 0/0 C	▽ 1/0			
	8	박 상 혁		△ 0/0	△ 0/0					▽ 0/0 C	○ 0/0	○ 0/0
	15	이 재 원	○ 0/0									
	15	신 재 원				△ 0/0 C						△ 0/0
	21	문 창 진										
	24	장 영 기								△ 0/0 C		
	28	양 태 양								△ 0/0		
	47	박 지 원				△ 0/0				▽ 0/0	△ 0/0	
	55	박 태 준	○ 0/0	▽ 0/0	○ 0/0	○ 0/0	▽ 0/1	○ 0/0	○ 0/0	△ 0/0		○ 0/0
FW	9	데 닐 손	△ 0/0	▽ 0/0		△ 0/0		△ 0/0	△ 0/0		△ 0/0	
	10	이 종 호					▽ 0/1	▽ 0/1	▽ 0/1	▽ 0/0		▽ 1/0
	11	심 동 운										
	18	김 원 준								△ 0/0	△ 0/0	
	19	정 한 민		△ 0/0	▽ 0/1	▽ 0/0	▽ 0/0	△ 0/0	△ 0/0			
	27	이 준 상	▽ 0/0	▽ 0/0	△ 0/0	△ 0/0	△ 0/0					▽ 0/1
	33	전 성 수	△ 0/0									▽ 0/0
	93	진 성 욱	▽ 0/0	△ 0/0	○ 1/0 C	○ 0/0	△ 0/0	▽ 0/1	▽ 0/0	◆ 0/0	◆ 0/0	
	96	가 브 리 엘	△ 0/0	○ 1/1	○ 1/1	○ 0/0		○ 2/0	○ 0/1	○ 0/0 C		
	99	크 리 스	▽ 0/0 C				◆ 1/0					

선수자료 : 득점/도움   ○ = 선발출전   △ = 교체 IN   ▽ = 교체 OUT   ◆ = 교체 IN/OUT   C = 경고   S = 퇴장

위치	배번	선수	193	199	207	211	223	230
		날짜	09.23	09.30	10.07	10.21	11.11	11.26
		홈/원정	홈	원정	홈	원정	원정	홈
		장소	탄천	안양	탄천	천안	목동	탄천
		상대	충북청주	안양	충남아산	천안	서울E	안산
		결과	패	무	승	패	승	패
		점수	0 : 1	1 : 1	2 : 0	1 : 3	2 : 0	0 : 2
		승점	37	38	41	41	44	44
		슈팅수	15 : 11	7 : 16	9 : 14	4 : 13	12 : 12	17 : 10
GK	1	최 필 수						
	41	김 영 광	○ 0/0	○ 0/0	○ 0/0	○ 0/0	○ 0/0	○ 0/0
DF	3	강 의 빈	△ 0/0	▽ 0/0 C	○ 0/0	○ 0/0		
	4	이 상 민	○ 0/0	○ 0/0	○ 0/0	▽ 0/0		
	5	패 트 릭	○ 0/0 C					
	16	김 진 래				▽ 0/0 C		
	17	이 지 훈	△ 0/0	○ 0/0 CC		○ 0/0 C		
	20	조 성 욱	▽ 0/0	○ 0/0	○ 0/0	○ 0/0	○ 0/0 C	○ 0/0
	23	정 승 용	○ 0/0	○ 0/0 C	○ 1/0	○ 0/0 C	○ 0/0	○ 0/0
	23	국 태 정						
	29	장 효 준					○ 0/0	▽ 0/0
	36	김 지 수						
	37	김 훈 민	▽ 0/0					
	44	양 시 후			△ 0/0 C			
	77	유 선		△ 0/0			○ 0/0	○ 0/0 C
MF	6	김 현 태				△ 0/0	○ 0/0 C	
	7	권 순 형		△ 0/0	▽ 0/0		△ 0/0	▽ 0/0
	8	박 상 혁	○ 0/0	▽ 0/0	○ 0/1	▽ 0/0	△ 0/0	△ 0/0
	15	이 재 원						
	15	신 재 원	△ 0/0				▽ 1/0 C	▽ 0/0
	21	문 창 진						
	24	장 영 기						
	28	양 태 양			△ 0/0	△ 1/0		△ 0/0
	47	박 지 원	△ 0/0	○ 1/0	▽ 0/0		○ 1/0	▽ 0/0
	55	박 태 준	○ 0/0	○ 0/0		○ 0/0	▽ 0/0	○ 0/0
FW	9	데 닐 손	△ 0/0					
	10	이 종 호	▽ 0/0	▽ 0/0	▽ 1/0	○ 0/0 S		
	11	심 동 운						
	18	김 원 준			△ 0/0			△ 0/0 C
	19	정 한 민						
	27	이 준 상	▽ 0/0	▽ 0/0	△ 0/0	▽ 0/0		
	33	전 성 수	▽ 0/0	△ 0/0	△ 0/0 C	△ 0/0	△ 0/1	△ 0/0
	93	진 성 욱				△ 0/0	○ 0/0	○ 0/0
	96	가 브 리 엘				▽ 0/0	▽ 0/0	○ 0/0
	99	크 리 스		△ 0/0	△ 0/0	◆ 0/0		

충 남 아 산 F C

창단년도_ 2020년

전화_ 041-533-2017 **팩스_** 041-544-2017

홈페이지_ www.asanfc.com

인스타그램_ www.instagram.com/asanfc2020

유튜브_ www.youtube.com/@CAFC2020

페이스북_ www.facebook.com/CAFC2020

주소_ 우 31580 충청남도 아산시 남부로 370-24 이순신종합운
동장 내

Yi Sun-Sin Sports Complex, 370-24, Nambu-ro, Asan-
si, Chungcheongnam-do, KOREA 31580

연혁

2019	창단준비위원회 발족
	팀 공식 명칭 충남 아산 프로축구단 확정. 엠블럼 발표
2020	하나원큐 K리그2 2020 10위
2021	하나원큐 K리그2 2021 8위(11승 8무 17패)
	하나원큐 K리그2 2021 사랑나눔상 수상
	하나원큐 K리그2 2021 영플레이어상 수상자 배출(김인균)
	사회공헌활동 204회 달성
2022	전혜자 대표이사 취임
	박성관 단장 취임
	하나원큐 K리그2 2022 6위(13승 13무 14패)
	하나원큐 K리그2 2022 득점상 & 베스트11 수상자 배출
	(유강현)

2023 이준일 대표이사 선임

U-18팀 창단 첫 후기리그 1위 기록

팀 통산 100호골 달성(정성호)

2023 FIFA U-20 월드컵 4강(문현호)

2023 스페셜 올림픽 코리아 K리그 통합축구 Unified Cup
C조 1위

박동혁 감독 K리그 통산 200경기 지휘

2023년 선수명단

대표이사_ 이준일   단장_ 박성관   감독_ 박동혁
수석코치_ 권우경   코치_ 김용태   골키퍼 코치_ 김병곤   피지컬 코치_ 박원익
의무트레이너_ 엄성현 · 정성령   전력분석관_ 문세종   선수단 매니저_ 최진수

포지션	선수명		생년월일	출신교	키(cm) / 몸무게(kg)
GK	박 한 근	朴韓槿	1996.05.07	전주대	184 / 76
	박 주 원	朴株元	1990.10.19	홍익대	192 / 81
	문 현 호	文炫浩	2003.05.13	매탄고	193 / 82
DF	김 주 성	金珠成	2002.05.22	안동과학대	177 / 73
	이 호 인	李灝因	1995.12.29	상지대	184 / 70
	장 준 영	張竣營	1993.02.04	용인대	184 / 79
	배 수 용	裵洙瑢	1998.06.07	서울보인고	187 / 85
	이 학 민	李學玟	1991.03.11	상지대	174 / 70
	이 재 성	李宰誠	1988.07.05	고려대	187 / 81
	김 성 주	金成柱	1990.11.15	숭실대	179 / 73
	조 윤 성	趙允晟	1999.01.12	청주대	183 / 80
	박 성 우	朴成祐	1996.05.14	전주대	180 / 77
	이 은 범	李殷汎	1996.01.30	서남대	183 / 75
	강 준 혁	姜俊赫	1999.10.20	연세대	177 / 70
MF	김 종 국	金鐘局	1989.01.08	울산대	180 / 74
	김 민 석	金玟錫	1997.09.20	숭실대	174 / 66
	김 승 호	金昇浩	1998.10.01	서정대	173 / 70
	김 혜 성	金慧成	1996.04.11	홍익대	188 / 81
	김 강 국	金康國	1997.01.07	인천대	181 / 72
	박 세 직	朴世直	1989.05.25	한양대	178 / 76
	권 성 현	權成賢	2001.02.22	김해대	`184 / 74
	서 유 민	徐有民	2002.03.08	호원대	180 / 75
FW	송 승 민	宋承珉	1992.01.11	인천대	187 / 82
	정 성 호	政成護	2001.07.06	용인대	187 / 79
	두 아 르 테	Robson Carlos Duarte	1993.06.20	*브라질	174 / 68
	강 민 규	姜旻圭	1998.09.07	경기대	186 / 81
	박 대 훈	朴大勳	1996.03.30	서남대	175 / 74
	김 택 근	金宅根	2004.01.25	강릉중앙고	175 / 67
	지 언 학	池彦學	1994.03.22	경희대	178 / 75
	고 무 열	高武烈	1990.09.05	숭실대	187 / 78
	아 폰 자	Wilinton Aponzá Carabali	2000.03.29	*콜롬비아	193 / 88
	하 파 엘	Raphael Schorr Utzig	1996.08.08	*브라질	180 / 78

2023년 개인기록_ K리그2

위치	배번	성명	05	09	16	19	25	36	39	44	52	55
		날짜	03.01	03.04	03.12	03.18	04.01	04.09	04.15	04.18	04.23	04.29
		홈/원정	홈	원정	원정	홈	원정	홈	홈	원정	홈	원정
		장소	아산	안산	탄천	아산	안양	아산	아산	청주	아산	광양
		상대	김천	안산	성남	천안	안양	부산	서울E	충북청주	경남	전남
		결과	패	패	무	승	패	무	승	승	무	패
		점수	1:2	0:1	0:0	1:0	0:3	1:1	2:0	4:0	2:2	1:2
		승점	0	0	1	4	4	5	8	11	12	12
		슈팅수	13:8	12:6	8:14	9:4	10:12	10:11	8:6	9:18	16:11	5:9
GK	1	박한근	○ 0/0	○ 0/0	○ 0/0	○ 0/0	○ 0/0					
	21	박주원						○ 0/0	○ 0/0	○ 0/0	○ 0/0	○ 0/0
	37	문현호										
DF	2	김주성										
	3	이호인	○ 0/0	○ 0/0 C	○ 0/0	▽ 0/0						
	4	장준영			○ 0/0	○ 0/0	○ 0/0	○ 0/0 C	○ 1/0	○ 1/0	○ 0/0	○ 0/0
	5	배수용										
	14	이학민	○ 0/0	▽ 0/0	△ 0/0	▽ 0/0		△ 0/0			△ 0/0 C	
	15	이재성										
	17	김성주	○ 0/0	▽ 0/0			○ 0/0	▽ 0/0 C				
	20	조윤성	○ 0/0	○ 0/0		△ 0/0	○ 0/0 C	○ 0/0	○ 0/0	○ 0/1	○ 0/0	○ 0/0
	27	박성우			△ 0/0	▽ 0/0						
	47	이은범	○ 0/0 C	○ 0/0						▽ 1/0	○ 0/0	
	99	강준혁					△ 0/0	▽ 0/0	○ 0/0	○ 0/0	○ 0/0 C	▽ 0/0
MF	6	김종국					△ 0/0 C	▽ 0/0	△ 0/0	△ 0/0	▽ 0/0	△ 0/0
	8	김민석										△ 0/0
	16	김혜성	○ 0/0	○ 0/0								
	22	김강국	○ 0/0 C	○ 0/0	○ 0/0	△ 0/0	○ 0/0	○ 0/0	○ 1/0	○ 0/0	○ 0/0	○ 0/0 C
	23	김택근			▽ 0/0							
	24	박세직		○ 0/0	○ 0/1	○ 0/0	○ 0/0	○ 0/0		○ 1/1	○ 0/1	
	25	권성현				▽ 0/0	▽ 0/0	▽ 0/0	▽ 0/0	○ 0/0		
FW	7	송승민	○ 0/0	▽ 0/0	○ 0/0	▽ 0/0	△ 0/0	△ 0/0			△ 1/0	△ 0/0 C
	9	정성호	▽ 0/0	▽ 0/0				▽ 1/0 C	▽ 0/0		◆ 0/0	
	10	두아르테	△ 1/0	○ 0/0	△ 0/0	◆ 0/0			△ 0/0		○ 0/0	○ 1/0
	11	강민규			△ 0/0		○ 1/0 C	○ 0/0				◆ 0/0
	13	김승호		△ 0/0	▽ 0/0		△ 0/0	△ 0/0				
	18	이창훈	△ 0/0	◆ 0/0	△ 0/0	△ 0/0 C						
	19	박대훈	▽ 0/0			△ 0/0	◆ 0/0	△ 0/0			▽ 0/1	
	27	고무열							△ 0/0	△ 0/0	△ 0/0	▽ 0/0
	29	지언학										
	77	박민서		△ 0/0 C	◆ 0/0			▽ 0/1		▽ 1/0	▽ 1/1	▽ 0/0
	90	아폰자										
	96	하파엘										

선수자료 : 득점/도움   ○ = 선발출전   △ = 교체 IN   ▽ = 교체 OUT   ◆ = 교체 IN/OUT   C = 경고   S = 퇴장

위치	배번	성명	63	77	80	88	92	98	106	112	119	124
		경기번호	63	77	80	88	92	98	106	112	119	124
		날짜	05.02	05.14	05.20	05.28	06.03	06.10	06.25	07.02	07.10	07.15
		홈/원정	원정	홈	원정	원정	홈	원정	홈	원정	홈	홈
		장소	부천	아산	천안	구덕	아산	창원C	아산	김포	아산	아산
		상대	부천	김포	천안	부산	성남	경남	안산	김포	전남	안양
		결과	패	패	승	패	승	패	승	무	무	패
		점수	1:2	0:1	1:0	0:2	2:0	1:2	1:0	1:1	3:3	2:3
		승점	12	12	15	15	18	18	21	22	23	23
		슈팅수	4:10	12:9	13:9	6:12	9:15	14:14	10:11	9:6	11:10	7:9
GK	1	박한근		○ 0/0	○ 0/0 C	○ 0/0	○ 0/0	○ 0/0				
	21	박주원	○ 0/0						○ 0/0	○ 0/0	○ 0/0	○ 0/0
	37	문현호										
DF	2	김주성									▽ 0/0	▽ 0/0
	3	이호인	▽ 0/0	○ 0/0	○ 0/0	○ 0/0	○ 0/0 C	○ 0/0	▽ 0/0			
	4	장준영	○ 0/0	○ 0/0 C	○ 0/0	▽ 0/0	▽ 0/0		○ 0/0	○ 0/0 C	○ 0/0	○ 0/0
	5	배수용		△ 0/0	△ 0/0							
	14	이학민	▽ 0/0	○ 0/0	△ 0/0			△ 0/0 C	△ 0/0	△ 0/0	△ 0/0	
	15	이재성										
	17	김성주	○ 0/0	▽ 0/0	○ 0/0	△ 0/0	△ 0/0 C	○ 0/1		△ 0/0		
	20	조윤성	○ 0/0 S			○ 0/0	○ 0/0	○ 0/0	○ 0/0	○ 0/0	○ 0/0	○ 0/0
	27	박성우									▽ 0/0	○ 0/0
	47	이은범	○ 0/0 C	○ 0/0	○ 0/0 C		○ 0/0	○ 0/0	▽ 0/0 C	○ 0/0	○ 0/0	○ 0/0 C
	99	강준혁	△ 0/1		▽ 0/0	▽ 0/0	△ 0/0					
MF	6	김종국		▽ 0/0	△ 0/0	△ 0/0						
	8	김민석	△ 0/0									
	16	김혜성				○ 0/0	△ 0/0					
	22	김강국	○ 0/0	○ 0/0	○ 0/0	○ 0/0	○ 0/1	○ 0/0	△ 0/0	○ 0/0	○ 0/0	○ 0/0
	23	김택근	▽ 0/0									
	24	박세직	○ 0/0	○ 0/0	○ 0/0	▽ 0/0	○ 0/1	○ 0/0 C	○ 0/0	○ 0/0	○ 0/0	○ 0/0
	25	권성현							▽ 0/0	▽ 0/0	▽ 0/1	▽ 0/0
FW	7	송승민	○ 0/0	▽ 0/0	○ 0/0	△ 0/0	○ 0/0	▽ 0/0				△ 0/0
	9	정성호		△ 0/0	▽ 0/0					▽ 0/0		
	10	두아르테	△ 0/0				△ 0/0	△ 0/0	△ 0/0	○ 1/0	△ 1/0	
	11	강민규		▽ 0/0 C	◆ 0/0	▽ 0/0	▽ 0/0 C	△ 0/0	▽ 0/0	△ 0/1	▽ 1/0	▽ 1/0
	13	김승호		△ 0/0		△ 0/0	▽ 1/0	▽ 1/0	○ 0/0	△ 0/0	△ 1/0	◆ 0/0
	18	이창훈							△ 0/0			
	19	박대훈	▽ 1/0	△ 0/0	△ 0/0							
	27	고무열		△ 0/0		△ 0/0	△ 1/0	△ 0/0	△ 0/0			
	29	지언학										◆ 0/1
	77	박민서		▽ 0/0	▽ 0/0	○ 0/0 CC		▽ 0/0	▽ 1/0	▽ 0/0	▽ 0/0	
	90	아폰자									△ 0/0	○ 1/0
	96	하파엘									△ 0/1	△ 0/0

위치	배번	선수	132	135	143	157	163	169	175	185	191	196
		경기번호	132	135	143	157	163	169	175	185	191	196
		날짜	07.19	07.23	07.31	08.19	08.26	08.29	09.02	09.17	09.20	09.24
		홈/원정	원정	홈	원정	원정	원정	홈	원정	홈	홈	원정
		장소	김천	아산	목동	안산	김천	아산	부천	아산	아산	김포
		상대	김천	부천	서울E	안산	김천	경남	부천	안양	전남	김포
		결과	패	승	무	승	패	패	패	승	패	패
		점수	2:3	1:0	0:0	1:0	0:4	0:1	0:1	4:3	0:1	0:1
		승점	23	26	27	30	30	30	30	33	33	33
		슈팅수	8:11	11:10	10:9	10:4	10:10	8:11	7:6	11:14	8:15	12:7
GK	1	박한근	○ 0/0	○ 0/0		▽ 0/0	▽ 0/0					▽ 0/0
	21	박주원								▽ 0/0	▽ 0/0	
	37	문현호			○ 0/0	△ 0/0 C	△ 0/0	○ 0/0	○ 0/0	△ 0/0		△ 0/0
DF	2	김주성		▽ 0/0	▽ 0/0 C	▽ 0/0	▽ 0/0	▽ 0/0				
	3	이호인	△ 0/0 C	△ 0/0	○ 0/0	△ 0/0	○ 0/0 C	○ 0/0		△ 0/0	○ 0/0	
	4	장준영	○ 0/0	▽ 0/0								
	5	배수용										
	14	이학민						△ 0/0	△ 0/0	○ 0/1	○ 0/0 CC	
	15	이재성		○ 0/0 C		○ 1/0 C		○ 0/0	○ 0/0 C	▽ 0/0		
	17	김성주	△ 0/0	△ 0/0				△ 0/0 C	▽ 0/0			
	20	조윤성	▽ 0/0		○ 0/0	○ 0/0	○ 0/0	○ 0/0	○ 0/0	○ 0/0 C	○ 0/0	
	27	박성우							▽ 0/0	○ 1/0	▽ 0/0	△ 0/0
	47	이은범	○ 0/0		○ 0/0 C		○ 0/0 C	▽ 0/0				
	99	강준혁		○ 0/0	○ 0/0	○ 0/0	△ 0/0	○ 0/0				▽ 0/0
MF	6	김종국										
	8	김민석						○ 0/0				
	16	김혜성			△ 0/0	△ 0/0		△ 0/0	○ 0/0	○ 0/0	○ 0/0	○ 0/0 C
	22	김강국	○ 1/0	○ 0/0	○ 0/0	○ 0/1	○ 0/0	○ 0/0	○ 0/0	○ 1/0	○ 0/0	○ 0/0
	23	김택근										
	24	박세직	△ 0/0 C	○ 0/0	○ 0/0	○ 0/0 C	○ 0/0	○ 0/0	○ 0/0	○ 0/0 C	○ 0/0	
	25	권성현	▽ 0/0									
FW	7	송승민		△ 0/0	▽ 0/0				▽ 0/0	△ 0/1	△ 0/0	
	9	정성호	▽ 0/0						▽ 0/0	▽ 0/0	▽ 0/0	
	10	두아르테	○ 0/1		△ 0/0	▽ 0/0	△ 0/0	△ 0/0				○ 0/0
	11	강민규		▽ 0/0 C	▽ 0/0		▽ 0/0	▽ 0/0		○ 1/0	○ 0/0	△ 0/0
	13	김승호	○ 0/0			△ 0/0 C	○ 0/0			△ 0/0	△ 0/0	△ 0/0 C
	18	이창훈										
	19	박대훈								△ 1/0		
	27	고무열										
	29	지언학	△ 1/0	○ 1/0	△ 0/0	▽ 0/0	▽ 0/0	△ 0/0		▽ 0/0	▽ 0/0	
	77	박민서										
	90	아폰자	△ 0/0	○ 0/0	◆ 0/0 C	▽ 0/0	△ 0/0	△ 0/0 C				▽ 0/0
	96	하파엘	▽ 0/0		▽ 0/0	△ 0/0 C	▽ 0/0	▽ 0/0		△ 0/0	◆ 0/0	▽ 0/0

선수자료: 득점/도움 ○ = 선발출전 △ = 교체 IN ▽ = 교체 OUT ◆ = 교체 IN/OUT C = 경고 S = 퇴장

위치	배번	선수명	201	207	152	213	218	224					
		경기번호	201	207	152	213	218	224					
		날짜	09.30	10.07	10.14	10.21	10.28	11.11					
		홈/원정	홈	원정	홈	홈	홈	원정					
		장소	아산	탄천	아산	아산	아산	청주					
		상대	서울E	성남	충북청주	부산	천안	충북청주					
		결과	승	패	승	패	승	패					
		점수	1:0	0:2	3:2	1:2	2:0	0:1					
		승점	36	36	39	39	42	42					
		슈팅수	15:12	14:9	17:8	9:12	9:12	8:9					
GK	1	박한근	○ 0/0	▽ 0/0	▽ 0/0								
	21	박주원				▽ 0/0	▽ 0/0	▽ 0/0					
	37	문현호		△ 0/0	△ 0/0	△ 0/0	△ 0/0	△ 0/0					
DF	2	김주성	▽ 0/0	▽ 0/0	▽ 0/0	▽ 0/0	▽ 0/1						
	3	이호인	○ 0/0			○ 0/0	○ 0/0 C						
	4	장준영				▽ 0/0							
	5	배수용			△ 0/0	○ 0/0 C							
	14	이학민	▽ 0/0	▽ 0/0	○ 0/0	△ 0/0	▽ 0/0	○ 0/0					
	15	이재성											
	17	김성주											
	20	조윤성	○ 0/0	○ 0/0 S			○ 0/0 C	○ 0/0					
	27	박성우		△ 0/0		▽ 0/0							
	47	이은범	○ 0/0	○ 0/0 C		○ 0/0	○ 0/0	○ 0/0					
	99	강준혁						▽ 0/0					
MF	6	김종국					△ 0/0						
	8	김민석						△ 0/0					
	16	김혜성	△ 0/0		○ 0/0			△ 0/0					
	22	김강국	○ 0/0	○ 0/0	○ 0/0	○ 0/0	○ 0/0						
	23	김택근						▽ 0/0					
	24	박세직	○ 0/0	○ 0/0	○ 0/0	○ 0/1	○ 0/0	○ 0/0					
	25	권성현											
FW	7	송승민	○ 0/0	▽ 0/0	▽ 0/0	▽ 0/0	▽ 0/0 C	▽ 0/0					
	9	정성호											
	10	두아르테		○ 0/0	△ 0/0	△ 0/0	△ 0/0						
	11	강민규	○ 0/0		▽ 1/0	▽ 0/0	▽ 1/0	▽ 0/0					
	13	김승호	△ 0/1	△ 0/0	△ 0/0	△ 0/0	△ 0/0	○ 0/0					
	18	이창훈											
	19	박대훈	▽ 1/0	▽ 0/0	○ 1/2	○ 1/0	○ 1/1	△ 0/0					
	27	고무열											
	29	지언학											
	77	박민서											
	90	아폰자	△ 0/0	△ 0/0									
	96	하파엘		△ 0/0	△ 1/0	△ 0/0	△ 0/0	△ 0/0					

서 울 이 랜 드 F C

창단년도_ 2014년
전화_ 02-3431-5470
팩스_ 02-3431-5480
홈페이지_ www.seoulelandfc.com
주소_ 우 07990 서울특별시 양천구 안양천로 939 목동종합운
동장 GATE 10(서울 이랜드 FC 사무국)
939, Anyangcheon-ro, Yangcheon-gu, Seoul, KOREA
07990

연혁

2014	창단 의향서 제출(4월)
	제1대 박상균 대표이사 취임
	제1대 김태완 단장 취임(4월)
	서울시와 프로축구연고협약 체결
	초대감독 '마틴 레니' 선임(7월)
	프로축구연맹 이사회 축구단 가입 승인(8월)
	팀명칭 '서울 이랜드 FC' 확정(8월)
2015	공식 엠블럼 발표(2월)
	창단 유니폼 발표(2월)
	K리그 챌린지 참가
	K리그2 1차 팬 프렌들리 클럽상 수상(6월)
	K리그2 2차 팬 프렌들리 클럽상 수상(9월)
	K리그2 2차 풀스타디움 클럽상 수상(9월)
	유소년 팀 창단(11월)
	K리그2 3차 팬 프렌들리 클럽상 수상(12월)
	현대오일뱅크 K리그 챌린지 2015 4위
2016	제2대 박건하 감독 취임(6월)
	K리그2 1차 팬 프렌들리 클럽상 수상(6월)
	제2대 한만진 대표이사 취임(12월)
2017	제3대 김병수 감독 취임(1월)
	창단 100경기(부산아이파크전)
	U15팀 금강대기 준우승
	제4대 인창수 감독 취임(12월)
	제3대 김현수 대표이사 취임(12월)
2018	제5대 김현수 감독 취임(12월)
	서울특별시장 '나눔의 가치' 표창 수상(12월)
	제2대 박공원 단장 취임(12월)

2019	제4대 장동우 대표이사 취임(2월)
	K리그2 2차 팬 프렌들리 클럽상 수상(8월)
	U18팀 제40회 대한축구협회장배 전국대회 4강(6월)
	송파구청장 '나눔의 가치' 표창 수상(10월)
	제6대 정정용 감독 취임(11월)
2020	창단 200경기(제주유나이티드전)(7월)
	K리그2 3차 팬 프렌들리 클럽상 수상(11월)
2021	창단 첫 개막전 승리 (부산아이파크전)(2월)
	U18팀 2021 K리그 유스챔피언십 8강(8월)
	제26회 하나은행 FA컵 3R 첫 서울더비 승리
	U18 K리그 유스챔피언십 8강 진출
2022	홈구장 '목동종합운동장' 이전(1월)
	제5대 김병권 대표이사 취임(1월)
	서울특별시 양천구청 MOU 체결
	구단 최초 대한민국 국가대표팀 발탁_ 이재익(3월)
	K리그2 2차 그린스타디움상 수상(8월)
	2022 스페셜올림픽 코리아 K리그 통합축구 UNIFIED CUP
	첫 번째 승리자 수상(10월)
	K리그2 3차 그린 스타디움상 수상(10월)
	제7대 박충균 감독 취임(11월)
2023	2023 하나원큐 FA컵 16강
	서울특별시강서양천교육지원청 MOU 체결
	K리그2 2차 그린 스타디움상 수상(9월)
	구단 최다관중 달성(7,266명)
	2023 K리그2 총관중 1위 달성
	K리그2 3차 그린 스타디움상 수상(11월)

2023년 선수명단

대표이사_ 김병권 감독_ 박충균
수석코치_ 이호 코치_ 정혁 골키퍼 코치_ 권순형 피지컬 코치_ 황지환
스카우터_ 곽진서 의무트레이너_ 최지훈 · 엄동환 · 한두원 전력분석관_ 김용신 선수단 매니저_ 임성한 장비담당관_ 김태권

포지션	선수명		생년월일	출신교	키(cm) / 몸무게(kg)
GK	윤 보 상	尹 普 相	1993.09.09	울산대	185 / 91
	강 정 묵	姜 定 默	1996.03.21	단국대	188 / 82
	주 현 성	朱 賢 城	1999.03.31	용인대	184 / 79
	문 정 인	文 正 仁	1998.03.16	현대고	193 / 83
DF	김 수 안	金 秀 岸	1993.06.10	건국대	192 / 86
	김 민 규	金 旻 奎	1998.04.01	풍생고	188 / 77
	박 준 영	朴 晙 瑩	2003.06.18	보인고	187 / 78
	황 정 욱	黃 聂 昱	2000.03.17	대건고	189 / 84
	한 용 수	韓 龍 洙	1990.05.05	한양대	184 / 81
	이 인 재	李 仁 在	1992.05.13	단국대	187 / 78
	조 동 재	趙 東 宰	2003.05.16	용인시축구센터 덕영U18	180 / 74
	이 정 문	李 政 文	1998.03.18	연세대	194 / 80
	황 태 현	黃 泰 顯	1999.01.29	중앙대	179 / 73
	이 재 익	李 在 翊	1999.05.21	보인고	185 / 76
	서 보 민	徐 保 閔	1990.06.22	가톨릭관동대	175 / 64
	박 경 민	朴 耿 敏	1999.08.02	개성고	174 / 65
	차 승 현	車 昇 賢	2000.02.26	연세대	173 / 69
MF	브 루 노	Bruno Felipe de Oliveira	1998.02.01	*브라질	177 / 75
	이 시 헌	李 始 憲	1998.05.04	중앙대	177 / 67
	이 상 민	李 尙 旻	1995.05.02	고려대	175 / 71
	박 창 환	朴 昶 奐	2001.11.21	숭실고	174 / 65
	김 원 식	金 元 植	1991.11.05	동북고	185 / 75
	곽 성 욱	郭 成 煜	1993.07.12	아주대	166 / 66
	유 정 완	柳 政 完	1996.04.05	연세대	177 / 70
	츠 바 사	西翼 / Nishi Tsubasa	1990.04.08	*일본	173 / 66
FW	호 난	Ronan David Jerônimo	1995.04.22	*브라질	195 / 80
	반 토 안	阮文全 / Nguyễn Văn Toàn	1996.04.12	*베트남	169 / 70
	이 동 률	李 東 律	2000.06.09	세일중	174 / 68
	변 경 준	邊 勁 竣	2002.04.08	김포 통진고	181 / 70
	박 정 인	朴 正 仁	2000.10.07	현대고	178 / 70
	헤 난	Renan Peixoto Nepomuceno	2000.02.21	*브라질	185 / 87
	박 준 영	朴 濬 英	2003.06.06	잠실고	174 / 68

2023년 개인기록_ K리그2

위치	배번	선수	06	11	13	29	35	39	43	51	60	64
		날짜	03.01	03.05	03.11	04.02	04.09	04.15	04.18	04.22	04.30	05.03
		홈/원정	홈	원정	홈	원정	홈	원정	원정	홈	홈	원정
		장소	목동	안양	목동	부산A	목동	아산	부천	목동	목동	창원C
		상대	충북청주	안양	전남	부산	안산	충남아산	부천	김천	성남	경남
		결과	패	무	패	패	승	패	승	패	패	승
		점수	2 : 3	1 : 1	0 : 1	0 : 1	4 : 1	0 : 2	1 : 0	0 : 1	1 : 2	2 : 1
		승점	0	1	1	1	4	4	7	7	7	10
		슈팅수	16 : 9	4 : 7	11 : 12	9 : 10	7 : 12	6 : 8	4 : 14	8 : 12	6 : 7	8 : 11
GK	1	강 정 묵										
	23	문 정 인			○ 0/0	○ 0/0	○ 0/0 C	○ 0/0	○ 0/0	○ 0/0		○ 0/0
	31	주 현 성										
	77	윤 보 상	○ 0/0	○ 0/0							○ 0/0	
DF	2	황 태 현	△ 0/0	○ 0/0 C	○ 0/0	▽ 0/0	△ 0/0 C	▽ 0/0	○ 0/0	○ 0/0 C	▽ 0/0	
	3	김 민 규		○ 0/0	○ 0/0	○ 0/0	○ 0/0 C	○ 0/0	○ 0/0		○ 0/0 C	○ 0/0
	4	한 용 수	△ 0/0									
	13	차 승 현				○ 0/0	▽ 0/0 C	△ 0/0	○ 1/0	○ 0/0 C	△ 0/0	○ 0/0
	14	이 재 익	▽ 0/0			○ 0/0	○ 0/0	○ 0/0				○ 0/0
	20	박 준 영										
	27	조 동 재										▽ 0/0
	28	황 정 욱										
	33	박 경 민	○ 0/0			△ 0/0	△ 0/0				△ 0/0	
	42	이 정 문										△ 0/0
	92	이 인 재	○ 0/0	○ 0/0								○ 0/0
MF	6	이 상 민	○ 0/0	△ 0/0 C	△ 0/0	○ 0/0	○ 0/1	○ 0/0	○ 0/0	○ 0/0	○ 0/0	○ 0/0
	7	서 보 민	▽ 0/0	○ 0/0	○ 0/0		○ 0/0				▽ 0/0	
	8	곽 성 욱	△ 0/0			△ 0/0	▽ 0/0 C			▽ 0/0		
	15	김 원 식		△ 0/0			△ 0/0		▽ 0/0	△ 0/0	○ 0/0	▽ 0/0
	17	유 정 완		△ 0/0	▽ 0/0	▽ 0/0 C	▽ 1/0	○ 0/0 C	▽ 0/0	○ 0/0	○ 1/0	▽ 0/0
	21	이 시 헌	▽ 0/0	△ 0/0	△ 0/0		▽ 0/0	▽ 0/0	▽ 0/0 C	▽ 0/0		▽ 0/0
	30	박 창 환		▽ 0/0	▽ 0/0				△ 0/0		△ 0/0	△ 0/0
	40	브 루 노	△ 1/0	▽ 1/0	▽ 0/0	△ 0/0	△ 1/0			▽ 0/0	▽ 0/0	▽ 0/1
	44	츠 바 사	○ 1/0	▽ 0/0	○ 0/0			○ 0/0				
FW	9	반 토 안	▽ 0/0	△ 0/0	△ 0/0							△ 0/0
	10	이 동 률	△ 0/0	▽ 0/0	▽ 0/0	△ 0/0	○ 1/0 S					
	11	김 정 환	▽ 0/0	▽ 0/0			△ 0/0	▽ 0/0	△ 0/0	△ 0/0 C	△ 0/0	△ 0/0
	11	박 정 인										
	16	변 경 준				▽ 0/0	△ 0/1	△ 0/0	▽ 0/0	▽ 0/0	▽ 0/0	▽ 0/0
	22	호 난	○ 0/1	○ 0/0	▽ 0/0			△ 0/0	△ 0/0	△ 0/0	△ 0/0 C	▽ 1/0
	29	김 수 안			△ 0/0							
	82	송 시 우										
	90	박 준 영			△ 0/0	▽ 0/0	▽ 0/0	▽ 0/0	△ 0/0		△ 0/0	

선수자료: 득점/도움 ○ = 선발출전 △ = 교체 IN ▽ = 교체 OUT ◈ = 교체 IN/OUT C = 경고 S = 퇴장

위치	배번		경기번호	68	73	82	89	95	102	108	114	116	128
			날 짜	05.06	05.13	05.20	05.28	06.04	06.11	06.25	07.03	07.08	07.18
			홈/원정	원정	홈	홈	원정	홈	원정	홈	원정	원정	홈
			장 소	김포	목동	목동	안산	목동	탄천	목동	광양	천안	목동
			상 대	김포	천안	부천	안산	부산	성남	안양	전남	천안	김포
			결 과	무	승	승	승	패	승	패	무	무	패
			점 수	0:0	3:2	2:0	2:1	1:2	2:1	1:2	3:3	0:0	0:1
			승 점	11	14	17	20	20	23	23	24	25	25
			슈팅수	8:11	14:6	6:3	10:24	13:11	12:11	8:9	8:13	7:9	14:8
GK	1	강 정 묵											
	23	문 정 인		○ 0/0	○ 0/0	○ 0/0	○ 0/0 C	○ 0/0	○ 0/0	○ 0/0			
	31	주 현 성									○ 0/0 C	○ 0/0	○ 0/0
	77	윤 보 상											
DF	2	황 태 현		△ 0/0					△ 0/0	△ 0/0			
	3	김 민 규		○ 0/0	○ 0/1	○ 0/0	○ 0/0	○ 0/0	○ 0/0 C	○ 0/0	○ 0/0	○ 0/0	○ 0/0
	4	한 용 수							△ 1/0	▽ 0/0	△ 0/0		
	13	차 승 현		○ 0/0	○ 1/0	○ 0/0	△ 0/0	△ 0/0	▽ 0/0			▽ 0/0	▽ 0/0
	14	이 재 익		○ 0/0 CC			▽ 0/0	○ 0/0 C	○ 0/0	○ 0/0		△ 0/0	○ 0/0 C
	20	박 준 영											
	27	조 동 재			○ 0/0	△ 0/0	▽ 0/0 C	△ 0/0			▽ 0/0		▽ 0/0
	28	황 정 욱					△ 0/0						
	33	박 경 민											
	42	이 정 문		△ 0/0			▽ 0/0	△ 0/0	▽ 0/0		▽ 0/0	▽ 0/0	
	92	이 인 재		○ 0/0	○ 0/1 C	○ 0/0	▽ 0/0	▽ 0/0			▽ 0/0	○ 0/0 C	○ 0/0
MF	6	이 상 민		○ 0/0	○ 0/0	○ 0/1	○ 0/0	○ 0/0	○ 0/0 C	○ 0/0	○ 0/0 C	○ 0/0	○ 0/0
	7	서 보 민			△ 0/0		△ 0/0	○ 0/0	▽ 0/0				△ 0/0
	8	곽 성 욱											
	15	김 원 식		▽ 0/0	▽ 0/0	○ 0/0 C	○ 0/0 C	△ 0/0	△ 0/0	▽ 0/0	△ 0/0 C	○ 0/0 C	
	17	유 정 완		△ 0/0	○ 0/0	○ 0/0		○ 0/0	○ 0/0	○ 1/0 C	○ 0/1	△ 0/0	▽ 0/0
	21	이 시 헌					▽ 0/1	▽ 1/0	▽ 0/0	▽ 0/0	○ 0/0 C	▽ 0/0	
	30	박 창 환		○ 0/0	△ 0/0	△ 0/0 C			△ 0/0	△ 0/0		△ 0/0	
	40	브 루 노		▽ 0/0	▽ 0/0	▽ 0/0	1/0	○ 0/0 C	○ 1/0	△ 0/0	▽ 0/0		▽ 0/0
	44	츠 바 사											△ 0/0
FW	9	반 토 안		△ 0/0	△ 0/0	▽ 0/0	▽ 0/0 C	▽ 0/0					
	10	이 동 률								△ 0/0	△ 1/0	△ 0/0	△ 0/0
	11	김 정 환		◆ 0/0 C	▽ 0/0	△ 0/0							
	11	박 정 인											○ 0/0
	16	변 경 준		▽ 0/0	▽ 0/0	▽ 0/0	1/1	▽ 0/1	△ 0/0	▽ 0/0	▽ 0/1	▽ 0/0	▽ 0/0
	22	호 난		▽ 0/0	△ 2/0 C	△ 2/0	△ 0/0	◆ 0/0				△ 0/0	△ 0/0
	29	김 수 안							△ 0/0	△ 0/0			
	82	송 시 우								▽ 0/0	△ 1/0	○ 0/0	△ 0/0
	90	박 준 영											

위치	배번		133	143	148	155	159	166	172	178	181	189
		경기번호	133	143	148	155	159	166	172	178	181	189
		날 짜	07.23	07.31	08.06	08.15	08.20	08.26	08.30	09.03	09.16	09.19
		홈/원정	원정	홈	홈	원정	홈	원정	홈	원정	홈	원정
		장 소	청주	목동	목동	김천	목동	부천	목동	김포	목동	청주
		상 대	충북청주	충남아산	경남	김천	부산	부천	전남	김포	천안	충북청주
		결 과	패	무	패	패	승	패	승	패	패	승
		점 수	1:2	0:0	1:2	0:4	2:1	0:1	1:0	1:2	0:3	1:0
		승 점	25	26	26	26	29	29	32	32	32	35
		슈팅수	13:8	9:10	14:11	9:17	4:16	9:5	15:9	8:16	10:9	4:20
GK	1	강 정 묵	○ 0/0 C									
	23	문 정 인					○ 0/0 C	○ 0/0	○ 0/0	○ 0/0	○ 0/0	○ 0/0 C
	31	주 현 성										
	77	윤 보 상		○ 0/0	○ 0/0	○ 0/0						
DF	2	황 태 현	▽ 0/0	○ 0/0 C								
	3	김 민 규	○ 0/0	○ 0/0	▽ 0/0	○ 0/0 C	○ 0/0	○ 0/0 C		○ 0/0	○ 0/0	▽ 0/0
	4	한 용 수										
	13	차 승 현			△ 0/0				△ 1/0	△ 0/0	○ 0/0	
	14	이 재 익	▽ 0/0	○ 0/0	▽ 0/0	○ 0/0						
	20	박 준 영										
	27	조 동 재									△ 0/0	▽ 0/0
	28	황 정 욱										
	33	박 경 민										
	42	이 정 문										
	92	이 인 재	○ 0/0	○ 0/0	○ 0/0	○ 0/0	○ 0/0	○ 0/0	○ 0/0	○ 0/1	○ 0/0	○ 0/0
MF	6	이 상 민	○ 0/0	△ 0/0	△ 0/0	○ 0/0	○ 0/0	○ 0/0	○ 0/0	○ 0/0		○ 0/0
	7	서 보 민	△ 0/0	○ 0/0	○ 0/0	△ 0/0	○ 0/0	○ 0/0	○ 0/0	○ 0/0 C	▽ 0/0	
	8	곽 성 욱								△ 0/0		
	15	김 원 식		○ 0/0	△ 0/0		△ 0/0	▽ 0/0	○ 0/0	▽ 0/0	△ 0/0 C	
	17	유 정 완	○ 0/0 C	▽ 0/0	○ 0/0	△ 0/0	▽ 0/0	○ 0/0	○ 0/0 C		○ 0/0 C	△ 0/0
	21	이 시 헌		△ 0/0		△ 0/0	△ 1/0	△ 0/0	▽ 0/0	○ 0/0		▽ 0/0 C
	30	박 창 환	▽ 0/0		▽ 0/0		○ 0/0	▽ 0/0 C		▽ 0/0 C	△ 0/0	▽ 0/0
	40	브 루 노						▽ 0/0	△ 1/0	△ 0/0 C		0/1
	44	츠 바 사	△ 0/0	▽ 0/0	○ 0/0	▽ 0/0	▽ 0/0	▽ 0/0	▽ 0/0 C	▽ 0/0		▽ 0/0
FW	9	반 토 안										
	10	이 동 률	▽ 0/0	△ 0/0	△ 0/0	△ 0/0	▽ 0/0	▽ 0/0	▽ 0/0	▽ 0/0	▽ 0/0	
	11	김 정 환										
	11	박 정 인	○ 1/0	○ 0/0	○ 0/0	○ 0/0	○ 0/0	○ 0/0 C	○ 0/0	○ 0/0	▽ 0/0	○ 0/0
	16	변 경 준	△ 0/0	▽ 0/0	△ 0/0	▽ 0/0	△ 0/0	△ 0/0	△ 0/0	△ 0/0		○ 1/0
	22	호 난	△ 0/0			▽ 0/0	△ 0/0	▽ 0/1	△ 0/0	▽ 1/0	○ 0/0	
	29	김 수 안		△ 0/0					▽ 0/0	△ 0/0	△ 0/0	△ 0/0 C
	82	송 시 우	▽ 0/0 C	◈ 0/0	○ 0/0	△ 0/0 C	△ 0/0	▽ 0/0	▽ 0/0	▽ 0/0	▽ 0/0	
	90	박 준 영										

선수자료 : 득점/도움 ○ = 선발출전 △ = 교체 IN ▽ = 교체 OUT ◈ = 교체 IN/OUT C = 경고 S = 퇴장

위치	배번	경기번호	197	201	209	219	223	229				
		날짜	09.24	09.30	10.07	10.28	11.11	11.26				
		홈/원정	홈	원정	홈	원정	홈	원정				
		장소	목동	아산	목동	안양	목동	김천				
		상대	안산	충남아산	경남	안양	성남	김천				
		결과	패	패	패	패	패	패				
		점수	3 : 4	0 : 1	1 : 3	0 : 3	0 : 2	0 : 1				
		승점	35	35	35	35	35	35				
		슈팅수	13 : 21	12 : 15	10 : 18	7 : 14	12 : 12	5 : 11				
GK	1	강 정 묵										
	23	문 정 인	○ 0/0	○ 0/0	○ 0/0	○ 0/0	○ 0/0					
	31	주 현 성						○ 0/0				
	77	윤 보 상										
DF	2	황 태 현										
	3	김 민 규				○ 0/0	○ 0/0	○ 0/0				
	4	한 용 수										
	13	차 승 현		▽ 0/0	○ 0/1	○ 0/0						
	14	이 재 익				○ 0/0	○ 0/0					
	20	박 준 영		△ 0/0	○ 0/0			○ 0/0				
	27	조 동 재	○ 0/1 C	▽ 0/0		○ 0/0	○ 0/0 C	▽ 0/0 C				
	28	황 정 욱	△ 0/0 C									
	33	박 경 민				▽ 0/0	△ 0/0	△ 0/0				
	42	이 정 문										
	92	이 인 재	▽ 0/1		○ 0/0	△ 0/0	○ 0/0	○ 0/0 C				
MF	6	이 상 민	○ 0/0	○ 0/0	○ 0/0	○ 0/0	△ 0/0	○ 0/0				
	7	서 보 민		△ 0/0	△ 0/0							
	8	곽 성 욱				▽ 0/0						
	15	김 원 식	○ 0/0	○ 0/0	△ 0/0		▽ 0/0					
	17	유 정 완	○ 1/0	▽ 0/0	▽ 0/0							
	21	이 시 헌										
	30	박 창 환		△ 0/0	▽ 0/0							
	40	브 루 노	○ 0/0	○ 0/0	○ 0/0	○ 0/0	▽ 0/0 C					
	44	츠 바 사	△ 0/0				▽ 0/0	○ 0/0				
FW	9	반 토 안										
	10	이 동 률	▽ 0/0 C	△ 0/0								
	11	김 정 환										
	11	박 정 인	▽ 0/0	△ 0/0	○ 0/0	▽ 0/0	▽ 0/0	○ 0/0				
	16	변 경 준	○ 1/0	○ 0/0	○ 0/0	○ 0/0	○ 0/0					
	22	호 난	△ 1/0	▽ 0/0	△ 0/0		○ 0/0	▽ 0/0				
	29	김 수 안	○ 0/1	○ 0/0		△ 0/0	△ 0/0	△ 0/0				
	82	송 시 우		▽ 0/0 C	▽ 1/0	△ 0/0	△ 0/0	○ 0/0				
	90	박 준 영										

안산 그리너스

창단년도_ 2017년

전화_ 031-480-2002

팩스_ 031-480-2055

홈페이지_ greenersfc.com

주소_ 우 15396 경기도 안산시 단원구 화랑로 260 와스타디움 3층

3F, Wa stadium, 260, Hwarang-ro, Danwon-gu, Ansan-si,

Gyeonggi-do, KOREA 15396

연혁

2016	안산시 시민프로축구단 창단 발표
	창단추진준비위원회 발족
	팀명칭 공모
	초대 이흥실 감독 선임
	'안산 그리너스 FC' 팀명칭 확정
2017	구단 엠블럼 공개
	테이블석 시즌권 완판
	창단식 개최
	창단 첫 홈경기 승리(vs 대전 2:1승)
	2017시즌 1차 '플러스스타디움상' 수상
	2017시즌 2차 '풀스타디움상' 수상
	사회공헌활동 230회 달성
	KEB하나은행 K리그 챌린지 2017 9위(7승 12무 17패)
	K리그 대상 시상식 '플러스스타디움상', '사랑나눔상' 수상
	KEB하나은행 K리그 챌린지 최다도움상 MF 장혁진 수상
2018	샘 오취리, 안산 그리너스 FC 다문화 홍보대사 위촉
	2018시즌 1차 '풀스타디움상' 수상
	제2대 이종걸 단장 취임
	2018시즌 2차 '팬 프렌들리 상' 수상
	제2대 임완섭 감독 취임
	사회공헌활동 341회 달성
	KEB하나은행 K리그2 2018 9위(10승 9무 17패)
	K리그 대상 시상식 '사랑나눔상', '그린스타디움상' 수상
	스포츠마케팅어워드 프로스포츠 구단 부문 본상 수상
2019	제2대 김호석 대표이사 취임
	이태성, 안산 그리너스 FC 홍보대사 위촉

	2019시즌 1차 '그린스타디움상' 수상
	2019시즌 2차 '그린스타디움상' 수상
	K리그 대상 시상식 '그린스타디움상' 수상
	K리그 대상 시상식 'K리그2 전 경기/ 전 시간 출전상'
	(DF 이인재) 수상
	'스포츠마케팅어워드' 프로스포츠 구단 부문 본상 수상
	사회공헌활동 381회 달성
	하나원큐 K리그2 2019 5위(14승 8무 14패)
	2019시즌 3차 '그린스타디움상', '풀스타디움상',
	'플러스스타디움상' 수상
	제3대 김길식 감독 취임
2020	제4대 김복식 단장 취임
	2020시즌 2차 '그린스타디움상' 수상
	K리그 대상 시상식 '사랑나눔상' 수상
	하나원큐 K리그2 2020 7위(7승 7무 13패)
	사회공헌활동 139회 달성
2021	제5대 김진형 단장 취임
	하나원큐 K리그2 2021 7위(11승 10무 15패)
	사회공헌활동 100회 달성
	제4대 조민국 감독 취임
2022	하나원큐 K리그2 2022 9위(8승 13무 19패)
	제5대 임종헌 감독 취임
	제3대 이종걸 대표이사 취임
	제6대 김길식 단장 취임
2023	하나원큐 K리그2 2022 12위(6승 7무 23패)

2023년 선수명단

구단주_ 이민근   대표이사_ 이정숙   단장_ 김길식   감독_ 임관식
코치_ 송한복 · 김대열   골키퍼 코치_ 김문규   AT 윤찬희 · 전방욱   통역 / 팀매니저_ 안현준   지원스태프_ 이중하

포지션	선수명		생년월일	출신교	키(cm) / 몸무게(kg)
GK	이 승 빈	李 承 鬮	1990.05.27	숭실대	184 / 80
	김 선 우	金 善 于	1993.04.22	성균관대	188 / 81
	김 영 호	金 嶺 好	1996.10.30	상지대	192 / 83
DF	박 동 휘	朴 東 輝	1996.01.18	울산대	174 / 70
	김 채 운	金 埰 韻	2000.03.20	대건고	175 / 70
	고 태 규	高 態 規	1996.08.02	용인대	190 / 83
	신 민 기	申 旻 己	1997.04.29	국제대	180 / 73
	김 재 성	金 在 成	1999.07.15	동국대	178 / 72
	정 용 희	政 龍 熙	2002.05.10	용인대	183 / 77
	유 준 수	柳 俊 秀	1988.05.08	고려대	184 / 80
	김 대 경	金 大 景	1991.09.02	숭실대	179 / 73
	김 정 호	金 政 浩	1995.05.31	인천대	187 / 83
	이 준 희	李 準 熙	1988.06.01	경희대	182 / 75
	장 유 섭	張 裕 攝	1996.06.24	명지대	184 / 78
	이 승 민	李 承 民	1996.11.16	풍생고	178 / 70
	권 우 현	權 優 賢	2003.05.01	안산 U18	178 / 69
	이 택 근	李 澤 根	2001.12.15	용인대	176 / 68
	고 민 우	高 敏 優	2000.12.18	인천대	190 / 87
	이 건 웅	李 健 熊	2003.01.14	수원대	184 / 75
	박 준 영	朴 俊 泳	1995.03.15	광운대	184 / 78
MF	김 영 남	金 榮 男	1991.03.24	중앙대	178 / 75
	최 한 솔	崔 한 솔	1997.03.16	영남대	187 / 85
	김 진 현	金 進 鉉	1999.09.28	용인대	178 / 73
	노 경 호	盧 京 鎬	2000.07.05	조선대	174 / 68
	완 드 류	Wandrew Laurindo Silva Mendonça	2000.05.24	*브라질	183 / 77
	홍 재 훈	洪 載 勳	1996.09.11	상지대	175 / 66
	박 준 배	朴 俊 培	2000.10.14	단국대	172 / 67
	주 재 현	主 在 現	2002.02.26	경기항공고	179 / 70
FW	정 재 민	政 在 敏	2001.10.28	성균관대	190 / 85
	김 경 준	金 京 俊	1996.10.01	영남대	178 / 75
	정 지 용	鄭 智 鏞	1998.12.15	동국대	179 / 74
	김 범 수	金 犯 洙	2000.04.08	J SUN FC U18	174 / 64
	이 현 규	李 現 規	2002.10.09	울산대	178 / 73
	윤 주 태	尹 柱 泰	1990.06.22	연세대	181 / 78
	신 재 혁	申 在 爀	2001.06.04	건국대	178 / 70
	강 준 모	姜 俊 模	2002.02.08	SG 디나모 드레스덴 U19	182 / 76
	이 규 빈	李 規 彬	2000.05.30	동국대	173 / 69
	티 아 고	Thiago Henrique do Espirito Santo	1995.08.15	*브라질	188 / 82

2023년 개인기록_ K리그2

위치	배번	이름	04	09	17	21	35	42	48	54	57	66
		날짜	03.01	03.04	03.12	03.18	04.09	04.16	04.19	04.23	04.29	05.03
		홈/원정	원정	홈	홈	원정	원정	홈	원정	홈	원정	홈
		장소	탄천	안산	안산	부천	목동	안산	천안	안산	부산A	안산
		상대	성남	충남아산	안양	부천	서울E	김포	천안	전남	부산	김천
		결과	패	승	무	패	패	패	무	승	무	패
		점수	1:2	1:0	1:1	0:1	1:4	2:3	1:1	1:0	0:0	2:3
		승점	0	3	4	4	4	4	5	8	9	9
		슈팅수	9:18	6:12	11:10	13:8	12:7	13:12	10:8	17:8	12:8	13:14
GK	1	이승빈	○ 0/0	○ 0/0	○ 0/0	○ 0/0	○ 0/0	○ 0/0	○ 0/0	○ 0/0	○ 0/0	○ 0/0
	21	김선우										
DF	3	김채운			△ 0/0			△ 0/0 C	△ 0/0			△
	4	고태규										
	5	정재민	△ 0/0	○ 0/0	△ 1/0	△ 0/0	○ 0/0			△ 0/0		△ 0/1
	13	신민기										
	14	김재성	○ 0/0	○ 0/0		○ 0/0		▽ 0/0				
	15	정용희	○ 0/0 C	○ 0/0	▽ 0/0	○ 0/0	△ 0/0		△ 0/0	△ 0/0		
	18	김대경					△ 0/0		▽ 0/0			
	20	김정호		○ 0/0	○ 0/0	▽ 0/0 C			○ 0/0 C			
	22	이준희				△ 0/0	▽ 0/0			○ 0/1		▽ 0/0 C
	23	장유섭	○ 0/0	○ 0/0 C	○ 0/0			○ 1/0		○ 0/0		
	33	이택근										
	35	이건웅										
	40	박준영										
MF	6	김영남	○ 0/0	○ 0/0	○ 0/0 C	○ 0/0 C	▽ 0/0					
	7	최한솔										
	8	김진현	○ 0/0	▽ 1/0		○ 0/0	○ 0/0 C	▽ 0/0 C		▽ 0/0	○ 0/0 C	▽ 0/0
	10	노경호										
	12	완드류										△ 0/0
	16	유준수	○ 0/0	○ 0/0	○ 0/0	○ 0/0	○ 0/0	○ 1/0	○ 0/0 C	○ 0/0 C	○ 0/0	
	26	박준배										
	28	이승민		△ 0/0								
	29	주재현										
	32	강준모							△ 0/0	▽ 0/0		▽ 0/0
	37	이규빈										
FW	9	김경준	▽ 0/0	△ 0/0	▽ 0/0	▽ 0/0	△ 0/1	○ 0/0		▽ 0/0		
	10	이근호	◆ 0/0									
	11	정지용	△ 0/0	▽ 0/0 C	▽ 0/0	▽ 0/0			△ 0/1	▽ 0/0		
	17	김범수	○ 0/0	○ 0/1	△ 0/1	▽ 0/0	○ 0/0		○ 0/0		○ 0/0	○ 0/1
	19	이현규	▽ 0/0	◆ 0/0					◆ 1/0	◆ 0/0		▽ 0/0
	24	윤주태					△ 0/0					
	25	홍재훈										
	27	신재혁										
	95	티아고			△ 0/0	△ 0/0	△ 1/0	△ 0/0	▽ 0/0	△ 0/0	△ 0/0	△ 0/0
	96	가브리엘	○ 1/0	△ 0/0	▽ 0/0	△ 0/0	▽ 0/0	△ 0/1	○ 0/0	△ 1/0	△ 0/0	△ 1/1

선수자료 : 득점/도움   ○ = 선발출전   △ = 교체 IN   ▽ = 교체 OUT   ◆ = 교체 IN/OUT   C = 경고   S = 퇴장

위치	배번	이름	67	78	79	89	97	106	109	118	123	131
		날짜	05.06	05.14	05.20	05.28	06.10	06.25	07.01	07.09	07.15	07.19
		홈/원정	홈	원정	홈	홈	원정	원정	홈	원정	홈	원정
		장소	안산	청주	안산	안산	김천	아산	안산	창원C	안산	광양
		상대	경남	충북청주	성남	서울E	김천	충남아산	부산	경남	부천	전남
		결과	무	패	패	패	패	패	패	패	패	패
		점수	1:1	0:3	0:3	1:2	2:3	0:1	1:2	1:3	0:2	2:5
		승점	10	10	10	10	10	10	10	10	10	10
		슈팅수	12:20	7:16	11:13	24:10	9:13	11:10	8:10	12:13	7:19	8:13
GK	1	이승빈	○ 0/0	○ 0/0	○ 0/0	○ 0/0	○ 0/0	○ 0/0	○ 0/0		○ 0/0	○ 0/0
	21	김선우								○ 0/0		
DF	3	김채운	○ 0/0	○ 0/0	▽ 0/0	○ 0/0			▽ 0/0	△ 0/0		○ 0/1
	4	고태규			○ 0/0 C		○ 0/0 C	△ 0/0	○ 0/0	○ 1/0	○ 0/0	▽ 0/0
	5	정재민	◆ 0/0	△ 0/0	△ 0/0	○ 1/0 C	△ 1/0	▽ 0/0				
	13	신민기									▽ 0/0	
	14	김재성	○ 0/0 C	○ 0/0			○ 0/0	○ 0/0			○ 0/0	
	15	정용희	△ 0/0 C	▽ 0/0						△ 0/0		
	18	김대경						△ 0/0	△ 0/0		▽ 0/0	▽ 0/0
	20	김정호	○ 0/0	○ 0/0	▽ 0/0		○ 0/1	▽ 0/0	○ 0/0	○ 0/0		
	22	이준희				○ 0/0	▽ 0/0 C	○ 0/0	△ 0/0			○ 0/0
	23	장유섭	○ 0/0 S			○ 0/0		○ 0/0		○ 0/0	○ 0/0	
	33	이택근										
	35	이건웅							▽ 0/0 C			
	40	박준영										
MF	6	김영남										
	7	최한솔										
	8	김진현	○ 0/0	△ 0/0	○ 0/0 C	▽ 0/0		△ 0/0	▽ 0/0	○ 0/0		
	10	노경호										
	12	완드류		▽ 0/0								▽ 0/0
	16	유준수	○ 0/0	○ 0/0	○ 0/0	○ 0/0	○ 0/0 C	○ 0/0				
	26	박준배								▽ 0/0		
	28	이승민			△ 0/0					▽ 0/0	○ 0/0	△ 0/0
	29	주재현								△ 0/0 C		
	32	강준모			▽ 0/0				▽ 0/0	▽ 0/0 C	△ 0/0	△ 0/0 C
	37	이규빈							△ 0/0			
FW	9	김경준	◆ 0/0	△ 0/0 C	▽ 0/0 C	△ 0/0	△ 0/0	△ 0/0			▽ 0/0	○ 2/0
	10	이근호	▽ 0/0	▽ 0/0	▽ 0/0		▽ 0/0					
	11	정지용	△ 0/0	△ 0/0	△ 0/0	○ 0/1	△ 0/0	△ 0/0		▽ 0/0		▽ 0/0
	17	김범수	○ 0/0 C	○ 0/0	○ 0/0 C	○ 0/0	△ 0/1	○ 0/0	○ 1/0	○ 0/0 C	△ 0/0	
	19	이현규	▽ 0/1	▽ 0/0 C			▽ 1/0 C				▽ 0/0	
	24	윤주태		◆ 0/0	△ 0/0	△ 0/0	▽ 0/0	△ 0/0	△ 0/0		○ 0/0	△ 0/0
	25	홍재훈									▽ 0/0	
	27	신재혁										▽ 0/0
	95	티아고							△ 0/1	△ 0/0 C	△ 0/0	△ 0/0
	96	가브리엘	○ 1/0	○ 0/0	△ 0/0 S	△ 0/0	○ 0/0 C	▽ 0/0	▽ 0/0			

149

위치	배번	선수	137	142	150	151	157	170	177	182	187	197
		날짜	07.24	07.30	08.08	08.12	08.19	08.29	09.02	09.16	09.19	09.24
		홈/원정	원정	홈	홈	원정	홈	홈	원정	홈	원정	원정
		장소	김포	안산	안산	안양	안산	안산	천안	안산	부산A	목동
		상대	김포	천안	충북청주	안양	충남아산	부천	천안	충북청주	부산	서울E
		결과	승	승	패	무	패	패	무	패	패	승
		점수	1:0	2:1	0:2	1:1	0:1	1:2	1:1	0:1	0:2	4:3
		승점	13	16	16	17	17	17	18	18	18	21
		슈팅수	5:15	7:16	9:15	6:17	4:10	18:7	8:7	11:18	5:8	21:13
GK	1	이승빈	○0/0	○0/0	○0/0	○0/0	○0/0	○0/0	○0/0	○0/0	○0/0	○0/0
	21	김선우										
DF	3	김채운	▽0/0 C	▽0/0 C	▽0/0	△0/0						
	4	고태규	○0/0	○0/0	○0/0	○0/0	○0/0	▽0/0	▽0/0	○0/0 C	△0/0	△0/0
	5	정재민				△0/0	▽0/0	▽0/0	▽0/0		△0/0	△2/0
	13	신민기										
	14	김재성				○0/0	▽0/0					○0/1 C
	15	정용희	△0/0	△0/0	△0/0				▽0/0			
	18	김대경	○0/0	▽0/0				○0/0				
	20	김정호	○0/0	○1/0	○0/0 C	○0/1 C	▽0/0	▽0/0	○0/0 C		○0/0	
	22	이준희	△0/0	△0/0	▽0/0	△0/0			△0/0		○0/0	△0/0 C
	23	장유섭	○0/0	○0/0	○0/0	▽0/0	○0/0	○0/0			○0/0	
	33	이택근				△0/0					○0/0	▽0/0
	35	이건웅										
	40	박준영										
MF	6	김영남										
	7	최한솔	▽0/0 C	○0/0	○0/0	▽0/0	○0/0		○0/0 C	○0/0		▽0/0
	8	김진현									△0/0	
	10	노경호	▽0/0	○0/0 C	▽0/0	○0/0	▽0/0		○0/0 C			○0/1
	12	완드류										
	16	유준수										
	26	박준배			△0/0	△0/0						
	28	이승민						△0/0	△0/0			
	29	주재현										
	32	강준모		▽0/0							▽0/0	△0/0
	37	이규빈							▽0/0 C		▽0/0	▽0/0
FW	9	김경준	○0/1	▽0/0	△0/0	▽0/0	▽0/0	△1/0	△0/0	▽0/0		▽0/0
	10	이근호										
	11	정지용	△0/0				△0/0	▽0/0	▽0/1	▽0/0	○0/0 C	○0/1
	17	김범수	○1/0	○0/1	▽0/0	○0/0 C	△0/0	△0/0	▽0/0	△0/0	△0/0 C	
	19	이현규		△1/0	○0/0	△0/0			▽0/0			
	24	윤주태	△0/0	△0/0	△0/0 C	△1/0	△0/0	△0/0	△0/0	△1/0		△2/0
	25	홍재훈										
	27	신재혁	▽0/0			▽0/0	▽0/0 C					
	95	티아고	◈0/0	◈0/0	▽0/0	◈0/0						
	96	가브리엘										

선수자료: 득점/도움   ○ = 선발출전   △ = 교체 IN   ▽ = 교체 OUT   ◈ = 교체 IN/OUT   C = 경고   S = 퇴장

위치	배번	경기번호	200	208	216	217	226	230						
		날 짜	09.30	10.07	10.22	10.28	11.12	11.26						
		홈/원정	홈	원정	홈	원정	홈	원정						
		장 소	안산	광양	안산	창원C	안산	탄천						
		상 대	김포	전남	김천	경남	안양	성남						
		결 과	무	패	패	패	패	승						
		점 수	1:1	2:3	3:7	2:4	2:3	2:0						
		승 점	22	22	22	22	22	25						
		슈팅수	12:15	14:13	12:24	6:24	12:14	10:17						
GK	1	이 승 빈	○ 0/0	○ 0/0	○ 0/0	○ 0/0	○ 0/0	○ 0/0						
	21	김 선 우												
DF	3	김 채 운					△ 0/0 C							
	4	고 태 규												
	5	정 재 민	△ 0/0	△ 0/0	△ 0/0	▽ 0/0		▽ 0/0						
	13	신 민 기												
	14	김 재 성	○ 0/0	○ 0/0	○ 0/0	○ 0/0 C	○ 0/0	○ 0/0						
	15	정 용 희	○ 0/0			△ 0/0		○ 0/0						
	18	김 대 경				△ 0/0	▽ 0/0							
	20	김 정 호	○ 0/0	○ 0/0	○ 0/0	○ 0/0	○ 0/0	○ 0/0						
	22	이 준 희	△ 0/0											
	23	장 유 섭	○ 0/0	○ 0/0	▽ 0/0	▽ 0/0								
	33	이 택 근	▽ 0/0	○ 0/0	○ 1/0	▽ 0/0 C	○ 0/0	○ 0/0 C						
	35	이 건 웅					△ 0/0	▽ 0/0						
	40	박 준 영						△ 0/0						
MF	6	김 영 남												
	7	최 한 솔		○ 0/0	○ 1/0	○ 0/0	○ 0/0	○ 1/0						
	8	김 진 현	▽ 0/0	▽ 0/0	▽ 0/0 C		▽ 0/0	△ 0/0						
	10	노 경 호	○ 0/0	○ 0/0 C	○ 1/0	○ 0/0	▽ 0/0	▽ 0/0						
	12	완 드 류												
	16	유 준 수												
	26	박 준 배				△ 0/0								
	28	이 승 민												
	29	주 재 현												
	32	강 준 모	△ 0/0	△ 0/0	△ 0/0	△ 0/0		△ 0/0						
	37	이 규 빈			△ 0/0	▽ 0/1	▽ 0/0							
FW	9	김 경 준	▽ 0/0	▽ 0/0	▽ 0/2	△ 0/0	○ 0/0							
	10	이 근 호												
	11	정 지 용	▽ 0/0	▽ 0/0	▽ 0/0		▽ 1/0	▽ 0/0						
	17	김 범 수	▽ 0/0 C	▽ 1/0	▽ 0/0	○ 0/0		▽ 0/0 C						
	19	이 현 규	△ 0/0	△ 0/0		△ 0/0	△ 0/0	△ 0/0						
	24	윤 주 태	△ 1/0	△ 1/0	△ 0/1 C	○ 2/0	△ 0/0	△ 1/0						
	25	홍 재 훈												
	27	신 재 혁					△ 1/0							
	95	티 아 고												
	96	가 브 리 엘												

천 안 시 티 F C

창단년도_ 2008년
전화_ 041-576-6667
팩스_ 041-521-3939
홈페이지_ www.cheonancityfc.kr/
인스타그램_ www.instagram.com/cheonancityfc
유튜브_ www.youtube.com/@CheonanCityFC
페이스북_ www.facebook.com/CheonanCityFC
주소_ 우 31136 충청남도 천안시 축구센터로(성정동) 150 천안축구센터 1층 (재)천안시민프로축구단 사무국
150, Chukgu center-ro, Seobuk-gu, Cheonan-si, Chungcheongnam-do, KOREA 31136

연혁

2007	재)천안시축구단 법인설립
	내셔널리그(한국실업축구연맹) 가입
2008	제1대 장기문 감독 취임
	(재)천안시축구단 창단
	KB국민은행 2008 내셔널리그(전기) 7위
	KB국민은행 2008 내셔널리그(후기) 11위
2009	제2대 하재훈 감독 취임
	제57회 대통령배 전국 축구선수권대회 준우승
	제90회 전국체육대회 3위
	교보생명 2009 내셔널리그(전기) 10위
	교보생명 2009 내셔널리그(후기) 10위
2010	제91회 전국체육대회 우승
	대한생명 2010 내셔널리그(전기) 7위
	대한생명 2010 내셔널리그(후기) 4위
2011	삼성생명 2011 내셔널리그 9위
2012	제3대 김태수 감독 취임
	신한은행 2012 내셔널리그 13위
2013	내셔널 축구선수권대회 준우승
	신한은행 2013 내셔널리그 10위
2014	제4대 당성증 감독 취임
	제19회 하나은행 FA컵 16강
	삼성생명 2014 내셔널리그 7위
2015	제20회 KEB하나은행 FA컵 16강
	제96회 전국체육대회 3위
	인천국제공항 2015 내셔널리그 8위
2016	제97회 전국체육대회 우승
	인천국제공항 2016 내셔널리그 5위
2017	내셔널 축구선수권대회 준우승
	2017 내셔널리그 3위
2018	제23회 KEB하나은행 FA컵 16강
	내셔널 축구선수권대회 3위
	2018 내셔널리그 3위
2019	KEB 하나은행 FA컵 16강
	제100회 전국체육대회 8강
	2019 내셔널리그 2위
2020	제5대 김태영 감독 취임
	2020 K3리그 11위
2021	2021 K3리그 챔피언십 준우승
	2021 K3리그 1위
2022	제103회 전국체육대회 준우승
	2022 K3리그 10위
2023	제6대 박남열 감독 취임
	K리그2 진출
	제7대 김태완 감독 취임(12월)

2023년 선수명단

이사장_ 박상돈   단장대행 / 사무국장_ 김형목   감독_ 박남열
수석코치_ 김현수   코치_ 현승협   골키퍼 코치_ 디오고   피지컬 코치_ 세르지오
스카우터_ 백기홍   의무트레이너_ 고영재 · 강한울   전력분석관 / 선수단 매니저_ 정효인   통역_ 임형준

포지션	성명		생년월일	출신교	키(cm) / 몸무게(kg)
GK	김 민 준	金 旻 雋	2000.01.09	보인고	188 / 83
	김 효 준	金 孝 俊	2004.07.02	보인고	188 / 82
	임 민 혁	林 民 奕	1994.03.05	고려대	186 / 79
	김 동 건		2004.01.18	서울중앙고	188 / 71
DF	김 주 환	金 周 煥	2001.02.17	포항제철고	177 / 70
	이 광 준	李 侊 俊	1996.01.08	단국대	191 / 82
	김 성 주	金 成 柱	1999.02.21	호남대	186 / 78
	이 재 원	李 在 原	2002.05.05	울산대	183 / 75
	차 오 연	車 五 硏	1998.04.15	한양대	186 / 77
	김 주 헌	金 湊 軒	1997.04.09	용인대	184 / 77
	신 원 호	申 原 浩	2001.05.19	보인고	175 / 67
	오 현 교	吳 賢 敎	1999.07.24	호남대	181 / 73
	오 윤 석	吳 尤 錫	1990.12.03	아주대	173 / 71
	안	Nguyen Canh Anh / 阮 景 英	2000.01.12	*베트남	180 / 70
	김 대 생	金 大 生	1995.01.18	(일본) 고마자와대	170 / 69
	문 건 호	文 建 浩	2004.06.16	영생고	183 / 73
	박 준 강	朴 埈 江	1991.06.06	상지대	170 / 65
	김 창 수	金 昌 洙	1985.09.12	동명공업고	179 / 75
MF	윤 용 호	尹 龍 鎬	1996.03.06	한양대	175 / 72
	다 미 르	Damir Šovšić	1990.02.05	*보스니아 / 크로아티아	177 / 75
	이 민 수	李 泯 洙	1992.01.11	한남대	180 / 74
	김 현 중	金 鉉 重	1996.05.03	한양대	184 / 76
	김 세 윤	金 歲 尹	1999.04.29	충남기계공고	174 / 65
	한 규 진		2001.11.10	강서대	184 / 74
	신 형 민	辛 炯 旼	1986.07.18	홍익대	182 / 76
	최 상 헌	崔 尙 憲	2001.07.16	울산대	173 / 63
FW	정 석 화	鄭 錫 華	1991.05.17	고려대	171 / 62
	모 따	Bruno Rodrigues Mota	1996.02.10	*브라질	193 / 87
	한 석 희	韓 碩 熙	1996.05.16	호남대	168 / 68
	허 승 우	許 勝 宇	2001.08.04	울산대	174 / 70
	이 찬 협	李 讚 俠	2001.02.21	한양대	174 / 70
	김 종 민	金 宗 旻	1992.08.11	장훈고	188 / 83
	장 백 규	張 伯 圭	1991.10.09	*선문대	175 / 61
	히 에 우	Vũ Minh Hiếu / 武 明 孝	2002.05.10	*베트남	182 / 78
	이 석 규	李 石 圭	1999.12.14	인천대	175 / 70
	한 재 훈	韓 載 馴	2004.01.25	천안제일고	174 / 63
	파 울 리 뇨	Paulo Henrique do Pilar Silva	1996.06.24	*브라질	167 / 69

2023년 개인기록 _ K리그2

위치	배번	이름	02	10	18	19	30	31	41	48	56	62
		경기번호	02	10	18	19	30	31	41	48	56	62
		날짜	03.01	03.05	03.12	03.18	04.02	04.08	04.16	04.19	04.29	05.02
		홈/원정	홈	원정	홈	원정	홈	홈	원정	홈	원정	홈
		장소	천안	김포	천안	아산	천안	천안	탄천	천안	창원C	천안
		상대	부산	김포	부천	충남아산	전남	김천	성남	안산	경남	안양
		결과	패	패	패	패	패	패	패	무	패	패
		점수	2:3	0:4	0:3	0:1	1:3	0:2	0:2	1:1	1:2	0:4
		승점	0	0	0	0	0	0	0	1	1	1
		슈팅수	10:12	7:14	9:12	4:9	8:13	9:19	10:9	8:10	6:8	13:18
GK	1	김 민 준			○ 0/0	○ 0/0	○ 0/0		○ 0/0	○ 0/0	○ 0/0	○ 0/0
	31	김 효 준	○ 0/0	○ 0/0 C								
	36	임 민 혁						○ 0/0				
DF	2	김 주 환	○ 0/1	○ 0/0	○ 0/0	○ 0/0	○ 0/0	○ 0/0 C	○ 0/0 C		△ 0/0 C	▽ 0/0
	3	이 광 준	▽ 0/0 C	△ 0/0	△ 0/0	△ 0/0		○ 0/0 C	○ 0/0	△ 0/0		
	5	이 재 원					△ 0/0			○ 0/0 C	○ 0/0 C	○ 0/0 C
	6	차 오 연	○ 0/0 C	○ 0/0 C	▽ 0/0	▽ 0/0	▽ 0/0	○ 0/0 C	○ 0/0			
	15	김 주 헌	○ 0/0	○ 0/0		○ 0/0 C			○ 0/0		▽ 0/0	△ 0/0
	21	신 원 호	△ 0/0	△ 0/0								
	22	오 현 교	◈ 0/0	△ 0/0						○ 1/0		
	23	오 윤 석	○ 0/1	○ 0/0	○ 0/0		▽ 0/0		○ 0/0			
	26	김 대 생								△ 0/0		
	28	문 건 호										
	37	박 준 강					△ 0/0 C					
	39	김 창 수			△ 0/0							
MF	4	김 성 주					△ 0/0		○ 0/0 C	▽ 0/0		
	8	윤 용 호	▽ 0/0	▽ 0/0	▽ 0/0	▽ 0/0	△ 0/0		▽ 0/0	△ 0/0		
	10	다 미 르		○ 0/0 C	○ 0/0	○ 0/0				○ 1/0	○ 0/0	▽ 0/0
	14	이 민 수	△ 0/0			○ 0/0 C	○ 0/0 C			△ 0/0		
	16	김 현 중	▽ 0/0	▽ 0/0		△ 0/0	▽ 0/0		△ 0/0			
	19	장 백 규			▽ 0/0		○ 0/0		▽ 0/0		▽ 0/0	
	20	김 세 윤			△ 0/0	△ 0/0	▽ 0/0					△ 0/0
	29	한 재 훈			△ 0/0							
	32	신 형 민										
	33	최 상 헌	▽ 0/0	◈ 0/0								
FW	7	정 석 화										
	7	바 카 요 코					○ 0/0	○ 0/0	○ 0/0	○ 0/0	○ 0/0	○ 0/0
	9	모 따	○ 2/0 C	▽ 0/0	○ 0/0	○ 0/0	▽ 0/0	▽ 0/0	△ 0/0	▽ 0/0	▽ 0/0	△ 0/0
	11	한 석 희					△ 0/0 C			◈ 0/0		△ 0/0 C
	13	허 승 우	△ 0/0		▽ 0/0	▽ 0/0	▽ 0/0		△ 0/0			
	17	이 찬 협								▽ 0/0		▽ 0/0
	18	김 종 민	△ 0/0	△ 0/0	△ 0/0	△ 0/0	△ 0/0	△ 0/0	△ 0/0			
	27	이 석 규		▽ 0/0			▽ 0/0	▽ 0/0	▽ 0/0	▽ 0/0	▽ 0/0	△ 0/0
	96	파 울 리 뇨										

선수자료 : 득점/도움 ○ = 선발출전 △ = 교체 IN ▽ = 교체 OUT ◈ = 교체 IN/OUT C = 경고 S = 퇴장

위치	배번		69	73	80	85	91	100	105	116	121	129
		경기번호	69	73	80	85	91	100	105	116	121	129
		날짜	05.06	05.13	05.20	05.27	06.03	06.11	06.24	07.08	07.15	07.18
		홈/원정	원정	원정	홈	원정	홈	원정	원정	홈	홈	원정
		장소	청주	목동	천안	광양	천안	부천	김천	천안	천안	안양
		상대	충북청주	서울E	충남아산	전남	경남	부천	김천	서울E	충북청주	안양
		결과	패	패	패	패	패	무	패	무	무	무
		점수	1:2	2:3	0:1	0:2	2:3	1:1	1:4	0:0	2:2	1:1
		승점	1	1	1	1	1	2	2	3	4	5
		슈팅수	10:8	6:14	9:13	4:10	14:5	13:10	8:12	9:7	13:13	7:5
GK	1	김민준	○ 0/0	○ 0/0				○ 0/0	○ 0/0	○ 0/0	○ 0/0 C	○ 0/0
	31	김효준										
	36	임민혁					○ 0/0					
DF	2	김주환	△ 0/0		△ 0/0		○ 0/0	○ 0/0	▽ 0/0	○ 0/0	▽ 0/0	○ 0/1
	3	이광준							△ 0/0	○ 0/0	○ 0/0	○ 0/0
	5	이재원	○ 0/0	○ 0/0	○ 0/0	○ 0/0	○ 0/0	○ 0/0 C	○ 0/0	○ 0/0 C		▽ 0/0
	6	차오연	▽ 0/0	○ 0/0	○ 0/0							
	15	김주헌	△ 0/0									
	21	신원호	○ 0/0								△ 0/0	
	22	오현교	○ 0/0	○ 0/0 C	○ 0/0 C	○ 0/0	△ 0/0	△ 0/0	△ 0/0	△ 0/0		▽ 0/0 C
	23	오윤석	▽ 0/0	▽ 1/0 C	▽ 0/0	▽ 0/0	▽ 0/0	▽ 0/0	▽ 0/0	○ 0/0	▽ 0/0	△ 0/0
	26	김대생				▽ 0/0			△ 0/0			
	28	문건호										
	37	박준강				△ 0/0	▽ 0/0	▽ 0/0		▽ 0/0	○ 0/0 C	△ 0/0
	39	김창수									△ 0/0	
MF	4	김성주						○ 0/0	▽ 0/0			
	8	윤용호		▽ 0/0	▽ 0/0	△ 0/0	○ 0/0	△ 1/0	○ 0/1	○ 0/0	▽ 1/0	▽ 0/0 C
	10	다미르	▽ 0/0	○ 0/0	▽ 0/0		○ 0/0	△ 0/0	○ 0/0 C			
	14	이민수		○ 0/0	▽ 0/0			△ 0/0				
	16	김현중	△ 0/0	△ 0/0	△ 0/0	○ 0/0	○ 2/0 C	○ 0/0	○ 0/0 C	○ 0/0	○ 0/0	△ 0/0
	19	장백규	▽ 0/0	○ 1/0	▽ 0/0	▽ 0/0	▽ 0/1	▽ 0/0			△ 0/0	△ 0/0
	20	김세윤		△ 0/0								
	29	한재훈										
	32	신형민										○ 0/0
	33	최상헌										
FW	7	정석화								△ 0/0	△ 0/0	▽ 0/0 C
	7	바카요코	△ 0/0	◆ 0/0	○ 0/0	○ 0/0	▽ 0/0	▽ 0/0				
	9	모따	○ 0/0	△ 1/0	△ 0/0	▽ 0/0	▽ 0/0	▽ 0/0	○ 1/0	○ 0/0	▽ 1/0 C	△ 0/0
	11	한석희		△ 0/0	△ 0/0	△ 0/0	△ 0/0					
	13	허승우										
	17	이찬협	▽ 0/0 C	▽ 0/0		△ 0/0 C						
	18	김종민	△ 0/0	▽ 0/0	○ 0/0	△ 0/0	△ 0/0	△ 0/0	△ 0/0		△ 0/0	▽ 1/0
	27	이석규	○ 0/0	○ 0/0 C	▽ 0/0	○ 0/0	○ 0/0 C	△ 0/0	○ 0/0 C	△ 0/0	○ 0/0	△ 0/0
	96	파울리뇨								▽ 0/0	○ 0/0 C	○ 0/0 C

155

위치	배번	성명	경기번호 136	142	146	154	162	168	177	181	192	195
		날짜	07.23	07.30	08.05	08.14	08.21	08.27	09.02	09.16	09.20	09.23
		홈/원정	홈	원정	원정	홈	원정	홈	홈	원정	홈	원정
		장소	천안	안산	구덕	천안	창원C	천안	천안	목동	천안	광양
		상대	성남	안산	부산	김포	경남	충북청주	안산	서울E	부천	전남
		결과	승	패	패	패	무	무	무	승	승	승
		점수	3:2	1:2	0:1	0:2	1:1	0:0	1:1	3:0	1:0	3:1
		승점	8	8	8	8	9	10	11	14	17	20
		슈팅수	11:21	16:7	11:7	9:11	8:17	11:12	7:8	9:10	7:13	17:5
GK	1	김민준	○0/0	○0/0	○0/0	○0/0	○0/0	○0/0	○0/0	○0/0	○0/0	○0/0
	31	김효준										
	36	임민혁										
DF	2	김주환	○0/0 C	○0/0	○0/0	○0/0	○0/0	○0/0	○0/0	○0/0	○0/0	○0/0
	3	이광준	○0/0	○0/0 C	○0/0	○0/0	○1/0				○0/0	○0/1
	5	이재원	▽0/0	▽0/0	▽0/0	○0/0	○0/0	○0/0	○0/0	○0/0	○0/0	○0/0
	6	차오연						○0/0	○0/0	○0/0 C	○0/0	○0/0
	15	김주헌			△0/0	▽0/0	▽0/0 C	○0/0				
	21	신원호					△0/0		△0/0			
	22	오현교							▽0/0	▽0/0	▽0/0	▽0/0
	23	오윤석	△0/0		△0/0					△0/0		
	26	김대생										
	28	문건호										
	37	박준강	▽0/0	○0/0	▽0/0	▽0/0	○0/0	▽0/0 C	▽0/1	▽0/0		▽0/0
	39	김창수	△0/0	△0/0		△0/0	△0/0	△0/0	△0/0	△0/0		△0/0
MF	4	김성주										
	8	윤용호	▽0/0	▽0/0	▽0/0	▽0/0	▽0/0	▽0/0	▽0/0			△0/0
	10	다미르	△0/0	△0/0	△0/0	△0/0	△0/0	△0/0	△0/0 C		△0/0	
	14	이민수								▽0/0	○0/0	▽1/0
	16	김현중	○0/0 C	○0/0	▽0/0 C							
	19	장백규	△0/0	△0/0	△0/0	△0/0				▽0/1	▽1/0	▽0/1
	20	김세윤										
	29	한재훈										
	32	신형민	○0/0	○0/0 C	○0/0	○0/0	○0/0	○0/0	○0/0	○0/0	○0/0	○0/0 C
	33	최상헌										
FW	7	정석화	▽0/0	▽0/0	○0/0	▽0/0	▽0/0	▽0/0	▽0/0	▽0/0	▽0/0	▽0/0
	7	바카요코										
	9	모따	○1/1	▽1/0	▽0/0	▽0/0	○0/0 C	▽0/0	△0/0 C	○1/0	○0/0 C	
	11	한석희										
	13	허승우										
	17	이찬협										
	18	김종민		△0/0	△0/0	△0/0 C		△0/0				△0/0
	27	이석규	◆0/0				▽0/0	▽0/0	▽1/0	△1/0	△0/0	△0/0
	96	파울리뇨	○2/1 C	○0/0	○0/0	○0/0	○0/0	○0/0	○0/0	△1/1	△0/0	○2/1

선수자료: 득점/도움 ○ = 선발출전 △ = 교체 IN ▽ = 교체 OUT ◆ = 교체 IN/OUT C = 경고 S = 퇴장

위치	배번	이름	경기번호 203	206	211	218	227	231
		날짜	10.01	10.07	10.21	10.28	11.12	11.26
		홈/원정	홈	원정	홈	원정	홈	원정
		장소	천안	부산A	천안	아산	천안	안양
		상대	김천	부산	성남	충남아산	김포	안양
		결과	패	무	승	패	무	패
		점수	1:3	0:0	3:1	0:2	0:0	1:2
		승점	20	21	24	24	25	25
		슈팅수	2:12	4:11	13:4	12:9	4:12	8:10
GK	1	김 민 준	○ 0/0	○ 0/0				
	31	김 효 준						
	36	임 민 혁			○ 0/0	○ 0/0	○ 0/0	○ 0/0
DF	2	김 주 환	○ 0/0	○ 0/0	○ 0/0	▽ 0/0		
	3	이 광 준	○ 0/0		○ 0/0	○ 0/0	0/0 C	▽ 0/0
	5	이 재 원	△ 0/0	○ 0/0 C	▽ 0/0	○ 0/0 C	○ 0/0 CC	
	6	차 오 연	○ 0/0	○ 0/0 C		△ 0/0		
	15	김 주 헌						
	21	신 원 호		△ 0/0			▽ 0/0	▽ 0/0
	22	오 현 교	▽ 0/0	▽ 0/0		▽ 0/0	△ 0/0	○ 0/0
	23	오 윤 석	△ 0/0		△ 0/0	△ 0/0		◆ 0/0
	26	김 대 생						
	28	문 건 호						△ 0/0
	37	박 준 강	○ 0/0	▽ 0/0 C	▽ 0/0	▽ 0/0	○ 0/0	
	39	김 창 수					△ 0/0	▽ 0/0
MF	4	김 성 주			△ 0/0	△ 0/0	○ 0/0	▽ 0/0
	8	윤 용 호	△ 0/1		△ 0/0	△ 0/0		
	10	다 미 르	△ 0/0 C					
	14	이 민 수	▽ 0/0 C	○ 0/0	▽ 0/0	▽ 0/0	▽ 0/0	○ 0/0
	16	김 현 중						
	19	장 백 규	◆ 0/0					
	20	김 세 윤						
	29	한 재 훈			△ 0/0	△ 0/0 C		△ 0/0
	32	신 형 민	▽ 0/0	○ 0/0	○ 0/0	▽ 0/0	○ 0/0	○ 0/0
	33	최 상 헌						
FW	7	정 석 화	▽ 0/0	○ 0/0	▽ 0/2	○ 0/0 C	○ 0/0	○ 0/0
	7	바 카 요 코						
	9	모 따	○ 0/0	▽ 0/0 C	○ 1/0	○ 0/0	○ 0/0	○ 1/0 C
	11	한 석 희						
	13	허 승 우					△ 0/0	△ 0/0
	17	이 찬 협			△ 0/0			△ 0/0
	18	김 종 민		△ 0/0				
	27	이 석 규		△ 0/0	▽ 0/0			
	96	파 울 리 뇨	○ 1/0 C	○ 0/0	○ 2/1	○ 0/0	▽ 0/0	○ 0/1

Section 2

2 0 2 3 시 즌 기 록

2023년 구단별 유료 관중 현황

K리그1

구단	총관중	원정팀 관중	경기수	평균 관중
서울	430,029	45,345	19	22,633
울산	345,990	21,276	19	18,210
대전	244,274	21,796	19	12,856
전북	238,759	16,170	19	12,566
수원	224,177	28,781	19	11,798
대구	208,340	9,170	19	10,965
인천	169,826	18,245	19	8,938
포항	164,295	10,268	19	8,647
강원	122,772	9,981	19	6,461
제주	114,015	7,685	19	6,000
수원FC	98,580	17,582	19	5,188
광주	86,090	11,436	19	4,531
합계	2,447,147	217,735	228	10,733

K리그2

구단	총관중	원정팀 관중	경기수	평균 관중
서울E	65,109	2,487	18	3,617
부산	64,587	1,414	18	3,588
경남	61,711	1,622	19	3,247
안양	54,484	2,055	18	3,026
부천	53,737	2,726	18	2,985
충북청주	45,177	1,785	18	2,509
김포	41,353	2,649	19	2,176
성남	37,744	2,147	18	2,096
전남	37,321	1,085	18	2,073
충남아산	33,922	2,012	18	1,884
김천	21,305	1,141	18	1,183
안산	21,164	2,342	18	1,175
천안	20,818	1,958	18	1,156
합계	558,432	25,423	236	2,366

승강 플레이오프

구단	총관중	원정팀 관중	경기수	평균 관중
강원	10,130	474	1	10,130
수원FC	6,987	1,634	1	6,987
부산	4,047	155	1	4,047
김포	3,736	629	1	3,736
합계	24,900	2,892	4	6,225

2023년 전 경기 전 시간 출전자

K리그1

출전 내용	선수명	소속	출전수	교체수
전 경기 / 전 시간	황인재	포항	38	0
	이창근	대전	38	0
전 경기	김영빈	강원	38	1
	김진혁	대구	38	4
	김주성	서울	38	5
	두현석	광주	38	11
	나상호	서울	38	17

K리그2

출전 내용	선수명	소속	출전수	교체수
전 경기/전 시간	구상민	부산	36	0
전 경기	김강국	충남아산	36	3
	닐손주니어	부천	37	3
	이상민	서울E	36	6
	송홍민	경남	38	10
	박민서	경남	38	12
	발디비아	전남	36	13
	플라나	전남	36	27
	주현우	안양	36	27

2023년 심판배정 기록

승강플레이오프 주심, 대기심, VAR

성명	주심	대기심	VAR
고형진	1	0	1
김종혁	1	0	0
이동준	1	0	0
정동식	1	0	0
김우성	0	1	0
박병진	0	1	0
신용준	0	1	0
채상협	0	1	0
김성호	0	0	1
김용우	0	0	1
김희곤	0	0	1
송봉근	0	0	1
오현진	0	0	1
조지음	0	0	1
최규현	0	0	1

승강플레이오프 부심

성명	부심
강동호	1
곽승순	1
김계용	1
김지욱	1
박상준	1
방기열	1
성주경	1
윤재열	1

K리그1 주심, 대기심, VAR

성명	주심	대기심	VAR
이동준	22	5	15
정동식	18	10	11
고형진	18	4	14
김대용	17	5	12
김종혁	17	1	9
박병진	16	6	19
김우성	15	5	10
김용우	14	12	14
채상협	14	11	10
김희곤	14	4	14
신용준	13	17	9
송민석	12	10	14
최현재	11	3	13
김영수	10	12	12
안재훈	6	22	4
정회수	5	10	5
조지음	4	7	10
오현진	1	10	9
최광호	1	5	9
최승환	0	12	0
성덕효	0	8	7
임정수	0	7	7
최규현	0	7	6
설태환	0	6	2
박종명	0	6	0
김재홍	0	4	5
이지형	0	4	0
최철준	0	3	9
오현정	0	3	3
고민국	0	3	0
이경순	0	3	0
박세진	0	2	0
김도연	0	1	2
김성호	0	0	28
박진호	0	0	27
매호영	0	0	25
김동인	0	0	24
최일우	0	0	18
최대우	0	0	17
이슬기	0	0	11
박상준	0	0	10
김유정	0	0	10
윤재열	0	0	7
박균용	0	0	6
김경민	0	0	6
송봉근	0	0	5
김지욱	0	0	4
강동호	0	0	3
장종필	0	0	1

K리그1 부심

성명	부심
박상준	32
윤재열	30
박균용	28
송봉근	31
김지욱	33
강동호	31
장종필	26
김계용	34
성주경	34
지승민	34
방기열	33
천진희	31
곽승순	29
양재용	19
구은석	8
설귀선	6
홍석찬	6
이영운	4
김수현	2
이양우	2
서영규	1
이병주	1
주현민	1

K리그2 주심, 대기심, VAR

성명	주심	대기심	VAR
정회수	19	4	12
최광호	18	7	10
박종명	17	14	0
오현진	17	6	9
최규현	16	9	9
최승환	13	18	1
김재홍	13	16	5
조지음	13	3	14
박세진	12	21	0
오현정	11	18	0
안재훈	11	6	6
임정수	10	9	14
설태환	9	14	1
성덕효	9	13	9
최철준	9	9	9
김영수	7	5	6
김도연	7	4	4
송민석	6	3	10
신용준	3	3	8
채상협	3	1	8
박병진	3	0	10
이지형	2	23	0
고민국	2	7	0
이동준	2	2	12
최현재	1	2	8
고형진	1	1	10
김우성	1	1	10
김종혁	1	1	9
이경순	0	9	0
김대용	0	3	6
정동식	0	2	11
김희곤	0	2	8
김성호	0	0	34
김동인	0	0	29
박진호	0	0	25
매호영	0	0	24
최대우	0	0	24
최일우	0	0	20
김유정	0	0	15
이슬기	0	0	14
박상준	0	0	11
송봉근	0	0	11
윤재열	0	0	11
김용우	0	0	10
김경민	0	0	8
김지욱	0	0	8
장종필	0	0	5
강동호	0	0	3
박균용	0	0	1

K리그2 부심

성명	부심
신재환	35
이병주	35
김동민	34
김종희	34
박남수	34
이양우	34
주현민	34
이영운	33
홍석찬	33
설귀선	32
김수현	31
서영규	31
구은석	30
강도준	17
김태형	14
김경민	4
방기열	3
천진희	2
이화평	1
지승민	1

라운드	경기번호	대회구분	경기일자	경기시간	홈팀	결과	원정팀	경기장소	관중수
1	1	일반	02.25	14:00	울산	2:1	전북	문수	28,039
1	2	일반	02.25	16:30	서울	2:1	인천	서울W	22,204
1	3	일반	02.25	16:30	수원	0:1	광주	수원W	10,348
1	4	일반	02.26	14:30	포항	3:2	대구	포항	14,089
1	5	일반	02.26	14:00	제주	0:0	수원FC	제주W	8,362
1	6	일반	02.26	16:30	대전	2:0	강원	대전W	18,590
2	7	일반	03.04	14:00	인천	3:3	대전	인천	10,011
2	8	일반	03.04	14:00	수원FC	1:2	포항	수원	7,155
2	9	일반	03.04	16:30	대구	1:1	제주	대구전	10,851
2	10	일반	03.05	14:00	전북	1:1	수원	전주W	19,660
2	11	일반	03.05	14:00	강원	0:1	울산	춘천	6,199
2	12	일반	03.05	16:30	광주	0:2	서울	광주	7,357
3	13	일반	03.11	14:00	수원FC	2:1	수원	수원	8,670
3	14	일반	03.11	14:00	대전	0:0	포항	대전W	8,661
3	15	일반	03.11	16:30	강원	1:1	대구	춘천	4,058
3	16	일반	03.12	14:00	서울	1:2	울산	서울W	20,549
3	17	일반	03.12	14:00	전북	2:0	광주	전주W	8,051
3	18	일반	03.12	16:30	인천	1:0	제주	인천	6,007
4	19	일반	03.18	14:00	포항	1:1	강원	포항	7,514
4	20	일반	03.18	14:00	광주	5:0	인천	광주	2,812
4	21	일반	03.18	16:30	제주	1:2	서울	제주W	7,078
4	22	일반	03.19	14:00	대구	2:0	전북	대구전	12,253
4	23	일반	03.19	14:00	수원	1:3	대전	수원W	10,442
4	24	일반	03.19	16:30	울산	3:0	수원FC	문수	15,230
5	25	일반	04.01	14:00	전북	1:2	포항	전주W	12,767
5	26	일반	04.01	14:00	인천	0:0	대구	인천	8,250
5	27	일반	04.01	16:30	광주	2:0	수원FC	광주	4,535
5	28	일반	04.01	19:00	대전	3:2	서울	대전W	15,793
5	29	일반	04.02	14:00	제주	1:3	울산	제주W	7,140
5	30	일반	04.02	16:30	수원	1:1	강원	수원W	7,428
6	31	일반	04.08	14:00	울산	2:1	수원	문수	15,181
6	32	일반	04.08	16:30	서울	3:0	대구	서울W	45,007
6	33	일반	04.08	19:00	포항	2:0	광주	포항	7,062
6	34	일반	04.09	16:30	전북	2:0	인천	전주W	8,697
6	35	일반	04.09	19:00	강원	0:1	제주	춘천	2,581
6	36	일반	04.09	15:00	수원FC	5:3	대전	수원	4,421
7	37	일반	04.15	14:00	수원	2:3	제주	수원W	5,190
7	38	일반	04.15	16:30	포항	1:1	서울	포항	9,131

라운드	경기번호	대회구분	경기일자	경기시간	홈팀	결과	원정팀	경기장소	관중수
7	39	일반	04.15	19:00	수원FC	1:0	전북	수원	9,221
7	40	일반	04.16	14:00	강원	0:2	인천	춘천	3,162
7	41	일반	04.16	16:30	대전	2:1	울산	대전W	16,359
7	42	일반	04.16	19:00	대구	3:4	광주	대구전	7,534
8	43	일반	04.22	14:00	서울	3:1	수원	서울W	30,186
8	44	일반	04.22	16:30	울산	2:2	포항	문수	16,761
8	45	일반	04.22	16:30	대구	1:0	대전	대구전	10,236
8	46	일반	04.22	19:00	인천	2:2	수원FC	인천	8,215
8	47	일반	04.23	14:00	광주	0:0	강원	광주	3,562
8	48	일반	04.23	16:30	제주	0:2	전북	제주W	10,041
9	49	일반	04.25	19:30	포항	1:0	수원	포항	3,080
9	50	일반	04.25	19:30	인천	0:1	울산	인천	5,326
9	51	일반	04.26	19:00	강원	3:2	서울	춘천	3,640
9	52	일반	04.26	19:00	광주	2:0	제주	광주	2,143
9	53	일반	04.26	19:30	전북	1:2	대전	전주W	5,067
9	54	일반	04.26	19:30	수원FC	1:1	대구	수원	1,870
10	55	일반	04.29	14:00	수원FC	0:3	서울	수원	5,806
10	56	일반	04.29	16:30	전북	0:1	강원	전주W	5,685
10	57	일반	04.30	14:00	대전	3:2	제주	대전W	13,777
10	58	일반	04.30	15:00	포항	0:2	인천	포항	9,173
10	59	일반	04.30	16:30	수원	0:1	대구	수원W	8,883
10	60	일반	04.30	19:00	울산	2:1	광주	문수	12,068
11	61	일반	05.05	14:00	대구	0:3	울산	대구전	11,929
11	62	일반	05.05	14:00	서울	1:1	전북	서울W	37,008
11	63	일반	05.05	16:30	인천	0:1	수원	인천	8,637
11	64	일반	05.06	14:00	제주	2:1	포항	제주W	5,261
11	65	일반	05.06	16:30	수원FC	2:0	강원	수원	2,749
11	66	일반	05.06	19:00	광주	0:0	대전	광주	3,687
12	67	일반	05.09	19:30	울산	1:0	강원	문수	5,318
12	68	일반	05.09	19:30	대구	1:1	포항	대구전	6,943
12	69	일반	05.09	19:30	서울	3:1	광주	서울W	10,236
12	70	일반	05.10	19:30	제주	2:0	인천	제주W	4,124
12	71	일반	05.10	19:30	수원	0:3	전북	수원W	7,860
12	72	일반	05.10	19:30	대전	2:1	수원FC	대전W	8,377
13	73	일반	05.13	14:00	포항	3:2	대전	포항	7,002
13	74	일반	05.13	16:30	광주	0:2	대구	광주	3,622
13	75	일반	05.13	19:00	강원	0:2	수원	춘천	5,519
13	76	일반	05.14	14:30	울산	3:2	서울	문수	26,004

라운드	경기번호	대회구분	경기일자	경기시간	홈팀	결과	원정팀	경기장소	관중수
13	78	일반	05.14	19:00	수원FC	0:5	제주	수원	3,213
14	79	일반	05.20	16:30	인천	1:1	광주	인천	6,663
14	80	일반	05.20	18:00	서울	1:1	제주	서울W	20,338
14	81	일반	05.20	19:00	대전	0:1	대구	대전W	14,275
14	82	일반	05.21	16:30	강원	0:0	포항	춘천	3,495
14	83	일반	05.21	18:00	수원	2:3	울산	수원W	12,639
14	84	일반	05.21	19:00	전북	3:1	수원FC	전주W	13,634
15	85	일반	05.27	16:30	제주	2:1	수원	제주W	6,308
15	86	일반	05.27	19:00	대구	2:2	인천	대구전	11,706
15	87	일반	05.28	16:30	서울	1:0	강원	서울W	14,419
15	88	일반	05.28	18:00	수원FC	0:2	광주	수원	1,605
15	89	일반	05.28	19:00	울산	3:3	대전	문수	17,251
15	90	일반	05.29	16:30	포항	1:0	전북	포항	14,377
16	91	일반	06.03	16:30	전북	2:0	울산	전주W	27,797
16	92	일반	06.03	18:00	수원	1:2	수원FC	수원W	13,104
16	93	일반	06.03	19:00	제주	2:2	강원	제주W	5,616
16	94	일반	06.03	19:30	광주	4:2	포항	광주	3,512
16	95	일반	06.04	19:00	대전	1:3	인천	대전W	13,779
16	96	일반	06.04	19:00	대구	1:0	서울	대구전	12,056
17	97	일반	06.06	16:30	수원FC	1:3	울산	수원	8,733
17	98	일반	06.06	18:00	포항	2:1	제주	포항	8,376
17	99	일반	06.07	19:00	전북	1:0	대구	전주W	8,197
17	100	일반	06.07	19:00	광주	2:1	수원	광주	1,871
17	101	일반	06.07	19:30	인천	1:1	서울	인천	7,272
17	102	일반	06.07	19:30	강원	1:2	대전	춘천	2,840
18	103	일반	06.10	16:30	대구	3:1	수원FC	대구전	11,457
18	104	일반	06.10	18:00	울산	5:1	제주	문수	20,190
18	105	일반	06.10	20:00	대전	1:1	광주	대전W	8,390
18	106	일반	06.11	16:30	강원	1:2	전북	춘천	6,114
18	107	일반	06.11	19:00	서울	1:1	포항	서울W	18,108
18	108	일반	06.11	19:00	수원	0:0	인천	수원W	7,066
19	109	일반	06.24	16:30	수원	0:1	서울	수원W	19,513
19	110	일반	06.24	18:00	제주	1:1	대전	제주W	5,755
19	111	일반	06.24	19:00	광주	2:0	전북	광주	5,990
19	112	일반	06.24	19:30	울산	3:1	대구	문수	20,070
19	113	일반	06.25	16:30	인천	0:1	포항	인천	9,367
19	114	일반	06.25	19:00	수원FC	1:1	강원	수원	3,173
20	115	일반	07.01	18:00	전북	2:0	제주	전주W	12,175
20	116	일반	07.01	19:00	대구	1:1	수원	대구전	12,175
20	117	일반	07.01	19:30	서울	0:0	대전	서울W	22,637
20	118	일반	07.02	18:00	광주	0:1	울산	광주	5,982
20	119	일반	07.02	19:00	포항	3:1	수원FC	포항	5,441
20	120	일반	07.02	20:00	인천	1:0	강원	인천	5,076
21	121	일반	07.07	19:30	제주	1:2	대구	제주W	4,210
21	122	일반	07.07	19:00	강원	1:1	광주	강릉	7,006
21	123	일반	07.08	18:00	포항	0:1	울산	포항	14,486
21	124	일반	07.08	19:00	수원FC	2:2	인천	수원	4,782
21	125	일반	07.08	19:30	전북	2:1	서울	전주W	21,139
21	126	일반	07.09	19:00	대전	2:2	수원	대전W	13,685
22	127	일반	07.11	19:00	대구	0:0	강원	대구전	7,929
22	128	일반	07.11	19:00	제주	2:2	광주	제주W	3,280
22	129	일반	07.12	19:00	울산	1:2	인천	문수	8,353
22	130	일반	07.12	19:30	수원	1:1	포항	수원W	4,727
22	131	일반	07.12	19:30	대전	2:2	전북	대전W	20,592
22	132	일반	07.12	19:30	서울	7:2	수원FC	서울W	10,407
23	133	일반	07.15	19:00	수원	3:1	울산	수원W	9,946
23	134	일반	07.15	19:00	강원	1:1	서울	강릉	7,203
23	135	일반	07.15	20:00	광주	1:1	대구	광주	2,851
23	136	일반	07.16	19:00	전북	1:0	수원FC	전주W	10,905
23	137	일반	07.16	19:00	포항	4:2	제주	포항	4,422
23	138	일반	07.16	20:00	인천	2:0	대전	인천	8,925
24	139	일반	07.21	19:30	울산	2:1	제주	문수	13,073
24	140	일반	07.21	19:30	포항	2:1	전북	포항	9,055
24	141	일반	07.22	19:00	수원FC	0:1	광주	수원	2,083
24	142	일반	07.22	19:30	강원	1:2	수원	강릉	11,084
24	143	일반	07.22	19:30	서울	0:1	인천	서울W	18,150
24	144	일반	07.22	20:00	대전	1:0	대구	대전W	10,473
25	145	일반	08.04	19:30	서울	2:2	포항	서울W	15,016
25	146	일반	08.04	19:30	광주	3:0	대전	광주	3,752
25	147	일반	08.05	19:00	수원	0:2	수원FC	수원W	17,481
25	148	일반	08.05	19:30	대구	0:0	울산	대구전	11,928
25	149	일반	08.06	19:00	전북	2:0	인천	전주W	10,327
25	150	일반	08.06	19:30	제주	1:1	강원	제주W	4,331
26	151	일반	08.12	19:00	전북	1:1	수원	전주W	14,216
26	152	일반	08.12	19:00	강원	2:0	울산	강릉	8,369
26	153	일반	08.12	20:00	제주	3:0	수원FC	제주W	5,443
26	154	일반	08.13	19:00	대전	4:3	서울	대전W	13,290
26	155	일반	08.13	19:30	인천	3:1	대구	인천	9,349

라운드	경기번호	대회구분	경기일자	경기시간	홈팀	결과	원정팀	경기장소	관중수
26	156	일반	08.13	20:00	포항	1:1	광주	포항	7,206
27	157	일반	08.18	19:30	수원	1:0	제주	수원W	7,258
27	158	일반	08.18	19:30	인천	2:2	광주	인천	5,870
27	159	일반	08.19	19:00	울산	1:0	전북	문수	30,756
27	160	일반	08.19	19:00	강원	1:2	수원FC	강릉	10,503
27	161	일반	08.19	19:00	서울	2:2	대구	서울W	17,800
27	162	일반	08.20	19:00	포항	4:3	대전	포항	7,287
28	163	일반	08.25	19:00	수원FC	1:2	인천	수원	3,236
28	164	일반	08.25	19:30	전북	1:1	대전	전주W	11,224
28	165	일반	08.26	19:00	대구	1:0	제주	대구전	12,136
28	166	일반	08.26	19:30	강원	1:1	포항	강릉	9,063
28	167	일반	08.27	19:00	서울	2:2	울산	서울W	27,051
28	168	일반	08.27	19:30	광주	4:0	수원	광주	5,014
29	169	일반	09.01	19:00	대전	0:1	수원FC	대전W	9,955
29	170	일반	09.01	19:30	대구	1:0	강원	대구전	9,806
29	171	일반	09.02	16:30	수원	0:1	서울	수원W	22,882
29	172	일반	09.02	19:00	인천	0:2	포항	인천	12,134
29	173	일반	09.03	16:30	울산	0:0	광주	문수	18,358
29	174	일반	09.03	19:00	제주	0:0	전북	제주W	8,104
30	175	일반	09.16	14:00	전북	1:3	강원	전주W	10,620
30	176	일반	09.16	14:00	인천	2:1	제주	인천	8,433
30	177	일반	09.16	16:30	포항	2:0	수원FC	포항	7,469
30	178	일반	09.16	19:00	울산	1:1	대전	문수	17,237
30	179	일반	09.17	14:00	서울	0:1	광주	서울W	20,165
30	180	일반	09.17	16:30	수원	0:1	대구	수원W	11,048
31	181	일반	09.23	14:00	대전	3:1	수원	대전W	14,810
31	182	일반	09.23	16:30	제주	1:3	서울	제주W	7,205
31	183	일반	09.24	14:00	수원FC	2:3	울산	수원	7,809
31	184	일반	09.24	14:00	광주	0:1	전북	광주	7,303
31	185	일반	09.24	16:30	강원	1:1	인천	강릉	10,047
31	186	일반	09.24	19:00	대구	0:0	포항	대구전	11,858
32	187	일반	09.30	14:00	포항	0:0	울산	포항	14,640
32	188	일반	09.30	14:00	수원FC	1:1	서울	수원	7,194
32	189	일반	09.30	16:30	전북	1:3	대구	전주W	14,963
32	190	일반	09.30	19:00	인천	2:0	수원	인천	15,040
32	191	일반	10.01	14:00	강원	1:1	대전	강릉	9,326
32	192	일반	10.01	16:30	제주	1:2	광주	제주W	6,130
33	193	일반	10.08	15:00	울산	0:0	인천	문수	17,584
33	194	일반	10.08	15:00	대구	2:2	수원FC	대구전	10,776
33	195	일반	10.08	15:00	서울	0:2	전북	서울W	33,103
33	196	일반	10.08	15:00	수원	1:0	포항	수원W	11,772
33	197	일반	10.08	15:00	광주	1:0	강원	광주	6,004
33	198	일반	10.08	15:00	대전	1:0	제주	대전W	15,818
34	199	파이널A	10.20	19:30	포항	1:1	인천	포항	4,944
34	200	파이널A	10.21	14:00	광주	0:2	울산	광주	5,553
34	201	파이널A	10.21	16:30	대구	1:2	전북	대구전	12,211
34	202	파이널B	10.22	14:00	서울	2:1	강원	서울W	11,638
34	203	파이널B	10.22	14:00	제주	2:0	수원	제주W	4,875
34	204	파이널B	10.22	16:40	대전	1:1	수원FC	대전W	9,474
35	205	파이널A	10.28	14:00	전북	1:1	포항	전주W	12,266
35	206	파이널A	10.28	16:30	광주	0:2	인천	광주	4,723
35	207	파이널A	10.28	16:30	강원	1:1	제주	강릉	5,256
35	208	파이널A	10.29	14:00	울산	2:0	대구	문수	18,933
35	209	파이널B	10.29	14:00	수원	2:2	대전	수원W	11,658
35	210	파이널B	10.29	16:30	수원FC	3:4	서울	수원	5,372
36	211	파이널B	11.11	14:00	대전	0:0	강원	대전W	8,000
36	212	파이널B	11.11	14:00	대구	1:1	광주	대구전	12,222
36	213	파이널B	11.11	16:30	제주	0:0	서울	제주W	6,039
36	214	파이널A	11.12	14:00	인천	1:1	전북	인천	11,912
36	215	파이널B	11.12	14:00	수원FC	2:3	수원	수원	8,886
36	216	파이널A	11.12	16:30	울산	3:2	포항	문수	16,946
37	217	파이널A	11.24	19:30	인천	3:1	울산	인천	7,601
37	218	파이널A	11.25	14:00	전북	2:0	광주	전주W	11,369
37	219	파이널B	11.25	14:00	제주	0:2	대전	제주W	4,713
37	220	파이널A	11.25	16:30	포항	1:0	대구	포항	9,541
37	221	파이널A	11.25	16:30	서울	0:1	수원	서울W	36,007
37	222	파이널B	11.25	16:30	강원	2:0	수원FC	강릉	7,307
38	223	파이널B	12.02	14:00	대전	2:2	서울	대전W	10,176
38	224	파이널B	12.02	14:00	수원FC	1:1	제주	수원	2,602
38	225	파이널B	12.02	14:00	수원	0:0	강원	수원W	24,932
38	226	파이널A	12.03	14:00	울산	1:0	전북	문수	28,638
38	227	파이널A	12.03	14:00	광주	0:0	포항	광주	5,817
38	228	파이널A	12.03	14:00	대구	2:1	인천	대구전	12,334

2023년 K리그1 팀별 연속 승패 · 득실점 기록 ㅣ 울산

일자	상대	홈/원정	승	무	패	득점	실점	연속기록 승	무	패	득점	실점	무득점	무실점
02.25	전북	홈	▲			2	1							
03.05	강원	원정	▲			1	0							
03.12	서울	원정	▲			2	1							
03.19	수원FC	홈	▲			3	0							
04.02	제주	원정	▲			3	1							
04.08	수원	홈	▲			2	1							
04.16	대전	원정			▼	1	2							
04.22	포항	홈		■		2	2							
04.25	인천	원정	▲			1	0							
04.30	광주	홈	▲			2	1							
05.05	대구	원정	▲			3	0							
05.09	강원	홈	▲			1	0							
05.14	서울	홈	▲			3	2							
05.21	수원	원정	▲			3	2							
05.28	대전	홈		■		3	3							
06.03	전북	원정			▼	0	2							
06.06	수원FC	원정	▲			3	1							
06.10	제주	홈	▲			5	1							
06.24	대구	홈	▲			3	1							
07.02	광주	원정	▲			1	0							
07.08	포항	원정	▲			1	0							
07.12	인천	홈			▼	1	2							
07.15	수원	원정			▼	1	3							
07.21	제주	홈	▲			2	1							
08.05	대구	원정		■		0	0							
08.12	강원	원정			▼	0	2							
08.19	전북	홈	▲			1	0							
08.27	서울	원정		■		2	2							
09.03	광주	홈			▼	0	2							
09.16	대전	홈		■		1	1							
09.24	수원FC	원정	▲			3	2							
09.30	포항	원정		■		0	0							
10.08	인천	홈		■		0	0							
10.21	광주	원정			▼	0	1							
10.29	대구	홈	▲			2	0							
11.12	포항	홈	▲			3	2							
11.24	인천	원정			▼	1	3							
12.03	전북	홈	▲			1	0							

2023년 K리그1 팀별 연속 승패 · 득실점 기록 ㅣ 포항

일자	상대	홈/원정	승	무	패	득점	실점	연속기록 승	무	패	득점	실점	무득점	무실점
02.26	대구	홈	▲			3	2							
03.04	수원FC	원정	▲			2	1							
03.11	대전	원정		■		0	0							
03.18	강원	홈		■		1	1							
04.01	전북	원정	▲			2	1							
04.08	광주	홈	▲			2	0							
04.15	서울	홈		■		1	1							
04.22	울산	원정		■		2	2							
04.25	수원	홈	▲			1	0							
04.30	인천	홈			▼	0	2							
05.06	제주	원정			▼	1	2							
05.09	대구	원정		■		1	1							
05.13	대전	홈	▲			3	2							
05.21	강원	원정		■		0	0							
05.29	전북	홈	▲			1	0							
06.03	광주	원정			▼	2	4							
06.06	제주	홈	▲			2	1							
06.11	서울	원정		■		1	1							
06.25	인천	원정	▲			1	0							
07.02	수원FC	홈	▲			3	1							
07.08	울산	홈			▼	0	1							
07.12	수원	원정		■		1	1							
07.16	제주	홈	▲			4	2							
07.21	전북	홈	▲			2	1							
08.04	서울	원정		■		2	2							
08.13	광주	홈		■		1	1							
08.20	대전	홈	▲			4	3							
08.26	강원	원정		■		1	1							
09.02	인천	원정	▲			2	0							
09.16	수원FC	홈	▲			2	0							
09.24	대구	원정		■		0	0							
09.30	울산	홈		■		0	0							
10.08	수원	원정			▼	0	1							
10.20	인천	홈		■		1	1							
10.28	전북	원정		■		1	1							
11.12	울산	원정			▼	2	3							
11.25	대구	홈	▲			1	0							
12.03	광주	원정		■		0	0							

2023년 K리그1 팀별 연속 승패 · 득실점 기록 ㅣ 광주

일자	상대	홈/원정	승	무	패	득점	실점	연속기록 승	무	패	득점	실점	무득점	무실점
02.25	수원	원정	▲			1	0							
03.05	서울	홈			▼	0	2							
03.12	전북	원정			▼	0	2							
03.18	인천	홈	▲			5	0							
04.01	수원FC	홈	▲			2	0							
04.08	포항	원정			▼	0	2							
04.16	대구	원정	▲			4	3							
04.23	강원	홈		■		0	0							
04.26	제주	홈			▼	0	1							
04.30	울산	원정			▼	1	2							
05.06	대전	홈		■		0	0							
05.09	서울	원정			▼	1	3							
05.13	대구	홈			▼	1	2							
05.20	인천	원정		■		1	1							
05.28	수원FC	원정	▲			2	0							
06.03	포항	홈	▲			4	2							
06.07	수원	홈	▲			2	1							
06.10	대전	홈		■		0	0							
06.24	전북	홈	▲			2	0							
07.02	울산	홈			▼	0	1							
07.07	강원	원정		■		1	1							
07.11	제주	원정		■		0	0							
07.15	대구	홈		■		1	1							
07.22	수원FC	원정	▲			1	0							
08.04	대전	홈	▲			3	0							
08.13	포항	원정		■		1	1							
08.18	인천	원정		■		2	2							
08.27	수원	홈	▲			4	0							
09.03	울산	원정	▲			2	0							
09.17	서울	원정	▲			1	0							
09.24	전북	홈			▼	0	1							
10.01	제주	원정	▲			2	1							
10.08	강원	홈	▲			1	0							
10.21	울산	홈	▲			1	0							
10.28	인천	홈			▼	0	2							
11.11	대구	원정		■		1	1							
11.25	전북	원정			▼	0	2							
12.03	포항	홈		■		0	0							

2023년 K리그1 팀별 연속 승패 · 득실점 기록 ㅣ 전북

일자	상대	홈/원정	승	무	패	득점	실점	연속기록 승	무	패	득점	실점	무득점	무실점
02.25	울산	원정			▼	1	2							
03.05	수원	홈		■		1	1							
03.12	광주	홈	▲			2	0							
03.19	대구	원정			▼	0	2							
04.01	포항	홈			▼	1	2							
04.09	인천	홈	▲			2	0							
04.15	수원FC	원정			▼	0	1							
04.23	제주	원정	▲			2	0							
04.26	대전	홈			▼	1	2							
04.29	강원	홈			▼	0	1							
05.05	서울	원정		■		1	1							
05.10	수원	원정	▲			3	0							
05.14	인천	원정		■		1	1							
05.21	수원FC	홈	▲			3	1							
05.29	포항	원정			▼	0	1							
06.03	울산	홈	▲			2	0							
06.07	대구	홈	▲			1	0							
06.11	강원	원정	▲			2	0							
06.24	광주	원정			▼	0	2							
07.01	제주	홈	▲			2	0							
07.08	서울	홈	▲			2	1							
07.12	대전	원정		■		2	2							
07.16	수원FC	홈	▲			1	0							
07.21	포항	원정			▼	1	2							
08.06	인천	홈	▲			2	0							
08.12	수원	홈		■		1	1							
08.19	울산	원정			▼	0	1							
08.25	대전	홈		■		1	1							
09.03	제주	원정		■		0	0							
09.16	강원	홈			▼	1	3							
09.24	광주	원정	▲			1	0							
09.30	대구	홈			▼	1	3							
10.08	서울	원정	▲			2	0							
10.21	대구	원정	▲			2	1							
10.28	포항	홈		■		1	1							
11.12	인천	원정		■		1	1							
11.25	광주	홈	▲			2	0							
12.03	울산	원정			▼	0	1							

2023년 K리그1 팀별 연속 승패 · 득실점 기록 l 인천

일자	상대	홈/원정	승	무	패	득점	실점
02.25	서울	원정			▼	1	2
03.04	대전	홈		■		3	3
03.12	제주	홈	▲			1	0
03.18	광주	원정			▼	0	5
04.01	대구	홈		■		0	0
04.09	전북	원정			▼	0	2
04.16	강원	원정	▲			2	0
04.22	수원FC	홈		■		2	2
04.25	울산	홈			▼	0	1
04.30	포항	원정	▲			2	0
05.05	수원	홈			▼	0	1
05.10	제주	원정			▼	0	2
05.14	전북	홈		■		0	0
05.20	광주	홈		■		1	1
05.27	대구	원정		■		2	2
06.04	대전	원정	▲			3	1
06.07	서울	홈		■		1	1
06.11	수원	원정		■		0	0
06.25	포항	홈			▼	0	1
07.02	강원	홈	▲			1	0
07.08	수원FC	원정		■		2	2
07.12	울산	원정	▲			2	1
07.16	대전	홈	▲			2	0
07.22	서울	원정	▲			1	0
08.06	전북	원정			▼	0	2
08.13	대구	홈	▲			3	1
08.18	광주	홈		■		2	2
08.25	수원FC	원정	▲			2	1
09.02	포항	홈			▼	0	2
09.16	제주	홈	▲			2	1
09.24	강원	원정		■		1	1
09.30	수원	홈	▲			2	0
10.08	울산	원정		■		0	0
10.20	포항	원정		■		1	1
10.28	광주	원정	▲			2	0
11.12	전북	홈		■		1	1
11.24	울산	홈	▲			3	1
12.03	대구	원정			▼	1	2

2023년 K리그1 팀별 연속 승패 · 득실점 기록 l 대구

일자	상대	홈/원정	승	무	패	득점	실점
02.26	포항	원정			▼	2	3
03.04	제주	홈		■		1	1
03.11	강원	원정		■		1	1
03.19	전북	홈	▲			2	0
04.01	인천	원정		■		0	0
04.08	서울	원정			▼	0	3
04.16	광주	홈			▼	3	4
04.22	대전	홈	▲			1	0
04.26	수원FC	원정		■		1	1
04.30	수원	원정	▲			1	0
05.05	울산	홈			▼	0	3
05.09	포항	홈		■		1	1
05.13	광주	원정	▲			2	0
05.20	대전	원정	▲			1	0
05.27	인천	홈		■		2	2
06.04	서울	홈	▲			1	0
06.07	전북	원정			▼	0	1
06.10	수원FC	홈	▲			3	1
06.24	울산	원정			▼	1	3
07.01	수원	홈		■		1	1
07.07	제주	원정	▲			2	1
07.11	강원	홈		■		0	0
07.15	광주	원정		■		1	1
07.22	대전	원정			▼	0	1
08.05	울산	홈		■		0	0
08.13	인천	원정			▼	1	3
08.19	서울	원정		■		2	2
08.26	제주	홈	▲			1	0
09.01	강원	홈	▲			1	0
09.17	수원	원정	▲			1	0
09.24	포항	홈		■		0	0
09.30	전북	원정	▲			3	1
10.08	수원FC	홈		■		2	2
10.21	전북	홈			▼	1	2
10.29	울산	원정			▼	0	2
11.11	광주	홈		■		1	1
11.25	포항	원정			▼	0	1
12.03	인천	홈	▲			2	1

2023년 K리그1 팀별 연속 승패 · 득실점 기록 ㅣ 서울

일자	상대	홈/원정	승	무	패	득점	실점	연속기록 승	무	패	득점	실점	무득점	무실점
02.25	인천	홈	▲			2	1							
03.05	광주	원정	▲			2	0							
03.12	울산	홈			▼	1	2							
03.18	제주	원정	▲			2	1							
04.01	대전	원정			▼	2	3							
04.08	대구	홈	▲			3	0							
04.15	포항	원정		■		1	1							
04.22	수원	홈	▲			3	1							
04.26	강원	원정			▼	2	3							
04.29	수원FC	원정	▲			3	0							
05.05	전북	홈		■		1	1							
05.09	광주	홈	▲			3	1							
05.14	울산	원정			▼	2	3							
05.20	제주	홈		■		1	1							
05.28	강원	홈	▲			1	0							
06.04	대구	원정			▼	0	1							
06.07	인천	원정		■		1	1							
06.11	포항	홈		■		1	1							
06.24	수원	원정	▲			1	0							
07.01	대전	홈		■		0	0							
07.08	전북	원정			▼	1	2							
07.12	수원FC	홈	▲			7	2							
07.15	강원	원정		■		1	1							
07.22	인천	홈			▼	0	1							
08.04	포항	홈		■		2	2							
08.13	대전	원정			▼	3	4							
08.19	대구	홈		■		2	2							
08.27	울산	홈		■		2	2							
09.02	수원	원정	▲			1	0							
09.17	광주	홈			▼	0	1							
09.23	제주	원정	▲			3	1							
09.30	수원FC	원정		■		1	1							
10.08	전북	홈			▼	0	2							
10.22	강원	홈	▲			2	1							
10.29	수원FC	원정	▲			4	3							
11.11	제주	원정		■		0	0							
11.25	수원	홈			▼	0	1							
12.02	대전	원정		■		2	2							

2023년 K리그1 팀별 연속 승패 · 득실점 기록 ㅣ 대전

일자	상대	홈/원정	승	무	패	득점	실점	연속기록 승	무	패	득점	실점	무득점	무실점
02.26	강원	홈	▲			2	0							
03.04	인천	원정		■		3	3							
03.11	포항	홈		■		0	0							
03.19	수원	원정	▲			3	1							
04.01	서울	홈	▲			3	2							
04.09	수원FC	원정			▼	3	5							
04.16	울산	홈	▲			2	1							
04.22	대구	원정			▼	0	1							
04.26	전북	원정		■		2	1							
04.30	제주	홈			▼	0	3							
05.06	광주	원정		■		0	0							
05.10	수원FC	홈	▲			2	1							
05.13	포항	원정			▼	2	3							
05.20	대구	홈		■		0	1							
05.28	울산	원정		■		3	3							
06.04	인천	홈			▼	1	3							
06.07	강원	원정	▲			2	1							
06.10	광주	홈		■		1	1							
06.24	제주	원정		■		1	1							
07.01	서울	원정		■		0	0							
07.09	수원	홈		■		2	2							
07.12	전북	홈		■		2	2							
07.16	인천	원정			▼	0	2							
07.22	대구	홈	▲			1	0							
08.04	광주	원정			▼	0	3							
08.13	서울	홈	▲			4	3							
08.20	포항	원정			▼	3	4							
08.25	전북	원정		■		1	1							
09.01	수원FC	홈			▼	0	1							
09.16	울산	원정		■		1	1							
09.23	수원	홈		■		3	1							
10.01	강원	원정		■		1	1							
10.08	제주	홈	▲			1	0							
10.22	수원FC	홈		■		1	1							
10.29	수원	원정		■		2	2							
11.11	강원	홈			▼	0	1							
11.25	제주	원정	▲			2	0							
12.02	서울	홈		■		2	2							

2023년 K리그1 팀별 연속 승패 · 득실점 기록 ㅣ 제주

일자	상대	홈/원정	승	무	패	득점	실점	연속기록 승	무	패	득점	실점	무득점	무실점
02.26	수원FC	홈		■		0	0							
03.04	대구	원정		■		1	1							
03.12	인천	원정			▼	0	1							
03.18	서울	홈			▼	1	2							
04.02	울산	홈			▼	1	3							
04.09	강원	원정	▲			1	0							
04.15	수원	원정	▲			3	2							
04.23	전북	홈			▼	0	2							
04.26	광주	원정	▲			1	0							
04.30	대전	원정	▲			3	0							
05.06	포항	홈	▲			2	1							
05.10	인천	홈	▲			2	0							
05.14	수원FC	원정	▲			5	0							
05.20	서울	원정		■		1	1							
05.27	수원	홈	▲			2	1							
06.03	강원	홈		■		2	2							
06.06	포항	원정			▼	1	2							
06.10	울산	원정			▼	1	2							
06.24	대전	홈		■		1	1							
07.01	전북	원정			▼	0	2							
07.07	대구	홈			▼	1	2							
07.11	광주	홈		■		0	0							
07.16	포항	원정			▼	2	4							
07.21	울산	원정			▼	1	2							
08.06	강원	홈		■		1	1							
08.12	수원FC	홈	▲			3	0							
08.18	수원	원정			▼	0	1							
08.26	대구	원정			▼	0	1							
09.03	전북	홈		■		0	0							
09.16	인천	원정			▼	1	2							
09.23	서울	홈			▼	1	3							
10.01	광주	홈			▼	1	2							
10.08	대전	원정			▼	0	1							
10.22	수원	홈	▲			2	0							
10.28	강원	원정		■		1	1							
11.11	서울	홈		■		0	0							
11.25	대전	홈			▼	0	2							
12.02	수원FC	원정		■		1	1							

2023년 K리그1 팀별 연속 승패 · 득실점 기록 ㅣ 강원

일자	상대	홈/원정	승	무	패	득점	실점	연속기록 승	무	패	득점	실점	무득점	무실점
02.26	대전	원정			▼	0	2							
03.05	울산	홈			▼	0	1							
03.11	대구	홈		■		1	1							
03.18	포항	원정		■		1	1							
04.02	수원	원정		■		1	1							
04.09	제주	홈			▼	0	1							
04.16	인천	홈			▼	0	2							
04.23	광주	원정		■		0	0							
04.26	서울	홈	▲			3	2							
04.29	전북	원정	▲			1	0							
05.06	수원FC	원정			▼	0	2							
05.09	울산	원정			▼	0	1							
05.13	수원	홈			▼	0	2							
05.21	포항	홈		■		0	0							
05.28	서울	원정			▼	0	1							
06.03	제주	원정		■		2	2							
06.07	대전	홈			▼	1	2							
06.11	전북	홈			▼	1	2							
06.25	수원FC	원정		■		1	1							
07.02	인천	원정			▼	0	1							
07.07	광주	홈		■		1	1							
07.11	대구	원정		■		0	0							
07.15	서울	홈		■		1	1							
07.22	수원	홈			▼	1	2							
08.06	제주	원정		■		1	1							
08.12	울산	홈	▲			2	0							
08.19	수원FC	홈			▼	1	2							
08.26	포항	홈		■		1	1							
09.01	대구	원정			▼	0	1							
09.16	전북	원정	▲			3	1							
09.24	인천	홈		■		1	1							
10.01	대전	홈		■		1	1							
10.08	광주	원정			▼	0	1							
10.22	서울	원정			▼	1	2							
10.28	제주	홈		■		1	1							
11.11	대전	원정	▲			1	0							
11.25	수원FC	홈	▲			2	0							
12.02	수원	원정		■		0	0							
12.06	김포	원정		■		0	0							
12.09	김포	홈	▲			2	1							

⬜ : 승강 플레이오프

2023년 K리그1 팀별 연속 승패·득실점 기록 | 수원FC

일자	상대	홈/원정	승	무	패	득점	실점	연속기록 승	무	패	득점	실점	무득점	무실점
02.26	제주	원정		■		0	0							
03.04	포항	홈			▼	1	2							
03.11	수원	홈	▲			2	1							
03.19	울산	원정			▼	0	3							
04.01	광주	원정												
04.09	대전	홈	▲			5	3							
04.15	전북	홈	▲			1	0							
04.22	인천	원정		■		2	2							
04.26	대구	홈		■		1	1							
04.29	서울	홈			▼	0	3							
05.06	강원	홈	▲			2	0							
05.10	대전	원정			▼	1	2							
05.14	제주	홈			▼	0	5							
05.21	전북	원정			▼	1	3							
05.28	광주	홈			▼	0	2							
06.03	수원	원정	▲			2	1							
06.06	울산	홈			▼	1	3							
06.10	대구	원정			▼	1	3							
06.25	강원	홈		■		1	1							
07.02	포항	원정			▼	1	3							
07.08	인천	홈		■		2	2							
07.12	서울	원정			▼	2	7							
07.16	전북	원정			▼	0	1							
07.22	광주	홈			▼	0	1							
08.05	수원	원정	▲			2	0							
08.12	제주	원정			▼	0	3							
08.19	강원	원정	▲			2	1							
08.25	인천	홈			▼	1	2							
09.01	대전	원정	▲			1	0							
09.16	포항	원정			▼	0	2							
09.24	울산	홈			▼	2	3							
09.30	서울	홈		■		1	1							
10.08	대구	원정		■		2	2							
10.22	대전	원정		■		1	1							
10.29	서울	홈			▼	3	4							
11.12	수원	홈			▼	2	3							
11.25	강원	원정			▼	0	2							
12.02	제주	홈		■		1	1							
12.06	부산	원정			▼	1	2							
12.09	부산	홈				5	2							

2023년 K리그1 팀별 연속 승패·득실점 기록 | 수원

일자	상대	홈/원정	승	무	패	득점	실점	연속기록 승	무	패	득점	실점	무득점	무실점
02.25	광주	홈			▼	0	1							
03.05	전북	원정		■		1	1							
03.11	수원FC	원정			▼	1	2							
03.19	대전	홈			▼	1	3							
04.02	강원	홈		■		1	1							
04.08	울산	원정			▼	1	2							
04.15	제주	홈			▼	2	3							
04.22	서울	원정			▼	1	3							
04.25	포항	원정			▼	0	1							
04.30	대구	홈			▼	0	1							
05.05	인천	원정	▲			1	0							
05.10	전북	홈			▼	0	3							
05.13	강원	원정	▲			2	0							
05.21	울산	홈			▼	2	3							
05.27	제주	원정			▼	1	2							
06.03	수원FC	홈			▼	1	2							
06.07	광주	원정			▼	1	2							
06.11	인천	홈		■		0	0							
06.24	서울	홈			▼	0	1							
07.01	대구	원정		■		1	1							
07.09	대전	원정		■		2	2							
07.12	포항	홈		■		1	1							
07.15	울산	홈	▲			3	1							
07.22	강원	원정	▲			2	1							
08.05	수원FC	홈			▼	0	2							
08.12	전북	원정		■		1	1							
08.18	제주	홈	▲			1	0							
08.27	광주	원정			▼	0	4							
09.02	서울	홈			▼	0	1							
09.17	대구	홈			▼	0	1							
09.23	대전	원정			▼	1	3							
09.30	인천	원정			▼	0	2							
10.08	포항	홈	▲			1	0							
10.22	제주	원정			▼	0	2							
10.29	대전	홈		■		2	2							
11.12	수원FC	원정	▲			3	2							
11.25	서울	원정	▲			1	0							
12.02	강원	홈		■		0	0							

▭ : 승강 플레이오프

2023년 K리그1 팀 간 경기 기록

팀명	승점	상대팀	승	무	패	득점	실점	득실	도움	경고	퇴장
울산	76	합계	23	7	8	63	42	21	40	74	0
	6	강원	2	0	1	2	2	0	0	9	0
	6	광주	2	0	2	3	4	-1	3	9	0
	10	대구	3	1	0	8	1	7	7	9	0
	2	대전	0	2	1	5	6	-1	3	7	0
	7	서울	2	1	0	7	5	2	3	2	0
	6	수원	2	0	1	6	6	0	3	6	0
	9	수원FC	3	0	0	9	3	6	7	2	0
	4	인천	1	1	2	3	5	-2	2	6	0
	9	전북	3	0	1	4	3	1	2	9	0
	9	제주	3	0	0	10	3	7	7	5	0
	8	포항	2	2	0	6	4	2	3	10	0

팀명	승점	상대팀	승	무	패	득점	실점	득실	도움	경고	퇴장
인천	56	합계	14	14	10	46	42	4	34	66	2
	7	강원	2	1	0	4	1	3	3	8	0
	5	광주	1	2	1	5	8	-3	1	7	0
	5	대구	1	2	1	6	5	1	6	10	0
	7	대전	2	1	0	8	4	4	5	5	1
	4	서울	1	1	1	3	3	0	2	5	0
	4	수원	1	1	1	2	1	1	1	9	0
	5	수원FC	1	2	0	6	3	5	5	8	0
	7	울산	2	1	1	5	3	2	2	6	0
	2	전북	0	2	2	1	4	-3	0	4	0
	6	제주	2	0	1	3	3	0	3	3	0
	4	포항	1	1	2	3	4	-1	3	4	0

팀명	승점	상대팀	승	무	패	득점	실점	득실	도움	경고	퇴장
포항	64	합계	16	16	6	53	40	13	36	61	3
	3	강원	0	3	0	2	2	0	2	7	0
	5	광주	1	2	1	5	5	0	4	9	1
	8	대구	2	2	0	5	3	2	4	6	0
	7	대전	2	1	0	7	5	2	7	4	1
	3	서울	0	3	0	4	4	0	4	1	0
	4	수원	1	1	1	2	2	0	0	2	1
	9	수원FC	3	0	0	7	2	5	4	3	0
	2	울산	0	2	2	4	6	-2	3	8	0
	7	인천	2	1	0	4	3	1	1	7	0
	10	전북	3	1	0	6	3	3	1	5	0
	6	제주	2	0	1	7	5	2	6	9	0

팀명	승점	상대팀	승	무	패	득점	실점	득실	도움	경고	퇴장
대구	53	합계	13	14	11	42	43	-1	30	81	2
	5	강원	1	2	0	2	1	1	2	10	0
	5	광주	1	2	1	7	6	1	5	8	0
	6	대전	2	0	1	7	1	6	1	14	0
	4	서울	1	1	1	3	5	-2	3	5	0
	7	수원	2	1	0	3	2	1	2	6	1
	5	수원FC	1	2	0	4	2	2	6	4	0
	1	울산	0	1	3	1	8	-7	1	6	1
	5	인천	1	2	1	5	6	-1	4	5	0
	6	전북	2	0	2	6	4	2	4	10	0
	7	제주	2	1	0	4	2	2	4	6	0
	2	포항	0	2	2	3	5	-2	4	7	0

팀명	승점	상대팀	승	무	패	득점	실점	득실	도움	경고	퇴장
광주	59	합계	16	11	11	47	35	12	32	80	0
	5	강원	1	2	0	2	1	1	2	7	0
	5	대구	1	2	1	6	7	-1	6	5	0
	5	대전	1	2	0	4	1	3	3	9	0
	3	서울	1	0	2	2	5	-3	1	6	0
	9	수원	3	0	0	7	1	6	6	5	0
	9	수원FC	3	0	0	5	0	5	2	4	0
	6	울산	2	0	2	4	3	1	1	13	0
	5	인천	1	2	1	8	5	3	4	7	0
	3	전북	1	0	3	2	5	-3	2	10	0
	4	제주	1	1	2	2	2	0	2	5	0
	5	포항	1	2	1	5	5	0	3	9	0

팀명	승점	상대팀	승	무	패	득점	실점	득실	도움	경고	퇴장
서울	55	합계	14	13	11	63	49	14	28	66	1
	7	강원	2	1	1	6	5	1	3	6	0
	6	광주	2	0	1	5	2	3	4	7	0
	4	대구	1	1	1	5	3	2	0	3	0
	2	대전	0	2	2	7	9	-2	3	6	0
	9	수원	3	0	1	9	6	3	1	11	1
	10	수원FC	3	1	0	15	6	9	5	5	0
	1	울산	0	1	2	5	7	-2	2	6	0
	4	인천	1	1	1	3	3	0	2	5	0
	1	전북	0	1	2	2	5	-3	1	6	0
	8	제주	2	2	0	6	3	3	4	8	0
	3	포항	0	3	0	4	4	0	3	8	0

팀명	승점	상대팀	승	무	패	득점	실점	득실	도움	경고	퇴장
전북	57	합계	16	9	13	45	35	10	24	68	1
	3	강원	1	0	2	3	5	-2	2	5	1
	9	광주	3	0	1	5	2	3	1	8	0
	6	대구	2	0	2	4	6	-2	1	9	0
	2	대전	0	2	1	4	5	-1	3	3	0
	7	서울	2	1	0	5	2	3	3	6	0
	5	수원	1	2	0	5	3	2	3	8	0
	6	수원FC	2	0	1	4	2	2	3	4	0
	3	울산	1	0	3	3	4	-1	3	9	0
	8	인천	2	2	0	5	1	4	5	4	0
	7	제주	2	1	0	4	0	4	0	4	0
	1	포항	0	1	3	3	6	-3	0	2	0

팀명	승점	상대팀	승	무	패	득점	실점	득실	도움	경고	퇴장
대전	51	합계	12	15	11	56	58	-2	41	73	1
	7	강원	2	1	1	5	3	2	4	9	0
	2	광주	0	2	1	1	4	-3	1	9	0
	3	대구	1	0	2	1	2	-1	1	11	0
	8	서울	2	2	0	9	7	2	4	7	0
	8	수원	2	2	0	10	6	4	7	7	0
	4	수원FC	1	1	2	6	8	-2	4	6	1
	5	울산	1	2	0	6	5	1	6	7	0
	1	인천	0	1	2	4	8	-4	2	4	0
	5	전북	1	2	0	5	4	1	3	5	0
	7	제주	2	1	1	4	4	0	4	4	0
	1	포항	0	1	2	5	7	-2	4	4	0

팀명	승점	상대팀	승	무	패	득점	실점	득실	도움	경고	퇴장
제주	41	합계	10	11	17	43	49	-6	23	73	0
	6	강원	1	3	0	5	4	1	1	7	0
	4	광주	1	1	1	2	2	0	1	7	0
	1	대구	0	1	2	2	4	-2	2	5	0
	4	대전	1	1	2	4	4	0	3	11	0
	2	서울	0	2	2	3	6	-3	1	3	0
	9	수원	3	0	1	7	4	3	4	12	0
	8	수원FC	2	2	0	9	1	8	5	8	0
	0	울산	0	0	3	3	10	-7	1	6	0
	3	인천	1	0	2	3	3	0	3	5	0
	1	전북	0	1	2	0	4	-4	0	6	0
	3	포항	1	0	2	3	3	0	2	3	0

팀명	승점	상대팀	승	무	패	득점	실점	득실	도움	경고	퇴장
수원FC	33	합계	8	9	21	44	76	-32	32	63	3
	7	강원	2	1	1	5	4	1	3	9	0
	0	광주	0	0	3	0	5	-5	0	8	0
	2	대구	0	2	1	4	6	-2	4	5	0
	7	대전	2	1	1	8	6	2	7	8	0
	1	서울	0	1	3	6	15	-9	3	0	0
	9	수원	3	0	1	8	5	3	8	10	0
	0	울산	0	0	3	3	9	-6	1	1	1
	0	인천	0	0	2	1	5	-4	1	3	1
	3	전북	1	0	2	4	4	0	6	0	0
	2	제주	0	2	1	1	9	-8	0	8	0
	0	포항	0	0	3	2	7	-5	2	5	1

팀명	승점	상대팀	승	무	패	득점	실점	득실	도움	경고	퇴장
강원	34	합계	6	16	16	30	41	-11	17	60	0
	2	광주	0	2	1	1	2	-1	0	3	0
	2	대구	0	2	1	1	3	-2	0	4	0
	4	대전	1	1	2	3	5	-2	1	6	0
	4	서울	1	1	2	5	6	-1	2	4	0
	2	수원	0	2	2	2	5	-3	2	10	0
	4	수원FC	1	1	2	4	5	-1	3	8	0
	3	울산	1	0	2	2	2	0	1	0	0
	1	인천	0	1	2	1	4	-3	1	5	0
	6	전북	2	0	1	5	3	2	3	6	0
	3	제주	0	3	1	4	5	-1	4	10	0
	3	포항	0	3	0	2	2	0	0	4	0

팀명	승점	상대팀	승	무	패	득점	실점	득실	도움	경고	퇴장
수원	33	합계	8	9	21	35	57	-22	22	76	2
	8	강원	2	2	0	5	2	3	3	6	0
	0	광주	0	0	3	1	7	-6	1	3	0
	1	대구	0	1	2	1	3	-2	0	11	0
	2	대전	0	2	2	6	10	-4	4	11	0
	3	서울	1	0	3	2	5	-3	1	8	1
	3	수원FC	1	0	3	5	8	-3	4	4	1
	3	울산	1	0	2	6	6	0	4	3	0
	4	인천	1	1	1	2	1	-1	0	11	0
	2	전북	0	2	1	2	5	-3	2	6	0
	3	제주	1	0	3	4	7	-3	4	9	0
	4	포항	1	1	2	2	2	0	1	9	0

2023년 K리그1 최종 순위 및 팀별 경기기록, 승률

구분	파이널 A						파이널 B					
순위	1	2	3	4	5	6	7	8	9	10	11	12
구단	울산	포항	광주	전북	인천	대구	서울	대전	제주	강원	수원FC	수원
승점	76	64	59	57	56	53	55	51	41	34	33	33
승	23	16	16	16	14	13	14	12	10	6	8	8
무	7	16	11	9	14	14	13	15	11	16	9	9
패	8	6	11	13	10	11	11	11	17	16	21	21
득	63	53	47	46	46	42	63	56	43	30	44	35
실	42	40	35	35	42	43	49	58	49	41	76	57
차	21	13	12	10	4	-1	14	-2	-6	-11	-32	-22
승률	69,7	63,2	56,6	53,9	55,3	52,6	53,9	51,3	40,8	36,8	32,9	32,9

구분	홈	원정	홈	원정	홈	원정	홈	원정	홈	원정	홈	원정	홈	원정	홈	원정	홈	원정	홈	원정	홈	원정	홈	원정
승	13	10	12	4	9	7	10	6	7	7	7	6	7	7	7	5	5	5	3	3	4	4	3	5
무	4	3	5	11	4	7	5	4	7	7	8	6	7	6	9	6	7	4	8	8	5	4	5	4
패	2	6	2	4	6	5	4	6	5	4	2	9	5	6	5	6	1	10	8	8	10	11	11	10
득	37	26	32	21	25	22	27	18	24	22	23	19	31	32	27	29	20	23	18	12	29	18	15	20
실	20	22	19	21	13	22	17	18	18	24	19	24	22	27	25	33	22	27	23	18	38	38	26	31
차	17	4	13	0	12	0	10	0	6	-2	4	-5	9	5	2	-4	-2	-4	-5	-6	-12	-20	-11	-11
승률	78,9	60,5	76,3	50,0	57,9	55,3	63,2	44,7	57,9	52,6	60,5	44,7	55,3	52,6	57,9	44,7	44,7	36,8	36,8	36,8	34,2	31,6	28,9	36,8

2023년 K리그1 팀별 개인 기록 | 울산

선수명	대회	출전	교체	득점	도움	코너킥	파울	파울득	오프사이드	슈팅	유효슈팅	경고	퇴장	실점	자책
강윤구	K1	19	19	1	1	1	16	13	0	7	5	3	0	0	0
김기희	K1	27	4	0	0	0	20	9	1	8	4	7	0	0	0
김민혁	K1	32	23	2	3	0	30	26	1	24	15	7	0	0	0
김성준	K1	6	6	0	1	0	2	3	0	0	0	0	0	0	0
김영권	K1	32	3	1	0	0	26	22	0	8	3	7	0	0	0
김지현	K1	5	5	0	0	0	2	2	2	4	0	0	0	0	0
	K2	13	4	3	1	0	9	19	4	32	12	1	0	0	0
	계	18	9	3	1	0	11	21	6	36	12	1	0	0	0
김태환	K1	21	6	1	0	1	17	9	2	4	5	0	0	0	0
루빅손	K1	27	20	6	3	0	27	5	9	33	22	3	0	0	0
마틴아담	K1	30	25	5	4	0	28	14	1	38	25	7	0	0	0
바 코	K1	35	26	11	1	3	10	29	6	73	51	1	0	0	0
박용우	K1	19	7	1	2	0	22	20	1	11	7	4	0	0	0
보아니치	K1	9	9	0	1	0	16	5	4	0	2	0	0	0	0
설영우	K1	32	6	3	0	0	15	50	3	22	13	6	0	0	0
아타루	K1	21	20	3	3	7	14	9	4	26	16	0	0	0	0
엄원상	K1	28	28	4	4	0	10	19	16	35	22	1	0	0	0
이규성	K1	32	26	0	2	39	20	19	1	11	3	4	0	0	0
이동경	K1	1	1	0	0	1	19	6	1	16	10	1	0	0	0
이명재	K1	30	12	0	5	88	12	17	3	14	9	2	0	0	0
이재욱	K1	2	2	0	0	0	0	0	0	0	0	0	0	0	0
이청용	K1	34	31	1	2	34	9	29	0	11	7	5	0	0	0
임종은	K1	5	3	0	0	0	0	3	1	1	1	0	0	0	0
장시영	K1	10	10	1	0	0	5	4	1	4	3	2	0	0	0
정승현	K1	23	6	1	0	0	16	7	1	8	4	2	0	0	0
조수혁	K1	2	0	0	0	0	0	0	0	0	0	0	0	4	0
조현우	K1	36	0	0	0	0	0	4	0	0	0	1	0	38	0
조현택	K1	30	30	0	0	11	13	10	1	9	4	0	0	0	0
주민규	K1	36	25	17	2	0	29	46	17	67	45	5	0	0	0
황재환	K1	11	11	2	0	0	4	0	2	2	0	0	0	0	0

2023년 K리그1 팀별 개인 기록 | 포항

선수명	대회	출전	교체	득점	도움	코너킥	파울	파울득	오프사이드	슈팅	유효슈팅	경고	퇴장	실점	자책
강현제	K1	2	2	1	0	0	1	1	0	4	2	0	0	0	0
고영준	K1	28	23	8	1	30	12	39	7	43	31	0	0	0	0
그랜트	K1	32	2	4	0	0	11	14	1	23	14	6	0	0	0
김승대	K1	35	19	3	3	13	20	12	1	17	12	2	0	0	0
김용환	K1	10	9	0	0	0	3	4	0	1	0	2	0	0	0
김인성	K1	30	21	2	2	2	21	1	26	10	0	0	0	0	0
김종우	K1	20	15	0	1	37	21	21	0	10	4	0	0	0	0
김준호	K1	25	25	0	0	7	18	6	0	7	0	7	0	0	0
박건우	K1	2	2	0	0	0	1	0	0	0	0	0	0	0	0
박승욱	K1	32	4	1	1	0	25	36	1	6	2	5	0	0	0
박찬용	K1	1	1	0	0	0	0	1	0	1	0	0	0	0	0
박형우	K1	2	0	0	0	0	1	0	1	0	0	0	0	0	0
백성동	K1	26	22	4	8	44	9	16	3	23	13	1	0	0	0
신광훈	K1	22	19	0	0	0	17	14	0	1	0	6	0	0	0
심상민	K1	21	5	0	2	0	10	27	1	5	1	1	0	0	0
오베르단	K1	33	1	1	0	2	24	55	1	3	1	6	0	0	1
완델손	K1	20	6	2	3	6	14	16	0	13	7	3	0	0	0
윤민호	K1	6	6	0	0	1	3	5	4	4	0	2	0	0	0
윤재운	K1	6	6	0	0	0	3	4	0	4	0	0	0	0	0
이호재	K1	37	35	8	1	0	12	31	6	36	21	1	0	0	0
정재희	K1	7	8	2	0	0	4	1	2	3	3	1	0	0	0
제 카	K1	37	31	12	7	0	62	23	9	61	34	4	0	0	0
조재훈	K1	13	13	0	0	0	7	9	0	4	1	2	0	0	0
최현웅	K1	2	2	0	0	0	0	0	0	0	0	0	0	0	0
하창래	K1	29	3	2	0	0	31	14	2	3	2	6	2	0	1
한찬희	K1	27	24	0	0	3	11	17	10	0	23	11	5	0	0
홍윤상	K1	11	7	2	0	0	6	12	1	13	10	0	0	0	0
황인재	K1	38	0	0	0	0	0	4	0	0	0	3	0	40	0

2023년 K리그1 팀별 개인 기록 | 광주

선수명	대회	출전	교체	득점	도움	코너킥	파울	파울득	오프사이드	슈팅	유효슈팅	경고	퇴장	실점	자책
김경민	K1	26	1	0	0	0	1	4	0	0	0	1	0	22	0
김경재	K1	3	3	0	0	0	0	0	0	0	0	0	0	0	0
김승우	K1	5	3	0	0	0	2	1	0	0	0	0	0	0	0
김한길	K1	29	24	3	0	5	18	16	3	16	6	5	0	0	0
두현석	K1	38	11	2	7	78	24	28	0	20	11	3	0	0	0
박한빈	K1	12	12	1	0	0	5	3	8	7	2	0	0	0	0
베 카	K1	10	9	2	0	0	7	7	0	4	0	0	0	0	0
산드로	K1	12	10	1	0	2	13	8	1	14	5	1	0	0	0
신창무	K1	9	9	0	0	5	2	0	0	0	0	0	0	0	0
아 론	K1	20	10	0	0	0	14	6	2	8	3	0	0	0	0
아사니	K1	33	27	7	3	81	34	34	10	50	28	6	0	0	0
안영규	K1	32	6	2	2	0	18	19	1	10	3	5	0	0	0
엄지성	K1	28	18	5	2	0	19	52	7	55	30	3	0	0	0
오후성	K1	6	6	0	0	0	4	2	1	1	0	0	0	0	0
이강현	K1	26	22	1	1	0	16	8	2	18	9	1	0	0	0
이건희	K1	26	26	5	0	0	8	9	2	18	9	1	0	0	0
이민기	K1	28	12	1	1	0	24	21	1	14	7	4	0	0	0
이상기	K1	19	16	0	0	0	8	2	0	5	3	0	0	0	0
이순민	K1	35	11	1	1	0	43	32	1	27	9	10	0	0	0
이으뜸	K1	2	2	0	0	1	0	0	0	0	0	0	0	0	0
이 준	K1	13	1	0	0	0	1	0	0	0	0	2	0	13	0
이희균	K1	34	29	2	1	1	20	24	2	37	23	6	0	0	0
정지훈	K1	12	12	0	0	0	3	8	0	7	4	0	0	0	0
정호연	K1	34	6	2	4	7	52	64	0	20	10	5	0	0	0
주영재	K1	8	8	0	0	5	1	0	4	2	0	0	0	0	0
토마스	K1	28	27	2	1	2	17	54	4	19	9	4	0	0	0
티 모	K1	27	5	3	1	0	19	17	1	15	7	7	0	0	0
하승운	K1	18	18	2	1	0	8	7	0	8	5	1	0	0	0
허 율	K1	33	32	3	3	0	30	10	2	22	13	6	0	0	0

2023년 K리그1 팀별 개인 기록 | 전북

선수명	대회	출전	교체	득점	도움	코너킥	파울	파울득	오프사이드	슈팅	유효슈팅	경고	퇴장	실점	자책
구스타보	K1	30	26	6	0	0	28	22	11	38	22	2	0	0	0
구자룡	K1	23	7	0	0	0	18	12	0	4	2	5	0	0	0
김문환	K1	11	4	0	1	0	7	5	0	2	0	1	0	0	0
김정훈	K1	29	0	0	0	0	0	4	0	0	0	2	0	25	0
김진수	K1	19	3	0	1	16	24	14	2	21	6	8	0	0	0
류재문	K1	14	8	1	2	0	7	9	0	4	2	0	0	0	0
맹성웅	K1	17	16	0	1	1	18	21	0	7	3	5	0	0	0
문선민	K1	34	28	6	1	5	23	29	4	43	23	4	0	0	0
박재용	K1	8	8	2	0	0	4	3	0	5	4	0	0	0	0
	K2	18	14	6	1	0	10	9	6	34	20	1	0	0	0
	계	26	22	8	1	0	14	12	6	40	24	1	0	0	0
박진섭	K1	32	6	1	2	0	41	15	1	26	13	3	0	0	0
박창우	K1	15	14	0	0	0	5	2	0	1	0	1	0	0	0
백승호	K1	27	9	3	1	94	25	16	1	30	17	3	0	0	0
보아텡	K1	13	8	1	0	0	3	8	0	6	2	1	0	0	0
송민규	K1	30	24	7	3	5	25	23	3	32	17	2	0	0	0
아마노준	K1	25	20	1	3	36	21	27	4	24	13	1	0	0	0
안드레루이스	K1	13	12	0	1	0	5	11	1	11	7	2	0	0	0
안현범	K1	26	12	4	2	4	28	14	2	28	14	2	0	0	0
오재혁	K1	4	4	0	0	0	3	0	0	4	3	0	0	0	0
윤영선	K1	1	1	0	0	0	0	0	0	0	0	0	0	0	0
이동준	K1	23	23	0	2	0	17	31	13	13	0	0	0	0	0
이수빈	K1	14	11	0	0	3	12	4	0	7	2	4	0	0	0
이준호	K1	8	8	0	1	0	2	1	0	0	0	0	0	0	0
	K2	4	4	1	1	0	3	0	0	4	3	0	0	0	0
	계	12	12	1	2	0	5	1	0	4	3	0	0	0	0
정민기	K1	9	0	0	0	0	0	0	0	0	0	0	0	10	0
정우재	K1	26	13	0	1	0	12	10	1	2	1	5	0	0	0
정태욱	K1	31	2	1	0	0	36	16	1	13	7	5	0	0	1
조규성	K1	12	5	5	0	0	17	10	6	27	15	0	0	0	0
최철순	K1	19	16	0	1	0	7	6	0	1	0	1	0	0	0
페트라섹	K1	7	3	0	0	0	3	0	0	3	2	1	0	0	0
하파실바	K1	25	22	3	1	0	21	9	2	40	18	5	0	0	0
한교원	K1	28	26	5	2	0	23	15	10	29	17	1	0	0	0
홍정호	K1	22	9	0	0	0	18	12	0	3	2	6	0	0	0

2023년 K리그1 팀별 개인 기록 | 인천

선수명	대회	출전	교체	득점	도움	코너킥	파울	파울득	오프사이드	슈팅	유효슈팅	경고	퇴장	실점	자책
강윤구	K1	6	6	0	0	1	2	0	1	0	0	0	0	0	0
권한진	K1	18	3	1	0	0	10	2	0	4	3	1	0	0	0
김건희	K1	9	7	0	0	0	3	0	0	0	0	1	0	0	0
김대중	K1	6	6	0	0	0	1	2	0	3	3	0	0	0	0
김도혁	K1	32	19	1	3	23	14	27	3	21	14	3	0	0	0
김동민	K1	27	4	0	0	21	16	0	7	0	5	2	0	0	0
김동헌	K1	24	0	0	1	0	2	8	0	0	0	2	0	26	0
김민석	K1	18	18	2	0	0	1	5	2	10	7	0	0	0	0
김보섭	K1	33	28	3	4	0	31	20	4	49	28	2	0	0	0
김세훈	K1	1	1	0	0	0	0	0	0	0	0	0	0	0	0
김연수	K1	22	5	0	0	0	19	5	0	6	2	3	0	0	0
김준엽	K1	28	10	1	2	0	26	14	4	7	2	3	0	0	0
김현서	K1	1	1	0	0	0	0	0	0	0	0	0	0	0	0
델브리지	K1	25	4	0	0	0	26	13	0	18	3	4	0	0	0
무고사	K1	9	7	3	1	0	5	3	4	17	10	1	0	0	0
문지환	K1	27	19	2	0	0	20	16	0	9	3	8	0	0	0
민경현	K1	27	16	0	1	0	17	13	1	8	3	1	0	0	0
민성준	K1	5	0	0	0	0	0	2	0	0	0	0	0	4	0
박승호	K1	9	7	1	0	0	3	7	3	9	7	1	0	0	0
박진홍	K1	5	5	0	0	1	7	3	0	2	1	2	0	0	0
박현빈	K1	5	5	0	0	0	0	0	0	0	0	0	0	0	0
신진호	K1	17	5	1	3	85	27	16	0	11	8	5	0	0	0
에르난데스	K1	33	19	6	5	0	20	35	3	55	32	4	0	0	0
오반석	K1	27	6	3	0	0	15	15	0	8	5	1	0	0	0
음포쿠	K1	24	21	3	2	4	11	26	5	25	16	5	0	0	0
이명주	K1	25	15	2	1	65	27	18	1	11	7	5	0	0	0
이태희	K1	9	0	0	1	0	0	1	0	0	0	0	0	12	0
임형진	K1	1	0	0	0	0	0	0	0	0	0	0	0	0	0
정동윤	K1	28	20	0	1	3	15	16	0	9	3	3	0	0	0
제르소	K1	34	28	7	6	5	41	38	11	47	30	2	0	0	0
천성훈	K1	18	17	6	0	0	5	4	4	23	12	1	0	0	0
최우진	K1	5	5	0	1	1	0	4	0	2	2	0	0	0	0
홍시후	K1	12	12	2	1	0	3	0	0	9	9	2	0	0	0

2023년 K리그1 팀별 개인 기록 | 대구

선수명	대회	출전	교체	득점	도움	코너킥	파울	파울득	오프사이드	슈팅	유효슈팅	경고	퇴장	실점	자책
고재현	K1	37	15	9	1	0	30	30	4	62	26	6	0	0	0
김강산	K1	25	13	1	0	0	15	9	0	10	5	3	0	0	0
김영준	K1	9	9	0	0	0	6	6	1	3	2	2	0	0	0
김진혁	K1	38	4	1	1	0	33	25	1	19	8	3	0	0	0
김희승	K1	2	2	0	0	0	1	0	0	0	1	0	0	0	0
바셀루스	K1	31	27	5	1	1	40	46	6	57	27	3	0	0	0
박세진	K1	33	32	1	0	1	23	11	0	9	2	4	0	0	0
박용희	K1	1	1	0	0	0	0	0	0	0	0	0	0	0	0
벨톨라	K1	11	5	1	0	0	13	4	0	6	3	1	0	0	0
세라토	K1	11	11	0	0	1	8	4	1	2	1	0	0	0	1
세징야	K1	23	6	5	8	80	25	56	3	66	32	4	0	0	0
에드가	K1	34	13	9	3	0	49	43	18	63	36	4	0	0	0
오승훈	K1	21	0	0	0	0	0	2	0	0	0	3	0	25	1
이근호	K1	32	34	2	1	0	13	19	3	10	5	2	0	0	0
이용래	K1	29	29	0	1	7	19	8	1	4	0	2	0	0	0
이원우	K1	2	2	0	0	0	0	0	0	0	0	0	0	0	0
이종훈	K1	2	2	0	0	0	0	0	0	0	0	0	0	0	0
이진용	K1	31	28	0	1	0	49	18	0	7	2	8	0	0	0
장성원	K1	29	23	1	0	1	14	24	5	2	0	5	0	0	0
조진우	K1	33	5	1	0	0	33	8	0	20	5	8	0	0	1
최영은	K1	18	1	0	0	0	0	3	0	0	0	4	0	18	0
케이타	K1	26	23	2	0	15	9	15	4	10	7	5	0	0	0
홍정운	K1	33	2	1	0	0	16	12	2	10	4	2	0	0	0
홍철	K1	29	15	1	6	38	16	20	1	7	4	2	0	0	0
황재원	K1	33	7	1	3	1	29	21	1	11	6	8	0	0	0

2023년 K리그1 팀별 개인 기록 l 서울

선수명	대회	출전	교체	득점	도움	코너킥	파울	파울득	오프사이드	슈팅	유효슈팅	경고	퇴장	실점	자책
강성진	K1	7	7	2	0	1	1	4	0	5	3	1	0	0	0
고요한	K1	6	6	0	0	1	5	4	0	1	1	1	0	0	0
권완규	K1	8	6	0	0	0	6	1	0	3	2	3	0	0	0
기성용	K1	35	17	2	4	128	33	33	1	46	20	5	0	0	0
김경민	K1	9	10	2	0	0	3	0	1	5	2	0	0	0	0
김신진	K1	27	23	5	1	0	24	14	3	32	16	5	0	0	0
김주성	K1	38	5	2	1	0	28	15	0	11	8	4	0	0	0
김진야	K1	29	20	0	1	0	13	12	2	9	3	1	0	0	0
나상호	K1	38	17	12	4	8	27	42	13	74	29	1	0	0	0
박성훈	K1	1	0	0	0	0	0	1	0	0	0	0	0	0	0
박수일	K1	36	14	1	3	0	25	32	0	16	10	3	0	0	0
백상훈	K1	2	2	0	0	0	2	1	0	1	1	0	0	0	0
백종범	K1	26	0	0	0	0	0	0	0	0	0	0	2	0	37	0
비욘존슨	K1	9	9	1	0	0	3	0	1	2	1	1	0	0	0
손승범	K1	1	1	0	0	0	0	1	0	0	0	0	0	0	0
아이에쉬	K1	3	3	0	0	0	2	2	0	2	0	0	0	0	0
안재민	K1	1	1	0	0	0	0	0	0	0	0	0	0	0	0
오스마르	K1	35	4	2	0	0	28	13	0	24	8	4	1	0	1
윌리안	K1	33	31	8	2	2	20	28	6	42	16	4	0	0	0
이승모	K1	20	20	2	0	0	12	9	1	13	6	4	0	0	0
이승준	K1	2	2	0	0	0	0	0	0	0	0	0	0	0	0
이시영	K1	15	11	0	2	0	6	5	0	4	1	2	0	0	0
이태석	K1	30	15	0	1	0	25	17	0	11	3	4	0	0	0
이한범	K1	18	4	0	1	0	22	7	0	5	0	6	0	0	0
일류첸코	K1	24	23	5	0	0	9	15	8	28	14	0	0	0	0
임상협	K1	37	31	3	2	0	14	15	6	20	13	2	0	0	0
정현철	K1	3	3	0	0	0	0	1	0	0	0	0	0	0	0
지동원	K1	10	9	1	1	0	5	7	0	11	6	1	0	0	0
최철원	K1	11	0	0	0	0	1	3	0	0	0	0	0	10	0
팔로세비치	K1	35	25	4	1	35	20	37	3	39	22	5	0	0	0
한승규	K1	17	17	1	0	4	10	5	0	14	4	2	0	0	0
황도윤	K1	1	1	0	0	0	1	0	0	0	0	0	0	0	0
황성민	K1	1	0	0	0	0	0	0	0	0	0	1	0	2	0
황의조	K1	18	10	4	2	0	6	9	8	40	20	1	0	0	0
황현수	K1	14	13	0	0	0	3	0	0	0	1	0	0	0	0

2023년 K리그1 팀별 개인 기록 l 대전

선수명	대회	출전	교체	득점	도움	코너킥	파울	파울득	오프사이드	슈팅	유효슈팅	경고	퇴장	실점	자책
강윤성	K1	13	4	1	1	0	18	6	1	5	2	2	0	0	0
	K2	9	5	0	0	0	9	2	0	1	0	3	0	0	0
	계	22	9	1	1	0	27	8	1	6	2	5	0	0	0
구 텍	K1	3	3	0	0	0	5	5	0	3	2	1	0	0	0
김민덕	K1	26	5	2	0	0	13	7	1	7	2	2	0	0	1
김영욱	K1	22	21	0	0	0	16	20	0	7	2	2	0	0	0
김인균	K1	29	28	8	6	9	10	16	3	28	21	2	0	0	0
김지훈	K1	5	4	0	0	1	0	0	0	0	0	0	0	0	0
김현우	K1	26	11	0	1	0	11	2	0	5	2	2	0	0	0
레안드로	K1	24	22	2	7	6	5	16	4	16	8	0	0	0	0
마 사	K1	25	23	6	3	0	13	2	2	36	23	0	0	0	0
민준영	K1	1	1	0	0	0	0	0	0	0	0	0	0	0	0
배준호	K1	17	13	2	0	1	20	12	2	15	5	0	0	0	0
변준수	K1	15	12	1	0	0	9	6	2	1	1	2	0	0	0
서영재	K1	23	10	0	0	0	15	12	2	4	1	2	0	0	0
신상은	K1	19	19	4	0	0	6	13	0	12	8	1	0	0	0
안 톤	K1	33	6	1	1	0	30	28	1	10	3	9	1	0	0
오재석	K1	25	12	0	0	0	22	16	0	3	0	4	0	0	0
유강현	K1	26	25	1	2	0	13	14	6	30	15	2	0	0	0
이동원	K1	8	9	0	0	0	8	6	0	3	1	1	0	0	0
이선유	K2	2	2	0	0	0	0	1	0	0	0	0	0	0	0
이진현	K1	29	14	3	5	74	31	32	5	38	16	3	0	0	0
이창근	K1	38	0	0	0	0	0	0	0	0	0	1	0	58	0
이현식	K1	29	11	2	1	8	45	59	0	13	2	10	0	0	0
임덕근	K1	20	12	0	0	0	17	8	0	11	5	4	0	0	0
임유석	K1	3	1	0	0	0	5	2	0	1	1	0	0	0	0
임은수	K1	10	4	0	0	0	12	4	0	5	1	3	0	0	0
전병관	K1	23	21	2	3	1	21	11	5	31	18	2	0	0	0
조유민	K1	21	3	2	1	0	15	9	1	5	2	4	0	0	0
주세종	K1	30	23	1	2	45	25	32	0	17	3	5	0	0	0
티아고	K1	36	18	17	7	0	45	21	13	63	28	4	0	0	0

2023년 K리그1 팀별 개인 기록 | 제주

선수명	대회	출전	교체	득점	도움	코너킥	파울	파울득	오프사이드	슈팅	유효슈팅	경고	퇴장	실점	자책
곽승민	K1	8	8	0	0	0	0	0	2	1	1	0	0	0	0
구자철	K1	16	10	0	1	0	15	28	2	14	8	5	0	0	0
권순호	K1	12	12	0	0	0	8	4	1	4	2	1	0	0	0
김건웅	K1	23	13	2	0	0	22	4	1	9	2	6	0	0	0
김근배	K1	2	1	0	0	0	0	0	0	0	0	0	0	1	0
김대환	K1	20	22	0	0	0	9	2	1	2	1	0	0	0	0
김동준	K1	37	0	0	0	0	1	4	0	0	0	2	0	48	0
김봉수	K1	35	17	2	0	0	28	38	0	16	5	4	0	0	1
김승섭	K1	29	28	2	1	11	9	9	4	24	15	3	0	0	0
김오규	K1	30	5	1	0	0	19	23	0	5	2	6	0	0	0
김주공	K1	28	23	3	1	6	22	25	2	42	24	1	0	0	0
김형근	K1	1	1	0	0	0	0	0	0	0	0	0	0	0	0
서진수	K1	34	28	5	2	0	20	35	17	42	26	2	0	0	0
송주훈	K1	13	7	1	0	0	5	10	0	11	4	1	0	0	0
안태현	K1	24	14	1	2	0	14	14	2	9	2	2	0	0	0
연제운	K1	13	1	2	0	0	4	6	0	5	4	0	0	0	0
유리조나탄	K1	33	24	10	4	0	40	24	14	57	28	3	0	0	0
이기혁	K1	19	16	0	1	0	21	15	0	7	1	3	0	0	0
이주용	K1	33	17	0	1	1	23	15	2	5	2	3	0	0	0
이창민	K1	13	0	0	0	12	6	7	0	17	4	2	0	0	0
임동혁	K1	5	5	0	0	0	4	3	0	4	3	0	0	0	0
임창우	K1	21	8	0	0	0	15	18	2	12	9	2	0	0	0
임채민	K1	26	2	1	0	0	26	18	0	16	5	6	0	0	1
전성진	K1	6	6	0	0	0	1	2	1	0	0	0	0	0	0
정 운	K1	25	8	2	0	0	18	13	2	8	4	6	0	0	0
조나탄링	K1	11	13	0	0	15	3	7	0	10	7	0	0	0	0
최영준	K1	9	4	0	1	0	6	7	0	1	0	3	0	0	0
한종무	K1	17	17	0	0	0	6	1	0	1	1	0	0	0	0
헤이스	K1	36	23	8	5	142	37	72	13	77	43	5	0	0	0

2023년 K리그1 팀별 개인 기록 | 강원

선수명	대회	출전	교체	득점	도움	코너킥	파울	파울득	오프사이드	슈팅	유효슈팅	경고	퇴장	실점	자책
가브리엘	K1	14	8	3	1	0	23	28	6	31	17	5	0	0	0
갈레고	K1	33	32	2	0	9	21	26	6	52	19	4	0	0	0
강지훈	K1	16	9	0	1	1	13	4	2	7	2	3	0	0	0
강투지	K1	16	3	1	0	0	15	5	1	3	0	0	0	0	0
김대우	K1	11	11	0	0	0	9	4	0	6	2	2	0	0	0
김대원	K1	35	22	4	4	115	19	14	3	46	22	1	0	0	0
김영빈	K1	38	1	0	1	0	30	7	0	13	5	5	0	0	0
김우석	K1	13	7	0	0	0	6	3	0	2	0	1	0	0	0
김진호	K1	20	2	0	2	0	18	27	1	9	4	8	0	0	0
디 노	K1	8	8	0	0	0	6	8	0	9	2	2	0	0	0
류광현	K1	11	5	0	0	9	10	8	0	4	1	2	0	0	0
박상혁	K1	24	24	4	0	0	14	17	5	15	5	1	0	0	0
서민우	K1	32	14	2	0	2	51	21	3	12	6	8	0	0	0
알리바예프	K1	23	19	1	0	0	6	17	0	9	3	3	0	0	0
야 고	K1	11	10	1	1	0	6	7	1	10	3	0	0	0	0
양현준	K1	21	10	1	1	1	24	29	2	22	8	1	0	0	0
웰링턴	K1	9	11	0	0	0	5	3	0	5	3	1	0	0	0
유상훈	K1	20	0	0	0	0	0	1	0	0	0	1	0	24	0
유인수	K1	11	10	1	0	0	6	7	1	10	3	0	0	0	0
윤석영	K1	30	6	0	2	0	11	22	6	2	0	1	0	0	0
윤일록	K1	6	8	0	0	0	2	5	1	3	2	1	0	0	0
이강한	K1	2	2	0	0	0	0	0	0	0	0	0	0	0	0
이광연	K1	18	0	0	0	0	0	0	0	0	0	1	0	17	0
이승원	K1	13	13	0	0	2	7	10	2	1	0	0	0	0	0
이웅희	K1	11	5	0	0	3	9	3	1	2	0	0	0	0	0
이재원	K1	2	2	0	0	0	0	0	0	0	0	0	0	0	0
이재원	K2	19	4	0	1	0	25	24	0	15	4	2	0	0	0
이재원	계	21	6	0	1	0	25	24	0	15	4	2	0	0	0
이정협	K1	18	18	2	1	0	8	8	6	13	2	4	0	0	0
이지솔	K1	6	3	1	0	0	4	3	0	2	2	1	0	0	0
조진혁	K1	2	2	0	0	0	0	0	0	0	0	0	0	0	0
조현태	K1	8	8	0	0	0	4	4	0	2	0	0	0	0	0
케 빈	K1	1	1	0	0	0	0	0	0	0	0	0	0	0	0
한국영	K1	35	12	1	2	0	35	30	4	17	6	3	0	0	0
황문기	K1	20	17	0	0	0	5	10	0	10	4	2	0	0	0

2023년 K리그1 팀별 개인 기록 | 수원FC

선수명	대회	출전	교체	득점	도움	코너킥	파울	오프사이드	슈팅	유효슈팅	경고	퇴장	실점	자책
강민성	K1	12	12	0	0	0	3	2	0	2	0	0	0	0
김규형	K1	5	7	0	0	0	1	1	2	2	1	0	0	0
김도윤	K1	7	7	0	0	0	2	1	0	1	0	0	0	0
김선민	K1	29	23	0	0	0	44	13	0	13	9	6	0	0
김예성	K1	5	5	0	0	0	0	0	0	0	0	0	0	0
김재현	K1	1	1	0	0	0	0	0	0	0	1	0	0	0
김주엽	K1	9	7	0	0	0	2	1	0	0	0	0	0	0
김 현	K1	20	19	2	3	0	7	16	5	31	17	1	0	0
노동건	K1	23	0	0	0	0	0	2	0	0	1	0	43	0
라 스	K1	22	8	9	5	0	17	14	10	45	23	2	0	0
로페즈	K1	14	15	3	1	0	11	8	2	27	13	1	1	0
루 안	K1	3	4	0	1	0	2	5	0	3	1	0	0	0
무릴로	K1	15	13	4	1	0	28	11	20	63	14	2	0	0
바우테르손	K1	10	10	1	0	0	2	3	9	6	2	0	0	0
박배종	K1	12	0	0	0	0	0	0	1	0	0	0	24	0
박병현	K1	10	3	0	0	0	12	9	0	3	1	0	0	0
박주호	K1	14	11	0	0	0	9	0	0	2	0	0	0	0
박철우	K1	29	19	0	0	0	19	27	2	7	3	2	0	0
서승우	K1	3	3	0	0	0	1	0	0	0	0	0	0	0
신세계	K1	30	8	0	0	0	0	9	8	4	2	0	0	0
안치우	K1	3	3	0	0	0	1	1	0	1	0	0	0	0
양동현	K1	1	1	0	0	0	0	0	0	0	0	0	0	0
오인표	K1	30	32	2	2	0	15	3	2	15	11	1	0	0
우고고메스	K1	15	1	1	0	9	12	1	9	2	3	1	0	1
윤빛가람	K1	35	8	3	8	5	83	30	41	4	50	20	5	0
이광혁	K1	25	29	2	4	1	18	37	1	29	18	6	0	0
이대광	K1	10	10	0	0	0	3	0	5	3	1	0	0	0
이범영	K1	3	0	0	0	0	1	0	0	0	0	0	9	0
이승우	K1	35	25	10	3	2	46	65	7	78	44	5	1	0
이영재	K1	14	2	1	3	19	9	18	0	26	10	1	0	0
	K2	13	8	1	2	47	6	17	0	27	6	0	0	0
	계	27	10	2	5	66	15	35	0	53	16	1	0	0
이 용	K1	25	8	1	1	0	15	8	3	7	3	3	0	0
장재웅	K1	27	28	0	1	0	14	5	0	4	1	2	0	0
잭 슨	K1	23	4	0	0	0	11	7	0	10	3	5	0	0
정동호	K1	28	7	0	2	1	15	31	0	13	7	5	0	0
정은우	K1	1	1	0	0	0	0	0	0	0	0	0	0	0
정재용	K1	13	12	0	0	0	5	2	0	10	4	0	0	0
정재윤	K1	1	1	0	0	0	0	0	0	0	0	0	0	0
최보경	K1	13	1	0	0	0	2	2	0	3	0	2	0	0
황순민	K1	8	8	0	0	0	2	1	1	0	1	0	0	0

2023년 K리그1 팀별 개인 기록 | 수원

선수명	대회	출전	교체	득점	도움	코너킥	파울	오프사이드	슈팅	유효슈팅	경고	퇴장	실점	자책
고명석	K1	22	10	0	0	0	8	9	0	6	5	3	0	0
고무열	K1	6	6	0	0	0	0	2	0	3	1	0	0	0
	K2	9	9	1	0	0	0	3	0	4	2	0	0	0
	계	15	15	1	0	0	0	5	0	7	3	0	0	0
고승범	K1	32	13	2	1	5	25	27	1	14	4	0	0	0
권창훈	K1	8	8	2	1	5	3	5	0	9	6	0	0	0
김경중	K1	15	15	2	1	0	8	11	3	33	3	0	0	0
김보경	K1	23	17	0	2	12	17	22	3	17	9	2	0	0
김주원	K1	28	8	0	1	0	32	27	0	4	1	8	0	0
김주찬	K1	25	23	5	0	3	4	10	3	13	8	0	0	0
김태환	K1	24	4	0	0	0	18	24	1	8	3	1	0	0
명준재	K1	8	8	0	0	0	3	5	1	7	1	3	0	0
뮬리치	K1	22	21	4	1	0	9	11	10	50	26	2	0	0
바사니	K1	22	16	3	1	13	15	20	1	32	14	4	0	0
박대원	K1	31	11	0	0	0	30	10	5	8	5	0	0	0
박희준	K1	8	8	0	0	0	7	2	1	4	0	1	0	0
불투이스	K1	18	8	1	1	0	11	3	0	5	2	2	0	0
서동한	K1	3	3	0	0	0	0	0	0	1	0	0	0	0
손호준	K1	3	3	0	0	0	2	2	0	0	0	0	0	0
아코스티	K1	25	24	3	0	3	22	32	4	47	21	4	0	0
안병준	K1	29	20	5	0	0	22	31	8	47	25	1	0	0
안찬기	K1	3	1	0	0	0	0	1	0	0	0	2	0	3	0
양형모	K1	36	1	0	0	0	0	6	0	0	0	0	0	54	0
염기훈	K1	3	3	0	0	1	0	3	0	1	1	0	0	0
웨릭포포	K1	7	7	0	0	0	5	3	2	6	3	1	0	0
유제호	K1	22	19	1	0	0	25	17	0	5	3	0	0	0
이규석	K1	5	4	0	0	0	0	1	0	0	0	0	0	0
이기제	K1	31	5	2	4	94	22	14	0	23	11	5	0	0
이상민	K1	22	22	0	3	0	13	5	2	4	3	2	0	0
이종성	K1	21	11	0	2	0	23	26	0	9	2	10	0	0
장호익	K1	17	9	0	0	0	7	17	0	2	1	0	0	0
전진우	K1	19	19	1	1	0	9	4	22	10	2	0	0	0
정승원	K1	17	13	0	0	0	13	8	22	13	6	4	0	0
최성근	K1	1	1	0	0	0	0	0	0	0	0	0	0	0
카즈키	K1	16	4	1	2	16	20	25	0	15	5	2	1	0
한석종	K1	6	3	0	0	0	5	6	1	2	1	1	0	0
한호강	K1	23	7	3	0	0	23	6	1	5	3	1	0	0

2023년 K리그1 득점 순위

순위	선수명	소속	경기수	득점수	경기당 득점률	교체수	출전 시간
1	주민규	울산	36	17	47.2	25	2,621
2	티아고	대전	36	17	47.2	18	2,833
3	제카	포항	37	12	32.4	31	2,611
4	나상호	서울	38	12	31.6	17	3,252
5	바코	울산	35	11	31.4	26	2,456
6	유리조나탄	제주	33	10	30.3	24	2,111
7	이승우	수원FC	35	10	28.6	25	2,844
8	라스	수원FC	22	9	40.9	8	1,981
9	에드가	대구	34	9	26.5	13	2,809
10	고재현	대구	37	9	24.3	15	3,283
11	세징야	대구	23	8	34.8	6	2,007
12	고영준	포항	28	8	28.6	23	2,187
13	김인균	대전	29	8	27.6	28	1,660
14	윌리안	서울	33	8	24.2	31	1,835
15	윤빛가람	수원FC	35	8	22.9	3	3,304
16	헤이스	제주	36	8	22.2	23	3,076
17	이호재	포항	37	8	21.6	35	1,361
18	송민규	전북	30	7	23.3	24	2,090
19	아사니	광주	33	7	21.2	27	2,319
20	제르소	인천	34	7	20.6	28	2,246
21	천성훈	인천	18	6	33.3	17	987
22	마사	대전	25	6	24.0	23	1,484
23	루빅손	울산	27	6	22.2	20	1,769
24	구스타보	전북	30	6	20.0	26	1,543
25	에르난데스	인천	33	6	18.2	19	2,462
26	문선민	전북	34	6	17.6	28	1,957
27	조규성	전북	12	5	41.7	5	972
28	일류첸코	서울	24	5	20.8	23	1,099
29	김주찬	수원	25	5	20.0	23	1,180
30	이건희	광주	26	5	19.2	26	857
31	김신진	서울	27	5	18.5	23	1,670
32	한교원	전북	28	5	17.9	26	1,543
33	엄지성	광주	28	5	17.9	18	2,150
34	안병준	수원	29	5	17.2	20	2,028
35	마틴 아담	울산	30	5	16.7	25	1,405
36	바셀루스	대구	31	5	16.1	27	1,917
37	서진수	제주	34	5	14.7	28	2,492
38	무릴로	수원FC	15	4	26.7	13	1,075
39	황의조	서울	18	4	22.2	10	1,541
40	신상은	대전	19	4	21.1	19	765
41	뮬리치	수원	22	4	18.2	21	1,059
42	박상혁	강원	24	4	16.7	24	829
43	아코스티	수원	25	4	16.0	22	1,653
44	백성동	포항	26	4	15.4	22	1,763
45	안현범	전북	26	4	15.4	12	2,182
46	엄원상	울산	28	4	14.3	28	1,930
47	그랜트	포항	32	4	12.5	2	3,063
48	팔로세비치	서울	35	4	11.4	25	2,716
49	김대원	강원	35	4	11.4	22	2,734
50	무고사	인천	9	3	33.3	7	645
51	로페즈	수원FC	14	3	21.4	15	871
52	가브리엘	강원	14	3	21.4	8	1,014
53	박동진	부산	15	3	20.0	15	555
54	아타루	울산	21	3	14.3	20	1,444
55	바사니	수원	22	3	13.6	16	1,511
56	임상협	서울	22	3	13.6	17	1,538
57	한호강	수원	23	3	13.0	7	1,960
58	음포쿠	인천	24	3	12.5	21	1,452
59	하파실바	전북	25	3	12.0	12	1,411
60	한찬희	포항	27	3	11.1	24	1,464
61	백승호	전북	27	3	11.1	9	2,314
62	티모	광주	27	3	11.1	5	2,464
63	오반석	인천	27	3	11.1	6	2,589
64	김주공	제주	28	3	10.7	23	1,978
65	김한길	광주	29	3	10.3	24	1,619
66	이진현	대전	29	3	10.3	14	2,116
67	설영우	울산	32	3	9.4	9	2,811
68	허율	광주	33	3	9.1	32	1,763
69	김보섭	인천	33	3	9.1	28	2,100
70	김승대	포항	35	3	8.6	19	2,589
71	강성진	서울	7	2	28.6	7	266
72	정재희	포항	7	2	28.6	8	406
73	박재용	전북	8	2	25.0	8	449
74	김경민	서울	9	2	22.2	10	178
75	이동경	울산	9	2	22.2	8	549
76	베카	광주	10	2	20.0	9	567
77	황재환	울산	11	2	18.2	11	265
78	홍윤상	포항	11	2	18.2	7	727
79	홍시후	인천	12	2	16.7	12	473
80	연제운	제주	13	2	15.4	1	1,220
81	김경중	수원	15	2	13.3	15	716
82	배준호	대전	17	2	11.8	13	1,126
83	김민석	인천	18	2	11.1	18	535
84	하승운	광주	18	2	11.1	18	679
85	이정협	강원	18	2	11.1	11	1,019
86	이승모	서울	20	2	10.0	20	1,104
87	김현	수원FC	20	2	10.0	19	1,222
88	완델손	포항	20	2	10.0	6	1,717
89	조유민	대전	21	2	9.5	3	1,947
90	전병관	대전	23	2	8.7	21	1,026
91	김진호	강원	23	2	8.7	20	1,089
92	김건웅	제주	23	2	8.7	13	1,596
93	레안드로	대전	24	2	8.3	22	1,293
94	이광혁	수원FC	25	2	8.0	29	1,596

순위	선수명	소속	경기수	득점수	경기당 득점률	교체수	출전 시간
95	이명주	인천	25	2	8.0	15	2,120
96	정 운	제주	25	2	8.0	8	2,155
97	케이타	대구	26	2	7.7	23	1,325
98	김민덕	대전	26	2	7.7	5	2,337
99	문지환	인천	27	2	7.4	19	1,647
100	토마스	광주	28	2	7.1	27	1,706
101	김승섭	제주	29	2	6.9	28	1,467
102	이현식	대전	29	2	6.9	11	2,391
103	하창래	포항	29	2	6.9	3	2,524
104	오인표	수원FC	30	2	6.7	32	1,410
105	이기제	수원	31	2	6.5	5	2,773
106	이근호	대구	32	2	6.3	34	986
107	김민혁	울산	32	2	6.3	23	2,159
108	고승범	수원	32	2	6.3	13	2,729
109	서민우	강원	32	2	6.3	14	2,861
110	안영규	광주	32	2	6.3	6	3,047
111	갈레고	강원	33	2	6.1	32	1,669
112	이희균	광주	34	2	5.9	29	2,291
113	정호연	광주	34	2	5.9	6	3,070
114	김봉수	제주	35	2	5.7	17	2,819
115	기성용	서울	35	2	5.7	17	2,934
116	오스마르	서울	35	2	5.7	4	3,295
117	두현석	광주	38	2	5.3	11	3,423
118	김주성	서울	38	2	5.3	5	3,697
119	강현제	포항	2	1	50.0	2	159
120	최우진	인천	5	1	20.0	3	349
121	이지솔	강원	6	1	16.7	3	364
122	주영재	광주	8	1	12.5	8	278
123	비욘존슨	서울	9	1	11.1	9	142
124	박승호	인천	9	1	11.1	7	559
125	장시영	울산	10	1	10.0	10	257
126	지동원	서울	10	1	10.0	9	463
127	바우테르손	수원FC	10	1	10.0	4	481
128	야 고	강원	11	1	9.1	10	495
129	벨톨라	대구	11	1	9.1	5	897
130	이웅희	강원	11	1	9.1	3	906
131	박한빈	광주	12	1	8.3	12	453
132	산드로	광주	12	1	8.3	10	797
133	송주훈	제주	13	1	7.7	7	942
134	보아텡	전북	13	1	7.7	8	1,083
135	강윤성	대전	13	1	7.7	4	1,097
136	류재문	전북	14	1	7.1	8	1,075
137	이영재	수원FC	14	1	7.1	2	1,366
138	변준수	대전	15	1	6.7	12	581
139	우고 고메스	수원FC	15	1	6.7	4	1,371
140	카즈키	수원	16	1	6.3	4	1,419
141	강투지	강원	16	1	6.3	3	1,453
142	한승규	서울	17	1	5.9	17	863

순위	선수명	소속	경기수	득점수	경기당 득점률	교체수	출전 시간
143	신진호	인천	17	1	5.9	5	1,526
144	불투이스	수원	18	1	5.6	8	1,238
145	권한진	인천	18	1	5.6	3	1,585
146	강윤구	울산	19	1	5.3	19	600
147	박용우	울산	19	1	5.3	7	1,528
148	전진우	수원	21	1	4.8	20	1,124
149	양현준	강원	21	1	4.8	10	1,803
150	김태환	울산	21	1	4.8	6	1,810
151	유제호	수원	22	1	4.5	19	998
152	정승용	성남	22	1	4.5	7	1,805
153	알리바예프	강원	23	1	4.3	19	1,283
154	정승현	울산	23	1	4.3	6	1,919
155	안태현	제주	24	1	4.2	14	1,463
156	아마노 준	전북	25	1	4.0	20	1,409
157	김강산	대구	25	1	4.0	13	1,474
158	유인수	강원	25	1	4.0	22	1,511
159	이 용	수원FC	25	1	4.0	8	2,111
160	유강현	대전	26	1	3.8	25	1,130
161	이강현	광주	26	1	3.8	22	1,251
162	임채민	제주	26	1	3.8	2	2,416
163	이민기	광주	28	1	3.6	11	2,243
164	김준엽	인천	28	1	3.6	10	2,405
165	장성원	대구	29	1	3.4	23	1,616
166	홍 철	대구	29	1	3.4	15	2,267
167	주세종	대전	30	1	3.3	23	2,238
168	김오규	제주	30	1	3.3	5	2,778
169	정태욱	전북	31	1	3.2	2	2,979
170	김도혁	인천	32	1	3.1	19	2,308
171	김영권	울산	32	1	3.1	3	2,975
172	박승욱	포항	32	1	3.1	8	3,002
173	박진섭	전북	32	1	3.1	6	3,002
174	박세진	대구	33	1	3.0	32	1,716
175	안 톤	대전	33	1	3.0	4	3,027
176	황재원	대구	33	1	3.0	7	3,082
177	오베르단	포항	33	1	3.0	1	3,237
178	이청용	울산	34	1	2.9	31	1,705
179	김인성	포항	35	1	2.9	35	1,655
180	이순민	광주	35	1	2.9	11	3,088
181	한국영	강원	35	1	2.9	12	3,117
182	박수일	서울	36	1	2.8	14	2,942
183	김진혁	대구	38	1	2.6	4	3,597

2023년 K리그1 도움 순위

순위	선수명	소속	경기수	도움수	경기당 도움률	교체수	출전 시간
1	백성동	포항	26	8	30.8	22	1,763
2	레안드로	대전	24	7	29.2	22	1,293
3	김승대	포항	35	7	20.0	19	2,589
4	티아고	대전	36	7	19.4	18	2,833

순위	선수명	소속	경기수	도움수	경기당 로밍듈	교체수	출전 시간
5	제 카	포항	37	7	18.9	31	2,611
6	두현석	광주	38	7	18.4	11	3,423
7	김인균	대전	29	6	20.7	28	1,660
8	홍 철	대구	29	6	20.7	15	2,267
9	제르소	인천	34	6	17.6	28	2,246
10	라 스	수원FC	22	5	22.7	8	1,981
11	세징야	대구	23	5	21.7	6	2,007
12	이진현	대전	29	5	17.2	14	2,116
13	이명재	울산	30	5	16.7	12	2,665
14	에르난데스	인천	33	5	15.2	19	2,462
15	윤빛가람	수원FC	35	5	14.3	3	3,304
16	헤이스	제주	36	5	13.9	23	3,076
17	이광혁	수원FC	25	4	16.0	4	1,596
18	엄원상	울산	29	4	13.8	28	1,930
19	장성원	대구	29	4	13.8	23	1,616
20	마틴 아담	울산	30	4	13.3	25	1,405
21	이기제	수원	31	4	12.9	5	2,773
22	설영우	울산	32	4	12.5	6	2,811
23	김보섭	인천	33	4	12.1	28	2,100
24	유리조나탄	제주	33	4	12.1	24	2,111
25	정호연	광주	34	4	11.8	6	3,070
26	김대원	강원	35	4	11.4	22	2,734
27	기성용	서울	35	4	11.4	17	2,934
28	나상호	서울	38	4	10.5	17	3,252
29	이영재	수원FC	14	3	21.4	2	1,366
30	신진호	인천	17	3	17.6	5	1,526
31	김 현	수원FC	20	3	15.0	19	1,222
32	완델손	포항	20	3	15.0	6	1,717
33	아타루	울산	21	3	14.3	20	1,444
34	이상민	수원	22	3	13.6	22	903
35	전병관	대전	23	3	13.0	21	1,026
36	아마노준	전북	25	3	12.0	10	1,409
37	마 사	대전	25	3	12.0	23	1,484
38	아코스티	수원	25	3	12.0	22	1,653
39	안현범	전북	26	3	11.5	12	2,182
40	루빅손	울산	27	3	11.1	9	1,769
41	엄지성	광주	28	3	10.7	18	2,150
42	송민규	전북	30	3	10.0	24	2,090
43	김민혁	울산	32	3	9.4	23	2,159
44	김도혁	인천	32	3	9.4	19	2,308
45	허 율	광주	33	3	9.1	32	1,763
46	아사니	광주	33	3	9.1	27	2,319
47	황재원	대구	33	3	9.1	7	3,082
48	에드가	대구	34	3	8.8	13	2,809
49	이승우	수원FC	35	3	8.6	15	2,844
50	박수일	서울	36	3	8.3	14	2,942
51	산드로	광주	12	2	16.7	10	797
52	류재문	전북	14	2	14.3	8	1,075
53	박동진	부산	15	2	13.3	15	555
54	이시영	서울	15	2	13.3	11	687
55	카즈키	수원	16	2	12.5	4	1,419
56	황의조	서울	18	2	11.1	10	1,541
57	박용우	울산	19	2	10.5	7	1,528
58	이종성	수원	21	2	9.5	11	1,699
59	임창우	제주	21	2	9.5	8	1,812
60	심상민	포항	21	2	9.5	5	1,903
61	임상협	서울	22	2	9.1	17	1,538
62	김진호	강원	23	2	8.7	20	1,089
63	이동준	전북	23	2	8.7	23	1,219
64	김보경	수원	23	2	8.7	17	1,600
65	음포쿠	인천	24	2	8.3	21	1,452
66	안태현	제주	24	2	8.3	14	1,463
67	유강현	대전	26	2	7.7	25	1,130
68	한교원	전북	28	2	7.1	26	1,543
69	김준엽	인천	28	2	7.1	10	2,405
70	정동호	수원FC	28	2	7.1	7	2,474
71	오인표	수원FC	30	2	6.7	32	1,410
72	주세종	대전	30	2	6.7	23	2,238
73	이규성	울산	32	2	6.3	26	2,260
74	서민우	강원	32	2	6.3	14	2,861
75	박진섭	전북	32	2	6.3	6	3,002
76	안영규	광주	32	2	6.3	6	3,047
77	윌리안	서울	33	2	6.1	31	1,835
78	오베르단	포항	33	2	6.1	1	3,237
79	이청용	울산	34	2	5.9	31	1,705
80	서진수	제주	34	2	5.9	28	2,492
81	이순민	광주	35	2	5.7	11	3,088
82	한국영	강원	35	2	5.7	12	3,117
83	주민규	울산	36	2	5.6	25	2,621
84	루 안	수원FC	3	1	33.3	4	145
85	최우진	인천	5	1	20.0	3	349
86	김지훈	대전	5	1	20.0	4	360
87	윤민호	포항	6	1	16.7	6	254
88	윤재운	포항	6	1	16.7	6	254
89	김성준	울산	6	1	16.7	3	381
90	송시우	서울E	7	1	14.3	7	218
91	이준호	전북	8	1	12.5	8	294
92	보아니치	울산	9	1	11.1	4	391
93	이동경	울산	9	1	11.1	8	549
94	웰링턴	강원	9	1	11.1	11	574
95	무고사	인천	9	1	11.1	7	645
96	최영준	제주	9	1	11.1	4	690
97	이태희	인천	9	1	11.1	0	880
98	지동원	서울	10	1	10.0	9	463
99	야 고	강원	11	1	9.1	10	495
100	김문환	전북	11	1	9.1	4	938

순위	선수명	소속	경기수	도움수	경기당 도움률	교체수	출전 시간
101	홍 시 후	인천	12	1	8.3	12	473
102	강 윤 성	대전	13	1	7.7	4	1097
103	로 페 즈	수원FC	14	1	7.1	15	871
104	가브리엘	강원	14	1	7.1	8	1014
105	김 경 중	수원	15	1	6.7	15	716
106	무 릴 로	수원FC	15	1	6.7	13	1075
107	구 자 철	제주	16	1	6.3	10	1282
108	맹 성 웅	전북	17	1	5.9	16	807
109	하 승 운	광주	18	1	5.6	16	679
110	이 정 협	강원	18	1	5.6	18	1019
111	불투이스	수원	18	1	5.6	1	1238
112	이 한 범	서울	18	1	5.6	4	1650
113	강 윤 구	울산	19	1	5.3	19	600
114	최 철 순	전북	19	1	5.3	16	965
115	이 기 혁	제주	19	1	5.3	18	1014
116	김 진 수	전북	19	1	5.3	3	1867
117	김 종 우	포항	20	1	5.0	15	1340
118	전 진 우	수원	21	1	4.8	20	1124
119	양 현 준	강원	21	1	4.8	10	1803
120	김 태 환	울산	21	1	4.8	6	1810
121	조 유 민	대전	21	1	4.8	3	1947
122	뮬 리 치	수원	22	1	4.5	21	1059
123	바 사 니	수원	22	1	4.5	16	1511
124	김 동 헌	인천	24	1	4.2	0	2415
125	하파 실바	전북	25	1	4.0	22	1411
126	이 용	수원FC	25	1	4.0	8	2111
127	이 명 주	인천	25	1	4.0	15	2120
128	이 강 현	광주	26	1	3.8	22	1251
129	김 현 우	대전	26	1	3.8	11	2035
130	정 우 재	전북	26	1	3.8	13	2141
131	장 재 웅	수원FC	27	1	3.7	28	574
132	김 신 진	서울	27	1	3.7	23	1670
133	민 경 현	인천	27	1	3.7	16	1897
134	백 승 호	전북	27	1	3.7	9	2314
135	티 모	광주	27	1	3.7	5	2464
136	정 동 윤	인천	28	1	3.6	20	1434
137	토 마 스	광주	28	1	3.6	27	1706
138	김 주 공	제주	28	1	3.6	23	1978
139	고 영 준	포항	28	1	3.6	23	2187
140	이 민 기	광주	28	1	3.6	12	2243
141	김 주 원	수원	28	1	3.6	8	2565
142	이 용 래	대구	29	1	3.4	13	1317
143	김 승 섭	제주	29	1	3.4	28	1467
144	김 진 야	서울	29	1	3.4	10	1973
145	이 현 식	대전	29	1	3.4	11	2391
146	이 태 석	서울	30	1	3.3	15	2374
147	바셀루스	대구	31	1	3.2	27	1917
148	이 진 용	대구	31	1	3.2	28	2056

순위	선수명	소속	경기수	도움수	경기당 도움률	교체수	출전 시간
149	이 근 호	대구	32	1	3.1	34	986
150	고 승 범	수원	32	1	3.1	13	2729
151	박 승 욱	포항	32	1	3.1	4	3002
152	박 세 진	대구	33	1	3.0	32	1716
153	이 주 용	제주	33	1	3.0	17	2506
154	안 톤	대전	33	1	3.0	6	3027
155	조 진 우	대구	33	1	3.0	5	3081
156	홍 정 운	대구	33	1	3.0	2	3207
157	문 선 민	전북	34	1	2.9	28	1957
158	이 희 균	광주	34	1	2.9	29	2291
159	김 인 성	포항	35	1	2.9	35	1655
160	바 코	울산	35	1	2.9	26	2456
161	팔로세비치	서울	35	1	2.9	25	2716
162	이 호 재	포항	37	1	2.7	35	1361
163	고 재 현	대구	37	1	2.7	15	3283
164	김 진 혁	대구	38	1	2.6	4	3597
165	김 주 성	서울	38	1	2.6	5	3697
166	김 영 빈	강원	38	1	2.6	1	3749

2023년 K리그1 골키퍼 실점 기록

선수명	소속	팀당 총경기수	출전 경기수	실점	1경기당 실점률
김 근 배	제주	38	1	0	0.00
민 성 준	인천	38	5	4	0.80
김 경 민	광주	38	26	22	0.85
김 정 훈	전북	38	29	25	0.86
최 철 원	서울	38	11	10	0.91
최 영 은	대구	38	17	16	0.94
이 광 연	강원	38	18	17	0.94
황 인 재	포항	38	38	40	1.05
조 현 우	울산	38	36	38	1.06
이 준	광주	38	12	13	1.08
김 동 헌	인천	38	24	26	1.08
정 민 기	전북	38	9	10	1.11
오 승 훈	대구	38	21	25	1.19
유 상 훈	강원	38	20	24	1.20
김 동 준	제주	38	37	48	1.30
이 태 희	인천	38	9	12	1.33
백 종 범	서울	38	26	37	1.42
안 찬 기	수원	38	2	3	1.50
양 형 모	수원	38	36	54	1.50
이 창 근	대전	38	38	58	1.53
노 동 건	수원FC	38	23	43	1.87
황 성 민	서울	38	1	2	2.00
조 수 혁	울산	38	2	4	2.00
박 배 종	수원FC	38	12	24	2.00
이 범 영	수원FC	38	3	9	3.00

하나원큐 K리그2 2023 경기일정표

라운드	경기번호	대회구분	경기일자	경기시간	홈팀	결과	원정팀	경기장소	관중수	라운드	경기번호	대회구분	경기일자	경기시간	홈팀	결과	원정팀	경기장소	관중수
1	1	일반	03.01	13:30	경남	1:0	부천	창원IC	3,134	8	48	일반	04.19	19:30	천안	1:1	안산	천안	566
1	2	일반	03.01	13:30	천안	2:3	부산	천안	3,299	9	49	일반	04.22	13:30	안양	1:2	김포	안양	2,487
1	3	일반	03.01	13:30	전남	0:1	안양	광양	4,890	9	50	일반	04.22	16:00	성남	1:3	부산	탄천	1,671
1	4	일반	03.01	16:00	성남	2:1	안산	탄천	2,411	9	51	일반	04.22	18:30	서울E	0:1	김천	목동	3,638
1	5	일반	03.01	16:00	충남아산	1:2	김천	아산	4,422	9	52	일반	04.23	13:30	충남아산	2:2	경남	아산	2,530
1	6	일반	03.01	16:00	서울E	2:3	충북청주	목동	4,247	9	53	일반	04.23	16:00	충북청주	0:4	부천	청주	1,683
2	7	일반	03.04	13:30	부천	1:0	성남	부천	3,034	9	54	일반	04.23	18:30	안산	1:0	전남	안산	1,170
2	8	일반	03.04	13:30	충북청주	0:2	김천	청주	7,035	10	55	일반	04.29	13:30	전남	2:1	충남아산	광양	1,077
2	9	일반	03.04	16:00	안산	1:0	충남아산	안산	4,173	10	56	일반	04.29	16:00	경남	2:0	천안	창원IC	2,024
2	10	일반	03.05	13:30	김포	4:0	천안	김포	1,164	10	57	일반	04.29	16:00	부산	0:0	안산	부산A	2,564
2	11	일반	03.05	16:00	안양	1:1	서울E	안양	6,003	10	58	일반	04.29	18:30	안양	1:0	충북청주	안양	2,284
2	12	일반	03.05	16:00	전남	0:5	경남	광양	1,975	10	59	일반	04.30	13:30	김천	0:2	김포	김천	1,070
3	13	일반	03.11	13:30	서울E	0:1	전남	목동	1,350	10	60	일반	04.30	16:00	서울E	1:2	성남	목동	3,917
3	14	일반	03.11	16:00	김포	0:0	경남	김포	2,435	11	61	일반	05.02	19:00	전남	1:1	부산	광양	1,214
3	15	일반	03.11	16:00	충북청주	1:1	부산	청주	3,043	11	62	일반	05.02	19:00	천안	0:4	안양	천안	920
3	16	일반	03.12	13:30	성남	0:0	충남아산	탄천	949	11	63	일반	05.02	19:30	부천	2:1	충남아산	부천	1,380
3	17	일반	03.12	13:30	안산	1:1	안양	안산	1,124	11	64	일반	05.03	19:00	경남	1:2	서울E	창원IC	1,576
3	18	일반	03.12	16:00	천안	0:3	부천	천안	675	11	65	일반	05.03	19:30	김포	0:0	성남	김포	1,915
4	19	일반	03.18	13:30	충남아산	1:0	천안	아산	3,762	11	66	일반	05.03	19:30	안산	2:3	김천	안산	702
4	20	일반	03.18	16:00	경남	2:2	충북청주	창원IC	2,011	12	67	일반	05.06	13:30	안산	1:2	경남	안산	1,258
4	21	일반	03.18	16:00	부천	1:0	안산	부천	2,854	12	68	일반	05.06	16:00	김포	2:0	서울E	김포	2,736
4	22	일반	03.19	13:30	부산	3:1	김천	부산A	6,359	12	69	일반	05.06	16:00	충북청주	2:1	천안	청주	837
4	23	일반	03.19	16:00	안양	2:1	성남	안양	2,722	12	70	일반	05.07	13:30	부천	5:2	전남	부천	2,610
4	24	일반	03.19	16:00	전남	0:2	김포	광양	1,712	12	71	일반	05.07	16:00	안양	0:3	부산	안양	2,511
5	25	일반	04.01	13:30	안양	3:0	충남아산	안양	2,156	12	72	일반	05.07	18:30	성남	2:2	김천	탄천	2,123
5	26	일반	04.01	16:00	성남	3:2	충북청주	탄천	4,052	13	73	일반	05.13	13:30	서울E	3:2	천안	목동	2,825
5	27	일반	04.01	18:30	김포	0:2	부천	김포	2,945	13	74	일반	05.13	16:00	김천	0:0	안양	김천	1,203
5	28	일반	04.02	13:30	김천	0:2	경남	김천	2,825	13	75	일반	05.13	18:30	부산	0:1	부천	부산A	2,150
5	29	일반	04.02	16:00	부산	1:0	서울E	부산A	3,116	13	76	일반	05.14	13:30	경남	0:1	성남	양산	3,127
5	30	일반	04.02	18:30	천안	1:3	전남	천안	762	13	77	일반	05.14	16:00	충남아산	0:1	김포	아산	1,513
6	31	일반	04.08	13:30	천안	0:2	김천	천안	905	13	78	일반	05.14	16:00	충북청주	3:0	안산	청주	1,728
6	32	일반	04.08	13:30	부천	2:4	안양	부천	4,031	14	79	일반	05.20	16:00	안산	0:3	성남	안산	1,394
6	33	일반	04.08	18:30	전남	2:2	성남	광양	1,474	14	80	일반	05.20	16:00	천안	0:1	충남아산	천안	2,238
6	34	일반	04.09	13:30	충북청주	0:0	김포	청주	2,648	14	81	일반	05.20	18:30	안양	2:0	전남	안양	3,465
6	35	일반	04.09	16:00	서울E	4:1	안산	목동	1,614	14	82	일반	05.20	18:30	서울E	2:0	부천	목동	3,067
6	36	일반	04.09	18:30	충남아산	1:1	부산	아산	758	14	83	일반	05.21	16:00	경남	1:2	부산	양산	3,690
7	37	일반	04.15	13:30	전남	3:0	충북청주	광양	1,032	14	84	일반	05.21	16:00	김천	0:0	충북청주	김천	893
7	38	일반	04.15	13:30	김천	4:1	천안	김천	627	15	85	일반	05.27	16:00	전남	2:0	천안	광양	1,741
7	39	일반	04.15	16:00	충남아산	2:0	서울E	아산	4,293	15	86	일반	05.27	16:00	충북청주	0:2	경남	청주	2,548
7	40	일반	04.15	18:30	부산	0:0	경남	부산A	3,787	15	87	일반	05.27	18:30	성남	1:2	안양	탄천	2,351
7	41	일반	04.16	13:30	성남	2:0	천안	탄천	1,468	15	88	일반	05.28	16:00	부산	2:0	충남아산	구덕	1,366
7	42	일반	04.16	16:00	안산	2:3	김포	안산	1,479	15	89	일반	05.28	18:30	안산	1:2	서울E	안산	709
8	43	일반	04.18	19:00	부천	0:1	서울E	부천	1,704	15	90	일반	05.29	16:00	부천	2:0	김포	부천	3,423
8	44	일반	04.18	19:00	충북청주	0:4	충남아산	청주	762	16	91	일반	06.03	16:00	천안	2:3	경남	천안	952
8	45	일반	04.18	19:30	경남	3:2	안양	창원IC	820	16	92	일반	06.03	18:30	충남아산	2:0	성남	아산	1,072
8	46	일반	04.19	19:00	김포	1:0	부산	김포	1,429	16	93	일반	06.03	20:00	안양	2:2	부천	안양	3,691
8	47	일반	04.19	19:30	김천	2:1	전남	김천	359	16	94	일반	06.04	16:00	김포	1:2	충북청주	김포	3,121

라운드	경기번호	대회구분	경기일자	경기시간	홈팀	결과	원정팀	경기장소	관중수
16	95	일반	06.04	18:30	서울E	1:2	부산	목동	2,723
16	96	일반	06.04	20:00	전남	1:0	김천	광양	1,625
17	97	일반	06.10	16:00	김천	3:2	안산	김천	837
17	98	일반	06.10	18:30	경남	2:1	충남아산	창원C	4,159
17	99	일반	06.10	20:00	부산	0:0	김포	구덕	3,674
17	100	일반	06.11	16:00	부천	1:1	천안	부천	2,769
17	101	일반	06.11	16:00	충북청주	3:1	전남	청주	2,293
17	102	일반	06.11	18:30	성남	1:2	서울E	탄천	1,273
18	103	일반	06.24	16:00	부산	1:1	충북청주	부산A	3,790
18	104	일반	06.24	18:30	성남	0:1	부천	탄천	2,985
18	105	일반	06.24	20:03	김천	4:1	천안	김천	1,060
18	106	일반	06.25	16:00	충남아산	1:0	안산	아산	1,110
18	107	일반	06.25	18:30	김포	1:2	전남	김포	3,105
18	108	일반	06.25	18:30	서울E	1:2	안양	목동	3,558
19	109	일반	07.01	18:30	안산	1:2	부산	안산	1,388
19	110	일반	07.01	19:30	부천	0:3	김천	부천	6,103
19	111	일반	07.02	18:30	안양	2:4	경남	안양	3,685
19	112	일반	07.02	19:30	김포	1:1	충남아산	김포	1,618
19	113	일반	07.03	19:00	충북청주	0:0	성남	청주	1,014
19	114	일반	07.03	19:00	전남	3:3	서울E	광양	1,436
20	115	일반	07.08	18:00	충북청주	2:1	안양	청주	1,949
20	116	일반	07.08	18:00	천안	0:1	서울E	천안	1,109
20	117	일반	07.09	18:30	성남	0:0	김포	탄천	1,596
20	118	일반	07.09	18:30	경남	3:1	안산	창원C	3,291
20	119	일반	07.10	19:00	충남아산	3:3	전남	아산	956
20	120	일반	07.10	19:30	김천	2:1	부산	김천	866
21	121	일반	07.15	19:00	천안	2:2	충북청주	천안	885
21	122	일반	07.15	19:00	김포	2:1	김천	김포	1,363
21	123	일반	07.15	19:00	안산	0:2	부천	안산	887
21	124	일반	07.15	20:00	충남아산	2:3	안양	아산	1,032
21	125	일반	07.16	18:30	부산	2:3	성남	부산A	1,872
21	126	일반	07.16	20:00	경남	0:2	전남	창원C	2,137
22	127	일반	07.18	19:00	부천	0:0	충북청주	부천	1,552
22	128	일반	07.18	19:00	서울E	0:1	김포	목동	1,489
22	129	일반	07.18	19:30	안양	1:1	천안	안양	2,275
22	130	일반	07.19	19:00	성남	1:1	경남	탄천	992
22	131	일반	07.19	19:00	전남	5:2	안산	광양	1,292
22	132	일반	07.19	19:30	김천	3:2	충남아산	김천	885
23	133	일반	07.23	19:00	충북청주	2:1	서울E	청주	1,857
23	134	일반	07.23	19:30	경남	0:2	김천	창원C	2,797
23	135	일반	07.23	19:30	충남아산	1:0	부천	아산	930
23	136	일반	07.23	20:00	천안	3:2	성남	천안	580
23	137	일반	07.24	19:00	김포	2:1	안산	김포	1,277
23	138	일반	07.24	19:30	부산	2:1	안양	부산A	1,579
24	139	일반	07.29	19:00	경남	0:0	김포	창원C	3,624
24	140	일반	07.29	19:30	성남	2:1	전남	탄천	2,169
24	141	일반	07.30	19:00	부천	0:0	부산	부천	2,189
24	142	일반	07.30	19:30	안산	2:1	천안	안산	699
24	143	일반	07.31	19:00	서울E	0:0	충남아산	목동	1,870
24	144	일반	07.31	19:30	안양	2:0	김천	안양	3,202
25	145	일반	08.05	19:00	전남	1:0	부천	광양	1,894
25	146	일반	08.05	19:30	부산	1:0	천안	구덕	2,279
25	147	일반	08.05	20:00	김포	1:0	안양	김포	2,092
25	148	일반	08.06	19:00	서울E	1:2	경남	목동	6,471
25	149	일반	08.06	19:30	김천	4:0	성남	김천	906
25	150	일반	08.08	19:30	안산	0:2	충북청주	안산	385
26	151	일반	08.12	19:00	안양	1:1	경남	안양	3,088
26	153	일반	08.14	19:00	부천	2:0	경남	부천	2,053
26	154	일반	08.14	19:30	천안	0:2	김포	천안	1,394
26	155	일반	08.15	19:00	김천	4:0	서울E	김천	1,241
26	156	일반	08.15	19:30	부산	1:0	전남	구덕	2,395
27	157	일반	08.19	19:00	안산	0:1	충남아산	안산	927
27	158	일반	08.19	19:30	충북청주	0:1	김포	청주	2,219
27	159	일반	08.20	18:30	서울E	2:1	부산	목동	3,657
27	160	일반	08.20	18:30	전남	2:1	김천	광양	2,058
27	161	일반	08.21	19:00	성남	2:2	부천	탄천	1,056
27	162	일반	08.21	19:30	경남	1:1	천안	창원C	2,445
28	163	일반	08.26	19:00	김천	4:0	충남아산	김천	1,351
28	164	일반	08.26	19:00	경남	0:2	성남	창원C	3,071
28	165	일반	08.26	19:30	김포	2:3	부산	김포	2,418
28	166	일반	08.26	20:00	부천	1:0	서울E	부천	2,913
28	167	일반	08.27	19:00	안양	3:1	전남	안양	3,301
28	168	일반	08.27	19:30	천안	0:0	충북청주	천안	990
29	169	일반	08.29	19:00	충남아산	0:1	경남	아산	927
29	170	일반	08.29	19:30	안산	1:2	부천	안산	422
29	171	일반	08.29	19:30	부산	2:0	김천	구덕	2,532
29	172	일반	08.30	19:00	서울E	1:0	전남	목동	1,859
29	173	일반	08.30	19:30	성남	2:4	김포	탄천	803
29	174	일반	08.30	19:30	충북청주	2:1	안양	청주	1,062
30	175	일반	09.02	16:00	부천	1:0	충남아산	부천	2,921
30	176	일반	09.02	18:30	김천	0:0	충북청주	김천	1,100
30	177	일반	09.02	20:00	천안	1:1	안산	천안	1,197
30	178	일반	09.03	16:00	김포	2:1	서울E	김포	1,998
30	179	일반	09.03	18:30	전남	0:0	성남	광양	2,552
30	180	일반	09.03	20:00	안양	0:1	부산	안양	2,927
31	181	일반	09.16	16:00	서울E	0:3	천안	목동	5,647
31	182	일반	09.16	16:00	안산	0:1	충북청주	안산	694
31	183	일반	09.16	18:30	부산	3:0	성남	부산A	3,018
31	184	일반	09.17	13:30	경남	2:3	전남	창원C	4,808
31	185	일반	09.17	16:00	충남아산	4:3	안양	아산	1,858
31	186	일반	09.17	18:30	부천	0:0	김포	부천	3,299
32	187	일반	09.19	19:00	부산	2:0	안산	부산A	1,306
32	188	일반	09.19	19:30	성남	1:0	김천	탄천	647
32	189	일반	09.19	19:30	충북청주	0:1	서울E	청주	2,057
32	190	일반	09.20	19:00	안양	1:1	경남	안양	1,539
32	191	일반	09.20	19:30	충남아산	0:1	전남	아산	515

라운드	경기번호	대회구분	경기일자	경기시간	홈팀	결과	원정팀	경기장소	관중수
32	192	일반	09.20	19:30	천안	1:0	부천	천안	433
33	193	일반	09.23	13:30	성남	0:1	충북청주	탄천	7,789
33	194	일반	09.23	16:00	김천	4:1	안양	김천	1,187
33	195	일반	09.23	18:30	전남	1:3	천안	광양	3,526
33	196	일반	09.24	13:30	김포	1:0	충남아산	김포	2,461
33	197	일반	09.24	16:00	서울E	3:4	안산	목동	7,266
33	198	일반	09.24	18:30	부천	1:0	경남	부천	3,039
34	199	일반	09.30	13:30	안양	1:1	성남	안양	2,174
34	200	일반	09.30	16:00	안산	1:1	김포	안산	873
34	201	일반	09.30	18:30	충남아산	1:0	서울E	아산	1,019
34	202	일반	10.01	13:30	충북청주	0:0	부천	청주	4,930
34	203	일반	10.01	16:00	천안	1:3	김천	천안	1,466
34	204	일반	10.01	18:30	경남	0:1	부산	창원C	5,437
35	205	일반	10.07	13:30	김천	3:1	부천	김천	1,094
35	206	일반	10.07	13:30	부산	0:0	천안	부산A	3,696
35	207	일반	10.07	16:00	성남	2:0	충남아산	탄천	1,780
35	208	일반	10.07	16:00	전남	3:2	안산	광양	2,523
35	209	일반	10.07	18:30	서울E	1:3	경남	목동	4,222
35	210	일반	10.07	18:30	김포	3:0	안양	김포	1,890
26	152	일반	10.14	16:00	충남아산	3:2	충북청주	아산	1,616
36	211	일반	10.21	13:30	천안	3:1	성남	천안	1,251
36	212	일반	10.21	16:00	부천	1:1	안양	부천	3,804
36	213	일반	10.21	18:30	충남아산	1:2	부산	아산	1,255
36	214	일반	10.22	13:30	김포	2:1	전남	김포	2,884
36	215	일반	10.22	16:00	충북청주	1:1	경남	청주	3,616
36	216	일반	10.22	18:30	안산	3:7	김천	안산	1,165
37	217	일반	10.28	13:30	경남	4:2	안산	창원C	3,914
37	218	일반	10.28	16:00	충남아산	2:0	천안	아산	4,354
37	219	일반	10.28	18:30	안양	3:0	서울E	안양	3,182
37	220	일반	10.29	13:30	전남	3:0	충북청주	광양	2,180
37	221	일반	10.29	16:00	부산	2:1	부천	부산A	13,340
37	222	일반	10.29	18:30	김천	2:0	김포	김천	1,319
38	223	일반	11.11	13:30	서울E	0:2	성남	목동	5,689
38	224	일반	11.11	16:00	충북청주	1:0	충남아산	청주	3,896
38	225	일반	11.11	18:30	경남	1:1	김천	창원C	7,547
38	226	일반	11.12	13:30	안산	2:3	안양	안산	1,715
38	227	일반	11.12	16:00	천안	0:0	김포	천안	1,196
38	228	일반	11.12	18:30	전남	3:0	부산	광양	3,120
39	229	일반	11.26	15:00	김천	1:0	서울E	김천	2,482
39	230	일반	11.26	15:00	성남	0:2	안산	탄천	1,629
39	231	일반	11.26	15:00	안양	2:1	천안	안양	3,792
39	232	일반	11.26	15:00	부천	4:1	전남	부천	4,059
39	233	일반	11.26	15:00	김포	2:1	경남	김포	2,060
39	234	일반	11.26	15:00	부산	1:1	충북청주	부산A	5,764
40	235	PO	11.29	19:00	경남	0:0	부천	창원C	2,099
41	236	PO	12.02	16:30	김포	2:1	경남	김포	2,442

2023년 K리그2 팀별 연속 승패 · 득실점 기록 ㅣ 김천

일자	상대	홈/원정	승	무	패	득점	실점	연속기록						
								승	무	패	득점	실점	무득점	무실점
03.01	충남아산	원정	▲			2	1							
03.04	충북청주	원정	▲			2	0							
03.19	부산	원정			▼	1	3							
04.02	경남	홈			▼	0	2							
04.08	천안	원정	▲			2	0							
04.15	부천	홈	▲			4	1							
04.19	전남	홈	▲			2	1							
04.22	서울E	원정	▲			1	0							
04.30	김포	홈			▼	0	2							
05.03	안산	원정	▲			3	2							
05.07	성남	원정		■		0	0							
05.13	안양	홈		■		0	0							
05.21	충북청주	홈		■		0	0							
06.04	전남	원정			▼	0	1							
06.10	안산	홈	▲			3	2							
06.24	천안	홈	▲			4	1							
07.01	부천	원정	▲			3	0							
07.10	부산	홈	▲			2	1							
07.15	김포	원정			▼	1	2							
07.19	충남아산	홈	▲			3	2							
07.23	경남	원정	▲			2	0							
07.31	안양	원정			▼	0	2							
08.06	성남	홈	▲			4	0							
08.15	서울E	홈	▲			4	0							
08.20	전남	원정			▼	1	2							
08.26	충남아산	홈	▲			4	0							
08.29	부산	원정			▼	0	2							
09.02	충북청주	홈		■		0	0							
09.19	성남	원정			▼	0	1							
09.23	안양	홈	▲			3	1							
10.01	천안	원정	▲			3	1							
10.07	부천	홈	▲			3	1							
10.22	안산	원정	▲			7	3							
10.29	김포	홈	▲			2	0							
11.11	경남	원정		■		1	1							
11.26	서울E	홈	▲			1	0							

2023년 K리그2 팀별 연속 승패 · 득실점 기록 l 부산

일자	상대	홈/원정	승	무	패	득점	실점	연속기록						
								승	무	패	득점	실점	무득점	무실점
03.01	천안	원정	▲			3	2							
03.11	충북청주	원정		■		1	1							
03.19	김천	홈	▲			3	1							
04.02	서울E	홈	▲			1	0							
04.09	충남아산	원정		■		1	1							
04.15	경남	홈		■		0	0							
04.19	김포	원정			▼	0	1							
04.22	성남	원정	▲			3	1							
04.29	안산	홈		■		0	0							
05.02	전남	원정		■		1	1							
05.07	안양	원정	▲			3	0							
05.13	부천	홈			▼	0	1							
05.21	경남	원정	▲			2	1							
05.28	충남아산	홈	▲			2	1							
06.04	서울E	원정	▲			2	1							
06.10	김포	홈		■		0	0							
06.24	충북청주	홈		■		1	1							
07.01	안산	원정	▲			2	1							
07.10	김천	원정			▼	1	2							
07.16	성남	홈			▼	2	3							
07.24	안양	홈	▲			2	1							
07.30	부천	원정		■		0	0							
08.05	천안	홈	▲			1	0							
08.15	전남	홈	▲			1	0							
08.20	서울E	원정			▼	1	2							
08.26	김포	원정	▲			3	2							
08.29	김천	홈	▲			2	0							
09.03	안양	원정	▲			1	0							
09.16	성남	홈	▲			3	0							
09.19	안산	홈	▲			1	0							
10.01	경남	원정	▲			1	0							
10.07	천안	홈		■		0	0							
10.21	충남아산	원정	▲			2	1							
10.29	부천	홈	▲			2	1							
11.12	전남	원정			▼	0	3							
11.26	충북청주	홈		■		1	1							
12.06	수원FC	홈	▲			2	1							
12.09	수원FC	원정				2	5							

2023년 K리그2 팀별 연속 승패 · 득실점 기록 l 김포

일자	상대	홈/원정	승	무	패	득점	실점	연속기록						
								승	무	패	득점	실점	무득점	무실점
03.05	천안	홈	▲			4	0							
03.11	경남	홈		■		0	0							
03.19	전남	원정	▲			2	0							
04.01	부천	홈		■		1	1							
04.09	충북청주	원정		■		0	0							
04.16	안산	원정	▲			3	2							
04.19	부산	홈	▲			1	0							
04.22	안양	원정	▲			2	1							
04.30	김천	원정	▲			2	0							
05.03	성남	홈		■		0	0							
05.06	서울E	홈		■		0	0							
05.14	충남아산	원정	▲			1	0							
05.29	부천	원정			▼	0	2							
06.04	충북청주	홈			▼	1	2							
06.10	부산	원정		■		0	0							
06.25	전남	홈			▼	1	2							
07.02	충남아산	홈		■		1	1							
07.09	성남	원정		■		0	0							
07.15	김천	홈	▲			2	1							
07.18	서울E	원정	▲			1	0							
07.24	안산	홈			▼	0	1							
07.29	경남	원정		■		0	0							
08.05	안양	홈	▲			1	0							
08.14	천안	원정	▲			2	0							
08.19	충북청주	원정			▼	0	1							
08.26	부산	홈			▼	2	3							
08.30	성남	원정	▲			4	2							
09.03	서울E	홈	▲			2	1							
09.17	부천	원정		■		0	0							
09.24	충남아산	홈	▲			1	0							
09.30	안산	원정		■		1	1							
10.07	안양	홈	▲			3	0							
10.22	전남	홈	▲			2	1							
10.29	김천	원정			▼	0	2							
11.12	천안	원정		■		1	1							
11.26	경남	홈			▼	0	1							
12.02	경남	홈	▲			2	1							
12.06	강원	홈		■		0	0							
12.09	강원	원정			▼	1	2							

⬚ : 승강 플레이오프

2023년 K리그2 팀별 연속 승패 · 득실점 기록 | 경남

일자	상대	홈/원정	승	무	패	득점	실점	승	무	패	득점	실점	무득점	무실점
03.01	부천	홈	▲			1	0							
03.05	전남	원정	▲			5	0							
03.11	김포	원정		■		0	0							
03.18	충북청주	홈		■		2	2							
04.02	김천	원정	▲			2	0							
04.15	부산	원정		■		0	0							
04.18	안양	홈	▲			3	2							
04.23	충남아산	원정		■		2	2							
04.29	천안	홈	▲			2	1							
05.03	서울E	홈			▼	1	2							
05.06	안산	원정		■		1	1							
05.14	성남	홈		■		2	2							
05.21	부산	홈			▼	1	2							
05.27	충북청주	원정	▲			2	0							
06.03	천안	원정	▲			3	2							
06.10	충남아산	홈	▲			2	1							
07.02	안양	원정	▲			4	2							
07.09	안산	홈	▲			3	1							
07.16	전남	홈			▼	0	2							
07.19	성남	원정		■		1	1							
07.23	김천	홈			▼	0	2							
07.29	김포	홈		■		0	0							
08.06	서울E	원정	▲			2	1							
08.14	부천	원정			▼	0	2							
08.21	천안	홈		■		1	1							
08.26	성남	홈	▲			5	2							
08.29	충남아산	원정	▲			1	0							
09.17	전남	홈			▼	2	3							
09.20	안양	원정		■		1	1							
09.24	부천	원정			▼	0	1							
10.01	부산	홈			▼	0	1							
10.07	서울E	원정	▲			3	1							
10.22	충북청주	원정		■		1	1							
10.28	안산	홈	▲			4	2							
11.11	김천	홈		■		1	1							
11.26	김포	원정	▲			1	0							
11.29	부천	홈		■		0	0							
12.02	김포	원정			▼	1	2							

2023년 K리그2 팀별 연속 승패 · 득실점 기록 | 부천

일자	상대	홈/원정	승	무	패	득점	실점	승	무	패	득점	실점	무득점	무실점
03.01	경남	원정			▼	0	1							
03.04	성남	홈	▲			1	0							
03.12	천안	원정	▲			3	0							
03.18	안산	홈	▲			1	0							
04.01	김포	원정		■		1	1							
04.08	안양	홈			▼	2	4							
04.15	김천	원정			▼	1	4							
04.18	서울E	원정			▼	0	1							
04.23	충북청주	원정	▲			4	0							
05.02	충남아산	홈	▲			2	1							
05.07	전남	홈	▲			5	2							
05.13	부산	원정	▲			1	0							
05.20	서울E	원정			▼	0	2							
05.29	김포	홈	▲			2	0							
06.03	안양	원정		■		2	2							
06.11	천안	홈		■		1	1							
06.24	성남	원정	▲			1	0							
07.01	김천	홈			▼	0	3							
07.15	안산	원정	▲			2	0							
07.18	충북청주	홈		■		0	0							
07.23	충남아산	원정			▼	0	1							
07.30	부산	홈		■		0	0							
08.05	전남	원정			▼	0	1							
08.14	경남	홈	▲			2	0							
08.21	성남	원정		■		2	2							
08.26	서울E	홈	▲			1	0							
08.29	안산	원정	▲			2	1							
09.02	충남아산	홈	▲			1	0							
09.17	김포	홈		■		0	0							
09.20	천안	원정			▼	0	1							
09.24	경남	홈	▲			1	0							
10.01	충북청주	원정		■		0	0							
10.07	김천	원정			▼	1	3							
10.21	안양	홈		■		1	1							
10.29	부산	원정			▼	1	2							
11.26	전남	홈	▲			4	1							
11.29	경남	원정		■		0	0							

2023년 K리그2 팀별 연속 승패 · 득실점 기록 ㅣ 안양

일자	상대	홈/원정	승	무	패	득점	실점	연속기록						
								승	무	패	득점	실점	무득점	무실점
03.01	전남	원정	▲			1	0							
03.05	서울E	홈		■		1	1							
03.12	안산	원정		■		1	1							
03.19	성남	홈	▲			2	1							
04.01	충남아산	홈	▲			3	0							
04.08	부천	원정	▲			4	2							
04.18	경남	원정			▼	2	3							
04.22	김포	홈			▼	1	2							
04.29	충북청주	홈	▲			1	0							
05.02	천안	원정	▲			4	0							
05.07	부산	홈			▼	0	3							
05.13	김천	원정		■		0	0							
05.20	전남	홈	▲			2	0							
05.27	성남	원정	▲			2	1							
06.03	부천	홈		■		2	2							
06.25	서울E	원정	▲			2	1							
07.02	경남	홈			▼	2	4							
07.08	충북청주	홈			▼	1	2							
07.15	충남아산	원정	▲			3	2							
07.18	천안	홈		■		1	1							
07.24	부산	원정			▼	1	2							
07.31	김천	홈	▲			2	0							
08.05	김포	원정			▼	0	1							
08.12	안산	홈		■		1	1							
08.27	전남	홈	▲			3	1							
08.30	충북청주	원정			▼	1	2							
09.03	부산	홈			▼	0	1							
09.17	충남아산	원정			▼	3	4							
09.20	경남	홈		■		1	1							
09.23	김천	원정	▲			1	1							
09.30	성남	홈		■		1	1							
10.07	김포	원정			▼	0	3							
10.21	부천	원정		■		1	1							
10.28	서울E	홈	▲			3	0							
11.12	안산	원정	▲			3	2							
11.26	천안	홈	▲			2	1							

2023년 K리그2 팀별 연속 승패 · 득실점 기록 ㅣ 전남

일자	상대	홈/원정	승	무	패	득점	실점	연속기록						
								승	무	패	득점	실점	무득점	무실점
03.01	안양	홈			▼	0	1							
03.05	경남	홈			▼	0	5							
03.11	서울E	원정	▲			1	0							
03.19	김포	홈			▼	0	2							
04.02	천안	원정	▲			3	1							
04.08	성남	홈		■		2	2							
04.15	충북청주	홈	▲			3	0							
04.19	김천	원정			▼	1	2							
04.23	안산	원정			▼	0	1							
04.29	충남아산	홈	▲			2	1							
05.02	부산	홈		■		1	1							
05.07	부천	원정			▼	2	5							
05.20	안양	원정			▼	0	2							
05.27	천안	홈	▲			2	0							
06.04	김천	홈	▲			1	0							
06.11	충북청주	원정			▼	1	3							
06.25	김포	원정	▲			2	1							
07.03	서울E	홈		■		3	3							
07.10	충남아산	원정		■		3	3							
07.16	경남	원정	▲			2	0							
07.19	안산	홈	▲			5	2							
07.29	성남	원정			▼	1	2							
08.05	부천	홈	▲			1	0							
08.15	부산	원정			▼	0	1							
08.20	김천	홈	▲			2	1							
08.27	안양	원정			▼	1	3							
08.30	서울E	원정			▼	0	1							
09.03	성남	홈		■		0	0							
09.17	경남	원정	▲			3	2							
09.20	충남아산	원정	▲			1	0							
09.23	천안	홈			▼	1	3							
10.07	안산	홈	▲			3	2							
10.22	김포	원정			▼	1	2							
10.29	충북청주	홈	▲			3	0							
11.12	부산	홈	▲			3	0							
11.26	부천	원정			▼	1	4							

2023년 K리그2 팀별 연속 승패 · 득실점 기록 ㅣ 충북청주

일자	상대	홈/원정	승	무	패	득점	실점	연속기록						
								승	무	패	득점	실점	무득점	무실점
03.01	서울E	원정	▲			3	2							
03.04	김천	홈			▼	0	2							
03.11	부산	홈		■		1	1							
03.18	경남	원정		■		2	2							
04.01	성남	원정			▼	2	3							
04.09	김포	홈		■		0	0							
04.15	전남	원정			▼	0	3							
04.18	충남아산	홈			▼	0	4							
04.23	부천	홈			▼	0	4							
04.29	안양	원정			▼	0	1							
05.06	천안	홈	▲			2	1							
05.14	안산	홈	▲			3	0							
05.21	김천	원정		■		0	0							
05.27	경남	홈			▼	0	2							
06.04	김포	원정	▲			2	1							
06.11	전남	홈	▲			3	1							
06.24	부산	원정		■		1	1							
07.03	성남	홈		■		0	0							
07.08	안양	홈	▲			2	1							
07.15	천안	원정		■		2	2							
07.18	부천	원정		■		0	0							
07.23	서울E	홈	▲			2	1							
08.08	안산	원정	▲			2	0							
08.19	김포	홈	▲			1	0							
08.27	천안	원정		■		0	0							
08.30	안양	홈	▲			2	1							
09.02	김천	원정		■		0	0							
09.16	안산	원정	▲			1	0							
09.19	서울E	홈			▼	0	1							
09.23	성남	원정	▲			1	0							
10.01	부천	홈		■		0	0							
10.14	충남아산	원정			▼	2	3							
10.22	경남	홈		■		1	1							
10.29	전남	원정			▼	0	3							
11.11	충남아산	홈	▲			1	0							
11.26	부산	원정		■		1	1							

2023년 K리그2 팀별 연속 승패 · 득실점 기록 ㅣ 성남

일자	상대	홈/원정	승	무	패	득점	실점	연속기록						
								승	무	패	득점	실점	무득점	무실점
03.01	안산	홈	▲			2	1							
03.04	부천	원정			▼	0	1							
03.12	충남아산	홈		■		0	0							
03.19	안양	원정			▼	1	2							
04.01	충북청주	홈	▲			3	2							
04.08	전남	원정		■		2	2							
04.16	천안	홈	▲			2	0							
04.22	부산	홈			▼	1	3							
04.30	서울E	원정	▲			2	1							
05.03	김포	원정		■		0	0							
05.07	김천	홈		■		2	2							
05.14	경남	원정		■		2	2							
05.20	안산	원정	▲			3	0							
05.27	안양	홈			▼	1	2							
06.03	충남아산	원정			▼	0	2							
06.11	서울E	홈			▼	1	2							
06.24	부천	홈			▼	0	1							
07.03	충북청주	원정		■		0	0							
07.09	김포	홈		■		0	0							
07.16	부산	원정	▲			3	2							
07.19	경남	홈		■		1	1							
07.23	천안	원정			▼	2	3							
07.29	전남	홈	▲			2	1							
08.06	김천	원정			▼	0	4							
08.21	부천	홈		■		2	2							
08.26	경남	원정	▲			2	0							
08.30	김포	홈			▼	2	4							
09.03	전남	원정		■		0	0							
09.16	부산	원정			▼	0	3							
09.19	김천	홈	▲			1	0							
09.23	충북청주	홈			▼	0	1							
09.30	안양	원정		■		1	1							
10.07	충남아산	홈	▲			2	0							
10.21	천안	원정			▼	1	3							
11.11	서울E	원정	▲			2	0							
11.26	안산	홈			▼	0	2							

2023년 K리그2 팀별 연속 승패 · 득실점 기록 | 충남아산

일자	상대	홈/원정	승	무	패	득점	실점	연속기록						
								승	무	패	득점	실점	무득점	무실점
03.01	김천	홈			▼	1	2							
03.04	안산	원정			▼	0	1							
03.12	성남	원정		■		0	0							
03.18	천안	홈	▲			1	0							
04.01	안양	원정			▼	0	3							
04.09	부산	홈		■		1	1							
04.15	서울E	홈	▲			2	0							
04.18	충북청주	원정	▲			4	0							
04.23	경남			■		2	2							
04.29	전남	원정			▼	1	2							
05.02	부천	원정			▼	1	2							
05.14	김포	홈			▼	0	1							
05.20	천안	원정	▲			1	0							
05.28	부산	원정			▼	0	2							
06.03	성남	홈	▲			2	0							
06.10	경남	원정			▼	1	2							
06.25	안산	홈				1	0							
07.02	김포	원정		■		1	1							
07.10	전남	홈		■		3	3							
07.15	안양	홈			▼	2	3							
07.19	김천	원정			▼	2	3							
07.23	부천	홈	▲			1	0							
07.31	서울E	원정		■		0	0							
08.19	안산	원정	▲			1	0							
08.26	김천	원정			▼	0	4							
08.29	경남	홈			▼	0	1							
09.02	부천	원정			▼	0	1							
09.17	안양	홈	▲			4	3							
09.20	전남	홈			▼	0	1							
09.24	김포	원정			▼	0	1							
09.30	서울E	홈	▲			1	0							
10.07	성남	원정			▼	0	2							
10.14	충북청주	홈	▲			3	2							
10.21	부산	홈			▼	1	2							
10.28	천안	홈	▲			2	0							
11.11	충북청주	원정			▼	0	1							

2023년 K리그2 팀별 연속 승패 · 득실점 기록 | 서울E

일자	상대	홈/원정	승	무	패	득점	실점	연속기록						
								승	무	패	득점	실점	무득점	무실점
03.01	충북청주	홈			▼	2	3							
03.05	안양	원정		■		1	1							
03.11	전남	홈			▼	0	1							
04.02	부산	원정			▼	0	1							
04.09	안산	홈	▲			4	0							
04.15	충남아산	원정			▼	0	2							
04.18	부천	원정	▲			1	0							
04.22	김천	홈			▼	0	1							
04.30	성남	홈			▼	1	2							
05.03	경남	원정			▼	0	2							
05.06	김포	원정		■		0	0							
05.13	천안	홈	▲			3	2							
05.20	부천	홈	▲			2	0							
05.28	안산	원정	▲			2	1							
06.04	부산	홈			▼	1	2							
06.11	성남	원정	▲			2	1							
06.25	안양	홈			▼	1	2							
07.03	전남	원정		■		3	3							
07.08	천안	원정		■		0	0							
07.18	김포	홈			▼	0	1							
07.23	충북청주	원정			▼	1	2							
07.31	충남아산	홈		■		0	0							
08.06	경남	홈			▼	1	2							
08.15	김천	원정			▼	0	4							
08.20	부산	홈	▲			2	1							
08.26	부천	원정			▼	0	1							
08.30	전남	홈	▲			1	0							
09.03	김포	원정			▼	1	2							
09.16	천안	홈			▼	0	3							
09.19	충북청주	원정	▲			1	0							
09.24	안산	홈			▼	3	4							
09.30	충남아산	원정			▼	0	1							
10.07	경남	홈			▼	1	3							
10.28	안양	원정			▼	0	3							
11.11	성남	홈			▼	0	2							
11.26	김천	원정			▼	0	1							

2023년 K리그2 팀별 연속 승패 · 득실점 기록 ㅣ 안산

일자	상대	홈/원정	승	무	패	득점	실점	연속기록						
								승	무	패	득점	실점	무득점	무실점
03.01	성남	원정			▼	1	2							
03.04	충남아산	홈	▲			1	0							
03.12	안양	홈		■		1	1							
03.18	부천	원정			▼	0	1							
04.09	서울E	원정			▼	1	4							
04.16	김포	홈			▼	2	3							
04.19	천안	원정		■		1	1							
04.23	전남	홈	▲			1	0							
04.29	부산	원정		■		0	0							
05.03	김천	홈			▼	2	3							
05.06	경남	홈		■		1	1							
05.14	충북청주	원정			▼	0	3							
05.20	성남	홈			▼	0	3							
05.28	서울E	홈			▼	1	2							
06.10	김천	원정			▼	2	3							
06.25	충남아산	원정			▼	0	1							
07.01	부산	홈			▼	1	2							
07.09	경남	원정			▼	1	3							
07.15	부천	홈			▼	0	2							
07.19	전남	원정			▼	2	5							
07.24	김포	원정	▲			1	0							
07.30	천안	홈	▲			2	1							
08.08	충북청주	홈			▼	0	2							
08.12	안양	원정		■		1	1							
08.19	충남아산	홈			▼	0	1							
08.29	부천	홈			▼	1	2							
09.02	천안	원정		■		1	1							
09.16	충북청주	홈			▼	0	1							
09.19	부산	원정			▼	0	2							
09.24	서울E	원정	▲			4	3							
09.30	김포	홈		■		1	1							
10.07	전남	원정			▼	2	3							
10.22	김천	홈			▼	3	7							
10.28	경남	원정			▼	2	4							
11.12	안양	홈			▼	2	3							
11.26	성남	원정	▲			2	0							

2023년 K리그2 팀별 연속 승패 · 득실점 기록 ㅣ 천안

일자	상대	홈/원정	승	무	패	득점	실점	연속기록						
								승	무	패	득점	실점	무득점	무실점
03.01	부산	홈			▼	2	3							
03.05	김포	원정			▼	0	4							
03.12	부천	홈			▼	0	3							
03.18	충남아산	원정			▼	0	1							
04.02	전남	홈			▼	1	3							
04.08	김천	홈			▼	0	2							
04.16	성남	원정			▼	0	2							
04.19	안산	홈		■		1	1							
04.29	경남	원정			▼	1	2							
05.02	안양	홈			▼	0	4							
05.06	충북청주	원정			▼	1	2							
05.13	서울E	원정			▼	2	3							
05.20	충남아산	홈			▼	1	2							
05.27	전남	원정			▼	1	2							
06.03	경남	홈			▼	2	3							
06.11	부천	원정		■		1	1							
06.24	김천	원정			▼	1	4							
07.08	서울E	홈		■		0	0							
07.15	충북청주	홈		■		2	2							
07.18	안양	원정		■		1	1							
07.23	성남	홈	▲			3	2							
07.30	안산	원정			▼	1	2							
08.05	부산	원정			▼	0	1							
08.14	김포	홈			▼	0	2							
08.21	경남	원정		■		1	1							
08.27	충북청주	홈		■		0	0							
09.02	안산	홈		■		1	1							
09.16	서울E	원정	▲			3	0							
09.20	부천	홈	▲			1	0							
09.23	전남	원정	▲			3	1							
10.01	김천	홈			▼	1	3							
10.07	부산	원정		■		0	0							
10.21	성남	홈	▲			3	1							
10.28	충남아산	원정			▼	0	2							
11.12	김포	홈		■		0	0							
11.26	안양	원정			▼	1	2							

2023년 K리그2 팀 간 경기 기록

팀명	승점	상대팀	승	무	패	득점	실점	득실	도움	경고	퇴장
김천	71	합계	22	5	9	71	37	34	44	48	0
	4	경남	1	1	1	3	3	0	2	4	0
	3	김포	1	0	2	3	4	-1	2	4	0
	3	부산	1	0	2	3	6	-3	2	3	0
	9	부천	3	0	0	10	2	8	9	3	0
	9	서울E	3	0	0	6	0	6	3	2	0
	4	성남	1	1	1	4	3	1	3	4	0
	9	안산	3	0	0	13	7	6	5	8	0
	4	안양	1	1	1	4	3	1	3	4	0
	3	전남	1	0	2	3	4	-1	2	4	0
	9	천안	3	0	0	9	2	7	6	4	0
	9	충남아산	3	0	0	9	3	6	6	4	0
	5	충북청주	1	2	0	2	0	2	0	6	0

팀명	승점	상대팀	승	무	패	득점	실점	득실	도움	경고	퇴장
경남	57	합계	15	13	10	55	44	11	37	38	2
	4	김천	1	1	1	3	3	0	1	1	0
	5	김포	1	2	1	2	2	0	1	4	1
	1	부산	0	1	2	1	3	-2	1	4	0
	3	부천	1	1	2	1	3	-2	0	2	0
	6	서울E	2	0	1	6	4	2	5	3	0
	2	성남	0	2	1	3	5	-2	3	3	1
	7	안산	2	1	0	8	4	4	6	5	0
	7	안양	2	1	0	8	5	3	5	3	0
	3	전남	1	0	2	7	5	2	5	1	0
	7	천안	2	1	0	6	4	2	3	3	0
	7	충남아산	2	1	0	5	3	2	4	6	0
	5	충북청주	1	2	0	5	3	2	3	3	0

팀명	승점	상대팀	승	무	패	득점	실점	득실	도움	경고	퇴장
부산	70	합계	20	10	6	50	29	21	35	57	0
	7	경남	2	1	0	3	1	2	1	5	0
	6	김천	2	0	1	6	3	3	5	3	0
	4	김포	1	1	1	3	3	0	3	10	0
	4	부천	1	1	1	2	2	0	0	4	0
	6	서울E	2	0	1	4	3	1	2	4	0
	6	성남	2	0	1	8	4	4	6	4	0
	7	안산	2	1	0	4	1	3	5	8	0
	9	안양	3	0	0	6	1	5	4	4	0
	4	전남	1	1	1	2	4	-2	1	3	0
	7	천안	2	1	0	4	2	2	2	5	0
	7	충남아산	2	1	0	5	2	3	3	6	0
	3	충북청주	0	3	0	3	3	0	3	1	0

팀명	승점	상대팀	승	무	패	득점	실점	득실	도움	경고	퇴장
부천	57	합계	16	10	11	45	35	10	29	53	0
	6	경남	2	1	1	3	1	2	1	2	0
	0	김천	0	0	3	2	10	-8	2	0	0
	5	김포	1	2	0	3	1	2	1	4	0
	4	부산	1	1	1	2	2	0	0	7	0
	3	서울E	1	0	2	1	3	-2	1	6	0
	7	성남	2	1	0	4	2	2	4	7	0
	2	안산	0	2	1	3	4	-1	3	4	0
	2	안양	0	2	1	5	7	-2	3	8	0
	6	전남	2	0	1	9	4	5	5	2	0
	4	천안	1	1	1	4	2	2	3	0	0
	6	충남아산	2	0	1	3	2	1	1	6	0
	5	충북청주	1	2	0	4	0	4	4	3	0

팀명	승점	상대팀	승	무	패	득점	실점	득실	도움	경고	퇴장
김포	60	합계	17	12	8	42	26	16	27	63	1
	2	경남	1	2	1	2	2	0	1	9	0
	6	김천	2	0	1	4	3	1	3	1	0
	4	부산	1	1	1	3	3	0	2	5	0
	2	부천	0	2	1	1	3	-2	1	6	0
	7	서울E	2	1	0	3	1	2	1	7	0
	5	성남	1	2	1	4	2	2	1	8	0
	4	안산	1	1	1	4	0	4	2	5	0
	9	안양	3	0	0	6	1	5	4	3	0
	6	전남	2	0	1	5	3	2	5	5	0
	7	천안	2	1	0	6	0	6	4	5	0
	7	충남아산	2	1	0	3	1	2	2	5	0
	1	충북청주	0	1	2	1	3	-2	1	4	1

팀명	승점	상대팀	승	무	패	득점	실점	득실	도움	경고	퇴장
안양	54	합계	15	9	12	58	51	7	44	52	2
	1	경남	0	1	2	5	8	-3	4	3	0
	4	김천	1	1	1	3	4	-1	3	6	1
	0	김포	0	0	3	1	6	-5	0	3	1
	0	부산	0	0	3	1	6	-5	1	7	0
	5	부천	1	2	0	7	5	2	6	2	0
	7	서울E	2	1	0	6	2	4	4	3	0
	7	성남	2	1	0	5	4	1	2	6	0
	5	안산	1	2	0	5	4	1	2	6	0
	9	전남	3	0	0	5	1	5	5	2	0
	7	천안	2	1	0	7	2	5	5	5	0
	6	충남아산	2	0	1	9	6	3	7	3	0
	3	충북청주	1	0	2	3	4	-1	3	5	0

팀명	승점	상대팀	승	무	패	득점	실점	득실	도움	경고	퇴장
전남	53	합계	16	5	15	55	56	-1	42	61	3
	6	경남	2	0	1	5	7	-2	4	5	1
	6	김천	2	0	1	4	3	1	3	5	0
	3	김포	1	0	2	3	5	-2	1	7	1
	4	부산	1	1	1	4	2	2	4	6	0
	3	부천	1	0	2	4	9	-5	3	4	0
	4	서울E	1	1	1	4	4	0	2	6	0
	2	성남	0	2	1	3	4	-1	2	3	1
	6	안산	2	0	1	8	5	3	6	8	0
	0	안양	0	0	3	1	6	-5	0	1	0
	6	천안	2	0	1	6	4	2	6	6	0
	7	충남아산	2	1	0	6	4	2	5	6	0
	6	충북청주	2	0	1	7	3	4	6	4	0

팀명	승점	상대팀	승	무	패	득점	실점	득실	도움	경고	퇴장
충남아산	42	합계	12	6	18	39	46	-7	25	60	2
	1	경남	0	1	2	3	5	-2	3	5	0
	0	김천	0	0	3	3	9	-6	1	5	0
	1	김포	0	1	2	1	3	-2	1	5	0
	1	부산	0	1	2	2	5	-3	2	5	0
	3	부천	1	0	2	2	3	-1	1	6	1
	7	서울E	2	1	0	3	0	3	2	3	0
	4	성남	1	1	1	2	2	0	2	3	1
	6	안산	2	0	1	2	1	1	1	9	0
	3	안양	1	0	2	6	9	-3	3	7	0
	1	전남	0	1	2	4	6	-2	2	4	0
	9	천안	3	0	0	4	0	4	3	7	0
	6	충북청주	2	0	1	7	3	4	5	2	0

팀명	승점	상대팀	승	무	패	득점	실점	득실	도움	경고	퇴장
충북청주	52	합계	13	13	10	37	42	-5	24	75	1
	2	경남	0	2	1	3	5	-2	2	5	0
	2	김천	0	2	1	0	2	-2	0	4	0
	7	김포	2	1	0	3	1	2	2	7	0
	3	부산	0	3	0	3	3	0	3	8	0
	2	부천	0	2	1	0	4	-4	0	6	0
	6	서울E	2	0	1	5	4	1	3	7	0
	4	성남	1	1	1	3	3	0	1	5	0
	9	안산	3	0	0	6	0	6	5	10	0
	6	안양	2	0	1	4	3	1	3	6	0
	3	전남	1	0	2	3	7	-4	1	5	0
	5	천안	1	2	0	4	3	1	2	5	0
	3	충남아산	1	0	2	3	7	-4	2	7	0

팀명	승점	상대팀	승	무	패	득점	실점	득실	도움	경고	퇴장
서울E	35	합계	10	5	21	36	54	-18	19	70	1
	3	경남	1	0	2	4	6	-2	2	0	0
	0	김천	0	0	3	0	6	-6	0	7	0
	1	김포	0	1	2	1	3	-2	1	7	0
	3	부산	1	0	2	3	4	-1	2	4	0
	6	부천	2	0	1	3	1	2	1	6	0
	3	성남	1	0	2	3	5	-2	0	6	0
	6	안산	2	0	1	9	3	6	3	12	1
	1	안양	0	1	2	2	6	-4	0	3	0
	4	전남	1	1	1	4	4	0	2	7	0
	4	천안	1	1	1	3	5	-2	2	7	0
	1	충남아산	0	1	2	0	3	-3	0	3	0
	3	충북청주	1	0	2	4	5	-1	2	7	0

팀명	승점	상대팀	승	무	패	득점	실점	득실	도움	경고	퇴장
성남	44	합계	11	11	14	43	50	-7	28	69	2
	5	경남	1	2	0	5	3	2	3	7	0
	4	김천	1	1	1	3	6	-3	2	7	0
	2	김포	0	2	1	2	4	-2	2	6	0
	3	부산	1	0	2	4	8	-4	2	6	0
	1	부천	0	1	2	2	4	-2	2	4	0
	6	서울E	2	0	1	5	3	2	2	6	0
	6	안산	2	0	1	5	3	2	2	6	0
	1	안양	0	1	2	3	5	-2	2	5	1
	5	전남	1	2	0	4	3	1	4	7	0
	3	천안	1	0	2	6	6	-1	2	5	1
	4	충남아산	1	1	1	2	2	0	1	3	0
	4	충북청주	1	1	1	3	3	0	2	7	0

팀명	승점	상대팀	승	무	패	득점	실점	득실	도움	경고	퇴장
안산	25	합계	6	7	23	40	72	-32	25	62	2
	1	경남	0	1	2	4	8	-4	2	9	1
	0	김천	0	0	3	7	13	-6	7	8	0
	4	김포	1	1	1	4	4	0	2	5	0
	1	부산	0	1	2	1	4	-3	1	4	0
	0	부천	0	0	3	1	5	-4	0	4	0
	3	서울E	1	0	2	6	9	-3	5	5	0
	3	성남	1	0	2	3	5	-2	0	6	1
	2	안양	0	2	1	2	4	-2	1	3	0
	3	전남	1	0	2	5	8	-3	2	3	0
	5	천안	1	2	0	4	3	1	3	5	0
	3	충남아산	1	0	2	1	2	-1	2	5	0
	0	충북청주	0	0	3	0	6	-6	0	5	0

팀명	승점	상대팀	승	무	패	득점	실점	득실	도움	경고	퇴장
천안	25	합계	5	10	21	33	62	-29	18	70	0
	1	경남	0	1	2	4	6	-2	1	7	0
	0	김천	0	0	3	2	9	-7	2	8	0
	1	김포	0	1	2	0	6	-6	0	7	0
	1	부산	0	1	2	2	4	-2	2	8	0
	4	부천	1	1	1	2	4	-2	0	4	0
	4	서울E	1	1	1	5	3	2	3	4	0
	6	성남	2	0	1	6	1	5	5	5	0
	2	안산	0	2	1	3	4	-1	0	6	0
	1	안양	0	1	2	2	7	-5	2	7	0
	3	전남	1	0	2	4	6	-2	3	4	0
	0	충남아산	0	0	3	0	4	-4	0	4	0
	2	충북청주	0	2	1	3	4	-1	0	6	0

2023년 K리그2 최종 순위 및 팀별 경기기록, 승률

구분	승격	승강PO	플레이오프										
순위	김천	부산	김포	경남	부천	안양	전남	충북청주	성남	충남아산	서울E	안산	천안
구단	36	36	37	38	37	36	36	36	36	36	36	36	36
승점	71	70	60	57	57	54	53	52	44	42	35	25	25
승	22	20	17	15	16	15	16	13	11	12	10	6	5
무	5	10	12	13	10	9	5	13	11	6	5	7	10
패	9	6	8	10	11	12	15	10	14	18	21	23	21
득	71	50	42	55	45	58	55	37	43	39	36	40	33
실	37	29	26	44	35	51	56	42	50	46	54	72	62
차	34	21	16	11	10	7	-1	-5	-7	-7	-18	-32	-29
승률	68.1	69.4	62.2	56.6	56.8	54.2	51.4	54.2	45.8	41.7	34.7	26.4	27.8

구분	홈	원정	홈	원정	홈	원정	홈	원정	홈	원정	홈	원정	홈	원정	홈	원정	홈	원정	홈	원정	홈	원정	홈	원정	홈	원정
승	13	9	10	10	9	8	6	9	10	6	8	7	10	6	8	5	6	5	9	3	5	5	3	3	3	2
무	5	2	10	4	12	7	13	7	10	7	9	3	5	1	13	8	11	6	6	3	5	4	7	4	10	4
패	2	7	2	4	5	3	4	8	3	8	4	8	4	11	5	5	7	7	6	12	12	9	12	11	9	12
득	40	31	23	27	24	18	25	30	24	21	28	30	32	23	18	19	22	21	27	12	22	14	19	21	17	16
실	14	23	9	20	15	11	27	17	14	21	20	31	23	33	20	22	24	26	21	25	30	24	35	37	31	31
차	26	8	14	7	9	7	-2	13	10	0	8	-1	9	-10	-2	-3	-2	-5	6	-13	-8	-10	-16	-16	-14	-15
승률	77.5	55.6	68.2	66.7	57.7	63.9	48.1	65.8	65.2	44.7	59.5	47.2	65.8	36.1	55.8	50.0	47.9	44.4	57.1	25.0	34.1	38.9	29.5	27.8	36.4	22.2

2023년 K리그2 팀별 개인 기록 | 김천

선수명	대회	출전	교체	득점	도움	코너킥	파울	파울득	오프사이드	슈팅	유효슈팅	경고	퇴장	실점	자책
강현무	K2	9	1	0	1	0	0	2	0	0	0	1	0	8	0
강현묵	K2	23	19	6	4	11	13	20	2	27	15	1	0	0	0
구본철	K2	15	14	1	1	6	9	13	0	4	3	1	0	0	0
김동현	K2	21	16	2	0	0	18	14	0	11	4	4	0	0	0
김륜성	K2	10	8	0	2	1	2	6	0	2	0	2	0	0	0
김민준	K2	28	27	6	4	22	18	28	6	32	13	2	0	0	0
김재우	K2	33	5	1	2	0	10	5	0	6	2	0	0	0	0
김준범	K2	14	14	1	0	2	11	4	0	4	2	2	0	0	0
김준홍	K2	8	0	0	0	0	1	0	0	0	0	0	0	6	0
김진규	K2	32	29	6	5	79	31	14	2	49	17	3	0	0	0
김태현	K2	21	11	0	0	0	22	34	0	9	3	4	0	0	0
김현욱	K2	28	24	1	3	29	10	25	0	21	6	0	0	0	0
문경건	K2	3	0	0	0	0	0	0	0	0	0	0	0	5	0
박민규	K2	25	12	1	0	9	15	24	1	11	3	3	0	0	0
신송훈	K2	17	1	0	0	0	0	0	0	0	0	0	0	18	0
원두재	K2	34	9	1	0	0	32	16	0	10	2	7	0	0	0
윤석주	K2	16	14	0	1	8	6	5	0	3	2	1	0	0	0
윤종규	K2	17	10	2	4	0	11	5	1	7	2	1	0	0	0
이상민	K2	29	2	0	1	0	0	11	5	0	2	0	0	0	0
이영준	K2	13	11	3	2	0	1	3	0	2	1	0	0	0	0
이유현	K2	19	7	2	0	0	11	6	1	15	6	2	0	0	0
이준석	K2	22	22	6	3	0	12	17	9	29	16	0	0	0	0
이중민	K2	9	9	1	0	0	2	3	0	3	2	0	0	0	0
이지훈	K2	2	2	0	0	0	1	0	0	1	0	0	0	0	0
임승겸	K2	15	8	0	0	0	5	2	1	5	3	3	0	0	0
정치인	K2	27	27	5	1	0	14	11	4	20	12	2	0	0	0
조영욱	K2	28	15	13	5	0	4	29	8	64	35	1	0	0	0
최병찬	K2	11	10	4	0	0	9	8	0	18	12	2	0	0	0

2023년 K리그2 팀별 개인 기록 | 부산

선수명	대회	출전	교체	득점	도움	코너킥	파울	파울득	오프사이드	슈팅	유효슈팅	경고	퇴장	실점	자책
강상윤	K1	1	1	0	0	0	0	0	0	0	0	0	0	0	0
	K2	15	14	0	1	0	14	4	1	5	3	2	0	0	0
	계	16	15	0	1	0	14	4	1	5	3	3	0	0	0
강영웅	K2	1	1	0	0	0	1	0	0	0	0	0	0	0	0
구상민	K2	36	0	0	1	0	0	7	0	0	0	2	0	29	0
권혁규	K2	20	4	2	0	0	15	13	0	15	3	4	0	0	0
김상준	K2	26	16	2	2	0	10	14	0	17	8	3	0	0	0
김정환	K2	25	26	2	4	17	19	4	25	15	2	0	0	0	0
김 찬	K2	26	23	8	1	0	42	31	13	53	25	5	0	0	0
라마스	K2	33	25	10	8	68	17	25	2	97	49	1	0	0	0
민상기	K1	1	1	0	0	0	0	0	0	0	0	0	0	0	0
	K2	12	3	0	0	0	8	1	0	0	0	3	0	0	0
	계	13	4	0	0	0	8	1	0	0	0	3	0	0	0
박동진	K1	15	15	3	2	0	0	5	0	17	6	3	0	0	0
	K2	15	11	0	0	1	6	13	1	16	10	2	0	0	0
	계	30	26	3	2	1	20	18	1	33	16	5	0	0	0
박세진	K2	14	13	0	3	1	4	8	1	2	1	0	0	0	0
박종우	K2	3	3	0	0	0	1	2	0	0	0	0	0	0	0
성호영	K2	21	19	0	8	0	20	16	1	17	9	0	0	0	0
양세영	K2	1	1	0	0	0	0	0	0	0	0	0	0	0	0
어정원	K2	29	18	0	1	0	20	21	1	9	3	2	0	0	0
여 름	K1	2	2	0	0	2	0	1	0	0	0	0	0	0	0
	K2	14	13	0	0	0	11	10	0	2	0	1	0	0	0
	계	16	15	0	0	2	11	11	0	2	0	1	0	0	0
이상헌	K2	5	5	1	1	0	3	2	0	1	1	0	0	0	0
이승기	K2	6	6	1	0	4	1	2	0	1	0	0	0	0	0
이한도	K2	35	0	2	0	0	22	20	1	8	2	4	0	0	0
이현준	K2	1	1	0	0	0	0	0	0	0	0	0	0	0	0
임민혁	K2	24	11	2	2	39	23	35	0	15	8	3	0	0	0
전승민	K2	13	12	0	1	3	5	2	0	6	2	0	0	0	0
정원진	K2	30	20	1	2	36	17	19	2	28	13	2	0	0	0
조위제	K2	32	5	1	0	0	33	16	1	9	2	7	0	0	0
천지현	K2	5	5	0	0	0	2	0	0	0	0	1	0	0	0
최건주	K2	27	27	1	0	0	15	14	5	29	16	2	0	0	0
최기윤	K2	16	17	1	1	0	6	17	2	15	5	2	0	0	0
최 준	K2	31	4	2	5	0	30	39	1	18	8	6	0	0	0
최지묵	K2	26	15	1	0	0	18	12	0	2	1	3	0	0	0
페 신	K2	23	23	7	2	0	6	18	2	24	15	2	0	0	0
프랑클린	K2	13	13	1	1	0	2	4	2	11	5	0	0	0	0
황준호	K2														

2023년 K리그2 팀별 개인 기록 | 김포

선수명	대회	출전	교체	득점	도움	코너킥	파울	파울득	오프사이드	슈팅	유효슈팅	경고	퇴장	실점	자책
김민재	K2	2	2	0	0	0	0	0	0	1	0	0	0	0	0
김민호	K2	25	9	0	0	0	27	9	0	2	0	7	0	0	0
김성민	K2	32	25	1	2	0	23	25	4	10	5	3	0	0	0
김이석	K2	33	12	4	0	0	58	27	0	34	18	5	0	0	0
김종민	K2	4	4	0	0	0	3	0	0	1	0	1	0	0	0
김종석	K2	22	21	3	4	30	18	21	1	28	18	2	0	0	0
김태한	K2	34	1	1	0	0	30	25	3	14	2	1	0	0	0
루이스	K2	35	9	17	4	0	35	53	9	85	44	6	0	0	0
민성연	K2	12	12	0	0	0	9	5	0	3	0	0	0	0	0
박경록	K2	25	13	1	0	0	23	8	0	3	1	5	0	0	0
박광일	K2	32	24	2	1	47	15	21	1	10	6	1	0	0	0
박청효	K2	34	1	0	0	0	3	0	0	0	0	0	0	22	0
배재우	K2	10	11	0	0	0	7	10	1	4	2	0	0	0	0
서재민	K2	34	19	2	0	26	16	18	2	17	4	2	0	0	0
손석용	K2	26	25	1	1	0	20	13	3	21	9	5	0	0	0
송준석	K2	17	16	0	0	1	12	5	2	5	2	3	0	0	0
송창석	K2	12	13	0	1	0	5	12	1	7	2	6	0	0	0
심민용	K2	1	1	0	0	0	0	1	0	0	0	0	0	0	0
윤민호	K2	19	16	0	0	0	16	20	2	25	10	2	0	0	0
이강연	K2	10	6	0	0	1	14	7	0	1	0	2	0	0	0
이상욱	K2	3	1	0	0	0	0	0	0	0	0	0	0	4	0
이상혁	K2	13	12	0	0	0	5	1	0	2	0	0	0	0	0
이성재	K2	11	9	0	0	0	10	12	0	7	5	1	0	0	0
임도훈	K2	1	1	0	0	0	0	0	0	0	0	0	0	0	0
장윤호	K2	26	23	2	0	16	27	23	1	19	8	2	0	0	0
조성권	K2	35	2	0	0	0	32	18	1	9	5	0	0	0	0
주닝요	K2	30	25	3	2	1	37	63	2	41	21	6	0	0	0
최재훈	K2	17	6	0	0	0	22	16	0	4	2	3	0	0	0
파블로	K2	18	13	2	5	22	16	11	4	21	10	2	0	0	0

2023년 K리그2 팀별 개인 기록 | 경남

선수명	대회	출전	교체	득점	도움	코너킥	파울	파울득	오프사이드	슈팅	유효슈팅	경고	퇴장	실점	자책
고동민	K2	36	1	0	0	0	5	5	0	0	0	3	0	40	0
권기표	K2	12	12	0	0	1	12	7	0	10	3	0	0	0	0
글레이손	K2	35	28	13	2	0	31	29	4	42	22	2	0	0	1
김범용	K2	5	4	0	0	0	4	1	0	4	2	0	0	0	0
김영찬	K2	8	3	0	0	0	5	6	0	3	2	1	0	0	1
레 오	K2	11	12	0	0	0	2	0	0	4	1	0	0	0	0
모재현	K2	30	16	6	6	3	42	32	2	33	15	4	0	0	0
미란징야	K2	10	12	0	0	0	8	7	6	14	4	1	0	0	0
박민서㉑	K2	38	12	2	5	90	45	20	2	18	6	3	0	0	0
박민서⑰	K2	32	28	5	3	0	29	42	2	46	24	3	0	0	0
박재환	K2	31	2	0	0	0	16	5	1	11	3	4	0	0	0
서재원	K2	2	2	0	0	0	1	0	0	1	0	0	0	0	0
설현진	K2	30	30	2	2	0	31	31	5	26	15	1	0	0	0
손정현	K2	2	0	0	0	0	2	1	0	0	0	0	0	0	0
송홍민	K2	38	10	1	3	64	40	18	0	20	5	2	0	0	0
우주성	K2	30	15	0	3	0	20	23	1	14	6	0	0	0	0
원기종	K2	34	19	11	3	0	14	40	14	64	32	3	0	0	0
유준하	K2	9	8	0	0	5	2	1	3	1	0	0	0	0	0
이강희	K2	30	4	2	0	0	31	31	5	26	15	5	0	0	0
이광선	K2	11	4	0	0	0	9	3	0	2	1	0	0	0	0
이광진	K2	16	14	0	4	36	10	10	0	2	0	0	0	0	0
이민기	K2	17	1	0	0	0									
이민혁	K1	3	3	0	0	0	0	1	0						
	K2	9	7	0	0	0	11	6	0						
	계	12	10	0	0	0	11	6	0						
이윤오	K2	1	1	0	0	0	0	0	0	0	0	0	0	0	0
이종언	K2	2	2	0	0	0	1	0	0	10	6	0	0	0	0
이준재	K2	31	13	2	1	0	23	7	0	19	6	4	1	0	0
이지승	K2	2	2	0	0	0	4	0	0	2	0	0	0	0	0
이찬욱	K2	8	2	1	0	0	3	1	0	3	2	0	0	0	0
정현욱	K2	1	1	0	0	0	1	0	0						
조상준	K2	27	26	1	0	0	13	18	2	16	7	1	0	0	0
조향기	K2	10	10	0	0	0	2	1	0						
카스트로	K2	36	30	6	4	2	25	25	0	45	25	2	0	0	0

2023년 K리그2 팀별 개인 기록 | 부천

선수명	대회	출전	교체	득점	도움	코너킥	파울	파울득	오프사이드	슈팅	유효슈팅	경고	퇴장	실점	자책
감 한 솔	K2	10	8	0	0	0	5	5	0	1	1	0	0	0	0
강 재 우	K2	1	1	0	0	0	1	1	2	1	1	0	0	0	0
김 규 민⑰	K2	5	4	0	0	8	1	4	0	2	1	0	0	0	0
김 규 민㉗	K2	11	11	1	0	1	2	5	0	3	3	0	0	0	0
김 보 용	K2	11	11	0	0	0	9	10	0	8	3	1	0	0	0
김 선 호	K2	28	21	3	0	0	0	6	2	6	4	1	0	0	0
김 준 형	K2	11	12	0	0	7	10	4	1	6	0	1	0	0	0
김 호 남	K2	27	20	2	0	0	23	11	5	14	6	2	0	0	0
닐손주니어	K2	37	3	5	1	0	12	14	3	21	15	0	0	0	0
루 페 타	K2	16	14	1	2	0	19	28	8	20	7	4	0	0	0
박 형 진	K2	35	30	1	1	4	17	13	0	14	5	2	0	0	0
박 호 민	K2	21	21	2	1	0	19	9	5	16	12	5	0	0	0
서 명 관	K2	30	4	0	0	0	19	14	1	7	3	4	0	0	0
송 진 규	K2	19	18	1	2	0	12	19	0	14	5	1	0	0	0
안 재 준	K2	23	15	11	4	0	15	11	15	40	25	3	0	0	0
유 승 현	K2	11	5	1	0	0	11	14	1	2	1	1	0	0	0
이 동 희	K2	32	2	0	1	0	38	14	0	12	1	5	0	0	0
이 범 수	K2	32	0	0	0	0	0	5	0	0	0	2	0	32	0
이 용 혁	K2	22	11	0	0	0	11	12	0	4	1	1	0	0	0
이 의 형	K2	24	21	4	2	0	14	26	3	27	11	1	0	0	0
이 정 빈	K2	18	17	3	3	0	8	24	2	18	11	3	0	0	0
이 주 현	K2	5	0	0	0	0	0	0	0	0	0	0	0	3	0
이 풍 연	K2	1	1	0	0	0	0	0	0	0	0	0	0	0	0
정 희 웅	K2	14	3	0	0	0	10	19	3	7	2	3	0	0	0
조 수 철	K2	16	16	1	2	0	15	5	1	11	6	1	0	0	0
최 재 영	K2	26	17	1	1	6	36	22	0	13	7	5	0	0	0
추 정 호	K2	1	1	0	0	0	0	1	0	2	1	0	0	0	0
카 릴	K2	15	15	2	0	1	0	12	1	22	14	0	0	0	0
카 즈	K2	36	2	1	3	25	46	31	2	17	5	4	0	0	0
하 모 스	K2	20	19	2	3	0	24	16	4	20	10	1	0	0	0
한 지 호	K2	18	15	2	2	12	15	13	1	18	10	2	0	0	0

2023년 K리그2 팀별 개인 기록 | 안양

선수명	대회	출전	교체	득점	도움	코너킥	파울	파울득	오프사이드	슈팅	유효슈팅	경고	퇴장	실점	자책
공 민 현	K1	10	9	0	0	0	7	4	0	1	1	0	0	0	0
	K2	13	13	2	2	0	9	8	2	7	4	1	0	0	0
	계	23	22	2	2	0	16	12	2	8	5	2	1	0	0
구 대 영	K2	15	13	0	0	0	9	11	0	5	1	2	0	0	0
김 동 진	K2	25	6	5	2	23	31	34	3	24	15	3	0	0	0
김 륜 도	K2	5	5	0	0	0	0	1	1	0	0	0	0	0	0
김 성 동	K2	3	0	0	0	0	0	0	0	0	0	0	0	6	0
김 정 민	K2	6	6	0	1	3	5	0	6	3	0	0	1	0	0
김 정 현	K2	21	15	4	1	0	42	20	0	26	14	2	0	0	1
김 태 훈	K2	8	0	0	0	0	0	0	0	1	0	0	0	14	0
김 하 준	K2	17	17	1	0	1	0	2	2	0	0	0	0	0	0
김 형 진	K2	28	1	2	0	0	40	13	1	12	3	6	0	0	0
라에르시오	K2	10	10	2	0	0	8	5	2	12	7	1	0	0	0
류 승 우	K1	8	9	0	0	0	1	6	0	4	1	1	0	0	0
	K2	3	3	0	1	2	3	0	3	1	0	1	0	0	0
	계	11	12	0	1	2	4	6	0	7	2	2	0	0	0
문 성 우	K2	31	31	3	0	0	28	8	1	10	6	3	0	0	0
박 성 수	K2	25	0	0	0	0	0	4	0	0	0	1	0	31	0
박 종 현	K2	31	8	0	0	0	29	12	0	5	2	5	0	0	0
백 동 규	K2	34	2	0	0	0	34	17	4	9	2	5	0	0	1
브 루 노	K2	15	11	4	2	0	23	7	6	27	16	2	1	0	0
안 드 리 고	K2	19	13	6	8	51	17	12	5	42	24	1	0	0	0
안 용 우	K2	16	16	1	1	21	6	8	1	13	3	0	0	0	0
야 고	K2	31	27	6	7	22	21	27	10	62	41	3	0	0	0
연 제 민	K2	5	4	0	0	0	4	3	0	0	0	1	0	0	0
이 동 수	K1	6	2	0	0	0	3	2	0	1	1	0	0	0	0
	K2	16	11	3	0	0	21	9	2	16	12	2	0	0	0
	계	22	16	3	0	0	21	9	2	17	13	2	0	0	0
이 재 용	K2	5	5	0	0	0	0	0	0	0	0	0	0	0	0
이 창 용	K2	21	0	2	0	0	20	13	1	8	3	3	0	0	0
이 태 희	K2	17	11	0	2	0	24	10	0	5	4	1	0	0	0
전 보 민	K2	1	1	0	0	0	0	0	0	0	0	0	0	0	0
정 준 연	K2	10	9	0	0	0	7	4	0	0	0	1	0	0	0
조 나 탄	K2	5	3	5	1	0	3	4	0	9	11	1	0	0	0
조 성 준	K2	27	23	3	3	0	13	31	5	21	13	1	0	0	0
주 현 우	K2	36	27	3	9	54	20	30	3	17	7	6	0	0	0
최 성 범	K2	10	10	0	1	0	6	2	0	3	1	0	0	0	0
홍 창 범	K2	12	13	2	1	0	8	10	0	10	6	0	0	0	0
홍 현 호	K2	6	6	0	0	0	1	3	1	3	1	0	0	0	0
황 기 욱	K2	30	23	0	0	0	37	10	1	13	6	3	0	0	0

2023년 K리그2 팀별 개인 기록 l 전남

선수명	대회	출전	교체	득점	도움	코너킥	파울	파울득	오프사이드	슈팅	유효슈팅	경고	퇴장	실점	자책
고 태 원	K2	20	3	3	0	0	25	16	0	5	3	5	0	0	0
김 건 오	K2	7	7	1	0	0	3	1	2	1	0	0	0	0	0
김 다 솔	K2	10	5	0	0	0	0	1	0	0	0	0	0	15	0
김 수 범	K2	25	6	0	1	0	17	24	2	4	1	3	1	0	0
김 현 훈	K1	10	4	0	0	0	3	2	0	1	0	1	0	0	0
	K2	3	2	0	0	0	14	5	0	3	1	2	0	0	0
	계	13	6	0	0	0	17	7	0	4	1	3	0	0	0
노 건 우	K2	28	28	3	1	0	19	36	2	19	7	2	0	0	0
미 키 치	K2	9	11	1	0	0	5	3	0	9	6	0	0	0	0
박 성 결	K2	6	6	0	0	0	5	1	0	1	1	1	0	0	0
박 태 용	K2	10	10	2	1	1	2	4	0	6	5	1	0	0	0
발디비아	K2	36	13	14	14	122	13	35	4	88	51	4	0	0	0
시 모 비 치	K2	8	7	0	0	0	12	1	4	3	1	1	0	0	0
신 일 수	K2	3	1	0	0	0	1	0	0	0	0	0	0	0	0
아스나위	K2	26	9	0	2	0	29	15	0	3	0	7	1	0	0
안 준 수	K2	18	1	0	0	0	2	0	0	0	0	0	1	26	0
여 승 원	K2	12	5	2	0	1	12	10	0	7	2	0	0	0	0
유 지 하	K2	20	0	0	2	0	22	10	0	5	3	0	0	0	0
유 헤 이	K2	34	18	1	3	0	16	7	5	17	9	0	0	0	0
이 규 혁	K2	21	5	1	1	0	12	6	0	1	0	2	0	0	0
이 석 현	K2	10	10	0	1	0	4	3	1	2	3	1	0	0	0
이 용 재	K2	9	9	3	0	0	8	4	0	10	6	1	0	0	0
이 후 권	K2	23	12	0	1	0	22	30	0	6	2	5	1	0	0
임 찬 울	K2	9	8	1	2	0	2	7	2	8	4	0	0	0	0
장 성 재	K2	18	4	0	0	3	14	11	0	3	1	2	0	0	0
정 호 진	K2	6	5	1	0	0	4	3	0	1	1	1	0	0	0
조 성 빈	K2												0	2	0
조 지 훈	K2	25	12	0	0	0	11	13	0	2	0	2	0	0	0
지 상 욱	K1	9	9	0	0	0	3	2	0	0	1	0	0	0	0
	K2	12	12	1	2	0	8	6	0	6	4	0	0	0	0
	계	21	21	1	2	0	11	8	0	6	5	0	0	0	0
최 봉 진	K2													13	0
최 성 진	K2	18	18	0	1	0	11	5	3	13	6	1	0	0	0
최 희 원	K2	13	1	0	0	0	12	4	0	1	0	2	0	0	2
최 희 원	K2	13	1	0	0	0	12	4	0	2	1	3	0	0	2
추 상 훈	K2	25	25	3	1	1	7	14	2	20	11	1	0	0	0
플 라 나	K2	36	27	8	7	18	30	34	10	70	39	2	0	0	0
하 남	K2	31	26	7	3	0	22	25	1	45	29	2	0	0	0

2023년 K리그2 팀별 개인 기록 l 충북청주

선수명	대회	출전	교체	득점	도움	코너킥	파울	파울득	오프사이드	슈팅	유효슈팅	경고	퇴장	실점	자책
강 민 승	K2	5	5	0	1	0	5	5	0	1	0	0	0	0	0
구 현 준	K2	27	21	0	1	7	10	10	0	9	4	1	0	0	0
김 도 현	K2	24	25	1	0	0	36	22	1	14	6	3	0	0	0
김 명 순	K2	35	15	0	2	1	32	16	1	13	7	4	0	0	0
김 원 균	K2	21	11	0	0	0	19	4	0	5	2	4	1	0	0
김지운②	K2	8	7	0	0	0	3	2	0	0	1	0	0	0	0
김지운⑯	K2	1	1	0	0	0	0	0	0	0	0	0	0	0	0
류 원 우	K2	11	0	0	0	0	0	2	0	0	0	1	0	22	0
문 상 윤	K2	23	24	1	0	11	9	8	1	13	7	2	0	0	0
박 건	K2	12	11	0	0	0	10	2	0	1	1	0	0	0	0
박 대 한	K2	1	1	0	0	0	0	0	0	0	0	0	0	19	0
박 진 성	K2	26	11	0	2	1	37	15	2	16	4	6	0	0	0
양 지 훈	K2	26	25	4	3	1	15	17	2	16	8	2	0	0	0
유 지 원	K2	1	1	0	0	0	0	0	0	0	0	0	0	0	0
이 민 형	K2	26	18	2	0	0	7	7	0	8	4	6	0	0	0
이 승 업	K2	9	9	0	0	0	1	3	2	4	1	0	0	0	0
이 승 재	K2	33	33	3	3	0	18	20	10	31	16	2	0	0	0
이 정 택	K2	33	8	0	2	0	47	14	0	5	0	4	0	0	0
이 종 훈	K2	1	0	0	0	0	0	0	0	0	0	0	0	0	0
이 주 영	K2	1	2	0	0	0	0	0	0	0	0	0	0	0	0
이 찬 우	K2	5	5	0	0	0	2	0	0	0	0	0	0	0	0
이 한 샘	K2	31	9	0	0	0	29	8	1	6	3	7	0	0	0
장 혁 진	K2	34	13	0	5	110	33	45	1	20	6	5	0	0	0
정 기 운	K2	12	12	0	0	0	3	2	0	9	6	2	0	0	0
정 민 우	K2	12	12	1	0	1	7	2	1	6	5	1	0	0	0
정 진 욱	K2	1	2	0	0	0	0	0	0	0	0	0	0	0	0
조 르 지	K2	34	13	13	2	0	37	51	23	80	42	4	0	0	0
파울리뉴	K2	10	2	2	1	0	8	3	0	18	12	0	0	0	0
피 터	K2	32	20	7	1	21	52	37	1	73	33	9	0	0	0
홍 성 민	K2	3	3	0	0	0	1	1	0	2	0	0	0	0	0
홍 원 진	K2	34	1	2	0	0	52	28	1	26	7	7	0	0	0

2023년 K리그2 팀별 개인 기록 | 성남

선수명	대회	출전	교체	득점	도움	코너킥	파울	파울득	오프사이드	슈팅	유효슈팅	경고	퇴장	실점	자책
가브리엘	K2	29	16	8	5	58	29	55	1	64	35	2	1	0	0
강의빈	K2	24	5	1	0	0	25	12	0	9	4	5	0	0	0
국태정	K2	2	0	0	0	0	5	4	0	3	1	2	0	0	0
권순형	K2	26	16	1	0	13	14	18	0	16	9	2	0	0	0
김영광	K2	17	1	0	0	0	0	1	0	0	0	2	0	24	0
김원준	K2	9	10	1	0	0	3	3	1	0	0	0	0	0	0
김지수	K2	1	1	0	0	0	0	0	0	0	0	0	0	0	0
김진래	K2	25	6	0	4	16	22	52	4	12	4	4	0	0	0
김현태	K2	13	7	0	1	0	4	2	0	8	3	2	0	0	0
김훈민	K2	12	11	0	0	0	13	1	2	0	0	0	0	0	0
데닐손	K2	20	20	3	0	0	14	10	3	15	9	1	0	0	0
문창진	K2	6	6	0	0	7	3	9	0	8	1	0	0	0	0
박상혁	K2	25	19	1	5	55	25	31	1	30	15	4	0	0	0
박지원	K2	19	13	2	0	0	7	13	1	14	9	1	0	0	0
박태준	K2	20	7	1	2	29	10	33	0	13	5	0	0	0	0
신재원	K2	13	14	0	0	0	11	6	3	17	8	3	0	0	0
심동운	K2	12	12	1	1	3	25	8	6	15	9	1	0	0	0
양시후	K2	6	6	0	0	0	4	3	0	3	0	0	0	0	0
양태양	K2	5	3	0	0	0	3	1	0	2	0	0	0	0	0
유 선	K2	7	3	0	0	0	4	3	0	1	0	1	0	0	0
이상민	K2	23	3	0	0	0	16	19	0	12	4	1	0	0	0
이종호	K2	28	26	7	3	0	23	32	6	37	20	0	1	0	0
이준상	K2	12	12	0	1	0	3	4	1	14	7	0	0	0	0
이지훈	K2	23	16	0	1	0	15	0	3	3	5	0	0	0	0
장영기	K2	5	5	0	0	0	3	3	0	3	0	1	0	0	0
장효준	K2	5	3	0	0	0	3	1	0	0	0	0	0	0	0
전성수	K2	17	16	0	2	0	5	6	4	1	0	0	0	0	0
정승용	K1	22	7	1	0	12	17	20	1	12	2	2	0	0	0
	K2	14	5	1	0	6	8	12	0	8	6	3	0	0	0
	계	36	12	2	0	18	25	32	1	20	8	5	0	0	0
정한민	K2	25	23	2	2	0	9	21	3	19	12	1	0	0	0
조성욱	K2	33	5	0	0	0	46	14	2	14	6	7	0	0	0
진성욱	K1	1	2	0	0	0	0	1	1	0	0	0	0	0	0
	K2	15	13	3	1	0	13	17	2	28	10	3	0	0	0
	계	16	15	3	1	0	13	18	3	29	10	3	0	0	0
최필수	K2	20	1	0	0	0	0	4	0	0	0	1	0	26	0
크리스	K2	19	14	6	0	1	22	19	9	27	16	3	1	0	0
패트릭	K2	22	4	2	0	0	18	0	1	6	2	5	0	0	0

2023년 K리그2 팀별 개인 기록 | 충남아산

선수명	대회	출전	교체	득점	도움	코너킥	파울	파울득	오프사이드	슈팅	유효슈팅	경고	퇴장	실점	자책
강민규	K2	30	28	6	1	0	23	11	7	38	22	4	0	0	0
강준혁	K2	17	11	0	1	0	11	11	0	6	3	1	0	0	0
권성현	K2	12	12	0	1	0	3	3	0	6	2	0	0	0	0
김강국	K2	36	3	3	2	83	26	31	0	31	16	2	0	0	0
김민석	K2	4	3	0	0	5	2	1	0	2	0	0	0	0	0
김성주	K2	16	11	0	1	0	11	11	0	6	3	1	0	0	0
김승호	K2	24	21	3	1	0	5	23	3	17	10	2	0	0	0
김종국	K2	10	10	0	0	2	2	4	0	2	1	0	0	0	0
김주성	K2	13	13	0	1	0	13	6	1	5	1	0	0	0	0
김택근	K2	3	3	0	0	0	1	0	0	0	0	0	0	0	0
김혜성	K2	14	6	0	0	0	3	1	0	1	0	1	0	0	0
두아르테	K2	25	20	4	1	22	5	23	2	28	18	0	0	0	0
문현호	K2	13	10	0	0	0	0	0	0	0	0	0	0	0	0
박대훈	K2	18	16	6	4	0	6	16	8	25	15	0	0	0	0
박성우	K2	4	1	0	0	0	0	0	0	5	0	0	0	0	0
박세직	K2	33	2	1	5	44	28	26	1	19	6	4	0	0	0
박주원	K2	15	5	0	0	0	0	4	0	0	0	0	0	21	0
박한근	K2	18	5	0	0	0	0	0	0	0	1	0	0	23	0
배수용															
송승민	K2	27	21	1	1	0	38	49	5	26	9	2	0	0	0
아폰자	K2	12	11	1	0	0	23	5	6	18	9	2	0	0	0
이은범	K2	28	3	1	0	0	30	20	1	10	5	10	0	0	0
이재성	K1	7	2	0	0	0	3	1	0	1	0	0	0	0	0
	K2	7	1	1	0	0	10	3	0	1	1	3	0	0	0
	계	14	3	1	0	0	13	4	0	2	1	3	0	0	0
이창훈	K2	5	6	0	0	0	3	4	0	0	0	0	0	0	0
이학민	K2	25	18	0	1	0	17	17	0	16	8	4	0	0	0
이호인	K2	24	7	0	0	0	21	4	2	5	0	0	0	0	0
장준영	K2	20	4	0	0	0	13	14	0	10	6	3	0	0	0
정성호	K2	20	21	1	0	0	2	12	7	1	0	0	0	0	0
조윤성	K2	31	2	0	1	0	15	3	7	3	3	2	0	0	0
지언학	K2	10	12	0	0	0	2	0	0	14	6	0	0	0	0
하파엘	K2	16	17	1	0	0	7	8	0	8	4	1	0	0	0

2023년 K리그2 팀별 개인 기록 | 서울E

선수명	대회	출전	교체	득점	도움	코너킥	파울	파울득	오프사이드	슈팅	유효슈팅	경고	퇴장	실점	자책
강정묵	K2	1	0	0	0	0	1	0	0	0	0	1	0	2	0
곽성욱	K2	7	6	0	0	10	2	1	0	1	0	1	0	0	0
김민규	K2	31	2	0	1	0	22	14	1	4	2	5	0	0	0
김수안	K2	13	11	0	1	0	8	6	4	5	1	1	0	0	0
김원식	K2	27	18	0	0	1	27	26	1	6	3	5	0	0	0
문정인	K2	7	0	0	0	0	0	0	0	0	0	4	0	35	0
박경민	K2	7	6	0	0	0	5	6	0	2	0	1	0	0	0
박정인	K2	26	19	3	0	0	14	13	1	23	18	3	0	0	0
박준영⑳	K2	3	1	0	0	0	2	1	0	0	0	0	0	0	0
박준영⑨	K2	6	6	0	0	0	8	2	1	1	0	0	0	0	0
박창환	K2	22	20	0	0	0	2	5	1	0	0	0	0	0	0
반토안	K2	9	9	0	0	0	7	5	1	4	1	0	0	0	0
변경준	K2	32	24	3	4	0	33	54	2	18	11	0	0	0	0
브루노	K2	30	21	6	2	54	15	41	3	41	25	5	0	0	0
서보민	K2	25	11	0	0	12	12	9	0	22	6	1	0	0	0
송시우	K1	7	7	0	1	0	2	4	0	3	2	0	0	0	0
송시우	K2	19	17	2	0	0	14	18	1	17	7	3	0	0	0
송시우	계	26	24	2	1	0	16	24	1	21	10	3	0	0	0
유정완	K2	30	16	4	1	2	31	51	3	36	18	6	0	0	0
윤보상	K2	6	0	0	0	0	0	0	0	0	0	0	0	12	0
이동률	K2	20	18	2	0	10	18	2	20	11	1	1	0	0	0
이상민	K2	36	6	0	2	43	40	48	0	3	2	3	0	0	0
이시헌	K2	22	22	3	1	7	20	11	0	16	9	3	0	0	0
이인재	K2	25	5	0	3	0	16	5	0	7	3	5	0	0	0
이재익	K2	21	4	0	0	0	14	5	0	11	6	4	0	0	0
이정문	K2	7	7	0	0	1	0	0	0	3	0	0	0	0	0
조동재	K2	14	10	0	1	0	6	17	0	6	4	0	0	0	0
주현성	K2	4	0	0	0	0	0	0	0	0	0	0	0	5	0
차승현	K2	23	12	3	1	0	8	11	0	12	6	3	0	0	0
츠바사	K2	17	11	0	1	0	11	7	0	1	1	4	0	0	0
한용수	K2	4	1	0	0	4	2	1	0	0	0	0	0	0	0
호 난	K2	29	27	9	0	2	15	22	4	55	29	2	0	0	0
황정욱	K2	2	2	0	0	0	2	0	0	0	0	0	0	0	0
황태현	K2	14	9	0	1	0	3	1	4	0	1	0	0	0	0

2023년 K리그2 팀별 개인 기록 | 안산

선수명	대회	출전	교체	득점	도움	코너킥	파울	파울득	오프사이드	슈팅	유효슈팅	경고	퇴장	실점	자책
강준모	K2	16	16	0	0	0	8	3	0	10	6	2	0	0	0
고태규	K2	17	6	1	0	0	11	15	0	1	1	3	0	0	0
김경준	K2	33	30	3	4	19	17	33	5	40	23	2	0	0	0
김대경	K2	14	10	0	0	2	3	3	1	1	1	0	0	0	0
김범수	K2	34	17	4	4	24	56	63	10	25	15	7	0	0	0
김선우	K2	5	1	0	0	0	0	0	0	0	0	0	0	3	0
김영남	K2	5	1	0	0	2	6	9	0	5	2	2	0	0	0
김재성	K2	32	0	0	1	0	31	40	0	8	1	3	0	0	0
김정호	K2	31	7	1	0	2	16	16	2	12	7	5	0	0	0
김진현	K2	24	17	1	0	3	35	24	0	15	11	5	0	0	0
김채운	K2	18	12	0	1	9	19	18	0	4	1	4	0	0	0
노경호	K1	0	0	0	0	0	0	0	0	0	0	0	0	0	0
노경호	K2	16	4	1	0	44	20	34	2	55	26	2	0	0	0
노경호	계	16	4	1	0	44	20	34	2	55	26	2	0	0	0
박준배	K2	4	4	0	0	1	1	1	2	0	0	6	0	0	0
박준영	K2	1	1	0	0	0	1	0	0	0	0	0	0	0	0
신민기	K2	1	1	0	0	0	0	1	0	0	0	0	0	0	0
신재혁	K2	5	5	1	0	0	3	3	0	2	1	1	0	0	0
완드류	K2	3	3	0	0	0	3	0	0	0	1	0	0	0	0
유준수	K2	16	0	1	0	0	1	4	0	1	1	2	0	0	0
윤주태	K2	25	24	9	1	6	7	13	0	58	38	2	0	0	0
이건웅	K2	3	3	0	0	0	3	0	0	0	0	1	0	0	0
이규빈	K2	7	7	0	1	0	4	5	1	4	1	1	0	0	0
이근호	K2	5	6	0	0	0	2	1	1	2	0	1	0	0	0
이승민	K2	7	6	0	0	0	2	1	0	0	0	0	0	0	0
이승빈	K2	35	0	0	0	0	2	1	0	0	0	0	0	69	0
이준희	K2	19	1	0	0	14	8	0	2	2	3	0	0	0	0
이택근	K2	9	4	1	0	9	11	0	5	3	2	0	0	0	0
이현규	K2	24	26	3	1	3	7	15	1	11	7	2	0	0	0
장유섭	K2	30	3	1	0	0	26	6	0	12	4	1	1	0	0
정용희	K2	19	13	0	0	1	10	4	0	7	3	2	0	0	0
정재민	K2	27	24	5	1	0	16	16	2	25	13	1	0	0	0
정지용	K2	30	27	1	4	1	26	45	4	43	23	2	0	0	0
주재현	K2	1	1	0	0	1	0	0	0	0	0	0	0	0	0
최한솔	K2	15	4	2	0	7	13	1	14	6	2	0	0	0	0
티아고	K2	16	19	1	0	8	2	2	19	8	1	0	0	0	0
홍재훈	K2	1	1	0	0	0	0	2	0	0	0	0	0	0	0

2023년 K리그2 팀별 개인 기록 | 천안

선수명	대회	출전	교체	득점	도움	코너킥	파울	파울득	오프사이드	슈팅	유효슈팅	경고	퇴장	실점	자책
김 대 생	K2	3	3	0	0	0	0	0	0	0	0	0	0	0	0
김 민 준	K2	28	0	0	0	0	0	4	0	0	0	1	0	45	0
김 성 주	K2	10	6	0	0	0	6	8	0	4	1	1	0	0	0
김 세 윤	K2	5	5	0	0	8	4	4	0	5	3	0	0	0	0
김 종 민	K2	25	23	1	0	8	21	3	22	11	1	0	0	0	0
김 주 헌	K2	14	10	0	0	6	4	0	4	1	1	2	0	0	0
김 주 환	K2	31	7	0	0	18	40	0	6	2	3	0	0	0	0
김 창 수	K2	13	13	0	0	0	1	0	0	0	0	0	0	0	0
김 현 중	K2	19	7	0	0	18	13	0	13	6	3	0	0	0	0
김 효 준	K2	2	0	0	0	0	0	0	0	0	1	0	7	0	
다 미 르	K2	23	16	1	0	4	10	17	0	14	5	3	0	0	0
모 따	K2	35	20	10	1	0	43	38	25	63	32	7	0	0	0
문 건 호	K2	0	0	0	0	0	0	0	0	0	0	0	0	0	0
바 카 요 코	K2	12	5	0	0	4	30	2	13	6	0	0	0	0	0
박 준 강	K2	23	17	0	1	0	14	27	0	4	0	4	0	0	0
신 원 호	K2	11	10	0	0	7	9	8	0	2	1	1	0	0	1
신 형 민	K2	17	2	0	0	9	28	0	2	0	2	0	0	0	0
오 윤 석	K2	27	21	1	1	0	26	14	0	11	5	1	0	0	0
오 현 교	K2	0	0	0	0	0	0	0	0	0	0	0	0	0	0
윤 용 호	K2	32	22	2	2	41	15	22	2	32	14	1	0	0	0
이 광 준	K2	26	7	1	1	0	8	13	0	9	4	2	0	0	1
이 민 수	K2	19	13	1	0	0	16	9	1	13	6	3	0	0	0
이 석 규	K2	25	21	2	0	1	9	20	2	20	5	3	0	0	1
이 재 원	K2	28	13	0	0	0	27	15	0	3	1	9	0	0	1
이 찬 협	K2	7	7	0	0	0	0	0	0	0	0	0	0	0	0
임 민 혁	K2	6	0	0	0	0	0	0	0	0	0	0	0	10	0
장 백 규	K2	24	22	1	3	38	31	2	7	11	6	0	0	0	0
정 석 화	K2	19	14	0	2	0	13	16	0	6	4	1	0	0	0
차 오 연	K2	23	9	0	0	1	25	16	0	2	1	5	0	0	0
최 상 헌	K2	2	3	0	0	0	1	0	1	1	0	0	0	0	0
파 울 리 뇨	K2	19	4	8	5	39	30	39	5	58	26	4	0	0	0
한 석 희	K2	19	14	0	0	0	0	4	1	2	0	0	0	0	0
한 재 훈	K2	4	4	0	0	0	2	4	0	0	0	0	0	0	0
허 승 우	K2	7	7	0	0	0	4	5	1	0	0	0	0	0	0

2023년 K리그2 득점 순위

순위	선수명	소속	경기수	득점수	경기당득점률	교체수	출전시간
1	루 이 스	김포	35	17	48.6	9	3,219
2	발 디 비 아	전남	36	14	38.9	13	3,231
3	조 영 욱	김천	28	13	46.4	15	2,408
4	조 르 지	충북청주	34	13	38.2	13	3,071
5	글 레 이 손	경남	35	13	37.1	28	2,426
6	안 재 준	부천	23	11	47.8	15	1,554
7	원 기 종	경남	34	11	32.4	19	2,573
8	라 마 스	부산	33	10	30.3	25	2,617
9	모 따	천안	35	10	28.6	20	2,626
10	윤 주 태	안산	25	9	36.0	24	1,208
11	파 울 리 뇨	천안	19	8	42.1	4	1,758
12	김 찬	부산	26	8	30.8	23	1,850
13	가 브 리 엘	성남	29	8	27.6	16	2,120
14	플 라 나	전남	36	8	22.2	27	2,731
15	페 신	부산	23	7	30.4	23	1,300
16	이 종 호	성남	28	7	25.0	26	1,824
17	호 난	서울E	29	7	24.1	27	1,483
18	하 남	전남	31	7	22.6	21	2,021
19	피 터	충북청주	32	7	21.9	20	2,673
20	박 대 훈	충남아산	18	6	33.3	16	1,014
21	박 재 용	전북	18	6	33.3	14	1,350
22	크 리 스	성남	19	6	31.6	14	1,359
23	안 드 리 고	안양	19	6	31.6	13	1,642
24	이 준 석	김천	22	6	27.3	22	1,319
25	강 현 묵	김천	23	6	26.1	19	1,651
26	김 민 준	김천	28	6	21.4	27	1,493
27	강 민 규	충남아산	30	6	20.0	28	1,975
28	브 루 노	서울E	30	6	20.0	21	2,226
29	모 재 현	경남	30	6	20.0	16	2,238
30	야 고	안양	31	6	19.4	27	2,178
31	김 진 규	김천	32	6	18.8	29	2,363
32	카 스 트 로	경남	36	6	16.7	30	2,356
33	조 나 탄	안양	5	5	100.0	3	474
34	김 동 진	안양	25	5	20.0	6	2,286
35	정 치 인	김천	27	5	18.5	27	932
36	정 재 민	안산	27	5	18.5	24	1,388
37	박 민 서 ⑦	경남	32	5	15.6	28	2,037
38	닐손주니어	부천	37	5	13.5	3	3,589
39	최 병 찬	김천	11	4	36.4	10	688
40	브 루 노	안양	15	4	26.7	11	1,005
41	김 정 현	안양	21	4	19.0	15	1,651
42	이 의 형	부천	24	4	16.7	21	1,294
43	두 아 르 테	충남아산	25	4	16.0	20	1,335
44	양 지 훈	충북청주	26	4	15.4	25	1,461
45	유 정 완	서울E	30	4	13.3	16	2,387
46	김 이 석	김포	33	4	12.1	12	2,846
47	조 성 욱	성남	33	4	12.1	5	2,871
48	김 범 수	안산	34	4	11.8	17	2,799
49	이 용 재	전남	9	3	33.3	9	433

순위	선수명	소속	경기수	득점수	경기당 득점률	교체수	출전시간
50	이 영 준	김천	13	3	23.1	11	615
51	김 지 현	울산	13	3	23.1	4	1,220
52	진 성 욱	성남	15	3	20.0	13	958
53	이 동 수	안양	16	3	18.8	11	1,189
54	이 정 빈	부천	18	3	16.7	17	920
55	데 닐 손	성남	20	3	15.0	20	749
56	고 태 원	전남	20	3	15.0	3	1,870
57	성 호 영	부산	21	3	14.3	19	1,184
58	이 시 헌	서울E	22	3	13.6	22	1,219
59	김 종 석	김포	22	3	13.6	21	1,337
60	차 승 현	서울E	23	3	13.0	12	1,651
61	이 현 규	안산	24	3	12.5	26	921
62	김 승 호	충남아산	24	3	12.5	21	1,373
63	추 상 훈	전남	25	3	12.0	25	827
64	박 정 인	서울E	26	3	11.5	19	1,510
65	조 성 준	안양	27	3	11.1	22	1,779
66	노 건 우	전남	28	3	10.7	28	1,497
67	김 선 호	부천	28	3	10.7	21	2,138
68	주 닝 요	김포	30	3	10.0	25	1,743
69	문 성 우	안양	31	3	9.7	31	996
70	변 경 준	서울E	32	3	9.4	24	2,012
71	이 승 재	충북청주	33	3	9.1	33	1,344
72	김 경 준	안산	33	3	9.1	30	1,879
73	주 현 우	안양	36	3	8.3	27	2,438
74	김 강 국	충남아산	36	3	8.3	3	3,481
75	권 창 훈	수원	8	2	25.0	8	312
76	라에르시오	안양	10	2	20.0	10	360
77	조 향 기	경남	10	2	20.0	10	363
78	지 언 학	충남아산	10	2	20.0	10	493
79	박 태 용	전남	10	2	20.0	10	549
80	파울리뉴	충북청주	10	2	20.0	2	905
81	홍 창 범	안양	12	2	16.7	13	455
82	여 승 원	전남	12	2	16.7	5	979
83	신 재 원	성남	13	2	15.4	14	598
84	공 민 현	안양	13	2	15.4	13	638
85	카 릴	부천	15	2	13.3	15	845
86	최 한 솔	안산	15	2	13.3	4	1,412
87	윤 종 규	김천	17	2	11.8	10	991
88	한 지 호	부천	18	2	11.1	15	1,063
89	파 블 로	김포	18	2	11.1	11	1,100
90	송 시 우	서울E	19	2	10.5	17	1,028
91	윤 민 호	김포	19	2	10.5	16	1,187
92	박 지 원	성남	19	2	10.5	13	1,213
93	이 유 현	김천	19	2	10.5	7	1,375
94	김 현 중	천안	19	2	10.5	14	1,430
95	하 모 스	부천	20	2	10.0	19	1,074
96	이 동 률	서울E	20	2	10.0	18	1,206
97	장 준 영	충남아산	20	2	10.0	4	1,820
98	권 혁 규	부산	20	2	10.0	4	1,832
99	유 지 하	전남	20	2	10.0	0	1,922
100	박 호 민	부천	21	2	9.5	21	530
101	김 동 현	김천	21	2	9.5	16	1,158
102	패 트 릭	성남	22	2	9.1	4	1,945
103	장 백 규	천안	24	2	8.3	22	1,257
104	임 민 혁	부산	24	2	8.3	11	1,954
105	김 정 환	부산	25	2	8.0	26	1,356
106	정 한 민	성남	25	2	8.0	23	1,385
107	이 석 규	천안	25	2	8.0	21	1,488
108	장 윤 호	김포	26	2	7.7	23	1,549
109	이 민 형	충북청주	26	2	7.7	18	1,627
110	김 상 준	부산	26	2	7.7	16	1,643
111	김 호 남	부천	27	2	7.4	20	1,761
112	윤 용 호	천안	28	2	7.1	27	1,450
113	김 형 진	안양	28	2	7.1	1	2,681
114	이 상 민	김천	29	2	6.9	2	2,748
115	설 현 진	경남	30	2	6.5	30	1,506
116	이 준 재	경남	31	2	6.5	13	2,328
117	최 준	부산	31	2	6.5	4	2,949
118	박 재 환	경남	31	2	6.5	3	2,961
119	박 광 일	김포	32	2	6.3	24	2,167
120	서 재 민	김포	34	2	5.9	19	2,764
121	홍 원 진	충북청주	34	2	5.9	1	3,323
122	이 한 도	부산	35	2	5.7	0	3,473
123	박민서 ㉑	경남	38	2	5.3	12	3,228
124	황 준 호	부산	2	1	50.0	2	39
125	이 준 호	전북	4	1	25.0	4	144
126	한 용 수	서울E	4	1	25.0	4	187
127	신 재 혁	안산	5	1	20.0	5	148
128	양 태 양	성남	6	1	16.7	6	129
129	이 승 기	부산	6	1	16.7	6	179
130	정 호 진	전남	6	1	16.7	5	284
131	김 건 오	전남	7	1	14.3	7	239
132	이 재 성	충남아산	7	1	14.3	1	664
133	이 찬 욱	경남	8	1	12.5	2	693
134	이 중 민	김천	9	1	11.1	9	200
135	고 무 열	수원	9	1	11.1	9	224
136	김 원 준	성남	9	1	11.1	10	233
137	이 종 언	경남	9	1	11.1	7	367
138	미 키 치	전남	9	1	11.1	11	372
139	임 찬 울	전남	9	1	11.1	8	462
140	이 택 근	안산	9	1	11.1	4	776
141	박 성 우	충남아산	10	1	10.0	8	661
142	김규민 ⑰	부천	11	1	9.1	11	230
143	유 승 현	부천	11	1	9.1	5	942
144	지 상 욱	전남	12	1	8.3	12	321
145	정 민 우	충북청주	12	1	8.3	12	352
146	심 동 운	성남	12	1	8.3	12	661
147	아 폰 자	충남아산	12	1	8.3	11	672
148	프 랭 클 린	부산	13	1	7.7	13	439
149	이 영 재	수원FC	13	1	7.7	8	1,115
150	김 준 범	김천	14	1	7.1	14	526
151	정 승 용	성남	14	1	7.1	5	1,190

순위	선수명	소속	경기수	득점수	경기당 득점률	교체수	출전 시간
152	구 본 철	김천	15	1	6.7	14	466
153	하 파 엘	충남아산	16	1	6.3	17	555
154	최 기 윤	부산	16	1	6.3	17	642
155	티 아 고	안산	16	1	6.3	19	669
156	안 용 우	안양	16	1	6.3	16	706
157	조 수 철	부천	16	1	6.3	16	829
158	루 페 타	부천	16	1	6.3	14	954
159	노 경 호	안산	16	1	6.3	4	1,514
160	유 준 수	안산	16	1	6.3	0	1,588
161	김 하 준	안양	17	1	5.9	17	188
162	츠 바 사	서울E	17	1	5.9	11	1,199
163	고 태 규	안산	17	1	5.9	6	1,329
164	송 진 규	부천	19	1	5.3	18	1,047
165	이 민 수	천안	19	1	5.3	13	1,260
166	정 성 호	충남아산	20	1	5.0	21	804
167	박 태 준	성남	20	1	5.0	7	1,754
168	이 규 혁	전남	21	1	4.8	5	1,785
169	문 상 윤	충북청주	23	1	4.3	24	902
170	다 미 르	천안	23	1	4.3	16	1,312
171	김 도 현	충북청주	24	1	4.2	25	946
172	김 진 현	안산	24	1	4.2	17	1,721
173	강 의 빈	성남	24	1	4.2	5	2,165
174	김 종 민	천안	25	1	4.0	23	1,010
175	오 현 교	천안	25	1	4.0	18	1,471
176	박 상 혁	성남	25	1	4.0	19	1,544
177	박 경 록	김포	25	1	4.0	13	1,883
178	박 민 규	김천	25	1	4.0	12	2,151
179	손 석 용	김포	26	1	3.8	25	1,191
180	최 지 묵	부산	26	1	3.8	15	1,632
181	권 순 형	성남	26	1	3.8	16	2,030
182	최 재 영	부천	26	1	3.8	17	2,056
183	이 광 준	천안	26	1	3.8	7	2,189
184	조 상 준	경남	27	1	3.7	29	1,074
185	최 건 주	부산	27	1	3.7	27	1,490
186	오 윤 석	천안	27	1	3.7	21	1,776
187	송 승 민	충남아산	27	1	3.7	21	1,885
188	김 현 욱	김천	28	1	3.6	24	1,418
189	이 은 범	충남아산	28	1	3.6	3	2,658
190	정 지 용	안산	30	1	3.3	27	1,882
191	정 원 진	부산	30	1	3.3	20	1,924
192	장 유 섭	안산	30	1	3.3	3	2,841
193	김 정 호	안산	31	1	3.2	7	2,803
194	김 성 민	김포	32	1	3.1	25	1,747
195	조 위 제	부산	32	1	3.1	5	2,916
196	김 재 우	김천	33	1	3.0	5	2,977
197	박 세 직	충남아산	33	1	3.0	2	3,191
198	유 헤 이	전남	34	1	2.9	18	2,636
199	원 두 재	김천	34	1	2.9	9	2,912
200	김 태 한	김포	34	1	2.9	1	3,330
201	박 형 진	부천	35	1	2.9	30	1,646
202	카 즈	부천	36	1	2.8	2	3,456

순위	선수명	소속	경기수	득점수	경기당 득점률	교체수	출전 시간
	송 홍 민	경남	38	1	2.6	10	3,254

2023년 K리그2 도움 순위

순위	선수명	소속	경기수	도움수	경기당 도움률	교체수	출전 시간
1	발디비아	전남	36	14	38.9	13	3,231
2	주 현 우	안양	36	9	25.0	27	2,438
3	안드리고	안양	19	8	42.1	13	1,642
4	라 마 스	부산	33	8	24.2	25	2,617
5	야 고	안양	31	7	22.6	27	2,178
6	플 라 나	전남	36	7	19.4	27	2,731
7	모 재 현	경남	30	6	20.0	16	2,238
8	파 블 로	김포	18	5	27.8	13	1,100
9	파울리뇨	천안	19	5	26.3	4	1,758
10	박 상 혁	성남	25	5	20.0	19	1,544
11	조 영 욱	김천	28	5	17.9	15	2,408
12	가브리엘	성남	29	5	17.2	16	2,120
13	최 준	부산	31	5	16.1	4	2,949
14	김 진 규	김천	32	5	15.6	29	2,363
15	박 세 직	충남아산	33	5	15.2	2	3,191
16	장 혁 진	충북청주	34	5	14.7	13	3,086
17	박민서㉑	경남	38	5	13.2	12	3,228
18	이 광 진	경남	16	4	25.0	14	824
19	윤 종 규	김천	17	4	23.5	10	991
20	박 대 훈	충남아산	18	4	22.2	16	1,014
21	윤 민 호	김포	19	4	21.1	16	1,187
22	김 종 석	김포	22	4	18.2	21	1,337
23	안 재 준	부천	23	4	17.4	15	1,554
24	강 현 묵	김천	23	4	17.4	19	1,651
25	김 진 래	성남	25	4	16.0	6	2,238
26	김 민 준	김천	28	4	14.3	27	1,493
27	정 지 용	안산	30	4	13.3	27	1,882
28	변 경 준	서울E	32	4	12.5	24	2,012
29	김 경 준	안산	33	4	12.1	30	1,879
30	김 범 수	안산	34	4	11.8	17	2,799
31	루 이 스	김포	35	4	11.4	9	3,219
32	카스트로	경남	36	4	11.1	30	2,356
33	심 동 운	성남	12	3	25.0	12	661
34	박 세 진	부산	14	3	21.4	13	547
35	하 모 스	부천	20	3	15.0	19	1,074
36	이 준 석	김천	22	3	13.6	22	1,319
37	장 백 규	천안	24	3	12.5	22	1,257
38	이 인 재	서울E	25	3	12.0	5	2,277
39	양 지 훈	충북청주	26	3	11.5	25	1,461
40	조 성 준	안양	27	3	11.1	22	1,779
41	김 현 욱	김천	28	3	10.7	24	1,418
42	이 종 호	성남	28	3	10.7	26	1,824
43	우 주 성	경남	30	3	10.0	15	2,264
44	하 남	전남	31	3	9.7	26	2,021
45	박민서⑰	경남	32	3	9.4	28	2,037
46	이 승 재	충북청주	33	3	9.1	33	1,344

순위	선수명	소속	경기수	도움수	경기당 도움률	교체수	출전시간
47	원 기 종	경남	34	3	8.8	19	2,573
48	카 즈	부천	36	3	8.3	2	3,456
49	송 홍 민	경남	38	3	7.9	10	3,254
50	임 찬 울	전남	9	2	22.2	8	462
51	김 륜 성	김천	10	2	20.0	8	580
52	지 상 욱	전남	12	2	16.7	12	321
53	이 상 혁	김포	13	2	15.4	12	370
54	이 영 준	김천	13	2	15.4	11	615
55	공 민 현	안양	13	2	15.4	13	638
56	이 영 재	수원FC	13	2	15.4	8	1,115
57	브 루 노	안양	15	2	13.3	11	1,005
58	조 수 철	부천	16	2	12.5	16	829
59	루 페 타	부천	16	2	12.5	14	954
60	전 성 수	성남	17	2	11.8	16	743
61	이 태 희	안양	17	2	11.8	11	1,218
62	이 정 빈	부천	18	2	11.1	17	920
63	한 지 호	부천	18	2	11.1	15	1,063
64	송 진 규	부천	19	2	10.5	14	1,047
65	이 유 현	김천	19	2	10.5	7	1,375
66	정 석 화	천안	19	2	10.5	14	1,515
67	박 태 준	성남	20	2	10.0	7	1,754
68	이 창 용	안양	21	2	9.5	2	1,912
69	페 신	부산	23	2	8.7	23	1,300
70	이 의 형	부천	24	2	8.3	21	1,294
71	임 민 혁	부산	24	2	8.3	11	1,954
72	김 정 환	부산	25	2	8.0	26	1,356
73	정 한 민	성남	25	2	8.0	23	1,385
74	김 동 진	안양	25	2	8.0	6	2,286
75	김 상 준	부산	26	2	7.7	16	1,643
76	아스나위	전남	26	2	7.7	9	1,967
77	박 진 성	충북청주	26	2	7.7	11	2,165
78	조 상 준	경남	27	2	7.4	29	1,074
79	김 호 남	부천	27	2	7.4	20	1,761
80	윤 용 호	천안	28	2	7.1	27	1,450
81	호 난	서울E	29	2	6.9	27	1,483
82	설 현 진	경남	30	2	6.7	30	1,506
83	주 닝 요	김포	30	2	6.7	25	1,743
84	정 원 진	부산	30	2	6.7	25	1,924
85	브 루 노	서울E	30	2	6.7	21	2,226
86	김 주 환	천안	31	2	6.5	7	2,740
87	김 정 호	안산	31	2	6.5	7	2,803
88	김 성 민	김포	32	2	6.3	25	1,747
89	이 정 택	충북청주	33	2	6.1	8	2,816
90	김 재 우	김천	33	2	6.1	5	2,977
91	유 헤 이	전남	34	2	5.9	18	2,636
92	조 르 지	충북청주	34	2	5.9	13	3,071
93	글레이손	경남	35	2	5.7	28	2,426
94	김 명 순	충북청주	35	2	5.7	15	3,104
95	이 상 민	서울E	36	2	5.6	6	3,181
96	김 강 국	충남아산	36	2	5.6	3	3,481
97	이 준 호	전북	4	1	25.0	4	144
98	이 상 헌	부산	5	1	20.0	5	157
99	강 민 승	충북청주	5	1	20.0	5	214
100	조 나 탄	안양	5	1	20.0	3	474
101	홍 현 호	안양	6	1	16.7	6	177
102	이 규 빈	안산	7	1	14.3	7	297
103	권 창 훈	수원	8	1	12.5	8	312
104	시모비치	전남	8	1	12.5	7	463
105	이 종 언	경남	9	1	11.1	7	367
106	강 현 무	김천	9	1	11.1	1	849
107	최 성 범	안양	10	1	10.0	10	279
108	이 석 현	전남	10	1	10.0	10	485
109	지 언 학	충남아산	10	1	10.0	10	493
110	박 태 용	전남	10	1	10.0	10	549
111	파울리뉴	충북청주	10	1	10.0	2	905
112	민 성 연	김포	12	1	8.3	12	313
113	권 성 현	충남아산	12	1	8.3	12	317
114	정 민 우	충북청주	12	1	8.3	12	352
115	홍 창 범	안양	12	1	8.3	13	455
116	이 준 상	성남	12	1	8.3	12	488
117	송 창 석	김포	12	1	8.3	12	550
118	프랭클린	부산	13	1	7.7	13	439
119	김 주 성	충남아산	13	1	7.7	13	509
120	전 승 민	부산	13	1	7.7	12	521
121	김 수 안	서울E	13	1	7.7	11	556
122	김 현 태	성남	13	1	7.7	7	947
123	김 지 현	울산	13	1	7.7	4	1,220
124	조 동 재	서울E	14	1	7.1	10	853
125	구 본 철	김천	15	1	6.7	14	466
126	강 상 윤	부산	15	1	6.7	14	606
127	진 성 욱	성남	15	1	6.7	13	958
128	하 파 엘	충남아산	16	1	6.3	17	555
129	최 기 윤	부산	16	1	6.3	17	642
130	티 아 고	안산	16	1	6.3	19	669
131	안 용 우	안양	16	1	6.3	16	706
132	윤 석 주	김천	16	1	6.3	14	755
133	김 성 주	충남아산	16	1	6.3	11	1,076
134	노 경 호	안산	16	1	6.3	4	1,514
135	강 준 혁	충남아산	17	1	5.9	11	1,250
136	최 성 진	전남	18	1	5.6	18	821
137	김 채 운	안산	18	1	5.6	12	1,138
138	박 재 용	전북	18	1	5.6	14	1,350
139	이 준 희	안산	19	1	5.3	15	998
140	박 호 민	부천	21	1	4.8	21	530
141	김 정 현	안양	21	1	4.8	15	1,651
142	이 규 혁	전남	21	1	4.8	5	1,785
143	이 시 헌	서울E	22	1	4.5	22	1,219
144	이 지 훈	성남	23	1	4.3	16	1,471
145	이 후 권	전남	23	1	4.3	12	1,589
146	차 승 현	서울E	23	1	4.3	12	1,651
147	박 준 강	천안	23	1	4.3	17	1,727
148	이 현 규	안산	24	1	4.2	26	921

순위	선수명	소속	경기수	도움수	경기당 도움률	교체수	출전 시간
149	김 승 호	충남아산	24	1	4,2	21	1,373
150	추 상 훈	전남	25	1	4	25	827
151	윤 주 태	안산	25	1	4	24	1,208
152	두아르테	충남아산	25	1	4	20	1,335
153	이 학 민	충남아산	25	1	4	18	1,577
154	김 수 범	전남	25	1	4	6	2,184
155	손 석 용	김포	26	1	3,8	25	1,191
156	김 찬	부산	26	1	3,8	23	1,850
157	최 재 영	부천	26	1	3,8	17	2,056
158	이 광 준	천안	26	1	3,8	7	2,189
159	정 치 인	김천	27	1	3,7	27	932
160	정 재 민	안산	27	1	3,7	27	1,388
161	최 건 주	부산	27	1	3,7	21	1,490
162	구 현 준	충북청주	27	1	3,7	21	1,587
163	오 윤 석	천안	27	1	3,7	21	1,776
164	송 승 민	충남아산	27	1	3,7	21	1,885
165	노 건 우	전남	28	1	3,6	28	1,497
166	어 정 원	부산	29	1	3,4	18	2,152
167	강 민 규	충남아산	30	1	3,3	28	1,975
168	유 정 완	서울E	30	1	3,3	16	2,387
169	이 준 재	경남	31	1	3,2	13	2,328
170	조 윤 성	충남아산	31	1	3,2	2	2,834
171	김 민 규	서울E	31	1	3,2	2	2,963
172	박 광 일	김포	32	1	3,1	24	2,167
173	피 터	충북청주	32	1	3,1	20	2,673
174	이 동 희	부천	32	1	3,1	2	3,088
175	김 재 성	안산	32	1	3,1	2	3,116
176	박 형 진	부천	35	1	2,9	30	1,646
	모 따	천안	35	1	2,9	20	2,626
177	구 상 민	부산	36	1	2,8	0	3,573
178	닐손주니어	부천	37	1	2,7	3	3,589

2023년 K리그2 골키퍼 실점 기록

선수명	소속	팀당 총경기수	출전 경기수	실점	1경기당 실점
이 주 현	부천	37	5	3	0,60
박 청 효	김포	37	34	22	0,65
문 현 호	충남아산	36	3	2	0,67
김 준 홍	김천	36	8	6	0,75
박 대 한	충북청주	36	24	19	0,79
구 상 민	부산	36	36	29	0,81
강 현 무	김천	36	9	8	0,89
정 진 욱	충북청주	36	1	1	1,00
손 정 현	경남	38	2	2	1,00
이 범 수	부천	37	32	32	1,00
신 송 훈	김천	36	16	17	1,06
고 동 민	경남	38	36	40	1,11
박 성 수	안양	36	25	31	1,24
주 현 성	서울E	36	4	5	1,25
박 한 근	충남아산	36	18	23	1,28
최 필 수	성남	36	20	26	1,30
이 상 욱	김포	37	3	4	1,33

선수명	소속	팀당 총경기수	출전 경기수	실점	1경기당 실점
박 주 원	충남아산	36	15	21	1,40
문 정 인	서울E	36	25	35	1,40
김 영 광	성남	36	16	23	1,44
안 준 수	전남	36	18	26	1,44
김 다 솔	전남	36	10	15	1,50
김 민 준	천안	36	28	45	1,61
최 봉 진	전남	36	8	13	1,63
문 경 건	김천	36	3	5	1,67
임 민 혁	천안	36	6	10	1,67
김 태 훈	안양	36	8	14	1,75
이 승 빈	안산	36	35	69	1,97
강 정 묵	서울E	36	1	2	2,00
김 성 동	안양	36	3	6	2,00
윤 보 상	서울E	36	6	12	2,00
류 원 우	충북청주	36	11	22	2,00
김 선 우	안산	36	1	3	3,00
김 효 준	천안	36	2	3	3,50
오 찬 식	전남	40	1	3	3,00

하나원큐 K리그 2023 승강 플레이오프 경기일정표

날짜	시간	홈팀	결과	원정팀	장소	관중수
12.06	19:00	부산	2 : 1	수원FC	부산A	4,047
12.06	19:00	김포	0 : 0	강원	김포	3,736
12.09	14:00	수원FC	5 : 2	부산	수원	6,987
12.09	14:00	강원	2 : 1	김포	강릉	10,130

2023년 승강 플레이오프 팀 간 경기기록

팀명	상대팀	승	무	패	득점	실점	득실	도움	경고	퇴장
강원	김포	1	1	0	2	1	1	1	5	0
수원FC	부산	1	0	1	6	4	2	3	8	0
부산	수원FC	1	0	1	4	6	-2	2	2	0
김포	강원	0	1	1	1	2	-1	0	3	1

2023년 승강 플레이오프 팀별 개인 기록 l 강원

선수명	출전	교체	득점	도움	코너킥	파울	파울 득	오프사이드	슈팅	유효슈팅	경고	퇴장	실점	자책
가브리엘	2	2	0	0	1	2	3	2	5	4	1	0	0	0
갈 레 고	2	2	0	0	2	1	1	3	2	1	0	0	0	0
강 투 지	2	0	0	0	0	0	0	0	0	0	0	0	0	0
김 대 원	2	1	0	0	7	2	3	0	3	2	0	0	0	0
김 영 빈	2	0	0	0	0	1	0	0	0	0	1	0	0	0
김 진 호	2	0	0	0	0	0	0	0	0	0	0	0	0	0
박 상 혁	1	1	0	0	0	0	0	0	0	0	0	0	0	0
서 민 우	2	0	0	0	0	1	0	0	0	0	1	0	0	0
알리바예프	2	0	0	0	0	0	0	0	0	0	0	0	0	0
유 상 훈	2	0	0	0	0	0	0	0	0	0	0	0	1	0
유 인 수	2	0	0	0	0	0	0	0	0	0	0	0	0	0
윤 석 영	2	0	0	0	0	2	0	0	1	0	0	0	0	0
윤 일 록	2	0	0	0	0	0	0	0	0	0	0	0	0	0
이 강 한	2	0	0	0	0	0	0	0	0	0	0	0	0	0
이 광 연	2	0	0	0	0	0	0	0	0	0	0	0	1	0

선수명	출전	교체	득점	도움	코너킥	파울	파울득	오프사이드	슈팅	유효슈팅	경고	퇴장	실점	자책
이승원	1	1	0	0	0	0	0	0	0	0	0	0	0	0
이정협	2	2	0	0	0	1	0	0	2	0	0	0	0	0
조현태	2	2	0	0	0	0	0	0	0	0	0	0	0	0
한국영	1	1	0	0	0	1	0	0	0	0	0	0	0	0
황문기	2	1	0	1	0	0	2	0	0	0	0	0	0	0

2023년 승강 플레이오프 팀별 개인 기록 | 수원FC

선수명	출전	교체	득점	도움	코너킥	파울	파울득	오프사이드	슈팅	유효슈팅	경고	퇴장	실점	자책
김도윤	2	2	0	0	0	2	2	0	0	0	1	0	0	0
김선민	1	0	0	0	0	1	0	0	0	0	0	0	0	0
김주엽	1	1	0	1	0	1	0	0	1	0	0	0	0	0
김 현	2	1	1	0	0	2	3	1	4	2	0	0	0	0
노동건	2	0	0	0	0	0	0	0	0	0	0	0	4	0
로페즈	2	2	1	1	0	4	4	0	9	7	0	0	0	0
바우테르손	1	1	0	0	0	1	0	0	1	0	0	0	0	0
박배종	2	0	0	0	0	0	0	0	0	0	0	0	0	0
박병현	2	0	0	0	0	0	0	0	0	0	0	0	0	0
박철우	2	1	0	0	0	3	0	0	1	1	0	0	0	0
오인표	2	1	0	0	0	2	2	1	2	1	0	0	0	0
우고고메스	2	1	0	0	0	4	3	0	4	3	0	0	0	0
윤빛가람	1	0	0	0	2	3	2	2	6	6	0	0	0	0
이광혁	2	1	1	0	1	5	0	3	3	0	0	0	0	0
이승우	1	1	0	0	0	1	0	0	2	2	0	0	0	0
이영재	2	0	1	1	8	3	0	0	5	3	1	0	0	0
이 용	1	0	0	0	0	0	0	0	0	0	0	0	0	0
장재웅	2	3	1	0	0	2	0	0	1	1	0	0	0	0
잭 슨	2	0	0	0	0	0	0	0	0	0	1	0	0	0
정동호	2	2	0	0	0	0	1	0	1	0	0	0	0	0
정재용	1	1	1	0	0	1	0	0	1	1	0	0	0	0

2023년 승강 플레이오프 팀별 개인 기록 | 부산

선수명	출전	교체	득점	도움	코너킥	파울	파울득	오프사이드	슈팅	유효슈팅	경고	퇴장	실점	자책
강상윤	2	2	0	0	0	3	4	0	1	0	1	0	0	0
구상민	2	0	0	0	0	0	1	0	0	0	0	0	6	0
김상준	1	1	0	0	0	1	4	0	1	0	0	0	0	0
김정환	2	2	1	0	0	1	1	1	3	1	0	0	0	0
김 찬	2	2	0	1	0	1	1	2	3	2	0	0	0	0
라마스	2	0	2	0	9	1	2	0	13	7	0	0	0	0
민상기	1	0	0	0	0	0	2	3	0	1	0	0	0	0
박동진	2	2	0	0	0	0	0	0	0	0	0	0	0	0
박세진	2	2	0	0	0	1	0	0	0	0	0	0	0	0
성호영	2	2	0	0	0	2	1	0	0	0	0	0	0	0
어정원	2	2	0	0	0	0	1	0	0	0	0	0	0	0
여 름	2	2	0	0	0	2	2	0	1	0	0	0	0	0
이승기	1	1	0	0	0	0	0	0	0	0	0	0	0	0
이한도	2	0	0	0	0	1	1	0	2	0	0	0	0	0
임민혁	2	2	0	0	0	3	2	0	0	0	0	0	0	0
정원진	2	2	0	0	4	1	1	0	3	0	0	0	0	0
조위제	1	0	0	0	0	1	0	0	0	0	0	0	0	0
최 준	2	0	1	1	0	2	1	0	1	0	0	0	0	0

2023년 승강 플레이오프 팀별 개인 기록 | 김포

선수명	출전	교체	득점	도움	코너킥	파울	파울득	오프사이드	슈팅	유효슈팅	경고	퇴장	실점	자책
김민호	2	2	0	0	0	1	0	0	0	0	0	0	0	0
김성민	2	2	0	0	0	1	0	0	0	0	0	0	0	0
김이석	2	1	0	1	4	2	0	1	0	0	0	0	0	0
김종석	2	2	0	0	4	0	1	0	1	0	0	0	0	0
김태한	2	2	0	0	0	0	0	0	0	0	0	0	2	0
루이스	2	0	0	0	3	1	2	1	1	0	1	0	0	0
박경록	2	0	0	0	0	0	1	0	0	0	0	0	0	0
박광일	2	0	0	0	0	0	0	1	0	0	0	0	0	0
박청효	2	0	0	0	0	0	0	0	0	0	0	0	2	0
서재민	1	1	0	0	0	0	0	0	0	0	0	0	0	0
송준석	2	1	0	0	0	2	0	0	0	0	0	0	0	0
윤민호	2	2	0	0	1	0	1	0	1	0	0	0	0	0
이강연	2	0	0	0	0	0	1	0	0	0	0	0	0	0
이상욱	2	0	0	0	0	0	0	0	0	0	0	0	0	0
장윤호	2	2	0	0	0	0	0	0	1	0	0	0	0	0
조성권	2	0	1	0	0	3	0	0	2	1	0	0	0	0
주닝요	2	1	0	0	1	6	4	0	1	1	0	0	0	0
최재훈	2	1	0	0	0	2	1	0	0	0	0	0	0	0

2023년 승강 플레이오프 선수 득점 기록

선수명	소속	경기수	득점수	교체 IN/OUT	경기당 득점률
가브리엘	강원	2	2	2	1.0
라마스	부산	2	2	0	1.0
정재용	수원FC	1	1	1	1.0
장재웅	수원FC	2	1	3	0.5
김정환	부산	2	1	2	0.5
로페즈	수원FC	2	1	2	0.5
이광혁	수원FC	2	1	2	0.5
조성권	김포	2	1	0	0.5
김 현	수원FC	2	1	1	0.5
이영재	수원FC	2	1	0	0.5
최 준	부산	2	1	0	0.5

2023년 승강 플레이오프 선수 도움 기록

선수명	소속	경기수	도움수	교체 IN/OUT	경기당 도움률
김주엽	수원FC	1	1	1	1.0
김 찬	부산	2	1	2	0.5
로페즈	수원FC	2	1	2	0.5
황문기	강원	2	1	0	0.5
이영재	수원FC	2	1	1	0.5
최 준	부산	2	1	0	0.5

2023년 승강 플레이오프 골키퍼 실점 기록

선수명	소속	총경기수	출전경기수	실점	경기당 실점
이광연	강원	2	2	1	0.50
박청효	김포	2	2	2	1.00
노동건	수원FC	2	2	4	2.00
구상민	부산	2	2	6	3.00

K 리 그 1 통 산 기 록

K리그1 통산 팀 간 경기기록

팀명	상대팀	승	무	패	득점	실점	도움	경고	퇴장
전북	합계	232	103	72	688	377	457	771	16
	강원	15	4	6	48	30	38	47	2
	경남	7	4	1	30	10	18	21	0
	광주	13	4	2	37	16	21	37	1
	김천	1	2	0	5	4	4	1	0
	대구	17	5	4	46	22	25	53	0
	대전	4	3	1	17	12	13	10	0
	부산	10	1	1	23	11	14	18	0
	상주	13	4	2	41	15	34	34	3
	성남	13	6	4	39	21	24	45	1
	수원	23	8	7	69	36	40	79	2
	수원FC	7	3	3	19	13	8	27	0
	울산	19	13	10	54	37	38	71	1
	인천	17	14	4	51	27	34	66	1
	전남	11	5	2	34	15	23	34	1
	제주	21	8	7	56	32	40	64	1
	포항	18	9	13	55	43	38	88	3
	서울	23	10	5	64	33	45	76	1

팀명	상대팀	승	무	패	득점	실점	도움	경고	퇴장
울산	합계	202	111	94	614	441	396	683	22
	강원	20	4	1	49	19	32	41	0
	경남	8	4	0	26	11	18	16	1
	광주	12	5	3	26	13	18	32	0
	김천	2	1	0	4	1	3	4	0
	대구	16	7	4	50	24	30	43	1
	대전	4	4	1	17	9	15	19	0
	부산	5	5	3	16	11	9	24	1
	상주	12	3	4	43	21	28	22	0
	성남	9	4	9	23	24	13	27	0
	수원	17	11	9	52	49	36	64	2
	수원FC	11	1	1	28	14	16	18	1
	인천	15	14	7	57	43	38	46	2
	전남	9	4	6	24	14	15	31	3
	전북	10	13	19	37	54	25	88	1
	제주	15	8	12	52	38	36	60	5
	포항	18	10	11	54	48	32	90	3
	서울	19	13	6	56	38	32	58	2

팀명	상대팀	승	무	패	득점	실점	도움	경고	퇴장
포항	합계	172	110	125	568	474	399	745	19
	강원	11	10	4	46	24	35	38	1
	경남	6	3	3	16	12	11	22	0
	광주	13	7	2	38	21	25	34	4
	김천	1	1	1	4	4	4	9	0
	대구	10	9	7	35	32	24	43	3
	대전	7	1	0	16	6	15	14	1
	부산	5	3	4	17	13	12	24	0
	상주	10	2	7	35	29	27	38	1
	성남	15	4	4	36	27	28	48	2
	수원	11	15	11	39	42	24	64	2
	수원FC	7	0	0	20	15	13	22	0
	울산	11	10	18	48	54	38	66	1
	인천	18	1	7	57	34	36	68	0
	전남	9	6	3	32	20	20	32	2
	전북	13	9	18	43	55	30	89	1
	제주	11	8	14	41	51	28	67	0
	서울	14	11	12	45	42	33	67	1

팀명	상대팀	승	무	패	득점	실점	도움	경고	퇴장
서울	합계	155	121	131	544	489	341	634	13
	강원	10	10	8	36	34	24	44	1
	경남	2	7	2	12	12	10	15	0
	광주	12	4	2	34	19	21	25	0
	김천	1	2	1	5	6	4	3	0
	대구	9	9	7	33	31	18	36	2
	대전	5	2	2	17	13	12	11	0
	부산	5	4	4	14	12	7	13	0
	상주	8	4	7	28	22	21	28	0
	성남	12	6	8	32	23	22	43	1
	수원	22	7	7	56	42	34	87	1
	수원FC	10	1	1	38	15	22	17	0
	울산	5	13	19	38	56	25	55	0
	인천	14	10	12	47	34	31	56	3
	전남	12	3	4	34	21	18	32	1
	전북	5	10	23	33	64	18	67	2
	제주	11	13	10	45	40	28	39	2
	포항	12	11	14	42	45	26	63	0

팀명	상대팀	승	무	패	득점	실점	도움	경고	퇴장
수원	합계	144	119	144	528	512	333	695	12
	강원	12	8	5	42	33	31	49	0
	경남	5	6	2	18	13	10	10	0
	광주	7	5	6	22	21	17	25	0
	김천	2	2	0	6	3	5	3	0
	대구	8	7	9	27	24	17	56	1
	대전	4	2	1	16	11	11	14	0
	부산	6	5	2	16	9	7	22	0
	상주	8	7	3	23	16	11	28	0
	성남	10	8	9	33	28	21	38	1
	수원FC	6	1	9	22	30	13	23	1
	울산	9	11	17	49	52	27	56	0
	인천	15	14	7	53	40	36	62	1
	전남	8	4	5	28	22	16	23	1
	전북	7	8	23	36	69	23	82	4
	제주	19	6	11	51	41	36	52	1
	포항	11	15	11	42	39	29	64	0
	서울	7	10	22	42	56	33	84	2

팀명	상대팀	승	무	패	득점	실점	도움	경고	퇴장
제주	합계	136	107	137	510	490	335	622	13
	강원	6	9	10	37	41	24	40	0
	경남	5	5	5	18	17	10	17	1
	광주	6	5	4	16	12	9	27	1
	김천	2	0	1	5	6	2	6	0
	대구	6	8	9	33	29	18	36	0
	대전	5	3	3	17	13	12	18	0
	부산	5	2	1	16	9	13	10	0
	상주	7	4	6	33	28	21	17	0
	성남	9	10	5	35	30	24	36	4
	수원	11	6	19	41	51	28	66	1
	수원FC	5	5	4	25	17	15	28	0

울산	12	8	15	38	52	26	48	0
인천	11	10	10	33	30	24	51	0
전남	15	3	2	41	17	29	25	2
전북	7	8	21	32	56	20	84	1
포항	14	8	11	51	41	33	50	1
서울	10	13	11	40	45	28	53	2

팀명	상대팀	승	무	패	득점	실점	도움	경고	퇴장
인천	합계	114	143	150	434	515	279	733	18
	강원	9	6	11	31	39	22	49	2
	경남	2	7	4	11	14	8	28	0
	광주	5	10	7	20	25	9	41	2
	김천	2	0	1	2	1	1	4	0
	대구	9	10	6	31	29	18	49	2
	대전	7	1	1	18	8	8	21	1
	부산	6	5	4	18	11	12	28	1
	상주	8	6	7	26	26	21	26	1
	성남	8	9	10	25	25	16	42	0
	수원	7	14	15	40	53	24	72	1
	수원FC	4	7	2	18	14	12	19	0
	울산	7	14	15	43	57	31	58	1
	전남	5	9	7	26	25	16	42	0
	전북	4	14	17	27	51	18	76	0
	제주	10	10	11	30	33	17	53	1
	포항	9	11	18	34	57	20	60	4
	서울	12	10	14	34	47	26	65	2

팀명	상대팀	승	무	패	득점	실점	도움	경고	퇴장
대구	합계	92	100	101	357	391	238	568	16
	강원	12	8	6	33	24	24	50	2
	경남	2	4	4	10	16	7	22	1
	광주	6	3	5	24	23	14	26	0
	김천	1	3	0	3	2	3	10	0
	대전	3	2	2	9	7	4	17	0
	부산	1	1	2	5	4	4	9	0
	상주	4	4	4	18	17	13	27	1
	성남	8	8	4	24	14	19	23	0
	수원	9	7	8	24	27	14	51	5
	수원FC	4	6	1	20	15	15	18	1
	울산	3	7	16	24	50	15	36	2
	인천	6	10	9	29	31	18	39	0
	전남	6	4	2	20	14	16	26	0
	전북	4	5	17	22	46	15	54	1
	제주	9	8	4	29	33	16	49	1
	포항	7	9	10	32	35	21	54	1
	서울	7	9	9	31	33	21	57	1

팀명	상대팀	승	무	패	득점	실점	도움	경고	퇴장
성남	합계	89	83	121	296	358	183	534	13
	강원	4	3	10	15	23	10	34	2
	경남	6	2	4	14	11	6	20	1
	광주	5	5	3	11	8	8	31	0
	김천	0	2	2	3	9	1	3	0
	대구	0	8	8	14	24	8	29	0
	대전	5	1	1	16	6	12	17	0
	부산	6	2	4	11	11	6	20	2
	상주	4	6	3	12	12	8	20	0
	수원	9	8	10	28	33	17	46	0

수원FC	4	2	5	19	21	10	16	1
울산	9	4	9	24	23	16	49	0
인천	10	9	8	25	25	15	46	2
전남	4	5	5	9	10	6	27	0
전북	4	6	13	21	39	11	47	3
제주	5	10	9	30	35	23	42	0
포항	4	6	15	20	36	12	42	1
서울	8	6	12	23	32	14	45	1

팀명	상대팀	승	무	패	득점	실점	도움	경고	퇴장
강원	합계	86	83	124	364	432	221	495	9
	경남	6	2	2	15	10	13	14	0
	광주	2	7	3	16	16	9	21	0
	김천	1	0	2	3	4	2	5	0
	대구	6	8	12	24	33	16	38	0
	대전	2	2	4	8	12	5	16	0
	부산	2	1	10	9	7	8	7	1
	상주	6	1	5	18	17	12	21	0
	성남	10	3	4	23	15	11	34	0
	수원	5	8	12	34	42	18	53	1
	수원FC	2	2	6	11	15	6	15	0
	울산	1	4	20	19	49	10	23	2
	인천	11	6	9	39	31	22	45	1
	전남	4	5	4	14	12	8	23	1
	전북	6	4	15	30	48	18	48	0
	제주	10	6	4	41	37	29	47	2
	포항	4	10	11	24	46	15	42	1
	서울	8	10	10	34	36	21	42	0

팀명	상대팀	승	무	패	득점	실점	도움	경고	퇴장
전남	합계	63	65	100	268	340	173	398	10
	강원	2	5	4	12	16	8	26	0
	경남	4	3	4	16	20	13	21	0
	광주	3	3	8	18	15	10	21	1
	대구	2	4	6	14	20	9	12	2
	대전	3	3	4	9	7		15	0
	부산	5	4	1	16	10	9	19	0
	상주	3	5	3	25	20	16	18	1
	성남	5	5	4	10	9	4	17	0
	수원	5	4	8	24	28	18	28	2
	수원FC	1	2	1	2	1	2	6	0
	울산	6	4	9	24	24	14	33	0
	인천	7	9	5	25	26	15	48	1
	전북	5	2	11	16	34	12	27	1
	제주	2	3	15	17	41	10	29	1
	포항	4	9	6	20	32	13	35	0
	서울	4	3	12	21	34	13	39	1

팀명	상대팀	승	무	패	득점	실점	도움	경고	퇴장
상주	합계	66	53	98	258	334	163	352	11
	강원	5	1	6	17	18	9	19	1
	경남	3	3	3	11	14	8	16	1
	광주	5	0	6	9	10	7	17	0
	대구	4	6	4	18	17	12	23	0
	부산	5	2	1	16	9	6	11	1
	성남	3	6	4	12	13	7	18	1
	수원	3	7	8	16	23	10	28	2
	수원FC	2	1	0	6	1	3	5	0

상대팀	승	무	패	득점	실점	도움	경고	퇴장
울산	4	3	12	21	43	12	29	0
인천	7	6	8	26	26	17	37	1
전남	5	3	8	20	25	11	24	0
전북	2	4	13	15	41	12	34	1
제주	6	4	7	28	33	15	30	0
포항	7	2	10	29	35	18	29	1
서울	7	4	8	22	28	16	32	2

팀명	상대팀	승	무	패	득점	실점	도움	경고	퇴장
광주	합계	59	63	95	230	285	141	413	8
	강원	3	7	2	16	16	9	30	0
	대구	5	3	6	23	24	14	27	2
	대전	3	3	1	9	4	8	16	0
	부산	3	2	1	7	4	6	9	0
	상주	4	0	6	10	9	6	14	1
	성남	3	5	5	8	11	3	23	0
	수원	6	5	7	21	22	14	37	1
	수원FC	7	1	2	15	6	10	17	0
	울산	3	5	12	13	26	4	36	1
	인천	7	10	5	25	20	15	41	0
	전남	5	2	4	15	18	12	23	0
	전북	2	4	13	16	37	12	37	1
	제주	4	5	6	12	16	9	27	0
	포항	2	7	13	21	38	12	47	2
	서울	2	4	12	19	34	7	29	0

팀명	상대팀	승	무	패	득점	실점	도움	경고	퇴장
경남	합계	39	54	59	174	212	97	272	6
	강원	2	2	6	10	15	7	17	2
	대구	4	4	2	16	10	8	26	0
	대전	2	2	0	9	2	6	12	0
	부산	1	2	3	5	13	4	10	0
	상주	5	3	3	14	11	6	19	1
	성남	4	2	6	11	14	6	15	0
	수원	5	2	5	13	18	6	21	0
	울산	0	4	8	11	26	9	17	0
	인천	4	7	2	14	11	3	21	1
	전남	4	3	4	20	16	9	18	0
	전북	1	4	7	10	30	4	24	0
	제주	5	5	5	17	18	9	33	1
	포항	3	3	6	12	16	7	20	0
	서울	2	7	2	12	12	9	19	1

팀명	상대팀	승	무	패	득점	실점	도움	경고	퇴장
수원FC	합계	45	36	71	193	254	129	274	8
	강원	6	2	2	15	11	10	18	1
	광주	2	1	7	6	15	4	24	1
	김천	3	1	0	8	5	6	9	0
	대구	1	6	4	15	20	10	13	1
	대전	2	1	1	8	6	7	8	0
	상주	0	1	2	1	6	1	8	0
	성남	5	2	4	21	19	12	21	1
	수원	9	1	6	30	22	20	28	0
	울산	1	1	11	14	28	11	24	1
	인천	2	7	4	14	18	10	23	1
	전남	0	2	1	1	2	1	7	0
	전북	3	3	7	13	19	7	26	0
	제주	4	5	5	17	25	10	25	0

상대팀	승	무	패	득점	실점	도움	경고	퇴장
포항	6	0	7	15	20	9	26	2
서울	1	3	10	15	38	11	14	0

팀명	상대팀	승	무	패	득점	실점	도움	경고	퇴장
부산	합계	34	44	63	135	183	83	280	4
	강원	1	2	2	9	10	8	8	0
	경남	3	2	1	13	5	9	12	0
	광주	1	2	3	4	7	2	11	0
	대구	2	1	4	5	2		8	0
	대전	2	3	1	5	4	4	13	1
	상주	1	3	2	6	9	4	11	2
	성남	4	2	6	11	11	4	30	0
	수원	2	5	6	9	16	5	26	0
	울산	3	5	5	11	16	7	33	0
	인천	2	6	5	11	18	6	29	0
	전남	1	4	5	10	16	6	22	1
	전북	1	1	10	11	23	6	21	0
	제주	1	2	5	4	8	4	8	0
	포항	3	5	13	17		8	18	0
	서울	4	4	5	12	14	6	30	0

팀명	상대팀	승	무	패	득점	실점	도움	경고	퇴장
대전	합계	23	33	58	127	198	86	213	3
	강원	4	2	2	12	8	6	14	0
	경남	0	2	2	2	9	2	6	0
	광주	1	3	3	4	9	3	17	0
	대구	2	2	3	7	9	3	22	1
	부산	1	3	2	4	5	4	9	0
	성남	1	1	5	6	16	5	15	0
	수원	3	2	4	16	18	10	23	0
	수원FC	1	1	2	6	8	4	6	1
	울산	1	4	4	9	17	5	12	0
	인천	1	1	7	8	18	6	12	1
	전남	2	3	3	10	11	7	21	0
	전북	1	3	4	12	17	9	14	0
	제주	3	3	5	12	20	7	13	0
	포항	0	1	7	6	16	5	14	0
	서울	2	2	5	13	17	10	15	0

팀명	상대팀	승	무	패	득점	실점	도움	경고	퇴장
김천	합계	8	14	16	45	48	26	58	0
	강원	2	0	1	4	3	1	5	0
	대구	0	3	1	2	3	2	3	0
	성남	2	0	2	9	3	8	8	0
	수원	0	2	2	3	6	0	11	0
	수원FC	0	1	3	5	8	2	10	0
	울산	0	1	2	1	4	1	3	0
	인천	1	0	2	1	2	0	5	0
	전북	0	2	1	4	5	3	4	0
	제주	1	0	2	6	5	1	2	0
	포항	1	1	1	4	2	2	3	0
	서울	1	2	1	6	5	6	4	0

K리그1 통산 팀 최다 기록

기록구분	기록	구단명
승 리	232	전북
패 전	150	인천
무승부	143	인천
득 점	688	전북
실 점	515	인천
도 움	457	전북
코너킥	1970	전북
파 울	5,754	인천
오프사이드	780	울산
슈 팅	5,398	전북
페널티킥 획득	70	전북
페널티킥 성공	56	전북
페널티킥 실패	19	포항
경 고	771	전북
퇴 장	22	울산

K리그1 통산 팀 최소 기록

기록구분	기록	구단명
승 리	8	김천
패 전	16	김천
무승부	14	김천
득 점	45	김천
실 점	48	김천
도 움	26	김천
코너킥	162	김천
파 울	383	김천
오프사이드	42	김천
슈 팅	435	김천
페널티킥 획득	5	김천
페널티킥 성공	5	김천
페널티킥 실패	0	김천
경 고	58	김천
퇴 장	0	김천

K리그1 통산 팀 최다 연속 기록

기록구분	기록	구단명(기간)
연속 승	9	전북(2014.10.01 ~ 2014.11.22) 전북(2018.03.18 ~ 2018.05.02)
연속 무승부	5	경남(2013.03.16 ~ 2013.04.21) 인천(2013.09.11 ~ 2013.10.27) 성남(2015.04.15 ~ 2015.05.10) 수원(2016.04.10 ~ 2016.04.30) 대전(2023.06.10 ~ 2023.07.12)
연속 패	8	강원(2013.07.16 ~ 2013.09.01)

		대전(2015.06.28 ~ 2015.08.15) 인천(2020.05.23 ~ 2020.07.04)
연속 득점	26	전북(2013.03.03 ~ 2013.09.01)
연속 무득점	9	인천(2014.03.15 ~ 2014.04.27)
연속 무승	22	부산(2015.08.12 ~ 2020.06.17)
연속 무패	33	전북(2016.03.12 ~ 2016.10.02)
연속 실점	20	강원(2013.07.13 ~ 2013.11.27) 경남(2018.11.10 ~ 2019.06.22)
연속 무실점	8	전북(2014.10.01 ~ 2014.11.15)

K리그1 통산 선수 출전 순위

순위	선수명	최종 K리그1 소속팀	출전
1	김 태 환	울 산	342
2	윤 빛 가람	수원FC	293
3	홍 철	대 구	285
3	염 기 훈	수 원	285
5	오스마르	서 울	282
6	고 요 한	서 울	273
7	김 광 석	인 천	270
8	김 승 대	포 항	270
9	김 인 성	포 항	266
10	한 교 원	전 북	263
10	이 근 호	대 구	263

K리그1 통산 선수 득점 순위

순위	선수명	소속팀	득점	경기수	교체수	경기당득점
1	이 동 국	전북	87	230	157	0.38
2	김 신 욱	전북	83	212	109	0.39
3	주 민 규	울산	82	178	92	0.46
4	주 니 오	울산	79	110	53	0.72
5	데 안	대구	76	179	105	0.42

K리그1 통산 선수 도움 순위

순위	선수명	소속팀	도움	경기수	교체수	경기당도움
1	염 기 훈	수원	63	285	135	0.22
2	김 태 환	울산	52	342	47	0.15
3	세 징 야	대구	50	196	44	0.26
4	김 승 대	포항	47	270	115	0.17
5	신 진 호	인천	46	243	69	0.19

K리그1 통산 선수 공격포인트 순위

순위	선수명	최종소속팀	공격포인트	경기수	경기당공격P
1	세 징 야	대구	127	196	0.65
2	이 동 국	전북	111	230	0.48
3	김 신 욱	전북	104	212	0.49
4	주 민 규	울산	103	178	0.58
5	염 기 훈	수원	102	285	0.36

K리그1 통산 골키퍼 무실점 순위

순위	선수명	최종 K리그1 소속팀	무실점 경기수
1	조 현 우	울 산	80
2	송 범 근	전 북	70
3	신 화 용	수 원	68
4	이 창 근	대 전	53
5	오 승 훈	대 구	45
	유 상 훈	강 원	45

K리그1 통산 선수 연속 득점 순위

순위	선수명	당시 소속팀	연속경기수	비고
1	이 동 국	전 북	7	2013.05.11 ~ 2013.07.13
	조 나 탄	수 원	7	2016.09.10 ~ 2016.10.30
	주 민 규	상 주	7	2017.08.12 ~ 2017.09.30
4	주 니 오	울 산	6	2018.08.15 ~ 2018.09.15
	무 고 사	인 천	6	2022.03.13 ~ 2022.05.05

K리그1 통산 선수 연속 도움 순위

순위	선수명	당시 소속팀	연속경기수	비고
1	레오나르도	전 북	4	2013.08.04 ~ 2013.08.24
	에스쿠데로	서 울	4	2013.11.02 ~ 2013.11.24
	유 지 훈	상 주	4	2014.04.27 ~ 2014.07.06
	염 기 훈	수 원	4	2015.04.04 ~ 2015.04.18
	코 바	울 산	4	2015.08.29 ~ 2015.09.19
	권 창 훈	수 원	4	2016.10.02 ~ 2016.10.30
	강 상 우	포 항	4	2020.09.20 ~ 2020.10.18

K리그1 통산 선수 연속 공격포인트 순위

순위	선수명	당시 소속팀	연속경기수	비고
1	이 명 주	포 항	11	2014.03.15 ~ 2014.05.10
2	조 나 탄	수 원	8	2016.08.28 ~ 2016.10.30
3	이 동 국	전 북	7	2013.05.11 ~ 2013.07.13
	김 동 섭	성 남	7	2013.07.31 ~ 2013.09.07
	염 기 훈	수 원	7	2015.03.14 ~ 2015.04.26
	아드리아노	서 울	7	2016.03.20 ~ 2016.04.30
	주 민 규	상 주	7	2017.08.12 ~ 2017.09.30
	에 드 가	대 구	7	2018.09.02 ~ 2018.10.20
	세 징 야	대 구	7	2018.11.24 ~ 2019.04.06
	세 징 야	대 구	7	2020.05.29 ~ 2020.07.05

K리그1 통산 골키퍼 연속 무실점 경기 순위

순위	선수명	당시 소속팀	연속경기수	비고
1	송 범 근	전 북	7	2018.03.31 ~ 2018.04.29
2	신 화 용	포 항	6	2014.07.05 ~ 2014.08.09
	권 순 태	전 북	6	2014.10.01 ~ 2014.11.15
4	신 화 용	포 항	5	2013.07.16 ~ 2013.08.18

Section 4

K 리 그 2 통 산 기 록

K리그2 통산 팀 간 경기기록

팀명	상대팀	승	무	패	득점	실점	도움	경고	퇴장
안양	합계	145	111	146	529	538	336	740	17
	강원	2	4	6	8	20	3	37	1
	경남	6	6	15	27	40	18	42	2
	고양	8	4	5	21	15	16	30	0
	광주	5	7	9	28	37	15	40	0
	김천	2	4	1	9	8	8	15	1
	김포	3	1	3	7	8	5	15	1
	대구	4	6	2	19	16	13	25	0
	대전	8	12	12	41	50	27	51	3
	부산	8	7	13	34	43	22	54	2
	부천	18	14	12	59	53	43	82	1
	상주	3	1	5	13	21	7	16	0
	서울E	18	9	7	51	34	26	57	2
	성남	4	3	4	12	13	10	17	0
	수원FC	7	6	15	32	47	19	52	1
	아산	4	1	7	16	20	13	31	0
	안산	12	7	7	39	28	19	50	1
	안산무궁	6	3	6	24	20	14	35	0
	전남	9	5	4	24	17	13	21	1
	제주	0	0	3		9	1	5	0
	천안	2	1	0	7	2	5	5	0
	충남아산	8	4	2	24	13	17	28	1
	충북청주	1	0	3	4	9	1	6	0
	충주	8	5	4	28	20	19	27	0
	고양	5	3	0	13	4	8	11	0
	광주	6	5	6	18	14	14	41	1
	김천	0	1	3	4	9	2	8	0
	김포	2	2	0	10	6	4	9	0
	대구	2	2	4	6	9	5	14	0
	부산	7	6	12	32	45	24	50	2
	부천	13	6	12	37	32	21	66	1
	서울E	11	7	9	30	29	22	54	0
	성남	2	2	6	6	17	6	17	0
	수원FC	7	2	10	31	39	19	42	0
	아산	4	3	5	12	14	9	23	1
	안산	11	7	5	31	20	19	46	1
	안산무궁	2	2	4	10	11	7	5	0
	전남	8	5	3	22	16	13	25	0
	제주	2	0	2	6	6	4	8	0
	충남아산	5	3	3	19	16	11	20	2
	충주	5	3	0	17	8	15	13	0
	안양	12	12	8	50	41	32	61	1

팀명	상대팀	승	무	패	득점	실점	도움	경고	퇴장
부천	합계	137	96	169	458	512	278	703	17
	강원	6	2	5	19	18	10	21	3
	경남	10	4	14	36	39	18	45	0
	고양	9	4	4	27	17	17	34	0
	광주	5	5	11	20	27	12	38	1
	김천	0	1	6	2	14	2	6	0
	김포	2	3	2	6	3	3	13	0
	대구	2	4	6	7	13	2	19	1
	대전	12	6	13	32	37	18	56	2
	부산	10	9	8	27	26	17	53	2
	상주	2	2	5	10	14	6	17	0
	서울E	10	7	17	31	56	23	53	1
	성남	4	2	5	13	15	7	19	0
	수원FC	11	6	11	42	37	19	50	3
	아산	3	3	6	16	16	12	21	0
	안산	13	5	8	40	35	25	45	0
	안산무궁	4	4	9	19	28	14	30	0
	전남	6	5	7	24	23	13	28	2
	제주	0	0	3	0	7	0	5	0
	천안	1	1	1	4	2	3	0	0
	충남아산	7	4	3	11	6	6	26	1
	충북청주	1	2	0	4	0	4	3	0
	충주	7	3	7	15	18	12	38	0
	안양	12	14	18	·53	59	35	83	1

팀명	상대팀	승	무	패	득점	실점	도움	경고	퇴장
부산	합계	114	73	77	366	289	243	490	12
	강원	3	1	1	5	3	4	13	0
	경남	6	4	9	22	25	15	42	2
	고양	4	0	0	6	0	6	7	0
	광주	1	6	5	19	17	9	26	2
	김천	3	1	3	10	10	6	16	0
	김포	2	2	3	5	7	5	16	0
	대구	1	0	3	2	7	2	8	0
	대전	12	6	7	45	32	33	45	1
	부천	8	9	10	26	27	15	33	0
	서울E	15	6	6	52	34	33	37	1
	성남	2	1	3	15	9	12	21	1
	수원FC	5	4	3	16	11	10	20	1
	아산	4	2	2	22	13	12	28	0
	안산	12	7	4	35	17	22	47	1
	안산무궁	2	1	1	8	6	4	12	0
	전남	4	5	6	10	16	5	28	1
	천안	2	1	0	4	2	2	5	0
	충남아산	6	2	3	18	12	13	24	1
	충북청주	0	3	0	3	3	1	9	0
	충주	3	1	0	7	3	3	9	0
	안양	13	7	8	43	34	29	59	1

팀명	상대팀	승	무	패	득점	실점	도움	경고	퇴장
서울E	합계	95	97	136	389	444	252	597	17
	강원	0	3	5	10	17	6	21	0
	경남	10	3	8	30	31	21	38	1
	고양	4	3	1	15	7	11	13	0
	광주	0	3	9	8	28	6	24	2
	김천	1	1	5	5	11	3	14	0
	김포	3	2	2	12	6	6	15	0
	대구	1	4	3	6	10	4	14	0
	대전	9	7	11	29	30	23	56	3
	부산	6	6	15	34	52	23	39	1
	부천	17	7	10	56	31	30	65	0
	상주	1	1	2	6	7	5	8	0

팀명	상대팀	승	무	패	득점	실점	도움	경고	퇴장
대전	합계	115	76	101	403	372	266	566	9
	강원	5	1	2	13	7	10	15	0
	경남	8	4	4	37	33	25	45	0

상대팀	승	무	패	득점	실점	도움	경고	퇴장
성남	3	5	3	13	13	7	20	0
수원FC	5	6	9	23	30	18	29	2
아산	1	3	8	9	25	6	32	0
안산	12	8	6	39	28	27	53	3
안산무궁	2	4	2	8	8	7	16	0
전남	3	10	5	16	22	10	32	2
제주	0	1	2	4	6	1	9	1
천안	1	1	1	3	5	2	7	0
충남아산	2	4	8	8	14	4	20	1
충북청주	1	0	2	4	5	2	7	0
충주	6	1	1	17	7	13	11	0
안양	7	9	18	34	51	15	54	1

팀명	상대팀	승	무	패	득점	실점	도움	경고	퇴장
경남	합계	105	69	87	360	328	243	475	13
	강원	3	5	0	6	2	6	11	0
	고양	5	1	2	16	7	12	17	0
	광주	1	1	2	7	9	4	12	0
	김천	2	2	3	8	9	5	9	0
	김포	4	2	2	13	6	8	12	1
	대구	2	1	5	6	12	6	15	2
	대전	8	4	8	33	37	21	41	3
	부산	9	4	6	25	22	19	33	0
	부천	14	4	10	39	36	23	54	3
	상주	1	0	3	4	8	1	10	0
	서울E	8	8	10	31	30	24	44	0
	성남	3	3	1	10	8	9	16	1
	수원FC	2	4	6	14	19	9	30	0
	아산	3	1	0	6	2	7	9	0
	안산	9	5	4	33	25	22	30	1
	안산무궁	1	2	5	4	13	3	12	0
	전남	2	6	6	16	18	10	19	1
	제주	0	2	1	4	5	2	9	0
	천안	2	1	0	6	4	3	3	0
	충남아산	5	4	5	19	17	11	24	1
	충북청주	1	2	0	5	3	3	3	0
	충주	5	1	2	13	7	12	12	0
	안양	15	6	6	40	27	26	50	0

팀명	상대팀	승	무	패	득점	실점	도움	경고	퇴장
수원FC	합계	96	61	92	347	336	212	501	7
	강원	2	2	4	10	13	9	19	0
	경남	6	4	2	19	14	12	19	0
	고양	4	6	3	15	12	7	31	2
	광주	4	3	10	15	28	10	30	1
	대구	4	3	2	15	13	13	19	0
	대전	10	2	7	39	31	21	27	0
	부산	3	4	5	11	16	4	25	0
	부천	11	6	11	37	42	30	64	1
	상주	4	4	3	10	11	6	20	0
	서울E	9	6	5	30	23	16	36	0
	성남	1	2	5	3	11	1	18	0
	아산	2	2	8	9	17	6	36	0
	안산	7	2	6	22	21	16	30	2
	안산무궁	5	1	7	20	21	13	28	1
	전남	2	3	2	14	14	6	13	0
	제주	0	1	2	1	4	1	6	0

상대팀	승	무	패	득점	실점	도움	경고	퇴장
충남아산	2	1	0	8	1	6	4	0
충주	7	3	3	22	12	14	16	0
안양	15	6	7	47	32	22	60	1

팀명	상대팀	승	무	패	득점	실점	도움	경고	퇴장
광주	합계	88	53	45	277	194	176	334	7
	강원	3	1	1	9	5	7	6	1
	경남	2	1	1	9	7	8	5	0
	고양	3	3	3	11	13	6	14	0
	김포	2	1	1	5	3	2	3	0
	대구	2	1	1	5	4	5	9	0
	대전	6	5	6	14	18	10	25	1
	부산	5	6	1	19	12	14	28	0
	부천	11	5	5	27	20	16	40	0
	상주	1	0	4	5	10	4	8	0
	서울E	9	3	0	28	8	15	19	0
	성남	1	2	1	6	4	4	0	0
	수원FC	10	3	4	28	15	18	31	1
	아산	4	3	1	13	6	6	13	0
	안산	6	3	3	17	8	11	25	2
	안산무궁	4	1	5	14	13	10	21	1
	전남	4	1	3	12	8	8	16	1
	충남아산	3	1	0	7	3	3	8	0
	충주	3	4	2	11	6	6	14	0
	안양	9	7	5	37	28	22	38	0

팀명	상대팀	승	무	패	득점	실점	도움	경고	퇴장
안산	합계	63	66	118	258	363	158	441	15
	경남	4	5	9	25	33	13	33	1
	광주	3	3	6	8	17	3	22	1
	김천	0	1	6	8	19	4	17	0
	김포	3	3	1	12	7	6	14	0
	대전	5	7	11	20	31	17	40	4
	부산	4	7	12	17	35	11	33	1
	부천	8	5	13	35	40	21	52	3
	서울E	6	8	12	28	39	19	44	1
	성남	2	4	5	7	11	3	28	1
	수원FC	6	2	7	21	22	13	25	0
	아산	2	3	7	6	13	4	23	0
	전남	7	4	7	25	31	14	27	2
	제주	0	1	2	3	6	1	6	0
	천안	1	2	0	4	3	3	5	0
	충남아산	5	4	5	11	11	7	27	0
	충북청주	0	0	3	0	6	0	5	0
	안양	7	7	12	28	39	15	40	1

팀명	상대팀	승	무	패	득점	실점	도움	경고	퇴장
안산무궁화	합계	66	37	49	206	201	126	366	8
	강원	4	1	7	11	19	5	35	0
	경남	5	2	1	13	4	9	14	0
	고양	8	6	3	28	13	21	40	1
	광주	5	1	4	13	14	9	29	2
	대구	5	4	3	18	17	12	20	1
	대전	4	2	2	11	10	8	14	1
	부산	1	1	2	8	8	1	8	0
	부천	9	4	4	26	19	17	53	1
	상주	1	2	6	7	20	5	30	0
	서울E	2	4	2	8	8	3	11	1

	승	무	패	득점	실점	도움	경고	퇴장
수원FC	7	1	5	21	20	11	32	1
충주	7	6	4	24	25	14	32	0
안양	8	3	6	20	24	11	48	0

팀명	상대팀	승	무	패	득점	실점	도움	경고	퇴장
전남	합계	56	59	61	214	219	135	324	8
	경남	6	6	2	18	16	9	23	1
	광주	1	3	4	8	12	6	15	0
	김천	3	2	2	10	10	6	13	1
	김포	1	2	4	6	11	2	10	1
	대전	3	5	8	16	22	9	26	2
	부산	6	5	4	16	10	14	22	0
	부천	7	5	6	23	24	16	40	0
	서울E	5	10	3	22	16	13	29	0
	성남	0	2	1	3	4	3	3	0
	수원FC	2	3	2	14	12	9	23	0
	아산	1	1	2	3	5	1	11	1
	안산	7	4	4	31	25	20	36	1
	제주	1	1	1	2	3	2	7	0
	천안	2	0	1	6	4	6	6	0
	충남아산	5	5	4	12	16	9	23	0
	충북청주	2	0	1	7	3	6	4	0
	안양	4	5	9	17	24	5	33	0

팀명	상대팀	승	무	패	득점	실점	도움	경고	퇴장
대구	합계	50	34	33	171	132	106	232	1
	강원	6	2	4	20	16	11	24	0
	경남	5	1	2	12	6	9	10	0
	고양	6	2	4	21	16	11	19	0
	광주	1	1	2	4	5	0	6	0
	대전	4	2	2	9	6	6	16	0
	부산	3	0	1	7	2	4	11	0
	부천	6	4	2	13	7	10	26	1
	상주	2	1	1	9	6	6	10	0
	서울E	3	4	1	10	6	6	13	0
	수원FC	2	3	4	13	15	6	28	0
	안산무궁	3	4	5	17	18	10	25	0
	충주	7	4	1	19	11	11	18	0
	안양	2	6	4	16	19	14	33	0

팀명	상대팀	승	무	패	득점	실점	도움	경고	퇴장
강원	합계	50	27	42	165	141	98	245	7
	경남	0	5	3	2	6	1	11	0
	고양	6	3	3	16	9	11	23	1
	광주	1	1	3	5	9	4	4	1
	대구	4	2	6	16	20	10	23	0
	대전	2	1	5	7	13	5	15	1
	부산	1	1	3	3	5	2	12	0
	부천	5	2	6	18	19	11	39	1
	상주	1	0	3	5	7	1	9	0
	서울E	5	3	0	17	10	10	16	0
	수원FC	4	2	2	13	10	10	24	0
	안산무궁	7	1	4	19	11	8	24	1
	충주	8	2	2	24	14	15	18	0
	안양	6	4	2	20	8	10	27	2

팀명	상대팀	승	무	패	득점	실점	도움	경고	퇴장
아산	합계	49	26	35	141	123	91	221	5
	경남	0	1	3	4	8	1	5	0
	광주	1	3	4	6	13	5	17	1
	대전	5	3	4	14	12	12	27	1
	부산	2	4	7	13	22	7	34	2
	부천	6	3	3	16	16	7	22	0
	서울E	8	3	1	25	9	15	19	0
	성남	3	2	4	8	9	7	26	0
	수원FC	8	2	2	17	9	12	24	1
	안산	7	3	2	13	6	8	19	0
	전남	2	1		5	3	4	4	0
	안양	7	1	4	20	16	13	24	0

팀명	상대팀	승	무	패	득점	실점	도움	경고	퇴장
성남	합계	42	36	31	130	117	68	187	3
	경남	1	3	3	8	10	5	13	0
	광주	1	2	1	6	6	5	6	0
	김천	1	1	1	3	6	2	7	0
	김포	0	2	1	2	4	2	6	0
	대전	6	0	2	16	6	9	9	0
	부산	3	3	5	9	15	4	18	1
	부천	5	2	4	15	13	6	17	0
	서울E	3	5	3	13	13	6	20	0
	수원FC	5	2	1	11	3	7	10	0
	아산	4	2	3	9	8	3	19	0
	안산	5	2	4	11	7	4	17	0
	전남	1	2	0	4	3	4	7	0
	천안	1	0	2	5	6	2	5	1
	충남아산	1	1	1	2	1	2	1	0
	충북청주	1	1	1	3	3	2	7	0
	안양	4	4	3	12	6	13	23	1

팀명	상대팀	승	무	패	득점	실점	도움	경고	퇴장
충남아산	합계	41	34	64	136	171	73	241	6
	경남	5	4	5	17	19	6	18	1
	광주	0	1	3	9	11	0	11	0
	김천	0	0	7	6	17	3	15	0
	김포	2	1	4	7	6	5	12	0
	대전	3	3	5	16	19	9	16	1
	부산	3	2	6	12	18	8	19	0
	부천	3	4	7	6	11	1	26	1
	서울E	8	2	4	14	8	9	25	0
	성남	1	1	1	2	2	2	3	1
	수원FC	0	1	2	1	8	0	7	0
	안산	5	3	5	11	11	6	31	2
	전남	4	5	5	16	12	10	15	0
	제주	0	0	3	1	5	1	3	0
	천안	3	0	0	7	4	3	7	0
	충북청주	2	0	1	7	3	5	2	0
	안양	2	4	8	13	24	6	36	0

팀명	상대팀	승	무	패	득점	실점	도움	경고	퇴장
고양	합계	36	45	70	146	231	77	308	7
	강원	3	3	6	9	16	4	29	0
	경남	2	1	5	7	16	5	17	1
	광주	3	3	3	13	11	6	19	0
	대구	4	2	6	16	21	14	28	1
	대전	0	5	5	4	13	2	15	1
	부산	0	0	6	6	0	0	11	1
	부천	4	4	9	17	27	8	39	0

팀명	상대팀	승	무	패	득점	실점	도움	경고	퇴장
	상주	1	2	6	6	20	1	8	1
	서울E	1	3	4	7	15	4	19	0
	수원FC	3	6	4	12	15	6	27	0
	안산무궁	3	6	8	13	28	9	22	0
	충주	7	8	2	27	22	21	32	2
	안양	5	4	8	15	21	7	42	0

팀명	상대팀	승	무	패	득점	실점	도움	경고	퇴장
상주	합계	43	15	17	142	88	92	127	3
	강원	3	0	1	7	5	5	6	0
	경남	3	0	1	8	4	6	0	0
	고양	6	2	1	20	6	16	17	0
	광주	4	0	1	10	5	6	12	1
	대구	1	1	2	5	10	1	12	0
	부천	5	2	2	14	10	6	17	1
	서울E	2	1	1	7	6	6	6	0
	수원FC	3	4	2	11	10	6	18	0
	안산무궁	6	2	1	20	7	15	12	0
	충주	5	2	2	19	12	13	10	0
	안양	5	1	3	21	13	12	17	1

팀명	상대팀	승	무	패	득점	실점	도움	경고	퇴장
김천	합계	42	16	14	131	71	80	116	1
	경남	3	2	2	9	8	7	11	0
	김포	1	0	2	3	4	2	4	0
	대전	3	1	0	9	4	7	8	0
	부산	3	1	3	13	10	8	8	0
	부천	6	1	0	14	2	13	11	0
	서울E	5	1	1	11	5	6	8	0
	성남	1	1	1	6	3	4	2	0
	안산	6	1	0	19	8	6	17	0
	전남	2	2	3	10	10	5	14	1
	천안	3	0	0	9	2	6	4	0
	충남아산	7	0	0	18	6	11	12	0
	충북청주	1	2	0	2	0	0	6	0
	안양	1	4	2	8	9	5	11	0

팀명	상대팀	승	무	패	득점	실점	도움	경고	퇴장
충주	합계	30	43	78	161	243	103	273	1
	강원	2	2	8	14	24	7	21	0
	경남	2	1	5	7	13	2	11	0
	고양	2	8	7	22	27	15	30	0
	광주	2	4	3	6	11	3	19	1
	대구	1	4	7	11	19	9	18	0
	대전	0	3	5	6	17	4	11	0
	부산	0	1	3	1	7	1	7	0
	부천	7	3	7	18	15	15	44	0
	상주	2	2	5	12	19	8	19	0
	서울E	1	1	6	7	17	3	14	0
	수원FC	3	3	7	12	22	7	23	0
	안산무궁	4	6	7	25	24	16	24	0
	안양	4	5	8	20	28	13	32	0

팀명	상대팀	승	무	패	득점	실점	도움	경고	퇴장
김포	합계	27	23	27	81	91	54	146	5
	경남	2	2	4	6	13	3	15	0
	광주	1	1	2	4	5	3	12	0
	김천	2	0	1	4	3	1	5	0
	대전	0	2	2	6	10	4	9	1

팀명	상대팀	승	무	패	득점	실점	도움	경고	퇴장
	부산	3	2	2	7	5	5	15	0
	부천	2	3	2	5	6	4	11	1
	서울E	2	2	3	6	12	3	16	1
	성남	1	2	0	4	2	1	8	0
	안산	1	3	3	7	12	5	12	0
	전남	4	2	1	11	6	9	13	0
	천안	2	1	0	6	0	4	5	0
	충남아산	4	1	2	6	7	3	18	1
	충북청주	0	1	2	1	3	1	4	1
	안양	3	1	3	8	7	6	7	0

팀명	상대팀	승	무	패	득점	실점	도움	경고	퇴장
제주	합계	18	6	3	50	23	34	54	1
	경남	1	2	0	5	4	5	5	0
	대전	1	0	2	5	5	4	3	1
	부천	3	0	0	7	0	5	6	0
	서울E	2	1	0	6	4	3	11	0
	수원FC	2	1	0	4	1	4	6	0
	안산	2	1	0	6	3	4	3	0
	전남	1	1	1	3	2	1	5	0
	충남아산	3	0	0	5	1	2	5	0
	안양	3	0	0	9	3	6	10	0

팀명	상대팀	승	무	패	득점	실점	도움	경고	퇴장
충북 청주	합계	13	13	10	37	42	24	75	1
	경남	0	2	1	3	5	2	5	0
	김천	0	2	1	0	2	0	4	0
	김포	2	1	0	3	1	2	7	0
	부산	0	3	0	3	3	3	8	0
	부천	0	2	1	0	4	0	6	0
	서울E	2	0	1	5	4	3	7	1
	성남	1	1	1	3	3	1	5	0
	안산	3	0	0	6	0	5	10	0
	전남	1	0	2	3	7	1	5	0
	천안	1	2	0	4	0	4	5	0
	충남아산	1	0	2	3	7	2	7	0
	안양	2	0	1	4	3	3	6	0

팀명	상대팀	승	무	패	득점	실점	도움	경고	퇴장
천안	합계	5	10	21	33	62	18	70	0
	경남	0	1	2	4	6	1	7	0
	김천	0	0	3	2	9	2	8	0
	김포	0	1	2	0	6	0	7	0
	부산	0	1	2	2	4	2	8	0
	부천	1	1	1	2	4	0	4	0
	서울E	1	1	1	5	3	3	4	0
	성남	2	0	1	6	5	5	5	0
	안산	0	2	1	3	4	0	6	0
	전남	1	0	2	4	6	3	4	0
	충남아산	0	0	3	0	4	0	4	0
	충북청주	0	2	1	3	4	0	6	0
	안양	0	1	2	2	7	2	7	0

K리그2 통산 팀 최다 기록

기록구분	기록	구단명
승 리	145	안양
패 전	169	부천
무승부	111	안양
득 점	529	안양
실 점	538	안양
도 움	336	안양
코너킥	1,848	안양
파 울	5,820	부천
오프사이드	674	안양
슈 팅	4,478	안양
페널티킥 획득	65	안양
페널티킥 성공	51	안양
페널티킥 실패	17	대전
경 고	740	안양
퇴 장	17	부천, 서울E, 안양

K리그2 통산 팀 최소 기록

기록구분	기록	구단명
승 리	5	천안
패 전	3	제주
무승부	6	제주
득 점	33	천안
실 점	23	제주
도 움	18	천안
코너킥	121	제주
파 울	375	천안
오프사이드	48	충북청주
슈 팅	319	제주
페널티킥 획득	2	충북청주
페널티킥 성공	2	천안, 충북청주
페널티킥 실패	0	충북청주
경 고	54	제주
퇴 장	0	천안

K리그2 통산 팀 최다 연속 기록

기록구분	기록	구단명 (기간)
연속 승	11	상 주 (2013.09.01 ~ 2013.11.10)
연속 무승부	6	전 남 (2022.06.08 ~ 2022.07.06)
연속 패	9	서울E (2019.05.20 ~ 2019.07.21) 안 산 (2018.06.30 ~ 2018.08.26) 안 산 (2023.05.14 ~ 2023.07.19)
연속 득점	31	대 구 (2014.09.14 ~ 2015.07.11)
연속 무득점	7	부 천 (2020.08.22 ~ 2020.09.26) 충남아산 (2020.10.11 ~ 2021.03.06) 부 천 (2021.04.04 ~ 2021.05.08) 서울E (2021.05.29 ~ 2021.07.05) 부 산 (2022.07.06 ~ 2022.08.07)

연속 무승	25	고 양 (2016.05.08 ~ 2016.09.25)
연속 무패	19	경 남 (2016.10.30 ~ 2017.06.24) 광 주 (2019.03.03 ~ 2019.07.14)
연속 실점	20	대 전 (2016.10.15 ~ 2017.06.26)
연속 무실점	6	광 주 (2014.11.08 ~ 2018.03.10) 상 주 (2013.09.01 ~ 2013.10.05) 성 남 (2017.05.07 ~ 2017.06.12) 부 산 (2023.08.29 ~ 2023.10.07)

K리그2 통산 선수 출전 순위

순위	선수명	최종 K리그2 소속팀	출전
1	장 혁 진	충북청주	279
2	공 민 현	안양	256
3	김 륜 도	안양	256
4	닐손주니어	부천	254
5	고 경 민	부천	254
6	문 기 한	부천	213
7	한 지 호	부천	213
8	김 영 광	성남	200
9	김 동 진	안양	194
10	백 성 동	안양	191

K리그2 통산 선수 득점 순위

순위	선수명	최종소속팀	득점	경기수	교체수	경기당득점
1	고경민	부천	75	254	138	0.30
2	알렉스	서울E	64	153	65	0.42
3	안병준	부산	56	91	22	0.62
4	주민규	제주	52	146	61	0.36
5	공민현	안양	50	256	142	0.20

K리그2 통산 선수 도움 순위

순위	선수명	최종소속팀	도움	경기수	교체수	경기당도움
1	장혁진	충북청주	50	279	94	0.18
2	문기한	부천	43	213	112	0.20
3	임창균	전남	27	157	100	0.17
4	권용현	안양	27	162	98	0.17
5	최진수	아산	24	111	49	0.22

K리그2 통산 선수 공격포인트 순위

순위	선수명	최종소속팀	공격포인트	경기수	경기당공격P
1	고경민	부천	96	254	0.38
2	알렉스	서울E	77	153	0.50
3	공민현	안양	71	256	0.28
4	주민규	제주	66	146	0.45
5	장혁진	충북청주	65	279	0.23

K리그2 통산 골키퍼 무실점 순위

순위	선수명	최종 K리그1 소속팀	무실점 경기수
1	김 영 광	성 남	57
2	구 상 민	부 산	50
3	박 배 종	수원FC	48
4	박 주 원	충남아산	43
5	류 원 우	충북청주	39

K리그2 통산 선수 연속 득점 순위

순위	선수명	당시 소속팀	연속경기수	비고
1	주 민 규	서울E	7	2015.05.10 ~ 2015.06.10
	김 동 찬	대전	7	2016.04.17 ~ 2016.05.25
	이 정 협	부산	7	2017.03.04 ~ 2017.04.22
	조 영 욱	김천	7	2023.06.10 ~ 2023.07.23
5	아드리아노	대전	6	2014.03.22 ~ 2014.04.27
	안 병 준	부산	6	2021.05.10 ~ 2021.06.20
	안 병 준	부산	6	2021.08.28 ~ 2021.10.03

K리그2 통산 선수 연속 공격포인트 순위

순위	선수명	당시 소속팀	연속경기수	비고
1	이 근 호	상주	9	2013.04.13 ~ 2013.08.04
2	주 민 규	서울E	8	2015.05.02 ~ 2015.06.10
3	김 동 찬	대전	7	2016.04.17 ~ 2016.05.25
	파 울 로	대구	7	2016.05.29 ~ 2016.07.02
	이 정 협	부산	7	2017.03.04 ~ 2017.04.22
	조 영 욱	김천	7	2023.06.10 ~ 2023.07.23

K리그2 통산 골키퍼 연속 무실점 경기 순위

순위	선수명	당시 소속팀	연속경기수	비고
1	김 호 준	상주	6	2013.09.01 ~ 2013.10.05
	김 동 준	성남	6	2017.05.07 ~ 2017.06.12
	구 상 민	부산	6	2023.08.29 ~ 2023.10.07
4	김 선 규	대전	5	2014.05.18 ~ 2014.06.16
	김 영 광	서울E	5	2016.10.08 ~ 2016.10.30
	김 다 솔	수원FC	5	2018.07.30 ~ 2018.08.25
	박 배 종	수원FC	5	2020.09.14 ~ 2020.10.10
	이 범 수	부천	5	2023.08.26 ~ 2023.10.01

K리그 승강 플레이오프 통산기록

승강 플레이오프 통산 팀 간 경기기록

승강 플레이오프 통산 팀 간 경기기록

팀명	상대팀	승	무	패	득점	실점	도움	경고	퇴장
강원	합계	3	3	2	9	8	6	22	0
	김포	1	1	0	2	1	1	5	0
	대전	1	0	1	4	2	2	6	0
	상주	1	0	1	2	4	2	5	0
	성남	0	2	0	1	1	1	6	0

팀명	상대팀	승	무	패	득점	실점	도움	경고	퇴장
대전	합계	3	0	1	8	5	5	8	0
	강원	1	0	1	2	4	2	2	0
	김천	2	0	0	6	1	3	6	0

팀명	상대팀	승	무	패	득점	실점	도움	경고	퇴장
부산	합계	3	2	5	9	14	5	24	0
	경남	1	1	0	2	0	1	3	0
	상주	1	0	1	1	1	0	4	0
	수원FC	1	0	3	4	9	2	12	0
	서울	0	1	1	2	4	2	5	0

팀명	상대팀	승	무	패	득점	실점	도움	경고	퇴장
서울	합계	1	1	0	4	2	4	3	0
	부산	1	1	0	4	2	4	3	0

팀명	상대팀	승	무	패	득점	실점	도움	경고	퇴장
광주	합계	1	1	0	4	2	2	2	0
	경남	1	1	0	4	2	2	2	0

팀명	상대팀	승	무	패	득점	실점	도움	경고	퇴장
상주	합계	2	0	2	5	3	2	5	0
	강원	1	0	1	4	2	2	1	0
	부산	1	0	1	1	1	0	4	0

팀명	상대팀	승	무	패	득점	실점	도움	경고	퇴장
경남	합계	0	2	2	2	6	2	10	0
	광주	0	1	1	2	4	2	5	0
	부산	0	1	1	0	2	0	5	0

팀명	상대팀	승	무	패	득점	실점	도움	경고	퇴장
수원	합계	1	1	0	2	1	2	4	0
	안양	1	1	0	2	1	2	4	0

팀명	상대팀	승	무	패	득점	실점	도움	경고	퇴장
안양	합계	0	1	1	1	2	1	3	0
	수원	0	1	1	1	2	1	3	0

팀명	상대팀	승	무	패	득점	실점	도움	경고	퇴장
김포	합계	0	1	1	1	2	0	3	1
	강원	0	1	1	1	2	0	3	1

팀명	상대팀	승	무	패	득점	실점	도움	경고	퇴장
수원FC	합계	3	0	1	9	4	5	11	1
	부산	3	0	1	9	4	5	11	1

팀명	상대팀	승	무	패	득점	실점	도움	경고	퇴장
성남	합계	0	2	0	1	1	0	8	0
	강원	0	2	0	1	1	0	8	0

팀명	상대팀	승	무	패	득점	실점	도움	경고	퇴장
김천	합계	0	0	2	1	6	1	3	0
	대전	0	0	2	1	6	1	3	0

Section 6

프로축구 역대 통산기록

*BC(Before Classic): 1983~2012년

프로축구 통산 팀 간 경기 기록

팀명	상대팀	승	무	패	득점	실점	도움	경고	퇴장
울산	합계	628	419	412	1966	1589	1343	2226	68
	강원	26	5	3	65	31	44	60	1
	경남	19	7	4	52	25	40	49	2
	광주상무	15	6	3	35	13	26	40	0
	광주	16	6	3	33	16	23	37	0
	국민은행	4	0	0	14	3	11	0	0
	김천	2	1	0	4	1	3	4	0
	대구	32	15	8	94	48	60	105	1
	대전	32	19	12	103	58	77	104	2
	부산	54	46	53	172	169	118	212	13
	상무	2	1	0	4	1	2	0	0
	상주	16	4	4	56	29	37	27	0
	성남	48	37	45	153	149	101	178	6
	수원	39	26	29	121	117	92	167	4
	수원FC	11	1	1	28	14	16	18	1
	인천	28	18	15	92	65	61	104	3
	전남	35	23	23	101	86	65	154	5
	버팔로	3	2	1	10	5	7	10	0
	전북	42	29	41	145	148	91	207	5
	제주	67	55	50	213	181	147	230	9
	포항	60	54	64	215	213	150	271	6
	한일은행	5	5	1	16	8	14	9	0
	할렐루야	4	2	1	13	7	10	1	0
	서울	68	57	51	227	202	148	239	10

팀명	상대팀	승	무	패	득점	실점	도움	경고	퇴장
포항	합계	594	423	442	1974	1687	1372	2255	52
	강원	16	11	6	58	30	44	55	1
	경남	19	6	6	53	32	36	58	0
	광주상무	16	4	1	37	17	22	40	0
	광주	16	8	2	46	23	31	42	4
	국민은행	4	1	3	14	9	11	5	0
	김천	1	1	1	4	3	4	9	0
	대구	23	19	13	81	63	59	102	4
	대전	29	18	8	83	44	61	83	2
	부산	50	47	55	177	181	122	201	3
	상무	2	1	0	4	2	3	3	0
	상주	13	2	8	44	35	35	46	1
	성남	62	34	36	178	135	127	185	2
	수원	36	35	34	120	115	76	184	6
	수원FC	7	0	6	20	15	13	22	0
	울산	64	54	60	213	215	157	261	7
	인천	27	20	16	95	70	60	116	2
	전남	31	25	23	100	87	68	154	4
	버팔로	4	2	0	13	5	10	4	1
	전북	38	26	41	135	137	88	193	1
	제주	64	48	62	227	228	159	231	4
	한일은행	5	4	2	12	8	7	3	0
	할렐루야	5	3	3	15	11	8	6	0
	서울	62	54	56	245	221	171	252	7

팀명	상대팀	승	무	패	득점	실점	도움	경고	퇴장
서울	합계	552	440	453	1942	1738	1281	2276	60
	강원	17	10	9	58	44	37	59	2
	경남	14	11	8	41	31	33	68	0
	광주상무	15	5	4	38	14	19	33	0
	광주	15	4	3	43	24	28	31	0
	국민은행	2	2	0	6	2	4	0	0
	김천	1	2	1	5	6	4	3	0
	대구	20	16	15	75	58	46	77	4
	대전	25	20	14	84	63	52	93	1
	부산	55	49	46	190	169	123	186	9
	상무	1	2	0	3	2	3	1	0
	상주	12	4	7	38	27	29	38	0
	성남	42	43	46	158	164	111	226	7
	수원	42	25	36	127	132	79	239	1
	수원FC	10	3	1	38	15	22	17	0
	울산	51	57	68	202	227	139	258	9
	인천	24	21	17	85	60	60	112	5
	전남	37	25	20	119	88	71	157	3
	버팔로	6	0	0	17	5	12	4	0
	전북	33	38	40	135	149	80	186	3
	제주	63	57	51	224	197	147	219	7
	포항	56	54	62	221	245	154	258	9
	한일은행	8	1	2	20	9	20	7	0
	할렐루야	3	1	3	9	7	8	4	0

팀명	상대팀	승	무	패	득점	실점	도움	경고	퇴장
부산	합계	527	430	521	1778	1787	1112	2564	78
	강원	9	6	4	25	17	17	43	0
	경남	17	9	23	55	57	39	113	5
	고양	4	0	0	6	0	6	7	0
	광주상무	8	7	9	25	24	21	29	1
	광주	4	10	9	23	31	14	47	3
	국민은행	6	2	0	18	6	11	3	0
	김천	3	1	3	10	13	6	9	0
	김포	2	2	3	5	7	5	16	0
	대구	11	8	15	46	60	28	67	2
	대전	49	17	23	147	101	100	157	2
	부천	8	9	10	26	27	15	33	0
	상무	1	0	2	5	4	4	5	0
	상주	5	5	3	16	16	11	23	2
	서울E	15	6	6	52	34	33	37	1
	성남	40	41	45	141	151	91	226	5
	수원	17	23	42	83	123	52	174	5
	수원FC	6	4	6	20	20	12	32	1
	아산	3	1	3	12	12	13	28	0
	안산	12	7	4	35	17	22	47	1
	안산무궁	2	1	1	4	6	4	12	0
	울산	53	46	54	169	172	113	254	15
	인천	9	18	13	33	43	17	79	0
	전남	29	21	37	103	125	67	178	8
	버팔로	3	0	3	13	12	9	10	0
	전북	21	17	33	80	106	48	144	2
	제주	50	50	50	152	162	79	223	4
	천안	2	1	0	4	2	2	5	0
	충남아산	6	2	3	18	12	13	24	1
	충북청주	0	0	3	0	3	3	1	0
	충주	3	1	0	7	1	3	9	0
	포항	55	47	50	181	177	108	226	7

Section 6 역대 통산 기록

팀명	상대팀	승	무	패	득점	실점	도움	경고	퇴장
	한일은행	8	1	2	22	11	17	5	0
	할렐루야	3	5	3	13	10	7	9	1
	서울	46	49	55	169	190	92	235	12
	안양	13	7	8	43	34	29	59	1

팀명	상대팀	승	무	패	득점	실점	도움	경고	퇴장
제주	합계	507	432	517	1840	1810	1212	2193	59
	강원	11	10	12	56	49	35	52	0
	경남	11	17	11	47	48	28	67	1
	광주상무	13	5	5	29	14	19	36	1
	광주	7	6	6	22	20	14	33	1
	국민은행	5	1	2	13	7	8	4	0
	김천	2	0	1	5	6	2	6	0
	대구	19	16	15	71	53	38	85	0
	대전	27	13	23	86	69	62	108	3
	부산	50	50	50	162	152	109	205	4
	부천	3	0	0	7	0	5	6	0
	상무	1	1	1	4	2	3	2	0
	상주	8	6	7	40	35	24	24	0
	서울E	2	1	0	6	4	3	11	0
	성남	37	47	46	164	183	108	194	12
	수원	30	19	49	116	155	72	185	4
	수원FC	7	6	4	29	18	19	34	0
	안산	2	1	0	6	3	4	3	0
	울산	50	55	67	181	213	115	236	4
	인천	19	20	17	58	54	39	93	3
	전남	41	21	17	126	86	90	129	7
	버팔로	6	0	0	16	5	11	4	1
	전북	29	23	52	120	154	75	195	4
	충남아산	3	0	0	5	1	2	5	0
	포항	62	48	64	228	227	158	216	5
	한일은행	4	4	3	15	9	11	6	0
	할렐루야	4	5	2	22	16	15	4	0
	서울	51	57	63	197	224	137	240	9
	안양	3	0	0	9	3	6	10	0

팀명	상대팀	승	무	패	득점	실점	도움	경고	퇴장
성남	합계	483	392	426	1628	1530	1046	2160	56
	강원	11	6	13	35	35	22	67	2
	경남	15	9	11	51	42	25	65	1
	광주상무	13	5	6	34	21	24	26	2
	광주	9	7	7	30	28	20	48	1
	김천	1	3	3	6	15	3	10	0
	김포	0	2	1	2	4	2	6	0
	대구	19	14	14	68	55	44	82	0
	대전	45	15	8	117	57	87	114	3
	부산	45	41	40	151	141	108	166	8
	부천	5	2	4	15	13	6	17	0
	상주	0	7	4	14	17	14	24	0
	서울E	3	5	3	13	13	6	20	0
	수원	26	27	33	107	124	61	164	2
	수원FC	9	4	6	30	24	17	26	1
	아산	4	2	3	9	8	3	19	0
	안산	5	4	2	11	7	4	17	0
	울산	45	37	48	149	153	106	213	6
	인천	19	21	13	62	47	37	101	3
	전남	33	28	21	91	72	59	166	3
	버팔로	4	1	1	11	5	4	8	1

팀명	상대팀	승	무	패	득점	실점	도움	경고	퇴장
	전북	29	22	37	108	126	72	162	5
	제주	46	47	37	183	164	114	180	5
	천안	1	0	2	5	6	2	5	1
	충남아산	1	1	1	2	2	1	4	0
	충북청주	1	1	1	3	2	3	7	0
	포항	36	34	62	135	178	87	213	8
	서울	46	43	42	164	158	110	208	4
	안양	4	4	3	13	12	6	23	1

팀명	상대팀	승	무	패	득점	실점	도움	경고	퇴장
전북	합계	484	279	312	1641	1261	1072	2100	42
	강원	22	4	8	68	43	50	73	2
	경남	19	7	7	70	38	44	67	2
	광주상무	13	7	4	36	21	25	37	0
	광주	16	5	2	52	20	33	47	1
	김천	1	2	0	5	4	4	1	0
	대구	32	12	11	98	55	57	107	1
	대전	20	17	18	75	69	51	92	2
	부산	33	17	21	106	80	73	104	4
	상주	17	4	2	54	16	42	38	3
	성남	37	22	29	108	80	80	187	2
	수원	38	25	31	119	96	78	199	5
	수원FC	7	3	3	19	13	8	27	0
	울산	41	29	42	115	145	101	217	6
	인천	23	21	14	79	57	53	126	1
	전남	32	27	20	113	83	68	163	3
	제주	52	23	29	154	120	103	201	3
	포항	41	26	38	137	135	88	215	4
	서울	40	28	33	149	135	96	199	2

팀명	상대팀	승	무	패	득점	실점	도움	경고	퇴장
수원	합계	448	290	321	1476	1239	928	1934	47
	강원	18	10	6	61	41	45	66	2
	경남	14	12	9	48	37	32	53	2
	광주상무	15	4	4	33	13	23	25	1
	광주	10	6	6	31	25	22	38	0
	김천	2	2	0	6	5	3	3	0
	대구	25	13	11	67	46	43	100	1
	대전	29	18	13	93	55	59	110	1
	부산	42	23	17	123	83	70	150	7
	상주	11	7	4	32	18	15	36	0
	성남	33	27	26	124	107	81	154	1
	수원FC	6	1	9	22	30	13	23	1
	울산	29	26	39	117	121	60	176	3
	인천	30	19	10	88	58	56	117	1
	전남	33	17	21	108	86	60	113	3
	전북	31	25	38	119	127	78	191	3
	제주	49	19	30	155	116	110	152	6
	포항	34	35	36	115	120	73	194	4
	서울	36	25	42	132	127	81	229	6
	안양	1	1	0	2	1	2	4	0

팀명	상대팀	승	무	패	득점	실점	도움	경고	퇴장
전남	합계	335	320	401	1250	1360	805	1900	45
	강원	9	10	5	37	33	26	52	0
	경남	18	12	11	54	52	36	77	1
	광주상무	12	6	4	27	14	16	34	0
	광주	6	8	12	31	39	20	50	1

Section 6 역대 통산 기록

김천	3	2	2	10	10	6	13	1
김포	1	2	4	6	11	2	10	1
대구	15	12	13	64	60	47	82	5
대전	28	22	25	93	79	57	116	3
부산	37	21	29	125	103	84	133	2
부천	7	5	6	23	24	16	40	0
상주	13	4	6	33	22	19	25	1
서울E	5	10	3	22	16	13	29	0
성남	21	28	33	72	91	44	159	5
수원	21	17	33	86	108	57	130	4
수원FC	3	5	2	16	15	11	29	0
아산	1	1	2	3	5	1	11	1
안산	7	4	7	31	25	20	36	1
울산	23	23	35	86	101	51	155	2
인천	12	20	14	45	47	29	102	4
전북	20	27	32	83	113	61	136	4
제주	17	21	41	86	126	54	120	4
천안	2	0	1	6	6	4	6	0
충남아산	5	5	4	12	16	9	23	0
충북청주	2	0	1	7	3	6	4	0
포항	23	25	31	87	100	50	154	1
서울	20	25	37	88	119	59	141	4
안양	4	5	9	17	24	5	33	0

팀명	상대팀	승	무	패	득점	실점	도움	경고	퇴장
대전	합계	293	277	424	1129	1394	718	1893	36
	강원	15	5	9	46	40	32	92	1
	경남	12	14	16	56	70	38	87	0
	고양	5	3	0	13	4	8	11	0
	광주상무	10	10	5	30	20	12	35	0
	광주	10	10	10	30	29	22	75	1
	김천	2	1	3	10	10	5	14	0
	김포	2	2	0	10	6	4	9	0
	대구	14	18	15	60	58	40	123	3
	부산	23	17	49	101	147	69	166	5
	부천	13	6	12	37	32	21	66	1
	상주	3	2	1	9	6	5	10	0
	서울E	11	7	9	30	29	22	54	0
	성남	8	15	45	57	117	39	122	3
	수원	13	18	29	55	93	37	120	3
	수원FC	8	3	12	37	47	23	48	1
	아산	4	3	5	12	14	9	23	1
	안산	11	7	5	31	20	19	46	1
	안산무궁	2	2	4	10	11	7	5	0
	울산	12	19	32	58	103	29	112	1
	인천	5	7	23	27	54	15	70	1
	전남	25	22	28	79	93	51	145	4
	전북	18	17	20	69	75	48	102	1
	제주	23	13	27	69	86	41	94	1
	충남아산	5	3	3	19	16	11	20	2
	충주	5	3	0	17	6	12	8	0
	포항	8	18	29	44	83	23	96	2
	서울	14	20	25	63	84	44	109	3
	안양	12	12	8	50	41	32	61	1

팀명	상대팀	승	무	패	득점	실점	도움	경고	퇴장
대구	합계	240	240	302	975	1104	621	1607	32
	강원	22	13	14	66	55	44	99	2

경남	9	6	19	37	59	26	68	2
고양	6	2	4	21	16	11	19	0
광주상무	14	5	4	42	25	26	43	0
광주	8	7	9	37	37	18	47	0
김천	1	3	0	3	2	3	10	0
대전	15	18	14	58	60	39	102	2
부산	15	8	11	60	46	38	79	2
부천	6	4	2	13	7	10	26	1
상주	10	9	5	37	25	21	45	1
서울E	3	4	1	10	6	8	6	0
성남	14	14	19	55	68	34	88	1
수원	11	13	25	46	67	26	106	6
수원FC	6	5	3	33	30	21	46	1
안산무궁	3	4	5	17	18	10	25	0
울산	8	15	32	48	94	26	92	4
인천	13	21	19	68	70	43	113	0
전남	13	12	15	60	64	40	85	3
전북	11	12	32	55	98	39	123	1
제주	15	16	19	53	71	32	104	3
충주	7	4	1	19	11	11	18	0
포항	13	19	23	63	81	43	110	2
서울	15	16	20	58	75	38	120	1
안양	2	6	4	16	19	14	33	0

팀명	상대팀	승	무	패	득점	실점	도움	경고	퇴장
인천	합계	222	260	260	807	916	496	1426	34
	강원	15	7	15	50	54	36	66	2
	경남	5	15	11	33	38	23	66	0
	광주상무	7	4	6	20	17	11	24	0
	광주	7	14	7	28	31	14	47	2
	김천	2	0	1	2	1		4	0
	대구	19	21	13	70	68	42	115	4
	대전	23	7	5	54	27	29	84	2
	부산	13	18	9	43	33	27	74	1
	상주	11	9	7	31	29	22	33	1
	성남	13	21	19	47	62	32	102	1
	수원	10	19	30	58	88	31	129	5
	수원FC	4	7	2	18	14	12	19	0
	울산	15	18	28	65	92	44	109	1
	전남	14	20	12	47	45	25	95	4
	전북	14	11	23	57	79	39	129	0
	제주	17	21	19	54	58	27	97	2
	포항	16	9	27	70	95	39	117	6
	서울	17	21	24	60	85	42	116	3

팀명	상대팀	승	무	패	득점	실점	도움	경고	퇴장
경남	합계	242	186	249	860	874	551	1262	27
	강원	11	9	7	30	22	25	44	2
	고양	5	1	2	16	7	12	17	0
	광주상무	7	4	3	14	9	9	20	0
	광주	5	2	3	15	11	11	24	0
	김천	2	2	3	6	8	8	12	1
	김포	4	2	2	13	6	8	12	1
	대구	19	6	9	59	37	35	66	4
	대전	16	14	12	70	56	43	87	4
	부산	23	9	17	57	55	43	93	1
	부천	14	4	10	39	36	23	54	3
	상주	7	3	9	23	25	12	35	1

상대팀	승	무	패	득점	실점	도움	경고	퇴장
서울E	8	8	10	31	30	21	44	0
성 남	11	9	15	42	51	27	63	1
수 원	9	12	14	37	48	22	64	0
수원FC	2	4	6	14	19	9	30	0
아 산	3	1	0	8	4	7	9	0
안 산	9	5	4	33	25	22	30	1
안산무궁	1	2	5	4	13	3	12	0
울 산	4	7	19	25	52	20	48	1
인 천	11	15	5	38	33	19	49	2
전 남	11	12	18	52	54	32	78	2
전 북	7	7	19	38	70	25	69	1
제 주	11	17	11	48	47	24	83	1
천 안	2	1	0	6	4	3	3	0
충남아산	5	4	5	19	17	11	24	1
충북청주	1	2	0	5	3	3	3	0
충 주	5	1	2	13	7	12	12	0
포 항	6	6	19	32	53	19	67	0
서 울	8	11	14	31	41	20	63	1
안 양	15	6	6	40	27	26	50	0

팀명	상대팀	승	무	패	득점	실점	도움	경고	퇴장
강원	합계	173	140	251	703	827	431	987	16
	경 남	7	9	11	22	30	15	39	0
	고 양	6	3	3	16	9	11	23	1
	광주상무	1	1	2	4	6	3	4	0
	광 주	5	11	8	29	30	19	38	1
	김 천	1	0	2	3	4	2	5	0
	김 포	1	1	0	2	1	1	5	0
	대 구	14	13	22	55	66	36	82	0
	대 전	9	5	15	40	46	27	55	1
	부 산	4	6	9	17	25	12	33	1
	부 천	5	2	6	18	19	11	39	1
	상 주	11	2	12	33	35	18	41	0
	서울E	5	3	0	17	10	10	16	0
	성 남	13	6	11	35	35	20	50	0
	수 원	6	10	18	41	61	23	61	1
	수원FC	6	4	8	24	25	16	39	0
	안산무궁	7	1	4	19	11	8	24	1
	울 산	3	5	26	31	65	20	34	2
	인 천	15	7	15	54	50	34	67	1
	전 남	5	10	9	33	37	17	47	1
	전 북	8	4	22	43	68	26	67	0
	제 주	12	10	11	49	56	33	60	2
	충 주	8	2	2	24	14	15	18	0
	포 항	6	11	16	30	58	18	55	1
	서 울	9	10	17	44	58	26	58	0
	안 양	6	4	2	20	8	10	27	2

팀명	상대팀	승	무	패	득점	실점	도움	경고	퇴장
광주	합계	168	140	176	604	603	379	941	16
	강 원	8	11	5	30	29	18	50	1
	경 남	3	2	5	14	15	11	19	0
	고 양	3	3	3	11	13	6	14	0
	김 포	2	1	1	5	4	3	10	0
	대 구	9	7	8	37	37	24	50	2
	대 전	10	10	10	29	30	22	52	2
	부 산	4	4	4	31	23	25	52	0
	부 천	11	5	5	27	20	16	40	0
	상 주	10	1	11	24	23	14	37	1
	서울E	9	3	0	28	8	15	19	0
	성 남	7	7	9	28	30	16	43	0
	수 원	6	6	10	25	31	14	50	1
	수원FC	17	4	6	43	21	28	48	1
	아 산	4	3	1	13	6	6	13	0
	안 산	8	3	3	17	8	11	25	2
	안산무궁	4	1	5	14	13	10	21	1
	울 산	3	6	16	16	33	7	47	1
	인 천	7	14	7	31	28	19	55	0
	전 남	12	8	6	39	31	30	53	1
	전 북	5	2	16	20	52	16	46	1
	제 주	6	6	7	20	22	14	32	0
	충남아산	3	1	0	7	3	3	8	0
	충 주	3	4	2	11	6	6	14	0
	포 항	2	8	16	23	46	13	63	2
	서 울	3	4	15	24	43	10	42	0
	안 양	9	7	5	37	28	22	38	0

팀명	상대팀	승	무	패	득점	실점	도움	경고	퇴장
안양	합계	145	112	147	530	540	337	743	17
	강 원	2	4	6	8	20	3	37	1
	경 남	6	6	15	27	40	18	42	2
	고 양	8	4	5	21	15	16	30	0
	광 주	5	7	9	28	37	15	40	0
	김 천	2	4	1	9	8	8	15	1
	김 포	3	1	3	9	8	5	15	1
	대 구	4	6	2	19	16	13	25	0
	대 전	8	12	12	41	50	27	51	3
	부 산	8	7	13	34	43	22	54	2
	부 천	18	14	12	59	53	43	82	1
	상 주	3	1	5	13	21	7	16	0
	서울E	18	9	7	51	34	26	57	2
	성 남	3	4	4	12	13	10	17	0
	수 원	0	1	1	1	2	1	3	0
	수원FC	7	6	15	32	47	19	52	1
	아 산	4	1	7	16	20	13	31	0
	안 산	12	7	7	39	28	19	50	1
	안산무궁	6	3	6	24	20	14	35	0
	전 남	9	5	4	24	17	13	21	1
	제 주	0	0	3	3	9	1	5	0
	천 안	2	1	0	7	2	5	5	0
	충남아산	8	4	2	24	13	17	28	1
	충북청주	1	0	2	3	4	3	5	0
	충 주	8	5	4	28	20	19	27	0

팀명	상대팀	승	무	패	득점	실점	도움	경고	퇴장
수원FC	합계	144	97	164	549	594	346	786	16
	강 원	8	4	6	25	24	19	37	1
	경 남	6	2	4	19	14	12	19	0
	고 양	4	6	3	15	12	7	31	2
	광 주	6	4	17	21	43	14	54	0
	김 천	3	1	0	8	5	6	9	0
	대 구	5	9	6	30	33	23	32	1
	대 전	12	3	8	47	37	28	35	0
	부 산	6	2	20	20	29	9	36	1
	부 천	11	6	11	37	42	30	64	1
	상 주	2	5	5	11	17	7	28	0

상대팀	승	무	패	득점	실점	도움	경고	퇴장
서울E	9	6	5	30	23	16	36	0
성남	6	4	9	24	30	12	39	1
수원	9	1	6	30	22	20	28	0
아산	2	2	8	9	17	6	36	0
안산	7	2	6	22	21	16	30	2
안산무궁	5	1	7	20	21	13	28	0
울산	1	1	11	14	28	11	24	1
인천	2	7	4	14	18	10	23	1
전남	2	5	3	15	15	7	21	0
전북	3	3	7	13	19	7	26	0
제주	4	6	7	18	29	11	31	0
충남아산	2	1	0	8	1	6	4	0
충주	7	3	3	22	12	14	16	0
포항	6	0	7	15	20	9	26	2
서울	1	3	10	15	38	11	14	0
안양	15	6	7	47	32	22	60	1

팀명	상대팀	승	무	패	득점	실점	도움	경고	퇴장
부천	합계	137	96	169	458	512	278	703	17
	강원	6	2	5	19	18	10	21	3
	경남	10	4	14	36	39	18	45	0
	고양	9	4	4	27	17	17	34	0
	광주	5	5	11	20	27	12	38	1
	김천	0	1	6	2	14	2	6	0
	김포	2	3	2	6	5	3	13	0
	대구	2	4	6	7	13	2	19	1
	대전	12	6	13	32	37	18	56	2
	부산	10	9	8	27	26	17	53	2
	상주	2	2	5	10	14	6	17	0
	서울E	10	7	17	31	56	23	53	1
	성남	4	2	5	13	15	7	19	0
	수원FC	11	6	11	42	37	19	50	3
	아산	3	3	6	16	16	12	21	0
	안산	13	5	8	40	35	25	45	0
	안산무궁	4	4	9	19	28	14	30	0
	전남	6	5	7	24	23	13	28	2
	제주	0	0	3	0	7	0	5	0
	천안	1	1	1	4	2	3	0	0
	충남아산	7	4	3	11	6	6	26	1
	충북청주	1	2	0	4	0	4	3	0
	충주	7	3	7	15	18	12	38	0
	안양	12	14	18	53	59	35	83	1

팀명	상대팀	승	무	패	득점	실점	도움	경고	퇴장
상주	합계	126	82	167	476	561	304	629	16
	강원	12	2	11	35	33	22	36	1
	경남	9	3	7	25	23	18	32	1
	고양	6	2	1	20	6	16	17	0
	광주	11	1	10	23	24	16	39	1
	대구	5	9	10	25	37	16	42	0
	대전	1	2	3	6	9	4	5	0
	부산	3	5	5	16	16	9	24	1
	부천	5	2	2	14	10	6	17	0
	서울E	2	1	1	7	6	3	8	0
	성남	4	7	8	17	26	10	28	1
	수원	4	7	11	18	32	12	35	2
	수원FC	5	5	2	17	11	9	23	0
	안산무궁	6	2	1	20	7	15	12	0

상대팀	승	무	패	득점	실점	도움	경고	퇴장
울산	4	4	16	29	56	19	40	0
인천	9	7	11	29	31	18	47	1
전남	6	4	13	22	33	12	36	0
전북	2	4	17	16	54	13	40	2
제주	7	6	8	35	40	19	40	0
충주	5	2	2	19	12	13	10	0
포항	8	2	13	35	44	21	43	1
서울	7	4	12	27	38	18	40	3
안양	5	1	3	21	13	12	17	1

팀명	상대팀	승	무	패	득점	실점	도움	경고	퇴장
서울E	합계	95	97	136	389	444	252	597	17
	강원	0	3	5	10	17	6	21	0
	경남	10	8	8	30	31	21	38	1
	고양	4	3	1	15	7	11	13	0
	광주	0	3	9	8	28	6	24	2
	김천	1	1	5	5	11	3	14	0
	김포	3	2	2	12	6	6	15	0
	대구	1	4	3	6	10	6	14	0
	대전	9	7	11	29	30	23	56	3
	부산	6	6	15	34	52	23	39	1
	부천	17	7	10	56	31	30	65	0
	상주	1	1	2	6	7	5	8	0
	성남	3	5	3	13	13	7	20	0
	수원FC	5	6	9	23	30	18	29	2
	아산	1	3	8	9	25	6	32	0
	안산	12	8	6	39	28	27	53	3
	안산무궁	2	4	2	7	8	7	16	0
	전남	3	10	5	16	22	10	32	2
	제주	0	1	2	4	6	1	9	1
	천안	1	1	1	3	5	2	7	0
	충남아산	2	4	8	14	14	8	20	1
	충북청주	1	0	2	4	5	2	7	0
	충주	6	1	1	17	7	13	11	0
	안양	7	9	18	34	51	15	54	1

팀명	상대팀	승	무	패	득점	실점	도움	경고	퇴장
안산	합계	63	66	118	258	363	158	441	15
	경남	4	5	9	25	33	13	33	1
	광주	3	3	6	8	17	3	22	1
	김천	0	1	6	8	19	8	17	0
	김포	3	3	1	12	7	6	14	0
	대전	5	7	11	20	31	17	40	4
	부산	4	7	12	17	35	11	33	1
	부천	8	5	13	35	40	21	52	3
	서울E	6	8	12	28	39	19	44	1
	성남	2	4	5	9	13	4	28	1
	수원FC	6	2	7	21	22	13	25	0
	아산	2	3	7	6	13	4	23	0
	전남	7	4	7	25	31	14	27	2
	제주	0	1	3	3	6	1	6	0
	천안	1	2	0	4	3	3	5	0
	충남아산	5	4	5	11	11	7	27	0
	충북청주	0	0	3	0	6	0	5	0
	안양	7	7	12	28	39	15	40	1

팀명	상대팀	승	무	패	득점	실점	도움	경고	퇴장
광주상무	합계	59	73	159	228	404	149	448	7

팀명	상대팀	승	무	패	득점	실점	도움	경고	퇴장
	강원	2	1	1	6	4	2	9	0
	경남	3	4	7	9	14	8	24	0
	대구	4	5	14	25	42	18	34	0
	대전	5	10	10	20	30	13	41	0
	부산	9	7	8	24	25	18	38	1
	성남	6	5	13	21	34	17	45	0
	수원	4	4	15	13	33	6	37	2
	울산	3	6	15	13	35	7	35	0
	인천	6	4	7	17	20	13	23	1
	전남	3	6	12	14	27	11	30	0
	전북	4	7	13	21	36	11	35	0
	제주	5	5	13	14	29	7	32	3
	포항	1	4	16	17	37	9	27	0
	서울	4	5	15	14	38	9	38	0

팀명	상대팀	승	무	패	득점	실점	도움	경고	퇴장
안산 무궁화	합계	66	37	49	206	201	126	366	8
	강원	4	1	7	11	19	5	35	0
	경남	5	2	1	13	4	9	14	0
	고양	8	6	3	28	13	21	40	1
	광주	5	1	4	13	14	9	29	2
	대구	5	4	3	18	17	12	20	1
	대전	4	2	2	11	10	8	14	1
	부산	1	1	2	4	8	1	8	0
	부천	9	4	4	28	19	17	53	1
	상주	1	2	6	7	20	5	30	0
	서울E	2	4	2	8	8	3	11	1
	수원FC	7	1	5	21	20	11	32	1
	충주	7	6	4	24	25	14	32	1
	안양	8	3	6	20	24	11	48	0

팀명	상대팀	승	무	패	득점	실점	도움	경고	퇴장
김천	합계	50	30	32	177	125	107	177	1
	강원	2	0	1	4	3	1	5	0
	경남	3	2	2	9	8	7	11	0
	김포	1	0	2	3	4	2	4	0
	대구	0	3	1	2	3	2	4	0
	대전	3	1	2	10	7	8	11	0
	부산	3	1	3	13	10	8	8	0
	부천	6	1	0	14	2	13	11	0
	서울E	5	1	1	11	5	6	8	0
	성남	3	3	1	15	6	12	10	0
	수원	0	2	0	2	2	0	11	0
	수원FC	0	1	3	5	8	4	10	0
	안산	6	1	0	19	8	6	17	0
	울산	0	1	2	1	4	1	3	0
	인천	1	0	2	1	2	0	5	0
	전남	2	2	3	10	10	5	14	1
	전북	0	2	1	5	5	3	4	0
	제주	1	0	2	6	5	1	2	0
	천안	3	0	0	7	2	6	4	0
	충남아산	7	0	0	18	6	11	12	0
	충북청주	1	2	0	2	0	2	6	0
	포항	1	1	1	4	3	2	3	0
	서울	1	0	3	3	6	1	3	0
	안양	1	4	2	8	9	5	11	0

팀명	상대팀	승	무	패	득점	실점	도움	경고	퇴장

팀명	상대팀	승	무	패	득점	실점	도움	경고	퇴장
아산	합계	49	26	35	141	123	91	221	5
	경남	0	1	3	4	8	1	5	0
	광주	1	3	4	6	13	5	17	1
	대전	5	3	4	14	12	12	27	1
	부산	2	4	7	13	22	7	34	2
	부천	6	3	3	16	16	7	22	0
	서울E	8	3	1	25	9	15	19	0
	성남	3	2	4	8	9	7	26	0
	수원FC	8	2	2	17	9	12	24	1
	안산	7	3	2	13	6	8	19	0
	전남	2	1	1	5	3	4	4	0
	안양	7	1	4	20	16	13	24	0

팀명	상대팀	승	무	패	득점	실점	도움	경고	퇴장
충남 아산	합계	41	34	64	136	171	73	241	6
	경남	5	4	5	17	19	6	18	1
	광주	0	1	3	3	7	0	11	0
	김천	0	0	7	6	18	2	10	0
	김포	2	1	4	7	6	5	12	0
	대전	3	3	5	16	19	9	16	1
	부산	3	2	6	12	18	8	19	0
	부천	3	4	7	6	11	1	26	0
	서울E	8	4	2	14	8	9	25	0
	성남	1	1	3	2	2	2	8	1
	수원FC	0	1	2	1	8	0	7	0
	안산	5	4	5	11	11	6	31	2
	전남	4	5	5	16	12	10	15	0
	제주	0	0	3	1	5	1	3	0
	천안	0	0	4	0	3	0	7	0
	충북청주	2	0	1	3	3	2	5	0
	안양	2	4	8	13	24	6	36	0

팀명	상대팀	승	무	패	득점	실점	도움	경고	퇴장
고양	합계	36	45	70	146	231	77	308	7
	강원	3	3	6	9	16	4	29	0
	경남	2	1	5	7	16	5	17	1
	광주	3	3	3	13	11	6	19	0
	대구	4	2	6	16	21	4	28	1
	대전	0	3	5	4	13	2	15	1
	부산	0	0	4	0	6	0	11	1
	부천	4	4	9	17	27	8	39	0
	상주	1	2	6	6	20	1	8	1
	서울E	1	3	4	7	15	4	19	0
	수원FC	3	6	4	12	15	6	27	0
	안산무궁	3	6	8	13	28	9	22	0
	충주	7	8	2	27	22	21	32	2
	안양	5	4	8	15	21	7	42	0

팀명	상대팀	승	무	패	득점	실점	도움	경고	퇴장
충주	합계	30	43	78	161	243	103	273	1
	강원	2	2	8	14	24	7	21	0
	경남	2	1	5	7	13	2	11	0
	고양	2	8	7	22	27	15	30	0
	광주	2	4	3	6	11	3	19	1
	대구	1	4	7	11	19	9	18	0
	대전	0	3	5	6	17	4	11	0
	부산	0	1	3	1	7	1	7	0
	부천	7	3	7	18	15	15	44	0

팀명	상대팀	승	무	패	득점	실점	도움	경고	퇴장
	상주	2	2	5	12	19	8	19	0
	서울E	1	1	6	7	17	3	14	0
	수원FC	3	3	7	12	22	7	23	0
	안산무궁	4	6	7	25	24	16	24	0
	안양	4	5	8	20	28	13	32	0

팀명	상대팀	승	무	패	득점	실점	도움	경고	퇴장
김포	합계	27	24	28	82	93	54	149	6
	강원	0	1	1	1	2	0	3	1
	경남	2	2	4	6	13	3	15	0
	광주	1	1	2	4	5	3	12	0
	김천	2	0	1	4	3	3	1	0
	대전	2	2	6	10	4	9	1	1
	부산	3	2	2	7	5	5	15	0
	부천	2	3	2	5	6	4	11	1
	서울E	2	2	3	6	12	3	16	1
	성남	1	2	0	4	2	1	8	0
	안산	1	3	3	7	12	5	12	0
	전남	4	2	1	11	6	9	13	0
	천안	2	1	0	6	0	4	5	0
	충남아산	4	1	2	6	7	3	18	1
	충북청주	0	1	2	1	3	1	4	1
	안양	3	1	3	8	7	6	7	0

팀명	상대팀	승	무	패	득점	실점	도움	경고	퇴장
할렐루야	합계	19	24	22	77	85	57	33	2
	국민은행	6	2	0	17	4	9	1	0
	부산	3	5	3	10	13	8	8	0
	상무	1	0	2	5	4	3	2	0
	울산	1	2	4	7	13	6	3	0
	제주	2	5	4	16	22	10	9	1
	포항	3	3	5	11	15	11	3	1
	한일은행	0	6	1	4	3	3	3	0
	서울	3	1	3	7	9	7	4	0

팀명	상대팀	승	무	패	득점	실점	도움	경고	퇴장
한일은행	합계	12	25	32	61	108	45	40	0
	국민은행	1	2	1	6	7	4	2	0
	부산	2	1	8	11	22	7	10	0
	상무	0	2	1	5	6	4	1	0
	울산	1	5	5	8	16	4	7	0
	제주	3	4	4	9	15	8	6	0
	포항	2	4	5	8	12	8	4	0
	할렐루야	1	6	0	5	4	3	2	0
	서울	2	1	8	9	26	7	8	0

팀명	상대팀	승	무	패	득점	실점	도움	경고	퇴장
충북청주	합계	13	13	10	37	42	24	75	1
	경남	0	2	1	3	5	2	5	0
	김천	0	2	1	0	2	0	4	0
	김포	2	1	0	3	1	2	7	0
	부산	0	3	0	3	3	3	3	0
	부천	0	2	1	0	4	0	6	0
	서울E	2	0	1	5	4	3	7	1
	성남	1	1	1	3	3	1	5	0
	안산	3	0	0	5	1	5	10	0
	전남	1	0	2	3	7	1	5	0
	천안	1	2	0	4	3	2	1	0
	충남아산	1	0	2	3	7	2	7	0

팀명	상대팀	승	무	패	득점	실점	도움	경고	퇴장
	안양	2	0	1	4	3	3	6	0
국민은행	합계	6	10	28	38	88	25	24	2
	부산	0	2	6	6	18	2	3	0
	울산	0	0	4	3	14	3	1	0
	제주	2	1	5	7	13	4	8	1
	포항	3	1	4	9	14	6	4	0
	한일은행	1	2	1	7	6	5	3	0
	할렐루야	0	2	6	4	17	3	3	1
	서울	0	2	2	2	6	2	2	0

팀명	상대팀	승	무	패	득점	실점	도움	경고	퇴장
천안	합계	5	10	21	33	62	18	70	0
	경남	0	1	2	4	6	1	7	0
	김천	0	0	3	2	9	2	8	0
	김포	0	1	2	0	6	0	7	0
	부산	0	2	2	4	8	2	9	0
	부천	1	1	1	2	4	0	6	0
	서울E	1	1	1	5	3	3	4	0
	성남	2	0	1	6	5	5	5	0
	안산	1	2	1	3	4	0	6	0
	전남	2	0	4	6	3	4	0	0
	충남아산	0	1	1	0	5	0	5	0
	충북청주	0	2	1	0	4	0	6	0
	안양	0	1	2	2	7	2	7	0

팀명	상대팀	승	무	패	득점	실점	도움	경고	퇴장
전북버팔로	합계	5	5	26	37	77	25	49	3
	부산	3	0	3	12	13	7	12	0
	성남	1	1	4	5	8	4	11	0
	울산	1	2	3	5	10	4	10	0
	제주	0	0	6	5	16	2	6	1
	포항	0	2	5	4	13	4	4	1
	서울	0	0	6	5	17	4	6	1

팀명	상대팀	승	무	패	득점	실점	도움	경고	퇴장
상무	합계	6	7	8	23	30	19	11	0
	부산	2	0	1	6	5	6	1	0
	울산	2	2	1	4	4	4	0	0
	제주	1	1	1	4	7	1	0	0
	포항	0	1	2	2	4	2	3	0
	한일은행	1	2	0	5	5	6	1	0
	할렐루야	2	0	1	4	5	2	0	0

프로축구 통산 팀 최다 기록

구분	기록	구단명
승리	628	울산
패전	521	부산
무승부	440	서울
득점	1,974	포항
실점	1,810	제주
도움	1,372	포항
코너킥	6,881	부산
파울	23,141	부산
오프사이드	3,533	울산
슈팅	17,320	서울

페널티킥 획득	201	부산
페널티킥 성공	165	부산
페널티킥 실패	53	울산
경 고	2,564	부산
퇴 장	78	부산

프로축구 통산 팀 최소 기록

구분	기록	구단명
승 리	5	버팔로, 천안
패 전	8	상무
무승부	5	버팔로
득 점	23	상무
실 점	30	상무
도 움	18	천안
코너킥	84	상무
파 울	243	상무
오프사이드	28	상무
슈 팅	263	상무
페널티킥 획득	1	상무
페널티킥 성공	0	상무
페널티킥 실패	0	버팔로, 충북청주, 한일은행, 할렐루야
경 고	11	상무
퇴 장	0	상무, 천안, 한일은행

프로축구 통산 팀 최다 연승

순위	연속기록	리그	팀명	기록 내용
1	11경기	K리그2	상주	2013.09.01 ~ 2013.11.10
2	9경기	BC	울산	2002.10.19 ~ 2003.03.23
		BC	성남일화	2002.11.10 ~ 2003.04.30
		K리그1	전북	2014.10.01 ~ 2014.11.22
		K리그1	전북	2018.03.18 ~ 2018.05.02
6	8경기	BC	부산	1998.05.23 ~ 1998.07.26
		BC	수원	1999.07.29 ~ 1999.08.29
		BC	울산	2003.05.24 ~ 2003.07.06
		BC	성남일화	2003.08.03 ~ 2003.09.14
		BC	수원	2008.03.19 ~ 2008.04.26
		BC	포항	2009.06.21 ~ 2009.07.25
		BC	전북	2010.06.06 ~ 2010.08.08
		BC	전북	2012.05.11 ~ 2012.07.01
		K리그2/1	경남	2017.10.08 ~ 2018.04.01

프로축구 통산 팀 최다 연패

순위	연속기록	리그	팀명	기록 내용
1	14경기	BC	상주*	2012.09.16 ~ 2012.12.01
2	10경기	BC	전북버팔로	1994.09.10 ~ 1994.11.12
3	9경기	K리그2	안산	2018.06.30 ~ 2018.08.26
		K리그2	서울E	2019.05.20 ~ 2019.07.21
		K리그2	안산	2023.05.14 ~ 2023.07.19

5	8경기	BC	대우부산	1994.08.13 ~ 1994.09.10
		BC	광주상무	2008.08.24 ~ 2008.09.28
		BC	광주상무	2009.09.13 ~ 2009.11.01
		BC	강원	2010.05.05 ~ 2010.07.24
		BC	강원	2011.06.18 ~ 2011.08.13
		K리그1	강원	2013.07.16 ~ 2013.09.01
		K리그2	대전	2015.06.28 ~ 2015.08.15
		K리그2	전남	2018.10.20 ~ 2019.03.10
		K리그1	인천	2020.05.23 ~ 2020.07.04

* 2012년 상주 기권으로 인한 14경기 연패

프로축구 통산 팀 최다 연속 무승

순위	연속기록	리그	팀명	기록 내용
1	25경기	K리그2	고양	2016.05.08 ~ 2016.09.25
2	23경기	BC	광주상무	2008.04.30 ~ 2008.10.18
3	22경기	BC	대전	1997.05.07 ~ 1997.10.12
		BC	부천SK[제주]	2002.11.17 ~ 2003.07.12
		BC	부산	2005.07.06 ~ 2006.04.05
6	21경기	BC	안양LG[서울]	1997.03.22 ~ 1997.07.13
		BC	광주상무	2010.05.23 ~ 2010.11.07
8	20경기	BC	대전	2002.08.04 ~ 2003.03.23
		K리그1	경남	2019.04.02 ~ 2019.08.03
		K리그2	전남	2022.05.21 ~ 2022.09.11
		K리그2	천안	2023.03.01 ~ 2023.07.18

프로축구 통산 팀 최다 연속 무패

순위	연속기록	리그	팀명	기록 내용
1	33경기	K리그1	전북	2016.03.12 ~ 2016.10.02
2	22경기	K리그1	전북	2014.09.06 ~ 2015.04.18
		K2~K1	제주	2020.08.01 ~ 2021.03.20
4	21경기	BC	대우부산	1991.05.08 ~ 1991.08.31
		BC	전남	1997.05.10 ~ 1997.09.27
6	20경기	BC	전북	2011.07.03 ~ 2012.03.17
7	19경기	BC	성남일화	2006.10.22 ~ 2007.05.26
		BC	울산	2007.05.09 ~ 2007.09.29
		BC	인천	2012.08.04 ~ 2012.11.28
		BC	포항	2012.10.28 ~ 2013.05.11
		BC	경남	2016.10.30 ~ 2017.06.24
		K리그2	광주	2019.03.03 ~ 2019.07.14

프로축구 통산 팀 최다 연속 무승부

순위	연속기록	리그	팀명	기록 내용
1	10경기	BC	안양LG[서울]	1997.05.10 ~ 1997.07.13
2	9경기	BC	일화성남	1992.05.09 ~ 1992.06.20
		BC	전남	2006.03.18 ~ 2006.04.29
4	7경기	BC	전남	1997.05.18 ~ 1997.07.09
		BC	대구	2004.08.01 ~ 2004.08.29
		BC	포항	2005.03.16 ~ 2005.04.27

7	6경기	BC	유공[제주]	1986.05.31 ~ 1986.07.06
		BC	대우[부산]	1992.05.09 ~ 1992.06.06
		BC	부산	2000.07.01 ~ 2000.07.22
		BC	부천SK[제주]	2004.04.10 ~ 2004.05.23
		BC	포항	2004.05.26 ~ 2004.07.11
		BC	전북	2004.08.08 ~ 2004.09.01
		BC	경남	2009.03.08 ~ 2009.04.12
		K리그2	전남	2022.06.08 ~ 2022.07.06

프로축구 통산 팀 최다 연속 득점

순위	연속기록	리그	팀명	기록 내용
1	31경기	BC	럭키금성[서울]	1989.09.23 ~ 1990.09.01
		K리그2	대구	2014.09.14 ~ 2015.07.11
3	26경기	BC	수원	2011.07.02 ~ 2012.04.14
		K리그1	전북	2013.03.03 ~ 2013.09.01
5	25경기	BC	안양LG[서울]	2000.04.29 ~ 2000.09.30
		K리그2	제주	2020.05.23 ~ 2020.11.07
7	24경기	BC	대구	2008.05.05 ~ 2008.10.29
		BC	전북	2009.12.06 ~ 2010.08.22
		BC	포항	2012.10.28 ~ 2013.07.03

프로축구 통산 팀 최다 연속 실점

순위	연속기록	리그	팀명	기록 내용
1	27경기	BC	부산	2005.07.06 ~ 2006.05.05
2	24경기	BC	강원	2009.04.26 ~ 2009.10.24
3	23경기	BC	천안일화[성남]	1996.07.04 ~ 1996.10.30
4	22경기	BC	전북	2005.05.08 ~ 2005.10.23
		BC	대구	2010.04.11 ~ 2010.10.03
6	21경기	BC	대전	1998.09.19 ~ 1999.07.03
		BC	서울	2010.10.09 ~ 2011.06.11
8	20경기	BC	전북	1998.05.23 ~ 1998.09.26
		BC	수원	2000.04.09 ~ 2000.07.23
		K리그1	강원	2013.07.13 ~ 2013.11.27
		K리그2	대전	2016.10.15 ~ 2017.06.26
		K리그1	경남	2018.11.10 ~ 2019.06.22

프로축구 통산 팀 최다 연속 무득점

순위	연속기록	리그	팀명	기록 내용
1	15경기	BC	상주	2012.08.26 ~ 2012.12.01
2	9경기	K리그2	인천	2014.03.15 ~ 2014.04.27
3	7경기	BC	대전	2008.10.19 ~ 2009.03.14
		K리그1	인천	2019.04.03 ~ 2019.05.11
		K리그2	부천	2020.08.22 ~ 2020.09.26
		K리그2	충남아산	2020.10.11 ~ 2021.03.06
		K리그2	부천	2021.04.04 ~ 2021.05.08
		K리그2	서울E	2021.05.29 ~ 2021.07.05
		K리그2	부산	2022.07.06 ~ 2022.08.07
10	6경기	BC	대우[부산]	1992.09.02 ~ 1992.09.26
		BC	인천	2005.03.13 ~ 2005.04.09
		BC	제주	2009.09.19 ~ 2009.11.01

		K리그1	부산	2013.09.08 ~ 2013.10.27
		K리그1	수원FC	2016.05.28 ~ 2016.06.29
		K리그2	고양	2016.07.09 ~ 2016.08.13

* 2012년 상주 14경기 연속 기권패(2012.09.16~2012.12.01)

프로축구 통산 팀 최다 연속 무실점

순위	연속기록	리그	팀명	기록 내용
1	8경기	BC	일화성남	1993.04.10 ~ 1993.05.29
		K리그1	전북	2014.10.01 ~ 2014.11.15
3	7경기	BC	수원	2008.03.19 ~ 2008.04.20
		K리그1	전북	2018.03.31 ~ 2018.04.29
5	6경기	BC	대우[부산]	1987.04.04 ~ 1987.04.19
		BC	일화성남	1993.08.14 ~ 1993.09.08
		BC	성남일화[성남]	2008.07.12 ~ 2008.08.30
		K리그2	상주	2013.09.01 ~ 2013.10.05
		K리그2	성남	2017.05.07 ~ 2017.06.12
		K리그2	부산	2023.08.29 ~ 2023.10.07

프로축구 통산 팀 300승·400승·500승·600승 기록

구분	구단명	일자	경기수	비고
300승	울산	2005.10.02	772경기	부산 : 울산
	포항	2005.10.23	792경기	광주상무 : 포항
	부산	2006.07.19	820경기	제주 : 부산
	서울	2008.08.30	876경기	서울 : 광주상무
	제주	2009.04.22	912경기	제주 : 광주상무
	성남일화[성남]	2009.05.23	758경기	성남일화 : 전남
	수원	2012.10.03	640경기	수원 : 서울
	전북	2015.04.18	751경기	전북 : 제주
	전남	2020.10.18	940경기	수원FC : 전남
400승	울산	2011.07.16	991경기	강원 : 울산
	포항	2012.03.25	1,012경기	상주 : 포항
	서울	2013.06.01	1,049경기	서울 : 전남
	부산	2014.11.22	1,138경기	부산 : 경남
	제주	2016.04.17	1,169경기	울산 : 제주
	성남	2016.06.29	1,028경기	서울 : 성남
	수원	2019.05.29	892경기	수원 : 포항
	전북	2019.08.16	922경기	전북 : 울산
500승	울산	2017.07.19	1,226경기	강원 : 울산
	포항	2017.09.20	1,234경기	포항 : 강원
	서울	2019.05.28	1,280경기	서울 : 성남
	부산	2022.06.05	1,418경기	부산 : 안산
	제주	2023.04.26	1,427경기	광주 : 제주
600승	울산	2022.08.21	1,410경기	김천 : 울산

프로축구 통산 선수 최다 기록

구분	기록	선수명	소속팀	소속팀별 기록	비고
최다 득점	228골	이동국	포항	47골	
			전북	164골	
			성남일화	2골	

구분	기록	선수명	소속	기록	비고
			광주상무	15골	
최다 도움	110회	염기훈	경찰	11회	
			울산	4회	
			수원	87회	
			전북	8회	
최다 페널티킥	42회	이동국	광주상무	5회	
			성남일화	1회	
			전북	32회	
			포항	4회	
최다 코너킥	1,012회	윤빛가람	경남	219회	
			성남	48회	
			제주	367회	
			상주	143회	
			울산	150회	
			수원FC	85회	
최다 슈팅	1,596회	이동국	포항	370회	
			전북	1,034회	
			성남일화	39회	
			광주상무	153회	
최다 오프사이드	398회	샤샤	수원	152회	
			부산	83회	
			성남	163회	
최다 파울	970회	김상식	전북	260회	
			성남일화	593회	
			광주상무	117회	
최다 경고	143회	김한윤	포항	5회	
			부천SK	48회	
			부산	30회	
			성남일화	12회	
			서울	48회	
득점 경기수 최다	이동국	전북	182경기	총 228득점	
도움 경기수 최다	염기훈	수원	93경기	총 110도움	
단일 경기 최다 득점	샤샤	성남일화	5골	2002.03.17(성남) 성남일화 : 부천SK	
단일 경기 최다 도움	이호석	경남	4회	2016.09.07(창원C) 경남 : 고양	
경기당 평균 최다 득점	알렉스	부산	평균 1골	1골/1경기	
	투무	포항	평균 1골	4골/4경기	
	이윤환	부천	평균 1골	1골/1경기	
가장 빠른 골	방승환	인천	0분 11초	2007.05.23(인천W) 인천 : 포항	
	구스타보	전북	0분 11초	2023.05.05(서울W) 서울 : 전북	
가장 늦은 골	오현규	수원	120분 1초	2022.10.29(수원W) 수원 : 안양	

프로축구 통산 선수 출전 순위

순위	선수명	최종 소속	출전				
			프로통산	BC	K리그1	K리그2	승강PO
1	김병지	전남	706	605	101	-	-
2	김영광	성남	588	273	131	183	1
3	이동국	전북	548	318	230	-	-
4	최은성	전북	532	498	34	-	-
5	김기동	포항	501	501	-	-	-
6	김용대	울산	460	323	137	-	-
7	김상식	전북	458	438	20	-	-
8	강민수	인천	456	197	232	27	0
9	김광석	인천	451	181	270	0	0
10	오승범	강원	446	303	68	73	2

프로축구 통산 선수 득점 순위

순위	선수명	최종 소속	득점				
			프로통산	BC	K리그1	K리그2	승강PO
1	이동국	전북	228	141	87	-	-
2	데얀	대구	198	122	76	-	-
3	주민규	울산	134	0	82	52	0
4	김신욱	전북	132	49	83	-	-
5	김은중	대전	123	119	1	3	-

프로축구 통산 선수 도움 순위

순위	선수명	최종 소속	도움				
			프로통산	BC	K리그1	K리그2	승강PO
1	염기훈	수원	110	36	63	11	-
2	이동국	전북	77	53	24	-	-
3	몰리나	서울	69	42	27	-	-
4	신태용	성남일화	68	68	-	-	-
5	황진성	강원	67	51	16	-	-

프로축구 통산 선수 공격포인트 순위

순위	선수명	최종 소속	공격포인트				
			프로통산	BC	K리그1	K리그2	승강PO
1	이동국	전북	305	194	111	-	-
2	데얀	대구	246	153	93	-	-
3	염기훈	수원	187	67	102	18	-
4	김은중	대전	179	173	2	4	-
5	주민규	울산	169	-	103	66	-

프로축구 통산 선수 파울 순위

순위	선수명	최종 소속	파울				
			프로통산	BC	K리그1	K리그2	승강PO
1	김상식	전북	970	936	34	-	-
2	김한윤	성남일화	905	853	52	-	-
3	오범석	포항	872	535	232	105	-
4	김진우	수원	795	795	-	-	-
5	유경렬	대구	741	705	36	-	-

프로축구 통산 선수 경고 순위

순위	선수명	최종 소속	경고				
			프로통산	BC	K리그1	K리그2	승강PO
1	김한윤	성남일화	143	131	12	-	-
2	신광훈	포항	110	38	62	10	0
3	오범석	포항	102	50	33	19	-
4	강민수	인천	96	57	34	5	-
5	양상민	수원	95	61	15	19	0

프로축구 통산 골키퍼 무실점 순위

순위	선수명	최종소속	무실점경기				
			프로통산	BC	K리그1	K리그2	승강PO
1	김병지	전남	229	202	27	-	-
2	김영광	성남	176	85	34	57	0
3	최은성	전북	152	140	12	-	-
4	이운재	전남	140	140	-	-	-
5	김용대	울산	133	94	39	-	-

프로축구 통산 선수 연속 득점 순위

순위	선수명	소속팀	구분	연속	기간
1	황선홍	포항	BC	8경기	1995.08.19 ~ 1995.10.04
	김도훈	전북	BC	8경기	2000.06.17 ~ 2000.07.16
3	안정환	부산	BC	7경기	1999.07.24 ~ 1999.09.04
	이동국	전북	BC	7경기	2013.05.11 ~ 2013.07.13
	주민규	서울E	K리그2	7경기	2015.05.10 ~ 2015.06.10
	김동찬	대전	K리그1	7경기	2016.04.17 ~ 2016.05.25
	조나탄	수원	K리그1	7경기	2016.09.10 ~ 2016.10.30
	이정협	부산	K리그1	7경기	2017.03.04 ~ 2017.04.22
	주민규	상주	K리그1	7경기	2017.08.12 ~ 2017.09.30
	조영욱	김천	K리그2	7경기	2023.06.10 ~ 2023.07.23

프로축구 통산 선수 연속 도움 순위

순위	선수명	소속팀	구분	연속	기간
1	라데	포항	BC	6경기	1996.07.28 ~ 1996.09.04
2	몰리나	서울	BC	5경기	2012.04.29 ~ 2012.05.28
3	김용세 외 20명			4경기	

프로축구 통산 선수 연속 공격포인트 순위

순위	선수명	소속팀	구분	연속	기간
1	이명주	서울	K리그1	11경기	2014.03.15 ~ 2014.05.10
2	마니치	부산	BC	9경기	1997.09.07 ~ 1997.10.19
	까보레	경남	BC	9경기	2007.08.15 ~ 2007.10.06
	에닝요	대구	BC	9경기	2008.07.12 ~ 2008.09.28
	이근호	상주	K리그2	9경기	2013.04.13 ~ 2013.08.04

프로축구 통산 골키퍼 연속 무실점 경기 순위

순위	선수명	소속팀	구분	연속	비고
1	신의손	일화성남	BC	8경기	1993.04.10 ~ 1993.05.29
2	조병득	할렐루야	BC	7경기	1985.04.20 ~ 1985.06.18
	이운재	수원	BC	7경기	2008.03.19 ~ 2008.04.20
	송범근	전북	K리그1	7경기	2018.03.31 ~ 2018.04.29
5	김풍주	대우부산	BC	6경기	1987.07.25 ~ 1987.09.26
	신의손	일화성남	BC	6경기	1993.08.14 ~ 1993.09.08
	김대환	수원	BC	6경기	2004.08.04 ~ 2004.10.31
	김승규	울산	BC	6경기	2010.06.06 ~ 2012.04.11
	김호준	상주	K리그2	6경기	2013.09.01 ~ 2013.10.05
	신화용	포항	K리그1	6경기	2014.07.05 ~ 2014.08.09
	권순태	전북	K리그1	6경기	2014.10.01 ~ 2014.11.15
	김동준	성남	K리그1	6경기	2017.05.07 ~ 2017.06.12
	구상민	부산	K리그2	6경기	2023.08.29 ~ 2023.10.07

프로축구 통산 선수 연속 무교체 순위

순위	선수명	소속팀	구분	기록	기간
1	김병지	서울	BC	153경기	2004.04.03 ~ 2007.10.14
2	이용발	전북	BC	151경기	1999.03.31 ~ 2002.11.17
3	신의손	일화	BC	136경기	1992.03.28 ~ 1995.09.06
4	김영광	서울E	BC	105경기	2016.08.22 ~ 2019.07.14
5	조준호	제주	BC	93경기	2004.04.03 ~ 2006.07.09

프로축구 통산 최단시간 골 순위

순위	경기일자	대회구분	시간	선수	소속
1	2007.05.23	BC / 리그컵	전반 00:11	방승환	인천
	2023.05.05	K리그1	전반 00:11	구스타보	전북
3	2023.09.30	K리그1	전반 00:15	고재현	대구
4	2013.10.05	K리그1	전반 00:17	곽광선	포항
	2021.04.25	K리그2	전반 00:17	심동운	안양

프로축구 통산 최장거리 골 순위

순위	기록	선수명	소속팀	구분	일자	대진
1	85m	권정혁	인천	K리그1	2013.07.21	제주 : 인천
2	82m	알렉스	제주	K리그1	2017.09.20	수원 : 제주
3	67m	김현	성남	K리그1	2016.07.17	수원 : 성남
4	65m	도화성	부산	BC	2005.05.29	부천SK : 부산
5	57m	고종수	수원	BC	2002.09.04	전북 : 수원

역대 시즌별 최다 득점 기록

연도	대회명	득점(경기수)	선수명(소속팀)
83	수퍼리그	9(14)	박윤기(유공)
84	축구대제전 수퍼리그	16(28)	백종철(현대)
85	축구대제전 수퍼리그	12(21)	피아퐁(럭금), 김용세(유공)
86	축구대제전	10(19)	정해원(대우)
	프로축구선수권대회	9(15)	함현기(현대)
87	한국프로축구대회	15(30)	최상국(포철)
88	한국프로축구대회	12(23)	이기근(포철)
89	한국프로축구대회	20(39)	조긍연(포철)
90	한국프로축구대회	12(30)	윤상철(럭금)
91	한국프로축구대회	16(37)	이기근(포철)
92	한국프로축구대회	10(30)	임근재(LG)
	아디다스컵	5(6)	노수진(유공)
93	한국프로축구대회	10(23)	차상해(포철)
	아디다스컵	3(5)	임근재(LG), 강재훈(현대)
		3(2)	최문식(포철)
94	하이트배 코리안리그	21(28)	윤상철(LG)
	아디다스컵	4(6)	라데(포철)
95	하이트배 코리안리그	15(26)	노상래(전남)
	아디다스컵	6(7)	김현석(현대)
96	라피도컵 프로축구대회	18(24)	신태용(천안)
	아디다스컵	5(8)	세르게이(부천SK)
		5(6)	이원식(부천SK)
97	라피도컵 프로축구대회	9(17)	김현석(울산)
	아디다스컵	8(9)	서정원(안양LG)

Section 6
역대 통산 기록

연도	대회명	득점(경기수)	선수명(소속팀)
	프로스펙스컵	6(7)	마니치(부산)
98	현대컵 K-리그	14(20)	유상철(울산)
	필립모리스코리아컵	7(9)	김종건(울산)
	아디다스코리아컵	11(10)	김현석(울산)
99	바이코리아컵 K-리그	18(26)	샤샤(수원)
	대한화재컵	6(9)	안정환(부산)
		6(8)	김종건(울산)
	아디다스컵	3(3)	데니스(수원)
00	삼성 디지털 K-리그	12(20)	김도훈(전북)
	대한화재컵	6(10)	이원식(부천SK)
	아디다스컵	2(3)	서정원(수원), 김현수(성남일화),
		2(2)	이상윤(성남일화), 고종수(수원),
			왕정현(안양LG)
01	포스코 K-리그	13(22)	산드로(수원)
	아디다스컵	7(9)	김도훈(전북)
02	삼성 파브 K-리그	14(27)	에드밀손(전북)
	아디다스컵	10(11)	샤샤(성남일화)
03	삼성 하우젠 K-리그	28(40)	김도훈(성남일화)
04	삼성 하우젠 K-리그	14(22)	모따(전남)
	삼성 하우젠컵	7(7)	카르로스(울산)
05	삼성 하우젠 K-리그	13(17)	마차도(울산)
	삼성 하우젠컵	7(12)	산드로(대구)
06	삼성 하우젠 K-리그	16(28)	우성용(성남일화)
	삼성 하우젠컵	8(13)	최성국(울산)
07	삼성 하우젠 K-리그	18(26)	까보레(경남)
	삼성 하우젠컵	7(9)	루이지뉴(대구)
08	삼성 하우젠 K-리그	16(27)	두두(성남일화)
	삼성 하우젠컵	9(8)	에닝요(대구)
09	K-리그	21(29)	이동국(전북)
	피스컵 코리아	4(5)	유창현(포항), 노병준(포항)
10	쏘나타 K리그	22(28)	유병수(인천)
	포스코컵	6(7)	데얀(서울)
11	현대오일뱅크 K리그	24(30)	데얀(서울)
	러시앤캐시컵	11(8)	김신욱(울산)
12	현대오일뱅크 K리그	31(42)	데얀(서울)
13	현대오일뱅크 K리그 클래식	19(29)	데얀(서울)
		19(36)	김신욱(울산)
	현대오일뱅크 K리그 챌린지	15(25)	이근호(상주)
		15(29)	이상협(상주)
		15(32)	알렉스(고양)
14	현대오일뱅크 K리그 클래식	14(35)	산토스(수원)
	현대오일뱅크 K리그 챌린지	27(32)	아드리아노(대전)
15	현대오일뱅크 K리그 클래식	18(38)	김신욱(울산)
	현대오일뱅크 K리그 챌린지	26(39)	조나탄(대구)
16	현대오일뱅크 K리그 클래식	20(31)	정조국(광주)
	현대오일뱅크 K리그 챌린지	20(39)	김동찬(대전)
17	KEB하나은행 K리그 클래식	22(29)	조나탄(수원)
	KEB하나은행 K리그 챌린지	22(32)	말컹(경남)

연도	대회명	득점(경기수)	선수명(소속팀)
18	KEB하나은행 K리그1	26(31)	말컹(경남)
	KEB하나은행 K리그2	16(31)	나상호(광주)
19	하나원큐 K리그1	20(33)	타가트(수원)
	하나원큐 K리그2	19(27)	펠리페(광주)
20	하나원큐 K리그1	26(27)	주니오(울산)
	하나원큐 K리그2	21(26)	안병준(수원FC)
21	하나원큐 K리그1	22(34)	주민규(제주)
	하나원큐 K리그2	23(34)	안병준(부산)
22	하나원큐 K리그1	17(31)	조규성(전북)
	하나원큐 K리그2	19(37)	티아고(경남)
23	하나원큐 K리그1	17(36)	주민규(울산)
		17(36)	티아고(대전)
	하나원큐 K리그2	17(35)	루이스(김포)

역대 시즌별 최다 도움 기록

연도	대회명	도움(경기수)	선수명(소속팀)
83	수퍼리그	6(15)	박창선(할렐루야)
84	축구대제전 수퍼리그	9(27)	렌스베르겐(현대)
85	축구대제전 수퍼리그	6(21)	피아퐁(럭키금성)
86	축구대제전	8(15)	강득수(럭키금성)
	프로축구선수권대회	4(12)	전영수(현대)
		4(14)	여범규(대우)
		4(16)	신동철(유공)
87	한국프로축구대회	8(30)	최상국(포항)
88	한국프로축구대회	5(15)	김종부(포항)
		5(23)	함현기(현대), 황보관(유공), 강득수(럭키금성)
89	한국프로축구대회	11(39)	이흥실(포항)
90	한국프로축구대회	7(29)	송주석(현대)
91	한국프로축구대회	8(29)	김준현(유공)
92	한국프로축구대회	8(25)	신동철(유공)
	아디다스컵	3(6)	이기근(포항)
		3(7)	이인재(LG)
93	한국프로축구대회	8(27)	윤상철(LG)
	아디다스컵	2(5)	루벤(대우) 外 3명
94	하이트배 코리안리그	10(21)	고정운(일화)
	아디다스컵	4(5)	조정현(유공)
95	하이트배 코리안리그	7(26)	아미르(대우)
	아디다스컵	3(5)	윤정환(유공)
		3(6)	아미르(대우)
96	라피도컵 프로축구대회	14(32)	라데(포항)
	아디다스컵	3(7)	윤정환(부천SK)
		3(8)	윤정춘(부천SK)
97	라피도컵 프로축구대회	5(10)	이성남(수원)
		5(14)	정정수(울산)
		5(16)	신홍기(울산)
	아디다스컵	4(8)	고종수(수원)
		4(9)	김범수(전북), 박건하(수원), 김현석(울산)
	프로스펙스컵	5(7)	올레그(안양LG)
98	현대컵 K-리그	9(19)	정정수(울산)

연도	대회명	도움경기수	선수명(소속팀)
	필립모리스코리아컵	4 (8)	윤정환(부천SK)
	아디다스코리아컵	3 (9)	정철민(울산), 강준회(안양LG)
99	바이코리아컵 K-리그	8(25)	변재섭(전북)
	대한화재컵	4 (8)	서혁수(전북), 조성환(부천SK)
	아디다스컵	3 (3)	이성남(수원)
00	삼성 디지털 K-리그	10(29)	안드레(안양LG)
	대한화재컵	4 (9)	전경준(부천SK)
	아디다스컵	4(10)	최문식(전남)
		4 (3)	이성남(수원)
01	포스코 K-리그	10(23)	우르모브(부산)
	아디다스컵	5(11)	마니치(부산)
02	삼성 파브 K-리그	9(18)	이천수(울산)
		9(27)	김대의(성남일화)
	아디다스컵	4 (9)	안드레(안양LG)
		4(11)	샤샤(성남일화)
03	삼성 하우젠 K-리그	14(39)	에드밀손(전북)
04	삼성 하우젠 K-리그	6(18)	홍순학(대구)
	삼성 하우젠컵	5(11)	따바레즈(포항)
05	삼성 하우젠 K-리그	9	히칼도(서울)
	삼성 하우젠컵	5	세자르(전북), 히칼도(서울)
06	삼성 하우젠 K-리그	8(24)	슈바(대전)
	삼성 하우젠컵	5 (9)	두두(성남일화)
07	삼성 하우젠 K-리그	11(23)	따바레즈(포항)
	삼성 하우젠컵	5 (8)	이청용(서울)
08	삼성 하우젠 K-리그	6(14)	브라질리아(울산)
	삼성 하우젠컵	9 (3)	변성환(제주)
09	K-리그	12(30)	루이스(전북)
	피스컵 코리아	3 (4)	조찬호(포항), 이슬기(대구), 오장은(울산)
10	쏘나타 K리그	11(26)	구자철(제주)
	포스코컵	4 (5)	장남석(대구)
11	현대오일뱅크 K리그	15(29)	이동국(전북)
	러시앤캐시컵	4 (6)	최재수(울산)
12	현대오일뱅크 K리그	19(41)	몰리나(서울)
13	현대오일뱅크 K리그 클래식	13(35)	몰리나(서울)
	현대오일뱅크 K리그 챌린지	11(21)	염기훈(경찰)
14	현대오일뱅크 K리그 클래식	10(26)	이승기(전북)
		10(35)	레오나르도(전북)
	현대오일뱅크 K리그 챌린지	9(33)	최진호(강원)
		9(36)	권용현(수원FC)
15	현대오일뱅크 K리그 클래식	17(35)	염기훈(수원)
	현대오일뱅크 K리그 챌린지	12(39)	김재성(서울E)
16	현대오일뱅크 K리그 클래식	15(34)	염기훈(수원)
	현대오일뱅크 K리그 챌린지	10(27)	이호석(경남)
17	KEB하나은행 K리그 클래식	14(35)	손준호(포항)
	KEB하나은행 K리그 챌린지	13(33)	장혁진(안산)
18	KEB하나은행 K리그1	11(25)	세징야(대구)
	KEB하나은행 K리그2	9(32)	박수일(대전), 호물로(부산)

연도	대회명	도움경기수	선수명(소속팀)
19	하나원큐 K리그1	10(32)	문선민(전북)
		10(35)	세징야(대구)
	하나원큐 K리그2	10(29)	정재희(전남)
20	하나원큐 K리그1	12(26)	강상우(포항)
	하나원큐 K리그2	7(23)	김영욱(제주)
21	하나원큐 K리그1	10(32)	김보경(전북)
		10(36)	무릴로(수원FC)
	하나원큐 K리그2	8(37)	주현우(안양)
22	하나원큐 K리그1	14(35)	이기제(수원)
	하나원큐 K리그2	11(33)	아코스티(안양)
23	하나원큐 K리그1	8(26)	백성동(포항)
	하나원큐 K리그2	14(36)	발디비아(전남)

역대 득점 해트트릭 기록_ K리그 BC

번호	경기일자	선수명	소속	상대팀	경기장	대회구분	득점
1	83.08.25	김희철	포철	유공	동대문	정규리그	3
2	83.09.22	박윤기	유공	국민은	동대문	정규리그	3
3	84.07.22	정해원	대우	럭금	부산 구덕	정규리그	3
4	84.07.28	이태호	대우	한일은	동대문	정규리그	3
5	84.08.26	백종철	현대	국민은	울산 공설	정규리그	3
6	86.10.19	정해원	대우	유공	대구 시민	정규리그	3
7	86.10.22	정해원	대우	한일은	포항 종합	정규리그	3
8	87.07.27	이태호	대우	럭금	대전 한밭	정규리그	3
9	88.06.04	조긍연	포철	럭금	포항 종합	정규리그	3
10	89.05.20	조긍연	포철	대우	포항 종합	정규리그	3
11	89.10.21	조긍연	포철	현대	강릉 종합	정규리그	3
12	92.06.13	임근재	LG	대우	마산	정규리그	3
13	93.07.07	차상해	포철	대우	광양 전용	정규리그	3
14	93.08.25	윤상철	LG	유공	동대문	정규리그	3
15	93.09.28	강재순	현대	일화	동대문	정규리그	3
16	93.11.06	최문식	포철	일화	목동	리그컵	3
17	94.05.25	윤상철	LG	버팔로	동대문	리그컵	3
18	94.06.01	라데	포철	버팔로	포항 스틸야드	리그컵	3
19	94.07.23	이상윤	일화	LG	동대문	정규리그	3
20	94.07.30	라데	포철	LG	동대문	정규리그	4
21	94.08.27	김상훈	LG	대우	부산 구덕	정규리그	3
22	94.10.22	황보관	유공	버팔로	동대문	정규리그	3
23	94.11.05	라데	포철	LG	동대문	정규리그	3
24	94.11.05	윤상철	LG	포철	동대문	정규리그	3
25	95.08.30	노상래	전남	대우	광양 전용	정규리그	3
26	95.09.06	황선홍	포항	대우	부산 구덕	정규리그	3
27	96.04.07	김도훈	전북	안양LG	안양	리그컵	3
28	96.04.24	세르게이	부천SK	부산	속초	리그컵	3
29	96.06.22	조셉	부천SK	천안	목동	정규리그	3
30	96.08.18	신태용	천안	울산	보령	정규리그	3
31	96.08.22	신태용	천안	포항	포항 스틸야드	정규리그	3
32	96.08.25	조정현	부천SK	천안	목동	정규리그	3
33	96.08.25	홍명보	포항	전북	전주	정규리그	3

번호	경기일자	선수명	소속	상대팀	경기장	대회구분	득점
34	96.09.12	세르게이	부천SK	안양LG	동대문	정규리그	3
35	96.11.02	세르게이	부천SK	안양LG	목동	정규리그	3
36	97.04.12	윤정춘	부천SK	안양LG	목동	리그컵	3
37	97.04.16	이원식	부천SK	울산	목동	리그컵	3
38	97.09.27	김현석	울산	천안	울산 공설	정규리그	3
39	98.03.31	김현석	울산	대전	대전 한밭	리그컵	4
40	98.04.22	제용삼	안양LG	부산	부산 구덕	리그컵	3
41	98.05.23	김종건	울산	천안	울산 공설	리그컵	3
42	98.07.25	최진철	전북	천안	전주	정규리그	3
43	98.08.26	유상철	울산	대전	울산 공설	정규리그	3
44	98.09.26	샤샤	수원	대전	수원 종합	정규리그	3
45	99.06.23	안정환	부산	대전	속초	정규리그	3
46	99.07.28	이성재	부천SK	전북	목동	정규리그	3
47	99.08.18	고정운	포항	울산	울산 공설	정규리그	3
48	99.08.18	최용수	안양LG	전북	안양	정규리그	3
49	99.08.21	샤샤	수원	부천SK	목동	정규리그	4
50	99.08.25	김종건	울산	부산	부산 구덕	정규리그	3
51	99.10.13	샤샤	수원	대전	대전 한밭	정규리그	3
52	00.06.21	김도훈	전북	대전	대전 한밭	정규리그	3
53	00.08.19	왕정현	안양LG	전북	안양	정규리그	3
54	00.08.30	데니스	수원	대전	대전 한밭	정규리그	3
55	00.09.03	이상윤	성남일화	부천SK	목동	정규리그	3
56	00.10.11	데니스	수원	전남	광양 전용	정규리그	3
57	00.10.11	산드로C	수원	전남	광양 전용	정규리그	3
58	01.06.24	샤샤	성남일화	부천SK	부천 종합	정규리그	3
59	01.06.27	코난	포항	대전	대전 한밭	정규리그	3
60	01.07.11	샤샤	성남일화	대전	대전 한밭	정규리그	3
61	01.09.09	산드로C	수원	전북	수원 월드컵	정규리그	3
62	01.09.26	박정환	안양LG	부산	부산 구덕	정규리그	3
63	02.03.17	샤샤	성남일화	부천SK	성남 종합	리그컵	5
64	02.04.10	뚜따	안양LG	부산	부산 구덕	리그컵	3
65	02.11.17	서정원	수원	부천SK	부천 종합	정규리그	3
66	02.11.17	유상철	울산	부산	울산 문수	정규리그	4
67	03.03.26	마그노	전북	부산	전주 월드컵	정규리그	3
68	03.05.04	이동국	광주상무	부산	부산 아시아드	정규리그	3
69	03.08.06	김도훈	성남일화	부천SK	부천 종합	정규리그	3
70	03.09.03	이따마르	전남	포항	포항 스틸야드	정규리그	3
71	03.10.05	김도훈	성남일화	안양LG	성남 종합	정규리그	3
72	03.11.09	김도훈	성남일화	대구	대구 시민	정규리그	3
73	03.11.16	도도	울산	광주상무	울산 문수	정규리그	4
74	04.04.10	훼이종	대구	광주상무	대구 스타디움	정규리그	3
75	04.06.13	나드손	수원	광주상무	수원 월드컵	정규리그	3
76	04.08.04	제칼로	울산	부산	울산 문수	리그컵	3
77	04.08.21	코난	포항	서울	포항 스틸야드	리그컵	3
78	04.11.20	우성용	포항	광주상무	광주 월드컵	정규리그	3
79	05.03.06	노나또	서울	전남	광양 전용	리그컵	3
80	05.05.05	나드손	수원	대구	대구 스타디움	리그컵	3
81	05.05.15	네아가	전남	대구	광양 전용	정규리그	3
82	05.05.18	박주영	서울	광주상무	서울 월드컵	정규리그	3
83	05.05.29	산드로	대구	수원	대구 스타디움	정규리그	3
84	05.07.03	남기일	성남일화	서울	탄천 종합	정규리그	3
85	05.07.10	박주영	서울	포항	서울 월드컵	정규리그	3
86	05.08.31	김도훈	성남일화	인천	탄천 종합	정규리그	3
87	05.11.27	이천수	울산	인천	인천 월드컵	정규리그	3
88	06.09.23	오장은	대구	전북	전주 월드컵	정규리그	3
89	07.03.14	안정환	수원	대전	수원 월드컵	리그컵	3
90	07.03.21	박주영	서울	수원	서울 월드컵	리그컵	3
91	07.05.20	스테보	전북	대구	전주 월드컵	정규리그	3
92	07.09.22	데닐손	대전	대구	대전 월드컵	정규리그	3
93	08.04.27	라돈치치	인천	대구	대구 스타디움	정규리그	3
94	08.05.24	호물로	제주	광주상무	제주 월드컵	정규리그	3
95	08.07.05	데안	서울	포항	서울 월드컵	정규리그	3
96	08.08.27	에닝요	대구	대전	대구 시민	리그컵	3
97	09.04.04	최태욱	전북	성남일화	전주 월드컵	정규리그	3
98	09.05.02	이동국	전북	제주	제주 종합	정규리그	3
99	09.07.04	이동국	전북	광주상무	광주 월드컵	정규리그	3
100	09.08.26	노병준	포항	서울	포항 스틸야드	리그컵	3
101	10.03.20	모따	포항	강원	포항 스틸야드	정규리그	3
102	10.03.28	김영후	강원	전남	강릉 종합	정규리그	3
103	10.04.18	유병수	인천	포항	인천 월드컵	정규리그	4
104	10.05.05	데안	서울	성남일화	서울 월드컵	정규리그	3
105	10.08.14	몰리나	성남일화	인천	인천 월드컵	정규리그	3
106	10.08.29	한상운	부산	전남	부산 아시아드	정규리그	3
107	10.10.02	오르티고사	울산	대전	대전 월드컵	정규리그	3
108	10.10.09	유병수	인천	대전	인천 월드컵	정규리그	3
109	11.05.08	데안	서울	상주	상주 시민	정규리그	3
110	11.06.18	염기훈	수원	대구	수원 월드컵	정규리그	3
111	11.07.06	김신욱	울산	경남	울산 문수	리그컵	4
112	11.08.06	김동찬	전북	강원	강릉 종합	정규리그	3
113	11.08.21	이동국	전북	포항	전주 월드컵	정규리그	3
114	11.08.27	몰리나	서울	강원	서울 월드컵	정규리그	3
115	11.09.24	데안	서울	대전	서울 월드컵	정규리그	3
116	11.10.30	하대성	서울	경남	진주 종합	정규리그	3
117	12.03.16	이근호	울산	성남일화	울산 문수	스플릿일반	3
118	12.04.22	에벨톤	성남일화	광주	탄천 종합	스플릿일반	3
119	12.05.13	자일	제주	강원	제주 월드컵	스플릿일반	3
120	12.06.24	이동국	전북	경남	전주 월드컵	스플릿일반	3
121	12.07.11	웨슬리	강원	대전	대전 월드컵	스플릿일반	3
122	12.07.21	서동현	제주	전남	제주 월드컵	스플릿일반	3
123	12.08.04	까이끼	경남	대구	창원C	스플릿일반	3
124	12.08.22	김신욱	울산	상주	상주 시민	스플릿일반	3
125	12.10.07	지쿠	강원	대전	대전 월드컵	스플릿B	3
126	12.10.07	케빈	대전	강원	대전 월드컵	스플릿B	3
127	12.11.29	조찬호	포항	서울	포항 스틸야드	스플릿A	3

※ 단일 라운드 2회 해트트릭:
　조정현(부천SK), 홍명보(포항): 부천SK vs 천안 / 전북 vs 포항 96.08.25

※ 단일 경기 양팀 선수 동시 해트트릭:
  윤상철(LG), 라데(포철): LG vs 포철 94.11.05
  케빈(대전), 지쿠(강원): 대전 vs 강원 12.10.07
※ 단일 경기 한팀 선수 동시 해트트릭:
  데니스(수원), 산드로O(수원): 전남 vs 수원 00.10.11
※ 단일 경기 한팀 선수 득점 - 도움 해트트릭
  박주영(서울 / 득점), 히칼도(서울 / 도움): 서울 vs 포항 05.07.10
※ 단일 경기 한 선수 득점 - 도움 해트트릭
  몰리나(서울): 서울 vs 강원 11.08.27
※ 단일 시즌 개인 최다 해트트릭(3회):
  라데(포항,1994), 세르게이(부천SK, 1996), 김도훈(성남일화, 2003)

역대 득점 해트트릭 기록_ K리그1

번호	경기일자	선수명	소속	상대팀	경기장	대회구분	득점
1	13.04.20	정대세	수원	대전	대전 월드컵	스플릿일반	3
2	13.05.26	페드로	제주	서울	제주 월드컵	스플릿일반	3
3	13.07.06	페드로	제주	경남	창원 축구센터	스플릿일반	3
4	13.07.31	조찬호	포항	강원	포항 스틸야드	스플릿일반	3
5	13.08.03	임상협	부산	경남	부산 아시아드	스플릿일반	3
6	13.10.30	김형범	경남	전남	창원 축구센터	스플릿B	3
7	13.11.20	데 안	서울	전북	서울 월드컵	스플릿A	3
8	13.11.30	김동기	강원	제주	강릉 종합	스플릿B	3
9	14.09.06	박수창	제주	전남	제주 월드컵	스플릿일반	4
10	15.04.04	김두현	성남	대전	대전 월드컵	스플릿일반	3
11	15.09.09	로페즈	제주	대전	대전 월드컵	스플릿일반	3
12	15.10.04	산토스	수원	광주	광주 월드컵	스플릿일반	3
13	15.10.25	코 바	울산	전남	광양 전용	스플릿B	3
14	15.11.07	윤주태	서울	수원	서울 월드컵	스플릿A	4
15	16.10.29	로페즈	전북	전남	순천 팔마	스플릿A	3
16	17.05.07	자 일	전남	광주	순천 팔마	스플릿일반	3
17	17.07.15	페체신	전남	대구	광양 전용	스플릿일반	3
18	17.07.19	데 안	서울	인천	인천 전용	스플릿일반	3
19	17.07.19	조나탄	수원	전남	수원 월드컵	스플릿일반	3
20	17.09.10	이승기	전북	강원	전주 월드컵	스플릿일반	3
21	17.10.08	주니오	대구	전남	광양 전용	스플릿일반	3
22	17.10.15	완델손	광주	전남	광양 전용	스플릿B	3
23	18.03.04	말 컹	경남	상주	창원 축구센터	스플릿일반	3
24	18.04.21	제리치	강원	전남	광양 전용	스플릿일반	3
25	18.05.02	마그노	제주	강원	제주 월드컵	스플릿일반	3
26	18.08.15	이석현	포항	전북	포항 스틸야드	스플릿일반	3
27	18.08.18	말 컹	경남	포항	포항 스틸야드	스플릿일반	3
28	18.08.19	제리치	강원	인천	춘천 송암	스플릿일반	4
29	19.06.23	완델손	포항	강원	춘천 송암	스플릿일반	3
30	19.06.23	조재완	강원	포항	춘천 송암	스플릿일반	3
31	19.07.10	문선민	전북	대구	DGB대구은행파크	스플릿일반	3
32	19.07.10	윤일록	제주	서울	제주 월드컵	스플릿일반	3
33	19.08.17	타가트	수원	강원	춘천 송암	스플릿일반	3
34	19.08.25	완델손	포항	인천	포항 스틸야드	스플릿일반	3
35	19.09.01	무고사	인천	울산	인천 전용	스플릿일반	3
36	20.07.04	주니오	울산	인천	울산 문수	스플릿일반	3
37	20.09.06	무고사	인천	강원	강릉 종합	스플릿일반	3
38	20.09.20	팔로세비치	포항	상주	포항 스틸야드	스플릿일반	3
39	20.09.26	타가트	수원	서울	수원 월드컵	파이널B	3
40	20.09.27	무고사	인천	성남	탄천 종합	파이널B	3
41	20.09.27	일류첸코	포항	광주	포항 스틸야드	파이널A	3
42	20.05.18	임상협	포항	수원FC	수원 종합	스플릿일반	3
43	21.06.06	구스타보	전북	성남	탄천 종합	스플릿일반	3
44	21.07.25	라 스	수원FC	울산	울산 문수	스플릿일반	3
45	22.05.08	주민규	제주	김천	제주 월드컵	스플릿일반	3
46	22.06.22	무고사	인천	강원	인천 전용	스플릿일반	3
47	23.03.18	아사니	광주	인천	광주 전용	스플릿일반	3
48	23.08.20	티아고	대전	포항	포항 스틸야드	스플릿일반	3

※ 단일 경기 한팀 선수 득점 - 도움 해트트릭:
  산토스(수원/득점), 염기훈(수원/도움): 광주 vs 수원 15.10.04
※ 단일 경기 양팀 선수 동시 해트트릭:
  조재완(강원), 완델손(포항): 강원 vs 포항, 19.06.23
※ 한 라운드 해트트릭 3회 기록: 2020년 K리그1 23라운드(9.26~27)
  타가트(수원), 무고사(인천), 일류첸코(포항)

역대 득점 해트트릭 기록_ K리그2

번호	경기일자	선수명	소속	상대팀	경기장	대회구분	득점
1	13.09.29	정성민	충주	부천	부천 종합	일반	3
2	14.03.29	이재권	안산	대구	안산 와스타디움	일반	3
3	14.05.14	최진호	강원	고양	고양 종합	일반	3
4	14.05.25	최진호	강원	충주	춘천 송암	일반	3
5	14.06.15	조엘손	강원	안산	강릉 종합	일반	3
6	14.07.13	아드리아노	대전	안양	대전 월드컵	일반	3
7	14.09.17	최진호	강원	대구	춘천 송암	일반	3
8	14.11.02	조나탄	대구	강원	대구 스타디움	일반	4
9	15.06.03	이정협	상주	경남	상주 시민	일반	3
10	15.06.03	주민규	서울E	부천	부천 종합	일반	3
11	15.09.23	조나탄	대구	상주	대구 스타디움	일반	3
12	15.10.03	타라바이	서울E	안양	안양 종합	일반	3
13	15.11.22	조석재	충주	고양	고양 종합	일반	3
14	16.07.31	정성민	안산	대구	안산 와스타디움	일반	3
15	16.08.13	고경민	부산	안산	부산 아시아드	일반	3
16	16.09.07	크리스찬	경남	고양	창원축구센터	일반	4
17	16.10.15	하파엘	충주	안산	충주 종합	일반	4
18	17.07.23	김동찬	성남	수원FC	탄천 종합	일반	3
19	17.08.23	최오백	서울E	아산	잠실	일반	3
20	17.09.03	고경민	부산	대전	부산 구덕	일반	3
21	17.09.17	김 현	아산	안양	안양 종합	일반	3
22	18.07.29	고경민	부산	안양	부산 구덕	일반	3
23	19.03.10	펠리페	광주	아산	광주 월드컵	일반	3
24	19.03.16	고무열	아산	부천	아산 이순신	일반	3
25	19.07.21	고무열	아산	서울E	아산 이순신	일반	3
26	19.03.30	호물로	부산	부천	부산 구덕	일반	3
27	19.08.31	노보트니	부산	서울E	잠실 올림픽	일반	3
28	20.09.27	고경민	경남	충남아산	창원축구센터	일반	3
29	21.05.24	박인혁	대전	부천	대전 월드컵	일반	3
30	21.06.05	발로텔리	전남	서울E	광양 전용	일반	3

Section
6
역대 통산 기록

번호	경기일자	선수명	소속	상대팀	경기장	대회구분	득점
31	21.06.12	알렉산드로	충남아산	대전	아산 이순신	일반	3
32	21.06.13	안 병 준	부산	안산	안산 와스타디움	일반	3
33	21.08.08	김 륜 도	안산	부천	부천 종합	일반	3
34	21.10.10	마 사	대전	안산	한밭 종합	일반	3
35	22.03.26	마 사	대전	경남	대전 월드컵	일반	3
36	22.06.04	에르난데스	경남	김포	진주 종합	일반	3
37	22.08.16	안드리고	안양	부천	안양 종합	일반	3
38	23.08.30	루 이 스	김포	성남	탄천 종합	일반	3
39	23.09.23	정 치 인	김천	안양	김천 종합	일반	3
40	23.10.22	최 병 찬	김천	안산	안산 와스타디움	일반	3
41	23.11.26	안 재 준	부천	전남	부천 종합	일반	3

※ 단일 시즌 개인 최다 해트트릭(3회): 최진호(강원, 2014)

역대 도움 해트트릭 기록_ K리그 BC

번호	경기일자	선수명	소속	상대팀	경기장	대회구분	도움
1	83.07.02	김 창 호	유공	포철	대전 한밭	정규리그	3
2	84.06.17	노 인 호	현대	할렐루야	전주	정규리그	3
3	84.11.03	김 한 봉	현대	국민은행	동대문	정규리그	3
4	86.10.12	강 득 수	럭금	포철	안동	정규리그	3
5	91.05.11	강 득 수	현대	LG	울산 공설	정규리그	3
6	91.09.11	이 영 진	LG	일화	동대문	정규리그	3
7	93.09.28	김 종 건	현대	일화	동대문	정규리그	3
8	93.10.16	김 용 갑	일화	포철	동대문	정규리그	3
9	96.06.19	신 홍 기	울산	전남	울산 공설	정규리그	3
10	97.08.13	올 레 그	안양LG	전북	안양	리그컵	3
11	97.08.23	사 샤	부산	포항	포항 스틸야드	정규리그	3
12	98.08.26	정 정 수	울산	대전	울산 공설	정규리그	3
13	00.10.15	데 니 스	수원	포항	동대문	리그컵	3
14	01.06.27	박 태 하	포항	대전	대전 한밭	정규리그	3
15	02.11.17	이 천 수	울산	부산	울산 문수	정규리그	3
16	03.03.26	에 드 밀 손	전북	부산	전주 월드컵	정규리그	3
17	03.05.11	김 도 훈	성남일화	안양LG	안양	정규리그	3
18	03.09.03	마 리 우	안양LG	부천SK	부천 종합	정규리그	3
19	05.05.05	세 자 르	전북	서울	전주 월드컵	리그컵	3
20	05.07.10	히 칼 도	서울	포항	서울 월드컵	정규리그	3
21	05.08.28	김 도 훈	성남일화	전북	전주 월드컵	정규리그	3
22	06.03.25	최 원 권	서울	제주	제주 월드컵	정규리그	3
23	07.04.04	이 현 승	전북	포항	전주 월드컵	리그컵	3
24	08.07.19	이 근 호	대구	부산	부산 아시아드	정규리그	3
25	09.03.07	이 청 용	서울	전남	광양 전용	정규리그	3
26	09.07.22	오 장 은	울산	제주	울산 문수	리그컵	3
27	10.04.04	데 안	서울	수원	서울 월드컵	정규리그	3
28	10.09.10	김 영 후	강원	전북	전주 월드컵	정규리그	3
29	11.04.16	이 동 국	전북	광주	전주 월드컵	정규리그	3
30	11.06.18	모 따	포항	상주	포항 스틸야드	정규리그	3
31	11.08.27	몰 리 나	서울	강원	서울 월드컵	정규리그	3
32	12.06.23	이 승 기	광주	전남	광주 월드컵	스플릿일반	3

※ 단일 경기 한 선수 득점 - 도움 해트트릭
몰리나(서울): 서울 vs 강원 11.08.27

역대 도움 해트트릭 기록_ K리그1

번호	경기일자	선수명	소속	상대팀	경기장	대회구분	도움
1	13.04.20	홍 철	수원	대전	대전 월드컵	스플릿일반	3
2	15.06.17	홍 철	수원	제주	제주 월드컵	스플릿일반	3
3	15.10.04	염 기 훈	수원	광주	광주 월드컵	스플릿일반	3
4	16.07.31	염 기 훈	수원	제주	수원 월드컵	스플릿일반	3
5	16.10.29	레오나르도	전북	전남	순천 팔마	스플릿A	3
6	17.10.22	이재성⑰	전북	강원	춘천 송암	스플릿A	3
7	18.09.15	한 교 원	전북	제주	전주 월드컵	스플릿일반	3
8	19.07.09	정 승 용	강원	상주	춘천 송암	스플릿일반	3
9	19.07.10	서 진 수	제주	서울	제주 월드컵	스플릿일반	3
10	20.07.04	김 인 성	울산	인천	울산 문수	스플릿일반	3
11	22.98.14	김 주 공	제주	포항	제주 월드컵	스플릿일반	3
12	22.09.03	신 진 호	포항	대구	포항 스틸야드	스플릿일반	3
13	23.08.20	전 병 관	대전	포항	포항 스틸야드	스플릿일반	3

※ 단일 경기 한 팀 선수 득점 - 도움 해트트릭:
산토스(수원/득점), 염기훈(수원/도움): 광주 vs 수원 15.10.04

역대 도움 해트트릭 기록_ K리그2

번호	경기일자	선수명	소속	상대팀	경기장	대회구분	도움
1	13.06.06	유수현	수원FC	경찰	수원 종합	일반	3
2	13.09.08	알렉스	고양	광주	고양 종합	일반	3
3	15.11.11	자 파	수원FC	상주	상주 시민	일반	3
4	16.09.07	이 호 석	경남	고양	창원축구센터	일반	4
5	19.08.17	장 혁 진	안산	수원FC	수원 종합	일반	3
6	22.05.09	손 석 용	김포	대전	대전 월드컵	일반	3
7	22.08.21	아코스티	안양	대전	대전 월드컵	일반	3
8	23.05.14	장 혁 진	충북청주	안산	청주	일반	3

역대 자책골 기록_ K리그 BC

경기일자	선수명	소속	상대팀		경기구분		시간
83.06.25	강 신 우	대우	유공	원정	정규리그	전기	후반 44
83.09.10	김 형 남	포철	유공	원정	정규리그	후기	후반 10
84.05.12	김 광 훈	럭금	대우	원정	정규리그	전기	후반 16
84.06.28	김 경 식	한일	럭금	홈	정규리그	전기	후반 30
84.06.28	문 영 서	할렐	대우	원정	정규리그	전기	후반 40
84.06.30	주 영 만	국민	럭금	홈	정규리그	전기	후반 29
84.08.17	김 경 식	한일	현대	홈	정규리그	후기	전반 19
84.11.04	정 태 영	럭금	유공	원정	정규리그	후기	후반 08
85.07.02	이 돈 철	현대	럭금	원정	정규리그	일반	후반 44
86.03.23	김 흥 권	현대	유공	홈	정규리그	전기	전반 34
86.07.06	박 경 훈	포철	현대	홈	리그컵	일반	전반 41
86.09.11	손 형 선	대우	현대	홈	리그컵	일반	후반 04
86.09.14	이 재 희	대우	럭금	원정	리그컵	일반	전반 38
86.10.26	박 연 혁	유공	현대	원정	정규리그	후기	전반 13
87.04.11	조 영 증	럭금	대우	원정	정규리그	일반	전반 15
87.08.17	김 문 경	현대	포철	원정	정규리그	일반	전반 40
87.09.20	남 기 영	포철	현대	원정	정규리그	일반	후반 13
88.04.02	강 태 식	포철	럭금	홈	정규리그	일반	후반 45
88.07.10	정 종 수	유공	포철	홈	정규리그	일반	전반 17
89.04.16	이 화 열	포철	럭금	원정	정규리그	일반	후반 23

경기일자	선수명	소속	상대팀	경기구분			시간
89.10.25	공 문 배	포철	유공	홈	정규리그	일반	전반31
90.04.08	이 영 진	럭금	현대	원정	정규리그	일반	후반18
90.04.22	안 익 수	일화	유공	원정	정규리그	일반	후반23
91.05.04	하 성 준	일화	유공	원정	정규리그	일반	후반39
91.06.22	최 윤 겸	유공	현대	홈	정규리그	일반	전반45
91.09.07	박 현 용	대우	LG	원정	정규리그	일반	후반33
91.09.14	권 형 정	포철	현대	원정	정규리그	일반	전반14
92.09.30	이 재 일	현대	포철	원정	리그컵	일반	전반35
92.11.07	조 민 국	LG	현대	원정	정규리그	일반	후반10
93.05.08	김 삼 수	LG	현대	홈	정규리그	일반	전반30
93.07.07	차 석 준	유공	일화	원정	정규리그	일반	후반40
93.08.14	알 미 르	대우	LG	홈	정규리그	일반	후반26
94.05.21	유 동 관	포철	LG	홈	리그컵	일반	전반21
94.08.13	조 덕 제	대우	일화	원정	정규리그	일반	후반27
94.08.27	정 인 호	유공	현대	홈	정규리그	일반	후반43
94.09.10	최 영 희	대우	일화	홈	정규리그	일반	후반27
94.09.24	김 판 근	LG	현대	홈	정규리그	일반	후반26
94.11.09	이 종 화	일화	유공	홈	정규리그	일반	전반09
95.03.25	손 종 찬	유공	LG	홈	리그컵	일반	전반38
95.06.21	김 경 래	전북	포항	홈	정규리그	전기	전반07
95.08.30	이 영 진	일화	전북	홈	정규리그	후기	전반26
95.08.30	정 인 호	유공	포항	원정	정규리그	후기	후반22
96.04.18	신 성 환	수원	부천SK	홈	리그컵	일반	후반31
96.05.12	박 광 현	천안	포항	홈	정규리그	전기	전반40
96.05.15	정 영 호	전남	안양LG	원정	정규리그	전기	후반36
96.06.29	하 상 수	부산	부천SK	홈	정규리그	전기	전반44
96.07.06	이 민 성	부산	전남	홈	정규리그	전기	후반28
97.04.12	김 주 성	부산	수원	원정	리그컵	일반	후반16
97.05.10	신 성 환	수원	울산	원정	정규리그	일반	전반45
97.07.12	최 영 일	부산	포항	홈	정규리그	일반	후반38
97.07.13	무 탐 바	안양LG	천안	홈	정규리그	일반	후반38
97.07.23	마 시 엘	전남	안양LG	홈	리그컵	A조	후반21
97.09.24	김 현 수	전남	울산	원정	리그컵	A조	후반43
98.06.06	김 봉 현	전북	부천SK	홈	리그컵	일반	전반14
98.07.25	김 태 영	전남	안양LG	홈	정규리그	일반	전반43
98.08.01	신 성 환	수원	천안	원정	정규리그	일반	후반03
98.08.19	김 재 형	부산	안양LG	홈	정규리그	일반	전반21
98.08.29	무 탐 바	안양LG	전북	원정	정규리그	일반	후반43
98.09.23	이 영 상	포항	부천SK	홈	정규리그	일반	후반47
98.10.14	보 리 스	부천SK	수원	홈	정규리그	일반	전반19
99.06.27	유 동 우	대전	수원	홈	정규리그	일반	후반13
99.07.03	호제리오	전북	울산	원정	정규리그	일반	후반25
99.07.07	이 임 생	부천SK	전남	홈	정규리그	일반	전반35
99.07.17	김 학 철	안양LG	전남	원정	정규리그	일반	후반14
99.07.28	장 민 석	전북	부천SK	원정	정규리그	일반	전반36
99.08.18	이 경 춘	전북	안양LG	원정	정규리그	일반	후반15
99.08.25	이 기 형	수원	포항	홈	정규리그	일반	전반29
99.10.09	김 영 철	천안	대전	홈	정규리그	일반	연후01
99.10.31	손 현 준	부산	수원	원정	정규리그	PO	후반36
00.03.19	이 창 엽	대전	부산	홈	리그컵	B조	후반05
00.05.17	이 정 효	부산	포항	홈	정규리그	일반	후반33

경기일자	선수명	소속	상대팀	경기구분			시간
00.10.01	호제리오	전북	포항	중립	정규리그	일반	전반29
00.10.07	최 진 철	전북	성남일화	홈	정규리그	일반	전반13
01.05.05	졸 리	수원	전북	홈	리그컵	4강전	후반08
01.08.01	이 창 원	전남	부천SK	홈	정규리그	일반	후반16
01.09.08	박 종 문	전남	울산	원정	정규리그	일반	후반24
01.09.26	이 싸 빅	포항	울산	원정	정규리그	일반	후반52
02.04.06	이 임 생	부천SK	전북	원정	리그컵	A조	전반33
02.04.27	윤 희 준	부산	울산	원정	리그컵	B조	전반28
02.07.28	김 현 수	성남일화	수원	홈	정규리그	일반	후반16
02.08.28	심 재 원	부산	전북	홈	정규리그	일반	전반38
02.11.06	왕 정 현	안양LG	대전	원정	정규리그	일반	후반20
03.04.30	윤 원 철	부천SK	대구	홈	정규리그	일반	전반08
03.05.21	김 치 곤	안양LG	광주상무	원정	정규리그	일반	전반03
03.05.21	박 준 홍	광주상무	안양LG	홈	정규리그	일반	후반32
03.09.07	조 병 국	수원	부산	원정	정규리그	일반	전반42
03.09.24	보 리 스	부천SK	안양LG	원정	정규리그	일반	전반26
03.09.24	유 경 렬	울산	성남일화	홈	정규리그	일반	전반42
03.10.05	김 치 곤	안양LG	성남일화	원정	정규리그	일반	후반02
03.11.09	이 응 제	전북	부산	원정	정규리그	일반	후반22
04.04.10	곽 희 주	수원	전북	원정	정규리그	전기	전반24
04.04.17	쏘 우 자	서울	부천SK	원정	정규리그	전기	전반13
04.04.17	이 싸 빅	성남일화	인천	원정	정규리그	전기	후반10
04.04.24	조 병 국	수원	성남일화	원정	정규리그	전기	전반34
04.05.08	이 싸 빅	성남일화	포항	홈	정규리그	전기	전반20
04.07.11	성 한 수	전남	전북	원정	리그컵	일반	전반27
04.07.18	한 정 국	대전	부산	홈	리그컵	일반	전반22
04.07.25	김 현 수	전북	성남일화	원정	리그컵	일반	전반25
04.09.11	강 용	포항	서울	홈	정규리그	후기	전반06
05.04.13	윤 희 준	부산	부천SK	원정	리그컵	일반	전반45
05.05.01	산 토 스	포항	부산	원정	리그컵	일반	전반10
05.05.05	이 상 호	부천SK	포항	원정	리그컵	일반	전반08
05.05.08	김 한 윤	부천SK	전남	홈	리그컵	일반	전반38
05.08.31	유 경 렬	울산	부천SK	홈	정규리그	후기	후반14
05.09.04	이 창 원	전남	부천SK	홈	정규리그	후기	후반47
05.10.16	마 토	수원	전북	홈	정규리그	후기	후반00
05.10.30	박 재 홍	전남	전북	원정	정규리그	후기	후반35
05.11.09	장 경 진	인천	광주상무	홈	정규리그	후기	후반18
06.04.01	김 규 식	울산	수원	홈	정규리그	전기	후반34
06.05.10	김 광 석	광주상무	대구	원정	정규리그	전기	전반45
06.05.10	전 광 환	전북	수원	원정	정규리그	전기	후반37
06.05.27	마 토	수원	인천	원정	리그컵	일반	후반42
06.07.26	김 윤 식	포항	울산	홈	리그컵	일반	전반21
06.08.30	이 장 관	부산	대구	홈	정규리그	후기	후반11
06.09.09	김 영 선	전북	인천	홈	정규리그	후기	후반08
06.09.23	이 동 원	전남	부산	홈	정규리그	후기	후반01
06.09.30	이 민 성	서울	대구	원정	정규리그	후기	전반16
06.09.30	조 성 환	포항	인천	원정	정규리그	후기	후반18
06.10.04	유 경 렬	울산	서울	원정	정규리그	후기	전반18
07.03.10	니 콜 라	제주	성남일화	홈	정규리그	일반	후반07
07.05.05	김 진 규	전남	포항	홈	정규리그	일반	전반36
07.05.05	김 동 규	광주상무	수원	홈	정규리그	일반	전반42

경기일자	선수명	소속	상대팀	홈/원정	경기구분		시간
07.08.15	이 준 기	전남	인천	원정	정규리그	일반	후반40
07.08.18	심 재 원	부산	포항	홈	정규리그	일반	후반30
07.08.29	김 성 근	포항	서울	원정	정규리그	일반	전반12
07.08.29	황 재 원	포항	서울	원정	정규리그	일반	전반22
07.09.01	조 네 스	포항	대구	원정	정규리그	일반	전반21
07.09.02	배 효 성	부산	전북	원정	정규리그	일반	후반40
08.04.16	김 영 철	성남일화	전북	원정	리그컵	B조	전반05
08.05.03	김 영 철	성남일화	포항	홈	정규리그	일반	후반26
08.05.25	이 상 일	전남	대구	홈	정규리그	일반	전반45
08.06.25	김 주 환	대구	성남일화	원정	리그컵	B조	전반23
08.06.25	아 디	서울	경남	홈	리그컵	A조	전반43
08.07.02	강 민 수	전북	울산	원정	리그컵	B조	전반02
08.07.12	진 경 선	대구	경남	홈	정규리그	일반	전반38
08.08.23	강 선 규	대전	전남	홈	정규리그	일반	후반42
08.08.24	김 명 중	광주상무	부산	홈	정규리그	일반	전반32
08.09.13	현 영 민	울산	수원	홈	정규리그	일반	후반07
08.09.20	안 현 식	인천	대구	홈	정규리그	일반	전반15
08.10.25	알렉산더	전북	인천	홈	정규리그	일반	후반28
08.11.01	김 민 오	울산	경남	원정	정규리그	일반	후반25
08.11.02	송 한 복	광주상무	인천	홈	정규리그	일반	전반43
08.11.09	김 태 영	부산	울산	원정	정규리그	일반	전반17
09.05.09	김 정 겸	포항	제주	홈	정규리그	일반	후반07
09.05.27	김 상 식	전북	제주	원정	리그컵	B조	후반05
09.05.27	김 형 호	전남	강원	원정	리그컵	A조	후반07
09.06.21	차 디	인천	포항	홈	정규리그	일반	전반47
09.07.12	김 한 섭	대전	강원	홈	정규리그	일반	전반02
09.07.12	김 주 영	경남	성남일화	원정	정규리그	일반	후반12
09.09.06	김 승 현	전남	경남	원정	정규리그	일반	전반38
09.09.06	이 원 재	울산	부산	홈	정규리그	일반	후반47
09.09.20	이 강 진	부산	전북	원정	정규리그	일반	전반01
09.10.02	곽 태 휘	전남	전북	원정	정규리그	일반	후반27
09.10.24	황 선 필	광주상무	포항	홈	정규리그	일반	후반24
09.11.01	이 범 영	부산	인천	홈	정규리그	일반	전반48
10.03.06	이 요 한	전북	제주	원정	정규리그	일반	전반07
10.04.11	안 현 식	인천	부산	원정	정규리그	일반	후반32
10.04.18	김 인 호	제주	수원	홈	정규리그	일반	후반39
10.07.28	김 진 규	서울	수원	홈	리그컵	PO	후반17
10.07.28	심 우 연	전북	경남	홈	리그컵	PO	후반36
10.08.07	안 재 준	인천	수원	홈	정규리그	일반	전반37
10.08.15	양 승 원	대구	포항	홈	정규리그	일반	후반48
10.08.22	신 광 훈	포항	인천	홈	정규리그	일반	후반24
10.08.28	김 진 규	서울	수원	원정	정규리그	일반	전반03
10.09.01	김 형 일	포항	서울	홈	정규리그	일반	후반46
10.09.04	안 현 식	인천	부산	홈	정규리그	일반	후반27
10.09.04	모 따	수원	강원	원정	정규리그	일반	후반46
10.10.30	유 지 노	전남	전북	원정	정규리그	일반	전반10
10.11.03	김 종 수	경남	포항	원정	정규리그	일반	전반11
11.03.12	황 재 훈	대전	서울	홈	정규리그	일반	전반34
11.03.16	강 민 수	울산	부산	홈	리그컵	B조	후반18
11.03.20	백 종 환	강원	제주	원정	정규리그	일반	후반22
11.04.24	이 용 기	경남	수원	원정	정규리그	일반	후반20
11.04.24	김 성 환	성남일화	제주	원정	정규리그	일반	후반29
11.04.30	이 용 기	경남	성남일화	홈	정규리그	일반	전반12
11.05.08	박 용 호	서울	상주	원정	정규리그	일반	전반18
11.05.21	김 한 윤	부산	수원	원정	정규리그	일반	후반19
11.05.21	김 인 한	경남	상주	홈	정규리그	일반	후반36
11.06.11	이 정 호	부산	강원	원정	정규리그	일반	전반41
11.06.11	윤 시 호	대구	대전	홈	정규리그	일반	후반12
11.06.18	김 인 호	제주	전북	원정	정규리그	일반	후반37
11.07.09	유 경 렬	대구	부산	홈	정규리그	일반	후반15
11.07.10	사 샤	성남일화	인천	홈	정규리그	일반	후반01
11.07.10	배 효 성	인천	성남일화	원정	정규리그	일반	후반11:
11.07.16	김 수 범	광주	전북	홈	정규리그	일반	후반17
11.07.24	정 호 정	성남일화	전북	원정	정규리그	일반	전반15
11.08.06	이 동 원	부산	포항	원정	정규리그	일반	전반15
12.03.10	김 창 수	부산	제주	홈	정규리그	스일반	후반13
12.04.11	김 기 희	대구	경남	홈	정규리그	스일반	전반45
12.05.13	유 종 현	광주	수원	원정	정규리그	스일반	후반17
12.05.13	황 순 민	대구	부산	원정	정규리그	스일반	후반48
12.06.17	송 진 형	제주	수원	원정	정규리그	스일반	전반24
12.06.24	고 슬 기	울산	서울	원정	정규리그	스일반	전반39
12.06.30	한 그 루	대전	부산	원정	정규리그	스일반	전반03
12.07.01	양 상 민	수원	포항	원정	정규리그	스일반	전반09
12.10.06	에 델	부산	수원	홈	정규리그	스A	후반33
12.10.27	마르케스	제주	부산	홈	정규리그	스A	전반45
12.11.18	마다스치	제주	부산	원정	정규리그	스A	후반30
12.11.21	이 명 주	포항	부산	원정	정규리그	스A	전반05

역대 자책골 기록_ K리그1

경기일자	선수명	소속	상대팀	홈/원정	경기구분	시간
13.03.09	박 진 포	성남일화	제주	원정	스플릿일반	전반43
13.04.06	보 스 나	수원	대구	홈	스플릿일반	전반43
13.04.07	윤 영 선	성남일화	부산	원정	스플릿일반	후반26
13.04.13	이 윤 표	인천	대구	원정	스플릿일반	후반28
13.04.28	아 디	서울	강원	원정	스플릿일반	후반38
13.05.18	신 광 훈	포항	울산	홈	스플릿일반	전반24
13.06.23	이 강 진	대전	경남	원정	스플릿일반	전반02
13.07.03	이 웅 희	대전	수원	원정	스플릿일반	전반09
13.07.03	최 은 성	전북	성남일화	홈	스플릿일반	후반34
13.09.01	최 우 재	강원	울산	롬	스플릿일반	전반32
13.09.28	윤 영 선	성남일화	경남	원정	스플릿B	전반29
13.10.05	곽 광 선	수원	포항	원정	스플릿A	전반00
13.10.09	이 용	제주	강원	홈	스플릿B	후반24
13.10.20	황 도 연	제주	대전	홈	스플릿B	후반34
13.11.10	김 평 래	성남일화	제주	원정	스플릿B	전반19
14.03.09	이 용	제주	수원	홈	스플릿일반	후반24
14.03.16	이 용	제주	전남	원정	스플릿일반	후반17
14.03.16	우 주 성	경남	울산	원정	스플릿일반	후반25
14.03.29	최 철 순	상주	포항	원정	스플릿일반	전반37
14.04.26	알 렉 스	제주	부산	홈	스플릿일반	전반12
14.04.26	스 레 텐	경남	전북	원정	스플릿일반	전반28
14.05.04	이 경 렬	부산	경남	홈	스플릿일반	후반23

경기일자	선수명	소속	상대팀	경기구분		시간
14.05.10	이근호	상주	수원	홈	스플릿일반	후반 49
14.09.10	김근환	울산	수원	원정	스플릿일반	전반 28
14.11.01	이재원	울산	수원	홈	스플릿A	후반 11
15.03.07	정준연	광주	인천	원정	스플릿일반	후반 46
15.03.21	제종현	광주	부산	원정	스플릿일반	전반 23
15.04.05	정준연	광주	울산	원정	스플릿일반	전반 15
15.04.12	김기희	전북	광주	원정	스플릿일반	후반 45
15.05.16	김동철	전남	서울	원정	스플릿일반	전반 31
15.05.17	요니치	인천	부산	원정	스플릿일반	전반 12
15.06.03	양준아	제주	성남	홈	스플릿일반	전반 31
15.06.07	양상민	수원	광주	홈	스플릿일반	후반 33
15.07.08	오반석	제주	포항	원정	스플릿일반	후반 24
15.07.11	강준우	제주	전북	홈	스플릿일반	후반 45
15.08.12	유지훈	부산	전북	원정	스플릿일반	후반 40
15.09.12	김태윤	성남	포항	원정	스플릿일반	후반 30
15.03.07	김대중	인천	광주	홈	스플릿일반	전반 32
16.05.07	블라단	수원FC	제주	홈	스플릿일반	전반 32
16.05.21	이웅희	상주	성남	홈	스플릿일반	후반 12
16/5/29	오스마르	서울	전남	홈	스플릿일반	전반 10
16.06.15	김용대	울산	전남	원정	스플릿일반	전반 03
16.06.15	황의조	성남	포항	원정	스플릿일반	전반 12
16.06.15	민상기	수원	전북	원정	스플릿일반	전반 37
16.06.15	홍준호	광주	서울	원정	스플릿일반	후반 10
16.06.18	백동규	제주	포항	홈	스플릿일반	후반 49
16.06.29	유상훈	서울	성남	홈	스플릿일반	후반 08
16.07.02	정동호	울산	수원	홈	스플릿일반	전반 10
16.07.16	김보경	전북	제주	원정	스플릿일반	후반 18
16.07.17	김태수	인천	서울	홈	스플릿일반	전반 26
16.08.17	박준혁	성남	광주	홈	스플릿일반	후반 08
16.09.10	신광훈	포항	수원FC	홈	스플릿일반	후반 41
16.10.02	김용대	울산	인천	홈	스플릿일반	전반 03
16.10.02	임하람	수원FC	수원	원정	스플릿일반	후반 45
16.11.02	요니치	인천	수원	원정	스플릿B	전반 05
16.11.02	연제운	성남	수원FC	홈	스플릿B	후반 37
16.11.06	최효진	전남	울산	홈	스플릿A	전반 22
17.04.09	김용환	인천	포항	원정	스플릿일반	후반 33
17.04.22	부노자	인천	서울	원정	스플릿일반	전반 44
17.06.24	이한도	광주	전남	홈	스플릿일반	전반 30
17.06.25	조원희	수원	강원	홈	스플릿일반	후반 44
17.07.12	이호승	전남	강원	원정	스플릿일반	후반 03
17.07.22	본즈	광주	전남	홈	스플릿일반	후반 39
17.08.02	채프만	인천	전북	홈	스플릿일반	전반 18
17.08.02	배슬기	포항	광주	홈	스플릿일반	전반 23
17.08.06	이광선	상주	강원	홈	스플릿일반	후반 35
17.08.12	곽광선	수원	서울	홈	스플릿일반	후반 16
17.09.20	이한도	광주	서울	홈	스플릿일반	전반 41
17.09.30	하창래	인천	대구	원정	스플릿일반	전반 03
17.10.14	채프만	인천	포항	원정	스플릿B	전반 06
17.10.15	이영재	울산	수원	원정	스플릿A	전반 21
17.10.21	고태원	전남	포항	홈	스플릿B	후반 32
17.11.18	박동진	광주	포항	홈	스플릿B	후반 38

경기일자	선수명	소속	상대팀	경기구분		시간
18.03.11	이웅희	서울	강원	홈	스플릿일반	후반 05
18.04.07	박종진	인천	전남	홈	스플릿일반	전반 30
18.04.11	맥고완	강원	수원	홈	스플릿일반	후반 05
18.04.14	이윤표	인천	제주	원정	스플릿일반	전반 19
18.04.15	한희훈	대구	강원	홈	스플릿일반	후반 30
18.04.21	김진혁	대구	서울	원정	스플릿일반	후반 35
18.04.25	무고사	인천	울산	원정	스플릿일반	전반 21
18.05.20	곽태휘	서울	전북	홈	스플릿일반	후반 36
18.07.11	이정빈	인천	강원	홈	스플릿일반	후반 24
18.08.04	권한진	제주	서울	원정	스플릿일반	전반 34
18.08.11	양한빈	서울	포항	홈	스플릿일반	전반 13
18.09.01	김민우	상주	전남	홈	스플릿일반	후반 33
18.09.22	김은선	수원	대구	원정	스플릿일반	전반 07
18.09.29	이범영	강원	전북	원정	스플릿일반	후반 31
18.10.28	부노자	인천	대구	홈	스플릿B	후반 16
18.11.03	이광선	제주	경남	홈	스플릿A	전반 19
18.12.02	김현훈	경남	전북	원정	스플릿A	전반 13
19.03.17	전민광	포항	경남	홈	스플릿일반	후반 39
19.03.30	김경재	상주	서울	원정	스플릿일반	전반 43
19.04.02	곽태휘	경남	전북	홈	스플릿일반	후반 19
19.04.27	이동희	제주	상주	홈	스플릿일반	후반 12
19.05.18	바그닝요	수원	울산	홈	스플릿일반	후반 10
19.06.15	김우석	대구	강원	홈	스플릿일반	전반 01
19.07.31	마그노	제주	전북	원정	스플릿일반	전반 27
19.08.11	조현우	대구	울산	원정	스플릿일반	전반 23
19.08.16	윤영선	울산	전북	원정	스플릿일반	후반 05
19.08.17	민상기	수원	강원	원정	스플릿일반	후반 14
19.09.21	김동준	성남	제주	원정	스플릿일반	전반 43
19.10.27	김원일	제주	경남	원정	파이널B	후반 33
20.05.30	이한도	광주	울산	홈	스플릿일반	후반 21
20.06.14	박주영	서울	대구	원정	스플릿일반	후반 40
20.06.14	정현철	서울	대구	원정	스플릿일반	후반 19
20.06.27	박준강	부산	성남	홈	스플릿일반	후반 08
20.07.25	김진혁	상주	울산	홈	스플릿일반	후반 13
20.08.02	한석종	상주	강원	원정	스플릿일반	전반 20
20.09.05	도스톤벡	부산	서울	원정	스플릿일반	전반 24
20.09.12	여름	광주	전북	홈	스플릿일반	전반 25
20.09.12	김재우	대구	울산	홈	스플릿일반	후반 01
20.09.13	조성진	수원	서울	원정	스플릿일반	전반 06
20.10.17	김재우	대구	상주	원정	파이널A	전반 34
21.02.27	김원균	서울	전북	원정	스플릿일반	후반 30
21.03.07	정동호	수원FC	서울	원정	스플릿일반	전반 27
21.03.13	한희훈	광주	전북	홈	스플릿일반	후반 43
21.03.21	이승모	포항	성남	원정	스플릿일반	전반 35
21.04.11	장호익	수원	제주	원정	스플릿일반	후반 33
21.04.30	홍준호	서울	성남	홈	스플릿일반	후반 12
21.05.01	박지수	수원FC	대구	홈	스플릿일반	전반 38
21.05.22	홍성욱	제주	성남	홈	스플릿일반	전반 26
21.05.30	김수범	강원	대구	원정	스플릿일반	전반 43
21.07.20	김동우	수원FC	수원	원정	스플릿일반	후반 24
21.07.21	이한도	광주	강원	홈	스플릿일반	후반 33

경기일자	선수명	소속	상대팀		경기구분	시간
21.09.05	홍정호	전북	서울	원정	스플릿일반	후반 23
21.09.21	김영빈	강원	수원	원정	스플릿일반	후반 06
21.09.21	구자룡	전북	광주	원정	스플릿일반	후반 34
21.09.22	박수일	성남	수원FC	원정	스플릿일반	후반 49
21.09.25	조성훈	포항	제주	홈	스플릿일반	전반 37
21.10.24	김태환	울산	성남	원정	스플릿일반	후반 26
21.10.24	그랜트	포항	인천	홈	스플릿일반	후반 29
21.11.03	알렉스	광주	서울	홈	파이널B	후반 19
21.11.07	이 준	포항	광주	홈	파이널B	전반 47
21.11.21	윤일록	울산	제주	홈	파이널A	후반 29
22.02.26	기성용	서울	인천	원정	스플릿일반	전반 18
22.04.03	신재원	수원FC	성남	홈	스플릿일반	전반 46
22.05.08	김명순	제주	김천	홈	스플릿일반	후반 48
22.05.15	김오규	제주	수원FC	원정	스플릿일반	전반 30
22.05.18	김민혁	성남	수원FC	홈	스플릿일반	후반 39
22.05.22	곽윤호	수원FC	전북	홈	스플릿일반	후반 26
22.06.17	윤평국	포항	강원	홈	스플릿일반	전반 43
22.07.05	김오규	제주	김천	원정	스플릿일반	후반 35
22.08.07	델브리지	인천	대구	원정	스플릿일반	전반 09
22.09.03	임상협	포항	대구	홈	스플릿일반	후반 23
22.09.06	서민우	강원	김천	홈	스플릿일반	전반 42
22.09.18	곽광선	성남	포항	홈	스플릿일반	후반 32
22.10.03	곽광선	성남	수원	홈	스플릿일반	후반 09
23.03.11	세 라 토	대구	강원	원정	스플릿일반	전반 24
23.03.18	김 봉 수	제주	서울	홈	스플릿일반	후반 21
23.04.01	오스마르	서울	대전	원정	스플릿일반	전반 14
23.05.06	하 창 래	포항	제주	원정	스플릿일반	후반 03
23.05.28	김 민 덕	대전	울산	원정	스플릿일반	전반 12
23.06.03	오베르단	포항	광주	원정	스플릿일반	전반 25
23.06.11	정 태 욱	전북	강원	원정	스플릿일반	후반 01
23.07.01	임 채 민	제주	전북	원정	스플릿일반	전반 01
23.07.01	조 진 우	대구	수원	홈	스플릿일반	후반 01
23.07.08	우고고메스	수원FC	인천	홈	스플릿일반	후반 01
23.08.19	오 승 훈	대구	서울	원정	스플릿일반	전반 08

역대 자책골 기록_ K리그2

경기일자	선수명	소속	상대팀		경기구분	시간
13.05.12	방 대 종	상주	부천	원정	일반	후반 09
13.05.13	백 성 우	안양	광주	원정	일반	후반 47
13.07.06	김 동 우	경찰	수원FC	원정	일반	후반 12
13.07.13	윤 성 우	고양	경찰	홈	일반	전반 16
13.07.13	김 태 준	고양	경찰	홈	일반	전반 40
13.08.25	유 현	경찰	상주	원정	일반	후반 31
13.09.09	가 솔 현	안양	경찰	홈	일반	후반 36
13.11.30	송 승 주	경찰	안양	원정	일반	후반 38
14.04.27	양 상 민	안산	광주	원정	일반	전반 27
14.05.24	이 준 희	대구	안양	원정	일반	전반 42
14.06.21	장 원 석	대전	대구	원정	일반	전반 40
14.07.05	임 선 영	광주	고양	원정	일반	후반 23
14.07.26	허 재 원	대구	안양	홈	일반	전반 39
14.11.01	마 철 준	광주	안산	원정	일반	후반 17

경기일자	선수명	소속	상대팀		경기구분	시간
15.05.16	노 형 구	충주	서울E	원정	일반	후반 08
15.08.02	진 창 수	고양	상주	홈	일반	전반 20
15.09.13	김 재 웅	수원FC	안양	원정	일반	후반 29
15.10.11	서 명 식	강원	부천	원정	일반	후반 22
15.10.26	배 일 환	상주	고양	홈	일반	후반 32
15.11.01	김 원 균	강원	고양	원정	일반	후반 14
15.11.25	김 영 광	서울E	수원FC	원정	플레이오프	후반 10
16.04.09	김 영 남	부천	서울E	홈	일반	전반 24
16.05.05	박 주 원	대전	안양	원정	일반	후반 16
16.06.08	윤 성 열	서울E	충주	원정	일반	전반 18
16.08.20	안 현 식	강원	부천	홈	일반	전반 44
16.10.30	지 구 민	고양	부천	원정	일반	후반 29
17.04.01	박 한 수	안산	부천	홈	일반	후반 36
17.04.16	이 범 수	경남	성남	원정	일반	후반 15
17.04.22	김 진 규	대전	부산	홈	일반	전반 15
17.05.20	닐손주니어	부천	아산	홈	일반	전반 10
17.05.21	송 주 호	안산	안양	원정	일반	후반 25
17.05.27	권 태 안	안양	경남	홈	일반	전반 40
17.08.19	권 태 안	안양	성남	홈	일반	전반 39
17.10.01	이 준 희	경남	안산	원정	일반	후반 49
17.10.21	김 형 록	경남	아산	원정	일반	후반 02
18.03.11	코 네	안산	대전	홈	일반	후반 07
18.04.07	민 상 기	아산	부천	홈	일반	후반 32
18.04.14	전 수 현	안양	서울E	원정	일반	전반 18
18.05.06	연 제 운	성남	수원FC	홈	일반	전반 30
18.08.05	송 주 호	안산	안양	원정	일반	후반 47
18.09.22	김 재 현	서울E	부천	홈	일반	전반 35
18.10.13	장 순 혁	부천	안양	홈	일반	전반 31
18.10.13	이 재 안	수원FC	대전	홈	일반	전반 32
18.10.21	안 지 호	서울E	안양	홈	일반	전반 36
18.10.27	안 성 빈	서울E	아산	홈	일반	전반 14
18.11.11	윤 준 성	대전	안양	홈	일반	후반 11
19.03.02	김 문 환	부산	안양	원정	일반	후반 07
19.04.07	김 진 환	광주	안양	홈	일반	전반 31
19.05.04	황 인 재	안산	아산	원정	일반	후반 39
19.05.25	김 영 광	서울E	안양	홈	일반	후반 47
19.05.27	이 인 재	안산	부천	홈	일반	후반 04
19.06.01	김 경 민	전남	안산	홈	일반	전반 22
19.06.24	박 형 순	수원FC	광주	홈	일반	후반 20
19.06.29	이 병 욱	서울E	안산	원정	일반	전반 08
19.07.20	김 명 준	부산	부천	홈	일반	후반 47
19.08.12	황 인 재	안산	아산	홈	일반	후반 05
19.09.01	곽 광 선	전남	수원FC	원정	일반	후반 03
20.05.30	윤 경 보	대전	경남	원정	일반	후반 44
20.06.21	유 종 현	안양	수원FC	원정	일반	전반 16
20.07.04	김 성 현	서울E	수원FC	홈	일반	후반 09
20.07.04	김 민 호	안산	전남	원정	일반	후반 28
20.08.08	룩	경남	대전	원정	일반	전반 20
20.08.30	감 한 솔	부천	충남아산	홈	일반	전반 40
20.09.19	박 요 한	안양	전남	홈	일반	전반 27
20.10.03	정 민 기	안양	제주	원정	일반	후반 10

경기일자	선수명	소속	상대팀	경기구분		시간
20.10.18	박 찬 용	전남	수원FC	원정	일반	전반 00
20.10.18	이 지 훈	수원FC	전남	홈	일반	전반 09
21.04.04	사 무 엘	전남	대전	홈	일반	후반 36
21.06.06	김 선 우	안산	김천	원정	일반	후반 32
21.06.12	한 용 수	충남아산	대전	홈	일반	후반 03
21.07.17	연 제 민	안산	부산	원정	일반	후반 40
21.08.15	우 주 성	김천	충남아산	원정	일반	후반 19
21.08.21	강 수 일	안산	충남아산	홈	일반	전반 16
21.08.29	박 찬 용	전남	김천	홈	일반	전반 15
21.09.18	김 정 현	부산	안양	홈	일반	후반 23
21.09.26	구 성 윤	김천	대전	홈	일반	전반 17
22.04.09	임 은 수	대전	서울E	홈	일반	전반 44
22.04.18	김 현 훈	광주	안양	원정	일반	전반 34
22.06.04	이 재 명	경남	김포	홈	일반	후반 46
22.06.08	이 후 권	전남	서울E	원정	일반	전반 23
22.06.11	백 동 규	안양	광주	원정	일반	전반 46
22.07.10	장 순 혁	전남	충남아산	원정	일반	후반 48
22.08.08	이 준 재	경남	안양	홈	일반	후반 03
22.08.22	이 은 범	충남아산	안산	원정	일반	후반 22
22.08.31	김 영 찬	경남	충남아산	원정	일반	전반 29
22.09.10	이 재 성	충남아산	대전	원정	일반	전반 08
23.04.02	최 희 원	전남	천안	원정	일반	후반 30
23.04.18	김 정 현	안양	경남	원정	일반	후반 44
23.04.18	백 동 규	안양	경남	원정	일반	후반 21
23.05.03	글레이손	경남	서울E	홈	일반	전반 19
23.05.20	이 재 원	천안	충남아산	홈	일반	전반 44
23.06.03	이 석 규	천안	경남	홈	일반	전반 15
23.06.24	이 광 준	천안	김천	원정	일반	전반 39
23.07.03	최 희 원	전남	서울E	홈	일반	전반 14
23.07.15	신 원 호	천안	충북청주	홈	일반	후반 51
23.08.06	이 강 희	경남	서울E	원정	일반	후반 42
23.09.24	김 영 찬	경남	부천	원정	일반	후반 39
23.10.07	김 정 민	안양	김포	원정	일반	후반 46

역대 자책골 기록_ K리그 승강 플레이오프

경기일자	선수명	소속	상대팀	경기구분		시간
14.12.03	스 레 텐	경남	광주	원정	승강 플레이오프	후반 40
21.12.12	이 지 솔	대전	강원	원정	승강 플레이오프	전반 26

역대 단일 시즌 득점 · 도움 10-10 기록

선수명	구단	출전 - 득점 - 도움	연도	기록달성	비고
라 데	포항	39 - 13 - 16	1996	28경기째	BC
비 탈 리	수원	36 - 10 - 10	1999	35경기째	BC
최 용 수	안양	34 - 14 - 10	2000	33경기째	BC
김 대 의	성남일	38 - 17 - 12	2002	26경기째	BC
에드밀손	전북	39 - 17 - 14	2003	32경기째	BC
김 도 훈	성남일	40 - 28 - 13	2003	37경기째	BC
에 닝 요	전북	28 - 10 - 12	2009	26경기째	BC
데 얀	서울	35 - 19 - 10	2010	28경기째(10.09)	BC
김 은 중	제주	34 - 17 - 11	2010	32경기째(10.31)	BC
루 시 오	경남	32 - 15 - 10	2010	31경기째(11.07)	BC
에 닝 요	전북	33 - 18 - 10	2010	31경기째(11.20)	2년연속/ BC
이 동 국	전북	29 - 16 - 15	2011	29경기째(08.06)	BC
몰 리 나	서울	29 - 10 - 12	2011	27경기째(10.23)	BC
몰 리 나	서울	41 - 19 - 10	2012	22경기째(07.28)	2년연속/ BC
에 닝 요	전북	38 - 15 - 13	2012	26경기째(08.23)	BC
산 토 스	제주	35 - 14 - 11	2012	31경기째(11.18)	BC
루 시 오	광주	32 - 13 - 10	2013	32경기째(11.10)	K리그2
로 페 즈	제주	33 - 11 - 15	2015	30경기째(10.04)	K리그1
정 원 진	경남	34 - 10 - 10	2017	34경기째(10.29)	K리그2
호 물 로	부산	38 - 11 - 10	2018	38경기째(12.09)	K리그2
세 징 야	대구	35 - 15 - 10	2019	34경기째(11.23)	K리그1
문 선 민	전북	32 - 10 - 10	2019	29경기째(10.20)	K리그1
김 대 원	강원	37 - 12 - 13	2022	27경기째(08.27)	K리그1
발디비아	전남	36 - 14 - 14	2023	29경기째(09.17)	K리그2

역대 대회별 전 경기, 전 시간 출전자

연도	시즌	경기수	전 경기 전 시간	전 경기
83	수퍼리그	16	최기봉, 이강조(이상 유공), 유태목(대우), 김성부(포철)	최종덕, 홍성호, 박상인, 오석재, 이강석(이상 할렐루야), 김용세(유공), 이춘석(대우), 최상국(포항제철)
84	축구대제전 수퍼리그	28	최기봉, 오연교(이상 유공), 김평석(현대), 조병득(할렐루야), 박창선(대우)	신문선, 김용세(이상 유공), 조영증(럭키금성), 백종철(현대), 박상인(할렐루야), 이재희(대우)
85	축구대제전 수퍼리그	21	최강희, 김문경(이상 현대), 전차식(포항제철), 김현태, 강득수(이상 럭키금성), 김풍주(대우)	한문배, 이상래, 피아퐁(이상 럭키금성), 신문선(유공), 김영세(유공) 박상인(할렐루야), 신제경(상무), 김대흠(상
			최성희(한일은행), 황정현(할렐루야)	무, 최태진(대우), 조성규(한일은행), 이흥실(포항제철)
86	축구대제전	20	박노봉(대우)	민진홍(유공), 함현기(현대), 윤성효(한일은행)
	프로축구선수권대회	16	최기봉(유공)	민진홍, 신동철(이상 유공), 권오손, 구상범, 박항서, 이상래(이상 럭키금성)
87	한국프로축구대회	32	최기봉(유공)	
88	한국프로축구대회	24	이문영(유공)	이광종(유공), 김문경(현대)
89	한국프로축구대회	40	임종헌(일화), 강재순(현대)	
90	한국프로축구대회	30		윤상철(럭키금성)
91	한국프로축구대회	40		고정운(일화)

연도	시즌	경기수	전 경기 전 시간	전 경기
92	한국프로축구대회	30	사리체프(일화), 정종선(현대)	신홍기(현대), 임근재(LG)
	아디다스컵	10	사리체프(일화), 정용환(대우)	
93	한국프로축구대회	30	사리체프(일화), 최영일(현대)	이광종(유공)
	아디다스컵	5	사리체프(일화)	
94	하이트배 코리안리그	30	사리체프(일화), 이명열(포항제철)	
	아디다스컵	6	사리체프(일화) 外 다수	
95	하이트배 코리안리그	28	샤샤(유공)	
	아디다스컵	7	샤샤(유공) 外 다수	
96	라피도컵 프로축구대회	32		라데(포항)
	아디다스컵	8	공문배(포항) 外 다수	박태하(포항) 外 다수
97	라피도컵 프로축구대회	18	김봉현(전북), 최은성(대전)	황연석(천안)
	아디다스컵	9	아보라(천안) 外 다수	정성천(대전) 外 다수
	프로스펙스컵	11	김이섭(포항)	
98	현대컵 K-리그	22	김병지(울산)	이문석(울산) 外 다수
	필립모리스코리아컵	9	박태하(포항) 外 다수	무탐바(안양LG) 外 다수
	아디다스코리아컵	11	김상훈(울산) 外 다수	김기동(부천SK) 外 다수
99	바이코리아컵 K-리그	32~27	이용발(부천SK)	이원식(부천SK), 김정혁(전남), 김현석(울산), 황승주(울산)
	대한화재컵	8~11	김봉현(전북) 外 다수	김기동(부천SK) 外 다수
	아디다스컵	1~4	곽경근(부천SK) 外 다수	공오균(대전) 外 다수
00	삼성 디지털 K-리그	32~27	이용발(부천SK), 조성환(부천SK)	박남열(성남일화), 신홍기(수원), 안드레(안양LG), 세자르(전남), 김종천(포항)
	대한화재컵	8~11	이용발(부천SK), 조성환(부천SK) 外 다수	신의손(안양LG) 外 다수
	아디다스컵	1~4	이용발(부천SK), 조성환(부천SK) 外 다수	김대환(수원) 外 다수
01	포스코 K-리그	27	김기동(부천SK), 이용발(부천SK), 신의손(안양LG)	남기일(부천SK), 신태용(성남일화), 이기형(수원)
	아디다스컵	8~11	심재원(부산), 산드로(수원) 外 다수	하리(부산), 윤희준(부산) 外 다수
02	삼성파브 K-리그	27	김기동(부천SK), 이용발(부천SK), 박종문(전남)	이영수(전남), 김대의(성남일화), 이병근(수원), 에드밀손(전북), 추운기(전북)
	아디다스컵	8~11	신태용(성남일화), 서정원(수원) 外 다수	김현수(성남일화), 신의손(안양LG) 外 다수
03	삼성 하우젠 K-리그	44		마그노(전북), 도도(울산)
04	삼성 하우젠 K-리그	24~27	김병지(포항), 유경렬(울산), 서동명(울산), 조준호(부천SK), 윤희준(부산)	김은중(서울)
	삼성 하우젠컵	12	김병지(포항), 곽авт주(수원), 이용발(전북), 조준호(부천SK), 한태유(서울), 이반, 박우현(이상 성남일화)	최성용(수원), 임중용(인천), 김기형(부천SK), 손대호(수원), 김경량(전북) 外 다수
05	삼성 하우젠 K-리그	24~27	김병지(포항), 조준호(부천SK), 임중용(인천)	산드로(대구), 김기동(포항)
	삼성 하우젠컵	12	김병지(포항), 조준호(부천SK), 김성근(포항), 산토스(포항), 주승진(대전), 김영철, 배효성(이상 성남일화), 송정현(대구), 산드로(대구), 전재호(인천)	현영민(울산) 外 다수
06	삼성 하우젠 K-리그	26~29	김병지(서울), 최은성(대전), 이정래(경남)	장학영, 박진섭(이상 성남일화), 박종진(대구), 루시아노(경남)
	삼성 하우젠컵	13	배효성(부산), 장학영(성남일화), 김병지(서울), 최은성(대전), 이정래(경남)	박동혁(울산), 이종민(울산), 김치우(인천), 박용호(광주상무), 이정수(수원), 최성국(울산), 장남석(대구), 이승현(부산), 우성용(성남일화), 박재현(인천), 최영훈(전북), 주광윤(전남)
07	삼성 하우젠 K-리그	31~26	김용대, 장학영, 김영철(이상 성남일화), 염동균(전남), 김병지(서울)	데얀(인천), 산드로(전남), 송정현(전남), 김상록(인천)
	삼성 하우젠컵	10~12	김병지(서울), 김현수(대구) 外 다수	아디(서울), 데닐손(대전), 박성호(부산)
08	삼성 하우젠 K-리그	28~26	이운재(수원), 정성룡(포항), 백민철(대구)	데얀(서울), 두두(성남일화), 이근호(대구), 라돈치치(인천), 김영빈(인천)
	삼성 하우젠컵	10~12	백민철(대구)	서동현(수원), 김상식, 박진섭, 장학영(이상 성남일화), 김영삼(울산), 현영민(울산), 이승렬(서울), 조형익(대구)

연도	시즌	경기수	전 경기 전 시간	전 경기
09	K-리그	28~30	김영광(울산)	김상식(전북), 루이스(전북), 윤준하(강원)
	피스컵 코리아	2~10	조병국, 이호(이상 성남일화), 신형민(포항), 백민철(대구) 外 다수	박희도(부산), 장학영(성남), 구자철(제주) 外 다수
10	쏘나타 K리그	28~31	김호준(제주), 김용대(서울), 정성룡(성남일화), 김병지(경남), 백민철(대구)	김영후(강원), 유병수(인천)
	포스코컵	4~7	김용대(서울) 外 다수	아디(서울) 外 다수
11	현대오일뱅크 K리그	30~35	박호진(광주), 김병지(경남), 이운재(전남) 外 다수	김신욱(울산) 外 다수
	러시앤캐시컵	1~8	윤시호(대구), 조동건(성남일화), 박준혁(대구) 外 다수	고슬기(울산), 김신욱(울산) 外 다수
12	현대오일뱅크 K리그	44	김용대(서울)	자일(제주), 한지호(부산)
13	현대오일뱅크 K리그 클래식	38	권정혁(인천)	전상욱(성남일화), 김치곤(울산)
14	현대오일뱅크 K리그 클래식	38	김병지(전남)	
	현대오일뱅크 K리그 챌린지	36		권용현(수원FC)
15	현대오일뱅크 K리그 클래식	38	신화용(포항), 오스마르(서울)	김신욱(울산)
	현대오일뱅크 K리그 챌린지	41		조현우(대구)
16	현대오일뱅크 K리그 클래식	38		송승민(광주)
	현대오일뱅크 K리그 챌린지	40	김한빈(충주)	
17	KEB하나은행 K리그 클래식	38		송승민(광주), 오르샤(울산), 염기훈(수원)
	KEB하나은행 K리그 챌린지	36	김영광(서울E)	안태현(부천)
18	KEB하나은행 K리그1	38	김승대(포항), 강현무(포항)	
	KEB하나은행 K리그2	36	김영광(서울E)	
19	하나원큐 K리그1	38	송범근(전북), 한국영(강원)	연제운(성남), 조현우(대구), 완델손(포항)
	하나원큐 K리그2	36~37	이인재(안산)	박진섭(안산), 이동준(부산)
20	하나원큐 K리그1	27	조현우(울산), 강현무(포항), 송범근(전북)	정태욱(대구), 김민우(수원), 김광석(포항), 송민규(포항), 주니오(울산), 김대원(대구),
	하나원큐 K리그2	27~29		
21	하나원큐 K리그1	38	조현우(울산), 김영광(성남)	이기제(수원), 정우재(제주)
	하나원큐 K리그2	36~37		주현우(안양)
22	하나원큐 K리그1	38		정승용(강원), 팔로세비치(서울), 서민우(강원)
	하나원큐 K리그2	40~41	정민기(안양)	
23	하나원큐 K리그1	38	황인재(포항), 이창근(대전)	김영빈(강원), 김진혁(대구), 김주성(서울), 두현석(광주), 나상호(서울)
	하나원큐 K리그2	36~38	구상민(부산)	김강국(충남아산), 닐손주니어(부천), 이상민(서울E), 송홍민(경남), 박민서(경남), 발디비아(전남), 플라나(전남), 주현우(안양)

역대 감독별 승·무·패 기록

BC: K리그 승강제 이전(~2012) / K1: K리그1 / K2: K리그2 / 승: K리그 승강 플레이오프

감독명	기간	구단명	재임년도	승	무	패	비고	감독명	기간	구단명	재임년도	승	무	패	비고
가 마	통산			5	12	10			BC	울산	1999	15	6	16	
	K1	대구	2022	5	12	10	~2022.08.14		BC	울산	2000	4	4	7	~2000.06.13
강 철	통산			0	0	1		고정운	통산			39	32	44	
	K2	대전	2020	0	0	1	2020.09.09~2020.09.17		K2	안양	2018	12	8	16	
고재욱	통산			154	134	125			K2	김포	2022	10	11	19	
	BC	럭키금성	1988	6	11	7			K2	김포	2023	17	12	8	
	BC	럭키금성	1989	15	17	8			승	김포	2023	0	1	1	
	BC	럭키금성	1990	14	11	5		고종수	통산			19	11	20	
	BC	LG	1991	9	15	16			K2	대전	2018	16	8	14	
	BC	LG	1992	12	16	12			K2	대전	2019	3	3	6	~2019.05.20
	BC	LG	1993	11	12	12		곽경근	통산			8	9	18	
	BC	현대	1995	16	14	5			K2	부천	2013	8	9	18	
	BC	울산	1996	19	5	16		구상범	통산			1	4	6	
	BC	울산	1997	13	13	9			K1	성남	2016	1	2	6	2016.09.13~
	BC	울산	1998	20	10	12			승		2016	0	2	0	2016.09.13~

감독명	기간	구단명	재임년도	승	무	패	비고
귀네슈		통산		51	37	22	
	BC	서울	2007	14	17	7	
	BC	서울	2008	20	12	7	
	BC	서울	2009	17	8	8	~2009.11.25
김귀화		통산		5	5	5	
	BC	경남	2010	5	5	5	2010.08.01~2010.11.29
김기동		통산		73	50	48	
	K1	포항	2019	14	7	9	2019.04.23~
	K1	포항	2020	15	5	7	
	K1	포항	2021	12	10	16	
	K1	포항	2022	16	12	10	
	K1	포항	2023	16	16	6	
김기복		통산		40	31	107	
	BC	버팔로	1994	5	5	26	
	BC	대전	1997	4	12	19	
	BC	대전	1998	11	3	21	
	BC	대전	1999	12	1	23	
	BC	대전	2000	8	10	18	
김길식		통산		14	17	25	
	K2	안산	2020	7	7	13	
	K2	안산	2021	7	10	12	~2021.09.15
김남일		통산		22	24	46	
	K1	성남	2020	7	7	13	
	K1	성남	2021	11	11	16	
	K1	성남	2022	4	6	1	~2022.08.24
김대식		통산		1	0	4	
	K2	부천	2018	1	0	4	2018.10.08~
김대의		통산		25	13	34	
	K2	수원FC	2017	2	0	0	2017.10.20~
	K2	수원FC	2018	13	3	20	
	K2	수원FC	2019	10	10	14	~2019.10.29
김도균		통산		53	31	60	
	K2	수원FC	2020	17	4	7	
	K1	수원FC	2021	14	9	15	
	K1	수원FC	2022	13	9	16	
	승	수원FC	2023	1	0	1	
	K1	수원FC	2023	8	9	21	
김도훈		통산		92	60	55	
	K1	인천	2015	13	12	13	2015.01.03~
	K1	인천	2016	5	9	14	~2016.08.31
	K1	울산	2017	17	11	10	
	K1	울산	2018	17	12	9	
	K1	울산	2019	23	10	5	
	K1	울산	2020	17	6	4	~2020.12.23
김두현		통산		5	2	1	
	K1	전북	2023	5	2	1	2023.05.04~2023.06.22
김병수		통산		49	49	75	
	K2	서울E	2017	7	14	15	2017.01.09~
	K1	강원	2018	5	4	7	2018.08.13~
	K1	강원	2019	14	8	16	
	K1	강원	2020	9	7	11	
	K1	강원	2021	9	11	15	~2021.11.03
	K1	수원	2023	5	5	11	2023.05.04~2023.09.27
김봉길		통산		36	44	38	
	BC	인천	2010	0	0	5	2010.06.09~2010.08.22
	BC	인천	2012	16	14	7	2012.04.12~
	K1	인천	2013	12	14	12	

감독명	기간	구단명	재임년도	승	무	패	비고
	K1	인천	2014	8	16	14	~2014.12.19
김상식		통산		46	21	19	
	K1	전북	2021	22	10	6	
	K1	전북	2022	21	10	7	
	K1	전북	2023	3	1	6	~2023.05.04
김상호		통산		8	8	32	
	BC	강원	2011	3	6	20	2011.04.08~
	BC	강원	2012	5	2	12	~2012.07.01
김성재		통산		0	0	1	
	K1	서울	2016	0	0	1	2016.06.23~2016.06.26
김영민		통산		0	0	1	
	K1	대전	2015	0	0	1	2015.05.21~2015.05.31
김인수		통산		3	1	1	
	K1	제주	2016	3	1	1	2016.10.15~2016.11.07
김인완		통산		7	10	28	
	K1	대전	2013	2	9	19	~2013.10.02
	K1	전남	2018	5	1	9	2018.08.16~
김정남		통산		210	168	159	
	BC	유공	1985	3	1	3	1985.07.22~
	BC	유공	1986	11	12	13	
	BC	유공	1987	9	9	14	
	BC	유공	1988	8	8	8	
	BC	유공	1989	17	15	8	
	BC	유공	1990	8	12	10	
	BC	유공	1991	10	17	13	
	BC	유공	1992	1	0	6	~1992.05.12
	BC	울산	2000	3	3	4	2000.08.22~
	BC	울산	2001	13	6	16	
	BC	울산	2002	18	11	9	
	BC	울산	2003	20	13	11	
	BC	울산	2004	15	13	9	
	BC	울산	2005	21	9	9	
	BC	울산	2006	14	14	11	
	BC	울산	2007	20	13	7	
	BC	울산	2008	19	12	8	~2008.12.25
김정우		통산		0	0	1	
	K2	안산	2023	0	0	1	2023.06.23~2023.06.28
김종부		통산		66	40	48	
	K2	경남	2016	18	6	16	
	K2	경남	2017	24	7	5	
	K1	경남	2018	18	11	9	
	K1	경남	2019	6	15	17	~2019.12.25
	승	경남	2019	0	1	1	~2019.12.25
김종필		통산		30	41	59	
	K2	충주	2013	4	5	9	2013.07.22~
	K2	충주	2014	6	16	14	
	K2	충주	2015	10	11	19	
	K2	안양	2017	10	9	17	
김종현		통산		2	4	4	
	K2	대전	2017	2	4	4	2017.08.31~
김진규		통산		4	4	3	
	K1	서울	2023	4	4	3	2023.08.22~
김태수		통산		5	6	6	
	BC	부산	1996	5	6	6	1996.07.22~
김태완		통산		78	60	94	
	BC	상주	2011	2	2	9	2011.07.14~2011.12.28
	K1	상주	2017	8	11	19	

감독명	기간	구단명	재임년도	승	무	패	비고
	승	상주	2017	1	0	1	
	K1	상주	2018	10	10	18	
	K1	상주	2019	16	7	15	
	K1	상주	2020	13	5	9	
	K2	김천	2021	20	11	5	
	승	김천	2022	0	0	2	
	K1	김천	2022	8	14	16	
김판곤		통산		10	7	16	
	BC	부산	2006	8	3	9	2006.04.04~2006.08.22
	BC	부산	2007	2	4	7	2007.08.07~
김학범		통산		118	84	86	
	BC	성남일화	2005	15	12	10	2005.01.05~
	BC	성남일화	2006	23	11	8	
	BC	성남일화	2007	16	7	6	
	BC	성남일화	2008	21	7	10	
	BC	강원	2012	9	5	11	2012.07.09~
	K1	강원	2013	2	9	11	~2013.08.10
	K1	성남	2014	5	5	3	2014.09.05~
	K1	성남	2015	15	15	8	
	K1	성남	2016	10	8	11	~2016.09.12
	K1	광주	2017	2	5	5	2017.08.16~2017.11.18
김현수		통산		1	5	6	
	K2	서울E	2019	1	5	6	~2019.05.22
김현준		통산		0	1	0	
	K1	강원	2021	0	1	0	2021.11.06~2021.11.15
김형렬		통산		2	1	4	
	BC	전북	2005	2	1	4	2005.06.13~2005.07.10
김형열		통산		21	18	26	
	K2	안양	2019	15	11	12	
	K2	안양	2020	6	7	14	~2020.11.25
김 호		통산		207	154	180	
	BC	한일은행	1984	5	11	12	
	BC	한일은행	1985	3	10	8	
	BC	한일은행	1986	4	4	12	
	BC	현대	1988	10	5	9	
	BC	현대	1989	7	15	18	
	BC	현대	1990	6	14	10	
	BC	수원	1996	21	11	8	
	BC	수원	1997	14	13	9	
	BC	수원	1998	18	7	12	
	BC	수원	1999	31	4	8	
	BC	수원	2000	15	11	12	
	BC	수원	2001	19	6	13	
	BC	수원	2002	16	10	10	
	BC	수원	2003	19	15	10	~2003.11.18
	BC	대전	2007	8	0	6	2007.07.01~
	BC	대전	2008	7	14	15	
	BC	대전	2009	4	4	8	~2009.06.26
김호곤		통산		126	76	95	
	BC	부산	2000	13	10	14	2000.03.07~
	BC	부산	2001	16	13	9	
	BC	부산	2002	8	8	15	~2002.11.05
	BC	울산	2009	11	9	12	
	BC	울산	2010	16	7	14	
	BC	울산	2011	22	8	13	
	BC	울산	2012	18	14	12	
	K1	울산	2013	22	7	9	~2013.12.04
김호영		통산		46	24	35	
	승	강원	2013	1	0	1	2013.08.14~2013.12.10
	K1	강원	2013	6	3	7	2013.08.14~2013.12.10
	K1	서울	2020	4	3	2	2020.07.31~2020.09.24
	K1	광주	2021	10	7	21	
	K2	광주	2022	25	11	4	
김희태		통산		11	6	13	
	BC	대우	1994	4	0	5	1994.09.08~
	BC	대우	1995	7	6	8	~1995.08.03
남기일		통산		134	105	126	
	K2	광주	2013	9	0	7	2013.08.18~
	K2	광주	2014	15	12	11	
	승	광주	2014	1	1	0	
	K1	광주	2015	10	12	16	
	K1	광주	2016	11	14	13	
	K1	광주	2017	4	7	14	~2017.08.14
	K1	성남	2018	18	11	7	
	K1	성남	2019	12	9	17	~2019.12.16
	K2	제주	2020	18	6	3	
	K1	제주	2021	13	15	10	
	K1	제주	2022	14	10	14	
	K1	제주	2023	9	8	14	~2023.09.27
남대식		통산		2	6	6	
	BC	전북	2001	2	6	6	2001.07.19~2001.10.03
노상래		통산		31	34	44	
	K1	전남	2015	12	13	13	
	K1	전남	2016	11	10	12	~2016.10.14
	K1	전남	2017	8	11	19	
노흥섭		통산		3	2	11	
	BC	국민은행	1983	3	2	11	
니폼니시		통산		57	38	53	
	BC	유공	1995	11	11	13	
	BC	부천유공	1996	18	11	11	
	BC	부천SK	1997	8	12	15	
	BC	부천SK	1998	20	4	14	~1998.10.28
당성증		통산		0	3	6	
	BC	대구	2012	0	0	1	2012.11.29~
	K1	대구	2013	0	3	5	~2013.04.22
데니스		통산		1	4	6	
	K1	부산	2015	1	4	6	2015.07.13~2015.10.11
레네		통산		14	18	30	
	BC	천안일화	1997	8	13	14	
	BC	천안일화	1998	6	5	16	~1998.09.08
레니		통산		21	18	17	
	K2	서울E	2015	16	14	11	
	K2	서울E	2016	5	4	6	~2016.06.15
레모스		통산		2	3	6	
	BC	포항	2010	2	3	6	2010.01.04~2010.05.10
로란트		통산		5	9	10	
	BC	인천	2004	5	9	10	2004.03.01~2004.08.30
모라이스		통산		41	16	8	
	K1	전북	2019	22	13	3	
	K1	전북	2020	19	3	5	~2020.12.21
모아시르		통산		16	13	14	
	BC	대구	2012	16	13	14	~2012.11.28
문정식		통산		25	18	16	
	BC	현대	1984	13	10	5	

감독명	기간	구단명	재임년도	승	무	패	비고
	BC	현대	1985	10	4	7	
	BC	현대	1986	2	4	4	~1986.04.22
민동성		통산		5	0	5	
	K2	충주	2013	1	0	2	2013.06.20~2013.07.21
	K2	안산	2021	4	0	3	2021.09.16~
박건하		통산		28	24	26	
	K2	서울E	2016	11	8	4	2016.06.28~2017.01.10
	K1	수원	2020	4	2	2	2020.09.08~
	K1	수원	2021	12	10	16	
	K1	수원	2022	1	4	4	~2022.04.14
박경훈		통산		89	73	66	
	BC	부산	2002	0	0	4	2002.11.06~2002.11.21
	BC	제주	2010	20	11	5	
	BC	제주	2011	10	11	10	
	BC	제주	2012	16	15	13	
	K1	제주	2013	16	10	12	
	K1	제주	2014	14	12	12	~2014.12.18
	K2	성남	2017	13	14	10	
박남열		통산		5	10	21	
	K2	천안	2023	5	10	21	
박동혁		통산		74	51	86	
	K2	아산	2018	21	9	6	
	K2	아산	2019	12	8	16	
	K2	충남아산	2020	5	7	15	
	K2	충남아산	2021	11	8	17	
	K2	충남아산	2022	13	13	14	
	K2	충남아산	2023	12	6	18	
박병주		통산		20	22	29	
	BC	안양LG	1997	3	18	14	
	BC	안양LG	1998	17	4	15	
박성철		통산		0	1	1	
	K1	인천	2018	0	1	1	2018.05.12~2018.06.08
박성화		통산		118	94	110	
	BC	유공	1992	10	10	13	1992.05.13~
	BC	유공	1993	7	15	13	
	BC	유공	1994	15	9	8	~1994.10.29
	BC	포항	1996	20	13	7	
	BC	포항	1997	15	15	8	
	BC	포항	1998	18	6	15	
	BC	포항	1999	16	4	18	
	BC	포항	2000	7	13	10	~2000.07.31
	K2	경남	2015	10	13	17	2015.01.06~2015.11.24
박세학		통산		39	32	46	
	BC	럭키금성	1984	8	6	14	
	BC	럭키금성	1985	10	7	4	
	BC	럭키금성	1986	14	12	10	
	BC	럭키금성	1987	7	7	18	
박이천		통산		15	11	12	
	BC	인천	2007	15	11	12	
박종환		통산		126	157	137	
	BC	일화	1989	6	21	13	1989.03.19~
	BC	일화	1990	7	10	13	
	BC	일화	1991	13	11	16	
	BC	일화	1992	13	19	8	
	BC	일화	1993	14	12	9	
	BC	일화	1994	17	11	8	
	BC	일화	1995	16	13	6	
	BC	대구	2003	7	16	21	2003.03.19~
	BC	대구	2004	9	16	11	
	BC	대구	2005	12	9	15	
	BC	대구	2006	10	16	13	
	K1	성남	2014	2	3	4	~2014.04.22
박진섭		통산		72	54	62	
	K2	광주	2018	11	15	11	
	K2	광주	2019	21	10	5	
	K1	광주	2020	6	7	14	~2020.12.07
	K1	서울	2021	6	7	14	~2021.09.05
	K2	부산	2022	7	5	11	2022.06.03~
	K2	부산	2023	20	10	6	
	승	부산	2023	1	0	1	
박창현		통산		7	8	6	
	BC	포항	2010	7	8	6	2010.05.11~2010.12.12
박 철		통산		0	1	4	
	K2	대전	2019	0	1	4	2019.05.21~2019.06.30
박충균		통산		10	5	21	
	K2	서울E	2023	10	5	21	
박항서		통산		118	75	138	
	BC	경남	2006	14	6	19	
	BC	경남	2007	14	10	13	
	BC	전남	2008	10	14	13	
	BC	전남	2009	13	11	11	
	BC	전남	2010	9	9	14	~2010.11.09
	BC	상주	2012	7	6	31	
	승	상주	2013	1	0	1	
	K2	상주	2013	23	8	4	
	K1	상주	2014	7	13	18	
	K2	상주	2015	20	7	13	
박혁순		통산		1	1	3	
	K1	서울	2020	1	1	3	2020.09.25~2020.11.12
박효진		통산		7	3	10	
	K2	강원	2014	5	0	5	2014.09.19~
	K1	강원	2017	2	3	5	2017.08.15~2017.11.01
백종철		통산		6	11	13	
	K1	대구	2013	6	11	13	2013.04.23~2013.11.30
변병주		통산		28	20	57	
	BC	대구	2007	10	7	19	
	BC	대구	2008	11	4	21	
	BC	대구	2009	7	9	17	
브랑코		통산		5	7	8	
	승	경남	2014	0	1	1	2014.08.15~
	K1	경남	2014	5	6	7	2014.08.15~
비츠케이		통산		17	18	5	
	BC	대우	1991	17	18	5	
빙가다		통산		25	6	6	
	BC	서울	2010	25	6	6	~2010.12.13
사키(세쿨라치)		통산		7	6	10	
	BC	부산	1996	7	6	10	~1996.07.21
서정원		통산		92	66	63	
	K1	수원	2013	15	8	15	
	K1	수원	2014	19	10	9	
	K1	수원	2015	19	10	9	
	K1	수원	2016	18	10	10	
	K1	수원	2017	17	13	8	
	K1	수원	2018	12	7	12	2018.10.15~2018.12.02

감독명	기간	구단명	재임년도	승	무	패	비고
설기현		통산		53	43	49	
	K2	경남	2020	10	11	8	
	K2	경남	2021	11	10	15	
	K2	경남	2022	17	9	16	
	K2	경남	2023	15	13	10	
성한수		통산		7	3	3	
	K2	김천	2023	7	3	3	~2023.06.02
손현준		통산		11	7	10	
	K2	대구	2016	9	4	3	2016.08.13~
	K1	대구	2017	2	3	7	~2017.05.22
송경섭		통산		9	7	13	
	K1	전남	2016	1	1	3	2016.10.15~2016.11.07
	K1	강원	2017	1	0	1	2017.11.02~
	K1	강원	2018	7	6	9	~2018.08.12
송광환		통산		0	1	1	
	K1	경남	2013	0	1	1	2013.05.23~2013.06.01
송선호		통산		67	40	61	
	K2	부천	2015	13	7	10	2015.05.29~2015.10.01
	K2	부천	2016	17	9	10	~2016.10.12
	K2	아산	2017	16	9	13	
	K2	부천	2019	14	10	13	
	K2	부천	2020	7	5	15	~2020.11.18
송한복		통산		2	1	5	
	K2	안산	2023	2	1	5	2023.06.29~2023.08.18
신우성		통산		4	2	8	
	BC	대우	1995	4	2	8	1995.08.04~
신윤기		통산		6	3	8	
	BC	부산	1999	6	3	8	1999.06.10~1999.09.08
신진원		통산		0	0	2	
	BC	대전	2011	0	0	2	2011.07.06~2011.07.17
신태용		통산		58	42	53	
	BC	성남일화	2009	19	10	11	
	BC	성남일화	2010	14	12	8	
	BC	성남일화	2011	11	10	14	
	BC	성남일화	2012	14	10	20	~2012.12.08
신홍기		통산		0	0	1	
	K1	전북	2013	0	0	1	2013.06.20~2013.06.27
안데르센		통산		10	8	13	
	K1	인천	2018	9	7	8	2018.06.09~
	K1	인천	2019	1	1	5	~2019.04.15
안드레		통산		36	35	31	
	K1	대구	2017	9	11	6	2017.05.23~
	K1	대구	2018	14	8	16	2018.01.05~
	K1	대구	2019	13	16	9	
안승인		통산		7	8	25	
	K2	충주	2016	7	8	25	
안익수		통산		76	56	65	
	BC	부산	2011	19	7	13	
	BC	부산	2012	13	14	17	~2012.12.13
	K1	성남일화	2013	17	9	12	~2013.12.22
	K1	서울	2021	6	4	1	2021.09.06~
	K1	서울	2022	11	13	14	
	K1	서울	2023	10	9	8	~2023.08.22
알툴		통산		30	23	41	
	BC	제주	2008	9	10	17	
	BC	제주	2009	10	7	14	~2009.10.14
	K2	강원	2014	11	6	10	~2014.09.18

감독명	기간	구단명	재임년도	승	무	패	비고
앤디에글리		통산		9	12	15	
	BC	부산	2006	5	3	5	2006.08.23~
	BC	부산	2007	4	9	10	~2007.06.30
엥겔		통산		12	11	7	
		대우	1990	12	11	7	
여범규		통산		7	5	7	
	K2	광주	2013	7	5	7	~2013.08.16
염기훈		통산		3	2	2	
	K1	수원	2023	3	2	2	2023.09.27~2023.12.31
왕선재		통산		15	20	35	
	BC	대전	2009	6	5	6	2009.06.27~
	BC	대전	2010	6	8	18	
	BC	대전	2011	3	7	11	~2011.07.05
우성용		통산		4	5	15	
	K2	서울E	2019	4	5	15	2019.05.23~2019.11.27
유상철		통산		25	31	50	
	BC	대전	2011	3	3	6	2011.07.18~
	BC	대전	2012	13	11	20	~2012.12.01
	K1	전남	2018	3	7	13	~2018.08.15
	K1	인천	2019	6	10	11	2019.05.17~
윤덕여		통산		0	0	1	
	K1	전남	2012	0	0	1	2012.08.11~2012.08.13
윤성효		통산		76	52	67	
	BC	수원	2010	10	5	4	2010.06.08~
	BC	수원	2011	18	6	10	
	BC	수원	2012	20	13	11	~2012.12.11
	K1	부산	2013	14	10	14	
	K1	부산	2014	10	13	15	
	K1	부산	2015	4	5	13	~2015.07.12
윤정환		통산		32	37	29	
	K1	울산	2015	13	14	11	
	K1	울산	2016	14	12	12	~2016.11.20
	K1	강원	2023	4	10	6	2023.06.22~
	승	강원	2023	1	1	0	2023.06.22~
이강조		통산		59	72	157	
	BC	광주상무	2003	13	7	24	2003.01.03~
	BC	광주상무	2004	10	13	13	
	BC	광주상무	2005	7	8	21	
	BC	광주상무	2006	9	10	20	
	BC	광주상무	2007	5	9	22	
	BC	광주상무	2008	3	10	23	
	BC	광주상무	2009	9	4	19	
	BC	광주상무	2010	3	11	15	~2010.10.27
이기형		통산		26	37	37	
	K1	인천	2016	6	3	1	2016.09.01~
	K1	인천	2017	7	18	13	
	K1	인천	2018	1	4	7	~2018.05.11
	K1	부산	2020	1	1	2	2020.09.29~2020.11.24
	K2	성남	2023	11	11	14	
이낙영		통산		2	10	28	
	K2	고양	2016	2	10	28	
이민성		통산		54	34	32	
	K2	대전	2021	18	8	12	
	승	대전	2021	1	0	1	
	K2	대전	2022	21	11	8	
	승	대전	2022	2	0	0	
	K1	대전	2023	12	15	11	

감독명	기간	구단명	재임년도	승	무	패	비고
이병근		통산		37	32	41	
	K1	수원	2018	1	4	2	2018.08.30~2018.10.14
	K1	대구	2020	10	8	9	2020.02.05~2020.11.05
	K1	대구	2021	15	10	13	
	승	수원	2022	1	1	0	2022.04.15~
	K1	수원	2022	10	7	12	2022.04.15~
	K1	수원	2023	0	2	5	~2023.04.21
이상윤		통산		2	4	7	
	K1	성남	2014	2	4	7	2014.04.23~2014.08.26
이성길		통산		4	9	5	
	K2	고양	2014	4	9	5	2014.07.25~
이수철		통산		6	7	12	
	BC	광주상무	2010	0	1	2	2010.10.28~
	BC	상주	2011	6	6	10	2011.01.12~2011.07.13
이승엽		통산		4	1	1	
	승	부산	2017	1	0	1	2017.10.13~
	K2	부산	2017	3	1	0	2017.10.13~
이영무		통산		30	26	37	
	K2	고양	2013	10	11	14	
	K2	고양	2014	7	5	6	~2014.07.24
	K2	고양	2015	13	10	17	2015.02.16~
이영민		통산		68	52	66	
	K2	안양	2015	12	7	7	2015.06.16~
	K2	안양	2016	11	13	16	
	K2	안산	2018	3	2	1	2018.08.23~2018.09.29
	K2	부천	2021	9	10	17	
	K2	부천	2022	17	10	14	
	K2	부천	2023	16	10	11	
이영익		통산		4	7	15	
	K2	대전	2017	4	7	15	~2017.08.30
이영진 (1963)		통산					
	BC	대구	2010	7	5		
	BC	대구	2011	9			~2011.11.01
		대구	2015				
	K2	대구	2016		9	5	~2016.08.12
이영진 (1972)		통산		0	1	0	
	K1	성남	2014	0	1	0	2014.08.27~2014.09.04
이우형		통산		79	57	65	
	K2	안양	2013	12	9	14	
	K2	안양	2014	15	6	15	
	K2	안양	2015	1	8	5	~2015.06.16
	K2	안양	2021	17	11	9	
	K2	안양	2022	19	13	9	
	승	안양	2022	0	1	1	
	K2	안양	2023	15	9	12	
이을용		통산		6	7	9	
	K1	서울	2018	6	7	9	2018.05.01~2018.10.10
이임생		통산		14	16	19	
	K1	수원	2019	12	12	14	
	K1	수원	2020	2	4	5	~2020.07.16
이장관		통산		18	17	24	
	K2	전남	2022	2	12	9	2022.06.09~
	K2	전남	2023	16	5	15	
이장수		통산		55	46	52	
	BC	천안일화	1996	11	10	19	1996.04.03~1996.12.31
	BC	전남	2004	14	11	12	~2004.12.13
	BC	서울	2005	13	10	13	2005.01.03~
	BC	서울	2006	17	15	8	
이재철		통산		2	3	9	
	K2	충주	2013	2	3	9	~2013.06.19
이정효		통산		41	22	15	
	K2	광주	2022	25	11	4	
	K1	광주	2023	16	11	11	
이종환		통산		22	20	16	
	BC	유공	1983	5	7	4	
	BC	유공	1984	13	9	6	
	BC	유공	1985	4	4	6	~1985.07.21
이차만		통산		90	74	65	
	BC	대우	1987	16	14	2	
	BC	대우	1988	8	5	11	
	BC	대우	1989	14	14	12	
	BC	대우	1992	4	13	9	~1992.09.23
	BC	부산	1997	22	11	5	
	BC	부산	1998	17	6	12	
	BC	부산	1999	7	2	5	~1999.06.09
	K1	경남	2014	2	9	9	~2014.08.14
이태호		통산		13	22	35	
	BC	대전	2001	9	10	16	
	BC	대전	2002	4	12	19	
이회택		통산		139	129	130	
	BC	포항제철	1987	16	8	8	
	BC	포항제철	1988	9	9	6	
	BC	포항제철	1989	13	14	13	
	BC	포항제철	1990	9	10	11	
	BC	포항제철	1991	12	15	13	
	BC	포항제철	1992	16	14	10	
	BC	전남	1998	0	1	0	1998.10.15~
	BC	전남	1999	14	6	18	
	BC	전남	2000	14	10	15	
	BC	전남	2001	8	11	16	
	BC	전남	2002	11	11	13	
	BC	전남	2003	17	20	7	
이흥실		통산		70	59	74	
	BC	전북	2012	22	13	9	2012.01.05~2012.12.12
	K2	안산경찰	2015	9	15	16	
	K2	안산무궁	2016	21	7	12	
	K2	안산	2017	7	12	17	2017.01.04~
	K2	안산	2018	6	5	13	~2018.08.21
	K2	대전	2019	5	7	7	2019.07.02~
인창수		통산		11	8	19	
	K2	서울E	2016	1	1	0	2016.06.16~2016.06.27
	K2	서울E	2018	10	7	19	
임관식		통산		2	2	8	
	K2	안산	2023	2	2	8	2023.08.16~
임완섭		통산		15	12	24	
	K2	안산	2018	1	2	3	2018.09.30~
	K2	안산	2019	14	8	14	~2019.12.23
	K1	인천	2020	0	2	7	2020.02.06~2020.06.28
임종헌		통산		7	9	16	
	K2	안산	2022	5	5	7	2022.07.08~
	K2	안산	2023	2	4	9	~2023.06.23
임중용		통산		0	5	4	
	K1	인천	2019	0	2	2	2019.04.16~2019.05.14
	K1	인천	2020	0	3	2	2020.06.29~2020.08.06

감독명	기간	구단명	재임년도	승	무	패	비고
임창수		통산		3	8	17	
	BC	국민은행	1984	3	8	17	
장외룡		통산		50	42	47	
	BC	부산	1999	8	0	5	1999.09.09~
	BC	인천	2004	4	5	3	2004.08.31~
	BC	인천	2005	19	9	11	
	BC	인천	2006	8	16	15	
	BC	인천	2008	11	12	13	
장운수		통산		45	23	25	
	BC	대우	1983	6	7	3	
	BC	대우	1984	13	5	2	1984.06.21~
	BC	대우	1985	9	7	5	
	BC	대우	1986	17	4	15	
장종대		통산		6	7	8	
	BC	상무	1985	6	7	8	
전경준		통산		32	37	26	
	K2	전남	2019	7	5	3	2019.07.31~
	K2	전남	2020	8	14	5	
	K2	전남	2021	13	14	10	
	K2	전남	2022	4	4	8	~2022.06.05
정갑석		통산		26	12	30	
	K2	부천	2016	2	1	2	2016.10.15~2016.11.16
	K2	부천	2017	15	7	14	
	K2	부천	2018	9	4	14	~2018.09.14
정병탁		통산		10	12	23	
	BC	전남	1995	9	10	16	
	BC	전남	1996	1	2	7	~1996.05.27
정정용		통산		45	36	45	
	K2	서울E	2020	11	6	10	
	K2	서울E	2021	8	13	15	
	K2	서울E	2022	11	15	14	
	K2	김천	2023	15	2	6	2023.06.02~
정조국		통산		1	3	3	
	K1	제주	2023	1	3	3	2023.09.28~
정종수		통산		4	3	5	
	BC	울산	2000	4	3	5	2000.06.14~2000.08.21
정해성		통산		63	67	78	
	BC	부천SK	2004	6	19	11	
	BC	부천SK	2005	17	9	10	
	BC	제주	2006	11	12	16	
	BC	제주	2007	10	8	18	
	BC	전남	2011	14	11	10	
	BC	전남	2012	5	8	13	~2012.08.10
정해원		통산		1	1	7	
	BC	대우	1994	1	1	7	1994.06.22~1994.09.07
조광래		통산		140	119	125	
	BC	대우	1992	5	6	3	1992.09.24~
	BC	대우	1993	8	15	12	
	BC	대우	1994	4	8	6	~1994.06.21
	BC	안양LG	1999	14	6	19	
	BC	안양LG	2000	20	9	10	
	BC	안양LG	2001	14	11	10	
	BC	안양LG	2002	17	9	10	
	BC	안양LG	2003	14	14	16	
	BC	서울	2004	9	16	11	
	BC	경남	2008	13	9	14	
	BC	경남	2009	11	11	10	

감독명	기간	구단명	재임년도	승	무	패	비고
	BC	경남	2010	11	5	4	~2010.07.31
조덕제		통산		87	73	81	
	K2	수원FC	2013	13	8	14	
	K2	수원FC	2014	12	12	12	
	승	수원FC	2015	2	0	0	
	K2	수원FC	2015	19	12	11	
	K1	수원FC	2016	10	9	19	
	K2	수원FC	2017	7	9	10	~2017.08.23
	K2	부산	2019	19	13	5	
	승	부산	2019	1	1	0	
	K1	부산	2020	4	9	10	~2020.09.28
조동현		통산		36	15	21	
	K2	경찰	2013	20	4	11	
	K2	안산경찰	2014	16	11	10	
조민국		통산		19	20	31	
	K1	울산	2014	13	11	14	~2014.11.30
	K1	대전	2020	3	1	5	2020.09.18~2020.12.08
	K2	안산	2022	3	8	12	~2022.07.07
조민혁		통산		1	2	1	
	K2	부천	2018	1	2	1	2018.09.15~2018.10.07
조성환		통산		107	81	95	
	K1	제주	2015	14	8	16	
	K1	제주	2016	14	7	12	~2016.10.14
	K1	제주	2017	19	9	10	
	K1	제주	2018	14	12	12	
	K1	제주	2019	0	4	5	~2019.05.03
	K1	인천	2020	7	1	5	2020.08.07~
	K1	인천	2021	12	11	15	
	K1	인천	2022	13	15	10	
	K1	인천	2023	14	14	10	
조영증		통산		31	33	47	
	BC	LG	1994	15	9	12	
	BC	LG	1995	6	13	16	
	BC	안양LG	1996	10	11	19	
조윤옥		통산		4	1	3	
	BC	대우	1984	4	1	3	~1984.06.20
조윤환		통산		94	67	81	
	BC	유공	1994	2	2	0	1994.11.01~
	BC	부천SK	1999	22	0	16	
	BC	부천SK	2000	19	11	13	
	BC	부천SK	2001	4	6	10	~2001.08.14
	BC	전북	2001	3	2	0	2001.10.04~
	BC	전북	2002	11	12	12	
	BC	전북	2003	18	15	11	
	BC	전북	2004	13	12	11	
	BC	전북	2005	2	7	8	~2005.06.13
조재민		통산		20	17	28	
	K1	수원	2020	8	7	12	
	K1	수원	2021	12	10	16	
조종화		통산		2	3	3	
	K2	수원FC	2017	2	3	3	2017.08.24~2017.10.19
조중연		통산		22	19	17	
	BC	현대	1986	15	7	4	1986.04.23~
	BC	현대	1987	7	12	13	
조진호		통산		55	32	42	
	BC	제주	2009	0	1	2	2009.10.15~2009.11.01
	K1	대전	2013	5	2	1	2013.10.05~2013.12.08

감독명	기간	구단명	재임년도	승	무	패	비고
	K2	대전	2014	20	10	6	
	K1	대전	2015	1	2	8	~2015.05.21
	K1	상주	2016	12	7	19	~2016.11.24
	K2	부산	2017	17	10	6	~2017.10.10
주승진		통산		2	1	5	
	K1	수원	2020	2	1	5	2020.07.17~2020.09.07
차경복		통산		131	83	101	
	BC	전북	1995	11	6	18	
	BC	전북	1996	12	10	18	~1996.12.05
	BC	천안일화	1998	2	1	5	1998.09.09~
	BC	천안일화	1999	12	7	18	
	BC	성남일화	2000	19	12	10	
	BC	성남일화	2001	16	13	7	
	BC	성남일화	2002	19	12	7	
	BC	성남일화	2003	27	10	7	
	BC	성남일화	2004	13	12	11	
차범근		통산		157	119	116	
	BC	현대	1991	13	16	11	
	BC	현대	1992	16	8	16	
	BC	현대	1993	14	10	11	
	BC	현대	1994	12	16	8	
	BC	수원	2004	17	14	8	
	BC	수원	2005	13	14	9	
	BC	수원	2006	14	16	12	
	BC	수원	2007	21	8	10	
	BC	수원	2008	25	8	7	
	BC	수원	2009	8	8	14	
	BC	수원	2010	4	1	10	~2010.06.07
최강희		통산		229	115	101	
	BC	전북	2005	2	3	7	2005.07.11~
	BC	전북	2006	11	13	15	
	BC	전북	2007	12	12	12	
	BC	전북	2008	17	8	14	
	BC	전북	2009	19	8	7	
	BC	전북	2010	22	7	9	
	BC	전북	2011	20	9	4	
	K1	전북	2013	12	6	6	2013.06.27~
	K1	전북	2014	24	9	5	
	K1	전북	2015	22	7	9	
	K1	전북	2016	20	16	2	
	K1	전북	2017	22	9	7	
	K1	전북	2018	26	8	4	
최덕주		통산		13	8	15	
	K2	대구	2014	13	8	15	~2014.11.18
최만희		통산		73	55	111	
	BC	전북	1997	7	14	14	
	BC	전북	1998	14	4	17	
	BC	전북	1999	14	5	17	
	BC	전북	2000	14	6	17	
	BC	전북	2001	4	3	10	~2001.07.18
	BC	광주	2011	10	8	17	
	BC	광주	2012	10	15	19	~2012.12.02
최문식		통산		18	15	33	
	K1	대전	2015	3	5	18	2015.06.01~
	K2		2016	15	10	15	~2016.10.30
최성용		통산		1	0	3	
	K1	수원	2023	1	0	3	2023.04.21~2023.05.07

감독명	기간	구단명	재임년도	승	무	패	비고
최순호		통산		108	80	136	
	BC	포항	2000	2	2	6	2000.08.01~
	BC	포항	2001	14	8	13	
	BC	포항	2002	11	11	13	
	BC	포항	2003	17	13	14	
	BC	포항	2004	13	13	13	
	BC	강원	2009	8	7	18	
	BC	강원	2010	8	6	18	
	BC	강원	2011	1	1	4	~2011.04.07
	K1	포항	2016	2	2	2	2016.10.01~
	K1	포항	2017	15	7	16	
	K1	포항	2018	15	9	14	
	K1	포항	2019	2	1	5	~2019.04.22
최영준		통산		19	9	20	
	승	부산	2015	0	0	2	2015.10.12~
	K1	부산	2015	0	2	3	2015.10.12~
	K2	부산	2016	19	7	15	
최용수		통산		140	80	97	
	BC	서울	2011	15	4	6	2011.04.27~2011.12.08
	BC	서울	2012	29	9	6	
	K1	서울	2013	17	11	10	
	K1	서울	2014	15	13	10	
	K1	서울	2015	17	11	10	
	K1	서울	2016	9	3	3	~2016.06.22
	승	서울	2018	1	1	0	2018.10.11~
	K1	서울	2018	1	2	3	2018.10.11~
	K1	서울	2019	15	11	12	
	K1	서울	2020	3	1	9	~2020.07.30
	K1	강원	2021	1	1	0	2021.11.16~
	승	강원	2021	1	0	1	2021.11.16~
	K1	강원	2022	14	7	17	
	K1	강원	2023	2	6	10	~2023.06.21
최원권		통산		18	18	13	
	K1	대구	2022	5	4	2	2022.08.14~
	K1	대구	2023	13	14	11	
최윤겸		통산		144	147	137	
	BC	부천SK	2001	5	9	1	2001.08.15~
	BC	부천SK	2002	8	4	9	~2002.09.01
	BC	대전	2003	18	11	15	2003.01.03~
	BC	대전	2004	11	13	12	
	BC	대전	2005	9	16	11	
	BC	대전	2006	12	16	11	
	BC	대전	2007	4	12	7	~2007.06.30
	K2	강원	2015	13	12	15	
	K2	강원	2016	21	9	12	
	승	강원	2016	0	2	0	
	K1	강원	2017	10	7	9	~2017.08.14
	승	부산	2018	0	1	1	~2018.12.19
	K2	부산	2018	15	14	8	~2018.12.19
	K1	제주	2019	5	8	16	2019.05.03~2019.12.25
	K2	충북청주	2023	13	13	10	
최은택		통산		20	16	21	
	BC	포항제철	1985	9	7	5	
	BC	포항제철	1986	11	9	16	
최진철		통산		10	8	14	
	K1	포항	2016	10	8	14	~2016.09.24
최진한		통산		40	33	65	

감독명	기간	구단명	재임년도	승	무	패	비고
	BC	경남	2011	16	7	14	
	BC	경남	2012	14	8	22	
	K1	경남	2013	2	6	3	~2013.05.22
	K2	부천	2014	6	9	21	2014.02.06~
	K2	부천	2015	2	3	5	~2015.05.28
트니즈 트르판		통산		3	7	13	
	BC	부천SK	2002	3	6	5	2002.09.02~
	BC	부천SK	2003	0	1	8	~2003.05.15
파리야스		통산		83	55	43	
	BC	포항	2005	15	15	6	
	BC	포항	2006	19	9	12	
	BC	포항	2007	17	12	12	
	BC	포항	2008	14	7	8	
	BC	포항	2009	18	12	5	~2009.12.25
파비아노		통산		6	4	11	
	K2	전남	2019	6	4	11	~2019.07.30
파비오		통산		6	3	4	
	K1	전북	2013	6	3	4	~2013.06.19
페레즈		통산		14	13	26	
	K2	부산	2021	9	12	15	
	K2	부산	2022	2	4	11	~2022.06.01
페트레스쿠		통산		8	6	6	
	K1	전북	2023	8	6	6	2023.06.12~
페트코비치		통산		26	23	28	
	BC	인천	2009	13	15	8	
	BC	인천	2010	7	2	7	~2010.06.08
	K1	경남	2013	6	6	13	2013.06.02~2013.12.16
포터필드		통산		30	40	53	
	BC	부산	2003	13	10	21	
	BC	부산	2004	8	16	12	
	BC	부산	2005	9	11	17	
	BC	부산	2006	0	3	3	~2006.04.03
하석주		통산		31	28	34	
	BC	전남	2012	8	9	9	2012.08.14~
	K1	전남	2013	9	13	16	
	K1	전남	2014	14	9	15	~2014.11.30
하재훈		통산		3	11	21	
	BC	부천SK	2003	3	11	21	2003.05.16~2003.11.20
한홍기		통산		16	11	17	

감독명	기간	구단명	재임년도	승	무	패	비고
	BC	포항제철	1983	6	4	6	
	BC	포항제철	1984	10	7	11	
함흥철		통산		19	24	22	
	BC	할렐루야	1983	6	8	2	
	BC	할렐루야	1984	10	9	9	
	BC	할렐루야	1985	3	7	11	
허정무		통산		121	128	113	
	BC	포항제철	1993	12	14	9	
	BC	포항제철	1994	14	13	9	
	BC	포항	1995	16	13	6	
	BC	전남	1996	9	9	12	1996.05.28~
	BC	전남	1997	17	15	4	
	BC	전남	1998	13	5	17	~1998.10.14
	BC	전남	2005	11	13	15	2005.01.03~
	BC	전남	2006	13	15	11	
	BC	전남	2007	7	9	11	
	BC	인천	2010	7	12	12	2010.08.23~
	BC	인천	2011	7	16	12	
	BC	인천	2012	1	2	4	~2012.04.11
홍명보		통산		66	28	20	
	K1	울산	2021	21	11	6	
	K1	울산	2022	22	10	6	
	K1	울산	2023	23	7	8	
황보관		통산		1	3	3	
	BC	서울	2011	1	3	3	2011.01.05~2011.04.26
황선홍		통산		170	105	116	
	BC	부산	2008	10	8	19	
	BC	부산	2009	12	11	15	
	BC	부산	2010	11	10	12	~2010.12.12
	BC	포항	2011	21	8	8	
	BC	포항	2012	21	9	8	
	K1	포항	2013	21	11	6	
	K1	포항	2014	16	10	12	
	K1	포항	2015	18	12	8	
	K1	서울	2016	12	8		2016.06.27~
	K1	서울	2017	16	13	9	
	K1	서울	2018	2	4		~2018.04.30
	K2	대전	2020	8	6	4	2020.01.04~2020.09.08

역대 선수별 경기 기록

BC: K리그 BC(~2012) / K1: K리그1 / K2: K리그2 / 승: K리그 승강 플레이오프

가도에프(Shohruh Gadoev) 우즈베키스탄 1991.12.31

대회	연도	소속	출전	교체	득점	도움	파울	경고	퇴장
K2	2018	대전	32	30	8	4	29	4	1
	2019	대전	8	8	0	1	7	0	0
	합계		40	38	8	5	36	4	1
프로통산			40	38	8	5	36	4	1

가브리엘(Gabriel Barbosa Avelino) 브라질 1999.03.17

대회	연도	소속	출전	교체	득점	도움	파울	경고	퇴장
K1	2021	서울	15	14	2	1	19	3	0
	합계		15	14	2	1	19	3	0
프로통산			15	14	2	1	19	3	0

가브리엘(Gabriel Lima) 브라질 1978.06.13

대회	연도	소속	출전	교체	득점	도움	파울	경고	퇴장
BC	2006	대구	17	15	2	3	35	3	0
	합계		17	15	2	3	35	3	0
프로통산			17	15	2	3	35	3	0

가비(Gabriel Popescu) 루마니아 1973.12.25

대회	연도	소속	출전	교체	득점	도움	파울	경고	퇴장
BC	2002	수원	24	10	6	1	59	8	0
	2003	수원	31	4	6	2	61	6	0
	2004	수원	4	4	0	1	2	0	0
	합계		59	18	12	4	122	14	0
프로통산			59	18	12	4	122	14	0

가빌란(Jaime Gavilan Martinez) 스페인 1985.05.12

대회	연도	소속	출전	교체	득점	도움	파울	경고	퇴장
K1	2016	수원FC	22	18	3	2	26	5	0
	합계		22	18	3	2	26	5	0
K2	2017	수원FC	1	1	0	0	1	0	0
	합계		1	1	0	0	1	0	0
프로통산			23	19	3	2	27	5	0

가솔현(賈率賢) 고려대 1991.02.12

대회	연도	소속	출전	교체	득점	도움	파울	경고	퇴장
K1	2018	전남	26	2	0	0	19	3	0
	2020	강원	0	0	0	0	0	0	0
	합계		26	2	0	0	19	3	0
K2	2013	안양	20	0	3	0	37	5	0
	2014	안양	26	1	1	2	35	6	0
	2015	안양	26	1	1	0	24	5	0
	2016	안양	13	0	0	0	24	3	0
	2019	전남	19	6	0	1	27	4	0
	합계		111	14	5	3	151	27	0
프로통산			137	16	5	3	170	30	0

가우초(Eric Freire Gomes) 브라질 1972.09.22

대회	연도	소속	출전	교체	득점	도움	파울	경고	퇴장
BC	2004	부산	13	8	4	0	26	3	0
	합계		13	8	4	0	26	3	0
프로통산			13	8	4	0	26	3	0

가이모토(Kaimoto Kojiro, 海本幸治郎) 일본

1977.10.14

대회	연도	소속	출전	교체	득점	도움	파울	경고	퇴장
BC	2001	성남일화	1	1	0	0	4	1	0
	2002	성남일화	21	11	0	1	36	2	0
	합계		22	12	0	1	40	3	0
프로통산			22	12	0	1	40	3	0

갈레고 (Jefferson Galego(Jefferson Fernando Isidio) 브라질 1997.04.04

대회	연도	소속	출전	교체	득점	도움	파울	경고	퇴장
K1	2022	강원	14	14	3	0	11	2	0
	2023	강원	33	32	2	0	21	4	0
	합계		47	46	5	0	32	6	0
승	2023	강원	2	2	0	0	2	1	0
	합계		2	2	0	0	2	1	0
프로통산			49	48	5	0	34	7	0

감한솔 (甘한솔) 경희대 1993.11.19

대회	연도	소속	출전	교체	득점	도움	파울	경고	퇴장
K2	2015	대구	7	6	0	0	5	1	0
	2016	대구	5	3	0	1	4	0	0
	2017	서울E	21	6	1	2	16	2	0
	2018	서울E	13	7	0	0	14	0	0
	2019	부천	33	5	2	4	30	6	0
	2020	부천	14	4	0	0	20	1	0
	2022	부천	8	4	0	0	6	1	0
	2023	부천	10	8	0	0	5	0	0
	합계		111	43	3	7	100	10	1
프로통산			111	43	3	7	100	10	1

강경호 (姜京昊) 한양대 1957.02.02

대회	연도	소속	출전	교체	득점	도움	파울	경고	퇴장
BC	1983	국민은행	5	4	0	1	0	0	0
	1984	국민은행	11	3	0	0	11	1	0
	합계		16	7	0	1	11	1	0
프로통산			16	7	0	1	11	1	0

강구남 (姜求南) 경희대 1987.07.31

대회	연도	소속	출전	교체	득점	도움	파울	경고	퇴장
BC	2008	대전	4	4	0	1	3	0	0
	2009	광주상무	2	2	0	0	4	0	0
	2010	광주상무	2	2	0	0	4	0	0
	2011	대전	10	8	0	0	9	1	0
	합계		18	16	0	1	20	1	0
프로통산			18	16	0	1	20	1	0

강금철 (姜錦哲) 전주대 1972.03.19

대회	연도	소속	출전	교체	득점	도움	파울	경고	퇴장
BC	1995	전북	2	2	0	0	5	0	0
	1996	전북	0	0	0	0	0	0	0
	1999	전북	10	9	1	1	10	1	0
	2000	전북	5	4	0	0	5	2	0
	2001	전북	13	3	0	0	28	1	0
	합계		30	18	1	1	48	4	0
프로통산			30	18	1	1	48	4	0

강기원 (康己源) 고려대 1981.10.07

대회	연도	소속	출전	교체	득점	도움	파울	경고	퇴장
BC	2004	울산	11	10	0	0	11	1	0
	2005	울산	4	2	0	0	4	0	0
	2006	경남	18	11	0	0	23	2	0
	2007	경남	30	15	0	0	30	5	0
	2008	경남	2	1	0	0	1	1	0
	합계		65	39	0	0	69	9	0
프로통산			65	39	0	0	69	9	0

강대희 (姜大熙) 경희고 1977.02.02

대회	연도	소속	출전	교체	득점	도움	파울	경고	퇴장
BC	2000	수원	15	11	0	0	18	0	0
	2003	대구	4	4	0	0	2	0	0
	합계		19	15	0	0	20	0	0
프로통산			19	15	0	0	20	0	0

강동구 (姜冬求) 관동대 1983.08.04

대회	연도	소속	출전	교체	득점	도움	파울	경고	퇴장
BC	2007	제주	4	2	0	0	5	1	0
	2008	제주	12	7	0	0	7	0	0
	합계		16	9	0	0	12	1	0
프로통산			16	9	0	0	12	1	0

강두호 (康斗豪) 건국대 1978.03.28

대회	연도	소속	출전	교체	득점	도움	파울	경고	퇴장
BC	2007	제주	4	3	0	0	8	1	0
	합계		4	3	0	0	8	1	0
프로통산			4	3	0	0	8	1	0

강득수 (姜得壽) 연세대 1961.08.16

대회	연도	소속	출전	교체	득점	도움	파울	경고	퇴장
BC	1984	럭키금성	27	4	2	6	25	1	0
	1985	럭키금성	21	0	5	3	18	1	0
	1986	럭키금성	17	1	2	10	19	0	0
	1987	럭키금성	31	7	4	3	24	0	0
	1988	럭키금성	23	1	3	5	19	1	0
	1989	럭키금성	20	1	4	7	21	1	0
	1990	현대	19	14	1	4	19	0	0
	1991	현대	19	14	1	4	19	0	0
	합계		178	29	22	42	169	5	0
프로통산			178	29	22	42	169	5	0

강만영 (姜萬永) 인천대 1962.06.14

대회	연도	소속	출전	교체	득점	도움	파울	경고	퇴장
BC	1988	럭키금성	15	7	2	1	13	1	0
	1989	럭키금성	12	12	0	1	7	0	0
	합계		27	19	2	2	20	1	0
프로통산			27	19	2	2	20	1	0

강명철 (姜明鐵) 경희대 1984.06.20

대회	연도	소속	출전	교체	득점	도움	파울	경고	퇴장
BC	2007	서울	1	1	0	0	1	0	0
	합계		1	1	0	0	1	0	0
프로통산			1	1	0	0	1	0	0

강모근 (姜模根) 가톨릭관동대 1994.06.11

대회	연도	소속	출전	교체	실점	도움	파울	경고	퇴장
K1	2017	강원	1	0	5	0	0	0	0
	합계		1	0	5	0	0	0	0
프로통산			1	0	5	0	0	0	0

강민 (康珉) 건국대 1989.06.07

대회	연도	소속	출전	교체	득점	도움	파울	경고	퇴장
K2	2013	광주	6	2	0	0	2	0	0
	합계		6	2	0	0	2	0	0
프로통산			6	2	0	0	2	0	0

강민규 (姜玟奎) 경기대 1998.09.07

대회	연도	소속	출전	교체	득점	도움	파울	경고	퇴장
K2	2022	충남아산	24	25	2	0	14	2	0
	2023	충남아산	30	28	6	1	23	4	0
	합계		54	53	8	1	37	6	0
프로통산			54	53	8	1	37	6	0

강민성 (姜旻成) 삼일공고 2005.03.22

대회	연도	소속	출전	교체	득점	도움	파울	경고	퇴장
K1	2023	수원FC	12	12	0	0	3	0	0
	합계		12	12	0	0	3	0	0
프로통산			12	12	0	0	3	0	0

강민수 (姜敏壽) 고양고 1986.02.14

대회	연도	소속	출전	교체	득점	도움	파울	경고	퇴장
BC	2005	전남	13	4	0	0	33	6	0
	2006	전남	28	3	0	0	38	6	0
	2007	전남	18	0	1	0	27	3	1
	2008	전북	28	6	0	0	48	8	0
	2009	제주	22	2	0	0	37	2	0
	2010	수원	24	5	2	0	40	6	0
	2011	울산	32	1	0	0	34	7	0
	2012	울산	32	7	2	0	40	7	0
	합계		197	37	7	0	295	57	1
K1	2013	울산	37	1	2	1	47	5	0
	2014	울산	11	0	0	1	6	0	0
	2014	상주	19	2	1	0	26	6	0
	2016	울산	26	8	0	0	20	2	0
	2017	울산	24	4	0	0	17	4	0
	2018	울산	30	3	0	0	19	3	0
	2019	울산	23	1	3	0	20	7	0
	2020	부산	20	1	0	1	19	3	0
	2021	인천	17	2	0	0	11	1	0
	2022	인천	11	11	0	0	11	1	1
	합계		232	27	8	2	207	34	1
K2	2015	상주	27	1	0	1	28	5	0
	2021	부산	0	0	0	0	0	0	0
	합계		27	1	0	1	28	5	0
프로통산			456	71	15	3	530	96	2

강민승 (姜童訓) 청주대성고 2004.11.18

대회	연도	소속	출전	교체	득점	도움	파울	경고	퇴장
K2	2023	충북청주	5	5	0	1	5	0	0
	합계		5	5	0	1	5	0	0
프로통산			5	5	0	1	5	0	0

강민우 (姜民右) 동국대 1987.03.26

대회	연도	소속	출전	교체	득점	도움	파울	경고	퇴장
BC	2010	강원	0	0	0	0	0	0	0
	2011	상주	0	0	0	0	0	0	0
	2012	상주	0	0	0	0	0	0	0
	합계		2	2	0	0	0	0	0
프로통산			2	2	0	0	0	0	0

강민재 (姜玟在) 광운대 1999.12.25

대회	연도	소속	출전	교체	득점	도움	파울	경고	퇴장
K2	2019	수원FC	2	2	0	0	2	0	0
	합계		2	2	0	0	2	0	0
프로통산			2	2	0	0	2	0	0

강민혁 (康珉赫) 대구대 1982.07.10

대회	연도	소속	출전	교체	득점	도움	파울	경고	퇴장
BC	2006	경남	35	1	0	1	59	9	0
	2007	경남	18	2	1	0	17	3	0
	2008	광주상무	27	1	0	0	25	3	0
	2009	광주상무	27	1	0	0	23	0	0
	2009	제주	1	0	0	0	1	0	0
	2010	제주	29	4	0	0	26	2	0
	2011	제주	21	1	0	1	28	3	0
	2012	경남	41	6	2	0	57	8	0
	합계		192	20	2	2	218	29	1
K1	2013	경남	27	6	0	0	30	3	0
	합계		27	6	0	0	30	3	0
프로통산			219	26	2	2	255	32	1

강봉균 (姜奉均) 고려대 1993.07.06

대회	연도	소속	출전	교체	실점	도움	파울	경고	퇴장
K1	2017	수원	1	0	5	0	0	0	0
	2018	수원	0	0	0	0	0	0	0
	합계		1	0	5	0	0	0	0
프로통산			1	0	5	0	0	0	0

강상우 (姜祥佑) 경희대 1993.10.07

대회	연도	소속	출전	교체	득점	도움	파울	경고	퇴장
K1	2014	포항	8	8	0	0	10	1	0
	2015	포항	5	4	1	0	6	0	0
	2016	포항	30	5	1	2	56	8	0
	2017	포항	33	0	1	4	48	3	0
	2018	포항	35	2	3	2	41	5	0
	2019	상주	15	8	3	0	12	0	0
	2020	상주	16	8	3	0	10	1	0
	2020	포항	10	0	1	2	10	0	0
	2021	포항	37	2	4	8	28	2	0
	합계		191	38	20	25	211	22	0
프로통산			191	38	20	25	211	22	0

강상윤 (姜尙潤) 영생고 2004.05.31

대회	연도	소속	출전	교체	득점	도움	파울	경고	퇴장
K1	2022	전북	15	15	0	0	12	1	0
	2023	전북	1	1	0	0	0	0	0

대회	연도	소속	출전	교체	득점	도움	파울	경고	퇴장
		합계	16	16	0	0	12	3	0
K2	2023	부산	15	14	0	1	14	2	0
		합계	15	14	0	1	14	2	0
승	2023	부산	2	2	0	0	3	1	0
		합계	2	2	0	0	3	1	0
		프로통산	33	32	0	1	29	6	0

강상진(姜相珍) 중앙대 1970.12.03

대회	연도	소속	출전	교체	득점	도움	파울	경고	퇴장
BC	1993	대우	9	6	0	0	15	3	0
	1994	대우	2	2	0	0	0	0	0
		합계	11	8	0	0	15	3	0
		프로통산	11	8	0	0	15	3	0

강상협(姜尙協) 동래고 1977.12.17

대회	연도	소속	출전	교체	득점	도움	파울	경고	퇴장
BC	1995	포항	0	0	0	0	0	0	0
	1996	포항	0	0	0	0	0	0	0
		합계	0	0	0	0	0	0	0
		프로통산	0	0	0	0	0	0	0

강상희(姜常熙) 선문대 1998.03.07

대회	연도	소속	출전	교체	득점	도움	파울	경고	퇴장
K1	2020	서울	3	1	0	0	5	1	0
	2021	서울	9	5	1	0	1	0	0
	2022	서울	5	4	0	1	0	0	0
		합계	17	10	1	0	6	1	0
		프로통산	17	10	1	0	6	1	0

강선규(康善圭) 건국대 1986.04.20

대회	연도	소속	출전	교체	득점	도움	파울	경고	퇴장
BC	2008	대전	17	4	0	1	36	3	0
	2010	강원	5	0	0	1	10	0	0
		합계	22	4	0	2	46	3	0
		프로통산	22	4	0	2	46	3	0

강성관(姜聖觀) 상지대 1987.11.06

대회	연도	소속	출전	교체	실점	도움	파울	경고	퇴장
BC	2010	성남일화	3	0	4	0	0	0	0
	2011	성남일화	0	0	0	0	0	0	0
	2012	상주	0	0	0	0	0	0	0
		합계	3	0	4	0	0	0	0
K1	2013	성남일화	0	0	0	0	0	0	0
		합계	0	0	0	0	0	0	0
K2	2013	상주	0	0	0	0	0	0	0
	2014	강원	1	0	2	0	0	0	0
	2015	강원	12	1	11	0	0	0	0
		합계	13	1	13	0	0	0	0
		프로통산	16	1	17	0	0	0	0

강성민(姜成敏) 경희대 1974.12.26

대회	연도	소속	출전	교체	득점	도움	파울	경고	퇴장
BC	1995	전북	10	6	2	0	4	1	0
	1996	전북	7	7	0	0	1	0	0
	1998	전북	2	2	0	1	0	0	0
		합계	19	15	2	1	5	1	0
		프로통산	19	15	2	1	5	1	0

강성일(姜成一) 한양대 1979.06.04

대회	연도	소속	출전	교체	실점	도움	파울	경고	퇴장
BC	2002	대전	1	0	2	0	0	0	0
	2003	대전	0	0	0	0	0	0	0
	2004	대전	0	0	0	0	0	0	0
		합계	1	0	2	0	0	0	0
		프로통산	1	0	2	0	0	0	0

강성진(姜成眞) 오산고 2003.03.26

대회	연도	소속	출전	교체	득점	도움	파울	경고	퇴장
K1	2021	서울	14	14	1	2	4	0	0
	2022	서울	34	33	1	4	6	2	0
	2023	서울	7	7	0	1	1	0	0
		합계	55	54	2	7	11	2	0
		프로통산	55	54	2	7	11	2	0

강성호(姜聲浩) 여주상고 1971.02.22

대회	연도	소속	출전	교체	득점	도움	파울	경고	퇴장
BC	1998	전북	9	7	0	0	14	0	0
		합계	9	7	0	0	14	0	0
		프로통산	9	7	0	0	14	0	0

강세혁(剛世奕) 충남기계공고 2002.10.23

대회	연도	소속	출전	교체	득점	도움	파울	경고	퇴장
K2	2021	대전	1	1	0	0	2	0	0
		합계	1	1	0	0	2	0	0
		프로통산	1	1	0	0	2	0	0

강수일(姜修一) 상지대 1987.07.15

대회	연도	소속	출전	교체	득점	도움	파울	경고	퇴장
BC	2007	인천	2	2	0	1	0	0	0
	2008	인천	5	4	0	0	3	0	0
	2009	인천	26	17	0	3	14	0	0
	2010	인천	25	21	4	1	15	2	0
	2011	제주	31	21	4	3	17	1	0
	2012	제주	32	23	4	2	27	2	0
		합계	115	87	15	6	74	10	0
K1	2013	제주	27	20	1	3	21	4	0
	2014	포항	29	21	6	3	36	2	0
	2015	제주	14	7	5	2	8	1	0
		합계	70	48	12	8	65	7	0
K2	2021	안산	12	11	1	0	6	0	0
	2022	안산	18	16	2	0	9	1	0
		합계	30	27	3	0	15	1	0
		프로통산	215	162	30	14	154	21	0

강승조(康承助) 단국대 1986.01.20

대회	연도	소속	출전	교체	득점	도움	파울	경고	퇴장
BC	2008	대전	5	4	0	0	7	2	0
	2009	부산	22	13	4	1	36	8	0
	2010	전북	29	13	3	2	47	6	0
	2011	전북	4	4	0	0	2	1	0
	2011	경남	9	3	1	1	17	6	1
	2012	경남	32	9	7	4	53	5	0
		합계	101	46	15	8	162	28	1
K1	2013	경남	17	14	0	1	18	2	0
	2014	서울	26	14	4	6	26	4	1
		합계	43	28	4	7	44	6	1
K2	2015	안산경찰	19	8	2	2	27	7	0
	2016	안산무궁	14	8	2	0	12	2	0
	2017	대전	10	9	0	0	5	2	0
	2017	경남	3	3	0	0	2	0	0
	2020	경남	7	6	0	0	4	1	0
		합계	53	34	4	2	49	14	0
		프로통산	197	108	23	17	255	48	2

강시훈(姜永連) 숭실대 1992.02.08

대회	연도	소속	출전	교체	득점	도움	파울	경고	퇴장
K1	2018	대구	0	0	0	0	0	0	0
		합계	0	0	0	0	0	0	0
		프로통산	0	0	0	0	0	0	0

강신명(姜信明) 전주대 1997.02.12

대회	연도	소속	출전	교체	득점	도움	파울	경고	퇴장
K2	2020	수원FC	3	3	0	0	1	0	0
		합계	3	3	0	0	1	0	0
		프로통산	3	3	0	0	1	0	0

강신우(姜信友) 진주고 1999.04.21

대회	연도	소속	출전	교체	실점	도움	파울	경고	퇴장
K1	2019	경남	0	0	0	0	0	0	0
		합계	0	0	0	0	0	0	0
K2	2020	경남	0	0	0	0	0	0	0
		합계	0	0	0	0	0	0	0
		프로통산	0	0	0	0	0	0	0

강신우(姜信寓) 서울대 1959.03.18

대회	연도	소속	출전	교체	득점	도움	파울	경고	퇴장
BC	1983	대우	15	1	0	0	26	2	0
	1984	대우	27	3	0	3	29	2	0
	1985	대우	13	2	1	1	12	0	0
	1986	대우	29	11	1	0	36	0	0
	1987	럭키금성	18	8	0	0	11	1	0
		합계	102	28	7	4	116	5	0
		프로통산	102	28	7	4	116	5	0

강영웅(姜榮雄) 숭실대 1999.03.04

대회	연도	소속	출전	교체	득점	도움	파울	경고	퇴장
K2	2023	부산	1	1	0	0	0	0	0
		합계	1	1	0	0	0	0	0
		프로통산	1	1	0	0	0	0	0

강영제(羌永提) 조선대 1994.08.11

대회	연도	소속	출전	교체	득점	도움	파울	경고	퇴장
K2	2016	대전	7	7	0	0	3	1	0
		합계	7	7	0	0	3	1	0
		프로통산	7	7	0	0	3	1	0

강영철(姜英喆)

대회	연도	소속	출전	교체	득점	도움	파울	경고	퇴장
BC	1983	대우	1	2	0	0	0	0	0
		합계	1	2	0	0	0	0	0
		프로통산	1	2	0	0	0	0	0

강용(康勇) 고려대 1979.01.14

대회	연도	소속	출전	교체	득점	도움	파울	경고	퇴장
BC	2001	포항	10	3	1	0	23	2	0
	2002	포항	7	6	0	0	6	2	0
	2003	포항	37	6	2	4	73	6	0
	2004	포항	31	13	1	1	52	4	0
	2005	전남	6	0	0	0	27	1	0
	2006	광주상무	25	4	2	4	53	0	0
	2007	광주상무	26	3	1	1	44	4	0
	2008	전남	2	2	0	0	0	0	0
	2009	전남	14	1	1	0	24	0	0
	2011	대구	23	3	2	0	26	5	0
	2012	대구	10	6	0	0	9	1	0
		합계	181	51	8	10	325	25	0
K1	2013	인천	4	1	0	0	5	1	0
		합계	4	1	0	0	5	1	0
		프로통산	185	52	8	10	330	26	2

강용국(康龍國) 동국대 1961.11.17

대회	연도	소속	출전	교체	득점	도움	파울	경고	퇴장
BC	1985	한일은행	19	11	1	2	22	0	0
	1986	한일은행	5	5	1	3	0	0	0
		합계	24	16	1	2	25	0	0
		프로통산	24	16	1	2	25	0	0

강우람(姜우람) 광운대 1986.05.04

대회	연도	소속	출전	교체	득점	도움	파울	경고	퇴장
BC	2012	대전	0	0	0	0	0	0	0
		합계	0	0	0	0	0	0	0
		프로통산	0	0	0	0	0	0	0

강원길(姜源吉) 전북대 1968.03.17

대회	연도	소속	출전	교체	득점	도움	파울	경고	퇴장
BC	1994	버팔로	26	7	0	0	31	1	0
	1995	전북	25	5	1	0	31	4	0
		합계	51	12	1	0	62	5	0
		프로통산	51	12	1	0	62	5	0

강윤구(姜潤求) 동아대 1993.02.08

대회	연도	소속	출전	교체	득점	도움	파울	경고	퇴장
K1	2018	대구	18	4	1	1	24	4	0
	2019	대구	15	9	0	0	16	0	0
	2020	인천	12	2	0	1	17	3	0
	2021	인천	17	12	0	2	28	6	0
	2022	인천	20	14	0	1	15	0	0
	2023	인천	6	6	0	0	2	2	0
		합계	88	47	1	5	102	15	0
		프로통산	88	47	1	5	102	15	0

강윤구(姜潤求) 포천일고 2002.04.08

대회	연도	소속	출전	교체	득점	도움	파울	경고	퇴장
K1	2021	울산	7	7	0	0	5	2	0
	2023	울산	19	19	1	1	16	3	0
		합계	26	26	1	1	21	5	0

Column 1

K2	2022	부산	13	10	1	1	13	4	0
		합계	13	10	1	1	13	4	0
프로통산			39	36	2	2	34	9	0

강윤성(姜允盛) 대구공고 1997.07.01

대회	연도	소속	출전	교체	득점	도움	파울	경고	퇴장
K1	2019	제주	23	11	0	1	26	3	0
	2021	제주	23	20	0	0	13	4	0
	2022	김천	28	7	0	1	22	5	0
	2023	대전	13	4	1	1	18	2	0
		합계	87	42	1	3	79	14	0
K2	2016	대전	26	24	0	0	27	5	0
	2017	대전	14	4	0	0	11	2	0
	2018	대전	26	15	3	0	28	6	0
	2020	제주	21	17	3	4	23	4	0
	2023	김천	9	5	0	0	9	0	0
		합계	96	65	6	4	96	18	0
승	2022	김천	2	0	0	0	4	1	0
		합계	2	0	0	0	4	1	0
프로통산			185	107	7	7	179	33	0

강의빈(姜義彬) 광운대 1998.04.01

대회	연도	소속	출전	교체	득점	도움	파울	경고	퇴장
K1	2022	성남	24	13	0	1	19	2	0
		합계	24	13	0	1	19	2	0
K2	2020	경남	2	1	0	0	3	1	0
	2021	부천	25	3	0	0	39	5	0
	2023	성남	24	5	1	0	25	5	0
		합계	51	9	1	0	67	11	0
프로통산			75	22	1	1	86	13	0

강인준(姜仁準) 호남대 1987.10.27

대회	연도	소속	출전	교체	득점	도움	파울	경고	퇴장
BC	2010	제주	0	0	0	0	0	0	0
	2011	제주	0	0	0	0	0	0	0
	2011	대전	1	1	0	0	1	0	1
		합계	1	1	0	0	1	0	1
프로통산			1	1	0	0	1	0	1

강재순(姜才淳) 성균관대 1964.12.15

대회	연도	소속	출전	교체	득점	도움	파울	경고	퇴장
BC	1987	현대	5	5	0	0	0	0	0
	1988	현대	22	3	4	3	32	3	0
	1989	현대	40	6	6	6	52	0	0
	1991	현대	27	19	1	3	19	1	0
	1992	현대	29	22	4	3	39	1	0
	1993	현대	32	8	3	3	43	2	0
	1994	현대	25	10	0	3	25	0	0
	1995	현대	16	17	2	2	12	4	0
		합계	196	84	28	21	222	8	0
프로통산			196	84	28	21	222	8	0

강재우(姜在禹) 고려대 2000.05.30

대회	연도	소속	출전	교체	득점	도움	파울	경고	퇴장
K1	2021	성남	19	21	0	0	13	5	0
	2022	성남	11	11	0	1	11	2	0
		합계	30	32	0	1	24	7	0
K2	2023	부천	1	1	0	0	1	0	0
		합계	1	1	0	0	1	0	0
프로통산			31	33	0	1	25	7	0

강재욱(姜幸旭) 홍익대 1985.04.05

대회	연도	소속	출전	교체	실점	도움	파울	경고	퇴장
BC	2009	서울	0	0	0	0	0	0	0
		합계	0	0	0	0	0	0	0
프로통산			0	0	0	0	0	0	0

강정대(姜征大) 한양대 1971.08.22

대회	연도	소속	출전	교체	득점	도움	파울	경고	퇴장
BC	1997	대전	19	1	0	0	25	2	0
	1998	대전	20	6	0	1	26	3	0
	1999	대전	20	10	1	0	24	2	0
	2000	대전	3	3	0	0	1	0	0
		합계	60	19	1	2	78	6	0

Column 2

프로통산			60	19	1	2	78	6	0

강정묵(姜定默) 단국대 1996.03.21

대회	연도	소속	출전	교체	실점	도움	파울	경고	퇴장
K1	2022	김천	0	0	0	0	0	0	0
		합계	0	0	0	0	0	0	0
K2	2018	서울E	0	0	0	0	0	0	0
	2019	서울E	3	1	7	0	0	0	0
	2020	서울E	9	1	7	0	1	1	0
	2021	김천	7	0	8	0	1	0	0
	2023	서울E	1	0	2	0	0	0	0
		합계	20	2	24	0	2	1	0
프로통산			20	2	24	0	2	1	0

강정훈(姜正勳) 건국대 1987.12.16

대회	연도	소속	출전	교체	득점	도움	파울	경고	퇴장
BC	2010	서울	4	3	0	0	9	1	0
	2011	서울	9	10	2	1	7	0	0
	2012	서울	3	3	0	0	3	1	0
		합계	16	16	2	1	19	2	0
K1	2013	서울	0	0	0	0	0	0	0
	2013	강원	13	11	0	1	10	2	0
		합계	13	11	0	1	10	2	0
프로통산			29	26	2	2	29	4	0

강정훈(姜政勳) 한양대 1976.02.20

대회	연도	소속	출전	교체	득점	도움	파울	경고	퇴장
BC	1998	대전	21	20	1	1	13	3	0
	1999	대전	25	21	1	2	28	1	0
	2000	대전	27	20	1	3	25	1	0
	2001	대전	6	6	0	0	10	1	0
	2002	대전	25	8	1	3	39	5	0
	2003	대전	28	12	2	2	52	1	0
	2004	대전	33	8	1	1	71	8	0
	2005	대전	34	4	2	0	65	7	0
	2006	대전	34	1	0	2	49	3	0
	2007	대전	26	10	0	1	40	6	0
		합계	259	115	8	12	453	36	0
프로통산			259	115	8	12	453	36	0

강종구(姜宗求) 동의대 1989.05.08

대회	연도	소속	출전	교체	득점	도움	파울	경고	퇴장
BC	2011	포항	1	1	0	0	0	0	0
		합계	1	1	0	0	0	0	0
프로통산			1	1	0	0	0	0	0

강종국(姜種麴) 홍익대 1991.11.12

대회	연도	소속	출전	교체	득점	도움	파울	경고	퇴장
K1	2013	경남	14	13	2	1	16	2	0
		합계	14	13	2	1	16	2	0
K2	2014	안산경찰	12	9	0	0	13	1	0
	2015	안산경찰	6	6	0	1	4	1	0
	2015	경남	1	1	0	0	0	0	0
		합계	19	16	0	1	17	2	0
프로통산			33	29	2	2	27	4	0

* 실점: 2014년 2 / 통산 2

강주호(姜周織) 경희대 1989.03.26

대회	연도	소속	출전	교체	득점	도움	파울	경고	퇴장
BC	2012	전북	1	1	0	0	2	1	0
		합계	1	1	0	0	2	1	0
K2	2013	충주	31	19	3	3	58	9	0
		합계	31	19	3	3	58	9	0
프로통산			33	21	3	3	60	9	0

강준모(姜準模) 독일 드레스덴 국제학교 2002.02.08

대회	연도	소속	출전	교체	득점	도움	파울	경고	퇴장
K1	2022	수원FC	2	2	0	0	0	0	0
		합계	2	2	0	0	0	0	0
K2	2023	안산	16	16	0	0	3	0	0
		합계	16	16	0	0	3	0	0
프로통산			18	18	0	0	3	0	0

강준우(康準佑) 인천대 1982.06.03

Column 3

대회	연도	소속	출전	교체	득점	도움	파울	경고	퇴장
BC	2007	제주	15	10	0	0	20	1	0
	2008	제주	19	3	1	0	23	6	0
	2009	제주	19	4	0	1	29	4	0
	2010	제주	4	0	0	0	8	3	0
	2011	제주	23	5	0	1	28	9	0
		합계	80	22	1	2	108	23	0
K1	2014	제주	4	4	0	0	3	0	0
	2015	제주	10	7	2	0	7	3	0
	2016	제주	1	1	0	0	2	0	0
		합계	15	12	2	0	12	3	0
K2	2017	안양	18	4	0	0	17	2	0
		합계	18	4	0	0	17	2	0
프로통산			113	38	3	2	137	28	0

강준혁(姜俊赫) 연세대 1999.10.20

대회	연도	소속	출전	교체	득점	도움	파울	경고	퇴장
K2	2023	충남아산	17	11	0	1	11	0	0
		합계	17	11	0	1	11	0	0
프로통산			17	11	0	1	11	0	0

강준호(姜俊好) 제주제일고 1971.11.27

대회	연도	소속	출전	교체	득점	도움	파울	경고	퇴장
BC	1994	LG	21	9	0	5	27	4	0
	1995	LG	10	5	0	0	5	1	0
	1996	안양G	22	18	0	1	19	1	0
	1997	안양G	26	3	0	1	51	5	1
	1998	안양G	29	2	0	4	61	11	0
	1999	안양G	11	9	2	2	12	2	0
	2000	안양G	1	1	0	0	2	0	0
	2001	안양G	11	7	0	1	5	1	0
		합계	131	54	2	14	182	25	1
프로통산			131	54	2	14	182	25	1

강지용(姜大浩/←강대호) 한양대 1989.11.23

대회	연도	소속	출전	교체	득점	도움	파울	경고	퇴장
BC	2009	포항	0	0	0	0	0	0	0
	2010	포항	5	2	0	0	13	2	0
	2011	포항	1	1	0	0	1	0	0
	2012	부산	3	2	0	0	2	2	0
		합계	9	5	0	0	16	4	0
K1	2017	강원	25	8	1	0	20	9	0
	2018	인천	4	2	0	0	5	2	0
		합계	29	10	1	0	25	11	0
K2	2014	부천	30	2	1	5	55	8	0
	2015	부천	34	2	0	0	37	6	1
	2016	부천	38	1	1	1	49	11	0
		합계	102	5	2	6	141	25	1
프로통산			137	18	7	2	179	32	2

강지훈(姜志勳) 용인대 1997.01.06

대회	연도	소속	출전	교체	득점	도움	파울	경고	퇴장
K1	2018	강원	12	5	1	1	12	1	0
	2019	강원	29	22	2	0	28	4	0
	2020	강원	0	0	0	0	0	0	0
	2020	상주	1	1	0	1	3	0	0
	2022	강원	10	2	0	0	9	1	0
	2023	강원	16	9	0	1	13	1	0
		합계	68	39	3	3	66	9	0
K2	2021	김천	16	11	2	1	17	1	0
		합계	16	11	2	1	17	1	0
프로통산			84	50	5	4	83	12	0

강진규(康晉奎) 중앙대 1983.09.10

대회	연도	소속	출전	교체	득점	도움	파울	경고	퇴장
BC	2006	전남	0	0	0	0	0	0	0
	2008	광주상무	6	3	0	0	2	0	0
	2009	광주상무	22	17	3	1	5	0	0
	2009	전남	1	1	0	0	0	0	0
	2010	전남	4	2	0	0	7	1	0
	2011	전남	1	1	0	0	0	0	0
		합계	34	25	3	1	14	1	0

프로통산 34 25 3 1 14 1 0

강진욱 (姜珍旭) 중동고 1986.02.13

대회	연도	소속	출전	교체	득점	도움	파울	경고	퇴장
BC	2006	제주	3	1	0	0	6	0	0
	2008	광주상무	14	3	0	0	34	2	0
	2009	울산	11	3	0	1	12	1	0
	2010	울산	16	12	0	1	11	1	0
	2011	울산	17	7	1	3	15	4	0
	2012	울산	19	6	0	2	19	3	0
		합계	80	32	1	7	97	11	0
K1	2013	성남일화	6	2	0	0	4	1	0
	2015	성남	0	0	0	0	0	0	0
		합계	6	2	0	0	4	1	0
프로통산			86	34	1	7	101	12	0

강진웅 (姜珍熊) 선문대 1985.05.01

대회	연도	소속	출전	교체	실점	도움	파울	경고	퇴장
K2	2013	고양	13	1	15	0	1	0	0
	2014	고양	17	1	16	0	0	0	0
	2015	고양	18	1	35	0	0	0	0
	2016	고양	33	0	57	0	1	1	0
		합계	81	3	126	0	2	1	0
프로통산			81	3	126	0	2	1	0

강창근 (姜昌根) 울산대 1956.04.28

대회	연도	소속	출전	교체	실점	도움	파울	경고	퇴장
BC	1983	국민은행	8	0	13	0	0	0	0
		합계	8	0	13	0	0	0	0
프로통산			8	0	13	0	0	0	0

강철 (姜喆) 연세대 1971.11.02

대회	연도	소속	출전	교체	득점	도움	파울	경고	퇴장
BC	1993	유공	9	1	1	1	15	2	0
	1994	유공	13	3	0	2	12	1	0
	1995	유공	17	0	1	2	41	2	0
	1998	부천SK	30	5	2	4	64	5	0
	1999	부천SK	34	1	1	1	46	3	0
	2000	부천SK	35	1	4	3	53	3	0
	2001	전남	18	1	1	2	25	1	0
	2002	전남	29	2	0	0	21	3	0
	2003	전남	22	3	0	0	15	1	0
		합계	207	25	10	15	294	21	0
프로통산			207	25	10	15	294	21	0

강철민 (姜澈珉) 단국대 1988.08.09

대회	연도	소속	출전	교체	득점	도움	파울	경고	퇴장
BC	2011	경남	5	1	0	0	6	0	0
		합계	5	1	0	0	6	0	0
K2	2013	경찰	4	4	0	0	1	0	0
	2014	안산경찰	1	1	0	0	0	0	0
		합계	5	5	0	0	1	0	0
프로통산			10	6	0	0	7	0	0

강태식 (姜太植) 한양대 1963.03.15

대회	연도	소속	출전	교체	득점	도움	파울	경고	퇴장
BC	1986	포항제철	22	0	5	3	31	3	0
	1987	포항제철	30	1	3	2	52	5	0
	1988	포항제철	23	2	0	1	42	2	0
	1989	포항제철	25	7	0	2	42	1	0
		합계	100	12	3	10	167	11	0
프로통산			100	12	3	10	167	11	0

강태욱 (姜泰旭) 단국대 1992.05.28

대회	연도	소속	출전	교체	득점	도움	파울	경고	퇴장
K2	2017	안산	9	6	0	0	15	1	0
		합계	9	6	0	0	15	1	0
프로통산			9	6	0	0	15	1	0

강태원 (姜泰院) 숭실대 2000.03.03

대회	연도	소속	출전	교체	득점	도움	파울	경고	퇴장
K1	2021	수원	0	0	0	0	0	0	0
		합계	0	0	0	0	0	0	0
프로통산			0	0	0	0	0	0	0

강투지 (Marko Tuci) 몬테네그로 1998.12.04

대회	연도	소속	출전	교체	득점	도움	파울	경고	퇴장
K1	2023	강원	16	3	1	0	8	3	0
		합계	16	3	1	0	8	3	0
승	2023	강원	2	0	0	0	0	0	0
		합계	2	0	0	0	0	0	0
프로통산			18	3	1	0	8	3	0

강한빛 (姜한빛) 호남대 1993.07.20

대회	연도	소속	출전	교체	득점	도움	파울	경고	퇴장
K2	2018	대전	2	2	0	0	3	1	0
	2019	대전	6	6	0	0	5	1	0
		합계	8	8	0	0	8	2	0
프로통산			8	8	0	0	8	2	0

강한상 (姜漢相) 안동대 1966.03.20

대회	연도	소속	출전	교체	득점	도움	파울	경고	퇴장
BC	1988	유공	12	0	1	0	21	4	0
	1989	유공	17	1	0	0	9	2	0
		합계	29	1	0	0	30	6	0
프로통산			29	1	0	0	30	6	0

강현무 (姜賢茂) 포항제철고 1995.03.13

대회	연도	소속	출전	교체	실점	도움	파울	경고	퇴장
K1	2015	포항	0	0	0	0	0	0	0
	2016	포항	0	0	0	0	0	0	0
	2017	포항	26	1	33	0	1	1	0
	2018	포항	38	0	49	0	2	4	0
	2019	포항	23	0	29	0	0	3	0
	2020	포항	27	0	35	1	0	2	0
	2021	포항	27	0	18	0	1	0	0
	2022	포항	20	1	24	0	1	3	0
		합계	161	3	198	1	4	11	0
K2	2023	김천	9	1	8	0	0	1	0
		합계	9	1	8	0	0	1	0
프로통산			170	4	206	1	4	12	0

강현묵 (姜鉉默) 매탄고 2001.03.28

대회	연도	소속	출전	교체	득점	도움	파울	경고	퇴장
K1	2020	수원	1	1	0	0	0	0	0
	2021	수원	33	32	1	2	24	2	0
	2022	수원	29	28	0	2	37	4	0
		합계	63	61	1	4	61	6	0
K2	2023	김천	23	19	6	4	13	1	0
		합계	23	19	6	4	13	1	0
승	2022	수원	2	2	0	0	2	0	0
		합계	2	2	0	0	2	0	0
프로통산			88	82	7	11	61	6	0

강현영 (姜鉉映) 중앙대 1989.05.20

대회	연도	소속	출전	교체	득점	도움	파울	경고	퇴장
BC	2012	대구	0	0	0	0	0	0	0
		합계	0	0	0	0	0	0	0
프로통산			0	0	0	0	0	0	0

강현욱 (姜現旭) 충주험멜 1985.11.04

대회	연도	소속	출전	교체	득점	도움	파울	경고	퇴장
BC	2008	대전	1	0	0	0	1	0	0
		합계	1	0	0	0	1	0	0
프로통산			1	0	0	0	1	0	0

강현제 (姜現題) 2002.08.31

대회	연도	소속	출전	교체	득점	도움	파울	경고	퇴장
K1	2023	포항	2	2	1	0	2	0	0
		합계	2	2	1	0	2	0	0
프로통산			2	2	1	0	2	0	0

강호광 (姜鎬光) 경상대 1961.01.22

대회	연도	소속	출전	교체	득점	도움	파울	경고	퇴장
BC	1984	국민은행	6	3	0	0	4	0	0
		합계	6	3	0	0	4	0	0
프로통산			6	3	0	0	4	0	0

강훈 (姜訓) 광운대 1991.05.15

대회	연도	소속	출전	교체	실점	도움	파울	경고	퇴장
K2	2014	부천	19	0	26	0	2	1	0
	2015	부천	0	0	0	0	0	0	0
		합계	19	0	26	0	2	1	0
프로통산			19	0	26	0	2	1	0

게인리히 (Alexander Geynrikh) 우즈베키스탄 1984.10.06

대회	연도	소속	출전	교체	득점	도움	파울	경고	퇴장
BC	2011	수원	20	19	3	0	38	5	0
		합계	20	19	3	0	38	5	0
프로통산			20	19	3	0	38	5	0

겐나디 (Gennadi Styopushkin) 러시아 1964.06.20

대회	연도	소속	출전	교체	득점	도움	파울	경고	퇴장
BC	1995	일화	24	14	1	0	24	7	1
	1996	천안일화	31	2	0	1	30	8	0
	1997	안양LG	4	2	0	0	5	1	0
		합계	59	18	1	1	59	16	1
프로통산			59	18	1	1	59	16	1

견희재 (甄熙材) 고려대 1988.11.27

대회	연도	소속	출전	교체	득점	도움	파울	경고	퇴장
BC	2012	성남일화	0	0	0	0	0	0	0
		합계	0	0	0	0	0	0	0
프로통산			0	0	0	0	0	0	0

경재윤 (慶幸允) 동국대 1988.04.06

대회	연도	소속	출전	교체	득점	도움	파울	경고	퇴장
K2	2013	고양	0	0	0	0	0	0	0
	2014	부천	4	4	0	0	4	0	0
		합계	4	4	0	0	4	0	0
프로통산			4	4	0	0	4	0	0

고강준 (←고대석) 전주대 1991.11.10

대회	연도	소속	출전	교체	득점	도움	파울	경고	퇴장
K2	2015	경남	6	6	0	0	5	1	0
		합계	6	6	0	0	5	1	0
프로통산			6	6	0	0	5	1	0

고건우 (高건禑/←고가우) 숭실대 1980.07.31

대회	연도	소속	출전	교체	득점	도움	파울	경고	퇴장
BC	2004	부천SK	18	7	0	2	24	1	0
	2005	부천SK	11	5	1	1	56	5	0
	2006	포항	27	18	9	3	42	0	0
	2007	포항	24	18	2	0	45	2	0
	2008	전남	13	13	0	3	14	1	0
	2009	전남	1	1	0	0	1	0	0
	2010	포항	14	9	1	0	19	0	0
	2010	대전	2	1	0	1	12	0	0
		합계	142	93	20	9	213	10	0
프로통산			142	93	20	9	213	10	0

고경민 (高敬旻) 한양대 1987.04.11

대회	연도	소속	출전	교체	득점	도움	파울	경고	퇴장
BC	2010	인천	2	2	0	0	0	0	0
		합계	2	2	0	0	0	0	0
K1	2019	경남	22	17	0	4	21	4	0
		합계	22	17	0	4	21	4	0
K2	2013	경남	19	12	9	1	14	3	0
	2014	안산경찰	34	11	4	4	40	3	0
	2015	안산경찰	25	7	1	5	17	0	0
	2015	안양	25	7	1	5	17	0	0
	2016	부산	26	24	7	4	18	3	0
	2017	부산	15	6	0	4	14	2	0
	2018	부산	21	15	4	2	20	2	0
	2020	경남	28	9	7	2	31	4	0
	2021	경남	29	21	4	2	34	5	0
	2022	경남	27	18	4	1	24	2	0
		합계	254	138	75	21	244	32	0
승	2017	부산	2	2	0	0	0	0	0
	2018	부산	2	2	0	0	0	0	0
	2019	경남	2	2	0	0	0	0	0
		합계	6	6	0	0	0	0	0
프로통산			284	163	75	25	268	36	0

고경준(高敬竣) 제주제일고 1987.03.07

대회	연도	소속	출전	교체	득점	도움	파울	경고	퇴장
BC	2006	수원	9	4	1	0	19	4	0
	2008	경남	0	0	0	0	0	0	0
	합계		9	4	1	0	19	4	0
K2	2016	서울E	1	1	0	0	1	0	0
	합계		1	1	0	0	1	0	0
프로통산			10	5	1	0	20	4	0

고광민(高光民) 아주대 1988.09.21

대회	연도	소속	출전	교체	득점	도움	파울	경고	퇴장
BC	2011	서울	7	6	0	1	10	1	0
	2012	서울	11	12	0	0	15	1	0
	합계		18	18	0	1	15	1	0
K1	2013	서울	3	3	0	0	1	0	0
	2014	서울	20	9	1	3	12	2	0
	2015	서울	28	4	0	3	20	1	0
	2016	서울	33	2	1	4	27	2	0
	2019	서울	35	6	1	2	26	4	1
	2020	서울	23	4	1	1	33	2	0
	2021	서울	18	7	0	1	5	1	0
	2022	서울	10	10	0	0	5	1	0
	합계		170	45	5	12	157	16	2
프로통산			188	63	5	13	172	17	2

고동민(高東民) 대륜고 1999.01.12

대회	연도	소속	출전	교체	실점	도움	파울	경고	퇴장
K2	2022	경남	18	0	28	0	1	0	0
	2023	경남	36	1	40	0	0	0	0
	합계		54	1	68	0	1	0	0
프로통산			54	1	68	0	1	0	0

고란(Goran Jevtić) 유고슬라비아 1970.08.10

대회	연도	소속	출전	교체	득점	도움	파울	경고	퇴장
BC	1993	현대	13	8	0	3	12	0	0
	1994	현대	18	1	0	4	21	0	0
	1995	현대	16	14	0	1	18	6	0
	합계		47	23	0	1	52	12	0
프로통산			47	23	0	1	52	12	0

고래세(高來世) 진주고 1992.03.23

대회	연도	소속	출전	교체	득점	도움	파울	경고	퇴장
BC	2011	경남	1	1	0	0	1	0	0
	2012	경남	2	3	0	0	0	0	0
	합계		3	4	0	0	1	0	0
K1	2013	경남	1	1	0	0	1	0	0
	2014	경남	1	1	0	0	0	0	0
	합계		2	2	0	0	1	0	0
프로통산			3	2	0	0	1	0	0

고메스(Anicio Gomes) 브라질 1982.04.01

대회	연도	소속	출전	교체	득점	도움	파울	경고	퇴장
BC	2010	제주	6	6	1	0	1	0	0
	합계		6	6	1	0	1	0	0
프로통산			6	6	1	0	1	0	0

고메즈(Andre Gomes) 브라질 1975.12.23

대회	연도	소속	출전	교체	득점	도움	파울	경고	퇴장
BC	2004	전북	26	7	2	1	56	5	1
	2005	포항	7	6	0	0	9	0	1
	합계		33	13	2	1	65	5	2
프로통산			33	13	2	1	65	5	2

고명석(高明錫) 홍익대 1995.09.27

대회	연도	소속	출전	교체	득점	도움	파울	경고	퇴장
K1	2019	수원	19	2	0	0	13	2	0
	2020	상주	11	1	0	0	8	2	0
	2021	수원	2	2	0	0	1	0	0
	2022	수원	23	1	0	0	17	0	0
	2023	수원	22	10	0	0	0	0	0
	합계		77	25	3	0	39	8	0
K2	2017	부천	28	5	2	0	20	1	0
	2018	대전	34	3	1	0	20	1	0
	2021	김천	4	0	0	0	3	0	0
	합계		66	8	3	0	41	3	0
승	2022	수원	2	0	0	0	0	0	0
	합계		2	0	0	0	0	0	0
프로통산			145	33	6	0	80	11	0

고명진(高明桭) 석관중 1988.01.09

대회	연도	소속	출전	교체	득점	도움	파울	경고	퇴장
BC	2004	서울	5	3	0	0	4	0	0
	2005	서울	1	1	0	0	0	0	0
	2006	서울	19	7	1	0	30	2	0
	2007	서울	12	6	1	1	15	3	0
	2008	서울	14	10	1	0	17	0	0
	2009	서울	23	16	2	1	14	4	0
	2010	서울	9	6	0	0	4	0	0
	2011	서울	24	4	2	7	42	6	0
	2012	서울	39	9	1	3	61	9	0
	합계		146	63	8	12	191	24	0
K1	2013	서울	30	4	3	2	27	8	0
	2014	서울	31	4	0	3	18	5	0
	2015	서울	13	4	0	1	18	5	0
	2020	울산	14	13	0	2	19	0	0
	2021	울산	15	9	0	1	6	0	0
	2022	울산	3	3	0	0	1	0	0
	합계		117	42	6	5	111	20	0
프로통산			263	105	14	17	302	38	0

고무열(高武烈) 숭실대 1990.09.05

대회	연도	소속	출전	교체	득점	도움	파울	경고	퇴장
BC	2011	포항	28	16	10	3	29	2	0
	2012	포항	39	32	6	6	61	2	0
	합계		67	48	16	9	90	4	0
K1	2013	포항	34	23	8	5	48	5	0
	2014	포항	27	19	5	1	45	3	1
	2015	포항	30	24	2	4	23	3	1
	2016	전북	22	14	3	0	23	2	0
	2017	전북	14	13	0	0	10	0	0
	2019	전북	6	5	0	0	4	0	0
	2020	강원	31	2	1	1	28	0	0
	2021	강원	22	13					
	2022	강원	1	1	0	0	0	0	0
	2023	수원	1	1	0	0	0	0	0
	합계		188	134	35	14	220	18	1
K2	2018	아산	30	9	6	3	31	8	0
	2019	아산	22	4	12	3	26	3	0
	2023	충남아산	9	9	1	0	2	0	0
	합계		61	22	19	6	59	11	0
프로통산			316	204	70	29	367	33	1

고민기(高旼奇) 고려대 1978.07.01

대회	연도	소속	출전	교체	득점	도움	파울	경고	퇴장
BC	2001	전북	1	1	0	0	0	0	0
	합계		1	1	0	0	0	0	0
프로통산			1	1	0	0	0	0	0

고민성(高旼成) 매탄고 1995.11.20

대회	연도	소속	출전	교체	득점	도움	파울	경고	퇴장
K1	2014	수원	0	0	0	0	0	0	0
	2015	수원	1	1	0	0	0	0	0
	합계		1	1	0	0	0	0	0
K2	2016	강원	11	11	0	0	5	0	0
	2018	대전	7	8	0	1	4	0	0
	합계		18	19	0	1	9	0	0
프로통산			19	19	0	1	9	0	0

고민우(高珉祐) 인천대 2000.12.18

대회	연도	소속	출전	교체	득점	도움	파울	경고	퇴장
K2	2023	안산	0	0	0	0	0	0	0
	합계		0	0	0	0	0	0	0
프로통산			0	0	0	0	0	0	0

고민혁(高敏赫) 현대고 1996.02.10

대회	연도	소속	출전	교체	득점	도움	파울	경고	퇴장
K1	2015	대전	11	9	1	1	6	1	0
	합계		11	9	1	1	6	1	0
K2	2016	대전	1	1	0	0	0	0	0
	2017	서울E	4	4	1	3	1	0	0
	합계		5	5	0	1	3	0	0
프로통산			16	14	1	2	9	1	0

고백진(高白鎭) 건국대 1966.05.03

대회	연도	소속	출전	교체	득점	도움	파울	경고	퇴장
BC	1989	유공	1	1	0	0	0	0	0
	합계		1	1	0	0	0	0	0
프로통산			1	1	0	0	0	0	0

고범수(高範壽) 선문대 1980.04.16

대회	연도	소속	출전	교체	득점	도움	파울	경고	퇴장
BC	2006	광주상무	8	2	0	0	12	1	0
	합계		8	2	0	0	12	1	0
프로통산			8	2	0	0	12	1	0

고병욱(高竝旭) 광양제철고 1992.08.21

대회	연도	소속	출전	교체	득점	도움	파울	경고	퇴장
K1	2015	전남	4	4	0	0	1	0	0
	합계		4	4	0	0	1	0	0
프로통산			4	4	0	0	1	0	0

고병운(高炳運) 광운대 1973.09.28

대회	연도	소속	출전	교체	득점	도움	파울	경고	퇴장
BC	1996	포항	29	12	0	0	38	3	0
	1997	포항	33	10	0	0	57	4	0
	1998	포항	32	9	0	1	45	3	0
	2001	포항	23	11	0	1	28	1	0
	2002	포항	34	0	1	0	63	3	0
	2003	대전	42	4	0	2	90	4	0
	2005	대전	13	7	0	0	19	3	0
	2006	대전	32	8	0	1	53	4	0
	합계		238	61	0	6	393	22	0
프로통산			238	61	0	6	393	22	0

고보연(高輔演) 아주대 1991.07.11

대회	연도	소속	출전	교체	득점	도움	파울	경고	퇴장
K2	2014	부천	11	11	1	0	13	1	0
	합계		11	11	1	0	13	1	0
프로통산			11	11	1	0	13	1	0

고봉현(高奉玄) 홍익대 1979.07.02

대회	연도	소속	출전	교체	득점	도움	파울	경고	퇴장
BC	2003	대구	18	8	2	1	46	2	0
	2004	대구	11	7	2	0	18	1	0
	2005	대구	10	10	1	0	13	0	0
	합계		39	25	5	1	77	3	0
프로통산			39	25	5	1	77	3	0

고성민(高成敏) 명지대 1972.09.07

대회	연도	소속	출전	교체	득점	도움	파울	경고	퇴장
BC	1995	전북	23	15	2	1	29	5	0
	1996	전북	29	20	2	1	36	2	0
	1997	전북	16	9	0	2	27	3	0
	1998	전북	1	1	0	0	0	0	0
	합계		69	45	4	4	92	10	0
프로통산			69	45	4	4	92	10	0

고슬기(高슬기) 오산고 1986.04.21

대회	연도	소속	출전	교체	득점	도움	파울	경고	퇴장
BC	2007	포항	0	0	0	0	0	0	0
	2008	광주상무	28	13	3	1	42	4	0
	2009	광주상무	20	16	2	2	26	3	0
	2010	울산	1	0	0	0	4	1	0
	2011	울산	15	11	1	1	26	7	0
	2012	울산	37	10	7	2	72	10	0
	합계		141	63	17	14	216	26	0
K1	2018	인천	31	6	2	2	40	9	0
	합계		31	6	2	2	40	9	0
프로통산			172	69	19	16	256	35	0

고승범(高丞範) 경희대 1994.04.24

대회	연도	소속	출전	교체	득점	도움	파울	경고	퇴장

대회	연도	소속	출전	교체	득점	도움	파울	경고	퇴장
K1	2016	수원	13	11	0	0	12	1	0
	2017	수원	33	17	2	2	37	4	0
	2018	대구	9	2	0	0	13	1	0
	2019	수원	10	4	0	0	14	2	0
	2020	수원	22	3	3	3	33	2	0
	2021	수원	15	7	1	4	20	3	0
	2022	김천	23	11	0	2	14	1	0
	2023	수원	32	13	2	1	25	4	0
	합계		157	68	8	12	168	18	0
K2	2021	김천	10	5	3	2	7	2	0
	합계		10	5	3	2	7	2	0
승	2022	김천	2	1	0	0	2	0	0
	합계		2	1	0	0	2	0	0
프로통산			169	74	11	14	177	20	0

고영준(高映埈) 포항제철고 2001.07.09

대회	연도	소속	출전	교체	득점	도움	파울	경고	퇴장
K1	2020	포항	8	8	2	1	1	0	0
	2021	포항	32	34	3	2	33	2	0
	2022	포항	37	22	6	4	37	3	0
	2023	포항	28	23	8	1	12	0	0
	합계		105	87	19	8	83	5	0

고요한(高요한) 토월중 1988.03.10

대회	연도	소속	출전	교체	득점	도움	파울	경고	퇴장
BC	2006	서울	1	0	0	0	1	0	0
	2007	서울	6	6	0	0	14	1	0
	2008	서울	4	3	0	0	4	0	0
	2009	서울	16	11	0	0	26	5	0
	2010	서울	7	7	1	0	11	0	0
	2011	서울	19	6	1	0	29	4	0
	2012	서울	38	4	1	2	45	9	0
	합계		91	37	3	2	134	19	0
K1	2013	서울	37	25	5	9	37	2	0
	2014	서울	32	19	4	3	34	6	0
	2015	서울	33	22	2	1	31	5	0
	2016	서울	27	5	0	0	43	9	0
	2017	서울	28	9	2	0	45	9	0
	2018	서울	32	10	8	4	27	3	0
	2019	서울	35	6	3	6	58	9	0
	2020	서울	15	12	0	0	13	2	0
	2021	서울	21	14	2	3	26	1	0
	2022	서울	7	3	0	0	4	0	0
	2023	서울	6	6	0	0	6	0	0
	합계		273	131	28	27	348	44	1
승	2018	서울	2	0	1	1	6	0	0
	합계		2	0	1	1	6	0	0
프로통산			366	168	34	30	488	63	1

고은성(高銀成) 단국대 1988.06.23

대회	연도	소속	출전	교체	득점	도움	파울	경고	퇴장
BC	2011	광주	1	0	0	0	0	1	0
	합계		1	0	0	0	0	1	0
프로통산			1	0	0	0	0	1	0

고의석(高義錫) 명지대 1962.10.15

대회	연도	소속	출전	교체	득점	도움	파울	경고	퇴장
BC	1983	대우	4	3	0	0	5	0	0
	1983	유공	1	0	0	1	1	0	0
	1984	유공	2	1	0	0	0	1	0
	1985	상무	14	2	1	1	17	1	0
	합계		26	9	0	2	23	2	0
프로통산			26	9	0	2	23	2	0

고재성(高在成) 대구대 1985.01.28

대회	연도	소속	출전	교체	득점	도움	파울	경고	퇴장
BC	2009	성남일화	25	8	1	1	49	9	0
	2010	성남일화	17	6	0	1	30	4	0
	2012	경남	31	18	1	5	43	4	0
	합계		73	32	2	7	121	17	0
K1	2014	상주	12	10	0	0	8	0	0
	2014	경남	12	6	1	1	14	2	0
	합계		24	16	1	1	22	2	0
K2	2013	상주	28	18	3	2	33	2	0
	2015	경남	11	9	2	1	14	0	0
	합계		39	27	5	3	47	2	0
승	2013	상주	1	1	0	0	0	0	0
	2014	경남	2	2	1	1	0	0	0
	합계		3	3	1	1	0	0	0
프로통산			139	78	9	12	191	21	0

고재현(高在賢) 대륜고 1999.03.05

대회	연도	소속	출전	교체	득점	도움	파울	경고	퇴장
K1	2018	대구	13	8	0	1	12	0	0
	2019	대구	2	2	0	0	6	1	0
	2020	대구	1	1	0	0	3	0	0
	2022	대구	32	26	13	2	36	3	0
	2023	대구	37	15	9	1	30	6	0
	합계		85	52	22	4	87	10	0
K2	2020	서울E	31	8	2	1	21	3	0
	2021	서울E	25	11	2	1	21	2	0
	합계		44	19	4	2	42	5	0
프로통산			129	71	26	6	129	15	0

고정빈(高正彬) 한남대 1984.02.09

대회	연도	소속	출전	교체	득점	도움	파울	경고	퇴장
BC	2007	대구	0	0	0	0	0	0	0
	합계		0	0	0	0	0	0	0
프로통산			0	0	0	0	0	0	0

고정운(高正云) 건국대 1966.06.27

대회	연도	소속	출전	교체	득점	도움	파울	경고	퇴장
BC	1989	일화	31	3	4	8	51	0	0
	1990	일화	21	3	4	3	46	2	0
	1991	일화	40	3	13	7	82	0	0
	1992	일화	33	3	7	4	67	4	0
	1993	일화	24	4	3	10	29	1	0
	1994	일화	21	3	4	10	29	1	0
	1995	일화	29	3	4	6	65	0	0
	1996	천안일화	12	2	4	1	29	0	0
	1998	포항	16	1	5	6	39	4	0
	1999	포항	21	8	9	5	39	1	0
	2001	포항	4	4	0	0	2	0	0
	합계		230	34	55	48	442	16	0
프로통산			230	34	55	48	442	16	0

고종수(高宗秀) 금호고 1978.10.30

대회	연도	소속	출전	교체	득점	도움	파울	경고	퇴장
BC	1996	수원	14	15	1	4	5	0	0
	1997	수원	15	10	3	5	30	2	1
	1998	수원	20	2	3	4	38	3	0
	1999	수원	21	4	4	7	29	1	0
	2000	수원	13	6	2	4	11	0	0
	2001	수원	20	4	4	2	29	1	0
	2002	수원	20	16	1	0	18	1	0
	2004	수원	5	5	0	0	2	0	0
	2005	전남	16	13	4	3	14	1	0
	2007	대전	11	5	1	1	7	0	0
	2008	대전	16	2	1	2	17	3	1
	합계		171	88	37	34	205	15	2
프로통산			171	88	37	34	205	15	2

고준영(高儁榮) 천안제일고 2000.10.27

대회	연도	소속	출전	교체	득점	도움	파울	경고	퇴장
K2	2019	서울E	8	8	0	0	5	0	0
	합계		8	8	0	0	5	0	0
프로통산			8	8	0	0	5	0	0

고차원(高次元) 아주대 1986.04.30

대회	연도	소속	출전	교체	득점	도움	파울	경고	퇴장
BC	2009	전남	22	14	2	2	20	2	0
	2010	전남	9	8	0	1	9	0	0
	2011	상주	33	22	4	1	41	2	0
	2012	상주	18	15	3	1	24	2	0
	2012	전남	4	3	2	0	1	0	0
	합계		86	62	11	5	90	7	0
K1	2013	수원	0	0	0	0	0	0	0
	2014	수원	26	21	3	1	14	1	0
	2015	수원	25	16	0	0	18	2	0
	2016	수원	11	9	0	1	8	0	0
	2017	수원	2	2	0	0	1	0	0
	합계		64	48	3	2	41	3	0
K2	2018	서울E	10	6	1	0	8	0	1
	합계		10	6	1	0	8	0	1
프로통산			160	116	15	7	139	10	1

고창현(高昌顯) 초당대 1983.09.15

대회	연도	소속	출전	교체	득점	도움	파울	경고	퇴장
BC	2002	수원	5	4	0	0	5	0	0
	2003	수원	17	15	0	1	26	0	0
	2004	수원	9	7	0	0	7	1	0
	2005	부산	9	7	0	1	9	0	0
	2006	부산	19	15	2	0	25	2	0
	2007	광주상무	24	11	0	1	24	4	0
	2008	광주상무	16	6	1	1	29	4	0
	2009	대전	23	6	12	3	18	12	0
	2010	대전	12	4	1	1	14	1	0
	2010	울산	18	8	6	4	16	2	0
	2011	울산	32	16	3	2	34	5	0
	2012	울산	39	14	2	1	15	0	1
	합계		213	130	33	18	218	35	2
K1	2013	울산	10	10	0	1	3	0	0
	2014	울산	25	21	4	3	31	5	0
	2015	울산	8	8	0	0	5	3	0
	합계		43	39	4	5	39	8	0
프로통산			256	169	37	23	257	43	2

고채완(← 고대우) 배재대 1987.02.09

대회	연도	소속	출전	교체	득점	도움	파울	경고	퇴장
BC	2010	대전	1	1	0	0	0	0	0
	2011	대전	5	5	0	0	1	1	0
	2012	대전	2	2	0	0	1	0	0
	합계		8	8	0	0	1	1	0
K2	2014	안양	0	0	0	0	0	0	0
	합계		0	0	0	0	0	0	0
프로통산			8	8	0	0	1	1	0

고태규(高態規) 용인대 1996.08.02

대회	연도	소속	출전	교체	득점	도움	파울	경고	퇴장
K1	2019	대구	0	0	0	0	0	0	0
	2020	대구	1	1	0	0	0	0	0
	합계		1	1	0	0	0	0	0
K2	2021	안산	24	16	0	1	16	3	0
	2023	안산	17	6	1	0	11	3	0
	합계		41	22	1	1	21	6	0
프로통산			41	22	1	1	21	6	0

고태원(高兌沅) 호남대 1993.05.10

대회	연도	소속	출전	교체	득점	도움	파울	경고	퇴장
K1	2016	전남	26	4	0	1	35	6	0
	2017	전남	26	3	0	0	26	2	1
	2018	전남	1	0	0	0	4	0	0
	2018	상주	3	3	0	0	2	0	0
	2019	상주	3	1	0	0	5	0	0
	합계		59	11	0	1	72	10	1
K2	2020	전남	9	8	0	0	1	1	0
	2021	전남	16	4	1	0	15	3	1
	2022	전남	27	5	2	0	28	6	0
	2023	전남	9	3	0	0	6	4	0
	합계		72	20	6	0	63	17	1
프로통산			131	31	6	1	135	27	2

고티(Petr Gottwald) 체코 1973.04.28

대회	연도	소속	출전	교체	득점	도움	파울	경고	퇴장
BC	1998	전북	9	9	0	0	11	2	0
	합계		9	9	0	0	11	2	0

대회	연도	소속	출전	교체	득점	도움	파울	경고	퇴장
프로통산			9	9	0	0	11	2	0

고현(高賢) 대구대 1973.02.01

대회	연도	소속	출전	교체	득점	도움	파울	경고	퇴장
BC	1996	안양LG	2	2	0	0	0	1	0
		합계	2	2	0	0	0	1	0
프로통산			2	2	0	0	0	1	0

공문배(孔文培) 건국대 1964.08.28

대회	연도	소속	출전	교체	득점	도움	파울	경고	퇴장
BC	1987	포항제철	5	4	0	0	3	0	0
	1988	포항제철	14	2	0	0	26	5	0
	1989	포항제철	34	7	0	2	65	1	0
	1990	포항제철	28	5	0	0	51	1	0
	1991	포항제철	28	6	0	1	37	1	1
	1992	포항제철	11	7	0	0	20	4	0
	1993	포항제철	28	3	0	0	30	5	0
	1994	포항제철	28	6	0	5	34	0	1
	1995	포항	24	20	0	1	23	5	0
	1996	포항	32	4	0	0	24	3	0
	1997	포항	28	4	0	1	28	4	0
	1998	포항	15	9	0	0	24	3	0
		합계	268	86	0	5	340	35	1
프로통산			268	86	0	5	340	35	1

공민현(孔敏懸) 청주대 1990.01.19

대회	연도	소속	출전	교체	득점	도움	파울	경고	퇴장
K1	2019	성남	33	21	2	2	54	10	0
	2021	제주	12	12	0	2	13	1	0
	2023	대전	10	9	0	0	7	0	0
		합계	55	42	2	4	74	11	0
K2	2013	부천	28	14	7	0	47	4	0
	2014	부천	31	6	4	2	76	3	0
	2015	부천	36	16	6	1	80	4	0
	2016	안산무궁	34	20	7	1	52	8	0
	2017	아산	16	8	1	1	29	4	0
	2017	부천	4	2	1	1	7	0	0
	2018	부천	24	6	3	8	62	8	0
	2020	제주	23	12	9	3	39	8	0
	2021	대전	15	13	2	4	25	1	0
	2022	대전	32	32	5	0	28	4	0
	2023	안양	13	13	2	0	9	1	0
		합계	256	142	50	21	454	43	1
승	2021	대전	2	2	0	0	2	0	0
	2022	대전	2	2	0	0	5	0	0
		합계	4	4	0	0	7	0	0
프로통산			315	188	52	25	535	51	1

공시현(孔視炫) 영생고 2005.02.23

대회	연도	소속	출전	교체	실점	도움	파울	경고	퇴장
K1	2023	전북	0	0	0	0	0	0	0
		합계	0	0	0	0	0	0	0
프로통산			0	0	0	0	0	0	0

공오균(孔吳均) 관동대(가톨릭관동대) 1974.09.10

대회	연도	소속	출전	교체	득점	도움	파울	경고	퇴장
BC	1997	대전	33	10	1	2	64	4	0
	1998	대전	25	15	5	2	56	3	0
	1999	대전	31	13	6	3	44	5	0
	2000	대전	29	19	2	1	37	3	0
	2001	대전	5	5	0	0	7	0	0
	2002	대전	31	9	5	6	49	4	0
	2003	대전	32	24	4	1	53	2	0
	2004	대전	30	22	1	2	39	4	0
	2005	대전	30	27	2	1	25	4	0
	2006	대전	36	20	0	3	87	4	0
	2007	경남	14	13	2	0	13	4	0
	2008	경남	14	14	0	0	29	3	0
		합계	319	217	43	18	542	49	0
프로통산			319	217	43	18	542	49	0

공용석(孔用錫) 건국대 1995.11.15

대회	연도	소속	출전	교체	득점	도움	파울	경고	퇴장
K1	2015	대전	0	0	0	0	0	0	0
		합계	0	0	0	0	0	0	0
프로통산			0	0	0	0	0	0	0

공용훈(孔涌熏) 용인대 1995.05.10

대회	연도	소속	출전	교체	득점	도움	파울	경고	퇴장
K2	2017	대전	1	1	0	0	0	0	0
	2020	대전	0	0	0	0	0	0	0
		합계	1	1	0	0	0	0	0
프로통산			1	1	0	0	0	0	0

공태하(孔泰賀/←공영선) 연세대 1987.05.09

대회	연도	소속	출전	교체	득점	도움	파울	경고	퇴장
BC	2010	전남	5	3	2	0	9	0	0
	2011	전남	8	6	1	0	15	0	0
	2012	전남	10	8	0	0	17	1	0
		합계	23	15	3	0	41	1	0
K1	2013	전남	7	5	0	0	1	0	0
	2015	대전	10	9	0	0	4	1	0
		합계	17	14	0	0	5	1	0
프로통산			40	29	3	0	46	2	0

곽경근(郭慶根) 고려대 1972.10.10

대회	연도	소속	출전	교체	득점	도움	파울	경고	퇴장
BC	1998	부천SK	30	14	9	2	57	5	0
	1999	부천SK	38	13	13	8	72	3	0
	2000	부천SK	39	11	9	4	94	2	0
	2001	부천SK	29	13	2	6	41	1	0
	2002	부천SK	21	15	3	0	29	3	1
	2003	부산	27	14	0	3	36	2	0
	2004	부산	30	22	0	0	36	3	0
		합계	212	82	36	23	357	19	1
프로통산			212	82	36	23	357	19	1

곽광선(郭珖善) 숭실대 1986.03.28

대회	연도	소속	출전	교체	득점	도움	파울	경고	퇴장
BC	2009	강원	28	0	3	0	36	3	0
	2010	강원	30	1	2	0	39	6	0
	2011	강원	27	1	0	0	28	6	0
	2012	수원	30	0	0	0	28	11	0
		합계	115	6	5	0	131	26	0
K1	2013	수원	34	1	0	0	17	4	0
	2014	수원	4	0	0	0	4	0	0
	2014	상주	18	5	0	0	19	2	0
	2016	수원	21	5	1	0	21	5	0
	2017	수원	31	3	0	0	23	3	0
	2018	수원	30	6	2	0	27	2	0
	2021	광주	12	7	0	0	4	2	0
	2022	성남	12	7	0	0	16	0	0
		합계	149	34	3	0	140	23	1
K2	2015	상주	25	4	2	0	20	6	0
	2019	전남	27	3	0	0	19	3	0
	2020	전남	15	5	0	0	15	4	0
		합계	67	12	2	0	73	13	0
프로통산			331	55	10	0	344	62	1

곽기훈(郭奇勳) 중앙대 1979.11.05

대회	연도	소속	출전	교체	득점	도움	파울	경고	퇴장
BC	2002	울산	1	1	0	0	1	1	0
		합계	1	1	0	0	1	1	0
프로통산			1	1	0	0	1	1	0

곽래승(郭來昇) 우석대 1990.09.11

대회	연도	소속	출전	교체	득점	도움	파울	경고	퇴장
K2	2014	부천	4	4	0	0	3	0	0
		합계	4	4	0	0	3	0	0
프로통산			4	4	0	0	3	0	0

곽성욱(郭成煜) 아주대 1993.07.12

대회	연도	소속	출전	교체	득점	도움	파울	경고	퇴장
K2	2019	안산	22	17	1	1	26	0	0
	2020	서울E	17	12	1	0	11	0	0
	2021	서울E	15	15	1	1	19	3	0
	2022	서울E	11	11	0	0	7	1	0
	2023	서울E	7	6	0	0	2	1	0
		합계	72	61	3	2	65	5	0
프로통산			72	61	3	2	65	5	0

곽성찬(郭成燦) 수원공고 1993.07.12

대회	연도	소속	출전	교체	득점	도움	파울	경고	퇴장
K2	2017	안산	5	5	0	0	6	1	0
		합계	5	5	0	0	6	1	0
프로통산			5	5	0	0	6	1	0

곽성호(郭星浩) 한양대 1961.12.24

대회	연도	소속	출전	교체	득점	도움	파울	경고	퇴장
BC	1985	현대	9	7	0	0	1	0	0
프로통산			9	7	0	0	1	0	0

곽성환(郭誠煥) 동의대 1992.03.29

대회	연도	소속	출전	교체	득점	도움	파울	경고	퇴장
K2	2016	충주	9	8	1	0	8	0	0
		합계	9	8	1	0	8	0	0
프로통산			9	8	1	0	8	0	0

곽승민(郭承敏) 천안제일고 2004.08.24

대회	연도	소속	출전	교체	득점	도움	파울	경고	퇴장
K1	2023	제주	8	8	0	0	0	0	0
		합계	8	8	0	0	0	0	0
프로통산			8	8	0	0	0	0	0

곽완섭(郭完燮) 경일대 1980.07.07

대회	연도	소속	출전	교체	득점	도움	파울	경고	퇴장
BC	2003	울산	0	0	0	0	0	0	0
		합계	0	0	0	0	0	0	0
프로통산			0	0	0	0	0	0	0

곽윤호(郭胤豪) 우석대 1995.09.30

대회	연도	소속	출전	교체	득점	도움	파울	경고	퇴장
K1	2021	수원FC	25	8	0	1	12	1	0
	2022	수원FC	29	18	0	1	14	5	0
		합계	54	26	0	2	26	6	0
프로통산			54	26	0	2	26	6	0

곽재민(郭在旼) 한남대 1991.10.23

대회	연도	소속	출전	교체	득점	도움	파울	경고	퇴장
K2	2014	대전	1	1	0	0	1	0	0
		합계	1	1	0	0	1	0	0
프로통산			1	1	0	0	1	0	0

곽정술(郭釘球) 울산대 1990.03.11

대회	연도	소속	출전	교체	득점	도움	파울	경고	퇴장
K2	2013	고양	2	2	0	0	1	0	0
		합계	2	2	0	0	1	0	0
프로통산			2	2	0	0	1	0	0

곽창규(郭昌奎) 아주대 1962.09.01

대회	연도	소속	출전	교체	득점	도움	파울	경고	퇴장
BC	1986	대우	10	5	1	0	19	1	0
	1987	대우	21	17	0	1	19	0	0
	1988	대우	11	7	0	1	17	0	0
	1989	대우	20	14	0	0	22	2	0
	1990	대우	6	6	0	1	5	1	0
	1991	대우	6	6	0	1	9	1	0
		합계	74	52	1	3	91	5	0
프로통산			74	52	1	3	91	5	0

곽창희(郭昌熙) 조선대 1987.07.26

대회	연도	소속	출전	교체	득점	도움	파울	경고	퇴장
BC	2010	대전	19	16	2	1	27	1	0
	2011	대전	5	3	0	0	13	1	0
		합계	24	19	2	1	40	2	0
프로통산			24	19	2	1	40	2	0

곽철호(郭喆鎬) 명지대 1986.05.08

대회	연도	소속	출전	교체	득점	도움	파울	경고	퇴장
BC	2008	대전	13	9	1	0	24	4	0
	2009	대전	5	6	0	0	5	1	0
	2010	광주상무	4	4	0	0	4	0	0
	2011	상주	7	6	1	1	7	2	0
		합계	26	22	1	1	36	6	0

프로통산 | 26 | 22 | 1 | 1 | 36 | 6 | 0

곽태휘(郭泰輝) 중앙대 1981.07.08

대회	연도	소속	출전	교체	득점	도움	파울	경고	퇴장
BC	2005	서울	19	6	1	1	42	8	1
	2006	서울	23	8	1	1	37	1	0
	2007	서울	12	5	0	0	16	3	0
	2007	전남	13	0	1	0	26	2	0
	2008	전남	13	5	2	1	13	2	0
	2009	전남	10	2	0	1	20	0	0
	2011	울산	41	0	9	2	39	4	0
	2012	울산	32	4	3	0	38	3	0
	합계		163	30	17	6	219	24	1
K1	2016	서울	11	3	0	0	13	3	0
	2017	서울	24	8	1	0	24	1	0
	2018	서울	14	2	1	0	14	0	0
	2019	경남	16	4	0	0	14	0	0
	합계		65	15	3	0	64	4	0
승	2018	서울	1	1	0	0	0	0	0
	2019	경남	1	1	0	0	0	0	0
	합계		1	1	0	0	0	0	0
프로통산			229	46	20	6	283	28	1

곽해성(郭海盛) 광운대 1991.12.06

대회	연도	소속	출전	교체	득점	도움	파울	경고	퇴장
K1	2014	성남	15	6	1	0	9	1	0
	2015	성남	23	5	0	3	10	0	0
	2016	성남	9	3	0	0	6	0	0
	2016	제주	8	3	2	1	4	0	0
	2017	인천	7	3	0	0	5	1	0
	2018	인천	7	3	0	0	5	1	0
	2019	인천	14	3	0	4	9	1	0
	합계		78	25	3	9	48	4	0
K2	2017	성남	4	1	0	0	2	0	0
	2020	부천	11	5	0	2	7	0	0
	합계		15	6	0	2	9	0	0
프로통산			93	31	3	11	57	4	0

곽희주(郭熙柱) 광운대 1981.10.05

대회	연도	소속	출전	교체	득점	도움	파울	경고	퇴장
BC	2003	수원	11	4	0	0	13	0	0
	2004	수원	37	0	0	0	106	7	0
	2005	수원	30	3	4	1	98	5	0
	2006	수원	20	3	1	1	53	4	0
	2007	수원	26	6	1	1	40	3	0
	2008	수원	35	1	3	1	80	7	0
	2009	수원	22	1	0	0	45	5	1
	2010	수원	22	0	3	1	54	8	0
	2011	수원	19	6	3	0	39	3	0
	2012	수원	33	11	1	1	54	10	0
	합계		259	35	16	6	560	50	1
K1	2013	수원	26	10	1	0	40	7	0
	2015	수원	13	11	1	0	14	1	0
	2016	수원	11	7	0	1	12	3	0
	합계		49	28	2	0	66	9	0
프로통산			308	63	19	6	626	59	1

구경현(具景炫) 전주대 1981.04.30

대회	연도	소속	출전	교체	득점	도움	파울	경고	퇴장
BC	2003	안양LG	4	1	0	0	9	0	0
	2004	서울	10	5	0	0	9	0	0
	2005	서울	1	1	0	0	2	0	0
	2006	광주상무	24	8	1	0	29	2	0
	2007	광주상무	28	4	0	0	38	3	0
	2009	제주	17	11	0	1	11	0	0
	2010	제주	9	4	0	0	4	0	0
	합계		103	42	2	2	88	5	0
프로통산			103	42	2	2	88	5	0

구대령(具大領) 동국대 1979.10.24

대회	연도	소속	출전	교체	득점	도움	파울	경고	퇴장
BC	2003	대구	10	10	1	0	14	3	0
	합계		10	10	1	0	14	3	0
프로통산			10	10	1	0	14	3	0

구대엽(具代燁) 광주대 1992.11.17

대회	연도	소속	출전	교체	득점	도움	파울	경고	퇴장
K2	2015	서울E	0	0	0	0	0	0	0
	2016	서울E	1	0	0	0	1	0	0
	합계		1	0	0	0	1	0	0
프로통산			1	0	0	0	1	0	0

구대영(具大榮) 홍익대 1992.05.09

대회	연도	소속	출전	교체	득점	도움	파울	경고	퇴장
K1	2019	수원	18	7	2	1	26	4	0
	2020	수원	9	3	0	0	8	0	0
	2021	수원	17	13	0	0	13	2	0
	2022	수원	8	6	0	0	5	0	0
	합계		52	29	2	1	49	6	0
K2	2014	안양	14	6	0	0	18	5	0
	2016	안양	34	6	0	1	31	9	0
	2017	안양	27	3	0	0	18	5	0
	2017	아산	10	1	0	0	14	0	0
	2018	아산	14	7	1	0	18	6	0
	2022	안양	22	11	0	0	18	5	0
	2023	안양	15	13	0	0	13	3	0
	합계		136	46	1	3	128	33	0
승	2022	안양	2	2	0	0	1	0	0
	합계		2	2	0	0	1	0	0
프로통산			190	77	3	4	175	42	0

구본상(具本想) 명지대 1989.10.04

대회	연도	소속	출전	교체	득점	도움	파울	경고	퇴장
BC	2012	인천	20	7	0	0	35	5	0
	합계		20	7	0	0	35	5	0
K1	2013	인천	30	14	1	1	56	6	0
	2014	인천	33	7	0	3	86	6	0
	2015	울산	30	15	1	0	43	13	0
	2016	울산	14	7	0	0	21	1	0
	합계		107	43	1	4	205	26	0
K2	2019	안양	35	27	1	1	71	10	0
	2020	대전	6	3	1	0	5	3	0
	2021	대전	1	0	0	0	1	0	0
	2022	김포	9	7	1	0	10	2	0
	합계		51	38	2	2	87	15	0
프로통산			178	88	3	6	327	46	0

구본석(具本錫) 경남상고 1962.09.05

대회	연도	소속	출전	교체	득점	도움	파울	경고	퇴장
BC	1985	유공	11	6	2	1	5	1	0
	1986	유공	33	8	10	3	28	1	0
	1987	유공	18	10	2	2	8	0	0
	1988	유공	6	1	0	0	1	0	0
	1989	유공	9	6	1	0	5	0	0
	1990	유공	10	5	2	0	2	0	0
	1991	유공	37	4	1	1	20	2	1
	1992	유공	22	0	0	0	6	0	0
	1993	유공	9	6	4	0	8	1	0
	1994	유공	19	6	4	0	8	1	0
	합계		174	47	22	8	96	7	1
프로통산			174	47	22	8	96	7	1

구본철(具本哲) 단국대 1999.10.11

대회	연도	소속	출전	교체	득점	도움	파울	경고	퇴장
K1	2021	인천	29	29	2	0	19	3	0
	2022	성남	27	9	5	4	26	4	0
	합계		56	38	7	4	46	6	0
K2	2020	부천	8	8	0	0	8	1	0
	2023	김천	15	14	1	0	7	0	0
	합계		23	22	1	1	15	1	0
프로통산			79	60	8	5	63	8	0

구본혁(構本革) 영석고 1998.02.09

대회	연도	소속	출전	교체	득점	도움	파울	경고	퇴장
K2	2020	안양	17	6	0	3	9	1	0
	합계		17	6	0	3	9	1	0
프로통산			17	6	0	3	9	1	0

구상민(具相珉) 동의대 1991.10.31

대회	연도	소속	출전	교체	실점	도움	파울	경고	퇴장
K2	2016	부산	32	0	25	0	1	2	0
	2017	부산	13	0	11	0	0	1	0
	2018	부산	21	0	15	0	1	1	0
	2019	부산	2	0	2	0	0	0	0
	2021	부산	1	0	0	0	0	0	0
	2022	부산	16	0	17	0	0	1	0
	2023	부산	36	0	29	1	0	2	0
	합계		121	2	106	1	2	5	0
승	2017	부산	1	0	1	0	0	0	0
	2018	부산	1	0	0	0	0	0	0
	2023	부산	3	0	2	0	0	0	0
	합계		5	0	11	0	0	0	0
프로통산			126	2	117	0	2	5	0

구상민(具相敏) 상지대 1976.04.04

대회	연도	소속	출전	교체	득점	도움	파울	경고	퇴장
BC	1999	전남	0	0	0	0	0	0	0
	합계		0	0	0	0	0	0	0
프로통산			0	0	0	0	0	0	0

구상범(具相範) 인천대 1964.06.15

대회	연도	소속	출전	교체	득점	도움	파울	경고	퇴장
BC	1986	럭키금성	26	1	5	0	34	2	0
	1987	럭키금성	31	1	3	1	21	4	0
	1988	럭키금성	11	2	0	0	11	0	0
	1989	럭키금성	9	0	0	0	9	1	0
	1990	럭키금성	9	0	1	0	12	1	0
	1991	LG	36	5	2	5	41	1	0
	1992	LG	26	4	1	5	20	2	0
	1993	LG	11	1	1	1	9	1	0
	1994	대우	24	4	0	0	7	2	0
	1995	포항	16	11	1	2	14	2	0
	합계		198	28	16	20	196	18	0
프로통산			198	28	16	20	196	18	0

구성윤(具聖潤) 재현고 1994.06.27

대회	연도	소속	출전	교체	실점	도움	파울	경고	퇴장
K1	2020	대구	17	0	21	0	1	1	0
	2022	김천	15	1	20	0	0	0	0
	합계		32	1	47	0	1	1	0
K2	2021	김천	18	0	11	0	1	0	0
	합계		18	0	11	0	1	0	0
프로통산			50	1	58	2	0	2	0

구스타보(Gustavo Custodio dos Santos) 브라질 1997.03.09

대회	연도	소속	출전	교체	득점	도움	파울	경고	퇴장
K1	2020	인천	3	3	0	0	1	1	0
K1	합계		3	3	0	0	1	1	0
프로통산			3	3	0	0	1	1	0

구스타보(Gustavo Henrique da Silva Sousa) 브라질 1994.03.29

대회	연도	소속	출전	교체	득점	도움	파울	경고	퇴장
K1	2020	전북	14	7	5	2	11	4	0
	2021	전북	34	27	5	5	36	5	0
	2022	전북	34	23	8	4	32	3	0
	2023	전북	30	26	0	0	28	2	0
	합계		112	83	18	11	107	14	0
프로통산			112	83	18	11	107	14	0

구스타보(Gustavo Affonso Sauerbeck) 브라질 1993.04.30

대회	연도	소속	출전	교체	득점	도움	파울	경고	퇴장
K2	2016	대전	22	16	6	6	44	3	0
	합계		22	16	6	6	44	3	0
프로통산			22	16	6	6	44	3	0

구아라(Paulo Roberto Chamon de Castilho) 브라질 1979.08.29

대회	연도	소속	출전	교체	득점	도움	파울	경고	퇴장
BC	2008	부산	7	3	2	1	7	0	0
	2009	부산	5	3	0	0	4	0	0
	합계		12	6	2	1	11	0	0
프로통산			12	6	2	1	11	0	0

구자룡(具滋龍) 매탄고 1992.04.06

대회	연도	소속	출전	교체	득점	도움	파울	경고	퇴장
BC	2011	수원	1	1	0	0	2	0	0
	합계		1	1	0	0	2	0	0
K1	2013	수원	3	2	0	0	3	0	0
	2014	수원	7	6	0	0	2	0	0
	2015	수원	25	5	0	0	15	4	0
	2016	수원	32	1	1	0	42	6	0
	2017	수원	29	2	0	0	32	6	0
	2018	수원	22	7	0	0	20	1	0
	2019	수원	30	1	1	0	31	5	0
	2020	전북	2	1	0	0	2	0	0
	2021	전북	17	5	0	0	17	1	0
	2022	전북	15	9	1	0	9	0	0
	2023	전북	23	7	0	0	18	5	0
	합계		205	46	3	0	191	28	0
K2	2013	경찰	6	5	0	0	3	0	0
	합계		6	5	0	0	3	0	0
프로통산			212	52	3	0	196	28	0

구자철(具滋哲) 보인정보산업고(보인고) 1989.02.27

대회	연도	소속	출전	교체	득점	도움	파울	경고	퇴장
BC	2007	제주	16	11	1	2	20	2	0
	2008	제주	14	5	0	1	36	5	0
	2009	제주	28	7	2	4	66	8	0
	2010	제주	30	6	12	12	50	5	0
	합계		88	29	8	19	172	20	0
K1	2022	제주	9	9	1	1	5	1	0
	2023	제주	16	10	1	1	15	5	0
	합계		25	19	1	2	20	6	0
프로통산			113	48	9	21	192	26	0

구즈노프(Yevgeni Kuznetsov) 러시아 1961.08.30

대회	연도	소속	출전	교체	득점	도움	파울	경고	퇴장
BC	1996	전남	15	7	1	2	10	1	1
	합계		15	7	1	2	10	1	1
프로통산			15	7	1	2	10	1	1

구텍(Madislavs Gutkovskis) 라트비아 1995.04.02

대회	연도	소속	출전	교체	득점	도움	파울	경고	퇴장
K1	2023	대전	3	3	0	0	5	1	0
	합계		3	3	0	0	5	1	0
프로통산			3	3	0	0	5	1	0

구한식(具漢湜) 전남체고 1962.04.08

대회	연도	소속	출전	교체	득점	도움	파울	경고	퇴장
BC	1987	유공	3	3	0	0	2	0	0
	합계		3	3	0	0	2	0	0
프로통산			3	3	0	0	2	0	0

구현서(具鉉書) 중앙대 1982.05.13

대회	연도	소속	출전	교체	득점	도움	파울	경고	퇴장
BC	2005	전남	3	3	0	0	1	0	0
	2006	전남	9	9	2	0	7	1	0
	합계		12	12	2	0	8	1	0
프로통산			12	12	2	0	8	1	0

구현준(具賢俊) 동래고 1993.12.13

대회	연도	소속	출전	교체	득점	도움	파울	경고	퇴장
BC	2012	부산	1	1	0	0	1	0	0
	합계		1	1	0	0	1	0	0
K1	2013	부산	1	0	0	0	2	0	0
	2014	부산	2	1	0	0	2	1	0
	2015	부산	11	2	0	1	14	1	0
	합계		14	2	0	1	17	1	0
K2	2016	부산	14	3	0	1	16	4	0
	2017	부산	19	3	1	1	25	4	0
	2018	부산	15	3	0	1	14	2	1
	2019	부산	6	1	0	0	3	0	0
	2021	부산	1	0	0	0	3	0	0
	2022	부산	13	11	0	0	4	0	0
	2023	충북청주	27	21	0	1	10	1	0
	합계		95	42	1	4	78	14	1
승	2015	부산	0	0	0	0	0	0	0
	2018	부산	0	0	0	1	0	0	0
	합계		0	0	0	1	0	0	0
프로통산			112	45	1	5	97	15	1

국진우(鞠鎭宇) 부평고 2003.09.06

대회	연도	소속	출전	교체	득점	도움	파울	경고	퇴장
K2	2022	경남	0	0	0	0	0	0	0
	합계		0	0	0	0	0	0	0
프로통산			0	0	0	0	0	0	0

국태정(國太正) 단국대 1995.09.13

대회	연도	소속	출전	교체	득점	도움	파울	경고	퇴장
K1	2017	전북	0	0	0	0	0	0	0
	2018	포항	0	0	0	0	0	0	0
	합계		0	0	0	0	0	0	0
K2	2019	부천	17	2	1	3	17	2	1
	2020	부천	26	4	1	1	20	4	0
	2022	부천	18	7	1	0	11	3	0
	2023	성남	19	14	0	0	15	2	0
	합계		82	27	3	4	68	11	1
프로통산			82	27	3	4	68	11	1

권경원(權敬原) 동아대 1992.01.31

대회	연도	소속	출전	교체	득점	도움	파울	경고	퇴장
K1	2013	전북	20	8	1	0	37	6	0
	2014	전북	5	4	0	0	4	1	0
	2019	전북	13	2	1	1	21	6	0
	2020	상주	23	1	1	0	24	1	0
	2021	성남	18	2	1	1	19	3	0
	합계		79	17	4	3	102	16	0
프로통산			79	17	4	3	102	16	0

권경호(權景昊) 동국대 1986.07.12

대회	연도	소속	출전	교체	득점	도움	파울	경고	퇴장
BC	2009	강원	3	2	0	0	3	0	0
	합계		3	2	0	0	3	0	0
프로통산			3	2	0	0	3	0	0

권기보(權奇補) 운봉공고 1982.05.04

대회	연도	소속	출전	교체	실점	도움	파울	경고	퇴장
BC	2004	수원	0	0	0	0	0	0	0
	2005	수원	0	0	0	0	0	0	0
	2006	수원	1	0	1	0	0	0	0
	2007	수원	0	0	0	0	0	0	0
	2008	수원	0	0	0	0	0	0	0
	합계		1	0	1	0	0	0	0
프로통산			1	0	1	0	0	0	0

권기표(權奇杓) 포항제철고 1997.06.26

대회	연도	소속	출전	교체	득점	도움	파울	경고	퇴장
K1	2018	포항	2	2	0	0	2	0	0
	2021	포항	11	13	1	0	15	1	0
	2022	포항	2	2	0	0	1	0	0
	합계		15	17	1	0	18	1	0
K2	2019	서울E	21	15	3	1	19	2	0
	2020	안양	10	10	0	0	12	0	0
	2023	경남	12	12	0	0	12	0	0
	합계		43	37	3	1	43	5	0
프로통산			58	54	4	1	62	6	0

권덕용(權德容) 인천대 1982.05.03

대회	연도	소속	출전	교체	득점	도움	파울	경고	퇴장
BC	2005	대전	2	2	0	0	1	1	0
	합계		2	2	0	0	1	1	0
프로통산			2	2	0	0	1	1	0

권민재(權珉載) 동국대 2001.06.11

대회	연도	소속	출전	교체	득점	도움	파울	경고	퇴장
K2	2022	김포	17	17	1	2	14	1	0
	합계		17	17	1	2	14	1	0
프로통산			17	17	1	2	14	1	0

권석근(權錫根) 고려대 1983.05.08

대회	연도	소속	출전	교체	득점	도움	파울	경고	퇴장
BC	2006	울산	3	3	0	0	0	0	0
	2007	울산	1	1	0	0	1	0	0
	합계		4	4	0	0	1	0	0
프로통산			4	4	0	0	1	0	0

권성윤 오산고 2001.03.30

대회	연도	소속	출전	교체	득점	도움	파울	경고	퇴장
K1	2020	서울	2	2	0	0	1	0	0
	2021	서울	12	12	0	0	9	1	0
	2022	서울	10	8	0	0	4	0	0
	합계		24	22	0	0	14	1	0
프로통산			24	22	0	0	14	1	0

권성현(權成賢) 김해대 2001.02.22

대회	연도	소속	출전	교체	득점	도움	파울	경고	퇴장
K2	2023	충남아산	12	12	0	1	3	0	0
	합계		12	12	0	1	3	0	0
프로통산			12	12	0	1	3	0	0

권세진(權世鎭) 명지대 1973.05.20

대회	연도	소속	출전	교체	득점	도움	파울	경고	퇴장
BC	1996	안양G	22	9	0	1	28	5	0
	1997	안양G	14	0	0	0	24	3	0
	1999	포항	0	0	0	0	0	0	0
	합계		36	13	0	1	52	8	0
프로통산			36	13	0	1	52	8	0

권수현(權修鉉) 아주대 1991.03.26

대회	연도	소속	출전	교체	득점	도움	파울	경고	퇴장
K2	2014	광주	2	1	0	0	7	0	0
	합계		2	1	0	0	7	0	0
프로통산			2	1	0	0	7	0	0

권순태(權純泰) 전주대 1984.09.11

대회	연도	소속	출전	교체	실점	도움	파울	경고	퇴장
BC	2006	전북	30	1	33	0	0	1	0
	2007	전북	27	1	29	0	1	1	0
	2008	전북	33	0	41	0	0	2	0
	2009	전북	33	1	40	0	0	6	0
	2010	전북	30	1	40	0	0	2	0
	2011	상주	17	1	34	0	2	3	0
	2012	상주	16	1	19	0	1	0	0
	2012	전북	2	1	0	0	0	0	0
	합계		188	7	226	0	4	14	0
K1	2013	전북	8	1	10	0	0	1	0
	2014	전북	34	2	19	0	1	4	0
	2015	전북	36	0	35	0	0	2	0
	2016	전북	35	0	37	0	0	1	0
	합계		113	3	108	0	1	8	0
프로통산			301	10	334	0	7	21	0

권순학(權純鶴) 전주대 1987.09.02

대회	연도	소속	출전	교체	득점	도움	파울	경고	퇴장
BC	2010	전북	1	1	0	0	0	0	0
	합계		1	1	0	0	0	0	0
프로통산			1	1	0	0	0	0	0

권순형(權純亨) 고려대 1986.06.16

대회	연도	소속	출전	교체	득점	도움	파울	경고	퇴장
BC	2009	강원	18	6	0	2	14	2	0
	2010	강원	26	10	1	0	19	1	0
	2011	강원	25	10	1	0	31	3	0
	2012	제주	40	16	1	0	34	5	0
	합계		109	54	3	2	98	11	0
K1	2013	제주	14	9	0	0	20	1	0

대회	연도	소속	출전	교체	득점	도움	파울	경고	퇴장
	2014	상주	27	9	2	3	20	4	0
	2015	제주	4	2	1	0	5	0	0
	2016	제주	37	11	5	8	34	2	0
	2017	제주	32	13	2	7	17	2	0
	2018	제주	29	11	2	6	28	1	0
	2019	제주	27	13	1	0	25	1	0
	2020	성남	7	2	1	0	4	0	0
	2021	성남	16	6	0	0	14	1	0
	2022	성남	22	16	1	0	13	0	0
	합계		215	92	15	24	170	13	0
K2	2015	상주	23	7	2	3	16	3	0
	2023	성남	26	16	1	0	14	2	0
	합계		49	23	3	3	30	5	0
프로통산			373	169	21	29	298	29	0

권순호(權順護) 광주대 2003.03.13

대회	연도	소속	출전	교체	득점	도움	파울	경고	퇴장
K1	2023	제주	12	12	0	0	8	1	0
	합계		12	12	0	0	8	1	0
프로통산			12	12	0	0	8	1	0

권승리(權勝利) 우석대 1997.04.21

대회	연도	소속	출전	교체	득점	도움	파울	경고	퇴장
K2	2019	부천	1	1	0	0	0	0	0
	2020	부천	12	7	0	0	16	3	0
	합계		13	8	0	0	16	3	0
프로통산			13	8	0	0	16	3	0

권승철(權勝喆) 영남대 1997.03.08

대회	연도	소속	출전	교체	득점	도움	파울	경고	퇴장
K2	2020	안양	0	0	0	0	0	0	0
	합계		0	0	0	0	0	0	0
프로통산			0	0	0	0	0	0	0

권영대(權寧大) 호남대 1963.03.13

대회	연도	소속	출전	교체	득점	도움	파울	경고	퇴장
BC	1989	현대	15	5	0	0	17	2	0
	1990	현대	13	8	0	0	4	1	0
	합계		28	13	0	0	21	3	0
프로통산			28	13	0	0	21	3	0

권영진(權永秦) 성균관대 1991.01.23

대회	연도	소속	출전	교체	득점	도움	파울	경고	퇴장
K1	2013	전북	2	1	0	0	7	2	0
	2014	전북	1	1	0	0	0	0	0
	합계		3	2	0	0	7	2	0
프로통산			3	2	0	0	7	2	0

권영호(權英鎬) 명지대 1992.07.31

대회	연도	소속	출전	교체	득점	도움	파울	경고	퇴장
K1	2015	광주	4	3	0	0	2	0	0
	합계		4	3	0	0	2	0	0
K2	2016	고양	34	4	0	0	35	2	1
	2018	대전	13	4	1	0	18	3	0
	2019	대전	0	0	0	0	0	0	0
	2022	안산	26	3	0	0	29	6	0
	합계		73	14	4	0	82	11	1
프로통산			77	17	4	0	84	11	1

권오손(權五孫) 서울시립대 1959.02.03

대회	연도	소속	출전	교체	득점	도움	파울	경고	퇴장
BC	1983	국민은행	1	0	0	0	0	0	0
	1984	럭키금성	12	2	0	0	7	0	0
	1985	럭키금성	16	1	0	1	13	2	0
	1986	럭키금성	26	2	0	0	29	1	0
	1987	럭키금성	2	2	0	0	0	0	0
	1988	현대	3	1	0	0	3	1	0
	합계		60	8	0	1	52	4	0
프로통산			60	8	0	1	52	4	0

권완규(權完規) 성균관대 1991.11.20

대회	연도	소속	출전	교체	득점	도움	파울	경고	퇴장
K1	2014	경남	17	3	1	0	27	3	0
	2015	인천	34	1	0	0	50	8	0
	2016	인천	21	5	2	1	38	6	0
	2017	포항	32	2	0	3	35	7	0
	2018	포항	10	1	0	1	14	3	1
	2018	상주	12	0	1	0	13	1	0
	2019	상주	31	0	1	0	35	7	1
	2020	포항	14	5	1	0	17	1	0
	2021	포항	37	1	1	0	55	7	0
	2022	성남	25	3	2	1	31	7	0
	2023	서울	8	6	0	0	6	3	0
	합계		241	26	10	6	321	51	2
프로통산			241	26	10	6	321	51	2

권용남(權容南) 단국대 1985.12.02

대회	연도	소속	출전	교체	득점	도움	파울	경고	퇴장
BC	2009	제주	6	5	0	0	6	0	0
	2011	제주	11	11	2	1	1	0	0
	2012	제주	8	9	0	0	4	1	0
	합계		25	25	2	1	11	1	0
K2	2013	광주	10	10	0	1	5	0	0
	합계		10	10	0	1	5	0	0
프로통산			35	35	2	2	16	1	0

권용현(權容賢) 호원대 1991.10.23

대회	연도	소속	출전	교체	득점	도움	파울	경고	퇴장
K1	2016	제주	5	5	0	0	5	1	0
	2016	수원FC	16	5	2	5	26	2	0
	2017	제주	3	3	0	0	1	0	0
	2018	경남	7	7	0	1	8	0	0
	2020	부산	4	4	0	0	4	1	0
	합계		34	24	7	3	45	4	0
K2	2013	수원FC	13	8	4	2	15	2	0
	2014	수원FC	36	24	2	9	33	2	0
	2015	수원FC	40	12	7	6	69	5	0
	2017	경남	13	8	4	2	9	2	0
	2018	수원FC	12	10	0	0	9	2	0
	2019	부산	30	29	2	4	31	1	0
	2020	안양	18	17	1	1	27	3	0
	합계		162	98	20	27	207	17	0
승	2015	수원FC	2	1	0	0	2	0	0
	2019	부산	1	1	0	0	0	0	0
	합계		3	2	0	0	2	0	0
프로통산			199	124	27	30	254	21	0

권재곤(權在坤) 광운대 1961.09.19

대회	연도	소속	출전	교체	득점	도움	파울	경고	퇴장
BC	1984	현대	6	4	2	1	4	0	0
	합계		6	4	2	1	4	0	0
프로통산			6	4	2	1	4	0	0

권재범(權才範) 경희고 2001.07.08

대회	연도	소속	출전	교체	실점	도움	파울	경고	퇴장
K1	2020	강원	0	0	0	0	0	0	0
	합계		0	0	0	0	0	0	0
프로통산			0	0	0	0	0	0	0

권정혁(權正赫) 고려대 1978.08.02

대회	연도	소속	출전	교체	실점	도움	파울	경고	퇴장
BC	2001	울산	14	0	24	0	0	0	0
	2002	울산	8	0	9	0	0	0	0
	2003	울산	2	0	3	0	0	0	0
	2004	울산	1	0	2	0	0	0	0
	2005	광주상무	2	0	4	0	0	0	0
	2006	광주상무	22	1	21	0	1	0	0
	2007	포항	2	2	1	0	0	0	0
	2011	인천	14	0	14	0	0	0	0
	2012	인천	7	0	8	0	0	0	0
	합계		70	3	90	0	1	1	0
K1	2013	인천	38	0	46	0	0	1	0
	2014	인천	28	0	30	0	0	2	0
	2015	광주	17	0	21	0	0	0	0
	합계		83	0	97	0	0	3	0
K2	2016	경남	13	0	21	0	1	0	0
	합계		13	0	21	0	1	0	0
프로통산			166	3	208	0	3	3	0

* 득점: 2013년 1 / 통산 1

권중화(權重華) 강원대 1968.02.11

대회	연도	소속	출전	교체	득점	도움	파울	경고	퇴장
BC	1990	유공	8	8	3	0	12	1	0
	1991	유공	9	9	1	0	11	1	0
	1992	유공	13	7	1	2	13	1	0
	1993	LG	17	14	1	0	15	1	0
	1994	LG	20	18	3	0	11	1	0
	1995	전남	6	5	0	1	2	0	0
	1996	전남	11	6	0	0	10	2	0
	합계		84	67	9	3	77	7	0
프로통산			84	67	9	3	77	7	0

권진영(權鎭永) 숭실대 1991.10.23

대회	연도	소속	출전	교체	득점	도움	파울	경고	퇴장
K1	2013	부산	3	1	0	0	3	0	0
	2014	부산	6	4	0	0	13	0	0
	2016	상주	6	6	0	0	5	1	0
	합계		15	11	0	0	19	1	0
K2	2015	상주	1	1	0	0	2	0	0
	2017	부산	7	0	0	0	14	2	0
	2018	부산	7	0	0	0	9	4	0
	2019	부산	3	3	0	0	2	0	0
	2020	안양	9	5	0	0	2	0	0
	합계		27	9	0	0	29	6	0
승	2018	부산	1	0	0	0	2	2	0
	합계		1	0	0	0	2	2	0
프로통산			43	21	0	0	50	10	0

권집(權輯) 동북고 1984.02.13

대회	연도	소속	출전	교체	득점	도움	파울	경고	퇴장
BC	2003	수원	14	2	0	1	28	1	0
	2004	수원	3	1	0	0	6	0	0
	2005	전남	3	1	0	0	3	0	0
	2005	전북	13	4	0	0	21	0	0
	2006	전북	23	14	0	2	49	3	0
	2007	전북	2	2	0	0	3	0	0
	2008	포항	13	4	0	0	15	4	0
	2009	대전	26	11	1	0	33	5	0
	2010	대전	25	11	3	4	40	4	0
	합계		140	56	3	8	232	22	0
프로통산			140	56	3	8	232	22	0

권찬수(權贊修) 단국대 1974.05.30

대회	연도	소속	출전	교체	실점	도움	파울	경고	퇴장
BC	1999	천안일화	22	4	33	0	0	0	0
	2000	성남일화	14	0	21	0	0	2	0
	2001	성남일화	7	1	4	0	0	0	0
	2002	성남일화	15	1	15	0	0	0	0
	2003	성남일화	22	0	27	0	1	1	0
	2004	인천	8	0	13	0	1	2	0
	2005	인천	3	0	2	0	0	0	0
	2005	성남일화	10	0	11	0	0	0	0
	2006	인천	1	0	0	0	0	0	0
	2007	인천	12	0	18	1	0	1	0
	합계		117	6	150	0	3	8	0
K1	2013	성남일화	0	0	0	0	0	0	0
	합계		0	0	0	0	0	0	0
프로통산			117	6	150	0	3	8	0

권창훈(權昶勳) 매탄고 1994.06.30

대회	연도	소속	출전	교체	득점	도움	파울	경고	퇴장
K1	2013	수원	8	8	1	0	5	0	0
	2014	수원	20	19	1	2	14	0	0
	2015	수원	35	15	10	0	25	1	0
	2016	수원	27	14	7	2	17	0	0
	2021	수원	11	9	1	0	7	0	0
	2022	김천	33	26	0	0	33	2	0
	합계		134	91	19	9	90	4	0

대회	연도	소속	출전	교체	득점	도움	파울	경고	퇴장
K2	2023	김천	8	8	2	1	3	0	0
	합계		8	8	2	1	3	0	0
승	2022	김천	2	2	0	0	1	0	0
	합계		2	2	0	0	1	0	0
프로통산			144	101	21	10	94	4	0

권태규(權泰圭) 상지대 1971.02.14

대회	연도	소속	출전	교체	득점	도움	파울	경고	퇴장
BC	1990	유공	4	5	0	0	1	0	0
	1991	유공	8	8	1	0	1	0	0
	1992	유공	7	7	1	0	5	1	0
	1993	유공	10	10	0	0	8	0	0
	1994	유공	9	9	1	2	5	0	0
	1995	유공	12	9	2	0	10	0	0
	1996	부천유공	14	10	2	1	13	1	0
	1997	안양LG	16	14	1	1	19	4	0
	합계		79	72	8	5	61	6	0
프로통산			79	72	8	5	61	6	0

권태안(權泰安) 매탄고 1992.04.09

대회	연도	소속	출전	교체	실점	도움	파울	경고	퇴장
BC	2011	수원	0	0	0	0	0	0	0
	2012	수원	0	0	0	0	0	0	0
	합계		0	0	0	0	0	0	0
K1	2018	상주	2	1	0	0	0	0	0
	2019	상주	8	1	13	0	0	1	0
	합계		10	2	13	0	0	1	0
K2	2016	충주	5	0	0	0	0	0	0
	2017	안양	19	0	37	0	0	3	0
	합계		24	0	37	0	0	3	0
프로통산			34	2	50	0	0	4	0

권한진(權韓眞) 경희대 1988.05.19

대회	연도	소속	출전	교체	득점	도움	파울	경고	퇴장
K1	2016	제주	37	6	5	1	33	5	0
	2017	제주	26	5	0	0	20	2	0
	2018	제주	32	4	0	0	16	3	0
	2019	제주	8	2	0	0	8	1	0
	2021	제주	30	5	1	0	25	3	0
	2023	인천	18	3	1	0	10	1	0
	합계		151	27	10	1	112	16	0
K2	2020	제주	21	4	1	0	22	1	0
	2022	대전	14	8	0	0	4	2	0
	합계		35	12	1	0	26	3	0
프로통산			186	39	11	1	138	19	0

권해창(權海昶) 동아대 1972.09.02

대회	연도	소속	출전	교체	득점	도움	파울	경고	퇴장
BC	1995	대우	26	24	0	1	13	2	0
	1996	부산	14	12	0	1	16	4	0
	1998	부산	9	8	0	0	4	1	0
	1999	부산	15	15	2	0	6	0	0
	2000	부산	16	14	0	0	8	2	0
	합계		80	73	2	2	47	9	0
프로통산			80	73	2	2	47	9	0

권혁관(權赫寬) 관동대(가톨릭관동대) 1990.09.09

대회	연도	소속	출전	교체	득점	도움	파울	경고	퇴장
K2	2013	충주	6	6	0	0	4	2	0
	합계		6	6	0	0	4	2	0
프로통산			6	6	0	0	4	2	0

권혁규(權赫奎) 개성고 2001.03.13

대회	연도	소속	출전	교체	득점	도움	파울	경고	퇴장
K1	2020	부산	16	13	1	0	23	4	0
	2022	김천	19	10	0	0	17	2	0
	합계		35	23	1	0	40	6	0
K2	2019	부산	2	2	0	0	0	0	0
	2021	김천	14	4	0	1	35	4	0
	2022	부산	5	1	0	1	13	2	0
	2023	부산	20	4	2	0	26	5	0
	합계		41	12	2	2	76	11	0
프로통산			76	35	3	2	116	17	0

권혁진(權赫珍) 숭실대 1988.03.23

대회	연도	소속	출전	교체	득점	도움	파울	경고	퇴장
BC	2011	인천	2	2	0	0	2	0	0
	합계		2	2	0	0	2	0	0
K1	2013	인천	0	0	0	0	0	0	0
	2014	인천	6	6	0	0	4	1	0
	2016	수원FC	5	4	0	0	9	1	0
	합계		11	10	0	0	13	2	0
K2	2013	경찰	17	14	0	2	17	2	0
	합계		17	14	0	2	17	2	0
프로통산			30	26	0	2	32	4	0

권혁진(權赫辰) 울산대 1984.12.25

대회	연도	소속	출전	교체	득점	도움	파울	경고	퇴장
BC	2007	울산	9	8	1	0	10	0	0
	2008	대전	18	12	2	3	30	1	0
	2009	광주상무	3	2	0	0	2	0	0
	2010	대전	2	2	0	0	1	0	0
	합계		32	24	3	3	42	1	0
프로통산			32	24	3	3	42	1	0

권혁태(權赫台) 경희대 1985.08.28

대회	연도	소속	출전	교체	득점	도움	파울	경고	퇴장
BC	2008	대전	1	1	0	0	1	0	0
	합계		1	1	0	0	1	0	0
프로통산			1	1	0	0	1	0	0

권혁표(權赫杓) 중앙대 1962.05.25

대회	연도	소속	출전	교체	득점	도움	파울	경고	퇴장
BC	1985	한일은행	17	7	2	0	15	0	0
	1986	한일은행	15	3	2	0	25	0	0
	합계		32	10	4	0	40	0	0
프로통산			32	10	4	0	40	0	0

권현민(權賢敗) 대구대 1991.04.11

대회	연도	소속	출전	교체	득점	도움	파울	경고	퇴장
K2	2014	충주	0	0	0	0	0	0	0
	합계		0	0	0	0	0	0	0
프로통산			0	0	0	0	0	0	0

권형선(權亨宣) 단국대 1987.05.22

대회	연도	소속	출전	교체	득점	도움	파울	경고	퇴장
BC	2010	제주	1	1	0	0	0	0	0
	2011	전남	0	0	0	0	0	0	0
	합계		1	1	0	0	0	0	0
프로통산			1	1	0	0	0	0	0

권형정(權衡正) 한양대 1967.05.19

대회	연도	소속	출전	교체	득점	도움	파울	경고	퇴장
BC	1990	포항제철	21	3	1	0	26	1	0
	1991	포항제철	37	6	1	0	31	1	0
	1992	포항제철	35	4	1	3	33	2	0
	1993	포항제철	33	1	0	0	30	3	0
	1994	포항제철	19	3	1	3	16	1	0
	합계		145	20	3	4	131	9	0
프로통산			145	20	3	4	131	9	0

그랜트(Alexander Ian Grant) 오스트레일리아 1994.01.23

대회	연도	소속	출전	교체	득점	도움	파울	경고	퇴장
K1	2021	포항	16	4	2	1	18	7	1
	2022	포항	27	3	2	0	17	5	0
	2023	포항	32	2	4	0	11	6	0
	합계		75	9	8	1	46	18	1
프로통산			75	9	8	1	46	18	1

그로닝(Sebastian Grønning Andersen) 덴마크 1997.02.03

대회	연도	소속	출전	교체	득점	도움	파울	경고	퇴장
K1	2022	수원	14	13	0	0	18	4	0
	합계		14	13	0	0	18	4	0
프로통산			14	13	0	0	18	4	0

글레이손(Gleyson Garcia de Oliveira) 브라질 1996.11.19

대회	연도	소속	출전	교체	득점	도움	파울	경고	퇴장
K2	2023	경남	35	28	13	2	31	2	0
	합계		35	28	13	2	31	2	0
프로통산			35	28	13	2	31	2	0

금교진(琴敎眞) 영남대 1992.01.03

대회	연도	소속	출전	교체	득점	도움	파울	경고	퇴장
K1	2015	대전	15	5	0	0	14	1	0
	합계		15	5	0	0	14	1	0
K2	2014	대구	15	1	2	0	21	3	0
	2015	대구	2	2	0	0	0	0	0
	2017	서울E	24	8	2	2	29	3	0
	합계		41	11	4	2	50	6	0
프로통산			56	16	4	2	64	7	0

기가(Ivan Giga Vukovic) 몬테네그로 1987.02.09

대회	연도	소속	출전	교체	득점	도움	파울	경고	퇴장
K1	2013	성남일화	11	12	3	0	13	3	0
	2014	성남	1	1	0	0	0	0	0
	합계		12	13	3	0	13	3	0
프로통산			12	13	3	0	13	3	0

기성용(奇誠庸) 금호고 1989.01.24

대회	연도	소속	출전	교체	득점	도움	파울	경고	퇴장
BC	2006	서울	1	1	0	0	0	0	0
	2007	서울	22	11	0	0	49	4	0
	2008	서울	27	12	4	2	44	10	0
	2009	서울	13	4	4	10	50	6	0
	합계		80	29	8	12	143	20	0
K1	2020	서울	5	1	0	0	6	1	0
	2021	서울	35	10	3	1	37	3	0
	2022	서울	35	15	0	1	21	6	0
	2023	서울	35	17	2	4	33	5	0
	합계		110	43	5	6	97	15	0
프로통산			190	72	13	18	240	35	0

기요소프(Khurshid Giyosov) 우즈베키스탄 1995.04.13

대회	연도	소속	출전	교체	득점	도움	파울	경고	퇴장
K2	2020	안양	4	4	1	0	3	0	0
	합계		4	4	1	0	3	0	0
프로통산			4	4	1	0	3	0	0

기현서(奇賢舒) 고려대 1984.05.06

대회	연도	소속	출전	교체	득점	도움	파울	경고	퇴장
BC	2007	경남	4	1	0	0	7	1	0
	2008	경남	0	0	0	0	0	0	0
	합계		4	1	0	0	7	1	0
프로통산			4	1	0	0	7	1	0

기호영(奇豪榮) 경기대 1977.01.20

대회	연도	소속	출전	교체	득점	도움	파울	경고	퇴장
BC	1999	부산	0	0	0	0	0	0	0
	합계		0	0	0	0	0	0	0
프로통산			0	0	0	0	0	0	0

길영태(吉永泰) 관동대(가톨릭관동대) 1991.06.15

대회	연도	소속	출전	교체	득점	도움	파울	경고	퇴장
K1	2014	포항	1	0	0	0	3	1	0
	합계		1	0	0	0	3	1	0
K2	2016	강원	6	1	0	0	12	3	0
	합계		6	1	0	0	12	3	0
승	2016	강원	1	1	0	0	0	0	0
	합계		1	1	0	0	0	0	0
프로통산			8	2	0	0	15	4	0

김강국(金康國) 인천대 1997.01.07

대회	연도	소속	출전	교체	득점	도움	파울	경고	퇴장
K1	2019	인천	3	0	0	0	5	0	0
	합계		3	0	0	0	5	0	0
K2	2020	충남아산	10	2	0	0	8	0	0
	2021	충남아산	31	6	3	4	37	4	0
	2022	충남아산	36	11	4	3	37	3	0
	2023	충남아산	36	3	3	2	26	2	0
	합계		113	22	10	9	108	9	0
프로통산			116	22	10	9	113	9	0

김강남 (金岡南) 고려대 1954.07.19

대회	연도	소속	출전	교체	득점	도움	파울	경고	퇴장
BC	1983	유공	13	5	1	2	9	1	0
	1984	대우	3	3	0	0	0	1	0
	합계		16	8	1	2	9	2	0
프로통산			16	8	1	2	9	2	0

김강산 (金江山) 대구대 1998.09.15

대회	연도	소속	출전	교체	득점	도움	파울	경고	퇴장
K1	2023	대구	25	13	1	0	15	3	0
	합계		25	13	1	0	15	3	0
K2	2020	부천	20	1	0	0	24	4	0
	2021	부천	18	0	0	0	23	2	0
	2022	부천	38	2	1	2	47	6	0
	합계		76	3	1	2	94	12	0
프로통산			101	16	2	2	109	15	0

김강선 (金强善) 호남대 1979.05.23

대회	연도	소속	출전	교체	득점	도움	파울	경고	퇴장
BC	2002	전남	5	4	0	0	7	0	0
	2003	전남	1	1	0	0	1	0	0
	합계		6	5	0	0	8	0	0
프로통산			6	5	0	0	8	0	0

김건오 (金建旿) 연세대 2001.08.13

대회	연도	소속	출전	교체	득점	도움	파울	경고	퇴장
K2	2022	전남	2	2	0	0	0	0	0
	2023	전남	7	7	1	0	0	0	0
	합계		9	9	1	0	0	0	0
프로통산			9	9	1	0	0	0	0

김건웅 (金健雄) 울산현대고 1997.08.29

대회	연도	소속	출전	교체	득점	도움	파울	경고	퇴장
K1	2016	울산	12	8	0	0	12	2	0
	2017	울산	2	2	0	0	4	0	0
	2018	울산	2	2	0	0	4	0	0
	2021	수원FC	34	13	1	0	46	7	0
	2022	수원FC	36	6	2	2	28	2	0
	2023	전북	11	6	0	0	4	0	0
	2023	제주	12	7	2	0	15	2	0
	합계		109	44	5	2	116	17	0
K2	2019	전남	33	14	3	1	33	4	0
	2020	수원FC	26	6	1	0	42	5	0
	합계		59	20	4	1	75	11	0
프로통산			168	64	9	3	191	28	0

김건형 (金建衡) 경희대 1979.09.11

대회	연도	소속	출전	교체	득점	도움	파울	경고	퇴장
BC	2000	울산	25	10	1	2	43	2	1
	2001	울산	1	1	0	0	1	0	0
	2002	울산	2	2	0	0	3	0	0
	2003	대구	8	8	0	0	5	1	0
	2004	대구	5	5	1	0	12	1	0
	합계		41	26	4	2	64	4	1
프로통산			41	26	4	2	64	4	1

김건후 (金乾煦) 단국대 1990.11.28

대회	연도	소속	출전	교체	득점	도움	파울	경고	퇴장
K2	2013	부천	22	3	0	0	32	2	0
	2014	부천	4	0	0	0	10	3	0
	합계		26	3	0	0	42	5	0
프로통산			26	3	0	0	42	5	0

김건희 (金健熙) 고려대 1995.02.22

대회	연도	소속	출전	교체	득점	도움	파울	경고	퇴장
K1	2016	수원	20	17	1	3	30	4	0
	2017	수원	7	7	0	1	4	0	0
	2018	수원	9	7	0	0	11	1	0
	2019	상주	10	1	4	0	11	0	0
	2020	수원	17	12	2	0	18	0	0
	2021	수원	24	17	6	1	24	3	0
	2022	수원	12	6	2	0	10	1	0
K1	합계		99	67	20	6	107	11	1
프로통산			99	67	20	6	107	11	1

김건희 (金建熙) 장안대 2002.09.16

대회	연도	소속	출전	교체	득점	도움	파울	경고	퇴장
K1	2023	인천	9	7	0	0	3	1	0
	합계		9	7	0	0	3	1	0
프로통산			9	7	0	0	3	1	0

김경국 (金慶國) 부경대 1988.10.29

대회	연도	소속	출전	교체	득점	도움	파울	경고	퇴장
BC	2011	대전	1	1	0	0	0	0	0
	합계		1	1	0	0	0	0	0
프로통산			1	1	0	0	0	0	0

김경도 (金炅度) 경기대 1985.06.02

대회	연도	소속	출전	교체	득점	도움	파울	경고	퇴장
BC	2009	대전	1	1	0	0	0	0	0
	2010	대전	1	1	0	0	0	0	0
	합계		2	2	0	0	0	0	0
프로통산			2	2	0	0	0	0	0

김경래 (金京來) 명지대 1964.03.18

대회	연도	소속	출전	교체	득점	도움	파울	경고	퇴장
BC	1988	대우	11	9	0	2	0	0	0
	1989	대우	10	9	0	0	3	0	0
	1990	대우	16	7	0	0	14	1	0
	1991	대우	11	8	0	1	5	1	0
	1992	대우	11	8	0	1	6	1	0
	1993	대우	8	8	0	0	6	0	0
	1994	버팔로	35	1	11	3	20	4	0
	1995	전북	29	4	1	0	25	1	0
	1996	전북	19	8	2	1	17	2	0
	1997	전북	24	15	0	0	27	3	0
	합계		168	74	14	5	121	11	0
프로통산			168	74	14	5	121	11	0

김경량 (金京亮) 숭실대 1973.12.22

대회	연도	소속	출전	교체	득점	도움	파울	경고	퇴장
BC	1996	전북	21	15	0	1	29	6	0
	1997	전북	4	3	0	1	4	0	0
	1998	전북	32	8	0	2	61	4	0
	1999	전북	24	2	0	2	46	1	1
	2000	전북	36	9	1	1	55	3	0
	2001	전북	26	12	0	0	40	3	0
	2002	전북	31	2	0	2	77	6	1
	2003	전북	41	6	0	4	139	7	0
	2004	전북	32	1	2	1	78	6	0
	2005	전북	14	5	0	0	39	2	0
	2006	전북							
	합계		261	74	2	14	567	39	2
프로통산			261	74	2	14	567	39	2

김경민 (金耿民) 연세대 1990.08.15

대회	연도	소속	출전	교체	득점	도움	파울	경고	퇴장
K1	2014	상주	1	0	0	0	2	0	0
	2015	인천	1	0	0	0	2	1	0
	2016	인천	9	0	0	0	11	2	0
	2017	인천	14	6	0	0	13	3	0
	합계		24	10	0	0	26	6	0
K2	2013	부천	17	1	0	1	16	4	0
	2015	상주	0	0	0	0	0	0	0
	2020	경남	5	5	1	1	12	3	0
	합계		22	6	1	2	28	7	0
프로통산			46	16	1	2	54	13	0

김경민 (金耿民) 한양대 1991.11.01 (골키퍼 — 득점 칸은 실점)

대회	연도	소속	출전	교체	실점	도움	파울	경고	퇴장
K1	2014	제주	2	0	3	0	0	0	0
	2015	제주	7	0	11	0	1	2	0
	2016	제주	10	1	18	0	0	1	0
	2018	제주	2	1	0	0	1	0	0
	합계		21	2	32	0	2	3	0
K2	2017	부산	14	0	11	0	1	0	0
	2021	서울E	34	1	54	0	0	3	0
	2022	광주	34	0	28	0	0	2	0
	2023	광주	26	1	22	0	1	1	0
	합계		108	2	115	0	2	6	0
승	2017	부산	0	0	0	0	0	0	0
	합계		0	0	0	0	0	0	0
프로통산			129	3	127	0	3	7	0

김경민 (金炅珉) 전주대 1997.01.22

대회	연도	소속	출전	교체	득점	도움	파울	경고	퇴장
K1	2018	전남	20	16	1	0	21	1	0
	2022	김천	24	22	7	2	15	2	0
	2023	서울	9	10	2	0	3	0	0
	합계		53	48	10	2	38	3	0
K2	2019	전남	26	24	1	2	34	3	0
	2020	안양	21	19	4	0	30	2	0
	2021	전남	3	3	0	0	3	0	0
	2021	김천	3	3	0	0	3	0	0
	합계		52	49	6	1	53	1	0
프로통산			107	99	16	3	92	4	0

김경범 (金暻範) 여주상고 1965.03.05

대회	연도	소속	출전	교체	득점	도움	파울	경고	퇴장
BC	1985	유공	16	5	0	1	10	2	0
	1986	유공	32	1	1	2	24	3	0
	1989	일화	37	4	1	1	33	3	0
	1990	일화	23	4	0	3	21	3	0
	1991	일화	34	7	3	3	31	4	0
	1992	일화	20	7	0	3	23	2	0
	1993	일화	18	9	0	0	12	0	0
	1994	일화	17	4	1	2	18	2	0
	1995	일화	24	4	2	2	15	2	0
	1996	천안일화	34	4	0	8	23	4	0
	1997	천안일화	27	9	1	1	56	5	0
	1998	부천SK	36	1	0	7	34	2	0
	합계		338	65	9	33	285	32	0
프로통산			338	65	9	33	285	32	0

김경수 (金敬秀) 전주대 2000.12.05

대회	연도	소속	출전	교체	득점	도움	파울	경고	퇴장
K2	2022	아산	24	21	1	0	7	1	0
	합계		24	21	1	0	7	1	0
프로통산			24	21	1	0	7	1	0

김경식 (金京植) 중앙대 1961.09.15

대회	연도	소속	출전	교체	득점	도움	파울	경고	퇴장
BC	1984	한일은행	25	0	1	2	23	2	0
	1985	한일은행	14	1	0	1	17	0	0
	합계		39	1	1	4	40	2	0
프로통산			39	1	1	4	40	2	0

김경연 (金敬淵) 건국대 1992.11.03

대회	연도	소속	출전	교체	득점	도움	파울	경고	퇴장
K2	2018	광주	0	0	0	0	0	0	0
	합계		0	0	0	0	0	0	0
프로통산			0	0	0	0	0	0	0

김경열 (金敬烈) 영남대 1974.05.15

대회	연도	소속	출전	교체	득점	도움	파울	경고	퇴장
BC	1997	전남	3	3	0	0	3	1	0
	1998	전남	6	7	0	0	4	0	0
	합계		9	10	0	0	7	1	0
프로통산			9	10	0	0	7	1	0

김경우 (金京祐) 울산대 1996.09.20

대회	연도	소속	출전	교체	득점	도움	파울	경고	퇴장
K2	2019	아산	4	4	0	0	4	1	0
	합계		4	4	0	0	4	1	0
프로통산			4	4	0	0	4	1	0

김경일 (金슧一) 광양제철고 1980.08.30

대회	연도	소속	출전	교체	득점	도움	파울	경고	퇴장
BC	1999	전남	3	2	0	0	3	0	0
	2000	전남	8	7	0	0	7	1	0
	2001	전남	12	11	0	0	9	1	0
	2004	대구	6	6	0	1	1	1	0
	합계		29	26	0	1	17	3	0

대회	연도	소속	출전	교체	득점	도움	파울	경고	퇴장
프로통산			29	26	0	1	17	3	0

김경재(金經栽) 아주대 1993.07.24

대회	연도	소속	출전	교체	득점	도움	파울	경고	퇴장
K1	2016	전남	7	4	0	0	1	0	0
	2017	전남	8	6	0	0	2	0	0
	2018	전남	2	0	0	0	0	0	0
	2018	상주	8	3	0	1	5	1	0
	2019	상주	30	5	0	0	18	5	0
	2021	제주	21	11	1	1	18	4	0
	2022	제주	18	9	0	0	16	2	0
	2023	광주	3	3	0	0	0	0	0
	합계		97	41	1	2	60	12	0
K2	2020	제주	6	6	0	0	4	0	0
	합계		6	6	0	0	4	0	0
프로통산			103	47	1	2	64	12	0

김경준(金俊) 영남대 1996.10.01

대회	연도	소속	출전	교체	득점	도움	파울	경고	퇴장
K1	2017	대구	3	4	0	0	2	0	0
	2018	대구	9	8	1	0	8	1	1
	합계		12	12	1	0	10	1	1
K2	2018	안양	18	16	3	3	21	1	0
	2019	서울E	26	22	4	2	17	1	0
	2020	안산	25	14	6	0	21	0	0
	2022	안산	5	6	0	0	4	1	0
	2023	안산	33	30	3	4	17	2	0
	합계		112	91	16	9	81	6	0
프로통산			124	103	17	9	91	7	1

김경중(金京中) 고려대 1991.04.16

대회	연도	소속	출전	교체	득점	도움	파울	경고	퇴장
K1	2017	강원	32	31	3	1	39	3	0
	2018	강원	11	10	0	0	4	1	0
	2019	상주	13	12	0	2	5	4	0
	2020	강원	18	13	1	2	27	4	0
	2023	수원	15	15	2	1	8	1	0
	합계		91	83	8	4	83	13	0
K2	2021	안양	27	23	7	4	26	1	0
	2022	안양	25	23	6	4	27	4	0
	합계		52	46	13	8	53	5	0
승	2022	안양	2	2	0	0	1	0	0
	합계		2	2	0	0	1	0	0
프로통산			145	131	21	12	137	18	0

김경진(金慶鎭) 숭실대 1978.03.15

대회	연도	소속	출전	교체	실점	도움	파울	경고	퇴장
BC	2002	부산	0	0	0	0	0	0	0
	합계		0	0	0	0	0	0	0
프로통산			0	0	0	0	0	0	0

김경춘(金敬春) 부경대 1984.01.27

대회	연도	소속	출전	교체	득점	도움	파울	경고	퇴장
BC	2010	강원	2	1	0	0	0	0	0
	합계		2	1	0	0	0	0	0
프로통산			2	1	0	0	0	0	0

김경태(金炅泰) 경북산업대(경일대) 1973.07.05

대회	연도	소속	출전	교체	득점	도움	파울	경고	퇴장
BC	1997	부천SK	16	3	0	0	30	4	0
	1998	부천SK	6	6	0	0	4	1	0
	2000	부천SK	2	1	0	0	0	0	0
	2001	부천SK	4	2	0	0	3	0	0
	합계		27	12	0	0	38	5	0
프로통산			27	12	0	0	38	5	0

김경호(金景浩) 영남대 1961.10.17

대회	연도	소속	출전	교체	득점	도움	파울	경고	퇴장
BC	1983	포항제철	14	1	1	0	7	0	1
	1984	포항제철	26	1	7	3	13	0	0
	1985	포항제철	12	5	0	0	11	0	0
	1988	포항제철	5	5	0	0	0	0	0
	합계		57	12	8	3	31	0	1

대회	연도	소속	출전	교체	득점	도움	파울	경고	퇴장
프로통산			57	12	8	3	31	0	1

김관규(金官奎) 명지대 1976.10.10

대회	연도	소속	출전	교체	득점	도움	파울	경고	퇴장
BC	1995	대우	1	1	0	0	3	1	0
	2000	부산	0	0	0	0	0	0	0
	2002	부산	1	1	0	0	2	0	0
	2003	대구	1	1	0	0	0	0	0
	합계		3	3	1	0	5	1	0
프로통산			3	3	1	0	5	1	0

김광명(金光明) 경상대 1961.09.09

대회	연도	소속	출전	교체	득점	도움	파울	경고	퇴장
BC	1985	상무	7	4	1	0	10	0	0
	합계		7	4	1	0	10	0	0
프로통산			7	4	1	0	10	0	0

김광석(金光奭) 청평고 1983.02.12

대회	연도	소속	출전	교체	득점	도움	파울	경고	퇴장
BC	2003	포항	9	1	0	0	15	3	0
	2004	포항	0	0	0	0	0	0	0
	2005	광주상무	10	1	0	1	16	1	0
	2006	광주상무	14	2	0	0	11	1	0
	2007	포항	17	10	0	1	29	2	0
	2008	포항	21	3	1	3	42	5	0
	2009	포항	19	5	0	0	13	1	0
	2010	포항	16	6	0	0	12	1	0
	2011	포항	34	1	0	0	30	0	0
	2012	포항	41	0	1	0	51	4	0
	합계		181	29	3	4	219	18	0
K1	2013	포항	36	0	0	0	35	2	0
	2014	포항	33	0	2	0	37	2	0
	2015	포항	24	0	0	0	14	0	0
	2016	포항	37	1	1	0	34	4	0
	2017	포항	35	0	0	3	15	2	0
	2019	포항	19	1	0	0	13	1	0
	2020	포항	27	2	0	0	23	2	0
	2021	인천	25	0	1	0	14	1	0
	2022	인천	17	7	0	0	5	1	0
	합계		270	11	8	1	195	16	0
프로통산			451	40	11	5	414	36	0

김광선(金光善) 안양공고 1983.06.17

대회	연도	소속	출전	교체	득점	도움	파울	경고	퇴장
BC	2002	대전	7	7	0	0	8	2	0
	합계		7	7	0	0	8	2	0
프로통산			7	7	0	0	8	2	0

김광수(金光洙) 경신고 1977.03.10

대회	연도	소속	출전	교체	실점	도움	파울	경고	퇴장
BC	1996	수원	0	0	0	0	0	0	0
	2002	수원	0	0	0	0	0	0	0
	2003	수원	0	0	0	0	0	0	0
	합계		0	0	0	0	0	0	0
프로통산			0	0	0	0	0	0	0

김광훈(金光勳) 한양대 1961.02.20

대회	연도	소속	출전	교체	득점	도움	파울	경고	퇴장
BC	1983	유공	2	2	0	0	1	0	0
	1984	럭키금성	23	4	0	1	23	2	0
	1985	럭키금성	13	3	0	0	25	1	0
	합계		38	9	0	1	49	3	0
프로통산			38	9	0	1	49	3	0

김굉명(金宏明) 서산시민 1984.02.25

대회	연도	소속	출전	교체	득점	도움	파울	경고	퇴장
BC	2008	경남	1	1	0	0	0	0	0
	합계		1	1	0	0	0	0	0
프로통산			1	1	0	0	0	0	0

김국진(金國鎭) 동의대 1978.02.09

대회	연도	소속	출전	교체	득점	도움	파울	경고	퇴장
BC	2002	대전	13	9	1	0	14	1	0
	2003	대전	2	2	0	0	2	0	0

대회	연도	소속	출전	교체	득점	도움	파울	경고	퇴장
	합계		15	11	1	0	16	2	0
프로통산			15	11	1	0	16	2	0

김국환(金國煥) 청주대 1972.09.13

대회	연도	소속	출전	교체	득점	도움	파울	경고	퇴장
BC	1995	일화	2	2	1	1	2	1	0
	1996	천안일화	3	2	0	0	2	0	0
	1997	천안일화	4	3	1	0	5	1	0
	합계		9	7	2	1	9	2	0
프로통산			9	7	2	1	9	2	0

김귀현(金貴鉉) 남해해성중 1990.01.04

대회	연도	소속	출전	교체	득점	도움	파울	경고	퇴장
K1	2013	대구	0	0	0	0	0	0	0
	합계		0	0	0	0	0	0	0
K2	2014	대구	18	11	1	0	36	4	0
	합계		18	11	1	0	36	4	0
프로통산			18	11	1	0	36	4	0

김귀화(金貴華) 아주대 1970.03.15

대회	연도	소속	출전	교체	득점	도움	파울	경고	퇴장
BC	1991	대우	19	19	1	0	3	0	0
	1992	대우	21	3	0	1	15	1	0
	1993	대우	14	3	0	3	28	2	0
	1994	대우	34	10	9	3	42	2	0
	1997	부산	10	5	1	3	8	0	0
	1998	안양G	26	20	1	4	33	4	0
	1999	안양G	29	12	2	5	21	1	0
	2000	안양G	33	23	1	7	24	1	0
	합계		203	105	16	20	152	10	0
프로통산			203	105	16	20	152	10	0

김규남(金奎男) 전주대 1992.11.26

대회	연도	소속	출전	교체	득점	도움	파울	경고	퇴장
K2	2015	충주	1	1	0	0	1	0	0
	합계		1	1	0	0	1	0	0
프로통산			1	1	0	0	1	0	0

김규민(金奎敏) 부천FC U18 2003.03.15

대회	연도	소속	출전	교체	득점	도움	파울	경고	퇴장
K2	2022	부천	2	2	0	0	0	0	0
	2023	부천	11	11	0	0	2	0	0
	합계		13	13	1	0	2	0	0
프로통산			13	13	1	0	2	0	0

김규민(金規旻) 용인대 2000.01.20

대회	연도	소속	출전	교체	득점	도움	파울	경고	퇴장
K2	2022	부천	6	3	1	0	3	0	0
	2023	부천	5	4	0	0	1	0	0
	합계		11	7	1	0	4	0	0
프로통산			11	7	1	0	4	0	0

김규표(金規漂) 성균관대 1999.02.08

대회	연도	소속	출전	교체	득점	도움	파울	경고	퇴장
K1	2023	포항	0	0	0	0	0	0	0
	합계		0	0	0	0	0	0	0
K2	2020	경남	8	3	0	0	8	1	0
	합계		8	3	0	0	8	1	0
프로통산			8	3	0	0	8	1	0

김규형(金奎亨) 현대고 1999.03.29

대회	연도	소속	출전	교체	득점	도움	파울	경고	퇴장
K1	2022	제주	6	6	0	0	1	0	1
	2023	수원FC	5	7	0	0	1	0	0
	합계		11	13	0	0	2	0	1
프로통산			11	13	0	0	2	0	1

김근배(金根培) 고려대 1986.08.07

대회	연도	소속	출전	교체	실점	도움	파울	경고	퇴장
BC	2009	강원	4	0	10	0	0	0	0
	2010	강원	2	1	4	0	0	0	0
	2011	강원	12	0	18	0	1	1	0
	2012	강원	17	1	34	0	2	5	0
	합계		39	3	72	0	3	6	0
K1	2013	강원	23	0	34	0	0	0	0
	2014	상주	5	0	12	0	0	1	0

대회	연도	소속	출전	교체	득점	도움	파울	경고	퇴장
	2016	성남	9	0	12	0	0	0	0
	2019	성남	2	0	4	0	0	0	0
	2020	성남	0	0	0	0	0	0	0
	2021	성남	0	0	0	0	0	0	0
	2022	제주	4	0	4	0	0	0	0
	2023	제주	2	1	1	0	0	0	0
	합계		45	1	67	0	0	0	0
K2	2015	상주	20	0	0	0	1	1	0
	2015	강원	3	1	0	0	0	0	0
	2018	성남	23	2	0	0	1	3	0
	2020	대전	9	0	0	0	1	0	0
	2022	김포	0	0	0	0	0	0	0
	합계		55	3	0	0	2	3	0
승	2013	강원	2	0	0	0	0	0	0
	2016	성남	1	0	0	0	0	0	0
	합계		3	0	0	0	0	0	0
프로통산			142	7	205	0	5	10	0

김근철(金根哲) 배재대 1983.06.24

대회	연도	소속	출전	교체	득점	도움	파울	경고	퇴장
BC	2005	대구	7	7	1	0	4	0	0
	2006	경남	25	14	3	3	27	3	0
	2007	경남	27	8	1	2	40	5	0
	2008	경남	17	4	1	0	39	3	0
	2009	경남	5	5	0	0	3	0	0
	2010	부산	30	15	2	5	48	8	0
	2011	부산	6	6	0	0	6	2	0
	2012	전남	13	11	0	0	10	2	0
	합계		130	70	7	11	177	23	0
프로통산			130	70	7	11	177	23	0

김근환(金根煥) 천안중 1986.08.12

대회	연도	소속	출전	교체	득점	도움	파울	경고	퇴장
K1	2014	울산	17	6	0	0	11	0	0
	2015	울산	18	3	0	1	10	0	0
	2016	수원FC	30	11	0	1	17	2	0
	2017	서울	1	1	0	0	1	0	0
	2018	경남	10	10	0	1	2	0	0
	2019	인천	1	1	0	0	0	0	0
	합계		77	32	0	3	41	2	0
K2	2017	경남	12	12	3	1	3	0	0
	합계		12	12	3	1	3	0	0
프로통산			89	44	3	4	44	2	0

김기남(金起南) 중앙대 1971.01.18

대회	연도	소속	출전	교체	득점	도움	파울	경고	퇴장
BC	1993	포항제철	10	7	2	1	4	0	0
	1994	포항제철	22	11	1	1	34	3	0
	1995	포항	30	7	2	4	33	4	0
	1998	안양LG	17	13	0	0	31	3	0
	1999	부천SK	25	17	1	4	51	6	0
	2000	포항	27	12	1	2	47	1	0
	2001	포항	18	6	1	2	41	1	0
	2002	포항	31	13	1	0	46	2	0
	합계		180	92	7	16	308	24	0
프로통산			180	92	7	16	308	24	0

김기남(金期南) 울산대 1973.07.20

대회	연도	소속	출전	교체	득점	도움	파울	경고	퇴장
BC	1996	울산	20	14	5	3	13	3	0
	1997	울산	29	28	6	2	24	0	0
	1998	울산	36	34	4	5	38	3	0
	1999	울산	31	25	5	3	39	0	0
	2000	울산	21	20	4	0	22	0	0
	2001	울산	6	6	2	0	6	0	0
	합계		143	124	26	13	131	6	0
프로통산			143	124	26	13	131	6	0

김기동(金基東) 신평고 1972.01.12

대회	연도	소속	출전	교체	득점	도움	파울	경고	퇴장
BC	1993	유공	7	4	0	0	8	0	0
	1994	유공	15	12	0	0	12	0	0
	1995	유공	29	2	0	1	39	3	0
	1996	부천유공	33	0	2	3	38	2	1
	1997	부천SK	14	1	5	0	15	2	0
	1998	부천SK	34	7	1	3	32	3	1
	1999	부천SK	36	19	3	3	47	2	0
	2000	부천SK	41	7	1	3	67	6	0
	2001	부천SK	30	0	1	2	28	1	0
	2002	부천SK	35	0	4	2	56	1	0
	2003	포항	30	5	3	1	57	2	0
	2004	포항	25	12	1	0	28	0	0
	2005	포항	36	20	3	5	75	2	0
	2006	포항	25	12	0	7	33	3	0
	2007	포항	36	10	4	1	69	3	0
	2008	포항	19	12	3	3	30	1	0
	2009	포항	25	21	4	5	24	1	0
	2010	포항	13	11	0	0	16	2	0
	2011	포항	20	17	4	1	13	0	0
	합계		501	166	39	40	688	35	2
프로통산			501	166	39	40	688	35	2

김기범(金起範) 동아대 1976.08.14

대회	연도	소속	출전	교체	득점	도움	파울	경고	퇴장
BC	1999	수원	1	1	0	0	1	0	0
	2000	수원	12	7	1	1	25	5	0
	2001	수원	21	13	0	3	42	3	0
	2002	수원	11	6	0	0	24	3	0
	2003	수원	8	7	0	0	13	1	0
	2004	수원	1	1	0	0	0	0	0
	합계		54	35	1	4	104	11	0
프로통산			54	35	1	4	104	11	0

김기선(金基善) 숭실대 1969.02.27

대회	연도	소속	출전	교체	득점	도움	파울	경고	퇴장
BC	1992	유공	14	5	2	0	14	1	0
	1993	유공	26	6	1	1	15	1	0
	1994	유공	26	6	1	1	15	1	0
	1995	유공	11	0	1	0	12	0	0
	1996	부천유공	9	7	0	1	7	0	0
	1996	전남	13	12	3	1	4	1	0
	1997	전남	32	21	8	1	19	5	0
	1998	전남	33	25	2	3	27	1	0
	합계		170	102	22	8	113	10	0
프로통산			170	102	22	8	113	10	0

김기수(金起秀) 선문대 1987.12.13

대회	연도	소속	출전	교체	득점	도움	파울	경고	퇴장
BC	2009	부산	9	6	0	0	12	1	0
	2010	부산	3	2	0	0	6	1	0
	합계		12	8	0	0	18	2	0
K1	2015	대전	7	1	0	0	7	2	0
	합계		7	1	0	0	7	2	0
프로통산			19	9	0	0	25	5	0

김기수(金起秀) 연세대 1995.04.29

대회	연도	소속	출전	교체	득점	도움	파울	경고	퇴장
K1	2022	수원FC	0	0	0	0	0	0	0
	합계		0	0	0	0	0	0	0
프로통산			0	0	0	0	0	0	0

김기영(金基永) 울산대 1996.08.14

대회	연도	소속	출전	교체	득점	도움	파울	경고	퇴장
K1	2019	성남	3	2	0	0	3	1	0
	합계		3	2	0	0	3	1	0
프로통산			3	2	0	0	3	1	0

김기영(金基永) 1996.08.14

대회	연도	소속	출전	교체	득점	도움	파울	경고	퇴장
K2	2019	아산	3	1	0	0	4	1	0
	합계		3	1	0	0	4	1	0
프로통산			3	1	0	0	4	1	0

김기완(金基完) 건국대 1966.03.16

대회	연도	소속	출전	교체	득점	도움	파울	경고	퇴장
BC	1989	일화	9	8	1	0	7	1	0
	합계		9	8	1	0	7	1	0
프로통산			9	8	1	0	7	1	0

김기용(金基容) 고려대 1990.12.07

대회	연도	소속	출전	교체	실점	도움	파울	경고	퇴장
K1	2013	부산	2	0	3	0	1	0	0
	2014	부산	0	0	0	0	0	0	0
	2015	부산	0	0	0	0	0	0	0
	합계		2	0	3	0	1	0	0
K2	2017	대전	5	0	12	0	1	1	0
	합계		5	0	12	0	1	1	0
프로통산			7	0	15	0	2	2	0

김기윤(金基潤) 관동대(가톨릭관동대) 1961.05.05

대회	연도	소속	출전	교체	득점	도움	파울	경고	퇴장
BC	1984	대우	15	6	1	2	13	1	0
	1985	대우	16	0	0	0	24	0	1
	1987	럭키금성	1	1	0	0	0	0	0
	합계		32	7	1	2	37	1	1
프로통산			32	7	1	2	37	1	1

김기종(金基鍾) 숭실대 1975.05.22

대회	연도	소속	출전	교체	득점	도움	파울	경고	퇴장
BC	2001	부산	3	4	0	0	4	0	0
	2002	부산	7	6	0	0	9	0	0
	합계		10	10	0	0	10	0	0
프로통산			10	10	0	0	10	0	0

김기태(金基太) 홍익대 1993.11.10

대회	연도	소속	출전	교체	득점	도움	파울	경고	퇴장
K2	2015	안양	1	1	0	0	0	0	0
	합계		1	1	0	0	0	0	0
프로통산			1	1	0	0	0	0	0

김기현(金基鉉) 경희대 1978.10.07

대회	연도	소속	출전	교체	득점	도움	파울	경고	퇴장
BC	1999	안양LG	1	1	0	0	0	0	0
	2000	안양LG	1	1	0	0	0	0	0
	2003	대구	16	10	0	1	20	2	0
	합계		18	12	0	1	20	2	0
프로통산			18	12	0	1	20	2	0

김기형(金基炯) 아주대 1977.07.10

대회	연도	소속	출전	교체	득점	도움	파울	경고	퇴장
BC	2000	부천SK	1	1	1	0	0	0	0
	2001	부천SK	4	4	0	0	4	0	0
	2002	부천SK	8	5	1	0	13	0	0
	2003	부천SK	17	9	0	1	30	3	0
	2004	부천SK	28	7	6	1	44	2	0
	2005	부천SK	29	13	2	3	32	3	0
	2006	제주	26	16	4	2	39	1	0
	2007	제주	19	13	1	1	22	2	0
	합계		132	68	15	8	184	14	0
프로통산			132	68	15	8	184	14	0

김기홍(金基弘) 울산대 1981.03.21

대회	연도	소속	출전	교체	득점	도움	파울	경고	퇴장
BC	2004	대전	6	5	0	0	5	1	0
	2005	대전	1	1	0	0	0	0	0
	합계		7	6	0	0	5	1	0
프로통산			7	6	0	0	5	1	0

김기효(金基孝) 진주고 1958.02.09

대회	연도	소속	출전	교체	득점	도움	파울	경고	퇴장
BC	1983	국민은행	8	1	1	0	5	0	0
	1984	국민은행	2	1	0	0	1	0	0
	합계		10	2	1	0	6	0	0
프로통산			10	2	1	0	6	0	0

김기희(金基熙) 홍익대 1989.07.13

대회	연도	소속	출전	교체	득점	도움	파울	경고	퇴장
BC	2011	대구	14	3	0	0	14	1	0
	2012	대구	17	2	2	0	17	2	1
	합계		31	5	2	0	31	3	1
K1	2013	전북	19	1	0	0	21	5	0
	2014	전북	28	1	0	2	41	4	0

(이전 페이지에서 이어짐)

대회	연도	소속	출전	교체	득점	도움	파울	경고	퇴장
	2015	전북	33	2	0	0	31	6	0
	2020	울산	12	1	0	1	6	1	0
	2021	울산	36	2	0	1	35	5	0
	2022	울산	15	1	0	1	9	2	0
	2023	울산	27	4	0	0	20	7	0
	합계		170	12	1	5	163	30	1
프로통산			201	17	3	5	194	33	2

김길식(金吉植) 단국대 1978.08.24

대회	연도	소속	출전	교체	득점	도움	파울	경고	퇴장
BC	2001	전남	6	4	1	0	6	0	0
	2003	전남	6	6	1	0	3	0	0
	2004	부천SK	24	14	1	0	30	4	0
	2005	부천SK	31	24	5	2	38	2	0
	2006	제주	31	19	3	0	61	2	0
	2008	대전	10	8	0	0	20	2	0
	합계		108	75	11	2	158	10	0
프로통산			108	75	11	2	158	10	0

김남건(金南建) 선문대 1990.08.06

대회	연도	소속	출전	교체	득점	도움	파울	경고	퇴장
K1	2014	성남	2	2	0	0	0	0	0
	합계		2	2	0	0	0	0	0
프로통산			2	2	0	0	0	0	0

김남우(金南佑) 전주대 1980.05.14

대회	연도	소속	출전	교체	득점	도움	파울	경고	퇴장
BC	2003	대구	7	1	0	0	20	3	0
	합계		7	1	0	0	20	3	0
프로통산			7	1	0	0	20	3	0

김남일(金南日) 한양대 1977.03.14

대회	연도	소속	출전	교체	득점	도움	파울	경고	퇴장
BC	2000	전남	30	19	1	1	57	2	0
	2001	전남	25	5	0	3	79	2	0
	2002	전남	15	6	0	2	44	2	1
	2003	전남	23	3	6	1	65	6	0
	2004	전남	10	2	1	2	30	3	0
	2005	수원	6	2	0	0	18	1	0
	2006	수원	26	2	0	0	77	9	0
	2007	수원	28	6	0	0	51	9	0
	2012	인천	34	10	0	3	78	12	0
	합계		197	55	8	12	499	46	1
K1	2013	인천	25	11	0	0	60	13	0
	2014	전북	20	13	2	0	42	8	0
	합계		45	24	2	0	102	21	0
프로통산			242	79	10	12	601	67	1

김남춘(金南春) 광운대 1989.04.19

대회	연도	소속	출전	교체	득점	도움	파울	경고	퇴장
K1	2013	서울	0	0	0	0	0	0	0
	2014	서울	7	2	1	0	5	1	0
	2015	서울	17	3	1	0	12	2	0
	2016	서울	18	2	0	1	17	2	0
	2017	상주	19	1	1	1	12	2	0
	2018	상주	19	3	1	0	19	0	0
	2019	서울	4	1	0	0	7	0	0
	2020	서울	22	4	0	0	21	6	0
	합계		113	18	4	2	96	14	0
승	2017	상주	1	0	0	0	1	0	0
	합계		1	0	0	0	1	0	0
프로통산			114	18	4	2	97	14	0

김남탁(金南卓) 광운대 1992.09.28

대회	연도	소속	출전	교체	득점	도움	파울	경고	퇴장
K2	2015	안양	0	0	0	0	0	0	0
	합계		0	0	0	0	0	0	0
프로통산			0	0	0	0	0	0	0

김남호(金南浩) 연세대 1965.10.17

대회	연도	소속	출전	교체	득점	도움	파울	경고	퇴장
BC	1988	럭키금성	8	6	0	0	4	1	0
	1989	럭키금성	1	1	0	0	0	0	0
	합계		9	7	0	0	4	1	0
프로통산			9	7	0	0	4	1	0

김다빈(金茶彬) 고려대 1989.08.29

대회	연도	소속	출전	교체	득점	도움	파울	경고	퇴장
BC	2009	대전	3	3	0	0	3	0	0
	2010	대전	1	1	0	0	0	0	0
	2010	울산	3	3	0	0	2	0	0
	2011	울산	1	1	0	0	0	0	0
	2012	울산	1	1	0	0	0	0	0
	합계		9	9	0	0	5	0	0
K2	2013	충주	4	4	0	0	3	0	0
	합계		4	4	0	0	3	0	0
프로통산			13	13	0	0	8	0	0

김다솔(金다솔) 연세대 1989.01.04

대회	연도	소속	출전	교체	**실점**	도움	파울	경고	퇴장
BC	2010	포항	8	0	8	0	0	0	0
	2011	포항	1	1	0	0	0	0	0
	2012	포항	12	0	14	0	0	0	0
	합계		21	1	22	0	0	0	0
K1	2013	포항	5	0	7	0	0	1	0
	2014	포항	7	0	9	0	0	0	0
	2015	대전	3	0	7	0	0	0	0
	2016	인천	3	0	7	0	0	0	0
	2019	수원	3	0	10	0	0	1	0
	2020	수원	1	0	0	0	0	0	0
	합계		22	0	40	0	0	2	0
K2	2017	수원FC	8	0	9	0	0	2	0
	2018	수원FC	29	1	27	0	0	2	0
	2021	전남	21	0	18	0	0	1	0
	2022	전남	22	0	30	0	2	1	0
	2023	전남	15	5	22	0	0	0	0
	합계		95	6	106	0	2	6	0
프로통산			138	7	168	0	2	8	0

김대건(金大健) 배재대 1977.04.27

대회	연도	소속	출전	교체	득점	도움	파울	경고	퇴장
BC	2001	부천SK	8	4	1	0	6	0	0
	2002	전북	9	4	1	0	12	2	0
	2003	광주상무	35	6	0	1	48	3	0
	2004	광주상무	27	4	0	1	33	1	0
	2005	전북	8	1	1	0	24	0	0
	2006	경남	11	1	0	1	31	2	0
	2007	경남	29	3	0	0	36	3	0
	2008	경남	27	8	1	0	40	6	0
	2009	수원	3	1	0	0	2	0	0
	2010	부산	7	6	0	0	17	3	0
	합계		164	38	4	3	249	20	0
프로통산			164	38	4	3	249	20	0

김대경(金大景) 숭실대 1991.09.02

대회	연도	소속	출전	교체	득점	도움	파울	경고	퇴장
K1	2013	수원	22	21	1	1	12	3	0
	2014	수원	1	1	0	0	0	0	0
	2015	인천	18	13	1	1	10	0	0
	2016	인천	16	11	1	1	8	0	0
	2017	인천	1	1	0	0	0	0	0
	2018	인천	1	1	0	0	0	0	0
	2019	인천	1	1	0	0	0	0	0
	2022	인천	0	0	0	0	0	0	0
	합계		60	48	4	3	30	3	0
K2	2023	안산	14	10	0	0	3	0	0
	합계		14	10	0	0	3	0	0
프로통산			74	58	4	3	33	3	0

김대경(金大慶) 부평고 1987.10.17

대회	연도	소속	출전	교체	득점	도움	파울	경고	퇴장
BC	2007	제주	0	0	0	0	0	0	0
	2008	제주	1	1	0	0	4	0	0
	합계		1	1	0	0	4	0	0
프로통산			1	1	0	0	4	0	0

김대광(金大光) 동국대 1992.04.10

대회	연도	소속	출전	교체	득점	도움	파울	경고	퇴장
K2	2016	부천	6	6	1	0	6	1	0
	2017	서울E	2	2	0	0	1	0	0
	합계		8	8	1	0	7	1	0
프로통산			8	8	1	0	7	1	0

김대생(金大生) 고마자와대(일본) 1995.01.18

대회	연도	소속	출전	교체	득점	도움	파울	경고	퇴장
K2	2023	천안	3	3	0	0	0	0	0
	합계		3	3	0	0	0	0	0
프로통산			3	3	0	0	0	0	0

김대성(金大成) 대구대 1972.05.10

대회	연도	소속	출전	교체	득점	도움	파울	경고	퇴장
BC	1995	LG	23	4	2	2	23	1	0
	1996	안양LG	38	12	1	3	40	5	0
	1997	안양LG	30	12	4	0	28	2	1
	1998	안양LG	31	10	2	3	39	2	0
	1999	안양LG	22	18	1	1	15	2	0
	합계		144	56	10	9	145	12	1
프로통산			144	56	10	9	145	12	1

김대수(金大樹) 울산대 1975.03.20

대회	연도	소속	출전	교체	득점	도움	파울	경고	퇴장
BC	1997	대전	5	1	0	0	6	1	0
	1998	대전	8	5	0	0	7	0	0
	1999	대전	9	8	0	0	7	0	0
	2000	대전	8	2	0	0	9	0	0
	2001	대전	3	2	0	0	4	0	0
	2002	대전	11	1	0	2	11	2	0
	2003	대구	11	0	0	1	11	2	0
	2004	부천SK	11	5	0	1	16	1	1
	합계		66	24	0	4	71	6	1
프로통산			66	24	0	4	71	6	1

김대식(金大植) 인천대 1973.03.02

대회	연도	소속	출전	교체	득점	도움	파울	경고	퇴장
BC	1995	전북	27	4	1	1	20	4	0
	1996	전북	34	4	0	3	31	4	0
	1999	전북	22	7	0	2	9	1	0
	2000	전북	32	9	1	2	33	4	0
	2001	전북	28	2	0	1	20	0	0
	합계		143	26	2	9	113	13	0
프로통산			143	26	2	9	113	13	0

김대열(金大烈) 단국대 1987.04.12

대회	연도	소속	출전	교체	득점	도움	파울	경고	퇴장
BC	2010	대구	6	6	0	0	4	0	0
	2011	대구	8	2	0	0	14	2	1
	2012	대구	37	23	1	0	51	9	0
	합계		51	31	1	0	69	11	1
K1	2013	대구	19	13	0	0	24	2	0
	2016	상주	7	6	0	1	7	1	0
	합계		26	19	0	1	31	3	0
K2	2014	대구	26	3	2	1	51	3	0
	2015	상주	9	6	0	1	16	3	0
	2016	대구	3	3	0	0	3	0	0
	2017	대전	32	14	1	1	56	5	0
	2019	안산	15	9	1	0	16	3	1
	2020	안산	17	14	1	0	14	4	0
	2021	안산	1	1	0	0	0	0	0
	합계		103	50	5	3	156	18	1
프로통산			180	100	6	4	256	32	2

김대영(金大英)

대회	연도	소속	출전	교체	득점	도움	파울	경고	퇴장
BC	1988	대우	9	6	0	0	13	1	0
	합계		9	6	0	0	13	1	0
프로통산			9	6	0	0	13	1	0

김대우(金大禹) 숭실대 2000.12.02

대회	연도	소속	출전	교체	득점	도움	파울	경고	퇴장
K1	2021	강원	21	19	2	1	12	2	0

(이전 페이지에서 계속)

대회	연도	소속	출전	교체	득점	도움	파울	경고	퇴장
	2022	강원	16	14	1	0	10	1	0
	2023	강원	11	11	0	0	9	2	0
	합계		48	44	3	1	31	5	0
승	2021	강원	2	2	0	0	4	0	0
	합계		2	2	0	0	4	0	0
프로통산			50	46	3	1	35	5	0

김대욱(金롯昱) 조선대 1987.11.23

대회	연도	소속	출전	교체	득점	도움	파울	경고	퇴장
BC	2010	대전	2	1	0	0	2	1	0
	합계		2	1	0	0	2	1	0
K2	2018	안양	1	1	0	0	1	0	0
	합계		1	1	0	0	1	0	0
프로통산			3	2	0	0	3	1	0

김대욱(金大旭) 호남대 1978.04.02

대회	연도	소속	출전	교체	득점	도움	파울	경고	퇴장
BC	2001	전남	4	4	0	0	9	1	0
	2003	광주상무	0	0	0	0	0	0	0
	합계		4	4	0	0	9	1	0
프로통산			4	4	0	0	9	1	0

김대원(金大元) 보인고 1997.02.10

대회	연도	소속	출전	교체	득점	도움	파울	경고	퇴장
K1	2017	대구	10	9	0	1	1	0	0
	2018	대구	23	13	3	5	13	0	0
	2019	대구	36	20	4	2	19	2	1
	2020	대구	27	18	3	4	15	2	0
	2021	강원	33	18	9	4	14	0	0
	2022	강원	37	14	12	13	21	0	0
	2023	강원	35	22	4	4	19	1	0
	합계		201	114	35	33	102	5	1
K2	2016	대구	6	6	1	0	1	0	0
	합계		6	6	1	0	1	0	0
승	2021	강원	2	0	0	1	0	0	0
	2023	강원	2	1	0	0	3	0	0
	합계		4	1	0	1	3	0	0
프로통산			211	121	36	34	106	5	1

김대의(金大儀) 고려대 1974.05.30

대회	연도	소속	출전	교체	득점	도움	파울	경고	퇴장
BC	2000	성남일화	24	23	5	4	23	0	0
	2001	성남일화	30	24	2	3	36	3	0
	2002	성남일화	36	6	17	12	53	2	0
	2003	성남일화	25	17	3	2	25	1	0
	2004	수원	36	10	7	3	49	3	0
	2005	수원	25	10	5	2	28	1	0
	2006	수원	36	12	5	2	45	2	0
	2007	수원	27	18	5	3	30	1	0
	2008	수원	30	17	1	4	24	2	0
	2009	수원	20	12	1	4	24	2	0
	2010	수원	11	7	0	2	6	1	0
	합계		308	156	51	41	348	20	0
프로통산			308	156	51	41	348	20	0

김대중(金大中) 홍익대 1992.10.13

대회	연도	소속	출전	교체	득점	도움	파울	경고	퇴장
K1	2015	인천	16	7	0	0	8	0	0
	2016	인천	16	8	1	0	5	2	0
	2017	인천	22	15	0	5	13	0	0
	2018	인천	29	4	0	0	16	2	0
	2019	상주	3	2	0	1	4	1	0
	2020	상주	1	1	0	0	0	0	0
	2020	인천	5	5	1	0	1	0	0
	2021	인천	5	1	0	0	0	0	0
	2022	인천	3	3	1	0	1	0	0
	2023	인천	5	5	0	0	3	0	0
	합계		105	56	3	6	47	4	0
K2	2014	대전	8	6	0	0	3	0	0
	합계		8	6	0	0	3	0	0
프로통산			113	62	3	6	50	4	0

김대진(金大鎭) 강원대 1969.05.10

대회	연도	소속	출전	교체	득점	도움	파울	경고	퇴장
BC	1992	일화	17	13	0	0	21	1	0
	1993	일화	4	4	0	0	2	0	0
	합계		21	17	0	0	23	1	0
프로통산			21	17	0	0	23	1	0

김대철(金大哲) 인천대 1977.08.26

대회	연도	소속	출전	교체	득점	도움	파울	경고	퇴장
BC	2000	부천SK	7	6	0	0	13	2	0
	2001	전남	1	1	0	0	2	0	0
	합계		8	7	0	0	15	2	0
프로통산			8	7	0	0	15	2	0

김대한(金大韓) 선문대 1994.04.21

대회	연도	소속	출전	교체	득점	도움	파울	경고	퇴장
K2	2015	안양	14	14	0	1	7	1	0
	2016	안양	8	7	2	0	11	1	0
	합계		22	21	2	1	18	2	0
프로통산			22	21	2	1	18	2	0

김대현(金大顯) 대신고 1981.09.02

대회	연도	소속	출전	교체	득점	도움	파울	경고	퇴장
BC	2000	수원	0	0	0	0	0	0	0
	합계		0	0	0	0	0	0	0
프로통산			0	0	0	0	0	0	0

김대호(金大虎) 숭실대 1988.05.15

대회	연도	소속	출전	교체	득점	도움	파울	경고	퇴장
BC	2010	포항	5	4	0	0	9	2	0
	2011	포항	13	4	0	0	22	1	0
	2012	포항	16	7	5	0	28	3	0
	합계		34	15	5	0	59	6	0
K1	2013	포항	25	6	0	3	42	6	0
	2014	포항	24	8	0	1	33	6	0
	2015	포항	18	4	1	0	30	7	0
	2016	포항	3	1	0	0	2	0	0
	2019	제주	1	0	0	0	2	0	0
	합계		71	19	1	4	109	22	0
K2	2016	안산무궁	7	1	0	1	12	1	0
	2018	수원FC	7	2	1	0	7	2	0
	2019	수원FC	2	0	0	0	1	0	0
	합계		16	5	1	2	22	3	0
프로통산			121	39	7	5	190	32	0

김대호(金大平) 숭실대 1986.04.15

대회	연도	소속	출전	교체	실점	도움	파울	경고	퇴장
BC	2012	전남	1	0	1	0	0	0	0
	합계		1	0	1	0	0	0	0
K1	2013	포항	0	0	0	0	0	0	0
	2014	전남	0	0	0	0	0	0	0
	합계		0	0	0	0	0	0	0
K2	2015	안산경찰	1	1	1	0	0	0	0
	2016	안산무궁	6	1	17	0	0	0	0
	합계		7	2	18	0	0	0	0
프로통산			8	2	19	0	0	0	0

김대환(金大奐) 제주U18 2004.10.19

대회	연도	소속	출전	교체	득점	도움	파울	경고	퇴장
K1	2023	제주	20	22	0	0	9	0	0
	합계		20	22	0	0	9	0	0
프로통산			20	22	0	0	9	0	0

김대환(金大煥) 경성고 1959.10.23

대회	연도	소속	출전	교체	득점	도움	파울	경고	퇴장
BC	1983	국민은행	4	4	0	0	2	0	0
	합계		4	4	0	0	2	0	0
프로통산			4	4	0	0	2	0	0

김대환(金大桓) 한양대 1976.01.01

대회	연도	소속	출전	교체	실점	도움	파울	경고	퇴장
BC	1998	수원	4	1	6	0	0	0	0
	1999	수원	4	0	4	0	0	0	0
	2000	수원	37	0	55	0	2	2	0
	2003	수원	2	0	2	0	0	0	0
	2004	수원	13	0	9	0	1	1	0
	2005	수원	6	0	7	0	1	1	0
	2006	수원	3	0	5	0	0	0	0
	2007	수원	0	0	0	0	0	0	0
	2008	수원	1	0	1	0	0	1	0
	2009	수원	0	0	0	0	0	0	0
	2010	수원	6	0	13	0	0	0	0
	2011	수원	0	0	0	0	0	0	0
	합계		76	1	102	0	4	5	0
프로통산			76	1	102	0	4	5	0

김대흠(金大欽) 경희대 1961.07.08

대회	연도	소속	출전	교체	득점	도움	파울	경고	퇴장
BC	1985	상무	21	1	4	3	31	1	0
	합계		21	1	4	3	31	1	0
프로통산			21	1	4	3	31	1	0

김덕수(金德洙) 우석대 1987.04.24

대회	연도	소속	출전	교체	실점	도움	파울	경고	퇴장
K2	2015	부천	28	0	51	0	1	1	0
	합계		28	0	51	0	1	1	0
프로통산			28	0	51	0	1	1	0

김덕일(金德一) 풍생고 1990.07.11

대회	연도	소속	출전	교체	득점	도움	파울	경고	퇴장
BC	2011	성남일화	6	6	1	0	5	1	0
	2012	성남일화	7	7	0	0	4	1	0
	합계		13	13	1	0	9	2	0
프로통산			13	13	1	0	9	2	0

김덕중(金德中) 아주대 1996.03.02

대회	연도	소속	출전	교체	득점	도움	파울	경고	퇴장
K1	2018	인천	0	0	0	0	0	0	0
	합계		0	0	0	0	0	0	0
K2	2019	안양	0	0	0	0	0	0	0
	합계		0	0	0	0	0	0	0
프로통산			0	0	0	0	0	0	0

김덕중(金德重) 연세대 1980.06.05

대회	연도	소속	출전	교체	득점	도움	파울	경고	퇴장
BC	2003	대구	30	10	1	0	14	3	0
	2004	대구	3	2	0	0	1	0	0
	합계		33	12	1	0	15	3	0
프로통산			33	12	1	0	15	3	0

김도균(金道均) 울산대 1977.01.13

대회	연도	소속	출전	교체	득점	도움	파울	경고	퇴장
BC	1999	울산	11	6	0	0	7	1	0
	2000	울산	14	2	1	1	21	1	0
	2001	울산	27	9	1	1	31	1	0
	2002	울산	34	11	0	2	41	4	0
	2003	울산	7	3	0	0	22	1	0
	2005	성남일화	10	1	0	0	19	1	0
	2005	전남	7	5	0	0	17	3	0
	2006	전남	18	4	1	3	23	1	0
	합계		128	41	3	7	181	13	0
프로통산			128	41	3	7	181	13	0

김도근(金道根) 한양대 1972.03.02

대회	연도	소속	출전	교체	득점	도움	파울	경고	퇴장
BC	1995	전남	10	6	0	0	7	1	0
	1996	전남	36	7	10	2	60	4	0
	1997	전남	21	1	7	3	29	3	0
	1998	전남	20	3	6	3	40	3	0
	1999	전남	25	18	2	4	51	1	0
	2000	전남	11	1	5	2	26	2	0
	2001	전남	3	2	0	0	3	0	0
	2002	전남	30	16	3	2	58	4	0
	2003	전남	41	20	1	5	72	5	0
	2004	전남	5	2	0	0	4	0	0
	2005	전남	4	4	0	1	4	0	0
	2005	수원	12	9	0	0	14	0	0
	2006	경남	23	21	0	2	19	2	0
	합계		241	110	34	24	385	24	1

프로통산 | 241 110 34 24 385 24 1

김도연(金度延) 예원예술대 1989.01.01

대회	연도	소속	출전	교체	득점	도움	파울	경고	퇴장
BC	2011	대전	9	9	0	0	6	2	0
		합계	9	9	0	0	6	2	0
	프로통산		9	9	0	0	6	2	0

김도엽(金度燁/←김인한) 선문대 1988.11.26

대회	연도	소속	출전	교체	득점	도움	파울	경고	퇴장
BC	2010	경남	23	17	7	2	33	2	0
	2011	경남	29	18	5	1	20	2	0
	2012	경남	40	25	10	2	38	4	0
		합계	92	60	22	5	91	8	0
K1	2013	경남	21	18	1	0	7	1	0
	2014	경남	27	18	1	1	19	3	0
	2016	상주	3	2	1	0	1	1	0
	2018	제주	7	6	0	0	1	0	0
		합계	45	32	2	1	28	5	0
K2	2015	상주	18	12	6	0	16	2	1
	2016	경남	8	6	1	4	6	0	0
	2017	경남	10	7	3	0	4	0	0
	2018	성남	13	11	4	0	6	1	0
	2019	아산	13	11	0	1	6	1	0
		합계	62	47	11	7	38	4	1
	프로통산		199	139	35	13	157	18	1

김도용(金道容) 홍익대 1976.05.28

대회	연도	소속	출전	교체	득점	도움	파울	경고	퇴장
BC	1999	안양LG	23	12	0	2	43	6	0
	2000	안양LG	13	7	0	0	26	2	0
	2001	안양LG	0	0	0	0	0	0	0
	2003	안양LG	14	8	0	0	22	2	0
	2004	성남일화	13	9	0	0	25	2	0
	2005	전남	6	3	0	1	51	7	0
	2006	전남	12	7	0	1	21	2	0
		합계	99	46	0	4	184	24	0
	프로통산		99	46	0	4	184	24	0

김도윤 수원FC U18 2005.05.18

대회	연도	소속	출전	교체	득점	도움	파울	경고	퇴장
K1	2023	수원FC	7	7	0	0	2	0	0
		합계	7	7	0	0	2	0	0
승	2023	수원FC	2	2	0	0	2	1	0
		합계	2	2	0	0	2	1	0
	프로통산		9	9	0	0	4	1	0

김도혁(金鍍爀) 연세대 1992.02.08

대회	연도	소속	출전	교체	득점	도움	파울	경고	퇴장
K1	2014	인천	26	20	2	2	37	6	0
	2015	인천	23	13	1	1	43	3	0
	2016	인천	33	11	3	2	55	5	0
	2017	인천	17	10	1	0	21	3	0
	2019	인천	11	8	0	1	11	1	0
	2020	인천	22	4	2	3	35	2	0
	2021	인천	34	26	3	4	36	6	0
	2022	인천	34	27	2	3	01	3	0
	2023	인천	32	19	0	3	14	3	0
		합계	235	138	14	20	243	31	0
K2	2018	아산	15	4	1	0	20	1	0
	2019	아산	21	4	0	1	24	3	0
		합계	36	8	1	1	44	4	0
	프로통산		271	146	15	21	287	35	0

김도현(金道現) 울산현대고 2004.05.12

대회	연도	소속	출전	교체	득점	도움	파울	경고	퇴장
K2	2023	충북청주	24	25	1	0	36	3	0
		합계	24	25	1	0	36	3	0
	프로통산		24	25	1	0	36	3	0

김도형(金度亨) 동아대 1990.10.06

대회	연도	소속	출전	교체	득점	도움	파울	경고	퇴장
K1	2013	부산	2	2	0	0	0	0	0
	2017	상주	2	2	0	0	0	0	0
	2018	상주	21	19	4	3	16	3	0
	2018	포항	10	10	2	1	0	0	0
	2019	포항	9	8	0	0	1	0	0
		합계	44	41	6	4	17	3	0
K2	2015	충주	19	12	5	4	10	2	0
	2016	충주	34	17	3	5	21	3	0
	2020	수원FC	6	6	1	0	4	1	0
	2022	부산	10	10	0	0	3	0	0
		합계	69	45	8	9	35	6	0
승	2017	상주	0	0	0	0	0	0	0
		합계	0	0	0	0	0	0	0
	프로통산		113	86	14	13	52	9	0

김도훈(金度勳) 한양대 1988.07.26

대회	연도	소속	출전	교체	득점	도움	파울	경고	퇴장
K2	2013	경찰	10	10	0	0	0	0	0
	2014	안산경찰	4	4	0	0	2	1	0
		합계	14	14	0	0	2	1	0
	프로통산		14	14	0	0	2	1	0

김도훈(金度勳) 연세대 1970.07.21

대회	연도	소속	출전	교체	득점	도움	파울	경고	퇴장
BC	1995	전북	25	5	9	5	37	3	0
	1996	전북	33	9	3	2	23	0	0
	1997	전북	14	2	4	1	31	2	0
	2000	전북	27	2	15	0	68	2	0
	2001	전북	35	1	15	5	80	5	0
	2002	전북	30	1	10	6	63	3	0
	2003	성남일화	40	1	28	13	87	2	0
	2004	성남일화	32	6	10	3	63	3	0
	2005	성남일화	32	18	13	7	58	3	0
		합계	257	55	114	41	497	22	0
	프로통산		257	55	114	41	497	22	0

김동건(金東建) 단국대 1990.05.07

대회	연도	소속	출전	교체	득점	도움	파울	경고	퇴장
K2	2013	수원FC	0	0	0	0	0	0	0
		합계	0	0	0	0	0	0	0
	프로통산		0	0	0	0	0	0	0

김동건(金東建) 서울중앙고 2004.01.18

대회	연도	소속	출전	교체	실점	도움	파울	경고	퇴장
K2	2023	천안	0	0	0	0	0	0	0
		합계	0	0	0	0	0	0	0
	프로통산		0	0	0	0	0	0	0

김동곤(金董坤) 인천대 1993.06.11

대회	연도	소속	출전	교체	득점	도움	파울	경고	퇴장
K2	2016	대전	4	4	0	0	4	0	0
		합계	4	4	0	0	4	0	0
	프로통산		4	4	0	0	4	0	0

김동군(金東君) 호남대 1971.07.22

대회	연도	소속	출전	교체	득점	도움	파울	경고	퇴장
BC	1994	일화	5	5	1	0	2	0	0
	1995	일화	9	9	2	1	11	0	0
	1996	천안일화	17	8	0	0	29	2	0
	1997	천안일화	17	8	0	0	29	2	0
	1998	천안일화	28	12	3	2	37	5	0
	2000	전북	3	3	0	0	2	0	0
		합계	62	38	6	3	82	7	0
	프로통산		62	38	6	3	82	7	0

김동권(金東權) 청구고 1992.04.04

대회	연도	소속	출전	교체	득점	도움	파울	경고	퇴장
K2	2013	충주	21	0	0	0	35	8	0
	2014	충주	6	0	0	0	14	1	0
	2020	서울E	13	2	0	0	17	9	0
		합계	40	2	0	0	66	18	0
	프로통산		40	2	0	0	66	18	0

김동규(金東圭) 연세대 1981.05.13

대회	연도	소속	출전	교체	득점	도움	파울	경고	퇴장
BC	2004	울산	8	6	0	0	13	0	0
	2005	울산	6	5	0	0	9	0	0
	2006	광주상무	11	5	0	0	21	2	0
	2007	광주상무	10	4	0	0	7	2	0
	2008	울산	7	2	0	0	9	1	0
	2009	울산	0	0	0	0	0	0	0
		합계	36	17	0	0	50	8	0
	프로통산		36	17	0	0	50	8	0

김동근(金東根) 중대부고 1961.05.20

대회	연도	소속	출전	교체	득점	도움	파울	경고	퇴장
BC	1985	상무	6	1	1	0	5	0	0
		합계	6	1	1	0	5	0	0
	프로통산		6	1	1	0	5	0	0

김동기(金東期) 경희대 1989.05.27

대회	연도	소속	출전	교체	득점	도움	파울	경고	퇴장
BC	2012	강원	7	7	0	0	17	0	0
		합계	7	7	0	0	17	0	0
K1	2013	강원	22	14	5	4	62	10	0
	2017	포항	5	4	0	0	7	1	0
		합계	27	18	5	4	69	11	0
K2	2014	강원	27	21	4	0	45	7	1
	2015	강원	7	5	2	1	9	0	0
	2015	안양	16	11	2	3	19	1	0
	2016	안양	6	6	0	0	5	0	0
	2017	성남	0	0	0	0	0	0	0
		합계	56	43	8	4	78	11	2
승	2013	강원	2	1	0	0	9	1	0
		합계	2	1	0	0	9	1	0
	프로통산		92	69	13	9	159	20	2

김동기(金東基) 한성대 1971.05.22

대회	연도	소속	출전	교체	득점	도움	파울	경고	퇴장
BC	1994	대우	22	8	0	0	2	0	0
	1995	포항	4	3	0	0	1	0	0
	1996	포항	3	3	0	0	3	0	0
	1997	포항	17	6	1	0	29	4	0
	1998	포항	6	5	0	1	21	2	1
		합계	52	25	1	1	56	9	1
	프로통산		52	25	1	1	56	9	1

김동룡(金東龍) 홍익대 1975.05.08

대회	연도	소속	출전	교체	득점	도움	파울	경고	퇴장
BC	1999	전북	0	0	0	0	0	0	0
		합계	0	0	0	0	0	0	0
	프로통산		0	0	0	0	0	0	0

김동민(金東玟) 인천대 1994.08.16

대회	연도	소속	출전	교체	득점	도움	파울	경고	퇴장
K1	2017	인천	13	2	0	0	16	2	0
	2018	인천	17	3	1	0	27	4	0
	2019	인천	23	5	0	0	34	7	0
	2020	상주	0	0	0	0	0	0	0
	2021	인천	1	0	0	0	1	0	0
	2022	인천	32	1	0	1	30	10	1
	2023	인천	27	4	0	0	25	5	0
		합계	113	18	1	1	131	28	3
K2	2021	김천	8	6	1	1	5	1	0
		합계	8	6	1	1	5	1	0
	프로통산		121	24	1	2	136	29	3

김동민(金東敏) 연세대 1987.06.23

대회	연도	소속	출전	교체	득점	도움	파울	경고	퇴장
BC	2009	울산	0	0	0	0	0	0	0
		합계	0	0	0	0	0	0	0
	프로통산		0	0	0	0	0	0	0

김동석(金東石) 용강중 1987.03.26

대회	연도	소속	출전	교체	득점	도움	파울	경고	퇴장
BC	2006	서울	6	6	0	1	11	1	0
	2007	서울	28	20	2	2	37	4	0
	2008	울산	6	6	0	0	3	0	0
	2010	대구	19	9	1	0	31	4	0
	2011	울산	10	6	0	0	5	1	0
	2012	울산	23	16	0	2	19	2	0

대회	연도	소속	출전	교체	득점	도움	파울	경고	퇴장
	합계		93	64	3	5	106	12	0
K1	2013	울산	4	4	0	0	1	0	0
	2014	서울	3	3	0	0	4	1	0
	2015	인천	28	15	2	2	30	5	0
	2016	인천	10	4	0	0	9	0	1
	2017	인천	6	3	0	0	9	0	1
	2018	인천	1	1	0	0	1	0	0
	합계		52	30	2	2	55	7	1
프로통산			145	94	5	7	161	19	1

김동선(金東先) 명지대 1978.03.15

대회	연도	소속	출전	교체	득점	도움	파울	경고	퇴장
BC	2001	대전	15	15	1	1	11	1	0
	2002	대전	8	8	0	0	8	0	0
	합계		23	23	1	1	19	1	0
프로통산			23	23	1	1	19	1	0

김동섭(金東燮) 장훈고 1989.03.29

대회	연도	소속	출전	교체	득점	도움	파울	경고	퇴장
BC	2011	광주	27	22	7	2	70	3	0
	2012	광주	32	25	7	0	64	6	0
	합계		59	47	14	2	134	9	0
K1	2013	성남일화	36	7	14	3	90	2	0
	2014	성남	34	29	4	0	34	2	0
	2015	성남	5	5	0	0	6	1	0
	2015	부산	8	6	0	0	4	0	0
	합계		83	47	18	3	120	7	0
K2	2016	안산무궁	16	10	4	1	16	1	0
	2017	아산	6	6	0	0	5	0	0
	2018	부산	1	1	0	0	1	0	0
	2019	서울E	7	7	0	1	4	0	0
	합계		30	24	4	1	26	1	0
프로통산			172	118	37	6	280	21	0

김동수(金東洙) 경희대 1995.02.21

대회	연도	소속	출전	교체	득점	도움	파울	경고	퇴장
K2	2020	안양	9	3	0	0	17	2	0
	2022	부산	4	4	0	0	0	0	0
	2023	부산	0	0	0	0	0	0	0
	합계		13	7	0	0	17	2	0
프로통산			13	7	0	0	17	2	0

김동우(金東佑) 한양대 1975.07.27

대회	연도	소속	출전	교체	득점	도움	파울	경고	퇴장
BC	1998	전남	6	5	0	1	9	0	0
	1999	전남	17	11	0	0	11	0	0
	합계		23	16	0	1	20	0	0
프로통산			23	16	0	1	20	0	0

김동우(金東佑) 조선대 1988.02.05

대회	연도	소속	출전	교체	득점	도움	파울	경고	퇴장
BC	2010	서울	10	4	0	0	17	2	0
	2011	서울	16	1	0	0	24	2	0
	2012	서울	23	6	0	0	25	6	0
	합계		49	11	0	0	66	6	0
K1	2014	서울	10	1	0	0	17	3	0
	2015	서울	20	2	1	0	19	3	0
	2016	서울	13	3	0	0	19	0	0
	2017	서울	14	1	0	1	10	2	0
	2018	서울	7	4	0	0	2	0	0
	2019	제주	26	3	0	0	17	2	0
	2020	부산	19	2	1	0	9	1	0
	2021	수원FC	8	7	0	0	2	0	0
	2022	수원FC	15	8	1	0	9	3	0
	합계		137	28	4	2	94	12	0
K2	2013	경찰	27	3	0	2	26	2	1
	2014	안산경찰	11	1	1	0	6	3	1
	2021	부산	9	8	0	0	2	0	0
	합계		47	16	4	0	34	7	2
승	2018	서울	2	0	0	1	0	0	0
	합계		2	0	0	1	0	0	0
프로통산			235	55	8	3	195	26	2

김동욱(金東煜) 예원예술대 1991.03.10

대회	연도	소속	출전	교체	득점	도움	파울	경고	퇴장
K2	2013	충주	0	0	0	0	0	0	0
	합계		0	0	0	0	0	0	0
프로통산			0	0	0	0	0	0	0

김동준(金東俊) 연세대 1994.12.19

대회	연도	소속	출전	교체	실점	도움	파울	경고	퇴장
K1	2016	성남	26	1	33	0	1	1	0
	2019	성남	28	1	27	0	1	1	1
	2022	제주	32	1	38	0	1	0	0
	2023	제주	37	2	48	0	2	0	0
	합계		123	5	148	0	3	4	1
K2	2017	성남	36	1	29	1	0	2	0
	2018	성남	5	0	4	0	0	0	0
	2020	대전	5	0	7	0	0	0	0
	2021	대전	27	0	41	0	1	1	0
	합계		74	3	80	1	1	3	0
승	2016	성남	2	0	2	0	0	0	0
	2021	대전	1	0	2	0	0	0	0
	합계		3	0	4	0	0	0	0
프로통산			200	8	232	1	4	7	1

김동진(金東珍) 아주대 1992.12.28

대회	연도	소속	출전	교체	득점	도움	파울	경고	퇴장
K1	2017	대구	21	5	0	0	25	3	0
	2019	대구	13	2	0	0	22	5	0
	2020	대구	11	5	1	0	12	2	0
	합계		45	12	1	0	59	9	1
K2	2014	대구	18	1	0	1	24	4	0
	2015	대구	18	1	1	0	21	1	0
	2016	대구	36	4	0	0	37	4	0
	2018	아산	12	0	0	0	13	2	0
	2019	아산	11	3	0	0	8	1	0
	2021	경남	33	2	1	0	56	4	0
	2022	안양	25	5	2	0	31	3	0
	2023	안양	25	7	2	2	31	3	0
	합계		194	42	10	8	253	28	0
승	2022	안양	2	2	0	0	2	0	0
	합계		2	2	0	0	2	0	0
프로통산			241	54	11	8	314	37	1

김동진(金東進) 안양공고 1982.01.29

대회	연도	소속	출전	교체	득점	도움	파울	경고	퇴장
BC	2000	안양LG	7	1	1	1	10	1	0
	2001	안양LG	11	8	0	0	11	1	0
	2002	안양LG	9	6	0	0	11	1	0
	2003	안양LG	35	15	5	2	50	3	0
	2004	서울	18	5	3	2	51	2	0
	2005	서울	32	5	1	3	79	6	0
	2006	서울	13	1	0	0	33	4	0
	2010	울산	23	3	0	1	31	5	0
	합계		151	46	14	7	290	23	0
K2	2016	서울E	34	1	1	3	39	10	0
	합계		34	1	1	3	39	10	0
프로통산			185	47	15	10	329	33	0

김동진(金東珍) 상지대 1989.07.13

대회	연도	소속	출전	교체	득점	도움	파울	경고	퇴장
BC	2010	성남일화	0	0	0	0	0	0	0
	합계		0	0	0	0	0	0	0
프로통산			0	0	0	0	0	0	0

김동찬(金東燦) 호남대 1986.04.19

대회	연도	소속	출전	교체	득점	도움	파울	경고	퇴장
BC	2006	경남	3	3	0	0	1	1	0
	2007	경남	10	7	1	0	13	0	0
	2008	경남	25	11	4	2	29	3	0
	2009	경남	30	21	8	4	23	3	0
	2010	경남	21	17	4	4	15	2	0
	2011	전북	23	23	10	3	16	3	0
	2012	전북	20	21	2	0	11	4	0
	합계		132	103	34	18	107	12	0
K1	2014	상주	17	15	2	0	13	1	0
	2014	전북	5	5	2	1	2	0	0
	2015	전북	15	15	0	2	4	0	0
	합계		37	35	4	3	19	1	0
K2	2013	상주	27	18	4	4	24	0	0
	2016	대전	39	16	20	8	31	2	0
	2017	성남	17	16	5	1	19	0	0
	2018	수원FC	18	8	4	0	0	2	0
	합계		101	58	33	13	74	4	0
승	2013	상주	2	2	0	0	1	0	0
	합계		2	2	0	0	1	0	0
프로통산			272	198	71	34	201	17	0

김동철(金東徹) 고려대 1990.10.01

대회	연도	소속	출전	교체	득점	도움	파울	경고	퇴장
BC	2012	전남	9	3	0	0	19	1	0
	합계		9	3	0	0	19	1	0
K1	2013	전남	21	2	0	0	26	6	0
	2014	전남	11	7	0	0	10	3	0
	2015	전남	29	11	0	0	37	4	0
	합계		61	20	0	0	73	13	0
K2	2016	서울E	34	4	1	2	35	4	0
	2017	아산	15	6	1	2	25	4	0
	2018	아산	18	6	0	0	19	6	0
	2018	서울E	1	0	0	0	4	0	0
	2019	서울E	14	3	2	0	44	3	0
	합계		82	19	4	4	127	17	0
프로통산			152	42	4	4	219	31	0

김동철(金東鐵) 한양대 1972.04.19

대회	연도	소속	출전	교체	득점	도움	파울	경고	퇴장
BC	1994	대우	4	4	0	0	3	0	0
	합계		4	4	0	0	3	0	0
프로통산			4	4	0	0	3	0	0

김동해(金東海) 한양대 1966.03.16

대회	연도	소속	출전	교체	득점	도움	파울	경고	퇴장
BC	1989	럭키금성	23	16	0	2	19	0	0
	1990	럭키금성	8	8	0	0	2	0	0
	1992	LG	10	6	0	1	14	1	0
	1993	LG	33	8	4	0	33	3	0
	1994	LG	30	12	2	5	22	3	0
	1995	LG	25	11	3	1	35	6	0
	1996	수원	10	3	1	1	12	0	0
	합계		139	64	10	10	137	13	0
프로통산			139	64	10	10	137	13	0

김동헌(金東憲) 용인대 1997.03.03

대회	연도	소속	출전	교체	실점	도움	파울	경고	퇴장
K1	2019	인천	0	0	0	0	0	0	0
	2020	인천	3	0	4	0	0	0	0
	2021	인천	1	1	0	0	1	0	0
	2022	인천	25	0	22	0	0	0	0
	2023	인천	24	0	26	1	2	3	0
	합계		53	1	52	1	3	3	0
프로통산			53	1	52	1	3	3	0

김동혁(金東奕) 조선대 1991.01.25

대회	연도	소속	출전	교체	득점	도움	파울	경고	퇴장
K1	2013	대전	0	0	0	0	0	0	0
	합계		0	0	0	0	0	0	0
프로통산			0	0	0	0	0	0	0

김동현(金東炫) 동아대 1994.07.14

대회	연도	소속	출전	교체	득점	도움	파울	경고	퇴장
K1	2016	포항	16	15	0	2	11	3	0
K1	합계		16	15	0	2	11	3	0
프로통산			16	15	0	2	11	3	0

김동현(金東現) 중앙대 1997.06.11

대회	연도	소속	출전	교체	득점	도움	파울	경고	퇴장
K1	2019	성남	7	5	0	0	6	1	0
	2020	성남	21	6	0	2	36	5	0
	2021	강원	23	10	1	0	35	5	0
	2022	강원	33	9	0	1	41	3	0
	합계		84	30	1	3	118	14	0
K2	2018	광주	36	5	3	5	41	5	0
	2023	김천	21	16	2	0	18	4	0
	합계		57	21	5	5	59	9	0
프로통산			141	51	6	8	177	23	0

김동현(金洞現) 광운대 1995.10.21

대회	연도	소속	출전	교체	득점	도움	파울	경고	퇴장
K2	2018	부천	7	7	0	1	3	0	0
	합계		7	7	0	1	3	0	0
프로통산			7	7	0	1	3	0	0

김동현(金東眩) 경희고 1980.08.17

대회	연도	소속	출전	교체	득점	도움	파울	경고	퇴장
BC	1999	수원	3	3	0	0	3	1	0
	2003	수원	1	1	0	0	1	0	0
	2005	수원	1	1	0	0	1	0	0
	2007	전북	6	5	0	0	14	0	0
	합계		12	11	0	0	24	1	0
프로통산			12	11	0	0	24	1	0

김동현(金東炫) 한양대 1984.05.20

대회	연도	소속	출전	교체	득점	도움	파울	경고	퇴장
BC	2004	수원	26	24	1	1	51	1	0
	2005	수원	29	12	6	5	95	4	0
	2007	성남일화	26	14	5	2	69	6	0
	2008	성남일화	30	26	4	4	33	1	0
	2009	경남	15	12	1	0	33	2	0
	2010	광주상무	19	12	3	0	37	5	0
	2011	상주	10	7	2	2	11	1	0
	합계		155	105	25	14	329	20	0
프로통산			155	105	25	14	329	20	0

김동환(金東煥) 울산대 1983.01.17

대회	연도	소속	출전	교체	득점	도움	파울	경고	퇴장
BC	2004	울산	2	2	0	0	3	1	0
	2005	수원	1	0	0	0	3	1	0
	합계		3	2	0	0	6	2	0
프로통산			3	2	0	0	6	2	0

김동효(金桐孝) 동래고 1990.04.05

대회	연도	소속	출전	교체	득점	도움	파울	경고	퇴장
BC	2009	경남	2	2	0	0	2	0	0
	합계		2	2	0	0	2	0	0
프로통산			2	2	0	0	2	0	0

김동훈(金東勳) 한양대 1966.09.11

대회	연도	소속	출전	교체	실점	도움	파울	경고	퇴장
BC	1988	대우	11	2	13	0	0	0	0
	1989	대우	27	1	28	0	1	2	0
	1990	대우	22	0	18	0	0	0	0
	1992	대우	19	0	14	0	1	3	0
	1993	대우	8	1	7	0	0	0	0
	1994	버팔로	15	4	29	0	3	5	0
	합계		102	8	109	0	3	5	0
프로통산			102	8	109	0	3	5	0

김동휘(金東輝) 수원대 1989.12.23

대회	연도	소속	출전	교체	득점	도움	파울	경고	퇴장
K2	2013	안양	0	0	0	0	0	0	0
	합계		0	0	0	0	0	0	0
프로통산			0	0	0	0	0	0	0

김동희(金東熙) 연세대 1989.05.06

대회	연도	소속	출전	교체	득점	도움	파울	경고	퇴장
BC	2011	포항	3	3	0	0	1	0	0
	2012	대전	9	9	0	0	5	1	0
	합계		10	10	0	0	6	1	0
K1	2014	성남	32	25	5	2	26	2	0
	2015	성남	28	26	2	2	13	2	0
	2016	성남	17	17	0	0	7	1	0
	합계		77	68	7	4	46	4	1
K2	2017	성남	8	10	0	0	4	1	0
	2018	성남	3	3	0	0	0	0	0
	합계		11	13	0	0	4	1	0
승	2016	성남	2	2	0	0	0	0	0
	합계		2	2	0	0	0	0	0
프로통산			100	93	7	4	56	6	1

김두함(金豆咸) 안동대 1970.03.08

대회	연도	소속	출전	교체	득점	도움	파울	경고	퇴장
BC	1996	수원	1	1	0	0	0	0	0
	합계		1	1	0	0	0	0	0
프로통산			1	1	0	0	0	0	0

김두현(金斗炫) 용인대학원 1982.07.14

대회	연도	소속	출전	교체	득점	도움	파울	경고	퇴장
BC	2001	수원	15	16	0	1	16	2	0
	2002	수원	20	16	2	1	29	2	0
	2003	수원	34	18	4	2	61	4	0
	2004	수원	22	5	1	4	46	6	0
	2005	수원	11	1	1	1	13	4	0
	2005	성남일화	21	7	2	3	41	1	0
	2006	성남일화	33	2	8	4	99	6	0
	2007	성남일화	28	14	7	2	51	3	0
	2009	수원	12	3	4	4	18	0	0
	2010	수원	19	13	1	3	30	4	0
	2012	수원	11	8	1	1	13	1	0
	합계		221	103	33	24	400	31	0
K1	2013	수원	6	5	1	0	2	1	0
	2014	수원	31	20	3	4	37	1	0
	2015	성남	35	21	7	8	29	0	0
	2016	성남	28	23	4	0	18	0	0
	합계		100	69	15	12	93	7	0
K2	2017	성남	25	24	3	1	20	2	0
	합계		25	24	3	1	20	2	0
승	2016	성남	2	2	0	0	2	0	0
	합계		2	2	0	0	2	0	0
프로통산			348	198	51	37	516	40	0

김레오(金레오) 울산대 1996.10.02

대회	연도	소속	출전	교체	득점	도움	파울	경고	퇴장
K1	2018	울산	0	0	0	0	0	0	0
	합계		0	0	0	0	0	0	0
K2	2019	아산	22	21	2	0	20	2	0
	합계		22	21	2	0	20	2	0
프로통산			22	21	2	0	20	2	0

김륜도(金侖度) 광운대 1991.07.09

대회	연도	소속	출전	교체	득점	도움	파울	경고	퇴장
K2	2014	부천	34	5	1	0	47	5	0
	2015	부천	39	6	5	3	56	5	0
	2016	부천	27	22	0	2	24	2	0
	2017	아산	9	7	0	0	4	0	0
	2018	아산	13	12	3	1	11	2	0
	2019	부천	37	20	6	5	34	3	0
	2020	안산	25	15	5	0	13	0	0
	2021	안산	35	8	4	3	42	6	0
	2022	안산	4	2	0	0	4	0	0
	2022	안양	12	8	0	0	2	0	0
	2023	안양	5	5	0	0	0	0	0
	합계		256	127	24	14	242	23	0
프로통산			256	127	24	14	242	23	0

김륜성(金侖成) 포항제철고 2002.06.04

대회	연도	소속	출전	교체	득점	도움	파울	경고	퇴장
K1	2021	포항	13	10	0	0	8	0	0
	2022	김천	4	3	0	0	3	1	0
	합계		17	13	0	0	11	1	0
K2	2023	김천	10	8	0	2	6	1	0
	합계		10	8	0	2	6	1	0
프로통산			27	21	0	2	17	2	0

김만수(金萬壽) 광운대 1961.06.19

대회	연도	소속	출전	교체	득점	도움	파울	경고	퇴장
BC	1983	포항제철	4	4	0	0	0	0	0
	1985	포항제철	1	1	0	0	0	0	0
	합계		5	5	0	0	0	0	0
프로통산			5	5	0	0	0	0	0

김만중(金萬中) 명지대 1978.11.04

대회	연도	소속	출전	교체	득점	도움	파울	경고	퇴장
BC	2001	부천SK	2	2	0	0	0	0	0
	합계		2	2	0	0	0	0	0
프로통산			2	2	0	0	0	0	0

김만태(金萬泰) 광운대 1964.01.30

대회	연도	소속	출전	교체	득점	도움	파울	경고	퇴장
BC	1990	현대	3	3	0	0	2	0	0
	합계		3	3	0	0	2	0	0
프로통산			3	3	0	0	2	0	0

김명곤(金明坤) 중앙대 1974.04.15

대회	연도	소속	출전	교체	득점	도움	파울	경고	퇴장
BC	1997	포항	31	25	1	2	46	4	0
	1998	포항	17	16	2	0	17	2	0
	1999	포항	13	13	1	3	18	1	0
	2000	포항	31	10	5	4	47	5	0
	2002	전남	4	3	0	0	2	1	0
	합계		96	62	9	9	130	13	0
프로통산			96	62	9	9	130	13	0

김명관(金明寬) 광운전자공고 1959.11.27

대회	연도	소속	출전	교체	득점	도움	파울	경고	퇴장
BC	1983	유공	15	2	0	1	10	0	0
	1984	유공	26	8	1	0	24	1	0
	1985	유공	16	4	2	1	17	1	0
	1986	유공	31	0	1	0	67	0	0
	1987	유공	16	2	0	2	12	2	0
	합계		104	16	4	4	130	4	0
프로통산			104	16	4	4	130	4	0

김명광(金明光) 대구대 1984.05.07

대회	연도	소속	출전	교체	득점	도움	파울	경고	퇴장
BC	2007	대구	0	0	0	0	0	0	0
	합계		0	0	0	0	0	0	0
프로통산			0	0	0	0	0	0	0

김명규(金明奎) 수원대 1990.08.29

대회	연도	소속	출전	교체	득점	도움	파울	경고	퇴장
K2	2013	부천	1	1	0	0	0	0	0
	합계		1	1	0	0	0	0	0
프로통산			1	1	0	0	0	0	0

김명순(金明淳) 광주대 2000.07.17

대회	연도	소속	출전	교체	득점	도움	파울	경고	퇴장
K1	2021	제주	7	7	0	0	3	0	0
	2022	제주	16	16	0	0	7	1	0
	합계		23	23	0	0	10	1	0
K2	2023	충남아산	35	15	0	2	32	4	0
	합계		35	15	0	2	32	4	0
프로통산			58	38	0	2	42	5	0

김명운(金明雲) 숭실대 1987.11.01

대회	연도	소속	출전	교체	득점	도움	파울	경고	퇴장
BC	2007	전남	2	2	0	0	0	0	0
	2008	전남	18	15	1	1	24	1	0
	2009	전남	20	19	2	1	18	2	0
	2010	전남	3	2	0	0	5	0	0
	2011	인천	12	11	1	1	20	0	0
	2012	상주	15	10	1	1	14	1	0
	합계		70	59	5	4	83	2	0
K2	2013	상주	5	5	0	0	2	0	0
	합계		5	5	0	0	2	0	0
프로통산			75	64	7	4	85	2	0

김명재(金明宰) 포철공고 1994.05.30

대회	연도	소속	출전	교체	득점	도움	파울	경고	퇴장
K2	2017	안산	9	9	1	0	3	0	0

대회	연도	소속	출전	교체	득점	도움	파울	경고	퇴장
	2018	안산	3	2	0	0	3	0	0
	합계		12	11	1	0	6	0	0
프로통산			12	11	1	0	6	0	0

김명준 (金明俊/← 김종혁) 영남대 1994.05.13

대회	연도	소속	출전	교체	득점	도움	파울	경고	퇴장
K1	2015	부산	16	3	1	0	21	4	0
	2020	부산	8	4	0	0	9	2	0
	합계		24	7	1	0	30	6	0
K2	2016	부산	16	2	0	1	21	7	0
	2017	부산	10	3	0	1	16	1	0
	2018	부산	29	1	1	0	27	9	0
	2019	부산	32	1	2	1	35	9	0
	2021	경남	7	2	0	0	4	0	0
	2022	경남	33	4	1	1	27	4	0
	합계		127	16	4	4	130	24	0
승	2015	부산	2	1	0	0	6	1	0
	2018	부산	1	0	0	0	0	0	0
	2019	부산	2	0	0	0	10	1	0
	합계		5	1	0	0	10	1	0
프로통산			156	24	5	4	170	31	0

김명중 (金明中) 동국대 1985.02.06

대회	연도	소속	출전	교체	득점	도움	파울	경고	퇴장
BC	2005	포항	8	7	0	0	26	2	0
	2006	포항	13	12	0	0	16	2	0
	2007	포항	11	7	0	0	19	3	0
	2008	광주상무	31	8	7	2	67	5	0
	2009	광주상무	26	6	8	5	74	1	0
	2009	포항	2	2	1	0	0	0	0
	2010	전남	26	20	3	2	52	4	0
	2011	전남	27	14	1	1	65	6	0
	2012	강원	22	22	2	1	28	1	0
	합계		166	98	6	12	347	25	0
프로통산			166	98	6	12	347	25	0

김명진 (金明眞) 부평고 1985.03.23

대회	연도	소속	출전	교체	득점	도움	파울	경고	퇴장
BC	2006	포항	0	0	0	0	0	0	0
	합계		0	0	0	0	0	0	0
프로통산			0	0	0	0	0	0	0

김명환 (金名煥) 정명고 1987.03.06

대회	연도	소속	출전	교체	득점	도움	파울	경고	퇴장
BC	2006	제주	2	2	0	0	1	0	0
	2007	제주	5	1	0	0	8	1	0
	2008	제주	13	5	0	0	14	1	0
	2009	제주	12	3	0	1	16	0	0
	2010	제주	8	4	0	1	1	0	0
	합계		40	15	0	1	40	2	0
프로통산			40	15	0	1	40	2	0

김명휘 (金明輝) 하쓰시바하시모고(일본) 1981.05.08

대회	연도	소속	출전	교체	득점	도움	파울	경고	퇴장
BC	2002	성남일화	0	0	0	0	0	0	0
	합계		0	0	0	0	0	0	0
프로통산			0	0	0	0	0	0	0

김문경 (金文經) 단국대 1960.01.06

대회	연도	소속	출전	교체	득점	도움	파울	경고	퇴장
BC	1984	현대	13	0	0	0	3	0	0
	1985	현대	21	0	0	0	5	0	0
	1987	현대	16	1	0	1	7	0	0
	1988	현대	24	1	0	2	11	1	0
	1989	현대	11	3	0	1	9	1	0
	합계		85	5	0	4	35	2	0
프로통산			85	5	0	4	35	2	0

김문수 (金文殊) 관동대(가톨릭관동대) 1989.07.14

대회	연도	소속	출전	교체	득점	도움	파울	경고	퇴장
BC	2011	강원	1	0	0	0	4	1	0
	합계		1	0	0	0	4	1	0
K2	2013	경찰	0	0	0	0	0	0	0
	합계		1	0	0	0	0	1	0
프로통산			2	0	0	0	4	2	0

김문주 (金汶柱) 건국대 1990.03.24

대회	연도	소속	출전	교체	득점	도움	파울	경고	퇴장
K1	2013	대전	0	0	0	0	0	0	0
	합계		0	0	0	0	0	0	0
프로통산			0	0	0	0	0	0	0

김문환 (金紋奐) 중앙대 1995.08.01

대회	연도	소속	출전	교체	득점	도움	파울	경고	퇴장
K1	2020	부산	24	1	1	0	28	7	0
	2022	전북	28	6	1	2	16	2	0
	2023	전북	11	4	0	1	7	0	1
	합계		63	11	2	3	51	9	1
K2	2017	부산	30	10	4	1	30	4	1
	2018	부산	24	3	1	2	23	5	0
	2019	부산	27	3	2	0	27	7	0
	합계		81	22	7	4	82	16	1
승	2017	부산	2	1	0	0	2	0	0
	2018	부산	1	0	0	0	1	0	0
	2019	부산	1	0	0	0	0	0	0
	합계		4	1	0	0	3	0	0
프로통산			150	33	9	7	136	25	2

김민구 (金敏九) 영남대 1964.01.29

대회	연도	소속	출전	교체	득점	도움	파울	경고	퇴장
BC	1988	포항제철	19	6	2	2	32	1	0
	1989	포항제철	6	1	0	1	12	2	0
	1990	포항제철	3	3	0	0	4	0	0
	합계		28	10	2	3	47	3	0
프로통산			28	10	2	3	47	3	0

김민구 (金旻九) 연세대 1985.06.06

대회	연도	소속	출전	교체	득점	도움	파울	경고	퇴장
BC	2008	인천	1	1	0	0	0	0	0
	합계		1	1	0	0	0	0	0
프로통산			1	1	0	0	0	0	0

김민구 (金玟究) 관동대(가톨릭관동대) 1984.05.07

대회	연도	소속	출전	교체	득점	도움	파울	경고	퇴장
BC	2011	대구	21	17	1	1	22	2	1
	합계		21	17	1	1	22	2	1
프로통산			21	17	1	1	22	2	1

김민규 (金民圭) 단국대 1993.10.18

대회	연도	소속	출전	교체	득점	도움	파울	경고	퇴장
K1	2016	울산	0	0	0	0	0	0	0
	2018	울산	2	2	0	0	1	0	0
	합계		2	2	0	0	1	0	0
K2	2017	서울E	1	1	0	1	0	1	0
	2018	광주	14	14	1	0	9	1	0
	합계		24	23	2	1	19	1	1
프로통산			26	25	2	1	21	1	1

김민규 (金旻奎) 풍생고 1998.04.01

대회	연도	소속	출전	교체	득점	도움	파울	경고	퇴장
K2	2017	성남	2	2	0	0	2	0	0
	2020	서울E	2	2	0	0	0	0	0
	2021	서울E							
	2022	서울E	12	12	0	0	6	0	0
K2	합계		49	12	0	2	37	8	0
프로통산			49	12	0	2	37	8	0

김민규 (金閔圭) 숭실대 1982.12.24

대회	연도	소속	출전	교체	실점	도움	파울	경고	퇴장
BC	2005	전북	0	0	0	0	0	0	0
	합계		0	0	0	0	0	0	0
프로통산			0	0	0	0	0	0	0

김민균 (金民均) 명지대 1988.11.30

대회	연도	소속	출전	교체	득점	도움	파울	경고	퇴장
BC	2009	대구	31	12	1	2	43	9	0
	2010	대구	15	15	1	1	5	0	0
	합계		46	27	2	3	48	3	0

대회	연도	소속	출전	교체	득점	도움	파울	경고	퇴장
K1	2014	울산	14	10	2	0	10	0	0
	합계		14	10	2	0	10	0	0
K2	2016	안양	38	23	11	4	36	4	0
	2017	안양	10	4	4	1	7	1	0
	2017	아산	7	7	0	0	1	0	0
	2018	아산	18	18	4	0	8	2	0
	2019	서울E	32	10	5	6	27	3	0
	2020	서울E	24	11	5	0	50	0	0
	2021	서울E	11	11	0	1	1	0	0
	합계		140	84	29	15	94	11	0
프로통산			140	121	33	18	152	14	0

김민기 (金旼基) 건국대 1990.06.21

대회	연도	소속	출전	교체	득점	도움	파울	경고	퇴장
K2	2014	수원FC	4	3	0	0	4	2	0
	합계		4	3	0	0	4	2	0
프로통산			4	3	0	0	4	2	0

김민덕 (金民惠) 성균관대 1996.07.08

대회	연도	소속	출전	교체	득점	도움	파울	경고	퇴장
K1	2019	울산	1	0	0	0	1	0	0
	2020	울산	0	0	0	0	0	0	0
	2023	대전	26	5	2	0	22	1	0
	합계		27	5	2	0	23	1	0
K2	2021	대전	32	5	1	0	22	6	0
	2022	대전	33	7	0	0	33	9	0
	합계		65	12	1	0	55	9	0
승	2021	대전	2	2	0	0	0	0	0
	2022	대전	2	0	0	0	4	0	0
	합계		4	2	0	0	4	0	0
프로통산			96	19	3	0	70	11	0

김민서 (金淨賢) 부평고 2000.06.05

대회	연도	소속	출전	교체	득점	도움	파울	경고	퇴장
K2	2019	서울E	1	1	0	0	0	0	0
	합계		1	1	0	0	0	0	0
프로통산			1	1	0	0	0	0	0

김민석 (金珉錫) 단국대 1998.08.11

대회	연도	소속	출전	교체	득점	도움	파울	경고	퇴장
K1	2020	인천	1	1	0	0	1	0	0
	합계		1	1	0	0	1	0	0
프로통산			1	1	0	0	1	0	0

김민석 (金珉碩) 대건고 2002.09.05

대회	연도	소속	출전	교체	득점	도움	파울	경고	퇴장
K1	2021	인천	1	1	0	2	0	0	0
	2022	인천	5	5	3	1	2	0	0
	2023	인천	18	18	2	0	1	0	0
	합계		24	24	5	1	5	0	0
프로통산			24	24	5	1	5	0	0

김민석 (金玟錫) 숭실대 1997.09.20

대회	연도	소속	출전	교체	득점	도움	파울	경고	퇴장
K1	2022	김천	1	1	0	0	0	0	0
	합계		1	1	0	0	0	0	0
K2	2019	아산	16	14	1	0	15	2	0
	2020	충남아산	19	18	1	1	23	1	0
	2021	충남아산	3	3	1	0	0	0	0
	2021	김천							
	2023	충남아산	4	3	0	0	2	0	0
	합계		43	39	2	1	40	3	0
프로통산			44	40	2	1	40	3	0

김민섭 (金民燮) 용인대 2000.03.03

대회	연도	소속	출전	교체	득점	도움	파울	경고	퇴장
K2	2021	경남	2	2	0	0	0	0	0
	합계		2	2	0	0	0	0	0
프로통산			2	2	0	0	0	0	0

김민섭 (金玟燮) 숭실대 1987.09.22

대회	연도	소속	출전	교체	득점	도움	파울	경고	퇴장
BC	2009	대전	18	9	0	0	19	2	0
	합계		18	9	0	0	19	2	0
프로통산			18	9	0	0	19	2	0

김민성(金롯聖) 광운대 1995.02.21

대회	연도	소속	출전	교체	득점	도움	파울	경고	퇴장
K2	2017	안산	11	7	0	0	7	1	0
	2018	안산	0	0	0	0	0	0	0
	2019	안산	0	0	0	0	0	0	0
	합계		11	7	0	0	7	1	0
프로통산			11	7	0	0	7	1	0

김민성(金民成) 언남고 1998.04.18

대회	연도	소속	출전	교체	득점	도움	파울	경고	퇴장
K2	2018	대전							
	2019	대전	3	2	0	0	4	0	0
	합계		3	2	0	0	4	0	0
프로통산			3	2	0	0	4	0	0

김민수(金玟洙) 한남대 1984.12.14

대회	연도	소속	출전	교체	득점	도움	파울	경고	퇴장
BC	2008	대전	17	14	2	2	19	2	1
	2009	인천	21	11	2	3	21	2	0
	2010	인천	4	3	0	1	4	0	0
	2011	상주	16	12	2	3	8	3	0
	2012	상주	10	10	1	0	4	0	0
	2012	인천	1	1	0	0	0	0	0
	합계		69	51	6	10	58	8	1
K1	2013	경남	16	14	0	0	19	1	0
	합계		16	14	0	0	19	1	0
K2	2014	광주	19	18	2	2	26	2	0
	합계		19	18	2	2	26	2	0
프로통산			104	83	8	12	103	11	1

김민수(金顯洙) 용인대 1989.07.13

대회	연도	소속	출전	교체	득점	도움	파울	경고	퇴장
K2	2013	부천	0	0	0	0	0	0	0
	합계		0	0	0	0	0	0	0
프로통산			0	0	0	0	0	0	0

김민수(金롯秀) 홍익대 1994.03.04

대회	연도	소속	출전	교체	득점	도움	파울	경고	퇴장
K2	2016	고양	8	8	0	0	9	2	0
	합계		8	8	0	0	9	2	0
프로통산			8	8	0	0	9	2	0

김민식(金敏植) 호남대 1985.10.29

대회	연도	소속	출전	교체	실점	도움	파울	경고	퇴장
BC	2008	전북	0	0	0	0	0	0	0
	2009	전북	2	1	3	0	0	0	0
	2010	전북	7	0	11	0	0	0	0
	2011	전북	17	0	17	0	0	2	0
	2012	전북	3	2	4	0	0	2	0
	합계		35	2	42	0	0	2	0
K1	2014	상주	18	0	29	0	0	0	0
	2014	전북	3	1	0	0	0	0	0
	2015	전남	10	0	21	0	0	0	0
	2016	전남	7	1	11	0	1	0	0
	합계		38	1	61	0	0	2	0
K2	2013	상주	3	0	5	0	0	0	0
	2017	안양	17	0	29	0	1	1	1
	합계		20	0	34	0	1	1	1
승	2013	상주	2	0	2	0	0	0	0
	합계		2	0	2	0	0	0	0
프로통산			95	3	139	0	1	5	1

김민식(金珉植) 용인대 1998.03.18

대회	연도	소속	출전	교체	득점	도움	파울	경고	퇴장
K2	2020	충남아산	2	0	0	0	2	0	0
	합계		2	0	0	0	2	0	0
프로통산			2	0	0	0	2	0	0

김민오(金敏吾) 울산대 1983.05.08

대회	연도	소속	출전	교체	득점	도움	파울	경고	퇴장
BC	2006	울산	9	4	0	0	16	0	0
	2007	울산	18	16	0	0	27	5	0
	2008	울산	18	14	0	0	26	3	0
	2009	울산	1	1	0	0	1	0	0
	2010	광주상무	4	2	0	0	2	0	0
	2011	상주	10	1	0	0	8	2	0
	합계		60	37	0	0	81	9	0
프로통산			60	37	0	0	81	9	0

김민우(金民友) 연세대 1990.02.25

대회	연도	소속	출전	교체	득점	도움	파울	경고	퇴장
K1	2017	수원	30	3	6	5	38	6	0
	2018	상주	36	9	2	1	59	1	0
	2019	상주	20	6	2	2	20	0	0
	2019	수원	6	1	1	0	10	0	0
	2020	수원	27	2	4	3	41	4	0
	2021	수원	33	17	6	3	48	4	0
	합계		152	38	21	14	216	15	0
프로통산			152	38	21	14	216	15	0

김민우(金玟佑) 홍익대 1997.06.03

대회	연도	소속	출전	교체	득점	도움	파울	경고	퇴장
K2	2019	아산	7	6	0	0	6	0	0
	합계		7	6	0	0	6	0	0
프로통산			7	6	0	0	6	0	0

김민재(金玟哉) 연세대 1996.11.15

대회	연도	소속	출전	교체	득점	도움	파울	경고	퇴장
K1	2017	전북	29	3	2	0	27	10	0
	2018	전북	23	4	1	0	15	3	0
	합계		52	7	3	0	42	13	0
프로통산			52	7	3	0	42	13	0

김민재(金民在) 고려대 2001.06.02

대회	연도	소속	출전	교체	실점	도움	파울	경고	퇴장
K2	2022	김포	0	0	0	0	0	0	0
	2023	김포	2	2	0	0	0	0	0
	합계		2	2	0	0	0	0	0
프로통산			2	2	0	0	0	0	0

김민제(金玟第) 중앙대 1989.09.12

대회	연도	소속	출전	교체	득점	도움	파울	경고	퇴장
K1	2016	수원FC	12	0	1	0	16	1	0
	합계		12	0	1	0	16	1	0
K2	2015	서울E	22	12	1	1	24	4	0
	2016	서울E	10	7	0	0	12	1	0
	2017	수원FC	2	0	0	0	0	0	0
	2018	수원FC	2	1	0	1	6	0	0
	합계		36	20	1	1	36	5	0
프로통산			48	20	2	1	52	6	0

김민준(金玟俊) 호남대 1996.01.12

대회	연도	소속	출전	교체	득점	도움	파울	경고	퇴장
K2	2017	경남	7	7	0	0	7	0	0
K2	합계		7	7	0	0	7	0	0
프로통산			7	7	0	0	7	0	0

김민준(金롯樽) 보인고 2000.01.09

대회	연도	소속	출전	교체	실점	도움	파울	경고	퇴장
K2	2021	경남	1	0	1	0	0	0	0
	2022	경남	1	1	0	0	0	0	0
	2023	천안	28	0	45	0	1	0	0
	합계		30	1	46	0	1	0	0
프로통산			30	1	46	0	1	0	0

김민준(金敏俊) 한남대 1994.01.27

대회	연도	소속	출전	교체	득점	도움	파울	경고	퇴장
K1	2017	강원	7	4	0	0	11	1	0
	합계		7	4	0	0	11	1	0
프로통산			7	4	0	0	11	1	0

김민준(金敏俊) 울산대 1994.03.22

대회	연도	소속	출전	교체	득점	도움	파울	경고	퇴장
K1	2018	전남	7	2	0	0	14	0	0
K2	2016	부산	10	3	0	0	8	1	0
	2019	전남	15	9	0	0	23	3	0
	합계		25	12	0	0	31	4	0
프로통산			32	14	0	0	41	5	0

김민준(金民俊) 울산대 2000.02.12

대회	연도	소속	출전	교체	득점	도움	파울	경고	퇴장
K1	2021	울산	28	28	5	1	25	2	0
	2022	울산	19	19	1	0	9	2	0
	합계		47	47	6	1	34	4	0
K2	2023	김천	28	27	6	4	18	2	0
	합계		28	27	6	4	18	2	0
프로통산			75	74	12	5	52	6	0

김민철(金敏哲) 건국대 1972.03.01

대회	연도	소속	출전	교체	실점	도움	파울	경고	퇴장
BC	1994	유공	5	0	5	0	0	1	0
	1996	전남	16	0	34	0	1	1	0
	합계		21	0	39	0	1	2	0
프로통산			21	0	39	0	1	2	0

김민학(金民學) 선문대 1988.10.04

대회	연도	소속	출전	교체	득점	도움	파울	경고	퇴장
BC	2010	전북	5	1	1	0	7	0	0
	2011	전북	1	1	0	0	2	1	0
	합계		6	2	1	0	9	1	0
프로통산			6	2	1	0	9	1	0

김민혁(金珉赫) 광운대 1992.08.16

대회	연도	소속	출전	교체	득점	도움	파울	경고	퇴장
K1	2015	서울	6	6	0	0	8	1	0
	2016	광주	36	7	3	8	66	7	0
	2017	광주	34	12	2	3	45	2	0
	2018	포항	2	2	0	0	0	0	0
	2019	성남	8	1	2	2	13	2	0
	2020	상주	14	6	1	1	12	2	0
	2021	성남	21	9	1	2	26	2	1
	2022	성남	32	20	3	2	48	9	0
	2023	울산	32	23	3	2	30	7	0
	합계		196	90	16	21	273	33	1
K2	2018	성남	17	6	3	1	15	2	0
프로통산			213	96	18	22	288	35	1

김민혁(金敏㷜) 숭실대 1992.02.27

대회	연도	소속	출전	교체	득점	도움	파울	경고	퇴장
K1	2019	전북	26	3	1	0	24	5	0
	2020	전북	13	6	0	0	14	4	0
	2021	전북	21	1	0	1	12	4	0
	2022	성남	4	1	0	2	1	0	0
	합계		66	7	4	0	48	10	0
프로통산			66	7	4	0	48	10	0

김민혁(金敏奕) 광양제철고 2000.03.24

대회	연도	소속	출전	교체	득점	도움	파울	경고	퇴장
K2	2019	전남	5	5	0	0	4	2	0
	합계		5	5	0	0	4	2	0
프로통산			5	5	0	0	4	2	0

김민혜(金珉慧) 영동고 1954.12.04

대회	연도	소속	출전	교체	득점	도움	파울	경고	퇴장
BC	1983	대우	9	3	0	3	6	0	0
	1984	할렐루야	8	0	0	4	0	0	0
	1985	할렐루야	9	4	0	0	13	0	0
	합계		26	7	0	3	22	0	0
프로통산			26	7	0	3	22	0	0

김민호(金珉浩) 연세대 1997.06.11

대회	연도	소속	출전	교체	득점	도움	파울	경고	퇴장
K1	2018	수원	0	0	0	0	0	0	0
	2019	수원	1	1	0	0	0	0	0
	합계		1	1	0	0	0	0	0
K2	2020	안산	0	0	0	0	0	0	0
	2021	안산	24	4	1	1	14	2	0
	2022	안산	31	4	0	0	28	8	1
	2023	김포	25	9	0	0	27	7	0
	합계		100	19	1	0	90	25	1
승	2023	김포	2	2	0	0	0	0	0
	합계		2	2	0	0	0	0	0

| 프로통산 | | 103 | 22 | 1 | 1 | 90 | 25 | 1 |

김민호(金敏浩) 인천대 1990.10.01

대회	연도	소속	출전	교체	득점	도움	파울	경고	퇴장
K2	2013	부천	19	2	1	1	28	1	0
		합계	19	2	1	1	28	1	0
프로통산			19	2	1	1	28	1	0

김민호(金珉浩) 건국대 1985.05.13

대회	연도	소속	출전	교체	득점	도움	파울	경고	퇴장
BC	2007	성남일화	7	7	0	0	7	0	0
	2008	성남일화	1	1	0	0	0	0	0
	2008	전남	13	5	1	2	26	3	0
	2009	전남	9	7	1	0	8	2	0
	2010	대구	2	2	0	0	0	0	0
		합계	32	22	2	2	36	6	0
프로통산			32	22	2	2	36	6	0

김바우(金바우) 한양대 1984.01.12

대회	연도	소속	출전	교체	득점	도움	파울	경고	퇴장
BC	2007	서울	1	1	0	0	1	0	0
	2008	대전	1	1	0	0	1	0	0
	2009	포항	2	2	0	0	3	0	0
	2010	포항	1	1	0	0	0	0	0
	2011	대전	9	6	0	0	15	1	0
		합계	14	11	0	0	21	4	0
프로통산			14	11	0	0	21	4	0

김백근(金伯根) 동아대 1975.10.12

대회	연도	소속	출전	교체	득점	도움	파울	경고	퇴장
BC	1998	부산	10	7	0	1	4	0	0
		합계	10	7	0	1	4	0	0
프로통산			10	7	0	1	4	0	0

김범기(金範基) 호남대 1974.03.01

대회	연도	소속	출전	교체	득점	도움	파울	경고	퇴장
BC	1996	전남	3	3	0	0	2	0	0
		합계	3	3	0	0	2	0	0
프로통산			3	3	0	0	2	0	0

김범수(金杋洙) J-SUN FC 2000.04.08

대회	연도	소속	출전	교체	득점	도움	파울	경고	퇴장
K1	2022	제주	15	15	1	0	14	3	0
		합계	15	15	1	0	14	3	0
K2	2023	안산	34	17	4	4	56	7	0
		합계	34	17	4	4	56	7	0
프로통산			49	32	5	4	70	10	0

김범수(金範洙) 숭실대 1972.06.26

대회	연도	소속	출전	교체	득점	도움	파울	경고	퇴장
BC	1995	전북	25	5	7	3	45	9	0
	1996	전북	33	9	3	5	49	7	0
	1997	전북	27	7	2	7	51	8	0
	1998	전북	23	17	1	1	39	4	1
	1999	전북	12	12	0	1	14	0	0
	2000	안양G	3	5	1	0	6	0	0
		합계	123	55	14	17	194	28	1
프로통산			123	55	14	17	194	28	1

김범수(金範洙) 관동대(가톨릭관동대) 1986.01.13

대회	연도	소속	출전	교체	득점	도움	파울	경고	퇴장
BC	2010	광주상무	5	5	0	0	1	0	0
		합계	5	5	0	0	1	0	0
프로통산			5	5	0	0	1	0	0

김범용(金範容) 건국대 1990.07.29

대회	연도	소속	출전	교체	득점	도움	파울	경고	퇴장
K1	2021	수원FC	9	8	0	0	4	0	0
K2	2018	수원FC	27	1	0	0	35	4	1
	2020	수원FC	3	0	0	0	2	0	0
	2022	경남	22	11	0	0	24	4	0
	2023	경남	9	5	0	0	4	1	0
		합계	57	17	0	0	65	8	1
프로통산			66	25	0	0	69	8	1

김범준(金汎峻) 경희대 1988.07.14

대회	연도	소속	출전	교체	득점	도움	파울	경고	퇴장
BC	2011	상주	10	6	0	0	9	0	0
		합계	10	6	0	0	9	0	0
프로통산			10	6	0	0	9	0	0

김범진(金汎珍) 한양대 1997.02.19

대회	연도	소속	출전	교체	득점	도움	파울	경고	퇴장
K2	2021	경남	2	1	0	0	7	3	0
		합계	2	1	0	0	7	3	0
프로통산			2	1	0	0	7	3	0

김병관(金炳官) 광운대 1966.02.16

대회	연도	소속	출전	교체	득점	도움	파울	경고	퇴장
BC	1984	한일은행	11	1	0	0	8	2	0
	1985	한일은행	2	0	0	0	0	0	0
	1990	현대	3	3	0	0	0	0	0
		합계	16	4	0	0	8	2	0
프로통산			16	4	0	0	8	2	0

김병석(金秉析) 한양공고 1985.09.17

대회	연도	소속	출전	교체	득점	도움	파울	경고	퇴장
BC	2012	대전	18	13	4	0	32	9	0
K1	2013	대전	31	14	2	3	39	5	1
	2015	대전	6	1	0	0	3	0	0
		합계	37	14	3	3	43	6	1
K2	2014	안산경찰	28	5	0	0	21	1	0
	2015	안산경찰	23	9	1	3	28	0	0
	2016	대전	34	8	1	0	29	2	0
	2017	서울E	2	2	0	0	1	0	0
	2017	안산	15	10	1	0	11	1	0
		합계	102	34	3	3	95	8	1
프로통산			157	61	10	6	170	17	2

김병엽(金炳燁) 광양제철고 1999.04.21

대회	연도	소속	출전	교체	실점	도움	파울	경고	퇴장
K2	2020	전남	0	0	0	0	0	0	0
	2021	전남	1	0	3	0	0	0	0
	2022	대전	0	0	0	0	0	0	0
		합계	1	0	3	0	0	0	0
프로통산			1	0	3	0	0	0	0

김병오(金炳旿) 성균관대 1989.06.26

대회	연도	소속	출전	교체	득점	도움	파울	경고	퇴장
K1	2016	수원FC	28	13	4	3	50	8	0
	2017	상주	25	9	3	1	31	5	0
	2020	부산	20	16	0	1	24	2	0
		합계	73	48	7	5	105	15	0
K2	2013	안양	17	16	1	1	18	0	0
	2015	충주	33	10	9	3	49	4	0
	2019	수원FC	23	20	1	2	25	3	0
	2021	전남	16	9	0	1	15	2	0
		합계	90	50	12	7	116	9	0
승	2017	상주	1	1	0	0	1	0	0
		합계	1	1	0	0	1	0	0
프로통산			164	99	19	12	222	24	0

김병지(金秉址) 알로이시오기계공고 1970.04.08

대회	연도	소속	출전	교체	실점	도움	파울	경고	퇴장
BC	1992	현대	10	1	11	0	0	0	0
	1993	현대	1	0	1	0	0	0	0
	1994	현대	27	0	27	0	2	1	0
	1995	현대	35	1	26	0	2	4	0
	1996	울산	30	0	37	0	1	4	0
	1997	울산	20	0	14	0	0	0	0
	1998	울산	25	0	28	0	2	2	0
	1999	울산	20	0	32	0	1	2	0
	2000	울산	31	0	38	0	1	0	0
	2001	포항	25	1	24	0	0	0	0
	2002	포항	21	0	27	0	0	0	0
	2003	포항	43	1	43	0	1	2	0
	2004	포항	39	0	39	0	0	0	0
	2005	포항	36	0	31	0	1	1	0
	2006	서울	40	0	34	0	0	0	0
	2007	서울	38	0	25	0	0	0	0
	2008	서울	6	0	9	0	0	0	0
	2009	경남	29	1	30	0	1	1	0
	2010	경남	35	0	41	0	0	2	0
	2011	경남	33	0	44	0	1	1	0
	2012	경남	37	0	44	0	1	2	0
		합계	605	7	629	0	15	23	0
K1	2013	전남	36	0	42	0	2	1	0
	2014	전남	38	0	53	0	0	0	0
	2015	전남	27	0	30	0	1	0	0
		합계	101	0	125	0	3	2	0
프로통산			706	7	754	0	18	25	0

* 득점: 1998년 1, 2000년 2 / 통산 3

김병채(金炳埰) 동북고 1981.04.14

대회	연도	소속	출전	교체	득점	도움	파울	경고	퇴장
BC	2000	안양G	1	1	0	0	1	0	0
	2001	안양G	1	1	0	0	0	0	0
	2002	안양G	1	1	0	0	0	0	0
	2003	광주상무	39	20	3	1	37	4	0
	2004	광주상무	33	29	4	1	19	3	0
	2005	서울	7	4	0	0	16	0	0
	2006	경남	5	5	0	0	3	0	0
	2007	부산	3	3	0	0	6	0	0
		합계	90	64	7	2	72	5	0
프로통산			90	64	7	2	72	5	0

김병탁(金丙卓) 동아대 1970.09.18

대회	연도	소속	출전	교체	득점	도움	파울	경고	퇴장
BC	1997	부산	6	5	0	0	2	1	0
	1998	부산	16	8	0	0	18	0	0
		합계	22	13	0	0	20	1	0
프로통산			22	13	0	0	20	1	0

김병환(金秉桓) 국민대 1956.10.10

대회	연도	소속	출전	교체	득점	도움	파울	경고	퇴장
BC	1984	국민은행	18	4	3	0	19	2	0
		합계	18	4	3	0	19	2	0
프로통산			18	4	3	0	19	2	0

김보경(金甫炅) 홍익대 1989.10.06

대회	연도	소속	출전	교체	득점	도움	파울	경고	퇴장
K1	2016	전북	29	4	7	4	30	3	0
	2017	전북	15	1	3	2	18	3	0
	2019	울산	35	6	13	9	40	6	0
	2020	전북	32	24	3	10	32	2	0
	2021	전북	32	23	2	3	42	3	0
	2022	전북	25	23	2	4	17	2	0
	2023	수원	23	17	0	2	17	2	0
		합계	184	92	30	35	196	19	0
프로통산			184	92	30	35	196	19	0

김보섭(金甫燮) 대건고 1998.01.10

대회	연도	소속	출전	교체	득점	도움	파울	경고	퇴장
K1	2017	인천	3	3	0	0	3	0	0
	2018	인천	21	18	2	1	27	5	0
	2019	인천	13	9	0	0	13	0	0
	2020	상주	17	14	1	1	21	2	0
	2021	인천	11	10	1	1	13	2	0
	2022	인천	34	24	5	4	30	5	0
	2023	인천	33	28	3	4	31	2	0
		합계	136	107	11	11	138	16	0
K2	2021	김천	6	5	0	0	3	0	0
		합계	6	5	0	0	3	0	0
프로통산			142	112	11	11	141	17	0

김보섭(金甫燮) 한양대 2000.01.10

대회	연도	소속	출전	교체	득점	도움	파울	경고	퇴장
K2	2022	안산	22	21	2	1	14	2	0
		합계	22	21	2	1	14	2	0
프로통산			22	21	2	1	14	2	0

김보성(金保成) 동아대 1989.04.04

대회	연도	소속	출전	교체	득점	도움	파울	경고	퇴장
BC	2012	경남	3	3	0	0	1	1	0
		합계	3	3	0	0	1	1	0
프로통산			3	3	0	0	1	1	0

김보용(金甫容) 숭실대 1997.07.15

대회	연도	소속	출전	교체	득점	도움	파울	경고	퇴장
K2	2020	전남	9	9	0	0	3	0	0
	2023	부천	11	11	0	0	9	0	0
		합계	20	20	0	0	12	0	0
프로통산			20	20	0	0	12	0	0

김본광(金本光) 탐라대 1988.09.30

대회	연도	소속	출전	교체	득점	도움	파울	경고	퇴장
K2	2013	수원FC	18	8	3	4	28	3	0
	2014	수원FC	29	8	3	0	39	9	0
		합계	47	16	6	4	67	12	0
프로통산			47	16	6	4	67	12	0

김봉겸(金奉謙) 고려대 1984.05.01

대회	연도	소속	출전	교체	득점	도움	파울	경고	퇴장
BC	2009	강원	17	2	2	0	13	3	0
	2010	강원	9	2	0	1	5	0	0
		합계	26	4	2	1	18	3	0
프로통산			26	4	2	1	18	3	0

김봉길(金奉吉) 연세대 1966.03.15

대회	연도	소속	출전	교체	득점	도움	파울	경고	퇴장
BC	1989	유공	24	21	5	0	15	1	0
	1990	유공	27	17	5	2	19	0	0
	1991	유공	6	3	0	0	5	0	0
	1992	유공	34	18	4	2	31	2	1
	1993	유공	30	16	8	4	23	0	0
	1994	유공	30	3	1	2	11	0	0
	1995	전남	32	5	4	3	21	4	0
	1996	전남	33	29	6	1	22	0	0
	1997	전남	33	26	1	1	26	1	0
	1998	전남	13	12	0	0	6	0	0
		합계	265	162	44	16	192	12	2
프로통산			265	162	44	16	192	12	2

김봉성(金峯成) 아주대 1962.11.28

대회	연도	소속	출전	교체	득점	도움	파울	경고	퇴장
BC	1986	대우	5	5	0	0	5	0	0
	1988	대우	13	9	0	0	12	0	0
	1989	대우	7	8	0	0	5	0	0
		합계	25	22	0	0	22	0	0
프로통산			25	22	0	0	22	0	0

김봉수(金奉首) 광주대 1999.12.26

대회	연도	소속	출전	교체	득점	도움	파울	경고	퇴장
K1	2021	제주	28	27	3	1	16	3	0
	2022	제주	33	16	0	1	19	2	0
	2023	제주	35	17	2	0	28	0	0
		합계	96	60	5	2	63	9	0
프로통산			96	60	5	2	63	9	0

김봉수(金奉洙) 고려대 1970.12.04

대회	연도	소속	출전	교체	실점	도움	파울	경고	퇴장
BC	1992	LG	14	0	13	0	0	0	0
	1993	LG	7	1	5	0	0	0	0
	1994	LG	18	2	25	0	2	1	0
	1995	LG	14	0	18	0	1	1	0
	1996	안양LG	12	0	23	0	0	0	0
	1997	안양LG	10	0	21	0	1	0	0
	1998	안양LG	19	2	26	1	1	3	0
	1999	안양LG	12	0	26	0	0	0	0
	2000	울산	3	1	7	0	1	0	0
		합계	109	6	159	0	5	8	0
프로통산			109	6	159	0	5	8	0

김봉진(金奉眞) 동의대 1990.07.18

대회	연도	소속	출전	교체	득점	도움	파울	경고	퇴장
K1	2013	강원	12	1	2	1	19	3	0
	2021	광주	17	14	0	0	8	2	0
		합계	29	15	2	1	24	5	0
K2	2015	경남	7	3	0	0	9	1	0
		합계	7	3	0	0	9	1	0
승	2013	강원	1	0	0	0	1	0	0
		합계	1	0	0	0	1	0	0
프로통산			37	18	2	1	33	6	0

김봉현(金奉鉉/←김인수) 호남대 1974.07.07

대회	연도	소속	출전	교체	득점	도움	파울	경고	퇴장
BC	1995	전북	6	5	0	0	4	2	0
	1996	전북	26	4	1	1	59	4	0
	1997	전북	33	2	4	0	82	7	0
	1998	전북	33	3	1	3	72	7	0
	1999	전북	30	3	2	3	31	3	0
	2001	전북	5	0	0	0	7	2	0
	2002	전북	1	1	0	0	1	0	0
		합계	134	15	10	5	250	28	0
프로통산			134	15	10	5	250	28	0

김부관(金附罐) 광주대 1990.09.03

대회	연도	소속	출전	교체	득점	도움	파울	경고	퇴장
K1	2016	수원FC	25	25	1	3	13	1	0
		합계	25	25	1	3	13	1	0
K2	2015	수원FC	27	25	3	3	26	3	0
	2017	수원FC	3	3	0	0	1	0	0
	2017	아산	8	8	1	1	3	2	0
	2018	아산	1	0	0	0	0	0	0
		합계	39	36	4	4	30	5	0
프로통산			64	56	5	7	43	6	0

김부만(金富萬) 영남대 1965.05.07

대회	연도	소속	출전	교체	득점	도움	파울	경고	퇴장
BC	1988	포항제철	4	4	1	0	2	1	0
	1989	포항제철	34	11	0	0	26	2	0
	1990	포항제철	8	7	0	0	3	0	0
	1991	포항제철	5	5	0	0	0	0	0
		합계	49	25	1	0	31	2	0
프로통산			49	25	1	0	31	2	0

김삼수(金三洙) 동아대 1963.02.08

대회	연도	소속	출전	교체	득점	도움	파울	경고	퇴장
BC	1986	현대	13	2	3	5	20	1	0
	1987	현대	29	4	2	4	40	2	0
	1988	현대	13	0	0	0	13	0	0
	1989	럭키금성	30	16	1	0	43	3	0
	1990	럭키금성	14	9	1	2	22	0	0
	1991	LG	17	10	1	0	19	2	0
	1992	LG	28	10	1	0	28	3	0
	1993	LG	13	9	0	0	25	0	0
	1994	대우	25	14	1	0	24	4	1
		합계	188	82	10	10	245	25	1
프로통산			188	82	10	10	245	25	1

김상규(金相圭) 광운대 1973.11.02

대회	연도	소속	출전	교체	득점	도움	파울	경고	퇴장
BC	1996	부천유공	2	2	0	0	1	0	0
		합계	2	2	0	0	1	0	0
프로통산			2	2	0	0	1	0	0

김상균(金相均) 동신대 1991.02.13

대회	연도	소속	출전	교체	득점	도움	파울	경고	퇴장
K2	2013	고양	2	1	0	0	2	1	0
	2014	고양	2	2	0	0	1	0	0
		합계	4	3	0	0	3	1	0
프로통산			4	3	0	0	3	1	0

김상기(金尙基) 광운대 1982.04.05

대회	연도	소속	출전	교체	득점	도움	파울	경고	퇴장
BC	2005	수원	2	2	0	0	1	0	0
	2006	수원	2	2	0	0	0	0	0
		합계	2	2	0	0	0	0	0
프로통산			2	2	0	0	0	0	0

김상덕(金相德) 주문진중 1985.01.01

대회	연도	소속	출전	교체	득점	도움	파울	경고	퇴장
BC	2005	수원	1	1	0	0	2	1	0
	2010	대전	0	0	0	0	0	0	0
		합계	1	1	0	0	2	1	0
프로통산			1	1	0	0	2	1	0

김상록(金相綠) 고려대 1979.02.25

대회	연도	소속	출전	교체	득점	도움	파울	경고	퇴장
K2	2013	부천	19	19	1	1	6	0	0
		합계	19	19	1	1	6	0	0
BC	2001	포항	34	16	4	1	23	1	0
	2002	포항	15	12	1	2	22	0	0
	2003	포항	28	20	2	2	32	2	0
	2004	광주상무	31	10	1	1	29	1	0
	2005	광주상무	30	14	5	5	19	0	0
	2006	제주	32	6	3	4	35	0	0
	2007	인천	37	16	10	6	24	2	0
	2008	인천	27	25	1	2	19	1	0
	2009	인천	15	14	1	0	8	0	0
	2010	부산	13	12	0	0	6	0	0
		합계	262	147	31	22	218	8	0
프로통산			281	166	32	23	224	8	0

김상문(金相文) 고려대 1967.04.08

대회	연도	소속	출전	교체	득점	도움	파울	경고	퇴장
BC	1990	유공	26	4	1	2	35	4	0
	1991	유공	37	4	2	2	53	3	1
	1992	유공	18	5	2	2	30	1	0
	1993	유공	34	5	3	0	54	2	0
	1994	유공	14	6	3	0	14	0	0
	1995	유공	21	3	0	2	21	2	0
	1995	대우	12	8	2	0	18	1	0
	1996	부산	30	13	0	3	40	0	0
	1997	부산	30	14	2	1	29	3	0
	1998	부산	28	13	3	3	48	0	0
		합계	221	70	18	11	308	18	1
프로통산			221	70	18	11	308	18	1

김상식(金相植) 대구대 1976.12.17

대회	연도	소속	출전	교체	득점	도움	파울	경고	퇴장
BC	1999	천안일화	36	4	1	2	73	5	0
	2000	성남일화	27	2	3	1	62	6	0
	2001	성남일화	32	1	0	0	93	6	0
	2002	성남일화	36	0	4	4	74	4	0
	2003	광주상무	42	1	2	2	69	4	0
	2004	광주상무	31	2	2	1	48	2	0
	2005	성남일화	30	0	1	1	65	3	1
	2006	성남일화	29	4	1	0	58	4	0
	2007	성남일화	28	1	0	1	71	7	0
	2008	성남일화	37	2	0	1	86	6	0
	2009	전북	33	2	0	5	51	3	0
	2010	전북	28	9	2	2	81	11	0
	2011	전북	22	5	0	0	33	3	0
	2012	전북	20	5	0	1	37	4	0
		합계	438	46	18	17	936	73	1
K1	2013	전북	20	6	1	0	34	6	1
		합계	20	6	1	0	34	6	1
프로통산			458	52	19	17	970	79	2

김상우(金相佑) 중앙대 1995.03.14

대회	연도	소속	출전	교체	득점	도움	파울	경고	퇴장
K2	2018	수원FC	0	0	0	0	0	0	0
		합계	0	0	0	0	0	0	0
프로통산			0	0	0	0	0	0	0

김상욱(金相昱) 대불대 1994.01.04

대회	연도	소속	출전	교체	득점	도움	파울	경고	퇴장
K1	2016	광주	1	1	0	0	0	0	0
		합계	1	1	0	0	0	0	0
프로통산			1	1	0	0	0	0	0

김상원(金相沅) 울산대 1992.02.20

대회	연도	소속	출전	교체	득점	도움	파울	경고	퇴장

대회	연도	소속	출전	교체	득점	도움	파울	경고	퇴장
K1	2014	제주	1	1	0	0	0	0	0
	2015	제주	21	4	3	3	25	6	0
	2016	제주	16	7	0	1	26	5	0
	2017	제주	4	3	0	0	2	1	0
	2017	광주	5	1	0	0	6	1	0
	2018	제주	3	2	0	0	1	0	1
	2020	포항	11	3	0	0	16	5	0
	2021	수원FC	34	4	0	1	32	3	0
	2022	수원FC	7	6	0	0	4	1	0
	합계		102	36	3	5	112	22	1
K2	2019	안양	34	10	6	8	32	8	0
	합계		34	10	6	8	32	8	0
프로통산			136	46	9	13	144	30	1

김상준 (金相駿) 매탄고 2001.10.01

대회	연도	소속	출전	교체	득점	도움	파울	경고	퇴장
K1	2019	수원	0	0	0	0	0	0	0
	2021	수원	3	3	0	0	1	0	0
	2022	수원	8	8	0	0	4	0	0
	합계		11	11	0	0	5	0	0
K2	2022	부산	13	10	0	0	10	2	0
	2023	부산	26	16	2	2	10	3	0
	합계		39	26	2	2	20	5	0
승	2023	부산	1	1	0	0	1	1	0
	합계		1	1	0	0	1	1	0
프로통산			51	38	4	2	26	6	0

김상준 (金相濬) 남부대 1993.06.25

대회	연도	소속	출전	교체	득점	도움	파울	경고	퇴장
K2	2016	고양	26	23	0	0	32	2	0
	합계		26	23	0	0	32	2	0
프로통산			26	23	0	0	32	2	0

김상진 (金尙鎭) 한양대 1967.02.15

대회	연도	소속	출전	교체	득점	도움	파울	경고	퇴장
BC	1990	럭키금성	26	18	2	2	58	3	0
	1991	LG	27	17	6	2	39	7	1
	1992	LG	29	20	6	0	35	4	0
	1993	LG	3	3	0	0	4	0	0
	1994	LG	11	11	1	1	11	3	0
	1995	유공	14	14	0	0	13	3	0
	1996	부천유공	1	1	0	0	1	0	0
	합계		111	84	15	5	161	21	2
프로통산			111	84	15	5	161	21	2

김상필 (金相泌) 성균관대 1989.04.26

대회	연도	소속	출전	교체	득점	도움	파울	경고	퇴장
K1	2015	대전	24	5	0	0	9	1	0
	합계		24	5	0	0	9	1	0
K2	2014	대전	3	1	0	0	0	0	0
	2016	충주	32	3	1	1	29	4	0
	2017	아산	2	1	0	0	1	0	0
	2018	아산	3	3	0	0	4	0	0
	합계		38	7	1	1	33	4	0
프로통산			62	12	1	1	42	5	0

김상호 (金相鎬) 동아대 1964.10.05

대회	연도	소속	출전	교체	득점	도움	파울	경고	퇴장
BC	1987	포항제철	29	11	3	1	22	2	0
	1988	포항제철	15	4	0	4	10	0	0
	1989	포항제철	14	5	0	2	8	0	0
	1990	포항제철	22	2	2	2	20	0	0
	1991	포항제철	36	9	5	6	21	0	0
	1992	포항제철	9	8	0	0	9	1	0
	1993	포항제철	14	6	0	0	14	0	0
	1994	포항제철	25	1	0	3	11	2	0
	1995	전남	25	4	0	3	19	2	0
	1996	전남	27	17	0	0	30	2	0
	1997	전남	27	21	3	1	25	0	0
	1998	전남	4	4	1	1	1	0	0
	합계		232	92	15	24	129	7	0
프로통산			232	92	15	24	129	7	0

김상화 (金相華) 동국대 1968.08.25

대회	연도	소속	출전	교체	득점	도움	파울	경고	퇴장
BC	1991	유공	2	2	0	0	0	0	0
	1994	대우	2	2	0	0	0	0	0
	합계		4	3	0	0	0	0	0
프로통산			4	3	0	0	0	0	0

김상훈 (金相勳) 고려대 1967.12.19

대회	연도	소속	출전	교체	득점	도움	파울	경고	퇴장
BC	1990	럭키금성	2	3	0	0	0	0	0
	1991	LG	12	6	5	0	23	2	0
	1993	LG	17	9	1	1	25	2	2
	1994	LG	25	24	3	0	15	1	0
	1995	LG	5	5	1	0	8	1	0
	합계		63	48	10	1	71	8	2
프로통산			63	48	10	1	71	8	2

김상훈 (金湘勳) 숭실대 1973.06.08

대회	연도	소속	출전	교체	득점	도움	파울	경고	퇴장
BC	1996	울산	15	5	0	0	26	2	0
	1997	울산	20	3	2	0	53	1	1
	1998	울산	36	1	0	2	57	8	0
	1999	울산	32	0	1	0	82	6	0
	2000	울산	34	2	1	0	87	7	0
	2001	울산	13	1	0	1	33	3	0
	2002	포항	11	2	0	1	22	5	0
	2003	포항	37	13	1	1	57	4	0
	2004	성남일화	10	4	0	0	14	2	0
	합계		212	41	5	6	435	38	1
프로통산			212	41	5	6	435	38	1

김서준 (←김현기) 한남대 1989.03.24

대회	연도	소속	출전	교체	득점	도움	파울	경고	퇴장
K2	2013	수원FC	19	12	2	2	32	2	0
	2014	수원FC	32	11	6	6	33	4	0
	2015	수원FC	21	4	1	4	31	4	0
	합계		72	27	9	12	95	11	0
승	2015	수원FC	0	0	0	0	0	0	0
	합계		0	0	0	0	0	0	0
프로통산			72	27	9	12	95	11	0

김석만 (金石萬) 호남대 1982.07.01

대회	연도	소속	출전	교체	득점	도움	파울	경고	퇴장
BC	2005	전남	1	1	0	0	1	0	0
	합계		1	1	0	0	1	0	0
프로통산			1	1	0	0	1	0	0

김석우 (金錫佑) 중경고 1983.05.06

대회	연도	소속	출전	교체	득점	도움	파울	경고	퇴장
BC	2004	포항	14	5	0	0	11	0	0
	2005	광주상무	4	3	0	0	3	0	0
	2007	부산	6	5	0	0	6	1	0
	2008	부산	5	0	0	0	8	0	0
	합계		29	13	0	0	28	1	0
프로통산			29	13	0	0	28	1	0

김석원 (金錫垣) 고려대 1960.11.07

대회	연도	소속	출전	교체	득점	도움	파울	경고	퇴장
BC	1983	유공	9	2	3	0	2	0	0
	1984	유공	17	6	5	1	8	0	0
	1985	유공	2	1	0	0	3	0	0
	합계		28	8	8	1	13	1	0
프로통산			28	8	8	1	13	1	0

김석호 (金錫昊) 가톨릭관동대 1994.11.01

대회	연도	소속	출전	교체	득점	도움	파울	경고	퇴장
K1	2018	인천	0	0	0	0	0	0	0
	합계		0	0	0	0	0	0	0

김석규 (金錫奎) 동아대 1987.10.07

대회	연도	소속	출전	교체	실점	도움	파울	경고	퇴장
BC	2010	경남	0	0	0	0	0	0	0
	2011	경남	1	1	0	0	0	0	0
	2012	대전	35	1	55	0	1	3	0
	합계		35	1	55	0	1	3	0
K1	2013	대전	22	0	38	0	0	0	0
	합계		22	0	38	0	0	0	0
K2	2014	대전	21	1	24	1	0	0	0
	2015	안양	6	0	8	0	1	0	1
	2016	안양	21	1	24	0	0	2	0
	합계		48	2	56	1	1	2	1
프로통산			105	3	149	1	2	5	1

김선민 (金善民) 예원예술대 1991.12.12

대회	연도	소속	출전	교체	득점	도움	파울	경고	퇴장
K1	2014	울산	18	16	0	0	10	0	0
	2017	대구	33	12	0	8	24	2	0
	2019	대구	7	7	0	0	3	1	0
	2020	대구	16	8	0	0	41	2	1
	2023	수원FC	29	23	0	0	44	6	0
	합계		108	61	0	8	147	13	1
K2	2015	안양	32	11	6	2	34	9	0
	2016	대전	30	7	4	3	41	4	0
	2018	아산	2	1	0	0	2	0	0
	2019	아산	0	0	0	0	12	0	0
	2021	서울E	38	2	1	0	70	5	0
	2022	서울E	37	7	1	1	76	3	0
	합계		139	28	12	6	225	15	0
승	2023	수원FC	1	0	0	0	1	0	0
	합계		1	0	0	0	1	0	0
프로통산			248	89	12	14	373	28	1

김선우 (金善友) 동국대 1983.10.17

대회	연도	소속	출전	교체	득점	도움	파울	경고	퇴장
BC	2007	인천	9	8	0	1	13	1	0
	2008	인천	1	1	0	0	1	0	0
	2011	포항	1	1	0	0	0	0	0
	2012	포항	6	6	0	1	5	1	0
	합계		17	16	0	2	18	2	0
K1	2013	성남일화	2	2	0	0	0	0	0
	합계		2	2	0	0	0	0	0
프로통산			19	18	0	2	18	2	0

김선우 (金善佑) 울산대 1993.04.19

대회	연도	소속	출전	교체	득점	도움	파울	경고	퇴장
K1	2015	제주	1	1	0	0	0	0	0
	2016	제주	5	4	0	0	4	1	0
	2019	상주	14	8	0	0	12	0	0
	2020	상주	6	3	0	0	6	0	0
	합계		30	18	0	1	23	4	0
K2	2015	경남	18	0	1	1	14	3	0
	2017	경남	1	0	0	0	1	1	0
	2019	전남	2	3	0	0	0	0	0
	2021	전남	7	3	0	0	6	1	0
	합계		28	6	1	1	21	5	0
프로통산			58	24	1	2	44	9	0

김선우 (金宣羽) 한양대 1986.01.23

대회	연도	소속	출전	교체	득점	도움	파울	경고	퇴장
BC	2008	인천	6	4	0	0	6	1	0
	2010	광주상무	6	6	0	0	11	0	0
	2011	상주	7	5	0	0	10	2	0
	합계		19	15	0	0	25	3	0

김선우 (金善于) 성균관대 1993.04.22

대회	연도	소속	출전	교체	실점	도움	파울	경고	퇴장
K1	2016	수원	0	0	0	0	0	0	0
	2018	수원	1	0	4	0	0	0	0
	합계		1	0	4	0	0	0	0
K2	2020	안산	11	1	14	0	0	1	0
	2021	안산	9	0	15	0	0	0	0
	2022	안산	8	1	17	0	0	1	0
	2023	안산	1	0	0	0	0	0	0
	합계		29	2	49	0	0	2	0
프로통산			29	2	49	0	0	2	0

대회	연도	소속	출전	교체	득점	도움	파울	경고	퇴장
K2	2013	수원FC	6	3	0	0	10	1	0
		합계	6	3	0	0	10	1	0
프로통산			25	18	0	0	35	4	0

김선일(金善壹) 동국대 1985.06.11

대회	연도	소속	출전	교체	득점	도움	파울	경고	퇴장
BC	2009	수원	0	0	0	0	0	0	0
		합계	0	0	0	0	0	0	0
프로통산			0	0	0	0	0	0	0

김선진(金善進) 전주대 1990.10.01

대회	연도	소속	출전	교체	득점	도움	파울	경고	퇴장
BC	2012	제주	0	0	0	0	0	0	0
		합계	0	0	0	0	0	0	0
프로통산			0	0	0	0	0	0	0

김선태(金善泰) 중앙대 1971.05.29

대회	연도	소속	출전	교체	득점	도움	파울	경고	퇴장
BC	1994	현대	3	3	0	0	1	0	0
		합계	3	3	0	0	1	0	0
프로통산			3	3	0	0	1	0	0

김선호(金善鎬) 금호고 2001.03.29

대회	연도	소속	출전	교체	득점	도움	파울	경고	퇴장
K2	2021	대전	1	1	0	0	1	0	0
	2022	대전	5	4	0	0	1	0	1
	2023	부천	28	21	3	0	21	1	0
		합계	34	26	3	0	23	1	1
프로통산			34	26	3	0	23	1	1

김성경(金成經) 한양대 1976.05.15

대회	연도	소속	출전	교체	득점	도움	파울	경고	퇴장
BC	1999	전남	5	5	0	0	7	1	0
		합계	5	5	0	0	7	1	0
프로통산			5	5	0	0	7	1	0

김성구(金聖求) 숭실대 1969.03.15

대회	연도	소속	출전	교체	득점	도움	파울	경고	퇴장
BC	1992	현대	20	20	2	1	9	1	0
	1993	현대	24	24	1	0	7	0	0
	1994	현대	22	13	2	3	17	0	0
	1995	현대	4	4	0	0	3	0	0
	1997	전북	25	19	4	0	18	1	0
	1998	전북	34	3	1	3	52	4	0
	1999	전북	6	6	0	0	0	0	0
		합계	135	89	10	7	106	6	0
프로통산			135	89	10	7	106	6	0

김성국(金成國) 광운대 1990.03.01

대회	연도	소속	출전	교체	득점	도움	파울	경고	퇴장
K2	2013	안양	1	0	0	0	3	0	0
		합계	1	0	0	0	3	0	0
프로통산			1	0	0	0	3	0	0

김성국(金成國) 충북대 1980.03.01

대회	연도	소속	출전	교체	실점	도움	파울	경고	퇴장
BC	2003	부산	0	0	0	0	0	0	0
		합계	0	0	0	0	0	0	0
프로통산			0	0	0	0	0	0	0

김성규(金星圭) 현대고 1981.06.05

대회	연도	소속	출전	교체	득점	도움	파울	경고	퇴장
BC	2000	울산	9	8	0	0	1	0	0
	2001	울산	3	2	0	0	2	0	0
		합계	12	10	0	0	3	0	0
프로통산			12	10	0	0	3	0	0

김성근(金成根) 연세대 1977.06.20

대회	연도	소속	출전	교체	득점	도움	파울	경고	퇴장
BC	2000	대전	17	3	1	0	12	1	0
	2001	대전	27	3	0	0	37	1	0
	2002	대전	32	2	1	0	40	5	0
	2003	대전	40	0	2	0	42	8	0
	2004	포항	24	1	0	0	22	2	0
	2005	포항	33	1	0	0	53	7	0
	2006	포항	31	0	0	0	47	3	0
	2007	포항	23	3	0	0	33	5	0
	2008	전북	10	2	0	0	9	2	0
	2008	수원	7	5	0	0	2	0	0
		합계	244	20	4	0	294	34	0
프로통산			244	20	4	0	294	34	0

김성기(金聖基) 한양대 1961.11.21

대회	연도	소속	출전	교체	득점	도움	파울	경고	퇴장
BC	1985	유공	17	0	1	1	29	4	0
	1986	유공	14	0	0	0	15	2	0
	1987	유공	27	7	4	1	33	3	0
	1988	유공	10	3	0	0	28	2	0
	1989	유공	9	0	0	0	15	0	1
	1990	유공	1	2	0	0	0	0	0
	1990	대우	20	11	0	0	37	5	0
	1991	대우	34	3	0	1	45	5	1
	1992	대우	8	4	0	0	17	4	0
		합계	140	30	5	3	219	25	2
프로통산			140	30	5	3	219	25	2

김성길(金聖吉) 동명고(일본) 1983.07.08

대회	연도	소속	출전	교체	득점	도움	파울	경고	퇴장
BC	2003	울산	1	1	0	0	0	0	0
	2004	광주상무	12	6	0	0	11	1	0
	2005	광주상무	20	17	0	1	19	0	0
	2006	경남	30	17	2	4	50	2	0
	2007	경남	26	15	1	3	38	3	0
	2008	경남	12	8	1	1	14	3	0
	2009	경남	5	3	0	0	3	1	0
		합계	106	67	4	9	135	10	0
프로통산			106	67	4	9	135	10	0

김성남(金成男) 고려대 1954.07.19

대회	연도	소속	출전	교체	득점	도움	파울	경고	퇴장
BC	1983	유공	9	5	0	1	7	1	0
	1984	대우	6	6	0	0	2	0	0
	1985	대우	3	3	1	0	4	0	0
		합계	18	14	1	0	13	1	0
프로통산			18	14	1	0	13	1	0

김성동(金成桐) 호원대 2002.02.23

대회	연도	소속	출전	교체	실점	도움	파울	경고	퇴장
K2	2023	안양	3	0	6	0	0	0	0
		합계	3	0	6	0	0	0	0
프로통산			3	0	6	0	0	0	0

김성민(金聖旻) 용인대 2000.07.03

대회	연도	소속	출전	교체	득점	도움	파울	경고	퇴장
K1	2022	인천	12	9	1	0	10	1	0
		합계	12	9	1	0	10	1	0
K2	2023	김포	32	25	1	2	23	3	0
		합계	32	25	1	2	23	3	0
승	2023	김포	2	2	0	0	0	0	0
		합계	2	2	0	0	0	0	0
프로통산			46	37	2	2	33	4	0

김성민(金成民) 고려대 1985.04.19

대회	연도	소속	출전	교체	득점	도움	파울	경고	퇴장
BC	2008	울산	7	6	1	0	3	0	0
	2009	울산	2	2	0	0	1	0	0
	2011	광주	4	4	1	0	7	0	0
	2012	상주	1	1	0	0	0	0	0
		합계	14	13	2	0	11	0	0
K2	2014	충주	1	1	0	0	4	0	0
		합계	1	1	0	0	4	0	0
프로통산			15	14	2	0	15	0	0

김성민(金成珉) 고려대 1981.02.06

대회	연도	소속	출전	교체	실점	도움	파울	경고	퇴장
BC	2005	부천SK	0	0	0	0	0	0	0
	2006	광주상무	3	0	4	0	0	0	0
	2007	광주상무	2	0	5	0	0	0	0
	2008	제주	0	0	0	0	0	0	0
	2009	제주	16	0	28	0	0	1	0
		합계	21	0	37	0	0	1	0
프로통산			21	0	37	0	0	1	0

김성민(金聖民) 호남대 1987.05.11

대회	연도	소속	출전	교체	득점	도움	파울	경고	퇴장
BC	2011	광주	2	1	1	0	1	0	0
		합계	2	1	1	0	1	0	0
프로통산			2	1	1	0	1	0	0

김성배(金成培) 배재대 1975.05.25

대회	연도	소속	출전	교체	득점	도움	파울	경고	퇴장
BC	1998	부산	19	7	0	0	42	6	1
	1999	부산	20	5	0	0	47	5	0
	2000	부산	7	1	0	0	8	1	0
		합계	46	13	0	0	97	12	1
프로통산			46	13	0	0	97	12	1

김성부(金成富) 진주고 1954.07.09

대회	연도	소속	출전	교체	득점	도움	파울	경고	퇴장
BC	1983	포항제철	16	0	0	0	6	0	0
	1984	포항제철	17	4	0	0	10	0	0
		합계	33	4	0	0	16	0	0
프로통산			33	4	0	0	16	0	0

김성수(金聖洙) 배재대 1992.12.26

대회	연도	소속	출전	교체	득점	도움	파울	경고	퇴장
K1	2013	대전	11	10	0	0	13	3	0
	2015	대전	4	4	0	0	2	0	0
		합계	15	14	0	0	15	3	0
K2	2014	대전	8	7	0	0	2	0	0
	2016	고양	4	4	0	0	4	1	0
	2017	대전	0	0	0	0	0	0	0
		합계	12	11	0	0	6	1	0
프로통산			27	25	0	0	21	4	0

김성수(金星洙) 연세대 1963.03.12

대회	연도	소속	출전	교체	실점	도움	파울	경고	퇴장
BC	1986	한일은행	16	1	22	0	0	1	0
		합계	16	1	22	0	0	1	0
프로통산			16	1	22	0	0	1	0

김성식(金星式) 연세대 1992.05.24

대회	연도	소속	출전	교체	득점	도움	파울	경고	퇴장
K2	2015	고양	11	6	0	0	9	2	1
		합계	11	6	0	0	9	2	1
프로통산			11	6	0	0	9	2	1

김성일(金成一) 홍익대 1975.11.02

대회	연도	소속	출전	교체	득점	도움	파울	경고	퇴장
BC	1998	대전	11	11	0	0	11	0	0
	1999	대전	6	5	0	0	5	0	0
		합계	17	16	0	0	16	0	0
프로통산			17	16	0	0	16	0	0

김성일(金成鎰) 연세대 1973.04.13

대회	연도	소속	출전	교체	득점	도움	파울	경고	퇴장
BC	1998	안양LG	27	7	0	1	70	10	0
	1999	안양LG	35	1	0	0	49	5	0
	2000	안양LG	32	1	0	1	56	1	0
	2001	안양LG	25	1	0	0	53	6	0
	2002	안양LG	24	3	0	0	41	2	0
	2003	안양LG	14	1	0	1	45	3	0
	2004	성남일화	22	12	0	1	29	4	0
	2005	성남일화	3	1	0	0	6	1	0
		합계	158	20	0	3	258	28	0
프로통산			158	20	0	3	258	28	0

김성재(金聖宰) 한양대 1976.09.17

대회	연도	소속	출전	교체	득점	도움	파울	경고	퇴장
BC	1999	안양LG	34	15	5	1	33	2	0
	2000	안양LG	34	15	3	6	44	4	0
	2001	안양LG	29	11	2	1	53	6	0
	2002	안양LG	29	11	3	0	41	2	0
	2003	안양LG	29	14	0	1	45	3	0
	2004	서울	25	16	0	0	40	3	0
	2005	서울	27	16	0	0	40	3	0
	2006	경남	23	11	0	0	35	4	0

(이름 미상, 전 페이지에서 이어짐)

대회	연도	소속	출전	교체	득점	도움	파울	경고	퇴장
	2007	전남	16	10	0	0	30	1	0
	2008	전남	25	9	0	1	28	3	0
	2009	전남	2	2	0	0	0	0	0
	합계		269	118	13	11	377	32	0
프로통산			269	118	13	11	377	32	0

김성주(金成柱) 호남대 1999.02.21

대회	연도	소속	출전	교체	득점	도움	파울	경고	퇴장
K2	2023	천안	10	6	0	0	6	1	0
	합계		10	6	0	0	6	1	0
프로통산			10	6	0	0	6	1	0

김성주(金成柱/← 김영근) 숭실대 1990.11.15

대회	연도	소속	출전	교체	득점	도움	파울	경고	퇴장
K1	2016	상주	11	6	0	1	3	0	0
	2017	상주	21	5	0	1	17	3	0
	2018	울산	2	2	0	0	1	0	0
	2018	제주	13	2	1	0	13	1	0
	2019	제주	19	13	0	1	10	1	0
	2020	인천	14	3	0	0	8	0	0
	2021	포항	3	3	0	0	3	0	0
	합계		83	34	1	3	55	6	0
K2	2015	서울E	37	14	5	6	30	4	0
	2017	서울E	5	5	0	0	4	1	0
	2023	충남아산	16	8	0	1	12	3	1
	합계		58	27	5	7	46	8	1
프로통산			141	61	6	10	101	14	1

김성주(金晟珠) 광양제철고 1998.08.23

대회	연도	소속	출전	교체	득점	도움	파울	경고	퇴장
K1	2017	전남	2	3	0	0	0	0	0
	합계		2	3	0	0	0	0	0
K2	2018	대전	6	6	0	0	7	1	0
	합계		6	6	0	0	7	1	0
프로통산			8	9	0	0	7	1	0

김성준(金聖埈) 홍익대 1988.04.08

대회	연도	소속	출전	교체	득점	도움	파울	경고	퇴장
BC	2009	대전	15	7	1	1	34	3	0
	2010	대전	26	14	1	1	52	6	0
	2011	대전	30	3	2	5	46	4	0
	2012	성남일화	37	4	3	5	49	6	0
	합계		108	31	7	12	181	19	0
K1	2013	성남일화	26	15	4	3	37	7	0
	2014	성남	5	5	0	0	3	0	0
	2015	성남	31	15	3	2	35	3	0
	2016	상주	36	14	3	0	33	3	0
	2017	상주	19	7	1	0	28	5	0
	2018	서울	11	5	1	0	15	0	0
	2019	울산	5	3	0	0	4	0	0
	2020	울산	3	3	0	0	4	0	0
	2021	울산	14	13	0	1	3	1	0
	2022	울산	3	3	0	0	0	0	0
	합계		153	82	12	7	170	19	0
프로통산			261	113	19	19	351	38	1

김성진(金成珍) 명지대 1990.07.02

대회	연도	소속	출전	교체	득점	도움	파울	경고	퇴장
K2	2013	광주	2	2	0	0	0	0	0
	합계		2	2	0	0	0	0	0
프로통산			2	2	0	0	0	0	0

김성진(金成陳) 중동고 1975.05.06

대회	연도	소속	출전	교체	득점	도움	파울	경고	퇴장
BC	1993	LG	1	1	0	0	1	0	0
	합계		1	1	0	0	1	0	0
프로통산			1	1	0	0	1	0	0

김성철(金成喆) 숭실대 1980.05.12

대회	연도	소속	출전	교체	득점	도움	파울	경고	퇴장
BC	2003	부천SK	15	2	0	0	23	5	0
	2004	부천SK	15	3	0	0	36	4	0
	합계		30	5	0	0	59	9	0
프로통산			30	5	0	0	59	9	0

김성현(金成炫) 진주고 1993.06.25

대회	연도	소속	출전	교체	득점	도움	파울	경고	퇴장
BC	2012	경남	5	2	0	0	9	1	0
	합계		5	2	0	0	9	1	0
K1	2013	경남	11	7	0	0	17	3	0
	합계		11	7	0	0	17	3	0
K2	2014	충주	3	1	0	0	2	0	0
	2014	안산경찰	4	1	0	0	3	1	0
	2015	안산경찰	2	2	0	0	0	0	0
	2016	안산무궁	6	3	0	0	10	3	0
	2016	경남	6	0	0	0	10	3	0
	합계		21	7	0	0	25	7	0
프로통산			37	16	0	0	51	11	0

김성현(金星賢) 남부대 1990.07.01

대회	연도	소속	출전	교체	득점	도움	파울	경고	퇴장
K1	2015	광주	4	4	0	0	3	0	0
	합계		4	4	0	0	3	0	0
프로통산			4	4	0	0	3	0	0

김성호(金聖昊) 국민대 1970.05.16

대회	연도	소속	출전	교체	득점	도움	파울	경고	퇴장
BC	1994	버팔로	33	11	5	5	42	1	0
	1995	전북	19	14	1	1	28	0	0
	합계		52	25	6	6	70	1	0
프로통산			52	25	6	6	70	1	0

김성환(金城煥) 동아대 1986.12.15

대회	연도	소속	출전	교체	득점	도움	파울	경고	퇴장
BC	2009	성남일화	33	6	4	3	56	8	0
	2010	성남일화	32	1	0	4	46	7	0
	2011	성남일화	34	3	1	2	69	5	0
	2012	성남일화	23	2	1	2	42	7	0
	합계		122	12	6	8	213	27	0
K1	2013	울산	34	7	2	2	56	9	0
	2014	울산	28	6	1	1	42	12	0
	2016	상주	28	3	7	1	26	3	0
	2016	울산	1	2	0	0	11	3	0
	2017	울산	19	12	1	0	28	5	0
	합계		110	30	11	4	163	32	0
K2	2015	상주	28	12	9	2	46	9	0
	합계		28	12	9	2	46	9	0
프로통산			260	54	28	12	422	68	0

김성훈(金盛勳) 경희대 1991.05.24

대회	연도	소속	출전	교체	득점	도움	파울	경고	퇴장
K2	2015	고양	1	1	0	0	0	0	0
	합계		1	1	0	0	0	0	0
프로통산			1	1	0	0	0	0	0

김성훈(金成勳) 매탄고 1999.06.03

대회	연도	소속	출전	교체	득점	도움	파울	경고	퇴장
K2	2018	대전	0	0	0	0	0	0	0
	합계		0	0	0	0	0	0	0
프로통산			0	0	0	0	0	0	0

김세윤(金歲尹) 충남기계공고 1999.04.29

대회	연도	소속	출전	교체	득점	도움	파울	경고	퇴장
K2	2018	대전	1	1	0	0	1	0	0
	2019	대전	9	8	0	0	6	2	0
	2020	대전	8	8	0	0	8	2	0
	2021	대전	1	1	0	0	0	0	0
	2022	경남	7	7	0	0	9	0	0
	2023	천안	5	5	0	2	4	0	0
	합계		31	30	0	2	28	4	0
프로통산			31	30	0	2	28	4	0

김세인(金世仁) 영남대 1976.10.02

대회	연도	소속	출전	교체	득점	도움	파울	경고	퇴장
BC	1999	포항	30	21	4	4	24	1	0
	합계		30	21	4	4	24	1	0
프로통산			30	21	4	4	24	1	0

김세일(金世一) 동국대 1958.07.25

대회	연도	소속	출전	교체	득점	도움	파울	경고	퇴장
BC	1984	한일은행	19	8	2	1	10	1	0
	합계		19	8	2	1	10	1	0
프로통산			19	8	2	1	10	1	0

김세준(金世埈) 청구고 1992.04.11

대회	연도	소속	출전	교체	**실점**	도움	파울	경고	퇴장
BC	2012	경남	0	0	0	0	0	0	0
	합계		0	0	0	0	0	0	0
프로통산			0	0	0	0	0	0	0

김세훈(金勢勳) 대건고 2004.01.20

대회	연도	소속	출전	교체	득점	도움	파울	경고	퇴장
K1	2023	인천	1	1	0	0	0	0	0
	합계		1	1	0	0	0	0	0
프로통산			1	1	0	0	0	0	0

김세훈(金世勳) 중앙대 1991.12.27

대회	연도	소속	출전	교체	득점	도움	파울	경고	퇴장
K1	2016	인천	1	1	0	0	1	0	0
	합계		1	1	0	0	1	0	0
프로통산			1	1	0	0	1	0	0

김소웅(金邵雄) 풍생고 1999.06.17

대회	연도	소속	출전	교체	득점	도움	파울	경고	퇴장
K1	2019	성남	5	5	1	0	3	0	0
	합계		5	5	1	0	3	0	0
K2	2018	성남	4	4	0	0	1	0	0
	2021	경남	3	3	0	0	2	1	0
	합계		7	7	0	0	3	1	0
프로통산			12	12	1	0	6	1	0

김수길(金秀吉) 명지대 1959.03.06

대회	연도	소속	출전	교체	득점	도움	파울	경고	퇴장
BC	1983	국민은행	14	4	3	0	14	0	0
	1984	국민은행	5	1	0	1	5	0	0
	1985	럭키금성	2	2	0	0	0	0	0
	합계		21	7	3	1	19	0	0
프로통산			21	7	3	1	19	0	0

김수범(金洙範) 상지대 1990.10.02

대회	연도	소속	출전	교체	득점	도움	파울	경고	퇴장
BC	2011	광주	23	6	0	3	44	7	0
	2012	광주	38	2	0	4	80	11	0
	합계		61	8	0	7	124	18	0
K1	2014	제주	31	8	1	1	46	10	0
	2015	제주	17	4	0	2	19	4	0
	2016	제주	3	1	0	0	5	0	0
	2017	제주	14	6	0	1	9	2	0
	2018	제주	16	1	0	0	16	2	0
	2020	강원	3	0	1	0	2	0	0
	2021	강원	19	1	0	1	17	1	0
	2021	수원FC	9	5	0	0	8	0	0
	합계		100	27	2	3	125	19	0
K2	2013	광주	31	2	0	2	47	2	0
	2022	김포	21	3	0	0	25	3	0
	2022	전남	16	1	0	1	18	1	0
	2023	전남	25	6	0	1	17	3	1
	합계		83	17	2	4	90	10	1
프로통산			244	52	4	14	339	47	1

김수안(金秀岸/← 김용진) 건국대 1993.06.10

대회	연도	소속	출전	교체	득점	도움	파울	경고	퇴장
K1	2017	울산	12	12	0	0	11	2	0
	2018	울산	1	1	0	0	0	0	0
	2019	울산	9	2	1	0	13	0	0
	합계		22	15	1	0	24	5	0
K2	2015	강원	14	7	0	2	12	0	0
	2016	충주	17	13	0	0	17	6	0
	2020	서울E	2	3	0	0	2	0	0
	2023	서울E	13	11	0	1	8	1	0
	합계		46	34	0	3	39	7	0
프로통산			68	49	1	3	63	12	0

김수연(金水連) 동국대 1983.04.17

대회	연도	소속	출전	교체	득점	도움	파울	경고	퇴장
BC	2006	포항	4	1	0	0	8	1	0
	2007	포항	13	2	0	0	45	6	1
	2008	포항	2	1	0	0	3	0	0
	2009	광주상무	4	3	0	0	10	1	0
	2010	광주상무	3	1	1	0	6	1	0
	합계		26	8	3	0	72	9	1
프로통산			26	8	3	0	72	9	1

김수진(金壽珍) 대구대 1977.06.13

대회	연도	소속	출전	교체	실점	도움	파울	경고	퇴장
BC	2000	포항	0	0	0	0	0	0	0
	합계		0	0	0	0	0	0	0
프로통산			0	0	0	0	0	0	0

김수현(金樹炫) 고려대 1967.07.28

대회	연도	소속	출전	교체	득점	도움	파울	경고	퇴장
BC	1990	현대	1	1	0	0	1	0	0
	합계		1	1	0	0	1	0	0
프로통산			1	1	0	0	1	0	0

김수형(金洙亨) 부경대 1983.03.26

대회	연도	소속	출전	교체	득점	도움	파울	경고	퇴장
BC	2003	부산	4	4	0	1	4	0	0
	2004	부산	4	4	0	0	0	0	0
	2006	광주상무	13	7	0	0	22	1	0
	합계		21	15	0	1	25	2	0
프로통산			21	15	0	1	25	2	0

김순호(金淳鎬) 경신고 1982.01.08

대회	연도	소속	출전	교체	득점	도움	파울	경고	퇴장
BC	2004	성남일화	1	1	0	0	0	0	0
	합계		1	1	0	0	0	0	0
프로통산			1	1	0	0	0	0	0

김슬기(金슬기) 전주대 1992.11.06

대회	연도	소속	출전	교체	득점	도움	파울	경고	퇴장
K1	2014	경남	20	18	0	1	8	1	0
	합계		20	18	0	1	8	1	0
K2	2015	경남	15	11	0	1	10	0	0
	2016	경남	16	15	1	0	9	0	0
	합계		31	25	1	1	19	0	0
승	2014	경남	0	0	0	0	0	0	0
	합계		0	0	0	0	0	0	0
프로통산			51	43	1	2	27	1	0

김승규(金承奎) 현대고 1990.09.30

대회	연도	소속	출전	교체	실점	도움	파울	경고	퇴장
BC	2008	울산	0	0	0	0	0	0	0
	2009	울산	0	0	0	0	0	0	0
	2010	울산	7	1	7	0	0	1	0
	2011	울산	0	0	0	0	0	0	0
	2012	울산	12	0	20	0	0	0	0
	합계		23	4	27	0	0	1	0
K1	2013	울산	32	0	27	0	1	2	0
	2014	울산	29	0	28	0	1	3	0
	2015	울산	34	1	42	0	0	3	0
	2019	울산	16	0	21	1	0	2	0
	합계		111	1	118	1	2	10	0
프로통산			134	5	145	1	2	11	0

김승대(金承大) 영남대 1991.04.01

대회	연도	소속	출전	교체	득점	도움	파울	경고	퇴장
K1	2013	포항	21	12	3	6	27	1	0
	2014	포항	30	6	10	8	34	4	0
	2015	포항	34	9	8	4	17	1	0
	2017	포항	11	5	4	3	9	0	0
	2018	포항	38	0	8	5	19	0	0
	2019	전북	11	9	1	1	7	0	0
	2020	강원	22	9	2	4	6	0	0
	2021	전북	20	20	1	0	13	1	0
	2022	전북	1	2	0	0	0	0	0
	2022	포항	27	24	6	1	22	1	0
	2023	포항	35	19	3	7	13	2	0
	합계		270	115	46	47	165	11	1
프로통산			270	115	46	47	165	11	1

김승명(金承明) 전주대 1987.09.01

대회	연도	소속	출전	교체	득점	도움	파울	경고	퇴장
BC	2010	강원	3	2	0	0	2	0	0
	합계		3	2	0	0	2	0	0
프로통산			3	2	0	0	2	0	0

김승민(金承敏) 매탄고 1992.09.16

대회	연도	소속	출전	교체	득점	도움	파울	경고	퇴장
BC	2011	수원	0	0	0	0	0	0	0
	합계		0	0	0	0	0	0	0
프로통산			0	0	0	0	0	0	0

김승섭(金承燮) 경희대 1996.11.01

대회	연도	소속	출전	교체	득점	도움	파울	경고	퇴장
K1	2023	제주	29	28	2	1	9	3	0
	합계		29	28	2	1	9	3	0
K2	2018	대전	21	20	1	3	13	0	0
	2019	대전	31	19	3	4	15	2	0
	2020	대전	15	11	2	0	6	0	0
	2021	대전	21	17	1	5	9	1	0
	2022	대전	31	30	5	3	6	1	0
	합계		119	97	13	15	41	4	0
승	2021	대전	2	1	1	0	0	0	0
	2022	대전	1	1	0	0	0	0	0
	합계		3	2	1	0	0	0	0
프로통산			151	127	16	16	50	7	0

김승안(金承安) 한양대 1972.09.24

대회	연도	소속	출전	교체	실점	도움	파울	경고	퇴장
BC	1994	포항제철	1	0	0	0	0	0	0
	1995	포항	1	0	0	0	0	0	0
	1997	대전	2	0	4	0	0	0	0
	합계		4	0	4	0	0	0	0
프로통산			4	0	4	0	0	0	0

김승용(金承龍) 방송대 1985.03.14

대회	연도	소속	출전	교체	득점	도움	파울	경고	퇴장
BC	2004	서울	14	8	0	2	23	0	0
	2005	서울	20	11	1	2	30	1	0
	2006	서울	13	12	1	2	16	0	0
	2007	광주상무	23	11	0	2	25	1	0
	2008	광주상무	19	16	3	2	28	1	0
	2008	서울	1	1	1	2	1	0	0
	2009	서울	27	22	4	4	25	4	1
	2010	전북	14	11	0	0	9	1	0
	2012	울산	16	16	1	1	13	1	0
	합계		156	112	11	21	205	14	1
K1	2013	울산	27	27	2	3	15	2	0
	2017	강원	34	29	3	6	44	3	0
	2018	강원	15	13	1	2	9	0	0
	2019	인천	2	2	0	0	0	0	0
	합계		78	71	6	11	37	5	0
프로통산			234	183	17	32	242	19	1

김승우(金承優) 연세대 1998.03.25

대회	연도	소속	출전	교체	득점	도움	파울	경고	퇴장
K1	2019	제주	8	6	0	0	1	0	0
	2023	광주	5	3	0	0	2	0	0
	합계		13	9	0	0	3	0	0
K2	2020	제주	1	1	0	0	0	0	0
	2021	부산	19	11	0	0	14	6	0
	2022	광주	5	3	0	0	3	0	0
	합계		25	15	0	1	17	6	0
프로통산			38	24	0	1	3	7	0

김승준(金承俊) 숭실대 1994.09.11

대회	연도	소속	출전	교체	득점	도움	파울	경고	퇴장
K1	2015	울산	11	8	4	0	5	0	0
	2016	울산	30	23	8	2	15	1	0
	2017	울산	30	17	3	1	15	2	0
	2018	울산	19	17	2	3	10	0	1
	2019	경남	29	12	6	4	17	3	0
	2020	부산	11	11	0	0	12	0	0
	2021	수원FC	22	22	1	1	14	1	0
	2022	수원FC	32	32	5	2	10	0	1
	합계		184	142	29	13	98	7	2
K2	2020	경남	1	0	0	0	0	0	0
	합계		1	0	0	0	0	0	0
승	2019	경남	1	1	0	0	1	0	0
	합계		1	1	0	0	1	0	0
프로통산			186	144	29	13	99	7	2

김승한(金昇漢) 울산대 1974.05.11

대회	연도	소속	출전	교체	득점	도움	파울	경고	퇴장
BC	1997	대전	22	20	2	1	20	2	0
	1998	대전	24	22	1	2	18	1	0
	1999	대전	13	14	1	0	11	1	0
	합계		59	56	4	3	49	4	0
프로통산			59	56	4	3	49	4	0

김승현(金承鉉) 호남대 1979.08.18

대회	연도	소속	출전	교체	득점	도움	파울	경고	퇴장
BC	2002	전남	16	8	3	0	11	3	0
	2003	전남	9	8	0	2	18	1	0
	2004	전남	13	10	3	0	21	1	0
	2005	광주상무	13	10	3	0	11	0	0
	2006	전남	8	7	0	0	8	0	1
	2007	전남	4	4	2	2	5	1	0
	2008	부산	25	16	2	2	35	1	0
	2009	전남	24	9	4	3	34	5	0
	2010	전남	9	6	0	0	9	1	0
	합계		121	78	17	9	152	13	1
프로통산			121	78	17	9	152	13	1

김승호(金昇浩) 서정대 1998.10.01

대회	연도	소속	출전	교체	득점	도움	파울	경고	퇴장
K2	2023	충남아산	24	21	3	1	5	2	0
	합계		24	21	3	1	5	2	0
프로통산			24	21	3	1	5	2	0

김승호(金承鎬) 명지대 1978.05.19

대회	연도	소속	출전	교체	득점	도움	파울	경고	퇴장
BC	2001	안양LG	2	2	0	0	1	0	0
	합계		2	2	0	0	1	0	0
프로통산			2	2	0	0	1	0	0

김승호(金承湖) 예원예술대 1989.04.24

대회	연도	소속	출전	교체	득점	도움	파울	경고	퇴장
BC	2011	인천	2	2	0	0	0	0	0
	합계		2	2	0	0	0	0	0
프로통산			2	2	0	0	0	0	0

김시만(金時萬) 홍익대 1975.03.03

대회	연도	소속	출전	교체	득점	도움	파울	경고	퇴장
BC	1998	전남	3	4	0	0	3	0	0
	합계		3	4	0	0	3	0	0
프로통산			3	4	0	0	3	0	0

김시우(金始佑) 안동고 1997.06.26

대회	연도	소속	출전	교체	득점	도움	파울	경고	퇴장
K1	2017	광주	2	2	0	0	0	0	0
	합계		2	2	0	0	0	0	0
K2	2018	광주	1	1	0	0	1	0	0
	합계		1	1	0	0	1	0	0
프로통산			3	3	0	0	1	0	0

김시운(金是檻) 홍익대 1984.01.29

대회	연도	소속	출전	교체	득점	도움	파울	경고	퇴장
BC	2006	포항	22	18	0	1	31	2	0
	2007	포항	13	9	0	1	24	1	0
	2008	포항	2	2	0	0	1	0	0
	합계		37	29	0	2	56	3	0
프로통산			37	29	0	2	56	3	0

김시훈(←김교빈) 광운대 1987.12.29

대회	연도	소속	출전	교체	실점	도움	파울	경고	퇴장
BC	2011	전남	0	0	0	0	0	0	0
	2012	대구	3	1	2	0	0	0	0
	합계		3	1	2	0	0	0	0
K1	2014	경남	0	0	0	0	0	0	0
	2016	인천	1	0	3	0	0	0	0
	2016	전남	1	0	3	0	0	0	0
	2017	포항	0	0	0	0	0	0	0
	합계		2	0	6	0	0	0	0
K2	2015	경남	1	0	1	0	0	0	0
	합계		1	0	1	0	0	0	0
프로통산			6	1	8	0	0	0	0

김신 (金信) 영생고 1995.03.30

대회	연도	소속	출전	교체	득점	도움	파울	경고	퇴장
K1	2014	전북	1	1	0	0	6	1	0
	2018	경남	9	9	0	1	8	0	0
	합계		10	10	0	1	14	1	0
K2	2016	충주	35	22	13	6	23	2	0
	2017	부천	29	20	4	6	19	3	0
	합계		64	42	17	12	42	5	0
프로통산			74	52	17	13	51	5	0

김신영 (金信泳) 한양대 1983.06.16

대회	연도	소속	출전	교체	득점	도움	파울	경고	퇴장
BC	2012	전남	11	7	1	2	9	0	0
	2012	전북	11	11	0	0	9	1	0
	합계		22	18	1	2	18	1	0
K1	2013	전북	17	16	1	0	18	3	0
	2014	부산	8	7	0	0	4	1	0
	합계		25	23	1	0	22	4	0
프로통산			47	41	2	2	40	5	0

김신영 (金信榮) 관동대(가톨릭관동대) 1958.07.29

대회	연도	소속	출전	교체	득점	도움	파울	경고	퇴장
BC	1986	유공	16	9	0	2	8	1	0
	합계		16	9	0	2	8	1	0
프로통산			16	9	0	2	8	1	0

김신욱 (金信煜) 중앙대 1988.04.14

대회	연도	소속	출전	교체	득점	도움	파울	경고	퇴장
BC	2009	울산	27	12	7	1	58	5	0
	2010	울산	33	21	10	3	36	1	0
	2011	울산	43	22	19	4	80	1	0
	2012	울산	35	13	13	2	89	5	0
	합계		138	68	49	10	263	12	0
K1	2013	울산	36	2	19	6	86	6	0
	2014	울산	20	4	9	2	37	1	0
	2015	울산	38	14	18	4	41	2	0
	2016	전북	32	20	7	3	42	4	0
	2017	전북	35	26	10	1	43	3	0
	2018	전북	33	23	11	4	39	2	0
	2019	전북	17	12	5	1	15	4	0
	합계		212	109	83	21	286	19	0
프로통산			350	177	132	31	549	31	0

김신진 (金信珍) 선문대 2001.07.13

대회	연도	소속	출전	교체	득점	도움	파울	경고	퇴장
K1	2022	서울	20	16	3	0	11	2	1
	2023	서울	27	23	5	1	24	5	0
	합계		47	39	8	1	35	7	1
프로통산			47	39	8	1	35	7	1

김신철 (金伸哲) 연세대 1990.11.29

대회	연도	소속	출전	교체	득점	도움	파울	경고	퇴장
K2	2013	부천	25	24	2	2	34	3	0
	2014	안산경찰	11	8	0	2	11	0	0
	2015	안산경찰	2	2	0	0	2	0	0
	2015	부천	3	3	0	0	2	0	0
	2016	부천	3	3	0	0	0	0	0
	2017	안양	8	8	1	0	7	0	0
	2018	안양	20	20	1	0	19	2	0
	2019	안양	3	3	0	0	1	0	0

| | 합계 | | 69 | 65 | 6 | 4 | 58 | 7 | 0 |
| 프로통산 | | | 69 | 65 | 6 | 4 | 58 | 7 | 0 |

김연건 (金衍健) 단국대 1981.03.12

대회	연도	소속	출전	교체	득점	도움	파울	경고	퇴장
BC	2002	전북	14	14	0	0	28	1	0
	2003	전북	2	2	0	0	3	0	0
	2004	전북	16	15	0	0	28	2	0
	2005	전북	6	6	0	0	22	0	0
	2008	성남일화	5	5	0	0	5	1	0
	합계		43	42	0	0	86	6	0
프로통산			43	42	0	0	86	6	0

김연수 (金延洙) 한라대 1993.12.29

대회	연도	소속	출전	교체	득점	도움	파울	경고	퇴장
K1	2020	인천	16	2	0	0	17	2	0
	2021	인천	6	2	0	0	6	1	0
	2023	인천	22	5	0	0	19	3	0
	합계		44	10	0	0	42	7	0
K2	2017	서울E	9	4	0	0	10	1	0
	2018	안산	18	7	0	0	25	0	0
	2019	안산	32	0	1	1	33	4	0
	2022	서울E	37	2	0	0	51	7	0
	합계		96	13	1	1	119	12	0
프로통산			140	23	1	1	161	19	0

김연수 (金演收) 충남기계공고 1995.01.16

대회	연도	소속	출전	교체	득점	도움	파울	경고	퇴장
K2	2014	대전	0	0	0	0	0	0	0
	합계		0	0	0	0	0	0	0
프로통산			0	0	0	0	0	0	0

김연왕 (金淵王) 정명고 1993.10.19

대회	연도	소속	출전	교체	득점	도움	파울	경고	퇴장
K1	2019	성남	1	1	0	0	0	0	0
	합계		1	1	0	0	0	0	0
K2	2020	안산	4	4	0	0	7	0	0
	합계		4	4	0	0	7	0	0
프로통산			5	5	0	0	7	0	0

김영광 (金永光) 한려대 1983.06.28

대회	연도	소속	출전	교체	실점	도움	파울	경고	퇴장
BC	2002	전남	0	0	0	0	0	0	0
	2003	전남	11	0	15	0	1	0	0
	2005	전남	22	0	19	0	0	0	0
	2006	전남	13	0	16	0	1	1	0
	2007	울산	36	0	26	0	1	4	1
	2008	울산	33	2	33	0	2	1	0
	2009	울산	32	0	33	0	1	1	0
	2010	울산	28	1	35	0	2	2	0
	2011	울산	34	1	36	0	4	3	0
	2012	울산	32	0	32	0	0	1	0
	합계		273	4	279	1	10	24	1
K1	2013	울산	6	0	10	0	0	0	0
	2014	경남	32	0	43	0	0	2	0
	2020	성남	13	0	23	0	0	0	0
	2021	성남	22	0	35	0	0	0	0
	2022	성남	32	0	58	0	0	4	0
	합계		131	0	190	0	0	6	0
K2	2015	서울E	38	0	42	0	0	1	0
	2016	서울E	36	0	42	0	0	1	0
	2017	서울E	36	0	36	0	0	0	0
	2018	서울E	36	0	43	0	0	1	0
	2019	서울E	34	1	34	0	0	1	0
	2023	성남	17	1	24	0	0	0	0
	합계		200	2	279	2	4	10	1
승	2014	경남	1	0	1	0	0	0	0
	합계		1	0	1	0	0	0	0
프로통산			605	6	748	3	14	43	2

김영권 (金英權) 전주대 1990.02.27

대회	연도	소속	출전	교체	득점	도움	파울	경고	퇴장
K1	2022	울산	36	3	0	0	17	1	1
	2023	울산	32	3	1	0	26	7	0
	합계		68	6	1	0	43	8	1
프로통산			68	6	1	0	43	8	1

김영규 (金泳奎) 국민대 1962.03.01

대회	연도	소속	출전	교체	득점	도움	파울	경고	퇴장
BC	1985	유공	8	2	0	0	7	0	0
	1986	유공	23	11	2	2	24	1	0
	1987	유공	27	14	0	2	29	1	0
	합계		58	27	2	4	60	2	0
프로통산			58	27	2	4	60	2	0

김영근 (金榮根) 경희대 1978.10.12

대회	연도	소속	출전	교체	득점	도움	파울	경고	퇴장
BC	2001	대전	32	5	1	0	54	6	0
	2002	대전	23	5	1	1	45	4	0
	2003	대전	26	9	1	1	51	4	1
	2004	대전	19	2	0	0	25	0	0
	2005	대전	10	3	0	0	29	2	0
	2006	광주상무	23	3	0	0	37	1	0
	2007	광주상무	10	6	0	0	37	1	0
	2008	경남	1	1	0	0	0	0	0
	합계		163	39	4	2	269	18	1
프로통산			163	39	4	2	269	18	1

김영기 (金永奇) 안동대 1973.12.25

대회	연도	소속	출전	교체	득점	도움	파울	경고	퇴장
BC	1998	수원	2	1	0	0	4	1	0
	합계		2	1	0	0	4	1	0
프로통산			2	1	0	0	4	1	0

김영남 (金榮男) 중앙대 1991.03.24

대회	연도	소속	출전	교체	득점	도움	파울	경고	퇴장
K1	2013	성남일화	3	2	0	0	4	0	0
	2014	성남	4	2	0	0	4	2	0
	합계		7	4	0	0	8	2	0
K2	2015	부천	29	13	4	3	29	7	0
	2016	부천	37	11	1	1	55	10	0
	2017	부천	14	7	1	3	13	0	0
	2017	아산	3	2	0	0	5	1	0
	2018	아산	3	2	0	0	5	1	0
	2019	부천	6	2	0	0	4	0	0
	2020	부천	23	7	1	0	28	6	0
	2022	안산	26	15	0	0	23	0	0
	2023	안산	11	1	1	1	3	0	0
	합계		152	60	7	8	169	32	0
프로통산			159	64	7	8	177	34	0

김영남 (金榮男) 초당대 1986.04.02

대회	연도	소속	출전	교체	득점	도움	파울	경고	퇴장
K2	2013	안양	6	5	0	1	7	1	0
	합계		6	5	0	1	7	1	0
프로통산			6	5	0	1	7	1	0

김영도 (金榮道) 안동과학대 1994.04.04

대회	연도	소속	출전	교체	득점	도움	파울	경고	퇴장
K2	2016	안양	17	16	3	0	22	2	0
	2018	안양	14	9	1	1	21	2	0
	합계		31	25	3	1	41	4	0
프로통산			31	25	3	1	41	4	0

김영무 (金英務) 숭실대 1984.03.19

대회	연도	소속	출전	교체	실점	도움	파울	경고	퇴장
BC	2007	대구	3	0	11	0	0	0	0
	2008	대구	0	0	0	0	0	0	0
	합계		3	0	11	0	0	0	0
프로통산			3	0	11	0	0	0	0

김영빈 (金榮彬) 고려대 1984.04.08

대회	연도	소속	출전	교체	득점	도움	파울	경고	퇴장
BC	2007	인천	8	3	0	0	18	1	0
	2008	인천	28	7	0	0	53	4	0
	2009	인천	27	16	0	0	34	4	0
	2010	인천	12	4	1	0	25	2	0

(이전 선수 계속)

대회	연도	소속	출전	교체	득점	도움	파울	경고	퇴장
	2011	인천	2	1	0	0	2	0	0
	2011	대전	9	4	0	0	11	1	0
	합계		84	34	4	0	140	12	0
K1	2014	경남	6	0	0	0	8	0	0
	합계		6	0	0	0	8	0	0
승	2014	경남	1	1	0	0	0	0	0
프로통산			91	35	4	0	148	12	0

김영빈 (金榮彬) 광주대 1991.09.20

대회	연도	소속	출전	교체	득점	도움	파울	경고	퇴장
K1	2015	광주	28	3	2	0	23	6	0
	2016	광주	27	4	0	0	30	10	0
	2017	광주	23	7	2	0	20	6	0
	2018	상주	18	3	0	0	20	3	0
	2019	상주	23	3	1	1	23	4	1
	2020	강원	26	4	0	0	32	6	0
	2021	강원	33	1	3	1	40	12	0
	2022	강원	36	0	4	0	31	6	0
	2023	강원	38	5	1	1	30	5	0
	합계		252	24	13	3	249	58	1
K2	2014	광주	26	2	1	1	39	6	0
	2019	광주	3	1	1	0	0	0	0
	합계		29	3	1	1	39	6	0
승	2014	광주	2	0	0	0	1	0	0
	2021	강원	2	0	0	0	1	0	0
	2023	강원	2	0	0	0	0	0	0
	합계		6	0	0	0	3	0	0
프로통산			287	27	14	4	291	64	1

김영삼 (金英三) 고려대 1982.04.04

대회	연도	소속	출전	교체	득점	도움	파울	경고	퇴장
BC	2005	울산	16	12	2	0	18	1	0
	2006	울산	29	8	0	0	53	5	0
	2007	울산	33	15	1	2	63	6	0
	2008	울산	34	1	0	1	35	4	0
	2009	울산	1	1	0	0	1	0	0
	2010	광주상무	19	1	0	0	14	3	0
	2011	상주	16	2	0	0	23	3	0
	2011	울산	3	0	0	0	3	2	0
	2012	울산	28	9	2	0	29	4	0
	합계		179	49	3	5	239	28	0
K1	2013	울산	26	3	1	1	45	5	0
	2014	울산	24	2	0	0	31	6	0
	2015	울산	5	4	0	0	5	1	0
	2016	울산	1	1	0	0	0	0	0
	합계		56	10	1	1	81	12	0
프로통산			235	59	4	6	320	40	0

김영삼 (金泳三) 연세대 1980.03.12

대회	연도	소속	출전	교체	득점	도움	파울	경고	퇴장
BC	2003	전북	1	1	0	0	2	0	0
	2004	전북	1	1	0	0	0	0	0
	합계		2	2	0	0	2	0	0
프로통산			2	2	0	0	2	0	0

김영선 (金永善) 경희대 1975.04.03

대회	연도	소속	출전	교체	득점	도움	파울	경고	퇴장
BC	1998	수원	33	0	0	0	68	5	0
	1999	수원	24	4	0	0	55	4	0
	2000	수원	7	2	0	0	14	3	0
	2001	수원	21	6	0	0	17	2	0
	2002	수원	20	0	0	0	33	3	0
	2003	수원	29	1	0	2	35	2	1
	2005	수원	0	0	0	0	0	0	0
	2006	전북	19	0	0	0	24	1	0
	2007	전북	22	0	0	0	30	5	0
	합계		185	13	0	2	276	25	1
프로통산			185	13	0	2	276	25	1

김영섭 (金永燮) 숭실대 1970.08.13

대회	연도	소속	출전	교체	득점	도움	파울	경고	퇴장
BC	1993	대우	1	1	0	0	1	0	0
	1994	버팔로	17	3	0	0	18	3	0
	합계		18	4	0	0	19	3	0
프로통산			18	4	0	0	19	3	0

김영승 (金泳勝) 호원대 1993.02.22

대회	연도	소속	출전	교체	득점	도움	파울	경고	퇴장
K1	2015	대전	1	1	0	0	0	0	0
	합계		1	1	0	0	0	0	0
K2	2014	대전	5	4	1	0	0	0	0
	합계		5	4	1	0	0	0	0
프로통산			6	5	1	0	0	0	0

김영신 (金映伸) 연세대 1986.02.28

대회	연도	소속	출전	교체	득점	도움	파울	경고	퇴장
BC	2006	전북	8	8	0	0	15	1	0
	2007	전북	6	4	0	0	2	0	0
	2008	제주	5	4	1	0	9	0	0
	2009	제주	24	18	1	0	25	5	0
	2010	제주	33	22	2	4	29	2	0
	2011	제주	23	13	1	0	17	3	0
	2012	상주	20	1	0	1	21	2	0
	합계		123	74	5	5	125	15	0
K1	2014	제주	6	6	0	0	0	0	0
	2015	제주	14	11	1	0	8	1	0
	2018	강원	9	3	0	1	10	1	0
	합계		29	20	1	1	18	2	0
K2	2013	상주	12	4	1	0	15	1	0
	2016	부산	20	17	0	3	10	3	0
	2017	성남	13	11	0	0	5	0	0
	합계		45	32	1	3	30	4	0
프로통산			197	126	7	9	173	21	0

김영우 (金永佑) 경기대 1984.06.15

대회	연도	소속	출전	교체	득점	도움	파울	경고	퇴장
BC	2007	경남	6	3	0	0	10	1	0
	2008	경남	26	24	3	1	14	3	0
	2009	경남	24	13	1	0	34	5	0
	2010	경남	28	12	2	2	40	6	0
	2011	경남	16	8	3	1	15	1	0
	2011	전북	7	0	0	7	0	0	0
	합계		107	60	9	11	113	16	0
K1	2013	전북	16	14	0	1	14	3	0
	2014	전남	6	5	0	0	7	1	0
	합계		22	19	0	1	21	3	0
K2	2013	경찰	2	2	0	0	2	0	0
	합계		2	2	0	0	2	0	0
프로통산			131	78	9	11	136	19	0

김영욱 (金泳旭) 광양제철고 1991.04.29

대회	연도	소속	출전	교체	득점	도움	파울	경고	퇴장
BC	2010	전남	4	4	0	0	5	0	0
	2011	전남	23	18	1	0	24	2	0
	2012	전남	35	10	3	5	65	5	0
	합계		62	32	4	5	94	7	0
K1	2013	전남	14	11	0	0	14	0	0
	2014	전남	11	10	0	0	12	1	0
	2015	전남	27	19	2	2	24	2	0
	2017	전남	33	9	2	0	60	8	0
	2018	전남	30	7	4	8	41	5	0
	2021	제주	25	21	0	3	37	4	0
	2023	대전	22	21	0	0	18	4	0
	합계		195	109	11	15	237	26	0
K2	2019	전남	28	14	6	3	43	7	0
	2022	대전	13	6	0	1	18	4	0
	합계		64	24	7	1	116	18	0
승	2022	대전	0	0	0	0	0	0	0
	합계		0	0	0	0	0	0	0
프로통산			321	165	22	31	447	51	0

김영욱 (金永旭) 한양대 1994.10.29

대회	연도	소속	출전	교체	득점	도움	파울	경고	퇴장
K2	2015	경남	21	12	2	0	20	1	0
	2016	경남	4	4	0	1	2	0	0
	합계		25	16	2	1	14	0	1
프로통산			25	16	2	1	14	0	1

김영욱 (金瑛昱) 천안제일고 2000.03.02

대회	연도	소속	출전	교체	득점	도움	파울	경고	퇴장
K2	2020	제주	1	0	0	0	0	1	0
	2021	전남	16	13	1	1	15	4	0
	2022	전남	2	0	0	0	1	0	0
	합계		19	13	1	1	16	5	0
프로통산			19	13	1	1	16	5	0

김영익 (金永翊) 충북대 1996.01.21

대회	연도	소속	출전	교체	실점	도움	파울	경고	퇴장
K2	2019	아산	0	0	0	0	0	0	0
	합계		0	0	0	0	0	0	0
프로통산			0	0	0	0	0	0	0

김영주 (金榮珠) 서울시립대 1964.01.01

대회	연도	소속	출전	교체	득점	도움	파울	경고	퇴장
BC	1989	일화	35	18	6	5	36	0	0
	1990	일화	24	17	3	0	23	1	0
	1991	일화	21	20	0	0	7	0	0
	합계		80	55	9	5	66	1	0
프로통산			80	55	9	5	66	1	0

김영준 (金映俊) 매탄고 2000.05.02

대회	연도	소속	출전	교체	득점	도움	파울	경고	퇴장
K1	2023	대구	9	9	0	0	6	2	0
	합계		9	9	0	0	6	2	0
프로통산			9	9	0	0	6	2	0

김영준 (金榮俊) 홍익대 1985.07.15

대회	연도	소속	출전	교체	득점	도움	파울	경고	퇴장
BC	2009	광주상무	0	0	0	0	0	0	0
	합계		0	0	0	0	0	0	0
프로통산			0	0	0	0	0	0	0

김영진 (金永眞) 전주대 1970.06.16

대회	연도	소속	출전	교체	득점	도움	파울	경고	퇴장
BC	1994	버팔로	24	10	0	1	23	4	2
	합계		24	10	0	1	23	4	2
프로통산			24	10	0	1	23	4	2

김영찬 (金榮讚) 고려대 1993.09.04

대회	연도	소속	출전	교체	득점	도움	파울	경고	퇴장
K1	2013	전북	6	1	0	0	5	0	0
	2013	대구	6	1	0	0	5	0	0
	2015	전북	7	5	0	0	0	0	0
	2016	전북	12	4	0	0	17	3	0
	2017	전북	4	0	0	0	0	0	0
	합계		24	7	0	0	17	3	0
K2	2014	수원FC	19	5	1	0	24	5	0
	2018	경남	31	1	0	1	40	6	0
	2019	수원FC	2	0	0	0	4	0	0
	2020	부천	15	3	1	0	20	4	1
	2021	경남	25	4	0	1	26	6	0
	2022	경남	34	4	1	0	26	5	0
	2023	경남	22	4	0	1	15	5	0
	합계		148	21	3	3	155	31	1
프로통산			172	28	3	3	172	34	1

김영철 (金永哲) 광운전자공고 1960.04.28

대회	연도	소속	출전	교체	득점	도움	파울	경고	퇴장
BC	1984	국민은행	21	6	3	1	12	1	0
	합계		21	6	3	1	12	1	0
프로통산			21	6	3	1	12	1	0

김영철 (金榮哲) 아주대 1967.10.10

대회	연도	소속	출전	교체	득점	도움	파울	경고	퇴장
BC	1990	현대	2	2	0	0	0	0	0
	1996	수원	1	1	0	0	0	0	0
	합계		3	3	0	0	0	0	0

김영철 (金永徹) 건국대 1976.06.30

프로통산 3 3 0 0 0 0 0

대회	연도	소속	출전	교체	득점	도움	파울	경고	퇴장
BC	1999	천안일화	33	1	0	1	38	3	0
	2000	성남일화	38	3	0	3	33	4	0
	2001	성남일화	35	0	0	1	47	4	0
	2002	성남일화	35	0	0	0	53	2	0
	2003	광주상무	35	1	0	4	40	7	0
	2004	광주상무	30	0	0	0	28	4	0
	2005	성남일화	36	1	0	0	49	3	0
	2006	성남일화	32	0	0	0	38	5	0
	2007	성남일화	29	0	1	2	28	3	0
	2008	성남일화	32	1	0	1	40	3	0
	2009	전남	21	0	0	0	13	2	0
	합계		356	18	1	7	407	40	0

프로통산 356 18 1 7 407 40 0

김영철 (金永哲) 풍생고 1984.04.08

대회	연도	소속	출전	교체	득점	도움	파울	경고	퇴장
BC	2003	전남	7	7	0	0	4	1	0
	2005	광주상무	2	2	0	0	0	0	0
	2007	경남	3	3	0	0	2	1	0
	합계		12	12	0	0	6	2	0

프로통산 12 12 0 0 6 2 0

김영한 (金永韓) 성균관대 1998.02.21

대회	연도	소속	출전	교체	득점	도움	파울	경고	퇴장
K2	2020	경남	4	4	0	0	4	1	0
	합계		4	4	0	0	4	1	0

프로통산 4 4 0 0 4 1 0

김영호 (金嶺好) 상지대 1996.10.30

대회	연도	소속	출전	교체	실점	도움	파울	경고	퇴장
K2	2023	안산	0	0	0	0	0	0	0
	합계		0	0	0	0	0	0	0

프로통산 0 0 0 0 0 0 0

김영호 (金榮浩) 단국대 1961.04.20

대회	연도	소속	출전	교체	실점	도움	파울	경고	퇴장
BC	1985	유공	13	0	14	0	0	0	0
	1986	유공	24	0	28	0	0	0	0
	1989	일화	18	2	25	0	0	1	0
	1990	일화	21	0	25	0	2	0	0
	1991	일화	22	3	35	0	1	4	0
	합계		98	5	127	0	1	4	0

프로통산 98 5 127 0 1 4 0

김영호 (金永湖) 주문진수도공고 1972.06.06

대회	연도	소속	출전	교체	실점	도움	파울	경고	퇴장
BC	1995	포항	0	0	0	0	0	0	0
	1996	포항	0	0	0	0	0	0	0
	합계		0	0	0	0	0	0	0

프로통산 0 0 0 0 0 0 0

김영후 (金泳厚) 숭실대 1983.03.11

대회	연도	소속	출전	교체	득점	도움	파울	경고	퇴장
BC	2009	강원	30	6	13	8	29	4	0
	2010	강원	32	2	14	5	39	1	0
	2011	강원	31	19	6	2	36	3	0
	합계		93	27	33	13	104	8	0
K1	2013	강원	5	4	1	0	4	0	0
K2	2013	경찰	23	15	10	3	19	3	0
	2014	강원	23	17	4	1	27	3	1
	2016	안양	20	17	3	1	20	1	0
	합계		66	49	17	5	66	7	1
승	2013	강원	1	0	0	0	3	0	0
	합계		1	0	0	0	3	0	0

프로통산 165 80 51 18 180 12 1

김예성 (金藝聖) 안동과학대 2001.03.19

대회	연도	소속	출전	교체	득점	도움	파울	경고	퇴장
K1	2023	수원FC	5	5	0	0	0	0	0
	합계		5	5	0	0	0	0	0

프로통산 5 5 0 0 0 0 0

김예성 (金譽聲) 광주대 1996.10.21

대회	연도	소속	출전	교체	득점	도움	파울	경고	퇴장
K2	2018	대전	14	3	0	0	14	1	0
	2019	대전	10	5	0	0	4	0	0
	2021	안산	12	4	0	0	13	3	0
	2022	안산	25	15	0	0	5	0	0
	합계		61	27	0	0	36	5	0

프로통산 61 27 0 0 36 5 0

김예지 (金芮志) 단국대 1999.06.06

대회	연도	소속	출전	교체	실점	도움	파울	경고	퇴장
K1	2021	제주	0	0	0	0	0	0	0
	합계		0	0	0	0	0	0	0

프로통산 0 0 0 0 0 0 0

김오규 (金吾奎) 관동대(가톨릭관동대) 1989.06.20

대회	연도	소속	출전	교체	득점	도움	파울	경고	퇴장
BC	2011	강원	1	0	0	0	2	0	0
	2012	강원	33	6	0	0	44	4	0
	합계		34	6	0	0	46	4	0
K1	2013	강원	34	1	0	0	35	8	0
	2016	상주	34	1	0	0	28	4	0
	2017	상주	0	0	0	0	0	0	0
	2018	강원	33	0	2	2	24	2	0
	2019	강원	28	0	1	1	25	8	0
	2020	강원	4	1	0	0	4	1	0
	2021	제주	37	3	1	1	45	7	0
	2022	제주	30	2	1	3	30	3	0
	2023	제주	30	5	1	0	22	4	0
	합계		251	13	6	3	232	59	0
K2	2014	강원	31	1	0	0	28	6	1
	2015	강원	14	0	0	0	18	1	0
	2015	상주	3	1	1	1	2	0	0
	2020	제주	18	3	1	0	14	4	0
	합계		74	4	2	1	80	13	1
승	2013	강원	2	0	1	2	7	0	0
	합계		2	0	1	2	7	0	0

프로통산 361 23 8 5 365 78 1

김오성 (金五星) 고려대 1986.08.16

대회	연도	소속	출전	교체	득점	도움	파울	경고	퇴장
BC	2009	대구	5	5	0	0	3	0	0
	2010	대구	1	1	0	0	2	0	0
	합계		6	6	0	0	5	0	0

프로통산 6 6 0 0 5 0 0

김완수 (金完洙) 전북대 1962.01.13

대회	연도	소속	출전	교체	득점	도움	파울	경고	퇴장
BC	1983	포항제철	7	3	2	0	5	0	0
	1984	포항제철	9	4	1	0	5	1	0
	1985	포항제철	16	0	1	1	36	1	0
	1986	포항제철	22	4	4	1	25	4	0
	합계		54	11	7	2	71	3	0

프로통산 54 11 7 2 71 3 0

김완수 (金完秀) 중앙대 1981.06.05

대회	연도	소속	출전	교체	득점	도움	파울	경고	퇴장
BC	2004	대구	12	11	0	0	14	2	0
	2005	대구	9	7	0	0	9	1	0
	합계		21	18	0	0	23	3	0

프로통산 21 18 0 0 23 3 0

김왕주 (金旺珠) 연세대 1968.06.12

대회	연도	소속	출전	교체	득점	도움	파울	경고	퇴장
BC	1991	일화	10	10	0	0	5	0	0
	1993	일화	3	5	0	0	8	0	0
	합계		13	15	0	0	13	0	0

프로통산 13 15 0 0 13 0 0

김요환 (金耀煥) 연세대 1977.05.23

대회	연도	소속	출전	교체	득점	도움	파울	경고	퇴장
BC	2002	전남	8	8	0	0	4	0	0
	2003	전남	5	5	0	0	3	0	0
	2004	전남	6	7	0	0	3	0	0
	2005	전남	9	10	0	0	7	0	0
	합계		28	30	0	0	17	0	0

프로통산 28 30 0 0 17 0 0

김용구 (金勇九) 인천대 1981.03.08

대회	연도	소속	출전	교체	득점	도움	파울	경고	퇴장
BC	2004	인천	8	8	0	0	9	1	0
	합계		8	8	0	0	9	1	0

프로통산 8 8 0 0 9 1 0

김용대 (金龍大) 연세대 1979.10.11

대회	연도	소속	출전	교체	실점	도움	파울	경고	퇴장
BC	2002	부산	9	1	10	0	0	0	0
	2003	부산	36	0	54	0	1	0	0
	2004	부산	29	1	36	0	2	2	0
	2005	부산	29	0	33	0	2	0	0
	2006	성남일화	29	0	26	0	0	1	0
	2008	광주상무	26	0	46	0	0	0	0
	2009	광주상무	26	0	31	0	1	0	0
	2009	성남일화	2	1	0	0	0	0	0
	2010	서울	37	0	34	0	0	2	0
	2011	서울	29	0	42	0	0	1	0
	2012	서울	44	0	42	0	0	2	0
	합계		323	4	385	0	5	8	0
K1	2013	서울	35	0	42	0	1	1	0
	2014	서울	24	1	19	0	0	0	0
	2016	울산	28	0	35	0	0	1	0
	2017	울산	28	0	35	0	0	1	0
	2018	울산	14	1	20	0	1	0	0
	합계		137	2	162	0	1	5	0

프로통산 460 6 547 0 6 13 0

김용범 (金龍凡) 고려대 1971.06.16

대회	연도	소속	출전	교체	득점	도움	파울	경고	퇴장
BC	1998	대전	29	5	0	1	32	3	0
	1999	대전	26	8	0	1	31	2	0
	2000	대전	15	5	0	0	10	1	0
	2001	대전	1	0	0	0	1	0	0
	합계		71	18	0	2	78	6	0

프로통산 71 18 0 2 78 6 0

김용세 (金鏞世) 중동고 1960.04.21

대회	연도	소속	출전	교체	득점	도움	파울	경고	퇴장
BC	1983	유공	16	2	2	4	10	1	0
	1984	유공	28	2	14	2	40	1	0
	1985	유공	21	3	12	1	38	0	0
	1986	유공	13	0	6	7	17	2	0
	1987	유공	1	2	1	2	16	1	0
	1988	유공	11	1	4	1	23	0	0
	1989	일화	20	0	6	0	27	3	1
	1990	일화	21	3	7	1	22	1	0
	1991	일화	13	10	1	1	11	1	0
	합계		165	38	53	18	179	12	1

프로통산 165 38 53 18 179 12 1

김용찬 (金容燦) 아주대 1990.04.08

대회	연도	소속	출전	교체	득점	도움	파울	경고	퇴장
K1	2013	경남	23	7	0	0	41	6	0
	2014	인천							
	합계		23	7	0	0	41	6	0
K2	2015	충주	5	2	0	1	8	1	0
	합계		5	2	0	1	8	1	0

프로통산 29 9 0 1 49 7 0

김용태 (金龍太) 울산대 1984.05.20

대회	연도	소속	출전	교체	득점	도움	파울	경고	퇴장
BC	2006	대전	28	19	2	3	25	0	0
	2007	대전	22	16	0	0	26	3	0
	2008	대전	22	14	1	1	27	2	0

대회	연도	소속	출전	교체	득점	도움	파울	경고	퇴장
	2009	울산	21	13	0	0	13	2	0
	2010	울산	4	5	0	0	0	0	0
	2011	상주	18	5	1	0	16	2	0
	2012	상주	21	13	1	4	12	2	0
	2012	울산	7	5	0	1	3	0	0
K1	2013	울산	27	22	2	3	16	1	0
	2014	울산	12	6	2	0	8	3	0
	2014	부산	14	8	1	1	11	0	0
	2015	부산	21	15	0	0	10	1	0
	합계		74	51	4	4	45	5	0
K2	2016	충주	25	11	0	4	19	1	0
프로통산			242	152	10	17	186	17	0

김용한(金容漢) 수원대 1990.07.30

대회	연도	소속	출전	교체	득점	도움	파울	경고	퇴장
K2	2013	수원FC	8	9	0	0	5	0	0
	합계		8	9	0	0	5	0	0
프로통산			8	9	0	0	5	0	0

김용한(金龍漢) 강릉농공고 1986.06.28

대회	연도	소속	출전	교체	득점	도움	파울	경고	퇴장
BC	2006	인천	3	3	0	0	3	1	0
	합계		3	3	0	0	3	1	0
프로통산			3	3	0	0	3	1	0

김용해(金龍海) 동국대 1958.05.24

대회	연도	소속	출전	교체	득점	도움	파울	경고	퇴장
BC	1983	유공	2	2	0	0	0	0	0
	1984	럭키금성	9	8	1	0	4	0	0
	1985	럭키금성	2	2	1	0	0	0	0
	합계		13	12	1	1	4	0	0
프로통산			13	12	1	1	4	0	0

김용호(金龍虎) 수도전기공고 1971.03.20

대회	연도	소속	출전	교체	득점	도움	파울	경고	퇴장
BC	1990	대우	2	2	0	0	0	0	0
	1994	대우	4	4	0	0	1	0	0
	합계		6	6	0	0	2	0	0
프로통산			6	6	0	0	2	0	0

김용환(金容奐) 숭실대 1993.05.25

대회	연도	소속	출전	교체	득점	도움	파울	경고	퇴장
K1	2014	인천	14	2	0	0	23	1	0
	2015	인천	3	3	0	0	1	0	0
	2016	인천	28	3	0	2	28	6	0
	2017	인천	30	8	2	1	32	3	0
	2018	인천	18	7	0	0	15	2	0
	2019	포항	35	5	3	1	30	2	0
	2020	포항	3	0	0	1	2	0	0
	2021	포항	2	0	0	0	1	0	0
	2022	포항	21	16	0	1	12	1	0
	2023	포항	10	9	0	0	3	0	0
	합계		164	56	7	6	156	17	0
K2	2021	김천	20	6	1	1	20	5	0
	합계		20	6	1	1	20	5	0
프로통산			184	62	8	7	176	22	0

김용훈(金龍勳) 경북산업대(경일대) 1969.09.15

대회	연도	소속	출전	교체	득점	도움	파울	경고	퇴장
BC	1994	버팔로	1	1	0	0	0	0	0
	합계		1	1	0	0	0	0	0
프로통산			1	1	0	0	0	0	0

김용희(金容熙) 중앙대 1978.10.15

대회	연도	소속	출전	교체	득점	도움	파울	경고	퇴장
BC	2001	성남일화	27	1	1	0	37	4	0
	2002	성남일화	18	8	0	1	19	3	0
	2003	성남일화	0	0	0	0	0	0	0
	2004	부산	31	3	0	1	47	9	0
	2005	광주상무	34	6	1	0	43	5	0
	2006	광주상무	32	11	0	2	27	2	0
	2007	부산	8	3	0	0	5	1	0
	2008	전북	1	0	0	1	0	0	0
	합계		151	33	5	4	185	24	0
프로통산			151	33	5	4	185	24	0

김우경(金祐經) 묵호고 1991.12.04

대회	연도	소속	출전	교체	득점	도움	파울	경고	퇴장
BC	2011	강원	0	0	0	0	0	0	0
	합계		0	0	0	0	0	0	0
프로통산			0	0	0	0	0	0	0

김우석(金祐錫) 신갈고 1996.08.04

대회	연도	소속	출전	교체	득점	도움	파울	경고	퇴장
K1	2017	대구	12	2	1	0	27	4	0
	2018	대구	20	5	0	0	15	4	0
	2019	대구	35	4	1	0	39	5	0
	2020	대구	22	5	0	2	25	5	0
	2021	대구	10	7	0	0	6	2	1
	2022	대구	10	7	0	1	6	2	1
	2023	강원	13	7	0	0	6	3	0
	합계		127	35	2	3	120	27	1
K2	2016	대구	0	0	0	0	0	0	0
	합계		0	0	0	0	0	0	0
프로통산			127	35	2	3	120	27	1

김우재(金佑載) 경희대 1976.09.13

대회	연도	소속	출전	교체	득점	도움	파울	경고	퇴장
BC	1999	천안일화	7	7	0	0	5	0	0
	2000	성남일화	2	2	0	0	3	0	0
	2001	성남일화	1	1	0	0	2	0	0
	2002	성남일화	8	8	0	0	9	0	0
	2003	성남일화	30	7	2	0	60	8	0
	2004	성남일화	32	6	1	1	93	8	0
	2005	전남	15	8	0	1	28	3	0
	합계		95	39	3	2	199	19	0
프로통산			95	39	3	2	199	19	0

김우진(金佑鎭) 경기대 1989.09.17

대회	연도	소속	출전	교체	득점	도움	파울	경고	퇴장
BC	2012	대전	1	1	0	0	1	0	0
	합계		1	1	0	0	1	0	0
K2	2013	부천	1	1	0	0	0	0	0
	합계		1	1	0	0	0	0	0
프로통산			2	2	0	0	1	0	0

김우진(金佑振) 경희대 1980.04.19

대회	연도	소속	출전	교체	득점	도움	파울	경고	퇴장
BC	2003	부천SK	12	7	0	1	9	1	0
	2004	부천SK	30	5	0	1	40	2	0
	합계		42	12	0	2	49	3	0
프로통산			42	12	0	2	49	3	0

김우철(金禹哲) 단국대 1989.07.04

대회	연도	소속	출전	교체	득점	도움	파울	경고	퇴장
BC	2012	전북	2	2	0	0	1	0	0
	합계		2	2	0	0	1	0	0
K1	2013	전북	0	0	0	0	0	0	0
	합계		0	0	0	0	0	0	0
K2	2014	광주	4	3	0	0	8	0	0
	합계		4	3	0	0	8	0	0
프로통산			6	5	0	0	9	0	0

김우철(金禹喆) 상지대 1982.10.01

대회	연도	소속	출전	교체	득점	도움	파울	경고	퇴장
BC	2007	전북	1	1	0	0	0	0	0
	합계		1	1	0	0	0	0	0
프로통산			1	1	0	0	0	0	0

김우현 동아대 1974.01.01

대회	연도	소속	출전	교체	득점	도움	파울	경고	퇴장
BC	1996	부천유공	0	0	0	0	0	0	0
	합계		0	0	0	0	0	0	0
프로통산			0	0	0	0	0	0	0

김우홍(金祐泓) 풍기중 1995.01.11

대회	연도	소속	출전	교체	득점	도움	파울	경고	퇴장
K1	2018	서울	1	1	0	0	1	0	0
	합계		1	1	0	0	1	0	0
프로통산			1	1	0	0	0	0	0

김운오(金雲五) 고려대 1961.04.14

대회	연도	소속	출전	교체	득점	도움	파울	경고	퇴장
BC	1984	한일은행	6	2	0	0	1	0	0
	합계		6	2	0	0	1	0	0

김원균(金遠均) 고려대 1992.05.01

대회	연도	소속	출전	교체	득점	도움	파울	경고	퇴장
K1	2015	서울	1	1	0	0	1	1	0
	2017	서울	8	6	0	0	20	2	0
	2018	서울	24	1	1	0	38	7	0
	2019	서울	11	2	0	0	16	1	0
	2020	서울	7	0	0	0	5	1	0
	2021	서울	19	2	0	0	27	4	0
	2022	강원	0	0	0	0	0	0	0
	합계		66	20	1	0	104	15	0
K2	2015	강원	1	1	0	1	21	2	0
	2016	강원	8	2	1	0	15	3	0
	2023	충북청주	21	11	0	0	19	4	1
	합계		44	14	1	0	55	9	1
승	2018	서울	1	1	0	0	1	0	0
프로통산			112	34	2	0	161	24	1

김원근(金元根) 성균관대 1958.07.28

대회	연도	소속	출전	교체	득점	도움	파울	경고	퇴장
BC	1984	한일은행	5	4	0	0	1	0	0
	합계		5	4	0	0	1	0	0
프로통산			5	4	0	0	1	0	0

김원민(金元敏) 건국대 1987.08.12

대회	연도	소속	출전	교체	득점	도움	파울	경고	퇴장
K2	2013	안양	29	26	4	4	31	1	0
	2014	안양	25	25	2	3	24	2	0
	2017	안양	11	10	0	0	6	0	0
	2018	안양	25	17	3	3	14	1	0
	2019	안양	27	26	3	0	17	3	0
	합계		117	104	13	9	85	6	0
프로통산			117	104	13	9	85	6	0

김원석(金洹碩) 중원대 1997.12.10

대회	연도	소속	출전	교체	득점	도움	파울	경고	퇴장
K2	2020	충남아산	14	13	1	1	8	0	0
	2021	충남아산	10	10	0	0	4	1	0
	합계		24	23	1	1	12	1	0
프로통산			24	23	1	1	12	1	0

김원식(金元植) 동북고 1991.11.05

대회	연도	소속	출전	교체	득점	도움	파울	경고	퇴장
K1	2015	인천	31	3	0	0	83	15	0
	2016	서울	20	7	0	0	19	2	0
	2017	서울	3	2	0	0	8	1	0
	2018	서울	11	7	0	0	17	1	0
	2019	서울	14	9	0	0	19	2	0
	2020	서울	16	6	1	0	27	3	0
	2021	광주	27	19	0	0	52	6	0
	합계		130	55	1	0	223	29	0
K2	2013	경찰	8	7	0	0	13	0	0
	2014	안산경찰	2	2	0	0	3	3	0
	2022	서울E	38	29	0	0	49	6	0
	2023	서울E	27	18	0	0	27	5	0
	합계		75	56	0	0	68	14	0
승	2018	서울	1	1	0	0	1	0	0
프로통산			206	112	1	0	292	43	0

김원일(金源一) 숭실대 1986.10.18

대회	연도	소속	출전	교체	득점	도움	파울	경고	퇴장
BC	2010	포항	13	2	0	0	21	2	0
	2011	포항	23	5	0	1	44	8	0
	2012	포항	32	3	4	0	63	5	0
	합계		68	10	4	1	128	15	0

(김원준 상단 계속)

대회	연도	소속	출전	교체	득점	도움	파울	경고	퇴장
K1	2013	포항	34	1	3	0	56	8	0
	2014	포항	18	2	1	0	40	5	0
	2015	포항	24	1	0	0	36	5	0
	2016	포항	17	3	0	0	25	4	1
	2017	제주	26	3	3	1	34	9	0
	2018	제주	20	0	0	2	38	0	0
	2019	제주	9	5	1	0	15	1	0
	합계		148	15	8	1	238	40	1
프로통산			216	25	12	2	366	55	1

김원준(金沅俊) 건국대 2000.09.25

대회	연도	소속	출전	교체	득점	도움	파울	경고	퇴장
K2	2023	성남	9	10	1	0	7	1	0
	합계		9	10	1	0	7	1	0
프로통산			9	10	1	0	7	1	0

김의중(金意重) 김천대 2001.04.04

대회	연도	소속	출전	교체	실점	도움	파울	경고	퇴장
K2	2022	안산	2	0	3	0	0	0	0
	합계		2	0	3	0	0	0	0
프로통산			2	0	3	0	0	0	0

김유성(金侑聖) 경희대 1988.12.04

대회	연도	소속	출전	교체	득점	도움	파울	경고	퇴장
BC	2010	경남	3	1	0	0	3	0	0
	2011	경남	6	4	0	0	11	0	0
	2011	대구	6	4	0	0	7	1	0
	2012	대구	12	11	2	0	7	1	1
	합계		25	18	2	1	28	2	1
K1	2013	대구	0	0	0	0	0	0	0
K2	2014	광주	11	10	0	0	9	0	0
	2015	고양	36	14	12	3	65	2	0
	2016	고양	21	9	1	0	43	3	0
	합계		68	33	13	3	117	5	0
프로통산			93	51	15	4	145	9	1

김유성(金유성) 대건고 2001.03.31

대회	연도	소속	출전	교체	실점	도움	파울	경고	퇴장
K1	2020	인천	0	0	0	0	0	0	0
	2021	인천	0	0	0	0	0	0	0
	2022	인천	0	0	0	0	0	0	0
	2023	인천	0	0	0	0	0	0	0
	합계		0	0	0	0	0	0	0
프로통산			0	0	0	0	0	0	0

김유진(金裕晉) 부산정보산업고 1983.06.19

대회	연도	소속	출전	교체	득점	도움	파울	경고	퇴장
BC	2002	수원	0	0	0	0	0	0	0
	2005	부산	0	0	0	0	27	3	0
	2007	부산	11	0	1	0	10	0	0
	2008	부산	25	5	2	0	33	5	0
	2009	부산	10	3	0	0	13	1	0
	합계		71	9	3	1	83	8	0
프로통산			71	9	3	1	83	8	0

김윤구(金潤求) 경희대 1979.09.01

대회	연도	소속	출전	교체	득점	도움	파울	경고	퇴장
BC	2002	울산	4	2	0	0	5	0	0
	2003	울산	2	2	0	0	1	0	0
	2004	울산	2	2	0	0	1	0	0
	합계		8	6	0	0	7	0	0
프로통산			8	6	0	0	7	0	0

김윤구(金允求) 광운대 1985.02.25

대회	연도	소속	출전	교체	득점	도움	파울	경고	퇴장
BC	2007	광주상무	14	3	0	0	14	2	0
	합계		14	3	0	0	14	2	0
프로통산			14	3	0	0	14	2	0

김윤근(金允根) 동아대 1972.09.22

대회	연도	소속	출전	교체	득점	도움	파울	경고	퇴장
BC	1995	유공	15	15	2	0	17	0	0
	1996	부천유공	25	19	7	2	18	1	0
	1999	부천SK	0	0	0	0	0	0	0
	합계		40	34	9	2	35	1	0
프로통산			40	34	9	2	35	1	0

김윤수(金潤洙) 영남대 1994.05.17

대회	연도	소속	출전	교체	득점	도움	파울	경고	퇴장
K2	2018	광주	0	0	0	0	0	0	0
	합계		0	0	0	0	0	0	0
프로통산			0	0	0	0	0	0	0

김윤재(金潤載) 홍익대 1992.05.14

대회	연도	소속	출전	교체	득점	도움	파울	경고	퇴장
K2	2014	대전	0	0	0	0	0	0	0
	2015	수원FC	3	3	1	0	0	1	0
	합계		3	3	1	0	0	1	0
프로통산			3	3	1	0	0	1	0

김윤호(金倫滸) 관동대(가톨릭관동대) 1990.09.21

대회	연도	소속	출전	교체	득점	도움	파울	경고	퇴장
K1	2013	강원	4	4	0	0	5	0	0
	합계		4	4	0	0	5	0	0
K2	2014	강원	25	15	0	2	29	5	0
	2015	강원	21	18	1	0	27	4	0
	2016	강원	13	9	0	0	17	4	0
	2017	부산	3	2	0	0	2	1	1
	합계		62	44	1	2	75	14	1
승	2013	강원	1	1	0	0	2	0	0
	2016	강원	1	1	0	0	0	0	0
	합계		2	2	0	0	2	0	0
프로통산			68	50	1	2	82	14	1

김은석(金恩奭) 경기대 1972.03.14

대회	연도	소속	출전	교체	득점	도움	파울	경고	퇴장
BC	1999	포항	23	3	0	0	17	1	0
	2000	포항	22	1	0	0	19	2	0
	2001	포항	22	5	1	1	21	1	0
	2002	포항	26	5	0	0	50	5	0
	합계		93	14	1	1	107	9	0
프로통산			93	14	1	1	107	9	0

김은선(金恩宣) 대구대 1988.03.30

대회	연도	소속	출전	교체	득점	도움	파울	경고	퇴장
BC	2011	광주	27	4	0	1	79	9	0
	2012	광주	34	4	8	1	78	10	0
	합계		61	8	8	2	157	19	0
K1	2014	수원	37	5	3	0	80	4	0
	2015	수원	12	6	0	0	13	1	0
	2017	수원	1	1	0	0	0	0	0
	2018	수원	10	6	0	0	13	0	0
	합계		63	15	4	0	117	7	0
K2	2013	광주	27	3	7	0	43	7	0
	2016	안산무궁	21	8	0	0	26	3	0
	2017	아산	12	1	3	0	21	4	0
	합계		60	11	10	2	129	16	0
프로통산			184	34	22	4	403	42	0

김은중(金殷中) 동북고 1979.04.08

대회	연도	소속	출전	교체	득점	도움	파울	경고	퇴장
BC	1997	대전	14	14	0	0	3	0	0
	1998	대전	29	6	6	2	32	0	0
	1999	대전	24	9	4	1	38	1	0
	2000	대전	24	9	4	1	27	2	0
	2001	대전	31	5	9	5	60	4	0
	2002	대전	27	1	7	1	35	2	1
	2003	대전	30	6	7	5	53	3	0
	2004	서울	29	11	8	2	58	0	0
	2005	서울	30	18	7	4	60	4	0
	2006	서울	16	10	4	2	1	1	0
	2007	서울	16	10	4	2	14	1	0
	2008	서울	21	17	5	4	21	3	0
	2010	제주	34	4	17	11	43	4	0
	2011	제주	30	11	6	6	32	4	0
	2012	강원	41	26	16	2	48	3	0
	합계		405	167	119	54	570	29	1

(김은중 하단 계속)

대회	연도	소속	출전	교체	득점	도움	파울	경고	퇴장
K1	2013	강원	13	11	0	1	13	0	0
	2013	포항	9	9	1	0	4	0	0
	합계		22	20	1	1	17	0	0
K2	2014	대전	17	16	3	1	6	0	0
	합계		17	16	3	1	6	0	0
프로통산			444	203	123	56	593	29	1

김은철(金恩徹) 경희대 1968.05.29

대회	연도	소속	출전	교체	득점	도움	파울	경고	퇴장
BC	1991	유공	31	15	1	2	32	0	0
	1992	유공	11	8	2	1	6	0	0
	1993	유공	9	9	0	0	3	0	0
	1996	부천유공	31	12	0	1	24	2	0
	1997	부천SK	16	11	0	0	14	3	0
	1998	부천SK	2	2	0	0	0	0	0
	합계		100	57	3	4	81	8	0
프로통산			100	57	3	4	81	8	0

김은후(金殷侯/←김이범) 신갈고 1990.05.23

대회	연도	소속	출전	교체	득점	도움	파울	경고	퇴장
BC	2010	전북	1	1	0	0	2	0	0
	2011	강원	6	6	1	0	5	1	0
	합계		7	7	1	0	5	1	0
프로통산			7	7	1	0	5	1	0

김의섭(金義燮) 경기대 1987.09.22

대회	연도	소속	출전	교체	득점	도움	파울	경고	퇴장
BC	2010	전북	1	1	0	0	0	0	0
	합계		1	1	0	0	0	0	0
프로통산			1	1	0	0	0	0	0

김의신(金義信) 호원대 1992.11.26

대회	연도	소속	출전	교체	득점	도움	파울	경고	퇴장
K1	2015	광주	1	1	0	0	1	0	0
	합계		1	1	0	0	1	0	0
프로통산			1	1	0	0	1	0	0

김의원(金毅員) 동북고 1998.11.01

대회	연도	소속	출전	교체	득점	도움	파울	경고	퇴장
K2	2017	경남	4	3	0	1	6	0	0
	합계		4	3	0	1	6	0	0
프로통산			4	3	0	1	6	0	0

김이석(金利錫) 수원대 1998.06.19

대회	연도	소속	출전	교체	득점	도움	파울	경고	퇴장
K2	2021	안산	10	6	0	0	10	0	0
	2022	안산	16	13	0	0	23	3	0
	2022	김포	13	7	2	0	24	3	0
	2023	김포	33	12	4	0	58	5	0
	합계		72	38	6	0	111	11	0
승	2023	김포	2	1	0	0	4	0	0
	합계		2	1	0	0	4	0	0
프로통산			74	39	6	0	115	11	0

김이섭(金利燮) 전주대 1974.04.27

대회	연도	소속	출전	교체	실점	도움	파울	경고	퇴장
BC	1997	포항	28	0	28	0	0	1	0
	1998	포항	31	1	47	0	1	0	0
	1999	포항	13	0	20	0	0	0	0
	2000	포항	5	0	8	0	0	1	0
	2002	전북	0	0	0	0	0	0	0
	2003	전북	19	0	28	0	0	0	0
	2004	인천	15	0	15	0	0	0	0
	2005	인천	11	0	9	0	0	0	0
	2006	인천	26	0	31	0	0	0	0
	2007	인천	13	1	17	0	0	0	0
	2008	인천	24	0	24	0	0	0	0
	2009	인천	12	1	20	0	0	0	0
	2010	인천	20	0	26	0	2	0	0
	합계		217	3	273	0	3	3	0
프로통산			217	3	273	0	3	3	0

김이주(金利主) 전주대 1966.03.01

대회	연도	소속	출전	교체	득점	도움	파울	경고	퇴장
BC	1989	일화	36	23	3	3	30	1	0

대회	연도	소속	출전	교체	득점	도움	파울	경고	퇴장
	1990	일화	24	18	2	2	24	2	0
	1991	일화	35	27	8	5	36	1	0
	1992	일화	34	28	2	1	49	0	0
	1993	일화	29	17	7	3	36	1	0
	1994	일화	30	18	7	1	39	1	0
	1995	일화	27	24	2	3	32	0	0
	1996	수원	5	6	0	1	7	0	0
	1997	수원	1	1	0	0	2	0	0
	1997	천안일화	18	10	8	2	26	2	0
	1998	천안일화	27	21	0	2	38	0	0
	합계		266	193	39	23	319	8	0
프로통산			266	193	39	23	319	8	0

김익현(金益現) 고려대 1989.04.30

대회	연도	소속	출전	교체	득점	도움	파울	경고	퇴장
BC	2009	부산	2	1	0	0	2	0	0
	2010	부산	0	0	0	0	0	0	0
	2011	부산	6	6	0	0	4	0	0
	2012	부산	6	6	0	0	8	3	0
	합계		14	13	0	0	14	5	0
K1	2013	부산	22	7	1	1	16	0	0
	2014	부산	19	14	1	0	24	4	0
	2015	부산	7	4	0	0	7	2	0
	합계		48	25	2	1	47	12	0
승	2015	부산	1	1	0	0	1	0	0
	합계		1	1	0	0	1	0	0
프로통산			63	39	2	1	63	17	0

김익형(金翼亨) 한양대 1958.06.17

대회	연도	소속	출전	교체	득점	도움	파울	경고	퇴장
BC	1985	포항제철	16	0	1	1	12	1	0
	1986	포항제철	25	7	0	0	20	0	0
	합계		41	7	0	1	32	1	0
프로통산			41	7	0	1	32	1	0

김인균(金仁均) 청주대 1998.07.23

대회	연도	소속	출전	교체	득점	도움	파울	경고	퇴장
K1	2023	대전	29	28	8	6	10	2	0
	합계		29	28	8	6	10	2	0
K2	2020	충남아산	12	9	0	0	13	1	0
	2021	충남아산	32	12	8	2	47	5	0
	2022	대전	33	29	6	2	31	6	0
	합계		77	50	14	4	91	12	0
승	2022	대전	2	2	1	1	2	0	0
	합계		2	2	1	1	2	0	0
프로통산			108	80	23	11	103	14	0

김인석(金仁錫) 군장대 1992.04.23

대회	연도	소속	출전	교체	실점	도움	파울	경고	퇴장
K1	2015	제주	0	0	0	0	0	0	0
	합계		0	0	0	0	0	0	0
프로통산			0	0	0	0	0	0	0

김인섭(金仁燮) 동국대 1972.07.09

대회	연도	소속	출전	교체	득점	도움	파울	경고	퇴장
BC	1995	포항	1	1	0	0	0	0	0
	합계		1	1	0	0	0	0	0
프로통산			1	1	0	0	0	0	0

김인성(金仁成) 성균관대 1989.09.09

대회	연도	소속	출전	교체	득점	도움	파울	경고	퇴장
K1	2013	성남일화	31	31	2	2	23	1	0
	2014	전북	11	10	0	1	13	0	0
	2015	인천	32	19	5	0	58	3	0
	2016	울산	16	16	1	0	15	0	0
	2017	울산	36	26	5	3	41	2	0
	2018	울산	32	18	3	5	25	2	0
	2019	울산	34	18	9	3	36	4	0
	2020	울산	24	8	4	6	26	2	0
	2021	울산	15	15	0	0	13	0	0
	2023	포항	35	35	1	1	22	6	0
	합계		266	193	34	20	271	20	0
K2	2021	서울E	15	4	6	2	11	2	0
	2022	서울E	34	28	5	2	19	1	0
	합계		49	32	11	4	30	3	0
프로통산			315	225	45	24	301	23	0

김인완(金仁完) 경희대 1971.02.13

대회	연도	소속	출전	교체	득점	도움	파울	경고	퇴장
BC	1995	전남	24	14	2	4	33	2	1
	1996	전남	31	19	3	2	46	4	0
	1997	전남	22	7	6	4	31	2	0
	1998	전남	33	11	8	2	52	3	0
	1999	전남	15	11	1	2	22	1	0
	1999	천안일화	11	2	3	1	29	0	0
	2000	성남일화	10	9	0	0	16	1	0
	합계		146	73	23	15	229	13	1
프로통산			146	73	23	15	229	13	1

김인호(金仁鎬) 마산공고 1983.06.09

대회	연도	소속	출전	교체	득점	도움	파울	경고	퇴장
BC	2006	전북	28	11	0	0	41	5	1
	2007	전북	17	8	0	2	27	6	0
	2008	전북	17	8	0	2	18	4	0
	2009	제주	1	1	0	0	2	1	0
	2010	제주	10	3	0	0	14	2	0
	2011	제주	11	1	2	0	23	4	0
	합계		91	32	2	2	134	20	1
프로통산			91	32	2	2	134	20	1

김일진(金一鎭) 영남대 1970.04.05

대회	연도	소속	출전	교체	실점	도움	파울	경고	퇴장
BC	1993	포항제철	2	0	3	0	0	0	0
	1998	포항	9	1	5	0	1	0	0
	1999	포항	2	0	5	0	0	0	0
	2000	포항	0	0	0	0	0	0	0
	합계		13	1	13	0	1	0	0
프로통산			13	1	13	0	1	0	0

김재구(金在九) 단국대 1977.03.12

대회	연도	소속	출전	교체	득점	도움	파울	경고	퇴장
BC	2000	성남일화	1	0	0	0	3	0	0
	2001	성남일화	1	1	0	0	0	0	0
	합계		2	1	0	0	3	0	0
프로통산			2	1	0	0	3	0	0

김재봉(金載俸) 광주대 1996.09.06

대회	연도	소속	출전	교체	득점	도움	파울	경고	퇴장
K1	2021	제주	0	0	0	0	0	0	0
	2023	광주	0	0	0	0	0	0	0
	합계		0	0	0	0	0	0	0
K2	2018	성남	9	6	0	0	12	2	0
	2020	제주	4	2	0	0	6	0	0
	2021	안산	3	0	0	0	6	2	0
	2022	안산	3	0	0	0	5	0	0
	2022	광주	27	15	2	0	25	7	0
	합계		49	23	2	0	54	11	0
프로통산			49	23	2	0	54	11	0

김재석(金載錫) 수원공고 2001.02.01

대회	연도	소속	출전	교체	득점	도움	파울	경고	퇴장
K2	2020	안산	0	0	0	0	0	0	0
	합계		0	0	0	0	0	0	0

김재성(金在成) 아주대 1983.10.03

대회	연도	소속	출전	교체	득점	도움	파울	경고	퇴장
BC	2005	부천SK	35	10	2	1	69	4	0
	2006	제주	31	4	2	3	53	6	0
	2007	제주	17	3	2	2	30	3	0
	2008	포항	26	16	2	2	34	2	0
	2009	포항	26	15	1	4	42	4	0
	2010	포항	22	8	2	5	26	4	0
	2011	포항	24	6	2	6	37	3	0
	2012	상주	36	10	2	9	34	10	0
	합계		220	65	19	21	375	50	0
K1	2013	포항	3	1	0	1	5	2	0
	2014	포항	29	15	7	4	36	6	0
	2016	제주	8	7	0	1	6	1	0
	2017	전남	14	9	0	1	7	0	0
	합계		54	32	7	7	54	10	0
K2	2013	상주	24	1	3	2	46	6	0
	2015	서울E	39	4	4	12	48	7	0
	2016	서울E	17	3	1	1	21	4	0
	합계		82	22	8	15	112	17	0
프로통산			356	119	34	43	541	77	0

김재성(金哉成) 동국대 1999.07.15

대회	연도	소속	출전	교체	득점	도움	파울	경고	퇴장
K1	2022	울산	1	1	0	0	1	0	0
	합계		1	1	0	0	1	0	0
K2	2020	충남아산	5	1	0	0	5	0	0
	2021	충남아산	5	5	1	0	0	1	0
	2023	안산	32	2	1	2	31	3	0
	합계		42	8	1	1	36	5	0
프로통산			43	9	1	1	36	6	0

김재소(金在昭) 경희고 1965.11.06

대회	연도	소속	출전	교체	득점	도움	파울	경고	퇴장
BC	1989	일화	20	11	0	1	22	1	0
	1990	일화	10	6	0	1	15	2	0
	1991	일화	29	18	0	0	37	2	0
	1992	일화	11	8	0	0	11	0	0
	1993	일화	0	0	0	0	0	0	0
	합계		70	43	0	2	85	5	0
프로통산			70	43	0	2	85	5	0

김재신(金在信) 건국대 1973.08.30

대회	연도	소속	출전	교체	득점	도움	파울	경고	퇴장
BC	1998	수원	7	5	1	0	8	0	0
	1999	수원	7	5	0	0	7	0	0
	2000	수원	6	6	1	0	9	0	0
	합계		20	11	2	0	24	0	0
프로통산			20	11	2	0	24	0	0

김재신(金在新) 숭실대 1975.03.03

대회	연도	소속	출전	교체	득점	도움	파울	경고	퇴장
BC	1999	전북	1	1	0	0	0	0	0
	2000	전북	18	16	1	1	20	2	0
	2001	전북	10	10	0	0	7	1	0
	합계		29	27	1	1	27	3	0
프로통산			29	27	1	1	27	3	0

김재연(金載淵) 연세대 1989.02.08

대회	연도	소속	출전	교체	득점	도움	파울	경고	퇴장
K2	2013	수원FC	3	0	0	0	3	0	0
	2014	수원FC	15	8	0	0	17	0	0
	2016	서울E	13	10	0	0	10	0	0
	합계		31	18	0	0	30	0	0
프로통산			31	18	0	0	30	0	0

김재우(金載雨) 영등포공고 1998.02.06

대회	연도	소속	출전	교체	득점	도움	파울	경고	퇴장
K1	2020	대구	11	2	0	0	7	0	0
	2021	대구	19	9	0	0	20	3	0
	합계		30	11	0	0	27	3	0
K2	2018	부천	0	0	0	0	0	0	0
	2019	부천	25	1	5	3	29	2	0
	2022	대전	15	4	1	0	13	4	0
	2023	김천	33	5	1	0	47	3	0
	합계		74	14	3	5	47	5	0
승	2022	대전	2	0	0	0	3	0	0
	합계		2	0	0	0	3	0	0
프로통산			106	25	3	5	61	12	0

김재웅(金裁雄) 경희대 1988.01.01

대회	연도	소속	출전	교체	득점	도움	파울	경고	퇴장
BC	2011	인천	17	10	4	1	49	7	0
	2012	인천	18	16	0	4	47	4	0
	합계		35	26	4	5	96	11	0

Section 6 역대 통산 기록

대회	연도	소속	출전	교체	득점	도움	파울	경고	퇴장
K1	2013	인천	7	7	1	0	10	1	0
	2015	인천	1	1	0	0	1	1	0
	2016	수원FC	7	3	0	0	17	2	0
	합계		15	11	1	0	28	4	0
K2	2014	안양	27	23	7	0	67	7	0
	2015	수원FC	3	3	1	1	4	1	0
	2016	안산무궁	16	11	2	0	35	4	0
	2017	아산	6	3	0	0	11	3	0
	2018	서울E	24	21	1	1	30	6	0
	합계		90	59	13	2	189	21	0
승	2015	수원FC	2	0	0	0	6	1	0
	합계		2	0	0	0	6	1	0
프로통산			142	96	18	7	319	43	0

김재윤(← 김성균) 서귀포고 1990.09.04

대회	연도	소속	출전	교체	득점	도움	파울	경고	퇴장
BC	2009	성남일화	4	5	0	0	4	2	0
	2010	강원	1	1	0	0	0	0	0
	2011	전남	1	0	0	0	0	0	0
	합계		5	6	0	0	4	2	0
프로통산			5	6	0	0	4	2	0

김재철(金載哲) 건국대 1996.02.19

대회	연도	소속	출전	교체	득점	도움	파울	경고	퇴장
K2	2020	충남아산	5	5	0	0	1	0	0
	합계		5	5	0	0	1	0	0
프로통산			5	5	0	0	1	0	0

김재헌(金載憲) 포츠머스FC U18 (영국)
1996.07.26

대회	연도	소속	출전	교체	득점	도움	파울	경고	퇴장
K2	2020	수원FC	4	4	0	0	6	3	0
	2021	충남아산	6	6	0	1	7	0	0
	합계		10	10	0	1	13	3	0
프로통산			10	10	0	1	13	3	0

김재현(金渽玹/←김응진) 광양제철고
1987.03.09

대회	연도	소속	출전	교체	득점	도움	파울	경고	퇴장
BC	2007	전남	1	1	0	0	0	0	0
	2008	전남	4	2	0	0	2	2	0
	2009	전남	3	1	0	0	14	3	0
	2010	부산	26	4	2	0	40	6	0
	2011	부산	17	3	1	0	17	0	0
	합계		56	10	4	0	74	17	0
K1	2013	부산	8	1	0	0	9	0	0
	2014	부산	11	4	0	0	12	3	0
	합계		19	5	0	0	21	3	0
K2	2016	부산	22	1	1	1	23	2	0
	2017	서울E	12	4	1	0	18	4	0
	2018	서울E	24	3	1	0	34	8	0
	합계		58	8	3	1	75	14	0
프로통산			127	23	7	1	170	34	0

김재현 세종버네스FC 2004.03.03

대회	연도	소속	출전	교체	득점	도움	파울	경고	퇴장
K1	2023	수원FC	1	1	0	0	1	0	0
K1	합계		1	1	0	0	1	0	0
프로통산			1	1	0	0	1	0	0

김재형(←김재영) 아주대 1973.09.02

대회	연도	소속	출전	교체	득점	도움	파울	경고	퇴장
BC	1996	부산	32	8	6	2	46	5	0
	1997	부산	24	10	0	1	31	8	0
	1998	부산	7	5	0	0	12	0	0
	1999	부산	31	17	0	2	48	4	0
	2000	부산	32	19	1	2	43	4	0
	2001	부산	32	19	1	2	40	4	0
	2002	부산	16	9	0	0	36	2	0
	2004	부산	18	13	0	0	30	2	0
	2005	부산	5	4	0	0	7	1	0
	2006	전북	14	7	0	0	24	1	0
	2007	전북	15	14	0	0	21	0	0
	합계		229	120	10	9	396	30	3
프로통산			229	120	10	9	396	30	3

김재홍(金在鴻) 숭실대 1984.08.10

대회	연도	소속	출전	교체	득점	도움	파울	경고	퇴장
BC	2007	대구	1	0	0	1	2	0	0
	합계		1	0	0	1	2	0	0
프로통산			1	0	0	1	2	0	0

김재환(金載桓) 전주대 1988.05.27

대회	연도	소속	출전	교체	득점	도움	파울	경고	퇴장
BC	2011	전북	3	0	0	0	11	3	0
	2012	전북	1	0	0	0	0	0	0
	합계		4	0	0	0	13	3	0
K1	2013	전북	5	2	0	0	6	1	0
	합계		5	2	0	0	6	1	0
K2	2014	수원FC	4	1	0	0	7	2	0
프로통산			13	3	0	0	24	6	0

김재환(金才煥) 마산공고 1958.08.10

대회	연도	소속	출전	교체	득점	도움	파울	경고	퇴장
BC	1985	현대	4	1	0	0	4	1	0
	합계		4	1	0	0	4	1	0
프로통산			4	1	0	0	4	1	0

김재훈(金載薰) 건국대 1988.02.21

대회	연도	소속	출전	교체	득점	도움	파울	경고	퇴장
BC	2011	전남	1	1	0	0	1	1	0
	2012	대전	7	1	0	0	7	0	0
	합계		8	2	0	0	8	1	0
K2	2014	충주	19	4	1	1	21	2	0
	합계		19	4	1	1	21	2	0
프로통산			27	6	1	1	29	6	0

김정겸(金正謙) 동국대 1976.06.09

대회	연도	소속	출전	교체	득점	도움	파울	경고	퇴장
BC	1999	전남	13	13	0	0	6	0	0
	2000	전남	11	6	1	1	57	3	0
	2001	전남	16	6	0	0	25	1	0
	2002	전남	5	5	0	1	0	0	0
	2003	전남	27	4	2	2	39	4	0
	2004	전남	26	5	1	2	43	3	0
	2005	전남	27	1	1	3	52	3	0
	2006	전북	13	0	0	0	16	2	0
	2007	전북	12	5	0	0	26	2	1
	2008	포항	3	2	1	2	0	0	0
	2009	포항	23	3	1	1	38	4	0
	2010	포항	16	2	1	0	23	5	0
	2011	포항	3	3	0	0	3	0	0
	합계		226	56	5	7	337	30	1
프로통산			226	56	5	7	337	30	1

김정광(金正光) 영남대 1988.03.14

대회	연도	소속	출전	교체	득점	도움	파울	경고	퇴장
BC	2011	성남일화	0	0	0	0	0	0	0
	합계		0	0	0	0	0	0	0
프로통산			0	0	0	0	0	0	0

김정민(金正緡) 금호고 1999.11.13

대회	연도	소속	출전	교체	득점	도움	파울	경고	퇴장
K2	2021	부산	13	8	0	0	15	4	0
	2022	부산	19	15	1	0	7	1	0
	2023	안양	6	6	0	0	3	0	0
	합계		38	29	1	0	25	5	0
프로통산			38	29	1	0	25	5	0

김정민(金晶珉) 영남대 1995.09.06

대회	연도	소속	출전	교체	득점	도움	파울	경고	퇴장
K2	2022	안산	0	0	0	0	0	0	0
K2	합계		0	0	0	0	0	0	0
프로통산			0	0	0	0	0	0	0

김정빈(金槇彬) 선문대 1987.08.23

대회	연도	소속	출전	교체	득점	도움	파울	경고	퇴장
BC	2012	상주	2	2	0	0	8	0	0
	합계		2	2	0	0	8	0	0
K2	2014	수원FC	31	6	4	2	53	2	0
	2015	수원FC	20	6	0	2	31	6	0
	2016	경남	32	7	0	2	31	3	0
	2017	경남							
	합계		83	19	4	6	115	11	0
프로통산			85	21	4	6	123	11	0

김정수(金貞秀) 성균관대 2000.11.30

대회	연도	소속	출전	교체	득점	도움	파울	경고	퇴장
K2	2022	서울E	4	5	0	1	5	0	0
	합계		4	5	0	1	5	0	0
프로통산			4	5	0	1	5	0	0

김정수(金廷洙) 중앙대 1975.01.17

대회	연도	소속	출전	교체	득점	도움	파울	경고	퇴장
BC	1997	대전	25	1	3	0	9	1	0
	1999	대전	1	1	0	0	1	6	0
	2000	대전	3	1	0	0	0	0	0
	2001	대전	29	1	0	1	2	1	0
	2002	대전	30	1	0	0	12	1	0
	2003	대전	36	3	0	2	36	1	0
	2004	부천SK	6	0	0	0	27	2	0
	2005	부천SK	4	2	0	0	2	0	0
	합계		158	27	3	3	104	9	0
프로통산			158	27	3	3	104	9	0

김정우(金正友) 고려대 1982.05.09

대회	연도	소속	출전	교체	득점	도움	파울	경고	퇴장
BC	2003	울산	34	8	1	3	38	7	0
	2004	울산	18	4	0	0	49	4	1
	2005	울산	32	4	0	2	91	9	0
	2008	성남일화	30	26	5	4	41	3	0
	2009	성남일화	35	11	5	4	63	10	0
	2010	광주상무	26	4	1	3	40	6	0
	2011	상주	26	6	18	1	30	5	0
	2011	성남일화	3	0	0	2	5	0	0
	2012	전북	33	14	5	0	50	5	0
	합계		229	78	37	16	384	45	1
K1	2013	전북	8	4	0	0	8	1	0
	합계		8	4	0	0	8	1	0
프로통산			237	82	37	16	392	46	1

김정욱(金晶昱) 아주대 1976.03.01

대회	연도	소속	출전	교체	득점	도움	파울	경고	퇴장
BC	1998	부산	3	3	1	0	4	0	0
	2000	울산	4	4	0	0	1	0	0
	합계		7	7	1	0	5	0	0
프로통산			7	7	1	0	5	0	0

김정은(金政銀) 동국대 1963.11.27

대회	연도	소속	출전	교체	득점	도움	파울	경고	퇴장
BC	1986	한일은행	10	5	0	0	10	0	0
	합계		10	5	0	0	10	0	0
프로통산			10	5	0	0	10	0	0

김정재(金正才) 경희대 1974.05.22

대회	연도	소속	출전	교체	득점	도움	파울	경고	퇴장
BC	1997	천안일화	20	8	0	0	37	4	0
	1998	천안일화	24	9	0	0	47	5	0
	1999	천안일화	11	2	0	1	18	2	0
	2000	성남일화	23	7	1	1	53	7	0
	2001	성남일화	14	12	0	1	16	2	0
	2002	성남일화	24	16	0	0	27	2	0
	2003	성남일화	14	12	0	0	25	4	0
	2004	인천	9	4	1	0	25	4	0
	합계		139	70	2	2	260	32	0
프로통산			139	70	2	2	260	32	0

김정주(金正柱) 강릉제일고 1991.09.26

대회	연도	소속	출전	교체	득점	도움	파울	경고	퇴장
BC	2010	강원	7	7	0	0	3	0	0
	2011	강원	5	2	0	0	7	1	0
	2012	강원	3	1	0	0	1	0	0

김정호 (金政浩) (continued)

대회	연도	소속	출전	교체	득점	도움	파울	경고	퇴장
		합계	15	10	0	0	11	1	0
K2	2017	대전	15	14	0	3	8	1	0
		합계	15	14	0	3	8	1	0
		프로통산	30	24	0	3	19	2	0

김정혁 (金正赫) 명지대 1968.11.30

대회	연도	소속	출전	교체	득점	도움	파울	경고	퇴장
BC	1992	대우	34	9	2	2	50	6	0
	1993	대우	10	7	0	0	15	2	0
	1994	대우	11	11	0	0	12	1	0
	1996	부산	11	8	0	0	13	0	0
	1996	전남	21	8	0	3	39	10	0
	1997	전남	34	3	1	3	66	6	0
	1998	전남	26	10	0	2	42	2	0
	1999	전남	35	3	1	4	44	1	0
	2000	전남	23	2	0	2	30	1	0
	2001	전남	28	6	0	0	22	1	0
	2002	전남	6	3	0	0	5	1	0
		합계	239	71	4	15	341	31	0
		프로통산	239	71	4	15	341	31	0

김정현 (金楨鉉) 중동고 1993.06.01

대회	연도	소속	출전	교체	득점	도움	파울	경고	퇴장
K1	2016	광주	7	6	1	0	14	3	0
	2017	광주	14	8	2	0	15	4	1
	2019	성남	18	8	1	1	28	3	0
	2020	부산	8	4	1	0	10	3	0
		합계	47	26	5	1	67	13	1
K2	2018	성남	30	3	2	1	72	5	0
	2021	부산	25	13	0	0	41	6	0
	2022	부산	10	6	0	0	10	2	0
	2022	안양	10	7	1	0	18	4	0
	2023	안양	21	15	4	1	42	2	0
		합계	96	44	7	2	183	19	0
		프로통산	143	70	12	3	250	32	1

김정현 (金正炫) 호남대 1979.04.01

대회	연도	소속	출전	교체	득점	도움	파울	경고	퇴장
BC	2003	부천SK	0	0	0	0	0	0	0
		합계	0	0	0	0	0	0	0
		프로통산	0	0	0	0	0	0	0

김정현 (金正炫) 강릉제일고 1988.05.16

대회	연도	소속	출전	교체	득점	도움	파울	경고	퇴장
BC	2007	인천	0	0	0	0	0	0	0
	2008	인천	1	1	0	0	1	0	0
		합계	1	1	0	0	1	0	0
		프로통산	1	1	0	0	1	0	0

김정호 (金政浩) 인천대 1995.05.31

대회	연도	소속	출전	교체	득점	도움	파울	경고	퇴장
K1	2018	인천	12	7	0	0	5	1	0
	2019	인천	25	3	1	0	23	2	0
	2020	인천	11	3	0	0	14	4	0
		합계	48	13	1	0	42	7	0
K2	2021	부천	30	5	0	0	24	6	0
	2022	부천	9	3	0	0	0	1	0
	2023	안산	31	7	1	2	16	5	0
		합계	70	19	1	2	41	13	0
		프로통산	118	32	2	2	83	20	0

김정호 (金楨浩) 개성고 1998.04.07

대회	연도	소속	출전	교체	실점	도움	파울	경고	퇴장
K1	2020	부산	4	0	5	0	0	0	0
	2021	강원	6	0	9	0	0	0	0
	2022	강원	3	2	5	0	0	0	0
	2023	강원	0	0	0	0	0	0	0
		합계	13	2	19	0	0	0	0
K2	2017	부산	0	0	0	0	0	0	0
	2018	부산	0	0	0	0	0	0	0
	2019	부산	2	0	5	0	0	0	0
		합계	2	0	5	0	0	0	0
승	2019	부산							
		합계	0	0	0	0	0	0	0
		프로통산	15	2	24	0	1	0	0

김정환 (金正桓) 신갈고 1997.01.04

대회	연도	소속	출전	교체	득점	도움	파울	경고	퇴장
K1	2016	서울	1	1	0	0	0	0	0
	2017	서울	1	1	0	0	0	0	0
	2020	광주	11	10	2	2	4	0	0
		합계	12	11	2	2	4	0	0
K2	2018	광주	26	22	4	3	22	1	0
	2019	광주	19	19	4	1	17	2	0
	2021	서울E	13	13	1	3	10	1	0
	2022	서울E	37	33	6	4	36	5	0
	2023	서울E	5	2	0	0	1	0	0
	2023	부산	13	13	2	2	10	2	0
		합계	126	119	19	11	102	11	0
승	2023	부산	2	2	1	0	2	0	0
		합계	2	2	1	0	2	0	0
		프로통산	140	132	22	13	107	11	0

김정훈 (金禎勳) 영생고 2001.04.20

대회	연도	소속	출전	교체	실점	도움	파울	경고	퇴장
K1	2019	전북	0	0	0	0	0	0	0
	2020	전북	0	0	0	0	0	0	0
	2021	전북	3	3	1	0	0	0	0
	2022	전북	9	2	7	0	0	0	0
	2023	전북	29	0	24	0	2	0	0
		합계	41	5	32	0	2	0	0
K2	2021	김천	0	0	0	0	0	0	0
		합계	0	0	0	0	0	0	0
		프로통산	41	5	32	0	2	0	0

김정훈 (金正訓) 관동대(가톨릭관동대) 1991.12.23

대회	연도	소속	출전	교체	득점	도움	파울	경고	퇴장
K2	2014	충주	29	19	3	1	28	4	0
	2015	충주	23	18	1	1	27	0	0
	2016	충주	28	24	0	1	28	3	0
		합계	80	61	4	3	83	7	0
		프로통산	80	61	4	3	83	7	0

김정훈 (金正勳) FSV Mainz05(독일) 1989.02.13

대회	연도	소속	출전	교체	득점	도움	파울	경고	퇴장
BC	2008	대전	5	5	1	0	7	1	0
	2009	대전	0	0	0	0	0	0	0
		합계	5	5	1	0	7	1	0
		프로통산	5	5	1	0	7	1	0

김정희 (金正熙) 한양대 1956.01.13

대회	연도	소속	출전	교체	득점	도움	파울	경고	퇴장
BC	1983	할렐루야	15	4	2	1	6	0	0
	1984	할렐루야	26	7	1	3	8	1	0
	1985	할렐루야	18	3	1	0	4	1	0
		합계	50	14	4	4	18	2	0
		프로통산	50	14	4	4	18	2	0

김제환 (金濟煥) 명지대 1985.06.07

대회	연도	소속	출전	교체	득점	도움	파울	경고	퇴장
K2	2013	경찰	17	13	2	1	11	0	0
		합계	17	13	2	1	11	0	0
		프로통산	17	13	2	1	11	0	0

김종건 (金鍾建) 서울시립대 1964.03.29

대회	연도	소속	출전	교체	득점	도움	파울	경고	퇴장
BC	1985	현대	17	4	2	1	15	1	0
	1986	현대	28	10	2	4	38	3	0
	1987	현대	27	3	2	3	38	2	0
	1988	현대	15	7	0	1	24	0	0
	1989	현대	17	3	2	2	41	2	0
	1990	현대	5	5	0	0	4	0	0
	1991	현대	5	5	0	0	2	0	0
	1991	일화	1	1	0	0	0	0	0
	1992	일화	11	11	0	0	13	0	0
		합계	127	50	14	12	164	10	0
		프로통산	127	50	14	12	164	10	0

김종건 (金鐘建) 한양대 1969.05.10

대회	연도	소속	출전	교체	득점	도움	파울	경고	퇴장
BC	1992	현대	12	13	1	0	11	0	0
	1993	현대	14	15	2	4	11	3	0
	1994	현대	26	15	9	0	21	1	0
	1995	현대	27	21	4	1	22	0	0
	1996	울산	14	13	4	1	20	0	0
	1997	울산	19	13	0	4	36	3	0
	1998	울산	31	20	12	2	41	3	0
	1999	울산	33	18	15	5	32	0	0
	2000	울산	13	10	1	1	14	0	0
		합계	193	136	52	15	208	10	0
		프로통산	193	136	52	15	208	10	0

김종경 (金種慶) 홍익대 1982.05.09

대회	연도	소속	출전	교체	득점	도움	파울	경고	퇴장
BC	2004	광주상무	5	2	0	0	3	2	0
	2005	광주상무	1	1	0	0	0	0	0
	2006	경남	23	7	4	0	67	9	0
	2007	전북	17	9	1	0	27	4	0
	2008	대구	2	1	0	0	2	2	0
		합계	48	19	5	0	99	17	0
		프로통산	48	19	5	0	99	17	0

김종국 (金鐘局) 울산대 1989.01.08

대회	연도	소속	출전	교체	득점	도움	파울	경고	퇴장
BC	2011	울산	3	2	0	0	0	0	0
	2012	울산	16	7	0	4	20	3	0
		합계	19	9	0	4	20	3	0
K1	2013	울산	5	3	0	1	5	0	0
	2015	대전	30	6	1	3	37	4	0
	2016	수원FC	26	12	2	2	21	4	0
		합계	61	23	3	5	59	8	0
K2	2014	대전	17	1	0	0	3	0	0
	2017	아산	17	11	0	0	9	3	0
	2018	아산	30	6	1	2	36	4	0
	2018	수원FC	0	0	0	0	0	0	0
	2019	수원FC	12	6	0	0	9	2	0
	2020	충남아산	2	2	0	0	2	0	0
	2021	충남아산	33	6	1	2	34	5	0
	2022	충남아산	12	3	0	0	24	3	0
	2023	충남아산	10	10	0	0	7	2	0
		합계	133	46	2	5	156	23	0
		프로통산	213	78	5	14	235	34	0

김종만 (金鍾萬) 동아대 1959.06.30

대회	연도	소속	출전	교체	득점	도움	파울	경고	퇴장
BC	1983	국민은행	11	0	0	0	15	1	1
	1984	국민은행	1	0	0	0	0	0	0
	1986	럭키금성	15	2	0	0	19	0	0
	1987	럭키금성	13	4	0	0	11	0	0
		합계	42	6	0	0	46	2	1
		프로통산	42	6	0	0	46	2	1

김종민 (金宗珉) 장훈고 1992.08.11

대회	연도	소속	출전	교체	득점	도움	파울	경고	퇴장
K1	2016	수원	11	10	1	0	10	0	0
	2017	수원	1	1	0	0	1	0	0
	2018	수원	7	4	1	0	7	0	0
		합계	19	15	2	0	18	0	0
K2	2023	천안	25	23	1	1	10	2	0
		합계	25	23	1	1	10	2	0
		프로통산	44	38	3	1	28	2	0

김종민 (金種珉) 충북대 1993.10.03

대회	연도	소속	출전	교체	득점	도움	파울	경고	퇴장
K2	2016	부산	13	13	0	1	3	1	0
		합계	13	13	0	1	3	1	0
		프로통산	13	13	0	1	3	1	0

김종민 (金種民) 보인고 2001.04.13

대회	연도	소속	출전	교체	득점	도움	파울	경고	퇴장

대회	연도	소속	출전	교체	득점	도움	파울	경고	퇴장
K2	2022	김포	19	2	2	0	26	6	0
	2023	김포	4	4	0	0	3	0	0
	합계		23	6	2	0	29	6	0
프로통산			23	6	2	0	29	6	0

김종민(金鍾珉) 한양대 1965.01.06

대회	연도	소속	출전	교체	득점	도움	파울	경고	퇴장
BC	1987	럭키금성	10	3	2	0	9	1	0
	1988	럭키금성	1	1	0	0	0	0	0
	1989	럭키금성	1	1	0	0	1	0	0
	1990	럭키금성	3	3	0	0	2	0	0
	합계		15	8	2	0	12	1	0
프로통산			15	8	2	0	12	1	0

김종복(金鍾福) 중앙대 1984.11.10

대회	연도	소속	출전	교체	득점	도움	파울	경고	퇴장
BC	2006	대구	0	0	0	0	0	0	0
	합계		0	0	0	0	0	0	0
프로통산			0	0	0	0	0	0	0

김종부(金鍾夫) 고려대 1965.01.13

대회	연도	소속	출전	교체	득점	도움	파울	경고	퇴장
BC	1988	포항제철	15	7	0	5	17	0	0
	1989	포항제철	18	14	1	2	19	1	0
	1990	대우	22	5	5	1	19	1	0
	1991	대우	7	7	0	0	6	0	0
	1992	대우	6	2	0	0	4	0	0
	1993	대우	2	2	0	0	0	0	0
	1993	일화	3	0	0	0	1	0	0
	1994	일화	3	3	0	0	0	0	0
	1995	대우	5	5	0	0	6	0	0
	합계		81	51	6	8	72	2	0
프로통산			81	51	6	8	72	2	0

김종석(金綜錫) 상지대 1994.12.11

대회	연도	소속	출전	교체	득점	도움	파울	경고	퇴장
K1	2016	포항	1	1	0	0	0	0	0
	2017	포항	1	1	0	0	0	0	0
	합계		2	2	0	0	0	0	0
K2	2018	안산	17	12	0	2	11	1	0
	2019	안산	1	1	0	0	0	0	0
	합계		18	13	0	2	11	1	0
프로통산			20	15	0	2	11	1	0

김종석(金宗奭) 경상대 1963.05.31

대회	연도	소속	출전	교체	득점	도움	파울	경고	퇴장
BC	1986	럭키금성	27	13	0	0	8	0	0
	1987	럭키금성	7	4	0	0	2	0	0
	합계		34	17	0	0	10	0	0
프로통산			34	17	0	0	10	0	0

김종설(金鍾卨) 중앙대 1960.03.16

대회	연도	소속	출전	교체	득점	도움	파울	경고	퇴장
BC	1983	국민은행	1	0	0	0	2	1	0
	합계		1	0	0	0	2	1	0
프로통산			1	0	0	0	2	1	0

김종성(金鍾城) 아주대 1988.03.12

대회	연도	소속	출전	교체	득점	도움	파울	경고	퇴장
K2	2013	수원FC	24	9	2	0	41	8	1
	2014	안양	26	9	1	0	49	8	0
	2015	안양	16	6	0	0	19	4	0
	합계		66	24	3	0	109	20	1
프로통산			66	24	3	0	109	20	1

김종수(金鍾洙) 동국대 1986.07.25

대회	연도	소속	출전	교체	득점	도움	파울	경고	퇴장
BC	2009	경남	17	2	1	0	50	5	0
	2010	경남	7	4	0	0	12	3	0
	2011	경남	1	0	0	0	0	0	0
	2012	경남	19	9	0	0	17	4	0
	합계		44	15	1	0	81	10	0
K1	2013	대전	5	2	0	1	8	3	0
	합계		5	2	0	1	8	3	0
프로통산			49	17	1	1	89	13	0

김종식(金鍾植) 울산대 1967.03.18

대회	연도	소속	출전	교체	득점	도움	파울	경고	퇴장
BC	1990	현대	1	1	0	0	0	0	0
	1991	현대	8	6	0	0	18	2	0
	1992	현대	17	12	0	1	29	1	0
	1993	현대	10	6	0	0	14	2	0
	1994	현대	17	12	0	0	6	1	0
	1995	현대	25	19	1	1	35	6	0
	1996	울산	13	9	0	1	16	1	0
	1997	울산	2	1	0	0	3	1	0
	합계		93	66	1	3	130	16	0
프로통산			93	66	1	3	130	16	0

김종연(金鍾然) 조선대 1975.11.11

대회	연도	소속	출전	교체	득점	도움	파울	경고	퇴장
BC	1997	안양LG	16	13	2	3	21	1	0
	1998	안양LG	21	16	2	1	22	2	0
	1999	안양LG	6	7	1	1	9	1	0
	합계		42	39	6	2	45	4	0
프로통산			42	39	6	2	45	4	0

김종우(金鍾佑) 선문대 1993.10.01

대회	연도	소속	출전	교체	득점	도움	파울	경고	퇴장
K1	2016	수원	3	3	0	0	2	0	0
	2017	수원	25	18	2	5	30	3	0
	2018	수원	19	12	1	3	33	3	0
	2019	수원	21	15	0	1	33	3	0
	2021	광주	19	12	5	2	24	2	0
	2023	포항	15	11	1	0	21	0	0
	합계		115	83	11	10	132	11	0
K2	2015	수원FC	32	15	4	9	48	3	0
	2022	광주	21	21	1	2	13	3	0
	합계		54	36	1	10	60	6	0
승	2015	수원FC							
프로통산			171	121	18	21	194	17	0

김종원(金鍾沅) 세종대 1993.04.10

대회	연도	소속	출전	교체	득점	도움	파울	경고	퇴장
K2	2016	고양	2	0	0	0	2	0	0
	합계		2	0	0	0	2	0	0
프로통산			2	0	0	0	2	0	0

김종진(金鍾振) 영문고 1999.04.12

대회	연도	소속	출전	교체	득점	도움	파울	경고	퇴장
K1	2018	경남	6	6	1	0	2	1	0
	2019	경남	7	7	0	0	4	1	0
	합계		13	13	2	0	6	2	0
승	2019	경남	0	0	0	0	0	0	0
	합계		0	0	0	0	0	0	0
프로통산			13	13	2	0	6	2	0

김종천(金鍾天) 중앙대 1976.07.07

대회	연도	소속	출전	교체	득점	도움	파울	경고	퇴장
BC	1999	포항	30	23	1	3	20	1	0
	2000	포항	36	17	5	2	29	4	0
	2001	포항	9	7	0	0	2	0	0
	2003	광주상무	34	8	1	2	46	1	0
	2004	포항	15	13	0	0	9	0	0
	2005	포항	2	1	0	0	1	0	0
	2006	전북	2	2	0	0	2	0	0
	합계		128	70	7	7	109	6	0
프로통산			128	70	7	7	109	6	0

김종철(金鍾哲) 인천대 1983.11.09

대회	연도	소속	출전	교체	득점	도움	파울	경고	퇴장
BC	2006	울산	1	1	0	0	3	0	0
	합계		1	1	0	0	3	0	0
프로통산			1	1	0	0	3	0	0

김종필(金鍾必) 장훈고 1992.03.09

대회	연도	소속	출전	교체	득점	도움	파울	경고	퇴장
K1	2019	경남	23	7	2	0	32	3	1
	합계		23	7	2	0	32	3	1
K2	2021	경남	2	2	0	0	1	1	0
	2022	경남	7	3	0	0	2	2	0
	합계		9	5	0	0	3	3	0
승	2019	경남	2	0	0	0	4	1	0
	합계		2	0	0	0	4	1	0
프로통산			34	12	2	0	39	7	1

김종필(金宗弼) 동국대 1967.11.11

대회	연도	소속	출전	교체	득점	도움	파울	경고	퇴장
BC	1994	대우	4	5	0	1	0	0	0
	합계		4	5	0	1	0	0	0
프로통산			4	5	0	1	0	0	0

김종현(金宗賢) 충북대 1973.07.10

대회	연도	소속	출전	교체	득점	도움	파울	경고	퇴장
BC	1998	전남	24	18	3	3	18	1	0
	1999	전남	34	18	4	8	33	3	0
	2000	전남	37	26	5	3	31	1	0
	2001	전남	33	24	2	9	26	1	0
	2002	전남	42	25	1	2	31	0	0
	2003	대전	42	25	4	2	31	0	0
	2004	대전	26	22	4	1	19	2	1
	2005	대전	31	27	1	2	19	0	0
	합계		239	172	30	28	180	8	1
프로통산			239	172	30	28	180	8	1

김종환(金鐘煥) 서울대 1962.11.15

대회	연도	소속	출전	교체	득점	도움	파울	경고	퇴장
BC	1985	현대	15	2	4	3	27	1	0
	1986	현대	22	12	3	2	16	0	0
	1988	유공	15	13	1	1	12	0	0
	합계		52	27	6	7	55	1	0
프로통산			52	27	6	7	55	1	0

김종훈(金鐘勳) 홍익대 1980.12.17

대회	연도	소속	출전	교체	득점	도움	파울	경고	퇴장
BC	2007	경남	14	6	0	0	24	2	0
	2008	경남	21	4	1	0	39	3	0
	2009	경남	5	3	0	0	3	1	0
	2010	부산	7	5	0	0	6	2	0
	합계		47	18	1	0	72	8	0
프로통산			47	18	1	0	72	8	0

김주공(金周孔) 전주대 1996.04.23

대회	연도	소속	출전	교체	득점	도움	파울	경고	퇴장
K1	2020	광주	23	21	2	3	10	0	0
	2021	광주	30	19	5	1	19	1	0
	2022	제주	31	27	4	4	17	1	0
	2023	제주	28	23	4	1	19	3	0
	합계		112	90	15	9	65	4	0
K2	2019	광주	17	10	3	2	12	1	0
	합계		17	10	3	2	12	1	0
프로통산			129	100	18	11	77	5	0

김주봉(金周奉) 숭실대 1986.04.07

대회	연도	소속	출전	교체	득점	도움	파울	경고	퇴장
BC	2009	강원	3	1	0	0	2	1	0
	합계		3	1	0	0	2	1	0
프로통산			3	1	0	0	2	1	0

김주빈(金周彬) 관동대(가톨릭관동대) 1990.12.07

대회	연도	소속	출전	교체	득점	도움	파울	경고	퇴장
K2	2014	대구	14	8	1	1	14	2	0
	합계		14	8	1	1	14	2	0
프로통산			14	8	1	1	14	2	0

김주성(金朱晟) 오산고 2000.12.12

대회	연도	소속	출전	교체	득점	도움	파울	경고	퇴장
K1	2019	서울	10	3	0	0	4	1	0
	2020	서울	13	2	0	0	7	1	0
	2022	김천	3	0	0	0	3	0	0
	2022	서울	5	2	0	0	6	2	0
	2023	서울	38	5	2	1	28	4	0
	합계		73	15	2	1	61	11	0

	대회	연도	소속	출전	교체	득점	도움	파울	경고	퇴장
K2	2021	김천		8	4	0	0	7	1	0
	합계			8	4	0	0	7	1	0
프로통산				81	19	2	1	68	12	0

김주성 (金珠成) 안동과학대 2002.05.22

	대회	연도	소속	출전	교체	득점	도움	파울	경고	퇴장
K2	2023	충남아산		13	13	0	1	13	1	0
	합계			13	13	0	1	13	1	0
프로통산				13	13	0	1	13	1	0

김주성 (金鑄城) 조선대 1966.01.17

	대회	연도	소속	출전	교체	득점	도움	파울	경고	퇴장
BC	1987	대우		28	5	10	4	52	4	0
	1988	대우		10	4	3	0	18	0	0
	1989	대우		8	1	2	1	22	0	0
	1990	대우		9	4	2	0	27	3	0
	1991	대우		37	10	14	5	88	4	0
	1992	대우		9	5	2	1	46	6	0
	1994	대우		30	10	2	1	46	6	0
	1995	대우		30	10	2	1	46	6	0
	1996	부산		26	0	2	2	49	5	0
	1997	부산		34	0	1	1	33	3	0
	1998	부산		13	4	0	1	15	6	1
	1999	부산		33	5	0	1	57	5	0
	합계			255	45	35	17	466	37	1
프로통산				255	45	35	17	466	37	1

김주엽 (金柱燁) 보인고 2000.04.05

	대회	연도	소속	출전	교체	득점	도움	파울	경고	퇴장
K1	2021	수원FC		12	12	0	1	8	1	0
	2022	수원FC		9	8	0	1	4	0	0
	2023	수원FC		9	7	0	0	4	0	0
	합계			30	27	0	2	16	1	0
K2	2019	수원FC		8	7	0	0	4	1	0
	2020	수원FC		0	0	0	0	0	0	0
	합계			8	7	0	0	4	1	0
승	2023	수원FC		1	1	0	1	0	0	0
	합계			1	1	0	1	0	0	0
프로통산				39	35	0	3	21	2	0

김주영 (金周榮) 연세대 1988.07.09

	대회	연도	소속	출전	교체	득점	도움	파울	경고	퇴장
BC	2009	경남		21	1	0	0	26	4	0
	2010	경남		30	1	0	0	31	4	0
	2011	경남		4	0	1	0	2	0	0
	2012	서울		33	7	0	0	12	4	0
	합계			88	9	1	0	71	12	0
K1	2013	서울		31	2	0	1	24	4	0
	2014	서울		29	1	2	0	21	5	0
	합계			60	3	4	1	45	9	0
프로통산				148	12	5	1	116	21	0

김주영 (金周寧) 건국대 1977.06.06

	대회	연도	소속	출전	교체	득점	도움	파울	경고	퇴장
BC	2000	안양LG		1	1	0	0	0	0	0
	합계			1	1	0	0	0	0	0
프로통산				1	1	0	0	0	0	0

김주원 (金主員/←김준수) 영남대 1991.07.29

	대회	연도	소속	출전	교체	득점	도움	파울	경고	퇴장
K1	2013	포항		7	4	1	0	2	1	0
	2014	포항		10	4	0	0	14	4	0
	2015	포항		18	2	2	0	34	3	0
	2016	포항		22	6	0	0	21	7	0
	2017	전남		13	6	0	0	12	1	0
	2021	제주		2	0	0	0	1	0	0
	2022	제주		1	1	0	0	0	0	0
	2023	제주		11	5	0	1	16	4	0
	2023	수원		17	3	0	0	16	4	0
	합계			101	33	3	1	116	24	0
K2	2018	아산		6	3	1	0	5	0	0
	2019	아산		10	2	0	0	9	1	0
	2019	전남		12	1	0	0	17	3	0
	2020	전남		26	0	1	1	34	5	0
	합계			54	6	1	2	65	9	1
프로통산				155	39	4	3	181	33	1

김주일 (金住鎰) 대구대 1974.03.05

	대회	연도	소속	출전	교체	득점	도움	파울	경고	퇴장
BC	1997	천안일화		6	3	0	0	7	2	0
	합계			6	3	0	0	7	2	0
프로통산				6	3	0	0	7	2	0

김주찬 (金主贊) 수원공 2004.03.29

	대회	연도	소속	출전	교체	득점	도움	파울	경고	퇴장
K1	2023	수원		25	23	5	0	4	0	0
	합계			25	23	5	0	4	0	0
프로통산				25	23	5	0	4	0	0

김주헌 (金湊軒) 용인대 1997.04.09

	대회	연도	소속	출전	교체	득점	도움	파울	경고	퇴장
K2	2023	천안		14	10	0	2	8	2	0
	합계			14	10	0	2	8	2	0
프로통산				14	10	0	2	8	2	0

김주형 (金珠亨) 중동FC U18 2003.05.13

	대회	연도	소속	출전	교체	득점	도움	파울	경고	퇴장
K1	2022	강원		1	1	0	0	0	0	0
	합계			1	1	0	0	0	0	0
프로통산				1	1	0	0	0	0	0

김주형 (金柱亨) 동의대 1989.08.23

	대회	연도	소속	출전	교체	득점	도움	파울	경고	퇴장
BC	2010	대전		2	2	0	0	2	0	0
	2011	대전		2	2	0	0	2	0	0
	합계			4	4	0	0	4	0	0
K2	2014	충주		0	0	0	0	0	0	0
	합계			0	0	0	0	0	0	0
프로통산				4	4	0	0	4	0	0

김주환 (金周煥) 포항제철고 2001.02.17

	대회	연도	소속	출전	교체	득점	도움	파울	경고	퇴장
K1	2020	포항		1	1	0	0	0	0	0
	합계			1	1	0	0	0	0	0
K2	2021	경남		24	6	0	0	19	4	1
	2022	안양		25	3	0	0	11	3	1
	2023	천안		31	7	0	2	18	3	0
	합계			80	32	0	2	48	10	2
프로통산				81	33	0	2	48	10	2

김주환 (金周奐) 아주대 1982.04.24

	대회	연도	소속	출전	교체	득점	도움	파울	경고	퇴장
BC	2005	대구		15	7	1	2	20	1	0
	2006	대구		19	9	0	0	34	4	0
	2007	대구		22	6	1	0	29	2	0
	2008	대구		11	2	1	1	11	0	0
	2009	대구		17	2	1	0	26	7	0
	2010	광주상무		0	0	0	0	0	0	0
	2011	상주		9	2	0	0	10	0	0
	2011	대구		0	0	0	0	0	0	0
	합계			93	30	5	7	133	18	0
프로통산				93	30	5	7	133	18	0

김주훈 (金柱薰) 동아대 1959.02.27

	대회	연도	소속	출전	교체	득점	도움	파울	경고	퇴장
BC	1983	국민은행		5	1	0	1	3	0	0
	합계			5	1	0	1	3	0	0
프로통산				5	1	0	1	3	0	0

김준 (金俊) 대월중 1986.12.09

	대회	연도	소속	출전	교체	득점	도움	파울	경고	퇴장
BC	2003	수원		0	0	0	0	0	0	0
	합계			0	0	0	0	0	0	0
프로통산				0	0	0	0	0	0	0

김준민 (金俊旻) 동의대 1983.09.07

	대회	연도	소속	출전	교체	득점	도움	파울	경고	퇴장
BC	2007	대전		1	1	0	0	1	0	0
	합계			1	1	0	0	1	0	0
프로통산				1	1	0	0	1	0	0

김준범 (金俊範) 연세대 1998.01.14

	대회	연도	소속	출전	교체	득점	도움	파울	경고	퇴장
K1	2018	경남		22	17	1	0	18	6	0
	2019	경남		28	10	1	3	26	1	0
	2020	인천		21	20	1	1	20	4	0
	2021	인천		19	17	1	0	14	2	0
	2022	경남		13	9	2	1	9	2	0
	합계			103	73	6	5	87	15	0
K2	2023	김천		14	14	0	1	11	2	0
	합계			14	14	0	1	11	2	0
승	2019	경남		1	1	0	0	6	1	0
	2022	김천		1	1	0	0	1	0	0
	합계			2	2	0	0	7	1	0
프로통산				120	88	7	5	105	18	0

김준범 (金峻範) 호남대 1986.06.23

	대회	연도	소속	출전	교체	득점	도움	파울	경고	퇴장
BC	2012	강원		1	1	0	0	1	0	0
	합계			1	1	0	0	1	0	0
프로통산				1	1	0	0	1	0	0

김준석 (金俊錫) 고려대 1976.04.21

	대회	연도	소속	출전	교체	실점	도움	파울	경고	퇴장
BC	1999	부산		6	1	11	0	0	0	0
	2000	부산		0	0	0	0	0	0	0
	합계			6	1	11	0	0	0	0
프로통산				6	1	11	0	0	0	0

김준섭 (金峻燮) 홍익대 1999.10.01

	대회	연도	소속	출전	교체	득점	도움	파울	경고	퇴장
K2	2021	안양		3	3	0	0	1	0	0
	합계			3	3	0	0	1	0	0
프로통산				3	3	0	0	1	0	0

김준엽 (金俊燁) 홍익대 1988.05.10

	대회	연도	소속	출전	교체	득점	도움	파울	경고	퇴장
BC	2010	제주		1	1	0	0	0	0	0
	2011	제주		1	1	0	0	3	0	0
	2012	제주		12	5	0	0	12	3	0
	합계			14	6	0	0	15	3	0
K1	2014	경남		13	4	0	0	19	1	0
	2019	대구		2	2	0	0	1	1	0
	2020	인천		15	2	0	3	13	2	0
	2021	인천		18	6	0	0	16	3	0
	2022	인천		25	4	1	0	8	5	0
	합계			93	27	1	6	85	15	0
K2	2013	광주		29	13	0	2	50	3	0
	2015	경남		34	4	0	1	41	6	0
	2016	안산무궁		28	10	1	3	28	9	0
	2017	아산		18	0	0	2	16	3	0
	2018	부천		31	2	1	3	45	2	0
	합계			140	28	7	11	194	17	0
승	2014	경남		2	1	0	0	1	0	0
	합계			2	1	0	0	1	0	0
프로통산				249	62	8	17	295	36	0

김준태 (金俊泰) 한남대 1985.05.31

	대회	연도	소속	출전	교체	득점	도움	파울	경고	퇴장
BC	2010	강원		4	3	0	0	3	0	0
	합계			4	3	0	0	3	0	0
K2	2015	고양		38	7	2	4	48	8	0
	2016	서울E		24	5	1	2	41	4	0
	2017	서울E		24	7	0	2	55	1	0
	2018	서울E		17	9	0	1	40	3	0
	합계			103	28	3	9	184	16	0
프로통산				107	31	3	9	187	16	0

김준현 (金俊鉉) 연세대 1964.01.20

	대회	연도	소속	출전	교체	득점	도움	파울	경고	퇴장
BC	1986	대우		11	9	3	0	7	2	0
	1987	유공		26	13	3	4	22	3	1
	1988	유공		10	8	0	0	14	0	0
	1989	유공		33	33	5	4	20	3	0

대회	연도	소속	출전	교체	득점	도움	파울	경고	퇴장
	1990	유공	17	16	1	0	12	1	0
	1991	유공	29	25	0	8	23	3	0
	1992	유공	2	2	0	0	1	0	0
	합계		128	106	12	16	100	12	1
프로통산			128	106	12	16	100	12	1

김준협(金俊協) 오현고 1978.11.11

대회	연도	소속	출전	교체	득점	도움	파울	경고	퇴장
BC	2004	울산	1	1	0	0	1	0	0
	합계		1	1	0	0	1	0	0
프로통산			1	1	0	0	1	0	0

김준형(金俊亨) 송호고 1996.04.05

대회	연도	소속	출전	교체	득점	도움	파울	경고	퇴장
K1	2017	수원	0	0	0	0	0	0	0
	2018	수원	5	4	0	0	4	1	0
	2020	수원	2	2	0	0	0	0	0
	2021	수원FC	12	12	0	1	12	2	0
	합계		19	18	0	1	16	3	0
K2	2016	부산	16	14	0	0	17	1	0
	2022	부천	37	28	4	4	33	5	0
	2023	부천	11	12	0	0	12	1	0
	합계		64	54	4	4	60	7	0
프로통산			83	72	4	5	78	10	0

김준호(金俊鎬) 포항제철고 2002.12.11

대회	연도	소속	출전	교체	득점	도움	파울	경고	퇴장
K1	2021	포항	2	2	0	0	2	0	0
	2022	포항	7	7	0	0	1	0	0
	2023	포항	25	25	0	0	18	0	0
	합계		34	34	0	0	21	0	0
프로통산			34	34	0	0	21	0	0

김준홍(金峻弘) 영생고 2003.06.03

대회	연도	소속	출전	교체	실점	도움	파울	경고	퇴장
K1	2021	전북	2	2	0	0	0	0	0
	2022	전북	2	2	1	0	0	0	0
	합계		4	4	1	0	0	0	0
K2	2023	김천	8	0	6	1	0	0	0
	합계		8	0	6	1	0	0	0
프로통산			12	4	7	1	0	0	0

김지민(金智珉) 동래고 1993.06.05

대회	연도	소속	출전	교체	득점	도움	파울	경고	퇴장
BC	2012	부산	7	6	0	0	6	1	0
	합계		7	6	0	0	6	1	0
K1	2013	부산	3	3	0	0	0	0	0
	2014	부산	1	1	0	0	0	0	0
	2015	부산	1	1	0	0	0	0	0
	2018	포항	17	11	4	1	24	0	0
	2019	포항	6	6	0	0	5	0	0
	2022	포항	2	2	0	0	1	0	0
	합계		30	24	5	1	32	4	0
K2	2016	부산	1	1	0	0	0	0	0
	2019	수원FC	12	12	1	0	11	3	0
	합계		13	13	1	0	11	3	0
프로통산			50	43	6	1	49	8	0

김지민(金智敏) 한양대 1984.11.27

대회	연도	소속	출전	교체	득점	도움	파울	경고	퇴장
BC	2007	울산	0	0	0	0	0	0	0
	2008	포항	1	1	0	0	0	0	0
	2009	대전	5	2	0	0	9	0	0
	2010	광주상무	2	0	0	0	2	0	0
	2011	상주	8	3	0	0	7	2	0
K2	2013	수원FC	0	0	0	0	0	0	0
	합계		18	9	0	0	19	4	0
프로통산			18	9	0	0	19	4	0

김지성(金志成) 동의대 1987.11.08

대회	연도	소속	출전	교체	실점	도움	파울	경고	퇴장
K2	2013	광주	25	0	39	0	2	1	0
	합계		25	0	39	0	2	1	0
프로통산			25	0	39	0	2	1	0

김지수(金志樹) 풍생고 2004.12.24

대회	연도	소속	출전	교체	득점	도움	파울	경고	퇴장
K1	2022	성남	19	4	0	1	3	1	0
	합계		19	4	0	1	3	1	0
K2	2023	성남	1	1	0	0	0	0	0
	합계		1	1	0	0	0	0	0
프로통산			20	5	0	1	3	1	0

김지안(金志矸) 용인대 1995.12.30

대회	연도	소속	출전	교체	득점	도움	파울	경고	퇴장
K2	2022	안산	1	1	0	0	0	0	0
	합계		1	1	0	0	0	0	0
프로통산			1	1	0	0	0	0	0

김지운(金只澐/←김봉래) 명지대 1990.07.02

대회	연도	소속	출전	교체	득점	도움	파울	경고	퇴장
K1	2013	제주	23	5	1	0	23	3	0
	2014	제주	21	12	1	1	9	2	0
	2015	제주	10	2	0	0	3	0	0
	2016	제주	7	0	0	0	6	0	0
	2019	제주	6	6	0	0	8	5	0
	합계		67	25	2	2	44	10	0
K2	2016	서울E	12	12	0	0	4	1	0
	2017	서울E	9	2	1	0	7	2	0
	2017	수원FC	13	1	0	0	5	0	0
	2018	아산	11	6	0	0	9	2	0
	2019	아산	11	6	0	0	9	2	0
	2020	제주	0	0	0	0	0	0	0
	2022	경남	5	5	0	0	0	0	0
	2023	충북청주	0	0	0	0	0	0	0
	합계		61	26	1	0	38	4	0
프로통산			128	51	3	10	82	14	0

김지운(金持云) 청주대 2002.01.31

대회	연도	소속	출전	교체	득점	도움	파울	경고	퇴장
K2	2023	충북청주	1	1	0	0	0	0	0
K2	합계		1	1	0	0	0	0	0
프로통산			1	1	0	0	0	0	0

김지운(金智運) 아주대 1976.11.13

대회	연도	소속	출전	교체	실점	도움	파울	경고	퇴장
BC	1999	부천SK	0	0	0	0	0	0	0
	2000	부천SK	0	0	0	0	0	0	0
	2001	부천SK	0	0	0	0	0	0	0
	2003	광주상무	0	0	0	0	0	0	0
	2004	부천SK	0	0	0	0	0	0	0
	2006	대구	6	1	5	0	0	0	0
	합계		6	1	5	0	0	0	0
프로통산			6	1	5	0	0	0	0

김지웅(金知雄) 경희대 1989.01.14

대회	연도	소속	출전	교체	득점	도움	파울	경고	퇴장
BC	2010	전북	16	15	1	2	23	4	0
	2011	전북	13	12	3	0	27	6	0
	2012	경남	2	2	1	0	4	1	0
	합계		31	29	5	2	51	10	0
K1	2013	부산	2	2	0	0	2	1	0
	합계		2	2	0	0	2	1	0
K2	2014	고양	4	1	1	0	8	0	0
	2015	고양	5	5	1	1	1	1	0
	합계		9	6	2	1	9	1	0
프로통산			42	37	7	3	62	12	1

김지웅(金智雄) 광운대 1990.05.19

대회	연도	소속	출전	교체	득점	도움	파울	경고	퇴장
K1	2014	상주	0	0	0	0	0	0	0
	합계		0	0	0	0	0	0	0
K2	2013	부천	4	4	0	0	1	0	0
	2015	상주	0	0	0	0	0	0	0
	합계		4	4	0	0	1	0	0
프로통산			4	4	0	0	1	0	0

김지철(金地鐵) 예원예술대 1995.04.06

대회	연도	소속	출전	교체	실점	도움	파울	경고	퇴장
K2	2016	대전	0	0	0	0	0	0	0
	합계		0	0	0	0	0	0	0
프로통산			0	0	0	0	0	0	0

김지혁(金志赫) 경남상고 1981.10.26

대회	연도	소속	출전	교체	실점	도움	파울	경고	퇴장
BC	2001	부산	3	0	4	0	0	0	0
	2002	부산	0	0	0	0	0	0	0
	2003	부산	0	0	0	0	0	0	0
	2004	부산	2	0	8	0	0	0	0
	2005	울산	4	1	4	0	0	0	0
	2006	울산	29	2	27	0	1	1	0
	2007	울산	5	1	3	0	0	0	0
	2008	포항	21	1	24	0	0	0	0
	2009	포항	10	1	14	0	1	0	0
	2010	광주상무	26	1	39	0	0	0	0
	2011	상주	11	0	12	0	0	2	0
	합계		111	7	136	0	1	6	0
프로통산			111	7	136	0	1	6	0

김지현(金址泫) 강원한라대 1996.07.22

대회	연도	소속	출전	교체	득점	도움	파울	경고	퇴장
K1	2018	강원	12	12	3	0	9	0	0
	2019	강원	27	21	10	1	21	3	0
	2020	강원	23	14	8	2	24	5	0
	2021	울산	17	16	1	1	12	0	0
	2022	김천	31	17	4	2	21	1	0
	2023	울산	5	5	0	0	2	0	0
	합계		115	85	26	6	90	6	0
K2	2023	김천	13	4	3	1	9	1	0
	합계		13	4	3	1	9	1	0
승	2022	김천	2	0	0	0	2	0	0
	합계		2	0	0	0	2	0	0
프로통산			130	89	29	7	101	7	0

김지호(金芝鎬) 수원대 1997.08.03

대회	연도	소속	출전	교체	득점	도움	파울	경고	퇴장
K2	2018	부천	7	7	0	0	4	1	0
	2019	부천	3	2	0	0	3	0	0
	합계		10	9	0	0	7	1	0
프로통산			10	9	0	0	7	1	0

김지환(金智煥) 영동대 1988.04.21

대회	연도	소속	출전	교체	실점	도움	파울	경고	퇴장
BC	2011	부산	0	0	0	0	0	0	0
	합계		0	0	0	0	0	0	0
프로통산			0	0	0	0	0	0	0

김지훈(金志訓) 청주대 1993.06.16

대회	연도	소속	출전	교체	득점	도움	파울	경고	퇴장
K2	2016	고양	16	8	0	1	15	2	0
	합계		16	8	0	1	15	2	0
프로통산			16	8	0	1	15	2	0

김지훈(金志勳) 원주공고 1997.09.30

대회	연도	소속	출전	교체	득점	도움	파울	경고	퇴장
K2	2016	서울E	0	0	0	0	0	0	0
	합계		0	0	0	0	0	0	0
프로통산			0	0	0	0	0	0	0

김지훈(金志勳) 충남기계공고 2000.06.26

대회	연도	소속	출전	교체	득점	도움	파울	경고	퇴장
K2	2019	대전	1	1	0	0	0	0	0
	2020	대전	9	2	0	2	9	0	0
	2021	대전	1	1	0	0	0	0	0
	2022	대전	2	1	0	0	2	0	0
	합계		13	5	0	2	11	0	0
프로통산			13	5	0	2	11	0	0

김진국(金鎭國) 건국대 1951.09.14

대회	연도	소속	출전	교체	득점	도움	파울	경고	퇴장
BC	1984	국민은행	15	10	2	3	5	0	0
	합계		15	10	2	3	5	0	0
프로통산			15	10	2	3	5	0	0

김진규(金珍圭) 안동고 1985.02.16

대회	연도	소속	출전	교체	득점	도움	파울	경고	퇴장
BC	2003	전남	11	4	1	0	12	2	0
	2004	전남	15	0	1	1	22	5	0
	2007	전남	9	0	2	0	14	4	0
	2007	서울	9	1	0	0	19	1	0
	2008	서울	29	4	0	0	51	7	1
	2009	서울	32	4	0	3	45	6	0
	2010	서울	30	4	1	0	33	3	1
	2012	서울	37	2	4	1	49	7	0
	합계		172	19	9	5	245	35	2
K1	2013	서울	35	1	6	1	25	3	0
	2014	서울	33	2	2	2	43	3	0
	2015	서울	15	6	0	0	15	1	0
	합계		83	9	8	3	83	7	0
K2	2017	대전	13	2	0	0	11	4	0
	합계		13	2	0	0	11	4	0
프로통산			268	30	17	8	339	46	2

김진규(金鎭圭) 개성고 1997.02.24

대회	연도	소속	출전	교체	득점	도움	파울	경고	퇴장
K1	2015	부산	14	10	1	2	11	3	0
	2020	부산	8	8	1	2	8	0	0
	2022	전북	26	15	2	1	29	3	0
	합계		48	33	4	5	48	6	0
K2	2016	부산	6	5	0	0	6	0	0
	2017	부산	10	6	0	0	12	2	0
	2018	부산	32	15	7	2	43	3	0
	2019	부산	32	18	4	3	19	1	0
	2021	부산	27	7	4	2	30	2	1
	2022	부산	1	0	0	0	1	0	0
	2023	김천	32	29	6	5	31	3	0
	합계		140	80	21	12	144	11	1
승	2015	부산	1	1	0	0	1	1	0
	2018	부산	2	1	1	0	2	0	0
	2019	부산	2	1	0	0	4	0	0
	합계		5	3	1	0	7	1	0
프로통산			193	116	26	17	199	18	1

김진래(進來) 매탄고 1997.05.01

대회	연도	소속	출전	교체	득점	도움	파울	경고	퇴장
K2	2019	안양	24	3	1	2	27	4	0
	2019	안산	19	6	0	0	21	5	0
	2020	안산	9	0	0	0	18	3	0
	2021	안산	25	5	1	1	17	3	0
	2023	성남	25	6	0	4	22	4	0
	합계		102	20	2	7	105	19	0
프로통산			102	20	2	7	105	19	0

김진만(金眞萬) 선문대 1990.05.03

대회	연도	소속	출전	교체	득점	도움	파울	경고	퇴장
BC	2011	대전	1	1	0	0	4	1	0
	합계		1	1	0	0	4	1	0
프로통산			1	1	0	0	4	1	0

김진성(金鎭成) 광운대 1999.12.09

대회	연도	소속	출전	교체	득점	도움	파울	경고	퇴장
K1	2021	서울	8	6	1	0	2	0	0
	2022	서울	1	1	0	0	1	0	0
	합계		9	7	1	0	3	0	0
프로통산			9	7	1	0	3	0	0

김진성(進成) 한남대 1997.06.16

대회	연도	소속	출전	교체	득점	도움	파울	경고	퇴장
K2	2019	전남	3	2	0	0	2	2	0
	2021	전남	1	1	0	0	0	0	0
	합계		4	3	0	0	2	2	0
프로통산			4	3	0	0	2	2	0

김진솔(金眞率) 우석대 1989.01.11

대회	연도	소속	출전	교체	득점	도움	파울	경고	퇴장
BC	2010	대전	4	4	0	0	4	1	0
	2011	대전	4	3	0	0	4	0	0
	합계		8	7	0	0	12	3	0
프로통산			8	7	0	0	12	3	0

김진수(金鎭秀) 신갈고 1995.02.28

대회	연도	소속	출전	교체	득점	도움	파울	경고	퇴장
K1	2016	광주	1	1	0	0	1	0	0
	합계		1	1	0	0	1	0	0
프로통산			1	1	0	0	1	0	0

김진수(金珍洙) 경희대 1992.06.13

대회	연도	소속	출전	교체	득점	도움	파울	경고	퇴장
K1	2017	전북	29	3	4	5	36	7	0
	2018	전북	7	1	0	1	10	3	0
	2019	전북	27	3	2	4	35	5	1
	2020	전북	15	0	0	2	24	1	1
	2021	전북	12	1	0	0	20	3	0
	2022	전북	31	9	2	3	21	6	0
	2023	전북	19	3	1	0	24	8	0
	합계		140	20	9	15	170	35	2
프로통산			140	20	9	15	170	35	2

김진수(金珍洙) 창원기계공고 1984.07.02

대회	연도	소속	출전	교체	실점	도움	파울	경고	퇴장
BC	2006	인천	0	0	0	0	0	0	0
	2007	인천	0	0	0	0	0	0	0
	합계		0	0	0	0	0	0	0
프로통산			0	0	0	0	0	0	0

김진식(金珍植) 전주대 1977.03.16

대회	연도	소속	출전	교체	실점	도움	파울	경고	퇴장
BC	2003	대구	22	1	33	0	1	0	0
	2004	대구	2	0	4	0	1	0	0
	2005	대구	16	0	21	0	0	2	0
	합계		40	1	58	0	2	2	0
프로통산			40	1	58	0	2	2	0

김진야(金鎭冶) 대건고 1998.06.30

대회	연도	소속	출전	교체	득점	도움	파울	경고	퇴장
K1	2017	인천	16	15	0	1	14	1	0
	2018	인천	25	13	1	1	27	3	0
	2019	인천	32	11	0	1	36	1	0
	2020	서울	24	13	0	3	19	1	0
	2021	서울	18	12	0	0	11	1	0
	2022	서울	34	19	1	1	22	4	0
	2023	서울	29	20	0	1	13	1	0
	합계		178	103	2	8	129	8	0
프로통산			178	103	2	8	129	8	0

김진영(金珍英) 건국대 1992.03.02

대회	연도	소속	출전	교체	실점	도움	파울	경고	퇴장
K1	2014	포항	1	1	1	0	0	0	0
	2016	포항	0	0	0	0	0	0	0
	2017	포항	17	2	15	0	1	0	0
	합계		19	4	18	0	1	0	0
K2	2018	대전	11	1	17	0	1	1	0
	2019	대전	7	0	13	0	0	0	0
	2020	대전	14	0	20	0	1	0	0
	합계		32	1	50	0	2	1	0
프로통산			51	5	68	0	3	1	1

김진영(金眞詠) 선문대 2000.10.20

대회	연도	소속	출전	교체	득점	도움	파울	경고	퇴장
K2	2022	광주	2	2	0	0	3	0	0
	합계		2	2	0	0	3	0	0
프로통산			2	2	0	0	3	0	0

김진옥(金鎭玉) 영남대 1952.12.17

대회	연도	소속	출전	교체	득점	도움	파울	경고	퇴장
BC	1983	할렐루야	5	2	0	0	6	0	0
	1984	할렐루야	17	0	0	0	22	2	0
	1985	할렐루야	18	3	0	0	35	2	0
	합계		40	5	0	0	62	4	0
프로통산			40	5	0	0	62	4	0

김진용(金珍龍) 한양대 1982.10.09

대회	연도	소속	출전	교체	득점	도움	파울	경고	퇴장
BC	2004	울산	29	22	3	3	34	2	0
	2005	울산	27	24	8	2	27	1	0
	2006	경남	30	16	7	4	41	3	0
	2008	경남	31	26	6	3	36	1	0
	2009	성남일화	33	30	7	5	43	4	0
	2010	성남일화	11	11	0	2	8	0	0
	2011	성남일화	13	13	2	0	9	2	0
	2011	강원	12	9	2	0	15	3	0
	2012	포항	21	21	1	1	28	2	0
	합계		211	176	36	20	241	25	0
K1	2013	강원	7	6	0	0	7	0	0
	합계		7	6	0	0	7	0	0
K2	2017	경남	2	2	0	0	4	2	0
	합계		2	2	0	0	4	2	0
프로통산			220	184	36	20	252	27	0

김진용(金鎭用) 대구대 1973.05.05

대회	연도	소속	출전	교체	득점	도움	파울	경고	퇴장
BC	1996	안양G	12	12	0	1	7	0	0
	1997	안양G	2	2	0	0	0	0	0
	2000	안양G	0	0	0	0	0	0	0
	합계		14	14	0	1	7	0	0
프로통산			14	14	0	1	7	0	0

김진우(金珍友) 대구대 1975.10.09

대회	연도	소속	출전	교체	득점	도움	파울	경고	퇴장
BC	1996	수원	23	10	0	1	60	5	0
	1997	수원	30	8	0	0	59	8	0
	1998	수원	33	6	2	4	93	7	0
	1999	수원	41	0	4	4	142	7	0
	2000	수원	34	0	1	3	99	8	0
	2001	수원	27	1	0	2	64	3	0
	2002	수원	13	4	0	0	15	0	0
	2003	수원	26	8	0	2	54	5	0
	2004	수원	30	4	0	3	105	3	0
	2005	수원	18	8	0	0	34	1	0
	2006	수원	22	12	0	0	48	1	0
	2007	수원	8	5	0	0	7	0	0
	합계		310	68	2	18	795	46	0
프로통산			310	68	2	18	795	46	0

김진욱(金鎭旭) 홍익대 1997.03.06

대회	연도	소속	출전	교체	득점	도움	파울	경고	퇴장
K2	2019	안산	10	10	1	1	6	0	0
	합계		10	10	1	1	6	0	0
프로통산			10	10	1	1	6	0	0

김진일(金鎭一) 마산공고 1985.10.26

대회	연도	소속	출전	교체	득점	도움	파울	경고	퇴장
BC	2009	강원	5	3	1	0	8	0	0
	2010	강원	1	1	0	0	1	0	0
	합계		6	4	1	0	9	0	0
프로통산			6	4	1	0	9	0	0

김진혁(金鎭爀) 숭실대 1993.06.03

대회	연도	소속	출전	교체	득점	도움	파울	경고	퇴장
K1	2017	대구	32	8	4	0	42	7	0
	2018	대구	25	11	1	0	25	4	1
	2019	대구	6	3	4	1	9	0	0
	2019	상주	19	1	0	0	13	1	0
	2020	상주	19	1	1	0	17	4	0
	2021	대구	34	8	6	2	41	2	0
	2022	대구	26	6	2	1	29	4	0
	2023	대구	38	4	1	1	33	3	0
	합계		189	42	20	5	210	26	1
K2	2015	대구	12	12	0	0	4	1	0
	합계		12	12	0	0	4	1	0
프로통산			201	54	20	5	214	27	1

김진현(金眞鉉) 용인대 1999.09.28

대회	연도	소속	출전	교체	득점	도움	파울	경고	퇴장
K1	2020	광주	2	2	0	0	0	0	0

(좌측 단)

대회	연도	소속	출전	교체	득점	도움	파울	경고	퇴장
	2021	포항	5	5	0	0	1	1	0
	합계		7	7	0	0	1	1	0
K2	2023	안산	24	17	1	0	35	5	0
	합계		24	17	1	0	35	5	0
프로통산			31	24	1	0	36	6	0

김진현(金眞賢) 광양제철고 1987.07.29

대회	연도	소속	출전	교체	득점	도움	파울	경고	퇴장
BC	2007	전남	0	0	0	0	0	0	0
	2008	전남	8	1	2	0	9	2	0
	2009	전남	8	4	0	0	9	1	0
	2010	경남	12	11	0	1	6	1	0
	2011	경남	8	6	0	1	8	0	0
	합계		36	22	2	2	32	4	0
K1	2013	대전	2	0	0	1	3	1	0
	합계		2	0	0	1	3	1	0
K2	2016	부천	14	1	0	0	16	3	0
	2017	부천	2	1	0	0	0	0	0
	합계		16	2	0	0	16	3	0
프로통산			54	24	2	3	51	8	0

김진현(金眞鉉) 용인대 1999.09.28

대회	연도	소속	출전	교체	득점	도움	파울	경고	퇴장
K1	2020	광주	2	2	0	0	1	0	0
	2021	포항	5	5	0	0	1	1	0
	합계		7	7	0	0	1	1	0
프로통산			7	7	0	0	1	1	0

김진형(金鎭亨) 한양대 1969.04.10

대회	연도	소속	출전	교체	득점	도움	파울	경고	퇴장
BC	1992	유공	22	10	0	0	19	1	0
	1993	유공	33	4	0	0	39	2	0
	1994	유공	14	5	0	0	10	2	0
	1995	유공	22	8	0	0	44	6	0
	1996	부천SK	29	23	1	0	40	3	0
	1997	부천SK	1	1	0	0	0	0	0
	1997	천안일화	10	5	0	0	5	0	0
	1998	전남	1	1	0	0	0	0	0
	1998	포항	11	11	0	0	12	3	0
	1999	포항	20	11	1	0	24	4	0
	합계		163	79	2	0	195	20	0
프로통산			163	79	2	0	195	20	0

김진호(金進晧) 광운대 2000.01.21

대회	연도	소속	출전	교체	득점	도움	파울	경고	퇴장
K1	2022	강원	28	16	3	2	26	4	0
	2023	강원	23	20	2	2	18	1	0
	합계		51	36	5	4	44	5	0
승	2023	강원	2	2	0	0	0	0	0
	합계		2	2	0	0	0	0	0
프로통산			53	38	5	4	44	5	0

김진환(金眞煥) 경희대 1989.03.01

대회	연도	소속	출전	교체	득점	도움	파울	경고	퇴장
BC	2011	강원	19	1	0	0	27	2	0
	2012	강원	19	3	0	0	23	4	0
	합계		38	4	0	0	50	6	0
K1	2013	강원	12	1	0	0	15	3	0
	2014	인천	2	1	0	0	2	0	0
	2015	인천	20	3	0	3	17	3	0
	2016	광주	5	2	0	0	5	1	0
	2017	상주	7	5	0	1	9	1	0
	2018	상주	12	11	0	0	8	2	0
	합계		58	26	0	4	51	9	0
K2	2016	안양	17	0	0	0	23	6	0
	2018	광주	12	2	1	0	7	0	0
	2019	광주	5	2	1	0	4	1	0
	2020	서울E	11	1	1	1	20	3	0
	2021	서울E	22	4	2	0	21	4	0
	2022	서울E	5	5	0	0	5	0	0
	합계		72	14	4	1	74	14	0
승	2017	상주	0	0	0	0	0	0	0

(중앙 단)

대회	연도	소속	출전	교체	득점	도움	파울	경고	퇴장
	합계		0	0	0	0	0	0	0
프로통산			168	44	7	2	175	29	0

김찬(金澯) 포항제철고 2000.04.25

대회	연도	소속	출전	교체	득점	도움	파울	경고	퇴장
K2	2019	대전	7	6	1	0	7	1	0
	2020	충남아산	25	20	1	1	33	4	0
	2021	충남아산	25	24	1	1	44	5	0
	2022	부산	25	18	2	2	34	3	0
	2023	부산	26	23	8	1	42	5	0
	합계		108	91	13	5	160	18	0
승	2023	부산	2	2	0	1	0	0	0
	합계		2	2	0	1	0	0	0
프로통산			110	93	13	6	161	18	0

김찬영(金燦榮) 경희대 1989.04.01

대회	연도	소속	출전	교체	득점	도움	파울	경고	퇴장
K1	2014	부산	23	13	0	0	16	2	0
	2015	부산	9	4	0	0	9	0	0
	합계		32	17	0	0	25	3	0
K2	2017	안양	4	2	0	1	1	0	0
	합계		4	2	0	1	1	0	0
프로통산			36	19	0	0	26	3	0

김찬중(金燦中) 건국대 1976.06.14

대회	연도	소속	출전	교체	득점	도움	파울	경고	퇴장
BC	1999	대전	28	14	0	0	37	2	0
	2000	대전	28	11	0	0	24	1	0
	2001	대전	2	1	0	0	1	0	0
	2002	대전	2	2	0	0	2	0	0
	2003	대전	2	1	0	0	3	1	0
	합계		62	29	0	1	67	4	0
프로통산			62	29	0	1	67	4	0

김찬희(金燦喜) 한양대 1990.06.25

대회	연도	소속	출전	교체	득점	도움	파울	경고	퇴장
BC	2012	포항	2	2	0	0	4	0	0
	합계		2	2	0	0	4	0	0
K1	2015	대전	5	5	0	0	7	1	0
	합계		5	5	0	0	7	1	0
K2	2014	대전	27	19	8	5	79	6	0
	2017	대전	18	15	4	3	43	4	0
	2018	대전	4	4	0	0	3	0	0
	2019	부천	12	12	1	0	14	2	0
	합계		61	50	13	8	139	12	0
프로통산			68	57	13	8	150	12	0

김창대(金昌大) 한남대 1992.11.02

대회	연도	소속	출전	교체	득점	도움	파울	경고	퇴장
K2	2013	충주	19	17	0	1	8	1	0
	합계		19	17	0	1	8	1	0
프로통산			19	17	0	1	8	1	0

김창수(金昌洙) 동명정보고 1985.09.12

대회	연도	소속	출전	교체	득점	도움	파울	경고	퇴장
BC	2004	울산	1	1	0	0	2	1	0
	2006	대전	10	5	0	0	5	1	0
	2007	대전	23	4	1	3	42	8	0
	2008	부산	28	3	1	2	48	5	0
	2009	부산	29	3	1	7	36	3	0
	2010	부산	32	1	2	3	62	9	0
	2011	부산	35	0	1	5	49	6	0
	2012	부산	28	0	2	0	25	4	0
	합계		186	17	8	15	269	37	0
K1	2016	전북	8	0	1	0	6	1	0
	2017	울산	29	1	0	2	29	4	0
	2018	울산	24	5	0	1	13	1	0
	2019	울산	9	2	0	0	5	1	0
	2020	광주	24	4	0	1	11	0	0
	2021	인천	9	9	0	0	3	0	0
	2022	인천	12	10	0	0	14	1	0
	합계		117	23	0	8	69	8	0
K2	2023	천안	13	13	0	0	3	0	0

(우측 단)

대회	연도	소속	출전	교체	득점	도움	파울	경고	퇴장
	합계		13	13	0	0	3	0	0
프로통산			316	53	8	20	341	45	3

김창오(金昌五) 연세대 1978.01.10

대회	연도	소속	출전	교체	득점	도움	파울	경고	퇴장
BC	2002	부산	18	15	2	1	29	1	0
	2003	부산	5	4	0	0	8	0	0
	합계		23	19	2	1	37	1	0
프로통산			23	19	2	1	37	1	0

김창욱(金滄旭) 동의대 1992.12.04

대회	연도	소속	출전	교체	득점	도움	파울	경고	퇴장
K2	2015	서울E	29	18	0	2	27	2	0
	2016	서울E	11	7	0	1	12	0	0
	2017	서울E	21	13	0	4	25	3	0
	2018	서울E	22	8	2	1	22	5	0
	합계		83	38	2	7	83	10	0
프로통산			83	38	2	7	83	10	0

김창원(金昌源) 1971.06.22

대회	연도	소속	출전	교체	득점	도움	파울	경고	퇴장
BC	1994	일화	8	3	0	0	8	1	0
	1995	일화	2	1	0	0	2	1	0
	1997	천안일화	31	15	2	1	19	3	0
	1998	천안일화	34	5	0	1	43	4	0
	1999	천안일화	3	0	0	0	2	0	0
	2000	성남일화	18	2	0	0	22	0	0
	합계		96	26	2	2	96	9	0
프로통산			96	26	2	2	96	9	0

김창헌(金昶憲) 신평고 1999.07.06

대회	연도	소속	출전	교체	득점	도움	파울	경고	퇴장
K2	2019	수원FC	1	1	0	0	0	0	0
	합계		1	1	0	0	0	0	0
프로통산			1	1	0	0	0	0	0

김창현(金昌炫) 배재대 1993.02.09

대회	연도	소속	출전	교체	득점	도움	파울	경고	퇴장
K1	2015	대전	2	2	0	0	5	1	0
	합계		2	2	0	0	5	1	0
프로통산			2	2	0	0	5	1	0

김창호(金昌浩) 전남기계공고 1956.06.06

대회	연도	소속	출전	교체	득점	도움	파울	경고	퇴장
BC	1983	유공	11	8	0	4	6	1	0
	1984	유공	10	8	0	1	5	0	0
	합계		21	16	0	5	11	1	0
프로통산			21	16	0	5	11	1	0

김창효(金昌孝) 고려대 1959.05.07

대회	연도	소속	출전	교체	득점	도움	파울	경고	퇴장
BC	1984	한일은행	19	7	0	0	11	0	0
	1985	한일은행	13	0	0	1	17	3	0
	1986	포항제철	13	2	0	0	13	0	0
	1987	럭키금성	2	1	0	0	0	0	0
	합계		47	10	1	0	41	3	0
프로통산			47	10	1	0	41	3	0

김창훈(金彰勳) 고려대 1987.04.03

대회	연도	소속	출전	교체	득점	도움	파울	경고	퇴장
BC	2008	제주	1	1	0	0	1	0	0
	2009	포항	8	2	1	0	18	0	0
	2010	포항	1	1	0	0	3	0	0
	2011	대전	1	0	0	0	25	4	0
	2012	대전	38	0	2	4	39	8	0
	합계		77	4	4	4	86	12	0
K1	2013	인천	14	0	0	2	13	2	0
	2014	상주	13	8	1	1	12	2	0
	2015	인천	1	0	0	0	0	0	0
	합계		28	8	1	3	26	4	0
K2	2015	상주	1	0	0	0	3	1	0
	합계		1	0	0	0	3	1	0
프로통산			106	12	5	7	112	16	0

김창훈(金暢訓) 광운대 1990.02.17

대회	연도	소속	출전	교체	득점	도움	파울	경고	퇴장

대회	연도	소속	출전	교체	득점	도움	파울	경고	퇴장
K1	2016	상주	1	1	0	0	0	0	0
		합계	1	1	0	0	0	0	0
K2	2014	수원FC	20	1	1	0	24	4	0
	2015	수원FC	33	6	0	0	23	4	0
	2017	수원FC	4	0	0	0	5	1	0
	2018	수원FC	6	2	0	0	6	1	0
		합계	63	10	1	0	58	10	0
승	2015	수원FC	2	1	0	0	1	0	0
		합계	2	1	0	0	1	0	0
프로통산			66	12	1	0	59	10	0

김창희 (金昌熙) 건국대 1986.12.05

대회	연도	소속	출전	교체	득점	도움	파울	경고	퇴장
BC	2009	대구	12	12	0	0	8	1	0
	2010	대구	0	0	0	0	0	0	0
		합계	12	12	0	0	8	1	0
프로통산			12	12	0	0	8	1	0

김창희 (金昌希) 영남대 1987.06.08

대회	연도	소속	출전	교체	득점	도움	파울	경고	퇴장
BC	2010	강원	10	3	0	0	9	0	0
		합계	10	3	0	0	9	0	0
프로통산			10	3	0	0	9	0	0

김채운 (金埰韻) 대건고 2000.03.20

대회	연도	소속	출전	교체	득점	도움	파울	경고	퇴장
K1	2019	인천	1	1	0	0	0	0	0
	2020	인천	0	0	0	0	0	0	0
	2021	인천	7	5	0	0	8	0	1
		합계	8	6	0	0	8	0	1
K2	2022	충남아산	36	30	0	2	37	4	0
	2023	안산	18	12	0	1	19	4	0
		합계	54	42	0	3	56	8	0
프로통산			62	48	0	3	64	8	1

김철기 (金哲起) 강동고 1977.12.27

대회	연도	소속	출전	교체	득점	도움	파울	경고	퇴장
BC	2001	대전	3	3	0	0	5	1	0
		합계	3	3	0	0	5	1	0
프로통산			3	3	0	0	5	1	0

김철명 (金喆明) 인천대 1972.10.24

대회	연도	소속	출전	교체	득점	도움	파울	경고	퇴장
BC	1993	포항제철	1	1	0	0	1	0	0
		합계	1	1	0	0	1	0	0
프로통산			1	1	0	0	1	0	0

김철수 (金哲洙) 한양대 1952.07.06

대회	연도	소속	출전	교체	득점	도움	파울	경고	퇴장
BC	1983	포항제철	15	0	0	0	13	3	0
	1984	포항제철	10	1	0	0	10	1	0
	1985	포항제철	18	1	0	1	5	1	0
	1986	포항제철	4	0	0	0	2	0	0
		합계	47	2	0	1	30	5	0
프로통산			47	2	0	1	30	5	0

김철웅 (金哲雄) 한성대 1979.12.19

대회	연도	소속	출전	교체	득점	도움	파울	경고	퇴장
BC	2004	울산	14	9	0	0	11	1	0
		합계	14	9	0	0	11	1	0
프로통산			14	9	0	0	11	1	0

김철호 (金喆湖) 강원관광대 1983.09.26

대회	연도	소속	출전	교체	득점	도움	파울	경고	퇴장
BC	2004	성남일화	18	4	0	2	53	3	0
	2005	성남일화	33	8	1	0	96	4	0
	2006	성남일화	26	8	1	1	80	5	0
	2007	성남일화	9	4	1	0	18	2	0
	2008	성남일화	29	14	0	2	52	6	0
	2009	성남일화	26	12	0	0	56	3	0
	2010	성남일화	27	19	3	2	50	3	0
	2011	상주	29	7	1	4	48	4	0
	2012	상주	19	10	2	0	31	3	0
	2012	성남일화	7	5	0	1	16	3	0
		합계	229	101	9	12	492	34	0
K1	2013	성남일화	29	9	1	2	45	5	1
	2014	성남	29	9	2	1	43	2	0
	2015	성남	32	7	0	0	63	5	0
	2016	수원FC	5	2	0	0	7	0	0
		합계	95	27	3	3	161	12	1
K2	2017	수원FC	8	7	0	0	7	0	0
	2018	수원FC	3	2	0	0	0	0	0
		합계	11	9	0	0	7	0	0
프로통산			335	137	12	15	660	46	1

김철호 (金喆鎬) 오산고 1995.10.25

대회	연도	소속	출전	교체	실점	도움	파울	경고	퇴장
K1	2014	서울	0	0	0	0	0	0	0
	2016	서울	0	0	0	0	0	0	0
	2017	서울	0	0	0	0	0	0	0
		합계	0	0	0	0	0	0	0
프로통산			0	0	0	0	0	0	0

김충현 (金忠現) 오상고 1997.01.03

대회	연도	소속	출전	교체	실점	도움	파울	경고	퇴장
K2	2016	충주	0	0	0	0	0	0	0
		합계	0	0	0	0	0	0	0
프로통산			0	0	0	0	0	0	0

김충환 (金忠煥) 연세대 1961.01.29

대회	연도	소속	출전	교체	득점	도움	파울	경고	퇴장
BC	1985	유공	0	0	0	0	0	0	0
	1985	한일은행	5	3	1	0	6	0	0
	1986	한일은행	12	9	1	1	5	1	0
		합계	18	13	2	1	12	2	0
프로통산			18	13	2	1	12	2	0

김치곤 (金致坤) 동래고 1983.07.29

대회	연도	소속	출전	교체	득점	도움	파울	경고	퇴장
BC	2002	안양LG	14	3	1	0	34	3	1
	2003	안양LG	20	4	0	0	43	6	0
	2004	서울	19	2	0	0	38	7	0
	2005	서울	20	4	2	0	49	8	0
	2006	서울	24	4	0	0	41	7	0
	2007	서울	33	4	1	0	39	4	0
	2008	서울	30	6	0	0	38	6	0
	2009	서울	33	5	0	0	27	4	0
	2010	울산	33	5	0	0	32	3	1
	2011	상주	23	1	0	0	31	3	0
	2012	울산	13	3	0	0	11	0	0
		합계	270	45	4	2	417	62	2
K1	2013	울산	38	3	0	3	43	3	0
	2014	울산	34	2	0	0	39	7	1
	2015	울산	20	6	1	0	14	3	0
	2016	울산	13	6	2	0	7	0	0
	2017	울산	11	2	1	0	12	0	0
		합계	116	19	4	3	115	15	1
프로통산			386	64	13	2	532	77	3

김치우 (金致佑) 중앙대 1983.11.11

대회	연도	소속	출전	교체	득점	도움	파울	경고	퇴장
BC	2004	인천	19	11	1	0	22	0	0
	2005	인천	11	8	0	0	10	1	0
	2006	인천	37	2	4	4	34	6	0
	2007	전남	25	0	1	4	28	3	1
	2008	전남	13	2	1	1	13	0	0
	2008	서울	14	6	0	1	17	2	0
	2009	서울	22	2	0	4	26	3	0
	2010	서울	23	3	2	2	20	1	0
	2011	상주	23	2	0	3	22	3	0
	2012	상주	12	1	0	0	14	2	0
	2012	서울	11	5	0	1	7	0	0
		합계	212	64	15	20	203	28	2
K1	2013	서울	24	4	1	0	20	3	0
	2014	서울	25	6	1	0	14	1	0
	2015	서울	17	1	1	0	18	2	0
	2016	서울	26	11	0	3	16	3	0
	2017	서울	21	3	0	2	20	1	0
		합계	113	23	3	11	80	10	0
K2	2018	부산	28	3	1	2	27	3	0
	2019	부산	23	3	0	4	12	5	0
		합계	51	6	1	6	39	8	0
승	2018	부산	2	1	0	0	2	0	0
	2019	부산	2	1	0	0	5	1	0
		합계	4	2	0	0	5	1	0
프로통산			380	95	19	37	327	47	2

김태곤 (金太崑) 전주기전대 1998.12.29

대회	연도	소속	출전	교체	실점	도움	파울	경고	퇴장
K1	2020	광주	0	0	0	0	0	0	0
		합계	0	0	0	0	0	0	0
K2	2019	광주	0	0	0	0	0	0	0
		합계	0	0	0	0	0	0	0
프로통산			0	0	0	0	0	0	0

김태근 (金泰根) 아주대 1961.02.23

대회	연도	소속	출전	교체	득점	도움	파울	경고	퇴장
BC	1985	포항제철	4	1	0	1	2	0	0
		합계	4	1	0	1	2	0	0
프로통산			4	1	0	1	2	0	0

김태민 (金泰民) 고려대 1960.08.10

대회	연도	소속	출전	교체	득점	도움	파울	경고	퇴장
BC	1984	할렐루야	3	3	0	0	0	0	0
	1985	할렐루야	2	2	0	0	0	0	0
		합계	5	5	0	0	0	0	0
프로통산			5	5	0	0	0	0	0

김태민 (金泰敏) 청구고 1982.05.25

대회	연도	소속	출전	교체	득점	도움	파울	경고	퇴장
BC	2002	부산							
	2003	부산	35	1	1	1	54	2	0
	2004	부산	28	11	2	3	66	6	0
	2005	부산	27	14	2	0	32	4	0
	2006	부산	29	11	0	0	25	5	0
	2007	부산	24	10	0	0	25	5	0
	2008	제주	16	10	0	0	32	8	0
	2009	광주상무	20	9	0	0	29	5	0
	2010	광주상무	12	3	0	0	13	3	0
	2010	제주	4	3	0	0	2	0	0
	2011	제주	4	3	0	0	6	1	0
	2012	강원	26	15	0	0	42	7	0
		합계	208	101	6	3	293	45	0
프로통산			208	101	6	3	293	45	0

김태봉 (金泰奉) 한민대 1988.02.28

대회	연도	소속	출전	교체	득점	도움	파울	경고	퇴장
K1	2015	대전	19	0	3	2	13	2	0
		합계	19	0	3	2	13	2	0
K2	2013	안양	24	1	0	1	17	1	0
	2014	안양	30	1	0	5	21	1	0
	2015	안양	15	0	1	0	7	0	0
	2016	대전	6	5	0	0	0	0	0
	2017	대전	11	5	0	0	8	3	0
		합계	91	11	3	8	58	8	0
프로통산			91	11	3	8	58	8	0

김태수 (金泰樹) 광운대 1981.08.25

대회	연도	소속	출전	교체	득점	도움	파울	경고	퇴장
BC	2004	전남	21	15	0	0	31	3	0
	2005	전남	28	5	1	0	75	8	0
	2006	전남	33	8	3	1	43	4	0
	2007	전남	24	3	0	0	40	4	0
	2008	전남	23	11	0	1	44	5	0
	2009	포항	27	9	6	0	55	3	0
	2010	포항	23	9	0	0	20	1	0
	2011	포항	24	13	2	1	28	3	0
	2012	포항	8	5	0	2	7	0	0
		합계	209	74	16	6	360	31	0

K1	2013	포항	18	10	0	0	24	3	0
	2014	포항	28	11	0	1	37	1	0
	2015	포항	26	18	1	0	19	2	0
	2016	인천	23	16	1	1	14	0	0
	합계		95	55	2	2	94	6	0
K2	2017	서울E	9	7	1	0	4	0	0
	합계		9	7	1	0	4	0	0
프로통산			313	136	19	8	458	37	0

김태수(金泰洙) 연세대 1958.02.25

대회	연도	소속	출전	교체	득점	도움	파울	경고	퇴장
BC	1983	대우	12	7	0	0	7	2	0
	1984		7	7	0	0	2	0	0
	1985	대우	5	3	0	0	5	0	0
	합계		24	17	0	0	14	2	0
프로통산			24	17	0	0	14	2	0

김태수(金泰洙) 관동대(가톨릭관동대) 1975.11.15

대회	연도	소속	출전	교체	실점	도움	파울	경고	퇴장
BC	2003	안양LG	1	0	3	0	0	0	0
	2004	서울	0	0	0	0	0	0	0
	합계		1	0	3	0	0	0	0
프로통산			1	0	3	0	0	0	0

김태양(金太陽) 연세대 2000.02.07

대회	연도	소속	출전	교체	득점	도움	파울	경고	퇴장
K1	2021	대구	1	1	0	0	1	1	0
	2022	대구	1	1	0	0	1	0	0
K1	합계		2	2	0	0	2	1	0
프로통산			2	2	0	0	3	1	0

김태양(金太陽) 청주대성고 2000.03.02

대회	연도	소속	출전	교체	실점	도움	파울	경고	퇴장
K1	2023	전북	0	0	0	0	0	0	0
	합계		0	0	0	0	0	0	0
K2	2021	대전	0	0	0	0	0	0	0
	합계		0	0	0	0	0	0	0
프로통산			0	0	0	0	0	0	0

김태연(金泰燃) 장훈고 1988.06.27

대회	연도	소속	출전	교체	득점	도움	파울	경고	퇴장
BC	2011	대전	11	1	0	0	17	1	0
	2012	대전	34	6	3	1	37	7	0
	합계		45	7	3	1	54	8	0
K1	2013	대전	34	4	2	1	33	6	0
	2015	부산	0	0	0	0	0	0	0
	합계		34	4	2	1	33	6	0
프로통산			79	11	5	1	87	14	0

김태엽(金泰燁) 아주대 1972.03.02

대회	연도	소속	출전	교체	득점	도움	파울	경고	퇴장
BC	1995	전남	6	6	0	0	7	2	0
	1996	전남	12	7	0	0	8	3	0
	1997	전남	1	0	1	0	1	0	0
	1998	전남	18	14	0	0	13	1	0
	합계		37	27	1	0	29	6	0
프로통산			37	27	1	0	29	6	0

김태영(金兌映) 예원예술대 1987.09.14

대회	연도	소속	출전	교체	득점	도움	파울	경고	퇴장
K2	2013	부천	24	5	1	1	39	4	0
	2014	부천	15	14	1	1	8	1	0
	합계		39	19	2	2	47	5	0
프로통산			39	19	2	2	47	5	0

김태영(金兌炯) 협성고 1962.06.13

대회	연도	소속	출전	교체	득점	도움	파울	경고	퇴장
BC	1986	럭키금성	3	3	0	0	1	0	0
	합계		3	3	0	0	1	0	0
프로통산			3	3	0	0	1	0	0

김태영(金泰映) 동아대 1970.11.08

대회	연도	소속	출전	교체	득점	도움	파울	경고	퇴장
BC	1995	전남	32	0	2	0	60	8	0
	1996	전남	28	1	1	0	57	6	0
	1997	전남	17	0	1	0	26	3	0

	1998	전남	19	4	0	2	55	3	0
	1999	전남	30	7	0	2	73	5	0
	2000	전남	31	6	0	4	53	2	1
	2001	전남	26	4	1	0	40	3	0
	2002	전남	24	9	0	1	41	2	0
	2003	전남	29	5	0	1	42	5	0
	2004	전남	12	3	0	1	26	1	0
	2005	전남	2	2	0	0	4	0	0
	합계		250	42	5	12	477	37	1
프로통산			250	42	5	12	477	37	1

김태영(金兌榮) 건국대 1982.01.17

대회	연도	소속	출전	교체	득점	도움	파울	경고	퇴장
BC	2004	전북	28	6	0	0	68	4	0
	2005	전북	18	8	0	0	13	1	0
	2006	부산	18	8	1	2	44	4	0
	2007	부산	6	0	0	0	7	2	0
	2008	부산	13	1	0	0	26	4	1
	2009	부산	1	0	0	0	5	3	0
	합계		80	17	0	1	157	18	1
프로통산			80	17	0	1	157	18	1

김태완(金泰完) 홍익대 1971.06.01

대회	연도	소속	출전	교체	득점	도움	파울	경고	퇴장
BC	1997	대전	21	6	1	0	18	1	0
	1998	대전	30	1	1	1	32	4	0
	1999	대전	27	8	3	1	32	4	0
	2000	대전	24	4	0	0	27	4	0
	2001	대전	14	4	0	0	18	4	0
	합계		116	23	5	2	107	17	0
프로통산			116	23	5	2	107	17	0

김태왕(金泰旺) 상지대 1988.11.16

대회	연도	소속	출전	교체	득점	도움	파울	경고	퇴장
BC	2011	성남일화	1	2	0	0	0	0	0
	합계		1	2	0	0	0	0	0
프로통산			1	2	0	0	0	0	0

김태욱(金兌昱) 선문대 1987.07.09

대회	연도	소속	출전	교체	득점	도움	파울	경고	퇴장
BC	2009	경남	27	10	2	0	45	2	0
	2010	경남	32	3	2	2	59	3	0
	2011	경남	16	4	1	0	33	5	0
	합계		75	17	5	2	137	10	0
프로통산			75	17	5	2	137	10	0

김태윤(金台潤) 풍생고 1986.07.25

대회	연도	소속	출전	교체	득점	도움	파울	경고	퇴장
BC	2005	성남일화	18	12	0	0	16	1	0
	2006	성남일화	21	14	1	0	31	2	0
	2007	성남일화	5	4	0	0	6	1	0
	2008	광주상무	28	6	0	0	34	4	0
	2009	광주상무	20	3	1	0	17	1	0
	2009	성남일화	1	0	0	0	0	0	0
	2010	성남일화	27	1	0	2	40	3	0
	2011	성남일화	28	2	0	3	39	3	0
	2012	인천	16	5	1	0	11	0	0
	합계		140	53	2	3	159	13	0
K1	2013	인천	15	6	0	15	2	0	
	2015	성남	16	1	0	0	17	3	0
	2016	성남	33	1	1	0	12	6	0
	2020	광주	1	1	0	0	0	0	0
	합계		65	9	1	0	44	11	0
K2	2017	성남	5	1	0	0	3	0	0
	2018	광주	16	2	0	0	14	2	0
	2019	광주	2	0	0	0	1	0	0
	합계		23	3	0	0	18	2	0
승	2016	성남	2	0	0	0	1	0	0
	합계		2	0	0	0	1	0	0
프로통산			230	65	3	3	222	26	0

김태윤(金兌玧) 진주고 2003.02.27

대회	연도	소속	출전	교체	득점	도움	파울	경고	퇴장

K2	2022	경남	0	0	0	0	0	0	0
K2	합계		0	0	0	0	0	0	0
프로통산			0	0	0	0	0	0	0

김태은(金兌㮧) 배재대 1989.09.21

대회	연도	소속	출전	교체	득점	도움	파울	경고	퇴장
K2	2015	서울E	15	2	0	0	11	4	0
	2016	서울E	22	6	0	0	44	8	0
	2017	대전	25	6	0	0	52	13	0
	2018	서울E	18	5	0	0	26	2	1
	합계		80	19	0	0	133	27	1
BC	2011	인천	1	1	0	0	1	0	0
	합계		1	1	0	0	1	0	0
프로통산			81	20	0	0	134	27	1

김태인(金兌仁) 영남대 1972.05.21

대회	연도	소속	출전	교체	득점	도움	파울	경고	퇴장
BC	1995	전북	1	1	0	0	1	0	0
	1997	전북	1	1	0	0	1	0	0
	합계		2	2	0	0	1	0	0
프로통산			2	2	0	0	1	0	0

김태종(金泰鍾) 단국대 1982.10.29

대회	연도	소속	출전	교체	득점	도움	파울	경고	퇴장
BC	2006	제주	0	0	0	2	0	0	0
	2007	제주	3	2	0	0	4	0	0
	합계		5	2	0	0	6	0	0
프로통산			5	2	0	0	6	0	0

김태준(金泰準) 청주대 2001.07.08

대회	연도	소속	출전	교체	실점	도움	파울	경고	퇴장
K1	2023	광주	0	0	0	0	0	0	0
	합계		0	0	0	0	0	0	0
프로통산			0	0	0	0	0	0	0

김태준(金泰俊) 류츠케이자이대(일본) 1989.04.25.

대회	연도	소속	출전	교체	득점	도움	파울	경고	퇴장
BC	2011	부산	2	2	0	0	0	0	0
	2012	부산	1	2	0	0	1	1	0
	합계		3	4	0	0	1	1	0
K2	2013	고양	5	1	0	0	10	2	0
	합계		5	1	0	0	10	2	0
프로통산			8	5	0	0	11	3	0

김태진(金泰振) 강릉농공고 1984.08.30

대회	연도	소속	출전	교체	득점	도움	파울	경고	퇴장
BC	2006	수원	1	1	0	0	0	0	0
	합계		1	1	0	0	0	0	0
K1	2013	대구	1	1	0	0	0	0	0
	합계		1	1	0	0	0	0	0
프로통산			1	1	0	0	0	0	0

김태진(金泰眞) 동아대 1969.08.09

대회	연도	소속	출전	교체	득점	도움	파울	경고	퇴장
BC	1992	대우	4	3	0	0	3	0	0
	1993	대우	20	2	1	2	1	1	0
	1994	대우	11	8	2	1	7	1	0
	1995	대우	5	5	0	0	11	0	0
	합계		40	36	4	3	22	2	0
프로통산			40	36	4	3	22	2	0

김태진(金泰鎭) 경희대 1977.04.02

대회	연도	소속	출전	교체	실점	도움	파울	경고	퇴장
BC	2000	전남	0	0	0	0	0	0	0
	2001	전남	1	1	0	1	0	0	0
	2003	대구	23	1	27	0	0	2	0
	2004	대구	34	0	47	0	4	4	0
	2005	대구	1	0	2	0	0	0	0
	2006	대구	11	1	13	0	3	1	0
	합계		95	3	131	0	3	11	0
프로통산			95	3	131	0	3	11	0

김태진(金泰鎭) 연세대 1984.10.29

대회	연도	소속	출전	교체	득점	도움	파울	경고	퇴장
BC	2006	서울	1	0	0	0	3	0	0

2007	서울	14	8	0	0	27	2	0
2008	인천	15	12	0	0	28	3	0
합계		30	20	0	0	58	5	0
프로통산		30	20	0	0	58	5	0

김태한 (金台翰) 현풍고 1996.02.24

대회	연도	소속	출전	교체	득점	도움	파울	경고	퇴장
K1	2018	대구	3	1	0	0	4	0	0
	2019	대구	3	1	0	0	4	1	0
	합계		6	1	0	0	8	1	0
K2	2022	김포	32	6	1	1	25	8	1
	2023	김포	34	1	1	0	32	2	1
	합계		66	7	2	1	57	10	2
승	2023	김포	2	0	0	0	1	0	0
	합계		2	0	0	0	1	0	0
프로통산			74	8	2	1	64	11	2

김태현 (金太炫) 통진고 2000.09.17

대회	연도	소속	출전	교체	득점	도움	파울	경고	퇴장
K1	2019	울산	0	0	0	0	0	0	0
	2021	울산	6	5	0	0	5	0	0
	합계		6	5	0	0	5	0	0
K2	2019	대전	11	1	0	0	13	3	0
	2020	서울E	24	1	0	0	35	5	0
	합계		35	2	0	0	48	8	0
프로통산			41	7	0	0	53	8	0

김태현 (金泰賢) 용인대 1996.12.19

대회	연도	소속	출전	교체	득점	도움	파울	경고	퇴장
K2	2018	안산	18	11	0	2	16	2	0
K2	2019	서울E	11	3	0	1	12	1	0
	2020	전남	30	5	1	2	1	30	6	0
	2021	전남	30	10	0	0	32	8	0
	2022	전남	37	6	1	3	30	5	0
	2023	김천	21	11	0	0	24	4	0
	합계		142	42	3	7	145	26	0
프로통산			142	42	3	7	145	26	0

김태형 (金兌炯) 진주상고 1960.02.18

대회	연도	소속	출전	교체	실점	도움	파울	경고	퇴장
BC	1983	국민은행	5	0	10	0	0	0	0
	1984	국민은행	13	0	32	0	0	1	0
	합계		18	0	42	0	0	1	0
프로통산			18	0	42	0	0	1	0

김태호 (金泰鎬) 아주대 1989.09.22

대회	연도	소속	출전	교체	득점	도움	파울	경고	퇴장
K1	2013	전남	26	2	0	1	30	6	0
	2014	전남	32	6	0	3	43	5	0
	2015	전남	3	1	0	0	2	0	0
	2019	인천	3	1	0	0	10	2	0
	합계		64	10	0	4	85	13	0
K2	2016	안양	15	1	0	0	21	2	0
	2017	안양	30	2	0	0	36	5	0
	2018	안양	10	3	0	1	17	3	0
	합계		55	6	0	1	74	10	0
프로통산			119	16	0	5	159	23	0

김태호 (金鮐壕)/←김준호 단국대 1992.06.05

대회	연도	소속	출전	교체	실점	도움	파울	경고	퇴장
K1	2015	전북	0	0	0	0	0	0	0
	2016	전북	0	0	0	0	0	0	0
	2017	전북	0	0	0	0	0	0	0
	합계		0	0	0	0	0	0	0
프로통산			0	0	0	0	0	0	0

김태호 (金泰昊) 숭실대 1985.01.26

대회	연도	소속	출전	교체	득점	도움	파울	경고	퇴장
BC	2010	강원	0	0	0	0	0	0	0
	합계		0	0	0	0	0	0	0
프로통산			0	0	0	0	0	0	0

김태환 (金太煥) 울산대 1989.07.24

대회	연도	소속	출전	교체	득점	도움	파울	경고	퇴장
BC	2010	서울	19	15	0	3	20	3	0
	2011	서울	17	14	1	0	27	2	0
	2012	서울	19	19	1	0	11	3	0
	합계		55	48	2	3	58	8	0
K1	2013	성남일화	34	4	3	4	65	4	1
	2014	성남	36	3	5	4	71	7	0
	2015	울산	33	7	1	7	50	7	0
	2016	울산	36	9	4	3	49	2	0
	2017	상주	34	4	7	2	65	8	0
	2018	상주	21	1	0	4	32	5	0
	2018	울산	2	0	2	0	13	1	0
	2019	울산	30	3	2	7	51	9	0
	2020	울산	25	1	1	4	35	4	0
	2021	울산	34	4	0	9	39	6	0
	2022	울산	33	3	0	3	29	6	0
	2023	울산	21	3	1	1	17	5	0
	합계		342	47	19	52	531	68	2
승	2017	상주	1	0	0	0	1	0	0
	합계		1	0	0	0	1	0	0
프로통산			398	95	21	55	589	76	2

김태환 (金兌煥) 매탄고 2000.03.25

대회	연도	소속	출전	교체	득점	도움	파울	경고	퇴장
K1	2019	수원	3	0	0	0	6	1	0
	2020	수원	13	6	1	2	16	2	0
	2021	수원	36	6	1	5	36	4	0
	2022	수원	31	3	0	1	28	2	0
	2023	수원	24	3	0	0	18	2	0
	합계		107	42	2	8	104	11	0
승	2022	수원	2	2	0	0	2	1	0
	합계		2	2	0	0	2	1	0
프로통산			109	44	2	8	105	12	0

김태환 (金兌煥) 남부대 1993.12.11

대회	연도	소속	출전	교체	득점	도움	파울	경고	퇴장
K2	2016	충주	2	1	0	0	2	1	0
	합계		2	1	0	0	2	1	0
프로통산			2	1	0	0	2	1	0

김태환 (金兌煥) 연세대 1958.03.20

대회	연도	소속	출전	교체	득점	도움	파울	경고	퇴장
BC	1984	할렐루야	7	6	0	1	5	0	0
	1985	할렐루야	18	6	0	1	9	1	0
	1987	유공	15	11	0	0	6	1	0
	합계		40	23	0	2	20	2	0
프로통산			40	23	0	2	20	2	0

김태훈 (金泰勳) 영남대 1997.04.24

대회	연도	소속	출전	교체	실점	도움	파울	경고	퇴장
K2	2019	안양	0	0	0	0	0	0	0
	2020	안양	0	0	0	0	0	0	0
	2021	안양	0	0	0	0	0	0	0
	2022	안양	0	0	0	0	0	0	0
	2023	안양	8	0	14	0	1	0	0
	합계		8	0	14	0	1	0	0
승	2022	안양	0	0	0	0	0	0	0
	합계		0	0	0	0	0	0	0
프로통산			8	0	14	0	1	0	0

김택근 (金宅根) 강릉중앙고 2004.01.25

대회	연도	소속	출전	교체	득점	도움	파울	경고	퇴장
K2	2023	충남아산	3	3	0	0	0	0	0
	합계		3	3	0	0	0	0	0
프로통산			3	3	0	0	0	0	0

김판곤 (金判坤) 호남대 1969.05.01

대회	연도	소속	출전	교체	득점	도움	파울	경고	퇴장
BC	1992	현대	10	7	0	1	12	2	1
	1993	현대	29	15	0	0	38	7	0
	1995	현대	2	1	0	0	3	0	0
	1996	울산	6	4	0	0	12	3	0
	1997	전북	6	1	0	0	11	2	0
	합계		53	28	0	1	73	14	1
프로통산			53	28	0	1	73	14	1

김판근 (金判根) 고려대 1966.03.05

대회	연도	소속	출전	교체	득점	도움	파울	경고	퇴장
BC	1987	대우	30	5	2	3	41	1	0
	1988	대우	3	1	2	0	0	1	0
	1989	대우	30	1	2	5	25	1	0
	1990	대우	30	0	0	2	21	0	0
	1991	대우	37	6	2	2	46	3	0
	1992	대우	29	1	0	2	27	1	0
	1993	대우	24	10	2	2	29	2	0
	1994	LG	23	4	0	3	21	4	0
	1995	LG	35	2	1	1	19	1	0
	1996	안양LG	7	3	0	0	9	2	0
	1997	안양LG	2	3	0	3	16	1	0
	합계		267	65	13	21	265	16	0
프로통산			267	65	13	21	265	16	0

김평래 (金平來) 중앙대 1987.11.09

대회	연도	소속	출전	교체	득점	도움	파울	경고	퇴장
BC	2011	성남일화	1	1	0	0	1	0	0
	2012	성남일화	18	8	0	0	24	1	0
	합계		19	9	0	0	25	1	0
K1	2013	성남일화	22	15	0	1	30	3	0
	2014	성남	22	9	0	0	15	4	0
	2015	전남	29	10	0	0	26	3	0
	2016	전남	12	4	0	0	18	0	0
	2018	전남	2	2	0	0	11	2	0
	합계		87	40	0	1	101	11	0
프로통산			106	49	0	1	126	12	0

김평석 (金平錫) 광운대 1958.09.22

대회	연도	소속	출전	교체	득점	도움	파울	경고	퇴장
BC	1984	현대	28	0	0	5	27	1	0
	1985	현대	10	0	0	0	20	0	0
	1986	현대	13	0	0	2	17	1	0
	1987	현대	27	0	0	2	32	1	0
	1988	현대	8	1	0	0	5	0	0
	1989	유공	21	4	0	3	21	2	0
	1990	유공	20	1	0	0	37	5	1
	합계		127	6	0	9	159	10	1
프로통산			127	6	0	9	159	10	1

김평진 (金平鎭) 한남대 1990.08.11

대회	연도	소속	출전	교체	득점	도움	파울	경고	퇴장
K1	2013	대전	2	1	0	0	2	1	0
	합계		2	1	0	0	2	1	0
프로통산			2	1	0	0	2	1	0

김풍주 (金豐柱) 양곡중고 1964.10.01

대회	연도	소속	출전	교체	실점	도움	파울	경고	퇴장
BC	1983	대우	1	0	0	0	0	0	0
	1984	대우	17	0	9	0	0	0	0
	1985	대우	21	0	16	0	1	1	0
	1986	대우	24	0	27	0	0	0	0
	1987	대우	15	2	29	0	0	1	0
	1988	대우	8	0	5	0	0	0	0
	1989	대우	6	1	5	0	0	1	0
	1990	대우	8	0	7	0	1	0	0
	1991	대우	37	0	29	0	2	1	0
	1993	대우	24	0	23	0	0	1	0
	1994	대우	17	1	29	0	0	0	0
	1996	부산	1	0	2	0	0	0	0
	합계		181	4	158	0	1	4	0
프로통산			181	4	158	0	1	4	0

김풍해 (金豊海) 고려대 1960.07.13

대회	연도	소속	출전	교체	득점	도움	파울	경고	퇴장
BC	1985	상무	1	0	0	0	0	0	0
	합계		1	0	0	0	0	0	0
프로통산			1	0	0	0	0	0	0

김필호 (金珌淏) 광주대 1994.03.31

대회	연도	소속	출전	교체	득점	도움	파울	경고	퇴장
K2	2016	고양	18	15	0	1	15	4	0

김하준 (金河俊) 칼빈대 2002.07.17

대회	연도	소속	출전	교체	득점	도움	파울	경고	퇴장
			18	15	0	1	15	4	0
프로통산			18	15	0	1	15	4	0

대회	연도	소속	출전	교체	득점	도움	파울	경고	퇴장
K2	2023	안양	17	17	1	0	1	0	0
합계			17	17	1	0	1	0	0
프로통산			17	17	1	0	1	0	0

김학범 (金鶴範) 명지대 1960.03.01

대회	연도	소속	출전	교체	득점	도움	파울	경고	퇴장
BC	1984	국민은행	13	4	1	0	9	0	0
합계			13	4	1	0	9	0	0
프로통산			13	4	1	0	9	0	0

김학범 (金學範) 조선대 1962.06.07

대회	연도	소속	출전	교체	득점	도움	파울	경고	퇴장
BC	1986	유공	1	1	0	0	1	0	0
합계			1	1	0	0	1	0	0
프로통산			1	1	0	0	1	0	0

김학수 (金鶴守) 경희대 1958.10.18

대회	연도	소속	출전	교체	득점	도움	파울	경고	퇴장
BC	1985	대우	13	8	0	0	18	0	0
	1986	대우	10	7	0	0	5	0	0
합계			23	15	0	0	23	0	0
프로통산			23	15	0	0	23	0	0

김학순 (金鶴淳) 전주대 1972.03.09

대회	연도	소속	출전	교체	득점	도움	파울	경고	퇴장
BC	1995	LG	1	1	0	0	1	0	0
합계			1	1	0	0	1	0	0
프로통산			1	1	0	0	1	0	0

김학진 (金學鎭) 광운대 1988.10.25

대회	연도	소속	출전	교체	득점	도움	파울	경고	퇴장
BC	2011	전북	1	1	0	0	1	0	0
합계			1	1	0	0	1	0	0
프로통산			1	1	0	0	1	0	0

김학철 (金學哲) 중앙대 1959.10.19

대회	연도	소속	출전	교체	득점	도움	파울	경고	퇴장
BC	1984	한일은행	21	9	1	2	15	0	0
	1984	한일은행	2	2	0	0	4	0	0
합계			23	11	1	2	19	0	0
프로통산			23	11	1	2	19	0	0

김학철 (金學喆) 인천대 1970.05.05

대회	연도	소속	출전	교체	득점	도움	파울	경고	퇴장
BC	1992	일화	8	7	0	0	4	0	0
	1993	일화	22	9	0	0	33	2	0
	1994	일화	17	3	0	0	19	2	0
	1996	천안일화	15	7	0	0	20	4	0
	1997	포항	3	1	0	0	2	0	0
	1998	안양LG	31	13	0	1	49	2	0
	1999	안양LG	18	5	1	0	24	3	1
합계			114	45	1	1	153	10	1
프로통산			114	45	1	1	153	10	1

김학철 (金學喆) 국민대 1972.11.04

대회	연도	소속	출전	교체	득점	도움	파울	경고	퇴장
BC	1995	대우	7	2	0	0	16	4	0
	1996	부산	15	5	1	0	38	2	1
	1997	부산	32	1	0	1	40	6	0
	2000	부산	29	1	0	0	32	5	0
	2001	부산	30	1	0	0	28	1	0
	2002	부산	11	4	0	0	14	0	0
	2003	대구	35	2	0	2	49	7	0
	2004	인천	28	4	0	0	40	3	0
	2005	인천	36	2	0	0	57	5	0
	2006	인천	32	10	0	0	52	9	0
	2007	인천	26	3	0	1	41	5	0
	2008	인천	3	1	0	0	3	0	0
합계			284	38	1	4	435	47	1
프로통산			284	38	1	4	435	47	1

김한길 (金한길) 아주대 1995.06.21

대회	연도	소속	출전	교체	득점	도움	파울	경고	퇴장
K1	2017	서울	10	10	0	0	6	2	0
	2018	서울	12	10	1	0	19	2	0
	2019	서울	12	9	0	2	9	1	0
	2020	서울	4	3	0	0	6	0	0
	2022	김천	34	27	2	2	19	3	0
	2023	광주	29	24	3	0	18	5	0
합계			101	83	6	4	71	13	0
K2	2020	전남	3	3	0	0	4	0	0
	2021	전남	5	3	0	0	1	0	0
	2021	김천	3	2	0	0	1	0	0
합계			11	8	0	0	6	0	0
승	2018	서울	2	2	0	0	1	0	0
	2022	김천	1	0	0	0	0	0	0
합계			3	2	0	0	1	0	0
프로통산			115	93	6	4	78	13	0

김한봉 (金漢奉) 부산상고 1957.12.15

대회	연도	소속	출전	교체	득점	도움	파울	경고	퇴장
BC	1984	현대	27	0	3	5	19	2	0
	1985	현대	18	1	4	5	20	0	0
	1986	현대	2	1	0	0	5	0	0
합계			47	2	7	10	44	2	0
프로통산			47	2	7	10	44	2	0

김한빈 (金漢彬) 선문대 1991.03.31

대회	연도	소속	출전	교체	득점	도움	파울	경고	퇴장
K2	2014	충주	19	3	0	2	14	1	0
	2015	충주	3	0	0	0	7	1	0
	2016	충주	40	1	0	1	21	2	0
	2017	부천	27	5	1	1	17	2	0
	2018	부천	0	0	0	0	0	0	0
	2019	부천	12	3	1	1	10	1	0
	2020	충남아산	0	0	0	0	0	0	0
합계			101	11	3	6	69	7	0
프로통산			101	11	3	6	69	7	0

김한섭 (金翰燮) 동국대 1982.05.08

대회	연도	소속	출전	교체	득점	도움	파울	경고	퇴장
BC	2009	대전	11	0	1	0	25	1	0
	2010	대전	18	3	0	0	29	2	0
	2011	대전	19	0	1	1	32	6	0
	2011	인천	12	3	0	0	20	1	0
	2012	인천	15	3	0	0	22	2	0
합계			71	7	1	1	108	12	0
K1	2013	대전	11	6	1	0	11	3	0
합계			11	6	1	0	11	3	0
K2	2014	대전	18	15	1	2	13	0	0
합계			18	15	1	2	13	0	0
프로통산			100	28	2	4	132	15	0

김한성 (金韓成) 광운대 1998.10.29

대회	연도	소속	출전	교체	득점	도움	파울	경고	퇴장
K2	2020	충남아산	1	1	0	0	1	0	0
합계			1	1	0	0	1	0	0
프로통산			1	1	0	0	1	0	0

김한욱 (金漢旭) 숭실대 1972.06.08

대회	연도	소속	출전	교체	득점	도움	파울	경고	퇴장
BC	1999	포항	22	19	0	1	36	3	0
	2000	포항	25	8	0	2	48	3	0
	2001	성남일화	5	2	0	0	2	0	0
합계			52	29	0	3	86	6	0
프로통산			52	29	0	3	86	6	0

김한원 (金漢元) 세경대 1981.08.06

대회	연도	소속	출전	교체	득점	도움	파울	경고	퇴장
BC	2006	인천	15	12	3	1	20	2	0
	2007	전북	1	1	0	0	1	0	0
	2008	전북	4	2	0	0	11	0	0
합계			29	23	4	1	43	9	0
K1	2016	수원FC	18	7	1	0	21	8	0
합계			18	7	1	0	21	8	0
K2	2013	수원FC	30	13	8	6	33	9	0
	2014	수원FC	24	4	8	3	30	11	0
	2015	수원FC	26	9	1	0	22	5	0
합계			80	26	17	9	85	25	0
승	2015	수원FC	1	1	0	0	0	0	0
합계			1	1	0	0	0	0	0
프로통산			128	57	21	10	149	36	0

김한윤 (金漢潤) 광운대 1974.07.11

대회	연도	소속	출전	교체	득점	도움	파울	경고	퇴장
BC	1997	부천SK	28	14	1	0	73	7	0
	1998	부천SK	24	11	1	0	36	4	0
	1999	부천SK	8	8	0	0	16	2	0
	1999	포항	14	7	0	0	13	1	0
	2000	포항	22	19	1	0	25	4	0
	2001	부천SK	16	6	0	0	34	3	0
	2002	부천SK	15	4	1	0	43	4	0
	2003	부천SK	34	0	0	1	72	10	0
	2004	부천SK	20	6	0	0	47	3	0
	2005	부천SK	20	2	0	0	63	11	0
	2006	서울	31	4	0	0	69	11	1
	2007	서울	29	9	0	0	61	12	0
	2008	서울	26	11	0	0	54	9	0
	2009	서울	20	16	0	0	37	5	0
	2010	서울	20	16	1	0	35	4	0
	2011	부산	20	2	0	1	53	12	0
	2012	부산	36	2	2	0	82	18	1
합계			403	133	10	4	853	131	3
K1	2013	성남일화	27	16	1	2	52	12	0
합계			27	16	1	2	52	12	0
프로통산			430	149	11	6	905	143	3

김해국 (金海國) 경상대 1974.05.20

대회	연도	소속	출전	교체	득점	도움	파울	경고	퇴장
BC	1997	전남	21	10	2	0	29	3	0
	1998	전남	6	0	0	0	17	2	0
	1999	전남	7	4	0	0	3	0	0
	2000	전남	3	2	0	0	7	0	0
합계			37	16	2	0	56	5	0
프로통산			37	16	2	0	56	5	0

김해년 (金海年) 중앙대 1964.07.05

대회	연도	소속	출전	교체	득점	도움	파울	경고	퇴장
BC	1986	한일은행	8	1	0	0	11	1	0
합계			8	1	0	0	11	1	0
프로통산			8	1	0	0	11	1	0

김해식 (金海植) 한남대 1996.02.12

대회	연도	소속	출전	교체	득점	도움	파울	경고	퇴장
K2	2016	대전	20	7	1	0	21	4	0
	2017	대전	6	3	0	0	7	0	0
합계			26	10	1	0	28	4	0
프로통산			26	10	1	0	28	4	0

김해운 (金海雲) 대구대 1973.12.25

대회	연도	소속	출전	교체	실점	도움	파울	경고	퇴장
BC	1996	천안일화	1	0	1	0	0	0	0
	1997	천안일화	7	1	5	0	0	0	0
	1998	천안일화	30	0	39	0	5	3	0
	1999	천안일화	19	4	25	0	0	0	0
	2000	성남일화	27	0	33	0	1	1	0
	2001	성남일화	24	1	30	0	0	1	0
	2002	성남일화	24	1	30	0	0	1	0
	2003	성남일화	22	0	21	0	0	0	0
	2004	성남일화	22	2	25	0	0	0	0
	2005	성남일화	0	0	0	0	0	0	0
	2006	성남일화	0	0	0	0	0	0	0
	2007	성남일화	0	0	0	0	0	0	0
	2008	성남일화	4	0	5	0	0	0	0
합계			201	10	219	0	12	8	0
프로통산			201	10	219	0	12	8	0

김해원 (金海元) 한남대 1986.05.23

대회	연도	소속	출전	교체	득점	도움	파울	경고	퇴장
BC	2009	전남	9	2	1	0	16	2	0
	2010	대구	1	1	0	0	1	0	0
	합계		10	3	1	0	17	2	0
프로통산			10	3	1	0	17	2	0

김해출 (金海出) 광양제철고 1981.02.03

대회	연도	소속	출전	교체	득점	도움	파울	경고	퇴장
BC	1999	전남	2	2	0	0	0	0	0
	2000	전남	1	1	0	0	0	0	0
	합계		3	3	0	0	0	0	0
프로통산			3	3	0	0	0	0	0

김혁 (金林) 연세대 1985.05.04

대회	연도	소속	출전	교체	득점	도움	파울	경고	퇴장
BC	2008	인천	7	3	0	0	12	0	0
	합계		7	3	0	0	12	0	0
프로통산			7	3	0	0	12	0	0

김혁중 (金林重) 단국대 1994.12.09

대회	연도	소속	출전	교체	득점	도움	파울	경고	퇴장
K1	2018	인천	1	1	0	0	1	0	0
	합계		1	1	0	0	1	0	0
프로통산			1	1	0	0	1	0	0

김혁진 (金奕辰) 경희대 1991.03.06

대회	연도	소속	출전	교체	득점	도움	파울	경고	퇴장
K1	2016	수원FC	6	6	0	1	0	0	0
	합계		6	6	0	1	0	0	0
K2	2014	수원FC	27	20	0	0	27	4	0
	2015	수원FC	14	12	0	2	12	3	0
	합계		41	32	0	2	39	7	0
프로통산			47	38	0	3	39	7	0

김현 (金玄) 영생고 1993.05.03

대회	연도	소속	출전	교체	득점	도움	파울	경고	퇴장
BC	2012	전북	9	9	1	0	11	3	0
	합계		9	9	1	0	11	3	0
K1	2013	성남일화	4	4	0	0	1	0	0
	2014	제주	33	23	2	5	60	2	0
	2015	제주	26	21	3	1	34	3	0
	2016	제주	6	6	0	0	6	1	0
	2016	성남	15	10	3	0	23	2	0
	2018	제주	3	3	0	0	1	0	0
	2019	제주	2	2	0	0	4	1	0
	2020	부산	7	7	1	0	4	0	0
	2021	인천	29	15	7	0	36	3	0
	2022	수원FC	31	26	8	1	25	5	0
	2023	수원FC	20	19	2	3	7	1	0
	합계		176	135	26	10	201	18	0
K2	2017	아산	23	21	6	3	45	3	0
	2018	아산	20	16	4	2	28	4	0
	합계		43	37	10	5	73	7	1
승	2016	성남	2	1	0	0	5	1	0
	2023	수원FC	2	1	1	0	2	0	0
	합계		4	2	1	0	7	1	0
프로통산			232	183	38	15	292	29	1

김현관 (金賢官) 동국대 1985.04.20

대회	연도	소속	출전	교체	득점	도움	파울	경고	퇴장
BC	2008	서울	1	1	0	0	0	0	0
	합계		1	1	0	0	0	0	0
프로통산			1	1	0	0	0	0	0

김현규 (金賢圭) 경희고 1997.08.23

대회	연도	소속	출전	교체	득점	도움	파울	경고	퇴장
K2	2016	서울E	8	8	0	1	4	0	0
	2017	서울E	1	1	0	0	0	0	0
	2018	안양	4	4	0	0	5	2	0
	합계		13	13	0	1	9	2	0
프로통산			13	13	0	1	9	2	0

김현기 (金賢技) 상지대 1985.12.16

대회	연도	소속	출전	교체	득점	도움	파울	경고	퇴장
BC	2006	포항	2	2	0	0	0	0	0
	합계		2	2	0	0	0	0	0
프로통산			2	2	0	0	0	0	0

김현동 (金鉉東) 강원대 1972.08.25

대회	연도	소속	출전	교체	득점	도움	파울	경고	퇴장
BC	1996	안양LG	14	14	1	1	14	0	0
	1997	안양LG	11	7	0	0	15	0	0
	합계		25	21	1	1	29	0	0
프로통산			25	21	1	1	29	0	0

김현민 (金鉉敏) 한성대 1970.04.09

대회	연도	소속	출전	교체	득점	도움	파울	경고	퇴장
BC	1997	대전	28	21	5	4	47	2	0
	1998	대전	15	13	0	1	26	2	0
	1999	대전	17	16	2	0	10	3	0
	2000	대전	12	13	2	1	17	2	0
	합계		61	55	9	6	77	7	0
프로통산			61	55	9	6	77	7	0

김현배 (金賢培) 고려대 1976.06.09

대회	연도	소속	출전	교체	득점	도움	파울	경고	퇴장
BC	1999	울산	0	0	0	0	0	0	0
	2000	울산	3	1	1	0	9	1	0
	합계		3	1	1	0	9	1	0
프로통산			3	1	1	0	9	1	0

김현복 (金顯福) 중앙대 1954.12.09

대회	연도	소속	출전	교체	득점	도움	파울	경고	퇴장
BC	1983	할렐루야	12	9	2	1	4	0	0
	1984	할렐루야	19	5	0	0	28	0	0
	1985	할렐루야	16	5	0	1	25	3	0
	합계		47	19	2	2	57	3	0
프로통산			47	19	2	2	57	3	0

김현서 (金峴晳) 진위고 2004.03.25

대회	연도	소속	출전	교체	득점	도움	파울	경고	퇴장
K1	2023	인천	1	1	0	0	0	0	0
	합계		1	1	0	0	0	0	0
프로통산			1	1	0	0	0	0	0

김현석 (金賢錫) 서울시립대 1966.09.14

대회	연도	소속	출전	교체	득점	도움	파울	경고	퇴장
BC	1989	일화	27	6	0	0	50	5	0
	1990	일화	14	2	0	0	21	4	0
	합계		41	8	0	0	71	9	0
프로통산			41	8	0	0	71	9	0

김현석 (金鉉錫) 연세대 1967.05.05

대회	연도	소속	출전	교체	득점	도움	파울	경고	퇴장
BC	1990	현대	28	1	5	3	41	3	0
	1991	현대	39	10	14	4	50	2	0
	1992	현대	37	12	13	7	62	2	0
	1993	현대	11	8	1	1	12	0	0
	1995	현대	33	2	18	7	34	5	0
	1996	울산	33	9	9	9	43	4	0
	1997	울산	30	2	13	5	54	5	0
	1998	울산	37	8	17	5	84	6	0
	1999	울산	36	3	8	6	41	3	0
	2001	울산	31	9	6	5	41	3	1
	2002	울산	9	8	0	0	7	1	0
	2003	울산	20	20	0	0	16	3	0
	합계		371	71	110	54	508	40	1
프로통산			371	71	110	54	508	40	1

김현성 (金賢聖) 동북고 1989.09.27

대회	연도	소속	출전	교체	득점	도움	파울	경고	퇴장
BC	2010	대구	10	6	1	0	13	1	0
	2011	대구	29	9	7	2	63	2	0
	2012	서울	13	13	1	0	13	1	0
	합계		52	28	9	2	89	4	0
K1	2013	서울	17	16	1	1	19	0	0
	2014	서울	6	4	0	1	6	0	0
	2015	서울	3	3	0	0	0	0	0
	2019	성남	23	16	3	1	23	4	0
	2020	성남	15	10	1	0	16	1	0
	2021	성남	7	6	0	0	5	1	0
	합계		85	66	8	4	96	9	0
K2	2016	부산	3	3	0	0	1	1	0
	2017	부산	4	4	0	0	6	0	0
	2018	부산	22	15	1	0	33	3	0
	합계		29	22	1	0	40	4	0
승	2018	부산	2	2	0	0	1	0	0
	합계		2	2	0	0	1	0	0
프로통산			168	118	18	6	226	17	0

김현성 (金炫成) 광주대 1993.03.28

대회	연도	소속	출전	교체	실점	도움	파울	경고	퇴장
K1	2017	대구	0	0	0	0	0	0	0
	합계		0	0	0	0	0	0	0
K2	2015	서울E	1	0	4	0	0	0	0
	2016	서울E	1	0	0	0	0	0	0
	합계		2	0	4	0	0	0	0
프로통산			2	0	4	0	0	0	0

김현솔 (金현솔) 브라질 카피바리아누 1991.05.17

대회	연도	소속	출전	교체	득점	도움	파울	경고	퇴장
K1	2018	포항	5	6	0	1	4	0	0
	합계		5	6	0	1	4	0	0
K2	2016	서울E	7	7	0	0	9	2	0
	합계		7	7	0	0	9	2	0
프로통산			12	13	0	1	13	2	0

김현수 (金顯秀) 연세대 1992.04.05

대회	연도	소속	출전	교체	득점	도움	파울	경고	퇴장
K2	2015	대구	3	3	0	0	0	0	0
	2016	대구	2	2	0	0	0	0	0
	합계		5	5	0	0	0	0	0
프로통산			5	5	0	0	0	0	0

김현수 (金鉉洙) 아주대 1973.03.13

대회	연도	소속	출전	교체	득점	도움	파울	경고	퇴장
BC	1995	대우	32	3	1	0	44	4	0
	1996	부산	27	7	1	2	22	1	0
	1997	부산	29	6	3	0	31	3	0
	1998	부산	19	4	2	1	37	2	0
	1999	부산	11	4	1	0	35	2	0
	2000	성남일화	40	3	1	0	60	5	0
	2001	성남일화	35	1	2	0	42	3	0
	2002	성남일화	36	2	4	0	49	3	0
	2003	성남일화	38	4	0	0	59	1	0
	2004	인천	30	2	0	0	23	6	0
	2005	전남	6	3	0	0	7	1	0
	2006	대구	2	1	0	0	20	0	0
	2007	대구	28	2	1	0	43	3	0
	합계		383	41	24	5	438	38	0
프로통산			383	41	24	5	438	38	0

김현수 (金鉉洙) 연세대 1973.02.14

대회	연도	소속	출전	교체	득점	도움	파울	경고	퇴장
BC	1995	전남	26	0	1	2	52	3	0
	1996	전남	2	2	0	0	2	0	0
	1997	전남	30	10	0	1	20	1	1
	2000	전남	17	8	0	0	25	0	0
	2001	전남	30	3	1	2	65	4	0
	2002	전남	30	3	1	2	65	4	0
	2003	전북	42	20	0	1	76	3	0
	2004	전북	29	7	0	0	49	2	0
	2005	전북	25	5	0	0	33	3	0
	2006	전북	24	5	1	0	58	6	0
	2007	전북	25	6	0	0	51	7	1
	2008	전북	15	10	0	0	42	5	0
	합계		291	90	4	9	465	41	2
프로통산			291	90	4	9	465	41	2

김현승 (金炫承) 홍익대 1984.11.16

대회	연도	소속	출전	교체	득점	도움	파울	경고	퇴장
BC	2008	광주상무	4	5	0	0	5	0	0
	2009	광주상무	1	1	0	0	1	0	0

			출전	교체	득점	도움	파울	경고	퇴장
		합계	5	6	0	0	6	0	0
		프로통산	5	6	0	0	6	0	0

김현엽 (金鉉曄) 명지대 2001.08.22

대회	연도	소속	출전	교체	실점	도움	파울	경고	퇴장
K2	2023	부천	0	0	0	0	0	0	0
		합계	0	0	0	0	0	0	0
		프로통산	0	0	0	0	0	0	0

김현우 (金炫佑) 현대고 1999.03.07

대회	연도	소속	출전	교체	득점	도움	파울	경고	퇴장
K1	2022	울산	0	0	0	0	0	0	0
	2023	대전	26	11	0	1	11	3	0
		합계	26	11	0	1	11	3	0
		프로통산	26	11	0	1	11	3	0

김현우 (金炫祐) 중앙대 1999.04.23

대회	연도	소속	출전	교체	득점	도움	파울	경고	퇴장
K2	2020	제주	3	3	0	0	3	0	0
		합계	3	3	0	0	3	0	0
		프로통산	3	3	0	0	3	0	0

김현우 (金玄雨) 광운대 1989.04.17

대회	연도	소속	출전	교체	득점	도움	파울	경고	퇴장
BC	2012	성남일화	8	7	0	0	11	3	0
		합계	8	7	0	0	11	3	0
		프로통산	8	7	0	0	11	3	0

김현욱 (金賢旭) 한양대 1995.06.22

대회	연도	소속	출전	교체	득점	도움	파울	경고	퇴장
K1	2017	제주	3	3	0	0	1	0	0
	2018	제주	22	16	4	2	16	3	0
	2019	강원	31	21	2	2	13	4	0
		합계	56	40	6	4	30	3	0
K2	2020	전남	20	3	3	1	18	4	0
	2021	전남	35	1	3	4	21	2	0
	2022	전남	29	12	1	2	13	4	0
	2023	김천	28	24	1	3	18	0	0
		합계	112	40	9	9	70	8	0
		프로통산	168	80	15	13	100	11	0

김현중 (金鉉重) 한양대 1996.05.03

대회	연도	소속	출전	교체	득점	도움	파울	경고	퇴장
K1	2019	경남	0	0	0	0	0	0	0
		합계	0	0	0	0	0	0	0
K2	2023	천안	19	9	2	0	18	4	0
		합계	19	9	2	0	18	4	0
		프로통산	19	9	2	0	18	4	0

김현태 (金炫兌) 영남대 1994.11.14

대회	연도	소속	출전	교체	득점	도움	파울	경고	퇴장
K1	2017	전남	0	0	0	0	0	0	0
	2022	성남	9	8	0	0	4	0	1
		합계	9	8	0	0	4	0	1
K2	2018	안산	13	3	2	0	12	0	0
	2020	안산	5	0	0	1	3	0	0
	2021	안산	20	8	0	0	15	3	0
	2023	성남	13	7	0	1	24	6	0
		합계	51	18	2	1	47	9	0
		프로통산	60	26	2	1	51	9	1

김현태 (金鉉泰) 용인대 1992.05.13

대회	연도	소속	출전	교체	득점	도움	파울	경고	퇴장
K2	2015	수원FC	0	0	0	0	0	0	0
		합계	0	0	0	0	0	0	0
		프로통산	0	0	0	0	0	0	0

김현태 (金顯泰) 고려대 1961.05.01

대회	연도	소속	출전	교체	실점	도움	파울	경고	퇴장
BC	1984	럭키금성	23	1	37	0	0	0	0
	1985	럭키금성	21	0	19	0	1	0	0
	1986	럭키금성	30	1	32	0	0	1	0
	1987	럭키금성	18	0	36	0	1	0	0
	1988	럭키금성	8	0	35	0	0	0	0
	1989	럭키금성	9	1	9	0	0	0	0
	1990	럭키금성	2	0	5	0	0	0	0
	1991	LG	3	2	4	0	0	0	0
	1996	안양LG	0	0	0	0	0	0	0
		합계	114	5	151	0	1	1	0
		프로통산	114	5	151	0	1	1	0

김현호 (金鉉浩) 신평고 1981.09.30

대회	연도	소속	출전	교체	득점	도움	파울	경고	퇴장
BC	1995	포항	0	0	0	0	0	0	0
		합계	0	0	0	0	0	0	0
		프로통산	0	0	0	0	0	0	0

김현훈 (金玹訓) 홍익대 1991.04.30

대회	연도	소속	출전	교체	득점	도움	파울	경고	퇴장
K1	2018	경남	30	1	0	0	29	2	0
	2023	수원FC	10	4	0	0	3	1	0
		합계	40	5	0	1	32	3	0
K2	2021	서울E	21	1	1	0	30	4	0
	2022	광주	27	16	0	0	22	4	0
	2023	전남	3	2	0	0	1	0	0
		합계	51	19	1	0	53	8	0
		프로통산	91	26	2	0	85	11	0

김형근 (金亨根) 영남대 1994.01.06

대회	연도	소속	출전	교체	실점	도움	파울	경고	퇴장
K1	2023	제주	1	1	0	0	0	0	0
		합계	1	1	0	0	0	0	0
K2	2016	부산	6	0	9	0	0	0	0
	2017	부산	10	0	8	0	0	0	0
	2018	부산	14	0	17	0	0	0	0
	2019	부산	16	0	21	0	1	1	0
	2020	서울E	18	1	5	0	0	0	0
	2021	서울E	5	2	11	0	0	0	0
	2022	서울E	2	1	4	0	0	2	0
		합계	71	3	91	0	1	3	0
승	2017	부산	1	0	0	0	0	0	0
	2018	부산	1	0	0	0	0	0	0
		합계	2	0	0	0	0	0	0
		프로통산	73	4	91	0	1	3	0

김형남 (金炯男) 중대부고 1956.12.18

대회	연도	소속	출전	교체	득점	도움	파울	경고	퇴장
BC	1983	포항제철	13	2	0	0	17	2	0
	1984	포항제철	13	6	0	0	11	0	0
		합계	26	8	0	0	28	2	0
		프로통산	26	8	0	0	28	2	0

김형록 (金洞錄) 동아대 1991.06.17

대회	연도	소속	출전	교체	실점	도움	파울	경고	퇴장
K1	2014	제주	0	0	0	0	0	0	0
		합계	0	0	0	0	0	0	0
K2	2015	경남	0	0	0	0	0	0	0
	2017	경남	2	0	3	0	0	0	0
		합계	2	0	3	0	0	0	0
		프로통산	2	0	3	0	0	0	0

김형범 (金炯氾) 건국대 1984.01.01

대회	연도	소속	출전	교체	득점	도움	파울	경고	퇴장
BC	2004	울산	29	25	1	5	36	2	0
	2005	울산	14	13	4	1	12	2	0
	2006	전북	28	12	7	4	35	4	0
	2007	전북	20	9	0	3	26	2	0
	2008	전북	31	25	7	4	20	4	0
	2009	전북	1	1	0	0	0	0	0
	2010	전북	5	5	0	0	3	0	0
	2011	전북	4	4	0	0	3	0	0
	2012	대전	22	18	8	0	27	1	0
		합계	154	111	27	24	148	14	0
K1	2013	경남	22	18	4	0	21	1	0
		합계	22	18	4	0	21	1	0
		프로통산	176	129	35	24	175	15	0

김형원 (金亨願) 연세대 1999.02.22

대회	연도	소속	출전	교체	득점	도움	파울	경고	퇴장

김형일 (金亨鎰) 경희대 1984.04.27

대회	연도	소속	출전	교체	득점	도움	파울	경고	퇴장
BC	2007	대전	29	2	0	1	68	11	0
	2008	대전	16	3	0	0	22	7	0
	2008	포항	3	0	0	0	7	1	0
	2009	포항	30	1	2	1	40	9	0
	2010	포항	22	2	1	0	27	8	0
	2011	포항	21	2	0	0	26	7	0
	2012	상주	17	1	0	1	19	3	0
		합계	138	12	5	3	209	42	0
K1	2013	포항	2	2	0	0	0	0	0
	2014	포항	14	3	1	0	13	3	0
	2015	전북	11	3	0	0	18	2	0
	2016	전북	13	1	0	0	20	4	0
		합계	53	8	1	0	62	11	0
K2	2013	상주	26	0	0	0	39	3	1
	2017	부천	36	4	1	3	39	4	0
		합계	36	4	1	3	39	4	0
		프로통산	227	24	6	4	310	57	1

김형진 (金炯進) 배재대 1993.12.20

대회	연도	소속	출전	교체	득점	도움	파울	경고	퇴장
K2	2016	대전	16	8	0	0	29	4	0
	2017	안양	10	5	0	0	6	2	0
	2018	안양	23	10	0	0	25	2	0
	2019	안양	31	4	0	0	36	5	0
	2020	안양	22	3	0	0	27	3	0
	2021	안양	34	1	1	1	47	8	0
	2022	안양	6	6	1	0	5	0	0
	2023	안양	28	1	2	0	29	8	0
		합계	170	38	3	1	204	32	0
승	2022	안양	2	2	0	0	3	0	0
		합계	2	2	0	0	3	0	0
		프로통산	172	40	3	1	207	32	0

김형철 (金亨哲) 동아대 1983.10.02

대회	연도	소속	출전	교체	득점	도움	파울	경고	퇴장
BC	2006	수원	1	1	0	0	0	1	0
		합계	1	1	0	0	0	1	0
		프로통산	1	1	0	0	0	1	0

김형필 (金炯必) 경희대 1987.01.13

대회	연도	소속	출전	교체	득점	도움	파울	경고	퇴장
BC	2010	전남	11	10	3	0	5	1	0
	2011	전남	3	3	0	0	5	0	0
	2012	부산	1	1	0	0	1	0	0
		합계	15	14	3	0	7	1	0
K2	2016	경남	10	9	2	0	6	1	0
		합계	10	9	2	0	6	1	0
		프로통산	25	23	5	0	13	3	0

김형호 (金澄鎬) 광양제철고 1987.03.25

대회	연도	소속	출전	교체	득점	도움	파울	경고	퇴장
BC	2009	전남	21	2	0	1	25	2	0
	2010	전남	23	3	1	1	35	7	0
	2011	전남	9	0	0	0	7	0	0
		합계	53	5	1	2	67	9	0
		프로통산	53	5	1	2	67	9	0

김혜성 (金慧成) 홍익대 1996.04.11

대회	연도	소속	출전	교체	득점	도움	파울	경고	퇴장
K2	2018	대전	0	0	0	0	0	0	0
	2021	충남아산	17	11	1	0	17	3	0
	2022	충남아산	18	14	0	0	11	1	0
	2023	충남아산	14	6	0	0	8	1	0
		합계	49	31	1	0	36	5	0
		프로통산	49	31	1	0	36	5	0

김호남 (金浩男) 광주대 1989.06.14

column 1

대회	연도	소속	출전	교체	득점	도움	파울	경고	퇴장
BC	2011	광주	2	2	0	0	2	1	0
	2012	광주	1	1	0	0	3	0	0
	합계		3	3	0	0	5	1	0
K1	2015	광주	29	13	8	1	27	4	0
	2016	제주	31	29	8	3	10	1	0
	2017	상주	31	11	7	2	22	2	0
	2018	상주	21	16	2	1	16	1	0
	2018	제주	12	5	0	0	6	0	0
	2019	제주	17	5	0	1	26	3	0
	2019	인천	18	14	0	0	14	1	0
	2020	인천	14	11	0	2	14	1	1
	2021	수원FC	5	5	0	0	0	0	0
	2021	포항	1	1	0	0	0	0	0
	합계		180	110	31	8	140	13	1
K2	2013	광주	28	15	7	6	36	4	0
	2014	광주	35	13	7	5	51	5	0
	2022	부천	34	15	3	2	27	6	0
	2023	부천	27	20	2	2	23	2	0
	합계		124	63	19	15	137	17	0
승	2014	광주	2	0	1	0	4	0	0
	2017	상주	2	0	0	0	0	0	0
	합계		4	0	1	0	4	0	0
프로통산			311	176	51	23	288	31	1

김호영(金昊榮/← 김용갑) 동국대 1969.10.29

대회	연도	소속	출전	교체	득점	도움	파울	경고	퇴장
BC	1991	일화	10	10	1	7	17	1	0
	1992	일화	6	3	0	0	5	0	0
	1993	일화	8	6	3	3	4	0	0
	1994	일화	6	7	1	0	6	2	0
	1995	일화	6	7	1	0	2	0	0
	1996	전북	35	13	8	3	12	0	0
	1997	전북	27	21	4	3	12	0	0
	1998	전북	22	19	3	0	16	0	0
	1999	전북	1	1	0	0	0	0	0
	합계		121	87	17	16	80	5	0
프로통산			121	87	17	16	80	5	0

김호유(金浩猷) 성균관대 1981.02.19

대회	연도	소속	출전	교체	득점	도움	파울	경고	퇴장
BC	2003	전남	0	0	0	0	0	0	0
	2004	전남	14	4	1	0	20	2	0
	2005	전남	10	6	0	0	13	0	0
	2006	전남	10	3	1	0	15	3	0
	2007	제주	14	6	0	2	17	3	0
	합계		48	19	2	2	65	8	0
프로통산			48	19	2	2	65	8	0

김호준(金鎬浚) 인천대 1996.03.18

대회	연도	소속	출전	교체	득점	도움	파울	경고	퇴장
K2	2019	서울E	0	0	0	0	0	0	0
	합계		0	0	0	0	0	0	0
프로통산			0	0	0	0	0	0	0

김호준(金鎬浚) 고려대 1984.06.21

대회	연도	소속	출전	교체	실점	도움	파울	경고	퇴장
BC	2005	서울	3	0	6	0	1	0	0
	2007	서울	31	0	32	0	0	2	0
	2008	서울	31	0	32	0	0	2	0
	2009	서울	24	1	26	0	1	0	0
	2010	제주	35	0	32	0	0	2	0
	2011	제주	24	0	36	0	0	0	0
	2012	상주	9	0	17	0	0	1	0
	합계		126	1	149	0	4	8	0
K1	2014	제주	37	1	37	1	0	1	0
	2015	제주	31	0	45	0	0	1	0
	2016	제주	3	0	9	0	0	0	0
	2017	제주	19	0	22	0	0	0	0
	2018	강원	1	0	1	0	0	0	0
	2019	강원	28	1	35	0	0	1	0

column 2

대회	연도	소속	출전	교체	실점	도움	파울	경고	퇴장
	2020	부산	10	0	11	0	0	0	0
	합계		159	4	199	1	2	6	1
K2	2013	상주	30	0	23	0	0	2	0
	2021	부천	4	0	7	0	1	1	0
	2022	부천	1	1	0	0	0	0	0
	합계		35	1	30	0	1	3	0
프로통산			320	6	378	1	7	17	1

김호철(金虎喆) 숭실대 1971.01.05

대회	연도	소속	출전	교체	득점	도움	파울	경고	퇴장
BC	1993	유공	1	1	0	0	1	0	0
	1995	유공	2	2	0	0	3	0	0
	1996	부천유공	0	0	0	0	0	0	0
	합계		3	3	0	0	4	0	0
프로통산			3	3	0	0	4	0	0

김홍기(金弘翼) 중앙대 1976.03.14

대회	연도	소속	출전	교체	득점	도움	파울	경고	퇴장
BC	1999	전북	2	2	0	0	0	0	0
	2000	전북	4	4	0	0	2	0	0
	합계		6	6	0	0	2	0	0
프로통산			6	6	0	0	2	0	0

김홍운(金弘運) 건국대 1964.03.21

대회	연도	소속	출전	교체	득점	도움	파울	경고	퇴장
BC	1987	포항제철	26	20	9	3	19	3	0
	1988	포항제철	21	7	1	2	24	1	0
	1989	포항제철	7	7	1	0	3	0	0
	1990	포항제철	15	11	1	2	23	2	0
	1991	유공	1	1	0	0	0	0	0
	1992	LG	5	5	0	0	4	1	0
	1993	현대	5	5	0	0	1	1	0
	합계		93	67	13	7	86	7	0
프로통산			93	67	13	7	86	7	0

김홍일(金弘一) 연세대 1987.09.29

대회	연도	소속	출전	교체	득점	도움	파울	경고	퇴장
BC	2009	수원	5	2	0	0	7	0	0
	2011	광주	2	2	0	0	6	1	0
	합계		7	4	0	0	13	1	0
K2	2014	수원FC	5	5	0	0	4	1	0
	합계		5	5	0	0	4	1	0
프로통산			12	9	0	1	13	1	0

김홍주(金洪柱) 한양대 1955.03.21

대회	연도	소속	출전	교체	득점	도움	파울	경고	퇴장
BC	1983	국민은행	13	0	0	0	7	2	0
	1984	국민은행	7	2	0	0	3	1	0
	합계		20	2	0	0	10	3	0
프로통산			20	2	0	0	10	3	0

김홍철(金弘哲) 한양대 1979.06.02

대회	연도	소속	출전	교체	득점	도움	파울	경고	퇴장
BC	2002	전남	6	1	1	0	4	0	0
	2003	전남	25	9	0	3	17	1	0
	2004	전남	22	14	1	0	14	1	0
	2005	포항	19	8	0	0	32	2	0
	2006	부산	2	2	0	0	1	0	0
	합계		72	32	2	3	67	4	0
프로통산			72	32	2	3	67	4	0

김황정(金晃正) 한남대 1975.11.19

대회	연도	소속	출전	교체	득점	도움	파울	경고	퇴장
BC	2001	울산	7	7	0	0	7	0	0
	합계		7	7	0	0	7	0	0
프로통산			7	7	0	0	7	0	0

김황호(金黃鎬) 경희대 1954.08.15

대회	연도	소속	출전	교체	실점	도움	파울	경고	퇴장
BC	1984	현대	7	0	8	0	0	0	0
	1985	현대	18	1	18	0	0	0	0
	1986	현대	2	1	2	0	2	0	0
	합계		27	2	24	0	2	0	0
프로통산			27	2	24	0	2	0	0

column 3

김효기(金孝基) 조선대 1986.07.03

대회	연도	소속	출전	교체	득점	도움	파울	경고	퇴장
BC	2010	울산	1	1	0	0	0	0	0
	2011	울산	0	0	0	0	0	0	0
	2012	울산	4	4	0	0	2	0	0
	합계		5	5	0	0	2	0	0
K1	2016	전북	1	1	0	0	0	0	0
	2018	경남	30	17	7	1	35	3	0
	2019	경남	29	13	4	3	41	2	0
	2020	광주	12	12	0	0	3	0	0
	2021	광주	2	2	0	0	2	0	0
	합계		73	49	11	4	82	6	0
K2	2015	안양	15	7	8	2	35	3	0
	2016	안양	13	3	4	0	25	1	0
	2017	안양	33	21	5	3	74	3	0
	합계		61	31	17	5	129	7	0
승	2019	경남	1	1	0	0	2	0	0
	합계		1	1	0	0	2	0	0
프로통산			140	86	28	9	215	13	0

김효일(金孝日) 경상대 1978.09.07

대회	연도	소속	출전	교체	득점	도움	파울	경고	퇴장
BC	2003	전남	19	11	0	0	24	2	0
	2004	전남	16	9	0	0	23	0	0
	2005	전남	17	3	0	0	41	3	0
	2006	전남	35	10	1	2	67	6	0
	2007	경남	29	11	0	0	45	1	0
	2009	경남	25	8	1	3	32	5	0
	2009	부산	12	4	0	0	18	0	0
	2010	부산	11	8	0	0	5	0	0
	합계		164	64	3	3	255	17	0
K2	2014	충주	1	1	0	0	0	0	0
	합계		1	1	0	0	0	0	0
프로통산			164	64	3	3	255	17	0

김효준(金孝埈) 경일대 1978.10.13

대회	연도	소속	출전	교체	득점	도움	파울	경고	퇴장
BC	2006	경남	8	3	0	0	12	1	0
	2007	경남	5	3	0	0	8	0	0
	합계		13	6	0	0	20	1	0
K2	2013	안양	25	2	0	0	33	3	0
	2014	안양	11	2	0	0	7	2	0
	합계		36	2	2	0	40	6	0
프로통산			49	8	2	0	60	8	0

김효준(金孝俊) 보인고 2004.07.02

대회	연도	소속	출전	교체	실점	도움	파울	경고	퇴장
K2	2023	천안	2	0	7	0	1	1	0
K2	합계		2	0	7	0	1	1	0
프로통산			2	0	7	0	1	1	0

김효진(金孝珍) 연세대 1990.10.22

대회	연도	소속	출전	교체	득점	도움	파울	경고	퇴장
K1	2013	강원	1	1	0	0	1	0	0
	합계		1	1	0	0	1	0	0
프로통산			1	1	0	0	1	0	0

김효찬(金孝粲) 성균관대 1998.01.21

대회	연도	소속	출전	교체	득점	도움	파울	경고	퇴장
K2	2020	전남	0	0	0	0	0	0	0
	합계		0	0	0	0	0	0	0
프로통산			0	0	0	0	0	0	0

김후석(金厚爽) 영남대 1974.03.20

대회	연도	소속	출전	교체	득점	도움	파울	경고	퇴장
BC	1997	포항	7	7	0	0	4	2	0
	1998	포항	6	5	0	0	6	0	0
	합계		13	12	0	0	10	2	0
프로통산			13	12	0	0	10	2	0

김훈민(金訓民) 숭실대 2001.03.01

대회	연도	소속	출전	교체	득점	도움	파울	경고	퇴장
K1	2022	성남	6	6	0	1	0	0	0
	합계		6	6	0	1	0	0	0

K2	2023	성남	12	11	0	0	13	2	0
합계			12	11	0	0	13	2	0
프로통산			18	17	0	1	13	2	0

김훈성(金勳成) 고려대 1991.05.20

대회	연도	소속	출전	교체	득점	도움	파울	경고	퇴장
K2	2015	고양	2	2	0	0	0	0	0
합계			2	2	0	0	0	0	0
프로통산			2	2	0	0	0	0	0

김흥권(金興權) 전남대 1963.12.02

대회	연도	소속	출전	교체	득점	도움	파울	경고	퇴장
BC	1984	현대	9	2	1	2	8	0	0
	1985	현대	11	1	0	0	7	0	0
	1986	현대	31	1	2	1	41	4	0
	1987	현대	4	4	0	0	1	1	0
	1989	현대	19	8	1	2	18	0	0
합계			74	16	4	5	75	5	0
프로통산			74	16	4	5	75	5	0

김흥일(金興一) 동아대 1992.11.02

대회	연도	소속	출전	교체	득점	도움	파울	경고	퇴장
K1	2013	대구	14	14	0	0	6	0	0
합계			14	14	0	0	6	0	0
K2	2014	대구	9	8	0	0	4	0	0
합계			9	8	0	0	4	0	0
프로통산			23	22	0	0	10	0	0

김희승(金熹承) 천안제일고 2003.01.19

대회	연도	소속	출전	교체	득점	도움	파울	경고	퇴장
K1	2021	대구	2	1	0	0	4	0	0
	2022	대구	11	7	0	0	21	3	0
	2023	대구	2	2	0	0	1	1	0
합계			15	10	0	0	26	4	0
프로통산			15	10	0	0	26	4	0

김희원(金熙元) 청주대 1994.07.12

대회	연도	소속	출전	교체	득점	도움	파울	경고	퇴장
K2	2017	서울E	2	1	0	0	0	0	1
	2018	안양	4	4	0	0	1	0	0
합계			6	5	0	0	1	0	1
프로통산			6	5	0	0	1	0	1

김희철(金熙澈) 충북대 1960.09.03

대회	연도	소속	출전	교체	득점	도움	파울	경고	퇴장
BC	1983	포항제철	13	4	5	3	4	0	0
	1984	포항제철	8	7	2	3	5	0	0
	1985	상무	11	6	2	1	8	0	0
합계			32	16	7	5	16	0	0
프로통산			32	16	7	5	16	0	0

김희태(金熙泰) 연세대 1953.07.10

대회	연도	소속	출전	교체	득점	도움	파울	경고	퇴장
BC	1983	대우	2	2	0	0	0	0	0
합계			2	2	0	0	0	0	0
프로통산			2	2	0	0	0	0	0

까뇨뚜(Anderson Cardoso de Campos: Canhoto) 브라질 1997.03.30

대회	연도	소속	출전	교체	득점	도움	파울	경고	퇴장
K2	2020	안산	13	10	1	2	11	3	0
	2021	안산	9	8	1	1	3	0	0
	2022	안산	10	6	3	3	9	1	0
합계			32	24	5	6	23	4	0
프로통산			32	24	5	6	23	4	0

까데나시(Felipe Cadenazzi) 아르헨티나 1991.10.12

대회	연도	소속	출전	교체	득점	도움	파울	경고	퇴장
K2	2022	서울E	33	25	10	4	43	3	0
합계			33	25	10	4	43	3	0
프로통산			33	25	10	4	43	3	0

까랑가(Luiz Fernando da Silva Monte) 브라질 1991.04.14

대회	연도	소속	출전	교체	득점	도움	파울	경고	퇴장
K1	2015	제주	16	8	5	3	34	3	0
	2016	제주	2	0	0	0	2	1	0
합계			18	8	5	3	36	4	0
프로통산			18	8	5	3	36	4	0

까르멜로(Carmelo Enrique Valencia Chaverra) 콜롬비아 1984.07.13

대회	연도	소속	출전	교체	득점	도움	파울	경고	퇴장
BC	2010	울산	24	20	8	3	20	1	0
합계			24	20	8	3	20	1	0
프로통산			24	20	8	3	20	1	0

까를로스(Jose Carlos Santos da Silva) 브라질 1975.03.19

대회	연도	소속	출전	교체	득점	도움	파울	경고	퇴장
BC	2004	포항	25	20	4	2	48	3	0
합계			25	20	4	2	48	3	0
프로통산			25	20	4	2	48	3	0

까를로스(Jean Carlos Donde) 브라질 1983.08.12

대회	연도	소속	출전	교체	득점	도움	파울	경고	퇴장
BC	2011	성남일화	3	3	0	0	1	0	0
합계			3	3	0	0	1	0	0
프로통산			3	3	0	0	1	0	0

까밀로(Camilo da Silva Sanvezzo) 브라질 1988.07.21

대회	연도	소속	출전	교체	득점	도움	파울	경고	퇴장
BC	2010	경남	9	8	1	0	22	1	0
합계			9	8	1	0	22	1	0
프로통산			9	8	1	0	22	1	0

까보레(Everaldo de Jesus Pereira) 브라질 1980.02.19

대회	연도	소속	출전	교체	득점	도움	파울	경고	퇴장
BC	2007	경남	31	5	18	8	48	5	0
합계			31	5	18	8	48	5	0
프로통산			31	5	18	8	48	5	0

까스띠쇼(Jonathan Emanuel Castillo) 아르헨티나 1993.01.05

대회	연도	소속	출전	교체	득점	도움	파울	경고	퇴장
K2	2016	충주	1	1	0	0	1	0	0
합계			1	1	0	0	1	0	0
프로통산			1	1	0	0	1	0	0

까시아노(Cassiano Dias Moreira) 브라질 1989.06.16

대회	연도	소속	출전	교체	득점	도움	파울	경고	퇴장
K1	2015	광주	11	8	1	0	16	2	0
합계			11	8	1	0	16	2	0
프로통산			11	8	1	0	16	2	0

까시아노(Cassiano Mendes da Rocha) 브라질 1975.12.04

대회	연도	소속	출전	교체	득점	도움	파울	경고	퇴장
BC	2003	포항	15	13	4	0	15	1	0
합계			15	13	4	0	15	1	0
프로통산			15	13	4	0	15	1	0

까이끼(Caique Silva Rocha) 브라질 1987.01.10

대회	연도	소속	출전	교체	득점	도움	파울	경고	퇴장
BC	2012	경남	41	10	12	7	60	5	0
합계			41	10	12	7	60	5	0
K1	2013	울산	18	14	3	4	19	1	0
	2014	울산	1	1	0	0	0	0	0
합계			19	15	3	4	19	1	0
프로통산			60	25	15	11	79	7	0

까이오(Antonio Caio Silva Souza) 브라질 1980.10.11

대회	연도	소속	출전	교체	득점	도움	파울	경고	퇴장
BC	2004	전남	15	14	0	2	18	0	0
합계			15	14	0	2	18	0	0
프로통산			15	14	0	2	18	0	0

깔레오(Coelho Goncalves) 브라질 1995.09.22

대회	연도	소속	출전	교체	득점	도움	파울	경고	퇴장
K2	2014	충주	4	4	0	0	1	0	0
합계			4	4	0	0	1	0	0
프로통산			4	4	0	0	1	0	0

꼬레아(Nestor Correa) 우루과이 1974.08.23

대회	연도	소속	출전	교체	득점	도움	파울	경고	퇴장
BC	2000	전북	23	15	3	4	45	1	1
	2002	전남	15	12	0	2	36	3	0
합계			38	27	3	6	81	4	1
프로통산			38	27	3	6	81	4	1

끌레베르(Cleber Arildo da Silva) 브라질 1969.01.21

대회	연도	소속	출전	교체	득점	도움	파울	경고	퇴장
BC	2001	울산	30	2	2	2	53	7	0
	2002	울산	34	6	0	0	63	7	0
	2003	울산	33	5	1	1	54	6	1
합계			97	13	3	3	170	20	1
프로통산			97	13	3	3	170	20	1

끌레오(Cleomir Mala dos Santos) 브라질 1972.02.02

대회	연도	소속	출전	교체	득점	도움	파울	경고	퇴장
BC	1997	전남	5	3	0	2	6	1	0
합계			5	3	0	2	6	1	0
프로통산			5	3	0	2	6	1	0

끼리노(Thiago Quirino da Silva) 브라질 1985.01.04

대회	연도	소속	출전	교체	득점	도움	파울	경고	퇴장
BC	2011	대구	14	10	3	1	24	2	1
합계			14	10	3	1	24	2	1
프로통산			14	10	3	1	24	2	1

나광현(羅光鉉) 명지대 1982.06.21

대회	연도	소속	출전	교체	득점	도움	파울	경고	퇴장
BC	2006	대전	1	1	0	0	0	0	0
	2007	대전	8	7	1	0	10	1	0
	2008	대전	18	9	1	0	26	7	0
	2009	대전	14	11	0	1	8	2	0
합계			41	28	2	1	44	10	0
프로통산			41	28	2	1	44	10	0

나니(Jonathan Nanizayamo) 프랑스 1991.06.05

대회	연도	소속	출전	교체	득점	도움	파울	경고	퇴장
K1	2017	강원	4	4	0	0	3	0	0
합계			4	4	0	0	3	0	0
프로통산			4	4	0	0	3	0	0

나드손(Nadson Rodrigues de Souza) 브라질 1982.01.30

대회	연도	소속	출전	교체	득점	도움	파울	경고	퇴장
BC	2003	수원	18	9	14	1	25	2	0
	2004	수원	38	27	14	4	66	5	0
	2005	수원	15	14	7	1	17	1	0
	2007	수원	15	14	8	5	10	2	0
합계			86	64	43	11	118	10	0
프로통산			86	64	43	11	118	10	0

나상호(羅相鎬) 단국대 1996.08.12

대회	연도	소속	출전	교체	득점	도움	파울	경고	퇴장
K1	2017	광주	18	14	2	0	21	0	0
	2020	성남	19	8	7	0	20	2	0
	2021	서울	34	14	9	6	21	2	0
	2022	서울	32	8	4	2	35	4	0
	2023	서울	38	17	12	4	17	1	0
합계			141	65	38	14	108	11	0
K2	2018	광주	31	3	16	1	38	3	0
합계			31	3	16	1	38	3	0
프로통산			172	68	54	15	146	14	0

나성은(羅聖恩) 수원대 1996.04.06

대회	연도	소속	출전	교체	득점	도움	파울	경고	퇴장
K1	2018	전북	3	2	0	1	0	0	0
	2020	전북	1	1	0	0	1	0	0
	2021	수원FC	4	5	0	0	4	0	0
합계			8	8	0	0	5	0	0

K2 2022 김포

대회	연도	소속	출전	교체	득점	도움	파울	경고	퇴장
K2	2022	김포	20	20	2	1	16	1	0
		합계	20	20	2	1	16	1	0
	프로통산		28	28	2	1	22	1	0

나승화(羅承和) 한양대 1969.10.08

대회	연도	소속	출전	교체	득점	도움	파울	경고	퇴장
BC	1991	포항제철	17	4	0	3	14	0	0
	1992	포항제철	16	5	0	1	18	0	0
	1993	포항제철	16	9	0	2	13	2	0
	1994	포항제철	25	7	0	3	26	2	0
		합계	74	25	0	9	71	4	0
	프로통산		74	25	0	9	71	4	0

나시모프(Bakhodir Nasimov) 우즈베키스탄 1987.05.02

대회	연도	소속	출전	교체	득점	도움	파울	경고	퇴장
K2	2017	안산	23	18	2	0	35	3	0
		합계	23	18	2	0	35	3	0
	프로통산		23	18	2	0	35	3	0

나일균(羅一均) 경일대 1977.08.02

대회	연도	소속	출전	교체	득점	도움	파울	경고	퇴장
BC	2000	울산	1	1	0	0	4	0	0
		합계	1	1	0	0	4	0	0
	프로통산		1	1	0	0	4	0	0

나지(Naji Mohammed Majrashi) 사우디아라비아 1984.02.02

대회	연도	소속	출전	교체	득점	도움	파울	경고	퇴장
BC	2011	울산	9	9	0	1	9	2	0
		합계	9	9	0	1	9	2	0
	프로통산		9	9	0	1	9	2	0

나치선(羅治善) 국민대 1966.03.07

대회	연도	소속	출전	교체	실점	도움	파울	경고	퇴장
BC	1989	일화	23	2	26	0	1	1	0
	1990	일화	1	0	3	0	0	0	0
		합계	24	2	29	0	1	1	0
	프로통산		24	2	29	0	1	1	0

나카자토(Nakazato Takahiro, 中里崇宏) 일본 1990.03.29

대회	연도	소속	출전	교체	득점	도움	파울	경고	퇴장
K1	2019	강원	11	7	0	0	11	3	0
		합계	11	7	0	0	11	3	0
	프로통산		11	7	0	0	11	3	0

나희근(羅熙根) 아주대 1979.05.05

대회	연도	소속	출전	교체	득점	도움	파울	경고	퇴장
BC	2001	포항	1	1	0	0	1	0	0
	2003	포항	0	0	0	0	0	0	0
	2004	대구	12	3	0	0	23	1	0
	2005	대구	21	11	1	0	48	1	0
	2006	대구	5	2	2	0	6	0	0
	2007	대구	1	1	0	0	0	0	0
		합계	40	18	3	0	78	2	1
	프로통산		40	18	3	0	78	2	1

난도(Ferdinando Pereira Leda) 브라질 1980.04.22

대회	연도	소속	출전	교체	득점	도움	파울	경고	퇴장
BC	2012	인천	19	4	0	0	31	2	0
		합계	19	4	0	0	31	2	0
	프로통산		19	4	0	0	31	2	0

남광현(南侊炫) 경기대 1987.08.25

대회	연도	소속	출전	교체	득점	도움	파울	경고	퇴장
BC	2010	전남	5	2	1	1	17	1	0
		합계	5	2	1	1	17	1	0
K2	2016	경남	7	7	1	1	7	1	0
		합계	7	7	1	1	7	1	0
	프로통산		12	9	2	2	24	2	0

남궁도(南宮道) 경희고 1982.06.04

대회	연도	소속	출전	교체	득점	도움	파울	경고	퇴장
BC	2001	전북	6	6	0	0	7	0	0
	2002	전북	3	3	0	0	8	0	0
	2003	전북	18	16	5	2	16	2	0
	2004	전북	21	16	3	1	35	0	0
	2005	전북	2	1	0	0	3	0	0
	2005	전남	24	17	2	4	31	2	0
	2006	광주상무	30	27	4	0	25	2	0
	2007	광주상무	28	19	1	4	48	2	0
	2008	포항	25	21	6	1	28	4	0
	2009	포항	14	13	1	0	13	3	0
	2010	성남일화	22	20	2	0	13	1	0
	2011	성남일화	19	19	1	1	20	1	0
	2012	대전	18	16	0	1	22	3	0
		합계	222	185	35	14	286	21	0
K2	2013	안양	29	29	1	1	19	2	0
	2014	안양	3	3	0	0	4	0	0
		합계	32	32	1	1	23	2	0
	프로통산		254	217	36	15	309	23	0

남궁웅(南宮雄) 경희고 1984.03.29

대회	연도	소속	출전	교체	득점	도움	파울	경고	퇴장
BC	2003	수원	22	20	1	3	21	0	0
	2004	수원	5	5	0	0	2	0	0
	2005	광주상무	29	23	0	2	31	1	0
	2006	광주상무	30	20	0	3	43	6	0
	2006	수원	1	1	0	0	0	0	0
	2007	수원	9	9	1	0	4	1	0
	2008	수원	15	14	0	1	26	2	0
	2011	성남일화	5	5	0	0	1	1	0
	2012	성남일화	30	15	0	1	38	7	0
		합계	146	112	2	10	168	18	0
K1	2013	강원	21	8	0	2	16	3	0
		합계	21	8	0	2	16	3	0
승	2013	강원	1	1	0	0	2	0	0
		합계	1	1	0	0	2	0	0
	프로통산		168	121	2	12	186	21	0

남기설(南起雪) 영남대 1970.12.08

대회	연도	소속	출전	교체	득점	도움	파울	경고	퇴장
BC	1993	대우	16	14	1	0	10	0	0
	1994	LG	20	17	3	1	17	1	0
	1995	LG	4	4	0	0	2	1	0
		합계	40	35	4	1	37	5	0
	프로통산		40	35	4	1	37	5	0

남기성(南基成) 한양대 1977.10.10

대회	연도	소속	출전	교체	득점	도움	파울	경고	퇴장
BC	2000	수원	2	1	0	0	3	0	0
		합계	2	1	0	0	3	0	0
	프로통산		2	1	0	0	3	0	0

남기영(南基永) 경희대 1962.07.10

대회	연도	소속	출전	교체	득점	도움	파울	경고	퇴장
BC	1986	포항제철	23	2	0	0	26	3	0
	1987	포항제철	30	7	0	0	43	4	0
	1988	포항제철	6	2	0	0	9	0	0
	1989	포항제철	21	12	0	0	30	3	1
	1990	포항제철	19	6	0	0	28	3	0
	1991	포항제철	32	11	1	0	43	5	0
	1992	포항제철	14	7	0	1	18	1	0
		합계	145	50	1	1	205	22	2
	프로통산		145	50	1	1	205	22	2

남기일(南基一) 경희대 1974.08.17

대회	연도	소속	출전	교체	득점	도움	파울	경고	퇴장
BC	1997	부천SK	18	14	0	3	14	0	0
	1998	부천SK	15	16	1	1	17	2	0
	1999	부천SK	20	18	5	2	19	0	0
	2000	부천SK	11	9	1	2	4	1	0
	2001	부천SK	35	15	9	1	45	2	0
	2002	부천SK	32	3	4	6	50	5	1
	2003	부천SK	30	8	5	5	43	3	0
	2004	전남	19	19	1	3	26	1	0
	2005	성남일화	28	24	7	4	47	0	0
	2006	성남일화	32	27	8	2	51	1	0
	2007	성남일화	20	19	2	4	27	3	0
	2008	성남일화	7	7	0	1	8	1	0
		합계	277	180	40	34	380	22	2
	프로통산		277	180	40	34	380	22	2

남대식(南大植) 건국대 1990.03.07

대회	연도	소속	출전	교체	득점	도움	파울	경고	퇴장
K2	2013	충주	20	2	2	0	14	2	0
	2014	안양	0	0	0	0	0	0	0
		합계	20	2	2	0	14	2	0
	프로통산		20	2	2	0	14	2	0

남민호(南民浩) 동국대 1980.12.17

대회	연도	소속	출전	교체	실점	도움	파울	경고	퇴장
BC	2003	부천SK	1	0	4	0	0	0	0
		합계	1	0	4	0	0	0	0
	프로통산		1	0	4	0	0	0	0

남설현(南설현) 부경대 1990.02.10

대회	연도	소속	출전	교체	득점	도움	파울	경고	퇴장
BC	2012	경남	2	2	0	0	1	0	0
		합계	2	2	0	0	1	0	0
	프로통산		2	2	0	0	1	0	0

남세인(南世仁) 동의대 1993.01.15

대회	연도	소속	출전	교체	득점	도움	파울	경고	퇴장
K2	2014	대구	0	0	0	0	0	0	0
		합계	0	0	0	0	0	0	0
	프로통산		0	0	0	0	0	0	0

남송(Nan Song, 南松/← 난송) 중국 1997.06.21

대회	연도	소속	출전	교체	득점	도움	파울	경고	퇴장
K2	2018	부천	3	3	0	0	3	1	0
		합계	3	3	0	0	3	1	0
	프로통산		3	3	0	0	3	1	0

남승우(南昇佑) 연세대 1992.02.18

대회	연도	소속	출전	교체	득점	도움	파울	경고	퇴장
K1	2018	강원	1	1	0	0	0	0	0
		합계	1	1	0	0	0	0	0
	프로통산		1	1	0	0	0	0	0

남영열(南永烈) 한남대 1981.07.10

대회	연도	소속	출전	교체	득점	도움	파울	경고	퇴장
BC	2005	대구	24	9	1	0	39	6	0
		합계	24	9	1	0	39	6	0
	프로통산		24	9	1	0	39	6	0

남영훈(男泳勳) 명지대 1979.09.22

대회	연도	소속	출전	교체	득점	도움	파울	경고	퇴장
BC	2003	광주상무	16	12	0	1	8	0	0
	2004	포항	15	15	0	0	17	2	0
	2005	포항	7	7	0	0	8	1	0
	2006	경남	15	8	1	0	25	6	0
	2007	경남	12	6	0	0	13	2	0
		합계	65	48	1	1	69	15	0
	프로통산		65	48	1	1	69	15	0

남웅기(南雄基) 동국대 1976.05.20

대회	연도	소속	출전	교체	득점	도움	파울	경고	퇴장
BC	1999	전북	5	5	1	0	3	0	0
		합계	5	5	1	0	3	0	0
	프로통산		5	5	1	0	3	0	0

남윤재(南潤宰) 충남기계공고 1996.05.31

대회	연도	소속	출전	교체	득점	도움	파울	경고	퇴장
K2	2016	대전	1	1	0	0	0	0	0
	2017	대전	1	1	0	0	2	0	0
		합계	2	2	0	0	2	0	0
	프로통산		2	2	0	0	2	0	0

남윤재(南尹在) 광양제철고 2001.04.14

대회	연도	소속	출전	교체	득점	도움	파울	경고	퇴장
K2	2021	전남	1	1	0	0	1	0	0
		합계	1	1	0	0	1	0	0
	프로통산		1	1	0	0	1	0	0

남익경(南翼璟) 포철공고 1983.01.26

대회	연도	소속	출전	교체	득점	도움	파울	경고	퇴장

(남기원 continued)

대회	연도	소속	출전	교체	득점	도움	파울	경고	퇴장
BC	2002	포항	0	0	0	0	0	0	0
	2003	포항	8	8	1	0	3	0	0
	2004	포항	12	11	1	1	8	1	0
	2005	포항	13	12	0	0	15	0	0
	2006	포항	3	3	1	0	2	0	0
	2007	광주상무	18	14	0	1	17	0	0
	2008	광주상무	20	14	2	4	19	1	0
	합계		74	62	5	5	64	2	0
프로통산			74	62	5	5	64	2	0

남일우(南溢祐) 광주대 1989.08.28

대회	연도	소속	출전	교체	득점	도움	파울	경고	퇴장
BC	2012	인천	1	1	0	0	0	0	0
	합계		1	1	0	0	0	0	0
프로통산			1	1	0	0	0	0	0

남준재(南濬在) 연세대 1988.04.07

대회	연도	소속	출전	교체	득점	도움	파울	경고	퇴장
BC	2010	인천	28	26	3	5	18	3	0
	2011	전남	9	8	1	0	16	1	0
	2011	제주	3	3	0	0	1	0	0
	2012	제주	0	0	0	0	0	0	0
	2012	인천	22	11	8	1	37	5	0
	합계		62	48	12	6	72	9	0
K1	2013	인천	32	19	4	1	42	3	0
	2014	인천	17	13	3	0	18	1	0
	2015	성남	30	28	4	2	45	3	0
	2018	인천	14	12	4	4	23	1	0
	2019	인천	13	9	1	0	20	3	0
	2019	제주	19	14	1	1	25	2	0
	2020	포항	7	7	0	0	5	0	0
	합계		127	100	19	6	168	13	0
K2	2016	안산무궁	17	12	2	1	11	2	0
	2017	아산	14	12	2	2	11	2	0
	2017	성남	1	1	0	0	2	0	0
	합계		32	25	4	2	28	3	0
프로통산			221	173	35	14	268	25	0

남지훈(南知訓) 수원대 1992.12.19

대회	연도	소속	출전	교체	실점	도움	파울	경고	퇴장
K2	2015	안양	0	0	0	0	0	0	0
	2016	안양	0	0	0	0	0	0	0
	합계		0	0	0	0	0	0	0
프로통산			0	0	0	0	0	0	0

남하늘(南하늘) 한남대 1995.10.27

대회	연도	소속	출전	교체	득점	도움	파울	경고	퇴장
K2	2016	고양	16	15	2	0	18	3	0
	합계		16	15	2	0	18	3	0
프로통산			16	15	2	0	18	3	0

남현성(南縣成) 성균관대 1985.05.06

대회	연도	소속	출전	교체	득점	도움	파울	경고	퇴장
BC	2008	대구	4	2	0	0	4	2	0
	2009	대구	10	8	0	1	10	0	0
	합계		14	10	0	1	13	2	0
프로통산			14	10	0	1	13	2	0

남현우(南賢宇) 인천대 1979.04.20

대회	연도	소속	출전	교체	실점	도움	파울	경고	퇴장
BC	2002	부천SK	0	0	0	0	0	0	0
	합계		0	0	0	0	0	0	0
프로통산			0	0	0	0	0	0	0

남호상(南虎相) 동아대 1966.01.17

대회	연도	소속	출전	교체	득점	도움	파울	경고	퇴장
BC	1989	일화	1	2	0	0	2	0	0
	합계		1	2	0	0	2	0	0
프로통산			1	2	0	0	2	0	0

남희철(南希撤) 동국대 1995.05.02

대회	연도	소속	출전	교체	득점	도움	파울	경고	퇴장
K2	2019	아산	13	13	1	0	6	4	0
	2020	충남아산	0	0	0	0	0	0	0
	합계		13	13	1	0	6	4	0
프로통산			13	13	1	0	6	4	0

내마냐(Nemanja Dancetović) 유고슬라비아 1973.07.25

대회	연도	소속	출전	교체	득점	도움	파울	경고	퇴장
BC	2000	울산	6	5	0	1	6	1	0
	합계		6	5	0	1	6	1	0
프로통산			6	5	0	1	6	1	0

네게바(Guilherme Ferreira Pinto: Negueba) 브라질 1992.04.07

대회	연도	소속	출전	교체	득점	도움	파울	경고	퇴장
K1	2018	경남	36	16	5	7	28	2	1
	2019	경남	11	5	0	0	9	1	0
	2021	인천	31	29	2	4	29	7	0
	합계		78	50	7	11	66	10	1
K2	2020	경남	19	18	2	2	16	2	1
	합계		19	18	2	2	16	2	1
프로통산			97	68	9	13	82	12	2

네또(Euvaldo Jose de Aguiar Neto) 브라질 1982.09.17

대회	연도	소속	출전	교체	득점	도움	파울	경고	퇴장
BC	2005	전북	30	15	8	1	121	9	0
	합계		30	15	8	1	121	9	0
프로통산			30	15	8	1	121	9	0

네벨톤(Neverton Inacio Dionizio) 브라질 1992.06.07

대회	연도	소속	출전	교체	득점	도움	파울	경고	퇴장
K2	2014	대구	1	1	0	0	0	0	0
	합계		1	1	0	0	0	0	0
프로통산			1	1	0	0	0	0	0

네아가(Adrian Constantin Neaga) 루마니아 1979.06.04

대회	연도	소속	출전	교체	득점	도움	파울	경고	퇴장
BC	2005	전남	26	6	11	2	47	6	1
	2006	전남	20	13	2	3	36	1	0
	2006	성남일화	15	8	4	1	29	2	0
	2007	성남일화	11	9	0	1	13	3	0
	합계		73	35	17	7	125	13	1
프로통산			73	35	17	7	125	13	1

네코(Danilo Montecino Neco) 브라질 1986.01.27

대회	연도	소속	출전	교체	득점	도움	파울	경고	퇴장
BC	2010	제주	32	28	6	5	45	2	0
	합계		32	28	6	5	45	2	0
K2	2017	성남	4	4	0	0	3	1	0
	합계		4	4	0	0	3	1	0
프로통산			36	32	6	5	48	3	0

노건우(盧建宇) 용인대 2000.12.10

대회	연도	소속	출전	교체	득점	도움	파울	경고	퇴장
K2	2022	대전	1	2	0	0	0	0	0
	2023	전남	28	28	3	1	19	2	0
	합계		29	30	3	1	19	2	0
프로통산			29	30	3	1	19	2	0

노경민(盧京旻) 숭실대 1987.11.01

대회	연도	소속	출전	교체	득점	도움	파울	경고	퇴장
BC	2009	대전	5	4	0	0	4	1	0
	합계		5	4	0	0	4	1	0
프로통산			5	4	0	0	4	1	0

노경태(盧炅兌) 전주대 1986.09.20

대회	연도	소속	출전	교체	득점	도움	파울	경고	퇴장
BC	2009	강원	7	3	0	0	6	0	0
	합계		7	3	0	0	6	0	0
프로통산			7	3	0	0	6	0	0

노경호(盧京鎬) 조선대 2000.07.05

대회	연도	소속	출전	교체	득점	도움	파울	경고	퇴장
K1	2021	포항	1	1	0	0	0	0	0
	2022	포항	3	3	1	1	0	0	0
	2023	포항	1	1	0	0	1	0	0
	합계		5	5	1	1	1	0	0
K2	2023	안산	16	4	1	0	20	3	0
	합계		16	4	1	0	20	3	0
프로통산			21	9	2	1	21	3	0

노경환(盧慶煥) 한양대 1967.05.06

대회	연도	소속	출전	교체	득점	도움	파울	경고	퇴장
BC	1989	대우	37	26	4	2	38	2	0
	1990	대우	26	17	4	2	34	3	0
	1991	대우	19	18	1	0	9	1	0
	1992	대우	22	16	0	4	29	1	0
	1994	대우	27	20	3	3	30	1	0
	1995	대우	18	19	3	1	16	1	0
	합계		149	116	21	12	156	10	0
프로통산			149	116	21	12	156	10	0

노나또(Raimundo Nonato de Lima Ribeiro) 브라질 1979.07.05

대회	연도	소속	출전	교체	득점	도움	파울	경고	퇴장
BC	2004	대구	32	9	13	3	48	6	0
	2005	서울	17	16	7	0	19	0	0
	합계		49	25	26	3	67	6	0
프로통산			49	25	26	3	67	6	0

노대호(盧大鎬) 광운대 1990.01.26

대회	연도	소속	출전	교체	득점	도움	파울	경고	퇴장
K2	2013	부천	14	14	3	1	11	3	0
	합계		14	14	3	1	11	3	0
프로통산			14	14	3	1	11	3	0

노동건(盧東件) 고려대 1991.10.04

대회	연도	소속	출전	교체	실점	도움	파울	경고	퇴장
K1	2014	수원	4	0	4	0	0	0	0
	2015	수원	16	0	20	0	1	0	0
	2016	수원	22	1	37	0	1	0	0
	2017	포항	13	2	25	0	0	0	0
	2018	수원	1	1	3	0	0	0	0
	2020	수원	11	0	15	0	0	0	0
	2021	수원	15	0	17	0	0	0	0
	2022	수원	14	0	22	0	1	1	0
	2023	수원FC	23	0	43	0	1	0	0
	합계		156	4	222	0	1	7	0
승	2023	수원FC	2	0	4	0	0	0	0
프로통산			158	4	226	0	1	7	0

노병준(盧炳俊) 한양대 1979.09.29

대회	연도	소속	출전	교체	득점	도움	파울	경고	퇴장
BC	2002	전남	5	5	0	0	4	0	0
	2003	전남	39	36	7	4	19	6	0
	2004	전남	28	27	3	3	44	4	0
	2005	전남	21	16	1	1	37	1	0
	2008	포항	21	19	5	0	16	1	0
	2009	포항	27	19	7	5	27	3	0
	2010	포항	10	9	0	0	8	0	0
	2011	포항	34	29	5	4	24	3	0
	2012	포항	35	33	7	2	27	4	0
	합계		238	214	42	18	207	19	1
K1	2013	포항	26	26	6	1	21	1	0
	합계		26	26	6	1	21	1	0
K2	2014	대구	19	12	4	3	16	3	0
	2015	대구	34	29	7	7	33	5	0
	2016	대구	14	14	0	0	4	1	0
	합계		67	55	11	7	41	9	0
프로통산			331	295	59	26	269	29	1

노보트니(Novothny Soma Zsombor) 헝가리 1994.06.16

대회	연도	소속	출전	교체	득점	도움	파울	경고	퇴장
K2	2019	부산	27	17	12	1	31	5	0
	합계		27	17	12	1	31	5	0
승	2019	부산	2	1	1	0	1	1	0

(열 1)

대회	연도	소속	출전	교체	득점	도움	파울	경고	퇴장
		합계	2	1	1	0	1	1	0
		프로통산	29	18	13	1	32	6	0

노상래(盧相來) 숭실대 1970.12.15

대회	연도	소속	출전	교체	득점	도움	파울	경고	퇴장
BC	1995	전남	33	2	16	6	68	4	0
	1996	전남	32	14	13	7	47	5	1
	1997	전남	19	9	7	3	18	2	0
	1998	전남	31	8	10	8	71	7	0
	1999	전남	36	11	11	6	50	1	0
	2000	전남	37	22	9	5	44	0	0
	2001	전남	27	19	5	4	31	0	0
	2002	전남	6	5	0	0	9	1	0
	2003	대구	12	8	4	1	31	4	1
	2004	대구	6	5	1	0	6	1	0
		합계	246	112	76	40	377	25	2
		프로통산	246	112	76	40	377	25	2

노성민(盧聖民) 인천대 1995.07.19

대회	연도	소속	출전	교체	득점	도움	파울	경고	퇴장
K1	2018	인천	0	0	0	0	0	0	0
		프로통산	0	0	0	0	0	0	0

노수만(魯秀晩) 울산대 1975.12.22

대회	연도	소속	출전	교체	실점	도움	파울	경고	퇴장
BC	1998	울산	2	0	5	0	0	0	0
	1999	전남	3	0	4	0	0	0	0
		합계	5	0	9	0	0	0	0
		프로통산	5	0	9	0	0	0	0

노수진(魯壽珍) 고려대 1962.02.10

대회	연도	소속	출전	교체	득점	도움	파울	경고	퇴장
BC	1986	유공	13	4	4	1	14	1	0
	1987	유공	30	4	12	6	37	4	0
	1988	유공	10	3	2	1	10	1	0
	1989	유공	30	4	16	7	27	2	0
	1991	유공	13	3	1	1	11	0	0
	1992	유공	19	7	5	1	20	3	0
	1993	유공	1	1	0	0	0	0	0
		합계	136	36	45	19	119	12	0
		프로통산	136	36	45	19	119	12	0

노연빈(盧延貧) 청주대 1990.04.02

대회	연도	소속	출전	교체	득점	도움	파울	경고	퇴장
K2	2014	충주	25	3	1	0	48	4	0
	2015	충주	22	3	0	3	37	0	0
	2016	충주	2	0	0	0	1	0	0
		합계	49	5	1	0	86	11	0
		프로통산	49	5	1	0	86	11	0

노우진(盧玗珍←노용훈) 연세대 1986.03.29

대회	연도	소속	출전	교체	득점	도움	파울	경고	퇴장
BC	2009	경남	10	5	0	0	13	3	0
	2011	부산	9	4	0	1	20	4	0
	2011	대전	1	1	0	0	1	0	0
	2012	대전	10	7	0	0	18	5	0
		합계	30	17	0	1	52	12	0
		프로통산	30	17	0	1	52	12	0

노윤상(盧尹上) 영생고 2002.03.03

대회	연도	소속	출전	교체	득점	도움	파울	경고	퇴장
K1	2021	전북	1	1	0	0	0	0	0
	2022	전북	1	1	0	0	0	0	0
		합계	2	2	0	0	0	0	0
		프로통산	2	2	0	0	0	0	0

노인호(盧仁鎬) 명지대 1960.09.10

대회	연도	소속	출전	교체	득점	도움	파울	경고	퇴장
BC	1984	현대	14	9	0	5	4	0	0
	1985	현대	4	1	2	0	6	0	0
	1986	유공	5	4	0	1	6	0	0
	1987	현대	5	4	0	0	2	0	0
		합계	28	18	2	6	18	0	0

(열 2)

대회	연도	소속	출전	교체	득점	도움	파울	경고	퇴장
		프로통산	28	18	2	6	19	1	0

노재승(盧載承) 경희대 1990.04.19

대회	연도	소속	출전	교체	득점	도움	파울	경고	퇴장
K2	2015	충주	1	1	0	0	0	0	0
		합계	1	1	0	0	0	0	0
		프로통산	1	1	0	0	0	0	0

노정윤(盧廷潤) 고려대 1971.03.28

대회	연도	소속	출전	교체	득점	도움	파울	경고	퇴장
BC	2003	부산	27	13	2	5	64	2	0
	2004	부산	30	17	4	6	41	5	0
	2005	울산	35	35	0	5	31	4	0
	2006	울산	8	8	0	0	7	0	0
		합계	100	73	6	16	143	11	0
		프로통산	100	73	6	16	143	11	0

노종건(盧鍾健) 인천대 1981.02.24

대회	연도	소속	출전	교체	득점	도움	파울	경고	퇴장
BC	2004	인천	7	2	0	0	15	0	0
	2005	인천	30	8	1	0	67	6	0
	2006	인천	28	10	0	0	62	7	0
	2007	인천	23	14	0	0	51	5	0
	2008	인천	23	8	0	2	44	7	0
	2009	인천	19	9	0	0	36	3	0
	2010	인천	2	2	0	0	5	0	0
		합계	132	54	1	2	280	28	0
		프로통산	132	54	1	2	280	28	0

노주섭(盧周燮) 전주대 1970.09.13

대회	연도	소속	출전	교체	득점	도움	파울	경고	퇴장
BC	1994	버팔로	33	2	0	0	23	4	0
	1995	포항	7	5	0	1	2	0	0
	1996	포항	5	2	1	0	3	0	0
	1996	안양G	5	2	0	0	9	1	0
	1997	안양G	4	4	0	0	4	0	0
		합계	54	15	1	1	41	5	0
		프로통산	54	15	1	1	41	5	0

노지훈(魯知勳) 광운대 1999.04.01

대회	연도	소속	출전	교체	실점	도움	파울	경고	퇴장
K1	2021	포항	1	0	0	0	0	0	0
		합계	1	0	0	0	0	0	0
		프로통산	1	0	0	0	0	0	0

노진호(盧振鎬) 광운대 1969.04.09

대회	연도	소속	출전	교체	득점	도움	파울	경고	퇴장
BC	1992	대우	2	2	0	0	0	0	0
		합계	2	2	0	0	0	0	0
		프로통산	2	2	0	0	0	0	0

노태경(盧泰景) 포철공고 1972.04.22

대회	연도	소속	출전	교체	득점	도움	파울	경고	퇴장
BC	1992	포항제철	7	4	0	1	6	1	0
	1993	포항제철	26	5	0	2	16	2	0
	1994	포항제철	17	3	0	0	13	2	0
	1995	포항	24	4	1	0	27	4	0
	1996	포항	30	5	1	1	31	4	0
	1997	포항	36	4	0	6	37	7	0
	2000	포항	15	10	1	0	5	0	0
		합계	155	35	3	10	135	20	0
		프로통산	155	35	3	10	135	20	0

노행석(魯幸錫) 동국대 1988.11.17

대회	연도	소속	출전	교체	득점	도움	파울	경고	퇴장
BC	2011	광주	1	0	0	0	1	0	0
	2012	광주	11	1	0	1	32	7	0
		합계	12	1	0	1	33	7	0
K1	2015	부산	23	5	1	0	36	6	0
		합계	23	5	1	0	36	6	0
K2	2014	대구	31	5	3	0	58	7	0
	2018	부산	1	0	0	0	3	0	0
	2019	부산	1	0	0	0	1	0	0
		합계	33	5	3	0	62	7	0
승	2018	부산							

(열 3)

대회	연도	소속	출전	교체	득점	도움	파울	경고	퇴장
		합계	2	1	0	0	4	0	0
		프로통산	72	13	6	0	137	20	0

노형구(盧亨求) 매탄고 1992.04.29

대회	연도	소속	출전	교체	득점	도움	파울	경고	퇴장
BC	2011	수원	2	0	0	0	3	1	0
	2012	수원	0	0	0	0	0	0	0
		합계	2	0	0	0	3	1	0
K2	2015	충주	23	9	0	0	24	5	0
		합계	23	9	0	0	24	5	0
		프로통산	25	9	0	0	27	6	0

노희동(盧熙東) 경북미용예술고 2002.06.03

대회	연도	소속	출전	교체	실점	도움	파울	경고	퇴장
K1	2023	광주	0	0	0	0	0	0	0
		합계	0	0	0	0	0	0	0
K2	2022	광주	0	0	0	0	0	0	0
		합계	0	0	0	0	0	0	0

논코비치(Nenad Nonković) 유고슬라비아 1970.10.01

대회	연도	소속	출전	교체	득점	도움	파울	경고	퇴장
BC	1996	천안일화	18	15	3	0	22	4	0
		합계	18	15	3	0	22	4	0

니실라(Urho Benjam Nissilae) 핀란드 1996.04.04

대회	연도	소속	출전	교체	득점	도움	파울	경고	퇴장
K1	2022	수원FC	22	19	2	2	17	2	0
		합계	22	19	2	2	17	2	0
		프로통산	22	19	2	2	17	2	0

니콜라(Nikola Vasiljević) 보스니아 헤르체고비나 1983.12.19

대회	연도	소속	출전	교체	득점	도움	파울	경고	퇴장
BC	2006	제주	13	1	0	0	29	2	0
	2007	제주	11	4	0	1	22	2	0
		합계	24	5	0	1	52	4	0
		프로통산	24	5	0	1	52	4	0

니콜라오(Nicolao Manuel Dumitru Cardoso) 이탈리아 1991.10.12

대회	연도	소속	출전	교체	득점	도움	파울	경고	퇴장
K1	2021	수원	17	20	1	0	10	0	0
		합계	17	20	1	0	10	0	0
		프로통산	17	20	1	0	10	0	0

니콜리치(Stefan Nikolić) 몬테네그로 1990.04.16

대회	연도	소속	출전	교체	득점	도움	파울	경고	퇴장
K1	2014	인천	7	5	0	0	11	0	1
		합계	7	5	0	0	11	0	1
		프로통산	7	5	0	0	11	0	1

닐손주니어(Nilson Ricardo da Silva Junior) 브라질 1989.03.31

대회	연도	소속	출전	교체	득점	도움	파울	경고	퇴장
K1	2014	부산	30	4	2	0	42	2	0
	2015	부산	9	0	0	0	10	1	0
		합계	39	4	2	0	52	3	0
K2	2016	부산	21	0	1	1	26	4	0
	2017	부천	34	2	3	3	24	2	0
	2018	부천	22	2	1	3	11	1	0
	2019	부천	37	0	1	0	23	0	0
	2020	안양	26	2	1	1	11	1	0
	2021	안양	32	9	4	0	23	2	0
	2022	부천	37	1	0	0	24	1	0
	2023	부천	45	5	0	3	12	3	0
		합계	254	21	11	11	154	14	0
		프로통산	293	29	13	11	206	17	0

닐톤(Soares Rodrigues Nilton) 브라질 1993.09.11

대회	연도	소속	출전	교체	득점	도움	파울	경고	퇴장
K1	2015	대전	12	11	0	1	13	2	0

		출전	교체	득점	도움	파울	경고	퇴장
합계		12	11	0	1	13	2	0
프로통산		12	11	0	1	13	2	0

다니엘(Oliveira Moreira Daniel) 브라질 1991.03.14

대회	연도	소속	출전	교체	득점	도움	파울	경고	퇴장
K1	2015	광주	2	2	0	0	1	0	0
	합계		2	2	0	0	1	0	0
프로통산			2	2	0	0	1	0	0

다니엘(Daniel Freire Mendes) 브라질 1981.01.18

대회	연도	소속	출전	교체	득점	도움	파울	경고	퇴장
BC	2004	울산	10	9	0	1	8	1	0
	합계		10	9	0	1	8	1	0
프로통산			10	9	0	1	8	1	0

다닐로(Almeida Alvesdanilo) 브라질 1991.04.11

대회	연도	소속	출전	교체	득점	도움	파울	경고	퇴장
K2	2020	수원FC	12	12	3	1	30	2	0
	합계		12	12	3	1	30	2	0
프로통산			12	12	3	1	30	2	0

다닐요(Danilo da Cruz Oliveira) 브라질 1979.02.25

대회	연도	소속	출전	교체	득점	도움	파울	경고	퇴장
BC	2004	대구	3	3	0	1	3	0	0
	합계		3	3	0	1	3	0	0
프로통산			3	3	0	1	3	0	0

다리오(Dario Frederico da Silva Junior) 브라질 1991.09.11

대회	연도	소속	출전	교체	득점	도움	파울	경고	퇴장
K1	2019	대구	3	3	0	0	2	0	0
	합계		3	3	0	0	2	0	0
프로통산			3	3	0	0	2	0	0

다미르(Damir Sovsić) 크로아티아 1990.02.05

대회	연도	소속	출전	교체	득점	도움	파울	경고	퇴장
K1	2017	수원	21	16	0	0	14	1	0
	합계		21	16	0	0	14	1	0
K2	2023	천안	23	16	1	0	10	3	0
	합계		23	16	1	0	10	3	0
프로통산			44	32	1	0	24	4	0

다보(Cheick Oumar Dabo) 말리 1981.01.12

대회	연도	소속	출전	교체	득점	도움	파울	경고	퇴장
BC	2002	부천SK	28	20	10	4	41	0	0
	2003	부천SK	28	23	5	2	34	2	0
	2004	부천SK	21	11	6	0	38	1	0
	합계		77	54	21	6	113	3	0
프로통산			77	54	21	6	113	3	0

다실바(Cleonesio Carlos da Silva) 브라질 1976.04.12

대회	연도	소속	출전	교체	득점	도움	파울	경고	퇴장
BC	2005	포항	24	11	8	1	33	1	0
	2005	부산	12	6	4	1	19	0	0
	2006	제주	14	7	4	1	18	0	0
	합계		50	24	16	3	70	1	0
프로통산			50	24	16	3	70	1	0

다오(Dao Cheick Tidiani) 말리 1982.09.25

대회	연도	소속	출전	교체	득점	도움	파울	경고	퇴장
BC	2002	부천SK	4	2	0	0	7	3	0
	합계		4	2	0	0	7	3	0
프로통산			4	2	0	0	7	3	0

다이고(Watanabe Daigo, 渡邊大剛) 일본 1984.12.03

대회	연도	소속	출전	교체	득점	도움	파울	경고	퇴장
K2	2016	부산	5	4	0	0	4	0	0
	합계		5	4	0	0	4	0	0
프로통산			5	4	0	0	4	0	0

다이치(Jusuf Dajić) 보스니아 헤르체고비나 1984.08.21

대회	연도	소속	출전	교체	득점	도움	파울	경고	퇴장
BC	2008	전북	14	12	7	1	23	1	0
	합계		14	12	7	1	23	1	0
프로통산			14	12	7	1	23	1	0

다카하기(Takahagi Yojiro, 高萩洋次郎) 일본 1986.08.02

대회	연도	소속	출전	교체	득점	도움	파울	경고	퇴장
K1	2015	서울	14	11	2	0	15	2	0
	2016	서울	32	16	1	4	26	5	0
	합계		46	27	3	4	41	7	0
프로통산			46	27	3	4	41	7	0

다카하라(Takahara Naohiro, 高原直泰) 일본 1979.06.04

대회	연도	소속	출전	교체	득점	도움	파울	경고	퇴장
BC	2010	수원	12	7	4	0	18	1	0
	합계		12	7	4	0	18	1	0
프로통산			12	7	4	0	18	1	0

달리(Dalibor Veselinović) 크로아티아 1987.09.21

대회	연도	소속	출전	교체	득점	도움	파울	경고	퇴장
K1	2017	인천	11	7	0	1	18	2	0
	합계		11	7	0	1	18	2	0
프로통산			11	7	0	1	18	2	0

당성증(唐聖增) 국민대 1966.01.04

대회	연도	소속	출전	교체	득점	도움	파울	경고	퇴장
BC	1991	LG	1	1	0	0	0	0	0
	합계		1	1	0	0	0	0	0
프로통산			1	1	0	0	0	0	0

데니스(Denis Laktionov / ←이성남) 1977.09.04

대회	연도	소속	출전	교체	득점	도움	파울	경고	퇴장
BC	1996	수원	20	23	5	0	16	0	2
	1997	수원	20	23	5	6	31	2	0
	1998	수원	18	9	5	4	46	5	1
	1999	수원	27	13	7	1	54	7	0
	2000	수원	27	13	7	1	54	7	0
	2001	수원	27	11	10	5	37	4	0
	2002	수원	16	14	0	2	1	0	0
	2003	성남일화	38	16	9	10	67	6	0
	2004	성남일화	21	10	4	2	39	6	0
	2005	성남일화	20	19	4	3	69	6	0
	2005	부산	5	4	0	0	9	1	0
	2012	강원	10	10	1	2	7	1	0
	합계		271	168	57	59	460	49	1
K1	2013	강원	11	11	0	1	18	2	0
	합계		11	11	0	1	18	2	0
프로통산			272	169	57	59	460	49	1

데닐손(Denilson Martins Nascimento) 브라질 1976.09.04

대회	연도	소속	출전	교체	득점	도움	파울	경고	퇴장
BC	2006	대전	26	11	9	3	79	4	0
	2007	대전	34	4	19	5	80	7	0
	2008	포항	19	6	6	4	39	6	0
	2009	포항	28	14	10	3	43	6	0
	합계		107	38	44	17	229	21	0
프로통산			107	38	44	17	229	21	0

데닐손(Denilson da Silva dos Santos) 브라질 1998.03.07

대회	연도	소속	출전	교체	득점	도움	파울	경고	퇴장
K2	2023	성남	20	20	3	0	14	0	0
	합계		20	20	3	0	14	0	0
프로통산			20	20	3	0	14	0	0

데얀(Dejan Damjanović) 몬테네그로 1981.07.27

대회	연도	소속	출전	교체	득점	도움	파울	경고	퇴장
BC	2007	인천	36	6	19	3	58	4	1
	2008	서울	33	13	15	6	47	2	0
	2009	서울	25	12	14	1	46	9	1
	2010	서울	35	12	19	10	51	5	0
	2011	서울	30	5	24	7	46	4	0

데이비드(David Aparecido da Silva) 브라질 1989.11.12

대회	연도	소속	출전	교체	득점	도움	파울	경고	퇴장
	2012	서울	42	8	31	4	57	5	0
	합계		201	56	122	31	305	29	2
K1	2013	서울	29	5	19	5	46	2	0
	2016	서울	36	21	13	2	51	4	0
	2017	서울	37	26	19	3	35	2	0
	2018	수원	33	18	13	3	24	1	0
	2019	수원	21	15	3	1	20	2	0
	2020	대구	23	20	3	0	10	0	0
	합계		179	105	76	17	186	11	0
프로통산			380	161	198	48	491	40	2

데이비드(David Aparecido da Silva) 브라질 1989.11.12

대회	연도	소속	출전	교체	득점	도움	파울	경고	퇴장
K1	2019	포항	9	7	2	1	15	1	1
	합계		9	7	2	1	15	1	1
프로통산			9	7	2	1	15	1	1

데이비드(Deyvid Franck Silva Sacconi) 브라질 1987.04.10

대회	연도	소속	출전	교체	득점	도움	파울	경고	퇴장
K2	2016	대구	13	13	0	1	6	1	0
	합계		13	13	0	1	6	1	0
프로통산			13	13	0	1	6	1	0

데이비슨(Jason Davidson) 오스트레일리아 1991.06.29

대회	연도	소속	출전	교체	득점	도움	파울	경고	퇴장
K1	2019	울산	3	2	0	0	1	0	0
	2020	울산	4	0	0	0	8	2	0
	합계		7	2	0	0	9	2	0
프로통산			7	2	0	0	9	2	0

데파울라(Felipe de Paula) 브라질 1988.01.17

대회	연도	소속	출전	교체	득점	도움	파울	경고	퇴장
K2	2016	고양	22	16	5	0	25	2	0
	합계		22	16	5	0	25	2	0
프로통산			22	16	5	0	25	2	0

델리치(Mateas Delić) 크로아티아 1988.06.17

대회	연도	소속	출전	교체	득점	도움	파울	경고	퇴장
BC	2011	강원	13	11	0	0	10	0	0
	합계		13	11	0	0	10	0	0
프로통산			13	11	0	0	10	0	0

델브리지(Harrison Andrew Delbridge) 오스트레일리아 1992.03.15

대회	연도	소속	출전	교체	득점	도움	파울	경고	퇴장
K1	2021	인천	34	14	1	2	34	5	0
	2022	인천	33	5	0	1	38	6	0
	2023	인천	25	4	0	0	26	4	0
	합계		92	23	1	3	98	15	0
프로통산			92	23	1	3	98	15	0

도나치(James Kevin Donachie) 오스트레일리아 1993.05.14

대회	연도	소속	출전	교체	득점	도움	파울	경고	퇴장
K1	2018	전남	11	2	0	0	13	3	0
	합계		11	2	0	0	13	3	0
프로통산			11	2	0	0	13	3	0

도도(Ricardo Lucas Dodo) 브라질 1974.02.05

대회	연도	소속	출전	교체	득점	도움	파울	경고	퇴장
BC	2003	울산	44	12	27	3	34	2	0
	2004	울산	18	8	6	1	24	0	0
	합계		62	20	33	4	58	2	0
프로통산			62	20	33	4	58	2	0

도동현(都東顯) 경희대 1993.11.19

대회	연도	소속	출전	교체	득점	도움	파울	경고	퇴장
K1	2019	경남	3	3	0	0	3	1	0
	합계		3	3	0	0	3	1	0
K2	2020	경남	8	8	1	0	4	0	0
	2021	경남	19	19	1	0	13	4	0
	합계		27	27	2	0	17	4	0
승	2019	경남	1	1	0	0	1	0	0

대회	연도	소속	출전	교체	득점	도움	파울	경고	퇴장
		합계	1	1	0	0	1	0	0
		프로통산	31	31	2	0	25	5	0

도스톤벡(Dostonbek Tursunov) 우즈베키스탄 1995.06.13

대회	연도	소속	출전	교체	득점	도움	파울	경고	퇴장
K1	2020	부산	16	3	1	0	14	2	0
		합계	16	3	1	0	14	2	0
		프로통산	16	3	1	0	14	2	0

도재준(都在俊) 배재대 1980.05.06

대회	연도	소속	출전	교체	득점	도움	파울	경고	퇴장
BC	2003	성남일화	0	0	0	0	0	0	0
	2004	성남일화	12	4	1	0	14	2	0
	2005	성남일화	16	13	1	0	21	2	0
	2006	성남일화	2	2	0	0	0	0	0
	2008	인천	3	3	0	0	1	0	0
	2009	인천	1	1	0	0	2	1	0
		합계	34	23	2	0	38	5	0
		프로통산	34	23	2	0	38	5	0

도화성(都和成) 숭실대 1980.06.27

대회	연도	소속	출전	교체	득점	도움	파울	경고	퇴장
BC	2003	부산	24	10	0	0	42	5	1
	2004	부산	30	4	0	0	69	9	0
	2005	부산	26	8	1	3	43	4	1
	2006	부산	22	2	0	0	48	6	0
	2008	부산	7	3	3	1	9	2	0
	2009	인천	24	18	2	2	23	4	0
	2010	인천	13	8	0	2	17	3	0
		합계	146	58	7	9	257	32	2
		프로통산	146	58	7	9	257	32	2

돈지덕(頓智德) 인천대 1980.04.28

대회	연도	소속	출전	교체	득점	도움	파울	경고	퇴장
K2	2013	안양	15	1	1	0	26	4	0
		합계	15	1	1	0	26	4	0
		프로통산	15	1	1	0	26	4	0

두두(Eduardo Francisco de Silva Neto) 브라질 1980.02.02

대회	연도	소속	출전	교체	득점	도움	파울	경고	퇴장
BC	2004	성남일화	17	4	7	2	18	0	0
	2005	성남일화	29	13	10	6	24	2	0
	2006	성남일화	22	4	4	2	28	4	0
	2007	서울	20	9	6	1	14	1	0
	2008	성남일화	37	14	18	7	18	1	0
		합계	138	48	45	18	102	9	0
		프로통산	138	48	45	18	102	9	0

두아르테(Róbson Carlos Duarte) 브라질 1993.06.20

대회	연도	소속	출전	교체	득점	도움	파울	경고	퇴장
K2	2018	광주	15	5	1	0	18	1	0
	2019	서울E	28	13	4	3	25	3	0
	2021	안산	23	23	8	3	20	1	0
	2022	안산	30	14	4	7	17	4	2
	2023	충남아산	25	20	1	6	19	2	0
		합계	130	75	28	19	79	7	3
		프로통산	130	75	28	19	79	7	3

두윤성(杜允誠/←두경수) 관동대(가톨릭관동대) 1974.10.17

대회	연도	소속	출전	교체	득점	도움	파울	경고	퇴장
BC	1997	천안일화	1	0	0	0	2	0	0
		합계	1	0	0	0	2	0	0
		프로통산	1	0	0	0	2	0	0

두현석(杜玹碩) 연세대 1995.12.21

대회	연도	소속	출전	교체	득점	도움	파울	경고	퇴장
K1	2020	광주	11	11	1	0	4	0	0
	2021	광주	8	8	1	0	7	0	0
	2023	광주	38	11	2	4	23	3	0
		합계	57	30	4	7	35	3	0

대회	연도	소속	출전	교체	득점	도움	파울	경고	퇴장
K2	2018	광주	26	21	2	3	18	3	0
	2019	광주	23	24	3	4	10	0	0
	2022	광주	36	27	4	2	22	5	0
		합계	85	72	9	10	54	8	0
		프로통산	142	102	13	16	85	11	0

돌카(Cristian Alexandru Dulca) 루마니아 1972.10.25

대회	연도	소속	출전	교체	득점	도움	파울	경고	퇴장
BC	1999	포항	17	10	1	2	27	1	0
		합계	17	10	1	2	27	1	0
		프로통산	17	10	1	2	27	1	0

드라간(Dragan Skrba) 세르비아 1965.08.26

대회	연도	소속	출전	교체	실점	도움	파울	경고	퇴장
BC	1995	포항	32	0	25	0	3	4	0
	1996	포항	17	2	22	0	0	2	0
	1997	포항	10	0	11	0	0	2	0
		합계	59	2	58	0	4	8	0
		프로통산	59	2	58	0	4	8	0

드라간(Dragan Stojisavljević) 세르비아 몬테네그로 1974.01.06

대회	연도	소속	출전	교체	득점	도움	파울	경고	퇴장
BC	2000	안양LG	19	5	2	4	35	2	0
	2001	안양LG	29	19	4	8	47	0	0
	2003	안양LG	4	4	0	2	5	0	0
	2004	인천	4	4	0	0	2	1	0
		합계	70	37	11	15	124	10	0
		프로통산	70	37	11	15	124	10	0

드라간(Dragan Mladenović) 세르비아 몬테네그로 1976.02.16

대회	연도	소속	출전	교체	득점	도움	파울	경고	퇴장
BC	2006	인천	12	4	2	2	27	3	0
	2007	인천	29	3	4	3	62	13	1
	2008	인천	24	7	2	4	41	6	0
	2009	인천	7	4	1	0	4	0	0
		합계	72	9	7	9	134	21	1
		프로통산	72	9	7	9	134	21	1

드라젠(Drazen Podunavac) 유고슬라비아 1969.04.30

대회	연도	소속	출전	교체	득점	도움	파울	경고	퇴장
BC	1996	부산	16	8	0	0	13	4	0
		합계	16	8	0	0	13	4	0
		프로통산	16	8	0	0	13	4	0

드로겟(Droguett Diocares Hugo Patrici) 칠레 1982.09.02

대회	연도	소속	출전	교체	득점	도움	파울	경고	퇴장
BC	2012	전북	37	19	10	9	42	3	0
		합계	37	19	10	9	42	3	0
K1	2014	제주	36	11	10	3	27	2	0
		합계	36	11	10	3	27	2	0
		프로통산	73	30	20	12	69	5	0

드로젝(Domagoj Drozdek) 크로아티아 1996.03.20

대회	연도	소속	출전	교체	득점	도움	파울	경고	퇴장
K2	2021	부산	32	26	1	2	26	3	0
	2022	부산	21	17	2	0	13	1	0
		합계	53	43	3	2	39	4	0
		프로통산	53	43	3	2	39	4	0

디노(Dino Islamović) 스웨덴 1994.01.17

대회	연도	소속	출전	교체	득점	도움	파울	경고	퇴장
K1	2022	강원	5	5	2	0	6	0	0
	2023	강원	8	8	0	0	6	2	0
		합계	13	13	2	0	12	2	0
		프로통산	13	13	2	0	12	2	0

디디(Sebastiao Pereira do Nascimento) 브라질 1976.02.24

대회	연도	소속	출전	교체	득점	도움	파울	경고	퇴장
BC	2002	부산	23	10	5	3	58	2	0
		합계	23	10	5	3	58	2	0
		프로통산	23	10	5	3	58	2	0

디마(Dmitri Karsakov) 러시아 1971.12.29

대회	연도	소속	출전	교체	득점	도움	파울	경고	퇴장
BC	1996	부천유공	3	3	0	0	1	0	0
		합계	3	3	0	0	1	0	0
		프로통산	3	3	0	0	1	0	0

디마스(Dimas Roberto da Silva) 브라질 1977.08.01

대회	연도	소속	출전	교체	득점	도움	파울	경고	퇴장
BC	2000	전남	1	1	0	0	0	0	0
		합계	1	1	0	0	0	0	0
		프로통산	1	1	0	0	0	0	0

디아스 에콰도르 1969.09.15

대회	연도	소속	출전	교체	득점	도움	파울	경고	퇴장
BC	1996	전남	9	6	1	1	12	0	0
		합계	9	6	1	1	12	0	0
		프로통산	9	6	1	1	12	0	0

디에고(Diego Mauricio Mchado de Brito) 브라질 1991.06.25

대회	연도	소속	출전	교체	득점	도움	파울	경고	퇴장
K1	2017	강원	36	32	13	3	25	2	0
	2018	강원	35	23	7	6	21	4	1
		합계	71	55	20	9	46	6	1
K2	2019	부산	21	22	6	1	11	2	0
		합계	21	22	6	1	11	2	0
승	2019	부산	2	2	0	1	1	0	0
		합계	2	2	0	1	1	0	0
		프로통산	94	79	26	11	58	8	1

디에고(Diego Pelicles da Silva) 브라질 1982.10.23

대회	연도	소속	출전	교체	득점	도움	파울	경고	퇴장
K2	2014	광주	14	8	3	2	27	3	0
		합계	14	8	3	2	27	3	0
승	2014	광주	2	1	0	0	0	1	0
		합계	2	1	0	0	0	1	0
		프로통산	16	10	4	2	27	3	0

디에고(Diego da Silva Giaretta) 이탈리아 1983.11.27

대회	연도	소속	출전	교체	득점	도움	파울	경고	퇴장
BC	2011	인천	9	3	1	0	13	1	0
		합계	9	3	1	0	13	1	0
		프로통산	9	3	1	0	13	1	0

디에고(Diego Oliveira de Queiroz) 브라질 1990.06.22

대회	연도	소속	출전	교체	득점	도움	파울	경고	퇴장
BC	2011	수원	4	4	0	0	2	0	0
		합계	4	4	0	0	2	0	0
		프로통산	4	4	0	0	2	0	0

디오고(Diogo da Silva Farias) 브라질 1990.06.13

대회	연도	소속	출전	교체	득점	도움	파울	경고	퇴장
K1	2013	인천	32	26	7	2	57	6	0
	2014	인천	11	9	1	0	24	1	0
		합계	43	35	8	2	81	7	0
		프로통산	43	35	8	2	81	7	0

따르따(Vinicius Silva Soares) 브라질 1989.04.13

대회	연도	소속	출전	교체	득점	도움	파울	경고	퇴장
K1	2014	울산	20	11	3	3	46	0	0
	2015	울산	15	14	0	2	23	3	0
		합계	35	25	3	5	69	3	0
		프로통산	35	25	3	5	69	3	0

따바레즈(Andre Luiz Tavares) 브라질 1983.07.30

대회	연도	소속	출전	교체	득점	도움	파울	경고	퇴장
BC	2004	포항	34	11	6	9	47	4	0
	2005	포항	19	10	5	3	22	0	1
	2006	포항	25	17	6	4	26	3	0

			출전	교체	득점	도움	파울	경고	퇴장
	2007	포항	35	14	3	13	41	1	1
	합계		113	52	20	29	136	8	2
프로통산			113	52	20	29	136	8	2

떼이세이라(Jucimar Jose Teixeira) 브라질 1990.05.20

대회	연도	소속	출전	교체	득점	도움	파울	경고	퇴장
K1	2018	포항	10	3	0	2	19	1	0
	합계		10	3	0	2	19	1	0
프로통산			10	3	0	2	19	1	0

뚜따(Moacir Bastosa) 브라질 1974.06.20

대회	연도	소속	출전	교체	득점	도움	파울	경고	퇴장
BC	2002	안양LG	26	9	13	4	76	8	0
	2003	수원	31	12	14	6	68	3	0
	합계		57	21	27	10	144	11	0
프로통산			57	21	27	10	144	11	0

뚜레(Dzevad Turković) 크로아티아 1972.08.17

대회	연도	소속	출전	교체	득점	도움	파울	경고	퇴장
BC	1996	부산	6	5	0	1	16	2	0
	1997	부산	28	17	3	3	59	9	0
	1998	부산	30	13	6	6	65	8	0
	1999	부산	26	16	2	2	34	4	0
	2000	부산	26	16	0	0	30	5	0
	2001	부산	2	2	0	0	0	0	0
	2001	성남일화	2	2	0	0	2	0	0
	합계		115	72	11	12	215	28	0
프로통산			115	72	11	12	215	28	0

뚜쩡야(Bruno Marques Ostapenco) 브라질 1992.05.20

대회	연도	소속	출전	교체	득점	도움	파울	경고	퇴장
K2	2013	충주	13	13	1	0	5	1	0
	합계		13	13	1	0	5	1	0
프로통산			13	13	1	0	5	1	0

라경호(羅勁皓) 인천대 1981.03.15

대회	연도	소속	출전	교체	득점	도움	파울	경고	퇴장
BC	2004	인천	6	5	0	0	2	0	0
	2005	인천	1	1	0	0	0	0	0
	합계		7	6	0	0	2	0	0
프로통산			7	6	0	0	2	0	0

라데(Rade Bogdanović) 유고슬라비아 1970.05.21

대회	연도	소속	출전	교체	득점	도움	파울	경고	퇴장
BC	1992	포항제철	17	11	3	3	14	1	0
	1993	포항제철	27	7	9	4	37	2	1
	1994	포항제철	33	10	22	5	48	3	0
	1995	포항	31	10	8	6	65	5	1
	1996	포항	39	6	13	16	55	4	0
	합계		147	44	55	35	218	12	2
프로통산			147	44	55	35	218	12	2

라덱(Radek Divecky) 체코 1974.03.21

대회	연도	소속	출전	교체	득점	도움	파울	경고	퇴장
BC	2000	전남	9	9	2	0	18	1	0
	합계		9	9	2	0	18	1	0
프로통산			9	9	2	0	18	1	0

라돈치치(Dzenan Radončić) 몬테네그로 1983.08.02

대회	연도	소속	출전	교체	득점	도움	파울	경고	퇴장
BC	2004	인천	16	13	0	1	50	4	0
	2005	인천	27	12	13	2	91	5	0
	2006	인천	31	20	2	2	69	4	1
	2007	인천	16	12	4	2	39	1	0
	2008	인천	32	7	14	2	102	3	0
	2009	성남일화	32	23	5	2	86	8	0
	2010	성남일화	31	6	13	6	96	7	0
	2011	성남일화	10	8	1	0	24	2	0
	2012	수원	31	21	12	5	77	6	0
	합계		226	120	64	24	629	41	1
K1	2013	수원	12	8	4	0	22	2	0
	합계		12	8	4	0	22	2	0
프로통산			238	137	68	24	651	43	1

라마스(Bruno Jose Pavan Lamas) 브라질

대회	연도	소속	출전	교체	득점	도움	파울	경고	퇴장
K1	2021	대구	17	3	0	1	22	2	0
	2022	대구	18	6	3	1	15	2	0
	합계		35	9	3	2	37	4	0
K2	2022	부산	15	9	2	0	5	0	0
	2023	부산	33	25	10	8	17	1	0
	합계		48	34	12	8	22	1	0
승	2023	부산	2	0	1	0	1	0	0
	합계		2	0	1	0	1	0	0
프로통산			85	43	17	10	60	5	0

라스(Lars Veldwijk/←벨트비크) 네덜란드 1991.08.21

대회	연도	소속	출전	교체	득점	도움	파울	경고	퇴장
K1	2020	전북	10	10	1	0	5	0	0
	2021	수원FC	34	21	18	6	43	4	0
	2022	수원FC	37	12	8	1	49	1	0
	2023	수원FC	22	8	9	0	9	0	0
	합계		103	51	36	18	83	5	0
K2	2020	수원FC	17	9	5	3	18	1	0
	합계		17	9	5	3	21	1	0
프로통산			120	60	41	21	106	8	0

라에르시오(Laércio da Silva Carvalho) 브라질 1998.11.17

대회	연도	소속	출전	교체	득점	도움	파울	경고	퇴장
K2	2023	안양	10	10	2	0	8	1	0
	합계		10	10	2	0	8	1	0
프로통산			10	10	2	0	8	1	0

라울(Raul Andres Tattagona Lemos) 우루과이 1987.03.06

대회	연도	소속	출전	교체	득점	도움	파울	경고	퇴장
K2	2017	안산	31	5	15	2	54	6	0
	2018	안산	18	13	3	1	20	0	1
	합계		49	18	18	3	74	6	1
프로통산			49	18	18	3	74	6	1

라이언존슨(Ryan Johnson) 자메이카 1984.11.26

대회	연도	소속	출전	교체	득점	도움	파울	경고	퇴장
K2	2015	서울E	31	31	1	3	16	0	0
	합계		31	31	1	3	16	0	0
프로통산			31	31	1	3	16	0	0

라임(Rahim Besirović) 유고슬라비아 1971.01.02

대회	연도	소속	출전	교체	득점	도움	파울	경고	퇴장
BC	1998	부산	12	10	2	0	18	0	0
	1999	부산	9	8	2	0	13	0	0
	합계		21	18	4	0	31	0	0
프로통산			21	18	4	0	31	0	0

라자르(Lazar Veselinović) 세르비아 1986.08.04

대회	연도	소속	출전	교체	득점	도움	파울	경고	퇴장
K1	2015	포항	16	14	0	1	15	1	0
	2016	포항	25	20	4	4	25	4	0
	합계		41	34	4	5	40	5	0
프로통산			41	34	4	5	40	5	0

라피치(Stipe Lapić) 크로아티아 1983.01.22

대회	연도	소속	출전	교체	득점	도움	파울	경고	퇴장
BC	2009	강원	11	1	2	0	12	2	0
	2010	강원	20	1	0	0	23	4	0
	2011	강원	1	0	0	0	0	0	0
	합계		32	2	2	0	35	6	0
프로통산			32	2	2	0	35	6	0

라힘(Rahim Zafer) 터키 1971.01.25

대회	연도	소속	출전	교체	득점	도움	파울	경고	퇴장
BC	2003	대구	14	4	0	2	21	4	0
	합계		14	4	0	2	21	4	0
프로통산			14	4	0	2	21	4	0

란코비치(Ljubisa Ranković) 유고슬라비아 1973.12.10

대회	연도	소속	출전	교체	득점	도움	파울	경고	퇴장
BC	1996	천안일화	17	17	0	1	7	1	0
	합계		17	17	0	1	7	1	0
프로통산			17	17	0	1	7	1	0

레반(Levan Shengelia) 조지아 1995.10.27

대회	연도	소속	출전	교체	득점	도움	파울	경고	퇴장
K2	2017	대전	28	15	2	5	12	1	0
	합계		28	15	2	5	12	1	0
프로통산			28	15	2	5	12	1	0

레스(Leszek Iwanicki) 폴란드 1959.08.12

대회	연도	소속	출전	교체	득점	도움	파울	경고	퇴장
BC	1989	유공	8	9	0	0	3	0	0
	합계		8	9	0	0	3	0	0
프로통산			8	9	0	0	3	0	0

레안드로(Leandro Joaquim Ribeiro) 브라질 1995.01.13

대회	연도	소속	출전	교체	득점	도움	파울	경고	퇴장
K1	2023	대전	24	22	7	5	9	0	0
	합계		24	22	7	5	9	0	0
K2	2020	서울E	23	21	3	2	12	0	0
	2021	서울E	35	16	3	7	11	2	0
	2022	대전	36	9	11	6	16	3	0
	합계		94	46	22	17	37	5	0
승	2022	대전	2	2	0	0	2	0	0
	합계		2	2	0	0	2	0	0
프로통산			120	70	24	24	44	5	0

레안드로(Leandro Bernardi Silva) 브라질 1979.10.06

대회	연도	소속	출전	교체	득점	도움	파울	경고	퇴장
BC	2008	대구	13	1	0	0	21	4	0
	합계		13	1	0	0	21	4	0
프로통산			13	1	0	0	21	4	0

레안드롱(Leandro Costa Miranda) 브라질 1983.07.18

대회	연도	소속	출전	교체	득점	도움	파울	경고	퇴장
BC	2005	대전	30	2	9	2	94	8	0
	2006	울산	33	19	6	1	79	7	0
	2007	전남	13	13	1	1	26	1	0
	합계		76	34	16	4	199	16	0
프로통산			76	34	16	4	199	16	0

레안드리뉴(George Leandro Abreu de Lima) 브라질 1985.11.09

대회	연도	소속	출전	교체	득점	도움	파울	경고	퇴장
BC	2012	대구	29	14	4	2	42	5	0
	합계		29	14	4	2	42	5	0
K1	2013	대구	21	9	1	3	33	2	1
	2014	전남	30	30	3	3	26	2	0
	2015	전남	20	11	1	3	24	3	0
	합계		71	56	5	7	85	7	1
프로통산			100	70	9	9	127	12	1

레오(Leonardo de Oliveira Clemente Marins) 브라질 1989.04.12

대회	연도	소속	출전	교체	득점	도움	파울	경고	퇴장
K1	2015	수원	11	10	1	0	10	0	0
	합계		11	10	1	0	10	0	0
프로통산			11	10	1	0	10	0	0

레오(Leonardo Henrique Santos de Souza) 브라질 1990.03.10

대회	연도	소속	출전	교체	득점	도움	파울	경고	퇴장
BC	2010	제주	2	2	0	0	0	0	0
	합계		2	2	0	0	0	0	0
K1	2017	대구	19	8	7	0	27	6	1
	합계		19	8	7	0	27	6	1
K2	2017	부산	2	1	0	0	2	0	0
	합계		2	1	0	0	2	0	0

승	2017	부산	1	1	0	0	0	0	0
합계			1	1	0	0	0	0	0
프로통산			24	12	7	0	29	6	1

레오(Leo Jaime da Silva Pinheiro) 브라질 1986.03.28

대회	연도	소속	출전	교체	득점	도움	파울	경고	퇴장
K2	2015	대구	38	6	5	3	45	6	0
합계			38	6	5	3	45	6	0
프로통산			38	6	5	3	45	6	0

레오(Leopoldo Roberto Markovsky) 브라질 1983.08.29

대회	연도	소속	출전	교체	득점	도움	파울	경고	퇴장
BC	2009	대구	14	2	4	1	41	2	0
	2010	대구	22	17	5	0	41	6	0
합계			36	19	9	1	82	8	0
프로통산			36	19	9	1	82	8	0

레오(Leonardo Ferreira) 브라질 1988.06.07

대회	연도	소속	출전	교체	득점	도움	파울	경고	퇴장
BC	2012	대전	9	5	0	0	10	1	0
합계			9	5	0	0	10	1	0
프로통산			9	5	0	0	10	1	0

레오(Cesar Leonardo Torres) 아르헨티나 1975.10.27

대회	연도	소속	출전	교체	득점	도움	파울	경고	퇴장
BC	2001	전북	3	3	0	0	5	0	0
합계			3	3	0	0	5	0	0
프로통산			3	3	0	0	5	0	0

레오(Leonard Bisaku) 크로아티아 1974.10.22

대회	연도	소속	출전	교체	득점	도움	파울	경고	퇴장
BC	2002	포항	13	12	3	0	21	3	0
	2003	성남일화	9	10	1	0	19	2	0
합계			22	22	4	0	40	5	0
프로통산			22	22	4	0	40	5	0

레오(José Leonardo Verissimo do Nascimento) 브라질 1999.03.05

대회	연도	소속	출전	교체	득점	도움	파울	경고	퇴장
K2	2023	경남	11	11	0	0	2	0	0
합계			11	11	0	0	2	0	0
프로통산			11	11	0	0	2	0	0

레오가말류(Leonardo Gamalho de Souza) 브라질 1986.01.30

대회	연도	소속	출전	교체	득점	도움	파울	경고	퇴장
K1	2018	포항	28	19	6	1	27	1	0
합계			28	19	6	1	27	1	0
프로통산			28	19	6	1	27	1	0

레오나르도(Rodrigues Pereira Leonard) 브라질 1986.09.22

대회	연도	소속	출전	교체	득점	도움	파울	경고	퇴장
BC	2012	전북	17	13	5	2	11	3	0
합계			17	13	5	2	11	3	0
K1	2013	전북	37	22	7	13	43	2	0
	2014	전북	35	28	6	10	24	5	0
	2015	전북	37	25	10	3	11	3	0
	2016	전북	34	23	6	6	13	1	0
합계			143	98	35	32	91	11	0
프로통산			160	111	40	34	102	14	0

레오나르도(Leonardo Nascimento Lopes de Souza) 브라질 1997.05.28

대회	연도	소속	출전	교체	득점	도움	파울	경고	퇴장
K1	2022	울산	34	17	11	4	60	7	0
합계			34	17	11	4	60	7	0
프로통산			34	17	11	4	60	7	0

레오마르(Leomar Leiria) 브라질 1971.06.26

대회	연도	소속	출전	교체	득점	도움	파울	경고	퇴장
BC	2002	전북	10	5	0	0	11	1	0
합계			10	5	0	0	11	1	0
프로통산			10	5	0	0	11	1	0

레이나(Javier Arley Reina Calvo) 콜롬비아 1989.01.04

대회	연도	소속	출전	교체	득점	도움	파울	경고	퇴장
BC	2011	전남	22	13	3	2	39	2	0
	2012	성남일화	20	7	5	3	28	5	0
합계			42	20	8	5	67	7	0
K1	2013	성남일화	0	0	0	0	0	0	0
	2015	성남	15	7	1	3	28	3	0
합계			15	7	1	3	28	3	0
프로통산			57	27	9	8	95	10	0

레이어(Adrian Leijer) 오스트레일리아 1986.03.25

대회	연도	소속	출전	교체	득점	도움	파울	경고	퇴장
K1	2016	수원FC	28	0	0	0	32	11	1
합계			28	0	0	0	32	11	1
K2	2017	수원FC	29	3	2	0	41	9	1
	2018	수원FC	9	1	0	0	11	3	0
합계			38	4	2	0	52	12	1
프로통산			66	3	0	0	84	23	2

렌스베르겐(Rob Landsbergen) 네덜란드 1960.02.25

대회	연도	소속	출전	교체	득점	도움	파울	경고	퇴장
BC	1984	현대	27	4	9	9	37	2	0
	1985	현대	11	7	2	1	20	0	0
합계			38	11	11	10	57	2	0
프로통산			38	11	11	10	57	2	0

로만(Roman Gibala) 체코 1972.10.05

대회	연도	소속	출전	교체	득점	도움	파울	경고	퇴장
BC	2003	대구	19	16	1	1	15	2	0
합계			19	16	1	1	15	2	0
프로통산			19	16	1	1	15	2	0

로브렉(Lovrek Kruno Hrvatsko) 크로아티아 1979.09.11

대회	연도	소속	출전	교체	득점	도움	파울	경고	퇴장
BC	2010	전북	30	25	13	1	36	4	0
	2011	전북	25	19	2	2	37	4	0
합계			55	44	15	3	73	8	0
프로통산			55	44	15	3	73	8	0

로빙요(Daniel Santos Silva: Daniel Lovinho) 브라질 1989.01.09

대회	연도	소속	출전	교체	득점	도움	파울	경고	퇴장
K2	2017	서울E	15	12	0	0	19	0	0
합계			15	12	0	0	19	0	0
프로통산			15	12	0	0	19	0	0

로시(Ruben Dario Rossi) 아르헨티나 1973.10.28

대회	연도	소속	출전	교체	득점	도움	파울	경고	퇴장
BC	1994	대우	7	4	1	0	7	0	0
합계			7	4	1	0	7	0	0
프로통산			7	4	1	0	7	0	0

로저(Roger Rodrigues da Silva) 브라질 1985.01.07

대회	연도	소속	출전	교체	득점	도움	파울	경고	퇴장
K1	2014	수원	32	19	7	2	62	6	0
합계			32	19	7	2	62	6	0
프로통산			32	19	7	2	62	6	0

로페즈(Ricardo Lopes Pereira) 브라질 1990.10.28

대회	연도	소속	출전	교체	득점	도움	파울	경고	퇴장
K1	2015	제주	33	6	11	11	44	6	0
	2016	전북	35	20	13	6	59	9	0
	2017	전북	22	14	3	2	31	3	0
	2018	전북	31	10	13	6	56	5	1
	2019	전북	36	12	11	7	64	9	0
	2023	수원FC	14	15	3	1	13	0	0
합계			171	75	55	34	256	27	3
승	2023	수원FC	2	2	1	1	4	0	0
합계			2	2	1	1	4	0	0
프로통산			173	77	56	35	260	27	3

로페즈(Vinicius Silva Souto Lopes) 브라질 1988.01.29

대회	연도	소속	출전	교체	득점	도움	파울	경고	퇴장
BC	2011	광주	5	5	0	0	2	0	0
합계			5	5	0	0	2	0	0
프로통산			5	5	0	0	2	0	0

롤란(Rolandas Karcemarskas) 리투아니아 1980.09.07

대회	연도	소속	출전	교체	득점	도움	파울	경고	퇴장
BC	2000	부천SK	15	15	3	1	26	3	0
	2001	부천SK	8	7	1	0	11	1	0
	2002	부천SK	2	2	0	0	3	0	0
합계			25	24	4	1	40	4	0
프로통산			25	24	4	1	40	4	0

료노스케(Ohori Ryonosuke, 大堀亮之介) 일본 2001.01.10

대회	연도	소속	출전	교체	득점	도움	파울	경고	퇴장
K2	2022	경남	1	1	0	0	1	0	0
합계			1	1	0	0	1	0	0
프로통산			1	1	0	0	1	0	0

료헤이(Michibuchi Ryohei, 道渕諒平) 일본 1994.06.16

대회	연도	소속	출전	교체	득점	도움	파울	경고	퇴장
K2	2021	충남아산	7	3	2	1	15	3	0
합계			7	3	2	1	15	3	0
프로통산			7	3	2	1	15	3	0

루벤(Ruben Bernuncio) 아르헨티나 1976.01.19

대회	연도	소속	출전	교체	득점	도움	파울	경고	퇴장
BC	1993	대우	5	2	1	2	5	1	0
	1994	대우	4	5	0	0	1	0	0
합계			9	7	1	2	16	1	0
프로통산			9	7	1	2	16	1	0

루비(Rubenilson Monteiro Ferreira) 브라질 1972.08.07

대회	연도	소속	출전	교체	득점	도움	파울	경고	퇴장
BC	1997	천안일화	25	12	6	1	25	4	0
	1998	천안일화	29	12	7	0	33	5	1
합계			54	24	13	1	58	9	1
프로통산			54	24	13	1	58	9	1

루빅손(Gustav Erik Ludwigson) 스웨덴 1993.10.20

대회	연도	소속	출전	교체	득점	도움	파울	경고	퇴장
K1	2023	울산	27	20	6	3	27	3	0
합계			27	20	6	3	27	3	0
프로통산			27	20	6	3	27	3	0

루사르도(Arsenio Luzardo) 우루과이 1959.09.03

대회	연도	소속	출전	교체	득점	도움	파울	경고	퇴장
BC	1992	LG	7	3	2	1	10	0	0
	1993	LG	11	9	1	1	4	1	0
합계			18	12	3	2	14	1	0
프로통산			18	12	3	2	14	1	0

루시아노(Luciano Valente de Deus) 브라질 1981.06.12

대회	연도	소속	출전	교체	득점	도움	파울	경고	퇴장
BC	2004	대전	20	2	5	0	52	0	0
	2005	부산	31	12	9	3	75	1	0
	2006	경남	36	9	7	2	79	2	0
	2007	부산	30	12	5	1	71	0	0
합계			117	35	26	6	277	3	0
프로통산			117	35	26	6	277	3	0

루시오(Lucio Teofilo da Silva) 브라질 1984.07.02

대회	연도	소속	출전	교체	득점	도움	파울	경고	퇴장
BC	2010	경남	32	10	15	10	68	5	0
	2011	경남	10	6	3	6	10	2	0
	2011	울산	15	14	0	2	12	2	0
합계			57	26	21	15	90	9	0

대회	연도	소속	출전	교체	득점	도움	파울	경고	퇴장
K2	2013	광주	32	10	13	10	47	2	0
		합계	32	10	13	10	47	2	0
		프로통산	89	36	34	25	137	11	0

루시오 (Lucio Filomelo) 아르헨티나 1980.05.08

대회	연도	소속	출전	교체	득점	도움	파울	경고	퇴장
BC	2005	부산	8	7	0	1	22	1	0
		합계	8	7	0	1	22	1	0
		프로통산	8	7	0	1	22	1	0

루시오 (Lucio Flavio da Silva Oliva) 브라질 1986.08.29

대회	연도	소속	출전	교체	득점	도움	파울	경고	퇴장
BC	2012	전남	15	14	6	1	28	2	0
		합계	15	14	6	1	28	2	0
K1	2013	대전	7	6	1	0	11	2	0
		합계	7	6	1	0	11	2	0
		프로통산	22	20	7	1	39	4	0

루시우 (Lucenble Pereira da Silva) 브라질 1975.01.14

대회	연도	소속	출전	교체	득점	도움	파울	경고	퇴장
BC	2003	울산	14	14	0	3	12	0	0
		합계	14	14	0	3	12	0	0
		프로통산	14	14	0	3	12	0	0

루아티 (Louati Imed) 튀니지 1993.08.11

대회	연도	소속	출전	교체	득점	도움	파울	경고	퇴장
K2	2015	경남	12	5	2	0	23	2	0
		합계	12	5	2	0	23	2	0
		프로통산	12	5	2	0	23	2	0

루안 (Luan Ferreira dos Santos) 브라질 1996.01.23

대회	연도	소속	출전	교체	득점	도움	파울	경고	퇴장
K1	2023	수원FC	3	4	0	1	2	0	0
		합계	3	4	0	1	2	0	0
		프로통산	3	4	0	1	2	0	0

루이 (Rui Manuel Guerreiro Nobre Esteves) 포르투갈 1967.01.30

대회	연도	소속	출전	교체	득점	도움	파울	경고	퇴장
BC	1997	부산	5	5	1	1	5	0	0
	1998	부산	17	14	2	3	27	1	1
		합계	22	19	3	4	32	1	1
		프로통산	22	19	3	4	32	1	1

루이스 (Marques Lima Luiz Carlos) 브라질 1989.05.30

대회	연도	소속	출전	교체	득점	도움	파울	경고	퇴장
K1	2014	제주	7	7	1	0	7	0	0
		합계	7	7	1	0	7	0	0
		프로통산	7	7	1	0	7	0	0

루이스 브라질 1962.03.16

대회	연도	소속	출전	교체	득점	도움	파울	경고	퇴장
BC	1984	포항제철	17	3	0	0	31	4	0
		합계	17	3	0	0	31	4	0
		프로통산	17	3	0	0	31	4	0

루이스 (Luiz Henrique da Silva Alves) 브라질 1981.07.02

대회	연도	소속	출전	교체	득점	도움	파울	경고	퇴장
BC	2008	수원	7	7	0	0	6	0	0
	2008	전북	16	5	5	2	10	4	0
	2009	전북	34	10	9	13	40	3	0
	2010	전북	28	12	3	5	13	3	0
	2011	전북	24	18	4	2	10	0	0
	2012	전북	15	11	4	3	15	0	0
		합계	124	63	26	24	111	10	0
K1	2015	전북	16	13	1	2	12	3	0
	2016	전북	11	9	5	2	10	0	0
		합계	27	22	4	4	22	3	0
K2	2016	강원	2	0	0	0	3	1	0
		합계	2	0	0	0	3	1	0
승	2016	강원	2	0	0	0	3	1	0
		합계	2	0	0	0	3	1	0
		프로통산	173	94	37	32	154	18	0

루이스 (Luis Fabián Mina Zapata) 콜롬비아 1993.08.10

대회	연도	소속	출전	교체	득점	도움	파울	경고	퇴장
K2	2023	김포	35	9	17	4	35	6	0
		합계	35	9	17	4	35	6	0
승	2023	김포	2	0	0	0	3	0	1
		합계	2	0	0	0	3	0	1
		프로통산	37	9	17	4	38	6	1

루이지뉴 (Luis Carlos Fernandes) 브라질 1985.07.25

대회	연도	소속	출전	교체	득점	도움	파울	경고	퇴장
BC	2007	대구	32	11	18	0	50	5	0
	2008	울산	24	21	11	3	31	1	0
	2009	울산	2	2	0	0	2	0	0
	2011	인천	10	9	2	1	8	4	0
		합계	68	43	31	4	99	10	0
K2	2013	광주	4	4	1	0	4	0	0
		합계	4	4	1	0	4	0	0
		프로통산	72	47	32	4	103	10	0

루츠 (Ion Ionut Lutu) 루마니아 1975.08.03

대회	연도	소속	출전	교체	득점	도움	파울	경고	퇴장
BC	2000	수원	19	13	2	3	28	2	1
	2001	수원	9	7	1	4	10	0	0
	2002	수원	9	7	3	2	11	0	0
		합계	37	27	6	9	49	2	1
		프로통산	37	27	6	9	49	2	1

루카 (Luka Rotković) 몬테네그로 1988.07.05

대회	연도	소속	출전	교체	득점	도움	파울	경고	퇴장
K2	2017	안산	9	9	1	0	11	2	0
		합계	9	9	1	0	11	2	0
		프로통산	9	9	1	0	11	2	0

루카스 (Lucas Douglas) 브라질 1994.01.19

대회	연도	소속	출전	교체	득점	도움	파울	경고	퇴장
K1	2015	성남	15	14	0	0	15	0	0
		합계	15	14	0	0	15	0	0
		프로통산	15	14	0	0	15	0	0

루카스 (Waldir Lucas Pereira Filho) 브라질 1982.02.05

대회	연도	소속	출전	교체	득점	도움	파울	경고	퇴장
BC	2008	수원	6	7	0	1	11	0	0
		합계	6	7	0	1	11	0	0
		프로통산	6	7	0	1	11	0	0

루크 (Luke Ramon de Vere) 오스트레일리아 1989.11.05

대회	연도	소속	출전	교체	득점	도움	파울	경고	퇴장
BC	2011	경남	34	2	1	0	34	5	0
	2012	경남	26	3	0	1	37	4	0
		합계	60	5	1	1	57	6	0
K1	2013	경남	9	4	4	0	3	4	0
	2014	경남	13	3	1	0	13	1	0
		합계	22	7	5	0	15	6	0
		프로통산	82	12	6	1	72	12	0

루키 (Lucky Isibor) 나이지리아 1977.01.01

대회	연도	소속	출전	교체	득점	도움	파울	경고	퇴장
BC	2000	수원	5	3	1	0	6	0	0
		합계	5	3	1	0	6	0	0
		프로통산	5	3	1	0	6	0	0

루키안 (Araujo de Almeida Lukian) 브라질 1991.09.21

대회	연도	소속	출전	교체	득점	도움	파울	경고	퇴장
K2	2015	부천	22	18	4	4	25	1	0
	2016	부천	39	7	15	4	71	7	0
	2017	부산	18	16	2	0	21	2	0
	2017	안양	10	2	4	0	20	1	0
		합계	89	43	25	8	138	11	0
		프로통산	89	43	25	8	138	11	0

루페타 (Joaquim Manuel Welo Lupeta) 포르투갈 1993.03.24

대회	연도	소속	출전	교체	득점	도움	파울	경고	퇴장
K2	2023	부천	16	14	1	2	19	4	0
		합계	16	14	1	2	19	4	0
		프로통산	16	14	1	2	19	4	0

룩 (Luc Castaignos) 네덜란드 1992.09.27

대회	연도	소속	출전	교체	득점	도움	파울	경고	퇴장
K1	2019	경남	22	15	3	3	27	0	0
		합계	22	15	3	3	27	0	0
K2	2020	경남	8	7	2	0	9	2	0
		합계	8	7	2	0	9	2	0
		프로통산	30	22	5	3	36	2	0

롤리냐 (Morais dos Reis Luiz Marcelo) 브라질 1990.04.10

대회	연도	소속	출전	교체	득점	도움	파울	경고	퇴장
K1	2016	포항	18	16	2	1	25	2	0
	2017	포항	33	6	17	4	37	5	0
		합계	51	22	19	5	62	7	0
		프로통산	51	22	19	5	62	7	0

류광현 (柳光現) 호남대 2003.11.18

대회	연도	소속	출전	교체	득점	도움	파울	경고	퇴장
K1	2023	강원	11	5	0	0	10	2	0
		합계	11	5	0	0	10	2	0
		프로통산	11	5	0	0	10	2	0

류범희 (柳範熙) 광주대 1991.07.29

대회	연도	소속	출전	교체	득점	도움	파울	경고	퇴장
K1	2015	광주	2	2	0	0	2	1	0
		합계	2	2	0	0	2	1	0
K2	2015	경남	19	14	0	0	19	3	0
		합계	19	14	0	0	19	3	0
		프로통산	21	16	0	0	20	4	0

류봉기 (柳奉基) 단국대 1968.09.02

대회	연도	소속	출전	교체	득점	도움	파울	경고	퇴장
BC	1991	일화	16	8	0	0	21	1	1
	1992	일화	28	6	0	1	46	3	0
	1993	일화	17	10	0	1	15	3	0
	1994	일화	1	1	0	0	0	0	0
	1995	일화	1	2	0	0	1	0	0
	1996	천안일화	23	5	1	0	31	4	0
	1997	천안일화	29	8	0	0	61	2	0
	1998	천안일화	25	7	0	0	45	4	0
	1999	천안일화	6	3	0	0	9	0	0
		합계	146	50	1	2	228	18	1
		프로통산	146	50	1	2	228	18	1

류승우 (柳承祐) 중앙대 1993.12.17

대회	연도	소속	출전	교체	득점	도움	파울	경고	퇴장
K1	2017	제주	8	8	1	0	4	0	0
	2018	제주	28	26	2	1	14	0	0
	2019	상주	11	11	0	0	5	0	0
	2020	상주	1	1	0	0	1	0	0
	2021	제주	1	1	0	0	0	0	0
	2022	수원	34	26	4	2	36	4	0
	2023	수원	8	9	0	0	10	1	0
		합계	91	82	7	3	74	4	0
K2	2020	제주	9	9	0	1	5	0	0
	2023	안양	2	2	0	0	1	0	0
		합계	11	11	0	1	6	0	0
승	2022	수원	2	2	0	0	1	0	0
		합계	2	2	0	0	1	0	0
		프로통산	104	95	7	4	86	4	0

류언재 (柳彦在) 인천대 1994.11.05

대회	연도	소속	출전	교체	득점	도움	파울	경고	퇴장
K2	2017	수원FC	1	1	0	0	0	0	0
	2018	광주	1	1	0	0	0	0	0
	2019	안양	23	5	0	1	19	3	0

			출전	교체		도움	파울	경고	퇴장
	합계		25	7	0	1	19	3	0
	프로통산		25	7	0	1	19	3	0

류영록(柳永祿) 건국대 1969.08.04

대회	연도	소속	출전	교체	실점	도움	파울	경고	퇴장
BC	1992	포항철	1	0	4	0	0	0	0
	1993	대우	1	0	2	0	0	0	0
	1994	대우	9	1	12	0	1	1	0
	1995	대우	0	0	0	0	0	0	0
	1996	전남	0	0	0	0	0	0	0
	합계		11	1	18	0	1	1	0
	프로통산		11	1	18	0	1	1	0

류웅열(柳雄烈) 명지대 1968.04.25

대회	연도	소속	출전	교체	득점	도움	파울	경고	퇴장
BC	1993	대우	21	8	3	0	26	6	0
	1994	대우	10	4	1	0	15	2	0
	1995	대우	8	3	0	0	12	5	0
	1996	부산	9	1	0	0	12	1	0
	1997	부산	24	7	2	0	28	4	0
	1998	부산	11	3	1	0	12	1	0
	1999	부산	11	3	1	0	26	1	1
	2000	부산	16	3	1	0	21	3	0
	2000	수원	3	2	0	0	2	1	0
	2001	수원	12	9	2	0	9	2	0
	합계		140	43	14	2	181	27	2
	프로통산		140	43	14	2	181	27	2

류원우(柳垣宇) 광양제철고 1990.08.05

대회	연도	소속	출전	교체	실점	도움	파울	경고	퇴장
BC	2009	전남	0	0	0	0	0	0	0
	2010	전남	0	0	0	0	0	0	0
	2011	전남	1	0	0	0	0	0	0
	2012	전남	8	0	21	0	1	2	0
	합계		9	0	22	0	1	2	0
K1	2013	전남	2	0	1	0	0	0	0
	2018	포항	6	0	0	0	0	0	0
	2022	포항	15	0	20	0	0	0	0
	합계		17	0	20	0	0	0	0
K2	2014	광주	2	0	11	0	0	0	0
	2015	부천	28	0	24	0	0	3	0
	2016	부천	40	1	36	0	1	3	0
	2017	부천	34	1	43	0	1	1	0
	2023	충북청주	11	0	22	0	0	0	0
	합계		121	2	139	0	3	7	0
	프로통산		148	3	184	0	4	11	0

류재문(柳在文) 영남대 1993.11.08

대회	연도	소속	출전	교체	득점	도움	파울	경고	퇴장
K1	2017	대구	23	6	1	3	28	4	0
	2018	대구	23	6	1	2	24	6	0
	2019	대구	15	1	1	1	19	3	0
	2020	대구	20	7	1	1	23	4	0
	2021	전북	20	6	1	1	22	4	0
	2022	전북	27	23	0	0	20	3	0
	2023	전북	14	8	1	3	28	0	0
	합계		142	60	7	8	136	20	0
K2	2015	대구	36	2	6	3	54	3	0
	2016	대구	5	1	2	0	4	1	0
	합계		41	3	8	3	58	4	0
	프로통산		183	63	15	11	194	24	0

* 실점: 2018년 1 / 통산 1

류제식(柳濟植) 인천대 1972.01.03

대회	연도	소속	출전	교체	실점	도움	파울	경고	퇴장
BC	1991	대우	3	0	5	0	2	1	0
	1992	대우	7	2	8	0	0	0	0
	1993	대우	1	0	1	0	0	0	0
	합계		11	2	14	0	2	1	0
	프로통산		11	2	14	0	2	1	0

류현진(柳鉉珍) 가톨릭관동대 1995.01.23

대회	연도	소속	출전	교체	득점	도움	파울	경고	퇴장
K2	2017	안산	8	7	0	0	5	1	0
	합계		8	7	0	0	5	1	0
	프로통산		8	7	0	0	5	1	0

류형열(柳亨烈) 선문대 1985.11.02

대회	연도	소속	출전	교체	득점	도움	파울	경고	퇴장
BC	2009	성남일화	0	0	0	0	0	0	0
	합계		0	0	0	0	0	0	0
	프로통산		0	0	0	0	0	0	0

리마(Joao Maria Lima do Nascimento) 브라질 1982.09.04

대회	연도	소속	출전	교체	득점	도움	파울	경고	퇴장
BC	2010	서울	0	0	0	0	0	0	0
	합계		0	0	0	0	0	0	0
	프로통산		0	0	0	0	0	0	0

리웨이펑(Li Weifeng, 李瑋鋒) 중국 1978.01.26

대회	연도	소속	출전	교체	득점	도움	파울	경고	퇴장
BC	2009	수원	26	0	1	0	42	7	0
	2010	수원	29	0	1	1	62	9	0
	합계		55	0	2	1	104	16	0
	프로통산		55	0	2	1	104	16	0

리차드(Richard Windbichler) 오스트리아 1991.04.02

대회	연도	소속	출전	교체	득점	도움	파울	경고	퇴장
K1	2017	울산	30	1	2	1	16	4	0
	2018	울산	28	2	0	1	30	5	1
	2021	성남	22	0	1	0	23	6	0
	합계		80	3	3	2	69	15	1
	프로통산		80	3	3	2	69	15	1

리챠드(Richard Offiong Edet) 영국(잉글랜드) 1983.12.17

대회	연도	소속	출전	교체	득점	도움	파울	경고	퇴장
BC	2005	전남	1	1	0	0	1	0	0
	합계		1	1	0	0	1	0	0
	프로통산		1	1	0	0	1	0	0

리춘유(Li Chun Yu, 李春郁) 중국 1986.10.09

대회	연도	소속	출전	교체	득점	도움	파울	경고	퇴장
BC	2010	강원	7	2	0	2	15	2	0
	합계		7	2	0	2	15	2	0
	프로통산		7	2	0	2	15	2	0

리치(Cunha Reche Vinivius) 브라질 1984.01.28

대회	연도	소속	출전	교체	득점	도움	파울	경고	퇴장
K1	2014	전북	2	2	0	0	4	0	0
	합계		2	2	0	0	4	0	0
	프로통산		2	2	0	0	4	0	0

링꼰(Joao Paulo da Silva Neto Rincon) 브라질 1975.10.27

대회	연도	소속	출전	교체	득점	도움	파울	경고	퇴장
BC	2001	전북	4	4	0	0	11	0	0
	합계		4	4	0	0	11	0	0
	프로통산		4	4	0	0	11	0	0

마그노(Damasceno Santos da Cruz Magno) 브라질 1988.05.20

대회	연도	소속	출전	교체	득점	도움	파울	경고	퇴장
K1	2017	제주	32	24	13	3	23	6	0
	2018	제주	34	17	8	2	40	3	0
	2019	제주	36	23	7	2	31	1	0
	합계		102	64	29	7	94	10	0
	프로통산		102	64	29	7	94	10	0

마그노(Magno Alves de Araujo) 브라질 1976.01.13

대회	연도	소속	출전	교체	득점	도움	파울	경고	퇴장
BC	2003	전북	44	8	27	8	25	2	0
	합계		44	8	27	8	25	2	0
	프로통산		44	8	27	8	25	2	0

마나부(Saito Manabu, 齋藤学) 일본 1990.04.04

대회	연도	소속	출전	교체	득점	도움	파울	경고	퇴장
K1	2022	수원	18	18	1	3	10	1	0
	합계		18	18	1	3	10	1	0
승	2022	수원	1	1	0	0	1	1	0
	합계		1	1	0	0	1	1	0
	프로통산		19	19	1	3	11	2	0

마니(Jeannot Giovanny) 모리셔스 1975.09.25

대회	연도	소속	출전	교체	득점	도움	파울	경고	퇴장
BC	1996	울산	11	10	3	0	5	0	0
	1997	울산	12	10	2	0	7	0	0
	합계		23	20	5	0	12	0	0
	프로통산		23	20	5	0	12	0	0

마니치(Radivoje Manic) 세르비아 몬테네그로 1972.01.16

대회	연도	소속	출전	교체	득점	도움	파울	경고	퇴장
BC	1996	부산	24	16	8	0	25	6	0
	1997	부산	28	15	13	6	20	7	1
	1999	부산	39	11	9	9	46	7	1
	2000	부산	34	19	8	9	27	5	0
	2001	부산	27	17	8	8	15	5	0
	2002	부산	20	17	7	1	12	2	0
	2004	인천	16	4	1	0	13	1	0
	2005	인천	17	17	0	4	15	6	0
	합계		205	112	62	39	173	39	2
	프로통산		205	112	62	39	173	39	2

마다스치(Adrian Anthony Madaschi) 오스트레일리아 1982.07.11

대회	연도	소속	출전	교체	득점	도움	파울	경고	퇴장
BC	2012	제주	26	4	1	1	33	10	0
	합계		26	4	1	1	33	10	0
K1	2013	제주	9	4	0	1	9	1	0
	합계		9	4	0	1	9	1	0
	프로통산		35	6	0	2	42	11	0

마라냥(Luis Carlos dos Santos Martins) 브라질 1984.06.19

대회	연도	소속	출전	교체	득점	도움	파울	경고	퇴장
BC	2012	울산	39	33	13	4	48	5	0
	합계		39	33	13	4	48	5	0
K1	2013	제주	31	20	7	7	36	4	0
	합계		31	20	7	7	36	4	0
K2	2016	강원	13	13	2	0	15	0	0
	합계		13	13	2	0	15	0	0
승	2016	강원	1	1	0	0	1	0	0
	합계		1	1	0	0	1	0	0
	프로통산		84	67	22	11	87	9	0

마라냥(Rodrigo Meneses Quintanilha) 브라질 1992.12.11

대회	연도	소속	출전	교체	득점	도움	파울	경고	퇴장
K2	2019	부천	9	8	0	1	13	0	0
	합계		9	8	0	1	13	0	0
	프로통산		9	8	0	1	13	0	0

마라냥(Francinilson Santos Meirelles) 브라질 1990.05.03

대회	연도	소속	출전	교체	득점	도움	파울	경고	퇴장
K2	2014	대전	16	8	0	1	17	0	0
	합계		16	8	0	1	17	0	0

마루오카(Maruoka Mitsuru, 丸岡満) 일본 1996.01.06

대회	연도	소속	출전	교체	득점	도움	파울	경고	퇴장
K2	2022	김포	7	6	0	0	7	1	0
	합계		7	6	0	0	7	1	0
	프로통산		7	6	0	0	7	1	0

마르셀(Marcel Augusto Ortolan) 브라질 1981.11.12

대회	연도	소속	출전	교체	득점	도움	파울	경고	퇴장
BC	2004	수원	36	20	12	2	106	4	0
	2011	수원	11	8	3	2	21	2	0

마르셀(Marcelo de Paula Pinheiro) 브라질 1983.05.11

합계		47	28	15	4	127	6	0
프로통산		47	28	15	4	127	6	0

대회	연도	소속	출전	교체	득점	도움	파울	경고	퇴장
BC	2009	경남	6	1	0	0	11	0	0
	합계		6	1	0	0	11	0	0
프로통산			6	1	0	0	11	0	0

마르셀로(Marcelo Aparecido Toscano) 브라질 1985.05.12

대회	연도	소속	출전	교체	득점	도움	파울	경고	퇴장
K1	2016	제주	37	19	11	9	26	2	0
	2017	제주	13	6	6	3	10	0	0
	합계		50	25	17	12	36	2	0
프로통산			50	25	17	12	36	2	0

마르셀로(Marcelo Macedo) 브라질 1983.02.01

대회	연도	소속	출전	교체	득점	도움	파울	경고	퇴장
BC	2004	성남일화	13	11	4	1	30	0	0
	합계		13	11	4	1	30	0	0
프로통산			13	11	4	1	30	0	0

마르셀로(Marcelo Bras Ferreira da Silva) 브라질 1981.02.03

대회	연도	소속	출전	교체	득점	도움	파울	경고	퇴장
BC	2010	경남	4	5	0	0	4	0	0
	합계		4	5	0	0	4	0	0
프로통산			4	5	0	0	4	0	0

마르시오(Marcio Diogo Lobato Rodrigues) 브라질 1985.09.22

대회	연도	소속	출전	교체	득점	도움	파울	경고	퇴장
BC	2010	수원	9	9	1	0	12	0	0
	합계		9	9	1	0	12	0	0
프로통산			9	9	1	0	12	0	0

마르싱요(Maxsuel Rodrigo Lino) 브라질 1985.09.08

대회	연도	소속	출전	교체	득점	도움	파울	경고	퇴장
K1	2013	전남	1	1	0	0	2	0	0
	합계		1	1	0	0	2	0	0
프로통산			1	1	0	0	2	0	0

마르싱유(Amarel de Oliveira Junior Marcio) 브라질 1991.03.24

대회	연도	소속	출전	교체	득점	도움	파울	경고	퇴장
K2	2015	충주	32	23	1	2	24	1	0
	합계		32	23	1	2	24	1	0
프로통산			32	23	1	2	24	1	0

마르첼(Marcel Lazareanu) 루마니아 1959.06.21

대회	연도	소속	출전	교체	실점	도움	파울	경고	퇴장
BC	1990	일화	8	0	12	0	0	1	0
	1991	일화	21	3	28	0	1	1	1
	합계		29	3	40	0	1	2	1
프로통산			29	3	40	0	1	2	1

마르케스(Agustinho Marques Renan) 브라질 1983.03.08

대회	연도	소속	출전	교체	득점	도움	파울	경고	퇴장
BC	2012	제주	13	12	1	1	13	0	0
	합계		13	12	1	1	13	0	0
프로통산			13	12	1	1	13	0	0

마르코(Marcos Danilo Urena Porras) 코스타리카 1990.03.05

대회	연도	소속	출전	교체	득점	도움	파울	경고	퇴장
K1	2020	광주	8	8	0	0	6	0	0
	합계		8	8	0	0	6	0	0
프로통산			8	8	0	0	6	0	0

마르코(Marco Aurelio Martins Ivo) 브라질 1976.12.03

대회	연도	소속	출전	교체	득점	도움	파울	경고	퇴장
BC	2002	안양LG	32	25	9	2	24	1	0
	합계		32	25	9	2	24	1	0
프로통산			32	25	9	1	26	1	0

마르코(Marco Aurelio Wagner Pereira) 브라질 1980.04.22

대회	연도	소속	출전	교체	득점	도움	파울	경고	퇴장
BC	2006	제주	1	0	0	0	4	0	0
	합계		1	0	0	0	4	0	0
프로통산			1	0	0	0	4	0	0

마르코비치(Ivan Marković) 세르비아 1994.06.20

대회	연도	소속	출전	교체	득점	도움	파울	경고	퇴장
K2	2016	경남	2	2	0	0	2	0	0
	합계		2	2	0	0	2	0	0
프로통산			2	2	0	0	2	0	0

마르코스(Marcos Antonio Nascimento Santos) 브라질 1988.06.10

대회	연도	소속	출전	교체	득점	도움	파울	경고	퇴장
K2	2018	안양	33	4	2	1	61	5	0
	합계		33	4	2	1	61	5	0
프로통산			33	4	2	1	61	5	0

마르코스(Marcos Antonio da Silva) 브라질 1977.04.07

대회	연도	소속	출전	교체	득점	도움	파울	경고	퇴장
BC	2001	울산	31	23	4	3	24	2	0
	2002	울산	2	2	0	0	0	0	0
	합계		33	25	4	3	24	2	0
프로통산			33	25	4	3	24	2	0

마르크(Benie Bolou Jean Marck) 코트디부아르 1982.11.09

대회	연도	소속	출전	교체	득점	도움	파울	경고	퇴장
BC	2000	성남일화	5	5	0	0	11	1	0
	합계		5	5	0	0	11	1	0
프로통산			5	5	0	0	11	1	0

마리우(Luis Mario Miranda da Silva) 브라질 1976.11.01

대회	연도	소속	출전	교체	득점	도움	파울	경고	퇴장
BC	2003	안양LG	20	8	4	8	26	3	0
	합계		20	8	4	8	26	3	0
프로통산			20	8	4	8	26	3	0

마말리(Emeka Esanga Mamale) 콩고민주공화국 1977.10.21

대회	연도	소속	출전	교체	득점	도움	파울	경고	퇴장
BC	1996	포항	5	5	0	0	9	0	0
	1997	포항	3	2	1	0	7	0	0
	합계		8	7	1	0	16	0	0
프로통산			8	7	1	0	16	0	0

마사(Ishida Masatoshi, 石田雅俊) 일본 1995.05.04

대회	연도	소속	출전	교체	득점	도움	파울	경고	퇴장
K1	2021	강원	9	10	0	0	4	0	0
	2023	대전	25	23	6	3	20	0	0
	합계		34	33	6	3	24	0	0
K2	2019	안산	15	9	3	3	21	1	0
	2020	수원FC	15	6	9	1	13	0	0
	2021	대전	36	17	16	6	24	0	0
	2022	대전	33	29	10	0	36	5	0
	합계		99	61	38	10	94	6	0
승	2021	대전	2	1	0	1	2	0	0
	2022	대전	1	1	0	0	0	0	0
	합계		3	2	0	1	2	0	0
프로통산			136	96	44	15	120	6	0

마사(Ohasi Masahiro, 大橋正博) 일본 1981.06.23

대회	연도	소속	출전	교체	득점	도움	파울	경고	퇴장
BC	2009	강원	22	11	4	2	11	0	0
	2011	강원	5	5	0	1	5	0	0
	합계		27	16	4	3	12	0	0
프로통산			27	16	4	3	12	0	0

마상훈(馬相訓) 순천고 1991.07.25

대회	연도	소속	출전	교체	득점	도움	파울	경고	퇴장
BC	2012	강원	0	0	0	0	0	0	0
	합계		0	0	0	0	0	0	0
K1	2014	전남	1	1	0	0	0	0	0
	2018	상주	1	1	0	0	0	0	0
	2019	상주	15	9	1	0	15	0	0
	2020	성남	9	3	1	0	11	1	0
	2021	성남	31	13	3	0	31	5	0
	2022	성남	21	10	0	0	13	2	0
	합계		78	37	4	0	63	10	0
K2	2018	수원FC	9	4	0	0	12	2	0
	합계		9	4	0	0	12	2	0
프로통산			87	41	4	0	75	12	0

마스다(Masuda Chikashi, 増田誓志) 일본 1985.06.19

대회	연도	소속	출전	교체	득점	도움	파울	경고	퇴장
K1	2013	울산	35	12	4	3	43	9	0
	2014	울산	0	0	0	0	0	0	0
	2015	울산	31	12	3	0	32	1	0
	2016	울산	32	6	0	1	38	5	0
	합계		98	30	7	4	113	9	0
K2	2019	서울E	12	6	0	0	15	3	0
	합계		12	6	0	0	15	3	0
프로통산			110	36	7	4	128	12	0

마스덴(Christopher Marsden) 영국(잉글랜드) 1969.01.03

대회	연도	소속	출전	교체	득점	도움	파울	경고	퇴장
BC	2004	부산	2	0	1	0	4	2	0
	합계		2	0	1	0	4	2	0
프로통산			2	0	1	0	4	2	0

마시엘(Maciel Luiz Franco) 브라질 1972.03.15

대회	연도	소속	출전	교체	득점	도움	파울	경고	퇴장
BC	1997	전남	19	0	3	0	42	1	0
	1998	전남	27	1	1	1	66	9	0
	1999	전남	36	2	2	1	78	3	0
	2000	전남	36	2	0	1	78	3	0
	2001	전남	29	1	0	0	60	7	0
	2002	전남	27	5	2	1	57	3	0
	2003	전남	10	4	1	0	17	2	0
	합계		184	17	10	3	398	34	0
프로통산			184	17	10	3	398	34	0

마쎄도(Wanderson de Macedo Costa/←완델손 D) 브라질 1992.05.31

대회	연도	소속	출전	교체	득점	도움	파울	경고	퇴장
K1	2017	광주	18	10	8	0	23	2	1
	2018	전남	24	20	7	2	17	3	0
	합계		42	30	15	2	40	5	1
K2	2019	전남	2	2	0	0	3	1	0
	합계		2	2	0	0	3	1	0
프로통산			44	32	15	2	43	6	1

마에조노(Maezono Masakiyo, 前園真聖) 일본 1973.10.29

대회	연도	소속	출전	교체	득점	도움	파울	경고	퇴장
BC	2003	안양LG	16	10	0	4	11	1	0
	2004	인천	13	8	1	1	13	2	0
	합계		29	18	1	5	24	3	0
프로통산			29	18	1	5	24	3	0

마우리(Mauricio de Oliveira Anastacio) 브라질 1962.09.29

대회	연도	소속	출전	교체	득점	도움	파울	경고	퇴장
BC	1994	현대	14	11	2	2	8	0	0
	1995	현대	4	4	0	1	3	0	0
	합계		18	15	2	3	11	0	0
프로통산			18	15	2	3	11	0	0

마우리데스(Maurides Roque Junior) 브라질 1994.03.10

대회	연도	소속	출전	교체	득점	도움	파울	경고	퇴장
K2	2020	안양	10	6	3	0	10	1	0

대회	연도	소속	출전	교체	득점	도움	파울	경고	퇴장
		합계	10	6	3	0	10	1	0
		프로통산	10	6	3	0	10	1	0

마우리시오(Mauricio Fernandes) 브라질 1976.07.05

대회	연도	소속	출전	교체	득점	도움	파울	경고	퇴장
BC	2007	포항	8	3	0	0	23	3	0
		합계	8	3	0	0	23	3	0
		프로통산	8	3	0	0	23	3	0

마우링요(Mauro Job Pontes Junior) 브라질 1989.12.10

대회	연도	소속	출전	교체	득점	도움	파울	경고	퇴장
K1	2016	전남	7	8	0	0	11	0	0
	2017	서울	9	8	0	0	5	1	0
		합계	16	16	0	0	16	1	0
		프로통산	16	16	0	0	16	1	0

마우콘(Malcon Marschel Silva Carvalho Santos) 브라질 1995.07.05

대회	연도	소속	출전	교체	득점	도움	파울	경고	퇴장
K2	2016	충주	13	0	0	0	16	4	0
		합계	13	0	0	0	16	4	0
		프로통산	13	0	0	0	16	4	0

마유송(Francisco de Farias Mailson) 브라질 1990.12.23

대회	연도	소속	출전	교체	득점	도움	파울	경고	퇴장
K1	2017	제주	2	2	0	0	1	0	0
		합계	2	2	0	0	1	0	0
		프로통산	2	2	0	0	1	0	0

마이콘(Maycon Carvalho Inez) 브라질 1986.07.21

대회	연도	소속	출전	교체	득점	도움	파울	경고	퇴장
K2	2014	고양	3	3	0	0	0	0	0
		합계	3	3	0	0	0	0	0
		프로통산	3	3	0	0	0	0	0

마이키(Mike dos Santos Nenatarvicius) 브라질 1993.03.08

대회	연도	소속	출전	교체	득점	도움	파울	경고	퇴장
K2	2022	광주	25	24	4	3	13	2	0
		합계	25	24	4	3	13	2	0
		프로통산	25	24	4	3	13	2	0

마징요(Marcio de Souza Gregorio Junio) 브라질 1986.05.14

대회	연도	소속	출전	교체	득점	도움	파울	경고	퇴장
BC	2010	경남	3	3	0	0	7	0	0
		합계	3	3	0	0	7	0	0
		프로통산	3	3	0	0	7	0	0

마차도(Leandro Machado) 브라질 1976.03.22

대회	연도	소속	출전	교체	득점	도움	파울	경고	퇴장
BC	2005	울산	17	8	13	1	42	5	0
	2006	울산	26	18	1	3	34	2	0
	2007	울산	10	9	2	0	8	3	0
		합계	53	35	16	4	84	10	0
		프로통산	53	35	16	4	84	10	0

마철준(馬哲俊) 경희대 1980.11.16

대회	연도	소속	출전	교체	득점	도움	파울	경고	퇴장
BC	2004	부천SK	22	12	1	0	30	2	0
	2005	부천SK	18	7	1	0	22	4	0
	2006	제주	30	7	0	0	71	4	0
	2007	광주상무	25	7	0	0	47	3	0
	2008	광주상무	16	8	0	1	15	4	0
	2009	제주	25	10	0	0	50	9	0
	2010	제주	29	9	0	0	49	6	0
	2011	제주	16	9	0	0	19	5	0
	2012	제주	7	6	0	0	9	1	0
	2012	전북	7	6	0	0	7	0	0
		합계	191	75	2	1	303	42	0
K1	2015	광주	1	1	0	0	1	0	0
		합계	1	1	0	0	1	0	0

가운데 단

대회	연도	소속	출전	교체	득점	도움	파울	경고	퇴장
K2	2013	광주	12	3	0	2	13	3	1
	2014	광주	16	4	1	0	11	3	0
		합계	28	7	1	2	24	6	1
승	2014	광주	0	0	0	0	0	0	0
		합계	0	0	0	0	0	0	0
		프로통산	220	83	3	3	327	48	1

마쿠스(Marcus Ake Jens Erik Nilsson) 스웨덴 1988.02.26

대회	연도	소속	출전	교체	득점	도움	파울	경고	퇴장
K1	2017	포항	0	0	0	0	0	0	0
		합계	0	0	0	0	0	0	0
		프로통산	0	0	0	0	0	0	0

마테우스(Matheus Humberto Maximiano) 브라질 1989.05.31

대회	연도	소속	출전	교체	득점	도움	파울	경고	퇴장
BC	2011	대구	9	8	1	0	6	0	0
	2012	대구	23	15	2	2	37	5	0
		합계	32	23	3	2	43	5	0
K2	2014	대구	18	14	2	1	32	2	0
		합계	18	14	2	1	32	2	0
		프로통산	50	37	5	3	75	7	0

마테우스(Matheus Alves Leandro) 브라질 1993.05.19

대회	연도	소속	출전	교체	득점	도움	파울	경고	퇴장
K2	2016	강원	37	22	12	1	69	8	0
	2018	수원FC	13	4	2	0	18	4	0
	2021	충남아산	15	14	3	1	15	4	0
		합계	65	40	17	2	102	16	0
승	2016	강원	2	2	0	0	7	0	0
		합계	2	2	0	0	7	0	0
		프로통산	67	42	17	2	109	16	0

마토(Mato Neretljak) 크로아티아 1979.06.03

대회	연도	소속	출전	교체	득점	도움	파울	경고	퇴장
BC	2005	수원	31	2	10	2	102	7	0
	2006	수원	37	1	4	2	96	7	0
	2007	수원	35	1	7	0	37	4	0
	2008	수원	29	1	0	4	46	3	0
	2011	수원	25	1	0	8	39	6	0
		합계	157	5	29	8	370	30	0
		프로통산	157	5	29	8	370	30	0

마티아스(Coureur Mathias) 프랑스 1988.03.22

대회	연도	소속	출전	교체	득점	도움	파울	경고	퇴장
K1	2019	성남	21	19	2	0	20	1	0
		합계	21	19	2	0	20	1	0
		프로통산	21	19	2	0	20	1	0

마티야(Matija Ljujic) 세르비아 1993.10.28

대회	연도	소속	출전	교체	득점	도움	파울	경고	퇴장
K1	2021	강원	9	10	1	0	9	2	0
		합계	9	10	1	0	9	2	0
승	2021	강원	1	1	0	0	1	0	0
		합계	1	1	0	0	1	0	0
		프로통산	10	11	1	0	9	2	0

마티치(Bojan Matić) 세르비아 1991.12.22

대회	연도	소속	출전	교체	득점	도움	파울	경고	퇴장
K1	2018	서울	9	7	1	0	7	0	1
		합계	9	7	1	0	7	0	1
		프로통산	9	7	1	0	7	0	1

마틴아담(Ádám Martin) 헝가리 1994.11.06

대회	연도	소속	출전	교체	득점	도움	파울	경고	퇴장
K1	2022	울산	14	11	9	4	9	2	0
	2023	울산	30	25	5	4	28	7	0
		합계	44	36	14	8	37	9	0
		프로통산	44	36	14	8	37	9	0

마하지(Rashid Abdulhakim Mahazi) 오스트레일리아 1992.04.20

대회	연도	소속	출전	교체	득점	도움	파울	경고	퇴장
K1	2019	인천	13	5	1	0	14	4	0

대회	연도	소속	출전	교체	득점	도움	파울	경고	퇴장
	2020	인천	7	4	0	0	9	3	0
		합계	20	9	1	0	27	7	0
		프로통산	20	9	1	0	27	7	0

막스 유고슬라비아 1965.12.10

대회	연도	소속	출전	교체	득점	도움	파울	경고	퇴장
BC	1994	일화	11	10	2	0	15	5	0
		합계	11	10	2	0	15	5	0
		프로통산	11	10	2	0	15	5	0

말로니(Johnathan Marlone Azevedo da Silva) 브라질 1992.04.02

대회	연도	소속	출전	교체	득점	도움	파울	경고	퇴장
K2	2020	수원FC	18	12	2	4	5	1	0
		합계	18	12	2	4	5	1	0
		프로통산	18	12	2	4	5	1	0

말론(Marlon Jonathan de Jesús Pabón) 에콰도르 1991.09.04

대회	연도	소속	출전	교체	득점	도움	파울	경고	퇴장
K2	2019	부천	29	23	10	3	47	6	0
		합계	29	23	10	3	47	6	0
		프로통산	29	23	10	3	47	6	0

말컹(Marcos Vinicius do Amaral Alves) 브라질 1994.06.17

대회	연도	소속	출전	교체	득점	도움	파울	경고	퇴장
K1	2018	경남	31	13	26	5	42	4	1
		합계	31	13	26	5	42	4	1
K2	2017	경남	32	5	22	3	63	5	0
		합계	32	5	22	3	63	5	0
		프로통산	63	18	48	8	105	9	1

매그넘(Magnum Rafael Farias Tavares) 브라질 1982.03.24

대회	연도	소속	출전	교체	득점	도움	파울	경고	퇴장
BC	2011	울산	5	5	0	0	3	0	0
		합계	5	5	0	0	3	0	0
		프로통산	5	5	0	0	3	0	0

매튜(Matthew John Jurman) 오스트레일리아 1989.12.08

대회	연도	소속	출전	교체	득점	도움	파울	경고	퇴장
K1	2017	수원	25	3	2	1	31	9	0
	2018	수원	4	1	1	0	7	1	0
		합계	29	3	2	1	38	10	0
		프로통산	29	3	2	1	38	10	0

맥고완(Dylan John McGowan) 오스트레일리아 1991.08.06

대회	연도	소속	출전	교체	득점	도움	파울	경고	퇴장
K1	2018	강원	15	6	1	0	14	2	0
		합계	15	6	1	0	14	2	0
		프로통산	15	6	1	0	14	2	0

맥긴(Niall Peter McGinn) 영국(북아일랜드) 1987.07.20

대회	연도	소속	출전	교체	득점	도움	파울	경고	퇴장
K1	2017	광주	7	7	0	0	5	0	0
		합계	7	7	0	0	5	0	0
		프로통산	7	7	0	0	5	0	0

맥도날드(Sherjill Jermaine Mac-Donald) 네덜란드 1984.11.20

대회	연도	소속	출전	교체	득점	도움	파울	경고	퇴장
K2	2018	부산	2	2	0	0	2	0	0
		합계	2	2	0	0	2	0	0
		프로통산	2	2	0	0	2	0	0

맥카이(Matthew Graham McKay) 오스트레일리아 1983.01.11

대회	연도	소속	출전	교체	득점	도움	파울	경고	퇴장
BC	2012	부산	27	8	1	6	45	7	0
		합계	27	8	1	6	45	7	0
		프로통산	27	8	1	6	45	7	0

맹성웅(孟成雄) 영남대 1998.02.04

대회 연도 소속 출전 교체 득점 도움 파울 경고 퇴장

맹OO / 전북 (이어짐)

대회	연도	소속	출전	교체	득점	도움	파울	경고	퇴장
K1	2022	전북	17	12	0	2	34	6	0
	2023	전북	17	16	0	1	18	5	0
	합계		34	28	0	3	52	11	0
K2	2019	안양	26	22	0	0	28	3	0
	2020	안양	24	10	0	2	39	4	0
	2021	안양	34	6	1	1	53	4	0
	합계		84	38	1	3	120	11	0
프로통산			118	66	1	6	172	22	0

맹수일(孟秀一) 동아대 1961.03.22

대회	연도	소속	출전	교체	득점	도움	파울	경고	퇴장
BC	1985	럭키금성	8	5	1	0	4	0	0
	1986	유공	21	6	1	1	21	4	0
	1987	유공	1	1	0	0	0	0	0
	합계		30	12	2	1	25	4	0
프로통산			30	12	2	1	25	4	0

맹진오(孟珍吾) 호남대 1986.03.06

대회	연도	소속	출전	교체	득점	도움	파울	경고	퇴장
BC	2009	포항	0	0	0	0	0	0	0
	2010	대구	3	3	0	0	5	0	0
	합계		3	3	0	0	5	0	0
프로통산			3	3	0	0	5	0	0

머치(Mutch Jordon James Edward Sydney) 잉글랜드 1991.12.02

대회	연도	소속	출전	교체	득점	도움	파울	경고	퇴장
K1	2019	경남	8	6	1	0	11	2	1
	합계		8	6	1	0	11	2	1
프로통산			8	6	1	0	11	2	1

메도(Ivan Medvid) 크로아티아 1977.10.13

대회	연도	소속	출전	교체	득점	도움	파울	경고	퇴장
BC	2002	포항	18	3	1	7	53	6	0
	2003	포항	29	13	0	4	47	4	0
	합계		47	16	1	11	100	10	0
프로통산			47	16	1	11	100	10	0

메조이(Géza Mészöly) 헝가리 1967.02.25

대회	연도	소속	출전	교체	득점	도움	파울	경고	퇴장
BC	1990	포항제철	12	1	2	1	28	1	0
	1991	포항제철	4	2	0	0	11	0	0
	합계		16	3	2	1	39	1	0
프로통산			16	3	2	1	39	1	0

멘도사(Mendoza Renreria Mauricio) 콜롬비아 1981.12.28

대회	연도	소속	출전	교체	득점	도움	파울	경고	퇴장
BC	2011	경남	1	1	0	0	1	0	0
	합계		1	1	0	0	1	0	0
프로통산			1	1	0	0	1	0	0

멘디(Mendy Frederic) 프랑스 1988.09.18

대회	연도	소속	출전	교체	득점	도움	파울	경고	퇴장
K1	2016	울산	18	5	9	1	23	3	0
	2017	제주	34	21	4	12	46	2	0
	합계		52	26	13	3	79	5	0
프로통산			52	26	13	3	79	5	0

명성준(明成峻) 대건고 1998.03.18

대회	연도	소속	출전	교체	득점	도움	파울	경고	퇴장
K1	2017	인천	1	1	0	0	0	0	0
	합계		1	1	0	0	0	0	0
K2	2018	부천	2	2	0	0	1	0	0
	합계		2	2	0	0	1	0	0
프로통산			3	3	0	0	1	0	0

명재용(明載容) 조선대 1973.02.26

대회	연도	소속	출전	교체	득점	도움	파울	경고	퇴장
BC	1997	전북	9	4	1	0	7	1	0
	1998	전북	26	19	2	1	41	2	0
	1999	전북	21	15	0	4	25	0	0
	2000	전북	23	14	1	4	35	1	0
	2001	전북	12	7	1	0	17	0	0
	2002	전북	6	6	0	0	5	0	0
	합계		105	69	10	5	148	10	0
프로통산			105	69	10	5	148	10	0

명준재(明俊在) 고려대 1994.07.02

대회	연도	소속	출전	교체	득점	도움	파울	경고	퇴장
K1	2016	전북	0	0	0	0	0	0	0
	2018	전북	4	2	0	0	1	0	0
	2019	전북	5	1	0	0	8	1	0
	2019	인천	16	14	2	1	21	6	0
	2020	수원	16	16	0	0	8	1	0
	2022	김천	16	17	3	0	17	1	0
	2022	수원	4	4	0	0	3	1	0
	2023	수원	8	8	0	0	3	0	0
	합계		64	52	5	3	67	16	0
K2	2017	서울E	17	16	3	1	14	2	0
	2021	김천	6	5	1	1	7	2	0
	합계		23	21	4	2	21	4	0
승	2022	수원	2	2	0	0	0	0	0
	합계		2	2	0	0	0	0	0
프로통산			89	75	9	5	88	20	0

명진영(明珍榮) 아주대 1973.05.20

대회	연도	소속	출전	교체	득점	도움	파울	경고	퇴장
BC	1996	부산	9	6	1	1	9	2	0
	1997	부산	3	3	0	0	0	0	0
	1998	부산	11	7	1	1	11	0	0
	1999	부산	7	12	0	0	6	2	1
	합계		30	28	2	2	26	4	1
프로통산			30	28	2	2	26	4	1

모나또(Andrew Erick Feitosa) 브라질 1992.09.01

대회	연도	소속	출전	교체	득점	도움	파울	경고	퇴장
BC	2011	경남	6	5	0	0	8	0	0
	합계		6	5	0	0	8	0	0
프로통산			6	5	0	0	8	0	0

모따(Bruno Rodrigues Mota) 브라질 1996.02.10

대회	연도	소속	출전	교체	득점	도움	파울	경고	퇴장
K2	2023	천안	35	20	1	0	43	7	0
	합계		35	20	1	0	43	7	0
프로통산			35	20	1	0	43	7	0

모따(Joao Soares da Mota Neto) 브라질 1980.11.21

대회	연도	소속	출전	교체	득점	도움	파울	경고	퇴장
BC	2004	전남	29	11	14	2	65	12	0
	2005	성남일화	9	3	7	4	29	5	1
	2006	성남일화	19	11	7	2	19	1	0
	2007	성남일화	21	7	7	4	39	5	0
	2008	성남일화	30	6	9	5	48	12	0
	2009	포항	11	2	4	2	22	5	0
	2010	포항	28	9	9	7	37	7	0
	2011	포항	31	19	14	8	56	10	0
	합계		178	68	71	34	315	57	1
프로통산			178	68	71	34	315	57	1

모따(Jose Roberto Rodrigues Mota/←호세모따) 브라질 1979.05.10

대회	연도	소속	출전	교체	득점	도움	파울	경고	퇴장
BC	2010	수원	25	14	11	0	29	5	1
	2012	부산	2	2	0	0	0	0	0
	합계		27	16	11	0	29	5	1
프로통산			27	16	11	0	29	5	1

모라이스(Bittencourt Morais Danny) 브라질 1985.06.29

대회	연도	소속	출전	교체	득점	도움	파울	경고	퇴장
K2	2017	부산	26	1	1	0	18	5	0
	합계		26	1	1	0	18	5	0
승	2017	부산	1	0	0	0	1	0	0
	합계		1	0	0	0	1	0	0
프로통산			27	1	1	0	50	4	0

모리츠(Andre Francisco Moritz) 이탈리아 1986.08.06

대회	연도	소속	출전	교체	득점	도움	파울	경고	퇴장
K1	2015	포항	11	9	0	1	12	2	0
	합계		11	9	0	1	12	2	0
프로통산			11	9	0	1	12	2	0

모세스(Moses Owoicho Ogbu) 스웨덴 1991.02.07

대회	연도	소속	출전	교체	득점	도움	파울	경고	퇴장
K1	2022	포항	13	13	1	0	10	1	0
	합계		13	13	1	0	10	1	0
프로통산			13	13	1	0	10	1	0

모이세스(Moises Oliveira Brito) 브라질 1986.07.17

대회	연도	소속	출전	교체	득점	도움	파울	경고	퇴장
K1	2016	제주	1	1	0	0	1	0	0
	합계		1	1	0	0	1	0	0
프로통산			1	1	0	0	1	0	0

모재현(牟在現) 광주대 1996.09.24

대회	연도	소속	출전	교체	득점	도움	파울	경고	퇴장
K2	2017	수원FC	15	15	1	3	12	1	0
	2018	수원FC	15	11	1	1	29	2	0
	2019	수원FC	1	1	0	0	4	0	0
	2019	안양	23	16	2	2	24	3	0
	2020	수원FC	18	12	2	2	21	2	0
	2021	안양	35	19	6	6	36	5	0
	2022	경남	35	16	6	4	42	2	0
	2023	경남	30	16	6	1	13	0	0
	합계		164	116	26	19	181	15	0
프로통산			164	116	26	19	181	15	0

몰리나(Mauricio Alejandro Molina Uribe) 콜롬비아 1980.04.30

대회	연도	소속	출전	교체	득점	도움	파울	경고	퇴장
BC	2009	성남일화	17	5	10	1	17	4	0
	2010	성남일화	33	13	12	8	28	6	0
	2011	서울	29	6	10	12	30	5	0
	2012	서울	41	6	18	19	45	4	0
	합계		120	32	50	42	120	19	0
K1	2013	서울	35	13	9	13	24	4	0
	2014	서울	19	10	5	4	19	1	0
	2015	서울	35	20	4	11	23	5	0
	합계		89	43	18	27	56	9	0
프로통산			209	75	68	69	176	28	0

무고사(Stefan Mugosa) 몬테네그로 1992.02.26

대회	연도	소속	출전	교체	득점	도움	파울	경고	퇴장
K1	2018	인천	35	9	19	4	24	5	0
	2019	인천	32	8	14	4	28	2	0
	2021	인천	24	8	12	1	14	0	0
	2022	인천	18	6	14	0	24	1	0
	2023	인천	29	17	12	2	12	2	0
	합계		138	48	71	11	102	10	0
프로통산			138	48	71	11	102	10	0

무랄랴(Luiz Philipe Lima de Oliveira) 브라질 1993.01.21

대회	연도	소속	출전	교체	득점	도움	파울	경고	퇴장
K1	2016	포항	20	8	1	0	11	2	0
	2017	포항	33	17	0	2	28	11	0
	합계		53	25	1	2	39	13	0
K2	2018	성남	11	8	3	0	12	3	0
	합계		11	8	3	0	12	3	0
프로통산			64	33	4	2	51	16	0

무릴로(Murilo Henrique Pereira Rocha) 브라질 1994.11.20

대회	연도	소속	출전	교체	득점	도움	파울	경고	퇴장
K1	2020	전북	15	15	1	0	10	1	0
	2021	수원FC	36	26	5	10	37	4	0
	2022	수원FC	23	25	1	5	16	0	0
	2023	수원FC	15	13	4	1	11	2	0
	합계		91	79	11	16	74	7	0

프로통산			91	79	11	16	74	7	0

무사(Javier Martin Musa) 아르헨티나 1979.01.15

대회	연도	소속	출전	교체	득점	도움	파울	경고	퇴장
BC	2004	수원	19	6	1	1	47	1	0
	2005	수원	9	1	0	0	16	3	0
	2005	울산	7	0	0	0	18	1	0
	합계		35	7	1	1	81	5	0
프로통산			35	7	1	1	81	5	0

무삼파(Kizito Musampa) 네덜란드 1977.07.20

대회	연도	소속	출전	교체	득점	도움	파울	경고	퇴장
BC	2008	서울	5	3	0	0	7	0	0
	합계		5	3	0	0	7	0	0
프로통산			5	3	0	0	7	0	0

무스타파(Gonden Mustafa) 터키 1975.08.01

대회	연도	소속	출전	교체	득점	도움	파울	경고	퇴장
BC	2002	부천SK	6	6	0	0	3	0	0
	2003	부천SK	1	1	0	0	3	0	0
	합계		7	7	0	0	6	0	0
프로통산			7	7	0	0	6	0	0

무야키치(Armin Mujakic) 오스트리아 1995.03.07

대회	연도	소속	출전	교체	득점	도움	파울	경고	퇴장
K2	2020	충남아산	17	15	4	0	48	6	0
	합계		17	15	4	0	48	6	0
프로통산			17	15	4	0	48	6	0

무탐바(Mutamba Kabongo) 콩고민주공화국 1972.12.09

대회	연도	소속	출전	교체	득점	도움	파울	경고	퇴장
BC	1997	안양LG	32	5	3	0	55	4	0
	1998	안양LG	34	4	4	2	59	5	0
	1999	안양LG	26	6	2	1	45	5	0
	2000	안양LG	15	6	0	0	26	5	0
	합계		109	21	9	3	185	19	0
프로통산			109	21	9	3	185	19	0

문건호(文建浩) 영생고 2004.06.16

대회	연도	소속	출전	교체	득점	도움	파울	경고	퇴장
K2	2023	천안	1	1	0	0	1	0	0
	합계		1	1	0	0	1	0	0
프로통산			1	1	0	0	1	0	0

문경건(文慶建) 광운대 1995.02.09

대회	연도	소속	출전	교체	실점	도움	파울	경고	퇴장
K1	2021	대구	2	0	4	0	0	0	0
	2022	제주	0	0	0	0	0	0	0
	합계		2	0	4	0	0	0	0
K2	2021	안산	3	1	5	0	0	0	0
	2023	김천	3	0	5	0	0	0	0
	합계		6	1	10	0	0	0	0
프로통산			8	1	14	0	0	0	0

문광석(文光錫) 한양대 1996.03.02

대회	연도	소속	출전	교체	실점	도움	파울	경고	퇴장
K1	2018	제주	0	0	0	0	0	0	0
	2019	성남	0	0	0	0	0	0	0
	합계		0	0	0	0	0	0	0
프로통산			0	0	0	0	0	0	0

문기한(文記韓) 영남사이버대 1989.03.17

대회	연도	소속	출전	교체	득점	도움	파울	경고	퇴장
BC	2008	서울	3	2	0	0	3	0	0
	2009	서울	0	0	0	0	0	0	0
	2010	서울	0	0	0	0	0	0	0
	2011	서울	13	12	0	0	14	2	0
	2012	서울	1	1	0	0	1	0	0
	합계		17	15	0	0	18	2	0
K2	2013	경찰	28	7	2	6	57	7	0
	2014	안산경찰	21	15	1	2	32	6	0
	2015	대구	38	32	1	10	56	9	0
	2016	부천	38	31	4	8	47	4	0
	2017	부천	33	7	5	8	59	4	0
	2018	부천	34	6	0	5	37	5	0
	2019	부천	21	14	1	4	24	4	0
	합계		213	112	14	43	312	39	0
프로통산			230	127	14	43	330	41	0

문대성(文大成) 중앙대 1986.03.15

대회	연도	소속	출전	교체	득점	도움	파울	경고	퇴장
BC	2007	전북	4	4	0	1	3	1	0
	2008	전북	11	6	1	2	15	2	0
	2009	성남일화	14	11	0	0	12	3	0
	2010	성남일화	9	9	2	0	4	1	0
	2011	울산	2	2	0	0	0	0	0
	합계		40	35	3	3	34	7	0
프로통산			40	35	3	3	34	7	0

문동주(文棟柱) 대구대 1990.07.08

대회	연도	소속	출전	교체	득점	도움	파울	경고	퇴장
K1	2013	서울	0	0	0	0	0	0	0
	합계		0	0	0	0	0	0	0
프로통산			0	0	0	0	0	0	0

문민귀(文民貴) 호남대 1981.11.15

대회	연도	소속	출전	교체	득점	도움	파울	경고	퇴장
BC	2004	포항	35	8	1	2	39	4	0
	2005	포항	17	11	0	1	20	4	0
	2006	경남	12	2	0	0	18	3	0
	2006	수원	3	0	0	1	5	1	0
	2007	수원	7	5	0	1	11	0	0
	2008	수원	9	4	0	1	16	2	0
	2009	수원	4	0	1	0	2	1	0
	2010	수원	4	1	0	0	14	2	0
	2011	제주	2	1	0	0	4	0	0
	합계		101	37	1	6	151	16	0
프로통산			101	37	1	6	151	16	0

문민호(文敏鎬) 광운대 1958.09.18

대회	연도	소속	출전	교체	득점	도움	파울	경고	퇴장
BC	1985	유공	5	5	1	0	1	0	0
	합계		5	5	1	0	1	0	0
프로통산			5	5	1	0	1	0	0

문병우(文炳祐) 명지대 1986.05.03

대회	연도	소속	출전	교체	득점	도움	파울	경고	퇴장
BC	2009	강원	3	3	0	0	4	0	0
	합계		3	3	0	0	4	0	0
K1	2013	강원	9	9	1	0	8	1	0
	합계		9	9	1	0	8	1	0
프로통산			12	12	1	0	12	1	0

문삼진(文三鎭) 성균관대 1973.03.03

대회	연도	소속	출전	교체	득점	도움	파울	경고	퇴장
BC	1999	천안일화	30	9	0	0	48	3	0
	2000	성남일화	31	13	1	4	43	4	0
	2001	성남일화	11	10	0	0	13	1	0
	2002	성남일화	19	10	0	2	24	1	0
	2003	성남일화	0	0	0	0	0	0	0
	합계		90	42	1	6	140	9	0
프로통산			90	42	1	6	140	9	0

문상윤(文相閏) 아주대 1991.01.09

대회	연도	소속	출전	교체	득점	도움	파울	경고	퇴장
BC	2012	인천	26	19	1	1	18	1	0
	합계		26	19	1	1	18	1	0
K1	2013	인천	31	21	3	3	17	2	0
	2014	인천	31	17	3	3	17	2	0
	2015	전북	9	8	2	1	7	1	0
	2016	제주	22	19	4	3	11	1	0
	2017	제주	18	15	1	3	11	1	0
	2019	성남	14	11	1	0	13	0	0
	합계		123	88	11	12	96	5	0
K2	2018	성남	34	13	4	7	28	2	0
	2020	서울E	11	11	0	0	7	1	0
	2021	서울E	4	4	0	0	0	0	0
	2022	광주	2	2	0	0	1	0	0
	2023	충북청주	23	24	1	0	6	2	0
	합계		74	54	5	8	57	2	0
프로통산			223	161	17	21	171	8	0

문선민(文宣民) 장훈고 1992.06.09

대회	연도	소속	출전	교체	득점	도움	파울	경고	퇴장
K1	2017	인천	30	27	4	3	46	4	0
	2018	인천	37	12	14	6	30	0	0
	2019	전북	32	23	10	10	38	3	0
	2020	상주	20	14	5	4	15	1	0
	2021	전북	19	16	3	1	11	0	0
	2022	전북	33	26	3	2	11	0	0
	2023	전북	34	28	6	1	23	4	0
	합계		195	152	43	27	177	12	0
K2	2021	김천	1	1	0	0	1	0	0
	합계		1	1	0	0	1	0	0
프로통산			196	153	43	27	178	12	0

문성우(文誠友) 명지대 2003.05.15

대회	연도	소속	출전	교체	득점	도움	파울	경고	퇴장
K2	2023	안양	31	31	3	0	28	3	0
	합계		31	31	3	0	28	3	0
프로통산			31	31	3	0	28	3	0

문영래(文永來) 국민대 1964.03.06

대회	연도	소속	출전	교체	득점	도움	파울	경고	퇴장
BC	1988	유공	15	15	0	1	19	3	0
	1989	유공	33	25	2	5	49	4	0
	1990	유공	15	13	1	0	14	2	0
	1991	유공	29	22	1	1	29	3	0
	1992	유공	1	1	0	0	1	0	0
	1993	유공	11	11	0	0	11	0	0
	1994	버팔로	32	9	3	3	47	8	0
	1995	전북	16	12	0	0	17	2	0
	합계		136	92	6	11	180	21	0
프로통산			136	92	6	11	180	21	0

문영서(文永瑞) 안양공고 1956.12.20

대회	연도	소속	출전	교체	득점	도움	파울	경고	퇴장
BC	1984	할렐루야	15	2	0	1	21	0	0
	1985	할렐루야	12	0	0	1	21	0	0
	합계		27	2	0	2	41	0	0
프로통산			27	2	0	2	41	0	0

문용휘(文容輝) 용인대 1995.06.07

대회	연도	소속	출전	교체	실점	도움	파울	경고	퇴장
K2	2018	대전	1	1	0	0	1	0	0
	2019	대전	1	1	0	0	1	0	0
	합계		2	2	0	0	2	0	0
프로통산			2	2	0	0	2	0	0

문원근(文元根) 동아대 1963.09.16

대회	연도	소속	출전	교체	득점	도움	파울	경고	퇴장
BC	1989	일화	18	5	0	4	36	4	0
	1990	일화	2	1	0	0	1	0	0
	합계		20	6	0	4	39	5	0
프로통산			20	6	0	4	39	5	0

문정인(文正仁) 현대고 1998.03.16

대회	연도	소속	출전	교체	실점	도움	파울	경고	퇴장
K1	2018	울산	0	0	0	0	0	0	0
	2019	울산	0	0	0	0	0	0	0
K2	2020	서울E	1	0	2	0	1	1	0
	2021	서울E	4	0	0	0	0	1	0
	2023	서울E	20	1	35	0	0	4	0
	합계		26	1	37	0	1	6	0
프로통산			26	1	37	0	1	6	0

문정주(文禎株) 선문대 1990.03.22

대회	연도	소속	출전	교체	득점	도움	파울	경고	퇴장
K2	2013	충주	29	24	2	1	41	4	0
	합계		29	24	2	1	41	4	0
프로통산			29	24	2	1	41	4	0

문주원(文周元) 경희대 1983.05.08

대회	연도	소속	출전	교체	득점	도움	파울	경고	퇴장

대회	연도	소속	출전	교체	득점	도움	파울	경고	퇴장
K1	2013	경남	4	4	0	0	3	1	0
	2014	경남	7	3	0	0	11	1	0
	합계		11	7	0	0	14	2	0
BC	2006	대구	19	13	1	1	33	3	0
	2007	대구	18	13	1	0	40	1	0
	2008	대구	19	9	2	2	34	3	0
	2009	강원	12	11	1	0	8	0	0
	합계		75	56	5	3	115	7	0
프로통산			86	63	5	3	129	9	0

문준호(文竣湖) 용인대 1993.07.12

대회	연도	소속	출전	교체	득점	도움	파울	경고	퇴장
K1	2016	수원	0	0	0	0	0	0	0
	합계		0	0	0	0	0	0	0
K2	2018	안양	5	4	1	0	2	0	0
	합계		5	4	1	0	2	0	0
프로통산			5	4	1	0	2	0	0

문지환(文智煥) 단국대 1994.07.26

대회	연도	소속	출전	교체	득점	도움	파울	경고	퇴장
K1	2019	성남	21	3	0	0	31	5	0
	2020	인천	19	3	0	0	30	4	0
	2021	인천	18	4	0	1	14	2	1
	2022	인천	19	11	0	0	24	5	0
	2023	인천	27	19	2	0	20	8	0
	합계		94	40	3	0	119	24	1
K2	2017	성남	13	8	0	0	1	0	0
	2018	성남	6	4	0	0	12	2	0
	2021	김천	7	1	0	0	14	1	0
	합계		26	13	1	0	34	4	0
승	2022	김천	2	0	1	0	2	0	0
	합계		2	0	1	0	2	0	0
프로통산			122	53	5	0	156	28	1

문진용(文眞勇) 경희대 1991.12.14

대회	연도	소속	출전	교체	득점	도움	파울	경고	퇴장
K1	2013	전북	4	4	0	0	5	1	0
	합계		4	4	0	0	5	1	0
K2	2015	대구	1	0	0	0	2	0	0
	2017	대전	3	3	0	1	0	0	0
	합계		4	3	0	1	2	0	0
프로통산			8	7	0	1	7	1	0

문창진(文昶眞) 위덕대 1993.07.12

대회	연도	소속	출전	교체	득점	도움	파울	경고	퇴장
BC	2012	포항	4	4	0	0	2	0	0
	합계		4	4	0	0	2	0	0
K1	2013	포항	7	7	1	0	3	0	0
	2014	포항	24	17	2	2	20	1	0
	2015	포항	11	6	4	2	10	1	0
	2016	포항	23	15	4	3	12	1	0
	2017	강원	29	17	6	3	21	1	0
	2018	강원	10	10	1	0	3	0	0
	2019	인천	20	19	2	1	5	0	0
	2020	상주	16	15	1	3	1	0	0
	합계		140	106	20	13	77	5	0
K2	2021	김천	5	3	1	0	4	0	0
	2022	부산	5	5	0	0	1	0	0
	2023	성남	6	6	0	0	3	0	0
	합계		16	14	1	0	11	0	0
프로통산			160	124	21	13	88	5	0

문창현(文昶現) 명지대 1992.11.12

대회	연도	소속	출전	교체	득점	도움	파울	경고	퇴장
K1	2015	성남	0	0	0	0	0	0	0
	합계		0	0	0	0	0	0	0
프로통산			0	0	0	0	0	0	0

문태권(文泰權) 명지대 1968.05.14

대회	연도	소속	출전	교체	득점	도움	파울	경고	퇴장
BC	1993	현대	9	1	0	0	12	2	0
	1994	현대	11	5	0	0	12	2	0
	1995	전남	2	2	0	1	3	0	0
	1996	전남	4	4	0	0	4	0	0
	합계		26	12	0	1	31	4	0
프로통산			26	12	0	1	31	4	0

문태혁(文泰赫) 광양제철고 1983.03.31

대회	연도	소속	출전	교체	득점	도움	파울	경고	퇴장
BC	2000	수원	0	0	0	0	0	0	0
	합계		0	0	0	0	0	0	0
프로통산			0	0	0	0	0	0	0

문현호(文炫浩) 매탄고 2003.05.13

대회	연도	소속	출전	교체	실점	도움	파울	경고	퇴장
K2	2022	충남아산	4	4	0	0	0	0	0
	2023	충남아산	13	10	2	0	1	0	0
	합계		17	14	2	0	1	0	0
프로통산			17	14	2	0	1	0	0

뮬리치(Fejsal Mulić) 세르비아 1994.10.03

대회	연도	소속	출전	교체	득점	도움	파울	경고	퇴장
K1	2021	성남	36	25	13	0	60	6	0
	2022	성남	33	22	9	1	22	3	0
	2023	수원	22	21	4	1	9	2	0
	합계		91	68	26	2	91	11	0
프로통산			91	68	26	2	91	11	0

미구엘(Miguel Antonio Bianconi Kohl) 브라질 1992.05.14

대회	연도	소속	출전	교체	득점	도움	파울	경고	퇴장
K2	2013	충주	8	7	0	0	12	1	0
	합계		8	7	0	0	12	1	0
프로통산			8	7	0	0	12	1	0

미노리(Sato Minori, 佐藤穣) 일본 1991.03.02

대회	연도	소속	출전	교체	득점	도움	파울	경고	퇴장
K2	2018	광주	12	10	0	0	17	1	0
	합계		12	10	0	0	17	1	0
프로통산			12	10	0	0	17	1	0

미니치(Bosko Minić) 유고슬라비아 1966.10.24

대회	연도	소속	출전	교체	득점	도움	파울	경고	퇴장
BC	1995	전남	22	7	1	2	22	4	0
	합계		22	7	1	2	22	4	0
프로통산			22	7	1	2	22	4	0

미란징야(Luiz Carlos Paulino de Carvalho) 브라질 1999.12.19

대회	연도	소속	출전	교체	득점	도움	파울	경고	퇴장
K2	2023	경남	10	12	0	0	7	1	0
	합계		10	12	0	0	7	1	0
프로통산			10	12	0	0	7	1	0

미르코(Mirko Jovanović) 유고슬라비아 1971.03.14

대회	연도	소속	출전	교체	득점	도움	파울	경고	퇴장
BC	1999	전북	14	9	4	1	22	0	0
	2000	전북	7	7	0	1	2	0	0
	합계		21	15	4	2	24	0	0
프로통산			21	15	4	2	24	0	0

미샤(Miodrag Vasiljević) 유고슬라비아 1980.08.21

대회	연도	소속	출전	교체	득점	도움	파울	경고	퇴장
BC	2001	성남일화	4	5	0	0	4	0	0
	합계		4	5	0	0	4	0	0
프로통산			4	5	0	0	4	0	0

미셸(Michel Neves Dias) 브라질 1980.07.13

대회	연도	소속	출전	교체	득점	도움	파울	경고	퇴장
BC	2003	전남	13	9	4	3	17	3	0
	합계		13	9	4	3	17	3	0
프로통산			13	9	4	3	17	3	0

미첼(Michel Pensee Billong) 카메룬 1973.06.16

대회	연도	소속	출전	교체	득점	도움	파울	경고	퇴장
BC	1997	천안일화	3	2	1	0	7	0	1
	1998	천안일화	15	3	1	0	29	4	0
	1999	천안일화	32	0	0	0	66	5	0
	합계		50	5	2	0	102	9	1
프로통산			50	5	2	0	102	9	1

미카엘(Karapet Mikaelyan) 아르메니아 1968.09.27

대회	연도	소속	출전	교체	득점	도움	파울	경고	퇴장
BC	1997	부천SK	15	15	1	2	11	1	0
	합계		15	15	1	2	11	1	0
프로통산			15	15	1	2	11	1	0

미콜라(Kovtaliuk Mykola) 우크라이나 1995.04.26

대회	연도	소속	출전	교체	득점	도움	파울	경고	퇴장
K2	2019	안양	11	10	3	0	10	1	0
	합계		11	10	3	0	10	1	0
프로통산			11	10	3	0	10	1	0

미키치(Leo Mikic) 크로아티아 1997.05.06

대회	연도	소속	출전	교체	득점	도움	파울	경고	퇴장
K2	2023	전남	9	11	1	0	5	0	0
	합계		9	11	1	0	5	0	0
프로통산			9	11	1	0	5	0	0

미트로(Slavisa Mitrović) 보스니아 헤르체고비나 1977.07.05

대회	연도	소속	출전	교체	득점	도움	파울	경고	퇴장
BC	2002	수원	7	6	0	1	25	3	0
	합계		7	6	0	1	25	3	0
프로통산			7	6	0	1	25	3	0

미하이(Dragus Mihai) 루마니아 1973.03.13

대회	연도	소속	출전	교체	득점	도움	파울	경고	퇴장
BC	1998	수원	21	17	6	2	45	3	0
	합계		21	17	6	2	45	3	0
프로통산			21	17	6	2	45	3	0

미하일(Radmilo Mihajlović) 유고슬라비아 1964.11.19

대회	연도	소속	출전	교체	득점	도움	파울	경고	퇴장
BC	1997	포항	3	3	0	0	2	1	0
	합계		3	3	0	0	2	1	0
프로통산			3	3	0	0	2	1	0

믹스(Mikkel Morgenstar Palssonn Diskerud) 미국 1990.10.02

대회	연도	소속	출전	교체	득점	도움	파울	경고	퇴장
K1	2018	울산	17	7	2	0	22	3	0
	2019	울산	31	29	6	2	22	3	0
	합계		48	36	8	2	44	6	0
프로통산			48	36	8	2	44	6	0

민경인(閔庚仁) 고려대 1979.05.09

대회	연도	소속	출전	교체	득점	도움	파울	경고	퇴장
BC	2003	성남일화	1	1	0	0	2	0	0
	합계		1	1	0	0	2	0	0
프로통산			1	1	0	0	2	0	0

민경현(閔景鉉) 한양공고 1998.05.04

대회	연도	소속	출전	교체	득점	도움	파울	경고	퇴장
K1	2019	포항	0	0	0	0	0	0	0
	합계		0	0	0	0	0	0	0
프로통산			0	0	0	0	0	0	0

민경현(閔景現) 용인대 2001.12.16

대회	연도	소속	출전	교체	득점	도움	파울	경고	퇴장
K1	2022	인천	30	18	1	0	24	2	0
	2023	인천	27	16	0	1	17	1	0
	합계		57	34	1	1	41	3	0
프로통산			57	34	1	1	41	3	0

민동환(閔洞煥) 현대고 2001.01.12

대회	연도	소속	출전	교체	실점	도움	파울	경고	퇴장
K1	2020	울산	0	0	0	0	0	0	0
	2022	울산	0	0	0	0	0	0	0
	2023	울산	0	0	0	0	0	0	0
	합계		0	0	0	0	0	0	0
프로통산			0	0	0	0	0	0	0

민병욱

대회	연도	소속	출전	교체	득점	도움	파울	경고	퇴장

BC 1983 대우 5 6 1 0 2 0 0

대회	연도	소속	출전	교체	득점	도움	파울	경고	퇴장
BC	1983	대우	5	6	1	0	2	0	0
	합계		5	6	1	0	2	0	0
프로통산			5	6	1	0	2	0	0

민상기 (閔尙基) 매탄고 1991.08.27

대회	연도	소속	출전	교체	득점	도움	파울	경고	퇴장
BC	2010	수원	1	0	0	0	1	0	0
	2011	수원	1	1	0	0	0	0	0
	2012	수원	5	4	0	0	8	0	0
	합계		7	5	0	0	9	0	0
K1	2013	수원	30	6	0	0	41	3	0
	2014	수원	20	4	0	1	30	2	0
	2015	수원	7	2	1	0	8	1	0
	2016	수원	8	3	0	0	11	0	0
	2017	수원	7	1	0	0	8	1	0
	2019	수원	20	4	0	0	16	3	1
	2020	수원	21	2	0	0	23	1	0
	2021	수원	30	3	2	0	29	2	0
	2022	수원	24	8	0	0	10	2	0
	2023	수원	1	1	0	0	0	0	0
	합계		168	35	3	1	176	16	1
K2	2017	아산	9	2	1	0	10	0	0
	2018	아산	27	0	0	0	32	6	0
	2023	부산	12	3	0	0	8	0	0
	합계		48	5	1	0	50	8	0
승	2023	부산	1	0	0	0	2	0	0
	합계		1	0	0	0	2	0	0
프로통산			224	45	4	1	237	24	1

민성연 (閔省然) 경신고 2000.02.29

대회	연도	소속	출전	교체	득점	도움	파울	경고	퇴장
K2	2022	김포	12	12	0	1	9	0	0
	합계		12	12	0	1	9	0	0
프로통산			12	12	0	1	9	0	0

민성준 (閔盛俊) 대건고 1999.07.22

대회	연도	소속	출전	교체	실점	도움	파울	경고	퇴장
K1	2022	인천	1	0	2	0	0	0	0
	2023	인천	5	0	4	0	0	0	0
	합계		6	0	6	0	0	0	0
프로통산			6	0	6	0	0	0	0

민영기 (閔榮基) 경상대 1976.03.28

대회	연도	소속	출전	교체	득점	도움	파울	경고	퇴장
BC	1999	울산	5	1	0	0	7	0	0
	2000	울산	14	5	0	0	16	1	0
	2004	대구	25	1	0	0	48	9	0
	2005	대구	28	4	0	0	37	8	0
	2007	대전	37	3	1	0	27	5	0
	2008	대전	23	5	0	1	31	2	0
	2009	부산	18	14	1	0	13	3	0
	합계		182	39	2	1	212	30	0
프로통산			182	39	2	1	212	30	0

민준영 (閔竣英) 언남고 1996.07.27

대회	연도	소속	출전	교체	득점	도움	파울	경고	퇴장
K1	2018	경남	1	1	0	0	1	1	0
	2023	대전	1	1	0	0	0	0	0
	합계		2	2	0	0	1	1	0
K2	2019	아산	8	2	1	0	9	2	0
	2020	안산	11	8	0	0	12	3	0
	2021	안산	16	3	2	0	24	3	0
	2021	대전	5	2	0	0	16	2	0
	2022	대전	24	9	1	1	35	10	0
	합계		64	24	4	1	96	20	0
승	2021	대전	0	0	0	0	0	0	0
	합계		0	0	0	0	0	0	0
프로통산			66	26	4	1	97	21	0

민진홍 (閔鎭泓) 동대문상고 1960.03.11

대회	연도	소속	출전	교체	득점	도움	파울	경고	퇴장
BC	1983	대우	2	1	0	0	0	0	0
	1984	럭키금성	16	8	0	1	5	0	0
	1985	유공	2	1	0	0	1	0	0
	1986	유공	36	4	2	2	35	3	0
	1987	유공	15	6	0	0	21	0	0
	1988	유공	3	3	0	0	0	0	0
	합계		74	23	2	3	62	3	1
프로통산			74	23	2	3	62	3	1

민현홍 (閔玹泓) 숭실대 1995.08.28

대회	연도	소속	출전	교체	득점	도움	파울	경고	퇴장
K2	2017	수원FC	5	3	0	0	4	0	0
	2018	수원FC	4	0	0	0	10	3	0
	2020	수원FC	0	0	0	0	0	0	0
	합계		9	3	0	0	14	3	0
프로통산			9	3	0	0	14	3	0

밀로스 (Miloš Raičković) 몬테네그로 1993.12.02

대회	연도	소속	출전	교체	득점	도움	파울	경고	퇴장
K1	2022	성남	15	8	3	0	17	2	0
	합계		15	8	3	0	17	2	0
프로통산			15	8	3	0	17	2	0

밀톤 (Milton Fabian Rodriguez Suarez) 콜롬비아 1976.04.28

대회	연도	소속	출전	교체	득점	도움	파울	경고	퇴장
BC	2005	전북	11	7	4	0	25	1	0
	2006	전북	10	8	2	0	14	0	0
	합계		21	15	6	0	39	1	0
프로통산			21	15	6	0	39	1	0

바그너 (Qerino da Silva Wagner / ←박은호) 브라질 1987.01.31

대회	연도	소속	출전	교체	득점	도움	파울	경고	퇴장
BC	2011	대전	27	17	7	1	29	2	0
	합계		27	17	7	1	29	2	0
K2	2014	안양	17	16	1	0	7	1	0
	합계		17	16	1	0	7	1	0
프로통산			44	33	8	1	36	3	0

바그너 (Wagner Luiz da Silva) 브라질 1981.09.13

대회	연도	소속	출전	교체	득점	도움	파울	경고	퇴장
BC	2009	포항	5	5	0	0	1	1	0
	합계		5	5	0	0	1	1	0
프로통산			5	5	0	0	1	1	0

바그닝요 (Wagner da Silva Souza) 브라질 1990.01.30

대회	연도	소속	출전	교체	득점	도움	파울	경고	퇴장
K1	2018	수원	17	10	7	1	22	1	1
	2019	수원	19	16	1	1	18	2	1
	합계		36	26	8	2	40	3	2
K2	2016	부천	36	4	9	3	131	10	2
	2017	부천	28	1	12	1	106	11	0
	합계		64	5	21	4	237	21	2
프로통산			100	31	29	6	277	24	4

바데아 (Pavel Badea) 루마니아 1967.06.10

대회	연도	소속	출전	교체	득점	도움	파울	경고	퇴장
BC	1996	수원	32	6	4	4	41	4	0
	1997	수원	33	3	3	4	45	7	0
	1998	수원	15	2	4	2	17	4	0
	합계		80	11	11	10	103	15	0
프로통산			80	11	11	10	103	15	0

바락신 (Kirill Varaksin) 러시아 1974.08.03

대회	연도	소속	출전	교체	득점	도움	파울	경고	퇴장
BC	1995	유공	7	5	1	0	10	0	0
	합계		7	5	1	0	10	0	0
프로통산			7	5	1	0	10	0	0

바로스 (Barros Rodrigues Ricardo Filipe) 포르투갈 1990.04.27

대회	연도	소속	출전	교체	득점	도움	파울	경고	퇴장
K1	2017	광주	1	1	0	0	3	0	0
	합계		1	1	0	0	3	0	0
프로통산			1	1	0	0	3	0	0

바로우 (Modou Barrow) 스웨덴 1992.10.13

대회	연도	소속	출전	교체	득점	도움	파울	경고	퇴장
K1	2020	전북	15	11	2	4	20	1	0
	2021	전북	20	16	3	2	17	3	0
	2022	전북	28	18	13	6	25	5	0
	합계		63	45	18	12	62	9	0
프로통산			63	45	18	12	62	9	0

바바 (Baba Yuta, 馬場憂太) 일본 1984.01.22

대회	연도	소속	출전	교체	득점	도움	파울	경고	퇴장
BC	2011	대전	6	5	1	0	7	0	0
	2012	대전	30	9	4	2	44	9	0
	합계		36	14	5	2	51	9	0
K1	2013	대전	7	5	0	0	4	0	0
	합계		7	5	0	0	4	0	0
프로통산			43	19	5	2	55	10	0

바바라데 (Ajibade Kunde Babalade) 나이지리아 1972.03.29

대회	연도	소속	출전	교체	득점	도움	파울	경고	퇴장
BC	1997	안양LG	3	2	0	0	6	2	0
	합계		3	2	0	0	6	2	0
프로통산			3	2	0	0	6	2	0

바벨 (Vaber Mendes Ferreira) 브라질 1981.09.22

대회	연도	소속	출전	교체	득점	도움	파울	경고	퇴장
BC	2009	대전	24	3	1	3	49	4	0
	2010	대전	12	6	0	0	12	0	0
	합계		36	9	1	3	61	4	0
프로통산			36	9	1	3	61	4	0

바비오 (Wiliam Silva Gomes Barbio) 브라질 1992.10.22

대회	연도	소속	출전	교체	득점	도움	파울	경고	퇴장
K2	2020	부천	25	4	3	1	45	2	0
	2021	서울E	16	15	1	1	13	1	0
	합계		41	19	4	2	58	3	0
프로통산			41	19	4	2	58	3	0

바사니 (Rodrigo Bassani da Cruz) 브라질 1997.10.17

대회	연도	소속	출전	교체	득점	도움	파울	경고	퇴장
K1	2023	수원	22	16	3	1	15	4	0
	합계		22	16	3	1	15	4	0
프로통산			22	16	3	1	15	4	0

바셀루스 (Lucas Barcelos Damacena) 브라질 1998.07.19

대회	연도	소속	출전	교체	득점	도움	파울	경고	퇴장
K1	2023	대구	31	27	5	1	40	3	0
	합계		31	27	5	1	40	3	0
프로통산			31	27	5	1	40	3	0

바우지비아 (Ferreira da Silva Leite Caique) 브라질 1992.10.23

대회	연도	소속	출전	교체	득점	도움	파울	경고	퇴장
K1	2014	성남	13	12	1	1	16	1	0
	합계		13	12	1	1	16	1	0
프로통산			13	12	1	1	16	1	0

바우테르손 (Walterson Silva) 브라질 1994.12.28

대회	연도	소속	출전	교체	득점	도움	파울	경고	퇴장
K1	2023	수원FC	10	10	1	0	9	2	0
	합계		10	10	1	0	9	2	0
승	2023	수원FC	1	1	0	0	1	0	0
	합계		1	1	0	0	1	0	0
프로통산			11	11	1	0	10	2	0

바우텔 (Walter Junio da Silva Clementino) 브라질 1982.01.12

대회	연도	소속	출전	교체	득점	도움	파울	경고	퇴장
BC	2008	대전	9	3	1	1	12	1	0
	합계		9	3	1	1	12	1	0
프로통산			9	3	1	1	12	1	0

바울 (Valdeir da Silva Santos) 브라질 1977.04.12

바이아노(Jefferson Silva dos Santos: Jefferson Baiano) 브라질 1995.05.10

대회	연도	소속	출전	교체	득점	도움	파울	경고	퇴장
BC	2009	대구	15	8	2	0	24	2	0
		합계	15	8	2	0	24	2	0
프로통산			15	8	2	0	24	2	0

바이아노(Jefferson Silva dos Santos: Jefferson Baiano) 브라질 1995.05.10

대회	연도	소속	출전	교체	득점	도움	파울	경고	퇴장
K2	2020	부천	11	10	1	2	22	1	0
		합계	11	10	1	2	22	1	0
프로통산			11	10	1	2	22	1	0

바이아노(Claudio Celio Cunha Defensor) 브라질 1974.02.19

대회	연도	소속	출전	교체	득점	도움	파울	경고	퇴장
BC	2001	울산	6	6	0	0	3	0	0
		합계	6	6	0	0	3	0	0
프로통산			6	6	0	0	3	0	0

바이아(Santos Fabio Junior Nascimento) 브라질 1983.11.02

대회	연도	소속	출전	교체	득점	도움	파울	경고	퇴장
BC	2011	인천	31	12	2	1	32	1	0
		합계	31	12	2	1	32	1	0
프로통산			31	12	2	1	32	1	0

바이오(Bruno Henrique Baio da Cunha) 브라질 1995.10.03

대회	연도	소속	출전	교체	득점	도움	파울	경고	퇴장
K2	2019	전남	16	4	10	0	37	7	0
	2020	대전	20	14	4	3	44	5	0
	2021	대전	31	23	4	2	29	4	0
		합계	67	41	18	5	110	16	0
승	2021	대전	2	2	0	0	2	0	0
		합계	2	2	0	0	2	0	0
프로통산			69	43	18	5	112	16	0

바조(Blaze Ilijoski) 마케도니아 1984.07.09

대회	연도	소속	출전	교체	득점	도움	파울	경고	퇴장
BC	2006	인천	14	12	3	0	24	2	0
	2010	강원	7	5	1	1	12	2	0
		합계	21	17	4	1	36	4	0
프로통산			21	17	4	1	36	4	0

바카요코(Axel Mohamed Bakayoko) 프랑스 1998.01.06

대회	연도	소속	출전	교체	득점	도움	파울	경고	퇴장
K2	2023	천안	12	5	0	0	4	0	0
		합계	12	5	0	0	4	0	0
프로통산			12	5	0	0	4	0	0

바코(Valeri Qazaishvili: Vako) 조지아 1993.01.29

대회	연도	소속	출전	교체	득점	도움	파울	경고	퇴장
K1	2021	울산	34	21	9	3	16	0	0
	2022	울산	37	17	8	1	11	1	0
	2023	울산	35	26	11	3	10	2	0
		합계	106	64	28	5	37	2	0
프로통산			106	64	28	5	37	2	0

바티스타(Edinaldo Batista Libanio) 브라질 1979.04.02

대회	연도	소속	출전	교체	득점	도움	파울	경고	퇴장
BC	2003	안양LG	9	4	0	0	39	4	0
		합계	9	4	0	0	39	4	0
프로통산			9	4	0	0	39	4	0

바하(Mahmadu Alphajor Bah) 시에라리온 1977.01.01

대회	연도	소속	출전	교체	득점	도움	파울	경고	퇴장
BC	1997	전남	12	13	0	1	23	2	0
	1998	전남	18	18	0	2	30	2	1
		합계	30	31	0	3	53	4	1
프로통산			30	31	0	3	53	4	1

박강조(朴康造) 일본 다키가와다고 1980.01.24

대회	연도	소속	출전	교체	득점	도움	파울	경고	퇴장
BC	2000	성남일화	31	8	0	1	41	1	0
	2001	성남일화	20	15	1	2	12	1	0
	2002	성남일화	18	17	0	1	19	2	0
		합계	69	40	1	3	72	4	0
프로통산			69	40	1	3	72	4	0

박건(朴建) 수원대 1990.07.11

대회	연도	소속	출전	교체	득점	도움	파울	경고	퇴장
K1	2022	포항	1	1	0	0	2	2	0
K2	2018	부천	25	4	0	0	28	2	0
	2019	부천	26	5	1	0	36	1	0
	2023	충북청주	12	11	0	0	3	0	0
		합계	63	20	1	1	67	6	0
프로통산			64	21	1	1	69	8	0

박건영(朴建映) 영남대 1987.03.14

대회	연도	소속	출전	교체	득점	도움	파울	경고	퇴장
BC	2011	대전	9	3	0	0	6	1	0
	2012	대전	0	0	0	0	0	0	0
		합계	9	3	0	0	6	1	0
프로통산			9	3	0	0	6	1	0

박건우(朴虔佑) 고려대 2001.08.09

대회	연도	소속	출전	교체	득점	도움	파울	경고	퇴장
K1	2023	포항	2	2	0	0	2	0	0
		합계	2	2	0	0	2	0	0
프로통산			2	2	0	0	2	0	0

박건하(朴建夏) 경희대 1971.07.25

대회	연도	소속	출전	교체	득점	도움	파울	경고	퇴장
BC	1996	수원	34	0	14	6	56	2	0
	1997	수원	19	3	2	4	38	2	0
	1998	수원	22	9	2	4	45	6	0
	1999	수원	39	18	12	9	59	5	0
	2000	수원	19	2	5	3	31	2	0
	2001	수원	30	15	4	4	41	2	0
	2002	수원	26	12	2	2	19	1	0
	2003	수원	31	11	0	0	50	3	0
	2004	수원	31	20	1	1	56	4	0
	2005	수원	11	0	1	0	47	5	0
	2006	수원	15	4	0	0	15	2	1
		합계	292	84	44	27	460	33	1
프로통산			292	84	44	27	460	33	1

박건희(朴建熙) 한라대 1990.08.27

대회	연도	소속	출전	교체	실점	도움	파울	경고	퇴장
K2	2013	부천	0	0	0	0	0	0	0
		합계	0	0	0	0	0	0	0
프로통산			0	0	0	0	0	0	0

박경규(朴景奎) 연세대 1977.03.10

대회	연도	소속	출전	교체	득점	도움	파울	경고	퇴장
BC	2000	대전	12	12	1	0	6	0	0
	2001	대전	17	17	3	0	11	0	0
	2002	대전	6	6	1	0	2	0	0
	2003	대전	5	5	0	0	0	0	0
		합계	40	40	5	0	19	0	0
프로통산			40	40	5	0	19	0	0

박경록(朴景祿) 동아대 1994.09.30

대회	연도	소속	출전	교체	득점	도움	파울	경고	퇴장
K2	2016	부산	2	0	0	0	0	0	0
	2022	김포	33	5	0	1	26	2	0
	2023	김포	25	13	1	0	21	5	0
		합계	60	18	1	1	47	7	0
승	2023	김포	2	1	0	0	0	0	0
		합계	2	1	0	0	0	0	0
프로통산			62	19	1	1	47	7	0

박경민(朴耿敏) 개성고 1999.08.02

대회	연도	소속	출전	교체	득점	도움	파울	경고	퇴장
K1	2020	부산	0	0	0	0	0	0	0
		합계	0	0	0	0	0	0	0
K2	2019	부산	4	4	0	0	0	0	0
	2022	서울E	2	2	0	0	0	0	0
	2023	서울E	7	6	0	0	6	0	0
		합계	13	10	0	0	14	0	0
프로통산			13	10	0	0	14	0	0

박경배(朴炅培) 강릉제일고 2001.02.15

대회	연도	소속	출전	교체	득점	도움	파울	경고	퇴장
K1	2021	강원	4	4	0	0	2	1	0
	2022	강원	4	4	0	0	5	1	0
		합계	8	8	0	0	7	2	0
프로통산			8	8	0	0	7	2	0

박경삼(朴瓊三) 한성대 1978.06.06

대회	연도	소속	출전	교체	득점	도움	파울	경고	퇴장
BC	2001	울산	7	3	0	0	5	1	0
	2002	울산	1	1	0	0	2	0	0
	2003	광주상무	22	7	1	0	34	3	0
	2009	제주	1	0	0	0	3	1	0
		합계	31	11	1	0	44	5	0
프로통산			31	11	1	0	44	5	0

박경순(朴敬淳) 인천대 1988.09.30

대회	연도	소속	출전	교체	득점	도움	파울	경고	퇴장
BC	2011	인천	0	0	0	0	0	0	0
		합계	0	0	0	0	0	0	0
프로통산			0	0	0	0	0	0	0

박경완(朴景浣) 아주대 1988.07.22

대회	연도	소속	출전	교체	득점	도움	파울	경고	퇴장
K2	2014	부천	5	5	0	0	4	1	0
		합계	5	5	0	0	4	1	0
프로통산			5	5	0	0	4	1	0

박경익(朴慶益) 광주대 1991.08.13

대회	연도	소속	출전	교체	득점	도움	파울	경고	퇴장
BC	2012	울산	0	0	0	0	0	0	0
		합계	0	0	0	0	0	0	0
K1	2014	상주	10	10	1	1	7	3	0
		합계	10	10	1	1	7	3	0
K2	2015	상주	1	1	0	0	1	0	0
	2017	안산	2	0	0	1	6	1	0
		합계	3	1	0	1	7	1	0
프로통산			13	11	1	2	14	4	0

박경환(朴景晥) 고려대 1976.12.29

대회	연도	소속	출전	교체	득점	도움	파울	경고	퇴장
BC	2001	전북	8	8	1	0	6	2	0
	2003	대구	19	1	0	2	37	8	0
	2004	대구	22	5	0	0	33	5	1
	2005	포항	0	0	0	0	0	0	0
		합계	49	14	1	2	76	15	1
프로통산			49	14	1	2	76	15	1

박경훈(朴景勳) 한양대 1961.01.19

대회	연도	소속	출전	교체	득점	도움	파울	경고	퇴장
BC	1984	포항제철	21	4	0	2	13	1	0
	1985	포항제철	4	0	0	0	6	0	0
	1986	포항제철	3	0	0	0	4	0	0
	1987	포항제철	31	0	3	3	21	2	0
	1988	포항제철	12	0	2	0	15	2	0
	1989	포항제철	7	0	0	2	5	0	0
	1990	포항제철	8	1	0	0	6	1	0
	1991	포항제철	23	13	0	2	30	0	0
	1992	포항제철	27	10	3	0	35	0	0
		합계	134	34	4	8	140	8	0
프로통산			134	34	4	8	140	8	0

박공재(朴攻在) 조선대 1964.03.06

대회	연도	소속	출전	교체	득점	도움	파울	경고	퇴장
BC	1986	한일은행	4	2	0	0	6	1	0
		합계	4	2	0	0	6	1	0
프로통산			4	2	0	0	6	1	0

박관우(朴寬優) 선문대 1996.06.04

대회	연도	소속	출전	교체	득점	도움	파울	경고	퇴장
K1	2019	성남	8	8	0	0	3	1	0
	2020	부산	5	5	0	0	2	0	0

대회	연도	소속	출전	교체	득점	도움	파울	경고	퇴장
	합계		13	13	0	0	5	1	0
K2	2018	안산	16	16	1	0	5	2	0
	합계		16	16	1	0	5	2	0
프로통산			29	29	1	0	10	3	0

박광민 (朴光民) 배재대 1982.05.14

대회	연도	소속	출전	교체	득점	도움	파울	경고	퇴장
BC	2006	성남일화	5	4	1	1	4	0	0
	2007	성남일화	1	1	0	0	0	0	0
	2008	광주상무	3	3	0	0	4	0	0
	2009	광주상무	1	1	0	0	1	0	0
	합계		10	9	1	1	9	0	0
프로통산			10	9	1	1	9	0	0

박광일 (朴光一) 연세대 1991.02.10

대회	연도	소속	출전	교체	득점	도움	파울	경고	퇴장
K1	2018	전남	13	4	0	0	9	0	0
	2019	경남	8	4	0	1	0	0	0
	합계		21	8	0	1	9	0	0
K2	2022	경남	24	20	0	6	17	1	0
	2023	김포	32	24	2	1	15	1	0
	합계		56	44	2	7	32	2	0
승	2019	경남	3	0	0	0	0	0	0
	2023	김포	2	2	0	0	1	1	0
	합계		2	2	0	0	1	1	0
프로통산			79	54	2	8	42	3	0

박광현 (朴光鉉) 구룡포종고 1967.07.24

대회	연도	소속	출전	교체	득점	도움	파울	경고	퇴장
BC	1989	현대	14	6	0	0	26	3	0
	1990	현대	7	3	0	0	9	0	0
	1991	현대	17	6	0	0	30	3	0
	1992	일화	17	6	0	0	25	5	0
	1993	일화	23	14	1	0	36	7	0
	1994	일화	14	7	1	0	19	2	1
	1995	일화	29	6	0	0	52	9	1
	1996	천안일화	30	6	3	0	64	9	2
	1997	천안일화	20	0	0	0	63	9	0
	1998	천안일화	23	9	0	0	55	6	1
	1999	천안일화	11	8	0	0	13	3	0
	합계		208	79	5	0	378	54	5
프로통산			208	79	5	0	378	54	5

박국창 (朴國昌) 조선대 1963.08.15

대회	연도	소속	출전	교체	득점	도움	파울	경고	퇴장
BC	1985	유공	8	8	0	0	6	0	0
	1986	유공	3	3	0	0	3	0	0
	1986	럭키금성	6	6	1	0	9	0	0
	1987	럭키금성	11	10	0	1	13	0	0
	합계		28	27	1	1	31	0	0
프로통산			28	27	1	1	31	0	0

박규민 (朴奎旻) 광주대 2001.06.08

대회	연도	소속	출전	교체	득점	도움	파울	경고	퇴장
K1	2022	전북	9	9	1	0	6	2	0
	합계		9	9	1	0	6	2	0
프로통산			9	9	1	0	6	2	0

박규선 (朴圭善) 서울체고 1981.09.24

대회	연도	소속	출전	교체	득점	도움	파울	경고	퇴장
BC	2000	울산	11	11	1	0	12	1	0
	2001	울산	26	20	0	0	13	1	0
	2002	울산	25	11	0	2	17	3	0
	2003	울산	8	6	0	0	4	0	0
	2004	전북	17	4	1	0	15	1	0
	2005	전북	21	9	1	0	30	4	0
	2006	울산	28	13	0	3	37	4	0
	2007	부산	18	16	0	2	26	3	0
	2008	광주상무	32	13	4	3	38	3	0
	합계		186	103	7	10	192	20	0
프로통산			186	103	7	10	192	20	0

박금렬 (朴錦烈) 단국대 1972.05.05

대회	연도	소속	출전	교체	득점	도움	파울	경고	퇴장
BC	1998	천안일화	5	5	0	0	1	0	0
	합계		5	5	0	0	1	0	0
프로통산			5	5	0	0	1	0	0

박기동 (朴己東) 숭실대 1988.11.01

대회	연도	소속	출전	교체	득점	도움	파울	경고	퇴장
BC	2011	광주	31	15	3	5	60	2	0
	2012	광주	31	16	5	5	50	1	0
	합계		62	31	8	10	110	3	0
K1	2013	제주	6	6	0	0	4	0	0
	2013	전남	18	12	1	1	18	0	0
	2014	전남	7	5	0	0	4	1	0
	2016	상주	25	13	9	2	39	6	0
	2016	전남	5	4	0	0	6	0	0
	2017	수원	25	21	3	0	25	3	0
	2018	수원	16	15	1	0	10	1	0
	2019	경남	12	11	1	1	6	1	0
	2021	대구	11	11	0	0	5	0	0
	합계		115	87	16	12	96	10	0
K2	2015	상주	35	30	6	5	40	6	0
	2020	경남	22	20	4	4	21	1	0
	합계		57	50	10	9	61	7	0
프로통산			234	168	34	31	267	20	0

박기욱 (朴起旭) 울산대 1978.12.22

대회	연도	소속	출전	교체	득점	도움	파울	경고	퇴장
BC	2001	울산	28	11	0	3	44	5	0
	2002	울산	5	5	0	0	6	0	0
	2003	광주상무	8	8	0	0	10	0	0
	2004	광주상무	7	7	0	0	7	0	0
	2005	부천SK	14	15	1	1	24	2	0
	2006	제주	13	12	0	2	16	1	0
	합계		77	60	2	6	107	9	0
프로통산			77	60	2	6	107	9	0

박기필 (朴起必) 건국대 1984.07.29

대회	연도	소속	출전	교체	득점	도움	파울	경고	퇴장
BC	2005	부산	1	0	0	0	1	0	0
	2006	부산	9	8	1	0	6	1	0
	합계		10	8	1	0	7	1	0
프로통산			10	8	1	0	7	1	0

박기형 (朴基亨) 천안농고 1963.04.21

대회	연도	소속	출전	교체	득점	도움	파울	경고	퇴장
BC	1983	포항제철	4	5	0	0	0	0	0
	1989	포항제철	1	1	0	0	0	0	0
	합계		5	6	0	0	0	0	0
프로통산			5	6	0	0	0	0	0

박남열 (朴南烈) 대구대 1970.05.04

대회	연도	소속	출전	교체	득점	도움	파울	경고	퇴장
BC	1993	일화	27	23	3	1	13	2	0
	1994	일화	27	19	4	2	34	4	0
	1995	일화	24	20	2	2	26	2	0
	1996	천안일화	35	5	9	8	45	2	1
	1999	천안일화	27	11	4	0	38	3	0
	2000	성남일화	41	14	13	4	63	4	0
	2001	성남일화	31	28	3	1	39	3	0
	2002	성남일화	31	31	2	5	29	3	0
	2003	성남일화	3	3	0	0	0	0	0
	2004	수원	3	3	0	0	1	0	0
	합계		250	143	40	24	335	25	1
프로통산			250	143	40	24	335	25	1

박내인 (朴來仁) 전북대 1962.08.20

대회	연도	소속	출전	교체	득점	도움	파울	경고	퇴장
BC	1985	상무	6	1	0	0	4	0	0
	합계		6	1	0	0	4	0	0
프로통산			6	1	0	0	4	0	0

박노봉 (朴魯鳳) 고려대 1961.06.19

대회	연도	소속	출전	교체	득점	도움	파울	경고	퇴장
BC	1985	대우	16	0	1	0	18	1	0
	1986	대우	32	0	1	0	36	4	0
	1987	대우	29	1	0	0	14	0	0
	1988	대우	17	3	1	0	14	0	0
	1989	대우	38	9	1	0	41	3	0
	1990	대우	21	0	2	0	14	1	0
	1991	대우	1	1	0	0	0	0	0
	합계		154	14	4	2	137	9	0
프로통산			154	14	4	2	137	9	0

박대식 (朴大植) 중앙대 1984.03.03

대회	연도	소속	출전	교체	득점	도움	파울	경고	퇴장
BC	2007	부산	1	0	0	0	1	0	0
	합계		1	0	0	0	1	0	0
프로통산			1	0	0	0	1	0	0

박대원 (朴大元) 고려대 1998.02.25

대회	연도	소속	출전	교체	득점	도움	파울	경고	퇴장
K1	2019	수원	4	3	0	0	4	0	0
	2020	수원	4	1	0	0	3	1	0
	2021	수원	27	9	0	0	33	5	0
	2022	수원	11	7	0	0	17	2	0
	2023	수원	31	11	0	0	30	9	0
	합계		77	31	0	0	81	16	0
승	2022	수원	0	0	0	0	0	0	0
	합계		0	0	0	0	0	0	0
프로통산			77	31	0	0	81	16	0

박대제 (朴大濟) 서울시립대 1958.10.14

대회	연도	소속	출전	교체	득점	도움	파울	경고	퇴장
BC	1984	한일은행	14	6	1	0	8	1	0
	1985	한일은행	4	3	0	0	7	0	0
	합계		18	9	1	0	15	1	0
프로통산			18	9	1	0	15	1	0

박대한 (朴大韓) 성균관대 1991.05.01

대회	연도	소속	출전	교체	득점	도움	파울	경고	퇴장
K1	2015	인천	35	3	1	1	44	8	0
	2016	인천	26	3	0	2	33	6	0
	2017	전남	16	7	0	0	17	4	0
	2018	전남	3	0	0	0	4	0	0
	2018	상주	2	2	0	0	2	0	0
	2019	상주	1	1	0	0	0	0	0
	2020	인천	3	0	0	0	0	0	0
	합계		89	23	2	3	97	18	0
K2	2014	강원	3	1	0	0	5	0	0
	2020	전남	7	4	0	0	15	0	0
	2021	안양	18	5	0	0	23	0	0
	2022	김포	32	13	1	0	41	2	0
	합계		60	23	1	0	74	7	0
프로통산			149	46	3	3	171	25	0

박대한 (朴大翰) 인천대 1996.04.19

대회	연도	소속	출전	교체	실점	도움	파울	경고	퇴장
K1	2017	전남	3	0	7	0	0	0	0
	2018	전남	5	0	12	0	0	0	0
	합계		8	0	19	0	0	0	0
K2	2019	전남	3	0	4	0	0	0	0
	2020	수원FC	1	0	1	0	0	0	0
	2023	충북청주	24	0	9	0	0	0	0
	합계		24	0	19	0	0	0	0
프로통산			32	0	38	0	0	0	0

박대훈 (朴大勳) 서남대 1996.03.30

대회	연도	소속	출전	교체	득점	도움	파울	경고	퇴장
K2	2016	대전	25	24	3	1	23	0	0
	2017	대전	15	14	2	1	11	2	0
	2018	대전	7	6	0	0	4	0	0
	2023	충남아산	18	16	6	6	6	0	0
	합계		65	60	11	7	44	2	0
프로통산			65	60	11	7	44	2	0

박도현 (朴度賢) 배재대 1980.07.04

대회	연도	소속	출전	교체	득점	도움	파울	경고	퇴장
BC	2003	부천SK	2	2	0	0	0	0	0

| 2007 대전 | 15 | 15 | 0 | 0 | 18 | 2 | 0 |

대회 연도 소속	출전	교체	실점	도움	파울	경고	퇴장
2015 수원FC	22	0	23	0	1	1	0
2017 아산	35	0	37	0	2	2	0
2018 아산	17	0	14	0	0	0	0
2018 수원FC	3	1	5	0	0	0	0
2019 수원FC	28	0	41	0	0	4	0
2020 수원FC	11	0	11	0	0	1	0
합계	150	2	172	1	4	5	11
승 2015 수원FC	2	0	0	0	0	0	0
2023 수원FC	0	0	0	0	0	0	0
합계	2	0	0	0	0	1	0
프로통산	217	3	274	1	5	7	1

박범수 (朴範秀) 동국대 2001.03.02

대회 연도 소속	출전	교체	실점	도움	파울	경고	퇴장
K1 2023 전북	0	0	0	0	0	0	0
합계	0	0	0	0	0	0	0
프로통산	0	0	0	0	0	0	0

박병규 (朴炳圭) 고려대 1982.03.01

대회 연도 소속	출전	교체	득점	도움	파울	경고	퇴장
BC 2005 울산	34	0	1	2	25	5	0
2006 울산	34	0	1	1	37	7	0
2007 울산	38	0	0	1	46	3	0
2008 울산	18	2	0	0	14	2	0
2009 광주상무	8	0	0	0	11	2	0
2010 광주상무	26	4	0	0	19	2	0
2010 울산	0	0	0	0	0	0	0
2011 울산	10	5	0	0	9	1	0
합계	162	13	0	4	126	20	0
프로통산	162	13	0	4	126	20	0

박병원 (朴炳垣) 경희대 1983.09.02

대회 연도 소속	출전	교체	득점	도움	파울	경고	퇴장
K2 2013 안양	35	15	6	1	47	2	0
2014 고양	34	16	3	3	51	2	0
합계	63	31	9	4	98	4	0
프로통산	63	31	9	4	98	4	0

박병주 (朴炳柱) 단국대 1985.03.24

대회 연도 소속	출전	교체	득점	도움	파울	경고	퇴장
BC 2011 광주	23	4	0	0	50	6	1
2012 제주	19	7	0	0	16	4	0
합계	42	11	0	0	66	10	1
K2 2013 광주	4	0	0	0	4	0	0
합계	4	0	0	0	4	0	0
프로통산	46	11	0	0	70	10	1

박병주 (朴秉柱) 한성대 1977.10.05

대회 연도 소속	출전	교체	득점	도움	파울	경고	퇴장
BC 2003 대구	10	3	0	1	20	3	0
합계	10	3	0	1	20	3	0
프로통산	10	3	0	1	20	3	0

박병철 (朴炳澈) 한양대 1954.11.25

대회 연도 소속	출전	교체	득점	도움	파울	경고	퇴장
BC 1984 럭키금성	16	0	0	0	7	2	0
합계	16	0	0	0	7	2	0
프로통산	16	0	0	0	7	2	0

박병현 (朴炳玹) 상지대 1993.03.28

대회 연도 소속	출전	교체	득점	도움	파울	경고	퇴장
K1 2018 대구	23	9	2	0	17	2	0
2019 대구	31	5	0	1	48	7	0
2020 상주	5	0	0	0	10	2	0
2021 대구	7	3	1	0	9	4	0
2022 대구	12	7	0	0	14	4	0
2023 수원FC	10	3	0	0	12	1	0
합계	89	27	3	1	117	22	0
K2 2016 부산	1	1	0	0	0	0	0
합계	1	1	0	0	0	0	0
승 2023 수원FC	2	2	0	0	0	0	0
합계	2	2	0	0	0	0	0
프로통산	92	30	3	1	117	22	0

박복준 (朴福濬) 연세대 1960.04.21

대회 연도 소속	출전	교체	득점	도움	파울	경고	퇴장
BC 1983 대우	3	1	0	0	2	0	0
1984 현대	9	1	1	0	9	0	0
1986 럭키금성	4	2	0	0	2	1	0
합계	16	4	1	0	13	1	0
프로통산	16	4	1	0	13	1	0

박상록 (朴相綠) 경희대 1957.03.18

대회 연도 소속	출전	교체	득점	도움	파울	경고	퇴장
BC 1984 국민은행	2	2	0	0	1	0	0
합계	2	2	0	0	1	0	0
프로통산	2	2	0	0	1	0	0

박상록 (朴常錄) 안동대 1965.08.13

대회 연도 소속	출전	교체	득점	도움	파울	경고	퇴장
BC 1989 일화	16	12	0	0	17	1	0
1990 일화	2	2	0	0	2	0	0
합계	18	14	0	0	19	1	0
프로통산	18	14	0	0	19	1	0

박상명 (朴庠明) 숭실대 2000.04.21

대회 연도 소속	출전	교체	득점	도움	파울	경고	퇴장
K1 2022 수원FC	5	5	0	0	3	0	0
합계	5	5	0	0	3	0	0
프로통산	5	5	0	0	3	0	0

박상신 (朴相信) 동아대 1978.01.23

대회 연도 소속	출전	교체	득점	도움	파울	경고	퇴장
BC 2000 부산	3	3	0	0	1	0	0
2001 부산	3	4	0	0	4	0	0
2003 광주상무	5	5	1	0	7	0	0
2004 부산	11	11	0	0	11	0	0
합계	22	23	1	0	23	0	0
프로통산	22	23	1	0	23	0	0

박상욱 (朴相旭) 대구예술대 1986.01.30

대회 연도 소속	출전	교체	득점	도움	파울	경고	퇴장
BC 2009 광주상무	1	1	0	0	0	0	0
2010 광주상무	1	1	0	0	1	0	0
2011 대전	2	1	0	0	0	0	0
합계	4	3	0	0	1	0	0
프로통산	4	3	0	0	1	0	0

박상인 (朴商寅) 동래고 1952.11.15

대회 연도 소속	출전	교체	득점	도움	파울	경고	퇴장
BC 1983 할렐루야	16	4	4	3	14	0	0
1984 할렐루야	25	5	7	4	10	0	0
1985 할렐루야	21	5	6	2	15	0	0
1986 현대	20	12	4	0	7	0	0
1987 현대	1	1	0	0	0	0	0
합계	86	27	21	9	46	0	0
프로통산	86	27	21	9	46	0	0

박상인 (朴相麟) 제주제일고 1976.03.10

대회 연도 소속	출전	교체	득점	도움	파울	경고	퇴장
BC 1995 포항	1	1	1	0	1	0	0
1998 포항	1	1	0	0	0	0	0
1999 포항	11	11	3	0	14	1	0
2000 포항	4	6	0	0	5	1	0
2001 포항	6	6	0	0	5	0	0
2002 포항	8	8	0	0	6	2	0
합계	31	35	4	0	24	4	0
프로통산	31	35	4	0	24	4	0

박상진 (朴相珍) 경희대 1987.03.03

대회 연도 소속	출전	교체	득점	도움	파울	경고	퇴장
BC 2010 강원	22	3	0	1	21	1	0
2011 강원	24	8	0	0	13	3	0
2012 강원	15	5	0	0	3	0	0
합계	61	16	0	1	37	4	0
K1 2013 강원	18	4	0	1	19	2	0
합계	18	4	0	1	19	2	0
K2 2014 강원	4	1	0	0	2	0	0
2015 강원	0	0	0	0	0	0	0
합계	4	1	0	0	2	0	0

박상철 (朴相澈) 배재대 1984.02.03

대회 연도 소속	출전	교체	실점	도움	파울	경고	퇴장
BC 2004 성남일화	8	0	11	0	0	0	0
2005 성남일화	17	0	16	0	0	0	0
2006 성남일화	6	0	4	0	0	0	0
2008 전남	4	1	2	0	0	0	0
2009 전남	11	0	16	0	0	1	0
2010 전남	9	1	10	0	0	2	0
2011 상주	2	0	4	0	0	1	0
합계	57	2	63	0	0	7	0
프로통산	57	2	63	0	0	7	0

박상혁 (朴相赫) 고려대 1998.04.20

대회 연도 소속	출전	교체	득점	도움	파울	경고	퇴장
K1 2019 수원	2	2	0	0	0	0	0
2020 수원	20	17	1	0	10	3	0
2022 김천	13	12	1	0	10	0	0
2022 수원	3	3	0	0	2	0	0
합계	38	34	2	0	22	3	0
K2 2021 김천	15	15	2	1	6	0	0
합계	15	15	2	1	6	0	0
프로통산	53	49	4	1	28	3	0

박상혁 (朴相赫) 태성고 2002.06.13

대회 연도 소속	출전	교체	득점	도움	파울	경고	퇴장
K1 2021 강원	16	16	0	0	7	0	0
2022 강원	4	5	0	0	0	0	0
K1 2023 강원	24	24	1	2	14	2	0
K1 합계	44	45	4	0	21	2	0
승 2021 강원	1	1	0	0	0	0	0
2023 강원	1	1	0	0	0	0	0
합계	2	2	0	0	0	0	0
프로통산	46	47	4	0	21	2	0

박상현 (朴相泫) 고려대 1987.02.11

대회 연도 소속	출전	교체	득점	도움	파울	경고	퇴장
BC 2011 광주	1	1	0	0	0	0	0
합계	1	1	0	0	0	0	0
프로통산	1	1	0	0	0	0	0

박상희 (朴商希) 상지대 1987.12.02

대회 연도 소속	출전	교체	득점	도움	파울	경고	퇴장
K2 2013 상주	1	1	0	0	0	0	0
합계	1	1	0	0	0	0	0
BC 2010 성남일화	3	3	0	0	1	0	0
2011 성남일화	3	3	0	1	0	1	0
2012 상주	15	14	2	0	26	1	0
합계	21	20	2	1	27	2	0
프로통산	22	21	2	0	27	2	0

박석호 (朴石浩) 청주대 1961.05.20

대회 연도 소속	출전	교체	실점	도움	파울	경고	퇴장
BC 1989 포항제철	1	0	3	0	0	0	0
합계	1	0	3	0	0	0	0
프로통산	1	0	3	0	0	0	0

박선용 (朴宣勇) 호남대 1989.03.12

대회 연도 소속	출전	교체	득점	도움	파울	경고	퇴장
BC 2012 전남	36	3	0	2	55	5	0
합계	36	3	0	2	55	5	0
K1 2013 전남	31	9	0	2	30	5	0
2014 전남	9	1	0	0	13	0	0
2015 포항	22	4	0	2	28	5	0
2016 포항	31	6	1	0	41	1	0
합계	94	21	0	5	111	9	1
K2 2017 아산	4	2	0	0	2	1	0
2018 아산	5	2	0	0	1	1	0
합계	9	4	0	0	3	2	0
프로통산	137	28	2	5	169	14	1

박선우(朴善禹) 건국대 1986.09.08

대회	연도	소속	출전	교체	득점	도움	파울	경고	퇴장
BC	2010	대전	1	1	0	0	0	0	0
		합계	1	1	0	0	0	0	0
프로통산			1	1	0	0	0	0	0

박선주(朴宣柱) 연세대 1992.03.26

대회	연도	소속	출전	교체	득점	도움	파울	경고	퇴장
K1	2013	포항	3	2	0	0	5	2	0
	2014	포항	18	12	0	0	27	4	0
	2015	포항	11	4	0	0	19	5	0
	2016	포항	12	2	0	0	14	0	0
	2017	강원	16	8	0	1	15	6	1
	2018	강원	8	3	1	0	4	0	0
		합계	68	31	1	3	82	21	1
K2	2019	광주	14	1	0	1	18	2	0
		합계	14	1	0	1	18	2	0
프로통산			82	32	1	4	100	23	1

박선홍(朴善洪) 전주대 1993.11.05

대회	연도	소속	출전	교체	득점	도움	파울	경고	퇴장
K1	2015	광주	10	10	1	1	1	1	0
	2016	광주	1	1	0	0	0	0	0
		합계	11	11	1	1	1	1	0
프로통산			11	11	1	1	1	1	0

박성결(朴聖潔) 용인대 2001.04.03

대회	연도	소속	출전	교체	득점	도움	파울	경고	퇴장
K2	2022	전남	9	9	1	0	8	1	0
	2023	전남	6	6	0	0	5	0	0
		합계	15	15	1	0	13	1	0
프로통산			15	15	1	0	13	1	0

박성배(朴成培) 숭실대 1975.11.28

대회	연도	소속	출전	교체	득점	도움	파울	경고	퇴장
BC	1998	전북	32	6	12	3	47	5	1
	1999	전북	30	10	11	3	30	2	0
	2000	전북	32	7	11	3	49	2	1
	2001	전북	23	11	3	4	26	1	0
	2002	전북	25	7	4	1	28	1	0
	2003	광주상무	26	4	2	1	44	2	0
	2004	광주상무	31	15	4	3	55	2	0
	2005	부산	21	19	7	2	56	2	0
	2007	수원	19	18	2	1	33	6	0
		합계	243	124	55	20	368	23	2
프로통산			243	124	55	20	368	23	2

박성부(朴成扶) 숭실대 1995.06.06

대회	연도	소속	출전	교체	득점	도움	파울	경고	퇴장
K2	2018	안산	4	4	0	0	1	0	0
		합계	4	4	0	0	1	0	0
프로통산			4	4	0	0	1	0	0

박성수(朴成洙) 하남고 1996.05.12

대회	연도	소속	출전	교체	실점	도움	파울	경고	퇴장
K1	2021	대구	0	0	0	0	0	0	0
		합계	0	0	0	0	0	0	0
K2	2022	안양	0	0	0	0	0	0	0
	2023	안양	25	0	31	0	0	4	0
		합계	25	0	31	0	0	4	0
승	2022	안양	0	0	0	0	0	0	0
		합계	0	0	0	0	0	0	0
프로통산			25	0	31	0	0	4	0

박성용(朴成庸) 단국대 1991.06.26

대회	연도	소속	출전	교체	득점	도움	파울	경고	퇴장
K2	2014	대구	11	5	1	0	14	1	0
	2015	대구	10	2	0	0	15	2	0
		합계	21	7	1	0	29	3	0
프로통산			21	7	1	0	29	3	0

박성우(朴晟佑) 광운대 1995.10.11

대회	연도	소속	출전	교체	득점	도움	파울	경고	퇴장
K1	2018	포항	2	2	0	0	1	0	0
		합계	2	2	0	0	1	0	0
K2	2019	아산	8	4	0	1	9	1	0
		합계	8	4	0	1	9	1	0
프로통산			10	6	0	1	9	1	0

박성우(朴成祐) 전주대 1996.05.14

대회	연도	소속	출전	교체	득점	도움	파울	경고	퇴장
K2	2018	서울E	10	6	0	0	7	3	0
	2019	서울E	16	6	1	0	15	3	0
	2020	서울E	14	8	0	0	14	2	0
	2021	서울E	14	8	0	0	14	2	0
	2022	충남아산	25	12	0	0	21	4	0
	2023	충남아산	10	8	1	0	5	0	0
		합계	84	47	2	0	80	15	0
프로통산			84	47	2	0	80	15	0

박성진(朴省珍) 동국대 1985.01.28

대회	연도	소속	출전	교체	득점	도움	파울	경고	퇴장
K2	2013	안양	32	7	6	7	32	2	0
	2014	안양	34	6	8	6	40	3	0
	2017	안양	6	6	0	0	2	0	0
	2018	안양	7	6	0	0	1	0	0
		합계	79	25	14	13	75	5	0
프로통산			79	25	14	13	75	5	0

박성철(朴聖哲) 동아대 1975.03.16

대회	연도	소속	출전	교체	득점	도움	파울	경고	퇴장
BC	1997	부천SK	18	14	4	0	18	1	0
	1998	부천SK	15	13	0	0	27	0	0
	1999	부천SK	10	10	3	0	13	0	0
	2002	부천SK	22	20	3	3	21	2	0
	2003	부천SK	30	18	5	0	39	2	0
	2004	부천SK	7	6	0	0	11	0	0
	2005	성남일화	0	0	0	0	0	0	0
	2006	경남	16	12	1	0	24	4	0
	2007	경남	14	10	1	0	22	1	0
		합계	132	105	17	3	183	11	0
프로통산			132	105	17	3	183	11	0

박성현(朴聖賢) 과천고 2001.09.25

대회	연도	소속	출전	교체	득점	도움	파울	경고	퇴장
K1	2022	전북	1	1	0	0	0	0	0
		합계	1	1	0	0	0	0	0
프로통산			1	1	0	0	0	0	0

박성호(朴成鎬) 부평고 1982.07.27

대회	연도	소속	출전	교체	득점	도움	파울	경고	퇴장
BC	2001	안양LG	5	4	0	0	12	0	0
	2003	안양LG	2	2	0	0	0	0	0
	2006	부산	27	18	2	1	53	3	0
	2007	부산	33	13	5	2	68	2	1
	2008	대전	31	3	7	4	47	3	0
	2009	대전	28	6	9	2	69	3	0
	2010	대전	15	1	3	0	30	0	0
	2011	대전	29	6	8	1	75	7	0
	2012	포항	39	32	9	8	63	2	0
		합계	209	85	46	21	444	27	1
K1	2013	포항	32	24	8	4	44	3	0
	2015	포항	26	26	0	0	20	1	0
	2016	울산	8	8	0	1	12	1	0
		합계	66	50	8	5	76	5	0
K2	2014	성남	31	13	9	1	44	2	0
		합계	31	13	9	1	44	2	0
프로통산			306	153	67	24	562	36	1

박성호(朴成晧) 호남대 1992.05.18

대회	연도	소속	출전	교체	득점	도움	파울	경고	퇴장
K2	2014	고양	5	5	0	0	3	0	0
		합계	5	5	0	0	3	0	0
프로통산			5	5	0	0	3	0	0

박성홍(朴成弘) 호남대 1980.03.01

대회	연도	소속	출전	교체	득점	도움	파울	경고	퇴장
BC	2003	대구	26	5	0	2	52	4	0
		합계	26	5	0	2	52	4	0
프로통산			26	5	0	2	52	4	0

박성화(朴成華) 고려대 1955.05.07

대회	연도	소속	출전	교체	득점	도움	파울	경고	퇴장
BC	1983	할렐루야	14	2	3	1	4	0	0
	1984	할렐루야	23	2	6	2	8	0	0
	1986	포항제철	29	3	0	1	8	0	0
	1987	포항제철	16	10	0	4	4	0	0
		합계	82	17	9	4	24	0	0
프로통산			82	17	9	4	24	0	0

박성훈(朴聲勳) 오산고 2003.01.27

대회	연도	소속	출전	교체	득점	도움	파울	경고	퇴장
K1	2022	서울	1	1	0	0	0	0	0
	2023	서울	1	0	0	0	5	0	0
		합계	2	1	0	0	5	0	0
프로통산			2	1	0	0	5	0	0

박세영(朴世英) 동아대 1989.10.03

대회	연도	소속	출전	교체	득점	도움	파울	경고	퇴장
BC	2012	성남일화	4	3	2	0	0	0	0
		합계	4	3	2	0	0	0	0
프로통산			4	3	2	0	0	0	0

박세직(朴世直) 한양대 1989.05.25

대회	연도	소속	출전	교체	득점	도움	파울	경고	퇴장
BC	2012	전북	15	11	0	1	8	1	0
		합계	15	11	0	1	8	1	0
K1	2013	전북	11	9	1	0	14	1	0
	2015	인천	30	27	4	2	16	0	0
	2016	인천	27	15	3	0	27	3	0
	2017	인천	6	6	0	0	5	0	0
	2019	인천	9	6	1	1	8	1	0
		합계	88	60	9	2	69	5	0
K2	2017	아산	4	4	0	0	1	0	0
	2018	아산	20	15	1	4	8	0	0
	2019	아산	7	4	0	0	6	1	0
	2020	충남아산	26	1	0	2	33	2	0
	2021	충남아산	37	0	2	0	33	2	0
	2022	충남아산	39	4	2	1	46	5	0
	2023	충남아산	33	2	1	5	28	4	0
		합계	166	38	5	13	170	15	0
프로통산			269	109	14	16	247	21	0

박세진(朴世眞) 영남대 1995.12.15

대회	연도	소속	출전	교체	득점	도움	파울	경고	퇴장
K1	2017	대구	4	3	0	0	2	0	0
	2019	상주	7	8	0	0	4	1	0
	2020	상주	12	12	0	0	7	0	0
		합계	23	23	0	0	13	1	0
K2	2016	대구	30	2	3	4	38	6	0
	2018	수원FC	20	8	1	0	17	4	0
	2020	수원FC	1	1	0	0	1	0	0
	2021	충남아산	33	1	0	4	30	6	1
	2022	부산	14	14	0	1	4	2	0
	2023	부산	14	13	0	4	13	0	0
		합계	132	47	4	15	114	21	1
승	2023	부산	2	1	0	0	2	0	0
		합계	2	1	0	0	2	0	0
프로통산			157	72	4	15	130	22	1

박세진(朴世眞) 태성고 2004.03.19

대회	연도	소속	출전	교체	득점	도움	파울	경고	퇴장
K1	2023	대구	33	32	1	1	23	4	0
		합계	33	32	1	1	23	4	0
프로통산			33	32	1	1	23	4	0

박세환(朴世桓) 고려사이버대 1993.06.05

대회	연도	소속	출전	교체	득점	도움	파울	경고	퇴장
K2	2014	충주	4	4	0	0	2	0	0
	2014	안산경찰	3	2	0	0	0	0	0
	2015	안산경찰	7	7	0	0	1	0	0
		합계	14	13	0	0	10	0	0

| | | 프로통산 | 14 | 13 | 0 | 0 | 10 | 0 | 0 |

박수일(朴秀日) 광주대 1996.02.22

대회	연도	소속	출전	교체	득점	도움	파울	경고	퇴장
K1	2020	성남	11	7	0	0	10	2	1
	2021	성남	24	17	3	4	11	4	0
	2022	성남	34	15	5	1	19	4	0
	2023	서울	36	14	1	3	25	3	0
	합계		105	53	9	8	65	13	1
K2	2018	대전	32	6	0	9	31	4	0
	2019	대전	32	3	1	3	27	1	0
	합계		64	9	1	12	58	5	0
	프로통산		169	62	10	20	123	18	1

박수창(朴壽昶) 경희대 1989.06.20

대회	연도	소속	출전	교체	득점	도움	파울	경고	퇴장
BC	2012	대구	1	1	0	0	1	0	0
	합계		1	1	0	0	1	0	0
K1	2014	제주	21	16	6	1	19	1	0
	2015	제주	20	17	3	1	13	1	0
	2016	상주	14	9	0	0	11	1	0
	2017	상주	9	7	0	0	4	0	0
	합계		64	49	9	2	47	3	0
K2	2013	충주	29	10	2	4	21	3	0
	2018	대전	13	8	3	2	41	3	0
	2019	대전	26	19	0	1	38	3	0
	합계		68	37	2	6	89	9	0
	프로통산		133	87	11	8	137	12	0

박순배(朴淳培) 인천대 1969.04.22

대회	연도	소속	출전	교체	득점	도움	파울	경고	퇴장
BC	1997	포항	6	3	0	3	9	1	0
	1998	포항	2	2	0	0	3	0	0
	합계		8	5	0	3	12	1	0
	프로통산		8	5	0	3	12	1	0

박승광(朴承光) 광운대 1981.02.13

대회	연도	소속	출전	교체	득점	도움	파울	경고	퇴장
BC	2003	부천SK	3	0	0	0	6	0	0
	합계		3	0	0	0	6	0	0
	프로통산		3	0	0	0	6	0	0

박승국(朴勝國) 경희대 1969.08.08

대회	연도	소속	출전	교체	득점	도움	파울	경고	퇴장
BC	1994	버팔로	8	7	0	1	7	0	0
	1995	전북	1	1	0	0	2	0	0
	합계		9	8	0	1	9	0	0
	프로통산		9	8	0	1	9	0	0

박승기(朴昇基) 동아대 1960.09.03

대회	연도	소속	출전	교체	득점	도움	파울	경고	퇴장
BC	1984	국민은행	26	0	1	1	23	0	0
	합계		26	0	1	1	23	0	0
	프로통산		26	0	1	1	23	0	0

박승렬(朴丞烈) 동북고 1994.01.07

대회	연도	소속	출전	교체	득점	도움	파울	경고	퇴장
K2	2015	안양	9	9	0	0	12	1	0
	합계		9	9	0	0	12	1	0
	프로통산		9	9	0	0	12	1	0

박승리(朴丞理←박승일) 경희대 1989.01.08

대회	연도	소속	출전	교체	득점	도움	파울	경고	퇴장
BC	2010	울산	0	0	0	0	0	0	0
	2011	울산	21	16	2	1	21	0	0
	2012	울산	6	4	0	0	3	0	0
	합계		27	20	2	1	24	0	0
K1	2013	전남	1	1	0	0	1	0	0
	2013	제주	3	3	0	1	1	0	0
	2014	상주	11	9	0	1	9	0	0
	합계		15	13	0	2	11	0	0
K2	2015	상주	1	1	0	0	0	0	0
	2016	안양	29	24	2	0	23	2	0
	2017	안양	1	1	0	0	0	0	0
	합계		30	25	2	0	23	2	0

| | | 프로통산 | 72 | 58 | 4 | 3 | 58 | 2 | 0 |

박승민(朴昇敏) 경희대 1983.04.21

대회	연도	소속	출전	교체	득점	도움	파울	경고	퇴장
BC	2006	인천	14	14	1	0	7	1	0
	2007	인천	7	7	0	0	2	0	0
	2008	인천	11	9	0	0	17	1	0
	2009	광주상무	5	5	0	0	6	0	0
	2010	광주상무	12	10	0	0	7	0	0
	합계		49	45	1	0	43	5	0
	프로통산		49	45	1	0	43	5	0

박승수(昇洙) 호남대 1972.05.13

대회	연도	소속	출전	교체	득점	도움	파울	경고	퇴장
BC	1995	전남	0	0	0	0	0	0	0
	합계		0	0	0	0	0	0	0
	프로통산		0	0	0	0	0	0	0

박승우(朴承佑) 청주대 1992.06.08

대회	연도	소속	출전	교체	득점	도움	파울	경고	퇴장
K2	2016	고양	25	5	0	1	13	6	0
	합계		25	5	0	1	13	6	0
	프로통산		25	5	0	1	13	6	0

박승욱(朴乘煜) 동의대 1997.05.07

대회	연도	소속	출전	교체	득점	도움	파울	경고	퇴장
K1	2021	포항	19	3	1	0	29	5	0
	2022	포항	29	6	1	2	25	5	0
	2023	포항	32	4	1	1	25	5	0
	합계		80	11	2	3	70	15	0
	프로통산		80	11	2	3	70	15	0

박승호(朴昇浩) 단국대 2003.09.01

대회	연도	소속	출전	교체	득점	도움	파울	경고	퇴장
K1	2023	인천	9	7	1	0	7	1	0
	프로통산		9	7	1	0	7	1	0

박신영(朴信永) 조선대 1977.12.21

대회	연도	소속	출전	교체	득점	도움	파울	경고	퇴장
BC	2004	인천	3	1	0	0	8	1	0
	합계		3	1	0	0	8	1	0
	프로통산		3	1	0	0	8	1	0

박양하(朴良夏) 고려대 1962.05.28

대회	연도	소속	출전	교체	득점	도움	파울	경고	퇴장
BC	1986	대우	20	1	1	6	19	0	0
	1987	대우	5	2	0	1	6	0	0
	1988	대우	14	3	1	2	25	1	0
	1989	대우	5	5	0	0	1	0	0
	1990	대우	5	5	0	0	0	0	0
	합계		49	16	2	9	51	1	0
	프로통산		49	16	2	9	51	1	0

박연혁(朴鍊赫) 광운대 1960.04.25

대회	연도	소속	출전	교체	실점	도움	파울	경고	퇴장
BC	1986	유공	9	0	11	0	0	0	0
	합계		9	0	11	0	0	0	0
	프로통산		9	0	11	0	0	0	0

박영근(朴永根) 고려대 1981.09.13

대회	연도	소속	출전	교체	득점	도움	파울	경고	퇴장
BC	2004	부천SK	2	2	0	0	1	0	0
	2005	부천SK	3	3	0	0	0	0	0
	합계		5	5	0	0	2	0	0
	프로통산		5	5	0	0	2	0	0

박영섭(朴泳燮) 성균관대 1972.07.29

대회	연도	소속	출전	교체	득점	도움	파울	경고	퇴장
BC	1995	포항	20	12	2	0	26	3	0
	1996	포항	11	12	1	0	6	1	0
	1997	포항	9	10	0	0	9	0	0
	1998	포항	13	8	1	0	18	1	0
	합계		53	41	4	1	53	5	1
	프로통산		53	41	4	1	53	5	1

박영수(朴泳洙) 충남기계공고 1995.06.19

대회	연도	소속	출전	교체	득점	도움	파울	경고	퇴장
K1	2015	대전	3	3	0	0	0	0	0
	합계		3	3	0	0	0	0	0
	프로통산		3	3	0	0	0	0	0

박영수(朴英洙) 경희고 1959.01.18

대회	연도	소속	출전	교체	실점	도움	파울	경고	퇴장
BC	1983	유공	7	0	12	0	0	0	0
	1985	유공	3	0	7	0	0	0	0
	합계		10	0	19	0	0	0	0
	프로통산		10	0	19	0	0	0	0

박영순(朴榮淳) 아주대 1977.03.25

대회	연도	소속	출전	교체	득점	도움	파울	경고	퇴장
BC	1995	대우	0	0	0	0	0	0	0
	2000	부산	0	0	0	0	0	0	0
	2001	부산	0	0	0	0	0	0	0
	합계		0	0	0	0	0	0	0
	프로통산		0	0	0	0	0	0	0

박영준(朴榮埈) 의정부고 1990.05.04

대회	연도	소속	출전	교체	득점	도움	파울	경고	퇴장
BC	2011	전남	2	2	0	0	0	0	0
	2012	전남	1	1	0	0	1	0	0
	합계		3	3	0	0	1	0	0
	프로통산		3	3	0	0	1	0	0

박완선(朴莞善) 용인대 1990.05.28

대회	연도	소속	출전	교체	실점	도움	파울	경고	퇴장
K2	2018	광주	0	0	0	0	0	0	0
	합계		0	0	0	0	0	0	0
	프로통산		0	0	0	0	0	0	0

박요셉(朴요셉) 전주대 1980.12.03

대회	연도	소속	출전	교체	득점	도움	파울	경고	퇴장
BC	2002	안양LG	19	0	0	0	19	4	0
	2003	안양LG	16	10	3	0	28	1	0
	2004	서울	25	6	1	1	37	5	0
	2005	광주상무	15	1	1	1	15	2	0
	2006	광주상무	34	2	0	0	27	6	0
	2007	서울	4	3	0	0	4	0	0
	2008	서울							
	합계		112	23	5	2	125	14	0
	프로통산		112	23	5	2	125	14	0

박요한(朴耀韓) 단국대 1994.12.17

대회	연도	소속	출전	교체	득점	도움	파울	경고	퇴장
K1	2017	강원	13	6	1	0	14	1	0
	합계		13	6	1	0	14	1	0
K2	2016	강원	2	2	0	0	0	0	0
	2019	부천	4	1	0	1	7	2	0
	2020	부천	6	5	1	1	0	0	0
	합계		12	8	1	2	7	2	0
	프로통산		25	14	2	2	21	3	0

박요한(朴요한) 연세대 1989.01.16

대회	연도	소속	출전	교체	득점	도움	파울	경고	퇴장
BC	2011	광주	0	0	0	0	0	0	0
	2012	광주	5	3	0	0	5	1	0
	합계		5	3	0	0	5	1	0
K2	2013	충주	11	0	0	0	9	5	0
	2014	충주	26	4	0	2	20	2	0
	2015	충주	24	1	0	0	21	4	0
	2016	안산무궁	7	2	0	0	4	1	0
	2017	아산	5	2	0	0	3	0	0
	2018	광주	28	4	0	3	29	1	0
	2019	수원FC	23	2	0	1	18	3	0
	2020	안양	13	3	0	1	15	3	0
	합계		137	22	0	8	113	21	0
	프로통산		142	25	0	8	118	22	0

박용우(朴鎔宇) 건국대 1993.09.10

대회	연도	소속	출전	교체	득점	도움	파울	경고	퇴장
K1	2015	서울	26	8	0	0	23	3	0
	2016	서울	19	7	1	0	24	3	0
	2017	울산	31	17	2	0	34	3	0

대회	연도	소속	출전	교체	득점	도움	파울	경고	퇴장
	2018	울산	31	10	3	2	46	4	0
	2019	울산	36	11	0	0	39	2	0
	2020	상주	25	5	1	0	11	0	0
	2021	울산	9	7	0	0	7	2	0
	2022	울산	31	9	0	0	25	2	0
	2023	울산	19	7	1	2	23	3	0
	합계		227	81	8	4	231	22	0
K2	2021	김천	5	3	0	0	4	0	0
	합계		5	3	0	0	4	0	0
프로통산			232	84	8	4	235	22	0

박용재(朴容材) 아주대 1989.11.28

대회	연도	소속	출전	교체	득점	도움	파울	경고	퇴장
BC	2012	수원	0	0	0	0	0	0	0
K1	2013	전남	4	3	0	0	5	0	0
	2014	전남	2	2	0	0	2	0	0
	합계		6	5	0	1	7	0	0
프로통산			6	5	0	1	7	0	0

박용주(朴龍柱) 한양대 1954.10.13

대회	연도	소속	출전	교체	득점	도움	파울	경고	퇴장
BC	1984	대우	4	2	0	0	3	0	0
	1985	대우	10	6	0	1	11	0	0
	합계		14	8	0	1	14	0	0
프로통산			14	8	0	1	14	0	0

박용준(朴鏞峻) 선문대 1993.06.21

대회	연도	소속	출전	교체	득점	도움	파울	경고	퇴장
K1	2013	수원	0	0	0	0	0	0	0
	합계		0	0	0	0	0	0	0
K2	2014	부천	5	5	1	0	3	0	0
	2015	부천	13	13	0	0	11	0	0
	합계		18	18	1	0	14	0	0
프로통산			18	18	1	0	14	0	0

박용지(朴勇智) 중앙대 1992.10.09

대회	연도	소속	출전	교체	득점	도움	파울	경고	퇴장
K1	2013	울산	16	15	1	1	21	4	0
	2014	울산	6	6	0	0	7	0	0
	2014	부산	21	14	2	0	29	6	0
	2015	부산	16	14	1	0	11	0	0
	2015	성남	17	17	1	0	23	4	0
	2016	성남	27	25	1	2	43	4	0
	2017	인천	21	15	4	1	29	4	0
	2018	인천	3	3	0	0	3	0	0
	2018	상주	11	4	1	1	17	2	0
	2019	상주	36	23	12	3	35	2	0
	2021	성남	20	21	1	0	24	3	0
	합계		198	161	27	11	204	26	0
K2	2020	대전	26	16	6	4	34	3	0
	합계		26	16	6	4	34	3	0
승	2016	성남	2	2	0	0	2	0	0
	합계		2	2	0	0	2	0	0
프로통산			226	179	30	11	230	29	0

박용호(朴容昊) 부평고 1981.03.25

대회	연도	소속	출전	교체	득점	도움	파울	경고	퇴장
BC	2000	안양LG	8	0	0	0	9	0	0
	2001	안양LG	23	8	2	0	16	1	0
	2002	안양LG	9	3	1	0	11	1	0
	2003	안양LG	21	5	2	0	14	2	0
	2004	서울	5	5	0	0	5	1	0
	2005	광주상무	28	2	3	0	24	3	0
	2006	광주상무	37	5	2	1	41	3	0
	2007	서울	25	2	1	0	22	3	0
	2008	서울	26	8	0	0	24	6	0
	2009	서울	23	9	0	2	33	6	0
	2010	서울	24	7	0	1	19	2	0
	2011	서울	18	4	1	0	14	3	0
	2012	부산	32	9	1	2	23	5	0
	합계		263	63	15	3	223	23	0
K1	2013	부산	25	5	2	1	12	3	0
	합계		25	5	2	1	12	3	0
K2	2015	강원	10	4	0	0	7	1	0
	합계		10	4	0	0	7	1	0
프로통산			298	72	17	4	242	27	0

박용희(朴鎔熙) 홍익대 2002.03.29

대회	연도	소속	출전	교체	득점	도움	파울	경고	퇴장
K1	2022	대구	3	3	0	0	1	0	0
	2023	대구	1	1	0	0	0	0	0
	합계		4	4	0	0	1	0	0
프로통산			4	4	0	0	1	0	0

박우정(朴珤情) 경희대 1995.07.26

대회	연도	소속	출전	교체	득점	도움	파울	경고	퇴장
K2	2017	대전	1	1	0	0	0	0	0
	합계		1	1	0	0	0	0	0
프로통산			1	1	0	0	0	0	0

박우현(朴雨賢) 인천대 1980.04.28

대회	연도	소속	출전	교체	득점	도움	파울	경고	퇴장
BC	2004	성남일화	24	1	0	1	53	3	0
	2005	성남일화	12	8	1	0	18	2	0
	2006	성남일화	14	3	1	0	17	6	0
	2008	성남일화	17	5	0	0	19	3	0
	2009	성남일화	11	3	0	0	11	0	0
	2010	부산	15	4	0	1	34	4	0
	2011	강원	6	1	0	0	9	0	0
	2012	강원	34	8	0	0	40	4	0
	합계		133	36	2	2	210	26	0
프로통산			133	36	2	2	210	26	0

박원길(朴元吉) 울산대 1977.08.13

대회	연도	소속	출전	교체	득점	도움	파울	경고	퇴장
BC	2000	울산	1	1	0	0	0	0	0
	합계		1	1	0	0	0	0	0
프로통산			1	1	0	0	0	0	0

박원재(朴源載) 위덕대 1984.05.28

대회	연도	소속	출전	교체	득점	도움	파울	경고	퇴장
BC	2003	포항	31	1	0	1	65	3	0
	2004	포항	14	6	0	0	17	2	0
	2005	포항	21	9	0	3	34	2	0
	2006	포항	24	10	3	3	28	2	0
	2007	포항	24	5	0	3	41	3	0
	2008	포항	26	5	4	0	32	4	0
	2010	전북	20	7	0	5	47	6	0
	2011	전북	27	1	0	4	49	6	0
	2012	전북	31	3	0	1	49	6	0
	합계		204	62	11	21	289	28	0
K1	2013	전북	15	0	0	2	20	3	1
	2014	전북	3	1	0	0	5	0	0
	2015	전북	8	0	1	0	13	1	0
	2016	전북	18	4	0	2	34	3	0
	2017	전북	10	4	1	0	17	4	0
	2018	전북	1	1	0	0	3	0	0
	2019	전북	1	0	0	0	2	0	0
	합계		63	12	0	6	104	14	1
프로통산			267	74	11	27	393	42	1

박원재(朴元在) 중앙대 1994.05.07

대회	연도	소속	출전	교체	득점	도움	파울	경고	퇴장
K1	2018	전북	2	1	0	1	0	0	0
	2019	성남	11	8	1	0	7	0	0
	2021	제주	19	18	1	1	11	3	0
	합계		33	27	2	2	21	3	0
K2	2020	제주	13	6	0	0	5	0	0
	합계		13	6	0	0	5	0	0
프로통산			46	33	2	2	26	3	0

박원홍(朴元弘) 울산대 1984.04.07

대회	연도	소속	출전	교체	득점	도움	파울	경고	퇴장
BC	2006	울산	1	1	0	0	0	0	0
	2007	울산	0	0	0	0	0	0	0
	2009	광주상무	6	5	0	0	4	0	0
	2010	광주상무	9	9	1	0	3	0	0
	합계		16	15	1	0	7	0	0
프로통산			16	15	1	0	7	0	0

박윤기(朴潤基) 서울시립대 1960.06.10

대회	연도	소속	출전	교체	득점	도움	파울	경고	퇴장
BC	1983	유공	14	2	9	2	12	0	0
	1984	유공	27	6	5	5	30	0	0
	1985	유공	18	9	2	2	20	1	0
	1986	유공	25	11	3	1	23	1	0
	1987	럭키금성	13	4	2	0	16	1	0
	합계		97	32	21	10	101	3	0
프로통산			97	32	21	10	101	3	0

박윤화(朴允和) 숭실대 1978.06.13

대회	연도	소속	출전	교체	득점	도움	파울	경고	퇴장
BC	2001	안양LG	3	1	0	1	9	1	0
	2002	안양LG	15	13	1	0	14	1	0
	2003	안양LG	9	8	0	0	11	0	0
	2004	광주상무	23	21	1	1	26	1	0
	2005	광주상무	24	12	0	1	27	3	0
	2007	대구	22	3	0	4	49	5	0
	2008	경남	7	0	0	0	2	0	0
	2009	경남	2	0	0	1	2	1	0
	합계		105	58	2	8	140	12	0
프로통산			105	58	2	8	140	12	0

박인철(朴仁哲) 영남대 1976.04.17

대회	연도	소속	출전	교체	실점	도움	파울	경고	퇴장
BC	1999	전남	5	0	8	0	0	0	0
	합계		5	0	8	0	0	0	0
프로통산			5	0	8	0	0	0	0

박인혁(朴仁赫) 경희대 1995.12.29

대회	연도	소속	출전	교체	득점	도움	파울	경고	퇴장
K2	2018	대전	33	12	7	3	82	9	0
	2019	대전	33	16	3	0	64	6	0
	2020	대전	21	19	0	2	36	3	0
	2021	대전	12	8	7	1	18	3	0
	2022	전남	38	26	7	0	55	4	0
	합계		137	81	24	6	255	25	0
승	2021	대전	1	1	0	0	0	0	0
	합계		1	1	0	0	0	0	0
프로통산			138	82	24	6	255	25	0

박일권(朴一權) 금호고 1995.03.04

대회	연도	소속	출전	교체	득점	도움	파울	경고	퇴장
K1	2015	광주	5	5	0	0	2	1	0
	합계		5	5	0	0	2	1	0
프로통산			5	5	0	0	2	1	0

박임수(朴林洙) 아주대 1989.02.07

대회	연도	소속	출전	교체	득점	도움	파울	경고	퇴장
K2	2013	수원FC	1	1	0	0	0	0	0
	합계		1	1	0	0	0	0	0
프로통산			1	1	0	0	0	0	0

박재경(朴在慶) 학성고 2000.04.28

대회	연도	소속	출전	교체	득점	도움	파울	경고	퇴장
K1	2023	대구	1	1	0	0	0	0	0
	합계		1	1	0	0	0	0	0
프로통산			1	1	0	0	0	0	0

박재권(朴在權) 한양대

대회	연도	소속	출전	교체	득점	도움	파울	경고	퇴장
BC	1988	대우	5	2	0	0	3	0	0
	합계		5	2	0	0	3	0	0
프로통산			5	2	0	0	3	0	0

박재민(朴宰民) 광운대 1996.05.10

대회	연도	소속	출전	교체	득점	도움	파울	경고	퇴장
K1	2019	울산	0	0	0	0	0	0	0
	합계		0	0	0	0	0	0	0

프로통산 | 0 0 0 0 0 0 0

박재성(朴財成) 대구대 1991.06.19

대회	연도	소속	출전	교체	득점	도움	파울	경고	퇴장
K1	2014	성남	1	1	0	0	0	0	0
		합계	1	1	0	0	0	0	0
프로통산			1	1	0	0	0	0	0

박재용(朴才用) 인천대 2000.03.13

대회	연도	소속	출전	교체	득점	도움	파울	경고	퇴장
K1	2023	전북	8	8	2	0	4	0	0
		합계	8	8	2	0	4	0	0
K2	2022	안양	19	19	2	0	8	1	0
	2023	안양	18	14	6	1	10	1	0
		합계	37	33	8	1	18	2	0
승	2022	안양	2	3	0	0	0	0	0
		합계	2	3	0	0	0	0	0
프로통산			47	44	10	1	22	2	0

박재용(朴才用) 명지대 1985.12.30

대회	연도	소속	출전	교체	득점	도움	파울	경고	퇴장
BC	2006	성남일화	3	0	0	0	2	2	0
	2007	성남일화	0	0	0	0	0	0	0
	2008	성남일화	0	0	0	0	0	0	0
		합계	6	3	0	0	2	2	0
프로통산			6	3	0	0	2	2	0

박재우(朴宰祐) 건국대 1995.10.11

대회	연도	소속	출전	교체	득점	도움	파울	경고	퇴장
K1	2015	대전	10	6	0	1	10	0	0
		합계	10	6	0	1	10	0	0
K2	2016	대전	3	2	0	0	0	0	0
	2017	대전	21	8	0	2	23	5	1
	2018	대전	15	6	0	3	18	2	0
	2019	아산	16	4	0	1	10	0	0
	2020	충남아산	16	4	0	0	7	1	0
	2021	충남아산	2	1	0	0	5	0	0
		합계	63	25	0	5	72	8	2
프로통산			73	31	0	5	73	8	2

박재우(朴宰佑) 성균관대 1998.03.06

대회	연도	소속	출전	교체	득점	도움	파울	경고	퇴장
K1	2019	포항	2	1	0	0	2	0	0
	2020	포항	8	5	0	0	14	2	0
	2021	포항	2	3	0	0	0	0	0
		합계	12	9	0	0	16	2	0
K2	2022	김포	9	5	1	0	13	1	0
	2023	부천	0	0	0	0	0	0	0
		합계	9	5	1	0	13	1	0
프로통산			21	14	1	0	29	3	0

박재철(朴宰徹) 한양대 1990.03.29

대회	연도	소속	출전	교체	득점	도움	파울	경고	퇴장
K2	2014	부천	8	6	1	0	5	0	0
		합계	8	6	1	0	5	0	0
프로통산			8	6	1	0	5	0	0

박재현(朴栽賢) 상지대 1980.10.29

대회	연도	소속	출전	교체	득점	도움	파울	경고	퇴장
BC	2003	대구	3	3	0	0	6	0	0
	2005	인천	4	4	0	0	7	0	0
	2006	인천	17	11	0	1	30	3	0
	2007	인천	31	24	5	2	60	6	0
	2008	인천	29	27	0	2	42	1	0
	2009	인천	16	8	0	4	39	4	0
		합계	100	77	5	9	184	13	0
프로통산			100	77	5	9	184	13	0

박재홍(朴栽弘) 연세대 1990.04.06

대회	연도	소속	출전	교체	득점	도움	파울	경고	퇴장
K2	2013	부천	32	0	1	0	46	7	0
	2014	부천	18	6	0	0	21	4	0
	2015	부천	2	2	0	0	0	0	0
		합계	52	8	1	0	67	11	0
프로통산			52	8	1	0	67	11	0

박재홍(朴載泓) 명지대 1978.11.10

대회	연도	소속	출전	교체	득점	도움	파울	경고	퇴장
BC	2003	전북	35	5	2	1	78	10	0
	2004	전북	15	1	0	2	41	4	0
	2005	전남	23	2	0	0	66	9	0
	2006	전남	30	4	0	1	63	5	1
	2008	경남	27	2	0	0	46	5	0
	2009	경남	5	1	0	0	4	1	0
	2011	경남	24	5	0	0	28	4	0
		합계	159	19	2	4	326	38	1
프로통산			159	19	2	4	326	38	1

박재환(朴財奐) 오산고 2000.10.11

대회	연도	소속	출전	교체	득점	도움	파울	경고	퇴장
K2	2022	경남	30	10	2	0	14	5	0
	2023	경남	31	3	2	0	16	3	0
		합계	61	13	4	0	30	8	0
프로통산			61	13	4	0	30	8	0

박재훈(朴在勳) 김천대 1998.09.01

대회	연도	소속	출전	교체	득점	도움	파울	경고	퇴장
K1	2020	포항	1	1	0	0	1	0	0
		합계	1	1	0	0	1	0	0
프로통산			1	1	0	0	1	0	0

박정민(朴正珉) 한남대 1988.10.25

대회	연도	소속	출전	교체	득점	도움	파울	경고	퇴장
BC	2012	광주	8	8	1	1	8	2	0
		합계	8	8	1	1	8	2	0
K2	2013	광주	14	14	3	1	19	2	0
		합계	14	14	3	1	19	2	0
프로통산			22	22	4	2	27	4	0

박정민(朴廷珉) 고려대 1973.05.04

대회	연도	소속	출전	교체	득점	도움	파울	경고	퇴장
BC	1998	울산	13	11	0	1	10	0	0
	1999	울산	7	6	0	0	7	1	0
	2000	울산	1	0	0	0	4	0	0
		합계	21	17	0	2	21	1	0
프로통산			21	17	0	2	21	1	0

박정배(朴正倍) 성균관대 1967.02.19

대회	연도	소속	출전	교체	득점	도움	파울	경고	퇴장
BC	1990	럭키금성	26	1	0	1	30	1	0
	1991	LG	38	2	4	4	51	3	0
	1992	LG	35	1	3	0	35	2	0
	1993	LG	12	1	2	0	16	1	0
	1994	대우	14	2	1	0	12	3	0
	1995	대우	21	9	2	0	35	2	0
	1996	부산	17	7	0	0	21	7	0
	1997	울산	22	5	0	2	26	3	0
	1998	울산	37	3	2	0	55	4	0
	1999	울산	3	3	0	0	0	0	0
		합계	227	33	12	5	271	27	0
프로통산			227	33	12	5	271	27	0

박정빈(朴正斌) 광양제철고 1994.02.22

대회	연도	소속	출전	교체	득점	도움	파울	경고	퇴장
K1	2021	서울	15	14	1	0	14	2	1
		합계	15	14	1	0	14	2	1
프로통산			15	14	1	0	14	2	1

박정석(朴庭奭) 동북고 1977.04.19

대회	연도	소속	출전	교체	득점	도움	파울	경고	퇴장
BC	2001	안양LG	31	1	1	0	59	5	0
	2002	안양LG	9	2	0	0	22	3	0
	2003	안양LG	19	1	0	0	67	5	0
	2004	서울	24	2	0	0	43	6	0
	2005	서울	18	6	0	0	49	9	0
	2006	서울	3	1	0	0	23	0	0
		합계	108	12	1	2	307	29	0
프로통산			108	12	1	2	307	29	0

박정수(朴庭秀) 상지대 1987.01.13

대회	연도	소속	출전	교체	득점	도움	파울	경고	퇴장
K1	2018	강원	25	10	1	1	49	8	0
	2020	광주	25	5	0	0	39	5	0
	2021	광주	2	0	0	0	0	0	0
		합계	52	15	1	1	88	13	0
K2	2015	고양	35	3	2	0	26	9	0
	2019	광주	27	8	1	0	48	4	0
		합계	42	11	3	0	74	13	0
프로통산			94	26	4	1	162	26	0

박정수(朴正洙) 경희대 1994.04.12

대회	연도	소속	출전	교체	득점	도움	파울	경고	퇴장
K1	2021	성남	2	1	0	0	2	2	0
		합계	2	1	0	0	2	2	0
프로통산			2	1	0	0	2	2	0

박정식(朴正植) 광운대 1988.01.20

대회	연도	소속	출전	교체	득점	도움	파울	경고	퇴장
K2	2013	안양	23	6	1	1	28	6	0
	2014	안양	13	7	0	0	10	2	0
		합계	36	13	1	1	38	8	0
프로통산			36	13	1	1	38	8	0

박정식(朴正植) 호남대 1983.03.07

대회	연도	소속	출전	교체	득점	도움	파울	경고	퇴장
BC	2006	대구	11	7	0	0	17	0	0
	2007	대구	18	3	1	0	41	7	0
	2008	대구	21	7	0	1	26	4	0
	2009	대구	12	5	0	1	8	4	0
	2010	광주상무	0	0	0	0	0	0	0
	2011	상주	0	0	0	0	0	0	0
		합계	62	22	1	2	92	15	0
프로통산			62	22	1	2	92	15	0

박정인(朴正仁) 현대고 2000.10.07

대회	연도	소속	출전	교체	득점	도움	파울	경고	퇴장
K1	2019	울산	6	6	0	0	7	0	0
	2020	울산	7	7	0	1	6	0	0
		합계	13	13	0	1	13	0	0
K2	2021	부산	29	15	8	3	26	2	0
	2022	부산	9	8	1	1	8	3	1
	2023	부산	9	9	0	0	9	1	0
	2023	서울E	17	10	1	0	13	0	0
		합계	81	51	17	4	63	6	1
프로통산			94	64	17	5	76	6	1

박정일(朴晶一) 건국대 1959.11.19

대회	연도	소속	출전	교체	득점	도움	파울	경고	퇴장
BC	1984	럭키금성	18	11	4	2	10	0	0
		합계	18	11	4	2	10	0	0
프로통산			18	11	4	2	10	0	0

박정주(朴廷柱) 한양대 1979.06.26

대회	연도	소속	출전	교체	득점	도움	파울	경고	퇴장
BC	2003	부천SK	4	4	0	0	3	1	0
		합계	4	4	0	0	3	1	0
프로통산			4	4	0	0	3	1	0

박정현 동아대 1974.05.28

대회	연도	소속	출전	교체	득점	도움	파울	경고	퇴장
BC	1999	전북	1	1	0	0	0	0	0
		합계	1	1	0	0	0	0	0
프로통산			1	1	0	0	0	0	0

박정혜(朴姃慧) 숭실대 1987.04.21

대회	연도	소속	출전	교체	득점	도움	파울	경고	퇴장
BC	2009	대전	27	5	1	0	42	3	0
	2010	대전	23	6	1	0	34	4	0
	2011	대전	10	1	0	1	14	1	0
		합계	60	12	2	0	90	8	0
프로통산			60	12	2	0	90	8	0

박정호(朴政護) 영생고 1997.02.18

대회	연도	소속	출전	교체	득점	도움	파울	경고	퇴장
K1	2018	전북	1	1	0	0	2	0	0
		합계	1	1	0	0	2	0	0
프로통산			1	1	0	0	2	0	0

박정환(朴晶煥) 인천대 1977.01.14

대회	연도	소속	출전	교체	득점	도움	파울	경고	퇴장
BC	1999	안양LG	0	0	0	0	0	0	0
	2000	안양LG	5	5	1	0	6	1	0
	2001	안양LG	16	10	9	2	25	2	0
	2002	안양LG	18	18	2	1	25	1	0
	2004	광주상무	28	22	6	2	65	3	0
	2005	광주상무	18	15	2	0	28	0	0
	2006	전북	4	4	0	0	5	0	0
	2007	전북	5	5	1	0	5	1	0
	합계		94	79	21	5	163	8	0
프로통산			94	79	21	5	163	8	0

박정훈(朴正勳) 고려대 1988.06.28

대회	연도	소속	출전	교체	득점	도움	파울	경고	퇴장
BC	2011	전북	1	0	1	0	4	0	0
	2012	강원	3	4	1	0	7	1	0
	합계		4	4	2	0	11	1	0
K2	2014	부천	7	6	0	0	6	2	0
	2015	고양	22	10	6	0	23	3	0
	2016	고양	31	23	8	1	27	5	0
	합계		60	39	8	1	56	10	0
프로통산			64	43	10	1	64	11	0

박종대(朴鍾大) 동아대 1966.01.12

대회	연도	소속	출전	교체	득점	도움	파울	경고	퇴장
BC	1989	일화	10	8	2	1	7	0	0
	1990	일화	24	15	3	1	12	0	0
	1991	일화	13	6	4	1	9	0	0
	합계		47	29	9	2	28	1	0
프로통산			47	29	9	2	28	1	0

박종문(朴鍾汶) 전주대 1970.10.02

대회	연도	소속	출전	교체	실점	도움	파울	경고	퇴장
BC	1995	전남	10	4	11	0	0	0	0
	1997	전남	28	0	22	0	0	0	0
	1998	전남	21	0	32	0	2	0	0
	1999	전남	12	1	11	0	0	0	0
	2000	전남	12	0	17	0	1	1	0
	2001	전남	27	1	35	0	1	0	0
	2002	전남	33	0	33	0	0	0	0
	2003	전남	33	0	42	0	0	1	0
	2004	전남	13	0	16	0	1	0	0
	2005	전남	3	0	5	0	0	0	0
	2006	전남	0	0	0	0	0	0	0
	합계		192	6	211	0	5	3	0
프로통산			192	6	211	0	5	3	0

박종오(朴宗吾) 한양대 1991.04.12

대회	연도	소속	출전	교체	득점	도움	파울	경고	퇴장
K2	2014	부천	2	2	0	0	1	0	0
	합계		2	2	0	0	1	0	0
프로통산			2	2	0	0	1	0	0

박종우(朴鍾佑) 연세대 1989.03.10

대회	연도	소속	출전	교체	득점	도움	파울	경고	퇴장
BC	2010	부산	13	7	0	1	20	1	0
	2011	부산	30	5	2	3	49	9	0
	2012	부산	28	13	3	5	61	10	0
	합계		71	25	5	9	130	20	0
K1	2013	부산	31	1	2	6	81	9	0
	2018	수원	7	6	0	0	6	1	0
	2020	부산	19	7	1	0	21	3	0
	합계		57	14	3	7	113	16	0
K2	2019	부산	28	7	2	7	43	3	1
	2021	부산	14	4	0	0	20	4	0
	2022	부산	29	16	0	2	39	7	0
	합계		71	27	2	9	102	14	1
프로통산			199	66	10	25	345	50	1

박종우(朴鍾佑) 숭실대 1979.04.11

대회	연도	소속	출전	교체	득점	도움	파울	경고	퇴장
BC	2002	전남	24	4	1	2	32	2	0
	2003	전남	26	7	0	4	26	4	0
	2004	광주상무	32	8	3	1	41	5	0
	2005	광주상무	31	8	3	1	35	1	0
	2006	전남	31	8	0	2	48	5	0
	2007	전남	29	11	3	3	43	3	0
	2008	경남	28	7	1	2	34	7	0
	2009	경남	1	0	0	0	3	1	0
	합계		199	54	9	17	262	28	0
프로통산			199	54	9	17	262	28	0

박종욱(朴鍾旭) 울산대 1975.01.11

대회	연도	소속	출전	교체	득점	도움	파울	경고	퇴장
BC	1997	울산	20	6	1	0	34	4	0
	1998	울산	1	1	0	0	0	0	0
	1999	울산	21	9	0	0	30	0	0
	2000	울산	18	2	0	1	29	3	0
	2001	울산	7	7	0	0	3	1	0
	2002	울산	9	8	0	0	7	1	0
	합계		76	33	1	1	103	12	0
프로통산			76	33	1	1	103	12	0

박종원(朴鍾遠) 연세대 1955.04.12

대회	연도	소속	출전	교체	득점	도움	파울	경고	퇴장
BC	1983	대우	10	6	0	1	7	0	0
	1984	대우	9	5	0	1	10	0	0
	1985	대우	3	2	0	0	3	0	0
	합계		22	13	1	2	20	0	0
프로통산			22	13	1	2	20	0	0

박종윤(朴鍾允) 호남대 1987.12.17

대회	연도	소속	출전	교체	득점	도움	파울	경고	퇴장
BC	2010	경남	3	1	0	0	0	0	0
	합계		3	1	0	0	0	0	0
프로통산			3	1	0	0	0	0	0

박종인(朴鍾仁) 호남대 1988.11.12

대회	연도	소속	출전	교체	득점	도움	파울	경고	퇴장
BC	2012	광주	1	1	0	0	0	0	0
	합계		1	1	0	0	0	0	0
K2	2013	광주	10	10	1	0	12	2	0
	합계		10	10	1	0	12	2	0
프로통산			11	11	1	0	12	2	0

박종인(朴鍾仁) 동아대 1974.04.10

대회	연도	소속	출전	교체	득점	도움	파울	경고	퇴장
BC	1997	안양LG	8	6	2	0	5	0	0
	1998	안양LG	18	11	2	1	29	2	0
	1999	안양LG	15	15	2	1	14	3	0
	2000	안양LG	3	3	0	0	2	0	0
	합계		44	35	6	2	45	5	0
프로통산			44	35	6	2	45	5	0

박종준(朴鍾俊) 영생고 2000.05.12

대회	연도	소속	출전	교체	실점	도움	파울	경고	퇴장
K2	2021	안산	0	0	0	0	0	0	0
	합계		0	0	0	0	0	0	0
프로통산			0	0	0	0	0	0	0

박종진(朴宗眞) 숭실대 1987.06.24

대회	연도	소속	출전	교체	득점	도움	파울	경고	퇴장
BC	2009	강원	26	23	1	3	9	1	0
	2010	강원	12	11	0	0	13	0	0
	2011	수원	21	17	1	0	13	3	0
	2012	수원	17	17	1	0	14	2	0
	합계		80	73	4	3	58	8	1
K1	2013	수원	2	2	0	0	1	0	0
	2015	수원	1	1	0	0	0	0	0
	2016	인천	25	9	0	1	20	3	0
	2017	인천	25	16	0	0	23	4	0
	2018	인천	15	11	0	0	9	2	0
	합계		52	41	0	1	56	9	0
K2	2013	경찰	5	1	0	0	6	1	0
	2014	안산경찰	25	11	0	1	24	6	0
	2015	안산경찰	8	5	0	0	9	0	0
	합계		38	17	0	1	41	6	0
프로통산			170	130	4	9	135	14	0

박종진(朴鐘珍) 호남대 1980.05.04

대회	연도	소속	출전	교체	득점	도움	파울	경고	퇴장
BC	2003	대구	39	5	0	1	47	4	0
	2004	대구	30	9	0	1	54	5	0
	2005	대구	36	3	0	1	76	7	0
	2006	대구	28	1	1	0	24	3	0
	2007	대구	28	1	0	0	24	3	0
	2008	광주상무	23	0	0	0	36	7	0
	2009	대구	21	7	0	1	31	5	0
	2010	대구	21	7	0	1	31	5	0
	2011	대구	18	6	0	0	17	3	0
	2012	대구	24	2	0	0	36	6	0
	합계		252	41	1	4	349	44	0
K1	2013	대구	11	1	0	0	14	2	0
	합계		11	1	0	0	14	2	0
K2	2014	대구	7	3	0	0	6	2	0
	합계		7	3	0	0	6	2	0
프로통산			270	45	1	4	366	46	0

박종찬(朴鍾瓚) 한남대 1981.10.02

대회	연도	소속	출전	교체	득점	도움	파울	경고	퇴장
BC	2005	인천	1	1	0	0	0	0	0
	합계		1	1	0	0	0	0	0
K2	2013	수원FC	31	11	11	1	46	7	1
	2014	수원FC	20	15	3	1	21	3	0
	2015	수원FC	7	7	1	0	3	0	0
	합계		58	33	15	2	70	10	1
프로통산			59	34	15	2	70	10	1

박종찬(朴鐘璨) 서울시립대 1971.02.08

대회	연도	소속	출전	교체	득점	도움	파울	경고	퇴장
BC	1993	일화	22	18	0	0	7	1	0
	1994	일화	1	1	0	0	0	0	0
	1995	일화	4	3	0	0	0	0	0
	1996	천안일화	0	0	0	0	0	0	0
	합계		27	22	0	0	7	1	0
프로통산			27	22	0	0	7	1	0

박종필(朴鐘弼) 한양공고 1976.10.17

대회	연도	소속	출전	교체	득점	도움	파울	경고	퇴장
BC	1995	전북	3	3	0	0	0	0	0
	1996	전북	3	3	0	0	0	0	0
	1997	전북	2	2	0	0	0	0	0
	합계		8	8	0	0	0	0	0
프로통산			8	8	0	0	0	0	0

박종현(朴終泫) 숭실대 2000.11.24

대회	연도	소속	출전	교체	득점	도움	파울	경고	퇴장
K2	2022	안양	36	12	0	0	36	5	0
	2023	안양	31	8	0	0	29	5	0
	합계		67	20	0	0	65	10	0
승	2022	안양	2	0	0	0	3	1	0
	합계		2	0	0	0	3	1	0
프로통산			69	20	0	0	68	11	0

박주성(朴住成) 마산공고 1984.02.20

대회	연도	소속	출전	교체	득점	도움	파울	경고	퇴장
BC	2003	수원	11	9	0	0	12	0	0
	2004	수원	7	5	0	1	8	2	0
	2005	광주상무	25	12	0	1	29	7	0
	2006	광주상무	4	1	0	0	2	0	1
	2007	수원	6	1	0	0	7	0	0
	2008	수원	1	1	0	0	0	0	0
	합계		54	30	0	2	58	8	1
K1	2013	경남	17	9	0	0	33	1	0
	2014	경남	35	2	1	0	36	2	0
	합계		52	11	1	0	69	5	0

（앞 선수 계속）

대회	연도	소속	출전	교체	득점	도움	파울	경고	퇴장
K2	2016	경남	8	5	0	0	7	2	0
	2017	대전	9	1	0	0	3	3	0
	합계		17	6	0	0	10	5	0
승	2014	경남	1	0	0	0	0	0	0
	합계		1	0	0	0	0	0	0
프로통산			124	47	1	2	137	18	1

박주영(朴主永) 고려대 1985.07.10

대회	연도	소속	출전	교체	득점	도움	파울	경고	퇴장
BC	2005	서울	30	5	18	4	35	2	0
	2006	서울	30	16	8	1	25	0	0
	2007	서울	14	7	5	0	7	0	0
	2008	서울	17	7	2	4	19	2	0
	합계		91	35	33	9	86	4	0
K1	2015	서울	23	13	7	2	24	2	0
	2016	서울	34	24	10	1	35	3	0
	2017	서울	34	31	8	1	24	2	0
	2019	서울	20	17	3	0	19	1	0
	2020	서울	35	16	10	7	34	2	0
	2021	서울	17	15	0	0	18	1	0
	2022	울산	6	6	0	0	4	0	0
	합계		192	130	42	13	171	9	0
승	2018	서울	2	2	1	1	0	0	0
	합계		2	2	1	1	0	0	0
프로통산			285	167	76	23	258	13	0

박주원(朴周元) 홍익대 1990.10.19

대회	연도	소속	출전	교체	실점	도움	파울	경고	퇴장
K1	2013	대전	0	0	0	0	0	0	0
	2015	대전	22	0	41	0	0	2	0
	합계		22	0	41	0	0	2	0
K2	2014	대전	16	1	12	0	0	1	0
	2016	대전	27	0	34	0	1	0	0
	2017	아산	14	0	12	0	0	4	0
	2018	아산	0	0	0	0	0	0	0
	2019	대전	29	0	34	0	0	0	0
	2020	대전	0	0	0	0	0	0	0
	2021	대전	0	0	0	0	0	0	0
	2022	충남아산	27	4	25	1	1	1	0
	2023	충남아산	15	5	24	0	0	0	0
	합계		132	10	141	1	4	5	0
승	2021	대전	0	0	0	0	0	0	0
	합계		0	0	0	0	0	0	0
프로통산			154	10	182	1	4	7	0

박주원(朴周元) 부산대 1960.01.28

대회	연도	소속	출전	교체	득점	도움	파울	경고	퇴장
BC	1984	현대	5	4	0	0	0	0	0
	합계		5	4	0	0	0	0	0
프로통산			5	4	0	0	0	0	0

박주현(朴株炫) 관동대(가톨릭관동대) 1984.09.29

대회	연도	소속	출전	교체	득점	도움	파울	경고	퇴장
BC	2007	대전	6	5	1	0	11	0	0
	2008	대전	8	4	2	0	14	3	0
	2010	대전	2	2	1	0	0	0	0
	합계		16	11	4	0	25	3	0
프로통산			16	11	4	0	25	3	0

박주호(朴主護) 숭실대 1987.01.16

대회	연도	소속	출전	교체	득점	도움	파울	경고	퇴장
K1	2018	울산	17	11	0	2	17	3	0
	2019	울산	23	7	0	1	26	5	0
	2020	울산	13	0	1	0	16	1	0
	2021	수원FC	24	0	0	0	32	5	0
	2022	수원FC	32	9	1	0	38	5	0
	2023	수원FC	14	11	0	0	11	1	0
	합계		127	49	0	3	140	20	0
프로통산			127	49	0	3	140	20	0

박준강(朴埈江) 상지대 1991.06.06

대회	연도	소속	출전	교체	득점	도움	파울	경고	퇴장
K1	2013	부산	30	1	0	1	35	8	0
	2014	부산	14	1	0	1	20	5	0
	2015	부산	20	7	0	0	13	1	0
	2016	상주	9	1	0	0	12	3	0
	2017	상주	7	2	0	0	7	0	0
	2020	부산	19	8	0	1	24	7	0
	2021	광주	1	1	0	0	1	1	0
	합계		100	20	0	2	112	25	0
K2	2018	부산	14	1	0	1	13	1	0
	2022	부산	14	8	0	2	21	3	0
	2023	천안	23	17	0	1	14	4	0
	합계		54	37	1	4	48	8	0
승	2015	부산	2	1	0	0	3	1	0
	2019	부산	1	1	0	0	0	0	0
	합계		3	2	0	0	3	1	0
프로통산			157	59	2	6	162	34	0

박준배(朴埈培) 단국대 2000.10.14

대회	연도	소속	출전	교체	득점	도움	파울	경고	퇴장
K2	2023	안산	4	4	0	0	0	0	0
	합계		4	4	0	0	0	0	0
프로통산			4	4	0	0	0	0	0

박준성(朴俊成) 조선대 1984.09.11

대회	연도	소속	출전	교체	득점	도움	파울	경고	퇴장
BC	2007	제주	6	5	0	0	10	1	0
	합계		6	5	0	0	10	1	0
프로통산			6	5	0	0	10	1	0

박준승(朴俊勝) 홍익대 1990.02.27

대회	연도	소속	출전	교체	득점	도움	파울	경고	퇴장
K2	2013	경찰	2	2	0	0	0	0	0
	합계		2	2	0	0	0	0	0
프로통산			2	2	0	0	0	0	0

박준영(朴俊泳) 광운대 1995.03.15

대회	연도	소속	출전	교체	득점	도움	파울	경고	퇴장
K1	2018	서울	1	1	0	0	0	0	0
	2019	서울	1	1	0	0	0	0	0
	합계		2	2	0	0	0	0	0
K2	2020	안산	6	2	0	0	8	2	0
	2021	안산	3	3	0	0	1	0	0
	2023	안산	1	1	0	0	0	0	0
	합계		10	6	0	0	9	2	0
프로통산			12	8	0	0	9	2	0

박준영(朴濬英) 잠실고 2003.06.06

대회	연도	소속	출전	교체	득점	도움	파울	경고	퇴장
K2	2022	서울E	18	18	1	0	11	0	0
	2023	서울E	6	6	0	0	8	0	0
K2	합계		24	24	1	0	16	1	0
프로통산			24	24	1	0	16	1	0

박준영(朴俊泳) 광양제철고 1981.07.08

대회	연도	소속	출전	교체	실점	도움	파울	경고	퇴장
BC	2000	전남	0	0	0	0	0	0	0
	2003	대구	0	0	0	0	0	0	0
	2004	대구	2	0	6	0	0	0	0
	2005	대구	0	0	0	0	0	0	0
	합계		2	0	6	0	0	0	0
프로통산			2	0	6	0	0	0	0

박준영(朴埈瑩) 보인고 2003.06.18

대회	연도	소속	출전	교체	득점	도움	파울	경고	퇴장
K2	2023	서울E	3	1	0	0	2	0	0
	합계		3	1	0	0	2	0	0
프로통산			3	1	0	0	2	0	0

박준오(朴俊五) 대구대 1986.03.01

대회	연도	소속	출전	교체	실점	도움	파울	경고	퇴장
BC	2010	대구	0	0	0	0	0	0	0
	합계		0	0	0	0	0	0	0
프로통산			0	0	0	0	0	0	0

박준태(朴俊泰) 고려대 1989.12.02

대회	연도	소속	출전	교체	득점	도움	파울	경고	퇴장
BC	2009	울산	8	8	0	0	4	0	0
	2010	울산	1	1	0	0	0	0	0
	2011	인천	26	25	5	1	10	2	0
	2012	인천	27	26	3	0	21	2	0
	합계		62	60	8	1	35	4	0
K1	2013	전남	27	17	1	1	22	1	0
	2014	전남	7	9	0	0	8	0	0
	2016	상주	24	14	8	1	13	1	0
	2016	전남	4	4	0	0	3	0	0
	2018	전남	8	6	0	0	12	0	0
	합계		70	50	9	2	53	2	0
K2	2015	상주	23	18	2	3	11	0	0
	2017	부산	2	3	0	0	2	0	0
	합계		25	21	2	3	13	0	0
승	2017	부산	1	1	0	0	2	0	0
	합계		1	1	0	0	2	0	0
프로통산			158	131	19	6	110	6	0

박준혁(朴俊赫) 전주대 1987.04.11

대회	연도	소속	출전	교체	실점	도움	파울	경고	퇴장
BC	2010	경남	0	0	0	0	0	0	0
	2011	대구	24	0	32	0	1	4	1
	2012	대구	38	0	53	0	2	2	0
	합계		62	0	85	0	3	6	1
K1	2013	제주	31	0	31	0	0	1	0
	2014	성남	35	0	33	0	0	2	0
	2015	성남	32	0	26	0	0	3	0
	2016	성남	3	0	11	0	1	0	0
	합계		101	0	101	0	1	10	0
K2	2018	대전	31	0	38	0	0	3	0
	2019	전남	31	0	38	0	0	3	0
	2020	전남	24	0	22	0	1	4	0
	2021	전남	15	0	12	0	0	1	0
	합계		88	0	89	0	1	9	0
프로통산			251	0	275	0	5	25	1

박준형(朴俊炯) 동의대 1993.01.25

대회	연도	소속	출전	교체	득점	도움	파울	경고	퇴장
K1	2019	수원	2	1	0	0	2	1	0
	합계		2	1	0	0	2	1	0
프로통산			2	1	0	0	2	1	0

박준홍(朴埈弘) 연세대 1978.04.13

대회	연도	소속	출전	교체	득점	도움	파울	경고	퇴장
BC	2001	부산	7	7	0	0	4	0	0
	2002	부산	10	6	0	0	10	0	0
	2003	광주상무	0	0	0	0	13	3	0
	2004	광주상무	15	1	0	0	25	1	0
	2005	부산	16	3	0	0	18	4	0
	2006	부산	25	3	0	0	11	2	0
	합계		73	28	0	0	81	8	0
프로통산			73	28	0	0	81	8	0

박준희(朴晙熙) 건국대 1991.03.01

대회	연도	소속	출전	교체	득점	도움	파울	경고	퇴장
K1	2014	포항	4	1	0	0	3	0	0
	2015	포항	3	3	2	0	4	0	0
	2016	포항	13	11	0	0	14	3	0
	2020	광주	2	1	0	0	1	0	0
	합계		19	14	2	0	22	3	0
K2	2017	안산	22	4	1	0	16	5	1
	2018	안산	31	3	2	1	31	4	0
	2019	안산	32	5	1	0	15	4	0
	2021	부천	17	4	0	1	15	0	0
	2022	김포	11	2	0	0	9	2	0
	합계		113	24	4	6	106	17	1
프로통산			132	38	4	6	128	20	1

박중천(朴重天) 명지대 1983.10.11

대회 연도 소속 출전 교체 실점 도움 파울 경고 퇴장

			출전	교체	득점	도움	파울	경고	퇴장
BC	2006	제주	0	0	0	0	0	0	0
	2009	제주	0	0	0	0	0	0	0
	합계		0	0	0	0	0	0	0
프로통산			0	0	0	0	0	0	0

박지민 (朴智敏) 경희대 1994.03.07

대회	연도	소속	출전	교체	득점	도움	파울	경고	퇴장
K1	2014	경남	4	4	0	0	0	1	0
	합계		4	4	0	0	0	1	0
K2	2015	충주	12	12	1	0	6	0	0
	2016	충주	31	24	5	1	27	3	0
	합계		43	36	6	1	33	4	0
프로통산			47	40	6	1	33	4	0

박지민 (朴志旼) 매탄고 2000.05.25

대회	연도	소속	출전	교체	실점	도움	파울	경고	퇴장
K1	2018	수원	0	0	0	0	0	0	0
	2019	수원	1	0	4	0	0	0	0
	2020	상주	3	0	2	0	1	0	0
	2021	수원	0	0	0	0	0	0	0
	2022	수원	2	1	2	0	0	1	0
	2023	수원	0	0	0	0	0	0	0
	합계		6	1	8	0	1	1	0
K2	2022	김천	1	0	2	0	1	0	0
	합계		1	0	2	0	1	0	0
승	2022	수원	0	0	0	0	0	0	0
	합계		0	0	0	0	0	0	0
프로통산			7	1	10	0	2	1	0

박지수 (朴志水) 대건고 1994.06.13

대회	연도	소속	출전	교체	득점	도움	파울	경고	퇴장
K1	2018	경남	33	3	2	0	31	7	0
	2021	수원FC	14	1	0	1	21	1	0
	2022	김천	30	7	1	1	17	4	0
	합계		77	11	3	2	69	19	1
K2	2015	경남	28	16	1	1	47	4	0
	2017	경남	33	0	2	1	39	5	0
	2021	김천	7	0	1	0	0	4	0
	합계		103	20	6	2	102	16	0
승	2021	김천	2	0	0	0	0	0	0
	합계		2	0	0	0	0	0	0
프로통산			182	31	8	4	171	35	1

박지영 (朴至永) 건국대 1987.02.07

대회	연도	소속	출전	교체	실점	도움	파울	경고	퇴장
BC	2010	수원	0	0	0	0	0	0	0
	합계		0	0	0	0	0	0	0
K1	2014	상주	1	1	0	0	0	0	0
	합계		1	1	0	0	0	0	0
K2	2013	안양	2	0	3	0	0	0	0
	2015	상주	1	0	1	0	0	0	0
	2015	안양	0	0	0	0	0	0	0
	합계		3	0	4	0	0	0	0
프로통산			4	0	4	0	1	0	0

박지용 (朴志容) 대전상업정보고 1983.05.28

대회	연도	소속	출전	교체	득점	도움	파울	경고	퇴장
BC	2004	전남	3	2	0	0	2	0	0
	2007	전남	8	4	0	0	19	5	0
	2008	전남	12	3	0	0	16	5	0
	2009	전남	23	6	0	1	30	7	0
	2010	전남	5	0	0	0	6	3	0
	2011	강원	11	2	0	0	21	4	0
	합계		62	17	0	1	94	24	0
프로통산			62	17	0	1	94	24	0

박지원 (朴祉原) 선문대 2000.11.01

대회	연도	소속	출전	교체	득점	도움	파울	경고	퇴장
K1	2022	성남	8	8	0	0	0	1	0
	합계		8	8	0	0	0	1	0
K2	2023	성남	19	13	2	0	7	1	0
	합계		19	13	2	0	7	1	0
프로통산			27	21	2	0	7	1	0

박지호 (朴志鎬) 인천대 1970.07.04

대회	연도	소속	출전	교체	득점	도움	파울	경고	퇴장
BC	1993	LG	26	22	0	0	18	4	0
	1994	LG	4	4	0	1	5	1	0
	1995	포항	9	5	1	0	13	0	0
	1996	포항	9	7	1	0	7	3	0
	1997	포항	20	14	5	0	31	3	0
	1999	천안일화	5	5	0	1	6	0	0
	합계		70	57	6	3	80	11	0
프로통산			70	57	6	3	80	11	0

박진섭 (朴鎭燮) 서울문화예술대 1995.10.23

대회	연도	소속	출전	교체	득점	도움	파울	경고	퇴장
K1	2022	전북	33	4	2	0	43	5	0
	2023	전북	32	6	1	2	41	3	0
	합계		65	10	3	2	84	8	0
K2	2018	안산	36	4	2	0	30	5	0
	2019	안산	36	6	1	1	59	3	0
	2020	대전	24	3	1	3	48	6	0
	2021	대전	33	1	2	2	66	10	0
	합계		119	14	5	4	203	24	0
승	2021	대전	2	0	0	1	7	0	0
	합계		2	0	0	1	7	0	0
프로통산			186	24	18	7	294	32	0

박진섭 (朴珍燮) 고려대 1977.03.11

대회	연도	소속	출전	교체	득점	도움	파울	경고	퇴장
BC	2002	울산	33	10	2	4	51	3	1
	2003	울산	41	10	1	6	65	6	0
	2004	울산	28	2	0	2	42	6	0
	2005	울산	14	0	0	2	17	3	0
	2005	성남일화	21	5	0	1	25	4	0
	2006	성남일화	35	2	1	4	55	4	0
	2007	성남일화	29	5	2	0	33	5	0
	2008	성남일화	35	3	0	1	31	5	0
	2009	부산	27	1	0	1	29	8	0
	2010	부산	26	3	0	2	39	9	0
	합계		284	60	3	27	348	53	1
프로통산			284	60	3	27	348	53	1

박진성 (朴眞理) 연세대 2001.05.15

대회	연도	소속	출전	교체	득점	도움	파울	경고	퇴장
K1	2021	전북	11	6	0	0	9	0	0
	2022	전북	12	11	0	0	7	1	0
	합계		23	17	0	0	16	5	0
K2	2023	충북청주	26	11	0	2	37	6	0
	합계		26	11	0	2	37	6	0
프로통산			49	28	0	2	53	11	0

박진수 (朴鎭秀) 고려대 1987.03.01

대회	연도	소속	출전	교체	득점	도움	파울	경고	퇴장
K2	2013	충주	33	3	3	1	63	7	0
	2014	충주	30	13	1	2	34	2	0
	2015	충주	11	10	0	0	3	0	0
	합계		74	26	4	3	100	9	0
프로통산			74	26	4	3	100	9	0

박진옥 (朴鎭玉) 경희대 1982.05.28

대회	연도	소속	출전	교체	득점	도움	파울	경고	퇴장
BC	2005	부천SK	25	1	0	1	15	1	0
	2006	제주	24	11	0	0	28	4	0
	2007	제주	28	4	0	1	36	1	0
	2008	제주	15	10	0	0	14	0	0
	2009	광주상무	11	8	0	0	5	0	0
	2010	광주상무	19	6	0	0	18	1	0
	2010	제주	3	1	0	0	2	0	0
	2011	제주	21	6	0	1	27	2	0
	2012	제주	16	9	0	0	16	3	0
	합계		154	80	2	1	160	11	0
K1	2013	대전	30	1	0	0	31	2	0
	합계		30	1	0	0	31	2	0
K2	2014	광주	8	2	0	0	16	1	0
	합계		8	2	0	0	16	1	0
프로통산			192	87	2	1	207	14	0

박진이 (朴眞伊) 아주대 1983.04.05

대회	연도	소속	출전	교체	득점	도움	파울	경고	퇴장
BC	2007	경남	7	5	0	0	4	1	0
	2008	경남	20	4	1	0	26	2	0
	2009	경남	3	2	0	1	4	0	0
	합계		30	11	0	1	34	3	0
프로통산			30	11	0	1	34	3	0

박진포 (朴珍鋪) 대구대 1987.08.13

대회	연도	소속	출전	교체	득점	도움	파울	경고	퇴장
BC	2011	성남일화	32	2	0	3	62	6	0
	2012	성남일화	40	0	0	3	74	7	0
	합계		72	2	0	6	136	13	0
K1	2013	성남일화	35	3	1	5	33	8	0
	2014	성남	32	2	1	2	45	6	0
	2016	상주	32	2	1	0	24	3	0
	2016	성남	3	1	0	0	3	1	0
	2017	제주	30	1	1	1	21	6	0
	2018	제주	26	0	2	0	17	3	0
	2019	제주	32	2	0	2	46	5	0
	합계		150	11	3	13	211	32	0
K2	2015	상주	32	3	3	3	44	5	0
	합계		32	3	3	3	35	4	0
승	2016	성남	1	0	0	0	0	0	0
	합계		1	0	0	0	0	0	0
프로통산			255	16	6	22	383	49	0

박진홍 (朴進洪) 보인고 2004.10.17

대회	연도	소속	출전	교체	득점	도움	파울	경고	퇴장
K1	2023	인천	2	2	0	0	1	0	0
	합계		2	2	0	0	1	0	0
프로통산			2	2	0	0	1	0	0

박찬용 (朴燦溶) 대구대 1996.01.27

대회	연도	소속	출전	교체	득점	도움	파울	경고	퇴장
K1	2022	포항	33	2	0	0	35	5	0
	2023	포항	26	9	0	0	14	3	0
	합계		59	11	0	0	49	8	0
K2	2020	전남	24	2	0	0	18	4	0
	2021	전남	33	3	2	2	39	4	0
	합계		57	5	2	2	57	8	0
프로통산			116	14	2	2	106	16	0

박찬울 (朴찬울) 수원대 1993.04.28

대회	연도	소속	출전	교체	득점	도움	파울	경고	퇴장
K2	2017	안산	13	3	0	0	14	2	0
	합계		13	3	0	0	14	2	0
프로통산			13	3	0	0	14	2	0

박창선 (朴昌善) 경희대 1954.02.02

대회	연도	소속	출전	교체	득점	도움	파울	경고	퇴장
BC	1983	할렐루야	15	1	3	6	24	3	0
	1984	대우	28	6	7	6	29	1	0
	1985	대우	5	0	0	2	6	1	0
	1986	대우	12	4	1	0	14	0	0
	1987	유공	13	4	1	2	24	0	0
	합계		73	8	11	17	99	4	0
프로통산			73	8	11	17	99	4	0

박창우 (朴昶佑) 영생고 2003.03.01

대회	연도	소속	출전	교체	득점	도움	파울	경고	퇴장
K1	2023	전북	15	14	0	0	5	1	0
	합계		15	14	0	0	5	1	0
프로통산			15	14	0	0	5	1	0

박창주 (朴昌宙) 단국대 1972.09.30

대회	연도	소속	출전	교체	실점	도움	파울	경고	퇴장
BC	1999	울산	2	1	5	0	0	0	0
	2000	울산	0	0	0	0	0	0	0
	2001	울산	0	0	0	0	0	0	0
	합계		2	1	5	0	0	0	0

프로통산			2	1	5	0	0	0	0

박창준(朴彰俊)아주대 1996.12.23

대회	연도	소속	출전	교체	득점	도움	파울	경고	퇴장
K1	2018	강원	14	6	0	1	17	3	0
	2019	강원	13	13	1	1	9	2	0
	합계		27	19	1	2	26	5	0
K2	2020	경남	22	20	2	1	24	4	0
	2021	부천	29	13	13	1	35	4	1
	2022	부천	30	28	6	3	30	4	0
	합계		81	61	21	5	89	12	1
프로통산			108	80	22	7	115	17	1

박창헌(朴昌憲)동국대 1985.12.12

대회	연도	소속	출전	교체	득점	도움	파울	경고	퇴장
BC	2008	인천	14	6	0	0	21	3	0
	2009	인천	14	11	0	0	16	1	0
	2010	인천	11	10	0	0	12	1	0
	2011	경남	4	3	0	0	5	0	0
	합계		43	30	0	0	54	5	0
프로통산			43	30	0	0	54	5	0

박창현(朴昶鉉)한양대 1966.06.08

대회	연도	소속	출전	교체	득점	도움	파울	경고	퇴장
BC	1989	포항제철	29	13	3	2	23	0	0
	1992	포항제철	28	8	7	4	26	1	0
	1993	포항제철	23	16	4	2	27	1	0
	1994	포항제철	20	15	0	0	17	2	0
	1995	전남	8	7	0	0	6	0	0
	합계		108	59	15	8	97	6	0
프로통산			108	59	15	8	97	6	0

박창환(朴昶煥)숭실고 2001.11.21

대회	연도	소속	출전	교체	득점	도움	파울	경고	퇴장
K1	2021	인천	23	22	0	0	13	2	0
	2022	인천	10	10	0	0	5	1	0
	합계		33	32	0	0	18	3	0
K2	2023	서울E	22	20	0	0	25	4	0
	합계		22	20	0	0	25	4	0
프로통산			55	52	0	0	43	7	0

박채준(朴採浚)영생고 2003.05.26

대회	연도	소속	출전	교체	득점	도움	파울	경고	퇴장
K1	2022	전북	0	0	0	0	0	0	0
	합계		0	0	0	0	0	0	0
프로통산			0	0	0	0	0	0	0

박천신(朴天申)동의대 1983.11.04

대회	연도	소속	출전	교체	득점	도움	파울	경고	퇴장
BC	2006	전남	2	2	0	0	4	1	0
	2007	전남	3	3	0	0	2	0	0
	합계		5	5	0	0	6	1	0
프로통산			5	5	0	0	6	1	0

박철(朴徹)대구대 1973.08.20

대회	연도	소속	출전	교체	득점	도움	파울	경고	퇴장
BC	1994	LG	25	2	2	0	22	3	0
	1995	LG	23	2	1	2	47	5	0
	1996	안양LG	19	10	1	0	18	2	0
	1999	부천SK	27	0	0	0	32	5	0
	2000	부천SK	32	2	1	1	27	1	0
	2001	부천SK	27	3	0	1	15	1	0
	2002	부천SK	23	1	0	3	14	0	0
	2003	대전	25	5	0	0	14	2	0
	2004	대전	24	1	0	0	10	1	0
	2005	대전	16	3	0	1	15	0	0
	합계		245	30	7	4	224	21	0
프로통산			245	30	7	4	224	21	0

박철우(朴哲佑)국제사이버대 1997.10.21

대회	연도	소속	출전	교체	득점	도움	파울	경고	퇴장
K1	2023	수원FC	29	19	0	0	19	2	0
	합계		29	19	0	0	19	2	0
K2	2022	충남아산	25	21	1	0	25	3	0
	합계		25	21	1	0	25	3	0
승	2023	수원FC	2	1	0	0	3	1	0
	합계		2	1	0	0	3	1	0
프로통산			56	41	1	0	47	6	0

박철우(朴哲祐)청주상고 1965.09.29

대회	연도	소속	출전	교체	실점	도움	파울	경고	퇴장
BC	1985	포항제철	11	0	7	0	0	0	0
	1986	포항제철	3	0	5	0	0	0	0
	1991	포항제철	28	1	31	0	2	0	0
	1992	LG	13	1	17	0	0	0	0
	1993	LG	29	1	30	0	0	0	0
	1994	LG	20	2	30	0	1	0	0
	1995	전남	11	5	15	0	0	0	0
	1996	수원	19	0	23	0	1	0	0
	1997	수원	19	0	23	0	1	0	0
	1998	전남	15	1	17	0	0	0	0
	1999	전남	19	1	17	0	0	0	0
	합계		190	11	217	0	8	0	0
프로통산			190	11	217	0	8	0	0

박철웅(朴鐵雄)영남대 1958.04.15

대회	연도	소속	출전	교체	득점	도움	파울	경고	퇴장
BC	1983	포항제철	5	4	0	0	0	0	0
	1984	포항제철	1	1	0	0	0	0	0
	합계		6	5	0	0	0	0	0
프로통산			6	5	0	0	0	0	0

박철형(朴哲亨)울산대 1982.03.17

대회	연도	소속	출전	교체	득점	도움	파울	경고	퇴장
BC	2005	부천SK	2	2	0	0	0	0	0
	2006	제주	4	4	0	0	2	0	0
	합계		6	6	0	0	2	0	0
프로통산			6	6	0	0	2	0	0

박청효(朴淸孝)연세대 1990.02.13

대회	연도	소속	출전	교체	실점	도움	파울	경고	퇴장
K1	2013	경남	10	0	21	0	0	1	0
	2014	경남	1	0	3	0	0	0	0
	합계		11	0	24	0	0	1	0
K2	2014	충주	8	0	14	0	0	1	0
	2015	충주	4	0	6	0	0	0	0
	2017	수원FC	4	0	6	0	0	0	0
	2023	김포	34	1	20	0	0	2	0
	합계		50	1	46	0	1	2	0
승	2023	김포	1	0	3	0	0	0	0
	합계		1	0	3	0	0	0	0
프로통산			62	1	69	0	1	3	0

박충균(朴忠均)건국대 1973.06.20

대회	연도	소속	출전	교체	득점	도움	파울	경고	퇴장
BC	1996	수원	14	3	0	0	14	1	0
	1997	수원	12	4	0	0	30	3	0
	1998	수원	10	4	0	0	14	0	0
	2001	성남일화	9	4	1	1	12	2	0
	2002	성남일화	25	9	0	0	41	4	0
	2003	성남일화	25	9	1	1	45	4	0
	2004	부산	14	0	0	0	12	1	0
	2005	부산	10	1	0	0	16	0	0
	2006	대전	14	1	0	1	23	4	0
	2007	부산	3	1	0	0	6	2	0
	합계		126	50	1	3	203	21	0
프로통산			126	50	1	3	203	21	0

박태민(朴太民)연세대 1986.01.21

대회	연도	소속	출전	교체	득점	도움	파울	경고	퇴장
BC	2008	수원	6	3	0	0	12	0	0
	2009	수원	6	3	0	0	4	0	0
	2010	수원	7	3	0	0	7	0	0
	2011	부산	23	7	1	1	34	4	0
	2012	인천	40	5	0	4	44	3	0
	합계		73	17	1	5	96	7	0
K1	2013	인천	36	1	0	0	46	1	0
	2014	인천	36	1	1	2	37	4	0
	2015	성남	20	2	0	1	30	3	0
	2016	성남	1	0	0	0	0	0	0
	합계		93	4	4	3	113	13	0
K2	2018	성남	7	2	0	0	9	0	0
	합계		7	2	0	0	9	0	0
프로통산			173	23	5	8	218	20	0

박태수(朴太洙)홍익대 1989.12.01

대회	연도	소속	출전	교체	득점	도움	파울	경고	퇴장
BC	2011	인천	6	3	0	0	12	2	0
	2012	인천	2	1	0	0	3	0	0
	합계		8	4	0	0	15	2	0
K1	2013	대전	14	5	0	0	33	5	0
	합계		14	5	0	0	33	5	0
K2	2014	충주	25	1	1	4	59	10	0
	2015	안양	22	10	0	1	28	3	0
	합계		47	11	1	5	87	13	0
프로통산			69	20	1	5	133	20	0

박태용(朴泰用)광운대 2001.04.05

대회	연도	소속	출전	교체	득점	도움	파울	경고	퇴장
K2	2023	전남	10	10	1	2	4	1	0
	합계		10	10	1	2	4	1	0
프로통산			10	10	1	2	4	1	0

박태웅(朴泰雄)숭실대 1988.01.30

대회	연도	소속	출전	교체	득점	도움	파울	경고	퇴장
BC	2010	경남	2	1	0	0	2	1	0
	2011	강원	14	5	0	1	30	5	0
	2012	강원	11	6	0	0	16	3	0
	2012	수원	5	5	0	1	14	3	0
	합계		32	17	0	2	62	12	0
K1	2013	수원							
	2014	상주							
	합계								
K2	2015	상주							
	2016	경남							
	합계		9	7	0	0	22	4	0
승	2013	상주							
	합계								
프로통산									

박태원(朴泰元)순천고 1977.04.12

대회	연도	소속	출전	교체	득점	도움	파울	경고	퇴장
BC	2000	전남	1	1	0	0	2	0	0
	합계		1	1	0	0	2	0	0
프로통산			1	1	0	0	2	0	0

박태윤(朴泰潤)중앙대 1991.04.05

대회	연도	소속	출전	교체	득점	도움	파울	경고	퇴장
K1	2014	울산	0	0	0	0	0	0	0
	합계		0	0	0	0	0	0	0
프로통산			0	0	0	0	0	0	0

박태준(朴泰濬)풍생고 1999.01.19

대회	연도	소속	출전	교체	득점	도움	파울	경고	퇴장
K1	2019	성남	9	5	0	0	13	2	0
	2020	성남	17	12	2	0	14	0	0
	2021	성남	8	7	0	0	6	1	0
	합계		34	24	2	0	33	3	0
K2	2021	안양	20	4	0	6	26	1	0
	2022	서울E	12	10	0	1	6	2	0
	2023	성남	20	7	0	2	27	1	0
	합계		72	31	2	9	67	6	0
프로통산			106	55	4	9	100	9	0

박태하(朴泰夏)대구대 1968.05.29

대회	연도	소속	출전	교체	득점	도움	파울	경고	퇴장
BC	1991	포항제철	31	6	3	0	52	4	0
	1992	포항제철	35	11	5	7	55	4	0
	1993	포항제철	24	4	0	2	34	3	0
	1996	포항	36	7	9	4	64	3	0

대회	연도	소속	출전	교체	득점	도움	파울	경고	퇴장
	1997	포항	18	0	6	4	15	1	0
	1998	포항	38	9	9	10	65	3	0
	1999	포항	31	4	5	4	53	3	0
	2000	포항	35	4	8	2	42	2	0
	2001	포항	32	14	1	6	37	5	0
	합계		261	59	46	37	385	25	0
프로통산			261	59	46	37	385	25	0

박태형(朴泰炯) 단국대 1992.04.07

대회	연도	소속	출전	교체	득점	도움	파울	경고	퇴장
K2	2015	고양	15	4	0	0	10	0	0
	2016	고양	34	1	0	0	25	7	0
	합계		49	5	0	0	35	11	0
프로통산			49	5	0	0	35	11	0

박태홍(朴台洪) 연세대 1991.03.25

대회	연도	소속	출전	교체	득점	도움	파울	경고	퇴장
K1	2017	대구	10	1	0	1	13	4	0
	2019	경남	1	1	0	0	1	0	0
	합계		11	1	0	1	14	5	0
K2	2016	대구	38	0	1	0	64	8	0
	2018	부산	4	1	0	0	8	0	0
	2020	경남	2	1	0	0	4	1	0
	2021	부천	12	6	0	0	12	3	0
	합계		56	8	1	0	88	12	0
프로통산			67	9	1	1	102	17	0

박하빈(朴昰斌) 울산대 1997.04.23

대회	연도	소속	출전	교체	득점	도움	파울	경고	퇴장
K1	2019	울산	1	1	0	0	0	0	0
	합계		1	1	0	0	0	0	0
K2	2021	부천	6	5	0	0	5	2	0
	2022	부천	3	3	0	1	0	0	0
	합계		9	8	0	1	5	2	0
프로통산			10	9	0	1	5	2	0

박한근(朴韓槿) 전주대 1996.05.07

대회	연도	소속	출전	교체	**실점**	도움	파울	경고	퇴장
K1	2018	제주	1	0	0	0	0	1	0
	2019	제주	0	0	0	0	0	0	0
	합계		1	0	0	0	0	1	0
K2	2021	충남아산	20	0	24	0	0	0	0
	2022	충남아산	14	2	19	0	0	0	0
	2023	충남아산	18	5	23	0	0	1	0
	합계		52	7	66	0	0	1	0
프로통산			53	7	66	0	0	1	0

박한빈(朴限彬) 신갈고 1997.09.21

대회	연도	소속	출전	교체	득점	도움	파울	경고	퇴장
K1	2017	대구	17	10	0	0	22	2	0
	2018	대구	24	19	3	0	24	3	0
	2019	대구	15	12	0	0	17	0	0
	2020	대구	8	3	1	0	5	3	0
	2021	대구	16	12	0	0	21	5	0
	2023	광주	12	11	1	0	5	2	0
	합계		92	68	5	1	113	13	0
K2	2016	대구	6	6	0	0	4	0	0
	2022	광주	38	11	3	6	33	7	0
	합계		44	17	3	6	37	7	0
프로통산			136	85	8	7	150	20	0

박한석

대회	연도	소속	출전	교체	득점	도움	파울	경고	퇴장
BC	1995	대우	0	0	0	0	0	0	0
	1996	부산	0	0	0	0	0	0	0
	합계		0	0	0	0	0	0	0
프로통산			0	0	0	0	0	0	0

박한수(朴漢洙) 전주대 1991.01.15

대회	연도	소속	출전	교체	득점	도움	파울	경고	퇴장
K2	2017	안산	24	3	3	1	24	5	0
	합계		24	3	3	1	24	5	0
프로통산			24	3	3	1	24	5	0

박한준(朴漢峻) 안양공고 1997.09.12

대회	연도	소속	출전	교체	득점	도움	파울	경고	퇴장
K2	2016	안양	1	1	0	0	0	0	0
	2017	안양	4	4	0	1	2	0	0
	합계		5	5	0	1	2	0	0
프로통산			5	5	0	1	2	0	0

박항서(朴恒緖) 한양대 1959.01.04

대회	연도	소속	출전	교체	득점	도움	파울	경고	퇴장
BC	1984	럭키금성	21	3	2	1	21	2	0
	1985	럭키금성	19	3	4	3	32	3	0
	1986	럭키금성	35	3	6	3	65	4	0
	1987	럭키금성	28	1	7	0	39	3	1
	1988	럭키금성	12	5	1	1	18	2	0
	합계		115	15	20	8	175	14	1
프로통산			115	15	20	8	175	14	1

박헌균(朴憲均) 안양공고 1971.05.29

대회	연도	소속	출전	교체	득점	도움	파울	경고	퇴장
BC	1990	유공	4	4	0	1	0	0	0
	합계		4	4	0	1	0	0	0
프로통산			4	4	0	1	0	0	0

박혁순(朴赫淳) 연세대 1980.03.06

대회	연도	소속	출전	교체	득점	도움	파울	경고	퇴장
BC	2003	안양LG	7	7	0	0	4	0	0
	2006	광주상무	15	11	1	0	7	0	0
	2007	경남	5	4	1	1	9	1	0
	2008	경남	2	1	0	0	1	0	0
	합계		29	23	2	1	21	2	0
프로통산			29	23	2	1	21	2	0

박현(朴賢) 인천대 1988.09.24

대회	연도	소속	출전	교체	득점	도움	파울	경고	퇴장
BC	2011	광주	4	1	0	2	6	0	0
	2012	광주	13	13	0	0	10	0	0
	합계		17	14	0	2	16	0	0
K2	2013	광주	23	14	6	0	47	4	0
	2014	광주	12	12	0	0	7	0	0
	합계		35	26	6	0	54	4	0
프로통산			52	40	6	0	54	4	0

박현범(朴玹範) 연세대 1987.05.07

대회	연도	소속	출전	교체	득점	도움	파울	경고	퇴장
BC	2008	수원	18	10	2	2	19	0	0
	2009	수원	14	11	1	0	8	0	0
	2010	제주	26	4	3	2	28	3	1
	2011	제주	18	1	0	0	18	0	0
	2011	수원	13	3	0	2	23	0	0
	2012	수원	38	4	8	4	63	6	0
	합계		127	37	16	8	161	11	1
K1	2013	수원	14	6	0	0	15	0	0
	2015	수원	2	2	0	0	1	0	0
	2016	수원	8	4	0	0	7	0	0
	합계		24	12	0	0	23	0	0
K2	2014	안산경찰	21	15	0	0	28	3	0
	2015	안산경찰	19	11	0	0	13	1	0
	합계		40	26	0	0	41	4	0
프로통산			191	75	17	8	224	16	1

박현빈(博賢賓) 대건고 2003.05.19

대회	연도	소속	출전	교체	득점	도움	파울	경고	퇴장
K1	2022	인천	1	1	0	0	1	1	0
	2023	인천	5	5	0	0	7	2	0
	합계		6	6	0	0	8	3	0
프로통산			6	6	0	0	8	3	0

박현순 경북산업대(경일대) 1972.01.02

대회	연도	소속	출전	교체	득점	도움	파울	경고	퇴장
BC	1995	포항	0	0	0	0	0	0	0
	합계		0	0	0	0	0	0	0
프로통산			0	0	0	0	0	0	0

박현용(朴鉉用) 아주대 1964.04.06

대회	연도	소속	출전	교체	득점	도움	파울	경고	퇴장
BC	1987	대우	12	10	0	0	7	0	0
	1988	대우	10	10	1	0	10	0	0
	1989	대우	17	3	2	0	28	1	0
	1990	대우	28	3	0	0	46	2	0
	1991	대우	39	6	7	2	35	3	0
	1992	대우	29	0	1	0	36	3	1
	1993	대우	34	0	3	2	37	3	0
	1994	대우	11	0	0	0	6	0	0
	1995	대우	18	0	3	0	21	3	0
	합계		198	31	17	4	226	15	1
프로통산			198	31	17	4	226	15	1

박현우(朴賢優) 진주고 1997.02.21

대회	연도	소속	출전	교체	득점	도움	파울	경고	퇴장
K2	2016	경남	0	0	0	0	0	0	0
	합계		0	0	0	0	0	0	0
프로통산			0	0	0	0	0	0	0

박형근(朴亨根) 경희대 1985.12.14

대회	연도	소속	출전	교체	득점	도움	파울	경고	퇴장
BC	2008	인천	5	5	0	0	1	0	0
	합계		5	5	0	0	1	0	0
프로통산			5	5	0	0	1	0	0

박형민(朴炯玟) 단국대 1994.04.07

대회	연도	소속	출전	교체	**실점**	도움	파울	경고	퇴장
K1	2017	광주	1	0	4	0	0	0	0
K2	2018	안산	1	0	4	0	0	0	0
	합계		1	0	4	0	0	0	0
프로통산			1	0	4	0	0	0	0

박형순(朴炯愚) 천안제일고 2004.09.13

대회	연도	소속	출전	교체	득점	도움	파울	경고	퇴장
K1	2023	포항	2	2	0	0	0	0	0
	합계		2	2	0	0	0	0	0
프로통산			2	2	0	0	0	0	0

박형주(朴亨珠) 한양대 1972.02.02

대회	연도	소속	출전	교체	득점	도움	파울	경고	퇴장
BC	1999	포항	23	7	0	1	23	0	0
	2000	포항	27	8	0	2	34	4	0
	2001	포항	17	10	0	0	27	5	0
	합계		67	25	0	3	84	9	0
프로통산			67	25	0	3	84	9	0

박형진(朴亨鎭) 고려대 1990.06.24

대회	연도	소속	출전	교체	득점	도움	파울	경고	퇴장
K1	2018	수원	19	1	1	3	21	2	0
	2019	수원	23	8	0	0	29	2	0
	2021	수원	11	10	1	0	6	1	0
	합계		53	19	2	3	56	5	0
K2	2023	부천	35	30	1	1	17	2	0
	합계		35	30	1	1	17	2	0
승	2022	수원	2	2	0	0	0	0	0
	합계		2	2	0	0	0	0	0
프로통산			90	51	3	4	73	7	0

박호민(朴鎬珉) 고려대 2001.10.09

대회	연도	소속	출전	교체	득점	도움	파울	경고	퇴장
K1	2022	서울	1	1	0	0	3	0	0
	합계		1	1	0	0	3	0	0
K2	2023	부천	21	21	2	1	19	5	0
	합계		21	21	2	1	19	5	0
프로통산			22	22	3	1	19	5	0

박호영(朴祜永) 개성고 1999.04.07

대회	연도	소속	출전	교체	득점	도움	파울	경고	퇴장
K1	2020	부산	2	2	0	0	3	0	0
	합계		2	2	0	0	3	0	0
K2	2018	부산	7	6	0	0	4	1	0
	2019	부산	1	1	0	0	1	0	0
	2021	부산	27	7	0	0	23	5	0
	2022	부산	3	2	0	0	1	0	0
	합계		38	16	0	0	29	6	0

	연도	소속	출전	교체	득점	도움	파울	경고	퇴장
승	2019	부산	1	1	0	0	0	0	0
	합계		1	1	0	0	0	0	0
프로통산			41	19	0	0	32	6	0

박호용(朴鎬用) 안동고 1991.06.30

대회	연도	소속	출전	교체	득점	도움	파울	경고	퇴장
BC	2011	인천	3	2	0	0	6	2	0
	합계		3	2	0	0	6	2	0
프로통산			3	2	0	0	6	2	0

박호진(朴虎珍) 연세대 1976.10.22

대회	연도	소속	출전	교체	실점	도움	파울	경고	퇴장
BC	1999	수원	0	0	0	0	0	0	0
	2000	수원	1	0	1	0	1	0	0
	2001	수원	11	0	13	0	0	0	0
	2002	수원	5	0	3	0	0	0	0
	2003	광주상무	6	0	9	0	0	0	0
	2004	광주상무	17	1	16	0	0	0	0
	2005	수원	4	0	3	0	0	0	0
	2006	수원	25	1	19	0	0	0	0
	2007	수원	4	0	6	0	0	0	0
	2009	수원	4	0	10	0	0	0	0
	2011	광주	31	0	44	0	1	2	0
	2012	광주	35	0	52	0	0	2	0
	합계		143	2	176	0	2	4	0
K1	2013	강원	15	0	30	0	1	1	0
	합계		15	0	30	0	1	1	0
승	2013	강원	0	0	0	0	0	0	0
	합계		0	0	0	0	0	0	0
프로통산			158	2	206	0	3	5	0

박효빈(朴孝彬) 한양대 1972.01.07

대회	연도	소속	출전	교체	득점	도움	파울	경고	퇴장
BC	1995	유공	18	12	0	0	16	1	0
	1996	부천공	11	7	0	0	8	0	0
	1997	부천SK	21	20	1	1	15	3	0
	1998	부천SK	7	6	3	0	6	0	0
	1999	안양LG	3	3	0	0	5	0	0
	합계		60	48	4	1	50	7	0
프로통산			60	48	4	1	50	7	0

박효진(朴孝鎭) 한양대 1972.07.22

대회	연도	소속	출전	교체	득점	도움	파울	경고	퇴장
BC	1999	천안일화	1	1	0	0	0	0	0
	합계		1	1	0	0	0	0	0
프로통산			1	1	0	0	0	0	0

박훈(朴勳) 성균관대 1978.02.02

대회	연도	소속	출전	교체	득점	도움	파울	경고	퇴장
BC	2000	대전	6	5	0	0	10	3	0
	2001	대전	1	1	0	0	5	0	0
	합계		7	6	0	0	15	3	0
프로통산			7	6	0	0	15	3	0

박희도(朴禧燾) 동국대 1986.03.20

대회	연도	소속	출전	교체	득점	도움	파울	경고	퇴장
BC	2008	부산	26	19	4	4	48	4	0
	2009	부산	35	8	7	7	66	10	0
	2010	부산	22	12	4	4	46	9	0
	2011	부산	14	8	1	2	24	3	0
	2012	서울	17	17	1	1	18	3	0
	합계		114	64	22	19	202	23	0
K1	2013	전북	34	31	3	3	49	2	0
	2015	전북	0	0	0	0	0	0	0
	합계		34	31	3	3	49	2	0
K2	2014	안산경찰	22	11	4	4	27	4	0
	2015	안산경찰	27	12	4	0	34	3	0
	2016	강원	13	13	0	0	16	1	0
	합계		62	36	8	4	71	8	0
승	2016	강원	1	1	0	0	1	0	0
	합계		1	1	0	0	1	0	0
프로통산			211	132	33	26	323	33	0

박희성(朴喜成) 고려대 1990.04.07

대회	연도	소속	출전	교체	득점	도움	파울	경고	퇴장
K1	2013	서울	15	15	1	1	11	1	0
	2014	서울	19	19	2	0	21	1	0
	2015	서울	2	2	0	0	2	0	0
	2016	상주	15	7	3	0	17	1	0
	2017	상주	5	5	0	0	4	0	0
	2017	서울	1	1	0	0	0	0	0
	2018	서울	11	11	1	0	12	1	0
	합계		68	60	7	1	67	6	0
K2	2021	전남	17	16	0	2	12	1	0
	2022	전남	10	10	0	0	8	1	0
	합계		27	26	0	2	20	2	0
프로통산			95	86	7	3	87	8	0

박희성(朴熙成) 호남대 1987.04.07

대회	연도	소속	출전	교체	득점	도움	파울	경고	퇴장
BC	2011	광주	27	9	0	1	29	2	0
	2012	광주	23	3	2	0	31	2	0
	합계		50	12	2	1	60	4	0
K1	2014	성남	22	4	0	1	8	3	0
	합계		22	4	0	1	8	3	0
K2	2013	광주	23	2	1	1	37	2	0
	합계		23	2	1	1	37	2	0
프로통산			95	18	2	3	105	9	0

박희성(朴喜成) 원광대 1990.03.22

대회	연도	소속	출전	교체	득점	도움	파울	경고	퇴장
K2	2014	충주	1	0	0	0	5	1	0
	합계		1	0	0	0	5	1	0
프로통산			1	0	0	0	5	1	0

박희완(朴喜完) 단국대 1975.05.09

대회	연도	소속	출전	교체	득점	도움	파울	경고	퇴장
BC	1999	전남	2	2	0	0	2	0	0
	2006	대구	2	2	0	0	1	0	0
	합계		4	4	0	0	3	0	0
프로통산			4	4	0	0	3	0	0

박희원(朴喜遠) 영남대 1962.03.06

대회	연도	소속	출전	교체	득점	도움	파울	경고	퇴장
BC	1986	포항제철	1	0	0	0	1	0	0
	합계		1	0	0	0	1	0	0
프로통산			1	0	0	0	1	0	0

박희준(朴熙俊) 중대부고 2002.01.05

대회	연도	소속	출전	교체	득점	도움	파울	경고	퇴장
K1	2023	수원	8	8	0	0	2	0	0
	합계		8	8	0	0	2	0	0
프로통산			8	8	0	0	2	0	0

박희철(朴喜撤) 홍익대 1986.01.07

대회	연도	소속	출전	교체	득점	도움	파울	경고	퇴장
BC	2006	포항	6	5	0	0	15	0	0
	2007	포항	6	5	0	0	14	0	0
	2008	경남	6	3	0	2	12	2	0
	2008	포항	11	7	0	0	5	1	0
	2009	포항	11	7	0	1	30	5	0
	2010	포항	11	7	0	1	30	5	0
	2011	포항	16	4	0	1	34	5	0
	2012	포항	22	4	0	2	74	14	0
	합계		89	27	0	6	212	28	0
K1	2013	포항	22	7	0	0	39	5	0
	2014	포항	19	9	0	0	39	6	0
	합계		41	16	0	6	305	11	0
K2	2015	안산경찰	22	8	0	0	23	3	0
	2016	안산무궁							
프로통산			153	52	0	6	305	44	0

박희탁(朴熙卓) 한양대 1967.05.18

대회	연도	소속	출전	교체	득점	도움	파울	경고	퇴장
BC	1990	대우	4	4	0	1	2	1	0
	1992	대우	7	6	0	0	3	1	0
	합계		11	10	0	1	4	2	0
프로통산			11	10	0	1	9	4	0

반데르(Wander Luiz Bitencourt Junior) 브라질 1987.05.30

대회	연도	소속	출전	교체	득점	도움	파울	경고	퇴장
K1	2014	울산	4	3	0	1	4	0	0
	합계		4	3	0	1	4	0	0
프로통산			4	3	0	1	4	0	0

반덴브링크(Sebastiaan van den Brink) 네덜란드 1982.09.11

대회	연도	소속	출전	교체	득점	도움	파울	경고	퇴장
BC	2011	부산	3	3	0	0	1	0	0
	합계		3	3	0	0	1	0	0
프로통산			3	3	0	0	1	0	0

반델레이(Francisco Vanderlei) 브라질 1987.09.25

대회	연도	소속	출전	교체	득점	도움	파울	경고	퇴장
K2	2014	대전	23	20	7	3	34	1	0
	합계		23	20	7	3	34	1	0
프로통산			23	20	7	3	34	1	0

반도(Wando da Costa Silva) 브라질 1980.05.18

대회	연도	소속	출전	교체	득점	도움	파울	경고	퇴장
BC	2011	수원	0	0	0	0	0	0	0
	합계		0	0	0	0	0	0	0
프로통산			0	0	0	0	0	0	0

반토안(Nguyễn Văn Toàn, 阮文全) 베트남 1996.04.12

대회	연도	소속	출전	교체	득점	도움	파울	경고	퇴장
K2	2023	서울E	9	9	0	0	7	1	0
	합계		9	9	0	0	7	1	0
프로통산			9	9	0	0	7	1	0

발디비아(Wanderson Ferreira de Oliveira) 브라질 1994.10.04

대회	연도	소속	출전	교체	득점	도움	파울	경고	퇴장
K2	2023	전남	36	13	14	14	13	4	0
	합계		36	13	14	14	13	4	0
프로통산			36	13	14	14	13	4	0

발라웅(Balao Junior Cavalcante da Costa) 브라질 1975.05.08

대회	연도	소속	출전	교체	득점	도움	파울	경고	퇴장
BC	2003	울산	17	14	4	1	22	0	0
	합계		17	14	4	1	22	0	0
프로통산			17	14	4	1	22	0	0

발랑가(Bollanga Priso Gustave) 카메룬 1972.02.13

대회	연도	소속	출전	교체	득점	도움	파울	경고	퇴장
BC	1996	전북	10	9	2	1	4	0	0
	합계		10	9	2	1	4	0	0
프로통산			10	9	2	1	4	0	0

발레리(Valery Vyalichka) 벨라루스 1966.09.12

대회	연도	소속	출전	교체	득점	도움	파울	경고	퇴장
BC	1996	천안일화	2	2	0	0	2	0	0
	합계		2	2	0	0	2	0	0
프로통산			2	2	0	0	2	0	0

발레아(Jorge Baleaismael) 스페인 1993.01.27

대회	연도	소속	출전	교체	득점	도움	파울	경고	퇴장
K2	2020	안산	6	6	0	0	3	1	0
	합계		6	6	0	0	3	1	0
프로통산			6	6	0	0	3	1	0

발렌찜(Francisco de Assis Clarentino Valentim) 브라질 1977.06.20

대회	연도	소속	출전	교체	득점	도움	파울	경고	퇴장
BC	2004	서울	6	3	0	0	6	0	0
	합계		6	3	0	0	6	0	0
프로통산			6	3	0	0	6	0	0

발렌티노스(Valentinos Sielis) 키프로스 1990.03.01

대회	연도	소속	출전	교체	득점	도움	파울	경고	퇴장

Section 6 역대 통산 기록

331

발로텔리 · 발샤 · 발푸르트 · 방대종 · 방승환 · 방윤출 · 방인웅

대회	연도	소속	출전	교체	득점	도움	파울	경고	퇴장
K1	2017	강원	7	1	1	0	7	1	0
	2018	강원	32	3	0	0	24	1	0
	2019	강원	24	2	2	1	16	1	0
	합계		63	6	3	1	47	3	0
K2	2020	제주	3	2	0	0	1	0	0
	2021	부산	24	5	1	0	14	0	0
	2022	부산	25	4	2	0	17	4	1
	합계		52	11	3	0	32	4	1
프로통산			115	17	6	1	79	7	1

발로텔리(Jonathan Boareto dos Reis) 브라질 1989.04.02

대회	연도	소속	출전	교체	득점	도움	파울	경고	퇴장
K2	2018	부산	4	2	2	0	4	1	0
	2021	전남	31	11	11	3	50	6	0
	2022	전남	28	17	7	4	22	1	0
	합계		63	30	20	7	76	8	0
프로통산			63	30	20	7	76	8	0

발샤(Balša Sekulić) 몬테네그로 1998.06.10

대회	연도	소속	출전	교체	득점	도움	파울	경고	퇴장
K1	2022	강원	18	18	2	0	12	1	0
	합계		18	18	2	0	12	1	0
프로통산			18	18	2	0	12	1	0

발푸르트(Arsenio Jermaine Cedric Valpoort) 네덜란드 1992.08.05

대회	연도	소속	출전	교체	득점	도움	파울	경고	퇴장
K2	2018	부산	10	10	1	1	14	0	0
	합계		10	10	1	1	14	0	0
프로통산			10	10	1	1	14	0	0

방대종(方大鍾) 동아대 1985.01.28

대회	연도	소속	출전	교체	득점	도움	파울	경고	퇴장
BC	2008	대구	7	5	0	0	5	2	0
	2009	대구	25	4	2	0	31	6	0
	2010	대구	23	2	0	1	31	4	0
	2011	전남	14	5	0	0	14	2	0
	2012	상주	19	2	1	1	27	2	0
	합계		88	18	4	2	101	17	0
K1	2013	전남	2	0	0	0	0	1	0
	2014	전남	32	3	1	0	36	3	0
	2015	전남	24	9	0	0	16	5	0
	2016	전남	11	4	0	0	11	1	0
	합계		69	16	1	0	63	10	0
K2	2013	상주	15	1	1	0	14	1	0
	2017	안양	14	0	1	0	5	3	0
	합계		29	1	2	0	19	4	0
프로통산			186	35	7	2	185	30	1

방승환(方承奐) 동국대 1983.02.25

대회	연도	소속	출전	교체	득점	도움	파울	경고	퇴장
BC	2004	인천	25	18	4	0	46	3	0
	2005	인천	31	21	5	2	67	4	0
	2006	인천	30	22	3	0	65	6	0
	2007	인천	28	15	6	5	69	9	0
	2008	인천	13	8	1	2	22	3	0
	2009	제주	27	16	5	0	63	6	0
	2010	서울	21	18	4	3	31	6	0
	2011	서울	16	14	2	1	18	3	0
	2012	부산	33	25	5	2	73	4	0
	합계		224	157	35	15	454	44	0
K1	2013	부산	14	11	0	0	22	1	0
	합계		14	11	0	0	22	1	0
프로통산			238	168	35	15	476	43	1

방윤출(方允出) 대신고 1957.05.15

대회	연도	소속	출전	교체	득점	도움	파울	경고	퇴장
BC	1984	한일은행	17	13	0	2	2	0	0
	합계		17	13	0	2	2	0	0
프로통산			17	13	0	2	2	0	0

방인웅(方寅雄) 인천대 1962.01.31

대회	연도	소속	출전	교체	득점	도움	파울	경고	퇴장
BC	1986	유공	7	1	0	0	18	1	0
	1987	유공	6	1	0	0	8	1	0
	1989	일화	19	4	0	0	39	4	0
	1991	일화	23	5	0	0	35	5	1
	1992	일화	26	7	1	1	41	6	0
	1993	일화	28	6	0	0	33	5	1
	1994	일화	9	5	0	0	12	1	0
	1995	일화	10	0	1	0	15	0	0
	합계		128	29	1	2	201	23	2
프로통산			128	29	1	2	201	23	2

방찬준(方讚唆) 한남대 1994.04.15

대회	연도	소속	출전	교체	득점	도움	파울	경고	퇴장
K1	2015	수원	1	1	0	0	0	0	0
	합계		1	1	0	0	0	0	0
K2	2016	강원	10	10	3	0	4	0	0
	2019	안산	22	22	4	2	8	1	0
	합계		32	32	7	2	12	1	0
프로통산			33	33	7	2	12	1	0

배관영(裵寬榮) 울산대 1982.04.13

대회	연도	소속	출전	교체	실점	도움	파울	경고	퇴장
BC	2005	울산	0	0	0	0	0	0	0
	2006	울산	0	0	0	0	0	0	0
	2007	울산	0	0	0	0	0	0	0
	2008	울산	0	0	0	0	0	0	0
	합계		0	0	0	0	0	0	0
프로통산			0	0	0	0	0	0	0

배기종(裵起鐘) 광운대 1983.05.26

대회	연도	소속	출전	교체	득점	도움	파울	경고	퇴장
BC	2006	대전	27	22	7	3	50	3	0
	2007	수원	17	13	0	2	19	0	0
	2008	수원	16	16	5	3	28	1	0
	2009	수원	19	14	2	1	29	3	0
	2010	제주	24	18	5	1	40	1	0
	2011	제주	26	15	3	6	40	2	0
	합계		129	98	22	16	206	10	0
K1	2013	제주	8	2	1	1	15	2	0
	2014	수원	14	12	3	1	12	2	0
	2015	제주	9	8	3	1	11	2	0
	2018	경남	23	23	1	1	11	0	0
	2019	경남	31	30	5	1	13	4	0
	합계		85	75	14	7	62	9	0
K2	2013	경찰	18	10	3	5	33	5	1
	2016	경남	9	9	1	1	8	0	0
	2017	경남	32	30	6	3	12	2	0
	2020	경남	4	4	0	1	2	0	0
	합계		69	58	13	11	43	5	1
승	2019	경남	2	2	0	0	1	0	0
	합계		2	2	0	0	1	0	0
프로통산			285	233	49	34	312	24	1

배민호(裵珉鎬) 한양대 1991.10.25

대회	연도	소속	출전	교체	득점	도움	파울	경고	퇴장
K2	2014	고양	19	6	0	0	14	1	0
	합계		19	6	0	0	14	1	0
프로통산			19	6	0	0	14	1	0

배범근(裵範根) 호남대 1993.03.04

대회	연도	소속	출전	교체	득점	도움	파울	경고	퇴장
K2	2022	경남	1	1	0	0	0	0	0
	합계		1	1	0	0	0	0	0
프로통산			1	1	0	0	0	0	0

배서준(培瑞峻) 진위고 2003.12.11

대회	연도	소속	출전	교체	득점	도움	파울	경고	퇴장
K2	2022	대전	1	1	0	0	0	0	0
	합계		1	1	0	0	0	0	0
프로통산			1	1	0	0	0	0	0

배성재(裵城裁) 한양대 1979.07.01

대회	연도	소속	출전	교체	득점	도움	파울	경고	퇴장
BC	2002	대전	8	6	0	0	14	2	0
	2003	대전	4	0	0	0	4	0	0
	2004	대전	6	4	0	0	7	0	0
	합계		18	10	0	0	25	2	0
프로통산			18	10	0	0	25	2	0

배세현(裵世玹) 제주U18 1995.03.27

대회	연도	소속	출전	교체	득점	도움	파울	경고	퇴장
K1	2015	제주	1	1	0	0	2	0	0
	합계		1	1	0	0	2	0	0
프로통산			1	1	0	0	2	0	0

배수민(裵洙珉) 청주대 2002.03.21

대회	연도	소속	출전	교체	득점	도움	파울	경고	퇴장
K1	2023	대구	0	0	0	0	0	0	0
	합계		0	0	0	0	0	0	0
프로통산			0	0	0	0	0	0	0

배수용(裵洙瑢) 보인고 1998.06.07

대회	연도	소속	출전	교체	득점	도움	파울	경고	퇴장
K2	2020	충남아산	23	0	0	0	18	4	0
	2021	충남아산	10	4	0	0	10	1	0
	2022	충남아산	4	0	0	0	2	0	0
	합계		39	9	0	0	30	6	0
프로통산			39	9	0	0	30	6	0

배수한(裵洙漢) 예원예술대 1988.09.15

대회	연도	소속	출전	교체	득점	도움	파울	경고	퇴장
K2	2013	수원FC	2	2	0	0	2	0	0
	합계		2	2	0	0	2	0	0
프로통산			2	2	0	0	2	0	0

배수현(裵洙鉉) 건국대 1969.10.30

대회	연도	소속	출전	교체	득점	도움	파울	경고	퇴장
BC	1992	현대	2	2	0	0	2	0	0
	합계		2	2	0	0	2	0	0
프로통산			2	2	0	0	2	0	0

배슬기(裵슬기) 광양제철고 1985.06.09

대회	연도	소속	출전	교체	득점	도움	파울	경고	퇴장
BC	2012	포항	0	0	0	0	0	0	0
	합계		0	0	0	0	0	0	0
K1	2013	포항	3	1	0	0	4	1	0
	2014	포항	14	3	1	0	22	3	0
	2015	포항	20	1	0	1	42	8	0
	2016	포항	36	2	2	1	28	1	0
	2017	포항	17	1	0	0	16	4	0
	2018	포항	17	10	0	0	16	1	0
	2019	포항	12	1	1	0	14	1	0
	합계		135	24	5	2	129	19	0
프로통산			135	24	5	2	129	19	0

배승진(裵乘鋠) 오산중 1987.11.03

대회	연도	소속	출전	교체	득점	도움	파울	경고	퇴장
K1	2014	인천	11	2	0	0	26	3	0
	2016	인천	4	2	0	0	8	1	0
	2019	경남	7	3	0	1	9	1	0
	합계		22	7	0	1	43	5	0
K2	2015	안산경찰	33	6	0	0	58	10	0
	2016	안산무궁	4	2	1	0	5	0	0
	2017	성남	20	5	0	0	23	6	0
	2020	경남	21	0	0	0	36	8	0
	2021	경남	15	6	0	0	15	2	0
	2022	경남	4	1	1	0	3	0	0
	합계		97	20	2	0	140	26	0
프로통산			119	27	2	1	183	31	0

배신영(裵信泳) 단국대 1992.06.11

대회	연도	소속	출전	교체	득점	도움	파울	경고	퇴장
K1	2016	수원FC	9	7	0	0	2	1	1
	2019	상주	3	3	1	0	2	0	0
	합계		12	10	1	0	4	1	1
K2	2015	수원FC	26	14	5	0	21	2	0
	2016	대구	3	3	0	0	2	0	0
	2017	수원FC	13	13	0	0	5	0	0

		출전	교체	득점	도움	파울	경고	퇴장
	2018 수원FC	5	4	0	0	9	1	0
	합계	47	34	5	0	37	3	0
승	2015 수원FC	2	2	0	0	0	0	0
	합계	2	2	0	0	0	0	0
	프로통산	61	46	5	1	41	4	1

배실용 (裵實龍) 광운대 1962.04.11

대회	연도 소속	출전	교체	득점	도움	파울	경고	퇴장
BC	1985 한일은행	4	2	0	0	3	0	0
	1986 한일은행	9	1	0	0	18	0	0
	합계	13	3	0	0	21	0	0
	프로통산	13	3	0	0	21	0	0

배인영 (裵仁英) 영남대 1990.03.12

대회	연도 소속	출전	교체	실점	도움	파울	경고	퇴장
K1	2013 대구	0	0	0	0	0	0	0
	합계	0	0	0	0	0	0	0
	프로통산	0	0	0	0	0	0	0

배일환 (裵日換) 단국대 1988.07.20

대회	연도 소속	출전	교체	득점	도움	파울	경고	퇴장
BC	2011 제주	2	2	0	0	2	0	0
	2012 제주	40	29	5	2	56	1	0
	합계	42	31	5	2	58	1	0
K1	2013 제주	31	22	2	6	46	2	0
	2014 제주	26	22	0	2	22	2	0
	2015 상주	4	1	0	0	6	1	0
	2018 제주	0	0	0	0	0	0	0
	합계	61	45	2	8	74	4	0
K2	2015 상주	24	18	3	2	24	0	0
	합계	24	18	3	2	24	0	0
	프로통산	127	94	10	12	156	5	0

배재우 (裵栽釫) 용인대 1993.05.17

대회	연도 소속	출전	교체	득점	도움	파울	경고	퇴장
K1	2015 제주	6	2	0	0	8	3	0
	2016 제주	16	9	0	1	13	2	0
	2017 제주	13	6	0	1	7	0	0
	2018 제주	2	1	0	0	2	0	0
	2019 상주	4	1	0	1	4	0	0
	2020 상주	13	1	0	0	19	2	0
	2021 울산	1	1	0	0	1	0	0
	합계	54	21	0	3	54	7	0
K2	2022 서울E	10	6	0	0	9	1	0
	2022 부천	14	5	0	1	10	1	0
	2023 김포	10	11	0	0	7	1	0
	합계	34	22	0	1	26	3	0
	프로통산	90	43	0	4	80	10	0

배주익 (裵住翊) 서울시립대 1976.09.09

대회	연도 소속	출전	교체	득점	도움	파울	경고	퇴장
BC	1999 천안일화	2	2	0	0	2	0	0
	합계	2	2	0	0	2	0	0
	프로통산	2	2	0	0	2	0	0

배준렬 (裵俊烈) 대건고 1996.09.23

대회	연도 소속	출전	교체	득점	도움	파울	경고	퇴장
K2	2016 부천	5	5	0	0	6	1	0
	합계	5	5	0	0	6	1	0
	프로통산	5	5	0	0	6	1	0

배준호 (裵峻浩) 진위고 2003.08.21

대회	연도 소속	출전	교체	득점	도움	파울	경고	퇴장
K1	2023 대전	17	13	2	0	4	0	0
	합계	17	13	2	0	4	0	0
K2	2022 대전	8	8	1	0	8	0	0
	합계	8	8	1	0	8	0	0
승	2022 대전	2	2	0	0	2	0	0
	합계	2	2	0	0	2	0	0
	프로통산	27	23	3	0	11	0	0

배지훈 (裵智焄) 홍익대 1995.05.30

대회	연도 소속	출전	교체	득점	도움	파울	경고	퇴장
K2	2017 수원FC	20	5	0	2	20	5	0
	2018 수원FC	9	3	1	0	14	1	0
	합계	29	8	1	2	34	6	0
	프로통산	29	8	1	2	34	6	0

배진수 (裵眞誰) 중앙대 1976.01.25

대회	연도 소속	출전	교체	득점	도움	파울	경고	퇴장
BC	2001 성남일화	2	3	0	0	4	0	0
	2004 성남일화	1	1	0	0	3	0	0
	합계	3	4	0	0	7	0	0
	프로통산	3	4	0	0	7	0	0

배창근 (裵昌根) 영남대 1971.03.16

대회	연도 소속	출전	교체	득점	도움	파울	경고	퇴장
BC	1994 포항제철	9	9	1	0	4	0	0
	1995 포항	6	5	1	0	3	1	0
	합계	15	14	1	1	7	1	0
	프로통산	15	14	1	1	7	1	0

배천석 (裵千爽) 숭실대 1990.04.27

대회	연도 소속	출전	교체	득점	도움	파울	경고	퇴장
K1	2013 포항	20	17	4	2	19	0	0
	2014 포항	4	4	0	0	5	0	0
	2015 부산	21	7	1	1	36	0	0
	2016 전남	23	16	3	2	13	3	0
	2017 전남	8	7	0	2	6	0	0
	합계	76	51	8	7	79	3	0
	프로통산	76	51	8	7	79	3	0

배해민 (裵海珉) 중앙중 1988.04.25

대회	연도 소속	출전	교체	득점	도움	파울	경고	퇴장
BC	2007 서울	1	1	0	0	0	0	0
	2008 서울	1	1	0	0	1	0	0
	2011 서울	3	3	0	0	0	0	0
	합계	5	5	0	0	1	0	0
K2	2015 고양	13	13	1	0	3	0	0
	합계	13	13	1	0	3	0	0
	프로통산	18	18	1	0	4	0	0

배효성 (裵曉星) 관동대(가톨릭관동대) 1982.01.01

대회	연도 소속	출전	교체	득점	도움	파울	경고	퇴장
BC	2004 부산	12	2	0	1	15	2	0
	2005 부산	34	0	0	0	44	2	0
	2006 부산	38	0	1	0	42	3	0
	2007 부산	29	0	0	0	36	7	1
	2008 부산	31	1	0	0	17	4	0
	2009 광주상무	25	2	0	0	41	9	0
	2010 광주상무	26	1	1	0	28	6	0
	2011 인천	31	2	1	0	25	9	0
	2012 강원	27	2	2	0	41	11	0
	합계	234	12	4	4	273	42	1
K1	2013 강원	34	0	4	0	32	5	1
	합계	34	0	4	0	32	5	1
K2	2014 강원	27	3	0	2	33	5	0
	2015 경남	22	3	0	0	23	3	0
	2016 충주	19	3	0	1	19	3	0
	합계	68	9	2	0	67	18	1
승	2013 강원	2	0	0	0	5	2	0
	합계	2	0	0	0	5	2	0
	프로통산	338	21	10	4	377	67	3

백기홍 (白起洪) 경북산업대(경일대) 1971.03.11

대회	연도 소속	출전	교체	득점	도움	파울	경고	퇴장
BC	1990 포항제철	1	1	0	0	0	0	0
	1991 포항제철	1	1	0	0	1	0	0
	1992 포항제철	15	11	2	1	16	1	0
	1993 포항제철	26	15	0	4	35	4	0
	1994 포항제철	22	11	1	1	20	1	0
	1996 포항	19	16	0	2	24	1	0
	1997 포항	17	12	0	0	14	2	0
	1998 천안일화	11	10	0	1	12	3	0
	1999 안양LG	4	2	0	1	4	1	0
	합계	121	82	3	10	132	14	0
	프로통산	121	82	3	10	132	9	0

백남수 (白南秀) 한양대 1961.11.10

대회	연도 소속	출전	교체	득점	도움	파울	경고	퇴장
BC	1983 유공	14	6	0	1	11	2	0
	1984 유공	17	11	1	2	13	0	0
	1985 유공	8	3	1	0	11	0	0
	1986 포항제철	19	10	1	0	14	0	0
	합계	58	30	3	3	49	4	0
	프로통산	58	30	3	3	49	4	0

백동규 (白棟圭) 동아대 1991.05.30

대회	연도 소속	출전	교체	득점	도움	파울	경고	퇴장
K1	2015 제주	16	2	0	0	27	3	0
	2016 제주	3	2	0	0	5	0	0
	2017 제주	3	1	0	0	5	2	0
	2018 상주	18	0	0	0	19	3	0
	2019 상주	15	9	0	0	14	5	0
	2022 제주	26	16	0	1	32	2	0
	합계	81	30	0	1	102	15	0
K2	2014 안양	20	2	0	0	30	4	0
	2015 안양	12	0	0	0	19	4	0
	2020 제주	11	2	0	0	17	0	0
	2021 안양	35	0	3	0	35	3	1
	2022 안양	39	3	2	0	52	4	0
	2023 안양	38	9	0	0	34	10	0
	합계	155	16	5	0	187	25	1
승	2022 안양	2	0	0	0	1	0	0
	합계	2	0	0	0	1	0	0
	프로통산	238	46	5	1	290	40	1

백민철 (白珉喆) 동국대 1977.07.28

대회	연도 소속	출전	교체	실점	도움	파울	경고	퇴장
BC	2000 안양G	0	0	0	0	0	0	0
	2002 안양G	0	0	0	0	0	0	0
	2003 광주상무	5	0	6	0	0	0	0
	2004 광주상무	6	0	13	0	0	0	0
	2005 서울	0	0	0	0	0	0	0
	2006 대구	23	0	26	0	0	4	0
	2007 대구	33	0	51	1	2	2	0
	2008 대구	36	0	77	0	2	2	0
	2009 대구	26	0	37	0	0	1	0
	2010 대구	33	0	47	0	0	0	0
	2011 대구	10	0	18	0	0	0	0
	2012 경남	8	1	16	0	0	0	0
	합계	174	2	291	1	4	9	0
K1	2013 경남	21	0	20	0	1	0	0
	합계	21	0	20	0	1	0	0
K2	2014 광주	6	0	7	0	0	2	0
	합계	6	0	7	0	0	2	0
승	2014 광주	0	0	0	0	0	0	0
	합계	0	0	0	0	0	0	0
	프로통산	201	2	318	1	4	11	0

백상훈 (白尙訓) 오산고 2002.01.07

대회	연도 소속	출전	교체	득점	도움	파울	경고	퇴장
K1	2021 서울	18	16	0	0	22	0	0
	2022 서울	10	10	0	0	10	0	0
	2023 서울	2	2	0	0	2	0	0
	합계	30	28	0	0	34	0	0
	프로통산	30	28	0	0	34	0	0

백선규 (白善圭) 한남대 1989.05.02

대회	연도 소속	출전	교체	실점	도움	파울	경고	퇴장
BC	2011 인천	1	0	4	0	0	0	0
	2012 인천	0	0	0	0	0	0	0
	합계	1	0	4	0	0	0	0
	프로통산	1	0	4	0	0	0	0

백성동 (白星東) 연세대 1991.08.13

대회	연도 소속	출전	교체	득점	도움	파울	경고	퇴장
K1	2023 포항	26	22	4	8	9	1	0
	합계	26	22	4	8	9	1	0

Column 1

대회	연도	소속	출전	교체	득점	도움	파울	경고	퇴장
K2	2017	수원FC	32	9	8	4	43	3	0
	2018	수원FC	30	10	5	1	27	3	0
	2019	수원FC	35	1	7	7	36	3	0
	2020	경남	26	2	9	2	24	1	0
	2021	경남	33	3	4	6	18	1	0
	2022	안양	35	25	5	1	15	1	0
	합계		191	50	38	21	163	12	0
승	2022	안양	2	1	0	0	0	0	0
	합계		2	1	0	0	0	0	0
프로통산			219	73	42	29	172	13	0

백성우 (白成右) 단국대 1990.04.08

대회	연도	소속	출전	교체	실점	도움	파울	경고	퇴장
K2	2013	안양	2	0	4	0	0	0	0
	합계		2	0	4	0	0	0	0
프로통산			2	0	4	0	0	0	0

백성진 (白成珍) 인천대 1999.09.08

대회	연도	소속	출전	교체	득점	도움	파울	경고	퇴장
K2	2022	김포	0	0	0	0	0	0	0
	합계		0	0	0	0	0	0	0
프로통산			0	0	0	0	0	0	0

백성진 (白聖辰) 중앙대 1954.05.12

대회	연도	소속	출전	교체	득점	도움	파울	경고	퇴장
BC	1983	국민은행	14	3	0	0	10	0	0
	합계		14	3	0	0	10	0	0
프로통산			14	3	0	0	10	0	0

백송 (白松) 아주대 1966.08.15

대회	연도	소속	출전	교체	득점	도움	파울	경고	퇴장
BC	1989	유공	15	12	0	0	18	2	0
	1990	유공	1	1	0	0	0	0	0
	1990	유공	12	11	0	0	10	0	0
	1994	버팔로	30	19	8	2	20	8	0
	1995	전북	11	12	1	0	10	2	0
	합계		69	55	9	2	69	12	0
프로통산			69	55	9	2	69	12	0

백수현 (白守鉉) 상지대 1986.07.20

대회	연도	소속	출전	교체	득점	도움	파울	경고	퇴장
BC	2010	경남	1	1	0	0	1	0	0
	합계		1	1	0	0	1	0	0
프로통산			1	1	0	0	1	0	0

백승대 (白承大) 아주대 1970.03.02

대회	연도	소속	출전	교체	득점	도움	파울	경고	퇴장
BC	1991	현대	9	2	0	0	10	0	0
	1992	현대	33	6	0	2	35	1	0
	1993	현대	26	1	0	0	30	3	0
	1997	안양LG	11	5	0	0	16	2	0
	합계		79	19	1	2	91	6	0
프로통산			79	19	1	2	91	6	0

백승민 (白承敏) 백암고 1986.03.12

대회	연도	소속	출전	교체	득점	도움	파울	경고	퇴장
BC	2006	전남	18	15	0	1	18	1	0
	2007	전남	16	13	0	0	18	1	0
	2008	전남	17	4	0	1	24	4	0
	2009	전남	20	7	0	1	24	0	0
	2010	전남	21	12	3	2	37	2	0
	2011	전남	1	1	0	0	7	0	0
	합계		93	52	3	5	128	10	0
프로통산			93	52	3	5	128	10	0

백승우 (白承禹) 연세대 1999.04.27

대회	연도	소속	출전	교체	득점	도움	파울	경고	퇴장
K2	2020	제주	1	1	0	0	0	0	0
	합계		1	1	0	0	0	0	0

백승우 (白承祐) 동아대 1973.05.28

대회	연도	소속	출전	교체	득점	도움	파울	경고	퇴장
BC	1996	부천유공	5	3	0	0	4	0	0
	1997	부천SK	3	3	0	0	1	0	0
	합계		8	6	0	0	4	0	0

Column 2

대회	연도	소속	출전	교체	득점	도움	파울	경고	퇴장
프로통산			8	6	0	0	4	0	0

백승원 (白承原) 강원대 1992.04.18

대회	연도	소속	출전	교체	득점	도움	파울	경고	퇴장
K1	2015	인천	3	2	0	0	7	2	0
	합계		3	2	0	0	7	2	0
프로통산			3	2	0	0	7	2	0

백승철 (白承哲) 영남대 1975.03.09

대회	연도	소속	출전	교체	득점	도움	파울	경고	퇴장
BC	1998	포항	35	21	9	3	65	3	0
	1999	포항	21	11	8	1	42	1	0
	합계		56	32	20	4	107	4	0
프로통산			56	32	20	4	107	4	0

백승현 (白承鉉) 울산대 1995.03.10

대회	연도	소속	출전	교체	득점	도움	파울	경고	퇴장
K1	2018	전남	1	1	0	0	1	0	0
	합계		1	1	0	0	1	0	0

백승호 (白昇浩) 대신고 1997.03.17

대회	연도	소속	출전	교체	득점	도움	파울	경고	퇴장
K1	2021	전북	25	7	4	0	21	2	0
	2022	전북	30	5	3	5	27	3	0
	2023	전북	27	9	1	1	25	3	0
	합계		82	21	9	6	73	8	0
프로통산			82	21	9	6	73	8	0

백영철 (白榮喆) 경희대 1978.11.11

대회	연도	소속	출전	교체	득점	도움	파울	경고	퇴장
BC	2001	성남일화	11	6	2	1	24	3	0
	2002	성남일화	18	16	0	2	26	1	1
	2003	성남일화	1	1	0	0	0	0	0
	2004	성남일화	7	7	0	1	13	0	0
	2005	포항	22	20	0	1	18	2	0
	2006	경남	21	13	1	2	46	5	1
	2007	경남	16	11	0	0	23	3	0
	2008	대구	28	8	1	4	54	8	0
	2009	대구	7	7	1	2	43	7	1
	2010	대구	8	1	0	0	15	2	0
	합계		157	88	4	9	259	30	3
프로통산			157	88	4	9	259	30	3

백자건 (Bai Zijian, 白子建) 중국 1992.10.16

대회	연도	소속	출전	교체	득점	도움	파울	경고	퇴장
BC	2011	대전	14	14	0	1	4	1	0
	합계		14	14	0	1	4	1	0
프로통산			14	14	0	1	4	1	0

백재우 (白裁宇) 광주대 1991.04.27

대회	연도	소속	출전	교체	득점	도움	파울	경고	퇴장
K2	2016	안양	0	0	0	0	0	0	0
	합계		0	0	0	0	0	0	0
프로통산			0	0	0	0	0	0	0

백종범 (白種範) 오산고 2001.01.21

대회	연도	소속	출전	교체	실점	도움	파울	경고	퇴장
K1	2020	서울	0	0	0	0	0	0	0
	2021	서울	0	0	0	0	0	0	0
	2022	서울	4	2	3	0	0	0	0
	2023	서울	26	0	37	0	0	2	0
	합계		30	2	40	0	0	2	0
프로통산			30	2	40	0	0	2	0

백종철 (白鍾哲) 경희대 1961.03.09

대회	연도	소속	출전	교체	득점	도움	파울	경고	퇴장
BC	1984	현대	28	9	16	4	19	0	0
	1985	현대	6	4	0	0	6	0	0
	1986	현대	12	12	0	0	11	0	0
	1987	현대	25	19	2	1	9	0	0
	1988	현대	20	15	2	1	10	0	0
	1989	일화	22	6	0	0	13	0	0
	1990	일화	26	13	1	2	16	1	0
	1991	일화	4	2	0	0	1	0	0
	합계		143	80	36	11	100	2	0

Column 3

대회	연도	소속	출전	교체	득점	도움	파울	경고	퇴장
프로통산			143	80	36	11	100	2	0

백종환 (白鐘煥) 인천대 1985.04.18

대회	연도	소속	출전	교체	득점	도움	파울	경고	퇴장
BC	2008	제주	7	6	0	0	7	2	0
	2009	제주	5	3	0	0	7	1	0
	2010	제주	0	0	0	0	0	0	0
	2010	강원	7	6	1	1	8	1	0
	2011	강원	20	13	0	0	24	2	0
	2012	강원	36	20	2	0	56	7	0
	합계		75	48	3	1	102	13	0
K1	2014	상주	16	6	1	0	31	4	0
	2017	강원	10	4	0	0	15	3	0
	합계		26	12	1	0	46	7	0
K2	2013	상주	32	7	0	7	49	6	0
	2014	강원	9	2	0	0	21	2	0
	2015	강원	34	4	2	1	54	9	0
	2016	강원	33	2	2	2	45	8	0
	2018	대전	5	2	0	0	7	0	0
	합계		113	17	2	10	176	25	0
승	2013	상주	2	0	0	0	0	0	0
	합계		2	0	0	0	0	0	0
프로통산			216	77	6	11	325	45	0

백주현 (白周俔) 조선대 1984.02.09

대회	연도	소속	출전	교체	득점	도움	파울	경고	퇴장
BC	2006	수원	6	5	0	0	10	2	0
	2008	광주상무	1	1	0	0	0	0	0
	합계		7	6	0	0	10	2	0
프로통산			7	6	0	0	10	2	0

백지훈 (白智勳) 안동고 1985.02.28

대회	연도	소속	출전	교체	득점	도움	파울	경고	퇴장
BC	2003	전남	4	4	0	0	1	0	0
	2004	전남	18	10	1	0	32	1	1
	2005	서울	22	16	2	0	33	2	0
	2006	서울	15	10	1	0	19	3	0
	2006	수원	14	4	5	0	27	2	0
	2007	수원	22	12	4	2	19	2	0
	2008	수원	23	12	4	2	19	2	0
	2009	수원	23	15	2	0	19	2	0
	2010	상주	15	8	3	0	19	2	0
	2012	상주	14	13	0	1	8	2	0
	합계		170	98	22	9	195	20	1
K1	2014	울산	11	11	1	0	6	0	0
	2015	수원	21	16	0	0	11	2	0
	2016	수원	18	14	0	1	9	0	0
	합계		58	49	2	1	25	3	0
K2	2013	상주	11	11	1	0	8	1	0
	2017	서울E	15	12	1	0	9	2	0
	합계		26	23	2	0	17	3	0
프로통산			254	170	26	10	235	25	1

백진철 (白進哲) 중앙대 1982.02.03

대회	연도	소속	출전	교체	득점	도움	파울	경고	퇴장
BC	2006	전남	2	2	1	0	0	0	0
	합계		2	2	1	0	0	0	0
프로통산			2	2	1	0	0	0	0

백치수 (白致守) 한양대 1962.09.03

대회	연도	소속	출전	교체	득점	도움	파울	경고	퇴장
BC	1984	포항제철	23	4	0	0	22	1	0
	1985	포항제철	20	3	0	2	20	0	0
	1986	포항제철	20	8	0	1	17	0	0
	1987	포항제철	18	3	1	0	23	2	0
	1988	포항제철	20	13	1	0	17	1	0
	1989	포항제철	6	6	0	0	3	0	0
	합계		107	37	2	3	102	4	0
프로통산			107	37	2	3	102	4	0

백현영 (白鉉英) 고려대 1958.07.29

대회	연도	소속	출전	교체	득점	도움	파울	경고	퇴장
BC	1984	유공	19	17	0	0	8	0	0

(앞 페이지에서 이어짐)

대회	연도	소속	출전	교체	득점	도움	파울	경고	퇴장
	1985	유공	12	5	4	0	7	0	0
	1986	유공	21	10	4	1	11	0	0
		합계	52	32	8	1	26	0	0
		프로통산	52	32	8	1	26	0	0

백형진(白亨珍) 건국대 1970.07.01

대회	연도	소속	출전	교체	득점	도움	파울	경고	퇴장
BC	1998	안양LG	19	16	2	1	20	3	0
	1999	안양LG	20	21	1	0	16	2	0
		합계	39	37	3	1	36	5	0
		프로통산	39	37	3	1	36	5	0

번즈(Nathan Joel Burns) 오스트레일리아 1988.05.07

대회	연도	소속	출전	교체	득점	도움	파울	경고	퇴장
BC	2012	인천	3	3	0	0	4	0	0
		합계	3	3	0	0	4	0	0
		프로통산	3	3	0	0	4	0	0

베네가스(Gabriel Nicolas Benegas) 아르헨티나 1996.03.01

대회	연도	소속	출전	교체	득점	도움	파울	경고	퇴장
K2	2021	서울E	23	13	6	1	70	7	0
		합계	23	13	6	1	70	7	0
		프로통산	23	13	6	1	70	7	0

베르나르도(Bernardo Vieira de Souza) 브라질 1990.05.20

대회	연도	소속	출전	교체	득점	도움	파울	경고	퇴장
K1	2016	울산	0	0	0	0	0	0	0
		합계	0	0	0	0	0	0	0
		프로통산	0	0	0	0	0	0	0

베르손(Bergson Gustavo Silveira da Silva) 브라질 1991.02.09

대회	연도	소속	출전	교체	득점	도움	파울	경고	퇴장
BC	2011	수원	8	8	0	0	5	2	0
		합계	8	8	0	0	5	2	0
K1	2015	부산	7	7	0	0	9	1	0
		합계	7	7	0	0	9	1	0
		프로통산	15	15	0	0	14	3	0

베리(Greggory Austin Berry) 미국 1988.10.06

대회	연도	소속	출전	교체	득점	도움	파울	경고	퇴장
K2	2015	안양	34	1	1	0	34	2	0
		합계	34	1	1	0	34	2	0
		프로통산	34	1	1	0	34	2	0

베리발두(Perivaldo Lucio Dantas) 브라질 1953.07.12

대회	연도	소속	출전	교체	득점	도움	파울	경고	퇴장
BC	1987	유공	1	1	0	0	0	0	0
		합계	1	1	0	0	0	0	0
		프로통산	1	1	0	0	0	0	0

베크리치(Samir Bekrić) 보스니아 헤르체고비나 1984.10.20

대회	연도	소속	출전	교체	득점	도움	파울	경고	퇴장
BC	2010	인천	16	7	2	0	7	0	0
		합계	16	7	2	0	7	0	0
		프로통산	16	7	2	0	7	0	0

베하(László Pecha) 헝가리 1963.10.26

대회	연도	소속	출전	교체	득점	도움	파울	경고	퇴장
BC	1990	포항제철	10	4	0	0	12	0	0
	1991	포항제철	5	5	1	0	4	0	0
		합계	15	9	1	0	16	0	0
		프로통산	15	9	1	0	16	0	0

벤(Ben Halloran) 오스트레일리아 1992.06.14

대회	연도	소속	출전	교체	득점	도움	파울	경고	퇴장
K1	2022	서울	2	2	0	0	2	0	0
		합계	2	2	0	0	2	0	0
		프로통산	2	2	0	0	2	0	0

벨라스케즈(Juan Sebastian Velasquez) 콜롬비아 1991.02.11

대회	연도	소속	출전	교체	득점	도움	파울	경고	퇴장

(중단 계속)

대회	연도	소속	출전	교체	득점	도움	파울	경고	퇴장
K2	2019	수원FC	8	8	0	0	8	0	0
		합계	8	8	0	0	8	0	0
		프로통산	8	8	0	0	8	0	0

벨루소(Jonatas Elias Belusso) 시리아 1988.06.10

대회	연도	소속	출전	교체	득점	도움	파울	경고	퇴장
K2	2015	강원	31	21	15	1	31	2	0
	2016	서울E	17	13	4	1	20	4	0
		합계	48	34	19	2	51	6	0
		프로통산	48	34	19	2	51	6	0

벨코스키(Krste Velkoski) 마케도니아 1988.02.20

대회	연도	소속	출전	교체	득점	도움	파울	경고	퇴장
K1	2016	인천	24	20	4	2	19	0	0
		합계	24	20	4	2	19	0	0
		프로통산	24	20	4	2	19	0	0

벨톨라(Victor Bobsin Pereira) 브라질 2000.01.12

대회	연도	소속	출전	교체	득점	도움	파울	경고	퇴장
K1	2023	대구	11	5	1	0	13	3	1
		합계	11	5	1	0	13	3	1
		프로통산	11	5	1	0	13	3	1

변경준(邊勁竣) 통진고 2002.04.08

대회	연도	소속	출전	교체	득점	도움	파울	경고	퇴장
K1	2021	제주	3	3	0	0	0	0	0
	2022	제주	12	12	0	1	4	0	0
		합계	15	15	0	1	4	0	0
K2	2023	서울E	32	24	3	3	37	4	0
		합계	32	24	3	3	37	4	0
		프로통산	47	39	3	4	41	4	0

변병주(邊炳柱) 연세대 1961.04.26

대회	연도	소속	출전	교체	득점	도움	파울	경고	퇴장
BC	1983	대우	4	0	1	1	8	0	0
	1984	대우	19	9	4	1	18	1	0
	1985	대우	4	1	2	0	3	0	0
	1986	대우	12	1	2	3	18	0	0
	1987	대우	30	15	5	4	40	1	0
	1988	대우	11	7	3	1	23	0	0
	1989	대우	10	3	3	0	14	0	0
	1990	현대	10	3	0	0	11	0	0
	1991	현대	22	15	3	1	31	1	0
		합계	131	59	28	16	175	4	0
		프로통산	131	59	28	16	175	4	0

변성환(卞盛奐) 울산대 1979.12.22

대회	연도	소속	출전	교체	득점	도움	파울	경고	퇴장
BC	2002	울산	25	12	0	0	40	1	0
	2003	울산	14	7	0	0	15	0	1
	2004	울산	15	3	0	0	14	0	0
	2005	울산	27	1	0	0	47	3	0
	2006	울산	27	3	0	1	39	1	0
	2007	부산	23	3	0	1	32	3	0
	2008	제주	25	9	1	3	28	1	0
	2012	성남일화	5	1	0	0	14	0	0
		합계	139	53	1	4	160	12	2
K2	2013	안양	21	2	0	0	36	3	0
	2014	안양	1	1	0	0	0	0	0
		합계	22	3	0	0	36	3	0
		프로통산	161	56	1	4	196	15	2

변승환(卞承煥) 김천대 1999.03.12

대회	연도	소속	출전	교체	득점	도움	파울	경고	퇴장
K2	2022	안산	8	8	0	0	3	1	0
		합계	8	8	0	0	3	1	0
		프로통산	8	8	0	0	3	1	0

변웅(卞雄) 울산대 1986.05.07

대회	연도	소속	출전	교체	득점	도움	파울	경고	퇴장
BC	2009	울산	0	0	0	0	0	0	0
	2010	광주상무	10	5	0	1	13	0	0
	2011	상주	9	7	0	0	6	0	0
		합계	19	12	0	1	19	0	0
K1	2013	울산	1	1	0	0	1	0	0
		합계	1	1	0	0	1	0	0
K2	2014	충주	16	7	0	1	31	4	0
		합계	16	7	0	1	31	4	0
		프로통산	36	20	0	2	51	4	0

변일우(邊一雨) 경희대 1959.03.01

대회	연도	소속	출전	교체	득점	도움	파울	경고	퇴장
BC	1984	할렐루야	23	13	3	1	21	0	0
	1985	할렐루야	14	7	2	1	15	1	0
		합계	37	20	5	2	36	1	0
		프로통산	37	20	5	2	36	1	0

변재섭(邊載燮) 전주대 1975.09.17

대회	연도	소속	출전	교체	득점	도움	파울	경고	퇴장
BC	1997	전북	26	9	2	3	23	1	0
	1998	전북	25	12	3	4	36	6	0
	1999	전북	34	13	2	8	27	4	0
	2000	전북	32	21	0	5	24	1	0
	2001	전북	25	11	2	1	39	1	0
	2002	전북	7	7	0	0	4	1	0
	2003	전북	2	2	0	0	0	0	0
	2004	부천SK	15	6	1	1	22	0	0
	2005	부천SK	33	21	1	2	42	4	0
	2006	제주	25	17	2	0	26	2	0
	2007	전북	8	6	0	0	6	1	0
		합계	230	120	13	26	247	24	0
		프로통산	230	120	13	26	247	24	0

변정석(邊晶錫) 인천대 1993.03.04

대회	연도	소속	출전	교체	득점	도움	파울	경고	퇴장
K2	2016	대전	1	1	0	0	0	0	0
		합계	1	1	0	0	0	0	0
		프로통산	1	1	0	0	0	0	0

변준범(邊峻範) 건국대 1991.02.05

대회	연도	소속	출전	교체	득점	도움	파울	경고	퇴장
K2	2019	서울E	23	4	0	0	18	3	0
		합계	23	4	0	0	18	3	0
		프로통산	23	4	0	0	18	3	0

변준수(卞俊殊) 한양대 2001.11.30

대회	연도	소속	출전	교체	득점	도움	파울	경고	퇴장
K1	2023	대전	15	12	1	0	9	2	0
		합계	15	12	1	0	9	2	0
K2	2021	대전	19	10	0	1	27	2	0
	2022	대전	20	10	0	1	30	3	0
		합계	39	20	0	2	57	5	0
		프로통산	54	32	1	2	66	7	0

보그단(Bogdan Milić / ← 복이) 몬테네그로 1987.11.24

대회	연도	소속	출전	교체	득점	도움	파울	경고	퇴장
BC	2012	광주	36	20	5	3	74	6	0
		합계	36	20	5	3	74	6	0
K2	2013	수원FC	28	16	3	5	38	2	0
		합계	28	16	3	5	38	2	0
		프로통산	64	36	8	8	112	8	0

보띠(Raphael Jose Botti Zacarias Sena) 브라질 1981.02.23

대회	연도	소속	출전	교체	득점	도움	파울	경고	퇴장
BC	2002	전북	19	19	0	0	28	1	0
	2003	전북	29	5	4	1	71	0	0
	2004	전북	21	4	2	3	51	5	0
	2005	전북	30	8	4	3	40	6	0
	2006	전북	30	26	4	0	80	3	0
		합계	129	62	14	7	269	15	1
		프로통산	129	62	14	7	269	15	1

보로(Boro Janicić) 유고슬라비아 1967.01.01

대회	연도	소속	출전	교체	득점	도움	파울	경고	퇴장
BC	1994	LG	28	7	0	3	30	5	0

대회	연도	소속	출전	교체	득점	도움	파울	경고	퇴장
	1995	LG	15	9	0	0	15	1	0
합계			43	16	0	3	45	6	0
프로통산			43	16	0	3	45	6	0

보르코 (Borko Veselinović) 세르비아 몬테네그로 1986.01.06

대회	연도	소속	출전	교체	득점	도움	파울	경고	퇴장
BC	2008	인천	30	16	7	3	30	3	0
	2009	인천	19	13	1	0	36	1	0
합계			49	29	8	3	66	4	0
프로통산			49	29	8	3	66	4	0

보리스 (Boris Vostrosablin) 러시아 1968.10.07

대회	연도	소속	출전	교체	득점	도움	파울	경고	퇴장
BC	1997	부천SK	28	0	5	0	34	3	1
	1998	부천SK	19	15	0	0	21	1	0
합계			47	15	5	0	55	4	1
프로통산			47	15	5	0	55	4	1

보리스 (Boris Raić) 크로아티아 1976.12.03

대회	연도	소속	출전	교체	득점	도움	파울	경고	퇴장
BC	2003	부천SK	15	1	0	0	18	5	0
	2004	부천SK	26	3	0	0	49	7	0
	2005	부천SK	7	1	0	0	13	2	0
합계			48	5	0	0	80	14	0
프로통산			48	5	0	0	80	14	0

보비 (Robert Cullen) 일본 1985.06.07

대회	연도	소속	출전	교체	득점	도움	파울	경고	퇴장
K2	2015	서울E	35	24	4	2	37	2	0
합계			35	24	4	2	37	2	0
프로통산			35	24	4	2	37	2	0

보산치치 (Milos Bosancić) 세르비아 1988.05.22

대회	연도	소속	출전	교체	득점	도움	파울	경고	퇴장
K1	2013	경남	31	10	9	1	43	5	0
	2014	경남	10	9	0	1	8	0	0
합계			41	19	9	2	51	5	0
프로통산			41	19	9	2	51	5	0

보스나 (Eddy Bosnar) 오스트레일리아 1980.04.29

대회	연도	소속	출전	교체	득점	도움	파울	경고	퇴장
BC	2012	수원	36	6	2	0	38	7	1
합계			36	6	2	0	38	7	1
K1	2013	수원	10	2	0	1	11	3	0
합계			10	2	0	1	11	3	0
프로통산			46	8	2	1	49	10	1

보야텡 (Bismark Adjei Boateng(Nana Boateng)) 가나 1994.05.10

대회	연도	소속	출전	교체	득점	도움	파울	경고	퇴장
K1	2023	전북	13	8	1	0	11	1	0
합계			13	8	1	0	11	1	0
프로통산			13	8	1	0	11	1	0

보야니치 (Darijan Bojanić) 스웨덴 1994.12.28

대회	연도	소속	출전	교체	득점	도움	파울	경고	퇴장
K1	2023	울산	9	9	0	1	5	0	0
합계			9	9	0	1	5	0	0
프로통산			9	9	0	1	5	0	0

보야넬 (Ricardo Resende Silva) 브라질 1976.02.18

대회	연도	소속	출전	교체	득점	도움	파울	경고	퇴장
BC	2001	포항	10	7	2	1	9	1	0
합계			10	7	2	1	9	1	0
프로통산			10	7	2	1	9	1	0

본즈 (Olivier Harouna Bonnes) 프랑스 1990.02.07

대회	연도	소속	출전	교체	득점	도움	파울	경고	퇴장
K1	2016	광주	15	3	0	0	27	1	0
	2017	광주	28	9	1	2	32	4	0
합계			43	12	1	2	59	5	0
K2	2018	광주	3	2	0	0	4	0	0
	2018	성남	8	5	0	0	9	1	0
합계			11	7	0	0	13	1	0

| 프로통산 | | | 54 | 19 | 1 | 2 | 72 | 6 | 0 |

부노자 (Gordan Bunoza) 크로아티아 1988.02.05

대회	연도	소속	출전	교체	득점	도움	파울	경고	퇴장
K1	2017	인천	14	2	0	0	20	4	0
	2018	인천	30	2	1	0	36	0	0
	2019	인천	15	2	0	0	16	1	1
	2020	인천	1	2	0	0	0	0	0
합계			60	8	1	0	72	5	1
프로통산			60	8	1	0	72	5	1

부발로 (Milan Bubalo) 세르비아 1990.08.05

대회	연도	소속	출전	교체	득점	도움	파울	경고	퇴장
K1	2013	경남	34	11	6	0	39	3	0
합계			34	11	6	0	39	3	0
프로통산			34	11	6	0	39	3	0

부쉬 (Sergiu Florin Bus) 루마니아 1992.11.02

대회	연도	소속	출전	교체	득점	도움	파울	경고	퇴장
K1	2021	성남	18	20	1	0	12	0	0
합계			18	20	1	0	12	0	0
프로통산			18	20	1	0	12	0	0

부야 (Vujaklija Srdan) 세르비아 1988.03.21

대회	연도	소속	출전	교체	득점	도움	파울	경고	퇴장
K2	2018	광주	6	4	1	0	5	0	0
합계			6	4	1	0	5	0	0
프로통산			6	4	1	0	5	0	0

부영태 (夫英太) 탐라대 1985.09.02

대회	연도	소속	출전	교체	득점	도움	파울	경고	퇴장
BC	2003	부산	2	2	0	0	1	0	0
	2004	부산	1	1	0	0	1	1	0
	2005	부산	1	1	0	0	0	0	0
	2008	대전	1	0	0	0	2	0	0
	2009	대전	5	4	0	0	4	0	0
합계			10	8	0	0	8	1	0
프로통산			10	8	0	0	8	1	0

불투이스 (Dave Bulthuis) 네덜란드 1990.06.28

대회	연도	소속	출전	교체	득점	도움	파울	경고	퇴장
K1	2019	울산	24	3	1	0	25	5	0
	2020	울산	22	0	0	0	25	1	0
	2021	울산	31	3	0	0	28	4	0
	2022	수원	35	3	0	0	19	6	1
합계			107	11	4	1	97	16	1
승	2022	수원	2	2	0	0	1	0	0
합계			2	2	0	0	1	0	0
프로통산			109	13	4	1	98	16	1

뷔텍 (Witold Bendkowski) 폴란드 1961.09.02

대회	연도	소속	출전	교체	득점	도움	파울	경고	퇴장
BC	1990	유공	21	5	1	0	32	1	0
	1991	유공	11	0	1	0	18	1	0
	1992	유공	20	6	0	0	35	5	0
합계			52	11	2	0	85	7	0
프로통산			52	11	2	0	85	7	0

브라운 (Greg Brown) 오스트레일리아 1962.07.29

대회	연도	소속	출전	교체	득점	도움	파울	경고	퇴장
BC	1991	포항제철	2	1	0	1	0	0	0
합계			2	1	0	1	0	0	0
프로통산			2	1	0	1	0	0	0

브라질리아 (Cristiano Pereira de Souza) 브라질 1977.07.28

대회	연도	소속	출전	교체	득점	도움	파울	경고	퇴장
BC	2007	대전	13	5	3	2	33	3	0
	2008	울산	19	10	3	6	32	4	0
	2009	포항	6	6	0	0	9	0	0
	2009	전북	15	12	3	2	2	2	0
합계			53	33	9	10	76	9	0
프로통산			53	33	9	10	76	9	0

브랑코 (Branko Bozović) 유고슬라비아 1969.10.21

대회	연도	소속	출전	교체	득점	도움	파울	경고	퇴장
BC	1996	울산	14	11	0	3	26	3	0
합계			14	11	0	3	26	3	0
프로통산			14	11	0	3	26	3	0

브랑코 (Branko Radovanović) 유고슬라비아 1981.02.18

대회	연도	소속	출전	교체	득점	도움	파울	경고	퇴장
BC	1999	부산	4	4	0	0	5	1	0
합계			4	4	0	0	5	1	0
프로통산			4	4	0	0	5	1	0

브루노 (Alex Bruno de Souza Silva) 브라질 1993.10.07

대회	연도	소속	출전	교체	득점	도움	파울	경고	퇴장
K2	2017	경남	32	23	0	8	26	4	1
	2018	수원FC	21	16	1	2	12	0	0
합계			53	39	1	10	38	4	1
프로통산			53	39	1	10	38	4	1

브루노 (Bruno Cunha Cantanhede) 브라질 1993.07.22

대회	연도	소속	출전	교체	득점	도움	파울	경고	퇴장
K2	2017	대전	18	4	3	2	39	3	0
	2018	안양	11	9	0	0	18	1	0
합계			29	13	4	2	56	4	0
프로통산			29	13	4	2	56	4	0

브루노 (Bruno Moreira Soares) 브라질 1999.04.08

대회	연도	소속	출전	교체	득점	도움	파울	경고	퇴장
K2	2020	안산	5	3	1	0	8	2	0
	2020	충남아산	15	8	2	1	17	1	0
합계			20	11	3	1	25	3	0
프로통산			20	11	3	1	25	3	0

브루노 (Bruno Cazarine Constantino) 브라질 1985.05.06

대회	연도	소속	출전	교체	득점	도움	파울	경고	퇴장
BC	2009	경남	3	2	0	0	4	0	0
합계			3	2	0	0	4	0	0
프로통산			3	2	0	0	4	0	0

브루노 (Bruno Cesar Correa) 브라질 1986.03.22

대회	연도	소속	출전	교체	득점	도움	파울	경고	퇴장
BC	2010	인천	19	17	1	3	17	1	0
합계			19	17	1	3	17	1	0
프로통산			19	17	1	3	17	1	0

브루노 (Bruno Felipe de Oliveira) 브라질 1998.02.01

대회	연도	소속	출전	교체	득점	도움	파울	경고	퇴장
K2	2023	서울E	30	21	6	2	15	5	0
합계			30	21	6	2	15	5	0
프로통산			30	21	6	2	15	5	0

브루노 (Bruno Pereira de Albuquerque) 브라질 1994.07.20

대회	연도	소속	출전	교체	득점	도움	파울	경고	퇴장
K2	2023	안양	15	11	4	2	23	2	1
합계			15	11	4	2	23	2	1
프로통산			15	11	4	2	23	2	1

브루누누네스 (Bruno Fernandes Nunes) 브라질 1990.07.08

대회	연도	소속	출전	교체	득점	도움	파울	경고	퇴장
K2	2019	전남	25	15	6	3	42	4	0
합계			25	15	6	3	42	4	0
프로통산			25	15	6	3	42	4	0

브루닝요 (Bruno Cardoso Gonçalves Santos) 브라질 1990.02.25

대회	연도	소속	출전	교체	득점	도움	파울	경고	퇴장
K2	2016	안양	15	9	0	0	19	2	0
합계			15	9	0	0	19	2	0
프로통산			15	9	0	0	19	2	0

브루스 (Bruce Jose Djite) 오스트레일리아

(1987.03.25)

대회	연도	소속	출전	교체	득점	도움	파울	경고	퇴장
K1	2016	수원FC	13	9	5	1	20	3	0
		합계	13	9	5	1	20	3	0
K2	2017	수원FC	26	13	6	1	37	4	0
		합계	26	13	6	1	37	4	0
	프로통산		39	22	11	2	57	7	0

블라단(Vladan Adzić) 몬테네그로 1987.07.05

대회	연도	소속	출전	교체	득점	도움	파울	경고	퇴장
K1	2016	수원FC	27	1	3	0	33	9	0
	2019	포항	3	0	0	0	4	3	0
		합계	30	1	3	0	37	12	0
K2	2014	수원FC	14	1	0	0	22	3	0
	2015	수원FC	24	1	0	1	39	8	0
	2017	수원FC	23	1	0	0	23	5	0
		합계	61	3	0	1	84	16	0
승	2015	수원FC	2	0	0	0	2	0	0
		합계	2	0	0	0	2	0	0
	프로통산		93	4	3	1	123	28	0

비니시우스(Vinicius Conceicao da Silva) 브라질 1977.03.07

대회	연도	소속	출전	교체	득점	도움	파울	경고	퇴장
BC	2006	울산	29	14	1	1	68	9	0
		합계	29	14	1	1	68	9	0
	프로통산		29	14	1	1	68	9	0

비니시우스(Marcos Vinicius dos Santos Rosa) 브라질 1988.09.13

대회	연도	소속	출전	교체	득점	도움	파울	경고	퇴장
BC	2011	울산	1	1	0	0	0	0	0
		합계	1	1	0	0	0	0	0
	프로통산		1	1	0	0	0	0	0

비도시치(Dario Vidošić) 오스트레일리아 1987.04.08

대회	연도	소속	출전	교체	득점	도움	파울	경고	퇴장
K2	2017	성남	7	5	0	0	12	0	0
		합계	7	5	0	0	12	0	0
	프로통산		7	5	0	0	12	0	0

비아나(Fernando Viana Jardim Silva) 브라질 1992.02.20

대회	연도	소속	출전	교체	득점	도움	파울	경고	퇴장
K2	2018	수원FC	15	6	6	0	43	5	0
		합계	15	6	6	0	43	5	0
	프로통산		15	6	6	0	43	5	0

비에라(Julio Cesar Gouveia Vieira) 브라질 1974.02.25

대회	연도	소속	출전	교체	득점	도움	파울	경고	퇴장
BC	2001	전북	14	2	3	1	14	1	0
	2002	전북	31	16	4	5	61	5	0
	2003	전남	33	19	0	10	75	6	0
	2004	전남	19	3	2	2	44	5	0
		합계	97	40	9	18	204	17	0
	프로통산		97	40	9	18	204	17	0

비에리(Jorge Luis Barbieri) 브라질 1979.05.01

대회	연도	소속	출전	교체	득점	도움	파울	경고	퇴장
BC	2005	울산	3	3	0	1	0	0	0
		합계	3	3	0	1	0	0	0
	프로통산		3	3	0	1	0	0	0

비엘키에비치(Osvaldo Diego Bielkiewicz) 아르헨티나 1991.01.04

대회	연도	소속	출전	교체	득점	도움	파울	경고	퇴장
K2	2018	서울E	18	11	3	1	17	1	0
		합계	18	11	3	1	17	1	0
	프로통산		18	11	3	1	17	1	0

비욘존슨(Bjørn Johnsen) 노르웨이 1991.11.06

대회	연도	소속	출전	교체	득점	도움	파울	경고	퇴장
K1	2020	울산	18	17	5	1	9	0	0
	2023	서울	9	9	1	0	3	1	0
		합계	27	26	6	1	12	1	1
	프로통산		27	26	6	1	12	1	1

비케라(Gilvan Gomes Vieira) 브라질 1984.04.09

대회	연도	소속	출전	교체	득점	도움	파울	경고	퇴장
BC	2009	제주	9	4	0	1	14	2	0
		합계	9	4	0	1	14	2	0

비탈리(Vitaliy Parakhnevych) 우크라이나 1969.05.04

대회	연도	소속	출전	교체	득점	도움	파울	경고	퇴장
BC	1995	전북	10	2	4	0	6	2	0
	1996	전북	33	9	10	3	25	6	0
	1997	전북	29	13	7	4	24	5	0
	1998	전북	21	12	8	0	10	1	0
	1998	수원	11	7	4	7	39	5	0
	1999	수원	36	17	10	5	33	6	0
	2000	수원	8	7	5	0	4	3	0
	2001	안양LG	9	6	1	1	8	0	0
	2002	부천SK	6	6	1	0	6	1	0
		합계	163	79	50	20	155	29	0
	프로통산		163	79	50	20	155	29	0

빅(Victor Rodrigues da Silva) 브라질 1976.02.10

대회	연도	소속	출전	교체	득점	도움	파울	경고	퇴장
BC	2003	안양G	3	3	0	0	0	0	0
		합계	3	3	0	0	0	0	0
	프로통산		3	3	0	0	0	0	0

빅터(Andrade Santos Victor) 브라질 1995.09.30

대회	연도	소속	출전	교체	득점	도움	파울	경고	퇴장
K1	2021	수원FC	2	2	0	0	2	1	0
		합계	2	2	0	0	2	1	0
	프로통산		2	2	0	0	2	1	0

빅토르(Paulo Victo Costa Soares) 브라질 1994.09.13

대회	연도	소속	출전	교체	득점	도움	파울	경고	퇴장
K2	2016	고양	23	21	2	0	44	7	0
		합계	23	21	2	0	44	7	0
	프로통산		23	21	2	0	44	7	0

빅토르(Victor Shaka) 나이지리아 1975.05.01

대회	연도	소속	출전	교체	득점	도움	파울	경고	퇴장
BC	1997	안양LG	19	6	5	2	48	7	0
	1998	안양LG	32	23	8	2	67	4	0
	1999	안양LG	15	15	1	1	37	2	0
	1999	울산	11	0	7	3	23	1	1
	2000	울산	22	8	3	2	65	4	0
	2001	부산	5	2	0	0	9	1	0
	2002	부산	4	4	0	0	2	0	0
		합계	108	54	24	10	253	19	2
	프로통산		108	54	24	10	253	19	2

빈차씽코(Gustavo Vintecinco) 브라질 1995.08.02

대회	연도	소속	출전	교체	득점	도움	파울	경고	퇴장
K1	2020	부산	14	11	0	0	12	2	0
		합계	14	11	0	0	12	2	0
K2	2019	안산	28	19	3	3	64	11	2
		합계	28	19	3	3	64	11	2
	프로통산		42	30	3	3	76	13	2

빌(Rosimar Amancio) 브라질 1984.07.02

대회	연도	소속	출전	교체	득점	도움	파울	경고	퇴장
K1	2015	부산	4	4	0	0	5	0	0
		합계	4	4	0	0	5	0	0
승	2015	부산	1	0	0	0	1	0	0
		합계	1	0	0	0	1	0	0
	프로통산		5	4	0	0	6	0	0

빌라(Ricardo Villar) 브라질 1979.08.11

대회	연도	소속	출전	교체	득점	도움	파울	경고	퇴장
BC	2005	전남	4	4	0	0	10	1	0
		합계	4	4	0	0	10	1	0
	프로통산		4	4	0	0	10	1	0

빌비야(Nemanja Bilbija) 보스니아 헤르체고비나 1990.11.02

대회	연도	소속	출전	교체	득점	도움	파울	경고	퇴장
K1	2019	강원	6	4	2	1	6	1	0
		합계	6	4	2	1	6	1	0
	프로통산		6	4	2	1	6	1	0

빠울로(Paulo Roberto Morais Junior) 브라질 1984.02.25

대회	연도	소속	출전	교체	득점	도움	파울	경고	퇴장
BC	2012	인천	5	5	1	0	5	0	0
		합계	5	5	1	0	5	0	0
	프로통산		5	5	1	0	5	0	0

빠찌(Rafael Sobreira da Costa) 브라질 1981.03.15

대회	연도	소속	출전	교체	득점	도움	파울	경고	퇴장
BC	2008	제주	9	3	1	1	12	0	0
		합계	9	3	1	1	12	0	0
	프로통산		9	3	1	1	12	0	0

빼드롱(Christiano Florencio da Silva) 브라질 1978.04.05

대회	연도	소속	출전	교체	득점	도움	파울	경고	퇴장
BC	2008	성남일화	3	2	1	0	2	0	0
		합계	3	2	1	0	2	0	0
	프로통산		3	2	1	0	2	0	0

뽀뽀(Adilson Rerreira de Souza: Popo) 브라질 1978.09.01

대회	연도	소속	출전	교체	득점	도움	파울	경고	퇴장
BC	2005	부산	30	8	4	6	66	7	1
	2006	부산	36	5	20	8	47	6	0
	2007	경남	25	10	8	10	23	3	1
		합계	91	23	32	24	136	16	2
	프로통산		91	23	32	24	136	16	2

뻬레스(Jose Sebastiao Pires Neto) 브라질 1956.02.03

대회	연도	소속	출전	교체	득점	도움	파울	경고	퇴장
BC	1994	현대	16	11	0	2	9	1	0
		합계	16	11	0	2	9	1	0
	프로통산		16	11	0	2	9	1	0

뻬웅(Felipe Barreto da Silva) 브라질 1992.01.29

대회	연도	소속	출전	교체	득점	도움	파울	경고	퇴장
BC	2011	제주	2	2	0	0	0	0	0
		합계	2	2	0	0	0	0	0
	프로통산		2	2	0	0	0	0	0

사드(Hassan Ali Saad: Soony Saad) 레바논 1992.08.17

대회	연도	소속	출전	교체	득점	도움	파울	경고	퇴장
K2	2020	안산	11	9	0	0	12	0	0
		합계	11	9	0	0	12	0	0
	프로통산		11	9	0	0	12	0	0

사디크(Sadiq Saadoun Abdul Ridha) 이라크 1973.10.01

대회	연도	소속	출전	교체	득점	도움	파울	경고	퇴장
BC	1996	안양LG	16	2	1	0	38	7	0
		합계	16	2	1	0	38	7	0
	프로통산		16	2	1	0	38	7	0

사리치(Elvis Sarić) 크로아티아 1990.07.21

대회	연도	소속	출전	교체	득점	도움	파울	경고	퇴장
K1	2018	수원	18	8	3	1	29	5	0
	2019	수원	12	3	1	7	23	3	0
	2022	수원	28	16	3	2	36	6	0
		합계	58	27	7	10	88	14	0
승	2022	수원	2	1	0	0	2	0	0
	프로통산		60	28	7	10	90	14	0

사무엘(Samuel Firmino de Jesus) 브라질 1986.04.07

대회	연도	소속	출전	교체	득점	도움	파울	경고	퇴장
K2	2016	부산	3	1	0	0	5	1	0

			출전	교체	득점	도움	파울	경고	퇴장
	합계		3	1	0	0	5	1	0
프로통산			3	1	0	0	5	1	0

사브첸코(Volodymyr Savchenko) 우크라이나 1973.09.09

대회	연도	소속	출전	교체	실점	도움	파울	경고	퇴장
BC	1996	안양LG	12	0	22	0	1	1	0
	합계		12	0	22	0	1	1	0
프로통산			12	0	22	0	1	1	0

사살락(Sasalak Haiprakhon) 태국 1996.01.08

대회	연도	소속	출전	교체	득점	도움	파울	경고	퇴장
K1	2021	전북	2	2	0	0	0	0	0
	합계		2	2	0	0	0	0	0
프로통산			2	2	0	0	0	0	0

사샤(Sasa Ognenovski) 오스트레일리아 1979.04.03

대회	연도	소속	출전	교체	득점	도움	파울	경고	퇴장
BC	2009	성남일화	31	3	2	1	75	11	2
	2010	성남일화	29	1	3	0	49	7	1
	2011	성남일화	28	1	4	0	47	10	1
	2012	성남일화	11	1	0	0	18	3	0
	합계		99	6	10	1	189	31	4
프로통산			99	6	10	1	189	31	4

사싸(Jefferson Gomes de Oliveira) 브라질 1988.01.26

대회	연도	소속	출전	교체	득점	도움	파울	경고	퇴장
K1	2015	대전	7	3	0	0	11	3	0
	합계		7	3	0	0	11	3	0
프로통산			7	3	0	0	11	3	0

사이먼(Matthew Blake Simon) 오스트레일리아 1986.01.22

대회	연도	소속	출전	교체	득점	도움	파울	경고	퇴장
BC	2012	전남	6	2	0	0	14	2	0
	합계		6	2	0	0	14	2	0
프로통산			6	2	0	0	14	2	0

산델(Marcelo Sander Lima de Souza) 브라질 1972.12.28

대회	연도	소속	출전	교체	득점	도움	파울	경고	퇴장
BC	1998	부천SK	7	7	0	0	10	1	0
	합계		7	7	0	0	10	1	0
프로통산			7	7	0	0	10	1	0

산드로(Sandro César Cordovil de Lima) 브라질 1990.10.28

대회	연도	소속	출전	교체	득점	도움	파울	경고	퇴장
K2	2022	광주	19	13	7	4	38	4	0
	합계		19	13	7	4	38	4	0
프로통산			19	13	7	4	38	4	0

산드로(Sandro Hiroshi Parreao Oi) 브라질 1979.11.19

대회	연도	소속	출전	교체	득점	도움	파울	경고	퇴장
BC	2005	대구	36	7	17	3	49	2	0
	2006	대구	3	2	2	0	4	0	0
	2007	전남	27	6	8	1	36	1	0
	2008	전남	8	7	0	0	10	0	0
	2009	수원	8	7	0	0	10	0	0
	합계		75	29	27	4	99	3	0
프로통산			75	29	27	4	99	3	0

산드로(Sandro da Silva Mendonça) 브라질 1983.10.01

대회	연도	소속	출전	교체	득점	도움	파울	경고	퇴장
K1	2013	대구	15	13	1	2	18	0	0
	합계		15	13	1	2	18	0	0
프로통산			15	13	1	2	18	0	0

산드로(Sandro Cesar Cordovil de Lima) 브라질 1990.10.28

대회	연도	소속	출전	교체	득점	도움	파울	경고	퇴장
K1	2023	광주	12	10	1	2	10	2	0
	합계		12	10	1	2	10	2	0
K2	2022	광주	19	13	7	4	38	4	0
	합계		19	13	7	4	38	4	0
프로통산			31	23	8	6	51	5	0

산드로C(Sandro Cardoso dos Santos) 브라질 1980.03.22

대회	연도	소속	출전	교체	득점	도움	파울	경고	퇴장
BC	2000	수원	11	5	5	4	10	2	0
	2001	수원	33	1	17	3	46	8	1
	2002	수원	29	1	10	2	63	8	1
	2005	수원	26	16	5	1	22	3	0
	2006	수원	15	6	0	0	11	2	0
	2006	전남	13	12	3	0	3	1	0
	2007	전남	14	3	1	3	3	1	0
	합계		131	44	41	13	158	25	3
프로통산			131	44	41	13	158	25	3

산자르(Sanjar Tursunov/← 뚜르스노프) 우즈베키스탄 1986.12.29

대회	연도	소속	출전	교체	득점	도움	파울	경고	퇴장
K2	2018	대전	16	12	2	2	14	2	0
	2019	대전	11	8	0	0	7	1	0
	합계		27	20	2	2	21	3	0
프로통산			27	20	2	2	21	3	0

산타나(Rinaldo Santana dos Santos) 브라질 1975.08.24

대회	연도	소속	출전	교체	득점	도움	파울	경고	퇴장
BC	2004	서울	15	7	2	0	14	0	0
	합계		15	7	2	0	14	0	0
프로통산			15	7	2	0	14	0	0

산토스(Natanael de Sousa Santos Junior) 브라질 1985.12.25

대회	연도	소속	출전	교체	득점	도움	파울	경고	퇴장
BC	2010	제주	28	18	14	5	45	0	0
	2011	제주	29	6	14	4	33	6	0
	2012	제주	34	11	14	11	33	0	0
	합계		92	36	42	20	111	2	0
K1	2013	수원	19	7	8	1	25	1	0
	2014	수원	35	17	14	7	22	2	0
	2015	수원	29	12	12	3	30	1	0
	2016	수원	33	19	12	3	38	1	0
	2017	수원	29	13	10	0	23	1	0
	합계		145	98	55	14	128	5	0
프로통산			237	134	97	34	239	7	0

산토스(Diogo Santos Rangel) 동티모르 1991.08.19

대회	연도	소속	출전	교체	득점	도움	파울	경고	퇴장
K2	2014	대전	1	1	0	0	3	0	0
	2014	강원	1	1	0	0	0	0	0
	합계		2	2	0	0	3	0	0
프로통산			2	2	0	0	3	0	0

산토스(Remerson dos Santos) 브라질 1972.07.13

대회	연도	소속	출전	교체	득점	도움	파울	경고	퇴장
BC	1999	울산	4	3	0	0	4	0	0
	2000	울산	28	2	1	0	51	7	0
	합계		32	5	1	0	55	7	0
프로통산			32	5	1	0	55	7	0

산토스(Rogerio Pinheiro dos Santos) 브라질 1972.04.21

대회	연도	소속	출전	교체	득점	도움	파울	경고	퇴장
BC	2003	포항	29	3	0	0	55	5	0
	2004	포항	33	6	2	0	58	5	0
	2005	포항	32	3	1	1	71	8	0
	2006	경남	34	0	2	0	67	7	0
	2007	경남	25	1	2	0	28	5	0
	2008	경남	30	4	1	0	42	3	0
	합계		184	13	10	2	311	38	0
프로통산			184	13	10	2	311	38	0

산토스(Alexandre Zacarias dos Santos) 브라질 1982.10.23

대회	연도	소속	출전	교체	득점	도움	파울	경고	퇴장
BC	2010	대전	16	5	0	0	31	4	0
	합계		16	5	0	0	31	4	0
프로통산			16	5	0	0	31	4	0

산티아고(Santiago de Sagastizabal) 아르헨티나 1997.05.09

대회	연도	소속	출전	교체	득점	도움	파울	경고	퇴장
K2	2021	안산	8	8	1	0	7	2	0
	합계		8	8	1	0	7	2	0
프로통산			8	8	1	0	7	2	0

산티아고(Petrony Santiago de Barros) 브라질 1980.02.18

대회	연도	소속	출전	교체	득점	도움	파울	경고	퇴장
BC	2004	대구	10	5	0	0	20	3	0
	2005	대구	17	4	0	2	37	6	0
	합계		27	9	0	2	57	9	0
프로통산			27	9	0	2	57	9	0

살람쇼(Abdule Salam Sow) 기니 1970.08.13

대회	연도	소속	출전	교체	득점	도움	파울	경고	퇴장
BC	1996	전남	3	3	0	0	5	1	0
	합계		3	3	0	0	5	1	0
프로통산			3	3	0	0	5	1	0

샤리(Yary David Silvera) 우루과이 1976.02.20

대회	연도	소속	출전	교체	득점	도움	파울	경고	퇴장
BC	2000	부천SK	32	30	3	6	24	3	0
	2001	부천SK	14	13	2	1	8	2	0
	2003	부천SK	23	14	2	1	17	1	0
	합계		69	57	7	8	49	6	0
프로통산			69	57	7	8	49	6	0

샤샤(Aleksandr Podshivalov) 러시아 1964.09.06

대회	연도	소속	출전	교체	실점	도움	파울	경고	퇴장
BC	1994	유공	2	0	2	0	0	0	0
	1995	유공	35	0	41	0	3	1	0
	1996	부천유공	32	0	57	0	10	0	0
	1997	부천SK	10	0	13	0	0	0	0
	합계		73	1	94	0	3	2	0
프로통산			73	1	94	0	3	2	0

샤샤(Sasa Drakulić) 유고슬라비아 1972.08.28

대회	연도	소속	출전	교체	득점	도움	파울	경고	퇴장
BC	1995	대우	31	18	8	0	45	4	0
	1996	부산	20	12	3	5	51	5	0
	1997	부산	28	13	8	5	57	5	0
	1998	부산	21	5	4	4	38	6	0
	1998	수원	12	7	2	1	20	2	0
	1999	수원	37	6	23	4	78	7	1
	2000	수원	14	3	5	1	37	4	0
	2001	성남일화	34	11	15	4	40	3	0
	2002	성남일화	37	10	19	8	71	3	0
	2003	성남일화	37	26	17	5	67	4	1
	합계		271	111	104	37	504	43	2
프로통산			271	111	104	37	504	43	2

샤샤(Sasa Milaimović) 크로아티아 1975.08.27

대회	연도	소속	출전	교체	득점	도움	파울	경고	퇴장
BC	2000	포항	12	9	6	0	24	3	0
	2001	포항	13	10	2	0	20	1	0
	합계		25	18	8	0	44	4	0
프로통산			25	18	8	0	44	4	0

샤흐트(Dietmar Schacht) 독일 1960.04.06

대회	연도	소속	출전	교체	득점	도움	파울	경고	퇴장
BC	1985	포항제철	7	0	2	0	5	1	0
	합계		7	0	2	0	5	1	0
프로통산			7	0	2	0	5	1	0

샴(Same Nkwelle Corentin) 카메룬 1979.04.30

대회	연도	소속	출전	교체	득점	도움	파울	경고	퇴장
BC	2002	대전	27	13	1	1	59	2	0

대회	연도	소속	출전	교체	득점	도움	파울	경고	퇴장
		합계	27	13	1	1	59	2	0
		프로통산	27	13	1	1	59	2	0

서경조(徐庚祚) 동아대 1969.09.28

대회	연도	소속	출전	교체	득점	도움	파울	경고	퇴장
BC	1988	현대	2	2	0	0	0	0	0
		합계	2	2	0	0	0	0	0
		프로통산	2	2	0	0	0	0	0

서경주(徐炅主) 전주대 1997.08.11

대회	연도	소속	출전	교체	득점	도움	파울	경고	퇴장
K1	2021	대구	2	2	0	0	0	0	0
		합계	2	2	0	0	0	0	0
K2	2019	서울E	15	3	1	0	26	3	0
	2020	서울E	3	1	0	0	4	1	0
	2022	김포	2	1	0	0	4	1	0
		합계	20	5	1	0	34	5	0
		프로통산	22	7	1	0	36	5	0

서관수(徐冠秀) 단국대 1980.02.25

대회	연도	소속	출전	교체	득점	도움	파울	경고	퇴장
BC	2003	성남일화	3	2	0	0	4	0	0
	2005	성남일화	1	1	0	0	1	0	0
	2006	대구	1	1	0	0	3	0	0
		합계	5	4	0	0	8	0	0
		프로통산	5	4	0	0	8	0	0

서기복(徐基復) 연세대 1979.01.28

대회	연도	소속	출전	교체	득점	도움	파울	경고	퇴장
BC	2003	전북	17	17	0	2	21	1	0
	2004	인천	19	17	0	3	26	4	0
	2005	인천	13	10	1	1	11	4	0
	2006	인천	17	17	1	0	24	1	0
	2007	인천	9	8	0	1	7	2	0
		합계	75	69	2	7	89	12	0
		프로통산	75	69	2	7	89	12	0

서덕규(徐德圭) 숭실대 1978.10.22

대회	연도	소속	출전	교체	득점	도움	파울	경고	퇴장
BC	2001	울산	32	2	0	0	48	5	0
	2002	울산	29	6	0	0	44	5	0
	2003	울산	8	6	0	0	4	0	0
	2004	광주상무	32	1	0	0	39	2	0
	2005	광주상무	16	5	0	0	19	3	0
	2006	울산	11	8	0	0	18	1	0
	2007	울산	18	10	0	0	19	1	0
	2008	울산	7	4	0	0	8	2	0
		합계	153	40	0	0	199	18	0
		프로통산	153	40	0	0	199	18	0

서도협(徐道協) 헤타페 CF(스페인) 2001.06.25

대회	연도	소속	출전	교체	득점	도움	파울	경고	퇴장
K1	2023	대구	0	0	0	0	0	0	0
		합계	0	0	0	0	0	0	0
		프로통산	0	0	0	0	0	0	0

서동명(徐東明) 울산대 1974.05.04

대회	연도	소속	출전	교체	실점	도움	파울	경고	퇴장
BC	1996	울산	7	0	17	0	0	0	0
	1997	울산	15	0	26	0	0	1	0
	2000	전북	30	1	43	0	0	0	0
	2001	전북	27	3	32	0	2	1	0
	2002	울산	26	2	27	0	0	1	0
	2003	울산	42	0	40	0	2	2	0
	2004	울산	36	0	25	0	0	1	0
	2005	울산	26	1	25	0	1	1	0
	2006	울산	12	2	7	0	0	1	0
	2007	부산	9	1	9	0	0	1	0
	2008	부산	9	0	13	0	1	1	0
		합계	239	8	264	0	3	10	0
		프로통산	239	8	264	0	3	10	0

* 득점: 2000년 1 / 통산 1

서동욱(徐東煜) 대신고 1993.10.15

대회	연도	소속	출전	교체	실점	도움	파울	경고	퇴장

대회	연도	소속	출전	교체	득점	도움	파울	경고	퇴장
K2	2013	부천	0	0	0	0	0	0	0
		합계	0	0	0	0	0	0	0
		프로통산	0	0	0	0	0	0	0

서동원(徐東元) 고려대 1973.12.12

대회	연도	소속	출전	교체	득점	도움	파울	경고	퇴장
BC	1997	울산	20	19	2	0	31	1	0
	1998	울산	1	1	0	0	2	0	0
	1999	울산	1	1	0	0	0	0	0
		합계	22	21	2	0	33	1	0
		프로통산	22	21	2	0	33	1	0

서동원(徐東原) 연세대 1975.08.14

대회	연도	소속	출전	교체	득점	도움	파울	경고	퇴장
BC	1998	대전	29	0	1	0	48	6	0
	1999	대전	29	1	0	0	50	3	0
	2000	대전	28	9	4	4	51	5	0
	2001	수원	20	19	0	0	11	0	0
	2001	전북	15	5	1	1	18	0	0
	2002	전북	7	4	0	0	6	1	0
	2003	광주상무	19	9	0	0	22	2	0
	2004	광주상무	29	10	1	1	42	5	0
	2005	인천	30	13	3	1	53	2	0
	2006	인천	5	5	0	0	11	2	0
	2006	성남일화	13	13	0	1	14	3	0
	2007	성남일화	19	19	0	1	25	1	0
	2008	부산	18	6	1	2	29	4	0
	2009	부산	27	13	0	2	51	9	0
	2010	부산	5	4	0	0	5	1	0
		합계	273	109	16	14	418	55	0
		프로통산	273	109	16	14	418	55	0

서동한(徐東漢) 고려대 2001.03.23

대회	연도	소속	출전	교체	득점	도움	파울	경고	퇴장
K1	2023	수원	3	3	0	0	0	0	0
		합계	3	3	0	0	0	0	0

서동현(徐東鉉) 건국대 1985.06.05

대회	연도	소속	출전	교체	득점	도움	파울	경고	퇴장
BC	2006	수원	26	18	2	2	51	1	0
	2007	수원	12	7	4	1	21	0	0
	2008	수원	35	22	13	2	64	5	0
	2009	수원	15	11	0	1	30	2	0
	2010	수원	13	10	1	0	21	0	0
	2010	강원	13	9	0	3	30	4	0
	2011	강원	28	15	4	1	29	6	0
	2012	제주	43	20	12	3	49	5	0
		합계	184	110	42	10	281	29	0
K1	2013	제주	24	13	5	6	32	5	0
	2015	제주	7	7	0	0	3	0	0
	2016	수원FC	9	7	1	0	7	1	0
		합계	37	20	7	6	46	7	0
K2	2014	안산경찰	30	19	7	1	21	3	0
	2015	안산경찰	19	4	6	2	31	3	0
	2016	대전	22	4	5	0	13	1	0
	2017	수원FC	16	9	5	0	22	1	0
	2018	수원FC	12	9	0	3	17	6	0
		합계	83	46	19	7	115	14	0
		프로통산	304	176	68	23	442	50	0

서동현(徐東賢) 송호대 1998.09.05

대회	연도	소속	출전	교체	실점	도움	파울	경고	퇴장
K2	2019	서울E	0	0	0	0	0	0	0
	2020	서울E	0	0	0	0	0	0	0
		합계	0	0	0	0	0	0	0

서명관(徐名官) 아주대 2002.11.23

대회	연도	소속	출전	교체	득점	도움	파울	경고	퇴장
K2	2023	부천	30	4	0	0	19	4	0
		합계	30	4	0	0	19	4	0
		프로통산	30	4	0	0	19	4	0

서명식(徐明植) 가톨릭관동대 1992.05.31

대회	연도	소속	출전	교체	득점	도움	파울	경고	퇴장
K1	2015	대전	7	3	0	0	7	0	0
		합계	7	3	0	0	7	0	0
K2	2015	강원	14	6	0	1	11	0	0
	2016	부천	6	2	0	0	6	0	0
		합계	20	8	0	1	17	0	0
		프로통산	27	11	0	1	24	0	0

서명원(徐明原) 신평고 1995.04.19

대회	연도	소속	출전	교체	득점	도움	파울	경고	퇴장
K1	2015	대전	24	15	5	0	27	3	0
	2016	울산	10	10	0	0	7	0	0
	2018	강원	1	2	0	0	0	0	0
	2019	강원	4	4	0	0	3	0	0
		합계	39	31	5	0	37	3	0
K2	2014	대전	26	14	4	5	27	0	0
	2020	부천	10	10	1	0	6	0	0
	2021	전남	10	9	0	0	5	1	0
	2022	전남	0	0	0	0	0	0	0
		합계	46	33	5	5	38	1	0
		프로통산	85	64	10	5	75	4	0

서민국(徐愍國) 인천대 1983.11.23

대회	연도	소속	출전	교체	득점	도움	파울	경고	퇴장
BC	2006	인천	9	8	0	1	14	1	0
	2007	인천	19	13	1	2	30	5	0
	2008	인천	1	1	0	0	1	0	0
	2009	광주상무	1	0	0	0	7	1	0
	2010	광주상무	23	17	0	1	21	5	0
	2010	인천	5	5	0	0	5	0	0
		합계	58	44	1	4	63	8	0
		프로통산	58	44	1	4	63	8	0

서민우(徐珉優) 영남대 1998.03.12

대회	연도	소속	출전	교체	득점	도움	파울	경고	퇴장
K1	2020	강원	8	8	0	0	6	1	0
	2021	강원	23	21	1	0	27	5	0
	2022	강원	38	19	1	0	30	3	0
	2023	강원	32	14	2	2	51	8	0
		합계	101	62	3	3	114	17	0
승	2021	강원	2	1	0	0	2	0	0
	2023	강원	1	0	0	0	3	0	0
		합계	3	1	0	0	5	0	0
		프로통산	104	63	3	4	117	20	0

서민환(徐民煥) 광양제철고 1992.05.09

대회	연도	소속	출전	교체	득점	도움	파울	경고	퇴장
K1	2015	전남	0	0	0	0	0	0	0
		합계	0	0	0	0	0	0	0
		프로통산	0	0	0	0	0	0	0

서병환(徐炳煥) 고려대 1984.06.01

대회	연도	소속	출전	교체	득점	도움	파울	경고	퇴장
BC	2008	울산	2	2	0	0	2	0	0
		합계	2	2	0	0	2	0	0
		프로통산	2	2	0	0	2	0	0

서보민(徐保閔) 가톨릭관동대 1990.06.22

대회	연도	소속	출전	교체	득점	도움	파울	경고	퇴장
K1	2017	포항	19	19	1	0	9	0	0
	2019	성남	32	7	4	7	4	1	0
	2020	성남	5	4	0	0	4	0	0
	2021	성남	23	13	0	1	7	1	0
		합계	79	43	5	8	24	2	0
K2	2014	강원	31	26	1	1	22	2	0
	2015	강원	36	8	3	9	31	2	0
	2016	강원	36	23	5	3	19	2	0
	2018	성남	35	6	1	1	20	1	0
	2022	서울E	25	21	1	1	10	1	0
	2023	서울E	25	11	0	0	12	1	0
		합계	188	97	14	15	109	9	0
승	2016	강원	2	1	0	0	1	0	0

대회	연도	소속	출전	교체	득점	도움	파울	경고	퇴장
	합계		2	1	0	0	1	0	0
	프로통산		269	141	19	23	134	11	0

서상민 (徐相民) 연세대 1986.07.25

대회	연도	소속	출전	교체	득점	도움	파울	경고	퇴장
BC	2008	경남	32	11	5	0	78	10	0
	2009	경남	18	14	1	1	24	1	0
	2010	경남	32	26	4	2	60	5	0
	2011	경남	21	16	2	2	54	4	0
	2012	전북	22	11	4	5	49	4	0
	합계		125	78	16	10	245	24	2
K1	2013	전북	25	19	1	3	38	7	0
	2014	상주	30	14	2	1	48	5	0
	2015	전북	3	3	1	0	5	2	0
	2016	전북	8	8	0	0	12	2	0
	합계		66	44	6	2	101	16	0
K2	2015	상주	2	0	0	0	2	0	0
	2017	수원FC	17	13	1	0	16	2	0
	합계		19	14	1	0	18	2	0
	프로통산		210	136	23	12	364	42	2

서석범 (徐錫範) 건국대 1960.09.12

대회	연도	소속	출전	교체	실점	도움	파울	경고	퇴장
BC	1984	럭키금성	6	1	8	0	0	0	0
	합계		6	1	8	0	0	0	0
	프로통산		6	1	8	0	0	0	0

서석원 (徐錫元) 류쓰케이지(이)대(일본) 1985.05.19

대회	연도	소속	출전	교체	득점	도움	파울	경고	퇴장
BC	2009	성남일화	3	3	0	0	2	1	0
	합계		3	3	0	0	2	1	0
	프로통산		3	3	0	0	2	1	0

서세경 (徐世卿) 가톨릭관동대 1996.05.18

대회	연도	소속	출전	교체	득점	도움	파울	경고	퇴장
K2	2018	수원FC	0	0	0	0	0	0	0
	합계		0	0	0	0	0	0	0
	프로통산		0	0	0	0	0	0	0

서승우 (徐承祐) 제주국제대 2002.11.18

대회	연도	소속	출전	교체	득점	도움	파울	경고	퇴장
K1	2023	수원FC	1	1	0	0	0	0	0
	합계		1	1	0	0	0	0	0
	프로통산		1	1	0	0	0	0	0

서승훈 (徐承勳) 중원대 1991.08.31

대회	연도	소속	출전	교체	득점	도움	파울	경고	퇴장
K2	2014	대전	0	0	0	0	0	0	0
	합계		0	0	0	0	0	0	0
	프로통산		0	0	0	0	0	0	0

서영덕 (徐營德) 고려대 1987.05.09

대회	연도	소속	출전	교체	득점	도움	파울	경고	퇴장
BC	2010	경남	0	0	0	0	0	0	0
	합계		0	0	0	0	0	0	0
	프로통산		0	0	0	0	0	0	0

서영재 (徐永在) 한양대 1995.05.23

대회	연도	소속	출전	교체	득점	도움	파울	경고	퇴장
K1	2023	대전	23	10	0	0	15	2	0
	합계		23	10	0	0	15	2	0
K2	2020	대전	15	0	0	0	12	3	1
	2021	대전	34	1	0	4	26	0	0
	2022	대전	14	8	0	1	12	1	0
	합계		63	9	0	5	50	10	1
승	2021	대전	4	0	0	0	8	0	0
	2022	대전	4	0	0	0	0	0	0
	합계		4	0	0	0	8	0	0
	프로통산		90	19	1	5	73	13	1

서용덕 (徐庸德) 연세대 1989.09.10

대회	연도	소속	출전	교체	득점	도움	파울	경고	퇴장
K1	2014	울산	13	12	1	0	14	0	0
	2015	울산	7	7	0	1	5	0	0
	합계		20	19	1	1	19	0	0
K2	2016	안양	34	14	3	4	47	5	0
	2017	아산	15	12	0	3	18	1	0
	2018	아산	4	4	0	0	1	0	0
	2018	부산	4	4	0	0	1	0	0
	2019	부산	9	7	0	1	13	0	0
	합계		63	38	3	8	79	6	0
승	2018	부산	1	1	0	0	1	0	0
	2019	부산	1	1	0	0	0	0	0
	합계		2	2	0	0	1	0	0
	프로통산		84	58	4	9	98	6	0

서우민 (徐佑旼) 충남기계공고 2000.03.20

대회	연도	소속	출전	교체	득점	도움	파울	경고	퇴장
K2	2019	대전	1	1	0	0	1	0	0
	합계		1	1	0	0	1	0	0
	프로통산		1	1	0	0	1	0	0

서재민 (徐在民) 현풍고 1997.12.04

대회	연도	소속	출전	교체	득점	도움	파울	경고	퇴장
K1	2018	대구	1	1	0	0	1	0	0
	2019	인천	2	2	0	0	1	0	0
	합계		3	3	0	0	2	0	0
K2	2020	서울E	1	2	1	2	14	1	0
	2021	서울E	11	5	1	0	8	3	0
	2022	서울E	27	16	1	11	33	0	0
	2023	김포	34	19	2	0	16	2	0
	합계		73	33	4	4	47	8	0
승	2023	김포	1	1	0	0	0	0	0
	합계		1	1	0	0	0	0	0
	프로통산		77	37	4	4	49	8	0

서재민 (徐材珉) 오산고 2003.09.16

대회	연도	소속	출전	교체	득점	도움	파울	경고	퇴장
K1	2023	서울	0	0	0	0	0	0	0
	합계		0	0	0	0	0	0	0
	프로통산		0	0	0	0	0	0	0

서재원 (徐材源) 신평고 2003.06.18

대회	연도	소속	출전	교체	득점	도움	파울	경고	퇴장
K2	2022	경남	13	16	1	0	14	1	0
	2023	경남	2	2	0	0	0	0	0
	합계		15	18	1	0	14	1	0
	프로통산		15	18	1	0	14	1	0

서정원 (徐正源) 고려대 1970.12.17

대회	연도	소속	출전	교체	득점	도움	파울	경고	퇴장
BC	1992	LG	21	2	4	0	17	0	0
	1993	LG	11	5	2	1	14	2	0
	1994	LG	4	2	1	0	5	0	0
	1995	LG	25	4	11	3	23	0	0
	1996	안양LG	27	15	6	5	43	1	0
	1997	안양LG	16	7	9	1	33	5	0
	1999	수원	27	5	11	5	32	1	0
	2000	수원	25	13	4	1	17	1	0
	2001	수원	33	10	1	2	31	3	0
	2002	수원	32	15	1	4	38	1	0
	2003	수원	43	7	10	5	58	1	0
	2004	수원	25	11	4	4	43	1	0
	합계		269	92	68	25	288	12	0
	프로통산		269	92	68	25	288	12	0

서정진 (徐訂晋) 보인정보산업고(보인고) 1989.09.06

대회	연도	소속	출전	교체	득점	도움	파울	경고	퇴장
BC	2008	전북	18	11	1	2	30	7	0
	2009	전북	15	13	2	1	17	1	0
	2010	전북	17	13	0	0	17	2	0
	2011	전북	9	8	1	1	9	1	0
	2012	수원	43	24	3	7	56	8	0
	합계		102	69	7	11	129	19	0
K1	2013	수원	35	12	5	5	39	4	0
	2014	수원	29	21	4	4	27	2	0
	2015	수원	24	16	0	0	14	0	0
	2016	울산	9	7	0	0	6	0	0
	2017	수원	4	4	0	0	3	0	0
	합계		101	60	9	9	89	6	0
K2	2016	서울E	19	5	0	5	20	1	0
	합계		19	5	0	5	20	1	0
	프로통산		222	134	16	25	238	26	0

서주환 (徐宙桓) 울산대 1999.06.24

대회	연도	소속	출전	교체	실점	도움	파울	경고	퇴장
K1	2020	울산	0	0	0	0	0	0	0
	2021	울산	0	0	0	0	0	0	0
	2022	서울	0	0	0	0	0	0	0
	2023	서울	0	0	0	0	0	0	0
	합계		0	0	0	0	0	0	0
	프로통산		0	0	0	0	0	0	0

서준영 (徐俊榮) 연세대 1995.09.29

대회	연도	소속	출전	교체	득점	도움	파울	경고	퇴장
K2	2017	안산	2	2	0	0	0	0	0
	합계		2	2	0	0	0	0	0
	프로통산		2	2	0	0	0	0	0

서지원 (徐志源) 천안농고 1967.09.15

대회	연도	소속	출전	교체	득점	도움	파울	경고	퇴장
BC	1986	포항제철	1	2	0	0	0	0	0
	합계		1	2	0	0	0	0	0
	프로통산		1	2	0	0	0	0	0

서진섭 (徐震燮) 울산대 1967.11.25

대회	연도	소속	출전	교체	득점	도움	파울	경고	퇴장
BC	1990	현대	1	1	0	0	1	0	0
	합계		1	1	0	0	1	0	0
	프로통산		1	1	0	0	1	0	0

서진수 (徐進水) 제주U18 2000.10.18

대회	연도	소속	출전	교체	득점	도움	파울	경고	퇴장
K1	2019	제주	11	10	0	4	7	2	0
	2022	김천	17	17	1	0	4	1	0
	2022	제주	8	6	0	0	7	0	0
	2023	제주	34	28	5	2	23	1	0
	합계		70	61	10	6	41	4	0
K2	2020	제주	5	5	1	0	10	1	0
	2021	김천	19	16	1	3	16	1	0
	합계		24	21	2	3	26	2	0
	프로통산		94	82	12	9	67	6	0

서창호 (徐彰浩) 국민대 1960.03.16

대회	연도	소속	출전	교체	득점	도움	파울	경고	퇴장
BC	1985	상무	2	2	0	0	3	0	0
	합계		2	2	0	0	3	0	0
	프로통산		2	2	0	0	3	0	0

서혁수 (徐赫秀) 경희대 1973.10.01

대회	연도	소속	출전	교체	득점	도움	파울	경고	퇴장
BC	1998	전북	26	4	0	1	29	5	0
	1999	전북	34	0	5	8	91	5	0
	2000	전북	32	2	0	6	72	2	0
	2001	전북	34	2	2	7	63	3	0
	2002	전북	31	4	0	7	64	4	0
	2003	전북	31	6	2	4	68	4	0
	2004	성남일화	28	4	0	6	60	5	0
	합계		216	24	7	23	469	30	0
	프로통산		216	24	7	23	469	30	0

서형승 (徐亨承) 한남대 1992.09.22

대회	연도	소속	출전	교체	득점	도움	파울	경고	퇴장
K2	2015	고양	26	26	3	1	16	3	0
	합계		26	26	3	1	16	3	0
	프로통산		26	26	3	1	16	3	0

서홍민 (徐洪旻) 한양대 1991.12.23

대회	연도	소속	출전	교체	득점	도움	파울	경고	퇴장
K2	2016	부산	0	0	0	0	0	0	0
	합계		0	0	0	0	0	0	0
	프로통산		0	0	0	0	0	0	0

서효원 (徐孝源) 숭실대 1967.09.15

대회	연도	소속	출전	교체	득점	도움	파울	경고	퇴장

석동우(石東祐) 용인대 1990.05.27

대회	연도	소속	출전	교체	득점	도움	파울	경고	퇴장
BC	1994	포항제철	23	11	4	3	31	2	1
	1995	포항	29	5	4	2	60	4	0
	1996	포항	33	8	2	2	55	4	0
	1997	포항	34	7	1	1	43	2	1
	1998	포항	38	7	2	6	60	1	0
	합계		157	38	13	14	249	13	2
프로통산			157	38	13	14	249	13	2

석동우(石東祐) 용인대 1990.05.27

대회	연도	소속	출전	교체	득점	도움	파울	경고	퇴장
K2	2014	부천	17	6	0	1	21	2	0
	합계		17	6	0	1	21	2	0
프로통산			17	6	0	1	21	2	0

선명진(宣明辰) 건국대 1986.12.15

대회	연도	소속	출전	교체	득점	도움	파울	경고	퇴장
BC	2010	인천	2	1	0	0	0	0	0
	합계		2	1	0	0	0	0	0
프로통산			2	1	0	0	0	0	0

설기현(薛琦鉉) 광운대 1979.01.08

대회	연도	소속	출전	교체	득점	도움	파울	경고	퇴장
BC	2010	포항	16	4	7	3	38	0	0
	2011	울산	41	16	7	10	80	9	0
	2012	인천	40	14	7	3	113	4	0
	합계		97	34	21	16	231	12	0
K1	2013	인천	26	19	4	4	88	2	0
	2014	인천	7	7	0	0	18	0	0
	합계		33	26	4	4	106	2	0
프로통산			130	60	25	20	337	14	0

설영우(薛英佑) 울산대 1998.12.05

대회	연도	소속	출전	교체	득점	도움	파울	경고	퇴장
K1	2020	울산	14	8	0	2	7	0	0
	2021	울산	31	11	2	3	26	4	0
	2022	울산	34	6	3	4	15	0	0
	2023	울산	32	6	3	4	15	11	0
	합계		111	30	5	10	74	15	0
프로통산			111	30	5	10	74	15	0

설익찬(薛益贊) 학성고 1978.03.25

대회	연도	소속	출전	교체	득점	도움	파울	경고	퇴장
BC	1996	수원	0	0	0	0	0	0	0
	1999	수원	7	6	1	1	15	0	0
	2000	수원	8	3	0	0	7	1	0
	합계		15	9	1	1	22	1	0
프로통산			15	9	1	1	22	1	0

설정현(薛廷賢) 단국대 1959.03.06

대회	연도	소속	출전	교체	득점	도움	파울	경고	퇴장
BC	1984	한일은행	26	1	2	0	17	0	0
	1985	한일은행	10	0	0	0	8	0	0
	1986	한일은행	14	3	0	0	16	0	0
	합계		50	4	2	0	41	0	0
프로통산			50	4	2	0	41	0	0

설현빈(楔顯彬) 울산대 2001.08.07

대회	연도	소속	출전	교체	실점	도움	파울	경고	퇴장
K1	2022	울산	0	0	0	0	0	0	0
	합계		0	0	0	0	0	0	0
프로통산			0	0	0	0	0	0	0

설현진(楔賢進) 광주대 2000.03.10

대회	연도	소속	출전	교체	득점	도움	파울	경고	퇴장
K2	2021	경남	4	4	0	0	5	0	0
	2022	경남	10	9	0	0	9	2	0
	2023	경남	30	30	2	2	31	1	0
	합계		44	43	2	2	45	3	0
프로통산			44	43	2	2	45	3	0

성경모(成京模) 동의대 1980.06.26

대회	연도	소속	출전	교체	실점	도움	파울	경고	퇴장
BC	2003	전북	0	0	0	0	0	0	0
	2004	전북	0	0	0	0	0	0	0
	2005	인천	15	0	15	0	0	0	0
	2006	인천	25	0	30	0	0	0	0
	2007	인천	0	0	0	0	0	0	0
	2008	인천	12	0	16	0	0	0	0
	2009	인천	0	0	0	0	0	0	0
	2010	인천	0	0	0	0	0	0	0
	2011	광주	7	0	15	0	1	2	0
	합계		59	0	76	0	1	2	0
프로통산			59	0	76	0	1	2	0

성경일(成京一) 건국대 1983.03.01

대회	연도	소속	출전	교체	실점	도움	파울	경고	퇴장
BC	2005	전북	8	1	12	0	0	1	0
	2006	전북	8	1	13	0	0	0	0
	2007	전북	10	1	13	0	0	0	0
	2008	경남	3	0	6	0	0	0	0
	2009	광주상무	2	0	4	0	0	0	0
	2010	광주상무	6	0	6	0	0	0	0
	합계		29	2	41	0	0	1	0
프로통산			29	2	41	0	0	1	0

성봉재(成奉宰) 동국대 1993.04.29

대회	연도	소속	출전	교체	득점	도움	파울	경고	퇴장
K1	2015	성남	3	3	0	0	8	0	0
	2016	성남	5	4	1	0	5	1	0
	합계		8	7	1	0	13	1	0
K2	2017	경남	8	6	0	1	12	0	0
	합계		8	6	0	1	12	0	0
프로통산			16	13	1	1	23	1	0

성원종(成元鍾) 경상대 1970.09.27

대회	연도	소속	출전	교체	실점	도움	파울	경고	퇴장
BC	1992	대우	15	2	19	0	1	1	0
	1994	버팔로	25	3	48	0	2	3	1
	1995	전북	16	1	22	0	2	3	0
	1996	전북	14	1	23	0	1	2	0
	1997	전북	17	0	31	0	1	1	0
	1998	부산	5	1	10	0	1	1	0
	1999	대전	4	0	4	0	0	0	0
	2000	대전	0	0	0	0	0	0	0
	합계		96	7	157	0	10	11	1
프로통산			96	7	157	0	10	11	1

성은준(成殷準) 호남대 1970.08.20

대회	연도	소속	출전	교체	득점	도움	파울	경고	퇴장
BC	1994	버팔로	16	7	0	1	4	0	0
	합계		16	7	0	1	4	0	0
프로통산			16	7	0	1	4	0	0

성종현(成宗鉉) 울산대 1979.04.02

대회	연도	소속	출전	교체	득점	도움	파울	경고	퇴장
BC	2004	전북	3	1	0	0	4	0	0
	2005	전북	13	2	0	1	31	3	0
	2006	광주상무	6	1	0	0	3	0	0
	2007	광주상무	6	2	0	0	2	0	0
	2008	전북	7	1	1	0	6	1	0
	2009	전북	5	2	0	0	6	1	0
	2010	전북	9	3	0	1	14	2	0
	합계		43	12	1	3	75	8	0
프로통산			43	12	1	3	75	8	0

성한수(成漢洙) 연세대 1976.03.27

대회	연도	소속	출전	교체	득점	도움	파울	경고	퇴장
BC	1999	대전	17	14	2	6	22	2	0
	2000	대전	13	11	2	0	18	3	0
	2001	대전	12	11	0	0	14	0	0
	2002	전남	7	5	0	2	7	0	0
	2003	전남	8	7	0	0	2	1	0
	합계		59	48	4	8	63	6	0
프로통산			59	48	4	8	63	6	0

성호영(成浩永) 영남대 1999.01.08

대회	연도	소속	출전	교체	득점	도움	파울	경고	퇴장
K1	2020	부산	0	0	0	0	0	0	0
K2	2021	부산	8	7	0	0	8	0	0
	2022	부산	12	10	1	0	11	0	0
	2023	부산	21	19	3	0	20	0	0
	합계		41	36	4	0	39	0	0
승	2023	부산	2	2	0	0	1	0	0
	합계		2	2	0	0	1	0	0
프로통산			43	38	4	0	40	0	0

세라토(Marcos Vinicius Serrato) 브라질 1994.02.08

대회	연도	소속	출전	교체	득점	도움	파울	경고	퇴장
K1	2023	대구	11	11	0	0	8	1	0
	합계		11	11	0	0	8	1	0
프로통산			11	11	0	0	8	1	0

세르게이(Sergey Burdin) 러시아 1970.03.02

대회	연도	소속	출전	교체	득점	도움	파울	경고	퇴장
BC	1996	부천유공	36	12	22	5	47	9	0
	1997	부천SK	27	8	6	1	37	7	0
	1999	천안일화	33	22	7	4	58	6	0
	2000	성남일화	0	0	0	0	0	0	0
	합계		96	42	35	10	142	22	0
프로통산			96	42	35	10	142	22	0

세르지뉴(Sergio Ricardo dos Santos Junior: Sergiho) 브라질 1990.12.03

대회	연도	소속	출전	교체	득점	도움	파울	경고	퇴장
K1	2021	대구	13	9	0	0	15	4	0
	합계		13	9	0	0	15	4	0
프로통산			13	9	0	0	15	4	0

세르지오(Sergio Luis Cogo) 브라질 1960.09.28

대회	연도	소속	출전	교체	득점	도움	파울	경고	퇴장
BC	1983	포항제철	2	2	0	0	0	0	0
	합계		2	2	0	0	0	0	0
프로통산			2	2	0	0	0	0	0

세르지오(Sergio Ricardo dos Santos Vieira) 브라질 1975.05.28

대회	연도	소속	출전	교체	득점	도움	파울	경고	퇴장
BC	2001	안양LG	13	13	2	0	15	1	0
	합계		13	13	2	0	15	1	0
프로통산			13	13	2	0	15	1	0

세르징요(Sergio Paulo Nascimento Filho) 시리아 1988.04.27

대회	연도	소속	출전	교체	득점	도움	파울	경고	퇴장
K2	2015	대구	36	23	4	2	73	6	0
	2016	강원	19	3	2	3	34	4	0
	합계		55	26	6	5	107	10	0
승	2016	강원	2	0	0	0	9	0	0
	합계		2	0	0	0	9	0	0
프로통산			57	26	6	5	116	10	0

세바스티안(Sebastjan Cimirotić) 슬로베니아 1974.09.14

대회	연도	소속	출전	교체	득점	도움	파울	경고	퇴장
BC	2005	인천	3	3	1	0	3	0	0
	합계		3	3	1	0	3	0	0
프로통산			3	3	1	0	3	0	0

세베로(Marcos Lueders Severo) 브라질 1965.03.19

대회	연도	소속	출전	교체	득점	도움	파울	경고	퇴장
BC	1995	현대	18	9	4	4	43	6	0
	합계		18	9	4	4	43	6	0
프로통산			18	9	4	4	43	6	0

세이트(Seyit Cem Unsal) 터키 1975.10.09

대회	연도	소속	출전	교체	득점	도움	파울	경고	퇴장
BC	1997	안양LG	3	2	0	0	3	0	0
	1998	안양LG	6	5	0	0	5	0	0
	합계		9	7	0	0	8	0	0
프로통산			9	7	0	0	8	0	0

세자르(Julio Cesar Guterres) 브라질 1959.02.21

대회	연도	소속	출전	교체	득점	도움	파울	경고	퇴장

세자르(Cezar da Costa Oliveira) 브라질 1973.12.09

대회	연도	소속	출전	교체	득점	도움	파울	경고	퇴장
BC	1984	포항제철	12	6	0	1	20	2	0
		합계	12	6	0	1	20	2	0
프로통산			12	6	0	1	20	2	0

세자르(Cezar da Costa Oliveira) 브라질 1973.12.09

대회	연도	소속	출전	교체	득점	도움	파울	경고	퇴장
BC	1999	전남	31	9	13	2	82	2	0
	2000	전남	39	13	11	0	77	2	0
	2001	전남	32	14	12	4	57	2	0
	2002	전남	6	4	0	0	9	1	0
		합계	108	40	36	6	225	7	0
프로통산			108	40	36	6	225	7	0

세자르(Paulo Cesar de Souza) 브라질 1979.02.16

대회	연도	소속	출전	교체	득점	도움	파울	경고	퇴장
BC	2005	전북	12	11	0	5	30	2	0
		합계	12	11	0	5	30	2	0
프로통산			12	11	0	5	30	2	0

세지오(Sergio Guimaraes da Silva Junior) 브라질 1979.02.19

대회	연도	소속	출전	교체	득점	도움	파울	경고	퇴장
BC	2005	부천SK	11	6	2	3	18	1	0
		합계	11	6	2	3	18	1	0
프로통산			11	6	2	3	18	1	0

세징야(Cesar Fernando Silva dos Santos: Cesinha) 브라질 1989.11.29

대회	연도	소속	출전	교체	득점	도움	파울	경고	퇴장
K1	2017	대구	27	6	7	7	39	8	0
	2018	대구	35	5	8	11	24	6	0
	2019	대구	35	4	15	10	36	4	0
	2020	대구	25	3	18	4	36	4	0
	2021	대구	24	7	7	7	22	2	0
	2022	대구	27	8	9	1	10	2	0
	2023	대구	23	6	4	5	29	4	0
		합계	196	44	77	50	196	30	2
K2	2016	대구	36	11	12	8	79	12	0
		합계	36	11	12	8	79	12	0
프로통산			232	55	89	58	275	42	2

셀리오(Celio Ferreira dos Santos) 브라질 1987.07.20

대회	연도	소속	출전	교체	득점	도움	파울	경고	퇴장
K1	2016	울산	10	3	1	0	11	4	0
		합계	10	3	1	0	11	4	0
프로통산			10	3	1	0	11	4	0

셀린(Alessandro Padovani Celin) 브라질 1989.09.11

대회	연도	소속	출전	교체	득점	도움	파울	경고	퇴장
BC	2011	광주	1	1	0	0	0	0	0
		합계	1	1	0	0	0	0	0
프로통산			1	1	0	0	0	0	0

셀미르(Selmir dos Santos Bezerra) 브라질 1979.08.23

대회	연도	소속	출전	교체	득점	도움	파울	경고	퇴장
BC	2005	인천	31	17	9	6	84	3	0
	2006	인천	13	4	5	0	34	2	0
	2006	전남	14	6	8	1	29	1	0
	2007	대구	18	16	3	0	21	1	0
	2008	대전	12	6	1	1	25	1	0
		합계	88	49	26	8	193	8	0
프로통산			88	49	26	8	193	8	0

소광호(蘇光鎬) 한양대 1961.03.27

대회	연도	소속	출전	교체	득점	도움	파울	경고	퇴장
BC	1984	럭키금성	13	7	0	2	5	0	0
	1985	상무	20	2	0	3	22	1	0
		합계	33	9	0	5	27	1	0
프로통산			33	9	0	5	27	1	0

소말리아(Waderson de Paula Sabino) 브라질 1977.06.22

대회	연도	소속	출전	교체	득점	도움	파울	경고	퇴장
BC	2006	부산	22	12	9	6	56	3	1
		합계	22	12	9	6	56	3	1
프로통산			22	12	9	6	56	3	1

소우자(Jose Augusto Freitas Sousa) 브라질 1978.08.02

대회	연도	소속	출전	교체	득점	도움	파울	경고	퇴장
BC	2008	부산	3	3	0	0	3	0	0
		합계	3	3	0	0	3	0	0
프로통산			3	3	0	0	3	0	0

소콜(Sokol Cikalleshi) 알바니아 1990.07.27

대회	연도	소속	출전	교체	득점	도움	파울	경고	퇴장
BC	2012	인천	6	6	0	0	10	0	0
		합계	6	6	0	0	10	0	0
프로통산			6	6	0	0	10	0	0

손국회(孫國會) 초당대 1987.05.15

대회	연도	소속	출전	교체	득점	도움	파울	경고	퇴장
K2	2013	충주	18	2	1	0	19	0	0
		합계	18	2	1	0	19	0	0
프로통산			18	2	1	0	19	0	0

손기련(孫基連) 단국대 1995.03.22

대회	연도	소속	출전	교체	득점	도움	파울	경고	퇴장
K2	2017	안산	25	15	0	2	21	7	0
		합계	25	15	0	2	21	7	0
프로통산			25	15	0	2	21	7	0

손대원(孫大源) 강원대 1975.02.10

대회	연도	소속	출전	교체	득점	도움	파울	경고	퇴장
BC	1997	울산	4	3	0	0	3	0	0
	1999	울산	2	2	0	0	1	0	0
	2000	울산	24	3	1	2	34	4	0
	2001	울산	2	2	0	0	1	0	0
		합계	32	10	1	2	39	4	0
프로통산			32	10	1	2	39	4	0

손대호(孫大鎬) 명지대 1981.09.11

대회	연도	소속	출전	교체	득점	도움	파울	경고	퇴장
BC	2002	수원	14	4	0	0	28	3	0
	2003	수원	8	7	1	0	10	3	0
	2004	수원	20	6	0	1	54	4	0
	2005	전남	5	5	0	0	8	1	0
	2005	성남일화	6	6	0	0	17	1	0
	2006	성남일화	10	6	0	0	29	4	0
	2007	성남일화	26	16	2	1	71	7	0
	2008	성남일화	29	12	1	1	83	5	1
	2009	인천	11	0	0	0	11	1	0
	2012	인천	22	20	0	0	15	4	0
		합계	151	82	4	3	326	33	1
K1	2013	인천	23	13	1	0	27	2	0
		합계	23	13	1	0	27	2	0
프로통산			174	95	5	3	353	35	1

손민우(孫敗佑) 동국대 1997.04.25

대회	연도	소속	출전	교체	득점	도움	파울	경고	퇴장
K2	2019	광주	1	1	0	0	1	0	0
		합계	1	1	0	0	1	0	0
프로통산			1	1	0	0	1	0	0

손상호(孫祥豪) 울산대 1974.05.04

대회	연도	소속	출전	교체	득점	도움	파울	경고	퇴장
BC	1997	울산	3	3	0	0	5	0	0
	2001	울산	5	1	0	0	10	0	1
	2002	울산	12	6	0	0	16	2	0
		합계	20	10	0	0	31	2	1
프로통산			20	10	0	0	31	2	1

손석용(孫碩庸) 현풍고 1998.09.04

대회	연도	소속	출전	교체	득점	도움	파울	경고	퇴장
K2	2020	서울E	0	0	0	0	0	0	0
	2022	김포	38	24	8	7	52	3	1
	2023	김포	26	25	1	1	20	5	0
		합계	64	49	9	8	72	8	1
프로통산			64	49	9	8	72	8	1

손설민(孫雪旼) 관동대(가톨릭관동대) 1990.04.26

대회	연도	소속	출전	교체	득점	도움	파울	경고	퇴장
BC	2012	전남	15	13	2	1	17	2	0
		합계	15	13	2	1	17	2	0
K1	2015	대전	9	5	0	0	14	5	0
		합계	9	5	0	0	14	5	0
K2	2015	강원	4	4	0	0	3	0	0
	2016	강원	4	4	0	1	0	1	0
		합계	8	8	0	1	3	1	0
프로통산			32	26	2	2	34	8	0

손세범(孫世凡) 용인대 1992.03.07

대회	연도	소속	출전	교체	득점	도움	파울	경고	퇴장
K2	2016	고양	6	3	0	0	8	2	0
		합계	6	3	0	0	8	2	0
프로통산			6	3	0	0	8	2	0

손승범(孫承範) 오산고 2004.05.04

대회	연도	소속	출전	교체	득점	도움	파울	경고	퇴장
K1	2023	서울	1	1	0	0	1	0	0
		합계	1	1	0	0	1	0	0
프로통산			1	1	0	0	1	0	0

손승준(孫昇準) 통진중고 1982.05.16

대회	연도	소속	출전	교체	득점	도움	파울	경고	퇴장
BC	2001	수원	9	8	0	0	9	2	0
	2002	수원	17	6	0	0	41	1	0
	2003	수원	22	12	0	0	37	5	0
	2005	광주상무	19	2	1	2	52	6	0
	2007	수원	4	2	0	0	14	0	0
	2008	수원	1	1	0	0	1	0	0
	2009	전북	9	0	0	0	37	3	0
	2010	전북	22	11	3	2	79	16	1
	2011	전북	9	5	0	0	26	6	0
		합계	112	47	4	4	296	39	1
프로통산			112	47	4	4	296	39	1

손시헌(孫時憲) 숭실대 1992.09.18

대회	연도	소속	출전	교체	득점	도움	파울	경고	퇴장
K2	2013	수원FC	6	3	0	0	4	0	0
	2014	수원FC	0	0	0	0	0	0	0
		합계	6	3	0	0	4	0	0
프로통산			6	3	0	0	4	0	0

손웅정(孫雄政) 명지대 1966.06.16

대회	연도	소속	출전	교체	득점	도움	파울	경고	퇴장
BC	1985	상무	7	5	0	0	5	1	0
	1987	현대	16	14	5	0	11	1	0
	1988	현대	4	4	0	0	2	1	0
	1989	일화	10	11	2	0	10	0	0
		합계	37	34	7	0	28	3	0
프로통산			37	34	7	0	28	3	0

손일표(孫一杓) 선문대 1981.03.29

대회	연도	소속	출전	교체	득점	도움	파울	경고	퇴장
BC	2004	대구	0	0	0	0	0	0	0
		합계	0	0	0	0	0	0	0
프로통산			0	0	0	0	0	0	0

손재영(孫材榮) 숭실대 1991.09.09

대회	연도	소속	출전	교체	득점	도움	파울	경고	퇴장
K1	2014	울산	0	0	0	0	0	0	0
		합계	0	0	0	0	0	0	0
프로통산			0	0	0	0	0	0	0

손정탁(孫禎鐸) 울산대 1976.05.31

대회	연도	소속	출전	교체	득점	도움	파울	경고	퇴장
BC	1999	울산	16	16	2	2	14	0	0
	2000	울산	18	17	2	2	16	0	0
	2001	울산	1	1	0	0	4	0	0
	2003	광주상무	34	25	4	1	49	3	0
	2004	전북	15	12	1	2	14	1	0
	2005	전북	12	7	1	1	18	2	0

대회	연도	소속	출전	교체	득점	도움	파울	경고	퇴장
	2005	수원	4	4	0	0	4	0	0
	2006	수원	6	6	0	0	4	1	0
	합계		106	88	11	7	133	7	0
프로통산			106	88	11	7	133	7	0

손정현(孫政玄) 광주대 1991.11.25

대회	연도	소속	출전	교체	실점	도움	파울	경고	퇴장
K1	2014	경남	6	0	9	0	1	1	0
	2018	경남	0	0	0	0	0	0	0
	2019	경남	13	0	26	0	1	1	0
	합계		44	0	60	0	2	3	0
K2	2015	경남	39	0	42	0	3	2	0
	2016	안산무궁	9	0	14	0	1	0	1
	2017	아산	0	0	0	0	0	0	0
	2020	경남	23	0	31	0	1	1	0
	2021	경남	28	0	36	0	1	3	0
	2022	경남	23	0	32	0	2	1	0
	2023	경남	5	0	5	0	0	0	0
	합계		127	0	160	0	7	8	2
승	2014	경남	1	0	3	0	0	0	0
	2019	경남	0	0	0	0	0	0	0
	합계		1	0	3	0	0	0	0
프로통산			172	0	223	0	9	11	2

손종석(孫宗錫) 서울시립대 1954.03.10

대회	연도	소속	출전	교체	득점	도움	파울	경고	퇴장
BC	1984	현대	3	3	0	0	0	0	0
	합계		3	3	0	0	0	0	0
프로통산			3	3	0	0	0	0	0

손종찬(孫宗贊) 아주대 1966.11.01

대회	연도	소속	출전	교체	득점	도움	파울	경고	퇴장
BC	1989	대우	6	4	0	0	4	1	0
	1990	유공	3	3	0	0	1	0	0
	1991	유공	15	8	0	1	10	1	0
	1992	유공	29	17	0	2	23	1	0
	1993	유공	22	20	0	1	8	1	0
	1994	유공	23	15	0	1	14	2	0
	1995	유공	10	7	0	0	11	1	0
	합계		108	74	0	3	76	7	0
프로통산			108	74	0	3	76	7	0

손준호(孫準浩) 영남대 1992.05.12

대회	연도	소속	출전	교체	득점	도움	파울	경고	퇴장
K1	2014	포항	25	4	1	2	66	8	0
	2015	포항	35	3	9	4	87	9	0
	2016	포항	4	1	0	0	6	0	0
	2017	포항	35	7	4	14	69	7	0
	2018	포항	30	13	4	4	71	7	1
	2019	전북	31	6	3	5	82	11	0
	2020	전북	25	2	2	5	59	5	0
	합계		185	36	25	32	439	47	1
프로통산			185	36	25	32	439	47	1

손창후(孫昌厚) 우신고 1957.02.05

대회	연도	소속	출전	교체	득점	도움	파울	경고	퇴장
BC	1983	할렐루야	10	4	0	1	1	0	0
	합계		10	4	0	1	1	0	0
프로통산			10	4	0	1	1	0	0

손현준(孫賢俊) 동아대 1972.03.20

대회	연도	소속	출전	교체	득점	도움	파울	경고	퇴장
BC	1995	LG	20	6	1	0	57	8	0
	1996	안양LG	37	3	0	0	66	4	0
	1997	안양LG	22	8	0	0	32	5	0
	1998	안양LG	17	12	0	0	28	5	0
	1999	부산	13	8	0	0	37	8	0
	2000	안양LG	15	0	0	0	37	8	0
	2001	안양LG	16	8	0	0	16	5	0
	2002	안양LG	25	6	0	0	43	0	0
	합계		170	66	1	0	325	29	0
프로통산			170	66	1	0	325	29	0

손형선(孫炯先) 광운대 1964.02.22

대회	연도	소속	출전	교체	득점	도움	파울	경고	퇴장
BC	1986	대우	27	1	2	1	36	2	0
	1987	대우	24	2	1	0	44	2	0
	1988	대우	23	4	3	1	33	1	0
	1989	대우	34	3	1	1	62	2	0
	1990	포항제철	23	1	1	4	44	1	0
	1991	포항제철	21	10	0	0	28	1	0
	1992	LG	20	1	0	1	38	6	0
	1993	LG	10	3	0	0	21	1	0
	합계		182	25	8	6	319	18	0
프로통산			182	25	8	6	319	18	0

손형준(孫亨準) 진주고 1995.01.13

대회	연도	소속	출전	교체	득점	도움	파울	경고	퇴장
K1	2013	경남	0	0	0	0	0	0	0
	합계		0	0	0	0	0	0	0
K2	2015	경남	10	5	0	0	3	0	0
	합계		10	5	0	0	3	0	0
프로통산			10	5	0	0	3	0	0

손호준(孫昊儁) 매탄고 2002.07.03

대회	연도	소속	출전	교체	득점	도움	파울	경고	퇴장
K1	2021	수원	0	0	0	0	0	0	0
	2023	수원	12	11	0	1	4	0	0
	합계		12	11	0	1	4	0	0
K2	2022	전남	13	13	1	0	2	1	0
	합계		13	13	1	0	2	1	0
프로통산			25	24	1	1	6	1	0

손휘(孫輝) 천안제일고 2004.04.03

대회	연도	소속	출전	교체	득점	도움	파울	경고	퇴장
K2	2023	부산	0	0	0	0	0	0	0
	합계		0	0	0	0	0	0	0
프로통산			0	0	0	0	0	0	0

솔로(Andrei Solomatin) 러시아 1975.09.09

대회	연도	소속	출전	교체	득점	도움	파울	경고	퇴장
BC	2004	성남일화	4	4	0	0	2	0	0
	합계		4	4	0	0	2	0	0
프로통산			4	4	0	0	2	0	0

솔로비(Mikhail Nikolayevich Solovyov) 러시아 1968.12.23

대회	연도	소속	출전	교체	득점	도움	파울	경고	퇴장
BC	1992	일화	6	6	0	0	4	0	0
	합계		6	6	0	0	4	0	0
프로통산			6	6	0	0	4	0	0

송경섭(宋京燮) 단국대 1971.02.25

대회	연도	소속	출전	교체	득점	도움	파울	경고	퇴장
BC	1996	수원	2	2	0	0	2	0	0
	합계		2	2	0	0	2	0	0
프로통산			2	2	0	0	2	0	0

송광환(宋光煥) 연세대 1966.02.01

대회	연도	소속	출전	교체	득점	도움	파울	경고	퇴장
BC	1989	대우	31	18	1	2	30	0	0
	1990	대우	25	9	0	1	40	2	0
	1991	대우	1	1	0	0	1	0	0
	1992	대우	17	3	0	1	30	2	0
	1993	대우	14	4	0	0	27	0	0
	1994	대우	14	4	0	0	27	0	0
	1995	전남	34	2	0	4	39	5	0
	1996	전남	32	8	0	1	43	3	0
	1997	전남	32	3	0	3	53	2	0
	1998	전남	26	10	0	1	41	1	0
	합계		226	63	1	11	320	20	0
프로통산			226	63	1	11	320	20	0

송덕균(宋德均) 홍익대 1971.03.16

대회	연도	소속	출전	교체	실점	도움	파울	경고	퇴장
BC	1995	전북	10	1	15	0	1	1	0
	1999	전북	0	0	0	0	0	0	0
	합계		10	1	15	0	1	1	0
프로통산			10	1	15	0	1	1	0

송동진(宋東晉) 포철공고 1984.05.12

대회	연도	소속	출전	교체	실점	도움	파울	경고	퇴장
BC	2008	포항	0	0	0	0	0	0	0
	2009	포항	0	0	0	0	0	0	0
	2010	포항	1	0	5	0	0	0	0
	합계		1	0	5	0	0	0	0
프로통산			1	0	5	0	0	0	0

송만호(宋萬浩) 고려대 1969.07.06

대회	연도	소속	출전	교체	득점	도움	파울	경고	퇴장
BC	1991	유공	2	2	0	0	0	0	0
	1992	유공	1	1	0	0	0	0	0
	합계		3	3	0	0	0	0	0
프로통산			3	3	0	0	0	0	0

송민국(宋旻鞠) 광운대 1985.04.25

대회	연도	소속	출전	교체	득점	도움	파울	경고	퇴장
BC	2008	경남	2	1	0	0	0	0	0
	합계		2	1	0	0	0	0	0
K2	2013	충주	1	0	0	0	1	0	0
	2014	충주	0	0	0	0	0	0	0
	합계		1	0	0	0	1	0	0
프로통산			3	1	0	0	1	0	0

송민규(松旻揆) 충주상고 1999.09.12

대회	연도	소속	출전	교체	득점	도움	파울	경고	퇴장
K1	2018	포항	3	3	0	0	1	0	0
	2019	포항	27	25	2	3	24	0	0
	2020	포항	27	14	10	6	24	1	0
	2021	포항	16	3	7	0	7	0	0
	2021	전북	11	3	4	3	10	0	0
	2022	전북	27	25	2	3	16	2	0
	2023	전북	30	24	7	3	25	2	1
	합계		141	97	32	18	107	5	1
프로통산			141	97	32	18	107	5	1

송민규(宋旻圭)/←송승주 동북고 1994.04.26

대회	연도	소속	출전	교체	득점	도움	파울	경고	퇴장
BC	2011	서울	1	1	0	0	1	0	0
	합계		1	1	0	0	1	0	0
K2	2013	경찰	12	8	0	0	19	3	0
	2014	안산경찰	2	2	1	0	1	0	0
	합계		14	10	1	0	20	3	0
프로통산			15	11	1	0	20	3	0

송민우(宋旼佑) 호남대 1993.12.13

대회	연도	소속	출전	교체	득점	도움	파울	경고	퇴장
K2	2017	수원FC	2	2	0	0	0	0	0
	합계		2	2	0	0	0	0	0
프로통산			2	2	0	0	0	0	0

송민혁(宋民革) 삽교고 2001.04.01

대회	연도	소속	출전	교체	실점	도움	파울	경고	퇴장
K2	2022	김포	1	1	0	0	0	1	0
	합계		1	1	0	0	0	1	0
프로통산			1	1	0	0	0	1	0

송범근(宋範根) 고려대 1997.10.15

대회	연도	소속	출전	교체	실점	도움	파울	경고	퇴장
K1	2018	전북	30	0	18	0	0	1	0
	2019	전북	38	0	32	0	1	2	0
	2020	전북	27	0	21	0	1	0	0
	2021	전북	37	5	35	0	0	2	0
	2022	전북	35	1	34	0	0	1	0
	합계		167	6	140	0	2	6	0
프로통산			167	6	140	0	2	6	0

송병용(宋炳龍) 한남대 1991.03.03

대회	연도	소속	출전	교체	득점	도움	파울	경고	퇴장
K2	2014	안양	1	1	0	0	0	0	0
	합계		1	1	0	0	0	0	0
프로통산			1	1	0	0	0	0	0

송선호(宋鮮浩) 인천대 1966.01.24

대회	연도	소속	출전	교체	득점	도움	파울	경고	퇴장
BC	1988	유공	16	7	1	0	27	2	0

대회	연도	소속	출전	교체	득점	도움	파울	경고	퇴장
	1989	유공	35	19	3	3	40	5	0
	1990	유공	24	16	0	2	30	2	0
	1991	유공	19	17	0	0	21	2	0
	1992	유공	11	5	0	0	16	0	0
	1993	유공	21	1	0	0	39	3	1
	1994	유공	15	7	0	0	15	4	0
	1995	유공	17	5	0	0	15	4	0
	1996	부천유공	10	8	0	0	12	6	0
	합계		166	95	4	5	203	30	1
프로통산			166	95	4	5	203	30	1

송성범 (宋成範) 호원대 1992.06.10

대회	연도	소속	출전	교체	득점	도움	파울	경고	퇴장
K1	2015	광주	3	2	0	0	2	1	0
	합계		3	2	0	0	2	1	0
K2	2016	충주	2	2	0	0	0	0	0
	합계		2	2	0	0	0	0	0
프로통산			5	4	0	0	2	1	0

송성현 (宋性玄) 광운대 1988.02.14

대회	연도	소속	출전	교체	득점	도움	파울	경고	퇴장
BC	2011	성남일화	0	0	0	0	0	0	0
	합계		0	0	0	0	0	0	0
프로통산			0	0	0	0	0	0	0

송수영 (宋修映) 연세대 1991.07.08

대회	연도	소속	출전	교체	득점	도움	파울	경고	퇴장
K1	2014	경남	33	26	4	3	22	1	0
	2015	제주	4	4	0	0	1	0	0
	2018	상주	7	8	0	0	2	0	0
	2019	상주	11	11	0	0	3	0	0
	합계		55	49	4	3	29	1	0
K2	2015	경남	15	11	0	1	12	1	0
	2016	경남	31	19	6	6	17	5	0
	2017	수원FC	26	21	1	1	9	3	0
	2019	수원FC	4	4	0	0	3	0	0
	2020	수원FC	5	5	0	1	4	2	0
	합계		81	60	11	9	55	9	0
승	2014	경남	2	0	1	0	2	0	0
	합계		2	0	1	0	2	0	0
프로통산			138	109	16	12	86	10	0

송승민 (宋承珉) 인천대 1992.01.11

대회	연도	소속	출전	교체	득점	도움	파울	경고	퇴장
K1	2015	광주	33	7	4	3	47	4	0
	2016	광주	38	2	4	3	60	2	0
	2017	광주	38	6	5	2	43	2	0
	2018	포항	30	21	2	2	32	0	0
	2019	상주	3	3	0	0	3	0	0
	2020	상주	11	8	1	0	14	0	0
	2021	광주	18	17	0	1	14	1	0
	합계		170	63	15	12	212	9	0
K2	2014	광주	40	12	3	4	54	3	0
	2022	충남아산	12	4	1	0	17	0	0
	2023	충남아산	27	21	1	1	38	2	0
	합계		86	44	4	7	114	6	0
승	2014	광주	2	2	0	0	3	0	0
	합계		2	2	0	0	3	0	0
프로통산			258	109	19	19	329	16	0

송시영 (宋時永) 한양대 1962.08.15

대회	연도	소속	출전	교체	득점	도움	파울	경고	퇴장
BC	1986	한일은행	2	2	0	0	3	0	0
	합계		2	2	0	0	3	0	0
프로통산			2	2	0	0	3	0	0

송시우 (宋治雨) 단국대 1993.08.28

대회	연도	소속	출전	교체	득점	도움	파울	경고	퇴장
K1	2016	인천	28	28	5	1	19	3	0
	2017	인천	32	27	5	0	35	2	0
	2018	인천	10	10	1	0	6	0	0
	2018	상주	12	10	1	0	6	0	0
	2019	상주	23	22	4	3	11	0	0
	2020	인천	25	24	2	2	19	5	0
	2021	인천	34	34	4	2	25	3	1
	2022	인천	29	31	4	0	17	0	0
	2023	인천	7	7	0	1	2	0	0
	합계		200	193	25	10	159	14	1
K2	2023	서울E	19	17	2	0	14	3	0
	합계		19	17	2	0	14	3	0
프로통산			219	210	27	10	173	17	1

송영록 (宋永錄) 조선대 1961.03.13

대회	연도	소속	출전	교체	득점	도움	파울	경고	퇴장
BC	1984	국민은행	18	3	0	0	13	0	0
	합계		18	3	0	0	13	0	0
프로통산			18	3	0	0	13	0	0

송영민 (宋靈民) 동의대 1995.03.11

대회	연도	소속	출전	교체	실점	도움	파울	경고	퇴장
K2	2016	대구	0	0	0	0	0	0	0
	합계		0	0	0	0	0	0	0
프로통산			0	0	0	0	0	0	0

송용진 (宋勇眞) 안동고 1985.01.01

대회	연도	소속	출전	교체	득점	도움	파울	경고	퇴장
BC	2004	부산	1	1	0	0	2	0	0
	합계		1	1	0	0	2	0	0
프로통산			1	1	0	0	2	0	0

송원재 (宋愿宰) 고려대 1989.02.21

대회	연도	소속	출전	교체	득점	도움	파울	경고	퇴장
K1	2014	상주	13	9	0	0	13	2	0
	합계		13	9	0	0	13	2	0
K2	2013	부천	4	0	0	0	2	0	0
	2013	상주	2	0	0	0	1	0	0
	2015	부천	28	19	0	0	45	6	0
	2016	부천	31	18	0	1	32	4	0
	합계		65	37	0	2	83	10	0
승	2013	상주	2	0	0	0	3	0	0
	합계		2	0	0	0	3	0	0
프로통산			80	46	0	2	89	10	0

송유걸 (宋裕傑) 경희대 1985.02.16

대회	연도	소속	출전	교체	실점	도움	파울	경고	퇴장
BC	2006	전남	1	0	4	0	0	0	0
	2007	전남	0	0	0	0	0	0	0
	2007	인천	0	0	0	0	0	0	0
	2008	인천	12	1	12	0	1	0	0
	2009	인천	0	0	11	0	0	0	0
	2010	인천	19	1	31	0	1	0	0
	2011	인천	13	0	17	0	0	1	0
	2012	강원	19	0	17	0	0	0	0
	합계		80	3	108	0	2	1	0
K1	2015	울산	1	0	2	0	0	0	0
	2017	강원	1	0	1	0	0	0	0
	합계		2	0	3	0	0	0	0
K2	2013	경찰	11	1	15	0	1	2	0
	2014	안산경찰	0	0	0	0	0	0	0
	2016	강원	15	0	12	0	0	1	0
	2018	부산	5	0	3	0	0	0	0
	합계		31	1	37	0	1	3	0
승	2013	강원	0	0	0	0	0	0	0
	합계		0	0	0	0	0	0	0
프로통산			113	4	149	0	3	6	0

송윤석 (宋允石) 호남대 1977.09.20

대회	연도	소속	출전	교체	득점	도움	파울	경고	퇴장
BC	2000	전남	12	9	0	0	12	1	0
	2001	전남	4	3	0	0	1	0	0
	2003	광주상무	0	0	0	0	0	0	0
	합계		16	12	0	0	13	1	0
프로통산			16	12	0	0	13	1	0

송재용

대회	연도	소속	출전	교체	실점	도움	파울	경고	퇴장
BC	1983	국민은행	1	0	3	0	0	0	0
	합계		1	0	3	0	0	0	0
프로통산			1	0	3	0	0	0	0

송재한 (宋在漢) 동아대 1987.11.24

대회	연도	소속	출전	교체	득점	도움	파울	경고	퇴장
BC	2010	전북	0	0	0	0	0	0	0
	합계		0	0	0	0	0	0	0
프로통산			0	0	0	0	0	0	0

송정우 (宋楨佑) 아주대 1982.03.22

대회	연도	소속	출전	교체	득점	도움	파울	경고	퇴장
BC	2005	대구	12	13	1	1	14	2	0
	2006	대구	20	18	2	1	20	2	0
	2007	대구	8	8	0	2	8	1	0
	합계		40	39	3	4	42	5	0
프로통산			40	39	3	4	42	5	0

송정현 (宋町賢) 아주대 1976.05.28

대회	연도	소속	출전	교체	득점	도움	파울	경고	퇴장
BC	1999	전남	5	5	1	1	6	0	0
	2000	전남	13	11	2	0	11	1	0
	2001	전남	5	5	0	0	1	0	0
	2003	대구	37	26	3	1	59	4	0
	2004	대구	25	16	1	2	44	3	0
	2005	대구	34	1	3	6	61	3	0
	2006	전남	35	13	6	5	85	4	0
	2007	전남	27	7	3	2	34	2	0
	2008	전남	20	13	4	2	40	3	0
	2009	울산	6	6	0	0	4	0	0
	2009	전남	15	9	2	2	22	1	0
	2010	전남	17	11	2	2	12	1	0
	2011	전남	12	9	0	0	12	3	0
	합계		251	132	27	23	389	27	0
프로통산			251	132	27	23	389	27	0

송제헌 (宋制憲) 선문대 1986.07.17

대회	연도	소속	출전	교체	득점	도움	파울	경고	퇴장
BC	2009	포항	3	2	0	0	6	0	0
	2010	대구	19	13	2	1	31	0	0
	2011	대구	15	10	8	0	33	6	1
	2012	대구	36	25	11	1	54	7	0
	합계		83	50	21	2	124	13	1
K1	2013	전북	14	15	1	0	2	0	0
	2014	상주	6	6	0	0	4	1	0
	2016	인천	14	13	0	1	13	0	0
	합계		34	34	1	1	19	1	0
K2	2015	상주	1	1	0	1	2	0	0
	2017	경남	14	12	1	0	8	0	0
	합계		15	13	1	1	10	0	0
프로통산			132	97	28	4	153	14	1

송종국 (宋鍾國) 연세대 1979.02.20

대회	연도	소속	출전	교체	득점	도움	파울	경고	퇴장
BC	2001	부산	35	12	2	1	42	2	0
	2002	부산	10	4	2	0	8	3	0
	2005	수원	21	5	1	2	52	2	0
	2006	수원	27	6	3	0	55	2	0
	2007	수원	33	4	0	1	57	3	0
	2008	수원	29	2	2	1	59	1	1
	2009	수원	29	9	0	1	36	1	0
	2010	수원	10	3	0	1	17	1	0
	2011	울산	18	4	0	0	14	1	0
	합계		204	46	7	11	373	21	1
프로통산			204	46	7	11	373	21	1

송주석 (宋柱錫) 고려대 1967.02.26

대회	연도	소속	출전	교체	득점	도움	파울	경고	퇴장
BC	1990	현대	29	4	3	7	68	3	0
	1991	현대	30	17	3	0	45	3	1
	1992	현대	30	5	1	4	44	4	1
	1993	현대	26	16	3	1	26	2	1
	1994	현대	15	8	1	2	15	0	0
	1995	현대	29	4	10	4	56	5	1

송주한 (continued)

대회	연도	소속	출전	교체	득점	도움	파울	경고	퇴장
	1996	울산	32	13	8	4	57	8	0
	1997	울산	28	11	10	3	71	6	0
	1998	울산	20	14	3	0	37	4	1
	1999	울산	9	9	1	0	4	1	0
	합계		248	113	47	22	428	38	5
프로통산			248	113	47	22	428	38	5

송주한(宋柱韓) 인천대 1993.06.16

대회	연도	소속	출전	교체	득점	도움	파울	경고	퇴장
K1	2015	대전	12	3	0	0	6	1	0
	합계		12	3	0	0	6	1	0
K2	2014	대전	30	12	1	5	19	2	0
	2015	경남	17	5	0	1	20	5	0
	2016	경남	0	0	0	0	0	0	0
	합계		47	17	1	6	39	7	0
프로통산			59	20	1	6	45	8	0

송주호(宋株昊) 고려대 1991.03.20

대회	연도	소속	출전	교체	득점	도움	파울	경고	퇴장
K2	2017	안산	24	4	0	0	41	7	0
	2018	안산	17	6	1	0	16	4	0
	2021	안산	22	8	2	1	36	1	0
	2022	충남아산	1	1	0	0	0	0	0
	합계		64	19	3	1	89	12	0
프로통산			64	19	3	1	89	12	0

송주훈(宋株薰) 건국대 1994.01.13

대회	연도	소속	출전	교체	득점	도움	파울	경고	퇴장
K1	2019	경남	9	2	0	0	4	2	0
	2022	김천	16	9	0	0	7	1	0
	2023	제주	13	7	1	0	5	0	0
	합계		38	18	1	0	16	3	0
K2	2021	김천	3	0	0	0	0	0	0
	합계		3	0	0	0	0	0	0
승	2022	김천	2	0	0	0	3	1	0
	합계		2	0	0	0	3	1	0
프로통산			43	18	1	0	23	5	0

송준석(宋俊錫) 청주대 2001.02.06

대회	연도	소속	출전	교체	득점	도움	파울	경고	퇴장
K1	2021	강원	11	11	0	0	12	1	0
	2022	강원	0	0	0	0	0	0	0
	합계		11	11	0	0	12	1	0
K2	2023	김포	17	16	0	0	12	3	0
	합계		17	16	0	0	12	3	0
승	2023	김포	2	1	0	0	4	0	0
	합계		2	1	0	0	4	0	0
프로통산			30	28	0	0	28	4	0

송지용(宋智庸) 고려대 1989.04.12

대회	연도	소속	출전	교체	실점	도움	파울	경고	퇴장
BC	2012	전남	0	0	0	0	0	0	0
	합계		0	0	0	0	0	0	0
프로통산			0	0	0	0	0	0	0

송진규(宋珍圭) 중앙대 1997.07.12

대회	연도	소속	출전	교체	득점	도움	파울	경고	퇴장
K1	2019	수원	7	7	0	0	9	1	0
	합계		7	7	0	0	9	1	0
K2	2020	안산	9	9	1	0	10	1	0
	2021	안산	1	1	0	0	0	0	0
	2022	안산	26	16	5	3	18	2	0
	2023	부천	19	18	1	2	14	1	0
	합계		55	40	6	6	33	4	0
프로통산			62	47	6	6	42	5	0

송진형(宋珍炯) 당산서중 1987.08.13

대회	연도	소속	출전	교체	득점	도움	파울	경고	퇴장
BC	2004	서울	1	1	0	0	0	0	0
	2006	서울	8	8	0	0	9	1	0
	2007	서울	11	10	0	0	11	0	0
	2012	제주	39	9	5	4	41	6	0
	합계		59	28	5	4	55	8	0
K1	2013	제주	33	11	3	6	15	1	0
	2014	제주	36	15	3	3	23	3	0
	2015	제주	29	19	6	6	25	3	0
	2016	제주	28	5	7	4	16	2	0
	2018	서울	6	6	1	0	2	0	0
	합계		132	56	20	17	81	11	0
프로통산			191	84	30	22	136	19	0

송창남(宋昌南) 배재대 1977.12.31

대회	연도	소속	출전	교체	득점	도움	파울	경고	퇴장
BC	2000	대전	1	1	0	0	2	0	0
	2001	부천SK	6	4	0	0	2	1	0
	2002	부천SK	1	1	0	0	0	0	0
	2003	부천SK	0	0	0	0	0	0	0
	합계		8	6	0	0	4	1	0
프로통산			8	6	0	0	4	1	0

송창석(宋昌錫) 대륜고 2000.06.12

대회	연도	소속	출전	교체	득점	도움	파울	경고	퇴장
K2	2022	대전	6	6	1	0	2	0	0
	2023	김포	12	13	0	1	5	0	0
	합계		18	19	1	1	7	0	0
프로통산			18	19	1	1	7	0	0

송창좌(宋昌左) 관동대 1977.04.26

대회	연도	소속	출전	교체	득점	도움	파울	경고	퇴장
BC	2000	대전	0	0	0	0	0	0	0
	합계		0	0	0	0	0	0	0
프로통산			0	0	0	0	0	0	0

송창호(宋昌鎬) 동아대 1986.02.20

대회	연도	소속	출전	교체	득점	도움	파울	경고	퇴장
BC	2009	포항	12	10	1	3	6	1	0
	2010	포항	11	6	0	0	5	0	0
	2011	대구	26	8	2	3	31	6	0
	2012	대구	37	13	0	1	36	4	0
	합계		86	37	3	7	78	11	0
K1	2013	대구	34	13	5	1	32	3	0
	2014	전남	28	14	4	1	23	4	0
	2016	전남	3	2	0	0	4	0	0
	2017	전남	11	8	0	0	1	1	1
	합계		76	37	9	2	50	10	1
K2	2015	안산경찰	34	9	1	3	35	4	0
	2016	안산무궁	5	2	0	0	5	0	0
	2018	부산	12	6	0	0	6	2	0
	합계		51	15	2	3	48	4	0
승	2018	부산	0	0	0	0	0	0	0
	합계		0	0	0	0	0	0	0
프로통산			213	89	15	11	176	25	1

송치훈(宋致勳) 광운대 1991.09.24

대회	연도	소속	출전	교체	득점	도움	파울	경고	퇴장
K2	2013	부천	20	12	2	1	12	1	0
	합계		20	12	2	1	12	1	0
프로통산			20	12	2	1	12	1	0

송태림(宋泰林) 중앙대 1984.02.20

대회	연도	소속	출전	교체	득점	도움	파울	경고	퇴장
BC	2006	전남	3	0	0	0	9	0	0
	2007	전남	4	4	0	0	1	0	0
	2008	부산	1	1	0	0	3	1	0
	합계		8	5	0	0	13	1	0
프로통산			8	5	0	0	13	1	0

송태철(宋泰喆) 중앙대 1961.11.12

대회	연도	소속	출전	교체	득점	도움	파울	경고	퇴장
BC	1986	한일은행	6	2	0	0	2	0	0
	합계		6	2	0	0	2	0	0
프로통산			6	2	0	0	2	0	0

송한기(宋漢基) 우석대 1988.08.07

대회	연도	소속	출전	교체	득점	도움	파울	경고	퇴장
K2	2015	고양	2	1	0	0	0	0	0
	합계		2	1	0	0	0	0	0
프로통산			2	1	0	0	0	0	0

송한복(宋韓福) 배재대 1984.04.12

대회	연도	소속	출전	교체	득점	도움	파울	경고	퇴장
BC	2005	전남	0	0	0	0	0	0	0
	2006	전남	4	2	0	0	4	1	0
	2007	전남	1	1	0	0	1	0	0
	2008	광주상무	21	14	0	1	29	4	0
	2009	광주상무	16	11	0	1	35	4	0
	2009	전남	3	2	0	0	8	1	0
	2010	전남	14	13	0	1	19	1	0
	2011	대구	24	11	0	2	55	7	0
	2012	대구	11	4	0	0	30	4	0
	합계		94	57	0	5	180	25	0
K1	2013	대구	5	5	0	0	6	0	0
K2	2014	광주	6	5	0	0	13	0	0
	합계		6	5	0	0	13	0	0
프로통산			106	65	0	5	202	26	0

송호영(宋號營) 한양대 1988.01.21

대회	연도	소속	출전	교체	득점	도움	파울	경고	퇴장
BC	2009	성남일화	26	20	3	3	26	2	0
	2010	성남일화	29	28	0	0	17	3	0
	2011	성남일화	16	11	2	0	12	0	0
	2012	제주	3	3	0	0	1	0	0
	합계		74	62	5	3	56	6	0
K1	2013	전남	5	5	1	0	3	0	0
	2014	경남	3	3	0	0	2	0	0
	합계		8	8	1	0	5	0	0
프로통산			82	70	6	3	61	6	0

송홍민(宋洪民) 남부대 1996.02.07

대회	연도	소속	출전	교체	득점	도움	파울	경고	퇴장
K2	2018	부천	17	9	0	1	16	2	1
	2020	부천	10	2	0	2	22	2	0
	2021	부천	13	4	0	0	15	1	1
	2022	부천	38	23	2	2	21	2	0
	2023	경남	58	25	4	1	66	5	0
	합계		136	63	6	6	140	13	2
프로통산			136	63	6	6	140	13	2

송홍섭(宋洪燮) 경희대 1976.11.28

대회	연도	소속	출전	교체	득점	도움	파울	경고	퇴장
BC	1999	수원	1	1	0	0	0	0	0
	2003	대구	4	2	0	0	5	0	0
	합계		5	3	0	0	5	0	0
프로통산			5	3	0	0	5	0	0

송환영(宋晥永) 한양대 1997.10.11

대회	연도	소속	출전	교체	득점	도움	파울	경고	퇴장
K2	2019	아산	7	4	1	0	6	0	0
	2020	충남아산	4	4	0	0	5	2	0
	2021	충남아산	1	1	0	0	1	0	0
	합계		12	9	1	0	12	2	0
프로통산			12	9	1	0	12	2	0

수보티치(Danijel Subotic) 스위스 1989.01.31

대회	연도	소속	출전	교체	득점	도움	파울	경고	퇴장
K1	2017	울산	11	11	1	0	8	4	0
	합계		11	11	1	0	8	4	0
프로통산			11	11	1	0	8	4	0

수신야르(Aleksandar Susnjar) 오스트레일리아 1995.08.19

대회	연도	소속	출전	교체	득점	도움	파울	경고	퇴장
K2	2019	부산	29	0	0	0	46	10	1
	합계		29	0	0	0	46	10	1
승	2019	부산	2	0	0	0	2	0	0
	합계		2	0	0	0	2	0	0
프로통산			31	0	0	0	48	10	1

수쿠타파수(Richard Sukuta-Pasu) 독일 1990.06.24

대회	연도	소속	출전	교체	득점	도움	파울	경고	퇴장
K2	2020	서울E	23	19	7	1	43	5	0

수호자 (Mario Sergio Aumarante Santana) 브라질 1977.01.30

			합계	23	19	7	1	43	5	0
			프로통산	23	19	7	1	43	5	0

대회	연도	소속	출전	교체	득점	도움	파울	경고	퇴장
BC	2004	울산	31	21	2	1	24	4	0
		합계	31	21	2	1	24	4	0
		프로통산	31	21	2	1	24	4	0

슈마로프 (Valeri Schmarov) 러시아 1965.02.23

대회	연도	소속	출전	교체	득점	도움	파울	경고	퇴장
BC	1996	전남	4	2	0	0	7	0	0
		합계	4	2	0	0	7	0	0
		프로통산	4	2	0	0	7	0	0

슈바 (Adriano Neves Pereira) 브라질 1979.05.24

대회	연도	소속	출전	교체	득점	도움	파울	경고	퇴장
BC	2006	대전	32	6	10	6	110	7	0
	2007	대전	14	2	8	1	67	3	0
	2008	전남	22	8	10	3	67	3	0
	2009	전남	30	5	16	4	83	7	0
	2010	전남	19	7	6	3	40	4	0
	2011	포항	15	10	6	3	25	1	1
	2012	광주	3	4	1	0	9	0	0
		합계	135	45	53	24	377	24	1
		프로통산	135	45	53	24	377	24	1

슈벵크 (Cleber Schwenck Tiene) 브라질 1979.02.28

대회	연도	소속	출전	교체	득점	도움	파울	경고	퇴장
BC	2007	포항	17	12	4	1	50	4	0
		합계	17	12	4	1	50	4	0
		프로통산	17	12	4	1	50	4	0

스레텐 (Sreten Sretenović) 세르비아 1985.01.12

대회	연도	소속	출전	교체	득점	도움	파울	경고	퇴장
K1	2013	경남	33	1	0	0	68	11	0
	2014	경남	32	0	1	2	62	7	0
		합계	65	1	1	2	130	18	0
승	2014	경남	2	0	0	0	5	1	0
		합계	2	0	0	0	5	1	0
		프로통산	67	1	1	2	135	19	0

스카첸코 (Serhiy Skachenko) 우크라이나 1972.11.18

대회	연도	소속	출전	교체	득점	도움	파울	경고	퇴장
BC	1996	안양LG	39	3	15	3	55	4	0
	1997	안양LG	12	3	3	1	19	1	0
	1997	전남	17	14	7	2	17	1	0
		합계	68	20	25	6	91	6	0
		프로통산	68	20	25	6	91	6	0

스테반 (Stevan Racić) 세르비아 1984.01.17

대회	연도	소속	출전	교체	득점	도움	파울	경고	퇴장
BC	2009	대전	13	12	0	2	13	2	0
		합계	13	12	0	2	13	2	0
		프로통산	13	12	0	2	13	2	0

스테보 (Stevica Ristić) 마케도니아 1982.05.23

대회	연도	소속	출전	교체	득점	도움	파울	경고	퇴장
BC	2007	전북	29	9	15	5	75	2	0
	2008	전북	14	6	4	2	23	3	0
	2008	포항	14	11	4	0	34	1	0
	2009	포항	24	15	8	6	25	3	0
	2011	수원	13	4	9	3	24	1	0
	2012	수원	35	20	10	3	61	6	0
		합계	129	70	52	19	269	19	0
K1	2013	수원	13	7	4	2	13	2	0
	2014	수원	33	13	4	6	47	5	0
	2015	전남	35	8	12	3	42	3	0
	2016	전남	16	9	0	0	37	0	0
		합계	97	27	32	9	139	9	0
		프로통산	226	97	84	28	408	28	1

스토야노비치 (Milos Stojanović) 세르비아

스토키치 (Jovica Stokić: Joco Stokić) 보스니아 헤르체고비나 1987.07.04

(위) 1984.12.25

대회	연도	소속	출전	교체	득점	도움	파울	경고	퇴장
K1	2014	경남	30	19	7	0	51	4	0
		합계	30	19	7	0	51	4	0
K2	2015	경남	23	9	0	0	53	5	0
	2016	부산	15	8	2	1	32	3	0
		합계	38	17	11	1	85	8	0
승	2014	경남	2	0	0	0	4	0	0
		합계	2	0	0	0	4	0	0
		프로통산	70	36	19	1	140	12	0

(스토키치)

대회	연도	소속	출전	교체	득점	도움	파울	경고	퇴장
K1	2014	제주	5	5	0	0	7	1	0
		합계	5	5	0	0	7	1	0
		프로통산	5	5	0	0	7	1	0

슬라브코 (Georgievski Slavcho) 마케도니아 1980.03.30

대회	연도	소속	출전	교체	득점	도움	파울	경고	퇴장
BC	2009	울산	29	3	3	3	17	5	0
		합계	29	3	3	3	17	5	0
		프로통산	29	3	3	3	17	5	0

시로 (Ciro Henrique Alves Ferreira e Silva) 브라질 1989.04.18

대회	연도	소속	출전	교체	득점	도움	파울	경고	퇴장
K1	2015	제주	7	8	0	0	6	1	0
		합계	7	8	0	0	6	1	0
		프로통산	7	8	0	0	6	1	0

시마다 (Shimada Yusuke, 島田裕介) 일본 1982.01.19

대회	연도	소속	출전	교체	득점	도움	파울	경고	퇴장
BC	2012	강원	23	10	1	2	34	2	0
		합계	23	10	1	2	34	2	0
		프로통산	23	10	1	2	34	2	0

시모 (Simo Krunić) 보스니아 헤르체고비나 1969.01.03

대회	연도	소속	출전	교체	득점	도움	파울	경고	퇴장
BC	1996	포항	6	6	2	0	14	2	0
		합계	6	6	2	0	14	2	0
		프로통산	6	6	2	0	14	2	0

시모비치 (Robin Simović) 스웨덴 1991.05.29

대회	연도	소속	출전	교체	득점	도움	파울	경고	퇴장
K2	2023	전남	8	7	0	1	2	1	0
		합계	8	7	0	1	2	1	0
		프로통산	8	7	0	1	2	1	0

시몬 (Victor Simoes de Oliveira) 브라질 1981.03.23

대회	연도	소속	출전	교체	득점	도움	파울	경고	퇴장
BC	2007	전남	10	5	1	3	21	0	0
	2008	전남	14	11	2	1	20	3	0
		합계	24	16	3	4	41	3	0
		프로통산	24	16	3	4	41	3	0

시미치 (Dusan Simić) 세르비아 몬테네그로 1980.07.22

대회	연도	소속	출전	교체	득점	도움	파울	경고	퇴장
BC	2003	부산	28	16	0	0	19	5	0
		합계	28	16	0	0	19	5	0
		프로통산	28	16	0	0	19	5	0

시미치 (Josip Simić) 크로아티아 1977.09.16

대회	연도	소속	출전	교체	득점	도움	파울	경고	퇴장
BC	2004	울산	25	24	2	2	26	1	0
		합계	25	24	2	2	26	1	0
		프로통산	25	24	2	2	26	1	0

시시 (Gonzalez Martinez Sisinio) 스페인 1986.04.22

대회	연도	소속	출전	교체	득점	도움	파울	경고	퇴장
K2	2015	수원FC	17	9	0	1	25	6	0
		합계	17	9	0	1	25	6	0
승	2015	수원FC	2	1	0	0	1	0	0
		합계	2	1	0	0	1	0	0
		프로통산	19	10	0	1	26	6	0

신경모 (辛景模) 중앙대 1987.12.12

대회	연도	소속	출전	교체	득점	도움	파울	경고	퇴장
BC	2011	수원	2	2	0	0	4	0	0
		합계	2	2	0	0	4	0	0
		프로통산	2	2	0	0	4	0	0

신광훈 (申光勳) 포철공고 1987.03.18

대회	연도	소속	출전	교체	득점	도움	파울	경고	퇴장
BC	2006	포항	10	6	1	1	23	5	0
	2007	포항	5	4	0	0	9	1	0
	2008	전북	19	1	3	1	31	3	0
	2009	전북	14	5	0	0	26	4	0
	2010	전북	12	0	1	1	32	3	0
	2010	포항	8	0	0	0	5	1	0
	2011	포항	26	0	1	4	62	10	0
	2012	포항	37	0	3	0	48	7	1
		합계	135	20	4	13	246	38	1
K1	2013	포항	33	1	4	3	53	10	0
	2014	포항	33	0	3	2	46	8	0
	2016	포항	9	0	0	0	3	1	0
	2017	서울	21	0	0	1	23	6	0
	2018	서울	18	1	0	2	25	4	0
	2019	강원	36	4	3	3	48	9	0
	2020	강원	21	0	0	2	28	7	0
	2021	포항	33	7	1	0	46	9	1
	2022	포항	33	16	0	2	48	7	0
	2023	포항	22	19	0	0	17	6	0
		합계	258	48	6	17	347	62	1
K2	2015	안양경찰	28	2	1	1	45	9	0
	2016	안산무궁	15	2	0	1	17	1	0
		합계	43	4	1	2	62	10	0
승	2018	서울							
		합계							
		프로통산	436	72	11	32	655	110	2

신대경 (申大京) 경희대 1982.04.15

대회	연도	소속	출전	교체	득점	도움	파울	경고	퇴장
BC	2005	부천SK	0	0	0	0	0	0	0
	2006	제주	0	0	0	0	0	0	0
		합계	0	0	0	0	0	0	0
		프로통산	0	0	0	0	0	0	0

신동근 (申東根) 연세대 1981.02.15

대회	연도	소속	출전	교체	득점	도움	파울	경고	퇴장
BC	2004	성남일화	3	3	0	0	2	0	0
	2005	성남일화	1	1	0	0	1	0	0
	2006	성남일화	7	7	0	0	4	0	0
	2008	광주상무	22	12	0	0	15	2	0
	2009	광주상무	5	5	0	0	2	0	0
		합계	38	25	0	0	24	2	0
		프로통산	38	25	0	0	24	2	0

신동빈 (申東彬) 선문대 1985.06.11

대회	연도	소속	출전	교체	득점	도움	파울	경고	퇴장
BC	2008	전북	1	1	0	0	1	0	0
		합계	1	1	0	0	1	0	0
		프로통산	1	1	0	0	1	0	0

신동일 (申東一) 광주대 1993.07.09

대회	연도	소속	출전	교체	득점	도움	파울	경고	퇴장
K2	2016	충주	2	2	0	0	2	0	0
		합계	2	2	0	0	2	0	0
		프로통산	2	2	0	0	2	0	0

신동철 (申東喆) 명지대 1962.11.09

대회	연도	소속	출전	교체	득점	도움	파울	경고	퇴장
BC	1983	국민은행	2	0	1	1	3	0	0
	1986	유공	29	6	2	6	16	1	0

대회	연도	소속	출전	교체	득점	도움	파울	경고	퇴장
	1987	유공	4	3	0	1	1	1	0
	1988	유공	23	3	8	3	13	2	0
	1989	유공	9	6	0	0	1	0	0
	1990	유공	10	5	1	0	4	0	0
	1991	유공	24	17	1	1	7	1	0
	1992	유공	34	3	3	10	16	3	0
	1993	유공	13	5	0	3	10	0	0
	합계		148	48	16	22	64	8	0
프로통산			148	48	16	22	64	8	0

신동혁(新洞革) 브라질 ACD Potyguar 1987.07.17

대회	연도	소속	출전	교체	득점	도움	파울	경고	퇴장
BC	2011	인천	4	5	0	0	1	0	0
	합계		4	5	0	0	1	0	0
K2	2014	대전	3	4	0	0	2	0	0
	합계		3	4	0	0	2	0	0
프로통산			7	9	0	0	3	0	0

신문선(辛文善) 연세대 1958.03.11

대회	연도	소속	출전	교체	득점	도움	파울	경고	퇴장
BC	1983	유공	15	5	1	1	9	2	0
	1984	유공	28	4	2	2	11	0	0
	1985	유공	21	3	0	2	22	0	0
	합계		64	10	3	4	42	2	0
프로통산			64	10	3	4	42	2	0

신민기(申旻근) 국체대 1997.04.29

대회	연도	소속	출전	교체	득점	도움	파울	경고	퇴장
K2	2023	안산	1	1	0	0	0	0	0
	합계		1	1	0	0	0	0	0
프로통산			1	1	0	0	0	0	0

신범철(申凡喆) 아주대 1970.09.27

대회	연도	소속	출전	교체	실점	도움	파울	경고	퇴장
BC	1993	대우	2	0	3	0	0	1	0
	1994	대우	11	0	20	0	0	0	0
	1995	대우	6	1	6	0	1	1	0
	1997	부산	21	0	15	0	0	1	0
	1998	부산	31	1	36	0	0	2	0
	1999	부산	36	3	41	0	2	2	0
	2000	부산	16	1	26	0	1	0	0
	2001	수원	27	0	33	0	0	2	0
	2002	수원	12	0	26	0	1	1	0
	2003	수원	1	0	0	0	0	0	0
	2004	인천	13	0	15	0	2	1	0
	합계		176	6	215	0	8	10	0
프로통산			176	6	215	0	8	10	0

신병호(申秉澔) 건국대 1977.04.26

대회	연도	소속	출전	교체	득점	도움	파울	경고	퇴장
BC	2002	울산	7	6	1	0	12	1	0
	2002	전남	26	8	8	1	42	0	0
	2003	전남	42	22	16	4	61	3	0
	2004	전남	21	14	3	2	37	3	0
	2005	전남	8	7	0	0	13	0	0
	2006	경남	26	21	5	0	51	3	0
	2007	제주	14	12	0	0	25	1	0
	2008	제주	6	6	2	0	3	0	0
	합계		150	96	35	7	242	11	0
프로통산			150	96	35	7	242	11	0

신상근(申相根) 청주상고 1961.04.24

대회	연도	소속	출전	교체	득점	도움	파울	경고	퇴장
BC	1984	포항제철	21	10	3	7	17	1	0
	1985	포항제철	11	6	1	0	5	1	0
	1986	포항제철	6	6	0	1	7	0	0
	1987	럭키금성	31	7	3	3	27	1	0
	1988	럭키금성	15	11	0	0	17	1	0
	1989	럭키금성	5	5	0	0	3	0	0
	합계		89	46	8	11	71	3	0
프로통산			89	46	8	11	71	3	0

신상우(申相又) 광운대 1976.03.10

대회	연도	소속	출전	교체	득점	도움	파울	경고	퇴장
BC	1999	대전	31	8	5	0	67	4	0
	2000	대전	30	7	1	2	59	4	0
	2001	대전	32	2	1	1	70	7	0
	2004	대전	15	4	0	0	32	0	0
	2005	성남일화	1	1	0	0	0	0	0
	2006	성남일화	1	1	0	0	0	0	0
	합계		110	23	7	3	228	15	0
프로통산			110	23	7	3	228	15	0

신상은(申相垠) 성균관대 1999.08.20

대회	연도	소속	출전	교체	득점	도움	파울	경고	퇴장
K1	2023	대전	19	19	4	0	6	1	0
	합계		19	19	4	0	6	1	0
K2	2021	대전	16	16	2	0	13	0	0
	2022	대전	7	7	1	2	4	0	0
	합계		23	23	3	2	17	0	0
승	2021	대전	2	2	0	0	0	0	0
	2022	대전	2	2	0	1	0	0	0
	합계		4	4	0	1	0	0	0
프로통산			44	44	7	2	23	1	0

신상훈(申相訓) 중앙대 1983.06.20

대회	연도	소속	출전	교체	득점	도움	파울	경고	퇴장
BC	2006	전북	4	2	0	0	5	0	0
	2007	전북	0	0	0	0	0	0	0
	합계		4	2	0	0	5	0	0
프로통산			4	2	0	0	5	0	0

신상휘(申相輝) 매탄고 2000.07.14

대회	연도	소속	출전	교체	득점	도움	파울	경고	퇴장
K1	2019	수원	1	1	0	0	1	0	0
	합계		1	1	0	0	1	0	0
프로통산			1	1	0	0	1	0	0

신선진(申善眞) 단국대 1994.06.21

대회	연도	소속	출전	교체	득점	도움	파울	경고	퇴장
K2	2017	안산	0	0	0	0	0	0	0
	합계		0	0	0	0	0	0	0
프로통산			0	0	0	0	0	0	0

신성재(申成在) 오산고 1997.01.27

대회	연도	소속	출전	교체	득점	도움	파울	경고	퇴장
K2	2020	전남	3	3	0	0	2	0	0
	합계		3	3	0	0	2	0	0
프로통산			3	3	0	0	2	0	0

신성환(申聖煥) 인천대 1968.10.10

대회	연도	소속	출전	교체	득점	도움	파울	경고	퇴장
BC	1992	포항제철	16	10	0	0	17	1	0
	1993	포항제철	15	11	0	0	9	0	0
	1994	포항제철	27	13	0	0	35	8	0
	1995	포항	22	10	1	0	58	2	0
	1996	수원	32	0	1	1	75	8	2
	1997	수원	30	3	0	3	79	9	0
	1998	수원	15	0	0	1	27	3	0
	합계		157	53	6	1	270	32	2
프로통산			157	53	6	1	270	32	2

신세계(申世界) 성균관대 1990.09.16

대회	연도	소속	출전	교체	득점	도움	파울	경고	퇴장
BC	2011	수원	11	6	0	0	25	6	0
	2012	수원	7	4	0	0	13	2	0
	합계		18	10	0	0	38	8	0
K1	2013	수원	16	2	0	0	24	3	0
	2014	수원	20	4	0	0	24	3	0
	2015	수원	18	1	0	2	20	2	0
	2016	수원	8	3	0	0	11	2	0
	2017	상주	13	0	0	0	12	0	0
	2018	상주	5	0	0	0	6	1	0
	2018	수원	5	0	0	0	0	1	0
	2019	수원	23	1	0	2	8	1	0
	2020	강원	18	2	0	0	9	0	0
	2021	강원	24	6	1	0	25	3	0
	2022	수원FC	27	9	0	1	21	3	0
	2023	수원FC	30	7	0	0	22	2	0
	합계		238	46	3	4	272	34	0
승	2017	상주	2	0	0	0	0	0	0
	합계		2	0	0	0	0	0	0
프로통산			258	56	3	4	310	42	0

신송훈(申松勳) 금호고 2002.11.07

대회	연도	소속	출전	교체	실점	도움	파울	경고	퇴장
K1	2021	광주	1	0	1	0	0	0	0
	2022	김천	0	0	0	0	0	0	0
	합계		1	0	1	0	0	0	0
K2	2022	광주	0	0	0	0	0	0	0
	2023	김천	17	1	18	0	1	0	0
	합계		17	1	18	0	1	0	0
승	2022	김천	0	0	0	0	0	0	0
	합계		0	0	0	0	0	0	0
프로통산			18	1	19	0	1	0	0

신수진(申洙鎭) 고려대 1982.10.26

대회	연도	소속	출전	교체	득점	도움	파울	경고	퇴장
BC	2005	부산	6	3	0	0	5	0	0
	2006	부산	0	0	0	0	0	0	0
	2008	광주상무	6	1	0	0	7	0	0
	합계		12	4	0	0	12	0	0
프로통산			12	4	0	0	12	0	0

신승경(辛承庚) 호남대 1981.09.07

대회	연도	소속	출전	교체	실점	도움	파울	경고	퇴장
BC	2004	부산	5	0	9	0	0	1	0
	2005	부산	9	1	11	0	0	1	0
	2006	부산	3	0	4	0	0	0	0
	2007	부산	2	0	2	0	0	0	0
	2008	경남	2	0	6	0	0	0	0
	2009	경남	1	0	3	0	1	1	0
	합계		22	1	35	0	1	3	0
프로통산			22	1	35	0	1	3	0

신승호(申陞昊) 아주대 1975.05.13

대회	연도	소속	출전	교체	득점	도움	파울	경고	퇴장
BC	1999	전남	9	10	1	0	3	0	0
	2000	부천SK	11	8	0	0	9	1	0
	2001	부천SK	6	4	0	0	10	0	0
	2002	부천SK	27	8	0	0	43	5	0
	2003	부천SK	22	12	0	0	31	0	0
	2004	부천SK	22	12	0	1	35	0	0
	2005	부천SK	8	2	0	0	2	0	0
	2006	경남	33	2	3	1	59	7	0
	합계		138	43	2	4	192	16	0
프로통산			138	43	2	4	192	16	0

신연수(申燃秀) 매탄고 1992.04.06

대회	연도	소속	출전	교체	득점	도움	파울	경고	퇴장
BC	2011	수원	2	2	0	0	2	0	0
	2012	상주	0	0	0	0	0	0	0
	합계		2	2	0	0	2	0	0
K1	2014	부산	1	1	0	0	1	0	0
	합계		1	1	0	0	1	0	0
프로통산			3	3	0	0	2	1	0

신연호(申連浩) 고려대 1964.05.08

대회	연도	소속	출전	교체	득점	도움	파울	경고	퇴장
BC	1987	현대	9	5	0	0	5	1	0
	1988	현대	21	2	1	0	22	2	0
	1989	현대	21	3	2	3	31	0	0
	1990	현대	17	4	3	0	26	0	0
	1991	현대	36	4	0	1	30	1	0
	1992	현대	23	9	2	0	13	0	0
	1993	현대	28	14	3	2	30	1	0
	1994	현대	15	13	1	1	5	2	1
	합계		170	54	12	7	162	7	1

대회	연도	소속	출전	교체	득점	도움	파울	경고	퇴장
프로통산			170	54	12	7	162	7	1

신영록 (申榮線) 호남대 1981.09.07

대회	연도	소속	출전	교체	득점	도움	파울	경고	퇴장
BC	2003	부산	7	4	0	0	12	0	0
	2004	부산	1	1	0	0	1	0	0
	2005	부산	14	0	0	0	24	5	0
	합계		22	5	0	0	37	5	0
프로통산			22	5	0	0	37	5	0

신영록 (辛泳錄) 세일중 1987.03.27

대회	연도	소속	출전	교체	득점	도움	파울	경고	퇴장
BC	2003	수원	3	4	0	0	0	0	0
	2004	수원	6	6	0	0	2	0	0
	2005	수원	7	7	1	0	7	1	0
	2006	수원	12	12	1	2	20	2	0
	2007	수원	3	1	0	0	1	1	0
	2008	수원	23	16	7	4	43	0	0
	2010	수원	9	4	3	1	24	2	0
	2011	제주	8	7	0	0	16	2	0
	합계		71	57	15	6	123	9	0
프로통산			71	57	15	6	123	9	0

신영준 (辛映俊) 호남대 1989.09.06

대회	연도	소속	출전	교체	득점	도움	파울	경고	퇴장
BC	2011	전남	20	17	3	1	14	0	0
	2012	전남	20	19	3	1	18	0	0
	합계		40	36	6	2	32	0	0
K1	2013	전남	3	3	0	0	1	0	0
	2013	포항	13	13	2	2	5	0	0
	2014	포항	15	14	0	0	11	1	0
	2016	상주	16	15	0	2	9	2	0
	2017	상주	6	5	0	0	5	0	0
	2017	강원	1	1	0	0	0	0	0
	합계		54	51	4	2	32	3	0
K2	2015	강원	13	12	3	1	15	0	0
	2018	부산	11	11	2	1	4	1	0
	합계		30	26	5	4	16	2	0
승	2018	부산	0	0	0	0	0	0	0
	합계		0	0	0	0	0	0	0
프로통산			124	113	15	8	80	5	0

신영철 (申映哲) 풍생고 1986.03.14

대회	연도	소속	출전	교체	득점	도움	파울	경고	퇴장
BC	2005	성남일화	3	3	0	0	0	0	0
	2006	성남일화	4	4	1	0	7	0	0
	2009	성남일화	0	0	0	0	0	0	0
	2010	성남일화	0	0	0	0	0	0	0
	합계		7	7	1	0	7	0	0
프로통산			7	7	1	0	7	0	0

신완희 (申頑熙) 탐라대 1988.05.12

대회	연도	소속	출전	교체	득점	도움	파울	경고	퇴장
BC	2011	부산	0	0	0	0	0	0	0
	합계		0	0	0	0	0	0	0
프로통산			0	0	0	0	0	0	0

신우식 (申友植) 연세대 1968.03.25

대회	연도	소속	출전	교체	득점	도움	파울	경고	퇴장
BC	1990	럭키금성	3	3	0	0	0	0	0
	1991	LG	2	1	0	0	1	0	0
	1994	LG	12	2	0	0	16	1	0
	1995	LG	1	0	0	0	1	0	0
	합계		18	6	0	0	18	1	0
프로통산			18	6	0	0	18	1	0

신인호 (申原浩) 보인고 2001.05.19

대회	연도	소속	출전	교체	득점	도움	파울	경고	퇴장
K2	2023	천안	11	10	0	0	9	1	0
	합계		11	10	0	0	9	1	0
프로통산			11	10	0	0	9	1	0

신윤기 (辛允基) 영남상고 1957.03.23

대회	연도	소속	출전	교체	득점	도움	파울	경고	퇴장
BC	1983	유공	8	2	0	1	5	1	0
	합계		8	2	0	1	5	1	0
프로통산			8	2	0	1	5	1	0

신의손 [申宜孫/←사리체프(Valeri Sarychev)] 1960.01.12

대회	연도	소속	출전	교체	실점	도움	파울	경고	퇴장
BC	1992	일화	40	0	31	0	0	1	0
	1993	일화	35	0	33	0	0	0	0
	1994	일화	36	0	33	0	1	0	0
	1995	일화	34	0	37	0	2	3	0
	1996	천안일화	27	0	51	0	0	0	0
	1997	천안일화	16	2	28	0	1	0	0
	1998	천안일화	5	0	16	0	0	0	0
	2000	안양LG	32	1	35	0	0	1	0
	2001	안양LG	35	0	29	0	0	0	0
	2002	안양LG	35	0	36	0	0	0	0
	2003	안양LG	18	0	26	0	0	1	0
	2004	서울	7	0	4	0	0	0	0
	합계		320	3	357	0	6	7	0
프로통산			320	3	357	0	6	7	0

신인섭 (申仁燮) 건국대 1989.06.01

대회	연도	소속	출전	교체	득점	도움	파울	경고	퇴장
BC	2011	부산	0	0	0	0	0	0	0
	합계		0	0	0	0	0	0	0
프로통산			0	0	0	0	0	0	0

신일수 (申壹守) 고려대 1994.09.04

대회	연도	소속	출전	교체	득점	도움	파울	경고	퇴장
K2	2015	서울E	12	7	0	0	20	5	0
	2016	서울E	22	13	0	1	36	6	1
	2018	안산	27	3	1	0	28	6	1
	2022	안산	17	11	0	1	15	4	0
	2023	전남	3	1	0	0	1	2	0
	합계		81	35	1	2	100	23	1
프로통산			81	35	1	2	100	23	1

신재원 (申在源) 고려대 1998.09.16

대회	연도	소속	출전	교체	득점	도움	파울	경고	퇴장
K1	2019	서울	2	2	0	0	1	1	0
	2021	서울	2	2	0	0	1	0	0
	2022	수원FC	7	9	0	0	4	0	0
	합계		11	13	0	0	6	1	0
K2	2020	안산	14	14	0	1	10	1	0
	2023	성남	13	14	0	2	11	3	0
	합계		27	28	0	3	21	4	0
프로통산			45	48	3	1	29	7	0

신재필 (申栽必) 안양공고 1982.05.25

대회	연도	소속	출전	교체	득점	도움	파울	경고	퇴장
BC	2002	안양LG	1	1	0	0	0	0	0
	2003	안양LG	0	0	0	0	0	0	0
	합계		1	1	0	0	0	0	0
K2	2013	고양	26	10	0	0	43	7	0
	2014	고양	14	12	0	0	9	1	1
	합계		40	22	0	0	52	8	1
프로통산			41	24	0	0	54	9	1

신재혁 (申宰嚇) 건국대 2001.06.04

대회	연도	소속	출전	교체	득점	도움	파울	경고	퇴장
K2	2021	안산	1	1	0	0	0	0	0
	2022	안산	9	9	0	1	2	1	0
	2023	안산	5	5	1	0	3	1	0
	합계		15	15	2	0	8	2	0
프로통산			15	15	2	0	8	2	0

신재흡 (申在欽) 연세대 1959.03.26

대회	연도	소속	출전	교체	득점	도움	파울	경고	퇴장
BC	1983	대우	1	1	0	0	2	1	0
	1984	럭키금성	27	3	1	2	21	1	0
	합계		28	4	1	2	23	2	0
프로통산			28	4	1	2	23	2	0

신정환 (申正桓) 관동대(가톨릭관동대) 1986.08.18

대회	연도	소속	출전	교체	실점	도움	파울	경고	퇴장
BC	2008	제주	0	0	0	0	0	0	0
	2011	전남	0	0	0	0	0	0	0
	합계		0	0	0	0	0	0	0
프로통산			0	0	0	0	0	0	0

신제경 (辛齊耕) 중앙대 1961.01.25

대회	연도	소속	출전	교체	득점	도움	파울	경고	퇴장
BC	1985	상무	21	2	0	0	26	0	0
	합계		21	2	0	0	26	0	0
프로통산			21	2	0	0	26	0	0

신제호 (辛齊虎) 중앙대 1962.10.03

대회	연도	소속	출전	교체	득점	도움	파울	경고	퇴장
BC	1985	한일은행	14	0	0	0	24	2	0
	1986	한일은행	10	0	0	0	12	1	0
	합계		24	0	0	0	36	3	0
프로통산			24	0	0	0	36	3	0

신종혁 (辛鍾赫) 대구대 1976.03.04

대회	연도	소속	출전	교체	득점	도움	파울	경고	퇴장
BC	1999	포항	0	0	0	0	0	0	0
	2000	포항	5	3	0	1	8	0	0
	합계		5	3	0	1	8	0	0
프로통산			5	3	0	1	8	0	0

신준배 (辛俊培) 선문대 1985.10.26

대회	연도	소속	출전	교체	실점	도움	파울	경고	퇴장
BC	2009	대전	3	0	4	0	0	0	0
	2010	대전	9	0	14	0	1	1	0
	2011	대전	3	1	4	0	0	0	0
	합계		15	1	22	0	1	1	0
프로통산			15	1	22	0	1	1	0

신진원 (申晉遠) 연세대 1974.09.27

대회	연도	소속	출전	교체	득점	도움	파울	경고	퇴장
BC	1997	대전	32	19	6	1	52	3	0
	1998	대전	32	12	8	3	41	5	0
	1999	대전	7	6	1	3	9	1	0
	2000	대전	30	20	1	4	66	4	0
	2001	전남	26	20	2	1	29	2	0
	2002	전남	12	9	0	0	13	0	0
	2003	대전	10	10	0	0	7	0	0
	2004	대전							
	합계		147	97	18	12	178	15	0
프로통산			147	97	18	12	178	15	0

신진하 (申昊津) 한양대 1996.09.03

대회	연도	소속	출전	교체	득점	도움	파울	경고	퇴장
K2	2019	전남	2	2	0	0	2	0	0
	합계		2	2	0	0	2	0	0
프로통산			2	2	0	0	2	0	0

신진호 (申嗔浩) 영남대 1988.09.07

대회	연도	소속	출전	교체	득점	도움	파울	경고	퇴장
BC	2011	포항	6	6	0	1	5	2	0
	2012	포항	23	10	1	6	49	5	1
	합계		29	16	1	7	54	7	1
K1	2013	포항	22	4	2	3	34	3	0
	2015	포항	17	0	3	3	39	6	0
	2016	서울	11	6	0	3	27	2	0
	2016	상주	4	4	0	0	3	0	0
	2017	상주	12	5	1	1	19	5	0
	2018	서울	34	11	2	4	67	8	1
	2019	울산	33	11	4	3	26	9	0
	2020	울산	14	4	0	2	26	0	0
	2021	포항	36	8	2	7	68	5	0
	2022	포항	32	4	3	10	49	10	0
	2023	인천	28	16	1	4	46	4	0
	합계		243	69	18	46	414	52	2
승	2017	상주	2	0	0	0	11	1	0
	합계		2	0	0	0	11	1	0
프로통산			274	85	19	53	479	60	3

신찬우 (申讚優) 연세대 1997.02.08

대회	연도	소속	출전	교체	득점	도움	파울	경고	퇴장

대회	연도	소속	출전	교체	득점	도움	파울	경고	퇴장
K1	2018	전남	0	0	0	0	0	0	0
	합계		0	0	0	0	0	0	0
K2	2019	전남	0	0	0	0	0	0	0
	합계		0	0	0	0	0	0	0
프로통산			0	0	0	0	0	0	0

신창무(申昶武) 우석대 1992.09.17

대회	연도	소속	출전	교체	득점	도움	파울	경고	퇴장
K1	2017	대구	19	14	2	1	28	5	0
	2018	상주	21	18	1	2	13	2	0
	2019	상주	16	16	1	0	10	1	0
	2019	대구	8	8	1	0	6	2	0
	2020	대구	18	10	0	0	24	3	0
	2021	강원	19	18	1	1	18	1	0
	2022	강원	7	7	0	0	9	0	0
	2023	광주	9	9	0	0	2	2	0
	합계		117	100	6	4	108	16	0
K2	2014	대구	12	11	0	1	12	0	0
	2015	대구	30	10	0	0	15	3	0
	2016	대구	11	18	1	0	41	10	0
	합계		53	38	1	1	68	13	0
승	2021	강원	2	2	0	0	3	0	0
	합계		2	2	0	0	3	0	0
프로통산			172	140	7	5	179	29	0

신태용(申台龍) 영남대 1970.10.11

대회	연도	소속	출전	교체	득점	도움	파울	경고	퇴장
BC	1992	일화	23	10	9	5	39	0	0
	1993	일화	33	5	6	7	43	2	0
	1994	일화	29	11	8	4	33	0	0
	1995	일화	33	9	6	4	40	4	0
	1996	천안일화	29	3	21	3	48	3	0
	1997	천안일화	19	7	3	2	34	1	1
	1998	천안일화	24	9	6	3	36	2	0
	1999	천안일화	35	14	9	2	54	3	0
	2000	성남일화	34	13	9	7	43	4	0
	2001	성남일화	30	8	5	10	43	0	0
	2002	성남일화	37	5	6	7	60	4	0
	2003	성남일화	38	9	8	8	61	0	0
	2004	성남일화	31	11	6	4	39	4	1
	합계		401	114	99	68	572	30	2
프로통산			401	114	99	68	572	30	2

*실점: 2002년 2 / 통산 2

신학영(申學榮) 동북고 1994.03.04

대회	연도	소속	출전	교체	득점	도움	파울	경고	퇴장
K2	2015	경남	7	6	0	0	8	0	0
	2016	경남	24	14	1	1	19	2	0
	2017	대전	17	11	1	0	23	2	0
	2018	대전	15	13	0	1	17	3	0
	2019	대전	12	8	1	0	21	5	0
	합계		82	58	2	3	88	12	0
프로통산			82	58	2	3	88	12	0

신현준(申賢儁) 세종대 1992.06.15

대회	연도	소속	출전	교체	득점	도움	파울	경고	퇴장
K2	2016	부천	11	11	1	0	6	2	0
	2017	부천	12	12	1	0	4	3	0
	2018	부천	5	5	0	0	3	0	0
	합계		28	28	2	0	13	5	0
프로통산			28	28	2	0	13	5	0

신현준(申鉉俊) 명지대 1986.03.08

대회	연도	소속	출전	교체	득점	도움	파울	경고	퇴장
BC	2009	강원	0	0	0	0	0	0	0
	합계		0	0	0	0	0	0	0
프로통산			0	0	0	0	0	0	0

신현호(申鉉浩) 한양대 1953.09.21

대회	연도	소속	출전	교체	득점	도움	파울	경고	퇴장
BC	1984	할렐루야	26	16	1	4	7	0	0
	1985	할렐루야	10	7	1	2	5	0	0
	합계		36	23	2	6	12	0	0
프로통산			36	23	2	6	12	0	0

신현호(辛賢浩) 연세대 1977.07.07

대회	연도	소속	출전	교체	득점	도움	파울	경고	퇴장
BC	2000	부천SK	3	3	0	0	1	0	0
	2001	부천SK	0	0	0	0	0	0	0
	2002	부천SK	10	9	0	0	10	0	0
	2003	부천SK	20	9	0	0	31	6	0
	합계		33	21	0	0	43	6	0
프로통산			33	21	0	0	43	6	0

신형민(辛炯旼) 홍익대 1986.07.18

대회	연도	소속	출전	교체	득점	도움	파울	경고	퇴장
BC	2008	포항	24	12	3	1	40	4	0
	2009	포항	28	6	4	2	50	4	0
	2010	포항	22	1	0	0	50	11	0
	2011	포항	28	1	4	1	45	7	0
	2012	포항	25	0	1	2	47	8	0
	합계		127	20	12	6	232	35	0
K1	2014	전북	25	2	0	0	39	4	0
	2016	전북	10	1	1	0	11	2	0
	2017	전북	34	5	0	1	35	10	0
	2019	전북	9	7	0	0	4	5	0
	2020	전북	9	7	0	2	13	1	0
	2021	울산	5	5	0	0	1	0	0
	2022	울산	5	5	0	0	1	0	0
	합계		157	51	1	2	189	34	0
K2	2015	안산경찰	38	4	1	3	81	8	0
	2016	안산무궁	25	3	0	0	39	0	0
	2023	천안	17	2	0	0	29	3	0
	합계		80	9	1	3	149	11	0
프로통산			364	76	17	8	495	84	0

신호은(申鎬殷) 영남대 1991.06.16

대회	연도	소속	출전	교체	득점	도움	파울	경고	퇴장
K2	2014	부천	1	1	0	0	0	0	0
	합계		1	1	0	0	0	0	0
프로통산			1	1	0	0	0	0	0

신홍기(辛弘基) 한양대 1968.05.04

대회	연도	소속	출전	교체	득점	도움	파울	경고	퇴장
BC	1991	현대	39	5	1	4	33	0	0
	1992	현대	39	2	8	6	56	1	0
	1993	현대	12	2	1	1	6	2	0
	1994	현대	21	1	2	1	7	0	0
	1995	현대	34	3	4	4	51	7	0
	1996	울산	30	1	4	8	47	5	0
	1997	울산	30	6	2	1	33	4	0
	1998	수원	26	2	5	4	60	5	0
	1999	수원	39	0	3	5	69	7	0
	2000	수원	37	0	4	9	41	3	0
	2001	수원	30	14	1	0	41	3	1
	합계		336	41	35	42	459	38	1
프로통산			336	41	35	42	459	38	1

신화용(申和容) 청주대 1983.04.13

대회	연도	소속	출전	교체	실점	도움	파울	경고	퇴장
BC	2004	포항	0	0	0	0	0	0	0
	2005	포항	0	0	0	0	0	0	0
	2006	포항	13	0	21	0	0	0	0
	2007	포항	26	1	31	0	0	0	0
	2008	포항	9	1	9	0	0	0	0
	2009	포항	26	0	33	0	0	0	0
	2010	포항	27	1	40	0	0	0	0
	2011	포항	30	0	32	0	0	1	0
	2012	포항	32	0	32	0	0	0	0
	합계		162	7	186	0	0	2	0
K1	2013	포항	33	0	31	0	0	2	0
	2014	포항	31	1	29	0	0	1	0
	2015	포항	38	0	38	0	0	0	0
	2016	포항	23	1	23	0	0	2	0
	2017	수원	33	2	30	0	1	0	0
	2018	수원	17	1	17	0	0	1	0
	합계		175	6	170	0	2	9	0
프로통산			337	13	356	0	4	18	1

신희재(申熙梓) 선문대 1992.12.27

대회	연도	소속	출전	교체	득점	도움	파울	경고	퇴장
K2	2015	대구	1	1	0	0	0	0	0
	2016	대구	0	0	0	0	0	0	0
	합계		1	1	0	0	0	0	0
프로통산			1	1	0	0	0	0	0

실라지(Vladimir Siladi) 세르비아 1993.04.23

대회	연도	소속	출전	교체	득점	도움	파울	경고	퇴장
K1	2021	강원	18	17	3	2	13	1	0
	합계		18	17	3	2	13	1	0
프로통산			18	17	3	2	13	1	0

실바(Álvaro Peralta Silva Linares) 필리핀 1984.03.30

대회	연도	소속	출전	교체	득점	도움	파울	경고	퇴장
K1	2015	대전	7	1	0	0	7	0	0
	합계		7	1	0	0	7	0	0
K2	2016	대전	15	1	0	0	24	5	0
	합계		15	1	0	0	24	5	0
프로통산			22	2	0	0	31	5	0

실바(Alexandre Capelin e Silva) 브라질 1989.01.11

대회	연도	소속	출전	교체	득점	도움	파울	경고	퇴장
BC	2012	전남	1	1	0	0	1	0	0
	합계		1	1	0	0	1	0	0
프로통산			1	1	0	0	1	0	0

실바(Marcelo da Silva Santos) 브라질 1978.11.30

대회	연도	소속	출전	교체	득점	도움	파울	경고	퇴장
BC	2000	성남일화	7	4	0	0	18	2	0
	합계		7	4	0	0	18	2	0
프로통산			7	4	0	0	18	2	0

실바(Antonio Marcos da Silva) 브라질 1977.06.20

대회	연도	소속	출전	교체	득점	도움	파울	경고	퇴장
BC	2002	전남	10	8	0	0	6	0	0
	합계		10	8	0	0	6	0	0
프로통산			10	8	0	0	6	0	0

실바(Valdenir da Silva Vitalino) 브라질 1977.02.21

대회	연도	소속	출전	교체	득점	도움	파울	경고	퇴장
BC	2005	서울	8	1	0	0	3	2	0
	합계		8	1	0	0	3	2	0
프로통산			8	1	0	0	3	2	0

실바(Elpidio Pereira da Silva Filho) 브라질 1975.07.19

대회	연도	소속	출전	교체	득점	도움	파울	경고	퇴장
BC	2006	수원	14	14	2	1	15	0	0
	합계		14	14	2	1	15	0	0
프로통산			14	14	2	1	15	0	0

실바(Welington da Silva de Souza) 브라질 1987.05.27

대회	연도	소속	출전	교체	득점	도움	파울	경고	퇴장
BC	2008	경남	7	6	0	0	11	0	0
	합계		7	6	0	0	11	0	0
프로통산			7	6	0	0	11	0	0

실반(Silvan Lopes) 브라질 1973.07.20

대회	연도	소속	출전	교체	득점	도움	파울	경고	퇴장
BC	1994	포항제철	16	4	2	3	31	2	0
	1995	포항	22	8	0	3	37	4	0
	합계		38	12	2	6	68	6	0
프로통산			38	12	2	6	68	6	0

실빙요(Silvio Jose Cardoso Reis Junior) 브라질 1990.07.01

대회	연도	소속	출전	교체	득점	도움	파울	경고	퇴장
K1	2016	성남	13	10	2	0	9	0	0

대회	연도	소속	출전	교체	득점	도움	파울	경고	퇴장
		합계	13	10	2	0	9	0	0
승	2016	성남	0	0	0	0	0	0	0
		합계	0	0	0	0	0	0	0
프로통산			13	10	2	0	9	0	0

심광욱 (沈光昱) 아주대 1994.01.03

대회	연도	소속	출전	교체	득점	도움	파울	경고	퇴장
K1	2015	제주	8	9	0	1	6	1	0
	2016	광주	4	4	0	0	0	0	0
		합계	12	13	0	1	6	1	0
K2	2017	서울E	2	2	0	0	2	0	0
		합계	2	2	0	0	2	0	0
프로통산			14	15	0	1	8	1	0

심규선 (沈規善) 명지대 1962.01.14

대회	연도	소속	출전	교체	득점	도움	파울	경고	퇴장
BC	1986	포항제철	22	14	1	1	15	1	0
		합계	22	14	1	1	15	1	0
프로통산			22	14	1	1	15	1	0

심동운 (沈東雲) 홍익대 1990.03.03

대회	연도	소속	출전	교체	득점	도움	파울	경고	퇴장
BC	2012	전남	30	19	4	0	22	2	0
		합계	30	19	4	0	22	2	0
K1	2013	전남	29	3	5	3	42	4	0
	2014	전남	20	11	2	1	16	1	0
	2015	포항	36	19	10	1	36	2	0
	2016	포항	37	31	8	2	37	4	0
	2017	상주	31	14	4	0	16	1	0
	2018	상주	17	14	2	1	6	1	0
	2019	포항	8	5	1	0	6	0	0
	2020	포항	25	20	1	0	11	1	0
	2022	성남	15	16	1	1	4	1	0
		합계	243	156	38	13	136	16	0
K2	2021	안양	26	19	2	1	10	0	0
	2022	안양	7	7	0	0	1	0	0
	2023	성남	12	12	1	3	24	2	0
		합계	45	38	3	4	35	2	0
프로통산			318	213	45	17	193	20	0

심민 (沈旼) 한양대 1998.02.15

대회	연도	소속	출전	교체	득점	실점	도움	파울	경고	퇴장
K2	2020	충남아산	0	0	0	0	0	0	0	0
	2021	충남아산	0	0	0	0	0	0	0	0
		합계	0	0	0	0	0	0	0	0
프로통산			0	0	0	0	0	0	0	0

심민석 (沈敏錫) 관동대(가톨릭관동대) 1977.10.21

대회	연도	소속	출전	교체	득점	도움	파울	경고	퇴장
BC	2002	성남일화	0	0	0	0	0	0	0
	2004	성남일화	1	1	0	0	2	0	0
		합계	1	1	0	0	2	0	0
프로통산			1	1	0	0	2	0	0

심민용 (心民龍) 부평고 2001.12.04

대회	연도	소속	출전	교체	득점	도움	파울	경고	퇴장
K2	2021	경남	0	0	0	0	0	0	0
	2023	김포	1	1	0	0	0	0	0
		합계	1	1	0	0	0	0	0
프로통산			1	1	0	0	0	0	0

심봉섭 (沈鳳燮) 한양대 1966.09.10

대회	연도	소속	출전	교체	득점	도움	파울	경고	퇴장
BC	1989	대우	23	11	2	3	27	0	0
	1990	대우	24	19	1	1	23	1	0
	1991	대우	30	32	3	1	30	2	0
	1992	대우	28	21	5	1	28	2	0
	1993	대우	17	6	2	0	23	3	0
	1994	대우	18	16	0	1	18	2	0
	1995	LG	6	7	0	0	6	0	0
		합계	156	123	13	7	143	10	0
프로통산			156	123	13	7	143	10	0

심상민 (沈相旼) 중앙대 1993.05.21

대회	연도	소속	출전	교체	득점	도움	파울	경고	퇴장
K1	2014	서울	2	2	0	0	1	0	0
	2015	서울	12	6	0	2	14	0	0
	2016	서울	4	2	0	0	2	1	0
	2017	서울	13	7	0	1	7	1	0
	2018	서울	16	3	0	0	15	1	0
	2019	포항	26	2	0	1	14	2	0
	2020	포항	3	0	0	0	5	1	0
	2020	상주	10	1	0	1	7	0	0
	2021	포항	11	3	0	0	7	1	0
	2022	포항	29	10	0	0	12	1	0
	2023	포항	21	5	0	2	10	1	0
		합계	138	38	0	7	88	8	0
K2	2016	서울E	13	0	1	0	6	0	0
	2021	김천	17	2	0	3	10	2	0
		합계	30	2	1	3	16	2	0
프로통산			168	40	1	10	104	10	0

심영성 (沈永星) 제주제일고 1987.01.15

대회	연도	소속	출전	교체	득점	도움	파울	경고	퇴장
BC	2004	성남일화	7	7	0	0	7	0	0
	2005	성남일화	2	2	0	0	1	0	0
	2006	성남일화	7	5	0	0	15	1	0
	2007	제주	8	4	1	0	10	1	0
	2008	제주	25	14	5	0	24	0	0
	2009	제주	25	17	2	1	14	1	0
	2011	제주	8	8	0	0	0	0	0
	2012	제주	8	8	0	0	8	0	0
	2012	강원	7	7	0	0	5	0	0
		합계	115	80	15	6	89	6	0
K1	2015	제주	1	1	0	0	0	0	0
		합계	1	1	0	0	0	0	0
K2	2016	강원	30	30	4	2	16	2	0
	2017	서울E	16	16	2	1	10	2	0
		합계	46	46	6	3	26	4	0
승	2016	강원	1	1	0	0	0	0	0
		합계	1	1	0	0	0	0	0
프로통산			161	126	21	9	115	10	0

심우연 (沈愚燃) 건국대 1985.04.03

대회	연도	소속	출전	교체	득점	도움	파울	경고	퇴장
BC	2006	서울	9	9	2	0	7	0	0
	2007	서울	15	12	2	0	13	0	0
	2008	서울	5	4	0	0	6	0	0
	2009	서울	2	1	0	0	4	0	0
	2010	전북	29	11	2	1	28	2	0
	2011	전북	21	4	2	0	35	5	0
	2012	전북	31	7	0	1	19	4	0
		합계	107	45	8	2	109	15	0
K1	2013	성남일화	11	4	0	0	5	2	0
	2014	성남	5	3	0	0	2	0	0
	2015	성남	1	1	0	0	0	0	0
	2016	서울	9	9	0	0	5	0	0
	2017	서울	3	3	0	1	1	0	0
		합계	29	20	0	0	13	2	0
프로통산			136	65	8	2	120	18	0

심원성 (沈圓盛) 아주대 1999.04.29

대회	연도	소속	출전	교체	득점	도움	파울	경고	퇴장
K1	2021	서울	0	0	0	0	0	0	0
		합계	0	0	0	0	0	0	0
프로통산			0	0	0	0	0	0	0

심재명 (沈載明) 중앙대 1989.06.07

대회	연도	소속	출전	교체	득점	도움	파울	경고	퇴장
BC	2011	성남일화	10	10	0	1	5	0	0
	2012	성남일화	2	2	0	0	2	0	0
		합계	12	12	0	1	7	0	0
프로통산			12	12	0	1	7	0	0

심재민 (沈在旻) 울산대 1997.10.07

대회	연도	소속	출전	교체	득점	도움	파울	경고	퇴장
K2	2019	안산	2	2	0	0	1	0	0
	2020	안산	8	7	0	0	9	1	0
	2021	안산	9	10	1	0	7	0	0
		합계	19	19	1	0	17	1	0
프로통산			19	19	1	0	17	1	0

심재원 (沈載源) 연세대 1977.03.11

대회	연도	소속	출전	교체	득점	도움	파울	경고	퇴장
BC	2000	부산	13	4	0	0	19	2	0
	2001	부산	18	0	1	0	19	2	0
	2002	부산	14	3	0	0	21	2	0
	2003	부산	25	2	2	0	30	7	0
	2004	광주상무	7	2	0	0	11	1	0
	2005	광주상무	29	1	2	1	37	6	0
	2006	부산	28	2	1	0	50	3	0
	2007	부산	24	4	1	1	43	5	1
	2008	부산	8	4	0	1	22	0	0
		합계	166	24	4	5	271	28	1
프로통산			166	24	4	5	271	28	1

심재훈 (沈載訓) 상지대 1994.03.07

대회	연도	소속	출전	교체	득점	실점	도움	파울	경고	퇴장
K2	2017	안양	1	1	2	0	0	0	0	0
		합계	1	1	2	0	0	0	0	0
프로통산			1	1	2	0	0	0	0	0

심제혁 (沈帝赫) 오산고 1995.03.05

대회	연도	소속	출전	교체	득점	도움	파울	경고	퇴장
K1	2014	서울	4	4	0	0	6	0	0
	2015	서울	8	8	0	0	11	1	0
	2016	서울	5	5	0	1	2	0	0
		합계	17	17	0	1	19	1	0
K2	2017	성남	23	21	0	0	32	2	0
		합계	23	21	0	0	32	2	0
프로통산			40	38	0	1	51	3	0

심종보 (沈宗輔) 진주국제대 1984.05.21

대회	연도	소속	출전	교체	득점	도움	파울	경고	퇴장
BC	2007	경남	4	3	0	0	4	0	0
		합계	4	3	0	0	4	0	0
프로통산			4	3	0	0	4	0	0

심진의 (沈眞意) 선문대 1992.04.16

대회	연도	소속	출전	교체	득점	도움	파울	경고	퇴장
K2	2015	충주	28	25	2	1	11	0	0
		합계	28	25	2	1	11	0	0
프로통산			28	25	2	1	11	0	0

심진형 (沈珍亨) 연세대 1987.03.18

대회	연도	소속	출전	교체	득점	도움	파울	경고	퇴장
BC	2011	경남	1	1	0	0	0	0	0
		합계	1	1	0	0	0	0	0
프로통산			1	1	0	0	0	0	0

싸비치 (Dusan Savić) 마케도니아 1985.10.01

대회	연도	소속	출전	교체	득점	도움	파울	경고	퇴장
BC	2010	인천	2	2	0	0	3	0	0
		합계	2	2	0	0	3	0	0
프로통산			2	2	0	0	3	0	0

싼더 (Sander Oostrom) 네덜란드 1967.07.14

대회	연도	소속	출전	교체	득점	도움	파울	경고	퇴장
BC	1997	포항	20	16	4	2	24	3	0
	1998	포항	1	1	0	0	1	0	0
		합계	21	17	4	2	25	3	0
프로통산			21	17	4	2	25	3	0

쏘우자 (Marcelo Tome de Souza) 브라질 1969.04.21

대회	연도	소속	출전	교체	득점	도움	파울	경고	퇴장
BC	2004	서울	30	2	0	0	27	5	0
		합계	30	2	0	0	27	5	0
프로통산			30	2	0	0	27	5	0

쏘자 (Ednilton Souza de Brito) 브라질 1981.06.04

대회	연도	소속	출전	교체	득점	도움	파울	경고	퇴장

대회	연도	소속	출전	교체	득점	도움	파울	경고	퇴장
BC	2008	제주	10	7	0	0	8	0	0
	합계		10	7	0	0	8	0	0
프로통산			10	7	0	0	8	0	0

씨마오(Simao Pedro Goncalves de Figueiredo Costa) 포르투갈

대회	연도	소속	출전	교체	득점	도움	파울	경고	퇴장
BC	2001	대전	5	5	0	0	1	0	0
	합계		5	5	0	0	1	0	0
프로통산			5	5	0	0	1	0	0

씨엘(Jociel Ferreira da Silva) 브라질 1982.03.31

대회	연도	소속	출전	교체	득점	도움	파울	경고	퇴장
BC	2007	부산	13	9	1	1	29	1	0
	합계		13	9	1	1	29	1	0
프로통산			13	9	1	1	29	1	0

아가시코프(Sergey Nikolaevich Agashkov) 러시아 1962.11.06

대회	연도	소속	출전	교체	득점	도움	파울	경고	퇴장
BC	1992	포항제철	4	3	1	0	3	0	0
	합계		4	3	1	0	3	0	0
프로통산			4	3	1	0	3	0	0

아고스(Agostinho Petronilo de Oliveira Filho) 브라질 1978.12.12

대회	연도	소속	출전	교체	득점	도움	파울	경고	퇴장
BC	2005	부천SK	19	13	2	1	45	1	1
	합계		19	13	2	1	45	1	1
프로통산			19	13	2	1	45	1	1

아그보(Alex Agbo) 나이지리아 1977.07.01

대회	연도	소속	출전	교체	득점	도움	파울	경고	퇴장
BC	1996	천안일화	6	6	1	0	18	2	0
	1997	천안일화	17	12	1	0	47	2	0
	합계		23	18	2	0	65	4	0
프로통산			23	18	2	0	65	4	0

아기치(Jasmin Agić) 크로아티아 1974.12.26

대회	연도	소속	출전	교체	득점	도움	파울	경고	퇴장
BC	2005	인천	33	10	3	4	72	8	0
	2006	인천	16	4	2	3	36	4	0
	합계		49	14	5	7	108	12	0
프로통산			49	14	5	7	108	12	0

아길라르(Elias Fernando Aguilar Vargas) 코스타리카 1991.11

대회	연도	소속	출전	교체	득점	도움	파울	경고	퇴장
K1	2018	인천	35	12	3	10	50	5	0
	2019	제주	26	18	4	5	39	1	0
	2020	인천	17	8	2	3	27	4	0
	2021	인천	33	23	5	6	54	6	0
	2022	인천	32	27	0	3	35	4	0
	합계		143	88	14	27	205	22	0
K2	2020	제주	3	2	0	1	4	0	0
	합계		3	2	0	1	4	0	0
프로통산			146	90	14	28	208	22	0

아니에르(Henri Anier) 에스토니아 1990.12.17

대회	연도	소속	출전	교체	득점	도움	파울	경고	퇴장
K2	2019	수원FC	21	13	4	4	46	3	0
	합계		21	13	4	4	46	3	0
프로통산			21	13	4	4	46	3	0

아다오(Jose Adao Fonseca) 브라질 1972.11.30

대회	연도	소속	출전	교체	득점	도움	파울	경고	퇴장
BC	1998	전남	22	20	7	0	30	4	0
	합계		22	20	7	0	30	4	0
프로통산			22	20	7	0	30	4	0

아데마(Adhemar Ferreira de Camargo Neto) 브라질 1972.04.27

대회	연도	소속	출전	교체	득점	도움	파울	경고	퇴장
BC	2004	성남일화	10	8	0	0	18	0	0
	합계		10	8	0	0	18	0	0
프로통산			10	8	0	0	18	0	0

아도(Agnaldo Cordeiro Pereira) 브라질 1975.01.25

대회	연도	소속	출전	교체	득점	도움	파울	경고	퇴장
BC	2003	안양LG	17	14	5	1	40	1	0
	합계		17	14	5	1	40	1	0
프로통산			17	14	5	1	40	1	0

아드리아노(Carlos Adriano de Sousa Cruz) 브라질 1987.09.28

대회	연도	소속	출전	교체	득점	도움	파울	경고	퇴장
K1	2015	대전	17	3	7	1	25	4	1
	2015	서울	13	3	8	1	28	3	0
	2016	서울	30	17	17	6	30	3	1
	2018	서울	25	23	8	2	19	3	0
	2019	전북	1	1	0	0	0	0	0
	2020	서울	7	7	0	0	4	0	0
	합계		93	54	40	10	106	13	2
K2	2014	대전	32	5	27	4	76	5	0
	합계		32	5	27	4	76	5	0
프로통산			125	59	67	14	182	17	2

아드리아노(Adriano Adriano Antunes de Paula) 브라질 1981.03.07

대회	연도	소속	출전	교체	득점	도움	파울	경고	퇴장
BC	2004	부산	13	7	2	1	36	0	0
	합계		13	7	2	1	36	0	0
프로통산			13	7	2	1	36	0	0

아드리아노(Antonio Adriano Antunes de Paula) 브라질 1987.06.13

대회	연도	소속	출전	교체	득점	도움	파울	경고	퇴장
K1	2013	대구	9	9	0	0	14	0	0
	합계		9	9	0	0	14	0	0
프로통산			9	9	0	0	14	0	0

아드리안(Chaminga Adrien Zazi) 콩고민주공화국 1975.03.26

대회	연도	소속	출전	교체	득점	도움	파울	경고	퇴장
BC	1997	천안일화	9	8	1	1	22	0	0
	합계		9	8	1	1	22	0	0
프로통산			9	8	1	1	22	0	0

아드리안(Adrian Dumitru Mihalcea) 루마니아 1976.05.24

대회	연도	소속	출전	교체	득점	도움	파울	경고	퇴장
BC	2005	전남	3	3	0	0	5	0	0
	합계		3	3	0	0	5	0	0
프로통산			3	3	0	0	5	0	0

아디(Adilson dos Santos) 브라질 1976.05.12

대회	연도	소속	출전	교체	득점	도움	파울	경고	퇴장
BC	2006	서울	34	3	1	2	67	4	0
	2007	서울	34	2	1	4	56	5	0
	2008	서울	34	4	3	1	34	2	1
	2009	서울	28	1	3	1	34	2	1
	2010	서울	33	2	1	1	44	5	0
	2011	서울	30	0	1	0	26	4	0
	2012	서울	41	4	2	0	48	4	0
	합계		231	21	15	10	278	30	1
K1	2013	서울	33	3	2	1	25	3	0
	합계		33	3	2	1	25	3	0
프로통산			264	24	17	12	305	35	1

아디(Adnan Ocelli) 알바니아 1966.03.06

대회	연도	소속	출전	교체	득점	도움	파울	경고	퇴장
BC	1996	수원	16	2	1	2	17	7	1
	합계		16	2	1	2	17	7	1
프로통산			16	2	1	2	17	7	1

아론(Aaron Robert Calver) 오스트레일리아 1996.01.12

대회	연도	소속	출전	교체	득점	도움	파울	경고	퇴장
K1	2023	광주	20	10	0	0	14	3	0
	합계		20	10	0	0	14	3	0
K2	2022	광주	25	5	1	1	19	3	0
	합계		25	5	1	1	19	3	0
프로통산			45	25	3	1	32	6	0

아르시치(Lazar Arsić) 세르비아 1991.09.24

대회	연도	소속	출전	교체	득점	도움	파울	경고	퇴장
K2	2020	서울E	9	9	0	0	5	2	0
	합계		9	9	0	0	5	2	0
프로통산			9	9	0	0	5	2	0

아르체(Juan Carlos Arce Justiniano) 볼리비아 1985.04.10

대회	연도	소속	출전	교체	득점	도움	파울	경고	퇴장
BC	2008	성남일화	15	15	0	1	0	2	0
	합계		15	15	0	1	0	2	0
프로통산			15	15	0	1	0	2	0

아리넬송(Arinelson Freire Nunes) 브라질 1973.01.27

대회	연도	소속	출전	교체	득점	도움	파울	경고	퇴장
BC	2001	전북	11	9	2	3	5	3	0
	2002	울산	8	10	0	2	7	2	0
	합계		19	19	2	5	12	5	0
프로통산			19	19	2	5	12	5	0

아리아스(Arias Moros Cesar Augusto) 콜롬비아 1988.04.02

대회	연도	소속	출전	교체	득점	도움	파울	경고	퇴장
K1	2013	대전	15	4	6	0	37	3	0
	합계		15	4	6	0	37	3	0
프로통산			15	4	6	0	37	3	0

아마노준(Amano Jun, 天野純/← 아마노) 일본 1991.07.19

대회	연도	소속	출전	교체	득점	도움	파울	경고	퇴장
K1	2022	울산	30	19	9	1	29	6	0
	2023	전북	25	20	1	3	21	1	0
	합계		55	39	10	4	50	7	0
프로통산			55	39	10	4	50	7	0

아미르(Amir Teljigović) 보스니아 헤르체고비나 1966.08.07

대회	연도	소속	출전	교체	득점	도움	파울	경고	퇴장
BC	1994	대우	24	12	1	3	38	5	2
	1995	대우	32	14	2	10	50	6	1
	1996	부산	18	11	0	2	19	5	0
	합계		74	37	3	15	110	16	2
프로통산			74	37	3	15	110	16	2

아보라(Stanley Aborah) 가나/이탈리아 1969.08.25

대회	연도	소속	출전	교체	득점	도움	파울	경고	퇴장
BC	1997	천안일화	30	3	2	1	80	8	0
	1998	천안일화	6	2	0	0	14	2	1
	합계		36	5	2	1	94	10	1
프로통산			36	5	2	1	94	10	1

아사니(Jasir Asani) 알바니아 1995.05.19

대회	연도	소속	출전	교체	득점	도움	파울	경고	퇴장
K1	2023	광주	33	27	7	3	34	6	0
	합계		33	27	7	3	34	6	0
프로통산			33	27	7	3	34	6	0

아사모아(Derek Asamoah) 영국(잉글랜드) 1981.05.01

대회	연도	소속	출전	교체	득점	도움	파울	경고	퇴장
BC	2011	포항	31	22	7	5	60	3	0
	2012	포항	30	20	6	1	46	1	0
	합계		61	47	13	6	106	4	0
K1	2013	대구	33	13	4	1	49	5	0
	합계		33	13	4	1	49	5	0
프로통산			94	60	17	7	155	9	0

아센호(Mauricio Gabriel Asenjo) 아르헨티나 1994.07.23

대회	연도	소속	출전	교체	득점	도움	파울	경고	퇴장
K2	2022	서울E	19	17	2	0	25	5	0
	합계		19	17	2	0	25	5	0
프로통산			19	17	2	0	25	5	0

아슐마토프(Rustamjon Ashurmatov) 우즈베키스탄 1996.07.07

대회	연도	소속	출전	교체	득점	도움	파울	경고	퇴장
K1	2020	광주	21	0	1	1	13	2	0
	2021	강원	19	3	1	0	17	5	0
	합계		40	3	2	1	30	7	0
K2	2019	광주	26	2	1	1	20	7	0
	합계		26	2	1	1	20	7	0
프로통산			66	5	3	2	50	14	0

아스나위(Asnawi Mangkualam Bahar) 인도네시아 1999.10.04

대회	연도	소속	출전	교체	득점	도움	파울	경고	퇴장
K2	2021	안산	14	7	0	1	17	1	0
	2022	안산	26	18	2	2	28	4	0
	2023	전남	26	9	0	2	29	7	1
	합계		66	34	2	5	74	12	1
프로통산			66	34	2	5	74	12	1

아이에쉬(Hosam Aiesh) 시리아 1995.04.14

대회	연도	소속	출전	교체	득점	도움	파울	경고	퇴장
K1	2023	서울	3	3	0	0	2	0	0
	합계		3	3	0	0	2	0	0
프로통산			3	3	0	0	2	0	0

아지마(Mohamed Semida Abdel Azim) 이집트 1968.10.17

대회	연도	소속	출전	교체	득점	도움	파울	경고	퇴장
BC	1996	울산	18	14	1	1	21	3	0
	합계		18	14	1	1	21	3	0
프로통산			18	14	1	1	21	3	0

아지송(Waldison Rodrigues de Souza) 브라질 1984.06.17

대회	연도	소속	출전	교체	득점	도움	파울	경고	퇴장
K1	2013	제주	3	3	0	0	4	0	0
	합계		3	3	0	0	4	0	0
프로통산			3	3	0	0	4	0	0

아쳴(Aczel Zoltan) 헝가리 1967.03.13

대회	연도	소속	출전	교체	득점	도움	파울	경고	퇴장
BC	1991	대우	6	0	0	1	4	2	0
	합계		6	0	0	1	4	2	0
프로통산			6	0	0	1	4	2	0

아츠키(Wada Atsuki, 和田篤紀) 일본 1993.02.09

대회	연도	소속	출전	교체	득점	도움	파울	경고	퇴장
K2	2017	서울E	32	7	2	7	53	9	0
	합계		32	7	2	7	53	9	0
프로통산			32	7	2	7	53	9	0

아코스(Szarka Akos) 슬로바키아 1990.11.24

대회	연도	소속	출전	교체	득점	도움	파울	경고	퇴장
K2	2020	수원FC	3	3	0	0	8	1	0
	합계		3	3	0	0	8	1	0
프로통산			3	3	0	0	8	1	0

아코스티(Boadu Maxwell Acosty) 이탈리아 1991.09.10

대회	연도	소속	출전	교체	득점	도움	파울	경고	퇴장
K1	2023	수원	25	22	4	3	22	1	0
	합계		25	22	4	3	22	1	0
K2	2020	안양	19	5	7	0	31	3	0
	2021	안양	16	10	5	1	18	2	0
	2022	안양	33	19	7	11	27	6	0
	합계		68	34	19	12	76	11	0
승	2022	안양	2	0	1	0	3	0	0
	합계		2	0	1	0	3	0	0
프로통산			95	56	24	15	101	12	0

아키(Ienaga Akihiro, 家長昭博) 일본 1986.06.13

대회	연도	소속	출전	교체	득점	도움	파울	경고	퇴장
BC	2012	울산	12	12	1	0	6	2	0
	합계		12	12	1	0	6	2	0
프로통산			12	12	1	0	6	2	0

아킨슨(Dalian Robert Atkinson) 잉글랜드 1968.03.21

대회	연도	소속	출전	교체	득점	도움	파울	경고	퇴장
BC	2001	대전	4	5	1	0	6	2	0
	2001	전북	4	4	0	0	1	0	0
	합계		8	9	1	0	7	2	0
프로통산			8	9	1	0	7	2	0

아타루(Esaka Ataru / 江坂任) 일본 1992.05.31

대회	연도	소속	출전	교체	득점	도움	파울	경고	퇴장
K1	2023	울산	21	20	3	3	14	0	0
	합계		21	20	3	3	14	0	0
프로통산			21	20	3	3	14	0	0

아톰(Artem Yashkin) 우크라이나 1975.04.29

대회	연도	소속	출전	교체	득점	도움	파울	경고	퇴장
BC	2004	부천SK	23	17	0	2	36	3	0
	합계		23	17	0	2	36	3	0
프로통산			23	17	0	2	36	3	0

아트(Gefferson da Silva Goulart) 브라질 1978.01.09

대회	연도	소속	출전	교체	득점	도움	파울	경고	퇴장
BC	2006	부산	5	2	1	1	5	0	0
	합계		5	2	1	1	5	0	0
프로통산			5	2	1	1	5	0	0

아틸라(Kámán Attila) 헝가리 1969.11.20

대회	연도	소속	출전	교체	득점	도움	파울	경고	퇴장
BC	1994	유공	12	8	1	1	20	1	1
	1995	유공	3	3	1	0	1	0	0
	합계		15	11	2	1	21	1	1
프로통산			15	11	2	1	21	1	1

아폰자(Wilinton Aponzá Carabalí) 콜롬비아 2000.03.29

대회	연도	소속	출전	교체	득점	도움	파울	경고	퇴장
K2	2023	충남아산	12	11	1	0	23	2	0
	합계		12	11	1	0	23	2	0
프로통산			12	11	1	0	23	2	0

안(Nguyen Canh Anh, 阮景英) 베트남 2000.01.12

대회	연도	소속	출전	교체	득점	도움	파울	경고	퇴장
K2	2023	천안	0	0	0	0	0	0	0
	합계		0	0	0	0	0	0	0
프로통산			0	0	0	0	0	0	0

안광호(安光鎬) 연세대 1968.12.19

대회	연도	소속	출전	교체	득점	도움	파울	경고	퇴장
BC	1992	대우	10	5	0	0	8	1	0
	1993	대우	4	3	0	0	8	1	0
	합계		14	8	0	0	16	2	0
프로통산			14	8	0	0	16	2	0

안광호(安光鎬) 배재대 1979.01.10

대회	연도	소속	출전	교체	득점	도움	파울	경고	퇴장
BC	2002	전북	1	1	0	0	1	0	0
	합계		1	1	0	0	1	0	0
프로통산			1	1	0	0	1	0	0

안기철(安基喆) 아주대 1962.04.24

대회	연도	소속	출전	교체	득점	도움	파울	경고	퇴장
BC	1986	대우	17	9	2	1	17	2	0
	1987	대우	27	23	1	1	17	2	0
	1988	대우	23	10	1	3	20	0	0
	1989	대우	18	16	0	1	10	0	0
	합계		85	58	4	6	64	5	0
프로통산			85	58	4	6	64	5	0

안대현(안대현) 전주대 1977.08.20

대회	연도	소속	출전	교체	득점	도움	파울	경고	퇴장
BC	2000	전북	3	3	0	0	3	0	0
	2001	전북	13	8	0	0	16	2	0
	2002	전북	1	1	0	0	1	0	0
	2003	전북	0	0	0	0	0	0	0
	합계		17	12	0	0	20	2	0
프로통산			17	12	0	0	20	2	0

안데르손(Anderson Ricardo dos Santos) 브라질 1983.03.22

대회	연도	소속	출전	교체	득점	도움	파울	경고	퇴장
BC	2009	서울	13	10	4	1	24	2	0
	합계		13	10	4	1	24	2	0
프로통산			13	10	4	1	24	2	0

안델손(Anderson Jose Lopes de Souza) 브라질 1993.09.15

대회	연도	소속	출전	교체	득점	도움	파울	경고	퇴장
K1	2018	서울	30	12	6	4	40	5	0
	합계		30	12	6	4	40	5	0
프로통산			30	12	6	4	40	5	0

안델손(Anderson Andrade Antunes) 브라질 1981.11.15

대회	연도	소속	출전	교체	득점	도움	파울	경고	퇴장
BC	2010	대구	11	4	2	1	28	0	0
	합계		11	4	2	1	28	0	0
프로통산			11	4	2	1	28	0	0

안동민(安東珉) 신평고 1999.05.11

대회	연도	소속	출전	교체	득점	도움	파울	경고	퇴장
K2	2019	대전	4	4	0	1	3	0	0
	2020	대전	1	1	0	0	0	0	0
	합계		5	5	0	1	3	0	0
프로통산			5	5	0	1	3	0	0

안동은(安東銀) 경운대 1988.10.01

대회	연도	소속	출전	교체	득점	도움	파울	경고	퇴장
K2	2013	고양	28	9	0	0	52	4	0
	2014	안산경찰	6	5	0	0	4	1	0
	2015	고양	3	0	0	0	6	1	0
	합계		37	14	0	0	62	6	0
프로통산			37	14	0	0	62	6	0

안동혁(安東赫) 광운대 1988.11.11

대회	연도	소속	출전	교체	득점	도움	파울	경고	퇴장
BC	2011	광주	23	15	0	1	17	2	0
	2012	광주	28	11	1	2	42	7	0
	합계		51	26	1	3	59	9	0
K2	2013	광주	11	3	0	0	13	1	0
	2015	안양	24	12	0	2	35	1	0
	2017	안양	6	3	0	0	13	1	0
	2018	서울E	18	15	0	0	8	2	0
	합계		60	41	2	3	66	3	0
프로통산			111	67	3	6	125	12	0

안드레(Andre Luiz Alves Santos) 브라질 1972.11.16

대회	연도	소속	출전	교체	득점	도움	파울	경고	퇴장
BC	2000	안양LG	38	4	9	14	74	4	0
	2001	안양LG	27	19	2	4	36	3	0
	2002	안양LG	31	19	7	9	41	4	1
	합계		96	42	18	27	151	11	1
프로통산			96	42	18	27	151	11	1

안드레루이스(André Luis da Costa Alfredo / 안드레) 브라질 1997.04.21

대회	연도	소속	출전	교체	득점	도움	파울	경고	퇴장
K1	2023	전북	13	12	0	0	13	0	0
	합계		13	12	0	0	13	0	0
K2	2020	대전	26	9	13	3	27	5	0
	합계		26	9	13	3	27	5	0
프로통산			39	21	13	3	40	5	0

안드레이(Andriy Sydelnykov) 우크라이나 1967.09.27

대회	연도	소속	출전	교체	득점	도움	파울	경고	퇴장
BC	1995	전남	28	7	4	1	60	9	1
	1996	전남	29	5	3	0	31	8	0
	합계		57	12	7	1	91	17	1
프로통산			57	12	7	1	91	17	1

안드리고(Andrigo Oliveira de Araújo) 브라질 1995.02.27

대회	연도	소속	출전	교체	득점	도움	파울	경고	퇴장

안병건 외

(안양 K2 계속)

대회	연도	소속	출전	교체	득점	도움	파울	경고	퇴장
K2	2022	안양	28	22	7	4	33	3	0
	2023	안양	19	13	6	8	17	1	0
	합계		47	35	13	12	50	4	0
승	2022	안양	2	3	0	0	0	0	0
	합계		2	3	0	0	0	0	0
프로통산			49	38	13	12	50	4	0

안병건(安炳乾) 한라대 1988.12.08

대회	연도	소속	출전	교체	득점	도움	파울	경고	퇴장
K2	2019	전남	3	0	0	0	5	3	0
	합계		3	0	0	0	5	3	0
프로통산			3	0	0	0	5	3	0

안병준(安炳俊) 주오대(일본) 1990.05.22

대회	연도	소속	출전	교체	득점	도움	파울	경고	퇴장
K1	2022	수원	18	12	7	0	12	3	0
	2023	수원	29	20	5	0	22	1	0
	합계		47	32	12	0	34	4	0
K2	2019	수원FC	17	7	8	0	25	3	0
	2020	수원FC	26	6	21	4	38	6	0
	2021	부산	34	3	23	4	38	6	0
	2022	부산	14	6	4	0	23	0	0
	합계		91	22	56	8	100	14	0
승	2022	수원	2	1	1	0	0	0	0
	합계		2	1	1	0	0	0	0
프로통산			140	55	69	8	134	18	0

안병태(安炳泰) 한양대 1959.02.22

대회	연도	소속	출전	교체	득점	도움	파울	경고	퇴장
BC	1983	포항제철	10	2	0	0	8	1	0
	1984	포항제철	14	5	0	0	6	1	0
	1986	포항제철	12	4	0	0	12	1	0
	합계		36	11	0	0	28	2	0
프로통산			36	11	0	0	28	2	0

안상민(安相珉) 정명정보고(경기경영고) 1995.05.18

대회	연도	소속	출전	교체	득점	도움	파울	경고	퇴장
K1	2017	강원	2	2	0	0	3	1	0
K2	2021	대전	2	2	0	0	0	0	0
	합계		2	2	0	0	0	0	0
프로통산			4	4	0	0	3	1	0

안상현(安相炫) 능곡중 1986.03.05

대회	연도	소속	출전	교체	득점	도움	파울	경고	퇴장
BC	2003	안양LG	1	1	0	0	3	0	0
	2004	서울	1	1	0	0	3	0	0
	2005	서울	1	1	0	0	0	0	0
	2006	서울	1	1	1	0	1	1	0
	2007	서울	11	10	1	0	9	1	0
	2008	서울	0	0	0	0	0	0	0
	2009	경남	9	8	0	0	14	1	0
	2010	경남	24	18	0	1	31	5	0
	2011	대구	15	11	0	0	33	8	0
	2012	대구	32	10	1	0	57	14	0
	합계		95	60	2	2	149	31	2
K1	2013	대구	33	6	0	1	49	11	0
	2015	대전	25	7	0	0	30	8	0
	2016	성남	23	7	0	0	32	2	0
	합계		81	20	0	3	122	23	0
K2	2014	대전	32	2	1	1	50	7	0
	2017	성남	24	6	1	0	43	7	0
	2018	대전	27	3	1	0	48	6	0
	2019	대전	29	8	2	1	59	11	0
	합계		112	19	5	2	200	31	0
승	2016	성남	2	1	0	0	5	2	0
	합계		2	1	0	0	5	2	0
프로통산			290	100	7	7	476	87	2

안선진(安善鎭) 고려대 1975.09.19

대회	연도	소속	출전	교체	득점	도움	파울	경고	퇴장
BC	2003	포항	16	14	0	0	15	0	0
	합계		16	14	0	0	15	0	0
프로통산			16	14	0	0	15	0	0

안성규(安聖奎) 충북대

대회	연도	소속	출전	교체	득점	도움	파울	경고	퇴장
BC	1995	대우	1	1	0	0	2	1	0
	합계		1	1	0	0	2	1	0
프로통산			1	1	0	0	2	1	0

안성남(安成男) 중앙대 1984.04.17

대회	연도	소속	출전	교체	득점	도움	파울	경고	퇴장
BC	2009	강원	21	15	1	1	9	2	0
	2010	강원	26	22	5	3	14	2	0
	2011	광주	22	18	2	0	17	3	0
	2012	광주	25	24	0	1	22	5	0
	합계		94	79	8	5	62	12	0
K1	2015	광주	8	7	0	0	3	0	0
	2018	경남	6	5	0	0	1	0	0
	2019	경남	19	4	0	0	8	0	0
	합계		33	16	0	0	12	1	0
K2	2014	광주	7	4	0	0	12	1	0
	2015	강원	7	4	0	0	12	0	0
	2016	경남	37	29	4	2	14	4	0
	2017	경남	30	16	1	1	18	4	0
	2020	경남	9	6	0	0	4	1	0
	합계		90	58	7	4	70	9	0
승	2014	광주	1	1	0	0	0	0	0
	2019	경남	1	1	0	0	2	0	0
	합계		1	1	0	0	2	0	0
프로통산			218	154	15	9	144	22	0

안성민(安性珉) 경희대 1999.08.09

대회	연도	소속	출전	교체	득점	도움	파울	경고	퇴장
K2	2020	안산	0	0	0	0	0	0	0
	2022	안산	18	11	0	0	2	0	0
	합계		18	11	0	0	2	0	0
프로통산			18	11	0	0	2	0	0

안성민(安成民) 건국대 1985.11.03

대회	연도	소속	출전	교체	득점	도움	파울	경고	퇴장
BC	2007	부산	18	13	1	1	29	1	0
	2008	부산	17	14	1	0	28	4	0
	2009	부산	20	10	1	0	37	8	0
	2010	대구	28	9	3	1	53	4	0
	2011	대구	17	7	3	0	21	4	0
	합계		94	53	9	2	148	22	0
프로통산			94	53	9	2	148	22	0

안성빈(安聖彬) 수원대 1988.10.03

대회	연도	소속	출전	교체	득점	도움	파울	경고	퇴장
BC	2010	경남	8	8	1	0	6	1	0
	2011	경남	5	5	0	0	2	0	0
	2012	경남	11	11	1	0	16	1	0
	합계		24	24	2	0	24	2	0
K1	2014	경남	8	7	0	0	6	0	0
	합계		8	7	0	0	6	0	0
K2	2013	경찰	23	13	1	2	31	2	0
	2014	안산경찰	15	15	1	3	13	3	0
	2015	안양	36	19	4	4	66	6	0
	2016	안양	18	16	1	5	34	4	0
	2018	서울E	13	12	1	0	17	1	0
	2019	안양	13	10	1	0	12	2	0
	합계		148	67	11	17	197	19	0
승	2014	경남	2	1	0	0	3	1	0
	합계		2	1	0	0	3	1	0
프로통산			181	94	14	17	229	23	0

안성열(安星烈) 국민대 1958.08.01

대회	연도	소속	출전	교체	득점	도움	파울	경고	퇴장
BC	1983	국민은행	10	4	0	1	8	0	0
	1985	상무	18	2	0	0	10	1	0
	합계		28	6	0	1	18	2	0
프로통산			28	6	0	1	18	2	0

안성일(安聖逸) 아주대 1966.09.10

대회	연도	소속	출전	교체	득점	도움	파울	경고	퇴장
BC	1989	대우	21	13	6	0	17	1	0
	1990	대우	14	8	1	0	17	2	0
	1991	대우	36	7	2	3	49	5	1
	1992	대우	35	12	5	0	49	7	0
	1993	대우	24	18	1	2	25	3	0
	1994	포항제철	22	16	3	3	19	2	0
	1995	대우	30	11	4	0	52	11	0
	1996	부산	18	12	0	0	35	3	0
	합계		200	96	19	8	269	33	1
프로통산			200	96	19	8	269	33	1

안성호(安成皓) 대구대 1976.03.30

대회	연도	소속	출전	교체	득점	도움	파울	경고	퇴장
BC	1999	수원	1	1	0	0	2	0	0
	합계		1	1	0	0	2	0	0
프로통산			1	1	0	0	2	0	0

안성훈(安成勳) 한려대 1982.09.11

대회	연도	소속	출전	교체	득점	도움	파울	경고	퇴장
BC	2002	안양LG	11	5	0	0	11	2	0
	2003	안양LG	11	6	0	0	8	0	0
	2004	인천	10	6	0	0	30	1	0
	2005	인천	10	6	0	1	14	0	0
	2006	인천	9	7	0	0	7	1	0
	2007	인천	4	4	0	0	4	1	0
	합계		64	38	0	2	75	7	0
프로통산			64	38	0	2	75	7	0

안세희(安世熙) 원주한라대 1991.02.08

대회	연도	소속	출전	교체	득점	도움	파울	경고	퇴장
K1	2015	부산	1	1	0	0	0	0	0
	2015	대전	4	0	0	0	2	1	0
	2017	포항	8	1	0	0	12	1	1
	2019	상주	1	1	0	0	3	1	0
	합계		14	3	0	0	17	3	1
K2	2016	안양	34	6	0	0	27	6	0
	2017	안양	3	1	0	0	6	1	0
	2018	안양	0	0	0	0	0	0	0
	2020	안양	4	2	0	1	1	0	0
	합계		41	9	0	1	34	7	0
프로통산			55	12	0	1	51	10	1

안셀(Nicholas Clive Ansell) 오스트레일리아 1994.02.02

대회	연도	소속	출전	교체	득점	도움	파울	경고	퇴장
K2	2019	전남	15	3	0	0	11	1	1
	2020	경남	5	4	0	0	6	2	0
	합계		20	7	0	0	17	3	1
프로통산			20	7	0	0	17	3	1

안수민(安首玟) 동국대 1994.05.26

대회	연도	소속	출전	교체	득점	도움	파울	경고	퇴장
K1	2017	강원	3	3	0	0	4	0	0
	합계		3	3	0	0	4	0	0
프로통산			3	3	0	0	4	0	0

안수현(安壽賢) 조선대 1992.06.13

대회	연도	소속	출전	교체	득점	도움	파울	경고	퇴장
K1	2015	전남	1	1	0	0	1	0	0
	합계		1	1	0	0	1	0	0
프로통산			1	1	0	0	1	0	0

안승인(安承仁) 경원대학원 1973.03.14

대회	연도	소속	출전	교체	득점	도움	파울	경고	퇴장
BC	1999	부천SK	15	15	0	2	7	0	0
	2000	부천SK	9	9	1	0	13	2	0
	2001	부천SK	25	20	3	1	24	0	0
	2002	부천SK	25	18	2	2	47	0	0
	2003	부천SK	38	25	1	3	55	4	0
	2004	부천SK	5	5	0	0	3	0	0

合계 117 92 7 8 149 6 0

대회	연도	소속	출전	교체	득점	도움	파울	경고	퇴장
	합계		117	92	7	8	149	6	0
	프로통산		117	92	7	8	149	6	0

안영규(安泳奎) 울산대 1989.12.04

대회	연도	소속	출전	교체	득점	도움	파울	경고	퇴장
BC	2012	수원	0	0	0	0	0	0	0
	합계		0	0	0	0	0	0	0
K1	2015	광주	33	6	2	0	36	6	0
	2017	광주	1	0	0	0	1	1	0
	2019	성남	29	8	0	1	31	3	0
	2020	성남	13	10	0	0	4	0	0
	2021	성남	21	11	0	0	29	6	0
	2023	광주	32	6	2	2	18	5	0
	합계		129	41	4	3	121	18	0
K2	2014	대전	34	2	1	1	45	5	0
	2016	안산무궁	18	4	0	1	24	0	0
	2017	아산	10	4	0	0	17	0	0
	2018	광주	36	2	1	0	24	1	0
	2022	광주	36	9	1	3	26	4	0
	합계		134	21	3	4	128	17	0
	프로통산		263	62	7	7	249	35	0

안영진(安映珍) 울산대 1988.04.01

대회	연도	소속	출전	교체	득점	도움	파울	경고	퇴장
K2	2013	부천	7	7	0	0	1	0	0
	프로통산		7	7	0	0	1	0	0

안영학(安英學, An Yong Hak) 릿쇼대(일본) 1978.10.25

대회	연도	소속	출전	교체	득점	도움	파울	경고	퇴장
BC	2006	부산	29	8	3	2	57	0	0
	2007	부산	30	3	4	0	65	2	0
	2008	수원	9	7	0	0	13	2	0
	2009	수원	14	6	2	0	24	1	0
	합계		82	24	9	2	159	5	0
	프로통산		82	24	9	2	159	5	0

안용우(安庸佑) 동의대 1991.08.10

대회	연도	소속	출전	교체	득점	도움	파울	경고	퇴장
K1	2014	전남	31	7	6	6	19	4	0
	2015	전남	34	18	3	4	22	1	0
	2016	전남	32	24	4	0	24	2	0
	2017	전남	17	14	0	1	14	0	0
	2021	대구	33	25	0	1	22	0	0
	2022	대구	12	10	2	2	3	0	0
	합계		156	94	15	14	104	9	0
K2	2023	안양	16	16	1	1	6	0	0
	합계		16	16	1	1	6	0	0
	프로통산		172	110	16	15	110	9	0

안원응(安元鷹) 성균관대 1961.01.14

대회	연도	소속	출전	교체	득점	도움	파울	경고	퇴장
BC	1984	한일은행	6	2	0	0	5	2	0
	합계		6	2	0	0	5	2	0
	프로통산		6	2	0	0	5	2	0

안은산(安恩山) 고려대1996.10.04

대회	연도	소속	출전	교체	득점	도움	파울	경고	퇴장
K2	2019	수원FC	4	2	0	0	5	0	0
	합계		4	2	0	0	5	0	0
	프로통산		4	2	0	0	5	0	0

안익수(安益秀) 인천대 1965.05.06

대회	연도	소속	출전	교체	득점	도움	파울	경고	퇴장
BC	1989	일화	22	6	0	0	23	0	0
	1990	일화	29	1	0	1	35	2	0
	1991	일화	12	4	0	0	19	1	0
	1992	일화	27	3	0	0	46	0	0
	1993	일화	26	3	0	0	37	2	1
	1994	일화	20	3	0	1	23	0	0
	1995	일화	17	3	0	0	37	0	0
	1996	포항	30	11	0	0	39	3	0
	1997	포항	34	6	1	0	28	3	0
	1998	포항	36	1	0	1	63	6	0
	합계		253	41	2	3	370	36	1
	프로통산		253	41	2	3	370	36	1

안일주(安一柱) 동국대 1988.05.02

대회	연도	소속	출전	교체	득점	도움	파울	경고	퇴장
BC	2011	포항	0	0	0	0	0	0	0
	2012	상주	1	1	0	0	0	0	0
	합계		1	1	0	0	0	0	0
K2	2013	상주	0	0	0	0	0	0	0
	2014	부천	20	1	0	0	21	2	0
	2015	부천	16	5	0	0	16	2	0
	합계		36	6	0	0	37	4	0
	프로통산		37	7	0	0	37	4	0

안재곤(安栽坤) 아주대 1984.08.15

대회	연도	소속	출전	교체	득점	도움	파울	경고	퇴장
BC	2008	인천	4	1	0	0	9	1	0
	2010	인천	1	0	0	0	0	0	0
	2011	인천	5	4	0	0	12	1	0
	2012	인천	0	0	0	0	0	0	0
	합계		10	6	0	0	21	2	0
	프로통산		10	6	0	0	21	2	0

안재민(安在民) 동국대 2003.01.23

대회	연도	소속	출전	교체	득점	도움	파울	경고	퇴장
K1	2023	서울	1	1	0	0	0	0	0
	합계		1	1	0	0	0	0	0
	프로통산		1	1	0	0	0	0	0

안재준(安宰晙) 고려대 1986.02.08

대회	연도	소속	출전	교체	득점	도움	파울	경고	퇴장
BC	2008	인천	28	1	0	0	44	9	0
	2009	인천	33	1	1	0	50	9	0
	2010	인천	28	0	1	3	58	4	1
	2011	전남	27	2	1	0	35	5	0
	2012	전남	32	1	1	0	40	4	0
	합계		148	5	3	4	227	28	1
K1	2013	인천	36	1	0	0	49	5	0
	2014	인천	36	1	0	0	49	5	0
	합계		67	4	0	1	113	13	0
K2	2015	안산경	35	0	1	0	55	10	0
	2016	안산무	8	2	0	0	2	0	0
	2017	성남	13	3	1	1	18	4	0
	2018	대전	10	5	0	0	17	2	0
	합계		66	10	2	1	90	17	0
	프로통산		281	16	9	5	430	58	1

안재준(安宰俊) 현대고 2001.04.03

대회	연도	소속	출전	교체	득점	도움	파울	경고	퇴장
K2	2021	부천	19	15	0	1	9	1	0
	2022	부천	24	23	4	1	10	1	0
	2023	부천	23	15	11	4	15	3	0
K2	합계		66	53	15	6	34	5	0
	프로통산		66	53	15	6	34	5	0

안재홍(安宰弘) 영남대 1998.03.01

대회	연도	소속	출전	교체	득점	도움	파울	경고	퇴장
K2	2020	전남	1	1	0	0	0	0	0
	합계		1	1	0	0	0	0	0
	프로통산		1	1	0	0	0	0	0

안재훈(安在勳) 건국대 1988.02.01

대회	연도	소속	출전	교체	득점	도움	파울	경고	퇴장
BC	2011	대구	20	1	0	2	27	2	0
	2012	대구	9	3	1	0	11	2	0
	합계		29	4	1	2	38	4	0
K1	2013	대구	5	1	0	0	3	0	0
	2014	상주	22	0	1	0	19	1	0
	합계		27	1	1	0	22	1	0
K2	2013	수원FC	16	1	0	0	18	2	0
	2015	상주	2	0	0	0	1	0	0
	2015	대구	4	1	0	0	3	0	0
	2017	수원FC	5	4	0	0	2	0	0
	2017	서울E	9	3	0	0	10	1	0
	합계		41	11	0	0	40	4	0
	프로통산		97	19	2	2	108	13	1

안정환(安貞桓) 아주대 1976.01.27

대회	연도	소속	출전	교체	득점	도움	파울	경고	퇴장
BC	1998	부산	33	8	13	4	31	4	0
	1999	부산	34	9	21	7	26	3	0
	2000	부산	11	0	10	0	20	0	0
	2007	수원	25	20	5	0	22	4	0
	2008	부산	27	8	6	3	47	6	1
	합계		139	53	55	14	146	17	2
	프로통산		139	53	55	14	146	17	2

안젤코비치(Miodrag Andjelković) 세르비아 몬테네그로 1977.12.07

대회	연도	소속	출전	교체	득점	도움	파울	경고	퇴장
BC	2004	인천	11	5	4	0	26	1	1
	합계		11	5	4	0	26	1	1
	프로통산		11	5	4	0	26	1	1

안종관(安種官) 광운대 1966.08.30

대회	연도	소속	출전	교체	득점	도움	파울	경고	퇴장
BC	1989	현대	28	6	0	1	31	2	0
	1990	현대	20	6	0	1	21	0	0
	합계		48	12	0	2	52	2	0
	프로통산		48	12	0	2	52	2	0

안종훈(安鐘薰) 조선대 1989.07.05

대회	연도	소속	출전	교체	득점	도움	파울	경고	퇴장
BC	2011	제주	2	2	0	0	3	0	0
	합계		2	2	0	0	3	0	0
K1	2013	제주	15	14	1	0	17	0	0
	합계		15	14	1	0	17	0	0
K2	2014	광주	15	8	1	2	17	1	0
	합계		15	8	1	2	17	1	0
	프로통산		32	24	1	2	37	1	0

안주형(安主형) 신갈고 1999.01.02

대회	연도	소속	출전	교체	득점	도움	파울	경고	퇴장
K2	2018	대전	3	3	0	0	4	1	0
	2019	대전	1	0	1	0	4	1	0
	합계		4	3	1	0	8	2	0

안준수(安俊洙) 영석고 1998.01.28

대회	연도	소속	출전	교체	실점	도움	파울	경고	퇴장
K2	2021	부산	15	0	23	0	1	0	0
	2022	부산	17	1	24	0	0	1	0
	2023	전남	18	1	26	0	0	1	0
	합계		50	2	73	0	1	3	0
	프로통산		50	2	73	0	1	3	0

안준원(安俊垣) 부산상고 1961.03.10

대회	연도	소속	출전	교체	득점	도움	파울	경고	퇴장
BC	1985	상무	20	1	0	1	22	0	0
	1986	포항제철	7	2	0	0	8	1	0
	합계		27	3	0	1	30	1	0
	프로통산		27	3	0	1	30	1	0

안지만(安知萬) 오산고 2003.01.11

대회	연도	소속	출전	교체	득점	도움	파울	경고	퇴장
K1	2022	서울	1	1	0	0	0	0	0
	합계		1	1	0	0	0	0	0
	프로통산		1	1	0	0	0	0	0

안지현(安祉炫) 건국대 1994.03.25

대회	연도	소속	출전	교체	실점	도움	파울	경고	퇴장
K2	2016	강원	0	0	0	0	0	0	0
	2017	서울E	0	0	0	0	0	0	0
	2018	서울E	0	0	0	0	0	0	0
	합계		0	0	0	0	0	0	0
	프로통산		0	0	0	0	0	0	0

안지호(安顯植/← 안현식) 연세대 1987.04.24

대회	연도	소속	출전	교체	득점	도움	파울	경고	퇴장
BC	2008	인천	21	4	0	0	41	3	0

대회	연도	소속	출전	교체	득점	도움	파울	경고	퇴장
	2009	인천	2	0	0	0	0	0	0
	2010	인천	12	3	0	0	13	3	0
	2011	경남	14	1	0	0	23	5	1
	합계		49	8	1	0	77	11	1
K1	2017	강원	24	5	3	0	23	6	0
	합계		24	5	3	0	23	6	0
K2	2014	고양	25	4	0	0	34	4	0
	2015	고양	30	5	0	0	30	5	0
	2016	강원	34	0	2	0	38	6	1
	2018	서울E	27	2	1	1	28	7	1
	2019	서울E	14	3	0	0	9	0	1
	합계		130	10	3	1	139	22	4
승	2016	강원	2	0	0	0	0	2	0
	합계		2	0	0	0	0	2	0
프로통산			205	23	7	1	241	39	5

안진규(安眞圭) 연세대 1970.10.18

대회	연도	소속	출전	교체	득점	도움	파울	경고	퇴장
BC	1994	현대	4	4	0	0	2	0	0
	1995	현대	7	7	0	0	4	1	0
	1996	울산	3	1	0	0	2	1	0
	1996	전남	3	3	0	0	1	0	0
	합계		17	15	0	0	9	1	1
프로통산			17	15	0	0	9	1	1

안진범(安進範) 고려대 1992.03.10

대회	연도	소속	출전	교체	득점	도움	파울	경고	퇴장
K1	2014	울산	24	18	2	2	23	1	0
	2015	인천	9	8	0	0	9	1	0
	2018	상주	18	12	0	2	22	2	0
	2019	상주	3	3	0	0	4	0	0
	2020	인천	3	3	0	0	2	0	0
	2021	성남	17	17	1	1	16	1	0
	2022	성남	14	12	0	1	13	0	0
	합계		88	71	3	6	90	5	0
K2	2016	안양	27	16	0	3	35	3	0
	2017	안양	9	9	0	0	11	0	0
	2018	안양	9	2	0	0	19	1	0
	합계		45	26	0	3	65	5	0
프로통산			133	97	3	9	155	10	0

안찬기(安燦基) 인천대 1998.04.06

대회	연도	소속	출전	교체	실점	도움	파울	경고	퇴장
K1	2020	수원	0	0	0	0	0	0	0
	2021	수원	0	0	0	0	0	0	0
	2023	수원	3	1	3	0	0	0	0
	합계		3	1	3	0	0	0	0
프로통산			3	1	3	0	0	0	0

안창민(安倉民) 부평고 2001.06.28

대회	연도	소속	출전	교체	득점	도움	파울	경고	퇴장
K1	2023	대구	0	0	0	0	0	0	0
	합계		0	0	0	0	0	0	0
프로통산			0	0	0	0	0	0	0

안치우(安致祐) 수원고 2005.10.23

대회	연도	소속	출전	교체	득점	도움	파울	경고	퇴장
K1	2023	수원FC	3	3	0	0	0	0	0
	합계		3	3	0	0	0	0	0
프로통산			3	3	0	0	0	0	0

안태은(安太銀) 조선대 1985.09.17

대회	연도	소속	출전	교체	득점	도움	파울	경고	퇴장
BC	2006	서울	26	7	0	0	39	4	0
	2007	서울	4	3	0	0	3	0	0
	2008	서울	10	2	0	1	19	4	0
	2009	서울	19	8	0	1	24	3	0
	2010	포항	8	3	0	0	13	0	0
	2011	인천	9	9	0	1	13	3	1
	합계		76	32	0	3	111	14	1
프로통산			76	32	0	3	111	14	1

안태현(安邰鉉) 홍익대 1993.03.01

대회 연도 소속 출전 교체 득점 도움 파울 경고 퇴장

대회	연도	소속	출전	교체	득점	도움	파울	경고	퇴장
K1	2020	상주	22	4	1	1	25	5	0
	2022	제주	4	2	0	1	2	0	0
	2023	제주	24	14	1	2	14	2	0
	합계		50	20	2	4	41	7	0
K2	2016	서울E	31	25	3	1	18	4	0
	2017	부천	36	2	1	1	41	2	0
	2018	부천	35	0	2	0	50	4	0
	2019	부천	36	3	0	4	43	3	0
	2021	김천	6	1	0	0	7	0	0
	2021	부천	17	3	1	0	12	2	0
	합계		161	41	9	6	171	16	0
프로통산			211	61	11	10	212	23	0

안토니스(Terry Antonis) 오스트레일리아 1993.11.26

대회	연도	소속	출전	교체	득점	도움	파울	경고	퇴장
K1	2019	수원	11	6	0	3	8	1	0
	2020	수원	16	13	0	0	10	1	0
	2021	수원	4	4	0	0	0	2	0
	합계		31	23	0	3	18	4	1
프로통산			31	23	0	3	18	4	1

안토니오(Matheus Antonio de Souza Santos) 브라질 1978.10.23

대회	연도	소속	출전	교체	득점	도움	파울	경고	퇴장
BC	2005	전북	5	4	1	0	4	0	0
	합계		5	4	1	0	4	0	0
프로통산			5	4	1	0	4	0	0

안툰(Anton Kryvotsyuk) 아제르바이잔, 우크라이나 1998.08.20

대회	연도	소속	출전	교체	득점	도움	파울	경고	퇴장
K1	2023	대전	33	6	1	1	30	9	1
	합계		33	6	1	1	30	9	1
프로통산			33	6	1	1	30	9	1

안툰(Antun Matthew Kovacić) 오스트레일리아 1981.07.10

대회	연도	소속	출전	교체	득점	도움	파울	경고	퇴장
BC	2009	울산	4	3	0	0	2	1	0
	합계		4	3	0	0	2	1	0
프로통산			4	3	0	0	2	1	0

안해성(安海盛) 인천대 1999.03.09

대회	연도	소속	출전	교체	득점	도움	파울	경고	퇴장
K1	2021	포항	0	0	0	0	0	0	0
	합계		0	0	0	0	0	0	0
프로통산			0	0	0	0	0	0	0

안현범(安鉉範) 동국대 1994.12.21

대회	연도	소속	출전	교체	득점	도움	파울	경고	퇴장
K1	2015	울산	17	16	1	0	16	2	0
	2016	제주	28	15	8	4	30	2	0
	2017	제주	27	10	2	3	18	4	0
	2019	제주	13	2	0	3	12	1	0
	2021	제주	12	7	1	0	12	1	0
	2022	제주	16	6	2	0	12	1	0
	2023	제주	16	6	2	0	7	2	0
	2023	전북	10	6	1	0	2	0	0
	합계		170	87	21	13	119	14	0
K2	2018	아산	27	16	5	2	36	4	0
	2019	아산	13	3	1	2	14	0	0
	2020	제주	22	2	3	1	13	0	0
	합계		62	20	8	5	63	4	0
프로통산			232	107	29	18	182	18	0

안호진(安虎眞) 의정부FC 2003.01.13

대회	연도	소속	출전	교체	실점	도움	파울	경고	퇴장
K2	2022	경남	0	0	0	0	0	0	0
	합계		0	0	0	0	0	0	0
프로통산			0	0	0	0	0	0	0

안홍민(安洪珉) 관동대(기톨릭관동대) 1971.09.06

대회	연도	소속	출전	교체	득점	도움	파울	경고	퇴장
BC	1996	울산	25	16	10	1	40	2	0
	1997	울산	24	23	2	3	41	3	1
	1998	울산	23	22	3	2	38	3	0
	1999	울산	28	24	5	2	42	3	0
	2000	울산	19	14	1	3	36	2	0
	2001	전북	18	18	1	0	9	2	0
	합계		137	117	19	14	206	15	1

안효연(安孝鍊) 동국대 1978.04.16

대회	연도	소속	출전	교체	득점	도움	파울	경고	퇴장
BC	2003	부산	14	12	0	2	8	0	0
	2004	부산	30	20	6	3	22	0	0
	2005	수원	30	20	3	5	24	1	0
	2006	성남일화	28	26	1	1	13	0	0
	2007	수원	12	10	1	2	9	0	0
	2008	수원	15	15	2	2	9	0	0
	2009	전남	5	5	0	0	4	0	0
	합계		134	108	13	15	79	3	0
프로통산			134	108	13	15	79	3	0

안효철(安孝哲) 성균관대 1965.05.15

대회	연도	소속	출전	교체	실점	도움	파울	경고	퇴장
BC	1989	일화	1	0	1	0	0	0	0
	합계		1	0	1	0	0	0	0
프로통산			1	0	1	0	0	0	0

알도(Clodoaldo Paulino de Lima) 브라질 1978.11.25

대회	연도	소속	출전	교체	득점	도움	파울	경고	퇴장
BC	2008	포항	2	1	0	0	5	0	0
	합계		2	1	0	0	5	0	0
프로통산			2	1	0	0	5	0	0

알라올(Alaor Palacio Junior) 브라질 1968.12.12

대회	연도	소속	출전	교체	득점	도움	파울	경고	퇴장
BC	1996	수원	9	8	1	0	14	1	0
	합계		9	8	1	0	14	1	0
프로통산			9	8	1	0	14	1	0

알란(Allan Rodrigo Aal) 브라질 1979.03.12

대회	연도	소속	출전	교체	득점	도움	파울	경고	퇴장
BC	2004	대전	4	1	0	0	11	1	0
	합계		4	1	0	0	11	1	0
프로통산			4	1	0	0	11	1	0

알랭(Noudjeu Mbianda Nicolas Alain) 카메룬 1976.07.12

대회	연도	소속	출전	교체	득점	도움	파울	경고	퇴장
BC	2000	전북	17	13	0	0	25	0	0
	합계		17	13	0	0	25	0	0
프로통산			17	13	0	0	25	0	0

알레(Alexandre Garcia Ribeiro) 브라질 1984.05.08

대회	연도	소속	출전	교체	득점	도움	파울	경고	퇴장
BC	2009	대전	10	8	0	4	20	0	0
	2010	대전	21	10	1	3	40	2	1
	합계		31	18	1	7	60	2	1
프로통산			31	18	1	7	60	2	1

알레망(Rafael Berger) 브라질 1986.07.14

대회	연도	소속	출전	교체	득점	도움	파울	경고	퇴장
K1	2018	포항	9	2	1	0	16	3	0
	합계		9	2	1	0	16	3	0
프로통산			9	2	1	0	16	3	0

알레망(Tofolo Junior Jose Carlos) 브라질 1989.03.02

대회	연도	소속	출전	교체	득점	도움	파울	경고	퇴장
K2	2018	부산	8	5	2	0	17	0	0
	합계		8	5	2	0	17	0	0
프로통산			8	5	2	0	17	0	0

알렉산더(Aleksandar Petrović) 세르비아 1983.03.22

대회	연도	소속	출전	교체	득점	도움	파울	경고	퇴장
BC	2008	전북	15	1	0	0	22	6	0

대회	연도	소속	출전	교체	득점	도움	파울	경고	퇴장
	2009	전북	9	5	0	0	11	2	0
	2009	전남	6	5	1	0	13	2	0
합계			30	11	1	0	46	10	0
프로통산			30	11	1	0	46	10	0

알렉산드로(Alessandro Lopes Pereira) 브라질 1984.02.13

대회	연도	소속	출전	교체	득점	도움	파울	경고	퇴장
BC	2012	대전	21	2	0	0	51	8	0
합계			21	2	0	0	51	8	0
K2	2013	충주	11	1	0	0	26	2	0
합계			11	1	0	0	26	2	0
프로통산			32	3	0	0	77	10	0

알렉산드로(Alexsandro Ribeiro da Silva) 브라질 1980.04.13

대회	연도	소속	출전	교체	득점	도움	파울	경고	퇴장
BC	2008	대구	14	9	1	1	11	0	0
합계			14	9	1	1	11	0	0
프로통산			14	9	1	1	11	0	0

알렉산드로(Alexandro da Silva Batista) 브라질 1986.11.06

대회	연도	소속	출전	교체	득점	도움	파울	경고	퇴장
BC	2010	포항	9	6	1	1	20	1	0
합계			9	6	1	1	20	2	0
프로통산			9	6	1	1	20	2	0

알렉산드로(Alex Sandro de Oliveira) 브라질 1995.08.20

대회	연도	소속	출전	교체	득점	도움	파울	경고	퇴장
K2	2021	충남아산	30	18	7	0	27	0	0
합계			30	18	7	0	27	0	0
프로통산			30	18	7	0	27	0	0

알렉세이(Alexey Sudarikov) 러시아 1971.05.01

대회	연도	소속	출전	교체	득점	도움	파울	경고	퇴장
BC	1994	LG	3	3	0	0	4	0	0
합계			3	3	0	0	4	0	0
프로통산			3	3	0	0	4	0	0

알렉세이(Aleksei Prudnikov) 러시아 1960.03.20

대회	연도	소속	출전	교체	실점	도움	파울	경고	퇴장
BC	1995	전북	10	0	11	0	0	0	0
	1996	전북	27	1	34	0	2	3	0
	1997	전북	18	0	23	0	0	0	0
	1998	전북	1	0	2	0	0	0	0
합계			56	1	70	0	2	3	0
프로통산			56	1	70	0	2	3	0

알렉세이(Aleksey Shichogolev) 러시아 1972.09.18

대회	연도	소속	출전	교체	득점	도움	파울	경고	퇴장
BC	1996	부천유공	22	5	0	0	16	5	0
합계			22	5	0	0	16	5	0
프로통산			22	5	0	0	16	5	0

알렉스(Aleksandar JovanoviSarić) 오스트레일리아 1989.08.04

대회	연도	소속	출전	교체	득점	도움	파울	경고	퇴장
K1	2014	제주	31	3	1	1	36	4	1
	2015	제주	22	6	0	0	16	4	0
	2017	제주	15	5	1	0	11	3	0
	2018	제주	16	5	1	0	16	0	0
	2019	제주	20	6	0	0	16	3	0
합계			104	22	1	1	79	11	1
K2	2013	수원FC	24	3	0	0	30	6	0
합계			24	3	0	0	30	6	0
프로통산			128	25	1	1	109	17	1

알렉스(Wesley Alex Maiolino) 브라질 1988.02.10

대회	연도	소속	출전	교체	득점	도움	파울	경고	퇴장
K2	2013	고양	32	10	15	6	44	4	0
	2014	고양	14	0	11	3	24	1	0
	2014	강원	15	5	4	4	20	0	0
	2016	대구	20	10	5	0	20	2	0
	2017	안양	5	5	0	0	5	0	0
	2017	서울E	14	7	7	0	14	3	0
	2018	안양	28	8	15	3	30	2	0
K2	2019	서울E	25	20	6	0	24	1	0
합계			153	65	64	13	181	14	0
프로통산			153	65	64	13	181	14	0

알렉스(Alexandre Monteiro de Lima) 브라질 1988.12.15

대회	연도	소속	출전	교체	득점	도움	파울	경고	퇴장
K2	2018	수원FC	30	9	5	1	48	4	0
K2	2019	안양	33	7	13	5	29	2	0
합계			63	16	18	6	77	6	0
프로통산			63	16	18	6	77	6	0

알렉스(Aleksandar Jozević) 유고슬라비아 1968.07.14

대회	연도	소속	출전	교체	득점	도움	파울	경고	퇴장
BC	1993	대우	6	4	0	0	9	2	0
합계			6	4	0	0	9	2	0
프로통산			6	4	0	0	9	2	0

알렉스(Aleksandar Vlahović) 유고슬라비아 1969.07.24

대회	연도	소속	출전	교체	득점	도움	파울	경고	퇴장
BC	1997	부산	1	1	1	0	1	0	0
합계			1	1	1	0	1	0	0
프로통산			1	1	1	0	1	0	0

알렉스(Alexander Popovich) 몰도바 1977.04.09

대회	연도	소속	출전	교체	득점	도움	파울	경고	퇴장
BC	2001	성남일화	6	5	0	0	3	0	0
합계			6	5	0	0	3	0	0
프로통산			6	5	0	0	3	0	0

알렉스(Alex Chandre de Oliveira) 브라질 1977.12.21

대회	연도	소속	출전	교체	득점	도움	파울	경고	퇴장
BC	2003	대전	28	23	4	2	60	1	0
합계			28	23	4	2	60	1	0
프로통산			28	23	4	2	60	1	0

알렉스(Alexsandro Marques de Oliveira) 브라질 1978.06.17

대회	연도	소속	출전	교체	득점	도움	파울	경고	퇴장
BC	2007	제주	1	1	0	0	0	0	0
합계			1	1	0	0	0	0	0
프로통산			1	1	0	0	0	0	0

알렉스(Alex Asamoah) 가나 1986.08.28

대회	연도	소속	출전	교체	득점	도움	파울	경고	퇴장
BC	2010	경남	2	3	0	0	2	1	0
합계			2	3	0	0	2	1	0
프로통산			2	3	0	0	2	1	0

알렉스(Aleksandar Andrejević) 세르비아 1992.03.28

대회	연도	소속	출전	교체	득점	도움	파울	경고	퇴장
K1	2021	광주	31	4	1	0	21	0	0
합계			31	4	1	0	21	0	0
프로통산			31	4	1	0	21	0	0

알렉스(Alex Martins Ferreira) 브라질 1993.07.08

대회	연도	소속	출전	교체	득점	도움	파울	경고	퇴장
K2	2021	전남	18	16	3	1	12	0	0
합계			18	16	3	1	12	0	0
프로통산			18	16	3	1	12	0	0

알렌(Alen Avdić) 보스니아 헤르체고비나 1977.04.03

대회	연도	소속	출전	교체	득점	도움	파울	경고	퇴장
BC	2001	수원	5	5	1	0	6	1	0
	2002	수원	3	3	0	0	10	1	0
	2003	수원	2	2	0	0	6	0	0
합계			10	10	1	0	22	2	0
프로통산			10	10	1	0	22	2	0

알리(Al Hilfi Ali Abbas Mshehid) 오스트레일리아 1986.08.30

대회	연도	소속	출전	교체	득점	도움	파울	경고	퇴장
K1	2016	포항	10	3	1	0	9	2	0
합계			10	3	1	0	9	2	0
프로통산			10	3	1	0	9	2	0

알리(Marian Aliuta) 루마니아 1978.02.04

대회	연도	소속	출전	교체	득점	도움	파울	경고	퇴장
BC	2005	전남	0	0	0	0	0	0	0
합계			0	0	0	0	0	0	0
프로통산			0	0	0	0	0	0	0

알리바예프(Ikromjon Alibaev) 우즈베키스탄 1994.01.09

대회	연도	소속	출전	교체	득점	도움	파울	경고	퇴장
K1	2019	서울	35	9	3	5	49	5	0
	2020	서울	11	8	0	0	12	2	0
	2023	강원	23	19	1	0	18	1	0
합계			69	36	4	5	79	8	0
K2	2021	대전	17	1	1	2	32	2	0
합계			17	1	1	2	32	2	0
승	2023	강원	2	0	0	1	0	0	0
합계			2	0	0	1	0	0	0
프로통산			88	43	5	6	112	10	0

알리송(Alison Barros Moraes) 브라질 1982.06.30

대회	연도	소속	출전	교체	득점	도움	파울	경고	퇴장
BC	2002	울산	10	11	2	3	9	0	0
	2003	울산	7	8	0	0	3	1	0
	2003	대전	19	18	5	2	10	1	0
	2004	대전	24	21	1	1	53	3	0
	2005	대전	18	18	2	0	14	0	0
합계			78	78	10	6	51	7	0
프로통산			78	78	10	6	51	7	0

알미르(Jose Almir Barros Neto) 브라질 1985.08.22

대회	연도	소속	출전	교체	득점	도움	파울	경고	퇴장
BC	2008	경남	7	4	1	1	18	1	0
합계			7	4	1	1	18	1	0
K1	2014	울산	2	2	0	0	3	0	0
합계			2	2	0	0	3	0	0
K2	2013	고양	18	6	3	6	43	3	0
	2014	강원	12	8	2	0	30	3	0
	2015	부천	28	19	1	3	43	2	0
합계			58	32	6	6	113	7	0
프로통산			67	38	11	7	134	8	0

알미르(Almir Lopes de Luna) 브라질 1982.05.20

대회	연도	소속	출전	교체	득점	도움	파울	경고	퇴장
BC	2007	울산	36	24	8	6	69	3	0
	2008	울산	17	8	6	2	31	0	0
	2009	울산	29	13	7	2	61	5	0
	2010	포항	25	18	4	4	16	1	0
	2011	인천	5	3	0	0	2	0	0
합계			112	66	25	14	179	9	0
프로통산			112	66	25	14	179	9	0

알미르(Almir Kayumov) 러시아 1964.12.30

대회	연도	소속	출전	교체	득점	도움	파울	경고	퇴장
BC	1993	대우	18	3	0	0	35	8	0
합계			18	3	0	0	35	8	0
프로통산			18	3	0	0	35	8	0

알베스(Jorge Luiz Alves Justino) 브라질 1982.04.02

대회	연도	소속	출전	교체	득점	도움	파울	경고	퇴장
BC	2009	수원	4	2	0	0	10	1	0
합계			4	2	0	0	10	1	0
프로통산			4	2	0	0	10	1	0

알파이(Fehmi Alpay Özalan) 터키 1973.05.29

대회	연도	소속	출전	교체	득점	도움	파울	경고	퇴장
BC	2004	인천	8	0	0	0	17	2	1

		합계	8	0	0	0	17	2	1
		프로통산	8	0	0	0	17	2	1

알핫산 (George Alhassan) 가나 1955.11.11

대회	연도	소속	출전	교체	득점	도움	파울	경고	퇴장
BC	1984	현대	11	4	4	3	2	0	0
		합계	11	4	4	3	2	0	0
		프로통산	11	4	4	3	2	0	0

애드깔로스 (Edcarlos Conceicao Santos) 브라질 1985.05.10

대회	연도	소속	출전	교체	득점	도움	파울	경고	퇴장
K1	2013	성남일화	17	6	0	0	14	2	0
		합계	17	6	0	0	14	2	0
		프로통산	17	6	0	0	14	2	0

야고 (Yago Cariello Ribeiro) 브라질 1999.07.27

대회	연도	소속	출전	교체	득점	도움	파울	경고	퇴장
K1	2023	강원	11	10	1	1	6	0	0
		합계	11	10	1	1	6	0	0
		프로통산	11	10	1	1	6	0	0

야고 (Moreira Silva Yago) 브라질 1994.04.28

대회	연도	소속	출전	교체	득점	도움	파울	경고	퇴장
K2	2017	서울E	3	2	0	0	7	0	0
K2		합계	3	2	0	0	7	0	0
		프로통산	3	2	0	0	7	0	0

야고 (Yago César da Silva) 브라질 1997.05.26

대회	연도	소속	출전	교체	득점	도움	파울	경고	퇴장
K2	2023	안양	31	27	6	7	21	3	0
		합계	31	27	6	7	21	3	0
		프로통산	31	27	6	7	21	3	0

야스다 (Yasuda Michihiro, 安田理大) 일본 1987.12.20

대회	연도	소속	출전	교체	득점	도움	파울	경고	퇴장
K2	2017	부산	21	5	1	4	17	2	0
		합계	21	5	1	4	17	2	0
승	2017	부산	2	0	0	0	3	1	0
		합계	2	0	0	0	3	1	0
		프로통산	23	5	1	4	20	3	0

얀 (Kraus Jan) 체코 1979.08.28

대회	연도	소속	출전	교체	득점	도움	파울	경고	퇴장
BC	2003	대구	28	24	5	1	43	6	0
		합계	28	24	5	1	43	6	0
		프로통산	28	24	5	1	43	6	0

양기훈 (梁璂勳) 성균관대 1992.04.09

대회	연도	소속	출전	교체	득점	도움	파울	경고	퇴장
K2	2015	서울E	17	4	0	1	17	4	0
	2016	서울E	1	0	0	0	2	0	0
		합계	18	4	0	1	19	4	0
		프로통산	18	4	0	1	19	4	0

양동연 (梁東燕) 경희대 1970.04.30

대회	연도	소속	출전	교체	득점	도움	파울	경고	퇴장
BC	1995	전남	12	7	0	0	9	0	1
	1996	전남	35	5	0	0	54	8	0
	1997	전남	25	2	0	2	48	4	0
	1998	전남	23	9	1	0	52	4	0
	2000	전남	4	4	0	0	1	0	0
		합계	99	27	1	2	164	16	1
		프로통산	99	27	1	2	164	16	1

양동원 (梁棟原) 백암고 1987.02.05

대회	연도	소속	출전	교체	실점	도움	파울	경고	퇴장
BC	2005	대전	0	0	0	0	0	0	0
	2006	대전	0	0	0	0	0	0	0
	2007	대전	3	1	1	0	0	0	0
	2008	대전	6	1	0	0	0	0	0
	2009	대전	1	0	3	0	0	0	0
	2010	대전	0	0	0	0	0	0	0
	2011	수원	3	0	1	0	0	0	0
	2012	수원	11	0	13	0	0	1	0
		합계	34	2	52	0	0	1	0
K1	2013	수원	3	0	2	0	0	1	0
	2016	상주	14	0	26	0	0	0	0
		합계	17	0	28	0	0	1	0
K2	2014	강원	16	1	26	0	0	0	0
	2015	상주	17	0	29	0	0	1	0
	2016	강원	2	0	1	0	0	0	0
	2017	성남	2	1	2	0	0	0	0
	2018	안양	1	0	1	0	0	0	0
	2019	안양	32	0	41	0	1	3	0
	2020	안양	13	0	21	0	0	0	0
	2021	안양	3	0	2	0	0	0	0
		합계	86	2	123	0	2	3	0
		프로통산	137	4	203	0	2	7	0

양동철 (梁東哲) 부경대 1985.08.26

대회	연도	소속	출전	교체	득점	도움	파울	경고	퇴장
BC	2010	전북	3	1	0	0	7	1	0
		합계	3	1	0	0	7	1	0
		프로통산	3	1	0	0	7	1	0

양동현 (梁東炫) 동북고 1986.03.28

대회	연도	소속	출전	교체	득점	도움	파울	경고	퇴장
BC	2005	울산	0	0	0	0	0	0	0
	2006	울산	13	13	1	0	19	0	0
	2007	울산	16	13	6	0	31	2	0
	2008	울산	14	13	0	2	18	0	0
	2009	부산	33	18	5	5	38	2	0
	2010	부산	27	23	1	4	16	2	0
	2011	부산	31	25	11	4	30	5	0
		합계	134	105	27	15	152	11	0
K1	2013	부산	9	3	3	3	19	2	0
	2014	부산	14	2	4	1	23	1	0
	2014	울산	16	1	4	2	13	1	0
	2015	울산	30	18	8	3	51	2	0
	2016	포항	31	15	13	4	78	3	0
	2017	포항	36	4	19	2	38	5	0
	2020	성남	23	19	3	0	19	0	0
	2021	수원FC	29	32	7	1	19	1	0
	2022	수원FC	8	8	0	1	5	0	0
		합계	197	101	62	16	233	22	0
K2	2013	경찰	21	10	11	4	39	3	0
		합계	21	10	11	4	39	3	0
		프로통산	352	216	100	35	424	36	0

양동협 (梁棟硤) 관동대(가톨릭관동대) 1989.04.25

대회	연도	소속	출전	교체	득점	도움	파울	경고	퇴장
K2	2013	충주	20	14	1	4	21	3	0
	2014	충주	7	6	1	1	14	0	0
		합계	27	20	2	5	35	3	0
		프로통산	27	20	2	5	35	3	0

양상민 (梁相珉) 숭실대 1984.02.24

대회	연도	소속	출전	교체	득점	도움	파울	경고	퇴장
BC	2005	전남	29	6	1	5	66	6	0
	2006	전남	26	2	3	2	54	9	0
	2007	전남	2	0	0	0	7	1	0
	2007	수원	31	2	0	5	72	8	0
	2008	수원	22	7	2	2	36	3	1
	2009	수원	18	5	0	4	33	6	0
	2010	수원	23	4	0	3	51	10	0
	2011	수원	24	8	0	1	40	10	0
	2012	수원	29	3	0	2	62	14	0
		합계	204	39	6	21	394	61	2
K1	2014	수원	3	2	0	0	3	1	0
	2015	수원	28	11	3	0	16	2	0
	2016	수원	16	6	0	0	17	4	0
	2017	수원	6	3	0	1	3	0	0
	2018	수원	10	2	1	0	12	3	0
	2019	수원	7	1	0	0	21	0	0
	2020	수원	14	2	0	0	20	2	0
	2021	수원	9	5	0	0	15	3	0
	2022	수원	5	3	0	0	7	0	0
		합계	112	41	4	1	108	15	0
K2	2013	경찰	27	1	1	2	46	15	0
	2014	안산경찰	14	1	1	0	30	4	0
		합계	41	2	2	2	76	19	0
승	2022	수원	2	2	0	0	0	0	0
		합계	2	2	0	0	0	0	0
		프로통산	359	84	12	24	578	95	2

양상준 (梁相俊) 홍익대 1988.11.21

대회	연도	소속	출전	교체	득점	도움	파울	경고	퇴장
BC	2010	경남	4	4	0	0	8	0	0
		합계	4	4	0	0	8	0	0
K2	2014	충주	7	5	0	0	12	0	0
	2015	충주	5	5	0	1	10	0	0
		합계	12	10	0	1	22	0	0
		프로통산	16	14	0	1	30	0	0

양세근 (梁世根) 탐라대 1988.10.08

대회	연도	소속	출전	교체	득점	도움	파울	경고	퇴장
BC	2009	제주	7	4	0	0	11	2	0
	2010	제주	3	3	0	0	3	0	0
		합계	10	7	0	0	14	2	0
		프로통산	10	7	0	0	14	2	0

양세영 (梁世英) 용인대 2002.10.03

대회	연도	소속	출전	교체	득점	도움	파울	경고	퇴장
K2	2023	부산	1	1	0	0	0	0	0
		합계	1	1	0	0	0	0	0
		프로통산	1	1	0	0	0	0	0

양세운 (梁世運) 남부대 1990.12.23

대회	연도	소속	출전	교체	득점	도움	파울	경고	퇴장
K2	2013	광주	0	0	0	0	0	0	0
	2015	충주	1	1	0	0	1	0	0
	2016	충주	2	2	0	0	1	0	0
		합계	3	3	0	0	2	0	0
		프로통산	3	3	0	0	2	0	0

양승원 (梁勝源) 대구대 1985.07.15

대회	연도	소속	출전	교체	득점	도움	파울	경고	퇴장
BC	2008	대구	10	5	1	0	14	3	0
	2009	대구	20	3	0	1	33	4	0
	2010	대구	16	5	0	0	26	3	0
		합계	46	13	1	1	73	10	0
K1	2013	대구	1	1	0	0	0	0	0
		합계	1	1	0	0	0	0	0
		프로통산	47	14	1	1	73	10	0

양시후 (梁時侯) 단국대 2000.04.04

대회	연도	소속	출전	교체	득점	도움	파울	경고	퇴장
K1	2022	성남	9	8	0	0	3	1	0
		합계	9	8	0	0	3	1	0
K2	2023	성남	6	6	0	0	3	2	0
		합계	6	6	0	0	3	2	0
		프로통산	15	14	0	0	6	3	0

양영민 (楊泳民) 명지대 1974.07.19

대회	연도	소속	출전	교체	실점	도움	파울	경고	퇴장
BC	1999	천안일화							
	2000	성남일화							
	2002	성남일화							
	2003	성남일화							
	2004	성남일화	8	2	0	0	0	0	0
	2005	성남일화	1	0	0	0	0	0	0
		합계	9	2	7	1	0	0	0
		프로통산	9	2	7	1	0	0	0

양유민 (梁裕敏) 숭실대 1999.10.11

대회	연도	소속	출전	교체	득점	도움	파울	경고	퇴장
K1	2020	서울	4	4	0	0	5	0	0
	2021	서울	1	1	0	0	1	0	0
	2022	서울	1	1	0	0	4	1	0
		합계	6	6	0	0	10	1	0
		프로통산	6	6	0	0	10	1	0

양익전(梁益銓) 서울대 1966.03.20

대회	연도	소속	출전	교체	득점	도움	파울	경고	퇴장
BC	1989	유공	2	2	0	0	0	0	0
	합계		2	2	0	0	0	0	0
프로통산			2	2	0	0	0	0	0

양정민(梁正玟) 부경대 1986.05.21

대회	연도	소속	출전	교체	득점	도움	파울	경고	퇴장
BC	2009	대전	22	6	0	0	64	5	0
	2010	대전	21	4	0	0	55	12	0
	2011	대전	5	3	0	0	10	4	1
	합계		48	13	0	0	129	21	1
프로통산			48	13	0	0	129	21	1

양정민(梁政民) 대신고 1992.07.22

대회	연도	소속	출전	교체	득점	도움	파울	경고	퇴장
BC	2011	강원	1	1	0	0	0	0	0
	합계		1	1	0	0	0	0	0
프로통산			1	1	0	0	0	0	0

양정운(梁正運) 단국대 2001.05.14

대회	연도	소속	출전	교체	득점	도움	파울	경고	퇴장
K2	2022	안양	1	1	0	0	1	0	0
	2022	충남아산	7	7	0	0	4	0	0
	합계		8	8	0	0	5	0	0
프로통산			8	8	0	0	5	0	0

양정원(梁政元) 단국대 1976.05.22

대회	연도	소속	출전	교체	득점	도움	파울	경고	퇴장
BC	1999	부산	3	3	0	0	1	0	0
	합계		3	3	0	0	1	0	0
프로통산			3	3	0	0	1	0	0

양정환(梁禎桓) 고려대 1966.07.26

대회	연도	소속	출전	교체	득점	도움	파울	경고	퇴장
BC	1988	럭키금성	9	8	0	2	6	0	0
	1989	럭키금성	5	5	0	0	3	0	0
	합계		14	13	0	2	9	0	0
프로통산			14	13	0	2	9	0	0

양종후(梁鐘厚) 고려대 1974.04.05

대회	연도	소속	출전	교체	득점	도움	파울	경고	퇴장
BC	1998	수원	4	3	0	0	4	0	0
	1999	수원	26	3	1	0	47	5	0
	2000	수원	29	4	3	0	81	11	0
	2001	수원	5	2	0	0	7	3	0
	합계		64	12	4	0	139	19	0
프로통산			64	12	4	0	139	19	0

양준아(梁準我) 고려대 1989.06.13

대회	연도	소속	출전	교체	득점	도움	파울	경고	퇴장
BC	2010	수원	9	7	0	1	13	3	0
	2011	수원	7	3	0	2	15	2	0
	2011	제주	6	3	1	0	17	3	1
	2012	제주	9	4	1	0	12	2	0
	합계		31	17	3	2	57	10	1
K1	2013	제주	2	0	1	0	7	2	0
	2014	상주	30	4	0	1	47	6	1
	2015	제주	31	9	0	0	35	4	0
	2016	전남	17	6	2	0	24	5	0
	2017	전남	13	8	0	0	14	4	0
	2018	전남	24	4	0	0	24	5	0
	2019	인천	12	5	0	0	14	4	0
	2020	인천	18	0	0	0	14	4	0
	합계		147	37	4	1	172	34	1
K2	2013	상주	4	1	0	0	7	1	0
	2022	김포	17	9	1	1	14	5	0
	합계		21	10	1	2	15	6	0
승	2013	상주	2	0	0	0	0	0	0
	합계		2	0	0	0	0	0	0
프로통산			201	64	11	4	251	43	2

양지원(梁志源) 울산대 1974.04.28

대회	연도	소속	출전	교체	실점	도움	파울	경고	퇴장
BC	1998	울산	15	0	20	0	3	0	0
	1999	울산	16	1	22	0	0	0	0
	2000	울산	4	0	8	0	0	1	0
	2001	울산	21	0	26	0	0	2	3
	2002	울산	0	0	0	0	0	0	0
	합계		56	1	76	0	6	3	1
프로통산			56	1	76	0	6	3	1

양지훈(梁智勳) 연세대 1999.05.05

대회	연도	소속	출전	교체	득점	도움	파울	경고	퇴장
K2	2022	대전	2	2	0	0	0	0	0
	2023	충북청주	26	25	4	3	15	3	0
	합계		28	27	4	3	18	3	0
프로통산			28	27	4	3	18	3	0

양진웅(梁眞熊) 울산대 1991.01.24

대회	연도	소속	출전	교체	실점	도움	파울	경고	퇴장
K2	2013	부천	7	0	10	0	0	0	0
	2014	부천	4	0	8	0	0	0	0
	합계		11	0	18	0	0	0	0
프로통산			11	0	18	0	0	0	0

양창훈(梁昌勳) 중앙대 1999.01.24

대회	연도	소속	출전	교체	득점	도움	파울	경고	퇴장
K2	2022	광주	1	1	0	0	2	0	0
	합계		1	1	0	0	2	0	0
프로통산			1	1	0	0	2	0	0

양태렬(梁兌烈) 언남고 1995.05.25

대회	연도	소속	출전	교체	득점	도움	파울	경고	퇴장
K1	2018	포항	2	2	0	0	0	0	0
	2020	포항	0	0	0	0	0	0	0
	합계		2	2	0	0	0	0	0
K2	2019	아산	15	6	3	0	20	2	0
	합계		15	6	3	0	20	2	0
프로통산			17	8	3	0	20	2	0

양태양(梁太陽) 신평고 2004.04.08

대회	연도	소속	출전	교체	득점	도움	파울	경고	퇴장
K2	2023	성남	6	6	1	0	3	0	0
	합계		6	6	1	0	3	0	0
프로통산			6	6	1	0	3	0	0

양한빈(梁韓彬) 백암고 1991.08.30

대회	연도	소속	출전	교체	실점	도움	파울	경고	퇴장
BC	2011	강원	0	0	0	0	0	0	0
	2012	강원	1	0	1	0	0	0	0
	합계		1	0	1	0	0	0	0
K1	2013	성남일화	0	0	0	0	0	0	0
	2014	서울	1	0	1	0	0	0	0
	2015	서울	0	0	0	0	0	0	0
	2017	서울	27	0	29	0	0	2	0
	2018	서울	37	0	46	0	1	0	0
	2019	서울	7	1	11	0	0	0	0
	2020	서울	16	0	19	0	1	1	0
	2021	서울	36	0	43	0	0	2	0
	2022	서울	35	1	45	0	0	3	0
	합계		159	3	193	0	2	8	1
승	2018	서울	2	0	2	0	0	1	0
	합계		2	0	2	0	0	1	0
프로통산			162	3	196	0	2	9	1

양현정(梁鉉正) 단국대 1977.07.25

대회	연도	소속	출전	교체	득점	도움	파울	경고	퇴장
BC	2000	전북	32	23	6	7	23	0	0
	2001	전북	23	20	2	0	25	0	0
	2002	전북	25	24	3	4	36	7	0
	2005	대구	5	5	0	0	9	3	0
	합계		86	73	11	13	93	10	0
프로통산			86	73	11	13	93	10	0

양현준(梁玄準) 부산정보고 2002.05.25

대회	연도	소속	출전	교체	득점	도움	파울	경고	퇴장
K1	2021	강원	9	9	0	0	6	2	0
	2022	강원	36	22	8	4	38	3	0
	2023	강원	21	10	1	1	24	1	0
	합계		66	41	9	5	68	6	0
승	2021	강원	0	0	0	0	0	0	0
	합계		0	0	0	0	0	0	0
프로통산			66	41	9	5	68	6	0

양형모(梁螢模) 충북대 1991.07.16

대회	연도	소속	출전	교체	실점	도움	파울	경고	퇴장
K1	2016	수원	17	1	22	0	1	1	0
	2017	수원	7	2	11	0	1	1	0
	2019	수원	1	0	2	0	0	0	0
	2020	수원	16	0	15	0	1	0	0
	2021	수원	23	0	33	0	3	0	0
	2022	수원	35	1	45	0	1	1	0
	2023	수원	36	1	54	0	0	4	0
	합계		135	5	182	0	4	4	0
K2	2018	아산	4	0	1	0	0	0	0
	2019	아산	7	0	16	0	1	0	0
	합계		11	0	16	0	1	0	0
승	2022	수원	2	0	1	0	0	0	0
	합계		2	0	1	0	0	0	0
프로통산			148	5	199	0	5	4	0

앤(Yan Song, 间嵩) 중국 1981.03.20

대회	연도	소속	출전	교체	득점	도움	파울	경고	퇴장
BC	2010	제주	0	0	0	0	0	0	0
	합계		0	0	0	0	0	0	0
프로통산			0	0	0	0	0	0	0

어경준(魚慶俊) 용강중 1987.12.10

대회	연도	소속	출전	교체	득점	도움	파울	경고	퇴장
BC	2009	성남일화	11	10	0	0	10	2	0
	2009	서울	1	1	0	0	1	0	0
	2010	서울	1	1	0	0	0	0	0
	2010	대전	16	4	4	1	11	2	0
	2011	서울	9	9	0	0	7	1	0
	합계		38	26	4	1	30	4	0
프로통산			38	26	4	1	30	4	0

어정원(漁正元) 동국대 1999.07.08

대회	연도	소속	출전	교체	득점	도움	파울	경고	퇴장
K2	2021	부산	6	6	0	0	2	1	0
	2022	김포	8	5	1	0	12	2	0
	2022	부산	17	9	0	1	12	2	0
	2023	부산	29	18	0	1	20	4	0
	합계		60	38	1	2	46	9	0
승	2023	부산	2	2	0	0	3	0	0
	합계		2	2	0	0	3	0	0
프로통산			62	40	1	2	49	9	0

엄승민(嚴承民) 영생고 2003.05.02

대회	연도	소속	출전	교체	득점	도움	파울	경고	퇴장
K1	2022	성남	5	6	0	0	5	0	0
	합계		5	6	0	0	5	0	0
프로통산			5	6	0	0	5	0	0

엄승민(嚴勝民) 인천남고 2000.06.07

대회	연도	소속	출전	교체	득점	도움	파울	경고	퇴장
K2	2019	수원FC	1	1	0	0	0	0	0
	합계		1	1	0	0	0	0	0
프로통산			1	1	0	0	0	0	0

엄영식(嚴泳植) 풍기고 1970.06.23

대회	연도	소속	출전	교체	득점	도움	파울	경고	퇴장
BC	1994	LG	1	1	0	0	0	0	0
	1995	전남	6	6	0	0	3	0	0
	1996	전남	11	6	0	0	8	1	0
	1997	전남	3	3	0	0	2	0	0
	합계		21	16	0	0	13	1	0
프로통산			21	16	0	0	13	1	0

엄원상(嚴原上) 아주대 1999.01.06

대회	연도	소속	출전	교체	득점	도움	파울	경고	퇴장
K1	2020	광주	23	18	7	2	6	1	0

대회	연도	소속	출전	교체	득점	도움	파울	경고	퇴장
	2021	광주	26	13	6	1	13	0	0
	2022	울산	33	24	12	6	19	1	0
	2023	울산	28	28	4	4	10	1	0
		합계	110	83	29	13	48	3	0
K2	2019	광주	16	13	2	0	5	0	0
		합계	16	13	2	0	5	0	0
	프로통산		126	96	31	13	53	3	0

엄지성(嚴志成) 금호고 2002.05.09

대회	연도	소속	출전	교체	득점	도움	파울	경고	퇴장
K1	2021	광주	37	34	4	1	34	2	0
	2023	광주	28	18	5	3	19	3	0
		합계	65	52	9	4	53	5	0
K2	2022	광주	28	18	9	1	29	1	0
		합계	28	18	9	1	29	1	0
	프로통산		93	70	18	5	82	6	0

엄진태(嚴鎭泰) 경희대 1992.03.28

대회	연도	소속	출전	교체	득점	도움	파울	경고	퇴장
K2	2015	충주	15	8	0	1	14	1	0
	2016	충주	21	6	0	0	23	5	0
		합계	36	14	0	1	37	6	0
	프로통산		36	14	0	1	37	6	0

에니키(Henrique Dias de Carvalho) 브라질 1984.05.23

대회	연도	소속	출전	교체	득점	도움	파울	경고	퇴장
BC	2004	대전	15	11	2	2	39	1	0
	2005	대전	14	14	1	0	22	3	0
		합계	29	25	3	2	61	4	0
	프로통산		29	25	3	2	61	4	0

에닝요(Enio Oliveira Junior/←에니오) 브라질 1981.05.16

대회	연도	소속	출전	교체	득점	도움	파울	경고	퇴장
BC	2003	수원	21	19	2	2	20	2	1
	2007	대구	28	7	4	8	34	7	0
	2008	대구	27	13	17	8	25	6	1
	2009	전북	28	17	10	12	17	4	1
	2010	전북	33	12	18	10	23	4	0
	2011	전북	38	17	18	15	34	11	0
	2012	전북	38	17	15	13	34	11	0
		합계	201	102	77	58	176	40	1
K1	2013	전북	13	11	3	6	10	2	0
	2015	전북	17	14	1	2	19	1	0
		합계	30	25	4	8	19	5	0
	프로통산		231	127	81	66	195	45	3

에델(Eder Luiz Lima de Sousa) 브라질 1987.01.09

대회	연도	소속	출전	교체	득점	도움	파울	경고	퇴장
K1	2017	전북	24	20	3	3	36	3	0
	2019	성남	21	11	5	1	29	1	0
		합계	45	31	8	4	65	4	0
K2	2015	대구	39	24	10	4	59	3	0
	2016	대구	37	24	6	2	54	4	1
	2018	성남	28	15	7	1	53	5	0
	2020	제주	4	4	1	0	1	0	0
		합계	108	67	24	8	167	12	1
	프로통산		153	98	32	12	232	16	1

에델(Eder Luis Carvalho) 브라질 1984.05.14

대회	연도	소속	출전	교체	득점	도움	파울	경고	퇴장
BC	2011	부산	12	0	1	0	20	4	0
	2012	부산	41	1	0	0	54	11	0
		합계	53	1	1	0	74	11	0
	프로통산		53	1	1	0	74	11	0

에두(Eduardo Goncalves de Oliveira) 브라질 1981.11.30

대회	연도	소속	출전	교체	득점	도움	파울	경고	퇴장
BC	2007	수원	34	15	7	4	71	3	1
	2008	수원	38	8	16	7	57	6	0
	2009	수원	23	7	7	4	40	3	1
		합계	95	30	30	15	168	12	2
K1	2015	전북	20	6	11	3	23	3	0
	2016	전북	11	11	1	1	12	2	0
	2017	전북	31	28	13	2	37	3	0
		합계	62	45	25	6	72	8	0
	프로통산		157	75	55	21	240	20	2

에두(Eduardo J, Salles) 브라질 1977.12.13

대회	연도	소속	출전	교체	득점	도움	파울	경고	퇴장
BC	2004	전북	21	19	4	1	34	2	0
		합계	21	19	4	1	34	2	0
	프로통산		21	19	4	1	34	2	0

에듀(Eduardo Marques de Jesus Passos) 브라질 1976.06.26

대회	연도	소속	출전	교체	득점	도움	파울	경고	퇴장
BC	2006	대구	28	15	3	1	61	5	0
		합계	28	15	3	1	61	5	0
	프로통산		28	15	3	1	61	5	0

에드가(Edgar Bruno da Silva) 브라질 1987.01.03

대회	연도	소속	출전	교체	득점	도움	파울	경고	퇴장
K1	2018	대구	18	2	8	3	32	3	0
	2019	대구	24	7	11	4	52	4	0
	2020	대구	16	6	5	3	38	4	0
	2021	대구	32	12	10	5	59	5	0
	2022	대구	5	3	1	0	4	1	0
	2023	대구	34	13	9	3	49	4	1
		합계	129	43	44	18	233	21	1
	프로통산		129	43	44	18	233	21	1

에드밀손(Edmilson Dias de Lucena) 포르투갈 1968.05.29

대회	연도	소속	출전	교체	득점	도움	파울	경고	퇴장
BC	2002	전북	27	9	14	3	36	2	0
	2003	전북	39	4	17	14	59	7	1
	2004	전북	1	1	0	0	0	0	0
	2005	전북	3	3	0	0	0	0	0
		합계	70	17	31	17	95	9	1
	프로통산		70	17	31	17	95	9	1

에드손(Edson Rodrigues Farias) 브라질 1992.01.12

대회	연도	소속	출전	교체	득점	도움	파울	경고	퇴장
K2	2016	부천	4	4	0	0	3	0	0
		합계	4	4	0	0	3	0	0
	프로통산		4	4	0	0	3	0	0

에드손(Edson Araujo da Silva) 브라질 1980.07.26

대회	연도	소속	출전	교체	득점	도움	파울	경고	퇴장
BC	2008	대전	10	5	0	1	22	2	0
		합계	10	5	0	1	22	2	0
	프로통산		10	5	0	1	22	2	0

에드워즈(Ryan Marc Edwards) 오스트레일리아 1993.11.17

대회	연도	소속	출전	교체	득점	도움	파울	경고	퇴장
K2	2021	부산	16	4	0	1	24	6	0
	2022	부산	34	19	0	4	29	5	0
		합계	50	23	0	4	53	11	0
	프로통산		50	23	0	4	53	11	0

에디(Edmilson Akves) 브라질 1976.02.17

대회	연도	소속	출전	교체	득점	도움	파울	경고	퇴장
BC	2002	울산	19	4	4	0	27	3	0
	2003	울산	41	20	1	0	65	3	0
		합계	60	24	5	0	92	6	0
	프로통산		60	24	5	0	92	6	0

에디뉴(Franciscoedson Moreiradasilva) 브라질 1994.08.08

대회	연도	소속	출전	교체	득점	도움	파울	경고	퇴장
K2	2020	대전	15	12	5	1	19	2	0
	2021	대전	10	7	2	0	8	2	0
		합계	25	19	7	1	27	4	0
	프로통산		25	19	7	1	14	1	0

에딘(Edin Junuzovic) 크로아티아 1986.04.28

대회	연도	소속	출전	교체	득점	도움	파울	경고	퇴장
K1	2014	경남	15	14	2	0	26	1	0
		합계	15	14	2	0	26	1	0

에레라(Ignacio Jose Herrera Fernandez) 칠레 1987.10.14

대회	연도	소속	출전	교체	득점	도움	파울	경고	퇴장
K2	2018	서울E	11	10	1	0	5	1	0
		합계	11	10	1	0	5	1	0

에르난데스(Hernandes Rodrigues da Silva) 브라질 1999.09.02

대회	연도	소속	출전	교체	득점	도움	파울	경고	퇴장
K1	2022	인천	8	5	4	2	2	0	0
	2023	인천	33	19	6	5	20	4	0
		합계	41	24	10	7	22	4	0
K2	2020	전남	16	13	3	3	10	0	0
	2021	경남	13	9	1	1	13	1	0
	2022	경남	34	19	17	6	21	6	1
		합계	63	41	21	10	44	7	1
	프로통산		104	65	31	17	66	11	1

에릭(Eriks Pelcis) 라트비아 1978.06.25

대회	연도	소속	출전	교체	득점	도움	파울	경고	퇴장
BC	1999	안양G	22	15	4	0	32	1	0
	2000	안양G	1	1	0	0	0	0	0
		합계	23	16	4	0	33	1	0
	프로통산		23	16	4	0	33	1	0

에릭(Eric Obinna) 프랑스 1981.06.10

대회	연도	소속	출전	교체	득점	도움	파울	경고	퇴장
BC	2008	대전	18	15	2	0	17	2	0
		합계	18	15	2	0	17	2	0
	프로통산		18	15	2	0	17	2	0

에반드로(Evandro Silva do Nascimento) 브라질 1987.09.26

대회	연도	소속	출전	교체	득점	도움	파울	경고	퇴장
K1	2017	대구	29	6	11	2	53	5	0
	2018	서울	30	23	3	2	35	1	0
		합계	59	29	14	4	88	6	0
승	2018	서울	2	2	0	0	1	0	0
		합계	2	2	0	0	1	0	0
	프로통산		61	31	14	4	89	6	0

에벨찡요(Heverton Duraes Coutinho Alves) 브라질 1985.10.28

대회	연도	소속	출전	교체	득점	도움	파울	경고	퇴장
BC	2011	성남일화	12	5	2	2	12	1	0
	2012	성남일화	18	12	1	1	27	5	0
		합계	30	17	3	3	39	6	0
	프로통산		30	17	3	3	39	6	0

에벨톤(Everton Leandro dos Santos Pinto) 브라질 1986.10.14

대회	연도	소속	출전	교체	득점	도움	파울	경고	퇴장
BC	2011	성남일화	28	11	5	1	31	3	0
	2012	성남일화	36	7	12	2	51	2	0
		합계	64	18	17	3	82	5	0
K1	2014	서울	16	7	3	1	19	1	0
	2015	서울	16	14	0	1	20	2	0
	2015	울산	8	6	1	0	7	0	0
		합계	40	27	4	2	46	3	0
	프로통산		104	45	21	5	128	8	0

에벨톤(Everton Nascimento de Mendonca) 브라질 1993.07.03

대회	연도	소속	출전	교체	득점	도움	파울	경고	퇴장
K2	2016	부천	2	2	1	0	0	0	0
		합계	2	2	1	0	0	0	0
	프로통산		2	2	1	0	0	0	0

에벨톤C(Everton Cardoso da Silva) 브라질 1988.12.11

대회	연도	소속	출전	교체	득점	도움	파울	경고	퇴장
BC	2012	수원	29	18	7	4	55	6	0
		합계	29	18	7	4	55	6	0
	프로통산		29	18	7	4	55	6	0

에스쿠데로(Sergio Ariel Escudero) 일본 1988.09.01

대회	연도	소속	출전	교체	득점	도움	파울	경고	퇴장
BC	2012	서울	20	18	4	3	48	1	0
		합계	20	18	4	3	48	1	0
K1	2013	서울	34	23	4	7	56	2	0
	2014	서울	32	20	6	4	42	2	0
	2018	울산	14	13	2	1	11	0	1
		합계	80	55	12	12	109	4	1
	프로통산		100	73	17	15	157	5	1

에스테베즈(Ricardo Felipe dos Santos Esteves) 포르투갈 1979.09.16

대회	연도	소속	출전	교체	득점	도움	파울	경고	퇴장
BC	2010	서울	14	4	4	5	30	4	0
		합계	14	4	4	5	30	4	0
	프로통산		14	4	4	5	30	4	0

에스티벤(Juan Estiven Velez Upegui) 콜롬비아 1982.02.09

대회	연도	소속	출전	교체	득점	도움	파울	경고	퇴장
BC	2010	울산	32	10	1	1	32	2	0
	2011	울산	35	12	0	0	53	6	0
	2012	울산	39	13	0	0	42	6	0
		합계	106	35	1	1	127	11	0
K1	2014	제주	12	8	0	0	11	0	0
		합계	12	8	0	0	11	0	0
	프로통산		118	43	1	1	138	11	0

엔리끼(Luciano Henrique de Gouvea) 브라질 1978.10.10

대회	연도	소속	출전	교체	득점	도움	파울	경고	퇴장
BC	2006	포항	29	19	7	6	33	3	0
		합계	29	19	7	6	33	3	0
	프로통산		29	19	7	6	33	3	0

엔조(Maidana Enzo Damian) 아르헨티나 1988.01.13

대회	연도	소속	출전	교체	득점	도움	파울	경고	퇴장
K1	2017	인천	6	6	1	0	5	1	0
		합계	6	6	1	0	5	1	0
	프로통산		6	6	1	0	5	1	0

엘리아르도(Heliardo Vieira da Silva) 브라질 1991.12.14

대회	연도	소속	출전	교체	득점	도움	파울	경고	퇴장
K2	2022	경남	10	11	0	1	6	0	0
		합계	10	11	0	1	6	0	0
	프로통산		10	11	0	1	6	0	0

엘리아스(Fernandes de Oliveira Elias) 브라질 1992.05.22

대회	연도	소속	출전	교체	득점	도움	파울	경고	퇴장
K1	2015	부산	8	8	0	0	3	1	0
		합계	8	8	0	0	3	1	0
승	2015	부산							
		합계							
	프로통산		8	8	0	0	3	1	0

엘리오(Eionar Nascimento Ribeiro) 브라질 1982.06.10

대회	연도	소속	출전	교체	득점	도움	파울	경고	퇴장
BC	2011	인천	6	4	1	0	7	0	0
		합계	6	4	1	0	7	0	0
	프로통산		6	4	1	0	7	0	0

엘리치(Ahmad Elrich) 오스트레일리아 1981.05.30

대회	연도	소속	출전	교체	득점	도움	파울	경고	퇴장
BC	2004	부산	10	3	1	3	24	4	0
		합계	10	3	1	3	24	4	0
	프로통산		10	3	1	3	24	4	0

여름(呂름) 광주대 1989.06.22

대회	연도	소속	출전	교체	득점	도움	파울	경고	퇴장
K1	2015	광주	31	8	1	2	48	6	0
	2016	광주	30	8	2	0	40	5	0
	2017	상주	24	9	1	1	41	8	1
	2018	상주	11	3	0	1	19	0	0
	2020	광주	25	1	0	0	37	3	0
	2021	광주	16	9	0	0	18	3	0
	2021	서울	12	10	0	0	12	0	0
	2022	인천	14	9	0	0	24	2	0
	2023	인천	16	1	0	0	22	0	0
		합계	159	58	4	4	231	27	1
K2	2013	광주	29	22	2	1	50	8	0
	2014	광주	27	11	0	2	46	5	0
	2018	광주	9	8	1	0	15	0	0
	2019	광주	29	12	3	3	22	2	0
	2023	부산	14	13	0	0	11	0	0
		합계	108	66	6	7	144	15	0
승	2014	광주	2	0	0	0	2	0	0
	2017	상주	2	0	0	0	2	0	0
	2023	부산	2	2	1	0	0	0	0
		합계	6	2	1	0	4	0	0
	프로통산		273	126	11	13	379	42	1

여명용(呂明龍) 한양대 1987.06.11

대회	연도	소속	출전	교체	실점	도움	파울	경고	퇴장
K2	2013	고양	23	1	35	0	1	1	0
	2014	고양	20	1	26	0	0	4	0
	2015	고양	22	0	33	0	0	1	0
		합계	65	2	90	0	1	6	0
	프로통산		65	2	90	0	1	6	0

여범규(余範奎) 연세대 1962.06.24

대회	연도	소속	출전	교체	득점	도움	파울	경고	퇴장
BC	1986	대우	27	1	1	5	30	5	0
	1987	대우	27	11	3	0	25	0	0
	1988	대우	12	5	1	0	16	0	0
	1989	대우	38	15	4	3	69	1	0
	1990	대우	16	14	1	0	24	3	0
	1991	대우	16	14	1	0	24	3	0
	1992	대우	11	8	0	0	13	1	0
		합계	141	61	11	8	195	13	0
	프로통산		141	61	11	8	195	13	0

여봉훈(余奉訓) 안동고 1994.03.12

대회	연도	소속	출전	교체	득점	도움	파울	경고	퇴장
K1	2017	광주	31	11	1	1	62	8	0
	2020	광주	14	9	0	0	15	0	1
	2021	광주	21	17	1	0	18	3	0
		합계	66	37	2	1	95	11	1
K2	2018	광주	26	12	0	1	46	7	0
	2019	광주	23	8	1	1	43	7	0
		합계	49	20	1	2	89	14	0
	프로통산		115	57	3	3	184	25	1

여성해(呂成海) 한양대 1987.08.06

대회	연도	소속	출전	교체	득점	도움	파울	경고	퇴장
K1	2014	경남	4	0	0	0	2	0	0
	2016	상주	4	0	0	0	4	0	0
	2018	경남	13	0	0	1	12	2	0
	2019	경남	11	2	0	0	10	2	0
	2019	인천	12	0	0	1	8	0	0
		합계	60	5	1	1	59	8	0
K2	2015	상주	19	2	1	0	27	2	0
	2016	경남	8	0	0	0	12	0	0
		합계	27	2	1	0	39	2	0
승	2014	경남	1	0	0	0	3	1	0
		합계	1	0	0	0	3	1	0
	프로통산		88	7	3	1	101	11	0

여승원(余承原) 명지대 2000.05.05

대회	연도	소속	출전	교체	득점	도움	파울	경고	퇴장
K2	2022	전남	13	10	0	1	12	2	0
	2023	전남	12	5	2	0	12	0	0
		합계	25	15	2	2	24	2	0
	프로통산		25	15	2	2	24	2	0

여승원(呂承垣) 광운대 1984.05.01

대회	연도	소속	출전	교체	득점	도움	파울	경고	퇴장
BC	2004	인천	9	4	1	0	20	0	0
	2005	인천	4	4	0	0	5	0	0
	2006	광주상무	6	1	2	2	32	4	0
	2007	광주상무	27	21	2	1	48	4	0
	2008	인천	12	10	0	0	12	2	0
	2010	수원	5	4	0	0	3	0	0
		합계	78	59	5	3	120	10	0
	프로통산		78	59	5	3	120	10	0

여인언(呂仁言) 한남대 1992.04.29

대회	연도	소속	출전	교체	득점	도움	파울	경고	퇴장
K1	2016	수원FC	1	0	0	0	1	0	0
		합계	1	0	0	0	1	0	0
	프로통산		1	0	0	0	1	0	0

여재항(余在恒) 서울시립대 1962.06.28

대회	연도	소속	출전	교체	득점	도움	파울	경고	퇴장
BC	1985	상무	2	0	0	0	3	0	0
		합계	2	0	0	0	3	0	0
	프로통산		2	0	0	0	3	0	0

여효진(余孝珍) 고려대 1983.04.25

대회	연도	소속	출전	교체	득점	도움	파울	경고	퇴장
BC	2007	광주상무	27	6	2	1	55	7	0
	2008	광주상무	4	3	0	0	3	1	0
	2011	서울	4	1	0	1	22	5	0
	2012	부산	5	1	0	0	0	0	0
		합계	40	11	2	2	80	13	0
K2	2013	고양	14	6	0	0	13	0	0
	2014	고양	30	5	1	1	54	12	0
	2015	고양	27	1	0	0	31	6	0
		합계	71	12	1	1	104	20	0
	프로통산		111	23	3	3	184	33	0

연재천(延才千) 울산대 1978.01.17

대회	연도	소속	출전	교체	득점	도움	파울	경고	퇴장
BC	2000	울산	2	1	0	0	3	0	0
	2001	울산	2	1	0	0	3	0	0
	2003	광주상무	1	1	0	0	1	0	0
		합계	5	3	0	0	7	0	0
	프로통산		5	3	0	0	7	0	0

연제민(延齊民) 한남대 1993.05.28

대회	연도	소속	출전	교체	득점	도움	파울	경고	퇴장
K1	2013	수원	4	4	0	0	2	0	0
	2014	수원	0	0	0	0	0	0	0
	2014	부산	18	2	0	0	24	3	0
	2015	수원	22	7	0	0	23	1	0
	2016	수원	10	5	1	0	10	2	0
	2017	전남	7	2	0	0	7	1	0
		합계	63	18	1	0	70	8	0
K2	2018	부산	7	3	0	0	6	0	0
	2020	안산	17	2	0	0	14	0	0
	2021	안산	33	3	0	0	22	9	0
	2022	안양	15	8	0	0	18	1	0
	2023	안양	5	4	0	0	4	1	0
		합계	69	20	0	0	64	15	0
승	2022	안양	1	1	0	0	0	0	0
		합계	1	1	0	0	0	0	0
	프로통산		133	39	1	0	134	21	0

연제운(延濟運) 선문대 1994.08.28

대회	연도	소속	출전	교체	득점	도움	파울	경고	퇴장
K1	2016	성남	16	5	1	0	16	4	0

	2019	성남	38	1	0	0	24	0	0
	2020	성남	25	0	0	0	9	3	1
	2022	김천	11	4	1	1	5	0	0
	2022	성남	8	3	0	0	3	1	0
	2023	제주	13	1	2	0	4	0	0
	합계		111	14	4	1	61	8	1
K2	2017	성남	33	1	0	0	21	2	0
	2018	성남	29	1	2	1	18	2	0
	합계		62	2	2	1	39	4	0
승	2016	성남	0	0	0	0	0	0	0
	합계		0	0	0	0	0	0	0
프로통산			173	16	6	2	100	12	1

염강륜(←염동덕) 연세대 1992.04.13

대회	연도	소속	출전	교체	득점	도움	파울	경고	퇴장
K2	2013	안양	1	1	0	0	0	0	0
	합계		1	1	0	0	0	0	0
프로통산			1	1	0	0	0	0	0

염기훈(廉基勳) 호남대 1983.03.30

대회	연도	소속	출전	교체	득점	도움	파울	경고	퇴장
BC	2006	전북	31	7	7	5	37	1	0
	2007	전북	18	3	5	3	23	1	0
	2007	울산	3	3	1	1	1	0	0
	2008	울산	19	11	5	1	11	0	0
	2009	울산	20	10	3	3	24	0	0
	2010	수원	19	4	1	10	19	0	0
	2011	수원	29	11	9	14	24	1	0
	합계		139	49	31	36	143	2	0
K1	2013	수원	9	1	1	0	9	0	0
	2014	수원	35	5	4	8	15	1	0
	2015	수원	35	4	8	17	26	1	0
	2016	수원	34	10	4	15	21	1	0
	2017	수원	38	18	6	11	19	1	0
	2018	수원	34	18	6	4	17	1	0
	2019	수원	26	14	3	6	14	0	0
	2020	수원	25	15	3	4	18	0	0
	2021	수원	27	27	1	0	9	0	0
	2022	수원	19	20	0	0	5	2	0
	2023	수원	3	3	0	0	0	0	0
	합계		285	135	39	63	148	9	0
K2	2013	경찰	21	1	7	11	14	1	0
	합계		21	1	7	11	14	1	0
프로통산			445	185	77	110	305	12	0

염동균(廉東均) 강릉상고 1983.09.06

대회	연도	소속	출전	교체	실점	도움	파울	경고	퇴장
BC	2002	전남	1	1	0	0	0	0	0
	2003	전남	0	0	0	0	0	0	0
	2005	광주상무	9	0	15	0	1	2	0
	2006	전남	25	0	18	0	1	0	0
	2007	전남	27	0	29	0	0	0	0
	2008	전남	26	1	41	0	0	2	0
	2009	전남	24	0	35	0	1	1	0
	2010	전남	24	1	44	0	0	2	0
	2011	전북	14	0	17	0	0	0	0
	합계		150	3	199	0	3	9	0
프로통산			150	3	199	0	3	9	0

염유신(廉裕申) 선문대 1992.08.10

대회	연도	소속	출전	교체	득점	도움	파울	경고	퇴장
K1	2014	성남	0	0	0	0	0	0	0
	합계		0	0	0	0	0	0	0
프로통산			0	0	0	0	0	0	0

예병원(芮柄瑗) 대륜고 1998.03.25

대회	연도	소속	출전	교체	득점	도움	파울	경고	퇴장
K1	2018	대구	0	0	0	0	0	0	0
	합계		0	0	0	0	0	0	0
프로통산			0	0	0	0	0	0	0

옐라(Josko Jelicic) 크로아티아 1971.01.05

대회	연도	소속	출전	교체	득점	도움	파울	경고	퇴장
BC	2002	포항	5	4	0	0	3	0	0
	합계		5	4	0	0	3	0	0
프로통산			5	4	0	0	3	0	0

오경석(吳敬錫) 동아대 1973.02.24

대회	연도	소속	출전	교체	득점	도움	파울	경고	퇴장
BC	1995	전남	22	15	4	0	15	2	0
	1996	전남	15	12	2	0	8	2	0
	1996	부천유공	2	3	0	1	2	0	0
	1997	부천SK	16	15	2	0	12	1	0
	합계		55	45	8	1	37	5	0
프로통산			55	45	8	1	37	5	0

오광진(吳光珍) 울산대 1987.06.04

대회	연도	소속	출전	교체	득점	도움	파울	경고	퇴장
K1	2017	대구	20	11	0	0	17	7	0
	2018	대구	4	2	0	0	8	2	0
	합계		24	13	0	0	25	9	0
K2	2013	수원FC	26	6	0	2	30	3	0
	2014	수원FC	2	1	0	0	3	0	0
	2015	수원FC	22	8	0	2	26	2	0
	2016	대구	7	6	0	0	4	0	0
	합계		51	21	0	2	56	4	0
승	2015	수원FC	2	0	0	0	2	0	0
	합계		2	0	0	0	2	0	0
프로통산			75	34	0	2	81	13	0

오광훈(吳侊勳) 단국대 1973.12.12

대회	연도	소속	출전	교체	득점	도움	파울	경고	퇴장
BC	1999	전북	31	23	0	3	20	0	0
	2000	전북	14	13	1	0	9	1	0
	2001	전북	4	4	0	0	5	1	0
	합계		49	40	4	0	34	2	0
프로통산			49	40	4	0	34	2	0

오군지미(Marvin Ogunjimi) 벨기에 1987.10.12

대회	연도	소속	출전	교체	득점	도움	파울	경고	퇴장
K1	2016	수원FC	10	8	3	0	8	3	0
	합계		10	8	3	0	8	3	0
프로통산			10	8	3	0	8	3	0

오규빈(吳圭彬) 가톨릭관동대 1992.09.04

대회	연도	소속	출전	교체	득점	도움	파울	경고	퇴장
K2	2015	서울E	0	0	0	0	0	0	0
	2016	충주	21	4	1	0	20	5	0
	합계		21	4	1	0	20	5	0
프로통산			21	4	1	0	20	5	0

오규찬(吳圭贊) 수원공고 1982.08.28

대회	연도	소속	출전	교체	득점	도움	파울	경고	퇴장
BC	2001	수원	3	3	0	0	1	0	0
	2003	수원	6	6	1	0	8	0	0
	합계		9	9	1	0	9	0	0
프로통산			9	9	1	0	9	0	0

오기재(吳起在) 영남대 1983.09.26

대회	연도	소속	출전	교체	득점	도움	파울	경고	퇴장
K2	2013	고양	32	9	3	2	47	2	0
	2014	고양	22	12	0	1	29	6	0
	2015	고양	37	8	4	2	47	6	0
	2016	고양	23	1	0	1	31	5	0
	합계		114	30	7	6	154	19	0
프로통산			114	30	7	6	154	19	0

오까야마(Okayama Kazunari, 岡山一成) 일본 1978.04.24

대회	연도	소속	출전	교체	득점	도움	파울	경고	퇴장
BC	2009	포항	9	5	1	0	11	2	0
	2010	포항	8	2	0	0	10	0	0
	합계		17	7	1	0	21	2	0
프로통산			17	7	1	0	21	2	0

오닐(Brandon Oneill) 오스트레일리아 1994.04.12

대회	연도	소속	출전	교체	득점	도움	파울	경고	퇴장
K1	2020	포항	13	6	0	0	24	3	0
	합계		13	6	0	0	24	3	0
프로통산			13	6	0	0	24	3	0

오도현(吳到炫) 금호고 1994.12.06

대회	연도	소속	출전	교체	득점	도움	파울	경고	퇴장
K1	2015	광주	23	22	0	0	17	1	0
	2016	광주	13	12	2	0	12	0	0
	2017	포항	5	2	0	0	2	0	1
	합계		41	36	2	0	21	1	1
K2	2013	광주	20	15	0	0	26	3	0
	2014	광주	15	9	0	0	29	2	0
	2017	성남	3	0	0	0	0	1	0
	합계		38	24	0	0	55	6	0
승	2014	광주	2	2	0	0	1	0	0
	합계		2	2	0	0	1	0	0
프로통산			81	62	2	0	77	7	1

오동천(吳東天) 영남상고 1966.01.20

대회	연도	소속	출전	교체	득점	도움	파울	경고	퇴장
BC	1989	일화	27	13	1	2	26	1	0
	1990	일화	25	10	1	1	7	0	0
	1991	일화	37	14	6	6	49	4	0
	1992	일화	33	19	3	2	37	4	0
	1993	일화	24	20	1	2	17	1	1
	1994	일화	24	20	1	2	21	1	0
	1995	전북	28	15	1	2	28	2	0
	1996	전북	29	17	6	0	50	3	0
	합계		227	128	20	17	235	16	1
프로통산			227	128	20	17	235	16	1

오르샤(Mislav Orsić) 크로아티아 1992.12.29

대회	연도	소속	출전	교체	득점	도움	파울	경고	퇴장
K1	2015	전남	33	17	9	7	29	4	0
	2016	전남	16	10	2	4	20	1	0
	2017	울산	38	16	11	3	21	1	0
	2018	울산	14	6	6	1	10	1	0
	합계		101	42	28	15	68	6	0
프로통산			101	42	28	15	68	6	0

오르슐리치(Marin Orsulić) 크로아티아 1987.08.25

대회	연도	소속	출전	교체	득점	도움	파울	경고	퇴장
K2	2017	성남	15	5	0	0	15	7	0
	2018	성남	2	1	0	0	3	0	0
	합계		17	6	0	0	18	7	0
프로통산			17	6	0	0	18	7	0

오르시니(Nicolas Orsini) 아르헨티나 1994.09.12

대회	연도	소속	출전	교체	득점	도움	파울	경고	퇴장
K2	2016	안양	7	3	1	0	11	1	0
	합계		7	3	1	0	11	1	0
프로통산			7	3	1	0	11	1	0

오르티고사(Jose Maria Ortigoza Ortiz) 파라과이 1987.04.01

대회	연도	소속	출전	교체	득점	도움	파울	경고	퇴장
BC	2010	울산	27	13	17	3	65	5	0
	합계		27	13	17	3	65	5	0
프로통산			27	13	17	3	65	5	0

오명관(吳明官) 한양대 1974.04.29

대회	연도	소속	출전	교체	득점	도움	파울	경고	퇴장
BC	1997	안양LG	24	9	0	0	42	5	0
	1998	안양LG	10	6	0	1	17	1	1
	1998	포항	3	0	0	0	5	2	0
	1999	포항	14	5	0	0	18	2	0
	2000	포항	18	3	0	0	14	0	1
	2001	포항	24	3	0	0	42	3	0
	2002	포항	2	1	0	0	3	0	0
	2003	부천SK	9	9	0	1	19	2	0
	2004	부천SK	2	2	0	0	1	1	0
	합계		106	38	0	2	161	16	2
프로통산			106	38	0	2	161	16	2

오민엽(吳民曄) 명지대 1990.06.23

대회	연도	소속	출전	교체	득점	도움	파울	경고	퇴장

오봉진(吳鳳鎭) 유성생명과학고 1989.06.30 *(continued)*

대회	연도	소속	출전	교체	득점	도움	파울	경고	퇴장
K2	2013	충주	3	1	0	0	1	0	0
	합계		3	1	0	0	1	0	0
	프로통산		3	1	0	0	1	0	0

오반석(吳반석) 건국대 1988.05.20

대회	연도	소속	출전	교체	득점	도움	파울	경고	퇴장
BC	2012	제주	25	5	1	0	32	6	0
	합계		25	5	1	0	32	6	0
K1	2013	제주	30	3	1	0	48	8	0
	2014	제주	36	4	0	1	40	4	0
	2015	제주	34	4	0	1	34	4	1
	2016	제주	16	2	1	0	16	0	0
	2017	제주	33	2	2	0	37	4	0
	2018	제주	24	1	1	0	15	2	0
	2020	인천	14	2	0	0	9	1	0
	2021	인천	30	6	0	0	16	4	0
	2022	인천	13	3	0	0	6	4	0
	2023	인천	27	6	3	0	15	1	0
	합계		257	31	9	1	222	32	1
	프로통산		282	36	10	1	254	38	1

오범석(吳範錫) 포철공고 1984.07.29

대회	연도	소속	출전	교체	득점	도움	파울	경고	퇴장
BC	2003	포항	1	1	0	0	1	0	0
	2004	포항	25	7	1	0	49	3	0
	2005	포항	33	2	2	0	78	7	0
	2006	포항	33	2	4	2	128	10	0
	2007	포항	16	8	1	0	42	6	0
	2009	울산	14	1	0	0	37	2	0
	2010	울산	21	3	0	0	33	7	0
	2011	수원	29	3	1	0	66	6	0
	2012	수원	29	3	0	1	101	11	0
	합계		211	33	9	6	535	50	0
K1	2014	수원	11	0	0	0	17	2	0
	2015	수원	29	5	1	1	53	9	0
	2017	강원	32	6	1	2	55	9	0
	2018	강원	32	6	1	1	52	5	0
	2019	강원	20	10	0	0	25	3	0
	2020	포항	9	6	0	0	13	2	0
	2021	포항	18	17	0	0	19	5	0
	합계		147	48	3	2	232	33	0
K2	2013	경찰	23	3	2	2	69	10	0
	2014	안양경찰	16	1	2	0	36	9	0
	합계		39	4	4	2	105	19	0
	프로통산		397	85	15	11	872	102	0

오베라(Jobson Leandro Pereira de Oliveira) 브라질 1988.02.15

대회	연도	소속	출전	교체	득점	도움	파울	경고	퇴장
BC	2009	제주	23	9	7	4	46	3	0
	합계		23	9	7	4	46	3	0
	프로통산		23	9	7	4	46	3	0

오베르단(Oberdan Alionco de Lima) 브라질 1995.07.30

대회	연도	소속	출전	교체	득점	도움	파울	경고	퇴장
K1	2023	포항	33	1	1	2	24	4	0
	합계		33	1	1	2	24	4	0
	프로통산		33	1	1	2	24	4	0

오병민(吳秉旻) 선문대 1988.06.28

대회	연도	소속	출전	교체	득점	도움	파울	경고	퇴장
BC	2012	경남	0	0	0	0	0	0	0
	합계		0	0	0	0	0	0	0
	프로통산		0	0	0	0	0	0	0

오봉진(吳鳳鎭) 유성생명과학고 1989.06.30

대회	연도	소속	출전	교체	득점	도움	파울	경고	퇴장
K1	2013	대전	1	1	0	0	0	0	0
	합계		1	1	0	0	0	0	0
BC	2008	제주	0	0	0	0	0	0	0
	2009	제주	4	1	0	0	4	0	0
	2011	상주	2	1	0	0	4	0	0
	2012	상주	0	0	0	0	0	0	0
	합계		6	3	1	0	8	1	0
	프로통산		7	4	1	0	8	1	0

오봉철(吳奉哲) 건국대 1966.12.17

대회	연도	소속	출전	교체	득점	도움	파울	경고	퇴장
BC	1989	현대	25	8	0	2	27	2	0
	1991	현대	3	2	0	0	3	0	0
	합계		28	10	0	2	30	2	0
	프로통산		28	10	0	2	30	2	0

오비나(Obinna John Nkedoi) 나이지리아 1980.06.03

대회	연도	소속	출전	교체	득점	도움	파울	경고	퇴장
BC	2002	대전	2	2	0	0	2	0	0
	합계		2	2	0	0	2	0	0
	프로통산		2	2	0	0	2	0	0

오사구오나(Ighodaro Christian Osaguona) 나이지리아 1990.10.10

대회	연도	소속	출전	교체	득점	도움	파울	경고	퇴장
K1	2019	제주	11	8	1	0	18	3	0
	합계		11	8	1	0	18	3	0
	프로통산		11	8	1	0	18	3	0

오상헌(吳尙憲) 문성대 1994.08.31

대회	연도	소속	출전	교체	득점	도움	파울	경고	퇴장
K2	2016	경남	0	0	0	0	0	0	0
	합계		0	0	0	0	0	0	0
	프로통산		0	0	0	0	0	0	0

오석재(吳錫載) 건국대 1958.10.13

대회	연도	소속	출전	교체	득점	도움	파울	경고	퇴장
BC	1983	할렐루야	16	2	6	2	19	0	0
	1984	할렐루야	22	5	3	3	24	0	0
	1985	할렐루야	17	4	3	1	35	3	0
	합계		55	11	18	6	78	3	0
	프로통산		55	11	18	6	78	3	0

오세종(吳世宗) 경기대 1976.03.09

대회	연도	소속	출전	교체	득점	도움	파울	경고	퇴장
BC	1999	대전	1	1	0	0	0	0	0
	합계		1	1	0	0	0	0	0
	프로통산		1	1	0	0	0	0	0

오세훈(吳世勳) 현대고 1999.01.15

대회	연도	소속	출전	교체	득점	도움	파울	경고	퇴장
K1	2018	울산	3	3	0	0	4	0	0
	2020	상주	13	4	4	2	21	2	0
	2021	울산	19	11	7	1	22	0	0
	합계		35	18	11	3	47	2	0
K2	2019	아산	30	11	7	3	56	1	0
	2021	김천	4	1	0	0	6	0	0
	합계		34	12	7	3	62	1	0
	프로통산		69	30	18	6	109	5	0

오셀리(Adnan Ocelli) 알바니아 1966.03.06

대회	연도	소속	출전	교체	득점	도움	파울	경고	퇴장
BC	1996	수원	0	0	0	0	0	0	0
	합계		0	0	0	0	0	0	0
	프로통산		0	0	0	0	0	0	0

오스마르(Osmar Ibáñez Barba) 스페인 1988.06.05

대회	연도	소속	출전	교체	득점	도움	파울	경고	퇴장
K1	2014	서울	34	3	2	1	33	5	0
	2015	서울	38	0	3	1	42	2	0
	2016	서울	37	1	4	3	31	6	0
	2017	서울	33	2	1	3	39	2	0
	2019	서울	31	1	4	0	39	3	0
	2020	서울	15	1	1	0	18	2	0
	2021	서울	24	3	1	1	26	4	0
	2022	서울	24	3	1	0	28	4	1
	2023	서울	35	4	0	3	28	4	1
	합계		282	18	22	12	271	35	1
	프로통산		282	18	22	12	271	35	1

오스만(Osman de Menezes Venancio Junior) 브라질 1992.10.20

대회	연도	소속	출전	교체	득점	도움	파울	경고	퇴장
K1	2019	경남	7	3	1	0	8	1	0
	합계		7	3	1	0	8	1	0
	프로통산		7	3	1	0	8	1	0

오승민(吳承珉) 배재대 1995.03.10

대회	연도	소속	출전	교체	득점	도움	파울	경고	퇴장
K2	2018	성남	0	0	0	0	0	0	0
	합계		0	0	0	0	0	0	0
	프로통산		0	0	0	0	0	0	0

오승범(吳承範) 오현고 1981.02.26

대회	연도	소속	출전	교체	득점	도움	파울	경고	퇴장
BC	1999	천안일화	0	0	0	0	0	0	0
	2003	광주상무	40	4	2	1	73	3	0
	2004	성남일화	14	7	0	0	26	1	0
	2005	포항	29	19	2	0	28	4	0
	2006	포항	34	20	2	0	40	3	0
	2007	포항	16	9	0	0	25	1	0
	2008	제주	24	15	1	1	29	2	0
	2009	제주	29	4	2	2	51	2	0
	2010	제주	32	18	1	2	45	6	0
	2011	제주	29	1	0	4	55	3	0
	2012	제주	37	22	0	3	57	4	0
	합계		303	132	10	13	419	28	0
K1	2013	제주	31	12	0	1	24	2	0
	2014	제주	15	12	0	1	12	0	0
	2017	강원	22	15	1	1	16	1	0
	합계		68	39	0	2	52	3	0
K2	2015	충주	37	6	3	4	44	6	0
	2016	강원	36	4	1	1	37	3	0
	합계		73	10	4	5	81	9	0
승	2016	강원	2	0	0	0	2	0	0
	합계		2	0	0	0	2	0	0
	프로통산		446	181	14	20	556	41	0

오승인(吳承仁) 광운대 1965.12.20

대회	연도	소속	출전	교체	득점	도움	파울	경고	퇴장
BC	1988	포항제철	1	1	0	0	0	0	0
	1991	유공	4	4	0	0	8	0	0
	1992	유공	27	18	2	0	14	1	0
	1993	유공	14	5	0	0	11	0	0
	1994	유공	15	3	0	0	13	1	0
	합계		61	31	2	0	46	3	0
	프로통산		61	31	2	0	46	3	0

오승혁(吳昇爀) 중앙대 1961.02.08

대회	연도	소속	출전	교체	실점	도움	파울	경고	퇴장
BC	1985	상무	4	1	6	0	1	0	0
	합계		4	1	6	0	1	0	0
	프로통산		4	1	6	0	1	0	0

오승훈(吳承訓) 호남대 1988.06.30

대회	연도	소속	출전	교체	실점	도움	파울	경고	퇴장
K1	2015	대전	16	0	31	0	2	1	0
	2016	상주	18	0	30	0	1	2	0
	2017	상주	21	0	32	0	0	1	1
	2018	울산	17	0	17	0	0	0	0
	2019	울산	20	0	17	0	0	2	0
	2019	제주	11	0	21	0	0	0	0
	2021	제주	25	0	26	0	0	2	0
	2022	대구	36	1	53	1	1	3	0
	2023	대구	21	1	25	0	0	0	0
	합계		185	2	255	1	7	15	1
K2	2020	제주	25	0	20	0	0	2	0
	합계		25	0	20	0	0	2	0
	프로통산		210	2	275	1	7	17	1

오연교(吳連敎) 한양대 1960.05.25

대회	연도	소속	출전	교체	실점	도움	파울	경고	퇴장
BC	1983	유공	9	0	10	0	0	0	0

대회	연도	소속	출전	교체	실점	도움	파울	경고	퇴장
	1984	유공	28	0	22	0	1	0	0
	1985	유공	5	0	5	0	0	0	0
	1986	유공	3	0	3	0	0	0	0
	1987	유공	3	1	8	0	0	0	0
	1988	현대	17	0	12	0	0	0	0
	1989	현대	13	1	13	0	1	1	0
	1990	현대	19	0	24	1	1	0	0
		합계	97	2	97	1	3	1	0
		프로통산	97	2	97	1	3	1	0

오영섭 (吳榮燮) 전남대 1962.05.12

대회	연도	소속	출전	교체	득점	도움	파울	경고	퇴장
BC	1984	국민은행	17	7	1	6	15	0	0
		프로통산	17	7	1	6	15	0	0

오영준 (吳泳俊) 광양제철고 1993.01.16

대회	연도	소속	출전	교체	득점	도움	파울	경고	퇴장
K1	2015	전남	4	3	0	0	0	0	0
	2016	전남	1	1	0	0	0	0	0
		합계	5	4	0	0	0	0	0
		프로통산	5	4	0	0	0	0	0

오원종 (吳源鐘) 연세대 1983.06.17

대회	연도	소속	출전	교체	득점	도움	파울	경고	퇴장
BC	2006	경남	8	6	0	0	9	0	0
	2009	강원	19	19	4	1	7	0	0
	2010	강원	9	8	0	1	4	1	0
	2011	상주	5	4	0	0	1	0	0
		합계	41	37	4	2	21	2	0
		프로통산	41	37	4	2	21	2	0

오유진 (吳柳珍) 국민대 1970.07.30

대회	연도	소속	출전	교체	득점	도움	파울	경고	퇴장
BC	1994	버팔로	4	4	0	0	4	0	0
		합계	4	4	0	0	4	0	0
		프로통산	4	4	0	0	4	0	0

오윤기 (吳潤基) 전주대학원 1971.04.13

대회	연도	소속	출전	교체	득점	도움	파울	경고	퇴장
BC	1998	수원	1	1	0	0	1	0	0
	1999	수원	1	1	0	0	1	0	0
		합계	2	2	0	0	2	0	0
		프로통산	2	2	0	0	2	0	0

오윤석 (吳允錫) 아주대 1990.12.03

대회	연도	소속	출전	교체	득점	도움	파울	경고	퇴장
K2	2017	안산	11	4	0	1	10	1	0
	2023	천안	27	21	1	1	26	1	0
		합계	38	25	1	2	36	2	0
		프로통산	38	25	1	2	36	2	0

오인표 (吳仁標) 성균관대 1997.03.18

대회	연도	소속	출전	교체	득점	도움	파울	경고	퇴장
K1	2022	울산	3	3	0	0	2	0	0
	2023	수원FC	30	32	2	2	15	1	0
		합계	33	35	2	2	17	1	0
승	2023	수원FC	2	2	0	0	2	0	0
		합계	2	2	0	0	2	0	0
		프로통산	35	37	2	2	19	1	0

오인환 (吳仁煥) 홍익대 1976.11.30

대회	연도	소속	출전	교체	득점	도움	파울	경고	퇴장
BC	1999	포항	3	2	0	0	2	0	0
		합계	3	2	0	0	2	0	0
		프로통산	3	2	0	0	2	0	0

오장은 (吳章銀) 조치중 1985.07.24

대회	연도	소속	출전	교체	득점	도움	파울	경고	퇴장
BC	2005	대구	23	13	3	2	40	1	0
	2006	대구	39	9	2	6	51	3	0
	2007	울산	24	9	0	1	45	5	0
	2008	울산	33	3	2	1	66	5	0
	2009	울산	28	4	0	4	57	9	0
	2010	울산	33	3	0	3	74	4	0
	2011	수원	30	5	4	2	48	2	0
	2012	수원	26	5	1	0	40	5	0
		합계	229	51	22	17	421	30	0
K1	2013	수원	34	6	1	4	60	6	0
	2014	수원	12	2	0	0	16	2	0
	2016	수원	7	5	1	0	11	1	0
		합계	53	13	2	4	87	9	0
K2	2017	성남	3	2	0	0	5	1	0
	2018	대전	6	3	0	0	6	2	0
		합계	9	5	0	0	11	3	0
		프로통산	291	69	24	21	519	42	0

오재석 (吳宰碩) 경희대 1990.01.04

대회	연도	소속	출전	교체	득점	도움	파울	경고	퇴장
BC	2010	수원	7	6	0	0	10	1	0
	2011	강원	24	1	1	1	41	5	0
	2012	강원	31	4	2	3	43	3	0
		합계	62	10	3	4	94	9	0
K1	2021	인천	26	7	0	2	28	0	0
	2023	인천	3	3	0	1	1	0	0
	2023	대전	25	12	0	0	22	6	0
		합계	54	22	0	3	51	6	0
		프로통산	116	32	3	7	145	15	0

오재혁 (吳宰赫) 포항제철고 2002.06.21

대회	연도	소속	출전	교체	득점	도움	파울	경고	퇴장
K1	2023	전북	4	4	0	0	3	0	0
		합계	4	4	0	0	3	0	0
K2	2021	부천	17	10	0	1	21	3	0
	2022	부천	33	22	2	3	30	3	0
		합계	50	32	2	4	51	6	0
		프로통산	54	36	2	4	54	6	0

오재혁 (吳宰赫) 건동대 1989.02.20

대회	연도	소속	출전	교체	득점	도움	파울	경고	퇴장
K2	2013	부천	8	3	0	0	13	1	0
K2		합계	8	3	0	0	13	1	0
		프로통산	8	3	0	0	13	1	0

오정석 (吳政錫) 아주대 1978.09.05

대회	연도	소속	출전	교체	득점	도움	파울	경고	퇴장
BC	2001	부산	6	6	1	0	4	1	0
	2002	부산	5	5	0	0	1	1	0
	2003	부산	1	1	0	0	2	0	0
	2004	광주상무	1	1	0	0	1	0	0
	2005	광주상무	3	3	0	0	3	0	0
		합계	16	16	1	0	11	2	0
		프로통산	16	16	1	0	11	2	0

오종철 (吳宗哲) 한양대 1988.08.21

대회	연도	소속	출전	교체	득점	도움	파울	경고	퇴장
BC	2012	전북	0	0	0	0	0	0	0
		합계	0	0	0	0	0	0	0
K2	2013	충주	3	1	0	0	2	2	0
		합계	3	1	0	0	2	2	0
		프로통산	3	1	0	0	2	2	0

오주포 (吳柱捕) 건국대 1973.06.21

대회	연도	소속	출전	교체	득점	도움	파울	경고	퇴장
BC	1995	일화	6	5	0	0	11	3	0
	1996	천안일화	1	1	0	0	1	0	0
	1998	전남	8	5	0	0	19	4	0
	1999	전남	3	3	0	0	2	0	0
	2000	전남	7	5	0	0	8	1	0
	2003	대구	16	12	1	1	25	3	0
	2004	대구	5	3	0	0	12	1	0
	2006	대구	3	1	0	0	4	0	0
		합계	49	35	1	1	82	12	0
		프로통산	49	35	1	1	82	12	0

오주현 (吳周炫) 고려대 1987.04.02

대회	연도	소속	출전	교체	득점	도움	파울	경고	퇴장
BC	2010	대구	19	6	0	2	32	5	1
	2011	대구	4	0	0	0	4	2	0
		합계	23	6	0	2	36	7	1
K1	2013	제주	18	3	0	0	32	4	0
		합계	18	3	0	0	32	4	0
		프로통산	41	9	0	2	68	11	1

오주호 (吳周昊) 동아대 1992.04.02

대회	연도	소속	출전	교체	득점	도움	파울	경고	퇴장
K2	2015	고양	7	2	0	0	11	0	0
		합계	7	2	0	0	11	0	0
		프로통산	7	2	0	0	11	0	0

오찬식 (吳贊植) 광운대 1997.01.24

대회	연도	소속	출전	교체	**실점**	도움	파울	경고	퇴장
K2	2020	전남	3	0	3	0	0	0	0
	2021	전남	0	0	0	0	0	0	0
	2022	전남	1	0	3	0	0	0	0
		합계	4	0	6	0	0	0	0
		프로통산	4	0	6	0	0	0	0

오창식 (吳昶食) 건국대 1984.03.27

대회	연도	소속	출전	교체	득점	도움	파울	경고	퇴장
BC	2007	울산	1	0	0	0	3	0	0
	2008	울산	14	0	0	0	20	3	0
	2009	울산	4	1	0	0	1	0	0
	2010	광주상무	5	1	0	0	7	0	0
	2011	상주	3	1	0	0	2	1	0
		합계	24	2	0	0	31	4	0
		프로통산	24	2	0	0	31	4	0

오창현 (吳昌炫) 단국대 1993.03.02

대회	연도	소속	출전	교체	득점	도움	파울	경고	퇴장
K1	2016	포항	15	15	2	2	5	1	0
	2017	포항	5	5	0	0	3	1	0
		합계	20	20	2	2	8	2	0
		프로통산	20	20	2	2	8	2	0

오창현 (吳昌炫) 광운대 1989.05.04

대회	연도	소속	출전	교체	득점	도움	파울	경고	퇴장
K2	2015	서울E	3	3	0	0	4	0	0
	2016	대전	27	5	0	0	31	4	0
		합계	30	8	0	0	33	4	0
		프로통산	30	8	0	0	33	4	0

오철석 (吳哲錫) 연세대 1982.03.23

대회	연도	소속	출전	교체	득점	도움	파울	경고	퇴장
BC	2005	부산	0	0	0	0	0	0	0
	2006	부산	20	17	1	3	31	2	0
	2008	부산	6	6	0	0	10	0	0
	2009	부산	14	14	0	0	21	1	0
		합계	40	37	1	3	62	3	0
		프로통산	40	37	1	3	62	3	0

오태동 (吳太東) 전주대 1972.07.14

대회	연도	소속	출전	교체	득점	도움	파울	경고	퇴장
BC	1995	전남	0	0	0	0	0	0	0
		합계	0	0	0	0	0	0	0
		프로통산	0	0	0	0	0	0	0

오필환 (吳必煥) 청주상고 1958.11.12

대회	연도	소속	출전	교체	득점	도움	파울	경고	퇴장
BC	1983	할렐루야	12	9	2	1	5	0	0
	1984	할렐루야	13	11	1	0	6	0	0
	1985	할렐루야	9	5	2	0	7	0	0
		합계	34	25	5	1	18	0	0
		프로통산	34	25	5	1	18	0	0

오혁진 (吳赫鎭) 조선대 1994.01.21

대회	연도	소속	출전	교체	득점	도움	파울	경고	퇴장
K2	2016	대전	0	0	0	0	0	0	0
		합계	0	0	0	0	0	0	0
		프로통산	0	0	0	0	0	0	0

오현교 (吳賢敎) 호남대 1999.07.24

대회	연도	소속	출전	교체	득점	도움	파울	경고	퇴장
K2	2023	천안	25	18	1	0	25	3	0
		합계	25	18	1	0	25	3	0
		프로통산	25	18	1	0	25	3	0

오현규 (吳賢揆) 매탄고 2001.04.12

대회	연도	소속	출전	교체	득점	도움	파울	경고	퇴장
K1	2019	수원	11	11	0	0	6	2	0
	2020	상주	5	5	2	0	6	0	0
	2021	수원	2	2	0	0	0	0	0
	2022	수원	36	27	13	3	32	5	0
	합계		54	45	15	3	44	7	0
K2	2021	김천	33	27	5	3	20	4	0
	합계		33	27	5	3	20	4	0
승	2022	수원	2	0	1	0	2	1	0
	합계		2	0	1	0	2	1	0
프로통산			89	72	21	6	66	12	0

오현민(吳玹旼) 건국대 1996.04.23

대회	연도	소속	출전	교체	득점	도움	파울	경고	퇴장
K2	2021	안산	0	0	0	0	0	0	0
	합계		0	0	0	0	0	0	0
프로통산			0	0	0	0	0	0	0

오후성(吳厚性) 현풍고 1999.08.25

대회	연도	소속	출전	교체	득점	도움	파울	경고	퇴장
K1	2018	대구	1	1	0	0	2	0	0
	2019	대구	8	8	0	1	0	0	0
	2020	대구	4	4	0	0	0	0	0
	2021	대구	22	22	1	1	9	0	0
	2022	대구	8	7	1	0	2	0	0
	2023	광주	6	6	0	0	4	0	0
	합계		51	50	2	2	17	0	0
프로통산			51	50	2	2	17	0	0

온병훈(溫炳勳) 숭실대 1985.08.07

대회	연도	소속	출전	교체	득점	도움	파울	경고	퇴장
BC	2006	포항	1	1	0	0	0	0	0
	2007	포항	1	1	0	0	1	0	0
	2008	전북	9	2	0	0	11	1	0
	2009	전북	3	3	0	0	1	0	0
	2010	대구	28	18	4	2	30	5	0
	2011	대구	13	15	2	1	19	2	0
	합계		55	40	6	3	63	8	0
K1	2013	대구	2	2	0	0	1	0	0
	합계		2	2	0	0	1	0	0
프로통산			57	42	6	3	64	8	0

올레그(Oleg Elyshev) 러시아 1971.05.30

대회	연도	소속	출전	교체	득점	도움	파울	경고	퇴장
BC	1997	안양G	18	2	2	6	31	5	1
	1998	안양G	34	4	7	4	53	5	0
	1999	안양G	31	14	5	5	44	5	0
	합계		83	25	14	15	127	15	1
프로통산			83	25	14	15	127	15	1

올렉(Oleg Zoteev) 우즈베키스탄 1989.07.05

대회	연도	소속	출전	교체	득점	도움	파울	경고	퇴장
K2	2020	전남	8	4	0	1	8	0	0
	2021	전남	25	8	1	2	33	3	0
	합계		33	12	1	3	41	3	0
프로통산			33	12	1	3	41	3	0

올리(Aurelian Cosmi Olaroiu) 루마니아 1969.06.10

대회	연도	소속	출전	교체	득점	도움	파울	경고	퇴장
BC	1997	수원	32	4	5	0	61	9	0
	1998	수원	25	11	0	1	55	6	1
	1999	수원	30	0	2	0	76	11	1
	2000	수원	11	3	0	1	15	2	0
	합계		98	18	7	2	207	29	2
프로통산			98	18	7	2	207	29	2

올리베(Alcir de Oliveira Fonseca) 브라질 1977.11.14

대회	연도	소속	출전	교체	득점	도움	파울	경고	퇴장
BC	2002	성남일화	18	18	0	2	38	5	0
	합계		18	18	0	2	38	5	0
프로통산			18	18	0	2	38	5	0

올리베라(Juan Manuel Olivera Lopez) 우루과이 1981.08.14

대회	연도	소속	출전	교체	득점	도움	파울	경고	퇴장
BC	2006	수원	15	12	5	0	25	1	0
	합계		15	12	5	0	25	1	0

옹동균(邕東均) 건국대 1991.11.23

대회	연도	소속	출전	교체	득점	도움	파울	경고	퇴장
K1	2015	전북	1	1	0	0	1	0	0
	합계		1	1	0	0	1	0	0
K2	2016	충주	2	2	0	0	1	0	0
	합계		2	2	0	0	1	0	0
프로통산			3	3	0	0	2	0	0

와타루(Wataru Murofushi, 室伏航) 일본 1995.06.13

대회	연도	소속	출전	교체	득점	도움	파울	경고	퇴장
K2	2021	부천	3	3	0	0	0	0	0
	합계		3	3	0	0	0	0	0
프로통산			3	3	0	0	0	0	0

완델손(Wanderson Carvalho Oliveira/← 완델손C) 브라질 1989.03.31

대회	연도	소속	출전	교체	득점	도움	파울	경고	퇴장
K1	2015	대전	15	2	6	1	25	2	0
	2016	제주	14	10	4	3	18	0	0
	2017	포항	19	9	1	4	11	2	0
	2018	전남	33	4	5	4	38	3	1
	2019	포항	38	7	15	9	49	2	0
	2022	포항	27	18	2	1	27	3	0
	2023	포항	20	6	2	3	14	3	0
	합계		166	59	34	26	182	15	1
K2	2016	대전	18	5	5	2	24	3	0
	합계		18	5	5	2	24	3	0
프로통산			184	64	39	28	206	18	1

완드류(Wandrew Laurindo SILVA MENDONA) 브라질 2000.05.24

대회	연도	소속	출전	교체	득점	도움	파울	경고	퇴장
K2	2023	안산	3	3	0	0	3	0	0
	합계		3	3	0	0	3	0	0
프로통산			3	3	0	0	3	0	0

완호우량(Wan Houliang, 万厚良) 중국 1986.02.25

대회	연도	소속	출전	교체	득점	도움	파울	경고	퇴장
BC	2009	전북	4	1	0	0	18	3	0
	합계		4	1	0	0	18	3	0
프로통산			4	1	0	0	18	3	0

왕건명(王件明) 단국대 1993.07.04

대회	연도	소속	출전	교체	득점	도움	파울	경고	퇴장
K2	2018	광주	3	1	0	0	1	0	0
	합계		3	1	0	0	1	0	0
프로통산			3	1	0	0	1	0	0

왕선재(王善財) 연세대 1959.03.16

대회	연도	소속	출전	교체	득점	도움	파울	경고	퇴장
BC	1984	한일은행	27	6	7	8	20	0	0
	1985	럭키금성	14	6	1	5	9	0	0
	1986	럭키금성	7	7	0	0	7	0	0
	1987	포항제철	2	2	0	0	4	0	0
	1988	포항제철	1	0	0	2	0	0	0
	1988	현대	5	5	0	0	4	0	0
	1989	현대	18	16	0	1	13	2	1
	합계		74	42	8	16	57	2	1
프로통산			74	42	8	16	57	2	1

왕정현(王淨鉉) 배재대 1976.08.30

대회	연도	소속	출전	교체	득점	도움	파울	경고	퇴장
BC	1999	안양G	13	13	0	2	16	0	0
	2000	안양G	25	21	9	2	32	2	0
	2001	안양G	18	16	0	0	19	2	0
	2002	안양G	25	8	1	1	28	4	0
	2003	안양G	24	6	1	1	27	1	0
	2004	서울	14	14	2	0	11	2	0
	2005	전북	24	19	3	2	26	1	0
	2006	전북	23	7	0	1	24	3	0
	합계		166	104	16	10	186	13	0
프로통산			166	104	16	10	186	13	0

외슬(Weslley Braz de Almeida) 브라질 1981.05.07

대회	연도	소속	출전	교체	득점	도움	파울	경고	퇴장
BC	2011	대전	2	2	0	0	1	1	0
	합계		2	2	0	0	1	1	0
프로통산			2	2	0	0	1	1	0

요니치(Matej Jonjić) 크로아티아 1991.01.29

대회	연도	소속	출전	교체	득점	도움	파울	경고	퇴장
K1	2015	인천	37	0	0	0	23	4	0
	2016	인천	34	0	0	0	24	6	0
	합계		71	0	0	0	47	10	0
프로통산			71	0	0	0	47	10	0

요르만(Jorman Israel Aguilar Bustamante) 파나마 1994.09.11

대회	연도	소속	출전	교체	득점	도움	파울	경고	퇴장
K2	2022	부천	29	28	4	0	10	0	0
	합계		29	28	4	0	10	0	0
프로통산			29	28	4	0	10	0	0

요바노비치(Igor Jovanović) 독일 1989.05.03

대회	연도	소속	출전	교체	득점	도움	파울	경고	퇴장
K1	2020	성남	2	0	0	0	3	1	0
	합계		2	0	0	0	3	1	0
프로통산			2	0	0	0	3	1	0

요반치치(Madimir Jovancić) 세르비아 1987.05.31

대회	연도	소속	출전	교체	득점	도움	파울	경고	퇴장
BC	2012	성남일화	16	11	3	0	26	5	0
	합계		16	11	3	0	26	5	0
프로통산			16	11	3	0	26	5	0

요한(Jovan Sarcević) 유고슬라비아 1966.01.07

대회	연도	소속	출전	교체	득점	도움	파울	경고	퇴장
BC	1994	LG	11	2	1	0	22	3	0
	1995	LG	24	4	0	1	43	2	1
	합계		35	6	1	1	65	5	1
프로통산			35	6	1	1	65	5	1

용재현(龍齋弦/← 용현진) 건국대 1988.07.19

대회	연도	소속	출전	교체	득점	도움	파울	경고	퇴장
BC	2010	성남일화	7	1	0	1	20	4	0
	2011	성남일화	8	6	0	0	23	4	0
	2012	상주	12	2	0	0	24	4	0
	합계		29	10	0	1	36	9	0
K1	2014	인천	24	3	0	0	33	6	0
	2015	인천	5	1	0	0	3	3	0
	합계		29	4	0	0	36	9	0
K2	2013	상주	4	1	0	0	8	0	0
	2016	부천	30	0	1	1	38	10	0
	2017	안양	15	6	0	0	28	9	1
	합계		49	1	1	1	66	19	1
프로통산			113	15	1	2	174	40	1

우고고메스(Hugo Domingos Gomes) 브라질 1995.01.04

대회	연도	소속	출전	교체	득점	도움	파울	경고	퇴장
K1	2023	수원FC	15	11	1	0	9	3	1
	합계		15	11	1	0	9	3	1
승	2023	수원FC	2	1	0	0	1	0	0
	합계		2	1	0	0	1	0	0
프로통산			17	12	1	0	10	3	1

우르모브(Zoran Urumov) 유고슬라비아 1977.08.30

대회	연도	소속	출전	교체	득점	도움	파울	경고	퇴장
BC	1999	부산	12	8	1	0	20	4	0
	2000	부산	21	13	3	2	31	7	0
	2001	부산	33	12	3	11	46	11	0

대회	연도	소속	출전	교체	득점	도움	파울	경고	퇴장
	2002	부산	25	9	3	3	24	3	1
	2003	부산	14	7	1	0	8	2	1
	2003	수원	8	8	0	0	0	0	0
	2004	수원	21	20	1	3	15	2	0
	합계		134	77	19	20	150	30	2
프로통산			134	77	19	20	150	30	2

우르코 베라(Urko Vera Mateos) 스페인 1987.05.14

대회	연도	소속	출전	교체	득점	도움	파울	경고	퇴장
K1	2015	전북	6	6	0	0	7	0	0
	합계		6	6	0	0	7	0	0
프로통산			6	6	0	0	7	0	0

우민걸(禹敏傑) 문경대 1999.08.24

대회	연도	소속	출전	교체	득점	도움	파울	경고	퇴장
K1	2022	제주	0	0	0	0	0	0	0
	합계		0	0	0	0	0	0	0
프로통산			0	0	0	0	0	0	0

우병철(禹昞哲) 숭실대 2000.11.05

대회	연도	소속	출전	교체	득점	도움	파울	경고	퇴장
K1	2022	강원	0	0	0	0	0	0	0
	합계		0	0	0	0	0	0	0
프로통산			0	0	0	0	0	0	0

우상호(馬相晧) 일본 메이카이대 1992.12.07

대회	연도	소속	출전	교체	득점	도움	파울	경고	퇴장
K1	2017	대구	17	12	0	0	30	3	0
K2	2016	대구	17	5	1	0	34	3	0
	합계		17	5	1	0	34	3	0
프로통산			34	17	1	0	64	6	0

우성문(禹成汶) 경희대 1975.10.19

대회	연도	소속	출전	교체	득점	도움	파울	경고	퇴장
BC	1998	부산	28	19	1	1	50	2	1
	1999	부산	30	11	0	1	34	4	0
	2000	성남일화	38	9	2	5	62	3	0
	2005	부산	3	1	0	0	4	0	0
	합계		99	40	4	6	150	9	1
프로통산			99	40	4	6	150	9	1

우성용(馬成用) 아주대 1973.08.18

대회	연도	소속	출전	교체	득점	도움	파울	경고	퇴장
BC	1996	부산	31	21	4	2	34	2	0
	1997	부산	30	13	2	1	37	3	0
	1998	부산	25	4	3	4	41	2	0
	1999	부산	38	24	9	2	52	4	0
	2000	부산	34	10	3	3	51	3	0
	2001	부산	33	8	16	3	37	1	0
	2002	부산	26	4	13	3	31	3	0
	2003	포항	40	3	15	8	78	4	0
	2004	포항	27	2	10	0	50	4	0
	2005	성남일화	30	21	3	2	39	1	0
	2006	성남일화	41	17	19	5	72	3	0
	2007	울산	35	15	9	8	55	5	0
	2008	부산	31	26	5	3	26	1	0
	2009	인천	18	16	1	0	15	1	0
	합계		439	200	116	43	643	41	0
프로통산			439	200	116	43	643	41	0

우승제(禹承濟) 배재대 1982.10.23

대회	연도	소속	출전	교체	득점	도움	파울	경고	퇴장
BC	2005	대전	6	3	0	0	6	0	0
	2006	대전	12	12	0	0	14	1	0
	2007	대전	20	17	1	2	26	3	0
	2008	대전	25	6	0	0	32	5	0
	2009	대전	28	10	1	1	30	2	0
	2010	대전	20	4	1	1	33	4	1
	2011	수원	15	11	0	0	6	0	0
	합계		130	59	3	4	147	15	1
프로통산			130	59	3	4	147	15	1

우예찬(禹藝燦) 충북대 1996.03.30

대회	연도	소속	출전	교체	득점	도움	파울	경고	퇴장
K2	2019	수원FC	2	2	0	0	1	0	0
	합계		2	2	0	0	1	0	0
프로통산			2	2	0	0	1	0	0

우제원(禹濟元) 성보고 1972.08.09

대회	연도	소속	출전	교체	득점	도움	파울	경고	퇴장
BC	1998	안양G	1	1	0	0	0	0	0
	1999	안양G	4	4	0	0	4	0	0
	합계		5	5	0	0	4	0	0
프로통산			5	5	0	0	4	0	0

우주성(禹周成) 중앙대 1993.06.08

대회	연도	소속	출전	교체	득점	도움	파울	경고	퇴장
K1	2014	경남	9	0	0	6	14	1	0
	2018	경남	1	0	0	1	4	2	0
	2019	경남	26	3	1	1	18	4	1
	2020	상주	8	6	0	0	3	1	0
	합계		71	10	1	2	41	8	1
K2	2015	경남	33	2	1	1	26	5	0
	2016	경남	33	2	3	1	35	6	0
	2017	경남	31	1	3	3	37	6	0
	2020	경남	1	0	0	0	0	0	0
	2021	김천	24	3	1	3	15	1	0
	2022	경남	12	7	0	0	8	0	0
	2023	경남	30	15	0	3	20	0	0
	합계		164	29	6	12	133	16	0
프로통산			235	39	7	14	174	24	1

우찬양(禹贊良) 포항제철고 1997.04.27

대회	연도	소속	출전	교체	득점	도움	파울	경고	퇴장
K1	2016	포항	2	1	0	0	2	0	0
	2017	포항	3	1	0	0	4	0	0
	2018	포항	10	2	0	0	11	2	0
	2019	포항	1	1	0	0	0	0	0
	합계		16	5	0	0	17	2	0
K2	2019	수원FC	7	0	0	0	7	0	0
	합계		7	0	0	0	7	0	0
프로통산			23	5	0	0	24	2	0

우치체(Nebojša Vučićević) 유고슬라비아 1962.07.30

대회	연도	소속	출전	교체	득점	도움	파울	경고	퇴장
BC	1991	대우	6	6	0	0	3	2	0
	1992	대우	26	22	1	0	35	4	0
	1993	대우	13	11	0	1	15	0	0
	합계		45	39	1	1	53	9	0
프로통산			45	39	1	1	53	9	0

우현(禹賢) 태성고 1987.01.05

대회	연도	소속	출전	교체	득점	도움	파울	경고	퇴장
K2	2016	대전	11	9	0	1	12	4	0
	합계		11	9	0	1	12	4	0
프로통산			11	9	0	1	12	4	0

우혜성(禹惠成) 홍익대 1992.01.21

대회	연도	소속	출전	교체	득점	도움	파울	경고	퇴장
K2	2016	고양	19	1	0	0	28	7	0
	합계		19	1	0	0	28	7	0
프로통산			19	1	0	0	28	7	0

우홍균(郵弘均) 전주대 1969.07.21

대회	연도	소속	출전	교체	득점	도움	파울	경고	퇴장
BC	1997	포항	1	1	0	0	0	0	0
프로통산			1	1	0	0	0	0	0

원기종(元基鍾) 건국대 1996.01.06

대회	연도	소속	출전	교체	득점	도움	파울	경고	퇴장
K2	2018	서울E	6	5	0	0	3	2	0
	2019	서울E	26	20	4	3	16	1	0
	2020	서울E	20	19	0	2	10	0	0
	2021	대전	24	19	4	0	8	0	0
	2022	대전	7	5	1	2	3	0	0
	2022	경남	21	21	6	3	6	5	0
	2023	경남	34	19	11	3	14	3	0
	합계		138	108	26	13	60	11	0
승	2021	대전	2	1	0	0	3	0	0
	합계		2	1	0	0	3	0	0
프로통산			140	109	26	13	63	11	0

원두재(元斗載) 한양대 1997.11.18

대회	연도	소속	출전	교체	득점	도움	파울	경고	퇴장
K1	2020	울산	23	6	1	0	32	3	0
	2021	울산	30	5	1	1	32	3	1
	2022	울산	21	12	0	0	13	2	0
	합계		74	23	2	1	77	8	1
K2	2023	김천	34	9	0	1	32	7	0
	합계		34	9	0	1	32	7	0
프로통산			108	32	2	2	109	15	1

원종덕(元鍾惠) 홍익대 1977.08.16

대회	연도	소속	출전	교체	실점	도움	파울	경고	퇴장
BC	2001	안양G	0	0	0	0	0	0	0
	2004	서울	17	0	16	0	0	0	0
	2005	서울	12	0	19	0	0	0	0
	2007	서울	0	0	0	0	0	0	0
	합계		29	0	35	0	0	0	0
프로통산			29	0	35	0	0	0	0

월신요(Wilson Costa de Mendonça) 브라질 1956.10.03

대회	연도	소속	출전	교체	득점	도움	파울	경고	퇴장
BC	1984	포항제철	7	5	1	1	7	1	0
	합계		7	5	1	1	7	1	0
프로통산			7	5	1	1	7	1	0

웨릭포포(Werik Silva Pinto) 브라질 2001.10.17

대회	연도	소속	출전	교체	득점	도움	파울	경고	퇴장
K1	2023	수원	7	7	0	0	5	1	0
	합계		7	7	0	0	5	1	0
프로통산			7	7	0	0	5	1	0

웨슬리(Weslley Smith Alves Feitosa) 브라질 1992.04.21

대회	연도	소속	출전	교체	득점	도움	파울	경고	퇴장
BC	2011	전남	25	12	4	1	72	6	0
	2012	강원	36	13	9	4	101	9	0
	합계		61	25	13	5	173	15	0
K1	2013	전남	23	15	5	3	58	7	0
	2015	부산	30	11	8	1	58	10	0
	2017	인천	27	19	2	1	67	9	0
	합계		80	45	15	5	183	26	0
승	2015	부산	2	1	0	0	4	1	0
프로통산			143	71	28	10	360	42	0

웨슬리(Wesley Barbosa de Morais) 브라질 1981.11.10

대회	연도	소속	출전	교체	득점	도움	파울	경고	퇴장
BC	2009	전남	26	11	4	3	57	5	0
K1	2013	강원	32	16	2	1	70	8	0
	합계		32	16	2	1	70	8	0
프로통산			58	27	6	5	127	13	0

웰링턴(Welinton Júnior Ferreira dos Santos) 브라질 1993.06.08

대회	연도	소속	출전	교체	득점	도움	파울	경고	퇴장
K1	2023	강원	9	11	0	1	9	1	0
	합계		9	11	0	1	9	1	0
프로통산			9	11	0	1	9	1	0

웰링턴(Welington Goncalves Amorim) 브라질 1977.01.23

대회	연도	소속	출전	교체	득점	도움	파울	경고	퇴장
BC	2005	포항	12	7	2	2	30	2	0
	합계		12	7	2	2	30	2	0
프로통산			12	7	2	2	30	2	0

웰링톤(Wellington Cirino Priori) 브라질

1990.02.21

대회	연도	소속	출전	교체	득점	도움	파울	경고	퇴장
K1	2016	광주	3	3	0	0	1	0	0
	합계		3	3	0	0	1	0	0
프로통산			3	3	0	0	1	0	0

윌리안(Willyan da Silva Barbosa) 브라질 1994.02.17

대회	연도	소속	출전	교체	득점	도움	파울	경고	퇴장
K1	2020	광주	17	13	5	3	27	6	1
	2023	서울	33	31	8	2	20	4	0
	합계		50	44	13	5	47	10	1
K2	2019	광주	25	16	8	2	52	6	0
	2021	경남	27	10	11	2	46	5	0
	2022	경남	10	4	5	4	19	1	0
	2022	대전	17	10	8	1	30	3	0
	합계		79	40	32	9	147	15	0
프로통산			129	84	45	14	194	25	1

윌리안(William Junior Salles de Lima Souza) 브라질 1983.05.14

대회	연도	소속	출전	교체	득점	도움	파울	경고	퇴장
BC	2007	부산	4	3	0	0	14	2	0
	합계		4	3	0	0	14	2	0
프로통산			4	3	0	0	14	2	0

윌리암(William Fernando da Silva) 브라질 1986.11.20

대회	연도	소속	출전	교체	득점	도움	파울	경고	퇴장
K1	2013	부산	25	25	2	0	34	4	0
	합계		25	25	2	0	34	4	0
프로통산			25	25	2	0	34	4	0

윌리엄(William Henrique Rodrigues da Silva) 브라질 1992.01.28

대회	연도	소속	출전	교체	득점	도움	파울	경고	퇴장
K2	2017	안산	2	2	0	0	1	0	0
	합계		2	2	0	0	1	0	0
프로통산			2	2	0	0	1	0	0

윌킨슨(Alexander William Wilkinson) 오스트레일리아 1984.08.13

대회	연도	소속	출전	교체	득점	도움	파울	경고	퇴장
BC	2012	전북	15	3	0	0	14	2	0
	합계		15	3	0	0	14	2	0
K1	2013	전북	25	1	2	2	18	3	0
	2014	전북	25	1	0	0	23	3	0
	2015	전북	21	3	0	0	19	2	0
	합계		71	5	2	2	50	8	0
프로통산			86	8	2	2	64	10	0

유강현(柳忼炫) 서해고 1996.04.27

대회	연도	소속	출전	교체	득점	도움	파울	경고	퇴장
K1	2023	대전	26	25	1	2	13	2	0
	합계		26	25	1	2	13	2	0
K2	2021	경남	5	5	0	0	2	0	0
	2022	충남아산	40	33	19	2	51	3	0
	합계		45	38	19	2	53	3	0
프로통산			71	63	20	4	66	5	0

유경렬(柳Q烈) 단국대 1978.08.15

대회	연도	소속	출전	교체	득점	도움	파울	경고	퇴장
BC	2003	울산	34	0	1	1	83	7	0
	2004	울산	36	0	2	0	72	8	0
	2005	울산	32	0	2	0	72	8	0
	2006	울산	34	2	1	1	75	10	0
	2007	울산	38	1	0	2	94	6	0
	2008	울산	35	2	4	1	83	5	0
	2009	울산	26	2	5	0	44	5	0
	2010	울산	28	2	1	2	58	9	1
	2011	대구	21	1	2	0	31	4	0
	2012	대구	31	1	2	1	88	8	0
	합계		315	11	17	7	705	65	1
K1	2013	대구	20	2	1	0	36	5	0
	합계		20	2	1	0	36	5	0
프로통산			335	13	18	7	741	70	1

유고비치(Vedran Jugović) 크로아티아 1989.07.31

대회	연도	소속	출전	교체	득점	도움	파울	경고	퇴장
K1	2016	전남	33	10	5	3	25	6	0
	2017	전남	28	7	3	0	19	3	0
	2018	전남	27	8	1	0	25	3	0
	합계		88	25	9	3	69	12	0
K2	2019	전남	7	4	0	0	4	3	0
	합계		7	4	0	0	4	3	0
프로통산			95	29	9	3	73	15	0

유대순(劉大淳) 고려대 1965.03.04

대회	연도	소속	출전	교체	실점	도움	파울	경고	퇴장
BC	1989	유공	23	0	22	0	1	1	0
	1990	유공	20	0	18	0	0	0	0
	1991	유공	14	0	9	0	1	1	0
	1992	유공	13	0	21	0	2	1	0
	1993	유공	27	1	31	0	1	0	0
	1994	유공	5	0	7	0	1	0	0
	합계		102	1	108	0	6	3	0
프로통산			102	1	108	0	6	3	0

유대현(柳大鉉) 홍익대 1990.02.28

대회	연도	소속	출전	교체	득점	도움	파울	경고	퇴장
K2	2014	부천	29	5	0	3	37	2	0
	2015	부천	27	13	0	0	31	4	0
	2016	부천	22	6	0	0	24	4	0
	합계		78	24	0	3	92	10	0
프로통산			78	24	0	3	92	10	0

유동관(柳東官) 한양대 1963.05.12

대회	연도	소속	출전	교체	득점	도움	파울	경고	퇴장
BC	1986	포항제철	15	6	0	1	18	1	0
	1987	포항제철	25	10	1	1	18	0	0
	1988	포항제철	16	5	1	2	19	2	0
	1989	포항제철	30	9	0	0	29	3	0
	1990	포항제철	24	4	0	3	23	3	0
	1991	포항제철	34	4	2	0	52	6	0
	1992	포항제철	20	10	0	0	37	2	0
	1993	포항제철	29	1	1	0	45	5	0
	1994	포항제철	19	8	0	0	27	3	0
	1995	포항	6	3	0	0	14	0	0
	합계		207	62	5	4	285	25	0
프로통산			207	62	5	4	285	25	0

유동규(柳東奎) 대신고 1995.05.25

대회	연도	소속	출전	교체	득점	도움	파울	경고	퇴장
K1	2021	인천	6	5	1	0	8	0	0
	합계		6	5	1	0	8	0	0
K2	2022	충남아산	8	8	0	0	7	2	0
	합계		8	8	0	0	7	2	0
프로통산			14	13	1	0	15	2	0

유동민(柳東玫) 초당대 1989.03.27

대회	연도	소속	출전	교체	득점	도움	파울	경고	퇴장
BC	2011	광주	18	18	2	0	12	0	0
	2012	광주	2	2	0	0	0	0	0
	합계		20	20	2	0	12	0	0
프로통산			20	20	2	0	12	0	0

유동우(柳東雨) 한양대 1968.03.07

대회	연도	소속	출전	교체	득점	도움	파울	경고	퇴장
BC	1995	전남	34	3	0	0	30	3	0
	1996	전남	24	2	0	0	14	1	1
	1997	전남	22	12	0	1	9	2	0
	1998	전남	31	0	0	1	36	5	0
	1999	대전	32	1	0	1	23	2	0
	2000	대전	14	1	0	0	14	2	0
	2001	대전	5	0	0	0	5	0	0
	합계		180	28	0	2	116	10	1
프로통산			180	28	0	2	116	10	1

유리(Yuri Matveev) 러시아 1967.06.08

대회	연도	소속	출전	교체	득점	도움	파울	경고	퇴장
BC	1996	수원	10	2	2	2	32	4	0
	1997	수원	20	16	4	0	40	6	0
	합계		30	18	6	2	72	10	0
프로통산			30	18	6	2	72	10	0

유리조나탄(Yuri Jonathan Vitor Coelho) 브라질 1998.06.12

대회	연도	소속	출전	교체	득점	도움	파울	경고	퇴장
K1	2023	제주	33	24	10	4	40	5	0
	합계		33	24	10	4	40	5	0
프로통산			33	24	10	4	40	5	0

유리쉬쉬킨(Yuri Nikolayevich Shishkin) 러시아 1963.09.01

대회	연도	소속	출전	교체	실점	도움	파울	경고	퇴장
BC	1995	전남	19	1	26	0	1	1	0
	합계		19	1	26	0	1	1	0
프로통산			19	1	26	0	1	1	0

유리치치(Luka Juričić) 크로아티아 1996.11.25

대회	연도	소속	출전	교체	득점	도움	파울	경고	퇴장
K2	2022	김포	6	7	0	0	7	2	0
	합계		6	7	0	0	7	2	0
프로통산			6	7	0	0	7	2	0

유만기(劉萬基) 성균관대 1988.03.22

대회	연도	소속	출전	교체	득점	도움	파울	경고	퇴장
K2	2013	고양	28	25	3	0	26	3	0
	합계		28	25	3	0	26	3	0
프로통산			28	25	3	0	26	3	0

유민철(柳敏哲) 중앙대 1984.09.16

대회	연도	소속	출전	교체	득점	도움	파울	경고	퇴장
BC	2009	대전	1	1	0	0	1	0	0
	합계		1	1	0	0	1	0	0
프로통산			1	1	0	0	1	0	0

유병수(俞炳守) 홍익대 1988.03.26

대회	연도	소속	출전	교체	득점	도움	파울	경고	퇴장
BC	2009	인천	34	19	14	4	67	7	0
	2010	인천	31	9	22	0	73	4	0
	2011	인천	13	6	4	2	22	3	0
	합계		78	34	40	6	162	14	0
프로통산			78	34	40	6	162	14	0

유병옥(兪炳玉) 한양대 1964.03.02

대회	연도	소속	출전	교체	득점	도움	파울	경고	퇴장
BC	1987	포항제철	27	5	0	0	13	1	0
	1988	포항제철	14	1	0	0	14	0	0
	1989	포항제철	29	4	1	0	28	1	0
	1990	포항제철	23	17	0	0	13	0	0
	1991	포항제철	23	17	0	1	19	2	0
	1992	LG	18	9	0	1	19	2	0
	1993	LG	19	4	0	0	10	1	0
	1994	LG	22	7	0	2	36	3	0
	1995	LG	12	8	0	0	31	3	0
	합계		183	60	1	4	172	12	0
프로통산			183	60	1	4	172	12	0

유병훈(柳炳勳) 원주공고 1976.07.03

대회	연도	소속	출전	교체	득점	도움	파울	경고	퇴장
BC	1995	대우	2	2	0	0	4	1	0
	1996	부산	13	7	0	0	19	3	0
	1997	부산	14	9	0	0	17	5	0
	1998	부산	12	7	0	0	14	2	0
	1999	부산	8	5	0	0	6	1	0
	2000	부산	5	4	0	0	7	1	0
	2001	부산	0	0	0	0	0	0	0
	2002	부산	8	1	0	1	9	0	0
	2003	부산	20	8	0	0	19	1	1
	합계		86	51	1	0	80	8	2
프로통산			86	51	1	0	80	8	2

유상수(柳商秀) 고려대 1973.08.28

대회	연도	소속	출전	교체	득점	도움	파울	경고	퇴장
BC	1996	부천유공	33	5	0	2	83	7	0
	1997	부천SK	30	4	2	2	58	10	0
	1998	부천SK	38	1	0	0	51	1	0
	1999	안양G	11	6	0	0	17	3	0
	2000	안양G	15	13	1	0	22	1	1
	2001	안양G	15	13	0	0	26	2	0
	2002	안양G	21	13	0	1	34	2	0
	2003	전남	39	12	3	1	59	6	0
	2004	전남	31	3	0	0	41	4	1
	2005	전남	33	3	2	1	32	4	0
	2006	전남	31	4	1	1	29	4	0
	합계		297	76	9	8	448	46	2
프로통산			297	76	9	8	448	46	2

유상철(柳想鐵) 건국대 1971.10.18

대회	연도	소속	출전	교체	득점	도움	파울	경고	퇴장
BC	1994	현대	26	9	5	1	29	2	0
	1995	현대	33	1	2	2	40	5	0
	1996	울산	6	2	1	0	11	0	0
	1997	울산	17	1	1	0	18	1	0
	1998	울산	23	2	15	3	49	2	1
	2002	울산	8	1	9	0	19	0	0
	2005	울산	10	2	3	2	23	1	1
	2005	울산	18	1	1	1	15	1	0
	2006	울산	1	1	0	0	1	0	0
	합계		142	27	37	9	205	14	2
프로통산			142	27	37	9	205	14	2

유상훈(柳相勳) 홍익대 1989.05.25

대회	연도	소속	출전	교체	실점	도움	파울	경고	퇴장
BC	2011	서울	1	1	0	0	0	0	0
	합계		1	1	0	0	0	0	0
K1	2013	서울	1	0	0	0	0	0	0
	2014	서울	15	1	9	0	0	0	0
	2015	서울	26	0	23	0	0	2	0
	2016	서울	21	1	28	0	0	1	0
	2017	상주	8	1	6	0	0	0	0
	2018	상주	13	0	15	0	2	0	0
	2018	서울	3	1	4	0	0	0	0
	2020	서울	11	0	25	0	1	0	0
	2021	서울	2	0	3	0	0	0	0
	2022	강원	35	1	45	0	0	1	0
	2023	강원	20	0	24	0	0	1	0
	합계		187	5	232	0	3	6	0
승	2017	상주	2	0	1	0	0	0	0
	2023	강원	0	0	0	0	0	0	0
	합계		2	0	1	0	0	0	0
프로통산			190	6	233	0	3	6	0

유선(愉善) 신평고 2004.07.24

대회	연도	소속	출전	교체	득점	도움	파울	경고	퇴장
K2	2023	성남	7	3	0	0	3	3	0
	합계		7	3	0	0	3	3	0
프로통산			7	3	0	0	3	3	0

유선우(兪善優) 안동중 2004.06.18

대회	연도	소속	출전	교체	득점	도움	파울	경고	퇴장
K1	2023	대전	0	0	0	0	0	0	0
	합계		0	0	0	0	0	0	0
프로통산			0	0	0	0	0	0	0

유성민(柳聖敏) 호남대 1972.05.11

대회	연도	소속	출전	교체	득점	도움	파울	경고	퇴장
BC	1995	전남	1	1	0	0	1	0	0
	합계		1	1	0	0	1	0	0
프로통산			1	1	0	0	1	0	0

유성우(劉成佑) 서울시립대 1971.05.23

대회	연도	소속	출전	교체	득점	도움	파울	경고	퇴장
BC	1994	대우	5	5	0	0	7	1	0
	1995	전북	9	8	0	1	9	0	0
	1996	전북	1	1	0	0	2	0	0
	1997	전북	11	7	0	1	15	1	0
	1998	전북	1	1	0	0	1	0	0
	합계		27	18	0	2	35	3	0
프로통산			27	18	0	2	35	3	0

유성조(兪誠朝) 동국대 1957.12.27

대회	연도	소속	출전	교체	득점	도움	파울	경고	퇴장
BC	1985	한일은행	13	4	0	0	13	3	0
	합계		13	4	0	0	13	3	0
프로통산			13	4	0	0	13	3	0

유수상(柳秀相) 연세대 1967.12.10

대회	연도	소속	출전	교체	득점	도움	파울	경고	퇴장
BC	1990	대우	18	11	2	0	10	0	0
	1991	대우	35	25	2	5	22	1	0
	1992	대우	13	8	2	0	12	0	0
	1995	대우	25	11	1	1	15	1	0
	1996	부산	28	13	0	2	23	0	0
	1997	부산	9	8	0	1	6	1	0
	1998	부산	1	1	0	0	2	0	0
	합계		129	79	7	9	90	5	0
프로통산			129	79	7	9	90	5	0

유수철(柳手喆) 동아대 1992.08.08

대회	연도	소속	출전	교체	득점	도움	파울	경고	퇴장
K2	2019	부산	1	1	0	0	2	1	0
	합계		1	1	0	0	2	1	0
프로통산			1	1	0	0	2	1	0

유수현(柳秀賢) 선문대 1986.05.13

대회	연도	소속	출전	교체	득점	도움	파울	경고	퇴장
BC	2010	전남	1	1	0	0	1	0	0
	합계		1	1	0	0	1	0	0
K1	2014	상주	3	3	0	0	2	0	0
	2016	수원FC	1	1	0	0	0	0	0
	합계		4	4	0	0	2	0	0
K2	2013	수원FC	34	4	5	6	67	5	0
	2014	수원FC	2	2	0	0	1	0	0
	2015	상주	1	0	0	0	0	0	0
	2016	안양	15	9	1	1	18	1	0
	2017	안양	17	16	0	0	26	1	0
	합계		74	30	7	7	107	12	0
프로통산			80	35	7	7	114	12	0

유순열(柳洵烈) 청주대 1959.01.07

대회	연도	소속	출전	교체	득점	도움	파울	경고	퇴장
BC	1983	포항제철	1	1	0	0	0	0	0
	합계		1	1	0	0	0	0	0
프로통산			1	1	0	0	0	0	0

유승관(劉承官) 건국대 1966.01.22

대회	연도	소속	출전	교체	득점	도움	파울	경고	퇴장
BC	1989	일화	25	25	5	1	16	0	0
	1990	일화	11	12	0	0	6	0	0
	1991	일화	1	1	0	0	0	0	0
	1994	버팔로	17	16	2	1	5	0	0
	1995	전북	5	0	0	0	4	0	0
	합계		59	56	7	2	31	0	0
프로통산			59	56	7	2	31	0	0

유승민(柳昇旻) 영생고 1998.09.24

대회	연도	소속	출전	교체	득점	도움	파울	경고	퇴장
K1	2018	전북	1	1	0	0	0	0	0
	합계		1	1	0	0	0	0	0
프로통산			1	1	0	0	0	0	0

유승완(劉承婉) 성균관대 1992.02.06

대회	연도	소속	출전	교체	득점	도움	파울	경고	퇴장
K2	2016	대전	22	22	1	1	12	0	0
	합계		22	22	1	1	12	0	0
프로통산			22	22	1	1	12	0	0

유승현(兪勝峴) 덕영고 2003.06.04

대회	연도	소속	출전	교체	득점	도움	파울	경고	퇴장
K2	2022	부천	1	0	0	0	0	0	0
	2023	부천	11	5	1	0	11	1	0
	합계		12	5	1	0	12	1	0
프로통산			12	5	1	0	12	1	0

유양준(兪亮濬) 경기대 1985.09.22

대회	연도	소속	출전	교체	득점	도움	파울	경고	퇴장
BC	2008	수원	1	0	0	0	1	0	0
	합계		1	0	0	0	1	0	0
프로통산			1	0	0	0	1	0	0

유연수(柳然修) 호남대 1998.02.26

대회	연도	소속	출전	교체	실점	도움	파울	경고	퇴장
K1	2021	제주	4	1	3	0	0	0	0
	2022	제주	3	1	8	0	0	0	0
	합계		7	2	11	0	0	0	0
K2	2020	제주	1	0	0	0	0	0	0
	합계		1	0	0	0	0	0	0
프로통산			8	2	11	0	0	0	0

유연승(兪嚥昇/←유성기) 연세대 1991.12.21

대회	연도	소속	출전	교체	득점	도움	파울	경고	퇴장
K1	2015	대전	16	10	1	2	17	4	0
	합계		16	10	1	2	17	4	0
K2	2014	대전	9	6	0	2	15	1	0
	2017	안산	26	8	1	1	38	7	0
	2018	안양	12	5	2	0	11	3	0
	2019	안양	5	1	0	0	2	0	0
	2020	안양	2	0	0	0	3	2	0
	합계		55	30	3	5	76	13	0
프로통산			71	40	3	7	93	17	0

유우람(兪우람) 인천대 1984.03.16

대회	연도	소속	출전	교체	득점	도움	파울	경고	퇴장
BC	2009	대전	4	3	0	0	2	0	0
	2012	대전	0	0	0	0	0	0	0
	합계		4	3	0	0	2	0	0
프로통산			4	3	0	0	2	0	0

유인(劉人) 연세대 1975.08.08

대회	연도	소속	출전	교체	득점	도움	파울	경고	퇴장
BC	1998	천안일화	15	11	1	1	16	1	0
	1999	울산	1	1	0	0	0	0	0
	합계		16	12	1	1	16	1	0
프로통산			16	12	1	1	16	1	0

유인수(兪仁秀) 광운대 1994.12.28

대회	연도	소속	출전	교체	득점	도움	파울	경고	퇴장
K1	2020	성남	23	6	2	3	28	2	0
	2022	김천	19	8	2	0	11	1	0
	2022	성남	6	1	0	0	4	2	0
	2023	강원	25	22	3	0	19	1	0
	합계		73	37	6	3	66	6	0
K2	2021	김천	19	4	0	1	14	1	0
	합계		19	4	0	1	14	1	0
승	2023	강원	2	0	0	0	2	0	0
	합계		2	0	0	0	2	0	0
프로통산			94	41	7	3	85	8	0

유재영(劉在永) 성균관대 1958.12.06

대회	연도	소속	출전	교체	득점	도움	파울	경고	퇴장
BC	1985	한일은행	17	12	2	1	10	0	0
	1986	한일은행	19	2	0	0	27	1	0
	합계		36	14	2	1	37	1	0
프로통산			36	14	2	1	37	1	0

유재원(柳在垣) 고려대 1990.02.24

대회	연도	소속	출전	교체	득점	도움	파울	경고	퇴장
K1	2013	강원	2	2	0	0	0	0	0
	합계		2	2	0	0	0	0	0
프로통산			2	2	0	0	0	0	0

유재형(劉在炯) 명지대 1977.08.24

대회	연도	소속	출전	교체	득점	도움	파울	경고	퇴장
BC	2002	울산	5	5	0	0	7	1	0
	합계		5	5	0	0	7	1	0
프로통산			5	5	0	0	7	1	0

유재호(柳載滈) 우석대 1989.05.07

대회	연도	소속	출전	교체	득점	도움	파울	경고	퇴장
K1	2013	인천	3	3	0	0	0	0	0
	2016	인천	1	0	0	0	0	0	0
	합계		4	3	0	0	0	0	0
프로통산			4	3	0	0	0	0	0

유재훈(兪在勳) 울산대 1983.07.07

대회	연도	소속	출전	교체	실점	도움	파울	경고	퇴장
BC	2006	대전	0	0	0	0	0	0	0
	2007	대전	3	0	2	0	0	0	0
	2008	대전	1	0	3	0	0	0	0
	2009	대전	0	0	0	0	0	0	0
	합계		4	0	5	0	0	0	0
프로통산			4	0	5	0	0	0	0

유정완(柳政完) 연세대 1996.04.05

대회	연도	소속	출전	교체	득점	도움	파울	경고	퇴장
K2	2018	서울E	13	11	0	1	7	0	0
	2019	서울E	11	9	1	0	7	2	0
	2020	서울E	1	1	0	0	0	0	0
	2021	서울E	11	11	3	0	11	1	0
	2022	서울E	30	30	4	1	29	4	0
	2023	서울E	30	16	4	1	33	6	0
	합계		96	78	10	2	71	13	0
프로통산			96	78	10	2	71	13	0

유제호(劉齊昊) 아주대 1992.08.10

대회	연도	소속	출전	교체	득점	도움	파울	경고	퇴장
K1	2014	포항	0	0	0	0	0	0	0
	2015	포항	1	1	0	0	1	0	0
	합계		1	1	0	0	1	0	0
K2	2016	서울E	8	7	0	0	8	0	0
	합계		8	7	0	0	8	0	0
프로통산			9	8	0	0	9	0	0

유제호(劉帝護) 동국대 2000.08.15

대회	연도	소속	출전	교체	득점	도움	파울	경고	퇴장
K1	2022	수원	6	6	0	0	8	1	0
	2023	수원	22	19	1	0	25	2	0
	합계		28	25	1	0	33	3	0
프로통산			28	25	1	0	33	3	0

유종완(兪鍾完) 경희대 1959.08.12

대회	연도	소속	출전	교체	득점	도움	파울	경고	퇴장
BC	1983	대우	7	3	0	0	4	1	1
	1984	대우	2	1	0	0	1	0	0
	1985	대우	4	2	0	0	1	0	0
	합계		13	6	0	0	6	1	1
프로통산			13	6	0	0	6	1	1

유종우(柳鐘宇) 숭실대 1998.02.14

대회	연도	소속	출전	교체	득점	도움	파울	경고	퇴장
K2	2020	안양	9	9	0	0	7	1	0
	2021	안양	2	2	0	0	0	0	0
	2022	안양	3	3	0	0	7	0	0
	합계		14	14	0	0	14	1	0
프로통산			14	14	0	0	14	1	0

유종현(劉宗賢) 건국대 1988.03.14

대회	연도	소속	출전	교체	득점	도움	파울	경고	퇴장
BC	2011	광주	26	4	2	1	36	13	0
	2012	광주	21	1	0	0	30	6	0
	합계		47	14	2	1	66	19	0
K2	2013	광주	20	1	1	1	32	6	0
	2014	충주	30	2	2	0	42	3	0
	2015	안양	15	5	0	0	13	3	0
	2016	안양	28	11	0	0	14	3	0
	2019	안양	21	3	1	0	19	4	0
	2020	안양	18	5	1	0	25	5	1
	합계		128	37	4	2	165	32	1
프로통산			175	51	6	3	231	51	1

유주안(柳宙岸) 매탄고 1998.10.01

대회	연도	소속	출전	교체	득점	도움	파울	경고	퇴장
K1	2017	수원	15	15	2	2	10	1	0
	2018	수원	14	12	2	1	14	1	0
	2019	수원	8	8	0	0	6	0	0
	2020	수원	1	1	0	0	0	0	0
	2021	수원	8	8	0	1	2	0	0
	2022	수원	6	6	0	0	1	0	0
	합계		52	50	4	4	33	2	0
K2	2020	수원FC	9	9	0	2	3	0	0
	합계		9	9	0	2	3	0	0
프로통산			61	59	4	7	28	1	0

유준수(柳俊秀) 고려대 1988.05.08

대회	연도	소속	출전	교체	득점	도움	파울	경고	퇴장
BC	2011	인천	18	14	0	1	27	4	0
	2012	인천	9	8	0	0	14	0	0
	합계		27	22	0	1	41	4	0
K1	2014	울산	23	10	3	1	19	1	0
	2015	울산	16	1	1	0	7	3	0
	2016	상주	2	1	0	0	0	0	0
	2017	상주	25	21	1	2	34	4	0
	2019	포항	15	6	0	0	6	0	2
	합계		81	39	5	3	66	7	2
K2	2021	충남아산	33	2	0	0	33	0	0
	2022	충남아산	7	6	2	0	0	9	0
	2023	안산	16	0	1	0	11	3	0
	합계		56	8	3	0	44	12	0
승	2017	상주	2	2	0	0	2	0	0
	합계		2	2	0	0	2	0	0
프로통산			166	71	9	4	153	23	2

유준영(柳晙永) 경희대 1990.02.17

대회	연도	소속	출전	교체	득점	도움	파울	경고	퇴장
K2	2013	부천	15	9	3	1	14	1	0
	2014	부천	31	24	3	5	23	3	0
	2015	부천	4	5	0	0	0	0	0
	2015	경남	3	3	0	0	2	0	0
	합계		53	41	6	6	39	4	0
프로통산			53	41	6	6	39	4	0

유준하(劉遵河) 서울대 2001.11.16

대회	연도	소속	출전	교체	득점	도움	파울	경고	퇴장
K2	2023	경남	9	8	0	0	5	0	0
	합계		9	8	0	0	5	0	0
프로통산			9	8	0	0	5	0	0

유지노(柳志弩) 광양제철고 1989.11.06

대회	연도	소속	출전	교체	득점	도움	파울	경고	퇴장
BC	2008	전남	11	2	0	1	6	1	0
	2009	전남	16	5	0	0	15	1	0
	2010	전남	13	5	0	0	12	3	0
	2011	전남	20	3	0	1	13	3	0
	2012	전남	12	2	0	0	19	0	0
	합계		72	17	0	2	65	12	0
K1	2013	부산	6	1	0	0	6	1	0
	2014	부산	19	1	0	0	23	3	0
	2015	부산	26	2	1	0	35	3	0
	2016	수원FC	4	1	0	0	7	1	0
	합계		55	5	1	0	73	8	0
승	2015	부산	1	1	0	0	1	0	0
	합계		1	1	0	0	1	0	0
프로통산			128	23	1	2	139	20	0

유지민(柳知民) 숭실대 1993.08.27

대회	연도	소속	출전	교체	득점	도움	파울	경고	퇴장
K2	2017	부천	13	13	0	1	12	3	0
	2019	안산	4	4	0	0	0	0	0
	합계		17	17	0	1	12	3	0
프로통산			17	17	0	1	12	3	0

유지운(有地運) 현풍고 2004.07.22

대회	연도	소속	출전	교체	득점	도움	파울	경고	퇴장
K1	2023	대구	0	0	0	0	0	0	0
	합계		0	0	0	0	0	0	0
프로통산			0	0	0	0	0	0	0

유지원(柳志元) 천안제일고 2004.01.07

대회	연도	소속	출전	교체	득점	도움	파울	경고	퇴장
K2	2023	충북청주	1	1	0	0	0	0	0
	합계		1	1	0	0	0	0	0
프로통산			1	1	0	0	0	0	0

유지하(柳知荷) 동경한국학교(고) 1999.06.01

대회	연도	소속	출전	교체	득점	도움	파울	경고	퇴장
K2	2022	전남	1	1	0	0	0	0	0
	2023	전남	20	0	2	0	22	7	0
	합계		21	1	2	0	22	7	0
프로통산			21	1	2	0	22	7	0

유지훈(柳志訓) 한양대 1988.06.09

대회	연도	소속	출전	교체	득점	도움	파울	경고	퇴장
BC	2010	경남	2	2	0	0	3	0	0
	2011	부산	5	3	0	0	8	2	0
	2012	부산	31	16	1	0	28	2	0
	합계		38	21	1	0	39	4	0
K1	2014	상주	18	2	1	4	25	6	2
	2014	부산	14	1	0	1	37	7	0
	2015	부산	4	1	1	37	7	0	
	2018	경남	13	4	1	1	20	1	0
	합계		63	10	2	6	73	13	2
K2	2013	상주	15	2	1	2	17	0	0
	2016	부산	14	9	0	0	13	4	0
	2017	부산	15	2	0	0	12	0	0
	2017	서울E	12	1	0	1	10	2	0
	2018	서울E	10	4	0	0	10	2	0
	2020	경남	17	1	1	0	25	3	0
	2021	경남	4	3	0	0	1	1	0
	합계		71	23	1	2	75	8	0
승	2013	상주	2	2	0	0	2	0	0
	합계		2	2	0	0	2	0	0
프로통산			174	54	4	8	192	27	2

유진석(柳珍錫) 경희대 1996.02.17

대회	연도	소속	출전	교체	득점	도움	파울	경고	퇴장
K2	2018	대전	4	4	0	0	2	1	0
	합계		4	4	0	0	2	1	0
프로통산			4	4	0	0	2	1	0

유진오(兪鎭午) 연세대 1976.03.10

대회	연도	소속	출전	교체	득점	도움	파울	경고	퇴장
BC	1999	안양LG	14	7	0	0	42	3	0
	2000	안양LG	2	2	0	0	1	0	0
	합계		16	9	0	0	43	3	0
프로통산			16	9	0	0	43	3	0

유창균(劉昶均) 울산대 1992.07.02

대회	연도	소속	출전	교체	득점	도움	파울	경고	퇴장
K2	2015	부천	0	0	0	0	0	0	0
	합계		0	0	0	0	0	0	0
프로통산			0	0	0	0	0	0	0

유창현(柳昌鉉) 대구대 1985.05.14

대회	연도	소속	출전	교체	득점	도움	파울	경고	퇴장
BC	2009	포항	25	18	11	5	24	0	0
	2010	포항	15	12	2	6	6	0	0
	2011	포항	23	20	2	3	25	2	0
	2012	상주	24	16	4	2	33	5	0
	2012	포항	10	9	1	1	6	0	0
	합계		95	68	20	12	85	9	0
K1	2013	포항	4	4	0	0	1	0	0
	2014	상주	28	27	4	3	25	5	0
	2015	전북	7	7	2	0	11	1	0
	2016	성남	3	3	0	0	1	0	0
	합계		42	41	6	3	40	2	0
K2	2016	서울E	9	9	0	0	7	1	0
	합계		9	9	0	0	7	1	0

프로통산 146 118 26 15 132 12 0

유청윤(柳淸潤) 경희대 1992.09.07

대회	연도	소속	출전	교체	득점	도움	파울	경고	퇴장
K1	2014	성남	2	1	0	0	1	0	0
	2015	성남	0	0	0	0	0	0	0
	합계		2	1	0	0	1	0	0
프로통산			2	1	0	0	1	0	0

유청인(柳靑忍) 숭실대 1996.08.06

대회	연도	소속	출전	교체	득점	도움	파울	경고	퇴장
K1	2017	강원	0	0	0	0	0	0	0
	합계		0	0	0	0	0	0	0
K2	2019	안산	0	0	0	0	0	0	0
	합계		0	0	0	0	0	0	0
프로통산			0	0	0	0	0	0	0

유카(Jukka Koskinen) 핀란드 1972.11.29

대회	연도	소속	출전	교체	득점	도움	파울	경고	퇴장
BC	1999	안양LG	14	5	0	0	14	1	0
	합계		14	5	0	0	14	1	0
프로통산			14	5	0	0	14	1	0

유태목(柳泰穆) 연세대 1957.04.30

대회	연도	소속	출전	교체	득점	도움	파울	경고	퇴장
BC	1983	대우	16	1	0	0	7	0	0
	1984	대우	22	5	2	0	23	1	0
	1985	대우	9	3	0	0	6	0	0
	1986	현대	29	1	0	1	27	0	0
	1987	현대	19	9	1	0	7	1	0
	합계		95	18	4	1	70	2	0
프로통산			95	18	4	1	70	2	0

유해성(劉海成) KC대 1996.01.01

대회	연도	소속	출전	교체	득점	도움	파울	경고	퇴장
K2	2018	대전	7	7	0	0	2	0	0
	2019	대전	7	7	0	0	3	0	0
	합계		14	14	0	0	5	0	0
프로통산			14	14	0	0	5	0	0

유헤이(Sato Yuhei, 佐藤優平) 일본 1990.10.29

대회	연도	소속	출전	교체	득점	도움	파울	경고	퇴장
K2	2022	전남	36	15	1	4	25	3	0
	2023	전남	34	18	1	2	16	0	0
	합계		70	33	2	6	41	3	0
프로통산			70	33	2	6	41	3	0

유현(劉賢) 중앙대 1984.08.01

대회	연도	소속	출전	교체	실점	도움	파울	경고	퇴장
BC	2009	강원	29	0	56	0	0	1	0
	2010	강원	28	2	51	0	0	0	0
	2011	강원	35	0	32	0	1	1	0
	2012	인천	23	0	33	0	0	0	0
	합계		115	2	172	0	1	2	0
K1	2014	인천	10	0	11	0	1	0	0
	2015	인천	26	1	28	0	2	2	0
	2016	서울	18	0	18	0	0	0	0
	2017	서울	4	0	4	0	0	0	0
	2018	서울	0	0	0	0	0	0	0
	2021	수원FC	23	0	34	0	2	0	0
	2022	수원FC	11	0	19	0	1	0	0
	합계		99	2	120	0	4	2	0
K2	2013	경찰	23	2	31	0	1	1	0
	2014	안산경찰	20	1	23	0	3	2	0
	2020	수원FC	17	1	18	1	0	1	0
	합계		60	4	72	1	3	4	0
승	2018	서울	0	0	0	0	0	0	0
프로통산			274	8	364	2	10	12	0

유현구(柳鉉口) 보인정보산업고(보인고) 1983.01.25

대회	연도	소속	출전	교체	득점	도움	파울	경고	퇴장
BC	2005	부천SK	7	7	0	0	8	0	0
	2006	제주	11	9	1	0	10	2	0
	2007	광주상무	19	18	0	1	17	1	0
	2008	광주상무	7	6	1	0	6	1	0
	합계		44	40	2	1	41	4	0
프로통산			44	40	2	1	41	4	0

유호준(柳好俊) 광운대 1985.01.14

대회	연도	소속	출전	교체	득점	도움	파울	경고	퇴장
BC	2008	울산	31	16	2	3	38	5	0
	2009	울산	10	8	0	1	6	1	0
	2010	부산	25	5	5	3	53	4	0
	2011	부산	18	10	0	0	23	1	0
	2012	경남	17	13	0	0	16	3	0
	합계		101	52	7	6	132	13	0
K1	2013	경남	5	5	0	1	3	1	0
	합계		5	5	0	1	3	1	0
K2	2014	안산경찰	13	9	0	0	17	1	0
	2015	안산경찰	10	9	0	0	14	2	0
	2015	경남	1	0	0	0	1	0	0
	합계		24	18	0	0	32	3	0
프로통산			130	75	7	7	168	18	0

유흥열(柳弘烈) 숭실대 1983.12.30

대회	연도	소속	출전	교체	득점	도움	파울	경고	퇴장
BC	2006	전남	4	4	0	0	5	0	0
	2007	전남	3	2	0	0	4	0	0
	2008	전남	1	1	0	0	1	0	0
	2009	전남	11	9	1	2	9	1	0
	2010	전남	1	1	0	0	1	0	0
	합계		20	17	1	2	20	1	0
프로통산			20	17	1	2	20	1	0

윤경보(尹慶保) 호남대 1995.08.16

대회	연도	소속	출전	교체	득점	도움	파울	경고	퇴장
K2	2018	대전	4	2	0	0	5	0	0
	2019	대전	15	4	0	0	16	2	0
	2020	대전	2	1	0	0	2	0	0
	합계		21	7	0	0	23	2	0
프로통산			21	7	0	0	23	2	0

윤경원(尹經原) 현대고 2001.04.09

대회	연도	소속	출전	교체	득점	도움	파울	경고	퇴장
K2	2022	안산	0	0	0	0	0	0	0
	합계		0	0	0	0	0	0	0

윤광복(尹光卜) 조선대 1989.01.25

대회	연도	소속	출전	교체	득점	도움	파울	경고	퇴장
BC	2011	광주	0	0	0	0	0	0	0
	합계		0	0	0	0	0	0	0
프로통산			0	0	0	0	0	0	0

윤근호(尹根鎬) 동국대 1977.11.08

대회	연도	소속	출전	교체	득점	도움	파울	경고	퇴장
BC	2000	전북	1	1	0	0	0	0	0
	2001	전북	1	1	0	0	0	0	0
	합계		2	2	0	0	0	0	0
프로통산			2	2	0	0	0	0	0

윤기원(尹基源) 아주대 1987.05.20

대회	연도	소속	출전	교체	실점	도움	파울	경고	퇴장
BC	2010	인천	1	0	7	0	0	0	0
	2011	인천	7	0	10	0	0	0	0
	합계		8	0	17	0	0	0	0
프로통산			8	0	17	0	0	0	0

윤기해(尹期海) 초당대 1991.02.09

대회	연도	소속	출전	교체	실점	도움	파울	경고	퇴장
BC	2012	광주	5	0	10	0	0	0	0
	합계		5	0	10	0	0	0	0
K2	2013	광주	5	0	11	0	0	0	0
	합계		5	0	11	0	0	0	0
프로통산			10	0	21	0	0	0	0

윤덕여(尹德汝) 성균관대 1961.03.25

대회	연도	소속	출전	교체	득점	도움	파울	경고	퇴장
BC	1984	한일은행	26	4	0	0	23	2	0
	1985	한일은행	19	0	0	0	23	1	0
	1986	현대	5	1	0	0	2	0	0
	1987	현대	18	7	1	0	14	0	0
	1988	현대	17	2	1	1	31	2	0
	1989	현대	8	1	1	0	7	2	0
	1990	현대	10	0	0	0	13	0	0
	1991	현대	5	3	0	0	4	1	0
	1992	포항제철	12	9	0	0	14	1	0
	합계		129	27	3	1	143	10	0
프로통산			129	27	3	1	143	10	0

윤동권(尹東權) 선문대 1999.02.11

대회	연도	소속	출전	교체	득점	도움	파울	경고	퇴장
K2	2021	충남아산	0	0	0	0	0	0	0
	합계		0	0	0	0	0	0	0
프로통산			0	0	0	0	0	0	0

윤동민(尹東民) 경희대 1988.07.24

대회	연도	소속	출전	교체	득점	도움	파울	경고	퇴장
BC	2011	부산	18	16	2	0	8	0	0
	2012	부산	22	22	4	0	19	1	0
	합계		40	38	6	0	27	1	0
K1	2013	부산	14	13	0	3	8	0	0
	2014	부산	16	16	1	0	7	0	0
	2015	부산	16	16	1	0	7	0	0
	2016	상주	2	2	0	0	0	0	0
	2017	상주	12	12	1	0	5	0	0
	2018	전남	3	3	0	0	0	0	0
	합계		63	62	3	3	27	2	0
K2	2017	부산	3	3	0	1	6	1	0
	합계		3	3	0	1	6	1	0
승	2015	부산	1	1	0	0	0	0	0
	합계		1	1	0	0	0	0	0
프로통산			107	104	8	4	60	4	0

윤동민(尹東珉) 성균관대 1986.07.18

대회	연도	소속	출전	교체	득점	도움	파울	경고	퇴장
K2	2013	수원FC	8	7	1	1	3	0	0
	합계		8	7	1	1	3	0	0
프로통산			8	7	1	1	3	0	0

윤동헌(尹東憲) 고려대 1983.05.02

대회	연도	소속	출전	교체	득점	도움	파울	경고	퇴장
BC	2007	울산	1	0	0	0	2	0	0
	합계		1	0	0	0	2	0	0
K2	2013	고양	32	6	2	3	23	3	0
	2014	고양	33	20	3	5	18	1	0
	합계		65	26	5	8	41	4	0
프로통산			66	26	5	8	43	4	0

윤민호(尹珉皓) 현대고 1999.10.17

대회	연도	소속	출전	교체	득점	도움	파울	경고	퇴장
K1	2022	포항	2	2	0	0	3	1	0
	2023	포항	6	6	0	0	5	0	0
	합계		8	8	0	0	8	2	0
프로통산			8	8	0	0	8	2	0

윤민호(尹敏顥) 전주대 1995.12.06

대회	연도	소속	출전	교체	득점	도움	파울	경고	퇴장
K2	2022	김포	33	16	8	2	43	3	1
	2023	김포	19	16	2	4	19	2	0
	합계		52	32	10	6	62	5	1
승	2023	김포	2	2	0	0	1	0	0
	합계		2	2	0	0	1	0	0
프로통산			54	34	10	6	63	5	1

윤병기(尹炳基) 숭실대 1973.04.22

대회	연도	소속	출전	교체	득점	도움	파울	경고	퇴장
BC	1999	전남	12	9	1	1	14	3	0
	2000	전남	11	8	0	0	7	1	0
	2001	전남	2	1	0	0	4	1	0
	합계		25	18	1	1	25	5	0
프로통산			25	18	1	1	25	5	0

윤보상(尹普相) 울산대 1993.09.09

대회	연도	소속	출전	교체	**실점**	도움	파울	경고	퇴장
K1	2016	광주	22	1	21	0	0	2	0
	2017	광주	26	1	42	0	1	2	0
	2018	상주	15	1	25	0	0	1	0
	2019	상주	29	1	37	0	0	1	0
	2021	광주	22	0	32	0	1	0	0
	합계		114	4	157	0	1	7	0
K2	2018	광주	1	0	3	0	0	0	0
	2020	제주	1	0	0	0	0	0	0
	2022	서울E	37	2	36	0	0	3	0
	2023	서울E	6	0	12	0	0	0	0
	합계		51	2	58	0	0	5	0
프로통산			165	6	215	0	1	10	0

윤보영 (尹寶營) 울산대 1978.04.29

대회	연도	소속	출전	교체	득점	도움	파울	경고	퇴장
BC	2001	포항	4	4	0	0	0	0	0
	2002	포항	30	13	5	2	29	2	0
	2003	포항	11	11	0	1	4	0	0
	합계		45	28	5	3	32	2	0
프로통산			45	28	5	3	32	2	0

윤빛가람 (尹빛가람) 부산외대 1990.05.07

대회	연도	소속	출전	교체	득점	도움	파울	경고	퇴장
BC	2010	경남	29	5	9	7	28	1	0
	2011	경남	32	9	8	7	38	10	0
	2012	성남일화	31	20	1	3	34	5	1
	합계		92	34	18	17	100	16	1
K1	2013	제주	31	14	1	2	30	5	0
	2014	제주	37	11	4	4	33	4	0
	2015	제주	36	3	6	7	31	7	0
	2017	제주	17	3	2	3	11	1	0
	2018	상주	33	2	7	3	18	2	0
	2019	상주	27	1	4	0	19	4	0
	2019	제주	3	1	2	1	0	0	0
	2020	울산	24	6	4	0	36	1	0
	2021	울산	29	16	3	5	24	2	0
	2022	제주	15	11	3	4	22	0	0
	2023	수원FC	35	3	8	5	30	5	0
	합계		293	72	47	36	237	29	1
승	2023	수원FC	1	0	0	0	0	0	0
	합계		1	0	0	0	0	0	0
프로통산			386	106	65	53	340	45	2

윤상철 (尹相喆) 건국대 1965.06.14

대회	연도	소속	출전	교체	득점	도움	파울	경고	퇴장
BC	1988	럭키금성	18	6	4	1	23	0	0
	1989	럭키금성	38	10	17	6	60	3	0
	1990	럭키금성	30	4	12	7	38	0	0
	1991	LG	31	16	7	2	38	0	0
	1992	LG	34	22	7	2	43	2	0
	1993	LG	32	6	9	8	50	0	0
	1994	LG	34	6	24	1	34	4	0
	1996	안양LG	33	21	14	4	23	1	0
	1997	안양LG	19	13	3	3	15	0	0
	합계		300	123	101	31	351	10	0
프로통산			300	123	101	31	351	10	0

윤상혁 (尹尙爀) 남부대 1997.02.26

대회	연도	소속	출전	교체	득점	도움	파울	경고	퇴장
K2	2022	김포	13	11	0	0	8	3	0
	합계		13	11	0	0	8	3	0
프로통산			13	11	0	0	8	3	0

윤상호 (尹相皓) 호남대 1992.06.04

대회	연도	소속	출전	교체	득점	도움	파울	경고	퇴장
K1	2015	인천	13	9	0	1	16	2	0
	2016	인천	28	16	0	0	44	6	0
	2017	인천	11	7	0	0	14	1	0
	2018	인천	2	2	0	0	5	0	0
	합계		54	34	0	1	79	9	0
K2	2014	광주	13	12	0	0	16	1	0
	2019	서울E	15	10	0	1	12	2	0
	합계		28	22	0	1	28	3	0
승	2014	광주	0	0	0	0	0	0	0
	합계		0	0	0	0	0	0	0
프로통산			83	56	0	2	107	12	0

윤서호 (尹情鎬) 경희대 1998.02.02

대회	연도	소속	출전	교체	득점	도움	파울	경고	퇴장
K1	2019	수원	0	0	0	0	0	0	0
	합계		0	0	0	0	0	0	0
프로통산			0	0	0	0	0	0	0

윤석 (尹石) 전북대 1985.02.28

대회	연도	소속	출전	교체	득점	도움	파울	경고	퇴장
BC	2007	제주	1	1	0	0	1	0	0
	합계		1	1	0	0	1	0	0
프로통산			1	1	0	0	1	0	0

윤석영 (尹錫榮) 광양제철고 1990.02.13

대회	연도	소속	출전	교체	득점	도움	파울	경고	퇴장
BC	2009	전남	21	4	1	0	17	0	0
	2010	전남	19	5	0	5	16	1	0
	2011	전남	21	2	1	1	17	1	0
	2012	전남	25	1	2	4	14	4	0
	합계		86	12	4	10	58	11	0
K1	2018	서울	22	2	1	3	16	5	0
	2019	강원	28	12	1	2	16	3	0
	2020	부산	6	1	0	0	2	0	0
	2021	강원	31	1	1	0	29	3	0
	2022	강원	32	5	1	2	14	4	0
	2023	강원	30	14	1	0	9	2	0
	합계		149	37	7	7	67	17	0
승	2018	서울	1	0	0	0	0	0	0
	2021	강원	2	0	1	0	1	0	0
	2023	강원	1	0	0	0	0	0	0
	합계		4	0	1	0	1	0	0
프로통산			240	49	7	17	128	29	0

윤석주 (尹碩珠) 포항제철고 2002.02.25

대회	연도	소속	출전	교체	득점	도움	파울	경고	퇴장
K1	2022	김천	12	11	0	0	6	0	0
	합계		12	11	0	0	6	0	0
K2	2021	경남	9	9	0	1	8	0	0
	2023	김천	16	14	0	1	6	1	0
	합계		25	23	0	2	14	3	0
승	2022	김천	1	1	0	0	0	0	0
	합계		1	1	0	0	0	0	0
프로통산			38	35	0	2	20	3	0

윤석희 (尹錫熙) 울산대 1993.07.21

대회	연도	소속	출전	교체	득점	도움	파울	경고	퇴장
K2	2015	고양	6	6	2	0	5	0	0
	2016	고양	0	0	0	0	0	0	0
	합계		6	6	2	0	5	0	0
프로통산			6	6	2	0	5	0	0

윤선호 (尹銑皓) 숭실대 1995.11.08

대회	연도	소속	출전	교체	득점	도움	파울	경고	퇴장
K2	2019	안산	1	0	0	0	2	0	0
	합계		1	0	0	0	2	0	0

윤성열 (尹誠悅) 배재대 1987.12.22

대회	연도	소속	출전	교체	득점	도움	파울	경고	퇴장
K2	2015	서울E	38	3	1	3	14	2	0
	2016	서울E	15	2	1	4	6	0	0
	2018	서울E	10	1	0	1	4	0	0
	2019	서울E	2	0	0	0	0	0	0
	합계		65	6	2	8	24	2	0
프로통산			65	6	2	8	24	2	0

윤성우 (尹星宇) 상지대 1989.11.08

대회	연도	소속	출전	교체	득점	도움	파울	경고	퇴장
BC	2012	서울	1	1	0	0	0	0	0
	합계		1	1	0	0	0	0	0
K2	2013	고양	22	21	0	1	2	2	0
	합계		22	21	0	1	2	2	0
프로통산			23	22	0	1	2	2	0

윤성한 (尹成韓) 경희대 1998.01.17

대회	연도	소속	출전	교체	득점	도움	파울	경고	퇴장
K2	2019	대전	6	6	1	0	3	1	0
	2020	대전	5	4	0	1	7	1	0
	합계		11	10	1	1	10	2	0
프로통산			11	10	1	1	10	2	0

윤성효 (尹星孝) 연세대 1962.05.18

대회	연도	소속	출전	교체	득점	도움	파울	경고	퇴장
BC	1986	한일은행	20	1	5	1	31	3	0
	1987	포항제철	12	9	1	2	8	0	0
	1988	포항제철	7	1	1	0	12	1	0
	1989	포항제철	22	9	1	2	31	1	0
	1990	포항제철	25	7	0	0	35	2	0
	1991	포항제철	21	10	1	0	28	2	0
	1992	포항제철	34	2	1	0	54	4	0
	1993	포항제철	34	21	2	1	23	1	0
	1994	대우	24	2	1	4	34	2	0
	1995	대우	27	0	2	0	40	7	0
	1996	수원	34	2	5	1	72	9	0
	1997	수원	30	2	1	1	67	8	0
	1998	수원	19	16	2	0	37	2	0
	2000	수원	3	0	0	0	2	1	0
	합계		311	101	23	14	473	38	0
프로통산			311	101	23	14	473	38	0

윤승원 (尹承圓/←윤현오) 오산고 1995.02.11

대회	연도	소속	출전	교체	득점	도움	파울	경고	퇴장
K1	2016	서울	1	1	0	0	0	0	0
	2017	서울	17	17	1	1	18	3	0
	2018	서울	10	10	0	0	4	0	0
	합계		28	28	1	1	23	4	0
K2	2020	대전	7	5	2	0	12	2	0
	합계		7	5	2	0	12	2	0
프로통산			35	33	5	1	35	6	0

윤승현 (尹勝鉉) 연세대 1988.12.13

대회	연도	소속	출전	교체	득점	도움	파울	경고	퇴장
BC	2012	서울	1	1	0	0	1	0	0
	2012	성남일화	5	5	0	0	7	0	0
	합계		6	6	0	0	8	0	0
프로통산			6	6	0	0	8	0	0

윤시호 (尹施淏/←윤홍창) 동북고 1984.05.12

대회	연도	소속	출전	교체	득점	도움	파울	경고	퇴장
BC	2007	서울	7	7	0	0	5	2	0
	2008	서울	11	10	0	0	10	1	0
	2009	서울	2	2	0	0	0	0	0
	2011	대구	25	3	0	3	27	6	0
	2012	서울	1	1	0	0	1	0	0
	합계		46	23	0	3	39	7	0
프로통산			46	23	0	3	39	7	0

윤신영 (尹信榮) 경기대 1987.05.22

대회	연도	소속	출전	교체	득점	도움	파울	경고	퇴장
BC	2009	대전	6	5	0	0	4	1	0
	2010	광주상무	2	2	0	0	1	0	0
	2011	상주	17	8	0	0	20	5	0
	2012	경남	31	0	0	0	44	6	0
	합계		56	15	0	0	69	12	0
K1	2013	경남	32	2	2	0	51	7	0
	2015	대전	15	4	0	0	18	0	0
	합계		47	6	2	0	69	8	0
K2	2017	대전	21	4	0	0	23	2	0
	2018	대전	18	2	0	1	14	1	0
	2019	대전	10	3	0	0	14	3	0
	2020	부천	6	3	0	0	6	1	0

			출전	교체	득점	도움	파울	경고	퇴장
	합계		67	16	0	1	57	7	0
프로통산			170	37	2	3	187	27	0

윤여산(尹如山) 한남대 1982.07.09

대회	연도	소속	출전	교체	득점	도움	파울	경고	퇴장
BC	2005	인천	0	0	0	0	0	0	0
	2006	대구	11	3	0	0	22	0	0
	2007	대구	18	12	0	0	29	3	0
	2008	대구	13	6	1	0	24	1	0
	2009	대구	24	3	0	1	50	7	0
	2010	광주상무	16	4	0	0	23	7	0
	2011	상주	12	1	0	0	22	6	1
	합계		94	29	1	1	168	24	1
프로통산			94	29	1	1	168	24	1

윤영노(尹英老) 숭실대 1989.05.01

대회	연도	소속	출전	교체	득점	도움	파울	경고	퇴장
BC	2012	부산	1	1	0	0	0	0	0
	합계		1	1	0	0	0	0	0
프로통산			1	1	0	0	0	0	0

윤영선(尹榮善) 단국대 1988.10.04

대회	연도	소속	출전	교체	득점	도움	파울	경고	퇴장
BC	2010	성남일화	5	2	0	0	6	0	0
	2011	성남일화	18	3	0	0	31	2	0
	2012	성남일화	34	5	0	0	45	3	1
	합계		57	10	0	0	82	5	1
K1	2013	성남일화	36	6	0	2	41	7	0
	2014	성남	19	3	0	0	17	2	0
	2015	성남	35	1	0	2	37	11	0
	2016	성남	16	0	1	0	12	5	0
	2016	상주	6	0	0	0	7	4	0
	2017	상주	17	6	0	0	13	2	0
	2018	상주	3	0	0	0	1	0	0
	2019	울산	27	3	0	0	22	3	0
	2020	울산	9	2	0	0	10	0	0
	2020	서울	1	1	0	0	1	0	0
	2021	수원FC	6	0	1	0	8	2	0
	2022	전북	20	6	0	0	9	4	0
	2023	전북	1	1	0	0	1	0	0
	합계		195	28	5	1	188	47	0
K2	2018	성남	17	2	1	0	12	2	0
	합계		17	2	1	0	12	2	0
승	2017	상주	2	0	0	0	3	0	0
	합계		2	0	0	0	3	0	0
프로통산			271	40	6	1	293	54	1

윤영승(尹英勝) 도쿄조선대(일본) 1991.08.13

대회	연도	소속	출전	교체	득점	도움	파울	경고	퇴장
K1	2013	대구	1	1	0	0	0	0	0
	합계		1	1	0	0	0	0	0
K2	2014	대구	8	8	0	0	2	0	0
	합계		8	8	0	0	2	0	0
프로통산			9	9	0	0	2	0	0

윤영종(尹英鍾) 인천대 1979.01.23

대회	연도	소속	출전	교체	득점	도움	파울	경고	퇴장
BC	2001	전남	1	1	0	0	0	0	0
	합계		1	1	0	0	0	0	0
프로통산			1	1	0	0	0	0	0

윤영준(尹詠準) 상지대 1993.09.01

대회	연도	소속	출전	교체	득점	도움	파울	경고	퇴장
K2	2016	고양	23	16	2	0	31	4	0
	합계		23	16	2	0	31	4	0
프로통산			23	16	2	0	31	4	0

윤용구(尹勇九) 건국대 1977.08.08

대회	연도	소속	출전	교체	득점	도움	파울	경고	퇴장
BC	2000	전남	13	13	0	0	3	0	0
	2001	전남	2	2	1	0	1	0	0
	2004	부천SK	20	14	0	1	25	2	0
	합계		35	29	1	1	29	2	0
프로통산			35	29	1	1	29	2	0

윤용호(尹龍鎬) 한양대 1996.03.06

대회	연도	소속	출전	교체	득점	도움	파울	경고	퇴장
K1	2017	수원	3	3	1	0	2	0	0
	2018	수원	5	4	0	0	7	0	0
	2020	성남	5	5	0	0	7	0	0
	합계		13	12	1	0	16	0	0
K2	2019	대전	12	9	1	0	11	1	0
	2019	전남	5	5	0	1	3	0	0
	2023	천안	28	27	2	2	15	1	0
	합계		45	41	4	2	45	3	0
프로통산			58	53	5	2	45	3	0

윤원일(尹遠溢) 선문대 1986.10.23

대회	연도	소속	출전	교체	득점	도움	파울	경고	퇴장
BC	2008	제주	5	5	0	0	7	1	0
	2009	제주	1	0	0	0	3	0	0
	2011	제주	6	4	0	0	8	2	0
	2012	제주	3	2	0	0	6	2	0
	합계		15	11	0	0	24	5	0
K1	2013	대전	10	1	0	1	14	3	0
	2015	대전	13	2	0	0	3	1	0
	합계		23	3	0	1	17	4	0
K2	2014	대전	27	3	0	0	21	3	0
	합계		27	3	0	0	21	3	0
프로통산			65	17	0	1	57	8	0

윤원일(尹元一) 포철공고 1983.03.31

대회	연도	소속	출전	교체	득점	도움	파울	경고	퇴장
BC	2003	수원	1	1	0	0	0	0	0
	2004	대구	23	12	1	1	54	5	0
	2005	대구	7	2	0	0	12	2	0
	2006	인천	18	11	0	1	34	2	0
	2007	인천	9	8	0	0	49	6	0
	2008	인천	18	0	0	0	33	4	0
	2009	인천	6	1	0	1	34	7	0
	2010	인천	20	3	1	0	24	3	0
	2011	포항	1	1	0	0	0	0	0
	2012	포항	18	9	0	1	5	2	0
	합계		121	48	2	4	245	31	1
프로통산			121	48	2	4	245	31	1

윤원철(尹元喆) 경희대 1979.01.06

대회	연도	소속	출전	교체	득점	도움	파울	경고	퇴장
BC	2001	부천SK	4	4	0	0	9	0	0
	2002	부천SK	3	3	0	0	0	0	0
	2003	부천SK	13	0	0	0	33	2	0
	2004	부천SK	9	8	1	0	16	2	0
	합계		29	15	1	0	58	4	0
프로통산			29	15	1	0	58	4	0

윤일록(尹日錄) 진주고 1992.03.07

대회	연도	소속	출전	교체	득점	도움	파울	경고	퇴장
BC	2011	경남	26	15	4	6	34	2	0
	2012	경남	42	18	6	2	40	5	0
	합계		68	33	10	8	74	7	0
K1	2013	서울	31	16	3	6	34	3	0
	2014	서울	27	15	7	2	35	0	0
	2015	서울	37	12	5	4	43	2	0
	2016	서울	26	14	6	7	37	3	0
	2017	제주	35	15	12	6	36	5	0
	2019	제주	34	7	11	3	58	3	0
	2021	울산	17	12	1	0	4	0	0
	2022	울산	14	13	1	1	19	1	0
	2023	울산	1	1	0	0	2	0	0
	2023	강원	1	2	0	0	1	1	0
	합계		203	120	33	30	217	14	0
승	2023	강원	1	2	0	0	1	1	0
	합계		1	2	0	0	1	1	0
프로통산			272	155	43	38	292	22	0

윤재운(尹在運) 아주대 2002.04.01

대회	연도	소속	출전	교체	득점	도움	파울	경고	퇴장
K1	2023	포항	6	6	0	1	3	0	0
	합계		6	6	0	1	3	0	0
프로통산			6	6	0	1	3	0	0

윤재훈(尹在訓) 울산대 1973.12.25

대회	연도	소속	출전	교체	득점	도움	파울	경고	퇴장
BC	1996	울산	30	3	0	1	78	0	0
	1997	울산	12	6	0	0	51	6	0
	1998	울산	25	6	0	3	74	7	0
	1999	울산	23	10	0	1	35	9	0
	2000	전북	26	4	0	1	54	7	0
	2001	전북	10	0	0	0	0	8	0
	합계		126	29	0	6	292	37	0
프로통산			126	29	0	6	292	37	0

윤정규(尹定奎) 명지대 1991.12.04

대회	연도	소속	출전	교체	실점	도움	파울	경고	퇴장
K1	2014	부산	0	0	0	0	0	0	0
	합계		0	0	0	0	0	0	0

윤정춘(尹晶椿) 순천고 1973.02.18

대회	연도	소속	출전	교체	득점	도움	파울	경고	퇴장
BC	1994	유공	1	1	0	0	0	0	0
	1995	유공	9	8	2	0	7	0	0
	1996	부천유공	30	18	3	5	23	2	0
	1997	부천SK	29	10	8	4	41	3	0
	1998	부천SK	32	22	5	3	48	3	0
	1999	부천SK	33	20	4	2	31	1	0
	2000	부천SK	41	24	3	4	59	5	0
	2001	부천SK	32	17	1	3	36	6	0
	2002	부천SK	27	13	1	4	29	2	0
	2003	부천SK	33	24	0	2	42	3	0
	2004	부천SK	1	1	0	0	3	0	0
	2005	대전	12	11	1	0	13	0	0
	합계		285	161	27	27	319	25	0
프로통산			285	161	27	27	319	25	0

윤정환(尹晶煥) 동아대 1973.02.16

대회	연도	소속	출전	교체	득점	도움	파울	경고	퇴장
BC	1995	유공	24	7	3	5	47	9	0
	1996	부천유공	33	8	8	4	42	2	0
	1997	부천SK	16	10	3	3	38	4	0
	1998	부천SK	28	13	4	8	41	4	0
	1999	부천SK	18	3	4	3	37	1	0
	2003	성남일화	30	26	1	3	44	2	0
	2004	전북	34	5	2	8	76	6	0
	2005	전북	31	20	1	5	73	6	0
	합계		203	85	20	44	370	34	0
프로통산			203	85	20	44	370	34	0

윤종규(尹鍾奎) 신갈고 1998.03.20

대회	연도	소속	출전	교체	득점	도움	파울	경고	퇴장
K1	2018	서울	5	0	0	0	7	0	0
	2019	서울	29	6	2	0	21	1	0
	2020	서울	17	3	0	1	11	3	0
	2021	서울	32	5	1	2	37	2	0
	2022	서울	32	1	1	4	10	10	0
	합계		115	13	2	5	110	13	0
K2	2017	경남	5	1	0	0	6	3	0
	2023	김천	17	10	2	4	11	1	0
	합계		22	11	2	4	17	4	0
승	2018	서울	2	0	0	0	1	0	0
	합계		2	0	0	0	1	0	0
프로통산			139	24	4	9	128	18	0

윤종태(尹鍾太) 환태평양대(일본) 1998.02.12

대회	연도	소속	출전	교체	득점	도움	파울	경고	퇴장
K1	2020	대구	4	4	0	0	5	0	0
	2021	대구	0	0	0	0	0	0	0
	합계		4	4	0	0	5	0	0
프로통산			4	4	0	0	5	0	0

윤종현(尹鐘玄) 동아대 1961.07.03

대회	연도	소속	출전	교체	득점	도움	파울	경고	퇴장
BC	1984	국민은행	1	1	0	0	0	0	0
		합계	1	1	0	0	0	0	0
	프로통산		1	1	0	0	0	0	0

윤주열(尹周烈) 인천대 1992.05.10

대회	연도	소속	출전	교체	득점	도움	파울	경고	퇴장
K1	2015	인천	0	0	0	0	0	0	0
		합계	0	0	0	0	0	0	0
	프로통산		0	0	0	0	0	0	0

윤주일(尹周日) 동아대 1980.03.10

대회	연도	소속	출전	교체	득점	도움	파울	경고	퇴장
BC	2003	대구	36	16	5	3	74	8	0
	2004	대구	29	8	3	3	56	5	0
	2005	대구	26	10	1	2	34	4	0
	2006	대구	13	9	1	1	19	1	0
	2007	인천	6	5	0	0	7	0	0
	2007	전남	8	6	0	0	15	1	0
	2008	전남	4	1	0	0	4	0	0
	2009	전남	4	2	0	0	10	2	0
	2010	부산	0	0	0	0	0	0	0
		합계	126	57	10	9	219	22	0
	프로통산		126	57	10	9	219	22	0

윤주태(尹柱泰) 연세대 1990.06.22

대회	연도	소속	출전	교체	득점	도움	파울	경고	퇴장
K1	2014	서울	10	9	2	0	2	0	0
	2015	서울	26	26	9	1	17	0	0
	2016	서울	17	16	3	2	11	3	0
	2017	상주	8	8	0	1	2	0	0
	2018	상주	7	5	2	0	6	0	0
	2019	서울	14	14	1	1	9	1	0
	2020	서울	18	14	1	0	10	1	0
		합계	108	100	20	7	58	5	0
K2	2021	경남	14	14	2	0	6	0	0
	2023	안산	25	24	9	1	7	2	0
		합계	39	38	11	1	13	2	0
승	2017	상주	1	2	0	1	0	0	0
	2018	서울	2	2	0	0	5	1	0
		합계	3	4	0	1	5	1	0
	프로통산		150	142	31	8	77	8	0

윤준성(尹准聖) 경희대 1989.09.28

대회	연도	소속	출전	교체	득점	도움	파울	경고	퇴장
BC	2012	포항	1	0	0	0	1	0	0
		합계	1	0	0	0	1	0	0
K1	2014	포항	1	1	0	0	0	0	0
	2015	대전	15	1	0	0	9	0	0
	2016	상주	10	1	0	0	10	0	0
	2017	상주	15	3	0	0	11	1	0
		합계	52	17	1	0	36	5	0
K2	2017	대전	6	1	0	0°	4	1	0
	2018	대전	18	3	1	0	14	5	0
	2019	수원FC	21	5	0	0	27	6	0
	2021	안양	4	2	0	0	0	0	0
	2022	안양	5	1	0	0	7	0	0
		합계	54	12	1	0	52	12	0
	프로통산		107	29	1	1	89	18	0

윤준수(尹畯洙) 경기대 1986.03.28

대회	연도	소속	출전	교체	득점	도움	파울	경고	퇴장
BC	2007	전남	1	1	0	0	1	0	0
		합계	1	1	0	0	1	0	0
	프로통산		1	1	0	0	1	0	0

윤준하(尹俊河) 대구대 1987.01.04

대회	연도	소속	출전	교체	득점	도움	파울	경고	퇴장
BC	2009	강원	30	20	7	5	21	2	0
	2010	강원	17	14	0	1	12	1	0
	2011	강원	30	23	1	4	32	6	0
	2012	인천	3	3	0	0	8	1	0
		합계	80	60	8	10	73	6	0
K1	2013	대전	0	0	0	0	0	0	0
	2015	대전	0	0	0	0	0	0	0
		합계	6	6	0	0	0	0	0
K2	2014	안산경찰	23	18	4	3	42	1	0
	2015	안산경찰	15	14	1	1	18	4	0
		합계	38	32	5	4	60	5	0
	프로통산		124	98	13	14	134	11	0

윤중희(尹重熙) 중앙대 1975.12.08

대회	연도	소속	출전	교체	득점	도움	파울	경고	퇴장
BC	1999	부천SK	9	7	0	0	4	0	0
	2000	부천SK	11	6	0	0	21	0	0
	2001	부천SK	22	8	1	0	30	3	0
	2002	부천SK	5	3	0	0	7	1	0
	2003	부천SK	21	3	1	1	23	6	0
	2004	부천SK	2	1	0	0	0	0	0
		합계	70	29	1	1	85	11	0
	프로통산		70	29	1	1	85	11	0

윤지혁(尹志赫) 숭실대 1998.02.07

대회	연도	소속	출전	교체	득점	도움	파울	경고	퇴장
K1	2018	전북	0	0	0	0	0	0	0
	2019	전북	0	0	0	0	0	0	0
		합계	0	0	0	0	0	0	0
K2	2019	부천	0	0	0	0	0	0	0
	2021	부천	12	5	0	0	10	0	0
	2022	부천	2	1	0	0	0	0	0
		합계	15	7	1	0	10	0	0
	프로통산		15	7	1	0	10	0	0

윤태수(尹太秀) 아주대 1993.04.16

대회	연도	소속	출전	교체	득점	도움	파울	경고	퇴장
K1	2016	수원FC	6	6	0	0	5	1	0
		합계	6	6	0	0	5	1	0
K2	2017	수원FC	5	4	0	0	4	0	0
		합계	5	4	0	0	4	0	0
	프로통산		11	10	0	0	9	1	0

윤태웅(尹跆熊) 연세대 1999.05.03

대회	연도	소속	출전	교체	득점	도움	파울	경고	퇴장
K2	2022	김포	2	2	0	0	2	0	0
		합계	2	2	0	0	2	0	0
	프로통산		2	2	0	0	2	0	0

윤평국(尹平國) 인천대 1992.02.08

대회	연도	소속	출전	교체	실점	도움	파울	경고	퇴장
K1	2016	상주	0	0	0	0	0	0	0
	2017	광주	3	1	4	0	0	0	0
	2020	광주	0	0	0	0	0	0	0
	2021	광주	11	0	14	0	0	0	0
	2022	포항	18	0	17	0	0	0	0
	2023	포항	14	0	22	0	2	3	0
		합계	46	1	61	0	2	3	0
K2	2015	상주	2	0	2	0	0	1	0
	2018	광주	24	0	24	0	0	0	0
	2019	광주	26	1	24	0	0	0	0
		합계	52	1	50	0	0	1	0
	프로통산		98	2	111	0	2	4	0

윤화평(尹和平) 강릉농공고 1983.03.26

대회	연도	소속	출전	교체	득점	도움	파울	경고	퇴장
BC	2002	수원	1	1	0	0	1	0	0
	2006	수원	4	4	0	0	2	0	0
		합계	5	5	0	0	3	0	0
	프로통산		5	5	0	0	3	0	0

윤희준(尹熙俊) 연세대 1972.11.01

대회	연도	소속	출전	교체	득점	도움	파울	경고	퇴장
BC	1995	대우	8	1	0	1	21	2	0
	1996	부산	23	3	1	0	48	8	2
	1997	부산	22	5	1	0	36	3	0
	2000	부산	6	3	0	0	6	0	0
	2001	부산	33	5	3	2	58	6	0
	2002	부산	31	4	1	1	56	6	0
	2003	부산	36	5	2	1	52	7	0
	2004	부산	34	0	1	0	69	6	0
	2005	부산	15	1	0	0	11	6	1
	2006	전남	26	20	1	1	23	4	0
		합계	252	50	10	8	413	54	3
	프로통산		252	50	10	8	413	54	3

율리안(Iulian Arhire) 루마니아 1976.03.17

대회	연도	소속	출전	교체	득점	도움	파울	경고	퇴장
BC	1999	포항	7	6	0	0	6	2	0
		합계	7	6	0	0	6	2	0
	프로통산		7	6	0	0	6	2	0

은나마니(Samuel Onyedikachuwu Nnamani/←사무엘) 나이지리아 1995.06.03

대회	연도	소속	출전	교체	득점	도움	파울	경고	퇴장
K2	2021	전남	31	19	4	1	46	4	0
	2022	부천	27	24	3	2	40	5	0
		합계	58	43	7	3	86	9	0
	프로통산		58	43	7	3	86	9	0

은성수(殷成洙) 숭실대 1993.06.22

대회	연도	소속	출전	교체	득점	도움	파울	경고	퇴장
K1	2017	수원	0	0	0	0	0	0	0
		합계	0	0	0	0	0	0	0
K2	2018	안양	11	4	1	0	12	0	0
	2019	안양	3	3	0	0	0	0	0
		합계	14	7	1	0	12	0	0
	프로통산		14	7	1	0	12	0	0

은종구(殷鍾九) 전주대 1968.08.01

대회	연도	소속	출전	교체	득점	도움	파울	경고	퇴장
BC	1993	현대	17	15	0	2	10	0	0
	1994	현대	1	1	0	0	1	0	0
		합계	18	16	0	2	11	0	0
	프로통산		18	16	0	2	11	0	0

음밤바(Emile Bertrand Mbamba) 카메룬 1982.10.27

대회	연도	소속	출전	교체	득점	도움	파울	경고	퇴장
BC	2009	대구	7	6	0	0	12	1	0
		합계	7	6	0	0	12	1	0
	프로통산		7	6	0	0	12	1	0

음포쿠(Paul-José M'Poku Ebunge) 벨기에 1992.04.19

대회	연도	소속	출전	교체	득점	도움	파울	경고	퇴장
K1	2023	인천	24	21	3	2	11	5	0
		합계	24	21	3	2	11	5	0
	프로통산		24	21	3	2	11	5	0

이강민(李康敏) 연세대 1954.07.21

대회	연도	소속	출전	교체	득점	도움	파울	경고	퇴장
BC	1984	현대	10	8	3	1	2	0	0
		합계	10	8	3	1	2	0	0
	프로통산		10	8	3	1	2	0	0

이강민(李康敏) 경희대 1985.08.29

대회	연도	소속	출전	교체	득점	도움	파울	경고	퇴장
BC	2009	강원	10	7	0	1	7	0	0
		합계	10	7	0	1	7	0	0
	프로통산		10	7	0	1	7	0	0

이강석(李康錫) 서울대 1958.05.21

대회	연도	소속	출전	교체	득점	도움	파울	경고	퇴장
BC	1983	할렐루야	16	7	2	3	11	1	0
	1984	할렐루야	15	10	1	1	20	2	0
	1985	할렐루야	11	8	1	0	12	0	0
		합계	42	25	4	4	43	3	0
	프로통산		42	25	4	4	43	3	0

이강연(李康衍) 세종대 1991.01.26

대회	연도	소속	출전	교체	득점	도움	파울	경고	퇴장
K2	2022	김포	25	11	1	0	17	5	0
	2023	김포	10	6	0	0	14	2	0

이강욱 외 — 역대 통산 기록

대회	연도	소속	출전	교체	득점	도움	파울	경고	퇴장
	합계		35	17	1	0	31	7	0
승	2023	김포	0	0	0	0	0	0	0
	합계		0	0	0	0	0	0	0
프로통산			35	17	1	0	31	7	0

이강욱(李康旭) 서울대 1963.05.07

대회	연도	소속	출전	교체	득점	도움	파울	경고	퇴장
BC	1986	유공	5	5	0	0	3	0	0
	합계		5	5	0	0	3	0	0
프로통산			5	5	0	0	3	0	0

이강일(李康一) 광운대 1981.06.26

대회	연도	소속	출전	교체	득점	도움	파울	경고	퇴장
BC	2004	대전	1	1	0	0	0	0	0
	합계		1	1	0	0	0	0	0
프로통산			1	1	0	0	0	0	0

이강조(李康助) 고려대 1954.10.27

대회	연도	소속	출전	교체	득점	도움	파울	경고	퇴장
BC	1983	유공	16	0	2	3	6	0	0
	1984	유공	27	4	5	4	19	0	0
	1985	유공	7	5	1	3	3	0	0
	합계		50	5	7	11	28	0	0
프로통산			50	5	7	11	28	0	0

이강한(李剛漢) 관동대 2000.04.07

대회	연도	소속	출전	교체	득점	도움	파울	경고	퇴장
K1	2023	강원	3	3	0	0	0	0	0
	합계		3	3	0	0	0	0	0
승	2023	강원	0	0	0	0	0	0	0
프로통산			3	3	0	0	0	0	0

이강현(李剛玹) 호남대 1998.07.31

대회	연도	소속	출전	교체	득점	도움	파울	경고	퇴장
K1	2021	인천	16	15	0	0	27	2	0
	2022	인천	22	18	2	1	17	2	0
	2023	광주	26	22	1	1	16	3	0
	합계		64	55	3	2	60	7	0
프로통산			64	55	3	2	60	7	0

이강희(李康熙) 신평고 2001.08.24

대회	연도	소속	출전	교체	득점	도움	파울	경고	퇴장
K2	2022	부산	18	10	0	0	14	5	0
	2023	경남	36	12	0	0	21	1	0
	합계		54	22	0	0	35	6	0
프로통산			54	22	0	0	35	6	0

이건(李健) 중앙대 1996.01.08

대회	연도	소속	출전	교체	득점	도움	파울	경고	퇴장
K1	2019	성남	0	0	0	0	0	0	0
	합계		0	0	0	0	0	0	0
K2	2017	안산	21	1	0	0	39	8	0
	2018	안산	20	4	3	1	21	5	0
	합계		41	5	3	1	60	13	0
프로통산			41	5	3	1	60	13	0

이건영(李健渶) 홍익대 2000.02.26

대회	연도	소속	출전	교체	득점	도움	파울	경고	퇴장
K2	2022	안산	1	1	0	0	1	0	0
	합계		1	1	0	0	1	0	0
프로통산			1	1	0	0	1	0	0

이건웅(李健雄) 수원대 2003.01.14

대회	연도	소속	출전	교체	득점	도움	파울	경고	퇴장
K2	2023	안산	3	3	0	0	3	1	0
	합계		3	3	0	0	3	1	0
프로통산			3	3	0	0	3	1	0

이건철(李建澈) 경희대 1996.02.21

대회	연도	소속	출전	교체	득점	도움	파울	경고	퇴장
K2	2018	대전	1	1	0	0	0	0	0
	합계		1	1	0	0	0	0	0
프로통산			1	1	0	0	0	0	0

이건희(李建熙) 한양대 1998.02.17

대회	연도	소속	출전	교체	득점	도움	파울	경고	퇴장
K1	2023	광주	26	26	5	0	8	1	0
	합계		26	26	5	0	8	1	0
K2	2020	서울E	5	5	0	0	4	0	0
	2021	서울E	9	8	1	1	20	4	0
	2022	광주	15	15	6	1	9	0	0
	합계		29	28	7	2	33	4	0
프로통산			55	54	12	2	41	5	0

이겨레(李겨레) 동북중 1985.08.22

대회	연도	소속	출전	교체	득점	도움	파울	경고	퇴장
BC	2008	대전	1	1	0	0	0	0	0
	합계		1	1	0	0	0	0	0
프로통산			1	1	0	0	0	0	0

이경근(李庚根) 숭실고 1978.06.16

대회	연도	소속	출전	교체	득점	도움	파울	경고	퇴장
BC	1999	수원	1	0	0	0	5	0	0
	2000	수원	6	1	0	0	10	2	0
	합계		7	1	0	0	15	2	0
프로통산			7	1	0	0	15	2	0

이경남(李敬男) 경희대 1961.11.04

대회	연도	소속	출전	교체	득점	도움	파울	경고	퇴장
BC	1985	현대	10	9	1	0	3	0	0
	1986	현대	1	1	0	0	0	0	0
	합계		11	10	1	0	3	0	0
프로통산			11	10	1	0	3	0	0

이경렬(李京烈) 고려대 1988.01.16

대회	연도	소속	출전	교체	득점	도움	파울	경고	퇴장
BC	2010	경남	6	2	0	0	9	1	0
	2011	경남	26	7	2	0	24	4	0
	2012	부산	39	6	3	0	20	6	0
	합계		71	15	5	0	53	11	0
K1	2013	부산	22	3	0	1	35	4	0
	2014	부산	30	1	0	0	39	8	0
	2015	부산	34	0	3	0	31	10	0
	2016	상주	8	3	1	0	4	2	0
	2017	상주	11	3	0	0	9	1	0
	2018	전남	4	0	1	1	4	0	0
	합계		109	10	5	2	120	25	0
K2	2017	부산	5	1	0	1	11	3	0
	2019	서울E	15	0	1	0	13	6	0
	합계		20	1	1	1	24	9	0
승	2015	부산	2	0	0	0	5	0	0
	2017	부산	0	0	0	0	0	0	0
	합계		2	0	0	0	5	0	0
프로통산			202	26	11	3	202	50	0

이경수(李經受) 수원대 1991.07.21

대회	연도	소속	출전	교체	득점	도움	파울	경고	퇴장
K2	2014	부천	9	8	0	0	7	2	0
	합계		9	8	0	0	7	2	0
프로통산			9	8	0	0	7	2	0

이경수(李慶洙) 숭실대 1973.10.28

대회	연도	소속	출전	교체	득점	도움	파울	경고	퇴장
BC	1996	수원	6	2	0	0	14	0	0
	1998	울산	25	15	0	0	37	4	0
	1999	천안일화	16	11	1	0	22	0	0
	2000	전북	3	2	0	0	5	0	0
	2001	전북	14	11	1	0	27	0	0
	2003	대구	22	17	1	0	34	4	0
	2004	대구	13	8	1	0	19	3	0
	2005	대전	29	6	1	1	52	6	0
	합계		128	76	5	1	216	20	0
프로통산			128	76	5	1	216	20	0

이경우(李炅雨) 천안제일고 1992.10.23

대회	연도	소속	출전	교체	득점	도움	파울	경고	퇴장
BC	2011	강원	0	0	0	0	0	0	0
	합계		0	0	0	0	0	0	0
프로통산			0	0	0	0	0	0	0

이경우(李庚祐) 주문진수도공고 1977.05.03

대회	연도	소속	출전	교체	득점	도움	파울	경고	퇴장
BC	1999	수원	3	3	0	0	1	0	0
	2000	수원	13	9	3	1	18	2	0
	2001	수원	0	0	0	0	0	0	0
	2004	수원	1	1	0	0	1	1	0
	합계		17	13	3	1	20	3	0
프로통산			17	13	3	1	20	3	0

이경춘(李炅春) 아주대 1969.04.14

대회	연도	소속	출전	교체	득점	도움	파울	경고	퇴장
BC	1992	대우	14	12	0	0	11	2	0
	1993	대우	4	4	0	0	2	0	0
	1994	버팔로	23	1	2	0	38	5	0
	1995	전북	31	2	0	0	70	8	0
	1996	전북	33	2	0	0	62	5	0
	1997	전북	31	3	0	2	62	7	0
	1998	전북	32	5	1	2	81	5	0
	1999	전북	16	6	0	0	39	4	0
	2000	전북	1	1	0	0	3	0	0
	합계		185	34	3	6	368	36	0
프로통산			185	34	3	6	368	36	0

이경환(李京煥) 명신대 1988.03.21

대회	연도	소속	출전	교체	득점	도움	파울	경고	퇴장
BC	2009	대전	22	16	1	0	30	7	0
	2010	대전	20	15	1	1	31	4	0
	2011	수원	2	1	0	1	1	0	0
	합계		44	32	1	2	62	11	0
프로통산			44	32	1	2	62	11	0

이계원(李啓源) 인천대 1965.03.16

대회	연도	소속	출전	교체	득점	도움	파울	경고	퇴장
BC	1985	상무	17	2	2	1	19	1	0
	1988	포항제철	19	13	0	1	11	0	0
	1989	포항제철	20	11	1	2	19	1	0
	1990	포항제철	26	4	1	2	19	0	0
	1991	포항제철	30	11	2	2	14	1	0
	1992	포항제철	16	10	1	0	14	0	0
	1993	포항제철	13	11	1	1	8	1	0
	합계		141	63	11	9	127	5	0
프로통산			141	63	11	9	127	5	0

이고르(Garcia Silva Hygor Cleber) 브라질 1992.08.13

대회	연도	소속	출전	교체	득점	도움	파울	경고	퇴장
K1	2016	수원	2	2	1	0	0	0	0
	합계		2	2	1	0	0	0	0
프로통산			2	2	1	0	0	0	0

이관우(李官雨) 한양대 1978.02.25

대회	연도	소속	출전	교체	득점	도움	파울	경고	퇴장
BC	2000	대전	12	9	1	1	14	2	0
	2001	대전	12	8	6	4	15	2	0
	2002	대전	19	8	2	1	15	6	0
	2003	대전	38	30	4	5	47	5	0
	2004	대전	29	19	5	4	64	9	0
	2005	대전	32	11	4	5	64	9	0
	2006	대전	23	12	3	3	28	2	0
	2006	수원	15	7	2	4	18	0	0
	2007	수원	35	23	4	5	50	2	0
	2008	수원	28	28	2	3	24	3	0
	2009	수원	4	3	0	0	5	0	0
	2010	수원	5	0	0	0	5	0	0
	합계		251	161	33	33	322	44	0
프로통산			251	161	33	33	322	44	0

이관표(李官表) 중앙대 1994.09.07

대회	연도	소속	출전	교체	득점	도움	파울	경고	퇴장
K2	2015	수원FC	23	11	2	3	25	0	0
	2016	경남	19	10	2	1	14	3	0
	2017	경남	4	4	0	0	2	0	0
	합계		46	25	4	4	41	6	0
프로통산			46	25	4	4	41	6	0

이관호(李寬鎬) 명지대 1960.06.28

이광래 관련 (상무)

대회	연도	소속	출전	교체	실점	도움	파울	경고	퇴장
BC	1985	상무	18	1	24	0	0	0	0
		합계	18	1	24	0	0	0	0
프로통산			18	1	24	0	0	0	0

이광래 (李光來) 중앙고 1972.05.24

대회	연도	소속	출전	교체	득점	도움	파울	경고	퇴장
BC	1992	LG	2	2	0	0	7	1	0
	1993	LG	2	2	0	0	0	0	0
		합계	4	4	0	0	7	1	0
프로통산			4	4	0	0	7	1	0

이광석 (李光錫) 중앙대 1975.03.05

대회	연도	소속	출전	교체	실점	도움	파울	경고	퇴장
BC	1998	전북	34	0	58	0	4	2	0
	1999	전북	33	0	54	0	1	1	0
	2000	전북	8	1	12	0	1	1	0
	2001	전북	11	1	14	0	0	0	0
	2003	광주상무	30	0	43	0	2	2	0
	2004	전북	5	0	5	0	1	0	0
	2005	전북	20	1	18	0	1	0	0
	2006	전북	8	1	10	0	0	0	0
	2007	경남	8	1	10	0	0	0	0
	2008	경남	33	0	45	0	2	3	0
	2009	경남	2	1	4	0	0	0	0
		합계	189	5	277	0	11	10	0
프로통산			189	5	277	0	11	10	0

이광선 (李光善) 경희대 1989.09.06

대회	연도	소속	출전	교체	득점	도움	파울	경고	퇴장
K1	2016	제주	34	3	5	1	52	2	0
	2017	상주	7	2	0	0	4	1	0
	2018	상주	21	13	2	1	31	2	0
	2018	제주	12	8	1	0	15	1	0
	2019	경남	29	4	0	0	38	6	0
		합계	103	30	9	2	137	13	0
K2	2020	경남	37	2	1	1	38	7	0
	2021	경남	18	2	1	0	17	3	0
	2022	경남	15	11	0	0	4	0	0
	2023	경남	11	4	0	0	3	0	0
		합계	71	19	1	2	68	14	0
승	2017	상주	2	2	0	0	3	0	0
	2019	경남	2	0	0	0	3	0	0
		합계	4	2	0	0	4	0	0
프로통산			178	51	10	4	208	27	0

이광연 (李光淵) 인천대 1999.09.11

대회	연도	소속	출전	교체	실점	도움	파울	경고	퇴장
K1	2019	강원	8	0	19	0	0	1	0
	2020	강원	11	0	16	0	0	0	0
	2021	강원	4	1	7	0	0	1	0
	2022	강원	2	0	3	0	0	0	0
	2023	강원	18	0	17	0	0	1	0
		합계	43	2	61	0	0	3	0
승	2021	강원	2	0	0	0	0	0	0
	2023	강원	2	0	1	0	0	0	0
		합계	4	0	1	0	0	0	0
프로통산			47	2	62	0	0	4	0

이광재 (李珖載) 대구대 1980.01.01

대회	연도	소속	출전	교체	득점	도움	파울	경고	퇴장
BC	2003	광주상무	17	5	5	1	33	4	0
	2004	전남	9	10	0	0	7	0	0
	2005	전남	15	14	1	2	31	3	0
	2006	전남	24	15	1	1	43	3	0
	2007	포항	29	24	7	1	36	4	0
	2008	포항	9	10	1	0	5	2	0
	2009	전북	11	10	1	1	10	3	0
	2010	전북	12	11	1	0	16	0	0
	2012	대구	10	14	3	2	6	4	0
		합계	136	113	20	8	187	23	0

K2	2013	고양	12	9	0	0	17	1	0
	2014	고양	28	18	2	4	29	3	0
	2015	고양	25	24	3	0	21	2	0
		합계	65	51	5	4	67	6	0
프로통산			201	164	25	12	254	29	0

이광재 (李曠載) 배재대 1998.06.10

대회	연도	소속	출전	교체	득점	도움	파울	경고	퇴장
K2	2018	부천	28	28	3	0	32	2	0
	2019	부천	7	7	0	0	11	2	0
	2020	부천	3	3	0	0	0	0	0
		합계	38	38	3	0	43	4	0
프로통산			38	38	3	0	43	4	0

이광조 (李光照) 한양대 1962.08.20

대회	연도	소속	출전	교체	득점	도움	파울	경고	퇴장
BC	1986	현대	3	2	0	0	2	0	0
	1987	현대	2	1	0	0	2	0	0
	1988	현대	8	5	0	0	11	1	0
	1989	유공	24	7	0	0	17	2	0
	1990	유공	20	2	0	0	31	2	0
	1991	유공	16	6	0	0	12	1	0
	1992	유공	9	1	0	0	4	1	0
	1993	LG	20	3	0	0	4	1	0
		합계	102	27	0	0	83	11	0
프로통산			102	27	0	0	83	11	0

이광종 (李光鍾) 중앙대 1964.04.01

대회	연도	소속	출전	교체	득점	도움	파울	경고	퇴장
BC	1988	유공	24	5	1	2	34	1	0
	1989	유공	37	7	2	6	40	1	1
	1990	유공	24	8	4	1	35	1	0
	1991	유공	11	6	1	0	8	1	0
	1992	유공	28	15	5	1	33	1	0
	1993	유공	35	10	4	2	48	1	0
	1994	유공	35	14	9	3	54	2	0
	1995	유공	22	11	2	3	51	2	0
	1996	수원	30	16	5	4	51	3	0
	1997	수원	13	14	1	0	17	0	0
		합계	266	98	36	21	369	13	1
프로통산			266	98	36	21	369	13	1

이광준 (李侊俊) 단국대 1996.01.08

대회	연도	소속	출전	교체	득점	도움	파울	경고	퇴장
K1	2021	포항	20	11	0	0	16	2	0
	2022	포항	3	2	0	0	1	0	0
		합계	23	13	0	0	17	2	0
K2	2023	천안	26	7	1	1	8	4	0
		합계	26	7	1	1	8	4	0
프로통산			49	20	1	1	25	6	0

이광진 (李廣鎭) 동북고 1991.07.23

대회	연도	소속	출전	교체	득점	도움	파울	경고	퇴장
BC	2010	서울	0	0	0	0	0	0	0
	2011	서울	0	0	0	0	0	0	0
	2011	대구	0	0	0	0	0	0	0
	2012	대구	1	1	0	0	0	0	0
		합계	1	1	0	0	0	0	0
K1	2015	대전	2	2	0	0	0	0	0
	2016	수원FC	25	11	0	0	26	5	0
	2018	경남	2	0	0	2	16	1	0
	2019	경남	21	5	0	2	18	4	0
		합계	68	19	0	4	62	10	0
K2	2013	광주	16	3	4	2	29	2	0
	2014	대전	7	1	0	0	9	1	0
	2015	대구	4	0	0	0	5	1	0
	2017	수원FC	31	9	0	3	51	11	0
	2018	수원FC	19	9	0	0	16	3	0
	2021	경남	4	0	0	1	2	0	0
	2022	경남	37	16	2	8	37	6	0
	2023	경남	16	14	0	0	10	4	0
		합계	131	55	6	18	168	26	0

승	2019	경남	2	0	0	0	3	0	0
		합계	2	0	0	0	3	0	0
프로통산			202	75	6	22	233	36	0

이광진 (李光振) 경일대 1972.05.27

대회	연도	소속	출전	교체	득점	도움	파울	경고	퇴장
BC	2002	대전	7	7	0	0	7	0	0
		합계	7	7	0	0	7	0	0
프로통산			7	7	0	0	7	0	0

이광혁 (李侊赫) 포항제철고 1995.09.11

대회	연도	소속	출전	교체	득점	도움	파울	경고	퇴장
K1	2014	포항	9	9	0	0	6	1	0
	2015	포항	19	16	2	0	11	0	0
	2016	포항	12	9	0	2	14	3	0
	2017	포항	30	28	1	6	16	1	0
	2018	포항	16	15	1	2	7	0	0
	2019	포항	23	22	1	1	19	3	0
	2020	포항	25	24	1	4	17	4	0
	2022	포항	21	22	1	0	19	1	0
	2023	수원FC	25	29	2	4	18	6	0
		합계	180	174	10	19	126	20	0
승	2023	수원FC	2	2	1	0	1	0	0
		합계	2	2	1	0	1	0	0
프로통산			182	176	11	19	127	20	0

이광현 (李光鉉) 중앙대 1973.03.16

대회	연도	소속	출전	교체	득점	도움	파울	경고	퇴장
BC	1996	천안일화	9	9	1	0	3	1	0
	1997	천안일화	12	8	0	0	8	0	0
		합계	21	17	1	0	11	1	0
프로통산			21	17	1	0	11	1	0

이광현 (李光鉉) 고려대 1981.07.18

대회	연도	소속	출전	교체	득점	도움	파울	경고	퇴장
BC	2004	전북	2	1	0	0	0	0	0
	2005	전북	7	2	0	0	11	0	0
	2006	전북	9	4	0	0	7	2	0
	2008	광주상무	9	0	0	0	7	2	0
	2009	전북	4	0	0	0	9	0	0
	2010	전북	5	3	0	0	6	0	0
	2011	전북	3	3	0	0	0	0	0
	2012	대전	2	2	0	0	2	0	0
		합계	41	15	0	0	42	4	0
프로통산			41	15	0	0	42	4	0

이광호 (李光好) 상지대 1977.05.24

대회	연도	소속	출전	교체	득점	도움	파울	경고	퇴장
BC	2000	수원	1	0	0	0	2	0	0
		합계	1	0	0	0	2	0	0
프로통산			1	0	0	0	2	0	0

이광훈 (李侊勳) 포철공고 1993.11.26

대회	연도	소속	출전	교체	득점	도움	파울	경고	퇴장
BC	2012	포항	0	0	0	0	0	0	0
		합계	0	0	0	0	0	0	0
K1	2013	포항	1	1	0	0	0	0	0
	2014	포항	4	4	0	0	4	0	0
	2015	대전	3	3	0	0	0	0	0
	2016	수원FC	1	1	0	0	1	0	0
		합계	9	9	0	0	5	0	0
프로통산			9	9	0	0	5	0	0

이규로 (李奎魯) 광양제철고 1988.08.20

대회	연도	소속	출전	교체	득점	도움	파울	경고	퇴장
BC	2007	전남	8	3	1	0	9	0	0
	2008	전남	19	11	1	1	19	2	0
	2009	전남	28	6	5	0	34	7	0
	2010	서울	14	6	1	2	26	3	0
	2011	서울	14	6	1	1	23	2	0
	2012	인천	23	3	1	2	39	5	0
		합계	94	30	8	4	126	16	0
K1	2013	전북	15	5	0	0	17	1	0
	2014	전북	14	4	0	1	16	3	0

대회 연도 소속	출전	교체	득점	도움	파울	경고	퇴장
2015 전북	2	0	0	0	3	0	0
2016 서울	8	6	0	0	10	2	0
2017 서울	18	5	0	3	40	4	0
합계	57	20	0	4	86	10	0
K2 2016 서울E	11	4	2	0	12	3	0
2020 대전	12	6	1	0	13	2	0
2021 대전	5	2	0	0	2	0	0
2021 서울E	11	2	0	2	13	1	1
2022 김포	17	9	1	0	11	2	0
합계	56	23	3	3	56	10	1
프로통산	207	73	11	11	268	36	1

이규백 (李圭白) 포항제철고 2004.02.10

대회 연도 소속	출전	교체	득점	도움	파울	경고	퇴장
K1 2023 포항	0	0	0	0	0	0	0
합계	0	0	0	0	0	0	0
프로통산	0	0	0	0	0	0	0

이규빈 (李圭彬) 동국대 2000.05.30

대회 연도 소속	출전	교체	득점	도움	파울	경고	퇴장
K2 2023 안산	7	7	0	1	4	1	0
합계	7	7	0	1	4	1	0
프로통산	7	7	0	1	4	1	0

이규석 (李奎錫) 홍익대 2001.04.23

대회 연도 소속	출전	교체	득점	도움	파울	경고	퇴장
K1 2023 수원	5	4	0	0	2	0	0
합계	5	4	0	0	2	0	0
프로통산	5	4	0	0	2	0	0

이규성 (李奎成) 홍익대 1994.05.10

대회 연도 소속	출전	교체	득점	도움	파울	경고	퇴장
K1 2015 부산	18	10	1	2	14	2	0
2018 상주	12	7	1	1	14	1	0
2019 상주	35	4	0	3	24	3	0
2020 부산	22	5	0	1	17	2	0
2021 성남	32	17	1	1	40	6	0
2023 울산	32	26	0	2	24	5	0
합계	182	91	3	12	143	22	0
K2 2016 부산	32	17	1	3	29	4	0
2017 부산	15	11	0	2	19	3	0
2018 부산	8	6	0	1	9	0	0
합계	55	34	4	4	53	6	0
승 2015 부산	0	0	0	0	0	0	0
2017 부산	2	2	0	0	2	0	0
합계	2	2	0	0	2	0	0
프로통산	239	127	7	16	198	28	0

이규철 (李揆喆) 울산대 1982.05.01

대회 연도 소속	출전	교체	득점	도움	파울	경고	퇴장
BC 2006 대전	5	3	0	0	5	0	0
합계	5	3	0	0	5	0	0
프로통산	5	3	0	0	5	0	0

이규칠 (李圭七) 영남대 1975.11.28

대회 연도 소속	출전	교체	득점	도움	파울	경고	퇴장
BC 1998 포항	7	7	0	0	8	1	0
1999 포항	5	4	0	0	8	0	0
합계	12	11	0	0	16	1	0
프로통산	12	11	0	0	16	1	0

이규혁 (李揆奕) 동국대 1999.05.04

대회 연도 소속	출전	교체	득점	도움	파울	경고	퇴장
K1 2019 제주	0	0	0	0	0	0	0
2021 제주	9	11	0	1	8	0	0
합계	9	11	0	1	8	0	0
K2 2020 제주	4	4	0	0	0	0	0
2021 충남아산	6	5	1	0	8	0	0
2022 전남	10	7	0	2	14	2	0
2023 전남	21	5	1	1	13	1	0
합계	48	24	1	3	35	3	0
프로통산	57	35	1	4	43	3	0

이규호 (李圭鎬) 연세대 1979.07.13

대회 연도 소속	출전	교체	득점	도움	파울	경고	퇴장
BC 2002 부산	24	3	0	0	15	3	0
2004 부산	0	0	0	0	0	0	0
합계	24	3	0	0	15	3	0
프로통산	24	3	0	0	15	3	0

이근표 (李根杓) 수원대 1992.02.06

대회 연도 소속	출전	교체	실점	도움	파울	경고	퇴장
BC 2012 경남	0	0	0	0	0	0	0
합계	0	0	0	0	0	0	0
K1 2013 강원	0	0	0	0	0	0	0
합계	0	0	0	0	0	0	0
프로통산	0	0	0	0	0	0	0

이근호 (李根鎬) 부평고 1985.04.11

대회 연도 소속	출전	교체	득점	도움	파울	경고	퇴장
BC 2005 인천	5	5	0	0	3	0	0
2006 인천	13	13	0	0	11	0	0
2007 대구	27	5	10	3	32	3	0
2008 대구	32	4	13	6	31	2	0
2012 울산	33	11	8	6	41	3	0
합계	100	28	31	15	110	8	0
K1 2014 상주	18	6	4	2	13	1	0
2015 전북	15	5	3	0	13	1	0
2016 제주	35	19	5	6	38	4	0
2017 강원	37	4	8	9	51	3	0
2018 강원	31	18	4	4	17	0	0
2019 울산	35	31	2	3	21	1	0
2020 울산	12	12	0	1	9	1	0
2021 대구	30	31	3	0	13	2	0
2022 대구	31	31	2	0	9	2	0
2023 대구	32	32	1	0	18	2	0
합계	263	182	34	31	204	20	0
K2 2013 상주	25	6	15	3	20	1	0
합계	25	6	15	3	20	1	0
승 2013 상주	2	0	0	1	2	1	0
합계	2	0	0	1	2	1	0
프로통산	390	216	80	53	342	25	0

이근호 (李根好) 연세대 1996.05.21

대회 연도 소속	출전	교체	득점	도움	파울	경고	퇴장
K1 2018 포항	30	26	3	4	14	2	0
2019 전북	2	2	0	0	4	0	0
2019 제주	13	12	1	1	8	1	0
2020 상주	7	6	1	0	6	0	0
합계	52	46	4	6	27	3	0
K2 2021 김천	2	2	1	0	2	0	0
2023 안산	5	5	0	0	2	1	0
합계	7	7	1	0	4	1	0
프로통산	59	54	5	6	31	4	0

이기근 (李基根) 한양대 1965.08.13

대회 연도 소속	출전	교체	득점	도움	파울	경고	퇴장
BC 1987 포항제철	26	19	6	0	18	2	0
1988 포항제철	23	6	12	1	22	1	0
1989 포항제철	33	16	6	0	44	1	0
1990 포항제철	21	17	3	0	11	0	0
1991 포항제철	37	19	16	1	38	1	0
1992 포항제철	16	11	2	1	14	1	0
1993 대우	28	21	7	2	33	2	0
1994 대우	23	22	4	1	21	0	0
1996 수원	32	27	11	6	49	3	0
1997 수원	24	23	3	7	39	4	0
합계	264	181	70	19	259	16	0
프로통산	264	181	70	19	259	16	0

이기동 (李期東) 연세대 1984.05.11

대회 연도 소속	출전	교체	실점	도움	파울	경고	퇴장
BC 2010 포항	3	2	1	0	2	0	0
2011 포항	1	1	0	0	0	0	0
합계	4	3	1	0	2	0	0

| 프로통산 | 4 | 3 | 1 | 0 | 3 | 2 | 0 |

이기범 (李基汎) 경북산업대(경일대) 1970.08.08

대회 연도 소속	출전	교체	득점	도움	파울	경고	퇴장
BC 1993 일화	10	7	1	2	14	0	1
1994 일화	21	16	2	1	22	1	0
1995 일화	7	4	0	0	5	1	0
1996 천안일화	34	25	5	0	45	3	0
1997 천안일화	20	11	1	3	41	3	0
1998 천안일화	26	17	1	3	37	8	0
1999 울산	27	26	1	4	34	1	0
2000 수원	14	14	0	1	17	3	0
합계	159	120	11	14	215	20	1
프로통산	159	120	11	14	215	20	1

이기부 (李基富) 아주대 1976.03.16

대회 연도 소속	출전	교체	득점	도움	파울	경고	퇴장
BC 1999 부산	17	14	1	0	25	1	0
2000 부산	34	11	8	4	64	6	0
2001 부산	26	11	1	4	28	2	0
2002 포항	6	6	1	1	13	1	0
2004 인천	1	1	0	0	0	0	0
합계	84	49	11	5	130	9	0
프로통산	84	49	11	5	130	9	0

이기제 (李基濟) 동국대 1991.07.09

대회 연도 소속	출전	교체	득점	도움	파울	경고	퇴장
K1 2016 울산	35	5	0	2	40	6	0
2017 울산	8	2	0	1	7	2	0
2018 수원	3	3	1	3	21	1	0
2020 수원	5	1	0	0	4	1	0
2021 수원	38	2	5	3	31	6	0
2022 수원	35	3	4	13	29	3	0
2023 수원	31	5	2	7	12	2	0
합계	172	28	10	29	144	21	0
승 2022 수원	2	0	0	0	0	0	0
프로통산	172	28	10	30	144	21	0

이기혁 (李期奕) 울산대 2000.07.07

대회 연도 소속	출전	교체	득점	도움	파울	경고	퇴장
K1 2021 수원FC	15	16	0	0	11	3	0
2022 수원FC	20	20	0	1	14	2	0
2023 제주	19	16	1	1	21	3	0
합계	54	52	0	2	46	8	0
프로통산	54	52	0	2	46	8	0

이기현 (李起現) 동국대 1993.12.16

대회 연도 소속	출전	교체	실점	도움	파울	경고	퇴장
K1 2017 제주	0	0	0	0	0	0	0
K2 2015 부천	12	1	17	0	0	1	0
2016 경남	1	0	1	0	0	0	0
2018 부천	6	0	6	0	0	0	0
2019 아산	11	0	12	0	1	0	0
2020 충남아산	18	0	25	0	0	0	0
2021 충남아산	16	0	17	1	2	0	0
합계	64	0	91	1	2	3	0
프로통산	64	0	91	1	2	3	0

이기형 (李奇炯) 한양대 1957.06.11

대회 연도 소속	출전	교체	실점	도움	파울	경고	퇴장
BC 1984 한일은행	4	0	4	0	0	0	0
합계	4	0	4	0	0	0	0
프로통산	4	0	4	0	0	0	0

이기형 (李祺炯) 고려대 1974.09.28

대회 연도 소속	출전	교체	득점	도움	파울	경고	퇴장
1996 수원	22	0	3	2	31	0	0
1997 수원	15	3	1	0	24	3	0
1998 수원	24	10	4	4	48	1	0
1999 수원	36	6	3	4	55	6	0
2000 수원	3	4	0	0	2	0	0
2001 수원	27	12	1	1	30	1	0

대회	연도	소속	출전	교체	득점	도움	파울	경고	퇴장
	2002	수원	29	7	6	3	38	4	0
	2003	성남일화	38	1	3	4	53	5	0
	2004	성남일화	27	5	2	2	37	5	0
	2005	서울	16	8	0	1	30	4	0
	2006	서울	17	10	0	1	13	4	0
	합계		254	66	23	23	361	26	0
프로통산			254	66	23	23	361	26	0

이기형 (李基炯) 동국대 1981.05.09

대회	연도	소속	출전	교체	득점	도움	파울	경고	퇴장
BC	2004	수원	2	2	0	0	3	0	0
	2005	수원	0	0	0	0	0	0	0
	합계		2	2	0	0	3	0	0
프로통산			2	2	0	0	3	0	0

이길용 (李吉龍) 고려대 1959.09.29

대회	연도	소속	출전	교체	득점	도움	파울	경고	퇴장
BC	1983	포항제철	13	3	7	1	15	2	0
	1984	포항제철	22	10	5	7	15	1	0
	1985	포항제철	13	11	0	1	19	1	0
	1986	포항제철	14	11	2	0	17	1	0
	1987	포항제철	18	16	3	3	12	3	0
	1988	포항제철	7	8	0	0	1	0	0
	1989	포항제철	5	5	0	0	4	0	0
	합계		92	64	17	12	73	8	0
프로통산			92	64	17	12	73	8	0

이길용 (李佶勇) 광운대 1976.03.30

대회	연도	소속	출전	교체	득점	도움	파울	경고	퇴장
BC	1999	울산	21	17	5	2	19	1	0
	2000	울산	18	15	1	0	17	0	0
	2001	울산	15	11	5	0	11	0	0
	2002	울산	34	20	8	1	40	1	0
	2003	포항	26	22	2	3	31	1	0
	2004	포항	1	1	0	0	1	0	0
	2004	부천SK	11	11	1	0	7	0	0
	합계		126	97	22	6	126	4	1
프로통산			126	97	22	6	126	4	1

이길훈 (李吉薰) 고려대 1983.03.06

대회	연도	소속	출전	교체	득점	도움	파울	경고	퇴장
BC	2006	수원	21	15	0	1	32	2	0
	2007	광주상무	33	24	0	1	58	1	0
	2008	광주상무	13	11	1	0	11	2	0
	2009	수원	10	8	1	2	6	1	0
	2010	수원	5	5	0	0	8	0	0
	2010	부산	1	1	0	0	1	0	0
	2011	부산	1	1	0	0	1	0	0
	합계		84	65	2	4	117	7	0
프로통산			84	65	2	4	117	7	0

이남규 (李南揆) 한양대 1993.03.18

대회	연도	소속	출전	교체	득점	도움	파울	경고	퇴장
K1	2015	포항	0	0	0	0	0	0	0
	2016	포항	2	2	0	0	0	0	0
	합계		2	2	0	0	0	0	0
프로통산			2	2	0	0	0	0	0

이남수 (李南洙) 광운대 1987.03.15

대회	연도	소속	출전	교체	득점	도움	파울	경고	퇴장
BC	2010	전북	0	0	0	0	0	0	0
	합계		0	0	0	0	0	0	0
프로통산			0	0	0	0	0	0	0

이남용 (李南容) 중앙대 1988.06.13

대회	연도	소속	출전	교체	득점	도움	파울	경고	퇴장
BC	2011	전남	0	0	0	0	0	0	0
	합계		0	0	0	0	0	0	0
프로통산			0	0	0	0	0	0	0

이다원 (李多元) 배재대 1995.09.21

대회	연도	소속	출전	교체	득점	도움	파울	경고	퇴장
K2	2018	성남	16	13	0	1	14	0	0
	합계		16	13	0	1	14	0	0
프로통산			16	13	0	1	14	0	0

이대광 (李大光) 광운대 2003.02.23

대회	연도	소속	출전	교체	득점	도움	파울	경고	퇴장
K1	2023	수원FC	10	10	0	0	3	1	0
	합계		10	10	0	0	3	1	0
프로통산			10	10	0	0	3	1	0

이대명 (李大明) 홍익대 1991.01.08

대회	연도	소속	출전	교체	득점	도움	파울	경고	퇴장
K1	2013	인천	0	0	0	0	0	0	0
	합계		0	0	0	0	0	0	0
프로통산			0	0	0	0	0	0	0

이대희 (李岱憙) 아주대 1974.04.26

대회	연도	소속	출전	교체	실점	도움	파울	경고	퇴장
BC	1997	부천SK	10	0	22	0	1	0	0
	1998	부천SK	7	1	15	0	0	0	0
	2001	포항	0	0	0	0	0	0	0
	2002	포항	8	0	11	0	0	0	0
	2003	포항	0	0	0	0	0	0	0
	합계		20	0	36	0	1	0	0
프로통산			20	0	36	0	1	0	0

이도권 (李度權) 성균관대 1979.08.08

대회	연도	소속	출전	교체	득점	도움	파울	경고	퇴장
BC	2006	전북	5	4	0	0	3	1	0
	합계		5	4	0	0	3	1	0
프로통산			5	4	0	0	3	1	0

이도성 (李道成) 배재대 1984.03.22

대회	연도	소속	출전	교체	득점	도움	파울	경고	퇴장
BC	2007	대전	2	1	0	0	4	0	0
	합계		2	1	0	0	4	0	0
K2	2013	고양	33	10	0	0	74	8	0
	2014	고양	33	3	1	1	63	10	0
	2015	고양	34	11	0	1	48	10	0
	2016	고양	17	13	0	1	36	6	0
	합계		129	40	2	5	220	34	0
프로통산			131	41	2	5	224	34	0

이도현 (李途炫) 경희대 1996.02.17

대회	연도	소속	출전	교체	득점	도움	파울	경고	퇴장
K1	2019	포항	0	0	0	0	0	0	0
	합계		0	0	0	0	0	0	0
프로통산			0	0	0	0	0	0	0

이돈철 (李敦哲) 동아대 1961.01.13

대회	연도	소속	출전	교체	득점	도움	파울	경고	퇴장
BC	1985	현대	14	1	0	0	12	0	0
	1986	현대	17	0	1	1	25	1	0
	1988	현대	6	3	0	0	4	0	0
	합계		37	4	1	1	43	1	0
프로통산			37	4	1	1	43	1	0

이동건 (李動建) 신갈고 1999.02.07

대회	연도	소속	출전	교체	득점	도움	파울	경고	퇴장
K1	2018	대구	0	0	0	0	0	0	0
	합계		0	0	0	0	0	0	0
프로통산			0	0	0	0	0	0	0

이동경 (李東炅) 홍익대 1997.09.20

대회	연도	소속	출전	교체	득점	도움	파울	경고	퇴장
K1	2018	울산	1	1	0	0	2	0	0
	2019	울산	25	25	3	2	25	4	0
	2020	울산	18	19	2	1	15	2	0
	2021	울산	28	23	6	3	19	2	0
	2023	울산	9	8	1	0	11	3	0
	합계		81	76	13	7	70	11	0
K2	2018	안양	10	10	0	0	5	0	0
	합계		10	10	0	0	5	0	0
프로통산			91	86	13	7	75	11	0

이동국 (李同國) 위덕대 1979.04.29

대회	연도	소속	출전	교체	득점	도움	파울	경고	퇴장
BC	1998	포항	24	10	11	2	25	1	0
	1999	포항	19	5	8	4	28	1	0
	2000	포항	8	1	4	1	18	0	0
	2001	포항	17	5	3	1	23	1	0
	2002	포항	21	12	7	3	24	4	0
	2003	광주상무	27	4	11	6	33	1	0
	2004	광주상무	23	7	4	5	32	2	0
	2005	광주상무	5	3	0	0	3	0	0
	2005	포항	24	4	4	4	40	3	0
	2006	포항	28	4	7	1	17	1	0
	2008	성남일화	13	10	2	2	20	0	0
	2009	전북	32	5	22	0	46	2	0
	2010	전북	30	8	13	3	20	2	1
	2011	전북	29	6	16	15	33	2	0
	2012	전북	40	12	26	6	69	7	0
	합계		318	94	141	53	419	27	1
K1	2013	전북	22	13	13	2	32	2	0
	2014	전북	31	15	13	6	25	1	0
	2015	전북	33	17	13	5	31	3	0
	2016	전북	27	19	12	0	17	1	0
	2017	전북	30	30	10	5	23	2	0
	2018	전북	35	27	13	4	22	4	0
	2019	전북	33	29	9	2	22	2	0
	2020	전북	11	10	4	0	3	1	0
	합계		230	157	87	24	170	17	0
프로통산			548	251	228	77	589	44	1

이동근 (李東根) 경희대 1981.01.23

대회	연도	소속	출전	교체	득점	도움	파울	경고	퇴장
BC	2003	부천SK	21	9	2	1	26	3	0
	2004	부천SK	6	6	0	0	3	1	0
	2005	광주상무	2	2	0	0	2	0	0
	2006	광주상무	5	3	0	0	4	1	0
	2008	대전	16	6	0	2	18	1	0
	2009	울산	3	3	0	0	4	0	0
	합계		53	31	2	3	56	6	0
프로통산			53	31	2	3	56	6	0

이동근 (李東根) 울산대 1988.11.28

대회	연도	소속	출전	교체	득점	도움	파울	경고	퇴장
BC	2011	경남	3	3	1	0	0	0	0
	합계		3	3	1	0	0	0	0
프로통산			3	3	1	0	0	0	0

이동률 (李東律) 제주U18 2000.06.09

대회	연도	소속	출전	교체	득점	도움	파울	경고	퇴장
K1	2019	제주	5	5	0	0	2	0	0
	2021	제주	19	21	0	0	12	0	0
	합계		24	26	0	0	14	0	0
K2	2020	제주	14	13	5	3	17	0	0
	2022	서울E	34	34	6	2	24	2	1
	합계		48	47	11	8	41	2	1
프로통산			72	73	11	8	55	2	1

이동명 (李東明) 부평고 1987.10.04

대회	연도	소속	출전	교체	득점	도움	파울	경고	퇴장
BC	2006	제주	5	4	0	0	2	0	0
	2007	제주	10	8	0	0	9	0	0
	2008	부산	8	8	0	0	6	1	0
	2009	부산	5	5	0	0	7	1	0
	합계		28	25	0	0	24	2	0
K1	2013	대구	2	1	0	0	2	0	0
	합계		2	1	0	0	2	0	0
K2	2014	대구	4	1	0	0	5	1	0
	합계		4	1	0	0	5	1	0
프로통산			34	27	0	0	30	3	0

이동수 (李東洙) 가톨릭관동대 1994.06.03

대회	연도	소속	출전	교체	득점	도움	파울	경고	퇴장
K1	2017	제주	11	8	0	0	8	0	0
	2018	제주	28	25	0	2	23	3	0
	2019	제주	14	9	0	0	18	0	0
	2020	상주	12	5	0	0	10	1	0
	2021	제주	12	12	0	0	12	0	0
	2022	인천	31	28	1	0	9	1	0

대회	연도	소속	출전	교체	득점	도움	파울	경고	퇴장
	2023	인천	6	5	0	0	6	1	0
	합계		114	92	3	0	84	7	0
K2	2016	대전	36	4	1	2	40	4	0
	2021	김천	6	3	0	1	9	2	0
	2023	안양	16	11	3	0	15	1	0
	합계		58	18	4	3	64	7	0
프로통산			172	110	7	3	148	14	0

이동식 (李東植) 홍익대 1979.03.15

대회	연도	소속	출전	교체	득점	도움	파울	경고	퇴장
BC	2002	포항	0	0	0	0	0	0	0
	2003	포항	0	0	0	0	0	0	0
	2004	부천SK	18	10	1	1	39	4	0
	2005	부천SK	26	10	3	1	50	3	0
	2006	광주상무	28	6	0	0	70	5	0
	2007	광주상무	18	9	2	2	44	3	1
	2008	제주	27	2	0	1	91	11	0
	2009	제주	21	8	0	0	42	3	0
	2010	수원	4	3	0	0	1	0	0
	합계		142	48	6	5	347	34	1
프로통산			142	48	6	5	347	34	1

이동우 (李東雨) 동국대 1985.07.31

대회	연도	소속	출전	교체	득점	도움	파울	경고	퇴장
K2	2013	충주	11	1	0	0	10	3	0
	합계		11	1	0	0	10	3	0
프로통산			11	1	0	0	10	3	0

이동욱 (李東昱) 연세대 1976.04.10

대회	연도	소속	출전	교체	득점	도움	파울	경고	퇴장
BC	2001	수원	3	3	0	0	1	0	0
	2002	수원	1	1	0	0	0	0	0
	합계		4	4	0	0	1	0	0
프로통산			4	4	0	0	1	0	0

이동원 (李東原) 신문대 2002.10.30

대회	연도	소속	출전	교체	득점	도움	파울	경고	퇴장
K1	2023	대전	8	9	0	0	8	1	0
	합계		8	9	0	0	8	1	0
프로통산			8	9	0	0	8	1	0

이동원 (李東遠) 숭실대 1983.11.07

대회	연도	소속	출전	교체	득점	도움	파울	경고	퇴장
BC	2005	전남	10	3	0	2	18	0	0
	2006	전남	24	9	2	0	45	3	0
	2007	인천	30	13	1	1	60	4	0
	2008	대전	28	2	0	0	55	6	0
	2009	울산	27	7	1	0	53	6	0
	2010	울산	4	1	0	0	7	1	0
	2011	울산	0	0	0	0	0	0	0
	2011	부산	6	1	0	0	7	2	0
	합계		129	36	7	3	245	22	0
프로통산			129	36	7	3	245	22	0

이동일 (李東日) 성균관대 1995.08.01

대회	연도	소속	출전	교체	득점	도움	파울	경고	퇴장
K2	2016	부산	1	1	0	0	0	0	0
	2017	부산	0	0	0	0	0	0	0
	합계		1	1	0	0	0	0	0
프로통산			1	1	0	0	0	0	0

이동재 (李動在) 문성고 1996.07.20

대회	연도	소속	출전	교체	득점	도움	파울	경고	퇴장
K2	2015	강원	1	1	0	0	1	0	0
	합계		1	1	0	0	1	0	0
프로통산			1	1	0	0	1	0	0

이동준 (李東俊) 숭실대 1997.02.01

대회	연도	소속	출전	교체	득점	도움	파울	경고	퇴장
K1	2020	부산	5	5	4	6	7	0	0
	2021	울산	32	19	11	4	45	4	0
	2023	전북	23	23	0	2	17	0	0
	합계		81	47	16	10	108	11	0
K2	2017	부산	8	7	2	0	5	1	0
	2018	부산	23	23	4	1	14	1	0
	2019	부산	37	15	13	7	40	1	0
	합계		68	45	19	8	59	4	0
승	2017	부산	2	2	0	0	4	1	0
	2018	부산	2	2	0	0	0	0	0
	2019	부산	2	1	0	0	3	0	0
	합계		6	5	0	1	7	1	0
프로통산			155	97	35	18	174	16	0

이동하 (李東夏) 조선대 1995.09.30

대회	연도	소속	출전	교체	득점	도움	파울	경고	퇴장
K2	2018	광주	0	0	0	0	0	0	0
	합계		0	0	0	0	0	0	0
프로통산			0	0	0	0	0	0	0

이동현 (李東炫) 경희대 1989.11.19

대회	연도	소속	출전	교체	득점	도움	파울	경고	퇴장
BC	2010	강원	5	5	0	0	1	1	0
	합계		5	5	0	0	1	1	0
K1	2013	대전	27	23	3	3	33	3	0
	합계		27	23	3	3	33	3	0
K2	2014	대전	2	1	0	0	2	0	0
	2015	안양	12	12	1	0	10	1	0
	합계		14	13	1	0	12	1	0
프로통산			46	41	4	3	46	5	0

이동희 (李東熙) 한양대 1996.07.03

대회	연도	소속	출전	교체	득점	도움	파울	경고	퇴장
K1	2018	제주	12	8	0	0	12	1	0
	2019	제주	10	3	0	0	9	2	1
	합계		22	11	0	0	23	3	1
K2	2020	제주	2	1	0	0	3	0	0
	합계		2	1	0	0	3	0	0
프로통산			24	12	0	0	26	3	1

이동희 (李東熙) 호남대 2000.02.07

대회	연도	소속	출전	교체	득점	도움	파울	경고	퇴장
K2	2022	부천	21	5	1	0	21	2	0
	2023	부천	32	2	0	1	38	5	0
	합계		53	7	1	1	59	7	0
프로통산			53	7	1	1	59	7	0

이따마르 (Itamar Batista da Silva) 브라질 1980.04.12

대회	연도	소속	출전	교체	득점	도움	파울	경고	퇴장
BC	2003	전남	34	6	23	5	67	9	1
	2004	전남	31	10	13	3	64	9	0
	2005	포항	16	10	4	2	30	3	0
	2005	수원	10	1	4	0	23	2	0
	2006	수원	10	1	4	0	23	2	0
	2006	성남일화	14	8	3	2	26	3	0
	2007	성남일화	20	15	5	2	37	3	0
	합계		142	59	54	14	280	33	1
프로통산			142	59	54	14	280	33	1

이래준 (李來俊) 동래고 1997.03.19

대회	연도	소속	출전	교체	득점	도움	파울	경고	퇴장
K1	2016	포항	0	0	0	0	0	0	0
	2017	포항	4	4	0	0	4	1	0
	2018	포항	3	3	0	1	2	0	0
	2020	부산	0	0	0	0	0	0	0
	합계		7	7	0	1	6	1	0
K2	2020	안산	9	5	1	0	4	0	0
	2021	부산	17	14	0	1	15	2	1
	합계		26	19	1	1	19	4	1
프로통산			33	26	1	2	25	5	1

이레마 (Oleg Eremin) 러시아 1967.10.28

대회	연도	소속	출전	교체	득점	도움	파울	경고	퇴장
BC	1997	포항	4	3	0	1	10	0	0
	합계		4	3	0	1	10	0	0
프로통산			4	3	0	1	10	0	0

이리네 (Irineu Ricardo) 브라질 1977.07.12

대회	연도	소속	출전	교체	득점	도움	파울	경고	퇴장
BC	2001	성남일화	15	3	3	0	55	2	0
	2002	성남일화	20	13	8	4	43	3	0
	2003	성남일화	38	22	9	5	90	3	0
	2004	성남일화	16	9	5	1	28	2	0
	2004	부천SK	15	2	4	0	45	2	0
	2005	부천SK	9	4	1	0	26	1	0
	2006	제주	19	10	6	0	25	0	0
	2007	제주	31	16	1	6	59	9	0
	합계		163	76	45	12	371	22	0
프로통산			163	76	45	12	371	22	0

이명건 (李明建) 동의대 1994.07.27

대회	연도	소속	출전	교체	득점	도움	파울	경고	퇴장
K1	2017	포항	1	1	0	0	0	0	0
	합계		1	1	0	0	0	0	0
K2	2020	충남아산	4	4	0	0	2	0	0
	합계		4	4	0	0	2	0	0
프로통산			5	5	0	0	2	0	0

이명열 (李明烈) 인천대 1968.06.25

대회	연도	소속	출전	교체	실점	도움	파울	경고	퇴장
BC	1991	포항제철	0	0	0	0	0	0	0
	1992	포항제철	6	0	4	0	0	1	0
	1993	포항제철	26	0	28	0	0	0	0
	1994	포항제철	35	0	42	0	1	0	0
	1995	포항	0	0	0	0	0	0	0
	1996	포항	25	2	24	0	2	1	0
	1999	포항	5	0	10	0	0	0	0
	합계		100	2	108	0	3	4	0
프로통산			100	2	108	0	3	4	0

이명재 (李明載) 홍익대 1993.11.04

대회	연도	소속	출전	교체	득점	도움	파울	경고	퇴장
K1	2014	울산	2	2	0	0	2	0	0
	2015	울산	19	10	0	3	23	2	0
	2016	울산	3	2	0	0	2	0	0
	2017	울산	32	1	1	4	26	2	0
	2018	울산	24	2	0	3	19	0	0
	2019	울산	2	2	0	0	2	0	0
	2021	울산	19	6	0	4	8	1	0
	2022	울산	19	6	0	4	8	1	0
	2023	울산	30	12	0	5	12	2	0
	합계		165	39	1	24	121	11	0
K2	2021	김천	8	0	0	1	4	1	1
	합계		8	0	0	1	4	1	1
프로통산			173	39	1	25	125	12	1

이명주 (李明周) 영남대 1990.04.24

대회	연도	소속	출전	교체	득점	도움	파울	경고	퇴장
BC	2012	포항	35	12	5	6	71	4	0
	합계		35	12	5	6	71	4	0
K1	2013	포항	34	4	7	4	61	7	0
	2014	포항	11	2	5	0	19	3	0
	2017	서울	13	5	2	1	17	3	0
	2019	서울	10	4	1	1	19	3	0
	2022	인천	34	17	4	5	35	4	0
	2023	인천	25	15	2	1	27	5	0
	합계		127	47	21	21	182	18	0
K2	2018	아산	30	8	5	8	64	5	0
	2019	아산	19	5	2	1	26	5	0
	합계		49	13	7	9	90	10	0
프로통산			211	72	33	33	343	32	0

이명철 (李明哲) 인제대 1989.05.29

대회	연도	소속	출전	교체	득점	도움	파울	경고	퇴장
BC	2011	대전	2	1	0	0	4	0	0
	합계		2	1	0	0	4	0	0
프로통산			2	1	0	0	4	0	0

이무형 (李武炯) 배재대 1980.11.08

대회	연도	소속	출전	교체	득점	도움	파울	경고	퇴장
BC	2003	대전	2	2	0	0	0	0	0
	2004	대전	10	6	0	0	13	1	0
	합계		12	8	0	0	14	1	0

프로통산 | 12 | 8 | 0 | 0 | 14 | 1 | 0

이문석(李文奭) 인천대 1970.03.06

대회	연도	소속	출전	교체	득점	도움	파울	경고	퇴장
BC	1993	현대	3	3	0	0	0	0	0
	1994	현대	10	8	0	0	4	0	0
	1995	현대	12	12	0	1	6	0	0
	1996	울산	31	8	0	0	24	2	1
	1997	울산	22	6	0	1	15	2	1
	1998	울산	42	13	2	1	72	2	0
	1999	울산	31	17	0	1	41	6	0
	2000	부산	0	0	0	0	0	0	0
	합계		151	67	2	4	161	12	2
프로통산			151	67	2	4	161	12	2

이문선(李文善) 단국대 1983.01.21

대회	연도	소속	출전	교체	득점	도움	파울	경고	퇴장
BC	2005	대구	7	3	0	0	5	2	0
	2006	대구	12	6	0	1	19	1	0
	합계		19	9	0	1	24	3	0
프로통산			19	9	0	1	24	3	0

이문영(李文榮) 서울시립대 1965.05.05

대회	연도	소속	출전	교체	실점	도움	파울	경고	퇴장
BC	1987	유공	30	1	35	0	0	2	0
	1988	유공	24	0	24	0	0	1	0
	1989	유공	17	0	18	0	0	1	0
	1990	유공	8	0	12	0	0	0	0
	1991	유공	28	0	31	0	1	0	0
	1992	유공	27	0	31	0	1	0	0
	합계		134	1	151	0	1	7	0
프로통산			134	1	151	0	1	7	0

이민규(李敏圭) 홍익대 1989.01.06

대회	연도	소속	출전	교체	득점	도움	파울	경고	퇴장
BC	2011	강원	14	2	0	1	22	3	0
	2012	강원	9	5	0	0	2	1	0
	합계		23	7	0	1	5	4	0
K2	2013	충주	16	0	0	1	26	4	1
	2014	충주	11	4	0	0	22	2	0
	합계		27	4	0	1	38	6	1
프로통산			50	11	0	1	53	10	1

이민규(李敏圭) 용인대 1996.02.09

대회	연도	소속	출전	교체	득점	도움	파울	경고	퇴장
K2	2019	서울E	2	1	0	0	3	0	0
	합계		2	1	0	0	3	0	0
프로통산			2	1	0	0	3	0	0

이민규(李敏圭) 고려대 1992.04.24

대회	연도	소속	출전	교체	득점	도움	파울	경고	퇴장
K2	2019	안산	0	0	0	0	0	0	0
	합계		0	0	0	0	0	0	0
프로통산			0	0	0	0	0	0	0

이민기(李玟氣) 전주대 1993.05.19

대회	연도	소속	출전	교체	득점	도움	파울	경고	퇴장
K1	2016	광주	9	6	1	0	8	1	0
	2017	광주	28	3	0	2	49	7	0
	2018	상주	6	0	0	0	9	2	0
	2019	상주	11	4	0	1	11	0	0
	2020	광주	13	1	0	0	8	3	0
	2021	광주	32	15	1	2	29	5	0
	2023	광주	11	1	1	1	24	4	0
	합계		127	41	3	6	138	21	1
K2	2018	광주	11	2	0	0	10	2	0
	2022	광주	26	16	1	1	19	4	0
	합계		37	18	1	1	29	6	0
프로통산			164	59	4	7	167	27	1

이민기(李玟紀) 한양대 2001.01.06

대회	연도	소속	출전	교체	득점	도움	파울	경고	퇴장
K2	2021	경남	1	1	0	0	1	0	0
	2022	경남	37	22	1	6	30	1	0
	2023	경남	17	17	0	0	10	0	0
	합계		55	40	1	1	43	11	0
프로통산			55	40	1	1	43	11	0

이민선(李珉善) 선문대 1983.10.21

대회	연도	소속	출전	교체	득점	도움	파울	경고	퇴장
BC	2004	대구	4	4	0	0	2	1	0
	2006	대전	0	0	0	0	0	0	0
	합계		4	4	0	0	2	1	0
프로통산			4	4	0	0	2	1	0

이민섭(李珉攝) 동아대 1990.08.24

대회	연도	소속	출전	교체	득점	도움	파울	경고	퇴장
K1	2013	대구	0	0	0	0	0	0	0
	합계		0	0	0	0	0	0	0
프로통산			0	0	0	0	0	0	0

이민성(李敏成) 아주대 1973.06.23

대회	연도	소속	출전	교체	득점	도움	파울	경고	퇴장
BC	1996	부산	29	3	3	0	64	8	0
	1997	부산	12	2	0	1	30	3	0
	1998	부산	10	7	1	0	13	0	0
	2001	부산	22	2	1	0	19	1	0
	2002	부산	22	13	1	0	20	4	0
	2003	포항	39	7	1	1	53	11	0
	2004	포항	32	2	2	2	34	1	1
	2005	서울	32	6	0	0	45	8	0
	2006	서울	34	3	1	0	27	4	0
	2007	서울	7	2	1	1	11	1	0
	2008	서울	14	5	0	0	19	2	0
	합계		247	54	9	6	335	48	1
프로통산			247	54	9	6	335	48	1

이민수(李泯洙) 한남대 1992.01.11

대회	연도	소속	출전	교체	득점	도움	파울	경고	퇴장
K1	2018	강원	1	1	0	0	2	0	0
	합계		1	1	0	0	2	0	0
K2	2023	천안	19	13	1	0	16	3	0

이민우(李珉雨) 광주대 1991.12.01

대회	연도	소속	출전	교체	득점	도움	파울	경고	퇴장
K1	2014	성남	15	15	0	0	6	0	0
	합계		15	15	0	0	6	0	0
K2	2015	부천	17	16	2	0	16	1	0
	2018	안산	24	20	0	1	14	0	0
	2018	안산	2	2	0	0	1	0	0
	합계		43	38	2	1	37	2	0
프로통산			58	53	2	1	43	2	0

이민혁(李民赫) 연세대 2002.01.19

대회	연도	소속	출전	교체	득점	도움	파울	경고	퇴장
K1	2023	전북	3	3	0	0	3	0	0
	합계		3	3	0	0	3	0	0
K2	2023	경남	9	7	0	0	9	0	0
	합계		9	7	0	0	9	0	0
프로통산			12	10	0	0	12	0	0

이민형(李玟炯) 동국대 1997.04.04

대회	연도	소속	출전	교체	득점	도움	파울	경고	퇴장
K2	2023	충북청주	26	18	2	0	7	4	0
	합계		26	18	2	0	7	4	0
프로통산			26	18	2	0	7	4	0

이바노프(Dimitar Vladev Ivanov) 불가리아 1970.10.07

대회	연도	소속	출전	교체	득점	도움	파울	경고	퇴장
BC	1998	부천SK	12	13	2	1	13	0	0
	합계		12	13	2	1	13	0	0

이반(Ivan Herceg) 크로아티아 1990.02.10

대회	연도	소속	출전	교체	득점	도움	파울	경고	퇴장
K1	2018	경남	0	0	0	0	0	0	0
	합계		0	0	0	0	0	0	0
K2	2016	경남	22	7	0	1	23	5	0
	2017	경남	30	1	1	0	14	6	0
	2018	서울E	10	4	0	0	6	1	0
	합계		62	12	1	1	43	12	0
프로통산			62	12	1	1	43	12	0

이반(Ivan Perić) 세르비아 1982.05.05

대회	연도	소속	출전	교체	득점	도움	파울	경고	퇴장
BC	2007	제주	7	6	0	0	22	2	0
	합계		7	6	0	0	22	2	0
프로통산			7	6	0	0	22	2	0

이반(Ivan Testemitanu) 몰도바 1974.04.27

대회	연도	소속	출전	교체	득점	도움	파울	경고	퇴장
BC	2001	성남일화	30	7	2	2	42	5	0
	2004	성남일화	27	9	1	0	41	3	0
	합계		57	16	3	2	83	8	0
프로통산			57	16	3	2	83	8	0

이반(Ivan Ricardo Alves de Oliveira) 브라질 1974.10.27

대회	연도	소속	출전	교체	득점	도움	파울	경고	퇴장
BC	2001	전남	15	9	4	1	10	0	0
	2002	전남	27	21	0	1	22	1	0
	합계		42	30	4	2	32	1	0
프로통산			42	30	4	2	32	1	0

이반코비치(Mario Ivanković) 크로아티아 1975.02.08

대회	연도	소속	출전	교체	득점	도움	파울	경고	퇴장
BC	2001	수원	3	3	0	0	2	0	0
	2002	수원	2	2	0	0	0	0	0
	합계		5	5	0	0	2	0	0
프로통산			5	5	0	0	2	0	0

이범수(李範洙) 경희대 1990.12.10

대회	연도	소속	출전	교체	실점	도움	파울	경고	퇴장
BC	2010	전북	1	0	3	0	0	0	0
	2011	전북	2	0	4	0	0	0	0
	2012	전북	0	0	0	0	0	0	0
	합계		3	0	7	0	0	0	0
K1	2013	전북	1	0	1	0	0	0	0
	2014	전북	0	0	0	0	0	0	0
	2018	경남	13	0	19	0	0	0	0
	2019	경남	25	0	35	0	0	2	0
	2020	경남	16	0	25	0	1	1	0
	2021	강원	29	1	36	0	0	1	0
	2022	전북	3	1	1	0	0	0	0
	합계		86	2	115	0	1	4	0
K2	2015	서울E	2	0	4	0	0	0	0
	2016	대전	13	0	18	0	1	1	0
	2017	경남	24	0	27	0	0	3	0
	2023	부천	32	0	32	0	0	1	0
	합계		71	0	81	0	1	5	0
승	2019	경남	2	0	4	0	0	0	0
	2021	강원	1	0	3	0	0	0	0
	합계		3	0	7	0	0	0	0
프로통산			163	2	210	0	2	6	0

이범수(李範洙) 울산대 1978.01.27

대회	연도	소속	출전	교체	득점	도움	파울	경고	퇴장
BC	2000	울산	6	6	0	1	7	0	0
	2001	울산	2	2	0	0	2	0	0
	합계		8	8	0	1	9	0	0
프로통산			8	8	0	1	9	0	0

이범수(李範守) 경희대 1990.12.10

대회	연도	소속	출전	교체	실점	도움	파울	경고	퇴장

이범영(李範永) 신갈고 1989.04.02

대회	연도	소속	출전	교체	실점	도움	파울	경고	퇴장

Section 6 역대 통산 기록

대회	연도	소속	출전	교체	실점	도움	파울	경고	퇴장
BC	2008	부산	16	0	25	0	0	1	0
	2009	부산	6	1	7	0	0	0	0
	2010	부산	6	0	8	0	0	0	0
	2011	부산	18	0	29	0	0	1	0
	2012	부산	12	0	17	0	0	0	0
	합계		58	1	86	0	0	2	0
K1	2013	부산	31	0	33	0	1	1	0
	2014	부산	31	0	38	0	0	3	0
	2015	부산	27	0	37	1	0	2	0
	2017	강원	36	0	58	0	0	1	0
	2018	강원	30	2	42	0	0	1	0
	2020	전북	1	0	1	0	0	0	0
	2021	전북	1	0	1	0	0	0	0
	2022	수원FC	2	0	7	0	0	0	0
	2023	수원FC	2	0	8	0	0	0	0
	합계		161	2	225	1	2	8	0
승	2015	부산	2	0	3	0	0	0	0
	합계		2	0	3	0	0	0	0
프로통산			221	3	314	1	2	10	0

이병근 (李炳根) 한양대 1973.04.28

대회	연도	소속	출전	교체	득점	도움	파울	경고	퇴장
BC	1996	수원	30	10	0	1	57	7	1
	1997	수원	33	14	2	1	43	4	0
	1998	수원	29	13	1	1	47	5	0
	1999	수원	39	21	2	2	57	2	0
	2000	수원	25	3	0	1	40	1	0
	2001	수원	31	5	0	0	55	5	0
	2002	수원	36	2	0	2	39	2	0
	2003	수원	38	2	2	5	81	4	0
	2004	수원	16	9	0	0	24	3	0
	2005	수원	28	15	0	1	38	3	0
	2006	수원	4	3	0	0	4	0	0
	2006	대구	10	3	1	2	23	3	0
	2007	대구	5	2	1	0	7	0	0
	합계		324	108	10	15	515	39	1
프로통산			324	108	10	15	515	39	1

이병기 (李丙基) 고려대 1963.02.22

대회	연도	소속	출전	교체	득점	도움	파울	경고	퇴장
BC	1986	대우	11	11	0	1	2	0	0
	1988	대우	8	7	0	0	14	0	0
	합계		19	18	0	1	16	0	0
프로통산			19	18	0	1	16	0	0

이병욱 (李秉煜) 영남대 1996.11.14

대회	연도	소속	출전	교체	득점	도움	파울	경고	퇴장
K1	2020	강원	0	0	0	0	0	0	0
	2021	강원	4	3	0	0	4	0	0
	합계		4	3	0	0	4	0	0
K2	2018	서울E	1	1	0	0	1	0	0
	2019	서울E	11	6	0	0	7	0	0
	2022	김포	0	0	0	0	0	0	0
	합계		12	7	0	0	10	1	1
프로통산			16	10	0	0	10	1	1

이병윤 (李炳允) 부경대 1986.04.26

대회	연도	소속	출전	교체	득점	도움	파울	경고	퇴장
BC	2011	전남	7	6	1	0	8	1	0
	합계		7	6	1	0	8	1	0
프로통산			7	6	1	0	8	1	0

이보 (Olivio da Rosa) 브라질 1986.10.02

대회	연도	소속	출전	교체	득점	도움	파울	경고	퇴장
BC	2012	인천	27	16	4	6	26	4	0
	합계		27	16	4	6	26	4	0
K1	2014	인천	33	12	7	6	39	3	0
	합계		33	12	7	6	39	3	0
프로통산			60	28	11	12	65	4	0

이봉준 (李奉埈) 삼일고 1992.04.11

대회	연도	소속	출전	교체	득점	도움	파울	경고	퇴장
BC	2012	강원	1	1	0	0	0	0	0
	합계		1	1	0	0	0	0	0
프로통산			1	1	0	0	0	0	0

이부열 (李富烈) 마산공고 1958.10.16

대회	연도	소속	출전	교체	득점	도움	파울	경고	퇴장
BC	1983	국민은행	15	3	1	1	9	2	0
	1984	국민은행	28	3	3	3	12	0	0
	1985	럭키금성	19	6	1	0	20	0	0
	1986	럭키금성	30	5	1	0	24	0	0
	1987	럭키금성	10	4	0	0	4	1	0
	1988	럭키금성	7	4	0	0	4	0	0
	합계		109	25	6	4	69	4	0
프로통산			109	25	6	4	69	4	0

이비니 (Bernie Alpha Ibini-Isei) 오스트레일리아 1992.09.12

대회	연도	소속	출전	교체	득점	도움	파울	경고	퇴장
K1	2019	전북	13	11	1	1	7	0	0
	합계		13	11	1	1	7	0	0
프로통산			13	11	1	1	7	0	0

이삭 (Victor Issac Acosta) 아르헨티나 1986.12.04

대회	연도	소속	출전	교체	득점	도움	파울	경고	퇴장
BC	2010	대구	3	3	0	0	7	0	0
	합계		3	3	0	0	7	0	0
프로통산			3	3	0	0	7	0	0

이상규 (李相圭) 광운대 1977.09.05

대회	연도	소속	출전	교체	득점	도움	파울	경고	퇴장
BC	2000	대전	6	6	0	1	0	0	0
	2001	대전	11	7	0	0	11	1	0
	2002	대전	2	1	0	0	2	0	0
	합계		19	14	0	1	13	1	0
프로통산			19	14	0	1	13	1	0

이상기 (李相基) 성균관대 1987.03.08

대회	연도	소속	출전	교체	실점	도움	파울	경고	퇴장
BC	2011	상주	4	1	7	0	0	0	0
	2012	상주	6	0	6	0	0	0	0
	합계		10	1	13	0	0	0	0
K1	2013	수원	1	1	0	0	0	0	0
	합계		1	1	0	0	0	0	0
K2	2013	상주	0	0	0	0	0	0	0
	2014	수원FC	19	1	24	0	0	4	0
	2015	수원FC	2	0	13	0	0	0	0
	2016	서울E	12	3	15	0	0	0	0
	2017	서울E	0	0	0	0	0	0	0
	합계		33	4	52	0	0	4	0
프로통산			44	6	65	0	0	4	0

이상기 (李相紀) 관동대 1970.03.20

대회	연도	소속	출전	교체	득점	도움	파울	경고	퇴장
BC	1992	포항제철	8	7	0	0	10	0	0
BC	합계		8	7	0	0	10	0	0
프로통산			8	7	0	0	10	0	0

이상덕 (李相德) 동아대 1986.11.05

대회	연도	소속	출전	교체	득점	도움	파울	경고	퇴장
BC	2009	대구	7	3	3	0	2	0	0
	2010	대구	26	6	1	1	31	3	0
	2011	대구	16	1	1	0	18	3	0
	합계		49	10	5	1	51	6	0
프로통산			49	10	5	1	51	6	0

이상돈 (李相燉) 울산대 1985.08.12

대회	연도	소속	출전	교체	득점	도움	파울	경고	퇴장
BC	2008	울산	8	5	0	0	15	1	0
	2009	울산	8	7	0	1	11	2	0
	2010	수원	5	2	1	0	2	0	0
	2010	강원	16	1	0	1	12	1	0
	2011	강원	23	1	0	2	24	2	0
	2012	강원	11	4	0	0	11	0	0
	합계		71	20	1	4	72	9	0
K2	2015	고양	32	1	1	0	33	3	0
	2016	고양	38	7	0	1	9	4	0
	합계		70	8	1	1	42	5	0
프로통산			141	28	2	5	114	14	0

이상래 (李相來) 중앙고 1961.07.12

대회	연도	소속	출전	교체	득점	도움	파울	경고	퇴장
BC	1984	럭키금성	15	15	0	0	9	1	0
	1985	럭키금성	21	4	5	1	17	0	0
	1986	럭키금성	35	11	7	6	34	1	0
	1987	럭키금성	19	8	2	1	31	0	0
	1988	유공	15	8	0	0	11	0	0
	합계		105	48	14	12	113	5	0
프로통산			105	48	14	12	113	5	0

이상민 (李尙旻) 고려대 1995.05.02

대회	연도	소속	출전	교체	득점	도움	파울	경고	퇴장
K1	2017	수원	3	3	0	0	1	0	0
	2019	수원	1	0	0	0	5	2	0
	2020	수원	6	3	0	0	9	1	0
	합계		10	6	0	0	15	3	0
K2	2018	수원FC	12	6	0	0	13	1	0
	2021	안산	35	4	0	6	54	5	0
	2022	안산	36	0	3	0	56	5	0
	2023	서울E	36	6	0	4	40	2	0
	합계		119	16	3	10	163	13	0
프로통산			129	22	3	10	178	16	0

이상민 (李相珉) 숭실대 1998.01.01

대회	연도	소속	출전	교체	득점	도움	파울	경고	퇴장
K1	2018	울산	0	0	0	0	0	0	0
	2022	서울	25	3	1	4	23	3	0
	합계		25	3	1	4	23	3	0
K2	2020	서울E	25	1	1	0	21	4	0
	2021	서울E	36	1	2	2	34	5	0
	2023	김천	22	2	0	1	8	2	0
	합계		83	4	3	3	63	11	0
프로통산			108	7	4	7	86	14	0

이상민 (李尙珉) 매탄고 2004.06.29

대회	연도	소속	출전	교체	득점	도움	파울	경고	퇴장
K1	2022	수원	22	20	0	3	13	2	0
	합계		22	20	0	3	13	2	0
프로통산			22	20	0	3	13	2	0

이상민 (李相旻) 중앙대 1999.08.30

대회	연도	소속	출전	교체	득점	도움	파울	경고	퇴장
K2	2020	충남아산	4	3	1	0	2	0	0
	2021	충남아산	26	6	0	0	23	5	1
	2022	충남아산	36	1	0	1	31	3	0
	2023	성남	20	2	1	2	16	1	0
	합계		86	12	2	3	72	9	1
프로통산			86	12	2	3	72	9	1

이상민 (李相敏) 묵호중 1986.09.14

대회	연도	소속	출전	교체	득점	도움	파울	경고	퇴장
BC	2008	경남	7	6	0	0	11	3	0
	합계		7	6	0	0	11	3	0
프로통산			7	6	0	0	11	3	0

이상석 (李相錫) 고려대 1985.01.06

대회	연도	소속	출전	교체	득점	도움	파울	경고	퇴장

이상OO (previous player, continued)

대회	연도	소속	출전	교체	득점	도움	파울	경고	퇴장
BC	2007	대구	1	1	0	0	1	0	0
		합계	1	1	0	0	1	0	0
	프로통산		1	1	0	0	1	0	0

이상수 (李上水) 포항제철고 1999.03.08

대회	연도	소속	출전	교체	득점	도움	파울	경고	퇴장
K2	2020	충남아산	3	1	0	0	0	0	0
	2021	충남아산	1	1	0	0	0	0	0
		합계	4	2	0	0	0	0	0
	프로통산		4	2	0	0	0	0	0

이상용 (李相龍) 전주대 1994.03.19

대회	연도	소속	출전	교체	득점	도움	파울	경고	퇴장
K2	2017	안양	24	1	1	1	30	7	0
	2018	안양	13	1	2	0	15	4	0
	2019	안양	12	4	0	0	11	4	0
	2020	안양	12	1	0	0	11	2	0
	2021	안양	11	8	0	0	2	0	0
	2022	안양	11	8	0	0	0	0	0
	2023	안양	0	0	0	0	0	0	0
		합계	73	20	3	1	69	15	0
	프로통산		73	20	3	1	69	15	0

이상용 (李相龍) 고려대 1961.01.25

대회	연도	소속	출전	교체	득점	도움	파울	경고	퇴장
BC	1984	유공	11	5	2	0	7	0	0
	1985	유공	7	6	0	0	4	1	0
	1987	유공	5	5	0	0	5	1	0
		합계	23	16	2	0	16	1	0
	프로통산		23	16	2	0	16	1	0

이상용 (李相龍) 조선대 1963.04.29

대회	연도	소속	출전	교체	득점	도움	파울	경고	퇴장
BC	1985	럭키금성	5	5	0	0	4	0	0
	1986	럭키금성	5	6	0	0	4	0	0
	1987	유공	1	1	0	0	0	0	0
		합계	11	12	0	0	8	0	0
	프로통산		11	12	0	0	8	0	0

이상용 (李相容) 연세대 1986.01.09

대회	연도	소속	출전	교체	득점	도움	파울	경고	퇴장
BC	2008	전남	1	1	0	0	0	0	0
		합계	1	1	0	0	0	0	0
	프로통산		1	1	0	0	0	0	0

이상우 (李相雨) 홍익대 1985.04.10

대회	연도	소속	출전	교체	득점	도움	파울	경고	퇴장
BC	2008	서울	3	3	0	0	2	1	0
		합계	3	3	0	0	2	1	0
K2	2013	안양	18	2	1	1	16	3	0
	2016	안양	20	5	1	3	16	5	0
		합계	38	7	3	4	32	8	0
	프로통산		41	10	3	4	34	9	0

이상우 (李相禹) 한양대 1976.08.01

대회	연도	소속	출전	교체	실점	도움	파울	경고	퇴장
BC	1999	안양LG	0	0	0	0	0	0	0
		합계	0	0	0	0	0	0	0
	프로통산		0	0	0	0	0	0	0

이상욱 (李相旭) 호남대 1990.03.09

대회	연도	소속	출전	교체	실점	도움	파울	경고	퇴장
K1	2014	수원	0	0	0	0	0	0	0
	2015	수원	0	0	0	0	0	0	0
	2016	수원	0	0	0	0	0	0	0
		합계	0	0	0	0	0	0	0
K2	2017	수원FC	24	0	33	0	0	1	0
	2018	수원FC	5	0	14	0	0	0	0
	2022	김포	29	0	40	0	1	3	1
	2023	김포	3	1	4	0	1	3	0
		합계	61	1	91	0	1	3	1
	프로통산		61	1	91	0	1	3	1

이상욱 (李商旭) 연세대 1973.05.27

대회	연도	소속	출전	교체	득점	도움	파울	경고	퇴장
BC	1999	수원	5	5	0	0	3	0	0
		합계	5	5	0	0	3	0	0
	프로통산		5	5	0	0	3	0	0

이상원 (李相元) 아주대 1991.04.24

대회	연도	소속	출전	교체	득점	도움	파울	경고	퇴장
K2	2014	안양	2	2	0	0	2	1	0
		합계	2	2	0	0	2	1	0
	프로통산		2	2	0	0	2	1	0

이상윤 (李相潤) 건국대 1969.04.10

대회	연도	소속	출전	교체	득점	도움	파울	경고	퇴장
BC	1990	일화	14	7	4	1	16	1	0
	1991	일화	35	15	15	5	41	4	0
	1992	일화	35	22	12	2	35	3	0
	1993	일화	32	15	7	6	34	3	0
	1994	일화	31	15	6	5	29	2	0
	1995	일화	25	16	5	7	28	1	0
	1996	천안일화	16	3	2	3	17	2	0
	1997	천안일화	13	1	0	0	36	3	1
	1998	천안일화	13	3	0	1	17	0	0
	1999	천안일화	16	5	3	2	17	2	0
	2000	성남일화	36	14	13	6	44	4	0
	2001	부천SK	20	20	1	4	17	0	0
		합계	293	146	71	43	355	27	1
	프로통산		293	146	71	43	355	27	1

이상일 (李相一) 중앙대 1979.05.25

대회	연도	소속	출전	교체	득점	도움	파울	경고	퇴장
BC	2003	대구	28	7	2	1	43	2	0
	2004	대구	17	4	1	3	18	2	0
	2005	대구	14	14	1	0	11	0	0
	2006	대구	32	14	1	4	49	5	0
	2007	전남	16	6	0	1	24	2	0
	2008	전남	18	7	1	0	23	3	0
		합계	125	52	6	9	158	15	0
	프로통산		125	52	6	9	158	15	0

이상준 (李常俊) 개성고 1999.10.14

대회	연도	소속	출전	교체	득점	도움	파울	경고	퇴장
K1	2020	부산	16	7	0	0	13	1	0
		합계	16	7	0	0	13	1	0
K2	2018	부산	1	1	0	0	0	0	0
	2019	부산	3	1	0	0	3	0	0
	2021	부산	7	1	0	0	4	2	0
		합계	12	2	1	1	7	2	0
	프로통산		28	9	1	1	20	3	0

이상철 (李相哲) 고려대 1958.08.04

대회	연도	소속	출전	교체	득점	도움	파울	경고	퇴장
BC	1984	현대	12	9	2	4	0	0	0
	1985	현대	15	7	5	0	12	0	0
	1986	현대	28	16	7	3	28	0	0
	1987	현대	28	13	8	1	12	2	0
		합계	83	45	22	6	60	4	0
	프로통산		83	45	22	6	60	4	0

이상태 (李相泰) 대구대 1977.10.25

대회	연도	소속	출전	교체	득점	도움	파울	경고	퇴장
BC	2000	수원	4	3	0	0	4	2	0
	2004	수원	10	5	0	0	7	2	0
	2005	수원	1	1	0	0	0	0	0
	2006	수원	5	4	0	0	7	1	0
	2006	경남	5	4	0	0	24	2	0
		합계	25	17	0	0	42	7	0
	프로통산		25	17	0	0	42	7	0

이상헌 (李尙憲) 현대고 1998.02.26

대회	연도	소속	출전	교체	득점	도움	파울	경고	퇴장
K1	2017	울산	4	4	0	0	7	1	0
	2018	울산	2	2	0	0	2	0	0
	2018	전남	21	19	2	2	15	4	0
	2019	울산	5	5	1	0	6	0	0
	2020	울산	8	8	1	0	8	1	0
		합계	36	34	7	2	31	5	0
K2	2021	부산	33	27	3	3	30	3	0
	2022	부산	31	19	7	3	34	7	0
	2023	부산	5	5	0	1	2	0	0
		합계	69	51	10	7	66	10	0
	프로통산		105	85	17	9	97	15	0

이상헌 (李相憲) 동국대 1975.10.11

대회	연도	소속	출전	교체	득점	도움	파울	경고	퇴장
BC	1998	안양G	3	3	0	0	3	0	0
	1999	안양G	19	4	0	0	34	6	0
	2000	안양G	31	8	2	0	58	6	0
	2001	안양G	1	1	0	0	3	1	0
	2002	안양G	1	1	0	0	1	0	0
	2003	안양LG	20	5	1	0	46	4	0
	2004	인천	3	0	1	0	35	3	0
	2005	인천	8	6	1	0	6	1	0
	2006	인천	11	2	1	0	21	1	0
		합계	114	38	6	1	207	23	1
	프로통산		114	38	6	1	207	23	1

이상혁 (李常赫) 현대고 2001.01.06

대회	연도	소속	출전	교체	득점	도움	파울	경고	퇴장
K2	2023	김포	13	12	0	2	5	0	0
		합계	13	12	0	2	5	0	0
	프로통산		13	12	0	2	5	0	0

이상현 (李相賢) 진주고 1996.03.13

대회	연도	소속	출전	교체	득점	도움	파울	경고	퇴장
K2	2015	경남	12	9	1	0	7	0	0
	2016	경남	0	0	0	0	0	0	0
	2017	경남	1	1	0	0	0	0	0
		합계	13	10	1	0	7	0	0
	프로통산		13	10	1	0	7	0	0

이상협 (李相協) 고려대 1990.01.01

대회	연도	소속	출전	교체	득점	도움	파울	경고	퇴장
K1	2013	서울	5	4	0	0	4	0	0
	2014	서울	21	19	1	0	14	1	0
	2015	서울	10	11	0	0	7	0	0
	2016	서울	3	3	0	0	0	0	0
	2017	인천	5	4	0	0	15	1	0
	2018	상주	5	4	0	0	4	1	0
	2019	상주	3	3	0	0	1	0	0
		합계	67	52	1	0	50	4	0
	프로통산		67	52	1	0	50	4	0

이상협 (李相俠) 동북고 1986.08.03

대회	연도	소속	출전	교체	득점	도움	파울	경고	퇴장
BC	2006	서울	2	1	1	0	8	0	0
	2007	서울	24	19	6	2	26	4	0
	2008	서울	17	16	3	1	19	3	0
	2009	서울	17	14	6	1	24	4	0
	2010	제주	17	14	6	1	29	4	0
	2011	제주	3	3	0	0	5	1	0
	2011	대전	7	7	1	1	6	1	1
	2012	상주	13	11	0	0	56	5	0
		합계	100	85	22	6	173	22	1
K1	2014	상주	1	1	0	0	1	0	0
	2014	전북	3	3	0	0	17	0	0
	2015	성남	31	30	3	0	5	4	0
		합계	35	34	3	0	23	4	0
K2	2013	상주	29	25	15	3	34	3	0
	2016	경남	1	1	0	0	0	0	0
		합계	30	26	15	3	34	3	0
승	2013	상주	2	2	1	0	7	0	0
		합계	2	2	1	0	7	0	0
	프로통산		167	147	42	9	231	28	1

이상호 (李尙浩) 단국대 1981.11.18

대회	연도	소속	출전	교체	득점	도움	파울	경고	퇴장
BC	2004	부천SK	0	0	0	0	0	0	0
	2005	부천SK	27	1	0	1	44	4	0

대회	연도	소속	출전	교체	득점	도움	파울	경고	퇴장
	2006	제주	23	0	1	0	33	4	1
	2007	제주	30	1	0	0	33	8	0
	2008	제주	20	6	0	0	17	6	1
	2009	제주	30	10	0	0	39	6	1
	2010	제주	33	4	0	1	37	4	0
	2011	전남	9	2	0	0	7	0	0
	합계		188	27	1	2	229	35	3
K1	2013	전남	3	1	0	0	1	0	0
	합계		3	1	0	0	1	0	0
프로통산			191	28	1	2	230	35	3

이상호(李相湖) 울산대 1987.05.09

대회	연도	소속	출전	교체	득점	도움	파울	경고	퇴장
BC	2006	울산	17	9	2	2	39	4	0
	2007	울산	22	14	4	1	49	3	0
	2008	울산	20	7	5	0	50	4	0
	2009	수원	20	10	1	1	32	1	0
	2010	수원	20	9	1	3	29	3	0
	2011	수원	29	13	6	3	51	5	0
	2012	수원	16	3	0	0	19	3	0
	2012	수원	16	2	2	0	25	4	0
	합계		144	64	21	10	275	24	0
K1	2014	상주	17	5	5	2	18	2	0
	2014	수원	9	8	1	1	9	0	0
	2015	수원	30	17	5	2	30	3	0
	2016	수원	29	15	4	2	34	2	0
	2017	서울	28	14	3	1	27	1	0
	2018	서울	23	16	2	1	26	2	0
	합계		136	75	20	9	145	10	0
K2	2013	상주	21	10	3	4	36	1	0
	합계		21	10	3	4	36	1	0
승	2013	상주	2	2	1	1	2	0	0
	합계		2	2	1	1	2	0	0
프로통산			303	151	45	24	458	35	0

이상홍(李相洪) 연세대 1979.02.04

대회	연도	소속	출전	교체	득점	도움	파울	경고	퇴장
BC	2003	부천SK	11	4	0	1	33	3	0
	2004	부천SK	22	8	0	0	56	3	0
	2005	부천SK	6	1	0	1	12	1	0
	2006	제주	25	18	0	0	35	1	0
	2007	경남	31	1	0	0	57	3	0
	2008	경남	25	1	0	1	47	4	0
	2009	경남	24	3	0	1	51	4	0
	2010	전남	25	5	0	1	65	6	0
	2011	부산	11	3	0	0	9	3	0
	합계		181	48	0	4	365	28	0
프로통산			181	48	0	4	365	28	0

이상희(李祥熹) 홍익대 1988.05.18

대회	연도	소속	출전	교체	득점	도움	파울	경고	퇴장
BC	2011	대전	6	2	0	0	11	1	1
	합계		6	2	0	0	11	1	1
K1	2014	인천	0	0	0	0	0	0	0
	합계		0	0	0	0	0	0	0
프로통산			6	2	0	0	11	1	1

이석(李錫) 전주대 1979.02.01

대회	연도	소속	출전	교체	득점	도움	파울	경고	퇴장
BC	2001	전북	8	8	1	0	3	0	0
	2002	대전	11	10	0	0	9	0	0
	합계		19	18	1	0	12	0	0
프로통산			19	18	1	0	12	0	0

이석경(李錫景) 경희대 1969.01.19

대회	연도	소속	출전	교체	득점	도움	파울	경고	퇴장
BC	1991	유공	3	3	0	0	2	0	0
	1991	포항제철	4	4	0	0	2	0	0
	1992	유공	5	5	0	0	4	0	0
	1993	유공	5	5	0	0	4	0	0
	1994	유공	12	12	0	0	9	0	0
	1995	유공	15	6	2	0	19	5	0
	1996	부천유공	7	6	1	2	6	2	0
	1997	부천SK	12	12	0	0	12	1	0
	1998	천안일화	28	17	9	3	44	4	0
	1999	천안일화	15	14	4	1	17	2	0
	2000	성남일화	3	4	0	0	1	0	0
	합계		107	86	16	6	120	14	0
프로통산			107	86	16	6	120	14	0

이석규(李石圭) 인천대 1999.12.14

대회	연도	소속	출전	교체	득점	도움	파울	경고	퇴장
K1	2021	포항	5	5	0	0	5	0	0
	합계		5	5	0	0	5	0	0
K2	2023	천안	25	21	2	0	9	3	0
	합계		25	21	2	0	9	3	0
프로통산			30	26	2	0	14	3	0

이석종(李碩鐘) 광운대 1960.02.20

대회	연도	소속	출전	교체	득점	도움	파울	경고	퇴장
BC	1984	한일은행	6	4	0	0	6	0	0
	합계		6	4	0	0	6	0	0
프로통산			6	4	0	0	6	0	0

이석현(李碩賢) 선문대 1990.06.13

대회	연도	소속	출전	교체	득점	도움	파울	경고	퇴장
K1	2013	인천	33	15	7	3	19	1	0
	2014	인천	25	21	1	1	6	0	0
	2015	서울	9	9	0	0	4	0	0
	2016	서울	17	10	1	0	10	0	0
	2017	서울	17	10	1	0	11	0	0
	2018	포항	18	4	5	1	14	1	0
	2019	포항	16	15	2	0	9	0	0
	합계		141	91	18	8	73	3	0
K2	2021	전남	10	8	1	0	4	0	0
	2022	전남	10	8	0	0	5	0	0
	2023	전남	12	11	0	0	5	0	0
	합계		32	27	1	0	14	0	0
프로통산			173	118	19	8	96	3	0

이선걸(李善傑) 가톨릭관동대 1997.08.06

대회	연도	소속	출전	교체	득점	도움	파울	경고	퇴장
K2	2019	안양	11	8	1	1	7	0	0
	2020	안양	16	10	1	2	11	1	0
	2021	안양	2	1	0	0	1	1	0
	2022	전남	1	1	0	0	1	1	0
	합계		30	20	2	3	20	3	0
프로통산			30	20	2	3	20	3	0

이선우(李善雨) 모모야마대(일본) 1978.04.01

대회	연도	소속	출전	교체	득점	도움	파울	경고	퇴장
BC	2002	수원	7	8	0	1	12	0	0
	2003	수원	3	3	0	0	3	0	0
	2006	수원	3	4	0	0	2	0	0
	합계		13	15	0	1	17	0	0
프로통산			13	15	0	1	17	0	0

이선유(李善有) 한양대 2001.03.05

대회	연도	소속	출전	교체	득점	도움	파울	경고	퇴장
K1	2023	대전	2	2	0	0	1	0	0
	합계		2	2	0	0	1	0	0
K2	2022	대전	3	3	0	0	1	0	0
	합계		3	3	0	0	1	0	0
프로통산			5	5	0	0	2	0	0

이선재(李善宰) 대구대 1972.03.28

대회	연도	소속	출전	교체	득점	도움	파울	경고	퇴장
BC	1997	부산	1	1	0	0	0	0	0
	1999	부산	0	0	0	0	0	0	0
	합계		1	1	0	0	0	0	0
프로통산			1	1	0	0	0	0	0

이성길(李聖吉) 동아대 1958.04.20

대회	연도	소속	출전	교체	득점	도움	파울	경고	퇴장
BC	1983	국민은행	9	5	0	0	4	0	0
	1985	상무	5	4	1	0	1	0	0
	합계		14	9	0	1	8	0	0
프로통산			14	9	0	1	8	0	0

이성덕(李成德) 동국대 1976.05.09

대회	연도	소속	출전	교체	득점	도움	파울	경고	퇴장
BC	1999	울산	4	5	0	0	1	0	0
	2000	울산	0	0	0	0	0	0	0
	합계		4	5	0	0	1	0	0
프로통산			4	5	0	0	1	0	0

이성민(李性旻) 제주국제대 1998.06.29

대회	연도	소속	출전	교체	득점	도움	파울	경고	퇴장
K2	2021	안산	1	1	0	0	0	0	0
	합계		1	1	0	0	0	0	0
프로통산			1	1	0	0	0	0	0

이성민(李聖敏) 호남대 1986.05.16

대회	연도	소속	출전	교체	득점	도움	파울	경고	퇴장
BC	2009	강원	16	15	2	0	28	2	0
	2011	대구	1	1	0	0	2	1	0
	합계		17	16	2	0	30	3	0
프로통산			17	16	2	0	30	3	0

이성우(安成佑) 단국대 1992.07.11

대회	연도	소속	출전	교체	득점	도움	파울	경고	퇴장
K1	2015	인천	7	8	0	0	3	0	0
	합계		7	8	0	0	3	0	0
프로통산			7	8	0	0	3	0	0

이성운(李城芸) 경기대 1978.12.25

대회	연도	소속	출전	교체	득점	도움	파울	경고	퇴장
BC	2001	성남일화	1	1	0	0	2	0	0
	2002	성남일화	4	4	0	0	10	1	0
	2003	성남일화	10	10	0	0	17	0	0
	2004	성남일화	4	4	0	0	5	1	0
	2007	대전	24	14	0	2	51	4	0
	2008	대전	26	7	1	0	57	6	0
	2009	대전	16	10	1	0	25	1	0
	2011	부산	5	4	0	0	2	0	0
	2012	부산	10	5	0	0	6	2	0
	합계		96	59	2	2	174	15	0
K1	2013	부산	1	0	0	0	1	0	0
	합계		1	0	0	0	1	0	0
프로통산			97	59	2	2	175	15	0

이성윤(李聖允) 영생고 2000.10.31

대회	연도	소속	출전	교체	득점	도움	파울	경고	퇴장
K1	2019	전북	0	0	0	0	0	0	0
	2020	전북	5	5	1	0	6	0	0
	2021	전북	10	10	1	0	10	1	0
	2023	전북	0	0	0	0	0	0	0
	합계		15	15	2	0	16	1	0
K2	2022	서울E	8	8	1	0	8	0	0
	합계		8	8	1	0	8	0	0
프로통산			23	23	3	0	24	1	0

이성재(李成宰) 고양고 1987.09.16

대회	연도	소속	출전	교체	득점	도움	파울	경고	퇴장
BC	2007	포항	2	2	0	0	0	0	0
	2008	포항	1	1	0	0	1	0	0
	2009	인천	5	5	0	0	0	0	0
	2010	포항	5	5	0	0	6	0	0
	2011	상주	12	12	2	0	8	0	0
	2012	상주	11	11	1	0	12	0	0
	합계		36	36	5	1	36	4	0
K2	2013	수원FC	6	6	0	0	7	1	0
	2014	고양	15	13	2	0	25	5	0
	합계		21	19	2	0	32	6	0
프로통산			57	55	7	1	68	10	0

이성재(李晟宰) 선문대 1995.05.07

대회	연도	소속	출전	교체	득점	도움	파울	경고	퇴장
K2	2017	성남	18	14	0	0	19	2	0
	2022	김포	10	8	0	0	11	2	0
	2023	김포	11	9	0	0	10	1	0

대회	연도	소속	출전	교체	득점	도움	파울	경고	퇴장
		합계	39	31	0	0	40	7	0
		프로통산	39	31	0	0	40	7	0

이성재(李成宰) 고려대 1976.05.16

대회	연도	소속	출전	교체	득점	도움	파울	경고	퇴장
BC	1999	부천SK	32	32	9	2	41	1	0
	2000	부천SK	39	37	7	2	46	2	0
	2001	부천SK	9	8	1	0	8	0	0
	2002	부천SK	20	17	1	0	35	3	0
	2003	부천SK	20	17	1	0	15	0	0
	2004	부산	18	14	2	2	20	1	0
	2006	울산	6	4	0	0	7	0	0
		합계	139	120	21	6	172	7	0
		프로통산	139	120	21	6	172	7	0

이성주(李聖柱) 동국대 1999.04.03

대회	연도	소속	출전	교체	실점	도움	파울	경고	퇴장
K1	2021	수원	0	0	0	0	0	0	0
	2022	수원	0	0	0	0	0	0	0
	2023	수원	0	0	0	0	0	0	0
		합계	0	0	0	0	0	0	0
		프로통산	0	0	0	0	0	0	0

이성현(李聖賢) 연세대 1989.10.09

대회	연도	소속	출전	교체	득점	도움	파울	경고	퇴장
K1	2013	제주	3	1	0	0	4	0	0
		합계	3	1	0	0	4	0	0
		프로통산	3	1	0	0	4	0	0

이성환(李星煥) 건국대 1984.05.28

대회	연도	소속	출전	교체	득점	도움	파울	경고	퇴장
BC	2007	대구	0	0	0	0	0	0	0
		합계	0	0	0	0	0	0	0
		프로통산	0	0	0	0	0	0	0

이세인(李世仁) 한양대 1980.06.16

대회	연도	소속	출전	교체	득점	도움	파울	경고	퇴장
BC	2005	대전	3	2	0	0	4	0	0
	2006	대전	10	4	0	0	21	3	0
	2007	대전	8	3	0	0	14	4	0
	2008	부산	5	1	0	0	9	1	0
	2009	강원	10	2	1	0	4	0	0
		합계	36	15	1	0	49	8	0
		프로통산	36	15	1	0	49	8	0

이세주(李世周) 주엽공고 1987.10.02

대회	연도	소속	출전	교체	득점	도움	파울	경고	퇴장
BC	2006	인천	1	1	0	0	0	0	0
	2007	인천	4	2	0	0	2	0	0
	2008	인천	3	1	0	0	1	0	0
	2009	인천	13	4	0	1	18	3	0
	2010	인천	15	8	1	0	11	3	0
		합계	36	16	1	1	32	6	0
		프로통산	36	16	1	1	32	6	0

이세준(李世俊) 포철공고 1984.07.24

대회	연도	소속	출전	교체	득점	도움	파울	경고	퇴장
BC	2004	포항	5	5	0	1	3	0	0
		합계	5	5	0	1	3	0	0
		프로통산	5	5	0	1	3	0	0

이세환(李世煥) 고려대 1986.04.21

대회	연도	소속	출전	교체	득점	도움	파울	경고	퇴장
BC	2008	울산	16	13	0	0	15	3	0
	2009	울산	7	3	1	0	10	1	0
		합계	23	16	0	1	25	4	0
K2	2013	고양	25	4	3	0	27	4	0
	2014	고양	25	3	1	0	15	6	0
		합계	50	7	4	0	42	10	0
		프로통산	73	23	4	1	67	14	0

이수길(李秀吉) 경일대 1979.04.09

대회	연도	소속	출전	교체	득점	도움	파울	경고	퇴장
K2	2013	수원FC	9	6	0	0	9	1	0
		합계	9	6	0	0	9	1	0
		프로통산	9	6	0	0	9	1	0

이수빈(李秀彬) 포항제철고 2000.05.07

대회	연도	소속	출전	교체	득점	도움	파울	경고	퇴장
K1	2019	포항	28	10	1	1	54	5	0
	2020	전북	4	4	0	0	2	0	0
	2021	포항	24	20	0	1	23	4	0
	2022	포항	32	24	0	1	31	7	0
	2023	전북	14	11	0	0	12	4	0
		합계	102	69	1	3	122	20	0
		프로통산	102	69	1	3	122	20	0

이수철(李壽澈) 영남대 1966.05.20

대회	연도	소속	출전	교체	득점	도움	파울	경고	퇴장
BC	1989	현대	27	15	4	1	24	2	0
	1990	현대	3	3	0	0	1	0	0
	1991	현대	8	7	1	0	2	1	0
	1992	현대	7	8	2	0	1	0	0
	1993	현대	26	18	1	2	23	3	0
	1994	현대	13	3	1	1	14	1	0
	1995	현대	7	7	0	0	1	0	0
		합계	91	61	9	4	66	7	0
		프로통산	91	61	9	4	66	7	0

이수철(李洙澈) 단국대 1979.05.26

대회	연도	소속	출전	교체	득점	도움	파울	경고	퇴장
BC	2002	전북	1	1	0	0	1	0	0
		합계	1	1	0	0	1	0	0
		프로통산	1	1	0	0	1	0	0

이수환(李受奐) 포철공고 1984.03.03

대회	연도	소속	출전	교체	득점	도움	파울	경고	퇴장
BC	2004	포항	6	4	0	0	5	0	0
	2005	포항	1	1	0	0	0	0	0
	2006	포항	1	1	0	0	1	0	0
	2008	광주상무	0	0	0	0	0	0	0
		합계	8	6	0	0	6	0	0
		프로통산	8	6	0	0	6	0	0

이순민(李淳敏) 영남대 1994.05.22

대회	연도	소속	출전	교체	득점	도움	파울	경고	퇴장
K1	2017	광주	0	0	0	0	0	0	0
	2020	광주	0	0	0	0	5	2	0
	2021	광주	28	22	1	1	31	9	0
	2023	광주	35	11	1	2	43	10	0
		합계	65	33	2	3	79	15	0
K2	2022	광주	32	14	2	0	36	8	0
		합계	32	14	2	0	36	8	0
		프로통산	97	47	4	3	115	23	0

이순석(李淳碩) 여의도고 1991.12.22

대회	연도	소속	출전	교체	득점	도움	파울	경고	퇴장
K2	2013	부천	6	4	0	0	12	2	0
		합계	6	4	0	0	12	2	0
		프로통산	6	4	0	0	12	2	0

이순우(李淳雨) 건국대 1974.08.23

대회	연도	소속	출전	교체	득점	도움	파울	경고	퇴장
BC	1999	부천SK	0	0	0	0	0	0	0
		합계	0	0	0	0	0	0	0
		프로통산	0	0	0	0	0	0	0

이순행(李順行) 국민대 1974.04.02

대회	연도	소속	출전	교체	득점	도움	파울	경고	퇴장
BC	2000	포항	6	6	0	0	7	0	0
		합계	6	6	0	0	7	0	0
		프로통산	6	6	0	0	7	0	0

이스칸데로프(Jamshid Iskanderov) 우즈베키스탄 1993.10.16

대회	연도	소속	출전	교체	득점	도움	파울	경고	퇴장
K1	2020	성남	21	9	2	2	10	0	0
	2021	성남	25	21	1	4	14	1	0
		합계	46	30	1	6	24	1	0
		프로통산	46	30	1	6	24	1	0

이스트반(Nyúl István) 헝가리 1961.02.25

대회	연도	소속	출전	교체	득점	도움	파울	경고	퇴장
BC	1990	럭키금성	6	4	2	0	10	0	0
		합계	6	4	2	0	10	0	0
		프로통산	6	4	2	0	10	0	0

이슬기(李슬기) 동국대 1986.09.24

대회	연도	소속	출전	교체	득점	도움	파울	경고	퇴장
BC	2009	대구	29	1	3	7	50	4	0
	2010	대구	23	20	1	4	36	2	0
	2011	대구	5	3	0	0	12	2	0
	2012	대전	1	1	0	0	0	0	0
		합계	58	25	4	11	98	8	0
K1	2013	대전	4	2	0	0	7	1	0
	2015	인천	1	0	0	0	1	0	0
		합계	5	2	0	0	8	1	0
K2	2016	안양	2	2	0	0	4	1	0
		합계	2	2	0	0	4	1	0
		프로통산	65	29	4	11	110	10	0

이슬찬(李슬찬) 광양제철고 1993.08.15

대회	연도	소속	출전	교체	득점	도움	파울	경고	퇴장
BC	2012	전남	4	4	0	0	6	0	0
		합계	4	4	0	0	6	0	0
K1	2013	전남	3	3	0	0	3	0	0
	2014	전남	1	1	0	0	1	0	0
	2015	전남	9	0	0	0	40	7	0
	2016	전남	14	8	0	1	14	3	0
	2017	전남	33	2	4	2	18	4	0
	2018	전남	28	4	0	2	18	4	1
		합계	101	27	4	5	104	24	1
K2	2019	전남	20	3	0	1	17	3	0
	2020	대전	17	7	0	1	16	1	0
	2021	대전	0	0	0	0	0	0	0
		합계	37	10	0	2	33	4	0
		프로통산	142	41	4	7	143	28	1

이승규(李承圭) 선문대 1992.07.27

대회	연도	소속	출전	교체	실점	도움	파울	경고	퇴장
K1	2019	강원	0	0	0	0	0	0	0
K2	2015	고양	1	1	0	0	0	0	0
	2016	고양	3	0	8	0	0	0	0
		합계	4	1	8	0	0	0	0
		프로통산	4	1	8	0	0	0	0

이승기(李承圭) 중앙대 1970.01.17

대회	연도	소속	출전	교체	득점	도움	파울	경고	퇴장
BC	1994	버팔로	35	0	1	0	29	3	0
	1995	전남	1	1	0	0	0	0	0
		합계	36	1	1	0	29	3	0
		프로통산	36	1	1	0	29	3	0

이승근(李昇根) 한남대 1981.11.10

대회	연도	소속	출전	교체	득점	도움	파울	경고	퇴장
BC	2004	대구	22	10	0	0	26	4	0
	2005	대구	6	4	0	0	4	1	0
		합계	28	14	0	0	30	5	0
		프로통산	28	14	0	0	30	5	0

이승기(李承琪) 울산대 1988.06.02

대회	연도	소속	출전	교체	득점	도움	파울	경고	퇴장
BC	2011	광주	27	4	8	2	33	2	0
	2012	광주	40	6	4	12	49	1	0
		합계	67	10	12	14	82	1	0
K1	2013	전북	21	5	5	9	40	5	0
	2014	전북	26	6	1	10	25	2	0
	2016	상주	15	10	1	1	12	1	0
	2016	전북	4	4	0	1	3	0	0
	2017	전북	31	22	3	2	26	2	0
	2018	전북	13	13	1	3	11	0	0
	2019	전북	25	13	4	5	15	1	0
	2020	전북	24	13	2	3	14	1	0
	2021	전북	27	22	4	1	11	0	0
	2022	전북	16	16	0	1	4	1	0

대회	연도	소속	출전	교체	득점	도움	파울	경고	퇴장
		합계	216	126	34	36	145	8	0
K2	2015	상주	22	11	5	5	18	1	0
	2023	부산	6	6	1	0	1	0	0
		합계	28	17	6	5	19	1	0
승	2023	부산	2	2	0	0	0	0	0
		합계	2	2	0	0	0	0	0
		프로통산	313	155	52	55	246	10	0

이승렬 (李昇烈) 신갈고 1989.03.06

대회	연도	소속	출전	교체	득점	도움	파울	경고	퇴장
BC	2008	서울	31	24	5	1	43	1	0
	2009	서울	26	20	7	1	33	6	0
	2010	서울	28	21	10	6	32	6	0
	2011	서울	19	20	1	0	22	2	0
	2012	울산	14	9	2	1	24	2	0
		합계	118	94	25	9	154	17	0
K1	2013	성남일화	23	16	3	1	39	6	0
	2014	전북	9	9	0	1	13	2	0
	2015	전북	3	3	0	0	2	1	1
	2016	수원FC	4	3	0	0	8	3	0
		합계	39	31	3	2	62	12	1
		프로통산	157	125	28	11	216	29	1

이승렬 (李承烈) 한라대 1983.09.28

대회	연도	소속	출전	교체	득점	도움	파울	경고	퇴장
BC	2007	포항	1	1	0	0	0	0	0
		합계	1	1	0	0	0	0	0
		프로통산	1	1	0	0	0	0	0

이승모 (李勝模) 포항제철고 1998.03.30

대회	연도	소속	출전	교체	득점	도움	파울	경고	퇴장
K1	2017	포항	3	2	0	0	2	1	0
	2019	포항	2	2	0	0	0	0	0
	2020	포항	19	13	2	2	26	4	0
	2021	포항	35	28	1	3	36	7	0
	2022	포항	27	21	1	3	26	7	0
	2023	포항	11	11	0	0	10	3	0
	2023	서울	9	9	2	0	4	2	0
		합계	106	86	6	7	106	17	0
K2	2018	광주	10	10	1	1	4	1	0
		합계	10	10	1	1	4	1	0
		프로통산	116	96	7	8	110	18	0

이승목 (李昇穆) 관동대(가톨릭관동대) 1984.07.18

대회	연도	소속	출전	교체	득점	도움	파울	경고	퇴장
BC	2007	제주	5	4	0	0	11	1	0
	2010	대전	0	0	0	0	0	0	0
		합계	5	4	0	0	11	1	0
		프로통산	5	4	0	0	11	1	0

이승민 (李承民) 풍생고 1996.11.16

대회	연도	소속	출전	교체	득점	도움	파울	경고	퇴장
K2	2023	안산	7	6	0	0	2	0	0
		합계	7	6	0	0	2	0	0
		프로통산	7	6	0	0	2	0	0

이승빈 (李承豳) /←이희성 숭실대 1990.05.27

대회	연도	소속	출전	교체	실점	도움	파울	경고	퇴장
K1	2014	울산	9	1	14	0	0	1	0
	2015	울산	1	1	0	0	0	0	0
		합계	10	2	14	0	0	1	0
K2	2018	안산	17	2	19	0	0	2	0
	2020	안산	17	1	20	0	0	4	0
	2021	안산	25	1	25	0	1	1	0
	2022	안산	30	1	45	0	4	2	0
	2023	안산	35	0	69	0	2	2	0
		합계	142	5	207	0	2	10	0
		프로통산	152	7	221	0	2	10	0

이승엽 (李承燁) 진주고 2000.07.20

대회	연도	소속	출전	교체	득점	도움	파울	경고	퇴장
K1	2019	경남	1	1	0	0	1	0	0
		합계	1	1	0	0	1	0	0
		프로통산	1	1	0	0	1	0	0

이승엽 (李勝燁) 대구예술대 2000.03.21

대회	연도	소속	출전	교체	득점	도움	파울	경고	퇴장
K2	2023	충북청주	9	9	0	0	1	0	0
		합계	9	9	0	0	1	0	0
		프로통산	9	9	0	0	1	0	0

이승엽 (李昇燁) 연세대 1975.10.12

대회	연도	소속	출전	교체	득점	도움	파울	경고	퇴장
BC	1998	포항	11	9	1	0	17	3	0
	1999	포항	25	9	0	1	36	2	0
	2000	포항	26	5	0	2	45	4	0
	2001	포항	29	10	0	1	53	4	0
	2002	포항	19	11	0	0	42	2	1
	2003	부천SK	5	0	0	1	1	0	0
		합계	115	44	1	5	194	15	1
		프로통산	115	44	1	5	194	15	1

이승우 (李承雨) 광성중 1998.01.06

대회	연도	소속	출전	교체	득점	도움	파울	경고	퇴장
K1	2022	수원FC	35	27	14	3	48	7	1
	2023	수원FC	35	25	9	3	46	5	1
		합계	70	52	23	6	94	12	2
승	2023	수원FC	1	1	1	0	1	2	0
		합계	1	1	1	0	1	2	0
		프로통산	71	53	24	6	95	14	2

이승원 (李承原) 단국대 2003.03.06

대회	연도	소속	출전	교체	득점	도움	파울	경고	퇴장
K1	2023	강원	13	13	0	0	7	0	0
		합계	13	13	0	0	7	0	0
승	2023	강원	1	1	0	0	0	0	0
		합계	1	1	0	0	0	0	0
		프로통산	14	14	0	0	7	0	0

이승원 (李昇元) 숭실대 1986.10.14

대회	연도	소속	출전	교체	득점	도움	파울	경고	퇴장
BC	2010	대전	2	1	0	0	3	0	0
		합계	2	1	0	0	3	0	0
		프로통산	2	1	0	0	3	0	0

이승재 (李承宰) 홍익대 1998.02.06

대회	연도	소속	출전	교체	득점	도움	파울	경고	퇴장
K1	2020	서울	1	1	0	0	0	0	0
	2022	서울	1	1	0	0	0	0	0
		합계	2	2	0	0	0	0	0
K2	2021	충남아산	16	15	1	1	19	2	0
	2022	충남아산	6	8	0	0	1	0	0
	2023	충북청주	33	33	3	2	20	3	0
		합계	55	56	4	3	40	5	0
		프로통산	57	58	4	3	40	5	0

이승재 (李承宰) 광운대 1971.11.02

대회	연도	소속	출전	교체	득점	도움	파울	경고	퇴장
BC	1999	전북	14	14	0	0	7	0	0
		합계	14	14	0	0	7	0	0
		프로통산	14	14	0	0	7	0	0

이승준 (李丞俊) 오산고 2004.08.11

대회	연도	소속	출전	교체	득점	도움	파울	경고	퇴장
K1	2023	서울	2	2	0	0	0	0	0
		합계	2	2	0	0	0	0	0
		프로통산	2	2	0	0	0	0	0

이승준 (李承俊) 성균관대 1972.09.01

대회	연도	소속	출전	교체	실점	도움	파울	경고	퇴장
BC	2000	대전	5	1	9	0	0	0	0
	2001	대전	8	1	12	0	0	0	0
	2002	대전	9	1	10	0	0	0	0
	2003	대전	8	1	12	0	0	0	0
	2004	대전	1	0	3	0	0	0	0
	2005	대전	0	0	0	0	0	0	0
	2006	부산	2	0	4	0	0	0	0
		합계	33	3	53	0	0	0	0
		프로통산	33	3	53	0	0	0	0

이승태 (李承泰) 연세대 1972.03.28

대회	연도	소속	출전	교체	실점	도움	파울	경고	퇴장
BC	1996	부산	9	0	19	0	0	0	0
		합계	9	0	19	0	0	0	0
		프로통산	9	0	19	0	0	0	0

이승현 (李昇鉉) 한양대 1985.07.25

대회	연도	소속	출전	교체	득점	도움	파울	경고	퇴장
BC	2006	부산	36	22	7	3	38	1	0
	2007	부산	18	15	0	0	16	0	0
	2008	부산	19	14	3	1	21	1	0
	2009	부산	33	20	5	1	42	1	0
	2010	부산	16	12	1	0	26	1	0
	2011	전북	29	21	7	3	27	1	0
	2012	전북	32	28	5	5	35	3	0
		합계	186	132	28	14	182	8	0
K1	2014	상주	14	12	5	0	7	0	0
	2014	전북	7	6	1	0	4	0	0
	2015	전북	10	10	1	0	10	0	0
	2016	수원FC	31	17	6	1	28	0	0
		합계	65	47	9	3	61	2	0
K2	2013	상주	4	4	0	0	17	1	0
	2017	성남	34	6	7	1	42	4	0
	2018	수원FC	26	21	2	1	13	1	0
	2019	수원FC	31	18	2	0	12	0	0
		합계	95	49	11	2	84	6	0
승	2013	상주	2	2	1	0	2	0	0
		합계	2	2	1	0	2	0	0
		프로통산	348	230	49	19	329	16	0

이승현 (李承炫) 홍익대 1995.04.04

대회	연도	소속	출전	교체	득점	도움	파울	경고	퇴장
K2	2017	성남	0	0	0	0	0	0	0
		합계	0	0	0	0	0	0	0
		프로통산	0	0	0	0	0	0	0

이승협 (李承協) 연세대 1971.04.15

대회	연도	소속	출전	교체	득점	도움	파울	경고	퇴장
BC	1995	포항	10	6	0	1	7	0	0
	1996	포항	2	1	0	0	1	0	0
	1997	포항	8	2	0	0	1	0	0
	1998	포항	20	6	0	0	38	6	0
		합계	40	15	0	1	47	6	0
		프로통산	40	15	0	1	47	6	0

이승호 (李承鎬) 충북대 1970.08.25

대회	연도	소속	출전	교체	득점	도움	파울	경고	퇴장
BC	1997	대전	18	18	1	0	9	0	0
		합계	18	18	1	0	9	0	0
		프로통산	18	18	1	0	9	0	0

이승환 (李承桓) 포항제철고 2003.04.05

대회	연도	소속	출전	교체	실점	도움	파울	경고	퇴장
K1	2022	포항	0	0	0	0	0	0	0
		합계	0	0	0	0	0	0	0
		프로통산	0	0	0	0	0	0	0

이승희 (李承熙) 홍익대 1988.06.10

대회	연도	소속	출전	교체	득점	도움	파울	경고	퇴장
BC	2010	전남	21	7	0	1	22	7	0
	2011	전남	28	2	0	1	56	9	0
	2012	전남	7	4	0	0	11	3	0
	2012	제주	10	6	0	0	19	2	0
		합계	66	19	0	2	103	19	0
K1	2013	전남	33	1	0	1	43	6	0
	2014	전남	31	6	1	0	51	9	0
	2014	포항	3	2	0	0	0	0	0
		합계	77	11	2	1	115	18	0
		프로통산	143	30	2	3	218	37	0

이시영 (李時榮) 전주고 1997.04.21

대회	연도	소속	출전	교체	득점	도움	파울	경고	퇴장
K1	2021	성남	23	9	0	2	22	3	0
	2022	성남	30	14	0	2	30	5	0

Section 6 역대 통산 기록

대회	연도	소속	출전	교체	득점	도움	파울	경고	퇴장
	2023	서울	15	11	0	2	6	2	0
	합계		68	34	0	6	48	8	0
K2	2018	성남	4	3	0	0	1	0	0
	2019	광주	13	1	0	3	17	2	0
	2020	서울E	11	2	0	1	13	3	0
	합계		28	6	0	4	31	5	0
프로통산			96	40	0	10	79	13	0

이시헌(李始憲) 중앙대 1998.05.04

대회	연도	소속	출전	교체	득점	도움	파울	경고	퇴장
K1	2019	전북	0	0	0	0	0	0	0
	2020	전북	2	2	0	0	0	0	0
	합계		2	2	0	0	0	0	0
K2	2019	부천	11	11	0	0	7	0	0
	2021	부천	24	18	4	3	26	4	0
	2022	부천	33	31	4	3	19	1	0
	2023	서울E	22	22	3	1	20	3	0
	합계		90	82	11	7	72	8	0
프로통산			92	84	11	7	72	8	0

이시환(李視煥) 풍생고 1998.05.25

대회	연도	소속	출전	교체	실점	도움	파울	경고	퇴장
K2	2017	성남	0	0	0	0	0	0	0
	2020	수원FC	1	1	0	0	0	0	0
	합계		1	1	0	0	0	0	0
프로통산			1	1	0	0	0	0	0

이싸빅(李싸빅/←싸빅(Jasenko Sabitović)) 1973.03.29

대회	연도	소속	출전	교체	득점	도움	파울	경고	퇴장
BC	1998	포항	32	6	1	1	62	6	0
	1999	포항	30	0	0	0	47	5	0
	2000	포항	34	1	1	1	46	5	0
	2001	포항	33	0	3	0	59	3	0
	2002	포항	31	1	0	1	45	5	0
	2003	성남일화	33	7	2	1	67	4	0
	2004	성남일화	34	22	0	2	47	4	0
	2005	성남일화	7	2	0	0	17	1	0
	2005	수원	1	1	0	0	3	0	0
	2006	수원	20	1	0	0	34	2	0
	2007	수원	10	3	0	0	25	3	0
	2008	전남	6	4	0	0	6	1	0
	합계		271	54	9	7	518	41	0
프로통산			271	54	9	7	518	41	0

이안(Iain Stuart Fyfe) 오스트레일리아 1982.04.03

대회	연도	소속	출전	교체	득점	도움	파울	경고	퇴장
BC	2011	부산	15	4	1	0	20	1	0
	합계		15	4	1	0	20	1	0
프로통산			15	4	1	0	20	1	0

이양종(李洋鐘) 관동대(가톨릭관동대) 1989.07.17

대회	연도	소속	출전	교체	실점	도움	파울	경고	퇴장
BC	2011	대구	1	0	1	0	0	1	0
	2012	대구	2	1	1	0	0	0	0
	합계		3	1	2	0	0	1	0
K1	2013	대구	24	0	35	0	1	1	0
	2017	대구	3	0	4	0	0	0	0
	합계		27	0	39	0	1	1	0
K2	2014	대구	19	1	21	0	0	0	0
	2015	대구	1	0	3	0	0	0	0
	2016	대구	1	0	1	0	0	0	0
	합계		21	1	25	0	0	0	0
프로통산			51	3	63	0	1	2	0

이여성(李如星) 대신고 1983.01.05

대회	연도	소속	출전	교체	득점	도움	파울	경고	퇴장
BC	2002	수원	3	2	0	0	4	0	0
	2006	부산	11	9	0	0	10	1	0
	2007	부산	24	12	1	0	27	3	0
	2008	대전	26	17	1	1	27	3	0
	2009	대전	4	4	0	0	3	0	0
	합계		68	44	2	1	72	7	0
프로통산			68	44	2	5	70	4	0

이영길(李永吉) 경희대 1957.03.01

대회	연도	소속	출전	교체	득점	도움	파울	경고	퇴장
BC	1983	할렐루야	1	1	0	0	0	0	0
	1984	할렐루야	1	1	0	0	0	0	0
	합계		2	2	0	0	0	0	0
프로통산			2	2	0	0	0	0	0

이영덕(李永德) 동국대 1990.03.18

대회	연도	소속	출전	교체	득점	도움	파울	경고	퇴장
K2	2013	충주	22	13	0	2	22	0	0
	합계		22	13	0	2	22	0	0
프로통산			22	13	0	2	22	0	0

이영배(李映培) 명지대 1975.03.25

대회	연도	소속	출전	교체	득점	도움	파울	경고	퇴장
BC	1999	천안일화	16	16	3	1	22	1	0
	2000	성남일화	2	2	0	0	0	0	0
	합계		18	18	3	1	22	1	0
프로통산			18	18	3	1	22	1	0

이영상(李永相) 한양대 1967.02.24

대회	연도	소속	출전	교체	득점	도움	파울	경고	퇴장
BC	1990	포항제철	18	11	0	0	14	1	0
	1991	포항제철	4	2	0	0	8	0	0
	1992	포항제철	27	12	1	0	36	2	0
	1993	포항제철	27	3	0	1	48	6	0
	1994	포항제철	31	5	1	0	54	4	1
	1995	포항	27	2	1	0	42	4	1
	1996	포항	30	8	2	1	38	7	0
	1997	포항	20	11	0	2	24	5	0
	1998	포항	30	7	0	0	28	3	0
	1999	포항	22	6	1	0	34	8	0
	합계		236	67	6	1	326	40	1
프로통산			236	67	6	1	326	40	1

이영수(李榮洙) 호남대 1978.07.30

대회	연도	소속	출전	교체	득점	도움	파울	경고	퇴장
BC	2001	전남	7	6	0	1	3	0	0
	2002	전남	27	20	0	4	47	1	0
	2003	전남	18	6	0	0	37	3	0
	2004	전남	14	2	0	0	37	3	0
	2007	전남	8	5	0	0	5	3	0
	합계		74	19	0	5	129	10	0
프로통산			74	19	0	5	129	10	0

이영우(李英雨) 동아대 1972.01.19

대회	연도	소속	출전	교체	득점	도움	파울	경고	퇴장
BC	1994	대우	1	1	0	0	0	0	0
	합계		1	0	0	0	0	0	0
프로통산			1	0	0	0	0	0	0

이영익(李榮翊) 고려대 1966.08.30

대회	연도	소속	출전	교체	득점	도움	파울	경고	퇴장
BC	1989	럭키금성	39	1	3	0	56	3	0
	1990	럭키금성	26	5	1	2	31	1	0
	1991	LG	17	4	0	0	27	0	0
	1992	LG	29	1	1	2	36	2	0
	1993	LG	33	6	1	0	43	1	0
	1994	LG	11	6	0	0	10	1	0
	1995	LG	22	19	0	0	17	2	0
	1996	안양LG	6	6	0	0	10	1	0
	1997	안양LG	11	7	0	0	11	5	0
	합계		190	43	6	6	241	16	0
프로통산			190	43	6	6	241	16	0

이영재(李英才) 용인대 1994.09.13

대회	연도	소속	출전	교체	득점	도움	파울	경고	퇴장
K1	2015	울산	10	8	1	2	7	0	0
	2017	울산	30	21	2	2	19	4	0
	2018	울산	17	12	0	1	13	1	0
	2019	경남	11	7	0	0	11	3	0
	2019	강원	13	5	6	0	7	0	0
	2020	강원	23	14	2	1	14	3	0
	2021	수원FC	30	17	5	7	21	1	0
	2022	김천	37	17	3	7	17	2	0
	2023	수원FC	14	2	1	3	9	1	0
	합계		190	111	24	30	116	15	0
K2	2016	부산	17	7	1	2	7	1	0
	2023	김천	13	8	1	2	6	0	0
	합계		30	15	2	4	13	1	0
승	2022	김천	2	1	0	1	1	0	0
	2023	수원FC	2	0	1	0	3	1	0
	합계		4	1	1	2	4	1	0
프로통산			224	127	27	36	133	17	0

이영준(李泳俊) 신평고 2003.05.23

대회	연도	소속	출전	교체	득점	도움	파울	경고	퇴장
K1	2021	수원FC	13	13	0	1	5	1	0
	2022	수원FC	16	17	1	1	6	0	0
	합계		29	30	1	2	10	1	0
K2	2023	김천	13	11	3	2	12	0	0
	합계		13	11	3	2	12	0	0
프로통산			42	41	4	4	22	1	0

이영진(李永眞) 인천대 1963.10.27

대회	연도	소속	출전	교체	득점	도움	파울	경고	퇴장
BC	1986	럭키금성	28	6	3	3	19	4	0
	1987	럭키금성	16	1	1	1	37	4	0
	1988	럭키금성	13	1	1	2	17	4	0
	1989	럭키금성	13	0	0	3	15	3	0
	1990	럭키금성	5	0	0	0	5	2	0
	1991	LG	34	1	3	7	58	6	0
	1992	LG	32	5	0	0	51	6	0
	1993	LG	22	3	0	0	32	6	0
	1994	LG	15	1	0	3	22	3	1
프로통산			220	46	11	28	294	39	3

이영진(李永鎭) 대구대 1972.03.27

대회	연도	소속	출전	교체	득점	도움	파울	경고	퇴장
BC	1994	일화	31	6	1	3	39	6	0
	1995	일화	10	4	0	0	37	8	0
	1996	천안일화	17	6	1	0	24	8	0
	1999	천안일화	17	10	0	0	3	1	0
	2000	성남일화	4	4	0	1	5	0	0
	2002	성남일화	4	4	0	0	1	0	0
	2003	성남일화	27	7	0	1	27	3	0
	2004	성남일화	21	8	0	0	27	0	0
	합계		131	39	2	4	163	26	1
프로통산			131	39	2	4	163	26	1

이영창(李伶昶) 홍익대 1993.01.10

대회	연도	소속	출전	교체	실점	도움	파울	경고	퇴장
K2	2015	충주	3	0	4	0	1	0	0
	2016	충주	0	0	44	0	1	1	0
	2017	대전	10	0	18	0	1	0	0
	2018	부천	4	0	7	0	0	0	0
	2019	부천	0	0	2	0	0	0	0
	2020	부천	3	1	2	0	0	0	0
	합계		49	1	78	0	3	1	0
프로통산			49	1	78	0	3	1	0

이영표(李榮杓) 건국대 1977.04.23

대회	연도	소속	출전	교체	득점	도움	파울	경고	퇴장
BC	2000	안양LG	18	0	2	1	26	2	0
	2001	안양LG	29	3	0	1	47	2	0
	2002	안양LG	23	2	1	3	24	1	0
	합계		70	5	3	7	97	7	0
프로통산			70	5	3	7	97	7	0

이영훈(李映勳) 광양제철고 1980.03.23

대회	연도	소속	출전	교체	득점	도움	파울	경고	퇴장
BC	1999	전남	3	3	0	0	6	0	0
	2001	전남	2	2	0	0	0	0	0
	2003	광주상무	0	0	0	0	0	0	0
	2004	전남	0	0	0	0	0	0	0
	2005	전남	4	3	0	0	3	1	0

대회	연도	소속	출전	교체	득점	도움	파울	경고	퇴장
		합계	10	8	0	0	12	2	0
		프로통산	10	8	0	0	12	2	0

이예찬(李叡燦) 대신고 1996.05.01

대회	연도	소속	출전	교체	득점	도움	파울	경고	퇴장
K2	2016	고양	37	13	1	1	34	3	0
	2017	서울E	24	13	0	2	13	2	0
	2018	서울E	9	5	0	0	9	2	0
		합계	70	31	1	3	56	7	0
		프로통산	70	31	1	3	56	7	0

이와세(Iwase Go, 磐瀬剛) 일본 1995.06.28

대회	연도	소속	출전	교체	득점	도움	파울	경고	퇴장
K2	2021	안산	26	14	1	1	39	6	0
	2022	안산	22	9	0	0	24	7	0
		합계	48	23	1	1	63	13	0
		프로통산	48	23	1	1	63	13	0

이완(李宛) 연세대 1984.05.03

대회	연도	소속	출전	교체	득점	도움	파울	경고	퇴장
BC	2006	전남	4	4	0	0	7	2	0
	2007	전남	4	4	0	0	10	0	0
	2008	광주상무	5	0	1	0	7	0	0
	2009	광주상무	29	12	1	2	27	1	0
	2009	전남	4	1	0	1	4	0	0
	2010	전남	18	3	0	1	14	4	0
	2011	전남	8	4	1	2	17	6	0
	2012	전남	8	0	0	0	9	1	0
		합계	92	31	3	6	98	14	0
K1	2013	울산	4	2	0	0	3	1	0
		합계	4	2	0	0	3	1	0
K2	2014	광주	19	4	3	2	27	2	0
	2015	강원	4	4	0	1	3	0	0
		합계	23	4	3	2	30	2	0
승	2014	광주	2	0	0	0	2	1	0
		합계	2	0	0	0	2	1	0
		프로통산	121	37	6	8	133	18	0

이완희(李完熙) 홍익대 1987.07.10

대회	연도	소속	출전	교체	득점	도움	파울	경고	퇴장
K2	2013	안양	14	12	1	1	15	0	0
	2014	충주	17	15	3	1	16	1	0
	2015	충주	1	1	0	0	1	0	0
		합계	32	28	4	2	32	1	0
		프로통산	32	28	4	2	32	1	0

이요한(李曜漢) 동북고 1985.12.18

대회	연도	소속	출전	교체	득점	도움	파울	경고	퇴장
BC	2004	인천	8	7	0	0	8	0	0
	2005	인천	17	9	0	0	8	0	0
	2006	인천	19	5	0	0	17	1	0
	2007	제주	21	7	0	1	36	5	0
	2008	전북	15	1	1	0	27	3	0
	2009	전북	13	4	0	0	11	2	0
	2010	전북	18	9	1	0	26	2	0
	2011	부산	18	9	1	0	19	2	0
	2012	부산	9	1	0	1	17	2	0
		합계	119	50	3	2	159	20	2
K1	2013	성남일화	3	2	0	0	6	2	0
	2014	성남	17	12	0	0	10	5	0
	2015	성남	6	6	0	0	1	0	0
		합계	26	20	0	0	17	7	0
		프로통산	145	70	3	2	176	27	2

이용(李龍) 고려대 1989.01.21

대회	연도	소속	출전	교체	득점	도움	파울	경고	퇴장
BC	2011	광주	29	1	0	0	25	4	0
	2012	광주	18	7	1	1	24	7	0
		합계	47	8	1	1	49	11	0
K1	2013	제주	27	2	0	2	31	4	0
	2014	제주	18	5	0	0	10	2	1
	2015	제주	7	3	1	0	8	2	0
	2016	성남	0	0	0	0	0	0	0
	2017	강원	1	1	0	0	1	0	0
		합계	53	14	3	0	50	8	1
K2	2017	아산	1	1	0	0	1	0	0
	2018	아산	2	1	0	0	1	0	0
	2019	수원FC	7	6	1	0	5	1	0
		합계	10	8	1	0	7	1	0
승	2016	성남	0	0	0	0	0	0	0
		합계	0	0	0	0	0	0	0
		프로통산	110	30	5	2	105	20	1

이용(李鎔) 중앙대 1986.12.24

대회	연도	소속	출전	교체	득점	도움	파울	경고	퇴장
BC	2010	울산	25	3	0	3	31	5	0
	2011	울산	28	12	0	1	26	5	0
	2012	울산	22	5	0	5	24	1	0
		합계	75	20	0	9	81	7	0
K1	2013	울산	37	1	0	2	36	3	0
	2014	울산	31	5	0	3	36	4	0
	2016	상주	23	2	2	2	21	4	0
	2016	울산	1	0	0	0	0	0	0
	2017	전북	8	3	0	0	7	0	0
	2018	전북	32	2	0	9	35	4	0
	2019	전북	20	1	0	3	23	5	0
	2020	전북	11	0	0	1	26	5	0
	2021	전북	8	2	0	0	6	3	0
	2022	전북	8	2	0	0	6	3	0
	2022	수원FC	13	1	0	2	18	2	0
	2023	수원FC	25	8	1	1	15	3	0
		합계	243	28	4	26	243	35	0
K2	2015	상주	33	1	0	4	31	9	0
		합계	33	1	0	4	31	9	0
승	2023	수원FC	2	1	0	0	3	0	0
		합계	2	1	0	0	3	0	0
		프로통산	352	49	4	39	355	51	0

이용(李龍) 명지대 1960.03.16

대회	연도	소속	출전	교체	득점	도움	파울	경고	퇴장
BC	1984	국민은행	9	4	3	0	4	0	0
		합계	9	4	3	0	4	0	0
		프로통산	9	4	3	0	4	0	0

이용기(李龍起) 연세대 1985.05.30

대회	연도	소속	출전	교체	득점	도움	파울	경고	퇴장
BC	2009	경남	0	0	0	0	0	0	0
	2010	경남	20	6	0	0	35	7	0
	2011	경남	9	0	0	0	11	5	0
	2012	경남	7	3	0	0	14	2	1
		합계	36	13	0	0	60	14	1
K1	2014	상주	5	3	0	0	4	0	0
		합계	5	3	0	0	4	0	0
K2	2013	상주	1	1	0	0	1	0	0
	2015	충주	16	2	0	0	11	3	0
		합계	17	3	0	0	12	3	0
승	2013	상주	0	0	0	0	0	0	0
		합계	0	0	0	0	0	0	0
		프로통산	58	19	0	0	80	22	1

이용래(李容來) 고려대 1986.04.17

대회	연도	소속	출전	교체	득점	도움	파울	경고	퇴장
BC	2009	경남	30	3	6	3	38	4	0
	2010	경남	32	4	1	3	33	4	0
	2011	수원	28	2	0	3	53	5	0
	2012	수원	25	1	2	2	41	5	0
		합계	115	10	12	12	165	18	0
K1	2013	수원	20	9	1	1	24	1	0
	2016	수원	19	12	1	1	19	1	0
	2017	수원	19	12	1	1	19	1	0
	2021	대구	24	21	0	0	45	8	0
	2022	대구	28	22	0	1	24	2	0
	2023	대구	29	29	0	1	19	2	0
		합계	133	100	3	4	140	15	0

이용발(李容跋) 동아대 1973.03.15

대회	연도	소속	출전	교체	실점	도움	파울	경고	퇴장
BC	1994	유공	2	0	3	0	0	0	0
	1995	유공							
	1996	부천유공	14	1	19	0	2	1	0
	1999	부천SK	38	0	55	0	1	1	0
	2000	부천SK	43	0	59	3	1	1	0
	2001	부천SK	35	0	42	0	2	1	0
	2002	전북	35	0	48	0	0	0	0
	2003	전북	25	0	30	0	2	1	0
	2004	전북	31	0	25	0	0	0	0
	2005	전북	17	1	27	0	0	0	0
	2006	경남	0	0	0	0	0	0	0
		합계	240	2	308	3	8	7	0
		프로통산	240	2	308	3	8	7	0

*득점: 2000년 1 / 통산 1

이용설(李容設) 중앙대 1958.01.26

대회	연도	소속	출전	교체	득점	도움	파울	경고	퇴장
BC	1983	대우	2	1	0	0	1	0	0
	1984	럭키금성	2	1	0	0	1	0	0
		합계	4	2	0	0	2	0	0
		프로통산	4	2	0	0	2	0	0

이용성(李龍成) 단국대 1956.03.27

대회	연도	소속	출전	교체	득점	도움	파울	경고	퇴장
BC	1983	국민은행	6	1	0	0	3	0	0
		합계	6	1	0	0	3	0	0
		프로통산	6	1	0	0	3	0	0

이용수(李容秀) 서울대 1959.12.27

대회	연도	소속	출전	교체	득점	도움	파울	경고	퇴장
BC	1984	럭키금성	25	3	8	0	8	0	0
	1985	할렐루야	10	8	0	2	4	0	0
		합계	35	11	8	2	12	0	0
		프로통산	35	11	8	2	12	0	0

이용승(李勇承) 영남대 1984.08.28

대회	연도	소속	출전	교체	득점	도움	파울	경고	퇴장
BC	2007	경남	29	23	1	2	60	6	0
	2008	경남	11	9	0	0	16	2	0
		합계	40	32	1	2	76	8	0
K1	2013	전남	3	2	0	0	1	1	0
		합계	3	2	0	0	1	1	0
		프로통산	43	34	1	2	77	9	0

이용우(李鎔宇) 수원공고 1977.07.20

대회	연도	소속	출전	교체	득점	도움	파울	경고	퇴장
BC	1998	수원	1	1	0	0	9	0	0
	2001	수원	2	2	0	0	0	0	0
	2002	수원	4	4	0	0	0	0	0
	2003	수원	4	3	0	0	0	0	0
		합계	11	10	0	0	2	0	0
		프로통산	11	10	0	0	2	0	0

이용재(李勇載) 포철공고 1991.06.08

대회	연도	소속	출전	교체	득점	도움	파울	경고	퇴장
K1	2022	인천	20	20	1	2	13	1	0
		합계	20	20	1	2	13	1	0
K2	2023	전남	9	9	3	0	8	1	0
		합계	9	9	3	0	8	1	0
		프로통산	29	29	4	2	21	2	0

이용재(李龍宰) 관동대(가톨릭관동대) 1971.03.30

대회	연도	소속	출전	교체	득점	도움	파울	경고	퇴장
BC	1996	전남	1	0	0	0	2	0	0
		합계	1	0	0	0	2	0	0
		프로통산	1	0	0	0	2	0	0

이용준(李鎔駿) 현대고 1990.04.03

대회	연도	소속	출전	교체	득점	도움	파울	경고	퇴장

Column 1

대회	연도	소속	출전	교체	득점	도움	파울	경고	퇴장
BC	2010	울산	0	0	0	0	0	0	0
	합계		0	0	0	0	0	0	0
프로통산			0	0	0	0	0	0	0

이용하(李龍河) 전북대 1973.12.15

대회	연도	소속	출전	교체	득점	도움	파울	경고	퇴장
BC	1997	부산	1	1	0	0	1	0	0
	1998	부산	13	11	2	0	12	4	0
	1999	부산	33	30	1	1	29	1	0
	2000	부산	14	13	1	0	16	1	0
	2001	부산	31	27	3	2	33	7	0
	2002	부산	14	11	0	0	29	1	0
	2003	부산	11	5	0	0	25	5	0
	2004	인천	13	11	1	1	10	1	0
	합계		139	120	8	4	155	23	0
프로통산			139	120	8	4	155	23	0

이용혁(李鎔赫) 전주기전대 1996.08.03

대회	연도	소속	출전	교체	득점	도움	파울	경고	퇴장
K1	2020	수원	0	0	0	0	0	0	0
K2	2022	부천	24	7	1	0	22	12	0
	2023	부천	22	11	0	0	11	1	0
	합계		46	18	1	0	33	13	0
프로통산			46	18	1	0	33	13	0

이우영(李宇英) 연세대 1973.08.19

대회	연도	소속	출전	교체	득점	도움	파울	경고	퇴장
BC	1998	안양LG	2	3	0	0	0	0	0
	합계		2	3	0	0	0	0	0
프로통산			2	3	0	0	0	0	0

이우진(李玗晉/←이강진) 중동중 1986.04.25

대회	연도	소속	출전	교체	득점	도움	파울	경고	퇴장
BC	2003	수원	1	1	0	0	2	0	0
	2006	부산	20	0	0	1	20	0	0
	2007	부산	6	2	0	1	9	0	0
	2008	부산	12	6	0	0	14	3	0
	2009	부산	32	3	1	1	42	4	0
	2012	전북	9	0	0	0	9	0	0
	합계		80	12	2	2	96	7	0
K1	2013	대전	32	5	1	0	34	2	0
	2014	전북	2	1	0	0	2	1	0
	2015	대전	20	6	1	0	4	3	0
	2016	제주	3	3	0	0	0	0	0
	합계		57	15	2	0	40	6	0
프로통산			137	27	4	2	136	13	0

이우찬(李又燦) 영남상고 1963.06.09

대회	연도	소속	출전	교체	득점	도움	파울	경고	퇴장
BC	1984	대우	2	2	0	0	0	0	0
	1985	대우	9	5	2	1	5	2	0
	1986	대우	11	8	1	1	11	0	0
	합계		22	15	5	2	16	2	0
프로통산			22	15	5	2	16	2	0

이우혁(李愚赫) 강릉문성고 1993.02.24

대회	연도	소속	출전	교체	득점	도움	파울	경고	퇴장
BC	2011	강원	7	7	0	0	7	1	0
	2012	강원	8	6	0	0	8	2	0
	합계		15	13	0	0	8	3	0
K1	2013	강원	12	8	1	1	12	3	0
	2016	전북	2	0	0	0	4	0	0
	2017	광주	19	8	1	0	31	4	0
	2018	인천	3	1	0	0	5	0	0
	2019	인천	6	3	0	0	11	1	0
	2020	인천	6	4	0	0	11	1	0
	합계		50	24	2	1	63	9	0
K2	2014	강원	30	8	2	5	38	0	0
	2015	강원	21	14	0	5	29	2	0
	2021	경남	26	7	0	0	39	7	0
	2022	경남	33	16	0	1	24	3	0
	합계		110	45	2	11	130	12	0

Column 2

대회	연도	소속	출전	교체	득점	도움	파울	경고	퇴장
승	2013	강원	2	2	0	0	1	0	0
	합계		2	2	0	0	1	0	0
프로통산			177	83	6	12	192	23	0

*실점: 2022년 3 / 통산 3

이운재(李雲在) 경희대 1973.04.26

대회	연도	소속	출전	교체	**실점**	도움	파울	경고	퇴장
BC	1996	수원	13	0	14	0	1	1	0
	1997	수원	17	0	27	0	1	1	0
	1998	수원	34	1	31	0	2	1	0
	1999	수원	39	0	37	0	2	3	0
	2002	수원	19	0	17	0	0	0	0
	2003	수원	41	0	44	0	2	0	0
	2004	수원	26	0	24	0	0	0	0
	2005	수원	26	0	33	0	0	0	0
	2006	수원	14	1	14	0	0	0	0
	2007	수원	35	0	39	0	0	0	0
	2008	수원	39	0	29	0	1	0	0
	2009	수원	14	0	24	0	0	0	0
	2010	수원	14	0	29	0	0	0	0
	2011	전남	34	0	39	0	1	0	0
	2012	전남	33	0	38	0	0	0	0
	합계		410	2	425	0	11	10	0
프로통산			410	2	425	0	11	10	0

이웅희(李雄熙) 배재대 1988.07.18

대회	연도	소속	출전	교체	득점	도움	파울	경고	퇴장
BC	2011	대전	17	11	1	0	8	3	0
	2012	대전	34	5	0	0	52	9	0
	합계		51	16	1	0	60	10	0
K1	2013	대전	22	3	0	0	26	3	0
	2014	서울	24	1	0	1	28	2	0
	2015	서울	32	1	0	0	24	5	0
	2016	상주	23	1	0	2	14	3	0
	2017	상주	5	0	0	0	4	0	0
	2017	서울	5	1	0	0	2	0	0
	2018	서울	11	2	0	0	12	2	0
	2019	서울	9	1	0	0	10	2	0
	2022	강원	32	2	5	0	22	0	0
	2023	강원	11	5	1	0	8	0	0
	합계		174	32	6	3	164	20	0
K2	2020	대전	16	2	0	0	15	2	0
	2021	대전	22	1	1	1	22	5	0
	합계		38	3	1	1	32	7	0
승	2018	서울	2	0	0	0	1	0	0
	2021	대전	1	0	0	0	3	0	0
	합계		3	0	0	0	4	0	0
프로통산			267	52	8	4	257	37	0

이원규(李源規) 연세대 1988.05.01

대회	연도	소속	출전	교체	득점	도움	파울	경고	퇴장
BC	2011	부산	3	1	1	0	3	0	0
	2012	부산	1	2	0	0	1	0	0
	합계		4	3	1	0	4	0	0
프로통산			4	3	1	0	4	0	0

이원식(李元植) 한양대 1973.05.16

대회	연도	소속	출전	교체	득점	도움	파울	경고	퇴장
BC	1996	부천유공	21	21	7	1	19	2	0
	1997	부천SK	29	14	11	2	38	4	0
	1998	부천SK	26	19	10	3	22	1	0
	1999	부천SK	38	31	9	4	33	2	0
	2000	부천SK	33	13	4	0	32	2	0
	2001	부천SK	29	27	6	2	23	1	0
	2002	부천SK	29	27	2	0	17	1	0
	2003	부천SK	38	35	10	2	29	2	0
	2004	서울	10	10	1	0	11	0	0
	2005	서울	17	17	0	0	11	5	0
	2006	대전	1	1	0	0	2	0	0
	합계		270	233	73	18	224	25	1
프로통산			270	233	73	18	224	25	1

Column 3

이원영(李元煐/←이정호) 보인정보산업고(보인고) 1981.03.13

대회	연도	소속	출전	교체	득점	도움	파울	경고	퇴장
BC	2005	포항	20	9	2	0	37	2	0
	2006	포항	21	3	3	0	60	7	0
	2007	전북	25	11	2	1	33	5	0
	2008	제주	32	3	2	0	41	6	0
	2009	부산	25	3	3	4	39	4	0
	2010	부산	27	3	1	1	42	4	0
	2011	부산	14	2	2	1	18	3	0
	합계		164	34	15	5	270	31	0
K1	2013	부산	32	7	1	0	47	7	0
	2014	부산	14	5	0	0	24	4	0
	합계		46	12	1	1	54	11	0
K2	2016	부산	24	7	2	1	16	4	0
	합계		24	7	2	1	16	4	0
프로통산			234	53	19	7	340	46	0

이원우(李源祐) 장훈고 2003.03.16

대회	연도	소속	출전	교체	득점	도움	파울	경고	퇴장
K1	2022	대구	4	4	0	0	1	0	0
	합계		4	4	0	0	1	0	0
프로통산			4	4	0	0	1	0	0

이원재(李源在) 포철공고 1986.02.24

대회	연도	소속	출전	교체	득점	도움	파울	경고	퇴장
BC	2005	포항	6	2	0	0	6	2	0
	2006	포항	9	1	0	0	12	5	0
	2007	포항	5	0	1	0	7	0	0
	2008	전북	5	0	0	0	4	1	0
	2009	울산	18	5	2	0	23	4	0
	2010	울산	3	0	0	0	0	0	0
	2010	포항	8	1	0	0	12	0	0
	2011	포항	6	1	0	0	7	0	0
	2012	포항	4	1	0	0	5	1	0
	합계		48	16	3	0	51	11	0
K2	2013	경찰	28	6	0	0	34	9	0
	2014	안산경찰	11	3	1	0	7	4	0
	2015	대구	26	1	0	1	23	7	0
	2016	경남	13	3	1	0	12	1	0
	합계		78	13	2	1	76	18	0
프로통산			126	34	6	1	128	29	0

이원준(李元準) 중앙대 1972.04.02

대회	연도	소속	출전	교체	득점	도움	파울	경고	퇴장
BC	1995	LG	15	13	0	0	5	1	0
	1996	안양LG	11	11	0	0	4	1	0
	1997	안양LG	8	5	0	0	7	1	0
	1998	안양LG	1	1	0	0	1	0	0
	합계		35	30	0	0	17	3	0
프로통산			35	30	0	0	17	3	0

이원철(李元哲) 전주대 1967.05.10

대회	연도	소속	출전	교체	득점	도움	파울	경고	퇴장
BC	1990	포항제철	16	14	1	1	26	1	0
	1991	포항제철	34	14	7	1	43	2	0
	1992	포항제철	25	11	8	3	42	1	1
	1993	포항제철	30	11	4	1	49	1	0
	1994	포항제철	18	13	0	3	24	0	0
	1995	포항	19	16	3	1	19	1	0
	1996	포항	14	14	0	1	17	1	0
	합계		156	99	26	8	230	7	1
프로통산			156	99	26	8	230	7	1

이유민(李裕玟) 동국대 1971.01.09

대회	연도	소속	출전	교체	득점	도움	파울	경고	퇴장
BC	1995	포항	2	2	0	0	6	0	0
	합계		2	2	0	0	6	0	0
프로통산			2	2	0	0	6	0	0

이유성(李有成) 중앙대 1977.05.20

대회	연도	소속	출전	교체	득점	도움	파울	경고	퇴장
BC	2000	전북	0	0	0	0	0	0	0

이유준(李洧儁) 오산중 1989.09.26

대회	연도	소속	출전	교체	득점	도움	파울	경고	퇴장
	2001	전북	2	2	0	0	1	0	0
	합계		2	2	0	0	1	0	0
	프로통산		2	2	0	0	1	0	0
K1	2013	강원	10	7	0	0	3	0	0
	합계		10	7	0	0	3	0	0
K2	2014	강원	2	2	0	0	0	0	0
	2016	충주	1	1	0	0	0	0	0
	합계		3	3	0	0	0	1	0
	프로통산		13	10	0	0	4	0	0

이유현(李裕賢) 단국대 1997.02.08

대회	연도	소속	출전	교체	득점	도움	파울	경고	퇴장
K1	2017	전남	2	2	0	0	6	1	0
	2018	전남	28	18	0	2	37	2	0
	2021	전북	13	13	0	0	11	1	0
	2022	김천	10	3	0	0	11	1	0
	합계		56	25	0	4	75	6	0
K2	2019	전남	22	8	1	1	32	6	0
	2020	전남	20	0	1	1	32	5	0
	2023	김천	19	7	2	2	10	2	0
	합계		61	15	4	4	74	13	0
승	2022	김천	2	1	0	0	2	1	0
	합계		2	1	0	0	2	1	0
	프로통산		119	41	4	8	151	20	0

이윤권(李倫券) 조선대 2000.01.16

대회	연도	소속	출전	교체	득점	도움	파울	경고	퇴장
K1	2022	전북	5	5	0	0	0	0	0
	합계		5	5	0	0	0	0	0
	프로통산		5	5	0	0	0	0	0

이윤규(李允揆) 관동대(가톨릭관동대) 1989.05.29

대회	연도	소속	출전	교체	실점	도움	파울	경고	퇴장
BC	2012	대구	0	0	0	0	0	0	0
	합계		0	0	0	0	0	0	0
K2	2013	충주	1	0	3	0	0	0	0
	합계		1	0	3	0	0	0	0
	프로통산		1	0	3	0	0	0	0

이윤섭(李允燮) 순천향대학원 1979.07.30

대회	연도	소속	출전	교체	득점	도움	파울	경고	퇴장
BC	2002	울산	0	0	0	0	0	0	0
	2003	울산	6	2	0	0	6	0	0
	2004	울산	15	1	0	1	16	1	0
	2005	울산	1	0	0	0	0	0	0
	2006	광주상무	9	2	1	0	15	2	0
	2007	광주상무	25	5	2	0	35	9	0
	합계		56	15	4	0	72	12	0
	프로통산		56	15	4	0	72	12	0

이윤오(李潤悟) 중동고 1999.03.23

대회	연도	소속	출전	교체	실점	도움	파울	경고	퇴장
K1	2021	대구	1	1	0	0	0	0	0
	2022	대구	1	0	4	0	0	0	0
	합계		2	1	4	0	0	0	0
K2	2023	경남	1	1	1	0	0	0	0
	합계		1	1	1	0	0	0	0
	프로통산		3	2	6	0	0	0	0

이윤의(李阭儀) 광운대 1987.07.25

대회	연도	소속	출전	교체	득점	도움	파울	경고	퇴장
BC	2010	강원	0	0	0	0	0	0	0
	2011	상주	4	3	0	0	4	0	0
	2012	상주	1	2	0	0	0	0	0
	2012	강원	4	1	0	0	5	0	0
	합계		9	9	0	1	9	0	0
K2	2013	부천	21	3	2	3	27	4	0
	합계		21	3	2	3	27	4	0
	프로통산		30	12	2	3	38	4	0

* 실점: 2011년 3 / 통산 3

이윤표(李允杓) 한남대 1984.09.04

대회	연도	소속	출전	교체	득점	도움	파울	경고	퇴장
BC	2008	전남	1	1	0	0	0	0	0
	2009	대전	17	4	0	0	34	6	0
	2010	서울	0	0	0	0	0	0	0
	2011	인천	24	1	1	4	40	7	0
	2012	인천	37	1	3	1	70	12	0
	합계		79	11	3	2	144	25	0
K1	2013	인천	30	1	1	1	57	10	0
	2014	인천	32	1	1		56	2	0
	2015	인천	15	3	0	0	13	0	0
	2017	인천	32	1	0	2	35	4	0
	2018	인천	7	2	1	2	12	3	0
	합계		153	10	3	6	210	29	0
	프로통산		232	21	6	8	354	54	0

이윤호(李尹鎬) 고려대 1990.03.20

대회	연도	소속	출전	교체	득점	도움	파울	경고	퇴장
BC	2011	제주	0	0	0	0	0	0	0
	합계		0	0	0	0	0	0	0
	프로통산		0	0	0	0	0	0	0

이윤환(李閏煥) 대신고 1996.10.16

대회	연도	소속	출전	교체	득점	도움	파울	경고	퇴장
K2	2016	부천	0	0	0	0	0	0	0
	2017	부천	1	1	0	0	0	0	0
	합계		1	1	0	0	0	0	0
	프로통산		1	1	0	0	0	0	0

이으뜸(李으뜸) 용인대 1989.09.02

대회	연도	소속	출전	교체	득점	도움	파울	경고	퇴장
K1	2015	광주	24	6	0	4	27	5	0
	2016	광주	24	6	0	4	21	7	0
	2020	광주	15	3	0	3	9	0	0
	2021	광주	28	12	0	3	14	3	0
	2023	광주	2	1	0	0	0	0	0
	합계		93	34	0	14	71	15	0
K2	2013	안양	18	1	2	3	34	5	1
	2014	안양	31	3	1	2	33	4	0
	2017	아산	10	3	0	0	14	1	0
	2018	아산	4	3	0	2	2	1	0
	2019	광주	30	4	3	4	10	0	0
	2022	광주	30	16	2	9	24	3	0
	합계		123	30	8	20	117	14	1
	프로통산		216	64	8	34	188	29	1

이은범(李殷汎) 서남대 1996.01.30

대회	연도	소속	출전	교체	득점	도움	파울	경고	퇴장
K1	2018	제주	14	14	2	0	18	4	0
	2019	제주	7	6	0	0	11	1	0
	2019	성남	7	3	0	0	8	5	0
	합계		37	30	2	1	40	11	0
K2	2020	제주	1	1	0	0	0	0	0
	2020	충남아산	15	1	1	1	25	4	0
	2021	충남아산	25	1	1	0	35	8	0
	2022	충남아산	38	2	0	0	24	3	0
	2023	충남아산	28	2	1	0	25	9	0
	합계		107	7	3	1	109	24	0
	프로통산		144	37	5	2	149	35	0

이은재(李恩宰) 진위고 2003.03.13

대회	연도	소속	출전	교체	득점	도움	파울	경고	퇴장
K2	2022	대전	6	6	0	0	2	0	0
	합계		6	6	0	0	2	0	0
	프로통산		6	6	0	0	2	0	0

이을용(李乙容) 강릉상고 1975.09.08

대회	연도	소속	출전	교체	득점	도움	파울	경고	퇴장
BC	1998	부천SK	33	4	0	2	74	7	0
	1999	부천SK	25	5	1	0	49	2	0
	2000	부천SK	37	6	5	1	71	4	0
	2001	부천SK	26	4	2	1	39	3	0
	2002	부천SK	7	3	0	1	5	1	0
	2003	안양LG	17	2	0	2	38	5	0
	2004	서울	10	1	0	1	25	3	0
	2006	서울	13	1	0	2	21	1	0
	2007	서울	30	8	1	2	42	6	0
	2008	서울	30	16	0	2	40	6	0
	2009	강원	24	3	0	2	26	3	0
	2010	강원	17	0	1	0	16	2	0
	2011	강원	30	10	0	1	27	2	0
	합계		290	74	13	12	486	45	0
	프로통산		290	74	13	12	486	45	0

이응제(李應濟) 고려대 1980.04.07

대회	연도	소속	출전	교체	득점	도움	파울	경고	퇴장
BC	2003	전북	3	1	0	0	5	1	0
	2004	전북	3	1	0	0	6	0	0
	2005	광주상무	13	8	0	0	18	4	0
	2006	광주상무	6	2	0	0	4	1	0
	2007	전북	5	3	0	0	5	0	0
	합계		30	15	0	0	38	6	0
	프로통산		30	15	0	0	38	6	0

이의형(李宜炯) 단국대 1998.03.03

대회	연도	소속	출전	교체	득점	도움	파울	경고	퇴장
K2	2021	경남	6	6	0	0	1	1	0
	2022	경남	9	5	2	0	15	2	0
	2022	부천	13	13	0	0	10	2	0
	2023	부천	24	21	4	2	40	6	0
	합계		52	45	6	2	66	11	0
	프로통산		52	45	6	2	66	11	0

이인규(李寅圭) 남부대 1992.09.16

대회	연도	소속	출전	교체	득점	도움	파울	경고	퇴장
K1	2014	전남	4	4	0	0	2	0	0
	합계		4	4	0	0	2	0	0
K2	2018	광주	9	9	1	5	19	2	0
	2019	부천	16	3	0	0	11	0	0
	2019	대전	12	4	0	0	9	2	0
	2020	대전	1	1	0	0	1	2	0
	합계								
	프로통산								

이인규(李仁揆) 오산고 2000.01.16

대회	연도	소속	출전	교체	득점	도움	파울	경고	퇴장
K1	2019	서울	6	6	1	0	3	0	0
	2020	서울	0	0	0	0	0	0	0
	2021	서울	8	9	0	3	1	0	0
	합계		14	15	1	0	6	1	0
	프로통산		14	15	1	0	6	1	0

이인수(李寅洙) 선문대 1993.11.16

대회	연도	소속	출전	교체	실점	도움	파울	경고	퇴장
K1	2016	수원FC	5	0	9	0	0	0	0
	합계		5	0	9	0	0	0	0
K2	2017	수원FC	19	0	33	0	0	0	0
	2018	수원FC							
	합계		19	0	33	0	0	0	0
승	2015	수원FC							
	프로통산		24	0	42	0	0	0	0

이인식(李仁植) 중앙대 1991.09.20

대회	연도	소속	출전	교체	득점	도움	파울	경고	퇴장
K2	2014	대전	6	5	0	0	11	1	0
	합계		6	5	0	0	11	1	0
	프로통산		6	5	0	0	11	1	0

이인식(李仁植) 단국대 1983.02.14

대회	연도	소속	출전	교체	득점	도움	파울	경고	퇴장
BC	2005	전북	0	0	0	0	0	0	0
	2006	전북	2	1	0	0	6	0	0
	2008	제주	2	1	0	0	3	0	0

	연도	소속	출전	교체	득점	도움	파울	경고	퇴장
	2010	제주	3	3	0	0	0	0	0
	합계		7	5	0	0	8	0	0
프로통산			7	5	0	0	8	0	0

이인재(李仁在) 단국대 1992.05.13

대회	연도	소속	출전	교체	득점	도움	파울	경고	퇴장
K2	2017	안산	16	3	2	0	12	3	0
	2018	안산	29	1	1	0	18	3	0
	2019	안산	36	0	0	0	25	2	0
	2020	안산	21	0	0	0	17	4	0
	2021	서울E	21	4	0	1	18	3	0
	2022	서울E	14	5	0	0	8	2	0
	2023	서울E	25	5	0	3	16	2	0
	합계		162	18	5	4	114	19	0
프로통산			162	18	5	4	114	19	0

이인재(李仁載) 중앙대 1967.01.02

대회	연도	소속	출전	교체	득점	도움	파울	경고	퇴장
BC	1989	럭키금성	30	19	5	3	27	2	0
	1990	럭키금성	17	16	2	2	5	0	0
	1991	LG	14	13	0	0	3	0	0
	1992	LG	21	16	0	3	18	1	0
	1993	LG	21	21	0	1	22	0	0
	1994	LG	19	8	4	1	15	3	0
	1996	안양LG	11	10	0	1	6	1	0
	1997	안양LG	4	5	1	0	8	2	0
	합계		137	108	12	10	99	9	0
프로통산			137	108	12	10	99	9	0

이임생(李林生) 고려대학원 1971.11.18

대회	연도	소속	출전	교체	득점	도움	파울	경고	퇴장
BC	1994	유공	13	0	0	0	19	1	0
	1995	유공	24	5	0	1	30	3	0
	1996	부천유공	22	7	0	0	38	6	0
	1997	부천SK	2	0	0	0	1	0	0
	1998	부천SK	26	3	0	1	47	2	0
	1999	부천SK	21	0	1	0	62	4	0
	2000	부천SK	39	0	5	2	77	4	1
	2001	부천SK	11	0	1	0	16	1	0
	2002	부천SK	29	3	0	0	44	6	0
	2003	부산	29	1	0	1	38	6	0
	합계		229	24	11	5	371	33	1
프로통산			229	24	11	5	371	33	1

이장관(李將寬) 아주대 1974.07.04

대회	연도	소속	출전	교체	득점	도움	파울	경고	퇴장
BC	1997	부산	26	20	2	0	30	3	0
	1998	부산	32	5	0	2	53	4	0
	1999	부산	34	7	0	1	62	8	0
	2000	부산	33	6	1	1	59	8	0
	2001	부산	32	22	0	0	39	2	0
	2002	부산	25	21	0	1	55	4	1
	2003	부산	41	1	0	1	55	4	1
	2004	부산	34	2	0	1	50	6	0
	2005	부산	32	1	0	1	39	5	0
	2006	부산	33	1	1	1	44	3	0
	2007	부산	32	1	0	1	25	2	0
	2008	인천	0	0	0	0	11	0	0
	합계		354	94	4	9	487	51	0
프로통산			354	94	4	9	487	51	0

이장군(李長君) 조선대 1971.03.15

대회	연도	소속	출전	교체	득점	도움	파울	경고	퇴장
BC	1994	유공	1	1	0	0	0	0	0
	1995	유공	0	0	0	0	0	0	0
	합계		1	1	0	0	0	0	0
프로통산			1	1	0	0	0	0	0

이장수(李章洙) 연세대 1956.10.15

대회	연도	소속	출전	교체	득점	도움	파울	경고	퇴장
BC	1983	유공	10	0	6	1	9	3	0
	1984	유공	24	4	2	1	20	0	0
	1985	유공	12	2	0	0	17	1	0
	1986	유공	12	3	0	1	7	1	0
	합계		58	14	8	3	53	5	0
프로통산			58	14	8	3	53	5	0

이장욱(李章旭) 통진종고 1970.07.02

대회	연도	소속	출전	교체	득점	도움	파울	경고	퇴장
BC	1989	럭키금성	19	17	1	0	7	2	0
	1990	럭키금성	8	6	0	0	5	0	0
	1991	LG	27	21	2	0	23	3	0
	합계		54	44	3	0	35	5	0
프로통산			54	44	3	0	35	5	0

이재건(李載建) 송호대 1997.02.22

대회	연도	소속	출전	교체	득점	도움	파울	경고	퇴장
K2	2019	아산	16	15	0	2	11	2	0
	2020	충남아산	24	12	0	2	16	2	0
	2021	충남아산	1	1	0	0	0	0	0
	합계		41	28	4	3	31	4	0
프로통산			41	28	4	3	31	4	0

이재광(李在光) 인천대 1989.10.19

대회	연도	소속	출전	교체	득점	도움	파울	경고	퇴장
BC	2012	성남일화	3	2	0	0	3	0	0
	합계		3	2	0	0	3	0	0
프로통산			3	2	0	0	3	0	0

이재권(李在權) 고려대 1987.07.30

대회	연도	소속	출전	교체	득점	도움	파울	경고	퇴장
BC	2010	인천	30	8	1	1	53	5	0
	2011	인천	29	6	0	4	43	9	0
	2012	서울	6	6	0	0	9	1	0
	합계		65	20	1	5	101	15	0
K1	2013	서울	1	1	0	0	2	0	0
	2017	대구	11	0	0	0	11	0	1
	2019	강원	6	5	0	1	9	1	0
	2020	강원	14	6	1	2	33	5	0
	합계		32	18	1	2	50	6	1
K2	2014	안산경찰	35	4	3	4	56	4	0
	2015	안산경찰	23	5	1	1	37	4	0
	2016	대구	39	12	2	3	53	4	0
	2017	부산	14	2	2	0	24	4	0
	2018	부산	28	5	2	6	46	8	1
	합계		126	35	10	12	181	30	1
승	2017	부산	2	0	0	0	5	0	0
	2018	부산	2	0	0	0	5	0	0
	합계		4	0	0	0	10	0	0
프로통산			227	73	12	19	341	51	2

이재명(李在明) 진주고 1991.07.25

대회	연도	소속	출전	교체	득점	도움	파울	경고	퇴장
BC	2010	경남	9	4	0	0	11	1	0
	2011	경남	18	6	0	0	33	3	0
	2012	경남	33	1	0	3	35	2	0
	합계		60	11	0	3	79	6	0
K1	2013	전북	23	1	0	2	32	4	0
	2014	전북	12	6	0	2	12	2	0
	2015	전북	5	3	0	0	12	2	0
	2016	상주	7	3	0	0	7	1	0
	2017	상주	1	1	0	0	1	0	0
	2017	전북	0	0	0	0	0	0	0
	2018	경남	5	1	1	0	5	1	0
	2019	경남	5	1	1	0	5	1	0
	합계		58	13	1	5	70	11	0
K2	2020	경남	10	1	0	0	16	2	0
	2022	경남	17	14	0	1	10	3	0
	2023	경남							
	합계		27	15	0	1	26	3	0
승	2019	경남	2	1	0	0	5	1	0
	합계		2	1	0	0	5	1	0
프로통산			147	40	1	9	180	21	0

이재민(李載珉) 명지대 1991.02.05

대회	연도	소속	출전	교체	득점	도움	파울	경고	퇴장
K1	2013	경남	3	2	0	0	2	0	0
	합계		3	2	0	0	2	0	0
프로통산			3	2	0	0	2	0	0

이재성(李幸誠) 고려대 1988.07.05

대회	연도	소속	출전	교체	득점	도움	파울	경고	퇴장
BC	2009	수원	11	2	1	0	16	3	0
	2010	수원	15	9	0	0	10	1	0
	2011	울산	27	5	2	1	31	5	0
	2012	울산	35	9	2	0	46	4	0
	합계		88	25	5	1	103	13	0
K1	2014	상주	10	1	0	0	7	0	1
	2014	울산	9	1	1	0	8	0	0
	2015	울산	11	1	0	0	4	0	0
	2016	울산	25	2	0	2	15	3	0
	2017	전북	21	4	2	0	21	5	0
	2018	전북	18	5	0	0	5	2	1
	2019	인천	20	1	1	0	18	3	0
	2020	인천	9	0	0	0	12	2	0
	2023	수원FC	4	1	0	0	1	1	0
	합계		117	15	6	0	97	17	2
K2	2013	상주	27	3	2	1	21	3	0
	2022	충남아산	20	2	0	0	14	2	0
	2023	충남아산	7	1	1	0	10	1	0
	합계		54	6	3	1	45	8	0
승	2013	상주	2	0	0	0	3	0	0
	합계		2	0	0	0	3	0	0
프로통산			261	46	14	2	248	38	2

이재성(李在成) 고려대 1992.08.10

대회	연도	소속	출전	교체	득점	도움	파울	경고	퇴장
K1	2014	전북	26	4	4	3	25	2	0
	2015	전북	34	4	7	5	37	2	0
	2016	전북	32	3	3	11	40	4	0
	2017	전북	28	6	8	10	23	2	0
	2018	전북	17	10	4	3	13	2	0
	합계		137	27	26	32	138	12	0
프로통산			137	27	26	32	138	12	0

이재성(李在成) 한양대 1985.06.06

대회	연도	소속	출전	교체	득점	도움	파울	경고	퇴장
BC	2008	전남	3	3	0	0	4	0	0
	2009	전남	1	1	0	0	0	0	0
	합계		4	4	0	0	4	0	0
프로통산			4	4	0	0	4	0	0

이재안(李宰安) 한라대 1988.06.21

대회	연도	소속	출전	교체	득점	도움	파울	경고	퇴장
BC	2011	서울	7	7	0	0	0	0	0
	2012	경남	24	20	3	0	14	2	0
	합계		31	27	3	0	14	2	0
K1	2013	경남	37	14	7	1	15	3	0
	2014	경남	26	15	3	3	19	0	0
	2016	수원FC	24	17	0	2	9	1	0
	합계		87	46	10	6	43	4	0
K2	2015	서울E	24	19	6	1	10	1	0
	2017	아산	24	19	6	1	10	1	0
	2018	아산	14	11	2	0	9	0	0
	2018	수원FC	13	7					
	합계		75	56	11	2	38	2	0
승	2014	경남	1	1	0	0	0	0	0
	합계		1	1	0	0	0	0	0
프로통산			194	130	24	14	91	11	0

이재억(李在億) 아주대 1989.06.03

대회	연도	소속	출전	교체	득점	도움	파울	경고	퇴장
K1	2013	전남	5	3	0	0	9	1	0
	2014	전남	6	2	0	0	7	1	0
	2015	전남	2	2	0	0	3	1	0
	합계		13	7	0	0	19	3	0
K2	2016	안양	12	6	0	0	6	0	0

합계 12 6 0 0 6 0 0
프로통산 25 13 0 0 25 3 0

이재용(李在用) 한라대 2002.09.20

대회	연도	소속	출전	교체	득점	도움	파울	경고	퇴장
K2	2022	안양	4	4	0	0	4	0	0
	2023	안양	5	5	0	0	0	0	0
	합계		9	9	0	0	4	0	0
프로통산			9	9	0	0	4	0	0

이재욱(李在昱) 용인대 2001.03.09

대회	연도	소속	출전	교체	득점	도움	파울	경고	퇴장
K1	2023	울산	2	2	0	0	1	0	0
	합계		2	2	0	0	1	0	0
프로통산			2	2	0	0	1	0	0

이재원(李哉沅) 고려대 1983.03.04

대회	연도	소속	출전	교체	득점	도움	파울	경고	퇴장
BC	2006	울산	8	8	0	1	5	1	0
	2007	울산	1	1	0	0	2	0	0
	합계		9	9	0	1	7	1	0
K1	2014	울산	13	3	1	0	17	5	1
	2015	포항	9	5	0	0	7	0	0
	2016	포항	10	6	0	0	10	0	0
	합계		32	14	1	0	34	5	1
K2	2017	부천	3	3	0	0	3	1	0
	합계		3	3	0	0	3	1	0
프로통산			44	26	1	1	44	7	1

이재원(李材元) 경희대 1997.02.21

대회	연도	소속	출전	교체	득점	도움	파울	경고	퇴장
K1	2019	성남	16	10	2	0	26	5	0
	2020	성남	16	8	1	0	26	3	0
	2021	성남	4	4	0	0	3	0	0
	2022	성남	19	14	0	0	14	1	0
	2023	강원	2	2	0	0	0	0	0
	합계		57	38	3	0	69	9	0
K2	2023	성남	19	4	0	0	25	2	0
	합계		19	4	0	0	25	2	0
프로통산			76	42	3	0	94	11	0

이재원(李在濬) 숭실대 1989.04.05

대회	연도	소속	출전	교체	득점	도움	파울	경고	퇴장
K2	2013	수원FC	22	13	1	3	29	0	0
	합계		22	13	1	3	29	0	0
프로통산			22	13	1	3	29	0	0

이재원(李在原) 울산대 2002.05.05

대회	연도	소속	출전	교체	득점	도움	파울	경고	퇴장
K2	2023	천안	28	13	0	0	27	0	0
	합계		28	13	0	0	27	0	0
프로통산			28	13	0	0	27	0	0

이재익(李在翊) 보인고 1999.05.21

대회	연도	소속	출전	교체	득점	도움	파울	경고	퇴장
K1	2018	강원	8	6	0	0	9	2	0
	2019	강원	3	0	0	0	1	0	0
	합계		11	6	0	0	10	2	0
K2	2021	서울E	15	4	0	0	19	6	0
	2022	서울E	29	6	2	0	27	0	1
	2023	서울E	21	4	0	0	14	4	0
	합계		65	14	1	0	60	10	1
프로통산			76	20	1	0	70	12	1

이재일(李裁一) 이리고 1955.05.30

대회	연도	소속	출전	교체	실점	도움	파울	경고	퇴장
BC	1983	할렐루야	1	0	1	0	0	0	1
	1984	포항제철	13	0	16	0	0	1	0
	합계		14	0	17	0	0	1	1
프로통산			14	0	17	0	0	1	1

이재일(李在日) 건국대 1968.03.15

대회	연도	소속	출전	교체	득점	도움	파울	경고	퇴장
BC	1990	현대	7	1	0	0	13	0	0
	1991	현대	11	8	0	1	9	2	0
	1992	현대	9	5	0	0	8	0	0

합계 27 14 0 1 30 4 0
프로통산 27 14 0 1 30 4 0

이재일(李在日) 성균관대 1988.11.16

대회	연도	소속	출전	교체	득점	도움	파울	경고	퇴장
BC	2011	수원	2	0	0	0	3	1	0
	합계		2	0	0	0	3	1	0
프로통산			2	0	0	0	3	1	0

이재천 한성대 1977.03.08

대회	연도	소속	출전	교체	득점	도움	파울	경고	퇴장
BC	2000	안양LG	0	0	0	0	0	0	0
	합계		0	0	0	0	0	0	0
프로통산			0	0	0	0	0	0	0

이재철(李在哲) 광운대 1975.12.25

대회	연도	소속	출전	교체	득점	도움	파울	경고	퇴장
BC	1999	수원	3	2	0	0	2	0	0
	합계		3	2	0	0	2	0	0
프로통산			3	2	0	0	2	0	0

이재현(李在玧) 건국대 1981.01.25

대회	연도	소속	출전	교체	득점	도움	파울	경고	퇴장
BC	2003	전북	0	0	0	0	0	0	0
	2004	전북	2	2	0	0	2	0	0
	합계		2	0	0	0	2	0	0
프로통산			2	0	0	0	2	0	0

이재현(李在玄) 전주대 1983.05.13

대회	연도	소속	출전	교체	득점	도움	파울	경고	퇴장
BC	2006	전북	2	1	0	0	3	1	0
	합계		2	1	0	0	3	1	0
프로통산			2	1	0	0	3	1	0

이재형(李在馨) 영생고 1998.04.05

대회	연도	소속	출전	교체	득점	도움	파울	경고	퇴장
K1	2017	전북	0	0	0	0	0	0	0
	2018	전북	0	0	0	0	0	0	0
	2019	전북	0	0	0	0	0	0	0
	합계		0	0	0	0	0	0	0
프로통산			0	0	0	0	0	0	0

이재형(李宰瑩) 한양대 1976.09.06

대회	연도	소속	출전	교체	실점	도움	파울	경고	퇴장
BC	1998	대전	1	1	0	0	0	0	0
	합계		1	1	0	0	0	0	0
프로통산			1	1	0	0	0	0	0

이재훈(李在勳) 연세대 1990.01.10

대회	연도	소속	출전	교체	득점	도움	파울	경고	퇴장
BC	2012	강원	10	2	0	0	15	1	0
	합계		10	2	0	0	15	1	0
K1	2013	강원	7	4	0	0	7	0	0
	합계		7	4	0	0	7	0	0
K2	2014	강원	34	1	0	3	39	4	0
	2015	강원	31	1	0	0	65	5	0
	2016	서울E	11	1	0	0	27	3	0
	2019	서울E	5	0	0	0	11	1	0
	2021	서울E	2	2	0	0	1	0	0
	합계		83	5	0	3	136	12	0
승	2013	강원	1	0	0	0	1	0	0
	합계		1	0	0	0	1	0	0
프로통산			101	11	0	3	161	14	0

이재희(李在熙) 경희대 1959.04.15

대회	연도	소속	출전	교체	득점	도움	파울	경고	퇴장
BC	1983	대우	13	2	0	1	15	1	0
	1984	대우	28	4	0	4	38	2	0
	1985	대우	1	0	0	0	0	0	0
	1986	대우	23	1	0	0	49	7	0
	1987	대우	26	2	1	1	54	5	0
	1988	대우	13	2	0	0	24	3	0
	1989	대우	27	5	0	0	39	4	0
	1990	대우	27	8	0	1	45	5	0
	1991	대우	28	7	0	0	57	3	0
	1992	대우	12	6	0	0	20	2	0

합계 198 40 1 7 346 32 0
프로통산 198 40 1 7 346 32 0

이정국(李政國) 한양대 1973.03.22

대회	연도	소속	출전	교체	득점	도움	파울	경고	퇴장
BC	1999	포항	4	3	0	0	4	2	0
	합계		4	3	0	0	4	2	0
프로통산			4	3	0	0	4	2	0

이정근(李禎根) 건국대 1990.02.02

대회	연도	소속	출전	교체	득점	도움	파울	경고	퇴장
K1	2015	대전	10	1	0	0	5	1	0
	합계		10	1	0	0	5	1	0
프로통산			10	1	0	0	5	1	0

이정근(李正根) 문경대 1994.04.22

대회	연도	소속	출전	교체	득점	도움	파울	경고	퇴장
K2	2016	부산	13	8	0	0	24	4	0
	합계		13	8	0	0	24	4	0
프로통산			13	8	0	0	24	4	0

이정래(李廷來) 건국대 1979.11.12

대회	연도	소속	출전	교체	실점	도움	파울	경고	퇴장
BC	2002	전남	2	1	2	0	0	0	0
	2003	전남	0	0	0	0	0	0	0
	2004	전남	0	0	0	0	0	0	0
	2005	전남	0	0	0	0	0	0	0
	2006	경남	39	0	49	0	1	1	0
	2007	경남	29	1	32	0	0	2	0
	2008	광주상무	0	0	0	0	0	0	0
	2009	광주상무	0	0	0	0	0	0	0
	2010	경남	0	0	0	0	0	0	0
	2011	경남	3	0	5	0	0	0	0
	2012	광주	7	0	11	0	0	1	0
	합계		86	2	112	0	1	3	0
K2	2014	충주	7	0	11	0	1	0	0
	2015	충주	0	0	0	0	0	0	0
	합계		7	0	11	0	1	0	0
프로통산			93	2	123	0	1	4	0

이정문(李政文) 연세대 1998.03.18

대회	연도	소속	출전	교체	득점	도움	파울	경고	퇴장
K1	2021	제주	10	10	1	0	5	2	0
	2022	제주	1	1	0	0	0	0	0
	합계		11	11	1	0	5	2	0
K2	2019	대전	23	15	1	0	19	4	0
	2020	대전	21	9	2	1	21	3	0
	2022	서울E	5	5	0	0	4	1	0
	2023	서울E	7	7	0	0	1	0	0
	합계		56	36	3	1	45	8	0
프로통산			67	47	4	1	50	10	0

이정문(李廷文) 숭실대 1971.03.05

대회	연도	소속	출전	교체	실점	도움	파울	경고	퇴장
BC	1994	현대	3	0	5	0	0	0	0
	1995	현대	0	0	0	0	0	0	0
	1996	울산	3	0	8	0	0	0	0
	합계		6	0	13	0	0	0	0
프로통산			6	0	13	0	0	0	0

이정빈(李正斌) 인천대 1995.01.11

대회	연도	소속	출전	교체	득점	도움	파울	경고	퇴장
K1	2017	인천	8	8	0	0	7	1	0
	2018	인천	13	10	1	0	7	1	0
	2019	인천	8	7	0	0	7	0	0
	합계		29	25	1	0	21	2	0
K2	2019	안양	22	11	4	2	33	2	0
	2020	안양	3	2	0	0	2	0	0
	2021	김천	2	2	0	0	2	0	0
	2022	안양	23	21	0	0	11	0	0
	2023	부천	18	17	3	2	8	2	0
	합계		68	52	9	4	56	5	0
프로통산			97	77	10	4	77	8	0

이정수(李正秀) 경희대 1980.01.08

대회	연도	소속	출전	교체	득점	도움	파울	경고	퇴장
BC	2002	안양LG	11	12	1	2	10	1	
	2003	안양LG	18	1	1	0	22	2	0
	2004	서울	2	2	0	0	1	0	
	2004	인천	20	1	0	0	41	9	0
	2005	인천	17	3	1	1	37	1	0
	2006	수원	36	7	2	0	63	5	0
	2007	수원	10	2	0	0	19	6	0
	2008	수원	24	0	1	1	50	7	0
	합계		138	28	6	4	243	30	1
K1	2016	수원	27	5	3	0	22	9	0
	2017	수원	3	1	0	0	3	0	0
	합계		30	6	3	0	25	9	0
프로통산			168	34	9	4	268	39	1

이정열 (李定悅) 숭실대 1981.08.16

대회	연도	소속	출전	교체	득점	도움	파울	경고	퇴장
BC	2004	서울	20	4	0	0	14	0	0
	2005	서울	19	3	0	0	33	3	0
	2007	서울	21	10	0	0	16	2	0
	2008	인천	8	4	0	0	4	0	0
	2008	성남일화	1	1	0	0	1	0	0
	2009	전남	7	2	1	0	8	1	0
	2010	서울	5	2	0	0	1	0	0
	2011	서울	3	2	0	0	0	0	0
	2012	서울	0	0	0	0	0	0	0
	2012	대전	12	0	0	0	10	1	0
	합계		96	28	1	0	78	7	0
K1	2013	대전	1	1	0	0	0	0	0
	합계		1	1	0	0	0	0	0
프로통산			97	29	1	0	78	7	0

이정용 (李貞龍) 연세대 1983.07.06

대회	연도	소속	출전	교체	득점	도움	파울	경고	퇴장
BC	2004	울산	4	1	0	1	11	0	0
	합계		4	1	0	1	11	0	0
프로통산			4	1	0	1	11	0	0

이정운 (李正雲) 호남대 1978.04.19

대회	연도	소속	출전	교체	득점	도움	파울	경고	퇴장
BC	2001	포항	11	11	1	0	12	2	0
	2002	포항	21	15	0	2	27	2	0
	2005	광주상무	0	0	0	0	0	0	0
	합계		32	26	1	4	41	4	0
프로통산			32	26	1	4	41	4	0

이정운 (李楨雲) 성균관대 1980.05.05

대회	연도	소속	출전	교체	득점	도움	파울	경고	퇴장
BC	2003	전남	1	1	0	0	0	0	0
	2004	전남	8	6	1	0	7	0	0
	2005	전남	22	15	4	0	47	4	0
	2010	강원	1	1	0	0	0	0	0
	2011	강원	11	5	1	0	8	0	0
	합계		43	28	6	0	62	5	0
프로통산			43	28	6	0	62	5	0

이정원 (李楨源) 서울대 1993.10.28

대회	연도	소속	출전	교체	득점	도움	파울	경고	퇴장
K2	2017	부천	0	0	0	0	0	0	0
	합계		0	0	0	0	0	0	0
프로통산			0	0	0	0	0	0	0

이정인 (李正寅) 안동대 1973.02.10

대회	연도	소속	출전	교체	득점	도움	파울	경고	퇴장
BC	1996	전북	3	3	0	0	0	0	0
	1997	전북	1	1	0	0	1	0	0
	합계		4	4	0	0	1	0	0
프로통산			4	4	0	0	1	0	0

이정일 (李正日) 고려대 1956.11.04

대회	연도	소속	출전	교체	득점	도움	파울	경고	퇴장
BC	1983	할렐루야	9	2	3	0	6	0	0
	1984	할렐루야	21	9	2	4	11	1	0
	1985	할렐루야	12	3	0	0	12	0	0
	합계		42	14	5	4	28	1	0
프로통산			42	14	5	4	28	1	0

이정진 (李正進) 배재대 1993.12.23

대회	연도	소속	출전	교체	득점	도움	파울	경고	퇴장
K2	2016	부산	14	10	2	0	14	4	0
	합계		14	10	2	0	14	4	0
프로통산			14	10	2	0	14	4	0

이정찬 (李正燦) 홍익대 1995.06.28

대회	연도	소속	출전	교체	득점	도움	파울	경고	퇴장
K2	2017	부천	12	12	0	0	12	1	0
	2018	부천	26	26	1	1	20	3	0
	2019	부천	9	8	0	0	13	0	0
	2020	부천	14	13	0	1	16	2	0
	합계		61	59	1	2	61	6	0
프로통산			61	59	1	2	61	6	0

이정태 (李正太) 세한대 1995.02.15

대회	연도	소속	출전	교체	득점	도움	파울	경고	퇴장
K2	2018	성남	1	1	0	0	0	0	0
	합계		1	1	0	0	0	0	0
프로통산			1	1	0	0	0	0	0

이정택 (李政宅) 상지대 1998.05.23

대회	연도	소속	출전	교체	득점	도움	파울	경고	퇴장
K2	2023	충북청주	33	8	0	2	47	4	0
	합계		33	8	0	2	47	4	0
프로통산			33	8	0	2	47	4	0

이정필 (李正泌) 울산대 1992.07.28

대회	연도	소속	출전	교체	득점	도움	파울	경고	퇴장
K2	2015	서울E	1	0	0	0	4	1	0
	합계		1	0	0	0	4	1	0
프로통산			1	0	0	0	4	1	0

이정헌 (李柾憲) 조선대 1990.05.16

대회	연도	소속	출전	교체	득점	도움	파울	경고	퇴장
K2	2013	수원FC	17	5	0	0	28	3	0
	합계		17	5	0	0	28	3	0
프로통산			17	5	0	0	28	3	0

이정협 (李庭協/←이정기) 숭실대 1991.06.24

대회	연도	소속	출전	교체	득점	도움	파울	경고	퇴장
K1	2013	부산	27	25	2	2	18	2	0
	2014	상주	25	23	4	0	17	1	0
	2015	부산	3	2	0	1	2	0	0
	2016	울산	30	25	4	1	25	4	0
	2020	부산	22	9	0	0	26	3	0
	2021	강원	18	17	1	1	17	3	0
	2022	강원	31	28	5	1	24	0	0
	2023	강원	18	18	2	1	8	2	0
	합계		174	147	24	9	125	17	0
K2	2015	상주	17	4	7	0	17	1	0
	2017	부산	17	13	4	3	24	5	0
	2019	부산	37	13	4	3	16	6	0
	2021	경남	14	10	1	0	0	0	0
	합계		88	50	31	13	85	11	0
승	2017	부산	2	0	0	0	3	0	0
	2019	부산	2	1	0	0	1	0	0
	2021	강원	2	1	0	0	2	0	0
	2023	강원	2	1	0	0	2	0	0
	합계		8	3	0	0	8	0	0
프로통산			270	200	55	22	216	29	0

이정형 (李正螢) 고려대 1981.04.16

대회	연도	소속	출전	교체	실점	도움	파울	경고	퇴장
K2	2014	수원FC	9	0	13	0	0	1	0
	합계		9	0	13	0	0	1	0
프로통산			9	0	13	0	0	1	0

이정호 (李正鎬) 명지대 1972.11.10

대회	연도	소속	출전	교체	득점	도움	파울	경고	퇴장
BC	1995	LG	24	13	2	0	17	0	0
	1996	안양LG	33	4	0	5	37	5	0
	1997	안양LG	4	1	0	0	5	0	0
	합계		61	18	2	5	59	6	0
프로통산			61	18	2	5	59	6	0

이정환 (李楨桓) 경기대 1988.12.02

대회	연도	소속	출전	교체	득점	도움	파울	경고	퇴장
K1	2013	경남	2	2	0	0	4	0	0
	합계		2	2	0	0	4	0	0
프로통산			2	2	0	0	4	0	0

이정환 (李政桓) 숭실대 1991.03.23

대회	연도	소속	출전	교체	득점	도움	파울	경고	퇴장
K1	2014	부산	1	1	0	0	0	0	0
	합계		1	1	0	0	0	0	0
프로통산			1	1	0	0	0	0	0

이정효 (李正孝) 아주대 1975.07.23

대회	연도	소속	출전	교체	득점	도움	파울	경고	퇴장
BC	1999	부산	15	5	0	0	23	1	0
	2000	부산	13	9	0	1	20	0	0
	2001	부산	22	17	0	0	12	0	0
	2002	부산	32	8	1	1	58	5	0
	2003	부산	19	9	0	0	29	4	0
	2004	부산	32	3	0	2	39	4	0
	2005	부산	32	13	2	4	63	5	0
	2006	부산	35	1	0	0	44	5	0
	2007	부산	32	13	2	1	47	6	0
	2008	부산	11	2	0	0	17	3	0
	합계		222	88	13	9	361	34	0
프로통산			222	88	13	9	361	34	0

이제규 (李濟圭) 청주대 1986.07.10

대회	연도	소속	출전	교체	득점	도움	파울	경고	퇴장
BC	2009	대전	12	11	0	0	15	0	1
	2010	광주상무	0	0	0	0	0	0	0
	2011	상주	8	6	0	0	15	2	0
	합계		20	17	1	0	30	2	1
프로통산			20	17	1	0	30	2	1

이제승 (李濟昇) 청주대 1991.11.29

대회	연도	소속	출전	교체	득점	도움	파울	경고	퇴장
K2	2014	부천	28	21	1	2	40	1	0
	합계		28	21	1	2	40	1	0
프로통산			28	21	1	2	40	1	0

이제승 (李濟承) 중앙대 1973.04.25

대회	연도	소속	출전	교체	득점	도움	파울	경고	퇴장
BC	1996	전남	3	2	0	0	6	1	0
	합계		3	2	0	0	6	1	0
프로통산			3	2	0	0	6	1	0

이제호 (李濟豪) 호남대 1997.07.10

대회	연도	소속	출전	교체	득점	도움	파울	경고	퇴장
K1	2019	인천	3	2	1	0	4	1	0
	2020	인천	1	1	0	0	1	0	0
	합계		4	3	1	0	5	1	1
프로통산			4	3	1	0	5	1	1

이종광 (李鍾光) 광운대 1961.04.19

대회	연도	소속	출전	교체	득점	도움	파울	경고	퇴장
BC	1984	럭키금성	17	10	0	1	6	0	0
	1985	럭키금성	4	4	0	0	2	0	0
	합계		21	14	0	1	8	0	0
프로통산			21	14	0	1	8	0	0

이종묵 (李鍾默) 강원대 1973.06.16

대회	연도	소속	출전	교체	득점	도움	파울	경고	퇴장
BC	1998	안양LG	4	4	0	0	6	1	0
	합계		4	4	0	0	6	1	0
프로통산			4	4	0	0	6	1	0

이종민 (李宗珉) 서귀포고 1983.09.01

대회	연도	소속	출전	교체	득점	도움	파울	경고	퇴장
BC	2002	수원	0	0	0	0	0	0	0
	2003	수원	16	12	0	2	16	0	0
	2004	수원	5	5	0	0	3	0	0

연도	소속	출전	교체	득점	도움	파울	경고	퇴장
2005	울산	35	25	5	3	52	5	0
2006	울산	24	4	2	4	37	4	0
2007	울산	33	5	2	4	46	8	0
2008	울산	15	4	0	1	3	0	0
2008	서울	15	4	0	1	16	2	0
2009	서울	10	4	0	0	12	1	0
2010	서울	4	0	0	1	4	1	0
2011	상주	23	14	0	1	15	2	0
2012	상주	15	11	0	0	12	4	0
2012	서울	3	2	0	0	3	0	0
합계		188	90	9	17	219	28	0
K1 2013	수원	7	2	1	0	10	1	0
2015	광주	33	5	4	5	41	6	0
2016	광주	21	13	0	1	19	2	0
2017	광주	20	12	1	0	18	3	0
합계		81	32	6	6	88	12	0
K2 2014	광주	28	2	3	6	40	4	1
2018	부산	23	8	0	3	26	4	0
2019	부산	4	3	0	0	0	0	0
합계		55	13	3	9	66	8	1
승 2014	광주	2	0	0	0	2	0	0
2018	부산	1	1	0	0	0	0	0
합계		3	1	0	0	2	0	0
프로통산		327	136	18	32	375	48	1

이종민(李鐘敏) 정명고 1983.08.01

대회	연도	소속	출전	교체	득점	도움	파울	경고	퇴장
BC	2003	부천SK	7	6	0	0	2	1	0
	2004	부천SK	4	3	0	0	4	0	0
	합계		11	9	0	0	6	1	0
프로통산			11	9	0	0	6	1	0

이종성(李宗成) 매탄고 1992.08.05

대회	연도	소속	출전	교체	득점	도움	파울	경고	퇴장
BC	2011	수원	2	0	0	0	6	1	0
	2012	상주	0	0	0	0	0	0	0
	합계		2	0	0	0	6	1	0
K1	2014	수원	3	3	0	0	1	0	0
	2016	수원	19	2	0	1	30	7	0
	2017	수원	35	10	2	2	48	8	0
	2018	수원	24	5	3	0	38	9	0
	2019	수원	5	2	0	0	6	2	0
	2020	수원	6	0	0	0	8	3	0
	2021	성남	26	14	1	0	40	8	0
	2022	성남	10	6	0	0	19	5	0
	2023	수원	21	11	0	2	23	10	0
	합계		164	58	8	5	232	58	0
K2	2015	대구	31	3	0	2	51	10	0
	합계		31	3	0	2	51	10	0
승	2022	수원	2	0	0	0	3	0	0
	합계		2	0	0	0	3	0	0
프로통산			199	61	8	7	294	70	0

이종언(李鍾言) 명지대 2001.05.08

대회	연도	소속	출전	교체	득점	도움	파울	경고	퇴장
K2	2023	경남	9	7	1	1	9	0	0
	합계		9	7	1	1	9	0	0
프로통산			9	7	1	1	9	0	0

이종욱(李鍾旭) 고려대 1999.01.26

대회	연도	소속	출전	교체	득점	도움	파울	경고	퇴장
K1	2020	인천	2	2	0	0	2	0	0
	2021	인천	6	6	0	0	4	0	0
	합계		8	8	0	0	6	0	0
프로통산			8	8	0	0	6	0	0

이종원(李鐘元) 성균관대 1989.03.14

대회	연도	소속	출전	교체	득점	도움	파울	경고	퇴장
BC	2011	부산	4	3	1	1	1	1	0
	2012	부산	37	17	2	3	69	10	0
	합계		41	20	3	4	70	10	0
K1	2013	부산	11	2	0	0	17	5	0
	2013	성남일화	13	12	4	1	19	1	0
	2014	성남	22	8	0	0	34	2	0
	2015	성남	21	10	0	1	24	2	0
	2016	성남	25	9	0	0	39	8	2
	2017	상주	15	5	1	1	18	2	2
	2018	상주	3	3	0	0	0	0	0
	합계		110	49	4	3	151	20	4
K2	2018	수원FC	1	0	0	0	4	0	0
	2019	수원FC	10	8	0	0	16	1	0
	합계		11	8	0	0	20	1	0
승	2017	상주	0	0	0	0	0	0	0
	합계		0	0	0	0	0	0	0
프로통산			162	77	7	7	241	31	4

이종찬(李種讚) 단국대 1989.08.17

대회	연도	소속	출전	교체	득점	도움	파울	경고	퇴장
K1	2013	강원	6	4	0	0	2	0	0
	합계		6	4	0	0	2	0	0
프로통산			6	4	0	0	2	0	0

이종찬(李鍾贊) 배재대 1987.05.26

대회	연도	소속	출전	교체	득점	도움	파울	경고	퇴장
BC	2007	제주	0	0	0	0	0	0	0
	2008	제주	0	0	0	0	0	0	0
	2010	대전	2	2	0	1	6	1	0
	2011	상주	5	0	0	0	5	0	0
	2012	상주	1	1	0	0	0	0	0
	합계		8	3	0	1	11	1	0
프로통산			8	3	0	1	11	1	0

이종현(李宗賢) 인천대 1997.01.24

대회	연도	소속	출전	교체	득점	도움	파울	경고	퇴장
K2	2020	대전	6	5	0	0	20	2	0
	2021	대전	28	2	2	3	59	8	0
	2022	대전	23	3	1	1	36	7	0
	합계		57	10	3	4	115	17	0
승	2021	대전	2	0	1	0	2	0	0
	합계		2	0	1	0	2	0	0
프로통산			59	10	4	4	117	17	0

이종현(李鐘賢) 브라질 파울리스치나 축구학교 1987.01.08

대회	연도	소속	출전	교체	득점	도움	파울	경고	퇴장
BC	2011	인천	5	4	0	0	5	0	0
	합계		5	4	0	0	5	0	0
프로통산			5	4	0	0	5	0	0

이종호(李宗浩) 광양제철고 1992.02.24

대회	연도	소속	출전	교체	득점	도움	파울	경고	퇴장
BC	2011	전남	21	20	2	3	14	1	0
	2012	전남	33	24	6	2	63	3	1
	합계		54	44	8	5	87	8	1
K1	2013	전남	32	21	6	4	68	2	0
	2014	전남	31	18	10	2	43	2	0
	2015	전남	31	15	12	3	54	6	0
	2016	전북	22	18	5	2	20	5	0
	2017	울산	34	24	8	3	51	4	0
	2018	울산	3	3	0	0	0	0	0
	2022	성남	14	14	0	3	12	2	0
	합계		167	113	41	17	234	21	0
K2	2020	전남	19	10	4	1	10	1	1
	2021	전남	28	19	8	1	21	1	0
	2023	성남	28	26	7	3	23	0	1
	합계		75	55	19	4	58	2	2
프로통산			296	212	68	24	379	31	3

이종화(李鍾和) 인천대 1963.07.20

대회	연도	소속	출전	교체	득점	도움	파울	경고	퇴장
BC	1986	현대	6	1	0	0	6	1	0
	1989	현대	35	8	4	1	64	7	1
	1990	현대	16	8	2	1	26	6	0
	1991	현대	1	1	0	0	1	0	0
	1991	일화	15	11	1	0	20	3	0
	1992	일화	31	2	0	0	28	3	0
	1993	일화	32	0	1	0	28	6	0
	1994	일화	21	3	0	1	23	3	0
	1995	일화	31	1	0	0	22	5	1
	1996	천안일화	9	3	0	0	8	2	0
	합계		191	39	9	3	225	36	2
프로통산			191	39	9	3	225	36	2

이종훈(李鐘勳) 현풍고 2002.03.21

대회	연도	소속	출전	교체	득점	도움	파울	경고	퇴장
K1	2021	대구	0	0	0	0	0	0	0
	2022	대구	0	0	0	0	0	0	0
	2023	대구	2	2	0	0	0	0	0
	합계		2	2	0	0	0	0	0
프로통산			2	2	0	0	0	0	0

이종훈(李鐘訓) 중원대 2001.02.01

대회	연도	소속	출전	교체	득점	도움	파울	경고	퇴장
K2	2023	충북청주	1	1	0	0	1	0	0
	합계		1	1	0	0	1	0	0
프로통산			1	1	0	0	1	0	0

이종훈(李鍾勳) 중앙대 1970.09.03

대회	연도	소속	출전	교체	득점	도움	파울	경고	퇴장
BC	1994	버팔로	11	8	0	0	16	1	0
	합계		11	8	0	0	16	1	0
프로통산			11	8	0	0	16	1	0

이주상(李柱尙) 전주대 1981.11.11

대회	연도	소속	출전	교체	득점	도움	파울	경고	퇴장
BC	2006	제주	10	9	0	1	12	0	0
	합계		10	9	0	1	12	0	0
프로통산			10	9	0	1	12	0	0

이주영(李走永) 진주고 2004.04.25

대회	연도	소속	출전	교체	득점	도움	파울	경고	퇴장
K2	2023	경남	0	0	0	0	0	0	0
	합계		0	0	0	0	0	0	0
프로통산			0	0	0	0	0	0	0

이주영(李林榮) 시흥시민축구단 2002.11.28

대회	연도	소속	출전	교체	득점	도움	파울	경고	퇴장
K2	2023	충북청주	1	2	0	0	0	0	0
	합계		1	2	0	0	0	0	0
프로통산			1	2	0	0	0	0	0

이주영(李柱永) 영남대 1970.07.25

대회	연도	소속	출전	교체	득점	도움	파울	경고	퇴장
BC	1994	버팔로	26	22	3	0	5	1	0
	합계		26	22	3	0	5	1	0
프로통산			26	22	3	0	5	1	0

이주용(李柱永) 관동대(가톨릭관동대) 1977.09.15

대회	연도	소속	출전	교체	득점	도움	파울	경고	퇴장
BC	2000	성남일화	6	6	0	1	2	0	0
	합계		6	6	0	1	2	0	0
프로통산			6	6	0	1	2	0	0

이주용(李周勇) 동아대 1992.09.26

대회	연도	소속	출전	교체	득점	도움	파울	경고	퇴장
K1	2014	전북	22	1	0	1	42	4	0
	2015	전북	20	4	1	0	36	4	0
	2016	전북	7	1	0	0	12	2	0
	2018	전북	5	3	0	0	7	1	0
	2019	전북	15	4	0	3	25	4	0
	2020	전북	10	4	0	1	7	1	0
	2021	전북	10	3	0	0	9	1	0
	2022	인천	10	3	0	0	13	0	0
	2023	제주	33	17	0	1	25	3	0
	합계		126	38	2	6	169	20	0
K2	2017	아산	25	3	0	5	42	2	0
	2018	아산	19	0	1	0	35	4	0
	합계		44	3	1	5	77	6	0
프로통산			170	41	3	11	246	26	0

이주용(李周勇) 홍익대 1992.05.18

대회	연도	소속	출전	교체	득점	도움	파울	경고	퇴장
K1	2015	부산	1	1	0	0	2	0	0
		합계	1	1	0	0	2	0	0
프로통산			1	1	0	0	2	0	0

이주한(李柱翰) 동국대 1962.04.27

대회	연도	소속	출전	교체	실점	도움	파울	경고	퇴장
BC	1985	한일은행	14	1	16	0	0	0	0
	1986	한일은행	5	1	10	0	0	0	0
		합계	19	2	26	0	0	0	0
프로통산			19	2	26	0	0	0	0

이주현(李周賢) 중앙대 1998.12.06

대회	연도	소속	출전	교체	실점	도움	파울	경고	퇴장
K2	2019	부천	0	0	0	0	0	0	0
	2020	부천	0	0	0	0	0	0	0
	2021	부천	2	0	3	0	0	0	0
	2022	부천	3	1	7	0	0	0	0
	2023	부천	5	0	3	0	0	0	0
		합계	10	1	13	0	0	0	0
프로통산			10	1	13	0	0	0	0

이준(李準) 연세대 1997.07.14

대회	연도	소속	출전	교체	실점	도움	파울	경고	퇴장
K1	2019	포항	0	0	0	0	0	0	0
	2021	광주	6	0	7	0	1	0	1
	2023	광주	13	1	13	0	0	2	0
		합계	19	1	20	0	1	2	1
K2	2022	광주	5	0	4	0	0	0	0
		합계	5	0	4	0	0	0	0
프로통산			24	1	24	0	1	2	1

이준(李俊) 고려대 1974.05.28

대회	연도	소속	출전	교체	득점	도움	파울	경고	퇴장
BC	1997	대전	14	9	4	0	22	4	0
	1998	대전	15	14	0	0	13	2	0
		합계	29	23	4	0	35	6	0
프로통산			29	23	4	0	35	6	0

이준근(李埈根) 초당대 1987.03.30

대회	연도	소속	출전	교체	실점	도움	파울	경고	퇴장
BC	2010	대전	0	0	0	0	0	0	0
		합계	0	0	0	0	0	0	0
프로통산			0	0	0	0	0	0	0

이준기(李俊基) 단국대 1982.04.25

대회	연도	소속	출전	교체	득점	도움	파울	경고	퇴장
BC	2002	안양LG	2	2	0	0	1	0	0
	2006	서울	0	0	0	0	0	0	0
	2006	전남	6	5	0	0	2	1	0
	2007	전남	16	6	0	0	16	2	0
	2008	전남	17	4	0	0	20	2	0
	2009	전남	20	12	0	0	13	1	0
	2011	전남	8	7	0	0	6	0	0
		합계	78	37	0	0	69	7	0
프로통산			78	37	0	0	69	7	0

이준상(李俊尙) 단국대 2003.11.19

대회	연도	소속	출전	교체	득점	도움	파울	경고	퇴장
K2	2023	성남	12	12	0	1	3	0	0
		합계	12	12	0	1	3	0	0
프로통산			12	12	0	1	3	0	0

이준서(李俊鉉) 동국대 1998.03.07

대회	연도	소속	출전	교체	실점	도움	파울	경고	퇴장
K1	2023	대전	0	0	0	0	0	0	0
		합계	0	0	0	0	0	0	0
K2	2021	대전	0	0	0	0	0	0	0
	2022	대전	9	0	9	0	0	0	0
		합계	9	0	9	0	0	0	0
승	2021	대전	9	0	10	0	0	0	0
	2022	대전	0	0	0	0	0	0	0
		합계	9	0	10	0	0	0	0
프로통산			18	0	19	0	0	0	0

이준석(李俊石) 대건고 2000.04.07

대회	연도	소속	출전	교체	득점	도움	파울	경고	퇴장
K1	2019	인천	12	8	0	0	13	0	0
	2020	인천	8	8	0	1	5	0	0
	2021	인천	8	8	1	0	4	0	0
	2022	인천	1	1	0	0	1	0	0
	2022	김천	11	12	0	1	11	1	0
		합계	40	37	1	2	34	1	0
K2	2023	김천	22	22	6	3	12	0	0
		합계	22	22	6	3	12	0	0
승	2022	김천	1	1	0	0	0	0	0
프로통산			63	60	7	5	46	1	0

이준석(李俊錫) 광주대 1995.03.06

대회	연도	소속	출전	교체	득점	도움	파울	경고	퇴장
K2	2018	광주	0	0	0	0	0	0	0
K2		합계	0	0	0	0	0	0	0
프로통산			0	0	0	0	0	0	0

이준식(李俊植) 남부대 1991.10.14

대회	연도	소속	출전	교체	실점	도움	파울	경고	퇴장
K1	2014	울산	1	1	1	0	1	0	0
		합계	1	1	1	0	1	0	0
프로통산			1	1	1	0	1	0	0

이준엽(李埈燁) 명지대 1990.05.21

대회	연도	소속	출전	교체	득점	도움	파울	경고	퇴장
K1	2013	강원	27	20	1	1	36	4	0
		합계	27	20	1	1	36	4	0
K2	2014	강원	1	1	0	0	2	0	0
		합계	1	1	0	0	2	0	0
프로통산			28	21	1	1	38	4	0

이준영(李俊永) 경희대 1982.12.26

대회	연도	소속	출전	교체	득점	도움	파울	경고	퇴장
BC	2003	안양LG	33	23	7	1	42	1	0
	2004	서울	22	20	1	1	31	3	0
	2005	인천	14	14	1	0	13	1	0
	2006	인천	25	21	2	0	22	6	0
	2007	인천	26	20	2	1	20	6	0
	2008	인천	12	9	1	6	12	0	0
	2009	인천	13	6	4	0	9	3	0
	2010	인천	34	15	0	4	33	3	0
		합계	189	128	18	9	206	20	0
프로통산			189	128	18	9	206	20	0

이준용(李俊容) 대구대 1995.07.09

대회	연도	소속	출전	교체	득점	도움	파울	경고	퇴장
K1	2021	광주	2	2	0	0	0	0	0
		합계	2	2	0	0	0	0	0
프로통산			2	2	0	0	0	0	0

이준재(李準宰) 진주고 2003.07.14

대회	연도	소속	출전	교체	득점	도움	파울	경고	퇴장
K2	2022	경남	32	22	1	1	23	5	0
	2023	경남	31	13	2	1	23	4	1
		합계	63	35	3	2	46	9	1
프로통산			63	35	3	2	46	9	1

이준택(李濬澤) 울산대 1966.01.24

대회	연도	소속	출전	교체	득점	도움	파울	경고	퇴장
BC	1989	현대	17	17	0	1	12	1	0
	1990	현대	11	10	2	0	15	2	0
	1992	현대	14	11	0	0	12	1	0
	1993	현대	2	1	0	0	0	0	0
	1994	현대	2	1	0	0	4	0	0
		합계	48	43	2	1	43	4	0
프로통산			48	43	2	1	45	4	0

이준협(李俊協) 관동대(가톨릭관동대) 1989.03.30

대회	연도	소속	출전	교체	득점	도움	파울	경고	퇴장
BC	2010	강원	3	3	0	0	3	1	0
		합계	3	3	0	0	3	1	0
프로통산			3	3	0	0	3	1	0

이준형(李濬榮) 조선대 1988.08.24

대회	연도	소속	출전	교체	득점	도움	파울	경고	퇴장
BC	2011	강원	3	3	0	0	1	0	0
	2012	강원	1	1	0	0	0	0	0
		합계	4	4	0	0	1	0	0

이준호(李俊浩) 중앙대 1989.01.27

대회	연도	소속	출전	교체	득점	도움	파울	경고	퇴장
K1	2016	수원FC	28	2	0	0	26	6	0
		합계	28	2	0	0	26	6	0
K2	2013	수원FC	20	3	0	0	28	5	0
	2014	수원FC	21	3	3	1	20	1	0
	2015	수원FC	25	3	1	1	34	7	0
		합계	66	9	4	2	82	13	0
승	2015	수원FC	2	0	0	0	2	1	0
		합계	2	0	0	0	2	1	0
프로통산			96	11	4	2	110	20	0

이준호(李俊護) 중앙대 2002.09.28

대회	연도	소속	출전	교체	득점	도움	파울	경고	퇴장
K1	2022	전북	5	5	0	1	0	0	0
	2023	전북	8	8	0	1	3	1	0
		합계	13	13	0	2	3	1	0
K2	2023	전남	4	4	1	0	3	0	0
		합계	4	4	1	0	3	0	0
프로통산			17	17	1	2	6	1	0

이준호(李準鎬) 중앙대 1991.11.07

대회	연도	소속	출전	교체	득점	도움	파울	경고	퇴장
K2	2014	충주	10	10	0	3	1	0	0
	2015	안산경찰	5	5	0	0	5	1	0
	2016	안산무궁	0	0	0	0	2	1	0
		합계	15	15	0	0	8	2	0
프로통산			15	15	0	0	8	2	0

이준호(李俊昊) 광양제철고 1994.07.27

대회	연도	소속	출전	교체	득점	도움	파울	경고	퇴장
K2	2018	대전	1	1	0	0	1	0	0
		합계	1	1	0	0	1	0	0
프로통산			1	1	0	0	1	0	0

이준호(李俊湖) 중앙대 2000.04.06

대회	연도	소속	출전	교체	득점	도움	파울	경고	퇴장
K2	2020	충남아산	2	2	0	0	0	0	0
		합계	2	2	0	0	0	0	0
프로통산			2	2	0	0	0	0	0

이준호(李峻豪) 연세대 1967.06.06

대회	연도	소속	출전	교체	득점	도움	파울	경고	퇴장
BC	1990	대우	5	1	0	0	6	2	0
		합계	5	1	0	0	6	2	0
프로통산			5	1	0	0	6	2	0

이준희(李俊熙) 경희대 1988.06.01

대회	연도	소속	출전	교체	득점	도움	파울	경고	퇴장
BC	2012	대구	19	2	0	0	44	6	0
		합계	19	2	0	0	44	6	0
K1	2013	대구	30	1	0	2	34	5	0
		합계	30	1	0	2	34	5	0
K2	2014	대구	31	2	1	4	49	8	0
	2015	대구	29	4	3	1	47	10	0
	2016	경남	3	3	0	0	4	1	0
	2017	서울E	0	0	0	0	0	0	0
	2017	부산	2	0	0	0	1	0	0
	2019	안산	11	3	0	1	12	4	0
	2020	안산	12	2	1	0	29	3	0
	2021	안산	30	3	1	0	23	3	0
	2022	안산	30	13	1	4	31	3	0
	2023	안산	19	15	0	1	6	0	0
		합계	171	55	7	11	198	35	0
프로통산			220	58	7	13	276	46	0

이준희(李俊喜) 인천대 1993.12.10

대회	연도	소속	출전	교체	실점	도움	파울	경고	퇴장

대회	연도	소속	출전	교체	득점	도움	파울	경고	퇴장
K1	2015	포항	0	0	0	0	0	0	0
	2018	경남	0	0	0	0	0	0	0
	2019	대구	0	0	0	0	0	0	0
	2020	대구	0	0	0	0	0	0	0
	2023	대구	0	0	0	0	0	0	0
	합계		0	0	0	0	0	0	0
K2	2016	경남	14	0	15	0	1	1	0
	2017	경남	13	0	15	0	2	0	0
	합계		27	0	30	0	3	1	0
프로통산			27	0	30	0	3	1	0

이중갑 (李中甲) 명지대 1962.07.06

대회	연도	소속	출전	교체	득점	도움	파울	경고	퇴장
BC	1983	국민은행	2	0	0	0	0	0	0
	1986	현대	19	1	0	0	11	0	0
	1987	현대	25	6	1	0	17	0	0
	1988	현대	6	3	0	1	7	2	0
	합계		52	10	1	1	35	2	0
프로통산			52	10	1	1	35	2	0

이중권 (李重券) 명지대 1992.01.01

대회	연도	소속	출전	교체	득점	도움	파울	경고	퇴장
K1	2013	전남	11	7	0	1	8	1	0
	2014	전남	1	1	0	0	0	0	0
	2016	인천	1	1	0	0	1	0	0
	합계		13	9	0	1	9	1	0
프로통산			13	9	0	1	9	1	0

이중민 (李重旻) 광주대 1999.11.03

대회	연도	소속	출전	교체	득점	도움	파울	경고	퇴장
K1	2021	성남	23	24	1	0	18	1	0
	합계		23	24	1	0	18	1	0
K2	2022	전남	26	25	5	2	15	1	0
	2023	김천	9	9	1	0	3	0	0
	합계		35	34	6	2	18	1	0
프로통산			58	58	7	2	36	2	0

이중서 (李重瑞) 영남대 1995.06.09

대회	연도	소속	출전	교체	득점	도움	파울	경고	퇴장
K1	2017	광주	8	8	0	0	3	0	0
	합계		8	8	0	0	3	0	0
프로통산			8	8	0	0	3	0	0

이중원 (李重元) 숭실대 1989.07.27

대회	연도	소속	출전	교체	득점	도움	파울	경고	퇴장
BC	2010	대전	7	7	0	0	2	0	0
	2011	대전	8	6	0	0	4	1	0
	합계		15	13	0	0	6	1	0
프로통산			15	13	0	0	6	1	0

이중재 (李重宰) 경성대 1963.01.27

대회	연도	소속	출전	교체	득점	도움	파울	경고	퇴장
BC	1985	상무	11	4	1	3	10	0	0
	합계		11	4	1	3	10	0	0
프로통산			11	4	1	3	10	0	0

이중호 (李仲豪) 청주대 1998.05.16

대회	연도	소속	출전	교체	득점	도움	파울	경고	퇴장
K2	2022	김포	5	3	0	0	2	0	0
	합계		5	3	0	0	2	0	0
프로통산			5	3	0	0	2	0	0

이지남 (李指南) 안양공고 1984.11.21

대회	연도	소속	출전	교체	득점	도움	파울	경고	퇴장
BC	2004	서울	4	1	0	0	2	0	0
	2008	경남	8	5	1	0	18	2	0
	2009	경남	7	3	0	0	7	0	0
	2010	경남	23	8	1	0	32	7	0
	2011	대구	28	7	2	1	33	4	0
	2012	대구	32	0	3	0	41	13	0
	합계		102	24	7	1	133	26	0
K1	2013	대구	28	2	2	0	31	1	0
	2015	전남	19	3	0	0	19	3	0
	2016	전남	30	5	0	0	36	6	0
	2017	전남	20	3	1	0	4	1	0
	2018	전남	18	3	2	0	13	2	0
	합계		115	16	5	0	107	18	0
K2	2019	전남	16	5	1	0	25	1	0
	합계		16	5	1	0	25	1	0
프로통산			233	45	13	1	265	45	0

이지민 (李智旼) 아주대 1993.09.04

대회	연도	소속	출전	교체	득점	도움	파울	경고	퇴장
K1	2015	전남	14	11	1	1	9	1	0
	2016	전남	20	11	1	0	20	3	0
	2020	부산	2	2	0	0	0	0	0
	합계		36	24	2	1	29	4	0
K2	2017	성남	32	5	1	4	36	5	0
	2018	성남	9	6	0	0	6	0	1
	합계		41	11	1	4	42	5	1
프로통산			77	35	3	5	71	9	1

이지성 (李知成) 용인대 1999.05.05

대회	연도	소속	출전	교체	득점	도움	파울	경고	퇴장
K2	2022	안산	6	7	0	0	5	1	0
	합계		6	7	0	0	5	1	0
프로통산			6	7	0	0	5	1	0

이지솔 (李志率) 언남고 1999.07.09

대회	연도	소속	출전	교체	득점	도움	파울	경고	퇴장
K1	2022	제주	16	15	0	0	4	1	0
	2023	강원	6	3	1	0	4	1	0
	합계		22	18	1	0	8	2	0
K2	2018	대전	4	0	1	0	9	3	0
	2019	대전	23	2	1	0	38	6	1
	2020	대전	21	1	0	0	22	6	0
	2021	대전	24	3	0	0	24	7	0
	합계		72	6	2	0	93	22	1
승	2021	대전	2	0	0	0	2	0	0
	합계		2	0	0	0	2	0	0
프로통산			96	28	2	0	102	23	1

이지승 (李志承) 호남대 1999.01.11

대회	연도	소속	출전	교체	득점	도움	파울	경고	퇴장
K1	2020	부산	1	1	0	0	0	0	0
	합계		1	1	0	0	0	0	0
K2	2021	부산	12	5	1	0	21	3	0
	2022	경남	17	12	0	0	26	4	0
	2023	경남	2	2	0	0	3	0	0
	합계		31	19	1	0	50	7	0
프로통산			32	20	1	0	50	7	0

이지용 (李知容) 숭실대 1999.04.01

대회	연도	소속	출전	교체	득점	도움	파울	경고	퇴장
K1	2020	포항	0	0	0	0	0	0	0
	합계		0	0	0	0	0	0	0
프로통산			0	0	0	0	0	0	0

이지훈 (李知勳) 울산대 1994.03.24

대회	연도	소속	출전	교체	득점	도움	파울	경고	퇴장
K1	2017	울산	3	2	0	0	4	1	0
	2018	울산	2	2	0	0	2	0	0
	2019	인천	7	7	0	0	3	1	0
	2021	광주	33	10	0	0	19	4	0
	2022	성남	16	14	0	0	4	0	0
	합계		60	33	0	0	32	6	0
K2	2020	수원FC	21	8	0	1	15	4	0
	2023	성남	23	16	0	1	19	5	0
	합계		44	24	0	2	34	9	0
프로통산			104	57	0	2	66	15	0

이지훈 (李知勳) 영생고 2002.03.02

대회	연도	소속	출전	교체	득점	도움	파울	경고	퇴장
K1	2021	전북	17	17	0	0	16	2	0
	2022	전북	2	2	0	0	2	0	0
	2022	김천	5	5	0	0	0	0	0
	합계		24	24	0	0	18	2	0
K2	2023	김천	2	2	0	0	1	0	0
	합계		2	2	0	0	1	0	0
승	2022	김천	1	1	0	0	1	0	0
	합계		1	1	0	0	1	0	0
프로통산			27	27	0	0	20	2	0

이지훈 (李知訓) 울산대 1995.06.19

대회	연도	소속	출전	교체	득점	도움	파울	경고	퇴장
K2	2020	안산	16	6	1	1	16	4	0
	합계		16	6	1	1	16	4	0
프로통산			16	6	1	1	16	4	0

이진규 (李眞奎) 동의대 1988.05.20

대회	연도	소속	출전	교체	실점	도움	파울	경고	퇴장
BC	2012	성남일화	0	0	0	0	0	0	0

이진석 (李振錫) 영남대 1991.09.10

대회	연도	소속	출전	교체	득점	도움	파울	경고	퇴장
K1	2013	포항	0	0	0	0	0	0	0
	2014	포항	1	1	0	0	1	0	0
	합계		1	1	0	0	1	0	0
프로통산			1	1	0	0	1	0	0

이진섭 (李進燮) 안산U18 2002.01.23

대회	연도	소속	출전	교체	득점	도움	파울	경고	퇴장
K2	2021	안산	0	0	0	0	0	0	0
	2022	안산	3	3	0	0	2	0	0
	합계		3	3	0	0	2	0	0
프로통산			3	3	0	0	2	0	0

이진용 (李珍鎔) 현풍고 2001.05.01

대회	연도	소속	출전	교체	득점	도움	파울	경고	퇴장
K1	2021	대구	29	21	0	0	52	10	0
	2022	대구	33	23	0	0	69	10	0
	2023	대구	31	28	0	1	49	8	0
	합계		93	72	0	1	170	28	0
프로통산			93	72	0	1	170	28	0

이진우 (李鎭宇) 고려대 1982.09.03

대회	연도	소속	출전	교체	득점	도움	파울	경고	퇴장
BC	2007	울산	8	8	0	0	1	0	0
	2008	울산	3	3	0	0	12	1	0
	2009	대전	1	1	0	0	3	0	0
	합계		12	12	0	1	17	1	0
프로통산			12	12	0	1	17	1	0

이진욱 (李眞旭) 가톨릭관동대 1992.09.11

대회	연도	소속	출전	교체	득점	도움	파울	경고	퇴장
K1	2015	인천	4	4	1	0	0	0	0
	2016	인천	2	2	0	0	1	0	0
	합계		6	6	1	0	1	0	0
프로통산			6	6	1	0	1	0	0

이진행 (李晉行) 연세대 1971.07.10

대회	연도	소속	출전	교체	득점	도움	파울	경고	퇴장
BC	1996	수원	21	16	4	0	27	3	0
	1997	수원	21	16	3	3	31	2	0
	1998	수원	23	16	2	0	31	2	0
	1999	수원	21	20	1	2	17	0	0
	2000	수원	1	0	0	0	0	0	0
	합계		84	56	11	4	108	7	0
프로통산			84	56	11	4	108	7	0

이진현 (李鎭賢) 성균관대 1997.08.26

대회	연도	소속	출전	교체	득점	도움	파울	경고	퇴장
K1	2018	포항	17	6	5	1	17	1	0
	2019	포항	20	17	1	2	21	0	0
	2020	대구	21	18	1	0	18	4	0
	2023	대전	29	14	3	5	31	2	0
	합계		87	55	10	8	87	7	0
K2	2021	대전	22	6	3	1	16	2	0
	2022	대전	27	16	4	5	30	3	0
	합계		49	24	5	8	46	5	0
승	2021	대전							

(이어서)

연도	소속	출전	교체	득점	도움	파울	경고	퇴장
2022	대전	2	0	2	0	2	2	0
	합계	2	0	2	0	2	2	0
프로통산		138	79	17	16	135	14	0

이진형 (李鎭亨) 단국대 1988.02.22

대회	연도	소속	출전	교체	실점	도움	파울	경고	퇴장
BC	2011	제주	0	0	0	0	0	0	0
	2012	제주	0	0	0	0	0	0	0
	합계		0	0	0	0	0	0	0
K1	2017	인천	16	0	15	0	0	1	0
	2018	인천	13	0	27	0	0	1	0
	2020	광주	13	0	22	0	0	1	0
	2021	광주	4	0	5	0	0	0	0
	합계		46	0	69	0	0	3	0
K2	2013	안양	25	1	31	0	2	1	0
	2014	안양	34	0	50	0	1	4	0
	2015	안산경찰	3	1	26	0	0	2	0
	2016	안산무궁	26	0	24	0	0	2	0
	2016	안양	7	0	11	0	0	1	0
	2019	광주	9	1	4	0	0	0	0
	합계		124	3	146	0	2	7	0
프로통산			170	3	215	0	3	10	0

이진호 (李珍浩) 울산과학대 1984.09.03

대회	연도	소속	출전	교체	득점	도움	파울	경고	퇴장
BC	2003	울산	1	2	0	0	1	0	0
	2004	울산	3	3	0	0	8	0	0
	2005	울산	25	24	5	1	30	1	0
	2006	광주상무	11	9	2	1	18	1	0
	2007	광주상무	24	17	2	0	27	2	0
	2008	울산	34	28	7	6	47	8	0
	2009	울산	20	20	6	0	41	2	0
	2010	울산	10	9	2	0	14	2	0
	2010	포항	12	10	4	1	18	4	1
	2011	울산	26	23	0	0	29	3	0
	2012	대구	39	23	9	1	89	4	0
	합계		208	168	42	10	327	32	1
K1	2013	대구	10	7	0	0	19	4	0
	2013	제주	17	14	3	0	23	2	1
	합계		27	21	3	0	42	6	1
K2	2014	광주	7	4	0	0	17	1	0
	합계		7	4	0	0	17	1	0
프로통산			242	193	45	13	386	39	2

이진호 (李鎭鎬) 호남대 1969.03.01

대회	연도	소속	출전	교체	득점	도움	파울	경고	퇴장
BC	1992	대우	17	4	0	0	11	1	0
	1993	대우	12	3	0	0	6	0	0
	1995	대우	10	3	0	0	15	3	0
	1996	부산	4	2	0	0	8	1	0
	합계		43	12	0	0	54	11	0
프로통산			43	12	0	0	54	11	0

이찬동 (李燦東) 인천대 1993.01.10

대회	연도	소속	출전	교체	득점	도움	파울	경고	퇴장
K1	2015	광주	30	5	0	1	57	10	0
	2016	광주	25	9	0	0	55	9	0
	2017	제주	28	14	2	1	39	8	0
	2018	제주	18	8	1	0	24	5	0
	2019	상주	4	1	0	0	4	1	0
	2020	상주	8	6	0	0	13	2	0
	2021	광주	21	18	2	0	26	5	0
	합계		134	61	5	2	226	39	0
K2	2014	광주	31	13	1	0	75	11	0
	2020	제주	4	3	0	0	4	1	0
	2022	광주	2	2	0	0	3	0	0
	합계		37	18	1	0	82	12	0
승	2014	광주	2	1	0	0	5	0	0
	합계		2	1	0	0	5	0	0
프로통산			173	80	6	2	313	51	0

이찬우 (李燦玗) 아주대 1997.06.27

대회	연도	소속	출전	교체	실점	도움	파울	경고	퇴장
K2	2022	안산	1	0	2	0	0	0	0
	합계		1	0	2	0	0	0	0
프로통산			1	0	2	0	0	0	0

이찬우 (李讚雨) 진위고 2004.11.30

대회	연도	소속	출전	교체	득점	도움	파울	경고	퇴장
K2	2023	충북청주	5	5	0	0	3	1	0
	합계		5	5	0	0	3	1	0
프로통산			5	5	0	0	3	1	0

이찬욱 (異燦煜) 진주고 2003.02.03

대회	연도	소속	출전	교체	득점	도움	파울	경고	퇴장
K2	2022	경남	2	2	0	0	0	0	0
	2023	경남	8	2	1	0	3	2	0
	합계		10	4	1	0	3	2	0
프로통산			10	4	1	0	3	2	0

이찬행 (李粲行) 단국대 1968.07.14

대회	연도	소속	출전	교체	득점	도움	파울	경고	퇴장
BC	1991	유공	6	4	0	0	7	2	0
	1992	유공	1	1	0	0	1	0	0
	1993	유공	8	6	0	0	11	0	0
	1994	유공	11	8	2	0	7	1	0
	1995	유공	9	7	1	1	13	5	0
	1996	부천유공	17	5	1	1	22	1	0
	1997	부천SK	11	2	0	0	9	2	0
	합계		63	33	4	2	70	11	0
프로통산			63	33	4	2	70	11	0

이찬협 (李讚俠) 한양대 2001.02.21

대회	연도	소속	출전	교체	득점	도움	파울	경고	퇴장
K2	2023	천안	7	7	0	0	6	2	0
	합계		7	7	0	0	6	2	0
프로통산			7	7	0	0	6	2	0

이창근 (李昌根) 동래고 1993.08.30

대회	연도	소속	출전	교체	실점	도움	파울	경고	퇴장
BC	2012	부산	0	0	0	0	0	0	0
	합계		0	0	0	0	0	0	0
K1	2013	부산	5	0	5	0	0	1	0
	2014	부산	5	0	11	0	0	1	0
	2015	부산	11	0	18	0	1	0	0
	2016	수원FC	5	1	6	0	0	0	0
	2017	제주	19	0	19	0	1	1	0
	2018	제주	35	0	39	0	2	3	0
	2019	제주	23	0	45	0	1	3	0
	2020	상주	18	0	29	0	0	1	0
	2021	제주	10	1	16	0	0	0	0
	2023	대전	38	0	58	0	0	1	0
	합계		187	1	263	0	5	10	0
K2	2016	부산	3	0	6	0	0	0	0
	2021	김천	8	0	11	0	1	0	0
	2022	대전	30	0	32	0	0	2	0
	합계		41	0	49	0	3	2	0
승	2015	부산	2	0	1	0	0	0	0
	2022	대전	2	0	1	0	0	1	0
	합계		2	0	2	0	0	1	0
프로통산			230	1	313	0	5	13	0

이창덕 (李昌德) 수원공고 1981.06.05

대회	연도	소속	출전	교체	실점	도움	파울	경고	퇴장
BC	2000	수원	0	0	0	0	0	0	0
	2001	수원	0	0	0	0	0	0	0
	합계		0	0	0	0	0	0	0
프로통산			0	0	0	0	0	0	0

이창무 (李昌茂) 홍익대 1993.03.01

대회	연도	소속	출전	교체	득점	도움	파울	경고	퇴장
K1	2016	수원FC	2	2	0	0	0	0	0
	합계		2	2	0	0	0	0	0
프로통산			2	2	0	0	0	0	0

이창민 (李昌珉) 중앙대 1994.01.20

대회	연도	소속	출전	교체	득점	도움	파울	경고	퇴장
K1	2014	경남	32	11	2	3	26	3	0
	2015	전남	21	15	2	2	13	2	0
	2016	제주	21	10	2	3	7	3	0
	2017	제주	26	15	5	3	26	1	0
	2018	제주	23	8	3	6	22	4	0
	2019	제주	32	6	5	1	21	2	1
	2021	제주	34	2	4	2	17	0	0
	2022	제주	31	13	3	4	29	4	0
	2023	제주	13	1	0	0	6	2	0
	합계		233	81	26	24	167	24	2
K2	2020	제주	24	1	4	2	26	1	1
	합계		24	1	4	2	26	1	1
승	2014	경남	2	2	0	0	7	0	0
	합계		2	2	0	0	7	0	0
프로통산			259	84	30	26	200	25	3

이창민 (李昌民) 울산대 1980.01.25

대회	연도	소속	출전	교체	실점	도움	파울	경고	퇴장
BC	2002	전북	0	0	0	0	0	0	0
	합계		0	0	0	0	0	0	0
프로통산			0	0	0	0	0	0	0

이창민 (李昌珉) 진주고 1984.06.01

대회	연도	소속	출전	교체	실점	도움	파울	경고	퇴장
BC	2004	부산	0	0	0	0	0	0	0
	2005	부산	0	0	0	0	0	0	0
	2006	부산	0	0	0	0	0	0	0
	합계		0	0	0	0	0	0	0
프로통산			0	0	0	0	0	0	0

이창엽 (李昌燁) 홍익대 1974.11.19

대회	연도	소속	출전	교체	득점	도움	파울	경고	퇴장
BC	1997	대전	34	1	0	3	60	3	0
	1998	대전	30	3	0	3	43	2	0
	1999	대전	14	5	0	1	13	0	0
	2000	대전	31	2	0	0	27	4	0
	2001	대전	7	3	0	1	19	3	0
	2002	대전	19	14	1	3	32	3	0
	2003	대전	33	15	2	3	62	3	0
	2004	대전	27	18	2	1	41	2	0
	2005	대전	8	8	0	0	8	3	0
	2006	경남	6	5	0	0	12	0	0
	합계		213	78	5	15	317	22	0
프로통산			213	78	5	15	317	22	0

이창용 (李昌勇) 용인대 1990.08.27

대회	연도	소속	출전	교체	득점	도움	파울	경고	퇴장
K1	2013	강원	15	6	0	0	25	6	0
	2015	울산	17	10	0	0	16	3	0
	2016	울산	16	13	0	0	14	1	0
	2018	울산	2	0	1	0	4	1	0
	2019	성남	25	3	2	1	19	4	0
	2020	성남	19	3	2	1	19	4	1
	2021	성남	27	11	1	2	26	3	0
	합계		121	51	5	2	135	23	1
K2	2014	강원	22	4	1	1	41	3	1
	2017	아산	28	8	2	0	36	5	0
	2018	아산	15	2	0	0	17	3	0
	2022	안양	30	6	3	0	27	6	1
	2023	안양	21	2	0	2	20	3	0
	합계		116	22	6	3	141	20	2
승	2022	안양	2	1	0	0	0	0	0
	합계		2	1	0	0	0	0	0
프로통산			239	74	11	5	277	44	3

이창원 (李昌源) 영남대 1975.07.10

대회	연도	소속	출전	교체	득점	도움	파울	경고	퇴장
BC	2001	전남	15	2	0	0	11	0	0
	2002	전남	11	3	0	0	10	2	0
	2003	전남	8	2	0	0	18	0	0
	2004	전남	29	3	0	1	43	3	0
	2005	전남	26	1	1	0	70	7	0

이창훈 (李昶勳) (continued)

대회	연도	소속	출전	교체	득점	도움	파울	경고	퇴장
	2006	포항	27	8	0	0	60	8	0
	2007	포항	22	6	0	0	35	3	0
	2008	포항	5	0	0	0	7	1	0
	2009	포항	0	0	0	0	0	0	0
	합계		143	25	1	1	264	25	0
프로통산			143	25	1	1	264	25	0

이창훈 (李昶勳) 인천대 1986.12.17

대회	연도	소속	출전	교체	득점	도움	파울	경고	퇴장
BC	2009	강원	24	18	1	4	20	3	0
	2010	강원	25	23	2	1	13	0	0
	2011	강원	16	12	1	2	12	0	0
	2011	성남일화	9	9	0	2	7	1	0
	2012	성남일화	23	19	2	2	25	2	0
	합계		97	81	6	11	77	6	0
K1	2013	성남일화	7	7	0	0	4	2	0
	2014	성남	21	14	0	1	21	4	0
	2016	성남	2	1	0	0	3	1	0
	합계		30	22	0	1	28	7	0
K2	2015	상주	22	17	4	1	20	2	0
	2017	성남	16	16	1	0	11	2	0
	합계		38	33	5	1	31	4	0
승	2016	성남	1	0	0	0	2	0	0
	합계		1	0	0	0	2	0	0
프로통산			166	136	11	13	138	17	0

이창훈 (李昌勳) 수원대 1995.11.16

대회	연도	소속	출전	교체	득점	도움	파울	경고	퇴장
K2	2018	안산	11	11	1	1	4	1	0
	2019	안산	22	11	2	0	4	2	0
	2020	안산	11	2	0	0	7	1	0
	2023	충남아산	5	6	0	0	4	1	0
	합계		49	30	3	1	19	4	0
프로통산			49	30	3	1	19	4	0

이천수 (李天秀) 고려대 1981.07.09

대회	연도	소속	출전	교체	득점	도움	파울	경고	퇴장
BC	2002	울산	18	5	7	9	35	2	0
	2003	울산	18	8	8	6	24	0	0
	2005	울산	14	5	7	5	34	5	0
	2006	울산	24	5	7	1	58	6	1
	2007	울산	26	12	7	3	52	4	0
	2008	수원	8	6	4	1	13	0	0
	2009	전남	8	6	4	1	13	1	0
	합계		112	45	41	25	221	18	1
K1	2013	인천	19	13	2	5	14	2	0
	2014	인천	28	23	1	3	41	5	1
	2015	인천	20	19	2	2	24	4	0
	합계		67	55	5	10	81	11	1
프로통산			179	100	46	35	302	29	2

이천흥 (李千興) 명지대 1960.10.22

대회	연도	소속	출전	교체	득점	도움	파울	경고	퇴장
BC	1983	대우	1	1	0	0	0	0	0
	1984	대우	10	6	0	0	2	0	0
	1985	대우	13	8	0	0	5	0	0
	1986	대우	13	5	2	1	14	2	0
	합계		37	20	1	2	21	2	0
프로통산			37	20	1	2	21	2	0

이철희 (李喆熙) 배재대 1985.08.06

대회	연도	소속	출전	교체	득점	도움	파울	경고	퇴장
BC	2008	대전	2	2	0	0	2	0	0
	합계		2	2	0	0	2	0	0
프로통산			2	2	0	0	2	0	0

이청용 (李靑龍) 도봉중 1988.07.02

대회	연도	소속	출전	교체	득점	도움	파울	경고	퇴장
BC	2004	서울	0	0	0	0	0	0	0
	2006	서울	4	2	0	1	9	0	0
	2007	서울	23	11	3	6	39	2	0
	2008	서울	25	6	6	6	34	3	0
	2009	서울	16	5	0	1	17	2	0
	합계		68	23	12	17	93	13	2
K1	2020	울산	20	14	4	1	12	2	0
	2021	울산	25	21	3	1	18	2	0
	2022	울산	35	23	3	2	14	5	0
	2023	울산	34	31	1	2	9	5	0
	합계		114	89	11	6	53	14	0
프로통산			182	112	23	23	146	27	2

이청웅 (李淸熊) 영남대 1993.03.15

대회	연도	소속	출전	교체	득점	도움	파울	경고	퇴장
K1	2015	부산	6	1	0	0	10	1	0
	합계		6	1	0	0	10	1	0
K2	2016	부산	7	4	0	0	13	1	0
	2017	부산	13	3	0	1	25	1	0
	2018	부산	2	2	0	0	2	0	0
	2021	부산	15	10	0	0	18	6	0
	2022	부산	7	3	1	0	9	1	0
	합계		50	23	1	1	58	8	0
승	2015	부산	1	1	0	0	0	0	0
	2018	부산	1	1	0	0	0	0	0
	합계		2	2	0	0	0	0	0
프로통산			59	25	1	1	71	10	0

이총희 (李聰熙) 통진고 1992.04.21

대회	연도	소속	출전	교체	득점	도움	파울	경고	퇴장
BC	2011	수원	1	1	0	0	3	0	0
	합계		1	1	0	0	3	0	0
프로통산			1	1	0	0	3	0	0

이춘석 (李春錫) 연세대 1959.02.03

대회	연도	소속	출전	교체	득점	도움	파울	경고	퇴장
BC	1983	대우	16	3	8	1	10	0	0
	1985	상무	19	5	1	1	24	2	0
	1986	대우	9	4	0	0	9	0	0
	1987	대우	23	24	4	2	15	2	0
	합계		67	32	16	4	58	4	0
프로통산			67	32	16	4	58	2	0

이춘섭 (李春燮) 동국대 1958.11.17

대회	연도	소속	출전	교체	실점	도움	파울	경고	퇴장
BC	1984	한일은행	24	0	41	0	0	0	0
	1985	한일은행	8	1	14	0	1	0	0
	합계		32	1	55	0	1	0	0
프로통산			32	1	55	0	1	1	0

이충호 (李忠昊) 한양대 1968.07.04

대회	연도	소속	출전	교체	실점	도움	파울	경고	퇴장
BC	1991	현대	5	1	10	0	0	0	0
	합계		5	1	10	0	0	0	0
프로통산			5	1	10	0	0	0	0

이치준 (李治準) 중앙대 1985.01.20

대회	연도	소속	출전	교체	득점	도움	파울	경고	퇴장
BC	2009	성남일화	1	1	0	0	0	0	0
	2010	성남일화	0	0	0	0	0	0	0
	2011	성남일화	0	0	0	0	0	0	0
	합계		1	1	0	0	0	0	0
K2	2013	경찰	20	9	1	0	37	8	1
	2014	수원FC	21	10	0	0	26	5	0
	합계		41	18	1	0	63	13	1
프로통산			42	19	1	0	63	13	1

이칠성 (李七星) 서울시립대 1963.08.25

대회	연도	소속	출전	교체	득점	도움	파울	경고	퇴장
BC	1987	유공	20	5	4	3	12	0	0
	1988	유공	5	4	0	1	4	0	0
	1989	유공	2	1	0	0	0	0	0
	합계		27	10	4	4	15	0	0
프로통산			27	10	4	4	15	0	0

이태권 (李泰權) 연세대 1980.07.14

대회	연도	소속	출전	교체	득점	도움	파울	경고	퇴장
BC	2005	수원	1	1	0	0	1	0	0
	합계		1	1	0	0	1	0	0
프로통산			1	1	0	0	1	0	0

이태민 (李泰旼) 개성고 2003.05.09

대회	연도	소속	출전	교체	득점	도움	파울	경고	퇴장
K2	2021	부산	16	16	0	0	11	0	0
	2022	부산	8	8	0	0	11	0	0
	2022	김포	18	19	0	1	12	2	0
	합계		42	43	0	1	38	6	0
프로통산			42	43	0	1	38	6	0

이태석 (李太錫) 오산고 2002.07.28

대회	연도	소속	출전	교체	득점	도움	파울	경고	퇴장
K1	2021	서울	19	8	0	2	21	5	0
	2022	서울	27	20	0	1	17	3	0
	2023	서울	30	15	0	1	25	4	0
	합계		76	43	0	3	63	12	0
프로통산			76	43	0	3	63	12	0

이태엽 (李太燁) 서울시립대 1959.06.16

대회	연도	소속	출전	교체	득점	도움	파울	경고	퇴장
BC	1983	국민은행	15	2	1	0	7	1	0
	1984	국민은행	17	10	2	0	15	3	0
	합계		32	12	3	0	22	4	0
프로통산			32	12	3	0	22	4	0

이태영 (李泰英) 가톨릭관동대 1992.05.15

대회	연도	소속	출전	교체	득점	도움	파울	경고	퇴장
K2	2015	안양	1	1	0	0	1	0	0
	2016	충주	10	9	1	4	8	0	0
	합계		11	10	1	4	9	0	0
프로통산			11	10	1	4	9	0	0

이태영 (李太永) 풍생고 1987.07.01

대회	연도	소속	출전	교체	득점	도움	파울	경고	퇴장
BC	2007	포항	0	0	0	0	0	0	0
	합계		0	0	0	0	0	0	0
프로통산			0	0	0	0	0	0	0

이태우 (李泰雨) 경희대 1984.01.08

대회	연도	소속	출전	교체	득점	도움	파울	경고	퇴장
BC	2006	대구	2	2	0	0	2	1	0
	2007	대구	3	2	0	0	1	0	0
	합계		5	4	0	0	3	1	0
프로통산			5	4	0	0	3	1	0

이태윤 (李泰潤) 성균관대 2000.08.21

대회	연도	소속	출전	교체	득점	도움	파울	경고	퇴장
K2	2022	충남아산	0	0	0	0	0	0	0
	합계		0	0	0	0	0	0	0
프로통산			0	0	0	0	0	0	0

이태현 (李太賢) 한남대 1993.03.13

대회	연도	소속	출전	교체	득점	도움	파울	경고	퇴장
K2	2016	안양	4	3	0	0	6	1	0
	2017	안양	2	1	0	0	1	0	0
	합계		6	4	0	0	7	1	0
프로통산			6	4	0	0	7	1	0

이태형 (李太炯) 한양대 1964.09.01

대회	연도	소속	출전	교체	득점	도움	파울	경고	퇴장
BC	1987	대우	19	18	1	0	23	0	0
	1988	대우	18	14	1	2	18	1	0
	1989	대우	19	15	2	0	21	1	0
	1990	대우	8	6	1	0	13	2	0
	1991	포항제철	1	1	0	0	1	0	0
	1992	포항제철	2	2	0	0	1	0	0
	1994	버팔로	19	13	1	4	19	2	0
	합계		86	69	6	2	96	6	0
프로통산			86	69	6	2	96	6	0

이태호 (李太浩/←이주영) 성균관대 1991.03.16

대회	연도	소속	출전	교체	득점	도움	파울	경고	퇴장
K1	2018	강원	11	4	1	0	9	2	0
	합계		11	4	1	0	9	2	0
K2	2019	서울E	15	2	1	0	22	4	0
	2020	부천	4	4	0	0	4	1	0
	합계		19	6	1	0	26	5	0
프로통산			30	10	2	0	35	7	0

이태호(李泰昊) 고려대 1961.01.29

대회	연도	소속	출전	교체	득점	도움	파울	경고	퇴장
BC	1983	대우	8	2	3	3	12	2	0
	1984	대우	20	1	11	3	15	4	0
	1985	대우	5	1	4	0	3	0	0
	1986	대우	12	2	3	4	18	0	0
	1987	대우	19	14	6	2	10	0	1
	1988	대우	12	6	3	3	12	0	0
	1989	대우	25	7	8	3	34	1	0
	1990	대우	19	1	6	3	19	0	0
	1991	대우	33	26	5	2	28	1	0
	1992	대우	28	24	6	1	28	1	0
	합계		181	84	57	27	180	10	1
프로통산			181	84	57	27	180	10	1

이태홍(李太洪) 대구대 1971.10.01

대회	연도	소속	출전	교체	득점	도움	파울	경고	퇴장
BC	1992	일화	32	27	2	2	39	4	0
	1993	일화	27	6	6	4	55	4	0
	1994	일화	18	14	1	0	30	6	0
	1995	일화	26	6	3	1	24	3	1
	1996	천안일화	32	13	0	0	60	5	0
	1997	부천SK	11	4	1	0	24	3	1
	1999	부천SK	16	3	4	1	19	2	0
	합계		162	99	20	8	251	27	2
프로통산			162	99	20	8	251	27	2

이태훈(李太燻) 전북대 1971.06.07

대회	연도	소속	출전	교체	득점	도움	파울	경고	퇴장
BC	1994	버팔로	17	5	1	1	11	0	0
	1997	전북	9	7	0	0	14	0	0
	1998	전북	13	8	1	1	15	2	0
	합계		39	20	2	2	40	2	0
프로통산			39	20	2	2	40	2	0

이태희(李太熙) 대건고 1995.04.26

대회	연도	소속	출전	교체	실점	도움	파울	경고	퇴장
K1	2015	인천	4	1	0	0	0	0	0
	2016	인천	8	0	19	0	1	0	0
	2017	인천	10	0	17	0	0	1	0
	2019	인천	12	1	14	0	0	1	0
	2020	인천	12	0	11	0	0	2	0
	2021	인천	26	2	35	0	1	0	0
	2022	인천	11	0	14	0	0	1	0
	2023	인천	17	0	23	1	0	0	0
	합계		100	4	133	1	2	5	0
프로통산			100	4	133	1	2	5	0

이태희(李台熙) 숭실대 1992.06.16

대회	연도	소속	출전	교체	득점	도움	파울	경고	퇴장
K1	2015	성남	13	1	1	1	23	0	0
	2018	상주	28	5	1	4	18	2	0
	2019	상주	9	1	1	1	8	2	0
	2019	성남	9	0	0	1	10	1	0
	2020	성남	26	1	0	2	30	4	0
	2021	성남	27	1	1	6	31	3	0
	2022	대구	13	9	0	1	6	1	0
	합계		152	26	6	14	144	14	0
K2	2017	성남	29	1	1	0	31	3	0
	2023	안양	17	11	0	0	24	1	0
	합계		46	12	1	0	55	4	0
승	2016	성남							
	합계								
프로통산			198	38	6	17	199	18	0

이택근(李宅根) 용인대 2001.12.15

대회	연도	소속	출전	교체	득점	도움	파울	경고	퇴장
K2	2023	안산	9	4	1	0	9	2	0
	합계		9	4	1	0	9	2	0
프로통산			9	4	1	0	9	2	0

이택기(李宅基) 아주대 1989.03.31

대회	연도	소속	출전	교체	득점	도움	파울	경고	퇴장
BC	2012	서울	1	0	0	0	1	1	0
	합계		1	0	0	0	1	1	0
K1	2013	서울	1	1	0	0	1	0	0
	합계		1	1	0	0	1	0	0
K2	2014	충주	15	1	0	0	5	1	0
	2015	충주	29	2	0	0	17	1	0
	합계		44	3	0	0	22	2	0
프로통산			46	4	0	0	24	3	0

이평재(李平宰) 동아대 1969.03.24

대회	연도	소속	출전	교체	득점	도움	파울	경고	퇴장
BC	1991	현대	8	6	0	0	9	1	0
	1995	전남	6	5	0	0	7	0	0
	1996	전남	19	13	3	1	15	2	0
	합계		33	24	3	1	31	4	0
프로통산			33	24	3	1	31	4	0

이풍연(李豊衍) 숭실대 2000.05.04

대회	연도	소속	출전	교체	득점	도움	파울	경고	퇴장
K1	2020	수원	0	0	0	0	0	0	0
	2021	수원	0	0	0	0	0	0	0
	합계		0	0	0	0	0	0	0
K2	2022	부천	6	5	0	0	4	1	0
	2023	부천	1	1	0	0	1	0	0
	합계		7	6	0	0	4	1	0
프로통산			7	6	0	0	4	1	0

이필주(李泌周) 동아대 1982.03.11

대회	연도	소속	출전	교체	득점	도움	파울	경고	퇴장
BC	2005	대전	1	1	0	0	2	0	0
	합계		1	1	0	0	2	0	0
프로통산			1	1	0	0	2	0	0

이하늘(李하늘) 원광대 1993.02.08

대회	연도	소속	출전	교체	득점	도움	파울	경고	퇴장
K2	2015	안양	1	1	0	0	0	0	0
	합계		1	1	0	0	0	0	0
프로통산			1	1	0	0	0	0	0

이학민(李學玟) 상지대 1991.03.11

대회	연도	소속	출전	교체	득점	도움	파울	경고	퇴장
K1	2014	경남	19	8	1	0	32	5	0
	2017	인천	7	0	0	0	4	0	0
	합계		26	8	1	0	34	5	0
K2	2015	부천	38	2	1	3	67	5	0
	2016	부천	36	1	2	2	41	9	0
	2017	성남	7	0	0	0	6	1	0
	2018	성남	32	7	0	4	53	2	0
	2019	수원FC	27	11	2	1	17	4	0
	2022	충남아산	27	11	2	4			
	2023	충남아산	25	18	0	1	17	4	0
	합계		181	44	6	16	226	30	0
승	2014	경남	1	0	0	0	1	0	0
	합계		1	0	0	0	1	0	0
프로통산			208	52	7	16	261	35	0

이학종(李學種) 고려대 1961.02.17

대회	연도	소속	출전	교체	득점	도움	파울	경고	퇴장
BC	1985	한일은행	19	1	3	2	12	1	0
	1986	한일은행	10	4	0	2	12	1	0
	1986	현대	3	2	0	1	3	0	0
	1987	현대	6	6	0	1	3	0	0
	1988	현대	17	3	7	1	18	2	0
	1989	현대	16	1	2	1	32	2	0
	1990	현대	3	1	0	0	7	1	0
	1991	현대	16	12	2	1	9	0	0
	합계		90	25	14	9	98	7	0
프로통산			90	25	14	9	98	7	0

이한도(李韓道) 용인대 1994.03.16

대회	연도	소속	출전	교체	득점	도움	파울	경고	퇴장
K1	2016	전북	0	0	0	0	0	0	0
	2017	광주	25	3	0	0	19	5	0
	2020	광주	10	2	0	0	3	1	0
	2021	광주	33	3	2	0	27	3	0
	2022	수원	13	5	0	0	6	2	0
	합계		81	13	2	0	55	11	0
K2	2018	광주	24	4	1	1	21	4	1
	2019	광주	26	2	1	0	24	4	1
	2022	부산	16	1	1	0	8	2	0
	2023	부산	35	0	2	0	22	4	0
	합계		101	7	5	1	75	14	2
승	2023	부산	2	0	0	0	1	0	0
	합계		2	0	0	0	1	0	0
프로통산			184	20	7	1	131	25	2

이한범(李韓汎) 보인고 2002.06.17

대회	연도	소속	출전	교체	득점	도움	파울	경고	퇴장
K1	2021	서울	10	2	0	0	7	1	0
	2022	서울	23	5	1	1	26	2	0
	2023	서울	18	4	0	1	22	5	0
	합계		51	11	1	2	55	8	0
프로통산			51	11	1	2	55	8	0

이한빈(李韓斌) 용인대 1997.07.25

대회	연도	소속	출전	교체	득점	도움	파울	경고	퇴장
K2	2018	수원FC	5	3	0	0	5	0	0
	합계		5	3	0	0	5	0	0
프로통산			5	3	0	0	5	0	0

이한빈(李韓彬) 진위고 2003.02.07

대회	연도	소속	출전	교체	득점	도움	파울	경고	퇴장
K2	2022	대전	0	0	0	0	0	0	0
	합계		0	0	0	0	0	0	0
프로통산			0	0	0	0	0	0	0

이한샘(李한샘) 건국대 1989.10.18

대회	연도	소속	출전	교체	득점	도움	파울	경고	퇴장
BC	2012	광주	29	3	2	0	87	14	0
	합계		29	3	2	0	87	14	0
K1	2013	경남	16	7	0	2	47	6	0
	2014	경남	12	4	0	0	14	4	0
	2021	광주	3	1	0	0	6	0	0
	합계		31	11	0	2	64	10	0
K2	2015	강원	32	3	2	0	50	12	0
	2016	강원	39	0	2	1	54	12	0
	2017	수원FC	9	4	0	0	7	3	0
	2018	아산	23	3	0	3	31	7	0
	2019	아산	9	3	0	0	14	4	0
	2020	수원FC	27	2	3	0	36	5	0
	2023	충북청주	31	9	0	2	29	7	0
	합계		175	20	7	1	221	50	0
승	2016	강원	2	0	0	0	5	2	0
	합계		2	0	0	0	5	2	0
프로통산			237	34	9	3	377	76	0

이한수(李韓洙) 동의대 1986.12.17

대회	연도	소속	출전	교체	득점	도움	파울	경고	퇴장
BC	2009	경남	3	1	0	0	4	0	0
	합계		3	1	0	0	4	0	0
프로통산			3	1	0	0	4	0	0

이한음(李漢音) 광운대 1991.02.22

대회	연도	소속	출전	교체	득점	도움	파울	경고	퇴장
K2	2015	강원	4	4	0	0	2	0	0
	2016	충주	16	16	1	0	4	1	0
	합계		20	20	1	0	6	1	0
프로통산			20	20	1	0	6	1	0

이해웅(李海雄) 신갈고 1998.11.20

대회	연도	소속	출전	교체	득점	도움	파울	경고	퇴장
K1	2017	대구	1	1	0	0	0	0	0
	2018	대구	1	1	0	0	1	0	0
	합계		2	2	0	0	1	0	0

대회	연도	소속	출전	교체	득점	도움	파울	경고	퇴장
	프로통산		2	2	0	0	1	0	0

이행수(李炘守) 남부대 1990.08.27

대회	연도	소속	출전	교체	득점	도움	파울	경고	퇴장
BC	2012	대구	6	6	0	0	3	0	0
	합계		6	6	0	0	3	0	0
	프로통산		6	6	0	0	3	0	0

이헌구(李憲球) 한양대 1961.04.13

대회	연도	소속	출전	교체	득점	도움	파울	경고	퇴장
BC	1985	상무	4	4	0	0	2	0	0
	합계		4	4	0	0	2	0	0
	프로통산		4	4	0	0	2	0	0

이혁주(李爀柱) 선문대 1996.08.05

대회	연도	소속	출전	교체	득점	도움	파울	경고	퇴장
K2	2018	부천	1	1	0	0	1	0	0
	합계		1	1	0	0	1	0	0
	프로통산		1	1	0	0	1	0	0

이현규(李顯圭) 울산대 2002.10.09

대회	연도	소속	출전	교체	득점	도움	파울	경고	퇴장
K2	2023	안산	24	26	3	1	7	2	0
	합계		24	26	3	1	7	2	0
	프로통산		24	26	3	1	7	2	0

이현규(李鉉奎) 강원대 1970.08.16

대회	연도	소속	출전	교체	득점	도움	파울	경고	퇴장
BC	1993	대우	2	2	0	0	0	0	0
	합계		2	2	0	0	0	0	0
	프로통산		2	2	0	0	0	0	0

이현기(李鉉基) 수원공고 2003.11.21

대회	연도	소속	출전	교체	득점	도움	파울	경고	퇴장
K2	2022	부천	1	1	0	0	1	0	0
	합계		1	1	0	0	1	0	0
	프로통산		1	1	0	0	1	0	0

이현도(李玹都) 영남대 1989.03.06

대회	연도	소속	출전	교체	득점	도움	파울	경고	퇴장
BC	2012	부산	0	0	0	0	0	0	0
	합계		0	0	0	0	0	0	0
	프로통산		0	0	0	0	0	0	0

이현동(李炫東) 청주대 1976.03.30

대회	연도	소속	출전	교체	득점	도움	파울	경고	퇴장
BC	1999	포항	3	2	0	1	0	0	0
	2000	포항	13	9	1	0	33	2	0
	2001	포항	8	8	0	1	11	2	0
	2003	광주상무	7	8	0	0	8	1	0
	2004	대구	4	2	0	0	7	0	0
	합계		35	29	1	2	69	5	0
	프로통산		35	29	1	2	69	5	0

이현민(李賢民) 예원예술대 1991.05.21

대회	연도	소속	출전	교체	득점	도움	파울	경고	퇴장
K2	2013	충주	15	1	1	0	9	0	0
	합계		15	1	1	0	9	0	0
	프로통산		15	1	1	0	9	0	0

이현민(李賢民) 울산대 1984.07.09

대회	연도	소속	출전	교체	득점	도움	파울	경고	퇴장
BC	2006	울산	4	4	0	0	4	0	0
	2007	울산	3	3	0	0	0	0	0
	2008	광주상무	7	3	0	0	9	0	0
	합계		14	10	0	0	13	0	0
	프로통산		14	10	0	0	13	0	0

이현석(李玄錫) 서울대 1968.05.17

대회	연도	소속	출전	교체	득점	도움	파울	경고	퇴장
BC	1991	현대	9	9	0	0	4	0	0
	1992	현대	1	1	0	0	0	0	0
	1996	울산	18	19	4	1	5	0	0
	1997	울산	15	15	3	0	7	0	0
	합계		43	44	7	1	16	0	0
	프로통산		43	44	7	1	16	0	0

이현성(李現星) 용인대 1993.05.20

대회	연도	소속	출전	교체	득점	도움	파울	경고	퇴장
K1	2016	인천	9	9	0	0	9	0	0
	2018	경남	0	0	0	0	0	0	0
	합계		9	9	0	0	9	0	0
K2	2017	경남	14	13	0	1	6	0	0
	2018	서울E	21	6	1	1	21	2	0
	2019	서울E	20	13	0	1	23	8	0
	합계		55	32	1	3	50	10	0
	프로통산		64	41	1	3	59	10	0

이현승(李弦昇) 수원공고 1988.12.14

대회	연도	소속	출전	교체	득점	도움	파울	경고	퇴장
BC	2006	전북	17	13	3	1	21	2	0
	2007	전북	28	21	1	6	41	3	0
	2008	전북	19	15	2	2	30	1	0
	2009	전북	20	21	4	2	10	1	0
	2010	서울	3	3	0	0	2	1	0
	2011	전남	28	13	4	2	47	2	0
	2012	전남	32	15	1	4	63	6	0
	합계		147	102	15	17	214	16	0
K1	2013	전남	27	23	3	0	26	2	0
	2014	전남	19	11	2	2	20	1	0
	2015	대전	14	10	0	1	19	0	0
	합계		60	44	3	4	56	6	0
K2	2015	부천	17	3	0	2	41	1	0
	2016	안산무궁	38	16	8	6	49	3	0
	2017	아산	14	4	2	2	15	0	0
	2017	대전	6	4	0	0	9	0	0
	2018	부천	32	28	1	1	48	3	0
	합계		107	58	11	9	7	151	11	0
	프로통산		314	204	33	28	421	33	0

이현식(李炫楠) 용인대 1996.03.21

대회	연도	소속	출전	교체	득점	도움	파울	경고	퇴장
K1	2018	강원	27	17	0	2	31	4	0
	2019	강원	32	9	6	2	51	7	0
	2020	강원	20	14	0	1	31	5	0
	2023	대전	29	11	2	1	45	10	0
	합계		108	51	9	6	158	26	0
K2	2021	대전	29	16	5	6	42	7	0
	2022	대전	31	23	1	4	51	9	0
	합계		60	39	6	10	104	17	0
승	2021	대전	2	0	1	0	6	0	0
	2022	대전	2	0	0	0	7	1	0
	합계		4	0	1	0	13	1	0
	프로통산		172	90	16	16	275	44	0

이현우(李炫雨) 용인대 1994.03.20

대회	연도	소속	출전	교체	**실점**	도움	파울	경고	퇴장
K1	2017	대구	0	0	0	0	0	0	0
	2018	대구	0	0	0	0	0	0	0
	합계		0	0	0	0	0	0	0
	프로통산		0	0	0	0	0	0	0

이현웅(李鉉雄) 연세대 1988.04.27

대회	연도	소속	출전	교체	득점	도움	파울	경고	퇴장
BC	2010	대전	28	21	2	1	30	1	0
	2011	대전	5	4	0	1	6	0	0
	2012	대전	36	13	0	4	68	8	0
	합계		69	38	2	6	104	9	0
K1	2013	수원	3	3	0	0	0	0	0
	2014	상주	5	5	0	1	2	0	0
	2018	경남	0	0	0	0	0	0	0
	합계		8	8	0	1	2	0	0
K2	2015	상주	1	1	0	0	1	0	0
	2017	경남	1	1	0	0	0	0	0
	2017	안양	1	2	0	0	1	0	0
	합계		3	4	0	0	2	0	0
	프로통산		80	50	2	7	108	9	0

이현일(李炫一) 용인대 1994.09.13

대회	연도	소속	출전	교체	득점	도움	파울	경고	퇴장
K1	2019	성남	7	6	0	0	13	0	0
	2021	포항	3	3	0	0	3	0	0
	합계		10	9	0	0	13	3	0
K2	2017	성남	14	11	3	0	12	0	0
	2018	성남	14	14	4	1	14	0	0
	2020	부천	24	19	4	0	31	6	0
	2021	충남아산	11	9	1	1	18	1	0
	합계		63	53	12	2	78	7	0
	프로통산		73	62	12	2	91	10	0

이현준(李玹準) 개성고 2004.04.23

대회	연도	소속	출전	교체	득점	도움	파울	경고	퇴장
K2	2022	부산	9	9	0	0	6	1	0
	2023	부산	1	1	0	0	0	0	0
	합계		10	10	0	0	6	1	0
	프로통산		10	10	0	0	6	1	0

이현진(李炫珍) 고려대 1984.05.15

대회	연도	소속	출전	교체	득점	도움	파울	경고	퇴장
BC	2005	수원	10	10	0	1	10	1	0
	2006	수원	23	14	2	2	29	1	0
	2007	수원	15	12	1	1	19	0	0
	2008	수원	2	2	0	0	6	0	0
	2009	수원	7	7	0	0	6	0	0
	2010	수원	25	24	3	2	20	3	0
	2011	수원	6	6	0	0	6	0	0
	2012	수원	11	11	0	0	2	0	0
	합계		94	81	6	4	92	5	0
K1	2013	제주	7	7	0	0	9	2	0
	합계		7	7	0	0	9	2	0
	프로통산		101	88	6	4	101	7	0

이현창(李炫昌) 영남대 1985.11.02

대회	연도	소속	출전	교체	득점	도움	파울	경고	퇴장
BC	2009	대구	21	6	1	0	43	3	0
	2010	대구	22	13	1	0	30	2	0
	합계		43	9	2	0	73	5	0
K2	2013	고양	12	0	1	0	13	3	0
	2015	충주	24	10	1	2	25	2	0
	합계		36	10	1	3	38	5	0
	프로통산		79	19	3	3	111	10	0

이현호(李賢皓) 탐라대 1988.11.29

대회	연도	소속	출전	교체	득점	도움	파울	경고	퇴장
BC	2010	제주	31	31	4	3	15	1	0
	2011	제주	28	24	2	2	18	1	0
	2012	성남일화	10	9	0	1	4	0	0
	합계		69	64	6	6	27	2	0
K1	2013	성남일화	6	6	0	0	3	0	0
	2014	제주	11	11	0	0	4	0	0
	2015	대전	12	10	0	1	3	0	0
	합계		29	27	0	1	10	0	0
	프로통산		98	91	6	7	34	3	0

이현호(李賢虎) 인천대 1984.02.08

대회	연도	소속	출전	교체	**실점**	도움	파울	경고	퇴장
BC	2006	수원	0	0	0	0	0	0	0
	프로통산		0	0	0	0	0	0	0

이현호(李賢虎) 동아대 1987.05.11

대회	연도	소속	출전	교체	득점	도움	파울	경고	퇴장
BC	2010	대전	0	0	0	0	0	0	0
	2011	대전	1	1	0	0	2	0	0
	합계		1	1	0	0	2	0	0
	프로통산		1	1	0	0	2	0	0

이형기(李炯奇) 한라대 1989.07.22

대회	연도	소속	출전	교체	득점	도움	파울	경고	퇴장
BC	2012	전북	0	0	0	0	0	0	0
	합계		0	0	0	0	0	0	0
	프로통산		0	0	0	0	0	0	0

이형상(李形象) 브라질 유학 1985.05.05

대회	연도	소속	출전	교체	득점	도움	파울	경고	퇴장
BC	2006	대전	1	1	0	0	0	0	0

(이어서)

대회	연도	소속	출전	교체	득점	도움	파울	경고	퇴장
	2007	대전	0	0	0	0	0	0	0
	2011	대구	7	7	0	1	11	1	0
	합계		8	8	0	1	11	1	0
프로통산			8	8	0	1	11	1	0

이형진(李炯璡) 성균관대 1992.08.30

대회	연도	소속	출전	교체	득점	도움	파울	경고	퇴장
K1	2015	대전	3	3	0	0	0	0	0
	합계		3	3	0	0	0	0	0
프로통산			3	3	0	0	0	0	0

이혜강(李慧剛) 동의대 1987.03.28

대회	연도	소속	출전	교체	득점	도움	파울	경고	퇴장
BC	2010	경남	4	4	0	0	3	1	0
	2011	경남	7	5	0	0	5	0	0
	합계		11	9	0	0	8	1	0
프로통산			11	9	0	0	8	1	0

이호(李浩) 울산과학대 1984.10.22

대회	연도	소속	출전	교체	득점	도움	파울	경고	퇴장
BC	2003	울산	9	5	1	0	9	2	0
	2004	울산	29	5	1	0	57	5	1
	2005	울산	36	3	1	3	84	9	0
	2006	울산	7	2	1	2	17	1	1
	2009	성남일화	35	3	0	0	64	9	0
	2011	울산	40	14	0	3	46	4	0
	2012	울산	30	7	2	2	44	4	0
	합계		186	39	6	10	350	36	2
K1	2014	상주	17	2	1	1	33	3	0
	2014	울산	10	1	1	0	6	0	0
	2014	전북	6	1	1	0	1	0	0
	2016	전북	16	11	0	0	22	8	0
	합계		49	15	3	1	62	11	0
K2	2013	상주	32	7	0	2	44	6	0
	합계		32	7	0	2	44	6	0
승	2013	상주	2	0	0	0	2	0	0
	합계		2	0	0	0	2	0	0
프로통산			269	61	9	13	458	53	2

이호(李虎) 경희대 1986.01.06

대회	연도	소속	출전	교체	득점	도움	파울	경고	퇴장
BC	2009	강원	1	0	0	0	1	0	0
	2010	대전	7	4	0	0	9	2	0
	2011	대전	25	3	1	1	41	9	0
	2012	대전	23	5	0	0	47	10	0
	합계		56	12	1	1	98	21	0
K2	2013	경찰	25	18	2	2	27	8	0
	2014	안산경찰	3	2	0	0	2	1	0
	2014	대전	5	1	0	0	5	1	0
	합계		33	21	2	2	34	10	0
프로통산			89	33	3	3	132	31	0

이호빈(李鎬彬) 신갈고 1999.11.25

대회	연도	소속	출전	교체	득점	도움	파울	경고	퇴장
K2	2019	대전	3	2	1	0	9	0	0
	2020	대전	3	1	0	0	6	0	0
	2021	대전	1	1	0	0	0	0	0
	합계		7	4	1	0	15	0	0
프로통산			7	4	1	0	15	0	0

이호석(李鎬碩) 동국대 1991.05.21

대회	연도	소속	출전	교체	득점	도움	파울	경고	퇴장
K1	2015	경남	12	11	0	0	21	3	0
	2019	상주	0	0	0	0	0	0	0
	2020	인천	3	3	0	0	3	0	0
	합계		15	14	0	0	24	3	0
K2	2015	경남	16	12	1	2	34	3	0
	2016	경남	27	16	10	9	26	4	0
	2017	대전	27	10	5	6	32	7	0
	합계		70	38	16	17	92	14	0
승	2014	경남	1	1	0	0	1	0	0
	합계		1	1	0	0	1	0	0
프로통산			86	53	16	17	118	17	0

이호성(李浩成) 중앙대 1974.09.12

대회	연도	소속	출전	교체	득점	도움	파울	경고	퇴장
BC	1997	대전	18	16	1	0	25	1	0
	1998	대전	15	15	2	0	11	0	0
	1999	대전	23	15	5	1	23	2	0
	2000	대전	13	12	1	0	27	1	0
	2001	대전	5	5	0	0	7	0	0
	합계		74	63	9	1	93	4	0
프로통산			74	63	9	1	93	4	0

이호승(李昊乘) 동국대 1989.12.21

대회	연도	소속	출전	교체	실점	도움	파울	경고	퇴장
K1	2016	전남	28	1	34	1	0	1	0
	2017	전남	32	0	56	1	1	1	0
	2018	전남	28	0	44	0	0	2	0
	합계		88	1	134	2	1	4	0
K2	2019	전남	5	0	9	0	0	0	0
	합계		5	0	9	0	0	0	0
프로통산			93	1	143	2	1	4	0

이호인(李浩因) 상지대 1995.12.29

대회	연도	소속	출전	교체	득점	도움	파울	경고	퇴장
K1	2018	강원	3	2	0	0	2	0	0
	2019	강원	16	1	1	1	13	1	0
	2020	강원	7	5	1	0	3	0	0
	합계		26	8	2	1	18	1	0
K2	2021	대전	7	1	0	1	7	2	0
	2022	충남아산	20	6	0	0	17	4	1
	2023	충남아산	24	12	0	1	21	5	0
	합계		51	19	0	2	45	11	1
프로통산			77	27	2	3	63	12	1

이호재(李昊宰) 고려대 2000.10.14

대회	연도	소속	출전	교체	득점	도움	파울	경고	퇴장
K1	2021	포항	15	16	2	0	10	1	0
	2022	포항	16	16	1	1	3	0	0
	2023	포항	37	35	8	1	12	1	1
	합계		68	67	11	2	25	2	1
프로통산			68	67	11	2	25	2	1

이호창(李浩昌) 동국대 1988.10.11

대회	연도	소속	출전	교체	득점	도움	파울	경고	퇴장
BC	2011	인천	2	1	0	0	2	1	0
	합계		2	1	0	0	2	1	0
프로통산			2	1	0	0	2	1	0

이화열(李化烈) 관동대(가톨릭관동대) 1962.11.20

대회	연도	소속	출전	교체	득점	도움	파울	경고	퇴장
BC	1986	포항제철	1	1	0	0	0	0	0
	1989	포항제철	13	6	2	0	13	2	0
	합계		14	7	2	0	13	2	0
프로통산			14	7	2	0	13	2	0

이효균(李孝均) 동아대 1988.03.12

대회	연도	소속	출전	교체	득점	도움	파울	경고	퇴장
BC	2011	경남	13	8	3	0	31	2	0
	2012	경남	1	1	0	0	1	0	0
	합계		14	9	3	0	32	2	0
K1	2013	인천	13	13	3	0	2	0	0
	2014	인천	29	24	4	1	31	4	0
	2015	인천	18	10	2	1	19	1	1
	2016	인천	4	3	0	0	5	1	0
	2017	인천	1	1	0	0	1	0	0
	합계		65	51	9	2	58	6	1
K2	2015	안양	15	13	2	1	28	2	0
	2016	부천	11	11	2	0	11	0	0
	합계		26	24	4	1	39	2	0
프로통산			105	84	16	3	129	10	1

이효용(李孝用) 창신고 1970.06.06

대회	연도	소속	출전	교체	득점	도움	파울	경고	퇴장
BC	1989	현대	14	12	1	0	7	0	0
	1990	현대	4	4	0	2	0	1	0
	합계		18	16	1	2	7	1	0
프로통산			18	16	1	2	7	1	0

이후권(李厚權) 광운대 1990.10.30

대회	연도	소속	출전	교체	득점	도움	파울	경고	퇴장
K1	2014	상주	15	9	0	0	18	5	0
	2016	성남	10	4	0	0	12	3	0
	2018	포항	20	19	0	1	23	0	0
	합계		45	32	0	1	53	8	0
K2	2013	부천	31	3	3	3	98	8	0
	2015	상주	3	0	0	0	0	0	0
	2015	부천	3	0	0	1	9	0	0
	2016	부천	3	1	0	0	4	0	0
	2017	성남	29	3	1	3	50	2	0
	2019	부산	5	5	0	0	5	0	0
	2019	전남	7	6	0	0	9	7	0
	2020	전남	22	15	2	0	22	8	0
	2021	전남	27	15	1	3	46	2	1
	2022	전남	31	14	3	1	45	6	1
	2023	전남	23	12	0	1	23	0	0
	합계		184	74	10	11	311	33	2
프로통산			229	106	10	12	364	41	2

이훈(李訓) 아주대 1991.04.02

대회	연도	소속	출전	교체	득점	도움	파울	경고	퇴장
K2	2014	고양	9	6	0	0	8	0	0
	합계		9	6	0	0	8	0	0
프로통산			9	6	0	0	8	0	0

이훈(李勳) 성균관대 1970.04.07

대회	연도	소속	출전	교체	득점	도움	파울	경고	퇴장
BC	1993	LG	5	5	0	1	1	0	0
	합계		5	5	0	1	1	0	0
프로통산			5	5	0	1	1	0	0

이훈(李訓) 연세대 1986.04.29

대회	연도	소속	출전	교체	득점	도움	파울	경고	퇴장
BC	2009	경남	20	15	3	0	38	0	0
	2010	경남	23	15	0	1	26	1	0
	2011	경남	18	13	4	0	29	1	0
	합계		61	43	7	1	93	2	0
프로통산			61	43	7	1	93	2	0

이훈(李訓) 제주중앙고 1991.09.22

대회	연도	소속	출전	교체	득점	도움	파울	경고	퇴장
BC	2011	강원	0	0	0	0	0	0	0
	합계		0	0	0	0	0	0	0
프로통산			0	0	0	0	0	0	0

이휘수(李輝洙) 대구대 1990.05.28

대회	연도	소속	출전	교체	실점	도움	파울	경고	퇴장
K1	2013	전남	0	0	0	0	0	0	0
	합계		0	0	0	0	0	0	0
프로통산			0	0	0	0	0	0	0

이흥실(李興實) 한양대 1961.07.10

대회	연도	소속	출전	교체	득점	도움	파울	경고	퇴장
BC	1985	포항제철	21	5	10	2	19	1	0
	1986	포항제철	28	3	6	3	17	0	0
	1987	포항제철	30	4	12	6	20	0	0
	1988	포항제철	16	6	1	1	14	0	0
	1989	포항제철	39	6	4	11	33	3	0
	1990	포항제철	19	1	7	5	17	1	0
	1991	포항제철	15	11	4	6	6	0	0
	1992	포항제철	14	7	4	1	16	5	0
	합계		182	43	48	35	142	10	0
프로통산			182	43	48	35	142	10	0

이희균(李熙均) 단국대 1998.04.29

대회	연도	소속	출전	교체	득점	도움	파울	경고	퇴장
K1	2020	광주	2	2	0	0	2	0	0
	2021	광주	26	24	2	1	17	4	0
	2023	광주	34	29	2	1	20	6	0
	합계		62	55	4	2	39	10	0
K2	2019	광주	16	16	0	2	16	4	0

대회	연도	소속	출전	교체	득점	도움	파울	경고	퇴장
	2022	광주	23	24	0	0	19	5	0
	합계		39	40	0	2	35	9	0
프로통산			101	95	4	4	74	19	0

이희선(李禧善) KC대 1997.03.21

대회	연도	소속	출전	교체	실점	도움	파울	경고	퇴장
K2	2020	안산	0	0	0	0	0	0	0
	합계		0	0	0	0	0	0	0
프로통산			0	0	0	0	0	0	0

이희찬(李熙燦) 포항제철고 1995.03.02

대회	연도	소속	출전	교체	득점	도움	파울	경고	퇴장
K2	2014	고양	0	0	0	0	0	0	0
	2014	부천	6	4	0	0	11	2	1
	2015	부천	0	0	0	0	0	0	0
	합계		6	4	0	0	11	2	1
프로통산			6	4	0	0	11	2	1

이희현(李熙鉉) 한려대 1986.10.07

대회	연도	소속	출전	교체	실점	도움	파울	경고	퇴장
K2	2014	부천	0	0	0	0	0	0	0
프로통산			0	0	0	0	0	0	0

인디오(Antonio Rogerio Silva Oliveira) 브라질 1981.11.21

대회	연도	소속	출전	교체	득점	도움	파울	경고	퇴장
BC	2008	경남	27	12	10	6	24	2	0
	2009	경남	30	12	9	5	27	2	0
	2010	전남	25	11	8	5	17	1	0
	2011	전남	17	17	2	1	17	0	0
	합계		99	52	29	17	73	6	0
프로통산			99	52	29	17	73	6	0

인준연(印埈延) 신평고 1991.03.12

대회	연도	소속	출전	교체	득점	도움	파울	경고	퇴장
BC	2012	대구	11	8	1	0	16	1	0
	합계		11	8	1	0	16	1	0
K2	2013	충주	14	11	2	1	17	3	0
	2014	대구	14	8	0	0	14	1	0
	2016	고양	30	14	2	1	45	9	1
	합계		46	27	2	2	63	12	1
프로통산			57	35	5	2	79	13	1

인지오(Jose Satiro do Nascimento) 브라질 1975.04.03

대회	연도	소속	출전	교체	득점	도움	파울	경고	퇴장
BC	2003	대구	19	2	3	3	28	1	0
	2004	대구	29	8	1	3	62	4	0
	2005	대구	15	8	0	1	14	2	0
	합계		63	18	4	7	104	7	0
프로통산			63	18	4	7	104	7	0

일류첸코(Stanislav Iljutcenko) 독일 1990.08.13

대회	연도	소속	출전	교체	득점	도움	파울	경고	퇴장
K1	2019	포항	18	9	9	2	30	5	0
	2020	포항	26	3	19	6	61	6	0
	2021	전북	34	20	15	4	48	4	0
	2022	전북	17	13	2	0	19	3	0
	2022	서울	16	9	7	1	19	3	0
	2023	서울	24	23	0	0	12	0	0
	합계		135	77	52	13	189	21	0
프로통산			135	77	52	13	189	21	0

일리안(Iliyan Emilov Mitsanski) 불가리아 1985.12.20

대회	연도	소속	출전	교체	득점	도움	파울	경고	퇴장
K1	2015	수원	8	7	0	0	11	1	0
	합계		8	7	0	0	11	1	0
프로통산			8	7	0	0	11	1	0

일리치(Sasa Ilic) 마케도니아 1970.09.05

대회	연도	소속	출전	교체	실점	도움	파울	경고	퇴장
BC	1995	대우	30	1	42	0	0	0	0
	1996	부산	27	0	35	0	0	1	0
	1997	부산	17	0	11	0	0	0	0
	합계		74	1	88	0	0	2	0
프로통산			74	1	88	0	0	2	0

임경현(林京鉉) 숭실대 1986.10.06

대회	연도	소속	출전	교체	득점	도움	파울	경고	퇴장
BC	2009	부산	9	10	0	0	10	1	0
	2010	부산	1	1	0	0	1	0	0
	2010	부산	5	0	0	2	6	2	0
	2011	수원	3	2	0	1	10	2	0
	2012	수원	1	1	0	0	1	0	0
	합계		20	19	0	1	29	6	0
K1	2013	수원	1	1	0	0	0	0	0
	2013	전남	13	10	2	3	28	1	0
	합계		14	11	2	3	28	1	0
K2	2015	부천	13	11	2	1	19	5	0
	합계		13	11	2	1	19	5	0
프로통산			48	44	4	5	76	12	0

임경훈(林敬勳) 포철공고 1984.03.19

대회	연도	소속	출전	교체	실점	도움	파울	경고	퇴장
BC	2004	포항	0	0	0	0	0	0	0
	2006	경남	0	0	0	0	0	0	0
	2007	경남	0	0	0	0	0	0	0
	합계		0	0	0	0	0	0	0
프로통산			0	0	0	0	0	0	0

임고석(林皐石) 성균관대 1960.02.18

대회	연도	소속	출전	교체	득점	도움	파울	경고	퇴장
BC	1983	대우	9	8	0	0	9	2	0
	1984	대우	11	8	4	0	4	0	0
	1985	대우	11	6	2	2	13	0	0
	1986	대우	25	8	2	5	35	1	0
	1987	현대	14	4	4	0	26	3	0
	1988	현대	19	10	4	1	31	1	0
	1989	유공	15	12	5	2	22	0	0
	1990	유공	11	11	3	1	14	2	0
	합계		111	61	24	4	149	9	0
프로통산			111	61	24	4	149	9	0

임관식(林官植) 호남대 1975.07.28

대회	연도	소속	출전	교체	득점	도움	파울	경고	퇴장
BC	1998	전남	27	14	0	1	39	4	0
	1999	전남	35	4	3	1	60	2	0
	2000	전남	34	9	1	4	59	4	0
	2001	전남	24	10	0	0	34	4	0
	2002	전남	27	14	0	0	55	1	0
	2003	전남	31	14	0	5	55	4	0
	2004	부산	28	16	1	0	48	4	0
	2005	부산	26	11	1	0	48	4	0
	2006	부산	29	15	0	3	55	4	0
	2007	전남	14	13	0	2	21	2	0
	2008	전남	11	10	0	1	14	2	0
	합계		255	115	6	10	454	26	1
프로통산			255	115	6	10	454	26	1

임규식(林奎植) 중앙대 1975.05.09

대회	연도	소속	출전	교체	득점	도움	파울	경고	퇴장
BC	1998	천안일화	11	10	0	0	6	2	0
	합계		11	10	0	0	6	2	0
프로통산			11	10	0	0	6	2	0

임근영(林根永) 울산현대고 1995.05.15

대회	연도	소속	출전	교체	득점	도움	파울	경고	퇴장
K2	2014	대구	0	0	0	0	0	0	0
	합계		0	0	0	0	0	0	0
프로통산			0	0	0	0	0	0	0

임근재(林根載) 연세대 1969.11.05

대회	연도	소속	출전	교체	득점	도움	파울	경고	퇴장
BC	1992	LG	37	20	10	2	34	0	0
	1993	LG	24	20	6	1	19	0	0
	1994	LG	24	21	2	0	22	2	0
	1995	포항	2	2	0	0	2	0	0
	1996	포항	4	4	0	0	2	0	0
	합계		91	68	18	4	66	2	0
프로통산			91	68	18	4	66	2	0

임기한(林基漢) 대구대 1973.11.20

대회	연도	소속	출전	교체	득점	도움	파울	경고	퇴장
BC	1994	유공	5	5	2	0	1	0	0
	1995	유공	1	1	0	0	0	0	0
	1999	부천SK	6	6	0	0	2	0	0
	합계		12	12	2	0	3	0	0
프로통산			12	12	2	0	3	0	0

임대준(林大準) 건국대 1994.05.04

대회	연도	소속	출전	교체	득점	도움	파울	경고	퇴장
K1	2017	광주	5	4	0	0	4	1	0
	합계		5	4	0	0	4	1	0
K2	2018	성남	1	1	0	0	2	0	0
	합계		1	1	0	0	2	0	0
프로통산			6	5	0	0	6	1	0

임덕근(林德近) 천안제일고 2000.02.25

대회	연도	소속	출전	교체	득점	도움	파울	경고	퇴장
K1	2023	대전	20	12	0	0	12	1	0
	합계		20	12	0	0	12	1	0
K2	2020	제주	1	1	0	0	0	0	0
	2021	대전	11	2	0	1	4	1	0
	2022	대전	34	14	2	4	26	5	1
	합계		48	16	2	5	33	6	1
승	2022	대전	2	0	0	0	2	0	0
	합계		2	0	0	0	2	0	0
프로통산			70	30	2	5	50	7	1

임도훈(林導訓) 오산고 2001.01.22

대회	연도	소속	출전	교체	득점	도움	파울	경고	퇴장
K2	2023	김포	1	1	0	0	1	0	0
	합계		1	1	0	0	1	0	0
프로통산			1	1	0	0	1	0	0

임동준(任東俊) 단국대 1987.07.13

대회	연도	소속	출전	교체	득점	도움	파울	경고	퇴장
BC	2011	전북	1	1	0	0	1	0	0
	합계		1	1	0	0	1	0	0
프로통산			1	1	0	0	1	0	0

임동진(任東鎭) 명지대 1976.03.21

대회	연도	소속	출전	교체	득점	도움	파울	경고	퇴장
BC	1999	천안일화	6	2	0	0	14	1	0
	합계		6	2	0	0	14	1	0
프로통산			6	2	0	0	14	1	0

임동천(林東天) 고려대 1992.11.13

대회	연도	소속	출전	교체	득점	도움	파울	경고	퇴장
K1	2014	울산	1	1	0	0	0	0	0
	합계		1	1	0	0	0	0	0
프로통산			1	1	0	0	0	0	0

임동혁(林東赫) 숭실대 1993.06.08

대회	연도	소속	출전	교체	득점	도움	파울	경고	퇴장
K1	2023	제주	5	5	0	0	1	2	0
	합계		5	5	0	0	1	2	0
K2	2016	부천	8	7	0	0	3	0	0
	2017	부천	34	1	2	0	35	6	0
	2018	부천	33	4	0	0	32	6	0
	2019	부천	32	2	3	1	13	0	0
	2020	제주	16	9	2	1	33	1	1
	합계		123	33	9	2	116	13	1
프로통산			128	28	9	2	117	15	1

임민혁(林民奕) 고려대 1994.03.05

대회	연도	소속	출전	교체	실점	도움	파울	경고	퇴장
K1	2017	전남	3	0	6	0	0	0	0
	합계		3	0	6	0	0	0	0
K2	2018	대전	9	2	11	0	0	2	0
	2022	전남	12	0	18	0	0	2	0
	2023	천안	6	0	10	0	0	0	0
	합계		27	2	40	0	0	4	0
프로통산			30	2	46	0	0	4	0

임민혁(林玟赫) 수원공고 1997.03.05

대회	연도	소속	출전	교체	득점	도움	파울	경고	퇴장
K1	2016	서울	3	2	0	0	5	2	0
	2017	서울	4	4	0	0	0	1	0
	2020	광주	16	14	1	3	19	4	0
	2022	서울	10	11	0	0	8	4	0
	합계		33	31	1	3	36	10	0
K2	2018	광주	28	18	2	2	33	2	0
	2019	광주	18	13	2	2	32	2	0
	2021	경남	19	13	0	0	23	3	0
	2023	부산	24	11	2	2	27	3	0
	합계		89	55	6	4	105	10	0
승	2023	부산	2	1	0	0	3	0	0
	합계		2	1	0	0	3	0	0
프로통산			124	87	7	7	144	20	0

임상협(林相協) 일본 류쓰케이자이대 1988.07.08

대회	연도	소속	출전	교체	득점	도움	파울	경고	퇴장
BC	2009	전북	17	16	1	1	10	1	0
	2010	전북	7	5	0	0	4	0	0
	2011	부산	34	11	10	2	66	9	0
	2012	부산	39	19	3	1	41	6	0
	합계		97	51	14	4	121	16	0
K1	2013	부산	36	6	9	4	36	5	0
	2014	부산	35	5	11	2	64	4	1
	2016	상주	25	19	8	3	14	3	0
	2018	수원	19	14	2	1	22	2	0
	2019	제주	4	3	0	0	3	0	0
	2020	수원	6	5	0	0	3	0	0
	2021	포항	36	25	11	4	28	4	0
	2022	포항	36	22	8	2	18	6	0
	합계		199	101	49	16	178	25	1
K2	2015	상주	34	20	12	3	29	4	0
	2016	부산	31	7	1	0	4	0	0
	2017	부산	30	15	6	4	39	2	0
	합계		72	42	19	7	72	6	0
프로통산			368	194	82	27	371	47	1

임석현(林錫炫) 연세대 1960.10.13

대회	연도	소속	출전	교체	득점	도움	파울	경고	퇴장
BC	1983	국민은행	12	6	3	2	7	0	0
	1984	국민은행	22	7	1	1	10	1	0
	1985	상무	2	2	0	0	1	0	0
	합계		36	15	6	3	18	1	0
프로통산			36	15	6	3	18	1	0

임선영(林善永) 수원대 1988.03.21

대회	연도	소속	출전	교체	득점	도움	파울	경고	퇴장
BC	2011	광주	20	14	0	1	14	2	0
	2012	광주	23	23	1	0	19	0	0
	합계		43	37	1	1	33	2	0
K1	2015	광주	29	11	4	1	31	0	0
	2017	광주	19	12	5	3	20	1	0
	2018	전북	19	12	3	0	20	1	0
	2019	전북	22	16	5	3	25	0	0
	2020	성남	6	3	0	0	2	0	0
	합계		84	46	12	6	82	2	0
K2	2013	광주	21	11	4	5	27	3	0
	2014	광주	26	7	1	3	33	1	0
	2016	안산무궁	7	4	1	0	8	0	0
	2017	아산	13	7	3	1	9	0	0
	2021	안양	3	0	0	1	0	0	0
	합계		66	31	15	7	78	4	0
승	2014	광주	2	1	0	0	4	0	0
	합계		2	1	0	0	4	0	0
프로통산			195	115	28	14	197	8	0

임성근(林聖根) 경상대 1963.10.01

대회	연도	소속	출전	교체	득점	도움	파울	경고	퇴장
BC	1987	럭키금성	11	11	1	0	3	0	0
	합계		11	11	1	0	3	0	0
프로통산			11	11	1	0	3	0	0

임성택(林成澤) 아주대 1988.07.19

대회	연도	소속	출전	교체	득점	도움	파울	경고	퇴장
BC	2011	대구	0	0	0	0	0	0	0
	합계		0	0	0	0	0	0	0
K1	2016	상주	4	5	0	0	4	0	0
	2017	상주	7	7	1	0	4	0	0
	합계		11	12	1	0	4	0	0
K2	2013	수원FC	28	18	4	4	28	2	0
	2014	수원FC	34	17	6	3	35	2	0
	2015	수원FC	22	14	9	2	14	2	0
	2017	수원FC	4	4	0	0	3	0	0
	합계		88	53	19	9	80	6	0
승	2015	수원FC	2	1	1	0	0	0	0
	합계		2	1	1	0	0	0	0
프로통산			101	66	21	9	92	6	0

임세진(任世鎭) 성균관대 1977.09.20

대회	연도	소속	출전	교체	득점	도움	파울	경고	퇴장
BC	2000	수원	0	0	0	0	0	0	0
	합계		0	0	0	0	0	0	0
프로통산			0	0	0	0	0	0	0

임세현(任世賢) 선문대 1988.05.30

대회	연도	소속	출전	교체	득점	도움	파울	경고	퇴장
BC	2011	성남일화	5	5	0	0	3	0	0
	합계		5	5	0	0	3	0	0
프로통산			5	5	0	0	3	0	0

임승겸(林昇謙) 현대고 1995.04.26

대회	연도	소속	출전	교체	득점	도움	파울	경고	퇴장
K1	2019	성남	17	7	0	0	15	5	0
	2020	성남	16	2	0	0	21	2	0
	2022	김천	9	1	0	0	5	0	0
	합계		42	10	0	0	41	9	0
K2	2021	안양	9	6	0	0	6	0	0
	2023	김천	15	8	0	0	5	3	0
	합계		24	14	0	0	11	3	0
승	2022	김천	0	0	0	0	0	0	0
	합계		0	0	0	0	0	0	0
프로통산			66	27	0	0	52	12	0

임영주(林暎周) 동국대 1976.03.08

대회	연도	소속	출전	교체	득점	도움	파울	경고	퇴장
BC	1999	대전	27	24	3	2	24	0	0
	2000	대전	21	21	0	0	17	2	0
	2001	대전	4	2	0	2	2	0	0
	2002	대전	12	8	0	0	14	0	0
	2003	대전	26	17	2	0	29	2	0
	2004	대전	18	10	0	0	25	0	0
	2006	대전	24	20	1	0	26	1	0
	2007	대전	25	13	1	1	31	2	0
	합계		174	125	6	6	184	10	0
프로통산			174	125	6	6	184	10	0

임용주(林龍柱) 경원고 1959.03.08

대회	연도	소속	출전	교체	실점	도움	파울	경고	퇴장
BC	1983	포항제철	4	0	3	0	0	0	0
	합계		4	0	3	0	0	0	0
프로통산			4	0	3	0	0	0	0

임유석(林有奭) 동의대 2001.01.15

대회	연도	소속	출전	교체	득점	도움	파울	경고	퇴장
K1	2023	대전	3	1	0	0	5	1	0
	합계		3	1	0	0	5	1	0
프로통산			3	1	0	0	5	1	0

임유환(林裕煥) 한양대 1983.12.02

대회	연도	소속	출전	교체	득점	도움	파울	경고	퇴장
BC	2004	전북	12	3	1	0	29	1	0
	2005	전북	16	6	0	0	20	2	1
	2006	전북	3	0	1	0	10	2	0
	2007	울산	16	5	0	0	19	2	0
	2007	전북	7	2	0	0	13	1	0
	2008	전북	34	1	3	0	50	6	0
	2009	전북	23	3	0	0	16	5	0
	2010	전북	22	1	0	1	35	3	0
	2011	전북	11	1	2	0	14	2	0
	2012	전북	27	3	2	0	32	5	0
	합계		168	27	9	1	238	29	1
K1	2013	전북	8	0	1	0	16	4	0
	합계		8	0	1	0	16	4	0
K2	2017	부산	6	4	0	0	4	1	0
	합계		6	4	0	0	4	1	0
승	2017	부산	1	0	0	0	1	0	0
	합계		1	0	0	0	1	0	0
프로통산			183	31	9	2	259	34	1

임은수(林恩水) 동국대 1996.04.01

대회	연도	소속	출전	교체	득점	도움	파울	경고	퇴장
K1	2018	인천	21	8	1	0	32	6	0
	2019	인천	13	0	0	0	18	3	0
	2020	인천	5	3	0	0	6	2	0
	2021	인천	0	0	0	0	0	0	0
	2023	대전	10	4	0	0	12	3	0
	합계		49	15	1	0	68	14	0
K2	2021	대전	11	4	1	0	9	1	0
	2022	대전	23	11	1	1	16	3	0
	합계		34	15	2	1	25	5	0
승	2022	대전	0	0	0	0	0	0	0
	합계		0	0	0	0	0	0	0
프로통산			83	30	3	1	93	19	0

임인성(林忍星) 홍익대 1985.07.23

대회	연도	소속	출전	교체	실점	도움	파울	경고	퇴장
BC	2010	광주상무	1	0	3	0	0	0	0
	2011	상주	1	0	2	0	0	0	0
	합계		2	0	5	0	0	0	0
프로통산			2	0	5	0	0	0	0

임장묵(林張默) 경희대 1961.05.10

대회	연도	소속	출전	교체	득점	도움	파울	경고	퇴장
BC	1985	한일은행	4	4	0	0	1	0	0
	1986	한일은행	1	0	0	0	0	0	0
	합계		5	4	0	0	1	0	0
프로통산			5	4	0	0	1	0	0

임재선(林財善) 인천대 1968.06.10

대회	연도	소속	출전	교체	득점	도움	파울	경고	퇴장
BC	1991	LG	3	3	0	0	0	0	0
	1991	현대	16	11	1	1	16	2	0
	1992	현대	27	5	3	2	49	2	0
	1993	현대	31	7	6	3	50	5	0
	1994	현대	23	7	7	1	31	5	0
	1995	현대	21	21	1	1	24	1	0
	1996	울산	23	18	4	4	25	1	0
	1997	전남	22	17	1	1	31	2	0
	1998	천안일화	9	9	0	1	7	0	0
	합계		175	98	23	14	233	19	0
프로통산			175	98	23	14	233	19	0

임재혁(任宰爀) 신갈고 1999.02.06

대회	연도	소속	출전	교체	득점	도움	파울	경고	퇴장
K1	2018	대구	8	7	1	0	10	0	0
	2019	대구	0	0	0	0	0	0	0
	합계		8	7	1	0	10	0	0
K2	2021	안산	19	18	0	0	19	0	0
	2022	김포	1	1	0	0	1	0	0
	합계		20	19	0	0	20	0	0
프로통산			28	26	1	0	30	0	0

임재훈(林在勳) 명지대 1987.01.01

대회	연도	소속	출전	교체	득점	도움	파울	경고	퇴장
BC	2009	성남일화	2	2	0	0	0	0	0

합계	2	2	0	0	0	0	0
프로통산	2	2	0	0	0	0	0

임종국(林鐘國) 단국대학원 1968.04.13

대회	연도	소속	출전	교체	**실점**	도움	파울	경고	퇴장
BC	1991	LG	4	1	6	0	0	0	0
	1992	LG	14	1	16	0	0	0	0
	1995	LG	6	0	13	0	0	0	0
	1996	안양LG	10	0	21	0	0	0	0
	1997	안양LG	25	0	38	0	1	2	0
	1998	안양LG	19	2	20	0	2	1	0
	1999	안양LG	27	0	41	0	3	3	0
	2001	부산	6	0	8	0	0	0	0
	합계		111	4	155	0	6	6	0
프로통산			111	4	155	0	6	6	0

임종욱(林鐘旭) 경희대 1986.08.26

대회	연도	소속	출전	교체	득점	도움	파울	경고	퇴장
K2	2013	충주	30	23	4	2	50	10	0
	합계		30	23	4	2	50	10	0
프로통산			30	23	4	2	50	10	0

임종은(林宗垠) 현대고 1990.06.18

대회	연도	소속	출전	교체	득점	도움	파울	경고	퇴장
BC	2009	울산	19	1	0	0	25	3	1
	2012	성남일화	38	6	1	0	44	7	0
	합계		57	6	2	1	55	7	1
K1	2013	전남	34	3	2	0	24	4	0
	2014	전남	29	6	0	0	19	2	0
	2015	전남	31	3	1	0	24	5	0
	2016	전북	28	3	0	0	25	5	0
	2017	전북	20	6	0	0	18	1	0
	2018	울산	11	5	2	1	17	2	0
	2021	울산	3	3	0	0	2	0	0
	2022	울산	15	3	0	0	9	4	0
	2023	울산	5	3	0	0	0	1	0
	합계		201	35	5	2	140	29	0
프로통산			258	42	9	3	195	31	1

임종헌(林鐘憲) 고려대 1966.03.08

대회	연도	소속	출전	교체	득점	도움	파울	경고	퇴장
BC	1989	일화	40	0	1	0	19	0	0
	1990	일화	28	1	0	2	23	4	0
	1991	일화	30	4	0	0	19	2	0
	1992	일화	7	6	0	0	1	1	0
	1993	일화	7	6	0	0	4	1	0
	1994	현대	16	4	0	0	8	3	0
	1995	현대	29	6	0	1	14	4	0
	1996	울산	13	6	1	0	7	3	0
	합계		178	35	1	4	99	18	0
프로통산			178	35	1	4	99	18	0

임종훈(林鍾勳) 배재대 1976.06.14

대회	연도	소속	출전	교체	득점	도움	파울	경고	퇴장
BC	1999	전북	0	0	0	0	0	0	0
	2002	전북	11	4	1	1	23	9	0
	2003	전북	14	9	0	0	13	3	0
	2004	인천	0	0	0	0	5	1	0
	2004	전북	17	4	0	0	26	4	0
	2005	전북	7	3	0	0	10	3	0
	합계		59	21	1	1	76	15	0
프로통산			59	21	1	1	76	15	0

임준석(林峻奭) 충남기계공고 1994.10.20

대회	연도	소속	출전	교체	득점	도움	파울	경고	퇴장
K2	2020	안양	0	0	0	0	0	0	0
	합계		0	0	0	0	0	0	0

임준섭(林俊燮) 제주U18 2003.08.22

대회	연도	소속	출전	교체	**실점**	도움	파울	경고	퇴장
K1	2022	제주	0	0	0	0	0	0	0
	2023	제주	0	0	0	0	0	0	0
	합계		0	0	0	0	0	0	0
프로통산			0	0	0	0	0	0	0

임준식(林俊植) 충남기계공고 1997.02.14

대회	연도	소속	출전	교체	**실점**	도움	파울	경고	퇴장
K2	2016	대전	0	0	0	0	0	0	0
	합계		0	0	0	0	0	0	0
프로통산			0	0	0	0	0	0	0

임준식(林俊植) 영남대 1981.09.13

대회	연도	소속	출전	교체	득점	도움	파울	경고	퇴장
BC	2004	전남	1	0	0	0	1	0	0
	합계		1	0	0	0	1	0	0
프로통산			1	0	0	0	1	0	0

임중용(林重容) 성균관대 1975.04.21

대회	연도	소속	출전	교체	득점	도움	파울	경고	퇴장
BC	1999	부산	34	14	1	2	53	5	0
	2000	부산	24	14	0	1	33	3	1
	2001	부산	2	1	0	0	2	0	0
	2003	대구	15	9	1	0	37	3	0
	2004	인천	39	4	1	0	29	3	1
	2005	인천	39	1	3	2	31	2	0
	2006	인천	32	0	1	0	18	3	0
	2007	인천	20	3	0	0	27	3	1
	2008	인천	27	3	1	0	27	3	0
	2009	인천	1	1	0	0	0	0	0
	2010	인천	24	6	0	0	44	7	0
	2011	인천	2	1	0	0	2	0	0
	합계		294	51	8	5	310	36	3
프로통산			294	51	8	5	310	36	3

임지훈(林知訓) 통진고 2000.04.22

대회	연도	소속	출전	교체	**실점**	도움	파울	경고	퇴장
K2	2019	수원FC	0	0	0	0	0	0	0
	합계		0	0	0	0	0	0	0
프로통산			0	0	0	0	0	0	0

임진영(林眞穎) 울산과학대 1980.05.11

대회	연도	소속	출전	교체	득점	도움	파울	경고	퇴장
BC	2006	성남일화	7	5	0	0	13	1	0
	합계		7	5	0	0	13	1	0
프로통산			7	5	0	0	13	1	0

임진우(林珍佑) 영남대 1993.06.15

대회	연도	소속	출전	교체	득점	도움	파울	경고	퇴장
K1	2021	광주	1	1	0	0	0	0	0
	합계		1	1	0	0	0	0	0
K2	2019	광주	1	1	0	0	0	0	0
	합계		1	1	0	0	0	0	0
프로통산			2	2	0	0	0	0	0

임진욱(林珍旭) 동국대 1991.04.22

대회	연도	소속	출전	교체	득점	도움	파울	경고	퇴장
K2	2014	충주	21	11	7	0	22	0	0
	2015	충주	18	11	2	1	9	2	0
	합계		39	22	9	1	31	2	0
프로통산			39	22	9	1	31	2	0

임찬울(任찬울) 한양대 1994.07.14

대회	연도	소속	출전	교체	득점	도움	파울	경고	퇴장
K1	2017	강원	18	18	2	2	8	2	0
	2018	강원	13	13	0	2	8	0	0
	2019	제주	11	10	0	1	0	0	0
	합계		42	41	2	5	16	3	0
K2	2020	제주	3	3	0	0	2	0	0
	2020	전남	2	2	1	0	0	0	0
	2021	전남	2	2	0	0	0	0	0
	2022	전남	29	24	5	3	20	3	0
	2023	전남	7	7	1	1	4	0	0
	합계		43	37	7	4	26	3	0
프로통산			85	78	9	12	40	6	0

임창균(林昌均) 경희대 1990.04.19

대회	연도	소속	출전	교체	득점	도움	파울	경고	퇴장
K1	2014	경남	5	5	0	0	4	1	0
	2016	수원FC	12	8	1	1	14	2	0
	합계		17	13	1	1	18	3	0
K2	2013	부천	32	10	5	7	24	6	0
	2015	경남	35	24	4	9	18	3	0
	2016	경남	18	8	0	3	12	1	0
	2017	수원FC	27	23	3	2	29	4	0
	2018	아산	4	3	2	0	1	0	0
	2019	아산	1	1	0	0	0	0	0
	2019	수원FC	11	11	0	2	12	2	0
	2020	전남	18	9	0	4	16	2	0
	합계		157	100	14	27	119	19	0
프로통산			174	113	15	28	137	22	0

임창우(任倉佑) 현대고 1992.02.13

대회	연도	소속	출전	교체	득점	도움	파울	경고	퇴장
BC	2011	울산	0	0	0	0	0	0	0
	2012	울산	6	1	0	0	5	1	0
	합계		6	1	0	0	5	1	0
K1	2013	울산	27	3	1	0	26	6	0
	2015	울산	27	3	1	0	25	4	0
	2021	강원	28	3	1	2	26	4	0
	2022	강원	37	2	1	2	20	1	0
	2023	강원	13	4	1	0	11	3	0
	2023	제주	8	4	0	1	2	0	0
	합계		113	16	4	5	86	13	0
K2	2014	대전	28	3	2	0	29	1	0
	합계		28	3	2	0	29	1	0
승	2021	강원	2	0	0	0	2	0	0
	합계		2	0	0	0	2	0	0
프로통산			149	20	6	5	122	16	0

임채관(林採寬) 한남대 1995.10.28

대회	연도	소속	출전	교체	득점	도움	파울	경고	퇴장
K2	2020	안산	2	2	0	0	5	2	0
	2021	안산	0	0	0	0	0	0	0
	합계		2	2	0	0	5	2	0
프로통산			2	2	0	0	5	2	0

임채민(林采民) 영남대 1990.11.18

대회	연도	소속	출전	교체	득점	도움	파울	경고	퇴장
K1	2013	성남일화	21	3	3	0	20	5	2
	2014	성남	34	1	0	1	37	9	0
	2015	성남	13	0	0	1	13	3	0
	2016	성남	13	0	0	0	14	4	0
	2017	상주	20	3	1	0	17	3	0
	2018	상주	17	1	2	0	19	4	0
	2019	성남	25	3	0	2	24	6	0
	2020	강원	26	0	1	0	20	3	0
	2021	강원	28	1	1	0	26	6	1
	2023	제주	26	2	1	0	26	6	0
	합계		231	17	11	2	214	51	3
K2	2018	성남	10	0	0	0	13	0	0
	합계		10	0	0	0	13	0	0
승	2016	성남	2	0	0	0	4	2	0
	2017	상주	2	0	0	0	2	0	0
	2021	강원	2	0	0	0	0	0	0
	합계		6	0	0	0	6	2	0
프로통산			247	17	12	2	235	55	3

임충현(林忠炫) 광운대 1983.07.20

대회	연도	소속	출전	교체	득점	도움	파울	경고	퇴장
BC	2007	대전	15	2	0	0	38	3	0
	합계		15	2	0	0	38	3	0
프로통산			15	2	0	0	38	3	0

임태섭(林太燮) 홍익대 1990.06.23

대회	연도	소속	출전	교체	득점	도움	파울	경고	퇴장
K2	2013	충주	12	12	1	2	11	2	0
	합계		12	12	1	2	11	2	0
프로통산			12	12	1	2	11	2	0

임하람(林하람) 연세대 1990.11.18

대회	연도	소속	출전	교체	득점	도움	파울	경고	퇴장
BC	2011	광주	14	4	0	0	34	5	0

대회	연도	소속	출전	교체	득점	도움	파울	경고	퇴장
	2012	광주	12	2	0	0	20	2	0
		합계	26	6	0	0	54	7	0
K1	2014	인천	12	8	0	0	10	1	0
	2016	수원FC	17	3	0	0	21	3	0
		합계	29	11	0	0	31	4	0
K2	2013	광주	28	3	0	0	46	3	0
	2015	수원FC	31	8	0	0	50	10	0
	2017	수원FC	14	5	0	0	15	2	0
	2018	수원FC	4	2	0	0	8	1	0
		합계	77	18	0	0	119	16	0
승	2015	수원FC	1	0	0	0	1	0	0
		합계	1	0	0	0	1	0	0
		프로통산	133	35	0	0	206	27	1

임현우(林炫佑) 아주대 1983.03.26

대회	연도	소속	출전	교체	득점	도움	파울	경고	퇴장
BC	2005	대구							
	2006	대구	2	2	0	0	2	0	0
	2007	대구	19	12	0	1	8	0	0
	2008	대구	20	11	0	1	14	1	0
	2009	대구	3	3	0	0	0	0	0
		합계	45	29	0	2	24	1	0
		프로통산	45	29	0	2	24	1	0

임형진(任形進) 동국대 2001.07.23

대회	연도	소속	출전	교체	득점	도움	파울	경고	퇴장
K1	2023	인천	1	0	0	0	1	0	0
		합계	1	0	0	0	1	0	0
		프로통산	1	0	0	0	1	0	0

임호(林虎) 경상대 1979.04.25

대회	연도	소속	출전	교체	득점	도움	파울	경고	퇴장
BC	2000	전남	4	4	0	1	2	0	0
	2001	전남	3	3	0	0	0	0	0
	2005	대구	11	5	0	0	35	3	0
		합계	18	12	0	1	37	3	0
		프로통산	18	12	0	1	37	3	0

임홍현(林弘賢) 홍익대 1994.01.03

대회	연도	소속	출전	교체	실점	도움	파울	경고	퇴장
K2	2016	고양	4	0	7	0	0	0	0
		합계	4	0	7	0	0	0	0
		프로통산	4	0	7	0	0	0	0

자심(Abbas Jassim) 이라크 1973.12.10

대회	연도	소속	출전	교체	득점	도움	파울	경고	퇴장
BC	1996	안양LG	31	18	4	5	26	3	0
	1997	안양LG	5	5	0	0	1	0	0
	1997	포항	15	11	2	1	12	3	0
	1998	포항	26	19	3	4	18	5	0
	1999	포항	19	18	2	4	34	2	0
	2000	포항	27	18	0	0	25	0	0
	2001	포항	7	5	4	0	14	0	0
		합계	130	94	15	14	130	13	0
		프로통산	130	94	15	14	130	13	0

자엘(Jael Ferreira Vieira) 브라질 1988.10.30

대회	연도	소속	출전	교체	득점	도움	파울	경고	퇴장
BC	2012	성남일화	15	4	2	4	41	5	0
		합계	15	4	2	4	41	5	0
		프로통산	15	4	2	4	41	5	0

자와다(Oskar Zawada) 폴란드 1996.02.01

대회	연도	소속	출전	교체	득점	도움	파울	경고	퇴장
K1	2021	제주	10	10	0	1	16	0	0
		합계	10	10	0	1	16	0	0
		프로통산	10	10	0	1	16	0	0

자이로(Jairo Silva Santos) 브라질 1989.10.31

대회	연도	소속	출전	교체	득점	도움	파울	경고	퇴장
K2	2016	안양	12	9	2	0	27	4	0
		합계	12	9	2	0	27	4	0
		프로통산	12	9	2	0	27	4	0

자일(Jair Eduardo Britto da Silva) 브라질 1988.06.10

대회	연도	소속	출전	교체	득점	도움	파울	경고	퇴장
BC	2011	제주	11	10	2	2	11	3	0
	2012	제주	44	16	18	9	49	0	0
		합계	55	26	20	11	60	3	0
K1	2016	전남	20	10	10	6	13	5	0
	2017	전남	35	19	16	3	25	1	0
		합계	55	29	26	9	38	6	0
		프로통산	110	55	46	20	98	9	0

자크미치(Muhamed Dzakmic) 보스니아 헤르체고비나 1985.08.23

대회	연도	소속	출전	교체	득점	도움	파울	경고	퇴장
BC	2011	강원	17	8	0	2	27	4	0
	2012	강원	21	9	0	1	41	3	0
		합계	38	17	0	3	68	7	0
		프로통산	38	17	0	3	68	7	0

자파(Jonas Augusto Bouvie) 브라질 1986.10.05

대회	연도	소속	출전	교체	득점	도움	파울	경고	퇴장
K2	2014	수원FC	18	5	7	1	27	2	0
	2015	수원FC	35	15	21	7	31	3	0
		합계	53	20	28	8	58	5	0
승	2015	수원FC	2	1	1	1	2	1	0
		합계	2	1	1	1	2	1	0
		프로통산	55	21	29	9	60	6	0

잔코(Zanko Savov) 마케도니아 1965.10.14

대회	연도	소속	출전	교체	득점	도움	파울	경고	퇴장
BC	1995	전북	8	1	1	1	22	0	0
	1996	전북	32	15	3	2	33	0	0
	1997	전북	28	13	4	3	36	0	0
	1998	전북	25	21	8	0	14	7	0
		합계	93	50	16	6	105	7	0
		프로통산	93	50	16	6	105	7	0

장경영(張景寧) 선문대 1982.03.12

대회	연도	소속	출전	교체	득점	도움	파울	경고	퇴장
BC	2006	인천	1	1	0	0	0	0	0
		합계	1	1	0	0	0	0	0
		프로통산	1	1	0	0	0	0	0

장경진(張敬珍) 광양제철고 1983.08.31

대회	연도	소속	출전	교체	득점	도움	파울	경고	퇴장
BC	2002	전남							
	2004	전남	2	1	0	0	4	0	0
	2005	인천	14	2	1	0	17	2	0
	2006	인천	27	1	0	0	53	5	0
	2007	인천	29	5	0	0	62	9	0
	2008	광주상무	13	10	0	0	14	0	0
	2009	광주상무	13	10	0	0	14	0	0
	2011	인천	14	0	0	0	30	2	0
	2012	광주	6	3	0	0	8	2	0
		합계	117	30	4	0	190	23	0
		프로통산	117	30	4	0	190	23	0

장기봉(張基奉) 중앙대 1977.07.08

대회	연도	소속	출전	교체	득점	도움	파울	경고	퇴장
BC	2000	부산	0	0	0	0	0	0	0
	2001	부산	1	1	0	0	1	0	0
		합계	1	1	0	0	1	0	0
		프로통산	1	1	0	0	1	0	0

장기정(張起政) 전주대 1971.06.27

대회	연도	소속	출전	교체	득점	도움	파울	경고	퇴장
BC	1994	버팔로	1	1	0	0	2	0	0
		합계	1	1	0	0	2	0	0
		프로통산	1	1	0	0	2	0	0

장남석(張南錫) 중앙대 1983.04.18

대회	연도	소속	출전	교체	득점	도움	파울	경고	퇴장
BC	2006	대구	36	23	9	4	39	0	0
	2007	대구	16	13	2	2	20	1	0
	2008	대구	29	21	11	4	44	2	0
	2009	대구	15	7	0	0	18	1	0
	2010	대구	24	12	4	5	36	3	0

대회	연도	소속	출전	교체	득점	도움	파울	경고	퇴장
	2011	상주	16	4	3	4	29	1	0
		합계	136	80	29	19	186	12	0
		프로통산	136	80	29	19	186	12	0

장대일(張大一) 연세대 1975.03.09

대회	연도	소속	출전	교체	득점	도움	파울	경고	퇴장
BC	1998	천안일화	14	5	2	0	10	0	0
	1999	천안일화	21	10	3	2	24	1	0
	2000	성남일화	5	3	0	0	1	0	0
	2000	부산	11	1	0	0	9	1	0
	2001	부산	15	3	1	0	9	3	0
	2002	부산	24	6	0	2	19	2	0
	2003	부산	5	3	0	0	19	3	0
		합계	95	31	6	4	91	10	0
		프로통산	95	31	6	4	91	10	0

장대희(張大熙) 중앙대 1994.04.19

대회	연도	소속	출전	교체	실점	도움	파울	경고	퇴장
K1	2015	울산	3	0	1	0	0	0	0
	2016	울산	3	0	6	0	0	0	0
	2017	울산	2	0	0	0	0	0	0
	2018	전남	3	0	13	0	0	0	0
		합계	11	0	20	0	0	0	0
		프로통산	11	0	20	0	0	0	0

장동찬(張東燦) 울산대 2000.10.17

대회	연도	소속	출전	교체	득점	도움	파울	경고	퇴장
K1	2021	광주	0	0	0	0	0	0	0
		합계	0	0	0	0	0	0	0
		프로통산	0	0	0	0	0	0	0

장동혁(張東赫) 연세대 1999.08.28

대회	연도	소속	출전	교체	득점	도움	파울	경고	퇴장
K1	2021	안산	9	3	1	0	17	2	0
K2	2022	안산	3	3	0	0	1	0	0
		합계	12	6	1	0	18	2	0
		프로통산	12	6	1	0	18	2	0

장동현(張東炫) 중앙고 2003.11.03

대회	연도	소속	출전	교체	득점	도움	파울	경고	퇴장
K2	2022	안산	8	8	0	0	4	0	0
		합계	8	8	0	0	4	0	0
		프로통산	8	8	0	0	4	0	0

장동혁(張東赫) 명지대 1983.05.20

대회	연도	소속	출전	교체	득점	도움	파울	경고	퇴장
BC	2006	전남	12	9	0	0	26	3	0
	2007	전남	8	6	0	2	21	2	0
	2008	전남	1	1	0	0	0	0	0
		합계	21	16	0	2	47	5	0
		프로통산	21	16	0	2	47	5	0

장동현(張東炫) 원주공고 1982.03.19

대회	연도	소속	출전	교체	득점	도움	파울	경고	퇴장
BC	2004	성남일화	4	4	0	0	1	0	0
		합계	4	4	0	0	1	0	0
		프로통산	4	4	0	0	1	0	0

장민석(張緡碩) 홍익대 1976.03.31

대회	연도	소속	출전	교체	득점	도움	파울	경고	퇴장
BC	1999	전북	13	13	1	0	17	1	0
		합계	13	13	1	0	17	1	0
		프로통산	13	13	1	0	17	1	0

장민준(張珉準) 진주고 2002.07.11

대회	연도	소속	출전	교체	득점	도움	파울	경고	퇴장
K2	2021	경남	0	0	0	0	0	0	0
		합계	0	0	0	0	0	0	0
		프로통산	0	0	0	0	0	0	0

장백규(張伯圭) 선문대 1991.10.09

대회	연도	소속	출전	교체	득점	도움	파울	경고	퇴장
K2	2014	대구	18	10	3	4	16	0	0
	2015	대구	29	26	2	7	16	1	0
	2016	충주	28	21	4	0	23	1	0
	2019	부천	3	2	0	1	0	0	0
	2023	천안	24	22	2	3	8	0	0

대회	연도	소속	출전	교체	득점	도움	파울	경고	퇴장
	합계		102	81	11	15	67	3	0
	프로통산		102	81	11	15	67	3	0

장상원(張相元) 전주대 1977.09.30

대회	연도	소속	출전	교체	득점	도움	파울	경고	퇴장
BC	2003	울산	9	3	0	0	16	0	0
	2004	울산	14	13	1	0	21	1	0
	2005	울산	25	15	2	0	21	3	0
	2006	울산	30	20	2	0	25	4	0
	2007	울산	12	9	0	0	8	1	0
	2008	대구	10	9	0	0	4	2	0
	2009	대구	2	2	0	0	0	0	0
	합계		102	71	5	0	97	11	0
	프로통산		102	71	5	0	97	11	0

장석민(張錫珉) 초당대 1989.07.25

대회	연도	소속	출전	교체	득점	도움	파울	경고	퇴장
BC	2011	강원	1	1	0	0	1	0	0
	합계		1	1	0	0	1	0	0
	프로통산		1	1	0	0	1	0	0

장석원(張碩元) 단국대 1989.08.11

대회	연도	소속	출전	교체	득점	도움	파울	경고	퇴장
BC	2010	성남일화	3	3	0	0	0	1	0
	2011	성남일화	1	0	0	0	0	0	0
	2012	상주	2	2	0	0	0	1	0
	합계		6	5	0	0	0	2	0
K1	2014	성남	20	6	0	0	15	2	0
	2015	성남	18	3	0	0	14	2	0
	2016	성남	14	11	0	0	5	2	0
	합계		52	20	0	0	34	6	0
	프로통산		58	25	0	0	34	6	0

장성록(張成綠) 경희고 2001.11.13

대회	연도	소속	출전	교체	득점	도움	파울	경고	퇴장
K2	2021	전남	11	9	0	0	3	0	0
	합계		11	9	0	0	3	0	0
	프로통산		11	9	0	0	3	0	0

장성욱(張成旭) 한성대 1979.09.01

대회	연도	소속	출전	교체	득점	도움	파울	경고	퇴장
BC	2002	울산	0	0	0	0	0	0	0
	합계		0	0	0	0	0	0	0
	프로통산		0	0	0	0	0	0	0

장성원(張成源) 한남대 1997.06.17

대회	연도	소속	출전	교체	득점	도움	파울	경고	퇴장
K1	2018	대구	9	5	0	1	7	2	0
	2019	대구	18	13	0	1	11	3	0
	2020	대구	2	2	0	0	1	0	0
	2021	대구	22	8	0	2	27	2	0
	2022	대구	21	16	0	1	9	4	0
	2023	대구	29	23	1	4	14	3	0
	합계		101	67	1	10	68	13	0
	프로통산		101	67	1	10	68	13	0

장성재(張成載) 고려대 1995.09.12

대회	연도	소속	출전	교체	득점	도움	파울	경고	퇴장
K1	2017	울산	2	2	0	0	2	0	0
	2018	울산	2	2	0	0	0	0	0
	합계		4	4	0	0	2	0	0
K2	2018	수원FC	11	10	0	1	8	0	0
	2019	수원FC	31	8	1	0	38	2	0
	2020	수원FC	20	11	0	3	11	2	0
	2021	전남	15	8	0	3	16	1	0
	2022	전남	21	8	1	2	15	1	0
	2023	전남	18	4	0	0	14	2	0
	합계		116	49	2	9	102	8	0
	프로통산		120	53	2	9	104	8	0

장성천(張誠泉) 부산개성고 1989.05.05

대회	연도	소속	출전	교체	득점	도움	파울	경고	퇴장
BC	2008	제주	0	0	0	0	0	0	0
	합계		0	0	0	0	0	0	0
	프로통산		0	0	0	0	0	0	0

장성현(章誠玹) 원광대 1995.07.16

대회	연도	소속	출전	교체	득점	도움	파울	경고	퇴장
K2	2018	광주	1	1	0	0	0	0	0
	합계		1	1	0	0	0	0	0
	프로통산		1	1	0	0	0	0	0

장순혁(張淳赫) 중원대 1993.04.16

대회	연도	소속	출전	교체	득점	도움	파울	경고	퇴장
K1	2016	울산	0	0	0	0	0	0	0
	합계		0	0	0	0	0	0	0
K2	2018	부천	17	8	0	0	16	2	2
	2019	아산	28	6	0	0	39	4	0
	2020	충남아산	15	3	1	0	9	4	0
	2021	전남	3	2	0	0	2	0	0
	2022	전남	20	4	0	0	12	3	0
	합계		108	26	3	0	87	19	2
	프로통산		108	26	3	0	87	19	2

장시영(張時榮) 현대고 2002.03.31

대회	연도	소속	출전	교체	득점	도움	파울	경고	퇴장
K1	2023	울산	10	10	1	0	5	2	0
	합계		10	10	1	0	5	2	0
	프로통산		10	10	1	0	5	2	0

장영기(長英基) 풍생고 2003.03.04

대회	연도	소속	출전	교체	득점	도움	파울	경고	퇴장
K2	2023	성남	5	5	0	0	2	1	0
	합계		5	5	0	0	2	1	0
	프로통산		5	5	0	0	2	1	0

장영훈(張永勳) 경북산업대(경일대) 1972.02.04

대회	연도	소속	출전	교체	득점	도움	파울	경고	퇴장
BC	1992	포항제철	21	15	1	2	19	1	0
	1993	포항제철	27	19	4	2	31	2	0
	1994	포항제철	5	3	0	0	8	2	0
	1995	포항	17	14	1	1	23	1	0
	1996	포항	24	19	1	2	43	5	0
	1997	포항	28	10	4	3	42	3	0
	1998	포항	9	7	5	1	3	0	0
	1998	안양LG	5	4	0	0	4	0	0
	1999	안양LG	11	9	1	1	13	1	0
	합계		145	98	15	12	188	17	0
	프로통산		145	98	15	12	188	17	0

장외룡(張外龍) 연세대 1959.04.05

대회	연도	소속	출전	교체	득점	도움	파울	경고	퇴장
BC	1983	대우	15	0	1	0	26	1	0
	1984	대우	18	3	0	0	14	4	1
	1985	대우	20	0	0	0	17	3	0
	1986	대우	24	6	0	1	18	3	0
	합계		77	9	1	1	75	11	1
	프로통산		77	9	1	1	75	11	1

장용익(張勇翼) 수원대 1989.01.01

대회	연도	소속	출전	교체	득점	도움	파울	경고	퇴장
BC	2011	전남	0	0	0	0	0	0	0
	합계		0	0	0	0	0	0	0
	프로통산		0	0	0	0	0	0	0

장우창(張佑暢) 광운대 1978.10.18

대회	연도	소속	출전	교체	득점	도움	파울	경고	퇴장
BC	2004	인천	8	5	0	1	16	3	0
	2005	인천	12	8	0	0	12	1	0
	2006	부산	7	4	0	0	3	1	0
	합계		27	17	0	1	31	5	0
	프로통산		27	17	0	1	31	5	0

장원석(張原碩) 호남대 1986.04.16

대회	연도	소속	출전	교체	득점	도움	파울	경고	퇴장
BC	2009	인천	16	7	1	0	37	6	0
	2010	인천	10	5	0	0	26	4	0
	2011	인천	24	5	2	3	51	8	0
	2012	인천	1	1	0	0	1	0	0
	2012	제주	9	2	0	1	13	1	0
	합계		60	20	3	4	130	21	0
K1	2013	제주	10	5	0	0	10	1	0
	합계		10	5	0	0	10	1	0
K2	2014	대전	31	9	1	4	33	4	0
	2017	대전	14	4	0	1	19	5	0
	2018	대전	8	4	0	0	6	0	0
	합계		53	17	1	5	58	9	0
	프로통산		123	42	4	9	198	31	0

장유섭(張裕攝/←장준수) 명지대 1996.06.24

대회	연도	소속	출전	교체	득점	도움	파울	경고	퇴장
K2	2019	안산	0	0	0	0	0	0	0
	2022	안산	24	17	1	0	19	3	0
	2023	안산	30	3	1	0	26	1	1
	합계		54	20	2	0	45	4	1
	프로통산		54	20	2	0	45	4	1

장윤호(張潤鎬) 영생고 1996.08.25

대회	연도	소속	출전	교체	득점	도움	파울	경고	퇴장
K1	2015	전북	10	7	2	0	20	2	0
	2016	전북	11	6	1	2	20	4	0
	2017	전북	17	11	1	3	28	2	0
	2018	전북	8	7	0	0	15	1	0
	2019	전북	5	3	0	0	6	3	0
	2019	인천	14	3	0	0	18	4	0
	2022	전북	1	0	0	0	0	0	0
	합계		66	37	4	5	107	16	0
K2	2020	서울E	19	6	0	1	29	4	0
	2021	서울E	24	11	1	2	38	3	1
	2023	김포	26	23	2	0	27	2	0
	합계		69	40	3	3	94	9	1
승	2023	김포	2	2	0	0	1	0	0
	합계		2	2	0	0	1	0	0
	프로통산		137	79	7	8	202	25	1

장은규(張殷圭) 건국대 1992.08.15

대회	연도	소속	출전	교체	득점	도움	파울	경고	퇴장
K1	2014	제주	22	5	0	0	51	7	0
	2015	제주	10	7	0	0	14	4	0
	2018	상주	0	0	0	0	0	0	0
	2019	상주	0	0	0	0	0	0	0
	합계		32	12	0	0	65	11	0
K2	2016	경남	36	10	1	1	61	8	1
	2017	성남	9	5	0	0	4	0	0
	2018	안양	5	4	0	1	4	1	0
	합계		50	19	1	2	69	9	1
	프로통산		82	31	1	2	134	20	1

장재완(張在完) 고려대 1983.06.04

대회	연도	소속	출전	교체	득점	도움	파울	경고	퇴장
BC	2006	울산	0	0	0	0	0	0	0
	합계		0	0	0	0	0	0	0
	프로통산		0	0	0	0	0	0	0

장재우(張在佑) 숭실대 1988.01.07

대회	연도	소속	출전	교체	득점	도움	파울	경고	퇴장
BC	2010	인천	0	0	0	0	0	0	0
	합계		0	0	0	0	0	0	0
	프로통산		0	0	0	0	0	0	0

장재웅(張在熊) 제주국제대 2001.01.08

대회	연도	소속	출전	교체	득점	도움	파울	경고	퇴장
K1	2022	수원FC	11	11	0	1	6	0	0
	2023	수원FC	27	28	0	1	14	2	0
	합계		38	39	0	2	20	2	0
승	2023	수원FC	2	3	1	0	2	1	0
	합계		2	3	1	0	2	1	0
	프로통산		40	42	1	2	22	3	0

장재학(張在學) 중앙대 1967.01.15

대회	연도	소속	출전	교체	득점	도움	파울	경고	퇴장
BC	1989	포항제철	15	7	0	1	17	1	0
	1991	현대	10	6	0	0	8	0	0
	합계		25	13	0	1	25	1	0
	프로통산		25	13	0	1	25	1	0

장정(張政) 아주대 1964.05.05

대회	연도	소속	출전	교체	득점	도움	파울	경고	퇴장
BC	1987	럭키금성	26	3	0	0	46	4	0
	1988	럭키금성	7	1	0	0	8	0	0
	합계		33	4	0	0	54	4	0
프로통산			33	4	0	0	54	4	0

장조윤(張朝潤) 보인정보산업고(보인고) 1988.01.01

대회	연도	소속	출전	교체	득점	도움	파울	경고	퇴장
BC	2007	전북	2	2	0	0	0	0	0
	합계		2	2	0	0	0	0	0
K2	2015	충주	11	10	1	0	4	0	0
	합계		11	10	1	0	4	0	0
프로통산			13	12	1	0	4	0	0

장주영(張柱泳) 청주대 1992.09.02

대회	연도	소속	출전	교체	득점	도움	파울	경고	퇴장
K2	2019	대전	6	3	0	0	5	0	0
	합계		6	3	0	0	5	0	0
프로통산			6	3	0	0	5	0	0

장준영(張竣營) 용인대 1993.02.04

대회	연도	소속	출전	교체	득점	도움	파울	경고	퇴장
K1	2021	수원FC	2	1	0	0	3	0	0
	합계		2	1	0	0	3	0	0
K2	2016	대전	20	1	0	0	33	4	0
	2017	대전	23	3	1	0	16	7	0
	2019	수원FC	25	5	0	3	29	5	0
	2020	수원FC	19	5	1	0	24	3	0
	2023	충남아산	20	4	0	0	13	3	0
	합계		107	18	3	3	107	23	0
프로통산			109	19	3	3	110	23	0

장지현(張地鉉) 성균관대 1975.04.11

대회	연도	소속	출전	교체	득점	도움	파울	경고	퇴장
BC	1999	수원	18	8	0	2	31	4	0
	2000	수원	30	13	3	0	70	4	1
	2001	수원	8	7	0	1	16	0	0
	2004	수원	2	0	0	0	4	0	0
	2005	수원	8	4	0	0	19	1	0
	2006	전북	15	10	3	0	41	3	0
	2007	전북	13	9	0	1	17	3	0
	합계		94	51	6	4	198	15	1
프로통산			94	51	6	4	198	15	1

장청순(張暢純) 전북대 1962.09.01

대회	연도	소속	출전	교체	득점	도움	파울	경고	퇴장
BC	1985	상무	10	6	0	2	9	1	0
	1989	일화	9	10	0	0	2	0	0
	합계		19	16	0	2	11	1	0
프로통산			19	16	0	2	11	1	0

장철민(張鐵民) 부산공대(부경대) 1972.05.19

대회	연도	소속	출전	교체	득점	도움	파울	경고	퇴장
BC	1995	전북	17	15	1	0	12	1	0
	1996	전북	5	5	1	0	3	0	0
	1997	울산	6	5	0	1	5	0	0
	1998	울산	26	22	4	6	33	2	0
	1999	울산	6	5	0	0	2	0	0
	2000	울산	7	5	1	3	11	0	0
	2001	울산	5	5	1	0	8	0	0
	2002	울산	24	23	4	2	13	0	0
	합계		102	85	8	12	87	3	0
프로통산			102	85	8	12	87	3	0

장철용(張喆榕) 남부대 1995.11.13

대회	연도	소속	출전	교체	득점	도움	파울	경고	퇴장
K1	2017	포항	11	8	0	0	8	1	0
	합계		11	8	0	0	8	1	0
프로통산			11	8	0	0	8	1	0

장철우(張鐵雨) 아주대 1971.04.01

대회	연도	소속	출전	교체	득점	도움	파울	경고	퇴장
BC	1997	대전	32	5	2	3	33	3	0
	1998	대전	28	9	5	3	33	2	0
	1999	대전	30	9	8	5	39	4	1
	2000	대전	21	6	5	0	32	3	0
	2001	대전	31	2	1	1	69	5	0
	2002	대전	32	5	2	3	58	7	0
	2003	대전	40	3	0	1	66	6	0
	2004	대전	31	2	0	6	39	5	0
	2005	대전	29	6	0	0	54	5	0
	합계		274	47	23	22	423	40	1
프로통산			274	47	23	22	423	40	1

장클로드(Jane Claude Adrimer Bozga) 루마니아 1984.06.01

대회	연도	소속	출전	교체	득점	도움	파울	경고	퇴장
K2	2016	대전	37	4	2	1	57	12	0
	합계		37	4	2	1	57	12	0
프로통산			37	4	2	1	57	12	0

장태규(張汰圭) 아주대 1976.04.25

대회	연도	소속	출전	교체	득점	도움	파울	경고	퇴장
BC	1999	부산	2	3	0	0	1	1	0
	2000	부산	1	0	0	0	0	0	0
	합계		2	3	0	0	1	1	0
프로통산			2	3	0	0	1	1	0

장하늘(張하늘) 숭실고 2002.03.02

대회	연도	소속	출전	교체	득점	도움	파울	경고	퇴장
K2	2021	경남	2	2	0	0	4	1	0
	합계		2	2	0	0	4	1	0
프로통산			2	2	0	0	4	1	0

장학영(張學榮) 경기대 1981.08.24

대회	연도	소속	출전	교체	득점	도움	파울	경고	퇴장
BC	2004	성남일화	16	8	0	0	13	1	0
	2005	성남일화	36	2	0	0	48	4	0
	2006	성남일화	42	1	2	3	60	1	0
	2007	성남일화	29	0	2	3	21	2	0
	2008	성남일화	37	1	1	1	45	3	0
	2009	성남일화	22	4	0	2	42	3	1
	2010	성남일화	15	0	3	1	17	2	0
	2012	부산	23	2	0	0	32	7	0
	합계		234	16	9	11	288	23	1
K1	2013	부산	37	0	3	6	26	3	0
	2014	부산	33	0	0	0	20	4	0
	2015	성남	17	2	0	1	14	3	0
	2016	성남	31	2	0	2	36	4	0
	합계		118	4	3	8	89	12	0
K2	2017	성남	11	7	0	0	7	1	0
	합계		11	7	0	0	7	1	0
승	2016	성남	2	0	0	0	1	1	0
	합계		2	0	0	0	1	1	0
프로통산			365	31	12	19	384	38	1

장혁진(張爀鎭) 배재대 1989.12.06

대회	연도	소속	출전	교체	득점	도움	파울	경고	퇴장
BC	2011	강원	8	7	0	0	8	0	0
	2012	강원	15	12	1	1	15	1	0
	합계		23	19	1	1	23	1	0
K1	2014	상주	7	7	0	0	4	0	0
	2022	수원FC	21	21	1	2	21	0	0
	합계		28	28	1	2	25	0	0
K2	2013	상주	10	10	1	0	10	1	0
	2014	강원	9	3	0	2	10	1	0
	2015	강원	29	11	2	2	43	6	0
	2016	강원	37	21	2	9	47	4	0
	2018	안산	31	5	3	5	46	6	0
	2019	안산	34	12	5	9	31	6	0
	2020	경남	26	4	0	3	49	6	0
	2021	경남	32	6	0	0	37	8	0
	2022	경남	1	1	0	0	0	0	0
	2023	충북청주	34	13	0	5	33	5	0
	합계		279	94	15	50	349	36	0
승	2016	강원	2	2	0	0	0	0	0
	합계		2	2	0	0	0	0	0
프로통산			332	143	17	53	393	37	0

장현규(張鉉奎) 울산대 1981.08.22

대회	연도	소속	출전	교체	득점	도움	파울	경고	퇴장
BC	2004	대전	22	6	2	0	31	2	0
	2005	대전	24	4	0	0	45	5	0
	2006	대전	36	7	0	0	52	3	0
	2007	대전	19	5	0	0	27	4	0
	2008	포항	22	3	1	0	36	3	0
	2009	광주상무	29	7	3	2	24	0	0
	2010	광주상무	20	7	0	0	23	2	0
	2010	포항	1	1	0	0	3	1	0
	2011	포항	5	2	0	0	4	1	0
	합계		179	37	6	2	247	21	0
프로통산			179	37	6	2	247	21	0

장현수(張鉉洙) 용인대 1993.01.01

대회	연도	소속	출전	교체	득점	도움	파울	경고	퇴장
K1	2015	수원	4	4	1	0	2	0	0
	2016	수원	1	1	0	0	1	0	0
	2017	수원	1	1	1	0	3	0	0
	합계		6	6	1	1	7	1	0
K2	2016	부산	13	11	2	1	11	1	0
	2019	부천	31	11	0	1	22	2	0
	2020	부천	23	12	0	1	39	3	0
	2021	부천	15	7	0	2	19	1	0
	합계		76	51	3	4	91	7	0
프로통산			82	57	4	5	98	8	0

장현우(張現宇) 동북고 1993.05.26

대회	연도	소속	출전	교체	득점	도움	파울	경고	퇴장
K1	2014	상주	0	0	0	0	0	0	0
	합계		0	0	0	0	0	0	0
K2	2015	상주	0	0	0	0	0	0	0
	2016	부산	1	1	0	0	5	0	0
	합계		1	1	0	0	5	0	0
프로통산			1	1	0	0	5	0	0

장현호(張現浩) 고려대 1972.10.14

대회	연도	소속	출전	교체	득점	도움	파울	경고	퇴장
BC	1995	포항	26	2	0	1	26	2	0
	1996	포항	26	4	0	0	31	2	1
	1997	포항	23	6	0	0	32	3	0
	2000	포항	10	2	0	0	10	3	0
	2001	성남일화	0	0	0	0	0	0	0
	합계		85	14	0	1	99	8	1
프로통산			85	14	0	1	99	8	1

장형곤(張炯坤) 경희고 1961.01.29

대회	연도	소속	출전	교체	득점	도움	파울	경고	퇴장
BC	1984	현대	1	1	0	0	2	0	0
	합계		1	1	0	0	2	0	0
프로통산			1	1	0	0	2	0	0

장형관(張馨官) 인천대 1980.07.19

대회	연도	소속	출전	교체	득점	도움	파울	경고	퇴장
BC	2003	대구	14	12	0	0	10	2	0
	2004	대구	3	2	0	0	4	0	0
	합계		17	14	0	0	14	2	0
프로통산			17	14	0	0	14	2	0

장형석(張亨碩) 성보고 1972.07.07

대회	연도	소속	출전	교체	득점	도움	파울	경고	퇴장
BC	1992	현대	12	9	1	0	10	1	0
	1993	현대	3	1	0	0	7	1	0
	1995	현대	28	9	6	0	52	5	1
	1996	울산	25	1	2	1	46	6	0
	1997	울산	18	13	0	0	30	2	0
	1999	울산	21	5	0	1	33	1	0
	1999	안양LG	10	4	0	1	18	3	0

			출전	교체	득점	도움	파울	경고	퇴장
	2002	부천SK	17	10	0	0	19	3	0
	합계		135	53	8	4	215	22	1
프로통산			135	53	8	4	215	22	1

장호익 (張鎬翼) 호남대 1993.12.04

대회	연도	소속	출전	교체	득점	도움	파울	경고	퇴장
K1	2016	수원	16	2	0	0	27	2	0
	2017	수원	19	6	0	1	27	4	0
	2018	수원	24	5	0	2	27	4	1
	2019	상주	0	0	0	0	0	0	0
	2020	수원	18	4	0	0	26	4	0
	2021	수원	21	9	0	0	38	12	0
	2022	수원	29	19	0	2	30	3	0
	2023	수원	17	9	0	0	7	1	0
	합계		157	53	0	5	182	30	1
승	2022	수원	2	1	0	0	1	0	0
	합계		2	1	0	0	1	0	0
프로통산			159	54	0	5	183	30	1

장효준 (張孝俊) 동국대 2000.02.09

대회	연도	소속	출전	교체	득점	도움	파울	경고	퇴장
K1	2022	성남	17	11	0	0	10	4	0
	합계		17	11	0	0	10	4	0
K2	2023	성남	5	3	0	0	3	0	0
	합계		5	3	0	0	3	0	0
프로통산			22	14	0	0	13	4	0

잭슨 (Lachlan Robert Tua Jackson) 오스트레일리아 1995.03.12

대회	연도	소속	출전	교체	득점	도움	파울	경고	퇴장
K1	2021	수원FC	19	3	2	1	22	2	0
	2022	수원FC	21	5	2	1	14	6	0
	2023	수원FC	23	4	0	0	11	5	0
	합계		63	12	4	2	47	13	0
승	2023	수원FC	2	0	0	0	2	0	0
	합계		2	0	0	0	2	0	0
프로통산			65	12	4	2	49	13	0

자스민 (Mujdza Jasmin) 크로아티아 1974.03.02

대회	연도	소속	출전	교체	득점	도움	파울	경고	퇴장
BC	2002	성남일화	16	5	0	0	25	0	0
	합계		16	5	0	0	25	0	0
프로통산			16	5	0	0	25	0	0

전경준 (全慶埈) 경북산업대(경일대) 1973.09.10

대회	연도	소속	출전	교체	득점	도움	파울	경고	퇴장
BC	1993	포항제철	8	7	0	1	5	0	0
	1994	포항제철	2	2	0	0	1	0	0
	1995	포항	19	19	0	1	13	3	0
	1996	포항	37	25	0	3	36	1	0
	1997	포항	33	18	2	3	34	3	0
	1998	포항	32	11	5	6	38	1	0
	1999	포항	10	7	0	0	10	0	0
	1999	부천SK	17	15	2	4	17	1	0
	2000	부천SK	38	37	7	13	24	4	1
	2001	부천SK	30	28	3	1	13	0	0
	2002	전북	32	13	4	3	33	3	0
	2003	전북	25	18	0	4	32	1	0
	2004	전북	11	11	1	0	6	0	0
	2005	전북	7	7	0	0	5	1	0
	합계		287	225	28	37	249	17	2
프로통산			287	225	28	37	249	17	2

전경진 (全景鎭) 한양대 1976.02.10

대회	연도	소속	출전	교체	득점	도움	파울	경고	퇴장
BC	2000	성남일화	2	2	0	0	1	0	0
	합계		2	2	0	0	1	0	0
프로통산			2	2	0	0	1	0	0

전경택 (田坰澤) 성균관대 1970.06.20

대회	연도	소속	출전	교체	득점	도움	파울	경고	퇴장
BC	1997	대전	22	5	0	0	36	2	0
	1998	대전	27	5	0	0	39	3	0
	1999	대전	5	4	0	0	7	0	0
	합계		54	14	0	0	82	6	0
프로통산			54	14	0	0	82	6	0

전광진 (全光眞) 명지대 1981.06.30

대회	연도	소속	출전	교체	득점	도움	파울	경고	퇴장
BC	2004	성남일화	19	9	0	1	43	3	0
	2005	성남일화	11	9	0	0	11	0	0
	2006	광주상무	34	14	0	4	38	3	1
	2007	광주상무	25	6	0	2	43	12	0
	2008	성남일화	9	6	0	0	10	2	0
	2009	성남일화	23	4	0	0	27	4	1
	2010	성남일화	32	7	2	4	34	8	0
	합계		151	53	2	11	206	32	2
프로통산			151	53	2	11	206	32	2

전광철 (全光哲) 경신고 1982.07.16

대회	연도	소속	출전	교체	득점	도움	파울	경고	퇴장
BC	2001	울산	1	1	0	0	0	0	0
	2002	울산	1	1	0	0	3	0	0
	합계		2	2	0	0	3	0	0
프로통산			2	2	0	0	3	0	0

전광환 (田廣煥) 울산대 1982.07.29

대회	연도	소속	출전	교체	득점	도움	파울	경고	퇴장
BC	2005	전북	0	0	0	0	0	0	0
	2006	전북	18	3	0	0	35	3	0
	2007	전북	23	6	0	4	37	2	0
	2008	전북	16	6	0	0	36	2	0
	2009	광주상무	28	15	0	0	15	2	0
	2010	광주상무	26	5	0	0	28	1	0
	2010	전북	1	1	0	0	0	0	0
	2011	전북	7	1	0	0	17	1	0
	2012	전북	31	2	0	1	33	1	0
	합계		138	33	0	5	162	11	0
K1	2013	전북	19	7	0	0	17	1	0
	합계		19	7	0	0	17	1	0
K2	2014	부천	20	4	0	0	24	1	0
	2015	부천	33	2	0	2	15	3	0
	합계		53	6	0	2	39	4	0
프로통산			210	46	0	5	224	18	0

전기성 (全基成) 광주대 1993.04.29

대회	연도	소속	출전	교체	득점	도움	파울	경고	퇴장
K2	2015	서울E	1	0	0	0	0	0	0
	2016	부천	1	1	0	0	1	0	0
	합계		2	1	0	0	1	0	0
프로통산			2	1	0	0	1	0	0

전덕찬 (全德燦) 계성고 1963.05.05

대회	연도	소속	출전	교체	득점	도움	파울	경고	퇴장
BC	1984	대우	1	1	0	0	1	0	0
	1986	대우	1	1	0	0	1	0	0
	합계		2	2	0	0	1	0	0
프로통산			2	2	0	0	1	0	0

전만호 (田萬浩) 대구공고 1967.01.07

대회	연도	소속	출전	교체	득점	도움	파울	경고	퇴장
BC	1990	대우	1	1	0	0	0	0	0
	합계		1	1	0	0	0	0	0
프로통산			1	1	0	0	0	0	0

전명근 (田明根) 호남대 1990.04.30

대회	연도	소속	출전	교체	득점	도움	파울	경고	퇴장
K2	2013	광주	10	9	0	0	6	0	0
	합계		10	9	0	0	6	0	0
프로통산			10	9	0	0	6	0	0

전민관 (全珉寬) 고려대 1990.10.19

대회	연도	소속	출전	교체	득점	도움	파울	경고	퇴장
K2	2013	부천	13	1	0	1	12	0	0
	2014	부천	1	1	0	0	0	0	0
	합계		14	2	0	1	12	0	0
프로통산			14	2	0	1	12	0	0

전민광 (全珉洸) 중원대 1993.01.17

대회	연도	소속	출전	교체	득점	도움	파울	경고	퇴장
K1	2019	포항	18	0	0	0	9	1	0
	2020	포항	16	6	0	1	9	2	1
	2021	포항	32	11	0	3	20	5	0
	합계		66	17	0	4	38	8	1
K2	2015	서울E	18	7	1	1	14	1	0
	2016	서울E	26	11	0	0	21	1	0
	2017	서울E	31	1	1	2	29	4	1
	2018	서울E	31	1	2	2	29	4	1
	합계		104	24	3	3	85	8	1
프로통산			170	41	3	7	123	16	2

전병관 (全炳關) 덕영고 2002.11.10

대회	연도	소속	출전	교체	득점	도움	파울	경고	퇴장
K1	2023	대전	23	21	2	3	21	2	0
	합계		23	21	2	3	21	2	0
K2	2021	대전	1	1	0	0	0	0	0
	2022	대전	7	7	1	0	6	1	0
	합계		8	8	1	0	6	1	0
프로통산			31	29	3	3	27	2	0

전병수 (全炳壽) 동국대 1992.03.14

대회	연도	소속	출전	교체	득점	도움	파울	경고	퇴장
K2	2015	강원	8	8	0	0	16	0	0
	합계		8	8	0	0	16	0	0
프로통산			8	8	0	0	16	0	0

전보민 (田甫珉) 제주국제대 2000.05.10

대회	연도	소속	출전	교체	득점	도움	파울	경고	퇴장
K2	2022	안양	1	1	0	0	2	0	0
	2023	안양	1	1	0	0	0	0	0
	합계		2	2	0	0	2	0	0
프로통산			2	2	0	0	2	0	0

전보훈 (全寶訓) 숭실대 1988.03.10

대회	연도	소속	출전	교체	득점	도움	파울	경고	퇴장
BC	2011	대전	5	5	0	0	6	0	0
	합계		5	5	0	0	6	0	0
프로통산			5	5	0	0	6	0	0

전봉성 (全峰星) 경운대 1985.03.18

대회	연도	소속	출전	교체	실점	도움	파울	경고	퇴장
BC	2008	전남	0	0	0	0	0	0	0
	합계		0	0	0	0	0	0	0
프로통산			0	0	0	0	0	0	0

전상대 (田相大) 숭실대 1982.04.10

대회	연도	소속	출전	교체	득점	도움	파울	경고	퇴장
BC	2006	경남	2	2	0	0	2	0	0
	2008	대구	0	0	0	0	0	0	0
	합계		2	2	0	0	2	0	0
프로통산			2	2	0	0	2	0	0

전상욱 (全相煜) 단국대 1979.09.22

대회	연도	소속	출전	교체	실점	도움	파울	경고	퇴장
BC	2005	성남일화	0	0	0	0	0	0	0
	2006	성남일화	3	1	2	0	0	0	0
	2008	성남일화	0	0	0	0	0	0	0
	2009	성남일화	3	0	0	0	0	0	0
	2010	부산	26	0	36	0	1	4	0
	2011	부산	21	0	23	0	1	5	0
	2012	부산	32	0	34	0	1	2	0
	합계		85	1	97	0	3	11	0
K1	2013	성남일화	30	1	41	0	1	4	0
	2014	성남	3	0	4	0	0	0	0
	2015	성남	6	0	7	0	0	0	0
	2016	성남	9	1	2	0	0	0	0
	합계		48	2	54	0	1	4	0
프로통산			133	3	151	0	4	15	0

전상훈 (田尙勳) 연세대 1989.09.10

대회	연도	소속	출전	교체	득점	도움	파울	경고	퇴장
BC	2011	대전	4	0	0	0	4	0	0
	합계		4	0	0	0	4	0	0
K1	2014	경남	0	0	0	0	0	0	0
	합계		0	0	0	0	0	0	0

대회	연도	소속	출전	교체	득점	도움	파울	경고	퇴장
K2	2013	경찰	2	2	0	0	1	0	0
	2015	경남	26	9	0	0	21	3	0
	2016	경남	9	3	0	0	8	0	0
	2017	대전	11	2	0	0	4	2	0
	2018	대전	6	2	0	1	1	1	0
	2019	대전	1	0	0	1	1	0	0
	합계		55	18	0	2	36	7	0
프로통산			59	18	0	2	40	7	0

전석훈(全錫訓) 영남대 1997.12.03

대회	연도	소속	출전	교체	득점	도움	파울	경고	퇴장
K2	2018	서울E	3	3	0	0	3	0	0
	2019	서울E	13	13	1	1	9	1	0
	2020	서울E	5	5	0	0	2	0	0
	합계		21	21	1	1	14	1	0
프로통산			21	21	1	1	14	1	0

전성수(田成秀) 계명고 2000.07.13

대회	연도	소속	출전	교체	득점	도움	파울	경고	퇴장
K1	2019	성남	0	0	0	0	0	0	0
	2022	성남	19	20	1	1	13	2	0
	합계		19	20	1	1	13	2	0
K2	2023	성남	17	16	0	2	5	0	0
	합계		17	16	0	2	5	0	0
프로통산			36	36	1	3	18	2	0

전성진(田聖眞) 현대고 2001.07.19

대회	연도	소속	출전	교체	득점	도움	파울	경고	퇴장
K1	2023	제주	6	6	0	0	0	0	0
	합계		6	6	0	0	0	0	0
프로통산			6	6	0	0	0	0	0

전수현(全首泫/← 전태현) 울산대 1986.08.18

대회	연도	소속	출전	교체	실점	도움	파울	경고	퇴장
BC	2009	제주	5	1	13	0	1	0	0
	2010	제주	7	1	9	0	0	1	0
	2011	제주	7	0	9	0	0	1	0
	2012	제주	15	1	19	0	1	0	0
	합계		27	3	41	0	2	2	0
K1	2013	제주	7	0	8	0	0	1	0
	2015	제주	0	0	0	0	0	0	0
	2016	제주	1	0	0	0	0	0	0
	합계		8	0	8	0	0	1	0
K2	2014	안산경찰	14	1	19	0	2	1	0
	2015	안산경찰	17	0	21	0	1	1	0
	2017	대전	21	0	34	0	0	2	0
	2018	안양	32	0	41	0	0	0	0
	2019	수원FC	8	1	25	0	0	2	0
	합계		92	1	125	0	2	2	0
프로통산			127	4	174	0	4	5	0

전승민(田昇悶) 용인대 2000.12.15

대회	연도	소속	출전	교체	득점	도움	파울	경고	퇴장
K1	2020	성남	1	1	0	0	0	0	0
	2021	성남	2	2	0	0	0	0	0
	합계		3	3	0	0	0	0	0
K2	2022	전남	34	23	1	3	15	2	0
	2023	전남	9	8	0	0	3	0	0
	2023	부산	4	4	0	1	2	0	0
	합계		47	35	3	2	20	2	0
프로통산			50	38	3	2	20	2	0

전영수(全榮秀) 성균관대 1963.02.19

대회	연도	소속	출전	교체	득점	도움	파울	경고	퇴장
BC	1986	현대	22	14	1	7	16	1	0
	1989	유공	12	11	1	0	5	0	0
	1990	유공	6	4	1	1	3	0	0
	1991	유공	3	3	0	0	6	0	0
	합계		43	32	3	9	30	1	0
프로통산			43	32	3	9	30	1	0

전용운(全龍雲) 안산U18 2002.11.05

대회	연도	소속	출전	교체	득점	도움	파울	경고	퇴장
K2	2021	안산	0	0	0	0	0	0	0
	2022	안산	2	2	0	0	0	0	0
	합계		2	2	0	0	0	0	0
프로통산			2	2	0	0	0	0	0

전우근(全雨根) 인천대 1977.02.25

대회	연도	소속	출전	교체	득점	도움	파울	경고	퇴장
BC	1999	부산	18	6	1	2	28	4	0
	2000	부산	29	12	6	1	45	1	0
	2001	부산	35	13	8	2	53	1	1
	2002	부산	23	7	1	1	33	2	1
	2003	부산	27	13	2	1	51	2	0
	2004	광주상무	19	17	1	0	30	0	0
	2005	광주상무	7	5	0	0	8	1	0
	2006	부산	10	10	1	2	19	0	0
	2007	부산	21	17	1	0	24	1	0
	2008	부산	11	11	0	0	15	0	0
	합계		191	103	21	9	272	11	1
프로통산			191	103	21	9	272	11	1

전우영(全旴營/← 전성찬) 광운대 1987.12.27

대회	연도	소속	출전	교체	득점	도움	파울	경고	퇴장
BC	2011	성남일화	24	7	3	2	38	4	0
	2012	성남일화	6	6	0	0	4	0	0
	합계		30	13	3	2	44	4	0
K1	2013	성남일화	1	1	0	0	0	0	0
	2013	부산	11	10	0	0	10	0	0
	2014	부산	17	16	0	0	14	0	0
	2015	부산	24	12	0	1	20	3	0
	2016	전남	3	2	0	0	6	1	0
	합계		55	40	1	1	52	4	0
승	2015	부산	1	1	0	0	2	0	0
	합계		1	1	0	0	2	0	0
프로통산			86	54	3	3	98	9	0

전운선(全雲仙) 국민대 1960.12.23

대회	연도	소속	출전	교체	실점	도움	파울	경고	퇴장
BC	1984	국민은행	15	0	26	0	0	0	0
	합계		15	0	26	0	0	0	0
프로통산			15	0	26	0	0	0	0

전원근(全源根) 고려대 1986.11.13

대회	연도	소속	출전	교체	득점	도움	파울	경고	퇴장
BC	2009	강원	28	4	1	2	31	1	0
	2010	대구	3	1	0	0	4	0	0
	합계		31	5	1	2	35	1	0
프로통산			31	5	1	2	35	1	0

전인석(田仁錫) 고려대 1955.09.25

대회	연도	소속	출전	교체	득점	도움	파울	경고	퇴장
BC	1984	대우	18	3	0	0	17	0	0
	1985	대우	13	2	0	0	21	1	0
	합계		31	5	0	0	38	1	0
프로통산			31	5	0	0	38	1	0

전재복(全在福) 경희대 1972.11.05

대회	연도	소속	출전	교체	득점	도움	파울	경고	퇴장
BC	1996	수원	27	10	0	1	33	1	0
	1997	수원	6	3	0	0	9	0	0
	합계		33	13	0	1	42	1	0
프로통산			33	13	0	1	42	1	0

전재운(全才雲) 울산대 1981.03.18

대회	연도	소속	출전	교체	득점	도움	파울	경고	퇴장
BC	2002	울산	22	14	3	3	21	2	0
	2003	울산	26	23	4	2	19	3	0
	2004	울산	20	16	2	1	25	4	0
	2005	수원	10	9	1	2	10	2	0
	2006	전북	4	3	0	0	8	1	0
	2007	제주	23	14	2	1	19	3	0
	2008	제주	23	12	1	1	25	3	0
	2009	제주	17	17	0	0	10	1	0
	합계		158	117	13	16	142	24	0
프로통산			158	117	13	16	142	24	0

전재호(田在浩) 홍익대 1979.08.08

대회	연도	소속	출전	교체	득점	도움	파울	경고	퇴장
BC	2002	성남일화	3	3	0	0	4	1	0
	2003	성남일화	31	6	0	0	74	5	0
	2004	인천	30	4	1	2	49	3	1
	2005	인천	35	3	1	1	49	6	0
	2006	인천	31	5	0	3	41	4	1
	2007	인천	14	5	0	0	34	4	1
	2008	인천	31	4	0	1	39	3	0
	2009	인천	31	4	0	3	48	11	0
	2010	인천	26	3	0	2	37	2	0
	2011	인천	29	5	1	1	29	5	0
	2012	부산	3	3	0	0	1	0	0
	2012	강원	13	1	0	0	18	5	0
	합계		262	46	4	12	413	48	2
K1	2013	강원	26	3	2	3	32	6	1
	합계		26	3	2	3	32	6	1
승	2013	강원	2	2	0	0	3	1	0
	합계		2	2	0	0	3	1	0
프로통산			290	61	6	15	448	55	3

전정호(全廷鎬) 아주대 1999.01.06

대회	연도	소속	출전	교체	득점	도움	파울	경고	퇴장
K1	2021	수원FC	9	11	0	0	3	0	0
	합계		9	11	0	0	3	0	0
K2	2020	수원FC	1	1	0	0	0	0	0
	합계		1	1	0	0	0	0	0
프로통산			10	12	0	0	3	0	0

전종선(全鐘善) 서울체고 1962.02.15

대회	연도	소속	출전	교체	득점	도움	파울	경고	퇴장
BC	1983	유공	3	1	0	0	0	0	0
	1984	유공	11	6	0	1	4	0	0
	1985	유공	5	2	0	1	2	0	0
	합계		19	9	0	2	6	0	0
프로통산			19	9	0	2	6	0	0

전종혁(全鐘赫) 연세대 1996.03.21

대회	연도	소속	출전	교체	실점	도움	파울	경고	퇴장
K1	2019	성남	10	2	9	0	0	0	0
	2020	성남	4	0	4	0	0	0	0
	합계		14	2	13	0	0	0	0
K2	2018	성남	2	0	2	0	0	0	0
	2021	부천	16	0	23	0	1	2	0
	2022	부산	6	0	15	0	0	0	0
	합계		24	0	40	0	1	2	0
프로통산			38	2	42	1	1	3	0

전준형(田俊亨) 용문중 1986.08.28

대회	연도	소속	출전	교체	득점	도움	파울	경고	퇴장
BC	2009	경남	4	1	0	0	5	0	0
	2010	경남	23	4	2	1	23	5	0
	2011	인천	9	3	0	0	8	0	0
	2012	인천	11	6	0	0	14	1	0
	합계		47	12	2	1	50	6	0
K1	2013	인천	8	2	0	0	6	1	0
	합계		8	2	0	0	6	1	0
K2	2014	광주	8	2	0	0	7	0	0
	합계		8	2	0	0	7	0	0
프로통산			63	16	2	1	63	8	0

전지현(全志晛) 호남대 1995.05.03

대회	연도	소속	출전	교체	득점	도움	파울	경고	퇴장
K1	2018	전남	5	5	0	0	3	0	0
	합계		5	5	0	0	3	0	0
프로통산			5	5	0	0	3	0	0

전진우(全唔旴/← 전세진) 매탄고 1999.09.09

대회	연도	소속	출전	교체	득점	도움	파울	경고	퇴장
K1	2018	수원	12	10	2	0	11	1	0
	2019	수원	20	14	0	2	10	3	0
	2020	상주	1	1	0	0	1	0	0
	2021	수원	8	8	0	0	6	1	0

대회	연도	소속	출전	교체	득점	도움	파울	경고	퇴장
	2022	수원	25	22	6	3	23	3	0
	2023	수원	21	20	1	1	11	2	0
	합계		87	75	9	6	61	10	0
K2	2021	김천	1	1	0	0	3	0	0
	합계		1	1	0	0	3	0	0
승	2022	수원	2	3	0	0	0	0	0
프로통산			90	79	9	6	64	10	0

전차식(全且植) 동래고 1959.09.27

대회	연도	소속	출전	교체	득점	도움	파울	경고	퇴장
BC	1983	포항제철	13	2	0	0	8	1	0
	1984	포항제철	16	1	0	0	10	0	0
	1985	포항제철	21	0	1	0	13	1	0
	1986	포항제철	24	2	0	1	25	2	0
	합계		74	5	0	3	56	4	0
프로통산			74	5	0	3	56	4	0

전현근(全炫勤) 진주고 1997.02.25

대회	연도	소속	출전	교체	득점	도움	파울	경고	퇴장
K1	2019	성남	0	0	0	0	0	0	0
	합계		0	0	0	0	0	0	0
프로통산			0	0	0	0	0	0	0

전현병(全炫丙) 연세대 2000.05.07

대회	연도	소속	출전	교체	득점	도움	파울	경고	퇴장
K1	2023	강원	0	0	0	0	0	0	0
	합계		0	0	0	0	0	0	0
프로통산			0	0	0	0	0	0	0

전현석(田鉉奭) 울산대 1974.03.29

대회	연도	소속	출전	교체	득점	도움	파울	경고	퇴장
BC	1997	전북	13	13	1	3	11	3	0
	1998	전북	13	13	2	1	7	2	0
	1999	전북	19	20	3	3	10	1	0
	2000	전북	12	12	0	1	6	2	0
	합계		60	58	6	8	34	8	0
프로통산			60	58	6	8	34	8	0

전현욱(田鉉煜) 전주대 1992.03.16

대회	연도	소속	출전	교체	득점	도움	파울	경고	퇴장
K1	2015	수원	0	0	0	0	0	0	0
	합계		0	0	0	0	0	0	0

전현재(全玄載) 광운대 1992.07.12

대회	연도	소속	출전	교체	득점	도움	파울	경고	퇴장
K2	2015	서울E	0	0	0	0	0	0	0
	합계		0	0	0	0	0	0	0
프로통산			0	0	0	0	0	0	0

전현철(全玄哲) 아주대 1990.07.03

대회	연도	소속	출전	교체	득점	도움	파울	경고	퇴장
BC	2012	성남일화	22	22	3	0	15	0	0
	합계		22	20	3	0	15	0	0
K1	2013	전남	30	26	6	1	14	0	0
	2014	전남	21	19	2	0	13	0	0
	2015	전남	13	11	0	1	7	0	0
	2017	대구	11	11	0	0	13	1	0
	2018	대구	13	13	0	0	4	0	0
	2019	대구	2	2	0	0	0	0	0
	합계		97	89	11	2	51	1	0
K2	2016	부산	8	8	0	0	1	0	0
	2017	부산	11	12	0	2	5	0	0
	합계		19	20	0	2	6	0	0
프로통산			138	129	14	4	53	1	0

전형섭(全亨涉) 성균관대 1990.02.21

대회	연도	소속	출전	교체	득점	도움	파울	경고	퇴장
K2	2014	대구	0	0	0	0	0	0	0
	합계		0	0	0	0	0	0	0
프로통산			0	0	0	0	0	0	0

전홍석(全弘錫) 선문대 1989.03.25

대회	연도	소속	출전	교체	실점	도움	파울	경고	퇴장
BC	2011	울산	0	0	0	0	0	0	0
	2012	울산	0	0	0	0	0	0	0
	합계		0	0	0	0	0	0	0
K1	2013	울산	0	0	0	0	0	0	0
	합계		0	0	0	0	0	0	0
프로통산			0	0	0	0	0	0	0

전효석(全效奭) 제주국제대 1997.05.28

대회	연도	소속	출전	교체	득점	도움	파울	경고	퇴장
K2	2019	아산	15	4	0	0	9	0	0
	합계		15	4	0	0	9	0	0
프로통산			15	4	0	0	9	0	0

정건우(鄭建禹) 선문대 2002.09.02

대회	연도	소속	출전	교체	득점	도움	파울	경고	퇴장
K2	2022	충남아산	15	18	0	0	7	0	0
	합계		15	18	0	0	7	0	0
프로통산			15	18	0	0	7	0	0

정경구(鄭敬九) 서울시립대 1970.06.17

대회	연도	소속	출전	교체	득점	도움	파울	경고	퇴장
BC	1995	전북	25	20	0	0	21	0	0
	1996	전북	21	18	1	2	16	0	0
	1997	전북	21	19	4	0	18	1	0
	1998	전북	21	20	0	1	34	3	0
	합계		88	77	5	3	91	4	0
프로통산			88	77	5	3	91	4	0

정경호(鄭卿浩) 청구고 1987.01.12

대회	연도	소속	출전	교체	득점	도움	파울	경고	퇴장
BC	2006	경남	23	19	1	1	21	0	0
	2007	경남	30	25	0	2	46	4	0
	2009	전남	9	5	1	2	7	0	0
	2010	광주상무	25	18	0	2	13	3	0
	2011	상주	11	1	0	2	9	0	0
	2012	제주	5	4	0	0	7	1	0
	합계		103	72	2	7	90	8	0
K2	2013	광주	17	15	0	0	23	1	0
	2017	안산	23	13	0	0	20	3	0
	합계		40	34	0	0	43	3	0
프로통산			143	108	5	7	133	15	0

정경호(鄭暻鎬) 울산대 1980.05.22

대회	연도	소속	출전	교체	득점	도움	파울	경고	퇴장
BC	2003	울산	38	38	5	4	28	2	0
	2004	울산	18	7	3	1	36	4	0
	2005	광주상무	27	11	4	1	30	0	1
	2006	광주상무	19	6	4	1	15	1	0
	2007	울산	23	14	2	0	25	2	0
	2007	전북	11	2	3	2	12	1	0
	2008	전북	32	20	5	3	31	4	0
	2009	강원	9	2	0	0	11	0	0
	2010	강원	26	4	2	1	23	2	0
	2011	강원	17	7	0	1	9	3	0
	2012	대전	22	7	0	0	18	4	0
	합계		238	126	30	14	235	23	2
프로통산			238	126	30	14	235	23	2

정광민(丁光民) 명지대 1976.01.08

대회	연도	소속	출전	교체	득점	도움	파울	경고	퇴장
BC	1998	안양LG	35	8	11	1	68	1	0
	1999	안양LG	38	15	8	7	49	4	0
	2000	안양LG	34	23	13	3	26	2	0
	2001	안양LG	16	15	0	2	11	3	0
	2002	안양LG	14	7	1	0	14	0	0
	2007	서울	8	5	0	0	9	0	0
	2007	대구	2	3	0	0	2	0	0
	합계		147	76	34	14	176	13	0
프로통산			147	76	34	14	176	13	0

정광석(鄭光錫) 성균관대 1970.12.01

대회	연도	소속	출전	교체	득점	도움	파울	경고	퇴장
BC	1993	대우	26	2	0	1	44	4	1
	1994	대우	14	5	1	0	18	0	0
	1997	부산	26	15	1	2	19	1	0
	1998	부산	13	5	0	0	13	1	0
	합계		79	27	3	2	94	6	1
프로통산			79	27	3	2	94	6	1

정규민(鄭奎民) 서해고 1995.04.01

대회	연도	소속	출전	교체	실점	도움	파울	경고	퇴장
K2	2014	고양	0	0	0	0	0	0	0
	합계		0	0	0	0	0	0	0
프로통산			0	0	0	0	0	0	0

정규진(政圭振) 상지대 1989.06.20

대회	연도	소속	출전	교체	실점	도움	파울	경고	퇴장
BC	2011	대전	0	0	0	0	0	0	0
	합계		0	0	0	0	0	0	0
프로통산			0	0	0	0	0	0	0

정근희(鄭根熹) 건국대 1988.12.08

대회	연도	소속	출전	교체	득점	도움	파울	경고	퇴장
BC	2011	전남	1	0	0	0	0	0	0
	2012	전남	4	0	0	0	6	1	0
	합계		5	0	0	0	6	1	0
K1	2013	전남	2	2	0	0	2	0	0
	합계		2	2	0	0	2	0	0
K2	2014	충주	0	0	0	0	0	0	0
	합계		0	0	0	0	0	0	0
프로통산			7	2	0	0	8	1	0

정기동(鄭基東) 청주상고 1961.05.13

대회	연도	소속	출전	교체	실점	도움	파울	경고	퇴장
BC	1983	포항제철	11	0	14	0	0	0	0
	1984	포항제철	15	0	28	0	0	1	0
	1985	포항제철	10	0	14	0	0	0	0
	1986	포항제철	32	0	36	0	0	1	0
	1987	포항제철	16	2	17	0	0	0	0
	1988	포항제철	6	1	8	0	0	0	0
	1989	포항제철	14	0	12	0	0	0	0
	1990	포항제철	7	0	6	0	0	0	0
	1991	포항제철	12	1	14	0	0	0	0
	합계		135	3	160	0	0	3	0
프로통산			135	3	160	0	0	3	0

정기운(鄭氣云) 광운대 1992.07.05

대회	연도	소속	출전	교체	득점	도움	파울	경고	퇴장
K1	2016	수원FC	5	5	0	0	2	1	0
	합계		5	5	0	0	2	1	0
K2	2015	수원FC	35	29	6	4	17	2	0
	2018	안산	4	4	0	0	2	0	0
	2023	충북청주	12	12	0	0	3	0	0
	합계		51	45	6	4	22	4	0
승	2015	수원FC	0	0	0	0	0	0	0
	합계		0	0	0	0	0	0	0
프로통산			56	50	6	4	24	5	0

정길용(鄭吉容) 광운대 1975.06.21

대회	연도	소속	출전	교체	실점	도움	파울	경고	퇴장
BC	2000	안양LG	7	0	10	0	2	0	0
	2001	안양LG	0	0	0	0	0	0	0
	합계		7	0	10	0	2	0	0
프로통산			7	0	10	0	2	0	0

정다슬(鄭다슬) 한양대 1987.04.18

대회	연도	소속	출전	교체	득점	도움	파울	경고	퇴장
BC	2011	제주	0	0	0	0	0	0	0
	합계		0	0	0	0	0	0	0
K2	2013	안양	23	10	3	0	30	4	0
	2014	안양	7	6	0	0	1	0	0
	2015	안양	0	0	0	0	0	0	0
	합계		30	16	3	0	31	4	0
프로통산			30	16	3	0	31	4	0

정다운(鄭다운) 대구예술대 1989.07.13

대회	연도	소속	출전	교체	득점	도움	파울	경고	퇴장
K1	2013	수원	0	0	0	0	0	0	0
	합계		0	0	0	0	0	0	0
프로통산			0	0	0	0	0	0	0

Section 6 역대 통산 기록

정다훈(鄭多勳) 수원대 1995.06.16

대회	연도	소속	출전	교체	득점	도움	파울	경고	퇴장
K2	2018	광주	1	1	0	0	0	0	0
		합계	1	1	0	0	0	0	0
프로통산			1	1	0	0	0	0	0

정다훤(鄭多煊) 충북대 1987.12.22

대회	연도	소속	출전	교체	득점	도움	파울	경고	퇴장
BC	2009	서울	0	0	0	0	0	0	0
	2011	경남	32	8	0	4	41	8	0
	2012	경남	29	9	0	0	48	4	0
		합계	61	17	0	4	89	12	0
K1	2013	경남	14	1	0	1	30	9	0
	2014	제주	34	5	1	0	55	4	0
	2015	제주	25	4	0	2	38	8	0
	2018	제주	10	3	0	0	14	4	0
		합계	103	17	4	0	183	25	0
K2	2016	안산무궁	31	4	2	3	39	8	1
	2017	아산	11	5	1	1	13	4	0
	2019	아산	9	0	0	0	14	3	0
	2020	충남아산	18	3	0	0	28	6	0
		합계	69	12	3	4	99	21	1
프로통산			233	46	7	8	371	61	1

정대교(政代敎) 영남대 1992.04.27

대회	연도	소속	출전	교체	득점	도움	파울	경고	퇴장
K2	2014	대구	13	13	0	1	10	1	0
	2015	대구	0	0	0	0	0	0	0
		합계	13	13	0	1	10	1	0
프로통산			13	13	0	1	10	1	0

정대선(鄭大善) 중앙대 1987.06.27

대회	연도	소속	출전	교체	득점	도움	파울	경고	퇴장
BC	2010	울산	18	13	1	1	17	3	0
	2011	울산	10	8	1	0	9	1	0
	2011	경남	11	11	1	1	4	0	0
	2012	경남	7	6	1	0	7	1	0
		합계	46	38	4	2	37	5	0
K1	2013	경남	10	10	0	0	8	1	0
		합계	10	10	0	0	8	1	0
K2	2014	안양	25	20	2	1	33	3	0
		합계	25	20	2	1	33	3	0
프로통산			81	68	6	3	78	9	0

정대세(鄭大世) 일본조선대 1984.03.02

대회	연도	소속	출전	교체	득점	도움	파울	경고	퇴장
K1	2013	수원	23	10	10	2	42	4	0
	2014	수원	28	16	7	1	55	2	0
	2015	수원	21	10	6	5	42	4	0
		합계	72	36	23	8	139	10	0
프로통산			72	36	23	8	139	10	0

정대훈(鄭大勳) 포철공고 1977.12.21

대회	연도	소속	출전	교체	득점	도움	파울	경고	퇴장
BC	1999	포항	26	21	5	4	26	4	0
	2000	포항	8	7	0	0	3	1	0
	2001	포항	8	8	0	0	10	2	0
	2003	대구	0	0	0	0	0	0	0
		합계	42	36	5	4	39	7	0
프로통산			42	36	5	4	39	7	0

정동복(鄭東福) 연세대 1962.01.22

대회	연도	소속	출전	교체	득점	도움	파울	경고	퇴장
BC	1986	현대	11	8	0	0	9	1	0
	1987	현대	16	9	2	1	17	0	0
	1988	현대	6	4	0	2	4	0	0
	1989	현대	30	21	1	0	37	0	0
	1990	현대	22	16	6	1	22	0	0
	1991	현대	4	4	0	1	6	0	0
	1992	현대	2	3	0	0	0	0	0
		합계	91	65	9	5	98	5	0
프로통산			91	65	9	5	98	5	0

정동윤(鄭東潤) 성균관대 1994.04.03

대회	연도	소속	출전	교체	득점	도움	파울	경고	퇴장
K1	2016	광주	29	9	0	0	34	5	0
	2017	광주	24	6	0	1	28	4	0
	2018	인천	15	2	1	1	14	3	0
	2019	인천	22	4	0	2	29	5	0
	2020	인천	21	2	1	2	26	4	1
	2021	인천	11	3	0	0	10	0	0
	2022	김천	10	5	0	0	12	0	0
	2023	인천	28	20	0	1	33	0	0
		합계	160	51	2	7	172	25	1
K2	2018	광주	2	2	0	1	0	0	0
	2021	김천	4	0	0	0	5	0	0
		합계	6	2	0	1	5	0	0
승	2022	김천	1	1	0	0	0	0	0
		합계	1	1	0	0	0	0	0
프로통산			167	54	2	8	177	25	1

정동진(鄭東珍) 조선대 1990.06.06

대회	연도	소속	출전	교체	득점	도움	파울	경고	퇴장
K2	2013	광주	1	1	0	0	0	0	0
		합계	1	1	0	0	0	0	0
프로통산			1	1	0	0	0	0	0

정동호(鄭東浩) 부경대 1990.03.07

대회	연도	소속	출전	교체	득점	도움	파울	경고	퇴장
K1	2014	울산	20	6	1	0	24	3	0
	2015	울산	28	1	2	4	40	7	0
	2016	울산	24	2	0	2	30	3	0
	2017	울산	17	2	1	3	16	3	0
	2018	울산	8	3	0	0	7	1	0
	2019	울산	15	5	0	0	14	2	0
	2021	수원FC	21	3	0	3	21	5	0
	2022	수원FC	21	15	2	0	17	0	0
	2023	수원FC	28	7	2	5	15	3	0
		합계	181	51	4	15	165	30	0
승	2023	수원FC	2	0	0	0	0	0	0
		합계	2	0	0	0	0	0	0
프로통산			183	53	4	15	165	30	0

정명오(鄭明五) 아주대 1986.10.29

대회	연도	소속	출전	교체	득점	도움	파울	경고	퇴장
BC	2009	경남	7	6	0	0	10	0	0
	2010	경남	1	1	0	0	0	0	0
	2012	전남	22	8	0	0	24	6	0
		합계	30	15	0	0	34	6	0
프로통산			30	15	0	0	34	6	0

정명원(鄭明元) 수일고 1999.01.18

대회	연도	소속	출전	교체	득점	도움	파울	경고	퇴장
K2	2018	수원FC	0	0	0	0	0	0	0
		합계	0	0	0	0	0	0	0
프로통산			0	0	0	0	0	0	0

정명제(鄭明題) 풍생고 2002.06.30

대회	연도	소속	출전	교체	실점	도움	파울	경고	퇴장
K1	2021	성남	0	0	0	0	0	0	0
	2022	성남	0	0	0	0	0	0	0
		합계	0	0	0	0	0	0	0
K2	2023	성남	0	0	0	0	0	0	0
		합계	0	0	0	0	0	0	0
프로통산			0	0	0	0	0	0	0

정민(鄭珉) 조선대 1970.11.29

대회	연도	소속	출전	교체	득점	도움	파울	경고	퇴장
BC	1993	대우	1	1	0	0	1	0	0
		합계	1	1	0	0	1	0	0
프로통산			1	1	0	0	1	0	0

정민교(鄭敏敎) 배재대 1987.04.22

대회	연도	소속	출전	교체	실점	도움	파울	경고	퇴장
K2	2013	안양	7	1	13	0	0	1	0
	2014	안양	0	0	0	0	0	0	0
		합계	7	1	13	0	0	1	0
프로통산			7	1	13	0	0	1	0

정민기(鄭珉基) 중앙대 1996.02.09

대회	연도	소속	출전	교체	실점	도움	파울	경고	퇴장
K1	2023	전북	9	0	10	0	0	0	0
		합계	9	0	10	0	0	0	0
K2	2018	안양	3	0	8	0	0	0	0
	2019	안양	3	0	4	0	0	1	0
	2020	안양	14	0	17	0	0	0	0
	2021	안양	34	0	38	0	0	0	0
	2022	안양	41	0	41	0	1	1	0
		합계	95	0	108	0	1	2	0
승	2022	안양	2	0	2	0	0	0	0
		합계	2	0	2	0	0	0	0
프로통산			106	0	120	0	1	2	0

정민무(鄭旻武) 포철공고 1985.03.03

대회	연도	소속	출전	교체	득점	도움	파울	경고	퇴장
BC	2013	고양	17	13	3	1	28	4	0
	2014	고양	16	15	1	1	21	3	0
		합계	33	28	4	2	49	7	0
프로통산			33	28	4	2	49	7	0

정민우(鄭珉優) 호남대 1992.12.01

대회	연도	소속	출전	교체	득점	도움	파울	경고	퇴장
K1	2016	수원FC	11	8	1	0	10	0	0
		합계	11	8	1	0	10	0	0
K2	2014	수원FC	31	22	8	5	26	3	0
	2015	수원FC	20	19	2	0	24	3	0
	2017	대전	14	12	4	0	16	2	0
	2018	대전	0	0	0	0	0	0	0
		합계	65	53	14	5	66	8	0
승	2015	수원FC	2	2	1	0	1	0	0
		합계	2	2	1	0	1	0	0
프로통산			78	63	16	5	77	8	0

정민우(鄭暋優) 중동고 2000.09.27

대회	연도	소속	출전	교체	득점	도움	파울	경고	퇴장
K1	2019	강원	0	0	0	0	0	0	0
	2021	강원	6	6	0	0	2	0	0
	2023	충북청주	12	12	1	1	7	1	0
		합계	12	12	1	1	7	1	0
프로통산			12	12	1	1	7	1	0

정민형(鄭敏亨) 한국국제대 1987.05.14

대회	연도	소속	출전	교체	득점	도움	파울	경고	퇴장
BC	2011	부산	6	4	0	0	6	0	0
	2012	부산	2	2	0	0	2	0	0
		합계	8	6	0	0	8	0	0
프로통산			8	6	0	0	8	0	0

정산(鄭山) 경희대 1989.02.10

대회	연도	소속	출전	교체	실점	도움	파울	경고	퇴장
BC	2009	강원	0	0	0	0	0	0	0
	2010	강원	0	0	0	0	0	0	0
	2011	성남일화	1	0	3	0	0	0	0
	2012	성남일화	19	0	21	0	1	1	0
		합계	20	0	24	0	1	1	0
K1	2013	성남일화	0	0	0	0	0	0	0
	2014	성남	0	0	0	0	0	0	0
	2015	성남	1	0	1	0	0	0	0
	2016	울산	10	1	16	1	1	2	0
	2017	인천	12	0	14	0	1	1	0
	2018	인천	18	0	28	1	1	5	0
	2019	인천	27	1	40	0	1	4	0
	2020	인천	12	0	16	0	0	2	0
	2021	인천	0	0	0	0	0	0	0
	2023	대전	0	0	0	0	0	0	0
		합계	81	2	115	2	4	14	0
K2	2022	대전	0	0	0	0	0	0	0
		합계	0	0	0	0	0	0	0
승	2022	대전	0	0	0	0	0	0	0
		합계	0	0	0	0	0	0	0

정상규(鄭尙奎) 경희대 1998.09.08 *(이어서)*

대회	연도	소속	출전	교체	득점	도움	파울	경고	퇴장
		프로통산	102	2	150	2	3	6	0

정상규(鄭尙奎) 경희대 1998.09.08

대회	연도	소속	출전	교체	득점	도움	파울	경고	퇴장
K2	2020	제주	1	1	0	0	2	1	0
		합계	1	1	0	0	2	1	0
		프로통산	1	1	0	0	2	1	0

정상남(丁祥楠) 연세대 1975.09.07

대회	연도	소속	출전	교체	득점	도움	파울	경고	퇴장
BC	1998	포항	2	2	0	0	3	0	0
	1999	포항	8	5	3	0	8	0	0
		합계	10	7	3	0	11	0	0
		프로통산	10	7	3	0	11	0	0

정상모(鄭相摸) 울산대 1975.02.24

대회	연도	소속	출전	교체	득점	도움	파울	경고	퇴장
BC	1998	천안일화	11	7	1	0	14	0	0
	1999	천안일화	0	0	0	0	0	0	0
		합계	11	7	1	0	14	0	0
		프로통산	11	7	1	0	14	0	0

정상빈(丁想賓) 매탄고 2002.04.01

대회	연도	소속	출전	교체	득점	도움	파울	경고	퇴장
K1	2021	수원	28	23	6	2	30	6	0
		합계	28	23	6	2	30	6	0
		프로통산	28	23	6	2	30	6	0

정상훈(鄭相勳) 성균관대 1985.03.22

대회	연도	소속	출전	교체	득점	도움	파울	경고	퇴장
BC	2008	경남	6	4	0	0	7	1	0
		합계	6	4	0	0	7	1	0
		프로통산	6	4	0	0	7	1	0

정서운(鄭署運) 서남대 1993.12.08

대회	연도	소속	출전	교체	득점	도움	파울	경고	퇴장
K1	2015	대전	11	10	0	0	7	1	0
		합계	11	10	0	0	7	1	0
		프로통산	11	10	0	0	7	1	0

정석근(鄭石根) 아주대 1977.11.25

대회	연도	소속	출전	교체	득점	도움	파울	경고	퇴장
BC	2000	부산	10	9	1	0	5	2	0
	2001	부산	2	2	0	0	1	0	0
	2003	광주상무	1	1	0	0	0	0	0
		합계	13	12	1	0	6	2	0
		프로통산	13	12	1	0	6	2	0

정석민(鄭錫珉) 인제대 1988.01.27

대회	연도	소속	출전	교체	득점	도움	파울	경고	퇴장
BC	2010	포항	5	3	1	0	7	0	0
	2011	포항	8	4	2	0	6	0	0
	2012	제주	3	3	0	1	0	0	0
		합계	16	10	3	1	13	0	0
K1	2013	대전	36	14	4	1	49	4	0
	2015	전남	26	18	0	0	27	3	0
	2016	전남	6	5	0	0	15	2	0
		합계	68	37	4	1	91	9	0
K2	2014	대전	33	2	5	2	55	6	0
		합계	33	2	5	2	55	6	0
		프로통산	117	49	12	3	160	18	0

정석화(鄭錫華) 고려대 1991.05.17

대회	연도	소속	출전	교체	득점	도움	파울	경고	퇴장
K1	2013	부산	32	20	1	2	20	2	0
	2014	부산	26	19	1	0	14	3	0
	2015	부산	24	19	2	1	11	1	0
	2018	강원	35	12	2	5	19	3	0
	2019	강원	7	1	0	2	5	0	0
	2020	성남	10	8	0	0	6	0	0
	2021	성남	13	13	0	0	14	1	0
	2022	성남	4	4	0	0	4	0	0
		합계	151	93	5	10	93	10	0
K2	2016	부산	40	20	4	10	16	5	0
	2017	부산	24	15	1	0	12	0	0
	2022	안양	13	13	2	1	10	2	0
	2023	천안	19	14	0	2	13	2	0
		합계	96	62	7	13	53	10	0
승	2015	부산	1	1	0	0	0	0	0
	2017	부산	2	2	0	0	3	1	0
		합계	3	3	0	0	3	1	0
		프로통산	250	158	12	23	149	21	0

정선호(鄭先皓) 동의대 1989.03.25

대회	연도	소속	출전	교체	득점	도움	파울	경고	퇴장
K1	2013	성남일화	1	1	0	0	0	0	0
	2014	성남	28	6	2	2	30	5	0
	2015	성남	31	14	1	0	23	4	0
	2016	성남	15	10	1	1	18	3	0
	2017	상주	13	11	0	0	8	0	0
	2018	대구	13	11	0	0	14	0	0
	2019	대구	5	5	0	0	4	0	0
		합계	95	49	4	3	73	9	0
K2	2020	수원FC	4	4	0	1	0	1	0
		합계	4	4	0	1	0	1	0
승	2016	성남	2	1	0	0	2	0	0
		합계	2	1	0	0	2	0	0
		프로통산	101	54	4	3	76	10	0

정섭의(鄭燮義) 전주농전 1954.12.20

대회	연도	소속	출전	교체	득점	도움	파울	경고	퇴장
BC	1983	국민은행	12	5	0	0	11	1	0
	1984	국민은행	10	1	0	0	10	0	0
		합계	22	6	0	0	21	1	0
		프로통산	22	6	0	0	21	1	0

정성교(鄭聖較) 연세대 1960.05.30

대회	연도	소속	출전	교체	실점	도움	파울	경고	퇴장
BC	1983	대우	15	0	14	0	0	0	0
	1984	대우	11	0	14	0	0	0	0
	1986	대우	12	0	16	0	1	0	0
	1987	대우	11	1	11	0	2	1	0
	1988	대우	8	0	11	0	0	0	0
	1989	대우	8	1	11	0	1	0	0
		합계	70	2	78	0	4	1	0
		프로통산	70	2	78	0	4	1	0

정성룡(鄭成龍) 서귀포고 1985.01.04

대회	연도	소속	출전	교체	실점	도움	파울	경고	퇴장
BC	2004	포항	0	0	0	0	0	0	0
	2005	포항	0	0	0	0	0	0	0
	2006	포항	26	0	27	0	1	1	0
	2007	포항	16	1	18	0	0	0	0
	2008	성남일화	34	0	29	0	0	1	0
	2009	성남일화	36	0	41	0	1	1	0
	2010	성남일화	30	0	28	0	0	2	0
	2011	수원	31	0	32	0	0	0	0
	2012	수원	33	0	38	0	0	1	0
		합계	206	1	213	0	2	7	0
K1	2013	수원	34	0	41	0	0	3	0
	2014	수원	34	0	33	0	0	1	0
	2015	수원	22	0	23	0	0	0	0
		합계	90	0	97	1	1	4	0
		프로통산	296	1	310	1	7	12	1

정성민(鄭成民) 광운대 1989.05.02

대회	연도	소속	출전	교체	득점	도움	파울	경고	퇴장
BC	2011	강원	13	9	1	0	4	0	0
	2012	강원	25	17	5	3	17	1	0
		합계	38	26	6	3	21	1	0
K1	2013	경남	1	1	0	0	0	0	0
	2020	부산	3	3	0	0	3	0	0
		합계	4	4	0	0	3	0	0
K2	2013	충주	14	1	6	1	16	3	0
	2014	충주	30	15	7	0	29	2	0
	2015	경남	18	9	0	0	12	5	0
	2016	경남	2	2	0	0	2	0	0
	2016	안산무궁	17	13	5	0	12	3	0
	2017	아산	21	18	2	1	18	3	0
	2018	성남	23	19	10	0	24	4	0
	2019	부산	1	1	0	0	0	0	0
		합계	125	77	30	2	111	17	0
승	2019	부산	1	1	0	0	0	0	0
		프로통산	168	108	36	5	136	18	0

정성원(鄭盛元) 대건고 2001.01.29

대회	연도	소속	출전	교체	득점	도움	파울	경고	퇴장
K1	2021	인천	1	1	0	0	2	0	0
		합계	1	1	0	0	2	0	0
		프로통산	1	1	0	0	2	0	0

정성원(鄭盛元) 제주대 1976.05.26

대회	연도	소속	출전	교체	득점	도움	파울	경고	퇴장
BC	2000	수원	0	0	0	0	0	0	0
		합계	0	0	0	0	0	0	0
		프로통산	0	0	0	0	0	0	0

정성준(鄭星準) 보인고 2000.03.01

대회	연도	소속	출전	교체	득점	도움	파울	경고	퇴장
K1	2019	경남	1	1	0	0	0	0	0
		합계	1	1	0	0	0	0	0
		프로통산	1	1	0	0	0	0	0

정성진(鄭聖鎭) 단국대 1964.07.06

대회	연도	소속	출전	교체	실점	도움	파울	경고	퇴장
BC	1990	현대	1	0	3	0	0	0	0
	1991	현대	6	0	6	0	0	0	0
	1992	현대	4	1	7	0	2	0	0
		합계	11	1	17	0	2	0	0
		프로통산	11	1	17	0	2	0	0

정성천(鄭成天) 성균관대 1971.05.30

대회	연도	소속	출전	교체	득점	도움	파울	경고	퇴장
BC	1997	대전	30	1	5	0	37	2	0
	1998	대전	28	17	5	1	37	2	0
	1999	대전	27	22	2	4	42	2	0
	2000	대전	31	16	6	1	61	3	0
	2001	대전	5	5	0	0	7	1	0
		합계	121	61	18	6	184	10	0
		프로통산	121	61	18	6	184	10	0

정성현(鄭成賢) 동국대 1996.03.25

대회	연도	소속	출전	교체	득점	도움	파울	경고	퇴장
K2	2019	아산	0	0	0	0	0	0	0
		합계	0	0	0	0	0	0	0
		프로통산	0	0	0	0	0	0	0

정성호(鄭星豪) 용인대 2001.07.06

대회	연도	소속	출전	교체	득점	도움	파울	경고	퇴장
K2	2022	서울E	6	5	1	0	5	0	0
	2023	충남아산	20	21	1	0	20	1	0
		합계	26	26	2	0	25	1	0
		프로통산	26	26	2	0	25	1	0

정성호(鄭成浩) 대륜중 1986.04.07

대회	연도	소속	출전	교체	득점	도움	파울	경고	퇴장
BC	2007	서울	0	0	0	0	0	0	0
	2008	서울	0	0	0	0	0	0	0
		합계	0	0	0	0	0	0	0

정성훈(丁成勳) 경희대 1979.07.04

대회	연도	소속	출전	교체	득점	도움	파울	경고	퇴장
BC	2002	울산	24	21	2	3	32	3	0
	2003	울산	15	15	0	1	20	2	0
	2004	대전	13	13	2	0	17	0	0
	2005	대전	13	5	1	0	20	2	0
	2006	대전	26	18	5	1	38	2	0
	2007	대전	19	15	3	0	30	2	1
	2008	부산	31	16	8	4	48	6	0
	2009	부산	16	10	1	1	17	4	0
	2010	부산	31	22	11	4	66	7	0
	2011	전북	27	24	5	6	29	1	0

대회	연도	소속	출전	교체	득점	도움	파울	경고	퇴장
	2012	전북	14	12	2	2	14	3	0
	2012	전남	13	9	3	2	12	1	0
	합계		234	180	53	24	329	32	1
K1	2013	대전	6	4	2	0	6	0	0
	2013	경남	10	11	1	0	16	1	0
	합계		16	15	3	0	22	1	0
K2	2017	부천	9	8	1	0	6	1	0
	합계		9	8	1	0	6	1	0
프로통산			259	203	57	24	357	34	1

정성훈 (鄭聖勳) 인천대 1968.09.14

대회	연도	소속	출전	교체	득점	도움	파울	경고	퇴장
BC	1993	포항철강	2	2	0	0	2	0	0
	1994	유공	7	6	0	0	2	0	0
	1995	유공	4	2	0	0	3	1	0
	1996	수원	29	4	0	0	42	3	0
	1997	수원	27	1	0	0	38	3	0
	1998	수원	20	7	0	0	36	3	0
	합계		89	20	0	0	123	10	0
프로통산			89	20	0	0	123	10	0

정수남 (鄭守男) 중동고 1960.07.05

대회	연도	소속	출전	교체	득점	도움	파울	경고	퇴장
BC	1984	한일은행	16	6	0	0	11	1	0
	1985	한일은행	10	9	1	1	3	0	0
	합계		26	15	1	1	14	1	0
프로통산			26	15	1	1	14	1	0

정수종 (鄭壽鍾) 수원고 1987.05.01

대회	연도	소속	출전	교체	득점	도움	파울	경고	퇴장
BC	2006	전북	10	6	0	0	8	2	0
	2007	전북	6	0	0	0	6	1	0
	2008	전북	3	1	0	0	3	1	0
	2009	전북	3	3	0	0	3	0	0
	합계		22	10	0	0	20	4	0
프로통산			22	10	0	0	20	4	0

정수호 (鄭修昊/←정현윤) 한양대 1990.04.09

대회	연도	소속	출전	교체	득점	도움	파울	경고	퇴장
BC	2012	전남	2	0	0	0	4	0	0
	합계		2	0	0	0	4	0	0
K2	2013	안양	11	1	0	0	13	2	0
	2014	안양	4	0	0	0	2	0	0
	합계		15	1	0	0	15	2	0
프로통산			17	1	0	0	16	2	0

정승용 (鄭昇勇) 동북고 1991.03.25

대회	연도	소속	출전	교체	득점	도움	파울	경고	퇴장
BC	2011	경남	5	4	0	1	12	1	0
	2012	서울	1	1	0	0	2	1	0
	합계		6	5	0	1	14	2	0
K1	2013	서울	1	1	0	0	0	0	0
	2014	서울	0	0	0	0	0	0	0
	2017	강원	31	4	0	0	38	4	0
	2018	강원	34	2	3	4	33	5	0
	2019	강원	29	13	0	6	29	6	0
	2021	강원	3	1	0	0	2	0	0
	2022	강원	38	5	2	1	37	4	0
	2023	강원	22	7	1	0	17	2	0
	합계		158	34	6	11	155	21	0
K2	2015	강원	41	1	4	2	52	4	0
	2023	성남	14	5	1	0	8	3	0
	합계		55	6	5	2	60	7	0
승	2016	강원	2	0	0	0	5	0	0
	2021	강원	2	0	0	0	0	0	0
	합계		4	0	0	0	5	0	0
프로통산			222	46	11	14	234	30	0

정승원 (鄭承原) 안동고 1997.02.27

대회	연도	소속	출전	교체	득점	도움	파울	경고	퇴장
K1	2017	대구	9	9	0	0	7	0	0
	2018	대구	31	18	4	3	24	1	0
	2019	대구	33	9	3	2	41	0	0
	2020	대구	26	5	0	7	32	5	0
	2021	대구	22	4	1	2	22	2	0
	2022	수원	29	7	0	1	15	5	0
	2023	수원	17	13	0	0	13	4	0
	합계		167	65	8	15	160	21	0
프로통산			167	65	8	15	160	21	0

정승현 (鄭昇炫) 현대고 1994.04.03

대회	연도	소속	출전	교체	득점	도움	파울	경고	퇴장
K1	2015	울산	18	8	0	0	24	1	0
	2016	울산	19	4	1	0	26	6	1
	2017	울산	12	1	0	0	12	3	0
	2020	울산	23	1	2	0	27	6	0
	2022	김천	16	2	1	0	15	0	0
	2022	울산	5	0	0	0	3	0	0
	2023	울산	23	6	1	0	16	4	0
	합계		116	21	5	0	133	30	1
K2	2021	김천	29	0	5	0	28	6	0
	합계		29	0	5	0	28	6	0
프로통산			145	21	10	0	161	36	1

정안모 (鄭按模) 인천대 1989.03.17

대회	연도	소속	출전	교체	득점	도움	파울	경고	퇴장
BC	2012	대구	1	1	0	0	0	0	0
	합계		1	1	0	0	0	0	0
프로통산			1	1	0	0	0	0	0

정연웅 (鄭然雄) 충남기계공고 1992.08.31

대회	연도	소속	출전	교체	득점	도움	파울	경고	퇴장
BC	2011	대전	1	1	0	0	2	0	0
	합계		1	1	0	0	2	0	0
프로통산			1	1	0	0	2	0	0

정영총 (鄭永寵) 한양대 1992.06.24

대회	연도	소속	출전	교체	득점	도움	파울	경고	퇴장
K1	2015	제주	17	15	0	0	15	1	0
	2016	제주	13	14	1	0	5	0	0
	2017	광주	6	7	0	1	7	1	0
	합계		36	36	1	0	27	2	0
K2	2018	광주	25	17	4	0	30	5	0
	2019	광주	3	3	1	0	2	0	0
	합계		28	20	5	0	32	5	0
프로통산			64	56	6	0	59	7	0

정영호 (鄭鈴湖) 서울시립대 1968.08.15

대회	연도	소속	출전	교체	득점	도움	파울	경고	퇴장
BC	1990	일화	29	5	0	0	55	3	0
	1991	일화	17	3	0	2	23	0	0
	1992	일화	26	3	0	0	43	5	0
	1993	일화	22	16	1	0	32	2	0
	1994	일화	20	3	0	0	29	1	0
	1995	전남	8	1	0	0	10	2	0
	1996	전남	8	4	0	0	12	4	0
	합계		130	35	1	2	204	17	0
프로통산			130	35	1	2	204	17	0

정영훈 (丁永勳) 동의대 1975.05.01

대회	연도	소속	출전	교체	득점	도움	파울	경고	퇴장
BC	2001	대전	28	13	3	2	38	8	0
	2002	대전	21	16	2	1	19	3	0
	2003	대전	1	1	0	0	1	0	0
	2004	대구	7	7	1	0	1	0	0
	합계		57	38	6	6	59	11	0
프로통산			57	38	6	6	59	11	0

정용대 (鄭容喜) 일본조선대 1978.02.04

대회	연도	소속	출전	교체	득점	도움	파울	경고	퇴장
BC	2001	포항	4	2	0	0	5	2	0
	합계		4	2	0	0	5	2	0
프로통산			4	2	0	0	5	2	0

정용환 (鄭龍煥) 고려대 1960.02.10

대회	연도	소속	출전	교체	득점	도움	파울	경고	퇴장
BC	1984	대우	22	1	0	0	20	0	0
	1985	대우	2	0	0	0	1	0	0
	1986	대우	3	1	1	0	4	0	0
	1987	대우	19	0	1	1	22	0	0
	1988	대우	11	1	0	0	12	0	0
	1989	대우	1	1	0	1	14	0	0
	1990	대우	8	3	0	0	7	0	0
	1991	대우	33	1	2	0	40	0	0
	1992	대우	35	2	2	4	43	0	0
	1993	대우	6	3	0	0	11	2	0
	1994	대우	20	5	1	0	14	1	0
	합계		168	17	9	4	189	6	0
프로통산			168	17	9	4	189	6	0

정용훈 (鄭湧勳) 대신고 1979.03.11

대회	연도	소속	출전	교체	득점	도움	파울	경고	퇴장
BC	1998	수원	26	19	3	3	24	1	0
	1999	수원	1	1	0	0	0	0	0
	2002	수원	16	12	0	0	17	0	0
	2003	수원	20	16	2	0	15	1	0
	합계		64	49	5	3	56	2	0
프로통산			64	49	5	3	56	2	0

정용희 (政用熙) 용인대 2002.05.10

대회	연도	소속	출전	교체	득점	도움	파울	경고	퇴장
K2	2023	안산	19	13	0	0	10	2	0
	합계		19	13	0	0	10	2	0
프로통산			19	13	0	0	10	2	0

정우근 (鄭于根) 충남기계공고 1991.03.01

대회	연도	소속	출전	교체	득점	도움	파울	경고	퇴장
K2	2018	수원FC	14	11	2	0	22	0	0
	합계		14	11	2	0	22	0	0
프로통산			14	11	2	0	22	0	0

정우빈 (鄭優彬) 중앙대 2001.05.08

대회	연도	소속	출전	교체	득점	도움	파울	경고	퇴장
K2	2022	전남	5	5	0	1	0	1	0
	합계		5	5	0	1	0	1	0
프로통산			5	5	0	1	0	1	0

정우성 (鄭宇星) 중앙대 1986.06.19

대회	연도	소속	출전	교체	득점	도움	파울	경고	퇴장
BC	2009	대구	0	0	0	0	0	0	0
	합계		0	0	0	0	0	0	0
프로통산			0	0	0	0	0	0	0

정우승 (鄭雨承) 단국대 1984.03.14

대회	연도	소속	출전	교체	득점	도움	파울	경고	퇴장
BC	2007	경남	2	0	0	0	2	0	0
	2008	경남	4	3	0	0	2	1	0
	합계		6	3	0	0	4	1	0
프로통산			6	3	0	0	4	1	0

정우영 (鄭宇榮) 고려대 1971.12.08

대회	연도	소속	출전	교체	득점	도움	파울	경고	퇴장
BC	1994	현대	6	6	1	1	0	0	0
	1995	현대	1	1	0	0	0	0	0
	1998	울산	3	2	0	0	9	1	0
	합계		9	8	1	1	9	1	0
프로통산			9	8	1	1	9	1	0

정우인 (鄭愚仁) 경희대 1988.02.01

대회	연도	소속	출전	교체	득점	도움	파울	경고	퇴장
BC	2011	광주	23	5	1	0	50	4	0
	2012	광주	34	6	1	0	62	15	0
	합계		57	11	2	0	112	19	0
K2	2013	광주	18	4	0	0	26	1	0
	2014	강원	28	5	1	1	43	6	0
	2015	강원	11	3	1	0	24	4	0
	2016	충주	21	8	0	0	19	4	0
	합계		78	20	2	1	112	15	0
프로통산			135	31	4	1	224	34	0

정우재 (鄭宇宰) 예원예술대 1992.06.28

대회	연도	소속	출전	교체	득점	도움	파울	경고	퇴장
K1	2014	성남	2	2	0	0	1	1	0
	2017	대구	33	4	1	5	25	3	0

Section 6 역대 통산 기록

대회	연도	소속	출전	교체	득점	도움	파울	경고	퇴장
	2018	대구	32	6	1	3	24	3	0
	2019	제주	11	2	0	0	8	1	0
	2021	제주	38	6	3	2	28	1	0
	2022	제주	28	11	0	1	13	3	0
	2023	전북	26	13	0	1	12	1	0
	합계		170	44	5	12	111	13	0
K2	2015	충주	26	4	1	3	24	2	0
	2016	대구	37	4	3	3	41	7	0
	2020	제주	21	3	3	4	18	2	0
	합계		84	11	7	8	82	11	0
프로통산			254	55	12	20	193	24	0

정우진 (鄭禹鎭) 전주대 1969.01.20

대회	연도	소속	출전	교체	득점	도움	파울	경고	퇴장
BC	1996	부천유공	15	10	2	0	12	2	0
	1997	부천SK	6	5	0	0	1	1	0
	1997	전북	8	8	1	0	5	0	0
	1998	전북	4	4	0	0	8	0	0
	합계		33	27	3	0	26	3	0
프로통산			33	27	3	0	26	3	0

정운 (鄭澐/←정부식) 명지대 1989.06.30

대회	연도	소속	출전	교체	득점	도움	파울	경고	퇴장
BC	2012	울산	0	0	0	0	0	0	0
	합계		0	0	0	0	0	0	0
K1	2016	제주	32	3	1	5	38	3	0
	2017	제주	30	4	1	3	21	4	0
	2018	제주	12	0	0	2	8	0	0
	2021	제주	35	5	1	2	40	7	0
	2022	제주	32	1	0	2	16	7	0
	2023	제주	25	8	2	0	18	6	0
	합계		166	21	5	14	142	29	0
K2	2020	제주	24	2	0	2	33	6	0
	합계		24	2	0	2	33	6	0
프로통산			190	23	7	14	175	35	0

정웅일 (鄭雄一) 연세대 1962.11.05

대회	연도	소속	출전	교체	득점	도움	파울	경고	퇴장
BC	1986	대우	4	2	0	0	4	0	0
	합계		4	2	0	0	4	0	0
프로통산			4	2	0	0	4	0	0

정원서 (鄭源緖) 동아대 1959.04.16

대회	연도	소속	출전	교체	득점	도움	파울	경고	퇴장
BC	1983	포항제철	4	3	0	0	1	0	0
	합계		4	3	0	0	1	0	0
프로통산			4	3	0	0	1	0	0

정원영 (鄭元寧) 선문대 1992.05.26

대회	연도	소속	출전	교체	득점	도움	파울	경고	퇴장
K2	2019	아산	8	2	0	0	4	0	0
	합계		8	2	0	0	4	0	0
프로통산			8	2	0	0	4	0	0

정원진 (政原進) 영남대 1994.08.10

대회	연도	소속	출전	교체	득점	도움	파울	경고	퇴장
K1	2016	포항	11	9	0	0	11	2	0
	2018	포항	18	13	1	0	16	2	0
	2018	서울	1	2	0	0	1	0	0
	2019	서울	16	16	3	2	9	2	0
	2020	상주	6	5	1	0	6	0	0
	2021	서울	2	2	0	0	0	0	0
	2022	서울	3	3	0	0	0	0	0
	합계		57	50	5	2	42	6	0
K2	2017	경남	34	10	10	10	44	2	0
	2021	김천	15	10	1	0	15	3	0
	2022	부산	17	12	1	3	7	2	0
	2023	부산	30	20	1	2	17	2	0
	합계		96	47	15	14	83	7	0
승	2018	서울	0	0	0	0	0	0	0
	2023	부산	2	2	0	0	0	0	0
	합계		2	2	0	0	0	0	0
프로통산			155	99	20	16	126	13	0

정유석 (鄭裕錫) 아주대 1977.10.25

대회	연도	소속	출전	교체	실점	도움	파울	경고	퇴장
BC	2000	부산	22	4	28	0	1	1	0
	2001	부산	35	0	46	0	2	0	0
	2002	부산	27	1	43	0	1	2	0
	2003	부산	8	0	17	0	0	1	0
	2004	광주상무	14	1	13	0	0	0	0
	2005	광주상무	24	0	33	0	1	1	0
	2006	부산	34	0	48	0	3	4	0
	2007	부산	26	1	36	0	0	0	0
	2008	부산	1	1	2	0	0	0	0
	2009	부산	1	1	2	0	0	0	0
	2011	울산	7	0	7	0	0	1	0
	합계		205	8	282	0	8	12	0
프로통산			205	8	282	0	8	12	0

정윤길 (鄭允吉) 호남대 1976.10.23

대회	연도	소속	출전	교체	득점	도움	파울	경고	퇴장
BC	1999	전남	4	3	0	0	10	0	0
	합계		4	3	0	0	10	0	0
프로통산			4	3	0	0	10	0	0

정윤성 (鄭允成) 수원공고 1984.06.01

대회	연도	소속	출전	교체	득점	도움	파울	경고	퇴장
BC	2003	수원	11	9	1	1	18	1	0
	2004	수원	0	0	0	0	0	0	0
	2005	광주상무	30	24	6	1	49	3	0
	2006	광주상무	16	14	0	0	21	0	0
	2007	수원	2	1	0	0	5	0	0
	2007	경남	14	3	6	3	24	1	0
	2008	경남	14	11	1	2	17	3	0
	2009	전남	12	12	2	3	17	3	0
	2010	전남	6	6	0	0	1	0	0
	2011	전남	13	10	5	3	26	2	0
	합계		132	101	21	13	196	16	0
프로통산			132	101	21	13	196	16	0

정은우 (鄭恩宇) 거창FC U18 2003.04.22

대회	연도	소속	출전	교체	득점	도움	파울	경고	퇴장
K1	2023	수원FC	1	1	0	0	0	0	0
	합계		1	1	0	0	0	0	0

정의도 (鄭義道) 연세대 1987.04.08

대회	연도	소속	출전	교체	실점	도움	파울	경고	퇴장
BC	2009	성남일화	2	1	3	0	0	0	0
	2010	성남일화	1	0	0	0	0	0	0
	합계		3	1	3	0	0	0	0
K2	2013	수원FC	11	1	18	0	0	0	0
	합계		11	1	18	0	0	0	0
프로통산			13	2	21	0	0	0	0

정의찬 (鄭義賛) 초당대 1996.12.18

대회	연도	소속	출전	교체	득점	도움	파울	경고	퇴장
K2	2022	김포	20	20	0	2	16	1	0
	합계		20	20	0	2	16	1	0
프로통산			20	20	0	2	16	1	0

정인권 (鄭寅權) 제주U18 1996.04.24

대회	연도	소속	출전	교체	실점	도움	파울	경고	퇴장
K2	2016	충주	0	0	0	0	0	0	0
	합계		0	0	0	0	0	0	0
프로통산			0	0	0	0	0	0	0

정인탁 (鄭因託) 성균관대 1994.01.24

대회	연도	소속	출전	교체	득점	도움	파울	경고	퇴장
K2	2017	충주	2	1	0	0	3	0	0
	합계		2	1	0	0	3	0	0
프로통산			2	1	0	0	3	0	0

정인호 (鄭寅浩) 중앙대 1971.03.23

대회	연도	소속	출전	교체	득점	도움	파울	경고	퇴장
BC	1994	유공	8	4	0	1	3	1	0
	1995	유공	21	6	0	0	41	3	0
	1996	부천유공							
	합계		29	10	0	0	44	4	0
프로통산			29	10	0	0	44	4	0

정인환 (鄭仁煥) 연세대 1986.12.15

대회	연도	소속	출전	교체	득점	도움	파울	경고	퇴장
BC	2006	전북	10	4	0	0	12	3	0
	2007	전북	13	2	1	1	45	6	0
	2008	전남	21	2	0	2	23	7	0
	2009	전남	9	3	0	0	13	2	0
	2010	전남	21	2	0	3	34	7	0
	2011	인천	24	2	1	2	43	6	0
	2012	인천	38	0	5	1	62	7	0
	합계		136	17	10	5	211	38	0
K1	2013	전북	25	2	4	0	28	3	0
	2014	전북	18	3	0	0	19	2	0
	2016	서울	7	0	0	0	7	2	0
	2017	서울	6	1	0	0	8	3	0
	합계		56	6	4	0	63	10	0
프로통산			192	23	14	5	274	48	0

정일영

대회	연도	소속	출전	교체	득점	도움	파울	경고	퇴장
BC	1984	국민은행	1	0	0	0	0	0	0
	합계		1	0	0	0	0	0	0
프로통산			1	0	0	0	0	0	0

정재곤 (鄭在坤) 연세대 1976.03.17

대회	연도	소속	출전	교체	득점	도움	파울	경고	퇴장
BC	1999	포항	16	7	3	0	17	1	0
	2000	포항	4	4	0	0	11	0	0
	합계		20	11	3	0	28	1	0
프로통산			20	11	3	0	28	1	0

정재권 (鄭在權) 한양대 1970.11.05

대회	연도	소속	출전	교체	득점	도움	파울	경고	퇴장
BC	1994	대우	14	8	1	2	18	1	0
	1995	대우	19	13	1	4	53	2	0
	1996	부산	31	8	6	8	46	4	0
	1997	부산	28	14	6	5	41	3	0
	1998	부산	8	8	8	5	51	4	0
	1999	부산	30	17	6	5	37	2	0
	2000	포항	20	17	2	3	29	1	0
	2001	포항	12	9	0	0	14	0	0
	합계		179	93	30	23	273	15	0
프로통산			179	93	30	23	273	15	0

정재민 (政載民) 성균관대 2001.10.28

대회	연도	소속	출전	교체	득점	도움	파울	경고	퇴장
K2	2023	안산	27	24	5	1	16	1	0
	합계		27	24	5	1	16	1	0
프로통산			27	24	5	1	16	1	0

정재성 (鄭在星) 홍익대 1992.02.21

대회	연도	소속	출전	교체	득점	도움	파울	경고	퇴장
K1	2015	대전	2	2	0	0	0	0	0
	합계		2	2	0	0	0	0	0
프로통산			2	2	0	0	0	0	0

정재열 (鄭在烈) 연세대 1972.08.10

대회	연도	소속	출전	교체	실점	도움	파울	경고	퇴장
BC	1995	전북	0	0	0	0	0	0	0
	1996	전북	0	0	0	0	0	0	0
	합계		0	0	0	0	0	0	0
프로통산			0	0	0	0	0	0	0

정재용 (鄭宰溶) 고려대 1990.09.14

대회	연도	소속	출전	교체	득점	도움	파울	경고	퇴장
K1	2016	울산	10	5	0	1	12	3	0
	2017	울산	32	5	3	0	43	8	0
	2018	울산	10	9	0	0	13	2	1
	2019	울산	2	2	0	0	2	0	0
	2019	포항	15	5	2	0	26	1	0
	2021	수원FC	16	15	4	1	10	3	0
	2022	수원FC	34	20	5	0	29	5	0
	2023	수원FC	13	12	0	0	5	0	0

대회	연도	소속	출전	교체	득점	도움	파울	경고	퇴장
		합계	147	66	12	6	129	21	1
K2	2013	안양	16	8	0	1	24	4	0
	2014	안양	25	10	6	2	40	6	0
	2015	안양	29	13	0	0	33	3	0
	2016	안양	16	4	4	0	35	6	0
	2020	수원FC	14	12	1	1	11	3	0
		합계	100	47	11	4	143	22	0
승	2023	수원FC	1	1	1	0	1	0	0
		합계	1	1	1	0	1	0	0
프로통산			248	114	24	10	273	43	1

정재원(鄭裁園) 제주중앙고 1993.08.16

대회	연도	소속	출전	교체	득점	도움	파울	경고	퇴장
K1	2013	전북	0	0	0	0	0	0	0
		합계	0	0	0	0	0	0	0
프로통산			0	0	0	0	0	0	0

정재윤(鄭載潤) 청주대 2002.05.07

대회	연도	소속	출전	교체	득점	도움	파울	경고	퇴장
K1	2022	수원FC	12	12	1	0	2	0	0
	2023	수원FC	8	9	0	0	3	0	0
		합계	20	21	1	0	5	0	0
프로통산			20	21	1	0	5	0	0

정재윤(鄭載潤) 홍익대 1981.05.28

대회	연도	소속	출전	교체	득점	도움	파울	경고	퇴장
BC	2004	서울	0	0	0	0	0	0	0
		합계	0	0	0	0	0	0	0
프로통산			0	0	0	0	0	0	0

정재희(鄭在熙) 상지대 1994.04.28

대회	연도	소속	출전	교체	득점	도움	파울	경고	퇴장
K1	2020	상주	9	6	3	0	3	0	0
	2022	포항	37	31	7	3	6	0	0
	2023	포항	7	8	2	0	4	0	0
		합계	53	45	12	3	13	1	0
K2	2016	안양	36	23	3	1	14	1	0
	2017	안양	35	16	8	5	15	2	0
	2018	안양	30	23	1	1	13	1	0
	2019	전남	29	12	5	10	21	2	0
	2020	전남	3	3	0	0	0	0	0
	2021	김천	25	17	4	7	19	2	0
		합계	158	94	21	20	70	6	0
프로통산			211	139	33	23	83	7	0

정정석(鄭井碩) 건국대 1988.01.20

대회	연도	소속	출전	교체	득점	도움	파울	경고	퇴장
BC	2010	포항	1	1	0	0	0	0	0
		합계	1	1	0	0	0	0	0
프로통산			1	1	0	0	0	0	0

정정수(鄭正洙) 고려대 1969.11.20

대회	연도	소속	출전	교체	득점	도움	파울	경고	퇴장
BC	1994	현대	29	25	3	0	17	4	0
	1995	현대	25	18	2	2	27	4	0
	1996	울산	21	16	7	3	41	0	0
	1997	울산	19	11	0	5	37	7	0
	1998	울산	34	25	6	9	53	5	0
	1999	울산	24	17	4	0	23	4	0
	2000	울산	29	17	7	2	23	4	0
	2001	울산	31	13	7	5	32	2	0
	2002	울산	9	9	0	0	8	0	0
		합계	223	154	33	31	236	27	0
프로통산			223	154	33	31	236	27	0

정조국(鄭조國) 대신고 1984.04.23

대회	연도	소속	출전	교체	득점	도움	파울	경고	퇴장
BC	2003	안양LG	32	25	12	2	37	3	0
	2004	서울	30	25	2	3	42	2	0
	2005	서울	26	23	1	1	41	1	0
	2006	서울	27	25	3	3	45	2	0
	2007	서울	19	13	5	1	26	1	0
	2008	서울	21	13	9	5	34	4	0
	2009	서울	25	21	7	1	26	2	0
	2010	서울	29	23	13	4	26	1	0
	2012	서울	17	17	4	0	12	2	0
		합계	226	181	67	19	298	21	0
K1	2014	서울	2	2	0	0	0	0	0
	2015	서울	11	10	1	1	4	0	0
	2016	광주	31	16	20	1	38	4	0
	2017	강원	18	10	7	1	14	2	1
	2018	강원	25	21	4	1	23	2	0
	2019	강원	31	27	5	3	8	0	0
		합계	118	86	37	7	69	8	1
K2	2013	경찰	24	9	9	2	29	3	1
	2014	안산경찰	12	11	7	1	12	1	0
	2020	제주	12	11	1	0	2	0	0
		합계	48	31	17	3	43	4	1
프로통산			392	298	121	29	410	33	2

정종관(鄭鍾寬) 숭실대 1981.09.09

대회	연도	소속	출전	교체	득점	도움	파울	경고	퇴장
BC	2004	전북	16	16	0	1	6	0	0
	2005	전북	17	12	3	3	16	0	0
	2006	전북	17	7	0	1	27	3	0
	2007	전북	22	10	2	4	18	2	0
		합계	79	41	6	8	78	9	0
프로통산			79	41	6	8	78	9	0

정종선(鄭鍾先) 연세대 1966.03.20

대회	연도	소속	출전	교체	득점	도움	파울	경고	퇴장
BC	1985	포항제철	1	1	0	0	0	0	0
	1989	현대	18	2	0	0	21	1	0
	1990	현대	24	0	0	0	33	3	0
	1991	현대	34	0	0	0	39	1	0
	1992	현대	38	0	1	1	40	2	1
	1993	현대	13	2	0	0	13	1	0
	1994	현대	20	1	0	0	19	0	0
	1995	전북	27	0	1	2	46	7	0
	1996	전북	26	1	0	0	37	3	0
	1997	전북	33	0	0	0	22	0	0
	1998	안양LG	30	6	0	0	21	5	1
		합계	271	21	1	2	292	25	2
프로통산			271	21	1	2	292	25	2

정종수(鄭種洙) 고려대 1961.03.27

대회	연도	소속	출전	교체	득점	도움	파울	경고	퇴장
BC	1984	유공	23	1	0	1	23	2	0
	1985	유공	5	0	0	2	8	1	0
	1986	유공	9	1	0	0	20	0	0
	1987	유공	28	0	1	1	45	2	1
	1988	유공	23	0	1	0	30	2	0
	1989	유공	17	0	0	0	24	2	0
	1990	현대	11	0	1	1	13	0	0
	1991	현대	29	4	0	1	37	6	0
	1992	현대	29	4	1	4	34	3	1
	1993	현대	29	0	0	0	34	3	0
	1994	현대	24	7	1	1	27	2	0
	1995	현대	1	1	0	0	0	0	0
		합계	225	24	3	11	295	23	2
프로통산			225	24	3	11	295	23	2

정종식

대회	연도	소속	출전	교체	득점	도움	파울	경고	퇴장
BC	1984	대우	1	0	0	0	0	0	0
	1985	대우	1	0	0	2	0	0	0
		합계	2	1	0	2	0	0	0
프로통산			2	1	0	2	0	0	0

정종훈(鄭鍾勳) 금호고 2003.09.17

대회	연도	소속	출전	교체	득점	도움	파울	경고	퇴장
K2	2022	광주	1	1	0	0	0	0	0
		합계	1	1	0	0	0	0	0
프로통산			1	1	0	0	0	0	0

정주영(丁主榮) 배재대 1979.05.03

대회	연도	소속	출전	교체	득점	도움	파울	경고	퇴장
BC	2002	울산	1	1	0	0	1	0	0
		합계	1	1	0	0	1	0	0
프로통산			1	1	0	0	1	0	0

정주완(鄭朱完) 중앙대 1974.03.08

대회	연도	소속	출전	교체	득점	도움	파울	경고	퇴장
BC	1998	전북	8	6	0	0	6	1	0
		합계	8	6	0	0	6	1	0
프로통산			8	6	0	0	6	1	0

정주일(鄭柱日) 조선대 1991.03.06

대회	연도	소속	출전	교체	득점	도움	파울	경고	퇴장
K2	2014	부천	15	9	0	1	18	1	0
		합계	15	9	0	1	18	1	0
프로통산			15	9	0	1	18	1	0

정준연(鄭俊碩) 광양제철고 1989.04.30

대회	연도	소속	출전	교체	득점	도움	파울	경고	퇴장
BC	2008	전남	3	3	0	1	0	0	0
	2009	전남	6	3	0	0	14	2	0
	2010	전남	22	9	0	2	34	3	0
	2011	전남	17	5	0	1	26	1	0
	2012	전남	11	1	0	0	20	3	0
		합계	59	21	0	3	95	9	0
K1	2013	전남	23	6	1	1	28	3	0
	2015	광주	26	5	0	0	29	7	0
	2016	상주	9	6	0	0	8	3	0
	2017	상주	5	3	0	0	5	2	0
	2017	광주	3	0	0	0	2	0	0
	2020	광주	3	0	0	0	2	0	0
		합계	67	21	1	1	75	15	0
K2	2014	광주	30	4	0	0	28	4	0
	2018	광주	22	6	0	0	31	1	0
	2019	광주	10	1	0	0	13	3	0
	2021	안양	21	1	0	1	35	7	1
	2022	안양	14	10	0	0	10	2	0
	2023	안양	10	9	0	0	7	0	0
		합계	111	36	2	1	124	17	1
승	2014	광주	2	0	0	0	3	0	0
		합계	2	0	0	0	3	0	0
프로통산			239	78	3	5	295	41	1

정준현(鄭埈炫) 중앙대 1994.08.26

대회	연도	소속	출전	교체	득점	도움	파울	경고	퇴장
K2	2016	부천	0	0	0	0	0	0	0
	2017	부천	0	0	0	0	0	0	0
	2018	부천	20	6	0	0	17	1	0
		합계	20	6	0	0	17	1	0
프로통산			20	6	0	0	17	1	0

정지안(鄭至安) 대구대 1989.06.17

대회	연도	소속	출전	교체	득점	도움	파울	경고	퇴장
K1	2013	성남일화	0	0	0	0	0	0	0
		합계	0	0	0	0	0	0	0
프로통산			0	0	0	0	0	0	0

정지용(鄭智鏞) 동국대 1998.12.15

대회	연도	소속	출전	교체	득점	도움	파울	경고	퇴장
K1	2019	강원	8	8	0	0	9	0	0
	2020	강원	8	8	0	0	5	1	0
	2021	강원	6	7	0	0	5	1	0
		합계	14	15	0	0	14	1	0
K2	2023	안산	30	27	1	4	26	2	0
		합계	30	27	1	4	26	2	0
프로통산			44	42	1	4	40	3	0

정지훈(鄭支訓) 유성생명과학고 2004.04.09

대회	연도	소속	출전	교체	득점	도움	파울	경고	퇴장
K1	2023	광주	12	12	0	0	3	0	0
		합계	12	12	0	0	3	0	0
프로통산			12	12	0	0	3	0	0

정진구(鄭珍九) 명지대 1998.03.10

대회	연도	소속	출전	교체	득점	도움	파울	경고	퇴장
K2	2020	안양	0	0	0	0	0	0	0

	합계	0	0	0	0	0	0	0
	프로통산	0	0	0	0	0	0	0

정진욱(鄭鎭旭) 중앙대 1997.05.28

대회	연도	소속	출전	교체	실점	도움	파울	경고	퇴장
K1	2018	서울	0	0	0	0	0	0	0
	합계		0	0	0	0	0	0	0
K2	2023	충북청주	1	0	1	0	0	1	0
	합계		1	0	1	0	0	1	0
	프로통산		1	0	1	0	0	1	0

정찬일(丁粲佾) 동국대 1991.04.27

대회	연도	소속	출전	교체	득점	도움	파울	경고	퇴장
K2	2014	강원	7	7	0	1	15	1	0
	2015	강원	13	9	1	1	9	2	0
	2016	강원	3	3	0	0	0	0	0
	합계		23	19	1	2	24	3	0
	프로통산		23	19	1	2	24	3	0

정창근(丁昌根) 황지중 1983.08.10

대회	연도	소속	출전	교체	득점	도움	파울	경고	퇴장
BC	1999	안양LG	1	1	0	0	0	0	0
	합계		1	1	0	0	0	0	0
	프로통산		1	1	0	0	0	0	0

정창용(丁昶溶) 용인대 1998.07.13

대회	연도	소속	출전	교체	득점	도움	파울	경고	퇴장
K1	2020	인천	1	1	0	0	0	0	0
	합계		1	1	0	0	0	0	0
K2	2021	경남	1	1	0	0	1	0	0
	합계		1	1	0	0	1	0	0
	프로통산		2	2	0	0	1	0	0

정철운(鄭喆云) 광운대 1986.07.30

대회	연도	소속	출전	교체	득점	도움	파울	경고	퇴장
BC	2009	강원	6	4	0	0	3	0	0
	2010	강원	11	4	0	0	3	1	0
	합계		17	8	0	0	6	1	0
	프로통산		17	8	0	0	6	1	0

정철호(鄭喆鎬) 조선대 1994.02.01

대회	연도	소속	출전	교체	득점	도움	파울	경고	퇴장
K2	2017	수원FC	16	5	0	2	19	3	0
	합계		16	5	0	2	19	3	0
	프로통산		16	5	0	2	19	3	0

정철호(鄭喆鎬) 서울시립대 1968.12.01

대회	연도	소속	출전	교체	득점	도움	파울	경고	퇴장
BC	1991	일화	5	5	0	0	4	0	0
	1992	일화	4	3	0	0	4	0	0
	1993	일화	3	2	0	0	0	0	0
	1995	전북	3	0	0	0	13	5	0
	1996	전북	2	2	0	0	0	0	0
	합계		24	15	0	0	26	5	0
	프로통산		24	15	0	0	26	5	0

정충근(鄭充根) 일본 FC마치다젤비아 1995.03.01

대회	연도	소속	출전	교체	득점	도움	파울	경고	퇴장
K1	2021	수원FC	14	15	0	0	5	1	0
	합계		14	15	0	0	5	1	0
K2	2022	경남	21	17	3	1	17	1	0
	합계		21	17	3	1	17	1	0
	프로통산		35	32	3	1	22	2	0

정치인(鄭治仁) 대구공고 1997.08.21

대회	연도	소속	출전	교체	득점	도움	파울	경고	퇴장
K1	2018	대구	6	4	0	0	5	2	1
	2019	대구	6	6	1	0	4	1	0
	2020	대구	2	0	0	0	0	0	0
	2021	대구	23	22	0	0	23	9	0
	2022	대구	16	16	0	0	6	1	0
	합계		53	50	2	1	41	6	1
K2	2023	김천	27	27	5	1	14	2	0
	합계		27	27	5	1	14	2	0
	프로통산		80	77	7	2	55	8	1

정태영(鄭泰榮) 한양대 1956.08.04

대회	연도	소속	출전	교체	득점	도움	파울	경고	퇴장
BC	1984	럭키금성	14	4	0	0	5	0	0
	1985	럭키금성	13	2	0	0	11	1	0
	합계		27	6	0	0	16	1	0
	프로통산		27	6	0	0	16	1	0

정태욱(鄭泰昱) 아주대 1997.05.16

대회	연도	소속	출전	교체	득점	도움	파울	경고	퇴장
K1	2018	제주	5	5	0	0	1	1	0
	2019	대구	27	5	1	0	33	3	0
	2020	대구	27	1	0	0	29	3	0
	2021	대구	33	3	1	2	26	2	0
	2022	대구	35	5	1	1	36	2	0
	2023	전북	31	2	1	0	36	8	0
	합계		159	21	5	3	169	19	0
	프로통산		159	21	5	3	169	19	0

정택훈(鄭澤勳) 고려대 1995.05.26

대회	연도	소속	출전	교체	득점	도움	파울	경고	퇴장
K2	2018	부천	2	2	0	0	1	1	0
	2019	부천	12	12	1	0	6	1	0
	합계		14	14	1	0	7	2	0
	프로통산		14	14	1	0	7	2	0

정필석(鄭弼釋) 단국대 1978.07.23

대회	연도	소속	출전	교체	득점	도움	파울	경고	퇴장
BC	2001	부천SK	5	6	0	0	10	1	0
	2003	부천SK	4	4	0	0	3	0	0
	합계		9	10	0	0	13	1	0
	프로통산		9	10	0	0	13	1	0

정한민(鄭翰旻) 오산고 2001.01.08

대회	연도	소속	출전	교체	득점	도움	파울	경고	퇴장
K1	2020	서울	11	8	2	0	6	0	0
	2021	서울	15	17	1	0	14	0	0
	2022	서울	20	20	2	0	11	0	0
	합계		46	45	5	0	31	0	0
K2	2023	성남	25	23	2	2	9	1	0
	합계		25	23	2	2	9	1	0
	프로통산		71	68	7	2	40	4	0

정한호(政韓浩) 조선대 1970.06.04

대회	연도	소속	출전	교체	득점	도움	파울	경고	퇴장
BC	1994	버팔로	5	6	0	0	0	0	0
	합계		5	6	0	0	0	0	0
	프로통산		5	6	0	0	0	0	0

정해성(鄭海成) 고려대 1958.03.04

대회	연도	소속	출전	교체	득점	도움	파울	경고	퇴장
BC	1984	럭키금성	10	2	0	1	12	4	0
	1985	럭키금성	16	5	0	2	23	0	0
	1986	럭키금성	30	0	1	4	48	5	0
	1987	럭키금성	13	1	0	0	21	3	0
	1988	럭키금성	21	2	1	0	25	2	0
	1989	럭키금성	21	4	0	0	28	4	0
	합계		118	15	2	4	174	18	0
	프로통산		118	15	2	4	174	18	0

정해원(丁海遠) 연세대 1959.07.01

대회	연도	소속	출전	교체	득점	도움	파울	경고	퇴장
BC	1983	대우	13	3	4	1	19	3	0
	1984	대우	23	3	5	4	18	0	0
	1985	대우	17	1	1	1	1	0	0
	1986	대우	26	2	10	0	29	2	0
	1987	대우	28	3	2	0	15	1	0
	1988	대우	10	2	0	0	4	0	0
	1989	대우	24	11	1	0	19	1	0
	1990	대우	13	1	0	0	16	1	0
	1991	대우	5	5	0	0	6	0	0
	합계		154	35	34	11	192	15	1
	프로통산		154	35	34	11	192	15	1

정헌식(鄭軒植) 한양대 1991.03.03

대회	연도	소속	출전	교체	득점	도움	파울	경고	퇴장
K2	2014	강원	12	1	0	0	20	4	0
	합계		12	1	0	0	20	4	0
	프로통산		12	1	0	0	20	4	0

정혁(鄭赫) 전주대 1986.05.21

대회	연도	소속	출전	교체	득점	도움	파울	경고	퇴장
BC	2009	인천	16	13	1	1	31	5	0
	2010	인천	29	9	4	4	55	9	0
	2011	인천	15	8	1	2	25	3	1
	2012	인천	23	14	2	1	27	5	0
	합계		83	44	8	8	138	22	1
K1	2013	전북	28	5	2	3	55	9	0
	2014	전북	19	7	3	0	44	3	0
	2016	전북	4	0	0	1	8	1	0
	2018	전북	11	4	1	1	27	5	0
	2019	전북	13	8	1	0	13	2	0
	2020	전북	1	1	0	0	0	0	0
	2021	전북	1	1	0	0	0	0	0
	2021	인천	14	13	0	0	7	0	0
	2022	인천	11	7	0	0	5	2	0
	합계		121	55	10	7	229	33	1
K2	2015	안산경찰	19	16	1	1	15	3	0
	2016	안산무궁	23	13	2	3	19	3	0
	2020	경남	17	6	2	0	18	6	0
	합계		59	35	5	3	68	15	0
	프로통산		263	134	23	18	435	70	2

정현식(鄭賢植) 우석대 1990.11.22

대회	연도	소속	출전	교체	득점	도움	파울	경고	퇴장
K2	2017	안산	28	10	0	2	31	3	0
	합계		28	10	0	2	31	3	0
	프로통산		28	10	0	2	31	3	0

정현우(鄭賢佑) 금호고 2000.07.12

대회	연도	소속	출전	교체	득점	도움	파울	경고	퇴장
K1	2020	광주	1	1	0	0	0	0	0
	2021	광주	5	5	0	0	6	0	0
	합계		6	6	0	0	6	0	0
K2	2019	광주	2	2	0	0	2	0	0
	합계		2	2	0	0	2	0	0
	프로통산		8	8	0	0	8	0	0

정현욱(鄭玹昫) 스페인 레가네스 후베닐A 2001.04.12

대회	연도	소속	출전	교체	득점	도움	파울	경고	퇴장
K2	2021	안양	1	1	0	0	0	0	0
	합계		1	1	0	0	0	0	0
	프로통산		1	1	0	0	0	0	0

정현욱(鄭鉉煜) 대륜고 2004.02.04

대회	연도	소속	출전	교체	득점	도움	파울	경고	퇴장
K2	2023	경남	1	1	0	0	1	0	0
	합계		1	1	0	0	1	0	0
	프로통산		1	1	0	0	1	0	0

정현철(鄭鉉哲) 명지대 1993.05.25

대회	연도	소속	출전	교체	실점	도움	파울	경고	퇴장
K1	2016	울산	0	0	0	0	0	0	0
	합계		0	0	0	0	0	0	0
	프로통산		0	0	0	0	0	0	0

정현철(鄭鉉哲) 동국대 1993.04.26

대회	연도	소속	출전	교체	득점	도움	파울	경고	퇴장
K1	2018	서울	14	9	0	0	16	3	0
	2019	서울	30	10	1	0	16	3	0
	2020	서울	10	3	0	0	9	2	0
	2022	김천	15	14	0	0	9	1	0
	2022	서울	5	5	0	0	5	0	0
	2023	서울	3	3	0	0	2	0	0
	합계		77	38	2	1	78	15	0
K2	2015	경남	14	10	1	0	19	4	0
	2016	경남	32	13	6	4	49	7	0
	2017	경남	33	2	7	3	50	7	0
	2021	김천	19	4	1	0	34	5	0

Column 1

		합계	98	29	14	7	115	19	0
승	2018	서울	2	1	1	0	5	0	0
		합계	2	1	1	0	5	0	0
프로통산			177	68	17	8	198	34	0

정현호 (正賢號) 청주 대성고 2004.11.26

대회	연도	소속	출전	교체	실점	도움	파울	경고	퇴장
K2	2023	충북주	0	0	0	0	0	0	0
		합계	0	0	0	0	0	0	0
프로통산			0	0	0	0	0	0	0

정현호 (丁玄浩) 건국대 1974.02.13

대회	연도	소속	출전	교체	득점	도움	파울	경고	퇴장
BC	1996	안양LG	21	10	0	0	39	3	0
	1997	안양LG	4	3	0	0	5	1	0
	1998	안양LG	5	5	0	0	5	0	0
	1999	안양LG	10	1	1	0	32	1	0
	2000	안양LG	5	5	0	0	2	0	0
		합계	45	24	1	0	83	5	0
프로통산			45	24	1	0	83	5	0

정형준 (丁瑩準) 숭실대 1986.04.26

대회	연도	소속	출전	교체	득점	도움	파울	경고	퇴장
BC	2010	대전	3	2	0	0	3	0	0
		합계	3	2	0	0	3	0	0
프로통산			3	2	0	0	3	0	0

정호근 (鄭虎根) 안동과학대 1999.03.17

대회	연도	소속	출전	교체	득점	도움	파울	경고	퇴장
K2	2020	부천	0	0	0	0	0	0	0
	2021	부천	0	0	0	0	0	0	0
		합계	0	0	0	0	0	0	0

정호민 (鄭鎬敏) 광주대 1994.03.31

대회	연도	소속	출전	교체	득점	도움	파울	경고	퇴장
K1	2017	광주	3	1	0	0	5	1	0
		합계	3	1	0	0	5	1	0
K2	2020	안산	6	2	0	0	11	1	0
		합계	6	2	0	0	11	1	0
프로통산			9	3	0	0	16	2	0

정호연 (鄭顥淵) 단국대 2000.09.28

대회	연도	소속	출전	교체	득점	도움	파울	경고	퇴장
K1	2023	광주	34	6	2	4	52	5	0
		합계	34	6	2	4	52	5	0
K2	2022	광주	36	21	1	4	65	10	0
		합계	36	21	1	4	65	10	0
프로통산			70	27	3	8	117	15	0

정호영 (鄭浩英) 전주대 1997.01.16

대회	연도	소속	출전	교체	득점	도움	파울	경고	퇴장
K1	2018	전북	1	0	0	0	2	0	0
		합계	1	0	0	0	2	0	0
프로통산			1	0	0	0	2	0	0

정호영 (鄭昊泳) 중원대 1994.11.03

대회	연도	소속	출전	교체	득점	도움	파울	경고	퇴장
K2	2017	수원FC	0	0	0	0	0	0	0
		합계	0	0	0	0	0	0	0
프로통산			0	0	0	0	0	0	0

정호정 (鄭好正) 광운대 1988.09.01

대회	연도	소속	출전	교체	득점	도움	파울	경고	퇴장
BC	2010	성남일화	0	0	0	0	0	0	0
	2011	성남일화	10	0	0	0	15	1	0
	2012	상주	15	7	0	0	12	1	0
		합계	25	7	0	0	27	2	0
K1	2015	광주	28	4	0	0	18	2	0
	2016	광주	28	2	0	1	13	2	0
		합계	56	9	0	1	31	4	0
K2	2013	상주	6	2	0	0	1	0	0
	2014	광주	28	3	0	2	22	2	0
	2017	부산	25	5	0	0	11	3	0
	2018	부산	21	4	0	0	12	2	0
	2019	부산	7	4	0	0	1	1	0

Column 2

		합계	87	18	0	2	56	6	0
승	2014	광주	0	0	0	0	0	0	0
	2017	부산	1	1	0	0	1	0	0
		합계	1	1	0	0	1	0	0
프로통산			169	35	0	3	115	12	0

정호진 (鄭好軫) 고려대 1999.08.06

대회	연도	소속	출전	교체	득점	도움	파울	경고	퇴장
K1	2022	수원	2	1	0	0	4	3	0
		합계	2	1	0	0	4	3	0
K2	2020	전남	12	6	0	0	29	3	0
	2021	전남	14	9	0	0	18	3	0
	2022	전남	10	7	0	0	8	3	0
		합계	36	22	0	0	55	9	0
프로통산			38	23	0	0	59	12	0

정호진 (鄭豪鎭) 동의대 1984.05.30

대회	연도	소속	출전	교체	득점	도움	파울	경고	퇴장
BC	2007	대구	1	1	0	0	0	0	0
		합계	1	1	0	0	0	0	0
프로통산			1	1	0	0	0	0	0

정홍연 (鄭洪然) 동의대 1983.08.18

대회	연도	소속	출전	교체	득점	도움	파울	경고	퇴장
BC	2006	제주	29	8	1	0	35	2	0
	2007	제주	21	10	0	0	15	2	0
	2009	부산	1	1	0	0	0	0	0
	2010	포항	11	0	1	0	8	1	0
	2011	포항	10	4	0	0	8	1	0
	2012	포항	12	6	1	0	15	2	0
		합계	83	28	3	0	87	10	0
K1	2013	포항	1	0	0	0	0	0	0
	2013	전남	5	1	0	0	5	2	0
		합계	5	1	0	0	5	2	0
K2	2014	부천	30	3	0	1	19	5	0
	2015	부천	18	9	1	0	7	2	0
		합계	48	12	1	1	26	7	0
프로통산			136	41	3	1	118	19	0

정후균 (鄭候均) 조선대 1961.02.21

대회	연도	소속	출전	교체	득점	도움	파울	경고	퇴장
BC	1984	국민은행	5	5	0	0	0	0	0
		합계	5	5	0	0	0	0	0
프로통산			5	5	0	0	0	0	0

정훈 (鄭勳) 동아대 1985.08.31

대회	연도	소속	출전	교체	득점	도움	파울	경고	퇴장
BC	2008	전북	13	5	0	1	22	4	0
	2009	전북	26	10	2	0	69	9	0
	2010	전북	14	11	0	0	35	6	0
	2011	전북	22	9	0	1	49	8	0
	2012	전북	34	11	0	1	65	8	0
		합계	109	46	2	3	240	35	0
K1	2014	상주	5	4	0	0	10	1	0
	2014	전북	2	2	0	0	3	2	0
	2015	전북	20	13	0	1	27	2	0
		합계	27	19	0	1	40	5	0
K2	2013	상주	19	15	0	1	26	3	0
	2017	수원FC	23	12	0	1	39	8	0
	2018	수원FC	8	1	0	0	8	0	0
		합계	50	28	0	2	73	11	0
승	2013	상주	2	2	0	0	2	0	0
		합계	2	2	0	0	2	0	0
프로통산			188	95	2	6	355	51	0

정훈성 (鄭薰聖) 신갈고 1994.02.22

대회	연도	소속	출전	교체	득점	도움	파울	경고	퇴장
K1	2019	인천	16	11	1	0	17	1	0
	2020	울산	5	5	1	0	11	0	0
	2021	제주	1	1	0	0	0	0	0
		합계	22	17	2	0	28	1	0
K2	2021	부산	6	5	1	0	8	1	0
	2022	부산	5	5	0	0	4	0	0

Column 3

		합계	11	10	1	0	12	1	0
프로통산			33	27	3	0	40	2	0

정훈찬 (鄭薰瓚) 능곡고 1993.07.24

대회	연도	소속	출전	교체	득점	도움	파울	경고	퇴장
BC	2012	전남	2	2	0	0	2	0	0
		합계	2	2	0	0	2	0	0
프로통산			2	2	0	0	2	0	0

정희웅 (鄭喜熊) 청주대 1995.05.18

대회	연도	소속	출전	교체	득점	도움	파울	경고	퇴장
K2	2017	서울E	2	2	0	0	0	0	0
	2018	안양	33	20	6	3	35	2	0
	2019	전남	13	9	0	1	16	2	0
	2020	대전	24	17	1	2	25	1	0
	2021	대전	6	5	1	0	6	0	0
		합계	78	53	8	6	82	5	0
프로통산			78	53	8	6	82	5	0

제니아 (Yevgeny Zhirov) 러시아 1969.01.10

대회	연도	소속	출전	교체	득점	도움	파울	경고	퇴장
BC	1994	LG	4	2	0	1	6	1	0
		합계	4	2	0	1	6	1	0
프로통산			4	2	0	1	6	1	0

제르소 (Gerso Fernandes) 기니비사우/포르투갈 1991.02.23

대회	연도	소속	출전	교체	득점	도움	파울	경고	퇴장
K1	2021	제주	32	32	5	2	62	3	0
	2022	제주	37	28	7	6	71	7	0
	2023	인천	34	28	7	6	41	2	0
		합계	103	88	20	15	164	12	0
프로통산			103	88	20	15	164	12	0

제르손 (Gerson Guimaraes Ferreira Junior) 브라질 1992.01.07

대회	연도	소속	출전	교체	득점	도움	파울	경고	퇴장
K1	2017	강원	10	1	0	1	10	1	0
		합계	10	1	0	1	10	1	0
프로통산			10	1	0	1	10	1	0

제리치 (Uros Deric) 세르비아 1992.05.28

대회	연도	소속	출전	교체	득점	도움	파울	경고	퇴장
K1	2018	강원	36	13	24	4	39	4	0
	2019	강원	14	10	4	0	16	0	0
	2019	경남	17	5	9	1	24	2	0
	2021	수원	27	24	6	1	25	0	0
		합계	94	52	43	6	104	6	0
K2	2020	경남	6	5	1	1	7	2	0
		합계	6	5	1	1	7	2	0
승	2019	경남	2	2	0	0	4	0	0
		합계	2	2	0	0	4	0	0
프로통산			102	57	44	7	115	8	0

제영진 (諸泳珍) 경일대 1975.03.10

대회	연도	소속	출전	교체	득점	도움	파울	경고	퇴장
BC	1998	울산	12	13	1	0	15	1	0
	1999	울산	2	2	1	0	0	0	0
	2000	울산	12	12	1	1	6	2	0
		합계	26	27	3	1	21	3	0
프로통산			26	27	3	1	21	3	0

제용삼 (諸龍三) 한성대 1972.01.25

대회	연도	소속	출전	교체	득점	도움	파울	경고	퇴장
BC	1998	안양LG	33	20	10	4	57	4	0
	1999	안양LG	15	15	1	1	14	1	0
	2000	안양LG	11	11	1	0	4	1	0
		합계	59	46	12	5	75	6	0
프로통산			59	46	12	5	75	6	0

제이드 (Jade Bronson North) 오스트레일리아 1982.01.07

대회	연도	소속	출전	교체	득점	도움	파울	경고	퇴장
BC	2009	인천	9	1	0	0	7	1	0
		합계	9	1	0	0	7	1	0
프로통산			9	1	0	0	7	1	0

			출전	교체	득점	도움	파울	경고	퇴장
	합계		77	38	19	8	80	11	0
프로통산			110	50	20	16	125	17	0

제이미(Jamie Cureton) 잉글랜드 1975.08.28

대회	연도	소속	출전	교체	득점	도움	파울	경고	퇴장
BC	2003	부산	21	12	4	1	20	2	0
	합계		21	12	4	1	20	2	0
프로통산			21	12	4	1	20	2	0

제이훈(Ceyhun Eris) 터키 1977.05.15

대회	연도	소속	출전	교체	득점	도움	파울	경고	퇴장
BC	2008	서울	8	7	1	0	13	1	0
	합계		8	7	1	0	13	1	0
프로통산			8	7	1	0	13	1	0

제임스(Augustine James) 나이지리아 1984.01.18

대회	연도	소속	출전	교체	득점	도움	파울	경고	퇴장
BC	2003	부천SK	13	12	1	0	20	1	0
	합계		13	12	1	0	20	1	0
프로통산			13	12	1	0	20	1	0

제제(Zeze Gomes) 브라질

대회	연도	소속	출전	교체	득점	도움	파울	경고	퇴장
BC	1984	포항제철	9	3	4	2	14	1	0
	합계		9	3	4	2	14	1	0
프로통산			9	3	4	2	14	1	0

제종현(諸鐘炫) 숭실대 1991.12.06

대회	연도	소속	출전	교체	실점	도움	파울	경고	퇴장
K1	2015	광주	8	0	11	0	0	1	0
	2016	상주	6	0	9	0	0	0	0
	2017	상주	0	0	0	0	0	0	0
	2017	광주	0	0	0	0	0	0	0
	합계		14	0	20	0	0	1	0
K2	2013	광주	8	0	9	0	0	1	0
	2014	광주	24	0	17	0	0	2	0
	2018	광주	6	0	9	0	0	0	0
	2019	아산	0	0	0	0	0	0	0
	합계		38	0	35	0	0	3	0
승	2014	광주	2	0	0	0	0	0	0
	합계		2	0	0	0	0	0	0
프로통산			54	0	57	0	0	4	0

제카(José Joaquim de Carvalho) 브라질 1997.03.06

대회	연도	소속	출전	교체	득점	도움	파울	경고	퇴장
K1	2022	대구	28	12	7	7	72	8	0
	2023	포항	37	31	12	7	62	4	0
	합계		65	43	19	14	134	12	0
프로통산			65	43	19	14	134	12	0

제칼로(Jose Carlos Ferreira/← 카르로스) 브라질 1983.04.24

대회	연도	소속	출전	교체	득점	도움	파울	경고	퇴장
BC	2004	울산	19	6	14	1	55	6	0
	2005	울산	9	6	5	3	32	8	0
	2006	전북	24	11	6	1	57	0	0
	2007	전북	21	11	8	0	51	7	1
	2008	전북	7	6	1	0	9	3	0
	합계		80	36	34	2	204	32	1
프로통산			80	36	34	2	204	32	1

제테르손(Getterson Alves dos Santos) 브라질 1991.05.16

대회	연도	소속	출전	교체	득점	도움	파울	경고	퇴장
K1	2018	포항	9	7	1	0	4	0	0
	합계		9	7	1	0	4	0	0
프로통산			9	7	1	0	4	0	0

제파로프(Server Resatovich Djeparov) 우즈베키스탄 1982.10.03

대회	연도	소속	출전	교체	득점	도움	파울	경고	퇴장
BC	2010	서울	18	7	1	7	24	4	0
	2011	서울	15	5	0	1	21	4	0
	합계		33	12	1	8	45	6	0
K1	2013	성남일화	31	16	6	2	37	0	0
	2014	성남	24	13	6	0	20	2	0
	2015	울산	22	13	6	0	20	3	0

제펠손(Jefferson Gama Rodrigues) 브라질 1981.01.26

대회	연도	소속	출전	교체	득점	도움	파울	경고	퇴장
BC	2006	대구	3	3	0	0	2	0	0
	합계		3	3	0	0	2	0	0
프로통산			3	3	0	0	2	0	0

제프유(Jeff Yoo, Yu, Ji Young) 미국 1978.10.30

대회	연도	소속	출전	교체	득점	도움	파울	경고	퇴장
BC	2000	울산	3	3	0	0	3	0	0
	2001	부천SK	2	2	0	0	2	0	0
	합계		5	5	0	0	5	0	0
프로통산			5	5	0	0	5	0	0

제해성(諸海成) 용인대 2002.04.26

대회	연도	소속	출전	교체	득점	도움	파울	경고	퇴장
K2	2022	경남	0	0	0	0	0	0	0
	합계		0	0	0	0	0	0	0
프로통산			0	0	0	0	0	0	0

젠토이(Zentai Lajos) 헝가리 1966.08.02

대회	연도	소속	출전	교체	득점	도움	파울	경고	퇴장
BC	1991	LG	23	9	1	0	25	0	0
	합계		23	9	1	0	25	0	0
프로통산			23	9	1	0	25	0	0

젤리코(Zeljko Simović) 유고슬라비아 1967.02.02

대회	연도	소속	출전	교체	득점	도움	파울	경고	퇴장
BC	1994	대우	3	1	1	0	6	1	0
	합계		3	1	1	0	6	1	0
프로통산			3	1	1	0	6	1	0

젤리코(Zeljko Bajceta) 유고슬라비아 1967.01.01

대회	연도	소속	출전	교체	득점	도움	파울	경고	퇴장
BC	1994	LG	9	8	3	0	2	1	0
	합계		9	8	3	0	2	1	0
프로통산			9	8	3	0	2	1	0

조건규(趙建規) 호남대 1998.10.15

대회	연도	소속	출전	교체	득점	도움	파울	경고	퇴장
K2	2019	부천	5	5	0	0	4	1	0
	2020	부천	12	11	2	1	12	4	0
	2021	부천	11	10	0	0	11	2	0
	2022	충남아산	1	1	0	0	0	0	0
	합계		29	27	2	1	27	7	0
프로통산			29	27	2	1	27	7	0

조광래(趙廣來) 연세대 1954.03.19

대회	연도	소속	출전	교체	득점	도움	파울	경고	퇴장
BC	1983	대우	15	1	2	1	10	0	0
	1984	대우	13	6	1	1	12	0	0
	1985	대우	5	1	2	1	12	1	0
	1986	대우	9	4	3	0	7	0	0
	1987	대우	4	1	0	1	5	0	0
	합계		46	13	8	4	46	1	0
프로통산			46	13	8	4	46	1	0

조귀범(趙貴範) 예원예술대 1996.08.09

대회	연도	소속	출전	교체	득점	도움	파울	경고	퇴장
K1	2017	대구	0	0	0	0	0	0	0
	합계		0	0	0	0	0	0	0
K2	2018	대전	3	2	1	0	5	0	0
	2019	대전	2	1	0	0	0	0	0
	합계		5	3	1	0	5	0	0
프로통산			5	3	1	0	5	0	0

조규성(曺圭成) 광주대 1998.01.25

대회	연도	소속	출전	교체	득점	도움	파울	경고	퇴장
K1	2020	전북	23	19	4	2	36	3	0
	2022	김천	23	9	13	4	32	1	0
	2022	전북	8	4	2	1	10	1	0
	2023	전북	12	5	7	0	17	2	0
	합계		66	37	26	7	95	7	0
K2	2019	안양	33	7	14	4	62	1	1
	2021	김천	25	9	8	3	36	3	0
	합계		58	16	22	7	98	4	1
프로통산			124	53	48	14	193	11	1

조규승(曺圭承) 선문대 1991.10.30

대회	연도	소속	출전	교체	득점	도움	파울	경고	퇴장
K1	2013	대전	2	2	0	0	4	0	0
	합계		2	2	0	0	4	0	0
프로통산			2	2	0	0	4	0	0

조규태(曺圭泰) 고려대 1957.01.18

대회	연도	소속	출전	교체	실점	도움	파울	경고	퇴장
BC	1985	할렐루야	3	1	5	0	0	0	0
	합계		3	1	5	0	0	0	0
프로통산			3	1	5	0	0	0	0

조긍연(趙兢衍) 고려대 1961.03.18

대회	연도	소속	출전	교체	득점	도움	파울	경고	퇴장
BC	1985	포항제철	14	9	2	1	23	1	0
	1986	포항제철	27	14	8	1	29	0	0
	1987	포항제철	20	15	3	0	13	1	0
	1988	포항제철	15	12	5	0	13	1	0
	1989	포항제철	39	11	20	1	41	2	0
	1990	포항제철	13	8	1	0	16	1	0
	1991	포항제철	15	15	0	1	7	0	0
	1992	현대	10	10	1	0	7	1	0
	합계		153	98	39	7	153	7	0
프로통산			153	98	39	7	153	7	0

조나탄(Johnathan Aparecido da Silva Vilela) 브라질 1990.03.29

대회	연도	소속	출전	교체	득점	도움	파울	경고	퇴장
K1	2016	수원	14	8	10	2	19	4	0
	2017	수원	29	11	22	3	35	5	0
	2021	광주	2	2	0	0	2	0	0
	합계		45	21	32	5	56	9	0
K2	2014	대구	29	14	14	2	56	5	0
	2015	대구	39	4	26	6	77	5	0
	합계		68	18	40	8	133	5	0
프로통산			113	42	72	13	189	14	0

조나탄(Jonathan Alonso Moya Aguilar) 코스타리카 1992.01.06

대회	연도	소속	출전	교체	득점	도움	파울	경고	퇴장
K2	2021	안양	29	14	1	4	40	5	0
	2022	안양	31	14	9	4	24	1	0
	2023	안양	5	3	5	1	3	0	0
	합계		65	26	6	9	67	6	0
승	2022	안양	2	1	0	0	2	0	0
	합계		2	1	0	0	2	0	0
프로통산			67	27	28	6	72	7	0

조나탄링(Erik Jonathan Ring) 스웨덴 1991.12.05

대회	연도	소속	출전	교체	득점	도움	파울	경고	퇴장
K1	2022	제주	28	31	5	2	17	2	0
	2023	제주	39	44	5	2	20	2	0
	합계		39	44	5	2	20	2	0
프로통산			39	44	5	2	20	2	0

조남현(趙南眩) 전북대 1981.09.20

대회	연도	소속	출전	교체	득점	도움	파울	경고	퇴장
BC	2005	전북	7	6	0	0	9	0	0
	합계		7	6	0	0	9	0	0
프로통산			7	6	0	0	9	0	0

조네스(Jonhes Elias Pinto Santos) 브라질 1979.09.28

대회	연도	소속	출전	교체	득점	도움	파울	경고	퇴장
BC	2007	포항	14	11	4	0	33	1	0
	합계		14	11	4	0	33	1	0
프로통산			14	11	4	0	33	1	0

조대현(趙大現) 동국대 1974.02.24

대회	연도	소속	출전	교체	득점	도움	파울	경고	퇴장
BC	1996	수원	16	12	1	0	24	1	0

대회	연도	소속	출전	교체	득점	도움	파울	경고	퇴장
	1997	수원	12	13	1	0	16	2	0
	1998	수원	7	6	0	0	8	0	0
	1999	수원	19	17	2	1	28	2	0
	2000	수원	3	3	0	0	2	0	0
	2001	울산	4	4	0	0	4	0	0
	합계		61	55	4	1	86	5	0
프로통산			61	55	4	1	86	5	0

조덕제(趙德濟) 아주대 1965.10.26

대회	연도	소속	출전	교체	득점	도움	파울	경고	퇴장
BC	1988	대우	18	4	1	1	25	2	0
	1989	대우	39	5	1	4	71	3	0
	1990	대우	20	14	0	2	18	1	0
	1991	대우	33	14	2	0	32	1	0
	1992	대우	24	6	2	0	38	5	0
	1993	대우	29	0	1	0	29	2	0
	1994	대우	35	0	2	2	33	4	0
	1995	대우	15	3	1	1	15	3	1
	합계		213	46	10	11	261	21	1
프로통산			213	46	10	11	261	21	1

조동건(趙東建) 건국대 1986.04.16

대회	연도	소속	출전	교체	득점	도움	파울	경고	퇴장
BC	2008	성남일화	12	11	4	4	9	1	0
	2009	성남일화	39	16	8	5	57	2	0
	2010	성남일화	18	11	2	3	19	0	0
	2011	성남일화	32	13	8	2	39	0	0
	2012	수원	20	18	2	2	22	2	0
	합계		121	72	24	14	156	6	0
K1	2013	수원	25	15	5	4	18	0	0
	2014	수원	4	4	0	1	0	0	0
	2014	상주	19	6	3	1	24	0	0
	2016	수원	24	21	4	1	20	0	0
	합계		72	46	12	7	62	0	0
K2	2015	상주	14	11	6	0	11	1	0
	합계		14	11	6	0	11	1	0
프로통산			207	129	42	21	227	11	0

조동재(趙東宰) 용인시축구센터 덕영U18 2003.05.16

대회	연도	소속	출전	교체	득점	도움	파울	경고	퇴장
K2	2022	서울E	7	5	0	0	4	2	0
	2023	서울E	14	10	1	0	6	4	0
	합계		21	15	1	0	10	6	0
프로통산			21	15	1	0	10	6	0

조란(Zoran Milosević) 유고슬라비아 1975.11.23

대회	연도	소속	출전	교체	득점	도움	파울	경고	퇴장
BC	1999	전북	30	2	0	0	53	6	0
	2000	전북	18	13	0	0	18	1	1
	2001	전북	18	4	1	0	22	1	0
	합계		66	19	1	0	93	8	1
프로통산			66	19	1	0	93	8	1

조란(Zoran Sprko Rendulić) 세르비아 1984.05.22

대회	연도	소속	출전	교체	득점	도움	파울	경고	퇴장
BC	2012	포항	15	2	0	0	34	4	0
	합계		15	2	0	0	34	4	0
프로통산			15	2	0	0	34	4	0

조란(Zoran Vuković) 유고슬라비아 1972.02.07

대회	연도	소속	출전	교체	득점	도움	파울	경고	퇴장
BC	1993	현대	10	10	1	0	6	0	0
	합계		10	10	1	0	6	0	0
프로통산			10	10	1	0	6	0	0

조란(Zoran Durisić) 유고슬라비아 1971.04.29

대회	연도	소속	출전	교체	득점	도움	파울	경고	퇴장
BC	1996	울산	24	20	4	2	39	4	0
	합계		24	20	4	2	39	4	0
프로통산			24	20	4	2	39	4	0

조란(Zoran Novaković) 유고슬라비아 1975.08.22

대회	연도	소속	출전	교체	득점	도움	파울	경고	퇴장
BC	1998	부산	6	5	0	0	9	1	0
	1999	부산	9	8	0	0	18	1	0
	합계		15	13	0	0	27	2	0
프로통산			15	13	0	0	27	2	0

조르단(Wilmar Jordan Gil) 콜롬비아 1990.10.17

대회	연도	소속	출전	교체	득점	도움	파울	경고	퇴장
BC	2011	경남	10	7	3	2	17	2	0
	2012	경남	22	19	2	0	31	1	0
	합계		32	26	5	2	48	3	0
K1	2013	성남일화	2	2	0	0	2	0	0
	합계		2	2	0	0	2	0	0
프로통산			34	28	5	2	48	3	0

조르지(Jorge Luiz Barbosa Teixeira) 브라질 1999.06.21

대회	연도	소속	출전	교체	득점	도움	파울	경고	퇴장
K2	2023	충청주	34	13	13	2	37	4	0
	합계		34	13	13	2	37	4	0
프로통산			34	13	13	2	37	4	0

조르징요(Jorge Xavier de Sousa) 브라질 1991.01.05

대회	연도	소속	출전	교체	득점	도움	파울	경고	퇴장
K1	2015	성남	11	7	1	1	12	3	0
	합계		11	7	1	1	12	3	0
프로통산			11	7	1	1	12	3	0

조만근(趙萬根) 한양대 1977.11.28

대회	연도	소속	출전	교체	득점	도움	파울	경고	퇴장
BC	1998	수원	3	3	0	0	4	0	0
	1999	수원	2	1	0	1	3	0	0
	2002	수원	2	2	0	0	2	0	0
	합계		7	6	0	1	9	0	0
프로통산			7	6	0	1	9	0	0

조민국(趙敏國) 고려대 1963.07.05

대회	연도	소속	출전	교체	득점	도움	파울	경고	퇴장
BC	1986	럭키금성	10	0	5	2	12	3	0
	1987	럭키금성	19	1	0	0	16	3	0
	1988	럭키금성	10	1	0	1	15	1	0
	1989	럭키금성	23	6	1	3	37	3	0
	1990	럭키금성	11	1	1	1	8	2	0
	1991	LG	32	4	6	2	31	7	1
	1992	LG	34	1	2	2	23	7	0
	합계		139	14	15	11	122	22	1
프로통산			139	14	15	11	122	22	1

조민규(趙民奎) 상지대 2003.04.30

대회	연도	소속	출전	교체	실점	도움	파울	경고	퇴장
K1	2023	강원	0	0	0	0	0	0	0
	합계		0	0	0	0	0	0	0
프로통산			0	0	0	0	0	0	0

조민우(趙民宇) 동국대 1992.05.13

대회	연도	소속	출전	교체	득점	도움	파울	경고	퇴장
K1	2017	포항	14	2	1	0	12	1	0
	합계		14	2	1	0	12	1	0
K2	2014	강원	3	3	0	0	3	0	0
	합계		3	3	0	0	3	0	0
프로통산			17	5	1	0	15	1	0

조민혁(趙民爀) 홍익대 1982.05.05

대회	연도	소속	출전	교체	실점	도움	파울	경고	퇴장
BC	2005	부천SK	0	0	0	0	0	0	0
	2006	제주	0	0	0	0	0	0	0
	2007	전남	0	0	0	0	0	0	0
	2008	전남	0	0	0	0	0	0	0
	합계		0	0	0	0	0	0	0
프로통산			0	0	0	0	0	0	0

조민형(曺民亨) 전주기전대 1993.04.07

대회	연도	소속	출전	교체	득점	도움	파울	경고	퇴장
K2	2014	수원FC	0	0	0	0	0	0	0
	합계		0	0	0	0	0	0	0
프로통산			0	0	0	0	0	0	0

조범석(曺帆奭) 신갈고 1990.01.09

대회	연도	소속	출전	교체	득점	도움	파울	경고	퇴장
BC	2011	인천	6	3	0	0	10	0	0
	합계		6	3	0	0	10	0	0
K2	2016	부천	36	10	1	2	17	2	0
	2017	부천	32	18	0	4	19	3	0
	2018	아산	5	5	0	1	0	0	0
	2019	아산	13	6	0	0	9	1	0
	2019	부천	10	1	0	0	9	0	0
	2020	부천	23	0	0	0	8	0	0
	2021	부천	23	0	1	0	8	1	0
	합계		135	43	1	7	64	7	2
프로통산			141	46	1	7	74	7	2

조병국(曺秉局) 연세대 1981.07.01

대회	연도	소속	출전	교체	득점	도움	파울	경고	퇴장
BC	2002	수원	23	2	3	1	38	1	1
	2003	수원	14	2	1	0	47	1	0
	2004	수원	14	2	1	0	32	3	0
	2005	성남일화	12	12	0	0	2	0	0
	2006	성남일화	40	0	1	1	57	4	0
	2007	성남일화	26	1	1	3	39	3	0
	2008	성남일화	26	1	0	2	50	14	0
	2009	성남일화	26	1	0	0	49	5	0
	2010	성남일화	30	0	0	0	49	5	0
	합계		225	26	7	4	340	35	1
K1	2016	인천	24	5	1	1	21	5	0
	2018	경남	5	2	0	0	5	0	0
	합계		29	5	1	2	26	5	0
K2	2017	경남	8	2	1	0	14	4	0
	2018	수원FC	13	4	0	0	13	0	0
	합계		21	6	1	2	33	4	0
프로통산			275	36	9	6	384	44	1

조병득(趙炳得) 명지대 1958.05.26

대회	연도	소속	출전	교체	실점	도움	파울	경고	퇴장
BC	1983	할렐루야	15	0	19	0	0	0	0
	1984	할렐루야	28	0	30	0	0	0	0
	1985	할렐루야	21	0	25	1	0	0	0
	1987	포항제철	18	2	24	0	1	0	0
	1988	포항제철	6	1	2	0	0	0	0
	1989	포항제철	25	0	35	1	0	0	0
	1990	포항제철	23	0	22	1	0	0	0
	합계		134	3	162	1	2	0	0
프로통산			134	3	162	1	2	0	0

조병영(趙炳瑛) 안동대 1966.01.22

대회	연도	소속	출전	교체	득점	도움	파울	경고	퇴장
BC	1988	럭키금성	18	1	1	0	27	1	0
	1989	럭키금성	17	13	0	0	13	0	0
	1990	럭키금성	1	0	0	0	4	0	0
	1991	LG	13	5	0	1	12	1	0
	1992	LG	15	9	1	0	14	0	0
	1993	LG	23	4	0	0	34	5	1
	1994	LG	15	2	0	0	28	3	0
	1995	LG	18	13	0	0	40	8	1
	1996	안양LG	6	6	0	0	48	7	1
	1997	안양LG	25	16	1	0	56	5	0
	합계		178	59	3	1	277	29	3
프로통산			178	59	3	1	277	29	3

조블론(Jovlon Ibrokhimov) 우즈베키스탄 1990.12.10

대회	연도	소속	출전	교체	득점	도움	파울	경고	퇴장
K2	2019	수원FC	8	5	0	2	9	2	0
	합계		8	5	0	2	9	2	0
프로통산			8	5	0	2	9	2	0

조상범(趙尙範) 호남대 1994.01.01

대회	연도	소속	출전	교체	득점	도움	파울	경고	퇴장
K2	2017	대전	11	8	0	1	10	1	0
	2018	수원FC	10	3	0	1	10	0	0
	2019	수원FC	0	0	0	0	0	0	0

		합계	21	11	0	2	18	1	0
		프로통산	21	11	0	2	18	1	0

조상원 (趙相圓) 호남대 1976.05.06

대회	연도	소속	출전	교체	실점	도움	파울	경고	퇴장
BC	1999	전북	3	0	3	0	0	0	0
	2000	전북	0	0	0	0	0	0	0
	2001	전북	1	1	2	0	0	0	0
		합계	4	1	5	0	0	0	0
		프로통산	4	1	5	0	0	0	0

조상준 (趙相俊) 제주국제대 1999.07.11

대회	연도	소속	출전	교체	득점	도움	파울	경고	퇴장
K1	2021	수원FC	26	28	2	0	5	0	0
	2022	성남	4	5	0	0	1	0	0
		합계	30	33	2	0	6	0	0
	2023	경남	27	29	1	2	13	1	0
		합계	27	29	1	2	13	1	0
		프로통산	57	62	3	2	19	1	0

조상준 (曹祥準) 대구대 1988.07.24

대회	연도	소속	출전	교체	실점	도움	파울	경고	퇴장
BC	2011	광주	0	0	0	0	0	0	0
		합계	0	0	0	0	0	0	0
K2	2013	경찰	4	3	1	0	0	0	0
		합계	4	3	1	0	0	0	0
		프로통산	4	3	1	0	0	0	0

조석영 (趙奭泳) 광운대 1997.04.09

대회	연도	소속	출전	교체	득점	도움	파울	경고	퇴장
K1	2020	서울	1	1	0	0	1	0	0
	2021	서울	1	1	0	0	2	1	0
		합계	2	2	0	0	3	1	0
		프로통산	2	2	0	0	3	1	0

조석재 (趙錫宰) 건국대 1993.03.24

대회	연도	소속	출전	교체	득점	도움	파울	경고	퇴장
K1	2016	전남	9	9	1	0	3	0	0
	2018	대구	6	6	0	0	0	0	0
		합계	15	15	1	0	3	1	0
K2	2015	충주	36	18	19	5	44	6	0
	2017	안양	28	24	7	1	22	2	0
		합계	64	42	26	6	66	8	0
		프로통산	79	57	27	6	69	9	0

조성권 (趙誠權) 금호고 2001.02.24

대회	연도	소속	출전	교체	득점	도움	파울	경고	퇴장
K2	2023	김포	35	2	0	0	32	3	0
		합계	35	2	0	0	32	3	0
승	2023	김포	2	0	1	0	3	0	0
		합계	2	0	1	0	3	0	0
		프로통산	37	2	1	0	35	3	0

조성규 (趙星奎) 동국대 1959.05.22

대회	연도	소속	출전	교체	득점	도움	파울	경고	퇴장
BC	1984	한일은행	9	4	1	2	7	0	0
	1985	한일은행	21	4	3	4	25	0	0
	1986	한일은행	18	5	2	5	20	0	0
		합계	48	13	6	11	53	0	0
		프로통산	48	13	6	11	53	0	0

조성래 (趙成來) 홍익대 1979.08.10

대회	연도	소속	출전	교체	득점	도움	파울	경고	퇴장
BC	2004	성남일화	9	5	0	0	17	2	0
		합계	9	5	0	0	17	2	0
		프로통산	9	5	0	0	17	2	0

조성빈 (造城濱) 아주대 2001.01.05

대회	연도	소속	출전	교체	실점	도움	파울	경고	퇴장
K2	2023	전남	9	9	2	0	0	4	0
		합계	9	9	2	0	0	4	0
		프로통산	9	9	2	0	0	4	0

조성욱 (趙成旻) 단국대 1995.03.22

대회	연도	소속	출전	교체	득점	도움	파울	경고	퇴장
K1	2022	성남	9	3	0	0	6	3	0
		합계	9	3	0	0	6	3	0
K2	2018	성남	11	9	0	0	7	3	0
	2023	성남	33	5	4	0	46	7	0
		합계	44	14	4	0	53	10	0
		프로통산	53	17	4	0	59	11	0

조성윤 (趙成閏) 숭실대 1984.04.26

대회	연도	소속	출전	교체	득점	도움	파울	경고	퇴장
BC	2005	인천	2	1	0	0	1	0	0
	2006	광주상무	0	0	0	0	0	0	0
		합계	2	1	0	0	1	0	0
		프로통산	2	1	0	0	1	0	0

조성준 (趙聖俊) 청주대 1990.11.27

대회	연도	소속	출전	교체	득점	도움	파울	경고	퇴장
K1	2016	광주	32	28	1	2	34	4	0
	2017	광주	28	13	2	0	14	1	0
	2019	성남	14	6	1	1	11	2	0
	2022	제주	30	24	0	5	13	2	0
		합계	111	92	5	11	78	8	0
K2	2013	안양	24	20	4	2	35	4	0
	2014	안양	22	17	4	2	25	5	0
	2015	안양	36	26	2	3	35	1	0
	2017	아산	8	7	1	0	6	0	0
	2018	아산	14	10	4	2	14	3	0
		합계	114	90	15	13	110	13	0
		프로통산	225	182	20	24	188	22	1

조성준 (趙晟俊) 주엽공고 1988.06.07

대회	연도	소속	출전	교체	득점	도움	파울	경고	퇴장
BC	2007	전북	3	0	0	1	12	0	0
	2008	전북	8	2	0	0	18	5	0
		합계	11	2	0	1	30	7	0
		프로통산	11	2	0	1	30	7	0

조성진 (趙成鎭) 유성생명과학고 1990.12.14

대회	연도	소속	출전	교체	득점	도움	파울	경고	퇴장
K1	2014	수원	37	0	0	0	50	3	0
	2015	수원	24	2	0	0	56	11	0
	2017	수원	27	1	0	0	32	6	0
	2018	수원	30	3	0	0	13	4	0
	2019	수원	4	2	0	0	4	1	0
	2021	수원	6	2	0	0	10	0	0
		합계	128	19	0	0	165	20	0
K2	2016	안산무궁	18	0	0	0	27	3	1
	2017	아산	18	1	0	0	13	4	0
		합계	36	1	0	0	40	7	1
		프로통산	164	20	3	2	205	27	1

조성채 (趙晟彩) 대신고 1995.06.13

대회	연도	소속	출전	교체	득점	도움	파울	경고	퇴장
K2	2016	고양	0	0	0	0	0	0	0
		합계	0	0	0	0	0	0	0
		프로통산	0	0	0	0	0	0	0

조성환 (趙星桓) 초당대 1982.04.09

대회	연도	소속	출전	교체	득점	도움	파울	경고	퇴장
BC	2001	수원	32	3	0	0	45	5	0
	2002	수원	23	2	0	2	47	5	0
	2003	전북	31	5	0	2	82	12	0
	2003	수원	19	6	0	0	29	4	0
	2004	수원	19	6	1	0	27	4	0
	2005	수원	19	3	0	0	12	1	0
	2005	포항	4	2	0	0	6	0	0
	2006	포항	28	2	0	0	71	9	0
	2007	포항	24	1	0	0	43	7	1
	2008	포항	20	6	0	0	24	4	0
	2010	전북	11	0	2	0	34	12	0
	2011	전북	9	1	0	1	15	3	0
	2012	전북	9	5	0	0	13	4	0
		합계	223	26	7	2	377	63	1
K1	2015	전북	17	4	0	0	17	5	0
	2016	전북	14	1	1	0	11	5	0
	2017	전북	11	6	0	1	8	4	0
	2018	전북	5	4	0	0	6	2	0
		합계	47	15	1	1	42	18	0
		프로통산	270	41	8	3	419	81	1

조성환 (趙成煥) 아주대 1970.10.16

대회	연도	소속	출전	교체	득점	도움	파울	경고	퇴장
BC	1993	유공	16	4	0	1	17	4	0
	1994	유공	33	11	1	1	50	5	0
	1997	부천SK	32	5	0	4	86	8	0
	1998	부천SK	9	9	0	0	13	0	0
	1999	부천SK	35	0	0	6	101	5	1
	2001	부천SK	31	0	2	1	39	5	0
	2003	전북	31	5	0	2	82	12	0
		합계	230	34	4	19	505	48	1
		프로통산	230	34	4	19	505	48	1

조성훈 (趙晟勳) 숭실대 1998.04.21

대회	연도	소속	출전	교체	실점	도움	파울	경고	퇴장
K1	2021	포항	5	1	8	0	1	0	0
	2022	포항	0	0	0	0	0	0	0
		합계	5	1	8	0	1	0	0
		프로통산	5	1	8	0	1	0	0

조세 (Jose Roberto Assunção de Araujo Filho) 브라질 1993.09.14

대회	연도	소속	출전	교체	득점	도움	파울	경고	퇴장
K1	2018	대구	11	6	3	0	17	2	0
		합계	11	6	3	0	17	2	0
		프로통산	11	6	3	0	17	2	0

조세권 (趙世權) 고려대 1978.06.26

대회	연도	소속	출전	교체	득점	도움	파울	경고	퇴장
BC	2001	울산	28	2	0	0	25	3	0
	2002	울산	27	4	0	0	41	6	0
	2003	울산	39	2	1	1	57	7	0
	2004	울산	32	1	0	0	35	4	0
	2005	울산	31	2	0	0	63	5	0
	2006	울산	22	4	0	1	48	9	0
	2007	전남	1	0	0	0	0	0	0
		합계	180	19	1	2	272	39	0
		프로통산	180	19	1	2	272	39	0

조셉 (Somogyi József) 헝가리 1968.05.23

대회	연도	소속	출전	교체	득점	도움	파울	경고	퇴장
BC	1994	유공	25	11	3	3	50	9	0
	1995	유공	21	8	3	5	25	4	0
	1996	부천유공	35	9	12	7	50	9	0
	1997	부천SK	24	11	1	2	35	4	0
		합계	105	39	19	17	160	21	0
		프로통산	105	39	19	17	160	21	0

조수철 (趙秀哲) 우석대 1990.10.30

대회	연도	소속	출전	교체	득점	도움	파울	경고	퇴장
K1	2013	성남일화	0	0	0	0	0	0	0
	2014	인천	20	8	2	0	19	3	0
	2015	인천	27	6	2	1	28	4	0
	2016	포항	14	3	1	1	7	3	0
	2018	상주	7	4	0	0	4	0	0
	2019	상주	2	0	0	0	1	0	0
		합계	49	15	4	2	47	8	0
K2	2017	부천	7	2	0	1	11	2	0
	2019	부천	7	2	0	0	13	4	0
	2020	부천	23	0	3	0	23	4	0
	2021	부천	27	7	1	0	29	4	0
	2022	부천	25	9	2	0	35	4	0
	2023	부천	16	16	1	0	13	0	0
		합계	111	53	10	4	102	17	0
		프로통산	160	68	14	6	149	25	0

조수혁 (趙秀赫) 건국대 1987.03.18

대회	연도	소속	출전	교체	실점	도움	파울	경고	퇴장

BC	2008	서울	2	0	1	0	0	0	0
	2010	서울	0	0	0	0	0	0	0
	2011	서울	1	0	1	0	0	0	0
	2012	서울	0	0	0	0	0	0	0
	합계		3	0	2	0	0	0	0
K1	2013	인천	0	0	0	0	0	0	0
	2014	인천	0	0	0	0	0	0	0
	2015	인천	10	2	4	0	0	2	0
	2016	인천	26	0	32	0	2	2	0
	2017	울산	10	0	10	0	0	0	0
	2018	울산	8	1	6	0	0	0	0
	2019	울산	2	0	1	0	0	0	0
	2020	울산	0	0	0	0	0	0	0
	2021	울산	0	0	0	0	0	0	0
	2022	울산	3	1	0	0	0	1	0
	2023	울산	2	0	4	0	0	0	0
	합계		61	4	57	0	2	5	0
프로통산			64	4	59	0	2	5	0

조시마(Josimar de Carvalho Ferreira) 브라질 1972.04.09

대회	연도	소속	출전	교체	득점	도움	파울	경고	퇴장
BC	2000	포항	4	4	0	1	4	0	0
	합계		4	4	0	1	4	0	0
프로통산			4	4	0	1	4	0	0

조시엘(Josiel Alves de Oliveira) 브라질 1988.09.19

대회	연도	소속	출전	교체	득점	도움	파울	경고	퇴장
K2	2017	안양	16	13	2	1	26	4	0
	합계		16	13	2	1	26	4	0
프로통산			16	13	2	1	26	4	0

조엘손(Joelson Franca Dias) 브라질 1988.05.29

대회	연도	소속	출전	교체	득점	도움	파울	경고	퇴장
K2	2014	강원	19	17	6	0	26	0	0
	합계		19	17	6	0	26	0	0
프로통산			19	17	6	0	26	0	0

조영민(趙永玟) 동아대 1982.08.20

대회	연도	소속	출전	교체	득점	도움	파울	경고	퇴장
BC	2005	부산	1	1	0	0	0	0	0
	2006	부산	12	7	0	1	12	3	0
	2007	부산	1	1	0	0	1	0	0
	합계		14	9	0	1	13	3	0
프로통산			14	9	0	1	13	3	0

조영우(曺永雨) 전북대 1973.02.19

대회	연도	소속	출전	교체	득점	도움	파울	경고	퇴장
BC	1995	전북	6	5	1	0	0	0	0
	합계		6	5	1	0	0	0	0
프로통산			6	5	1	0	0	0	0

조영욱(曺永旭) 고려대 1999.02.05

대회	연도	소속	출전	교체	득점	도움	파울	경고	퇴장
K1	2018	서울	30	22	3	2	6	1	0
	2019	서울	18	17	2	1	5	3	0
	2020	서울	20	11	3	1	16	2	0
	2021	서울	36	23	8	1	23	2	0
	2022	서울	37	16	6	7	25	2	0
	합계		141	89	22	12	75	10	0
K2	2023	김천	28	15	13	5	4	1	0
	합계		28	15	13	5	4	1	0
승	2018	서울	2	1	1	0	3	0	0
	합계		2	1	1	0	3	0	0
프로통산			171	105	36	17	82	11	0

조영준(曺泳俊) 경일대 1985.05.23

대회	연도	소속	출전	교체	실점	도움	파울	경고	퇴장
BC	2008	대구	0	0	0	0	0	0	0
	2009	대구	0	0	0	0	0	0	0
	2010	대구	0	0	0	0	0	0	0
	합계		0	0	0	0	0	0	0
프로통산			0	0	0	0	0	0	0

조영증(趙榮增) 중앙대 1954.08.18

대회	연도	소속	출전	교체	득점	도움	파울	경고	퇴장
BC	1984	럭키금성	28	2	9	4	28	1	0
	1985	럭키금성	5	1	1	1	8	0	0
	1986	럭키금성	12	0	4	0	15	1	0
	1987	럭키금성	7	2	0	0	2	0	0
	합계		52	5	14	5	53	2	0
프로통산			52	5	14	5	53	2	0

조영철(曺永哲) 학성고 1989.05.31

대회	연도	소속	출전	교체	득점	도움	파울	경고	퇴장
K1	2015	울산	2	2	0	0	0	0	0
	2016	상주	27	21	3	0	26	1	0
	2017	상주	15	10	2	0	6	0	0
	2017	울산	3	3	0	0	5	1	0
	2018	울산	2	2	0	0	2	0	0
	2018	경남	9	9	0	1	6	2	0
	합계		58	47	5	1	45	4	0
프로통산			58	47	5	1	45	4	0

조영훈(趙榮勳) 동국대 1989.04.13

대회	연도	소속	출전	교체	득점	도움	파울	경고	퇴장
BC	2012	대구	10	7	0	0	12	2	0
	합계		10	7	0	0	12	2	0
K1	2013	대구	26	2	1	1	37	2	0
	합계		26	2	1	1	37	2	0
K2	2014	대구	7	2	1	0	9	0	0
	2015	대구	27	4	0	1	30	7	0
	2016	대구	4	4	0	0	1	0	0
	2017	안양	7	2	0	0	7	2	0
	합계		45	12	1	1	47	9	0
프로통산			81	21	2	2	96	13	0

조예찬(趙藝燦) 용인대 1992.10.30

대회	연도	소속	출전	교체	득점	도움	파울	경고	퇴장
K2	2016	대전	24	18	1	0	24	4	0
	2017	대전	3	3	0	1	1	0	0
	2018	대전	0	0	0	0	0	0	0
	합계		27	21	1	1	25	4	0
프로통산			27	21	1	1	25	4	0

조용기(曺龍起) 아주대 1983.08.28

대회	연도	소속	출전	교체	득점	도움	파울	경고	퇴장
BC	2006	대구	0	0	0	0	0	0	0
	합계		0	0	0	0	0	0	0
프로통산			0	0	0	0	0	0	0

조용민(趙庸珉) 광주대 1992.01.15

대회	연도	소속	출전	교체	득점	도움	파울	경고	퇴장
K2	2014	수원FC	6	6	1	0	0	0	0
	합계		6	6	1	0	0	0	0
프로통산			6	6	1	0	0	0	0

조용석(曺庸碩) 경상대 1977.07.14

대회	연도	소속	출전	교체	득점	도움	파울	경고	퇴장
BC	2000	전남	16	11	1	0	22	1	0
	2001	전남	3	3	0	0	6	0	0
	합계		19	14	1	0	28	1	0
프로통산			19	14	1	0	28	1	0

조용태(趙容泰) 연세대 1986.03.31

대회	연도	소속	출전	교체	득점	도움	파울	경고	퇴장
BC	2008	수원	17	17	2	3	10	0	0
	2009	수원	9	9	1	0	7	0	0
	2010	광주상무	15	11	3	1	9	0	0
	2011	상주	12	11	1	0	7	0	0
	2011	수원	2	3	0	0	1	0	0
	2012	수원	12	12	1	1	5	0	0
	합계		67	63	8	5	39	0	0
K1	2013	수원	14	12	1	1	10	0	0
	2014	경남	1	1	0	0	1	0	0
	2015	광주	22	22	2	2	9	0	0
	2016	광주	10	10	0	1	8	1	0
	합계		47	45	3	4	28	1	0
K2	2014	광주	17	14	2	0	10	0	0
	2017	서울E	5	4	0	0	3	0	0
	2018	서울E	10	9	0	0	6	0	0
	합계		32	27	2	0	19	0	0
승	2014	광주	2	2	1	0	0	0	0
	합계		2	2	1	0	0	0	0
프로통산			148	137	14	9	86	1	0

조용형(趙容亨) 고려대 1983.11.03

대회	연도	소속	출전	교체	득점	도움	파울	경고	퇴장
BC	2005	부천SK	34	1	0	0	33	6	0
	2006	제주	35	0	0	0	44	8	0
	2007	성남일화	19	11	0	0	15	0	0
	2008	제주	31	1	0	1	33	4	1
	2009	제주	23	0	1	0	37	4	0
	2010	제주	15	2	0	0	28	1	0
	합계		157	15	1	1	190	23	1
K1	2017	제주	17	4	0	0	18	3	0
	2018	제주	16	2	0	0	15	4	1
	2019	제주	5	0	0	1	11	3	0
	합계		38	6	0	1	44	10	1
프로통산			195	21	1	2	234	33	2

조우석(趙祐奭) 대구대 1968.10.08

대회	연도	소속	출전	교체	득점	도움	파울	경고	퇴장
BC	1991	일화	37	6	3	4	42	2	0
	1992	일화	13	10	0	2	9	1	0
	1994	일화	15	9	0	2	16	5	0
	1995	일화	13	8	1	1	14	2	0
	1996	천안일화	20	8	1	1	23	1	0
	1997	천안일화	29	8	0	2	47	5	0
	1998	천안일화	27	7	1	1	21	2	0
	합계		154	56	6	13	172	18	0
프로통산			154	56	6	13	172	18	0

조우실바(Jorge Santos Silva) 브라질 1988.02.23

대회	연도	소속	출전	교체	득점	도움	파울	경고	퇴장
BC	2008	대구	2	2	0	0	0	0	0
	합계		2	2	0	0	0	0	0
프로통산			2	2	0	0	0	0	0

조우진(趙佑鎭) 포철공고 1987.07.07

대회	연도	소속	출전	교체	득점	도움	파울	경고	퇴장
BC	2011	광주	11	11	0	1	3	0	0
	2012	광주	9	9	1	0	3	1	0
	합계		20	20	1	1	6	1	0
K1	2013	대구	3	3	0	0	0	0	0
	합계		3	3	0	0	0	0	0
K2	2017	안산	14	5	0	0	6	1	0
	2018	안산	11	10	0	0	3	0	0
	합계		25	15	0	0	9	1	0
프로통산			48	38	1	1	15	2	0

조우진(趙佑辰) 한남대 1993.11.25

대회	연도	소속	출전	교체	득점	도움	파울	경고	퇴장
K2	2015	서울E	0	0	0	0	0	0	0
	2016	서울E	8	7	0	0	5	3	0
	합계		8	7	0	0	5	3	0
프로통산			8	7	0	0	5	3	0

조원광(趙源光) 한양중 1985.08.23

대회	연도	소속	출전	교체	득점	도움	파울	경고	퇴장
BC	2008	인천	4	5	0	0	4	0	0
	합계		4	5	0	0	4	0	0
프로통산			4	5	0	0	4	0	0

조원득(趙元得) 단국대 1991.06.21

대회	연도	소속	출전	교체	득점	도움	파울	경고	퇴장
K1	2015	대전	7	4	0	0	7	1	0
	합계		7	4	0	0	7	1	0
프로통산			7	4	0	0	7	1	0

조원희(趙源熙) 배재고 1983.04.17

대회	연도	소속	출전	교체	득점	도움	파울	경고	퇴장

BC (continued)

대회	연도	소속	출전	교체	득점	도움	파울	경고	퇴장
BC	2002	울산	1	1	0	0	1	0	0
	2003	광주상무	23	12	2	0	32	3	0
	2004	광주상무	21	8	0	0	14	2	0
	2005	수원	29	13	0	1	39	2	0
	2006	수원	27	3	0	1	23	3	0
	2007	수원	19	1	0	1	39	4	0
	2008	수원	35	1	1	1	89	9	0
	2010	수원	26	3	1	0	41	2	0
	합계		181	42	4	4	278	25	0
K1	2014	경남	12	1	0	1	16	2	0
	2016	수원	26	5	0	0	19	0	0
	2017	수원	11	5	0	0	10	2	0
	2018	수원	23	11	0	1	27	3	0
	합계		72	22	1	2	86	10	0
K2	2015	서울E	38	0	5	3	41	4	0
	2020	수원FC	2	2	0	0	2	1	0
	합계		40	2	5	3	43	5	0
프로통산			293	66	10	9	407	40	0

조위제(趙偉濟) 용인대 2001.08.25

대회	연도	소속	출전	교체	득점	도움	파울	경고	퇴장
K2	2022	부산	25	8	0	0	17	4	0
	2023	부산	32	5	1	0	33	7	0
	합계		57	13	1	0	50	11	0
승	2023	부산	1	0	0	0	1	0	0
	합계		1	0	0	0	1	0	0
프로통산			58	13	1	0	51	11	0

조유민(曺侑珉) 중앙대 1996.11.17

대회	연도	소속	출전	교체	득점	도움	파울	경고	퇴장
K1	2021	수원FC	31	14	4	0	23	4	0
	2023	대전	21	3	2	1	15	6	0
	합계		52	17	6	1	38	10	0
K2	2018	수원FC	26	3	0	0	39	8	1
	2019	수원FC	31	2	2	0	55	7	0
	2020	수원FC	24	1	2	1	24	3	0
	2022	대전	33	1	6	0	26	3	0
	합계		114	4	10	1	144	22	1
승	2022	대전	2	0	1	0	3	1	0
	합계		2	0	1	0	3	1	0
프로통산			168	21	17	2	185	33	1

조윤성(趙允晟) 청주대 1999.01.12

대회	연도	소속	출전	교체	득점	도움	파울	경고	퇴장
K1	2021	강원	0	0	0	0	0	0	0
	합계		0	0	0	0	0	0	0
K2	2023	충남아산	31	2	0	1	17	3	0
	합계		31	2	0	1	17	3	0
프로통산			31	2	0	1	17	3	0

조윤형(趙允亨) 안동과학대 1996.06.02

대회	연도	소속	출전	교체	득점	도움	파울	경고	퇴장
K2	2019	전남	7	7	0	0	3	1	0
	2020	전남	5	5	0	0	2	0	0
	2021	부천	11	5	0	0	20	5	0
	합계		23	17	0	0	25	6	1
프로통산			23	17	0	0	25	6	1

조윤환(趙允煥) 명지대 1961.05.24

대회	연도	소속	출전	교체	득점	도움	파울	경고	퇴장
BC	1985	할렐루야	14	0	0	0	21	2	0
	1987	유공	20	9	3	1	28	2	0
	1988	유공	21	0	0	0	24	4	1
	1989	유공	30	3	5	6	44	2	0
	1990	유공	17	3	1	2	38	2	0
	합계		102	15	9	9	155	12	3
프로통산			102	15	9	9	155	12	3

조인형(趙仁衡) 인천대 1990.02.01

대회	연도	소속	출전	교체	득점	도움	파울	경고	퇴장
K1	2013	울산	3	3	0	0	0	0	0
	2014	울산	1	1	0	0	0	0	0
	합계		4	4	0	0	0	0	0
K2	2015	수원FC	5	5	0	0	7	0	0
	합계		5	5	0	0	7	0	0
프로통산			9	9	0	0	10	0	0

조인흥(趙仁洪) 원광대 1998.05.04

대회	연도	소속	출전	교체	득점	도움	파울	경고	퇴장
K2	2020	안산	1	1	0	0	0	0	0
	2021	안산	1	0	0	0	0	0	0
	합계		2	1	0	0	0	0	0
프로통산			2	1	0	0	0	0	0

조일수(趙日秀) 춘천고 1972.11.05

대회	연도	소속	출전	교체	득점	도움	파울	경고	퇴장
BC	1991	일화	3	3	0	0	2	0	0
	1993	일화	4	4	1	0	1	0	0
	1994	일화	5	2	0	0	7	0	0
	1996	천안일화	3	4	0	0	0	0	0
	1997	천안일화	18	15	1	1	22	2	0
	합계		33	28	2	1	32	2	0
프로통산			33	28	2	1	32	2	0

조재민(趙在珉) 중동고 1978.05.22

대회	연도	소속	출전	교체	득점	도움	파울	경고	퇴장
BC	2001	수원	3	3	0	0	0	0	0
	2002	수원	4	3	0	0	10	3	0
	2003	수원	6	5	0	0	14	1	0
	2004	수원	5	3	0	0	6	1	0
	2005	수원	11	6	0	0	15	2	0
	2006	수원	6	3	0	0	11	3	0
	2007	대전	17	9	0	0	30	2	0
	합계		52	32	0	0	86	12	0
프로통산			52	32	0	0	86	12	0

조재성(趙載晟) 관동대(가톨릭관동대) 1972.05.25

대회	연도	소속	출전	교체	득점	도움	파울	경고	퇴장
BC	1995	일화	1	1	0	0	1	0	0
	합계		1	1	0	0	1	0	0
프로통산			1	1	0	0	1	0	0

조재완(趙在玩) 상지대 1995.08.29

대회	연도	소속	출전	교체	득점	도움	파울	경고	퇴장
K1	2019	강원	17	5	8	2	19	1	0
	2020	강원	15	8	3	1	13	0	0
	2021	강원	29	14	6	4	15	3	0
	합계		61	27	17	7	47	4	0
K2	2018	서울E	28	15	6	0	23	2	0
	합계		28	15	6	0	23	2	0
프로통산			89	42	23	7	70	6	0

조재용(趙在勇) 연세대 1984.04.21

대회	연도	소속	출전	교체	득점	도움	파울	경고	퇴장
BC	2007	경남	7	4	0	0	4	0	0
	2009	경남	9	3	0	0	9	0	0
	2010	광주상무	1	1	0	0	0	0	0
	2011	상주	3	2	0	0	5	1	0
	2012	경남	8	4	0	0	6	0	0
	합계		28	14	0	0	24	1	0
K1	2013	경남	0	0	0	0	0	0	0
	합계		0	0	0	0	0	0	0
프로통산			28	14	0	0	24	1	0

조재진(曺宰溱) 대신고 1981.07.09

대회	연도	소속	출전	교체	득점	도움	파울	경고	퇴장
BC	2000	수원	5	5	0	0	10	0	0
	2001	수원	3	3	0	0	0	0	0
	2003	광주상무	31	8	3	3	57	5	0
	2004	수원	8	6	1	0	9	0	0
	2008	전북	31	7	10	3	57	4	0
	합계		78	29	14	6	133	9	0
프로통산			78	29	14	6	133	9	0

조재철(趙載喆) 아주대 1986.05.18

대회	연도	소속	출전	교체	득점	도움	파울	경고	퇴장
BC	2010	성남일화	33	16	4	2	37	4	0
	2011	성남일화	33	13	0	5	33	1	0
	2012	경남	17	12	2	1	17	2	0
	합계		83	41	6	8	87	7	0
K1	2013	경남	30	21	0	2	40	4	0
	2016	성남	23	13	5	0	20	2	0
	2018	경남	16	14	1	1	5	1	0
	2019	경남	18	7	1	1	21	2	0
	합계		87	55	7	4	86	9	0
K2	2014	안산경찰	32	7	1	1	35	4	0
	2015	안산경찰	21	19	0	3	21	1	0
	2015	경남	6	3	1	0	7	0	0
	2017	성남	14	10	1	1	17	4	0
	2020	대전	19	8	0	0	8	4	0
	합계		92	47	9	5	98	13	0
승	2016	성남	1	1	0	0	1	0	0
	2019	경남	3	3	0	0	3	0	0
	합계		4	4	0	0	4	0	0
프로통산			265	144	22	17	275	30	0

조재현(趙宰賢) 부경대 1985.05.13

대회	연도	소속	출전	교체	득점	도움	파울	경고	퇴장
BC	2006	부산	8	8	0	0	5	0	0
	합계		8	8	0	0	5	0	0
프로통산			8	8	0	0	5	0	0

조재훈(調在勳) 덕영고 2003.06.29

대회	연도	소속	출전	교체	득점	도움	파울	경고	퇴장
K1	2021	포항	2	2	0	0	2	0	0
	2022	포항	2	2	0	0	0	0	0
	2023	포항	13	13	0	0	7	0	0
	합계		17	17	0	0	9	0	0
프로통산			17	17	0	0	9	0	0

조정현(曺丁鉉) 대구대 1969.11.12

대회	연도	소속	출전	교체	득점	도움	파울	경고	퇴장
BC	1992	유공	18	12	4	2	27	2	0
	1993	유공	24	11	4	1	44	4	1
	1994	유공	29	8	7	9	49	0	0
	1995	유공	17	8	8	2	30	5	0
	1996	부천유공	34	13	8	4	59	5	0
	1997	부천SK	6	3	0	0	15	0	0
	1998	부천SK	35	19	5	5	54	4	0
	1999	전남	12	12	0	0	16	1	0
	2000	포항	13	12	0	0	21	1	0
	합계		188	98	36	23	315	22	1
프로통산			188	98	36	23	315	22	1

조제(Dorde Vasić) 유고슬라비아 1964.05.02

대회	연도	소속	출전	교체	득점	도움	파울	경고	퇴장
BC	1994	일화	8	8	0	0	4	1	0
	합계		8	8	0	0	4	1	0
프로통산			8	8	0	0	4	1	0

조종화(趙鍾和) 고려대 1974.04.04

대회	연도	소속	출전	교체	득점	도움	파울	경고	퇴장
BC	1997	포항	6	4	0	0	2	0	0
	1998	포항	5	6	0	0	1	0	0
	2002	포항	5	1	0	0	5	0	0
	합계		16	11	0	0	8	0	0
프로통산			16	11	0	0	8	0	0

조주영(曺主煐) 아주대 1994.02.04

대회	연도	소속	출전	교체	득점	도움	파울	경고	퇴장
K1	2016	광주	15	14	2	2	6	4	0
	2017	광주	5	5	0	2	5	0	0
	2018	인천	18	15	1	0	19	0	0
	합계		38	34	3	4	30	4	0
K2	2019	광주	23	21	5	0	12	1	0
	2022	충남아산	10	11	1	0	0	1	0
	합계		33	32	6	0	12	2	0
프로통산			71	66	9	4	42	6	0

조준재(趙儁宰) 홍익대 1990.08.31

대회	연도	소속	출전	교체	득점	도움	파울	경고	퇴장
K2	2014	충주	14	6	1	2	11	0	0

대회	연도	소속	출전	교체	득점	도움	파울	경고	퇴장
		합계	14	6	1	2	11	0	0
		프로통산	14	6	1	2	11	0	0

조준현(曺準鉉) 한남대 1989.09.26

대회	연도	소속	출전	교체	득점	도움	파울	경고	퇴장
K1	2013	제주	0	0	0	0	0	0	0
		합계	0	0	0	0	0	0	0
K2	2013	충주	3	2	0	0	3	0	0
		합계	3	2	0	0	3	0	0
		프로통산	3	2	0	0	3	0	0

조준호(趙俊浩) 홍익대 1973.04.28

대회	연도	소속	출전	교체	실점	도움	파울	경고	퇴장
BC	1999	포항	20	0	30	0	1	1	0
	2000	포항	30	0	38	0	3	1	1
	2001	포항	11	1	13	0	0	0	0
	2002	포항	6	0	7	0	0	0	0
	2003	포항	2	1	3	0	0	0	0
	2004	부천SK	36	0	36	0	0	0	0
	2005	부천SK	36	0	31	0	0	0	0
	2006	제주	33	2	33	0	0	0	0
	2007	제주	15	1	17	0	0	0	0
	2008	제주	27	3	29	0	0	0	0
	2009	대구	14	1	29	0	0	2	0
	2010	대구	0	0	0	0	0	0	0
		합계	230	9	266	0	5	4	1
		프로통산	230	9	266	0	5	4	1

조지훈(趙志熏) 연세대 1990.05.29

대회	연도	소속	출전	교체	득점	도움	파울	경고	퇴장
BC	2011	수원	1	1	0	0	0	0	0
	2012	수원	11	11	0	1	6	1	0
		합계	12	12	0	1	6	1	0
K1	2013	수원	20	18	1	1	15	3	0
	2014	수원	16	16	0	0	10	4	0
	2015	수원	2	2	0	0	0	0	0
	2016	상주	10	9	0	0	5	0	0
	2017	상주	3	3	0	0	1	0	0
	2017	수원	3	3	0	1	0	0	0
	2018	수원	14	10	0	0	9	2	0
	2019	강원	15	11	0	0	9	0	0
	2020	강원	8	7	0	0	7	0	0
	2022	서울	4	4	0	0	6	2	0
		합계	95	83	1	2	62	11	0
K2	2023	전남	25	12	0	0	11	2	0
		합계	25	12	0	0	11	2	0
		프로통산	132	107	1	3	79	14	0

조진수(趙珍洙) 건국대 1983.09.02

대회	연도	소속	출전	교체	득점	도움	파울	경고	퇴장
BC	2003	전북	0	0	0	0	0	0	0
	2004	전북	0	0	0	0	0	0	0
	2005	전북	5	5	0	0	4	0	0
	2006	전북	23	20	1	0	31	3	0
	2007	제주	24	9	3	3	53	4	0
	2008	제주	30	10	3	2	51	3	0
	2009	울산	20	17	2	1	20	4	0
	2010	울산	6	5	0	1	7	0	0
		합계	110	68	9	8	193	16	0
K2	2014	수원FC	8	8	0	0	5	0	0
		합계	8	8	0	0	5	0	0
		프로통산	118	76	9	8	198	16	0

조진우(趙進優) 인천남고 1999.11.17

대회	연도	소속	출전	교체	득점	도움	파울	경고	퇴장
K1	2020	대구	19	6	0	0	13	5	0
	2021	대구	16	10	1	0	21	2	1
	2022	대구	26	7	2	2	31	4	0
	2023	대구	33	5	0	1	29	8	0
		합계	94	28	3	3	83	19	1
		프로통산	94	28	3	3	83	19	1

조진혁(調進革) 광운대 2000.08.10

대회	연도	소속	출전	교체	득점	도움	파울	경고	퇴장
K1	2023	강원	2	2	0	0	0	0	0
		합계	2	2	0	0	0	0	0
		프로통산	2	2	0	0	0	0	0

조진호(趙眞浩) 경희대 1973.08.02

대회	연도	소속	출전	교체	득점	도움	파울	경고	퇴장
BC	1994	포항제철	16	11	2	0	25	2	0
	1995	포항	16	12	1	0	21	2	0
	1996	포항	16	12	1	0	14	2	0
	1999	포항	21	13	2	3	35	3	0
	2000	부천SK	26	26	6	3	30	2	0
	2001	성남일화	21	20	2	2	23	3	0
	2002	성남일화	6	6	0	0	13	1	0
		합계	119	99	15	8	161	15	0
		프로통산	119	99	15	8	161	15	0

조징요(Jorge Claudio) 브라질 1975.10.01

대회	연도	소속	출전	교체	득점	도움	파울	경고	퇴장
BC	2002	포항	3	2	0	0	4	1	0
		합계	3	2	0	0	4	1	0
		프로통산	3	2	0	0	4	1	0

조찬호(趙潔鎬) 연세대 1986.04.10

대회	연도	소속	출전	교체	득점	도움	파울	경고	퇴장
BC	2009	포항	11	11	3	6	6	0	0
	2010	포항	16	13	1	2	10	0	0
	2011	포항	26	23	4	2	18	0	0
	2012	포항	20	17	6	4	20	3	0
		합계	73	64	14	14	54	3	0
K1	2013	포항	34	30	9	1	31	1	0
	2014	포항	3	2	0	0	6	0	0
	2015	수원	13	12	1	0	14	0	0
	2015	서울	6	6	2	2	5	1	0
	2016	서울	11	11	0	1	1	0	0
	2017	서울	11	11	0	0	4	0	0
		합계	78	72	11	5	47	2	0
K2	2018	서울E	23	17	5	5	7	0	0
		합계	23	17	5	5	7	0	0
		프로통산	174	153	30	24	108	5	0

조창근(趙昌根) 동아대 1964.11.07

대회	연도	소속	출전	교체	득점	도움	파울	경고	퇴장
BC	1993	대우	6	7	1	0	1	0	0
	1994	대우	3	3	0	0	0	0	0
		합계	9	10	1	0	1	0	0
		프로통산	9	10	1	0	1	0	0

조철인(趙哲仁) 영남대 1990.09.15

대회	연도	소속	출전	교체	득점	도움	파울	경고	퇴장
K2	2014	안양	1	1	0	0	0	0	0
		합계	1	1	0	0	0	0	0
		프로통산	1	1	0	0	0	0	0

조태근(曺泰根) 전주대 1985.04.26

대회	연도	소속	출전	교체	득점	도움	파울	경고	퇴장
K2	2018	대전	2	1	0	0	0	0	0
		합계	2	1	0	0	0	0	0
		프로통산	2	1	0	0	0	0	0

조태우(趙太羽) 아주대 1987.01.19

대회	연도	소속	출전	교체	득점	도움	파울	경고	퇴장
K2	2013	수원FC	28	2	1	0	34	5	1
	2014	수원FC	16	2	0	0	19	1	0
		합계	44	4	1	0	53	6	1
		프로통산	44	4	1	0	53	6	1

조태천(曺太千) 청구대 1956.07.19

대회	연도	소속	출전	교체	득점	도움	파울	경고	퇴장
BC	1983	포항제철	14	4	1	2	6	0	0
	1984	포항제철	18	8	0	1	8	0	0
		합계	32	12	1	3	14	0	0
		프로통산	32	12	1	3	14	0	0

조한범(趙漢範) 중앙대 1985.03.28

대회	연도	소속	출전	교체	득점	도움	파울	경고	퇴장
BC	2008	포항	2	2	0	0	1	0	0
	2009	포항	1	1	0	0	0	0	0
	2009	대구	5	3	0	0	5	1	0
		합계	8	6	0	0	6	1	0
		프로통산	8	6	0	0	6	1	0

조향기(趙香氣) 광운대 1992.03.23

대회	연도	소속	출전	교체	득점	도움	파울	경고	퇴장
K2	2015	서울E	6	6	1	0	3	0	0
	2016	서울E	6	6	1	0	3	0	0
	2017	서울E	14	9	1	0	3	0	0
	2021	서울E	11	11	0	0	1	0	0
	2022	김포	25	21	3	1	16	3	0
	2023	경남	10	10	2	0	1	0	0
		합계	66	54	7	1	28	3	0
		프로통산	66	54	7	1	28	3	0

조현두(趙顯斗) 한양대 1973.11.23

대회	연도	소속	출전	교체	득점	도움	파울	경고	퇴장
BC	1996	수원	29	11	7	2	36	2	0
	1997	수원	32	13	7	2	70	3	0
	1998	수원	14	6	3	3	27	2	0
	1999	수원	20	17	4	2	24	0	0
	2000	수원	19	14	0	4	30	1	0
	2001	수원	7	7	1	0	5	2	0
	2002	수원	4	4	0	0	5	0	0
	2003	전남	13	10	0	3	47	5	0
	2003	부천SK	25	10	3	5	47	3	0
	2004	부천SK	26	13	2	3	60	4	0
	2005	부천SK	18	13	0	3	46	3	0
		합계	207	121	28	24	347	22	0
		프로통산	207	121	28	24	347	22	0

조현우(趙賢祐) 선문대 1991.09.25

대회	연도	소속	출전	교체	실점	도움	파울	경고	퇴장
K1	2013	대구	14	0	22	0	0	0	0
	2017	대구	35	0	48	1	2	2	0
	2018	대구	28	0	42	0	1	0	1
	2019	대구	38	1	34	0	0	2	0
	2020	울산	27	0	23	0	0	2	0
	2021	울산	38	0	41	0	0	2	0
	2022	울산	36	0	36	0	0	1	0
	2023	울산	36	1	35	0	0	1	0
		합계	252	2	281	0	2	10	1
K2	2014	대구	15	0	21	0	0	1	0
	2015	대구	41	1	49	1	0	2	0
	2016	대구	39	0	35	0	0	2	0
		합계	95	1	105	1	0	5	0
		프로통산	347	3	386	1	2	15	1

조현태(趙炫泰) 강릉제일고 2004.10.27

대회	연도	소속	출전	교체	득점	도움	파울	경고	퇴장
K1	2023	강원	8	8	0	0	0	0	0
		합계	8	8	0	0	0	0	0
승	2023	강원	2	2	0	0	0	0	0
		합계	2	2	0	0	0	0	0
		프로통산	10	10	0	0	0	0	0

조현택(趙玹澤) 신갈고 2001.08.02

대회	연도	소속	출전	교체	득점	도움	파울	경고	퇴장
K1	2023	울산	30	30	0	0	13	0	0
		합계	30	30	0	0	13	0	0
K2	2021	부천	30	1	3	4	41	1	0
	2022	부천	34	10	6	4	30	3	0
		합계	64	16	7	7	71	4	0
		프로통산	94	46	7	7	84	4	0

조형익(趙亨翼) 명지대 1985.09.13

대회	연도	소속	출전	교체	득점	도움	파울	경고	퇴장
BC	2008	대구	32	28	1	5	26	2	0
	2009	대구	32	17	6	0	44	5	0
	2010	대구	30	9	9	4	38	8	0
	2011	대구	17	8	1	2	37	4	0

			출전	교체	득점	도움	파울	경고	퇴장
	합계		111	62	17	11	137	18	0
K1	2013	대구	27	21	1	5	34	3	0
	합계		27	21	1	5	34	3	0
K2	2014	대구	31	20	3	3	35	1	0
	합계		31	20	3	3	35	1	0
프로통산			169	103	21	19	206	22	0

조형재(趙亨在) 한려대 1985.01.08

대회	연도	소속	출전	교체	득점	도움	파울	경고	퇴장
BC	2006	제주	5	4	1	3	9	1	0
	2007	제주	12	12	0	0	0	2	0
	2008	제주	27	18	1	3	34	5	0
	2009	제주	11	8	2	1	4	1	0
	합계		55	42	4	5	43	7	0
프로통산			55	42	4	5	43	7	0

조혜성(趙慧成) 개성고 2003.01.30

대회	연도	소속	출전	교체	득점	도움	파울	경고	퇴장
K2	2021	부산	0	0	0	0	0	0	0
	합계		0	0	0	0	0	0	0
프로통산			0	0	0	0	0	0	0

조호연(趙皓衍) 광운대 1988.06.05

대회	연도	소속	출전	교체	득점	도움	파울	경고	퇴장
K1	2014	상주	0	0	0	0	0	0	0
	합계		0	0	0	0	0	0	0
K2	2013	상주	0	0	0	0	0	0	0
	합계		0	0	0	0	0	0	0
프로통산			0	0	0	0	0	0	0

조홍규(曹弘圭) 상지대 1983.07.24

대회	연도	소속	출전	교체	득점	도움	파울	경고	퇴장
BC	2006	대구	12	1	0	0	27	4	0
	2007	대구	27	8	0	1	41	4	0
	2008	대구	6	2	0	0	5	2	0
	2009	포항	7	3	0	0	1	0	0
	2010	포항	4	2	0	0	8	1	0
	2011	대전	8	4	0	0	19	3	0
	합계		64	20	1	1	101	14	0
프로통산			64	20	1	1	101	14	0

존(Jon Olav Hjelde) 노르웨이 1972.04.30

대회	연도	소속	출전	교체	득점	도움	파울	경고	퇴장
BC	2003	부산	16	2	0	0	22	3	1
	합계		16	2	0	0	22	3	1
프로통산			16	2	0	0	22	3	1

존자키(John Jaki) 나이지리아 1973.07.10

대회	연도	소속	출전	교체	득점	도움	파울	경고	퇴장
BC	2000	전북	3	4	0	0	3	0	0
	합계		3	4	0	0	3	0	0
프로통산			3	4	0	0	3	0	0

졸리(Zoltan Sabo) 유고슬라비아 1972.05.26

대회	연도	소속	출전	교체	득점	도움	파울	경고	퇴장
BC	2000	수원	22	1	0	0	37	6	0
	2001	수원	24	1	0	1	45	11	1
	2002	수원	2	1	0	0	5	0	1
	합계		48	3	0	1	87	17	2
프로통산			48	3	0	1	87	17	2

좌준협(左峻協) 전주대 1991.05.07

대회	연도	소속	출전	교체	득점	도움	파울	경고	퇴장
K1	2013	제주	2	0	0	0	6	1	0
	2014	제주	1	1	0	0	2	1	0
	2016	제주	1	1	0	0	2	1	0
	2017	제주	3	2	0	0	4	0	0
	2018	경남	0	0	0	0	2	0	0
	합계		7	4	0	0	16	2	0
K2	2014	안산경찰	4	2	0	0	4	0	0
	2015	안산경찰	15	12	0	0	17	2	0
	합계		19	14	0	0	21	2	0
프로통산			25	17	0	0	37	4	0

조다쉬(Idarko Cordas) 크로아티아 1976.12.16

대회	연도	소속	출전	교체	득점	도움	파울	경고	퇴장
BC	2001	포항	3	2	0	0	3	1	0
	합계		3	2	0	0	3	1	0
프로통산			3	2	0	0	3	1	0

죠이(Joilson Rodrigues da Silva) 브라질 1976.12.08

대회	연도	소속	출전	교체	득점	도움	파울	경고	퇴장
BC	2000	성남일화	30	19	7	1	50	2	0
	합계		30	19	7	1	50	2	0
프로통산			30	19	7	1	50	2	0

주경철(周景喆) 영남대 1965.02.22

대회	연도	소속	출전	교체	득점	도움	파울	경고	퇴장
BC	1988	럭키금성	4	2	0	0	4	0	0
	1989	럭키금성	27	21	4	3	21	3	0
	1990	럭키금성	7	6	0	0	7	0	0
	1991	유공	10	7	0	0	14	1	0
	1994	버팔로	35	9	2	7	38	3	0
	1995	LG	7	7	0	1	9	0	0
	합계		90	50	6	11	93	7	0
프로통산			90	50	6	11	93	7	0

주광선(朱廣先) 전주대 1991.04.13

대회	연도	소속	출전	교체	득점	도움	파울	경고	퇴장
K2	2015	부천	7	7	0	0	5	0	0
	합계		7	7	0	0	5	0	0
프로통산			7	7	0	0	5	0	0

주광윤(朱光潤) 고려대 1982.10.23

대회	연도	소속	출전	교체	득점	도움	파울	경고	퇴장
BC	2003	전남	13	13	1	0	5	0	0
	2004	전남	7	6	0	1	7	0	0
	2005	전남	15	12	1	0	27	3	0
	2006	전남	31	28	5	2	35	6	0
	2007	전남	19	19	2	1	14	2	0
	2008	전남	18	14	0	0	22	4	0
	2009	전남	16	11	1	2	13	3	0
	2010	광주상무	16	12	0	1	26	4	0
	2011	상주	4	4	0	1	3	0	0
	합계		139	124	11	7	151	21	0
프로통산			139	124	11	7	151	21	0

주기환(朱基煥) 경일대 1981.12.20

대회	연도	소속	출전	교체	득점	도움	파울	경고	퇴장
BC	2005	전북	0	0	0	0	0	0	0
	합계		0	0	0	0	0	0	0
프로통산			0	0	0	0	0	0	0

주니오(Figueiredo Pinto Júnior) 브라질 1986.12.30

대회	연도	소속	출전	교체	득점	도움	파울	경고	퇴장
K1	2017	대구	16	10	12	1	17	2	0
	2018	울산	32	12	22	1	31	2	0
	2019	울산	35	16	19	5	48	3	0
	2020	울산	27	15	26	2	21	0	0
	합계		110	53	79	9	117	7	0
프로통산			110	53	79	9	117	7	0

주닝요(Paulo Afonso da Rocha Júnior) 브라질 1997.11.05

대회	연도	소속	출전	교체	득점	도움	파울	경고	퇴장
K2	2023	김포	30	25	3	2	37	6	0
승	2023	김포	2	1	0	0	6	0	0
	합계		2	1	0	0	6	0	0
프로통산			32	26	3	2	43	7	0

주닝요(Aselmo Vendrechovski Junior) 브라질 1982.09.16

대회	연도	소속	출전	교체	득점	도움	파울	경고	퇴장
BC	2010	수원	13	6	3	2	16	2	0
	합계		13	6	3	2	16	2	0
프로통산			13	6	3	2	16	2	0

주닝요(Junio Cesar Arcanjo) 브라질 1983.01.11

대회	연도	소속	출전	교체	득점	도움	파울	경고	퇴장
BC	2011	대구	17	11	2	2	19	4	0
	합계		17	11	2	2	19	4	0
프로통산			17	11	2	2	19	4	0

주민규(周敏圭) 한양대 1990.04.13

대회	연도	소속	출전	교체	득점	도움	파울	경고	퇴장
K1	2017	상주	32	11	17	6	44	3	0
	2018	상주	11	4	4	0	10	0	0
	2019	울산	28	22	5	3	23	0	0
	2021	제주	34	11	22	1	40	3	0
	2022	제주	37	19	17	7	19	0	0
	2023	울산	36	25	17	2	29	5	0
	합계		178	92	82	21	165	11	0
K2	2013	고양	26	15	2	1	38	1	0
	2014	고양	30	8	5	1	67	5	0
	2015	서울E	41	17	23	7	66	5	0
	2016	서울E	29	8	14	3	38	2	0
	2018	서울E	3	2	0	0	5	0	0
	2020	제주	18	10	8	2	29	1	0
	합계		146	61	52	14	239	14	0
승	2017	상주	2	0	0	0	4	0	0
	합계		2	0	0	0	4	0	0
프로통산			326	153	134	35	408	25	0

주성환(朱性奐) 한양대 1990.08.24

대회	연도	소속	출전	교체	득점	도움	파울	경고	퇴장
BC	2012	전남	17	16	2	1	12	1	0
	합계		17	16	2	1	12	1	0
프로통산			17	16	2	1	12	1	0

주세종(朱世鐘) 건국대 1990.10.30

대회	연도	소속	출전	교체	득점	도움	파울	경고	퇴장
BC	2012	부산	1	1	0	0	0	0	0
	합계		1	1	0	0	0	0	0
K1	2013	부산	0	0	0	0	0	0	0
	2014	부산	22	5	2	5	41	5	0
	2015	부산	35	3	3	6	60	4	0
	2016	서울	30	9	4	1	46	5	0
	2017	서울	35	5	0	5	31	2	1
	2019	서울	8	6	0	1	22	4	0
	2020	서울	16	8	0	1	22	4	0
	2023	대전	31	19	2	3	43	6	0
	합계		177	61	11	20	240	31	1
K2	2018	아산	19	6	1	2	22	5	0
	2019	아산	21	2	2	5	19	3	0
	2022	대전	17	12	0	3	16	3	0
	합계		57	20	3	10	60	10	1
승	2015	부산	2	0	0	0	2	0	0
	2022	대전	2	2	1	0	5	1	0
	합계		3	2	1	0	7	1	0
프로통산			238	84	15	30	310	42	2

주승진(朱承進) 전주대 1975.03.12

대회	연도	소속	출전	교체	득점	도움	파울	경고	퇴장
BC	2003	대전	38	1	0	3	65	8	0
	2004	대전	26	1	2	1	60	1	0
	2005	대전	32	6	0	0	87	5	0
	2006	대전	23	3	2	3	69	5	0
	2007	대전	11	2	0	0	52	4	0
	2008	부산	18	1	0	1	31	2	0
	2009	부산	6	3	0	0	9	0	1
	합계		186	26	3	9	388	26	1
프로통산			186	26	3	9	388	26	1

주앙파울로(Joao Paulo da Silva Araujo) 브라질 1988.06.02

대회	연도	소속	출전	교체	득점	도움	파울	경고	퇴장
BC	2011	광주	30	27	8	1	35	1	0
	2012	광주	40	40	8	7	47	5	0
	합계		70	67	16	8	82	6	0
K1	2013	대전	35	17	6	3	44	2	0

Section 6 역대 통산 기록

대회	연도	소속	출전	교체	득점	도움	파울	경고	퇴장
	2014	인천	5	5	0	0	1	0	0
	합계		40	22	6	3	45	2	0
프로통산			110	89	22	11	127	8	0

주영만(朱榮萬) 국민대 1961.04.01

대회	연도	소속	출전	교체	득점	도움	파울	경고	퇴장
BC	1984	국민은행	17	1	0	0	15	0	0
	합계		17	1	0	0	15	0	0
프로통산			17	1	0	0	15	0	0

주영재(主領才) 금호고 2002.07.12

대회	연도	소속	출전	교체	득점	도움	파울	경고	퇴장
K1	2023	광주	8	8	1	0	5	0	0
	합계		8	8	1	0	5	0	0
프로통산			8	8	1	0	5	0	0

주영재(朱英宰) 오스트레일리아 John Paul College 1990.07.12

대회	연도	소속	출전	교체	득점	도움	파울	경고	퇴장
BC	2011	성남일화	0	0	0	0	0	0	0
	합계		0	0	0	0	0	0	0
프로통산			0	0	0	0	0	0	0

주영호(周永昊) 숭실대 1975.10.24

대회	연도	소속	출전	교체	득점	도움	파울	경고	퇴장
BC	1998	전남	7	6	0	0	3	3	0
	1999	전남	27	13	0	0	37	4	0
	2000	전남	34	4	0	0	59	6	0
	2001	전남	20	2	0	0	38	2	0
	2002	전남	19	3	2	2	34	2	0
	2003	전남	19	6	0	0	42	3	0
	2004	전남	6	2	0	0	16	2	0
	2007	전남	0	0	0	0	0	0	0
	합계		132	36	2	2	228	22	0
프로통산			132	36	2	2	228	22	0

주용국(朱龍國) 경희대 1970.01.27

대회	연도	소속	출전	교체	실점	도움	파울	경고	퇴장
BC	1996	수원	0	0	0	0	0	0	0
	합계		0	0	0	0	0	0	0
프로통산			0	0	0	0	0	0	0

주용선(朱容善) 동아대 1974.03.03

대회	연도	소속	출전	교체	득점	도움	파울	경고	퇴장
BC	1997	전남	1	1	0	0	0	0	0
	합계		1	1	0	0	0	0	0
프로통산			1	1	0	0	0	0	0

주원석(朱源錫) 청주대 1996.01.19

대회	연도	소속	출전	교체	득점	도움	파울	경고	퇴장
K2	2019	아산	1	1	0	0	1	0	0
	2020	충남아산	3	3	0	0	1	0	0
	합계		4	4	0	0	2	0	0
프로통산			4	4	0	0	2	0	0

주익성(朱益成) 태성고 1992.09.10

대회	연도	소속	출전	교체	득점	도움	파울	경고	퇴장
K2	2014	대전	2	2	0	0	0	0	0
	합계		2	2	0	0	0	0	0
프로통산			2	2	0	0	0	0	0

주인배(朱仁培) 광주대 1989.09.16

대회	연도	소속	출전	교체	득점	도움	파울	경고	퇴장
BC	2012	경남	1	1	0	0	1	0	0
	합계		1	1	0	0	1	0	0
프로통산			1	1	0	0	1	0	0

주일태(朱一泰) 수원대 1991.11.28

대회	연도	소속	출전	교체	득점	도움	파울	경고	퇴장
K2	2013	부천	3	2	0	0	3	1	0
	2014	부천	4	4	0	0	2	0	0
	합계		7	6	0	0	5	2	0
프로통산			7	6	0	0	5	2	0

주재덕(周載德) 연세대 1985.07.25

대회	연도	소속	출전	교체	실점	도움	파울	경고	퇴장
BC	2006	경남	0	0	0	0	0	0	0
	2007	경남	0	1	0	0	0	0	0
	2009	전북	0	0	0	0	0	0	0
	합계		1	0	1	0	0	0	0
프로통산			1	0	1	0	0	0	0

주재현(主在現) 경기항공고 2002.02.26

대회	연도	소속	출전	교체	득점	도움	파울	경고	퇴장
K2	2023	안산	1	1	0	0	1	1	0
	합계		1	1	0	0	1	1	0
프로통산			1	1	0	0	1	1	0

주종대(朱宗大) 인천대 1996.04.23

대회	연도	소속	출전	교체	득점	도움	파울	경고	퇴장
K1	2019	인천	2	2	0	0	2	1	0
	합계		2	2	0	0	2	1	0
K2	2020	부천	5	6	0	0	4	3	0
	합계		5	6	0	0	4	3	0
프로통산			7	8	0	0	6	4	0

주한성(朱漢成) 영남대 1995.06.07

대회	연도	소속	출전	교체	득점	도움	파울	경고	퇴장
K2	2017	서울E	26	14	2	2	26	3	0
	합계		26	14	2	2	26	3	0
프로통산			26	14	2	2	26	3	0

주현성(朱賢城) 용인대 1999.03.31

대회	연도	소속	출전	교체	실점	도움	파울	경고	퇴장
K2	2021	서울E	0	0	0	0	0	0	0
	2022	서울E	0	0	0	0	0	0	0
	2023	서울E	4	0	5	0	0	1	0
	합계		4	0	5	0	0	1	0
프로통산			4	0	5	0	0	1	0

주현우(朱眩宇) 동산대 1990.09.12

대회	연도	소속	출전	교체	득점	도움	파울	경고	퇴장
K1	2015	광주	28	25	0	1	14	1	0
	2016	광주	20	17	2	2	17	3	0
	2017	광주	25	21	0	1	14	1	0
	2019	성남	30	11	1	4	20	3	0
	합계		103	78	4	11	60	5	0
K2	2018	성남	31	21	2	1	12	2	0
	2020	안양	19	3	0	1	14	0	0
	2021	안양	37	4	0	8	22	4	0
	2022	안양	41	24	1	3	27	3	0
	2023	안양	36	27	3	9	20	1	0
	합계		164	79	6	22	95	10	0
승	2022	안양	2	1	0	0	2	0	0
	합계		2	1	0	0	2	0	0
프로통산			269	159	10	34	155	15	0

주현재(周鉉宰) 홍익대 1989.05.26

대회	연도	소속	출전	교체	득점	도움	파울	경고	퇴장
BC	2011	인천	0	0	0	0	0	0	0
	2012	인천	4	3	0	0	4	0	0
	합계		4	3	0	0	4	0	0
K2	2013	안양	11	10	1	0	12	1	0
	2014	안양	16	15	1	3	28	2	1
	2015	안양	36	17	4	3	50	6	0
	2016	안산무궁	32	24	2	2	34	6	0
	2017	아산	15	7	2	1	14	0	0
	2017	안양	1	1	0	0	1	0	0
	2018	안양	5	4	0	0	1	0	0
	2020	안양	6	7	0	0	1	0	0
	합계		130	89	13	7	169	22	1
프로통산			134	92	13	7	173	22	1

주현호(朱玹顥) 동국대 1996.03.01

대회	연도	소속	출전	교체	득점	도움	파울	경고	퇴장
K1	2017	수원	1	1	0	0	0	0	0
	2019	수원	0	0	0	0	0	0	0
	합계		1	1	0	0	0	0	0
K2	2020	안산	2	2	0	0	2	0	0
	2021	안산	0	0	0	0	0	0	0
	합계		2	2	0	0	2	0	0
프로통산			4	4	0	0	2	1	0

주호진(朱浩眞) 인천대 1981.01.01

대회	연도	소속	출전	교체	득점	도움	파울	경고	퇴장
BC	2004	인천	1	0	0	0	0	1	0
	2005	인천	0	0	0	0	0	0	0
	합계		1	0	0	0	0	1	0
프로통산			1	0	0	0	0	1	0

주흥렬(朱洪烈) 아주대 1972.08.02

대회	연도	소속	출전	교체	득점	도움	파울	경고	퇴장
BC	1995	전남	14	14	0	0	11	1	0
	1996	전남	17	10	0	1	30	3	0
	1997	전남	3	1	0	0	6	1	0
	1998	전남	10	7	0	0	16	4	0
	1999	천안일화	2	2	0	0	0	0	0
	합계		46	34	1	1	63	9	0
프로통산			46	34	1	1	63	9	0

줄루(Carlos Eduardo Alves Albina) 브라질 1983.08.18

대회	연도	소속	출전	교체	득점	도움	파울	경고	퇴장
BC	2010	포항	1	1	0	0	0	0	0
	합계		1	1	0	0	0	0	0

줄리안(Julian Kristoffersen) 노르웨이 1997.05.10

대회	연도	소속	출전	교체	득점	도움	파울	경고	퇴장
K2	2020	전남	24	18	5	2	35	1	0
	합계		24	18	5	2	35	1	0
프로통산			24	18	5	2	35	1	0

지경득(池炅得) 배재대 1988.07.18

대회	연도	소속	출전	교체	득점	도움	파울	경고	퇴장
BC	2011	인천	4	3	0	0	1	0	0
	2012	대전	40	31	2	1	28	1	0
	합계		44	34	2	1	31	2	0
K1	2013	대전	9	10	0	0	3	0	0
	합계		9	10	0	0	3	0	0
K2	2014	충주	12	12	0	3	6	0	0
	합계		12	12	0	3	6	0	0
프로통산			65	56	2	4	40	2	0

지구민(地求民) 용인대 1993.04.18

대회	연도	소속	출전	교체	득점	도움	파울	경고	퇴장
K2	2016	고양	5	4	0	0	5	0	0
	합계		5	4	0	0	5	0	0
프로통산			5	4	0	0	5	0	0

지네이(Ednet Luis de Oliveira) 브라질 1981.02.14

대회	연도	소속	출전	교체	득점	도움	파울	경고	퇴장
BC	2006	대구	26	14	4	1	63	2	0
	합계		26	14	4	1	63	2	0
프로통산			26	14	4	1	63	2	0

지넬손(Dinelson dos Santos Lima) 브라질 1986.02.04

대회	연도	소속	출전	교체	득점	도움	파울	경고	퇴장
BC	2012	대구	26	21	3	5	32	2	0
	합계		26	21	3	5	32	2	0
프로통산			26	21	3	5	32	2	0

지뉴(Claudio Wanderley Sarmento Neto) 브라질 1982.11.03

대회	연도	소속	출전	교체	득점	도움	파울	경고	퇴장
BC	2009	경남	8	4	0	0	23	1	0
	합계		8	4	0	0	23	1	0
프로통산			8	4	0	0	23	1	0

지동원(池東沅) 광양제철고 1991.05.28

대회	연도	소속	출전	교체	득점	도움	파울	경고	퇴장
BC	2010	전남	26	3	8	4	43	3	0
	2011	전남	13	4	3	1	13	1	0
	합계		39	7	11	5	56	4	0
K1	2021	서울	12	10	1	1	14	2	0
	2022	서울	3	4	0	0	2	0	0

	출전	교체	득점	도움	파울	경고	퇴장
2023 서울	10	9	1	1	5	1	0
합계	25	23	2	2	21	3	0
프로통산	64	30	13	7	77	7	0

지병주(池秉珠) 인천대 1990.03.20

대회 연도 소속	출전	교체	득점	도움	파울	경고	퇴장
K1 2015 인천	1	1	0	0	2	1	0
K2 2014 대구	0	0	0	0	0	0	0
2016 부천	13	1	1	0	27	5	1
2017 부천	12	8	0	0	12	1	0
합계	25	9	1	0	39	6	1
프로통산	26	10	1	0	41	7	1

지상욱(池尙煜) 제주U18 2003.01.13

대회 연도 소속	출전	교체	득점	도움	파울	경고	퇴장
K1 2023 제주	9	9	0	0	4	0	0
합계	9	9	0	0	4	0	0
K2 2023 전남	12	12	1	2	8	0	0
합계	12	12	1	2	8	0	0
프로통산	21	21	1	2	12	0	0

지아고 (Tiago Cipreste Pereira) 브라질 1980.02.01

대회 연도 소속	출전	교체	득점	도움	파울	경고	퇴장
BC 2004 대전	9	6	3	1	31	2	0
합계	9	6	3	1	31	2	0
프로통산	9	6	3	1	31	2	0

지안 (Jean Carlos Cloth Goncalves) 브라질 1993.07.02

대회 연도 소속	출전	교체	득점	도움	파울	경고	퇴장
K1 2018 대구	4	2	0	0	8	0	0
합계	4	2	0	0	8	0	0
프로통산	4	2	0	0	8	0	0

지안 (Barbu Constantin) 루마니아 1971.05.16

대회 연도 소속	출전	교체	득점	도움	파울	경고	퇴장
BC 1997 수원	6	4	2	0	3	1	0
합계	6	4	2	0	3	1	0
프로통산	6	4	2	0	3	1	0

지언학(池彦學) 경희대 1994.03.22

대회 연도 소속	출전	교체	득점	도움	파울	경고	퇴장
K1 2019 인천	20	10	1	2	21	1	0
2020 인천	5	5	0	0	6	0	0
2021 인천	11	11	0	0	4	0	0
2022 김천	15	8	2	1	1	0	0
합계	51	34	3	3	32	1	0
K2 2021 김천	0	0	0	0	0	0	0
2023충남아산	15	10	2	1	2	0	0
합계	15	15	2	1	2	0	0
프로통산	66	49	5	4	34	2	0

지오바니 (Jose Thomaz Geovane de Oliveira) 브라질 1985.08.05

대회 연도 소속	출전	교체	득점	도움	파울	경고	퇴장
BC 2008 대구	12	8	3	2	7	0	0
합계	12	8	3	2	7	0	0
프로통산	12	8	3	2	7	0	0

지우 (Givanilton Martins Ferreira: Gil) 브라질 1991.04.13

대회 연도 소속	출전	교체	득점	도움	파울	경고	퇴장
K2 2015 강원	18	9	9	5	10	2	0
2018 광주	8	7	0	1	0	0	0
합계	26	16	9	6	10	2	0
프로통산	26	16	9	6	10	2	0

지의수(池宜水) 중경고 2000.03.25

대회 연도 소속	출전	교체	득점	도움	파울	경고	퇴장
K1 2019 강원	0	0	0	0	0	0	0
2020 강원	0	0	0	0	0	0	0
합계	0	0	0	0	0	0	0
프로통산	0	0	0	0	0	0	0

지쿠(Ianis Alin Zicu) 루마니아 1983.10.23

대회 연도 소속	출전	교체	득점	도움	파울	경고	퇴장
BC 2012 포항	15	12	6	0	12	1	0
2012 강원	17	1	9	4	20	2	0
합계	32	13	15	4	32	3	0
K1 2013 강원	27	3	6	3	42	3	0
합계	27	3	6	3	42	3	0
승 2013 강원	2	0	0	0	4	0	0
합계	2	0	0	0	4	0	0
프로통산	61	18	21	7	76	6	0

진경선(陳慶先) 아주대 1980.04.10

대회 연도 소속	출전	교체	득점	도움	파울	경고	퇴장
BC 2003 부천SK	4	1	0	1	0	2	0
2006 대구	17	3	1	0	51	4	0
2007 대구	27	8	0	2	58	6	0
2008 대구	34	0	0	5	52	4	0
2009 전북	26	0	1	0	53	6	0
2010 전북	29	5	0	0	68	6	0
2011 전북	7	0	0	0	13	2	0
2012 전북	22	1	1	1	38	6	0
합계	166	23	2	9	338	36	0
K1 2013 강원	35	5	1	1	55	7	0
2014 경남	23	1	1	1	32	4	0
합계	58	10	2	2	87	11	0
K2 2015 경남	21	9	0	0	31	2	0
2016 경남	21	15	1	0	11	1	0
2017 경남	1	1	0	0	1	0	0
합계	44	11	1	0	43	3	0
승 2013 강원	2	0	0	0	4	0	0
2014 경남	2	0	0	0	2	0	0
합계	4	0	0	0	6	0	0
프로통산	272	52	5	11	473	50	0

진대성(晋大星) 전주대 1989.09.19

대회 연도 소속	출전	교체	득점	도움	파울	경고	퇴장
BC 2012 제주	1	1	0	0	1	0	0
K1 2013 제주	1	0	0	0	1	0	0
2014 제주	19	19	4	0	6	0	0
2015 제주	11	10	1	1	7	0	0
2017 상주	1	1	0	0	1	0	0
합계	32	30	5	1	15	0	0
K2 2016 대전	24	20	3	5	21	1	0
합계	24	20	3	5	21	1	0
승 2017 상주	1	1	0	0	1	0	0
합계	1	1	0	0	1	0	0
프로통산	58	52	8	6	38	1	0

진민호(陳珉虎) 덕산중 1985.08.12

대회 연도 소속	출전	교체	득점	도움	파울	경고	퇴장
BC 2005 부산	0	0	0	0	0	0	0
합계	0	0	0	0	0	0	0
프로통산	0	0	0	0	0	0	0

진성욱(陳成昱) 대건고 1993.12.16

대회 연도 소속	출전	교체	득점	도움	파울	경고	퇴장
BC 2012 인천	2	2	0	0	2	0	0
합계	2	2	0	0	2	0	0
K1 2014 인천	26	25	6	0	25	3	0
2015 인천	27	27	4	1	31	3	0
2016 인천	31	21	5	3	47	3	0
2017 제주	29	26	1	1	45	4	0
2018 제주	25	22	4	2	27	2	0
2019 상주	7	6	0	1	6	0	0
2020 상주	5	4	1	0	6	0	0
2021 제주	23	23	0	3	25	1	0
2022 제주	19	18	2	1	19	5	0
2023 제주	2	0	0	0	0	0	0
합계	192	169	24	12	230	20	1
K2 2020 제주	8	6	2	5	16	2	0
2023 성남	15	13	3	1	9	1	0
합계	23	19	8	3	29	5	0
프로통산	217	190	32	15	261	25	1

진세민(陳卋玟) 용인대 1998.05.23

대회 연도 소속	출전	교체	득점	도움	파울	경고	퇴장
K2 2021 경남	2	2	0	1	1	1	0
합계	2	2	0	1	1	1	0
프로통산	2	2	0	1	1	1	0

진순진(陳順珍) 상지대 1974.03.01

대회 연도 소속	출전	교체	득점	도움	파울	경고	퇴장
BC 1999 안양LG	11	9	1	0	11	0	0
2000 안양LG	6	3	0	1	2	0	0
2002 안양LG	18	10	6	0	36	2	0
2003 안양LG	40	28	10	2	67	3	0
2004 대구	27	22	7	3	33	3	0
2005 대구	28	27	7	1	33	3	0
2006 전남	1	1	0	0	2	0	0
합계	131	103	31	6	194	13	0
프로통산	131	103	31	6	194	13	0

* 실점: 2000년 1 / 통산 1

진장상곤(陳章相坤) 경희대 1958.06.20

대회 연도 소속	출전	교체	득점	도움	파울	경고	퇴장
BC 1983 국민은행	3	1	0	0	4	0	0
1984 현대	27	3	0	2	18	0	0
1985 현대	20	1	0	0	22	1	0
1986 현대	29	3	0	2	46	2	0
1987 현대	18	8	0	1	2	0	0
1988 현대	13	1	0	1	20	0	0
1989 현대	18	4	0	1	34	0	0
합계	128	21	0	3	146	7	0
프로통산	128	21	0	3	146	7	0

진창수(秦昌守) 도쿄조선고(일본) 1985.10.26

대회 연도 소속	출전	교체	득점	도움	파울	경고	퇴장
K2 2013 고양	33	26	5	3	57	3	0
2015 고양	39	20	7	6	60	4	0
2016 부천	38	24	6	7	71	3	0
2017 부천	35	25	9	3	52	4	0
2018 부천	31	30	7	2	26	2	0
2019 안산	8	8	1	0	10	1	0
합계	184	135	36	20	276	15	0
프로통산	184	135	36	20	276	15	0

진필립(陳必立) 중원대 2000.09.02

대회 연도 소속	출전	교체	실점	도움	파울	경고	퇴장
K2 2021 부산	0	0	0	0	0	0	0
2022 부산	0	0	0	0	0	0	0
합계	0	0	0	0	0	0	0
프로통산	0	0	0	0	0	0	0

질베르 (Gilbert Massock) 카메룬 1977.06.05

대회 연도 소속	출전	교체	득점	도움	파울	경고	퇴장
BC 1997 안양LG	4	4	0	0	14	0	0
합계	4	4	0	0	14	0	0
프로통산	4	4	0	0	14	0	0

질베르토 (Gilberto Valdenesio Fortunato) 브라질 1987.07.11

대회 연도 소속	출전	교체	득점	도움	파울	경고	퇴장
K1 2015 광주	6	5	1	0	19	1	0
합계	6	5	1	0	19	1	0
프로통산	6	5	1	0	19	1	0

짜시오 (Jacio Marcos de Jesus) 브라질 1989.07.30

대회 연도 소속	출전	교체	득점	도움	파울	경고	퇴장
K1 2014 부산	6	6	0	0	3	1	0
합계	6	6	0	0	3	1	0
프로통산	6	6	0	0	3	1	0

쯔엉 (Luong Xuan Truong, 梁春長) 베트남 1995.04.28

대회 연도 소속	출전	교체	득점	도움	파울	경고	퇴장
K1 2016 인천	4	4	0	0	2	0	0

대회	연도	소속	출전	교체	득점	도움	파울	경고	퇴장
	2017	강원	2	2	0	0	1	0	0
	합계		6	6	0	0	3	0	0
프로통산			6	6	0	0	3	0	0

찌아고(Thiago Elias do Nascimento Sil) 브라질 1987.06.09

대회	연도	소속	출전	교체	득점	도움	파울	경고	퇴장
K1	2013	인천	19	19	1	3	8	0	0
	합계		19	19	1	3	8	0	0
프로통산			19	19	1	3	8	0	0

찌아고(Thiago Gentil) 브라질 1980.04.08

대회	연도	소속	출전	교체	득점	도움	파울	경고	퇴장
BC	2005	대구	30	15	6	0	40	1	0
	합계		30	15	6	0	40	1	0
프로통산			30	15	6	0	40	1	0

찌아구(Tiago Marques Rezende) 브라질 1988.03.03

대회	연도	소속	출전	교체	득점	도움	파울	경고	퇴장
K1	2018	제주	31	26	8	1	31	1	0
	2019	제주	15	11	4	0	11	0	0
	합계		46	37	12	1	42	1	0
프로통산			46	37	12	1	42	1	0

찌코(Dilmar dos Santos Machado) 브라질 1975.01.26

대회	연도	소속	출전	교체	득점	도움	파울	경고	퇴장
BC	2001	전남	23	8	8	1	31	4	1
	2002	전남	12	9	3	0	17	3	0
	2003	전남	4	2	0	0	7	0	0
	합계		39	19	11	1	55	7	1
프로통산			39	19	11	1	55	7	1

차강(車嵐) 한양대 1994.01.06

대회	연도	소속	출전	교체	실점	도움	파울	경고	퇴장
K2	2017	안산	0	0	0	0	0	0	0
	합계		0	0	0	0	0	0	0
프로통산			0	0	0	0	0	0	0

차건명(車建明) 관동대(가톨릭관동대) 1981.12.26

대회	연도	소속	출전	교체	득점	도움	파울	경고	퇴장
BC	2009	제주	2	1	0	0	8	1	0
	합계		2	1	0	0	8	1	0

차광식(車光植) 광운대 1963.05.09

대회	연도	소속	출전	교체	득점	도움	파울	경고	퇴장
BC	1986	한일은행	19	0	0	0	11	0	0
	1988	럭키금성	7	5	0	0	4	0	0
	1989	럭키금성	35	3	1	2	24	1	0
	1990	럭키금성	29	6	1	1	19	0	0
	1991	LG	22	8	0	0	11	0	0
	1992	LG	11	2	0	0	6	0	0
	합계		120	25	2	3	62	3	0
프로통산			120	25	2	3	62	3	0

차귀현(車貴鉉) 한양대 1975.01.12

대회	연도	소속	출전	교체	득점	도움	파울	경고	퇴장
BC	1997	대전	17	12	3	1	24	1	0
	1998	대전	15	14	1	0	14	0	0
	1999	전남	8	13	0	0	2	0	0
	합계		40	39	4	1	40	1	0
프로통산			40	39	4	1	40	1	0

차기석(車奇錫) 서울체고 1986.12.26

대회	연도	소속	출전	교체	실점	도움	파울	경고	퇴장
BC	2005	전남	0	0	0	0	0	0	0
	합계		0	0	0	0	0	0	0

차두리(車두리) 고려대 1980.07.25

대회	연도	소속	출전	교체	득점	도움	파울	경고	퇴장
K1	2013	서울	30	7	0	3	25	0	0
	2014	서울	24	5	2	2	22	4	0
	2015	서울	28	5	0	2	30	7	0
	합계		82	17	2	7	77	11	0
프로통산			82	17	2	7	77	11	0

차상광(車相光) 한양대 1963.05.31

대회	연도	소속	출전	교체	실점	도움	파울	경고	퇴장
BC	1986	럭키금성	7	1	7	0	1	0	0
	1987	럭키금성	15	1	19	0	0	0	0
	1988	럭키금성	16	0	17	0	0	0	0
	1989	럭키금성	32	1	31	0	0	1	0
	1990	럭키금성	28	0	23	0	0	1	0
	1991	LG	36	3	43	0	0	1	0
	1992	포항제철	33	0	32	0	1	0	0
	1993	포항제철	7	0	8	0	0	0	0
	1994	유공	22	0	21	0	1	0	0
	1995	LG	15	0	21	0	0	0	0
	1996	부천유공	11	0	14	0	0	0	0
	1997	천안일화	14	1	17	0	0	0	0
	합계		226	7	240	0	3	3	0
프로통산			226	7	240	0	3	3	0

차상해(車相海) 중동고 1965.10.20

대회	연도	소속	출전	교체	득점	도움	파울	경고	퇴장
BC	1989	럭키금성	22	16	6	4	22	0	0
	1991	대우	7	7	0	0	7	0	0
	1992	대우	1	1	0	0	1	0	0
	1992	포항제철	16	9	4	2	40	4	0
	1993	포항제철	27	19	10	2	33	1	0
	1994	포항제철	21	16	3	1	16	0	0
	1995	대우	10	8	1	0	15	0	0
	1995	유공	12	6	1	1	14	0	0
	1996	부천유공	11	10	1	0	8	0	0
	1996	안양LG	1	1	0	0	0	0	0
	합계		130	95	26	10	162	10	0
프로통산			130	95	26	10	162	10	0

차석준(車錫俊) 동국대 1966.08.24

대회	연도	소속	출전	교체	득점	도움	파울	경고	퇴장
BC	1989	유공	29	9	0	1	37	1	0
	1990	유공	19	5	0	0	23	0	0
	1991	유공	20	9	1	1	19	1	0
	1992	유공	19	6	0	2	34	2	0
	1993	유공	12	7	0	1	10	0	0
	1994	유공	12	6	0	0	9	0	0
	1995	유공	4	0	0	0	5	0	0
	합계		112	41	3	4	145	11	0
프로통산			112	41	3	4	145	11	0

차승현(車昇賢) 연세대 2000.02.26

대회	연도	소속	출전	교체	득점	도움	파울	경고	퇴장
K2	2023	서울E	23	12	3	1	8	2	0
	합계		23	12	3	1	8	2	0
프로통산			23	12	3	1	8	2	0

차영환(車永煥) 홍익대 1990.07.16

대회	연도	소속	출전	교체	득점	도움	파울	경고	퇴장
K1	2018	상주	5	2	0	0	5	1	0
	2019	상주	1	0	0	0	1	0	0
	합계		6	2	0	0	6	1	0
K2	2016	부산	33	1	0	0	26	3	0
	2017	부산	26	9	2	0	27	3	0
	2019	부산	2	1	0	0	10	0	0
	2020	충남아산	17	2	0	1	8	2	0
	합계		78	13	2	1	71	8	0
승	2017	부산	0	0	0	0	0	0	0
	합계		0	0	0	0	0	0	0
프로통산			84	15	3	1	77	10	0

차오연(車五硏) 한양대 1998.04.15

대회	연도	소속	출전	교체	득점	도움	파울	경고	퇴장
K1	2020	서울	3	3	0	0	1	0	0
	2021	서울	9	8	0	0	2	0	0
	합계		12	11	0	0	3	0	0
K2	2023	천안	23	9	0	0	5	5	0
	합계		23	9	0	0	5	5	0

프로통산			35	20	0	0	38	8	0

차종윤(車鐘允) 성균관대 1981.09.25

대회	연도	소속	출전	교체	득점	도움	파울	경고	퇴장
BC	2004	성남일화	1	1	0	0	2	0	0
	합계		1	1	0	0	2	0	0
프로통산			1	1	0	0	2	0	0

차준엽(車俊燁) 조선대 1992.02.20

대회	연도	소속	출전	교체	득점	도움	파울	경고	퇴장
K2	2014	수원FC	6	5	0	0	4	0	0
	합계		6	5	0	0	4	0	0
프로통산			6	5	0	0	4	0	0

차철호(車哲昊) 영남대 1980.05.08

대회	연도	소속	출전	교체	득점	도움	파울	경고	퇴장
BC	2003	포항	2	2	0	0	1	0	0
	2004	포항	11	11	0	1	11	0	0
	2005	광주상무	5	5	0	0	3	0	0
	2006	광주상무	12	11	1	0	11	0	0
	2007	포항	1	0	0	0	1	0	0
	합계		31	29	1	0	27	0	0
프로통산			31	29	1	0	27	0	0

차치치(Frane Cacić) 크로아티아 1980.06.25

대회	연도	소속	출전	교체	득점	도움	파울	경고	퇴장
BC	2007	부산	10	7	1	0	12	1	0
	합계		10	7	1	0	12	1	0
프로통산			10	7	1	0	12	1	0

차태영(車泰泳) 울산대 1991.02.06

대회	연도	소속	출전	교체	득점	도움	파울	경고	퇴장
K2	2015	경남	2	2	0	0	3	0	0
	합계		2	2	0	0	3	0	0
프로통산			2	2	0	0	3	0	0

차희철(車喜哲) 여주상고 1966.11.24

대회	연도	소속	출전	교체	득점	도움	파울	경고	퇴장
BC	1984	유공	22	10	1	3	10	0	0
	1985	유공	13	6	1	1	12	0	0
	1988	유공	13	8	1	0	13	1	0
	1989	유공	34	13	1	2	33	2	0
	1990	유공	15	13	0	0	10	0	0
	1991	유공	1	1	0	0	1	0	0
	합계		97	50	3	8	77	3	0
프로통산			97	50	3	8	77	3	0

채광훈(蔡光勳) 상지대 1993.08.17

대회	연도	소속	출전	교체	득점	도움	파울	경고	퇴장
K1	2020	강원	13	10	1	1	9	0	0
	합계		13	10	1	1	9	0	0
K2	2016	안양	9	3	0	0	7	2	0
	2017	안양	23	12	0	2	15	0	1
	2018	안양	30	2	0	4	24	1	1
	2019	안양	28	3	2	3	26	4	0
	2021	경남	27	6	1	4	28	2	0
	2022	서울E	28	12	0	2	12	1	0
	합계		135	38	3	15	105	9	2
프로통산			148	38	4	16	114	10	2

채선일(蔡善一) 배재대 1994.08.03

대회	연도	소속	출전	교체	득점	도움	파울	경고	퇴장
K2	2018	수원FC	1	1	0	0	0	0	0
	2019	수원FC	5	4	0	0	3	0	0
	합계		6	5	0	0	3	0	0
프로통산			6	5	0	0	3	0	0

채프만(Connor Edward Chapman) 오스트레일리아 1994.10.31

대회	연도	소속	출전	교체	득점	도움	파울	경고	퇴장
K1	2017	인천	27	8	2	0	32	5	0
	2018	포항	33	5	0	4	44	9	0
	2021	서울	2	0	0	0	2	0	0
	합계		62	13	2	4	78	14	0
K2	2020	대전	16	5	0	0	19	6	0
	합계		16	5	0	0	19	6	0

| 프로통산 | | | 78 | 18 | 2 | 4 | 97 | 20 | 0 |

차디(Dragan Cadikovski) 마케도니아 1982.01.13

대회	연도	소속	출전	교체	득점	도움	파울	경고	퇴장
BC	2009	인천	20	14	5	1	27	4	0
	2010	인천	4	4	0	0	3	0	0
	합계		24	18	5	1	30	4	0
프로통산			24	18	5	1	30	4	0

천대환(千大桓) 아주대 1980.12.06

대회	연도	소속	출전	교체	득점	도움	파울	경고	퇴장
BC	2003	성남일화	2	2	0	0	2	1	0
	2004	성남일화	4	3	0	0	5	0	0
	2005	성남일화	7	1	0	0	10	1	0
	합계		13	6	0	0	17	2	0
프로통산			13	6	0	0	17	2	0

천병호(千秉浩) 중앙대 1958.08.10

대회	연도	소속	출전	교체	득점	도움	파울	경고	퇴장
BC	1983	국민은행	12	5	0	0	3	1	0
	합계		12	5	0	0	3	1	0
프로통산			12	5	0	0	3	1	0

천성권(千成權) 단국대 1976.09.26

대회	연도	소속	출전	교체	득점	도움	파울	경고	퇴장
BC	2000	부산	3	3	0	0	3	0	0
	합계		3	3	0	0	3	0	0
프로통산			3	3	0	0	3	0	0

천성훈(千成薰) 대건고 2000.09.21

대회	연도	소속	출전	교체	득점	도움	파울	경고	퇴장
K1	2023	인천	18	17	6	0	19	0	0
	합계		18	17	6	0	19	0	0
프로통산			18	17	6	0	19	0	0

천정희(千丁熙) 한양대 1974.06.23

대회	연도	소속	출전	교체	득점	도움	파울	경고	퇴장
BC	1997	울산	12	4	0	1	10	1	0
	1998	울산	30	9	0	1	17	1	0
	1999	울산	3	1	0	0	12	1	0
	2000	울산	21	7	0	1	12	2	0
	합계		73	23	0	3	59	5	0
프로통산			73	23	0	3	59	5	0

천제훈(千制訓) 한남대 1985.07.13

대회	연도	소속	출전	교체	득점	도움	파울	경고	퇴장
BC	2006	서울	6	5	1	0	11	0	0
	2007	서울	1	1	0	0	1	0	0
	2008	서울	1	0	0	0	0	0	0
	2009	광주상무	2	2	0	0	1	0	0
	2010	광주상무	1	1	0	0	0	0	0
	합계		11	9	1	0	13	0	0
프로통산			11	9	1	0	13	0	0

천지현(千知鉉) 한남대 1999.07.02

대회	연도	소속	출전	교체	득점	도움	파울	경고	퇴장
K2	2021	부산	0	0	0	0	0	0	0
	2023	부산	5	5	0	0	4	1	0
	합계		5	5	0	0	4	1	0
프로통산			5	5	0	0	4	1	0

최강희(崔康熙) 우신고 1959.04.12

대회	연도	소속	출전	교체	득점	도움	파울	경고	퇴장
BC	1983	포항제철	3	0	0	0	2	0	0
	1984	현대	26	1	0	2	17	1	0
	1985	현대	21	0	0	2	23	0	0
	1986	현대	31	1	0	3	47	1	0
	1987	현대	25	0	0	6	28	3	0
	1988	현대	9	0	0	1	14	1	0
	1989	현대	13	1	2	3	19	2	0
	1990	현대	20	1	2	2	26	1	0
	1991	현대	37	5	4	2	24	1	0
	1992	현대	20	6	2	1	31	2	1
	합계		205	15	10	22	231	12	1
프로통산			205	15	10	22	231	12	1

최거록(崔거록) 중앙대 1976.06.26

대회	연도	소속	출전	교체	득점	도움	파울	경고	퇴장
BC	1999	부천SK	21	13	1	0	26	5	0
	2000	부천SK	27	4	0	0	37	5	1
	2001	부천SK	19	2	1	0	18	1	1
	2002	부천SK	17	7	0	0	37	5	0
	2003	부천SK	3	0	1	0	2	1	0
	2003	전남	20	0		2	31	5	0
	2004	전남	17	0	0	0	47	7	0
	2005	대전	13	0	0	0	27	2	0
	2006	대전	12	6	0	0	17	3	0
	2007	대전	16	7	0	0	16	4	0
	합계		165	43	3	2	285	41	3
프로통산			165	43	3	2	285	41	3

최건주(崔建柱) 건국대 1999.06.26

대회	연도	소속	출전	교체	득점	도움	파울	경고	퇴장
K2	2020	안산	20	10	3	1	17	1	0
	2021	안산	25	17	3	1	23	3	1
	2022	안산	39	33	7	3	26	2	0
	2023	부산	27	27	1	1	15	2	0
	합계		111	87	14	6	81	8	1
프로통산			111	87	14	6	81	8	1

최건택(崔建澤) 중앙대 1965.03.23

대회	연도	소속	출전	교체	득점	도움	파울	경고	퇴장
BC	1988	현대	14	11	1	1	19	0	0
	1989	현대	15	13	1	1	18	0	0
	합계		29	24	2	2	37	0	0
프로통산			29	24	2	2	37	0	0

최경복(崔景福) 광양제철고 1988.03.13

대회	연도	소속	출전	교체	득점	도움	파울	경고	퇴장
BC	2007	전남	2	2	0	0	1	0	0
	2008	전남	9	8	0	0	9	1	0
	합계		11	10	0	0	10	1	0
프로통산			11	10	0	0	10	1	0

최경식(崔景植) 건국대 1957.02.01

대회	연도	소속	출전	교체	득점	도움	파울	경고	퇴장
BC	1983	유공	5	3	0	0	1	0	0
	1984	국민은행	26	4	0	0	21	0	0
	1985	포항제철	12	0	1	0	14	1	0
	합계		43	7	1	0	36	1	0
프로통산			43	7	1	0	36	1	0

최광수(崔光洙) 동의대 1979.09.25

대회	연도	소속	출전	교체	득점	도움	파울	경고	퇴장
BC	2002	부산	12	9	1	0	14	1	0
	2003	부산	2	2	0	0	2	0	0
	합계		14	11	1	0	16	1	0
프로통산			14	11	1	0	16	1	0

최광지(崔光志) 광운대 1963.06.05

대회	연도	소속	출전	교체	득점	도움	파울	경고	퇴장
BC	1986	현대	4	3	1	0	2	0	0
	1987	현대	5	4	0	0	4	1	0
	1989	현대	7	1	0	0	13	0	0
	1990	현대	5	5	0	0	6	1	0
	합계		21	12	2	0	25	1	0
프로통산			21	12	2	0	25	1	0

최광훈(崔光勳) 인천대 1982.11.03

대회	연도	소속	출전	교체	득점	도움	파울	경고	퇴장
BC	2004	인천	0	0	0	0	0	0	0
	합계		0	0	0	0	0	0	0
프로통산			0	0	0	0	0	0	0

최광희(崔光熙) 울산대 1984.05.17

대회	연도	소속	출전	교체	득점	도움	파울	경고	퇴장
BC	2006	울산	3	3	0	0	0	0	0
	2007	전북	2	2	0	0	2	0	0
	2008	부산	12	10	0	0	18	2	0
	2009	부산	4	1	0	0	4	0	0
	2010	부산	6	6	0	1	3	0	0
	2011	부산	13	9	0	0	4	0	0
	2012	부산	36	22	0	3	21	2	0
	합계		76	53	3	4	48	5	0
K1	2014	부산	8	6	0	2	10	0	0
	2015	부산	24	14	1	0	16	3	0
	합계		32	20	1	2	26	3	0
K2	2013	경찰	33	4	2	1	30	5	0
	2014	안산경찰	20	7	0	5	22	5	0
	2016	부산	19	1	3	1	17	2	0
	2017	부산	6	5	0	3	5	2	0
	합계		78	17	3	10	74	14	0
승	2015	부산	2	0	0	0	3	0	0
	합계		2	0	0	0	3	0	0
프로통산			188	90	7	16	151	22	0

최규백(崔圭伯) 대구대 1994.01.23

대회	연도	소속	출전	교체	득점	도움	파울	경고	퇴장
K1	2016	전북	15	1	1	0	21	8	1
	2017	울산	11	4	0	0	12	1	1
	2019	제주	8	2	0	0	6	1	0
	합계		34	7	1	0	39	10	2
K2	2020	수원FC	9	7	1	0	3	1	0
	2021	충남아산	18	1	1	0	22	6	0
	2022	충남아산	1	1	0	0	1	0	0
	합계		28	9	2	0	26	7	0
프로통산			62	16	3	0	65	17	2

최규환(崔奎奐) 홍익대 1987.03.28

대회	연도	소속	출전	교체	실점	도움	파울	경고	퇴장
K2	2013	충주	15	0	26	0	1	1	0
	합계		15	0	26	0	1	1	0
프로통산			15	0	26	0	1	1	0

최근식(崔根植) 건국대 1981.04.25

대회	연도	소속	출전	교체	득점	도움	파울	경고	퇴장
BC	2006	대전	2	2	0	0	2	0	0
	2007	대전	9	9	0	0	11	0	0
	2008	대전	17	8	0	1	41	4	0
	합계		28	19	0	1	54	4	0
프로통산			28	19	0	1	54	4	0

최기봉(崔基奉) 서울시립대 1958.11.13

대회	연도	소속	출전	교체	득점	도움	파울	경고	퇴장
BC	1983	유공	16	0	0	0	11	1	0
	1984	유공	28	0	0	0	19	1	0
	1985	유공	18	0	0	0	19	1	0
	1986	유공	30	0	0	0	20	4	0
	1987	유공	32	0	0	0	18	1	0
	합계		124	0	0	0	87	8	0
프로통산			124	0	0	0	87	8	0

최기석(崔記碩) 한남대 1986.03.28

대회	연도	소속	출전	교체	득점	도움	파울	경고	퇴장
BC	2006	제주	9	9	0	0	6	0	0
	2007	제주	3	3	0	0	4	1	0
	2008	부산	8	8	0	0	3	2	0
	2009	부산	2	2	0	0	2	1	0
	2010	울산	1	0	0	0	0	0	0
	합계		23	22	0	0	15	4	0
프로통산			23	22	0	0	15	4	0

최기윤(崔起綸) 용인대 2002.04.09

대회	연도	소속	출전	교체	득점	도움	파울	경고	퇴장
K1	2022	울산	19	19	1	1	11	1	0
	합계		19	19	1	1	11	1	0
K2	2023	부산	16	17	1	1	6	2	0
	합계		16	17	1	1	6	2	0
프로통산			35	36	2	2	17	3	0

최낙민(崔洛玟) 경기대 1989.05.27

대회	연도	소속	출전	교체	득점	도움	파울	경고	퇴장
K2	2013	부천	27	20	4	2	17	0	0
	2014	부천	1	1	0	0	3	0	0
	합계		28	21	4	2	20	0	0
프로통산			28	21	4	2	20	0	0

최남철(崔南哲) 관동대(가톨릭관동대) 1977.11.15

대회	연도	소속	출전	교체	득점	도움	파울	경고	퇴장
BC	2000	수원	1	1	0	0	4	1	0
		합계	1	1	0	0	4	1	0
프로통산			1	1	0	0	4	1	0

최대식(崔大植) 고려대 1965.01.10

대회	연도	소속	출전	교체	득점	도움	파울	경고	퇴장
BC	1988	대우	13	12	0	0	21	0	0
	1989	대우	10	10	0	0	5	0	0
	1990	럭키금성	29	2	4	7	26	2	0
	1991	LG	38	17	0	4	35	0	0
	1992	LG	34	19	1	6	33	3	0
	1993	LG	31	8	2	4	24	1	1
	1994	LG	12	4	0	4	7	0	0
	1995	LG	22	12	1	3	22	3	1
		합계	189	84	8	28	173	10	2
프로통산			189	84	8	28	173	10	2

최덕주(崔德柱) 중앙대 1960.01.03

대회	연도	소속	출전	교체	득점	도움	파울	경고	퇴장
BC	1984	한일은행	19	7	4	1	19	1	0
	1985	포항제철	8	8	0	1	5	0	0
		합계	27	11	7	2	24	1	0
프로통산			27	11	7	2	24	1	0

최동근(崔東根) 디지털서울문화예술대 1995.01.04

대회	연도	소속	출전	교체	득점	도움	파울	경고	퇴장
K1	2016	전북	1	0	0	0	1	0	0
		합계	1	0	0	0	1	0	0
프로통산			1	0	0	0	1	0	0

최동필(崔東弼) 인천대 1971.03.25

대회	연도	소속	출전	교체	득점	도움	파울	경고	퇴장
BC	1997	대전	10	9	1	0	10	1	0
	1998	대전	15	14	2	1	20	3	0
	1999	대전	13	14	0	1	11	0	0
	2000	대전	3	4	0	0	2	1	0
		합계	41	41	3	2	43	5	0
프로통산			41	41	3	2	43	5	0

최동혁(崔東爀) 우석대 1993.12.25

대회	연도	소속	출전	교체	득점	도움	파울	경고	퇴장
K2	2015	안양	1	1	0	0	1	0	0
		합계	1	1	0	0	1	0	0
프로통산			1	1	0	0	1	0	0

최동호(崔東昊) 아주대 1968.08.12

대회	연도	소속	출전	교체	득점	도움	파울	경고	퇴장
BC	1993	현대	24	6	0	0	41	5	0
	1994	현대	31	4	0	3	40	2	0
	1995	현대	33	1	0	0	40	2	0
	1996	울산	30	6	0	3	41	3	1
	1997	울산	23	3	0	0	45	4	0
	1998	울산	34	10	0	0	63	6	0
	1999	울산	33	0	3	1	48	4	1
		합계	208	30	3	4	318	25	3
프로통산			208	30	3	4	318	25	3

최명훈(崔明訓) 숭실대 1993.01.03

대회	연도	소속	출전	교체	득점	도움	파울	경고	퇴장
K1	2016	서울	0	0	0	0	0	0	0
		합계	0	0	0	0	0	0	0
K2	2015	수원FC	4	5	0	0	4	0	0
		합계	4	5	0	0	4	0	0
프로통산			4	5	0	0	4	0	0

최명희(崔明姬) 동국대 1990.09.04

대회	연도	소속	출전	교체	득점	도움	파울	경고	퇴장
K2	2018	안산	30	5	1	1	37	3	1
	2019	안산	30	7	0	1	14	2	0
	2020	안산	23	9	0	0	16	2	0
		합계	83	21	1	2	67	7	1
프로통산			83	21	1	2	67	7	1

최무림(崔茂林) 대구대 1979.04.15

대회	연도	소속	출전	교체	실점	도움	파울	경고	퇴장
BC	2002	울산	4	0	5	0	0	0	0
	2003	울산	0	0	0	0	0	0	0
	2004	울산	0	0	0	0	0	0	0
	2005	울산	0	0	0	0	0	0	0
	2007	광주상무	16	1	29	0	0	3	0
	2008	울산	6	0	7	0	1	0	0
	2009	울산	0	0	0	0	0	0	0
	2010	울산	0	0	0	0	0	0	0
	2011	울산	1	0	1	0	0	0	0
		합계	37	1	53	0	0	4	0
프로통산			37	1	53	0	0	4	0

최문수(崔門水) 대건고 2000.09.23

대회	연도	소속	출전	교체	실점	도움	파울	경고	퇴장
K2	2019	수원FC	0	0	0	0	0	0	0
		합계	0	0	0	0	0	0	0
프로통산			0	0	0	0	0	0	0

최문식(崔文植) 동대부고 1971.01.06

대회	연도	소속	출전	교체	득점	도움	파울	경고	퇴장
BC	1989	포항제철	17	13	6	1	7	0	0
	1990	포항제철	20	19	2	2	8	1	0
	1991	포항제철	25	19	4	3	20	1	0
	1992	포항제철	31	21	6	2	15	3	0
	1993	포항제철	13	4	5	1	12	0	0
	1994	포항제철	19	9	6	6	7	1	0
	1995	포항	6	1	1	0	0	1	0
	1998	포항	36	26	6	2	24	1	0
	1999	전남	33	11	7	3	16	0	0
	2000	전남	32	14	4	5	15	1	0
	2001	수원	12	9	0	0	8	0	0
	2002	부천SK	27	12	3	1	15	0	0
		합계	264	157	47	25	136	8	0
프로통산			264	157	47	25	136	8	0

최민기(崔珉綺) 장훈고 2002.11.08

대회	연도	소속	출전	교체	득점	도움	파울	경고	퇴장
K1	2022	대구	1	1	0	0	1	0	0
		합계	1	1	0	0	1	0	0
프로통산			1	1	0	0	1	0	0

최민서(崔民胥) 포항제철고 2002.03.05

대회	연도	소속	출전	교체	득점	도움	파울	경고	퇴장
K2	2021	안양	11	11	0	0	3	0	0
	2022	김포	10	11	0	0	3	0	0
		합계	21	22	0	0	6	0	0
프로통산			21	22	0	0	6	0	0

최배식(崔培植) 학성고 1982.05.15

대회	연도	소속	출전	교체	득점	도움	파울	경고	퇴장
BC	2001	울산	3	2	0	0	4	1	0
	2003	광주상무	8	8	1	0	4	0	0
		합계	11	10	1	0	8	1	0
프로통산			11	10	1	0	8	1	0

최범경(崔凡境) 광운대 1997.06.24

대회	연도	소속	출전	교체	득점	도움	파울	경고	퇴장
K1	2018	인천	1	1	0	0	3	1	0
	2019	인천	11	9	0	0	5	1	0
	2020	인천	9	9	0	0	2	0	0
	2021	인천	4	5	0	0	4	1	0
		합계	25	24	0	0	13	4	0
K2	2022	충남아산	30	26	1	2	15	0	0
		합계	30	26	1	2	15	0	0
프로통산			55	50	1	2	28	4	0

최병도(崔炳燾) 경기대 1984.01.18

대회	연도	소속	출전	교체	득점	도움	파울	경고	퇴장
BC	2006	인천	9	2	0	0	12	3	0
	2007	인천	9	7	0	0	14	1	0
	2008	광주상무	16	0	0	0	17	1	0
	2009	광주상무	0	0	0	0	1	0	0
	2010	인천	2	3	0	0	0	0	0
		합계	37	13	0	0	46	6	0
K2	2013	고양	30	3	1	0	27	6	0
	2014	고양	34	2	1	2	11	2	0
	2015	부천	33	1	0	1	28	4	0
	2017	서울E	2	0	0	0	2	1	0
		합계	99	8	2	3	68	13	0
프로통산			136	21	2	3	114	19	0

최병찬(崔炳贊) 홍익대 1996.04.04

대회	연도	소속	출전	교체	득점	도움	파울	경고	퇴장
K1	2019	성남	24	18	1	2	22	5	0
	2020	성남	5	5	0	0	5	0	0
	2022	김천	7	7	0	0	7	2	0
		합계	36	30	1	2	34	7	0
K2	2018	성남	19	14	5	2	31	3	0
	2020	부천	12	11	1	1	9	0	0
	2021	부천	11	10	1	1	11	3	0
	2022	부천	12	9	1	1	11	2	0
	2023	김천	11	10	4	0	8	2	0
		합계	65	54	10	3	70	10	0
승	2022	김천	2	2	0	0	1	0	0
		합계	2	2	0	0	1	0	0
프로통산			101	84	11	5	104	17	0

최병호(崔炳鎬) 충북대 1983.11.23

대회	연도	소속	출전	교체	실점	도움	파울	경고	퇴장
BC	2006	경남	0	0	0	0	0	0	0
	2007	경남	0	0	0	0	0	0	0
		합계	0	0	0	0	0	0	0
프로통산			0	0	0	0	0	0	0

최보경(崔普耿) 동국대 1988.04.12

대회	연도	소속	출전	교체	득점	도움	파울	경고	퇴장
BC	2011	울산	2	2	0	0	2	0	0
	2012	울산	7	4	0	0	17	2	0
K1	2013	울산	29	23	0	3	34	5	0
	2014	전북	19	8	0	1	18	2	0
	2015	전북	26	10	0	0	40	7	0
	2017	전북	32	5	1	1	35	6	0
	2018	전북	31	11	1	1	33	5	0
	2020	전북	18	1	0	0	8	2	0
	2021	전북	10	3	1	0	6	1	0
	2022	전북	13	13	0	0	3	1	0
	2023	수원FC	13	13	0	0	3	1	0
		합계	174	70	2	5	163	27	0
K2	2016	안산무궁	19	1	1	2	15	4	0
	2017	안산	20	0	1	1	14	3	0
		합계	39	1	2	3	29	7	0
프로통산			220	73	4	8	209	36	0

최봉균(崔逢均) 한양대 1991.06.24

대회	연도	소속	출전	교체	득점	도움	파울	경고	퇴장
K2	2014	고양	1	1	0	0	0	0	0
	2017	경남	1	0	0	0	1	0	0
		합계	1	1	0	0	1	0	0
프로통산			1	1	0	0	1	0	0

최봉진(崔鳳珍) 중앙대 1992.04.06

대회	연도	소속	출전	교체	실점	도움	파울	경고	퇴장
K1	2015	광주	13	0	17	0	1	2	0
	2016	광주	17	1	24	0	1	2	1
	2017	광주	10	0	17	0	0	1	0
	2021	수원FC	0	0	0	0	0	0	0
		합계	40	1	56	0	1	5	1
K2	2015	경남							
	2018	아산							
	2019	아산	15	0	19	0	0	1	0
	2020	부천	25	0	34	0	2	4	1

대회	연도	소속	출전	교체	득점	도움	파울	경고	퇴장
	2022	김포	11	0	25	0	1	0	0
	2023	전남	8	3	13	0	0	0	0
	합계		62	3	90	0	2	7	1
프로통산			102	4	146	0	3	10	2

최상국(崔相國) 청주상고 1961.02.15

대회	연도	소속	출전	교체	득점	도움	파울	경고	퇴장
BC	1983	포항제철	16	1	2	4	15	0	0
	1984	포항제철	23	3	4	1	28	2	0
	1985	포항제철	20	3	2	2	24	0	0
	1986	포항제철	19	3	2	4	20	1	0
	1987	포항제철	30	7	15	8	29	3	0
	1988	포항제철	11	3	2	1	23	1	0
	1989	포항제철	8	3	0	0	14	2	0
	1990	포항제철	19	6	3	0	18	1	0
	1991	포항제철	13	10	1	2	20	1	0
	합계		159	39	32	22	191	11	0
프로통산			159	39	32	22	191	11	0

최상헌(崔尙憲) 울산대 2001.07.16

대회	연도	소속	출전	교체	득점	도움	파울	경고	퇴장
K2	2023	천안	2	3	0	0	1	0	0
	합계		2	3	0	0	1	0	0
프로통산			2	3	0	0	1	0	0

최상현(崔相賢) 연세대 1984.03.18

대회	연도	소속	출전	교체	득점	도움	파울	경고	퇴장
BC	2009	대구	4	4	0	0	5	1	0
	합계		4	4	0	0	5	1	0
프로통산			4	4	0	0	5	1	0

최상훈(崔相勳) 국민대 1971.09.28

대회	연도	소속	출전	교체	득점	도움	파울	경고	퇴장
BC	1994	포항제철	3	3	0	0	6	2	0
	1995	포항	2	2	0	0	0	0	0
	1996	포항	2	2	1	0	4	0	0
	1997	안양LG	3	3	0	0	2	1	0
	합계		10	10	1	0	12	3	0
프로통산			10	10	1	0	12	3	0

최석도(崔錫道) 중앙대 1982.05.01

대회	연도	소속	출전	교체	득점	도움	파울	경고	퇴장
BC	2005	대구	1	1	0	0	1	1	0
	2006	대구	2	1	0	0	0	0	0
	합계		3	2	0	0	1	1	0
프로통산			3	2	0	0	1	1	0

최선걸(崔善傑) 서울시립대 1973.03.27

대회	연도	소속	출전	교체	득점	도움	파울	경고	퇴장
BC	1998	울산	4	4	0	0	5	0	0
	1999	울산	1	1	0	0	2	0	0
	2000	전남	17	9	3	2	41	1	0
	2001	전남	23	12	2	1	50	5	0
	합계		45	26	5	3	98	6	0
프로통산			45	26	5	3	98	6	0

최성국(崔成國) 고려대 1983.02.08

대회	연도	소속	출전	교체	득점	도움	파울	경고	퇴장
BC	2003	울산	27	22	7	1	30	5	0
	2004	울산	19	10	1	4	19	2	0
	2005	울산	16	14	1	4	30	3	0
	2005	울산	35	13	9	4	40	3	0
	2007	성남일화	26	24	7	3	8	3	0
	2008	성남일화	26	24	7	3	8	3	0
	2009	광주상무	28	5	9	3	41	2	0
	2010	광주상무	24	4	0	2	43	5	1
	2010	성남일화	4	3	0	1	4	0	0
	2011	수원	7	7	0	0	3	0	0
	합계		219	124	42	25	258	30	1
프로통산			219	124	42	25	258	30	1

최성근(崔成根) 고려대 1991.07.28

대회	연도	소속	출전	교체	득점	도움	파울	경고	퇴장
K1	2017	수원	22	6	0	1	45	9	0
	2018	수원	20	9	0	1	38	6	1
	2019	수원	30	7	2	0	80	7	0
	2020	수원	5	4	0	0	3	0	0
	2021	수원	21	9	0	0	42	5	1
	2022	수원	3	3	0	0	6	1	0
	2023	수원	1	1	0	0	1	0	0
	합계		103	39	2	2	215	24	2
프로통산			103	39	2	2	215	24	2

최성민(崔晟旼) 동국대 1991.08.20

대회	연도	소속	출전	교체	득점	도움	파울	경고	퇴장
K1	2014	경남	3	2	0	0	5	1	0
	합계		3	2	0	0	5	1	0
K2	2015	경남	9	4	0	1	9	1	0
	2015	부천	2	2	0	0	1	0	0
	2018	안산	17	4	0	0	7	2	0
	2019	안산	15	2	0	0	30	5	0
	합계		43	12	0	1	47	8	0
승	2014	경남	0	0	0	0	0	0	0
	합계		0	0	0	0	0	0	0
프로통산			46	14	0	1	52	9	0

최성범(崔聖範) 성균관대 2001.12.24

대회	연도	소속	출전	교체	득점	도움	파울	경고	퇴장
K2	2023	안양	10	10	1	0	6	0	0
	합계		10	10	1	0	6	0	0
프로통산			10	10	1	0	6	0	0

최성용(崔成勇) 고려대 1975.12.25

대회	연도	소속	출전	교체	득점	도움	파울	경고	퇴장
BC	2002	수원	11	2	0	0	10	1	0
	2003	수원	23	3	0	0	17	2	0
	2004	수원	35	6	1	4	51	3	0
	2006	수원	23	8	0	0	28	5	0
	2007	울산	9	8	0	0	3	0	0
	합계		113	39	1	5	118	11	0
프로통산			113	39	1	5	118	11	0

최성진(崔成眞) 광양제철고 2002.06.24

대회	연도	소속	출전	교체	득점	도움	파울	경고	퇴장
K2	2021	전남	1	0	0	0	0	0	0
	2022	전남	3	3	0	0	4	0	0
	2023	전남	18	18	0	1	11	1	0
	합계		22	21	0	1	16	1	0
프로통산			22	21	0	1	16	1	0

최성현(崔星玄) 호남대 1982.05.02

대회	연도	소속	출전	교체	득점	도움	파울	경고	퇴장
BC	2005	수원	2	2	0	0	4	1	0
	2006	광주상무	4	3	0	0	5	0	0
	2008	수원	8	6	0	0	9	1	0
	2009	수원	10	5	0	0	14	1	0
	2010	제주	1	1	0	0	1	0	0
	합계		22	15	0	0	27	3	0
프로통산			22	15	0	0	27	3	0

최성호(崔成鎬) 동아대 1969.07.17

대회	연도	소속	출전	교체	득점	도움	파울	경고	퇴장
BC	1992	일화	4	4	1	0	0	0	0
	1993	일화	2	2	0	0	0	0	0
	1995	일화	4	4	0	0	4	2	0
	1996	천안일화	6	6	0	0	7	0	0
	1997	수원	4	4	0	0	1	0	0
	합계		20	22	1	0	12	2	0
프로통산			20	22	1	0	12	2	0

최성환(崔成煥) 전주대 1981.10.06

대회	연도	소속	출전	교체	득점	도움	파울	경고	퇴장
BC	2005	대구	15	5	0	0	59	9	0
	2006	대구	29	4	2	2	69	10	0
	2007	수원	3	3	0	0	4	0	0
	2008	수원	4	1	0	0	2	1	0
	2009	수원	14	4	0	0	22	5	0
	2010	수원	8	1	0	0	16	2	0
	2011	수원	21	11	0	0	33	9	0
	2012	수원	0	0	0	0	0	0	0
	2012	울산	4	1	0	0	6	2	0
	합계		106	37	2	2	229	42	0
K1	2013	울산	1	1	0	0	0	0	0
	합계		1	1	0	0	0	0	0
K2	2014	광주	5	1	0	0	6	2	0
	2015	경남	28	6	1	0	33	6	1
	합계		33	7	1	0	39	8	1
프로통산			140	45	3	2	268	51	1

최수현(崔守現) 명지대 1993.12.09

대회	연도	소속	출전	교체	득점	도움	파울	경고	퇴장
K1	2017	대구	0	0	0	0	0	0	0
	합계		0	0	0	0	0	0	0
프로통산			0	0	0	0	0	0	0

최순호(崔淳鎬) 광운대 1962.01.10

대회	연도	소속	출전	교체	득점	도움	파울	경고	퇴장
BC	1983	포항제철	2	1	2	0	3	0	0
	1984	포항제철	24	0	14	6	25	1	0
	1985	포항제철	5	1	2	0	3	0	0
	1986	포항제철	9	2	1	2	8	0	0
	1987	포항제철	16	7	2	3	23	0	0
	1988	럭키금성	11	0	1	2	16	0	0
	1989	럭키금성	9	0	1	1	17	1	0
	1990	럭키금성	8	1	2	0	16	0	0
	1991	포항제철	16	11	0	1	3	0	0
	합계		100	26	23	19	105	5	0
프로통산			100	26	23	19	105	5	0

최승범(崔勝範) 홍익대 1974.09.23

대회	연도	소속	출전	교체	득점	도움	파울	경고	퇴장
BC	2000	안양LG	1	1	0	0	2	0	0
	합계		1	1	0	0	2	0	0
프로통산			1	1	0	0	2	0	0

최승인(崔承仁) 동래고 1991.03.05

대회	연도	소속	출전	교체	득점	도움	파울	경고	퇴장
K1	2013	강원	10	10	1	2	5	1	0
	합계		10	10	1	2	5	1	0
K2	2014	강원	20	21	2	2	19	1	0
	2015	강원	31	20	11	3	34	4	0
	2016	부산	14	12	2	1	15	1	0
	2017	부산	14	12	2	1	11	2	0
	2018	부산	3	3	0	0	0	0	0
	2019	부산	3	3	0	0	1	0	0
	합계		102	86	21	6	106	11	1
승	2013	강원	1	0	0	0	2	0	0
	2017	부산	1	1	0	0	0	0	0
	2018	부산	1	1	0	0	1	0	0
	합계		3	2	0	0	3	0	0
프로통산			115	98	25	7	113	12	1

최승호(崔勝湖) 예원예술대 1992.03.31

대회	연도	소속	출전	교체	득점	도움	파울	경고	퇴장
K2	2014	충주	24	11	0	2	23	3	0
	2015	충주	32	16	1	1	17	3	0
	2016	충주	31	10	0	0	33	4	0
	2017	안양	19	14	0	0	14	2	0
	2018	안양	1	1	0	0	0	0	0
	2019	안양	0	0	0	0	0	0	0
	합계		107	52	1	4	86	14	0
프로통산			107	52	1	4	86	14	0

최승훈(崔勝勳) 기전대 2000.01.16

대회	연도	소속	출전	교체	득점	도움	파울	경고	퇴장
K2	2021	안양	1	1	0	0	0	0	0
	합계		1	1	0	0	0	0	0
프로통산			1	1	0	0	0	0	0

최연근(崔延根) 중앙대 1988.04.01

대회	연도	소속	출전	교체	득점	도움	파울	경고	퇴장
BC	2011	성남일화	0	0	0	0	0	0	0

대회	연도	소속	출전	교체	득점	도움	파울	경고	퇴장
		합계	0	0	0	0	0	0	0
		프로통산	0	0	0	0	0	0	0

최영광(崔榮光) 한남대 1990.05.20

대회	연도	소속	출전	교체	득점	도움	파울	경고	퇴장
K2	2016	강원	0	0	0	0	0	0	0
		합계	0	0	0	0	0	0	0
		프로통산	0	0	0	0	0	0	0

최영근(崔永根) 한양대 1972.07.16

대회	연도	소속	출전	교체	득점	도움	파울	경고	퇴장
BC	1998	부산	8	3	0	0	16	1	0
	1999	부산	6	6	0	0	1	0	0
		합계	14	9	0	0	17	1	0
		프로통산	14	9	0	0	17	1	0

최영남(崔永男) 아주대 1984.07.27

대회	연도	소속	출전	교체	득점	도움	파울	경고	퇴장
BC	2010	강원	13	2	1	2	7	0	0
		합계	13	2	1	2	7	0	0
		프로통산	13	2	1	2	7	0	0

최영은(崔永恩) 성균관대 1995.09.26

대회	연도	소속	출전	교체	실점	도움	파울	경고	퇴장
K1	2018	대구	10	0	13	0	0	2	0
	2019	대구	1	0	3	0	0	2	0
	2020	대구	10	0	12	0	1	1	0
	2021	대구	36	1	44	0	1	4	0
	2022	대구	18	1	18	0	0	2	0
	2023	대구	2	1	2	0	2	0	0
		합계	77	3	92	0	4	11	0
		프로통산	77	3	92	0	4	11	0

최영일(崔英一) 동아대 1966.04.25

대회	연도	소속	출전	교체	득점	도움	파울	경고	퇴장
BC	1989	현대	29	3	0	0	62	4	0
	1990	현대	21	5	0	0	26	2	0
	1991	현대	37	6	1	0	50	6	0
	1992	현대	37	6	1	0	59	6	0
	1993	현대	35	0	1	0	40	1	0
	1994	현대	17	1	0	1	27	7	0
	1995	현대	33	1	0	1	49	5	0
	1996	울산	31	0	2	2	60	7	0
	1997	부산	16	3	0	0	27	5	0
	1998	부산	8	1	0	1	13	1	1
	2000	안양G	5	4	0	0	2	1	0
		합계	266	28	3	6	417	37	1
		프로통산	266	28	3	6	417	37	1

최영일(崔永一) 관동대(가톨릭관동대) 1984.03.10

대회	연도	소속	출전	교체	득점	도움	파울	경고	퇴장
BC	2007	서울	0	0	0	0	0	0	0
		합계	0	0	0	0	0	0	0
		프로통산	0	0	0	0	0	0	0

최영준(崔榮峻) 건국대 1991.12.15

대회	연도	소속	출전	교체	득점	도움	파울	경고	퇴장
BC	2011	경남	17	6	0	1	25	3	0
	2012	경남	35	9	0	1	39	3	0
		합계	52	15	0	2	64	6	0
K1	2013	경남	18	10	0	0	22	3	0
	2014	경남	21	11	0	2	21	4	0
	2018	경남	37	7	3	2	31	4	0
	2019	전북	7	5	0	0	8	0	0
	2019	포항	14	3	0	1	19	2	0
	2020	포항	23	0	0	1	27	5	0
	2021	전북	23	15	0	1	23	4	0
	2022	제주	36	4	0	1	43	5	0
	2023	제주	9	4	0	0	10	0	0
		합계	188	59	3	9	200	27	0
K2	2015	안산경찰	20	11	1	0	12	4	0
	2016	안산무궁	7	6	0	1	9	0	0
	2016	경남	8	3	0	0	4	0	0
	2017	경남	31	9	3	1	29	5	0
		합계	61	27	4	2	52	9	0
승	2014	경남	2	1	0	1	5	1	0
		합계	2	1	0	1	5	1	0
		프로통산	303	102	7	14	321	43	0

최영준(崔榮俊) 연세대 1965.08.16

대회	연도	소속	출전	교체	득점	도움	파울	경고	퇴장
BC	1988	럭키금성	22	0	0	0	18	0	0
	1989	럭키금성	27	2	0	1	19	2	0
	1990	럭키금성	23	0	1	0	17	2	0
	1991	LG	37	5	0	1	34	1	0
	1992	LG	27	3	0	1	52	3	0
	1993	LG	27	0	1	0	30	2	0
	1994	LG	35	0	1	0	26	1	0
	1995	현대	21	2	1	1	12	0	0
	1996	울산	21	7	1	0	20	1	0
		합계	210	19	4	4	223	14	0
		프로통산	210	19	4	4	223	14	0

최영회(崔永回) 고려대 1960.02.14

대회	연도	소속	출전	교체	득점	도움	파울	경고	퇴장
BC	1984	한일은행	26	2	0	0	19	1	0
	1985	한일은행	21	0	3	0	20	1	0
	1986	한일은행	16	0	1	0	2	0	0
		합계	63	2	4	0	41	2	0
		프로통산	63	2	4	0	41	2	0

최영훈(崔榮熏) 연세대 1993.05.29

대회	연도	소속	출전	교체	득점	도움	파울	경고	퇴장
K2	2016	안양	25	8	0	1	74	9	0
	2017	안양	5	4	0	0	12	0	0
		합계	30	12	0	1	86	9	0
		프로통산	30	12	0	1	86	9	0

최영훈(崔榮勳) 이리고 1981.03.18

대회	연도	소속	출전	교체	득점	도움	파울	경고	퇴장
BC	2000	전북	2	2	0	0	0	0	0
	2001	전북	5	5	0	0	5	0	0
	2002	전북	6	7	0	0	7	1	0
	2003	전북	23	23	1	1	27	4	0
	2004	전북	21	15	1	0	16	1	0
	2005	전북	21	13	0	0	36	2	0
	2006	전북	21	13	0	3	36	2	0
	2007	인천	3	2	0	0	7	0	0
	2008	인천	5	4	0	0	9	0	0
		합계	88	74	2	4	93	6	0
		프로통산	88	74	2	4	93	6	0

최영희(崔營喜) 아주대 1969.02.26

대회	연도	소속	출전	교체	득점	도움	파울	경고	퇴장
BC	1992	대우	17	13	1	0	7	1	0
	1993	대우	11	11	0	0	4	0	0
	1994	대우	14	1	2	0	18	0	0
	1995	대우	10	9	0	0	5	0	0
	1996	부산	10	5	0	0	6	0	0
	1997	전남	9	6	0	0	12	3	0
	1998	전남	5	5	0	0	11	1	0
		합계	76	50	3	0	63	5	0
		프로통산	76	50	3	0	63	5	0

최예훈(崔豫勳) 보인고 2003.08.19

대회	연도	소속	출전	교체	득점	도움	파울	경고	퇴장
K2	2022	부산	9	7	0	0	2	1	0
		합계	9	7	0	0	2	1	0
		프로통산	9	7	0	0	2	1	0

최오백(崔午百) 조선대 1992.03.10

대회	연도	소속	출전	교체	득점	도움	파울	경고	퇴장
K1	2019	성남	14	10	0	0	9	1	0
	2020	성남	8	7	0	0	2	0	0
		합계	22	17	0	0	11	1	0
K2	2015	서울E	3	3	0	0	0	0	0
	2016	서울E	24	14	2	4	20	4	0
	2017	서울E	15	4	5	2	12	5	0
	2018	서울E	35	7	4	3	28	4	0
		합계	75	32	11	10	59	13	0
		프로통산	97	49	11	10	70	14	0

최왕길(崔王吉) 한라대 1987.01.08

대회	연도	소속	출전	교체	득점	도움	파울	경고	퇴장
BC	2011	대전	1	1	0	0	0	0	0
		합계	1	1	0	0	0	0	0
		프로통산	1	1	0	0	0	0	0

최요셉(崔요셉/←최진호) 관동대(가톨릭관동대) 1989.09.22

대회	연도	소속	출전	교체	득점	도움	파울	경고	퇴장
BC	2011	부산	12	10	1	0	6	1	0
	2012	부산	7	7	1	0	2	0	0
		합계	19	17	2	0	8	1	0
K1	2013	강원	22	16	6	1	11	3	0
	2017	상주	2	2	0	0	0	0	0
	2018	상주	2	2	0	0	1	0	0
	2018	강원	1	1	0	0	1	0	0
		합계	32	27	6	1	13	3	0
K2	2014	강원	33	13	13	9	23	1	0
	2015	강원	33	26	8	1	26	5	0
	2016	강원	20	19	0	0	4	0	0
	2019	아산	1	1	0	0	0	0	0
		합계	87	59	21	10	53	6	0
승	2013	강원	2	1	0	1	3	0	0
	2016	강원	0	0	0	0	0	0	0
	2017	상주	0	0	0	0	0	0	0
		합계	2	1	0	1	3	0	0
		프로통산	140	104	29	12	77	10	0

최용길(崔溶吉) 연세대 1965.03.15

대회	연도	소속	출전	교체	득점	도움	파울	경고	퇴장
BC	1986	한일은행	12	9	1	0	9	0	0
		합계	12	9	1	0	9	0	0
		프로통산	12	9	1	0	9	0	0

최용수(崔龍洙) 연세대 1973.09.10

대회	연도	소속	출전	교체	득점	도움	파울	경고	퇴장
BC	1994	LG	35	10	10	7	31	2	0
	1995	LG	28	1	11	2	38	5	0
	1996	안양LG	23	5	5	3	31	1	0
	1999	안양LG	27	5	14	4	42	6	0
	2000	안양LG	34	10	14	10	62	6	0
	2006	서울	1	1	0	0	1	0	0
		합계	148	35	54	26	202	17	0
		프로통산	148	35	54	26	202	17	0

최용우(崔容瑀) 인제대 1988.10.14

대회	연도	소속	출전	교체	득점	도움	파울	경고	퇴장
K1	2019	포항	8	9	0	0	7	0	0
		합계	8	9	0	0	7	0	0
		프로통산	8	9	0	0	7	0	0

최우재(崔佑在) 중앙대 1990.03.27

대회	연도	소속	출전	교체	득점	도움	파울	경고	퇴장
K1	2013	강원	16	4	0	0	25	6	0
		합계	16	4	0	0	25	6	0
K2	2014	강원	15	8	1	0	15	4	0
	2015	강원	8	3	0	0	5	0	0
	2016	강원	5	2	0	0	4	1	0
	2019	안양	2	1	0	0	2	0	0
	2020	안양	1	1	0	0	0	0	0
		합계	31	15	1	0	26	5	0
승	2013	강원	1	0	0	0	4	0	0
		합계	1	0	0	0	4	0	0
		프로통산	48	19	1	0	55	11	0

최우진(崔禹進) 진위고 2004.07.18

대회	연도	소속	출전	교체	득점	도움	파울	경고	퇴장
K1	2023	인천	5	3	1	0	0	0	0
		합계	5	3	1	0	0	0	0
		프로통산	5	3	1	0	0	0	0

최원권(崔源權) 동북고 1981.11.08

대회	연도	소속	출전	교체	득점	도움	파울	경고	퇴장
BC	2000	안양LG	4	3	0	0	1	0	0
	2001	안양LG	22	21	0	1	23	0	0
	2002	안양LG	20	10	0	2	27	3	0
	2003	안양LG	25	15	2	1	38	3	0
	2004	서울	19	8	1	2	41	3	0
	2005	서울	11	7	0	0	19	2	0
	2006	서울	14	4	0	3	19	3	0
	2007	서울	33	4	2	2	60	3	0
	2008	서울	20	9	0	3	38	4	0
	2009	광주상무	15	5	1	5	27	6	0
	2010	광주상무	22	4	0	2	27	5	0
	2011	제주	15	9	0	0	21	1	0
	2012	제주	27	11	0	0	31	7	0
	합계		260	111	11	19	374	41	0
K1	2013	제주	2	2	0	0	3	1	0
	2013	대구	12	2	0	0	16	2	0
	합계		14	4	0	0	19	3	0
K2	2014	대구	15	1	1	0	16	4	0
	2015	대구	2	1	0	0	1	0	0
	합계		17	1	1	0	17	4	0
프로통산			291	116	12	19	410	48	0

최원우(崔原友) 포철공고 1988.10.13

대회	연도	소속	출전	교체	득점	도움	파울	경고	퇴장
BC	2007	경남	1	1	0	0	1	0	0
	2008	광주상무	2	2	0	0	1	0	0
	2010	경남	1	1	0	0	1	0	0
	합계		4	4	0	0	3	0	0
프로통산			4	4	0	0	3	0	0

최원욱(崔源旭) 숭실대 1990.04.27

대회	연도	소속	출전	교체	득점	도움	파울	경고	퇴장
BC	2011	서울	0	0	0	0	0	0	0
	합계		0	0	0	0	0	0	0
K2	2013	경찰	1	1	0	0	4	0	0
	합계		1	1	0	0	4	0	0
프로통산			1	1	0	0	4	0	0

최원창(崔原昌) 대건고 2001.05.09

대회	연도	소속	출전	교체	득점	도움	파울	경고	퇴장
K1	2021	인천	1	0	0	0	0	0	0
	합계		1	0	0	0	0	0	0
프로통산			1	0	0	0	0	0	0

최원철(崔源哲) 용인대 1995.05.26

대회	연도	소속	출전	교체	득점	도움	파울	경고	퇴장
K2	2017	수원FC	9	5	1	1	6	2	0
	2018	수원FC	12	7	0	0	8	1	0
	합계		21	12	1	1	14	3	0
프로통산			21	12	1	1	14	3	0

최월규(崔月奎) 아주대 1973.06.28

대회	연도	소속	출전	교체	득점	도움	파울	경고	퇴장
BC	1996	부산	22	20	2	0	12	0	0
	1997	부산	3	3	0	0	3	0	0
	2000	부천SK	3	3	0	0	0	0	0
	합계		28	26	2	0	15	0	0
프로통산			28	26	2	0	15	0	0

최유상(崔楡尙) 가톨릭관동대 1989.08.25

대회	연도	소속	출전	교체	득점	도움	파울	경고	퇴장
K2	2015	서울E	4	3	1	0	5	1	0
	2016	충주	30	13	3	1	53	4	0
	합계		34	16	5	1	56	4	0
프로통산			34	16	5	1	56	4	0

최윤겸(崔允謙) 인천대학원 1962.04.21

대회	연도	소속	출전	교체	득점	도움	파울	경고	퇴장
BC	1986	유공	9	1	0	0	18	1	0
	1987	유공	27	7	1	0	40	4	0
	1988	유공	11	1	0	0	11	0	0
	1989	유공	30	6	1	0	45	3	0
	1990	유공	21	2	0	0	41	2	0
	1991	유공	37	12	1	0	63	3	0
	1992	유공	26	10	2	0	45	3	0
	합계		162	39	5	1	263	17	0
프로통산			162	39	5	1	263	17	0

최윤열(崔潤烈) 경희대 1974.04.17

대회	연도	소속	출전	교체	득점	도움	파울	경고	퇴장
BC	1997	전남	29	6	0	1	72	6	0
	1998	전남	31	3	0	0	105	8	0
	1999	전남	21	5	1	0	46	3	0
	2000	전남	9	2	0	0	22	3	0
	2000	안양LG	7	3	0	0	13	1	0
	2001	안양LG	20	7	0	0	48	0	0
	2002	안양LG	20	0	0	0	48	0	0
	2003	포항	34	6	2	0	51	5	0
	2004	대전	13	0	0	0	27	2	0
	2005	대전	26	1	1	0	56	7	0
	2006	대전	20	2	1	0	42	3	0
	2007	대전	20	7	0	0	37	4	0
	합계		250	37	5	1	555	45	1
프로통산			250	37	5	1	555	45	1

최윤호(崔允浩) 아주대 1974.09.15

대회	연도	소속	출전	교체	득점	도움	파울	경고	퇴장
BC	1997	부산	10	10	0	0	8	0	0
	합계		10	10	0	0	8	0	0
프로통산			10	10	0	0	8	0	0

최은성(崔殷誠) 인천대 1971.04.05

대회	연도	소속	출전	교체	실점	도움	파울	경고	퇴장
BC	1997	대전	35	2	46	0	0	0	0
	1998	대전	33	1	55	0	1	2	0
	1999	대전	33	0	46	0	2	1	0
	2000	대전	33	0	46	0	1	0	0
	2001	대전	33	0	42	0	0	0	0
	2002	대전	25	0	35	0	0	1	0
	2003	대전	37	1	39	0	0	0	0
	2004	대전	39	0	55	0	0	0	0
	2005	대전	31	1	39	0	0	0	0
	2006	대전	39	0	41	0	3	1	0
	2007	대전	31	1	39	0	0	0	0
	2008	대전	31	1	39	0	0	0	0
	2009	대전	13	0	25	0	1	0	0
	2010	대전	13	0	25	0	1	0	0
	2011	대전	28	1	53	0	0	0	0
	2012	전북	34	1	36	0	1	4	0
	합계		498	9	639	1	12	12	0
K1	2013	전북	31	1	32	0	0	0	0
	2014	전북	3	2	35	0	0	0	0
	합계		34	2	35	0	0	0	0
프로통산			532	11	674	1	12	17	2

최익진(崔益震) 아주대 1997.05.03

대회	연도	소속	출전	교체	득점	도움	파울	경고	퇴장
K2	2019	전남	6	4	0	0	13	2	0
	2020	전남	3	0	0	0	3	2	0
	2021	대전	5	2	0	0	4	1	0
	합계		14	6	0	0	24	5	0
프로통산			14	6	0	0	24	5	0

최익형(崔益馨) 고려대 1973.08.05

대회	연도	소속	출전	교체	실점	도움	파울	경고	퇴장
BC	1999	전남	0	0	0	0	0	0	0
	합계		0	0	0	0	0	0	0
프로통산			0	0	0	0	0	0	0

최인석(崔仁碩) 경일대 1979.08.07

대회	연도	소속	출전	교체	득점	도움	파울	경고	퇴장
BC	2002	울산	4	3	0	0	4	0	0
	합계		4	3	0	0	4	0	0
프로통산			4	3	0	0	4	0	0

최인영(崔仁榮) 서울시립대 1962.03.05

대회	연도	소속	출전	교체	실점	도움	파울	경고	퇴장
BC	1983	국민은행	2	0	4	0	0	0	0
	1984	현대	22	0	26	0	0	0	0
	1985	현대	4	1	3	0	0	0	0
	1986	현대	17	0	14	0	0	0	0
	1987	현대	13	1	20	0	0	1	0
	1988	현대	4	0	7	0	0	0	0
	1989	현대	27	1	32	0	0	1	0
	1990	현대	10	0	11	0	0	0	0
	1991	현대	30	1	17	0	2	0	0
	1992	현대	28	2	26	0	1	1	0
	1993	현대	12	2	8	0	0	0	0
	1994	현대	1	1	0	0	0	0	0
	1995	현대	1	1	0	0	0	0	0
	1996	울산	5	3	6	0	2	3	1
	합계		176	9	174	0	5	7	1
프로통산			176	9	174	0	5	7	1

최인창(崔仁暢) 한양대 1990.04.11

대회	연도	소속	출전	교체	득점	도움	파울	경고	퇴장
K2	2013	부천	10	9	1	0	7	2	0
	2014	부천	31	20	4	2	70	5	0
	합계		41	29	5	2	77	7	0
프로통산			41	29	5	2	77	7	0

최인후(崔仁厚) 동북고 1995.05.04

대회	연도	소속	출전	교체	득점	도움	파울	경고	퇴장
K2	2014	강원	0	0	0	0	0	0	0
	2015	경남	7	7	0	0	0	0	0
	합계		7	7	0	0	0	0	0
프로통산			7	7	0	0	0	0	0

최재수(崔在洙) 연세대 1983.05.02

대회	연도	소속	출전	교체	득점	도움	파울	경고	퇴장
BC	2004	서울	6	5	0	0	5	0	0
	2005	서울	17	6	1	1	29	6	0
	2006	서울	11	3	0	0	15	4	0
	2007	서울	36	22	1	7	44	7	0
	2008	광주상무	26	14	0	4	33	3	0
	2009	광주상무	18	9	3	3	21	2	0
	2010	울산	5	3	0	0	6	0	0
	2011	울산	40	6	1	11	44	8	0
	2012	수원	19	12	1	1	19	5	0
	합계		178	80	7	27	216	35	0
K1	2013	수원	15	6	0	0	34	7	0
	2014	수원	5	2	0	0	4	0	0
	2015	수원	5	2	0	1	3	0	0
	2015	포항	8	2	0	3	15	5	0
	2016	전북	12	6	0	1	15	4	0
	2018	경남	25	11	0	4	22	4	0
	2019	경남	34	4	3	0	7	0	0
	합계		104	39	3	7	100	23	1
K2	2017	경남	20	10	1	3	16	5	1
	합계		20	10	1	3	16	5	1
프로통산			302	129	11	37	332	63	2

최재영(崔載榮) 중앙대 1998.03.18

대회	연도	소속	출전	교체	득점	도움	파울	경고	퇴장
K2	2021	부천	9	6	0	1	5	3	0
	2022	부천	18	17	0	0	6	2	0
	2023	부천	26	11	1	1	36	5	0
	합계		53	40	1	1	75	13	0
프로통산			53	40	1	1	75	13	0

최재영(崔宰榮) 홍익대 1983.07.14

대회	연도	소속	출전	교체	득점	도움	파울	경고	퇴장
BC	2005	광주상무	3	2	0	0	1	0	0
	2009	성남일화	1	1	0	0	5	0	0
	합계		4	3	0	0	6	0	0
프로통산			4	3	0	0	6	0	0

최재영(崔在榮) 홍익대 1983.09.22

대회	연도	소속	출전	교체	득점	도움	파울	경고	퇴장
BC	2006	제주	9	8	0	1	12	1	0
	2007	제주	1	1	0	0	2	1	0
	합계		10	9	0	1	14	2	0
프로통산			10	9	0	1	14	2	0

최재은(崔宰銀) 광운대 1988.06.08

대회	연도	소속	출전	교체	득점	도움	파울	경고	퇴장
BC	2010	인천	2	2	0	0	4	0	0
	합계		2	2	0	0	4	0	0
프로통산			2	2	0	0	4	0	0

최재혁(崔在赫) 통진종고 1964.09.17

대회	연도	소속	출전	교체	득점	도움	파울	경고	퇴장
BC	1984	현대	8	5	2	0	7	0	0
	1985	현대	15	9	0	3	15	1	0
	1986	현대	10	6	0	1	5	0	0
	합계		33	20	2	4	27	1	0
프로통산			33	20	2	4	27	1	0

최재현(崔在現) 광운대 1994.04.20

대회	연도	소속	출전	교체	득점	도움	파울	경고	퇴장
K1	2017	전남	23	17	3	2	37	5	0
	2018	전남	25	17	5	2	22	4	1
	합계		48	34	8	4	59	9	1
K2	2019	전남	19	13	3	2	22	0	0
	2020	대전	9	6	0	1	10	1	0
	합계		28	19	3	1	32	3	0
프로통산			76	53	11	5	91	12	1

최재훈(崔宰熏) 중앙대 1995.11.20

대회	연도	소속	출전	교체	득점	도움	파울	경고	퇴장
K2	2017	안양	32	8	2	2	51	6	0
	2018	안양	27	11	2	2	39	6	0
	2019	안양	17	15	0	1	8	0	0
	2020	서울E	24	6	1	1	48	4	1
	2021	서울E	22	19	1	0	17	2	0
	2022	김포	33	17	1	0	30	8	0
	2023	김포	17	11	0	0	22	3	0
	합계		172	87	7	6	215	29	1
승	2023	김포	2	1	0	0	2	0	0
	합계		2	1	0	0	2	0	0
프로통산			174	83	7	6	217	29	1

최정민(崔禎珉) 중앙대 1977.10.07

대회	연도	소속	출전	교체	득점	도움	파울	경고	퇴장
BC	2000	부천SK	3	2	0	0	2	1	0
	2001	부천SK	7	3	1	0	26	1	0
	2002	부천SK	12	4	0	0	21	2	0
	2003	부천SK	30	3	0	0	32	3	0
	합계		52	12	1	0	81	7	0
프로통산			52	12	1	0	81	7	0

최정원(崔定原) 건국대 1995.08.16

대회	연도	소속	출전	교체	득점	도움	파울	경고	퇴장
K1	2021	수원	19	13	1	0	9	1	0
	합계		19	13	1	0	9	1	0
K2	2022	전남	21	5	0	0	17	2	0
	합계		21	5	0	0	17	2	0
프로통산			40	18	1	0	26	3	0

최정한(崔正漢) 연세대 1989.06.03

대회	연도	소속	출전	교체	득점	도움	파울	경고	퇴장
K1	2014	서울	7	7	1	1	8	1	0
	2015	서울	0	0	0	0	0	0	0
	합계		7	7	1	1	8	1	0
K2	2016	대구	26	24	1	2	19	2	0
	합계		26	24	1	2	19	2	0
프로통산			33	31	2	3	17	1	0

최정호(崔貞鎬) 한양대 1978.04.06

대회	연도	소속	출전	교체	득점	도움	파울	경고	퇴장
BC	2001	전남	0	0	0	0	0	0	0
	합계		0	0	0	0	0	0	0
프로통산			0	0	0	0	0	0	0

최정훈(崔晶勳) 매탄고 1999.03.09

대회	연도	소속	출전	교체	득점	도움	파울	경고	퇴장
K1	2019	수원	1	1	0	0	0	0	0
	합계		1	1	0	0	0	0	0
프로통산			1	1	0	0	0	0	0

최종덕(崔鍾德) 고려대 1954.06.24

대회	연도	소속	출전	교체	득점	도움	파울	경고	퇴장
BC	1983	할렐루야	16	2	1	1	7	0	0
	1984	할렐루야	25	1	3	0	18	1	1
	1985	럭키금성	17	3	1	0	11	1	0
	합계		58	6	5	1	36	2	1
프로통산			58	6	5	1	36	2	1

최종범(崔鍾範) 영남대 1978.03.27

대회	연도	소속	출전	교체	득점	도움	파울	경고	퇴장
BC	2001	포항	4	4	0	0	2	0	1
	2002	포항	17	14	0	1	16	0	0
	2003	포항	30	12	1	1	45	3	0
	2004	포항	10	9	0	1	9	2	0
	2005	광주상무	30	7	2	2	47	3	0
	2006	광주상무	11	8	0	1	9	0	0
	2008	포항	4	4	0	0	2	0	0
	2009	대구	4	4	0	0	2	0	0
	합계		106	55	3	5	130	8	1
프로통산			106	55	3	5	130	8	1

최종학(崔種學) 서울대 1962.05.10

대회	연도	소속	출전	교체	득점	도움	파울	경고	퇴장
BC	1984	현대	3	2	0	0	2	0	0
	1985	현대	1	0	0	0	0	0	0
	합계		4	2	0	0	2	0	0
프로통산			4	2	0	0	2	0	0

최종혁(崔鍾赫) 호남대 1984.09.03

대회	연도	소속	출전	교체	득점	도움	파울	경고	퇴장
BC	2007	대구	17	11	0	2	27	5	0
	2008	대구	16	13	0	0	10	1	0
	2009	대구	18	8	0	0	34	6	0
	합계		51	32	0	2	57	12	0
프로통산			51	32	0	2	57	12	0

최종호(崔鍾鎬) 고려대 1968.04.07

대회	연도	소속	출전	교체	득점	도움	파울	경고	퇴장
BC	1991	LG	1	1	0	0	0	0	0
	1992	LG	1	1	0	0	1	0	0
	합계		2	2	0	0	1	0	0
프로통산			2	2	0	0	1	0	0

최종환(崔鍾桓) 부경대 1987.08.12

대회	연도	소속	출전	교체	득점	도움	파울	경고	퇴장
K1	2013	인천	21	0	0	2	43	2	0
	2014	인천	30	11	3	1	38	1	1
	2015	상주	17	7	0	1	23	2	0
	2016	상주	11	5	0	0	8	3	0
	2016	인천	3	1	0	0	2	0	0
	2017	인천	29	2	3	3	36	5	1
	합계		111	26	6	7	150	13	2
K2	2015	상주	6	0	0	0	13	3	0
	2019	서울E	27	9	1	1	31	3	0
	2020	수원FC	8	3	0	0	7	1	0
	합계		41	12	1	1	51	7	0
BC	2011	서울	8	5	1	0	14	1	0
	2012	인천	13	11	1	0	20	1	0
	합계		21	16	2	0	34	2	0
프로통산			173	54	9	8	235	22	2

최준(崔俊) 연세대 1999.04.17

대회	연도	소속	출전	교체	득점	도움	파울	경고	퇴장
K2	2020	경남	20	2	2	3	20	6	0
	2021	부산	31	6	4	3	33	5	0
	2022	부산	31	6	0	6	36	9	0
	2023	부산	31	4	0	3	30	6	0
	합계		112	14	6	18	119	26	0
승	2023	부산	2	0	1	1	2	0	0
	합계		2	0	1	1	2	0	0
프로통산			114	14	7	19	121	26	0

최준기(崔俊基) 연세대 1994.04.13

대회	연도	소속	출전	교체	득점	도움	파울	경고	퇴장
K1	2019	성남	1	1	0	0	0	0	0
	합계		1	1	0	0	0	0	0
K2	2018	성남	21	2	0	0	24	5	0
	2019	전남	4	1	0	0	1	0	0
	합계		25	3	0	0	25	5	0
프로통산			26	4	0	0	25	5	0

최준혁(崔埈赫) 단국대 1994.09.05

대회	연도	소속	출전	교체	득점	도움	파울	경고	퇴장
K1	2020	광주	10	6	0	1	3	2	0
	2022	김천	1	1	0	0	0	0	0
	합계		11	7	0	1	3	2	0
K2	2018	광주	13	4	1	1	13	0	0
	2019	광주	31	7	0	1	41	6	0
	2021	김천	12	2	0	1	12	1	0
	합계		53	13	1	3	66	10	0
프로통산			64	20	1	4	69	11	0

최지묵(崔祗默) 울산대 1998.10.09

대회	연도	소속	출전	교체	득점	도움	파울	경고	퇴장
K1	2020	성남	10	3	0	0	10	2	0
	2021	성남	22	6	0	0	20	6	0
	2022	성남	23	14	0	0	28	4	0
	합계		55	23	0	0	58	6	0
K2	2023	부산	26	15	1	0	18	6	0
	합계		26	15	1	0	18	6	0
프로통산			81	38	2	0	76	12	0

최지훈(崔智薰) 경기대 1984.09.20

대회	연도	소속	출전	교체	득점	도움	파울	경고	퇴장
BC	2007	인천	7	5	0	0	5	1	0
	합계		7	5	0	0	5	1	0
프로통산			7	5	0	0	5	1	0

최진규(崔軫圭) 동국대 1969.05.11

대회	연도	소속	출전	교체	득점	도움	파울	경고	퇴장
BC	1995	전북	33	1	1	4	18	4	0
	1996	전북	36	2	1	2	33	0	0
	1997	전북	24	13	0	2	38	3	0
	1998	전북	17	5	0	1	7	3	0
	1999	전북	3	1	0	0	3	2	0
	합계		113	22	2	9	95	13	0
프로통산			113	22	2	9	95	13	0

최진백(崔鎭白) 숭실대 1994.05.27

대회	연도	소속	출전	교체	득점	도움	파울	경고	퇴장
K1	2017	강원	0	0	0	0	0	0	0
	합계		0	0	0	0	0	0	0
프로통산			0	0	0	0	0	0	0

최진수(崔津樹) 현대고 1990.06.17

대회	연도	소속	출전	교체	득점	도움	파울	경고	퇴장
BC	2010	울산	7	6	1	0	3	0	0
	2011	울산	2	2	0	0	0	0	0
	2012	울산	3	3	0	0	0	0	0
	합계		12	11	1	0	3	0	0
K2	2013	안양	31	14	6	8	47	10	0
	2014	안양	31	6	5	8	55	11	0
	2015	안양	34	16	1	9	39	6	0
	2016	안산무궁	12	10	3	0	7	2	0
	2017	아산	3	0	1	0	1	0	0
	합계		111	49	15	24	148	28	0
프로통산			123	60	16	24	151	28	0

최진욱(崔珍煜) 관동대(가톨릭관동대) 1981.08.17

대회	연도	소속	출전	교체	득점	도움	파울	경고	퇴장
BC	2004	울산	0	0	0	0	0	0	0
	합계		0	0	0	0	0	0	0
프로통산			0	0	0	0	0	0	0

최진철(崔眞喆) 숭실대 1971.03.26

대회	연도	소속	출전	교체	득점	도움	파울	경고	퇴장
BC	1996	전북	29	5	1	1	70	6	0
	1997	전북	21	1	2	0	67	6	0
	1998	전북	27	8	8	2	53	5	0
	1999	전북	35	16	9	6	56	3	0
	2000	전북	32	1	3	0	57	7	0
	2001	전북	25	5	0	0	44	6	0
	2002	전북	24	3	0	1	39	5	0
	2003	전북	33	2	1	1	85	7	0
	2004	전북	21	0	2	0	45	11	0
	2005	전북	21	1	0	1	58	9	0
	2006	전북	15	1	1	0	36	5	0
	2007	전북	15	2	0	0	22	5	1
	합계		312	48	28	11	632	75	1
프로통산			312	48	28	11	632	75	1

최진한(崔震瀚) 명지대 1961.06.22

대회	연도	소속	출전	교체	득점	도움	파울	경고	퇴장
BC	1985	럭키금성	5	3	0	0	5	0	0
	1986	럭키금성	23	8	4	3	45	3	0
	1987	럭키금성	29	10	2	1	38	5	0
	1988	럭키금성	23	7	4	1	26	1	0
	1989	럭키금성	38	15	5	4	65	3	0
	1990	럭키금성	27	5	6	5	37	0	0
	1991	LG	6	5	0	1	5	0	0
	1991	유공	18	8	12	0	17	2	0
	1992	유공	17	11	2	1	25	2	0
	합계		186	72	35	16	263	16	0
프로통산			186	72	35	16	263	16	0

최창수(崔昌壽) 영남대 1955.11.20

대회	연도	소속	출전	교체	득점	도움	파울	경고	퇴장
BC	1983	포항제철	10	5	1	0	3	0	0
	1984	포항제철	6	4	0	0	2	1	0
	합계		16	9	1	0	5	1	0
프로통산			16	9	1	0	5	1	0

최창용(崔昌鎔) 연세대 1985.09.17

대회	연도	소속	출전	교체	득점	도움	파울	경고	퇴장
BC	2008	수원	3	2	0	0	4	1	0
	합계		3	2	0	0	4	1	0
프로통산			3	2	0	0	4	1	0

최창환(崔昌煥) 광운대 1962.08.09

대회	연도	소속	출전	교체	득점	도움	파울	경고	퇴장
BC	1985	현대	3	3	0	0	3	0	0
	합계		3	3	0	0	3	0	0
프로통산			3	3	0	0	3	0	0

최철순(崔喆淳) 충북대 1987.02.08

대회	연도	소속	출전	교체	득점	도움	파울	경고	퇴장
BC	2006	전북	23	2	0	1	39	4	1
	2007	전북	19	5	0	1	36	4	0
	2008	전북	36	1	0	1	63	7	0
	2009	전북	27	4	0	0	49	6	0
	2010	전북	23	1	0	0	40	6	0
	2011	전북	23	2	1	1	39	8	0
	2012	전북	12	2	0	0	13	1	0
	2012	상주	10	1	0	1	17	2	0
	합계		171	14	1	5	307	39	1
K1	2014	상주	4	0	0	0	1	1	0
	2014	전북	10	1	0	0	7	1	0
	2015	전북	29	1	0	0	40	5	0
	2016	전북	30	1	1	4	58	10	0
	2017	전북	35	0	1	4	38	5	0
	2018	전북	18	4	0	0	41	5	0
	2019	전북	18	4	0	2	22	6	0
	2020	전북	13	1	0	2	14	2	0
	2021	전북	18	4	0	1	16	3	0
	2022	전북	17	8	0	0	17	4	0
	2023	전북	19	16	0	1	7	1	0
	합계		241	36	1	14	287	46	0
K2	2013	상주	29	3	0	2	37	6	0
	합계		29	3	0	2	37	6	0
승	2013	상주	2	0	0	0	3	0	0
	합계		2	0	0	0	3	0	0
프로통산			443	53	3	21	634	91	1

최철우(崔喆宇) 고려대 1977.11.30

대회	연도	소속	출전	교체	득점	도움	파울	경고	퇴장
BC	2000	울산	12	7	5	0	15	2	0
	2001	울산	8	8	0	0	13	0	0
	2002	포항	27	21	4	1	39	4	0
	2003	포항	21	16	4	1	31	0	0
	2004	부천SK	5	5	0	1	2	0	0
	2005	부천SK	25	15	6	0	37	1	0
	2006	제주	24	14	4	0	14	1	0
	2007	전북	12	7	1	0	14	1	0
	2008	부산	9	7	0	0	12	0	0
	합계		143	99	24	4	181	9	0
프로통산			143	99	24	4	181	9	0

최철원(崔喆原) 광주대 1994.07.23

대회	연도	소속	출전	교체	실점	도움	파울	경고	퇴장
K1	2023	서울	11	0	10	0	1	0	0
	합계		11	0	10	0	1	0	0
K2	2016	부천	3	1	3	0	0	0	0
	2017	부천	3	1	3	0	0	0	0
	2018	부천	30	0	49	0	0	1	0
	2019	부천	35	0	49	0	0	0	0
	2021	김천	1	0	1	0	0	0	0
	2021	부천	16	1	16	0	0	1	0
	2022	부천	38	3	40	0	0	1	0
	합계		124	2	153	0	1	3	0
프로통산			135	2	163	0	1	3	0

최철주(崔澈柱) 광양농고 1961.05.26

대회	연도	소속	출전	교체	득점	도움	파울	경고	퇴장
BC	1984	현대	1	1	0	0	0	0	0
	1985	현대	2	0	2	0	0	0	0
	합계		3	1	2	0	0	0	0
프로통산			3	1	2	0	0	0	0

최철희(崔哲熙) 동아대 1961.10.03

대회	연도	소속	출전	교체	득점	도움	파울	경고	퇴장
BC	1984	국민은행	18	15	1	0	12	0	0
	합계		18	15	1	0	12	0	0
프로통산			18	15	1	0	12	0	0

최청일(崔靑一) 연세대 1968.04.25

대회	연도	소속	출전	교체	득점	도움	파울	경고	퇴장
BC	1989	일화	13	11	1	1	15	0	0
	1990	일화	17	15	2	1	15	0	0
	1991	일화	7	8	0	2	6	0	0
	1991	현대	1	1	0	0	3	0	0
	1992	현대	13	8	1	1	14	0	0
	1993	현대	13	8	0	1	15	0	0
	1994	현대	2	2	0	0	1	0	0
	1996	전남	6	6	0	0	3	0	0
	합계		66	57	3	5	70	0	1
프로통산			66	57	3	5	70	0	1

최치원(崔致遠) 연세대 1993.06.11

대회	연도	소속	출전	교체	득점	도움	파울	경고	퇴장
K1	2015	전북	1	1	0	0	0	0	0
	2019	강원	8	6	1	0	7	3	0
	합계		9	7	1	0	7	3	0
K2	2015	서울E	8	8	1	1	11	1	0
	2016	서울E							
	2017	서울E	17	10	6	1	29	1	0
	2018	서울E	19	12	3	1	26	4	0
	합계		44	30	10	3	65	10	0
프로통산			53	37	11	3	73	8	0

최태섭(崔台燮) 성균관대 1962.01.12

대회	연도	소속	출전	교체	득점	도움	파울	경고	퇴장
BC	1985	한일은행	1	1	0	0	0	0	0
	합계		1	1	0	0	0	0	0
프로통산			1	1	0	0	0	0	0

최태성(崔泰成) 신한고 1977.06.16

대회	연도	소속	출전	교체	득점	도움	파울	경고	퇴장
BC	1997	부산	2	2	0	0	2	0	0
	1998	부산	7	6	0	0	3	0	0
	2002	부산	0	0	0	0	0	0	0
	합계		9	8	0	0	5	0	0
프로통산			9	8	0	0	5	0	0

최태욱(崔兌旭) 부평고 1981.03.13

대회	연도	소속	출전	교체	득점	도움	파울	경고	퇴장
BC	2000	안양LG	16	16	1	3	9	0	0
	2001	안양LG	31	9	0	3	21	3	0
	2002	안양LG	22	13	2	1	6	0	0
	2003	안양LG	36	17	3	5	16	2	0
	2004	인천	23	11	5	3	29	1	0
	2006	포항	25	19	2	2	17	0	0
	2007	포항	19	11	1	1	16	0	0
	2008	전북	26	20	4	3	24	1	0
	2009	전북	32	16	9	13	30	1	0
	2010	전북	16	10	4	5	14	0	0
	2010	서울	16	10	0	4	9	0	0
	2011	서울	23	15	2	6	14	0	0
	2012	서울	28	24	2	7	11	0	0
	합계		302	193	37	51	212	8	0
K1	2013	서울	10	11	0	0	0	0	0
	2014	울산	1	1	0	0	0	0	0
	합계		11	12	0	0	0	0	0
프로통산			313	205	37	51	212	8	0

최태진(崔泰鎭) 고려대 1961.05.14

대회	연도	소속	출전	교체	득점	도움	파울	경고	퇴장
BC	1985	대우	21	1	1	2	37	1	0
	1986	대우	26	5	4	2	36	1	0
	1987	대우	6	5	0	0	6	0	0
	1988	대우	22	4	1	1	29	2	0
	1989	럭키금성	34	2	4	2	31	2	0
	1990	럭키금성	29	1	4	2	31	2	0
	1991	LG	26	5	1	1	24	2	0
	1992	LG	17	10	0	0	14	0	0
	합계		181	33	18	8	210	11	1
프로통산			181	33	18	8	210	11	1

최필수(崔弼守) 성균관대 1991.06.20

대회	연도	소속	출전	교체	실점	도움	파울	경고	퇴장
K1	2017	상주	10	0	18	0	0	1	0
	2018	상주	10	0	18	0	0	0	0
	2020	부산	13	0	22	0	0	0	0
	2022	성남	5	0	0	0	0	0	0
	합계		38	0	62	0	0	1	0
K2	2014	안양							
	2015	안양	34	0	44	0	0	1	0
	2016	안양	13	1	18	0	1	2	0
	2018	안양							
	2019	안양	17	0	16	0	0	0	0
	2021	부산	20	0	31	0	0	2	0
	2023	성남	20	1	26	0	0	1	0
	합계		109	2	144	0	3	5	0
승	2017	상주	1	0	3	0	0	0	0
	2019	부산	2	0	0	0	1	0	0
	합계		3	0	3	0	0	0	0
프로통산			149	2	206	0	3	7	0

최한솔(崔한솔) 영남대 1997.03.16

대회	연도	소속	출전	교체	득점	도움	파울	경고	퇴장
K2	2018	서울E	10	10	0	0	12	5	0
	2019	서울E	13	4	1	0	17	4	0

대회	연도	소속	출전	교체	득점	도움	파울	경고	퇴장
	2020	서울E	7	5	0	0	3	0	0
	2023	안산	15	4	2	0	7	2	0
	합계		47	22	4	0	39	11	0
프로통산			47	22	4	0	39	11	0

최한욱 (崔漢旭) 선문대 1981.03.02

대회	연도	소속	출전	교체	득점	도움	파울	경고	퇴장
BC	2004	대구	5	3	0	1	9	0	0
	2005	대구	1	1	0	0	1	0	0
	합계		6	4	0	1	10	0	0
프로통산			6	4	0	1	10	0	0

최현 (崔炫) 중앙대 1978.11.07

대회	연도	소속	출전	교체	실점	도움	파울	경고	퇴장
BC	2002	부천SK	26	0	40	0	1	1	0
	2003	부천SK	13	1	24	0	0	1	0
	2004	부천SK	0	0	0	0	0	0	0
	2005	부천SK	0	0	0	0	0	0	0
	2006	제주	7	2	9	0	0	0	0
	2007	제주	16	1	19	0	0	4	0
	2008	부산	4	0	3	0	0	0	0
	2009	부산	33	2	46	0	0	5	0
	2010	부산	1	0	1	0	0	0	0
	2011	대전	5	1	12	0	0	1	0
	2012	대전	8	1	12	0	0	1	0
	합계		113	7	165	0	1	12	0
프로통산			113	7	165	0	1	12	0

최현연 (崔玹蓮) 울산대 1984.04.16

대회	연도	소속	출전	교체	득점	도움	파울	경고	퇴장
BC	2006	제주	17	14	0	3	21	4	0
	2007	제주	20	11	3	0	19	1	0
	2008	제주	26	17	2	1	22	0	0
	2009	제주	17	10	1	4	31	3	0
	2010	포항	5	5	0	0	9	0	0
	2012	경남	26	20	1	1	29	3	0
	합계		111	77	7	9	127	11	0
K1	2013	경남	17	9	0	0	18	5	0
	2014	경남	1	0	0	0	1	0	0
	합계		18	9	0	0	19	5	0
프로통산			129	86	7	10	147	16	0

최현웅 한마음고 2003.10.09

대회	연도	소속	출전	교체	득점	도움	파울	경고	퇴장
K1	2023	포항	2	2	0	0	0	0	0
	합계		2	2	0	0	0	0	0
프로통산			2	2	0	0	0	0	0

최현태 (崔玹態) 동아대 1987.09.15

대회	연도	소속	출전	교체	득점	도움	파울	경고	퇴장
BC	2010	서울	22	16	0	0	21	3	0
	2011	서울	28	10	1	0	26	4	0
	2012	서울	27	11	0	1	36	4	0
	합계		77	37	1	1	83	11	0
K1	2013	서울	14	10	0	0	11	1	0
	2014	서울	17	14	0	0	16	1	0
	2016	상주	6	6	0	0	5	0	0
	2016	서울	0	0	0	0	0	0	0
	2019	제주	5	4	0	1	4	0	0
	합계		42	34	0	1	42	4	0
K2	2015	상주	26	17	2	1	23	1	0
	합계		26	17	2	1	23	1	0
프로통산			145	88	3	3	148	16	0

최형준 (崔亨俊) 경희대 1980.06.04

대회	연도	소속	출전	교체	득점	도움	파울	경고	퇴장
BC	2003	부천SK	14	2	0	0	23	1	2
	2004	부천SK	1	0	0	0	1	0	0
	2005	대전	4	3	0	0	10	1	0
	합계		19	5	0	0	34	3	2
프로통산			19	5	0	0	34	3	2

최호정 (崔皓程) 관동대(가톨릭관동대) 1989.12.08

대회	연도	소속	출전	교체	득점	도움	파울	경고	퇴장
BC	2010	대구	17	2	0	0	27	6	0
	2011	대구	8	7	0	0	5	1	0
	2012	대구	31	4	0	0	47	5	0
	합계		56	13	0	0	79	12	0
K1	2013	대구	25	2	1	3	22	6	0
	2014	대구	27	7	0	1	36	3	0
	2016	성남	10	4	0	0	9	1	0
	합계		62	13	1	4	67	10	0
K2	2015	상주	18	0	1	0	13	1	0
	2015	대구	5	1	1	0	5	0	0
	2017	서울E	33	1	2	0	29	6	0
	2018	안양	25	2	1	1	24	5	1
	2019	안양	35	0	1	0	24	4	2
	2020	안양	25	11	0	0	28	4	0
	2021	안양	19	4	1	0	10	3	0
	2022	전남	7	5	0	0	3	0	0
	합계		167	24	4	3	134	23	3
승	2016	성남	1	0	0	0	2	0	0
	합계		1	0	0	0	2	0	0
프로통산			286	50	9	7	282	45	3

최호주 (崔浩周) 단국대 1992.03.10

대회	연도	소속	출전	교체	득점	도움	파울	경고	퇴장
K1	2015	포항	0	0	0	0	0	0	0
	2016	포항	13	13	0	1	4	0	0
	합계		13	13	0	1	4	0	0
K2	2018	안산	24	8	7	1	19	1	0
	2019	안산	13	12	1	1	7	0	0
	2019	광주	3	3	0	0	0	0	0
	합계		40	23	8	2	26	1	0
프로통산			53	36	8	3	30	1	0

최홍식 (崔洪植) 강릉상고 1959.09.06

대회	연도	소속	출전	교체	득점	도움	파울	경고	퇴장
BC	1984	유공	10	8	1	1	7	0	0
	1985	할렐루야	15	8	0	1	3	0	0
	합계		25	16	1	2	10	0	0
프로통산			25	16	1	2	10	0	0

최효진 (崔孝鎭) 아주대 1983.08.18

대회	연도	소속	출전	교체	득점	도움	파울	경고	퇴장
BC	2005	인천	34	7	1	2	65	4	0
	2006	인천	36	6	1	4	59	5	0
	2007	포항	26	10	3	1	44	5	0
	2008	포항	26	3	2	3	42	4	0
	2009	포항	27	2	2	2	59	7	0
	2010	서울	34	1	3	4	39	3	0
	2011	상주	22	2	2	2	34	3	0
	2012	서울	23	2	0	1	33	5	0
	2012	상주	6	5	0	0	10	0	0
	합계		242	47	17	16	404	42	0
K1	2013	서울	24	20	2	0	14	3	0
	2014	서울	21	2	0	3	25	2	0
	2015	전남	27	3	0	0	35	5	0
	2016	전남	31	1	2	4	41	9	0
	2017	전남	21	2	0	1	21	4	0
	2018	전남	12	1	0	0	11	1	0
	합계		129	30	5	10	137	22	0
K2	2019	전남	28	2	1	3	32	2	0
	2020	전남	14	4	0	1	17	4	0
	2021	전남	3	0	0	0	4	1	0
	합계		45	9	1	4	52	6	0
프로통산			416	84	23	30	593	70	0

최훈 (崔勳) 건국대 1977.10.22

대회	연도	소속	출전	교체	득점	도움	파울	경고	퇴장
BC	1999	전남	1	1	0	0	0	0	0
	합계		1	1	0	0	0	0	0
프로통산			1	1	0	0	0	0	0

최희원 (崔熙願) 중앙대 1999.05.11

대회	연도	소속	출전	교체	득점	도움	파울	경고	퇴장
K1	2020	성남	0	0	0	0	0	0	0
	2021	전북	1	1	0	0	0	0	0
	합계		1	1	0	0	0	0	0
K2	2022	전남	6	6	0	0	4	0	0
	2023	전남	13	1	0	0	10	3	0
	합계		19	6	0	0	14	3	0
프로통산			20	7	0	0	14	3	0

추민열 (秋旻悅) 경기경영고 1999.01.10

대회	연도	소속	출전	교체	득점	도움	파울	경고	퇴장
K2	2018	부천	5	3	0	0	4	0	0
	합계		5	3	0	0	4	0	0
프로통산			5	3	0	0	4	0	0

추상훈 (秋相熏) 조선대 2000.02.03

대회	연도	소속	출전	교체	득점	도움	파울	경고	퇴장
K1	2021	제주	6	6	0	1	1	0	0
	2022	제주	8	8	0	0	3	0	0
	합계		14	14	0	1	4	0	0
K2	2022	전남	11	11	0	0	7	0	0
	2023	전남	25	25	3	1	9	3	0
	합계		36	36	3	1	16	3	0
프로통산			50	50	3	2	20	3	0

추성호 (秋性昊) 동아대 1987.08.26

대회	연도	소속	출전	교체	득점	도움	파울	경고	퇴장
BC	2010	부산	4	4	0	0	2	0	0
	2011	부산	11	4	1	0	4	0	0
	합계		15	8	1	0	6	0	0
프로통산			15	8	1	0	6	0	0

추운기 (秋云基) 한양대 1978.04.03

대회	연도	소속	출전	교체	득점	도움	파울	경고	퇴장
BC	2001	전북	22	19	1	3	10	1	0
	2002	전북	32	25	3	1	19	0	0
	2003	전북	31	30	2	4	24	2	0
	2004	전북	13	13	0	1	8	0	0
	2005	전북	10	10	1	0	8	0	0
	2006	전북	6	5	0	0	3	1	0
	2007	제주	5	4	0	0	6	2	1
	합계		119	106	7	9	78	6	1
프로통산			119	106	7	9	78	6	1

추정현 (鄒正賢) 명지대 1988.01.28

대회	연도	소속	출전	교체	득점	도움	파울	경고	퇴장
BC	2009	강원	2	2	0	0	1	0	0
	합계		2	2	0	0	1	0	0
프로통산			2	2	0	0	1	0	0

추정호 (秋正昊) 중앙대 1997.12.09

대회	연도	소속	출전	교체	득점	도움	파울	경고	퇴장
K2	2019	전남	10	10	1	0	4	0	0
	2020	전남	18	17	1	3	8	0	0
	2021	부천	21	18	2	0	19	4	0
	2023	부천	1	1	0	0	0	0	0
	합계		50	46	4	3	31	4	0
프로통산			50	46	4	3	31	4	0

추종호 (秋種浩) 건국대 1960.01.22

대회	연도	소속	출전	교체	득점	도움	파울	경고	퇴장
BC	1984	현대	26	2	3	0	18	0	0
	1985	현대	10	6	0	1	3	2	0
	1986	유공	14	6	3	2	13	1	0
	1987	유공	7	6	0	0	3	0	0
	합계		57	19	6	3	37	3	0
프로통산			57	19	6	3	37	3	0

추평강 (秋平康) 동국대 1990.04.22

대회	연도	소속	출전	교체	득점	도움	파울	경고	퇴장
K1	2013	수원	14	14	0	0	7	1	0
	합계		14	14	0	0	7	1	0
프로통산			14	14	0	0	7	1	0

츠바사 (Nishi Tsubasa, 西翼) 일본 1990.04.08

대회	연도	소속	출전	교체	득점	도움	파울	경고	퇴장
K1	2018	대구	9	9	0	0	10	1	0
	2019	대구	13	8	1	1	17	2	0
	2020	대구	24	18	0	3	23	2	0
	2021	대구	34	28	3	2	20	1	0
	합계		80	63	4	6	70	6	0
K2	2022	서울E	37	29	5	1	21	2	1
	2023	서울E	17	11	1	0	7	1	0
	합계		54	40	6	1	28	3	1
프로통산			134	103	10	7	98	9	1

츠베타노프 (Momchil Emilov Tsvetanov) 불가리아 1990.12.03

대회	연도	소속	출전	교체	득점	도움	파울	경고	퇴장
K1	2021	강원	12	4	0	1	12	1	0
	2022	강원	6	6	0	0	3	2	0
	합계		18	10	0	1	15	3	0
승	2021	강원	2	1	0	0	1	0	0
	합계		2	1	0	0	1	0	0
프로통산			20	11	0	1	16	4	0

치솜 (Chisom Charles Egbuchunam) 나이지리아 1992.02.22

대회	연도	소속	출전	교체	득점	도움	파울	경고	퇴장
K2	2019	수원FC	33	15	18	1	52	3	0
	합계		33	15	18	1	52	3	0
프로통산			33	15	18	1	52	3	0

치치 (Mion Varella Costa) 브라질 1982.06.17

대회	연도	소속	출전	교체	득점	도움	파울	경고	퇴장
BC	2009	대전	11	5	1	0	23	0	0
	합계		11	5	1	0	23	0	0
프로통산			11	5	1	0	23	0	0

치프리안 (Ciprian Vasilache) 루마니아 1983.09.14

대회	연도	소속	출전	교체	득점	도움	파울	경고	퇴장
K2	2014	강원	13	11	0	1	17	2	0
	2014	충주	13	10	0	0	18	3	0
	합계		26	21	0	1	35	5	0
프로통산			26	21	0	1	35	5	0

카르모나 (Pedro Carmona da Silva Neto) 브라질 1988.04.15

대회	연도	소속	출전	교체	득점	도움	파울	경고	퇴장
K2	2017	수원FC	9	7	1	1	3	1	0
	합계		9	7	1	1	3	1	0
프로통산			9	7	1	1	3	1	0

카를로스 (Carlos Eduardo Costro da Silva) 브라질 1982.04.23

대회	연도	소속	출전	교체	득점	도움	파울	경고	퇴장
BC	2003	전북	13	13	3	0	7	1	0
	합계		13	13	3	0	7	1	0
프로통산			13	13	3	0	7	1	0

카릴 (Leonardo Kalil Abdala) 브라질 1996.04.10

대회	연도	소속	출전	교체	득점	도움	파울	경고	퇴장
K2	2022	부천	15	15	2	0	10	0	0
	합계		15	15	2	0	10	0	0
프로통산			15	15	2	0	10	0	0

카사 (Filip Kasalica) 몬테네그로 1988.12.17

대회	연도	소속	출전	교체	득점	도움	파울	경고	퇴장
K1	2014	울산	12	8	0	2	23	5	0
	2015	울산	2	2	0	0	3	0	0
	합계		14	10	0	2	26	5	0
프로통산			14	10	0	2	26	5	0

카송고 (Jean-Kasongo Banza) 콩고민주공화국 1974.06.26

대회	연도	소속	출전	교체	득점	도움	파울	경고	퇴장
BC	1997	전남	4	5	0	0	7	0	0
	1997	천안일화	1	1	0	0	3	0	0
	합계		5	6	0	0	10	0	0
프로통산			5	6	0	0	10	0	0

카스텔렌 (Romeo Erwin Marius Castelen) 네덜란드 1983.05.03

대회	연도	소속	출전	교체	득점	도움	파울	경고	퇴장
K1	2016	수원	5	5	0	0	2	1	0
	합계		5	5	0	0	2	1	0
프로통산			5	5	0	0	2	1	0

카스트로 (Guilherme Nascimento de Castro) 브라질 1995.02.17

대회	연도	소속	출전	교체	득점	도움	파울	경고	퇴장
K2	2022	경남	14	12	1	0	6	0	0
	2023	경남	36	30	6	4	36	0	0
	합계		50	42	7	4	42	0	0
프로통산			50	42	7	4	42	0	0

카시오 (Cassio Vargas Barbosa) 브라질 1983.11.25

대회	연도	소속	출전	교체	득점	도움	파울	경고	퇴장
K2	2013	광주	2	2	0	0	7	1	0
	합계		2	2	0	0	7	1	0
프로통산			2	2	0	0	7	1	0

카이오 (Kaio Felipe Gonçalves) 브라질 1987.07.06

대회	연도	소속	출전	교체	득점	도움	파울	경고	퇴장
K1	2014	전북	32	27	9	1	42	6	0
	2015	수원	21	13	4	0	14	3	0
	합계		53	40	13	1	56	9	0
프로통산			53	40	13	1	56	9	0

카이온 (Herlison Caion de Sousa Ferreira) 브라질 1990.10.05

대회	연도	소속	출전	교체	득점	도움	파울	경고	퇴장
BC	2009	강원	9	7	1	2	14	0	0
	합계		9	7	1	2	14	0	0
K1	2018	대구	5	1	0	0	16	2	0
	합계		14	8	1	2	30	2	0
프로통산			14	8	1	2	30	2	0

카이저 (Renato Kayzer de Souza) 브라질 1996.02.17

대회	연도	소속	출전	교체	득점	도움	파울	경고	퇴장
K2	2022	대전	13	9	4	1	13	1	0
	합계		13	9	4	1	13	1	0
프로통산			13	9	4	1	13	1	0

카자란 (Krzysztof Kasztelan) 폴란드 1961.08.10

대회	연도	소속	출전	교체	득점	도움	파울	경고	퇴장
BC	1992	유공	2	2	0	0	3	0	0
	합계		2	2	0	0	3	0	0
프로통산			2	2	0	0	3	0	0

카즈 (Kazuki Takahashi, 高橋一輝) 일본 1996.10.06

대회	연도	소속	출전	교체	득점	도움	파울	경고	퇴장
K2	2023	부천	36	1	3	4	46	4	0
	합계		36	1	3	4	46	4	0
프로통산			36	1	3	4	46	4	0

카즈키 (Kozuka Kazuki, 小塚和季) 일본 1994.08.02

대회	연도	소속	출전	교체	득점	도움	파울	경고	퇴장
K1	2023	수원	16	4	1	2	20	2	1
	합계		16	4	1	2	20	2	1
프로통산			16	4	1	2	20	2	1

카차라바 (Nikoloz (Nika) Kacharava) 조지아 1994.01.13

대회	연도	소속	출전	교체	득점	도움	파울	경고	퇴장
K2	2022	전남	10	9	2	1	10	1	0
	합계		10	9	2	1	10	1	0
프로통산			10	9	2	1	10	1	0

카파제 (Timur Tajhirovich Kapadze) 우즈베키스탄 1981.09.05

대회	연도	소속	출전	교체	득점	도움	파울	경고	퇴장
BC	2011	인천	30	10	5	3	53	4	0
	합계		30	10	5	3	53	4	0
프로통산			30	10	5	3	53	4	0

칼라일미첼 (Carlyle Mitchell) 트리니다드토바고 1987.08.08

대회	연도	소속	출전	교체	득점	도움	파울	경고	퇴장
K2	2015	서울E	29	3	4	0	32	8	0
	2016	서울E	28	4	3	0	31	11	0
	합계		57	7	7	0	63	19	0
프로통산			57	7	7	0	63	19	0

* 실점: 2015년 1 / 통산 1

칼레 (Zeljko Kalajdzić) 세르비아 1978.05.11

대회	연도	소속	출전	교체	득점	도움	파울	경고	퇴장
BC	2007	인천	12	4	0	0	31	4	0
	합계		12	4	0	0	31	4	0
프로통산			12	4	0	0	31	4	0

칼레드 (Khaled Shafiei) 이란 1987.03.29

대회	연도	소속	출전	교체	득점	도움	파울	경고	퇴장
K1	2017	서울	2	2	0	0	1	0	0
	합계		2	2	0	0	1	0	0
프로통산			2	2	0	0	1	0	0

칼렝가 (N'Dayi Kalenga) 콩고민주공화국 1978.09.29

대회	연도	소속	출전	교체	득점	도움	파울	경고	퇴장
BC	1999	천안일화	7	8	0	1	13	0	0
	합계		7	8	0	1	13	0	0
프로통산			7	8	0	1	13	0	0

캄포스 (Jeaustin Campos) 코스타리카 1971.06.30

대회	연도	소속	출전	교체	득점	도움	파울	경고	퇴장
BC	1995	LG	12	7	2	4	7	0	0
	1996	안양LG	7	6	1	0	9	0	0
	합계		19	13	2	4	16	0	0
프로통산			19	13	2	4	16	0	0

케빈 (Kevin Nils Lennart Höög Jansson) 스웨덴 2000.09.29

대회	연도	소속	출전	교체	득점	도움	파울	경고	퇴장
K1	2022	강원	21	19	1	0	14	2	0
	합계		21	19	1	0	14	2	0
프로통산			21	19	1	0	14	2	0

케빈 (Kevin Julienne Henricus Oris) 벨기에 1984.12.06

대회	연도	소속	출전	교체	득점	도움	파울	경고	퇴장
BC	2012	대전	37	15	16	4	128	11	0
	합계		37	15	16	4	128	11	0
K1	2013	전북	31	17	14	5	59	4	0
	2015	인천	35	15	6	4	75	8	0
	2016	인천	33	7	9	10	73	3	0
	합계		99	39	29	19	207	21	0
프로통산			136	54	45	23	335	32	0

케빈 (Kevin Hatchi) 프랑스 1981.08.06

대회	연도	소속	출전	교체	득점	도움	파울	경고	퇴장
BC	2009	서울	11	6	0	2	24	2	1
	합계		11	6	0	2	24	2	1
프로통산			11	6	0	2	24	2	1

케이지로 (Ogawa Keijiro, 小川慶治朗) 일본 1992.07.14

대회	연도	소속	출전	교체	득점	도움	파울	경고	퇴장
K1	2022	서울	12	13	0	0	8	0	0
	합계		12	13	0	0	8	0	0
프로통산			12	13	0	0	8	0	0

케이타 (Suzuki Keita, 鈴木圭太) 일본 1997.12.20

대회	연도	소속	출전	교체	득점	도움	파울	경고	퇴장
K1	2022	대구	27	23	0	0	29	7	0
	2023	대구	26	23	2	0	9	5	0
	합계		53	46	2	0	38	12	0
프로통산			53	46	2	0	38	12	0

케힌데(Olanrewaju Muhammed Kehinde) 나이지리아 1994.05.07								
대회	연도	소속	출전	교체	득점	도움	파울	경고 퇴장
K1	2019	인천	14	11	1	0	8	1 0
	2020	인천	3	3	0	0	2	0 0
	합계		17	14	1	0	10	1 0
프로통산			17	14	1	0	10	1 0

켄자바예프(Islom Kenjabaev) 우즈베키스탄 1999.09.01

대회	연도	소속	출전	교체	득점	도움	파울	경고 퇴장
K1	2021	제주	1	1	0	0	0	0 0
	합계		1	1	0	0	0	0 0
프로통산			1	1	0	0	0	0 0

코난(Goran Petreski) 마케도니아 1972.05.23

대회	연도	소속	출전	교체	득점	도움	파울	경고 퇴장
BC	2001	포항	33	21	10	2	48	2 0
	2002	포항	31	12	12	4	50	4 0
	2003	포항	40	29	10	3	54	4 1
	2004	포항	37	24	6	3	36	2 0
	합계		141	86	38	12	187	12 1
프로통산			141	86	38	12	187	12 1

코네(Seku Conneh) 라이베리아 1995.11.10

대회	연도	소속	출전	교체	득점	도움	파울	경고 퇴장
K2	2018	안산	26	22	2	0	53	3 0
	합계		26	22	2	0	53	3 0
프로통산			26	22	2	0	53	3 0

코놀(Serguei Konovalov) 우크라이나 1972.03.01

대회	연도	소속	출전	교체	득점	도움	파울	경고 퇴장
BC	1996	포항	13	11	0	1	15	0 0
	1997	포항	26	10	12	1	44	3 0
	1998	포항	13	8	2	1	20	1 0
	합계		52	29	14	3	81	3 0
프로통산			52	29	14	3	81	3 0

코니(Robert Richard Cornthwaite) 오스트레일리아 1985.10.24

대회	연도	소속	출전	교체	득점	도움	파울	경고 퇴장
BC	2011	전남	21	0	3	2	28	7 2
	2012	전남	31	6	3	1	47	10 0
	합계		52	6	6	3	75	17 2
K1	2013	전남	22	17	1	0	11	3 1
	2014	전남	21	7	2	0	10	1 0
	합계		43	30	3	1	21	5 1
프로통산			95	36	9	4	96	22 3

코로만(Ognjen Koroman) 세르비아 1978.09.19

대회	연도	소속	출전	교체	득점	도움	파울	경고 퇴장
BC	2009	인천	12	3	3	2	11	3 0
	2010	인천	15	9	1	1	15	2 0
	합계		27	12	4	3	26	5 0
프로통산			27	12	4	3	26	5 0

코마젝(Nikola Komazec) 세르비아 1987.11.15

대회	연도	소속	출전	교체	득점	도움	파울	경고 퇴장
K1	2014	부산	1	1	0	0	0	0 0
	합계		1	1	0	0	0	0 0
프로통산			1	1	0	0	0	0 0

코바(Ivan Kovačec) 크로아티아 1988.06.27

대회	연도	소속	출전	교체	득점	도움	파울	경고 퇴장
K1	2015	울산	17	7	6	7	10	1 0
	2016	울산	36	20	7	9	24	6 0
	2017	울산	7	5	0	2	2	0 0
	2017	서울	7	6	0	1	4	1 0
	2018	서울	5	5	0	0	2	0 0
	합계		72	43	13	20	34	3 0
프로통산			72	43	13	20	34	3 0

코바야시(Kobayashi Yuki, 小林祐希/· 유키) 일본 1992.04.24

대회	연도	소속	출전	교체	득점	도움	파울	경고 퇴장
K1	2022	강원	12	11	0	1	9	2 0
	합계		12	11	0	1	9	2 0
K2	2021	서울E	8	6	0	1	14	2 0
	합계		8	6	0	1	14	2 0
프로통산			20	17	0	2	23	4 0

코스타(Koszta Mark) 헝가리 1996.09.26

대회	연도	소속	출전	교체	득점	도움	파울	경고 퇴장
K1	2022	울산	0	0	0	0	0	0 0
	합계		0	0	0	0	0	0 0
프로통산			0	0	0	0	0	0 0

콜리(Papa Oumar Coly) 세네갈 1975.05.20

대회	연도	소속	출전	교체	득점	도움	파울	경고 퇴장
BC	2001	대전	18	5	0	0	35	6 1
	2002	대전	29	3	1	0	57	9 0
	2003	대전	20	16	0	0	17	3 0
	합계		67	24	1	0	105	16 1
프로통산			67	24	1	0	105	16 1

콩푸엉(Nguyen Cong Phuong, 阮公鳳) 베트남 1995.01.21

대회	연도	소속	출전	교체	득점	도움	파울	경고 퇴장
K1	2019	인천	8	6	0	0	7	1 0
	합계		8	6	0	0	7	1 0
프로통산			8	6	0	0	7	1 0

쿠니모토(Takahiro Kunimoto, 邦本宜裕) 일본 1997.10.08

대회	연도	소속	출전	교체	득점	도움	파울	경고 퇴장
K1	2018	경남	35	16	5	2	41	7 0
	2019	경남	26	8	2	2	28	2 0
	2020	전북	25	15	1	1	36	2 0
	2021	전북	25	19	4	5	34	2 0
	2022	전북	14	9	5	1	20	2 0
	합계		125	67	17	11	159	15 0
승	2019	경남	2	0	0	0	4	1 0
	합계		2	0	0	0	4	1 0
프로통산			127	67	17	11	163	16 0

쿠벡(František Koubek) 체코 1969.11.06

대회	연도	소속	출전	교체	득점	도움	파울	경고 퇴장
BC	2000	안양G	13	9	6	0	9	0 0
	2001	안양G	20	19	3	0	11	0 0
	합계		33	28	9	0	20	0 0
프로통산			33	28	9	0	20	0 0

쿠비(Kwabena Appiah-Cubi) 오스트레일리아 1992.05.19

대회	연도	소속	출전	교체	득점	도움	파울	경고 퇴장
K1	2018	인천	25	23	1	2	35	3 0
	합계		25	23	1	2	35	3 0
프로통산			25	23	1	2	35	3 0

쿠아쿠(Aubin Kouakou) 코트디부아르 1991.06.01

대회	연도	소속	출전	교체	득점	도움	파울	경고 퇴장
K2	2016	충주	17	3	2	0	36	6 0
	2017	안양	25	8	0	0	59	11 0
	합계		42	11	2	0	95	17 0
프로통산			42	11	2	0	95	17 0

쿠키(Silvio Luis Borba de Silva) 브라질 1971.04.30

대회	연도	소속	출전	교체	득점	도움	파울	경고 퇴장
BC	2002	전북	2	2	0	0	0	0 0
	합계		2	2	0	0	0	0 0
프로통산			2	2	0	0	0	0 0

쿠키(Andrew Roy Cook) 영국(잉글랜드) 1974.01.20

대회	연도	소속	출전	교체	득점	도움	파울	경고 퇴장
BC	2003	부산	22	2	13	0	88	6 0
	2004	부산	27	3	8	0	68	10 2
	합계		49	5	21	0	156	16 2
프로통산			49	5	21	0	156	16 2

쿠티뉴(Douglas Coutinho Gomes de Souza) 브라질 1994.02.08

대회	연도	소속	출전	교체	득점	도움	파울	경고 퇴장
K2	2019	서울E	18	6	8	1	7	2 0
	합계		18	6	8	1	7	2 0
프로통산			18	6	8	1	7	2 0

쿤티치(Zoran Kuntić) 유고슬라비아 1967.03.23

대회	연도	소속	출전	교체	득점	도움	파울	경고 퇴장
BC	1993	포항제철	7	5	1	1	11	0 0
	합계		7	5	1	1	11	0 0
프로통산			7	5	1	1	11	0 0

크르피치(Sulejman Krpić) 보스니아 헤르체고비나 1991.01.01

대회	연도	소속	출전	교체	득점	도움	파울	경고 퇴장
K1	2020	수원	13	10	2	1	13	1 0
	합계		13	10	2	1	13	1 0
프로통산			13	10	2	1	13	1 0

크리스(Christy Rodolphe Manzinga) 프랑스 1995.01.31

대회	연도	소속	출전	교체	득점	도움	파울	경고 퇴장
K2	2023	성남	19	14	6	0	22	3 1
	합계		19	14	6	0	22	3 1
프로통산			19	14	6	0	22	3 1

크리스(Cristiano Espindola Avalos Passos) 브라질 1977.12.27

대회	연도	소속	출전	교체	득점	도움	파울	경고 퇴장
BC	2004	수원	1	1	0	0	2	1 0
	합계		1	1	0	0	2	1 0
프로통산			1	1	0	0	2	1 0

크리스찬(Cristian Costin Danalache) 루마니아 1982.07.15

대회	연도	소속	출전	교체	득점	도움	파울	경고 퇴장
K2	2016	경남	38	4	19	6	52	4 0
	2017	대전	25	7	9	3	41	3 1
	합계		63	11	28	9	93	7 1
프로통산			63	11	28	9	93	7 1

크리스토밤(Cristovam Roberto Ribeiro da Silva) 브라질 1990.07.25

대회	연도	소속	출전	교체	득점	도움	파울	경고 퇴장
K1	2018	수원	4	1	0	1	7	1 0
	합계		4	1	0	1	7	1 0
K2	2018	부천	9	4	2	0	17	1 0
	합계		9	4	2	0	17	1 0
프로통산			13	5	2	1	24	2 0

크리슬란(Crislan Henrique da Silva de Sousa) 브라질 1992.03.13

대회	연도	소속	출전	교체	득점	도움	파울	경고 퇴장
K2	2021	부천	20	15	5	0	13	3 1
	합계		20	15	5	0	13	3 1
프로통산			20	15	5	0	13	3 1

크리즈만(Sandi Krizman) 크로아티아 1989.08.17

대회	연도	소속	출전	교체	득점	도움	파울	경고 퇴장
K1	2014	전남	8	7	0	0	8	1 0
	합계		8	7	0	0	8	1 0
프로통산			8	7	0	0	8	1 0

크베시치(Mario Kvesić) 크로아티아 1992.01.12

대회	연도	소속	출전	교체	득점	도움	파울	경고 퇴장
K1	2021	포항	26	25	2	1	28	0 0
	합계		26	25	2	1	28	0 0
프로통산			26	25	2	1	28	0 0

클라우디(Claude Parfait Ngon A Djam) 카메룬 1980.01.24

대회	연도	소속	출전	교체	득점	도움	파울	경고 퇴장
BC	1999	천안일화	4	4	0	0	7	0 0
	합계		4	4	0	0	7	0 0
프로통산			4	4	0	0	7	0 0

키요모토(Kiyomoto Takumi, 清本拓己) 일본

1993.06.07

대회	연도	소속	출전	교체	득점	도움	파울	경고	퇴장
K1	2019	강원	0	0	0	0	0	0	0
	합계		0	0	0	0	0	0	0
프로통산			0	0	0	0	0	0	0

키쭈(Aurelian Ionut Chitu) 루마니아 1991.03.25

대회	연도	소속	출전	교체	득점	도움	파울	경고	퇴장
K2	2018	대전	32	4	12	4	67	3	0
	2019	대전	25	7	6	0	41	4	0
	합계		57	11	18	4	108	7	0
프로통산			57	11	18	4	108	7	0

타가트(Adam Jake Taggart) 오스트레일리아 1993.06.02

대회	연도	소속	출전	교체	득점	도움	파울	경고	퇴장
K1	2019	수원	33	16	20	1	62	0	0
	2020	수원	23	16	9	0	26	0	0
	합계		56	32	29	1	88	0	0
프로통산			56	32	29	1	88	0	0

타라바이(Edison Luis dos Santos) 브라질 1985.12.09

대회	연도	소속	출전	교체	득점	도움	파울	경고	퇴장
K2	2015	서울E	35	18	18	3	75	7	0
	2016	서울E	38	17	12	3	51	6	0
	합계		73	35	30	6	126	13	0
프로통산			73	35	30	6	126	13	0

타르델리(Tardeli Barros Machado Reis) 브라질 1990.03.02

대회	연도	소속	출전	교체	득점	도움	파울	경고	퇴장
K1	2021	수원FC	6	7	1	0	3	1	0
	합계		6	7	1	0	3	1	0
프로통산			6	7	1	0	3	1	0

타무라(Tamura Ryosuke, 田村亮介) 일본 1995.05.08

대회	연도	소속	출전	교체	득점	도움	파울	경고	퇴장
K2	2021	안양	19	15	2	2	17	0	0
	합계		19	15	2	2	17	0	0
프로통산			19	15	2	2	17	0	0

타쉬(Boris Borisov Tashti/Borys Borysovych Tashchy) 불가리아 1993.07.26

대회	연도	소속	출전	교체	득점	도움	파울	경고	퇴장
K1	2021	포항	20	20	1	1	21	1	0
	합계		20	20	1	1	21	1	0
프로통산			20	20	1	1	21	1	0

타이슨(Fabian Caballero) 스페인 1978.01.31

대회	연도	소속	출전	교체	득점	도움	파울	경고	퇴장
BC	2007	대전	6	6	0	0	9	0	0
	합계		6	6	0	0	9	0	0
프로통산			6	6	0	0	9	0	0

타쿠마(Abe Takuma, 阿部拓馬) 일본 1987.12.05

대회	연도	소속	출전	교체	득점	도움	파울	경고	퇴장
K1	2017	울산	12	10	1	1	14	2	0
프로통산			12	10	1	1	14	2	0

탁우선(卓佑宣) 선문대 1995.09.28

대회	연도	소속	출전	교체	득점	도움	파울	경고	퇴장
K2	2018	서울E	6	6	0	0	8	0	0
프로통산			6	6	0	0	8	0	0

탁준석(卓俊錫) 고려대 1978.03.24

대회	연도	소속	출전	교체	득점	도움	파울	경고	퇴장
BC	2001	대전	27	26	3	4	25	3	0
	2002	대전	14	14	1	0	13	0	0
	2003	대전	2	2	0	0	0	0	0
	합계		43	42	4	4	38	3	0
프로통산			43	42	4	4	38	3	0

태현찬(太現贊) 중앙대 1990.09.14

대회	연도	소속	출전	교체	득점	도움	파울	경고	퇴장
BC	2012	경남	2	2	0	0	0	0	0
	합계		2	2	0	0	0	0	0
프로통산			2	2	0	0	0	0	0

테드(Tadeusz Swiatek) 폴란드 1961.11.08

대회	연도	소속	출전	교체	득점	도움	파울	경고	퇴장
BC	1989	유공	18	7	1	0	16	2	0
	1990	유공	20	3	1	3	19	0	0
	1991	유공	34	5	3	3	34	3	0
	합계		72	15	7	6	69	5	0
프로통산			72	15	7	6	69	5	0

테하(Alex Barboza de Azevedo Terra) 브라질 1982.09.02

대회	연도	소속	출전	교체	득점	도움	파울	경고	퇴장
BC	2012	대전	21	14	4	1	21	1	0
	합계		21	14	4	1	21	1	0
프로통산			21	14	4	1	21	1	0

토니(Antonio Franja) 크로아티아 1978.06.08

대회	연도	소속	출전	교체	득점	도움	파울	경고	퇴장
BC	2007	전북	11	11	3	1	15	3	0
	2008	전북	3	2	0	1	1	0	0
	합계		14	13	3	2	16	3	0
프로통산			14	13	3	2	16	3	0

토다(Toda Kazuyuki, 戸田和幸) 일본 1977.12.30

대회	연도	소속	출전	교체	득점	도움	파울	경고	퇴장
BC	2009	경남	7	5	0	0	4	2	0
	합계		7	5	0	0	4	2	0
프로통산			7	5	0	0	4	2	0

토마스(Thomas Jaguaribe Bedinelli) 브라질 1993.02.24

대회	연도	소속	출전	교체	득점	도움	파울	경고	퇴장
K1	2023	광주	28	27	2	1	17	4	0
	합계		28	27	2	1	17	4	0
프로통산			28	27	2	1	17	4	0

토마스(Tomáš Janda) 체코 1973.06.27

대회	연도	소속	출전	교체	득점	도움	파울	경고	퇴장
BC	2001	안양LG	1	1	0	0	0	0	0
	합계		1	1	0	0	0	0	0
프로통산			1	1	0	0	0	0	0

토모키(Wada Tomoki, 和田倫季/←와다) 일본 1994.10.30

대회	연도	소속	출전	교체	득점	도움	파울	경고	퇴장
K1	2015	인천	3	3	1	0	0	0	0
	2016	광주	5	4	0	0	1	0	0
	2017	광주	2	1	0	0	2	0	0
	합계		10	8	1	0	3	0	0
K2	2017	서울E	2	2	0	0	0	0	0
	합계		2	2	0	0	0	0	0
프로통산			12	10	1	0	3	0	0

토미(Tomislav Mrcela) 오스트레일리아 1990.10.01

대회	연도	소속	출전	교체	득점	도움	파울	경고	퇴장
K1	2016	전남	21	1	0	2	13	1	0
	2017	전남	28	7	3	1	16	5	2
	2018	전남	2	1	0	0	0	1	0
	합계		51	9	3	4	29	7	2
프로통산			51	9	3	4	29	7	2

토미(Tomislav Kiš) 크로아티아 1994.04.04

대회	연도	소속	출전	교체	득점	도움	파울	경고	퇴장
K1	2020	성남	14	14	3	0	5	0	0
	합계		14	14	3	0	5	0	0

토미(Tommy Mosquera Lozono) 콜롬비아 1976.09.27

대회	연도	소속	출전	교체	득점	도움	파울	경고	퇴장
BC	2003	부산	11	6	4	1	41	1	0
	합계		11	6	4	1	41	1	0
프로통산			11	6	4	1	41	1	0

토미치(Djordje Tomić) 세르비아 몬테네그로 1972.11.11

대회	연도	소속	출전	교체	득점	도움	파울	경고	퇴장
BC	2004	인천	9	9	0	1	11	1	0
	합계		9	9	0	1	11	1	0
프로통산			9	9	0	1	11	1	0

토요다(Toyoda Yohei, 豊田陽平) 일본 1985.04.11

대회	연도	소속	출전	교체	득점	도움	파울	경고	퇴장
K1	2018	울산	9	8	2	1	10	2	0
	합계		9	8	2	1	10	2	0
프로통산			9	8	2	1	10	2	0

토체프(Slavchev Toshev) 불가리아 1960.06.13

대회	연도	소속	출전	교체	실점	도움	파울	경고	퇴장
BC	1993	유공	9	1	5	0	0	0	0
	합계		9	1	5	0	0	0	0
프로통산			9	1	5	0	0	0	0

투무(Bertin Tomou Bayard) 카메룬 1978.08.08

대회	연도	소속	출전	교체	득점	도움	파울	경고	퇴장
BC	1997	포항	4	4	0	0	11	0	0
	합계		4	4	0	0	11	0	0
프로통산			4	4	0	0	11	0	0

티모(Timo Letschert) 네덜란드 1993.05.25

대회	연도	소속	출전	교체	득점	도움	파울	경고	퇴장
K1	2023	광주	27	5	3	1	19	7	0
	합계		27	5	3	1	19	7	0
프로통산			27	5	3	1	19	7	0

티아고(Tiago Pereira da Silva) 브라질 1993.10.28

대회	연도	소속	출전	교체	득점	도움	파울	경고	퇴장
K1	2023	대전	36	18	17	7	45	4	0
	합계		36	18	17	7	45	4	0
프로통산			36	18	17	7	45	4	0

티아고(Thiago Henrique do Espirito Santo) 브라질 1995.08.15

대회	연도	소속	출전	교체	득점	도움	파울	경고	퇴장
K2	2023	안산	16	19	1	1	8	1	0
	합계		37	38	2	2	20	6	1
프로통산			37	38	2	2	20	6	1

티아고(Thiago Jefferson da Silva) 브라질 1985.05.27

대회	연도	소속	출전	교체	득점	도움	파울	경고	퇴장
K1	2013	전북	14	13	1	2	4	0	0
	합계		14	13	1	2	4	0	0
프로통산			14	13	1	2	4	0	0

티아고(Alves Sales de Lima Tiago) 브라질 1993.01.12

대회	연도	소속	출전	교체	득점	도움	파울	경고	퇴장
K1	2015	포항	25	19	12	5	22	5	0
	2016	성남	18	13	5	3	6	2	0
	2018	전북	18	13	2	3	9	2	0
	2019	전북	3	2	0	0	4	0	0
	합계		64	47	19	11	41	9	0
프로통산			64	47	19	11	41	9	0

티아고(Thiago Henrique do Espirito Santo) 브라질 1995.08.15

대회	연도	소속	출전	교체	득점	도움	파울	경고	퇴장
K2	2022	안산	21	19	1	1	12	5	1
	합계		21	19	1	1	12	5	1

티아고(Tiago Pereira da Silva) 브라질 1993.10.28

대회	연도	소속	출전	교체	득점	도움	파울	경고	퇴장
K2	2022	경남	37	16	19	3	48	7	0
	합계		37	16	19	3	48	7	0
프로통산			37	16	19	3	48	7	0

티아고(Tiago Jorge Honorio) 브라질 1977.12.04

대회	연도	소속	출전	교체	득점	도움	파울	경고	퇴장
BC	2009	수원	15	9	4	0	47	3	0
		합계	15	9	4	0	47	3	0
프로통산			15	9	4	0	47	3	0

파그너(Jose Fagner Silva da Luz) 브라질 1988.05.25

대회	연도	소속	출전	교체	득점	도움	파울	경고	퇴장
BC	2011	부산	11	2	6	0	28	6	0
	2012	부산	25	23	2	1	35	7	0
		합계	36	25	8	1	63	13	0
K1	2013	부산	31	26	8	1	23	5	1
	2014	부산	34	19	10	3	23	3	1
		합계	65	45	18	4	46	8	2
프로통산			101	70	26	5	109	21	2

파다에프(Bakhodir Pardaev) 우즈베키스탄 1987.04.26

대회	연도	소속	출전	교체	득점	도움	파울	경고	퇴장
K2	2017	부천	5	5	1	0	1	0	0
		합계	5	5	1	0	1	0	0
프로통산			5	5	1	0	1	0	0

파브리시오(Fabricio da Silva Cabral) 브라질 1981.09.16

대회	연도	소속	출전	교체	득점	도움	파울	경고	퇴장
BC	2005	성남일화	3	3	1	0	4	0	0
		합계	3	3	1	0	4	0	0
프로통산			3	3	1	0	4	0	0

파브리시오(Fabricio Eduardo Souza) 브라질 1980.01.04

대회	연도	소속	출전	교체	득점	도움	파울	경고	퇴장
BC	2009	성남일화	15	14	0	1	20	1	0
	2010	성남일화	11	8	5	2	16	4	0
		합계	26	22	5	3	38	7	0
프로통산			26	22	5	3	38	7	0

파블로(Pablo Matías González Maciel) 우루과이 1996.09.13

대회	연도	소속	출전	교체	득점	도움	파울	경고	퇴장
K2	2023	김포	18	13	2	5	16	2	0
		합계	18	13	2	5	16	2	0
프로통산			18	13	2	5	16	2	0

파비아노(Fabiano Ferreira Gadelha) 브라질 1979.01.09

대회	연도	소속	출전	교체	득점	도움	파울	경고	퇴장
BC	2008	포항	0	0	0	0	0	0	0
		합계	0	0	0	0	0	0	0
프로통산			0	0	0	0	0	0	0

파비안(Fabijan Komljenović) 크로아티아 1968.01.16

대회	연도	소속	출전	교체	득점	도움	파울	경고	퇴장
BC	2000	포항	7	7	0	0	9	0	0
		합계	7	7	0	0	9	0	0
프로통산			7	7	0	0	9	0	0

파비오(Jose Fabio Santos de Oliveira) 브라질 1987.06.13

대회	연도	소속	출전	교체	득점	도움	파울	경고	퇴장
K1	2013	대구	2	2	0	0	6	1	0
		합계	2	2	0	0	6	1	0
프로통산			2	2	0	0	6	1	0

파비오(Fabio Neves Florentino) 브라질 1986.10.04

대회	연도	소속	출전	교체	득점	도움	파울	경고	퇴장
K1	2015	광주	37	30	2	1	31	2	0
	2016	광주	14	12	1	1	17	1	0
		합계	51	42	3	2	48	3	0
K2	2014	광주	26	20	10	2	30	1	0
		합계	26	20	10	2	30	1	0
승	2014	광주	2	2	0	0	1	0	0
		합계	2	2	0	0	1	0	0
프로통산			79	64	13	4	79	4	0

파비오(Fabio Rogerio Correa Lopes) 브라질 1985.05.24

대회	연도	소속	출전	교체	득점	도움	파울	경고	퇴장
BC	2010	대전	13	10	5	1	33	1	0
		합계	13	10	5	1	33	1	0
프로통산			13	10	5	1	33	1	0

파비오(Fabio Junior dos Santos) 브라질 1982.10.06

대회	연도	소속	출전	교체	득점	도움	파울	경고	퇴장
BC	2005	전남	9	9	0	1	8	0	0
		합계	9	9	0	1	8	0	0
프로통산			9	9	0	1	8	0	0

파비오(Fabio Pereira da Silva) 브라질 1982.03.21

대회	연도	소속	출전	교체	득점	도움	파울	경고	퇴장
BC	2005	전남	7	3	0	0	16	3	0
		합계	7	3	0	0	16	3	0
프로통산			7	3	0	0	16	3	0

파비오(Joao Paulo di Fabio) 브라질 1979.02.10

대회	연도	소속	출전	교체	득점	도움	파울	경고	퇴장
BC	2008	부산	15	0	1	0	25	3	0
	2009	부산	10	2	0	1	14	1	0
		합계	25	2	0	2	39	4	0
프로통산			25	2	0	2	39	4	0

파비오(Fabio Luis Santos de Almeida) 브라질 1983.08.02

대회	연도	소속	출전	교체	득점	도움	파울	경고	퇴장
BC	2009	울산	5	5	1	1	6	0	0
		합계	5	5	1	1	6	0	0
프로통산			5	5	1	1	6	0	0

파우벨(Fauver Frank Mendes Braga) 브라질 1994.09.14

대회	연도	소속	출전	교체	득점	도움	파울	경고	퇴장
K2	2015	경남	6	6	0	0	3	0	0
	2019	안산	21	20	1	0	14	0	0
		합계	27	26	1	0	17	0	0
프로통산			27	26	1	0	17	0	0

파울로(Paulo Sergio Luiz de Souza) 브라질 1989.06.11

대회	연도	소속	출전	교체	득점	도움	파울	경고	퇴장
K2	2016	대구	33	18	17	4	46	7	0
	2017	성남	7	5	0	0	8	1	0
		합계	40	23	17	4	54	8	0
프로통산			40	23	17	4	54	8	0

파울로(Paulo Cesar da Silva) 브라질 1976.01.02

대회	연도	소속	출전	교체	득점	도움	파울	경고	퇴장
BC	2002	성남일화	4	3	0	1	16	2	0
		합계	4	3	0	1	16	2	0
프로통산			4	3	0	1	16	2	0

파울리뇨(Paulo Henrique do Pilar Silva) 브라질 1996.06.24

대회	연도	소속	출전	교체	득점	도움	파울	경고	퇴장
K2	2023	천안	19	4	8	5	30	4	0
		합계	19	4	8	5	30	4	0
프로통산			19	4	8	5	30	4	0

파울리뉴(Paulo Victor de Menezes Melo) 브라질 1993.05.29

대회	연도	소속	출전	교체	득점	도움	파울	경고	퇴장
K2	2023	충북청주	10	2	2	1	8	0	0
		합계	10	2	2	1	8	0	0
프로통산			10	2	2	1	8	0	0

파울링뇨(Marcos Paulo Paulini) 브라질 1977.03.04

대회	연도	소속	출전	교체	득점	도움	파울	경고	퇴장
BC	2001	울산	28	20	13	2	37	1	0
	2002	울산	35	28	8	5	43	2	0
		합계	63	48	21	7	80	3	0
프로통산			63	48	21	7	80	3	0

파울링요(Beraldo Santos Paulo Luiz) 브라질 1988.06.14

대회	연도	소속	출전	교체	득점	도움	파울	경고	퇴장
K1	2018	경남	23	16	2	1	13	2	0
		합계	23	16	2	1	13	2	0
프로통산			23	16	2	1	13	2	0

파체코(Edgar Ivan Pacheco Rodriguez) 멕시코 1990.01.22

대회	연도	소속	출전	교체	득점	도움	파울	경고	퇴장
K2	2016	강원	1	1	0	0	1	1	0
		합계	1	1	0	0	1	1	0
프로통산			1	1	0	0	1	1	0

파탈루(Erik Endel Paartalu) 오스트레일리아 1986.05.03

대회	연도	소속	출전	교체	득점	도움	파울	경고	퇴장
K1	2016	전북	2	2	0	0	2	1	0
		합계	2	2	0	0	2	1	0
프로통산			2	2	0	0	2	1	0

파투(Matheus Antonio de Souza Santos/←안토니오) 브라질 1995.06.08

대회	연도	소속	출전	교체	득점	도움	파울	경고	퇴장
K2	2019	대전	15	9	6	3	15	1	0
	2021	대전	26	21	3	2	27	2	0
		합계	41	30	9	5	42	3	0
승	2021	대전	1	1	0	0	1	0	0
		합계	1	1	0	0	1	0	0
프로통산			42	31	9	5	43	3	0

팔라시오스(Manuel Emilio Palacios Murillo) 콜롬비아 1993.02

대회	연도	소속	출전	교체	득점	도움	파울	경고	퇴장
K1	2020	포항	25	22	5	6	34	5	1
	2021	포항							
	2022	포항							
	2022	성남	29	24					
		합계	81	69	10	9	96	9	2
K2	2019	안양	34	8	11	6	43	5	0
		합계	34	8	11	6	43	5	0
프로통산			115	77	21	15	139	14	2

팔로세비치(Aleksandar Paločević) 세르비아 1993.08.22

대회	연도	소속	출전	교체	득점	도움	파울	경고	퇴장
K1	2019	포항	16	14	5	4	9	0	0
	2020	포항	27	14	6	12	32	0	0
	2021	서울	38	25	7	4	32	3	0
	2022	서울	34	29	6	2	31	3	0
	2023	서울	35	25	4	11	20	3	0
		합계	145	100	38	17	90	16	0
프로통산			145	100	38	17	90	16	0

패트릭(Partrik Camilo Cornelio da Silva) 브라질 1990.07.19

대회	연도	소속	출전	교체	득점	도움	파울	경고	퇴장
K1	2013	강원	11	8	1	1	16	2	0
		합계	11	8	1	1	16	2	0
프로통산			11	8	1	1	16	2	0

패트릭(Patrick Villars) 가나 1984.05.21

대회	연도	소속	출전	교체	득점	도움	파울	경고	퇴장
BC	2003	부천SK	11	3	0	0	23	4	0
		합계	11	3	0	0	23	4	0
프로통산			11	3	0	0	23	4	0

펑샤오팅(Feng Xiaoting, 冯潇霆) 중국 1985.10.22

대회	연도	소속	출전	교체	득점	도움	파울	경고	퇴장
BC	2009	대구	20	2	0	0	12	3	0
	2010	전북	12	0	0	0	10	1	0
		합계	32	2	0	0	22	4	0

프로통산			32	2	0	0	22	4	0

페냐 (Daniel dos Santos Penha) 브라질 1998.10.17

대회	연도	소속	출전	교체	득점	도움	파울	경고	퇴장
K1	2022	대구	10	5	1	1	16	4	0
		합계	10	5	1	1	16	4	0
프로통산			10	5	1	1	16	4	0

페드로 (Pedro Bispo Moreira Junior) 브라질 1987.01.29

대회	연도	소속	출전	교체	득점	도움	파울	경고	퇴장
K1	2013	제주	29	13	17	0	56	3	0
		합계	29	13	17	0	56	3	0
프로통산			29	13	17	0	56	3	0

페드로 (Pedro Henrique Cortes Oliveira Gois) 동티모르 1992.01.17

대회	연도	소속	출전	교체	득점	도움	파울	경고	퇴장
K2	2017	대전	0	0	0	0	0	0	0
		합계	0	0	0	0	0	0	0
프로통산			0	0	0	0	0	0	0

페드로 (Pedro Henrique de Santana Almeida) 브라질 1991.03.25

대회	연도	소속	출전	교체	득점	도움	파울	경고	퇴장
K2	2018	대전	4	3	1	0	9	1	0
		합계	4	3	1	0	9	1	0
프로통산			4	3	1	0	9	1	0

페라소 (Walter Osvaldo Perazzo Otero) 아르헨티나 1962.08.02

대회	연도	소속	출전	교체	득점	도움	파울	경고	퇴장
BC	1994	대우	2	2	0	0	1	0	0
		합계	2	2	0	0	1	0	0
프로통산			2	2	0	0	1	0	0

페레이라 (Josiesley Ferreira Rosa) 브라질 1979.02.21

대회	연도	소속	출전	교체	득점	도움	파울	경고	퇴장
BC	2008	울산	10	12	0	2	21	3	0
		합계	10	12	0	2	21	3	0
프로통산			10	12	0	2	21	3	0

페르난데스 (Rodrigo Fernandes) 브라질 1978.03.03

대회	연도	소속	출전	교체	득점	도움	파울	경고	퇴장
BC	2003	전북	29	25	3	4	15	0	0
		합계	29	25	3	4	15	0	0
프로통산			29	25	3	4	15	0	0

페르난도 (Luiz Fernando Acuña Egidio) 브라질 1977.11.25

대회	연도	소속	출전	교체	득점	도움	파울	경고	퇴장
BC	2007	부산	9	8	0	1	18	1	0
		합계	9	8	0	1	18	1	0
프로통산			9	8	0	1	18	1	0

페르난도 (Luiz Fernando Pereira da Silva) 브라질 1985.11.25

대회	연도	소속	출전	교체	득점	도움	파울	경고	퇴장
BC	2007	대전	15	15	1	1	42	0	0
		합계	15	15	1	1	42	0	0
프로통산			15	15	1	1	42	0	0

페블레스 (Daniel Ricardo Febles Argüelles) 베네수엘라 1991.02.08

대회	연도	소속	출전	교체	득점	도움	파울	경고	퇴장
K2	2018	서울E	5	2	0	1	8	0	0
		합계	5	2	0	1	8	0	0
프로통산			5	2	0	1	8	0	0

페시치 (Aleksandar Pešić) 세르비아 1992.05.21

대회	연도	소속	출전	교체	득점	도움	파울	경고	퇴장
K1	2019	서울	25	13	10	1	27	1	0
	2020	서울	1	1	0	0	0	0	0
		합계	26	14	10	1	27	1	0
프로통산			26	14	10	1	27	1	0

페신 (Jefferson Gabriel Nascimento Brito) 브라질 1999.01.04

대회	연도	소속	출전	교체	득점	도움	파울	경고	퇴장
K2	2023	부산	23	23	7	2	6	2	0
		합계	23	23	7	2	6	2	0
프로통산			23	23	7	2	6	2	0

페체신 (Feczesin Róbert) 헝가리 1986.02.22

대회	연도	소속	출전	교체	득점	도움	파울	경고	퇴장
K1	2017	전남	32	19	10	4	56	3	0
		합계	32	19	10	4	56	3	0
프로통산			32	19	10	4	56	3	0

페트라섹 (Tomáš Petrášek) 체코 1992.03.02

대회	연도	소속	출전	교체	득점	도움	파울	경고	퇴장
K1	2023	전북	7	3	0	0	2	1	0
		합계	7	3	0	0	2	1	0
프로통산			7	3	0	0	2	1	0

페트라토스 (Petratos Dimitrios) 오스트레일리아 1992.11.10

대회	연도	소속	출전	교체	득점	도움	파울	경고	퇴장
K1	2017	울산	4	4	1	1	5	0	0
		합계	4	4	1	1	5	0	0
프로통산			4	4	1	1	5	0	0

페트로 (Sasa Petrović) 유고슬라비아 1966.12.31

대회	연도	소속	출전	교체	실점	도움	파울	경고	퇴장
BC	1996	전남	24	0	33	0	2	3	0
	1997	전남	8	0	9	0	0	0	0
		합계	32	0	42	0	2	3	0
프로통산			32	0	42	0	2	3	0

펠리뻬 (Felipe Martins Dorta) 오스트리아 1996.06.17

대회	연도	소속	출전	교체	득점	도움	파울	경고	퇴장
K2	2019	안산	5	5	0	0	2	0	0
		합계	5	5	0	0	2	0	0
프로통산			5	5	0	0	2	0	0

펠리팡 (Felipe Augusto Souza da Silva: Felipão) 브라질 1995.02.18

대회	연도	소속	출전	교체	득점	도움	파울	경고	퇴장
K2	2020	안산	20	12	3	2	20	4	1
		합계	20	12	3	2	20	4	1
프로통산			20	12	3	2	20	4	1

펠리페 (Felipe de Sousa Silva) 브라질 1992.04.03

대회	연도	소속	출전	교체	득점	도움	파울	경고	퇴장
K1	2020	광주	24	3	12	1	53	4	1
	2021	광주	13	5	3	1	28	3	0
		합계	37	8	15	2	81	7	1
K2	2018	광주	15	4	7	2	33	3	0
	2019	광주	27	7	19	3	77	7	2
		합계	42	11	26	5	110	10	2
프로통산			79	19	41	7	191	17	3

펠리피 (Felipe Barreto Adao) 브라질 1985.11.26

대회	연도	소속	출전	교체	득점	도움	파울	경고	퇴장
K2	2014	안양	23	20	3	0	34	3	0
		합계	23	20	3	0	34	3	0
프로통산			23	20	3	0	34	3	0

펠리피 (Felipe Azevedo dos Santos) 브라질 1987.01.10

대회	연도	소속	출전	교체	득점	도움	파울	경고	퇴장
BC	2010	부산	9	8	3	0	15	1	0
	2011	부산	5	5	0	1	6	0	0
		합계	14	13	3	1	21	1	0
프로통산			14	13	3	1	21	1	0

펠릭스 (Felix Nzeina) 카메룬 1980.12.11

대회	연도	소속	출전	교체	득점	도움	파울	경고	퇴장
BC	2005	부산	24	22	2	1	50	4	0
		합계	24	22	2	1	50	4	0
프로통산			24	22	2	1	50	4	0

포섹 (Peter Fousek) 체코 1972.08.11

대회	연도	소속	출전	교체	득점	도움	파울	경고	퇴장
BC	2001	전남	2	2	0	0	3	0	0
		합계	2	2	0	0	3	0	0
프로통산			2	2	0	0	3	0	0

포파 (Daniel Iliuţă Popa) 루마니아 1995.07.14

대회	연도	소속	출전	교체	득점	도움	파울	경고	퇴장
K2	2022	대전	9	9	0	0	6	0	0
		합계	9	9	0	0	6	0	0
프로통산			9	9	0	0	6	0	0

포포비치 (Lazar Popovic) 세르비아 1983.01.10

대회	연도	소속	출전	교체	득점	도움	파울	경고	퇴장
BC	2009	대구	13	9	2	0	21	3	0
		합계	13	9	2	0	21	3	0
프로통산			13	9	2	0	21	3	0

포프 (Willan Popp) 브라질 1994.04.13

대회	연도	소속	출전	교체	득점	도움	파울	경고	퇴장
K2	2016	부산	38	22	18	4	63	6	0
	2018	부천	30	10	10	2	48	3	0
		합계	68	32	28	6	111	9	0
프로통산			68	32	28	6	111	9	0

표건희 (表健熙) 인천대 1997.08.06

대회	연도	소속	출전	교체	득점	도움	파울	경고	퇴장
K1	2021	인천	2	1	0	0	0	0	0
		합계	2	1	0	0	0	0	0
프로통산			2	1	0	0	0	0	0

푸마갈리 (Jose Fernando Fumagalli) 브라질 1977.10.05

대회	연도	소속	출전	교체	득점	도움	파울	경고	퇴장
BC	2004	서울	17	13	2	0	22	2	0
		합계	17	13	2	0	22	2	0
프로통산			17	13	2	0	22	2	0

프라니치 (Ivan Frankie Franjić) 오스트레일리아 1987.09.10

대회	연도	소속	출전	교체	득점	도움	파울	경고	퇴장
K1	2017	대구	2	2	0	0	1	1	0
		합계	2	2	0	0	1	1	0
프로통산			2	2	0	0	1	1	0

프랑코 (Pedro Filipe Antunes Matias Silva Franco) 포르투갈 1974.04.18

대회	연도	소속	출전	교체	득점	도움	파울	경고	퇴장
BC	2005	서울	19	2	0	2	29	4	0
		합계	19	2	0	2	29	4	0
프로통산			19	2	0	2	29	4	0

프랑크 (Frank Lieberam) 독일 1962.12.17

대회	연도	소속	출전	교체	득점	도움	파울	경고	퇴장
BC	1992	현대	19	2	1	1	12	4	1
		합계	19	2	1	1	12	4	1
프로통산			19	2	1	1	12	4	1

프랭클린 (Franklin Geovane de Santana Chagas) 브라질 1996.08

대회	연도	소속	출전	교체	득점	도움	파울	경고	퇴장
K2	2023	부산	13	13	1	1	2	0	0
		합계	13	13	1	1	2	0	0
프로통산			13	13	1	1	2	0	0

프론티니 (Carbs Esteban Frontini) 브라질 1981.08.19

대회	연도	소속	출전	교체	득점	도움	파울	경고	퇴장
BC	2006	포항	29	26	8	4	65	7	0
	2007	포항	9	9	0	0	12	1	0
		합계	38	35	8	4	77	8	0
프로통산			38	35	8	4	77	8	0

플라나 (Leonard Arben Pllana) 코소보 1996.08.26

대회	연도	소속	출전	교체	득점	도움	파울	경고	퇴장
K2	2022	전남	30	22	6	1	13	1	0
	2023	전남	36	27	8	7	30	2	0
		합계	66	49	14	8	43	3	0

대회	연도	소속	출전	교체	득점	도움	파울	경고	퇴장
프로통산			66	49	14	8	43	3	0

플라마 (Flamarion Petriv de Abreu) 브라질 1976.10.16

대회	연도	소속	출전	교체	득점	도움	파울	경고	퇴장
BC	2004	대전	17	2	0	0	37	3	0
합계			17	2	0	0	37	3	0
프로통산			17	2	0	0	37	3	0

플라비오 (Flávio Almeida) 브라질 1959.01.01

대회	연도	소속	출전	교체	득점	도움	파울	경고	퇴장
BC	1985	포항제철	1	1	0	0	0	0	0
합계			1	1	0	0	0	0	0
프로통산			1	1	0	0	0	0	0

플라타 (Anderson Daniel Plata Guillen) 콜롬비아 1990.11.08

대회	연도	소속	출전	교체	득점	도움	파울	경고	퇴장
K1	2013	대전	21	7	1	1	56	4	0
합계			21	7	1	1	56	4	0
프로통산			21	7	1	1	56	4	0

피델 (Fidel Rocha dos Santos) 브라질 1993.07.06

대회	연도	소속	출전	교체	득점	도움	파울	경고	퇴장
K2	2018	안산	7	6	0	1	4	0	0
합계			7	6	0	1	4	0	0
프로통산			7	6	0	1	4	0	0

피아퐁 (Piyapong Pue-on) 태국 1959.11.14

대회	연도	소속	출전	교체	득점	도움	파울	경고	퇴장
BC	1984	럭키금성	5	1	4	0	0	0	0
	1985	럭키금성	21	4	12	6	10	1	0
	1986	럭키금성	17	4	2	0	7	0	0
합계			43	9	18	6	17	1	1
프로통산			43	9	18	6	17	1	1

피터 (Peter Makrillos) 오스트레일리아 1995.09.04

대회	연도	소속	출전	교체	득점	도움	파울	경고	퇴장
K2	2023	충북청주	32	20	7	1	52	9	0
합계			32	20	7	1	52	9	0
프로통산			32	20	7	1	52	9	0

피투 (Miguel Sebastian Garcia) 아르헨티나 1984.01.27

대회	연도	소속	출전	교체	득점	도움	파울	경고	퇴장
K1	2016	성남	33	20	3	7	18	3	0
합계			33	20	3	7	18	3	0
승	2016	성남	1	1	0	0	0	0	0
프로통산			34	21	3	7	18	3	0

필립 (Filip Hlohovsky) 슬로바키아 1988.06.13

대회	연도	소속	출전	교체	득점	도움	파울	경고	퇴장
K2	2017	성남	16	10	4	0	25	3	0
	2018	대전	3	3	0	0	4	0	0
합계			19	13	4	0	29	3	0
프로통산			19	13	4	0	29	3	0

필립 (Filip Filipov) 불가리아 1971.01.31

대회	연도	소속	출전	교체	득점	도움	파울	경고	퇴장
BC	1992	유공	6	0	0	0	13	1	0
	1993	유공	7	3	0	0	7	0	0
	1998	부천SK	26	12	0	0	52	7	0
	1999	부천SK	11	5	0	0	7	2	0
합계			50	20	0	0	79	12	0
프로통산			50	20	0	0	79	12	0

핑구 (Erison Carlos dos Santos Silva) 브라질 1980.05.22

대회	연도	소속	출전	교체	득점	도움	파울	경고	퇴장
BC	2008	부산	24	13	0	0	19	1	0
합계			24	13	0	0	19	1	0
프로통산			24	13	0	0	19	1	0

핑팡 (Rodrigo Pimpão Vianna) 브라질 1987.10.23

대회	연도	소속	출전	교체	득점	도움	파울	경고	퇴장
K1	2013	수원	1	1	0	0	1	0	0
합계			1	1	0	0	1	0	0
프로통산			1	1	0	0	1	0	0

하강진 (河康鎭) 숭실대 1989.01.30

대회	연도	소속	출전	교체	실점	도움	파울	경고	퇴장
BC	2010	수원	14	0	18	0	1	1	0
	2011	성남일화	30	0	43	0	0	2	0
	2012	성남일화	23	0	35	0	0	0	0
합계			67	0	96	0	1	3	0
K1	2013	경남	7	0	14	0	0	0	0
합계			7	0	14	0	0	0	0
K2	2014	부천	13	0	18	0	0	1	0
	2016	경남	8	0	15	0	1	1	0
합계			21	0	33	0	1	2	0
프로통산			95	0	143	0	2	5	0

하광운 (河光云) 단국대 1972.03.21

대회	연도	소속	출전	교체	득점	도움	파울	경고	퇴장
BC	1995	전남	0	0	0	0	0	0	0
합계			0	0	0	0	0	0	0
프로통산			0	0	0	0	0	0	0

하금진 (河今鎭) 홍익대 1974.08.16

대회	연도	소속	출전	교체	득점	도움	파울	경고	퇴장
BC	1997	대전	26	3	1	0	52	5	0
	1998	대전	13	5	0	0	23	1	0
합계			39	8	1	0	75	6	0
프로통산			39	8	1	0	75	6	0

하기윤 (河基允) 금호고 1982.03.10

대회	연도	소속	출전	교체	득점	도움	파울	경고	퇴장
BC	2002	부천SK	0	0	0	0	0	0	0
	2003	광주상무	0	0	0	0	0	0	0
합계			0	0	0	0	0	0	0
프로통산			0	0	0	0	0	0	0

하남 (河男) 남부대 1998.12.07

대회	연도	소속	출전	교체	득점	도움	파울	경고	퇴장
K2	2020	안양	2	2	0	0	0	0	0
	2021	안양	16	15	3	0	17	2	0
	2022	경남	19	18	4	2	31	1	0
	2023	전남	31	26	5	3	70	5	0
합계			68	61	12	5	118	8	0
프로통산			68	61	12	5	118	8	0

하대성 (河大成) 부평고 1985.03.02

대회	연도	소속	출전	교체	득점	도움	파울	경고	퇴장
BC	2004	울산	0	0	0	0	0	0	0
	2005	울산	0	0	0	0	0	0	0
	2006	대구	10	5	0	0	35	5	0
	2007	대구	25	10	2	2	52	3	0
	2008	대구	31	12	5	2	44	3	0
	2009	전북	30	22	2	2	45	7	1
	2010	서울	33	8	8	3	58	10	0
	2011	서울	18	9	6	2	49	6	0
	2012	서울	39	13	5	7	51	5	0
합계			196	86	28	18	313	38	1
K1	2013	서울	29	4	3	2	50	6	0
	2017	서울	7	7	0	0	3	0	0
	2018	서울	25	7	1	1	29	1	0
	2019	서울	5	3	0	0	3	0	0
합계			46	17	4	2	79	6	0
승	2018	서울	2	1	0	0	4	0	0
합계			2	1	0	0	4	0	0
프로통산			244	104	32	21	392	47	1

하리 (Harry German Castilo Vallejo) 콜롬비아 1974.05.14

대회	연도	소속	출전	교체	득점	도움	파울	경고	퇴장
BC	2000	수원	5	4	1	0	7	0	0
	2000	부산	10	8	1	0	8	0	0
	2001	부산	34	3	5	7	52	3	0
	2002	부산	23	3	5	5	32	3	0
	2003	부산	27	11	4	2	51	9	0
	2004	성남일화	8	6	0	0	10	0	0
	2006	경남	28	18	1	4	54	4	0
합계			135	53	17	18	211	19	3
프로통산			135	53	17	18	211	19	3

하리스 (Haris Harba) 보스니아 헤르체고비나 1988.07.14

대회	연도	소속	출전	교체	득점	도움	파울	경고	퇴장
K2	2017	부천	2	2	0	0	2	0	0
합계			2	2	0	0	2	0	0
프로통산			2	2	0	0	2	0	0

하마드 (Jiloan Mohamed Hamad) 스웨덴 1990.11.06

대회	연도	소속	출전	교체	득점	도움	파울	경고	퇴장
K1	2019	인천	11	7	1	2	8	1	0
합계			11	7	1	2	8	1	0
프로통산			11	7	1	2	8	1	0

하마조치 (Rafael Ramazotti de Quadros) 브라질 1988.08.09

대회	연도	소속	출전	교체	득점	도움	파울	경고	퇴장
K2	2019	대전	10	5	3	1	15	3	0
합계			10	5	3	1	15	3	0
프로통산			10	5	3	1	15	3	0

하명래 (河明來) 경희고 1999.05.05

대회	연도	소속	출전	교체	실점	도움	파울	경고	퇴장
K1	2020	대구	0	0	0	0	0	0	0
합계			0	0	0	0	0	0	0
프로통산			0	0	0	0	0	0	0

하명훈 (河明勳) 명지대 1971.05.18

대회	연도	소속	출전	교체	득점	도움	파울	경고	퇴장
BC	1994	LG	1	1	0	0	0	0	0
	1995	LG	5	5	0	0	1	0	0
합계			6	6	0	0	1	0	0
프로통산			6	6	0	0	1	0	0

하모스 (Gabriel Ramos da Penha) 브라질 1996.03.20

대회	연도	소속	출전	교체	득점	도움	파울	경고	퇴장
K2	2023	부천	20	19	2	3	16	1	0
합계			20	19	2	3	16	1	0
프로통산			20	19	2	3	16	1	0

하밀 (Brendan Hamill) 오스트레일리아 1992.09.18

대회	연도	소속	출전	교체	득점	도움	파울	경고	퇴장
BC	2012	성남일화	8	8	1	0	9	2	0
합계			8	8	1	0	9	2	0
프로통산			8	8	1	0	9	2	0

하상수 (河相秀) 아주대 1973.07.25

대회	연도	소속	출전	교체	득점	도움	파울	경고	퇴장
BC	1996	부산	6	3	0	1	7	0	0
합계			6	3	0	1	7	0	0
프로통산			6	3	0	1	7	0	0

하석주 (河錫舟) 아주대 1968.02.20

대회	연도	소속	출전	교체	득점	도움	파울	경고	퇴장
BC	1990	대우	24	12	4	3	36	0	0
	1991	대우	34	10	7	5	36	1	0
	1992	대우	29	6	2	5	40	3	0
	1993	대우	11	3	0	0	14	3	0
	1994	대우	16	3	4	3	16	2	0
	1995	대우	34	2	7	3	40	4	0
	1996	부산	26	5	11	4	46	4	0
	1997	부산	13	6	4	0	18	3	0
	2001	포항	31	0	3	2	46	4	0
	2002	포항	34	3	0	3	60	4	0
	2003	포항	6	6	0	0	6	0	0
합계			258	56	45	25	347	25	0
프로통산			258	56	45	25	347	25	0

하성룡 (河成龍) 금호고 1982.02.03

대회	연도	소속	출전	교체	득점	도움	파울	경고	퇴장
BC	2002	전남	3	3	0	0	2	0	0

대회	연도	소속	출전	교체	득점	도움	파울	경고	퇴장
	2003	전남	2	2	0	0	2	0	0
	합계		5	5	0	0	4	0	0
프로통산			5	5	0	0	4	0	0

하성민 (河成敏) 부평고 1987.06.13

대회	연도	소속	출전	교체	득점	도움	파울	경고	퇴장
BC	2008	전북	10	6	0	1	19	1	0
	2009	전북	0	0	0	0	0	0	0
	2010	부산	1	1	0	0	1	0	0
	2011	전북	1	0	0	0	2	1	0
	2012	상주	26	7	0	2	47	9	0
	합계		38	14	0	3	69	11	0
K1	2013	전북	1	1	0	0	2	0	0
	2014	울산	17	5	0	1	35	5	0
	2015	울산	28	9	0	0	39	8	0
	2018	경남	14	6	0	0	34	5	1
	2019	경남	21	12	0	0	36	4	0
	합계		115	56	2	1	170	25	1
K2	2013	상주	13	6	0	2	22	2	0
	2020	경남	9	4	0	0	10	1	0
	합계		22	10	0	2	32	3	0
승	2019	경남	0	0	0	0	0	0	0
프로통산			175	80	2	6	271	38	2

하성용 (河誠容) 광운대 1976.10.05

대회	연도	소속	출전	교체	득점	도움	파울	경고	퇴장
BC	2000	울산	20	2	1	0	37	2	0
	2001	울산	3	0	0	0	1	0	0
	2002	울산	9	4	0	0	14	0	0
	2003	울산	5	5	0	0	5	0	0
	합계		37	11	1	0	57	2	0
프로통산			37	11	1	0	57	2	0

하성준 (河成俊) 중대부고 1963.08.15

대회	연도	소속	출전	교체	득점	도움	파울	경고	퇴장
BC	1989	일화	28	14	1	2	35	3	0
	1990	일화	17	6	1	0	19	0	0
	1991	일화	38	6	1	2	61	0	0
	1992	일화	23	2	1	2	63	3	0
	1993	일화	25	7	1	0	22	2	0
	1994	일화	31	2	1	1	31	2	0
	1995	일화	29	5	1	1	39	4	0
	1996	천안일화	27	5	0	0	24	2	0
	합계		233	48	7	8	294	19	0
프로통산			233	48	7	8	294	19	0

하승운 (河勝云) 연세대 1998.05.04

대회	연도	소속	출전	교체	득점	도움	파울	경고	퇴장
K1	2019	포항	15	15	0	1	12	1	0
	2023	광주	18	18	2	1	8	0	0
	합계		33	33	2	2	20	1	0
K2	2020	전남	23	17	2	0	17	2	0
	2021	안양	13	8	0	0	6	0	0
	2022	광주	30	29	2	4	43	6	0
	합계		67	58	4	4	43	6	0
프로통산			100	91	6	6	63	8	0

하용우 (河龍雨) 경희대 1977.04.30

대회	연도	소속	출전	교체	득점	도움	파울	경고	퇴장
BC	2000	포항	10	7	0	0	10	2	0
	합계		10	7	0	0	10	2	0
프로통산			10	7	0	0	10	2	0

하은철 (河恩哲) 성균관대 1975.06.23

대회	연도	소속	출전	교체	득점	도움	파울	경고	퇴장
BC	1998	전북	21	16	7	2	28	3	0
	1999	전북	32	31	10	0	23	0	0
	2000	울산	23	12	5	1	29	2	0
	2001	울산	3	3	0	0	1	0	0
	2001	전북	3	3	0	0	0	0	0
	2003	대구	12	12	3	0	10	0	0
	2004	대구	7	6	1	0	8	0	0
	합계		100	82	26	3	99	3	0
프로통산			100	82	26	3	99	3	0

하인호 (河仁鎬) 인천대 1989.10.10

대회	연도	소속	출전	교체	득점	도움	파울	경고	퇴장
BC	2012	경남	0	0	0	0	0	0	0
	합계		0	0	0	0	0	0	0
K2	2015	고양	26	3	1	1	45	4	0
	2016	안산무궁	3	1	0	0	3	1	0
	2017	아산	1	1	0	0	1	0	0
	합계		30	5	1	1	49	5	0
프로통산			30	5	1	1	49	5	0

하재훈 (河在勳) 조선대 1965.08.15

대회	연도	소속	출전	교체	득점	도움	파울	경고	퇴장
BC	1987	유공	3	0	0	1	18	2	0
	1988	유공	15	1	0	3	27	1	0
	1989	유공	23	3	0	1	40	1	0
	1990	유공	18	10	3	1	42	0	0
	1991	유공	25	8	1	1	41	2	0
	1992	유공	21	13	0	1	37	3	0
	1993	유공	21	11	1	3	13	3	0
	1994	유공	6	5	0	0	3	0	0
	합계		139	71	5	11	146	12	0
프로통산			139	71	5	11	146	12	0

하재훈 (河在勳) 동국대 1984.10.03

대회	연도	소속	출전	교체	득점	도움	파울	경고	퇴장
BC	2009	강원	18	1	0	1	8	2	0
	2010	강원	11	2	0	1	6	0	0
	합계		29	3	0	2	14	2	0
프로통산			29	3	0	2	14	2	0

하정헌 (河延憲) 우석대 1987.10.14

대회	연도	소속	출전	교체	득점	도움	파울	경고	퇴장
BC	2010	강원	17	12	2	1	27	2	0
	2011	강원	5	5	0	0	6	1	0
	합계		22	17	2	1	33	3	0
K2	2013	수원FC	16	16	4	0	32	7	0
	2014	수원FC	14	14	2	0	13	3	0
	2015	안산경찰	13	9	2	0	22	3	0
	2016	안산무궁	6	7	0	1	11	5	0
	합계		49	46	8	1	78	18	0
프로통산			71	63	11	2	111	21	0

하준호 (河峻鎬) 충북대 1998.07.18

대회	연도	소속	출전	교체	득점	도움	파울	경고	퇴장
K2	2019	안산	0	0	0	0	0	0	0
프로통산			0	0	0	0	0	0	0

하쩡요 (Luciano Ferreira Gabriel: Luciano Ratinho) 브라질 1979.10.18

대회	연도	소속	출전	교체	득점	도움	파울	경고	퇴장
BC	2005	대전	22	22	2	4	41	1	1
	합계		22	22	2	4	41	1	1
프로통산			22	22	2	4	41	1	1

하창래 (河昌來) 중앙대 1994.10.16

대회	연도	소속	출전	교체	득점	도움	파울	경고	퇴장
K1	2017	인천	20	1	0	0	28	8	0
	2018	포항	28	5	1	0	32	5	0
	2019	포항	31	0	1	0	40	11	0
	2020	포항	11	1	0	0	14	4	0
	2021	포항	24	7	2	0	13	5	0
	2022	김천	12	8	0	0	16	3	0
	2022	포항	1	0	0	0	2	3	0
	2023	포항	29	3	2	0	31	6	2
	합계		156	16	7	0	196	45	2
K2	2021	김천	8	2	0	0	15	0	0
	합계		8	2	0	0	15	0	0
프로통산			164	18	7	0	211	45	2

하칭요 (Jurani Francisco Ferreira) 브라질 1996.10.01

대회	연도	소속	출전	교체	득점	도움	파울	경고	퇴장
K2	2019	광주	8	6	2	0	11	0	0
	합계		8	6	2	0	11	0	0
프로통산			8	6	2	0	11	0	0

하태균 (河太均) 단국대 1987.11.02

대회	연도	소속	출전	교체	득점	도움	파울	경고	퇴장
BC	2007	수원	18	13	5	1	33	1	0
	2008	수원	6	6	0	0	9	4	0
	2009	수원	12	11	2	1	21	1	0
	2010	수원	15	15	0	0	7	2	0
	2011	수원	19	18	0	1	19	3	1
	2012	수원	31	29	11	0	41	3	0
	합계		101	90	18	3	130	10	1
K1	2014	상주	11	6	4	0	7	1	0
	2014	울산	3	3	0	0	3	1	0
	2018	전남	8	6	0	1	17	1	0
	합계		22	15	4	1	27	3	0
K2	2013	상주	19	14	4	0	33	2	0
	합계		19	14	4	0	33	2	0
승	2013	상주	1	1	0	0	0	0	0
프로통산			143	120	30	7	190	15	1

하파실바 (Rafael da Silva) 브라질 1992.04.04

대회	연도	소속	출전	교체	득점	도움	파울	경고	퇴장
K1	2023	전북	25	22	3	1	21	5	0
	합계		25	22	3	1	21	5	0
프로통산			25	22	3	1	21	5	0

하파엘 (Raphael Schorr Utzig) 브라질 1996.08.08

대회	연도	소속	출전	교체	득점	도움	파울	경고	퇴장
K2	2023	충남아산	16	17	1	1	7	1	0
	합계		16	17	1	1	7	1	0
프로통산			16	17	1	1	7	1	0

하파엘 (Rafael Costa dos Santos) 브라질 1987.08.23

대회	연도	소속	출전	교체	득점	도움	파울	경고	퇴장
K1	2014	서울	9	9	0	0	9	3	0
	합계		9	9	0	0	9	3	0
프로통산			9	9	0	0	9	3	0

하파엘 (Raphael Assis Martins Xavier) 브라질 1992.03.28

대회	연도	소속	출전	교체	득점	도움	파울	경고	퇴장
K2	2014	충주	2	1	0	0	0	0	0
	합계		2	1	0	0	0	0	0
프로통산			2	1	0	0	0	0	0

하파엘 (Rafael Rogerio da Silva) 브라질 1995.11.30

대회	연도	소속	출전	교체	득점	도움	파울	경고	퇴장
K2	2016	충주	17	15	5	2	13	2	0
	합계		17	15	5	2	13	2	0
프로통산			17	15	5	2	13	2	0

하피냐 (Rafael dos Santos de Oliveira) 브라질 1987.06.30

대회	연도	소속	출전	교체	득점	도움	파울	경고	퇴장
BC	2012	울산	17	13	6	2	23	2	0
	합계		17	13	6	2	23	2	0
K1	2013	울산	24	8	11	4	45	3	0
	2014	울산	12	8	1	1	23	2	0
	합계		36	16	12	5	68	5	0
프로통산			53	29	18	7	88	5	0

하피냐 (Rafael Lima Pereira) 브라질 1993.04.01

대회	연도	소속	출전	교체	득점	도움	파울	경고	퇴장
K1	2015	대전	7	8	0	0	3	0	0
	합계		7	8	0	0	3	0	0
프로통산			7	8	0	0	3	0	0

한건용(韓健鏞) 동의대 1991.06.28

대회	연도	소속	출전	교체	득점	도움	파울	경고	퇴장
K2	2017	안산	24	13	3	2	23	3	0
	2018	안산	4	3	0	0	1	0	0
	합계		28	16	3	2	24	3	0
프로통산			28	16	3	2	24	3	0

한경인(韓京仁) 명지대 1987.05.28

대회	연도	소속	출전	교체	득점	도움	파울	경고	퇴장
BC	2011	경남	23	19	2	0	13	0	0
	2012	대전	12	11	1	0	5	0	0
	합계		35	30	3	0	18	1	0
K1	2013	대전	9	8	0	0	4	2	0
	2014	상주	6	6	0	0	4	2	0
	합계		15	14	2	0	11	3	0
K2	2015	상주	1	1	0	0	0	0	0
	합계		1	1	0	0	0	0	0
프로통산			51	45	5	0	29	4	0

한교원(韓敎元) 조선이공대 1990.06.15

대회	연도	소속	출전	교체	득점	도움	파울	경고	퇴장
BC	2011	인천	29	22	3	2	40	2	0
	2012	인천	28	10	6	2	52	6	0
	합계		57	32	9	4	92	6	0
K1	2013	인천	36	14	6	2	64	8	0
	2014	전북	32	20	11	3	44	1	0
	2015	전북	26	16	1	4	15	3	1
	2016	전북	19	8	4	0	24	5	0
	2017	전북	12	8	1	1	18	1	0
	2018	전북	23	13	7	6	19	3	0
	2019	전북	14	12	0	2	2	0	0
	2020	전북	24	10	11	4	30	1	0
	2021	전북	29	25	9	2	21	0	0
	2022	전북	20	17	5	0	10	0	0
	합계		235	143	55	24	248	22	1
프로통산			292	175	64	28	340	28	1

한국영(韓國榮) 숭실대 1990.04.19

대회	연도	소속	출전	교체	득점	도움	파울	경고	퇴장
K1	2017	강원	18	4	2	0	23	6	0
	2019	강원	38	0	1	4	45	3	0
	2020	강원	22	2	1	2	27	2	0
	2021	강원	31	5	1	0	38	4	0
	2022	강원	6	6	0	0	3	0	0
	2023	강원	35	12	1	2	35	3	0
	합계		150	29	6	8	171	18	0
승	2021	강원	2	1	0	0	3	0	0
	2023	강원	1	1	0	0	1	0	0
	합계		3	2	1	0	4	0	0
프로통산			153	31	7	8	175	18	0

한규진 강서대 2001.11.10

대회	연도	소속	출전	교체	득점	도움	파울	경고	퇴장
K2	2023	천안	0	0	0	0	0	0	0
	합계		0	0	0	0	0	0	0
프로통산			0	0	0	0	0	0	0

한그루(韓그루) 단국대 1988.04.29

대회	연도	소속	출전	교체	득점	도움	파울	경고	퇴장
BC	2011	성남일화	4	4	0	0	1	1	0
	2012	대전	9	8	0	0	11	1	0
	합계		13	12	0	0	12	2	0
K1	2013	대전	5	5	0	0	4	0	0
	합계		5	5	0	0	4	0	0
프로통산			18	17	0	0	16	2	0

한길동(韓吉童) 서울대 1963.01.15

대회	연도	소속	출전	교체	득점	도움	파울	경고	퇴장
BC	1986	럭키금성	20	6	0	1	16	0	0
	1987	럭키금성	16	5	0	3	12	0	0
	합계		36	11	0	4	28	0	0
프로통산			36	11	0	4	28	0	0

한덕희(韓德熙) 아주대 1987.02.20

대회	연도	소속	출전	교체	득점	도움	파울	경고	퇴장
BC	2011	대전	16	6	1	2	26	3	0
	2012	대전	14	12	0	0	22	4	0
	합계		30	18	1	2	48	7	0
K1	2013	대전	18	9	1	0	31	2	0
	2015	대전	6	4	0	0	6	1	0
	합계		24	16	1	0	37	3	0
K2	2014	안산경찰	8	7	0	0	5	2	0
	2015	안산경찰	23	10	0	0	36	4	0
	합계		31	17	0	0	41	6	0
프로통산			85	51	1	3	126	16	0

한동원(韓東元) 남수원중 1986.04.06

대회	연도	소속	출전	교체	득점	도움	파울	경고	퇴장
BC	2002	안양LG	1	1	0	0	0	0	0
	2003	안양LG	4	4	0	0	3	1	0
	2004	서울	4	3	0	0	2	0	0
	2005	서울	3	3	0	0	1	0	0
	2006	서울	21	13	5	0	13	0	0
	2007	성남일화	15	15	1	0	7	0	0
	2008	성남일화	26	23	6	1	27	2	0
	2009	성남일화	26	24	7	1	14	2	0
	2011	대구	10	7	0	0	8	1	0
	2012	강원	7	7	1	0	3	0	0
	합계		121	106	20	3	84	8	0
K1	2013	강원	8	8	0	0	4	0	0
	합계		8	8	0	0	4	0	0
K2	2013	안양	2	2	0	0	0	0	0
	합계		2	2	0	0	0	0	0
프로통산			131	116	20	3	88	8	0

한동진(韓動鎭) 상지대 1979.08.25

대회	연도	소속	출전	교체	실점	도움	파울	경고	퇴장
BC	2002	부천SK	9	0	15	0	0	2	0
	2003	부천SK	31	1	45	0	3	1	0
	2004	부천SK	0	0	0	0	0	0	0
	2005	광주상무	0	0	0	0	0	0	0
	2006	광주상무	15	1	18	0	0	1	0
	2007	제주	6	0	8	0	1	0	0
	2008	제주	12	3	10	0	0	0	0
	2009	제주	14	1	11	0	0	1	0
	2010	제주	1	0	0	0	0	0	0
	2011	제주	1	0	0	0	0	0	0
	2012	제주	30	0	37	0	2	1	1
	합계		122	7	155	0	6	5	1
K1	2013	제주	0	0	0	0	0	0	0
	합계		0	0	0	0	0	0	0
프로통산			122	7	155	0	6	5	1

한문배(韓文培) 한양대 1954.03.22

대회	연도	소속	출전	교체	득점	도움	파울	경고	퇴장
BC	1984	럭키금성	27	4	6	2	25	2	0
	1985	럭키금성	21	3	0	3	19	1	0
	1986	럭키금성	27	5	1	0	37	3	0
	합계		75	12	7	4	81	6	0
프로통산			75	12	7	4	81	6	0

한병용(韓炳容) 건국대 1983.11.27

대회	연도	소속	출전	교체	득점	도움	파울	경고	퇴장
BC	2006	수원	12	7	0	0	15	1	0
	2007	수원	2	2	0	0	1	0	0
	합계		14	9	0	0	16	1	0
프로통산			14	9	0	0	16	1	0

한봉현(韓鳳顯) 학성고 1981.12.04

대회	연도	소속	출전	교체	득점	도움	파울	경고	퇴장
BC	2000	울산	1	1	0	0	0	0	0
	2001	울산	2	2	0	0	0	0	0
	2003	광주상무	1	1	0	0	2	0	0
	합계		3	3	0	0	2	0	0
프로통산			3	3	0	0	2	0	0

한빛(韓빛) 건국대 1992.03.17

대회	연도	소속	출전	교체	득점	도움	파울	경고	퇴장
K2	2014	고양	16	15	1	0	16	2	0
	합계		16	15	1	0	16	2	0
프로통산			16	15	1	0	16	2	0

한상건(韓相健) 영등포공고 1975.01.22

대회	연도	소속	출전	교체	득점	도움	파울	경고	퇴장
BC	1994	포항제철	1	1	0	0	0	0	0
	합계		1	1	0	0	0	0	0
프로통산			1	1	0	0	0	0	0

한상구(韓相九) 충남대 1976.08.15

대회	연도	소속	출전	교체	득점	도움	파울	경고	퇴장
BC	1999	안양LG	11	8	0	0	14	2	0
	2000	안양LG	29	4	0	0	30	2	0
	2001	안양LG	4	2	0	0	3	0	0
	2003	광주상무	40	8	3	3	31	4	0
	2004	서울	13	8	0	1	17	2	0
	합계		97	30	3	4	95	12	0
프로통산			97	30	3	4	95	12	0

한상민(韓相旻) 천안농고 1985.03.10

대회	연도	소속	출전	교체	득점	도움	파울	경고	퇴장
BC	2009	울산	9	9	0	0	6	1	0
	합계		9	9	0	0	6	1	0
프로통산			9	9	0	0	6	1	0

한상수(韓尙洙) 충북대 1977.02.27

대회	연도	소속	출전	교체	득점	도움	파울	경고	퇴장
BC	1999	부산	9	7	0	0	0	0	0
	2000	부산	0	0	0	0	0	0	0
	합계		9	7	0	0	0	0	0
프로통산			9	7	0	0	0	0	0

한상열(韓相烈) 고려대 1972.09.24

대회	연도	소속	출전	교체	득점	도움	파울	경고	퇴장
BC	1997	수원	23	17	3	1	22	0	1
	1998	수원	6	6	0	0	7	2	0
	1999	수원	0	0	0	0	0	0	0
	합계		29	23	3	1	29	2	1
프로통산			29	23	3	1	29	2	1

한상운(韓相云) 단국대 1986.05.03

대회	연도	소속	출전	교체	득점	도움	파울	경고	퇴장
BC	2009	부산	31	23	5	3	32	4	0
	2010	부산	31	14	8	4	34	2	0
	2011	부산	32	14	9	8	34	2	0
	2012	성남일화	16	11	1	1	12	1	0
	합계		110	60	19	19	111	8	0
K1	2013	울산	34	21	8	8	36	3	0
	2014	울산	12	5	2	1	7	0	0
	2014	상주	14	4	3	1	13	0	0
	2016	울산	22	14	1	2	20	3	0
	2017	울산	18	14	1	1	14	2	0
	합계		103	59	12	19	89	9	0
K2	2015	상주	29	19	6	7	21	3	0
	2018	수원FC	11	8	0	0	4	0	0
	2019	부산	5	4	1	0	5	0	0
	합계		45	31	7	6	30	3	0
프로통산			258	150	39	44	230	20	0

한상진(韓相振) 세종대 1995.08.01

대회	연도	소속	출전	교체	실점	도움	파울	경고	퇴장
K2	2016	부천	0	0	0	0	0	0	0
	2017	부천	0	0	0	0	0	0	0
	합계		0	0	0	0	0	0	0
프로통산			0	0	0	0	0	0	0

한상학(韓尙學) 숭실대 1990.07.16

대회	연도	소속	출전	교체	득점	도움	파울	경고	퇴장
K2	2014	충주	6	5	1	0	10	2	0
	합계		6	5	1	0	10	2	0
프로통산			6	5	1	0	10	2	0

한상혁(韓祥赫) 배재대 1991.11.19

대회	연도	소속	출전	교체	실점	도움	파울	경고	퇴장

한○○ (continued)

대회	연도	소속	출전	교체	득점	도움	파울	경고	퇴장
K1	2015	대전	0	0	0	0	0	0	0
	합계		0	0	0	0	0	0	0
K2	2014	대전	0	0	0	0	0	0	0
	합계		0	0	0	0	0	0	0
프로통산			0	0	0	0	0	0	0

한상현(韓相晛) 성균관대 1991.08.25

대회	연도	소속	출전	교체	득점	도움	파울	경고	퇴장
K1	2015	성남	0	0	0	0	0	0	0
	합계		0	0	0	0	0	0	0
K2	2014	부천	1	1	0	0	0	0	0
	합계		1	1	0	0	0	0	0
프로통산			1	1	0	0	0	0	0

한석종(韓石種) 숭실대 1992.07.19

대회	연도	소속	출전	교체	득점	도움	파울	경고	퇴장
K1	2017	인천	32	1	3	1	46	5	1
	2018	인천	31	9	1	1	34	2	0
	2019	상주	14	5	0	0	19	1	0
	2020	상주	14	3	0	0	21	2	0
	2020	수원	10	1	0	1	12	2	0
	2021	수원	29	15	1	1	37	5	0
	2022	수원	20	15	0	0	31	1	0
	2023	수원	3	3	0	0	5	1	0
	합계		156	51	5	3	194	20	1
K2	2014	강원	21	10	1	0	33	3	0
	2015	강원	25	12	4	1	34	7	0
	2016	강원	36	10	1	3	40	10	0
	합계		82	32	5	5	99	19	0
승	2016	강원	2	1	1	0	4	0	0
	합계		2	1	1	0	4	0	0
프로통산			240	84	11	8	297	39	1

한석희(韓碩熙) 호남대 1996.05.16

대회	연도	소속	출전	교체	득점	도움	파울	경고	퇴장
K1	2019	수원	11	11	4	0	9	1	0
	2020	수원	14	11	0	0	16	2	0
	2021	수원	0	0	0	0	0	0	0
	2022	수원	2	3	0	0	0	0	0
	합계		27	25	4	0	25	3	0
K2	2022	전남	3	3	0	0	2	0	0
	2023	천안	8	9	0	0	4	2	0
	합계		11	12	0	0	6	2	0
프로통산			38	37	4	0	31	5	0

한설(韓雪) 동의대 1983.07.15

대회	연도	소속	출전	교체	득점	도움	파울	경고	퇴장
BC	2006	부산	7	7	0	0	6	1	0
	2008	광주상무	1	1	0	0	0	0	0
	합계		8	8	0	0	6	1	0
프로통산			8	8	0	0	6	1	0

한성규(韓成圭) 광운대 1993.01.27

대회	연도	소속	출전	교체	득점	도움	파울	경고	퇴장
K1	2015	수원	0	0	0	0	0	0	0
	합계		0	0	0	0	0	0	0
K2	2016	부천	2	2	0	0	0	0	0
	합계		2	2	0	0	0	0	0
프로통산			2	2	0	0	0	0	0

한승규(韓承規) 연세대 1996.09.28

대회	연도	소속	출전	교체	득점	도움	파울	경고	퇴장
K1	2017	울산	9	8	1	1	9	2	0
	2018	울산	31	28	5	7	24	4	0
	2019	전북	19	16	2	0	13	3	0
	2020	서울	22	10	3	2	25	1	0
	2021	수원FC	26	23	2	3	17	2	0
	2022	전북	1	1	0	0	2	0	0
	2022	서울	10	9	1	0	3	1	0
	2023	서울	17	17	1	0	10	1	0
	합계		135	112	15	13	103	14	0
프로통산			135	112	15	13	103	14	0

한승엽(韓承燁) 경기대 1990.11.04

대회	연도	소속	출전	교체	득점	도움	파울	경고	퇴장
K1	2013	대구	26	22	3	1	43	4	0
	합계		26	22	3	1	43	4	0
K2	2014	대구	8	8	0	0	13	0	0
	2017	대전	3	2	0	0	0	0	0
	합계		11	10	0	0	16	0	0
프로통산			37	32	3	1	59	4	0

한승욱(韓承旭) 아주대 1995.08.24

대회	연도	소속	출전	교체	득점	도움	파울	경고	퇴장
K1	2018	전남	3	1	0	0	4	0	0
	합계		3	1	0	0	4	0	0
K2	2019	전남	8	8	0	0	4	0	0
	합계		8	8	0	0	4	0	0
프로통산			11	9	0	0	8	0	0

한연수(韓練洙) 동국대 1966.11.17

대회	연도	소속	출전	교체	득점	도움	파울	경고	퇴장
BC	1989	일화	6	4	0	0	7	1	0
	합계		6	4	0	0	7	1	0
프로통산			6	4	0	0	7	1	0

한연철(韓煉哲) 고려대 1972.03.30

대회	연도	소속	출전	교체	득점	도움	파울	경고	퇴장
BC	1997	울산	2	2	0	0	3	0	0
	합계		2	2	0	0	3	0	0
프로통산			2	2	0	0	3	0	0

한영구(韓英九) 호남대 1987.11.16

대회	연도	소속	출전	교체	득점	도움	파울	경고	퇴장
K2	2013	고양	11	5	0	0	6	0	0
	합계		11	5	0	0	6	0	0
프로통산			11	5	0	0	6	0	0

한영국(韓榮國) 국민대 1964.11.26

대회	연도	소속	출전	교체	득점	도움	파울	경고	퇴장
BC	1993	현대	6	0	0	0	4	0	0
	1994	현대	8	1	0	0	6	2	0
	합계		14	1	0	0	10	2	0
프로통산			14	1	0	0	10	2	0

한영수(韓英洙) 전북대 1960.08.14

대회	연도	소속	출전	교체	득점	도움	파울	경고	퇴장
BC	1985	유공	19	3	4	1	19	0	0
	1986	유공	10	6	0	0	4	0	0
	1987	유공	3	3	1	0	1	0	0
	합계		32	12	5	1	24	0	0
프로통산			32	12	5	1	24	0	0

한용수(韓龍洙) 한양대 1990.05.05

대회	연도	소속	출전	교체	득점	도움	파울	경고	퇴장
BC	2012	제주	23	6	0	1	33	4	0
	합계		23	6	0	1	33	4	0
K1	2018	강원	12	0	0	0	18	3	0
	2019	강원	2	1	0	0	4	0	0
	합계		14	1	0	0	22	3	0
K2	2021	충남아산	35	1	3	0	31	6	0
	2022	서울E	22	6	0	0	14	2	0
	2023	서울E	4	4	1	0	1	0	0
	합계		61	11	4	0	46	8	0
프로통산			98	18	4	1	101	15	0

한유성(韓侑成) 경희대 1991.06.09

대회	연도	소속	출전	교체	실점	도움	파울	경고	퇴장
K1	2014	전남	0	0	0	0	0	0	0
	2015	전남	1	0	1	0	0	0	1
	2016	전남	3	1	6	0	0	0	0
	합계		4	1	6	0	0	0	1

한의권(韓義權) 관동대(가톨릭관동대) 1994.06.30

대회	연도	소속	출전	교체	득점	도움	파울	경고	퇴장
K1	2014	경남	11	11	0	1	11	0	0
	2015	대전	18	6	3	1	41	4	0
	2018	수원	22	17	1	1	23	2	0
	2019	수원	29	19	3	1	40	3	0
	2020	수원	6	6	0	0	4	1	0
	합계		86	59	7	4	119	10	0
K2	2015	경남	10	6	1	1	13	3	0
	2016	대전	6	4	0	0	4	0	0
	2017	아산	19	13	7	0	35	4	0
	2018	아산	16	11	1	1	25	0	0
	2021	서울E	28	14	6	0	18	2	0
	합계		79	48	20	2	99	15	0
승	2014	경남	2	2	0	0	0	0	0
	합계		2	2	0	0	0	0	0
프로통산			167	109	27	6	218	25	0

한의혁(韓義赫) 열린사이버대 1995.01.23

대회	연도	소속	출전	교체	득점	도움	파울	경고	퇴장
K2	2017	안양	11	10	0	1	9	1	0
	합계		11	10	0	1	9	1	0
프로통산			11	10	0	1	9	1	0

한일구(韓壹九) 고려대 1987.02.18

대회	연도	소속	출전	교체	실점	도움	파울	경고	퇴장
BC	2010	서울	0	0	0	0	0	0	0
	2011	서울	2	0	4	0	0	0	0
	2012	서울	0	0	0	0	0	0	0
	합계		2	0	4	0	0	0	0
K1	2013	서울	0	0	0	0	0	0	0
	2014	서울	0	0	0	0	0	0	0
	합계		0	0	0	0	0	0	0
프로통산			2	0	4	0	0	0	0

한재만(韓載滿) 동국대 1989.03.20

대회	연도	소속	출전	교체	득점	도움	파울	경고	퇴장
BC	2010	제주	7	6	0	1	2	0	0
	2011	제주	1	1	0	0	0	0	0
	합계		8	7	0	1	2	0	0
프로통산			8	7	0	1	2	0	0

한재식(韓在植) 명지대 1968.03.17

대회	연도	소속	출전	교체	득점	도움	파울	경고	퇴장
BC	1990	포항제철	1	1	0	0	0	0	0
	합계		1	1	0	0	0	0	0
프로통산			1	1	0	0	0	0	0

한재웅(韓載雄) 부평고 1984.09.28

대회	연도	소속	출전	교체	득점	도움	파울	경고	퇴장
BC	2003	부산	1	1	0	0	0	0	0
	2004	부산	4	4	0	0	4	0	0
	2005	부산	13	11	2	0	9	2	0
	2007	부산	4	4	0	0	4	0	0
	2008	부산	2	2	0	0	1	0	0
	2008	대전	18	11	1	1	20	3	0
	2009	대전	19	15	3	1	22	2	0
	2010	대전	23	8	1	3	36	5	0
	2011	대전	24	11	2	1	33	6	0
	2012	전남	24	12	0	1	27	4	0
	합계		124	79	12	5	154	21	1
K1	2013	인천	1	1	0	0	0	0	0
	2014	울산	0	0	0	0	0	0	0
	2017	대구	9	9	0	0	2	0	0
	합계		10	10	0	0	2	0	0
K2	2014	대구	15	13	0	0	12	2	0
	합계		15	13	0	0	12	2	0
프로통산			149	102	12	6	170	23	1

한재훈(韓載訓) 천안제일고 2004.01.25

대회	연도	소속	출전	교체	득점	도움	파울	경고	퇴장
K2	2023	천안	4	4	0	0	2	1	0
	합계		4	4	0	0	2	1	0
프로통산			4	4	0	0	2	1	0

한정국(韓貞國) 한양대 1971.07.19

대회	연도	소속	출전	교체	득점	도움	파울	경고	퇴장
BC	1994	일화	25	15	1	1	34	4	0
	1995	일화	11	9	2	0	9	1	0
	1996	천안일화	34	21	1	3	31	3	0

대회	연도	소속	출전	교체	득점	도움	파울	경고	퇴장
	1999	천안일화	6	5	0	1	7	1	0
	1999	전남	14	13	2	1	15	1	0
	2000	전남	4	4	0	0	2	0	0
	2001	대전	15	13	1	3	24	2	0
	2002	대전	26	19	0	2	38	3	0
	2003	대전	28	17	3	1	55	2	1
	2004	대전	19	16	2	1	20	1	0
	합계		182	132	12	13	235	17	1
프로통산			182	132	12	13	235	17	1

한정우(韓鼎宇) 숭실대 1998.12.26

대회	연도	소속	출전	교체	득점	도움	파울	경고	퇴장
K2	2020	수원FC	18	17	1	2	7	1	0
	2022	김포	21	18	1	2	7	0	0
	합계		39	35	2	4	14	1	0
프로통산			39	35	2	4	14	1	0

한정화(韓延和) 안양공고 1982.10.31

대회	연도	소속	출전	교체	득점	도움	파울	경고	퇴장
BC	2001	안양LG	11	11	0	0	5	1	0
	2003	안양LG	7	9	0	0	9	1	0
	2004	광주상무	2	2	0	0	0	0	0
	2005	광주상무	1	1	0	0	0	0	0
	2007	부산	29	23	4	2	22	1	0
	2008	부산	26	14	2	1	36	1	0
	2009	대구	20	17	0	2	14	0	0
	합계		97	78	7	5	80	4	0
프로통산			97	78	7	5	80	4	0

한제광(韓濟光) 울산대 1985.03.18

대회	연도	소속	출전	교체	득점	도움	파울	경고	퇴장
BC	2006	전북	2	1	0	0	3	0	0
	합계		2	1	0	0	3	0	0
프로통산			2	1	0	0	3	0	0

한종무(韓宗武) 제주U18 2003.05.02

대회	연도	소속	출전	교체	득점	도움	파울	경고	퇴장
K1	2022	제주	14	14	1	0	7	0	0
	2023	제주	17	17	0	0	6	1	0
	합계		31	31	1	0	13	1	0
프로통산			31	31	1	0	13	1	0

한종성(韓鐘聲) 성균관대 1977.01.30

대회	연도	소속	출전	교체	득점	도움	파울	경고	퇴장
BC	2002	전북	14	2	0	0	22	0	0
	2003	전북	24	10	0	2	45	4	0
	2004	전북	8	5	0	0	12	0	0
	2005	전남	6	5	0	0	7	0	0
	합계		52	22	0	2	86	7	0
프로통산			52	22	0	2	86	7	0

한종우(韓宗佑) 상지대 1986.03.17

대회	연도	소속	출전	교체	득점	도움	파울	경고	퇴장
K2	2013	부천	27	6	2	0	29	6	0
	2014	부천	6	3	0	0	9	4	0
	합계		33	9	2	0	38	10	0
프로통산			33	9	2	0	38	10	0

한주영(韓周怜) 고려대 1976.06.10

대회	연도	소속	출전	교체	득점	도움	파울	경고	퇴장
BC	2000	전북	1	1	0	0	0	0	0
	합계		1	1	0	0	0	0	0
프로통산			1	1	0	0	0	0	0

한준규(韓俊奎) 개성고 1996.02.10

대회	연도	소속	출전	교체	득점	도움	파울	경고	퇴장
K2	2018	부산	0	0	0	0	0	0	0
	합계		0	0	0	0	0	0	0
프로통산			0	0	0	0	0	0	0

한지륜(韓地淪) 한남대 1996.08.22

대회	연도	소속	출전	교체	득점	도움	파울	경고	퇴장
K2	2018	서울E	1	1	0	0	0	0	0
	2019	서울E	7	5	0	0	12	1	0
	합계		8	6	0	0	12	1	0
프로통산			8	6	0	0	12	1	0

한지원(韓知原) 건국대 1994.04.09

대회	연도	소속	출전	교체	득점	도움	파울	경고	퇴장
K1	2016	전남	5	4	0	0	2	1	0
	2017	전남	3	3	0	0	1	0	0
	합계		8	7	0	0	3	1	0
K2	2018	안산	13	6	0	1	22	4	0
	2021	안산	0	0	0	0	0	0	0
	2021	경남	0	0	0	0	3	1	0
	합계		13	6	0	1	25	5	0
프로통산			21	13	0	1	28	6	0

한지호(韓志皓) 홍익대 1988.12.15

대회	연도	소속	출전	교체	득점	도움	파울	경고	퇴장
BC	2010	부산	9	9	0	0	6	1	0
	2011	부산	32	26	4	4	30	4	0
	2012	부산	44	20	6	3	47	2	0
	합계		85	55	10	7	83	7	0
K1	2013	부산	28	17	5	1	18	1	0
	2014	부산	22	14	0	2	24	3	0
	2015	부산	20	16	2	0	14	1	0
	2020	부산	3	3	0	0	0	0	0
	합계		73	50	7	1	61	5	0
K2	2016	안산무궁	38	12	10	6	52	4	0
	2017	아산	10	14	1	3	14	0	0
	2018	부산	30	24	4	2	25	1	0
	2019	부산	30	21	6	3	37	1	0
	2020	경남	11	10	1	0	13	0	0
	2021	부천	29	12	4	3	44	7	0
	2022	부천	30	21	6	3	37	5	0
	2023	부천	18	15	2	1	20	0	0
	합계		213	136	33	24	238	30	0
승	2015	부산	2	0	0	0	7	0	0
	2017	부산	2	2	0	0	0	0	0
	2018	부산	1	1	0	0	2	0	0
	2019	부산	1	1	0	0	0	0	0
	합계		6	5	0	0	11	0	0
프로통산			377	246	50	33	386	42	0

한찬희(韓贊熙) 광양제철고 1997.03.17

대회	연도	소속	출전	교체	득점	도움	파울	경고	퇴장
K1	2016	전남	23	18	1	1	9	2	0
	2017	전남	29	19	3	2	23	2	1
	2018	전남	31	9	2	6	44	6	1
	2020	서울	12	11	0	0	10	0	0
	2021	서울	6	6	0	0	5	0	0
	2022	김천	8	8	0	1	4	2	0
	2023	서울	8	8	1	0	4	2	0
	2023	포항	19	16	2	0	13	3	0
	합계		138	95	10	9	115	17	2
K2	2019	전남	30	10	3	2	44	10	0
	2021	김천	2	1	0	0	2	0	0
	합계		32	11	4	2	46	10	0
프로통산			170	106	14	11	161	27	2

한창우(韓昌祐) 중앙대 1996.07.28

대회	연도	소속	출전	교체	득점	도움	파울	경고	퇴장
K1	2018	전남	4	4	0	0	1	0	0
	합계		4	4	0	0	1	0	0
K2	2019	전남	3	3	0	0	1	1	0
	합계		3	3	0	0	1	1	0
프로통산			7	7	0	0	2	1	0

한창우(韓昌祐) 동아대 1965.10.25

대회	연도	소속	출전	교체	득점	도움	파울	경고	퇴장
BC	1988	대우	9	1	0	0	6	1	0
	합계		9	1	0	0	6	1	0
프로통산			9	1	0	0	6	1	0

한창우(韓昌祐) 광운대 1966.12.05

대회	연도	소속	출전	교체	득점	도움	파울	경고	퇴장
BC	1989	현대	5	5	0	0	6	2	0
	1991	현대	24	18	2	0	28	2	0
	1992	현대	19	17	0	0	27	1	0
	합계		48	40	2	0	61	5	0
프로통산			48	40	2	0	61	5	0

한태유(韓泰酉) 명지대 1981.03.31

대회	연도	소속	출전	교체	득점	도움	파울	경고	퇴장
BC	2004	서울	25	4	0	0	49	4	0
	2005	서울	22	11	3	1	52	9	0
	2006	서울	28	23	0	2	41	3	0
	2007	광주상무	23	1	0	0	55	5	0
	2008	광주상무	23	5	0	1	56	8	0
	2008	서울	4	3	0	0	4	0	0
	2009	서울	10	3	0	1	23	3	0
	2010	서울	5	4	0	0	10	5	0
	2011	서울	2	2	0	0	3	0	0
	2012	서울	26	15	0	2	31	3	0
	합계		177	79	5	4	312	42	0
K1	2013	서울	12	7	0	0	7	0	0
	2014	서울	3	3	0	0	0	2	0
	합계		15	12	0	0	7	2	0
프로통산			192	91	5	4	319	44	0

한태진(韓台鎭) 1961.04.08

대회	연도	소속	출전	교체	실점	도움	파울	경고	퇴장
BC	1983	포항제철	1	0	1	0	0	0	0
	합계		1	0	1	0	0	0	0
프로통산			1	0	1	0	0	0	0

한태희(韓太熙) 장훈고 2004.07.05

대회	연도	소속	출전	교체	실점	도움	파울	경고	퇴장
K1	2023	대구	0	0	0	0	0	0	0
	합계		0	0	0	0	0	0	0
프로통산			0	0	0	0	0	0	0

한호강(韓浩康) 조선대(일본) 1993.09.18

대회	연도	소속	출전	교체	득점	도움	파울	경고	퇴장
K1	2023	수원	23	7	3	0	23	3	1
	합계		23	7	3	0	23	3	1
K2	2022	전남	15	8	0	0	15	0	0
	합계		15	8	0	0	15	0	0
프로통산			38	15	3	0	38	3	1

한홍규(韓洪奎) 성균관대 1990.07.26

대회	연도	소속	출전	교체	득점	도움	파울	경고	퇴장
K2	2013	충주	29	7	5	3	63	5	0
	2014	충주	32	30	7	1	45	5	0
	2015	안산경찰	8	1	0	1	18	4	0
	2016	안산무궁	9	10	1	0	9	2	0
	합계		82	53	13	4	135	16	0
프로통산			82	53	13	4	135	16	0

한효혁(韓孝赫) 동신대 1989.12.12

대회	연도	소속	출전	교체	득점	도움	파울	경고	퇴장
K2	2013	광주	2	2	0	0	1	0	0
	합계		2	2	0	0	1	0	0
프로통산			2	2	0	0	1	0	0

한희훈(韓熙訓) 상지대 1990.08.10

대회	연도	소속	출전	교체	득점	도움	파울	경고	퇴장
K1	2017	대구	36	2	1	0	31	4	0
	2018	대구	29	7	1	0	24	3	0
	2019	대구	22	12	0	0	14	5	0
	2020	광주	9	4	0	1	14	5	0
	2021	광주	18	10	1	0	9	5	0
	합계		114	45	3	1	82	17	0
K2	2016	부천	40	0	3	0	21	4	0
	2022	부산	3	3	0	0	2	1	0
	합계		43	3	3	0	23	5	0
프로통산			157	48	6	1	105	22	0

함민석(咸珉奭) 아주대 1985.08.03

대회	연도	소속	출전	교체	득점	도움	파울	경고	퇴장
BC	2008	인천	0	0	0	0	0	0	0

Column 1

대회	연도	소속	출전	교체	득점	도움	파울	경고	퇴장
	2012	강원	0	0	0	0	0	0	0
	합계		0	0	0	0	0	0	0
프로통산			0	0	0	0	0	0	0

함상헌(咸相憲) 서울시립대 1971.03.20

대회	연도	소속	출전	교체	득점	도움	파울	경고	퇴장
BC	1994	대우	9	8	2	0	12	2	0
	1995	포항	1	1	0	0	1	0	0
	1995	LG	18	16	2	0	16	5	0
	1996	안양LG	17	15	2	1	15	3	0
	1997	안양LG	26	15	2	2	44	8	0
	1998	안양LG	2	3	0	0	2	0	0
	합계		73	58	8	3	90	18	0
프로통산			73	58	8	3	90	18	0

함석민(咸錫敏) 숭실대 1994.02.14

대회	연도	소속	출전	교체	실점	도움	파울	경고	퇴장
K1	2017	수원	0	0	0	0	0	0	0
	2018	강원	4	0	8	0	0	0	0
	2019	강원	3	1	4	0	0	0	0
	합계		7	1	12	0	0	0	0
K2	2016	강원	25	0	21	0	0	3	0
	2020	충남아산	9	0	15	0	1	0	0
	합계		34	0	36	0	1	3	0
승	2016	강원	2	0	1	0	0	0	0
	합계		2	0	1	0	0	0	0
프로통산			43	1	49	0	1	3	0

함준영(咸儁煐) 원광대 1986.03.15

대회	연도	소속	출전	교체	득점	도움	파울	경고	퇴장
BC	2009	인천	0	0	0	0	0	0	0
	합계		0	0	0	0	0	0	0
프로통산			0	0	0	0	0	0	0

함현기(咸鉉起) 고려대 1963.04.26

대회	연도	소속	출전	교체	득점	도움	파울	경고	퇴장
BC	1986	현대	35	3	17	2	34	1	0
	1987	현대	29	10	1	2	26	0	0
	1988	현대	23	5	10	5	28	1	0
	1989	현대	13	4	0	0	21	0	0
	1990	현대	28	8	3	3	27	1	0
	1991	현대	5	5	0	0	2	0	0
	1991	LG	15	4	1	0	11	0	0
	1992	LG	18	14	0	1	12	0	0
	합계		161	57	31	13	151	3	0
프로통산			161	57	31	13	151	3	0

허건(許建) 관동대(가톨릭관동대) 1988.01.03

대회	연도	소속	출전	교체	득점	도움	파울	경고	퇴장
K2	2013	부천	18	10	5	2	25	3	0
	합계		18	10	5	2	25	3	0
프로통산			18	10	5	2	25	3	0

허기수(許起洙) 명지대 1965.01.05

대회	연도	소속	출전	교체	득점	도움	파울	경고	퇴장
BC	1989	현대	20	8	1	0	23	1	0
	1990	현대	19	5	1	0	22	2	0
	1991	현대	2	1	0	0	1	0	0
	1992	현대	9	7	1	1	7	1	0
	합계		50	21	3	1	53	4	0

허기태(許起泰) 고려대 1967.07.13

대회	연도	소속	출전	교체	득점	도움	파울	경고	퇴장
BC	1990	유공	7	1	0	0	12	1	0
	1991	유공	34	2	1	0	39	2	0
	1992	유공	37	5	2	0	52	2	0
	1993	유공	33	1	2	1	31	0	0
	1994	유공	34	3	0	2	26	4	0
	1995	유공	34	3	0	0	19	0	0
	1996	부천유공	31	3	0	0	35	3	0
	1997	부천SK	22	5	0	0	44	6	0
	1998	수원	11	3	0	0	10	0	0
	1999	수원	3	2	0	0	4	0	0

Column 2

대회	연도	소속	출전	교체	득점	도움	파울	경고	퇴장
	합계		246	23	10	3	273	23	0
프로통산			246	23	10	3	273	23	0

허범산(許範山) 우석대 1989.09.14

대회	연도	소속	출전	교체	득점	도움	파울	경고	퇴장
BC	2012	대전	8	6	1	0	11	2	0
K1	2013	대전	29	15	0	5	53	6	0
	2014	제주	1	1	0	0	1	0	0
	2015	제주	16	11	0	1	23	6	0
	합계		46	27	0	6	77	12	0
K2	2016	강원	37	31	3	1	63	13	0
	2017	부산	13	1	3	4	22	4	0
	2017	아산	4	1	0	0	5	2	0
	2018	아산	8	8	1	0	6	2	0
	2019	서울E	29	6	0	4	36	0	0
	2020	서울E	3	3	0	0	3	0	0
	2020	안양	2	2	0	0	2	1	0
	합계		102	59	5	8	153	28	0
승	2016	강원	2	2	0	1	4	1	0
	합계		2	2	0	1	4	1	0
프로통산			158	94	6	15	245	43	0

허승우(許升右) 울산대 2001.08.04

대회	연도	소속	출전	교체	득점	도움	파울	경고	퇴장
K2	2023	천안	7	7	0	0	4	0	0
	합계		7	7	0	0	4	0	0
프로통산			7	7	0	0	4	0	0

허승찬(許丞燦) 개성고 2003.03.26

대회	연도	소속	출전	교체	득점	도움	파울	경고	퇴장
K2	2021	부산	0	0	0	0	0	0	0
	합계		0	0	0	0	0	0	0
프로통산			0	0	0	0	0	0	0

허영석(許榮碩) 마산공고 1993.04.29

대회	연도	소속	출전	교체	득점	도움	파울	경고	퇴장
BC	2012	경남	2	2	0	0	0	0	0
	합계		2	2	0	0	0	0	0
K2	2015	경남	3	2	0	0	0	0	0
	합계		3	2	0	0	0	0	0
프로통산			5	4	0	0	0	0	0

허영철(許榮哲) 한남대 1992.09.07

대회	연도	소속	출전	교체	득점	도움	파울	경고	퇴장
K1	2015	대전	0	0	0	0	0	0	0
	합계		0	0	0	0	0	0	0
프로통산			0	0	0	0	0	0	0

허용준(許榕埈) 고려대 1993.01.08

대회	연도	소속	출전	교체	득점	도움	파울	경고	퇴장
K1	2016	전남	28	22	4	3	18	4	0
	2017	전남	35	29	3	3	32	8	0
	2018	전남	23	18	9	2	31	3	0
	2019	인천	10	6	0	0	8	0	0
	2019	포항	15	15	1	0	7	2	0
	2020	포항	1	1	0	0	0	0	0
	2020	상주	1	0	0	0	3	1	0
	2022	포항	30	26	1	5	38	7	0
	합계		145	119	26	13	117	22	0
K2	2021	김천	18	8	2	5	21	0	0
	합계		18	8	2	5	21	0	0
프로통산			163	127	34	16	139	27	0

허율(許律) 금호고 2001.04.12

대회	연도	소속	출전	교체	득점	도움	파울	경고	퇴장
K1	2021	광주	18	11	2	1	22	3	0
	2023	광주	33	32	3	3	30	6	0
	합계		51	43	5	4	52	9	0
K2	2022	광주	33	32	6	4	34	4	0
	합계		33	32	6	4	34	4	0
프로통산			84	75	11	8	86	13	0

허인무(許寅戊) 명지대 1978.04.14

대회 연도 소속 출전 교체 실점 도움 파울 경고 퇴장

Column 3

대회	연도	소속	출전	교체	득점	도움	파울	경고	퇴장
BC	2001	포항	0	0	0	0	0	0	0
	합계		0	0	0	0	0	0	0
프로통산			0	0	0	0	0	0	0

허자웅(許仔雄) 청주대 1998.05.12

대회	연도	소속	출전	교체	실점	도움	파울	경고	퇴장
K1	2020	성남	0	0	0	0	0	0	0
	2021	성남	0	0	0	0	0	0	0
	2022	성남	0	0	0	0	0	0	0
	합계		0	0	0	0	0	0	0
프로통산			0	0	0	0	0	0	0

허재녕(許財寧) 아주대 1992.05.14

대회	연도	소속	출전	교체	득점	도움	파울	경고	퇴장
K1	2015	광주	3	3	0	0	5	1	0
	합계		3	3	0	0	5	1	0
프로통산			3	3	0	0	5	1	0

허재원(許宰源) 광운대 1984.07.01

대회	연도	소속	출전	교체	득점	도움	파울	경고	퇴장
BC	2006	수원	0	0	0	0	0	0	0
	2008	광주상무	7	6	0	0	3	1	0
	2009	수원	6	3	0	0	8	1	0
	2010	수원	7	2	0	0	8	0	0
	2011	광주	29	1	1	1	45	8	0
	2012	제주	36	2	2	2	57	5	0
	합계		81	20	4	3	114	16	0
K1	2013	제주	23	4	1	0	24	2	0
	2018	전남	15	3	0	0	9	3	0
	합계		38	7	1	0	33	5	0
K2	2014	대구	33	2	3	3	31	6	0
	2015	대구	27	2	2	1	15	2	0
	합계		60	4	5	4	46	10	0
프로통산			179	31	10	6	193	31	0

허재원(許宰源) 탐라대 1992.04.04

대회	연도	소속	출전	교체	득점	도움	파울	경고	퇴장
K2	2016	고양	3	3	0	0	5	2	0
	합계		3	3	0	0	5	2	0
프로통산			3	3	0	0	5	2	0

허정무(許丁茂) 연세대 1955.01.13

대회	연도	소속	출전	교체	득점	도움	파울	경고	퇴장
BC	1984	현대	23	3	2	3	37	3	0
	1985	현대	5	0	1	0	7	0	0
	1986	현대	11	2	1	3	15	1	0
	합계		39	5	5	5	59	4	0
프로통산			39	5	5	5	59	4	0

허제정(許齊廷) 건국대 1977.06.02

대회	연도	소속	출전	교체	득점	도움	파울	경고	퇴장
BC	2000	포항	11	6	0	2	6	1	0
	2001	포항	27	18	1	1	18	2	0
	2002	포항	10	10	2	2	6	1	0
	합계		48	34	3	5	30	4	0
프로통산			48	34	3	5	30	4	0

허준호(許俊好) 호남대 1994.08.18

대회	연도	소속	출전	교체	득점	도움	파울	경고	퇴장
K1	2017	전북	1	1	0	0	0	0	0
	합계		1	1	0	0	0	0	0
프로통산			1	1	0	0	0	0	0

허청산(許靑山) 명지대 1986.12.26

대회	연도	소속	출전	교체	득점	도움	파울	경고	퇴장
BC	2011	수원	0	0	0	0	0	0	0
	합계		0	0	0	0	0	0	0
프로통산			0	0	0	0	0	0	0

허태식(許泰植) 동래고 1961.01.06

대회	연도	소속	출전	교체	득점	도움	파울	경고	퇴장
BC	1985	포항제철	3	3	0	0	0	0	0
	1986	포항제철	22	5	1	2	18	1	0
	1987	포항제철	1	1	0	0	0	0	0
	1991	포항제철	1	1	0	0	0	0	0
	합계		27	10	1	2	18	1	0

Column 1

프로통산		27	10	1	2	18	0	0

허화무(許華武) 중앙대 1970.04.05

대회	연도	소속	출전	교체	득점	도움	파울	경고	퇴장
BC	1996	안양LG	1	1	0	0	1	0	0
		합계	1	1	0	0	1	0	0
프로통산			1	1	0	0	1	0	0

허훈구(許訓求) 선문대 1983.06.25

대회	연도	소속	출전	교체	득점	도움	파울	경고	퇴장
BC	2006	전북	6	3	0	0	9	1	0
	2007	전북	1	0	0	0	1	0	0
		합계	7	3	0	0	10	1	0
프로통산			7	3	0	0	10	1	0

헙슨(Robson Souza dos Santos) 브라질 1982.08.19

대회	연도	소속	출전	교체	득점	도움	파울	경고	퇴장
BC	2006	대전	6	6	1	0	3	0	0
		합계	6	6	1	0	3	0	0
프로통산			6	6	1	0	3	0	0

헤나또(Renato Netson Benatti) 브라질 1981.10.17

대회	연도	소속	출전	교체	득점	도움	파울	경고	퇴장
BC	2008	전남	13	2	1	0	11	0	0
		합계	13	2	1	0	11	0	0
프로통산			13	2	1	0	11	0	0

헤나우도(Renaldo Lopes da Cruz) 브라질 1970.03.19

대회	연도	소속	출전	교체	득점	도움	파울	경고	퇴장
BC	2004	서울	11	6	1	1	23	2	0
		합계	11	6	1	1	23	2	0
프로통산			11	6	1	1	23	2	0

헤나토(Renato João Saleiro Santos) 포르투갈 1991.10.05

대회	연도	소속	출전	교체	득점	도움	파울	경고	퇴장
K2	2021	부산	10	8	0	0	7	1	0
		합계	10	8	0	0	7	1	0
프로통산			10	8	0	0	7	1	0

헤나토(Renato Olegário de Almeida) 브라질 1976.06.15

대회	연도	소속	출전	교체	득점	도움	파울	경고	퇴장
BC	2001	부산	0	0	0	0	0	0	0
		합계	0	0	0	0	0	0	0
프로통산			0	0	0	0	0	0	0

헤나토(Renato Medeiros de Almeida) 브라질 1982.02.04

대회	연도	소속	출전	교체	득점	도움	파울	경고	퇴장
BC	2010	강원	4	4	0	0	4	0	0
		합계	4	4	0	0	4	0	0
프로통산			4	4	0	0	4	0	0

헤난(Henan Faria Silveira) 브라질 1987.04.03

대회	연도	소속	출전	교체	득점	도움	파울	경고	퇴장
BC	2012	전남	11	6	1	1	8	3	0
		합계	11	6	1	1	8	3	0
K1	2016	제주	4	4	0	0	1	0	0
		합계	4	4	0	0	1	0	0
K2	2015	강원	22	10	8	3	15	1	0
		합계	22	10	8	3	15	1	0
프로통산			37	20	9	4	27	4	0

헤이날도(Reinaldo da Cruz Oliveira) 브라질 1979.03.14

대회	연도	소속	출전	교체	득점	도움	파울	경고	퇴장
BC	2010	수원	4	4	0	0	3	0	0
		합계	4	4	0	0	3	0	0
프로통산			4	4	0	0	3	0	0

헤이날도(Reinaldo de Souza) 브라질 1980.06.08

대회	연도	소속	출전	교체	득점	도움	파울	경고	퇴장
BC	2005	울산	8	9	0	0	12	0	0
		합계	8	9	0	0	12	0	0

Column 2

프로통산		8	9	0	0	12	0	0

헤이날도(Reinaldo Elias da Costa) 브라질 1984.06.13

대회	연도	소속	출전	교체	득점	도움	파울	경고	퇴장
BC	2008	부산	10	9	0	1	18	1	0
		합계	10	9	0	1	18	1	0
프로통산			10	9	0	1	18	1	0

헤이네르(Reiner Ferreira Correa Gomes) 브라질 1985.11.17

대회	연도	소속	출전	교체	득점	도움	파울	경고	퇴장
K1	2014	수원	17	2	0	0	19	0	0
		합계	17	2	0	0	19	0	0
프로통산			17	2	0	0	19	0	0

헤이스(Jonatan Ferreira Reis) 브라질 1989.06.30

대회	연도	소속	출전	교체	득점	도움	파울	경고	퇴장
K1	2020	부산	1	1	0	0	0	0	0
		합계	1	1	0	0	0	0	0
프로통산			1	1	0	0	0	0	0

헤이스(Isnairo Reis Silva Morais) 브라질 1993.01.06

대회	연도	소속	출전	교체	득점	도움	파울	경고	퇴장
K1	2021	광주	30	16	4	5	37	6	0
	2023	제주	36	23	8	5	37	5	0
		합계	66	39	12	10	74	11	0
K2	2022	광주	39	16	12	4	51	5	0
		합계	39	16	12	4	51	5	0
프로통산			105	55	24	14	125	16	0

헤지스(Regis Fernandes Silva) 브라질 1976.09.22

대회	연도	소속	출전	교체	득점	도움	파울	경고	퇴장
BC	2006	대전	11	11	0	0	11	0	0
		합계	11	11	0	0	11	0	0
프로통산			11	11	0	0	11	0	0

헨리(Doneil Jor-Dee Ashley Henry) 캐나다 1993.04.20

대회	연도	소속	출전	교체	득점	도움	파울	경고	퇴장
K1	2020	수원	20	1	1	0	22	2	0
	2021	수원	21	6	2	0	22	7	0
		합계	41	7	3	0	44	9	0
프로통산			41	7	3	0	44	9	0

헨릭(Henrik Jorgensen) 덴마크 1966.02.12

대회	연도	소속	출전	교체	실점	도움	파울	경고	퇴장
BC	1996	수원	5	0	7	0	0	0	0
		합계	5	0	7	0	0	0	0
프로통산			5	0	7	0	0	0	0

헬퀴스트(Philip Hellqvist) 스웨덴 1991.05.21

대회	연도	소속	출전	교체	득점	도움	파울	경고	퇴장
K2	2020	충남아산	15	10	4	0	21	3	0
		합계	15	10	4	0	21	3	0
프로통산			15	10	4	0	21	3	0

현광우(玄光宇) 선문대 1988.02.05

대회	연도	소속	출전	교체	득점	도움	파울	경고	퇴장
BC	2011	제주	0	0	0	0	0	0	0
		합계	0	0	0	0	0	0	0
프로통산			0	0	0	0	0	0	0

현기호(玄基鎬) 연세대 1960.05.12

대회	연도	소속	출전	교체	득점	도움	파울	경고	퇴장
BC	1983	대우	7	3	1	3	7	0	0
	1984	대우	18	5	1	3	18	1	0
	1985	대우	18	4	3	1	22	0	0
	1986	대우	15	8	1	0	15	0	0
	1987	대우	2	2	0	0	1	0	0
		합계	60	21	5	6	68	1	0
프로통산			60	21	5	6	68	1	0

현영민(玄泳民) 건국대 1979.12.25

대회	연도	소속	출전	교체	득점	도움	파울	경고	퇴장

Column 3

BC	2002	울산	15	3	1	4	34	4	0
	2003	울산	32	3	1	2	59	8	1
	2004	울산	27	2	1	1	42	6	0
	2005	울산	38	1	0	4	66	4	0
	2007	울산	35	1	0	4	58	6	1
	2008	울산	30	3	0	6	62	5	0
	2009	울산	30	3	1	10	42	7	0
	2010	서울	33	6	1	5	49	7	0
	2011	서울	27	5	1	4	34	4	0
	2012	서울	36	6	1	0	27	2	1
		합계	285	33	7	40	473	53	3
K1	2013	서울	1	0	0	0	2	1	0
	2013	성남일화	30	1	0	4	42	7	0
	2014	전남	32	3	1	7	46	10	0
	2015	전남	29	4	0	2	28	6	0
	2016	전남	29	10	0	1	41	4	0
	2017	전남	31	8	0	1	39	4	0
		합계	152	23	2	15	198	32	0
프로통산			437	56	9	55	671	85	3

호나우도(Ronaldo Marques Sereno) 브라질 1962.03.14

대회	연도	소속	출전	교체	득점	도움	파울	경고	퇴장
BC	1994	현대	26	10	6	5	47	5	0
		합계	26	10	6	5	47	5	0
프로통산			26	10	6	5	47	5	0

호난(Ronan David Jerônimo) 브라질 1995.04.22

대회	연도	소속	출전	교체	득점	도움	파울	경고	퇴장
K2	2023	서울E	29	27	7	2	15	2	0
		합계	29	27	7	2	15	2	0
프로통산			29	27	7	2	15	2	0

호니(Roniere Jose da Silva Filho) 브라질 1986.04.23

대회	연도	소속	출전	교체	득점	도움	파울	경고	퇴장
K2	2014	고양	21	20	2	1	7	0	0
		합계	21	20	2	1	7	0	0
프로통산			21	20	2	1	7	0	0

호니(Ronieli Gomes dos Santos) 브라질 1991.04.25

대회	연도	소속	출전	교체	득점	도움	파울	경고	퇴장
BC	2011	경남	10	7	1	0	19	3	0
	2012	경남	6	6	0	0	6	1	0
		합계	16	13	1	0	25	4	0
프로통산			16	13	1	0	25	4	0

호드리고(Rodrigo Leandro da Costa) 브라질 1985.09.17

대회	연도	소속	출전	교체	득점	도움	파울	경고	퇴장
K1	2013	부산	18	17	2	2	29	1	0
		합계	18	17	2	2	29	1	0
프로통산			18	17	2	2	29	1	0

호드리고(Rodrigo Sousa Silva) 동티모르 1987.11.24

대회	연도	소속	출전	교체	득점	도움	파울	경고	퇴장
K1	2017	대구	1	1	0	0	4	0	0
		합계	1	1	0	0	4	0	0
프로통산			1	1	0	0	4	0	0

호드리고(Rodrigo Domongos dos Santos) 브라질 1987.01.25

대회	연도	소속	출전	교체	득점	도움	파울	경고	퇴장
K2	2014	부천	31	6	11	2	77	2	0
	2015	부천	36	12	11	4	64	9	0
	2017	부천	14	14	2	1	16	2	0
		합계	81	32	24	7	157	13	0
프로통산			81	32	24	7	157	13	0

호드리고(Jose Luiz Rodrigo Carbone) 브라질 1974.03.17

대회	연도	소속	출전	교체	득점	도움	파울	경고	퇴장

대회	연도	소속	출전	교체	득점	도움	파울	경고	퇴장
BC	1999	전남	8	7	1	2	6	0	0
		합계	8	7	1	2	6	0	0
	프로통산		8	7	1	2	6	0	0

호드리고(Rodrigo Marcos Marques da Silva) 브라질 1977.08.02

대회	연도	소속	출전	교체	득점	도움	파울	경고	퇴장
BC	2003	대전	17	11	0	0	26	3	0
	2004	대전	7	6	0	0	11	0	0
		합계	24	17	0	0	37	3	0
	프로통산		24	17	0	0	37	3	0

호드리고(Rodrigo Batista da Cruz) 브라질 1983.02.02

대회	연도	소속	출전	교체	득점	도움	파울	경고	퇴장
K1	2013	제주	3	3	0	0	2	1	0
		합계	3	3	0	0	2	1	0
	프로통산		3	3	0	0	2	1	0

호마(Paulo Marcel Pereira Merabet) 브라질 1979.02.28

대회	연도	소속	출전	교체	득점	도움	파울	경고	퇴장
BC	2004	전북	23	18	7	2	37	7	0
		합계	23	18	7	2	37	7	0
	프로통산		23	18	7	2	37	7	0

호마링요(Jefferson Jose Lopes Andrade) 브라질 1989.11.14

대회	연도	소속	출전	교체	득점	도움	파울	경고	퇴장
K2	2014	광주	10	6	1	0	22	1	0
		합계	10	6	1	0	22	1	0
	프로통산		10	6	1	0	22	1	0

호물로(Romulo Jose Pacheco da Silva) 브라질 1995.10.27

대회	연도	소속	출전	교체	득점	도움	파울	경고	퇴장
K1	2020	부산	26	7	4	4	36	2	0
		합계	26	7	4	4	36	2	0
K2	2017	부산	21	11	1	7	20	1	0
	2018	부산	36	4	10	9	36	3	0
	2019	부산	32	4	14	2	34	3	0
		합계	89	19	25	18	97	11	0
승	2017	부산	2	0	1	0	5	1	0
	2018	부산	2	0	1	1	1	1	0
	2019	부산	2	0	1	0	2	0	0
		합계	6	0	3	1	8	2	0
	프로통산		121	26	32	23	141	15	0

호물로(Romulo Marques Macedo) 브라질 1980.04.03

대회	연도	소속	출전	교체	득점	도움	파울	경고	퇴장
BC	2008	제주	27	10	10	2	67	7	1
	2009	제주	28	22	6	1	56	3	0
	2010	부산	3	3	1	0	2	0	0
		합계	58	35	17	3	125	10	1
	프로통산		58	35	17	3	125	10	1

호베르또(Roberto Cesar Zardim Rodrigues) 브라질 1985.12.19

대회	연도	소속	출전	교체	득점	도움	파울	경고	퇴장
K1	2013	울산	18	15	1	4	16	1	0
		합계	18	15	1	4	16	1	0
	프로통산		18	15	1	4	16	1	0

호벨손(Roberson de Arruda Alves) 브라질 1989.04.02

대회	연도	소속	출전	교체	득점	도움	파울	경고	퇴장
K1	2018	제주	6	6	1	0	5	0	0
		합계	6	6	1	0	5	0	0
	프로통산		6	6	1	0	5	0	0

호벨치(Robert de Pinho de Souza) 브라질 1981.02.27

대회	연도	소속	출전	교체	득점	도움	파울	경고	퇴장
BC	2012	제주	13	11	3	0	19	0	0
		합계	13	11	3	0	19	0	0
	프로통산		13	11	3	0	19	0	0

호샤(Samuel Rosa Goncalves) 브라질 1991.02.25

대회	연도	소속	출전	교체	득점	도움	파울	경고	퇴장
K1	2019	전북	11	9	4	1	16	0	0
		합계	11	9	4	1	16	0	0
	프로통산		11	9	4	1	16	0	0

호샤(Paulo Roberto Rocha: Paulinho Criciúma) 브라질 1961.08.30

대회	연도	소속	출전	교체	득점	도움	파울	경고	퇴장
BC	1985	포항제철	16	9	5	5	8	0	0
	1986	포항제철	24	10	7	1	19	1	0
		합계	40	19	12	7	19	1	0
	프로통산		40	19	12	7	19	1	0

호성호(扈成鎬) 중앙대 1962.11.04

대회	연도	소속	출전	교체	실점	도움	파울	경고	퇴장
BC	1986	현대	16	0	20	0	0	0	0
	1987	현대	18	1	20	0	2	1	0
	1988	현대	3	0	6	0	0	0	0
	1989	현대	1	0	13	0	0	0	0
		합계	38	1	39	0	2	1	0
	프로통산		38	1	39	0	2	1	0

호세(Jose Roberto Alves) 브라질 1954.10.20

대회	연도	소속	출전	교체	득점	도움	파울	경고	퇴장
BC	1983	포항제철	5	5	0	0	1	0	0
		합계	5	5	0	0	1	0	0
	프로통산		5	5	0	0	1	0	0

호세(Alex Jose de Paula) 브라질 1981.09.13

대회	연도	소속	출전	교체	득점	도움	파울	경고	퇴장
BC	2003	포항	9	8	1	0	13	1	0
		합계	9	8	1	0	13	1	0
	프로통산		9	8	1	0	13	1	0

호세(Jose Luis Villanueva Ahumada) 칠레 1981.11.05

대회	연도	소속	출전	교체	득점	도움	파울	경고	퇴장
BC	2007	울산	5	4	1	0	13	0	0
		합계	5	4	1	0	13	0	0
	프로통산		5	4	1	0	13	0	0

호제리오(Rogerio Prateat) 브라질 1973.03.09

대회	연도	소속	출전	교체	득점	도움	파울	경고	퇴장
BC	1999	전북	29	0	2	0	97	13	1
	2000	전북	34	0	0	0	82	9	0
	2001	전북	30	2	0	2	98	8	2
	2002	전북	31	1	0	0	83	9	0
	2003	대구	34	0	2	0	87	9	1
		합계	158	4	6	0	447	48	4
	프로통산		158	4	6	0	447	48	4

호제리오(Rogrio dos Santos Conceição) 브라질 1984.09.20

대회	연도	소속	출전	교체	득점	도움	파울	경고	퇴장
BC	2009	경남	10	0	0	0	22	5	0
		합계	10	0	0	0	22	5	0
	프로통산		10	0	0	0	22	5	0

홍광철(洪光喆) 한성대 1974.10.09

대회	연도	소속	출전	교체	득점	도움	파울	경고	퇴장
BC	1997	대전	21	7	0	2	26	4	0
	1998	대전	13	6	0	1	11	0	0
	2001	대전	13	3	0	1	14	2	0
	2002	대전	12	5	0	0	14	0	0
	2003	대전	6	6	0	0	9	5	0
		합계	65	27	0	3	74	11	1
	프로통산		65	27	0	3	74	11	1

홍길동(洪吉東) 청주대 1997.05.29

대회	연도	소속	출전	교체	득점	도움	파울	경고	퇴장
K2	2018	안양	0	0	0	0	0	0	0
		합계	0	0	0	0	0	0	0
	프로통산		0	0	0	0	0	0	0

홍도표(洪到杓) 영남대 1973.07.24

대회	연도	소속	출전	교체	득점	도움	파울	경고	퇴장
BC	1996	포항	1	1	0	0	0	0	0
	1997	포항	16	16	4	0	14	2	0
	1998	천안일화	13	11	0	0	17	2	0
	1999	천안일화	32	11	5	8	64	5	0
	2000	성남일화	13	4	0	1	23	3	0
	2001	성남일화	10	1	0	1	39	2	0
	2002	성남일화	8	9	0	0	5	1	0
	2003	성남일화	4	1	0	4	4	0	0
	2004	성남일화	2	2	0	0	3	1	0
		합계	99	56	9	14	169	16	0
	프로통산		99	56	9	14	169	16	0

홍동현(洪東賢) 숭실대 1991.10.30

대회	연도	소속	출전	교체	득점	도움	파울	경고	퇴장
K1	2014	부산	17	14	1	0	20	6	0
	2015	부산	5	5	1	0	5	1	0
		합계	22	19	2	0	25	7	0
K2	2016	부산	24	13	4	2	35	4	0
	2017	부산	6	5	0	0	3	1	0
	2017	안산	9	4	0	1	16	1	0
	2018	안산	20	18	2	1	16	1	0
		합계	59	40	6	4	70	7	0
승	2015	부산	1	0	0	0	3	2	0
		합계	1	0	0	0	3	2	0
	프로통산		82	59	8	4	98	16	0

홍명보(洪明甫) 고려대 1969.02.12

대회	연도	소속	출전	교체	득점	도움	파울	경고	퇴장
BC	1992	포항제철	37	7	1	0	34	0	0
	1993	포항제철	12	0	1	0	7	0	0
	1994	포항제철	17	2	4	2	10	3	0
	1995	포항	31	1	2	0	19	4	0
	1996	포항	34	13	3	3	37	3	0
	1997	포항	6	1	0	1	9	2	0
	2002	포항	19	5	3	2	20	9	1
		합계	156	29	14	8	136	21	1
	프로통산		156	29	14	8	136	21	1

홍상준(洪尙儁) 건국대 1990.05.10

대회	연도	소속	출전	교체	실점	도움	파울	경고	퇴장
BC	2012	대전	0	0	0	0	0	0	0
K1	2013	대전	16	0	30	0	1	0	0
		합계	16	0	30	0	1	0	0
K2	2014	강원	1	0	2	0	0	0	0
	2015	강원	8	0	10	0	1	1	0
	2016	충주	1	0	0	0	0	0	0
		합계	10	0	12	0	1	1	0
	프로통산		26	0	42	0	2	1	0

홍석민(洪錫敏) 영남대 1961.01.06

대회	연도	소속	출전	교체	득점	도움	파울	경고	퇴장
BC	1984	포항제철	9	7	2	0	4	1	0
	1985	상무	18	11	6	2	18	0	0
		합계	27	18	8	2	22	1	0
	프로통산		27	18	8	2	22	1	0

홍석환(洪石煥) 강릉제일고 2003.06.05

대회	연도	소속	출전	교체	득점	도움	파울	경고	퇴장
K1	2022	강원	2	2	0	0	0	0	0
		합계	2	2	0	0	0	0	0
	프로통산		2	2	0	0	0	0	0

홍성민(洪成玟) 수원공고 2004.07.08

대회	연도	소속	출전	교체	득점	도움	파울	경고	퇴장
K2	2023	충북청주	3	3	0	0	1	0	0
		합계	3	3	0	0	1	0	0
	프로통산		3	3	0	0	1	0	0

홍성요(洪性曜) 건국대 1979.05.26

대회	연도	소속	출전	교체	득점	도움	파울	경고	퇴장
BC	2004	전남	9	5	1	0	22	3	0
	2005	광주상무	15	4	0	0	23	3	0

대회	연도	소속	출전	교체	득점	도움	파울	경고	퇴장
	2006	광주상무	8	7	0	0	16	1	0
	2007	전남	13	6	0	0	30	8	0
	2008	부산	20	6	0	0	42	12	0
	2009	부산	15	2	0	0	37	9	1
	2010	부산	21	5	2	0	38	6	0
	2011	부산	7	3	0	0	5	1	1
	합계		108	38	3	0	213	43	2
프로통산			108	38	3	0	213	43	2

홍성욱(洪成昱) 부경고 2002.09.17

대회	연도	소속	출전	교체	득점	도움	파울	경고	퇴장
K1	2021	제주	3	3	0	0	5	2	0
	2022	제주	5	5	0	0	1	0	0
	합계		8	8	0	0	6	2	0
K2	2023	부천	0	0	0	0	0	0	0
	합계		0	0	0	0	0	0	0
프로통산			8	8	0	0	6	2	0

홍성호(洪性號) 연세대 1954.12.20

대회	연도	소속	출전	교체	득점	도움	파울	경고	퇴장
BC	1983	할렐루야	16	2	0	0	11	1	0
	1984	할렐루야	14	3	0	0	8	0	0
	1985	할렐루야	10	2	0	0	15	1	0
	합계		40	7	0	0	34	2	0
프로통산			40	7	0	0	34	2	0

홍성희(洪性希) 한국국제대 1990.02.18

대회	연도	소속	출전	교체	득점	도움	파울	경고	퇴장
K2	2018	광주	0	0	0	0	0	0	0
	합계		0	0	0	0	0	0	0
프로통산			0	0	0	0	0	0	0

홍순학(洪淳學) 연세대 1980.09.19

대회	연도	소속	출전	교체	득점	도움	파울	경고	퇴장
BC	2003	대구	14	9	1	1	15	2	0
	2004	대구	27	15	0	7	47	6	1
	2005	대구	23	7	2	4	27	1	0
	2007	수원	18	9	1	2	27	2	0
	2008	수원	17	4	2	0	31	5	0
	2009	수원	14	7	0	1	11	3	0
	2010	수원	12	8	0	0	24	4	0
	2012	수원	14	6	0	0	12	4	0
	합계		151	65	5	15	200	28	1
K1	2013	수원	15	5	0	2	25	4	0
	2014	수원	0	0	0	0	0	0	0
	합계		15	5	0	2	25	4	0
K2	2015	고양	12	11	0	1	13	2	0
	합계		12	11	0	1	13	2	0
프로통산			178	81	5	18	238	34	1

홍승현(洪承鉉) 동북고 1996.12.28

대회	연도	소속	출전	교체	득점	도움	파울	경고	퇴장
K1	2017	대구	22	8	0	1	12	0	1
	2018	대구	4	4	0	0	2	1	0
	합계		26	12	0	1	14	1	1
K2	2016	대구	0	0	0	0	0	0	0
	2018	안양	5	5	0	0	2	0	0
	2021	서울E	0	0	0	0	0	0	0
	합계		5	5	0	0	2	0	0
프로통산			31	17	0	1	16	1	1

홍시후(洪施侯) 상문고 2001.01.08

대회	연도	소속	출전	교체	득점	도움	파울	경고	퇴장
K1	2020	성남	12	10	1	1	10	0	0
	2021	성남	25	25	0	0	18	2	0
	2022	인천	28	28	1	1	17	2	0
	2023	인천	12	10	2	1	8	1	0
	합계		77	73	4	3	43	5	0
프로통산			77	73	4	3	43	5	0

홍연기(洪淵麒) 단국대 1975.09.25

대회	연도	소속	출전	교체	득점	도움	파울	경고	퇴장
BC	1998	부산	1	1	0	0	4	0	0
	합계		1	1	0	0	4	0	0
프로통산			1	1	0	0	4	0	0

홍욱현(洪旭賢) 개성고 2004.01.06

대회	연도	소속	출전	교체	득점	도움	파울	경고	퇴장
K2	2022	부산	11	6	0	1	14	0	0
	2023	부산	0	0	0	0	0	0	0
	합계		11	6	0	1	14	0	0
프로통산			11	6	0	1	14	0	0

홍원진(洪元進) 부산정보고 2000.04.04

대회	연도	소속	출전	교체	득점	도움	파울	경고	퇴장
K2	2023	충북청주	34	1	2	0	52	7	0
	합계		34	1	2	0	52	7	0
프로통산			34	1	2	0	52	7	0

홍윤상(洪胤相) 포항제철고 2002.03.19

대회	연도	소속	출전	교체	득점	도움	파울	경고	퇴장
K1	2023	포항	11	7	2	0	6	0	0
	합계		11	7	2	0	6	0	0
프로통산			11	7	2	0	6	0	0

홍재훈(弘載勳) 상지대 1996.09.11

대회	연도	소속	출전	교체	득점	도움	파울	경고	퇴장
K2	2023	안산	1	1	0	0	0	0	0
	합계		1	1	0	0	0	0	0
프로통산			1	1	0	0	0	0	0

홍정남(洪正男) 제주상고 1988.05.21

대회	연도	소속	출전	교체	실점	도움	파울	경고	퇴장
BC	2007	전북	0	0	0	0	0	0	0
	2008	전북	6	0	9	0	0	0	0
	2009	전북	0	0	0	0	0	0	0
	2010	전북	2	2	3	0	0	0	0
	2011	전북	2	0	2	0	0	0	0
	2012	전북	0	0	0	0	0	0	0
	합계		8	2	12	0	0	0	0
K1	2014	상주	14	0	20	0	1	1	0
	2015	전북	0	0	0	0	0	0	0
	2016	전북	0	0	0	0	0	0	0
	2017	전북	30	0	30	0	0	1	0
	2018	전북	1	0	0	0	0	0	0
	2019	전북	0	0	0	0	0	0	0
	2020	전북	2	0	4	0	0	0	0
	합계		47	0	54	0	1	2	0
K2	2013	상주	2	0	3	0	0	0	0
	합계		2	0	3	0	0	0	0
승	2013	상주	0	0	0	0	0	0	0
	합계		0	0	0	0	0	0	0
프로통산			57	2	69	1	1	2	0

홍정운(洪定奫) 명지대 1994.11.29

대회	연도	소속	출전	교체	득점	도움	파울	경고	퇴장
K1	2017	대구	6	5	0	0	7	3	0
	2018	대구	35	1	5	2	30	4	0
	2019	대구	16	2	0	0	11	3	0
	2020	대구	17	1	0	0	7	2	0
	2021	대구	24	1	0	0	20	4	0
	2022	대구	25	6	2	0	18	5	0
	합계		110	16	7	2	93	21	0
K2	2016	대구	20	7	0	0	18	4	0
	합계		20	7	0	0	18	4	0
프로통산			130	26	8	2	114	22	0

홍정호(洪正好) 조선대 1989.08.12

대회	연도	소속	출전	교체	득점	도움	파울	경고	퇴장
BC	2010	제주	21	2	1	1	15	3	0
	2011	제주	16	0	1	0	19	1	1
	2012	제주	9	1	0	0	6	3	0
	합계		46	3	2	1	40	7	1
K1	2013	제주	11	5	1	0	8	3	1
	2018	전북	25	1	1	0	32	6	0
	2019	전북	30	3	4	0	25	3	1
	2020	전북	22	1	1	1	20	3	1
	2021	전북	36	1	2	1	32	4	0
	2022	전북	19	3	1	2	14	5	0
	2023	전북	22	9	0	0	18	6	0
	합계		165	28	8	4	156	29	3
프로통산			211	31	9	6	196	36	4

홍종경(洪腫境) 울산대 1973.05.11

대회	연도	소속	출전	교체	실점	도움	파울	경고	퇴장
BC	1996	천안일화	4	2	0	0	12	1	0
	1997	천안일화	8	5	0	1	16	0	1
	1998	천안일화	17	4	0	3	28	2	0
	1999	천안일화	0	0	0	0	0	0	0
	합계		29	11	0	4	56	3	1
프로통산			29	11	0	4	56	3	1

홍종원(洪鍾元) 청주상고 1956.08.04

대회	연도	소속	출전	교체	득점	도움	파울	경고	퇴장
BC	1984	럭키금성	2	2	0	0	0	0	0
	합계		2	2	0	0	0	0	0
프로통산			2	2	0	0	0	0	0

홍주빈(洪周彬) 동의대 1989.06.07

대회	연도	소속	출전	교체	득점	도움	파울	경고	퇴장
BC	2012	전북	0	0	0	0	0	0	0
	합계		0	0	0	0	0	0	0
K2	2013	충주	3	3	1	0	5	0	0
	합계		3	3	1	0	5	0	0
프로통산			3	3	1	0	5	0	0

홍주영(洪柱榮) 고려대 1963.01.25

대회	연도	소속	출전	교체	득점	도움	파울	경고	퇴장
BC	1986	현대	3	1	0	0	2	0	0
	합계		3	1	0	0	2	0	0
프로통산			3	1	0	0	2	0	0

홍주완(洪周完) 순천고 1979.06.07

대회	연도	소속	출전	교체	득점	도움	파울	경고	퇴장
BC	2004	부천SK	2	2	0	0	0	0	0
	합계		2	2	0	0	0	0	0
프로통산			2	2	0	0	0	0	0

홍준기(洪俊基) 장훈고 1997.05.11

대회	연도	소속	출전	교체	득점	도움	파울	경고	퇴장
K2	2016	충주	1	1	0	0	2	0	0
	합계		1	1	0	0	2	0	0
프로통산			1	1	0	0	2	0	0

홍준형(洪準亨/←홍복표) 광운대 1979.10.28

대회	연도	소속	출전	교체	득점	도움	파울	경고	퇴장
BC	2003	광주상무	4	4	0	0	5	0	0
	합계		4	4	0	0	5	0	0
프로통산			4	4	0	0	5	0	0

홍준호(洪俊豪) 전주대 1993.10.11

대회	연도	소속	출전	교체	득점	도움	파울	경고	퇴장
K1	2016	광주	10	1	0	0	28	5	0
	2017	광주	29	21	0	1	29	5	0
	2018	울산	2	2	0	0	3	1	0
	2020	광주	22	0	1	0	25	4	1
	2021	서울	14	3	0	0	15	2	0
	2021	제주	14	13	0	0	6	1	0
	합계		107	54	2	1	106	18	1
K2	2018	광주	16	7	0	0	8	2	0
	2019	광주	1	1	0	0	0	1	0
	합계		17	8	0	0	8	3	0
프로통산			124	62	2	1	114	21	1

홍지윤(洪智潤) 제주국제대 1997.03.27

대회	연도	소속	출전	교체	실점	도움	파울	경고	퇴장
K1	2018	강원	0	0	0	0	0	0	0
	합계		0	0	0	0	0	0	0
프로통산			0	0	0	0	0	0	0

홍진기(洪眞基) 홍익대 1990.10.20

대회	연도	소속	출전	교체	득점	도움	파울	경고	퇴장
BC	2012	전남	20	6	1	2	25	4	0
	합계		20	6	1	2	25	4	0

대회	연도	소속	출전	교체	득점	도움	파울	경고	퇴장
K1	2013	전남	30	5	2	2	34	6	0
	2014	전남	12	5	0	1	18	2	0
	2015	전남	6	2	0	0	5	1	0
	2016	전남	9	6	0	0	5	0	0
	합계		57	18	2	3	62	9	0
K2	2017	부산	6	3	0	0	3	1	0
	2018	부산	10	3	0	0	16	3	0
	합계		16	4	2	0	19	4	0
승	2017	부산	2	0	0	0	5	0	0
	합계		2	0	0	0	5	0	0
프로통산			95	28	5	5	111	17	0

홍진섭 (洪鎭燮) 대구대 1985.10.14

대회	연도	소속	출전	교체	득점	도움	파울	경고	퇴장
BC	2008	전북	20	15	2	1	31	2	0
	2009	성남일화	9	8	0	0	18	2	0
	2011	성남일화	17	16	2	1	23	3	0
	합계		46	39	4	2	72	7	0
프로통산			46	39	4	2	72	7	0

홍진호 (洪進浩) 경상대 1971.11.01

대회	연도	소속	출전	교체	득점	도움	파울	경고	퇴장
BC	1994	LG	10	6	0	0	16	4	0
	1995	LG	0	0	0	0	0	0	0
	합계		10	6	0	0	16	4	0
프로통산			10	6	0	0	16	4	0

홍창범 (洪昌汎) 성균관대 1998.10.22

대회	연도	소속	출전	교체	득점	도움	파울	경고	퇴장
K2	2021	안양	22	14	3	3	31	7	0
	2022	안양	28	27	0	2	34	5	0
	2023	안양	12	13	2	1	8	0	0
	합계		62	54	5	6	73	12	0
승	2022	안양	2	2	0	0	5	1	0
	합계		2	2	0	0	5	1	0
프로통산			64	56	5	6	78	13	0

홍창오 (洪昌晤) 상지대 1995.12.16

대회	연도	소속	출전	교체	득점	도움	파울	경고	퇴장
K2	2022	김포	3	3	0	0	2	0	0
	합계		3	3	0	0	2	0	0
프로통산			3	3	0	0	2	0	0

홍철 (洪喆) 단국대 1990.09.17

대회	연도	소속	출전	교체	득점	도움	파울	경고	퇴장
BC	2010	성남일화	22	7	2	0	30	2	0
	2011	성남일화	24	4	2	4	29	4	1
	2012	성남일화	30	13	2	2	43	6	1
	합계		76	24	8	4	102	12	2
K1	2013	수원	34	11	2	10	42	4	0
	2014	수원	29	4	0	0	37	7	0
	2015	수원	30	6	0	3	34	5	0
	2016	수원	12	5	0	3	10	0	0
	2017	상주	27	4	1	1	26	7	0
	2018	상주	22	4	0	2	17	4	0
	2019	수원	8	2	0	3	7	2	0
	2020	수원	30	4	1	4	19	4	0
	2020	울산	13	5	0	4	6	0	0
	2021	울산	21	11	1	0	11	2	0
	2022	대구	28	14	0	1	23	3	0
	2023	대구	29	15	1	6	23	4	0
	합계		285	85	7	45	249	27	0
승	2017	상주	2	0	0	0	3	1	0
	합계		2	0	0	0	3	1	0
프로통산			363	109	15	49	354	40	2

홍태곤 (洪兌坤) 홍익대 1992.05.05

대회	연도	소속	출전	교체	득점	도움	파울	경고	퇴장
K2	2014	광주	5	5	0	0	1	1	0
	합계		5	5	0	0	1	1	0
프로통산			5	5	0	0	1	1	0

홍현승 (洪鉉昇/←홍성표) 한남대 1999.03.13

대회	연도	소속	출전	교체	득점	도움	파울	경고	퇴장
K1	2021	성남	1	1	0	0	0	0	0
	합계		1	1	0	0	0	0	0
K2	2021	충남아산	12	12	0	1	10	0	0
	합계		12	12	0	1	10	0	0
프로통산			13	13	0	1	10	0	0

홍현호 (洪賢虎) 골클럽U18 2002.06.11

대회	연도	소속	출전	교체	득점	도움	파울	경고	퇴장
K2	2021	안양	2	2	0	0	1	1	0
	2023	안양	6	6	0	1	1	1	0
	합계		8	8	0	1	2	1	0
프로통산			8	8	0	1	2	1	0

황교충 (黃敎忠) 한양대 1985.04.09

대회	연도	소속	출전	교체	실점	도움	파울	경고	퇴장
BC	2010	포항	4	0	4	0	0	0	0
	2011	포항	1	1	2	0	0	0	0
	2012	포항	1	0	0	0	0	0	0
	합계		5	1	6	0	0	0	0
K1	2013	포항	0	0	0	0	0	0	0
	합계		0	0	0	0	0	0	0
K2	2014	강원	21	1	23	0	2	3	0
	2015	강원	14	0	25	0	1	0	0
	합계		35	1	48	0	3	3	0
프로통산			40	2	54	0	3	3	0

황규룡 (黃奎龍) 광운대 1971.03.12

대회	연도	소속	출전	교체	득점	도움	파울	경고	퇴장
BC	1992	대우	22	7	0	0	30	2	0
	1993	대우	30	4	1	0	40	1	0
	1994	대우	8	0	0	1	7	1	0
	1995	대우	12	3	0	1	13	0	0
	1997	안양LG	3	1	1	0	1	0	0
	합계		75	16	1	2	81	4	0
프로통산			75	16	1	2	81	4	0

황규범 (黃圭範) 경희고 1989.08.30

대회	연도	소속	출전	교체	득점	도움	파울	경고	퇴장
K2	2013	고양	6	1	0	0	11	2	0
	2014	고양	26	7	0	0	62	8	0
	2015	고양	30	6	0	2	46	7	0
	합계		62	18	0	2	113	17	1
프로통산			62	18	0	2	113	17	1

황규환 (黃圭煥) 동북고 1986.06.18

대회	연도	소속	출전	교체	득점	도움	파울	경고	퇴장
BC	2005	수원	13	10	0	2	25	3	0
	2006	수원	4	3	0	0	2	0	0
	2007	대전	4	4	0	0	7	0	0
	합계		21	17	0	2	34	3	0
프로통산			21	17	0	2	34	3	0

황금성 (黃金星) 초당대 1984.04.26

대회	연도	소속	출전	교체	득점	도움	파울	경고	퇴장
BC	2006	대구	2	1	0	2	1	0	0
	합계		2	1	0	2	1	0	0
프로통산			2	1	0	2	1	0	0

황기욱 (黃基旭) 연세대 1996.06.10

대회	연도	소속	출전	교체	득점	도움	파울	경고	퇴장
K1	2017	서울	7	5	0	0	5	0	0
	2018	서울	19	7	0	0	33	4	0
	합계		27	12	0	0	38	4	0
K2	2020	전남	26	4	0	3	35	7	0
	2021	전남	31	8	2	0	26	6	0
	2022	안양	34	25	1	2	48	9	0
	2023	안양	30	23	0	0	37	3	0
	합계		118	59	4	2	146	25	0
승	2022	안양	2	2	0	0	2	1	0
	합계		2	2	0	0	2	1	0
프로통산			147	73	4	2	185	29	0

황도연 (黃渡然) 광양제철고 1991.02.27

대회	연도	소속	출전	교체	득점	도움	파울	경고	퇴장
BC	2010	전남	7	2	0	0	9	1	0
	2011	전남	10	5	1	1	10	1	0
	2012	대전	10	4	0	0	9	3	0
	합계		27	11	1	1	28	5	0
K1	2013	전남	3	0	0	0	2	0	0
	2013	제주	18	4	0	0	26	3	0
	2014	제주	12	6	0	0	13	3	0
	2016	제주	0	0	0	0	0	0	0
	2018	제주	0	0	0	0	0	0	0
	합계		33	10	0	0	41	6	0
	2015	서울	34	2	1	1	23	3	0
	2016	안산무궁	22	5	0	0	25	3	0
	2017	아산	22	1	1	0	25	3	0
	2018	수원FC	16	2	0	1	11	0	0
	2019	대전	5	1	0	0	2	0	0
	2020	대전	9	2	0	0	8	1	0
	2022	김포	2	0	0	0	6	0	0
	합계		92	11	2	0	67	7	0
프로통산			152	32	3	1	135	15	0

황도윤 (黃度尹) 고려대 2003.04.09

대회	연도	소속	출전	교체	득점	도움	파울	경고	퇴장
K1	2023	서울	1	1	0	0	1	0	0
	합계		1	1	0	0	1	0	0
프로통산			1	1	0	0	1	0	0

황득하 (黃得夏) 안동대 1965.06.08

대회	연도	소속	출전	교체	득점	도움	파울	경고	퇴장
BC	1996	전북	7	7	0	0	4	0	0
	1997	전북	4	5	0	0	0	0	0
	합계		11	12	0	0	4	0	0
프로통산			11	12	0	0	4	0	0

황명현 (黃溟玹) 동국대 2001.11.14

대회	연도	소속	출전	교체	득점	도움	파울	경고	퇴장
K1	2022	수원	3	3	0	0	1	0	0
	합계		3	3	0	0	1	0	0
K2	2023	전남	2	2	0	0	0	0	0
	합계		2	2	0	0	0	0	0
프로통산			5	5	0	0	1	0	0

황무규 (黃舞奎) 경기대 1982.08.19

대회	연도	소속	출전	교체	득점	도움	파울	경고	퇴장
BC	2005	수원	3	3	0	0	4	0	0
	합계		3	3	0	0	4	0	0
프로통산			3	3	0	0	4	0	0

황문기 (黃文基) 현대고 1996.12.08

대회	연도	소속	출전	교체	득점	도움	파울	경고	퇴장
K1	2021	강원	30	30	1	1	31	4	0
	2022	강원	34	31	1	0	3	0	0
	2023	강원	20	19	2	0	26	5	0
	합계		84	80	4	1	61	6	0
K2	2020	안양	18	8	2	0	28	5	0
	합계		18	8	2	0	28	5	0
승	2021	강원	2	1	0	1	1	0	0
	2023	강원	2	2	1	0	1	0	0
	합계		4	3	1	1	2	0	0
프로통산			106	91	7	2	91	11	0

황병권 (黃柄權) 보인고 2000.05.22

대회	연도	소속	출전	교체	득점	도움	파울	경고	퇴장
K2	2019	수원FC	21	21	1	0	16	2	0
	합계		21	21	1	0	16	2	0
프로통산			21	21	1	0	16	2	0

황병근 (黃秉根) 국제사이버대 1994.06.14

대회	연도	소속	출전	교체	실점	도움	파울	경고	퇴장
K1	2016	전북	3	0	3	0	0	0	0
	2017	전북	8	0	5	0	0	0	0
	2018	전북	7	0	13	0	0	0	0
	2019	상주	5	1	3	0	0	0	0
	2020	상주	9	0	9	0	0	0	0

대회	연도	소속	출전	교체	득점	도움	파울	경고	퇴장
	2021	전북	0	0	0	0	0	0	0
	2022	전북	0	0	0	0	0	0	0
	합계		26	0	33	0	0	0	0
K2	2022	부산	9	1	9	0	1	0	0
	2023	부산	0	0	0	0	0	0	0
	합계		9	1	9	0	1	0	0
승	2023	부산	0	0	0	0	0	0	0
	합계		0	0	0	0	0	0	0
프로통산			35	1	42	0	1	0	0

황병주(黃炳柱) 숭실대 1984.03.05

대회	연도	소속	출전	교체	득점	도움	파울	경고	퇴장
BC	2007	대전	1	1	0	0	6	0	0
	2008	대전	11	6	1	0	17	6	0
	합계		12	7	1	0	23	6	0
프로통산			12	7	1	0	23	6	0

황보관(皇甫官) 서울대 1965.03.01

대회	연도	소속	출전	교체	득점	도움	파울	경고	퇴장
BC	1988	유공	23	2	7	5	31	3	0
	1989	유공	8	2	2	1	7	0	0
	1990	유공	7	4	0	0	5	0	0
	1991	유공	22	7	3	2	8	4	0
	1992	유공	35	10	4	6	45	0	0
	1993	유공	18	2	3	2	32	1	0
	1994	유공	28	7	15	7	32	2	2
	1995	유공	30	6	10	4	56	2	0
	합계		171	40	44	27	216	12	2
프로통산			171	40	44	27	216	12	2

황보원(Huang Bowen, 黃博文) 중국 1987.07.13

대회	연도	소속	출전	교체	득점	도움	파울	경고	퇴장
BC	2011	전북	20	5	2	1	37	5	0
	2012	전북	9	4	1	2	6	1	0
	합계		29	9	3	3	43	6	0
프로통산			29	9	3	3	43	6	0

황부철(黃富喆) 아주대 1971.01.20

대회	연도	소속	출전	교체	득점	도움	파울	경고	퇴장
BC	1996	부산	3	2	0	0	5	1	0
	합계		3	2	0	0	5	1	0
프로통산			3	2	0	0	5	1	0

황상필(黃相弼) 동국대 1981.02.01

대회	연도	소속	출전	교체	득점	도움	파울	경고	퇴장
BC	2003	광주상무	2	2	0	0	3	0	0
	합계		2	2	0	0	3	0	0
프로통산			2	2	0	0	3	0	0

황석근(黃石根) 고려대 1960.09.03

대회	연도	소속	출전	교체	득점	도움	파울	경고	퇴장
BC	1983	유공	2	2	0	0	0	0	0
	1984	한일은행	24	2	5	1	17	0	0
	1985	한일은행	14	3	2	1	15	0	0
	1986	한일은행	18	6	1	0	14	0	0
	합계		58	13	8	2	46	0	0
프로통산			58	13	8	2	46	0	0

황선일(黃善一) 건국대 1984.07.29

대회	연도	소속	출전	교체	득점	도움	파울	경고	퇴장
BC	2006	울산	1	1	0	0	0	0	0
	2008	울산	5	4	0	0	5	0	0
	합계		6	5	0	0	5	0	0
프로통산			6	5	0	0	5	0	0

황선필(黃善弼) 중앙대 1981.07.14

대회	연도	소속	출전	교체	득점	도움	파울	경고	퇴장
BC	2004	대구	20	2	0	0	38	2	0
	2005	대구	11	2	0	0	17	0	0
	2006	대구	24	7	0	0	39	3	0
	2008	대구	31	11	1	0	26	3	0
	2009	광주상무	8	4	0	0	11	2	0
	2010	광주상무	13	5	0	0	10	4	0
	2011	전남	1	0	0	0	0	0	0

대회	연도	소속	출전	교체	득점	도움	파울	경고	퇴장
	2012	부산	1	1	0	0	0	0	0
	합계		122	37	3	1	159	19	0
프로통산			122	37	3	1	159	19	0

황선홍(黃善洪) 건국대 1968.07.14

대회	연도	소속	출전	교체	득점	도움	파울	경고	퇴장
BC	1993	포항제철	1	1	0	0	1	0	0
	1994	포항제철	14	7	5	3	24	2	0
	1995	포항	26	6	11	6	58	4	0
	1996	포항	18	2	13	5	30	4	0
	1997	포항	1	1	0	0	2	0	0
	1998	포항	3	1	2	1	14	0	0
	2000	수원	1	1	0	0	1	0	0
	합계		64	18	31	16	132	10	0
프로통산			64	18	31	16	132	10	0

황성민(黃聖珉) 한남대 1991.06.23

대회	연도	소속	출전	교체	**실점**	도움	파울	경고	퇴장
K1	2019	제주	4	0	6	0	0	0	0
	2022	서울	1	1	0	0	0	0	0
	2023	서울	1	0	0	0	0	0	0
	합계		6	1	8	0	0	0	0
K2	2013	충주	19	0	30	0	1	0	0
	2014	충주	21	0	32	0	1	1	0
	2015	충주	33	0	57	0	0	2	0
	2017	안산	30	0	46	0	1	0	0
	2018	안산	20	2	22	0	0	0	0
	2020	경남	1	0	2	0	0	0	0
	2021	경남	12	0	14	0	1	0	0
	합계		136	2	203	0	4	3	0
프로통산			142	3	211	0	4	3	0

황세하(黃世夏) 건국대 1975.06.26

대회	연도	소속	출전	교체	**실점**	도움	파울	경고	퇴장
BC	1998	대전	3	1	7	0	1	1	0
	1999	대전	0	0	0	0	0	0	0
	합계		3	1	7	0	1	1	0
프로통산			3	1	7	0	1	1	0

황수남(黃秀南) 관동대 1993.02.22

대회	연도	소속	출전	교체	득점	도움	파울	경고	퇴장
K2	2015	충주	5	2	0	0	2	0	0
	2016	충주	19	4	0	0	21	2	0
	합계		24	6	0	0	23	2	0
프로통산			24	6	0	0	23	2	0

황순민(黃順旻) 가미무라고(일본) 1990.09.14

대회	연도	소속	출전	교체	득점	도움	파울	경고	퇴장
BC	2012	대구	11	11	0	0	8	1	0
	합계		11	11	0	0	8	1	0
K1	2013	대구	30	23	6	1	23	3	0
	2016	상주	11	6	1	0	11	0	0
	2017	상주	11	6	1	1	11	0	0
	2018	대구	36	4	0	3	31	3	0
	2019	대구	36	16	3	0	34	3	0
	2021	대구	27	21	0	0	16	2	0
	2022	수원FC	9	8	0	1	4	0	0
	2023	수원FC	6	6	0	0	5	0	0
	합계		178	116	11	12	125	13	0
K2	2014	대구	33	14	5	0	36	3	0
	2015	대구	10	10	0	1	4	0	0
	합계		43	24	5	6	36	3	0
프로통산			232	151	16	18	169	17	0

황승주(黃勝周) 한양중 1972.05.09

대회	연도	소속	출전	교체	득점	도움	파울	경고	퇴장
BC	1995	현대	1	1	0	0	1	0	0
	1996	울산	13	6	1	0	19	1	0
	1997	울산	20	12	1	0	29	3	0
	1998	울산	38	5	1	7	62	7	0
	1999	울산	36	4	0	3	58	4	0
	2000	울산	34	5	0	4	59	4	0
	2001	울산	34	3	0	1	43	3	0
	2002	전북	6	5	0	0	7	0	0
	합계		182	45	3	15	278	22	0
프로통산			182	45	3	15	278	22	0

황승회(黃勝會) 경북산업대(경일대) 1970.06.18

대회	연도	소속	출전	교체	득점	도움	파울	경고	퇴장
BC	1993	대우	1	0	0	0	0	0	0
	합계		1	0	0	0	0	0	0
프로통산			1	0	0	0	0	0	0

황신영(黃信永) 동북고 1994.04.04

대회	연도	소속	출전	교체	득점	도움	파울	경고	퇴장
K2	2015	부천	16	17	1	0	6	0	0
	2016	부천	8	8	0	0	3	1	0
	합계		24	25	1	0	9	1	0
프로통산			24	25	1	0	9	1	0

황연석(黃淵奭) 대구대 1973.10.17

대회	연도	소속	출전	교체	득점	도움	파울	경고	퇴장
BC	1995	일화	30	19	9	3	48	3	0
	1996	천안일화	34	14	6	5	55	1	0
	1997	천안일화	23	10	4	0	40	6	0
	1998	천안일화	23	10	4	4	77	2	0
	1999	천안일화	31	26	5	1	42	2	0
	2000	성남일화	31	26	5	1	42	2	0
	2001	성남일화	30	31	8	4	49	1	0
	2002	성남일화	30	31	8	4	49	1	0
	2003	성남일화	37	33	5	6	49	1	0
	2004	인천	12	12	2	0	13	0	0
	2005	인천	18	18	1	0	10	0	0
	2006	대구	28	23	6	3	37	2	0
	2007	대구	12	11	2	1	10	1	0
	합계		348	260	64	32	487	20	0
프로통산			348	260	64	32	487	20	0

황영우(黃永瑀) 동아대 1964.02.20

대회	연도	소속	출전	교체	득점	도움	파울	경고	퇴장
BC	1987	포항제철	20	17	4	0	15	0	0
	1988	포항제철	19	14	0	1	26	0	0
	1989	포항제철	19	14	0	1	26	0	0
	1990	포항제철	11	11	2	0	11	0	0
	1991	LG	26	21	5	2	23	0	0
	1992	LG	7	8	1	0	6	0	0
	1993	LG	7	8	1	0	6	0	0
	합계		111	99	15	7	101	0	0
프로통산			111	99	15	7	101	0	0

황의조(黃義助) 연세대 1992.08.28

대회	연도	소속	출전	교체	득점	도움	파울	경고	퇴장
K1	2013	성남일화	22	14	2	1	24	3	0
	2014	성남	28	20	4	0	23	1	0
	2015	성남	34	4	15	3	42	4	0
	2016	성남	37	6	9	3	36	1	0
	2023	서울	18	10	4	2	10	1	0
	합계		139	54	34	9	135	10	0
K2	2017	성남	18	1	5	1	11	1	0
	합계		18	1	5	1	11	1	0
승	2016	성남	1	0	0	1	11	0	0
	합계		1	0	0	1	11	0	0
프로통산			158	55	39	11	157	11	0

황인범(黃仁範) 충남기계공고 1996.09.20

대회	연도	소속	출전	교체	득점	도움	파울	경고	퇴장
K1	2015	대전	14	7	1	1	12	1	0
	2022	서울	9	9	0	0	6	3	0
	합계		23	16	1	1	22	5	0
K2	2016	대전	35	7	5	3	41	4	0
	2017	대전	36	7	4	5	33	4	0
	2018	아산	18	10	1	2	22	2	0
	2018	대전	2	2	1	0	2	0	0
	합계		92	26	12	12	88	12	0

프로통산 | 115 | 42 | 16 | 13 | 110 | 17 | 0

황인성(黃仁星) 동아대 1970.04.05

대회	연도	소속	출전	교체	득점	도움	파울	경고	퇴장
BC	1995	전남	28	19	4	1	23	3	0
	1996	전남	1	1	0	0	0	0	0
	1997	전남	9	10	1	0	4	1	0
	1998	부천SK	7	8	1	0	4	1	0
		합계	45	38	5	2	29	4	0
프로통산			45	38	5	2	29	4	0

황인수(黃仁洙) 대구대 1977.11.20

대회	연도	소속	출전	교체	득점	도움	파울	경고	퇴장
BC	2000	성남일화	13	8	2	2	11	0	0
	2001	성남일화	6	6	0	0	3	0	0
	2001	수원	3	3	0	0	6	0	0
		합계	22	17	2	2	20	0	0
프로통산			22	17	2	2	20	0	0

황인재(黃仁具) 남부대 1994.04.22

대회	연도	소속	출전	교체	실점	도움	파울	경고	퇴장
K1	2016	광주	1	1	0	0	0	0	0
	2020	포항	0	0	0	0	0	0	0
	2021	포항	2	1	2	0	0	0	0
	2022	김천	16	1	24	0	1	0	0
	2023	포항	38	0	40	0	3	0	0
		합계	57	3	64	0	1	5	0
K2	2017	안산	6	0	8	1	0	0	0
	2018	성남	1	0	4	0	0	0	0
	2019	안산	18	0	17	0	1	0	0
	2021	김천	0	0	0	0	0	0	0
		합계	25	0	29	1	1	0	0
승	2022	김천	2	0	6	0	0	0	0
		합계	2	0	6	0	0	0	0
프로통산			84	3	99	1	2	5	0

황인혁(黃仁赫) 동국대 1995.05.06

대회	연도	소속	출전	교체	득점	도움	파울	경고	퇴장
K1	2017	광주	1	0	0	0	2	0	0
		합계	1	0	0	0	2	0	0
프로통산			1	0	0	0	2	0	0

황인호(黃仁浩) 대구대 1990.03.26

대회	연도	소속	출전	교체	득점	도움	파울	경고	퇴장
K1	2013	제주	2	2	0	0	1	0	0
		합계	2	2	0	0	1	0	0
프로통산			2	2	0	0	1	0	0

황일수(黃一秀) 동아대 1987.08.08

대회	연도	소속	출전	교체	득점	도움	파울	경고	퇴장
BC	2010	대구	30	19	4	5	23	0	0
	2011	대구	32	29	4	3	26	5	0
	2012	대구	40	26	6	8	42	3	0
		합계	102	74	14	16	91	8	0
K1	2013	대구	32	13	7	8	46	7	0
	2014	제주	31	13	7	3	24	4	1
	2016	상주	24	12	5	2	14	1	0
	2017	제주	13	14	1	0	5	0	0
	2018	울산	31	18	4	4	21	3	0
	2019	울산	24	20	3	2	11	0	0
		합계	152	94	26	18	120	10	0
K2	2015	상주	19	18	2	4	7	0	0
	2020	경남	21	10	5	1	6	1	0
	2021	경남	21	18	4	0	14	2	0
	2022	경남	3	3	0	0	2	0	0
		합계	64	49	11	9	39	3	0
프로통산			318	217	51	43	250	21	0

황재만(黃在萬) 고려대 1953.01.24

대회	연도	소속	출전	교체	득점	도움	파울	경고	퇴장
BC	1984	할렐루야	1	1	0	0	0	0	0
		합계	1	1	0	0	0	0	0
프로통산			1	1	0	0	0	0	0

황재원(黃載元) 아주대 1981.04.13

대회	연도	소속	출전	교체	득점	도움	파울	경고	퇴장
BC	2004	포항	14	7	2	0	10	1	0
	2006	포항	12	1	2	0	28	5	0
	2007	포항	32	1	2	1	42	6	0
	2008	포항	21	0	1	0	27	4	0
	2009	포항	23	4	1	1	57	7	0
	2010	포항	9	1	0	0	23	3	0
	2010	수원	9	0	2	0	11	2	0
	2011	수원	9	1	0	0	18	2	0
	2012	성남일화	9	2	1	0	13	4	0
		합계	138	18	11	2	226	34	0
K1	2013	성남일화	9	8	0	0	6	1	0
	2017	대구							
		합계	9	8	0	0	6	1	0
K2	2015	충주	23	9	2	0	18	8	0
	2016	대구	27	6	2	1	17	5	0
	2016	대전	3	3	0	2	1	0	0
		합계	53	18	4	3	36	13	0
프로통산			200	44	15	3	267	48	0

황재원(黃才媛) 홍익대 2002.08.16

대회	연도	소속	출전	교체	득점	도움	파울	경고	퇴장
K1	2022	대구	34	10	1	3	41	5	0
	2023	대구	33	7	1	3	29	8	0
		합계	67	17	2	6	70	13	0
프로통산			67	17	2	6	70	13	0

황재필(黃載弼) 연세대 1973.09.09

대회	연도	소속	출전	교체	득점	도움	파울	경고	퇴장
BC	1996	전남	2	2	0	0	2	0	0
		합계	2	2	0	0	2	0	0
프로통산			2	2	0	0	2	0	0

황재환(黃載桓) 현대고 2001.04.12

대회	연도	소속	출전	교체	득점	도움	파울	경고	퇴장
K1	2022	울산	8	8	0	0	4	0	0
	2023	울산	11	11	2	0	4	0	0
		합계	19	19	2	0	8	0	0
프로통산			19	19	2	0	8	0	0

황재훈(黃在君/← 황병인) 진주고 1990.11.25

대회	연도	소속	출전	교체	득점	도움	파울	경고	퇴장
BC	2011	상주	4	0	0	0	6	0	0
	2012	상주	1	0	0	0	0	0	0
	2012	경남	1	0	0	0	0	0	0
		합계	6	0	0	0	6	0	0
K1	2016	수원FC	22	3	1	0	26	6	0
		합계	22	3	1	0	26	6	0
K2	2014	충주	5	5	0	0	4	0	0
	2015	수원FC	33	1	0	0	31	6	0
	2017	수원FC	24	4	1	2	17	6	0
	2018	대전	11	3	0	0	6	0	0
	2019	대전	29	5	0	0	16	2	0
	2020	대전	1	0	0	0	0	0	0
		합계	93	20	3	2	81	12	0
승	2015	수원FC	2	0	0	0	0	0	0
		합계	2	0	0	0	0	0	0
프로통산			123	25	4	2	114	18	0

황정만(黃晸萬) 숭실대 1978.01.05

대회	연도	소속	출전	교체	득점	도움	파울	경고	퇴장
BC	2000	수원	0	0	0	0	0	0	0
		합계	0	0	0	0	0	0	0
프로통산			0	0	0	0	0	0	0

황정연(黃正然) 고려대 1953.03.13

대회	연도	소속	출전	교체	득점	도움	파울	경고	퇴장
BC	1983	할렐루야	13	1	0	1	17	1	0
	1984	할렐루야	20	0	0	2	33	2	0
	1985	할렐루야	21	0	0	0	25	1	0
		합계	59	1	0	3	75	4	0
프로통산			59	1	0	3	75	4	0

황정욱(黃晸昱) 대건고 2000.03.17

대회	연도	소속	출전	교체	득점	도움	파울	경고	퇴장
K2	2023	서울E	2	2	0	0	2	1	0
		합계	2	2	0	0	2	1	0
프로통산			2	2	0	0	2	1	0

황준호(黃浚鎬) 용인대 1998.05.04

대회	연도	소속	출전	교체	득점	도움	파울	경고	퇴장
K1	2020	부산	0	0	0	0	0	0	0
		합계	0	0	0	0	0	0	0
K2	2019	부산	15	8	0	0	9	1	0
	2021	부산	25	7	1	0	12	0	0
	2022	부산	19	12	1	0	14	3	0
	2023	부산	2	2	1	1	0	0	0
		합계	61	29	4	1	42	6	0
프로통산			61	29	4	1	42	6	0

황지수(黃地水) 호남대 1981.03.27

대회	연도	소속	출전	교체	득점	도움	파울	경고	퇴장
BC	2004	포항	26	1	1	0	48	2	0
	2005	포항	29	12	1	0	65	2	0
	2006	포항	34	3	0	2	88	8	0
	2007	포항	31	5	1	0	78	5	0
	2008	포항	25	3	1	1	43	3	0
	2009	포항	18	3	0	0	30	2	0
	2012	포항	9	3	0	0	25	2	0
		합계	194	29	5	3	408	24	0
K1	2013	포항	29	1	1	2	67	8	0
	2014	포항	21	8	1	1	31	7	0
	2015	포항	30	19	0	4	48	2	0
	2016	포항	26	17	1	0	32	3	0
	2017	포항	20	21	0	0	14	4	0
		합계	126	66	3	7	192	22	0
프로통산			320	95	8	12	600	46	0

황지웅(黃明圭) 동국대 1989.04.30

대회	연도	소속	출전	교체	득점	도움	파울	경고	퇴장
BC	2012	대전	20	14	0	0	18	2	0
		합계	20	14	0	0	18	2	0
K1	2013	대전	8	4	3	0	8	0	0
	2015	대전	21	16	0	3	24	3	0
		합계	29	20	3	3	32	3	0
K2	2014	대전	28	24	1	4	13	0	0
	2016	안산무궁	21	17	2	0	14	1	0
	2017	아산	2	2	0	0	1	0	0
	2017	대전	4	4	0	0	1	0	0
		합계	55	47	3	4	29	1	0
프로통산			104	81	6	7	79	6	0

황지윤(黃智允) 아주대 1983.05.28

대회	연도	소속	출전	교체	득점	도움	파울	경고	퇴장
BC	2005	부천SK	6	3	0	0	6	1	0
	2006	제주	8	3	0	0	6	1	0
	2007	제주	30	7	2	0	52	7	0
	2008	대구	31	2	0	0	33	8	0
	2009	대구	13	1	0	0	33	8	0
	2010	대전	23	4	1	0	30	7	0
	2011	상주	10	0	3	0	0	0	0
		합계	121	18	6	0	130	24	0
프로통산			121	18	6	0	130	24	0

황지준(黃智俊) 광주대 1990.02.23

대회	연도	소속	출전	교체	득점	도움	파울	경고	퇴장
K2	2013	광주	1	1	0	0	1	0	0
		합계	1	1	0	0	1	0	0
프로통산			1	1	0	0	1	0	0

황진기(黃眞基) 건국대 1986.03.10

대회	연도	소속	출전	교체	득점	도움	파울	경고	퇴장
BC	2010	포항	1	1	0	0	0	0	0
	2011	대전	14	3	1	1	15	2	1
	2011	부산	11	1	0	0	13	2	0
	2012	부산	0	0	0	0	0	0	0
		합계	26	5	1	1	28	4	1

황진산(黃鎭山) 현대고 1989.02.25

대회	연도	소속	출전	교체	득점	도움	파울	경고	퇴장
K1	2013	부산	5	3	0	0	5	1	0
	2014	부산	5	3	0	0	7	3	0
	합계		10	6	0	0	12	4	0
프로통산			36	11	1	1	40	8	1

대회	연도	소속	출전	교체	득점	도움	파울	경고	퇴장
BC	2008	울산	0	0	0	0	0	0	0
	2009	대전	4	2	0	0	7	0	0
	2010	대전	18	16	0	2	15	4	0
	2011	대전	31	18	2	2	31	2	0
	2012	대전	9	9	0	0	11	0	0
	합계		62	45	2	4	64	6	0
K1	2013	대전	18	10	1	4	20	2	0
	합계		18	10	1	4	20	2	0
K2	2014	대전	21	17	1	2	11	2	0
	2018	부천	13	13	0	0	12	1	0
	합계		34	30	1	2	23	3	0
프로통산			114	85	4	10	107	11	0

황진성(黃辰成) 전주대 교육대학원 1984.05.05

대회	연도	소속	출전	교체	득점	도움	파울	경고	퇴장
BC	2003	포항	19	16	1	5	19	1	0
	2004	포항	24	20	3	2	17	0	0
	2005	포항	30	24	2	2	30	3	0
	2006	포항	23	14	5	4	47	1	0
	2007	포항	23	17	2	4	37	2	0
	2008	포항	24	22	2	4	35	1	0
	2009	포항	18	13	4	7	24	4	0
	2010	포항	25	16	5	5	35	2	0
	2011	포항	30	21	6	8	58	5	0
	2012	포항	41	11	12	8	63	6	0
	합계		257	176	41	51	367	25	0
K1	2013	포항	22	13	6	7	34	1	0
	2016	성남	10	9	1	2	9	0	0
	2017	강원	31	7	3	5	45	3	0
	2018	강원	16	14	2	2	18	1	0
	합계		79	43	12	16	106	5	0
승	2016	성남	2	1	1	0	6	1	0
	합계		2	1	1	0	6	1	0
프로통산			338	220	54	67	479	31	0

황철민(黃哲民) 동의대 1978.11.20

대회	연도	소속	출전	교체	득점	도움	파울	경고	퇴장
BC	2002	부산	23	15	2	2	26	3	0
	2003	부산	16	9	0	2	12	0	0
	2004	부산	2	2	0	0	0	0	0
	합계		41	26	2	4	38	3	0
프로통산			41	26	2	4	38	3	0

황태현(黃泰顯) 중앙대 1999.01.29

대회	연도	소속	출전	교체	득점	도움	파울	경고	퇴장
K1	2020	대구	4	4	0	0	3	0	0
	합계		4	4	0	0	3	0	0
K2	2018	안산	2	1	0	1	3	0	0
	2019	안산	18	5	0	3	14	1	0
	2021	서울E	20	6	1	3	19	4	0
	2022	서울E	27	13	2	0	10	1	0
	2023	서울E	14	9	0	0	13	4	0
	합계		81	34	3	7	59	10	0
프로통산			85	38	3	7	62	10	0

황현수(黃賢秀) 오산고 1995.07.22

대회	연도	소속	출전	교체	득점	도움	파울	경고	퇴장
K1	2014	서울	0	0	0	0	0	0	0
	2015	서울	0	0	0	0	0	0	0
	2016	서울	0	0	0	0	0	0	0
	2017	서울	26	2	3	0	34	6	1
	2018	서울	14	1	0	0	7	1	0
	2019	서울	36	1	5	3	29	2	0
	2020	서울	19	2	1	0	16	3	0
	2021	서울	22	4	0	0	17	4	0
	2022	서울	7	3	0	0	3	1	0
	2023	서울	14	13	0	0	3	1	0
	합계		138	26	9	3	109	18	1
프로통산			138	26	9	3	109	18	1

황호령(黃虎領) 동국대 1984.10.15

대회	연도	소속	출전	교체	득점	도움	파울	경고	퇴장
BC	2007	제주	3	1	0	0	4	1	0
	2009	제주	1	1	0	0	0	0	0
	합계		4	2	0	0	4	1	0
프로통산			4	2	0	0	4	1	0

황훈희(黃動熙) 성균관대 1987.04.06

대회	연도	소속	출전	교체	득점	도움	파울	경고	퇴장
BC	2011	대전	3	3	0	0	1	0	0
	합계		3	3	0	0	1	0	0
K2	2014	충주	4	3	0	0	2	0	0
	합계		4	3	0	0	2	0	0
프로통산			7	6	0	0	3	0	0

황희훈(黃熙訓) 건국대 1979.09.20

대회	연도	소속	출전	교체	실점	도움	파울	경고	퇴장
K2	2013	고양	0	0	0	0	0	0	0
	합계		0	0	0	0	0	0	0
프로통산			0	0	0	0	0	0	0

후고(Hugo Hector Smaldone) 아르헨티나 1968.01.24

대회	연도	소속	출전	교체	득점	도움	파울	경고	퇴장
BC	1993	대우	3	2	0	0	9	0	0
	합계		3	2	0	0	9	0	0
프로통산			3	2	0	0	9	0	0

후치카(Branko Hucika) 크로아티아 1977.07.10

대회	연도	소속	출전	교체	득점	도움	파울	경고	퇴장
BC	2000	울산	1	1	0	0	1	0	0
	합계		1	1	0	0	1	0	0
프로통산			1	1	0	0	1	0	0

훼이종(Jefferson Marques da Conceição) 브라질 1978.08.21

대회	연도	소속	출전	교체	득점	도움	파울	경고	퇴장
BC	2004	대구	29	13	11	2	81	4	0
	2005	성남일화	5	4	1	0	13	1	0
	합계		34	17	12	2	94	5	0
프로통산			34	17	12	2	94	5	0

히우두(Rildo de Andrade Felicissimo) 브라질 1989.03.20

대회	연도	소속	출전	교체	득점	도움	파울	경고	퇴장
K1	2019	대구	11	11	0	0	6	2	0
	합계		11	11	0	0	6	2	0
프로통산			11	11	0	0	6	2	0

히카도(Ricardo Weslei de Campelo) 브라질 1983.11.19

대회	연도	소속	출전	교체	득점	도움	파울	경고	퇴장
BC	2009	제주	26	21	6	1	43	5	0
	합계		26	21	6	1	43	5	0
프로통산			26	21	6	1	43	5	0

히카르도(Ricardo César Dantas da Silva) 브라질 1992.08.13

대회	연도	소속	출전	교체	득점	도움	파울	경고	퇴장
K1	2022	서울	1	0	0	0	2	0	0
	합계		1	0	0	0	2	0	0
프로통산			1	0	0	0	2	0	0

히카르도(Ricardo Bueno da Silva) 브라질 1987.08.15

대회	연도	소속	출전	교체	득점	도움	파울	경고	퇴장
K1	2015	성남	16	15	2	1	9	1	0
	합계		16	15	2	1	9	1	0
프로통산			16	15	2	1	9	1	0

히카르도(Ricardo da Silva Costa) 브라질 1965.03.24

대회	연도	소속	출전	교체	득점	도움	파울	경고	퇴장
BC	1994	포항제철	11	3	0	0	12	1	0
	합계		11	3	0	0	12	1	0
프로통산			11	3	0	0	12	1	0

히카르도(Ricardo Campos da Costa) 브라질 1976.06.08

대회	연도	소속	출전	교체	득점	도움	파울	경고	퇴장
BC	2000	안양LG	14	11	2	1	22	3	0
	2001	안양LG	33	4	8	2	63	6	0
	2002	안양LG	33	5	1	3	46	3	1
	2003	안양LG	36	6	4	6	50	4	1
	2004	서울	31	22	1	1	61	6	0
	2005	성남일화	28	22	1	2	34	3	0
	2006	성남일화	23	10	2	4	44	3	0
	2006	부산	10	7	0	1	12	2	0
	합계		208	81	19	15	350	31	2
프로통산			208	81	19	15	350	31	2

히칼도(Ricardo Nuno Queiros Nascimento) 포르투갈 1974.04.19

대회	연도	소속	출전	교체	득점	도움	파울	경고	퇴장
BC	2005	서울	28	11	4	14	34	7	0
	2006	서울	30	18	3	6	38	9	0
	2007	서울	13	4	1	3	20	7	0
	합계		71	33	8	23	92	23	0
프로통산			71	33	8	23	92	23	0

히칼딩요(Ricardo Alves Pereira) 브라질 1988.08.08

대회	연도	소속	출전	교체	득점	도움	파울	경고	퇴장
K1	2015	대전	7	6	0	1	13	0	0
	합계		7	6	0	1	13	0	0
프로통산			7	6	0	1	13	0	0

히칼딩요(Oliveira Jose Ricardo Santos) 브라질 1984.05.19

대회	연도	소속	출전	교체	득점	도움	파울	경고	퇴장
BC	2007	제주	12	8	3	2	15	0	0
	2008	제주	5	5	0	1	3	2	0
	합계		17	13	3	3	18	2	0
프로통산			17	13	3	3	18	2	0

힌터제어(Lukas Hinterseer) 오스트리아 1991.03.28

대회	연도	소속	출전	교체	득점	도움	파울	경고	퇴장
K1	2021	울산	20	17	6	1	20	0	0
	합계		20	17	6	1	20	0	0
프로통산			20	17	6	1	20	0	0

힝키(Paulo Roberto Rink) 독일 1973.02.21

대회	연도	소속	출전	교체	득점	도움	파울	경고	퇴장
BC	2004	전북	16	11	2	2	45	2	0
	합계		16	11	2	2	45	2	0
프로통산			16	11	2	2	45	2	0

Section 7

2023년 경기기록부

제1조 (목적) 본 대회요강은 (사)한국프로축구연맹(이하 '연맹'이) K LEAGUE 1(이하 'K리그1') 대회 및 경기 운영에 관한 사항을 규정함을 목적으로 한다.

제2조 (용어의 정의) 본 대회요강에서 '대회'라 함은 정규 라운드(1~33R)와 파이널 라운드(34~38R)를 모두 말하며, '클럽'이라 함은 연맹의 회원단체인 축구단을, '팀'이라 함은 해당 클럽의 팀을, '홈 클럽'이라 함은 홈경기를 개최하는 클럽을 지칭한다.

제3조 (명칭) 본 대회명은 하나원큐 K리그1 2023으로 한다.

제4조 (주최, 주관) 본 대회는 연맹이 주최(대회를 총괄하여 책임지는 자)하고, 홈 클럽이 주관(주최자의 위임을 받아 대회를 운영하는 자)한다. 홈 클럽의 주관권은 제3자에게 양도할 수 없다.

제5조 (참가 클럽) 본 대회 참가 클럽(팀)은 총 12팀(강원FC, 광주FC, 대구FC, 대전하나시티즌, FC서울, 수원FC, 수원삼성, 울산현대, 인천유나이티드, 전북현대, 제주유나이티드, 포항스틸러스)이다.

제6조 (일정) 1. 본 대회는 2023.02.25(일)~12.03(일)에 개최하며, 경기일정(대진)은 미리 정한 경기일정표에 의한다.

구분		일정	방식	Round	팀수	경기수	장소
정규 라운드		02.25(土)~ 10.08(일)	3Round robin	33R	12팀	198경기 (팀당 33)	홈 클럽 경기장
파이널 라운드	그룹A	10.21(土)~ 12.03(일)	1Round robin	5R	상위 6팀	15경기 (팀당 5)	
	그룹B				하위 6팀	15경기 (팀당 5)	
계						228경기 (팀당 38경기)	

※ 대내외적 환경 변화 및 AFC 챔피언스리그 참가팀(K리그1)의 결승 진출 여부에 따라 경기일정 변경 가능성 있음.

2. 파이널 라운드(34~38R) 경기일정은 홈경기 수 불일치를 최소화하고 대진의 공정성을 확보하기 위해 정규라운드(1~33R) 홈경기 수와 대진을 고려하여 최대한 보완되도록 생성하며, 파이널 라운드 홈 3경기 배정은 원칙적으로 정규 라운드에서 홈경기 16경기를 개최한 클럽에 배정한다. 단, 그룹 편성에 따라 파이널 라운드의 최종 홈경기 수는 조정이 가능하며, 이에 따라 시즌 최종 홈경기 수가 최소 18개, 최대 20개까지 배정이 가능하다.

제7조(대회방식)

1. 12팀이 3Round robin(33라운드) 방식으로 정규 라운드를 진행한다. 정규 라운드 순위 결정은 제30조를 따른다.
2. 정규 라운드(1~33R) 성적에 따라 6팀씩 2개 그룹(1~6위가 그룹A, 7~12위가 그룹B)으로 분리하고 1Round robin(각 5라운드)으로 파이널 라운드를 진행한다.
3. 최종 순위 결정은 제30조에 의한다.

제8조 (참가자격) 본 대회를 참가하기 위해 클럽은 'K리그 클럽 라이선싱 규정'을 준수해야 하며, 그에 따라 라이선스를 부여받아야 한다.

제9조 (경기장) 1. 모든 클럽은 최상의 상태에서 홈경기를 실시할 수 있도록 경기장을 유지·관리할 책임이 있다.
2. 본 대회는 원칙적으로 축구전용경기장에서 개최되어야 한다.
3. 경기장은 법령이 정하는 시설 안전 기준을 충족하여야 한다.

4. 홈 클럽은 경기장을 방문하는 관람객을 위해 관중상해보험에 가입해야 하며, 보험증권을 시즌 개막 7일 전까지 연맹에 제출하여야 한다. 홈 클럽이 연고지역 외, 기타 경기장에서 K리그 경기를 개최하고자 할 경우에는 연맹에 경기개최 승인 요청 시 보험증권을 첨부하여 제출하여야 한다.

5. 각 클럽은 경기장 시설(물)에 대해 연맹의 승인을 득하여야 한다.

6. 경기장은 연맹의 경기장 시설 기준을 준수하여야 하며, 다음 각 호의 조건을 충족하여야 한다.
1) 그라운드는 천연잔디구장으로 길이 105m, 너비 68m를 권고하며, 천연잔디 또는 하이브리드 잔디여야 한다. 단 하이브리드 잔디를 사용할 경우 사전에 연맹의 승인을 득하여야 하며, 아래 기준을 충족시켜야 한다.
① 기준 - 인조잔디 내 인체 유해성분이 검출되지 않을 것
  - 전체 그라운드 면적 대비 인조잔디 함유 비율 5% 미만
  - 최초 설치 시 아래 기준치를 상회하는 성능일 것

충격흡수성	수직방향변형	잔디길이
(51~68)%	(4~10)mm	(21~25)mm
회전저항	수직공반발	공구름
(25~50)N/m	(0.6~1.0)m	(4~8)m

② 제출서류 - 샘플(1m²), 제품규격서, 유해성 검출 시험 결과표, 설치/유지 관리 계획서
③ 승인절차 - 신청일로부터 60일 이내 승인
  - 필요시, 현장테스트 진행(최소 10m² 이상의 예비 포지 사전 마련)
④ 그라운드 관리 미흡으로 인한 문제 발생 소지 있을 경우, 사용이 제한될 수 있음

2) 공식경기의 잔디 길이는 2~2.5cm로 유지되어야 하며, 전체에 걸쳐 동일한 길이여야 한다.
3) 그라운드 외측 주변에는 원칙적으로 축구전용경기장의 경우 5m 이상, 육상경기겸용경기장의 경우 1.5m 이상의 잔디 부분이 확보되어야 한다.
4) 골포스트 및 바는 흰색의 둥근 모양(직경12cm)의 철제 관으로 제작되고, 원칙적으로 고정식이어야 한다. 또한 볼의 반발력에 영향을 줄 수 있는 비철제 보강재 사용을 금한다.
5) 골네트는 원칙적으로 흰색(연맹의 승인을 득한 경우는 제외)이어야 하며, 골네트는 골대 후방에 폴을 세워 안전한 방법으로 부착하여야 한다. 폴은 골대와 구별되는 어두운 색상이어야 한다.
6) 코너 깃발은 연맹이 지정한 것을 사용하여야 한다.
7) 각종 라인은 국제축구연맹(이하 'FIFA') 또는 아시아축구연맹(이하 'AFC')이 정한 규격에 따라야 하며, 라인 폭은 12cm로 선명하고 명료하게 그려야 한다(원칙적으로 페인트 방식으로 한다).

7. 필드(그라운드 및 그 주변 부분)에는 경기 운영에 영향을 주거나 선수에게 위험의 우려가 있는 것을 방치 또는 설치해서는 안 된다.

8. 공식경기에서 그라운드에 살수(撒水)를 하는 경우 다음 각 호에 따라 실시한다.
1) 살수는 경기 킥오프 전 및 하프타임에 실시하며, 경기장에 걸쳐 균등하게 해야 한다.
2) 경기감독관은 경기 시간 및 날씨, 그라운드 상태, 당일 경기장 행사 등을 고려하여 살수 횟수와 시간을 정하고 이를 홈 클럽 및 원정 클럽 관계자들에게 사전 통보한다.
3) 홈 클럽은 경기감독관이 정한 횟수와 시간에 따라 살수를 실시해야 하며, 이를 위반할 경우 상벌규정 유형별 징계기준 제5조 사.항에 의거 해당 클럽에 제재를 부과할 수 있다.

9. 경기장 관중석은 좌석수 10,000석 이상을 충족하여야 한다. 이에 미달할 경우, 연맹의 사전 승인을 득하여야 한다.

10. 홈 클럽은 상대 클럽(이하 원정 클럽)을 응원하는 관중을 위해 경기장 전

체 좌석수의 5% 이상의 좌석을 배분해야 하며, 원정 클럽이 경기 개최 일 주일 전까지 추가 좌석 분배를 요청할 경우 홈 클럽과 협의하여 추가 좌석 분배를 결정할 수 있다. 또한, 원정 클럽 관중을 위한 전용출입문, 화장실, 매점 시설 등을 독립적으로 사용할 수 있도록 마련하여야 한다.

11. 경기장은 다음 항목의 부대시설을 갖추어야 하며, 세부사항은 K리그 경기장 시설기준을 따른다.

1) 양 팀 선수대기실(냉·난방 및 냉·온수 가능)
2) 심판대기실(냉·난방 및 냉·온수 가능)
3) 경기관계자(경기감독관, TSG 위원, 심판평가관) 대기실
4) 운영 본부실
5) 실내 기자회견장
6) 기자실 및 사진기자실
7) 중계방송사룸(TV중계스태프룸)
8) 의무실
9) 도핑검사실(냉·난방 및 냉·온수 가능)
10) 장내방송 시스템 및 장내방송실
11) 통제실, 경찰 대기실, 소방 대기실
12) VIP룸
13) MCG, TSG석 및 심판평가관석
14) 기록석
15) 기자석
16) TV중계 부스
17) 전광판
18) TV카메라 설치 공간
19) 종합 안내소
20) 입장권 판매소
21) 식료품 및 축구 관련 상품 판매소
22) TV중계차 주차 공간
23) 케이블 시설 공간
24) 전송용기자재 등 설치 공간
25) 태극기, 연맹기, 대회기
26) 태극기, 대회 깃발, 리그 깃발, 양팀 클럽 깃발 등을 게재할 수 있는 게양대
27) 믹스드 존(Mixed Zone)
28) 기타 연맹이 정하는 시설, 장비

제10조 (조명장치)　1. 경기장에는 그라운드 평균 1,200lux 이상 조도를 가진 조명 장치를 설치하여 조명의 밝음을 균일하게 유지하여야 한다. 또한 정전에 대비하여 1,000lux 이상의 조도를 갖춘 비상조명 장치를 구비하여야 한다.

2. 홈 클럽은 경기장 조명 장치의 이상 유·무를 사전에 확인하여 장애를 미연에 방지하는 한편, 고장 시 신속하게 수리할 수 있도록 모든 조치와 최선의 노력을 다하여야 한다.

제11조 (벤치)　1. 팀 벤치는 원칙적으로 다음의 요건을 충족하여야 한다.

1) FIFA가 정한 규격의 기술지역(테크니컬에어리어) 내에 설치하여야 한다.
2) 벤치 터치라인으로부터 5m 이상 떨어지는 한편 그 끝이 하프라인으로부터 8m 떨어지는 위치에 설치하여야 한다.
3) 최소 20인 이상 앉을 수 있는 좌석이 준비되어야 하며, 지붕을 설치할 경우 투명한 재질로 해야 한다.

2. 홈 팀 벤치는 본부석에서 그라운드를 향해 좌측에 설치하여야 한다. 단, 사전 승인 시 우측에 홈 팀 벤치의 설치가 가능하다.

3. 홈, 원정 팀 벤치에는 팀명을 표기한 안내물을 부착하여야 한다.

4. 제4의 심판대기심판의 벤치를 준비하여야 하며, 다음 요건을 충족하여야 한다.

1) 벤치 터치라인으로부터 5m 이상 떨어지는 그라운드 중앙에 설치하여야 한다. 단, 방송사의 요청 시에는 카메라 위치에 방해가 되지 않는 위치에 설치하여야 한다.
2) 지붕을 설치할 경우 투명한 재질로 해야 하며, 지붕이 관중의 시야를 방해해서는 안 된다.
3) 대기심판 벤치 내에는 최소 3인 이상 앉을 수 있는 좌석과 테이블이 준비되어야 한다.

제12조 (의료시설)　홈 클럽은 선수단, 관계자, 관중 등을 위해 경기개시 90분 전부터 경기종료 후 모든 관중 및 관계자가 퇴장할 때까지 의료진(의사, 간호사, 1급 응급구조사)과 1대의 특수구급차를 포함하여 최소 2대 이상의 구급차를 반드시 대기시켜야 한다. 이를 위반할 경우, 연맹 상벌 규정에 따라 제재할 수 있다.

제13조 (경기장에서의 고지)　1. 홈 클럽은 경기장에서 다음의 각 항목 사항

을 전광판 및 장내 아나운서(멘트)를 통해 고지하여야 한다.

1) 공식 대회명칭(반드시 지정된 방식 및 형태에 맞게 전광판 노출)
2) 선수, 심판 및 경기감독관, 심판평가관 소개
3) 대회방식 및 경기방식
4) K리그 선수 입장곡(K리그 앤섬 'K League Entrance' BGM)
5) 선수 및 심판 교체
6) 득점자 및 득점시간(득점 직후에)
7) 추가시간(전·후반 전광판 고지 및 장내아나운서 멘트 동시 실시)
8) 다른 공식경기의 중간 결과 및 최종 결과
9) 유료관중 수(후반전 15~30분 발표, 전광판 표출과 동시에 장내 아나운서 발표)
10) 경기 중, 경기정보 전광판 표출(양 팀 출전선수명단, 경고, 퇴장, 득점)
11) 지진 등 비상상황 발생 시 대피방안
12) VAR 리뷰를 진행할 경우, VAR 영상판독 문구 전광판 표출
13) 상기 1~12호 이외 연맹이 지정하는 사항

2. 홈 클럽은 경기 전·후 및 하프타임에 다음의 각 항목 사항을 실시하는 것이 가능하다.

1) 다음 경기예정 및 안내
2) 연맹의 사전 승인을 얻은 광고 선전
3) 음악방송
4) 팀 또는 선수에 관한 정보 안내
5) 상기 1~4호 이외 연맹의 승인을 얻은 사항

제14조 (홈 경기장에서의 경기개최)　각 클럽은 홈경기의 과반 이상을 홈 경기장에서 실시하여야 한다. 다만, 이사회의 승인을 얻은 경우는 제외된다.

제15조 (경기장 점검)　1. 홈 클럽이 기타 경기장에서 경기를 개최하고자 할 경우 해당 경기개최 30일 전까지 연맹에 시설 점검을 요청하여 경기장 실사를 받아야 하며, 이때 제출하여야 하는 서류는 다음과 같다.

1) 경기장 시설 현황
2) 홈경기 안전계획서

2. 연맹의 보완 지시가 있을 경우 이에 대한 이행 결과를 경기개최 15일 전까지 서면 보고하여야 한다.

3. 연맹은 서면보고접수 후 재점검을 통해 문제점 보완이 미흡하다고 판단될 경우 경기 개최를 불허한다. 이 경우 홈 클럽은 연고지역 내에서 '법령', 'K리그 경기장 시설기준'에 부합하는 타 경기장(대체구장)을 선정하여 상기 1항, 2항의 절차에 따라 연맹의 승인을 받아야 한다.

4. 홈 클럽이 원하는 경기장에서 경기개최가 불가능하다고 판단될 경우, 본 대회요강 제18조 2항에 따른다(연맹 경기규정 30조 2항).

5. 상기 4항을 이행하지 않는 클럽은 본 대회요강 제20조 1항에 따른다(연맹 경기규정 33조 1항).

제16조 (악천후의 경우 대비조치)　1. 홈 클럽은 강설 또는 강우 등 악천후의 경우에도 홈경기가 개최될 수 있도록 최선의 노력을 해야 한다.

2. 악천후로 인하여 경기개최가 불가능하다고 판단될 경우, 경기감독관은 경기 개최 3시간 전까지 경기 개최 중지를 결정하여야 한다.

제17조 (경기중지 결정)　1. 경기 전 또는 경기 중 중대한 불상사 등으로 경기를 계속하기 어려운 사태가 발생하였을 경우, 주심은 경기 감독관에게 경기 중지를 요청할 수 있으며, 경기감독관은 동 요청에 의거하여 홈 클럽 및 원정 클럽 관계자의 의견을 참고한 후 경기 중지를 결정할 수 있다.

2. 상기 1항의 경우 또는 관중의 난동 등으로 경기장의 질서 유지가 어려운 경우, 경기감독관은 주심의 경기중지 요청이 없더라도 경기 중지를 결정할 수 있다.

3. 경기 개최 3시간 전부터 경기 종료 전까지 경기 개최 지역에 미세먼지, 초미세먼지, 황사 등에 관한 경보가 발령되었거나 경보 발령 기준농도를 초과하는 상태인 경우, 경기감독관은 경기의 취소 또는 연기를 결정할 수 있다.

4. 경기감독관은 경기중지 결정을 내린 후, 지체 없이 그 사유를 연맹에 보고하여야 한다.

제18조 (불가항력으로 인한 경기 취소·중지 및 재경기)　1. 공식경기가 악천후, 천재지변, 기타 클럽의 통제범위를 벗어난 불가항력적 상황, 경기장 조건, 선수단 및 관계자 및 관중의 안전이 우려되는 긴급한 상황 등 부득이

한 사유로 취소·중지된 경우, 그 다음날 같은 경기장에서 재경기를 개최함을 원칙으로 한다.

2. 그 다음 날 같은 경기장에서 재경기를 개최하기 어려운 사정이 있을 경우에는 연맹이 재경기의 일시 및 경기장을 정한다.

3. 경기장 준비부족, 시설미비 등 점검미비에 따른 홈 클럽의 귀책사유로 인하여 공식 경기가 취소·중지된 경우 원정 클럽은 그 시점으로부터 24시간 이내에 자신의 홈경기로 재경기를 개최할 것을 신청할 수 있으며, 이 경우 홈/원정의 변경 여부는 연맹이 결정한다.

4. 재경기 방식에 대해서는 다음 각 호에 의한다.

   1) 이전 경기에서 양 클럽의 득실차가 없을 때는 90분간 재경기를 실시한다.

   2) 이전 경기에서 양 클럽의 득실차가 있을 때는 중지 시점에서부터 잔여 시간만의 재경기를 실시한다.

5. 재경기 시, 상기 4항 1호의 경우 이전 경기에서 발생된 경고, 퇴장 기록만이 인정되며 선수교체는 팀당 허용하는 최대 인원수까지 가능하다. 상기 4항 2호의 경우 이전 경기에서 발생된 모든 기록이 인정되며 선수교체 횟수와 인원 역시 이전 경기의 중지시점까지 사용한 횟수를 차감하여 남은 횟수만 사용할 수 있다.

6. 재경기 시, 이전 경기에서 발생된 경고 및 퇴장은 유효하며, 경고 및 퇴장에 대한 차벌(징계)은 경기순서대로 연계 적용한다.

제19조 (귀책사유가 있는 클럽의 비용 보상) 1. 홈 클럽의 귀책사유에 의해 공식경기가 개최불능 또는 중지(중단)되었을 경우, 홈 클럽은 원정 클럽에 교통비 및 숙식비를 보상하여야 한다.

2. 원정 클럽의 귀책사유에 의해 공식경기가 개최불능 또는 중지(중단)되었을 경우, 원정 클럽은 홈 클럽에 발생한 경기준비 비용 및 입장권 환불 수수료, 교통비 및 숙식비를 보상하여야 한다.

3. 상기 1항, 2항과 관련하여 천재지변 등 불가항력에 의한 경우는 제외한다.

제20조 (패배로 간주되는 경우) 1. 공식경기 개최거부 또는 속행 거부 등(경기장 질서문란, 관중의 난동 포함) 어느 한 클럽의 귀책사유로 인하여 공식경기가 개최불능 또는 중지(중단)되었을 경우, 그 귀책사유가 있는 클럽이 0:3 패배한 것으로 간주한다.

2. 공식경기에 무자격선수가 출장한 것이 경기 중 또는 경기 후 발각되어 경기종료 후 48시간 이내에 상대 클럽으로부터 이의가 제기된 경우, 무자격선수가 출장한 클럽이 0:3 패배한 것으로 간주한다. 다만, 경기 중 무자격선수가 출장한 것이 발각되었을 경우, 해당 선수를 퇴장시키고 경기는 속행한다.

3. 상기 1항, 2항에 따라 어느 한 클럽의 0:3 패배를 결정한 경우에도 양 클럽 선수의 개인기록(출장, 경고, 퇴장, 득점, 도움 등)은 그대로 인정한다.

4. 상기 2항의 무자격 선수는 K리그 미등록 선수, 경고누적 또는 퇴장으로 인하여 출전이 정지된 선수, 상벌 위원회 징계, 외국인 출전제한 규정을 위반한 선수 등 위반한 시점에서 경기출전 자격이 없는 모든 선수를 의미한다.

제21조 (대회 중 잔여경기 포기) 대회 중 잔여 경기를 포기하는 경우, 다음의 각 항에 의한다.

1. 대회 전체 경기수의 3분의 2 이상을 수행하였을 경우, 지난 경기 결과를 그대로 인정하고, 잔여 경기는 포기한 클럽이 0:3 패배한 것으로 간주한다.

2. 대회 전체 경기수의 3분의 2 이상을 수행하지 못했을 경우, 포기한 클럽과의 경기 결과를 모두 무효 처리한다. 단, 양 클럽 선수의 개인기록(출장, 경고, 퇴장, 득점, 도움 등)은 그대로 인정한다.

제22조 (코로나19 확진자 발생 시 리그 운영) 1. 시즌 중 코로나19 확진자 발생에 의해 경기가 중단되었을 경우, 해당 경기는 주중 경기 및 A매치 데이 기간을 활용하여 개최한다. 단, A매치, FA컵 및 ACL 등의 기타 일정과 겹칠 경우 추가로 연기될 수 있으며, 일정 연기 및 경기배정에 대한 최종 결정권은 연맹에 있다.

2. 코로나 및 기타 불가항력에 의해 일부 경기 또는 리그 전체일정이 연기되어 2023년 12월 17일까지 예정된 라운드를 종료하지 못했을 경우, 모든

Section
7

2023
경기
기
록
부

팀들이 동일수의 경기를 한 마지막 라운드를 기준으로 리그의 성립 여부, 리그순위를 결정하며, 기준은 아래와 같다.

구분	리그 성립	리그 불성립
라운드 수	22R 이상	22R 미만
타이틀	부여	미부여
리그순위	인정	불인정
시상	실시	미실시
ACL 출전팀	리그 순위에 따라 참가	참가기준 별도 결정
승강 여부	제22조 3항 참조	
팀 통산 기록	인정	인정*
개인 통산 기록	인정	인정*

* 리그 불성립 시, 팀/개인 통산 기록으로는 인정하되 리그 기록으로는 미포함. 별도 대회기록으로 처리.

3. 2023 시즌의 디비전별 승강 여부는 각 대회의 최종 성립 여부에 따라 결정되며, 원칙은 아래와 같다.

K리그1	K리그2	승강 원칙	2024년 참가팀 수 (K리그1/K리그2)
성립	성립	1~3팀기존 승강방식, 승강PO 개최	12팀 / 13+@팀
불성립	불성립	강등(없음) / 승격(없음)	
성립	불성립	강등(K리그1 12위) / 승격(없음)	11팀 / 14+@팀
불성립	성립	강등(없음) / 승격(K리그2 1위)	13팀 / 12+@팀

* @는 신생팀 창단 시 추가되는 팀 수를 뜻함

4. 개별 경기개최 성립을 위한 양 팀의 최소 선수단 인원은 아래와 같으며, 어느 한 팀이라도 최소 선수단 수를 충족시키지 못했을 경우 해당 경기는 자동 연기된다. 연기된 경기의 일정은 양팀과 조율하여 연맹에서 최종 결정한다.

   1) 경기출전가능인원 수: 팀당 최소 17명(최소 1인의 GK 필수포함)

   2) 선수들의 경기출전 가능 조건

      ① 코로나19 음성   ② 자가격리 비대상

5. 그 밖의 사항은 연맹의 결정에 따른다.

제23조 (경기결과 보고) 모든 공식경기의 경기결과 보고는 경기감독관 보고서, 심판 보고서, 경기기록지에 의한다.

제24조 (경기규칙) 본 대회의 경기는 FIFA 및 KFA의 경기규칙에 따라 실시되며, 특별한 사항이 발생 시에는 연맹이 결정한다.

제25조 (Video Assistant Referee 시행) 1. VAR는 주심 등 해당 경기 심판진을 지원하고 경기 결과를 바꿀 수 있는 명백한 오심을 변경해 공정한 판정을 증대하기 위해 시행하며 본 대회에서는 아래의 4가지 상황에 대해서만 VAR을 적용한다.

   1) 득점 상황   2) PK(Penalty Kick) 상황

   3) 퇴장 상황   4) 징계조치 오류

2. VAR의 시행과 관련하여 선수, 코칭스태프, 구단 임직원의 준수사항은 다음과 같다.

   1) 'TV' 신호(Signal)를 그리는 동작을 취하거나 구두로 VAR 확인을 요청할 수 없다. 이를 위반할 시, 다음과 같은 제재가 내려진다.

      ① 선수 - 경고   ② 코칭스태프 및 구단 임직원 - 퇴장

   2) 주심 판독 지역(Referee Review Area, 이하 'RRA')에는 오직 주심과 영상관리보조자(Review Assistant, 이하 RA), 심판진만이 진입할 수 있다. 이를 위반할 시 다음과 같은 제재가 내려진다.

      ① 선수 - 경고   ② 코칭스태프 및 구단 임직원 - 퇴장

3. VAR의 시행과 관련하여 홈 구단의 준수사항은 다음과 같다.

   1) 홈 클럽은 VAR가 공식 심판진임을 인지하고 VAR 차량에 심판실과 동일한 안전계획을 수립해 안전관리를 제공해야 하며, 안전관리 미흡 등 홈 클럽의 귀책사유로 인한 차량 및 장비의 파손 등이 발생하는 경우 이

에 따른 손해를 연맹에 배상하여야 한다.

2) 홈 클럽은 RRA에 심판진과 RA 외 다른 누구도 진입할 수 없도록 관리해야 하며, 관련 안전사고 예방의 의무와 책임이 있다.

3) 홈 클럽은 VAR 상황 발생 시 판독 중임을 뜻하는 이미지를 판독 종료 시점까지 전광판에 노출해야 하며, 관련 장면 영상을 전광판을 통해 리플레이할 수 없다.

4) 홈 클럽이 상기 제1호부터 제3호까지 명시된 준수사항을 위반하는 경우, 연맹 상벌 규정 유형별 징계 기준 11조에 따른 징계를 받을 수 있다.

4. 아래와 같은 사유로 경기 전 또는 경기 중 VAR 운영이 불가하여도 경기 진행에 영향을 미치지 않는다.

1) VAR 장비가 작동하지 않은 경우

2) VAR 판정에 오심이 발생하는 경우

3) VAR 판독을 진행하지 않겠다고 결정을 내린 경우(안전문제, 선변위협 등)

4) VAR 판독이 불가능한 경우(영상 앵글의 문제점, 노이즈현상 등)

5. VAR의 시행과 관련하여 VAR 및 RO 등 구성원에 관한 사항은 다음과 같다.

1) VAR, AVAR 또는 RO가 경기 전 또는 경기 중에 정상적인 업무를 수행할 수 없는 경우, 대체인력은 반드시 그 역할 수행이 가능한 자격을 갖춰야만 한다.

2) VAR 또는 RO의 자격을 갖춘 인원 및 대체인력이 없을 경우, 해당 경기는 VAR의 운용 없이 경기를 시작 또는 재개하여야 한다.

3) AVAR의 자격을 갖춘 인원 및 대체 인력이 없을 경우, 해당 경기는 VAR의 운용 없이 경기를 시작 또는 재개하여야 한다. 단, 이례적인 상황에서, 양 팀이 서면으로 VAR 및 RO만으로 VAR을 운용하기로 합의할 경우는 제외한다.

6. 이 외 사항에 대해서는 IFAB(국제축구평의회)와 FIFA(국제축구연맹)이 정한 바에 따른다.

제26조 (전자장비 사용)_ 1. 웨어러블 전자 퍼포먼스 트래킹 시스템(EPTS) 사용을 원하는 경우, FIFA 품질 프로그램(FIFA Quality Programme) 기준에 부합하는 제품만 사용 가능하며, 사전에 연맹에 승인을 받아야 한다.

2. 선수들(대기 선수/교체된 선수/퇴장 선수 포함)은 전자 장비를 일절 사용하거나 착용해서는 안 된다(단, 웨어러블 EPTS 장비는 예외).

3. 스태프는 선수의 복지와 안전 및 전술적/코칭과 직접 관련이 있는 경우에 한해 소형, 이동식, 휴대용 장비(마이크, 헤드폰, 이어폰, 스마트폰, 스마트워치, 태블릿PC, 노트북 등)를 사용할 수 있다.

4. 전자장비 사용에 대하여 개막일 전까지 연맹에 승인을 받아야 한다. 단, 시즌 중 사용 승인 신청을 할 경우 경기 1일 전까지 연맹에 사용 승인을 받아야 한다.

5. 허가되지 않은 전자 장비를 사용하거나, 전자/통신 장비를 이용한 판정 항의 시 기술 지역에서 퇴장된다.

제27조 (경기시간 준수)_ 1. 본 대회는 90분(전·후반 각 45분) 경기를 실시한다.

2. 모든 클럽은 미리 정해진 경기시작 시간(킥오프 타임)과 경기 중 휴식시간(하프타임)을 반드시 준수하여야 한다. 하프타임 휴식은 15분을 초과할 수 없으며, 양 팀 출전선수는 후반전 출전을 위해 후반전 개시 3분 전(하프타임 12분)까지 심판진과 함께 대기 장소에 집결하여야 한다.

3. 클럽이 경기시작 시간 또는 하프타임 종료시간을 준수하지 않아 예정된 경기시작 또는 재개시간이 1분 이상 지연될 경우, 아래 각 호에 따라 해당 클럽에 제재금을 부과할 수 있다.

1) 1회 미준수 시 100만 원의 제재금

2) 2회 미준수 시 200만 원의 제재금

3) 3회 이상 미준수 시 400만 원의 제재금 및 상벌위원회 제소

4. 경기에 참가하는 팀(코칭스태프, 팀 스태프 포함)은 경기시작 100분 전에 경기장에 도착하여야 한다.

1) 어느 한 팀이 경기시작 40분까지 경기장에 도착하지 못할 경우, 해

당 팀은 경기감독관에게 그 사유와 도착예정 시간을 통보하여야 하며, 경기감독관은 경기시간 변경 유무를 심판 및 양 팀 대표자와 협의를 통해 결정한 후, 연맹으로 통보한다.

2) 경기시간이 변경될 경우, 홈 클럽은 전광판 및 아나운서 멘트를 통해 변경된 경기시간과 변경사유에 대해 고지해야 한다.

3) 어느 한 팀이 경기시작 시각까지 경기장에 도착하지 않는 경우, 상대팀은 45분간 대기할 의무가 있다. 45분간 대기했음에도 불구하고 상대팀이 도착하지 않을 경우, 경기감독관은 17조 1항에 의한다.

4) 경기중지에 따라 발생되는 모든 비용에 대한 배상, 책임은 귀책사유가 있는 클럽에 있으며 19조에 따른다.

5) 홈/원정팀은 경기개최지로의 이동정보를 사전에 숙지할 책임이 있으며, 상황에 따른 추가 이동시간이 필요한지 확인해야 한다. 만일 팀의 도착 지연으로 킥오프가 지연될 경우, 연맹은 귀책사유가 있는 클럽에 연맹 상벌규정 제12조 제1항에 해당하는 재제를 부과할 수 있다.

제28조 (승점)_ 본 대회의 승점은 승자 3점, 무승부 1점, 패자 0점을 부여한다.

제29조 (워밍업 및 쿨다운)_ 1. 출전선수명단에 포함된 선수 및 스태프는 그라운드에서 경기 시작 전 또는 하프타임 중 몸풀기 운동(이하 '워밍업') 및 경기 종료 후 몸풀기 운동(이하 '쿨다운')을 할 수 있다.

2. 경기 시작 전 워밍업은 킥오프 50분 전에 시작하여 20분 전에 종료한다.

3. 홈 클럽은 워밍업으로 인한 잔디 훼손을 방지하기 위하여 경기감독관에게 이동식 골대 사용, 스프린트 연습 구역 지정, 워밍업 제한 구역 지정 등을 요청할 수 있다.

4. 경기감독관은 제3항에 대한 요청이 있을 경우, 잔디 상태, 양 클럽 간 형평, 기타 조건을 고려하여 이를 승인하거나 일부를 변경하여 승인할 수 있고, 양 클럽은 경기감독관이 승인한 사항을 준수하여야 한다.

5. 홈 클럽은 양 클럽의 선수단에 하프타임 이벤트의 내용, 위치, 시간 등에 관하여 사전에 고지하여야 하고, 하프타임 중 워밍업을 하는 선수 및 스태프는 고지된 이벤트와 관련된 기물 또는 사람과 충돌하거나 이벤트 진행을 방해하지 않도록 주의하여야 한다.

6. 경기 종료 후 쿨다운은 시작한 시점으로부터 20분 이내에 종료하여야 한다.

7. 쿨다운을 할 때에는 볼을 사용할 수 없고, 경기감독관이 워밍업 제한구역을 지정한 경우 해당 구역에서는 실시할 수 없다.

제30조 (순위결정)_ 1. 정규 라운드(1~33R) 순위는 승점 → 다득점 → 득실차 → 다승 → 승자승 → 벌점 → 추첨 순으로 결정한다.

2. 최종순위 결정방식은 다음과 같다.

1) 정규라운드(1~33R) 성적을 적용하여, 6팀씩 2개 그룹(그룹A, 그룹B)로 분할한다.

2) 분할 후 그룹A, 그룹B는 별도 운영되며, 정규 라운드 성적을 포함하여 그룹A에 속한 팀이 우승~6위, 그룹B에 속한 팀이 7~12위로 결정한다. (승점 → 다득점 → 득실차 → 다승 → 승자승 → 벌점 → 추첨 순)

3) 그룹B 팀의 승점이 그룹A 팀보다 높더라도 최종 순위는 7~12위 내에서 결정된다.

3. 벌점에 대한 기준은 다음과 같다.

1) 경고 및 퇴장 관련 벌점

① 경고: 1점   ② 경고 2회 퇴장: 2점

③ 직접 퇴장: 3점   ④ 경고 1회 후 퇴장: 4점

2) 상벌위원회 징계 관련 벌점

① 제재금 100만 원당: 3점   ② 출장정지 1경기당: 3점

3) 코칭스태프 및 팀 스태프 퇴장, 클럽(임직원 포함)에 부과된 징계는 팀 벌점에 포함한다.

4) 사후징계 및 감면 결과는 팀 벌점에 포함한다.

4. 개인기록 순위결정

1) 개인기록순위 결정은 본 대회(1~38R) 성적으로 결정한다.
2) 득점(Goal) 개인기록순위 결정의 우선 순서는 다음과 같다.
　　①최다득점선수　②출전경기가 적은 선수　③출전시간이 적은 선수
3) 도움(Assist) 개인기록순위 결정의 우선 순서는 다음과 같다.
　　①최다도움선수　②출전경기가 적은 선수　③출전시간이 적은 선수

제31조 (시상) 1. 본 대회의 단체상 및 개인상 시상내역은 다음과 같다.

구분		시상내역	비고
단체상	우승	상금 500,000,000원 + 트로피 + 메달	
	준우승	상금 200,000,000원 + 상패	
	페어플레이	상금 10,000,000원 + 상패	각 팀 페어플레이 평점
개인상	최다득점수	상금 5,000,000원 + 상패	대회 개인기록
	최다도움수	상금 3,000,000원 + 상패	대회 개인기록

2. 페어플레이 평점은 다음과 같다.
　1) 페어플레이 평점은 각 클럽이 본 대회에서 받은 총벌점을 해당 팀 경기 수로 나눈 것으로 평점이 낮은 팀이 페어플레이상을 수상한다.
　2) 벌점에 대한 기준은 상기 제30조 3항에 따른다.
　3) 만일 페어플레이 평점이 2개 팀 이상 동일할 경우, 성적 상위팀이 수상한다.
3. 우승 트로피 보관 및 각종 메달 수여는 다음과 같다.
　1) 우승 클럽(팀)에 본 대회 우승 트로피가 수여되며, 우승 트로피를 1년 동안 보관할 수 있다. 수여된 우승 트로피가 연맹에 반납되기 전까지 우승 트로피의 관리(보관, 훼손, 분실 등)에 대한 모든 책임은 해당 클럽(팀)에 있다.
　2) 전년도 우승 클럽(팀)은 우승 트로피를 정규 라운드(33R) 종료 후 연맹에 반납하여야 한다.
　3) 연맹은 아래와 같이 메달을 수여한다.
　　①대상: 클럽의 K리그에 등록된 선수 및 코칭스태프(우승 확정일 기준)
　　②개수: 인당 1개씩 수여

제32조 (출전자격) 1. K리그 선수규정 5조에 의거하여 선수 등록을 완료한 선수만이 공식경기에 출전할 자격을 갖는다.
2. K리그 선수규정 6조에 의거하여 연맹에 등록을 완료한 코칭스태프 및 팀 스태프 중 출전선수명단에 등재된 자만이 공식경기 중, 벤치에 착석할 수 있으며, 경기 중 기술지역에서의 선수지도행위는 1명만이 할 수 있다(통역 1명 대동 가능).
3. 제재 중인 지도자(코칭스태프, 팀 스태프 포함)는 다음 항목을 준수하여야 한다.
　1) 출전정지제재 중이거나 경기 중 퇴장 조치된 코칭스태프는 공식경기에서 관중석을 제외한 지역에 대해 출입이 제한되며, 경기 전 훈련 지도 및 경기 중 전자장비 사용을 포함한 어떠한 지도(지시) 행위도 불가하다.
　2) 징계 중인 지도자(원정팀 포함)가 경기를 관전하고자 할 경우, 홈 클럽은 본부석 쪽에 좌석을 제공하여야 하며, 해당 지도자의 안전을 위한 조치를 취해야 한다.
　3) 상기 제1호를 위반할 경우, 연맹 상벌규정 제12조 제2항에 해당하는 제재를 부과할 수 있다.
4. 경고, 퇴장, 상벌위원회 징계 등에 따라 출전이 정지된 선수, 코칭스태프, 팀 스태프의 출전으로 인한 모든 책임은 해당 클럽에 있다.
5. 준프로 계약을 체결한 선수의 공식경기 출전은 선수규정 부칙 및 '준프로 계약 시행 세칙'을 따른다.

제33조 (출전선수명단 제출 의무) 1. 공식경기에 참가하는 홈 클럽과 원정 클럽은 경기 개시 90분 전까지 경기감독관에게 출전선수명단을 제출하여 승인을 받아야 하며, 출전선수 스타팅 포메이션(Starting Formation)을 별지로 함께 제출하여야 한다.
2. 출전선수명단에는 출전 선수, 코칭스태프 및 팀 스태프 명단, 유니폼 색상

이 포함되어야 하며, 제출된 인원만이 해당 공식경기 출전과 팀 벤치 착석 및 기술지역 출입, 선수 지도를 할 수 있다. 단, 출전선수명단에 등재할 수 있는 코칭스태프 및 팀 스태프의 수는 11명까지로 하며, 스카우트, 전력분석관, 장비담당자는 벤치에 착석할 수 없다.
3. 출전선수명단 승인 후에는 선수명단 변경을 할 수 없다. 다만, 경기 개시 전에 선발 출전선수 중 부상 등의 불가피한 사유로 경기출전이 불가능한 선수가 발생한 경우에 그 선발 선수를 후보 선수와 교체할 수 있다.
4. 본 대회의 출전선수명단은 18명을 원칙으로 하며, 다음 사항을 반드시 준수하여야 한다.
　1) 골키퍼(GK)는 반드시 국내 선수이어야 하며, 후보 골키퍼(GK)는 반드시 1명이 포함되어야 한다. 단, 코로나 사태 종식 전까지는 'K리그 코로나19 대응매뉴얼'을 우선하며, 본 대회요강 제22조 4항에 따라 전체출전선수명단 내에 1명의 골키퍼(GK)만 포함해도 된다.
　2) 외국 국적 선수의 경우, 출전선수명단에 최대 5명까지 등록할 수 있으며, 경기 동시 출전은 최대 3명까지 가능하다. 단, AFC 국적 선수에 한하여 추가 1명을 등록 및 출전시킬 수 있다.
　3) 국내 U22(2001.01.01 이후 출생자) 국내선수는 출전선수명단에 최소 2명 이상 포함(등록)되어야 한다. 만일 국내 U22 선수가 출전선수명단에 포함되어 있지 않을 경우, 해당 인원만큼 출전선수명단에서 제외한다(즉, 국내 U22 선수가 1명 포함될 경우 출전선수명단은 17명으로 하며, 전혀 포함되지 않을 경우 출전선수명단은 16명으로 한다).
　4) 출전선수명단에 포함된 국내 U22 선수 1명은 반드시 의무선발출전을 해야 한다. 만일 국내 U22 선수가 의무선발출전을 하지 않을 경우, 선수교체 가능인원은 2명으로 제한한다(34조 2항 참조).
　5) 클럽에 등록된 국내 U22 선수가 KFA 각급 대표팀 선수로 소집(소집일 ~ 해산일)될 경우, 해당 클럽은 소집 기간 동안에는 의무선발출전 규정(상기 4호)과 차출된 숫(인)원만큼 엔트리 등록 규정도 적용받지 않는다.

U22 선수 각급대표 소집	출전선수명단(엔트리)		U22선수		선수교체 가능인원
	U22선수 포함 인원	등록가능인원	의무선발	교체 출전	
0명	0명	16명	0명	-	2명
	1명	17명	0명	-	2명
			1명	-	3명
	2명 이상	18명	0명	-	3명
			1명	-	3명
			2명	1명	5명
1명	0명	17명	0명	-	3명
	1명 이상	18명	0명	-	3명
			1명	1명	5명
2명 이상	0명	18명	0명	-	5명

* 각급 대표팀 차출의 사유 없이 U22 의무선발출전 규정 미준수 시, 선수 교체 인원을 2명으로 제한.

5. 순연 경기 및 재경기(90분 재경기에 한함)의 출전선수명단은 다시 제출하여야 한다.

제34조 (선수교체) 1. 본 대회의 선수 교체는 경기감독관이 승인한 출전선수명단에 의해 후보선수명단 내에서만 가능하다.
2. 본 대회요강 제33조 4항 4호에 의거, 국내 U22 선수가 선발출전하지 않을 경우, 해당 클럽은 최대 2명만 선수교체가 가능하다. 이를 위반할 경우, 제20조 2항~4항에 따른다.
3. 상기 2항을 준수한 경우 선수 교체는 90분 경기에서 3명까지 가능하나, 후보 명단에 포함된 U22 선수가 교체출전하는 경우에 한하여 교체가능 인원은 최대 5명까지 가능하다. 단, 이 경우 반드시 4번째 교체명단 내에 U22 선수가 포함되어야 하며, 만약 선발로 U22 선수가 2명 이상 출전 시에는 교체 출전 여부와 관계없이 최대 5명의 선수교체가 가능하다.
4. 선수 교체 횟수는 경기 중에 최대 3회 가능하며, 하프타임 종료 후 후반전

킥오프 전에 한 차례 추가로 선수교체가 가능하다.

5. 출전선수명단 승인(경기감독관 서명) 후, 선발출전선수 11명 중 킥오프 전에 경기출전이 불가한 선수가 발생할 경우, 킥오프 전까지 경기감독관의 승인하에 출전선수명단의 교체 대상선수 7명에 한하여 해당 선수와 교체할 수 있으며, 교체된 선수는 후보선수명단에 포함되나 해당 경기에 출전할 수 없다.

  1) 상기 5항의 경우 선수교체 인원으로 적용되지 않으며, 3명의 선수교체 가능 인원 수는 유효하다.

  2) 선발출전선수 11명 중 국내 U22(2001.01.01 이후 출생자) 의무선발 출전선수가 출전이 불가하여 후보 선수명단 내의 국내 U22 선수와 교체될 경우 선수교체 가능인원은 3명으로 유지되며, 이 경우 별도의 U22 선수가 출전선수명단에 없다면 상기 3항은 적용할 수 없다. 단, 국내 U22선수가 아닌 선수와 교체될 경우 제33조 4항 4)호에 의하여 선수교체 가능인원은 2명으로 제한한다.

  3) 출전선수명단 내 교체 대상선수 7명 중 경기출전이 불가한 선수가 발생하더라도 해당 선수는 명단 외 선수와 교체할 수 없다.

제35조 (출전정지) 1. 본 대회에서 경고누적에 의한 출전정지 및 퇴장(경고 2회 퇴장, 직접 퇴장, 경고 1회 후 직접 퇴장)에 의한 출전정지는 최종 라운드(1~38R)까지 연계 적용한다.

2. 선수는 처음 각 5회, 3회의 경고누적 시 다음 1경기가 출전 정지되며, 이후 매 2회 누적마다 다음 1경기 출전정지와 제재금 칠십만 원(700,000원)이 부과된다. 코칭스태프의 경우, 처음 각 3회, 2회의 경고누적 시 1경기의 출전정지 제재가 적용되며, 이후 매 경고 1회마다 다음 1경기 출전정지 된다.

3. 1경기 경고 2회 퇴장에 의한 출전정지는 다음 1경기가 출전 정지되며, 제재금은 일백만 원(1,000,000원)이 부과된다. 이 경고는 누적에 산입되지 않는다.

4. 직접 퇴장에 의한 출전정지는 다음 2경기가 출전 정지되며, 제재금은 일백이십만 원(1,200,000원)이 부과된다.

5. 경고 1회 후 직접 퇴장에 의한 출전정지는 다음 2경기가 출전 정지되며, 제재금은 일백오십만 원(1,500,000원)이 부과된다. 경고 1회는 유효하며, 누적에 산입된다.

6. 제재금은 출전 가능경기 1일 전까지 반드시 해당자 명의로 납부하여야 한다. 이를 위반할 경우 경기 출전이 불가하다. 출전 가능경기가 남아 있지 않을 경우, 본 대회 종료 15일 이내에 납부하여야 한다.

7. 상벌위원회 징계로 인한 출전정지는 시즌 및 대회에 관계없이 연계 적용한다.

8. 선수이면서 코칭스태프로 등록된 자가 선수로서 출장정지제재를 받은 경우 그 제재의 이행을 완료할 때까지 코칭스태프로서 경기에 출장할 수 없다. 코칭스태프로서 출장정지제재를 받은 경우에도 그 제재의 이행을 완료할 때까지 선수로서 경기에 출장할 수 없다.

9. 선수이면서 코칭스태프로 등록된 자의 경고누적으로 인한 출장정지 및 제재금 부과 기준은 코칭스태프의 예에 따르며, 누적에 산입되는 경고의 횟수는 선수로서 받은 경고와 코칭스태프로서 받은 경고를 모두 더한 것으로 한다.

10. 경고, 퇴장, 상벌위원회 징계 등에 따라 출전이 정지된 선수, 코칭스태프, 팀 스태프의 출전으로 인한 모든 책임은 해당 클럽에 있다.

제36조 (유니폼) 1. 본 대회는 K리그 마케팅 규정상의 팀 색상 및 유니폼 규정에 따라 반드시 연맹이 승인하고 지정한 유니폼을 착용해야 한다.

2. 선수 번호(배번)은 1번~99번으로 한정하며, 배번 1번은 GK에 한함)는 출전선수명단에 기재되어 있는 선수 번호와 일치하여야 하며, 배번의 식별이 가능하도록 명확하게 표시되어 있어야 한다.

3. 팀의 주장은 주장인 것을 명확하게 표시하는 완장(Armband)을 착용하여야 한다.

4. 공식경기에 참가하는 모든 클럽은 제1유니폼과 제2유니폼을 필히 지참함

을 원칙으로 하며, 경기 전 연맹(경기감독관) 및 상대 클럽과 유니폼 착용 색상과 관련하여 사전 조율하여야 한다. 조율이 되지 않을 경우 연맹(경기감독관)이 최종 결정한다. 이를 따르지 않을 경우 위반한 클럽에 제재금 500만 원을 부과할 수 있다.

5. 유니폼 안에 착용하는 이너웨어의 색상은 아래 각 호에 따른다.

  1) 상의 이너웨어의 색상은 유니폼 상의 소매의 주색상과 일치해야 한다. 단, 유니폼 상의 소매 부분의 주색상이 상대팀 유니폼의 주색상과 동일하거나 유사할 경우에는 유니폼 상의의 주색상으로 착용할 수 있다. 이를 위반할 경우 공식경기 출전이 불가하다.

  2) 하의 이너웨어의 색상은 반드시 하의 주 색상 또는 하의 끝부분의 색상과 동일해야 하고, 이를 위반할 경우 공식경기 출전이 불가하다.

6. 스타킹과 발목밴드(테이핑)는 동일 색상(계열)이어야 한다. 이를 위반할 경우 심판은 시정을 명할 수 있고, 이에 불응할 경우 경기출전을 금지시킬 수 있다.

제37조 (사용구) 본 대회의 공식 사용구는 '오션즈 프로(OCEAUNZ PRO)'로 한다.

제38조 (경기관계자 미팅) 1. 경기시작 60~50분 전(양 팀 감독 인터뷰 진행 전) 경기감독관실에서 실시한다.

2. 참석자는 해당 경기의 경기감독관, 심판평가관, 주심, 양 팀 감독, 홈경기 운영자(필요시)로 한다. 홈경기 담당자는 당일 홈경기 관련 특이사항이 있는 경우에만 참석한다.

3. 주요내용은 아래와 같다.

  1) 경기와 관련한 리그의 주요방침

  2) 판정 가이드라인 등 심판판정에 관한 사항

  3) 기타 해당경기 특이사항 공유

제39조 (경기 전후 인터뷰 및 기자회견) 1. 홈 클럽은 공동취재구역인 믹스드 존(Mixed Zone)과 기자회견실을 반드시 마련해야 하고, 양 클럽 홍보담당자는 경기 전 인터뷰, 경기 후 플래시인터뷰, 공식기자회견, 믹스드 존 인터뷰가 원활히 이뤄질 수 있도록 협조하여야 한다.

2. 양 클럽 선수단은 경기 킥오프 90분 전부터 60분 전까지 홈 클럽이 지정한 장소(라커룸 출입구 인근 통로, 그라운드 진입 통로, 그라운드 주변 등)에서 취재기자가 요청하는 인터뷰에 응해야 한다. 양 클럽 홍보 담당자는 취재기자가 요청하는 선수가 인터뷰에 응할 수 있도록 협조한다.

3. 경기 중계방송사(HB)는 아래 각 호의 인터뷰를 실시할 수 있으며, 양 클럽은 인터뷰 실시에 적극 협조한다.

  1) 경기 킥오프 전 70분 내지 60분 전 양 클럽 감독 대상 인터뷰

  2) 경기 전반전 종료 직후 양 클럽 감독 또는 수훈선수 대상 인터뷰

  3) 경기 후반전 종료 직후 양 클럽 감독 또는 수훈선수 대상 인터뷰

4. 경기 당일 중계방송을 하지 않는 중계권 보유 방송사(RTV)는 경기 후반전 종료 후 양팀의 감독 또는 수훈선수를 대상으로 하는 인터뷰를 실시할 수 있으며, 양 클럽은 인터뷰 실시에 적극 협조한다. 단, RTV의 인터뷰는 HB의 인터뷰가 종료된 후에 실시한다.

5. 홈 클럽은 경기 킥오프 50분 전부터 30분 전까지 라커룸 출입구 인근 통로에서 양팀 감독과 취재기자가 참석하는 경기 전 인터뷰를 실시한다. 단, 위 장소에서 사전 인터뷰를 진행하기 어려운 사정이 있을 경우 구단은 다른 장소에서 인터뷰를 실시할 수 있다. 이 경우 사전에 취재기자들에게 인터뷰 장소를 공지하여야 한다.

6. 홈 클럽은 경기 종료 후 20분 이내에 경기장 내 기자회견실에서 양 클럽의 감독과 미디어가 요청하는 수훈선수가 참석하는 공식기자회견을 개최한다. 단, 수훈선수는 경기에 참가한 선수에 한한다. 양 클럽 홍보담당자는 감독 및 미디어 요청 선수가 공식기자회견에 참석할 수 있도록 협조한다.

7. 공식 기자회견의 순서는 원정 - 홈 클럽 순으로 진행하는 것을 원칙으로 하되, 양 클럽 홍보담당자의 합의에 따라 변경할 수 있다.

8. 미디어 부재로 공식기자회견을 개최하지 않은 경우, 홈 클럽 홍보담당자는

457

양 클럽 감독의 코멘트를 경기 종료 1시간 이내에 각 언론사에 배포한다.

9. 출장정지제재 중이거나 경기 중 퇴장 조치된 코칭스태프는 공식경기 당일 위 제1항의 활동을 포함한 모든 미디어 인터뷰 활동을 해서는 안 되고, 업무대행자가 각 활동을 대신 수행해야 한다.

10. 양 클럽 선수단은 공식기자회견이 종료된 이후에 선수단 라커룸을 출발하여 믹스트 존 인터뷰에 응하여야 한다.

11. 모든 기자회견은 연맹이 지정한 인터뷰 배경막(백드롭)을 배경으로 실시하여야 한다.

12. 인터뷰를 실시하지 않거나 공식기자회견에 참석하지 않을 경우, 해당 클럽과 선수, 감독에게 제재금(50만 원 이상)을 부과할 수 있다.

13. 인터뷰에서는 경기의 판정이나 심판과 관련하여 일체의 부정적인 언급이나 표현을 할 수 없으며, 위반 시 다음 각 호에 의한다.

   1) 각 클럽 소속 선수, 코칭스태프, 팀 스태프, 임직원 등 모든 관계자에게 적용되며, 위반할 시 상벌규정 유형별 징계기준 제2조 가. 항 혹은 나. 항을 적용하여 제재를 부과한다.

   2) 공식 인터뷰뿐만 아니라 대중에게 공개될 수 있는 어떠한 경로를 통한 언급이나 표현에도 적용된다.

14. 그 밖의 사항은 '2023 K리그 미디어 가이드라인'을 준수하여야 한다.

15. '2023 K리그 미디어가이드라인'을 준수하지 않을 경우, 해당시즌 팀 미디어 운영에 제한을 받을 수 있다.

제40조 (중계방송협조)_ 1. 홈 클럽은 경기시작 4시간 전부터 경기종료 후 1시간까지 연맹, 심판, 선수, 스폰서, 중계제작사, 미디어를 포함한 모든 경기관계자가 원활한 경기진행 및 중계방송을 위해 요청하는 시설 및 서비스를 반드시 제공해야 할 책임이 있다.

2. 홈경기 담당자는 중계제작사의 도착시간을 기점으로 TV컴파운드(TV Compound)에 중계제작에 필요한 전력(단상(220V) 또는 3상 4선식(380V), 배전함 메인 전원 최소 100A 이상, 배선차단기 및 백업 전압(UPS 또는 발전기) 모두 구비)을 공급해야 하며, OB밴 주차 및 설치를 위해 평지의 대형 중계차가 가능한 구역을 확보하고, OB밴의 밤샘 주차가 필요한 경우 이에 대한 관리 및 경비를 시행해야 한다. 홈경기 담당자는 중계제작사의 요청 시 중계제작사의 요구조건에 부합하는 조명을 제공해야 하며, 별도의 취소 요청이 있을 때까지 이를 유지해야 한다.

3. 홈 클럽은 중계방송의 원활한 제작과 송출을 위해 HB 전용 별도의 '중계방송사룸(미디어룸과 별개)을 반드시 마련하여야 하며, 중계에 필요한 케이블 시설 공간, 각종 전송용 기자재를 반드시 제공해야 한다. 이 외, 기타 중계방송에 필요한 시설 또는 설비의 경우 HB에 우선 사용권을 부여한다.

4. 홈경기 담당자와 경기감독관 또는 대기심(매치 오피셜 - Match Officials)은 팀 벤치 앞 터치라인(Touchline) 및 대기심(4th official) 테이블 근처에 위치한 피치사이드 카메라(표준 카메라 플랜 기준 3, 4, 5번 카메라)와 골대 근처에 위치한 카메라(8, 9, 10번 카메라)에 대한 리뷰를 진행해야 한다. 만약 담당자들 간의 의견이 합의점을 찾지 못할 경우, 경기감독관이 최종 결정을 내린다. 단, 3번 피치사이드 카메라의 경우 일반 카메라일 시 3번 카메라의 위치는 팀 벤치 및 대기심 테이블과 동일 선상을 이루어야 하며, 하프라인을 기준으로 좌측에 위치한다(우측은 대기심 테이블 위치). 3번 피치사이드 카메라가 로보디 카메라인 경우, 카메라가 피치 중앙, 대기심이 카메라 뒤에 위치한다.

5. 홈 클럽은 사전에 연맹과 협의하에 지정한 표준 카메라 포지션은 반드시 고정하고 유지하여야 하며, 모든 카메라 포지션은 안전을 위한 안정적 플랫폼 및 우천시를 대비한 가림막 공간 또는 설비를 마련하여야 한다. 또한, 일부 경기에 한하여 기존 중계장비 이외의 특수 카메라 설치가 필요할 시 최대한 협조한다.

6. 중계제작사는 버스 도착 시 양 팀 감독과 인터뷰를 진행할 권리가 있으며, 인터뷰는 버스 도착지점과 드레싱룸 사이 공간에 K리그가 제공하는 인터뷰 백드롭 앞에서 진행해야 한다. 인터뷰는 킥오프 전 60분~20분

사이에 진행하며, 진행시간은 90초 이내로 최대 3개의 질문을 초과할 수 없다. 만약 감독 또는 감독대행이 외국인인 경우, 해당 팀은 통역 인원을 준비해야 한다.

7. 중계제작사는 경기종료 시 감독 또는 선수 중 양 팀 각각 1인과 인터뷰를 진행할 권리를 가지고 있으며, 인터뷰는 피치 또는 피치와 드레싱룸 사이 공간에 K리그가 제공하는 인터뷰 백드롭 앞에서 진행해야 한다. 중계제작사는 최소 경기 종료 15분 전까지, 양 클럽 홍보 담당자(Media Officer)에게 희망 인터뷰 선수를 전달한다. 양 클럽 홍보 담당자는 감독과 인터뷰 요청 선수를 경기종료 즉시 인터뷰 백드롭 앞으로 인계해야 한다. 만약 감독 또는 감독대행이 외국인인 경우, 해당 팀은 통역 인원을 준비해야 한다.

8. 백드롭은 2.5m × 2.5m 사이즈로 리그 로고와 스폰서 로고를 포함한 디자인으로 제작된다. 연맹에서 각 클럽에 제공하며, 홈 클럽에게 관리의 책임이 있다. 감독 도착 인터뷰 및 하프타임과 경기 종료 후 피치사이드[Pitchside]의 플래시 인터뷰 시 각 팀은 K리그 공식 백드롭을 필수로 사용해야 한다.

9. 그 밖의 중계방송 관련 사항은 'K리그 중계방송제작가이드라인'을 준수해야 한다.

제41조 (경기장 안전과 질서유지)_ 1. 홈 클럽은 경기개시 2시간 전부터 경기종료 후 모든 관중 및 관계자가 퇴장할 때까지 선수, 팀 스태프, 심판을 비롯한 전 관계자와 관중의 안전 및 질서 유지에 대한 의무와 책임이 있다.

2. 홈 클럽은 상기 1항의 의무 실시를 위해 최선의 노력을 다해야 하며, 경기장 안전 및 질서를 어지럽히는 관중에 대해 그 입장을 제한하고 강제 퇴장시키는 등의 적절한 조치를 취할 수 있다.

3. 연맹, 클럽, 선수, 코칭스태프 및 팀 스태프, 관계자를 비방하는 사안이나, 경기진행 및 안전에 지장을 줄 수 있는 모든 사안에 대해 관련 클럽은 즉각 이를 시정 조치하여야 한다.

4. 경기감독관은 상기 3항에 해당하는 사안을 경기 중 또는 경기 전·후에 발견하였을 경우 관련 클럽에 시정 조치를 요구할 수 있으며, 관련 클럽은 경기감독관의 지시에 따라야 한다.

5. 상기 3·4항의 사안이 시정 조치되지 않을 경우, 상벌규정 유형별 징계기준 제5조 마.항 및 바.항에 의거, 해당 클럽에 제재를 부과할 수 있다.

6. 관중의 소요, 난동으로 인해 경기 진행에 문제가 발생하거나, 선수, 심판, 코칭스태프 및 팀 스태프, 미디어를 비롯한 관중의 안전과 경기장 질서 유지에 문제가 발생할 경우에는 관련 클럽이 사유를 불문하고 그에 대한 일체의 책임을 부담한다.

7. 홈 클럽은 선수단 구역과 양 팀 선수대기실 출입구에 경호요원을 상시 배치하여야 하며, 또한 해당 구역을 확인해야 할 CCTV를 설치해야 하며, 관련 영상을 15일간 보관해야 한다.

8. 연맹에서 제정한 '안전 가이드라인'을 준수하지 않을 경우, 상벌규정 유형별 징계 기준 제5조 마 항 및 바 항에 의거 해당 클럽에 제재를 부과할 수 있다.

제42조 (홈경기 관리책임자, 홈경기 안전책임자 선정 및 경기장 안전요강)_ 모든 클럽은 경기장 안전 및 원활한 진행을 위해 홈경기 관리책임자 및 홈경기 안전책임자를 선정하여 연맹에 보고하여야 하며, 아래의 경기장 안전요강을 숙지하여 실행하고 관중에게 사전 공지 또는 고지하여야 한다. 또한 홈경기 관리책임자 및 홈경기 안전책임자는 경기감독관의 업무 및 지시 사항에 대해 최대한 협조하여야 한다.

1. 반입금지물: 경기장에 입장하려는 사람 또는 입장한 사람은 홈경기 관리책임자 및 홈경기 안전책임자가 특별히 필요 사항에 의해 허락했을 경우를 제외하고 다음의 각 호에 명시된 것을 가지고 입장할 수 없다.

   1) 경기장 관리자에 의해 반입을 금지하고 있는 것

   2) 정치적, 사상적, 종교적인 주의 또는 주장 또는 관념을 표시하거나 또는 연상시키고 혹은 대회의 운영에 지장을 미칠 우려가 있는 게시판, 간판, 현수막, 플래카드, 문서, 도면, 인쇄물 등

   3) 연맹의 승인을 득하지 않은 특정의 회사 또는 영리기업의 광고를 목적

으로 하여 특정의 회사명, 제품명 등을 표시한 것(특정 회사, 제품 등을 연상시키는 것 포함)

4) 그 외 경기운영 또는 진행을 방해하여 타인에게 불편을 주거나 또는 위험하게 하거나 혹은 그러한 우려가 있거나 또는 운영담당·보안담당, 경비종사원이 위험성을 인정하는 것

2. 금지행위: 경기장에 입장하려는 사람 또는 입장한 사람은 홈경기 관리책임자 및 홈경기 안전책임자가 특별히 필요 사항에 의해 허락했을 경우를 제외하고는 다음의 각 호에 명시되는 행위를 해서는 안 된다.

1) 경기장 관리자에 의해 금지되고 있는 행위

2) 정당한 입장권 또는 통행증을 소지하지 않고 입장하는 것

3) 항의 집회, 데모 등 대회의 원활한 운영을 저해할 우려가 있는 행위

4) 알코올, 약물 그 외 물질을 소유 및 복용한 상태로 경기장에 입장하는 행위 또는 경기장에 이러한 물질을 방치해 두어 이것들의 영향에 의해 경기운영 또는 타인의 행위 등을 저해하는 행위(알코올 등의 영향에 의해 정상적인 행위를 할 수 없는 우려가 있는 상태일 경우 입장 불가)

5) 해당 경기장(시설) 및 관련 장소에서 권유, 연설, 집회, 포교 등의 행위

6) 정해진 장소 외에서 차량을 운전하거나 주차하는 것

7) 상행위, 기부금 모집, 광고물의 게시 등의 행위

8) 정해진 장소 외에 쓰레기 및 오물을 폐기하는 것

9) 연맹의 승인 없이 영리목적으로 경기장면, 식전행사, 관객 등을 사진 또는 비디오로 촬영하는 것

10) 연맹의 승인 없이 대회의 음성, 영상의 전부 또는 일부를 인터넷 및 미디어를 통해 전달하는 것

11) 경기운영 또는 진행을 방해하여 타인에게 폐를 끼치거나 또는 위험을 미치거나 혹은 그러한 우려가 있으면서 경비종사원이 위험성을 인정한 행위

3. 경기장 관련: 경기장에 입장하려는 사람 또는 입장한 사람은 다음 각 호에 명시하는 사항을 준수하여야 한다.

1) 입장권, 신분증, 통행증 등의 제시가 요구되었을 때는 이것을 제시해야 함

2) 안전 확보를 위해 수화물, 소지품 등의 검사가 요구되었을 때는 이것에 따라야 함

3) 사건·사고가 발생하거나 또는 발생 우려가 예상되는 경우, 경비 종사원 또는 치안 당국의 지시, 안내, 유도 등에 따라 행동할 것

4. 입장거부 또는 퇴장명령

1) 홈경기 관리책임자 및 홈경기 안전책임자는 상기 3항 1호, 2호, 3호의 경기장 안전요강을 위반한 사람의 입장을 거부하여 경기장으로부터의 퇴장을 명할 수 있으며, 상기 3항에 의거하여 반입금지물 몰수 등 필요한 조치를 취할 수 있다.

2) 홈경기 관리책임자 및 홈경기 안전책임자는 상기 4항 1호에 해당하는 사람 중에서 특히 고의, 상습으로 확인된 사람에 대해서는 이후 개최되는 연맹 주최의 공식경기에 입장을 거부할 수 있다.

3) 홈경기 관리책임자 및 홈경기 안전책임자에 의해 입장이 거부되거나 경기장에서 퇴장을 받았던 사람은 입장권 구입 대금의 환불을 요구할 수 없다.

5. 권한의 위임: 홈경기 관리책임자는 특정 시설에 대해 그 권한을 타인에게 위임할 수 있다.

6. 안전 가이드라인 준수: 모든 클럽은 연맹이 정한 'K리그 안전가이드라인'을 준수하여야 한다.

제43조 (기타 유의사항)_ 각 클럽은 아래의 사항을 숙지하고 준수하여야 한다.

1. 모든 취재 및 방송중계 활동을 위한 미디어 관련 입장자는 2023 K리그 미디어 가이드라인을 준수하여야 한다.

2. 경기에 참가하는 선수단(코칭스태프, 팀 스태프 포함)은 경기시작 100분 전에 경기장에 도착하여야 한다.

3. 오픈경기 및 축구클리닉 등 경기 진행에 영향을 미치는 행사는 본 경기 개최 1시간(60분) 전까지 반드시 종료되어야 하며, 연맹에 사전 승인을 받아야 한다.

4. 선수는 신체보호를 위해 반드시 정강이 보호대를 착용하고 경기에 임해야 한다.

5. 경기 중 클럽의 임원, 코칭스태프, 팀 스태프, 선수는 경기장 내에서 흡연을 할 수 없으며, 이를 위반할 경우 퇴장 조치한다.

6. 시상식에는 연맹이 지정한 클럽(팀)과 수상 후보자가 반드시 참석하여야 한다.

7. 체육진흥투표권(스포츠토토 등) 발매 이상 징후 대응경보 발생 시, 경기시작 90분 전 대응 미팅에 관계자(경기감독관, 양 클럽 관계자 및 감독) 등이 참석하여야 한다.

8. 경기 중, 교체대상 선수의 워밍업은 연맹이 사전에 지정한 장소에서 실시해야 한다.

9. 경기감독관은 하절기(6~8월) 기간 중, 쿨링 브레이크 제도(워터 타임)의 실시 여부를 결정할 수 있다. 감독관은 경기시작 20분 전, 기온을 측정해 32도(섭씨) 이상일 경우, 심판진과 협의해 실시할 수 있다.

10. 심판 판정에 대한 제소는 불가하다.

11. 클럽은 경기 중 전력분석용 팀 카메라 1대를 상층 카메라구역에 설치할 수 있다. 원정 클럽이 팀 카메라를 설치하는 경우 홈 클럽에 승인을 득해야 한다.

제44조 (부칙)_ 본 대회요강에 명시되지 않은 사항은 K리그 규정, FIFA 규정, K리그 이사회 결정을 준용한다.

울산 2 : 1 전북

- 2월 25일 14:00 맑음 울산문수 28,039명
- 주심_ 박병진 부심_ 지승민·송봉근 대기심_ 박종명 경기감독관_ 차상해

	1 전반 1
울산 2	1 후반 0	전북 1

퇴장	경고	파울	ST(유)	교체	선수명	배번	위치	배번	선수명	교체	ST(유)	파울	경고	퇴장
0	0	0	0		조현우	21	GK	1	김정훈		0	0	0	0
0	0	1	0	66	설영우	66	DF	23	김진수		2(1)	3	1	0
0	1	1	1(1)		김영권	19	DF	4	박진섭		0	0	0	0
0	0	0	0		정승현	15	DF	26	홍정호		0	0	0	0
0	0	1	0		김태환	23	DF	33	김문환		3	0	0	0
0	0	0	0	22	이규성	24	MF	8	백승호		0	0	0	0
0	0	0	0		박용우	6	MF	8	김건웅		0	0	0	0
0	0	0	31		강윤구	30	MF	17	송민규		2(2)	1	0	0
0	1	1	17		엄원상	11	MF	21	아마노준	97	2(1)	1	0	0
0	0	3(2)	26		바코	10	MF	11	이동준	27	1	3	0	0
0	1	1	3(2)	9	주민규	18	FW	10	조규성		0	0	0	0
0					조수혁			13	정민기					
0					김기희	44			정태욱	후26				
0				후43	조현택	26		7	한교원	후26	2(2)			
0				후43	김민혁	22	대기	25	최철순					
0		1	1(1)	후8	루빅손	17		27	문선민	후8	3(3)	1		
0				전14	아타루	31		28	맹성웅					
0				후43	마틴아담	9		97	아드레이스	후14	2(1)			
0	2	15	10(8)						0		14(10)	17	2	0

- 전반 43분 엄원상 PAR 내 R-ST-G (득점: 엄원상) 왼쪽
- 후반 19분 루빅손 GAR R-ST-G (득점: 루빅손) 가운데
- 전반 10분 아마노 준 PAL ~ 송민규 GAL L-ST-G (득점: 송민규, 도움: 아마노 준) 왼쪽

수원 0 : 1 광주

- 2월 25일 16:30 맑음 수원월드컵 10,348명
- 주심_ 채상협 부심_ 김계용·강동호 대기심_ 조지음 경기감독관_ 양정환

	0 전반 0
수원 0	0 후반 1	광주 1

퇴장	경고	파울	ST(유)	교체	선수명	배번	위치	배번	선수명	교체	ST(유)	파울	경고	퇴장
0	0	0	0		양형모	21	GK	1	김경민		0	0	0	0
0	0	2	0		이기제	23	DF	6	안영규	28	0	0	0	0
0	0	1	0		불투이스	4	DF	5	티모		0	0	0	0
0	1	1	0		고명석	15	DF	3	이민기		3(2)	0	1	0
0	0	1	0		김태환	11	DF	13	두현석		4	1	0	0
0	1	2(1)			고승범	7	MF	44	이순민		2	1	0	0
0	0		88		이종성	16	MF	14	정호연		1(1)	1	0	0
0	2(1)				바사니	97	MF	7	엄지성	19	1	0	0	0
0	2(1)		14		김보경	13	FW	9	이희균	23	0	1	0	0
0	1(1)				안병준	9	FW	91	산드로		0	0	0	0
0	3(2)				김주찬	37	FW	30	토마스	11	1	2	0	0
0					박지민	34		21	이준					
0					박대원	33		28	아론	후20				
0					장호익				장호익					
0				후40	유제호	88	대기	33	박한빈	후33				
0					이상민			11	아사니	후20	1(1)	1		
0				후26	전진우	14		19	허승운	후25	0	1		
0		3(3)		후23	류승우	23		9	허율	후20	0	0		
0	2	13(8)							0		10(4)	11	2	0

- 후반 43분 정호연 PAL ~ 아사니 GAL L-ST-G (득점: 아사니, 도움: 정호연) 가운데

서울 2 : 1 인천

- 2월 25일 16:30 맑음 서울월드컵 22,204명
- 주심_ 정동식 부심_ 곽승순·성주경 대기심_ 정회수 경기감독관_ 김종민

	1 전반 1
서울 2	1 후반 0	인천 1

퇴장	경고	파울	ST(유)	교체	선수명	배번	위치	배번	선수명	교체	ST(유)	파울	경고	퇴장
0	0	0	0		최철원	21	GK	1	김동헌		0	0	0	0
0	0	1	0		김진야	17	DF	20	델브리지		3(1)	2	0	0
0	0	2(1)			김주성	30	DF	47	김동민		0	0	0	0
0	0	0			오스마르	5	DF	4	오반석		2(1)	1	0	0
0	0	0			이태석	88	DF	17	김도혁	28	1(1)	0	0	0
0	1	2(1)	94		나상호	7	MF	8	신진호		0	0	0	0
0	2	0			팔로세비치	26	MF	5	이명주	6	0	1	1	0
0	2	0			기성용	6	MF	14	정동윤	10	1	1	0	0
0	3(3)				임상협	14	FW	7	제르소	19	2	0	0	0
0	2	0			박동진	50	FW	40	음포쿠		2(1)	1	0	0
0	0				황성민	18		21	이태희					
0				후39	권완규	3		3	김연수	후40				
0				후46	이시영	22		6	문지환	후40				
0					한찬희	25	대기	18	여름					
0				후39	윌리안	94		28	민경현	후32				
0				후32	김신진	9		19	송시우	후32				
0					일류첸코	90		10	에르난데스	후12				
0	3	13(8)							0		15(5)	12	2	0

- 전반 29분 임상협 AK 정면 L-ST-G (득점: 임상협) 왼쪽
- 후반 25분 기성용 C.KL ~ 김주성 GAR 내 H-ST-G (득점: 김주성, 도움: 기성용) 오른쪽
- 후반 42분 오반석 GAL R-ST-G (득점: 오반석) 왼쪽

포항 3 : 2 대구

- 2월 26일 14:30 맑음 포항스틸야드 14,089명
- 주심_ 이동준 부심_ 방기열·구은석 대기심_ 최광호 경기감독관_ 허기태

	1 전반 1
포항 3	2 후반 1	대구 2

퇴장	경고	파울	ST(유)	교체	선수명	배번	위치	배번	선수명	교체	ST(유)	파울	경고	퇴장
0	0	0	0		황인재	21	GK	21	오승훈		0	0	0	0
0	0	1	0		심상민	2	DF	66	조진우		2	0	0	0
0	0	1	0		박찬용	20	DF	6	홍정운		0	1	0	0
0	0	0	0		하창래	45	DF	7	김진혁		0	0	0	0
0	0	0	0		박승욱	14	DF	33	조철	33	0	0	0	0
0	0	0	0		김종우	6	MF	8	세라토	74	0	1	0	0
0	0	0	0		오베르단	8	MF	26	이진용		0	0	0	0
0		3(1)			백성동	7	MF	2	황재원		0	0	0	0
0	0				고영준	11	FW	11	세징야		2(1)	2	0	0
0	1	2(2)	12		정재희	27	MF	99	바셀루스		0	0	0	0
0	1	1(1)	33		제카	9	FW	17	고재현		0	0	0	0
0					윤평국	1		1	최영은					
0					신광훈	17		15	이원우					
0					박건우	22	대기	14	장성원	후14				
0					김준호	26	대기	74	이용래	후39				
0				후22	김인성	7		14	박세진					
0				후32	이호재	33		22	에드가	후9	1(1)	1		
0	1	3(2)	후32		이호재	33		22	이근호	후41	0	0		
0	1	8	9(6)						0		5(4)	13	3	0

- 전반 45분 제카 GAL ~ 정재희 GA 정면 R-ST-G (득점: 정재희, 도움: 제카) 가운데
- 후반 39분 김승대 PAR 내 ~ 이호재 PK지점 R-ST-G (득점: 이호재, 도움: 김승대) 가운데
- 후반 45분 김종우 MFR ~ 이호재 AKR R-ST-G (득점: 이호재, 도움: 김종우) 가운데
- 전반 29분 홍정운 GAR 고재현 GAL 내 EL H-ST-G (득점: 고재현, 도움: 홍정운) 왼쪽
- 후반 19분 세징야 PK-R-G (득점: 세징야) 오른쪽

• 2월 26일 14:00 맑음 제주 월드컵 8,362명
• 주심_김영수 부심_양재용·천진희 대기심_성덕효 경기감독관_조성철

제주 0 (0 전반 0 / 0 후반 0) 0 수원FC

퇴장	경고	파울	슛	ST(유)	교체	선수명	배번	위치	위치	배번	선수명	교체	ST(유)	슛	파울	경고	퇴장
0	0	0				김동준	1	GK	GK	31	이범영			0	1	0	
0	1	1	1			정운	13	DF	DF	5	잭슨		0	1	1	0	
0	0	3	1			임채민	26	DF	DF	15	마재성		0	1	1	0	
0	0	0	0			김오규	20	DF	DF	66	박병현	11	0	1	0		
0	0	0	4			전성진	27	MF	MF	3	박철우	20	0	1	1		
0					30	최영준	6	MF	MF	4	박주호						
0						이창민	8	MF	MF	14	윤빛가람						
0	0	2	1(1)		33	안현범	17	MF	MF	30	신세계		0	1	1	0	
0		2(2)		14		구자철	7	FW	FW	10	무릴로	13	2	0	0		
0		6(2)				유리조나탄	9	FW	FW	29	장재웅	22	0	0	0		
0	0					김주공	19	FW	FW	30	이대광	9	0	1	0		
						김근배	41			17	노동건						
					후19	송주훈	4			4	김현훈						
0	1	3			후6	김봉수	30			13	오인표	후40					
					후45	김승섭	11		대기	20	황순민	후54					
					후45	지상욱	33			9	라 스	16	1	2			
						헤이스	19			11	이승우	후					
0	0				후45	서진수	14			22	이광혁	후16	3(2)	1	1	0	
0	3	13	14(7)										8(2)	10	3	0	

• 3월 04일 14:00 맑음 인천 진용 10,011명
• 주심_최현재 부심_박균용·양재용 대기심_안재훈 경기감독관_차상해

인천 3 (1 전반 1 / 2 후반 2) 3 대전

퇴장	경고	파울	슛	ST(유)	교체	선수명	배번	위치	위치	배번	선수명	교체	ST(유)	슛	파울	경고	퇴장
0	0	0	0			김동헌	1	GK	GK	1	이창근			0	0	0	
0	0	0	0			델브리지	20	MF	DF	2	서영재	5	0	1	0		
1	0	0	0			김동민	47	DF	DF	98	안 톤		0	2	1	0	
0		1(1)				오반석	4	DF	DF	20	조유민		0	0	1	0	
0						김도혁	7	MF	MF	2	김민덕						
0	2	1(1)				신진호	8	MF	DF	22	오재석		0	0	0	0	
0	4(3)			18		이명주	5	MF	FW	97	이진현		0	0	0	0	
0	2			40		정동윤	14	MF	MF	2	주세종	19	0	0	0		
0	3(3)			11		제르소	11	MF	MF	14	김영욱	19	0	0	0		
0	2(1)			37		에르난데스	10	FW	FW	28	티아고		4(4)	1	2	0	
0	2(1)					김보섭	27	FW	FW	19	유강현	11	1	2	0		
						이태희	21			23	정 산						
						권한진	55			5	임덕근	후40					
					후43	김준엽	17			13	전병관						
					후43	여 름	18		대기	9	공민현	후47					
0										11	김인균	후13	2(2)	0	1	0	
0		2(1)				송시우	19			19	신상은	후13	0	1	0		
0	3(3)			후16		음포쿠	40			15	변준수		0				
1	3	10	22(17)										7(6)	12	6	0	

●전반 7분 이명주 MFR L-ST-G (득점: 이명주) 오른쪽
●후반 31분 송시우 HLR → 에르난데스 PAR 내 R-ST-G (득점: 에르난데스, 도움: 송시우) 왼쪽
●후반 35분 음포쿠 GA 정면 내 R-ST-G (득점: 음포쿠) 왼쪽

●전반 19분 이진현 MFL FK ⌒ 티아고 GAR 내 R-ST-G (득점: 티아고, 도움: 이진현) 오른쪽
●후반 21분 이진현 GAL → 김인균 GAL L-ST-G (득점: 김인균, 도움: 이진현) 왼쪽
●후반 43분 티아고 PA 정면 내 → 김인균 GAL 내 R-ST-G (득점: 김인균, 도움: 티아고) 왼쪽

• 2월 26일 16:30 맑음 대전 월드컵 18,590명
• 주심_신용준 부심_김지욱·설귀선 대기심_오현진 경기감독관_김성기

대전 2 (2 전반 0 / 0 후반 0) 0 강원

퇴장	경고	파울	슛	ST(유)	교체	선수명	배번	위치	위치	배번	선수명	교체	ST(유)	슛	파울	경고	퇴장
0	0	0	0			이창근	1	GK	GK	1	유상훈		0	0	0	0	
0	0	0	1			서영재	2	MF	DF	2	김영빈		0	1	1	0	
0						안 톤	98	DF	DF	20	윤석영		1	0	0	0	
0	1	1				조유민	20	DF	DF	23	임창우		1(1)	1	0		
0	0					김민덕	3	MF	MF	88	서민우	88					
0	0					오재석	22	DF	MF	4	한국영		3(1)	1	0		
0	2(1)			11		주세종	8	MF	MF	97	정승용						
0	1			14		이현식	17	MF	MF	10	김대원		2	0	0		
0	2(1)			10		티아고	28	FW	FW		디 노						
0	2(1)			19		레안드로	70	FW	FW	7	양현준	18	1	1	0		
						정 산	23			31	이광연						
					후41	임덕근	12			17	유인수	후					
					후46	김영욱	14			21	김우석						
						공민현	9		대기	88	황문기	후35					
0		2(1)		후19		김인균	19			3	케 빈						
0	1	3		후19		신상은	19			18	이정협	후39					
					후46	유강현	11			11	갈레고	후					
0	5	12	9(4)										11(2)	7	1	0	

●전반 10분 레안드로 MF 정면 → 티아고 GAL R-ST-G (득점: 티아고, 도움: 레안드로) 오른쪽
●전반 22분 레안드로 GAL R-ST-G (득점: 레안드로) 왼쪽

• 3월 04일 14:00 맑음 수원 종합 7,155명
• 주심_김용우 부심_지승민·강동호 대기심_신용준 경기감독관_허기태

수원FC 1 (0 전반 2 / 1 후반 0) 2 포항

퇴장	경고	파울	슛	ST(유)	교체	선수명	배번	위치	위치	배번	선수명	교체	ST(유)	슛	파울	경고	퇴장
0	0	0	0			이범영	31	GK	GK	21	황인재		0	0	0		
0	0	0			20	박철우	3	DF	DF	2	심상민		0	0	1	0	
0						잭 슨	5	DF	DF	20	박찬용		0	0	0		
0						이재성	15	DF	DF	45	하창래		0	0	0		
0						용	88	DF	DF	14	박승욱		0	0	0		
0						박주호	4	MF	MF	8	오베르단	17	1	1	0		
0						윤빛가람	14	MF	MF	6	김종우						
0		1				장재웅	29	MF	MF	10	백성동						
0		1				이승우	7	FW	MF	12	고영준	22	3(2)	2	0		
0		1				이광혁	22	MF	MF	27	정재희	12	1(1)	0	0		
0		1				이대광	9	FW	FW		완델손	33	1(1)	2	0		
						노동건	17			1	윤평국						
						오인표	13			17	신광훈	후43					
					후25	황순민	20			22	박건우	후43					
					후14	신세계	30		대기	66	김준호						
					전15	라 스	9			12	김승대	후					
0	2		1(1)	후15/19		무릴로	10			26	김인성	후26	2(1)	0	0		
					후25	김규형	19			33	이호재	후20	1	0	0		
	1	13	5(1)										9(5)	10	4	0	

●후반 2분 이광혁 PAR ⌒ 무릴로 GA 정면 H-ST-G (득점: 무릴로, 도움: 이광혁) 오른쪽

●전반 19분 백성동 GAL H ⌒ 고영준 GA 정면 내 R-ST-G (득점: 고영준, 도움: 백성동) 가운데
●전반 32분 정재희 GA 정면 내 R-ST-G (득점: 정재희) 왼쪽

• 3월 04일 16:30 흐림 DGB대구은행파크 10,851명
• 주심_고형진 부심_윤재열·김지욱 대기심_정동식 경기감독관_당성증

대구 1 | 0 전반 1 / 1 후반 0 | **1 제주**

퇴장	경고	파울	슛(유)	교체	선수명	배번	위치	위치	배번	선수명	교체	슛(유)	파울	경고	퇴장
0	0	0	0		오승훈	21	GK	GK	1	김동준		0	0	0	0
0	0	1	1		조진우	66	DF	DF	13	정 운		0	1	0	0
0	0	1	0		홍정운	6	DF	DF	26	임채민		1	3	0	0
0	1	5	0	26	김진혁	7	DF	DF	20	김오규		0	1	1	0
0	1	1	2(1)		황재원	4	MF	MF	32	이주용		1(1)	2	1	0
0	0	0	0		세라토	8	MF	MF	8	이창민		3	1	1	0
0	1	3	0	74	박세진	14	MF	MF	25	한종무	7	0	1	1	0
0	0	0	1		장성원	5	MF	MF	17	안현범		2(1)	0	0	0
0	2	6(1)			세징야	11	FW	FW	10	헤이스	2	2(2)	2	0	0
0	0	0	0		에드가	9	FW	FW	9	유리조나탄		3	1	1	0
0	1	3	0		고재현	17	FW	FW	33	지상욱	34	0	0	0	0
0	0	0	0		최영은	1			21	김형근		0	0	0	0
0	0	0	0		박재경	39			4	송주훈		0	0	0	0
0	0	0	0		이원우	15			30	김봉수		0	0	0	0
0	0	0	후14	이용래		대기	대기	7	자 철	전15		0	0	0	0
0	0	0	후42	이진용	26			11	김승섭			0	0	0	0
0	0	0		김영준	19			19	김주공	후42		0	0	0	0
0	0	0	2(1)	후0	바셀루스	99			14	서진수	전15/19	1	2	0	0
0	2	19	11(3)						0			12(4)	14	3	0

●후반 23분 바셀루스 PK-R-G (득점: 바셀루스) 가운데
●전반 32분 유리 조나탄 GAR ~ 헤이스 GA 정면 R-ST-G (득점: 헤이스, 도움: 유리 조나탄) 가운데

• 3월 05일 14:00 맑음 춘천 송암 6,199명
• 주심_송민석 부심_김계용·성주경 대기심_채상협 경기감독관_나승화

강원 0 | 0 전반 0 / 0 후반 1 | **1 울산**

퇴장	경고	파울	슛(유)	교체	선수명	배번	위치	위치	배번	선수명	교체	슛(유)	파울	경고	퇴장
0	0	0	0		유상훈	1	GK	GK	21	조현우		0	0	0	0
0	0	1	0		김영빈	2	DF	DF	19	김영권		0	0	0	0
0	0	0	0		윤석영	20	DF	DF	15	정승현		0	0	0	0
0	0	0	0		임창우	23	DF	DF	23	김태환		0	1	0	0
0	1	0	0	3	서민우	4	MF	MF	66	설영우		1	1	0	0
0	0	0	1		한국영	8	MF	MF	24	이규성	26	0	1	0	0
0	0	1	1		정승용	22	MF	MF	6	박용우		2	1	0	0
0	0	0	0	24	유인수	17	MF	MF	10	바 코	17	1	0	0	0
0	0	0	0		김대원	10	MF	MF	31	아타루		2	2	0	0
0	0	2(1)		디 노	9	FW	FW	3	장시영	11	1(1)	1	0	0	0
0	0	0	0		양현준	7	FW	FW	9	마틴 아담		1	1	0	0
					이광연	31			1	조수혁					
0			후18	김진호	24			44	김기희						
					김우석	21			26	조현택	후28				
					황문기	88	대기	대기	22	김민혁	후28				
0			후39	케 빈	3			17	루빅손	후15	1(1)	1	2	0	0
0			후18	알리바예프	6			11	엄원상	후21	2(1)	0	0	0
0			후23	갈레고	11			18	주민규	후28		0	1	0	0
0	1	6	9(1)						0			10(3)	8	4	0

●후반 4분 엄원상 GAL L-ST-G (득점: 엄원상) 왼쪽

• 3월 05일 14:00 맑음 전주 월드컵 19,660명
• 주심_김종혁 부심_박상준·곽승순 대기심_고형진 경기감독관_김용세

전북 1 | 1 전반 0 / 0 후반 1 | **1 수원**

퇴장	경고	파울	슛(유)	교체	선수명	배번	위치	위치	배번	선수명	교체	슛(유)	파울	경고	퇴장
0	0	0	0		정민기	13	GK	GK	21	양형모		0	0	0	0
0	0	1	1		김진수	23	DF	DF	23	이기제	2(1)	0	2	0	0
0	1	2	0		박진섭	4	DF	DF	4	불투이스		0	0	0	0
0	0	0	3		홍정호	26	DF	DF	15	고명석		0	0	0	0
0	2	2	1		김문환	33	DF	DF	11	김태환	3	1	0	0	0
0	0	1	0		백승호	8	MF	MF	7	고승범		3(2)	1	1	0
0	1	2	0		송민규	17	MF	MF	16	이승원		1(1)	1	1	0
0	0	0	0	21	아마노준	21	MF	MF	97	바사니	17	1	0	0	0
0	1	1	0		이수빈	16	FW	FW	13	김보경		1(1)	3	1	0	0
0	1	2(2)		안드레우스	97	FW	FW	20	류승우	9		0	0	0	0
0	1	2(1)		조규성	10	FW	FW	18	오현규	18		1	1	0	0
					김정훈	32			34	박지민					
0			후0	정태욱	3				장호익	익후37					
0	1	1	후0	김건웅	4			33	박대원						
0			후41	한교원	7	대기	대기	88	유제호						
0			후31	구스타보	9			17	김경중	후16		0	0	0
					최쉐순	25			18	아코스티	전16	5(3)	1	0	0
0	0	2(2)	후23	문선민	27			9	안병준	전16					
0	2	15	8(5)						0			20(10)	9	1	0

●전반 9분 조규성 PK-R-G (득점: 조규성) 오른쪽
●후반 14분 이종성 MFR ~ 아코스티 PAR 내 L-ST-G (득점: 아코스티, 도움: 이종성) 왼쪽

• 3월 05일 16:30 맑음 광주 전용 7,357명
• 주심_김대용 부심_방기열·송봉근 대기심_박병진 경기감독관_양정환

광주 0 | 0 전반 0 / 0 후반 2 | **2 서울**

퇴장	경고	파울	슛(유)	교체	선수명	배번	위치	위치	배번	선수명	교체	슛(유)	파울	경고	퇴장
0	0	0	0		김경민	1	GK	GK	21	최철원		0	0	0	0
0	0	0	0	9	안영규	6	DF	DF	17	김진야		0	1	0	0
0	0	1	0		티 모	3	DF	DF	5	오스마르		3(1)	0	1	0	0
0	0	2	1		이민기	3	DF	DF	30	김주성	3	1	0	0	0
0	0	0	0	28	두현석	13	DF	DF	88	이태석		0	2	0	0
0	1	1	1		이순민	44	MF	MF	7	나상호	94	2	0	0	0
0	0	1	0		정호연	14	MF	MF	26	팔로세비치	25	1	1	1	0
0	1	3(2)		엄지성	16	MF	MF	6	기성용		1(1)	2	1	0	0
0	2	0	1		아사니	11	MF	MF	14	임상협		0	0	0	0
0	1	0	0		이희균	19	FW	FW	16	황의조	22	1	1	0	0
0	0	2	1		산드로	22	FW	FW	90	일류첸코	50	0	1	0	0
					이 준	21			1	백종범					
0			후38	아 론	28			3	권완규	후48				
0			후34	이상기	22			22	이시영	후36				
					박한빈	33	대기	대기	96	박수일					
0			후16	토마스	30			25	한찬희	후01				
0			후16	허승운	19			94	윌리안	후01				
0			후38	허 율	9			50	박동진	후01	2(1)	1	0	0
0	2	12	6(2)						0			7(3)	15	2	0

●후반 13분 임상협 PAL 내 ↗ 오스마르 GAL H-ST-G (득점: 오스마르, 도움: 임상협) 왼쪽
●후반 45분 이시영 PAR ↗ 박동진 GA 정면 H-ST-G (득점: 박동진, 도움: 이시영) 왼쪽

- 3월 11일 14:00 맑음 수원 종합 8,670명
- 주심_신용준 부심_윤재열·성주경 대기심_임정수 경기감독관_나승화

수원FC 2 (1 전반 0 / 1 후반 1) **1 수원**

퇴장	경고	파울	ST(유)	교체	선수명	배번	위치	위치	배번	선수명	교체	ST(유)	파울	경고	퇴장
0	0	0	0		노동건	17	GK	GK	21	양형모		0	0	0	0
0	0	0	0		김현훈	4	DF	DF	23	이기제		1(1)	2	0	0
0	0	1	0		잭 슨	5	DF	DF	4	불투이스	33	0	0	0	0
0	0	0	0		박병현	66	DF	DF	15	고명석		0	1	0	0
0	0	0	0		윤빛가람	14	MF	DF	11	김태환		0	0	0	0
0	1(1)		10		김규형	19	MF	MF	7	고승범		0	0	0	0
0		3			황순민	20	MF	MF	16	이종성	88	0	1	0	0
0			13		신세계	30	MF	MF	97	바사니	17	2(1)	1	0	0
0					이 용	88	FW	FW	13	김보경		2(2)	1	0	0
0		1		22	장재웅	29	FW	FW	20	박희준	9	0	0	0	0
0		1			이대광	39	FW	FW	37	김주찬	18	1	1	0	0
					이범영	31			34	박지민					
				후31	박철우	3			3	장호익					
				후47	오인표	13			33	박대원	후20	0	0	0	
0	1	3(3)		전0	무릴로	10	대기	대기	88	유제호	후20	0	1	0	0
0		0	0		김 현	7			17	김경중	후0				
	2(1)			전0	라 스	9			18	아코스티	전20				
0	1	1	3(1)	전0	이광혁	22			9	안병준	전20				
0	2	10	11(6)									10(8)	13	1	0

● 전반 40분 라스 GA 정면 H ^ 이광혁 GAL 내 H-ST-G (득점: 이광혁, 도움: 라스) 왼쪽
● 후반 7분 라스 MF 정면 ~ 무릴로 PK 좌측지점 R-ST-G (득점: 무릴로, 도움: 라스) 왼쪽

● 후반 23분 김보경 PAR 내 EL ^ 김경중 GAL H-ST-G (득점: 김경중, 도움: 김보경) 왼쪽

- 3월 11일 16:30 맑음 춘천 송암 4,058명
- 주심_정동식 부심_송봉근·방기열 대기심_김도연 경기감독관_하태식

강원 1 (1 전반 1 / 0 후반 0) **1 대구**

퇴장	경고	파울	ST(유)	교체	선수명	배번	위치	위치	배번	선수명	교체	ST(유)	파울	경고	퇴장
0	0	0	0		유상훈	1	GK	GK	21	오승훈		0	0	0	0
0	0	0	0		김영빈	2	DF	DF	66	조진우		0	3	0	0
0	0	0	0		김우석	21	DF	DF	6	홍정운		0	0	0	0
0	0	0	0		임창우	23	DF	DF	7	김진혁		0	0	0	0
0					서민우	4	MF	MF	7	황재원					
0	2		8		알리바예프	6	MF	MF	8	세라토	99	2(2)	1	0	0
0	2	1			정승용	22	MF	MF	14	박세진	74	0	1	0	0
0		1			유인수	17	MF	MF	13	장성원		0	1	0	0
0	1		88		김대원	17	FW	FW	11	세징야		2(1)	2	0	0
0		1			디 노	9	FW	FW	9	에드가		4(2)	3	0	0
0	1	2			양현준	7	FW	FW	17	고재현					
					이광연	31			1	최영은					
				후42	강지훈	13			20	김강산					
					윤석영	20			18	케이타	후38	0	0	0	
				후46	황문기	88	대기	대기	74	이용래	후0	0	0	0	
					조진혁	19			26	이진용					
0		1	1	후0	한국영	8			99	바셀루스	후0	1	1	0	0
				후10	갈레고	11			22	이근호					
0	1	13	7									10(5)	14	1	0

● 전반 24분 세라토 PAL 내 L 자책골 (득점: 세라토) 오른쪽
● 전반 10분 세징야 C.KR ^ 에드가 GA 정면 H-ST-G (득점: 에드가, 도움: 세징야) 오른쪽

- 3월 11일 14:00 맑음 대전 월드컵 8,661명
- 주심_송민석 부심_지승민·천진희 대기심_박종명 경기감독관_양정환

대전 0 (0 전반 0 / 0 후반 0) **0 포항**

퇴장	경고	파울	ST(유)	교체	선수명	배번	위치	위치	배번	선수명	교체	ST(유)	파울	경고	퇴장
0	0	0	0		이창근	1	GK	GK	21	황인재		0	0	0	0
0	0	0	1		서영재	3	DF	DF	2	심상민		0	2	0	0
0	0	0	0		안 톤	98	DF	DF	20	박찬용		0	0	0	0
0	2		1(1)		조유민	20	DF	DF	45	하창래		0	1	0	0
0					김민덕	3	DF	DF	14	박승욱		0	1	0	0
0			9		오재석	22	MF	MF	66	김종우		0	1	0	0
0					이진현	97	FW	MF	8	오베르단		0	1	0	0
0	3	1	31		임덕근	5	MF	MF	7	완델손		0	1	0	0
0					허 석	12	MF	MF	11	고영준		0	1	0	0
0		2	10		티아고	28	MF	MF	27	정재희	12	0	1	0	0
0	2(1)	11			신상은	19	FW	FW	9	제 카	33	0	1	0	0
					정 산	23			1	윤평국					
				후21	공민현	9			17	신광훈	후0	0	0	0	
				후28	유강현	10	대기	대기	66	김준호	후38	0	0	0	
					전병관	13			7	김인성	후18	0	0	0	
					변준수	15			10	백성동					
				후36	임유석	31			33	이호재	후42	0	0	0	
0	0	11	10(5)									0	3	17	1	1

- 3월 12일 14:00 비 서울 월드컵 20,549명
- 주심_이동준 부심_박상준·양재용 대기심_김재홍 경기감독관_김용세

서울 1 (0 전반 0 / 1 후반 2) **2 울산**

퇴장	경고	파울	ST(유)	교체	선수명	배번	위치	위치	배번	선수명	교체	ST(유)	파울	경고	퇴장
0	0	1	0		최철원	21	GK	GK	21	조현우		0	0	0	0
0	1	0	0		김진야	17	DF	DF	23	김영권		0	0	0	0
0	1	0	0		오스마르	5	DF	DF	15	정승현		0	0	0	0
0	0	0	0		김주성	30	DF	DF	23	김태환		0	0	0	0
0	0	0	0		이태석	88	DF	DF	66	설영우		1	1	0	0
0	1	1(1)	96		나상호	7	MF	MF	24	이규성	27	0	1	0	0
0					팔로세비치	26	MF	MF	10	박용우		0	0	0	0
0	4	1			기성용	6	MF	MF	14	아 코		2(1)	0	0	0
0	1				임상협	14	MF	MF	11	엄원상		0	1	0	0
0				94	황의조	16	FW	MF	31	장시영	30	0	0	0	0
0				50	일류첸코	90	FW	FW	18	주민규	9	1(1)	2	0	0
					백종범	1			3	조수혁					
					황현수	2			4	김기희					
					이시영	22			26	조현택	후0	0	0	0	
0				후32	박수일	96	대기	대기	21	이청용	후20	0	0	0	
					한찬희	25			31	아타루	전24				
0				후32	윌리안	94			17	루빈손	후20	0	0	0	
0				후19	박동진	50			9	마틴 아담	후38	1(1)	0	0	0
0	1	10	3(2)									8(4)	11	1	0

● 후반 7분 이태석 PAL ~ 나상호 PA 정면 R-ST-G (득점: 나상호, 도움: 이태석) 오른쪽

● 후반 9분 주민규 GAL L-ST-G (득점: 주민규) 오른쪽
● 후반 42분 이청용 GA 정면 R-ST-G (득점: 이청용) 가운데

- 3월 12일 16:30 비 전주월드컵 8,051명
- 주심_안재훈 부심_김계용·박균용 대기심_최승환 경기감독관_이경춘

전북 2　0 전반 0 / 2 후반 0　0 광주

퇴장	경고	파울	ST(유)	교체	선수명	배번	위치	위치	배번	선수명	교체	ST(유)	파울	경고	퇴장
0	0	0	0		정민기	13	GK	GK	1	김경민		0	0	0	0
0	0	2	1	32	김진수	23	DF	DF	6	안영규		1	0	0	0
0	0	1	0		홍정호	26	DF	DF	5	티모		0	1	0	0
0	0	1	0		정태욱	3	DF	DF	3	이민기		0	0	0	0
0	1	0	0		김문환	33	DF	DF	2	이상기		2(1)	1	0	0
0	1	4(3)	9		문선민	27	MF	MF	33	박한빈	24	2	1	0	0
0	0	5	1	6	맹성웅	28	MF	MF	14	정호연		2	1	0	0
0	0	1			백승호	8	MF	MF	23	정지훈	44	0	1	0	0
0	1	1		7	송민규	19	MF	MF	11	아사니	91	2(1)	3	0	0
0	1		4(3)	9	인데르우스	97	FW	FW	16	이희균	13	1	1	0	0
0		3(1)			조규성	10	FW	FW	9	허율		0	2	0	0
					김정훈	1			21	이준					
					윤영선	5			28	아론					
0	0	0		후38	김건웅	6			13	두현석	후13				
0	0	1(1)		후45	한교원	4	대기	대기	44	이순민	후18	1			
0	0	0		후38	구스타보	9			24	이강현	후22				
0	1	2(2)		후7	하파실바	11			30	토마스	전반				
0	0	0		후45	정우재	32			91	산드로	후22				
0	3	18	15(7)									8(2)	18	3	0

- ● 후반 28분 문선민 GAL R-ST-G (득점: 문선민) 오른쪽
- ● 후반 30분 문선민 GAL R-ST-G (득점: 문선민) 왼쪽

- 3월 18일 14:00 맑음 포항스틸야드 7,514명
- 주심_김대용 부심_곽승순·성주경 대기심_최규현 경기감독관_하태식

포항 1　0 전반 1 / 1 후반 0　1 강원

퇴장	경고	파울	ST(유)	교체	선수명	배번	위치	위치	배번	선수명	교체	ST(유)	파울	경고	퇴장
0	0	0	0		황인재	21	GK	GK	1	유상훈		0	0	0	0
0	0	5		후30	심상민	2	DF	DF	2	김영빈		0	0	0	0
0	1	3	0		박찬용	20	DF	DF	21	김우석		0	0	0	0
1(1)					박승욱	14	DF	DF	20	윤석영		1	0	0	0
0	0	1		17	박건우	22	MF	DF	4	서민우		1	0	0	0
0	1	1			김종우	6	MF	MF	8	한국영		0	1	0	0
0	0	1			오베르단	8	MF	MF	22	정승용		0	1	0	0
0	0	1			김승대	12	MF	MF	7	유인수		0	0	0	0
0	1	2(2)		33	고영준	11	FW	FW	6	알리바예프	88	1			
0	1	1			정재희	27	FW	FW	19	이정협		3(1)	5	1	0
0	2	5(2)			제카	9	FW	FW	35	박상혁		0			
					윤평국	1			41	조민규					
0	0	0		후30	그랜트	5			44	전현병					
0	0	0		후14	신광훈				24	김진호					
					김준호	66	대기	대기	14	김대우					
0	0	0		후14	백성동				19	조진혁	후47				
0	1	1		후30	김인성	7			88	황문기	후20				
1(1)				후41	이호재	33			10	김대원	후0				
0	2	11	12(7)									3(1)	9	1	0

- ● 후반 45분 제카 PK 우측지점 ~ 이호재 GAR L-ST-G (득점: 이호재, 도움: 제카) 오른쪽
- ● 전반 18분 갈레고 PK-L-G (득점: 갈레고) 왼쪽

- 3월 12일 16:30 흐림 인천 전용 6,007명
- 주심_박병진 부심_곽승순·김지욱 대기심_조지음 경기감독관_구상범

인천 1　1 전반 0 / 0 후반 0　0 제주

퇴장	경고	파울	ST(유)	교체	선수명	배번	위치	위치	배번	선수명	교체	ST(유)	파울	경고	퇴장
0	0	0	0		김동헌	1	GK	GK	1	김동준		0	0	0	0
0	0	0	0		델브리지	20	DF	DF	13	정운		0	0	0	0
0	0	1	0		권한진	55	DF	DF	4	송주훈	0		1	1	0
0	1	1			오반석	4	DF	DF	20	김오규		1	1	0	0
0	1	3	0		김도혁	7	MF	MF	7	주용우		1	1	0	0
0	1	3	1(1)	8	신진호	8	MF	MF	25	한종무	30	1	0	0	0
0	3	2(2)			이명주	6	MF	MF	30	김봉수	17	0	1	0	0
0	0	1	1		정동윤	14	MF	MF	17	안현범		1(1)	1	1	0
0	1	4(2)	37		제르소	11	FW	FW	33	지상욱	14	0	0	0	0
0	2	3(2)	40		에르난데스	10	FW	FW	9	유리조나탄	40	0			
0	0	0			김보섭	27	FW	FW	40	헤이스	9	1	1	0	0
					이태희	21			41	김근배					
					김연수	3			16	김주원					
0	0	0		후45	문지환				11	김승섭	후28				
0	0	0		후30	민경현		대기	대기	19	김주공	후24				
0	1	0		후45	홍시후	37			구자철	전15	1(1)				
0	0	0			송시우				14	서진수	전15	3(2)	0		
0	0	0		후50	음포쿠	40			진성욱					
0	1	12	13(8)									9(5)	5	2	0

- ● 전반 20분 에르난데스 센터서클 ~ 제르소 PA 정면 내 L-ST-G (득점: 제르소, 도움: 에르난데스) 오른쪽

- 3월 18일 14:00 맑음 광주 전용 2,812명
- 주심_김용우 부심_윤재열·김지욱 대기심_최승환 경기감독관_김종민

광주 5　2 전반 0 / 3 후반 0　0 인천

퇴장	경고	파울	ST(유)	교체	선수명	배번	위치	위치	배번	선수명	교체	ST(유)	파울	경고	퇴장
0	1	1	0		김경민	1	GK	GK	1	김동헌		0	0	0	0
0	0	0		15	안영규	6	DF	DF	20	델브리지		1	2	1	0
0	1	1(1)			티모	5	DF	DF	55	권한진	14	0	1	0	0
0	0	1			이민기	3	DF	DF	4	오반석		1	1	0	0
0	0	0			두현석	13	FW	MF	7	김도혁		1	1	0	0
0	1	0		24	이순민	44	MF	MF	8	신진호		1	0	0	0
0	0	3(2)	19		정호연	14	MF	MF	28	민경현	40	1	0	0	0
0	3	0		7	엄지성	7	MF	MF	11	제르소	25	1(1)	2	0	0
0	4(2)	30			아사니	11	MF	FW		에르난데스		1(1)	3	0	0
0	5(4)	16			이희균	16	FW	FW	27	김보섭		0			
0	1	5			산드로	91	FW	FW	27		27	0			
									21	이태희					
0	0	0		후36	김경재				3	김연수	후20				
					신창무	17			6	문지환					
0	0	0		후36	이강현	24	대기	대기	14	정동윤	후15				
0	0	0		후18	허승운				25	김민석	후20				
0	1(1)			후31	토마스	30			19	송시우	후15				
0	0	0		후	허율	9			40	음포쿠	후0				
0	1	17	17(13)									9(6)	14	2	0

- ● 전반 8분 두현석 PAL ~ 아사니 AK 내 L-ST-G (득점: 아사니, 도움: 두현석) 오른쪽
- ● 전반 19분 정호연 GAR ~ 엄지성 GAL EL R-ST-G (득점: 엄지성, 도움: 정호연) 오른쪽
- ● 후반 4분 엄지성 AKL ~ 이희균 GAL R-ST-G (득점: 이희균, 도움: 엄지성) 왼쪽
- ● 후반 23분 아사니 PK지점 L-ST-G (득점: 아사니) 오른쪽
- ● 후반 26분 아사니 PA 정면 FK L-ST-G (득점: 아사니) 오른쪽

제주 1 : 2 서울

- 3월 18일 16:30 맑음 제주 월드컵 7,078명
- 주심_김종혁 부심_지승민·박균용 대기심_오현정 경기감독관_조성철

제주 1	0 전반 0		
	1 후반 2		2 서울

퇴장	경고	파울	STI유	교체	선수명	배번	위치	위치	배번	선수명	교체	STI유	파울	경고	퇴장
0	0	0	0		김 동 준	1	GK	GK	21	최 철 원		0	0	0	0
0	0	0	0	4	정 운	13	DF	MF	17	김 진 야		1	0	0	0
0	0	1	0		김 주 원	16	DF	DF	5	오스마르		0	1	0	0
0	0	0	1		김 오 규	20	DF	DF	30	김 주 성		0	1	0	0
0	0	0	1		이 주 용	32	MF	MF	88	이 태 석		0	1	0	0
0	1	0	2(1)		구 자 철	7	MF	MF	2	나 상 호		2	0	1	0
0	0	0	0	9	김 봉 수	30	MF	MF	26	팔로세비치		3(1)	0	0	0
0	0	1	0		안 현 범	17	MF	MF	6	기 성 용		0	0	0	0
0	0	1	0	14	지 상 욱	14	MF	MF	96	임 상 협	96	0	0	0	0
0	0	0	1		김 대 환	28	DF	FW	9	황 의 조		3(3)	1	0	0
0	0	1	1	19	헤 이 스	10	FW	FW	90	일류첸코		0	0	0	0
0	0	0	0		김 근 배	41			1	백 종 범		0	0	0	0
0	1(1)			전30 송 주 훈					2	황 현 수	후34				
				안 태 현			대기	대기	22	이 시 영					
0				후 김 주 공	19				96	박 수 일	후16				
				김 승 섭	11				25	한 찬 희					
0	0			전12 서 진 수	14				5	김 신 진	후	(1)			
0	1(1)			후32 유리조나탄					50	박 동 진					
0	1	6	10(4)									9(5)	4	2	0

- ●후반 47분 송주훈 GA 정면 L-ST-G (득점: 송주훈) 왼쪽
- ●후반 21분 김봉수 GA 정면 내 R 자책골 (득점: 김봉수) 왼쪽
- ●후반 50분 김진아 GAR 내 EL ~ 팔로세비치 PA 정면 내 L-ST-G (득점: 팔로세비치, 도움: 김진아) 가운데

수원 1 : 3 대전

- 3월 19일 14:00 맑음 수원 월드컵 10,442명
- 주심_김영수 부심_김계용·강동호 대기심_정동식 경기감독관_당성증

수원 1	0 전반 0		
	1 후반 3		3 대전

퇴장	경고	파울	STI유	교체	선수명	배번	위치	위치	배번	선수명	교체	STI유	파울	경고	퇴장
0	0	0	0		양 형 모	21	GK	GK	1	이 창 근		0	0	0	0
0	0	0	0		이 기 제	23	DF	MF	15	서 영 재		1	0	1	0
0	0	0	1		불투이스	4	DF	DF	98	안 톤		0	0	0	0
0	0	0	0		고 명 석	15	DF	DF	20	조 유 민		0	1	0	0
0	0	0	0		김 태 환	11	MF	DF	3	김 민 덕		2(1)	0	1	0
0	0	1	0		고 승 범	7	MF	MF	22	오 재 석		1(1)	1	1	0
0	1	0	97		이 종 성	16	MF	MF	97	이 진 현		1(1)	1	1	0
0	0	2(1)			김 보 경	13	MF	MF	5	임 덕 근		0	0	0	0
0	0	0	17		전 진 우	14	FW	FW	13	마 사		1(1)	0	0	0
0	3	0	18		박 희 준		FW	FW	28	티 아 고		4(2)	2	0	0
0	0	0	0		김 주 찬	37	FW	FW	70	레안드로		0	0	0	0
0	0	0	0		박 지 민	34			23	정 산		0	0	0	0
0	0	0	0		장 호 익	3			9	공 민 현		0	0	0	0
0	0	0	0		박 대 원	33			11	김 인 균	후24	0	0	0	0
0				후40 바 사 니	97	대기	대기	10	유 강 현		0				
0	0	2		후 김 경 중				17	이 현 식	후37	0	3			
0	2(1)			전33 아코스티	18			15	변 준 수	후34	1	0			
0	3(2)			전33 안 병 준				19	신 상 은	후24	0	0			
0	0	9	15(4)									11(8)	11	3	0

- ●후반 22분 아코스티 PAR L-ST-G (득점: 아코스티) 오른쪽
- ●후반 16분 레안드로 PAR ~ 이진현 PAR 내 L-ST-G (득점: 이진현, 도움: 레안드로) 왼쪽
- ●후반 44분 안톤 GAR H ~ 변준수 GAL 내 H-ST-G (득점: 변준수, 도움: 안톤) 왼쪽
- ●후반 47분 김민덕 GAL R-ST-G (득점: 김민덕) 왼쪽

대구 2 : 0 전북

- 3월 19일 14:00 맑음 DGB대구은행파크 12,253명
- 주심_최현재 부심_박상준·송봉근 대기심_김우성 경기감독관_이경춘

대구 2	1 전반 0		
	1 후반 0		0 전북

퇴장	경고	파울	STI유	교체	선수명	배번	위치	위치	배번	선수명	교체	STI유	파울	경고	퇴장
0	1	0	0		오 승 훈	21	GK	GK	13	정 민 기		0	0	0	0
0	0	0	1		조 진 우	66	DF	DF	23	김 진 수		1	3	0	0
0	0	0	1(1)		홍 정 운	6	DF	DF	26	홍 정 호		0	0	0	0
0	0	0	1(1)		김 진 혁	7	DF	DF	3	정 태 욱		0	2	0	0
0	0	0	5		케 이 타	18	MF	MF	33	김 문 환		1	0	0	0
0	0	1	9		이 용 래	74	MF	MF	36	강 상 윤		0	1	0	0
0	0	1	26		이 진 용	26	MF	MF	16	맹 성 웅		0	0	0	0
0	1	2	1		황 재 원		MF	MF	8	백 승 호		1	1	0	0
0	0	0	2(2)	11	바셀루스	99	FW	MF	11	송 민 규		2	0	0	0
0	1	0	20		이 근 호	22	FW	FW	19	안드레아스		1	1	0	0
0	0	4	3		고 재 현	17	FW	FW	9	조 규 성		0	0	0	0
0	0	0	0		최 영 은				1	김 정 훈		0	0	0	0
0	1	0		후14 김 강 산	20			5	윤 영 선			0			
0				후42 장 성 원	5			2	김 건 웅			0			
0				후42 세 라 토	11	대기	대기	19	구스타보	후19	4(3)				
0				박 세 진	14			19	하파실바						
0	0	2(2)		후14 세 징 야	11			27	문 선 민	전14	2(1)	0			
0				전37 에 드 가				32	정 우 재						
0	5	15	11(6)									11(4)	10	3	0

- ●전반 10분 김진혁 PAR 내 R-ST-G (득점: 김진혁) 왼쪽
- ●후반 49분 장성원 PAL ~ 세징야 PA 정면 내 L-ST-G (득점: 세징야, 도움: 장성원) 오른쪽

울산 3 : 0 수원FC

- 3월 19일 16:30 맑음 울산 문수 15,230명
- 주심_고형진 부심_방기열·천진희 대기심_정화수 경기감독관_구상범

울산 3	1 전반 0		
	2 후반 0		0 수원FC

퇴장	경고	파울	STI유	교체	선수명	배번	위치	위치	배번	선수명	교체	STI유	파울	경고	퇴장
0	0	0	0		조 현 우	21	GK	GK	17	노 동 건		0	0	0	0
0	0	0	0		김 영 권	19	DF	DF		김 현 훈		2	0	0	0
0	0	0	0		정 승 현	15	DF	DF		잭 슨		0	0	0	0
0	0	0	3		김 태 환	23	DF	DF	66	박 병 현		0	0	0	0
0	0	0	2(1)		설 영 우	66	DF	DF		박 철 우		0	0	0	0
0	1	0	27		보아니치	27	MF	MF	13	오 인 표	13	4(3)	1	0	0
0	0	1			루 빅 손	10	MF	MF		윤빛가람		0	0	0	0
0	0	3(3)	26		김 민 혁	26	MF	FW	88	라 스		2(1)	0	0	0
0	1	0	0		장 시 영		MF	FW	39	이 대 광		0	0	0	0
0	0	3(1)	18		주 민 규	18	FW	FW	77	정 은 우		0	0	0	0
0	0	0	0		조 수 혁				31	이 범 영		0	0	0	0
0	0	0	0	후18 이 청 용	27		대기	대기		무 릴 로	후17	0	0	0	0
0	2(2)			후37 바 코	10			19	김 규 형		0				
0	2(2)			후17 엄 원 상	11			7	김 현	후18	1(1)	0			
0	1(1)			후37 마 틴 아담				2	이 광 혁		0				
0	1	12	16(11)									9(6)	1	0	0

- ●전반 24분 김민혁 PAL 내 → 루빅손 PAL 내 R-ST-G (득점: 루빅손, 도움: 김민혁) 오른쪽
- ●후반 7분 루빅손 PA 정면 내 ~ 주민규 AK 정면 R-ST-G (득점: 주민규, 도움: 루빅손) 왼쪽
- ●후반 36분 주민규 GA 정면 ~ 설영우 GAL R-ST-G (득점: 설영우, 도움: 주민규) 왼쪽

- 4월 01일 14:00 맑음 전주 월드컵 12,767명
- 주심 채상협 부심 김지욱·성주경 대기심 고형진 경기감독관 허태식

전북 1

	1 전반 0	
	0 후반 2	**2 포항**

퇴장	경고	파울	슈팅ST(유)	교체	선수명	배번	위치	위치	배번	선수명	교체	슈팅ST(유)	파울	경고	퇴장
0	0	0	0		김 정 훈	1	GK	GK	21	황 인 재		0	0	0	0
0	0	0	0		정 우 재	32	DF	DF	2	심 상 민		0	2	0	0
0	0	0	0		박 진 섭	4	DF	DF	5	그 랜 트		0	0	0	0
0	1	2	1		정 태 욱	3	DF	DF	14	박 승 욱		0	1	0	0
0	0	1	0		김 문 환	33	DF	DF	17	신 광 훈		0	1	1	0
0	0	1	1(1)		류 재 문	29	MF	MF	8	오베르단		2(1)	1	0	0
0	0	3	1	후97	이 민 혁	18	MF	MF	6	김 종 우	20	1	0	0	0
0	0	3	2(1)	후19	맹 성 웅	28	MF	MF	26	재 훈	88	1	1	0	0
0	0	1	27	후19	송 민 규	17	MF	MF	23	이 승 모	9	1(1)	0	0	0
0	0	1	1		하파 실바	19	FW	MF	27	정 재 희		3	0	0	0
0	0	1	1		아마노 준	21	FW	FW	16	이 승 모	9	1(1)	0	0	0
0	0	0	0		정 민 기	13			1	윤 평 국					
0	0	0	0		김 건 웅	6			20	박 찬 용	후31				
0	1	0	0	후28	구스타보	9			3	김 용 환	후41				
0	0	0	0	후20	이 동 준	11	대기	대기	23	노 경 호					
0	0	0	0		최 철 순	25			12	김 승 대	후20				
0	0	0	0	후28	문 선 민	27			10	백 성 동	후6	2(1)			
0	1	1	0	후36	안드레이스	97			9	제 카	후40	0			
0	2	14	8(2)									8(4)	9	2	0

- 전반 16분 송민규 GAL ~ 류재문 AKL R-ST-G (득점: 류재문, 도움: 송민규) 왼쪽
- 후반 12분 백성동 GAR L-ST-G (득점: 백성동) 왼쪽
- 후반 53분 백성동 PAL ~ 제카 PA 정면 내 H-ST-G (득점: 제카, 도움: 백성동) 왼쪽

- 4월 01일 16:30 맑음 광주 전용 4,535명
- 주심 송민석 부심 지승민·강동호 대기심 김대용 경기감독관 김성기

광주 2

	2 전반 0	
	0 후반 0	**0 수원FC**

퇴장	경고	파울	슈팅ST(유)	교체	선수명	배번	위치	위치	배번	선수명	교체	슈팅ST(유)	파울	경고	퇴장
0	0	0	0		김 경 민	1	GK	GK	17	노 동 건		0	0	0	0
0	1	0	0		안 영 규	6	DF	DF	4	김 현 훈	2	0	1	0	0
0	0	1	1		티 모	5	DF	DF	5	잭 슨		0	0	0	0
0	0	3	2(1)		이 민 기	3	DF	DF	66	박 병 현		1	2	0	0
0	0	3			두 현 석	13	DF	MF	14	윤빛가람		1(1)	2	0	0
0	0	0	0		이 순 민	44	MF	MF	20	황 순 민	22	1	0	0	0
0	2(2)	14		후39	박 한 빈	33	MF	MF	30	신 세 계		0	0	0	0
0	0	2(1)	19		주 영 재	32	MF	MF	88	이 용		0	0	0	0
0	0	1	0		정 지 훈	27	FW	MF	13	오 인 표		0	1	0	0
0	3(1)	75		이 희 균	16	FW	MF	29	장 재 웅		0	1	0	0	
0	0	2			산 드 로	91	FW	FW	39	이 대 광	5	0	0	0	0
0	0	0	0		이 준	21			31	이 범 영					
0	0	0	0	후39	김 경 재	15			2	정 동 호	후18				
0	0	0	0		신 창 무	17			24	김 주 엽					
0	0	1	0	후14	정 호 연	14	대기	대기	6	박 주 호	후20				
0	0	0	0		정 호 연	19			9	라 스	전18				
0	0	0	0	전18	김 한 길	10			11	이 승 우	후18	0			
0	0	0	0	후39	오 후 성	75			22	이 광 혁	후9				
0	2	10	17(9)									6(2)	12	0	0

- 전반 4분 이민기 AK 정면 R-ST-G (득점: 이민기) 오른쪽
- 전반 36분 산드로 AK 정면 ~ 박한빈 AKR R-ST-G (득점: 박한빈, 도움: 산드로) 왼쪽

- 4월 01일 16:30 맑음 인천 전용 8,250명
- 주심 김종혁 부심 김계용·천진희 대기심 정동식 경기감독관 허기태

인천 0

	0 전반 0	
	0 후반 0	**0 대구**

퇴장	경고	파울	슈팅ST(유)	교체	선수명	배번	위치	위치	배번	선수명	교체	슈팅ST(유)	파울	경고	퇴장
0	0	0	0		이 태 희	21	GK	GK	21	오 승 훈		0	0	0	0
0	0	0	0		델브리지	20	DF	DF	7	김 진 혁		0	1	0	0
0	0	1	0		김 동 민	47	DF	DF	6	홍 정 운		1(1)	0	0	0
0	0	1	0		김 연 수	3	DF	DF	20	김 강 산		0	0	0	0
0	0	1	1		김 도 혁	7	MF	MF	14	케 이 타	14	0	1	0	0
0	1	0	0		신 진 호	8	MF	MF	74	세 라 토	74	0	2	0	0
0	1	1	0		이 동 수	16	MF	MF	26	이 진 용	5	0	1	0	0
0	1	1	0		정 동 윤	14	MF	MF	2	황 재 원		1	1	0	0
0	0	0	11	후	박 승 호	77	FW	FW	99	바셀루스	30	1	0	0	0
0	1	3(2)		후	에르난데스	10	FW	FW	11	이 근 호	22	0	2	0	0
0	0	0	27	후	음 포 쿠	40	FW	FW	17	고 재 현		1	0	0	0
0	0	0	0		민 성 준	23			1	최 영 은					
0	0	0	0		오 반 석	4			66	조 진 우					
0	0	0	0		민 경 현	28			5	장 성 원	후10				
0	1	1	0	후23	문 지 환	6	대기	대기	74	이 용 래	후10				
0	1	1	0	후23	김 보 섭	27			14	박 세 진	전25				
0	0	0	0		송 시 우	19			30	박 용 희	후42				
0	0	0	0	후	제 르 소	11			9	에 드 가	후	0			
0	2	8	6(2)									5(2)	12	1	0

- 4월 01일 19:00 맑음 대전 월드컵 15,793명
- 주심 신용준 부심 박상준·송봉근 대기심 안재훈 경기감독관 김종민

대전 3

	2 전반 1	
	1 후반 1	**2 서울**

퇴장	경고	파울	슈팅ST(유)	교체	선수명	배번	위치	위치	배번	선수명	교체	슈팅ST(유)	파울	경고	퇴장
0	0	0	0		이 창 근	1	GK	GK	1	백 종 범		0	0	0	0
0	0	0	0	17	서 영 재	2	MF	DF	17	김 진 야		0	0	0	0
0	0	0	0		안 톤	98	DF	DF	5	오스마르		1	0	0	0
0	0	1	4(2)		조 유 민	20	DF	DF	30	김 주 성		0	0	0	0
0	0	0	0		김 민 덕	3	DF	DF	88	이 태 석	96	0	0	0	0
0	1	0	2(1)		오 재 석	22	MF	MF	7	나 상 호	11	2(1)	0	0	0
0	0	0	0		이 진 현	97	MF	MF	6	팔로세비치		1	0	0	0
0	0	0	0		임 덕 근	5	MF	MF	25	한 승 규	1	0	1	0	0
0	1	1	2(1)	11	전 병 관	13	MF	MF	14	임 상 협		0	1	0	0
0	2	4(1)		티 아 고	28	FW	FW	16	황 의 조		1	1	0	0	
0	0	0	0		배 준 호	33	FW	FW	50	일류첸코	50	1	0	0	0
0	0	0	0		정 산	23			17	서 주 환					
0	0	0	0	후31	공 민 현	9			3	권 완 규	후0	2(1)			
0	1	0	0	후	김 인 균	11			96	박 수 일	전23				
0	0	0	0		유 강 현	10	대기	대기	8	한 찬 희	후41	0			
0	0	0	0	후	이 현 식	17			11	강 성 진	후27	0			
0	2	1(1)		후13	마 사	7			5	김 신 진					
0	0	0	0	후34	김 현 우	4			50	박 동 진	후18				
0	2	16(6)										13(3)	8	1	0

- 전반 14분 오스마르 GA 정면 내 L 자책골 (득점: 오스마르) 왼쪽
- 전반 20분 이진현 C.KL ~ 조유민 GA 정면 내 H-ST-G (득점: 조유민, 도움: 이진현) 오른쪽
- 후반 43분 김인균 PAL 내 → 마사 GA 정면 내 R-ST-G (득점: 마사, 도움: 김인균) 가운데
- 전반 24분 기성용 C.KR ~ 일류첸코 GAR 내 H-ST-G (득점: 일류첸코, 도움: 기성용) 왼쪽
- 후반 5분 나상호 MFL R-ST-G (득점: 나상호) 오른쪽

제주 1 : 3 울산

•4월 02일 14:00 맑음 제주 월드컵 7,140명
•주심_김우성 부심_양재용·장종필 대기심_정화수 경기감독관_조성철

| 1 전반 3 |
| 0 후반 0 |

퇴장	경고	파울	ST(유)	교체	선수명	배번	위치	위치	배번	선수명	교체	ST(유)	파울	경고	퇴장
0	0	0	0		김동준		GK	GK	21	조현우		0	0	0	0
0	0	0	1		송주훈	4	DF	DF	19	김영권		0	1	1	0
0	1	3	0	10	김주원	16	DF	DF	15	정승현		1(1)	0	0	0
0	0	1	0		김오규	20	DF	DF	13	이명재		0	0	0	0
0	0	3	1		이주용	32	MF	DF	66	설영우		1(1)	1	0	0
0	0	0		7	한종무	25	MF	MF	24	이규성		0	1	0	0
0		2			김봉수	30	MF	MF	6	박용우		0	0	0	0
0				17	서진수	14	MF	MF	10	바코	17	3	2	0	0
0	4(3)		33		김승섭		FW	FW	11	엄원상	27	4(2)	1	0	0
0	1	3(1)			유리조나탄		FW	FW	7	강윤구	31	1(1)	2	0	0
0		2(1)			김주공		FW	FW	18	주민규		5(2)	1	0	0
					김근배	41			77	민동환					
					임동혁	18			44	김기희					
				후32	안태현				23	김태환					
				전30	안현범	17	대기	대기	7	이청용	후18				
0		2(1)			장우재	7			22	김민혁					
				후10	헤이스	9			31	아타루	후36	1(1)			
0	1(1)			후32	지상욱	33			17	루빅손	후36				
0	1	12	15(7)					0				15(8)	13	1	0

●전반 46분 유리 조나탄 PK-R-G (득점: 유리 조나탄) 왼쪽

●전반 6분 박용우 GAR 내 H→정승현 GAL 내 R-ST-G (득점: 정승현, 도움: 박용우) 왼쪽
●전반 17분 엄원상 PAR 내 ~ 주민규 PA 정면 R-ST-G (득점: 주민규, 도움: 엄원상) 오른쪽
●전반 28분 강윤구 PAR R-ST-G (득점: 강윤구) 왼쪽

울산 2 : 1 수원

•4월 08일 14:00 맑음 울산 문수 15,181명
•주심_김대용 부심_김계용·송봉근 대기심_채상협 경기감독관_양정환

| 2 전반 0 |
| 0 후반 1 |

퇴장	경고	파울	ST(유)	교체	선수명	배번	위치	위치	배번	선수명	교체	ST(유)	파울	경고	퇴장
0	0	0	0		조현우	21	GK	GK	21	양형모		0	0	0	0
0	0	0	0		김영권	19	DF	DF	33	박대원		0	1	0	0
0	1	1	3		정승현	15	DF	DF	4	불투이스		0	1	0	0
0	0	0	0		이명재	26	DF	DF	15	고명석		0	0	0	0
0	0	0			설영우	66	DF	DF	10	정승원		1(1)	0	0	0
0	1	1(1)	8		이규성	24	MF	MF	7	고승범	29	0	1	0	0
0	0	0			박용우	6	MF	MF	16	이종성	88	0	1	0	0
0	2	4(4)			루빅손	17	MF	MF	97	바사니		2(2)	1	0	0
0		1			엄원상	11	FW	FW	13	김상원		1	0	0	0
0	0	2(1)			강윤구	30	FW	FW	9	안병준		4	0	0	0
0	2	2	18		마틴 아담	9	FW	FW	37	김주찬	11	0	0	0	0
					조수혁				34	박지민					
	후31				임종은				5	한호강					
0	1(1)	후31			조현택	26			3	장호익	후21	0			
				후31	보아니치	8	대기	대기	88	유제호		0			
0		전23			이청용	8			29	이상민	후28	0			
					바코	10			17	김경중	전24	1(1)	1	1	0
		전44			주민규	18			44	뮬리치	후37	7(4)	0	0	0
0	1	13	10(7)					0				14(8)	9	2	0

●전반 31분 엄원상 PAR 내 ~ 루빅손 PAR 내 L-ST-G (득점: 루빅손, 도움: 엄원상) 왼쪽
●전반 33분 설영우 PAR EL ~ 루빅손 GAR 내 L-ST-G (득점: 루빅손, 도움: 설영우) 오른쪽

●후반 34분 불투이스 MF 정면 ⌒ 김경중 GAR R-ST-G (득점: 김경중, 도움: 불투이스) 오른쪽

수원 1 : 1 강원

•4월 02일 16:30 맑음 수원 월드컵 7,428명
•주심_이동준 부심_곽승순·방기열 대기심_최광호 경기감독관_나승화

| 1 전반 0 |
| 0 후반 1 |

퇴장	경고	파울	ST(유)	교체	선수명	배번	위치	위치	배번	선수명	교체	ST(유)	파울	경고	퇴장
0	0	0	0		양형모	21	GK	GK	1	유상훈		0	0	0	0
0	0	1	0	29	박대원		DF	DF		김영빈		2(1)	0	0	0
0	0	1	0		불투이스	4	DF	DF	21	김우석		0	0	0	0
0	0	0	0		고명석	15	DF	DF		윤석영		0	2	0	0
0	0	1	0		장호익		DF	MF		서민우		0	1	0	0
0	0	0			고승범		MF	MF		한국영		0	1	0	0
0			16		최성근		MF	MF	29	정우인수	24	1(1)	1	1	0
0	1	7(5)			바사니	97	MF	MF		유인수		0	0	0	0
0			23		김경중	17	FW	FW		이라브에프		0	0	0	0
0			44		안병준		FW	FW		갈레고	9	0	1	0	0
0			13		김주찬	37	FW	FW	35	박상혁	10	0	0	0	0
					박지민	34			31	이광연					
				후20	이기제	23				김진호	후0	2(2)	0	0	0
					한호강	5			24	김진호	후0				
				후0	김보경	13	대기	대기	88	황문기					
	전19				이종성	16			10	김대원	후36	1	0	0	0
	후20				이상민	29			7	양현준	후36	4(1)	0	0	0
	후15				뮬리치	44			9	디	후17	1	0	0	0
0	1	8	9(5)					0				12(5)	9	2	0

●전반 47분 바사니 AK 내 R-ST-G (득점: 바사니) 오른쪽

●후반 28분 김대원 PAR 내 ~ 김진호 GA 정면 L-ST-G (득점: 김진호, 도움: 김대원) 오른쪽

서울 3 : 0 대구

•4월 08일 16:30 맑음 서울 월드컵 45,007명
•주심_안재훈 부심_윤재열·박균용 대기심_김영수 경기감독관_차상해

| 3 전반 0 |
| 0 후반 0 |

퇴장	경고	파울	ST(유)	교체	선수명	배번	위치	위치	배번	선수명	교체	ST(유)	파울	경고	퇴장
0	0	0	0		백종범		GK	GK	21	오승훈		0	0	0	0
0	0	1	0	66	김진야		DF	DF	66	조진우	22	2	1	0	0
0	1	2	1(1)		권완규		DF	DF	6	홍정운		0	1	0	0
0	1	1	0		김주성	30	DF	DF	20	김강산		1(1)	4	0	0
0		0	1(1)	2	이태석	88	MF	MF	18	케이타		2(2)	0	0	0
0		3(1)			나상호	7	MF	MF	8	세라토		2	0	0	0
0	1	1		25	기성용		MF	MF	26	이진용	3	1	3	0	0
0	1	1			오스마르	5	MF	FW	5	장성원		0	0	0	0
0	0	1			박수일	96	MF	FW	99	바셀루스	19	0	1	0	0
0	1	1	1(1)	9	팔로세비치	26	FW	FW	9	에드가		5(3)	1	0	0
0	2		6(4)		황의조	16	FW	FW	17	고재현		2(1)	0	0	0
					최철원	21				최영은					
				후10	황현수	2			7	김진혁	후23	0	1	0	0
				후0	한찬희	25			30	황재원	후30	1	0	0	0
				후0	김신진	대기	대기	14	박세진	후0	0	0	0	0
		후33			한승규				74	이용래		0	0	0	0
					임상협	14			22	이근호	후40	0	0	0	0
					일류첸코	90			19	김영준	후23	0	0	0	0
0	3	14(8)						0				12(7)	11	1	0

●전반 11분 황의조 PK-R-G (득점: 황의조) 왼쪽
●전반 32분 나상호 GA 정면 L-ST-G (득점: 나상호) 왼쪽
●전반 41분 팔로세비치 AK 정면 FK L-ST-G (득점: 팔로세비치) 왼쪽

• 4월 08일 19:00 맑음 포항 스틸야드 7,062명
• 주심_정동식 부심_지승민·방기열 대기심_최승환 경기감독관_김성기

					포항 2		0 전반 0		0 광주					
							2 후반 0							

퇴장	경고	파울	ST(유)	교체	선수명	배번 위치	위치 배번	선수명	교체	ST(유)	파울	경고	퇴장
0	0	0	0		황인재 21	GK	1	김경민		0	0	0	0
0	0	1	0		심상민 2	DF	6	안영규		0	0	0	0
0	0	0	1		그랜트 5	DF	5	티모 28		1	1	0	0
0	0	1	0		하창래 45	DF	0	이민기		0	0	0	0
0	1	1	0		박승욱 14	DF	13	두현석		0	0	0	0
0	0	0	0	17	김종우 4	MF	44	이순민 33		1	1	0	0
0	1	1	1(1)		오베르단 8	MF	14	정호연		1	2	1	0
0	1	1	1(1)	27	백성동 10	MF	32	주영재 19		0	0	0	0
0	1	1	0	11	윤재운 30	MF	11	아사니		1(1)	0	0	0
0	0	1	2	12	김인성 7	FW	16	이희균 75		0	1	1	0
0	0	5	0		제카 9	FW	9	허율 91		0	1	0	0
					윤평국 1		21	이준					
					박찬용 20		28	아론 후29					
				후33	신광훈 17		17	신창무					
			2(2)	후_	고영준 11		33	박한빈 후19					
				후14	김승대 12	대기	대기 19	하승운 후20					
				후14:30	정재희 27		75	오후성 후19					
			2(1)	후20	이호재 33		91	산드로 전21					
0	2	11	9(6)			0				3(1)	9	2	0

●후반 2분 고영준 PA 정면 내 R-ST-G (득점: 고영준) 오른쪽
●후반 12분 제카 GAL ~ 백성동 GAL 내 L-ST-G (득점: 백성동, 도움: 제카) 오른쪽

• 4월 09일 19:00 맑음 춘천 송암 2,581명
• 주심_최현재 부심_김지욱·성주경 대기심_신용준 경기감독관_김용세

					강원 0		0 전반 0		1 제주					
							0 후반 1							

퇴장	경고	파울	ST(유)	교체	선수명	배번 위치	위치 배번	선수명	교체	ST(유)	파울	경고	퇴장
0	0	0	0		유상훈 1	GK	1	김동준		0	0	0	0
0	0	1	0		김영빈 2	DF	30	김봉수		0	0	0	0
0	0	2	1		임창우 23	DF	16	김주원		0	1	0	0
0	0	1	0		윤석영 20	DF	20	이주용		0	0	0	0
0	1	0	0		서민우 4	MF	32	이주용		0	0	0	0
0	0	2	0	6	한국영 8	MF	25	한종무 14		0	0	0	0
0	0	0	0		정승용 22	MF	7	구자철		0	1	0	0
0	1	1	1(1)		김진호 24	MF	11	김승섭		0	0	0	0
0	1	1	0		김대원 10	FW	10	헤이스		1	1	0	0
0	1	2	1(1)	11	양현준 7	FW	19	유리조나탄 18		1(2)	0	2	0
0	3	5	1	35	디노 9	FW	19	김주공		1	3	0	0
					이광연 31		41	김근배					
					김우석 21		38	곽승민					
				후14	윤인수 17		24	이기혁 후48					
					황문기	대기	대기 29	김대환					
				후_	알리바예프 6		33	지상욱					
				후14	갈레고 11		14	서진수 후8		2(1)			
				후30	박상혁 35		18	임동혁 후43					
0	3	13	3(3)			0				8(2)	13	2	0

●후반 30분 서진수 AKL R-ST-G (득점: 서진수) 오른쪽

• 4월 09일 16:30 맑음 전주 월드컵 8,697명
• 주심_김희곤 부심_곽승수·강동호 대기심_안재훈 경기감독관_나승화

					전북 2		0 전반 0		0 인천					
							2 후반 0							

퇴장	경고	파울	ST(유)	교체	선수명	배번 위치	위치 배번	선수명	교체	ST(유)	파울	경고	퇴장
0	0	0	0		김정훈 1	GK	GK 1	이태희		0	0	0	0
0	1	3	0		박진섭 4	DF	DF 20	델브리지		1	1	1	0
0	0	1	0		김건웅 6	DF	DF 3	김동민		0	0	0	0
0	0	0	0		구자룡 15	DF	DF 0	오반석		0	0	0	0
0	0	0	0	28	정우재 32	MF	MF 14	김도혁		0	0	0	0
0	2	2(2)			아마노 21	MF	MF 8	신진호		0	1	1	0
0	0	1(1)			류재문 29	MF	MF 6	문지환 40		0	1	1	0
0	1	1	0		김문환 33	MF	MF 5	김준엽		1	1	0	0
0	0	0	0	17	이민혁 7	FW	FW 25	김민석 11		0	0	0	0
0	1(1)	1	0		한교원 7	FW	FW 10	에르난데스		0	0	0	0
0	0	0	0	19	구스타보 9	FW	FW 37	홍시후 19		0	0	0	0
					박범수 41		1	김동헌					
				후_	홍정호		3	김연수					
					이수빈 16		16	정동윤 후31					
		3	0	후3	송민규 24	대기	대기 16	이동수					
				후_	하파실바 19		40	음포쿠 후31					
		2	1(1)	후42	홍정호 26		19	송시우 전42					
				후36	맹성웅 8		11	제르소 후42					
0	2	14	5(5)			0				4(1)	8	5	0

●후반 12분 아마노 준 PA 정면 내 R-ST-G (득점: 아마노 준) 오른쪽
●후반 43분 류재문 자기 측 MF 정면 ∩ 하파 실바 PAR 내 R-ST-G (득점: 하파 실바, 도움: 류재문) 왼쪽

• 4월 09일 15:00 맑음 수원 종합 4,421명
• 주심_박병진 부심_박상준·천진희 대기심_김재홍 경기감독관_김종민

					수원FC 5		0 전반 2		3 대전					
							5 후반 1							

퇴장	경고	파울	ST(유)	교체	선수명	배번 위치	위치 배번	선수명	교체	ST(유)	파울	경고	퇴장
0	0	0	0		노동건 17	GK	GK 1	이창근		0	0	0	0
0	1	0	0		정동호 2	DF	DF 17	이현식		2(2)	1	2	0
0	0	0	0		이재성 15	DF	DF 98	안톤		0	0	0	0
0	0	0	0		신세계 30	DF	DF 20	조유민		0	0	0	0
0	1	2(2)			이용 88	DF	DF 3	김민덕		0	0	0	0
0	0	0	0	55	박주호 6	MF	MF 22	오재석 4		0	2	0	0
0	1	4(3)			무릴로 10	MF	MF 97	이진현		1	2	0	0
0	1	3(3)			윤빛가람 14	MF	MF 10	임덕근		1(1)	3	1	0
0	1	5(4)			라스 9	FW	FW 13	전병관 70		2(2)	1	2	0
0	1	2(1)			정재윤 16	FW	FW 28	티아고		2	0	0	0
0	0	0	0		장재웅 29	FW	FW 33	배준호 11		0	1	0	0
					박배종 1		23	정산					
					김현 35		9	금민현					
				후39	오인표 13		11	김인균 후0					
					최보경	대기	대기 70	레안드로 후14					
				후_	김선민 55		7	마사 후29					
		2(2)		전12	이승우 11		15	변준수					
		3(1)		후_ 12/13	이광혁		37	김현우 후37					
0	2	11	19(15)			0				8(7)	16	1	0

●후반 11분 라스 PAL 내 ~ 이용 PAR 내 R-ST-G (득점: 이용, 도움: 라스) 오른쪽
●후반 20분 라스 자기 측 HLR ~ 라스 AKR R-ST-G (득점: 라스, 도움: 이용) 오른쪽
●후반 24분 라스 PK-R-G (득점: 라스) 왼쪽
●후반 35분 이광혁 PAR ∩ 윤빛가람 GA 정면 H-ST-G (득점: 윤빛가람, 도움: 이광혁) 오른쪽
●후반 42분 오인표 GA 정면 내 ~ 무릴로 GA 정면 R-ST-G (득점: 무릴로, 도움: 오인표) 가운데

●전반 4분 이현식 PAR L-ST-G (득점: 이현식) 왼쪽
●전반 38분 이진현 자기 측 MFL ∩ 티아고 PAL L-ST-G (득점: 티아고, 도움: 이진현) 가운데
●후반 15분 레안드로 PAR 내 ~ 티아고 PK 좌 측적점 R-ST-G (득점: 티아고, 도움: 레안드로) 왼쪽

수원 2 : 3 제주

• 4월 15일 14:00 비 수원월드컵 5,190명
• 주심 김희곤 부심 곽승순·송봉근 대기심 신용준 경기감독관 허기태

	1 전반 1	
수원 2	1 후반 2	제주 3

퇴장	경고	파울	ST(유)	교체	선수명	배번	위치	위치	배번	선수명	교체	ST(유)	파울	경고	퇴장
0	0	0	0		양형모	21	GK	GK	1	김동준		0	0	0	0
0	0	1	0		이기제	23	DF	DF	30	김봉수		0	1	0	0
0	0	2	0		불투이스	4	DF	DF	16	김주원		0	2	0	0
0	0	0	1(1)		고명석	15	DF	DF	2	김오규		0	1	0	0
0	0	0	0		정승원	10	DF	MF	2	이주용		1(1)	1	0	0
0	0	4	0		이종성	16	MF	MF	7	구자철		0	0	0	0
0	0	1	2(2)		바사니	97	MF	MF	8	이창민		3(2)	1	0	0
0		0	0	88	김보경	13	MF	MF	17	안현범		0	1	0	0
0	1	3	0		김경중	17	FW	FW	9	유리조나탄		0			
0	1	2	2(1)		뮬리치	9	FW	FW	11	헤이스	전14	4(4)		1	
0	0	1	1(1)		서동한	19	FW	FW	29	김대환					
					이성주	31			41	김근배					
				후7	박대원	33			2	안태현	후12				
0		1	1(1)	후23	유제호	88			11	김승섭	후20				
0	0	2	1		염기훈	26			10	헤이스	전14	4(4)			
0	0	1	0		권창훈	12			14	서진수					
0	0	1	0	후23	이상민				19	김주공	전14	2(1)			
0	0	1	3(2)	후23	안병준				18	임동혁					
0	1	17	11(8)			0						12(10)	9	5	0

● 전반 7분 바사니 GAL 내 L-ST-G (득점: 바사니) 왼쪽
● 후반 34분 유제호 AK 내 R-ST-G (득점: 유제호) 왼쪽
● 전반 21분 안현범 PAR 내 EL ~ 유리 조나탄 GAR R-ST-G (득점: 유리 조나탄, 도움: 안현범) 오른쪽
● 후반 3분 유리 조나탄 PAR H⌒ 헤이스 GAL H-ST-G (득점: 헤이스, 도움: 유리 조나탄) 오른쪽
● 후반 17분 헤이스 PK-R-G (득점: 헤이스) 왼쪽

수원FC 1 : 0 전북

• 4월 15일 19:00 맑음 수원종합 9,221명
• 주심 고형진 부심 박균용·지승민 대기심 박병진 경기감독관 차상해

	1 전반 0	
수원FC 1	0 후반 0	전북 0

퇴장	경고	파울	ST(유)	교체	선수명	배번	위치	위치	배번	선수명	교체	ST(유)	파울	경고	퇴장
0	0	0	0		노동건	17	GK	GK	1	김정훈		0	0	0	0
0	1	2	0		정동호	2	DF	DF	4	박진섭		1(1)	0	1	0
0	0	5	0		이재성	5	DF	DF	6	김건웅		0	1	1	0
0	0	1	1(1)		신세계	30	DF	DF	26	홍정호		0	1	0	0
0	0	0	0		이용	88	DF	MF	32	정우재		0	0	0	0
0	0	1	0		박주호	55	MF	MF	21	아마노준		3(3)	1	0	0
0	1	1	0		무릴로	10	MF	MF	16	이수빈		0	0	0	0
0					윤빛가람	14	MF	MF	8	맹성웅		0	0	0	0
0		4(3)			라스		FW	FW	27	송민규		1(1)	0	0	0
0					정재윤		FW	FW		한교원		2(2)	0	0	0
0		3(2)			장재웅	11	FW	FW	19	하파 실바		3(1)	2	0	0
					박배종	51				공시현					
				후35	손 석	5			3	정태욱					
				후31	오인표	13			8	백승호	후				
0		1(1)		후	김선민	55			11	문선민	후34				
0		3(2)		후19	니 로	11			27	문선민	후34				
					김규형				36	강상윤					
		4(2)		전19	이광혁				97	안드레이스					
0	2	6	16(10)			0						11(9)	8	1	0

● 전반 26분 라스 AKR R-ST-G (득점: 라스) 왼쪽

포항 1 : 1 서울

• 4월 15일 16:30 비 포항스틸야드 9,131명
• 주심 김종혁 부심 김지욱·천진희 대기심 박세진 경기감독관 김성기

	1 전반 1	
포항 1	0 후반 0	서울 1

퇴장	경고	파울	ST(유)	교체	선수명	배번	위치	위치	배번	선수명	교체	ST(유)	파울	경고	퇴장
0	0	0	0		황인재	21	GK	GK	1	백종범		0	0	0	0
0	0	1	0		심상민	2	DF	DF	17	김진야		0	1	0	0
0	1	1	0		그랜트	5	DF	DF	2	권완규		0	1	0	0
0	0	4	0		하창래	45	DF	DF	30	김주성	50	0	1	0	0
0	1	1	0		박승욱	14	DF	DF	88	이태석		0	0	0	0
0	0	1	0		김종우	6	MF	MF	8	나상호		2(1)	1	0	0
0	0	1	0		오베르단		MF	MF	5	오스마르		0	0	0	0
0		1		12	백성동		MF	MF	6	한찬희	2	0	1	0	0
0		33	12		고영준	11	MF	MF	14	임상협	66	0	1	0	0
0	1	2(2)	30		김인성	7	MF	FW	26	팔로세비치		0	1	0	0
0					제카		FW	FW	90	황의조		0	2	0	0
					윤평국	1			21	최철원					
					박찬용	20			2	정현철					
					신광훈			34	96	박수일	후34				
				대기	김용환			대기	66	한승규	후41				
0				후12	김승대				9	김신진	후34	1(1)	1	0	0
				후41	윤재운				50	박동진	후34				
				후41	이호재	33			90	일류첸코					
0	0	8	5(2)			0						5(3)	14	1	0

● 전반 41분 심상민 PAL ⌒ 김인성 GA 정면 내 R-ST-G (득점: 김인성, 도움: 심상민) 왼쪽
● 전반 2분 나상호 FK R-ST-G (득점: 나상호) 왼쪽

강원 0 : 2 인천

• 4월 16일 14:00 흐림 춘천송암 3,162명
• 주심 이동준 부심 윤재열·김계용 대기심 안재훈 경기감독관 양정환

	0 전반 1	
강원 0	0 후반 1	인천 2

퇴장	경고	파울	ST(유)	교체	선수명	배번	위치	위치	배번	선수명	교체	ST(유)	파울	경고	퇴장
0	0	0	0		유상훈	1	GK	GK	23	민성준		0	0	0	0
0	0	0	0		김영빈	2	DF	DF	20	델브리지		0	0	0	0
0	0	2	0		임창우	23	DF	DF	47	김동민		0	1	0	0
0	0	0	0		윤석영	20	DF	DF	3	김연수		1(1)	0	0	0
0		35		4	서민우		MF	MF	28	민경현		0	0	0	0
0	0	3	0		알리바예프		MF	MF	8	신진호		0	0	0	0
0	0	2	0		김대원	11	MF	MF	16	문지환	16	2	1	0	0
0	1	2	0		김진호	24	MF	MF	17	김준엽		1	1	0	0
0			11		양현준		FW	MF	7	제르소	77	2(1)	1	0	0
0			10		에르난데스		FW								
0	1(1)		88		디 노		FW	FW	99	천성훈	25	0	1	0	0
					이광연	31			21	이태희					
					유 승 희				4	오반석					
					유인수				14	정동윤	후31				
				후	황문기	대기		대기	16	이동수	후31				
0				후	한국영				7	김도혁	후44				
					갈레크				25	김민석	후22				
				후	박상혁	35			77	박승호	후44	7(4)			
0	2	11	5(2)			0						7(4)	14	2	0

● 전반 21분 제르소 GAL → 김준엽 GAL 내 R-ST-G (득점: 김준엽, 도움: 제르소) 왼쪽
● 후반 39분 에르난데스 PAL R-ST-G (득점: 에르난데스) 왼쪽

대전 2 : 1 울산

• 4월 16일 16:30 맑음 대전 월드컵 16,359명
• 주심_채상협 부심_방기열·강동호 대기심_김희곤 경기감독관_이경춘

대전 2			2 전반 1 / 0 후반 0			1 울산	
퇴장 경고 파울 ST(유) 교체	선수명	배번 위치	위치 배번	선수명	교체	ST(유) 파울 경고 퇴장	
0 0 0 0	이 창 근	1 GK	GK 21	조 현 우		0 0 0 0	
0 0 1 2(1)	이 현 식	17 MF	DF 19	김 영 권		0 2 1 0	
0 0 0 5	조 유 민	20 DF	DF 44	김 기 희		0 1 1 0	
0 0 0	김 민 덕	3 DF	DF 23	김 태 환	26	0 1 1 0	
0 0 0	오 재 석	22 DF	DF 66	설 영 우		0 0 0 0	
0 3 3(1)	이 진 현	97 MF	MF 6	박 용 우	24	0 0 0 0	
0 0 0	주 세 종	8 MF	MF 31	아 타 루		2(1) 0 1 0	
0 0 1	레안드로	70 MF	MF 30	강 윤 구	22	0 0 0 0	
0 0 1	티 아 고	28 MF	MF 10	원 상 철		0 0 0 0	
9	배 준 호	11 FW	MF 17	루 빅 손		4(3) 1 0 0	
	정 산	23	FW 18	주 민 규			
			21	조 수 혁			
1(1) 후0	공 민 현	9	5	임 종 은			
	유 강 현	10	26	조 현 택		2(1)	
2 2 후20	전 병 관	13	24	이 규 성	후15	0	
	마 사	7		김 민 혁	후17	2(2)	
1(1) 후21	임 덕 근	5	10	바 코	후27	3(1)	
	변 준 수	15	27	이 청 용	후15	0	
0 0 14 10(4)		0				16(8) 7 2 0	

●전반 9분 이현식 PAR ~ 이진현 PAR 내 L-ST-G (득점: 이진현, 도움: 이현식) 왼쪽
●전반 46분 티아고 GAR 가슴패스 이현식 PAR 내 R-ST-G (득점: 이현식, 도움: 티아고) 왼쪽
●전반 18분 김민혁 PAR ~ 루빅손 PAL 내 L-ST-G (득점: 루빅손, 도움: 김민혁) 오른쪽

울산 2 : 2 포항

• 4월 22일 16:30 맑음 울산 문수 16,761명
• 주심_신용준 부심_양재용·성주경 대기심_김대용 경기감독관_양정환

울산 2			0 전반 1 / 2 후반 1			2 포항	
퇴장 경고 파울 ST(유) 교체	선수명	배번 위치	위치 배번	선수명	교체	ST(유) 파울 경고 퇴장	
0 0 0 0	조 현 우	21 GK	GK 21	황 인 재		0 0 0 0	
0 0 0	김 영 권	19 DF	DF 2	심 상 민		1 1 1 0	
0 0 0	정 승 현	15 DF	DF 5	그 랜 트		1 1 1 0	
0 0 0	이 명 재	13 DF	DF 45	하 창 래		0 1 0 0	
0 0 0	설 영 우	66 DF	DF 14	박 승 욱		0 0 0 0	
0 1 22	이 규 성	24 MF	MF 17	신 광 훈	6	1 0 1 0	
0 0 1 27	박 용 우	6 MF	MF 8	오베르단		1 1 0 0	
0 1 26	루 빅 손	17 MF	MF 12	김 승 대	30	1(1) 0 0 0	
0 0 0 5(5)	바 코	10 MF	MF 11	고 영 준		3(3) 1 0 0	
0 0 0	황 재 환	29 MF	MF 7	김 인 성	55	1 1 0 0	
0 1 4(3)	주 민 규	18 FW	FW 9	제 카	33	3(2) 1 1 0	
	조 수 혁	1		윤 평 국			
0 1(1) 후0	임 종 은	5	20	박 찬 용		0	
	후38 조 현 택	26	3	김 용 환			
	후38 설 영 우			윤 재 운	후0	0	
1(1) 후0	김 민 혁		30	윤 재 운	후41	0	
	이 청 용	27	10	백 성 동	후18	1 0	
전17 원 상 상			33	이 호 재	후29	2(1) 1 0 0	
0 1 5 14(10)		0				13(7) 15 2 0	

●후반 15분 주민규 GAL 내 L-ST-G (득점: 주민규) 왼쪽
●후반 44분 바코 PA 정면 내 R-ST-G (득점: 바코) 가운데
●전반 13분 심상민 HLL TL ~ 고영준 GAL L-ST-G (득점: 고영준, 도움: 심상민) 오른쪽
●후반 9분 제카 MFL ~ 고영준 AK 내 R-ST-G (득점: 고영준, 도움: 제카) 왼쪽

대구 3 : 4 광주

• 4월 16일 19:00 흐림 DGB대구은행파크 7,534명
• 주심_김대용 부심_박상준·성주경 대기심_이지형 경기감독관_김용세

대구 3			0 전반 2 / 3 후반 2			4 광주	
퇴장 경고 파울 ST(유) 교체	선수명	배번 위치	위치 배번	선수명	교체	ST(유) 파울 경고 퇴장	
0 0 0 1	오 승 훈	21 GK	GK 1	김 경 민		0 0 0 0	
0 1 1	김 진 혁	7 DF	DF 6	안 영 규		0 1 0 0	
0 1 1	홍 정 운	6 DF	DF 5	티 모		0 1 0 0	
1 2 2(1)	김 강 산	20 DF	DF 44	이 순 민		0 1 0 0	
1 2(1)	케 이 타	18 MF	MF 16	이 희 균	33	3(1) 0 0 0	
0 0 14	이 용 래	74 MF	MF 14	정 호 연		0 0 0 0	
0 5 0	이 진 용	26 MF	MF 17	김 한 길	17	2(1) 2 0 0	
0 0 0	황 재 원	2 MF	MF 23	주 영 재	11	0 1 0 0	
0 0 9	바셀루스	99 FW	FW 91	산 드 로		2(2) 3 0 0	
0 1 0 11	이 근 호	22 FW	FW 9	허 율	18	1(1) 2 0 0	
0 1 2 4(3)	고 재 현	17 FW					
	후0 최 영 은		21	이 준			
	조 진 우	66	28	아 론			
0 후41 장 성 원		5	40	신 창 무	후32	0 1 0 0	
	세 라 토	8		박 한 빈	후27		
1 후16 박 세 진		14	19	하 승 운		2(2) 0 0 0	
0 후0 세 징 야	11		11	아 사 니	후16		
0 후0 에 드 가	9		18	이 건 희	후27	0	
0 1 17 11(6)		0				13(8) 14 1 0	

●후반 18분 박세진 MFL ~ 고재현 PAL 내 R-ST-G (득점: 고재현, 도움: 박세진) 왼쪽
●후반 33분 에드가 GA 정면 ~ 고재현 GAR R-ST-G (득점: 고재현, 도움: 에드가) 오른쪽
●후반 36분 케이타 GA 정면 L-ST-G (득점: 케이타) 오른쪽
●전반 18분 티모 MF 정면 ~ 김한길 GAL L-ST-G (득점: 김한길, 도움: 티모) 왼쪽
●전반 43분 두현석 PA 정면 ~ 산드로 GAR R-ST-G (득점: 산드로, 도움: 두현석) 오른쪽
●후반 14분 두현석 MFR ~ 허율 GA 정면 H-ST-G (득점: 허율, 도움: 두현석) 왼쪽
●후반 41분 산드로 PAR EL ~ 하승운 GA 정면 R-ST-G (득점: 하승운, 도움: 산드로) 가운데

서울 3 : 1 수원

• 4월 22일 14:00 맑음 서울 월드컵 30,186명
• 주심_정동식 부심_박상준·장종필 대기심_김희곤 경기감독관_당성증

서울 3			1 전반 0 / 2 후반 1			1 수원	
퇴장 경고 파울 ST(유) 교체	선수명	배번 위치	위치 배번	선수명	교체	ST(유) 파울 경고 퇴장	
0 0 0 0	백 종 범	1 GK	GK 21	양 형 모		0 0 0 0	
0 0 0	황 현 수	2 DF	DF 33	박 대 원		0 1 0 0	
0 0 0	오스마르	5 DF	DF 5	한 호 강		0 1 0 0	
0 0 1(1)	김 주 성	30 DF	DF 3	장 호 익	44	0 0 0 0	
0 0 0	김 진 야	17 MF	DF 23	이 기 제		0 0 0 0	
0 1 4(3)	팔로세비치	26 MF	MF 97	바 사 니	29	1 0 0 0	
0 0 0 9	기 성 용	6 MF	MF 88	유 제 호	16	0 1 0 0	
0 0 0 96	이 태 석	88 MF	MF 10	정 승 원		0 0 0 0	
0 0 0	나 상 호	7 FW	FW 12	류 승 우	14	0 0 0 0	
0 2(1) 후0	황 의 조	16 FW	FW 9	안 병 준		3(2) 1 0 0	
0 2 90	일류첸코	90 FW	FW 37	김 주 찬	13	0 0 0 0	
	최 철 원	21		이 성 주			
0 후32 백 수 일	96	15	고 명 석			
	한 찬 희	25	16	이 종 성	후12	0	
0 후44 윌 리 안	94	13	김 보 경	후30	2	
0 후37 박 동 진	50	29	이 상 민	후27	0	
0 후44 신 진 호	8	14	전 진 우	후12	2(1) 0 0 0	
0 후44 일류첸코		44	뮬 리 치	후27	1	
0 3 3 15(8)		0				10(4) 12 1 0	

●전반 37분 나상호 PAL 내 R-ST-G (득점: 나상호) 오른쪽
●후반 7분 황의조 GAR 내 R-ST-G (득점: 황의조) 가운데
●후반 36분 팔로세비치 PA 정면 내 L-ST-G (득점: 팔로세비치) 왼쪽
●후반 43분 김보경 HL 정면 ~ 뮬리치 PA 정면 내 L-ST-G (득점: 뮬리치, 도움: 김보경) 왼쪽

- 4월 22일 16:30 맑음 DGB대구은행파크 10,236명
- 주심_송민석 부심_지승민·박균용 대기심_조지음 경기감독관_구상범

대구 1 | 1 전반 0 / 0 후반 0 | **0 대전**

퇴장	경고	파울	ST(유)	교체	선수명	배번	위치	위치	배번	선수명	교체	ST(유)	파울	경고	퇴장
0	0	0	0		최영은	1	GK	GK	1	이창근		0	0	0	0
0	1	1	1(1)		조진우	66	DF	MF	17	이현식		1	1	1	0
0	0	0	0		홍정운	6	DF	DF	15	변준수		0	0	1	0
0	0	0	0		김진혁	7	DF	DF	20	조유민		0	0	0	0
0	1	2	0		케이타	18	MF	DF	3	김민덕		0	0	2	0
0	0	0	0	14	이용래	74	MF	MF	22	오재석		0	0	0	0
0	1	2	0	22	이진용	26	MF	MF	97	이진현		3(1)	1	2	0
0	0	1	0		황재원	4	MF	FW	8	주세종		0	0	0	0
0	1	1	5(3)		세징야	11	FW	FW	70	레안드로	9	0	0	0	0
0	1	3	3(1)	20	에드가	9	FW	FW	28	티아고		5(1)	1	1	0
0	0	0	0		고재현	17	FW	FW	33	배준호		0	0	2	0
					한태희	31			23	정산					
0	0	0	1	후44	김강산	20			9	공민현	후0				
					홍철	33			13	전병관	후42				
					세라토		대기	대기							
0	0	2	0	후16	박세진	14			5	임덕근					
0	0	0	0	후39	이근호	22			2	서영재	후25				
					바셀루스	99			4	김현우					
0	4	13	12(5)	0							0	11(2)	4	5	0

- ●전반 18분 세징야 PK-R-G (득점: 세징야) 가운데

- 4월 23일 14:00 흐림 광주 전용 3,562명
- 주심_조지음 부심_김계용·송봉근 대기심_채상협 경기감독관_차상해

광주 0 | 0 전반 0 / 0 후반 0 | **0 강원**

퇴장	경고	파울	ST(유)	교체	선수명	배번	위치	위치	배번	선수명	교체	ST(유)	파울	경고	퇴장
0	0	0	0		김경민	1	GK	GK	31	이광연		0	0	0	0
0	0	1	0		티모	5	DF	DF	2	김영빈		1	1	1	0
0	1	1	2(2)		아론	28	DF	DF	5	이웅희		0	0	0	0
0	1	2	2(2)	13	이민기	3	DF	DF	23	윤석영		1(1)	0	0	0
0	0	0	0		김한길	10	DF	MF	17	유인수	23	1	1	0	0
0	0	0	0		이순민	44	MF	MF	4	서민우		0	0	0	0
0	1	1	0		이강현	24	MF	MF	8	한국영		1	0	0	0
0	1	1	0		정지훈	23	MF	MF	22	정승용		0	0	0	0
0	0	0	0		아사니	14	FW	MF	14	김대우	10	0	2	0	0
0	0	0	0	33	이희균	16	FW	FW	7	양현준		1(1)	0	0	0
0	0	0	0	91	허율	9	FW	FW	35	박상혁	9	0	0	0	0
					이준	21			1	유상훈					
					안영규	4			13	강지훈					
0	0	0	0	후22	두현석	13			23	임창우	후44				
0	0	1	0	후14	엄지성	14	대기	대기	33	이승원					
				후30	박한빈	33			10	김대원	후22				
				후0	산드로	91			19	조진혁					
				후0	하승운	7			9	디노	후22	1	1	0	0
0	2	8	10(5)	0							0	6(4)	11	2	0

- 4월 22일 19:00 맑음 인천 전용 8,215명
- 주심_김영수 부심_곽승순·방기열 대기심_최승환 경기감독관_김종민

인천 2 | 1 전반 0 / 1 후반 2 | **2 수원FC**

퇴장	경고	파울	ST(유)	교체	선수명	배번	위치	위치	배번	선수명	교체	ST(유)	파울	경고	퇴장
0	0	0	0		민성준	23	GK	GK	17	노동건		0	0	0	0
0	0	1	0		델브리지	20	DF	DF	2	정동호		0	0	1	0
0	1	0	0		김동민	47	DF	DF	15	이재성		5	1	0	0
0	1	2	0		김연수	3	DF	DF	30	신세계		1	1	1	0
0	0	1	0		민경현	28	MF	DF	88	이용		0	0	0	0
0	1	1	2(1)		신진호	8	MF	MF	6	박주호	55	1	0	3	0
0	0	1	0		문지환	6	MF	MF	10	무릴로		2(1)	0	0	0
0	0	1	0		김준엽	17	MF	MF	14	윤빛가람		0	0	1	0
0	2	3	0	25	제르소	11	FW	MF	29	장재웅	13	0	0	0	0
0	0	2	0		에르난데스	10	FW	FW	9	라스		3(2)	0	0	0
0	0	0	6(4)	27	천성훈	9	FW	FW	39	이대광	11	0	0	0	0
					이태희	21			1	박배종					
					오반석	4			3	박철우					
					정동윤	14			5	잭슨	후15				
0	0	0	0	후16	이동수	16	대기	대기	13	오인표	후14/22				
					김도혁	7			55	김선민	후25				
				후41	김민석	25			11	이승우	전14	1(1)		1	0
0	0	3(2)		후31	김보섭	27			22	이광혁	후0	2(1)		1	0
0	2	10	16(7)	0							0	12(6)	7	1	0

- ●전반 18분 에르난데스 MF 정면 ~ 천성훈 PA 정면 내 R-ST-G (득점: 천성훈, 도움: 에르난데스) 오른쪽
- ●후반 14분 민경현 PAL ~ 천성훈 GAL H-ST-G (득점: 천성훈, 도움: 민경현) 오른쪽
- ●후반 11분 이승우 PAL ~ 라스 PK 좌측지점 H-ST-G (득점: 라스, 도움: 이승우) 왼쪽
- ●후반 40분 무릴로 PA 정면 ~ 윤빛가람 PA 정면내 R-ST-G (득점: 윤빛가람, 도움: 무릴로) 왼쪽

- 4월 23일 16:30 흐림 제주 월드컵 10,041명
- 주심_이동준 부심_윤재열·천진희 대기심_안재훈 경기감독관_조성철

제주 0 | 0 전반 1 / 0 후반 1 | **2 전북**

퇴장	경고	파울	ST(유)	교체	선수명	배번	위치	위치	배번	선수명	교체	ST(유)	파울	경고	퇴장
0	0	0	0		김동준	1	GK	GK	1	김정훈		0	0	0	0
0	0	0	0	13	김봉수	30	DF	DF	4	박진섭		0	0	0	0
0	0	1	0	18	김주원	16	DF	DF	3	김건웅		1	0	0	0
0	0	0	0		김오규	20	DF	DF	2	정태욱		1(1)	0	2	0
0	2	2	0		이주용	32	MF	MF	32	정우재		0	0	0	0
0	0	0	0		구자철	7	MF	MF	21	아마노		2(1)	1	0	0
0	1	3(1)			이창민	8	MF	MF	8	백승호	28	1	2	0	0
0	1	1	0		안현범	17	MF	MF	70	박창우	25	0	0	1	0
0	0	0	0	10	지상욱	34	MF	FW	17	송민규		0	0	0	0
0	1	2(1)			유리조나탄	11	FW	FW	19	이동준	7	0	0	0	0
0	0	0	0	14	김대환	29	FW	FW	9	하파실바		1(1)	2	2	0
					김근배	41			51	공시현					
0	0	2	0	후28	정운	13			7	한교원	후8	1(1)	1	0	
					안태현	4			9	구스타보					
0	0	2(1)		후28	김주공	19	대기	대기	25	최철순	후44				
					서진수	14			26	홍정호	후46				
0	0	1(1)		전13	헤이스	5			27	문선민					
0	1	1(1)		후40	임동혁	18			28	맹성웅	후44				
0	3	8	12(6)	0							0	9(5)	14	2	0

- ●전반 40분 송민규 GAL R-ST-G (득점: 송민규) 왼쪽
- ●후반 44분 한교원 GAL 내 R-ST-G (득점: 한교원) 가운데

포항 1 : 0 수원

• 4월25일 19:30 비 포항 스틸야드 3,080명
• 주심_김희곤 부심_윤재열·강동호 대기심_안재훈 경기감독관_나승화

포항 1 — 1 전반 0 / 0 후반 0 — 0 수원

퇴장	경고	파울	ST(유)	교체	선수명	배번	위치	위치	배번	선수명	교체	ST(유)	파울	경고	퇴장
0	0	0	0		황인재	21	GK	GK	21	양형모		0	0	0	0
0	0	0	0	20	심상민	3	DF	DF	4	불투이스		1	2	0	0
0	0	0	0		그랜트	5	DF	DF	3	장호익		0	0	0	0
0	0	2	0		하창래	45	DF	DF	23	이상민		0	0	0	0
0	0	0	0		박승욱	4	DF	MF	29	이상민	23	0	0	0	0
0	2	1(1)		17	이승모	16	MF	MF	97	바사니	18	1	0	0	0
0	1	1(1)			오베르단	8	MF	MF	88	유제호		0	1	0	0
0	3	0		7	백성동	11	MF	MF	10	정승원	33	0	1	0	0
0	1	1(1)			김승대	12	MF	FW	14	전진우		2	1	0	0
0	0	1	0	11	조재훈	26	FW	FW	37	김주찬	44	1	0	0	0
0	1	0		9	이호재	33	FW								
					윤평국	1			31	이성주		0	0	0	0
				후44	박찬용	20			33	박대원	후0				
				후0	신광훈	17			23	이기제	후13	0	0	0	0
				후0	완델손	11	대기	대기	16	이종성	후0	0	3	0	0
		1(1)		후21	김인성	7			12	류승우	후31	0	0	0	0
	1	2(1)		후0	제카	9			18	아코스티	후13	0	5	0	0
									44	뮬리치	전18	0	1	0	0
0		14	7(5)			0			0			4	18	4	0

● 전반 4분 김승대 GAR R-ST-G (득점: 김승대) 오른쪽

강원 3 : 2 서울

• 4월26일 19:00 맑음 춘천 송암 3,640명
• 주심_채상협 부심_양재용·천진희 대기심_이지형 경기감독관_당성증

강원 3 — 1 전반 0 / 2 후반 2 — 2 서울

퇴장	경고	파울	ST(유)	교체	선수명	배번	위치	위치	배번	선수명	교체	ST(유)	파울	경고	퇴장
0	0	0	0		이광연	31	GK	GK	1	백종범		0	0	0	0
0	0	1	1		김영빈	2	DF	DF	96	박수일	88	0	0	0	0
0	0	1(1)			이웅희	3	DF	DF	30	김주성		0	0	0	0
0	0	1	0		윤석영	20	DF	DF	2	권완규	4	1(1)	0	0	0
0	0	1	0	24	유인수	17	DF	DF	17	김진야		0	0	0	0
0	5	1			서민우	4	MF	MF	14	임상협		4(3)	0	0	0
0	0	0	0		한국영	8	MF	MF	6	기성용		1(1)	0	0	0
0	1	0			정승용	22	MF	MF	26	한찬희		0	0	0	0
0	1	1			김대원	11	MF	MF	13	나상호	2	2	1	0	0
0	1	0			양현준	7	FW	FW	94	윌리안		0	0	0	0
0	1(1)	0			박상혁	35	FW	FW	90	일류첸코	16	0	0	0	0
					유상훈	1			21	최철원		0	0	0	0
					임창우	23			88	이태석	후0	0	0	0	0
				후0	김진호	24			2	황현수		0	0	0	0
					김우석	17	대기	대기	1	임민혁	후0	1	1	0	0
					이승원	33			26	팔로세비치	후11	1	0	0	0
				후26	김대원	18			66	한승규	후31	0	0	0	0
	0	2(1)		후0	갈레고	16			16	황의조	전06	0	0	0	0
0		9	7(4)			0			0			9(5)	5	1	0

● 전반 24분 양현준 GAL ~ 박상혁 GA 정면 R-ST-G (득점: 박상혁, 도움: 양현준) 오른쪽
● 후반 20초 정승용 GAL L-ST-G (득점: 정승용) 오른쪽
● 후반 45분 이웅희 GA 정면 R-ST-G (득점: 이웅희) 오른쪽
● 후반 7분 김주성 PK지점 → 임상협 GA 정면 내 R-ST-G (득점: 임상협, 도움: 김주성) 가운데
● 후반 23분 이한범 GAR 내 ~ 임상협 GA 정면 내 R-ST-G (득점: 임상협, 도움: 이한범) 왼쪽

인천 0 : 1 울산

• 4월25일 19:30 흐리고비 인천 전용 5,326명
• 주심_박병진 부심_김계용·홍석찬 대기심_이동준 경기감독관_허기태

인천 0 — 0 전반 1 / 0 후반 0 — 1 울산

퇴장	경고	파울	ST(유)	교체	선수명	배번	위치	위치	배번	선수명	교체	ST(유)	파울	경고	퇴장
0	0	0	0		민성준	23	GK	GK	21	조현우		0	0	0	0
0	0	1(1)			오반석	4	DF	DF	44	김기희		0	0	0	0
0	0	0	0		권한진	55	DF	DF	19	김영권		0	1	0	0
0	0	0	0		김연수	3	DF	DF	66	설영우		1(1)	0	0	0
0	0	1		14	민경현	28	MF	DF	23	김태환		0	2	0	0
0	0	6			이동수	16	MF	MF	24	이명재		2(1)	1	0	0
0	0	0	0		김준엽	17	MF	MF	8	보야니치	6	2	1	0	0
0	1	11			김도혁	7	FW	MF	10	바코	26	2(2)	0	0	0
0	1	10			천성훈	99	FW	FW	31	아타루	11	0	1	0	0
0	0	25			김보섭	27	FW	FW	30	강윤구		0	0	0	0
					이태희	21		FW	9	마틴아담		2(2)	4	0	0
									1	조수혁		0	0	0	0
				후44	정동윤	14			26	조현택	후32				
				후27	문지환	6	대기	대기	6	박용우	후44				
				후38	김민석	25			22	김민혁	후20	0	0	0	0
	0	5	1(1)	후0	제르소	11			27	이청용	후0	1(1)	0	0	0
	1	1(1)		후0	에르난데스	10			18	주민규		0	0	0	0
0		14	6(4)			0			0			9(7)	12	0	0

● 전반 9분 강윤구 MFR ⌒ 마틴 아담 GAL 내 H-ST-G (득점: 마틴 아담, 도움: 강윤구) 오른쪽

광주 0 : 1 제주

• 4월26일 19:00 맑음 광주 전용 2,143명
• 주심_최현재 부심_김지욱·박균용 대기심_오현정 경기감독관_양정환

광주 0 — 0 전반 0 / 0 후반 1 — 1 제주

퇴장	경고	파울	ST(유)	교체	선수명	배번	위치	위치	배번	선수명	교체	ST(유)	파울	경고	퇴장
0	0	0	0		김경민	1	GK	GK	1	김동준		0	0	0	0
0	1	0			안영규	6	DF	DF	30	김봉수		0	1	1	0
0	1	1	28		티모	5	DF	DF	16	김주원		0	2	0	0
0	0	0	0		이민기	3	DF	DF	20	김오규		0	0	0	0
0	1	1(1)			두현석	13	DF	MF	2	안태현		0	1	0	0
0	2	2(1)			이순민	44	MF	MF	7	구자철	9	1	0	0	0
0	3	2(1)			정호연	14	MF	MF	17	안현범		0	0	0	0
0	0	0	0		엄지성	7	MF	FW	10	헤이스	5	0	0	0	0
0	2	2(2)			아사니	11	MF	FW	3	지상욱	14	0	0	0	0
0	0	24			이희균	16	FW	FW	29	김대환	19	0	0	0	0
0	0				산드로	91	FW								
					이준	4			41	김근배		0	0	0	0
				후38	허율	28			13	정종		0	0	0	0
				후38	한길	19			11	김승섭		0	0	0	0
				후16	이강현	24	대기	대기	14	서진수	전12	3(3)	0	0	0
					하승운	30			19	김주공	전12	2(1)	1	0	0
				후38	허율	9			9	유리조나탄	후42				
	0	1(1)		후38	이건희	18			18	임동혁	후48				
0	2	15	16(6)			0			0			6(4)	14	4	0

● 후반 31분 서진수 GA 정면 L-ST-G (득점: 서진수) 가운데

• 주심_김대용 부심_박상준·성주경 대기심_신용준 경기감독관_김성기

전북 1   0 전반 0 / 1 후반 2   2 대전

퇴장	경고	파울	ST(유)	교체	선수명	배번	위치	위치	배번	선수명	교체	ST(유)	파울	경고	퇴장
0	0	0	0		김정훈	1	GK	GK	1	이창근		0	0	0	0
0	0	0	1(1)		박진섭	4	MF	DF	26	김지훈	97	0	0	0	0
0	0	1	0		홍정호	26	DF	DF	4	김현우	15	0	0	0	0
0	0	0	1(1)		정태욱	3	DF	DF	6	임은수		0	0	0	0
0	0	0	0		정우재	32	MF	MF	98	안 톤		1(1)	0	0	0
0	0	0		21	맹성웅	28	MF	MF	3	서영재		0	0	0	0
0	1(1)			6	백승호	8	MF	MF	14	김영욱		0	0	0	0
0	1	2	1	25	박창우	70	MF	MF	5	임덕근		2(1)	2	0	0
0	0	0		17	이 민혁	97	MF	FW	13	전병관	70	0	1	0	0
0	0	1	3(2)	9	안데르손	97	FW	FW	3	마	43	2(1)	2	0	0
0	0	0	0		한교원	7	FW	FW	10	유강현		2(2)	0	0	0
0	0	0			공시현	51			23	정 산		0	0	0	0
0	0		후34		김건웅	6			9	공민현	후26	0	0	0	0
0	1		후21		구스타보	9			70	레안드로	후26	0	0	0	0
0	0	0		대기	박 규	15	대기		33	배 준호		0	0	0	0
0	2	1(1)	전38		송 민 규	17			97	이 진 현	후1	1(1)	3	0	0
0			전38		아마노준	21			8	주 세 종		0	0	0	0
0	1		후21		최 철 순	25			15	변 준 수	후38	0	1	1	0
0	1	8	9(6)			0			0			10(5)	17	1	0

● 후반 40분 아마노준 C.KR ~ 정태욱 GAR 내 H-ST-G (득점: 정태욱, 도움: 아마노준) 오른쪽

● 후반 5분 김지훈 PAR ~ 안톤 GA 정면 L-ST-G (득점: 안톤, 도움: 김지훈) 오른쪽
● 후반 28분 이진현 C.KR L-ST-G (득점: 이진현) 왼쪽

• 주심_김용우 부심_양재용·강동호 대기심_김대용 경기감독관_구상범

수원FC 0   0 전반 1 / 0 후반 2   3 서울

퇴장	경고	파울	ST(유)	교체	선수명	배번	위치	위치	배번	선수명	교체	ST(유)	파울	경고	퇴장
0	0	0	0		노동건	17	GK	GK	21	최 철 원		0	0	0	0
0	0	1		10	김현훈	4	DF	DF	88	이 태 석	96	0	1	0	0
0	0	0	0		잭	5	DF	DF	30	김 주 성		1(1)	0	0	0
0	0	0	0		신 세 계	30	DF	DF	7	이 한 범	4	0	0	0	0
0	2	0			이 용	88	MF	MF	24	김 진 야		0	0	0	0
0	2	1		13	박 철 우	3	MF	MF	6	기 성 용		3(1)	2	1	0
0	0	0			박 주 호	14	MF	MF	14	임 상 협	94	0	1	0	0
0	0	0			윤빛가람	14	MF	MF	25	한 찬 희	50	2	0	1	0
0	0				김 신	55	MF	MF	26	팔로세비치		1(1)	0	0	0
0	1	1			김 주 엽	24	FW	FW	7	나 상 호		3(3)	0	0	0
0	1	2(2)		29	이 대 광	39	FW	FW	9	김 신 진	11	3(3)	2	0	0
0					이 범 영	31			1	백 종 환		0	0	0	0
0					최 보 경	21			96	박 수 일	후45	0	0	0	0
0	1	1(1)	후16		정 재 용	8			2	황 현 수	후45	0	0	0	0
0			후0		무 릴 로	10	대기	대기	66	한 승 규		0	0	0	0
0			후35		오 인 표	13			11	강 성 진	후44	0	0	0	0
0			후0		양 동 현	18			94	윌 리 안	후35	0	0	0	0
0			후0		장 재 웅	29			50	박 동 진	후15	0	0	0	0
0	13	8(3)				0			0			13(9)	3	0	0

● 전반 21분 김신진 PK 좌측지점 ~ 한찬희 AK 내 R-ST-G (득점: 한찬희, 도움: 김신진) 오른쪽
● 후반 5분 나상호 PK-R-G (득점: 나상호) 오른쪽
● 후반 27분 박동진 MFR ~ 나상호 PA 정면 내 L-ST-G (득점: 나상호, 도움: 박동진) 가운데

• 주심_김종혁 부심_송봉근·장종필 대기심_정동식 경기감독관_김용세

수원FC 1   0 전반 0 / 1 후반 1   1 대구

퇴장	경고	파울	ST(유)	교체	선수명	배번	위치	위치	배번	선수명	교체	ST(유)	파울	경고	퇴장
0	0	0	0		노 동 건	17	GK	GK	1	최 영 은		0	0	0	0
0	1	1	2(2)	3	정 동 호	2	DF	DF	66	조 진 우		3(1)	0	0	0
0	0				잭	5	DF	DF	7	홍 정 운		0	0	0	0
0	0	1	1(1)		신 세 계	30	DF	DF	7	김 진 혁		0	0	0	0
0					이 용	88	DF	MF	18	케 이 타	33	1(1)	0	0	0
0	5(3)	13			이 승 우	11	MF	MF	74	이 용 래	14	1	2	0	0
0					윤빛가람	14	MF	MF	26	이 진 용		0	0	0	0
0	3	6			김 신	55	MF	FW	11	세 징 야	14	0	0	0	0
0	0	0			라 스	5	FW	FW	11	세 징 야		0	0	0	0
0				10	장 재 웅	29	FW	FW	9	에 드 가		7(3)	0	0	0
0				22	이 대 광	39	FW	FW	17	고 재 현		3(2)	0	0	0
0					이 범 영	31			88	이 준 희		0	0	0	0
0			후17		박 철 우	3			20	김 강 산		0	0	0	0
0					김 봉 수	4			33	홍 철	후20	1(1)	0	0	0
0			후28		오 인 표	13	대기	대기	8	세 라 토		0	0	0	0
0			후28		박 주 호	14			14	박 세 진	후20	0	0	0	0
0			전21		무 릴 로	10			22	이 근 호	전44	0	0	0	0
0	1	1(1)	후28		이 광 혁	23			99	바 셀 루스		0	0	0	0
0	1	11	14(8)			0			0			18(8)	8	0	0

● 후반 5분 윤빛가람 PA 정면 ~ 이광혁 GAR L-ST-G (득점: 이광혁, 도움: 윤빛가람) 왼쪽

● 후반 30분 홍철 C.KL ~ 에드가 GAR H-ST-G (득점: 에드가, 도움: 홍철) 오른쪽

• 주심_김영수 부심_윤재열·박균용 대기심_박병진 경기감독관_허기태

전북 0   0 전반 0 / 0 후반 1   1 강원

퇴장	경고	파울	ST(유)	교체	선수명	배번	위치	위치	배번	선수명	교체	ST(유)	파울	경고	퇴장
0	0	0	0		김 정 훈	1	GK	GK	31	이 광 연		0	0	0	0
0	2	2	2(2)		홍 정 호	26	DF	DF	2	김 영 빈		0	0	0	0
0	0	0			김 건 웅	6	DF	DF	2	이 웅 희	3	0	0	0	0
0	0	0			정 태 욱	3	DF	DF	20	윤 석 영		0	0	0	0
0	0			32	박 창 우	70	MF	MF	17	유 인 수	24	1	0	0	0
0	0	1		9	이 수 빈	16	MF	MF	4	서 민 우		2	0	0	0
0	1	1			박 진 섭	4	MF	MF	8	한 국 영		0	0	0	0
1	0	1			김 문 환	33	MF	MF	22	정 승 용		0	0	0	0
0	0			97	아마노준	21	MF	MF	8	김 대 우	11	0	0	0	0
0	0			9	송 민 규	17	FW	FW	7	양 현 준		1(1)	1	0	0
0	1	4(2)			하파 실바	19	FW	FW	35	박 상 혁		2	0	0	0
0					공 시 현	51			1	이 상 훈		0	0	0	0
0			후0		백 승 호	8			24	김 진 호	31	0	0	0	0
0	2(1)		전22		구스타보	9	대기	대기	21	김 우 석	40	0	0	0	0
0					최 철 순	25			6	알리바예프	41	0	0	0	0
0			후0		정 우 재	32			10	김 대 원	후0	1(1)	0	0	0
0			후25		안데르손	97			11	갈 레 고	후0	0	0	0	0
1	3	9	10(5)			0			0			4(2)	14	3	0

● 후반 50분 양현준 GAR R-ST-G (득점: 양현준) 왼쪽

- 4월30일 14:00 맑음 대전 월드컵 13,777명
- 주심_안재훈 부심_지승민·송봉근 대기심_김용우 경기감독관_나승화

대전 0 / 0 전반 2 / 0 후반 1 / **3 제주**

퇴장	경고	파울	STI(유)	교체	선수명	배번	위치	배번	선수명	교체	STI(유)	파울	경고	퇴장
0	0	0	0		이창근	1	GK	GK	1	김동준		0	0	0	0
0	0	1	0		오 재 석	22	DF	13	정 운		1(1)	0	0	0
0	0	0	0		안 톤	98	DF	16	김 오 규		1(1)	0	0	0
0	0	0	0		조 유 민	20	DF	32	이 주 용		2(1)	1	0	0
0	0	0	1		김 민 덕	3	DF		구 자 철	30				
0	0	0	0		이 현 식	17	MF	7	이 창 민					
0	0	1	0		주 세 종	8	MF	97	안 태 현					
0	0	0	0		이 진 현	97	MF	19	헤 이 스					
0	0	0	2		배 준 호	33	FW	38	곽 승 민	11		1	1	0
0	1	5	1		티 아 고	28	FW	29	김 대 환	14	1	4	1	0
0	0	0	9		레안드로	70	FW	41	김 근 배					
					정 산	23		30	김 봉 수	후10	2(1)			
				후27	공 민 현			11	김 승 섭	후13		13	1	1
0	0	1(1)		후36	유 강 현			14	안 현 범	후31	1			
				후36	전 병 관	13	대기	대기	14	서 진 수	후13	2(2)		
					임 덕 근	5		19	김 주 공	후31				
0	1	1		후0	서 영 재				유리조타반				
				후43	김 현 우	4								
0	0	12	7(1)								15(8)	17	2	0

- ●전반 21분 김주원 GAL H~ 김오규 PAL 내 L-ST-G (득점: 김오규, 도움: 김주원) 오른쪽
- ●전반 33분 헤이스 PAR EL ⌒ 정운 GA 정면 H-ST-G (득점: 정운, 도움: 헤이스) 왼쪽
- ●후반 33분 김봉수 PK지점 R-ST-G (득점: 김봉수) 가운데

- 4월30일 16:30 맑음 수원 월드컵 8,883명
- 주심_이동준 부심_김계용·구은석 대기심_김종혁 경기감독관_김용세

수원 0 / 0 전반 0 / 0 후반 1 / **1 대구**

퇴장	경고	파울	STI(유)	교체	선수명	배번	위치	배번	선수명	교체	STI(유)	파울	경고	퇴장
0	0	0	0		양 형 모	21	GK	GK	1	최 영 은		0	0	0	0
0	0	1	1(1)		이 기 제	23	DF	66	조 진 우		0	0	0	0
0	0	0	0		불투이스	33	DF	6	홍 정 운		0	0	0	0
0	0	0	0		고 명 석	15	DF	7	김 진 혁		0	0	1	0
0	0	0	0		장 호 익	3	DF	18	케 이 타	33	0	0	0	0
0	0	0	0		이 종 성	16	MF	74	이 용 래	8	0	1	0	0
0	0	0	0		바 사 니	97	MF	26	이 진 용		0	0	0	0
0	0	0	0		염 기 훈	26	MF		황 재 원					
0	0	0	0		이 상 민	29	FW	22	바셀루스		1	3	1	0
0	3(1)	1	44		안 병 준	9	FW	9	에 드 가		2(2)	4	0	0
					아코스티	18	FW	17	고 재 현		2(1)	1	0	0
					이 성 주	31		31	한 태 희					
				후11	박 대 원	33		20	김 강 산	후43				
				후29	손 호 준	77		33	홍 철	후14				
					유 제 호	88	대기	대기	14	박 세 진				
				후29	김 보 경	13		8	세 라 토	후14				
					류 승 우	12		19	김 영 준					
			1(1)	후19	뮬 리 치	44		22	이 근 호	후40	2(1)	1	1	0
0	4	13	14(3)								6(4)	13	2	0

- ●후반 8분 이용래 C.KR ⌒ 에드가 GA 정면 H-ST-G (득점: 에드가, 도움: 이용래) 오른쪽

- 4월30일 15:00 맑음 포항 스틸야드 9,173명
- 주심_고형진 부심_감지욱·성주경 대기심_신용준 경기감독관_김성기

포항 0 / 0 전반 0 / 0 후반 2 / **2 인천**

퇴장	경고	파울	STI(유)	교체	선수명	배번	위치	배번	선수명	교체	STI(유)	파울	경고	퇴장
0	0	0	0		황 인 재	21	GK	GK	23	민 성 준		0	0	0	0
0	0	0	0		심 상 민	2	DF	55	권 한 진		0	0	0	0
0	0	1	1(1)		그 랜 트	5	DF	47	김 동 민		0	0	0	0
0	1	1	0		하 창 래	45	DF	4	오 반 석		1	4	1	0
0	0	0	0		김 용 환	3	MF	28	민 경 현	27	0	0	0	0
0	0	0	0	후17	오 반 석	16	MF	16	신 진 호		1(1)	4	1	0
0	0	0	0		오베르단		MF	16	문 지 환	16				
0	0	0	0	33	백 성 동		MF	17	김 준 엽	14				
0	1(1)	0		26	고 영 준		FW	11	제 르 소	37	2(1)	1	1	0
0	0	1			김 인 성	7	MF	99	천 성 훈		2(1)	1	1	0
0	0	2	12		제 카		FW	9	에르난데스	후35	2(1)			
					윤 평 국	21		21	이 태 희					
				후0	박 승 욱	14		14	정 동 윤	후30				
					박 찬 용	20		16	이 동 수	후30				
0	1	1		후15	신 광 훈	대기	대기	37	홍 시 후	후35				
				후16	김 승 대	13		27	김 보 섭	후8				
				후33	조 재 훈			19	송 시 우	후35				
0	4	8	2(2)								6(4)	11	5	0

- ●후반 10분 김보섭 PA 정면 ~ 문지환 PA 정면 R-ST-G (득점: 문지환, 도움: 김보섭) 왼쪽
- ●후반 20분 제르소 AKR ~ 천성훈 PK 우측지점 R-ST-G (득점: 천성훈, 도움: 제르소) 왼쪽

- 4월30일 19:00 맑음 울산 문수 12,068명
- 주심_정화수 부심_박상준·방기열 대기심_송민석 경기감독관_혀태식

울산 2 / 0 전반 0 / 2 후반 1 / **1 광주**

퇴장	경고	파울	STI(유)	교체	선수명	배번	위치	배번	선수명	교체	STI(유)	파울	경고	퇴장
0	0	0	0		조 현 우	21	GK	GK	1	김 경 민		0	0	0	0
0	0	1	0		김 영 권	19	DF	6	안 영 규		0	0	0	0
0	0	1	0	26	김 기 희	44	DF	5	티 모		0	1	2	0
0	0	0	0		이 명 재	13	DF	10	김 한 길		0	0	1	0
0	2(2)	0	0		설 영 우	66	DF	13	두 현 석		2(1)	1	0	0
0	1	1	1		이 규 성	24	MF	44	이 순 민	24	0	1	1	0
0	1(1)	0	0		보야니치	8	MF	14	정 호 연		0	1	0	0
0	1(1)	0	1		루 빅 손	17	MF	19	엄 지 성	19	3(2)	2	0	0
0	0	0	0		엄 원 상	11	MF	11	신 창 무	11	0	1	0	0
0	1	1	0		강 윤 구	30	FW	16	이 희 균		0	1	0	0
0	0	0	0		주 민 규	18	FW	9	허 율		0	0	2	0
					조 수 혁	21		21	이 준					
				후18	조 현 택	26		24	아 론					
				후0	박 용 우			24	이 강 현	후33				
				전25	김 민 혁	대기	대기	33	한 빈	후12				
				후30	이 청 용			33	하 승 운	후33				
0	2(1)	후18	바 코	10		8	이 건 희	후33				
					마틴 아담	9		11	아 사 니	후30	1(1)	0	0	0
0	3	8	12(8)								14(11)	15	5	0

- ●후반 41분 김민혁 PA 정면 내 ~ 바코 AK 내 R-ST-G (득점: 바코, 도움: 김민혁) 가운데
- ●후반 45분 이청용 PAR 내 EL H⌒ 주민규 GAL 내 L-ST-G (득점: 주민규, 도움: 이청용) 왼쪽
- ●후반 36분 이강현 AK 정면 R-ST-G (득점: 이강현) 왼쪽

경기 1 — 대구 vs 울산

• 5월 05일 14:00 비 DGB대구은행파크 11,929명
• 주심 신용준 부심 방기열·박균용 대기심 오현진 경기감독관 허태식

대구 0 | 0 전반 3 | **3 울산**
| | 0 후반 0 | |

퇴장	경고	파울	ST(유)	교체	선수명	배번	위치	위치	배번	선수명	교체	ST(유)	파울	경고	퇴장
0	0	0	0		최영은	1	GK	GK	21	조현우		0	0	0	0
0	0	0	1		조진우	66	DF	DF	19	김영권		0	0	0	0
0	0	1	1		홍정운	5	DF	DF	44	김기희		0	1	0	0
0	0	1	1		김진혁	7	DF	DF	13	이명재	26	1(1)	0	0	0
0	1	2	0	8	케이타	18	MF	MF	66	설영우		0	1	0	0
0	0		14		이용래	74	MF	MF	24	이규성		0	0	0	0
0	1		33		이진용	26	MF	MF	6	박용우	18	0	0	0	0
0	1	3(1)			황재원	2	MF	MF	10	바코		2(1)	0	0	0
0					바셀루스	99	FW	FW	11	엄원상	27	1(1)	0	0	0
0	1	0	3(1)	19	에드가	9	FW	FW	29	황재환	22	2(2)	0	0	0
0	1	1	3		고재현	17	FW	FW	17	마틴 아담		2	3	1	0
0					한태희	31			1	조수혁		0	0	0	0
0					김강산	20			15	정승현		0	0	0	0
0	0	0	후18	홍 철	33			26	조현택	후25	0	0	0	0
0				후0	세징야	11	대기	대기	22	김민혁	후0	0	0	0	0
0				후25	세라토	8			21	이청용	후25	0	0	0	0
0	1	0	후37	김영준	19			17	루빈손	후35	0	1	1	0
0	0	1	후0	이근호	22			18	주민규	후17	0	0	0	0
0	3	17	12(2)			0					0	8(5)	7	3	0

● 전반 11분 마틴 아담 MF 정면 ~ 황재환 PK 좌측지점 R-ST-G (득점: 황재환, 도움: 마틴 아담) 오른쪽
● 전반 38분 박용우 MF 정면 ~ 바코 AK 내 R-ST-G (득점: 바코, 도움: 박용우) 오른쪽
● 전반 40분 마틴 아담 PA 정면 ~ 황재환 PA 정면 내 R-ST-G (득점: 황재환, 도움: 마틴 아담) 오른쪽

경기 2 — 인천 vs 수원

• 5월 05일 16:30 흐리고 비 인천 진용 8,637명
• 주심 송민석 부심 송봉근·강동호 대기심 김용우 경기감독관 당성증

인천 0 | 0 전반 1 | **1 수원**
| | 0 후반 0 | |

퇴장	경고	파울	ST(유)	교체	선수명	배번	위치	위치	배번	선수명	교체	ST(유)	파울	경고	퇴장
0	0	0	0		민성준	23	GK	GK	21	양형모		0	0	0	0
0	0	1	1		오반석	4	DF	DF	23	이기제		1(1)	1	0	0
0	0	1	0		권한진	55	DF	DF	33	박대원		1(1)	1	0	0
0	0	1	1		김동민	47	DF	DF	5	한호강		0	1	0	0
0				19	민경현	28	MF	DF	11	김태환		0	1	0	0
0	2	1(1)			신진호	8	MF	MF	6	한석종		1(1)	1	0	0
0	0	1			문지환	6	MF	MF	13	김보경	15	1(1)	2	0	0
0	0	7			정동윤	14	MF	MF	88	유제호	97	2	0	0	0
0	0	2(2)			제르소	11	FW	FW	14	전진우	37	1(1)	0	0	0
0	2	2(2)	20		김보섭	27	FW	FW	20	박희준	9	2(1)	1	0	0
0	0	37			에르난데스	10	FW	FW	29	이상민		1(1)	3	1	0
0					이태희	21			31	이성주		0	0	0	0
0				후32	델브리지	20			15	고명석	후37	0	1	0	0
0				후41	김도혁	7			3	장호익		0	0	0	0
0				후32	이동수	16	대기	대기	97	바사니	후20	1	0	0	0
0	1(1)	후41	홍시후	37			12	류승우	전38	0	2	0	0
0	1(1)	후19	송시우	19			26	염기훈		0	0	0	0
0	8	13(9)				0					0	6(5)	22	1	0

● 전반 29분 이기제 MF 정면 FK L-ST-G (득점: 이기제) 왼쪽

경기 3 — 서울 vs 전북

• 5월 05일 14:00 비 서울월드컵 37,008명
• 주심 김대용 부심 박상준·장종필 대기심 안재훈 경기감독관 구상범

서울 1 | 0 전반 1 | **1 전북**
| | 1 후반 0 | |

퇴장	경고	파울	ST(유)	교체	선수명	배번	위치	위치	배번	선수명	교체	ST(유)	파울	경고	퇴장
0	0	0	0		백종범	1	GK	GK	1	김정훈		0	0	0	0
0	0	1	1(1)		김주성	30	DF	DF	4	박진섭	30	1	1	0	0
0			50		오스마르	5	DF	DF	15	구자룡		0	1	1	0
0					이한범	4	DF	DF	3	정태욱		0	0	0	0
0	1	2	90		이태석	88	MF	DF	70	박창우		0	1	0	0
0	0	2	3(1)		기성용	6	MF	MF	16	이수빈		0	0	0	0
0	0	2(1)			팔로세비치	8	MF	MF	8	백승호		0	3	1	0
0			96		김진야	17	MF	MF	25	최철순		0	3	1	0
0	0	1	1(1)	94	임상협	14	FW	FW	27	문선민		3	0	0	0
0	1	3(1)			황의조	16	FW	FW	21	아마노 준	97	1(1)	0	0	0
0					나상호	7	FW	FW	19	구스타보		2	3	0	0
0					최철원	21			51	공시현		0	0	0	0
0				후37	박수일	96			29	윤영선		0	0	0	0
0					권완규	3			6	김건웅		0	0	0	0
0					한찬희	66	대기	대기	24	이성윤		0	0	0	0
0	후28	윌리안	94			19	하파 실바	후16	2(1)	1	0	0
0	2(1)	후0	박동진	50			30	오재혁		0	0	0	0
0	후50	일류첸코	90			97	안데르손	전40	2(1)	1	1	0
0	2	8	14(6)			0					0	9(4)	19	2	0

● 후반 32분 나상호 PAL ⌒ 박동진 GA 정면 H-ST-G (득점: 박동진, 도움: 나상호) 왼쪽
● 전반 11초 구스타보 GAR R-ST-G (득점: 구스타보) 가운데

경기 4 — 제주 vs 포항

• 5월 06일 14:00 흐림 제주월드컵 5,261명
• 주심 정동식 부심 김계용·양재용 대기심 이지형 경기감독관 조성철

제주 2 | 0 전반 0 | **1 포항**
| | 2 후반 0 | |

퇴장	경고	파울	ST(유)	교체	선수명	배번	위치	위치	배번	선수명	교체	ST(유)	파울	경고	퇴장
0	0	0	0		김동준	1	GK	GK	21	황인재		0	0	0	0
0					정운	13	DF	DF	2	심상민		1(1)	0	0	0
0	1		26		김주원	16	DF	DF	5	그랜트		3(1)	1	0	0
0	0	2			김오규	20	DF	DF	45	하창래		0	1	1	0
0	0	0			김봉수	30	MF	MF	16	이승모	17	0	1	0	0
0	2(1)				이창민	8	MF	MF	8	오베르단		1(1)	0	0	0
0	1	17			안태현	2	MF	MF	12	백성동		1(1)	0	0	0
0	19	김대환	29	FW	MF	11	고영준	7	0	0	0	0
0	4	곽승민	28	FW	FW	12	김승대		0	0	0	0
0	1	4(1)	전11	김주공	19	FW	FW	33	이호재	9	1(1)	0	0	0
0	2(1)			유리조나탄		FW	FW		제카	후13	3(3)	1	0	0
0	2	15	6(3)			0					0	13(8)	12	5	0

● 후반 3분 하창래 GAR 내 자책골 (득점: 하창래) 왼쪽
● 후반 10분 김봉수 PK 우측지점 R-ST-G (득점: 김봉수) 오른쪽
● 후반 23분 김승대 AKL → 백성동 AK 정면 R-ST-G (득점: 백성동, 도움: 김승대) 왼쪽

- 5월 06일 16:30 흐리고비 수원 종합 2,749명
- 주심_최현재 부심_지승민·천진희 대기심_신용준 경기감독관_김종민

수원FC 2   1 전반 0 / 1 후반 0   0 강원

퇴장	경고	파울	ST(유)	교체	선수명	배번	위치	위치	배번	선수명	교체	ST(유)	파울	경고	퇴장
0	0	0	0		노동건	17	GK	GK	31	이광연		0	0	0	0
0	0	0	0		정동호	2	DF	DF	2	김영빈		0	1	0	0
0	1	1	1		잭 슨	5	DF	DF	5	이웅희	24	0	3	1	0
0	0	0	0	13	황순민	20	DF	DF	20	윤석영		0	2	0	0
0	0	0	0		신세계	30	MF	MF	17	유인수	23	0	0	0	0
0	0	0	0	55	박주호	6	MF	MF	4	서민우	14	1	1	0	0
0	0	0	4(3)		무릴로	10	MF	MF	8	한국영		1	2	0	0
0	2	2	2(1)		윤빛가람	14	MF	MF	22	정승용		1	2	0	0
0	3	0	3(2)		라스	9	FW	FW	21	김대원		2(1)	0	0	0
0	0	1	0	23	정재윤	16	FW	FW	7	양현준		2	1	0	0
0	1	2	1(1)	11	장재웅	29	FW	FW	88	황문기	35	1	0	0	0
0	0	0	0		이범영	31			1	유상훈					
0	0	0	0		김현훈	4			23	임창우	30				
0	0	0	0	후38	오인표	13			24	김진호	후32	1(1)	1	0	0
0	0	0	0	후0	김선민	55	대기	대기	21	김우석		0	0	0	0
0	1	2	1(1)	후0	이승우	11			35	박상혁	후0	0	0	0	0
0	0	0	0	후13	이광혁	22			14	김대우	후21	0	0	0	0
0	0	1	0	후22	루 안	23			11	갈레고	후0	0	0	0	0
0	5	11	13(8)			0			0			11(2)	17	2	0

- 전반 5분 정동호 HLR ∩ 라스 GA 정면 H-ST-G (득점: 라스, 도움: 정동호) 오른쪽
- 후반 43분 무릴로 MFR FK R-ST-G (득점: 무릴로) 왼쪽

- 5월 09일 19:00 맑음 울산 문수 5,318명
- 주심_이동준 부심_김계용·성주경 대기심_조지음 경기감독관_혀태식

울산 1   0 전반 0 / 1 후반 0   0 강원

퇴장	경고	파울	ST(유)	교체	선수명	배번	위치	위치	배번	선수명	교체	ST(유)	파울	경고	퇴장
0	0	0	0		조현우	21	GK	GK	1	유상훈		0	0	0	0
0	0	0	0		김영권	19	DF	DF	2	김영빈		0	0	0	0
0	0	0	0		김기희	44	DF	DF	5	이웅희		1	1	0	0
0	0	0	0		이명재	13	DF	DF	20	윤석영		0	2	0	0
0	0	0	0		김태환	23	DF	MF	23	임창우		0	0	0	0
0	0	1		22	이규성	24	MF	MF	4	서민우	6	0	0	0	0
0	1(1)				박용우	6	MF	MF	8	한국영		0	1	0	0
0	0	1	0		루빅손	17	MF	MF	22	정승용	19	1	0	0	0
0	1	0		26	엄원상	26	MF	MF	88	황문기	7	1	0	0	0
0	0	10			황재환	29	MF	MF	7	양현준		1(1)	1	0	0
0	1(1)	9			주민규	18	FW	FW	35	박상혁	11	0	0	0	0
0	0	0	0		조수혁	1			31	이광연					
0	0	0	0		정승현	15			13	강지훈					
0	0	0	0	후28	조현택	26			21	김우석					
0	0	0	0	후39	김민혁	22	대기	대기	19	조진혁	후43				
0	0	0	0	후0	이청용	27			16	알리바예프	후28				
0	1	3(2)	전26		바코	10			10	김대원	후10	1	1	0	0
0	1	1(1)	후28		마틴 아담	9			11	갈레고	후0	2(1)	1	0	0
0	2	7	11(5)			0			0			6(2)	6	0	0

- 후반 6분 주민규 PK-R-G (득점: 주민규) 가운데

- 5월 06일 19:00 흐림 광주 전용 3,687명
- 주심_김우성 부심_윤재열·김지욱 대기심_박세진 경기감독관_이경춘

광주 0   0 전반 0 / 0 후반 0   0 대전

퇴장	경고	파울	ST(유)	교체	선수명	배번	위치	위치	배번	선수명	교체	ST(유)	파울	경고	퇴장
0	0	0	0		김경민	1	GK	GK	1	이창근		0	0	0	0
0	1	1	0		안영규	6	DF	MF	17	이현식		0	5	1	0
0	0	0	0		아론	28	DF	DF	3	김민덕		0	2	1	0
0	0	0	0		김한길	10	DF	DF	6	임은수		0	2	0	0
0	0	0	0		두현석	13	DF	DF	4	김현우		0	2	0	0
0	1	1(1)		16	주영재	30	MF	MF	98	안 톤		0	1	0	0
0	0	0	0	44	정호연	14	MF	MF		주세종	14	0	0	0	0
0		91	0		이강현	24	MF	MF	97	이진현		1(1)	2	0	0
0	0	2	1(1)		아사니	11	MF	MF	33	배준호		1(1)	1	0	0
0	1	2(1)		7	하승운	19	FW	FW	13	전병관	28	2(1)	0	0	0
0	1	9	0		이건희	18	FW	FW	10	유강현	70	1(1)	1	0	0
					이준	21			23	정산					
					김재봉	95			9	공민현					
0	0	0	0	후30	이순민	44			70	레안드로	후31				
0	0	1	2(1)	후0	엄지성	7	대기	대기	28	티아고	후0				
0	1	1	0	후0	이희균	16			7	마사					
0	1	3(1)	후0		허율	18			14	김영욱	후31				
0	0	0	0	후30	산드로	91			5	임덕근	후22				
0	3	10	10(4)			0			0			5(4)	21	4	0

- 5월 09일 19:30 맑음 DGB대구은행파크 6,943명
- 주심_김우성 부심_지승민·장종필 대기심_최광호 경기감독관_이경춘

대구 1   1 전반 1 / 1 후반 0   1 포항

퇴장	경고	파울	ST(유)	교체	선수명	배번	위치	위치	배번	선수명	교체	ST(유)	파울	경고	퇴장
0	0	0	0		최영은	1	GK	GK	21	황인재		0	0	0	0
0	0	2	2(1)		조진우	66	DF	DF	2	심상민		1	0	0	0
0	0	0	0		홍정운	6	DF	DF	5	그랜트		2(1)	0	0	0
0	1	0	0		김진혁	7	DF	DF	20	박찬용		0	0	0	0
0	0	0	0		홍철	33	MF	MF	3	김용환		1	0	0	0
0	1	1		74	박세진	14	MF	MF	16	이승모	33	1	1	1	0
0	1	5			이진용	26	MF	MF	8	오베르단		2	2	0	0
0	1	2			황재원	2	MF	MF	10	백성동	17	1	0	0	0
0	1	1	8		케이타	18	MF	MF	12	고영준		2	0	0	0
0	1	1	19		에드가	9	FW	FW	12	김승대		1	2	0	0
0	0	17			이근호	22	FW	FW	9	제카	7	3(1)	2	1	0
					오승훈	21			1	윤평국					
					김강산	20			34	이규백					
0	0	0	0	후0	장성원	5			17	이광훈	후8				
0	0	0	0	후39	세라토	13	대기	대기	66	김준호					
0	0	0	0	후24	이용래	74			26	조재훈	후40				
0	0	0	3	후0	고재현	17			77	완델손	후26/26				
0	0	1	0	후0	정치인	19			33	이호재	후8				
0	2	14	7(2)			0			0			12(3)	8	2	0

- 전반 37분 이근호 MFR ~ 케이타 AKL L-ST-G (득점: 케이타, 도움: 이근호) 오른쪽
- 전반 20분 백성동 CKR ∩ 그랜트 GA 정면 H-ST-G (득점: 그랜트, 도움: 백성동) 왼쪽

• 주심_고형진 부심_송봉근·강농호 대기심_정화수 경기감독관_김종민

서울 3　　1 전반 0　　**1 광주**
　　　　　　2 후반 1

퇴장	경고	파울	ST(유)	교체	선수명	배번	위치	위치	배번	선수명	교체	ST(유)	파울	경고	퇴장
0	0	0	0		백종범	1	GK	GK	21	이 준		0	0	0	0
0	0	0	0		김주성	30	DF	DF	10	김한길		1	2	1	0
0	0	1	2(2)		오스마르	5	DF	DF	6	안영규		0	2	0	0
0	0	0	0		이한범	4	DF	DF	5	티 모		0	0	0	0
0	0	0	0		이태석	88	MF	MF	13	두현석		1	1	0	0
0	1	0	0		김신진	9	MF	MF	32	주영재	11	0	1	0	0
0	0	0	6		팔로세비치	26	MF	MF	14	정호연	18	1	1	1	0
0		1(1)		96	김진야	17	MF	MF	44	이순민	24	1(1)	1	1	0
0		4(1)	1	7	임상협	16	FW	FW	7	엄지성		2	1	0	0
0		0	1		황의조	14	FW	FW	16	하승운		0	0	0	0
0		1(1)		90	윌리안	94	FW	FW	9	허 율	91	1(1)	0	0	0
0	0	0	0		최철원	21			31	노희동		0	0	0	0
0	0	0	0	후34	박수일	96			28	아 론		0	0	0	0
0	0	0	0		권완규	3			24	이강현	후46	0	0	0	0
0	1	0	0	후18	기성용	6	대기	대기	11	아사니	후○	0	0	0	0
0	0	0	0		이상호	7				안석훈		0	0	0	0
0	1(1)	0		후34	박동진	50			18	이건희	후46	0	0	0	0
0	0	0	0	후44	일류첸코	90			91	산 드 로	후○	0	0	0	0
0	1	10	13(7)				0	0				5(3)	12	3	0

● 전반 9분 윌리안 AK 내 R-ST-G (득점: 윌리안) 오른쪽
● 후반 20분 황의조 PAR ⌒ 나상호 GA 정면 발리슛 R-ST-G (득점: 나상호, 도움: 황의조) 왼쪽
● 후반 41분 나상호 PA 정면 내 ~ 박동진 PAL 내 R-ST-G (득점: 박동진, 도움: 나상호) 왼쪽

● 후반 5분 허율 GAL 내 L-ST-G (득점: 허율) 왼쪽

• 5월 10일 19:30 맑음 수원 월드컵 7,860명

• 주심_정동식 부심_양재용·천진희 대기심_김영수 경기감독관_양정환

수원 0　　0 전반 2　　**3 전북**
　　　　　　0 후반 1

퇴장	경고	파울	ST(유)	교체	선수명	배번	위치	위치	배번	선수명	교체	ST(유)	파울	경고	퇴장
0	0	0	0		양형모	21	GK	GK	1	김정훈		0	0	1	0
0	0	1	0		이기제	23	DF	DF	28	맹성웅	25	1	2	1	0
0	2	1	1		불투이스	4	DF	DF	6	김건웅	29	1	0	0	0
0	0	0	0		박대원	33	DF	DF	23	정태욱		0	2	0	0
0	0	0	0		장호익	3	DF	DF	15	구자룡		0	0	0	0
0	0	0		15	김보경	13	MF	MF	4	박진섭		2(1)	1	0	0
0	0	0	0		이종성	16	MF	MF	27	문선민		2(1)	1	2	1	0
0	0	0	0		유제호	88	MF	MF	16	이수빈	30	1	2	0	0
0	0	0		97	이상민		MF	FW	8	백승호		5(4)	2	0	0
0	0	0		44	뮬리치		FW	FW	97	안드레루이스	11	1(1)	1	0	0
0	0			12	김태환	11	FW	FW	19	하파 실바		1(1)	1	0	0
0	0	0	0		이성주	31			71	김태양		0	0	0	0
0				후22	고명석	15			5	윤영선	후○	0	0	0	0
0				후7	손호준	77			7	한교원	후30	0	0	0	0
0					안병준	6	대기	대기	6	이동준	후○	0	0	0	0
0				전24/77	바사니	97			25	최철순	후○	0	0	0	0
0	0	2(1)		후○	류승우	67			29	류재현	후○	0	0	0	0
0				후○	안병준	30			30	오재혁	후30	0	0	0	0
0	3	11	5(1)				0	0				18(7)	12	3	0

● 전반 21초 맹성웅 자기 측 MFL ⌒ 문선민 PAL 내 R-ST-G (득점: 문선민, 도움: 맹성웅) 오른쪽
● 전반 40분 하파 실바 AK 내 H ⌒ 백승호 GA 정면 R-ST-G (득점: 백승호, 도움: 하파 실바) 오른쪽
● 후반 20분 백승호 PAL FK R-ST-G (득점: 백승호) 왼쪽

• 5월 10일 19:30 맑음 제주 월드컵 4,124명

• 주심_김종혁 부심_윤재열·박균용 대기심_신용준 경기감독관_조성철

제주 2　　1 전반 0　　**0 인천**
　　　　　　1 후반 0

퇴장	경고	파울	ST(유)	교체	선수명	배번	위치	위치	배번	선수명	교체	ST(유)	파울	경고	퇴장
0	0	0	0		김동준	1	GK	GK	21	이태희		0	0	0	0
0	1	0	0		정 운	13	DF	DF	20	델브리지		0	2	0	0
0	1	1	0	26	김주원	16	DF	DF	4	오반석		0	1	0	0
0	1	0	0		김오규	20	DF	DF	47	김동민	28	1	1	0	0
0	0	0	2		이주용	32	MF	MF	7	김도혁	6	1(1)	0	0	0
0	0	0	30		구자철	7	MF	MF	5	이명주	19	0	1	0	0
0	0	1(1)	2		안현범	17	MF	MF	14	정동윤		2(1)	0	0	0
0	0	6(4)			헤이스	10	FW	FW	11	제르소		2(1)	2	0	0
0	0		9		곽승민	38	FW	FW	10	에르난데스		1	1	0	0
0	1		19		김대환	29	FW	FW	27	김보섭	55	1	1	0	0
0	0	0	0		김근배	41			1	김동헌		0	0	0	0
0	0	0		후25	임채민	5			55	권한진	후43	0	0	0	0
0	0	0		후39	안태현	1			28	민경현	후○	0	0	0	0
0	0	0		후0	김봉수	30	대기	대기	17	이동수		0	0	0	0
0	0	0		전13	김주공	19			6	문지환	후○	0	0	0	0
0					서진수	14			37	홍시후		0	0	0	0
0	0	3	3(2)	전13	유리조나탄				19	송시우	후19	0	0	0	0
0	2	7	17(7)				0	0				8(3)	10	1	0

● 전반 17분 구자철 MFR ~ 안현범 GAR R-ST-G (득점: 안현범, 도움: 구자철) 가운데
● 후반 44분 안태현 MFR ~ 헤이스 PAR L-ST-G (득점: 헤이스, 도움: 안태현) 오른쪽

• 5월 10일 19:30 맑음 대전 월드컵 8,377명

• 주심_박병진 부심_박상준·방기열 대기심_김용우 경기감독관_김용세

대전 2　　1 전반 0　　**1 수원FC**
　　　　　　1 후반 1

퇴장	경고	파울	ST(유)	교체	선수명	배번	위치	위치	배번	선수명	교체	ST(유)	파울	경고	퇴장
0	1	0	0		이창근	1	GK	GK	17	노동건		0	0	0	0
0	0	0	0		서영재	2	MF	MF	20	정동호		0	1	0	0
0	0	0	0		안 톤	98	DF	DF	5	잭 슨		2(1)	1	0	0
0	1	0	0		김민덕	3	DF	DF	20	황순민	13	0	1	0	0
0	1	1	0		오재석	22	DF	DF	30	신세계		0	0	0	0
0	0	2(1)	4		김 덕		MF	MF	11	이승우		6(3)	2	0	0
0	1	1(1)	1		주세종	8	MF	MF	14	윤빛가람		0	0	0	0
0	1		19		이현식	17	MF	MF	55	김선민		2	2	0	0
0	3	2(2)	97		마 사	7	FW	FW	9	라 스		3(2)	0	0	0
0		1			티아고	28	FW	FW	16	정재윤		0	1	0	0
0	4	4(4)			전병욱	99	FW	FW	29	장재웅		0	0	0	0
0	0	0	0		강 진	23			1	박배종		0	0	0	0
0				후24	공민현	9			4	김현욱		0	0	0	0
0				후20	신상은	19			13	오인표	후13	0	0	0	0
0					유강현	10	대기	대기	8	정재용	후34	0	0	0	0
0	1(1)			후20	이진현	97			10	무릴로	후18	3(1)	1	0	0
0				후20	김영욱	14			19	김규형		0	0	0	0
0				후39	김현우	4			23	루 안	후0	0	0	0	0
0	3	18	12(9)				0	0				20(7)	11	1	0

● 전반 15분 마사 GAR R-ST-G (득점: 마사) 가운데
● 후반 11분 주세종 자기 측 센터서클 → 전병관 AKR R-ST-G (득점: 전병관, 도움: 주세종) 왼쪽

● 후반 15분 루안 MF 정면 ~ 라스 PAR 내 R-ST-G (득점: 라스, 도움: 루안) 왼쪽

포항 3 : 2 대전

- 5월 13일 14:00 맑음 포항 스틸야드 7,002명
- 주심 고형진 부심 박균용·성주경 대기심 오현정 경기감독관 차상해

	전반	후반
포항 3	0	3
대전 2	0	2

퇴장	경고	파울	ST(유)	교체	선수명	배번	위치	위치	배번	선수명	교체	ST(유)	파울	경고	퇴장
0	0	0	0		황인재	21	GK	GK	1	이창근		0	0	0	0
0	0	1	0		심상민	2	MF	MF	98	안 톤		2	3	0	0
0	0		3(3)		그랜트	4	DF	DF	4	김현우		0	0	0	0
0	0				박찬용	20	DF	DF	5	임은수		0	4	1	0
0				45	김용환	3	DF	DF	20	조유민		1(1)	0	1	0
0				17	이승모	16	MF	MF	26	김지훈		0	0	0	0
0	1	1			오베르단	8	MF	MF	8	주세종	5	1	0	0	0
0		3(2)		33	백성동	7	MF	MF	97	이진현		2(1)	1	0	0
0		2(2)			고영준	11	MF	FW	7	마 사	14	0	1	0	0
0	1	1			김인성	17	MF	FW	19	강한빛		1	1	1	0
0	1	1		26	제카	9	FW	FW	70	레안드로	28	1	1	0	0
0					윤평국	1			23	정 산		0			
0				후43	하창래	45			28	티아고	후16	0			
0				후43	신광훈	5			19	신상은		0			
0				김준호 66	대기		대기	13	전병관	후16	1(1)	0			
0				후0	김승대	9			9	임덕근	후17	0			
0				후37	조재훈	26			14	김영욱	후0	0			
0				후20	이 호	33			2	서영재	후24	0			
0	1	7	10(7)									6(3)	12	1	0

- ●후반 7분 제카 PA 정면 내 ~ 백성동 AK 내 R-ST-G (득점: 백성동, 도움: 제카) 오른쪽
- ●후반 21분 고영준 C.KR ⌒ 그랜트 GA 정면 내 H-ST-G (득점: 그랜트, 도움: 고영준) 왼쪽
- ●후반 46분 이호재 AK 내 ~ 고영준 PA 정면 내 R-ST-G (득점: 고영준, 도움: 이호재) 오른쪽
- ●후반 8분 이진현 MFL FK ~ 조유민 GA 정면 내 H-ST-G (득점: 조유민, 도움: 이진현) 왼쪽
- ●후반 31분 전병관 AK 정면 R-ST-G (득점: 전병관) 오른쪽

강원 0 : 2 수원

- 5월 13일 19:00 흐림 춘천 송암 5,519명
- 주심 신용준 부심 방기열·장종필 대기심 조지음 경기감독관 구상범

	전반	후반
강원 0	0	0
수원 2	1	1

퇴장	경고	파울	ST(유)	교체	선수명	배번	위치	위치	배번	선수명	교체	ST(유)	파울	경고	퇴장
0	0	0	0		유상훈	1	GK	GK	21	양형모		0	0	0	0
0	0	0	0		김영빈	2	DF	DF	23	이기제		0	1	1	0
0				21	이웅희	5	DF	DF	33	박대원		0	0	0	0
0	1			24	임창우	20	DF	MF	3	장호익		0	0	0	0
0					서민우	4	MF	MF	88	유제호	29	0	3	0	0
0	1		88		한국영	8	MF	MF	16	한석종		1	1	0	0
0					정승용	22	MF	FW	12	고승범		0	0	0	0
0	1				김대원	10	FW	FW	26	염기훈	25	0	0	0	0
0					양현준	7	FW	MF	9	안병준		4(3)	2	0	0
0	2		11		디 노		FW	FW	77	손호준		1	1	1	0
0					이광연	31			31	이성주		0			
0				후15	김진호	24			15	고명석	후26	0			
0				후15	김우석	21			16	이종성	후34	0			
0				양 다 14	대기		대기	10	정승원	후0	0			
0				후41	박상혁	35			12	박수양	후15	0			
0		2(1)		후22	황문기	88			13	김보경		0			
0				후15	갈레고	11			29	이상민	후26	0			
0	2	11	11(4)									8(5)	12	1	0

- ●전반 33분 이기제 MFR ⌒ 한호강 GAL H-ST-G (득점: 한호강, 도움: 이기제) 오른쪽
- ●후반 13분 안병준 AK 정면 R-ST-G (득점: 안병준) 가운데

광주 0 : 2 대구

- 5월 13일 16:30 흐림 광주 전용 3,622명
- 주심 최현재 부심 김계용·양재용 대기심 김우성 경기감독관 이경춘

	전반	후반
광주 0	0	0
대구 2	0	2

퇴장	경고	파울	ST(유)	교체	선수명	배번	위치	위치	배번	선수명	교체	ST(유)	파울	경고	퇴장
0	0	0	0		김경민	1	GK	GK	1	최영은		0	0	0	0
0	2			10	이민기	3	DF	DF	20	김강산		0	0	0	0
0					티 모	28	DF	DF	66	조진우		0	0	0	0
0					아 론	28	DF	DF	7	김진혁		0	0	0	0
0					두현석	13	DF	MF	33	홍 철		1(1)	1	0	0
0		11		균	정호연	14	MF	MF	26	박세진		1(1)	0	0	0
0				24	이순민	44	MF	MF	2	황재원		0	0	0	0
0	1	2(2)			엄지성	7	FW	FW	22	이근호	74	0	1	0	0
0	0	2(1)			산드로	91	FW	MF	19	김영준	99	0	0	0	0
0	1				이건희	18	FW	FW	17	고재현		1(1)	1	0	0
0					이 준	21			21	오승훈		0			
0					안영규	5			15	이원우		0			
0				후19	김한길	10			3	장성원	후46	0			
0				후33	이강현	24	대기	대기	74	이용래	후17	0			
0				후27	토마스	30			8	세라토	후39	0			
0	1	3		후19	아사니	11			99	바셀루스	후17	2(2)			
0	1	1		후0	허 율	9			25	서도협		0			
0												6(5)	7	1	0

- ●후반 18분 홍철 PAL ~ 박세진 GAL 내 R-ST-G (득점: 박세진, 도움: 홍철) 오른쪽
- ●후반 31분 이진용 AKL ~ 고재현 AK 내 R-ST-G (득점: 고재현, 도움: 이진용) 왼쪽

울산 3 : 2 서울

- 5월 14일 14:30 맑음 울산 문수 26,004명
- 주심 김용우 부심 박상준·김지욱 대기심 안재훈 경기감독관 김성기

	전반	후반
울산 3	1	2
서울 2	0	2

퇴장	경고	파울	ST(유)	교체	선수명	배번	위치	위치	배번	선수명	교체	ST(유)	파울	경고	퇴장
0	0	0	0		조현우	21	GK	GK	1	백종범		0	0	0	0
0					김영권	19	DF	DF	88	이태석		2(1)	2	0	0
0					김기희	44	DF	DF	30	김주성		0	0	0	0
0				26	이명재	13	DF	DF	7	오스마르		1(1)	0	0	0
0		1(1)			설영우	66	DF	DF	4	이한범		0	0	0	0
0	1		27		이규성	24	MF	MF	96	기성용		0	0	0	0
0					박용우	6	MF	MF	26	김신진	90	3(2)	1	0	0
0					김민혁	22	MF	MF	6	팔로세비치		0	0	0	0
0		5(4)	15		바 코	10	FW	FW	14	임상협		0	1	0	0
0					강윤구	30	MF	MF	50	박동진	16	1	1	0	0
0					마틴 아담	9	FW	FW	94	윌리안		2(2)	2	0	0
0					조수혁	1			18	황성훈		0			
0				후45	정승현	5			96	박수일	후0	0			
0				후45	조현택	26			3	권완규		0			
0				후14	이청용	72	대기	대기	7	기성용		0			
0					루빅손				4	나상호	후0	1(1)			
0		3(3)		전25	엄원상	11			16	황의조	후0	0			
0		1(1)		후14	주민규	9			90	일류첸코	후28	0			
0												17(11)	11	1	0

- ●전반 14분 이명재 PAL ~ 마틴 아담 GA 정면 L-ST-G (득점: 마틴 아담, 도움: 이명재) 가운데
- ●후반 3분 이규성 PAR ~ 바코 PAR 내 R-ST-G (득점: 바코, 도움: 이규성) 왼쪽
- ●후반 22분 바코 PAR 내 R-ST-G (득점: 바코) 왼쪽
- ●후반 1분 김신진 PA 정면 내 R-ST-G (득점: 김신진) 가운데
- ●후반 46분 황의조 PAL ~ 박수일 MF 정면 R-ST-G (득점: 박수일, 도움: 황의조) 왼쪽

인천 0 : 0 전북

•5월 14일 16:30 맑음 인천 전용 15,738명
•주심_김우성 부심_지승민·천진희 대기심_이동준 경기감독관_당성증

인천 0 | 0 전반 0 / 0 후반 0 | 0 전북

퇴장	경고	파울	ST(유)	교체	선수명	배번	위치	위치	배번	선수명	교체	ST(유)	파울	경고	퇴장
0	0	0	0		이태희	21	GK	GK	1	김정훈		0	0	0	0
0	1	3	1		델브리지	20	DF	DF	28	맹성웅	23				
0	1	1	0		권한진	55	DF	DF	15	구자룡	26	1	1	0	0
0	1	1	0	14	강윤구	13	MF	DF	25	최철순					
0	0	2	1(1)	16	신진호	8	MF	MF	4	박진섭	1				
0	1	3	1(1)		문지환	6	MF	MF	27	문선민	1(1)				
0	1	1	0	37	김준엽	17	MF	MF	16	이수빈	2(1)				
0	0	0	0		이명재	47	FW	MF	8	백승호	2(1)				
0	0	2	2(2)		에르난데스	10	FW	FW	97	안드레이스					
0	0		3(2)	11	김보섭	27	FW	FW	19	하파 실바	1(1)				
0	0	0	0		김동헌	1			71	김태양					
0	0	0	0		오반석	4			9	구스타보	후33				
0	1		1(1)	후28	정동윤	14		대기	11	이동준	후0				
				후28	이동수	16		대기	23	김진수	전0	1	2	1	0
				후42	홍시후	37			26	홍정호	후44				
				후20	제르소	11			29	류재문	문0				
0	0	0	0		송시우	19			30	오재혁					
0	3	16	9(7)			0						9(5)	7	1	0

인천 1 : 1 광주

•5월 20일 16:30 맑음 인천 전용 6,663명
•주심_김용우 부심_박상준·방기열 대기심_김대용 경기감독관_김성기

인천 1 | 0 전반 1 / 1 후반 0 | 1 광주

퇴장	경고	파울	ST(유)	교체	선수명	배번	위치	위치	배번	선수명	교체	ST(유)	파울	경고	퇴장
0	0	0	0		이태희	21	GK	GK	1	김경민		0	0	0	0
0	0	1	1(1)		델브리지	20	DF	DF	3	이민기	10	1	1	0	0
0	1	1	1(1)		권한진	55	DF	DF	5	티 모		1	1	0	0
0	0	2	1	14	김동민	47	DF	DF	6	안영규	28	1(1)	0	0	0
0	0	1	0		강윤구	13	MF	DF	13	두현석		1(1)	1	0	0
0	0	1	0		신진호	8	MF	MF	11	아사니		2(1)	1	1	0
0	0	2	0	27	문지환	6	MF	MF	23	정지훈	7	2(1)	0	1	0
0	1	2	0	50	김준엽	17	MF	MF	14	이 강현		0	1	0	0
0	0	4	0	40	이명재	47	MF	MF	44	이 순민		1(1)	2	1	0
0	0	0	0		에르난데스	10	FW	FW	9	허 율	18	1	1	1	0
0	3	4(3)			제르소	11	FW	FW	16	이 희균	14	0	1	0	0
0	0	0	0		김동헌	1			21	이 준		0	0	0	0
0	0	0	0		오반석	4			28	아 론	후26	0	0	0	0
				후0	정동윤	14			10	김 한길	후0	1	0	0	0
				후28	김도혁	7		대기	14	정호 연	후28	0	0	0	0
0	0	2(1)	후31	김 포 구	40			75	오 후성		0	0	0	0
0	1	1(1)	후17	김 보 섭	27			7	엄 지 성	전34	2	0	0	0
0	1	1(1)	후31	김 대 중	50			18	이 건 희	후0	1	0	0	0
0	1	9	14(8)									11(6)	12	3	0

●후반 35분 권한진 GAL L-ST-G (득점: 권한진) 오른쪽
●전반 8분 안영규 GAL 내 R-ST-G (득점: 안영규) 가운데

수원FC 0 : 5 제주

•5월 14일 19:00 맑음 수원 종합 3,213명
•주심_김대용 부심_윤재열·강동호 대기심_김영수 경기감독관_니승화

수원FC 0 | 0 전반 1 / 0 후반 4 | 5 제주

퇴장	경고	파울	ST(유)	교체	선수명	배번	위치	위치	배번	선수명	교체	ST(유)	파울	경고	퇴장
0	0	0	0		노동건	17	GK	GK	1	김동준		0	0	0	0
0	0	1	0		정동호	2	DF	DF	13	정 운		1	1	0	0
0	0	0	0		잭슨	5	DF	DF	26	임채민		0	1	1	0
0	0	0	0	13	황순민	20	DF	DF	20	김오규		1(1)	0	0	0
0	0	0	0		신세계	30	MF	MF	32	이주용	2	1(1)	1	0	0
0	0	0	0	10	박주호	10	MF	MF	24	이기혁	30	0	1	0	0
0	1	3(2)			윤빛가람	14	MF	MF	8	이창혁		0	0	0	0
0	1	2	2(2)	8	김선민	55	MF	MF	17	안현범		1(1)	0	0	0
0	0				라스		FW	FW	14	서진수		3(3)	2	0	0
0	2	2(2)			이승우	11	FW	FW	38	곽승민		0	0	0	0
0	0	1	0	16	장재웅	29	FW	FW	29	김대환		0	0	0	0
					박배종	41			41	김근배		0	0	0	0
					김현서	18			18	김동혁		0	0	0	0
				후23	오인표	13		대기	2	안태현	후0	1	0	0	0
				후29	정재용	8		대기	30	김봉수	후15	0	1	0	0
0	1(1)	후0	무릴로	10			19	김주공	전11	3(3)	2	0	0
후0,23	정재윤	16			10	헤이스	후23	2	0	0	0
0	0	1(1)	후0	루안	23			9	유리조나탄	후41	1	0	0	0
0	1	12	11(8)			0						13(12)	9	2	0

●전반 42분 서진수 PK-R-G (득점: 서진수) 왼쪽
●후반 23분 헤이스 C.KR ⌒ 서진수 GAR R-ST-G (득점: 서진수, 도움: 헤이스) 왼쪽
●후반 32분 김주공 GAR 내 ~ 안태현 GAL 내 R-ST-G (득점: 안태현, 도움: 김주공) 가운데
●후반 38분 헤이스 H ⌒ 김주공 GA 정면 H-ST-G (득점: 김주공, 도움: 헤이스) 오른쪽
●후반 45분 서진수 PAL 내 EL ~ 유리 조나탄 GAL 내 R-ST-G (득점: 유리 조나탄, 도움: 서진수) 가운데

서울 1 : 1 제주

•5월 20일 18:00 맑음 서울 월드컵 20,338명
•주심_이동준 부심_김계용·양재용 대기심_박병진 경기감독관_차상해

서울 1 | 0 전반 1 / 1 후반 0 | 1 제주

퇴장	경고	파울	ST(유)	교체	선수명	배번	위치	위치	배번	선수명	교체	ST(유)	파울	경고	퇴장
0	0	0	0		백종범	1	GK	GK	1	김동준		0	0	0	0
0	0	0	0		이태석	88	DF	DF	13	정 운		0	0	0	0
0	0	0	0		김주성	30	DF	DF	26	임채민		0	0	0	0
0	0	0	0		오스마르	5	DF	DF	20	김오규		0	0	0	0
0	0	0	0		이한범	4	MF	MF	32	안태현	32	0	0	0	0
0	0	1	1(1)	17	박수일	96	MF	MF	7	구자철		1(1)	0	0	0
0	0	0	0		임상협	14	MF	MF	8	이창민	30	0	0	0	0
0	4(2)	25	기성용	14	MF	MF	17	안현범		0	0	0	0
0	0				김신진	9	FW	FW	29	김대환		0	0	0	0
0	3(1)	66	나상호	7	FW	FW	25	한종무		0	0	0	0
0	1	1(1)	94	황의조	16	FW	FW	19	김주공		0	0	0	0
					황성민	41			41	김근배		0	0	0	0
				후41	진아이	17			16	김주원	후29	0	0	0	0
					황현수	2			32	이주용	후29	0	0	0	0
				후41	한찬희	25		대기	30	김봉수	후29	0	0	0	0
0	1(1)	후47	한승규	66			14	서진수	전8	0	0	0	0
0	1(1)	후24	윌리안	94			10	헤이스	후89	0	0	0	0
				후41	박동진	50			9	유리조나탄	후13	3(2)	0	0	0
0	0	8	15(7)									5(3)	13	0	0

●전반 38분 윌리안 GAL 내 R-ST-G (득점: 윌리안) 왼쪽
●후반 33분 안현범 PAR ~ 유리 조나탄 PA 정면 내 R-ST-G (득점: 유리 조나탄, 도움: 안현범) 오른쪽

대전 0 : 1 대구

• 5월 20일 19:00 맑음 대전 월드컵 14,275명
• 주심_송민석 부심_장종필·천진희 대기심_조지음 경기감독관_이경춘

대전 0 | 전반 0 · 후반 0 | 1 대구

퇴장	경고	파울	ST(유)	교체	선수명	배번	위치	위치	배번	선수명	교체	ST(유)	파울	경고	퇴장
0	0	0	0		이창근	1	GK	GK	1	최영은		0	0	0	0
0	0	2	0		오재석	22	MF	DF	66	조진우			2	1	0
0	0	0	1		안 톤	98	DF	DF	6	홍정운			1	0	0
0	0	3	0		조유민	20	DF	DF	7	김진혁			0	1	0
0	0	1	0		서영재	2	MF	MF	33	홍 철			1	0	0
0	0		4(3)		이진현	97	MF	MF	14	박세진	74		1	0	0
0	2	1	4		주세종	8	MF	MF	26	이진용	8	1(1)	2	1	0
0	2	0	0		임은수	6	MF	MF	20	황재원			1	0	0
0	1	0			이헌식	17	FW	MF	19	김영준	99	2(1)	1	0	0
0	1	2	0		공민현	9	MF	FW	17	고재현	22	2(1)	1	0	0
0	3(1)		10		전병관	13	FW								
					정 산	23			21	오승훈					
					레안드로	70			20	김강산					
					신상은	19			5	장성원					
				후0	유유진	10	대기	대기	74	이용래	후0				
					임덕근	5			8	세 라 토	후44				
				후9	마 사	7			22	이근호	후44				
0	0	1	4	전10	김민덕	3			99	바셀루스	후3	1	2	0	0
0	3	7	16(4)			0			0			8(4)	16	6	1	0

●전반 47분 황재원 MFR TL → 고재현 PAL 내 L-ST-G (득점: 고재현, 도움: 황재원) 왼쪽

수원 2 : 3 울산

• 5월 21일 18:00 맑음 수원 월드컵 12,639명
• 주심_박병진 부심_윤재열·송봉근 대기심_송민석 경기감독관_허태식

수원 2 | 전반 1 · 후반 1 | 3 울산

퇴장	경고	파울	ST(유)	교체	선수명	배번	위치	위치	배번	선수명	교체	ST(유)	파울	경고	퇴장
0	0	0	0		양형모	21	GK	GK	21	조현우			0	0	0
0	0	0	0		박대원	33	DF	DF	19	김영권		1(1)	0	0	0
0	0	0	0		한호강	5	DF	DF	44	김기희		2(1)	2	0	0
0	0	1	0		장호익	3	DF	DF	13	이명재		1(1)	0	0	0
0	1	1(1)			이기제	23	MF	MF	66	설영우		1(1)	1	0	0
			88		고승범	7	MF	MF	24	이규성	22		1	0	0
0	0	0			한석종	6	MF	MF	6	박용우		1	0	0	0
0	0	29			류승우	12	MF	MF	27	이청용	11	1(1)	0	0	0
0	0	0			손호준	77	MF	MF	17	루빅손	26	2(2)	1	0	0
0	2	3(2)			안병준	10	FW	MF	10	바 코		0	0	0	0
0	0	11			염기훈	26	FW	FW	18	주민규	9	5(1)	0	2	0
					이성주	31			77	민동환					
				후45	고명석	15			15	정승현					
				후	김태환	11			26	조현택	후30				
					이종성	16	대기	대기	22	김민혁	후23	1(1)	1	0	0
				후20	유제호	88			88	코	후19	3(2)	0	0	0
				전19	정승원	14			11	엄원상	후30				
0	0	0		후0/15	이상민	29			9	마틴 아담	후30	2(1)	2	1	0
0	6	5(3)				0			0			21(12)	10	1	0

●전반 8분 이기제 MFL FK ^ 안병준 GAR R-ST-G (득점: 안병준, 도움: 이기제) 왼쪽
●후반 16분 이기제 PAR FK L-ST-G (득점: 이기제) 왼쪽
●전반 5분 설영우 PAR ^ 루빅손 PAL 내 L-ST-G (득점: 루빅손, 도움: 설영우) 가운데
●전반 40분 김영권 MF 정면 L-ST-G (득점: 김영권) 오른쪽
●후반 40분 마틴 아담 PK-L-G (득점: 마틴 아담) 오른쪽

강원 0 : 0 포항

• 5월 21일 16:30 맑음 춘천 송암 3,495명
• 주심_김영수 부심_곽승순·강동호 대기심_김용우 경기감독관_허기태

강원 0 | 전반 0 · 후반 0 | 0 포항

퇴장	경고	파울	ST(유)	교체	선수명	배번	위치	위치	배번	선수명	교체	ST(유)	파울	경고	퇴장
0	0	0	0		유상훈	1	GK	GK	21	황인재		0	0	0	0
0	0	1	0		김영빈	2	DF	DF	2	심상민		0	0	0	0
0	0	0	5		김우석	21	DF	DF	5	그랜트		0	1	0	0
0	0	0	0		윤석영	20	DF	DF	20	박찬용		0	0	0	0
0	3	0	0		유인수	17	DF	DF	17	신광훈		0	1	0	0
0	2	0	0		서민우	4	MF	MF	4	오베르단	66	2(1)	1	1	0
0	1	1	0		한국영	8	MF	MF	66	김준호	16	0	0	0	0
0					정승용		MF	MF	10	백성동		1(1)	1	0	0
0	0	0	14		김대우	14	MF	MF	33	고영준	11	0	0	0	0
0	3	2			양현준	47	FW	MF	12	김인성	7	0	0	0	0
0	2	1			박상혁	35	FW	FW	9	제 카		1	0	0	0
					이광연	31			1	윤평국					
					강지훈	13			14	박승욱					
				후18	이웅희	3			3	김용환	후35	0	0	0	0
					황문기	88	대기	대기	16	이승모					
				후18	김대원	10			12	김승대	후0	1(1)	1	0	0
				후40	이정협				26	조재훈	후49				
0	0	0		후18	갈레고	11			77	완델손	후26	1(1)	0	0	0
0	16	5				0			0			11(4)	11	3	0

전북 3 : 1 수원FC

• 5월 21일 19:00 맑음 전주 월드컵 13,634명
• 주심_고형진 부심_김지욱·박균용 대기심_최현재 경기감독관_구상범

전북 3 | 전반 1 · 후반 2 | 1 수원FC

퇴장	경고	파울	ST(유)	교체	선수명	배번	위치	위치	배번	선수명	교체	ST(유)	파울	경고	퇴장
0	0	0	0		김정훈	1	GK	GK	1	박배종		0	0	0	0
0	0	2	0		김진수	23	DF	DF	4	김현훈		0	0	0	0
0	0	2	0		구자룡	15	DF	DF	5	잭 슨		1	0	0	0
0	0	25			정태욱	3	DF	DF	21	최보경	8	0	0	0	0
0	2(1)				김문환	33	MF	MF	3	정동호	88	0	1	0	0
0	1				박진섭	4	MF	MF	4	박주호		0	0	0	0
0	0	27			한교원		MF	MF	6	박주호					
0	1	1	17		이수빈	16	MF	MF	55	김선민	10	1	0	1	0
0	1(1)				백승호	8	MF	FW	9	라 스		1	0	0	0
0	2	29			이동준	11	MF	MF	16	정재윤		0	1	0	0
0	1	0			조규성	9	FW	MF	23	정재용		0	0	0	0
					정민기	13			1	정민					
				후41	구스타보	9			13	오인표					
				후0	송민규	17			88	이 용	후6				
				후15	최철순	25	대기	대기	10	무릴로	후19				
0	1(1)		후0	문선민	27			전10	이승우		3(3)	2	0	0
0	0		전32	류재문	29			전10	이광혁		2(1)	0	0	0
0	1	9	15(5)			0			0			8(4)	10	1	0

●전반 7분 백승호 PA 정면 FK R-ST-G (득점: 백승호) 오른쪽
●후반 8분 김문환 PAR 내 ~ 송민규 AK 내 R-ST-G (득점: 송민규, 도움: 김문환) 왼쪽
●후반 38분 문선민 PAL 내 EL ^ 박진섭 GA 정면 H-ST-G (득점: 박진섭, 도움: 문선민) 왼쪽

• 5월27일 16:30 흐림 제주 월드컵 6,308명
• 주심_최현재 부심_김지욱·장종필 대기심_김용우 경기감독관_조성철

제주 2 | 1 전반 1 / 1 후반 0 | 1 수원

퇴장	경고	파울	ST(유)	교체	선수명	배번	위치	위치	배번	선수명	교체	ST(유)	파울	경고	퇴장
0	0	0	0		김동준	1	GK	GK	21	양형모		0	0	0	0
0	0	1	1(1)	16	정 운	13	DF	DF	33	박대원	39	0	1	1	0
0	0	2	2(1)		임채민	26	DF	DF	5	한호강		0	1	1	0
0	0	0			김오규	20	DF	DF	3	장호익		0	0	0	0
0	1	0			이주용	32	MF	MF	2	이기제		0	1	0	0
0	0	2	0	30	이기혁	24	MF	MF	6	한석종		0	0	0	0
0	0	2(1)			이창민	8	MF	MF	77	손호준	10	0	0	0	0
0	1				안현범	17	MF	MF	7	고승범		0	0	0	0
0	0	1		14	김대환	23	MF	MF	13	김보경	18	0	0	1	0
0	0	2(1)		11	유리조나탄		FW	FW	29	이상민	14	0	1	0	0
0				10	한종무	17	FW	FW	9	안병준		3(2)	0	0	0
					김근배	41			99	안찬기					
			전40	김주원	16			39	민상기	후36					
				안태현	2			10	정승원	전16					
			전40	김봉수	30	대기	대기	1	김태환	후36					
0	0	1	2(1)	전16	서진수	14			88	유제호					
			전16	헤이스	10			14	전진우	후/11	2(2)				
0	0	1	0	후24	김승섭	18			18	아코스티	후14				
0	1	12	10(5)		0				0			7(4)	10	2	0

● 전반 21분 서진수 PK-R-G (득점: 서진수) 왼쪽
● 후반 38분 임채민 GAL R-ST-G (득점: 임채민) 오른쪽
● 전반 16분 이상민 PAL ⌒ 안병준 GAR H-ST-G (득점: 안병준, 도움: 이상민) 오른쪽

• 5월28일 16:30 흐리고 비 서울 월드컵 14,419명
• 주심_김희곤 부심_지승민·천진희 대기심_이동준 경기감독관_김종민

서울 1 | 1 전반 0 / 0 후반 0 | 0 강원

퇴장	경고	파울	ST(유)	교체	선수명	배번	위치	위치	배번	선수명	교체	ST(유)	파울	경고	퇴장
0	0	0	0		백종범	1	GK	GK	1	유상훈		0	0	0	0
0	0	0			이태석	88	DF	DF	2	김영빈		0	1	0	0
0	0	1(1)			김주성	30	DF	DF	5	이웅희		0	0	0	0
0	2	0			이한범	4	DF	DF	20	윤석영		0	0	0	0
0	0	2	0		박수일	96	DF	DF	13	강지훈	26	0	1	0	0
0	0				오스마르	5	MF	MF	4	서민우		0	1	0	0
0	0			25	기성용	6	MF	MF	4	한국영		0	0	0	0
0	0				클로제비치	26	MF	MF	22	정승용		0	0	0	0
0	1(1)			14	윌리안	94	FW	FW	14	김대원	88	3(2)	0	0	0
0	3(2)			17	황의조	16	FW	FW	7	양현준	11	0	0	0	0
0	0				나상호	7	FW	FW	35	박상혁		0	0	0	0
					황성민	31			31	이광연					
1(1)			후35	김진야	17			23	임창우						
			후46	황현수	2			25	김진호	후19					
									88	황문기	후				
1(1)			후17	임상협	14				대원	후33					
			후17	신진호		대기	대기	18	이정협	후36					
				일류첸코	90			11	갈레고	후0					
0	1	7	12(6)		0				0			5(2)	11	2	0

● 전반 27분 윌리안 AK 내 R-ST-G (득점: 윌리안) 왼쪽

• 5월27일 19:00 흐림 DGB대구은행파크 11,706명
• 주심_채상협 부심_박균용·성주경 대기심_고형진 경기감독관_양정환

대구 2 | 0 전반 1 / 2 후반 1 | 2 인천

퇴장	경고	파울	ST(유)	교체	선수명	배번	위치	위치	배번	선수명	교체	ST(유)	파울	경고	퇴장
0	0	0	0		최영은	1	GK	GK	1	이태희		0	0	0	0
0	0	0			조진우	66	DF	DF	20	델브리지		1	1	0	0
0	1	0			홍정운	5	DF	DF	55	권한진		1	0	0	0
0	0			20	김진혁	7	DF	DF	47	김동민	50	0	0	0	0
0	1	0		99	홍 철	33	MF	MF	13	강윤구	14	0	1	0	0
0	0			14	이용래	74	MF	MF	8	신진호	40	1(1)	0	0	0
0	1	1			이진용	26	MF	MF	5	이명주		0	1	0	0
0	0				황재원		MF	FW	27	김보섭	37	1	0	0	0
0	1	4(2)			세징야	11	FW	FW	10	에르난데스		4(1)	1	0	0
0	2	4(3)			에드가	9	FW	FW	7	제르소		1(1)	1	0	0
0	2(1)				고재현	17	FW								
					오승훈	21			21	김동헌					
0	0	1		후5	김강산	20			4	오반석					
					장성원	5			3	김연수					
			후33	케이타	18	대기	대기	40	음포쿠	후0					
			후0	박세진	14			7	김도혁	후43					
				이근호	22			37	홍시후	후14	1(1)				
0	0	1		후39	바셀루스	99			50	김대중	후38					
0	1	7	13(6)		0				0			14(4)	13	1	0

● 후반 5분 세징야 C.KL ⌒ 에드가 GAR 내 H-ST-G (득점: 에드가, 도움: 세징야) 오른쪽
● 후반 11분 황재원 PAR 내 ⌒ 에드가 GA 정면 H-ST-G (득점: 에드가, 도움: 황재원) 왼쪽
● 전반 30분 김보섭 PAL 내 ~ 신진호 PA 정면 R-ST-G (득점: 신진호, 도움: 김보섭) 왼쪽
● 후반 46분 김도혁 GAL 내 EL 백패스~ 홍시후 GAL 내 R-ST-G (득점: 홍시후, 도움: 김도혁) 가운데

• 5월28일 18:00 비 수원 종합 1,605명
• 주심_김대용 부심_곽승순·강동호 대기심_채상협 경기감독관_당성증

수원FC 0 | 0 전반 0 / 0 후반 2 | 2 광주

퇴장	경고	파울	ST(유)	교체	선수명	배번	위치	위치	배번	선수명	교체	ST(유)	파울	경고	퇴장
0	0	0	0		노동건	17	GK	GK	21	김경민		0	0	0	0
0	0	0			김현훈	4	DF	DF	3	이민기		0	1	0	0
0	1	0			잭 슨	5	DF	DF	5	티 모		2(2)	0	1	0
0	0			22	최보경	21	DF	DF	6	안영규		1	2	1	0
0	0	3			정동호	2	MF	MF	3	두현석		1	2	1	0
0	0			55	박주호		MF	MF	14	아사니		3(3)	1	0	0
0	0				정재용	88	MF	MF	14	정호연		1(1)	1	0	0
0	0				이 용	88	MF	MF	23	정지훈	후	0	0	0	0
0	0				라 스	9	FW	MF	44	이순민		4(2)	0	0	0
0	0				정재윤		FW	FW	16	이희균	33	3(3)	1	0	0
0	1	11			장재웅	29	FW	FW	30	토마스		3	0	0	0
					박배종				21	이준혁	후25				
			후18	박철우				8	이으뜸						
				오인표				2	아 론						
			전14	무릴로		대기	대기	10	김한길	후46					
0	0		후32	김선민	55			33	박한빈	후25	2(1)				
0	3(2)		전14	이승우	11			7	엄지성	후	3(2)				
0			후18	이광혁				9	허 율	후0	1				
0	1	6	8(5)		0				0			20(14)	9	1	0

● 후반 30분 안영규 GAL 내 ~ 티모 GA 정면 내 H-ST-G (득점: 티모, 도움: 안영규) 가운데
● 후반 38분 아사니 AKR L-ST-G (득점: 아사니) 왼쪽

• 5월 28일 19:00 흐림 울산 문수 17,251명
• 주심_정동식 부심_윤재델·방기열 대기심_안재훈 경기감독관_김용세

울산 3 | 1 전반 3
2 후반 0 | **3 대전**

퇴장	경고	파울	ST(유)	교체	선수명	배번	위치	위치	배번	선수명	교체	ST(유)	파울	경고	퇴장
0	0	0	0		조현우	21	GK	GK	1	이창근		0	0	0	0
0	0	0	0	15	김영권		DF	DF	22	오재석		0	0	0	0
0	0	1	0		김기희	44	DF	DF	98	안 톤	12	2	1	0	0
0	1	1	0	26	이명재		DF	DF	3	김민덕		1(1)	2	1	0
0	1	1	0		설영우	66	DF	DF	4	김현우		1(1)	1	1	0
0	0	0	0	27	이규성		MF	MF	97	이진현	15	1	1		
0	1	1	2(1)		박용우	6	MF	MF	5	임덕근		1	1		
0	0	1	0(1)		엄원상	11	MF	MF	7	마사	13	3(3)			
0	0	1	0(1)		바코		MF	FW	28	티아고		0			
0	1	1	0		황재환	29	FW	FW	70	레안드로		2(1)	1		
0	2	5(3)			주민규		FW								
					민동환	77			23	정 산					
0	0			전25	정승현	15			9	공민현	후30				
0	0			후21	조현택	26			10	유강현					
0	0			후18	이청용		대기	대기	27	전병관	후30	1(1)			
					김민혁	22			46	이동원					
0	4(1)			전25	루빅손	17			16	변준수	후40				
0	3(3)			후21	마틴 아담	9			12	민준영	후16				
2	10	16(10)				0			0			13(7)	10	2	0

● 전반 20분 김민덕 GA 정면 H 자책골 (득점: 김민덕) 오른쪽
● 후반 32분 루빅손 ~ 주민규 GA 정면 H-ST-G (득점: 주민규, 도움: 루빅손) 왼쪽
● 후반 43분 마틴 아담 PA 정면 내 ~ 주민규 GA 정면 내 L-ST-G (득점: 주민규, 도움: 마틴 아담) 왼쪽

● 전반 24분 레안드로 GAL 내 R-ST-G (득점: 레안드로) 왼쪽
● 후반 32분 레안드로 PA 정면 ~ 마사 PAR R-ST-G (득점: 마사, 도움: 레안드로) 왼쪽
● 후반 42분 레안드로 PAR ~ 마사 GAR 내 L-ST-G (득점: 마사, 도움: 레안드로) 왼쪽

• 6월 03일 16:30 맑음 전주 월드컵 27,797명
• 주심_이동준 부심_지승민·천진희 대기심_채상협 경기감독관_김종민

전북 2 | 0 전반 0
2 후반 0 | **0 울산**

퇴장	경고	파울	ST(유)	교체	선수명	배번	위치	위치	배번	선수명	교체	ST(유)	파울	경고	퇴장
0	0	0	0		김정훈	1	GK	GK	21	조현우		0	0	0	0
0	0	0	0		김진수	23	DF	DF	15	정승현		0	1	1	0
0	0	0	0		구자룡	15	DF	DF	44	김기희		0	1	0	0
0	0	0	0	6	정태욱	3	DF	DF	13	이명재		1	2	0	0
0	0	0	0		정우재	32	DF	DF	66	설영우		1(1)	0	0	0
0	1	1	0	6	박진섭	4	MF	MF	6	박용우		0	1	1	0
0	1	1	1		류재문	29	MF	MF	22	김민혁	11	0	0	0	0
0	1	1	1		하파 실바	27	MF	MF	27	이청용		0	0	0	0
0	0	1	0		오재혁	30	MF	MF	10	바코		0	0	0	0
0	0	0	0		안드레아스	97	FW	FW		황재환		0	1	0	0
0	2	2	2(1)		구스타보	9	FW	FW	18	주민규	9	2(2)	0	0	0
					정민기	13			77	민동환					
0				후35	김건웅	5			5	임종은					
0	3(1)			후	조규성	10			26	조현택					
0				전32	송민규	7	대기	대기	24	이규성		0			
0				후	아마노 준	21			17	루빅손	27	1(1)	1	0	0
0					최철순	25			11	엄원상	32	1(1)	0	0	0
0	1			후20	문선민	27			9	마틴 아담	20	1(1)	2	0	0
0	2	8	10(2)			0			0			10(7)	9	1	0

● 후반 38분 아마노 준 MFR ~ 조규성 GA 정면 H-ST-G (득점: 조규성, 도움: 아마노 준) 왼쪽
● 후반 48분 송민규 AKL ~ 문선민 PK 좌측지점 L-ST-G (득점: 문선민, 도움: 송민규) 오른쪽

• 5월 29일 16:30 비 포항 스틸야드 14,377명
• 주심_김우성 부심_박상준·양재용 대기심_신용준 경기감독관_허기태

포항 1 | 0 전반 0
1 후반 0 | **0 전북**

퇴장	경고	파울	ST(유)	교체	선수명	배번	위치	위치	배번	선수명	교체	ST(유)	파울	경고	퇴장
0	0	0	0		황인재	1	GK	GK	1	김정훈		0	0	0	0
0	0	0	0	2	심상민		DF	DF	23	김진수		0	1	1	0
0	0	0	1(1)		그랜트	5	DF	DF	15	구자룡		0	1	0	0
0	0	0	0		하창래	45	DF	DF	3	정태욱		0	2	1	0
0	0	0	1	33	박승욱		DF	DF	33	김문환		0	0	0	0
0	0	1	0		오베르단		MF	MF	4	박진섭		1	1	0	0
0	0	1(1)		17	백성동	10	MF	MF	19	문선민		1	0	0	0
0	3(2)			66	고영준		MF	MF	19	하파 실바		1	1	0	0
0	0	0	0	7	김승대		MF	MF	16	이수빈	15	0	1	0	0
0	4	3(2)		77	제카		FW	MF	11	이동준		1(1)	3	0	0
								FW	10	조규성		3(2)	1	0	0
					윤평국				13	정민기					
0					박찬용	20			5	윤영선					
0	0			후44	신광훈	17			7	한교원	후25	0			
0	0			후28	김준호	66	대기	대기	9	구스타보	후19	2(2)	1	0	0
0	0			후28	완델손				17	송민규					
0	2(2)			후38	김인성	7			25	최철순	후19				
0				후44	이호	33			29	류재문	후11	0			
0	7	13(9)				0			0			8(5)	13	2	0

● 후반 21분 고영준 PAR 내 R-ST-G (득점: 고영준) 오른쪽

• 6월 03일 18:00 맑음 수원 월드컵 13,104명
• 주심_김영우 부심_송봉근·양재용 대기심_박종명 경기감독관_양정환

수원 1 | 0 전반 1
1 후반 1 | **2 수원FC**

퇴장	경고	파울	ST(유)	교체	선수명	배번	위치	위치	배번	선수명	교체	ST(유)	파울	경고	퇴장
0	0	0	0		양형모	21	GK	GK	1	박배종		0	0	0	0
0	1	4(2)			이기제	23	DF	DF	2	정동호		1(1)	1	0	0
0	0	1	0		박대원	33	DF	DF	4	김현훈		1	0	0	0
0	0	3	1(1)		한호강	3	DF	DF	5	잭 슨		0	0	0	0
0	0	1	0		장호익	35	DF	DF	88	이 용		0	1	1	0
0	1(1)			77	고승범	7	MF	MF		무릴로	14	0	1	0	0
0	0	1	0		이종성	16	MF	MF	14	윤빛가람		2(1)	0	0	0
0	0			14	김보경		MF	MF	55	김선민	21	0	0	0	0
0	2(1)			88	이상민		FW	FW	3	박철우		0	2	0	0
0	1	1	0	18	안병준	9	FW	FW	9	라 스		1(1)	4	0	0
0	2(1)				정승원	10	FW	FW	29	장재웅	13	1	1	0	0
					안찬기	99			31	이범영					
0					김민석	13			13	오 인표	후39	1(1)	0	0	0
0				후48	김태환					윤 춘만					
0				후30	유제호	88	대기	대기	21	이보경	후38				
0				후40	손호준	77			6	박주호	후10	0	1	0	0
0	2(1)			후0	전진우	14			11	이승우	후10	2(2)	0	0	0
0	3(1)			후0	아코스티				39	이 대 광	후38	0	0	0	0
0	0	5	18(10)			0			0			7(6)	15	3	0

● 후반 36분 이기제 MFL FK ~ 한호강 GA 정면 H-ST-G (득점: 한호강, 도움: 이기제) 오른쪽

● 전반 43분 장재웅 PAR 내 ~ 윤빛가람 GAL R-ST-G (득점: 윤빛가람, 도움: 장재웅) 오른쪽
● 후반 22분 라스 MFR H ~ 오인표 AK 정면 R-ST-G (득점: 오인표, 도움: 라스) 오른쪽

• 6월 03일 19:00 맑음 제주 월드컵 5,616명
• 주심_안재훈 부심_방기열·박균용 대기심_최현 경기감독관_조성철

제주 2 | 0 전반 1 / 2 후반 1 | 2 강원

퇴장	경고	파울	ST(유)	교체	선수명	배번	위치	위치	배번	선수명	교체	ST(유)	파울	경고	퇴장
0	0	0	0		김 준 而	1	GK	GK	1	유 상 훈		0	0	0	0
0	0	0	0		정 운	13	DF	DF	2	김 영 빈		0	0	0	0
0	1	2	1		임 채 민	26	DF	DF	23	임 창 우		1(1)	0	0	0
0	1	2	1		이 오 준	32	MF	MF	6	강 지 훈		0	0	0	0
0	0	0	0	2 주 용	한 종 무	25	MF	MF	17	서 민 우		0	0	0	0
0	0	0	0		이 창 민	8	MF	MF	8	한 국 영		0	0	0	0
0		1	1(1)		안 현 범	17	MF	MF	24	김 진 호		0			0
0		1(1)		14	김 대 환	29	FW	FW	10	김 대 원		4(3)			0
0	5	3(3)			유리 조나탄		FW	FW	7	양 현 준					0
0		10			조나탄 링	18	FW	FW	18	이 정 협					0
					김 근 배	41			31	이 광 연					
					김 주 원	16			21	김 우 석					
0	0	1	1	후0	안 태 현	2			22	정 승 용	후24				
				전20	김 봉 수	30	대기	대기	88	황 문 기					
0	0	0	2	후0	서 진 수	14			11	갈 레 고	후24	1(1)			
0		2(1)		후0	헤 이 스	10									
0				후44	김 승 섭	11									
0	2	12	12(6)									13(6)	15	3	0

●후반 50초 헤이스 PAR ⌒ 안현범 PAR 내 H-ST-G (득점: 안현범, 도움: 헤이스) 왼쪽
●후반 6분 유리 조나탄 GA 정면 R-ST-G (득점: 유리 조나탄) 오른쪽
●전반 38분 한국영 PAR 내 ~ 김대원 GAR R-ST-G (득점: 김대원, 도움: 한국영) 오른쪽
●후반 34분 김진호 GAR ~ 박상혁 GA 정면 내 L-ST-G (득점: 박상혁, 도움: 김진호) 가운데

• 6월 04일 16:30 맑음 대전 월드컵 13,779명
• 주심_김희곤 부심_곽승순·김지욱 대기심_정동식 경기감독관_당성증

대전 1 | 0 전반 1 / 1 후반 2 | 3 인천

퇴장	경고	파울	ST(유)	교체	선수명	배번	위치	위치	배번	선수명	교체	ST(유)	파울	경고	퇴장
0	0	0	0		이 창 근	1	GK	GK	1	김 동 현		0	0	0	0
0	0	1	0		오 재 석	22	DF	DF	4	오 반 석		0	0	0	0
0	1	0	1(1)		안 톤	98	DF	DF	55	권 한 진		0	0	0	0
0	1	0	10		이		DF	DF	3	김 연 수		0	0	0	0
0			1		김 현 우	4	DF	DF	28	민 경 현		0	0	0	0
0					김 민 덕	5	DF	DF	6	문 지 환		0			0
0	1				이 진 현	97	MF	MF	5	이 명 주	14	2			0
0					주 세 종	8	MF	MF	17	김 준 엽		2(1)			0
0		1	1	11	마 사		FW	MF	7	김 보 섭		2(2)	1		0
0		3(2)			티 아 고	24	FW	FW	40	음 포 쿠		2(2)			0
0	19				레안드로	70	FW	FW	11	제 르 소		3			0
					정 산	23			29	김 유 성					
					공 민 현	9			47	김 동 민					
0	0	1	1(1)	후35	유 강 현	10	대기	대기	14	정 동 윤	후40				
0				후9	김 인 균	11			7	김 도 혁	후30				
0				후9	신 상 은	19			25	김 민 석	후25				
0				후30	이 현 식	17			37	홍 시 후	후22/25	1(1)			
					변 준 수	15			50	김 대 중					
0	3	6	13(5)									7(5)	13	0	0

●후반 14분 주세종 MFR FK ⌒ 티아고 GAL 내 H-ST-G (득점: 티아고, 도움: 주세종) 왼쪽
●전반 40분 음포쿠 PK-R-G (득점: 음포쿠) 가운데
●후반 3분 음포쿠 MF 정면 ~ 김보섭 PAL 내 R-ST-G (득점: 김보섭, 도움: 음포쿠) 왼쪽
●후반 32분 음포쿠 AK 내 ~ 김보섭 PAL 내 L-ST-G (득점: 김보섭, 도움: 음포쿠) 오른쪽

• 6월 03일 19:30 맑음 광주 전용 3,512명
• 주심_신용준 부심_김계용·성주경 대기심_최현재 경기감독관_이경춘

광주 4 | 1 전반 1 / 3 후반 1 | 2 포항

퇴장	경고	파울	ST(유)	교체	선수명	배번	위치	위치	배번	선수명	교체	ST(유)	파울	경고	퇴장
0	1	0	0		이 준	21	GK	GK	31	황 인 재		0	0	0	0
0	0	0	16		이 민 기	3	DF	DF	2	심 상 민	77	0	0	0	0
0	1	0	0		티 모	5	DF	DF	5	그 랜 트		1(1)			0
0	1	0	2(1)		안 영 규	6	DF	DF	45	하 창 래					0
0	0	0	0		두 현 석	13	DF	DF	14	박 승 욱					0
0	2	3(2)			엄 지 성	7	MF	MF	16	이 승 모					0
0	1	2	1	10	아 사 니		MF	MF	8	오 베 르 단		3			0
0	1	2	1		정 호 연	14	MF	MF	10	백 성 동		2			0
0					이 순 민	44	MF	MF	12	고 영 준					0
0	24				토 마 스	30	FW	FW	7	김 인 성					0
0					박 한 빈	33	FW	FW	33	제 카					0
					김 태 준	41			1	윤 평 국					
0				후41	이 상 기	22			17	신 광 훈	후11				
					아 론	28			34	이 규 백					
0				후31	김 한 길	19	대기	대기	66	김 준 호					
0		1(1)		후0	이 희 균	16			26	조 재 훈	후43				
0	0	1		후0	이 강 현	24			77	완 델 손	후0	1			
0				후17	허 율	9			33	이 호 재	후17	1(1)			
0	4	8	10(5)									8(4)	13	4	0

●전반 25분 오베르단 GA 정면 H 자책골 (득점: 오베르단) 왼쪽
●후반 10분 두현석 AKR L-ST-G (득점: 두현석) 왼쪽
●후반 19분 아사니 MFR ~ 엄지성 GAL R-ST-G (득점: 엄지성, 도움: 아사니) 오른쪽
●후반 36분 두현석 C.KR ⌒ 안영규 GAL H ST-G (득점: 안영규, 도움: 두현석) 왼쪽
●전반 10분 백성동 PAR 내 EL ~ 제카 GA 정면 내 R-ST-G (득점: 제카, 도움: 백성동) 왼쪽
●후반 29분 백성동 PAL FK ⌒ 이호재 GA 정면 H-ST-G (득점: 이호재, 도움: 백성동) 가운데

• 6월 04일 19:00 맑음 DGB대구은행파크 12,056명
• 주심_박병진 부심_윤재열·장종필 대기심_고형진 경기감독관_허태식

대구 1 | 1 전반 0 / 0 후반 0 | 0 서울

퇴장	경고	파울	ST(유)	교체	선수명	배번	위치	위치	배번	선수명	교체	ST(유)	파울	경고	퇴장
0	1	0	0		최 영 은	1	GK	GK	1	백 종 범		0	0	0	0
0	1	0	0		조 진 우	66	DF	DF	30	김 주 성		0	1	0	0
0	0	1	1(1)		홍 정 운	6	DF	DF	5	오 스 마 르		0	1	0	0
0	0	1	0		김 진 혁	7	DF	DF	88	이 태 석		2	1	0	0
0	1	2	0		홍 철	33	MF	MF	6	기 성 용		1	0	0	0
0	1	2	0	18	이 용 래		MF	MF	14	팔로세비치		1(1)	1	0	0
0	1	2	0	14	이 진 용	26	MF	MF	96	박 수 일	17	1(1)	1	0	0
0	3			22	세 징 야		FW	MF	94	윌 리 안	14	1	0	0	0
0	2	2			에 두 가	99	FW	FW	90	황 의 조					0
0	0	0	0		고 재 현	17	FW	FW	16	황 의 조					0
					오 승 훈	21			18	황 성 민					
					김 강 산	20			17	김 진 야	후28				
					장 성 원	5			2	황 현 수	후28				
0				후24	케 이 타	18	대기	대기	13	고 요 한	후37				
0				후14	세 징 필				14	임 상 협	후0				
0				후0	이 근 호	22			13	김 신 진	후18				
0				후44	바 셀 루 스	99			19	김 경 민					
0	2	13	10(4)									9(2)	11	2	0

●전반 14분 고재현 PAL 내 ~ 세징야 PA 정면 내 R-ST-G (득점: 세징야, 도움: 고재현) 오른쪽

수원FC 1 vs 울산 3

• 6월06일 16:30 맑음 수원 종합 8,733명
• 주심_김우성 부심_박균용·장종필 대기심_안재훈 경기감독관_구상범

수원FC 1		1 전반 0		3 울산
		0 후반 3		

퇴장	경고	파울	ST(유)	교체	선수명	배번	위치	위치	배번	선수명	교체	ST(유)	파울	경고	퇴장
0	0	0	0		박배종	1	GK	GK	21	조현우		0	0	0	0
0	0	0	1		정동호		DF	DF	15	정승현		0	0	0	0
0	0	1	0		김현훈	4	DF	DF	44	김기희		1(1)	0	0	0
0	0	1	0		잭 슨	5	DF	DF	13	이명재	26	1(1)	0	0	0
0	0	0	0		이 용	88	DF	DF	66	설영우		0	0	1	0
0	0	0	0	21	박주호		MF	MF	24	이규성		1(1)	0	0	0
0	0	2	3(2)		윤빛가람	14	MF	MF	22	김민혁	27	0	0	1	0
0	0	1	0		김선민	55	MF	MF	11	엄원상	18	0	0	0	0
0	0	1	1	11	박철우		MF	MF	72	이규일	10	1(1)	0	0	0
0	0	0	0	13	장재웅	29	MF	MF	29	황재환	31	0	0	0	0
0	0	1	0		이대광	39	FW	FW	9	마틴 아담		3(2)	0	0	0
0	0	0	0		이범영	31			77	민동환					0
0	0	1	1(1)	전20/20	오인표	13			5	임종은					0
0	0	0	0	후34	황순민	20			31	조현택	후31				0
0	0	0	0	후46	최보경	21	대기	대기	27	이청용	후12				0
0	0		0		무릴로	10			31	아타루	후25	4(2)	0	0	0
0	0		2(2)	전20	라 스	9			10	바코	후0	2(1)	0	0	
0	0		2(1)	후0	이승우	7			18	주민규	후31	1(1)	0	0	
0	0	7	11(7)			0						14(10)	2	0	0

●전반 16분 윤빛가람 PAL 내 R-ST-G (득점: 윤빛가람) 오른쪽
●후반 24분 아타루 GAL ~ 마틴 아담 GAL L-ST-G (득점: 마틴 아담, 도움: 아타루) 왼쪽
●후반 42분 주민규 GA 정면 R-ST-G (득점: 주민규) 왼쪽
●후반 47분 바코 PA 정면 내 L-ST-G (득점: 바코) 왼쪽

전북 1 vs 대구 0

• 6월07일 19:00 맑음 전주 월드컵 8,197명
• 주심_정동식 부심_곽승순·김지욱 대기심_임정수 경기감독관_김성기

전북 1		0 전반 0		0 대구
		1 후반 0		

퇴장	경고	파울	ST(유)	교체	선수명	배번	위치	위치	배번	선수명	교체	ST(유)	파울	경고	퇴장
0	0	0	0		김정훈	1	GK	GK	1	최영은		0	0	0	0
0	0	0	1		김진수	23	DF	DF	66	조진우	22	0	0	0	0
0	0	1	0		정태욱	3	DF	DF	6	홍정운		0	0	0	0
0	0	1	0		구자룡	15	DF	DF	7	김진혁		0	0	0	0
0	0	0	0		정우재	32	MF	MF	33	홍 철		0	0	1	0
0	1	2	1	21	오재혁	30	MF	MF	18	케이타	14	0	0	0	0
0	0	1	0		박진섭	4	MF	MF	74	이용래	99	1	1	0	0
0	0	1	0		류재문	29	MF	MF	2	황재원		0	1	1	0
0	2(1)	2	1	28	송민규	17	FW	FW	11	세징야		4(2)	2	1	0
0	0	1	0		구스타보	9	FW	FW	9	에드가		0	2	0	0
0	0	2	1		하파 실바	19	FW	FW	10	고재현		1(1)	1	0	0
					정민기	13			21	오승훈					0
					김건웅	6			20	김강산					0
					한교원	7			5	장성원					0
				후0	조규성	10	대기	대기	4	세라토					0
					아마노준	후			14	박세진	후22				0
				후22	문선민	27			22	이근호	후41				0
0	1	1	1(1)	후32	맹성웅	28			99	바셀루스	후16	4(3)	0	0	0
0	1	9	10(3)			0						9(5)	8	2	0

●후반 12분 송민규 PAL 내 R-ST-G (득점: 송민규) 오른쪽

포항 2 vs 제주 1

• 6월06일 18:00 맑음 포항 스틸야드 8,376명
• 주심_김희곤 부심_지승민·천진희 대기심_김영수 경기감독관_허태식

포항 2		1 전반 0		1 제주
		1 후반 1		

퇴장	경고	파울	ST(유)	교체	선수명	배번	위치	위치	배번	선수명	교체	ST(유)	파울	경고	퇴장
0	0	0	0		황인재	21	GK	GK	1	김동준		0	0	0	0
0	0	2	0		완델손	77	DF	DF	13	정 운		0	3	0	0
0	1	0	0		그랜트	5	DF	DF	26	임채민		0	0	0	0
0	1	1	0		박찬용	20	DF	DF	16	김주원		0	2	1	0
0	0	0	2(1)		박승욱	14	DF	MF	42	이기혁		0	0	0	0
0	0	1	1(1)	16	김준호	66	MF	MF	6	최영준	8	0	1	0	0
0	0	0	0		오베르단	8	MF	MF	30	김봉수	2	1(1)	0	0	0
0	0	0	1(1)		백성동	7	MF	MF	2	안태현		0	1	0	0
0	0	0	1		고영준	11	FW	FW	10	헤이스	18	1(1)	0	1	0
0	0	1	0		김승대	12	FW	FW	38	곽승민	14	0	1	0	0
0	0	0	4(4)		이호재	33	FW	FW	9	김대환	19	0	0	0	0
0	0	0	0		윤평국	1			41	김근배					0
0	0	1	0		하창래	5			18	임동혁	후42				0
0	0	0	0		박건우	22			13	김승섭					0
0	1	1	0	후11	이승모		대기	대기	25	한종무					0
0	0	0	0		조재훈				19	김주공	후14	1(1)	0	0	0
0				후11	김인성				14	서진수	전24				0
0				후22	제 카				9	유리조나탄	후24				0
0		4	10(7)									3(2)	14	2	0

●전반 20분 이호재 PK 좌측지점 R-ST-G (득점: 이호재) 왼쪽
●후반 47분 백성동 PAR FK ⌒ 박승욱 GA 정면 내 H-ST-G (득점: 박승욱, 도움: 백성동) 왼쪽
●후반 35분 헤이스 PK-R-G (득점: 헤이스) 오른쪽

광주 0 vs 수원 1

• 6월07일 19:00 맑음 광주 전용 1,871명
• 주심_채상협 부심_윤재열·방기열 대기심_정화수 경기감독관_허기태

광주 0		0 전반 1		1 수원
		0 후반 0		

퇴장	경고	파울	ST(유)	교체	선수명	배번	위치	위치	배번	선수명	교체	ST(유)	파울	경고	퇴장
0	1	0	0		이 준	21	GK	GK	21	양형모		0	0	0	0
0	0	0	0	44	이민기	3	DF	DF	23	이기제		0	1	0	0
0	0	0	0		티 모	5	DF	DF	33	박대원		0	0	0	0
0	0	1	0		두현석	13	DF	DF	5	한호강		0	3	0	0
0	1	1	1(1)		아 론	28	DF	DF	3	장호익		0	0	0	0
0	0	1	0		아사니	11	MF	MF	7	고승범	16	0	1	0	0
0	0	1	0		정호연	14	MF	MF	88	유제호		0	0	0	0
0	0	0	0		정지훈	23	MF	MF	14	전진우		0	0	0	0
0	1	3	0	33	이강현	24	MF	FW	29	이상민	11	0	1	0	0
0	0	3	0		허 율	30	FW	FW	9	안병준		2(1)	1	0	0
0	2	2(1)	0		이희균	16	FW	FW	18	정승원		0	0	0	0
0	0	0	0		노희동	31			99	안찬기					0
0	0	0	0		안영규				39	민상기					0
0	0		1(1)	후8	김강산				11	김태환	후0				0
0		1(1)		후8	박한빈	대기	대기		16	이종성	후29				0
0				후0	이순민	44			77	손호준					0
0				후0/10	엄지성	7			36	명준재					0
0	3(2)			후8	토마스	30			18	아코스티	후9				0
0	1	1	9(5)									3(2)	13	0	0

●후반 23분 두현석 MFL ~ 토마스 AKL R-ST-G (득점: 토마스, 도움: 두현석) 오른쪽
●후반 45분 토마스 GAR R-ST-G (득점: 토마스) 가운데
●전반 40분 이상민 AK 정면 ~ 안병준 GAL L-ST-G (득점: 안병준, 도움: 이상민) 오른쪽

인천 1 vs 서울 1

• 6월07일 19:30 흐림 인천 전용 7,272명
• 주심_김대용 부심_박상준·성주경 대기심_신용준 경기감독관_차상해

인천 1 | 1 전반 0 / 0 후반 1 | 1 서울

퇴장	경고	파울	ST(유)	교체	선수명	배번	위치	위치	배번	선수명	교체	ST(유)	파울	경고	퇴장
0	0	0	0		김동헌	1	GK	GK	1	백종범		0	0	0	0
0	1	1	0		오반석	4	DF	DF	88	이태석		0	0	0	0
0	0	0	0		권한진	55	DF	DF	30	김주성		0	0	0	0
0	0	0	0		김연수	3	DF	DF	4	이한범		1	2	1	0
0	0	0	0	14	민경현	28	MF	MF	96	박수일		0	2	0	0
0	0	0	0		문지환	6	MF	MF	6	기성용		0	2	0	0
0	1	1	0	7	이명주	5	MF	MF	94	윌리안	19	2(1)	1	0	0
0	0	0	0		김준엽	17	MF	MF	9	김신진	90	0	0	0	0
0	1	1	0		김도혁	7	FW	FW	26	팔로세비치	13	1	0	0	0
0	0	0	0	25	음포쿠	40	FW	FW	11	나상호		2	2	0	0
0	3	3(3)	50		제르소	11	FW	FW	16	황의조		3(2)	0	0	0
					김유성	29			21	최철원					
					델브리지	20			17	김진야	후30				
				후7	정동윤	14			7	황현수					
				후38	김도혁		대기	대기		오스마르	후24				
		1(1)	후19		김민석	25			19	김경민	후17 10/17				
		1(1)	후7		에르난데스	10									
0	1	1	후38		김대중	50			90	일류첸코	후43				
0	2	9	6(6)									9(3)	12	1	0

● 전반 19분 김보섭 PAL ᵔ 제르소 GA 정면 L-ST-G (득점: 제르소, 도움: 김보섭) 가운데
● 후반 7분 기성용 PA 정면 ~ 황의조 AK 정면 R-ST-G (득점: 황의조, 도움: 기성용) 오른쪽

대구 3 vs 수원FC 1

• 6월10일 16:30 맑음 DGB대구은행파크 11,457명
• 주심_조지음 부심_윤재열·천진희 대기심_오현진 경기감독관_이경춘

대구 3 | 0 전반 0 / 3 후반 1 | 1 수원FC

퇴장	경고	파울	ST(유)	교체	선수명	배번	위치	위치	배번	선수명	교체	ST(유)	파울	경고	퇴장
0	0	0	0		최영은	1	GK	GK	1	박배종		0	0	0	0
0	0	0	0		조진우	66	DF	DF	2	정동호		1	1	0	0
0	0	0	0		홍정운	6	DF	DF	4	김현훈		0	0	0	0
0	0	0	0		김진혁	7	DF	DF	5	잭 슨		0	0	0	0
0	0	0	0	18	홍 철	33	MF	MF	88	이용		0	0	0	0
0	0	0	0	14	이용래	74	MF	MF	3	박철우	24	1(1)	0	0	0
0	0	0	0		이진용	26	MF	MF	14	윤빛가람		6(2)	0	0	0
0	1	1(1)			황재원	2	MF	MF	29	장재웅	3	0	0	0	0
0	1	2	3(2)		세징야	11	FW	MF	55	김선민		0	3	0	0
0	2	2(2)	17		바셀루스	99	FW	FW	9	라 스		3(1)	2	0	0
0	0	0	0		에드가	9	FW	FW	11	이승우		3(2)	4	1	0
					오승훈	21			31	이범영					
					김강산	20			13	오인표					
				후37	장성원	3			20	황순민					
				후19	케이	14	대기	대기	6	최보경					
				후27	박세진	14			24	김주엽	후23				
					이근호	22			8	정재용	후35				
				후19	고재현	17			39	이대광					
0	2	8	9(5)									17(6)	17	3	0

● 후반 4분 에드가 AK 정면 가슴패스 바셀루스 AK 정면 L-ST-G (득점: 바셀루스, 도움: 에드가) 오른쪽
● 후반 44분 황재원 PAR ᵔ 세징야 GA 정면 H-ST-G (득점: 세징야, 도움: 황재원) 가운데
● 후반 54분 세징야 PAR 내 ~ 황재원 PA 정면 내 R-ST-G (득점: 황재원, 도움: 세징야) 오른쪽
● 후반 31분 라스 AK 정면 H→ 이승우 PK 우측지점 R-ST-G (득점: 이승우, 도움: 라스) 왼쪽

강원 1 vs 대전 2

• 6월07일 19:30 흐림 춘천 송암 2,840명
• 주심_고형진 부심_김계용·강동호 대기심_설태환 경기감독관_나승화

강원 1 | 0 전반 1 / 1 후반 1 | 2 대전

퇴장	경고	파울	ST(유)	교체	선수명	배번	위치	위치	배번	선수명	교체	ST(유)	파울	경고	퇴장
0	0	0	0		유상훈	1	GK	GK	1	이창근		0	0	0	0
0	1	1	0		김영빈	2	DF	DF	2	서영재	15	0	1	0	0
0	0	0	0		임창우	23	DF	DF	98	안 톤		0	0	1	0
0	0	0	0		윤석영	7	DF	DF	4	김현우		0	1	0	0
0	0	0	0	22	강지훈	13	MF	DF	3	김민덕		0	1	0	0
0	0	1(1)	14		서민우	4	MF	MF	7	마사	24	0	0	0	0
0	1	1	1		한국영	8	MF	MF	14	김영욱	6	2	2	1	0
0	0	0	0	88	김진호	26	MF	MF	2	주세종		1(1)	0	0	0
0	2	2(1)			김대원	10	FW	FW	19	신상은	11	1(1)	1	0	0
0	0	0	0		갈레고	11	FW	FW	70	레안드로		1	0	0	0
0	0	0	0	35	이정협	18	FW	FW	28	티아고		1(1)	0	0	0
					이광연	31			23	정 산					
					김우석	22			11	김인균	후0				
				후40	황문기	88	대기	대기	7	마사					
				후25	김대우	4			6	임은수	후45				
				후0	박상혁	35			97	이진현					
	2(1)		후0		양현준	2			15	변준수	후30				
0	3	13	9(4)									8(3)	12	3	0

● 후반 3분 박상혁 GA 정면 L-ST-G (득점: 박상혁) 오른쪽
● 전반 26분 레안드로 GAL ~ 티아고 GA 정면 R-ST-G (득점: 티아고, 도움: 레안드로) 가운데
● 후반 14분 레안드로 PAR 내 ᵔ 주세종 GA 정면 H-ST-G (득점: 주세종, 도움: 레안드로) 왼쪽

울산 5 vs 제주 1

• 6월10일 18:00 맑음 울산문수 20,190명
• 주심_김용우 부심_곽승순·강동호 대기심_채상협 경기감독관_허태식

울산 5 | 1 전반 0 / 4 후반 1 | 1 제주

퇴장	경고	파울	ST(유)	교체	선수명	배번	위치	위치	배번	선수명	교체	ST(유)	파울	경고	퇴장
0	0	0	0		조현우	21	GK	GK	1	김동준		0	0	0	0
0	0	0	0		정승현	15	DF	DF	13	정 운		0	0	0	0
0	0	0	0		김기희	44	DF	DF	26	임채민		2	2	1	0
0	0	0	0	26	이명재	13	DF	DF	20	김오규		0	0	0	0
0	0	0	0		설영우	66	MF	MF	33	지상욱	11	0	0	0	0
0	0	0	0		이규성	24	MF	MF	30	김봉수		0	0	0	0
0	0	0	0		박용우	6	MF	MF	24	이기혁		2(1)	2	0	0
0	1	2(2)			아타루	10	MF	MF	17	안현범		0	0	0	0
0	0	2(2)			바 코	10	MF	MF	10	헤이스		3(2)	1	0	0
0	0	0	0		강윤구	30	MF	MF	14	서진수		0	0	0	0
0	0	2(2)	9		주민규	18	FW	FW	29	김대환	19	2	0	0	0
					민동환	77			41	김근배					
					김준호	15			16	김주원					
				후31	조현택	26			2	안태현	후19				
				후0	이청용	27	대기	대기	8	이창민					
				후22	루빅 손	11			19	김주공	후0	2(2)			
	4(2)	전17/27			엄원상	11			11	김승섭	후0				
			후31		마틴 아담					유리 조나탄	후25	1(1)			
0	1	11	13(8)									13(6)	8	1	0

● 전반 31분 바코 PK-R-G (득점: 바코) 왼쪽
● 후반 7분 엄원상 PAR ᵔ 아타루 GAL H-ST-G (득점: 아타루, 도움: 엄원상) 가운데
● 후반 8분 엄원상 PAR 내 R-ST-G (득점: 엄원상) 왼쪽
● 후반 25분 바코 PAR ᵔ 주민규 PK 좌측지점 R-ST-G (득점: 주민규, 도움: 바코) 왼쪽
● 후반 48분 이규성 PAR H→ 바코 GAR L-ST-G (득점: 바코, 도움: 이규성) 오른쪽
● 후반 33분 유리 조나탄 GAL 내 EL R-ST-G (득점: 유리 조나탄) 왼쪽

• 6월 10일 20:00 흐림 대전월드컵 8,390명
• 주심_이동준 부심_지승민·구은석 대기심_송민석 경기감독관_김성기

대전 1   0 전반 1 / 1 후반 0   **1 광주**

퇴장	경고	파울	ST(유)	교체	선수명	배번	위치	위치	배번	선수명	교체	ST(유)	파울	경고	퇴장
0	0	0	0		이창근	1	GK	GK	21	이 준		0	0	0	0
0	0	1	0	11	서영재	2	DF	DF	3	이민기	16	1(1)	1	0	0
0	0	1	0		안 톤	98	DF	DF	5	티 모		1(1)	1	0	0
0	0	0	0	10	김현우	4	DF	DF	6	안영규		0	0	0	0
0	1	1	0		변준수	15	DF	DF	13	두현석	22	0	0	0	0
0	1	2	1		이현식	17	MF	MF	11	아사니		2(1)	2	1	0
0	0	2	2(2)	7	주세종	14	MF	MF	14	정호연		1(1)	1	0	0
0	0	2	2(2)		이진현	97	MF	MF	23	정지훈	10	1	0	0	0
0	0	1	0	14	신상은	19	MF	MF	44	이순민		0	0	1	0
0	0	0	0		레안드로	70	FW	FW	9	허 율	33	0	2	1	0
0	0	0	2		티아고	28	FW	FW	30	토마스	24	1	0	0	0
0	0	0	0		정 산	23			31	노희동		0	0	0	0
0	0	2(2)	후	김인균	11			23	이상기	후17	1				
0	0	3(2)	후	유강현	10			28	아 론	후					
0	0	0	0	후24	마 사	7	대기	대기	10	김한길	후	2(1)	1		
0	0	0	0	후8	김영욱	14			16	이희균	후	0			
					김지훈	26			24	이강현	후23				
					임은수	6			33	박한빈	후26				
0	2	8	13(6)									11(5)	11	4	0

● 후반 48분 마사 GAR EL ⌒ 김인균 GAL L-ST-G (득점: 김인균, 도움: 마사) 가운데
● 전반 40분 정호연 AKR R-ST-G (득점: 정호연) 오른쪽

• 6월 11일 18:00 맑음 서울월드컵 18,108명
• 주심_최현재 부심_김지욱·송봉근 대기심_정동식 경기감독관_차상해

서울 1   1 전반 0 / 0 후반 1   **1 포항**

퇴장	경고	파울	ST(유)	교체	선수명	배번	위치	위치	배번	선수명	교체	ST(유)	파울	경고	퇴장
0	0	0	0		백종범	1	GK	GK	21	황인재		0	0	0	0
0	0	2	0	9	이태석	88	DF	DF	77	완델손		1	1	0	0
0	0	2	0		김주성	30	DF	DF	5	그랜트		0	0	0	0
0	0	1	1		박 범	3	DF	DF	45	하창래		1(1)	1	0	0
0	0	2	0		박수일	96	DF	DF	14	박승욱		0	0	0	0
0	0	1	0		오스마르	5	MF	MF	66	김준호	16	0	1	0	0
0	0	0	0		임상협	14	MF	MF	8	오베르단		0	0	0	0
0	0	1	1	66	기성용	6	MF	MF	12	김승대	33	0	0	0	0
0	1	1(1)		팔로세비치	26	MF	MF	26	조재훈	11	1(1)	1	0	0	
0	1	1	0	94	나상호	7	MF	MF	7	김인성	10	0	1	0	0
0	0	5(2)		황의조	16	FW	FW	9	제 카	20	2(2)	0	0	0	
0	0	0	0		최철원	21			1	윤평국		0	0	0	0
0	0	0	0	후26	권완규	3			20	박찬용	후47	0	0	0	0
					안창희	25			17	신광훈					
				후41	한승규	66	대기	대기	4	노무현	후1	1	0	0	0
				후41	윌리안	94			11	고영준	후33				
				후13	김신진	9			10	백성동	후0				
					일류첸코	90			33	이호재	후13	1			
0	1	9(3)										8(4)	6	0	0

● 전반 37분 임상협 AK 내 ~ 황의조 MFL R-ST-G (득점: 황의조, 도움: 임상협) 오른쪽
● 후반 49분 백성동 C.KR ⌒ 하창래 GAL H-ST-G (득점: 하창래, 도움: 백성동) 오른쪽

• 6월 11일 16:30 맑음 춘천 송암 6,114명
• 주심_신용준 부심_박상준·양재용 대기심_김우성 경기감독관_나승화

강원 1   0 전반 0 / 1 후반 2   **2 전북**

퇴장	경고	파울	ST(유)	교체	선수명	배번	위치	위치	배번	선수명	교체	ST(유)	파울	경고	퇴장
0	0	0	0		이광연	31	GK	GK	1	김정훈		0	0	0	0
0	0	1	0		김영빈	2	DF	DF	23	김진수		1(1)	0	0	0
0	0	1	0		이웅희	5	DF	DF	4	박진섭		1(1)	1	0	0
0	1	4	0		윤석영	20	DF	DF	3	정태욱		1(1)	2	0	0
0	0	2	1		강지훈	13	MF	DF	25	구자룡		1	1	0	0
0	0	2	0	14	서민우	4	MF	MF	7	한교원	32	1(1)	1	0	0
0	0	2	0		한국영	8	MF	MF	28	맹성웅	6	1	1	0	0
0	0	1	0	24	정승용	22	MF	MF	29	류재문		1	0	0	0
0	1	2(1)	11	김대원	10	FW	MF	10	이동준	27	0	1	1	0	
0	1	1	1		양현준	7	FW	FW	9	조규성	5	5(5)	1	0	0
0	0	2	0	35	이정협	18	FW	FW	19	하파실바	17	2(1)	1	0	0
0	0	0	0		유상훈	1			13	정민기		0	0	0	0
0	0	0	0		김우석	21			5	윤영선		0	0	0	0
0	0	0	0	후16	김진호	24			6	김건웅	후14	1			
0	0	0	0		황문기	88	대기	대기	9	구스타보	후44	0			
0	0	1	0	후16	김대우	14			17	송민규	후0	1			
0	0	0	0	후33	박상혁	35			27	문선민	후14	0			
0	0	1(1)	후33	갈레고	11			32	정우재	후0	0				
0	1	14	5(2)									15(10)	11	1	0

● 후반 1분 정태욱 GA 정면 R 자책골 (득점: 정태욱) 오른쪽
● 후반 13분 류재문 MF 정면 ~ 조규성 GAL L-ST-G (득점: 조규성, 도움: 류재문) 가운데
● 후반 32분 김진수 PAL ⌒ 조규성 GA 정면 H-ST-G (득점: 조규성, 도움: 김진수) 오른쪽

• 6월 11일 19:00 맑음 수원월드컵 7,066명
• 주심_박병진 부심_김계용·장종필 대기심_정회수 경기감독관_김종민

수원 0   0 전반 0 / 0 후반 0   **0 인천**

퇴장	경고	파울	ST(유)	교체	선수명	배번	위치	위치	배번	선수명	교체	ST(유)	파울	경고	퇴장
0	0	0	0	99	양형모	21	GK	GK	1	김동헌		0	0	0	0
0	0	1	0		이기제	23	DF	DF	20	델브리지		1	0	0	0
0	0	1	1(1)		박대원	33	DF	DF	55	권한진		0	2	0	0
0	0	0	0	3	한호강	4	DF	DF	47	김동민		0	0	0	0
0	1	2(2)		고명석	15	MF	DF	3	강윤구	14	0	1	0	0	
0	0	0	0	77	한석종	6	MF	MF	7	김도혁	27	2(2)	0	0	0
0	0	2	0		고승범	7	MF	MF	5	이명주		1	0	0	0
0	1	2	0	4	정승원	10	MF	MF	17	김준엽	50	0	1	0	0
0	0	1	0	88	이상민	29	FW	FW	11	제르소		2(1)	1	0	0
0	0	1	0		안병준	9	FW	FW	40	음포쿠		1(1)	2	0	0
0	0	0	0		아코스티	14	FW	FW	10	에르난데스		1	0	0	0
0	0	0	0	후	안찬기	99			29	김유성		0	0	0	0
0	0	0	0	후46	불투이스	4			4	오반석		0	0	0	0
0	0	0	0	후	장호익	35			14	정동윤	후25	1(1)	0	0	0
0	0	0	0	후0	유제호	88	대기	대기	18	여 름		0	0	0	0
0	0	0	0	후46	손호준	77			6	문지환		0	0	0	0
					명준재	36			27	김보섭	후25	1			
					물리치	44			50	김대중	후39	0			
0	3	12	4(3)									10(5)	11	1	1

6월 24일 16:30 흐림 수원 월드컵 19,513명

• 주심_김우성 부심_곽승순·강동호 대기심_안재훈 경기감독관_양정환

수원 0   0 전반 0 / 0 후반 1   **1 서울**

퇴장	경고	파울	ST(유)	교체	선수명	배번	위치	위치	배번	선수명	교체	ST(유)	파울	경고	퇴장
0	0	0	0		양형모	21	GK	GK	1	백종범		0	0	0	0
0	1	2	0		박대원	33	DF	DF	88	이태석		0			0
0	1	2	0		김주원	66	DF	DF	30	김주성		0			0
0	0	0	1(1)		고명석	15	DF	DF	4	이한범	9	0			0
0	0	1	1		이기제	23	MF	MF	96	박수일		0			0
0	0	1	1		고승범	6	MF	MF	5	오스마르		0		1	0
0			16		유제호	88	MF	MF	14	임상협	50	1(1)			0
0			10		손호준	77	MF	MF	6	기성용		0			0
0	1(1)		11		아코스티	18	FW	FW	26	팔로세비치		2(1)	0		0
0		2	44		안병준	44	FW	FW	94	나상호		0		1	0
0	1	3	29		김보경	13	FW	FW	9	황의조		0			0
					안찬기	99			21	최철원					
					장호익	3			17	김진야	후37				
0	1		후39	김태환	11			8	이승모	후19	0	1		0
0			후25	이종성	16	대기	대기	94	일리안	후0	2(1)	1	1	0
0	1	2	전36	정승원	10			50	박호민	후19	1	3	1	0
					이상민	7			9	김신진	후17				
0		2(2)	후39	물리치	44			90	일류첸코		0			
0	3	7	13(4)			0			0			13(3)	8	3	0

● 후반 41분 윌리안 GAL R-ST-G (득점: 윌리안 오른쪽)

6월 24일 19:00 흐림 광주 전용 5,990명

• 주심_고형진 부심_김지욱·장종필 대기심_김용우 경기감독관_김성기

광주 2   1 전반 0 / 1 후반 0   **0 전북**

퇴장	경고	파울	ST(유)	교체	선수명	배번	위치	위치	배번	선수명	교체	ST(유)	파울	경고	퇴장
0	0	0	0		이준	21	GK	GK	1	김정훈		0	0	0	0
0	1	1	0	22	이민기	3	DF	DF	32	정우재		0	0	0	0
0			0		티모	6	DF	DF	15	구자룡	1(1)	0	0	0	0
0			0		안영규	5	DF	DF	3	정태욱		0			0
0			0		두현석	13	DF	DF	25	최철순	70	0	0	0	0
0	1		17		김한길	10	MF	MF	7	한교원	27	1	0	0	0
0			7		정지훈	23	MF	MF	4	박진섭		0	4	0	0
0			0		이강현	24	MF	MF	29	류재문		0			0
0	1	2(1)	0		이순민	44	MF	FW	27	송민규		0			0
0		1	14		이희균	16	FW	FW	19	하파실바	17	1(1)	0	0	0
0		2(2)	18		토마스	30	FW	FW	9	구스타보		1(1)	0	0	0
					노희동	31			13	정민기					
					김경재	15			6	김건웅					
0			후41	이상기	22			9	조규성	후0				
0			후20	조성훈	20	대기	대기	21	아마노	후37				
0			후34	신창무	14			17	김진수					
0		1(1)	후0	엄지성				27	문선민	후23				
0			후41	이건희	18			70	박창우	후31	0			
0	1	5	10(5)			0			0			6(3)	9	1	0

● 전반 19분 두현석 MF 정면 ⌒ 이순민 PA 정면 내 H-ST-G (득점: 이순민, 도움: 두현석) 왼쪽
● 후반 46분 정호연 MFL ~ 이건희 GAL R-ST-G (득점: 이건희, 도움: 정호연) 왼쪽

6월 24일 18:00 흐림 제주 월드컵 5,755명

• 주심_정동식 부심_송봉근·성주경 대기심_김영수 경기감독관_조성철

제주 1   0 전반 0 / 1 후반 1   **1 대전**

퇴장	경고	파울	ST(유)	교체	선수명	배번	위치	위치	배번	선수명	교체	ST(유)	파울	경고	퇴장
0	0	0	0		김동준	1	GK	GK	1	이창근		0	0	0	0
0	1	0	1		정운	13	MF	MF	22	오재석		0	1	0	0
0			0		임채민	26	DF	DF	98	안톤		0	1	0	0
0			0		김오규	20	DF	DF	15	김민덕	15	0	1	0	0
0			1(1)	15	김승섭	11	MF	MF	26	김지훈	11	0	0	0	0
0			0		김봉수	30	MF	MF	14	김영욱	5	0			0
0	1		29		한종무		MF	FW	33	배준호		0	0	0	0
0	1	0			안태현	2	FW	FW	7	신상은	19	1	1	0	0
0			19		서진수	14	FW	MF	17	이현식		0	0	0	0
0	3	5(2)			유리조나탄		FW	FW	10	티아고	28	3(2)	4	0	0
0	1	2(2)			헤이스	10	FW		23	정산					
					김근배	41			11	주세종	후22				
					이지솔	5			10	유강현	후35	1(1)	1	0	0
0			후0	임동혁	18			7	마사	후0	3(2)	2	0	0
0			후24	이기혁	24	대기	대기	97	이진현					
					김대환	29			5	임덕근	후22	0			
0			후42	조나탄링	15			15	변준수	후33	0			
0	1	1	후22	김주공	19									
0	3	14	10(5)			0			0			10(5)	12	0	0

● 후반 30분 안태현 PAR ⌒ 김승섭 GAL 내 H-ST-G (득점: 김승섭, 도움: 안태현) 가운데
● 후반 41분 김인균 MFL TL ~ 티아고 GAL 내 R-ST-G (득점: 티아고, 도움: 김인균) 왼쪽

6월 24일 19:30 흐림 울산 문수 20,070명

• 주심_송민석 부심_박상준·홍석찬 대기심_최철준 경기감독관_허태식

울산 3   1 전반 0 / 2 후반 1   **1 대구**

퇴장	경고	파울	ST(유)	교체	선수명	배번	위치	위치	배번	선수명	교체	ST(유)	파울	경고	퇴장
0	0	0	0		조현우	21	GK	GK	1	최영은		0	0	0	0
0		2	0		김영권	19	DF	DF	20	김강산		0	2	0	0
0	1	1	0		김기희	44	DF	DF	66	조진우		0	1	0	0
0		1(1)	26		김태환		DF	DF	7	김진혁		0	1	0	0
0			66		설영우	66	MF	MF	33	홍철	18	2	2	0	0
0			0		보야니치	8	MF	MF	74	이용래	26	0	1	0	1
0			22		김민혁	22	MF	MF	5	장성원	14	0	0	0	0
0		2(1)	31		아타루	31	MF	MF	11	세징야		1(1)	0	0	0
0		4(3)			바코	10	FW	FW	99	바셀루스		4(3)	0	0	0
0		27			강윤구	30	MF	FW	9	에드가		2	0	1	0
0			18		주민규	18	FW		21	오승훈		0			
					조수혁	1			15	이원우					
0			후13	조현택	26			2	황재원	후5	0			
0			후36	김성준	16	대기	대기	18	케이타	후20	1(1)	0	0	0
0			후0	이청용	27			14	박세진	후20	0			
0	2(2)		후36	루빅손	9			37	이종훈					
0	1	13(9)	후36	마틴아담				17	고재현	후	0			
0	1	2	13(9)			0			0			7(6)	15	1	1

● 전반 2분 아타루 PAR TL ~ 김태환 PAR L-ST-G (득점: 김태환, 도움: 아타루) 왼쪽
● 후반 20분 보야니치 PAL ~ 바코 PAL 내 R-ST-G (득점: 바코, 도움: 보야니치) 오른쪽
● 후반 48분 바코 GAL R-ST-G (득점: 바코) 오른쪽
● 후반 42분 세징야 센터서클 ~ 바셀루스 PAL 내 R-ST-G (득점: 바셀루스, 도움: 세징야) 오른쪽

• 6월 25일 16:30 맑음 인천 전용 9,367명
• 주심 김희곤 부심 윤재열·설귀선 대기심 최승환 경기감독관 양정환

인천 0   0 전반 0 / 0 후반 0   **1 포항**

퇴장	경고	파울	ST(유)	교체	선수명	배번	위치	위치	배번	선수명	교체	ST(유)	파울	경고	퇴장
0	0	0	0		김동헌	1	GK	GK	21	황인재		0	0	1	0
0	0	1	2		델브리지	20	DF	DF	77	완델손	26	1	1	0	0
0	0	1	0	2(2)	권한진	55	DF	DF	5	그랜트		0	0	0	0
0	0	1	0		오반석	4	DF	DF	45	하창래		0	3	0	0
0	1	0	1	11	민경현	28	DF	DF	14	박승욱		0	0	0	0
0	0		50		김도혁	7	MF	MF	66	김준호	16	0	0	1	0
0	1	1(1)			이명주	5	MF	MF	8	오베르단		2	1	0	
0	0		14		김준엽	17	MF	MF	10	백성동	2(2)	0	0	0	
0	0	1	0		음포쿠	40	MF	MF	12	김승대		1	1	0	0
0	0	4(2)			김보섭	27	FW	FW	9	제카	20	4(3)	1	0	0
0	3	2(1)													
					이태희	21				윤평국	1				
					김연수	14			20	박찬용	후23				
0	0		후37		정동윤	2				김용환	후40				
0	0		후0	대기	문지환	6	대기	대기		한찬희	후03				
0	0		후0		제르소	19				윤민호					
0	0	1(1)	전40		에르난데스	10			26	조재훈	후40				
0	0		후20		김대중	50			33	이호재	후7	1(1)	1		
0	0	7	14(7)			0			0			11(8)	11	2	0

● 전반 12분 김승대 GAR ~ 제카 GA 정면 내 R-ST-G (득점: 제카, 도움: 김승대) 왼쪽

• 7월 01일 18:00 맑음 전주 월드컵 12,175명
• 주심 조지음 부심 김계용·지승민 대기심 안재훈 경기감독관 당성증

전북 2   1 전반 0 / 1 후반 0   **0 제주**

퇴장	경고	파울	ST(유)	교체	선수명	배번	위치	위치	배번	선수명	교체	ST(유)	파울	경고	퇴장
0	1	0	0		김정훈	1	GK	GK	1	김동준		0	0	0	0
0					김문환	33	DF	DF	13	정운		1	0	0	0
0	1	5	0		정태욱	3	DF	DF	26	임채민		1	0	0	0
0	0	1	0		구자룡	15	DF	DF	20	김오규	3	0	0	0	0
0	0	2	0		정우재	32	MF	MF	11	김승섭	32	0	0	0	0
0			27		이동준	11	MF	MF	30	김봉수		1(1)	0	0	0
0	0	0	0		류재문	29	MF	MF	25	한종무	24	0	0	0	0
0	2	1			박진섭	4	MF	MF	2	안태현		3(1)	1	0	0
0	0	1	0		송민규	17	FW	FW	14	서진수	4(3)	0	0	0	0
0	0	1(1)			아마노준	21	FW	FW	9	유리조나탄	29	0	1	0	0
0	3	3(3)			조규성	10	FW	FW	10	헤이스		3(1)	0	0	0
					공시현	51			41	김근배					
					김건웅	6			3	연제운	후33				
0	1	1		후0	한교원	7			2	이주용	후12	1	0	0	
			후35	대기	백승호	8	대기	대기	24	이기혁	후17	0	1	0	
			후35		구스타보	9			29	김대환	후19				
0		1(1)	후0		문선민	27			15	조나탄링					
			후21		박창우	70			19	김주공	후12	4(1)	0	0	
0	2	13	8(5)			0			0			17(9)	4	0	0

● 전반 9분 임채민 GA 정면 내 L 자책골 (득점: 임채민) 가운데
● 후반 38분 문선민 GAL 내 EL L-ST-G (득점: 문선민) 오른쪽

• 6월 25일 19:00 흐림 수원 종합 3,173명
• 주심 김대용 부심 방기열·양재용 대기심 이동준 경기감독관 당성증

수원FC 1   0 전반 1 / 1 후반 0   **1 강원**

퇴장	경고	파울	ST(유)	교체	선수명	배번	위치	위치	배번	선수명	교체	ST(유)	파울	경고	퇴장
0	0	0	0		박배종	1	GK	GK	1	유상훈		0	0	0	0
0	0	0	1(1)		박철우	3	DF	DF	2	김영빈		0	1	0	0
0	0	0	0	30	김현훈	5	DF	DF	5	이웅희		1	0	0	0
0	0	1	1		잭슨	5	DF	DF	20	윤석영		0	0	0	0
0	0	1	0		이용	88	DF	MF	13	강지훈	22	0	0	0	0
0	3	5(1)			이승우	7	MF	MF	33	김대원	14	1	0	0	0
0	0	0	0		윤빛가람	14	MF	MF	8	한국영		1	0	0	0
0	0	0	8		김선민	55	MF	MF	24	김진호	88	3	0	0	0
0	1	4(2)			라스	9	FW	FW	10	김대원		2(1)	1	0	0
0	0	3	2		장재웅	29	FW	FW	7	양현준	12	1	0	0	0
0	0		19		김예성	34	FW	FW	18	이정협	35	1(1)	0	0	0
					이범영	31			31	이광연					
					황순민	20			21	김우석					
0	0	1		후35	신세계	30			22	정승용	후29				
0	0	1		후40	정재용	8	대기	대기	89	황문기	후49				
0	0		후0		김현	7			14	김대우	후29				
0	0	2	후29		오인표	13			35	박상혁	후20	2(1)			
0	0		전37		김규형	19			11	갈레고	후20				
0	0	11	18(4)			0			0			16(6)	8	1	0

● 후반 21분 오인표 PAR → 라스 GA 정면 R-ST-G (득점: 라스, 도움: 오인표) 가운데
● 전반 25분 한국영 MFR ~ 이정협 GA 정면 H-ST-G (득점: 이정협, 도움: 한국영) 왼쪽

• 7월 01일 19:00 맑음 DGB대구은행파크 12,175명
• 주심 정동식 부심 김지욱·천진희 대기심 채상협 경기감독관 김성기

대구 1   0 전반 0 / 1 후반 1   **1 수원**

퇴장	경고	파울	ST(유)	교체	선수명	배번	위치	위치	배번	선수명	교체	ST(유)	파울	경고	퇴장
0	0	0	0		오승훈	21	GK	GK	21	양형모		0	0	0	0
0	1	2	0		조진우	66	DF	DF	33	박대원	11	0	0	0	0
0	0	0	0		홍정운	6	DF	DF	5	한호강		0	0	0	0
0	0	2(1)			김진혁	7	DF	DF	15	고명석		0	1	0	0
0	1	1	0		홍철	33	MF	MF	23	이기제		2(1)	0	0	0
0	0	1	5		이용래	74	MF	MF	77	고승범		0	0	0	0
0	1	3(1)			이진용	4	MF	MF	13	김보경	20	1(1)	1	0	0
0	0	2			황재원	2	MF	MF	10	정승원		3	2	5	0
0	1	5(2)			세징야	11	FW	FW	37	김주찬	88	0	1	0	0
0	2	2(1)	18		바셀루스	99	FW	FW	9	안병준	36	0	0	0	0
0	0	4			고재현	17	FW	FW	18	아코스티		1	3	0	0
					최영은	1			99	안찬기					
					김강산	20			3	장호익	후46				
0	0		후22		장성원	5			11	김태환	후25				
0	0		후22	대기	케이타	18	대기	대기	88	유제호	후40				
0	0		후34		박세진	14			97	바사니					
			후0/14		이근호	22			36	명준재	후0	1			
					이종훈	37			20	박희준	후22				
0	2	11	13(4)			0			0			9(3)	21	3	0

● 후반 44분 장성원 PAR EL ⌒ 세징야 GAL R-ST-G (득점: 세징야, 도움: 장성원) 오른쪽
● 후반 9분 조진우 GAR R 자책골 (득점: 조진우) 오른쪽

• 7월01일 19:30 맑음 서울월드컵 22,637명
• 주심_백병진 부심_윤재열·강동호 대기심_이동준 경기감독관_구상범

서울 0 | 0 전반 0 / 0 후반 0 | 0 대전

퇴장	경고	파울	슈팅(유효)	교체	선수명	배번	위치	위치	배번	선수명	교체	슈팅(유효)	파울	경고	퇴장
0	0	0	0		백종범	1	GK	GK	1	이창근		0	0	0	0
0	0	1	1		이태석	88	DF	MF	22	오재석		0	1	0	0
0	0	0	0		김주성	30	DF	MF	98	안 톤		0	1	0	0
0	0	2	0		이한범	4	DF	DF	15	변준수		0	2	0	0
0	0	0	1(1)		박수일	96	DF	MF	6	김현우		0	0	0	0
0	1	1	0		오스마르	5	MF	FW	17	이현식		0	2	1	0
0	0	1	0	17	임상협	14	MF	MF	8	주세종		0	1	0	0
0	0	1	1(1)	6	이승모	9	MF	MF	97	이진현	19	0	2	1	0
0	0	3(2)		72	팔로세비치	26	MF	DF	5	임덕근	14	0	2	0	0
0	1	1	0		일류첸코	90	FW	FW	33	배준호	11	0	0	0	0
0	0	0	0		최철원	21			25	이준서		0	0	0	0
0	0	0	0	후09	김진아	17			19	신상은	후24	0	0	0	0
0	0	0	0		이시영	22			11	김인균	후16	0	1	0	0
0	0	0	0	후15	기성용	6	대기	대기	9	유강현		0	0	0	0
0	0	0	0	후39	이승준	72			7	마 사	후24	0	0	0	0
0	0	0	0	후32	윌리안	94			14	김영욱	후41	0	0	0	0
0	0	0	0	후15	박동진	50			3	김민덕		0	0	0	0
0	1	6	12(5)									0	11	2	0

• 7월02일 19:00 맑음 포항 스틸야드 5,441명
• 주심_김용일 부심_박상준·송봉근 대기심_오현진 경기감독관_허태식

포항 3 | 1 전반 0 / 2 후반 1 | 1 수원FC

퇴장	경고	파울	슈팅(유효)	교체	선수명	배번	위치	위치	배번	선수명	교체	슈팅(유효)	파울	경고	퇴장
0	0	0	0		황인재	21	GK	GK	1	박배종		0	0	0	0
0	0	0	0		완델손	77	DF	DF	2	정동호		0	2	0	0
0	0	1	1(1)		그랜트	5	DF	DF	5	잭 슨		1(1)	0	0	0
0	0	1	0		박찬용	20	DF	DF	30	신세계		0	1	0	0
0	0	0	0		박승욱	14	DF	DF	4	이 용	3	0	2	0	0
0	0		16		김준호	66	MF	MF	14	윤빛가람		0	0	0	0
0	1	3(1)			오베르단	8	MF	MF	28	이영재		0	1	0	0
0	0	1	12		조재훈	26	MF	MF	55	김선민		0	0	0	0
0	1	2	2(1)	9	윤민호	19	MF	FW	9	라스		1(1)	1	0	0
0	1	45			김인성	7	FW	FW	7	정재윤		0	3	0	0
0	1	3(1)		5	이호재	33	FW	FW	34	김예성		0	3	0	0
0	0	0	0		윤평국	1			31	이범영		0	0	0	0
0	0	0	0	후39	하창래	45			3	박철우	후20	0	0	0	0
0	0	0	0	후28	김용환	5			13	오인표	후10/5	0	0	0	0
0	2(1)			후20	한찬희	16	대기	대기	15	이재성		0	0	0	0
0	0	0	0		김종석	12			7	김 현	후0	2(2)	2	0	0
0	0	0	0		노경호	23			10	로페즈	후20	0	0	0	0
0	0	2	2(2)	후0	제카	9			11	김승우	후16	2(2)	1	0	0
0	0	8	16(8)									6(4)	12	0	0

● 전반 41분 윤민호 C.KL ⌒ 그랜트 GAR 내 H-ST-G (득점: 그랜트, 도움: 윤민호) 오른쪽
● 후반 13분 박승욱 MFR TL ⌒ 제카 GAL H-ST-G (득점: 제카, 도움: 박승욱) 왼쪽
● 후반 46분 한찬희 AK 내 R-ST-G (득점: 한찬희) 왼쪽

● 후반 43분 이승우 PA 정면 내 ~ 라스 PK 좌 측지점 R-ST-G (득점: 라스, 도움: 이승우) 오른쪽

• 7월02일 18:00 맑음 광주 전용 5,982명
• 주심_신용준 부심_성주경·양재용 대기심_송민석 경기감독관_김용세

광주 0 | 0 전반 0 / 0 후반 1 | 1 울산

퇴장	경고	파울	슈팅(유효)	교체	선수명	배번	위치	위치	배번	선수명	교체	슈팅(유효)	파울	경고	퇴장
0	0	0	0		이 준	21	GK	GK	21	조현우		0	0	0	0
0	0	1	0	22	이민기	3	DF	DF	19	김영권		0	1	0	0
0	0	1	0		티 모	5	DF	DF	44	김기희		0	1	0	0
0	1	2	0		안영규	6	DF	DF	13	이명재	66	0	0	0	0
0	0	0	0	24	두현석	13	DF	DF	23	김태환		0	1	0	0
0	0	1	0	11	김한길	10	MF	MF	24	이규성	27	0	3	1	0
0	0	1	0		정호연	14	MF	MF	22	김민혁		0	4	0	0
0	1	2	0		정지훈	23	MF	MF	26	조현택	10	0	2	0	0
0	1	2	0		이순민	44	MF	MF	31	아마노	9	1(1)	2	0	0
0	1	1	1(1)		이희균	16	FW	FW	30	강윤구	6	0	1	0	0
0	0	2	0	18	토마스	30	FW	FW	18	주민규		2(2)	0	0	0
0	0	0	0		노희동	31			1	조수혁		0	0	0	0
0	0	0	0	후41	이상기	22			15	정승현		0	0	0	0
0	0	0	0		아 론	28			66	설영우	후0	0	0	0	0
0	0	0	0	후41	하 현	24	대기	대기	6	박용우	전28	2(1)	1	0	0
0	0	0	0	후0	엄지성	7			27	이청용	후0	0	0	0	0
0	0	1(1)		후0	아사니	11			10	바 코	전28	0	0	0	0
0	0	0	0	후41	이건희	18			9	마틴 아담	후32	0	0	0	0
0	3	13	6(3)									6(4)	14	4	0

● 후반 14분 이명재 C.KL ⌒ 박용우 PAR 내 H-ST-G (득점: 박용우, 도움: 이명재) 가운데

• 7월02일 20:00 맑음 인천 전용 5,076명
• 주심_최현재 부심_곽승수·장종필 대기심_최규현 경기감독관_나승화

인천 1 | 1 전반 0 / 0 후반 0 | 0 강원

퇴장	경고	파울	슈팅(유효)	교체	선수명	배번	위치	위치	배번	선수명	교체	슈팅(유효)	파울	경고	퇴장
0	0	0	0		김동헌	1	GK	GK	1	유상훈		0	0	0	0
0	0	0	0	20	오반석	4	DF	DF	2	김영빈		1	1	0	0
0	0	1	0		권한진	55	DF	DF	5	이웅희	21	0	1	1	0
0	1	3	0		김연수	3	DF	DF	20	윤석영		0	1	0	0
0	0	1	1		민경현	28	MF	MF	13	강지훈		1(1)	1	0	0
0	0	2(1)		40	김도혁	7	MF	MF	33	이승원	6	0	0	0	0
0	0	1	0		이명주	5	MF	MF	8	한국영		2(2)	1	0	0
0	0	1	0		김준엽	17	MF	MF	23	김진호		0	0	0	0
0	2	4(2)		6	김보섭	27	FW	FW	10	김대원	17	0	2	0	0
0	0	2	0	11	천성훈	99	FW	FW	7	양현준	74	1	0	0	0
0	1(1)			10	김민석	25	FW	FW	18	이정협		0	1	0	0
0	0	0	0		이태희	21			31	이광연		0	0	0	0
0	0	0	0	후26	델브리지	20			21	김우석	후11	0	0	0	0
0	0	0	0		정동윤	14			74	강투지	후0	0	0	0	0
0	0	0	0	후20	문지환	6	대기	대기	17	유인수	후32	0	0	0	0
0	0	0	0	후20	제르소	11			35	박상혁		1(1)	0	0	0
0	0	0	0	후41	음포쿠	40			11	갈레고	후11	2	1	0	0
0	2	15	11(4)									11(6)	12	0	0

● 전반 4분 김도혁 MFL ⌒ 김민석 PA 정면 내 L-ST-G (득점: 김민석, 도움: 김도혁) 가운데

Section 7

2023 경기기록부

489

제주 1 : 2 대구

- 7월 07일 19:30 흐림 제주 월드컵 4,210명
- 주심_김우성 부심_송봉근·강동호 대기심_안재훈 경기감독관_조성철

	1 전반 1	
제주 1	0 후반 1	2 대구

퇴장	경고	파울	ST(유)	교체	선수명	배번	위치	위치	배번	선수명	교체	ST(유)	파울	경고	퇴장
0	0	0	0		김동준	1	GK	GK	21	오승훈		0	0	0	0
0	0	1	0		정운	15	DF	DF	20	김강산		0	1	0	0
0	0		2(2)		김제운	3	DF	DF	6	홍정운		0	0	0	0
0	0				김오규	35	DF	DF	7	김진혁		3(1)	0	0	0
0	1	1	11		주웅준	32	MF	MF	3	홍철		2(1)	1	0	0
0	0	1	1		김봉수	30	MF	MF	14	박세진	74	1(1)	0	0	0
0	0		24		한종무	25	MF	MF	26	이진용		2	0	0	0
0	1	1	1(1)		김주공	19	MF	MF	5	장성원		1(1)	1	0	0
0	0		15		김대환	29	FW	FW	11	세징야		6(2)	1	0	0
0	3	2(1)			유리조나탄	10	FW	FW	99	바셀루스	37	2	3	0	0
0	1	4(1)			헤이스	7	FW	FW	17	고재현	22	1	2	0	0
0	0				김근배	41			1	최영은		0	0	0	0
0	0				임채민	26			15	이원우	후25	0	0	0	0
0	0		후4	안태현	2			36	김희승			0	0	0	0
0	1	1	3	16/12	이기혁		대기	대기	74	이용래	후45	0	0	0	0
0	1	1(1)		16/14	조나탄링	15			37	이종훈	후45	0	0	0	0
0	0		후37	서진수	14			22	이근호	후45		0	0	0	0
0	0		후37	김승섭				19	김영준			0	0	0	0
0	1	12	12(6)									16(6)	10	1	0

- 전반 5분 유리 조나탄 GAR H ↷ 연제운 GA 정면 H-ST-G (득점: 연제운, 도움: 유리 조나탄) 왼쪽
- 전반 13분 홍철 C.KR L-ST-G (득점: 홍철) 왼쪽
- 후반 44분 장성원 PK 좌측지점 L-ST-G (득점: 장성원) 왼쪽

포항 0 : 1 울산

- 7월 08일 18:00 흐림 포항 스틸야드 14,486명
- 주심_김종혁 부심_박균용·장종필 대기심_채상협 경기감독관_구상범

	0 전반 1	
포항 0	0 후반 0	1 울산

퇴장	경고	파울	ST(유)	교체	선수명	배번	위치	위치	배번	선수명	교체	ST(유)	파울	경고	퇴장
0	0	0	0		황인재	21	GK	GK	21	조현우		0	0	0	0
0	0	0	0		완델손	77	DF	DF	19	김영권		0	1	0	0
0	0	1	0		그랜트	5	DF	DF	44	김기희		0	0	0	0
0	0	0	0		하창래	5	DF	DF	66	설영우		1	0	0	0
0	1	3	1		박승욱	14	DF	DF	23	김태환		0	0	0	0
0	0	1	16		김준호	66	MF	MF	6	박용우	27	0	1	0	0
0	0				오베르단	8	MF	MF	22	김민혁		0	0	0	0
0	0	3			김승대	12	MF	MF	10	바코		0	1	0	0
0	1(1)	3	0		고영준	11	MF	MF	30	강윤구	24	0	0	0	0
0	0	1	0		김인성	19	MF	MF	16	루빅손	15	0	0	0	0
0	3(1)				제카	9	FW	FW	18	주민규	96	1(1)	1	0	0
0	0				윤평국	1			1	조수혁		0	0	0	0
0	0		후45	박찬용	20			15	정승현	후40		0	0	0	0
0	0	3/5	20	김용환	3			26	조현택	후29	1(1)	0	0	0	0
0	0		후16	한찬희	16	대기	대기	24	이규성	후34	0	0	0	0	0
0	0				윤민호	7			27	이청용	후0		0	0	0	0
0	2(1)		후0	백성동	33			14	이동경			0	0	0	0
0	0		후16	이호재	33			96	김지현	후29		0	0	0	0
0	3	14	13(6)									2(2)	10	2	0

- 전반 23분 설영우 PAL 내 EL → 주민규 GA 정면 내 R-ST-G (득점: 주민규, 도움: 설영우) 왼쪽

강원 0 : 1 광주

- 7월 07일 19:30 맑음 강릉 종합 7,006명
- 주심_고형진 부심_윤재열·박상준 대기심_정동식 경기감독관_나승화

	0 전반 0	
강원 0	1 후반 1	1 광주

퇴장	경고	파울	ST(유)	교체	선수명	배번	위치	위치	배번	선수명	교체	ST(유)	파울	경고	퇴장
0	0	0	0		유상훈	1	GK	GK	21	이준		0	0	0	0
0	0	1	0		김영빈	2	DF	DF	3	이민기		1	1	0	0
0	1	1	74		강투지	74	DF	DF	5	티모		2(1)	0	0	0
0	0	0	0		정승용	22	DF	DF	13	두현석	22	0	1	0	0
0	0		13		김진호	24	DF	DF	28	아론		1(1)	0	0	0
0	0	2	0		이승원	33	MF	MF	14	정호연		0	1	0	0
0	0	0	0		한국영	8	MF	MF	23	정지훈		0	1	0	0
0	3	0	20		유인수	17	MF	MF	44	김한길		0	0	0	0
0	1	3(3)			갈레고	11	MF	MF	32	주영재		0	0	0	0
0	0				양현준	7	FW	FW	16	이희균		2(1)	0	0	0
0	0		35		이정협	7	FW	FW	30	토마스	18	1(1)	0	0	0
0	0				이광연	31			1	김경민		0	0	0	0
0	0		후45	윤석영	20			6	안영규			0	0	0	0
0	0		후0	김대원	13			22	이상기	후33		0	0	0	0
0	0			황문기	88	대기	대기	10	김한길	후0		0	0	0	0
0	3	1	전24	알리바예프	6			44	이순민	후27		0	0	0	0
0	0		후22	박상혁	35			11	아사니	후33	2(1)	0	0	0	0
0	0				야고	9			18	이건희	후27		0	0	0	0
0	1	3	10(6)									11(5)	12	3	0

- 후반 52분 한국영 GAR L-ST-G (득점: 한국영) 왼쪽
- 후반 46분 아사니 MFR ~ 티모 AKL L-ST-G (득점: 티모, 도움: 아사니) 오른쪽

수원FC 2 : 2 인천

- 7월 08일 19:00 흐림 수원 종합 4,782명
- 주심_이동준 부심_방기열·성주경 대기심_박병진 경기감독관_차상해

	2 전반 1	
수원FC 2	0 후반 1	2 인천

퇴장	경고	파울	ST(유)	교체	선수명	배번	위치	위치	배번	선수명	교체	ST(유)	파울	경고	퇴장
0	0	0	0		박배종	1	GK	GK	1	김동헌		0	0	0	0
0	0	0	0		이재성	15	DF	DF	20	델브리지		0	3	1	0
0	0	0	0		우고고메스	25	DF	DF	55	권한진		0	1	0	0
0	0	0	0		신세계	30	DF	DF	4	오반석		0	1	0	0
0	2(1)				정동호	2	MF	MF	28	민경현		1(1)	1	0	0
0	1	2(2)	55		정재용	8	MF	MF	40	음포쿠	7	0	1	0	0
0	1	5(3)			윤빛가람	14	MF	MF	17	김준엽		0	2	0	0
0	0				로페	88	MF	MF	11	제르소		0	0	0	0
0	1	10			이승우	11	FW	FW	11	제르소	6	6	1	0	0
0	1	2			장재웅	29	FW	FW	99	천성훈	27	1	0	0	0
0	0	7			김예성	34	FW	FW	10	에르난데스		1	0	0	0
0	0				이범영	31			1	이태희		0	0	0	0
0	0		후25	박철우	3			47	김동민		0	0	0	0	0
0	1	1(1)	후15	김선민	55	대기	대기	6	문지환	후0		0	0	0	0
0	3(2)		전24	김현	7			7	김도혁	후34	0	0	0	0	0
0	0		후15	로페즈				27	김보섭	후28	1(1)	0	0	0	0
0	0	후23/3	이광혁	22				25	김민석			0	0	0	0
0	1	4	16(9)									4(3)	15	2	0

- 전반 8분 윤빛가람 PAR FK R-ST-G (득점: 윤빛가람) 오른쪽
- 전반 32분 김현 AK 정면 ~ 윤빛가람 PA 정면 내 R-ST-G (득점: 윤빛가람, 도움: 김현) 오른쪽
- 전반 41분 김준엽 MFR TL ↷ 천성훈 PA 정면 내 H-ST-G (득점: 천성훈, 도움: 김준엽) 가운데
- 후반 1분 우고 고메스 GA 정면 R 자책골 (득점: 우고 고메스) 가운데

전북 2 : 1 서울

• 7월 08일 19:30 흐림 전주 월드컵 21,139명
• 주심_김대용 부심_양재용·천진희 대기심_김용우 경기감독관_이경춘

| 전북 2 | | 0 전반 0 / 2 후반 1 | | 1 서울 | |

퇴장	경고	파울	ST(유)	교체	선수명	배번	위치	위치	배번	선수명	교체	ST(유)	파울	경고	퇴장
0	0	0	0		김정훈	1	GK	GK	1	백종범		0	0	0	0
0	0	0	0		김문환	33	DF	DF	30	김주성		0	0	0	0
0	1	1	0		정태욱	3	DF	DF	5	오스마르		1(1)	2	0	0
0	0	0	0		구자룡	15	DF	DF	4	이한범		0	0	0	0
0	0	2	0	70	정우재	32	DF	DF	88	이태석	17	0	1	0	0
0	0	0	1	7	이동준	11	MF	MF	8	이승모		0	0	0	0
0	0	1	2(1)		백승호	8	MF	MF	26	팔로세비치	22	2(1)	0	0	0
0	1		1(1)		박진섭	4	MF	MF	96	박수일		0	1	0	0
0	0	1	2(1)	19	문선민	27	MF	MF	94	임상협	90	0	0	0	0
0	1	1	1		송민규	17	FW	FW	90	일류첸코	18	0	1	0	0
0	1		4(1)	10	구스타보	9	FW	FW	7	나상호		4(1)	0	0	0
0	0	0	0		정민기	13			21	최철원		0	0	0	0
0	0			후44	페트라섹	2			17	김진야	후0				
0	0	0	0		김건웅	6			22	이시영	후45				
0	1	0		후27	한교원	7	대기	대기	6	기성용	후22	1(1)	0	0	0
0	0	0	1(1)	후19	조규성	10			13	고요한					
0	0		1(1)	후19	하파 실바	19			94	윌리안	후22	2(1)			
0	0			후44	박창우	70			50	박동진	후21				
0	3	10	12(7)		0				0			14(4)	5	2	0

●후반 21분 이동준 PAR → 조규성 GAR 내 L-ST-G (득점: 조규성, 도움: 이동준) 오른쪽
●후반 30분 한교원 PAR ⌒ 하파 실바 GA 정면 H-ST-G (득점: 하파 실바, 도움: 한교원) 오른쪽
●후반 53분 나상호 PK-R-G (득점: 나상호) 왼쪽

대구 0 : 0 강원

• 7월 11일 19:00 비 DGB대구은행파크 7,929명
• 주심_정회수 부심_김계용·김지욱 대기심_조지음 경기감독관_나승화

| 대구 0 | | 0 전반 0 / 0 후반 0 | | 0 강원 | |

퇴장	경고	파울	ST(유)	교체	선수명	배번	위치	위치	배번	선수명	교체	ST(유)	파울	경고	퇴장
0	0	0	0		오승훈	21	GK	GK	31	이광연		0	0	0	0
0	1	1	0		김강산	20	DF	DF	2	김영빈		0	2	0	0
0	0	1	1		조진우	66	DF	DF	7	강투지		0	0	0	0
0	0	1	0		김진혁	7	DF	DF	21	김우석		0	0	0	0
0	0			5	홍철	33	MF	MF	23	임창우	17	2(2)	1		
0	0			14	이진용	26	MF	MF	20	윤석영		0	0	0	0
0	2	1(1)		1	고재현	17	MF	MF	8	한국영		0	0	0	0
0	0	1		22	황재원	11	MF	MF	4	알리바예프	14	1(1)	0	0	0
0	0	2(2)			세징야	11	FW	FW	11	갈레고		0	2	0	0
0	2	2(1)		74	바셀루스	99	FW	FW	9	양현준	9	1	2	0	0
0	2	2(1)			에드가	9	FW	FW	35	박상혁	18	1	2	0	0
0	0	0	0		최영은	1			1	유상훈		0	0	0	0
0	0			후0	이원우	15			22	정승용	후12	0	0		
0	0			후29	용연빈	5			5	이웅희		0	0		
0	0			후21	이용래	74	대기	대기	74	김대우	후23	1			
0	0			후29	박세진	14			17	유인수	후23				
0	0			후49	이근호	22			18	이정협	후0				
					이종훈	37			9	야고	후40				
0	2	10	11(6)		0				0			9(4)	11	1	0

대전 2 : 2 수원

• 7월 09일 19:00 흐림 대전 월드컵 13,685명
• 주심_김영수 부심_곽승순·지승민 대기심_설태환 경기감독관_김용세

| 대전 2 | | 2 전반 1 / 0 후반 1 | | 2 수원 | |

퇴장	경고	파울	ST(유)	교체	선수명	배번	위치	위치	배번	선수명	교체	ST(유)	파울	경고	퇴장
0	0	0	0		이창근	1	GK	GK	21	양형모		0	0	0	0
0	0	1		23	서영재	2	MF	DF	23	이기제		1(1)	0	0	0
0	1	1	0		안톤	98	DF	DF	15	고명석		0	0	0	0
0	0	0			김현우	4	DF	DF	66	김주원	27	1(1)	0	1	0
0	1	3	1		강윤성	71	MF	MF	3	장호익	27	0	1	1	0
0	0		1(1)	7	임덕근	5	MF	MF	81	카즈키	88	1	1	0	0
0	0				주세종	8	MF	MF	7	고승범		1	2	1	0
0	0	0		7	배준호	33	MF	MF	7	김주찬	11	0	0	0	0
0	1	2(2)		70	김인균	11	FW	FW	18	아코스티		2(1)			
0	0			28	유강현	9	FW	FW	36	명준재	44	1			
0	2	2(2)		97	신상은	19	FW	FW	29	이상민	10	0	0	0	0
0	0				이준서	25			99	안찬기					
0	0	1(1)		후16	레안드로	28				한호강					
0	4(2)			후16	티아고	28			10	정승원	전14	1(1)	1		
					이현식	17	대기	대기	88	웨제모	후41	0			
0	0			후21	마사	7			14	전진우	전14	1(1)			
0	0			후32	이진현	97			27	고무열	후26	1			
0	0			후32	변준수	15			44	뮬리치		3(1)	1	1	
0	2	8	13(7)		0				0			13(7)	8	5	0

●전반 17분 유강현 PAR 내 H→김인균 PAL 내 R-ST-G (득점: 김인균, 도움: 유강현) 오른쪽
●전반 27분 신상은 PAR 내 R-ST-G (득점: 신상은) 오른쪽
●전반 30분 아코스티 PAL ~ 고승범 PA 정면 내 R-ST-G (득점: 고승범, 도움: 아코스티) 오른쪽
●후반 12분 아코스티 PAL ~ 뮬리치 GAL L-ST-G (득점: 뮬리치, 도움: 아코스티) 왼쪽

제주 0 : 0 광주

• 7월 11일 19:30 흐림 제주 월드컵 3,280명
• 주심_김종혁 부심_박균용·장종필 대기심_정동식 경기감독관_조성철

| 제주 0 | | 0 전반 0 / 0 후반 0 | | 0 광주 | |

퇴장	경고	파울	ST(유)	교체	선수명	배번	위치	위치	배번	선수명	교체	ST(유)	파울	경고	퇴장
0	0	0	0		김동준	1	GK	GK	1	김경민		0	0	0	0
0	0	1	0		이주용	32	DF	DF	3	이민기		0	1	1	0
0	1	0			임채민	26	DF	DF	5	티모	28	0	1	0	0
0	0	1			연제운	3	DF	DF	6	안영규		1	0	0	0
0	0	1		13	김오규 섭	11	MF	MF	13	두현석		0	0	0	0
0	2	4	2(2)		김봉수	30	MF	MF	14	정호연		2(1)	2	0	0
0	1	1			이기혁	24	MF	MF	44	이순민		0	0	1	0
0	1	1			안태현	2	MF	MF	23	정지훈		0	0	0	0
0	0	1			헤이스	10	FW	FW	44	이순민		1	1	1	0
0	1(1)			18	서진수	14	FW	FW	16	허율		1	0	1	0
0	0	1			전성진	37	FW	FW	30	토마스	99	1	2	0	0
0	0	0	0		김근배	41			21	이준		0	0	0	0
0	0			후19	정운	19			23	이상기					
					김오규	20			28	아론	전41				
					한종무	25	대기	대기	10	김한길	후0				
0	0			후19	김공공	19			24	이강현	후41				
0	0			후36	임동혁	16			16	이희균	후0				
					우리조반니				99	베카	후22	1(1)			
0	0	9	12(1)		0				0			8(2)	10	2	0

울산 1 : 인천 2

- 7월 12일 19:00 맑음 울산문수 8,353명
- 주심_안재훈 부심_윤재열·박상준 대기심_김우성 경기감독관_김성기

울산 1 0 전반 0 / 1 후반 2 2 인천

퇴장	경고	파울	ST(유)	교체	선수명	배번	위치	위치	배번	선수명	교체	ST(유)	파울	경고	퇴장
0	0	0	0		조현우	21	GK	GK	1	김동헌		0	0	0	0
0	0	1	0		김영권	19	DF	DF	20	델브리지		0	0	0	0
0	0	1	2(1)		정승현	15	DF	DF	3	김동민		0	0	0	0
0	0	0	0		이명재	13	DF	DF	4	김연수		0	0	0	0
0	1	1	0		설영우	66	MF	MF	28	민경현	17	0	0	0	0
0	0		26		이규성	24	MF	MF	7	김도혁		2(2)	0	0	0
0	0	1	0		보야니치	8	MF	MF	40	문지환		0	0	0	0
0	1	3	0	14	루빅손	31	MF	MF	14	정동윤		0	0	0	0
0		4(3)	18		아타루	31	FW	FW	11	김보섭		2(2)	0	0	0
0	0		27		강윤구	30	FW	FW	99	천성훈		0	0	0	0
0		4(3)			마틴 아담	9	FW	FW	25	김민석	10	0	0	0	0
0	0				조수혁	21			21	이태희				0	0
0	0				김기희	44			5	권한진				0	0
0	0			후32	조현택	26			17	김준엽	후28			0	0
0	0				김민혁		대기	대기		주문영	후			0	0
0	0				이청용	27			40	음포쿠				0	0
0	0			후32	이동경	14			10	에르난데스	후6	2(2)		0	0
0	0		2(1)	후15	주민규	18			11	제르소	후29			0	0
			4	18(11)								10(8)		2	0

- ● 후반 45분 이명재 PAL ⌒ 마틴 아담 GA 정면 내 H-ST-G (득점: 마틴 아담, 도움: 이명재) 가운데
- ● 후반 10분 에르난데스 PA 정면 ~ 김보섭 AKR R-ST-G (득점: 김보섭, 도움: 에르난데스) 오른쪽
- ● 후반 49분 제르소 GA 정면 ~ 에르난데스 GAR R-ST-G (득점: 에르난데스, 도움: 제르소) 가운데

대전 2 : 전북 2

- 7월 12일 19:30 맑음 대전월드컵 20,592명
- 주심_채상협 부심_송봉근·강동호 대기심_김영수 경기감독관_차상해

대전 2 0 전반 1 / 2 후반 1 2 전북

퇴장	경고	파울	ST(유)	교체	선수명	배번	위치	위치	배번	선수명	교체	ST(유)	파울	경고	퇴장
0	0	0	0		이창근	1	GK	GK	1	김정훈		0	0	0	0
0	1	1	1		서영재	2	DF	DF	25	최철순	70	0	0	0	0
0	0	1	0		김민덕	5	DF	DF	15	구자룡		0	0	0	0
0	0	0	0		김현우	4	DF	DF	32	정우재		1(1)	0	0	0
0	0		19		변준수	15	DF	DF	4	박진섭		1	0	0	0
0	0		33		오재석	22	MF	MF	17	송민규	2	4(2)	0	0	0
0	1	1	0		임은수	6	MF	FW	17	송민규		2(1)	0	0	0
0	0	0	0		이현식	11	MF	MF	6	맹성웅	19	1	1	0	0
0	3(3)	10			마사	7	FW	MF	7	한교원	11	0	0	0	0
0	0	0	0		티아고	28	FW	FW	9	구스타보	27	2(1)	2	0	0
0		1(1)	11		레안드로	70	FW	FW								
0	0				이준서				13	정민기				0	0
0	0		1(1)	후27	유강현				2	페트라섹	후36			0	0
0	0			후27	신상은	19			6	김건웅				0	0
0	0			후27	배준호	33	대기	대기	19	하파 실바	후0	4(2)	1	0	0
0	0				이진현	97			27	문선민	후36			0	0
0	0		1(1)		김인균	11			70	박창우	후36			0	0
0	0			후17	강윤성	71									
		6	10(7)									15(7)	14	2	0

- ● 후반 30분 티아고 MFL H→김인균 GA 정면 R-ST-G (득점: 김인균, 도움: 티아고) 왼쪽
- ● 후반 46분 김인균 PAL 내 ~ 신상은 GA 정면 내 R-ST-G (득점: 신상은, 도움: 김인균) 가운데
- ● 전반 18분 박진섭 자기 측 MF 정면 ⌒ 송민규 PAR 내 R-ST-G (득점: 송민규, 도움: 박진섭) 왼쪽
- ● 후반 48분 하파 실바 GAL 내 R-ST-G (득점: 하파 실바) 왼쪽

수원 1 : 포항 1

- 7월 12일 19:30 흐림 수원월드컵 4,727명
- 주심_신용준 부심_방기열·양재용 대기심_박병진 경기감독관_구상범

수원 0 전반 0 / 1 후반 1 포항

퇴장	경고	파울	ST(유)	교체	선수명	배번	위치	위치	배번	선수명	교체	ST(유)	파울	경고	퇴장
0	0	0	0		양형모	21	GK	GK	91	황인재		0	0	0	0
0	0	0	0		박대원	33	DF	DF	77	완델손		1	1	0	0
0	0	3	0		김주원	66	DF	DF	5	그랜트		0	0	0	0
0	1	3	1(1)		한호강	5	DF	DF	45	하창래		0	0	0	0
0	1	0	0		이기제	23	MF	MF	14	박승욱		0	0	0	0
0	0	1	0		고승범	7	MF	MF	66	김준호	16	0	0	0	0
0	0	1	0		카즈키	81	MF	MF	8	오베르단		0	0	0	0
0	1	0	0		이상민	29	MF	MF	20	백성동	20	1	0	0	0
0	1	3	1(1)	18	김주찬	37	MF	MF	11	고영준		2	0	0	0
0		3	1(1)		전진우	14	FW	MF	12	김승대		0	0	0	0
0		1	1(1)		김보경	13	FW	FW	33	이호재	9	1	0	0	0
0	0				안찬기	99				윤평국	31			0	0
0	0				고명석	15			20	이남규	후17			0	0
0	0			후	정승원	10			22	박건우	후			0	0
0	0			후33	유제호	26	대기	대기	16	한찬희	후0			0	0
0	0			후15	고무열	27			26	조재훈				0	0
0	0			24/44	아코스티	18			9	김인성	후15	1(1)		0	0
0	1	1	1(1)	후	뮬리치	44			7	제카	후0	2(1)		0	0
		9	9(5)									7(4)	2	1	0

- ● 후반 16분 뮬리치 AK 내 FK R-ST-G (득점: 뮬리치) 오른쪽
- ● 후반 33분 제카 PK-R-G (득점: 제카) 오른쪽

서울 7 : 수원FC 2

- 7월 12일 19:30 맑음 서울월드컵 10,407명
- 주심_김희곤 부심_곽승순·지승민 대기심_송민석 경기감독관_허기태

서울 7 3 전반 0 / 4 후반 2 2 수원FC

퇴장	경고	파울	ST(유)	교체	선수명	배번	위치	위치	배번	선수명	교체	ST(유)	파울	경고	퇴장
0	0	0	0		백종범	1	GK	GK	31	이범영		0	0	0	0
0	2	1	0		박수일	96	DF	DF	3	잭	11	0	0	0	0
0	2(1)				오스마르	5	DF	DF	15	이재성		0	0	0	0
0	0	0	0		김주성	30	DF	DF	25	우고고메스		0	0	0	0
0	1	0	0		김진야	17	DF	MF	2	정동호		2(1)	0	0	0
0	3(2)				이승모	8	MF	MF	3	박철우	88	0	0	0	0
0	1	3(2)			기성용	6	MF	MF	5	윤빛가람		1(1)	0	0	0
0	0	0	0		윌리안	94	MF	MF	7	장혁		0	0	0	0
0	0	0	0		팔로세비치	26	FW	MF	29	장재웅	20	0	0	0	0
0	1	2			나상호	7	FW	FW	34	김예성		0	0	0	0
0					김신진	9	FW	FW								
0	0				최철원	21			1	박배종				0	0
0	0			후22	황현수	2			88	유현	후6			0	0
0	0			후28	정현철	16	대기	대기	55	김선민				0	0
0	0			후22	김경민	19			7	라 스크바	14			0	0
0	2(1)	후14			박동진	50			9	이승우	후0	2(1)		0	0
0	0				일류첸코	90			22	이광혁	후12	1(1)		0	0
		22(14)										10(6)	2	1	0

- ● 전반 8분 나상호 GAR 내 L-ST-G (득점: 나상호) 왼쪽
- ● 전반 14분 팔로세비치 PA 정면 내 ~ 김신진 GAR L-ST-G (득점: 김신진, 도움: 팔로세비치) 왼쪽
- ● 전반 48분 김주성 GAL 내 L-ST-G (득점: 김주성) 왼쪽
- ● 후반 2분 나상호 MFR R-ST-G (득점: 나상호) 왼쪽
- ● 후반 10분 나상호 MFR ~ 김신진 GAR R-ST-G (득점: 김신진, 도움: 나상호) 왼쪽
- ● 후반 18분 윌리안 PAL 내 R-ST-G (득점: 윌리안) 오른쪽
- ● 후반 23분 박동진 GAL ~ 김경민 GAR 내 R-ST-G (득점: 김경민, 도움: 박동진) 오른쪽
- ● 후반 5분 윤빛가람 GA 정면 L-ST-G (득점: 윤빛가람) 가운데
- ● 후반 8분 이광혁 MFR ~ 이승우 GA 정면 R-ST-G (득점: 이승우, 도움: 이광혁) 왼쪽

• 7월 15일 19:00 흐리고 비 수원월드컵 9,946명
• 주심 최현재 부심 송봉근·김지욱 대기심 김용우 경기감독관 김종민

수원 3 (1 전반 0 / 2 후반 1) **1 울산**

퇴장	경고	파울	ST(유)	교체	선수명	배번	위치	위치	배번	선수명	교체	ST(유)	파울	경고	퇴장
0	0	0	0		양형모	21	GK	GK	21	조현우		0	0	0	0
0	0	1	0		박대원	33	DF	DF	44	김기희			1	1	0
0	0	1	0		김주욱	66	DF	DF	15	정승현		1	1	1	0
0	0	0	0	15	한호강	5	DF	DF	13	이명재		1	1	0	
0	0	0	0	23	이상민	29	MF	DF	66	김태환	66				
0	0	0		7	유제호	88	MF	MF	24	이규성	27	2(1)	0	0	
0	0	1	0		카즈키	81	MF	MF	22	김민혁					
0	0	0	0		정승원	10	MF	MF	26	조현택					
0	2	2(1)		17	전진우	14	FW	MF	29	황재원	31	0			
0	1	1	2	44	명준재	36	FW	FW	17	루빈손					
0	0	2(1)			김주찬	37	FW	FW	18	주민규		3(3)	0		
					안찬기	99			1	조수혁					
				후13	고명석	15			5	임종은					
				후23	이기제	23			66	설영우	후0			1	0
				후13	고승범	7	대기	대기	31	아타루	후27	1	1		
					고무열	27			27	이청용	후0				
0	0	2	1(1)	후13	김경중	17			10	바코	후0	2(1)	0	0	
0			2(2)	후19	물리치	44			9	마틴 아담	후13	1(1)	0	0	
0	1	8	11(5)			0						10(6)	7	4	0

● 전반 39분 전진우 GA 정면 내 H-ST-G (득점: 전진우) 가운데
● 후반 28분 고승범 MF 정면 ~ 물리치 AK 정면 R-ST-G (득점: 물리치, 도움: 고승범) 오른쪽
● 후반 45분 김경중 MFL TL ~ 김주찬 GAL R-ST-G (득점: 김주찬, 도움: 김경중) 가운데
● 후반 49분 바코 GAL R-ST-G (득점: 바코) 왼쪽

• 7월 15일 20:00 비 광주전용 2,851명
• 주심 이동준 부심 박균용·천진희 대기심 안재훈 경기감독관 양정환

광주 1 (1 전반 1 / 0 후반 0) **1 대구**

퇴장	경고	파울	ST(유)	교체	선수명	배번	위치	위치	배번	선수명	교체	ST(유)	파울	경고	퇴장
0	0	0	0		김경민	1	GK	GK	21	오승훈		0	0	0	0
0	0	0	1	18	이민기	3	DF	DF	66	조진우		1(1)	1	0	0
0	0	1			티모	5	DF	DF	6	홍정운			2	0	0
0	0	0		22	두현석	13	DF	DF	7	김진혁					
0	0	0	0		아론	28	MF	MF	33	홍철	20	0	1	1	
0	0	1	0		아사니	10	MF	MF	74	이용래	14	0	0	0	
0	1	2	1		정호연	14	MF	MF	26	이진용	5	0	1	0	
0	1	1(1)			이강현	4	MF	MF	2	황재원		3(2)	1	0	
0	0	2			정재희	32	FW	FW	22	이근호	11	2(1)	1	1	
0	0	2	2		허율	99	FW	FW	9	에드가					
0	1	1(1)			이희균	16	FW	FW	17	고재현	99	1(1)	0	0	
					이준	21			1	최영은					
					안영규	6			20	김강산	후41				
				후29	이상기	22			5	장성원	후28	1	0		
				후11	김한길	10	대기	대기	14	세징야		0	0		
				후25	이건희	16			3	세징야					
				후0	토마스	30			37	이종훈					
		후11			베카	99			99	바셀루스	후22	1			
0	1	9	7(2)			0						9(5)	13	2	0

● 전반 15분 허율 MF 정면 ~ 주영재 PA 정면 R-ST-G (득점: 주영재, 도움: 허율) 왼쪽
● 전반 22분 이근호 GA 정면 내 R-ST-G (득점: 이근호) 가운데

• 7월 15일 19:30 흐림 강릉종합 7,203명
• 주심 정동식 부심 성주경·양재용 대기심 신용준 경기감독관 구상범

강원 1 (1 전반 0 / 0 후반 1) **1 서울**

퇴장	경고	파울	ST(유)	교체	선수명	배번	위치	위치	배번	선수명	교체	ST(유)	파울	경고	퇴장
0	0	0	0		이광연	31	GK	GK	1	백종범		0	0	0	0
0	0	0	0	24	김영빈	2	DF	DF	96	박수일		1	1	0	
0	0	0	0		강투지	74	DF	DF	30	김주성		1	0	0	
0	0	0	0		김우석	21	DF	DF	17	김진야			1	0	
0	0	0	0		윤석영	20	DF	MF	94	윌리안	2	3(1)	1	0	
0	2	1	0		임창우	23	MF	MF	8	이승모		5	3	0	
0	0	0	0		한국영	8	MF	MF	26	팔로세비치	22	1(1)	1	0	
0	0	0		6	이승원	33	MF	FW	7	나상호		2(1)	4	0	
0	0	2		22	갈레고	11	FW	FW	90	신진호					
0	1	4(2)			유인수	17	FW								
0	0	1		18	박상혁	35	FW								
					유상훈				21	최철원					
					웰링턴	93			22	이시영	후13				
0		1	1(1)	후17	알리바예프	6			2	황현수	후35				
				후18	정승용	22	대기	대기	17	오스마르	후0	1(1)	0	0	
				후18	김진호	24			24	정현택					
		7/9			이정협	18			19	김경민	후45				
					야	9			90	일류첸코	후13				
0	1	6	10(3)			0						14(5)	8	1	0

● 전반 30분 임창우 PAR 내 ~ 유인수 GAL 내 H-ST-G (득점: 유인수, 도움: 임창우) 왼쪽
● 후반 22분 이시영 PAR 내 ~ 오스마르 GA 정면 H-ST-G (득점: 오스마르, 도움: 이시영) 왼쪽

• 7월 16일 19:00 흐림 전주월드컵 10,905명
• 주심 박병진 부심 김계용·방기열 대기심 김우성 경기감독관 김용세

전북 1 (1 전반 0 / 0 후반 0) **0 수원FC**

퇴장	경고	파울	ST(유)	교체	선수명	배번	위치	위치	배번	선수명	교체	ST(유)	파울	경고	퇴장
0	0	0	0		김정훈	1	GK	GK	1	박배종		0	0	0	0
0	0	0		70	정우재	32	DF	DF	2	정동호		1	1	0	0
0	0	1	1		구자룡	15	DF	DF	25	우고고메스		0	2	0	
0	1	1(1)			정태욱	3	DF	DF	30	신세계		1	1	0	
0	0	0		4	최철순	25	DF	MF	14	윤빛가람		2	1	0	
0		1(1)		19	문선민	27	MF	MF	11	서승우	11	2	1	0	
0	0	0			박진섭	4	MF	MF	55	김선민	66	0	1	1	0
0		1		17	보아텡	57	MF	MF	9	라스		2(2)	1	0	
0	1	0			이동준	11	MF	FW	13	오인표	22	1	0	0	
0	4	4(2)			구스타보	9	FW	FW	34	잠 예성	10	1	1	0	
0	0	1	1		백승호	8	FW								
					정민기	1			31	이범영					
0		1(1)		후42	페트라섹	2			3	박철우					
0		1(1)		후23	한교원	7			66	박병현	후45				
				후16	송민규	17	대기	대기	7	김현	후26	0			
0				후42	마린 실바	19			10	로페즈	전13	3(3)			
					아마노	21			22	이승우	후13	4(1)	1	0	
				후23	박창우	70			22	이광혁		0			
0	1	14	13(6)			0						14(4)	12	1	0

● 전반 12분 이동준 PAR 내 EL ~ 구스타보 GA 정면 R-ST-G (득점: 구스타보, 도움: 이동준) 가운데

• 7월 16일 19:30 흐리고 비 포항 스틸야드 4,422명
• 주심 고형진 부심 윤재열·박상준 대기심 김희곤 경기감독관 이경춘

포항 4 1 전반 0 / 3 후반 2 **2 제주**

퇴장	경고	파울	ST(유)	교체	선수명	배번	위치	위치	배번	선수명	교체	ST(유)	파울	경고	퇴장
0	0	0	0		황인재	21	GK	GK	1	김동준		0	0	0	0
0	0	1	1(1)		완델손	77	DF	DF	32	이주용		1(1)			0
0	0	1(1)			그랜트	5	DF	DF	20	연제운		1(1)			0
0	0				박찬용	20	DF	DF	30	김오규					0
0	0				박승욱	14	MF	MF	29	김대환	11				0
0	1		16		김준호	66	MF	MF	30	김봉수					0
0	0				오베르단	8	MF	MF	24	이기혁		0	2	0	
0	1(1)	33			백성동	10	MF	MF	2	안태현		1	0		
0	1(1)				고영준	11	MF	MF	7	헤이스		1			0
0	1(1)				김승대	12	MF	MF	15	유리조나탄	15	0			
0	1(1)	55			제카	9	FW	FW	19	김주공	14	2(2)			0
					윤평국	1			23	임준섭					
0	0		후45		최현웅	55			13	정운					
					박건우	22			11	김승섭	후23	2(1)			
0	0		한찬희	16	대기			대기	25	한종무					
					조재훈	26			14	서진수	후22				
0	1				김인성	7			15	조나타링	후33				
0	0		후21		이호재	33			18	임동혁					
0	0	9	8(7)									8(5)	2	0	0

● 전반 15분 김승대 PAR ⌒ 고영준 GAL 내 L-ST-G (득점: 고영준, 도움: 김승대) 오른쪽
● 후반 27분 완델손 MFL FK ⌒ 그랜트 GA 정면 H-ST-G (득점: 그랜트, 도움: 완델손) 왼쪽
● 후반 28분 제카 MF 정면 ~ 완델손 GAL L-ST-G (득점: 완델손, 도움: 제카) 왼쪽
● 후반 52분 오베르단 GAL ~ 김승대 PK 좌측지점 R-ST-G (득점: 김승대, 도움: 오베르단) 왼쪽

● 후반 9분 유리 조나탄 PAL 내 EL ~ 김주공 GA 정면 내 H-ST-G (득점: 김주공, 도움: 유리 조나탄) 왼쪽
● 후반 25분 헤이스 C.KR ⌒ 연제운 GA 정면 내 H-ST-G (득점: 연제운, 도움: 헤이스) 오른쪽

• 7월 21일 19:30 맑음 울산 문수 13,073명
• 주심 김희곤 부심 김계용·방기열 대기심 임정수 경기감독관 차상해

울산 2 2 전반 0 / 0 후반 1 **1 제주**

퇴장	경고	파울	ST(유)	교체	선수명	배번	위치	위치	배번	선수명	교체	ST(유)	파울	경고	퇴장
0	1	0	0		조현우	21	GK	GK	1	김동준		0	0	0	0
0	0	1			김영권	19	DF	DF	13	정운	11	0	3	1	0
0	0	2	2		김기희	44	DF	DF	26	임채민		3(1)	1		0
	0		26		이명재		DF	DF	32	이주용					0
0	0				김태환	23	DF	MF	29	김대환	32	1	1	0	
0	0				이규성	24	MF	MF	8	김건웅	24	1			
0	1(1)	27			김민혁	22	MF	MF	30	김봉수					0
0	0				루빅손	17	MF	MF	28	임창우	2	1(1)			
0	1	10			이동경	10	MF	MF	7	한종무					
0	1				강윤구	30	MF	FW	14	서진수		3(2)		0	
0	0				주민규	18	FW	FW	19	김주공		3(3)		1	0
0	0				조수혁	1			41	김근배					
0	0				정승현	15			20	김오규					
0	0		후18		조현택	26			2	안태현	후40				
0	0		후27		이청용	7	대기	대기	32	이주용	후19	1			
0	1		후10		바	11			24	이기혁	후30				
0	2(2)		후10		엄원상	11			10	헤이스	후19	2(1)	2		
0	0		후27		마틴 아담	9			11	김승섭	후21	1(1)			
0	3	11	7(6)									14(9)	12	4	0

● 전반 29분 이동경 MFR FK ⌒ 김민혁 GA 정면 내 L-ST-G (득점: 김민혁, 도움: 이동경) 오른쪽
● 전반 34분 이명재 MFL ~ 이동경 AK 정면 L-ST-G (득점: 이동경, 도움: 이명재) 오른쪽

● 후반 9분 이주용 PAL 내 ~ 김주공 GAL L-ST-G (득점: 김주공, 도움: 이주용) 오른쪽

• 7월 16일 20:00 흐림 인천 전용 8,925명
• 주심 송민석 부심 지승민·곽승순 대기심 정회수 경기감독관 차상해

인천 2 0 전반 0 / 2 후반 0 **0 대전**

퇴장	경고	파울	ST(유)	교체	선수명	배번	위치	위치	배번	선수명	교체	ST(유)	파울	경고	퇴장
0	0	0	0		김동헌	1	GK	GK	1	이창근		0	0	0	0
0	0	1	0		오반석	4	DF	DF	71	강윤성		0	1	0	0
0	0	1	0		김동민	47	DF	DF	98	안톤		0	1	0	0
0	0	44			김연수	3	DF	DF	4	김현우		1	0		0
0	0				민경현	28	DF	DF	5	오재석		0			0
0	1	1			이명재	5	MF	MF	8	주세종	3	0	3	0	
0	1	1			김도혁	7	MF	MF	12	김덕한	17	0	1	0	
0	0				김준엽	17	MF	MF	33	배준호		1(1)	0		0
0	0				김민석	37	FW	FW	97	이진현		0	1	0	
0	0	50			음포쿠	40	FW	FW	13	전병관	19	0	0		
0	1	2	3(2)		제르소	11	FW	FW	99	구텍	28	2(1)	2	0	
0	0				이태희	21			25	이준서					
0	0				김유성	24			10	유강현					
0	0		후45		강윤구	13			23	티아고	후23	1			
0	0		대기		박현빈	26	대기	대기	11	김인균	후0	2(1)			
0	0				문지환	6			19	신상은	후0				
0	1	2(1)	전36		에르난데스				24	이현식	후24	0	1		
0	0	1(1)	후31		김대영				36	김민덕	후18	0			
0	2	9	7(4)									7(4)	14	0	0

● 후반 38분 에르난데스 PAL 내 → 제르소 GAL 내 L-ST-G (득점: 제르소, 도움: 에르난데스) 왼쪽
● 후반 47분 제르소 PAR ~ 에르난데스 AK 내 L-ST-G (득점: 에르난데스, 도움: 제르소) 오른쪽

• 7월 21일 19:30 맑음 포항 스틸야드 9,055명
• 주심 김용우 부심 김지욱·성주경 대기심 최현재 경기감독관 김용세

포항 2 1 전반 0 / 1 후반 1 **1 전북**

퇴장	경고	파울	ST(유)	교체	선수명	배번	위치	위치	배번	선수명	교체	ST(유)	파울	경고	퇴장
0	0	0	0		황인재	21	GK	GK	1	김정훈		0	0	0	0
0	1	2	1		완델손	77	DF	DF	15	구자룡		0	3	0	0
0	1	0			그랜트	5	DF	DF	23	정태욱		2(1)	1	0	0
0	0				박찬용	20	DF	DF	26	홍정호	21	0	1	0	
0	0	14			박승욱	14	DF	DF	25	최철순	70	0	0		0
0	1	1(1)	4		한찬희	16	MF	MF	57	보아텡	27	0	1	1	
0	0				오베르단	8	MF	MF	4	박진섭		0			0
0	0	1(1)			김인성		MF	MF	7	한교원	21	0			
0	0				고영준	11	MF	MF	17	송민규	19	1	1	0	
0	0				김승대	12	FW	FW	8	백승호		1(1)	1		0
0	1	44	33		제카	9	FW	FW	9	구스타보					
					윤평국	1			13	정민기					
0	0				최현웅	55			1	페트라섹					
					박건우	22			11	이동준	후28				
0	0		후33		김준호	66	대기	대기	19	하파 실바	후28	2(1)			
0	0		후49		조재훈	26			21	아마노 준	후46	0			
0	0		후33		김인성	7			27	문선민	후0	1(1)	0	1	
0	0	1(1)	후15		이호재	33			70	박창우	후46	0			
0	3	12	11(6)									9(5)	14	2	0

● 전반 34분 한찬희 PAR 내 R-ST-G (득점: 한찬희) 오른쪽
● 후반 43분 이호재 GAR R-ST-G (득점: 이호재) 오른쪽

● 후반 1분 박진섭 자기 측 HLL ~ 문선민 GAL R-ST-G (득점: 문선민, 도움: 박진섭) 왼쪽

수원FC 0 : 1 광주

• 7월 22일 19:00 비 수원 종합 2,083명
• 주심_채상협 부심_곽승순·강동호 대기심_최승환 경기감독관_양정환

수원FC 0	전반 1 / 후반 0	1 광주

퇴장	경고	파울	ST(유)	교체	선수명	배번	위치	위치	배번	선수명	교체	ST(유)	파울	경고	퇴장
0	0	0	0		박 배 종	1	GK	GK	1	김 경 민		0	0	0	0
0	0	0	0		정 동 호	2	DF	DF	3	이 민 기		1(1)	1	0	0
0	0	0	1		우고고메스	25	DF	DF	5	티 아 고		0	0	0	0
0	0	0	1(1)		신 세 계	30	DF	DF	6	안 영 규		0	0	0	0
0	1	0	0		이 용	88	DF	DF	13	두 현 석	22	2(2)	1	0	0
0	0	1	3(1)		이 승 우	11	MF	MF	7	엄 지 성	30	1	1	0	0
0	0	1	1(1)		윤빛가람	14	MF	MF	11	아 사 니	10	2(1)	4	0	0
0	1	1(1)			김 선 민	55	MF	MF	14	정 호 연		2(1)	4	0	0
0	1	0	2(1)		오 인 표	13	MF	MF	17	이 순 민		2	1	0	0
0	0	0	0		장 재 웅	29	FW	FW	9	허 율	18	0	1	0	0
0	0	1	7		김 재 현	91	FW	FW	16	이 희 균	24	2(1)	1	0	0
					이 범 영	31			21	이 준					
				후44	박 철 우	3			22	이 상 기	후43				
					잭 슨	5			28	아 론					
0	0	3(3)	전10		김 현		대기	대기	10	한 길 료	후15				
0	0	1(1)	후		로 페 즈	10			24	이 강 현	후43				
0	1	0	후0		이 광 혁	22			18	이 건 희	후18	1(1)			
0	1	2(1)	후18		비우테르손	37			30	토 마 스	후18	1(1)	2	1	0
0	3	7	14(10)			0			0			14(8)	14	1	0

● 전반 43분 두현석 AK 내 R-ST-G (득점: 두현석) 오른쪽

서울 0 : 1 인천

• 7월 22일 19:30 흐리고 비 서울 월드컵 18,150명
• 주심_김우성 부심_송봉근·천진희 대기심_성덕호 경기감독관_허기태

서울 0	전반 1 / 후반 0	1 인천

퇴장	경고	파울	ST(유)	교체	선수명	배번	위치	위치	배번	선수명	교체	ST(유)	파울	경고	퇴장
0	0	0	0		최 철 원	21	GK	GK	1	김 동 헌		0	1	1	0
0	0	0	0	24	이 태 석	88	DF	DF	4	오 반 석		0	0	0	0
0	0	1	1		김 주 성	30	DF	DF	47	김 동 민		0	0	0	0
0	0	1	1		이 한 범	4	DF	DF	3	김 연 수		0	0	0	0
0	0	1	2(1)		박 수 일	96	MF	MF	28	민 경 현		0	0	0	0
0	0	0	0		윌 리 안	94	MF	MF	7	김 도 혁		0	0	0	0
0	0	0	0		오스마르	5	MF	MF	5	이 명 주	6	2	1	0	0
0	1	1	4(2)		기 성 용	6	MF	MF	23	김 준 엽		0	0	0	0
0	0	1	0		나 상 호	7	FW	FW	25	김 민 석	99	0	0	0	0
0	0	0	0		팔로세비치	26	FW	FW	40	음 포 쿠	20	3(1)	1	0	0
0	1	1	1		김 신 진	9	FW	FW	10	에르난데스	11	1(1)	1	0	0
					백 종 범	1			21	이 태 희					
					이 시 영	2			20	델브리지	후46				
				전25	김 진 야	17			13	강 윤 구					
				후0	이 승 모	8	대기	대기	8	문 지 환	후37				
				후36	정 현 철	24			11	제 르 소	후26	1(1)			
				후22	한 승 규	66			99	천 성 훈	후26	3			
				후22	일루첸코	90			50	김 대 중					
0	1	7	11(3)			0			0			9(3)	4	1	0

● 전반 44분 제르소 GA 정면 가슴패스 음포쿠 GAR R-ST-G (득점: 음포쿠, 도움: 제르소) 왼쪽

강원 1 : 2 수원

• 7월 22일 19:30 흐림 강릉 종합 11,084명
• 주심_김종혁 부심_박균용·장종필 대기심_송민석 경기감독관_이경춘

강원 1	전반 1 / 후반 0	2 수원

퇴장	경고	파울	ST(유)	교체	선수명	배번	위치	위치	배번	선수명	교체	ST(유)	파울	경고	퇴장
0	0	0	0		이 광 연	31	GK	GK	21	양 형 모		0	0	0	0
0	0	2	2(1)		김 영 빈	2	DF	DF	33	박 대 원		0	0	0	0
0	1	1	1		강 투 지	74	DF	DF	66	김 주 원		0	0	0	0
0	0	0	0		김 우 석	21	DF	DF	15	고 명 석	5	1(1)	0	0	0
0	0	0	0		류 광 현	66	DF	DF	23	이 기 제		0	0	0	0
0	0	1	0	23	김 진 호	24	MF	MF	3	요 스 밤		2	1	0	0
0	0	1	0		한 국 영	8	MF	MF	81	카즈키		0	0	0	0
0	0	2	1(1)	17	서 민 우	4	MF	MF	29	이 상 민	10	0	0	0	0
0	0	0	0		김 대 원	10	FW	FW	37	김 주 찬	88	1(1)	0	0	0
0	1	1	11		야 고	7	FW	FW	36	명 준 재	27	1	1	0	0
0	0	0	63		박 상 혁	35	FW	FW	97	바 사 니	14	2	0	0	0
					유 상 훈	1			99	안 찬 기					
					이 지 솔	3			5	한 호 강	후44	0			
				후0	윤 석 영	20			10	정 승 원	후0	2(2)			
				후16	유 인 수	17	대기	대기	88	유 제 호	후40	0			
				후0	알리바예프	6			27	고 무 열	후0				
0		3(1)	후0		전19 가브리엘	63			14	전 진 우	후10	3(2)			
0	2	4	1(1)	후25	갈 레 고	11			44	뮬 리 치		0			
0	3	12	12(5)			0			0			13(7)	6	2	0

● 전반 40분 김영빈 GAL ~ 서민우 GAL 내 R-ST-G (득점: 서민우, 도움: 김영빈) 왼쪽
● 전반 22분 이상민 PAR TL ⌒ 김주찬 GAL R-ST-G (득점: 김주찬, 도움: 이상민) 오른쪽
● 후반 15분 전진우 PAL 내 ~ 고승범 GAL R-ST-G (득점: 고승범, 도움: 전진우) 오른쪽

대전 1 : 0 대구

• 7월 22일 20:00 흐리고 비 대전 월드컵 10,473명
• 주심_김대용 부심_윤재열·박상준 대기심_김영수 경기감독관_당성증

대전 1	전반 0 / 후반 1	0 대구

퇴장	경고	파울	ST(유)	교체	선수명	배번	위치	위치	배번	선수명	교체	ST(유)	파울	경고	퇴장
0	0	0	0		이 창 근	1	GK	GK	21	오 승 훈		0	0	0	0
0	0	1	1	17	강 윤 성	71	DF	DF	66	조 진 우		1	2	0	0
0	1	3	0		안 톤	98	DF	DF	6	홍 정 운		0	1	1	0
0	0	1	2		임 은 수	6	DF	DF	7	김 진 혁		0	0	0	0
0	1	1	1	15	김 현 우	2	MF	MF	5	장 성 원	18	1	1	0	0
0	0	0	0		서 영 재	2	MF	MF	74	이 용 래		0	0	0	0
0	0	0	0		주 세 종	8	MF	MF	2	이 진 용	14	2	1	0	0
0	1	2(1)			배 준 호	33	MF	MF	2	황 재 원	20	3(1)	1	0	0
0	1(1)		97		마 사	7	FW	FW	11	세 징 야		3(1)	1	0	0
0	0	1	1(1)	22	공 민 현	9	FW	FW	99	바셀루스	22	0	0	0	0
0	1	1	0		유 강 현	10	FW	FW	9	에 드 가		1(1)	3	0	0
					이 준 서	25			1	최 영 은					
					레안드로	70			20	김 강 산	후39				
				후34	김 인 균	11			18	케 이 타	후20				
				후27	티 아 고	28	대기	대기	36	김 희 승					
				후42	이 진 현	97			14	박 세 진	후20				
				후42	이 현 식	17			17	고 재 현	후6				
				후34	변 준 수	15			22	이 근 호	후39				
0	3	15	11(3)			0			0			6(2)	14	4	0

● 후반 17분 김현우 GAL 내 H ~ 배준호 GAR 내 H-ST-G (득점: 배준호, 도움: 김현우) 가운데

서울 2 : 2 포항

• 8월 04일 19:30 맑음 서울월드컵 15,016명
• 주심_정동식 부심_김계용·강동호 대기심_안재훈 경기감독관_김용세

| 서울 | 2 | 0 전반 0 / 2 후반 2 | 2 포항 | |

퇴장	경고	파울	STI(유)	교체	선수명	배번	위치	배번	선수명	교체	STI(유)	파울	경고	퇴장
0	0	0	0		백종범	1	GK	GK	21	황인재		0	0	0	0
0	0	0	1	88	김진아	17	DF	DF	77	완델손		0	1	0	0
0	1	0	0		김주성	30	DF	DF	13	그랜트		0	0	0	0
0	0	2	0		이한범	4	DF	DF	45	하창래		1(1)	1	0	0
0	0	0	2		박수일	96	DF	DF	14	박승욱		0	0	0	0
0	0	1	2(1)	8	기성용	6	MF	MF	16	한찬희	66	2(1)	0	0	0
0	0	1			오스마르	5	MF	MF	8	오베르단		1(1)	0	0	0
0	1	3(1)	19		윌리안	94	MF	MF	10	백성동	7	1	0	0	0
0	1	2(1)			팔로세비치	26	MF	MF	13	고영준		3	0	0	0
0	0	1			나상호	7	MF	MF	12	김승대	20	1	1	0	0
0	3	3(2)	14		김신진	9	FW	FW	33	제카		0	2	0	0
0	0	0			최철원	21			1	윤평국		0	0	0	0
0	0	0		후39	이태석	88			20	박찬용	후45	0	0	0	0
0	0	0		후46	황현수	2			2	박건우		0	0	0	0
0	0	0		후39	이승모	8	대기	대기	66	김준호	후30	0	0	0	0
0	0	0			한승규	66			6	김종우	후30	1(1)	0	0	0
0	0	0		후30	임상협	14			7	김인성	후13	0	0	0	0
0	0	0		후39	김경민	19			33	이호재	후13	0	0	0	0
0	2	12	11(5)									8(4)	4	0	0

●후반 8분 기성용 MFR ⌒ 김신진 GA 정면
H-ST-G (득점: 김신진, 도움: 기성용) 왼쪽
●후반 22분 나상호 PA 정면 내 ~ 팔로세비치
AK 내 L-ST-G (득점: 팔로세비치, 도움: 나상호) 왼쪽

●후반 18분 김승대 GAR ~ 오베르단 GA 정면
R-ST-G (득점: 오베르단, 도움: 김승대) 가운데
●후반 48분 김인성 GAL H ~ 하창래 GA 정면 내 H-ST-G (득점: 하창래, 도움: 김인성) 오른쪽

수원 0 : 2 수원FC

• 8월 05일 19:00 맑음 수원월드컵 17,481명
• 주심_김대용 부심_성주경·김지욱 대기심_오현진 경기감독관_김성기

| 수원 | 0 | 0 전반 2 / 0 후반 0 | 2 수원FC | |

퇴장	경고	파울	STI(유)	교체	선수명	배번	위치	배번	선수명	교체	STI(유)	파울	경고	퇴장
0	0	0	0		안찬기	99	GK	GK	1	박배종		0	0	1	0
0	0	0	0		박대원	33	DF	DF	2	정동호		0	0	1	0
0	0	1	1		주닝요	16	DF	DF	3	박철우		0	1	0	0
0	0	1		17	고명석	15	DF	DF	20	우고고메스		0	0	0	0
0	1	5	1(1)		이기제	23	MF	MF	30	신세계		0	0	0	0
0	0	1			고승범	7	MF	MF	11	이승우	8	1(1)	1	1	0
0	0	1			카즈키	81	MF	MF	14	윤빛가람		0	0	0	0
0	0	0		27	이상민	88	MF	MF	55	김선민		2(1)	0	2	0
0	0	0			전진우	14	FW	FW	9	라스	7	2(1)	3	0	0
0	0	1			웨릭포포	45	FW	FW	22	안치우	2	0	0	0	0
0	1	1		18	김주찬	37	FW	FW	96	강민성	37	0	0	0	0
0	0	0			이성주	31			31	이범영		0	0	0	0
0	0	0			한호강	5			13	오인표	후35	0	0	0	0
0	0	0		후39	유제호	88			66	박병현		0	0	0	0
0	0	0			김경호	17	대기	대기	8	정재용	후0	0	0	0	0
0	2(1)	0		후0	고무열	27			7	김현	후0	0	1	0	0
0	0	0		후0	아코스티	18			22	이광혁	전21	1(1)	0	0	0
0	2(2)			후9	뮬리치	44			37	바우테르손	전/13	2(2)	4	1	0
0	1	9(4)										9(6)	14	3	0

●전반 26분 윤빛가람 C.KL ⌒ 라스 GAR
H-ST-G (득점: 라스, 도움: 윤빛가람) 오른쪽
●전반 48분 정동호 PAR ~ 이승우 PAR 내
R-ST-G (득점: 이승우, 도움: 정동호) 가운데

광주 3 : 0 대전

• 8월 04일 19:30 맑음 광주 전용 3,752명
• 주심_박병진 부심_방기열·천진희 대기심_김희곤 경기감독관_나승화

| 광주 | 3 | 2 전반 0 / 1 후반 0 | 0 대전 | |

퇴장	경고	파울	STI(유)	교체	선수명	배번	위치	배번	선수명	교체	STI(유)	파울	경고	퇴장
0	0	0	0		김경민	1	GK	GK	1	이창근		0	0	0	0
0	0	1	1		이민기	3	MF	MF	71	강윤성		0	0	0	0
0	1	0	1(1)		티모	3	DF	DF	26	김지훈	15	0	0	0	0
0	0	0	0		안영규	6	DF	DF	6	임은수	11	1	1	0	0
0	1(1)			22	두현석	13	DF	DF	4	김현우		0	1	0	0
0	3(1)	3			엄지성	7	MF	MF	2	서영재		0	1	0	0
0	1	21	11		김한길	10	MF	MF	8	주세종		2	0	0	0
0	1(1)				정호연	14	MF	MF	33	배준호	10	0	1	0	0
0	1	4			이순민	44	MF	MF	97	이진현		0	0	0	0
0	1(1)			18	허율	9	FW	FW	28	티아고	99	1	1	0	0
0	0	1			토마스	30	FW	FW	70	레안드로		1(1)	0	0	0
0	0	0		후38	이상기	22			10	유강현	후0	0	0	0	0
0	0	0			아론	6			11	김인균	후33	1	0	0	0
0	1(1)			후15	아사니	11	대기	대기	99	구텍	후0	0	0	0	0
0	0	0		후24	이강현	24			7	마사	후0	0	0	0	0
0	0	0		후0	이희균	7			17	이현식		0	0	0	0
0	0	0		후15	이건희	18			15	변준수	후24	1	0	0	0
0	2	16	12(8)									8(2)	15	3	0

●전반 7분 허율 AKR ~ 김한길 AK 정면
L-ST-G (득점: 김한길, 도움: 허율) 왼쪽
●전반 13분 엄지성 GAL ~ 정호연 GA 정면
L-ST-G (득점: 정호연, 도움: 엄지성) 왼쪽
●후반 17분 이민기 PAL ⌒ 이건희 GAR
H-ST-G (득점: 이건희, 도움: 이민기) 오른쪽

대구 0 : 0 울산

• 8월 05일 19:30 맑음 DGB대구은행파크 11,928명
• 주심_신용준 부심_곽승순·장종필 대기심_김용우 경기감독관_당성증

| 대구 | 0 | 0 전반 0 / 0 후반 0 | 0 울산 | |

퇴장	경고	파울	STI(유)	교체	선수명	배번	위치	배번	선수명	교체	STI(유)	파울	경고	퇴장
0	0	0	0		오승훈	21	GK	GK	21	조현우		0	0	0	0
0	0	1			조진우	66	DF	DF	19	김영권		1	1	1	0
0	0	0			홍정운	6	DF	DF	15	정승현		0	0	1	0
0	0	1			김진혁	7	DF	DF	13	이명재	26	2(1)	1	1	0
0	1	18			홍철	33	MF	MF	66	설영우		1	2	1	0
0	0	0		20	이용래	44	MF	MF	24	이규성		0	0	0	0
0	0	0			황재원	2	MF	MF	22	바코		2(2)	0	0	0
0	0	0			세징야	11	FW	FW	14	이동경	27	0	0	0	0
0	3(1)			22	바셀루스	99	MF	MF	30	강윤구	11	1(1)	1	0	0
0	0	0			이종훈	37	FW	FW	9	미틴 이담	18	0	0	0	0
0	0	0			최영	1			1	조수혁		0	0	0	0
0	0	0		후36	김강산	20			44	김기희	후33	0	0	0	0
0	0	0		후19	장성원	33			26	조현택	후22	0	0	0	0
0	0	0		후19	케이타		대기	대기	27	이청용	후22	0	0	0	0
0	0	0			박세진	14			17	루빅손		0	0	0	0
0	0	0		후36	이근호	22			11	엄원상	후32	1	0	0	0
0	0	0		전29	에드가	9			18	주민규	후22	0	0	0	0
0	7	9(1)										15(7)	8	4	0

경기기록

- 8월 06일 19:00 비 전주 월드컵 10,32?명
- 주심_채상협 부심_지승민·송봉근 대기심_안재훈 경기감독관_양정환

전북 2 2 전반 0 / 0 후반 0 **0 인천**

퇴장	경고	파울	ST(유)	교체	선수명	배번	위치	위치	배번	선수명	교체	ST(유)	파울	경고	퇴장
0	0	0	0		김정훈	1	GK	GK	21	이태희		0	0	0	0
0	0	1	0		최철순	25	DF	DF	20	델브리지		2	0	0	0
0	0	0	1		페트라섹	2	DF	DF	47	김동민		0	0	0	
0	0	0			홍정호	26	DF	DF	4	오반석		1	0	0	0
0	0	0			정우재	32	DF	MF	28	민경현		1	2	0	0
0	0	0		4	류재문	29	MF	MF	7	김도혁	99	1	0	0	0
0	0	0			보아텡	57	MF	MF	5	이명주		1	1	0	0
0	0	1(1)		8	한교원	7	MF	MF		김준엽		0	0	0	0
0	0	1		17	문선민	27	MF	FW	25	김민석	27	1(1)	0	0	0
0	0	0			하파실바	19	FW	FW	9	무고사		4	0	0	
0	0	2(1)		70	박재용	10	FW	FW	40	음포쿠		1	0	0	
0	0	0			정민기	13			23	민성준		0	0	0	
		3(3)	전34		박진섭	4			3	김연수		0	0	0	
			후17		백승호	8			13	강윤구	후22				
			후36		구스타보		대기	대기	6	문지환	후0				
			후17		송민규	17			11	제르소					
					아마노준	21			99	천성훈	후32				
			후36		박창우	70			27	김보섭	후0				
0	0	7	11(8)									12(2)	4	2	0

- 전반 14분 한교원 PAR 내 ~ 박재용 GA 정면 R-ST-G (득점: 박재용, 도움: 한교원) 왼쪽
- 전반 44분 정우재 PAL ~ 한교원 GA 정면 H-ST-G (득점: 한교원, 도움: 정우재) 오른쪽

- 8월 12일 19:00 흐림 전주 월드컵 14,216명
- 주심_이동준 부심_김계용·송봉근 대기심_최광호 경기감독관_차상해

전북 1 0 전반 1 / 1 후반 0 **1 수원**

퇴장	경고	파울	ST(유)	교체	선수명	배번	위치	위치	배번	선수명	교체	ST(유)	파울	경고	퇴장
0	0	0			김정훈	1	GK	GK	99	안찬기		0	0	1	0
0	0	1	2	70	안현범	94	DF	DF	11	김태환		4	1(1)	0	0
0	0	1(1)			정태욱	3	DF	DF	66	김주원		1(1)	1	0	0
0	2	3	0		홍정호	26	DF	DF	3	장호익	23		0	1	0
0	0	0			정우재	32	DF	MF	81	카즈키		1	0	0	0
0	2	2(2)			보아텡	57	MF	MF	7	고승범		1	0	0	0
0	1	3	0	9	박진섭	4	MF	MF		바사니		0	0	0	
0	3	2(2)			백승호	8	MF	MF	97	바사니			0	0	0
0	0		27		하파실바	19	FW	FW	45	웨릭포포	18		0	0	
0	0		21		박재용	10	FW	FW	29	이상민			0	0	
					정민기	13			21	양형모					
					페트라섹	2			4	불투이스	후29				
0	2	1(1)	후0		한교원	7			23	이기제	후29				
			후16		아마노	9	대기	대기	88	유제호					
0	0		40		아마노준				27	고무열	후16				
0	2	2(1)	후0		문선민	27			18	아코스티	후0				
			후37		박창우	70			17	김경중	전5				
0	3	16	11(8)									4(2)	4	2	0

- 후반 20분 한교원 GAR R-ST-G (득점: 한교원) 왼쪽
- 전반 30분 카즈키 C.KL ~ 한호강 GAR 내 H-ST-G (득점: 한호강, 도움: 카즈키) 오른쪽

- 8월 06일 19:30 맑음 제주 월드컵 4,331명
- 주심_고형진 부심_윤재열·박상준 대기심_송민석 경기감독관_조성철

제주 1 0 전반 0 / 1 후반 1 **1 강원**

퇴장	경고	파울	ST(유)	교체	선수명	배번	위치	위치	배번	선수명	교체	ST(유)	파울	경고	퇴장
0	0	0	0		김동준	1	GK	GK	31	이광연		0	0	0	0
0	0	1	0	11	이주용	2	DF	DF	2	김영빈		0	0	0	0
0	0	0	1(1)		임채민	26	DF	DF	74	강투지		0	0	0	0
0	0	0			연제운	3	DF	DF	13	강지훈		0	0	0	
0	0	3(2)			임창우	28	DF	DF	66	류광현		2	0	0	0
0	2	0	4		전성진	27	MF	MF	33	이승원	35	0	1	0	0
0	2	0			김건웅	8	MF	MF	8	한국영		0	0	0	
0	2	1			김봉수	30	MF	MF	4	서민우		0	1	0	
0	0		14		김주공	19	MF	MF	10	김대원		2(1)	0	0	
0	0		9		권순호	37	FW	FW	93	웰링턴		1	0	0	
0		3(1)			헤이스	10	FW	FW	9	야고	11	2	0	0	
0	0	0			김근배	41			1	유상훈		0	0	0	
0	2				김오규	20			3	이지솔	후42	0	0	0	
			전26		이기헌	24			20	윤석영	후42				
			후26		서진수	14	대기	대기	24	김진호	후33				
			후31		김승섭	11			15	이재원					
			전32		유리조나탄				35	박상혁	후24	1(1)			
									11	갈레고	후24				
0	8	14(4)										6(2)	8	1	0

- 후반 50분 헤이스 PK-R-G (득점: 헤이스) 왼쪽
- 후반 37분 김진호 PAL 내 ~ 박상혁 GAL 내 L-ST-G (득점: 박상혁, 도움: 김진호) 왼쪽

- 8월 12일 19:30 흐림 강릉 종합 8,369명
- 주심_김영수 부심_박상준·방기열 대기심_김대용 경기감독관_허기태

강원 2 1 전반 0 / 1 후반 0 **0 울산**

퇴장	경고	파울	ST(유)	교체	선수명	배번	위치	위치	배번	선수명	교체	ST(유)	파울	경고	퇴장
0	0	0			이광연	31	GK	GK	21	조현우		0	0	0	0
0	2	0			김영빈	2	DF	DF	15	정승현		0	2	1	0
0	0	0			강투지	74	DF	DF	44	김기희		1	2	1	0
0	0	0			강지훈	13	DF	DF	13	이명재		1(1)	0	0	0
			45		류광현	66	DF	DF	23	김태환	66	0	2	0	0
0	1	1(1)		9	한국영	33	MF	MF	24	이규성		0	0	0	0
0	2	2(1)		15	서민우	4	MF	MF	22	김민혁		0	0	0	
0	2	2(1)			김대원	10	MF	MF	26	조현택	30	0	0	0	
0	2				웰링턴	93	MF	MF	11	강윤구	27	0	0	0	
0	8(6)				가브리엘	63	FW	FW	96	김지현		0	0	0	
					유상훈				77	민동환					
			후29		이강한	45			66	설영우	후0				
			후19		이인수	17	대기	대기	27	이청용	후0				
			후37		이재원	15			10	바코	전19	2(1)			
					박상혁	35			11	엄원상	전19				
		3(2)	후37		야고	9			9	마틴아담	후23	1	0	0	
0	8	19(11)										7(2)	10	3	0

- 전반 37분 가브리엘 PAR 내 ~ 서민우 PA 정면 내 R-ST-G (득점: 서민우, 도움: 가브리엘) 오른쪽
- 후반 51분 야고 GA 정면 L-ST-G (득점: 야고) 왼쪽

- 8월 12일 20:00 흐림 제주 월드컵 5,443명
- 주심_김용우 부심_지승민·천진희 대기심_송민석 경기감독관_하태식

제주 3 2 전반 0 / 1 후반 0 **0 수원FC**

퇴장	경고	파울	ST(유)	교체	선수명	배번	위치	위치	배번	선수명	교체	ST(유)	파울	경고	퇴장
0	0	0	0		김동준	1	GK	GK	1	박배종		0	0	0	0
0	0	1	0		정 운	13	DF	DF	2	정동호		1(1)	0	1	0
0	0	1	1(1)		임채민	26	DF	DF	3	박철우		0	1	0	0
0	0	0	0		연제운	3	DF	DF	20	우고고메스		0	1	1	0
0	0	1	0		임창우	28	DF	DF	30	신세계		0	0	0	0
0	0	0	0	19	전성진	27	MF	MF	11	이승우		2(1)	0	0	0
0	0	1	0		김건웅	4	MF	MF	14	윤빛가람	8	1	2	0	0
0	1	4	0		이주용	32	MF	MF	55	김선민	21	0	1	0	0
0	1	2	4(2)		헤이스	5	FW	FW	37	유 준		0	0	0	0
0	1	1	0		권순호	37	FW	FW	89	안치우	2	1(1)	0	0	0
0	1	1	2(2)	30	서진수	14	FW	FW	96	강민성	28	1	1	0	0
0	0	0	0		김근배	41			17	노동건		0	0	0	0
					김오규	20			13	오인표					
0	0	0	0	후41	안태현	2				최보경					
				후41	송주훈	4	대기	대기	8	정재용	후21				
0	1(1)			후?	김봉수	30			28	이영재	전20				
0	0			전26	김주공	19			22	이광혁	후20				
0	2(2)			전26	유리조나탄	9			37	바이레르손	후18				
0	1	10	15(11)						0			7(5)	12	2	0

- 전반 34분 임창우 MFR ↗ 유리 조나탄 PK 좌측지점 H-ST-G (득점: 유리 조나탄, 도움: 임창우) 오른쪽
- 전반 47분 유리 조나탄 AK 정면 L-ST-G (득점: 유리 조나탄) 왼쪽
- 후반 17분 헤이스 GAL L-ST-G (득점: 헤이스) 왼쪽

- 8월 13일 19:30 맑음 인천 전용 9,349명
- 주심_김희곤 부심_성주경·강동호 대기심_최승환 경기감독관_김용세

인천 3 3 전반 0 / 0 후반 1 **1 대구**

퇴장	경고	파울	ST(유)	교체	선수명	배번	위치	위치	배번	선수명	교체	ST(유)	파울	경고	퇴장
0	0	0	0		이태희	21	GK	GK	21	오승훈		0	0	0	0
0	1	1	0		델브리지	20	DF	DF	66	조진우	20	0	1	0	0
0	0	0	0		김동민	47	DF	DF	6	홍정운		0	1	0	0
0	0	1	0		오반석	4	DF	DF	7	김진혁		0	0	0	0
0	0	1	0		민경현	28	MF	MF	33	홍 철		0	1	0	0
0	1	1	0		김도혁	7	MF	MF	14	박세진		0	0	0	0
0	0	1	0	40	문지환	6	MF	MF	2	이진용		0	1	0	0
0	0	0	0	25	이명주	5	MF	MF	2	황재원		0	0	0	0
0	1	2	2(1)	17	김준엽	17	FW	FW	11	세징야		4(2)	1	1	0
0	0	0	0		제르소	11	FW	FW	9	고재현		2(1)	2	1	0
0	1	2	2(2)	99	무고사	9	FW	FW	22	이근호	24	2(1)	2	1	0
0	0	0	0		민성준	23			31	한태희		0	0	0	0
0	0			후39	김연수	3			20	김강산	후24				
					정동윤	14			3	장성원	후13				
					음포쿠	40	대기	대기	18	케이타					
0	0			후22	김민석	25			74	이용래					
0	2(2)			후22	김보섭	27			13	벨톨라	후35				
0	0			후22	천성훈	99			22	이근호	후24				
0	3	10	12(7)						0			8(3)	9	1	0

- 전반 22분 제르소 PA 정면 내 ~ 무고사 PAL 내 R-ST-G (득점: 무고사, 도움: 제르소) 오른쪽
- 전반 31분 이명주 C.KR ↗ 문지환 PA 정면 내 H-ST-G (득점: 문지환, 도움: 이명주) 오른쪽
- 전반 46분 무고사 HL 정면 ~ 제르소 PAL 내 L-ST-G (득점: 제르소, 도움: 무고사) 오른쪽
- 후반 38분 세징야 PK-R-G (득점: 세징야) 왼쪽

- 8월 13일 19:00 맑음 대전 월드컵 13,290명
- 주심_김종혁 부심_박균용·장종필 대기심_설태환 경기감독관_구상범

대전 4 2 전반 1 / 2 후반 2 **3 서울**

퇴장	경고	파울	ST(유)	교체	선수명	배번	위치	위치	배번	선수명	교체	ST(유)	파울	경고	퇴장
0	0	0	0		이창근	1	GK	GK	1	백종범		0	0	0	0
0	1	2	2(2)		강윤성	71	DF	DF	88	이태석	17	0	1	0	0
0	0	0	0		김현우	73	DF	DF	30	김주성		1(1)	0	0	0
0	0	2	0		안 톤	98	DF	DF	4	오스박		1(1)	1	0	0
0	1	0	0		오재석	22	DF	DF	96	박수일		0	1	0	0
0	1	0	0		김영욱	14	MF	MF	6	기성용	66	0	0	0	0
0	0	1	0		주세종	8	MF	MF	5	오스마르	25	1	1	1	0
0	1	1	0	33	마 사	7	MF	MF	94	윌리안	90	3(1)	0	0	0
0	1	2	4(2)	2	전병관	13	FW	MF	26	팔로세비치		1(1)	0	0	0
0	0	3(2)		10	티아고	28	FW	FW	7	나상호	22	1	1	0	0
0	1	1	19		김인균	11	FW	FW	9	김신진		3(1)	3	1	0
0	0	0	0		이준서	25			21	최철원		0	0	0	0
0	0			후16	유강현	10			22	이시영	후0				
0	0				레안드로	70			23	진나영	후0				
0	0			후16	신상은	19	대기	대기	31	서재민	후0				
0	2(1)			후16	배준호	33			66	한승규	후0				
0	0			후20	이현식	17			25	비욘존슨	후18	0			
0	0			후39	김민덕	5			90	일류첸코	후39	2(2)			
0	2	11	17(9)						0			15(7)	9	3	0

- 전반 31분 마사 AKL ~ 티아고 GAL L-ST-G (득점: 티아고, 도움: 마사) 왼쪽
- 전반 41분 티아고 PK-R-G (득점: 티아고) 가운데
- 후반 41분 유강현 PA 정면 내 ~ 배준호 GAL L-ST-G (득점: 배준호, 도움: 유강현) 오른쪽
- 후반 45분 강윤성 PAL 내 R-ST-G (득점: 강윤성) 왼쪽
- 전반 44분 윌리안 PAL 내 R-ST-G (득점: 윌리안) 왼쪽
- 전반 43분 한승규 PAR 내 R-ST-G (득점: 한승규) 오른쪽
- 후반 48분 일류첸코 GAR 내 R-ST-G (득점: 일류첸코) 오른쪽

- 8월 13일 20:00 맑음 포항 스틸야드 7,206명
- 주심_김우성 부심_곽승순·김지욱 대기심_신용준 경기감독관_김종민

포항 1 1 전반 0 / 0 후반 1 **1 광주**

퇴장	경고	파울	ST(유)	교체	선수명	배번	위치	위치	배번	선수명	교체	ST(유)	파울	경고	퇴장
0	0	0	0		황인재	21	GK	GK	1	김경민		0	0	0	0
0	1	2	0		완델손	77	DF	DF	3	이민기		0	0	0	0
0	0	0	0		그랜트	4	DF	DF	5	티 모		1(1)	1	0	0
0	0	1	0		하창래	45	DF	DF	6	안영규		0	1	0	0
0	0	1	0		박승욱	14	DF	DF	13	두현석	22	0	1	0	0
0	1	0	0		김준호	66	MF	MF	7	임지섭	75	0	0	0	0
0	0	1	0		오베르단	8	MF	MF	11	아사니		0	2	0	0
0	0	0	0	16	백성동		MF	MF	10	정호연		0	2	0	0
0	2	2(1)		7	고영준		FW	MF	44	이순민		0	1	0	0
0	0	1	0		김승대		FW	FW	18	하 율	18	0	1	0	0
0	1	3			이호재	39	FW	FW	30	토마스	28	0	0	0	0
0	0	0	0		윤평국	31			21	이준		0	0	0	0
0	0			후22	박찬용	20			2	이상기	후43				
0	0				박 건				4	로 론	후10	1(1)	0		
0	0			후22	한찬희	16	대기	대기	10	김한길					
0	0			전36	김종우				75	오후성	후43				
0	0			후25	김인성				18	이건희	후18				
0	0			후0	제 카				99	베 카					
0	1	12	7(1)						0			4(2)	9	0	0

- 전반 20분 오베르단 AK 정면 ~ 고영준 GAL L-ST-G (득점: 고영준, 도움: 오베르단) 오른쪽
- 후반 22분 이순민 MFR → 티모 AK 내 R-ST-G (득점: 티모, 도움: 이순민) 오른쪽

• 주심_고형진 부심_박상준·송봉근 대기심_채상협 경기감독관_허기태

수원 1	0 전반 0	0 제주
	1 후반 0	

퇴장	경고	파울	ST(유)	교체	선수명	배번	위치	위치	배번	선수명	교체	ST(유)	파울	경고	퇴장
0	0	0	0		양형모	21	GK	GK	41	김동준		0	0	0	0
0	1	0	0		이기제	23	DF	DF	13	정운		0	0	0	0
0	0	0	4		박대원	33	DF	DF	26	임채민		0	1	1	0
0	0	2	0		불투이스	66	DF	DF	20	김오규		0	1	1	0
0	0	0	0		한호강	5	DF	DF	28	임창우		1(1)	0	0	0
0	0	0	2(2)		고승범		MF	MF	27	전성진	10	0	0	0	0
0	0	2	1		카즈키	81	MF	MF	6	김건웅		0	2	1	0
0	2	0	2(1)	9	명준재	36	MF	FW	32	이주용	11	2(1)	0	0	0
0	0	0		14	김주찬	37	FW	FW	37	권순호	9	1(1)	4	1	0
0	0	1	0	18	박희성		FW	FW	30	김주공	30	1	1	1	0
0	0	1		17	김태환		FW	FW	14	서진수		0	0	0	0
					안찬기	99			41	김근배					
0	0	0	1(1)	후36	불투이스	4			2	안태현					
0	0	0	0		유재호	88				송주훈					
0				후0	김경중	17	대기	대기		김승섭	후44				
0	0	1(1)		전0	아고스티	18			30	김승섭	후44				
0	0	1	0	후0	전진우	14			10	헤이스	전19	3(2)	1		
0	1	0	0	후20	안병준				9	유리조나탄	전19	3	4	1	0
0	1	8	8(6)									12(5)	12	4	0

●후반 39분 이기제 C.KL ⌒ 불투이스 GA 정
면 H-ST-G (득점: 불투이스, 도움: 이기제)
왼쪽

• 주심_정동식 부심_지승민·김지욱 대기심_김용우 경기감독관_당성증

울산 1	0 전반 0	0 전북
	1 후반 0	

퇴장	경고	파울	ST(유)	교체	선수명	배번	위치	위치	배번	선수명	교체	ST(유)	파울	경고	퇴장
0	0	0	0		조현우	21	GK	GK	1	김정훈		0	0	0	0
0	0	1	1(1)		정승현	15	DF	DF	23	김진수		2(2)	0	1	0
0	0	0			김기희	44	DF	DF	2	페트라섹		0	1	1	0
0	1	1	5				DF	DF	3	정태욱		0	1	1	0
0	0	0	0		설영우	66	DF	DF	32	정우재	70	0	0	0	0
0	1	3(2)	27		이동경	14	MF	MF	27	문선민		0	0	0	0
0	0	0			김민혁	92	MF	MF	4	박진섭	21	2(2)	1	0	0
0	0	0			루빅손	71	MF	MF	57	보아텡		0	0	0	0
0	0	3(3)	26		바코		MF	MF	10	한교원		1(1)	2	0	0
0	0	0		11	황재환	29	MF	FW	8	백승호		0	2	0	0
0	0	0			마틴 아담	7	FW	FW	9	박재용		0	0	0	0
					조수혁	13				정민기					
0				후35	임종은	25			11	이동준	후29	1	0		
0				후35	조현택	26			5	구자룡					
0				후25	이규성	24	대기	대기	17	송민규	후13				
0				후25	이청용	27			19	하파 실바	후13	1			
0	0	2(1)	전		엄원상				21	아마노 준	후29	2(1)		0	0
					주민규	18			70	박창우	후29				
0	3	8	13(10)									15(10)	9	2	0

●후반 26분 이청용 MF 정면 ~ 엄원상 GAL
L-ST-G (득점: 엄원상, 도움: 이청용) 가운데

• 주심_김종혁 부심_박균용·장종필 대기심_박종명 경기감독관_양정환

인천 2	0 전반 0	2 광주
	2 후반 2	

퇴장	경고	파울	ST(유)	교체	선수명	배번	위치	위치	배번	선수명	교체	ST(유)	파울	경고	퇴장
0	0	0	0		이태희	21	GK	GK	1	김경민		0	0	0	0
0	0	0	0		델브리지	20	DF	DF	20	이민기		0	0	0	0
0	0	0	1		김동민	47	DF	DF	6	안영규		1	0	0	0
0	0	0	0		김연수	3	DF	DF	13	두현석		0	0	0	0
0	0	0		14	민경현	28	MF	MF	28	아론	44	1(1)	0	0	0
0	0	1	0		김도혁	7	MF	MF	14	엄지성		3(3)	2	1	0
0	0	0	99		문지환	6	MF	MF	14	정호연		0	0	0	0
0	0	4	0		이명주	5	MF	MF	16	이희균	22	1(1)	0	1	0
0	4	0			김준엽	17	MF	FW	9	허율	18	2	0	0	0
0	1	2(2)	25		제르소		FW	FW	99	베카	30	0	0	0	0
0	0	1(1)	27		무고사		FW		21	이준		0	0	0	0
					민성준	23			22	이상기	후34				
0	0	0	0	후0	정동윤	14			44	이순민	후0				
					음포쿠	40	대기	대기	11	아사니	후12	3(2)			
0	0	0	0	후37	김민석	25			18	이건희	후23	1(1)			
0	0			후27	김보섭	27			30	토마스	후12	1			
0	1	7	5(3)									14(10)	6	2	0

●후반 4분 이태희 자기 측 PA 정면 내 ⌒ 제
르소 GAL L-ST-G (득점: 제르소, 도움: 이태
희) 왼쪽
●후반 14분 제르소 GA 정면 내 L-ST-G (득점:
제르소) 가운데

●후반 33분 아사니 MF 정면 FK L-ST-G (득
점: 아사니) 오른쪽
●후반 47분 이순민 MFL ⌒ 이건희 GAR
H-ST-G (득점: 이건희, 도움: 이순민) 오른쪽

• 주심_송민석 부심_곽승순·성주경 대기심_안재훈 경기감독관_김종민

강원 1	1 전반 0	2 수원FC
	0 후반 2	

퇴장	경고	파울	ST(유)	교체	선수명	배번	위치	위치	배번	선수명	교체	ST(유)	파울	경고	퇴장
0	0	0	0		이광연	31	GK	GK	17	노동건		0	0	0	0
0	0	1	0		김영빈	2	DF	DF	2	정동호		0	1	1	0
0	1	1(1)			강투지	74	DF	DF	24	김주엽	3	1(1)	1	0	0
0	1	2	0		강지훈	13	DF	DF	25	우고고메스		0	0	1	0
0	1	2	1	17	류광현	66	DF	DF	30	신세계		0	5	1	0
0	0	0	0		한국영	8	MF	MF	8	이승우		3(1)	0	1	0
0	0	1	15		서민우	4	MF	MF	20	이영재		3(1)	0	0	0
0	2	35			김대원		FW	FW	30	장재웅	14	0	0	0	0
0	1	4(1)	9		웰링턴	93	MF	MF	37	바우테르손		1(1)	1	0	0
0	0	0	0		가브리엘	63	FW	FW	89	안데르손	22	0	0	0	0
					유상훈	1			1	박배종		0	0	0	0
0				후36	이지솔	20			17	박철우	후17	0			
0					이강한	45			13	오인표	후0	0			
0				후0	유인수	17	대기	대기	21	제 보경					
0				후36	이재원	15			14	윤빛가람	후0	1			
0				후36	박상혁	35			7	김현	전30				
0				후36	야고	7			2	이광혁	전30/13				
0	2	12	11(4)									11(5)	12	4	0

●전반 20분 김대원 C.KL ⌒ 강투지 GA 정면
H-ST-G (득점: 강투지, 도움: 김대원) 가운데

●후반 3분 이승우 GA 정면 R-ST-G (득점: 이
승우) 가운데
●후반 49분 이영재 C.KR ⌒ 윤빛가람 GAL
발리슛 R-ST-G (득점: 윤빛가람, 도움: 이영
재) 오른쪽

• 8월 19일 19:30 맑음 서울 월드컵 17,800명
• 주심_조지음 부심_방기열·구은석 대기심_임정수 경기감독관_나승화

서울 2 — 2 대구 (2 전반 1 / 0 후반 1)

퇴장	경고	파울	ST(유)	교체	선수명	배번	위치	위치	배번	선수명	교체	ST(유)	파울	경고	퇴장
0	0	0	0		백종범	1	GK	GK	21	오승훈		0	0	0	0
0	0	1		17	이태석	88	DF	DF	66	조진우	20	0	0	0	0
0	0	1			김주성	30	DF	DF	6	홍정운		2	1	0	0
0	0	1			이한범	4	DF	DF	7	김진혁		0	1	0	0
0	0	1	1(1)		박수일	96	MF	MF	33	홍철	18	0	1	1	0
0	2	1(1)			오스마르	5	MF	MF	14	박세진	5	0	0	1	0
0	0	1		22	윌리안	94	MF	MF	26	이진용	13	0	3	1	0
0	0	1			한승규	66	MF	MF	2	황재원		0	1	1	0
0	0	1		25	팔로세비치	26	MF	FW	11	세징야		2(2)	0	1	0
0	1	1			나상호	7	FW	FW	22	이근호	9	1(1)	1	0	0
0	1	2(2)			김신진	9	FW	FW	17	고재현		0	0	0	0
0	0	1	0		최철원	21			1	최영은		0	0	0	0
0	0	1	0	후17	이시영	22			20	김강산	후18	0	0	0	0
0	0			후17/10	김진야	17			15	이원우					
0	0			후24	황현수	2	대기	대기	5	장성원	후32				
0	0				백상훈	35			18	케이타	후18				
0	0			후42	지동원	10			13	벨투라	후42				
0	0			후42	비욘존스	25			9	에드가	후	3(2)	0	0	0
0	0	8	8(4)			0			0			10(5)	8	1	0

● 전반 8분 오승훈 GAR 내 EL 자책골 (득점: 오승훈) 오른쪽
● 전반 41분 김신진 FK R-ST-G (득점: 김신진) 오른쪽
● 전반 24분 조진우 PAR 내 ⌒ 이근호 GAR 내 H-ST-G (득점: 이근호, 도움: 조진우) 가운데
● 후반 36분 세징야 PAL ⌒ 에드가 GAR 내 H-ST-G (득점: 에드가, 도움: 세징야) 가운데

• 8월 25일 19:00 맑음 수원 종합 3,236명
• 주심_채상협 부심_강동호·천진희 대기심_신용준 경기감독관_이경춘

수원FC 1 — 2 인천 (0 전반 1 / 1 후반 1)

퇴장	경고	파울	ST(유)	교체	선수명	배번	위치	위치	배번	선수명	교체	ST(유)	파울	경고	퇴장
0	0	0	0		노동건	17	GK	GK	1	김동헌		0	0	0	0
0	0	0	0		정동호	2	DF	DF	4	오반석		1(1)	1	0	0
0	0	1			김주엽	24	DF	DF	44	김건희	20	0	0	0	0
0	0	1			우고고메스	15	DF	DF	3	김연수		0	0	0	0
0	1	0	1	13	신세계	30	MF	MF	28	민경현	14	2(1)	0	0	0
0	1	3(2)			이승우	11	MF	MF	8	신진호		0	3	1	0
0	1	4(2)			이영재	28	MF	MF	6	문지환		0	2	1	0
0	0	1	1(1)	10	김선민	55	MF	MF	17	김준엽		2	1	0	0
0	1	1(1)	10	이광혁		7	FW	FW	21	김보섭	10	1	1	1	0
0	1	1			장재웅	29	FW	FW	33	천성훈					
0	1				김건웅	96	FW	FW	40	음포쿠	11	0	0	0	0
0	0				박배종	21			21	이태희		0	0	0	0
0	0			후	오인표	13			20	델브리지	후37	0	0	0	0
0	0				최보경	23			14	정동윤	후37	0	0	0	0
0	0			후	윤빛가람	14	대기	대기	26	박현빈					
0	0	2(1)	전5	김 현		7			10	에르난데스	후	1(1)	0	0	0
0	1	1		후36	로페즈	7			11	제르소	후24	0	0	0	0
1	1	1		전16	바우테르손	37			9	무고사	후	1	0	0	0
1	8	14(7)				0			0			9(4)	13	2	0

● 후반 48초 이광혁 PAR ⌒ 이승우 GA 정면 내 H-ST-G (득점: 이승우, 도움: 이광혁) 왼쪽
● 후반 48분 김준엽 PAR 내 ⌒ 천성훈 AK 내 R-ST-G (득점: 천성훈, 도움: 김준엽) 왼쪽
● 후반 51분 신진호 C.KR ⌒ 오반석 GA 정면 내 H-ST-G (득점: 오반석, 도움: 신진호) 왼쪽

• 8월 20일 19:00 맑음 포항 스틸야드 7,287명
• 주심_정화수 부심_김계용·천진희 대기심_최철준 경기감독관_이경춘

포항 4 — 3 대전 (1 전반 0 / 3 후반 3)

퇴장	경고	파울	ST(유)	교체	선수명	배번	위치	위치	배번	선수명	교체	ST(유)	파울	경고	퇴장
0	0	0	0		황인재	21	GK	GK	1	이창근		0	0	0	0
0	0	1	1		완델손	77	DF	DF	71	강윤성		0	0	0	0
0	0	1			그랜트	3	DF	DF	98	안톤		0	0	0	0
0	1	2	0		박찬용	20	DF	DF	4	김현우		0	0	0	0
0	1			45	박승욱	14	DF	DF	20	오재석	17	0	0	0	0
0	1	1	7	김준호		66	MF	MF	14	김영욱	97	1(1)	1	0	0
0	1				오베르단	8	MF	MF	8	주세종	33	0	0	0	0
0	2			37	백성동	10	MF	MF	7	마사	11	0	0	0	0
0	1	1			김승대	12	MF	FW	19	전병관		3(3)	0	0	0
0	2(1)			33	제카	9	FW	FW	70	레안드로	11	0	0	0	0
0	0				윤평국	1			25	이준서					
0	0			후35	하창래	5			10	유강현	후	2(1)	0	0	0
0	0				박건우	22			11	김인균	후	2(1)	0	0	0
0	0			후	박재혁	16	대기	대기	97	이진현		0	0	0	0
0	0	1(1)	후35	윤민호		37			33	배준호	후14	1(1)	0	0	0
0	2(1)	후	김인성			7			14	이현식	후14	0	0	0	0
0	0			후17	이호재	33			20	변준수	후	0	0	0	0
0	8	12(5)				0			0			9(8)	1	3	0

● 전반 41분 완델손 MFL ⌒ 제카 GA 정면 H-ST-G (득점: 제카, 도움: 완델손) 왼쪽
● 후반 6분 김승대 PAR 내 ⌒ 제카 GAL H-ST-G (득점: 제카, 도움: 김승대) 왼쪽
● 후반 31분 백성동 PK 우측지점 H~ 김승대 GAL R-ST-G (득점: 김승대, 도움: 백성동) 가운데
● 후반 53분 김승대 PAL ⌒ 홍윤상 GAL H-ST-G (득점: 홍윤상, 도움: 김승대) 오른쪽
● 후반 35분 전병관 MFR ⌒ 티아고 GA 정면 H-ST-G (득점: 티아고, 도움: 전병관) 왼쪽
● 후반 38분 전병관 MF 정면 ~ 티아고 AKR R-ST-G (득점: 티아고, 도움: 전병관) 왼쪽
● 후반 51분 전병관 PAR ⌒ 티아고 GA 정면 H-ST-G (득점: 티아고, 도움: 전병관) 오른쪽

• 8월 25일 19:30 맑음 전주 월드컵 11,224명
• 주심_김희곤 부심_송봉근·홍석찬 대기심_최승환 경기감독관_허태식

전북 1 — 1 대전 (1 전반 0 / 0 후반 0)

퇴장	경고	파울	ST(유)	교체	선수명	배번	위치	위치	배번	선수명	교체	ST(유)	파울	경고	퇴장
0	0	0	0		김정훈	1	GK	GK	1	이창근		0	0	0	0
0	1	2			김진수	23	DF	MF	71	강윤성		0	2	0	0
0	1				홍정호	26	DF	DF	15	임덕근	수 20	0	0	0	0
0	0				페트라섹	2	DF	DF	4	김현우		0	0	0	0
0	1	70	정우재		32	DF	DF	98	안톤		0	0	0	0
0	0	2	1(1)		송민규	17	MF	MF	17	이현식		2	1	0	0
0	0	1			백승호	8	MF	MF	14	김영욱		0	1	0	0
0	2				보아텅	57	MF	MF	33	배준호		0	0	0	0
0	0	1	1		한교원	7	MF	FW	19	전병관		0	0	0	0
0	1				하파 실바	19	FW	FW	8	티아고	11	1(1)	0	0	0
0	1	27	아마노 준		11	FW	FW	11	김인균	8	0	0	0	0
0	0				정민기	13			25	이준서		0	0	0	0
0	0			후28	박진섭	5			10	유강현	후38	1(1)	0	0	0
0	2(2)			후	구스타보	9			11	신상은	후34	0	0	0	0
0	0				문선민	27	대기	대기	13	배재웅		0	0	0	0
0	0			후42	박창우	2			8	주세종	후43	0	0	0	0
0	0			후42	안현범	94			20	조유민	후	0	0	0	0
									22	오재석					
0	9	10(3)				0			0			7(3)	0	0	0

● 전반 37분 백승호 MFL ~ 송민규 PAL 내 R-ST-G (득점: 송민규, 도움: 백승호) 오른쪽
● 전반 33분 김인균 PAL ~ 티아고 GAR 내 R-ST-G (득점: 티아고, 도움: 김인균) 가운데

대구 1 : 제주 0

- 8월26일 19:00 맑음 DGB대구은행파크 12,136명
- 주심_이동준 부심_김계용·김지욱 대기심_성덕효 경기감독관_허기태

		전반 0	
대구 1		1 후반 0	0 제주

퇴장	경고	파울	ST(유)	교체	선수명	배번	위치	위치	배번	선수명	교체	ST(유)	파울	경고	퇴장
0	0	0	0		오승훈	21	GK	GK	1	김동준		0	0	0	0
0	0	0	1		조진우	66	DF	DF	32	이주용	4		1	0	0
0	0	0	1(1)		홍정운	6	DF	DF	26	임채민		2(1)	1	0	0
0	1	3	2(1)		김진혁	7	DF	DF	20	김오규		0	0	0	
0	0	1	0		홍철	33	MF	DF	28	임창우		1	0	0	
0	0	0		26	벨톨라	13	MF	MF	6	김건웅	24	4	1	0	
0	0	1		5	박세진	14	MF	MF	25	한종무	30		0	1	0
0	0	0			황재원	2	MF	FW	37	권순호	11	0	0	0	
0	0	4(2)			세징야	11	FW	FW	10	헤이스		4(2)	0	0	0
0	1	2(2)			바셀루스	99	FW	FW	19	김주공		2(1)	0	0	0
0	0	2(2)		20	고재현	17	FW	FW	14	서진수	9	0	0	0	
					최영은	1			41	김근배					
				후33	김강산	20			4	송주훈	후37	3			
				후10	장성원	19			2	안태현					
					케이타	18	대기	대기	8	김봉수	후37				
				후41	이진용	26			30	김봉수	전12				
					이근호	22			11	김승섭	전12				
				후10	에드가	9			9	유리조나탄	후18	1			
0	1	9	13(8)			0			0			14(4)	8	1	0

● 후반 16분 고재현 GAL 내 EL R-ST-G (득점: 고재현) 왼쪽

서울 2 : 울산 2

- 8월27일 19:00 흐림 서울월드컵 27,051명
- 주심_김영우 부심_곽승순·박균용 대기심_박종명 경기감독관_김종민

		전반 0	
서울 2		1 후반 2	2 울산

퇴장	경고	파울	ST(유)	교체	선수명	배번	위치	위치	배번	선수명	교체	ST(유)	파울	경고	퇴장
0	0	0	0		최철원	21	GK	GK	21	조현우		0	0	0	0
0	1	3	0		이태석	88	DF	DF	15	정승현		0	0	0	0
0	0	2	0		김주성	30	DF	DF	19	김영권		2	0	0	0
0	0	1	0		오스마르	5	DF	DF	66	설영우		1	0	0	0
0	1	0			박수일	96	DF	DF	13	이명재		0	0	0	0
0	1	2(2)		14	기성용	6	MF	MF	14	이동경	4(3)		1	2	0
0	1	1(1)		94	임상협	14	MF	MF	22	김민혁	3(2)		0	1	0
0	1	3			김신진	9	MF	MF	17	루빅손		5	0	1	0
0	1	2(1)			팔로세비치	26	MF	MF	10	바코	31	2(1)	1	0	0
0	1	2(1)			김진야	17	MF	MF	29	황재환	27		0	0	0
0	0	2(2)		66	일류첸코	90	FW	FW	18	주민규		3(3)	0	1	0
					백종범					조수혁					
				후22	권완규	3			5	임종은					
					백상훈	5			24	조현택	후36				
				후10	한승규	7	대기	대기	26	이규성	후13	1			
				후0	나상호	7			27	이청용	후13/24				
				후0	윌리안	94			31	아타루	후36				
		1(1)		후33	지동원				9	마틴 아담	후13	1(1)			
0	4	15	16(9)			0			0			16(10)	4	0	0

● 전반 9분 일류첸코 GA 정면 R-ST-G (득점: 일류첸코) 왼쪽
● 후반 50분 윌리안 GAL R-ST-G (득점: 윌리안) 오른쪽
● 후반 19분 주민규 GA 정면 R-ST-G (득점: 주민규) 가운데
● 후반 23분 설영우 GAR ~ 주민규 PA 정면 내 R-ST-G (득점: 주민규, 도움: 설영우) 왼쪽

강원 1 : 포항 1

- 8월26일 19:30 맑음 강릉 종합 9,063명
- 주심_김대용 부심_윤재열·장종필 대기심_김영수 경기감독관_양재환

		전반 1	
강원 1		1 후반 0	1 포항

퇴장	경고	파울	ST(유)	교체	선수명	배번	위치	위치	배번	선수명	교체	ST(유)	파울	경고	퇴장
0	0	0	0		이광연	31	GK	GK	21	황인재		0	0	0	0
0	0	0	1(1)		김영빈	2	DF	DF	77	완델손		2	0	0	0
0	0	1	1		강투지	74	DF	DF	20	박찬용		1	0	0	0
0	0	1	1		강지훈	13	DF	DF	45	하창래		1	0	1	0
0	1	1		45	류광현	66	DF	DF	14	박승욱		1	0	0	0
0	1	1			이승원	33	MF	MF	66	김준호	16	2	0	0	0
0	0	1			한국영	6	MF	MF	8	오베르단		1	0	0	0
0	1	1		17	서민우	4	MF	MF	37	윤민상	7	1(1)	0	0	0
0	1	2			김대원	21	MF	MF	6	김종우	7		0	0	0
0	1	2	2		웰링턴	93	MF	MF	12	김승대			0	0	0
0	3	1			가브리엘	63	FW	FW	9	제카	33		1	0	0
					김정호	25				윤평국					
				후39	김우석	21			55	최현웅	후0				
				후39	이강한	45			22	박건우	후0				
				후39	이인수		대기	대기	16	한찬희	후0				
			1(1)	전26	알리바예프	6			11	고영준	후0				
				후39	황문기	88			7	김인성	후16				
					야고	9			33	이호재	후16	1			
0	3	10	8(2)			0			0			7(1)	6	2	0

● 전반 33분 알리바예프 MF 정면 R-ST-G (득점: 알리바예프) 오른쪽
● 전반 16분 제카 PAL ~ 홍윤상 GAL R-ST-G (득점: 홍윤상, 도움: 제카) 오른쪽

광주 4 : 수원 0

- 8월27일 19:30 흐림 광주 전용 5,014명
- 주심_정동식 부심_지승민·성주경 대기심_김재홍 경기감독관_김용세

		전반 0	
광주 4		2 후반 0	0 수원

퇴장	경고	파울	ST(유)	교체	선수명	배번	위치	위치	배번	선수명	교체	ST(유)	파울	경고	퇴장
0	0	0	0		김경민	1	GK	GK	21	양형모		0	0	0	0
0	0	2	0		이민기	3	DF	DF	2	이기제		0	0	0	0
0	2	0			안영규	6	DF	DF	33	박대원		0	0	0	0
0	0	1	3		이상기	22	DF	DF	66	김주원		0	0	0	0
0	0	2			이순민	44	DF	DF	5	한호강	11	0	0	0	0
0	0	4(3)		18	엄지성	7	MF	MF	7	고승범	88	1	0	0	0
0	1	3(2)			아사니	11	MF	MF	35	서동한	18	0	0	0	0
0	1	1			정호연	14	MF	MF	32	서동한		0	0	0	0
0	1	1		75	이희균	16	MF	MF	37	김주찬		0	0	0	0
0	0	2		99	허율	9	FW	FW	36	명준재	4	1	0	0	0
0	1	1			토마스	30	FW	FW	17	김경중	44	2	0	0	0
					이준	21			4	불투이스	후9	1			
				후18	두현석	13			11	김태환	후0	0			
				후18	김한길	10	대기	대기	88	유제호	후27	1			
				후35	오후성	75			18	아코스티	전25	1(1)			
				후22	이건희	9			27	고무열					
				후18	베카	99			44	뮬리치	후0	2(1)			
0	2	15	14(10)			0			0			6(2)	12	0	0

● 전반 17분 안영규 MF 정면 ~ 이희균 PK지점 L-ST-G (득점: 이희균, 도움: 안영규) 오른쪽
● 전반 37분 토마스 PK지점 → 아사니 GAR L-ST-G (득점: 아사니, 도움: 토마스) 왼쪽
● 후반 1분 아사니 GAR ~ 엄지성 GA 정면 L-ST-G (득점: 엄지성, 도움: 아사니) 왼쪽
● 후반 6분 정호연 MFL ~ 엄지성 AK 정면 R-ST-G (득점: 엄지성, 도움: 정호연) 오른쪽

대전 0 : 1 수원FC

• 9월 01일 19:00 맑음 대전 월드컵 9,965명
• 주심_김대용 부심_김계용·성주경 대기심_신용준 경기감독관_허기태

				전반 1				
대전 0			0 전반 1 / 0 후반 0				**1 수원FC**	

퇴장	경고	파울	슛(유효)	교체	선수명	배번	위치	위치	배번	선수명	교체	슛(유효)	파울	경고	퇴장
0	0	0	0		이 창 근	1	GK	GK	17	노 동 건		0	0	0	0
0	0	2	0		강 윤 성	71	DF	DF	2	정 동 호		0	0	0	0
0	1	1	0		안 톤	98	DF	DF	25	김 주 엽	55	0	0	0	0
0	0	1	1	10	주 유 민	20	DF	DF	26	우고고메스		0	0	0	0
0	0	1	1		김 현 우	4	DF	DF	30	신 세 계		0	0	0	0
0	0	0	0	22	김 지 훈		MF	MF	11	이 승 우	29	1(1)	1	0	0
0	0	0	4		이 진 현	97	MF	MF	7	윤빛가람		3	0	1	0
0	1	2	0	11	김 영 욱		MF	MF	28	이 영 재		1	0	1	0
0	0	0	0		주 세 종	8	FW	FW	21	김 현	2(2)	0	0	0	0
0	0	2(2)	77		레안드로	70	FW	FW	22	이 광 혁	3	1(1)	1	0	0
0	5	1			티 아 고	28	FW	FW	96	강 민 성	13	1	0	0	0
					정 산	23			31	이 범 영					
0	0	0	0	후34	유 강 현	10			3	박 철 우	후27	0	1	0	0
0	0	0	0	후0	김 인 균	11			3	오 인 표	후0	0	0	0	0
0	0	0	2	후15	이 선 유	77	대기	대기	21	최 보 경	후44	0	0	0	0
0	0	0	0	후0	이 현 식	17			55	김 선 민	후12	0	0	0	0
					김 민 덕	3			18	양 동 현					
0	1	0	0	후10	오 재 석	22			29	장 재 웅	후44	0	0	0	0
0	2	14	10(2)			0					0	10(4)	5	3	0

●전반 32분 김현 GAL 내 H ↺ 이승우 GAR 내 EL R-ST-G (득점: 이승우, 도움: 김현) 오른쪽

수원 0 : 1 서울

• 9월 02일 16:30 맑음 수원 월드컵 22,882명
• 주심_고형진 부심_윤재열·박상준 대기심_성덕효 경기감독관_나승화

				전반 1				
수원 0			0 전반 1 / 0 후반 0				**1 서울**	

퇴장	경고	파울	슛(유효)	교체	선수명	배번	위치	위치	배번	선수명	교체	슛(유효)	파울	경고	퇴장
0	0	0	0		양 형 모	21	GK	GK	21	최 철 원		0	0	0	0
0	1	2	0		박 대 원	33	DF	DF	30	김 주 성		1	2	1	0
0	0	1	0		김 상 원	66	DF	DF	5	오스마르		0	4	0	0
0	0	1	1(1)		한 호 강	5	DF	DF	96	박 수 일		0	2	0	0
0	1	3(1)			이 기 제	23	MF	MF	17	김 진 야	29	2(1)	0	1	0
0	0	1(1)			고 승 범	7	MF	MF	6	기 성 용		0	1	0	0
0	0	0	17		이 종 성	16	MF	MF	26	팔로세비치	25	1(1)	1	1	0
0	1	0	32		김 태 환	11	MF	MF	13	고 요 한	66	0	0	0	0
0	0	2(1)			아코스티	14	FW	FW	7	나 상 호		1	1	0	0
0	1	1	44		안 병 준	9	FW	FW	90	일류첸코	94	1(1)	0	0	0
0	0	81			바 사 니	97	FW	FW	19	김 경 민	10	2	1	0	0
					안 찬 기	99			18	황 성 민					
0	0	1(1)		후	카 즈 키	4			22	이 시 영	후42	0	1	0	0
					불투이스				24	정 현 태					
0	0	0	0	후	김 경 중	17	대기	대기	94	윌 리 안	후11	0	0	0	0
0	0	0	0	후41	서 동 현	32			10	지 동 원	후0	2(1)	1	0	0
0	0	0	0	후	전 진 우	14			25	비욘손	후33	1	0	0	0
0	0	4(2)		후16	뮬 리 치	44									
1	2	6	16(7)			0					0	13(5)	15	2	0

●전반 1분 박수일 PAR TL ↺ 일류첸코 GAR 내 R-ST-G (득점: 일류첸코, 도움: 박수일) 왼쪽

대구 1 : 0 강원

• 9월 01일 19:30 흐림 DGB대구은행파크 9,806명
• 주심_김종혁 부심_박균용·장종필 대기심_채상협 경기감독관_허태식

				전반 0				
대구 1			1 전반 0 / 0 후반 0				**0 강원**	

퇴장	경고	파울	슛(유효)	교체	선수명	배번	위치	위치	배번	선수명	교체	슛(유효)	파울	경고	퇴장
0	0	0	0		오 승 훈	21	GK	GK	31	이 광 연		0	0	0	0
0	2	3	1(1)		조 진 우	66	DF	DF	2	김 영 빈		0	2	0	0
0	0	0	0		홍 정 운	6	DF	DF	74	강 투 지	26	0	1	1	0
0	0	0	20		김 진 혁		DF	DF	21	김 우 석	20	0	1	0	0
0	0	0	18		케 이 타		MF	MF	66	류 광 현		0	0	0	0
0	1	2	0		벨톨라치	13	MF	MF	8	한 국 영		0	1	0	0
0	1	1	0	74	박 세 진		MF	MF	6	알베예프		0	0	0	0
0	0	0	0		황 재 원	2	MF	MF	11	김 대 원	11	1	1	0	0
0	0	2(2)	9		세 징 야	11	FW	FW	10	김 대 원					
0	0	2	6(2)		바셀루스	99	FW	FW	93	웰 링 턴		2	0	1	0
0	2	2	1	22	고 재 현		FW	FW	63	가브리엘		3	1	0	0
0	1	0	0		최 영 은	1			99	양 현 준					
0	1	0	0	후	김 강 산	20			20	윤 석 영	후19	0	0	0	0
					장 성 원	5			26	조 현 태	후				
0	0	0	0	후27	케 이 타	18	대기	대기	17	윤 인 수	후16	0	0	0	0
0	0	0	0	후40	이 용 래	74			15	이 재 원		0	0	0	0
0	0	0	0	후	이 근 호	22			11	갈 레 고	후	1(1)	1	0	0
0	0	2(1)	전50		에 드 가	9			34	야 고	후32	0	0	0	0
0	7	15	12(6)			0					0	7(1)	9	2	0

●전반 13분 홍철 자기 측 MFL ↺ 세징야 GAL EL L-ST-G (득점: 세징야, 도움: 홍철) 오른쪽

인천 0 : 2 포항

• 9월 02일 19:00 맑음 인천 전용 12,134명
• 주심_김희곤 부심_지승민·방기열 대기심_박종명 경기감독관_구상범

				전반 0				
인천 0			0 전반 0 / 0 후반 2				**2 포항**	

퇴장	경고	파울	슛(유효)	교체	선수명	배번	위치	위치	배번	선수명	교체	슛(유효)	파울	경고	퇴장
0	0	0	0		김 동 헌	1	GK	GK	21	황 인 재		0	0	0	0
0	0	3	3		델브리지	20	DF	DF	77	완 델 손		2(2)	1	0	0
0	0	0	44		김 동 민	47	DF	DF	3	그 랜 트		0	0	0	0
0	0	0	0		오 반 석	4	DF	DF	45	하 창 래		0	0	0	0
0	0	1	99		강 윤 구	3	DF	DF	14	박 승 욱		0	0	0	0
0	0	1	1(1)		김 도 혁	7	MF	MF	66	김 준 호		0	2	0	0
0	0	0	10		문 지 환	6	MF	MF	8	오베르단		0	0	0	0
0	0	0	0		이 명 주	5	MF	MF	29	박 형 우		0	0	0	0
0	2	2(2)			정 동 윤	14	MF	MF	16	고 영 준	55	1(1)	1	0	0
0	2	2(2)			제 르 소	11	FW	MF	66	김 승 대		1	0	0	0
0	0	4(3)	27		무 고 사	9	FW	FW	9	제 카	33	2(1)	2	1	0
					이 태 희	21			1	윤 평 국					
0	0	0	0		김 연 수	3			55	최 현 웅	후53	0	0	0	0
0	0	0	0	후	김 건 히	44			22	박 건 우		0	0	0	0
					음 포 쿠	40	대기	대기	16	한 찬 희					
0	0	0	0	후44	김 보 섭	17			6	김 종 우	후0	0	0	0	0
0	0	0	0	후	에르난데스	10			7	김 인 성	후0	1(1)	0	0	0
0	0	1(1)	후32		천 성 훈	99			33	이 호 재	후33	0	0	0	0
0	1	11	13(7)			0					0	10(7)	6	1	0

●후반 18분 제카 PK-R-G (득점: 제카) 왼쪽
●후반 41분 완델손 PK-L-G (득점: 완델손) 가운데

- 9월03일 16:30 맑음 울산 문수 18,358명
- 주심_채상협 부심_강동호·천진희 대기심_김영수 경기감독관_김종민

울산 0 0 전반 1 / 0 후반 1 **2 광주**

퇴장	경고	파울	ST(유)	교체	선수명	배번	위치	위치	배번	선수명	교체	ST(유)	파울	경고	퇴장
0	0	0	0		조현우	21	GK	GK	1	김경민		0	0	0	0
0	0	1	0		정승현	15	DF	DF	3	이민기	28	0	0	0	0
0	1	3	0		김영권	19	DF	DF	6	안영규		0	0	1	0
0	0	1	0		설영우	66	DF	DF	13	두현석		0	0	0	0
0	0		1(1)		이명재	13	DF	DF	44	이순민		1	3	0	0
0	0		1(1)	8	김민혁	22	MF	MF	10	김한길		0	0	0	0
0	0			18	이규성	24	MF	MF	14	정호연		2(1)	2	1	0
0	0		4(2)		바 코	10	MF	MF	16	이희균	22	2(2)	0	0	0
0		2(1)		11	이동경	29	MF	MF	19	하승운	30	0	0	0	0
0	0				루빅손	17	MF	FW	11	이건희	23	1(1)	1	0	0
0	2	4(1)			마틴 아담	9	FW	FW	99	베 카	75	1(1)	4	0	0
					민동환	77			21	이 준					
					김기희	44			4	김승우					
0	0			후26	김태환	23			5	이상기	후24				
0	0			후22	보아니치	8	대기	대기	28	아 론	전35				
0	0			후11	이청용	27			75	오후성	후0				
0	0		2(2)	후0	엄원상	11			23	정기훈	후39				
0	0		2(2)	후11	주민규	18			30	토마스	후0	1(1)	0	0	0
0	1	14	17(10)		0					0		8(6)	13	3	0

- ●전반 17분 이건희 GAL 내 L-ST-G (득점: 이건희) 왼쪽
- ●후반 9분 베카 AK 내 R-ST-G (득점: 베카) 왼쪽

- 9월16일 14:00 비 전주월드컵 10,620명
- 주심_정동식 부심_방기열·김수현 대기심_최승환 경기감독관_구상범

전북 1 1 전반 2 / 0 후반 1 **3 강원**

퇴장	경고	파울	ST(유)	교체	선수명	배번	위치	위치	배번	선수명	교체	ST(유)	파울	경고	퇴장
0	0	0	0		정민기	13	GK	GK	1	유상훈		0	0	0	0
0	0	0	0	15	최철순	25	DF	DF	13	강지훈	45	1(1)	1	1	0
0	0	0	0		정태욱	3	DF	DF	2	김영빈		0	0	0	0
0	0	0	0		홍정호	26	DF	DF	3	이지솔		0	0	0	0
0	1	2	1		김진수	23	DF	DF	66	류광현		0	0	0	0
0	0		94		류재문	29	MF	MF	4	서민우	35	1(1)	1	0	0
0	0		16		보아텡	57	MF	MF	88	한국영		0	1	0	0
0	0		27		이동준	27	MF	MF	11	갈레고	24	6(3)	1	0	0
0	1	2	1		맹성웅	44	MF	MF	26	조현태		0	0	0	0
0	4	4(1)			아마노	21	FW	FW	9	야 고		4(1)	1	0	0
0	1	2(2)			구스타보	9	FW	FW	63	가브리엘		2(2)	2	1	0
					공시현	51			25	김정호					
0	0		후0		구자룡	15			45	이강한	후36				
0	1(1)	후0			안현범	94			26	조현태	후31				
0	0	후0			문선 인	16	대기	대기	8	황문기	후31				
0	0	후30			이수빈	16			6	알리바예프					
0	0	후30			이준호	44			24	김진호	후36				
					안데르손	97			35	박상혁	후42				
0	1	13	12(4)									18(9)	13	2	0

- ●전반 5분 구스타보 PK-R-G (득점: 구스타보) 왼쪽
- ●전반 45분 서민우 PAL 내 ~ 가브리엘 AK 내 R-ST-G (득점: 가브리엘, 도움: 서민우) 오른쪽
- ●전반 47분 야고 MFR ~ 갈레고 PAR 내 R-ST-G (득점: 갈레고, 도움: 야고) 오른쪽
- ●후반 30분 서민우 MFR ⌒ 김대원 GAL R-ST-G (득점: 김대원, 도움: 서민우) 왼쪽

- 9월03일 19:00 맑음 제주월드컵 8,104명
- 주심_김우성 부심_곽승순·설귀선 대기심_설태환 경기감독관_조성철

제주 0 0 전반 0 / 0 후반 0 **0 전북**

퇴장	경고	파울	ST(유)	교체	선수명	배번	위치	위치	배번	선수명	교체	ST(유)	파울	경고	퇴장
0	0	0	0		김동준	1	GK	GK	13	정민기		0	0	0	0
0	0	1	2		이기혁	32	DF	DF	94	안현범		0	0	0	0
0	0	3	0		송주훈	4	DF	DF	3	정태욱		0	0	0	0
0	0	1		26	임채민	26	DF	DF	26	홍정호		0	2	0	0
0	0				김오규	20	DF	DF	32	정우재	25	1	1	0	0
0			7		김주공	19	MF	MF	4	박진섭		0	0	0	0
0	0				김봉수	30	MF	MF	15	백승호		0	0	0	0
0	0	15			전은순	17	MF	MF	57	보아텡	19	0	0	0	0
0	0				유리조나탄	99	FW	FW	11	하파실바	17	2(1)	0	0	0
0			10		김대환	29	FW	FW	27	문선민		5(1)	1	0	0
0	0	1	1	28	안태현	28	FW	FW	9	구스타보		0	0	0	0
					김근배	41			51	공시현					
0	0		후0		임창우	28			10	박재용	후12	2(1)	0	0	0
0	0		후0		구자철	7			15	구자룡	후0				
0	0		후47		김승섭	11	대기	대기	7	송민규	후0	1	0	0	0
0	2(1)		전16		조나탄링	15			21	아마노	후24	1	0	0	0
0	5(2)		전16		헤이스	19			25	최철순	후35				
					서진수	14			29	류재문					
0	2	9	10(3)		0					0		17(4)	12	0	0

- 9월16일 14:00 흐림 인천 전용 8,433명
- 주심_김영수 부심_김계웅·천진희 대기심_임정수 경기감독관_당성증

인천 2 1 전반 0 / 1 후반 1 **1 제주**

퇴장	경고	파울	ST(유)	교체	선수명	배번	위치	위치	배번	선수명	교체	ST(유)	파울	경고	퇴장
0	0	0	0		김동헌	1	GK	GK	1	김동준		0	0	0	0
0	0		1(1)		델브리지	20	DF	DF	4	송주훈	11	0	0	0	0
0	0	1		44	김동민	47	DF	DF	26	임채민		0	1	0	0
0	0	0			오반석	4	DF	DF	3	연제운		1(1)	0	0	0
0	0				민경현	28	MF	MF	32	이주용		0	0	0	0
0	0				김도혁	7	MF	MF	7	구자철		0	0	0	0
0	0				문지환	6	MF	MF	30	김오규		0	0	0	0
0	0				이명주	5	MF	MF	2	안태현		0	0	0	0
0	1		14		김준엽	17	FW	MF	37	권순형		0	0	0	0
0	0	1			김보섭	27	FW	FW	10	헤이스		2(2)	0	0	0
0	2(2)				에르난데스	10	FW	FW	25	한종무	15	1	0	0	0
					민성준	21			41	김근배					
0	0		후50		김건희	21			20	최영준	후35				
0	0		후0		정동윤	2			15	조나탄링	전?				
0	0		후0		신진호	44	대기	대기	11	김승섭	후11	3(3)	0	0	0
0	0		후23		음포쿠	40			14	서진수	전32				
					제르소	11									
0	1	11	8(7)									9(7)	0	0	0

- ●전반 29분 김도혁 PAL 내 ~ 이명주 PA 정면 내 R-ST-G (득점: 이명주, 도움: 김도혁) 오른쪽
- ●후반 48분 신진호 PAL ~ 에르난데스 PAL R-ST-G (득점: 에르난데스, 도움: 신진호) 오른쪽
- ●후반 22분 서진수 MF 정면 ~ 김승섭 GA 정면 R-ST-G (득점: 김승섭, 도움: 서진수) 오른쪽

포항 2 : 0 수원FC

- 9월16일 16:30 비 포항 스틸야드 7,469명
- 주심 김용우 부심 성주경·구은석 대기심 고민국 경기감독관 김성기

포항 2 | 2 전반 0 / 0 후반 0 | 0 수원FC

퇴장	경고	파울	ST(유)	교체	선수명	배번	위치	위치	배번	선수명	교체	ST(유)	파울	경고	퇴장
0	0	0	0		황인재	21	GK	GK	17	노동건		0	0	0	0
0	0	0	0		완델손	77	DF	DF	2	정동호		0	0	0	0
0	1	0	0		그랜트	5	DF	DF	13	오인표	24	0	1	1	0
0	1	2	0		하창래	45	DF	DF	25	우고고메스		0	2	0	0
0	1	1		14	신광훈	17	DF	DF	30	신세계	21	0	1	0	0
0	0	0		16	김준호	66	MF	MF	11	이승우		0	0	0	0
0	0	0	1		오베르단	8	MF	MF	28	이영재		0	1	0	0
0	0	0	0		홍윤상	37	MF	MF	55	김선민		0	0	0	0
0	1	2	3(1)	6	윤민호	19	MF	MF	7	한현	29	0	1	0	0
0	0	2(2)			김승대	12	FW	FW	22	이광혁		3	1	0	0
0	3	2(2)		33	제카	9	FW	FW	96	강민성	37	0	0	0	0
					윤평국	1			1	박배종					
				후10	박승욱	14			3	박철우	11 후				
					박찬용	20			21	배보종	28 후				
				후10	완진희	16	대기	대기	24	김주엽	28 후				
0	1	1		후0	김종우	5			8	정재용	28 후				
0		2(2)		후0	김인성	7			29	장재웅	28 후				
0	1	2(2)		후28	이호재	33			37	바우테르스	37				
0	2	9	12(9)									1	14	4	0

- 전반 28분 완델손 ↻ 제카 PK 좌측지점 R-ST-G (득점: 제카, 도움: 완델손) 오른쪽
- 전반 44분 제카 PAR 내 EL R-ST-G (득점: 제카) 왼쪽

서울 0 : 1 광주

- 9월17일 14:00 흐림 서울월드컵 20,165명
- 주심 안재훈 부심 장종필·이양우 대기심 최규현 경기감독관 양정환

서울 0 | 0 전반 1 / 0 후반 0 | 1 광주

퇴장	경고	파울	ST(유)	교체	선수명	배번	위치	위치	배번	선수명	교체	ST(유)	파울	경고	퇴장
0	0	0	0		최철원	21	GK	GK	1	김경민		0	0	0	0
0	0	0	0		김주성	30	DF	DF	6	안영규		0	0	0	0
0	1	4	2(1)		기성용	6	DF	DF	13	두현석		0	1	0	0
0	1	1	1		오스마르	5	DF	DF	28	아 론		0	2	0	0
0				94	김진야	17	MF	MF	11	아사니	8	1	0	0	0
0	1	0		10	고요한	13	MF	MF	16	이희균	99	0	1	0	0
0	1	1	2(1)	66	팔로세비치	26	MF	MF	16	이희균	99	0	1	0	0
0	3(1)				박수일	96	MF	MF	19	하승운	7	0	0	0	0
0	0	2(2)		88	임상협	14	MF	MF	44	이순민		0	0	0	0
0	2(1)				김신진	9	FW	FW	9	허 율	18	1(1)	2	0	0
0	2(1)				나상호	7	FW	FW	30	토마스	32	0	0	0	0
					백종범	1			21	이 준					
				후	이태석	88			4	김승우					
					이승모	8			8	이으뜸	46 후				
					한승규	66	대기	대기	7	엄지성	후15				
0	3(1)			후15	윌리안	94			32	정재화	후19				
0	2(1)			후30	지동원				18	이건희	후19				
0	2(1)			후0	일류첸코	90			99	베카	23				
0	4	15	18(9)									3(1)	11	1	0

- 전반 4분 하승운 PAL 내 ~ 허율 GAL L-ST-G (득점: 허율, 도움: 하승운) 오른쪽

울산 1 : 1 대전

- 9월16일 19:00 비 울산문수 17,237명
- 주심 이동준 부심 지승민·주현민 대기심 이경순 경기감독관 나승화

울산 1 | 1 전반 1 / 0 후반 0 | 1 대전

퇴장	경고	파울	ST(유)	교체	선수명	배번	위치	위치	배번	선수명	교체	ST(유)	파울	경고	퇴장
0	0	0	0		조수혁	1	GK	GK	1	이창근		0	0	0	0
0	0	0			임종은	5	MF	MF	22	오재석		0	1	1	0
0	1	1(1)		19	김기희	44	DF	DF	3	김민덕		0	1	0	0
0	1	1			김태환	23	DF	DF	20	조유민		2	1	0	0
0	0	1			이명재	13	DF	DF	4	김현우	98	1(1)	1	0	0
0	2			17	조현택	26	MF	MF	17	이현식		0	0	0	0
0	0			10	김성준	16	MF	MF	46	이동원	13	0	0	0	0
0	3				아타루	31	MF	MF	7	마사	14	0	0	0	0
0	1	1(1)			김민혁	22	MF	MF	8	주세종	97	1(1)	1	0	0
0	1	4(2)			주민규	9	FW	FW	18	티아고		1	0	0	0
0	1	3(2)		27	김지현	96	FW	FW	11	김인균	70	1	0	0	0
				후25	김영권	19			25	이준석					
				후31	장시영	3			70	레안드로	37 후				
					이규성	24	대기	대기	13	전병관	후0				
0	1(1)			후15	이청용	27			16	김영욱	17 후				
0				후0	루빅손	9			97	이진현	37 후				
0				후31	바코	10			98	안톤	25 후				
0	3	14	10(7)									5(3)	14	2	0

- 전반 29분 주민규 PK-R-G (득점: 주민규) 오른쪽
- 전반 1분 마사 PA 정면 ~ 김인균 PK 좌측지점 L-ST-G (득점: 김인균, 도움: 마사) 오른쪽

수원 0 : 1 대구

- 9월17일 16:30 흐림 수원월드컵 11,048명
- 주심 정화수 부심 김지욱·홍석찬 대기심 신용준 경기감독관 차상해

수원 0 | 0 전반 0 / 0 후반 1 | 1 대구

퇴장	경고	파울	ST(유)	교체	선수명	배번	위치	위치	배번	선수명	교체	ST(유)	파울	경고	퇴장
0	0	0	0		양형모	21	GK	GK	1	최영은		0	0	1	0
0	0	0	0		박대원	33	DF	DF	20	김강산		0	0	2	0
0	0			15	김주원	66	DF	DF	6	홍정운		0	1	0	0
0	1				이규석	28	DF	DF	7	김진혁		1(1)	1	0	0
0	1(1)				김태환	11	MF	MF	33	홍철		0	0	0	0
0	1	2(2)			고승범	16	MF	MF	1	벨톨라		0	0	0	1
0	1(1)			45	김보경	13	MF	MF	14	박세진	74	0	0	0	0
0	2				카즈키	81	MF	MF	5	장성원		1(1)	1	0	0
0	2(1)				김경중	17	FW	FW	99	바셀루스	22	1	4	1	0
0				44	박희준	20	FW	FW	9	에드가		2(2)	2	0	0
0				88	안병준	9	FW	FW	17	고재현		1	0	0	0
					안찬기	99			31	한태희					
				후	고명석	19			15	이원우					
				후	이기제	23			18	케이타					
0	1(1)			후14	유제호		대기	대기	74	이용래	16 후				
					고무열	27			26	이진용					
0	2(1)			후	물라치	44			19	김영준					
0	2	1		후	웨릭포포	45			22	이근호	53 후				
0	4	8	11(6)									8(5)	12	2	1

- 후반 51분 바셀루스 GAL R-ST-G (득점: 바셀루스) 오른쪽

• 9월23일 14:00 흐림 대전 월드컵 14,810명
• 주심_송민석 부심_박상준·방기열 대기심_김영수 경기감독관_차상해

대전 3 : 1 수원

	전반	후반
대전	2	1
수원	0	1

퇴장	경고	파울	ST(유)	교체	선수명	배번	위치	위치	배번	선수명	교체	ST(유)	파울	경고	퇴장
0	0	0	0		이창근	1	GK	GK	21	양형모		0	0	0	0
0	0	1	2 1(1)		서영재	23	DF	DF	23	이기제		0	0	0	0
0	0	0	0		안 톤	98	DF	DF	33	박대원		0	2	2	0
0	0	1	0		조유민	20	MF	DF	66	김주원		0	0	0	0
0	0	1	0		김민덕	5	DF	DF	28	이규석		0	1	0	0
0	0	0	0		이현식	17	MF	MF	16	이종성		2(1)	0	0	0
0	0	2	1	14	주세종	8	MF	MF	7	고승범		0	0	0	0
0	0	2	1		마 사	7	MF	MF	81	카즈키		2(2)	0	0	0
0	1			97	이동원	46	FW	FW	37	김주찬		0			
0		1(1)		28	유강현	9	FW	FW	44	안병준	24	2(1)	1	0	0
0		2(2)	13		김인균	11	FW	FW	17	김 경		0			
					이준서	23			99	안찬기					
0	3(1)		후19		티아고	28			4	불투이스	후0				
			후33		전병관	13			88	유제호	후0				
					신상은	19	대기	대기	36	명준재	후0				
0			후33		임덕근	14			27	고무열	후0				
0	3	1(1)	후13		이진현	97			14	전진우	후19	1			
			후13		김현우	7			44	뮬리치	후10	2(1)	1	0	0
0	1	14	11(7)									12(5)	12	4	0

- ●전반 14분 김인균 PA 정면 내 L-ST-G (득점: 김인균) 왼쪽
- ●전반 36분 조유민 MF 정면 ~ 유강현 GA 정면 R-ST-G (득점: 유강현, 도움: 조유민) 가운데
- ●후반 54분 티아고 PK-R-G (득점: 티아고) 왼쪽
- ●후반 12분 이종성 PAR ~ 카즈키 PAR 내 L-ST-G (득점: 카즈키, 도움: 이종성) 오른쪽

• 9월24일 14:00 맑음 수원 종합 7,809명
• 주심_김종혁 부심_김계용·장종필 대기심_성덕효 경기감독관_김성기

수원FC 2 : 3 울산

	전반	후반
수원FC	0	2
울산	1	2

퇴장	경고	파울	ST(유)	교체	선수명	배번	위치	위치	배번	선수명	교체	ST(유)	파울	경고	퇴장
0	0	0	0		노동건	17	GK	GK	21	조현우		0	0	0	0
0	1	1	0	29	정동호		DF	DF	44	김기희		0	2	0	0
0	1	0	0	37	최보경		DF	DF	15	정승현	1(1)	0	2	0	0
0	3	0			우고고메스	25	DF	DF	23	김태환		0	0	0	0
0	0	0	0		신세계	30	DF	DF	13	이명재		0	0	0	0
0	0	9	1		이승우	11	MF	MF	16	김성준	24	0	1	0	0
0	1				윤빛가람	14	MF	MF	23	김민혁		0	0	0	0
0	0	0	0		이영재	28	MF	MF	14	이동경	10	3	0	0	0
0	1	0	0		박철우	9	MF	FW	31	황재원		2	0	0	0
0		1	0		로페즈	7	FW	FW	17	루빅손		1(1)	0	0	0
0	1	13	9	96	강민성		FW	FW	18	마틴 아담		1(1)	0	0	0
					박배종				1	조수혁					
			후0		잭 슨				19	김영권					
1(1)			전24		오인표	13			4	이규성	후34	0	0	0	0
					장시영				31	아타루	후34	1(1)	1	0	0
					김선민	55	대기	대기	14	코	후25	2(1)	1	0	0
1(1)	2(2)		후27		장재웅				25	주민규	후25	2(1)	0	0	0
0	1(1)		후20		바우테르손	37			18						
0	1	9	5(2)									10(9)	8	1	0

- ●후반 22분 이승우 PAR 내 EL ⌒ 오인표 GAL 내 H-ST-G (득점: 오인표, 도움: 이승우) 왼쪽
- ●후반 32분 바우테르손 AKR R-ST-G (득점: 바우테르손) 왼쪽
- ●전반 24분 마틴 아담 PAL 내 H→이동경 PA 정면 내 R-ST-G (득점: 이동경, 도움: 마틴 아담) 오른쪽
- ●후반 9분 이명재 MFL TL ~ 아타루 GA 정면 R-ST-G (득점: 아타루, 도움: 이명재) 오른쪽
- ●후반 35분 루빅손 GAL ~ 주민규 GA 정면 내 L-ST-G (득점: 주민규, 도움: 루빅손) 가운데

• 9월23일 16:30 흐림 제주 월드컵 7,205명
• 주심_박병진 부심_강동호·이병주 대기심_최승환 경기감독관_조성철

제주 1 : 3 서울

	전반	후반
제주	0	1
서울	1	2

퇴장	경고	파울	ST(유)	교체	선수명	배번	위치	위치	배번	선수명	교체	ST(유)	파울	경고	퇴장
0	0	0	0		김동준	1	GK	GK	21	최철원		0	0	0	0
0	0	1	0	24	이주용	32	DF	DF	88	이태석		0	0	0	0
0	0	0	0		연제운	3	DF	DF	30	김주성		0	0	0	0
0	0	0	0		임채민	26	DF	DF	5	오스마르		0	0	0	0
0	0	1	0		안태현	2	DF	DF	96	박수일		1(1)	0	0	0
0	0	0	0		김봉수	30	MF	MF	7	나상호		4(2)	0	0	0
0	2	2(2)	8		구자철	7	MF	MF	35	이승모		3	0	0	0
0	0	0	20		최영준	6	MF	MF	6	기성용		1	1	0	0
0	1	1			권순호	37	FW	MF	22	이시영		4	2	0	0
0	1	0			서진수	14	FW	FW	10	지동원		0	0	0	0
0	1		10		김대환	29	FW	FW	99	일류첸코		2(2)	1	0	0
					김근배	41			1	백종범					
			후0		김오규	20			22	이시영	후48				
					송주호	27			30	백상훈	후0				
0	1	2	후0		이기혁	24	대기	대기	66	한승규					
			후22		김건웅	8			41	아이에서	후0				
0	3(1)	전21			헤이스	10			9	김신진	후27				
			후0		김승섭	11			25	비욘존슨	후48				
0	1	19	9(3)									11(6)	14	0	0

- ●후반 27분 헤이스 AKL FK R-ST-G (득점: 헤이스) 왼쪽
- ●전반 40분 박수일 PAR ~ 이승모 AKR R-ST-G (득점: 이승모, 도움: 박수일) 왼쪽
- ●후반 4분 윌리안 자기 측 HLR ~ 이승모 PA 정면 R-ST-G (득점: 이승모, 도움: 윌리안) 오른쪽
- ●후반 20분 윌리안 PAR CK ↰ 일류첸코 GA 정면 H-ST-G (득점: 일류첸코, 도움: 윌리안) 왼쪽

• 9월24일 14:00 맑음 광주 전용 7,303명
• 주심_김영수 부심_김지욱·천진희 대기심_신용준 경기감독관_김종민

광주 0 : 1 전북

	전반	후반
광주	0	0
전북	0	1

퇴장	경고	파울	ST(유)	교체	선수명	배번	위치	위치	배번	선수명	교체	ST(유)	파울	경고	퇴장
0	0	0	0		김경민	1	GK	GK	13	정민기		0	0	0	0
0	0	0	1		안영규	6	DF	DF	26	홍정호		0	1	0	0
0	0	1	1(1)		두현석	13	DF	DF	3	정태욱		1	1	0	0
0	0	1	1(1)		이상기	22	DF	MF	94	안현범		1	1	0	0
0					아 론	28	DF	DF	23	김진수		1(1)	1	1	0
0	3	3(2)			엄지성	7	MF	DF	15	구자룡		0	0	0	0
0	1	4(2)	10		아사니	11	MF	MF	16	이수빈	32	0	2	0	0
0					이순민	44	MF	MF	7	류재문	28	0	2	0	0
0					베 카	99	MF	FW	19	아마노 준		2	0	0	0
0	1	18			허 율	9	FW	MF	97	문선민		1	0	0	0
0			17		토마스	30	FW	FW	9	구스타보	44	0	1	0	0
					이 준	21			51	공시현					
					김승우	4			2	페트라섹					
			후34		이으뜸	28			25	최철순					
0	1(1)	후10			김한길		대기	대기	28	맹성웅	후16	1	1	0	0
			후34		신창무	17			32	정우재	후30				
0			후24		이강현	24			44	이준호	후43				
			후24		이건희	18			97	인드레이스	후43				
0	4	14	15(7)									5(3)	10	3	0

- ●후반 27분 안현범 GAR L-ST-G (득점: 안현범) 오른쪽

경기 기록 (1)

- 9월24일 16:30 맑음 강릉 종합 10,047명
- 주심·이동준 부심·송봉근·이영운 대기심·김용우 경기감독관·허기태

		강원	1		1 전반 1	0 후반 0			1	인천				

퇴장	경고	파울	ST(유)	교체	선수명	배번	위치	위치	배번	선수명	교체	ST(유)	파울	경고	퇴장
0	0	0	0		유 상 훈	1	GK	GK	1	김 동 헌		0	0	0	0
0	0	0	0		강 지 훈	13	DF	DF	4	오 반 석		0	1	0	0
0	0	0	0		김 영 빈	2	DF	DF	47	김 동 민		0	1	0	0
0	0	0	1(1)		이 지 솔	20	DF	DF	3	김 연 수		0	2	1	0
0	1	0	0		류 광 현	66	MF	MF	30	유 진	17	0	0	0	0
0	0	1	0		서 민 우	4	MF	MF	8	신 진 호	7	0	1	1	0
0	1	0	0	88	한 국 영	8	MF	MF	6	문 지 환		1	1	1	0
0	1	4(1)	6		갈 레 고	11	MF	MF	7	음 포 쿠	11	2(2)	1	0	0
0	2	2(2)	73		김 대 원	10	MF	MF	14	정 동 윤		1	1	0	0
0	0	0	1	26	양 현 준		FW	FW	19	무 고 사		5(4)	0	0	0
0		3(1)	18		가 브 리 엘	63	FW	FW	10	에 르 난 데 스		4(1)	0	4	0
					조 민 규	41			29	김 유 성					
					이 강 한	45			44	김 건 희					
				후22	조 현 태	26			17	김 준 엽	후0				
				후46	황 문 기	88	대기	대기	7	김 도 혁	후0				
				후46	알 리 바예프	6			5	이 명 주					
				후46	윤 일 록	73			11	제 르 소	후28				
0	1	1	1	후22	이 정 협	18			27	김 보 섭					
0	1	9	12(5)									13(7)	9	4	0

●전반 5분 김대원 C.KR ⌒ 이지솔 GA정면 내 H-ST-G (득점: 이지솔, 도움: 김대원) 오른쪽
●전반 11분 신진호 MF 정면 ~ 무고사 GAR R-ST-G (득점: 무고사, 도움: 신진호) 왼쪽

- 9월30일 14:00 맑음 포항 스틸야드 14,640명
- 주심·이동준 부심·지승민·설귀선 대기심·최규현 경기감독관·나승화

		포항	0		0 전반 0	0 후반 0			0	울산				

퇴장	경고	파울	ST(유)	교체	선수명	배번	위치	위치	배번	선수명	교체	ST(유)	파울	경고	퇴장
0	0	0	0		황 인 재	21	GK	GK	21	조 현 우		0	0	0	0
0	0	1	0		완 델 손	77	DF	DF	44	김 기 희		0	1	1	0
0	0		1(1)		그 랜 트	5	DF	DF	5	임 종 은		0	1	1	0
0	0	0	0		하 창 래	45	DF	MF	19	김 영 권		0	0	0	0
0	0	0	14		신 광 훈	17	DF	DF	66	이 명 재	26	0	1	0	0
0		1(1)	33		한 찬 희	16	MF	DF	23	김 태 환		1(1)	0	0	0
0		3(3)			오 베 르 단	8	MF	MF	27	김 민 혁		0	1	0	0
0		0	37		백 성 동	10	MF	MF	24	이 규 성		0	1	0	0
0		0			김 승 대	2	MF	MF	3	장 시 영	31	2	1	0	0
0		1	66		김 인 성	7	FW	MF	14	루 빅	26	0	0	0	0
0	4	1	6		제 카	9	FW	FW	18	주 민 규	9	3(2)	0	0	0
					윤 평 국	1			1	조 수 혁					
				후12	박 승 욱	14			15	정 승 현					
					박 찬 용	20			26	조 현 택	후32				
0		1(1)	후26	김 준 호	66	대기	대기	27	이 청 용	후20				
				후22	김 종 석	4			31	아 타 루	후0				
				후12	윤 윤 상	37			10	바 코	후32				
0		3(2)	후26	이 호 재	33			9	마 틴 아담	후41				
0	1	11	12(9)									1(1)	1	1	0

- 9월24일 19:00 맑음 DGB대구은행파크 11,858명
- 주심·고형진 부심·윤재열·성주경 대기심·안재훈 경기감독관·구상범

		대구	0		0 전반 0	0 후반 0			0	포항				

퇴장	경고	파울	ST(유)	교체	선수명	배번	위치	위치	배번	선수명	교체	ST(유)	파울	경고	퇴장
0	0	0	0		최 영 은	1	GK	GK	21	황 인 재		0	0	0	0
0	0	1	1		조 진 우	66	DF	DF	77	완 델 손		1	0	0	0
0	0	0	0		홍 정 운	6	DF	DF	5	그 랜 트		0	0	0	0
0	1	0	0		김 진 혁	7	DF	DF	20	박 찬 용		0	0	0	0
0	1	0	0		홍 철	33	MF	DF	14	박 승 욱		0	0	0	0
0	3	0	18		이 진 용	74	MF	MF	66	김 준 호	16	0	0	0	0
0	0	0			박 세 진	14	MF	MF	8	오 베 르 단		2	0	0	0
0	0	0			장 성 원	5	MF	MF	37	홍 윤 상	7	2(2)	0	0	0
0	3	2			바 셀 루 스	99	FW	MF	19	윤 민 호	25	0	0	0	0
0	2	3(2)			에 드 가	9	FW	MF	12	김 승 대		0	0	0	0
0		0	22		고 재 현	17	FW	FW	33	이 호 재	9	0	0	0	0
					오 승 훈	21				윤 평 국	1				
					김 강 산	20			17	신 광 훈					
					이 원 우	15			55	최 현 웅					
0	1	1	후29	케 이 타	18	대기	대기	16	한 찬 희	후21	1(1)	0	0	0
					김 희 승	36			6	김 종 우	후0				
					김 영 준	19			7	김 인 성	후0				
0	0		후42	이 근 호	22			2	제 카	후0				
0	2	12	9(2)									7(3)	0	0	0

- 9월30일 14:00 흐리고비 수원 종합 7,194명
- 주심·정화수 부심·김지욱·송봉근 대기심·임정수 경기감독관·구상범

		수원FC	1		0 전반 0	1 후반 1			1	서울				

퇴장	경고	파울	ST(유)	교체	선수명	배번	위치	위치	배번	선수명	교체	ST(유)	파울	경고	퇴장
0	0	0	0		노 동 건	17	GK	GK	21	최 철 원		0	0	0	0
0	1	1			박 철 우	3	DF	DF	88	이 태 석		1(1)	0	0	0
0	0	0	37		최 보 경	21	DF	DF	30	김 주 성		0	0	0	0
0	1	1(1)			신 세 계	30	DF	DF	5	오 스 마 르		2	1	0	0
0	0	0	0		박 병 현	66	DF	MF	96	박 수 일	22	0	0	0	0
0	0	0			윤 빛 가 람	14	MF	MF	7	나 상 호		0	0	0	0
0	1	3(1)			이 영 재	28	MF	MF	17	이 승 모	9	0	0	0	0
0	0	0			김 선 민	55	MF	MF	11	이 승 모	9	0	0	0	0
0	0	0	24		오 인 표	13	FW	FW	13	고 요 한	66	0	0	0	0
0		3(1)			김 도 윤	71	FW	FW	94	윌 리 안	99	0	0	0	0
0	0	0	10		강 민 성	96	FW	FW	90	일 류 첸 코		3(1)	3	1	0
					박 배 종	1			1	백 종 범					
					잭 슨	5			2	이 시 영	후47				
0	0		후16	김 주 엽	24			35	백 상 훈					
0	3(1)	후38	김 현	7	대기	대기	66	한 승 규		025				
0	3(1)	후24	로 페 즈	10			99	아 이 에 쉬	후38				
				전24	이 승 우	11			9	김 신 진	후28				
				후38	바 우 테 르 손	37			25	비 욘 존 슨	후47				
0	0	12	16(4)									11(3)	1	1	0

●후반 28분 로페즈 PK-R-G (득점: 로페즈) 왼쪽
●후반 35분 기성용 AKR L-ST-G (득점: 기성용) 왼쪽

전북 1 : 3 대구

- 9월30일 16:30 맑음 전주월드컵 14,963명
- 주심 최광호 부심 성주경·구은석 대기심 고민국 경기감독관 이경춘

전북 1 — 1 전반 2 / 0 후반 1 — **3 대구**

퇴장	경고	파울	ST(유)	교체	선수명	배번	위치	위치	배번	선수명	교체	ST(유)	파울	경고	퇴장
0	0	0	0		정민기	13	GK	GK	1	최영은		0	0	0	0
0	0	0	0		정우재	32	DF	DF	66	조진우		0	1	0	0
0	0	0	0		구자룡	15	DF	DF	6	홍정운		1	0	0	0
0	0	0	1(1)		페트라섹	2	DF	DF	7	김진혁		0	0	0	0
0	0	0	0	5	홍정호	26	MF	MF	33	홍철		1(1)	1	0	0
0	1	2		25	안현범	94	DF	MF	26	이진용		0	1	0	0
0	1	4	4		문선민	27	MF	MF	14	박세진	36	1	1	0	0
0	0	2			맹성웅	28	MF	MF	3	장성원		0	0	0	0
0	0	2	2(1)		보아텡	57	MF	FW	99	바셀루스	22	2(1)	2	0	0
0	4(2)		44		한교원	7	MF	FW	9	에드가		1	1	0	0
0	0	2	3		구스타보	9	FW	FW	17	고재현	19	3(2)	0	0	0
0					공시현	51			21	오승훈					
0				후24	윤영선	5			20	김강산	후14				
0				후17	이동준	11			15	이원우					
0				후29	이수빈	16	대기		16	김희승	후24				
0				후29	최철순	25			36	김희승	후44				
0				후29	이준호	44			19	김영준	후44				
0					박창우	70			22	이근호	후30				
0	1	13	16(4)			0			0			14(4)	8	0	0

● 전반 24분 보아텡 AK 정면 R-ST-G (득점: 보아텡) 오른쪽

● 전반 15초 에드가 AKR H→ 고재현 PA 정면 내 R-ST-G (득점: 고재현, 도움: 에드가) 오른쪽
● 전반 6분 장성원 PA 정면 ~ 바셀루스 AK 정면 R-ST-G (득점: 바셀루스, 도움: 장성원) 왼쪽
● 후반 12분 고재현 GA 정면 내 H-ST-G (득점: 고재현) 왼쪽

강원 1 : 1 대전

- 10월01일 14:00 맑음 강릉종합 9,326명
- 주심 박병진 부심 천진희·지승민 대기심 오현진 경기감독관 김용세

강원 1 — 1 전반 1 / 0 후반 0 — **1 대전**

퇴장	경고	파울	ST(유)	교체	선수명	배번	위치	위치	배번	선수명	교체	ST(유)	파울	경고	퇴장
0	0	0	0		유상훈	1	GK	GK	1	이창근		0	0	0	0
0	1	3	2		강지훈	13	DF	DF	2	서영재		0	1	0	0
0	0	0	0		김영빈	2	DF	DF	98	안톤		0	0	0	0
0	0	0	0		강투지	74	DF	DF	20	조유민		0	0	0	0
0	0	0	0		류광현	66	DF	DF	3	김민덕		0	0	0	0
0	0	1			서민우	4	MF	MF	17	이현식	10	0	2	0	0
0				26	한국영	8	MF	MF	8	주세종	19	0	0	0	0
0	2			88	갈레크	17	MF	MF	97	마사		2(2)	1	0	0
0	1(1)			73	김대원	18	FW	FW	46	이동원	14	1(1)	1	0	0
0	1	0			이정협	18	FW	FW	28	티아고		2	0	0	0
0	3(1)		9		가브리엘	63	FW	FW	11	김인균	13	0	0	0	0
0					김정호	25			25	이순서					
0					이강한	45			10	유강현	후49				
0				후46	조현태	26			13	전병관	후15				
0				후34	황문기	88	대기		13	신상은	후15				
0				후0	알바레즈				14	김영욱	후15				
0				후46	윤일록	73			97	이진현	후15				
0				후46	야고	9			26	김지훈					
0	1	12	11(2)			0			0			4(3)	9	0	0

● 전반 20분 김대원 PAR R-ST-G (득점: 김대원) 왼쪽

● 전반 18분 티아고 GA 정면 ~ 마사 GA 정면 R-ST-G (득점: 마사, 도움: 티아고) 왼쪽

인천 2 : 0 수원

- 9월30일 19:00 맑음 인천전용 15,040명
- 주심 정동식 부심 김계용·이양우 대기심 설태환 경기감독관 당성증

인천 2 — 1 전반 0 / 1 후반 0 — **0 수원**

퇴장	경고	파울	ST(유)	교체	선수명	배번	위치	위치	배번	선수명	교체	ST(유)	파울	경고	퇴장
0	1	0	0		김동헌	1	GK	GK	21	양형모		0	0	0	0
0	0	0	0	44	오반석	4	DF	DF	23	이기제		1	1	1	0
0	1	2	0		김동민	47	DF	DF	4	불투이스		1	1	0	0
0	1	1	0		김연수	3	DF	DF	15	고명석	45	0	0	0	0
0	1	1	0		정동윤	7	DF	DF	11	김태환		0	1	0	0
0	1	3	0		김도혁	7	MF	MF	81	카즈키		0	0	0	0
0	0	0		26	이명주	6	MF	MF	16	이종성		0	0	0	0
0	1	3	0		김준엽	17	MF	MF	13	김보경		0	0	0	0
0		2(1)		11	김보섭	27	FW	FW	37	김주찬	14	0	0	0	0
0	1	1	1(1)	99	무고사	9	FW	FW	20	박희준	44	0	0	0	0
0	1	2(1)		10	박승호	77	FW	FW	97	무사니	36	1(1)	0	0	0
0					김유성	23				안찬기					
0				후44	김건희	44			5	한호강					
0					강윤구	13			7	고승범	후12	3(1)			
0	1	0		후22	박현빈	26	대기		14	전진우	후12				
0	1	0		후10	제르소	11			36	명준재	후29				
0		1(1)		후10	에르난데스	10			44	뮬리치	후	5(1)	0	0	0
0	1	2(2)		후22	천성훈	99			45	웨릴포포	후40	2(2)	0	0	0
0	6	11	10(6)			0			0			12(5)	6	1	0

● 전반 20분 무고사 PK-R-G (득점: 무고사) 왼쪽
● 후반 37분 정동윤 PAL 내 → 천성훈 GA 정면 내 R-ST-G (득점: 천성훈, 도움: 정동윤) 가운데

제주 1 : 2 광주

- 10월01일 16:30 맑음 제주월드컵 6,130명
- 주심 김용우 부심 박균용·홍석찬 대기심 이경순 경기감독관 조성철

제주 1 — 0 전반 0 / 1 후반 2 — **2 광주**

퇴장	경고	파울	ST(유)	교체	선수명	배번	위치	위치	배번	선수명	교체	ST(유)	파울	경고	퇴장
0	0	0	0		김동준	1	GK	GK	21	김경민		0	0	0	0
0	0	0	0		이주용	32	DF	DF	6	안영규		0	0	0	0
0	0	0	0		연제운	3	DF	DF	13	두현석		1(1)	0	0	0
0	1	2	0		임채민	26	DF	DF	22	이상기		0	0	0	0
0	0	0	0		김오규	20	DF	DF	28	아론		0	1	0	0
0	0	2(1)		11	권순호	37	MF	MF	7	엄지성		2(1)	0	0	0
0		1	9		김봉수	30	MF	MF	11	아사니		0	0	0	0
0	1				최영준	6	MF	MF	24	강현	17	1	1	0	0
0	3	2(2)		25	헤이스	10	MF	MF	99	베카		0	1	0	0
0	1				서진수	14	FW	FW	9	허율	18	2	0	0	0
0	1				조나탄링	90	FW	FW	30	토마스	19	1	1	0	0
0					김근배	41			41	김태준					
0				후41	안태현	2			3	이민기	후30				
0					송주환				15	김경재					
0				후14	이기혁	24	대기		10	김한길	후30				
0				후41	한종무	25			17	신창무	후40				
0	1	3(1)		후41	유리조나탄	9			후40	하승운	후40	1(1)	0	0	0
0				후41	김승섭	11			18	이건희	후20	0	0	0	0
0	3	8	10(6)			0			0			7(4)	4	0	0

● 후반 35분 김승섭 PAL ⌒ 유리 조나탄 GA 정면 H-ST-G (득점: 유리 조나탄, 도움: 김승섭) 왼쪽

● 후반 19분 허율 MF 정면 ~ 엄지성 GAL L-ST-G (득점: 엄지성, 도움: 허율) 왼쪽
● 후반 48분 엄지성 PAL ~ 하승운 AKL R-ST-G (득점: 하승운, 도움: 엄지성) 오른쪽

• 주심_김우성 부심_방기열·천진희 대기심_최승환 경기감독관_허태식

울산	0			0 전반 0 0 후반 0				0	인천				

퇴장	경고	파울	ST(유)	교체	선수명	배번	위치	배번	선수명	교체	ST(유)	파울	경고	퇴장
0	0	0	0		조현우	21	GK	GK	1	김동헌		0	0	0	0
0	1	1	0	19	김기희	44	DF	DF	4	오반석	55	0	0	0	0
0	0	0	1		정승현	15	DF	DF	47	김동민		0	0	0	0
0	0	0	1		이명재	13	DF	DF	3	김연수		0	0	0	0
0	0	2	0		김태환	23	DF	MF	14	정동윤		1(1)	0	0	0
0	0	0	0	24	김성준	16	MF	MF	7	김도혁		2(2)	1	1	0
0	1	1(1)	0		이청용	27	MF	MF	5	이명주	40	0	0	0	0
0	1	2	0		이동경	14	MF	MF	17	김준엽		0	0	0	0
0	0	0	0	10	조사일	30	MF	FW	27	김보섭		2(1)	1	0	0
0	1	3(2)			루빅슨	17	MF	FW	9	무고사	10	1	1	0	0
0			96		주민규	18	FW	FW	77	박승호	11	0	0	0	0
0	0	0	0		조수혁	1			21	이태희		0	0	0	0
0	0	0	후0	김영권	19			55	권한진	후22					
0	후29	조현택	26					28	민경현	후44					
0		보아니치	8			대기	대기								
0		후(0/26)	이규성	24				40	음포쿠	후44					
0	1(1)	후27	바코	10				11	제르소	후28					
0	후40	김지현	96					10	에르난데스	후22					
0	2	9(4)	0			0			0		6(4)	3	1	0

• 주심_김종혁 부심_박균용·장종필 대기심_안재훈 경기감독관_구상범

서울	0			0 전반 0 0 후반 2				2	전북				

퇴장	경고	파울	ST(유)	교체	선수명	배번	위치	배번	선수명	교체	ST(유)	파울	경고	퇴장
0	0	0	0		백종범	1	GK	GK	13	정민기		0	0	0	0
0	0	1	0		이태석	88	DF	DF	23	김진수		1	0	0	0
0	0	0	0		김주성	30	DF	DF	15	구자룡		0	0	0	0
0	0	0	0		오스마르	5	DF	DF	3	정태욱		0	0	0	0
0	0	0	0		박수일	96	DF	DF	32	정우재		0	0	0	0
0		5(1)			나상호	7	MF	MF	94	안현범	11	0	2	0	0
0		2(1)			기성용	6	MF	MF	16	이수빈	25	1	1	0	0
0	1	1)	10	백상훈	35	MF	FW	97	보아텡	28	0	0	0	0
0					강상진	94	MF	FW	21	한교원		4(1)	1	0	0
0		6(3)			일류첸코	90	FW	FW	27	문선민		0	0	0	0
0			24		팔로세비치	26	FW	FW	44	이준호	9	1(1)	0	0	0
0					황성민	18			51	공시현					
0					이시영	22			2	페트라섹					
0	후20	정현철	24					9	구스타보	후15	2(2)				
0	후20	윌리안	94			대기	대기	11	이동준	후38					
0		김경민	19					21	아마노준	후38					
0	후16	지동원						25	최철순	후38					
0	후42	비욘존슨	25					28	맹성웅	후22					
0	1	5	15(6)			0			0		9(4)	10	0	0

● 후반 14분 한교원 GA정면 내 L-ST-G (득점: 한교원) 가운데
● 후반 29분 안현범 GAL EL ⌒ 구스타보 GAR H-ST-G (득점: 구스타보, 도움: 안현범) 오른쪽

• 주심_이동준 부심_김계용·지승민 대기심_오현진 경기감독관_차상해

대구	2			1 전반 1 1 후반 1				2	수원FC				

퇴장	경고	파울	ST(유)	교체	선수명	배번	위치	배번	선수명	교체	ST(유)	파울	경고	퇴장
0	0	0	0		최영은	1	GK	GK	17	노동건		0	0	1	0
0	0	0	0		조진우	66	DF	DF	21	최보경	37	0	0	1	0
0	0	0	0		홍정운	6	DF	DF	30	신세계		0	2	0	0
0	0	0	1		김진혁	7	DF	DF	66	박병현		0	1	0	0
0	0	0	1	22	황철	33	MF	MF	3	박철우		0	1	0	0
0	1	3(1)			벨톨라	13	MF	MF	88	이인표		0	0	0	0
0	1	1	14	이진용	26	MF	MF	14	윤빛가람		0	0	0	0
0	1	2	1		장성원	5	MF	MF	28	이영재		3	0	0	0
0		1(1)	18	김영준	19	FW	FW	55	김선민		0	0	0	0	
0	0	0			에드가	9	FW	FW	71	김도윤	11	0	0	0	0
0		2(2)			고재현	17	FW	FW	96	강민성	10	0	0	0	0
0		오승훈	21					1	박배종						
0	후24	김강산	20					2	정동호						
0		이원우	15					24	김주엽	후34					
0	0	1	후0	케이타	18		대기	대기	88	이승우	후30				
0		이용래	74					10	로페즈	21	2(1)				
0	0	2	후0	박세진	14			99	이승우	전21	4(2)				
0	0	0	후24	이근호				37	바우테르손	후34					
0	2	14	12(5)			0			0		9(3)	12	1	0

• 주심_김대용 부심_성주경·강동호 대기심_김영수 경기감독관_나승화

수원	1			1 전반 0 0 후반 0				0	포항				

퇴장	경고	파울	ST(유)	교체	선수명	배번	위치	배번	선수명	교체	ST(유)	파울	경고	퇴장
0	0	0	0		양형모	21	GK	GK	21	황인재		0	0	0	0
0		1(1)			박대원	33	DF	DF	14	박승욱		0	1	0	0
0	0	0	0		불투이스	4	DF	DF	20	박찬용	5	0	0	0	0
0	0	0	0		한호강	3	DF	DF	45	하창래		0	0	0	0
0	0	0	0		김태환	11	DF	DF	17	신광훈		0	0	0	0
0	0	0	0		카즈키	8	MF	MF	16	한찬희		0	0	2	0
0	1	2	0		이종성	16	MF	MF	66	오베르단	66	1(1)	0	0	0
0	0	0	0		김보경	13	MF	MF	37	홍윤상		2(1)	3	0	0
0	1	2(2)	14	김주찬	37	FW	MF	6	김종우	7	1(1)	3	0	0
0		2(1)	9	물리치	44	MF	MF	12	김승대		3(3)	0	0	0
0	0	0			바사니	7	FW	FW	33	이호재		0	0	2	0
0		안찬기	1					9	윤평국						
0		고명석	15					5	그랜트	후					
0	후33	이규석	28					22	박건우						
0	후11	고승범						66	김준호	후16	1(1)				
0	후20	전진우	14			대기	대기	19	윤민호						
0	후0	아코스티	28					7	김인성	후38					
0	1	1(1)	후0	안병준	9			9	제카	후					
0	4	13	10(5)			0			0		15(7)	13	0	0

● 전반 22분 바사니 AK정면 ~ 김주찬 AKL R-ST-G (득점: 김주찬, 도움: 바사니) 오른쪽

● 전반 30분 김진혁 PAR TL ⌒ 고재현 GAR H-ST-G (득점: 고재현, 도움: 김진혁) 오른쪽
● 후반 24분 장성원 PAR내 ~ 벨톨라 PAR내 R-ST-G (득점: 벨톨라, 도움: 장성원) 왼쪽
● 전반 45분 윤빛가람 AK내 H ⌒ 이승우 GAL R-ST-G (득점: 이승우, 도움: 윤빛가람) 오른쪽
● 후반 21분 로페즈 AKR → 이승우 PK지점 L-ST-G (득점: 이승우, 도움: 로페즈) 오른쪽

- 10월 08일 15:00 맑음 광주 전용 6,004명
- 주심_채상협 부심_송봉근·김지욱 대기심_송민석 경기감독관_이경춘

광주 1 0 전반 0 / 1 후반 0 **0 강원**

퇴장	경고	파울	ST(유)	교체	선수명	배번	위치	위치	배번	선수명	교체	ST(유)	파울	경고	퇴장
0	0	0	0		이 준	21	GK	GK	1	유 상 훈		0	0	0	0
0	1	2	0	4	안 영 규	6	DF	DF	13	강 지 훈		0	0	1	0
0	0	2	1		두 현 석	13	DF	DF	2	김 영 빈		0	0	0	0
0	0	0	0		이 상 기	22	DF	DF	74	강 투 지		0	1	0	0
0	0	0	0		아 론	28	DF	DF	66	류 광 현		0	1	0	0
0	0	2(1)	17		엄 지 성	7	MF	MF	4	서 민 우		1	1	0	0
0		1(1)	11		김 한 길	10	MF	MF	8	한 국 영		6	2	0	0
0					이 강 현	24	MF	MF	11	갈 레 고	24	0	0	0	0
0					이 순 민	44	MF	MF	10	김 대 원		2	1	0	0
0	0	1			이 건 희	18	FW	FW	35	박 상 혁		0	2	0	0
0			19		토 마 스	30	FW	FW	63	이 정 협		0	1	0	0
					김 태 준	41			25	김 정 호					
					이 민 기	3			24	김 진 호	후23				
				후37	김 승 우	4			3	이 지 솔					
				후19	아 사 니	11	대기	대기	93	웰 링 턴	후39				
				후37	신 창 무	17			6	알 리 바 예프	후39				
0			1(1)	후19	허 율	9			73	윤 일 록	전24/03				
0		1	1	후23	하 승 운	19			63	가 브 리 엘	후23	2	1	0	0
0	2	12	6(3)									4	14	1	0

- 후반 4분 두현석 PAL 내 ∩ 김한길 GAR 내 H-ST-G (득점: 김한길, 도움: 두현석) 오른쪽

- 10월 20일 19:30 맑음 포항 스틸야드 4,944명
- 주심_김우성 부심_지승민·방기열 대기심_정화수 경기감독관_허태식

포항 1 0 전반 1 / 1 후반 0 **1 인천**

퇴장	경고	파울	ST(유)	교체	선수명	배번	위치	위치	배번	선수명	교체	ST(유)	파울	경고	퇴장
0	0	0	0		황 인 재	21	GK	GK	1	김 동 헌		0	0	0	0
0	1	0	0		박 승 욱	14	DF	DF	4	오 반 석		0	0	0	0
0	0	2	0		박 찬 용	20	DF	DF	47	김 동 민		0	1	0	0
0	0	1	0		하 창 래	45	DF	DF	28	민 경 현		0	0	0	0
0	0	0	2		신 광 훈	17	DF	MF	7	김 도 혁	27	1	1	0	0
0	0		2(2)		한 찬 희	16	MF	MF	5	이 명 주	6	0	1	0	0
0			6		김 준 호	66	MF	MF	40	음 포 쿠	99	1(1)	0	0	0
0		4(4)	33		김 승 대	33	MF	MF	77	제 르 소	27	2(1)	1	0	0
0			2(1)		정 재 희	27	MF	FW	10	에 르 난 데 스		2(1)	3	0	0
0	3	1(1)			제 카	9	FW		21	이 태 희					
					윤 평 국	1			55	권 한 진					
				후15	심 상 민	2			14	정 동 윤					
					최 현 웅	55			6	문 지 환	전43				
				후15	김 종 우	6	대기	대기	37	홍 시 후	후17				
0	1(1)			후38	윤 윤 상	37			27	김 보 섭	후17				
0		0.37			김 인 성	7			77	박 승 호	후11				
0				후50	이 호 재	33			99	천 성 훈	후44				
0	0	9	8(8)									7(3)	8	0	0

- 후반 32분 제카 PK-R-G (득점: 제카) 왼쪽
- 전반 26분 김동헌 자기 측 PA 정면 내 ∩ 제르소 AKR L-ST-G (득점: 제르소, 도움: 김동헌) 가운데

- 10월 08일 15:00 흐림 대전 월드컵 15,818명
- 주심_고형진 부심_윤재열·박상준 대기심_고만국 경기감독관_김성기

대전 1 1 전반 0 / 0 후반 0 **0 제주**

퇴장	경고	파울	ST(유)	교체	선수명	배번	위치	위치	배번	선수명	교체	ST(유)	파울	경고	퇴장
0	0	0	0		이 창 근	1	GK	GK	1	김 동 준		0	0	1	0
0	0	1	0		서 영 재	2	DF	DF	32	이 주 용		1	1	0	0
0	1	0	0		안 톤	98	DF	DF	4	송 주 훈		0	0	1	0
0	0	0	1(1)		조 유 민	20	DF	MF	2	연 제 운		0	0	0	0
0		1(1)			김 민 덕	3	DF	DF	20	김 오 규		0	0	0	0
0	0	0	0		이 현 식	17	MF	MF	37	권 순 호	11	0	0	0	0
0					주 세 종	8	MF	MF	8	김 건 웅		0	0	0	0
0	0	1	5(2)	14	마 사	14	MF	MF	6	최 영 준		0	1	0	0
0	0	0	0		이 동 원	46	FW	FW	14	헤 이 스	4(2)	0	0	0	0
0	0		13		레 안 드 로	70	FW	FW	24	서 진 수		0	1	0	0
0	1	4	1	28	유 강 현	10	FW	FW	7	구 자 철		0	1	0	0
					이 준 서	25			41	김 근 배					
0				후32	티 아 고	28			2	안 태 현					
0		1(1)		후40	전 병 관	13	대기		30	김 봉 수					
0	0	1(1)		전28	김 인 균	11	대기	대기	24	이 기 혁	후18	2	0	0	0
0	0	0	0	후40	김 영 욱	14			25	한 종 무					
					이 진 현	97			9	유리조나탄	후0				
0	0	0	0		김 현 우	4			11	김 승 섭	전32				
0	2	8	12(6)									13(2)	8	2	0

- 전반 40분 김민덕 GAR EL R-ST-G (득점: 김민덕) 왼쪽

- 10월 21일 14:00 흐림 광주 전용 5,553명
- 주심_김대용 부심_김계용·성주경 대기심_김영수 경기감독관_김종민

광주 0 0 전반 0 / 0 후반 1 **1 울산**

퇴장	경고	파울	ST(유)	교체	선수명	배번	위치	위치	배번	선수명	교체	ST(유)	파울	경고	퇴장
0	0	0	0		이 준	21	GK	GK	21	조 현 우		0	0	0	0
0	0	0	0		김 승 우	3	DF	DF	44	김 기 희		1(1)	1	0	0
0	0	0	0		두 현 석	13	DF	DF	19	김 영 권		1(1)	2	0	0
0	0	1	2(2)	15	아 론	28	DF	DF	13	이 명 재		1(1)	0	0	0
0	0		2(1)		엄 지 성	7	MF	MF	23	김 태 환	66	0	2	1	0
0	1	1(1)	17		김 한 길	10	MF	MF	6	박 진 혁	96	0	1	0	0
0	0	0	0		정 호 연	14	MF	MF	27	이 청 용		0	0	0	0
0	1				이 강 현	24	MF	MF	31	아 타 루	24	1	1	0	0
0	0	0	0		이 순 민	44	MF	DF	3	장 시 영	11	0	0	0	0
0		2(1)	18		허 율	9	MF	MF	30	강 윤 구	10	2	0	0	0
0		2(1)	19		토 마 스	30	FW	FW	18	주 민 규		0	0	0	0
					노 희 동	31			1	조 수 혁					
0				후38	김 경 재	15			15	정 승 현					
									66	설 영 우	후32				
0				후38	신 창 무	17	대기	대기	10	바 코	전24	2(1)	2	0	0
0	1(1)			후13	이 건 희	18			11	엄 원 상	전24	1	0	0	0
0				후33	하 승 운	19			96	김 지 현	후32				
					오 후 성	75									
0	2	6	11(8)									8(4)	16	1	0

- 후반 42분 이희균 AKL ~ 이건희 GAL L-ST-G (득점: 이건희, 도움: 이희균) 오른쪽

• 10월 21일 16:30 흐림 DGB대구은행파크 12,211명
• 주심_정동식 부심_윤재열·곽승순 대기심_임정수 경기감독관_나승화

대구 1 [1 전반 1 / 0 후반 1] **2 전북**

퇴장	경고	파울	ST(유)	교체	선수명	배번	위치	위치	배번	선수명	교체	ST(유)	파울	경고	퇴장
0	1	0	0		오승훈	21	GK	GK	1	김정훈		0	0	0	0
0	0	0	0		조진우	66	DF	DF	23	김진수		0	1	0	0
0	0	0	0		홍정운	6	DF	DF	4	박진섭		0	1	0	0
0	0	0	1(1)		김진혁	7	DF	DF	3	정태욱		3(1)	2	1	0
0	0	0	2		홍철	33	MF	MF	32	정우재	27	0	1	0	0
0	0	0	0		벨톨라	13	MF	MF	94	안현범		3(2)	1	0	0
0	0	3		74	박세진	14	MF	MF	8	백승호		4	0	1	0
0	0	0		18	장성원	5	MF	MF	57	보아텡	15	0	0	0	0
0	1	2	4(4)		바셀루스	99	FW	FW	21	아마노	15	2(1)	1	0	0
0	0	0	4(4)		에드가	9	FW	FW	97	송민규		1	3	0	0
0		3(2)	22		고재현	17	FW	FW	44	이준호					
					최영은	1			13	정민기					
					김강산	20			9	구스타보	후14	1(1)			
			후0		황재원	2			15	구자룡	후0				
			후22		케이타	18	대기	대기	27	문선민	후0	1	1	0	0
			후22		이용래	4			28	맹성웅	후39	1	0	0	
					이진용	26			97	안데르손	후27				
			후43		이근호	22									
0	3	6	17(8)		0					0		16(6)	10	4	0

● 전반 33분 바셀루스 PAL 내 ~ 에드가 GAL R-ST-G (득점: 에드가, 도움: 바셀루스) 왼쪽
● 후반 45분 구스타보 PK-R-G (득점: 구스타보) 왼쪽
● 전반 29분 이준호 MF 정면 ~ 한교원 GAR R-ST-G (득점: 한교원, 도움: 이준호) 가운데

• 10월 22일 14:00 맑음 제주월드컵 4,875명
• 주심_김종혁 부심_박균용·장종필 대기심_오현진 경기감독관_조성철

제주 2 [2 전반 0 / 0 후반 0] **0 수원**

퇴장	경고	파울	ST(유)	교체	선수명	배번	위치	위치	배번	선수명	교체	ST(유)	파울	경고	퇴장
0	0	0	0		김동준	1	GK	GK	21	양형모		0	0	0	0
0	0	1	2		정운	13	DF	DF	33	박대원		0	2	0	0
0	0	0	0		연제운	3	DF	DF	4	불투이스	66	0	1	0	0
0	0	0	0		임채민	26	DF	DF	11	김태환		0	2	0	0
0	0	1	0		이기혁	24	DF	MF	81	카즈키		0	0	0	0
0	0	0	0	32	서진수	14	MF	MF	13	김보경		0	1	0	0
0	0	0	0	11	최영준	6	MF	MF	37	김주찬	14	0	0	0	0
0		2(1)			김건웅	8	MF	MF	7	바사니		3	1	0	0
0	0	0	0		헤이스	10	FW	FW	44	뮬리치	3	1			
0	1(1)	0	30		한종무	25	FW	FW							
0	1(1)	0			곽승민	38	FW	FW	99	안찬기					
					김근배	41			66	김주원	전0				
			후27		안태현	2			28	이규석	후0				
					송주훈	4			6	한석종					
			후30		이주용	32	대기	대기	14	전진우	후0				
		후23			김봉수	30			18	아코스티	후0	1	0	0	0
0	4(2)	후23			유리조나탄				9	안병준	후27	3(1)			
0	1(1)	후27			김승섭	11									
0	2	10	12(5)		0					0		9(2)			

● 전반 3분 최영준 GAR ~ 김건웅 PA 정면 내 L-ST-G (득점: 김건웅, 도움: 최영준) 오른쪽
● 전반 25분 이기혁 PAR ^ 유리 조나탄 GAL H-ST-G (득점: 유리 조나탄, 도움: 이기혁) 왼쪽

• 10월 22일 14:00 맑음 서울월드컵 11,638명
• 주심_이동준 부심_박상준·천진희 대기심_신용준 경기감독관_허기태

서울 2 [0 전반 0 / 2 후반 1] **1 강원**

퇴장	경고	파울	ST(유)	교체	선수명	배번	위치	위치	배번	선수명	교체	ST(유)	파울	경고	퇴장
0	0	0	0		백종범	1	GK	GK	31	이광연		0	0	0	0
0	1	1	2		이시영	22	DF	DF	88	황문기	26	0	0	0	0
0	0	2	0		김주성	30	DF	DF	2	김영빈		0	0	0	0
0					오스마르	5	DF	DF	0	이지솔		1(1)	0	0	0
0	1	2	2(2)		박수일	96	DF	DF	20	윤석영		0	0	0	0
0	0	1	1		기성용	6	MF	MF	4	서민우		0	2	0	0
0	0	1	3(2)		나상호	7	MF	MF	8	한국영		0	0	0	0
0	0		10		팔로세비치	26	FW	FW	73	윤일록	66	0	0	0	0
0	2	19			한승규	66	FW	FW	17	김대원		0	1	0	0
0	0	0	0		아이에쉬	99	FW	FW	33	이승원					
0	1	0			윌리안	94	FW	FW	63	가브리엘		2(1)			
					황성민	18			1	유상훈					
			후44		황현수	2			26	조현태	후37				
			후44		김경민	3			17	유인수	후37				
0	2(1)	후28			지동원	10	대기	대기	93	웰링턴					
		후24			김성진	7			8	알비예프	후22				
0	3(2)	후0			김신진	9			24	갈레고					
					비욘존슨	25			18	이정협	후0				
0	3	18	18(10)		0					0		5(3)			

● 후반 7분 나상호 MF 정면 FK R-ST-G (득점: 나상호) 오른쪽
● 후반 34분 지동원 GA 정면 내 H-ST-G (득점: 지동원) 오른쪽
● 후반 31분 가브리엘 GA 정면 R-ST-G (득점: 가브리엘) 가운데

• 10월 22일 16:40 맑음 대전월드컵 9,474명
• 주심_박병진 부심_강동호·서영규 대기심_설태환 경기감독관_양정환

대전 1 [1 전반 1 / 0 후반 0] **1 수원FC**

퇴장	경고	파울	ST(유)	교체	선수명	배번	위치	위치	배번	선수명	교체	ST(유)	파울	경고	퇴장
0	0	0	0		이창근	1	GK	GK	17	노동건		0	0	0	0
0	0	0	1		서영재	2	DF	DF	21	최보경	66	0	1	0	0
0	0	0	0		김현우	4	DF	DF	25	우고고메스		0	0	0	0
0	0	0	1		조유민	20	DF	DF	30	신세계		0	0	0	0
0	0	1	0		임덕근	5	MF	MF	3	박철우		0	1	0	0
0	0	0	0		이현식	17	MF	MF	33	오인표	88	1	0	0	0
0		0		71	주세종	8	MF	MF	14	윤빛가람		1(1)	0	0	0
0		2	14		마사	7	MF	MF	28	이영재		2(1)	1	0	0
0	3(1)				전병관	13	FW	FW	10	김선민		1(1)	2	1	0
0	2(2)				김인균	11	FW	FW	71	김도윤		2	0	0	0
0					유강현	96	FW	FW	96	강민성		1			
					이준서	1			1	박배종					
0	3(1)	후9			티아고	28			66	박병현	후0				
		후27/70			이동원	46			8	김용	후18				
		후37			레안드로		대기	대기	7	김현	후17	3(1)			
		후0			김영욱	14			10	로페즈	후34				
		후0			강윤성	71			11	이승우	후17				
					임은수	4			22	이광혁					
0	2	9	16(4)		0					0		12(6)			

● 후반 16분 김인균 MFL ~ 티아고 GA 정면 R-ST-G (득점: 티아고, 도움: 김인균) 오른쪽
● 전반 32분 이영재 PAL 내 ^ 김현 GA 정면 H-ST-G (득점: 김현, 도움: 이영재) 가운데

• 10월28일 14:00 맑음 전주 월드컵 12,266명
• 주심_김영수 부심_장종필·천진희 대기심_이지형 경기감독관_이경춘

전북 1		0 전반 0			1 후반 1			1 포항			

퇴장	경고	파울	ST(유)	교체	선수명	배번	위치	배번	선수명	교체	ST(유)	파울	경고	퇴장
0	0	0	0		김정훈	1	GK	21	황인재		0	0	0	0
0	1	2	2	70	김진수	23	DF	2	심상민		0	0	0	0
0	0	6	0		박진섭	4	DF	5	그랜트		0	0	0	0
0	1	1	0		구자룡	15	DF	20	박찬용		0	0	0	0
0	0	0	0		정우재	32	DF	3	김용환	12	0	0	0	0
0	0	0	0	26	보아텡	57	MF	6	김종우		1(1)	1	0	0
0	1		0(1)		송민규	17	MF	66	김준호	16	0	0	0	0
0			2(1)		백승호	8	MF	37	홍윤상		0	0	0	0
0	1	1		21	맹성웅	28	MF	19	윤민호	11	0	0	0	0
0	1	1	1		한교원	7	MF	17	인성상	15	0	0	0	0
0	3	3	3(2)	10	구스타보	9	FW	33	이호재		0	0	0	0
					공시현	51		1	윤평국		0	0	0	0
				후29	박재용	10		45	하창래		0	0	0	0
			2(1)	후40	아마노준	21		17	신광훈	전26	0	0	0	0
0	0	0	0	후43	홍정호	26	대기	16	한찬희	후20	2(2)	1	0	0
			1(1)	후29	문선민	27		11	고영준	후20	0	0	0	0
					류재문	29		12	김승대	전32	0	0	0	0
				후43	박창우	70		9	제카	후20	3(2)	2	0	0
0	3	16	12(7)			0					11(8)	9	0	0

●후반 8분 구스타보 PK-R-G (득점: 구스타보) 가운데
●후반 24분 제카 PK-R-G (득점: 제카) 왼쪽

• 10월28일 16:30 흐림 강릉 종합 5,256명
• 주심_김희곤 부심_김지욱·박균용 대기심_김재홍 경기감독관_차상해

강원 1		0 전반 0			1 후반 1			1 제주			

퇴장	경고	파울	ST(유)	교체	선수명	배번	위치	배번	선수명	교체	ST(유)	파울	경고	퇴장
0	0	0	0		이광연	31	GK	1	김동준		0	0	1	0
0	0	3	0	66	황문기	88	DF	13	정운		1(1)	1	0	0
0	0	1	1(1)		김영빈	2	DF	4	김주환		3(3)	1	0	0
0	0	1	0		강투지	74	DF	3	연제운		0	0	0	0
0	0	1	0		윤석영	20	DF	20	김오규	24	0	0	0	0
0	1	0	1		서민우	4	MF	11	김승섭	15	1(1)	0	0	0
0	1	0	1	8	알리바예프	6	MF	7	김건웅	32	0	0	0	0
0	1		0		유인수	17	MF	6	최영준		0	0	0	0
0		3(1)			이대원	93	MF	14	곽승민	38	0	0	0	0
0	2	0	63		이정협	18	FW	25	한종무	30	0	0	0	0
					유상훈	1		41	김근배		0	0	0	0
				후44	류광현	66		28	임창우		0	0	0	0
				후40	김우석	2		32	이주용	후36	0	0	0	0
			2(1)	후35	웰링턴	93	대기	24	이기혁	후14	0	0	0	0
				후44	한국영	8		30	김봉수	전22	0	0	0	0
					김진호	24		9	유리조나탄	전22	0	0	0	0
2		3(2)		후0	가브리엘	63		15	조나탄링	후14	1(1)	1	0	0
4	16	10(5)				0					9(6)	4	3	0

●후반 5분 웰링턴 PAR ~ 가브리엘 GA 정면 R-ST-G (득점: 가브리엘, 도움: 웰링턴) 가운데
●후반 50분 정운 GA 정면 R-ST-G (득점: 정운) 왼쪽

• 10월28일 16:30 맑음 광주 전용 4,723명
• 주심_신용준 부심_박상준·강동호 대기심_송민석 경기감독관_김성기

광주 0		0 전반 0			0 후반 2			2 인천			

퇴장	경고	파울	ST(유)	교체	선수명	배번	위치	배번	선수명	교체	ST(유)	파울	경고	퇴장
0	0	0	0		이준	21	GK	1	김동헌		0	0	0	0
0	0	1	0	17	김승우	4	DF	44	김건희		0	0	0	0
0	0	0	2		안영규	6	DF	47	김동민		0	0	0	0
0	0	0	2(1)		두현석	13	DF	15	임형진		0	0	0	0
0	1	3	1		이순민	44	DF	30	최우진		1(1)	0	0	0
0	0	4(2)			엄지성	7	MF	38	박진홍	33	0	0	0	0
0	0	1	0		아사니	11	MF	26	박현빈	28	2	0	0	0
0	0	0	0		정호연	14	MF	37	홍시후	66	1	0	0	0
0	1	0	16		이강현	24	MF	27	김보섭	2	3	1	0	0
0		18			허율	9	FW	99	천성훈		0	0	0	0
0	1	0	99		토마스	30	FW	77	박승호		0	0	0	0
					노희동	31		23	민성준		0	0	0	0
					김경재	15		66	김세훈	후39	0	0	0	0
					이상기	22		13	강윤구		0	0	0	0
			후16		이희균	16	대기	28	민경현	후39	0	0	0	0
			후40		신창무	17		33	김현서	후28	1	0	0	0
			후26		이건희	18		25	김민석	후16	1(1)	0	0	0
			후26		베카	99		50	김대중		0	0	0	0
0	1	7	11(3)			0					5(2)	9	3	0

●후반 30분 최우진 AKL L-ST-G (득점: 최우진) 오른쪽
●후반 38분 김민석 GA 정면 R-ST-G (득점: 김민석) 오른쪽

• 10월29일 14:00 맑음 울산 문수 18,933명
• 주심_채상협 부심_지승민·방기열 대기심_성덕효 경기감독관_해태식

울산 2		0 전반 0			2 후반 0			0 대구			

퇴장	경고	파울	ST(유)	교체	선수명	배번	위치	배번	선수명	교체	ST(유)	파울	경고	퇴장
0	0	0	0		조현우	21	GK	21	오승훈		0	0	1	0
0	0	0	0		김기희	44	DF	21	김강산		0	0	0	0
0	0	1	1		김영권	19	DF	3	홍정운		0	0	0	0
0	0	2(1)			이명재	13	DF	7	김진혁		0	0	0	0
0	0	2(1)			설영우	66	MF	18	케이타	15	1(1)	0	0	0
0	0	2	0		김성준	16	MF	13	벨톨라		2	1	0	0
0	0	1	0	24	이청용	72	MF	74	이진용	74	0	0	0	0
0	1	3(2)			바코	10	MF	2	황재원		0	0	0	0
0	0	0	0	31	강윤구	30	FW	11	이근호		0	0	0	0
0	0	0	0	3	엄원상	11	MF	99	바셀루스		0	0	0	0
0	0	0	0		마틴아담	19	FW	19	고재현		2(2)	0	0	0
					조수혁	1		31	한태희		0	0	0	0
					정승현	15		6	이원우	후36	0	0	0	0
		1(1)		후40	장시영	3		5	장성원	후40	0	0	0	0
		1(1)		후19	김민혁	2	대기	74	이용래	후12	0	0	0	0
				후40	이규성	24		14	박세진		0	0	0	0
		2(2)		전25	아타루	31		19	김영준	후36	1(1)	0	0	0
				후40	주민규	18		9	에드가	전31	2(1)	1	0	0
0	1	7	10(7)			0					6(4)	7	2	0

●후반 23분 아타루 PAL ⌒ 김민혁 GAR 내 H-ST-G (득점: 김민혁, 도움: 아타루) 오른쪽
●후반 44분 주민규 자기 측 HLL ⌒ 장시영 GAR R-ST-G (득점: 장시영, 도움: 주민규) 가운데

Section 7

2023 경기기록부

511

수원 2 : 2 대전

- 10월 29일 14:00 맑음 수원 월드컵 11,658명
- 주심_고형진 부심_윤재열·박상준 대기심_안재훈 경기감독관_구상범

수원 2 (2 전반 0 / 0 후반 2) **2 대전**

퇴장	경고	파울	ST(유)	교체	선수명	배번	위치	배번	선수명	교체	ST(유)	파울	경고	퇴장
0	0	0	0		양 형 모	21	GK	GK	1	이 창 근		0	0	0	0
0	0	1	0		김 태 환	11	DF	DF	71	강 윤 성		0	2	0	0
0	0	0	0		김 주 원	66	DF	DF	98	안 톤		1(1)	0	0	0
0	0	0	0		한 호 강	5	DF	DF	20	조 유 민		0	0	0	0
0	0	0	0		손 호 준	77	DF	DF	22	오 재 석		3	0	1	0
0	1	4	1(1)	17	카 즈 키	81	MF	MF	5	임 덕 근		0	0	0	0
0	0	1	0	15	이 종 성	16	MF	MF	46	이 동 원	7	0	1	0	0
0	0	1	0	7	김 보 경	33	MF	MF	97	이 진 현		7	0	0	0
0		2(1)	28		김 주 찬	37	FW	FW	17	선 유	11	0	1	0	
0					안 병 준	9	FW	FW	28	티 아 고		2(1)	4	0	0
0		2(2)	97		아코스티	18	FW	FW	19	신 상 은	14	0	0	0	
					안 찬 기	99			25	이 준 서					
				후42	고 명 석	15			11	김 인 균	전26	1			
				후42	이 규 석	28			7	마 사	후26	3(2)			
				후0	고 승 범	4		대기		레안드로		1(1)	0	0	
				후23	김 경 중	17			14	김 영 욱	후9	0			
				후16	바 사 니	97			2	서 영 재					
					웨릭포포	45			3	김 민 덕	후31				
0	1	8	7(4)								9(6)	8	1	0

- ●전반 20분 카즈키 MF 정면 ~ 김주찬 PAL 내 R-ST-G (득점: 김주찬, 도움: 카즈키) 오른쪽
- ●전반 29분 아코스티 GA 정면 H-ST-G (득점: 아코스티) 왼쪽
- ●후반 35분 강윤성 PAR 내 ~ 티아고 GA 정면 R-ST-G (득점: 티아고, 도움: 강윤성) 가운데
- ●후반 49분 티아고 MF 정면 H~ 마사 GA 정면 R-ST-G (득점: 마사, 도움: 티아고) 오른쪽

대전 0 : 1 강원

- 11월 11일 14:00 흐림 대전 월드컵 8,000명
- 주심_채상협 부심_지승민·이영운 대기심_정동식 경기감독관_구상범

대전 0 (0 전반 0 / 0 후반 1) **1 강원**

퇴장	경고	파울	ST(유)	교체	선수명	배번	위치	배번	선수명	교체	ST(유)	파울	경고	퇴장
0	0	0	0		이 창 근	1	GK	GK	31	이 광 연		0	0	0	0
0	0	2	0		강 윤 성	71	DF	DF	88	황 문 기		0	1	0	0
0	0	2	1		안 톤	98	DF	DF	2	김 영 빈		0	1	0	0
0	1	2	0		조 유 민	20	DF	DF	74	강 투 지		1	3	0	0
0	0	0	0		서 영 재	22	DF	DF	20	윤 석 영		0	0	0	0
0	0	3		15	김 영 욱	14	MF	MF	4	서 민 우		2(1)	0	2	0
0	0		5		주 세 종	8	MF	MF	6	알리바예프		3(1)	2	0	0
0		1	1		이 현 식	17	MF	MF	17	유 인 수	24	2	1	0	0
0		1	2		전 병 관	13	MF	MF	10	김 대 원		2	1	0	0
0		1	0		티 아 고	7	FW	FW	11	갈 레 고					
0			7		레안드로	70	FW	FW	18	이 정 협	63	1	0		
					이 준 서	25			1	유 상 훈					
0	1(1)		후0		김 인 환	11			26	조 현 태	후46				
				후27	유 강 현	10			24	김 진 호	후46				
					신 상 은	19		대기	93	웰 링 턴		4(1)			
				후33	박 진 성				14	김 대 우					
				후0	마 사				11	갈 레 고	후				
				후33	변 준 수	15			63	가브리엘	후25				
0	1	15	5(1)								17(5)	9	1	0

- ●후반 24분 이정협 GAL ~ 김대원 GAL R-ST-G (득점: 김대원, 도움: 이정협) 오른쪽

수원FC 3 : 4 서울

- 10월 29일 16:30 맑음 수원 종합 5,372명
- 주심_김우성 부심_성주경·곽승순 대기심_김용우 경기감독관_허기태

수원FC 3 (1 전반 0 / 2 후반 4) **4 서울**

퇴장	경고	파울	ST(유)	교체	선수명	배번	위치	배번	선수명	교체	ST(유)	파울	경고	퇴장
0	0	0	0		노 동 건	17	GK	GK	1	백 종 범		0	0	0	0
0	0	2	0		박 철 우	3	DF	DF	22	이 시 영		0	2	0	0
0	0	1	1(1)		우고고메스	25	DF	DF	30	김 주 성		0	1	0	0
0	1	0	1		신 세 계	30	DF	DF	5	오스마르		0	1	0	0
0	1	0		13	이 용	88	DF	DF	96	박 수 일		0	1	0	0
0	1	0			윤빛가람	14	MF	MF	94	윌 리 안	11	2(1)	0	0	0
0		1		21	김 선 민	55	MF	MF	6	기 성 용		5(2)	1	0	0
0	1(1)		28		김 도 윤	71	MF	MF	7	팔로세비치	25	0			
0			96		김 현	7	MF	MF	9	나 상 호		0			
0	3	6(4)			로 페 즈	10	FW	FW	66	한 승 규	27	0			
0					이 광 혁	22	FW	FW	19	김 신 진		3(2)			
					박 배 종	1			18	황 성 민					
					정 동 호	2			2	황 현 수	후26				
				후18	오 인 표	13			13	고 요 한					
0	1(1)		후49		최 보 경	2		대기		김 경 민	후39	2(1)			
				전24	이 영 재	26			11	강 성 진	후32				
0	1(1)		후0		이 승 우	11			10	지 동 원					
				후49	김 민 성	96			25	비욘존슨	후26	1(1)			
0	0	9	14(8)								16(10)	9	1	0

- ●전반 29분 윤빛가람 GAL EL ~ 로페즈 GAL R-ST-G (득점: 로페즈, 도움: 윤빛가람) 가운데
- ●후반 21분 김현 GAR 내 ~ 이승우 GAL 내 L-ST-G (득점: 이승우, 도움: 김현) 왼쪽
- ●후반 46분 로페즈 PK-R-G (득점: 로페즈) 왼쪽
- ●후반 11분 기성용 자기 측 HLR R-ST-G (득점: 기성용) 왼쪽
- ●후반 14분 윌리안 GA 정면 L-ST-G (득점: 윌리안) 왼쪽
- ●후반 28분 비욘존슨 GA 정면 내 R-ST-G (득점: 비욘존슨) 오른쪽
- ●후반 47분 김경민 GAL 내 L-ST-G (득점: 김경민) 왼쪽

대구 1 : 1 광주

- 11월 11일 16:30 흐림 DGB대구은행파크 12,222명
- 주심_이동준 부심_김계용·곽승순 대기심_안재훈 경기감독관_김종민

대구 1 (1 전반 0 / 0 후반 1) **1 광주**

퇴장	경고	파울	ST(유)	교체	선수명	배번	위치	배번	선수명	교체	ST(유)	파울	경고	퇴장
0	0	0	0		오 승 훈	21	GK	GK	21	이 준		0	0	0	0
0	1	1(1)			김 강 산	20	DF	DF	4	김 승 우		0	0	0	0
0	1	0			조 진 우	66	DF	DF	6	안 영 규		0	1	0	0
0	0	0			홍 정 혁	7	DF	DF	33	두 현 석		1	1	0	0
0	0	0			홍 철	33	MF	MF	44	이 순 민		1	1	1	0
0	1	1(1)			벨 톨 라	13	MF	MF	13	엄 지 성	17	2	1	0	0
0	0				황 재 원	2	MF	MF	14	아 사 니	18	2	1	0	0
0			99		이 근 호	22	FW	FW	24	이 강 현	16	0	1	0	0
0		2			에 드 가	9	FW	FW	11	사 디 크		0	2	0	0
0	1	2			고 재 현	17	FW	FW	99	베 카	30	3(2)	1	0	0
					최 영 은	41			41	김 태 준					
					안 창 민	5			22	이 상 기					
					케 이 타	18			16	이 희 균	후12				
					이 진 용	26		대기		신 창 무	후36				
				후37	박 세 진	14			18	이 건 희					
0	1	5(2)	전32		바셀루스	99			30	토 마 스	후12				
0	1	11	9(4)								9(2)	12	1	0

- ●전반 40분 홍철 C.KR ~ 김강산 GA 정면 H-ST-G (득점: 김강산, 도움: 홍철) 왼쪽
- ●전반 18분 이강현 AKL ~ 베카 AK 정면 R-ST-G (득점: 베카, 도움: 이강현) 오른쪽

제주 0 - 0 서울

• 11월11일 16:30 맑음 제주 월드컵 6,039명
• 주심_송민석 부심_박균용·방기열 대기심_성덕호 경기감독관_조성철

퇴장	경고	파울	ST(유)	교체	선수명	배번	위치	위치	배번	선수명	교체	ST(유)	파울	경고	퇴장
0	0	0	0		김 근 배	41	GK	GK	1	백 종 범		0	0	0	0
0	0	2	1(1)	32	정 운	13	DF	DF	22	이 시 영		0	1	1	0
0	0	2	1	20	송 주 훈	4	DF	DF	5	오스마르		0	0	1	0
0	0	1			임 채 민	26	DF	DF	4	황 현 수		0	0	1	0
0	0	0			김 창 우	28	DF	DF	96	박 수 일		0	0	0	0
0	0	0		11	권 순 호	37	MF	MF	94	윌 리 안	19	4	3	1	0
0	1	3	0		김 건 웅	6	MF	MF	6	기 성 용		0	0	0	0
0	0	2	1		김 봉 수	30	MF	MF	26	팔로세비치		0	0	0	0
0			2(1)		조나탄링	15	MF	MF	7	나 상 호		0	0	0	0
0	1	3(1)			서 진 수	14	FW	FW	66	한 승 규	25	2	2	1	0
0	0	1			곽 승 민	36	FW	FW	90	지 동 원		1	0	0	0
					김형근	21			18	황 성 민					
0				후38	김 오 규	20			30	김 주 성	후33				
0				후38	이 주 용	32			19	김 경 민	후47				
					이 기 혁	24	대기	대기		강 성 진					
0	0		2(1)	후59	김 주 공	19			9	김 신 진	후12	1	0		
0				후33	유리조나탄	9			90	일류첸코	후47				
0			1(1)	후26	김 승 섭	11			25	비욘존슨	후47				
0	1	13	11(5)									14	8	2	0

수원FC 2 - 3 수원

• 11월12일 14:00 맑음 수원 종합 8,886명
• 주심_김종혁 부심_송봉근·방기열 대기심_오현진 경기감독관_나승화

퇴장	경고	파울	ST(유)	교체	선수명	배번	위치	위치	배번	선수명	교체	ST(유)	파울	경고	퇴장
0	0	0	0		박 배 종	1	GK	GK	21	양 형 모		0	0	0	0
0	0	0			박 철 우	3	DF	DF	11	김 태 환		0	0	0	0
0	1	0	1(1)		오 인 표	13	DF	DF	23	박 대 원		0	0	0	0
0		2	3(1)		우고고메스	25	DF	DF	66	김 주 원		0	0	0	0
0					신 세 계	30	DF	DF	77	손 호 준		5	1	0	0
0		2(1)		55	이 승 우	11	MF	MF	18	아코스티	37	4(2)	0	0	
0					윤빛가람	14	MF	MF	81	카 즈 키		0	0	0	0
0					이 영 재	10	MF	MF	16	이 종 성		0	0	0	0
0	3	5(1)			로 페 즈	7	MF	MF	97	바 사 니	36	1	1	0	0
0	1				김 도 윤	71	FW	FW	45	웰 리 포 포		1(1)	0	0	0
0	1	22			강 민 성	96	FW	FW	44	안 병 준		1(1)	0	0	
					노 동 건	17			99	안 찬 기					
0				후16	정 동 호	2			5	한 호 강	후				
					최 보 경	21			23	이 기 제					
0	0		2(2)	후26	김 선 민	55	대기	대기	6	오 현 규					
0	0	5(3)		후15	정 재 용	8			37	김 주 찬	후14	1(1)	0		
				후15	이 광 혁	22			14	전 진 우	후26	0			
0				후16	바우테르손	37			44	물 리 치	후26	2(2)	1	0	
			13(7)									13(7)	6	2	1

● 전반 30분 윤빛가람 C.KL ⌒ 우고 고메스 GAR 내 H-ST-G (득점: 우고 고메스, 도움: 윤빛가람) 가운데
● 후반 15분 이영재 MFL ⌒ 김현 GA 정면 H-ST-G (득점: 김현, 도움: 이영재) 오른쪽

● 전반 48분 아코스티 GAL 내 R-ST-G (득점: 아코스티) 왼쪽
● 후반 8분 아코스티 AK 정면 가슴패스 안병준 PA 정면 R-ST-G (득점: 안병준, 도움: 아코스티) 왼쪽
● 후반 33분 물리치 AK 내 ⌒ 김주찬 GAR R-ST-G (득점: 김주찬, 도움: 물리치) 왼쪽

인천 1 - 1 전북

• 11월12일 14:00 맑음 인천 전용 11,912명
• 주심_최현재 부심_김지욱·설귀선 대기심_이경순 경기감독관_양영환

퇴장	경고	파울	ST(유)	교체	선수명	배번	위치	위치	배번	선수명	교체	ST(유)	파울	경고	퇴장
0	0	0	0		김 동 헌	1	GK	GK	13	정 민 기		0	0	0	0
0	1	0			김 건 희	44	DF	DF	23	김 진 수		1	1	0	0
0	1	2	0		김 동 민	47	DF	DF	4	박 진 섭		0	1	0	0
0					김 연 수	20	DF	DF	26	홍 정 호		0	0	0	0
0	1		1(1)		민 경 현	28	DF	DF	50	최 철 순		0	0	0	0
0					김 도 혁	7	MF	MF	21	보 아 텡		0	0	0	0
0	0	2(2)		26	음 포 쿠	40	MF	MF	16	이 수 빈		0	0	1	0
0	1	1		14	홍 시 후	37	MF	MF	8	백 승 호		1(1)	1	0	0
0				25	김 보 섭	27	FW	FW	11	송 민 규		0	0	0	0
0	1	5(4)			에르난데스	10	FW	FW	44	이 준 호	10	1	0	0	0
0		3(2)		30	박 승 호	29	FW	FW	7	한 교 원		0	0	0	0
					이 태 희	1			51	공시 탁					
					오 반 석		대기		11	박 재 용	후0	1(1)			
0				후35	정 동 윤	14			11	이 동 준					
0				후35	최 우 진	30	대기	대기	15	구 자 룡					
0	1(1)	후0			박 현 빈	24			21	아마노 준	후21	0			
					박 진 홍	38			27	문 선 민	후0	1(1)			
0				후35	김 민 석	25			70	박 창 우					
0	3	11	14(12)									5(4)	1	2	0

● 후반 15분 김도혁 PK지점 L-ST-G (득점: 김도혁) 가운데
● 후반 22분 최철순 PAR ⌒ 박재용 GAR H-ST-G (득점: 박재용, 도움: 최철순) 왼쪽

울산 3 - 2 포항

• 11월12일 16:30 맑음 울산문수 16,946명
• 주심_김희곤 부심_성주엽·강동호 대기심_최광호 경기감독관_김용세

퇴장	경고	파울	ST(유)	교체	선수명	배번	위치	위치	배번	선수명	교체	ST(유)	파울	경고	퇴장
0	0	0	0		조 현 우	21	GK	GK	1	황 인 재		0	0	0	0
0	0	0			김 기 희	44	DF	DF	14	박 승 욱		0	0	0	0
0					김 영 권	19	DF	DF	3	그 랜 트		2(2)	0	0	0
0	2(1)				설 영 우	66	DF	DF	45	하 창 래		0	0	0	0
0					김 태 환	23	DF	DF	17	신 광 훈	2	0	0	0	0
0					이 규 성	24	MF	MF	16	한 찬 희	66	0	0	0	0
0					이 청 용	15	MF	MF	6	김 종 우		0	0	0	0
0					김 민 혁	42	MF	MF	37	홍 윤 상		1(1)	0	0	0
0	2(1)			31	장 시 영	3	MF	MF	88	강 현 제	29	4(2)	1	0	0
0					엄 원 상	11	MF	MF	30	윤 재 운	7	0	0	0	0
0	3(2)			9	주 민 규	11	FW	FW	9	제 카	23	1	0	0	0
					조 수 혁	21				윤 평 국	21				
0				후46	설 승 현	15			20	박 찬 용					
0				후46	조 현 택	26			2	심 상 민	후31	0			
0				후36	보아니치	8	대기	대기	26	김 준 호	후31	0			
0					아 타 루	31			29	박 형 우	후31	1(1)			
					바 코	10			66	김 인 성	후				
0				후48	마 틴 아담				33	이 호 재	후10	3(1)	0	0	
0	2	8	12(6)									13(8)	2	0	

● 후반 1분 설영우 GAL 내 R-ST-G (득점: 설영우) 왼쪽
● 후반 5분 김태환 PAR 내 EL ⌒ 아타루 GAL R-ST-G (득점: 아타루, 도움: 김태환) 오른쪽
● 후반 17분 엄원상 PAR 내 ⌒ 주민규 GA 정면 H-ST-G (득점: 주민규, 도움: 엄원상) 왼쪽

● 전반 31분 윤재운 PAR 내 ~ 강현제 GA 정면 R-ST-G (득점: 강현제, 도움: 윤재운) 가운데
● 후반 37분 이호재 PK-R-G (득점: 이호재) 오른쪽

- 11월 24일 19:30 맑음 인천 전용 7,601명
- 주심_김종혁 부심_송봉근·곽승순 대기심_채상협 경기감독관_김용세

인천 3 | 0 전반 0
3 후반 1 | **1 울산**

퇴장	경고	파울	ST(유)	교체	선수명	배번	위치	위치	배번	선수명	교체	ST(유)	파울	경고	퇴장
0	0	0	0		김동현	1	GK	GK	1	조수혁		0	0	0	0
0	0	0	1(1)		오반석	4	DF	DF	44	김기희		0	1	1	0
0	0	0	0		권한진	55	DF	DF	19	김영권		1	1	1	0
0	0	1	1		김연수	3	DF	DF	13	김태환		0	1	0	0
0	0	1(1)	14		최우진	30	MF	DF	13	이명재		1	0	0	0
0		0	38		김도혁	7	MF	MF	36	이재욱	22	1	0	1	0
0	3	1	44		박현빈	26	MF	MF	8	보아니치	24	1	1		0
0		2(2)			홍시후	37	MF	MF	31	아타루		1	0	0	0
								FW	9	강윤구		1(1)	0	0	0
0	0	2(2)	10		천성훈	99	FW	FW	11	바		1(1)	0	0	0
0	0	2	3(3)		박승호	77	FW	FW	18	주민규		4(3)	1	0	0
					이태희	21			21	조현우					
0				후50	김건희	44			66	설영우	후26				
0				후35	정동윤	14			26	조현택					
					김현서	대기		대기	24	이규성	후56	1			
0				후50	박진용	28			18	엄원상	후0	1(1)			
0				후35	김민석	35			9	마틴 아담	후0	1	0		
0	0	1(1)		후13	에르난데스	10			9						
0	1	9	14(10)									13(8)	5	1	0

- 후반 5분 최우진 PAL ~ 박승호 PA 정면 내 L-ST-G (득점: 박승호, 도움: 최우진) 왼쪽
- 후반 28분 에르난데스 GAR ~ 홍시후 PK지점 R-ST-G (득점: 홍시후, 도움: 에르난데스) 오른쪽
- 후반 31분 김보섭 PAL ⌒ 오반석 GAL H-ST-G (득점: 오반석, 도움: 김보섭) 오른쪽
- 후반 44분 주민규 PK-R-G (득점: 주민규) 가운데

- 11월 25일 14:00 흐림 제주 월드컵 4,713명
- 주심_오현진 부심_강동호·김수현 대기심_최규현 경기감독관_김종민

제주 0 | 0 전반 0
0 후반 2 | **2 대전**

퇴장	경고	파울	ST(유)	교체	선수명	배번	위치	위치	배번	선수명	교체	ST(유)	파울	경고	퇴장
0	0	0	0		김동준	1	GK	GK	1	이창근		0	0	0	0
0	1	2	0		정운	13	MF	MF	71	강윤성	11	1	2	0	0
0	0	1	0		송주훈	4	DF	DF	31	임유석		0	0	0	0
0	0	1	1		임채민	26	DF	DF	4	김민덕		0	0	0	0
0		32			임창우	28	DF	DF	3	김민		0	0	0	0
0	0	0	11		권순호	37	MF	MF	22	오재석	98	1(1)	0	0	0
0	0	1			최영준	6	MF	MF	14	김영욱	19	0	1	0	0
0	1(1)	5			김봉수	30	MF	MF	46	이동원		2	1	0	0
0	0	0			조나탄 링	15	MF	FW	28	티아고	2	1	0		0
0	1	1			서진수	14	FW	FW	10	유강현		4(2)	1		0
0	1	0			한종무	25	FW		25	이준서					
					김근배	41			11	김인균	후24	2(1)	1		
					김오규	20			70	레안드로					
0				후45	이주용	7			19	신상은	후36	1(1)	0		
0				후45	김건웅	대기		대기	7	주세종	후36	1			
0	1	1	1		원기종	9			6	임은수		0			
0		6(4)		전28	헤이스	13			98	안톤		0			
				전32	김승섭	11									
0	3	10	13(6)									12(5)	14	2	0

- 후반 38분 티아고 AKR ~ 신상 AK 내 R-ST-G (득점: 신상, 도움: 티아고) 오른쪽
- 후반 46분 김인균 PAL 내 EL L-ST-G (득점: 김인균) 왼쪽

- 11월 25일 14:00 맑음 전주 월드컵 11,369명
- 주심_정동식 부심_지승민·구은석 대기심_신용준 경기감독관_김성기

전북 2 | 2 전반 0
0 후반 0 | **0 광주**

퇴장	경고	파울	ST(유)	교체	선수명	배번	위치	위치	배번	선수명	교체	ST(유)	파울	경고	퇴장
0	0	0	0		김정훈	1	GK	GK	1	김경민		0	0	0	0
0	1	3	1		김진수	23	DF	DF	4	김승우	5	0	1	0	0
0	0	0	0		홍정호	26	DF	DF	6	안영규		0	1	0	0
0	0	0	1		정태욱	3	DF	DF	13	두현석		1	1	0	0
0	0	0	1(1)		안현범	94	DF	DF	15	이상기	3	1(1)	0	0	0
0	1	4			박진섭	4	MF	MF	7	엄지성		0	0	0	0
0	1	1(1)	27		송민규	17	MF	MF	14	정호연		2(1)	0	0	0
0	2	1			백승호	8	MF	MF	23	정호진	19	1	1	0	0
0	0	1			아마노 준	21	MF	MF	30	토마스		0	1	0	0
0		5			문선민		FW	FW	18	허율		0	1	0	0
0	1	1	44		박재용	10	FW	FW	75	오후성	16	0			
					정민기	13			21	이준					
0				후30	한교원	7			5	민기봉	후15	0			
0					구자룡	15			5	티모	후0				
0				후20	이수빈	대기		대기	16	이희균	후0	1			
0				후42	최철순	25			10	김한길		0			
0	0	1(1)		후20	문선민	27			9	허율	후15	0			
0				후42	이준호	44			19	하승운	후27	0			
0	1	10	11(6)									10(2)	12	2	0

- 전반 17분 송민규 GAL 내 H~ 안현범 GAR 내 H-ST-G (득점: 안현범, 도움: 송민규) 오른쪽
- 전반 47분 송민규 GA 정면 L-ST-G (득점: 송민규) 가운데

- 11월 25일 16:30 맑음 포항 스틸야드 9,541명
- 주심_김용우 부심_방기열·이영운 대기심_성덕효 경기감독관_혀태식

포항 1 | 0 전반 0
1 후반 0 | **0 대구**

퇴장	경고	파울	ST(유)	교체	선수명	배번	위치	위치	배번	선수명	교체	ST(유)	파울	경고	퇴장
0	1	0	0		황인재	21	GK	GK	21	오승훈		0	0	0	0
0	0	1	0		심상민	2	DF	DF	20	김강산		1(1)	0	0	0
0	0	0	0		박찬용	20	DF	DF	6	홍정운		0	0	0	0
0	0	0	0		하창래	45	DF	DF	7	김진혁		1	2	0	0
0	1	4	0		박승욱	14	MF	MF	33	홍철		0	0	0	0
0	0	1	1		한찬희	16	MF	MF	13	벨톨라	36	1(1)	1		0
0	0	1	1		김준호	66	MF	MF	14	박세진		0	0	0	0
0	0	2(2)			홍윤상	37	MF	MF	2	황재원	26	0	0	0	0
0			26		김현제	2	FW	FW	99	바셀루스	22	0	1	0	0
0	1	0			윤재운	30	FW	FW	17	고재현		2(2)	1	0	0
0	1	1(1)	33		제카	9	FW	FW	17	고재현		3(1)	1	0	0
					윤평국	1			1	최영은					
					이규백	34			66	조진우	후40				
0				후9	신광훈	17			5	장성원	후40	0			
0					김규표	대기		대기	36	박세진		0			
0				후32	조재훈	26			36	김희승	후40	0			
0				후16	김인성				37	이종훈					
0		1(1)		후16	이호재	33			22	이근호	후66				
0	3	12	8(4)									8(5)	9	2	0

- 후반 44분 이호재 PK-R-G (득점: 이호재) 왼쪽

서울 0 – 1 수원

- 11월25일 16:30 맑음 서울 월드컵 36,007명
- 주심_박병진 부심_김지욱·홍석찬 대기심_정회수 경기감독관_차상해

퇴장	경고	파울	ST(유)	교체	선수명	배번	위치	위치	배번	선수명	교체	ST(유)	파울	경고	퇴장
0	0	0	0		백종범	1	GK	GK	21	양형모		0	0	0	0
0	0	1	0		김주성	30	DF	DF	11	김태환		0	0	0	0
1	0	1	0		오스마르	5	DF	DF	66	김주원		0	2	1	0
0	1	1	0		김수일	96	DF	DF	77	손호준	33	0	1	0	0
0	1	1	0		이시영	22	DF	MF	18	아코스티	37	2(1)	1	0	0
0	1	1	2		기성용	6	MF	MF	7	고승범		1	1	0	0
0	0	2	1	11	한승규	66	MF	MF	7	고승범		1			0
0	1	3	1(1)	26	고요한	13	MF	MF	4	이종성		1	1		0
0		2(1)			나상호	7	FW	FW	97	바사니	14	5(2)	1	0	0
0	1	0	1(1)	10	일류첸코	90	FW	FW	9	안병준			0		0
2	2		25		윌리안	25	FW	FW	45	웨릴포포	44	1	1		0
					황성민	99			99	안찬기		0			
					백상훈	35			33	박대원	후9				
0	0	0	1	후0	팔로세비치	26			6	한석종					
0	0	1			김경민	19	대기	대기	29	이상민	후32				
0	0	0		후39	강성진	11			37	전진우	후0				
				후0	지동원	14			14	전진우	후32				
0	0			후39	비욘존슨	25			44	물리치	후18	3(2)	0	1	0
1	3	12	10(3)			0			0			14(5)	8	2	0

- ●후반 18분 바사니 AK 정면 L-ST-G (득점: 바사니) 오른쪽

대전 2 – 2 서울

- 12월02일 14:00 흐림 대전 월드컵 10,176명
- 주심_신용준 부심_성주경·곽승순 대기심_최승환 경기감독관_양정환

퇴장	경고	파울	ST(유)	교체	선수명	배번	위치	위치	배번	선수명	교체	ST(유)	파울	경고	퇴장
0	0	0	0		이창근	1	GK	GK	18	황성민		0	0	1	0
0	1	1	2		안톤	98	MF	MF	96	박수일		0	0	0	0
1	2	3(1)		20	임유석	31	DF	DF	30	김진야		0	1	1	0
0	1	1			조유민	20	DF	DF	40	박성훈		0	0	0	0
0	0	1			김민덕	5	DF	DF	19	김경민		0	1	0	0
0	0	1	19		오재석	22	MF	MF	81	황도윤	90	0	0	0	0
0	1	2	0		주세종	8	MF	MF	26	팔로세비치		0	0	0	0
0	1	2	13		김인균	11	MF	MF	72	이승준		0	0	0	0
0	3	4(1)	2	70	이동현	46	MF	MF	66	강성진	36	3(1)	2	0	0
0	2(1)				티아고	28	FW	MF	11	강성진	36	5(3)	0	1	0
0	3(2)	70			유강현	70	FW	FW	10	지동원		2(2)	0	0	0
					이준서				1	백종범		0			
					유선우	43			22	이시영	후25	0			
0				후35	레안드로	70			36	안재훈	후46	0			
0	0			후0	신상은	21	대기	대기	35	안수훈		0			
				후0	전병관	31			37	손상범	후9				
0	0			후21	임덕근	7			7	나상호	후0/37				
0	0			후21	서영재	2			90	일류첸코					
3	15	17(6)				0			0			14(6)	8	3	0

- ●전반 21분 김인균 MFL TL ⌒ 티아고 PA 정면 내 H-ST-G (득점: 티아고, 도움: 김인균) 왼쪽
- ●후반 51분 티아고 AKR H ⌒ 신상은 GAR 내 R-ST-G (득점: 신상은, 도움: 티아고) 가운데
- ●전반 6분 박수일 MFL ⌒ 강성진 GA 정면 L-ST-G (득점: 강성진, 도움: 박수일) 오른쪽
- ●후반 16분 지동원 AK 정면 ~ 강성진 PA 정면 내 L-ST-G (득점: 강성진, 도움: 지동원) 오른쪽

강원 2 – 0 수원FC

- 11월25일 16:30 맑음 강릉 종합 7,307명
- 주심_이동준 부심_김계용·성주경 대기심_최철준 경기감독관_허기태

퇴장	경고	파울	ST(유)	교체	선수명	배번	위치	위치	배번	선수명	교체	ST(유)	파울	경고	퇴장
0	1	0	0		이광연	31	GK	GK	17	노동건		0	0	0	0
0	0	3	0		황문기	88	DF	DF	5	잭슨		1(1)	1	1	0
0	1	1			김영빈	2	DF	DF	30	신세계	7	0	0	0	0
0	1	1			강투지	74	DF	DF	66	박병현		0	0	0	0
0		1			윤석영	20	DF	MF	3	박철우		0	0	0	0
0	1	0	4		알리바예프	4	MF	MF	88	이용	2	1	1	0	0
0				26	유인수	7	MF	MF	14	윤빛가람		1	0	0	0
0	2	2(1)	11		김대원	10	MF	MF	28	이영재		1(1)	0	0	0
0			93		이승원	93	MF	MF	55	김선민	22	0	0	0	0
0	1(1)	63			이정협	18	FW	FW	71	김도윤	11	0	1	0	0
					유상훈	1		FW	96	김민성		0	1	0	0
0	0			후32	조현태	26			1	박배종		0			
0	0	1		후15	김진호	24			2	정동호	후34				
				전24	웰링턴		대기	대기	21	최보경					
0	0				한국영	8			7	김현	후16	1			
0	0			후32	갈레고	11			10	로페즈	전21	3(1)	1	0	0
0	1	1(1)		후15	가브리엘	63			11	이승우	전21	3(1)	1	0	0
									19	이광혁	후0	2(2)	1	0	0
3	16	7(4)				0			0			12(6)	1	0	0

- ●전반 19분 김대원 MF 정면 ~ 이정협 PA 정면 내 R-ST-G (득점: 이정협, 도움: 김대원) 왼쪽
- ●후반 37분 김진호 GA 정면 내 L-ST-G (득점: 김진호) 가운데

수원FC 1 – 1 제주

- 12월02일 14:00 흐림 수원 종합 2,602명
- 주심_박병진 부심_지승민·이양우 대기심_정동식 경기감독관_김종민

퇴장	경고	파울	ST(유)	교체	선수명	배번	위치	위치	배번	선수명	교체	ST(유)	파울	경고	퇴장
0	0	0	0		노동건	17	GK	GK	1	김동준	21	0	0	0	0
0	0	0			잭슨	5	DF	DF	32	이주용		0	0	0	0
0	0	1	7		최보경	21	DF	DF	26	임채민		0	2	1	0
0	1	1			박병현	66	DF	DF	20	김오규		0	0	0	0
0					박철우	3	MF	DF	2	안태현		0	1	0	0
0	0	2			정재용	8	MF	MF	7	전성진	14	1(1)	0	0	0
0	1				윤빛가람	14	MF	MF	14	김건웅	24	1	1(1)	0	0
0	4(4)				이영재	28	MF	MF	6	최영준		0	1	0	0
0	1	24			이용	88	MF	MF	37	권순호	17	0	1	0	0
0	0				장재웅	29	FW	FW	9	유리조나탄		2(2)	1	0	0
0	1				김도윤	96	FW	FW	10	헤이스	11	0	0	0	0
									21	김형근	후32	0			
0	0				정동호	2			4	송주훈		0			
0	0			후25	김주엽	24			28	임창우					
0	0			후19	우고메스		대기	대기	24	이기혁	후36	0			
0	1			후0	김현	7			15	조나탄링	후36	2(2)			
0	2(1)			전16	로페즈	10			14	서진수	후36	1(1)	0	0	0
0	3(1)			전16	이승우	11			21	김승섭	후23	0			
3	9	14(6)				0			0			9(7)	12	2	0

- ●후반 5분 이영재 PA 정면 FK L-ST-G (득점: 이영재) 오른쪽
- ●전반 5분 김건웅 GAR L-ST-G (득점: 김건웅) 오른쪽

수원 0 : 0 강원

- 12월 02일 14:00 맑음 수원월드컵 24,932명
- 주심_고형진 부심_윤재열·박상준 대기심_오현진 경기감독관_허기태

수원 0 — 0 전반 0 / 0 후반 0 — **0 강원**

퇴장	경고	파울	ST(유)	교체	선수명	배번	위치	위치	배번	선수명	교체	ST(유)	파울	경고	퇴장
0	0	0	0		양형모	21	GK	GK	31	이광연		0	0	0	0
0	0	1	1(1)		김태환	11	DF	DF	88	황문기		1(1)	1	0	0
0	1	2	0	10	김주원	66	DF	DF	2	김영빈		0	2	1	0
0	0	0	0		한호강	5	DF	DF	74	강투지		0	0	0	0
0	0	1	0	33	손호준	77	DF	DF	20	윤석영		0	0	0	0
0	2	1(1)		37	아코스티	18	MF	MF	4	서민우		0	2	1	0
0	1	0			고승범	7	MF	MF	6	알리바예프		1(1)	1	0	0
0	2	0		13	한석종	6	MF	MF	17	유인수	11	0	1	0	0
0	1	0			바사니	97	MF	MF	10	김대원		0	0	0	0
0	0	0	0		안병준	9	FW	MF	73	이승원	73	0	0	0	0
0	0	0	1	44	웨릴포포	45	FW	FW	18	이정협	63	1(1)	0	0	0
					안찬기	99			1	유상훈		0			
					고명석	15			26	조현태	후47	0			
			후		박대원	33			24	김진호		0			
0	0	1	1(1)	후11	김보경	13	대기	대기	33	윤일록	록26	2(1)	1	1	0
				후25	정승용	10			8	한국영		0			
0	0	0	1	후11	김주찬	37			11	갈레고	후32	0			
0	0	0	2	후16	뮬리치	44			63	가브리엘	후32	1(1)	1	0	0
0	3	12	7(3)							0		9(8)	10	3	0

광주 0 : 0 포항

- 12월 03일 14:00 맑음 광주 전용 5,817명
- 주심_이동준 부심_송봉근·설귀선 대기심_최규현 경기감독관_이경춘

광주 0 — 0 전반 0 / 0 후반 0 — **0 포항**

퇴장	경고	파울	ST(유)	교체	선수명	배번	위치	위치	배번	선수명	교체	ST(유)	파울	경고	퇴장
0	0	0	0		김경민	1	GK	GK	21	황인재		0	0	0	0
0	0	2	0		이민기	3	DF	DF	2	심상민		0	0	0	0
0	1	1	1(1)	19	티 모	5	DF	DF	5	그랜트		0	0	0	0
0	0	2(1)			안영규	6	DF	DF	45	하창래		0	0	0	0
0	0	0	0		두현석	13	DF	DF	17	신광훈		0	0	0	0
0	0	0	0		엄지성	7	MF	MF	16	한찬희		0	0	0	0
0	2	2(2)		10	아사니	11	MF	MF	66	김준호	12	0	1	0	0
0	0	0	0		정호연	14	MF	MF	37	홍윤상		1	0	0	0
0	3(2)			18	허 율	9	FW	MF	19	윤민호	7	0	1	0	0
0	0	0	1	33	이희균	7	FW	FW	30	신재운	20	2(2)	0	0	0
0	1					33		FW	FW	33	이호재		0	1	1	0
					이 준	21			1	유평국		0			
					김승우	4			20	박찬용	후16	0			
					이상기	22			22	박건우		0			
0				후22	한찬길	19	대기	대기	88	김규표		0			
0	1	1(1)		후22	박한빈	33			12	김승대	후16	1	0	0	
0				후22	이건희	18			7	김인성	후0	0			
				후0	하승운				18	강현제		0			
0	3	10	17(11)							0		3(2)	8	1	1

울산 1 : 0 전북

- 12월 03일 14:00 맑음 울산 문수 28,638명
- 주심_김우성 부심_김지욱·강동호 대기심_안재훈 경기감독관_차상해

울산 1 — 1 전반 0 / 0 후반 0 — **0 전북**

퇴장	경고	파울	ST(유)	교체	선수명	배번	위치	위치	배번	선수명	교체	ST(유)	파울	경고	퇴장
0	0	0	0		조현우	21	GK	GK	1	김정훈		0	0	0	0
0	0	1	1		정승현	15	DF	DF	32	정우재	25	0	0	0	0
0	1		R-ST-G		김영권	19	DF	DF	26	홍정호	15	0	0	0	0
0	0	2(2)			김태환	23	DF	DF	3	정태욱		0	1	0	0
0	1	2(2)			설영우	66	DF	DF	94	안현범		3(2)	0	0	0
0	0	0		36	김성준	16	MF	MF	4	박진섭		3(2)	5	0	0
0	2	0			이청용	27	MF	MF	29	김민규		1	1	0	0
0	0	0		22	루빅손	17	MF	MF	8	백승호		0	0	0	0
0	3(2)			31	강윤구	30	MF	MF	21	아마노준	27	0	2	1	0
0	1	1(1)		13	엄원상	11	FW	MF	11	이동준	10	1	1	0	0
0	3(3)		9		주민규	18	FW	FW	44	이준호	19	0	0	0	0
					조수혁	1	대기		13	정민기		0			
					김기희	44	대기		19	박재용	후39	0			
				후32	이명재	13	대기		9	구자룡	전47	0			
				후32	이재우	36	대기		16	이수빈		0			
				후0	김민혁	22	대기		25	최철순	후34	0			
		3(1)		후30	아타루	31	대기		27	문선민	후0	0			
0	0	1	1(1)	후20	마틴 아담	9		하파		실바	후0	2(1)	2	0	0
0	3	15	16(12)							0		12(5)	14	2	0

- 전반 31분 김성준 AK 내 ~ 설영우 PA 정면 내 R-ST-G (득점: 설영우, 도움: 김성준) 가운데

대구 2 : 1 인천

- 12월 03일 14:00 맑음 DGB대구은행파크 12,334명
- 주심_송민석 부심_김계용·구은석 대기심_정회수 경기감독관_김용세

대구 2 — 1 전반 0 / 1 후반 1 — **1 인천**

퇴장	경고	파울	ST(유)	교체	선수명	배번	위치	위치	배번	선수명	교체	ST(유)	파울	경고	퇴장
0	1	0	0		최영은	21	GK	GK	1	김동헌		0	0	0	0
0	1	1(1)			김강산	20	DF	DF	4	오반석		0	0	0	0
0	1	2	0		조진우	66	DF	DF	55	권한진		0	1	1	0
0	1	0	1(1)		김진혁	7	DF	DF	3	김연수	44	1(1)	3	0	0
0	0				홍 철	33	MF	MF	30	최우진		0	0	0	0
0	0		18		벨토라	14	MF	MF	7	김도혁		0	0	0	0
0	2				황재원	2	MF	MF	40	김포쿠	25	0	0	0	0
0	1	2		74	장성원	5	MF	MF	28	민경현	37	0	0	0	0
0	1(1)			14	이근호	22	FW	FW	27	김보섭		2(2)	2	0	0
0	4(3)				에드가	9	FW	FW	99	천성훈	7	0	0	0	0
0	1			19	고재현	17	FW	FW	77	박승호	10	1	0	0	0
					한태희	31			21	이태희		0			
				후41	케이타	18			44	김건희	후40	1	1	0	
					배수민	38	대기	대기	17	김준엽	후25	1	1	0	
				후33	이용래	74			26	박현빈	후25	1	1	0	
				후15	박세진				37	홍시후	후0	1(1)	0	0	
				후41	김영준	19			10	에르난데스		2(1)	1	0	
0	3	12	9(6)									7(6)	11	4	0

- 전반 40분 홍철 MFL ~ 에드가 GA 정면 H-ST-G (득점: 에드가, 도움: 홍철) 오른쪽
- 후반 11분 홍철 MFL ~ 에드가 GA 정면 H-ST-G (득점: 에드가, 도움: 홍철) 오른쪽
- 후반 29분 홍시후 PAR ~ 에르난데스 PAR R-ST-G (득점: 에르난데스, 도움: 홍시후) 오른쪽

제1조 (목적)_ 본 대회요강은 (사)한국프로축구연맹(이하 '연맹')이 K LEAGUE 2(이하 'K리그2') 대회 및 경기 운영에 관한 사항을 규정함을 목적으로 한다.

제2조 (용어의 정의)_ 본 대회요강에서 '대회'라 함은 정규 라운드(39R) 및 K리그2 준플레이오프, K리그2 플레이오프를 말하며, '클럽'이라 함은 연맹의 회원단체인 축구단을, '팀'이라 함은 해당 클럽의 팀을, '홈 클럽'이라 함은 홈경기를 개최하는 클럽을 지칭한다.

제3조 (명칭)_ 본 대회명은 '하나원큐 K리그2 2023'으로 한다.

제4조 (주최, 주관)_ 본 대회는 연맹이 주최(대회를 총괄하여 책임지는 자)하고, 홈 클럽이 주관(주최자의 위임을 받아 대회를 운영하는 자)한다. 홈 클럽의 주관권은 제3자에게 양도할 수 없다.

제5조 (참가 클럽)_ 본 대회 참가 클럽(팀)은 총 13팀(경남FC, 김포FC, 김천상무, 부산아이파크, 부천FC 1995, 서울이랜드FC, 성남FC, 안산그리너스FC, FC안양, 전남드래곤즈, 천안시티FC, 충남아산FC, 충북청주FC)이다.

제6조 (일정)_ 본 대회는 2023.03.01.(수)~12.02.(토)에 개최하며, 경기일정(대진)은 미리 정한 경기일정표에 의한다.

구분	일정	방식	Round	팀수	경기수	장소
정규 라운드	03.01.(수)~12.02.(토)	3Round robin	39R	13팀	234경기(팀당 36G)	홈 클럽 경기장
플레이오프	준PO 11.29.(수), PO 12.02.(토)	토너먼트	2R	3팀(최종순위 3~5위)	2경기	
계					236경기(팀당 36+@경기)	

※대내외적 환경 변화에 따라 경기일정 변경 가능성 있음.

제7조 (대회방식)_

구분	대진	경기방식	경기장	다음 라운드 진출
K리그2 준PO	정규라운드 4위 vs 5위	90분 단판경기	4위팀 홈	승리팀 (무승부 시 4위팀)
K리그2 PO	정규라운드 3위 vs K리그2 준PO 승리팀	90분 단판경기	3위팀 홈	승리팀 (무승부 시 3위팀)

1. 13팀이 3Round robin(39라운드) 방식으로 정규 라운드를 진행한다.
2. 정규 라운드(1~39R) 성적을 기준으로 1위팀은 K리그1 자동승격, 2위팀은 K리그1의 11위팀과 승강 플레이오프, 3위부터 5위까지는 K리그2 플레이오프를 실시한다. K리그2 준플레이오프, 플레이오프 및 승강 플레이오프 1, 2는 K리그1 및 K리그2가 대회성립요건을 충족했을 경우에만 개최하며, 어느 한 디비전이라도 대회가 성립되지 않을 경우의 승강방식은 제22조 3항에 따른다. 정규 라운드 순위결정은 제30조에 의한다.
3. K리그2 플레이오프 방식(준PO, PO)은 정규라운드 4위와 5위가 준PO(단판경기)를 실시하고, 90분 경기 무승부 시 정규리그 4위팀이 플레이오프에 진출한다. 플레이오프에 진출한 팀은 정규 라운드 3위와 PO(단판경기)를 실시하고, 90분 경기 무승부 시 정규리그 3위팀이 PO 승자로서 승강 플레이오프 2에 진출한다.
4. K리그2 플레이오프(준PO, PO) 홈경기 개최는 정규 라운드 상위팀의 홈경기장에서 개최한다.
5. 최종 순위 결정은 제30조에 의한다.

제8조 (참가자격)_ 1. 본 대회를 참가하기 위해 클럽은 'K리그 클럽 라이선싱 규정'을 준수하여야 하며, 그에 따라 라이선스를 부여받아야 한다.

제9조 (경기장)_ 1. 모든 클럽은 최상의 상태에서 홈경기를 실시할 수 있도록 경기장을 유지·관리할 책임이 있다.
2. 본 대회는 원칙적으로 축구전용경기장에서 개최되어야 한다.
3. 경기장은 법령이 정하는 시설 안전 기준을 충족하여야 한다.
4. 홈 클럽은 경기장을 방문하는 관람객을 위해 관중상해보험에 가입하여야 하며, 보험증권을 시즌 개막 7일 전까지 연맹에 제출하여야 한다. 홈 클럽이 연고지역 외, 기타 지역에서 경기를 개최하고자 할 경우에는 연맹에 경기개최 승인 요청 시 보험증권을 첨부하여 제출하여야 한다.
5. 각 클럽은 경기장 시설(물)에 대해 연맹의 승인을 득하여야 한다.
6. 경기장은 연맹의 경기장 시설 기준을 준수하여야 하며, 다음 각 호의 조건을 충족하여야 한다.
1) 그라운드는 천연잔디구장으로 길이 105m, 너비 68m를 권고하며, 천연잔디 또는 하이브리드 잔디여야 한다. 단 하이브리드 잔디를 사용할 경우 사전에 연맹의 승인을 득하여야 하며, 아래 기준을 충족시켜야 한다.
① 기준 - 인조잔디 내 인체 유해성분이 검출되지 않을 것
  - 전체 그라운드 면적 대비 인조잔디 함유 비율 5% 미만
  - 최초 설치 시 아래 기준치를 상회하는 성능일 것

충격흡수성	수직방향변형	잔디길이
(51~68)%	(4~10)mm	(21~25)mm
회전저항	**수직공반발**	**공구름**
(25~50)N/m	(0.6~1.0)mm	(4~8)m

② 제출서류 - 샘플(1㎡), 제품규격서, 유해성 검출 시험 결과표, 설치/유지 관리 계획서
③ 승인절차 - 신청일로부터 60일 이내 승인
  - 필요시, 현장테스트 진행(최소 10㎡ 이상의 예비 포지 사전 마련)
④ 그라운드 관리 미흡으로 인한 문제 발생 소지 있을 경우, 사용이 제한될 수 있음
2) 공식경기의 잔디 길이는 2~2.5cm로 유지되어야 하며, 전체에 걸쳐 동일한 길이여야 한다.
3) 그라운드 외측 주변에는 원칙적으로 축구전용경기장의 경우는 5m 이상, 육상겸용경기장의 경우 1.5m 이상의 잔디 부분이 확보되어야 한다.
4) 골포스트 및 바는 흰색의 둥근 모양(직경12cm)의 철제 관으로 제작되고, 원칙적으로 고정식이어야 한다. 또한 볼의 반발력에 영향을 줄 수 있는 비철제 보강재 사용을 금한다.
5) 골네트는 원칙적으로 흰색(연맹의 승인을 득한 경우는 제외)이어야 하며, 골네트는 골대 후방에 폴을 세워 안전한 방법으로 부착하여야 한다. 폴은 골대와 구별되는 어두운 색상이어야 한다.
6) 코너 깃발은 연맹이 지정한 것을 사용하여야 한다.
7) 각종 라인은 국제축구연맹(이하 'FIFA') 또는 아시아축구연맹(이하 'AFC')이 정한 규격에 따라야 하며, 라인 폭은 12cm로 선명하고 명료하게 그려야 한다(원칙적으로 페인트 방식으로 한다).
7. 필드(그라운드 및 그 주변 부분)에는 경기 운영에 영향을 주거나 선수에게 위험의 우려가 있는 것을 방치 또는 설치해서는 안 된다.
8. 공식경기에서 그라운드에 살수(撒水)를 하는 경우 다음 각 호에 따라 실시한다.
1) 살수는 경기 킥오프 전 및 하프타임에 실시하며, 경기장에 걸쳐 균등하게 해야 한다.
2) 경기감독관은 경기 시간 및 날씨, 그라운드 상태, 당일 경기장 행사 등을 고려하여 살수 횟수와 시간을 정하고 이를 홈 클럽 및 원정 클럽 관계자들에게 사전 통보한다.
3) 홈 클럽은 경기감독관이 정한 횟수와 시간에 따라 살수를 실시해야 하

며, 이를 위반할 경우 상벌규정 유형별 징계기준 제5조 사.항에 의거 해당 클럽에 제재를 부과할 수 있다.

9. 경기장 관중석은 좌석수 5,000석 이상을 충족하여야 한다. 이에 미달할 경우, 연맹의 사전 승인을 득하여야 한다.

10. 홈 클럽은 상대 클럽(이하 원정 클럽)을 응원하는 관중을 위해 경기장 전체 좌석수의 5% 이상 좌석을 배분해야 하며, 원정 클럽이 경기 개최 일주일 전까지 추가 좌석 분배를 요청할 경우 홈 클럽과 협의하여 추가 좌석 분배를 결정할 수 있다. 또한, 원정 클럽 관중을 위한 전용출입문, 화장실, 매점 시설 등을 독립적으로 사용할 수 있도록 마련하여야 한다.

11. 경기장은 다음 항목의 부대시설을 갖추어야 하며, 세부사항은 K리그 경기장 시설기준을 따른다.
   1) 양 팀 선수대기실(냉·난방 및 냉·온수 가능)
   2) 심판대기실(냉·난방 및 냉·온수 가능)
   3) 경기관계자(경기감독관, TSG 위원, 심판평가관) 대기실
   4) 운영 본부실   5) 실내 기자회견장
   6) 기자실 및 사진기자실   7) 중계방송사룸(TV중계스태프룸)
   8) 의무실   9) 도핑검사실(냉·난방 및 냉·온수 가능)
   10) 장내방송 시스템 및 장내방송실
   11) 통제실, 경찰 대기실, 소방 대기실   12) VIP룸
   13) MOG, TSG석 및 심판평가관석   14) 기록석
   15) 기자석   16) TV중계 부스
   17) 전광판   18) TV카메라 설치 공간
   19) 종합 안내소   20) 입장권 판매소
   21) 식음료 및 축구 관련 상품 판매소   22) TV중계차 주차 공간
   23) 케이블 시설 공간   24) 전송용기자재 등 설치 공간
   25) 태극기, 연맹기, 대회기   26) 태극기, 대회 깃발, 리그 깃발, 양 팀 클럽 깃발 등을 게재할 수 있는 게양대
   27) 믹스드 존(Mixed Zone)   28) 기타 연맹이 정하는 시설, 장비

제10조 (조명장치) 1. 경기장에는 그라운드 평균 1,200lux 이상 조도를 가진 조명 장치를 설치하여 조명의 밝음을 균일하게 유지하여야 한다. 또한 정전에 대비하여 1,000lux 이상의 조도를 갖춘 비상조명 장치를 구비하여야 한다.

2. 홈 클럽은 경기장 조명 장치의 이상 유·무를 사전에 확인하여 장애를 미연에 방지하는 한편, 고장 시 신속하게 수리할 수 있도록 모든 조치와 최선의 노력을 다하여야 한다.

제11조 (벤치) 1. 팀 벤치는 원칙적으로 다음의 요건을 충족하여야 한다.
   1) FIFA가 정한 규격의 기술지역(테크니컬에어리어) 내에 설치하여야 한다.
   2) 벤치 터치라인으로부터 5m 이상 떨어지는 한편 그 끝이 하프라인으로부터 8m 떨어지는 위치에 설치하여야 한다.
   3) 최소 20인 이상 앉을 수 있는 좌석이 준비되어야 하며, 지붕을 설치할 경우 투명한 재질로 해야 한다.

2. 홈 팀 벤치는 본부석에서 그라운드를 향해 좌측에 설치하여야 한다. 단, 사전 승인 시 우측에 홈팀 벤치의 설치가 가능하다.

3. 홈, 원정 팀 벤치에는 팀명을 표기한 안내물을 부착하여야 한다.

4. 제4의 심판대기(심판) 벤치를 준비하여야 하며, 다음 요건을 충족하여야 한다.
   1) 벤치 터치라인으로부터 5m 이상 떨어지는 그라운드 중앙에 설치하여야 한다. 단, 방송사의 요청 시에는 카메라 위치에 방해가 되지 않는 위치에 설치하여야 한다.
   2) 지붕을 설치할 경우 투명한 재질로 해야 하며, 지붕이 관중의 시야를 방해해서는 안 된다.
   3) 대기심판 벤치 내에는 최소 3인 이상 앉을 수 있는 좌석과 테이블이 준비되어야 한다.

제12조 (의료시설) 홈 클럽은 선수단, 관계자, 관중 등을 위해 경기개시 90

분 전부터 경기종료 후 모든 관중 및 관계자가 퇴장할 때까지 의료진(의사, 간호사, 1급 응급구조사)과 1대의 특수구급차를 포함하여 최소 2대 이상의 구급차를 반드시 대기시켜야 한다. 이를 위반할 경우, 연맹 상벌 규정에 따라 제재할 수 있다.

제13조 (경기장에서의 고지) 1. 홈 클럽은 경기장에서 다음의 각 항목 사항을 전광판 및 장내 아나운서(멘트)를 통해 고지하여야 한다.
   1) 공식 대회명칭(반드시 지정된 방식 및 형태에 맞게 전광판 노출)
   2) 선수, 심판 및 경기감독관, 심판평가관 소개
   3) 대회방식 및 경기방식
   4) K리그 선수 입장곡(K리그 앤섬 'K League Entrance' BGM)
   5) 선수 및 심판 교체   6) 득점자 및 득점시간(득점 직후에)
   7) 추가시간(전·후반 전광판 고지 및 장내아나운서 멘트 동시 실시)
   8) 다른 공식경기의 중간 결과 및 최종 결과
   9) 유료관중 수(후반전 15~30분 발표, 전광판 표출과 동시에 장내 아나운서 발표)
   10) 경기 중, 경기정보 전광판 표출(양 팀 출전선수명단, 경고, 퇴장, 득점)
   11) 지진 등 비상상황 발생 시 대피방안
   12) VAR 리뷰를 진행할 경우, VAR 영상판독 문구 전광판 표출
   13) 상기 1~4호 이외 연맹이 지정하는 사항

2. 홈 클럽은 경기 전·후 및 하프타임에 다음의 각 항목 사항을 실시하는 것이 가능하다.
   1) 다음 경기예정 및 안내   2) 연맹의 사전 승인을 얻은 광고 선전
   3) 음악방송   4) 팀 또는 선수에 관한 정보 안내
   5) 상기 1~4호 이외 연맹의 승인을 얻은 사항

제14조 (홈 경기장에서의 경기개최) 각 클럽은 홈경기의 과반 이상을 홈 기장에서 실시하여야 한다. 다만, 이사회의 승인을 얻은 경우는 제외된다.

제15조 (경기장 점검) 1. 홈 클럽이 기타 경기장에서 경기를 개최하고자 할 경우 해당 경기개최 30일 전까지 연맹에 시설 점검을 요청하여 경기장 실사를 받아야 하며, 이때 제출하여야 하는 서류는 다음과 같다.
   1) 경기장 시설 현황   2) 홈경기 안전계획서

2. 연맹의 보완 지시가 있을 경우 이에 대한 이행 결과를 경기개최 15일 전까지 서면 보고하여야 한다.

3. 연맹은 서면보고접수 후 재점검을 통해 문제점 보완이 미흡하다고 판단될 경우 경기 개최를 불허한다. 이 경우 홈 클럽은 연고지역 내에서 '법령', 'K리그 경기장 시설기준'에 부합하는 타 경기장(대체구장)을 선정하여 상기 1항, 2항의 절차에 따라 연맹의 승인을 받아야 한다.

4. 홈 클럽이 원하는 경기장에서 경기개최가 불가능하다고 판단될 경우, 본 대회요강 제18조 2항에 따른다(연맹 경기규정 30조 2항).

5. 상기 4항을 이행하지 않는 클럽은 본 대회요강 제20조 1항에 따른다(연맹 경기규정 33조 1항).

제16조 (악천후의 경우 대비조치) 1. 홈 클럽은 강설 또는 강우 등 악천후의 경우에도 홈경기가 개최될 수 있도록 최선의 노력을 해야 한다.

2. 악천후로 인하여 경기개최가 불가능하다고 판단될 경우, 경기감독관은 경기 개최 3시간 전까지 경기 개최 중지를 결정하여야 한다.

제17조 (경기중지 결정) 1. 경기 전 또는 경기 중대한 불상사 등으로 경기를 계속하기 어려운 사태가 발생하였을 경우, 주심은 경기 감독관에 경기 중지를 요청할 수 있으며, 경기감독관은 동 요청에 의거하여 홈 클럽 및 원정 클럽 관계자의 의견을 참고한 후 경기 중지를 결정할 수 있다.

2. 상기 1항의 경우 또는 관중의 난동 등으로 경기장의 질서 유지가 어려운 경우, 경기감독관은 주심의 경기중지 요청이 없더라도 경기 중지를 결정할 수 있다.

3. 경기 개최 3시간 전부터 경기 종료 전까지 경기 개최 지역에 미세먼지, 초미세먼지, 황사 등에 관한 경보가 발령되었거나 경보 발령 기준농도를 초과하는 상태인 경우, 경기감독관은 경기의 취소 또는 연기를 결정할 수

있다.

4. 경기 개최 3시간 전부터 경기 종료 전까지 장내 코로나19 확진 환자 발생 시 경기감독관은 경기의 취소 또는 연기를 결정할 수 있으며, 이 경우 제22조에 따른다.

5. 경기감독관은 경기중지 결정을 내린 후, 지체 없이 그 사유를 연맹에 보고하여야 한다.

제18조 (불가항력으로 인한 경기 취소·중지 및 재경기) 1. 공식경기가 악천후, 천재지변, 기타 클럽의 통제범위를 벗어난 불가항력적 상황, 경기장 조건, 선수단과 관계자 및 관중의 안전이 우려되는 긴급한 상황 등 부득이한 사유로 취소·중지된 경우, 그 다음날 같은 경기장에서 재경기를 개최함을 원칙으로 한다.

2. 그다음 날 같은 경기장에서 재경기를 개최하기 어려운 사정이 있을 경우에는 연맹이 재경기의 일시 및 경기장을 정한다.

3. 경기장 준비부족, 시설미비 등 점검미비에 따른 홈 클럽의 귀책사유로 인하여 공식 경기가 취소·중지된 경우 원정 클럽은 그 시점으로부터 24시간 이내에 자신의 홈경기로 재경기를 개최할 것을 신청할 수 있으며, 이 경우 홈/원정의 변경 여부는 연맹이 결정한다.

4. 재경기 방식에 대해서는 다음 각 호에 의한다.
   1) 이전 경기에서 양 클럽의 득실차가 없을 때는 90분간 재경기를 실시한다.
   2) 이전 경기에서 양 클럽의 득실차가 있을 때는 중지 시점에서부터 잔여 시간만의 재경기를 실시한다.

5. 재경기 시, 상기 4항 1호의 경우 이전 경기에서 발생된 경고, 퇴장 기록만이 인정되며 선수교체는 팀당 최대 3명까지 가능하다. 상기 4항 2호의 경우 이전 경기에서 발생된 모든 기록이 인정되며 선수교체는 이전 경기를 포함하여 3명까지 할 수 있다.

6. 재경기 시, 이전 경기에서 발생된 경고 및 퇴장은 유효하며, 경고 및 퇴장에 대한 처벌(징계)는 경기순서대로 연계 적용한다.

제19조 (귀책사유가 있는 클럽의 비용 보상) 1. 홈 클럽의 귀책사유에 의해 공식경기가 개최불능 또는 중지(중단)되었을 경우, 홈 클럽은 원정 클럽에 교통비 및 숙식비를 보상하여야 한다.

2. 원정 클럽의 귀책사유에 의해 공식경기가 개최불능 또는 중지(중단)되었을 경우, 원정 클럽은 홈 클럽에 발생한 경기준비 비용 및 입장권 환불 수수료, 교통비 및 숙식비를 보상하여야 한다.

3. 상기 1항, 2항과 관련하여 천재지변 등 불가항력에 의한 경우는 제외한다.

제20조 (패배로 간주되는 경우) 1. 공식경기 개최거부 또는 속행 거부 등(경기장 질서문란, 관중의 난동 포함) 어느 한 클럽의 귀책사유로 인하여 공식경기가 개최불능 또는 중지(중단)되었을 경우, 그 귀책사유가 있는 클럽이 0 : 3 패배한 것으로 간주한다.

2. 공식경기에 무자격선수가 출장한 것이 경기 중 또는 경기 후 발각되어 경기종료 후 48시간 이내에 상대 클럽으로부터 이의가 제기된 경우, 무자격선수가 출장한 클럽이 0 : 3 패배한 것으로 간주한다. 다만, 경기 중 무자격선수가 출장한 것이 발각되었을 경우, 해당 선수를 퇴장시키고 경기는 속행한다.

3. 상기 1항, 2항에 따라 어느 한 클럽의 0 : 3 패배를 결정한 경우에도 양 클럽 선수의 개인기록(출장, 경고, 퇴장, 득점, 도움 등)은 그대로 인정한다.

4. 상기 2항의 무자격 선수는 K리그 미등록 선수, 경고누적 또는 퇴장으로 인하여 출전이 정지된 선수, 상벌 위원회 징계, 외국인 출전제한 규정을 위반한 선수 등 위반한 시점에서 경기출전 자격이 없는 모든 선수를 의미한다.

제21조 (대회 중 잔여경기 포기) 대회 중 잔여 경기를 포기하는 경우, 다음의 각 항에 의한다.

1. 대회 전체 경기수의 3분의 2 이상을 수행하였을 경우, 지난 경기 결과를 그대로 인정하고, 잔여 경기는 포기한 클럽이 0 : 3 패배한 것으로 간주한다.

2. 대회 전체 경기수의 3분의 2 이상을 수행하지 못했을 경우, 포기한 클럽과의 경기 결과를 모두 무효 처리한다. 단, 양 클럽 선수의 개인기록(출장, 경

고, 퇴장, 득점, 도움 등은 그대로 인정한다.

제22조 (코로나19 확진자 발생 시 리그 운영) 1. 시즌 중 코로나19 확진자 발생에 의해 경기가 중단되었을 경우, 해당 경기는 주중 경기 및 A매치 데이 기간을 활용하여 개최한다. 단, A매치, FA컵 및 ACL 등의 기타 일정과 겹칠 경우 추가로 연기될 수 있으며, 일정 연기 및 경기배정에 대한 최종 결정권은 연맹에 있다.

2. 코로나 및 기타 불가항력에 의해 일부 경기 또는 리그 전체일정이 연기되어 2023년 12월 17일까지 예정된 라운드를 종료하지 못했을 경우, 모든 팀들이 동일수의 경기를 한 마지막 라운드를 기준으로 리그의 성립 여부, 리그순위를 결정하며, 기준은 아래와 같다.

구분	리그 성립	리그 불성립
라운드 수	20R 이상	20R 미만
타이틀	부여	미부여
리그순위	인정	불인정
시상	실시	미실시
승강 여부	제22조 3항 참조	
팀 통산 기록	인정	인정*
개인 통산 기록	인정	인정*

* 리그 불성립 시, 팀/개인 통산 기록으로는 인정하되 리그 기록으로는 미포함. 별도 대회기록으로 처리.

3. 2023 시즌의 디비전별 승강 여부는 각 대회의 최종 성립 여부에 따라 결정되며, 원칙은 아래와 같다.

K리그1	K리그2	승강 원칙	2024년 참가팀 수 (K리그1/K리그2)
성립	성립	1~3팀(기존 승강 방식, 승강PO 개최	12팀 / 13+@팀
불성립	불성립	강등(없음) / 승격(없음)	12팀 / 13+@팀
성립	불성립	강등(K리그1 12위) / 승격(없음)	11팀 / 14+@팀
불성립	성립	강등(없음) / 승격(K리그2 1위)	13팀 / 12+@팀

* @는 신생팀 창단 시 추가되는 팀 수를 뜻함

4. 개별 경기개최 성립을 위한 양 팀의 최소 선수단 인원은 아래와 같으며, 어느 한 팀이라도 최소 선수단 수를 충족시키지 못했을 경우 해당 경기는 자동 연기된다. 연기된 경기의 일정은 양팀과 조율하여 연맹에서 최종 결정한다.
   1) 경기출전가능인원 수: 팀당 최소 17명(최소 1인의 GK 필수포함)
   2) 선수들의 경기출전 가능 조건(아래 세 가지 조건 동시 충족 필수)
      ① 코로나19 음성   ② 자가격리 비대상

5. 그 밖의 사항은 연맹의 결정에 따른다.

제23조 (경기결과 보고) 모든 공식경기의 경기결과 보고는 경기감독관 보고서, 심판 보고서, 경기기록지에 의한다.

제24조 (경기규칙) 본 대회의 경기는 FIFA 및 KFA의 경기규칙에 따라 실시되며, 특별한 사항이 발생 시에는 연맹이 결정한다.

제25조 (Video Assistant Referee 시행) 1. VAR는 주심 등 심판진을 지원하고 경기 결과를 바꿀 수 있는 명백한 오심을 변경해 공정한 판정을 증대하기 위해 시행하며 본 대회에서는 아래 4가지 상황에 대해서만 VAR를 적용한다.
   1) 득점 상황   2) PK(Penalty Kick) 상황
   3) 퇴장 상황   4) 징계조치 오류

2. VAR의 시행과 관련하여 선수, 코칭스태프, 구단 임직원의 준수사항은 다음과 같다.
   1) 'TV' 신호(Signal)을 그리는 동작을 취하거나 구두로 VAR 확인을 요청할 수 없다. 이를 위반할 시 다음과 같은 제재가 내려진다.
      ① 선수 - 경고   ② 코칭스태프 및 구단 임직원 - 퇴장
   2) 주심판독지역(Referee Review Area, 이하 'RRA')에는 오직 주심과 영상

관리보조자(Review Assistant, 이하 'RA'), 심판진만이 진입할 수 있다. 이를 위반할 시 다음과 같은 제재가 내려진다.

① 선수 - 경고　　　② 코칭스태프 및 구단 임직원 - 퇴장

3. VAR의 시행과 관련하여 홈 클럽의 준수사항은 다음과 같다.

1) 홈 클럽은 VAR가 공식심판진임을 인지하고 VAR차량에 심판실과 동일한 안전계획을 수립해 안전관리를 제공해야 하며, 안전관리 미흡 등 홈 클럽의 귀책사유로 인한 차량 및 장비의 파손 등이 발생하는 경우 이에 따른 손해를 연맹에 배상하여야 한다.

2) 홈 클럽은 RRA에 심판진과 RA 외 다른 누구도 진입할 수 없도록 관리해야 하며, 관련 안전사고 예방의 의무와 책임이 있다.

3) 홈 클럽은 VAR 상황 발생 시 판독 중임을 뜻하는 이미지를 판독 종료 시점까지 전광판에 노출해야 하며, 관련 장면 영상을 전광판을 통해 리플레이할 수 없다.

4) 홈 클럽이 상기 제1호부터 제3호까지 명시된 준수사항을 위반하는 경우, 연맹 상벌 규정 유형별 징계 기준 11조에 따른 징계를 받을 수 있다.

4. 아래와 같은 사유로 경기 전 또는 경기 중 VAR 운영이 불가하여도 경기 진행에 영향을 미치지 않는다.

1) VAR 장비가 작동되지 않은 경우

2) VAR 판정에 오심이 발생하는 경우

3) VAR 판독을 진행하지 않겠다고 결정을 내린 경우(안전문제, 신변위협 등)

4) VAR 판독이 불가능한 경우(영상 앵글의 문제점, 노이즈 현상 등)

5. VAR의 시행과 관련해 VAR 및 RO 등 구성원에 관한 사항은 다음과 같다.

1) VAR, AVAR 또는 RO가 경기 전 또는 경기 중에 정상적인 업무를 수행할 수 없는 경우, 대체인력은 반드시 그 역할 수행이 가능한 자격을 갖춰야만 한다.

2) VAR 또는 RO의 자격을 갖춘 인원 및 대체인력이 없을 경우, 해당 경기는 VAR의 운용 없이 경기를 시작 또는 재개하여야 한다.

3) AVAR의 자격을 갖춘 인원 및 대체 인력이 없을 경우, 해당 경기는 VAR의 운용 없이 경기를 시작 또는 재개하여야 한다. 단, 이례적인 상황하에서, 양 팀이 서면으로 VAR 및 RO만으로 VAR을 운용하기로 합의할 경우는 제외한다.

6. 이 외 사항에 대해서는 IFAB(국제축구평의회)와 FIFA(국제축구연맹)이 정한 바에 따른다.

제26조 (전자장비 사용) 　1. 웨어러블 전자 퍼포먼스 트래킹 시스템(EPTS) 사용을 원하는 경우, FIFA 품질 프로그램(FIFA Quality Programme) 기준에 부합하는 제품만 사용 가능하며, 사전에 연맹에 승인을 받아야 한다.

2. 선수들(대기 선수/교체된 선수/퇴장 선수 포함)은 전자 장비를 일절 사용하거나 착용해서는 안 된다(단, 웨어러블 EPTS 장비는 예외).

3. 스태프는 선수의 복지와 안전 및 전술적/코칭의 직접 관련이 있는 경우에 한해 소형, 이동식, 휴대용 장비(마이크, 헤드폰, 이어폰, 스마트폰, 스마트워치, 태블릿PC, 노트북 등)를 사용할 수 있다.

4. 전자장비 사용에 대하여 개막일 전까지 연맹에 승인을 받아야 한다. 단, 시즌 중 사용 승인 신청을 할 경우 경기 1일 전까지 연맹에 사용 승인을 받아야 한다.

5. 허가되지 않은 전자 장비를 사용하거나, 전자/통신 장비를 이용한 판정 항의 시 기술 지역에서 퇴장된다.

제27조 (경기시간 준수) 　1. 본 대회는 90분(전·후반 각 45분) 경기를 실시한다.

2. 모든 클럽은 미리 정해진 경기시작시간(킥오프 타임)과 경기 중 휴식시간(하프타임)을 반드시 준수하여야 한다. 하프타임 휴식은 15분을 초과할 수 없으며, 양 팀 출전선수는 후반전 출전을 위해 후반전 개시 3분 전(하프타임 12분)까지 심판진과 함께 대기 장소에 집결하여야 한다.

3. 클럽이 경기시작시간 또는 하프타임 종료시간을 준수하지 않아 예정된 경

기시작 또는 재개시간이 1분 이상 지연될 경우, 아래 각 호에 따라 해당 클럽에 제재금을 부과할 수 있다.

1) 1회 미준수 시 100만 원의 제재금

2) 2회 미준수 시 200만 원의 제재금

3) 3회 이상 미준수 시 400만 원의 제재금 및 상벌위원회 제소

4. 경기에 참가하는 팀(코칭스태프, 팀 스태프 포함)은 경기시작 100분 전에 경기장에 도착하여야 한다.

1) 어느 한 팀이 경기시작 40분 전까지 경기장에 도착하지 못할 경우, 해당 팀은 경기감독관에게 그 사유와 도착예정 시간을 통보하여야 하며, 경기감독관은 경기시간 변경 유무를 심판 및 양팀 대표자와 협의를 통해 결정한 후, 연맹으로 통보한다.

2) 경기시간이 변경될 경우, 홈 클럽은 전광판 및 아나운서 멘트를 통해 변경된 경기시간과 변경사유에 대해 고지해야 한다.

3) 어느 한 팀이 경기시작 시각까지 경기장에 도착하지 않는 경우, 상대팀은 45분간 대기할 의무가 있다. 45분간 대기했음에도 불구하고 상대팀이 도착하지 않을 경우, 경기감독관은 17조 1항에 의한다.

4) 경기중지에 따라 발생되는 모든 비용에 대한 배상, 책임은 귀책사유가 있는 클럽에 있으며 19조에 따른다.

5) 홈/원정팀은 경기개최지로의 이동정보를 사전에 숙지할 책임이 있으며, 상황에 따른 추가 이동시간이 필요한지 확인해야 한다. 만일 팀의 도착 지연으로 킥오프가 지연될 경우, 연맹은 귀책사유가 있는 클럽에 연맹 상벌규정 제12조 제1항에 해당하는 재제를 부과할 수 있다.

제28조 (승점) 　본 대회의 승점은 승자 3점, 무승부 1점, 패자 0점을 부여한다.

제29조 (워밍업 및 쿨다운) 　1. 출전선수명단에 포함된 선수 및 스태프는 그 라운드에서 경기 시작 전또는 하프타임 중 몸풀기 운동(이하 '워밍업') 및 경기 종료 후 몸풀기 운동(이하 '쿨다운)을 할 수 있다.

2. 경기 시작 전 워밍업은 킥오프 50분 전에 시작하여 20분 전에 종료한다.

3. 홈 클럽은 워밍업으로 인한 잔디 훼손을 방지하기 위하여 경기감독관에게 이동식 골대 사용, 스프린트 연습 구역 지정, 워밍업 제한 구역 지정 등을 요청할 수 있다.

4. 경기감독관은 제3항이 요청이 있을 경우, 잔디 상태, 양 클럽 간 형평, 기타 조건을 고려하여 이를 승인하거나 일부를 변경하여 승인할 수 있고, 양 클럽은 경기감독관이 승인한 사항을 준수하여야 한다.

5. 홈 클럽은 양 클럽의 선수단에 하프타임 이벤트의 내용, 위치, 시간 등에 관하여 사전에 고지하여야 하고, 하프타임 중 워밍업을 하는 선수 및 스태프는 고지된 이벤트와 관련된 기물 또는 사람과 충돌하거나 이벤트 진행을 방해하지 않도록 주의하여야 한다.

6. 경기 종료 후 쿨다운은 시작한 시점으로부터 20분 이내에 종료하여야 한다.

7. 쿨 다운을 할 때에는 볼을 사용할 수 없고, 경기감독관이 워밍업 제한구역을 지정한 경우 해당 구역에서는 실시할 수 없다.

제30조 (순위결정) 　1. 정규 라운드(1~39R) 순위는 승점 → 득점차 → 득실차 → 다승 → 승자승 → 벌점 → 추첨 순으로 결정한다.

2. 최종순위 결정방식은 다음과 같다.

1) 최종순위는 정규라운드(1~39R) 성적에 따라 결정한다. 단, 정규라운드 2위~4위팀은 K리그2 플레이오프 결과에 따라 최종순위를 결정한다.

2) K리그2 플레이오프 승리(승강 플레이오프 진출) 팀을 3위로 한다.

3) K리그2 플레이오프에서 패한(승강 플레이오프 진출 실패) 팀을 4위로 한다.

4) K리그2 준플레이오프에서 패한(챌린지 플레이오프 진출 실패) 팀을 5위로 한다.

3. 벌점에 대한 기준은 다음과 같다.

1) 경고 및 퇴장 관련 벌점

① 경고: 1점　　　② 경고 2회 퇴장: 2점

③ 직접 퇴장: 3점   ④ 경고 1회 후 퇴장: 4점

2) 상벌위원회 징계 관련 벌점

　　① 제재금 100만 원당: 3점   ② 출장정지 1경기당 : 3점

3) 코칭스태프 및 팀 스태프 퇴장, 클럽(임직원 포함)에 부과된 징계는 팀 벌점에 포함한다.

4) 사후징계 및 감면 결과는 팀 벌점에 포함한다.

4. 개인기록 순위결정

1) 개인기록순위 결정은 본 대회 정규라운드(1~39R) 성적으로 결정한다.

2) 득점(Goal) 개인기록순위 결정의 우선 순서는 다음과 같다.

　　① 최다득점선수　② 출전경기가 적은 선수　③ 출전시간이 적은 선수

3) 도움(Assist) 개인기록순위 결정의 우선 순서는 다음과 같다.

　　① 최다도움선수　② 출전경기가 적은 선수　③ 출전시간이 적은 선수

제31조 (시상)_ 1. 본 대회의 단체상 및 개인상 시상내역은 다음과 같다.

구분		시상내역	비고
단체상	우승	상금 100,000,000원 + 트로피 + 메달	
개인상	최다득점선수	상금 3,000,000원 + 상패	대회 개인기록
	최다도움선수	상금 1,500,000원 + 상패	대회 개인기록

2. 우승 트로피 및 각종 메달 수여는 다음과 같다.

1) 우승 클럽(팀)에 본 대회 우승 트로피가 수여되며, 해당 트로피는 클럽(팀)에 영구 귀속된다.

2) 연맹은 아래와 같이 메달을 수여한다.

　　① 대상: 클럽의 K리그에 등록된 선수 및 코칭스태프(우승 확정일 기준)

　　② 개수:: 인당 1개씩 수여

제32조 (출전자격)_ 1. K리그 선수규정 5조에 의거하여 선수 등록을 완료한 선수만이 공식경기에 출전할 자격을 갖는다.

2. K리그 선수규정 6조에 의거하여 연맹에 등록을 완료한 코칭스태프 및 팀 스태프 중 출전선수명단에 등재된 자만이 공식경기 중 벤치에 착석할 수 있으며, 경기 중 기술지역에서의 선수지도행위는 1명만이 할 수 있다(통역 1명 대동 가능).

3. 제재 중인 지도자(코칭스태프, 팀 스태프 포함)는 다음 항목을 준수하여야 한다.

1) 출전정지제재 중이거나 경기 중 퇴장 조치된 코칭스태프는 공식경기에서 관중석을 제외한 지역에 대해 출입이 제한되며, 경기 전 훈련지도 및 경기 중 전자장비 사용을 포함한 어떠한 지도(지시)행위도 불가하다.

2) 징계 중인 지도자(원정팀 포함)가 경기를 관전하고자 할 경우, 홈 클럽은 본부석 쪽에 좌석을 제공하여야 하며, 해당 지도자의 안전을 위한 조치를 취하여야 한다.

3) 상기 제1호를 위반할 경우, 연맹 상벌규정 제12조 제2항에 해당하는 제재를 부과할 수 있다.

4. 경고, 퇴장, 상벌위원회 징계 등에 따라 출전이 정지된 선수, 코칭스태프, 팀 스태프의 출전으로 인한 모든 책임은 해당 클럽에 있다.

5. 준프로 계약을 체결한 선수의 공식경기 출전은 선수규정 부칙 및 '준프로 계약 시행 세칙'을 따른다.

제33조 (출전선수명단 제출의무)_ 1. 공식경기에 참가하는 홈 클럽과 원정 클럽은 경기개시 90분 전까지 경기감독관에게 출전선수명단을 제출하여 승인을 받아야 하며, 출전선수 스타팅 포메이션(Starting Formation)을 별지로 함께 제출하여야 한다.

2. 출전선수명단에는 출전 선수, 코칭스태프 및 팀 스태프 명단, 유니폼 색상이 포함되어야 하며, 제출된 인원만이 해당 공식경기 출전과 팀 벤치 착석 및 기술지역 출입, 선수 지도를 할 수 있다. 단, 출전선수명단에 등재할 수 있는 코칭스태프 및 팀 스태프의 수는 11명까지로 하며 스카우트, 전력분석관, 장비담당자는 벤치에 착석할 수 없다.

3. 출전선수명단 승인 후에는 선수명단 변경을 할 수 없다. 다만, 경기 개시

전에 선발 출전선수 중 부상 등의 불가피한 사유로 경기출전이 불가능한 선수가 발생한 경우에 그 선발 선수를 후보 선수와 교체할 수 있다.

4. 본 대회의 출전선수명단은 18명을 원칙으로 하며, 다음 사항을 반드시 준수하여야 한다.

1) 골키퍼(GK)는 반드시 국내 선수이어야 하며, 후보 골키퍼(GK)는 반드시 1명이 포함되어야 한다. 단, 코로나사태종식 전까지는 'K리그 코로나19 대응매뉴얼'을 우선시하며, 본 대회요강 제22조 4항에 따라 전체출전선수명단 내에 1명의 골키퍼(GK)만 포함해도 된다.

2) 외국 국적 선수의 경우, 출전선수명단에 3명까지 등록할 수 있으며 3명까지 경기 출전이 가능하다. 단, AFC 가맹국 국적의 외국 국적 선수와 ASEAN 가맹국 국적의 외국 국적 선수 각각 1명에 한하여 추가 등록과 출전이 가능하다.

3) 국내 U22(2001.01.01 이후 출생자) 국내선수는 출전선수명단에 최소 2명 이상 포함(등록)되어야 한다. 만일 국내 U22 선수가 출전선수명단에 포함되어 있지 않을 경우, 해당 인원만큼 출전선수명단에서 제외한다(즉, 국내 U22 선수가 1명 포함될 경우 출전선수명단은 17명으로 하며, 전혀 포함되지 않을 경우 출전선수명단은 16명으로 한다).

4) 출전선수명단에 포함된 국내 U22 선수 1명은 반드시 의무선발출전을 해야 한다. 만일 국내 U22 선수가 의무선발출전을 하지 않을 경우, 선수교체 가능인원은 2명으로 제한한다(34조 2항 참조).

5) 클럽에 등록된 국내 U22 선수가 KFA 각급 대표팀 선수로 소집(소집일 ~ 해산일)될 경우, 해당 클럽은 소집 기간 동안에는 의무선발출전 규정(상기 4호)과 차출된 수(인원)만큼 엔트리 등록 규정도 적용받지 않는다.

U22 선수 각급대표 소집 인원	출전선수명단(엔트리) U22선수 포함 인원	등록가능인원	U22선수 의무 선발	U22선수 교체 출전	선수교체 가능인원
0명	0명	16명	0명	-	2명
	1명	17명	0명	-	2명
	2명 이상	18명	0명	-	3명
			1명	-	3명
			2명	1명	5명
1명	0명	17명	0명	-	3명
	1명 이상	18명	0명	-	3명
			1명	1명	5명
2명 이상	0명	18명	0명	-	5명

* 각급 대표팀 차출의 사유 없이 U22 의무선발출전 규정 미준수 시, 선수교체 인원을 2명으로 제한.

5. 순연 경기 및 재경기(90분 재경기에 한함)의 출전선수명단은 다시 제출하여야 한다.

제34조 (선수교체)_ 1. 본 대회의 선수 교체는 경기감독관이 승인한 출전선수명단에 의해 후보선수명단 내에서만 가능하다.

2. 본 대회요강 제33조 4항 4호에 의거, 국내 U22 선수가 선발출전하지 않을 경우, 해당 클럽은 최대 2명만 선수교체가 가능하다. 이를 위반할 경우, 제20조 2항~4항에 따른다.

3. 상기 2항을 준수한 경우 선수 교체는 90분 경기에서 3명까지 가능하나, 후보 명단에 포함된 U22 선수가 교체출전하는 경우에 한하여 교체가능 인원은 최대 5명까지 가능하다. 단, 이 경우 반드시 4번째 교체명단 내에 U22 선수가 포함되어야 하며, 만약 선발로 U22 선수가 2명 이상 출전 시에는 교체 출전 여부와 관계없이 최대 5명의 선수교체가 가능하다.

4. 선수 교체 횟수는 경기 중에 최대 3회 가능하며, 하프타임 종료 후 후반전 킥오프 전에 한 차례 추가로 선수교체가 가능하다.

5. 출전선수명단 승인(경기감독관 서명) 후, 선발출전선수 11명 중 경기출전이 불가한 선수가 발생할 경우, 전반전 킥오프 전까지 경기감독관의 승인 하에 출전선수명단의 교체 대상선수 7명에 한하여 해당 선수와 교체할 수

있으며, 교체된 선수는 후보선수명단으로 포함되나 해당 경기에 출전할 수 없다.

1) 상기 5항의 경우 선수교체 인원으로 적용되지 않으며, 3명의 선수교체 가능 인원 수 는 유효하다.

2) 선발출전선수 11명 중 국내 U22(2001.01.01 이후 출생자) 의무선발출전선수가 출전이 불가하여 후보 선수명단 내의 국내 U22 선수와 교체될 경우 선수교체 가능인원은 3명으로 유지되며, 이 경우 별도의 U22 선수가 출전선수명단에 없다면 상기 3항은 적용할 수 없다. 단, 국내 U22 선수가 아닌 선수와 교체될 경우 제33조 4항 4)호에 의하여 선수교체 가능인원은 2명으로 제한한다.

3) 출전선수명단 내 교체 대상선수 7명 중 경기출전이 불가한 선수가 발생하더라도 해당 선수는 명단 외 선수와 교체할 수 없다.

제35조 (출전정지)_ 1. 본 대회에서 경고누적에 의한 출전정지 및 퇴장(경고 2회 퇴장, 직접 퇴장, 경고 1회 후 직접 퇴장)에 의한 출전정지는 본 대회(K리그2 플레이오프 포함) 종료까지 연계 적용한다.

2. 선수는 처음 각 5회, 3회의 경고누적 시 다음 1경기가 출전정지 되며, 이후 매 2회 누적마다 다음 1경기 출전정지와 제재금 삼십만 원(300,000원)이 부과된다. 코칭스태프의 경우, 처음 각 3회, 2회의 경고누적 시 1경기의 출전정지 제재가 적용되며, 이후 매 경고 1회마다 다음 1경기 출전정지 된다.

3. 1경기 경고 2회 퇴장에 의한 출전정지는 다음 1경기가 출전 정지되며, 제재금은 오십만 원(500,000원)이 부과된다. 이 경고는 누적에 산입되지 않는다.

4. 직접 퇴장에 의한 출전정지는 다음 2경기가 출전 정지되며, 제재금은 칠십만 원(700,000원)이 부과 된다.

5. 경고 1회 후 직접 퇴장에 의한 출전정지는 다음 2경기가 출전 정지되며, 제재금은 일백만 원(1,000,000원)이 부과된다. 경고 1회는 유효하며, 누적에 산입된다.

6. 제재금은 출전 가능경기 1일 전까지 반드시 해당자 명의로 납부하여야 한다. 이를 위반할 경우, 경기 출전이 불가하다. 출전 가능경기가 남아 있지 않을 경우, 본 대회 종료 15일 이내에 납부하여야 한다.

7. 상벌위원회 징계로 인한 출전정지는 시즌 및 대회에 관계없이 연계 적용한다.

8. 선수이면서 코칭스태프로 등록된 자가 선수로서 출장정지제재를 받은 경우 그 제재의 이행을 완료할 때까지 코칭스태프로서 경기에 출장할 수 없다. 코칭스태프로서 출장정지제재를 받은 경우에도 그 제재의 이행을 완료할 때까지 선수로서 경기에 출장할 수 없다.

9. 선수이면서 코칭스태프로 등록된 자의 경고누적으로 인한 출장정지 및 제재금 부과 기준은 코칭스태프의 예에 따르며, 누적에 산입되는 경고의 횟수는 선수로서 받은 경고와 코칭스태프로서 받은 경고를 모두 더한 것으로 한다.

10. 경고, 퇴장, 상벌위원회 징계 등에 따라 출전이 정지된 선수, 코칭스태프, 팀 스태프의 출전으로 인한 모든 책임은 해당 클럽에 있다.

제36조 (유니폼)_ 1. 본 대회는 K리그 마케팅 규정상의 팀 색상 및 유니폼 규정에 따라 반드시 연맹이 승인하고 지정한 유니폼을 착용해야 한다.

2. 선수 번호(배번은 1번~99번으로 한정하며, 배번 1번은 GK에 한함)는 출전선수명단에 기재된 선수 번호와 일치하여야 하며, 배번의 식별이 가능하도록 명확하게 표시되어 있어야 한다.

3. 팀의 주장은 주장인 것을 명확하게 표시하는 완장(Armband)을 착용하여야 한다.

4. 공식경기에 참가하는 모든 클럽은 제1유니폼과 제2유니폼을 필히 지참함을 원칙으로 하며, 경기 전 연맹(경기감독관) 및 상대 클럽과 유니폼 착용 색상과 관련하여 사전 조율하여야 한다. 이를 따르지 않을 경우, 연맹(경기감독관)이 최종 결정한다. 위반한 클럽에 제재금 500만 원을 부과할 수

있다.

5. 유니폼 안에 착용하는 이너웨어의 색상은 아래 각 호에 따른다.

1) 상의 이너웨어의 색상은 유니폼 상의 소매의 주색상과 일치해야 한다. 단, 유니폼 상의 소매 부분의 주색상이 상대팀 유니폼의 주색상과 동일하거나 유사할 경우에는 유니폼 상의의 주색상으로 착용할 수 있다. 이를 위반할 경우 공식경기 출전이 불가하다.

2) 하의 이너웨어의 색상은 반드시 하의 주 색상 또는 하의 끝부분의 색상과 동일해야 하고, 이를 위반할 경우 공식경기 출전이 불가하다.

6. 스타킹과 발목밴드(테이핑)는 동일 색상(색계열)이어야 한다. 이를 위반할 경우 심판은 시정을 명할 수 있고, 이에 불응할 경우 경기출전을 금지시킬 수 있다.

제37조 (사용구)_ 본 대회의 공식 사용구는 오션즈 프로(OCEAUNZ PRO)로 한다.

제38조 (경기관계자 미팅)_ 1. 경기 시작 60~50분 전(양 팀 감독 인터뷰 진행 전) 경기감독관실에서 실시한다.

2. 참석자는 해당 경기의 경기감독관, 심판평가관, 주심, 양 팀 감독, 홈경기 운영자(필요시)로 한다. 홈경기 담당자는 당일 홈경기 관련 특이사항이 있는 경우에만 참석한다.

3. 주요내용은 아래와 같다.

1) 경기와 관련한 리그의 주요방침

2) 판정 가이드라인 등 심판판정에 관한 사항

3) 기타 해당경기 특이사항 공유

제39조 (경기 전·후 인터뷰 및 기자회견)_ 1. 홈 클럽은 공동취재구역인 믹스드 존(Mixed Zone)과 기자회견실을 반드시 마련하고, 양 클럽 홍보담당자는 경기 전 인터뷰, 경기 후 플래시인터뷰, 공식기자회견, 믹스드 존 인터뷰가 원활히 이뤄질 수 있도록 협조하여야 한다.

2. 양 클럽 선수단은 경기 킥오프 90분 전부터 60분 전까지 홈 클럽이 지정한 장소(라커룸 출입구 인근 통로, 그라운드 진입 통로, 그라운드 주변 등)에서 취재기자가 요청하는 인터뷰에 응해야 한다. 양 클럽 홍보 담당자는 취재기자가 요청하는 선수가 인터뷰에 응할 수 있도록 협조한다.

3. 경기 중계방송사(HB)는 아래 각 호의 인터뷰를 실시할 수 있으며, 양 클럽은 인터뷰 실시에 적극 협조한다.

1) 경기 킥오프 전 70분 내지 60분 전 양 클럽 감독 대상 인터뷰

2) 경기 전반전 종료 직후 양 클럽 감독 또는 수훈선수 대상 인터뷰

3) 경기 후반전 종료 직후 양 클럽 감독 또는 수훈선수 대상 인터뷰

4. 경기 당일 중계방송을 하지 않는 중계권 보유 방송사(RTV)는 경기 후반전 종료 후 양 팀의 감독 또는 수훈선수를 대상으로 하는 인터뷰를 실시할 수 있으며, 양 클럽은 인터뷰 실시에 적극 협조한다. 단, RTV의 인터뷰는 HB의 인터뷰가 종료된 후에 실시한다.

5. 홈 클럽은 경기 킥오프 50분 전부터 30분 전까지 라커룸 출입구 인근 통로에서 양 팀 감독과 취재기자가 참석하는 경기 전 인터뷰를 실시한다. 단, 위 장소에서 사전 인터뷰를 진행하기 어려운 사정이 있을 경우 구단은 다른 장소에서 인터뷰를 실시할 수 있다. 이 경우 사전에 취재기자들에게 인터뷰 장소를 공지하여야 한다.

6. 홈 클럽은 경기 종료 후 20분 이내에 경기장 내 기자회견실에서 양 클럽의 감독과 미디어가 요청하는 수훈선수가 참석하는 공식기자회견을 개최한다. 단, 수훈선수는 경기에 참가한 선수에 한한다. 양 클럽 홍보담당자는 감독 및 미디어 요청 선수가 공식기자회견에 참석할 수 있도록 협조한다.

7. 공식 기자회견의 순서는 원정 - 홈 클럽 순으로 진행하는 것을 원칙으로 하되, 양 클럽 홍보담당자의 합의에 따라 변경할 수 있다.

8. 미디어 부재로 공식기자회견을 개최하지 않은 경우, 홈 클럽 홍보담당자는 양 클럽 감독의 코멘트를 경기 종료 1시간 이내에 각 언론사에 배포한다.

9. 출장정지제재 중이거나 경기 중 퇴장 조치된 코칭스태프는 공식경기 당일 위 제1항의 활동을 포함한 모든 미디어 인터뷰 활동을 해서는 안 되고, 업

무대행자가 각 활동을 대신 수행해야 한다.

10. 양 클럽 선수단은 공식기자회견이 종료된 이후에 선수단 라커룸을 출발하여 믹스트 존 인터뷰에 응하여야 한다(홈팀 필수/ 원정팀 권고).

11. 모든 기자회견은 연맹이 지정한 인터뷰 배경막(백드롭)을 배경으로 실시하여야 한다.

12. 인터뷰를 실시하지 않거나 공식기자회견에 참석하지 않을 경우, 해당 클럽과 선수, 감독에게 제재금(50만 원 이상)을 부과할 수 있다.

13. 인터뷰에서는 경기의 판정이나 심판과 관련하여 일체의 부정적인 언급이나 표현을 할 수 없으며, 위반 시 다음 각 호에 의한다.

　1) 각 클럽 소속 선수, 코칭스태프, 팀 스태프, 임직원 등 모든 관계자에게 적용되며, 위반할 시 상벌규정 유형별 징계기준 제2조 가. 항 혹은 나. 항을 적용하여 제재를 부과한다.

　2) 공식 인터뷰뿐만 아니라 대중에게 공개될 수 있는 어떠한 경로를 통한 언급이나 표현에도 적용된다.

14. 그 밖의 사항은 '2023 K리그 미디어 가이드라인'을 준수하여야 한다.

15. '2023 K리그 미디어 가이드라인'을 준수하지 않을 경우, 해당시즌 팀 미디어 운영에 제한을 받을 수 있다.

제40조 (중계방송협조)　홈 클럽은 경기시작 4시간 전부터 경기종료 후 1시간까지 연맹, 심판, 선수, 스폰서, 중계제작사, 미디어를 포함한 모든 경기 관계자가 원활한 경기진행 및 중계방송을 위해 요청하는 시설 및 서비스를 반드시 제공해야 할 책임이 있다.

2. 홈경기 담당자는 중계제작사의 도착시간을 기점으로 TV컴파운드(TV Compound)에 중계제작에 필요한 전력(단상(220V) 또는 3상 4선식(380V), 배전함 메인 전원 최소 100A 이상, 배선차단기 및 백업 전압(UPS 또는 발전기) 모두 구비)을 공급해야 하며, OB밴 주차 및 설치를 위해 평지의 대형 중계차가 가능한 구역을 확보하고, OB밴의 밤샘 주차가 필요한 경우 이에 대한 관리 및 경비를 시행해야 한다. 홈경기 담당자는 중계제작사의 요청 시 중계제작사의 요구조건에 부합하는 조명을 제공해야 하며, 별도의 취소 요청이 있을 때까지 이를 유지해야 한다.

3. 홈 클럽은 중계방송의 원활한 제작과 송출을 위해 HB 전용 별도의 '중계방송사룸'(미디어룸과 별개)를 반드시 마련하여야 하며, 중계에 필요한 케이블 시설 공간, 각종 전송용 기자재를 반드시 제공해야 한다. 이 외, 기타 중계방송에 필요한 시설 또는 설비의 경우 HB에 우선 사용권을 부여한다.

4. 홈경기 담당자와 경기감독관 또는 대기심(매치 오피셜 - Match Officials)은 팀 벤치 앞 터치라인(Touchline) 및 대기심(4th official) 테이블 근처에 위치한 피치사이드 카메라(표준 카메라 플랜 기준 3, 4, 5번 카메라)와 골대 근처에 위치한 카메라(8, 9, 10번 카메라)에 대한 리뷰를 진행해야 한다. 만약 담당자들 간의 의견이 합의점을 찾지 못할 경우, 경기감독관이 최종 결정을 내린다. 단, 3번 피치사이드 카메라의 경우 일반 카메라일 시 3번 카메라의 위치는 팀 벤치 및 대기심 테이블과 동일 선상을 이루어야 하며, 하프라인을 기준으로 좌측에 위치한다(우측은 대기심 테이블 위치). 3번 피치사이드 카메라가 로바디 카메라인 경우, 카메라가 피치 중앙, 대기심이 카메라 뒤에 위치한다.

5. 홈 클럽은 사전에 연맹과 협의하에 지정한 표준 카메라 포지션은 반드시 고정하고 유지하여야 하며, 모든 카메라 포지션은 안전을 위한 안정적 플랫폼 및 우천시를 대비한 가림막 공간 또는 설비를 마련하여야 한다. 또한, 일부 경기에 한하여 기존 중계장비 이외의 특수 카메라 설치가 필요할 시 최대한 협조한다.

6. 중계제작사는 버스 도착 시 양 팀 감독과 인터뷰를 진행할 권리를 가지고 있으며, 인터뷰는 버스 도착지점과 드레싱룸 사이 공간에 K리그가 제공하는 인터뷰 백드롭 앞에서 진행해야 한다. 인터뷰는 킥오프 전 60분~20분 사이에 진행하며, 진행시간은 90초 이내로 최대 3개의 질문을 초과할 수 없다. 만약 감독 또는 감독대행이 외국인인 경우, 해당 팀은 통역 인원을 준비해야 한다.

7. 중계제작사는 경기종료 시 감독 또는 선수 중 양 팀 각각 1인과 인터뷰를 진행할 권리를 가지고 있으며, 인터뷰는 피치 또는 피치와 드레싱룸 사이 공간에서 K리그가 제공하는 인터뷰 백드롭 앞에서 진행해야 한다. 중계제작사는 최소 경기 종료 15분 전까지, 양 클럽 홍보 담당자(Media Officer)에게 희망 인터뷰 선수를 전달한다. 양 클럽 홍보 담당자는 감독과 인터뷰 요청 선수를 경기종료 즉시 인터뷰 백드롭 앞으로 인계해야 한다. 만약 감독 또는 감독대행이 외국인인 경우, 해당 팀은 통역 인원을 준비해야 한다.

8. 백드롭은 2.5m × 2.5m 사이즈로 리그 로고와 스폰서 로고를 포함한 디자인으로 제작된다. 연맹에서 각 클럽에 제공하며, 홈 클럽에게 관리의 책임이 있다. 감독 도착 인터뷰 및 하프타임과 경기 종료 후 피치사이드[Pitchside]의 플래시 인터뷰 시 각 팀은 K리그 공식 백드롭을 필수로 사용해야 한다.

9. 그 밖의 중계방송 관련 사항은 'K리그 중계방송제작가이드라인'을 준수해야 한다.

제41조 (경기장 안전과 질서유지)　1. 홈 클럽은 경기개시 2시간 전부터 경기종료 후 모든 관중 및 관계자가 퇴장할 때까지 선수, 팀 스태프, 심판을 비롯한 전 관계자와 관중의 안전과 질서 유지에 대한 의무와 책임이 있다.

2. 홈 클럽은 상기 1항의 의무 실시를 위해 최선의 노력을 다해야 하며, 경기장 안전 및 질서를 어지럽히는 관중에 대해 그 입장을 제한하고 강제 퇴장시키는 등의 적절한 조치를 취할 수 있다.

3. 연맹, 클럽, 선수, 코칭스태프 및 팀 스태프, 관계자를 비방하는 사안이나, 경기진행 및 안전에 지장을 줄 수 있는 모든 사안에 대해 관련 클럽은 즉각 이를 시정 조치하여야 한다.

4. 경기감독관은 상기 3항에 해당하는 사안을 경기 중 또는 경기 전·후에 발견하였을 경우 관련 클럽에 시정 조치를 요구할 수 있으며, 관련 클럽은 경기감독관의 지시에 따라야 한다.

5. 상기, 3·4항의 사안이 시정 조치되지 않을 경우, 상벌규정 유형별 징계기준 제5조 마.항 및 바.항에 의거, 해당 클럽에 제재를 부과할 수 있다.

6. 관중의 소요, 난동으로 인해 경기 진행에 문제가 발생하거나, 선수, 심판, 코칭스태프 및 팀 스태프, 미디어를 비롯한 관중의 안전과 경기장 질서 유지에 문제가 발생할 경우에는 관련 클럽이 사유를 불문하고 그에 대한 일체의 책임을 부담한다.

7. 홈 클럽은 선수단 구역과 양 팀 선수대기실 출입구에 경호요원을 상시 배치하여야 하며, 또한 해당 구역을 확인할 수 있는 CCTV를 설치해야 하며, 관련 영상을 15일간 보관해야 한다.

8. 연맹에서 제정한 '안전 가이드라인'을 준수하지 않을 경우, 상벌규정 유형별 징계 기준 제5조 마 항 및 바 항에 의거 해당 클럽에 제재를 부과할 수 있다.

제42조 (홈경기 관리책임자, 홈경기 안전책임자 선정 및 경기장 안전요강)　모든 클럽은 경기장 안전 및 원활한 진행을 위해 홈경기 관리책임자와 홈경기 안전책임자를 선정하여 연맹에 보고하여야 하며, 아래의 경기장 안전요강을 숙지하여 실행하고 관중에게 사전 공지 또는 고지하여야 한다. 또한 홈경기 관리책임자 및 홈경기 안전책임자는 경기감독관의 업무 및 지시 사항에 대해 최대한 협조하여야 한다.

1. 반입금지물: 경기장에 입장하려는 사람 또는 입장한 사람은 홈경기 관리책임자 및 홈경기 안전책임자가 특별히 필요 사항에 의해 허락했을 경우를 제외하고 다음의 각 호에 명시된 것을 가지고 입장할 수 없다.

　1) 경기장 관리자에 의해 반입을 금지하고 있는 것

　2) 정치적, 사상적, 종교적인 주의 또는 주장 또는 관념을 표시하거나 또는 연상시키고 혹은 대회의 운영에 지장을 미칠 우려가 있는 게시판, 간판, 현수막, 플래카드, 문서, 도면, 인쇄물 등

　3) 연맹의 승인을 득하지 않은 특정의 회사 또는 영리기업의 광고를 목적으로 하여 특정의 회사명, 제품명 등을 표시한 것(특정 회사, 제품 등을 연상시키는 것 포함)

4) 그 외 경기운영 또는 진행을 방해하여 타인에게 불편을 주거나 또는 위험하게 하거나 혹은 그러한 우려가 있거나 또는 운영담당·보안담당, 경비종사원이 위험성을 인정하는 것

2. 금지행위: 경기장에 입장하려는 사람 또는 입장한 사람은 홈경기 관리책임자 및 홈경기 안전책임자가 특별히 필요 사항에 의해 허락했을 경우를 제외하고는 다음의 각 호에 명시되는 행위를 해서는 안 된다.
   1) 경기장 관리자에 의해 금지되고 있는 행위
   2) 정당한 입장권 또는 통행증을 소지하지 않고 입장하는 것
   3) 항의 집회, 데모 등 대회의 원활한 운영을 저해할 우려가 있는 행위
   4) 알코올, 약물 그 외 물질을 소유 및 복용한 상태로 경기장에 입장하는 행위 또는 경기장에 이러한 물질을 방치해 두어 이것들의 영향에 의해 경기운영 또는 타인의 행위 등을 저해하는 행위(알코올 등의 영향에 의해 정상적인 행위를 할 수 없는 우려가 있는 상태일 경우 입장 불가)
   5) 해당 경기장(시설) 및 관련 장소에서 권유, 연설, 집회, 포교 등의 행위
   6) 정해진 장소 외에서 차량을 운전하거나 주차하는 것
   7) 상행위, 기부금 모집, 광고물의 게시 등의 행위
   8) 정해진 장소 외에 쓰레기 및 오물을 폐기하는 것
   9) 연맹의 승인 없이 영리목적으로 경기장면, 식전행사, 관객 등을 사진 또는 비디오로 촬영하는 것
   10) 연맹의 승인 없이 대회의 음성, 영상의 전부 또는 일부를 인터넷 및 미디어를 통해 전달하는 것
   11) 경기운영 또는 진행을 방해하여 타인에게 폐를 끼치거나 또는 위험을 미치거나 혹은 그러한 우려가 있으면서 경비종사원이 위험성을 인정한 행위

3. 경기장 관련: 경기장에 입장하려는 사람 또는 입장한 사람은 다음의 각 호에 명시하는 사항을 준수하여야 한다.
   1) 입장권, 신분증, 통행증 등의 제시가 요구되었을 때는 이것을 제시해야 함
   2) 안전 확보를 위해 수하물, 소지품 등의 검사가 요구되었을 때는 이것에 따라야 함
   3) 사건·사고가 발생하거나 또는 발생 우려가 예상되는 경우, 경비 종사원 또는 치안 당국의 지시, 안내, 유도 등에 따라 행동할 것

4. 입장거부 또는 퇴장명령
   1) 홈경기 관리책임자 및 홈경기 안전책임자는 상기 3항 1호, 2호, 3호의 경기장 안전요강을 위반한 사람의 입장을 거부하여 경기장으로부터의 퇴장을 명할 수 있으며, 상기 3항에 의거하여 반입금지물 몰수 등 필요한 조치를 취할 수 있다.
   2) 홈경기 관리책임자 및 홈경기 안전책임자는 상기 4항 1호에 해당하는

사람 중에서 특히 고의, 상습으로 확인된 사람에 대해서는 이후 개최되는 연맹 주최의 공식경기에 입장을 거부할 수 있다.
   3) 홈경기 관리책임자 및 홈경기 안전책임자에 의해 입장이 거부되거나 경기장에서 퇴장을 받았던 사람은 입장권 구입 대금의 환불을 요구할 수 없다.

5. 권한의 위임: 홈경기 관리책임자는 특정 시설에 대해 그 권한을 타인에게 위임할 수 있다.

6. 안전 가이드라인 준수: 모든 클럽은 연맹이 정한 'K리그 안전가이드라인'을 준수하여야 한다.

제43조 (기타 유의사항) _ 각 클럽은 아래의 사항을 숙지하고 준수하여야 한다.
1. 모든 취재 및 방송중계 활동을 위한 미디어 관련 입장자는 2023 K리그 미디어 가이드라인을 준수하여야 한다.
2. 경기에 참가하는 선수단(코칭스태프, 팀 스태프 포함)은 경기시작 100분 전에 경기장에 도착하여야 한다.
3. 오픈경기 및 축구클리닉 등 경기 진행에 영향을 미치는 행사는 본 경기 개최 1시간(60분) 전까지 반드시 종료되어야 하며, 연맹에 사전 승인을 받아야 한다.
4. 선수는 신체보호를 위해 반드시 정강이 보호대를 착용하고 경기에 임해야 한다.
5. 경기 중 클럽의 임원, 코칭스태프, 팀 스태프, 선수는 경기장 내에서 흡연을 할 수 없으며, 이를 위반할 경우 퇴장 조치한다.
6. 시상식에는 연맹이 지정한 클럽(팀)과 수상 후보자가 반드시 참석하여야 한다.
7. 체육진흥투표권(스포츠토토 등) 발매 이상 징후 대응경보 발생 시, 경기시작 90분 전 대응 미팅에 관계자(경기감독관, 매치코디네이터, 양 클럽 관계자 및 감독) 등이 참석하여야 한다.
8. 경기 중, 교체대상 선수의 워밍업은 연맹이 사전에 지정한 장소에서 실시해야 한다.
9. 경기감독관은 하절기(6~8월) 기간 중, 쿨링 브레이크 제도(워터 타임)의 실시 여부를 결정할 수 있다. 감독관은 경기시작 20분 전 기온을 측정해 32도(섭씨) 이상일 경우, 심판진과 협의해 실시할 수 있다.
10. 심판 판정에 대한 제소는 불가하다.
11. 클럽은 경기 중 전력분석용 팀 카메라 1대를 상층 카메라구역에 설치할 수 있다. 원정 클럽이 팀 카메라를 설치하는 경우 홈 클럽에 승인을 득해야 한다.

제44조 (부칙) _ 본 대회요강에 명시되지 않은 사항은 K리그 규정, FIFA 규정, K리그 이사회 결정을 준용한다.

하나원큐 K리그2 2023 경기기록부

• 3월 01일 13:30 흐림 창원 축구센터 3,134명
• 주심_오현진 부심_설귀선·신재환 대기심_박세진 경기감독관_허태식

| | | | | | 경남 1 | 0 전반 0
1 후반 0 | 0 부천 | | | | | | | | |

퇴장	경고	파울	ST(유)	교체	선수명	배번	위치	위치	배번	선수명	교체	ST(유)	파울	경고	퇴장
0	0	0	0		고동민	1	GK	GK	25	이범수		0	0	0	0
0	0	0	0	9	이민기	33	DF	DF	5	이용		0	1	0	0
0	0	0	0		박재환	73	DF	DF	6	닐손주니어		0	0	0	0
0	1	4	3		이광선	20	DF	DF	2	이동희		0	0	0	0
0	0	1	0		우주성	15	MF	MF	37	김선호	21	1	1	2	0
0	1	2(2)		88	김범용	6	MF	MF	8	김준형	10	3	1	0	0
0	0	0	1		송홍민	4	MF	MF	23	카즈		2(1)	1	1	0
0	2	4(2)			조상준	99	MF	MF	19	김호남	27	0	0	0	0
0	0	0	1		원기종	8	FW	FW	15	송진규	22	1	0	0	0
0	3	2(1)		17	글레이손	96	FW	FW	9	카릴		1	0	2	0
0	1	3		21	가스트로	95	FW	FW	11	안재준	18	2(1)	0	0	0
0					손정현	31			1	이주현					
0					김영찬	5			20	서명관					
0				후34	이강희	88			21	박형진	후23				
0				후15	박민서	14	대기	대기		조수철	후38				
0				후34	권기표	11			18	이의형	후23				
0				후0	모재현	10			22	한지호	후23	1(1)			
0				후41	조향기	9			27	김규민	후32				
0	1	14	16(5)							0		16(3)	11	0	0

●후반 6분 원기종 PA 정면 내 L-ST-G (득점: 원기종) 왼쪽

• 3월 01일 13:30 흐림 광양 전용 4,890명
• 주심_최규현 부심_이양우·박남수 대기심_성덕호 경기감독관_김성기

| | | | | | 전남 0 | 0 전반 0
0 후반 1 | 1 안양 | | | | | | | | |

퇴장	경고	파울	ST(유)	교체	선수명	배번	위치	위치	배번	선수명	교체	ST(유)	파울	경고	퇴장
0	0	0	0		김다솔	31	GK	GK	1	박성수		0	0	0	0
0	0	2	0		최희원	3	DF	DF	5	박종현		0	0	2	0
0	0	0	0		이후권	16	DF	MF	8	황기욱		0	0	0	0
0	1	0	0		고태원	5	DF	FW	9	조나탄	18	3(2)	0	0	0
0	0	0	0		이규혁	66	MF	MF	10	안드리고		4(2)	1	1	0
0	0	1	0		유헤이	24	FW	FW	13	이재용	11	0	0	0	0
0	0	0	0		발디비아	10	MF	DF	15	김형진		0	0	0	0
0	0	1	0		아스나위	14	MF	DF	22	김동진		0	0	0	0
0	1	2	1		임찬울	7	FW	FW	24	최성범	21	2	1	1	0
0	0	0	1	21	시모비치	23	FW	DF	30	백동규		0	0	1	0
0	0	1	0		박성결	73	FW	FW	90	구대영	99	0	0	0	0
0					최봉진	1			21	김태훈					
0					황명현	45			6	김정현	후27	1(1)			
0				후35	전승민	21	대기	대기	11	조성준	전30				
0				후0	플라나	12			18	김륜도	후50				
0					하남	9			20	이상용					
0	3(2)			후0	추상훈	27			99	주현우	후27				
0	0	12	11(2)							0		15(7)	6	1	0

●후반 48분 조나탄 GAR 내 R-ST-G (득점: 조나탄) 오른쪽

• 3월 01일 13:30 흐림 천안 종합 3,299명
• 주심_정화수 부심_구은석·김동민 대기심_이지형 경기감독관_나승화

| | | | | | 천안 2 | 1 전반 0
1 후반 3 | 3 부산 | | | | | | | | |

퇴장	경고	파울	ST(유)	교체	선수명	배번	위치	위치	배번	선수명	교체	ST(유)	파울	경고	퇴장
0	0	0	0		김효준	31	GK	GK	1	구상민		0	0	0	0
0	0	0	0		김주환	2	DF	DF	2	어정원		0	2	1	0
0	1	1	0	18	이광준	3	DF	DF	3	조위제		0	0	0	0
0	1	2	0		차오연	6	DF	DF	20	이한도		0	2	0	0
0	0	1	1		오윤석	23	DF	MF	7	페신	8	3(2)	0	0	0
0	0	2	0		김주헌	15	MF	MF	14	정원진		1(1)	1	0	0
0	2	1		21	김현중	16	MF	MF	42	권혁규		0	3	1	0
0	1(1)			22	장백규	19	MF	FW	10	라마스	11	4(2)	1	0	0
0	1	4(2)			최상헌	33	FW	FW	9	성호영	29	0	1	1	0
0	0				모		FW	FW	23	성호영	29	0			
0	1	4(2)							11						
0					김덕건	41			41	황병근					
0				후0	신원호	21			3	김동수					
0	3	1			오현교	22			26	최지묵					
0				후31	이민수	14	대기	대기	8	박종우	후33				
0				후31	허승우	8			11	박정인	후36				
0					한재운	29			4	최기윤	후15				
0				후15	김종민	18			99	최건주	후0				
0	3	16	10(3)							0		12(6)	13	3	0

●전반 28분 김주환 PAR TL ⌒ 모따 PK지점 H-ST-G (득점: 모따, 도움: 김주환) 왼쪽
●후반 2분 오윤석 PAL 내 ⌒ 모따 PK지점 R-ST-G (득점: 모따, 도움: 오윤석) 왼쪽
●전반 6분 최준 MFR TL ⌒ 라마스 PAR 내 R-ST-G (득점: 라마스, 도움: 최준) 오른쪽
●전반 10분 페신 PAR 내 L-ST-G (득점: 페신) 왼쪽
●전반 40분 라마스 PAR ⌒ 이한도 GAL 내 L-ST-G (득점: 이한도, 도움: 라마스) 왼쪽

• 3월 01일 16:00 맑음 탄천 종합 2,411명
• 주심_조지음 부심_이병주·주현민 대기심_김재홍 경기감독관_김종민

| | | | | | 성남 2 | 1 전반 1
1 후반 0 | 1 안산 | | | | | | | | |

퇴장	경고	파울	ST(유)	교체	선수명	배번	위치	위치	배번	선수명	교체	ST(유)	파울	경고	퇴장
0	0	0	0		최필수	1	GK	GK	1	이승빈		0	0	0	0
0	2	2(2)			박지원	47	DF	DF	6	김영남		0	0	0	0
0	1	3(1)			강의빈	3	DF	DF	16	이준희		0	0	1	0
0	0	0	0		조성욱	20	DF	DF	23	장유섭		0	0	0	0
0	0	0	0		이재원	14	MF	MF	8	김진현		1(1)	2	0	0
0	0	0	0		이상민	4	MF	MF	14	김재성		0	0	0	0
0	1(1)			15	정한민	7	MF	MF	7	정용희		1	1	1	0
0	0	0	0		박상혁	6	MF	MF	17	이현규	11	2	1	0	0
0	1			24	안드레		FW	FW	7	가브리엘		3(1)	1	1	0
0	2(1)			18	심동운	10	FW	FW	10	김경준	10	0	1	0	0
0	3(2)				이종호	10	FW	FW	17	김범수		0	0	0	0
0					김영광	41			31	김영호					
0					국태정	23			5	정재민	후36				
0					양시후	44			10	근호	후18.5				
0				후40	장영기	24	대기	대기	11	정지용	후9				
0				후0	신재원	15			20	김정호					
0				후40	김원진	18			22	이준희					
0				후19	전성수	33			28	이승민					
0	1	15	18(8)							0		9(2)	12	1	0

●전반 10분 심동운 C.KL ⌒ 조성욱 GA 정면 내 H-ST-G (득점: 조성욱, 도움: 심동운) 가운데
●후반 51분 박상혁 C.KL ⌒ 신재원 GA 정면 H-ST-G (득점: 신재원, 도움: 박상혁) 오른쪽
●전반 49분 가브리엘 PK-L-G (득점: 가브리엘) 왼쪽

충남아산 1 : 2 김천

- 3월01일 16:00 흐림 아산 이순신 4,422명
- 주심_최철준 부심_이영운·김종희 대기심_오현정 경기감독관_당성증

충남아산 1 | 0 전반 0 / 1 후반 2 | 2 김천

퇴장	경고	파울	ST(유)	교체	선수명	배번	위치	위치	배번	선수명	교체	ST(유)	파울	경고	퇴장
0	0	0	0		박한근	1	GK	GK	18	신송훈		0	0	0	0
0	0	0	0		이호인	3	DF	DF	12	김륜성		0	0	0	0
0	0	1	1(1)		이학민	14	DF	DF	10	강윤성		0	0	0	0
0	0	3	3(1)		김성주	17	DF	DF	35	이상민		1(1)	0	0	0
0	0	0	0		조윤성	20	MF	MF	6	임승겸		0	0	0	0
0	1	1	0		이은범	47	MF	MF	27	조영욱		2(1)	0	0	0
0	0	1	0		김혜성	16	MF	MF	26	원두재	30	0	2	1	0
0	1	4	2(1)		김강국	22	MF	MF	8	이영재	31	0	2	1	0
0	0		3(3)		송승민	7	FW	FW	29	정치인	32	0	0	0	0
0	0	0		10	정성호	9	FW	FW	11	김지현		0	0	1	0
0	0	0		18	박대훈	19	MF	FW	38	김민준	21				
0					박주원	21			1	문경건					
					배수용	5			34	김재우	후49				
					박성우	27			28	김태현					
					김승호	13	대기	대기	30	김동현					
0			2(1)	전22	두아르테	22			32	김진규					
				후16	이창환	18			22	권창훈	후26				
					박민서	77			20	이준석	후26	1(1)	0		
0	2	11	13(7)			0						8(6)	8	2	0

- ●후반 4분 두아르테 GAR 내 R-ST-G (득점: 두아르테) 오른쪽
- ●후반 39분 이준석 GAL H ~ 이상민 GA 정면 내 R-ST-G (득점: 이상민, 도움: 이준석) 오른쪽
- ●후반 47분 김진규 AKR ~ 조영욱 GA 정면 L-ST-G (득점: 조영욱, 도움: 김진규) 오른쪽

부천 1 : 0 성남

- 3월04일 13:30 맑음 부천 종합 3,034명
- 주심_박종명 부심_구은석·김수현 대기심_오현정 경기감독관_김종민

부천 1 | 1 전반 0 / 0 후반 0 | 0 성남

퇴장	경고	파울	ST(유)	교체	선수명	배번	위치	위치	배번	선수명	교체	ST(유)	파울	경고	퇴장
0	0	0	0		이범수	25	GK	GK	1	최필수		0	0	0	0
0	1	2	1		이용혁	5	DF	DF	47	박지원		1(1)	0	0	0
0	0	0	0		닐손주니어	6	DF	DF	3	강의빈		0	1	0	0
0	1	4	1		이동희	3	DF	DF	20	조성욱		0	2	1	0
0	0	0	0		김선호	37	MF	MF	14	이재원		0	0	0	0
0	0	0	0		카즈	23	MF	MF	6	이상민		0	1	0	0
0	0	2	0		김호남	19	MF	MF	15	신재원	19	0	0	0	0
0	2	1(1)	18		최재영	14	MF	MF	8	박상혁		0	1	0	0
0	0	0	10		송진규	15	MF	MF	21	문창진	24	1	0	0	0
0	1	2(2)	11		카		FW	FW	18	심동운		2	1	0	0
0	2(1)				한지호	22	FW	FW	11	이종호	33	0	2	0	0
					이주현	1			41	김영광					
					서명관	20			23	국태정					
					박형진	21			44	양시후					
0				후28	조수철	10	대기	대기	24	장영기	후35	1	0		
0	1(1)				하모스	7			18	정한민	후0	1	0		
0				후28	안재준	11			19	정성수	후0				
0	3(8)			후38	이의형	18			33	전성수	후15	0			
0	3	16	10(5)									12(1)	8	2	0

- ●전반 32분 닐손주니어 MF 정면 ~ 한지호 GAR EL R-ST-G (득점: 한지호, 도움: 닐손주니어) 왼쪽

서울E 2 : 3 충북청주

- 3월01일 16:00 맑음 목동 종합 4,247명
- 주심_최광호 부심_홍석찬·서영규 대기심_채상협 경기감독관_김용세

서울E 2 | 0 전반 1 / 2 후반 2 | 3 충북청주

퇴장	경고	파울	ST(유)	교체	선수명	배번	위치	위치	배번	선수명	교체	ST(유)	파울	경고	퇴장
0	0	0	0		윤보상	77	GK	GK	1	류원우		0	0	0	0
0	0	0	1		서보민	7	DF	DF	3	이한샘		0	0	0	0
0	0	0	0		이인재	92	DF	DF	40	김원균		1(1)	1	1	0
0	0	1(1)	4		이재익	14	DF	DF	99	홍원진		0	1	0	0
0	0	2			박경민	33	MF	MF	7	김지운		0	0	0	0
0	2	2(1)			츠바사	44	MF	MF	8	장혁진		1(1)	1	0	0
0	0	0			이상민	6	MF	MF	7	피터		1(1)	1	0	0
0	0	1	40		이시헌		MF	MF	39	김명수	14	1(1)	1	1	0
0	2	10	11		김정환		MF	MF	10	파울리뉴		2(2)	2	0	0
0	0	8			반토안	9	FW	FW	9	조르지	98	2(2)	2	0	0
0	6(3)				호난	22	FW	FW	23	김도현	6	0	0	0	0
					문정인	23			6	문상윤	전30	1(1)	0		
0				후6	한용수	4			17	정기운					
0				후36	황태현	2			98	이승재	후29				
					김원식	15	대기	대기	14	정택훈	후37	0	0		
0				후36	곽성욱	6			77	정민우					
0	2(2)			후6	브루노	40			15	홍성민					
0				후20	이동률				21	박대한					
0	0	9	16(7)			0						9(9)	15	2	0

- ●후반 25분 호난 AK 내 ~ 브루노 AK 내 L-ST-G (득점: 브루노, 도움: 호난) 오른쪽
- ●후반 30분 츠바사 PAL 내 R-ST-G (득점: 츠바사) 오른쪽
- ●전반 8분 피터 PAR EL ~ 파울리뉴 GA 정면 H-ST-G (득점: 파울리뉴, 도움: 피터) 오른쪽
- ●후반 5분 파울리뉴 PK 우측지점 ~ 문상윤 GAR 내 R-ST-G (득점: 문상윤, 도움: 파울리뉴) 왼쪽
- ●후반 18분 조르지 AK 정면 R-ST-G (득점: 조르지) 오른쪽

충북청주 0 : 2 김천

- 3월04일 13:30 맑음 청주 종합 7,035명
- 주심_최승환 부심_설귀선·주현민 대기심_조지음 경기감독관_양정환

충북청주 0 | 0 전반 1 / 0 후반 1 | 2 김천

퇴장	경고	파울	ST(유)	교체	선수명	배번	위치	위치	배번	선수명	교체	ST(유)	파울	경고	퇴장
0	0	0	0		류원우	1	GK	GK	1	문경건		0	0	0	0
0	0	1	1		이한샘	3	DF	DF	23	박민규		0	1	0	0
0	0	2	0		김원균	40	DF	DF	3	강윤성		1	0	0	0
0	0	0	0		홍원진	99	DF	DF	35	이상민		0	1	0	0
0	0	0	0		김명순	39	MF	DF	6	임승겸		0	1	0	0
0	1	1(1)	17		피터	7	MF	MF	32	김진규	22	0	1	0	0
0	0	0			장혁진	8	MF	MF	26	원두재	30	0	0	0	0
0	0	0			김지운	7	MF	MF	34	강현묵	2	2(1)	2	0	0
0	0	2			파울리뉴	10	FW	FW	27	조영욱		0	0	0	0
0	3(1)				조르지	9	FW	FW	11	김지현		2(1)	0	0	0
0	0				김도현	23	FW	FW	38	김민준	29	0	0	0	0
					박대한	21			18	신송훈					
					이정택	16			34	김재우	후28				
0				전26	문상윤	6	대기	대기	28	김태현					
					정민우	77			30	김동현	후22				
0	1(1)			후17	이승재	98			29	정치인	후22				
0				후38	정기운	17			5	권창훈	후22	0	0		
									20	이준석	후28				
0	2	13	10(3)									12(3)	13	1	0

- ●전반 30분 이영재 PA 정면 L-ST-G (득점: 이영재) 오른쪽
- ●후반 46분 김지현 PK-R-G (득점: 김지현) 왼쪽

안산 1 : 0 충남아산

- 3월 04일 16:00 맑음 안산 와스타디움 4,173명
- 주심 성덕효 부심 이양우·서영규 대기심 최철준 경기감독관 김성기

전반	후반
1	0
0	0

퇴장	경고	파울	ST(유)	교체	선수명	배번	위치	위치	배번	선수명	교체	ST(유)	파울	경고	퇴장
0	0	0	0		이승빈	1	GK	GK	1	박한근		0	0	0	0
0	0	1	0		김재성	14	DF	DF	3	이호인		0	2	1	0
0	0	1	1		정용희	15	DF	DF	14	이학민	27	0	0	0	0
0	0	3	1(1)		김정호	20	DF	DF	13	김성주		0	5	1	0
0	1	2	0		장유섭	23	DF	DF	20	조윤성		0	0	0	0
0	0	0	0		김영남	6	MF	MF	47	이은범		0	0	0	0
0	0	1	2(2)	28	김진현	8	MF	MF	16	김혜성		0	0	0	0
0	1	2	1	7	정지용	11	MF	MF	22	김강국		3(1)	0	0	0
0	0	0	0		유준수	16	MF	MF	11	송승민	11	0	1	0	0
0	0	1	0	19	김범수	7	MF	MF	19	정성호		0	0	0	0
0	0	0	0		정재민	5	FW	FW		두아르테		3(3)			
					김영호	31			21	박주원					
0	0	1	0	후22	가브리엘	7			5	배수용					
0	0	0	0	후40	김경준	9			27	박성우	후25				
0	0	0	0	후11/9	이herr규	19	대기	대기	13	김호	후8	1(1)			
0	0	0	0		이준희	22			11	강민규					
0	0	0	0		박준배	26			18	이정태					
0	0	0	0	후40	이승민	28			77	박민서	후25	2			
0	2	18	6(3)									12(5)	14	2	0

- 전반 33분 김범수 PA 정면 내 ~ 김진현 AK 내 R-ST-G (득점: 김진현, 도움: 김범수) 오른쪽

안양 1 : 1 서울E

- 3월 05일 16:00 맑음 안양 종합 6,003명
- 주심 임정수 부심 이병주·신재환 대기심 이지형 경기감독관 허기태

전반	후반
1	1
0	0

퇴장	경고	파울	ST(유)	교체	선수명	배번	위치	위치	배번	선수명	교체	ST(유)	파울	경고	퇴장
0	0	0	0		박성수	1	GK	GK	77	윤보상		0	0	0	0
0	0	0	0		박종현	5	DF	DF	7	서보민		0	0	0	0
0	0	6	1	8	정동윤	8	DF	DF	92	이인재		0	0	0	0
0	0	3(2)		16	조나탄	16	FW	DF	2	황태현		0	0	0	0
0	0	0	0		안드리고	10	MF	DF	3	김민규		0	0	0	0
1	2(2)			13	조성준	11	MF	MF	30	박창환		0	0	0	0
0	0	0	0		김형진	15	MF	MF	44	츠바사		0	0	0	0
0	3	1(1)		2	김동진	22	MF	MF	11	김정환	17	0	0	0	0
0	0	7		16	최성범	8	MF	MF	40	브루노	7	0	0	0	0
0	0	0	0		백동규	30	DF	DF	23	이동률		0	0	0	0
0	0	0	0		구대영	90	DF	FW	90	호난		0	0	0	0
					김태현	21			23	문정인					
0	0			전37	안용우	7			33	박경민					
0	0			후26	황기욱	8			15	김원식	후39				
0	0			후40	박재용	13	대기	대기	17	유정완	후28				
0	0			후40	박재용	16			6	이상민	후28				
					이상용	20			21	이시헌	후39				
0	0			후26	주현우	99			9	반토	후19				
0	1	19	7(5)									4(1)	11	2	0

- 전반 28분 조나탄 GAR H~ 조성준 PK 우측지점 R-ST-G (득점: 조성준, 도움: 조나탄) 오른쪽
- 전반 36분 브루노 AKL L-ST-G (득점: 브루노) 왼쪽

김포 4 : 0 천안

- 3월 05일 13:30 맑음 김포솔터축구장 1,164명
- 주심 김재홍 부심 이영운·박남수 대기심 성덕효 경기감독관 차상해

전반	후반
1	0
3	0

퇴장	경고	파울	ST(유)	교체	선수명	배번	위치	위치	배번	선수명	교체	ST(유)	파울	경고	퇴장
0	0	0	0		박청효	13	GK	GK	31	김효준		0	0	0	0
0	1	1	0		조성권	2	DF	DF	3	김주환		0	0	0	0
0	0	1	0		김태한	4	DF	DF	15	김주헌		0	2	0	0
0	0	3	0		김민호	20	DF	DF	6	차오연		0	5	1	0
0	0	1	1(1)	34	서재민	21	MF	MF	23	오윤석		1(1)	2	0	0
0	4	2(2)			김이석	23	MF	MF	16	김현중		0	0	0	0
0	0	0	0		최재훈	23	MF	MF	8	윤용호		0	0	0	0
0	0	0	0		김성민	17	MF	MF	19	장백규		0	0	0	0
0	0	1	1(1)	5	김종석	10	MF	MF	27	이석규		1	0	0	0
0	0	3	3(2)		루이스	24	FW	MF	10	다미르		0	0	0	0
0	0	4	4(3)	99	주닝요	9	FW	FW	18	파울로	후18	1(1)	0	0	0
					김민재	51			1	김민준					
					박경록	3			22	오현교	후33				
0	0			후35	송준석	34			21	신원호	전37				
0	1	1(1)		후10	장윤호	5	대기	대기	27	이광준	후33				
					윤민호	32			13	허승우					
					파블로	11			36	최성현					
0	0			후46	손석용	99			18	김종민	후19	1(1)	1		
0	1	19	14(11)									7(3)	14	2	0

- 전반 15분 김종석 MF 정면 ~ 서재민 PAL 내 L-ST-G (득점: 서재민, 도움: 김종석) 오른쪽
- 후반 37분 손석용 AKR ~ 김이석 PA 정면 L-ST-G (득점: 김이석, 도움: 손석용) 왼쪽
- 후반 43분 루이스 PK-R-G (득점: 루이스) 가운데
- 후반 53분 루이스 MF 정면 ~ 장윤호 PAR 내 R-ST-G (득점: 장윤호, 도움: 루이스) 오른쪽

전남 0 : 5 경남

- 3월 05일 16:00 맑음 광양 전용 1,975명
- 주심 김도연 부심 홍석찬·김종희 대기심 정회수 경기감독관 당성증

전반	후반
0	0
0	4

퇴장	경고	파울	ST(유)	교체	선수명	배번	위치	위치	배번	선수명	교체	ST(유)	파울	경고	퇴장
0	0	0	0		김다솔	31	GK	GK	1	고동민		0	0	0	0
0	0	1	0		최희원	3	DF	DF	21	박민서		0	0	0	0
0	0	1	0	15	이후권	16	DF	DF	73	박재환		1(1)	1	0	0
0	0	2	0		고태원	5	DF	DF	20	이광선		0	0	0	0
0	0	1	0		이규혁	66	MF	MF	19	우주성		0	0	0	0
0	0	1	0	24	유헤이	24	MF	MF	8	권기표		1(1)	0	0	0
0	0	2	0	10	김건오	77	MF	MF	88	이강희		1(1)	0	0	0
0	0	0	0		아스나위	14	MF	MF	4	송홍민		0	0	0	0
0	0	0	0		조지훈	25	MF	MF	7	조상준		0	0	0	0
0	1	1	0	23	최성진	23	FW	FW	7	원기종		4(2)	0	0	0
0	1	1	3(1)	28	플라나	11	FW	FW	96	글레이손	79	1(1)	0	0	0
					최봉진	1			31	손정현					
0	0			후34	김수범	28			5	김영찬	후29				
					조지훈	25			33	이민기					
0	0			후34	발디비아	10	대기	대기	3	김범용	후26				
0	3(1)			전32					10	모재현	후13	1(1)	2		
0	0			후19	임찬울	7			95	카스트로	후13	1(1)	0		
0	0			후0	시모비치	23			79	이종언	후26	1(1)	0		
0	0	6	8(2)									13(9)	10	0	0

- 전반 15분 원기종 PK 우측지점 R-ST-G (득점: 원기종) 왼쪽
- 후반 15분 카스트로 AKL ~ 원기종 GAL L-ST-G (득점: 원기종, 도움: 카스트로) 오른쪽
- 후반 20분 우주성 PAR 내 ~ 글레이손 GA 정면 내 R-ST-G (득점: 글레이손, 도움: 우주성) 가운데
- 후반 27분 박민서 MFL ~ 박재환 GA 정면 H-ST-G (득점: 박재환, 도움: 박민서) 오른쪽
- 후반 33분 이종언 PAR 내 ~ 카스트로 GAL 내 R-ST-G (득점: 카스트로, 도움: 이종언) 왼쪽

Section 7

2023 경기기록부

527

• 3월 11일 13:30 맑음 목동 종합 1,350명
• 주심_조지음 부심_이양우·김동민 대기심_최승환 경기감독관_이경춘

서울E 0 0 전반 0 / 0 후반 1 **1 전남**

퇴장	경고	파울	ST(유)	교체	선수명	배번	위치	배번	선수명	교체	ST(유)	파울	경고	퇴장
0	0	0	0		문정인	23	GK	GK	1	최봉진 99		0	0	0	0
0	0	1	2		서보민	7	DF	DF	28	김수범		1	0	0	0
0	0	1	0		김원식	15	DF	DF	3	최희원		0	1	0	0
0	0	0	0		김민규	3	DF	DF	5	고태원		0	1	0	0
0	0	0	0		황태현	2	DF	DF	17	여승원		0	3	0	0
0	0	1	2(2)		츠바사	44	MF	MF	25	조지훈	15	2	0	0	0
0	2	0	6		박창환	30	MF	MF	27	추상훈	11	1	1	0	0
0	0	0	0		유정완	17	MF	MF	35	노건우	7	2(2)	1	0	0
0	0	2(1)	21		브루노	40	MF	MF	24	유헤이	1	1	0	0	0
0	0	0	0		박星룡	10	MF	FW	10	발디비아		5(4)	0	0	0
0	0	3(1)	9		호난	22	FW	FW	13	이준호	23	2(2)	1	0	0
					윤보상	77			99	조성빈	후30				
					이인재	92			2	유지하					
				후19	박경민	33			16	이후권					
				후10	이상민	6	대기	대기	15	정호진	후12				
				후10	이시헌	21			7	임찬울	후0				
				후10	박준영	90			11	플라나	후0	2(1)			
				전36	반토안	9			23	시모비치	후12	2	0	0	0
0	0	11	11(4)				0 : 0					12(9)	14	1	0

●후반 36분 시모비치 PAL 내 ⌒ 발디비아 GA 정면 R-ST-G (득점: 발디비아, 도움: 시모비치) 왼쪽

• 3월 11일 16:00 맑음 청주 종합 3,043명
• 주심_최규현 부심_구은석·서영규 대기심_김재홍 경기감독관_차상해

충북청주 1 0 전반 0 / 1 후반 1 **1 부산**

퇴장	경고	파울	ST(유)	교체	선수명	배번	위치	배번	선수명	교체	ST(유)	파울	경고	퇴장
0	0	0	0		류원우	1	GK	GK	1	구상민		0	0	0	0
0	0	3	0		이한샘	3	DF	DF	5	조위제		0	3	0	0
0	0	0	0		김원균	40	DF	DF	6	최준		1	0	0	0
0	0	0	1		홍원진	99	DF	DF	20	이한도		1	0	0	0
0	1	2	2		구현준	19	MF	MF	26	최지묵		2	0	1	0
0	1	4	4(1)		피터	7	MF	MF	8	박종우	33	0	3	0	0
0	0	0	0		장혁진	8	MF	MF	14	정원진	18	2	0	0	0
0	1	2	0		김명순	39	MF	MF	42	권혁규		1	2	0	0
0	0	6	0		김도현	23	MF	FW	7	페신	29	1	0	0	0
0	0	1	1		조르지	9	FW	FW	4	라마스		5(1)	2	0	0
0	2	3(3)			파울리뉴	10	FW	FW	99	최건주	23	2	1	0	0
					정진욱	18			41	황병근					
				후27	이정택	14			2	어정원	후25	1	0	0	0
				후30	김지운	2			3	김동수					
					홍성민	15	대기	대기	33	김상준	후17	1(1)	0	0	0
				전24	문상윤	6			18	임민혁	후17	1	0	0	0
					정민우	77			22	이상헌	후25	1	0	0	0
					이승재	98			29	최기윤	후38	1(1)	0	0	0
0	2	16	9(5)				1 : 1					16(4)	14	1	0

●후반 14분 김명순 PAR 내 EL ~ 파울리뉴 GAR 내 R-ST-G (득점: 파울리뉴, 도움: 김명순) 가운데
●후반 46분 이상헌 PA 정면 ⌒ 김상준 GAR R-ST-G (득점: 김상준, 도움: 이상헌) 왼쪽

• 3월 11일 16:00 맑음 김포솔터축구장 2,435명
• 주심_최철준 부심_이병주·김수현 대기심_오현정 경기감독관_구상범

김포 0 0 전반 0 / 0 후반 0 **0 경남**

퇴장	경고	파울	ST(유)	교체	선수명	배번	위치	배번	선수명	교체	ST(유)	파울	경고	퇴장
0	0	0	0		박청효	13	GK	GK	1	고동민		0	0	0	0
0	1	1	0		조성권	2	DF	DF	33	이민기	21	0	1	0	0
0	0	3	0		김태한	4	DF	DF	73	박재환		0	2	0	0
0	0	0	0		김민호	20	DF	DF	20	이광선	5	0	1	0	0
0	0	3	0	34	서재민	21	DF	DF	15	우주성		1	0	0	0
0	3	0	99		김이석	8	MF	MF	95	카스트로	79	4(3)	1	0	0
0	1	1	0		최재훈	23	MF	MF	4	김범용		0	2	0	0
0	1	1	0		김성민	17	MF	MF	6	송홍민		1	1	0	0
0	0	4(1)	7		김종석	8	FW	MF	99	조상준		1	0	0	0
0	0	0	0	99	루이스	24	FW	FW	7	원기종		0	0	0	0
0	2(1)	11			주닝요	9	FW	FW	96	글레이손		1	2	0	0
				후46	박경록	3			31	손정현					
				후46	송준석	34			5	김영찬	후31				
				후17	장윤호	17	대기	대기	21	박민서	후0				
					윤민호				10	모재현	후0	2(2)			
				후38	파블로	11			11	권기표	후12	1(1)			
				후17	손석용	99			79	이종언	후36	1(1)	0	0	0
0	2	10	7(2)				0 : 0					11(7)	10	0	0

• 3월 12일 13:30 비 탄천 종합 949명
• 주심_오현택 부심_신재환·홍석찬 대기심_최철준 경기감독관_허기태

성남 0 0 전반 0 / 0 후반 0 **0 충남아산**

퇴장	경고	파울	ST(유)	교체	선수명	배번	위치	배번	선수명	교체	ST(유)	파울	경고	퇴장
0	0	0	0		최필수	1	GK	GK	1	박한근		0	0	0	0
0	0	1	0		박지원	47	DF	DF	3	이호인		0	0	0	0
0	0	1	2		강의빈	3	DF	DF	4	장준영		0	0	0	0
0	0	0	0		조성욱	20	DF	DF	20	조윤성		1(1)	0	0	0
0	1	3(2)			이재원	14	MF	MF	27	박성우	14	0	0	0	0
0	0	0	0		이상기	4	MF	MF	47	이은범		1	0	0	0
0	0	0	15		정한민	19	MF	MF	22	김강국		0	0	0	0
0	1	1	0		박상혁	8	MF	MF	24	박세직		0	2(2)	0	0
0	0	0	0		권순형	7	FW	FW	7	송승민		0	0	0	0
0	0	2(2)	21		심동운	11	MF	MF	13	김승호	18	0	0	0	0
0	2(1)	33			이종호	10	FW	FW	77	김택근		0	0	0	0
					김영광	41			21	박주원					
					김진래	16			14	이학민	후20				
					양시후	44			17	김성주					
				후18	문창진	21	대기	대기	16	김혜성	후0				
				후18	신재원	15			10	두아르테	후20	1			
					김원준	22			18	이창훈	후44				
				후35	전성수	33			77	박민서	후10	1(1)	0	0	0
0	0	13	14(8)				0 : 0					8(4)	9	0	0

• 3월 12일 13:30 흐림 안산 와스타디움 1,124명
• 주심_최광호 부심_이영운·박남수 대기심_김도연 경기감독관_나승화

| | | | | 안산 | 1 | 0 전반 1 / 1 후반 0 | 1 | 안양 | | | |

퇴장	경고	파울	ST(유)	교체	선수명	배번	위치	위치	배번	선수명	교체	ST(유)	파울	경고	퇴장
0	0	0	0		이 승 빈	1	GK	GK	1	박 성 수		0	0	0	0
0	0	0	0		유 준 수	16	MF	MF	5	박 종 현		0	2	1	0
0	0	1	0		김 정 호	20	DF	MF	6	김 정 현		0	1	0	0
0	0	1	1		장 유 섭	23	DF	FW	9	조 나 탄		3(2)	1	0	0
0	1	2	2(2)		김 영 남	5	MF	MF	10	안드리고	8	2(1)	1	0	0
0	1	2	1(1)		김 진 현	8	MF	MF	13	이 재 용	11	1	0	0	0
0	0	0	0		김 재 성	14	MF	DF	15	김 형 진		0	0	0	0
0	0	0	3		정 용 희	15	DF	DF	22	김 동 진		0	0	0	0
0	1	1	0		가브리엘	7	FW	MF	24	최 성 범	7	0	0	0	0
0	1	3(2)			김 경 준	9	FW	FW	30	백 동 규		0	0	0	0
0		3(1)	17		정 지 용	11	FW	FW	90	구 대 영	99		0	0	0
0	0	0	0		김 선 우	21			21	김 태 훈		0	0	0	0
0	0	1	0	후18	김 채 운	3			7	안 용 우	후16				
0	0	1	0	후10	정 재 민	5			8	황 기 욱	후33				
0	1(1)		17	후10	김 범 수	17	대기	대기	11	조 성 준	전38				
0					이 현 규	19			16	박 재 용	후33				
0	0	0	0		이 준 희	22			20	이 상 용					
0	0	0	0	후18	티 아 고	95			99	주 현 우	전38				
0	1	9	11(7)			0			0			10(3)	11	2	0

● 후반 29분 김범수 PAR → 정재민 GAR R-ST-G (득점: 정재민, 도움: 김범수) 오른쪽
● 전반 6분 안드리고 MFL ~ 조나탄 PAL 내 L-ST-G (득점: 조나탄, 도움: 안드리고) 오른쪽

• 3월 18일 13:30 맑음 아산 이순신 3,762명
• 주심_박세진 부심_구은석·서영규 대기심_송민석 경기감독관_이경춘

| | | | | 충남아산 | 1 | 0 전반 0 / 1 후반 0 | 0 | 천안 | | | |

퇴장	경고	파울	ST(유)	교체	선수명	배번	위치	위치	배번	선수명	교체	ST(유)	파울	경고	퇴장
0	0	0	0		박 한 근	1	GK	GK	1	김 민 준		0	0	0	0
0	0	1	0	20	이 호 인	3	DF	DF	23	오 윤 석		0	0	0	0
0	0	0	0		장 준 영	4	DF	DF	6	차 오 연		0	1	0	0
0	0	1	0		이 학 민	17	DF	DF	15	김 주 헌		0	1	0	0
0	0	0	0		김 성 주	17	MF	MF	2	김 주 환		0	0	0	0
0	1	0	0		이 은 범	47	DF	MF	14	이 민 수		0	0	0	0
0					박 세 직	24	MF	MF	8	윤 용 호	22	1(1)	0	0	0
0			22		권 성 현	25	MF	MF	19	장 백 규	18	1(1)	0	0	0
0	1	1	0		송 승 민	7	FW	MF	13	허 승 우	16	0	0	0	0
0	1	2(1)			강 민 규	11	FW	FW	13	허 승 우	16	0	0	0	0
0					박 주 원	21			36	임 민 혁		0	0	0	0
0				후11	조 윤 성	20			3	이 광 존	후11	1	0	0	0
0			전22		김 강 국	22			16	김 현 중	후0	0			
0			전22/19		두아르테	10	대기	대기	22	오 현 교	후38	0			
0					김 승 호	13			20	한 석 희		0			
0				후40	이 창 훈	8			11	안 재 준		0			
0				후40	박 대 훈	19			18	김 종 민	후38	0			
0	2	19	9(2)			0			0			4(3)	6	0	0

● 후반 34분 박세직 MF 정면 ~ 강민규 PA 정면 R-ST-G (득점: 강민규, 도움: 박세직) 왼쪽

• 3월 12일 16:00 흐림 천안 종합 675명
• 주심_오현정 부심_설귀선·주현민 대기심_정동식 경기감독관_허태식

| | | | | 천안 | 0 | 0 전반 0 / 0 후반 3 | 3 | 부천 | | | |

퇴장	경고	파울	ST(유)	교체	선수명	배번	위치	위치	배번	선수명	교체	ST(유)	파울	경고	퇴장
0	0	0	0		김 민 준	1	GK	GK	25	이 범 수		0	0	0	0
0	0	1	1		오 윤 석	23	DF	DF	5	이 동 혁	20	0	0	0	0
0	0	1	0	18	차 오 연	5	DF	DF	6	닐손주니어		0	0	0	0
0	1	2	0		김 주 헌	15	DF	DF	4	이 동 희		0	1	0	0
0	1	1	0		김 주 환	2	MF	DF	37	김 선 호	21	1	0	0	0
0	1	1(1)	39		이 민 수	14	MF	MF	23	카 즈		0	0	0	0
0	1	0	0		윤 용 호	8	MF	MF	19	김 호 남		0	0	0	0
0	1	0	0		다 미 르	10	MF	MF	14	최 재 영		0	0	0	0
0					장 백 규	19	FW	FW	15	송 진 규	7	2(2)	0	0	0
0	0	3	0	29	허 승 우	13	FW	FW	9	카 릴	11	3(2)	0	0	0
0	2	3			모 따	9	FW	FW	22	한 지 호	99	1	0	0	0
0					김 효 준	31			1	이 주 현		0	0	0	0
0	0	0	0	후24	이 광 준	3			20	서 명 관	후35	0			
0					한 재 훈	29			21	박 형 진	후45	0			
0	0	0	0	후27	한 재 훈	29	대기	대기	10	조 수 철		0			
0	0	0	1	후19	김 세 윤	20			7	하 모 스	후29	4(2)	0	0	0
0					안 석 희	11			11	안 재 준	후0	4(2)	0	0	0
0	0	0	0	후27	김 종 민	18			99	박 호 민	후29				
0	2	12	9(3)			0			0			12(7)	14	1	0

● 후반 11분 카즈 AKR → 김선호 GAL L-ST-G (득점: 김선호, 도움: 카즈) 오른쪽
● 후반 21분 안재준 PAR 내 ~ 송진규 PK지점 R-ST-G (득점: 송진규, 도움: 안재준) 왼쪽
● 후반 39분 최재영 PA 정면 ~ 안재준 PAL 내 R-ST-G (득점: 안재준, 도움: 최재영) 오른쪽

• 3월 18일 16:00 맑음 창원 축구센터 2,011명
• 주심_조지음 부심_이영운·김동민 대기심_최철준 경기감독관_구상범

| | | | | 경남 | 2 | 2 전반 2 / 0 후반 0 | 2 | 충북청주 | | | |

퇴장	경고	파울	ST(유)	교체	선수명	배번	위치	위치	배번	선수명	교체	ST(유)	파울	경고	퇴장
0	0	0	0		고 동 민	1	GK	GK	1	류 원 우		0	0	0	0
0	0	1	1		박 민 서	21	DF	DF	40	김 원 진		0	1	0	0
0	0	1	0		박 재 환	73	DF	DF	99	김 원 균		0	0	0	0
0	1	2(1)			이 광 선	20	DF	DF	14	이 정 택		0	0	0	0
0	0	1	0		우 주 성	15	MF	MF	39	김 명 순		0	0	0	0
0	1	2	2(2)		카스트로	95	MF	MF	8	장 혁 진		1(1)	0	0	0
0	1	0	0		모 재 현	10	MF	MF	7	피 터	11	1	1	0	0
0	5	1			송 홍 민	4	MF	MF	6	문 상 윤	6	1	1	0	0
0	2(1)	99			이 종 언	79	MF	MF	10	파울리뉴		0	0	0	0
0	2(1)				글레이손	96	FW	FW	98	이 승 재	77	1(1)	1	0	0
0					손 정 현	31			21	박 대 한		0	0	0	0
0	0	0	0		김 영 찬	5			11	김 인 형		0	0	0	0
0					이 민 기	33			15	홍 성 민		0			
0	0	0	0	후0	김 범 용		대기	대기	11	양 지 훈	후0	0			
0	1(1)		후36		조 상 준	99			6	문 상 윤	후0	0			
0			후22		권 기 표	11			77	정 민 우	후0	1			
0			후14/11		원 기 종	7			2	김 지 운		0			
0	0	14	13(5)			0			0			7(4)	8	1	0

● 전반 43분 글레이손 PAR HL ~ 조상준 PK지점 R-ST-G (득점: 조상준, 도움: 글레이손) 오른쪽
● 전반 47분 카스트로 PAL 내 L-ST-G (득점: 카스트로) 오른쪽
● 전반 8분 장혁진 C.KR → 피터 GAR R-ST-G (득점: 피터, 도움: 장혁진) 왼쪽
● 전반 27분 김도현 PAR 내 R-ST-G (득점: 김도현) 왼쪽

부천 1 : 0 안산

- 3월 18일 16:00 맑음 부천 종합 2,854명
- 주심: 김도연 부심: 이양우·김종희 대기심: 최광호 경기감독관: 양정환

부천 1 (전반 0 / 후반 1) **0 안산**

퇴장	경고	파울	ST(유)	교체	선수명	배번	위치	위치	배번	선수명	교체	ST(유)	파울	경고	퇴장
0	0	0	0		이범수	25	GK	GK	1	이승빈		0	0	0	0
0	0	0	0		이용혁	2	DF	DF	16	유준수		0	0	0	0
0		3	0		닐손주니어	6	DF	DF	20	장동혁	22	1(1)	2	1	0
0	0	1	0		이동희	4	DF	DF	23	장유섭		0	1	0	0
0				21	김선호	37	MF	MF	6	김영남		2	1	1	0
0	1	0			카즈	23	MF	MF	8	김진현		0	4	0	0
0	1	1	2		김호남	19	MF	MF	14	김재성		3(2)	1	0	0
0		3	0	10	최재영	14	MF	MF	15	정용희					
0	1	0			송진규	15	FW	FW	9	김경준	5	4(2)	0	0	0
0	1	1	4		한지호	22	FW	FW	17	김범수	95	0	1	0	0
					이주현	1			21	김선우					
					서명관	20			3	김채운					
				후48	박형진	21			5	정재민	후27				
				후22	조수철	10	대기	대기	7	가브리엘	후24				
				후33	하모스	7			19	이현규					
			1(1)	후22	안재준	11			22	이준희	후36				
			2(2)	후22	박호민	99			95	티아고	후36				
0	2	13	8(4)									13(5)	12	2	0

- 후반 32분 송진규 자기 측 센터서클 ~ 안재준 PAR 내 R-ST-G (득점: 안재준, 도움: 송진규) 왼쪽

안양 2 : 1 성남

- 3월 19일 16:00 맑음 안양 종합 2,722명
- 주심: 김재홍 부심: 이병주·주현민 대기심: 김대용 경기감독관: 김용세

안양 2 (전반 1 / 후반 1) **1 성남**

퇴장	경고	파울	ST(유)	교체	선수명	배번	위치	위치	배번	선수명	교체	ST(유)	파울	경고	퇴장
0	0	0	0		박성수	1	GK	GK	1	최필수		0	0	0	0
0	0	1	0		박종현	5	MF	DF	47	박지원	1	0	0	0	0
0		3	2		정현철	8	MF	DF	3	강의빈	5	0	0	0	0
0		2	1(1)	25	황기욱	8	MF	DF	20	조성욱		0	0	0	0
0	1	2(2)		16	조나탄	9	FW	FW	14	이재원		0	0	1	0
0	1	1(1)		14	안드리고	10	MF	MF	4	이상민		0	0	0	0
0	1	1			김형진	15	DF	MF	19	정한민		1(1)	0	0	0
0		3(1)		11	황현호	24	FW	FW	21	문창진	16	1	0	0	0
0		2			백동규	30	DF	MF	11	심동운	18	0	1	0	0
0		1	2		주현우	99	DF	FW	10	이종호		0	0	0	0
					김태훈	21			30	정명제					
				후33	정준연	2			5	패트릭	전36				
				후0	조성준	11			16	김진래	후0				
				후45	채재용	16	대기	대기	24	장영기	후37				
				후20	홍창범	14			15	신재원	후37				
				후33	김하준	25			18	김원준	후0	1(1)			
					김정민	26			33	전성수					
0	3	15	12(6)									7(2)	12	1	0

- 전반 25분 홍현호 PAR ~ 조나탄 GA 정면 H-ST-G (득점: 조나탄, 도움: 홍현호) 오른쪽
- 후반 34분 조나탄 GA 정면 내 R-ST-G (득점: 조나탄) 가운데
- 후반 24분 박상혁 PAR 내 ~ 김원준 GAL L-ST-G (득점: 김원준, 도움: 박상혁) 왼쪽

부산 3 : 1 김천

- 3월 19일 13:30 맑음 부산 아시아드 6,359명
- 주심: 임정수 부심: 홍석찬·박남수 대기심: 신용준 경기감독관: 하태식

부산 3 (전반 0 / 후반 3) **1 김천**

퇴장	경고	파울	ST(유)	교체	선수명	배번	위치	위치	배번	선수명	교체	ST(유)	파울	경고	퇴장
0	0	0	0		구상민	1	GK	GK	1	문경건		0	0	0	0
0	0	0	0		어정원	2	DF	DF	23	박민규		0	1	0	0
0	0	0	0		조위제	5	DF	DF	10	강윤성		0	1	1	0
0	0	0	0		최준	6	DF	DF	35	이상민		1(1)	0	0	0
0	0	0	0		이한도	20	DF	DF	22	임승겸		0	0	0	0
0	2	1(1)		33	임민혁	18	MF	MF	25	김현욱	32	1	1	0	
0	1			99	이상헌	22	MF	MF	26	원두재		0	2	1	0
0		0			권혁규	42	MF	MF	8	이영재		3(1)	1	0	0
0	0	3(3)			페신	7	FW	FW	27	조영욱		3(1)	0	0	0
0	0	3(2)			라마스	10	FW	FW	19	김지현		2	1	0	0
0		0			정원진	14	FW	FW	11	이지훈	20	1(1)	1	0	0
					황병근	41			18	신송훈					
				후41	최지묵	26			34	김재우					
					박종우	8			28	김태현					
				후30	김상준	7	대기	대기	30	김동현		0			
				후41	박정인	11			32	김진규	후12	1(1)	0	0	0
0	1	0	1(1)	후30	최기윤	29			22	권창훈	후20	0	0	0	0
0	1	0	2(1)	후30	최건주	99			20	이준석	후0	1	0	0	0
0	2	11	12(8)									13(5)	6	2	0

- 후반 13분 구상민 자기 측 AK 내 ~ 라마스 PK지점 R-ST-G (득점: 라마스, 도움: 구상민) 가운데
- 후반 18분 페신 GA 정면 내 L-ST-G (득점: 페신) 가운데
- 후반 37분 김상준 자기 측 MF 정면 ~ 최기윤 PA 정면 L-ST-G (득점: 최기윤, 도움: 김상준) 오른쪽
- 후반 24분 이준석 GAL H ~ 김진규 GA 정면 L-ST-G (득점: 김진규, 도움: 이준석) 가운데

전남 0 : 2 김포

- 3월 19일 16:00 맑음 광양 전용 1,712명
- 주심: 박종명 부심: 설귀선·신재환 대기심: 안재훈 경기감독관: 김성기

전남 0 (전반 0 / 후반 0) **2 김포**

퇴장	경고	파울	ST(유)	교체	선수명	배번	위치	위치	배번	선수명	교체	ST(유)	파울	경고	퇴장
0	0	0	0		최봉진	1	GK	GK	13	박청효		0	0	0	0
0		1			김수범	28	DF	DF	2	조성권		0	1	0	0
0	1	1	1		최희원	3	DF	DF	4	김태한		0	0	0	0
0		0			조지훈	25	DF	DF	20	김민호		0	1	0	0
0					이후권	16	MF	MF	21	서재민		0	0	0	0
0		1	1		정호진	15	MF	MF	8	김이석		3(2)	2	1	0
0		3(2)			임찬울	7	MF	MF	23	최재훈		1(1)	3	1	0
0	1	2		11	박성결	73	MF	MF	17	김성민		1(1)	1	1	0
0					시모비치	23	FW	FW	9	주닝요	99	5(4)	2	0	0
0	1				조성빈	99			51	김민재					
0					고태원	5			22	배재우					
				후0	여승훈	17			7	장윤호	후20				
					전승현	21	대기	대기	7						
					노건우	35			6	이상혁					
					추상훈	7			32	윤민호					
0				후11	플라나	11			99	손석용	후34	1			
0	4	13	9(2)									15(8)	16	4	0

- 전반 21분 주닝요 GAL ~ 루이스 GAR 내 R-ST-G (득점: 루이스, 도움: 주닝요) 오른쪽
- 전반 45분 김종석 PA 정면 ~ 루이스 PK 좌측지점 R-ST-G (득점: 루이스, 도움: 김종석) 왼쪽

안양 3 : 0 충남아산

- 4월01일 13:30 맑음 안양 종합 2,156명
- 주심 정화수 부심 설귀선·김수현 대기심 조지음 경기감독관 구상범
- 2 전반 0 / 1 후반 0

퇴장	경고	파울	ST(유)	교체	선수명	배번	위치	위치	배번	선수명	교체	ST(유)	파울	경고	퇴장
0	0	0	0		박성수	1	GK	GK	1	박한근		0	0	0	0
0	0	0	0		박종현	5	DF	DF	4	장준영		1(1)	2	0	0
0	0	0		25	김정현	6	MF	MF	14	이학민	99	0	1	0	0
0	0	4	0	14	황기욱	4	MF	MF	17	김성주	6	0	1	1	0
0	1	1	3(3)		조나탄	5	DF	DF	20	조윤성		0	1	1	0
0	1	1(1)	4		안드리고	10	DF	DF	47	이은범		1(1)	3	1	0
0	1	1	0		김형진	15	DF	MF	22	김강국		0	1	0	0
0	0	3	4(3)		김동진	22	MF	FW	24	박세직		0	0	0	0
0	0			11	홍현호	27	MF	FW	25	권성현	8	0	0	0	0
0	0	0	0		백동규	30	DF	FW	9	정성호	19	0	1	0	0
0	1	0	0	97	천주우		MF	FW	11	강민규		2(2)	1	0	0
0	0	0	0		김태훈	21			21	박주원		0	0	0	0
0	0	0	0	후33	이창용	4			5	배수용		0	0	0	0
0	0	1	1(1)	전26	조성준	99			99	강준혁	후33	0	0	0	0
					박재용	16	대기	대기	6	김종국	후20				
0	0	0	0	후15	홍창범	14			13	김승민	후20				
0	0	0	0	후33	김하준	25			7	송승민	전23				
0	0	2(2)		후15	야고	97			19	박대훈	23/13	2(2)	1	0	0
0	0	14	12(11)			0			0			10(9)	14	4	0

- ● 전반 34분 안드리고 AKL ~ 김동진 GAL L-ST-G (득점: 김동진, 도움: 안드리고) 왼쪽
- ● 전반 38분 안드리고 AKR H↗ 조나탄 AK 내 R-ST-G (득점: 조나탄, 도움: 안드리고) 오른쪽
- ● 후반 20분 야고 PAR 내 ~ 김동진 GA 정면 L-ST-G (득점: 김동진, 도움: 야고) 왼쪽

김포 1 : 1 부천

- 4월01일 18:30 맑음 김포솔터축구장 2,945명
- 주심 최광호 부심 구은석·서영규 대기심 박세진 경기감독관 차상해
- 1 전반 0 / 0 후반 1

퇴장	경고	파울	ST(유)	교체	선수명	배번	위치	위치	배번	선수명	교체	ST(유)	파울	경고	퇴장
0	0	0	0		박청효	13	GK	GK	25	이범수		0	0	0	0
0	1	3	0		김민호	20	DF	DF	5	이용혁		0	3	0	0
0	0	1			김태한	4	DF	DF	6	닐손주니어		0	0	0	0
0	0				조성권	21	MF	DF	20	이동희		0	3	0	0
0	0		7		서재민	21	MF	MF	37	김선호	21	0	0	0	0
0	0		7		김이석	8	MF	MF	23	카즈		0	0	0	0
0	1	4	0		최재훈	23	MF	MF	19	김호남		1(1)	3	0	0
0	1	1			박광일	91	MF	MF	8	김준형	14	0	1	0	0
0	1	1	2		루이스	24	FW	FW	15	송진규	11	1	1	1	0
0	1	1(1)	99		주닝요	99	FW	FW	7	카릴	99	1	0	0	0
0	1				윤민호	32	FW	FW	20	한지호		0	0	0	0
0	0	0	0		김민재	51			1	이주현		0	0	0	0
0	0	0	0		박경록	3			20	서명관		0	0	0	0
0	0			후22	김성민	17			21	박형진	후21				
0	0	0	0		송준석	7	대기	대기	14	최재영	후0				
0	0	0	0	후38	장윤호	7			7	하모스					
0	0				파블로	11			11	안재준	후11				
0	0	0	0	후33	손석용	99			99	박호민	후11	1(1)			
0	4	15	6(5)			0			0			10(5)	15	0	0

- ● 전반 23분 윤민호 PA 정면 내 H- 루이스 GA 정면 내 L-ST-G (득점: 루이스, 도움: 윤민호) 가운데
- ● 후반 29분 김호남 PAR TL ~ 박호민 GA 정면 H-ST-G (득점: 박호민, 도움: 김호남) 오른쪽

성남 3 : 2 충북청주

- 4월01일 16:00 맑음 탄천 종합 4,052명
- 주심 최철준 부심 이양우·김종희 대기심 오현정 경기감독관 양정환
- 2 전반 1 / 1 후반 1

퇴장	경고	파울	ST(유)	교체	선수명	배번	위치	위치	배번	선수명	교체	ST(유)	파울	경고	퇴장
0	0	0	0		김영광	41	GK	GK	1	류원우		0	0	0	0
0	0	3	0		김진래	16	DF	DF	3	이한샘	14	0	0	0	0
0	1	0			패트릭	5	DF	DF	40	김원균		1(1)	3	1	0
0	0	2	0		강의빈	3	DF	DF	99	홍원진		0	1	0	0
0	0	2	0	29	김훈민	37	MF	MF	39	김명순		0	1	0	0
0	0	1			김현태	8	MF	MF	8	장혁진	77	0	0	1	0
0	2	3(2)	8		크리스	99	MF	MF	7	피터	98	1	1	0	0
0	2	1(1)	44		권순형	7	MF	MF	24	박진성		0	0	0	0
0	0				이재원	11	FW	FW	10	파울리뉴		3(2)	1	0	0
0	0				심동운	11	FW	FW	9	조르지		3(2)	1	0	0
0	1	2(1)	19		이종호	19	FW	FW	23	김도현	6	0	1	0	0
0	0	0	0		최필수	1			6	문상윤	35				
0	0	0	0		조성욱	20			19	구현준	35				
0	0			후46	장효준				98	이승재	후22	1(1)			
					양시후	44	대기	대기	14	이정택	후22				
0	0			후	박상혁	8			11	양지윤					
0	1	2	1	후18	신재원	15			77	정민우	후43	0	0	0	0
0	0	0	0	후18	정한민	19			18	정진욱					
0	3	19	10(4)			0			0			12(7)	14	1	0

- ● 전반 2분 심동운 PAR ~ 이종호 GA 정면 H-ST-G (득점: 이종호, 도움: 심동운) 왼쪽
- ● 전반 17분 크리스 GAL R-ST-G (득점: 크리스) 오른쪽
- ● 후반 37분 김현태 MFL ~ 크리스 GA 정면 H-ST-G (득점: 크리스, 도움: 김현태) 왼쪽
- ● 전반 37분 조르지 GAL L-ST-G (득점: 조르지) 왼쪽
- ● 후반 52분 구현준 PAL ~ 이승재 GA 정면 H-ST-G (득점: 이승재, 도움: 구현준) 오른쪽

김천 0 : 2 경남

- 4월02일 13:30 맑음 김천 종합 2,825명
- 주심 오현진 부심 주현민·신재환 대기심 이지형 경기감독관 김용세
- 0 전반 1 / 0 후반 1

퇴장	경고	파울	ST(유)	교체	선수명	배번	위치	위치	배번	선수명	교체	ST(유)	파울	경고	퇴장
0	0	0	0		신송훈	18	GK	GK	1	고동민		0	0	0	0
0	0	1(1)	28		박민규	23	DF	DF	21	박민서		0	0	1	0
0	0	1			강윤성	35	DF	DF	73	박재환		0	2	0	0
0	0	2	0		이상민	35	DF	DF	15	이광선		1	1	0	0
0	0	2			원두재	26	DF	DF	15	우주성		0	0	0	0
0	1		25		김진규	25	MF	MF	95	카스트로	18	2(1)	2	0	0
0	1				김동현	30	MF	MF	6	김범용	88	0	3	0	0
0	0		29		이영재	7	MF	MF	4	송홍민		0	2	0	0
0	0	2			조영욱	26	FW	FW	10	모재현		0	1	0	0
0	1				이영준	40	FW	FW	42	유준하	77	0	1	0	0
0	0	17			김지현	9	FW	FW	96	글레이손	19	2(2)	0	0	0
0	0	0	0		문경건	34			31	손정현		0	0	0	0
0	0	0	0		김재우	34			33	이민기		0	0	0	0
0	0			후24	김태현	28			18	이강희	후29	1(1)			
				후24	김준범	대기	대기	대기	88	이강희	후17				
0	0			후39	김현욱	25			33	조상준	후17				
0	3(3)		전28		이창훈				19	설현진	후29				
0	0			후39	정치인	29			77	미란징야	99				
0	3	14(5)				0			0			11(4)	14	0	0

- ● 전반 13분 박민서 MFL ~ 글레이손 GAR R-ST-G (득점: 글레이손, 도움: 박민서) 오른쪽
- ● 후반 44분 이준재 PAL 내 R-ST-G (득점: 이준재) 왼쪽

부산 1 : 0 서울E

• 4월 02일 16:00 맑음 부산 아시아드 3,116명
• 주심_최승환 부심_이병주·김동민 대기심_김재홍 경기감독관_당성증

부산 1 | 1 전반 0 / 0 후반 0 | 0 서울E

퇴장	경고	파울	ST(유)	교체	선수명	배번	위치	위치	배번	선수명	교체	ST(유)	파울	경고	퇴장
0	0	0	0		구상민	1	GK	GK	23	문정인		0	0	0	0
0	0	1	1(1)	33	어정원	2	DF	DF	13	차승현		2(1)	1	0	0
0	0	1	0		조위제	5	DF	DF	3	김민규		0	1	0	0
0	0	0	0		최준	6	DF	DF	14	이재익		0	0	0	0
0	0	0	0		이한도	20	DF	DF	33	황태현		0	1	0	0
0	0	1	1(1)	26	임민혁	18	MF	MF	44	초바사		1	1	0	0
0	0	0	1	99	최기윤	29	MF	MF	6	이상민		0	0	0	0
0	1	3	0		권혁규	42	MF	MF	16	변경준		1	1	0	0
0	1	1	1(1)	24	페신	7	FW	MF	40	브루노	8	1	0	0	0
0	0	2	3(2)	11	라마스	10	FW	FW	9	유정완	20	1	0	0	0
0	0	1	3		정원진	14	FW	FW	17	유정완		0	0	0	0
					황병근	41			1	강정묵					
				전28	지효준	26			33	박경민	후36				
				후32	천지현	24			15	김원식					
				후	김상준	33	대기	대기	28	곽성욱					
				후32	박정인	11			10	이동률	후34	2(2)			
					프랭클린	96			28	박준영	후28				
				후22	최건주	99			36	김수안	후36				
0	2	10	10(5)									9(3)			

● 전반 7분 페신 AK 내 L-ST-G (득점: 페신) 가운데

천안 0 : 2 김천

• 4월 08일 13:30 맑음 천안 종합 905명
• 주심_김재홍 부심_설귀선·서영규 대기심_최철준 경기감독관_구상범

천안 0 | 0 전반 1 / 0 후반 1 | 2 김천

퇴장	경고	파울	ST(유)	교체	선수명	배번	위치	위치	배번	선수명	교체	ST(유)	파울	경고	퇴장
0	0	0	0		임민혁	36	GK	GK	18	신송훈		0	0	0	0
0	0	2	5		이석규	27	DF	DF	28	김태현		1(1)	0	1	0
0	1	2	1		이광준	3	DF	DF	11	이유현		0	1	0	0
0	2	7			차오연	7	DF	DF	35	이상민		0	3	0	0
0	0	2			김주환	2	DF	DF	34	김재우		0	1	0	0
0	0	4			김성주	4	MF	MF	30	김동현	26	2(1)	0	1	0
0	3	11			오윤석	14	MF	MF	32	김진규	22	3(2)	1	0	0
0	0	0			김현중	16	MF	MF	8	이영재		1	0	0	0
0	0				바카요코		FW	FW	27	조영욱	10	4(2)	0	0	0
0	0	8			장백규		FW	FW	38	김지현	40	2	2	0	0
0	0				모따		FW	FW	36	김민준		3	1	0	0
					김민준				1	문경건					
				후11	이재원				5	임승겸					
				후0	차오연				32	강윤성	후43				
				1(1) 후	윤용호		대기	대기	26	원두재	후43				
				후26	박한석				3	정현철	후13	3(1)			
					허승우	13			23	권창훈	후34				
				후0	김종민				40	이영준	후43				
0	3	13	9(1)									19(7)			

● 전반 44분 김재우 MFL ⌒ 김진규 GAR R-ST-G (득점: 김진규, 도움: 김재우) 왼쪽
● 후반 49분 이영준 PA 정면 ~ 김준범 GAR R-ST-G (득점: 김준범, 도움: 이영준) 가운데

천안 1 : 3 전남

• 4월 02일 18:30 맑음 천안 종합 762명
• 주심_최규현 부심_이영운·박남수 대기심_김도연 경기감독관_이경춘

천안 1 | 0 전반 1 / 1 후반 2 | 3 전남

퇴장	경고	파울	ST(유)	교체	선수명	배번	위치	위치	배번	선수명	교체	ST(유)	파울	경고	퇴장
0	0	0	0		김민준	1	GK	GK	31	김다솔		0	0	0	0
0	0	2	0	4	오윤석	27	DF	DF	28	김수범		0	0	0	0
0	0	1			차오연	7	DF	DF	3	최희원		0	1	0	0
0	0	1	1(1)		김주환	15	DF	DF	5	고태원	77	0	0	0	0
0	0	1			김주락		DF	DF	14	여승원		3(2)	2	1	0
0	2	1			이민수	14	MF	MF	16	이후권		1	3	0	0
0	0	1(1)	20		윤용호		MF	MF	8	발디비아	25	2(2)	1	0	0
0	0	2	37		김현중	16	MF	MF	35	노건우	27	0	0	0	0
0	0	0			바카요코		MF	MF	24	유헤이		1(1)	0	0	0
0	0	1	19		허승우	13	MF	MF	11	플라나		1(1)	2	0	0
0	2	1	18		모따		FW	FW	22	최성진		2(1)	0	0	0
					임민혁	36			25	조지훈	후48				
					이광준	3			14	아스나위					
				후0	박준강	37				전승민	후27				
				후29	김성주	4	대기	대기	27	추상훈	후20	1(1)			
				2(1) 후22	김세윤	20			77	김건오	후48				
				전22	장백규	19			9	허남	후27				
				후0	김종민	18									
0	2	14	8(3)									13(8)			

● 후반 30분 최희원 GA 정면 H 자책골 (득점: 최희원) 오른쪽
● 전반 24분 발디비아 MF 정면 ~ 플라나 PAR 내 R-ST-G (득점: 플라나, 도움: 발디비아) 오른쪽
● 후반 36분 이후권 PAR ~ 여승원 PAR 내 L-ST-G (득점: 여승원, 도움: 이후권) 왼쪽
● 후반 45분 추상훈 PAR ~ 여승원 GAR L-ST-G (득점: 여승원, 도움: 추상훈) 오른쪽

부천 2 : 4 안양

• 4월 08일 16:00 맑음 부천 종합 4,031명
• 주심_박종명 부심_이양우·홍석찬 대기심_최광호 경기감독관_허기태

부천 2 | 1 전반 2 / 1 후반 2 | 4 안양

퇴장	경고	파울	ST(유)	교체	선수명	배번	위치	위치	배번	선수명	교체	ST(유)	파울	경고	퇴장
0	0	0	0		이범수	25	GK	GK	1	박성수		0	0	1	0
0	0	0			이용혁		DF	DF		박종현			0	0	0
0	0	1		7	닐손주니어		MF	MF	6	김정현		0	0	0	0
0	1	2			이동희		DF	MF	10	안드리고	14	5(2)	0	0	0
0	1	2	1(1)		박형진	21	MF	MF	7	황기욱		0	0	0	0
0	0	0			카	23	MF	MF	15	김형진		0	0	0	0
0	1	3			김호남	19	MF	FW	16	박재용		4(4)	0	0	0
0	0	2		22	김준형		MF	MF	22	김동진		2(1)	1	0	0
0	0	2		14	송진규	15	FW	FW	99	홍현호		0	0	0	0
0	1	1(1)		99	카릴		FW	FW	30	백동규		0	0	0	0
0	3(1)				안재준	11	FW	FW	97	주현우	97		0	0	0
					이주현	21				김태훈					
				후32	서명관				4	이창용					
					선진석	37			11	조성준	후30	1(1)			
				후14	최재영	14	대기	대기	28	문성우	후45				
				후22	하모스	7			14	홍창범	후29				
				2(1) 후	한지호	2			18	김륜도	후45				
				후0	박호민	99			97	야고	09/28				
0	2	18	9(5)									14(10)	5	1	0

● 전반 3분 안재준 AKR R-ST-G (득점: 안재준) 왼쪽
● 후반 35분 안재준 PAL 내 EL ~ 한지호 GAR 내 R-ST-G (득점: 한지호, 도움: 안재준) 가운데
● 전반 37분 김정현 MFR → 박재용 PAR 내 R-ST-G (득점: 박재용, 도움: 김정현) 왼쪽
● 후반 46분 주현우 PAR EL ⌒ 안드리고 정면 내 H-ST-G (득점: 안드리고, 도움: 주현우) 왼쪽
● 후반 16분 안드리고 C.KL ⌒ 박재용 GAL 내 H-ST-G (득점: 박재용, 도움: 안드리고) 오른쪽
● 후반 48분 홍창범 MFL ~ 문성우 GAL L-ST-G (득점: 문성우, 도움: 홍창범) 오른쪽

전남 2 : 2 성남

- 4월08일 18:30 맑음 광양 전용 1,474명
- 주심_김도연 부심_박남수·김동민 대기심_오현진 경기감독관_허태식

| 전남 2 | | | | | | | 0 전반 1 / 2 후반 1 | | | | | 2 성남 | | |

퇴장	경고	파울	ST(유)	교체	선수명	배번	위치	위치	배번	선수명	교체	ST(유)	파울	경고	퇴장
0	0	0	0	99	김다솔	31	GK	GK	41	김영광		0	0	1	0
0	0	0	0	28	아스나위	14	DF	DF	16	김진래		0	0	0	0
0	0	0	1(1)		최희원	3	DF	DF	36	김지수	6	0	0	0	0
0	0	1	0		고태원	5	DF	DF	3	강의빈		1(1)	3	0	0
0	0	1	1		여승원	17	DF	DF	37	김훈민	47	0	0	1	0
0	0	0	0		이후권	16	MF	MF	7	패트릭		0	2	1	0
0	0	0	8(3)		발디비아	10	MF	MF	9	크리스		3(2)	4	1	0
0	0	1	0	35	전승민	21	MF	MF	44	박상혁		0	1	0	0
0	0		2(1)	6	플라나	11	MF	MF	14	이재원		0	0	0	0
0	0	1	0	9	최성진	22	FW	MF	11	심동운	19				
								FW	10	이종호		3(1)			
0				후45	조성빈	99			30	정명제					
					조지훈	25			20	조성욱	후51				
0				후36	김수범	28			44	양시후	후0				
				후45	장성재	6	대기	대기	19	김현태	후0				
0				후0	노건우	35			47	박지원	후0	1(1)			
0	1		2(2)	후0	하남	10			18	김원준					
					추상훈	27			19	정한민	후17	0			
0	3	7	16(7)									11(5)	12	3	0

- ● 후반 7분 아스나위 AKL ~ 발디비아 AK 정면 R-ST-G (득점: 발디비아, 도움: 아스나위) 오른쪽
- ● 후반 13분 아스나위 HLL ⌒ 하남 GAL 내 L-ST-G (득점: 하남, 도움: 아스나위) 가운데
- ● 전반 5분 심동운 PAR ~ 크리스 GAR R-ST-G (득점: 크리스, 도움: 심동운) 오른쪽
- ● 후반 31분 김진래 PAL ~ 이종호 GAL 내 H-ST-G (득점: 이종호, 도움: 김진래) 오른쪽

서울E 4 : 1 안산

- 4월09일 16:00 맑음 목동 종합 1,614명
- 주심_최철준 부심_신재환·주현민 대기심_김대용 경기감독관_차상해

| 서울E 4 | | | | | | | 2 전반 0 / 2 후반 1 | | | | | 1 안산 | | |

퇴장	경고	파울	ST(유)	교체	선수명	배번	위치	위치	배번	선수명	교체	ST(유)	파울	경고	퇴장
0	0	1	0		문정인	23	GK	GK	1	이승빈		0	0	0	0
0	1	1	0	2	차승현	13	DF	DF	13	장재성		0	0	0	0
0	1	1	0		김민규	3	DF	DF	16	유준수		0	0	0	0
0	0	1	0		이재익	14	DF	DF	23	장유섭		0	0	0	0
0	1	0	0		서보민	7	DF	DF	2	이준희	18	0	1	0	0
0	0	1	0	15	곽성욱	8	MF	MF	6	김영남	9	0	0	0	0
0	0	0	0		이상민	6	MF	MF	7	가브리엘	9	0	0	0	0
0	0	2(1)	0	11	박준영	99	MF	MF	8	김진현		0	0	0	0
0	0	1	0		이동률	17	MF	MF	21	이현규	14	0	0	0	0
0	2	3(2)	40		유정완		FW	MF	17	김범수	95	0	0	0	0
								FW	5	정재민	24	0	1	0	0
					주현성	31			21	김선우					
				후8	황태현	2			9	김경준	후35	3(3)			
					황정욱	25			25	정용희	후35				
0			1(1)	후37	브루노	40	대기	대기	20	김대경	후16				
				후27	변경준	16			20	김정호					
				전43	김정환	11			24	윤주태	후10	4(2)			
									95	티아고	후10	3(3)			
1	5	14	7(5)									12(9)	9	1	0

- ● 전반 23분 이시헌 GAL 내 L-ST-G (득점: 이시헌) 왼쪽
- ● 전반 31분 이동률 GAL L-ST-G (득점: 이동률) 왼쪽
- ● 후반 53초 이상민 PAR ~ 유정완 GAR 내 R-ST-G (득점: 유정완, 도움: 이상민) 가운데
- ● 후반 42분 변경준 GAL ~ 브루노 GA 정면 내 R-ST-G (득점: 브루노, 도움: 변경준) 가운데
- ● 후반 31분 김경준 PAL ~ 티아고 AKL R-ST-G (득점: 티아고, 도움: 김경준) 왼쪽

충북청주 0 : 0 김포

- 4월09일 13:30 맑음 청주 종합 2,648명
- 주심_조지음 부심_이병주·김수현 대기심_이지형 경기감독관_당성증

| 충북청주 0 | | | | | | | 0 전반 0 / 0 후반 0 | | | | | 0 김포 | | |

퇴장	경고	파울	ST(유)	교체	선수명	배번	위치	위치	배번	선수명	교체	ST(유)	파울	경고	퇴장
0	0	0	0		류원우	1	GK	GK	13	박청효		0	0	0	0
0	2	2	0		홍원진	99	DF	DF	20	김민호		2	0	1	0
0	1	2	0		김원균	40	DF	DF	4	김태한		1	2	1	1
0	0	3	0		이한샘	3	DF	DF	2	조성권		1	1	0	0
0	0	2	0		김명순	33	MF	MF	34	송준석	21	1	0	0	0
0	0	1	0		장혁진	8	MF	MF	8	김이석	6	1	0	0	0
0	1	1	0		피터	7	MF	MF	26	김재우		0	0	0	0
0	1	3	0		구현준	17	MF	MF	91	박광일	17	0	0	0	0
0	0	2	2		파울리뉴	10	FW	FW	24	루이스		0	0	0	0
0	1	1	0		조르지	9	FW	FW	9	주닝요		2(1)			
0	1	0	0		김도현	23	FW	FW	32	윤민호	99	1(1)			
					박대한	21			51	김민재					
				후22	이민형				3	박경록					
					이정택	14			17	김성민	후40				
					김지운	2	대기	대기	21	서재민	후4				
					강민승	29			6	이성재	후40				
				후22	이승재	98			77	민성연					
	1	0	0	후26/13	문상윤	6			99	손석용	후12				
0	3	17	10(3)									10(3)	15	1	1

충남아산 1 : 1 부산

- 4월09일 18:30 맑음 아산 이순신 758명
- 주심_박세진 부심_구은서·김종희 대기심_최승환 경기감독관_김성기

| 충남아산 1 | | | | | | | 1 전반 0 / 0 후반 1 | | | | | 1 부산 | | |

퇴장	경고	파울	ST(유)	교체	선수명	배번	위치	위치	배번	선수명	교체	ST(유)	파울	경고	퇴장
0	0	0	0		박주원	21	GK	GK	1	구상민		0	0	0	0
0	1	2	0		장준영	4	DF	DF	33	조위제		0	0	0	0
0	0	0	0		조윤성	20	DF	DF	6	최준		0	2	1	0
0	0	0	0		이은범	47	DF	DF	20	이한도		0	0	0	0
0	2	1	0		강준혁	99	DF	DF	26	최지묵	2	0	0	0	0
0	1	2(1)			김종국	22	MF	MF	33	김상준	11	1	0	0	0
0	1	0	0		박세직	24	MF	MF	42	권혁규		0	0	0	0
0	1	4(2)	19		정성호	9	FW	MF	14	정원진		2(2)	1	0	0
0	1	0	0		강민규	11	FW	FW	7	페신	24				
0	0	0	0		박민서	77	FW	FW	10	라마스		5(2)			
								FW	99	최건주	29	1(1)	1	0	
					박한근	1			41	황병근					
				후31	이학민	14			2	어정원					
				후47	김승호	13	대기	대기	19	홍욱현					
				후47	권성현	25			24	천지현	후27				
0			3(2)	후19	송승민	7			11	박정인	후27				
				후31	박대훈	9			29	최기윤	후20				
									96	프랭클린					
0	7		10(4)									11(7)	10	2	0

- ● 전반 13분 박민서 PAL ~ 정성호 GAL 내 R-ST-G (득점: 정성호, 도움: 박민서) 왼쪽
- ● 후반 14분 라마스 PA 정면 내 L-ST-G (득점: 라마스) 오른쪽

• 4월 15일 13:30 흐림 광양 전용 1,032명
• 주심_오현정 부심_이양우·홍석찬 대기심_김재홍 경기감독관_이경춘

전남 3   2 전반 0 / 1 후반 0   0 충북청주

퇴장	경고	파울	ST(유)	교체	선수명	배번	위치	위치	배번	선수명	교체	ST(유)	파울	경고	퇴장
0	0	0	0		김다솔	31	GK	GK	1	류원우		0	0	0	0
0	0	1	0		아스나위	14	DF	DF	40	김원균	11	0	0	0	0
0	0	1	0		장성재	6	DF	DF	전14	이한샘		0	0	0	0
0	0	2	1(1)		고태원	3	DF	DF	3	이한새		0	0	0	0
0	1	2	0		여승원	18	MF	MF	39	김명순	21	0	0	0	0
0	0	2	0		이후권	16	MF	MF	24	박진성		1(1)	0	0	0
0	0		4(2)	27	임찬울		MF	MF	8	장혁진		0	0	0	0
1	1		2(1)	11	노건우	35	MF	MF	7	피 터	23	2(2)	0	0	0
0	0	1	0		유헤이	24	MF	MF	98	문상윤		0	0	0	0
0	0		3(2)	25	발디비아		FW	FW	9	조르지		0	0	0	0
0	0		0	9	최성진		FW	FW	10	파울리뉴		2(2)	0	0	0
0	0			후37	조성빈	99			21	박대한					0
0	0			후37	조지훈	25			14	이정택	후34				0
0	0				김수범	28			2	김지운	후31				0
				대기	전승민	21	대기	대기	9	구현준					0
0	0			후23	추상훈	27				양지훈	후0				0
0	0			후17	플라나				23	김도현	후31				0
0	0	1	3(1)	후0	하남	9			98	이승재	후0	1	0	0	0
0	2	10	14(9)				0	0				7(6)	12	1	0

● 전반 41분 발디비아 C.KR ⌒ 고태원 GAL H-ST-G (득점: 고태원, 도움: 발디비아) 왼쪽
● 전반 44분 유헤이 AK 정면 ~ 노건우 PA 정면 내 R-ST-G (득점: 노건우, 도움: 유헤이) 왼쪽
● 후반 30분 하남 GA 정면 내 R-ST-G (득점: 하남) 가운데

• 4월 15일 16:00 흐림 아산 이순신 4,293명
• 주심_최규현 부심_설귀선·서영규 대기심_김도연 경기감독관_당성증

충남아산 2   1 전반 0 / 1 후반 0   0 서울E

퇴장	경고	파울	ST(유)	교체	선수명	배번	위치	위치	배번	선수명	교체	ST(유)	파울	경고	퇴장
0	0	0	0		박주원	21	GK	GK	23	문정인		0	0	0	0
0	0	0	1(1)		장준영	4	DF	DF	13	황태현		0	0	0	0
0	0	0	0		조윤성	20	DF	DF	14	이재익	1(1)	0	0	0	0
0	0	4	0		이은범	47	DF	DF	11	김민규		0	2	0	0
0	3	1			강준혁	99	DF	DF	7	서보민		1	1	0	0
0	0	0			김강국	22	MF	MF	8	곽성욱		0	0	0	0
0	0	1			박세직	24	MF	MF	4	이상민		0	0	0	0
0	0	1			권성윤	25	MF	MF	40	김정환	8	1	0	0	0
0	0	0			정성호	21	FW	FW	27	시 헌		0	0	0	0
0	0	1			김민규	90	FW	FW	16	박준영		1	0	0	0
0	2(1)		30		박민서		FW	FW	17	유정완		2	1	0	0
0	0				박한근				31	주현성					0
0	0				배수용	5			13	차승현	후10				0
0	0				이학민	28			29	황정욱					0
0	0			전32	김종국	6	대기	대기	6	김원식					0
0	0			후19	송승민	7			40	브루노	후0				0
0	0			후19	두아르테	10			16	변경준	후33	1			0
0	0			후33	고무열	9			22	호 난	후22				0
0	0	11	8(4)				0	0				6(2)	10	0	0

● 전반 11분 장준영 PK지점 R-ST-G (득점: 장준영) 왼쪽
● 후반 7분 김강국 PK-R-G (득점: 김강국) 오른쪽

• 4월 15일 16:00 맑음 김천 종합 627명
• 주심_김영수 부심_이영운·신재환 대기심_최승환 경기감독관_김종민

김천 4   1 전반 1 / 3 후반 0   1 부천

퇴장	경고	파울	ST(유)	교체	선수명	배번	위치	위치	배번	선수명	교체	ST(유)	파울	경고	퇴장
0	0	0	0		신송훈	18	GK	GK	25	이범수		0	0	0	0
0	0	0	1(1)		김태현	28	DF	DF	20	서명관		0	0	0	0
0	0		3(3)		이유현	11	DF	DF		닐손주니어		1	1	0	0
0	0	0	0		이상민	35	DF	DF	3	이동희		0	0	0	0
0	0	1	2(1)		김재우	34	DF	DF	21	박형진	37	0	1	0	0
0	0	1	1(1)	26	김동현	30	MF	MF	66	유승현		0	0	0	0
0	0	1	2(1)	22	김진규	32	MF	MF	23	카 즈		2(2)	1	0	0
0	0	1			이영재	14	MF	MF	8	최재영		0	1	0	0
0	0	2(2)	38		조영욱	27	FW	FW	10	한지호		1(1)	0	0	0
0	0		3(2)		김지현	9	FW	FW	11	카 릴		2(1)	2	0	0
0	0		17		강현묵	39	FW	FW	7	하모스	99	1	0	0	0
0	0				문경건	41			1	이 현		0			0
0	0			후42	김윤성	10			99	문홍연	후34	0			0
0	0				강윤성	10			37	김선호	후34				0
0	0			후33	원두재	26	대기	대기	16	김준형	후24				0
0	0			전35	김준범	35			15	송진규					0
0	0	1(1)		후33	권창훈	33			11	안재준	후0				0
0	0			후42	김민준	38			99	박호민	후12	1(1)			0
0	0	5	18(12)				0	0				9(5)	12	0	0

● 전반 2분 김진규 PAR ~ 김지현 GAR R-ST-G (득점: 김지현, 도움: 김진규) 왼쪽
● 후반 8분 이유현 AKR R-ST-G (득점: 이유현) 왼쪽
● 후반 32분 조영욱 GAR ~ 김동현 AKR R-ST-G (득점: 김동현, 도움: 조영욱) 왼쪽
● 후반 40분 이영재 C.KR ⌒ 권창훈 PAL 내 L-ST-G (득점: 권창훈, 도움: 이영재) 오른쪽

● 전반 5분 한지호 C.KR ~ 카즈 PAR 내 R-ST-G (득점: 카즈, 도움: 한지호) 오른쪽

• 4월 15일 18:30 비 부산 아시아드 3,787명
• 주심_최광호 부심_주현민·김동민 대기심_안재훈 경기감독관_구상범

부산 0   0 전반 0 / 0 후반 0   0 경남

퇴장	경고	파울	ST(유)	교체	선수명	배번	위치	위치	배번	선수명	교체	ST(유)	파울	경고	퇴장
0	0	0	0		구상민	1	GK	GK	1	고동민		0	0	0	0
0	0	1	0		조위제	18	DF	DF		박민서		0	1	0	0
0	0	1	18		최 준	6	DF	DF	73	박재환		1	0	0	0
0	0	1	0		이한도	20	DF	DF	20	이광선		0	0	0	0
0	0	1	0		최지묵	26	DF	DF	15	우주성	18	1(1)	0	0	0
0	0	1			김상준	33	MF	MF	95	카스트로		0	0	0	0
0	0	1			권혁규	42	MF	MF	88	김종회		2	0	0	0
0	0	0			페 신		MF	MF	4	송홍민		0	0	0	0
0	0	3(2)	11		라마스	10	FW	MF	10	모재현		0	0	0	0
0	0		29		정원진	14	FW	FW	96	글레이손	19	2	0	0	0
0	0	96			최건주	99	FW	FW	77	미란징야	99	2(1)	2	0	0
0	0				황병근	41			25	이윤오		0			0
0	0			후0	어정원	19			5	김영찬		0			0
0	0				황욱현	5			18	이준재	후35	0			0
0	0			후0	임민혁		대기	대기	8	이지승					0
0	0			후32	박정인	11			11	권기표	후35				0
0	2(1)			후0	최기윤	29			99	조상준	후17				0
0	0			후38	프랭클린	96			19	설현진	후27				0
0	6	9(3)					0	0				11(2)	12	1	0

- 4월 16일 13:30 흐림 탄천 종합 1,468명
- 주심: 최승환 부심: 이병주·김수현 대기심: 박세진 경기감독관: 나승화

성남 2 | 0 전반 0 / 2 후반 0 | **0 천안**

퇴장	경고	파울	STI(유)	교체	선수명	배번	위치	위치	배번	선수명	교체	STI(유)	파울	경고	퇴장
0	0	0	0		김영광	41	GK	GK	1	김민준		0	0	0	0
0	0	1	1		김진래	16	DF	DF	27	이석규	22	1	0	0	0
0	1	2	0		패트릭	5	DF	DF	3	이광준		0	0	0	0
0	0	1	0		강의빈	3	DF	DF	15	김주현	6	0	0	1	0
0	1	0		29	김훈민	37	DF	DF	2	김주환		0	1	0	0
0	1	2	1(1)		이상민	4	MF	MF	4	김성주		0	1	0	0
0	0	6	1(1)		크리스	99	MF	MF	23	오윤석		0	2	0	0
0	0	1		8	권순형	7	MF	MF	8	윤용호	16	2(2)	0	1	0
0	0	2	0		이재원	14	MF	MF	7	바카요코		2(1)	0	0	0
0	1	2	2(2)	19	심동운	20	MF	MF	13	장백규		1	0	0	0
0	0	1	0		이종호	10	FW	FW	18	김종민		2(1)	0	0	0
					최필수	1			31	김호준					
				후39	조성욱	20			22	오현교	후18				
				후16	장효준	29			6	차오연	후27				
			1(1)	후39/16(20)	박상혁		대기		16	김현중	후29	2(2)			
					양시후	44			11	한석희					
				후6	데닐손	20			13	허승우	후27				
			1(1)	후6	정한민	19			9	모따	후27				
0	2	19	9(7)									10(6)	9	2	0

- ●후반 30분 김진래 PAL ~ 정한민 AKL R-ST-G (득점: 정한민, 도움: 김진래) 왼쪽
- ●후반 39분 데닐손 MF 정면 R-ST-G (득점: 데닐손) 오른쪽

- 4월 18일 19:00 맑음 부천 종합 1,704명
- 주심: 김종혁 부심: 구은석·김수현 대기심: 정동식 경기감독관: 양정환

부천 0 | 0 전반 0 / 0 후반 1 | **1 서울E**

퇴장	경고	파울	STI(유)	교체	선수명	배번	위치	위치	배번	선수명	교체	STI(유)	파울	경고	퇴장
0	0	0	0		이범수	25	GK	GK	23	문정인		0	0	0	0
0	0	1		20	이용혁	5	DF	DF	2	황태현		0	1	0	0
0	1	1	1		닐손주니어	6	DF	DF	14	이재익		0	0	1	0
0	1	0	0		이동희	3	DF	DF	3	김민규		0	0	0	0
0	0	0		27	김선호	37	MF	MF	13	차승현		1(1)	1	0	0
0	0	3	0		유승현	66	MF	MF	15	김원식	30	0	0	0	0
0	0	0	0		카즈	23	MF	MF	6	이상민		1	1	0	0
0			3(2)		송진규	15	MF	MF	21	이시헌	90	1(1)	3	0	0
0	1	3		99	하모스	7	FW	MF	44	브루노		0	0	0	0
0		3(1)	2		카릴	9	FW	MF	16	변경준		1(1)	0	1	0
0	1		2(2)	19	안재준	11	FW	FW	17	유정완	20	0	0	0	0
					이주현	1			1	강정묵					
				전27	서명관	20			7	서보민					
					재재영	14			92	이인재					
				후29	김늘	19	대기		30	박창환	후27				
				후14	김규민	27			11	김정환	후16				
				후14	한지호				90	박준영	후34				
0	1	1	1(1)	후29	박호민	99			22	호난	후16	1(1)	1	0	0
0	0	14(6)										4(4)	13	1	0

- ●전반 34분 차승현 PA 정면 내 L-ST-G (득점: 차승현) 왼쪽

- 4월 16일 16:00 흐림 안산 와~스타디움 1,479명
- 주심: 오현진 부심: 박남수·김종희 대기심: 고형진 경기감독관: 허기태

안산 2 | 0 전반 2 / 2 후반 1 | **3 김포**

퇴장	경고	파울	STI(유)	교체	선수명	배번	위치	위치	배번	선수명	교체	STI(유)	파울	경고	퇴장
0	0	0	0		이승빈	1	GK	GK	13	박청효		0	0	0	0
0	0	1	1(1)		유준수	16	DF	DF	3	박경록	55	0	0	1	0
0	0	0		7	김정호	20	DF	DF	20	김민호		0	0	0	0
0	0	1	1(1)		장유섭	23	DF	DF	2	조성권		0	0	1	0
0	1	2	3		김진현	8	MF	MF	21	서재민	34	1(1)	1	0	0
0	1	2	0		김경준	99	MF	MF	8	김이석		2(1)	2	0	0
0	2		15		김재성	8	MF	MF	33	최재훈		1	2	0	0
0	2				김대경	18	MF	MF	91	박광일		0	1	0	0
0	1		2(2)		정재민	5	FW	FW	24	루이스		3(1)	2	0	0
0	0		95		정지용		FW	FW	9	주닝요	99	1	1	0	0
0	2(2)		22		김범수	17	MF	MF	11	파블로		2(2)	1	0	0
					김선우	21			51	김민재					
				후23	김채운	3			55	김이율	후26				
				후0	가브리엘				17	김성민					
				후0	정용희	15	대기		34	송준석	후26				
				후41	이준희	22			7	장윤호	후41				
					이승한	28			77	민성연	후59				
0	0	1	4(3)	후38	티아고	95			99	손석용	후0/77	2(2)	1	0	0
0	2	16	13(10)									12(7)	15	1	0

- ●후반 26분 가브리엘 C.KR ⌒ 장유섭 GAR 내 H-ST-G (득점: 장유섭, 도움: 가브리엘) 오른쪽
- ●후반 39분 유준수 PA 정면 내 L-ST-G (득점: 유준수) 왼쪽
- ●전반 1분 김이석 AK 정면 R-ST-G (득점: 김이석) 왼쪽
- ●전반 32분 파블로 PAL 내 EL ⌒ 서재민 GAL H-ST-G (득점: 서재민, 도움: 파블로) 왼쪽
- ●후반 20분 루이스 PA 정면 내 R-ST-G (득점: 루이스) 왼쪽

- 4월 18일 19:00 비 청주 종합 762명
- 주심: 안재훈 부심: 신재환·박남수 대기심: 최승환 경기감독관: 김종민

충북청주 0 | 0 전반 2 / 0 후반 2 | **4 충남아산**

퇴장	경고	파울	STI(유)	교체	선수명	배번	위치	위치	배번	선수명	교체	STI(유)	파울	경고	퇴장
0	0	0	0		류원우	1	GK	GK	21	박주원		0	0	0	0
0	0	2(1)	3		박진성	24	DF	DF	4	장준영		2(2)	0	0	0
0	0		77		구현준	19	DF	DF	20	조윤성		0	0	0	0
0					김원균	40	DF	DF	47	이은범	14	1(1)	1	0	0
0	0	0	39		김지운	2	DF	DF	99	강준혁		0	0	0	0
0	1	1	1(1)		김문환	3	MF	MF	8	최범경		0	0	0	0
0	3(1)				홍원진	99	MF	MF	24	박세직		1(1)	0	0	0
0	3(1)				파울리뉴	10	MF	MF	25	권성현		0	0	0	0
0					조형진		FW	FW	11	강민규		0	0	0	0
0		1			김도현	23	MF	MF	19	박대훈		1(1)	0	0	0
0	0				이승재	98	MF	MF	77	박민서	30	1(1)	1	0	0
					박대한	21			1	한근					
				후31	정민우	77			14	이학민	후31	1(1)			
				후12	김명	39			6	김종국	전37				
			2(2)	후12	문상윤	6	대기		7	송승민					
					이정택	14			9	정성호	후6	1(1)			
0	0			후35	이한샘				10	두아르테	후6	1(1)			
0	1	4(2)		후35	조르지	9			30	고무열	후31				
0	2	18(8)										9(9)	13	2	0

- ●전반 10분 박세직 C.KL ⌒ 장준영 GAR H-ST-G (득점: 장준영, 도움: 박세직) 왼쪽
- ●전반 41분 박대훈 AKR ⌒ 박세직 AK 정면 L-ST-G (득점: 박세직, 도움: 박대훈) 오른쪽
- ●후반 3분 박민서 PAL 내 L-ST-G (득점: 박민서) 왼쪽
- ●후반 17분 조윤성 GA 정면 H → 이은범 GAL L-ST-G (득점: 이은범, 도움: 조윤성) 오른쪽

경남 3 - 2 안양

- 4월18일 19:30 흐림 창원 축구센터 820명
- 주심_최규현 부심_이영운·김동민 대기심_박세진 경기감독관_나승화

전반	후반
1	1
2	1

퇴장	경고	파울	ST(유)	교체	선수명	배번	위치	위치	배번	선수명	교체	ST(유)	파울	경고	퇴장
0	0	0	0		고동민	1	GK	GK	1	박성수		0	0	0	0
0	0	1		21	이민기	33	DF	DF	5	박종현		0	4	0	0
0	0	1	0		박재환	73	DF	MF	6	김정현		3(2)	0	0	
0	0	2	2(2)		김영찬	5	DF	MF	8	황기욱	97	0	0	1	0
0	0	0	1		이준재	18	DF	FW	10	안드리고	18	4(2)	1	0	
0	0	3	0		카스트로	95	MF	DF	15	김형진		2	1	0	0
0	1	1	0	4	이찬욱	3	FW	FW	16	박재용	28	1	1	0	0
0	0	1	0		이강희	88	MF	FW	27	홍현호	11	0	0	0	
0	0	2	0		조상준	99	MF	MF	99	백동규		1	0	0	
0	2	2(1)	96		설현진	19	FW	FW	90	구대영		0	3	0	0
0		4(1)	7		미란징야	77	FW	FW	99	주현우	2	0	1	0	0
0	0	0	0		유원조	25			21	김태환					
0	0	0	0		우주성	15			2	정준연	후16				
0	0	0	후21		박민서	21			4	이창용					
0	2	0	전31		송홍민	4	대기	대기	11	조성준	후22				
0	0	0	후0		모재현	10			18	김륜도	후45				
0	0	1	후12		원기종	7			28	문성우	후45				
0	1	2(1)	후12		글레이손	96			97	야 고	후16	3(2)			
0	1	18	11(5)			0			0			17(6)	12	0	0

- ●전반 29분 카스트로 PAL ⌒ 설현진 GA 정면 H-ST-G (득점: 설현진, 도움: 카스트로) 오른쪽
- ●후반 21분 백동규 GA 정면 H 자책골 (득점: 백동규) 오른쪽
- ●후반 44분 김정현 GA 정면 R 자책골 (득점: 김정현) 오른쪽
- ●전반 21분 안드리고 PK-R-G (득점: 안드리고) 가운데
- ●후반 15분 조성준 PAL 내 ~ 김정현 AKL R-ST-G (득점: 김정현, 도움: 조성준) 오른쪽

김천 2 - 1 전남

- 4월19일 19:30 맑음 김천 종합 359명
- 주심_박종명 부심_이병주·김종희 대기심_오현정 경기감독관_이경춘

전반	후반
0	0
2	1

퇴장	경고	파울	ST(유)	교체	선수명	배번	위치	위치	배번	선수명	교체	ST(유)	파울	경고	퇴장
0	0	0	0		신송훈	18	GK	GK	31	김다솔	99				
0	0	1		10	김륜성	12	DF	DF	14	아스나위	15	0	0	0	
0	0	0	0		이유현	11	DF	DF	6	장성재		0	0	0	
0	1	1	1(1)		이상민	35	DF	DF	5	고태원		0	0		
0	0	0	0		김재우	34	DF	DF	5	김수범		0	0	0	
0	0	2		26	김동현	30	MF	MF	16	이후권		1	1	0	0
0		3(1)	38		김진규	32	MF	MF	77	김건오	10	0	0		
0	0	0	0		이영재	8	MF	MF	17	전승민	17	1	1	0	
0	0	0	0		조영욱	27	FW	FW	35	노건우		2(1)	1	0	0
0	0	0	0		김지현	19	FW	FW	11	플라나		1(1)	1	0	
0	1	1	29		김준범	17	FW	FW	9	하 남					
0	0	0	0		문경건	1			99	조성빈	후38				
0	0	0	0		임승겸	6			25	조지훈					
0	0	0	후27		강윤성	10			17	여승원	후11				
0		2	후26		권창훈	26	대기	대기	15	정호진	후38				
0	1	2(1)	후19		권창훈	26			27	추상훈	후11	3(1)	0	0	
0	0	0	후27		정치인	29			10	발디비아	후0				
0	1(1)	후38			김민준	38			23	시모비치					
0	3	10	21(4)			0			0			12(4)	5	0	0

- ●후반 37분 이유현 PAR ⌒ 권창훈 GAR H-ST-G (득점: 권창훈, 도움: 이유현) 오른쪽
- ●후반 43분 권창훈 MF 정면 ~ 김민준 GAR R-ST-G (득점: 김민준, 도움: 권창훈) 오른쪽
- ●후반 26분 하남 GA 정면 R-ST-G (득점: 하남) 가운데

김포 1 - 0 부산

- 4월19일 19:00 맑음 김포솔터축구장 1,429명
- 주심_김재홍 부심_홍석찬·서영규 대기심_김희곤 경기감독관_김용세

전반	후반
1	0
0	0

퇴장	경고	파울	ST(유)	교체	선수명	배번	위치	위치	배번	선수명	교체	ST(유)	파울	경고	퇴장
0	0	0	0		박청효	13	GK	GK	1	구상민		0	0	0	0
0	0	1	0		김민호	20	DF	DF	2	어정원	14	2(1)	2	1	0
0	0	0	0		이강연	26	DF	DF	3	조위제		0	1	1	0
0	0	0	0		조성권	2	DF	DF	6	최 준	26	1	0	0	
0	0	0	0		서재민	21	MF	MF	20	이한도		0	1	0	0
0	2	2(2)			이성재	6	FW	FW	7	페 신	24	4(2)	0		
0	1	1	1		장윤호	7	MF	MF	10	라마스		4(2)	1	0	0
0	0	0	91		김성민	17	MF	MF	18	김민혁		0	1	0	0
0	2(1)	9			루이스	24	FW	FW	42	권혁규		0	1	0	0
0		3(2)			손석용	99	FW	FW	9	김 찬	29	0	0		
0	3(2)				파블로	11	MF	FW	96	프랭클린	99	2(1)	0		
0					김민재	51			41	황병근					
0					박경록	26			26	최지묵	후36				
0			전36		박광일	91			14	정원진	후36				
0					송준석	34	대기	대기	24	천지현	후41	0	0		
0			후24		김이석	8			33	김상준					
0					민성연	77			29	최기윤	후				
0	0	2	후36		주닝요	8			99	최건주	후0				
0	1	13	10(6)			0			0			13(4)	11	3	0

- ●전반 41분 박광일 C.KR ⌒ 손석용 GA 정면 H-ST-G (득점: 손석용, 도움: 박광일) 가운데

천안 1 - 1 안산

- 4월19일 19:30 맑음 천안 종합 566명
- 주심_최광호 부심_이양우·주현민 대기심_김대용 경기감독관_허기태

전반	후반
0	0
1	1

퇴장	경고	파울	ST(유)	교체	선수명	배번	위치	위치	배번	선수명	교체	ST(유)	파울	경고	퇴장
0	0	0	0		김민준	1	GK	GK	1	이승빈		0	0	0	0
0	0	1	1	26	이석규	27	DF	DF	2	김재성		0	2	0	0
0	0	0	0		차오연	5	DF	DF	16	유준수		0	1	1	0
0	0	0	0		이재원	5	DF	DF	18	김대경	3	0	0	0	
0	0	0	0		오현교	22	DF	DF	20	김정호		1	3	0	0
0		8			김성주	4	MF	MF	23	김경준	11	0	2		
0	1(1)				오윤석	23	MF	MF	15	정용운		0	0	0	
0	0	0	0		다미르	10	MF	MF	4	김범수		4	0	0	
0	0	0	0		바카요코	7	FW	FW	5	정재민		0	0	0	
0	0	3	11		이찬협	17	MF	MF	7	가브리엘		1(1)	1	0	
0	2	2(2)	18		모 따	9	FW	FW	96	티아고	19	0	0	0	
0					김효준	31			21	김선우					
0			후27		이광근	3			40	김채운	후40				
0			후44		김대생	26			19	정지용		5(1)	0	0	
0			후27		윤웅호	33	대기	대기	16	이현규	후32	0	0		
0			후03		한석희	11			22	이준희					
0					장백규	19			23	장유섭					
0	0		후27		김종민	18			32	강준모	후46				
0	1	17	8(4)			0			0			10(4)	14	1	0

- ●후반 2분 다미르 PAL 내 R-ST-G (득점: 다미르) 왼쪽
- ●후반 37분 정지용 GAL ⌒ 이현규 GA 정면 H-ST-G (득점: 이현규, 도움: 정지용) 가운데

- 4월22일 13:30 흐림 안양 종합 2,487명
- 주심_박병진 부심_구은석·김수현 대기심_이지형 경기감독관_허태식

안양 1 0 전반 0 / 1 후반 2 **2 김포**

퇴장	경고	파울	ST(유)	교체	선수명	배번	위치	위치	배번	선수명	교체	ST(유)	파울	경고	퇴장
0	0	0	0		박성수	1	GK	GK	13	박청효		0	0	0	0
0	0	1	1		이창용	4	MF	DF	4	김태한		1(1)	0	0	0
0	0	1		97	황기욱	8	DF	DF	20	김민호		0	0	0	0
0	0	1	2		조성준	11	MF	DF	3	성진국		0	0	0	0
0	0	1			김형진	15	MF	MF	34	송준석	91	1(1)	2	0	0
0	0		3(2)		박재용	16	FW	MF	7	장윤호	8	0	0	0	0
0	0		10		홍현호	27	MF	MF	23	최재훈		0	1	0	0
0	0				문성우	28	FW	MF	17	김성민	21	0	0	0	0
0		1			백동규	30	DF	FW	24	루이스	99	1(1)	0	0	0
0	2	0			전보훈	90	DF	FW	9	주닝요	77	2(2)	0	0	0
0	2	0		18	주현우	99	DF	MF	11	파블로		2(1)	0	0	0
					김태훈	21			51	김민재					
					박종현	5			3	박경록					
0			2(1)	전27	김정현	6			91	박광일	후41				
				전27	안드리고	10	대기	대기	21	나재훈	전41				
0				후44	김륜도	18			8	김이석					
0	0	1		후18	구대영	10			77	민성연	후19	0	2		
0			2(2)	후0	야고	97			99	손석용	후35	2(1)			
0	0	15	12(5)									10(7)	19	0	0

- ●후반 27분 야고 PA 정면 내 L-ST-G (득점: 야고) 오른쪽
- ●후반 3분 루이스 AKL H→ 파블로 AKL L-ST-G (득점: 파블로, 도움: 루이스) 오른쪽
- ●후반 46분 민성연 PAR 내 H↷ 김태한 GA 정면 내 H-ST-G (득점: 김태한, 도움: 민성연) 가운데

- 4월22일 18:30 맑음 목동 종합 3,638명
- 주심_박세진 부심_설귀선·박남수 대기심_김재홍 경기감독관_나승화

서울E 0 0 전반 0 / 0 후반 1 **1 김천**

퇴장	경고	파울	ST(유)	교체	선수명	배번	위치	위치	배번	선수명	교체	ST(유)	파울	경고	퇴장
0	0	0	0		문정인	23	GK	GK	18	신송훈		0	0	0	0
0	1	0	0		차승현	13	DF	DF	12	김륜성	11	1(1)	0	0	0
0	0	0	0		이재익	14	DF	DF	28	김태현		0	0	0	0
0	0	1	1		김민규	3	DF	DF	35	이상민		0	0	0	0
0	1	1	1		황태현	2	DF	DF	34	김재우		0	0	0	0
0	0		11		곽성욱	8	MF	MF	22	권창훈	29	1(1)	1	0	0
0	0	2			이상민		MF	MF	32	김진규	30	0	3	0	0
0	0	1			박창환	30	MF	MF	26	원두재		0	0	0	0
0	1	2(1)		40	이시헌		FW	FW	38	김민준	8	2	1	0	0
0	2				변경준	16	FW	FW	19	김지현		4(1)	1	0	0
0	0	1			유정완	17	FW	MF	17	김준범	27	0	0	0	0
					강정묵	1			1	문경건					
					서보민	7			6	임승겸					
0		3(1)		전33	김정환	11			11	이유현	후42				
					준	90			30	김동현	후13				
				후6	난		대기	대기	29	정치인	후27				
				후26	브루노	40			23	조영욱	후13	2(1)			
0	3	12	8(3)									12(5)	12	0	0

- ●후반 32분 이영재 C.KR ↷ 김지현 GAL H-ST-G (득점: 김지현, 도움: 이영재) 왼쪽

- 4월22일 16:00 맑음 탄천 종합 1,671명
- 주심_오현정 부심_이양우·김동민 대기심_이동준 경기감독관_김성기

성남 1 1 전반 1 / 0 후반 2 **3 부산**

퇴장	경고	파울	ST(유)	교체	선수명	배번	위치	위치	배번	선수명	교체	ST(유)	파울	경고	퇴장
0	0	0	0		김영광	41	GK	GK	1	구상민		0	0	0	0
0	1	2	1		김진래	16	DF	DF	5	조위제		0	0	0	0
0	0	1	0		패트릭	5	DF	DF	6	최준		0	0	0	0
0	0	1	0		강의빈	3	DF	DF	20	이한도		2	0	0	0
0	0	1	0		김훈민	37	DF	DF	26	최지묵	2	0	0	0	0
0	0		3(1)		이상민		FW	FW	7	페신	9	1(1)	0	0	0
0	1		4(2)		크리스	99	MF	MF	14	정원진		0	0	0	0
0	0	1			권순형	7	MF	MF	33	김상준	18	0	0	0	0
0	0	2			이재원	14	MF	MF	42	권혁규		0	0	0	0
0		2(2)		18	심동운	11	FW	FW	10	라마스		3(2)	0	0	0
0	2	0			이종호	10	FW	FW	99	최건주	29	2(1)	1	0	0
					최필수	1			41	황병근					
					조성욱	20			2	어정원	후29	2(1)			
					장효준	28			3	김동수					
0				후42	박상혁		대기	대기	18	임민혁	후29	1(1)	2	1	0
0		2(1)		후10	데닐손	9			29	최기윤	후21	1(1)			
0				후	김원준	18			9	김찬	후36	2(2)			
0				후42	이준상	27			96	프랭클린					
0	1	11	17(6)									14(9)	4	1	0

- ●전반 6분 김진래 PAL → 심동운 GAR 내 R-ST-G (득점: 심동운, 도움: 김진래) 오른쪽
- ●전반 34분 페신 PA 정면 내 ↷ 최건주 GAL R-ST-G (득점: 최건주, 도움: 페신) 왼쪽
- ●후반 7분 라마스 AKR - 페신 PAR 내 L-ST-G (득점: 페신, 도움: 라마스) 오른쪽
- ●후반 46분 김찬 PAL 내 R-ST-G (득점: 김찬) 오른쪽

- 4월23일 13:30 맑음 아산 이순신 2,530명
- 주심_오현진 부심_주현민·서영규 대기심_박종명 경기감독관_김용세

충남아산 2 1 전반 0 / 1 후반 2 **2 경남**

퇴장	경고	파울	ST(유)	교체	선수명	배번	위치	위치	배번	선수명	교체	ST(유)	파울	경고	퇴장
0	0	0	0		박주원	21	GK	GK	1	고동민		0	0	0	0
0	0	0	0		장준영	4	DF	DF	33	이민기	21	0	0	0	0
0	0	1	0		조윤성	20	DF	DF	5	김영찬		0	0	0	0
0	0		2(1)		이은범	47	DF	DF	20	이광선		0	0	0	0
0	1	1			강준혁	99	DF	DF	9	우주성		0	0	0	0
0	1	1			김강국		MF	MF	77	미란징야		0	0	0	0
0	0	2			박세직	24	MF	MF	4	송홍민		0	0	0	0
0		6			권성현	25	MF	MF	8	이지승	88	0	0	0	0
0		10			강민규	11	MF	MF	10	모재현		0	0	0	0
0	1(1)				박대훈	19	MF	MF	19	설현진	95	0	0	0	0
0		4(2)			박민서	77	MF	FW	96	글레이손	99	1	0	0	0
					박한근	1			25	이윤오					
					이학민	14			73	박재환					
0				후0	김종국	6			21	박민서	후34				
0	1			후0	송승민	7	대기	대기	88	이강희	후0				
0	1(1)			후30	정성호	10			95	카스트로	후0				
0				후0	두아르테	10			96	조상준	후0				
0				후51	고무열	30				원기종	후34	2(1)			
0	1	5	16(8)									11(5)	12	3	0

- ●전반 25분 박세직 MF 정면 ~ 박민서 AKL R-ST-G (득점: 박민서, 도움: 박세직) 오른쪽
- ●후반 13분 박민서 GAL 내 - 송승민 GAL L-ST-G (득점: 송승민, 도움: 박민서) 왼쪽
- ●후반 1분 모재현 PAR 내 - 카스트로 GAL 내 R-ST-G (득점: 카스트로, 도움: 모재현) 가운데
- ●후반 46분 송홍민 HLL ↷ 박민서 GAR 내 L-ST-G (득점: 박민서, 도움: 송홍민) 오른쪽

충북청주 0 : 4 부천

• 4월 23일 16:00 흐림 청주 종합 1,683명
• 주심 김도연 부심 이병주·김종희 대기심 최승환 경기감독관 이경춘

충북청주 0		0 전반 1 / 0 후반 3					4 부천	

퇴장	경고	파울	ST(유)	교체	선수명	배번	위치	위치	배번	선수명	교체	ST(유)	파울	경고	퇴장
0	0	0	0		류원우	1	GK	GK	1	이주현		0	0	0	0
0	0	1	1(1)	98	이한샘	3	DF	DF	20	서명관		0	2	1	0
0	0	1	0		김원균	40	DF	DF		닐손주니어		1(1)	0	0	0
0	0	0	0		이정택	14	DF	DF		동 희		1	0	0	0
0	0	2	1	19	박진성	24	MF	MF	37	김선호	27	1(1)	1	0	0
0	0	1	0		홍원진	99	MF	MF	66	유승현	21				
0	0	0	0		김명순	39	GAR	MF	23	카 즈					
0	1	1	0		장혁진	8	MF	MF	15	송진규	14	1	2	0	0
0	1	1	0		김도현	23	FW	FW	22	한지호	10				
0	0	1	0	17	파울리뉴	10	FW	FW	9	안재준		3(3)	1	0	0
0		0	3(1)		조르지	11	FW	FW	7	하모스					
					박대한	21			25	이범수					
					이민형	5			21	박형진	후22				
				후0	구현준	19			14	최재영	후0				
0				후0	피 터	7	대기	대기	88	이정빈					
0			3(3)	후31	정기운	9			9	카 즈	후22	1	0		
				후20	이승재	98			29	이의형	후29				
0				후20	문상윤	6			27	김규민	후29				
0	1	8	12(6)									11(8)	17	1	0

• 전반 23분 하모스 PA 정면 내 ⌒ 안재준 GAR R-ST-G (득점: 안재준, 도움: 하모스) 왼쪽
• 후반 2분 하모스 PAL ~ 안재준 PK 좌측지점 R-ST-G (득점: 안재준, 도움: 하모스) 왼쪽
• 후반 16분 한지호 PAR 내 ~ 김선호 PA 정면 내 R-ST-G (득점: 김선호, 도움: 한지호) 오른쪽
• 후반 26분 안재준 GAR H→ 닐손주니어 GA 정면 내 R-ST-G (득점: 닐손주니어, 도움: 안재준) 가운데

전남 2 : 1 충남아산

• 4월 29일 13:30 비 광양 전용 1,077명
• 주심 최광호 부심 이영운·이화평 대기심 오현정 경기감독관 이경춘

전남 2		1 전반 1 / 1 후반 0					1 충남아산	

퇴장	경고	파울	ST(유)	교체	선수명	배번	위치	위치	배번	선수명	교체	ST(유)	파울	경고	퇴장
0	0	0	0	99	김다솔	31	GK	GK	21	박주원		0	0	0	0
0	0	0	0		김수범	28	DF	DF	4	장준영		0	0	0	0
0	0	2	0		장성재	6	DF	DF	20	조윤성		0	0	0	0
0	1	4	0		고태원	5	DF	DF	47	이 범		0	0	0	0
0	0	1	0		이규혁	66	DF	DF	99	강준혁	8	0	1	0	0
0	0	2	0		이후권	16	MF	MF	22	강 국		0	0	0	0
0	0	1	35		임찬울	24	MF	MF	24	박세직		0	0	0	0
0	0	0	0		발디비아	10	MF	MF	25	권성현		0	0	0	0
0	1	0	0		유 헤 이	24	MF	FW	10	두아르테		3(2)	0	0	0
0	1	2	3(3)		플 라 나	11	FW	MF	30	김 주 찬	7	0	2	0	0
0	3	2(1)	9		최성진	9	FW	FW	77	박민서	11	0	1	0	0
				후42	조성빈	99			1	박한근					
				후42	최희원	17			14	이학민					
					여승원	17			6	김종국	전24				
0				후12	전승민	91	대기	대기	8	김민석	후22	1			
			5(2)		노건우	35			7	송승민	후7	0	1		
					추상훈	27			9	정성호	후22	1(1)	2	0	0
0				후0	하 남				7	강민규	후7/9				
0	5	16	9(6)									5(3)	8	2	0

• 전반 21분 플라나 PA 정면 ~ 임찬울 GA 정면 R-ST-G (득점: 임찬울, 도움: 플라나) 왼쪽
• 후반 16분 발디비아 PAL ~ 플라나 GAR H-ST-G (득점: 플라나, 도움: 발디비아) 오른쪽
• 후반 32분 두아르테 PK 우측지점 L-ST-G (득점: 두아르테) 왼쪽

안산 1 : 0 전남

• 4월 23일 18:30 흐림 안산 와스타디움 1,170명
• 주심 정회수 부심 이영운·홍석찬 대기심 최현재 경기감독관 허기태

안산 1		0 전반 0 / 1 후반 0					0 전남	

퇴장	경고	파울	ST(유)	교체	선수명	배번	위치	위치	배번	선수명	교체	ST(유)	파울	경고	퇴장
0	0	0	0		이승빈	1	GK	GK	31	김다솔		0	0	0	0
0	0	0	1(1)		유준수	16	DF	DF	17	여승원		0	0	0	0
0	0	2	0		김정호	20	DF	DF	6	장성재		1(1)	1	1	0
0	0	0	0		장유섭	23	DF	DF	25	조지훈		0	0	0	0
0	0	1	1(1)	15	김진현	8	MF	MF	14	아스나위		0	1	0	0
0	0	2	0		김범수	17	MF	MF	77	유 헤 이		0	0	0	0
0	3	2(2)			김범수	14	MF	MF	8	김건오	16	0	1	0	0
0	0	2			이준희	22	MF	MF	35	노건우	11	0	0	0	0
0	0	2	2(1)	7	김경준	9	FW	FW	10	발디비아		2(2)	1	0	0
0	3	4(2)			정지용	11	FW	FW	7	하 남		0	0	0	0
0	0	2(2)			강준모	32	FW	FW	23	시모비치	27	1	0	0	0
					김선우	21			1	최봉진					
					김채운	3			5	고태원					
				후15	정재민	7			16	이후권	후0				
0			3(2)	후35	가브리엘		대기	대기	8	이석현					
0				후35	정용희	15			27	추상훈	후0				
0	1	1(1)		후10/95	이현규	19			11	플 라 나	후18	0	1	0	0
0	1	1(1)		후35	티아고	95			13	이준호					
0	2	24	17(14)									8(5)	12	4	0

• 후반 43분 이준희 MFL ⌒ 가브리엘 GAR 내 L-ST-G (득점: 가브리엘, 도움: 이준희) 가운데

경남 2 : 1 천안

• 4월 29일 16:00 흐리고 비 창원 축구센터 2,024명
• 주심 임정수 부심 홍석찬·서영규 대기심 송민석 경기감독관 차상해

경남 2		2 전반 0 / 0 후반 1					1 천안	

퇴장	경고	파울	ST(유)	교체	선수명	배번	위치	위치	배번	선수명	교체	ST(유)	파울	경고	퇴장
0	0	0	0		고동민	1	GK	GK	1	김민준		0	0	0	0
0	0	0	0	18	우주성	15	DF	DF	27	이석규	21	0	0	0	0
0	0	0	0		이광선	20	DF	DF	6	차오연		0	0	0	0
0	0	0	0		박재환	73	DF	DF	5	이재원		0	2	1	0
0	0	0	0		박민서	21	DF	DF	22	오현교		2(1)	1	0	0
0	1	0	3	10	조상준	99	MF	MF	15	김주헌	14	0	2	0	0
0	0	0	0		송홍민	4	MF	MF	23	오윤석	2	0	0	0	0
0	0	0	0		이강희	88	MF	MF	10	다미르		0	0	0	0
0	1	1	3(2)		카스트로	95	MF	MF	7	바카요코		0	0	0	0
0	0	0	0		설현진	19	FW	MF	19	한석희	19	0	0	0	0
0	1(1)		77		글레이손	96	FW	FW	9	모 따	18	1(1)	1	0	0
					이윤오	25			41	김동건					
				후26	이준재	18			8	이광준					
				후26	이광진	16			21	신원호	후0				
0					권기표	11	대기	대기	2	김주환	후0				
0				후10	모재현	10			14	이민수	후34	0			
0				후10	원기종	7			19	장백규	후0				
0				후15	미란징야	77			18	김종민	후10	1(1)	0	0	0
0	1	15	18(3)									6(4)	13	3	0

• 전반 5분 카스트로 GAL R-ST-G (득점: 카스트로) 오른쪽
• 전반 32분 카스트로 MF 정면 ~ 글레이손 GAL L-ST-G (득점: 글레이손, 도움: 카스트로) 오른쪽
• 후반 38분 오현교 PA 정면 L-ST-G (득점: 오현교) 오른쪽

경기기록부

부산 0 : 0 안산

• 4월29일 16:00 비 부산 아시아드 2,564명
• 주심 최승환 부심 설귀선·박상수 대기심 김도연 경기감독관 양정환

부산 0	0 전반 0 / 0 후반 0	0 안산

퇴장	경고	파울	ST(유)	교체	선수명	배번	위치	위치	배번	선수명	교체	ST(유)	파울	경고	퇴장
0	0	0	0		구상민	1	GK	GK	1	이승빈		0	0	0	0
0	0	1	0	26	어정원	2	DF	DF	16	유준수		0	0	0	0
0	1	2	0		조위제	5	DF	DF	23	장유섭		1	2	0	0
0	1	2	1		최 준	21	DF	MF	3	김채운					
0	1				이한도	20	MF	MF	8	김진현	15	2(1)	4	1	0
0	1				임민혁	18	MF	MF	14	김재성		1(1)		1	0
0				23	권혁규	42	MF	FW	17	김범수		2	1	0	0
0					페 신	23	FW	FW		95	김경준	후95				
0	0	0		29	정원진	29	FW	FW	11	정지용		2		0	0
0	0	5(3)			라마스	10	FW	FW	19	이현규	5	0	0		
0	1	1	0	96	최건주	99	FW		21	김선우					
					황병근	41			5	정재민	후0				
			후15		최지묵	26			7	가브리엘	후0				
			후28		성호영	23		대기	23	신민기					
					김상준	33	대기		15	정용희	후36				
					김 찬				32	강준모					
			후15		최기윤	29			95	티아고	후18				
			후28		프랭클린	96									
0	2	8	8(3)									12(2)	10	1	0

김천 0 : 2 김포

• 4월30일 13:30 맑음 김천 종합 1,070명
• 주심 김재홍 부심 이양우·김종희 대기심 오현진 경기감독관 당성증

김천 0	0 전반 1 / 0 후반 1	2 김포

퇴장	경고	파울	ST(유)	교체	선수명	배번	위치	위치	배번	선수명	교체	ST(유)	파울	경고	퇴장
0	0	0	0		신송훈	18	GK	GK	13	박청효		0	0	0	0
0	0	0	0	11	김륜성	12	DF	DF	4	김태한		0	1	0	0
0	1	1	2(1)		김태현	28	DF	DF	20	김민호		2	3	0	0
0	0	0	0		이상민	35	DF	DF	2	조성권		0	0	0	0
0	0	0	0		김재우	34	MF	MF	34	송준석	21	0	1	0	0
0	1	0	0		이영재	8	MF	MF	8	김이석		0	0	0	0
0	0	0	0		김동현	30	MF	MF	23	최재훈		0	0	0	0
0	0	0	0		원두재	26	MF	FW	91	김 종	2	0			
0	1	3(1)			김진규	32	FW	FW	24	루이스	9	4(1)	0	0	0
0	2		40		김지현	9	FW	FW	99	손석용	77	2	1	0	0
0	1(1)	29			조영욱	27	FW	FW	11	파블로	2	2(1)	1	0	0
					문경건	1			51	김민재					
					임승겸	6			박경록		후0				
			후0		김현욱	11			91	박 광 일	전17	1(1)	1	0	0
			후39		김현욱	25	대기	대기	21	서재민	전17				
			후0		김준범	17			6	이성재	후39				
			후32		정치인	29			77	민성연	후15	2(2)		0	0
			후32		이영준	40			9	주닝요	후39				
0	3	9	9(3)									14(5)	11	0	0

• 전반 28분 파블로 AK내 L-ST-G (득점: 파블로) 오른쪽
• 후반 30분 파블로 PA정면 ~ 루이스 GAL L-ST-G (득점: 루이스, 도움: 파블로) 오른쪽

안양 1 : 0 충북청주

• 4월29일 18:30 흐리고 비 안양 종합 2,284명
• 주심 박종명 부심 주현민·신재화 대기심 이지형 경기감독관 김종민

안양 1	1 전반 0 / 0 후반 0	0 충북청주

퇴장	경고	파울	ST(유)	교체	선수명	배번	위치	위치	배번	선수명	교체	ST(유)	파울	경고	퇴장
0	0	0	0		박성수	1	GK	GK	21	박대한		0	0	0	0
0	0	1	0		이창용	4	DF	MF	19	구현준		1(1)	0	0	0
0	1	2	0		박종현	5	DF	DF	5	이민형		0	0	0	0
0	0	5	1	15	김정현	6	MF	DF	14	이정택		0	0	0	0
0	1	1	5(3)	8	안드리고	10	MF	DF	24	박진성		0	3	1	0
0	0	5(4)		25	박재용	16	FW	MF	99	홍원진	11	0	0	0	0
0	1	1	0		문성우	28	MF	MF	3	김명순	17	1(1)	1	0	0
0	1	2	2(1)		백동규	30	MF	MF	7	피 터		2(1)	2	0	0
0	0	0	0		구대영	90	DF	FW	15	홍성민	10	2	0	0	0
0	1	3(2)			야 고	97	FW	MF	9	조르지		3			
					주현우	99	MF	FW	98	이승재	77	0	0	0	0
					김태훈	21			18	정진욱					
0	0	0	후27		안용우	7			3	이한샘		0	0	0	0
			후41		황기욱	8			11	양지훈	후20				
0	1(1)	후0			조성준	11	대기	대기	17	정기운	후41				
			후44		김형진	15			29	강민승					
			후44		김하준	25			77	정민우	후0				
					이태희	32			10	파울리뉴	후11	1(1)	0	0	0
0	3	12	18(11)									10(4)	7	1	0

• 전반 39분 주현우 PAL ⌒ 박재용 GAL내 H-ST-G (득점: 박재용, 도움: 주현우) 가운데

서울E 1 : 2 성남

• 4월30일 16:00 맑음 목동 종합 3,917명
• 주심 최규현 부심 이병주·김수현 대기심 김우성 경기감독관 구상범

서울E 1	0 전반 0 / 1 후반 2	2 성남

퇴장	경고	파울	ST(유)	교체	선수명	배번	위치	위치	배번	선수명	교체	ST(유)	파울	경고	퇴장
0	0	0	0		윤보상	77	GK	GK	1	최필수		0	0	0	0
0	2	1(1)	13		황태현	2	DF	DF	16	김진래		0	1	0	0
0	1	0	0		김민규	3	DF	DF	5	패트릭		0	3	0	0
0	1	0	0		이재익	14	DF	DF	3	강의빈		0	0	0	0
0	1	0	30		서보민	7	DF	DF	37	김훈민	17	0	1	1	0
0	2	2(1)			김원식	15	MF	MF	6	김현태	4	0	1	0	0
0	1	0	0		이상민	17	MF	MF	99	크리스		0	0	0	0
0	1	0	22		김정환	9	MF	MF	14	이재원		2	1	0	0
0	1(1)	33			브루노	40	MF	MF	7	권순형	20	2(2)	0	0	0
0	0	0	90		변경준	16	MF	MF	11	심동운	19	1(1)	0	0	0
0	3	1(1)			유정완	17	FW	FW	9	데 닐 손	13	0	0	0	0
					문정인	23			41	김영광					
					이인재	92			17	이지훈	후0				
0	0	후31			차승현	13			20	조성욱	후41	0	0	0	0
			후40		박경민	33	대기	대기	4	이상민	후47				
0	0	후23			박창환	30			21	문창진		0	0	0	0
0	0	후31			박준영	90			10	이종호	후0	3(3)	0	0	0
0	1	1	후0		호 난	22			19	정한민	후9				
0	2	15	6(4)									7(6)	8	2	0

• 후반 26분 유정완 PAL내 L-ST-G (득점: 유정완) 오른쪽
• 후반 13분 이지훈 PAR내 ~ 이종호 PAR내 L-ST-G (득점: 이종호, 도움: 이지훈) 왼쪽
• 후반 35분 이종호 PK-R-G (득점: 이종호) 인쪽

전남 1 : 1 부산

- 5월02일 19:00 맑음 광양 전용 1,214명
- 주심_오현진 부심_이병주·김수현 대기심_최규현 경기감독관_허태식

| 전남 1 | 0 전반 1 / 1 후반 0 | 1 부산 |

퇴장	경고	파울	ST(유)	교체	선수명	배번	위치	위치	배번	선수명	교체	ST(유)	파울	경고	퇴장
0	0	0	0	99	김 다 솔	31	GK	GK	1	구 상 민		0	0	0	0
0	0	1	0		김 수 범	28	DF	DF	5	조 위 제		0	2	0	0
0	0	2	1		장 성 재	6	DF	DF	26	최 지 묵		0	1	0	0
0	0	1	0		고 태 원	5	DF	DF	6	최 준		0	2	0	0
0	0	1	0		이 규 혁	66	MF	MF	18	임 민 혁		1(1)	2	0	0
0	1	1	2(2)		이 후 권	16	MF	MF	14	정 원 진		1(1)	2	0	0
0	1	2	3(2)	25	발다비아	10	MF	MF	42	권 혁 규	30		0	0	0
0	0	1	0	35	유 헤 이	24	MF	MF	24	천 지 현			0	0	0
0	0	1	0		아스나위	14	MF	FW	29	최 기 윤	2		0	0	0
0	1	1	1(1)	27	플 라 나	11	MF	FW	99	최 건 주	33	1		0	0
0	0	1	0	23	최 성 진	22	FW								
0	0	0	0	후47	조 성 욱	99			41	황 병 근			0	0	0
0	0	0	0	후47	조 지 훈	25			2	어 정 원	후8	1		0	0
0	0	0	0		아스나위	14			7	페 신	후30	1(1)	0	0	0
0	0	0	0	전	노 건 우	35	대기	대기	30	라 마 스			0	0	0
0	0	0	0	전23	추 상 훈	27			23	성 호 영			0	0	0
0	1		1(1)	전33	시모비치	23			33	김 상 준	후27		0	0	0
0	0	0	0		하 남	9			96	프랭클린	후27		0	0	0
0	2	12	10(6)			0			0			8(2)	13	0	1

- ●후반 10분 이규혁 PAR ~ 발다비아 GA정면 L-ST-G (득점: 발다비아, 도움: 이규혁) 왼쪽
- ●전반 8분 정원진 PAL ~ 임민혁 AK정면 R-ST-G (득점: 임민혁, 도움: 정원진) 왼쪽

부천 2 : 1 충남아산

- 5월02일 19:30 흐림 부천 종합 1,380명
- 주심_김도연 부심_구은석·신재환 대기심_박종명 경기감독관_차상해

| 부천 2 | 1 전반 0 / 1 후반 1 | 1 충남아산 |

퇴장	경고	파울	ST(유)	교체	선수명	배번	위치	위치	배번	선수명	교체	ST(유)	파울	경고	퇴장
0	0	0	0		이 범 수	25	GK	GK	21	박 주 원		0	0	0	0
0	0	0	0		서 명 관	20	DF	DF	4	장 준 영		0	0	0	0
0	0	1	1(1)		닐손주니어	6	DF	DF	14	이 학 민		0	0	0	0
0	0	1	0		이 동 희	3	DF	MF	17	김 성 주		0	1	0	0
0	0	0	0	99	김 선 호	37	MF	MF	20	조 윤 성		0	1	0	0
0	0	2	2(1)	21	김 규 민	17	MF	DF	47	이 은 범		1	0	0	0
0	0	0	1	14	송 진 규	15	MF	MF	22	김 강 국		0	2	0	0
0	0	0	0		카	23	MF	FW	24	박 세 직		2(1)	0	0	0
0	0	1	1(1)	9	하 모 스	7	FW	MF	19	박 대 훈		1	0	0	0
0	0	2	2(1)		한 지 호	22	FW	FW	9	정 성 호			0	0	0
0	0	2(1)			안 재 준	11	FW	FW	23	김 택 근	후36		0	0	0
0	0	0	0		이 주 현	1			1	박 한 근			0	0	0
0	0	0	0	후37	박 형 진	21			99	강 준 혁	후		0	0	0
0	0	0	0		감 한 솔	31			2	김 종 국			0	0	0
0	0	0	0	후27	최 재 영	14	대기	대기	8	김 민 석	후36		0	0	0
0	0	0	0	후46	이 정 빈	88			9	정 성 호			0	0	0
0	0	2(2)			카 릴	9			10	두아르테	후36		0	0	0
0	0	0	0	후27	박 호 민	99			30	고 무 열			0	0	0
0	4	11	10(7)			0			0			4(3)	6	1	

- ●전반 44분 하모스 PK-R-G (득점: 하모스) 왼쪽
- ●후반 32분 카릴 PK-R-G (득점: 카릴) 가운데
- ●후반 18분 강준혁 AK내 가슴패스 박대훈 AK정면 R-ST-G (득점: 박대훈, 도움: 강준혁) 오른쪽

천안 0 : 4 안양

- 5월02일 19:00 맑음 천안 종합 920명
- 주심_성덕효 부심_설귀선·김중회 대기심_최승환 경기감독관_김종민

| 천안 0 | 0 전반 2 / 0 후반 2 | 4 안양 |

퇴장	경고	파울	ST(유)	교체	선수명	배번	위치	위치	배번	선수명	교체	ST(유)	파울	경고	퇴장
0	0	0	0		김 민 준	1	GK	GK	1	박 성 수		0	0	0	0
0	0	0	0	27	김 주 환	2	DF	DF	5	박 종 현		0	0	0	0
0	0	2	1(1)		차 오 연	6	MF	MF	8	황 기 욱		0	0	0	0
0	1	3	0		이 재 원	5	DF	FW	11	조 성 준		2(2)	1	0	0
0	0	1	1		오 현 교	22	DF	MF	7	김 형 진		1(1)	1	0	0
0	0	0	0	20	신 원 호	21	MF	MF	16	박 재 용	25	4(3)	2	0	0
0	0	0	0	15	오 윤 석	23	MF	MF	28	문 성 우	10	1(1)	1	0	0
0	0	0	0		다 미 르	10	DF	DF	30	백 동 규		0	1	0	0
0	0	3(1)			바카요코	7	MF	MF	32	이 태 희	90	0	0	0	0
0	0	1	0	11	이 찬 협	17	MF	MF	97	야 고		3(3)	2	0	0
0	0	0	0		김 종 민	18	FW	FW	9	브루노			0	0	0
0	0	0	0		김 동 건	41			21	김 태 훈			0	0	0
0	0	0	0	후7	이 석 규	24			4	이 창 용	후37		0	0	0
0	0	0	0	후0	김 주 헌	15			6	김 정 현	후22		0	0	0
0	1	1(1)		후0	김 세 윤	39	대기	대기	7	안 용 우			0	0	0
0	1	1	3	후0	한 석 희	9			10	안드리고	후0	3(2)	1	0	0
0	0	0	0		장 백 규	19			25	f 하 준	후37		0	0	0
0	0	0	1	후23	모 따	9			90	구 대 영	후0		0	0	0
0	2	12	13(3)			0			0			18(12)	16	3	0

- ●전반 12분 주현우 PAL TL FK 김형진 GA정면 H-ST-G (득점: 김형진, 도움: 주현우) 오른쪽
- ●전반 29분 주현우 GA정면 → 조성준 GAL L-ST-G (득점: 조성준, 도움: 주현우) 왼쪽
- ●후반 4분 안드리고 MF정면 야고 GAR H-ST-G (득점: 야고, 도움: 안드리고) 왼쪽
- ●후반 9분 박재용 PAR내 안드리고 PA정면내 L-ST-G (득점: 안드리고, 도움: 박재용) 오른쪽

경남 1 : 2 서울E

- 5월03일 19:00 흐림 창원 축구센터 1,576명
- 주심_조지음 부심_이영운·주현민 대기심_최광호 경기감독관_김성기

| 경남 1 | 0 전반 1 / 1 후반 1 | 2 서울E |

퇴장	경고	파울	ST(유)	교체	선수명	배번	위치	위치	배번	선수명	교체	ST(유)	파울	경고	퇴장
0	0	0	0		고 동 민	1	GK	GK	23	문 정 인		0	0	0	0
0	0	0	0		우 주 성	15	DF	DF	14	이 재 익		1(1)	0	0	0
0	0	1	0	18	이 광 선	20	DF	DF	92	이 인 재		1(1)	1	0	0
0	0	0	0		박 재 환	73	DF	DF	3	김 민 규		0	0	0	0
0	0	5	3		박 민 서	77	DF	DF	13	차 승 현		0	0	0	0
0	0	1	0	16	이 강 희	88	MF	MF	15	김 원 식		0	0	0	0
0	0	1	0		송 홍 민	4	MF	MF	27	조 동 재	17	0	0	0	0
0	0	0	0	99	카스트로	95	MF	MF	40	브루노		0	0	0	0
0	0	1	0		글레이손	96	FW	MF	16	변 경 준	11	1(1)	0	0	0
0	0	3(1)			원 기 종	7	FW	FW	22	호 난	42	2(1)	0	0	0
0	0	0	0		이 윤 오	25			77	윤 보 상			0	0	0
0	0	1	4	후14	이 준 재	29			2	황 태 현			0	0	0
0	0	0	0		김 영 찬				42	이 정 문	후		0	0	0
0	0	0	0	후24	이 광 진	16	대기	대기	30	박 창 환	후16		0	0	0
0	0	0	0	후24	조 상 준	99			11	김 정 환	후37		0	0	0
0	0	0	0		설 현 진	19			17	유 정 완	후10		0	0	0
0	0	0	0	후14	미란징야	77			9	반 토 안	후37		0	0	0
0	1	15	11(1)			0			0			8(4)	1	0	0

- ●후반 3분 모재현 PAR ~ 원기종 GA정면 H-ST-G (득점: 원기종, 도움: 모재현) 가운데
- ●전반 19분 글레이손 GAR내 EL H 자책골 (득점: 글레이손) 오른쪽
- ●후반 20분 브루노 C.KL 호난 GA정면 H-ST-G (득점: 호난, 도움: 브루노) 가운데

• 5월 03일 19:30 맑음 김포솔터축구장 1,915명
• 주심_박세진 부심_박남수·김동민 대기심_정회수 경기감독관_나승화

김포 0 [0 전반 0 / 0 후반 0] 0 성남

퇴장	경고	파울	ST(유)	교체	선수명	배번	위치	위치	배번	선수명	교체	ST(유)	파울	경고	퇴장
0	0	0	0		박청효	13	GK	GK	1	최필수		0	0	0	0
0	0	1	2(1)		김태한	4	DF	DF	16	김진래		1	0	0	0
0	0	1	0	3	김민호	20	DF	DF	5	패트릭		0	2	0	0
0	0	1	1(1)		조성권	2	DF	DF	20	조성욱		0	0	0	0
0	0	0	0		서재민	21	DF	DF	17	이지훈	37	0	0	0	0
0	0	3	2(2)		김이석	8	MF	MF	6	김현태		1	0	0	0
0	0	2	0		최재훈	23	MF	MF	19	정한민	11	1	1	0	0
0	0	0	0		박광일	91	MF	MF	7	권순형		1(1)	1	0	0
0	1	0	2(1)		루이스	24	FW	FW	14	이재원		0	1	1	0
0	1	1		99	주닝요	8	FW	FW	47	박지원	99	1	1	1	0
0	1			77	파블로	11	MF	FW	9	데닐손	10	1	0	0	0
0	0	0			김민재	51			41	김영광		0	0	0	0
0	0	0		후37	박경록	3			36	김지수		0	0	0	0
					김성민				25	김훈민	후25	0	0	0	0
					이성재	6	대기	대기	8	박상혁	후8	0	0	0	0
									10	심동운	후25	0	0	0	0
0	0	0		후23	민성연	77			99	크리스	후	0	1	0	0
0	1	1	1(1)	후0	손석용	99			10	이종호	후16	0	1	0	0
0	3	15	10(6)				0	0				3(1)	13	2	0

• 5월 06일 13:30 비 안산 와스타디움 1,258명
• 주심_정회수 부심_신재환·박남수 대기심_최규현 경기감독관_김성기

안산 1 [1 전반 0 / 0 후반 1] 1 경남

퇴장	경고	파울	ST(유)	교체	선수명	배번	위치	위치	배번	선수명	교체	ST(유)	파울	경고	퇴장
0	0	0	0		이승빈	1	GK	GK	1	고동민		0	0	0	0
0	0	0	0		유준수	16	DF	DF	18	이준재		4(2)	1	1	0
0	1	2(1)			장유섭	23	DF	DF	73	박재환		1	1	0	0
1	0	2			김채운	3	DF	DF	33	이민기	21	0	2	1	0
0	0	0			김진현	8	MF	MF	19	설현진		1(1)	1	0	0
0	3(2)				김재성	14	MF	MF	88	이강희		1	2	0	0
0	0	0			김범수	17	MF	MF	11	권기표		1	3	1	0
0	1	5(4)			가브리엘	7	FW	FW	96	글레이손	95	1	1	0	0
0	1				이근호	10	FW	FW	77	미란징야	10	3(1)	2	0	0
0	0				김선우	21			25	이윤오		0	0	0	0
				후16/11	정재민	5			15	우주성		0	0	0	0
				후12/15	김경준	9	대기	대기	21	박민서	후12	0	0	0	0
				후	정지웅	11			4	송홍민	후30	0	0	0	0
					원드류	12			10	모재현	후15	0	0	0	0
				후36	정용희	15			95	카스트로	후12	0	0	0	0
					이승민	28			91	원기종	후12	0	0	0	0
1	3	8	12(9)				0	0				20(11)	19	4	0

● 전반 40분 이현규 AK 정면 ~ 가브리엘 PAR L-ST-G (득점: 가브리엘, 도움: 이현규) 오른쪽
● 후반 26분 원기종 PAR ~ 모재현 PAR 내 R-ST-G (득점: 모재현, 도움: 원기종) 왼쪽

• 5월 03일 19:30 흐림 안산 와스타디움 702명
• 주심_고형진 부심_홍석찬·서영규 대기심_김영수 경기감독관_구상범

안산 2 [0 전반 1 / 2 후반 2] 3 김천

퇴장	경고	파울	ST(유)	교체	선수명	배번	위치	위치	배번	선수명	교체	ST(유)	파울	경고	퇴장
0	0	0	0		이승빈	1	GK	GK	1	문경건		0	0	0	0
0	0	2	0		유준수	16	DF	DF	28	김태현		1	0	0	0
0	0	0			김정호	20	DF	DF	11	이유현		1	1	0	0
0	0	1	0		장유섭	23	DF	DF	35	이상민		0	0	0	0
0	0	1	0	12	김진현	8	MF	DF	34	김재우		0	1	0	0
0	0	0			김재성	14	MF	MF	10	이영재	25	0	2	0	0
0	2(1)				김범수	17	MF	MF	39	강현묵	32	0	1	0	0
0	1	2			이준희	22	MF	MF	14	윤석주	26	1(1)	1	0	0
0	2(1)				김경준	9	FW	FW	38	김민준	6	2(1)	4	1	0
0	3(1)		95		정지웅	11	FW	FW	9	김지현		3(2)	1	1	0
0	1				강주호	32	FW	FW	22	조영욱		3(3)	0	0	0
0	0				김선우	21			18	신송훈		0	0	0	0
				후32	김채운	3			6	임승겸	후37	0	0	0	0
				후14	정재민	5			12	김륜성		0	0	0	0
	4(2)		전21	가브리엘	7	대기	대기	25	김현욱	후29	0	0	0	0
				후32	원드류	12			32	김진규	후	1(1)	1	0	0
					정용희	15			26	원두재	후	0	0	0	0
				후14	티아고	95			29	정치인	후23	1	0	0	0
0	1	15	13(5)				0	0				14(8)	13	4	0

● 후반 31분 가브리엘 GAR ~ 김범수 GA 정면 R-ST-G (득점: 김범수, 도움: 가브리엘) 왼쪽
● 후반 36분 정재민 AK 정면 H → 가브리엘 AKR L-ST-G (득점: 가브리엘, 도움: 정재민) 왼쪽
● 전반 12분 김민준 PAR 내 L-ST-G (득점: 김민준) 왼쪽
● 후반 19분 조영욱 GA 정면 R-ST-G (득점: 조영욱) 오른쪽
● 후반 27분 김민준 AKR ~ 김진규 PA 정면 내 L-ST-G (득점: 김진규, 도움: 김민준) 왼쪽

• 5월 06일 16:00 흐림 김포솔터축구장 2,736명
• 주심_오현정 부심_구은석·서영규 대기심_성덕효 경기감독관_차상해

김포 0 [0 전반 0 / 0 후반 0] 0 서울E

퇴장	경고	파울	ST(유)	교체	선수명	배번	위치	위치	배번	선수명	교체	ST(유)	파울	경고	퇴장
0	0	0	0		박청효	13	GK	GK	23	문정인		0	0	0	0
0	0	1	0		김태한	4	DF	DF	14	이재익		1(1)	4	2	0
0	0	1	1		박경록	3	DF	DF	92	이인재		1	1	0	0
0	0	2	1(1)		조성권	2	DF	DF	3	김민규		0	0	0	0
0	1	0			박광일	91	MF	DF	13	차승현		1	0	0	0
0	1	3	0		최재훈	23	MF	MF	15	김원식	11	0	1	0	0
0	1	3	1(1)		이성재	6	MF	MF	6	이상민		0	0	0	0
0	1	0			김성민	17	MF	MF	30	박창환		1	1	0	0
0	2				송창석	19	MF	MF	40	브루노	42	4(2)	0	0	0
0	1		99		손석용	99	MF	MF	16	변경준	9	1(1)	3	0	0
0	0				주닝요	8	FW	FW	77	유정완		0	0	0	0
					김민재	51			77	윤보상		0	0	0	0
					김민호	20			2	황태현	후41	0	0	0	0
				후14	서재민	21			42	이정문	후35	0	0	0	0
					이성재	8	대기	대기	27	조동재		0	0	0	0
				후33	김이석	8			11	김정환	후	0	0	0	0
0	1			후0	루이스	24			9	반토안	후21	0	0	0	0
0	4	11	11(4)				0	0				8(4)	18	3	0

충북청주 2 : 1 천안

- 5월06일 16:00 비 청주종합 837명
- 주심: 김재홍 부심: 이병주·이영운 대기심: 오현진 경기감독관: 나승화

퇴장	경고	파울	ST(유)	교체	선수명	배번	위치	위치	배번	선수명	교체	ST(유)	파울	경고	퇴장
0	0	0	0		박대한	21	GK	GK	0	김민준		0	0	0	0
0	1	1	0	8	홍성민	15	DF	DF	2	이석규		1(1)	0	0	0
0	0	2	0		이한샘	3	DF	DF	6	차오연	15	1	0	0	0
0	0	0	0		이정택	14	DF	DF	23	이재원		1	1	0	0
0	0	0	0		구현준	19	MF	DF	27	오현교		1	1	0	0
0	0	4	2(1)	22	피터	7	MF	MF	21	신원석		1	1	0	0
0	1	1(1)			홍원진	99	MF	MF	23	오윤석	16	1(1)	1	1	0
0	1	2	5		김명순	39	MF	MF	2	다미르		2	0	0	0
0	0	3			박진성	24	FW	MF	7	장백규		1	1	0	0
0	0	5	2(1)		이승재	98	FW	MF	17	이찬협		1	0	0	0
0	0	3	2(1)		조르지	9	FW	FW	9	모아		5(3)	4	0	0
0	0	0	0		류원우	1			31	김효준		0			
0	0			후42	이승엽	22			2	김주환	후0				
0	0			후30	이민형	5			15	김주현	후11				
0	0				정기운	17	대기	대기	16	김현중	후11				
0	0				양지훈	11			11	한석희					
0	0			후0	장혁진	8			7	바카요코	전20	2(2)	0		
0	0			후20	문상윤	6			18	김종민	후22	0			
0	2	16	8(5)			0						10(7)	7	2	0

- 전반 33분 박진성 MFL → 조르지 GAL L-ST-G (득점: 조르지, 도움: 박진성) 가운데
- 후반 9분 박진성 PAL TL → 홍원진 GAR H-ST-G (득점: 홍원진, 도움: 박진성) 왼쪽
- 후반 9분 오윤석 GAL 내 R-ST-G (득점: 오윤석) 가운데

안양 0 : 3 부산

- 5월07일 16:00 흐림 안양종합 2,511명
- 주심: 최광호 부심: 홍석찬·김수현 대기심: 박세진 경기감독관: 양정환

퇴장	경고	파울	ST(유)	교체	선수명	배번	위치	위치	배번	선수명	교체	ST(유)	파울	경고	퇴장
0	0	0	0		박성수	1	GK	GK	1	구상민		0	0	0	0
0	0	0	0		이창용	4	DF	DF	39	조위제		0	1	0	0
0	0	1	0		박종현	5	DF	DF	6	최준		1	0	0	0
0	0	0	0	6	김정현	6	MF	DF	20	이한도		0	1	0	0
0	0	0	0	7	안드리고	10	MF	DF	26	최지묵		0	0	0	0
0	1	3(1)			박재용	16	FW	MF	10	라마스	88	4(3)	2	1	0
0	1	1(1)	11		문성우	28	MF	MF	18	임민혁		0	1	0	0
0	0	0	0		백동규	30	DF	MF	33	김상준		1	0	0	0
0	0	0	0	32	구대영	90	MF	FW	29	페네		1	0	0	0
0	0	0	0		주현우	99	MF	FW	96	프랭클린		0	0	0	0
0	0	0	0					FW	42	최건주		0	1	0	0
0	0	0	0		김태훈	21			41	황병근		0			
0	0			후38	안용우	7			45	황준호		0			
0	0			후14	황기욱	8			66	박세진	후30	0			
0	1(1)			전31	조성준	11	대기	대기	29	최기윤	14(66)	1	0		
0	0				김형진	15			42	권혁규	후0	2(1)	2	0	
0	0			후38	김하준	25			88	이승기	후0	1(1)	0		
0	0			후14	이태희	32			7	김찬	전26	0			
0	0	7	9(4)			0						12(7)	13	1	0

- 후반 9분 최준 PAR 내 → 라마스 PA 정면 내 L-ST-G (득점: 라마스, 도움: 최준) 오른쪽
- 후반 27분 김찬 GAL → 권혁규 GAR L-ST-G (득점: 권혁규, 도움: 김찬) 오른쪽
- 후반 35분 박세진 자기 측 AK 정면 → 이승기 AKL L-ST-G (득점: 이승기, 도움: 박세진) 가운데

부천 5 : 2 전남

- 5월07일 13:30 흐림 부천 종합 2,610명
- 주심: 임정수 부심: 이양우·김동민 대기심: 이지형 경기감독관: 김용세

퇴장	경고	파울	ST(유)	교체	선수명	배번	위치	위치	배번	선수명	교체	ST(유)	파울	경고	퇴장
0	0	0	0		이범수	25	GK	GK	1	최봉진	99	0	0	0	0
0	0	1	1(1)		서명관	20	DF	DF	14	아스나위		1	0	0	0
0	0	1(1)			닐손주니어	6	DF	DF	6	장성재		1	0	0	0
0	0	0	0		이동희	3	DF	DF	5	고태원		0	0	0	0
0	0	0	21		김선호	37	MF	DF	66	이규혁		0	0	0	0
0	0	0	31		김규민	17	MF	MF	35	노건우		0	0	0	0
0	0	1	1		카즈	23	MF	MF	10	발디비아		1(1)	0	0	0
0	1	1	2(2)		최재영	14	MF	MF	8	이석현	27	0	0	0	0
0	0	2		18	하모스	7	FW	MF	24	유헤이		0	0	0	0
0	2	3(2)		88	카릴	9	MF	MF	11	플라나		0	0	0	0
0	0	3	2(1)	99	한지호	22	FW	FW	13	이중호	9	0	0	0	0
0	0	0	0		김현	18			99	조성빈	후37	0			
0	1			후22	박형진	21			3	최희원		0			
0	0			후0	감한솔	31			16	이후권		0			
0	0				김준형	13	대기	대기	35	노건우	전11(23)				
0	0	2(1)		후13	이정빈	88			27	추상훈	후11				
0	0			후39	이의형	18			9	하남	전39	1(1)			
0	0			후39	박호민	99			23	시모비치	후37	0			
0	1	10	14(10)			0						6(3)	12	1	0

- 전반 8분 카릴 GAR R-ST-G (득점: 카릴) 오른쪽
- 전반 31분 하모스 PAL 내 → 최재영 PA 정면 내 R-ST-G (득점: 최재영, 도움: 하모스) 오른쪽
- 후반 32분 이정빈 MFL → 닐손주니어 PK 좌측지점 H-ST-G (득점: 닐손주니어, 도움: 이정빈) 오른쪽
- 후반 35분 이정빈 센터서클 L-ST-G (득점: 이정빈) 왼쪽
- 후반 43분 이정빈 PA 정면 → 박호민 GAL L-ST-G (득점: 박호민, 도움: 이정빈) 가운데
- 전반 10분 이준호 PA 정면 H → 발디비아 AKL R-ST-G (득점: 발디비아, 도움: 이준호) 왼쪽
- 후반 23분 유헤이 MFL → 이준호 GA 정면 R-ST-G (득점: 이준호, 도움: 유헤이) 왼쪽

성남 2 : 2 김천

- 5월07일 18:30 흐림 탄천 종합 2,123명
- 주심: 박종명 부심: 설귀선·주현민 대기심: 최승화 경기감독관: 차상해

퇴장	경고	파울	ST(유)	교체	선수명	배번	위치	위치	배번	선수명	교체	ST(유)	파울	경고	퇴장
0	0	0	0		최필수	1	GK	GK	18	신송훈		0	0	0	0
0	1	2			김진래	16	DF	DF	3	김태현		0	0	0	0
0	0	1(1)			패트릭	5	DF	DF	11	이유현	10	1	1	0	0
0	0	0	17		조성욱	20	DF	DF	35	이상민		0	0	0	0
0	0	0	0	8	김훈민	37	DF	DF	34	김재우		0	0	0	0
0	0	1			김현태	6	MF	MF	25	김동현		2(1)	0	0	0
0	0	0			크리스	99	MF	MF	14	윤석주		0	0	0	0
0	0	1			권순형	7	MF	MF	25	김진규		1	0	0	0
0	0	0			이재원	14	FW	FW	38	김민준	29	2(2)	1	0	0
0	2(1)	19			신재원	15	FW	FW	19	김지현		2(2)	1	0	0
0	0	0			이종호	10	FW	FW	17	조영욱		1	1	0	0
0	0	0	0		김영광	41			1	문경건		0			
0	0			후0	임승겸	3			10	강윤성	후15	0			
0	0			후0	이지훈	7			24	김현욱	후41	0			
0	0			후0	박상혁	10	대기	대기	31	김준범	후15	0			
0	0				심동운	11			26	원두재					
0	2(2)			후0	정한민	19			15	정치인	후41	0			
0	0			후18	데닐손	9			29	정치인					
0	2	9	7(4)			0						13(6)	11	0	0

- 후반 1분 박상혁 C.KR → 패트릭 GA 정면 H-ST-G (득점: 패트릭, 도움: 박상혁) 왼쪽
- 후반 19분 정한민 GA 정면 L-ST-G (득점: 정한민) 왼쪽
- 전반 10분 김지현 자기 측 HLL → 김민준 AKR L-ST-G (득점: 김민준, 도움: 김지현) 오른쪽
- 후반 14분 김동현 MF 정면 R-ST-G (득점: 김동현) 왼쪽

서울E 3 : 2 천안

- 5월 13일 13:30 맑음 목동 종합 2,825명
- 주심: 안재훈 부심: 설귀선·박남수 대기심: 박종명 경기감독관: 김종민

| | | 0 전반 1 | | |
| | | 3 후반 1 | | |

퇴장	경고	파울	ST(유)	교체	선수명	배번	위치	위치	배번	선수명	교체	ST(유)	파울	경고	퇴장
0	0	0	0		문정인	23	GK	GK	1	김민준		0	0	0	0
0	0	0	0		조동재	27	DF	DF	27	이석규		0	0	0	0
0	1	1	0		이인재	92	DF	DF	6	차오연		0	0	0	0
0	0	0	0		김민규	3	DF	DF	13	이재원		0	0	0	0
0	0	0	2(1)		차승현	13	DF	DF	22	오현교		0	2	1	0
0	0	0	0		이상민	6	MF	MF	14	이민수		0	1	0	0
0	0	0	0	30	김원식	15	MF	MF	23	오윤석	16	0	1	1	0
0	1	1(1)	22		브루노	40	MF	MF	7	윤용호	19				
0	2	1	9		김정환	11	FW	MF	19	장백규		1			
0	1	1(1)		22	변경준	11	FW	FW	17	이찬협		0	2	1	0
0	0	0	3(2)		유정완	17	FW	FW	18	김종민	7	2(1)	0	2	0
0	0	0	0		강정묵				31	김효준		0	0	0	0
0	0	0	0		박준영	20			16	김현중	후29				
0	1	1(1)	후36		서보민	7			20	김세윤	후15	1(1)	1	0	0
0	0	0	0		황정욱	42	대기	대기	10	다미르		0	0	0	0
0	0	0	0	후41	박창환	30			41	한석희	후41				
0	0	0	0	후11	반토안	22			7	바카요코	전11				
0	1	2	4(2)	후0	호난	22			9	모따	후41	1(1)	0	0	0
0	2	11	14(7)									6(4)	8	2	0

- 후반 2분 호난 PK-R-G (득점: 호난) 오른쪽
- 후반 45분 이인재 GAL H ⌒ 호난 GAL 내 H-ST-G (득점: 호난, 도움: 이인재) 왼쪽
- 후반 47분 김민규 자기 측 MFR ⌒ 차승현 PA 정면 내 L-ST-G (득점: 차승현, 도움: 김민규) 왼쪽
- 전반 15분 장백규 PAL 내 R-ST-G (득점: 장백규) 오른쪽
- 후반 53분 모따 PK-L-G (득점: 모따) 가운데

부산 0 : 1 부천

- 5월 13일 18:30 흐림 부산 아시아드 2,150명
- 주심: 최승환 부심: 서영규·김종희 대기심: 김재홍 경기감독관: 허기태

| | | 0 전반 0 | | |
| | | 0 후반 1 | | |

퇴장	경고	파울	ST(유)	교체	선수명	배번	위치	위치	배번	선수명	교체	ST(유)	파울	경고	퇴장
0	0	0	0		구상민	1	GK	GK	25	이범수		0	0	1	0
0	0	1	1		조위제	5	DF	DF	20	닐손주니어		0	1	0	0
0	0	0	0		최준	6	DF	DF	6	이동희		0	0	0	0
0	0	1	0		이한도	20	DF	DF	21	김선호		1(1)	1	1	0
0	0	0	66		최지묵	26	MF	DF	37	김선호	21	1(1)	1	1	0
0	0	0	24		임민혁	18	MF	MF	31	감한솔		0	2	0	0
0	1	2	28		김상준	33	MF	MF	23	카즈		4	1	0	0
0	0	0	0		권혁규	42	MF	MF	14	최재영		1(1)	2	0	0
0	1	3(3)			김찬		FW	FW	99	호모스		1(1)	2	0	0
0	0	0	88		라마스	10	FW	FW	88	카릴		0	0	0	0
0	0	0	29		최건주	99	FW	FW	22	한지호	11	2(2)	1	0	0
0	0	0	0		황병근	41			1	이주현		0	0	0	0
0	0	0	0	후29	박세진	66			2	박재우		0	0	0	0
0	1	1		후	전지현	36			27	박형진	후27	0			
0	0	0	후16		이승기		대기	대기	15	송진규		0	0	0	0
0	0	0	0		성호영	23			88	이정빈	후27				
0	0	0	0	후0	최기윤	29			11	안재준	전41	1(1)			
0	0	0	0	후29	강영웅	28			99	박호민	후44	1(1)			
0	1	7	14(3)									8(7)	12	5	0

- 후반 8분 김선호 AKL L-ST-G (득점: 김선호) 왼쪽

김천 0 : 0 안양

- 5월 13일 16:00 맑음 김천 종합 1,203명
- 주심: 김영수 부심: 이영운·이병주 대기심: 성덕효 경기감독관: 허태식

| | | 0 전반 0 | | |
| | | 0 후반 0 | | |

퇴장	경고	파울	ST(유)	교체	선수명	배번	위치	위치	배번	선수명	교체	ST(유)	파울	경고	퇴장
0	0	0	0		신송훈	18	GK	GK	1	박성수		0	0	0	0
0	1	1	1		김태현	28	DF	DF	4	이창용		0	1	0	0
0	0	0	11		강윤성	11	MF	MF	8	황기욱	5	0	1	0	0
0	0	0	0		원두재	26	DF	MF	10	안드리고	25	1	0	1	0
0	0	0	0		김재우	34	DF	FW	11	조성준		0	0	0	0
0	0	0	3(1)	25	이영재		MF	DF	15	김형진		0	1	0	0
0	1	1	9		김동현	30	MF	MF	16	박재용	18	1(1)	1	1	0
0	1	3	29		김진규	32	MF	MF	28	문성우	7	0	2	1	0
0	0	4(1)			김민준	38	DF	DF	30	백동규		0	2	0	0
0	0	3(2)			김지현		FW	MF	32	이태희		1			
0	0	0	39		조영욱		FW	MF	90	구대영	99	0			
0	0	0	0		문경건				21	김태훈		0	0	0	0
0	0	0	0		박민규	23			5	박종현	후25	2(1)	0	0	0
0	0	0	후46		김현욱	25	대기	대기	7	안용우		0			
0	0	0	후41		강현묵	39			18	김륜도	후39				
0	0	0	0		이중민	37			25	김하준	후39				
0	0	0	후37		정치인	29			99	주현우	후25				
0	2	4	12(4)									8(4)	16	3	0

경남 2 : 2 성남

- 5월 14일 13:30 맑음 양산 종합 3,127명
- 주심: 송민석 부심: 이양우·김수현 대기심: 이지형 경기감독관: 허태식

| | | 1 전반 0 | | |
| | | 1 후반 2 | | |

퇴장	경고	파울	ST(유)	교체	선수명	배번	위치	위치	배번	선수명	교체	ST(유)	파울	경고	퇴장
0	0	0	0		고동민	1	GK	GK	1	최필수		0	0	0	0
0	0	0	0		이준재	18	DF	DF	16	김진래		0	0	0	0
0	0	0	73		이광선	20	DF	DF	5	패트릭		1	1	1	0
0	0	0	0		우주성	15	DF	DF	20	조성욱		0	0	0	0
0	0	0	1(1)		박민서	21	MF	MF	37	김훈민	17	0	2	0	0
0	0	0	9		모재현	10	MF	MF	4	이상민		1	0	0	0
0	0	0	16		이강희	16	MF	MF	33	크리스		2	0	0	0
0	0	0	0		송홍민	4	MF	MF	7	권순형	8	0	0	0	0
0	0	3(2)			카스트로	14	FW	MF	14	이재원		0	1	0	0
0	0	0	96		설현진	19	FW	MF	19	심동운	23	1(1)	2	0	0
0	2	5(4)			원기종	10	FW	FW	9	이종호	10	2(2)	1	0	0
0	0	0	0		손정현	31			41	김영광		0	0	0	0
0	0	0	전4		박재환	73			3	강의빈		0	0	0	0
0	0	0	0		김범용				17	이지훈	후0	1(1)	0	0	0
0	0	0	후29		이광진	16	대기	대기	8	박상혁		1(1)	1	1	0
0	0	0	후29		권기표	11			9	데닐손	후16	4(3)	2	0	0
0	0	3(2)	후0		조상준	96			19	정한민	후	0			
0	1	1(1)	후		글레이손	96			33	전성수	후				
0	1	10	15(9)									15(7)	14	2	0

- 전반 21분 설현진 PAL 내 EL → 카스트로 GAL L-ST-G (득점: 카스트로, 도움: 설현진) 왼쪽
- 후반 45분 이광진 MFR ⌒ 글레이손 GAL 내 H-ST-G (득점: 글레이손, 도움: 이광진) 왼쪽
- 후반 18분 전성수 PAR 내 EL → 데닐손 GA 정면 내 H-ST-G (득점: 데닐손, 도움: 전성수) 왼쪽
- 후반 31분 박상혁 PAL 내 R-ST-G (득점: 박상혁) 오른쪽

5월 14일 16:00 맑음 아산 이순신 1,513명
주심_최규현 부심_홍석찬·신재환 대기심_박세진 경기감독관_김용세

충남아산 0 전반 0 / 후반 1 **1 김포**

퇴장	경고	파울	ST(유)	교체	선수명	배번	위치	위치	배번	선수명	교체	ST(유)	파울	경고	퇴장
0	0	0	0		박한근	1	GK	GK	13	박청효		0	0	0	0
0	1	1	1(1)		장준영	4	DF	DF	4	김태한		0	1	0	0
0	0	1	0		이학민	14	DF	DF	20	김민호		0	1	0	0
0	0	0		13	김성주	17	DF	DF	2	조성권		0	0	0	0
0	0	0	0		이은범	47	DF	DF	91	박광일		0	0	0	0
0	0	0		5	김종국	6	MF	MF	23	최재훈		0	0	1	0
0	0	0	0		김강국	22	MF	MF	8	김 이	10	1	1	0	0
0	0	0	0		박세직	24	MF	MF	21	서재민		0	0	0	0
0	0	2(2)		9	송승민	7	FW	FW	11	파블로		2	1	0	0
0	1	1	2(1)	19	강민규	11	FW	FW	24	루이스	30	4(2)	1	0	0
0	0	0		30	박민서	77	FW	FW	9	주닝요	99	1(1)	0	0	0
					박주원	21			51	김민재					
				후12	배수용	5			3	박경록					
					강준혁	99				김종석	후45				
				후25	김승호	13	대기	대기	7	이성재	후0				
				후25	정성호	3			10	김종석	후0	1(1)			
				후4	박대윤	19			77	민성연					
0	0	1	2(1)	후25	고무열	30			99	손석용	후13				
0	2	6	12(5)									9(4)	9	1	0

● 후반 17분 파블로 MF 정면 ~ 루이스 AKL R-ST-G (득점: 루이스, 도움: 파블로) 오른쪽

5월 20일 16:00 맑음 안산 와스타디움 1,394명
주심_최광호 부심_홍석찬·김종희 대기심_최승환 경기감독관_김종민

안산 0 전반 0 / 후반 2 **3 성남**

퇴장	경고	파울	ST(유)	교체	선수명	배번	위치	위치	배번	선수명	교체	ST(유)	파울	경고	퇴장
0	0	0	0		이승빈	1	GK	GK	1	최필수		0	0	0	0
0	1	2	0		고태규	4	DF	DF	16	김진래		1	1	0	0
0	0	0		1	유준수	16	DF	DF	5	패트릭		0	1	0	0
0	0	0		24	김정호	20	DF	DF	20	조성욱		0	0	0	0
0	0	0		28	김채운	3	MF	MF	3	이지훈		0	0	3	0
0	1	4	1(1)		김진현	8	MF	MF	6	김현태		1	0	0	0
0	0	2	2(1)		김범수	14	MF	MF	99	크리스	3	3(3)	0	0	0
0	0	0	0		이현규	11	FW	MF	47	박상혁	47	1	0	1	0
0	0	1	0		이근호	19	FW	FW	7	권순형		0	0	0	0
0	0	0		7	강준모	32	FW	FW	18	심동운	19	0	1	0	0
					김선우	21			10	이종호	9	2	1	0	0
			2(1)	후28	정재민	5			30	정명제					
1	0	1	1	전25	가브리엘	7			3	강의빈	후26				
					김경준	9	대기	대기	14	이재원					
1	0	1	1(1)	전25	정지용	15			47	박지원	후26	1(1)	0	0	0
				후0	윤주태	24			9	데닐손	후24	2(1)	1	1	0
				후12	이승민	28			19	정한민	전27	1	0	0	0
									33	전성수					
1	3	19	11(7)									13(6)	9	3	0

● 전반 22분 크리스 GAR R-ST-G (득점: 크리스) 오른쪽
● 후반 9분 박상혁 C,KR ~ 데닐손 GAL R-ST-G (득점: 데닐손, 도움: 박상혁) 왼쪽
● 후반 18분 정한민 PAR ~ 크리스 GA 정면 H-ST-G (득점: 크리스, 도움: 정한민) 오른쪽

5월 14일 18:30 맑음 청주 종합 1,728명
주심_조지음 부심_구은석·김동민 대기심_오현정 경기감독관_차상해

충북청주 3 전반 0 / 후반 3 **0 안산**

퇴장	경고	파울	ST(유)	교체	선수명	배번	위치	위치	배번	선수명	교체	ST(유)	파울	경고	퇴장
0	0	0	0		박대한	21	GK	GK	1	이승빈		0	0	0	0
0	1	1	0		구현준	19	DF	DF	15	정용희	5	0	0	0	0
0	0	1	0		이한샘	3	DF	DF	16	유준수		0	0	0	0
0	0	0	0		이정택	14	DF	DF	20	김정호		0	0	0	0
0	2	0	0		박진성	24	MF	MF	3	김채운		0	0	0	0
0	1	2	2(1)		홍성민	15	MF	MF	8	완드류		0	0	0	0
0	0	0	0		김명순	39	MF	MF	14	김범수		0	0	0	0
0	1	6(3)		5	피터	7	MF	MF	19	이현규	24	0	0	1	0
0	0	0	0		조르지	9	FW	FW	7	가브리엘		3(1)	0	0	0
0			2(1)		이승재	98	FW	FW	10	이근호		0	0	0	0
					류원우	1			21	김선우					
0	1		1(1)	후22	이승엽	22			4	고태규					
					김도현	23			5	정재민	후10				
0			0(1)	후22	이민형	7	대기	대기	8	김진현	34				
					양지훈	11			9	김경준	후27				
				전7	장혁진	8			11	정지용	후27				
				후6	문상윤	6			24	윤주태	11				
0	4	13	16(8)									7(2)	6	2	0

● 후반 6분 장혁진 PAL ~ 홍원진 GAR H-ST-G (득점: 홍원진, 도움: 장혁진) 가운데
● 후반 19분 장혁진 AKR ~ 피터 PAR 내 R-ST-G (득점: 피터, 도움: 장혁진) 오른쪽
● 후반 24분 장혁진 C.KL ~ 이민형 GAR H-ST-G (득점: 이민형, 도움: 장혁진) 오른쪽

5월 20일 16:00 맑음 천안 종합 2,239명
주심_정화수 부심_이영운·김동민 대기심_신용준 경기감독관_나승화

천안 0 전반 1 / 후반 0 **1 충남아산**

퇴장	경고	파울	ST(유)	교체	선수명	배번	위치	위치	배번	선수명	교체	ST(유)	파울	경고	퇴장
0	0	0	0		김민준	1	GK	GK	1	박한근		0	0	0	0
0	0	1	0	11	이석규	27	DF	DF	3	이 호	5	0	1	0	0
0	0	0	0		차오연	6	DF	DF	4	장준영		1	2	0	0
0	0	0	0		이재원	5	DF	DF	17	김성주		0	0	0	0
0	0	0	0		오현교	22	DF	DF	47	이은범		0	0	1	0
0	1	0	0		이민수	14	MF	MF	22	김강국		0	0	1	0
0	0	0	0		오윤석	23	MF	MF	24	박세직		0	0	0	0
0	0	0	0		윤용호	8	MF	MF	99	강준혁	14	1	1	0	0
0	0	0	0		장백규	19	FW	FW	7	송승민		0	0	0	0
0	0	0		7	바카요코	7	FW	FW	9	정성호	11	0	0	0	0
0	1	1	3(2)		김종민	17	FW	FW	77	박민서	6	4(2)	1	0	0
					임민혁	36			21	박주원					
				후34	김주환	2			5	배수용	후0				
				후17	다미르	11	대기	대기	6	김종국	후39	1(1)			
									13	김승호					
0			1(1)	후34	한석희	3			11	강민규	후0				
				후12	모 따	9			19	박대훈	후28	1(1)	0	0	0
0	1	9(5)										13(6)	12	2	0

● 전반 44분 이재원 PK 우측지점 L 자책골 (득점: 이재원) 왼쪽

안양 2 - 0 전남

- 5월 20일 18:30 맑음 안양 종합 3,465명
- 주심_김재홍 부심_구은석·주현민 대기심_이지형 경기감독관_당성증

	1 전반 0	
안양 2	1 후반 0	0 전남

퇴장	경고	파울	ST(유)	교체	선수명	배번	위치	위치	배번	선수명	교체	ST(유)	파울	경고	퇴장
0	0	0	0		박성수	1	GK	GK	31	김다솔		0	0	0	0
0	0	1	0		이창용	4	DF	DF	28	김수범		0	1	0	0
0	0	0		5	김정현	6	MF	DF	3	최희원		0	0	0	0
0	0	0	0		황기욱	8	MF	DF	6	장성재		1	0	0	0
0	0	2	3(2)	7	안드리고	17	MF	MF	14	여승원	14	0	0	0	0
0	0	0	0		김형진	15	DF	MF	11	이후권		0	1	0	0
0	0	2	3(2)	25	박재용	16	FW	MF	77	김건오	11	0	0	0	0
0		1	1(1)	97	문성우	28	MF	MF	8	이석현	35	1	1	0	
0	0	0	0		백동규	30	DF	MF	24	유헤이	13	0	0		
0	0	1	0		이태희	32	MF	MF	7	발디비아		3(2)	0	0	0
0		1		90	주현우	99	MF	FW	23	시모비치		3(2)	1	1	1
					김태윤	21			1	최봉진					
0	0	1	0	후18	박종현	5			14	아스나위	후39				
0		2(2)	후0		야 고	97			25	조지훈					
0			후42		안용우	7	대기	대기	35	노건우	후20	1			
					김륜도	18			11	플라나	전37	1(1)	1	0	0
0	0	0	후38		김하준	25			13	이준호	후20				
0	1	1	2(1)	후19	구대영	90									
0	1	8	12(8)			0			0			12(5)	5	1	0

- 전반 13분 주현우 HL 정면 ⌒ 문성우 PA 정면 내 R-ST-G (득점: 문성우, 도움: 주현우) 오른쪽
- 후반 4분 야고 AKR ~ 안드리고 GAR R-ST-G (득점: 안드리고, 도움: 야고) 왼쪽

경남 1 - 2 부산

- 5월 21일 16:00 맑음 양산 종합 3,690명
- 주심_오현정 부심_설귀선·신재환 대기심_임정수 경기감독관_양정환

	0 전반 1	
경남 1	1 후반 2	2 부산

퇴장	경고	파울	ST(유)	교체	선수명	배번	위치	위치	배번	선수명	교체	ST(유)	파울	경고	퇴장
0	0	0	0		고동민	1	GK	GK	1	구상민		0	0	0	0
0	0	2	0		이준재	18	DF	DF	2	어정원	66	1	0	0	0
0	0	0	1		김영찬	5	DF	DF	5	조위제		0	1	1	0
0	0	2	0		박재환	73	DF	DF	6	최 준		0	0	0	0
0		1	1(1)		박민서	21	DF	DF	20	이한도		0	0	0	0
0	1	2(2)			모재현	10	MF	MF	14	정원진	26	1(1)	0	0	0
0			16		이강희	88	MF	MF	33	김상준		0	0	0	0
0	0	0			송홍민	4	MF	MF	42	권혁규		2	0	0	0
0	1		11		카스트로	95	MF	FW	9	김 찬	31	5(3)	1	0	0
0	0	0			조상준	99	FW	FW	23	성호영	88	0	0	0	0
0		0	19		원기종	7	FW	FW	99	최건구	3	0	0	0	0
					손정현	31			41	황병근					
0					이주영	40			26	최지묵	후43				
0					이민기	33			66	박세진	후28				
0			후22		이광진	16	대기	대기	30	양세영					
					조상준	99			31	이현준	후43				
0		2(1)	후22		권기표	11			88	이승기	후15	1	0	0	
0			후35		설현진	19			28	강영웅					
0		5	9(5)			0			0			10(4)	6	2	0

- 후반 30분 조상준 GAR EL ⌒ 모재현 GAL R-ST-G (득점: 모재현, 도움: 조상준) 왼쪽
- 후반 14분 김찬 AKL L-ST-G (득점: 김찬) 왼쪽
- 후반 32분 박세진 MFL ⌒ 김찬 GAR H-ST-G (득점: 김찬, 도움: 박세진) 왼쪽

서울E 2 - 0 부천

- 5월 20일 18:30 맑음 목동 종합 3,067명
- 주심_박세진 부심_이병주·김수현 대기심_박종명 경기감독관_양정환

	0 전반 0	
서울E 2	2 후반 0	0 부천

퇴장	경고	파울	ST(유)	교체	선수명	배번	위치	위치	배번	선수명	교체	ST(유)	파울	경고	퇴장
0	0	0	0		문정인	23	GK	GK	21	이범수		0	0	0	0
0	0	1	0	27	이재익	14	DF	MF	37	김선호	21	0	3	0	0
0	0	3	0		이인재	92	DF	DF	20	서명곤		0	0	0	0
0	0	1	0		김민규	3	DF	DF	6	닐손주니어		0	0	0	0
0	0	1	0		차승현	13	DF	DF	3	이동희		0	0	0	0
0	0	1			이상민	6	MF	MF	31	감한솔	19	1	0	0	0
0	1	1			김원식	15	MF	MF	14	최재영		0	0	0	0
0	0	0	11		변경준	16	FW	FW	15	송진규	23	0	0	0	0
0	0		1(1)	30	브루노		FW	FW	7	하모스	88	0	0	0	0
0	0		1(1)	12	반토안	9	FW	FW	9	카 릴		1(1)	0	0	0
0			2(2)		유정완		FW	FW	11	안재준		2(2)	2	1	0
					강정묵				1	이주현					
0			후40		조동재	27			21	박형진	후25				
					황정욱	28			23	박준형					
					서보민	7	대기	대기	23	카···즈	후10				
0			후36		박창환	30			88	이정빈	후29	1	1	0	
0			후36		김정환	15			19	김호남	후25	1			
0		2(2)	후11		호 난	22			99	박호민	후25	0	3	2	0
0	2	9	6(6)			0			0			3(3)	14	4	0

- 후반 26분 이상민 C.KR ⌒ 호난 GA 정면 H-ST-G (득점: 호난, 도움: 이상민) 오른쪽
- 후반 41분 호난 PK-R-G (득점: 호난) 오른쪽

김천 0 - 0 충북청주

- 5월 21일 18:30 맑음 김천 종합 893명
- 주심_성덕효 부심_이양우·박남수 대기심_정화수 경기감독관_김용세

	0 전반 0	
김천 0	0 후반 0	0 충북청주

퇴장	경고	파울	ST(유)	교체	선수명	배번	위치	위치	배번	선수명	교체	ST(유)	파울	경고	퇴장
0	0	0	0		강현무	31	GK	GK	21	박대한		0	0	0	0
0	0	1	0	11	박민규	11	DF	DF	14	이정택		0	0	0	0
0	1	1	0	28	강윤성	23	DF	DF	3	이한샘		0	0	0	0
0	0	2(1)			임승겸	3	DF	DF	99	홍원진		0	1	0	0
0	1				김재우	34	DF	MF	19	구현준		0	0	0	0
0	6(2)		25		이영재	8	MF	MF	7	피 터		0	0	0	0
0	0	0			김진규	32	MF	MF	8	장혁진	15	0	0	0	0
0	0	0			원두재	26	MF	MF	14	이찬우	6	0	1	0	0
0			36		김민준	28	FW	FW	22	이승엽	11	0	0	0	0
0	1				김지현		FW	FW	23	김도현	5	0	1	0	0
0	1	2	4(1)		조영욱	27	FW	FW	9	조르지	2	0	1	0	0
					김준홍	18			1	류원우					
0			후14		김태현	28			5	이민형	후42				
0			후34		이유현	11			33	이종훈					
0			후43		김현욱	25	대기	대기	11	양지훈	후26				
					김동현	30			6	문상윤	후26				
0			후34		김준범	17			16	김지운					
0			후14		구본철	36			17	정기운	후0	1(1)	0	0	0
0	2	6	18(4)			0			0			5(1)	9	1	0

전남 2 — 천안 0

- 5월27일 16:00 흐림 광양 전용 1,741명
- 주심_오현정 부심_이병주·박남수 대기심_박세진 경기감독관_이경춘

전남 2	1 전반 0	1 후반 0	0 천안

퇴장	경고	파울	ST(유)	교체	선수명	배번	위치	위치	배번	선수명	교체	ST(유)	파울	경고	퇴장
0	0	0	0		최봉진	1	GK	GK	1	김민준		0	0	0	0
0	0	1	0		이규혁	66	DF	DF	27	이석규		0	0	0	0
0	0	2	0		최희오	3	DF	MF	16	김현중		0	0	0	0
0	0	1	0		고태원	5	DF	DF	5	이재원		0	0	0	0
0	0	1	0		여승원	17	DF	DF	2	오현교		0	0	0	0
0	0	1	0		장성재	6	MF	DF	26	김대생	37	0	0	0	0
0	0	5(2)			발디비아	8	MF	MF	23	오윤석	17	1	0	0	0
0	0		27	이석현		MF	MF	8	다미르	8	2	1	0	0
0	1	2	1		유헤이	21	MF	MF	19	장략규	11	1(1)	0	0	0
0	2	2(1)	35	플라나	11	MF	MF	7	바카요코		0	2	0	0
0	0		9	최성진	22	FW	FW	18	모 따		0	1	0	0
					조성빈	99			36	임미혁					
				후40	박성결	73			37	박준강	후39				
					신일수	26			14	이민수					
				후32	노건우	27	대기	대기	8	윤용호	후25				
				후40	전승민	21			17	이찬협	후25				
0	1	1(1)		후40	추상훈	27			11	한석희	후0				
0	0	2(1)	0/73		하 남	9			18	김종민	후25				
0	0	13	10(5)			0			0			4(1)	8	1	0

● 전반 18초 발디비아 PAL 내 EL ↶ 플라나 GAR L-ST-G (득점: 플라나, 도움: 발디비아) 왼쪽
● 후반 28분 하남 HL 정면 H↗ 추상훈 PAR 내 R-ST-G (득점: 추상훈, 도움: 하남) 오른쪽

성남 1 — 안양 2

- 5월27일 18:30 비 탄천 종합 2,351명
- 주심_조지음 부심_서영규·신재환 대기심_신용준 경기감독관_구상범

성남 1	1 전반 0	0 후반 2	2 안양

퇴장	경고	파울	ST(유)	교체	선수명	배번	위치	위치	배번	선수명	교체	ST(유)	파울	경고	퇴장
0	0	0	0		최필수	1	GK	GK	1	박성수		0	0	0	0
0	0	1	0	47	김진래	16	DF	DF	4	이창용		0	0	1	0
0	0	1	1(1)		패트릭	5	DF	MF	6	김정현	2(1)	1	0	0	0
0	0	1	0		조성욱	20	DF	MF	8	황기욱	22	0	1	0	0
0	0	3(2)			장효준	29	DF	MF	7	안드리고	5	3(2)	0	0	0
0	0	2(2)			김현태	6	DF	DF	15	김형진		0	2	0	0
1	1	1			크리스	99	FW	FW	16	박재용	25	2(1)	1	1	0
1	0	1	0		이재원	14	FW	FW	28	문성우	97	0	1	0	0
0	1	1	0		권순형	7	MF	DF	30	백동규		0	1	0	0
0	0	1	0	33	진성욱	33	FW	FW	14	이태희		2(1)	4	0	0
0			2(1)		이종호	10	MF	FW	11	최준서	11	1	0	0	0
					김영광	41			21	김태훈					
					이상민	4			5	박종현	후43	1	1	0	
				후19	박상혁	8			11	조성준	후14	1	1	0	
				후35	박지원	대기	대기		22	김동진	후14	1(1)	0	0	0
					박태준	55			25	김하준	후43				
0			2(2)	후19	데닐손	9			97	야 고	전30				
				후20	전성수	33			90	구대영					
1	0	3	10(8)			0			0			11(7)	13	2	0

● 전반 16분 김진래 PAL 내→이종호 GAL 내 R-ST-G (득점: 이종호, 도움: 김진래) 왼쪽
● 후반 17분 이창용 HL 정면 FK ↶ 김동진 GAL L-ST-G (득점: 김동진, 도움: 이창용) 왼쪽
● 후반 29분 조성준 AKL ↶ 박재용 PA 정면 내 L-ST-G (득점: 박재용, 도움: 조성준) 오른쪽

충북청주 0 — 경남 2

- 5월27일 16:00 비 청주 종합 2,544명
- 주심_임창수 부심_홍석찬·김종희 대기심_박종명 경기감독관_김성기

충북청주 0	0 전반 1	0 후반 1	2 경남

퇴장	경고	파울	ST(유)	교체	선수명	배번	위치	위치	배번	선수명	교체	ST(유)	파울	경고	퇴장
0	0	0	0		박대한	21	GK	GK	31	손정현		0	0	0	0
0	0	3	1		이정택	14	DF	DF	18	이준재		0	1	0	0
0	0	1	1(1)		이한샘	4	DF	DF	34	정현욱	88	0	1	0	0
0	0	2	0		홍원진	99	DF	DF	73	박재환		0	0	0	0
0	1	2	1		박진성	24	MF	DF	21	박민서		1	1	0	0
0	0	1		17	장혁진	8	MF	MF	10	모재현		1(1)	1	1	0
0			98		이승엽	22	MF	MF	4	송홍민		2	1	0	0
0	0	1	1		김명순	39	MF	MF	33	이민기		0	1	0	0
0	0	1			양지훈	11	MF	MF	95	카스트로	99	1(1)	1	0	0
0	1	1			조르지	9	FW	FW	96	글레이손	7	1(1)	0	0	0
0	0	5			김도현	23	FW	FW	19	설현진	77	0	1	0	0
					정진욱	18			1	고동민					
				후0	이민형	5			33	이민기	후30				
					유강현	20			88	이강희	후17				
				후36	정기운	대기	대기		11	권기표					
0			2(1)	후0	이승재	98			99	조상준	후13	1(1)	0	0	0
0	1	2		후0	피 터	7			7	원기종	후13	3(2)	0	0	0
				후0	문상윤	77			77	미란징야	후13				
0	2	15	12(2)			0			0			9(6)	11	3	0

● 전반 4분 이준재 PAL TL ~ 글레이손 GAR R-ST-G (득점: 글레이손, 도움: 이준재) 왼쪽
● 후반 23분 박민서 PAL ~ 모재현 PA 정면 내 R-ST-G (득점: 모재현, 도움: 박민서) 왼쪽

부산 2 — 충남아산 0

- 5월28일 16:00 비 부산 구덕 1,366명
- 주심_송민석 부심_이양우·김수현 대기심_김재홍 경기감독관_나승화

부산 2	1 전반 0	1 후반 0	0 충남아산

퇴장	경고	파울	ST(유)	교체	선수명	배번	위치	위치	배번	선수명	교체	ST(유)	파울	경고	퇴장
0	0	0	0		구상민	1	GK	GK	1	박한근		0	0	0	0
0	0	0	0	26	어정원	2	DF	DF	4	장준영	6	0	1	0	0
0	0	0	0		조위제	5	DF	DF	16	김혜성		1	1	0	0
0	0	1(1)			최 준	6	DF	DF	20	조윤성		0	0	0	0
0	0	2	0		이한도	20	DF	MF	3	이호인		0	0	0	0
0			2(1)	30	정원진	14	MF	MF	22	김강국		0	0	0	0
0			2(1)		권혁규	42	MF	MF	24	박세직	13	0	0	0	0
1	4	3			김 찬	9	FW	FW	17	강준혁		1	1	0	0
0	2	1(1)	66		성호영	23	FW	FW	11	강민규	30	1	0	0	0
0	0	1			최건주	7	FW	FW	77	박민서		0	1	0	0
					황병근	41			21	박주원					
				후44	최지묵	26			14	이학민					
				후28	박세진	55			23	김상주	후0				
					최 휘	대기	대기		6	김종국	후19				
				후44	양세영	30			7	송승민	후10				
				후17	이승기	88			13	김승호	후10				
0		1(1)		후0	박정인	11			30	고무열	후34				
0	1	12	12(5)			0						6	12	2	0

● 전반 39분 김상준 MFL ~ 권혁규 MF 정면 기타 R-ST-G (득점: 권혁규, 도움: 김상준) 왼쪽
● 후반 43분 최준 자기 측 MFR ↶ 박정인 PAR 내 L-ST-G (득점: 박정인, 도움: 최준) 왼쪽

안산 vs 서울E

- 5월 28일 18:30 비 안산 와스타디움 709명
- 주심_최규현 부심_구은석·주현민 대기심_성덕효 경기감독관_허태식

안산	1	0 전반 1								2	서울E				
		1 후반 1													

퇴장	경고	파울	ST(유)	교체	선수명	배번	위치	위치	배번	선수명	교체	ST(유)	파울	경고	퇴장
0	0	0	0		이승빈	1	GK	GK	23	문정인		0	0	1	0
0	0	2	1(1)		김재운	3	DF	DF	92	이인재	△28	0	0	1	0
0	1	1			유준수	16	DF	DF	15	김원식		0	1	1	0
0	0	3	1(1)		이준희	22	DF	DF	3	김민규		0	1	1	0
0	0	0	2(2)		장유섭	23	DF	MF	40	브루노		1(1)	1	1	0
0				△24	김진현		MF	MF	8	이상민		0	1	0	
0	1	1		7	김경준		MF	MF	27	조동재		0	1	0	
0		4(3)			정지용	11	MF	MF	21	이시헌	13	1			
0	1	1			김재성	14	MF	MF	14	변경준	2(2)	2			
0	1	1			김범수		FW	FW	11	반토난	2	1			
0	1	4	1(1)		정재민	5	FW	FW	42	이정문	1(1)	0			
					김선우	21				강정묵					
					고태규				7	서보민	후0				
0		7(4)	후0		가브리엘				13	차승현	후0				
					이근호	10	대기	대기	28	황정욱	후30				
					이현	19				유정완					
					김정호				11	김정환	후16	2(1)			
0		4(1)	후19		윤주태	24			22	호 난	후				
0	2	16	24(14)									10(6)	17	4	0

- ●후반 48분 정지용 PAL 내 ~ 정재민 GA 정면 L-ST-G (득점: 정재민, 도움: 정지용) 가운데
- ●전반 42분 이시헌 MFR ~ 변경준 GAR 내 L-ST-G (득점: 변경준, 도움: 이시헌) 가운데
- ●후반 24분 변경준 MFR ~ 브루노 PAR L-ST-G (득점: 브루노, 도움: 변경준) 왼쪽

천안 vs 경남

- 6월 03일 16:00 맑음 천안 종합 952명
- 주심_김재홍 부심_구은석·김수현 대기심_이지형 경기감독관_구상범

천안	2	2 전반 3								3	경남				
		0 후반 0													

퇴장	경고	파울	ST(유)	교체	선수명	배번	위치	위치	배번	선수명	교체	ST(유)	파울	경고	퇴장
0	0	0	0		임민혁	36	GK	GK	31	손정현		0	0	0	0
0	1	1	2		이석규	27	DF	DF	18	이준재		0	2	0	0
0	0	0	1		김주환	2	DF	DF	88	이 강희		0	1	0	0
0					이재원	5	DF	DF	73	박재환		0			
0	1	1	22		박준강	37	DF	DF	2	박민서		2	1	0	
0		2	2(2)		김현중	16	MF	MF	10	모재현		2			
0		8			오윤석	23	MF	MF	4	송홍민		1			
0		2(1)			다 미르		MF	MF	33	이광진	△?	0			
0		14			장백규	19	MF	MF	95	카스트로	77	1			
0					바카요코		MF	MF		원기종					
0		1	18	따			FW	FW	96	글레이손		1			
					김민준				1	고동민					
				△20	오현교				33	이민기	후?				
					김대생	26			17	이재명					
0			후38		윤용호		대기	대기	11	권 기표	후48				
0			후?		이민수	14				조상준	후32				
0			후36		한석희	11			19	설현진					
0			후20		김종민	18			77	미란징아	후?				
0	2	7	14(3)									5(3)	11	1	0

- ●전반 19분 김현중 GAR R-ST-G (득점: 김현중) 오른쪽
- ●전반 47분 장백규 PAR ⌒ 김현중 GAL H-ST-G (득점: 김현중, 도움: 장백규) 왼쪽
- ●전반 15분 이석규 GA 정면 내 R 자책골 (득점: 이석규) 왼쪽
- ●전반 23분 원기종 GAL ~ 글레이손 GA 정면 R-ST-G (득점: 글레이손, 도움: 원기종) 오른쪽
- ●전반 28분 원기종 GA 정면 내 L-ST-G (득점: 원기종) 오른쪽

부천 vs 김포

- 5월 29일 16:00 맑음 부천 종합 3,423명
- 주심_김도연 부심_이영운·김동민 대기심_최승환 경기감독관_차상해

부천	2	0 전반 0								0	김포				
		2 후반 0													

퇴장	경고	파울	ST(유)	교체	선수명	배번	위치	위치	배번	선수명	교체	ST(유)	파울	경고	퇴장
0	0	0	0		이범수	25	GK	GK	1	이상욱	51	0	0	0	0
0	0	1	0	21	김선호	37	MF	DF		김태한		0	3	0	0
0	1	3			서명관	20	DF	DF		김민호	3	0	1	0	0
0					닐손주니어	6	DF	DF		조성권	2(1)		0		
0	0	2	1		이동희	4	DF	MF	91	박광일					
0	0	1			감한솔	31	MF	MF	23	최재훈					
0	0	0	1		최재영	14	MF	MF		김종석					
0					카 즈	23	MF	MF	21	서재민					
0	1	1(1)		9	이의빈	88	FW	FW	11	파블로					
0	1	1(1)		15	안재준		FW	FW	99	윤민호					
0		15			하모스	7	FW	FW	9	주닝요					
					이주현				51	김민재	후40				
0			후35		박형진				3	박경록					
					김준형	8				김종민					
0			후27		송 진규	15	대기	대기	6	이성재	후?				
0			후27		카 울	9				김성민					
					추정호	8			77	민성연	후40				
0			후35		김호남				99	손석용	후18	1(1)			
0	2	17	5(3)									9(5)		0	0

- ●후반 8분 안재준 PK-R-G (득점: 안재준) 왼쪽
- ●후반 40분 박형진 PK지점 R-ST-G (득점: 박형진) 가운데

충남아산 vs 성남

- 6월 03일 18:30 맑음 아산 이순신 1,072명
- 주심_최승환 부심_설귀선·김동하 대기심_설태환 경기감독관_나승화

충남아산	2	1 전반 0								0	성남				
		1 후반 0													

퇴장	경고	파울	ST(유)	교체	선수명	배번	위치	위치	배번	선수명	교체	ST(유)	파울	경고	퇴장
0	0	0	0		박한근	1	GK	GK	41	김영광		0	0	0	0
0	0	1	99		장준영	4	DF	DF	16	김진래		1(1)	0	0	0
0	0	0			조윤성	20	DF	DF	5	패트릭		0	0	0	0
0					이은범	47	DF	DF	20	조성욱		1(1)			
0					이호인	3	MF	MF	17	이지훈		0			
0		1	1(1)	16	김승호	11	MF	MF	6	김현태	8	3(1)	1	0	
0				16	김강국	22	MF	MF	15	신재원	33	3(1)	1	0	
0					박세직	77	MF	MF	55	박용하		2			
0					송승민	7	FW	MF	7	권순형	21	1	0		
0					정성호	9	FW	MF	7	정한호	3(3)				
0		30			강민규		FW	FW	19	이종호	2(2)	0			
					박주원	21			1	최필수					
0			후19		김성주	17			19	이상민	후?				
0			후26		강준혁	99			29	장효준					
0			후45		김혜성	16	대기	대기	21	문창진	후17				
0			후26		두아르테	10			55	박태준	후0				
					네 일					손속우	후17	1			
0		1(1)	후19		고 무열	30			33	전성수	후25				
0	2	4	9(2)									15(9)	14	0	0

- ●전반 30분 박세직 PAL 내 ~ 김승호 GAL L-ST-G (득점: 김승호, 도움: 박세직) 왼쪽
- ●후반 29분 김강국 GAR ~ 고무열 PA 정면 내 R-ST-G (득점: 고무열, 도움: 김강국) 왼쪽

- 6월 03일 20:00 맑음 안양 종합 3,691명
- 주심_성덕호 부심_홍석찬·박남수 대기심_박세진 경기감독관_허기태

안양 2　1 전반 1 / 1 후반 1　2 부천

퇴장	경고	파울	ST(유)	교체	선수명	배번	위치	위치	배번	선수명	교체	ST(유)	파울	경고	퇴장
0	0	0	0		김태훈	21	GK	GK	25	이범수		0	0	0	0
0	0	1	0		이창용	4	DF	MF	37	김선호	21	1(1)	0	0	0
0	0	2	1		황기욱	8	DF	MF	20	서명원		1(1)	2	0	0
0	0	1	0	5	안드리고	10	MF	DF	6	닐손주니어		1(1)	0	0	0
0	0	0	1(1)	9	조성준	11	MF	DF	4	이동희		0	1	0	0
0	0	3	0		김형진	15	DF	MF	31	감한솔	19	0	1	0	0
0	0	2(1)	25		박재용	16	MF	MF	14	최재영	8	0	2	1	0
0	1	2(1)			김동진	22	MF	MF	23	카즈		1	0	0	0
0	1	0	97		문성우	28	FW	FW	15	송진규	9	1	0	0	0
0	0	1(1)			백동규	30	FW	FW	11	안재준		1	0	0	0
0	0	3(1)			이태희	32	FW	FW	88	이정빈	7	2(1)	0	1	0
0	0	0			김성동	23			1	이주현		0	0	0	0
0	1	0	후35		박종현	5			4	이풍연		0	0	0	0
0	0	0	후47		홍창범	14			21	박형진	후32	0	0	0	0
0	0	0	후47		김하준	21	대기	대기	8	김준형	후32	1	1	1	0
0	0	0			구대영	90			7	하모스	후32	0	0	0	0
0	1	0	전30/14		야고	97			9	카릴	후16	1	1	0	0
0	0	0	후35		주현우	99			19	김호남	후32	0	0	0	0
0	4	13	10(5)			0			0			8(4)	10	4	0

- 전반 44분 안드리고 PK-R-G (득점: 안드리고) 오른쪽
- 후반 28분 김동진 PAL ⌒ 박재용 GA 정면 내 H-ST-G (득점: 박재용, 도움: 김동진) 왼쪽
- 전반 27분 송진규 PAR 내 ~ 이정빈 PA 정면 내 R-ST-G (득점: 이정빈, 도움: 송진규) 왼쪽
- 후반 49분 닐손주니어 PAL 내 R-ST-G (득점: 닐손주니어) 오른쪽

- 6월 04일 18:30 맑음 목동 종합 2,723명
- 주심_정회수 부심_서영규·김태형 대기심_조지음 경기감독관_김용세

서울E 1　0 전반 1 / 1 후반 1　2 부산

퇴장	경고	파울	ST(유)	교체	선수명	배번	위치	위치	배번	선수명	교체	ST(유)	파울	경고	퇴장
0	0	0	0		문정인	23	GK	GK	1	구상민		0	0	0	0
0	0	1	0		이재익	14	DF	DF	5	조위제		0	2	0	0
0	0	0	13		이인재	92	DF	DF	20	이한도		0	1	0	0
0	0	1	0		김민규	3	DF	DF	33	김상준		0	0	0	0
0	0	2	0		브루노	40	MF	MF	2	어정원	66	0	1	0	0
0	0	1	0		이상민	6	MF	MF	6	최준		1	0	0	0
0	0	0	22		반토안	9	MF	MF	14	정원진	5	1	0	0	0
0	2	4(3)	27		이시헌	7	MF	MF	42	권혁규		1	1	0	0
0	0	0			서보민	17	FW	FW	9	김찬	11	3(1)	1	1	0
0	1	2			유정완	77	FW	FW	23	성호영	19	1	1	0	0
0	0	0	42		변경준	16	FW	FW	99	최건주	88	2(2)	0	0	0
0	0	0			강정묵	1			41	황병근		0	0	0	0
0	0	1(1)	후26		차승현	13			26	최지묵		0	0	0	0
0	0	0	후36		조동재	27			66	박세진	후45	0	0	0	0
0	0	0	후47		김원식	15	대기	대기	88	이승기	후28	1	0	0	0
0	0	0			김정환	11			5	라마스		0	0	0	0
0	0	0			박창환	30			11	박정인	후19	1(1)	1	0	0
0	0	4(2)	후15/후		호난	22			29	최기윤	후19	1	0	0	0
0	2	13(7)				0			0			11(4)	9	2	0

- 후반 1분 변경준 GAR H→ 이시헌 PAR 내 R-ST-G (득점: 이시헌, 도움: 변경준) 왼쪽
- 전반 37분 어정원 MFR ⌒ 김찬 GA 정면 H-ST-G (득점: 김찬, 도움: 어정원) 왼쪽
- 후반 28분 최기윤 HLR ~ 박정인 AK 내 L-ST-G (득점: 박정인, 도움: 최기윤) 왼쪽

- 6월 04일 16:00 맑음 김포솔터축구장 3,121명
- 주심_채상협 부심_이양우·주현민 대기심_박종명 경기감독관_차상해

김포 1　0 전반 2 / 1 후반 0　2 충북청주

퇴장	경고	파울	ST(유)	교체	선수명	배번	위치	위치	배번	선수명	교체	ST(유)	파울	경고	퇴장
0	0	0	51		박청효	13	GK	GK	21	박대한		0	0	0	0
0	0	0	1		김태한	4	DF	DF	5	이민형		0	0	0	0
0	0	1	9		박경록	3	DF	DF	3	이한샘		0	1	0	0
0	0	0			조성권	2	DF	DF	14	이정택		0	0	1	0
0	1	0			박광일	91	MF	MF	24	박진성		1	0	0	0
0	0	0	6		최재훈	23	MF	MF	99	홍원진		1(1)	1	0	0
0	0	1	10		김이석	8	MF	MF	7	피터	11	2	3	0	0
0	0	0			서재민	21	MF	MF	39	김명순		0	1	0	0
0	0	0			파블로	8	MF	FW	6	문상윤	1	1	1	0	0
0	2	2(2)			윤민호	17	FW	FW	3	조르지	22	4(2)	1	0	0
0	0	4(2)			루이스	24	FW	FW	23	김도현	98	0	1	0	0
0	0	0	후38		김민재	51			18	정진욱		0	0	0	0
0	0	0			김민호	20			20	이찬우		0	0	0	0
0	1	1	전36/77		전세진	16			11	양지훈	후44	1	0	0	0
0	1	1	전36/77		김종석	10	대기	대기	44	현광민		1(1)	0	0	0
0	0	0			김성민	17			98	이승재	후12/후17	2	0	0	0
0	0	0	후38		민성연	77			22	이승엽	후12	0	0	0	0
0	2	1	후		주닝요	9			17	정기운	후44	0	0	0	0
0	1	9	12(3)			0			0			10(4)	16	1	0

- 후반 22분 루이스 GAL 내 H⌒ 윤민호 GA 정면 내 H-ST-G (득점: 윤민호, 도움: 루이스) 가운데
- 전반 2분 조르지 AK 정면 R-ST-G (득점: 조르지) 오른쪽
- 전반 26분 이정택 자기 측 MFL TL ⌒ 조르지 PAL 내 R-ST-G (득점: 조르지, 도움: 이정택) 오른쪽

- 6월 04일 20:00 맑음 광양 전용 1,625명
- 주심_김영수 부심_이영운·김종희 대기심_오현정 경기감독관_이경춘

전남 1　1 전반 0 / 0 후반 0　0 김천

퇴장	경고	파울	ST(유)	교체	선수명	배번	위치	위치	배번	선수명	교체	ST(유)	파울	경고	퇴장
0	0	0	99		최봉진	1	GK	GK	31	강현무		0	0	0	0
0	0	0	2(1)		이규혁	66	DF	DF	23	박민규		0	0	0	0
0	1	1	0		최희원	3	DF	DF	28	김태현	11	0	0	0	0
0	1	1	0		유지하	2	DF	DF	26	원두재		0	1	0	0
0	0	0			아스나위	14	DF	DF	34	김재우		1	0	0	0
0	0	0	15		장성재	6	MF	MF	30	김동현		0	1	0	0
0	0	1	0		발디비아	10	MF	MF	32	김진규		5(1)	2	0	0
0	0	0			전승욱	21	MF	MF	25	김민준	37	1(1)	0	0	0
0	0	1(1)	24		노건우	13	FW	FW	36	구본철	38	1	0	0	0
0	1	1(1)	11		박성결	73	MF	FW	19	이영재		0	0	0	0
0	0	0			이용재	19	FW	FW	27	조영욱	39	3(2)	0	0	0
0	0	0	후44		조성빈	99			18	신송훈		0	0	0	0
0	0	0			신일수	26			6	임승겸		0	0	0	0
0	0	0	후		유헤이	24			11	이준범	후40	0	0	0	0
0	0	0	후32		유헤이	24	대기	대기	17	김준범	후18	3(1)	0	0	0
0	0	0	후44		하상훈	27			39	강현묵	후40	0	0	0	0
0	0	0	후		플라나	11			29	정치인	후42	0	1	0	0
0	0	0	후		하남	9			37	이중민	후18	0	0	0	0
0	4	15	4(3)			0			0			12(5)	6	0	0

- 전반 34분 노건우 PA 정면 ~ 발디비아 AK 내 R-ST-G (득점: 발디비아, 도움: 노건우) 가운데

• 6월 10일 16:00 맑음 김천 종합 837명
• 주심_김도연 부심_설귀선·신재환 대기심_설태환 경기감독관_허기태

김천 3 1 전반 1 / 2 후반 1 2 안산

퇴장	경고	파울	ST(유)	교체	선수명	배번	위치	위치	배번	선수명	교체	ST(유)	파울	경고	퇴장
0	0	0	0		강현무	31	GK	GK	1	이승빈		0	0	0	0
0	1	1	0		박민규	23	DF	DF	4	고태규		0	2	1	0
0	0	3	0		이유현	13	DF	DF	14	김재성		0	0	0	0
0	1	2	0		원두재	26	DF	DF	16	유준수		0	0	1	0
0	0	0	0		김재우	34	DF	DF	22	이준희	18	0	1	2	0
0	0	2	2(1)	14	김동현	30	MF	MF	7	가브리엘		2(2)	2	0	0
0	1	1	1(1)	37	김진규	32	MF	MF	17	김범수		0	1	1	0
0	0	0	0	39	구본철	36	MF	MF	19	이현규	11	2	1	1	0
0	0	0	0		김현욱	38	FW	MF	8	윤주태	9	0	0	0	0
0	0	1	0		김현욱	25	FW	FW	24	윤주태					
0	0		5(2)		조영욱	27	FW	FW	9	이근호		0	0	0	0
					신송훈	18			21	김선우					
					임승겸	6			5	정재민	후24				
					윤종규	24				김경준	후47				
				후47	윤석주	7	대기	대기	11	정지용	후10				
				전32	강현묵				16	김대경	후10				
				후0	이준석				23	장유섭					
0		1(1)		후37	이중민	37			29	주재현					
0	3	11	13(6)			0			0			9(5)	13	5	0

● 전반 48분 조영욱 PK-R-G (득점: 조영욱) 오른쪽
● 후반 40분 조영욱 PK-R-G (득점: 조영욱) 왼쪽
● 후반 43분 이중민 GAR R-ST-G (득점: 이중민) 왼쪽

● 전반 13분 김정호 GAR → 이현규 GA 정면 내 R-ST-G (득점: 이현규, 도움: 김정호) 가운데
● 후반 32분 김범수 MFR ~ 정재민 AKR L-ST-G (득점: 정재민, 도움: 김범수) 왼쪽

• 6월 10일 20:00 맑음 부산 구덕 3,674명
• 주심_박세진 부심_홍석진·강도준 대기심_최광호 경기감독관_당성증

부산 0 0 전반 0 / 0 후반 0 0 김포

퇴장	경고	파울	ST(유)	교체	선수명	배번	위치	위치	배번	선수명	교체	ST(유)	파울	경고	퇴장
0	0	0	0		구상민	1	GK	GK	13	박청효		0	0	0	0
0	1	1	0		조위제	5	DF	DF	4	김태한		0	0	0	0
0	0	1	0		어인도	20	DF	DF	20	김민호		0	0	1	0
0	0	0	0		최준	25	DF	DF	2	조성권		0	0	1	0
0	0	0	0	88	정원진	14	MF	MF	91	박광일	17	0	0	0	0
0	0	0	0	10	성호영	23	MF	MF	23	최재훈		0	0	0	0
0	0		2(1)		김상준	33	DF	MF	26	이강연		0	1	0	0
0	1		2(1)		권혁규	42	MF	MF	21	서재민		0	0	1	0
0	0				어정원	2	FW	MF	22	윤민호		0	1	2(2)	0
0	0		11		김찬	9	FW	FW	32	윤민호					
0	0		3(2)		최건주	99	FW	FW	24	루이스		0	3	0	0
					황병근	41			51	김민재					
					최지묵	26			3	박경록					
					박세진	66			17	김종민	후44				
				후0	이승기	10	대기	대기	8	김이석	후36	1(1)	1		
4(2)				후0	라마스	10			8	이성재					
				후38	박정인	11			11	파블로					
				후18	최기윤				9	주닝요	후30				
0	1	8	15(6)			0			0			3(3)	12	3	0

• 6월 10일 18:30 맑음 창원 축구센터 4,159명
• 주심_정화수 부심_이영운·김태형 대기심_최규현 경기감독관_구상범

경남 2 1 전반 0 / 1 후반 1 1 충남아산

퇴장	경고	파울	ST(유)	교체	선수명	배번	위치	위치	배번	선수명	교체	ST(유)	파울	경고	퇴장
0	0	1	0		고동민	1	GK	GK	1	박한근		0	0	0	0
0	0	1	0		이준재	18	DF	DF	3	이호인		0	1	1	0
0	0	1	0		이강희	88	DF	DF	17	김성주	2(1)	0	1	0	0
0	0	0	0		박재환	73	DF	DF	20	조윤성		0	0	0	0
0	0	0	0		박민서	21	DF	DF	47	이은범		1	1	0	0
0	0	2	3	19	모재현	10	MF	MF	13	김승호	10	0	0	0	0
0	0	1	0		송홍민	4	MF	MF	6	김강국		3(1)	1	0	0
0	0	2		15	이민기	33	MF	MF	24	박세직		1(1)	1	1	0
0	0		1(1)	7	카스트로	77	FW	FW	19	두아르테	22	1(1)	0	0	0
0			8(4)		원기종	7	FW	FW	9	정성호	30	0	1	0	0
0	0			99	글레이손	96	FW	MF	77	박민서	30	2(1)	1	0	0
					손정현	31			21	박주원					
					김영찬	5			14	이학민	전22	1(1)	1	1	0
				후	우주성	15			27	박성우					
					권기표	11	대기	대기							
				후17	조상준				10	두아르테	후22	1(1)	0		
				후34	설현진	19			11	강민규	후34				
0		2(1)		후	미란다	7			30	고무열	후22				
0	2	14	14(6)			0			0			14(7)	7	3	0

● 전반 3분 원기종 GA 정면 내 L-ST-G (득점: 원기종) 가운데
● 후반 44분 설현진 PAL → 원기종 GA 정면 내 L-ST-G (득점: 원기종, 도움: 설현진) 오른쪽

● 후반 3분 김성주 MFL TL ~ 김승호 PA 정면 내 L-ST-G (득점: 김승호, 도움: 김성주) 오른쪽

• 6월 11일 16:00 맑음 부천 종합 2,769명
• 주심_안재훈 부심_주현민·김동민 대기심_임정수 경기감독관_양영환

부천 1 1 전반 0 / 0 후반 1 1 천안

퇴장	경고	파울	ST(유)	교체	선수명	배번	위치	위치	배번	선수명	교체	ST(유)	파울	경고	퇴장
0	0	0	0		이범수	25	GK	GK	1	김민준		0	0	0	0
0	0	1	1	21	김선호	37	MF	MF	37	박준강	8	1	1	0	0
0	0				서명관	20	DF	DF	3	김주환		0	1	0	0
0					닐손주니어	6	DF	DF	5	이재원		0	1	0	0
0	0		1(1)		이동희	3	DF	DF	4	김성주		2	0	0	0
0	0	2	0		김호남	19	MF	MF	6	김현묵		0	2	0	0
0		2	0		최재영	14	MF	MF	23	오윤석	14	0	1	0	0
0					카즈	8	MF	MF	8	다미르		1(1)	2	0	0
0			4(3)		하모스	7	FW	MF	19	장백규	27	0	0	0	0
0		2(1)		99	추정호	16	FW	FW	7	바카요코	22	2	0	0	0
0	0	1		15	이정빈	88	FW	FW	9	모따	18	2(1)	0	0	0
					이주현	1			36	임민혁					
					윤 용아	1			21	이석규	후40				
				후17	박형진	21			8	윤용호	후29	2(1)	0		
					감한솔	31	대기	대기	9	윤용호	후29				
				후23	김준형	8			14	이민수	후26				
				후17	송진규	15			11	한석희					
0		1(1)		후10	박호민	99			18	김종민	후19	1(1)	0		
0	1	13	10(6)			0			0			13(6)	11	0	0

● 전반 20분 하모스 GAR 내 R-ST-G (득점: 하모스) 오른쪽

● 후반 39분 윤용호 MF 정면 FK R-ST-G (득점: 윤용호) 왼쪽

충북청주 3 : 1 전남

- 6월11일 16:00 맑음 청주종합 2,293명
- 주심_박종명 부심_이양우·방기열 대기심_김재홍 경기감독관_김성기

충북청주 3 | 1 전반 0 / 2 후반 1 | **1 전남**

충북청주

퇴장	경고	파울	ST(유)	교체	선수명	배번	위치
0	0	0	0		박대한	21	GK
0	0	0	0		이민형	5	DF
0	0	1	0		이한샘	3	DF
0	1	1	0		이정택	14	DF
0	0	1	0		박진성	24	MF
0	0	3	0		홍원진	99	MF
0	1	2	1(1)		피터	6	MF
0	0	1	0	20	김명순	39	MF
0	0	3	0		장혁진	8	MF
0		4(4)		17	조르지	9	FW
0	1	4	3(2)	11	김도현	23	FW
					정진욱	18	
					이승엽	22	
				후48	이찬우	20	
				후44	이승재	98	대기
				후0	양지훈	11	
				후36	문상윤	6	
				후36	정기운	17	
0	3	14	10(8)				

전남

위치	배번	선수명	교체	ST(유)	파울	경고	퇴장
GK	1	최봉진		0	0	0	0
DF	66	이규혁	17	0	0	0	0
DF	3	최희원		0	0	0	0
DF	2	유지하		1(1)			
MF	14	아스나위	73				
MF	6	장성재		0	1	0	
MF	10	발디비아		2(1)			
MF	21	유헤이	35				
MF	7	유웅		4(1)			
FW	11	플라나	19	2(1)			
FW	13	이준호		0			
	99	조성빈					
	26	신일수					
	35	노건우	후37				
대기	19	이용재	후46				
	73	박성결	후46				
	9	남	전35	2(2)			
				14(6)		0	

- 전반 16분 조르지 GAL L-ST-G (득점: 조르지) 오른쪽
- 후반 6분 피터 PA정면 L-ST-G (득점: 피터) 오른쪽
- 후반 24분 양지훈 GA정면~조르지 GAR R-ST-G (득점: 조르지, 도움: 양지훈) 가운데
- 후반 36분 플라나 PAR내~유헤이 PA정면내 R-ST-G (득점: 유헤이, 도움: 플라나) 왼쪽

부산 1 : 1 충북청주

- 6월24일 16:00 맑음 부산아시아드 3,790명
- 주심_최광호 부심_이영운·신재환 대기심_이지형 경기감독관_이경춘

부산 1 | 1 전반 0 / 0 후반 0 | **1 충북청주**

부산

퇴장	경고	파울	ST(유)	교체	선수명	배번	위치
0	0	0	0		구상민	1	GK
0	0	3	1		조위제	5	DF
0	0	0	0		최준	25	DF
0	0	0	0		이한도	20	DF
0	0	1	1(1)		김상준	33	MF
0	0			23	라마스	10	MF
0	0			96	권혁규	42	MF
0	0				어정원	2	FW
0	3(2)	11			김찬	9	FW
0			1	99	최기윤	29	FW
					황병근	41	
					최지묵	26	
				후25	박세진	66	
				후13	성호영	14	대기
2(1)				후13	박정인	11	
				후31	프랭클린	96	
				후0	최건주	99	
0	4	10(4)					

충북청주

위치	배번	선수명	교체	ST(유)	파울	경고	퇴장
GK	21	박대한		0	0	0	0
DF	3	이한샘	40	0	1	0	0
DF	5	이민형		1	0	0	0
DF	14	이정택		1	0	0	0
MF	7	피터	6	1(1)	3	0	0
MF	8	장혁진	98				
MF	24	박진성					
MF	39	김명순					
FW	99	홍원진		0	0	0	
FW	9	조르지		4	1	0	0
FW	23	김도현		1	0	0	
	18	정진욱					
	40	김원균	후43				
	6	박민규	후27	2(2)			
대기	11	양지훈					
	22	이승엽					
	98	이승재	후49				
				6(4)	18	2	0

- 전반 23분 라마스 C.KR ~ 김찬 GAL H-ST-G (득점: 김찬, 도움: 라마스) 왼쪽
- 전반 1분 이정택 MFL TL ~ 피터 MFL R-ST-G (득점: 피터, 도움: 이정택) 오른쪽

성남 1 : 2 서울E

- 6월11일 20:00 맑음 탄천종합 1,273명
- 주심_오현정 부심_이병주·김종희 대기심_이지형 경기감독관_김용세

성남 1 | 1 전반 1 / 0 후반 0 | **2 서울E**

성남

퇴장	경고	파울	ST(유)	교체	선수명	배번	위치
0	0	0	0		최필수	1	GK
0	1	2	2(1)		국태정	23	DF
0	0	1	1		패트릭	5	DF
0	0	0	1		강의빈	3	DF
0	0	0	0	37	이지훈	17	MF
0	0	1	1		이상민	4	MF
0	1	0		15	정한민	19	MF
0	1		1(1)		이재원	14	MF
0	0		2(1)		박태준	55	MF
0	1		2(1)		전성수	36	FW
0	0		10		데닐손	9	FW
					김영광	41	
				후44	조성욱	20	
0	1	2	2	전32	김훈민	37	
					김현태	대기	대기
					권순형	6	
				후18	이종호	10	
				후18 20	신재원	15	
0	1	1 4	11(4)				

서울E

위치	배번	선수명	교체	ST(유)	파울	경고	퇴장
GK	23	문정인		0	0	0	0
DF	7	서보민	4	1	0	0	
DF	14	이재익		0	0	0	
DF	3	김민규		0	0	0	
MF	30	박창환	16	0	3	0	
MF	6	채광훈	4	0	1	0	
MF	21	이시헌	15	1	0	0	
MF	40	브루노		4(4)			
MF	13	차승현		0	0	2(1)	
FW	42	이정문	29				
FW	9	유정완		2(2)			
		강정묵					
	4	한용수	후0				
	36	황태현	후36				
대기	29	김수안	후13				
	15	김원식	후24				
	16	변경준	후0				
	11	김정환					
				12(9)	19	2	0

- 전반 22분 박태준 GAR R-ST-G (득점: 박태준) 왼쪽
- 전반 47분 브루노 PK-L-G (득점: 브루노) 오른쪽
- 후반 25분 한용수 GAL L-ST-G (득점: 한용수) 오른쪽

성남 0 : 1 부천

- 6월24일 18:30 맑음 탄천종합 2,985명
- 주심_조지음 부심_구은석·지승민 대기심_박세진 경기감독관_김종민

성남 0 | 0 전반 0 / 0 후반 1 | **1 부천**

성남

퇴장	경고	파울	ST(유)	교체	선수명	배번	위치
0	0	0	0		김영광	41	GK
0	1	3	1		국태정	23	DF
0	0	0	0		패트릭	5	DF
0	0	1	1		조성욱	20	DF
0	1		4(1)	47	이지훈	17	MF
0	1	1			이상민	4	MF
0	1	0			크리스	99	MF
0	0	1	1	66	이재원	14	MF
0	0				박태준	55	MF
0	1		1(1)		정한민	19	FW
0	1	1(1)	33		이종호	10	FW
					최필수	1	
				후0	강의빈	3	
					권순형	6	
				후0	박지원	대기	대기
1(1)				후28	데닐손	9	
					이준상	27	
				후0	전성수	36	
0	1	7	9(4)				

부천

위치	배번	선수명	교체	ST(유)	파울	경고	퇴장
GK	25	이범수		0	0	0	0
DF	37	김선호		0	1	0	0
DF	6	닐손주니어		0	0	0	0
DF	20	서명관		0	0	0	0
MF	21	박형진		0	0	0	0
DF	3	카즈		0	0	0	
MF	10	조수철	8	1(1)	2	1	0
MF	66	유승현	31	0	0	0	
FW	88	이정빈	27	1	0	0	
FW	18	이의형	99	2	0	0	
MF	19	김호남	7	0	0	0	
	1	이주현					
	24	홍성욱					
	31	김한솔	후38				
대기	8	김준형	후17				
	15	송진규	후34				
	27	김규민	후38				
	99	박호민	후34	1(1)	0	0	
				8(5)	14	2	0

- 후반 43분 카즈 MF정면 ~ 김규민 AKL R-ST-G (득점: 김규민, 도움: 카즈) 오른쪽

경기기록

- 6월 24일 20:03 맑음 김천 종합 1,060명
- 주심_ 설태환 부심_ 이양우·김태형 대기심_ 박종명 경기감독관_ 나승화

김천 4 　2 전반 0 / 2 후반 1　 1 천안

퇴장	경고	파울	ST(유)	교체	선수명	배번	위치	위치	배번	선수명	교체	ST(유)	파울	경고	퇴장
0	0	0	0		신 송 훈	18	GK	GK	1	김 민 준		0	0	0	0
0	1	1		24	박 민 규	23	DF	DF	16	김 현 중		0	1	1	0
0	0	0	1(1)		이 유 현	11	DF	DF	4	김 성 주	3	0	0	1	0
0	0	0	1		이 상 민	35	DF	DF	5	이 재 원		0	0	0	0
0	0	0			김 재 우	34	DF	DF	2	김 주 환	22	0	0	0	0
0	0	0			원 두 재	26	MF	MF	37	박 준 강	14	0	0	1	0
0	1	3(3)			김 진 규	32	MF	MF	23	오 윤 석	26	0	0	0	0
0	0	0			강 현 묵	39	MF	MF	2	미 르	8	0	0	0	0
0	1	2(1)		19	김 한 길	20	FW	FW	20	윤 용 호		0	0	0	0
0	1		38	김 현 욱	25	FW	FW	9	이 석 규			0	0	0	0
0	1	37		조 영 욱	27	FW	FW	7	모 따		2(1)	0	0	0
					강 현 무	31			36	임 민 혁					
					임 승 겸				3	이 광 준	전16				
0	1(1)		후15	윤 종 규	24			26	김 대 생	후40					
			후15	윤 석 주	74	대기	대기	8	신 원 호						
			전30	정 치 인	38			40	이 민 수	후40					
			전30	김 민 준				6	오 현 교	후36					
			후23	이 중 민	37			18	김 종 민	1(1)					
0		9	12(10)			0			0			8(2)	4	2	0

- ●전반 32분 김재우 GAL 백헤딩패스 ⌒ 조영욱 GAR 내 EL H-ST-G (득점: 조영욱, 도움: 김재우) 오른쪽
- ●전반 39분 이광준 GA 정면 내 L 자책골 (득점: 이광준) 왼쪽
- ●후반 1분 이준석 PAL ⌒ 김민준 GA 정면 H-ST-G (득점: 김민준, 도움: 이준석) 오른쪽
- ●후반 22분 윤종규 GAL L-ST-G (득점: 윤종규) 오른쪽
- ●후반 19분 윤용호 C.KR ⌒ 모따 GA 정면 내 H-ST-G (득점: 모따, 도움: 윤용호) 왼쪽

- 6월 25일 18:30 흐림 김포솔터축구장 3,105명
- 주심_ 오현진 부심_ 이병주·김동민 대기심_ 오현정 경기감독관_ 김용세

김포 1 　1 전반 1 / 0 후반 1　 2 전남

퇴장	경고	파울	ST(유)	교체	선수명	배번	위치	위치	배번	선수명	교체	ST(유)	파울	경고	퇴장
0	0	0	0		박 청 효	13	GK	GK	98	안 준 수		0	0	0	0
0	0	0			김 태 한	4	DF	DF	28	김 수 범		0	0	0	0
0	0	0	30	김 민 호	20	DF	DF	3	최 희 원		0	0	0	0
0	0	0			조 성 권	2	DF	DF	2	유 지 하		0	0	0	0
0	0	0			김 성 민	17	MF	MF	66	이 규 혁		1(1)	0	0	0
0	0	0	91	김 이 석	8	MF	MF	15	정 호 진	16	0	0	0	0
0	1	0			김 강 연	26	MF	MF	10	발 디 비 아		5(3)	0	0	0
0	0	0			서 재 민	21	MF	MF	11	유 헤 이		0	0	0	0
0	1	0			손 석 용	99	FW	FW	73	박 성 결	35	0	0	0	0
0	3(2)			파 블 로	11	FW	FW	11	플 라 나		2(1)	0	0	0
0	3(2)			루 이 스	24	FW	FW	9	하 남		0	0	0	0
					이 상 욱	1			1	최 봉 진					
					박 경 록	3			16	이 후 권	후22					
0		후	김 종 민	30			14	아 스 나 위	후33						
			대기	김 광 립	10	대기	대기	8	노 건 우	후0					
0	1(2)	전32	김 성 석	10			22	추 상 훈	후22						
0	1(2)	후28	김 성 연	28			33	최 성 진	후33						
			후	주 닝 요	9										
0		9	12(7)			0			0			10(8)	9	1	0

- ●전반 33분 파블로 C.KL ⌒ 루이스 GAR H-ST-G (득점: 루이스, 도움: 파블로) 왼쪽
- ●전반 29분 정호진 PAR 내 R-ST-G (득점: 정호진) 오른쪽
- ●후반 44분 발디비아 GAL 내 R-ST-G (득점: 발디비아) 오른쪽

- 6월 25일 16:00 맑음 아산 이순신 1,110명
- 주심_ 임정수 부심_ 박남수·김종희 대기심_ 김재홍 경기감독관_ 차상해

충남아산 1 　1 전반 0 / 0 후반 0　 0 안산

퇴장	경고	파울	ST(유)	교체	선수명	배번	위치	위치	배번	선수명	교체	ST(유)	파울	경고	퇴장
0	0	0	0		박 주 원	21	GK	GK	1	이 승 빈		0	0	0	0
0	0	1	0		장 준 영	4	DF	DF	14	김 재 성		1	1	0	0
0	0	1	0		조 윤 성	20	DF	DF	16	유 준 수		0	1	0	0
0	1	2	0	14	이 재 성	47	DF	DF	22	이 준 희		0	0	0	0
0	0	0			이 호 인	3	DF	DF	17	장 유 섭		0	0	0	0
0	1	2(1)			김 승 호	13	MF	MF	19	이 현 규		0	0	0	0
0	0	0	22	박 세 직	24	MF	MF	20	김 정 호		0	0	0	0
0	0	0			권 성 현	22	MF	MF							
0	2(1)	10	정 성 호	10	FW	FW	5	정 재 민	1(1)		0	0	0	0
0	1	30	강 민 규	11	FW	FW	7	가 브 리 엘			0	0	0	0
0	2(2)	18	박 민 서	18	FW	FW	11	지 정 용			0	0	0	0
					박 한 근	1			21	김 선 우					
0		후27	이 학 민	14			3	김 채 운							
					김 성 주	7			41	고 태 규	후41					
			전36	김 강 국	22	대기	대기	8	김 진 현	후0					
0		후25	두아르테	11			12	김 대 경	후12					
0		후27	이 창 훈	8			32	윤 주 태	후32	4(1)				
0		후15	고 무 열	18										
0		10	10(6)			0			0			11(2)	7	0	0

- ●전반 29분 박민서 PAL 내 R-ST-G (득점: 박민서) 오른쪽

- 6월 25일 18:30 맑음 목동 종합 3,558명
- 주심_ 최규현 부심_ 서영규·김수현 대기심_ 성덕호 경기감독관_ 구상범

서울E 1 　1 전반 0 / 0 후반 2　 2 안양

퇴장	경고	파울	ST(유)	교체	선수명	배번	위치	위치	배번	선수명	교체	ST(유)	파울	경고	퇴장
0	0	0	0		문 정 인	23	GK	GK	1	김 태 훈		0	0	0	0
0	0	1	1		이 재 익	14	DF	DF	4	이 창 용		0	2	0	0
0	0	0	2		한 용 수	4	MF	MF	97	황 기 욱		3	1	0	0
0	0	1			김 민 규	3	DF	DF		안 드 리 고					
0	0	0			이 상 민	6	MF	MF	11	조 성 준	5	0	0	0	0
0	0	0	30	김 원 식	15	MF	MF	3	김 형 진		0	1	0	0
0	0	2	1		서 보 민	7	MF	MF	16	박 재 용	25	2	0	0	0
0	0	2	1		이 시 헌	29	MF	MF	22	김 동 진		0	0	0	0
0	0	2	1		변 경 준	18	MF	DF	6	문 성 우	7	0	0	0	0
0	0	40	송 시 우	82	FW	DF	40	백 동 규			0	0	0	0
0	1(1)		유 정 완	17	FW	MF	99	이 태 희		2	0	0	0	0
					주 현 성	31			1	박 성 수					
0		후15	김 수 안	29			43	박 종 현	후43					
					이 인 재	92			24	이 재 용	후24	4(4)			
0		후25	황 태 현	2	대기	대기	14	홍 창 범						
0		후25	김 창 환	30			25	지 하 준	후43					
0		후25	브 루 노	40			28	고 후	후28	2(2)				
0	2(2)	후19	이 동 률	11			28	주 현 우	후28	1(1)				
0		8	8(3)			0			0			9(7)	12	1	0

- ●전반 9분 유정완 AK 정면 R-ST-G (득점: 유정완) 오른쪽
- ●후반 3분 김정현 GAR L-ST-G (득점: 김정현) 왼쪽
- ●후반 13분 이태희 AK 정면 ~ 김정현 MF 정면 R-ST-G (득점: 김정현, 도움: 이태희) 왼쪽

Section 7

2023 경기기록부

부천 0 : 3 김천

- 7월01일 19:30 맑음 부천 종합 6,103명
- 주심_최승환 부심_홍석찬·이병주 대기심_고민국 경기감독관_차상해

| 부천 0 | 전반 0 | |
| | 후반 3 | 3 김천 |

퇴장	경고	파울	ST(유)	교체	선수명	배번	위치	위치	배번	선수명	교체	ST(유)	파울	경고	퇴장
0	0	0	0		이 범 수	25	GK	GK	18	신 승 훈		0	0	0	0
0	0	0	0		김 선 호	37	DF	DF	23	박 민 규	24	0	1	1	0
0	0	0	0		닐손주니어	6	DF	DF	7	이 유 현	3	2	0	0	0
0	0	0	0		서 명 관	20	DF	DF	35	이 상 민		1	0	0	0
0	1	1(1)	27		박 형 진	21	DF	DF	34	김 재 우		1	0	0	0
0	0	0	0		카 즈	23	MF	MF	26	원 두 재		3	0	0	0
0	0	0	8		조 수 철	10	MF	MF	32	김 진 규	14	1	0	0	0
0	0	0	0		유 승 현	66	MF	MF	39	강 현 묵	6	1	0	0	0
0	2(1)	15			이 정 빈	88	FW	FW	29	이 준 석	29	2(2)	1	0	0
0	3(1)	31			이 의 형	19	FW	FW	28	정 재 희	25	1(1)	0	0	0
0	2	1			김 호 남	19	FW	FW	27	조 영 욱		1	0	0	0
0	0	0	0		이 주 현	1			1	강 현 무		0	0	0	0
0	0	0	0		이 풍 연	4			6	임 승 겸	후33	0	0	0	0
0	0	0	0	후46	김 한 솔	30			40	윤 종 규	후40	1	0	0	0
0	0	0	0	후19	김 준 형	8	대기	대기	14	윤 석 주	후0	0	0	0	0
0	0	0	0	후30	송 시 우				25	정 현 욱	후0	3(2)	1	0	0
0	0	2(2)	후19		하 모 스	7			33	정 치 인	후33	1	0	0	0
0	0	1(1)	후30		김 규 민	27			37	이 중 민		0	0	0	0
0	0	0	11(6)			0			0			14(7)	11	2	0

- 후반 16분 윤석주 HLL ~ 조영욱 PAL 내 L-ST-G (득점: 조영욱, 도움: 윤석주) 왼쪽
- 후반 23분 강현묵 MF 정면 ~ 이준석 PA 정면 내 R-ST-G (득점: 이준석, 도움: 강현묵) 가운데
- 후반 35분 조영욱 PAR 내 ~ 정치인 GAL L-ST-G (득점: 정치인, 도움: 조영욱) 가운데

안양 2 : 4 경남

- 7월02일 18:30 맑음 안양 종합 3,685명
- 주심_정회수 부심_이영운·박남수 대기심_설태환 경기감독관_김성기

| 안양 2 | 전반 1 | |
| | 후반 1 | 4 경남 |

퇴장	경고	파울	ST(유)	교체	선수명	배번	위치	위치	배번	선수명	교체	ST(유)	파울	경고	퇴장
0	0	0	0		김 태 훈	21	GK	GK	1	고 동 민		0	0	1	0
0	0	0	0		이 창 용	4	MF	DF	18	이 준 재		1	0	0	0
0	0	0	0		황 기 욱	8	MF	DF	73	김 희	5	1(1)	0	0	0
0	2	4(2)			안드리고	10	MF	DF	73	박 재 환		1(1)	0	0	0
0	0	1(1)			이 재 용	13	MF	DF	21	박 민 서		1	0	0	0
0	0	0	0		김 형 진	15	DF	MF	10	모 재 현	99	1	3	0	0
0	4(1)				박 재 용	16	FW	MF	4	송 홍 민		2	1	0	0
0	0	0	97		김 동 진	22	MF	DF	16	우 주 성		1	0	0	0
0	0	0	0		백 동 규	30	DF	FW	42	원 기 종		0	0	0	0
0	1	1(1)	99		이 태 희	32	FW	FW	96	글레이손		2(2)	1	0	0
0	0	0	0		박 성 수	1			31	손 정 현		0	0	0	0
0	0	0	0		박 종 현	5			33	김 영 찬	후33	0	0	0	0
0	0	0	전26		정 준 현	25			16	이 광 진	후33	0	0	0	0
0	0	0	후39		황 창 범	14	대기	대기	11	권 기 표		0	0	0	0
0	0	0	0		조 성 준	11			95	카스트로	후0	2(2)	1	0	0
0	1	1(2)	전26		아 고	97			42	유 준 하	후33	0	0	0	0
0	0	1	후22		주 현 우	99			22	조 상 준	후22	1	0	0	0
0	1	9	16(9)			0			0			8(6)	9	1	0

- 전반 15분 안드리고 C.KL ⌒ 박재용 GA 정면 내 R-ST-G (득점: 박재용, 도움: 안드리고) 왼쪽
- 후반 35분 조성준 AKR ~ 주현우 PK지점 L-ST-G (득점: 주현우, 도움: 조성준) 오른쪽
- 전반 12분 송홍민 C.KL ⌒ 박재환 GA 정면 H-ST-G (득점: 박재환, 도움: 송홍민) 오른쪽
- 전반 25분 모재현 PAR ~ 글레이손 GA 정면 H-ST-G (득점: 글레이손, 도움: 모재현) 가운데
- 전반 44분 박민서 PAL ~ 글레이손 GA 정면 H-ST-G (득점: 글레이손, 도움: 박민서) 왼쪽
- 후반 31분 조상준 PAR 내 EL ⌒ 카스트로 GAL 내 H-ST-G (득점: 카스트로, 도움: 조상준) 왼쪽

안산 0 : 2 부산

- 7월01일 18:30 맑음 안산 와스타디움 1,388명
- 주심_오현정 부심_방기열·김태형 대기심_박종명 경기감독관_이경춘

| 안산 0 | 전반 2 | |
| | 후반 1 | 2 부산 |

퇴장	경고	파울	ST(유)	교체	선수명	배번	위치	위치	배번	선수명	교체	ST(유)	파울	경고	퇴장
0	0	0	0		이 승 빈	1	GK	GK	1	구 상 민		0	0	0	0
0	0	0	4		이 와 제	4	DF	MF	26	정 호 정	26	1	2	0	0
0	0	0	0		김 정 호	20	DF	DF	5	조 위 제		0	1	0	0
0	0	0	0		장 유 섭	23	MF	MF	6	최 준		1(1)	0	0	0
0	0	1	1		김 채 운	3	MF	DF	20	이 한 도		1	0	0	0
0	2	0	24		김 진 현	8	MF	MF	33	라 마 스		0	1	0	0
0	1	1			이 건 웅	35	MF	MF	42	권 혁 규		1	2	0	0
0	1	2(2)	37		가브리엘	7	MF	MF	14	정 원 진	2	2(2)	2	0	0
0	3	4(4)			김 범 수	17	FW	FW	96	프랭클린	45	2(1)	1	0	0
0	0	0	95		강 준 모	32	FW	FW	29	전 준 우		0	1	0	0
0	0	0	0		김 선 우	21			41	황 병 근		0	0	0	0
0	0	0	후31		김 경 준	9			26	최 지 묵		0	0	0	0
0	0	0	0		김 대 경	18			19	박 세 진		0	0	0	0
0	0	0	후0		이 준 희	22	대기	대기	22	성 호 영	후25	0	0	0	0
0	0	0	후43		윤 주 태	24			47	전 승 민	후0	1(1)	0	0	0
0	0	0	후43		이 규 빈	37			29	최 기 윤	후0	0	0	0	0
0	0	1	후0		티 아 고	95			45	황 준 호	후25	0	0	0	0
0	1	10	8(6)			0			0			10(8)	11	2	0

- 후반 31분 티아고 PAL 내 ~ 김범수 GA 정면 내 R-ST-G (득점: 김범수, 도움: 티아고) 왼쪽
- 전반 28분 최건주 PAR ~ 정원진 GAL R-ST-G (득점: 정원진, 도움: 최건주) 오른쪽
- 전반 36분 라마스 PAL 내 ⌒ 이한도 GAL H-ST-G (득점: 이한도, 도움: 라마스) 오른쪽

김포 1 : 1 충남아산

- 7월02일 19:30 맑음 김포솔터축구장 1,618명
- 주심_이동준 부심_설귀선·신재환 대기심_이지형 경기감독관_양정환

| 김포 1 | 전반 0 | |
| | 후반 1 | 1 충남아산 |

퇴장	경고	파울	ST(유)	교체	선수명	배번	위치	위치	배번	선수명	교체	ST(유)	파울	경고	퇴장
0	0	0	0		박 청 효	13	GK	GK	21	박 주 원		0	0	0	0
0	1	0	0		김 태 한	4	DF	DF	17	이 학 민	1	0	0	1	0
0	0	0	0		박 경 록	3	DF	DF	4	장 준 영		0	0	0	0
0	1	1	20		조 성 권	2	DF	DF	20	조 윤 성		1(1)	0	0	0
0	0	2(2)	17		박 광 일	91	DF	DF	47	이 은 범		0	0	0	0
0	3	1(1)			이 성 재	8	MF	MF	22	김 강 국		1	0	0	0
0	0	2	0		최 재 훈	23	MF	MF	24	김 세 직		1	1	0	0
0	0	0	0		서 재 민	21	MF	MF	13	권 성 현	16	0	0	0	0
0	1(1)	7			손 석 용	99	FW	FW	11	정 성 호		0	0	0	0
0	0	0			파 블 로	10	FW	FW	10	두아르테		3(2)	0	0	0
0	2	0			루 이 스	24	FW	FW	77	박 민 서	14	0	0	0	0
0	0	0	0		이 상 욱	1			1	박 한 근		0	0	0	0
0	0	0	후0		김 민 호	20			14	학 민 후		0	0	0	0
0	0	0	후22		장 윤 호	7	대기	대기	13	김 승 호	후23	0	0	0	0
0	0	0	후0		김 성 민	17			16	김 혜 성		0	0	0	0
0	0	0	후22		민 성 연				8	김 민 석		0	0	0	0
0	0	0			윤 민 호	32			7	강 민 규	후0	1	0	0	0
0	2	14	6(4)			0			0			9(6)	1	1	0

- 전반 23분 박광일 GAR 내 L-ST-G (득점: 박광일) 오른쪽
- 후반 21분 강민규 AKR ~ 두아르테 GAR L-ST-G (득점: 두아르테, 도움: 강민규) 왼쪽

7월03일 19:00 맑음 청주 종합 1,014명
• 주심 박세진 부심 이양우·주현민 대기심 이경순 경기감독관 허기태

충북청주 0 — 0 성남 (0 전반 0 / 0 후반 0)

퇴장	경고	파울	ST(유)	교체	선수명	배번	위치	위치	배번	선수명	교체	ST(유)	파울	경고	퇴장
0	0	0	0		박대한	21	GK	GK		최필수		0	0	0	0
0	1	1	0	40	이민형		DF	DF	16	김진래		0	2	0	0
0	0	1	0		이한샘	3	DF	DF	3	강의빈		2(2)	0	0	0
0	0	3	0		이정택	14	DF	DF	20	조성욱		0	0	0	0
0	0	0	0	19	박진성	24	MF	MF	47	박지원	28	0	0	0	0
0	0	3(1)	1		피터	7	MF	MF	4	이상민		0	0	0	0
0	1	3	1		홍원진	99	MF	MF	7	권순형		0	0	0	0
0	0	0	0		김명순	39	MF	MF	55	박태준	14	0	1	0	0
0	0	0	0		조르지	8	FW	FW	16	박상혁		0	0	0	0
							FW	FW	93	데닐손					
0	0	3	0	11	김도현	23	FW	FW	19	정한민					
					류원우	1			41	김영광					
0	1	2	1(1)	후0	양지훈	11			5	패트릭					
0	0	0	0		이승엽	2			14	이재원	후26				
				후44	구본철	19	대기	대기	28	양태양					
0	1	1	0	후39	이승재	98			16	김원준	후48				
0	1	1	0	후39	김원균	40			93	진성욱	후26	1	3	1	0
				후48	문상윤	6			99	크리스	전36				
0	3	19	8(2)									7(4)	14	3	0

7월08일 18:00 흐림 청주 종합 1,949명
• 주심 오현진 부심 설귀선·이병주 대기심 임정수 경기감독관 김성기

충북청주 2 — 1 안양 (1 전반 1 / 1 후반 0)

퇴장	경고	파울	ST(유)	교체	선수명	배번	위치	위치	배번	선수명	교체	ST(유)	파울	경고	퇴장
0	0	0	0		박대한	21	GK	GK	1	박성수		0	0	0	0
0	0	2	0		이정택	14	DF	DF	4	이창용		2(2)	2	1	0
0	0	2	0		이한샘	5	DF	DF	5	박종현		0	1	0	0
0	0	0	0	5	김원균	40	DF	DF	40	김정현		0	0	0	0
0	0	0	0	19	박진성	24	MF	MF	10	안드리고		1(1)	0	0	0
0	1	1	5(2)		피터	7	MF	MF	11	조성준	8	1(1)	0	0	0
0	1	1	0		홍원진	99	MF	MF	16	박재용		0	0	0	0
0	0	0	0		김명순	39	MF	MF	22	김동진	26	0	0	0	0
0	0	0	0	98	조르지	8	FW	FW	28	정석화	97	1	0	0	0
							FW	FW	90	백동규					
0	1	1	1(1)	11	김도현	23	FW	FW	99	주현우	90	2(1)	1	0	0
					류원우	1			21	김태훈					
0	1(1)			후0	양지훈	11			8	황기욱	후0	1(1)	1	0	0
0				후39	정민우	77			14	홍창범	후31	2	1	0	0
0				후14	이정택	15	대기	대기	15	김동진	후0				
0				후4	이승재	98			24	최성범	후41				
					문상윤	6			90	구대영	후41				
0				후14	구현준	19			97	야고	전25	5(1)	0	2	0
0	2	8	9(3)									15(8)	9	2	0

• 전반 41분 조르지 GAL 백헤딩패스 ↗ 피터 GA정면 H-ST-G (득점: 피터, 도움: 조르지) 왼쪽
• 후반 24분 이승재 PA정면 내 ~ 양지훈 PK지점 R-ST-G (득점: 양지훈, 도움: 이승재) 오른쪽
• 전반 36분 안드리고 자기 측 HL정면 ~ 조성준 PA정면 내 R-ST-G (득점: 조성준, 도움: 안드리고) 오른쪽

7월03일 19:00 맑음 광양 전용 1,436명
• 주심 송민석 부심 구은석·김종희 대기심 성덕효 경기감독관 김종민

전남 3 — 3 서울E (1 전반 2 / 2 후반 1)

퇴장	경고	파울	ST(유)	교체	선수명	배번	위치	위치	배번	선수명	교체	ST(유)	파울	경고	퇴장
0	0	0	0		안준수	98	GK	GK	31	주현성		0	0	1	0
0	1	2	0		김수범	28	DF	DF	7	서보민		2	1	0	0
0	1	3	0		최희원	3	DF	DF	92	이인재		0	0	0	0
0	1	2	0		유지하	2	DF	DF	3	김민규		1	0	0	0
0	0	0	0		이규혁	66	DF	DF	13	차승현		1	0	0	0
0	0	0	25		정호진	15	MF	MF	27	조동재	82	1	0	0	0
0	1	4(2)			발디비아	10	MF	MF	6	이상욱		0	1	0	0
0	0	0	0		유헤이	24	MF	MF	40	브루노		1	0	0	0
0	0	1(1)	35		김건오	77	MF	MF		변경준		1	0	0	0
0	2	3(1)	22		플라나	11	MF	MF	17	유정완		0	0	0	0
0	1	0	20		하남	9	FW	FW	42	이정문		0	1	0	0
					최봉진	1			1	강정묵					
0		1			조지훈	25			4	김원식	후33				
					아스나위	14			19	김정환					
0				전35	노건우	35	대기	대기	21	이시헌					
0	0	2(2)	후9		미키치	9			82	송시우	전21	1(1)	1	0	0
				후37	추상훈	27			22	호난					
				후37	최성진	22			10	이동률	후15	1(1)	0	0	0
0	3	11	13(6)									8(3)	13	5	0

• 전반 10분 김건오 AK정면 R-ST-G (득점: 김건오) 왼쪽
• 후반 11분 플라나 AKR ~ 미키치 GAL R-ST-G (득점: 미키치, 도움: 플라나) 가운데
• 후반 50분 발디비아 PK-R-G (득점: 발디비아) 오른쪽
• 전반 14분 최희원 GAR 내 L 자책골 (득점: 최희원) 오른쪽
• 전반 26분 변경준 PAR ~ 송시우 PK 우측지점 L-ST-G (득점: 송시우, 도움: 변경준) 오른쪽
• 후반 30분 유정완 MF정면 ~ 이동률 PK지점 L-ST-G (득점: 이동률, 도움: 유정완) 왼쪽

7월08일 18:00 흐림 천안 종합 1,109명
• 주심 김재홍 부심 이영운·김태형 대기심 설태환 경기감독관 허기태

천안 0 — 0 서울E (0 전반 0 / 0 후반 0)

퇴장	경고	파울	ST(유)	교체	선수명	배번	위치	위치	배번	선수명	교체	ST(유)	파울	경고	퇴장
0	0	0	0		김민준	1	GK	GK	31	주현성		0	0	0	0
0	0	2	0		김현중	16	DF	DF	7	서보민		0	1	1	0
0	0	2	0		이광준	3	DF	DF	92	이인재		0	1	0	0
0	1	2	0		이재원	5	DF	DF	3	김민규		0	0	0	0
0	0	3	2		김주환	37	MF	MF	14	차승현		0	1	0	0
0	3	1			박준강	37	MF	MF	15	김원식		0	3	0	0
0	0	3	1		오윤석	23	MF	MF	16	이상민		0	0	0	0
0	0	2			다미르		MF	MF	21	이시헌		0	0	0	0
0	3(2)				윤용호	8	FW	FW	82	송시우		0	0	0	0
0	0	1			파울리뇨	96	FW	FW	16	변경준		0	0	0	0
0	4	0			모따	9	FW	FW	17	이정문		1	1	0	0
					임민혁	36			1	강정묵					
0			후20		오현교	23			4	김원식					
					김대생	26			14	이재익	후0	3(1)	1	0	0
					김창수		대기	대기	30	박창환	후18				
0			후42		이석규	27			17	유정완	전44	1	1	0	0
0			후11		정석화	11			22	호난	후18	2(1)	1	0	0
					김종민	18			10	이동률					
0	1	13	9(2)									7(2)	14	2	0

성남 0 : 0 김포

- 7월 09일 18:30 흐림 탄천 종합 1,596명
- 주심 박병진 부심 서영규·강도준 대기심 박세진 경기감독관 양정환

성남 0 · 0 전반 0 · 0 후반 0 · 0 김포

퇴장	경고	파울	ST(유)	교체	선수명	배번	위치	위치	배번	선수명	교체	ST(유)	파울	경고	퇴장
0	0	0	0		최 필 수	1	GK	GK	13	박 청 효		0	0	0	0
0	0	1	0		강 의 빈	4	DF	DF	20	김 민 호		0	1	0	0
0	0	0	0		이 상 욱	4	DF	DF	2	김 태 한	1	3	1	0	
0	0	0	0		조 성 욱	20	DF	DF	2	조 성 관		0	4	0	0
0	0	0	0		김 진 래	16	MF	MF	17	김 성 민	91	0	1	0	0
0	0	0	0		박 태 준	55	MF	MF	2	김 이 석	6	1	4	0	0
0	1(1)	0			권 순 형	7	MF	MF	10	김 종 석	77	0	2	0	0
0	0		93		문 창 진	21	MF	MF	2	서 재 민		0	1	0	0
0	0		17		김 훈	37	FW	FW	99	이 강	32	0	0	0	0
0	1	3(2)			크 리 스	9	FW	FW	2	파 블 로	44	1	1	0	0
0	0		19		이 종 호	10	FW	FW	24	루 이 스		2(1)	2	0	0
					정 명 제	30			1	이 상 욱					
					패 트 릭	5			3	박 경 록					
0	0		후34		이 지 훈	14	대기	대기	44	이 상 혁	후0	0	0		
					이 재 원	14			6	이 상 협	후39	1	0		
0	0		후34		데 닐 손	8			91	박 광 일	후39	0	0		
0	0	2(1)	전15		정 한 민	19			77	이 성 연	후19	0	2	1	
0	0	0	후14		지 성 욱	93			32	윤 민 호	후0	1	1	0	0
0	4	9(4)				0			0			8(1)	22	1	0

충남아산 3 : 3 전남

- 7월 10일 19:00 맑음 아산 이순신 956명
- 주심 최규현 부심 홍석찬·박남수 대기심 최승환 경기감독관 김종민

충남아산 3 · 1 전반 0 · 2 후반 3 · 3 전남

퇴장	경고	파울	ST(유)	교체	선수명	배번	위치	위치	배번	선수명	교체	ST(유)	파울	경고	퇴장
0	0	0	0		박 주 원	21	GK	GK	98	안 준 수		0	0	0	0
0	0	0	0		장 준 영	4	DF	DF	28	김 수 범	1	2	0	0	
0	0	0	0		조 윤 성	20	DF	DF	44	김 현 훈	20	0	1	0	0
0	0	1	0		이 은 범	47	DF	DF	2	유 지 하		0	0	0	0
0	0	1	0		김 주 성	2	MF	DF	66	이 규 혁		0	0	0	0
0	0	0	0		김 강 국	22	MF	MF	25	조 지 훈		0	0	0	0
0	0	0	0		박 세 직	24	MF	MF	12	지 상 욱	35	2(1)	1	0	0
0	0	0	0		권 성 현	13	MF	MF	4	유 헤 이		0	0	0	0
0	0	0	0		두 아 르 테	11	MF	MF	11	발 디 비 아		2(2)	0	0	0
0	1(1)	90			강 민 규	11	FW	FW	11	플 라 나	22	1	0	0	0
0	0	96			박 민 서	77	FW	FW	9	하 남	27	0	0	0	0
					박 한 근				1	최 봉 진					
0	0		후37		이 학 민	14			16	이 후 권		0	0		
					김 성 주	17			14	아 스 나 위	후42	0	0		
0	0		전31		김 승 호	11	대기	대기	35	노 건 우	후0	3(2)	0	0	
0	0		전31		두 아 르 테				10	미 키 치		0	0	3/14	
0	1(1)	90			아 폰 자	90			27	추 상 훈	후42	1(1)	1	0	0
0	0		후16		하 파 엘	96			22	최 성 진	후32	0	1	0	0
0	6	11(4)				0			0			10(7)	7	0	0

- 전반 14분 권성현 PAL 내 ~ 강민규 AKL R-ST-G (득점: 강민규, 도움: 권성현) 오른쪽
- 후반 5분 김승호 PA 정면 내 L-ST-G (득점: 김승호) 가운데
- 후반 17분 하파엘 PAL 내 ~ 두아르테 PA 정면 내 L-ST-G (득점: 두아르테, 도움: 하파엘) 오른쪽
- 후반 21분 김수범 GAL ~ 노건우 GA 정면 L-ST-G (득점: 노건우, 도움: 김수범) 가운데
- 후반 42분 최성진 PA 정면 내 H○ 발디비아 AK 정면 R-ST-G (득점: 발디비아, 도움: 최성진) 왼쪽
- 후반 48분 추상훈 PAL 내 R-ST-G (득점: 추상훈) 오른쪽

경남 3 : 1 안산

- 7월 09일 18:30 흐림 창원 축구센터 3,291명
- 주심 박종명 부심 주현민·김동민 대기심 이지형 경기감독관 허태식

경남 3 · 2 전반 0 · 1 후반 1 · 1 안산

퇴장	경고	파울	ST(유)	교체	선수명	배번	위치	위치	배번	선수명	교체	ST(유)	파울	경고	퇴장
0	0	0	0		고 동 민	1	GK	GK	21	김 선 우		0	0	0	0
0	0	0		18	권 기 표	11	DF	DF	4	김 태 규		1(1)	0	0	0
0	0	1	1		이 강 희	20	DF	DF	23	장 유 섭		0	0	0	0
0	0	0	0		박 재 환	73	DF	DF	2	김 보 섭		0	0	0	0
0	3	0			박 민 서	21	MF	MF	8	김 진 현		0	0	0	0
0	1	0		99	모 재 현	10	MF	MF	18	김 대 경	3	0	1	0	0
0	0	0		16	우 주 성	15	MF	MF	26	박 준 배	29	2	0	0	0
0	0	0	0		송 홍 민	4	MF	MF	15	이 승 민	15	0	0	0	0
0	0	1(1)		42	카 스 트 로	95	FW	FW	11	정 지 용	95	0	0	0	0
0	1	3(3)	19		글 레 이 손	96	FW	FW	22	김 범 수	7	0	2	0	0
0	0	2	3(1)		원 기 종	7	FW	FW	32	강 준 모	7	1	1	0	0
					손 정 현	31			1	김 영 호					
0	0		후0		이 준 재	18			5	김 채 운	후27	0	0		
0	0		후27		이 광 진	16	대기	대기	5	가 브리엘	후5	4(1)	0	0	
0	0		후22		조 상 준	99			33	황 재 훈	후33	0	0		
0	2		후22		설 현 진	16			37	이 규 빈		0	0		
0	0		후31		유 준 하	42			95	티 아 고	후5	4(1)	3	0	0
0	1	13(5)				0			0			12(3)	8	4	0

- 전반 28분 모재현 PAR 내 EL ~ 글레이손 GA 정면 R-ST-G (득점: 글레이손, 도움: 모재현) 오른쪽
- 전반 44분 우주성 PAR ~ 글레이손 GA 정면 H-ST-G (득점: 글레이손, 도움: 우주성) 오른쪽
- 후반 36분 이광진 MFR FK ○ 원기종 GA 정면 내 R-ST-G (득점: 원기종, 도움: 이광진) 오른쪽
- 후반 38분 고태규 AK 내 R-ST-G (득점: 고태규) 오른쪽

김천 2 : 1 부산

- 7월 10일 19:30 맑음 김천 종합 866명
- 주심 최광호 부심 산재환·김수현 대기심 성덕효 경기감독관 당성증

김천 2 · 0 전반 1 · 2 후반 0 · 1 부산

퇴장	경고	파울	ST(유)	교체	선수명	배번	위치	위치	배번	선수명	교체	ST(유)	파울	경고	퇴장
0	0	0	0		신 송 훈	18	GK	GK	1	구 상 민		0	0	0	0
0	0	0		24	박 민 규	23	DF	DF	5	조 위 제		0	0	0	0
0	0	1			이 유 현	35	MF	DF	20	이 한 도		0	1	0	0
0	0	0	14		김 재 우	34	DF	DF	26	최 지 묵	66	0	1	0	0
0	1	0			김 동 현	30	MF	DF	33	김 상 준	3(1)	1	0		
0	0	0	0		김 진 규	32	MF	MF	14	정 원 진		3	1	0	0
0	2	29			윤 석 주	39	MF	MF	23	성 호 영	47	1	3	0	0
0	0	1			이 준 석	20	MF	MF	42	권 혁 규	7	1	0	0	0
0	0	36			김 현 욱	25	FW	FW	14	김 찬	96	0	1	0	0
0	0	2(1)	후0		조 영 욱	27	FW	FW	99	최 건 주	10	1	0	0	0
0	0	0			강 현 무	31			41	황 병 근					
0	0				임 승 겸	6			2	어 정 원	후38	0	0		
0	0		후44		윤 종 규	14			45	황 준 호		0	0		
0	0		후36		윤 석 우	14	대기	대기	18	박 세 진	후38	0	0		
					구 본 철	36			47	전 승 민	후20	0	0		
0	0		후0		정 치 인	29			10	라 마 스	후28	2	0		
0	0	2(1)	후0		이 중 민	37			96	프 랭클린	후28	1	1		
0	9	18(5)				0			0			13(3)	8	0	0

- 후반 25분 이유현 AK 내 L-ST-G (득점: 이유현) 왼쪽
- 후반 46분 윤종규 GAL ○ 조영욱 GA 정면 H-ST-G (득점: 조영욱, 도움: 윤종규) 오른쪽
- 전반 16분 정원진 PAL ~ 김상준 PA 정면 R-ST-G (득점: 김상준, 도움: 정원진) 왼쪽

천안 2 : 2 충북청주

• 7월15일 19:00 비 천안 종합 885명
• 주심_최광호 부심_이양우·김수현 대기심_송민석 경기감독관_김성기

천안 2	1 전반 0	2 충북청주
	1 후반 2	

퇴장	경고	파울	슛(ST유)	교체	선수명	배번	위치	위치	배번	선수명	교체	슛(ST유)	파울	경고	퇴장
0	1	0	0		김민준	1	GK	GK	21	박대한		0	0	0	0
0	0	0	0		김현중	16	DF	DF	14	이정택		1	2	0	0
0	0	0	1		이광준	3	DF	DF	3	한샘		0	2	1	0
0	0	0	1		이석규	27	DF	DF	40	김원균		1(1)	0	2	0
0	0	0	0	21	김주환	2	MF	MF	24	박진성			1		0
0	1	0	0		박준강	37	MF	MF	8	장혁진		1	3		0
0	0	2	1(1)	19	오윤석	23	MF	MF	99	홍원진		0	0		0
0	0	0	0	7	다미르	10	MF	MF	39	김명순		2(2)	0	0	0
0	1	0	21	39	윤용호	8	FW	FW	6	문상윤	11	0	0	0	0
0	1	0	6(3)		파울리뇨	96	FW	FW	23	김도현	98	1	2	0	0
0	1	2	18		모따	9	FW	FW	9	조르지		3(2)	0	0	0
					임미혁	36			18	정진욱					
					오현교	22			11	양지훈	후0				
0	0	0	후38		신원호	21			77	정민우					
0	1	0	후26		김창수	19	대기	대기	19	김인형	후15	0			
0	0	0	후26		장백규	14			98	이승재	후0	3(1)	1		0
0	0	0	후13		정석화	7			13	박건	후30				
0	0	1	후38		김종민	18			19	구현준	후15	0			
0	4	8	13(7)			0			0			13(6)	17	2	0

● 전반 42분 윤용호 AKR R-ST-G (득점: 윤용호) 오른쪽
● 후반 28분 모따 GAL L-ST-G (득점: 모따) 왼쪽
● 후반 39분 조르지 PK-R-G (득점: 조르지) 왼쪽
● 후반 51분 신원호 GAR 내 L 자책골 (득점: 신원호) 오른쪽

안산 0 : 2 부천

• 7월15일 19:30 흐림 안산 와~스타디움 887명
• 주심_정회수 부심_구은석·신재환 대기심_임정수 경기감독관_당성증

안산 0	0 전반 2	2 부천
	0 후반 0	

퇴장	경고	파울	슛(ST유)	교체	선수명	배번	위치	위치	배번	선수명	교체	슛(ST유)	파울	경고	퇴장
0	0	0	0		이승빈	1	GK	GK	25	이범수		0	0	0	0
0	0	3	0		고태규	4	DF	DF	20	서명관		1	2	0	0
0	0	0	18		정재민	20	DF	DF	6	닐손주니어		1(1)	1	0	0
0	0	0			장유섭	22	DF	DF	3	이동희		0	0	0	0
0	0	0	22		신민기	13	MF	MF	37	김선호	23	1	0	0	0
0	0	0			김재성	14	MF	MF	23	카즈		0	0	0	0
0	0	3(1)			윤주태	10	MF	MF	10	조수철	7	2(1)	1	0	0
0	0	0			이승민	66	MF	MF	66	유승현		1(1)	2	0	0
0	1(1)			95	김경수	9	FW	FW	88	이정빈	21	2(2)	0	0	0
0	0		32		윤경원	17	FW	FW	42	이의형	42	4(2)	0	0	0
0	0	17			홍재휴	25	FW	FW	25	하모스		4(2)	0	0	0
					김선우	21			1	이주현					
					완드류	12			5	이용혁	후38				
0	0		후6		김대경	23	대기	대기	21	박형진					
0	0		후24		김대경	23			20	김보웅	후0				
0	0		후6		이준희	22			19	김호남	후31	1			
0	3(2)		후0		강준모	32			27	김규민					
0	0		후0		티아고	95			42	루페라	후38	2(2)	1	0	0
0	0	7	7(4)			0			0			19(12)	12	1	0

● 전반 34분 이의형 GAL 내 L-ST-G (득점: 이의형) 왼쪽
● 전반 42분 이의형 MFR ~ 유승현 PAR 내 R-ST-G (득점: 유승현, 도움: 이의형) 오른쪽

김포 2 : 1 김천

• 7월15일 19:30 흐림 김포솔터축구장 1,363명
• 주심_조지음 부심_설귀선·박남수 대기심_성덕호 경기감독관_차상해

김포 2	1 전반 1	1 김천
	1 후반 0	

퇴장	경고	파울	슛(ST유)	교체	선수명	배번	위치	위치	배번	선수명	교체	슛(ST유)	파울	경고	퇴장
0					박청효	13	GK	GK	31	강현무		0			0
0					박경록	26	DF	DF	28	김태현	12				0
0					김태한	4	DF	DF	24	윤종규					0
0					조성권	2	DF	DF	6	임승겸	35	1			0
0					김성민	17	MF	MF	26	원두재					0
0			7		김종석	10	MF	MF	7	최병찬	4	1(1)			0
0			91		서재민	21	MF	MF	25	김현욱		3(2)			0
0			24		민성연	77	FW	FW	36	구본철					0
0					송창석	19	MF	MF	40	이영준	29	1			0
0	1	2(1)	44		윤민호	32	FW	FW	38	김민준	19				0
					이상욱	41			41	김준홍					
					김민호	35			35	이상민	후32				
0			후37		이상혁	44			12	김륜성	후16				
0			후37		박광일	91	대기	대기	4	강현묵					
0	0	1(1)	후10		장윤호	7			29	정치인	후16				
0	1(1)		후10		주닝요	9			19	이지훈	후?				
0	1		전33		루이스	24			27	조영욱	전33	3(3)			0
0	1	10	5(4)			0			0			14(8)	1	0	

● 전반 34분 김종석 MFR ~ 윤민호 GA 정면 H-ST-G (득점: 윤민호, 도움: 김종석) 오른쪽
● 후반 18분 윤민호 PAL EL ~ 주닝요 GA 정면 R-ST-G (득점: 주닝요, 도움: 윤민호) 오른쪽
● 전반 45분 조영욱 GAR L-ST-G (득점: 조영욱) 오른쪽

충남아산 2 : 3 안양

• 7월15일 20:00 흐리고 비 아산 이순신 1,032명
• 주심_김영수 부심_강도준·김종희 대기심_설태환 경기감독관_나승화

충남아산 2	1 전반 1	3 안양
	1 후반 2	

퇴장	경고	파울	슛(ST유)	교체	선수명	배번	위치	위치	배번	선수명	교체	슛(ST유)	파울	경고	퇴장
0					박주원	21	GK	GK	1	박성수		0			0
0					장준영	4	DF	DF	2	이창용		0			0
0		1(1)			조윤성	20	MF	MF	8	황기욱	26	0			0
0	1	3	1(1)		이은범	47	FW	FW	10	안드리고		3(2)			0
0			29		김강국	23	MF	MF	15	박재용	16	1			0
0		1(1)			김강국	15	MF	MF	16	박재용		1			0
0					박세직	24	MF	MF	4	문성우	9	0			0
0		13			권성현	13	MF	MF	30	백동규		0			0
0					박상혁	27	MF	MF	97	야고	14	1(1)			0
0		7			강민규	11	FW	FW	99	추현우	90	0			0
0					아폰자	99	FW	FW							
					박한근	14			21	김태훈					
					이학민	14			5	박종현					
0			후10/18		김승호				9	브루노	후22	2(2)			0
0			후23		송승민	7	대기	대기	13	홍창범	전28	1(1)			0
0			후0		두아르테				24	최성범	후33				
0			후0/96		지언학	29			26	김정민	후33				
0			후0		하파엘	96			90	구대영	후?				
0	1	10	7(5)			0			0			9(6)	1	1	0

● 전반 42분 강민규 PA 정면 내 R-ST-G (득점: 강민규) 가운데
● 후반 6분 지언학 AKL ~ 아폰자 GAL R-ST-G (득점: 아폰자, 도움: 지언학) 오른쪽
● 전반 34분 홍창범 PA 정면 내 L-ST-G (득점: 홍창범) 오른쪽
● 후반 22분 안드리고 MF 정면 ~ 브루노 PA 정면 내 L-ST-G (득점: 브루노, 도움: 안드리고) 가운데
● 후반 46분 최성범 PA 정면 ~ 안드리고 AKL R-ST-G (득점: 안드리고, 도움: 최성범) 왼쪽

부산 2 : 3 성남

- 7월 16일 19:00 비 부산 아시아드 1,872명
- 주심_박종명 부심_홍석찬·이병주 대기심_김재홍 경기감독관_허태식

| 부산 2 | 0 전반 2 | 2 후반 1 | 3 성남 |

퇴장	경고	파울	ST(유)	교체	선수명	배번	위치	위치	배번	선수명	교체	ST(유)	파울	경고	퇴장
0	0	0	0		구상민	1	GK	GK	1	최필수		0	0	0	0
0	1	1	0		조위제	5	DF	DF	16	김진래		0	0	0	0
0	1	0	0		이한도	20	DF	DF	3	강의빈		1(1)	0	0	0
0	1	0	1(1)	47	김상준	33	DF	DF	20	조성욱		1	2	0	0
0	0	0	2(1)		어정원	2	DF	DF	17	이지훈		0	1	0	0
0	0	0	3(3)		라마스	10	MF	MF	4	이상민		1	0	0	0
0	0	0	0		정원진	14	MF	MF	99	크리스	19	0	0	0	0
0	1	0	0	11	권혁규	6	MF	MF	55	박태준	14	0	0	0	0
0	0	0	0		박세진	66	MF	MF	7	권순형			1	0	0
0	0	0	0	45	김찬	9	FW	FW	27	이준상	33	1(1)	2	0	0
0	1	0	0	22	최건주	99	FW	FW	93	진성욱	28	3(2)	2	1	0
0	0	0	0		황병근	41			41	김영광		0	0	0	0
0	0	1	1(1)	후0	최준	6			42	패트릭	후42				
0	1	0	0	후37	황준호	45			14	이재원	후32				
0	0	0	0	후8	이상헌	18	대기	대기	28	양태양	후32				
0	0	0	0	후0	전승민	47			9	데닐손					
0	1	0	0	후8	김정환	11			19	정한민	후5	1(1)			
0	0	0	0		프랭클린	96			33	전성수	후5				
0	3	8	11(7)									8(5)	10	2	0

- ● 후반 29분 김정환 PAR 내 ~ 라마스 PA 정면 내 L-ST-G (득점: 라마스, 도움: 김정환) 왼쪽
- ● 후반 38분 전승민 MFL TL ~ 황준호 PK 우측지점 H-ST-G (득점: 황준호, 도움: 전승민) 왼쪽
- ● 전반 21분 박태준 C.KL ~ 강의빈 GA 정면 H-ST-G (득점: 강의빈, 도움: 박태준) 오른쪽
- ● 전반 47분 진성욱 HLR R-ST-G (득점: 진성욱) 왼쪽
- ● 후반 24분 진성욱 PAR 내 R-ST-G (득점: 진성욱) 오른쪽

부천 0 : 0 충북청주

- 7월 18일 19:00 흐림 부천 종합 1,552명
- 주심_최규현 부심_설귀선·김종희 대기심_고민국 경기감독관_김종민

| 부천 0 | 0 전반 0 | 0 후반 0 | 0 충북청주 |

퇴장	경고	파울	ST(유)	교체	선수명	배번	위치	위치	배번	선수명	교체	ST(유)	파울	경고	퇴장
0	0	0	0		이범수	25	GK	GK	21	박대한		0	0	0	0
0	0	1	0	20	이용혁	5	DF	DF	19	구현준	13	1	0	0	0
0	0	0	0		닐손주니어	6	DF	DF	14	이정택					
0	1	2	0		이동희	3	DF	MF	24	박진성	40				
0	0	0	0	37	김규민	17	MF	MF	7	피터		1(1)	2	1	0
0	0	2	1		카즈	23	MF	MF	99	홍원진		2(1)	2	0	0
0	0	2	1	21	조수철	21	MF	MF	39	김명순		2	3	0	0
0	0	0	0		유승현	66	MF	FW	8	장혁진		3(2)	1	0	0
0	0	0	2(1)		이정빈	88	FW	FW	98	조르지	98	4(2)	1	0	0
0	0	0	0	9	이의형	9	FW	FW	23	김도현	11	1(1)	1	0	0
0	0	0	0	42	하모스	7	FW								
0	0	0	0		이주현	1			18	정진욱		0	0	0	0
0	0	0	0	후34	서명관	20			11	양지훈	후0				
0	0	0	0	후16	박형진	21			13	박건	후35				
0	0	0	0	후16	김선호	37	대기	대기	3	이민형	후35				
0	0	0	0		김보용	9			98	이승재	후16				
0	0	0	0		김호남	19			40	김원균	후34				
0	0	0	0	후16	루페타	42			2	김지운	후45				
0	1	9	5(1)									11(7)	15	2	0

경남 0 : 2 전남

- 7월 16일 20:00 흐리고 비 창원 축구센터 2,137명
- 주심_최성환 부심_이영운·서영규 대기심_박세진 경기감독관_허기태

| 경남 0 | 0 전반 2 | 0 후반 0 | 2 전남 |

퇴장	경고	파울	ST(유)	교체	선수명	배번	위치	위치	배번	선수명	교체	ST(유)	파울	경고	퇴장
0	0	0	0		고동민	1	GK	GK	98	안준수		0	0	0	0
0	1	1	0	16	이준재	18	DF	DF	28	김수범	2		0	0	0
0	0	0	0		이강희	88	DF	DF	5	유지하		0	2	1	0
0	0	0	2		박재환	73	DF	DF	3	김태원		0	2	1	0
0	0	0	0		박민서	21	DF	DF	14	아스나위		1	1	0	0
0	0	0	2(1)		모재현	10	MF	MF	20	미키치	27	4(3)	1	2	0
0	0	0	2(1)		우주성	15	MF	MF	16	최성진	23	0	0	0	0
0	0	0	0		송홍민	4	MF	MF	10	발디비아	35	2(1)	1	0	0
0	0	0	0	77	카스트로	95	MF	MF	11	플라나		4(2)	0	0	0
0	1	0	2(1)		원기종	7	MF	FW	9	하남	12	3(3)	1	0	0
0	0	0	0	99	글레이손	96	FW								
0	0	0	0		손정현	31			31	최봉진					
0	0	0	0		권기표	11			25	조지훈	후37				
0	0	0	0		김영찬	5			24	유헤이	후18				
0	0	0	0	후13	이광진	16	대기	대기	6	노건우	후37				
0	1	0	1(1)	후13/27	조상준	99			30	추상훈	후31				
0	0	0	0	후33	레오	27			12	지상욱	후31	1(1)	0	0	0
0	2	2(1)		후0	박민서	77									
0	8	16(5)										19(11)	10	2	0

- ● 전반 3분 발디비아 C.KL ~ 하남 GAR 내 H-ST-G (득점: 하남, 도움: 발디비아) 왼쪽
- ● 전반 31분 하남 GAL ~ 발디비아 AKL R-ST-G (득점: 발디비아, 도움: 하남) 오른쪽

서울E 0 : 1 김포

- 7월 18일 19:00 흐림 목동 종합 1,489명
- 주심_안재훈 부심_홍석찬·주현민 대기심_이경순 경기감독관_이경춘

| 서울E 0 | 0 전반 0 | 0 후반 1 | 1 김포 |

퇴장	경고	파울	ST(유)	교체	선수명	배번	위치	위치	배번	선수명	교체	ST(유)	파울	경고	퇴장
0	0	0	0		주현성	31	GK	GK	13	박청효		0	0	0	0
0	1	1	1(1)		이재익	14	DF	DF	3	김경록		0	0	0	0
0	0	0	0		이인재	92	DF	DF	4	김태한		1	1	0	0
0	0	0	0		김민규	3	DF	DF	2	조성권		0	0	0	0
0	0	0	1(1)	22	차승현	13	DF	MF	91	박광일		1	0	0	0
0	0	0	0		이상민	6	MF	MF	8	김이석		1	0	0	0
0	0	0	0		브루노	40	MF	MF	7	장윤호	10	0	0	0	0
0	0	0	0		조동재	27	MF	MF	21	서재민	17	0	0	0	0
0	0	0	0		유정완	17	FW	FW	19	손석용	9	0	0	0	0
0	1	2	0	16	변경준	16	MF	MF	44	송창석		0	0	0	0
0	1	2(2)			박정인	11	FW	FW	32	윤민호	24	0	0	0	0
0	0	0	0		강정묵	1			1	이상욱					
0	0	0	0		김원식	15			20	김민호		0	0	0	0
0	0	0	0	7	김선민	7			44	이상혁	후0				
0	0	0	0	후30	츠바사	44	대기	대기	18	김성민	후0				
0	3(1)			전22	이동률	10			10	김종석	후19				
0	0	0	0	후19	호난				33	주닝요	후32				
0	0	0	0	후0	송시우	82			24	루이스	후0	2(1)	1	0	0
0	1	14(5)										8(2)	11	2	0

- ● 후반 8분 박광일 AK 정면 FK R-ST-G (득점: 박광일) 왼쪽

안양 1 : 1 천안

• 7월 18일 19:30 맑음 안양 종합 2,275명
• 주심_박세진 부심_강도준·서영규 대기심_최승환 경기감독관_당성증

0 전반 0
1 후반 1

퇴장	경고	파울	ST(유)	교체	선수명	배번	위치	위치	배번	선수명	교체	ST(유)	파울	경고	퇴장
0	0	0	0		박성수	1	GK	GK	1	김민준		0	0	0	0
0	0	4	0		박종현	5	MF	DF	16	김현중		0	0	1	0
0	0	0	1	16	브루노	9	MF	DF	3	이광준		0	0	0	0
0	0	2	1(1)	8	홍창범	14	MF	DF	5	이재원	27	0	0	0	0
0	1	2	0		김형진	15	MF	MF	2	김주환		0	0	0	0
0	1	0		26	최성범	24	MF	MF	22	오현교	37	0	0	1	0
0	1	0		97	문성우	28	MF	MF	32	신형민		0	0	0	0
0		0	0		백동규	30	DF	FW	19	정석화		0	0	0	0
0		0	1		이태희	32	DF	FW	32	윤용호	1(1)	1	0	1	0
0		0	1	40	연제민	40	DF	FW	96	파울리뇨		0	0	0	0
0		0	1	99	구대영	90	DF	FW	18	김종민		2(2)	0	0	0
					김태훈	21			36	임민혁		0	0	0	0
					이창용	4			37	박준강	후0	0	0	0	0
				후41	황기욱	8			23	오윤석	후0	0	0	0	0
				후14	박재용	16	대기	대기	39	김창수					
									19	장백규	후43	0	0	0	0
0	2(1)		전28		야고	97			27	이석규	후0	0	0	0	0
				후14	주현우	99			9	모따	21	2(1)	0	0	0
	0	1	18	5(2)								7(4)	15	4	0

●후반 4분 야고 AKR L-ST-G (득점: 야고) 왼쪽
●후반 10분 김주환 PAR ⌒ 김종민 GAR H-ST-G (득점: 김종민, 도움: 김주환) 오른쪽

성남 1 : 1 경남

• 7월 19일 19:00 맑음 탄천 종합 992명
• 주심_성덕호 부심_구은석·신재환 대기심_이지형 경기감독관_김용세

1 전반 0
0 후반 1

퇴장	경고	파울	ST(유)	교체	선수명	배번	위치	위치	배번	선수명	교체	ST(유)	파울	경고	퇴장
0	0	0	0		최필수	1	GK	GK	1	고동민		0	0	0	0
0	0	0	0		김진래	16	DF	DF	18	이준재		3	1	1	0
0	1	0	0		강의빈	4	DF	DF	73	이강희	2(1)	2	0	0
0	1	1	2(1)		조성욱	20	DF	DF	73	박재환		0	0	0	0
0		0	0		이지훈	17	DF	MF	21	이민기		0	0	0	0
0	1	0	0		이상민	4	MF	MF	99	조상준	10	1	1	0
0		3(1)		96	크리스	99	MF	MF	16	이광진		0	0	1	0
0		0	0		박태준	55	MF	MF	7	우주성		0	0	0	0
0		0	0		이재원	14	MF	MF	98	카스트로		0	0	0	0
0	2(1)		33		이준상	27	MF	FW	7	레오	1	0	0	0
0	2(1)		9		진성욱	93	FW	FW	96	글레이손	1(1)	3	0	0
					정명제	30			31	손정현		0	0	0	0
					패트릭	5			21	박민서	후0	0	0	0	0
					권순형	7			5	김요한		0	0	0	0
				후42	데닐손	9	대기	대기	4	송홍민	후16	0	0	0	0
									10	모재현	후0	0	0	0	0
0	1(1)		후7		전성수	33			77	박민서	후16	0	0	0	0
				후30	가브리엘	96			7	원기종	후0	1(1)	0	0	0
0	2	6	14(7)									13(3)	12	1	0

●전반 26분 조성욱 MF 정면 R-ST-G (득점: 조성욱) 왼쪽
●후반 17분 우주성 MFR ⌒ 글레이손 GA 정면 H-ST-G (득점: 글레이손, 도움: 우주성) 왼쪽

전남 5 : 2 안산

• 7월 19일 19:00 흐림 광양 전용 1,292명
• 주심_오현진 부심_이양우·강태형 대기심_설태환 경기감독관_양정환

3 전반 1
2 후반 1

퇴장	경고	파울	ST(유)	교체	선수명	배번	위치	위치	배번	선수명	교체	ST(유)	파울	경고	퇴장
0	0	0	0		안준수	98	GK	GK	1	이승빈		0	0	0	0
0	0	0	0		김수범	28	DF	DF	3	김채운		0	0	0	0
0	1	2	0		유지하	2	DF	DF	4	고태규	28	0	1	0	0
0	0	1	1(1)		고태원	5	DF	DF	18	김대경		0	0	0	0
0		0	0		아스나위	14	DF	DF	23	장유섭		0	0	0	0
0	0	1		35	미키치	20	MF	MF	11	정지용	95	0	1	1	0
0	2	3(1)		24	최성진	88	MF	MF	12	완드류	2	0	0	0	0
0		0		25	발디비아	10	MF	MF	14	김재성		0	0	0	0
0		2(2)			플라나	11	MF	MF	17	김범수		0	0	0	0
0	2	1(1)		12	하남	9	FW	MF	7	신재혁	2	0	0	0	0
					최봉진	1		FW	9	김경준	3(2)	0	0	0	0
				후22	조지훈	25			31	김영호		0	0	0	0
					이규혁	66			15	정용희		0	0	0	0
				후22	유헤이	24	대기	대기	27	윤주태	후25	1(1)	0	0	0
				전16	노건우	35			28	이승민	후25	0	0	0	0
0	2(2)		후17		추상훈	27			32	강준모	후0	0	0	0	0
				후22	지상욱	12			95	티아고	후0	0	0	0	0
0	1	13	13(8)									8(4)	14	2	0

●전반 7분 발디비아 AKL ~ 플라나 AK 정면 L-ST-G (득점: 플라나, 도움: 발디비아) 오른쪽
●전반 29분 하남 GAR 내 R-ST-G (득점: 하남) 왼쪽
●전반 42분 발디비아 C.KL ⌒ 고태원 GA 정면 내 H-ST-G (득점: 고태원, 도움: 발디비아) 오른쪽
●후반 23분 지상욱 PAL ~ 발디비아 AK 정면 R-ST-G (득점: 발디비아, 도움: 지상욱) 왼쪽
●후반 45분 지상욱 AKR ⌒ 발디비아 PK지점 R-ST-G (득점: 발디비아, 도움: 지상욱) 왼쪽

●전반 18분 김채운 PAL ~ 김경준 PK 좌측지점 L-ST-G (득점: 김경준, 도움: 김채운) 오른쪽
●후반 46분 김경준 PK지점 R-ST-G (득점: 김경준) 가운데

김천 3 : 2 충남아산

• 7월 19일 19:30 맑음 김천 종합 885명
• 주심_임정수 부심_이영운·이병주 대기심_박종필 경기감독관_허태식

2 전반 0
1 후반 2

퇴장	경고	파울	ST(유)	교체	선수명	배번	위치	위치	배번	선수명	교체	ST(유)	파울	경고	퇴장
0	0	0	0		김준홍	41	GK	GK	1	박한근		0	0	0	0
0	2	1		28	박민규	23	DF	DF	4	장준영		1(1)	0	0	0
0	0	0	0		이유현	11	DF	DF	20	조윤성		0	0	0	0
0	1	0	0		이상민	35	DF	DF	47	이은범		0	0	0	0
0		0	0		김재우	34	DF	DF	13	김승호	17	0	1	0	0
0		0	0		원두재	26	MF	MF	14	이학민		0	1	0	0
0	1		38		김진규	36	MF	MF	22	김강국		0	0	0	0
0	3(2)		14		강현묵	29	MF	MF	25	권성현	24	0	0	0	0
0	3(1)				이준석	22	FW	FW	9	정성호		0	0	0	0
0	1				김동현	24	FW	FW	10	두아르테		0	0	0	0
0	2(1)		37		조영욱	27	FW	FW	96	하파엘		0	0	0	0
					신송훈	18			21	박주원		0	0	0	0
					김륜성	7			3	이호인		0	0	0	0
				후0	김태현	28	대기	대기	17	김성주	후24	0	0	0	0
				후34	김민준	38			24	박세직	후19	1	0	1	0
				후11	정치인	29			11	강민규		0	0	0	0
				후27	이중민	37			29	지언학	후24	2(1)	0	1	0
									19	아폰자	후19	2(1)	2	0	0
0	1	14	11(4)									8(6)	10	2	0

●전반 16분 조영욱 PK-R-G (득점: 조영욱) 왼쪽
●전반 37분 이유현 PAR ⌒ 이준석 GA 정면 H-ST-G (득점: 이준석, 도움: 이유현) 왼쪽
●후반 21분 김진규 MF 정면 ⌒ 강현묵 GA 정면 H-ST-G (득점: 강현묵, 도움: 김진규) 왼쪽

충북청주 2 : 1 서울E

- 7월23일 19:00 비 청주 종합 1,857명
- 주심_최광호 부심_구은석·김동민 대기심_박세진 경기감독관_구상범
- 충북청주 2 | 0 전반 1 / 2 후반 0 | 1 서울E

퇴장	경고	파울	ST(유)	교체	선수명	배번	위치	위치	배번	선수명	교체	ST(유)	파울	경고	퇴장
0	0	0	0		박대한	21	GK	GK	1	강정묵		0	1	1	0
0	0	2	0		이정택	14	DF	DF	14	이재익		0	1	0	0
0	0	0		98	이민형	5	DF	DF	92	이인재		0	1	0	0
1	0	2	0		김원균	40	DF	DF	3	김민규		1	1	1	0
0	1	0		13	이찬우	20	MF	MF	7	황태현	7	0	1	0	
0	1	2	4(2)		피터	7	MF	MF	6	이상민		0	1	0	
0	0	2	1(1)		홍원진	99	MF	MF	30	박창환	44				
0	0	1	0	23	김명순	23	MF	MF	10	이동률	16				
0	0	0	0		장혁진	8	MF	FW	9	정원진		5(4)	2	1	0
0	1	3	2(1)		조르지	7	FW	FW	82	송시우	22	1	1	0	
0	0	1	1		정기운	17	FW	FW	11	박정인		4(4)	1	1	0
					정진욱	18			77	윤보상					
0	0	1(1)		0	양지훈	11			15	김원식					
0	0	0	0	후41	김도현	23			7	서보민	후31				
0	0	0	0	전33	박건	13		대기	44	초바사	후17				
0	0	0	0	후0	이승재	98			40	브루노					
0	0	0	0	후41	이한샘	3			22	호난	후20				
					김지운	2			16	변경준	후17				
1	2	11	8(5)									13(8)	9	6	

- 후반 15분 피터 PA 정면 L-ST-G (득점: 피터) 오른쪽
- 후반 22분 이승재 MF 정면 ~ 조르지 GAL L-ST-G (득점: 조르지, 도움: 이승재) 오른쪽
- 전반 31분 박정인 PK-R-G (득점: 박정인) 오른쪽

충남아산 0 : 0 부천

- 7월23일 19:30 비 아산 이순신 930명
- 주심_안재훈 부심_홍서찬·박남수 대기심_최철준 경기감독관_허태식
- 충남아산 0 | 0 전반 0 / 0 후반 0 | 0 부천

퇴장	경고	파울	ST(유)	교체	선수명	배번	위치	위치	배번	선수명	교체	ST(유)	파울	경고	퇴장
0	0	0	0		박한근	1	GK	GK	25	이범수		0	0	0	
0	0	3			장준영	4	DF	DF	20	서명관		0			
0	1	3		15	이재성	15	DF	DF	6	닐손주니어		0			
0	0	1			이은범	47	DF	DF	37	김선호	2	1	2	0	
0	0			17	강준혁	99	DF	MF	21	박형진	88	2			
0	0				김주성	2	MF	MF	23	카즈					
0	0				김강국	22	MF	MF	31	김한솔	66				
0	5(2)				박세직	24	MF	FW	9	하모스	0	0			
0	3				지언학	29	FW	FW	18	김호남	99	1			
0	0			3	강민규	3	FW	FW	99	김보남	3(2)	1	0		
				90	아폰자	90	FW		1	이주현					
					문현호	37			5	이용혁	후36				
0	0			전45	이호인	3			66	유승현	후20				
0	0			후9	김성주	17		대기	10	조수철					
				후9	김승호	13			88	이정빈	후36				
0	0			후35	송승민	16			9	김보용	전26	2			
					두아르테	10			99	박호민	후20				
0	3	15	11(2)									10(2)	10	1	0

- 전반 20분 지언학 GAL L-ST-G (득점: 지언학) 가운데

경남 0 : 2 김천

- 7월23일 19:30 비 창원 축구센터 2,797명
- 주심_김재홍 부심_주현민·서영규 대기심_김영수 경기감독관_김종민
- 경남 0 | 0 전반 1 / 0 후반 1 | 2 김천

퇴장	경고	파울	ST(유)	교체	선수명	배번	위치	위치	배번	선수명	교체	ST(유)	파울	경고	퇴장
0	0	0	0		고동민	1	GK	GK	41	김준홍		0	1	0	0
0	0	0		18	권기표	11	DF	DF	23	박민규	2	0	1	0	
0	1	1	1		이강희	88	DF	DF	28	김태현		1	0		
0	0	0	1		박재환	73	DF	DF	35	이상민		1	0		
0	0	0			박민서	21	DF	DF	34	김재우		1	1		
0	0	0	0	99	모재현	10	MF	MF	10	문두채					
0	0	2	1(1)	15	이광진	16	MF	MF	32	김진규	3	1(1)	3	1	0
0	0	3			송홍민	4	MF	MF	39	강현묵	36	2(2)	0		
0	0	6			카스트로	95	FW	FW	20	이준석	12	0	1	0	
0	2	1(1)		27	박민서	77	FW	FW	25	김현욱	29				
0	0	2			원기종	7	FW	FW	27	조영욱	37	2(1)	0		
					이윤오	25			18	이영재					
0	0				김영찬	5			12	김륜성	후21				
0	0			후8	우주성				6	이승엽	후12	0	1	1	0
0	0			후	이준재			대기	36	구본철	후41	0			
0	0			후23	조상준	99			38	김민준					
0	0			후8	레오				37	정치인	후12	2(1)	1	0	
0	0			후	글레이손	96			37	이중민	후				
0	1	7	12(1)									11(5)	10	3	0

- 전반 35분 김진규 AK 정면 FK R-ST-G (득점: 김진규) 오른쪽
- 후반 1분 강현묵 MF 정면 ~ 조영욱 PA 정면 내 R-ST-G (득점: 조영욱, 도움: 강현묵) 오른쪽

천안 3 : 2 성남

- 7월23일 20:00 비 천안 종합 580명
- 주심_설태환 부심_이양우·김태형 대기심_최규현 경기감독관_당성증
- 천안 3 | 2 전반 1 / 1 후반 1 | 2 성남

퇴장	경고	파울	ST(유)	교체	선수명	배번	위치	위치	배번	선수명	교체	ST(유)	파울	경고	퇴장
0	0	0	0		김민준	1	GK	GK	1	최필수		0	0	0	
0	1	3	0		김현중	16	DF	DF	23	정승용	16	0	0		
0	1	2	0		이광준	3	DF	DF	3	강의빈		0	2	0	
0	1		39		이재원	5	DF	DF	20	조성욱		2(1)	3	1	0
0	0	2			김주환	2	MF	MF	17	이지훈		1(1)	1	0	
0	0				박준강	37	MF	MF	4	이상민		0			
0	1		19		신형민	4	MF	MF	55	박태준	7	0			
0	3(1)	23			정석화	7	MF	MF	7	권순형	5(3)	0			
0	3(2)				윤용호	8	FW	MF	96	가브리엘					
0	2	3(2)			파울리뇨	96	MF	FW	93	데닐손	93	1	0		
					모	9	FW		5	패트릭					
					정명제	30			16	김진래	후				
	14/10				이석규	27			26	박상혁	후				
0	0			후	오윤석	23			8	박상혁	후26	2(1)	0		
0	0			후43	김창수	39		대기	15	신재원					
0	0			후43	다미르	10			19	정한민	후36	1(1)	0		
0	0			후43	장백규	29			93	정성욱	전36	8(3)	0		
					김종민	18									
0	3	13	11(5)									21(10)	10	1	0

- 전반 14분 가브리엘 AKR L-ST-G (득점: 가브리엘) 오른쪽
- 후반 16분 가브리엘 PAR 내 EL ~ 조성욱 GAL 내 H-ST-G (득점: 조성욱, 도움: 가브리엘) 왼쪽

경기기록

• 7월 24일 19:00 맑음 김포솔터축구장 1,277명
• 주심_박종명 부심_설귀선·김수현 대기심_이지형 경기감독관_나승화

김포 0   0 전반 1 / 0 후반 0   **1 안산**

퇴장	경고	파울	ST(유)	교체	선수명	배번	위치	위치	배번	선수명	교체	ST(유)	파울	경고	퇴장
0	0	0	0		박청효	13	GK	GK	1	이승빈		0	0	0	0
0	0	1	0	17	박경록	3	DF	DF	4	고태규		0	1	0	0
0	0	1	0		김태한	4	DF	DF	20	김정호		0	1	0	0
0	0	0	0		조성권	2	DF	DF	23	장유섭		0	0	0	0
0	0	0	1	44	박광일	91	MF	MF	15	김채운		3	1	0	0
0	1	1(1)			김이석	8	MF	MF	7	최한솔	24	1	0	0	0
0	0	2	2	99	장윤호	4	MF	MF	10	노경호	22	1	1	0	0
0	1	2			서재민	21	MF	MF	18	김대경		0	0	0	0
0		4(1)			루이스	24	FW	FW	9	김경준		3(1)	1	0	0
0	0			9	송창석		FW	FW	17	김범수		3(1)			0
0	0	11			윤민호	32	FW	FW	27	신재혁	95				0
					이상욱	1			21	김선우					
					김민호	20			11	정지용	후33				
		1(1)		후25	이상혁	44			15	정용희	후12				
				후32	김성민	17	대기	대기	22	이준희	후33				
				후25	손석용	99			24	윤주태	후0				
		2(1)		후0	주닝요	6			33	이택근					
		1(1)		후0	파블로	11			95	티아고	후11				
0	1	11	15(5)									5(1)	11	2	0

● 전반 41분 김경준 HLR ~ 김범수 PAR 내 R-ST-G (득점: 김범수, 도움: 김경준) 가운데

• 7월 29일 19:00 맑음 창원 축구센터 3,624명
• 주심_김영수 부심_홍석찬·신재환 대기심_김재홍 경기감독관_이경춘

경남 0   0 전반 0 / 0 후반 0   **0 김포**

퇴장	경고	파울	ST(유)	교체	선수명	배번	위치	위치	배번	선수명	교체	ST(유)	파울	경고	퇴장
0	0	0	0		고동민	1	GK	GK	13	박청효		0	0	0	0
0	0	0	0		이준재	18	DF	DF	2	조성권		0	2	0	0
0	0	0	0		이강희	88	DF	DF	4	김태한		0	1	0	0
0	0	0	0		박재환	73	DF	DF	3	김민호		0	0	0	0
0	0	0	0		박민서	21	MF	MF	21	서재민	44	0	1	0	0
0	0	2	2(2)	33	설현진	19	MF	MF	8	김이석		0	0	0	0
0	1	1(1)			우주성	15	MF	MF	7	장윤호		0	0	0	0
0	0	0			송홍민	21	MF	MF	19	김성민	91	0	0	0	0
0	0	7			카스트로		MF	MF	32	손석용		0	2	0	0
0		2			원기종	7	FW	FW	24	루이스					0
0		27			글레이손	96	FW	FW	99	손석용	9	1	3		0
					윤일록	25			51	김민재					
					이찬욱	3			3	박경록	후41				
				후35	이민기	33			10	김종석					
					김기표	11	대기	대기	11	이상혁	후0				
				후19	레오				91	박광일	후0				
					서재원	24			32	윤민호	후	2(1)			
				후19	박민서	77			9	주닝요	후30	3(2)			
0	1	8	7(4)									8(3)	13	1	0

• 7월 24일 19:30 흐림 부산 아시아드 1,579명
• 주심_조지음 부심_이영운·김종희 대기심_임정수 경기감독관_김성기

부산 2   1 전반 0 / 1 후반 0   **1 안양**

퇴장	경고	파울	ST(유)	교체	선수명	배번	위치	위치	배번	선수명	교체	ST(유)	파울	경고	퇴장
0	0	0	0		구상민	1	GK	GK	1	박성수		0	0	0	0
0	0				어정원	2	DF	DF	4	이창용		1(1)			0
0	0	4	0	26	조위제	5	DF	DF	5	박종현		0	3	1	0
0	0		2(1)		최준	6	MF	MF	28	황기욱		0			0
0	0				이한도	20	DF	FW	9	브루노					0
0	0				민상기	39	MF	MF	81	홍창범	11	8	1	0	0
0	1	1(1)		55	라마스	10	MF	MF	7	류승우	22	0	0	0	0
0	0				정원진	14	MF	MF	22	김동진		3(2)			0
0	1	3(1)		7	김찬	9	FW	FW	24	최성범	97	0	0	0	0
0		11		11	박동진	49	DF	DF	30	백동규		0			0
0				99	프랭클린	96	MF	MF	32	이태희	99	0			0
					황병근	41			21	김태훈					
				후36	최지묵	26			26	이동수	후18				
				후31	강상윤	55			28	문성우	후33				
					여름	81	대기	대기	40	연제민					
		1(1)		후43	페신	7			81	공민현	후18				
		1(1)		후31	김정환	11			34	고	후34	3(2)			
		2(2)		후0	최건주	99			33	주현우	후0				
0	1	11	11(7)									9(5)	16	3	0

● 전반 47분 라마스 AK 내 L-ST-G (득점: 라마스) 오른쪽
● 후반 38분 브루노 MF 정면 ~ 아고 GAL L-ST-G (득점: 아고, 도움: 브루노) 오른쪽
● 후반 50분 페신 PK-L-G (득점: 페신) 왼쪽

• 7월 29일 19:30 맑음 탄천 종합 2,169명
• 주심_송민석 부심_설귀선·이병주 대기심_이지형 경기감독관_구상범

성남 2   2 전반 0 / 0 후반 1   **1 전남**

퇴장	경고	파울	ST(유)	교체	선수명	배번	위치	위치	배번	선수명	교체	ST(유)	파울	경고	퇴장
0	0	0	0		최필수	1	GK	GK	98	안준수		0	0	0	0
0	0	4(1)			김진래	16	DF	DF	28	김수범		0	0	0	0
0	0				패트릭	5	DF	DF	25	조지훈		0	0	0	0
0	0				조성욱	20	DF	DF	5	고태원		0	1	0	0
0	0			47	이지훈	24	DF	DF	14	아스나위	66	1	0	1	0
0	0				이창민	4	MF	MF	16	이후권		0	1	0	0
0	0	2		27	정한민	19	MF	MF	24	추상훈		0	0	0	0
0		8			권순형	7	MF	MF	10	유헤이		0	0	0	0
0	1	2(1)			박태준	55	MF	MF	11	발디비아		0	0	0	0
0		5(4)			가브리엘	96	MF	MF	22	플라나	12	1(1)	0	0	0
0		4(1)			진성욱	33	FW	FW	9	노건우					0
					김영광	41			1	최봉진					
					강의빈	3			44	김현훈					
					정승용	23			66	이규혁	후21	1	0	0	0
		1(1)		후40	박상혁	8	대기	대기	15	이석현	후15	0	0	0	0
				후31	박지원	47			20	미키치	후35	0			
				후20	데닐손	9			35	노건우	후0	1			
				후20	이준상	27			12	지상욱	후35	0			
0	1	11	20(9)									4(2)	13	2	1

● 전반 1분 가브리엘 HL 정면 ~ 진성욱 AK 내 R-ST-G (득점: 진성욱, 도움: 가브리엘) 오른쪽
● 전반 44분 정한민 PA 정면 내 ~ 가브리엘 PA 정면 내 L-ST-G (득점: 가브리엘, 도움: 정한민) 오른쪽
● 후반 30분 이규혁 AK 정면 L-ST-G (득점: 이규혁) 오른쪽

• 7월30일 19:00 비 부천 종합 2,189명
• 주심_채상협 부심_구은석·강도준 대기심_설태환 경기감독관_나승화

부천 0 0 전반 0 / 0 후반 0 **0 부산**

퇴장	경고	파울	ST(유)	교체	선수명	배번	위치	위치	배번	선수명	교체	ST(유)	파울	경고	퇴장
0	0	0	0		이주현	1	GK	GK	1	구상민		0	0	0	0
0	1	1	0		서명관	20	DF	DF	5	조위제		0	1	0	0
0	0	2	0		닐손주니어	6	DF	DF	33	김상준		3(2)	1	0	0
0	0	1	1		이동희	3	DF	DF	39	민상기	26	1	1	0	0
0	1	1	0		김선호	37	MF	MF	2	어정원		1	1	0	0
0	0	1	0		카 즈	23	MF	MF	10	라마스	7	3(2)	0	0	0
0	1	1(1)	21		조수철	10	MF	MF	14	정원진	55	2(2)	0	0	0
0	0	1	1		유승현	66	MF	MF	66	박세진		1	2	0	0
0	0	1	0		이정빈	88	FW	FW	81	찬	81	1(1)	3	1	0
0	0	3(1)	15		이의형	18	FW	FW	49	박동진	7	2	0	0	0
0	0	1	99		김호남	19	FW	FW	96	프랭클린	99	4(2)	0	0	0
					김현엽	13			41	황병근					
0	0	0		후43	이용혁	5			26	최지묵	후31				
0	0	0		후9	박형진	21			55	강상윤	후31				
0	0	0		후43	송나석	14	대기	대기	81	어 름	후43				
0	0	1			조보민	9			7	페	시현 후43				
					김규민	27			11	김정환					
0	0	1(1)	후29		박호민	99			99	최건주	후20				
0	1	8	9(3)									16(11)	9	2	0

• 7월31일 19:00 흐림 목동 종합 1,870명
• 주심_정화수 부심_이양우·김동민 대기심_김종혁 경기감독관_당성증

서울E 0 0 전반 0 / 0 후반 0 **0 충남아산**

퇴장	경고	파울	ST(유)	교체	선수명	배번	위치	위치	배번	선수명	교체	ST(유)	파울	경고	퇴장
0	0	0	0		윤보상	77	GK	GK	37	문현호		0	0	0	0
0	1	1	0		서보민	7	MF	DF	3	이호인		0	2	0	0
0	0	0	0		이재익	14	DF	DF	15	이재성		0	0	0	0
0	0	0	0		김민규	3	DF	DF	20	조윤성		0	0	0	0
0	2	0		황태현	2	DF	DF	99	강준혁		2(2)	0	3	0	0
0	0	1		김원식	15	MF	MF	17	김주성	17	3	1	0	0
0	0	0		츠바사	44	MF	MF	11	강민규	10	1	0	0	0
0	0	0	82		박창환	30	MF	MF	22	김강국		1	1	0	0
0	0	0	21		유정완	17	MF	MF	24	박세직		2(1)	0	0	0
0	0	0		변경준	16	MF	MF	96	하파엘	29	1	1	0	0
0	1(1)	0		박정인	11	FW	FW	7	송승민	90	0	2	0	0
					강정묵	1			1	박한근					
0	0	0	후39		김수안	29			17	김성주	후39				
					이인재	92			13	김승호					
0	0	0	후20		이상민	6	대기	대기	16	김혜성	후35				
0	0	0	후39		이시헌	21			20	두아르테	후20				
0	3(1)	0	전23		이동률	10			29	지언학	후0				
0	1	0	후23/전29		송시우	82			90	아폰자	후0/후16				
0	6	9(5)										10(3)	14	2	0

• 7월30일 19:30 흐림 안산 와스타디움 699명
• 주심_오현진 부심_주현민·김종희 대기심_안재훈 경기감독관_김용세

안산 2 0 전반 0 / 2 후반 1 **1 천안**

퇴장	경고	파울	ST(유)	교체	선수명	배번	위치	위치	배번	선수명	교체	ST(유)	파울	경고	퇴장
0	0	1	0		이승빈	1	GK	GK	1	김민준		0	0	0	0
0	0	1	0		고태규	4	DF	DF	16	김현중		1	1	0	0
0	0	1(1)		김정호	20	DF	DF	3	이광준		1(1)	0	1	0	0
0	0	1		장유섭	23	DF	DF	39	이재원	39	1	0	0	0
0	1	1	15		김채운	3	MF	MF	2	김주환		0	0	0	0
0	1	1(1)		최한솔	4	MF	MF	37	박준강		1	1	0	0
0	1	4		노경호	10	MF	MF	15	신형민		1	1	0	0
0	0	22		김대경	18	MF	MF	7	정석화	19	0	1	0	0
0	0	24		김경준	9	FW	FW	8	윤용호	10	2(1)	2	0	0
0	1	1(1)	95		김범수	17	FW	FW	96	파울리뇨		3(3)	1	0	0
0	1	2(1)		김준모	32	FW	FW	9	모	14	4(4)	1	0	0
					김선우	21			36	임민혁					
0	0	0	후19		정용희	15			21	신원호					
0	0	1(1)	후33		이현규	19			23	오윤석					
0	0	0	후33		이준희	22	대기	대기	39	김창수	후41				
0	1	2(2)	후10		윤주태	24			10	다미르	후30				
					이택근	33			19	장백규	후41	1(1)	0	0	0
0	0	0			티아고	95			18	김종민	후41	1	0	0	0
0	2	13	7(6)									16(10)	6	2	0

● 후반 34분 김범수 C.KR ⌒ 김정호 GA 정면 H-ST-G (득점: 김정호, 도움: 김범수) 오른쪽
● 후반 45분 이현규 PAL 내 R-ST-G (득점: 이현규) 왼쪽
● 후반 40분 모따 PK-L-G (득점: 모따) 가운데

• 7월31일 19:30 흐림 안양 종합 3,202명
• 주심_성덕효 부심_천진희·김수현 대기심_이동준 경기감독관_양정환

안양 2 0 전반 0 / 2 후반 0 **0 김천**

퇴장	경고	파울	ST(유)	교체	선수명	배번	위치	위치	배번	선수명	교체	ST(유)	파울	경고	퇴장
0	0	0	0		박성수	1	GK	GK	18	신송훈		0	0	0	0
0	1	0		이창용	4	DF	DF	23	박민규		1(1)	1	0	0	0
0	0	0		박종현	5	DF	DF	28	김태현		0	1	1	0	0
0	1	4	2(1)		황기욱	8	MF	DF	35	이상민		0	0	0	0
0	0	1	9		브루노	9	FW	DF	34	김재우		0	0	0	0
0	0	0		김형진	15	DF	MF	26	원두재		1	1	0	0
0	0	10		류승우	11	MF	MF	39	김진규	14	1	1	0	0
0	1	1		김동진	22	MF	MF	39	강현묵	37	1(1)	0	0	0
0	0	97		최성범	24	MF	MF	20	이준석	29	2(1)	0	0	0
0	1	2		문성우	28	MF	FW	25	김현욱	7	0	1	0	0
0	0	3		주현우	99	FW	FW	27	조영욱		2(1)	0	0	0
					김태훈	21			41	김준홍					
0	0	0	후26		정준연	2			12	김륜성	후34				
0	0	0			라에르시오	10			6	임승겸					
0	0	2(1)	후40		조성준	11	대기	대기	14	윤석주	후23				
0	0	0	전25		이동수	20			7	최병찬	후0/후12				
					공민현	81			29	정치인	후23	0	1	0	0
0	2	4(1)	전25		야 고	97			37	이중민	후34	0	1	0	0
0	1	20	10(4)									9(3)	5	1	0

● 후반 15분 주현우 MFR TL FK ⌒ 김형진 PK 우측지점 H-ST-G (득점: 김형진, 도움: 주현우) 왼쪽
● 후반 22분 김동진 PAL ~ 라에르시오 GAL R-ST-G (득점: 라에르시오, 도움: 김동진) 오른쪽

전남 1 : 0 부천

• 8월 05일 19:00 맑음 광양 전용 1,894명
• 주심_설태환 부심_홍석찬·주현민 대기심_정회수 경기감독관_허태식

| 전남 1 | | | | | 1 전반 0 | | | 0 후반 0 | | | 0 부천 | | | | |

퇴장	경고	파울	ST(유)	교체	선수명	배번	위치	위치	배번	선수명	교체	ST(유)	파울	경고	퇴장
0	0	0	0		안준수	98	GK	GK	1	이주현		0	0	0	0
0	0	0		14	김수범	28	DF	DF	20	서명관		0	0	0	0
0	0				유지하	2	DF	DF	6	닐손주니어		0	0		
0	1	1	1(1)		고태원	5	DF	DF	3	이동희	5	0	0	0	0
0	0				이규	66	DF	MF	99	김규민		0	0		
0	0				조지훈	25	MF	MF	21	박형진	10	0	1	0	0
0	1	1		11	미키치	20	MF	MF	23	카즈		1	0		
0		3(2)		12	최성진	22	MF	MF	66	유승현			1	0	0
0				27	이석현	8	FW	FW	88	이정빈	27	2(2)	1	0	0
0	1	0	1		발디비아	10	MF	FW	18	이의형		0	1	0	0
0		1(1)		24	송진규	42	FW	FW	99	박호민	후36	0	0	0	0
					최봉진	1			25	이범수					
					김현훈	44			5	이용혁	후36				
0	1	0		후39	아스나위	14			10	조수철	후17	0	1		
0				후19	유헤이	24	대기	대기	19	김호남					
0		2		후19	추상훈	27			27	김규민	후36	0			
0		2(1)		후0	플라나	11			42	루페타	후17	0			
0		1		후39	지상욱	12			99	박호민	후36				
0	3	6	11(5)		0					0		3(2)	6	0	0

●전반 9분 이석현 MFL TL ⌒ 고태원 GAL
H-ST-G (득점: 고태원, 도움: 이석현) 오른쪽

김포 1 : 0 안양

• 8월 05일 20:00 맑음 김포솔터축구장 2,092명
• 주심_최현재 부심_설귀선·박남수 대기심_성덕효 경기감독관_허기태

| 김포 1 | | | | | 0 전반 0 | | | 1 후반 0 | | | 0 안양 | | | | |

퇴장	경고	파울	ST(유)	교체	선수명	배번	위치	위치	배번	선수명	교체	ST(유)	파울	경고	퇴장
0	0	0	0		박청효	13	GK	GK	1	박성수		0	0	0	0
0	0	2	0		박경록	3	DF	DF	4	이창용		2	4	1	0
0	0	1			김태한	4	DF	DF	5	박종현		0	0		
0	0				조성권	2	DF	MF	8	황기욱		1	0	0	0
0	0		91		김성민	17	MF	MF	9	브루노	81	1(1)	2	0	0
0	0				김이석	8	MF	MF	10	라에르시오	11	2(2)	0	0	0
0		1		6	장윤호	7	DF	DF	15	김형진		0	0		
0	1	2		21	송준석	34	MF	MF	22	김동진		1(1)	3	0	0
0		3(1)			루이스	24	MF	MF	24	최성범	97	1	0	0	0
0			9		배재우	22	DF	MF	99	주현우	20	0	0	0	0
0	2		19		윤민호	32	FW	FW	99	주현우		0			
					김민재	51			21	김태훈					
					이상혁	44			2	정준연					
0				후46	서재민	21			11	조성준	후17	0			
0				후46	이성재		대기	대기	14	홍창범	후40	0			
0					김광일	91			20	이상용		3(1)	3	0	0
0	1	1(1)		후9	송창석	9			81	공민현	후17	0	0	0	0
0	1	2(1)		후9	주닝요	9			97	야고	전31	3(2)	0	0	0
0	12	8(3)			0					0		11(7)	21	2	0

●후반 38분 송창석 MFL TL ⌒ 루이스 PA 정면 내 H-ST-G (득점: 루이스, 도움: 송창석) 오른쪽

부산 1 : 0 천안

• 8월 06일 19:30 맑음 부산 구덕 2,279명
• 주심_최규현 부심_이영운·김태형 대기심_이경순 경기감독관_김종민

| 부산 1 | | | | | 1 전반 0 | | | 0 후반 0 | | | 0 천안 | | | | |

퇴장	경고	파울	ST(유)	교체	선수명	배번	위치	위치	배번	선수명	교체	ST(유)	파울	경고	퇴장
0	0	0	0		구상민	1	GK	GK	1	김민준		0	0	0	0
0	0	0	0		조위제	5	DF	DF	16	김현중	10	1	1	1	0
0	0				이한도	20	DF	DF	3	이광준		0	1	0	0
0	0				김상준	33	DF	DF	5	이재원	15	0	1	0	0
0	0	2	0		어정원	2	MF	MF	6	김주환		0	0		
0	0	1			최준	6	MF	MF	37	박준강	23	0	0		
0	1	2	1(1)	23	라마스	10	MF	MF	32	신형민		0	1		
0	1	0		8	임민혁	66	MF	MF	7	정석화	11	1(1)	0	0	0
0	1		2(1)	11	페신	7	FW	FW	8	윤용호	19	0	0	0	0
0		1		26	김찬	9	FW	FW	96	파울리뉴		5(2)	0	0	0
0	2	1(1)		96	박동진	49	FW	FW	18	모따		3(2)	0	0	0
					황병근	41			36	임민혁					
0				후40	최지묵	26			15	조주영	후14	0			
0				후14	박세진	8			23	오윤석	후0	0			
					전승민	47	대기	대기	3	김창수					
0	2(1)			후8	김정환	11			10	다미르	후22	1			
0				후14	성호영	23			19	장백규	후22	1(1)	0	0	0
0				후40	프랭클린	96			18	김종민	후40				
0	1	13	7(5)		0					0		11(6)	10	1	0

●전반 39분 김찬 GAL 오버헤드킥 R-ST-G (득점: 김찬) 오른쪽

서울E 1 : 2 경남

• 8월 06일 19:00 맑음 목동 종합 6,471명
• 주심_최광호 부심_구은석·김종희 대기심_박세진 경기감독관_구상범

| 서울E 1 | | | | | 0 전반 0 | | | 1 후반 2 | | | 2 경남 | | | | |

퇴장	경고	파울	ST(유)	교체	선수명	배번	위치	위치	배번	선수명	교체	ST(유)	파울	경고	퇴장
0	0	0	0		윤보상	77	GK	GK	1	고동민		0	0	1	0
0	0	0		13	이재익	14	DF	DF	18	이준재		0	0	0	0
0	0				이인재	92	DF	DF	88	이강희		0	1	0	0
0	0		6		김민규	3	DF	DF	73	박재환	95	0	0	0	0
0	0	2	15		박창환	30	MF	DF	21	박민서		1	0	0	0
0	0				츠바사	44	MF	MF	24	서재원	8	0	0	0	0
0	0		16		이동률	11	MF	MF	6	우주성		0	0		
0		2(2)			송시우	82	MF	MF	4	송홍민		1	1	0	0
0					서보민	77	MF	MF	77	박민서		0	0		
0	3(1)	11			유정완	17	FW	FW	7	원기종		5(2)	0	0	0
0					이 돈	22	FW	FW	96	글레이손	33	1(1)	0	0	0
					강정묵	1			25	이윤오					
0				후0	김원식	15			3	이찬욱		0			
0				후0	차승현	13			33	이민기	후36	0			
0				후23	이상민	6	대기	대기	14	권기표		0			
					브루노	40			27	레오	후29	0			
0				후22	변경준	16			19	설현진	95	1(1)	2	0	0
0	1	1(1)		후19	박정인	11			95	카스트로		2(2)	0	0	0
0	9	14(6)			0					0		11(6)	11	1	0

●후반 42분 이강희 PA 정면 내 L 자책골 (득점: 이강희) 오른쪽

●후반 20분 박민서 자기 측 HLL H- 원기종 PAL 내 L-ST-G (득점: 원기종, 도움: 박민서) 오른쪽
●후반 25분 카스트로 MFL ~ 설현진 MF 정면 R-ST-G (득점: 설현진, 도움: 카스트로) 왼쪽

김천 4 : 0 성남

• 8월 06일 19:30 맑음 김천 종합 906명
• 주심_박종명 부심_서영규·신재환 대기심_김재홍 경기감독관_이경춘

김천 4	1 전반 0 3 후반 0	0 성남

퇴장	경고	파울	ST(유)	교체	선수명	배번	위치	위치	배번	선수명	교체	ST(유)	파울	경고	퇴장
0	0	0	0		김준홍	41	GK	GK	1	최필수		0	0	0	0
0	0	1	1		박민규	23	DF	DF	23	정승용	16	0	0	0	0
0	0	3	1	24	김태현	28	DF	DF	5	패트릭	9	0	0	0	0
0	0	1	0		이상민	35	DF	DF	17	이지훈	27	0	0	0	0
0	0	1	0		김재우	34	DF	DF	4	이상민		0	0	1	0
0	0	1	0		원두재	26	MF	MF	19	정한민	15	1	0	0	0
0	0	0	6		윤석주	14	MF	MF	55	박태준		0	0	2	0
0	1(1)	3	6		강현묵	32	MF	MF	7	권순형		1	0	0	0
0	2(2)	3	8		이준석	20	FW	FW	14	가브리엘		0	0	1	0
0	0	1	0		김현욱	29	MF	FW	93	진성욱		0	0	0	0
0			4(2)		조영욱	27	FW		41	김영광		0	0	0	0
					신송훈	18			3	강의빈					
				후42	윤종규	24			16	김진래	후36				
				후17	이승겸	6		대기	6	김본철	대기				
				후26	구본철	38				데닐손	후14				
0	3(2)			후26	김민준	36			15	신재원	후0				
				후17	정치인	37			27	이준상	후36				
					이중민	37									
0	2	9	12(7)									0	4	9	2	0

• 전반 31분 조영욱 PK-R-G (득점: 조영욱) 오른쪽
• 후반 10분 조영욱 PAR 내 ~ 강현묵 GA 정면 L-ST-G (득점: 강현묵, 도움: 조영욱) 왼쪽
• 후반 39분 정치인 GAL ~ 김민준 PA 정면 내 L-ST-G (득점: 김민준, 도움: 정치인) 오른쪽
• 후반 42분 조영욱 AK 정면 ~ 김민준 GAR L-ST-G (득점: 김민준, 도움: 조영욱) 왼쪽

안양 1 : 1 안산

• 8월 12일 19:00 맑음 안양 종합 3,088명
• 주심_김재홍 부심_서영규·김수현 대기심_오현진 경기감독관_이경춘

안양 1	0 전반 0 1 후반 1	1 안산

퇴장	경고	파울	ST(유)	교체	선수명	배번	위치	위치	배번	선수명	교체	ST(유)	파울	경고	퇴장
0	0	0	0		박성수	1	GK	GK	1	이승빈		0	0	0	0
0	0	1	0	10	정준연	2	DF	DF	4	고태규		0	0	0	0
0	0	1	1		이창용	4	DF	DF	20	김정호		1	0	0	0
0	5(3)				황기욱		MF	DF	23	김재성		0	0	0	0
0				81	브루노		FW	MF	7	최한솔	26	1			
0	0	1	0		김형진	15	MF	MF	10	노경호		0	0	0	0
0	1(1)	1	1	11	이동수	20	MF	MF	14	김재성		0	0	0	0
0	3(2)				최성범	24	MF	FW	24	김경준		1(1)	2	1	0
0	0	5	2		백동규	30	DF	FW	11	김수범		0	0	0	0
0				97	주현우	99	DF	DF	95	신재혁		1	1	0	0
					김태훈	21			21	김선우					
				후37	박종현	5			19	이현규	후0				
0	3(2)			후22	라에르시오	10			24	이준희	후24	3(2)			
					조성준	11		대기	24	윤주태	후13				
					홍창범	9			26	박준배	후24				
				후37	문성우	28			33	이택근					
0	41			후41	공민현	81			95	티아고	전46/16/19				
0	3	12	17(8)									6(3)	8	2	0

• 후반 13분 야고 PA 정면 내 ~ 이동수 PA 정면 내 R-ST-G (득점: 이동수, 도움: 야고) 왼쪽
• 후반 42분 김정호 HLR ~ 윤주태 PK 좌측 지점 L-ST-G (득점: 윤주태, 도움: 김정호) 오른쪽

안산 0 : 2 충북청주

• 8월 08일 19:30 맑음 안산 와스타디움 385명
• 주심_임정수 부심_강도준·김동민 대기심_이지형 경기감독관_차상해

안산 0	0 전반 0 0 후반 2	2 충북청주

퇴장	경고	파울	ST(유)	교체	선수명	배번	위치	위치	배번	선수명	교체	ST(유)	파울	경고	퇴장
0	0	0	0		이승빈	1	GK	GK	21	박대한		0	0	0	0
0	0	1	0		고태규	4	DF	DF	13	박건	5	0	2	0	0
0	1	0	0		김정호	20	DF	DF	3	이한샘		0	0	0	0
0	0	1	2		김유섭	23	MF	MF	14	이정택		0	0	0	0
0	0	0	0	15	김채운	23	MF	MF	24	박진성		0	1	0	0
0	1	2(1)			최한솔	7	MF	MF	7	피터		7(3)	3	0	0
0	2	6			노경호	10	MF	MF	99	홍원진		2	0	0	0
0	0	0	0	24	이준희	6	MF	MF	6	김명순		0	0	0	0
0	1(1)	1	1	9	김범수	11	MF	FW	17	정기운	98	1(1)	1	0	0
0	3	3(2)			이현규	19	FW	FW	23	김도현	11	1	0	0	0
0	24	1			티아고	96	FW		25	정현호					
					김선우	21			77	정민우	후23				
				후21	김경준	15			28	이승업	후47	3	1	0	0
				후0	정용희	15		대기	98	이승재	후0				
0	1	1(1)		후0	윤주태	24			11	양지훈	후0				
				후배	박준배				9	지운					
				후40	이택근	33			5	이민형	후17				
					이규빈	37									
0	2	10	9(5)									15(6)	16	2	0

• 후반 8분 피터 PK-R-G (득점: 피터) 오른쪽
• 후반 20분 이승재 HL 정면 ~ 양지훈 AKL L-ST-G (득점: 양지훈, 도움: 이승재) 가운데

충남아산 3 : 2 충북청주

• 10월 14일 16:00 흐리고비 아산 이순신 1,616명
• 주심_박종명 부심_김경민·서영규 대기심_김영수 경기감독관_양정환

충남아산 3	1 전반 1 2 후반 1	2 충북청주

퇴장	경고	파울	ST(유)	교체	선수명	배번	위치	위치	배번	선수명	교체	ST(유)	파울	경고	퇴장
0	0	0	0	37	박한근	1	GK	GK	21	박대한		0	0	0	0
0	0	3	0		김주성	2	DF	DF	19	구현준		0	0	1	0
0	0	0	0		이호인	3	DF	DF	13	이민형	13	0	0	0	0
0	0	0	0		장준영	4	DF	DF	14	이정택		0	1	0	0
0	3(1)				이학민	14	MF	MF	24	박진성		0	0	0	0
0	0	1	1		김혜성	16	MF	MF	7	피터		2(2)	0	0	0
0	2(2)				김강국	22	MF	MF	99	홍원진		1	3	1	0
0	0	0	0		박세직	8	MF	MF	39	김명순		0	0	0	0
0	0	1	0	10	송승민	77	FW	FW	98	이승재		1	1	0	0
0	4(4)			19	강민규	11	FW	FW	23	양지훈	23	1	0	1	0
0	1	1			박대훈	19	FW	FW	9	조르지		2(2)	0	0	0
				후35	문현호	37			1	류원우					
				후16	배수용	5			18	이승업					
					박성우	27			23	김도현	후38				
				대기	김승호	10		대기	47	문상윤	후47				
					두아르테	2			2	김지운					
					아폰자	90			13	박건우					
				후35	하파엘	96									
0	4	17(11)										8(4)	14	1	0

• 전반 17분 박대훈 GAL EL ~ 강민규 GA 정면 R-ST-G (득점: 강민규, 도움: 박대훈) 가운데
• 후반 41분 박대훈 GA 정면 ~ 하파엘 GA 정면 R-ST-G (득점: 하파엘, 도움: 박대훈) 오른쪽
• 후반 51분 박대훈 GAR H-ST-G (득점: 박대훈) 가운데
• 전반 39분 정민우 MF 정면 H ~ 조르지 PA 정면 내 L-ST-G (득점: 조르지, 도움: 정민우) 오른쪽
• 후반 35분 조르지 AKL H ~ 이승재 GA 정면 H-ST-G (득점: 이승재, 도움: 조르지) 왼쪽

경기 기록 (부천 2 : 0 경남)

• 8월 14일 19:00 맑음 부천 종합 2,053명
• 주심_정회수 부심_이병주·김동민 대기심_박종명 경기감독관_김용세

부천 2 | 1 전반 0 / 1 후반 0 | **0 경남**

퇴장	경고	파울	ST(유)	교체	선수명	배번	위치	위치	배번	선수명	교체	ST(유)	파울	경고	퇴장
0	0	0	0		이범수	25	GK	GK	1	고동민		0	0	0	0
0	0	0	0		서명관	20	DF	DF	15	우주성		1(1)	0	0	0
0	0	0	0		닐손주니어	6	DF	DF	88	이강희		0	0	0	0
0	0	1	0		이동희	3	DF	DF	73	박재환		0	0	0	0
0	0	0	0		김선호	37	MF	MF	11	권기표	21	0	1	0	0
0	0	2	0		카 즈	23	MF	MF	24	서재원	19	1(1)	0	0	0
0	0	2	0	88	최재영	14	MF	MF	95	카스트로		0	0	0	0
0	1	0	0		정희웅	29	MF	MF	4	송홍민		0	1	0	0
0		1(1)		18	김보용	9	FW	FW	77	박민서	27	0	1	0	0
0	1	1		21	루페타	7	FW	FW	79	이종언		0	0	0	0
0		2	0		김호남	19	FW	FW		글레이손		0	0	0	0
					이주현				25	이윤오					
					이용혁				3	이찬욱					
0	0	1	1	후24	박형진	21			18	이준재	후10	1	0	0	
	1(1)			후32	이정빈	88	대기	대기		박민서	후○		1	0	0
				후24	안재준	11			27	셀 조현	후32				
0	2	0		후15	이의형	99			19	설현진	후○				
					박호민	99			1	원기종	후○	2(1)	0	0	
0	1	7	6(3)									8(3)	0	0	0

• 전반 40분 루페타 PK-R-G (득점: 루페타) 왼쪽
• 후반 45분 이의형 HLL H⌒ 이정빈 MF 정면 R-ST-G (득점: 이정빈, 도움: 이의형) 오른쪽

경기 기록 (김천 4 : 0 서울E)

• 8월 15일 19:00 맑음 김천 종합 1,241명
• 주심_조지음 부심_이영운·강도준 대기심_박세진 경기감독관_당성증

김천 4 | 1 전반 0 / 3 후반 0 | **0 서울E**

퇴장	경고	파울	ST(유)	교체	선수명	배번	위치	위치	배번	선수명	교체	ST(유)	파울	경고	퇴장
0	0	0	0		김준홍	41	GK	GK	77	윤보상		0	0	0	0
0	0	1	1		박민규	23	DF	DF	14	이재익		0	1	0	0
0	1	1		24	김태현	28	DF	DF	92	이인재		0	0	0	0
0	0	0	0		이상민	35	DF	DF	3	김민규		1	1	0	0
0	0	0	0		임승겸	6	DF	DF	2	이상민		1	0	0	0
0	0	1(1)		34	원두재	26	MF	MF	44	츠바사		0	0	0	0
0	0	0	0		윤석주	14	MF	MF	30	박창환	7	1(1)	1	0	0
0		6(2)		36	강현묵	39	MF	MF	21	이시헌	2	0	0	0	0
0	1			29	이준석	40	MF	MF	40	브루노	10	1	0	0	0
0	1			38	김민준	11	MF	MF	14	변경준	7	1	0	0	0
0		4(3)			조영욱	27	FW	FW	11	박정인		0	0	0	0
					신송훈	1			1	강정묵					
				후35	윤종규	24			15	김원식					
				후15	김재우	34			7	서보민	후29	1(1)			
				후29	구본철	36	대기	대기	82	송시우	후29				
				후15	김민준	27			10	이동률	후12	0			
	1(1)			후29	정치인	5			17	유정완	후○				
					이영준	40			22	호 난	후○	2(1)	1	0	0
0		7	17(8)									9(3)	11	2	0

• 전반 39분 김현욱 PAL TL ⌒ 원두재 GA 정면 H-ST-G (득점: 원두재, 도움: 김현욱) 왼쪽
• 후반 18분 이준석 AKL R-ST-G (득점: 이준석) 왼쪽
• 후반 52분 김민준 MF 정면 ~ 조영욱 PA 정면 내 R-ST-G (득점: 조영욱, 도움: 김민준) 오른쪽
• 후반 55분 정치인 GAL L-ST-G (득점: 정치인) 왼쪽

경기 기록 (천안 0 : 2 김포)

• 8월 14일 19:30 흐림 천안 종합 1,394명
• 주심_안재훈 부심_홍석찬·주현식 대기심_설태환 경기감독관_김성기

천안 0 | 0 전반 0 / 0 후반 2 | **2 김포**

퇴장	경고	파울	ST(유)	교체	선수명	배번	위치	위치	배번	선수명	교체	ST(유)	파울	경고	퇴장
0	0	0	0		김민준	1	GK	GK	13	박청효		0	1	0	0
0		0		6	김주헌	15	DF	DF	3	박경록		0	1	0	0
0	0	1	0		오광준	3	DF	DF	4	김태한		0	0	0	0
0	0	1	0		이재원	10	DF	DF	20	조성권		0	0	0	0
0		1(1)		2	김주환	2	MF	MF	17	김성민	91	0	1	0	0
0	0	3		강	박준강	3	MF	MF	8	김이석		0	1	0	0
0			1		신형민	32	MF	MF	23	장윤호		2(2)	1	0	0
0	0	1	0		정석화	14	MF	MF	34	송준석	21	0	1	0	0
0	0	1		19	윤용호	8	FW	FW	32	루이스		4(1)	0	0	0
0	0				파울리뉴	96	FW	MF	22	배재우		0	0	0	0
0	1	3		39	모 따	7	FW	FW	32	윤민호		1(1)	0	0	0
					임민혁	36			1	이상욱					
				후24	차오연	16			20	김민호	후23				
					오윤석	23			21	서재민	전○				
				후37	김창수	39	대기	대기	91	박광일	후18	0			
	1			후13	다미르	10			19	송창석	후○				
				후13	장백규	19			7	주닝요	후○	2(1)	1	0	0
0	1	1		후37	김종민	18			25	한 ○					
0	5	11	9(4)									11(5)	12	2	0

• 후반 3분 루이스 GAL 내 L-ST-G (득점: 루이스) 왼쪽
• 후반 11분 김성민 PAR ⌒ 장윤호 GA 정면 H-ST-G (득점: 장윤호, 도움: 김성민) 왼쪽

경기 기록 (부산 1 : 0 전남)

• 8월 15일 19:30 맑음 부산 구덕 2,395명
• 주심_이동준 부심_이양우·김종희 대기심_최승환 경기감독관_나승화

부산 1 | 0 전반 0 / 1 후반 0 | **0 전남**

퇴장	경고	파울	ST(유)	교체	선수명	배번	위치	위치	배번	선수명	교체	ST(유)	파울	경고	퇴장
0	0	0	0		구상민	1	GK	GK	1	최봉진		0	0	0	0
0	0	0	0		조위제	5	DF	DF	28	김수범		1	1	0	0
0	0	0	0		이한도	20	DF	DF	2	유지하		0	0	0	0
0	0	0	0		민상기	3	DF	DF	5	고태원		2	1	0	0
0	0	0	0		어정원	2	DF	DF	14	아스나위		0	2	0	0
0		1			최 준	6	MF	MF	6	조지훈		0	0	0	0
0	1(1)	81			임민혁		MF	MF	8	발디비아	4(2)	1	0	0	
0	3(1)	23			강상윤		MF	MF	22	최성진	15	0	0	0	
0	99	김 찬					MF	MF	16	이석현	35	1	0	0	
0	1				정원진	11	MF	MF	11	플라나	24	0	0	0	
0	2(1)				박동진	49	FW	FW	9	하 남		3(2)	1	0	0
					황병근	41			98	안준수					
					김상준	33			44	김현훈	후44				
				후29	성호영	23			66	이규혁					
					전승민	47	대기	대기	24	유헤이	후○				
				후12	여 름	81			20	미키치		0			
				후12	라마스	10			35	노건우	후10				
				후○	최건주	99			12	지상욱	후44				
0	2	8	9(4)									13(4)	9	2	0

• 후반 38분 라마스 PK-L-G (득점: 라마스) 오른쪽

• 8월 19일 19:00 맑음 안산 와스타디움 927명
• 주심_ 오현진 부심_ 이영운·김동민 대기심_ 이지형 경기감독관_ 양정환

안산 0 　0 전반 0 / 0 후반 1　 **1 충남아산**

퇴장	경고	파울	ST(유)	교체	선수명	배번	위치	위치	배번	선수명	교체	ST(유)	파울	경고	퇴장
0	0	0	0		이승빈	1	GK	GK	1	박한근	37	0	0	0	0
0	0	0	0		고태규	4	DF	DF	15	이재성		1(1)	3	0	0
0	0	1	0	3	김재성	14	DF	DF	20	조윤성		0	0	0	0
0	0	0	0		김대경	18	DF	DF	47	이은범		0	2	1	0
0	0	2	1		장유섭	23	DF	DF	99	강준혁		0	2	1	0
0	0	0	1		최한솔	7	MF	MF	2	김주성		3	0	1	0
0	0	0	0		노경호	8	MF	MF	10	두아르테	13	2(2)	0	0	0
0	0	1	0	11	이현규	19	MF	MF	22	김강국		0	0	1	0
0	0	0	0	24	김정호	20	MF	MF	24	박세직		0	0	0	0
0	1	1	0	17	신재혁		FW	MF	29	지언학	96	3(2)	0	0	0
0	1	0		5	김경준		FW	FW	90	아폰자	16	3(3)	2	1	0
0	0	0	0		김선우	21			37	문현호	후39	0	0	0	0
0	0	0	0	후35	김채운	3			3	이호인	후29	0	0	0	0
0	0	0	0	후35	정재민	5			14	이학민		0	0	0	0
0	0	0	1(1)	후0	이정용	11	대기	대기	13	김승호	후19	1(1)	1	1	0
0	0	0	0	후26	김범수	17			16	김혜성	후39	0	0	0	0
0	0	0	0	후16	윤주태	24			11	김민규		0	0	0	0
0	0	0	0		이건웅	35			96	하파엘	후19	1	1	0	0
0	1	7	4(1)			0			0			10(9)	17	6	0

●후반 23분 김강국 C.KR ⌒ 이재성 PK좌측 지점 H-ST-G (득점: 이재성, 도움: 김강국) 오른쪽

• 8월 20일 18:30 맑음 목동 종합 3,657명
• 주심_ 김영수 부심_ 이병주·주현민 대기심_ 최광호 경기감독관_ 김성기

서울E 2 　1 전반 1 / 1 후반 0　 **1 부산**

퇴장	경고	파울	ST(유)	교체	선수명	배번	위치	위치	배번	선수명	교체	ST(유)	파울	경고	퇴장
0	1	0	0		문정인	23	GK	GK	1	구상민		0	0	0	0
0	0	0	0		서보민	7	DF	DF	5	조위제	81	0	2	0	0
0	0	0	0		이인재	92	DF	DF	20	이한도		0	1	0	0
0	0	0	0		김민규	3	DF	DF	39	민상기		0	0	0	0
0	0	0	0		이상민	96	MF	MF	2	어정원	23	0	0	0	0
0	0	1	0	15	츠바사	44	MF	MF	6	최준		1(1)	1	0	0
0	0	0	0		박창환	30	MF	MF	18	임민혁	47	1	1	0	0
0	1	0	0	16	유정완	17	MF	MF	55	강상윤		1(1)	2	0	0
0	1	0	0	82	브루노	11	FW	MF	9	김찬	99	1(1)	0	0	0
0	0	0	0	21	이동률	7	FW	FW	10	라마스		2(2)	0	0	0
0	0	1	0	11	호난	22	FW	FW	49	박동진		1(1)	1	0	0
0	0	0	0		주현성	31			41	황병근		0	0	0	0
0	0	0	0	후12	김원식	15			33	김상준		0	0	0	0
0	0	0	0		차승현	13			23	성호영	후9	0	0	0	0
0	0	0	1(1)	후17	이시헌	21	대기	대기	47	전승민	후37	0	0	0	0
0	0	0	0	후27	송시우	82			81	여름	후19	0	0	0	0
0	0	0	0	후27	변경준	11			10	카주	후9	3(2)	1	0	0
0	0	0	0	후27	박정인	11			99	최건주	후9	4(4)	0	0	0
0	1	4(3)				0			0			16(13)	12	0	0

●전반 35분 브루노 PA 정면 내 L-ST-G (득점: 브루노) 오른쪽
●후반 25분 호난 PA 정면 내 H- 이시헌 PA 정면 내 L-ST-G (득점: 이시헌, 도움: 호난) 오른쪽
●전반 37분 최준 PAR 내 H-ST-G (득점: 최준) 오른쪽

• 8월 19일 19:30 흐림 청주 종합 2,219명
• 주심_ 최승환 부심_ 이양우·김수현 대기심_ 김재홍 경기감독관_ 허태식

충북청주 1 　0 전반 0 / 1 후반 0　 **0 김포**

퇴장	경고	파울	ST(유)	교체	선수명	배번	위치	위치	배번	선수명	교체	ST(유)	파울	경고	퇴장
0	0	0	0		박대한	21	GK	GK	13	박청효		0	0	0	0
0	1	1	1(1)	5	박건	13	DF	DF	20	김민호	3	0	0	0	0
0	1	1	0		이한샘	3	DF	DF	4	김태한		0	0	0	0
0	1	2	1	19	이정택	14	DF	DF	2	조성권		0	1	0	0
0	0	1	1		박진성	24	MF	MF	17	김이석		0	4	1	0
0	0	2	2	98	피터		MF	MF	8	김종석		0	1	0	0
0	0	0	0		홍원진	99	MF	MF	26	이강연		0	0	0	0
0	0	0	0		김명순	39	MF	MF	21	서재민		2	0	0	0
0	0	2(1)			장혁진	8	MF	FW	7	장윤호	6	1	1	0	0
0	0	0	0	11	김지현	16	FW	FW	4	루이스		0	1	0	0
0	1(1)			22	조르지		FW	FW	99	손석용	19	0	0	0	0
0	0	0	0		정진욱	18			1	이상욱		0	0	0	0
0	0	0	0		정민우	77			3	박경록	후19/44	0	0	0	0
0	0	0	0	후44	이승엽	22			44	이상혁	후47	0	0	0	0
0	0	2(1)		후21	이승재	98	대기	대기	6	이성재	후47	0	0	0	0
0	0	0	0	후28	양지훈	19			91	박광일		0	0	0	0
0	0	0	0	후21	구현준	19			19	송창석	후0	0	0	0	0
0	0	0	1(1)	후21	이민형	5			9	주닝요	후18	0	0	0	0
0	3	13	10(5)			0			0			4	10	2	0

●후반 40분 양지훈 PAR 내 → 이승재 GAR L-ST-G (득점: 이승재, 도움: 양지훈) 가운데

• 8월 20일 19:00 맑음 광양 전용 2,058명
• 주심_ 박병진 부심_ 홍석찬·김태형 대기심_ 설태환 경기감독관_ 김용세

전남 2 　1 전반 0 / 1 후반 1　 **1 김천**

퇴장	경고	파울	ST(유)	교체	선수명	배번	위치	위치	배번	선수명	교체	ST(유)	파울	경고	퇴장
0	0	0	0		안준수	98	GK	GK	41	김준홍		0	0	0	0
0	0	0	0	66	김수범	28	DF	DF	23	박민규		0	0	0	0
0	0	0	0		유지하	2	DF	DF	28	김태현	24	0	0	0	0
0	0	0	0		김현훈	44	DF	DF	35	이상민		1(1)	0	0	0
0	0	0	0		아스나위	17	DF	DF	34	김재우		0	0	0	0
0	0	0	0		조지훈	25	MF	MF	26	원두재		0	0	0	0
0	0	0	1(1)		미키치	2	MF	MF	14	윤석주	36	0	0	0	0
0	0	0	1(1)	16	유혜이	24	MF	MF	39	강현묵	40	1(1)	0	0	0
0	0	0	2(2)		발디비아	10	MF	FW	20	이준석		0	3	0	0
0	0	0	1(1)	11	박태용	88	MF	FW	25	김현욱		0	1	0	0
0	1	5(4)		22	하남		FW	FW	9	조영욱		0	0	0	0
0	0	0	0		최봉진	1			18	신송훈		0	0	0	0
0	0	0	0	후36	이후권	16			24	윤종규	후14	0	0	0	0
0	0	0	0	후39	이규혁	66			6	임승겸		0	0	0	0
0	0	0	0		이석현	8	대기	대기	16	구본철	후14	0	0	0	0
0	0	2(2)		후9	추상훈	27			38	김민준	후0	0	0	0	0
0	0	2(2)		후0	플라나	11			29	정치인	후0	0	0	0	0
0	0	0	0	후39	최성진	22			40	이영준	후34	1(1)	0	0	0
0	1	8	14(12)			0			0			4(3)	7	1	0

●전반 17분 발디비아 C.KR ⌒ 하남 GAL H-ST-G (득점: 하남, 도움: 발디비아) 오른쪽
●후반 10분 플라나 PAR ~ 하남 GA 정면 R-ST-G (득점: 하남, 도움: 플라나) 왼쪽
●후반 23분 강현묵 GAL R-ST-G (득점: 강현묵) 오른쪽

성남 2 - 2 부천

- 8월21일 19:00 흐림 탄천 종합 1,056명
- 주심_ 송민석 부심_ 강도준·서영규 대기심_ 안재훈 경기감독관_ 차상해

성남 2 (1 전반 0 / 1 후반 2) 2 부천

퇴장	경고	파울	ST(유)	교체	선수명	배번	위치	위치	배번	선수명	교체	ST(유)	파울	경고	퇴장
0	0	0	0		김영광	41	GK	GK	25	이범수		0	0	0	0
0	0	0	0		김진래	16	DF	DF	20	서명관		0	1	1	0
0	1	3	0		김의빈	3	DF	DF	6	닐손주니어	99	0	0	0	0
0	0	1	1(1)		조성욱	20	DF	DF	4	이동희		0	0	1	0
0	0	0	0	23	이지훈	17	DF	MF	37	김선호	18	0	2	1	0
0	0	0	0		김현태	4	MF	MF	14	최재영	20	0	1	1	0
0	0	0	0	99	정한민	19	MF	MF	23	카 즈		0	3	0	0
0		2(1)	44		박태준	55	MF	MF	29	정희웅		2(1)	1	0	0
0	0	2	1		권순형	7	MF	FW	8	김보용	11	0	2	0	0
0	0	2	1		가브리엘		MF	FW	42	루페타		0	2	1	0
0	0	0	93		이종호	10	FW	FW	19	김호남		0	2	1	0
0	0	0	0		최필수	1			1	이주현		0	0	0	0
0	0	0	0		패트릭	5			5	이용혁	후25	0	0	0	0
0	0	0	0	후21	정승용	23			21	박형진	후0	0	0	0	0
0	0	0	0	후38	양시후	44	대기	대기	88	이정빈	후0	0	0	0	0
0		1(1)			이준상	27			11	안재준	후0	1(1)	1	0	0
0	0	0	0	후38	진성욱	93			18	이의형	후39	1(1)	1	0	0
0	0	2(2)		21/27	크리스	99			99	박호민	후39	0	1	1	0
0	1	7	8(5)			0						5(3)	13	2	0

- 전반 37분 이종호 AKR ~ 크리스 AK 내 R-ST-G (득점: 크리스, 도움: 이종호) 왼쪽
- 후반 25분 박태준 C.KL ⟿ 조성욱 GA 정면 H-ST-G (득점: 조성욱, 도움: 박태준) 오른쪽
- 후반 13분 루페타 PAR 내 ~ 안재준 GAL 내 L-ST-G (득점: 안재준, 도움: 루페타) 왼쪽
- 후반 45분 박형진 PAL 내 ~ 이의형 PAL 내 L-ST-G (득점: 이의형, 도움: 박형진) 왼쪽

김천 4 - 0 충남아산

- 8월26일 19:00 맑음 김천 종합 1,351명
- 주심_ 이지형 부심_ 이양우·신재환 대기심_ 이경순 경기감독관_ 구상범

김천 4 (2 전반 0 / 2 후반 0) 0 충남아산

퇴장	경고	파울	ST(유)	교체	선수명	배번	위치	위치	배번	선수명	교체	ST(유)	파울	경고	퇴장
0	0	0	0		신송훈	18	GK	GK	1	박한근	37	0	0	0	0
0	0	0	0		박민규	23	DF	DF	3	이호인		0	1	1	0
0	0	0	30		김재성	34	DF	DF	15	박세진		0	0	0	0
0	0	0	0	28	임승겸		DF	DF	20	조윤성		3	1	0	0
0	0	0	0	28	김재우	34	MF	MF	2	김주성		0	0	0	0
0	0	0	0		원두재	26	MF	MF	8	김민석		0	1	0	0
0	0	0	0	14	김진규	32	MF	MF	22	김강국		0	0	0	0
0	0	0	0		강현묵	39	MF	MF	47	이은범		0	0	0	0
0	0	1	1(1)	29	이준석		FW	FW	11	강민규	3(2)	0	1	0	0
0	0	0	0		최병찬	9	FW	FW	13	김승호		0	0	0	0
0	2(2)	40			조영욱		FW	FW	23	지언학		0	0	0	0
0	0	0	0		강현무	31			37	문현호	후27	0	0	0	0
0	후10	김태현	28						99	강준혁	후38	0	0	0	0
0	후10	윤석주	14						16	김혜성		0	0	0	0
0	후25	김동현		대기			대기		7	박세직		0	0	0	0
0					김민준				10	두아르테	후29	0	0	0	0
0	후35	정치인	29						90	아폰자	후27	0	0	0	0
0	후25	이영근	40						96	하파엘		2(1)	0	0	0
0	1	9	10(5)									10(3)	5	1	0

- 전반 34분 이준석 GA 정면 R-ST-G (득점: 이준석) 왼쪽
- 전반 43분 조영욱 MF 정면 ~ 최병찬 AK 정면 R-ST-G (득점: 최병찬, 도움: 조영욱) 왼쪽
- 후반 1분 강현묵 MF 정면 ~ 조영욱 AK 내 L-ST-G (득점: 조영욱, 도움: 강현묵) 왼쪽
- 후반 7분 김재우 PAL 내 R-ST-G (득점: 김재우) 오른쪽

경남 1 - 1 천안

- 8월21일 19:30 맑음 창원 축구센터 2,445명
- 주심_ 박세진 부심_ 설귀선·신재환 대기심_ 오현정 경기감독관_ 구상범

경남 1 (0 전반 0 / 1 후반 0) 1 천안

퇴장	경고	파울	ST(유)	교체	선수명	배번	위치	위치	배번	선수명	교체	ST(유)	파울	경고	퇴장
0	0	0	0		고동민	1	GK	GK	1	김민준		0	0	0	0
0	0	0	0		이준재	18	DF	DF	5	김주헌	6	0	2	1	0
0	0	0	0	77	우주성	15	DF	DF	3	이광준		2(2)	0	0	0
0	0	2	1(1)		박재환	73	DF	DF	4	이재원		0	0	0	0
0	4	2(1)			박민서	11	MF	MF	2	김주환		0	1	0	0
0	4(3)	99			설현진	19	MF	MF	37	박준강		0	2	1	0
0	0	0	0		이강희	88	MF	MF	32	신형민		0	1	0	0
0	0	0	33		송홍민	4	MF	MF	7	정석화	39	0	0	0	0
0	0	0	3(2)		카스트로	95	MF	FW	27	이석규		0	1	0	0
0	0	2	42		원기종		FW	FW	96	파울리뉴		2	0	0	0
0	0	0	0		글레이손	96	FW	FW	9	모따		3(1)	1	0	0
0	0	0	0		이윤오	25			36	임민혁		0	0	0	0
0	0	0	0		김영찬	5			26	차오연	후26	0	0	0	0
0	후40	이민기	33						21	신원호	후11	0	2	0	0
0	4(2)	후0	박민서	77			대기	대기	23	김창수	후29	0	0	0	0
0	후27	조상준	99						10	다미르	후35	0	0	0	0
0	후44	유준하	42						8	윤용호		0	0	0	0
0					이종언	79			11	이찬협		0	0	0	0
0	1	14	17(10)									8(3)	7	2	0

- 후반 25분 글레이손 PAR ⟿ 박민서⑦ GAL R-ST-G (득점: 박민서⑦, 도움: 글레이손) 왼쪽
- 전반 40분 이광준 GA 정면 R-ST-G (득점: 이광준) 가운데

경남 0 - 2 성남

- 8월26일 19:30 맑음 창원 축구센터 3,071명
- 주심_ 안재훈 부심_ 이병주·김수현 대기심_ 고민국 경기감독관_ 당성증

경남 0 (0 전반 0 / 0 후반 2) 2 성남

퇴장	경고	파울	ST(유)	교체	선수명	배번	위치	위치	배번	선수명	교체	ST(유)	파울	경고	퇴장
0	0	0	0		고동민	1	GK	GK	41	김영광		0	0	0	0
1	0	1	0		이준재	18	DF	DF	3	강의빈		1	3	2	0
0	0	1	2		이강희	88	DF	DF	20	조성욱		0	0	0	0
0	0	0	0	33	박재환	73	DF	MF	16	김진래	17	0	1	0	0
0		3(1)	79		설현진	19	MF	MF	55	박태준		0	2	0	0
0	0	0	15		카스트로	95	MF	MF	7	권순형	44	0	0	0	0
0	1	1	0		송홍민	4	MF	MF	93	진성욱	19	0	0	0	0
0	1(1)	99			박민서		MF	MF	19	정한민		0	0	0	0
0	0	2			원기종		FW	FW	10	이종호		1	2	0	0
0	0	0	0		글레이손	96	FW	FW	96	가브리엘		3(2)	0	0	0
0	0	0	0		이윤오	25			5	최필수		0	0	0	0
0	후36	우주성	15						5	패트릭	후37	0	0	0	0
0	후36	이민기	33						17	이지훈	후15	0	0	0	0
0					이찬욱		대기	대기	6	김현태		0	0	0	0
0	후20	조상준	99						44	양시후	후15	0	2	0	0
0	후36	조연언	79						5	데닐손	후45	0	0	0	0
0	후36	조항기							19	정한민	후45	0	0	0	0
1	1	12	9(2)									5(2)	9	3	0

- 후반 29분 이종호 GA 정면 ~ 가브리엘 GA 정면 L-ST-G (득점: 가브리엘, 도움: 이종호) 왼쪽
- 후반 42분 진성욱 PAL 내 ~ 가브리엘 GA 정면 L-ST-G (득점: 가브리엘, 도움: 진성욱) 왼쪽

Section 7
2023 경기기록부

Section 7 · 2023 경기기록부

김포 2 : 3 부산

• 8월 26일 19:30 맑음 김포솔터축구장 2,418명
• 주심_ 오현정 부심_ 이영운·김동민 대기심_ 최철준 경기감독관_ 김성기

김포 2 (2 전반 2 / 0 후반 1) 3 부산

퇴장	경고	파울	ST(유)	교체	선수명	배번	위치	위치	배번	선수명	교체	ST(유)	파울	경고	퇴장
0	0	0	0		박청효	13	GK	GK	1	구상민		0	0	1	0
0	0	0	0	20	박경록	2	DF	DF	5	조위제	39	3(1)	0	1	0
0	0	1	0		김태한	4	DF	DF	26	최지묵		0	1	0	0
0	0	2	0		조성권	3	DF	DF	6	최 준		0	3	1	0
0	0	3	1(1)		김성민	17	MF	MF	11	김정환	14	1(1)	1	0	0
0	0	1	0	99	김이석	8	MF	MF	18	임민혁		0	0	0	0
0	0	1	0		장윤호	7	MF	MF	81	어 름	55	0	2	0	0
0	0	0		21	송준석	34	MF	MF	10	라마스		4(3)	1	0	0
0	2	2(2)		44	파블로	9	FW	FW	9	페 신		3	1	0	0
0	1	3(3)			루이스	24	FW	FW	10	라마스		4(3)			
0	1	1	2		주닝요		FW	FW	96	프랭클린	49	2(1)	0	0	0
					이상욱	1			41	황병근					
				후35	김민호	20			39	민상기	27				
				후44	이ㅇ혁				14	정원진	19				
					이강연		대기	대기	27	전승은					
0	1	0			이서민	11			55	강상윤	19	1(1)			
0	1	1		후27	손석용	99			9	김 찬	27				
0				후35	윤민호	32			49	박동진	10	2(2)			
0	1	13	9(6)									16(10)	15	6	0

● 전반 27초 김종석 GAR R-ST-G (득점: 김종석) 오른쪽
● 전반 15분 주닝요 PAR ⌒ 루이스 GAR H-ST-G (득점: 루이스, 도움: 주닝요) 가운데
● 전반 28분 프랭클린 GA 정면 ~ 김정환 PAL 내 R-ST-G (득점: 김정환, 도움: 프랭클린) 오른쪽
● 전반 48분 라마스 C.KR ⌒ 조위제 GA 정면 내 R-ST-G (득점: 조위제, 도움: 라마스) 오른쪽
● 후반 5분 페신 GA 정면 ⌒ 프랭클린 GAL 오버헤드킥 R-ST-G (득점: 프랭클린, 도움: 페신) 오른쪽

안양 3 : 1 전남

• 8월 27일 19:00 흐림 안양종합 3,301명
• 주심_ 조지음 부심_ 설귀선·박남수 대기심_ 임정수 경기감독관_ 나승화

안양 3 (2 전반 0 / 1 후반 1) 1 전남

퇴장	경고	파울	ST(유)	교체	선수명	배번	위치	위치	배번	선수명	교체	ST(유)	파울	경고	퇴장
0	0	0	0		박성수	1	GK	GK	1	최봉진		0	0	0	0
0	0	1	0		정준연	2	DF	DF	28	김수범		0	0	2	0
0	1	1(1)		7	박종현	5	MF	DF	2	유지하		0	2	0	0
0	0	1	0		황기욱	6	DF	DF	5	고태원	20	0	1	0	0
0	3	2(2)		81	브루노	9	DF	DF	66	이규혁		1(1)	0	0	0
0	0	0	0		조성준	11	MF	MF	25	조지훈		0	0	0	0
0	0	1	0		김형진	15	DF	MF	20	미키치	11	0	1	0	0
0	0	0	0		박성우	28	MF	MF	24	유헤이	16	1(1)	0	0	0
0	0	1	0		백동규	30	MF	MF	88	박태용	12	0	0	0	0
0	1	0		10	야 고	97	MF	FW	9	하 남		4(2)			
0	1	1(1)		25	주현우	99	FW	FW							
					김태훈	21			99	조성빈					
				후35	안용우				16	이후권	42				
				후0	라에르시오	10			10	이승원					
				후0	유 ㅇ	20	대기	대기	5	전승원	42				
0	1	1(1)		후30	김하준	25			27	추상훈					
					김정민				11	플라나	39	1			
0				후33	공민현	81			12	지상욱	90	2(2)	1	0	0
0	1	2	6(6)									12(8)	1	0	0

● 전반 16분 브루노 AK 내 ~ 야고 GAR L-ST-G (득점: 야고, 도움: 브루노) 왼쪽
● 전반 32분 야고 MF 정면 ~ 주현우 PK 우측지점 R-ST-G (득점: 주현우, 도움: 야고) 가운데
● 후반 4분 야고 PAR ⌒ 브루노 GA 정면 H-ST-G (득점: 브루노, 도움: 야고) 가운데
● 후반 26분 발디비아 PAL TL FK R-ST-G (득점: 발디비아) 왼쪽

부천 1 : 0 서울E

• 8월 26일 20:00 맑음 부천종합 2,913명
• 주심_ 최광호 부심_ 구민석·김종희 대기심_ 박종민 경기감독관_ 김종민

부천 1 (0 전반 0 / 1 후반 0) 0 서울E

퇴장	경고	파울	ST(유)	교체	선수명	배번	위치	위치	배번	선수명	교체	ST(유)	파울	경고	퇴장
0	1	0	0		이범수	25	GK	GK	23	문정인		0	0	0	0
0	0	0	0		서명원	20	DF	DF	7	서보민		2	0	0	0
0	0	0	1(1)		닐손주니어	6	DF	DF	92	이인재		0	0	0	0
0	1	2	0		이동희	3	DF	DF	3	김민규		0	1	0	0
0	1	1	0		김선호	8	MF	MF	15	김원식	44	1(1)	0	0	0
0	0	2	1		카 즈	23	MF	MF	30	박창환	21	0	1	0	0
0	1	0		21	최재영	14	MF	MF	8	송시우		0	1	0	0
0	1	1	0	88	김호남	19	MF	MF	40	브루노		0	2	0	0
0	1	1	0		정희웅	29	MF	FW	16	변경준		0	0	0	0
0	1	2(1)		11	이의형	18	FW	FW	11	박정호		2(2)	1	1	0
0	0	1	5		루페타	42	FW								
					이주현	1			31	주현성					
				후40	이용혁	5			13	차승현					
				후40	박형진	21			10	이동률	후15	1(1)			
					조수철	10	대기	대기	2	이시헌	후29				
0	0			후29	이정빈	88			44	츠바사	후29				
0				후0	안재준	11			16	변경준					
					박호민	99			22	호 남	후15				
0	4	11	5(2)									9(5)	3	0	

● 후반 12분 김호남 PAR ⌒ 이의형 GAR H-ST-G (득점: 이의형, 도움: 김호남) 오른쪽

천안 0 : 0 충북청주

• 8월 27일 19:30 흐림 천안종합 990명
• 주심_ 정회수 부심_ 주현민·김태형 대기심_ 최규현 경기감독관_ 차상해

천안 0 (0 전반 0 / 0 후반 0) 0 충북청주

퇴장	경고	파울	ST(유)	교체	선수명	배번	위치	위치	배번	선수명	교체	ST(유)	파울	경고	퇴장
0	0	0	0		김민준	1	GK	GK	21	박대한		0	0	0	0
0	0	0		39	김주헌	15	DF	DF	19	구현준	40	2(1)	0	0	0
0	0	0	0		이광준	3	DF	DF	13	이한샘	14	0	0	0	0
0	0	0	0		김주환	37	DF	DF	14	박진성		0	0	0	0
0	1	1			박준강	37	MF	MF	7	피 터		0	1	0	0
0	0	0			신형민	32	MF	MF	99	홍원진		2	1	0	0
0	0	0	0	10	정석화		MF	MF	98	김명순	98	1(1)	0	0	0
0	1	0		8	이석규	27	FW	MF	23	장혁진		1(1)	0	0	0
0	1	4			파울리냐	96	FW	FW	29	강민승	11	1	1	0	0
0	0	2		18	다 따	9	FW	FW	9	조르지			0	0	0
					임민혁	36			18	정진욱					
				전47	최 오연	10			98	이승재	후20				
					신원호	21			11	양지훈	후40	1(1)			
				후10	김창수	39	대기	대기	5	이민형	후0				
				후22	다 미르	10			14	이정택	후15				
				후0	윤용호	8			40	김원균	후15				
				후22	김종민	18			6	문상윤					
0	0	4	11(1)									12(3)	12	1	0

• 8월 29일 19:00 흐리고 비 아산 이순신 927명
• 주심_최규현 부심_박남수·주현민 대기심_김희곤 경기감독관_구상범

충남아산 0 0 전반 1 / 0 후반 0 **1 경남**

퇴장	경고	파울	ST(유)	교체	선수명	배번	위치	위치	배번	선수명	교체	ST(유)	파울	경고	퇴장
0	0	0	0		문현호	37	GK	GK	1	고동민		0	0	0	0
0	0	1	1(1)		이호인	3	DF	DF	15	우주성		0	1	0	0
0	0	0	0		이재성	15	DF	DF	3	이찬욱	88	1(1)	0	0	0
0	0	1	1		조윤성	20	DF	DF	73	박재환		0	1	1	0
0	0			17	김주성	2	MF	MF	33	이민기	21	0	0	0	0
0	0	0	0		김강국	22	MF	MF	19	설현진	10	0	0	0	0
0	0	0	0		박세직	24	MF	MF	4	송홍민		0	0	0	0
0	0		14		강준혁	99	MF	MF	16	이광진	95	0	0	0	0
0			1(1)		강민규	11	FW	MF	77	박민서		3(1)	2	0	0
0			1(1)		아폰자	96	FW	FW	79	이종언		0	0	0	0
0				29	하파엘	96	FW	FW	7	원기종	96	0	1	0	0
					박주원	21			25	이윤오					
0			후0		이학민	14			88	이강희	후0				
0	1	2	전32		김성주	17			21	박민서	후0				
0			후14		김혜성	16	대기	대기	95	카스트로	후26				
					송승민	7			96	모재현	후26				
0			1(1) 후14		두아르테	10			9	조향기					
0	0	1	후14		지언학	29			96	글레이손	후39				
0	1	8	8(4)						0			11(3)	7	1	0

●전반 18분 이광진 C.KR ⌒ 이찬욱 GAR H-ST-G (득점: 이찬욱, 도움: 이광진) 오른쪽

• 8월 29일 19:30 흐리고 비 부산 구덕 2,532명
• 주심_김우성 부심_구은석·서영규 대기심_김영수 경기감독관_이경춘

부산 2 1 전반 0 / 1 후반 0 **0 김천**

퇴장	경고	파울	ST(유)	교체	선수명	배번	위치	위치	배번	선수명	교체	ST(유)	파울	경고	퇴장
0	0	0	0		구상민	1	GK	GK	41	김준홍		0	0	0	0
0	1	1	1		이한도	20	DF	DF	23	박민규	14	0	1	0	0
0	0	2	0		최지묵	26	DF	DF	24	윤종규		0	1	0	0
0	0	1	0		민상기	39	DF	MF	34	김재우	30	0	0	0	0
0	0	1	0		최준	6	MF	MF	34	김재우	30	0	0	0	0
0		1(1)	99		김정환	11	MF	MF	26	원두재					
0		1(1)			임민혁	18	MF	MF	32	김진규	25	1	0	1	0
0	0		55		어 팀	81	MF	FW	8	이상수		0	0	0	0
					라마스	10	FW	FW	9	이준석		0	0	0	0
0	2	4(3)	14		성호영	23	FW	FW	7	최병찬	38	1(1)	1	0	0
0		4(2)	9		박동진	49	FW	FW	27	조영욱		0	0	0	0
					황병근	41			31	강현무					
0			후16		김상준	33			30	김동현	후37				
0			후11		정원진	51			14	윤석주	후0				
0			후16		강상윤	55	대기	대기	38	김민준	후22				
					페 신	7			25	김현욱	후0				
0			후39		김 찬	9			29	정치인	후8	2(1)	0	0	0
0			후39		최건주	99			40	이영준					
0	2	12	15(7)						0			5(2)	7	0	0

●전반 43분 임민혁 MFL TL ⌒ 성호영 GA 정면 L-ST-G (득점: 성호영, 도움: 임민혁) 오른쪽
●후반 32분 강상윤 PAR 내 EL ~ 임민혁 PAR 내 R-ST-G (득점: 임민혁, 도움: 강상윤) 왼쪽

• 8월 29일 19:30 흐리고 비 안산 와~스타디움 422명
• 주심_박종명 부심_설귀선·김수현 대기심_최승환 경기감독관_김종민

안산 1 0 전반 2 / 1 후반 0 **2 부천**

퇴장	경고	파울	ST(유)	교체	선수명	배번	위치	위치	배번	선수명	교체	ST(유)	파울	경고	퇴장
0	0	0	0		이승빈	1	GK	GK	1	이주현		0	0	0	0
0	0	0	0	28	고태규	4	DF	DF	5	이풍연		0	0	0	0
0	0	0	0		김재성	14	DF	DF	6	닐손주니어		0	1	0	0
0	0	0	1(1)		김대경	18	DF	DF	3	이동희		0	1	0	0
0	0	1	1		장유섭	23	DF	DF	17	김규민		0	1	0	0
0	0	1	0		최한솔	7	MF	MF	14	최재영	21	0	1	0	0
0	1	1	2		노경호	10	MF	MF	10	조수철	88	1(1)	1	0	0
0	0	1	19		정지용	11	MF	MF	66	유승현		0	0	0	0
0		2(2)			김정호	20	MF	MF	11	안재준		3(2)	1	0	0
0	1	3	17		이규빈	37	MF	FW	18	이의형		1(1)	1	0	0
0		3(3)	9		정재민	5	FW	FW	99	박호민	42	1	4	0	0
					김선우	21			25	이범수					
0		2(2)	후28		김경준	9			21	박형진	후27				
			전39		김범수	17			39	송윤석					
			후30		이 현	19	대기	대기	88	이정빈	후36				
					이준희	22			9	김보용	후36				
0		4(2)	후0		윤주태	14			29	정희웅	후0				
			후30		이승민	28			42	루페타	후0				
0	2	9	18(10)						0			7(4)	14	3	0

●후반 22분 김경준 PA 정면 내 R-ST-G (득점: 김경준) 가운데
●전반 3분 안재준 PA 정면 ~ 이의형 GAL L-ST-G (득점: 이의형, 도움: 안재준) 가운데
●전반 19분 이동희 PAR 내 → 조수철 AKR R-ST-G (득점: 조수철, 도움: 이동희) 오른쪽

• 8월 30일 19:00 비 목동 종합 1,859명
• 주심_신용준 부심_이병주·김동민 대기심_박세진 경기감독관_허기태

서울E 1 0 전반 0 / 1 후반 0 **0 전남**

퇴장	경고	파울	ST(유)	교체	선수명	배번	위치	위치	배번	선수명	교체	ST(유)	파울	경고	퇴장
0	0	0	0		문정인	23	GK	GK	98	안준수		0	0	0	0
0	0	0	0		서보민	7	DF	DF	28	김수범		0	1	0	0
0	0	0	0		이인재	92	DF	DF	2	유지하		0	1	0	0
0	0	0	13		김수안	29	DF	DF	5	고태원		0	2	1	0
0	4	1(1)			이상민	6	DF	DF	14	아스나위		2	1	0	0
0	0		40		츠바사	44	MF	MF	16	이후권	25	0	2	0	0
0	0	1			김원식	15	MF	MF	35	노건우		0	1	0	0
0	0	0	0		이시헌	21	MF	MF	22	최성진	10	0	1	0	0
0	1	1	2		유정완	17	MF	MF	8	이석현	14	0	1	0	0
0	0	1	1		이동률	10	MF	MF	11	플라나		3(2)	1	0	0
0		3(1)	22		박정인	11	FW	FW	9	하 남		3(3)	2	1	0
					주현승	31			99	조성빈					
					서동재	19			66	이규혁					
0		1(1)	후0		차승현	13			23	조지훈	후0				
0		2(1)	후0		브루노	40	대기	대기	27	추상훈					
0		1(1)	후26		변경준	16			24	유혜이	후16	0	2(1)	0	0
			후20		송시우	82			10	발디비아	후0				
0		3(2)	후26		호 난	22			19	이용재	후0				
0	3	12	15(7)						0			9(7)	12	2	0

●후반 46분 차승현 GAR R-ST-G (득점: 차승현) 가운데

• 8월 30일 19:30 비 탄천 종합 803명
• 주심 최철준 부심 홍석천·김종혁 대기심 오현정 경기감독관 당성증

성남 2 (1 전반 0 / 1 후반 4) 4 김포

퇴장	경고	파울	ST(유)	교체	선수명	배번	위치	위치	배번	선수명	교체	ST(유)	파울	경고	퇴장
0	0	0	0		김영광	41	GK	GK	1	이상욱		0	0	0	0
0	1	2	1(1)		패트릭	5	DF	DF	3	박경록	17	0	3	1	0
0	1	1	0		유 선	6	DF	DF	26	이강연		1	2	1	0
0	1	2	0		조성욱	20	DF	DF	20	김민호		0	0	0	0
0	0	0	0		김진래	16	MF	MF	34	송준석	30	0	1	0	0
0	1	1	0		박태준	55	MF	MF	8	김이석		0	1	0	0
0	1	2(2)		44	권순형	7	MF	MF	7	장윤호		0	0	0	0
0	0	0		17	정승용	23	MF	MF	91	박광일	11	1	0	0	0
0	1	1	2		이종호	93	FW	FW	77	민성연	24	3(1)	1	0	0
0	1	2(1)			가브리엘	96	FW	FW	22	배재우	99	0	0	0	0
					최필수	1			13	박형호		0			
				후32	이지훈	17			30	김종민	후0	1(1)			
				후0	김현태	6	대기	대기	17	김성민	후19	1			
				후30	양시후	44			11	파블로	후				
				후37	데닐손	9			24	루이스	후	3(3)	1		
					김원준	18			99	손석용	후	0			
				후30	정한민	19									
0	4	16	10(4)									13(6)	18	4	0

●전반 3분 이종호 PA 정면 내 H→ 권순형 PA 정면 R-ST-G (득점: 권순형, 도움: 이종호) 왼쪽
●후반 21분 가브리엘 PAR EL FK ↷ 패트릭 GAR 내 H-ST-G (득점: 패트릭, 도움: 가브리엘) 오른쪽
●후반 25분 김성민 GAL EL ~ 루이스 GA 정면 R-ST-G (득점: 루이스, 도움: 김성민) 가운데
●후반 36분 루이스 GAL 내 L-ST-G (득점: 루이스) 왼쪽
●후반 41분 루이스 PK-R-G (득점: 루이스) 가운데
●후반 47분 김종석 GA 정면 내 R-ST-G (득점: 김종석) 가운데

• 9월 02일 16:00 맑음 부천 종합 2,921명
• 주심 임정수 부심 서영규·이양우 대기심 최현태 경기감독관 김성기

부천 1 (0 전반 0 / 1 후반 0) 0 충남아산

퇴장	경고	파울	ST(유)	교체	선수명	배번	위치	위치	배번	선수명	교체	ST(유)	파울	경고	퇴장
0	0	0	0		이범수	25	GK	GK	37	문현호		0	0	0	0
0	0	0	0		이용혁	5	DF	DF	15	이재성		0	0	0	0
0	0	0	0		닐손주니어	6	DF	DF	6	김주성	96	0	0	0	0
0	0	1	0		이동희	3	DF	DF	20	조윤성		0	0	0	0
0	0	0	0		김선호	37	MF	MF	27	박성우	29	1	1	0	0
0	0	0	0		카 즈	23	MF	MF	16	김혜성		0	0	0	0
0	1	0		21	최재영	14	MF	MF	22	김강국		1(1)	2	1	0
0	0	0	0		정희웅	29	MF	MF	24	박세직		0	0	0	0
0	0	1	0		이정빈	8	FW	FW	7	송승민	14	2(1)	1	0	0
0	1	1		99	루페타	42	FW	FW	9	정성호		0	3	0	0
0	0	1	0		이의형	18	FW	FW	13	강민규		1(1)	3	0	0
					이주현	1			21	박주원		0	0	0	0
				후39	박형진	21			3	이호인					
					홍성욱	24			14	이학민	후33				
					조수철		대기	대기	39	지언학	후33				
0	2(1)			후13	안재준	11			90	아폰자	후24	1(1)	2	1	0
				후28	김호남	19			96	하파엘	후37				
				후39	박호민	99									
0	1	12	6(1)									7(5)	16	2	0

●후반 42분 박호민 MFL H⌒ 안재준 GAL L-ST-G (득점: 안재준, 도움: 박호민) 오른쪽

• 8월 30일 19:30 비 청주 종합 1,062명
• 주심 오현진 부심 이양우·신재환 대기심 최광호 경기감독관 김용세

충북청주 2 (0 전반 0 / 2 후반 1) 1 안양

퇴장	경고	파울	ST(유)	교체	선수명	배번	위치	위치	배번	선수명	교체	ST(유)	파울	경고	퇴장
0	0	0	0		박대한	21	GK	GK	1	박성수		0	0	0	0
0	0	1	0		이정택	14	MF	MF	2	정준연	7	1(1)	1	0	0
0	0	0	0		이한샘	3	DF	DF	5	박종현		0	0	0	0
0	0	0	1		이민형	5	FW	FW	9	브루노	81	1(1)	3	0	0
0	0	4	2	19	박진성	24	MF	MF	24	이재용	11	0	0	0	0
0	1	2	1	77	피 터	99	MF	MF	15	김형진		1(1)	2	0	0
0	1	1	1		홍원진	99	MF	MF	17	류승우	97	0	0	0	0
0	1	0		39	이찬우	8	MF	MF	20	이동수		0	0	0	0
0	1	0			문상윤	6	MF	MF	28	문성우	후	0	0	0	0
0	1	3(2)		11	조르지	9	FW	FW	99	주현우		0	0	0	0
					정진욱	18			21	김태훈					
0	1	1(1)		후0	김명순	39			7	안용우	후41	0	0	0	0
0		1(1)		후31	정민우	77			11	조성준	후	0	0	0	0
				후44	구현준	19	대기	대기	26	김정민	후25				
				후31	양지호	11			40	연제민					
					김원균	40			81	공민현	후25	1(1)	0	0	0
				후7	장혁진	8			97	야 고	후42				
0	3	10	16(6)									5(4)	8	0	0

●후반 16분 조르지 PA 정면 내 L-ST-G (득점: 조르지) 가운데
●후반 48분 양지훈 PAR 내 - 정민우 GAR R-ST-G (득점: 정민우, 도움: 양지훈) 오른쪽
●후반 51분 주현우 MFL FK ↷ 공민현 GAL H-ST-G (득점: 공민현, 도움: 주현우) 왼쪽

• 9월 02일 18:30 흐림 김천 종합 1,100명
• 주심 정화수 부심 김종희·이병주 대기심 최철준 경기감독관 차상해

김천 0 (0 전반 0 / 0 후반 0) 0 충북청주

퇴장	경고	파울	ST(유)	교체	선수명	배번	위치	위치	배번	선수명	교체	ST(유)	파울	경고	퇴장
0	0	0	0		강현무	31	GK	GK	21	박대한		0	0	0	0
0	0	1	0	28	박민규	23	DF	DF	14	이정택		0	2	0	0
0	0	1	0		윤종규	24	DF	DF	5	이민형		1(1)	0	0	0
0	0	0	0		김재우	6	DF	DF	40	김원균		0	1	0	0
0	0	1	0		김동현	30	MF	MF	99	홍원진		0	0	0	0
0	1	1		17	김진규	32	MF	MF	8	장혁진		0	0	0	0
0	1	1		26	구본철	36	MF	MF	39	김명순	19	0	0	0	0
0	1	1	0		이준석	7	FW	FW	6	문상윤	98	0	2	0	0
0	1	1	0		김현욱	26	FW	FW	23	김도현	11	0	4	1	0
0	1	1	0		조영욱	27	FW	FW	9	조르지	17	2(1)	3	0	0
					김준홍	41			18	정진욱					
				후23	김태현	28			22	이승엽					
				후35	김준범	17			77	정민우	후23				
				후15	원두재	4	대기	대기	98	이승재	후				
				후15	최병찬	7			11	양지훈	후43				
0	1(1)			후15	정치인	20			2	김지운					
					이영준	40			19	구현준	후15				
0	3	11	10(2)									4(1)	14	1	0

천안 1 - 안산 1

- 9월 02일 20:00 맑음 천안 종합 1,197명
- 주심_오현정 부심_신재환·김태형 대기심_최광호 경기감독관_양정환

		1 전반 0		
천안 1		0 후반 1		1 안산

퇴장	경고	파울	ST(유)	교체	선수명	배번	위치	위치	배번	선수명	교체	ST(유)	파울	경고	퇴장
0	0	0	0		김민준	1	GK	GK	1	이승빈		0	0	0	0
0	0	2	0		차오연	6	DF	DF	4	고태규	24	0	1	0	0
0	0	0	0		이광준	3	DF	DF	14	김재성		0	0	0	0
0	0	0	0	8	이재원		DF	DF	15	정용희	22	0	1	0	0
0	0	0	0		김주환	2	DF	DF	23	장유섭		0	1	0	0
0	1	2	0	21	박준강	37	MF	MF	7	최한솔		0	2	1	0
0	0	1	0		신형민	32	MF	MF	10	노경호		3(3)			
0	0	1	0	10	정석화	7	MF	MF	28	정지용		1(1)	1	0	0
0	1	1(1)	39		이석규	27	FW	FW	17	김범수	19	0	1	0	0
0	0	3	2		파울리냐	96	FW	FW	20	김이준		0	1	0	0
0	0	2	0	9	오현교	22	FW	FW	5	정재민		0	1	0	0
0	0	0	0		임민혁	36			31	김영호		0	0	0	0
0	0	0	0		오윤석	23			9	김경준	후10				
0	0	1	0	후13	신원호	21	대기	대기	11	이현규	후10				
0	0	0	0	후13	김창수	39			22	이준희	후0				
0	1	1	0	후31	다미르	10			24	윤주태	후0	2(1)	1	0	0
0	1	1	0	후31	윤용호	8			28	이승민	후33	0	1	0	0
0	0	1(1)	후16		모 따	9			32	강준모					
0	3	16	7(2)									8(5)	12	2	0

- ●전반 36분 이석규 PA 정면 내 L-ST-G (득점: 이석규) 오른쪽
- ●후반 11분 정지용 PAR ~ 윤주태 GAR R-ST-G (득점: 윤주태, 도움: 정지용) 왼쪽

전남 0 - 성남 0

- 9월 03일 18:30 맑음 광양 전용 2,552명
- 주심_최승환 부심_김수현·강도준 대기심_이경순 경기감독관_이경춘

		0 전반 0		
전남 0		0 후반 0		0 성남

퇴장	경고	파울	ST(유)	교체	선수명	배번	위치	위치	배번	선수명	교체	ST(유)	파울	경고	퇴장
0	0	0	0		안준수	98	GK	GK	1	최필수		0	0	0	0
0	0	1	0		아스나위	14	DF	DF	3	강의빈		0	1	0	0
0	0	2	0		유지하	2	DF	DF	77	유 선		0	0	0	0
0	0	0	0	6	고태원		DF	DF	5	패트릭		0	0	0	0
0	1	1	0		이규혁	66	MF	MF	16	김진래		0	1	0	0
0	0	1	0		조지훈	25	MF	MF	8	박상혁	24	0	1	0	0
0	0		35		박태용	88	MF	MF	7	권순형		2(1)			
0	0	0	0		발디비아	10	MF	MF	23	정승용	17	1	0	0	0
0	1	0	0	12	유헤이	24	FW	FW	47	박지원	93	1	1	0	0
0	2	4(1)		21	플 라 나		FW	FW	11	이종호	16	0	0	0	0
0	0	0	0	9	이용재		FW	FW	96	가브리엘		1	1	1	0
					최봉진	1			41	김영광					
					김수범	28			17	이지훈	후0				
				후0	장성재	6			24	장영기	후28				
				후13	추상훈	27	대기	대기	55	박태준	후46				
				후46	지상욱	16			93	진성욱	후0				
0	1	0	0	후0	하 남	9			18	김원준	후17	0			
0	1	4	6(1)									6(1)	13	3	0

김포 2 - 서울E 1

- 9월 03일 16:00 맑음 김포솔터축구장 1,998명
- 주심_조지음 부심_이영운·주현민 대기심_오현진 경기감독관_당성증

		1 전반 1		
김포 2		1 후반 0		1 서울E

퇴장	경고	파울	ST(유)	교체	선수명	배번	위치	위치	배번	선수명	교체	ST(유)	파울	경고	퇴장
0	0	0	0		박청효	13	GK	GK	23	문정인		0	0	0	0
0	0	0	0		박경록	3	DF	DF	7	서보민		1(1)	3	1	0
0	0	1	1		김태한	4	DF	DF	92	이인재		0	2	0	0
0	0	5	0		김민호	20	DF	DF	3	김민규		0	0	0	0
0	0	0	0	17	송준석	34	MF	DF	6	이상민		0	0	0	0
0	1	2(1)			김이석	8	MF	MF	15	김원식		0	1	0	0
0	1	2(2)		19	장윤호	7	MF	MF	40	브루노	8	0	1	0	0
0	0	0	0		박광일	91	MF	MF	21	이시헌	16	0	2	0	0
0	0	3(3)	11		김종석	10	MF	MF	14	박정인		1(1)	1	0	0
0	1	3(2)			주닝요	9	FW	MF	10	이동률	29	1	0	0	0
0	3	1(1)	99		배재우	22	FW	FW	82	호 난		4(2)	0	0	0
					김정호	30			1	강정묵					
					김종민	30			29	김수안	후35				
				후29	이강연	26			14	이재익					
0	0	2		후0	김성민	17	대기	대기	13	차승현	후17				
0	0	2		후31	파블로	11			8	곽성욱	후29				
				후31	송창석	19			16	변경준	후17				
				후29	손석용	99			82	송시우	후29				
0	1	12	16(9)									8(6)	12	3	0

- ●전반 8분 주닝요 PAL 내 L-ST-G (득점: 주닝요) 오른쪽
- ●후반 49분 파블로 PAR ~ 주닝요 AK 정면 L-ST-G (득점: 주닝요, 도움: 파블로) 오른쪽
- ●전반 2분 이인재 자기 측 HLL TL ⌒ 호난 PA 정면 내 R-ST-G (득점: 호난, 도움: 이인재) 왼쪽

안양 0 - 부산 1

- 9월 03일 20:00 흐림 안양 종합 2,927명
- 주심_박세진 부심_김동민·박남수 대기심_성덕효 경기감독관_김용세

		0 전반 0		
안양 0		0 후반 1		1 부산

퇴장	경고	파울	ST(유)	교체	선수명	배번	위치	위치	배번	선수명	교체	ST(유)	파울	경고	퇴장
0	0	0	0		박성수	1	GK	GK	1	구상민		0	0	0	0
0	0	0	0	2	박종현	5	DF	DF	20	이한도		0	1	0	0
0	1	1	0	40	황기욱	8	MF	DF	26	최지묵		0	1	0	0
0	0	0	0	81	브루노	9	DF	DF	39	민상기		0	0	0	0
0	1	1	1	27	조성준	7	FW	FW	6	최 준		3	1	1	0
0	2	1			김형진	5	FW	FW	14	정원진	14	4(3)			
0	2	1			김동진	7	MF	MF	18	임민혁		3(1)			
0	1		20		문성우	7	MF	MF	81	어 름	55	0	0	0	0
0	1	1			백동규	30	DF	FW	10	라마스	33	1	0	0	0
0	0	1			야 고	97	FW	FW	66	성호영		2(2)	2	0	0
0	0	0			박동휘	99	FW	FW	49	박정문	9	0	0	1	0
					김태훈	21			41	황병근					
				후28	정준연	2			66	박세진	후31				
					라에르시오	10			7	페 신					
0	2(1)	전27			이동수	20	대기	대기	14	정원진	후31				
				후28	홍현호	27			33	김상준	후40				
				전36	연제민	4			55	강상윤	후24				
				후46	공민현	81			9	김 민	후17				
0	4	19	7(1)									11(6)	10	2	0

- ●후반 17분 최준 MF 정면 ~ 성호영 PA 정면 내 L-ST-G (득점: 성호영, 도움: 최준) 오른쪽

서울E 0 : 3 천안

- 9월 16일 16:00 흐림 목동 종합 5,647명
- 주심 최철준 부심 김동민·서영규 대기심 박세진 경기감독관 김종민

	0 전반 1	
서울E 0	0 후반 2	3 천안

퇴장	경고	파울	ST(유효)	교체	선수명	배번	위치	위치	배번	선수명	교체	ST(유효)	파울	경고	퇴장
0	0	0	0		문정인	23	GK	GK	1	김민준		0	0	0	0
0	0	0	1(1)	27	서보민	7	DF	DF	6	차오연		0	2	1	0
0	0	0	1		이인재	92	DF	DF	3	이광준		0	1	0	0
0	0	0	2(1)		김민규	3	DF	DF	2	김주환		0	3	1	0
0	0	0			이상민	6	DF	DF	37	박준강	39	0	0	0	0
0	1	2	0	15	박창환	30	MF	MF	14	이민수		2(1)	0	2	1	0
0	0	0		21	츠바사	44	MF	MF	32	신형민		0	0	0	0
0	0	0			유정완	17	MF	MF	7	정석화	96	0	0	0	0
0	0	0		29	박정인	11	MF	MF	19	장백규	96	0	1	0	0
0	0	0	1(1)	82	호난		FW	FW	9	모따		3(1)	1	0	0
					강정묵				36	임민혁					
0	0	0		후16	김수안	29			23	오윤석	후23		0	0	0	0
0	0	0		후16	김원식	15			5	이재원	후23		0	0	0	0
0	0	0		후0	조동재	27	대기	대기	39	김창수	후37		0	0	0	0
					변경준	16			96	파울리뉴	후0	2(1)	2	0	0
									13	허		0			
0	1	3		후0	송시우	7			27	이석규	후17	2(1)	0		
0	3	0	10(3)			0						9(5)	8	1	0

- ● 전반 13분 장백규 MF 정면 H^ 모따 PA 정면 내 L-ST-G (득점: 모따, 도움: 장백규) 오른쪽
- ● 후반 9분 박준강 PAL ~ 파울리뉴 GAL R-ST-G (득점: 파울리뉴, 도움: 박준강) 왼쪽
- ● 후반 39분 파울리뉴 MFL ~ 이석규 GAL R-ST-G (득점: 이석규, 도움: 파울리뉴) 왼쪽

부산 3 : 0 성남

- 9월 16일 18:30 비 부산 아시아드 3,018명
- 주심 박종명 부심 이병주·김태형 대기심 설태환 경기감독관 허태식

	2 전반 0	
부산 3	1 후반 0	0 성남

퇴장	경고	파울	ST(유효)	교체	선수명	배번	위치	위치	배번	선수명	교체	ST(유효)	파울	경고	퇴장
0	0	0	0		구상민	1	GK	GK	41	최필수		0	1	0	0
0	0	1			이한도	20	DF	DF	3	강의빈		0	1	1	0
0	0	0			최지묵	26	DF	DF	77	유선		0	1	1	0
0	0	1			임상기	39	DF	DF	5	조성욱		0	3	1	0
0	0	2		14	김정환		MF	MF	16	김진래		0	1	0	0
0	0	2			임민혁	18	MF	MF	8	박상혁		1(1)	1	0	0
0	0		81	김상준	33	MF	MF	7	권순형		0	1	0	0
0	0			박세진	66	MF	MF	17	이지훈	93	0	0	0	0
0	2(1)	7		라마스	10	FW	FW	47	박지원	28	1	0	0	0
0	2	1(1)		성호영	29	FW	FW	23	정승용		0	0	0	0
0	2	3(2)	49	김찬		FW	FW	23	정승용		0			
					황병근	41			41	김영광	후0				
					조위제				5	패트릭					
0	0			후6	페신	7			28	양태양	후0		0	2	0	0
0	1(1)			후20	정원진	14	대기	대기	55	박태휘				
0	0			후0	강상윤	55			11	데닐손	후11	1	0		
0	0			후0	어름	81			18	김원준	후0			
0	0			후22	박동진	49			19	진성욱	후0			
0	1	14	9(6)			0						4(1)	12	3	0

- ● 전반 18분 임민혁 MF 정면 ~ 라마스 MF 정면 L-ST-G (득점: 라마스, 도움: 임민혁) 왼쪽
- ● 전반 41분 김정환 GAR 내 EL ~ 김찬 GA 정면 내 R-ST-G (득점: 김찬, 도움: 김정환) 오른쪽
- ● 후반 36분 라마스 MF 정면 ~ 성호영 PAR 내 L-ST-G (득점: 성호영, 도움: 라마스) 왼쪽

안산 0 : 1 충북청주

- 9월 16일 16:00 흐림 안산 와스타디움 694명
- 주심 신용준 부심 강도준·이영운 대기심 이지형 경기감독관 양정환

	0 전반 0	
안산 0	0 후반 1	1 충북청주

퇴장	경고	파울	ST(유효)	교체	선수명	배번	위치	위치	배번	선수명	교체	ST(유효)	파울	경고	퇴장
0	0	0	0		이승빈	1	GK	GK	1	박대한		0	0	0	0
0	1	1	4		고태규	4	DF	DF	14	이정택		0	2	1	0
0	0				김재성	6	DF	DF					0	2	1	0
0	0	1			이준희	22	DF	DF	40	김원균	19	0	2	0	0
0	0				장유섭	23	DF	DF	33	이종훈	24	0	1	0	0
0	0	1(1)			최한솔	19	MF	MF	2	피터	6	2(2)	2	0	0
0	0	1(1)	8	김경준	9	MF	MF	99	홍원진		2(1)	2	1	0
0	0				노경호	10	MF	MF	39	김명순		1(1)	2	0	0
0	1	1	19	이규빈	77	MF	MF	98	이승재	11	1	1	0	0
0	0	1	24	정재민	7	FW	FW	9	조르지		3(2)	2	0	0
					김영호	31			18	정진욱					
				후0	김진현	8			77	정민우			0		
					정용희			전33	이승훈	후33	2(1)		
0	0			후0	김범수	17	대기	대기	19	구현준	후0	3	2(1)		
				후12	이현규	14			11	양지훈	후0			
0	0	3(3)		후0	윤주태	24			3	이한샘	후39			
					이승민	28			6	문상윤	후23			
0	1	5	11(8)			0						18(8)	20	4	0

- ● 후반 18분 장혁진 C.KL ~ 조르지 GA 정면 H-ST-G (득점: 조르지, 도움: 장혁진) 오른쪽

경남 2 : 3 전남

- 9월 17일 13:30 흐림 창원 축구센터 4,808명
- 주심 성덕효 부심 박남수·신재환 대기심 이경순 경기감독관 김용세

	1 전반 1	
경남 2	1 후반 2	3 전남

퇴장	경고	파울	ST(유효)	교체	선수명	배번	위치	위치	배번	선수명	교체	ST(유효)	파울	경고	퇴장
0	0	0	25	고동민	1	GK	GK	98	안준수		0	0	0	0
0	1	0			우주성	15	DF	DF	28	김수범		0	1	0	0
0	0	1			이강희	88	DF	DF	6	장성재		0	0	0	0
0	1	0			박재환	73	DF	DF	2	유지하		3(2)	1	0	0
0	0	33	박민서	14	MF	MF	14	아스나위		0	2	2	0
0	0	4	2(2)	모재현	10	MF	MF	25	조지훈		0	1	0	0
0	0			이광진	16	MF	MF	12	지상욱	27	1(1)	2	0	0
0	0	96	송홍민	6	MF	MF	88	박태웅	10	0	0	0	0
0	0		박민서	10	MF	MF	10	발디비아	66	3(1)	0	0	0
0	2(1)	19	원기종	7	FW	FW	11	플라나	19	2(2)	1	0	0
0			글레이손	96	FW	FW	9	하남	16	1	0	0	0
			후0	이윤오	25			1	최봉진					
				김영찬				66	이규혁	후31				
			후0	민기영				16	이유현	후16				
			후10	카스트로	대기	대기	27	추상훈	후0				
				레오	27			24	유헤이	후0				
			후0	설현진	19			35	노건우					
			후22	조항기	18			19	이용재	후40	2(2)			
0	0	11	10(3)			0						14(10)	11	3	0

- ● 전반 36분 이광진 MFL TL ~ 모재현 PAL 내 R-ST-G (득점: 모재현, 도움: 이광진) 오른쪽
- ● 후반 52분 모재현 GA 정면 내 R-ST-G (득점: 모재현) 왼쪽
- ● 전반 26분 발디비아 C.KL ~ 유지하 GA 정면 내 H-ST-G (득점: 유지하, 도움: 발디비아) 왼쪽
- ● 후반 22분 발디비아 PAR TL FK ~ 유지하 GA 정면 R-ST-G (득점: 유지하, 도움: 발디비아) 오른쪽
- ● 후반 50분 이용재 GAR R-ST-G (득점: 이용재) 왼쪽

• 9월17일 16:00 흐림 아산 이순신 1,858명
• 주심_오현진 부심_방기열·김종희 대기심_고만국 경기감독관_이경춘

충남아산 4 2 전반 1 / 2 후반 2 **3 안양**

퇴장	경고	파울	ST(유)	교체	선수명	배번	위치	위치	배번	선수명	교체	ST(유)	파울	경고	퇴장
0	0	0	0	37	박 주 원	21	GK	GK	1	박 성 수		0	0	0	0
0	0	3	1(1)		이 학 민	14	DF	DF	5	박 성 현		0	1	0	0
0	0	1	0	3	이 재 성	15	DF	MF	10	라에르시오	2	2(1)	0	0	0
0	0	1	0		조 윤 성	20	DF	DF	15	김 형 진		0	3	1	0
0	1	2	2(1)		박 성 우	27	DF	DF	22	김 동 진		1	1	0	0
0	1	1			김 혜 성	16	MF	MF	26	김 정 민	20	1	0	0	0
0	1	1(1)			김 강 국	22	MF	MF	28	문 성 우	14	1(1)	0	0	0
0	1	1			박 세 직	24	MF	FW	30	백 동 규		0	0	0	0
								FW	81	공 민 현	25	0	0	0	0
0		2(2)	19		강 민 규	11	FW	MF	97	야 고	2	2(1)		0	0
0			96		지 언 학	29	FW	FW	99	주 현 우	2	2(1)		0	0
				후32	문 현 호	37			21	김 태 훈					
				후32	이 호 인	3			2	정 준 연	후27				
					강 준 혁	99			9	브 루 노					
				전34	송 승 민	19	대기	대기	11	정 석 화	후39				
					두아르테				14	홍 창 범	전42				
0			1(1)	후32	박 대 훈	19			20	이 동 수	후27	3(1)	0	0	
0	0			후16	하 파 엘	96			25	김 하 준	후39				
0	2	11	11(6)									14(7)	10	1	0

● 전반 27분 김강국 MF 정면 FK R-ST-G (득점: 김강국) 왼쪽
● 전반 39분 이학민 HLR ~ 강민규 GAR R-ST-G (득점: 강민규, 도움: 이학민) 오른쪽
● 후반 44분 송승민 AK 내 H↷ 박대훈 GA 정면 L-ST-G (득점: 박대훈, 도움: 송승민) 왼쪽
● 후반 45분 박성우 자기 측 MFL R-ST-G (득점: 박성우) 오른쪽

● 전반 6분 야고 GAR ~ 문성우 GA 정면 R-ST-G (득점: 문성우, 도움: 야고) 가운데
● 후반 4분 주현우 AK 내 R-ST-G (득점: 주현우) 왼쪽
● 후반 10분 공민현 MFL H↷ 홍창범 PAL 내 L-ST-G (득점: 홍창범, 도움: 공민현) 오른쪽

• 9월19일 19:00 맑음 부산 아시아드 1,306명
• 주심_최광호 부심_김동민·박남수 대기심_최규현 경기감독관_차상해

부산 2 0 전반 0 / 2 후반 0 **0 안산**

퇴장	경고	파울	ST(유)	교체	선수명	배번	위치	위치	배번	선수명	교체	ST(유)	파울	경고	퇴장
0	0	0	0		구 상 민	1	GK	GK	1	이 승 빈		0	0	0	0
0	0	0	0		이 한 도	20	DF	DF	14	김 재 성		0	0	0	0
0	0	2	1(1)		최 지 묵	26	DF	DF	20	김 정 호		0	0	0	0
0	0	2			민 상 기	39	DF	DF	33	장 유 섭		0	0	0	0
0	0	0			임 민 혁	18	MF	MF	33	이 택 근		0	0	0	0
0	0	0	14		강 상 윤	55	MF	MF	4	최 한 솔	4	1(1)	0	0	0
0	0	2			박 세 진	66	MF	MF	8	김 진	24	0	0	0	0
0	0	1			어 름	81	MF	MF	19	정 지 용	19	1(1)	2	1	0
0	1	3	1	10	라 마 스	10	FW	MF	11	정 지 웅	19	1(1)		0	0
0	0	0	7		성 호 영	7	FW	FW	22	준	7			0	0
0	0	0	96		김 찬	9	FW	FW	9	김 준	5	1(1)		0	0
					황 병 근	41			31	김 영 호					
0				후34	어 정 원	2			3	김 채 운					
0				후45	조 위 제	4			4	고 태 규	후40				
0	1			후0	페 신	7	대기	대기	5	정 재 민	후0				
0				후45	정 원 진	14			17	김 범 수	전31				
					김 상 준	33			19	이 현	후40				
0				후45	프랭클린	96			24	윤 주 태	후15				
0	2	13	8(4)									5(3)	9	2	0

● 후반 13분 박세진 PAR ↷ 최지묵 PA 정면 내 L-ST-G (득점: 최지묵, 도움: 박세진) 오른쪽
● 후반 35분 라마스 PAL 내 ~ 페신 GAR L-ST-G (득점: 페신, 도움: 라마스) 왼쪽

• 9월17일 18:30 맑음 부천 종합 3,299명
• 주심_김재홍 부심_설귀선·이영운 대기심_오현정 경기감독관_허기태

부천 0 0 전반 0 / 0 후반 0 **0 김포**

퇴장	경고	파울	ST(유)	교체	선수명	배번	위치	위치	배번	선수명	교체	ST(유)	파울	경고	퇴장
0	0	0	0		이 범 수	25	GK	GK	13	박 청 효		0	0	0	0
0	0	0	1(1)		이 용 혁	5	DF	DF	3	박 경 록		0	3	0	0
0	0	1	2		닐손주니어	6	DF	DF	4	김 태 한		0	0	0	0
0	1	1	0		이 동 희	4	DF	DF	2	조 성 권	1(1)	3		0	0
0	0	0	21		이 선 호	37	MF	MF	21	서 재 민		0	0	0	0
0	1	2	1		최 재 영	14	MF	MF	6	김 이 석		0	0	0	0
0	1	1			카 즈	23	MF	MF	7	장 윤 호	44	1	0	0	0
0		18	2		이 호 남	19	MF	MF	91	박 광 일	17	1(1)	1	0	0
0	1	1			정 희 웅	29	MF	MF	10	김 종 석		0	0	0	0
0	0	0			루 페 티	8	FW	FW	24	루 이 스		0	0	0	0
0					이 주 현	1		FW	9	배 재 우	2	1(1)		0	0
0					서 명 관	20			51	김 민 재					
0	2(1)			후29	박 형 진	21			44	이 상 혁	후43				
0					조 수 철	10	대기	대기	26	이 강 연					
0					송 진 규	15			17	김 성 민	후19				
0					이 의 형	18			11	파 블 로	후43				
0	1(1)			후10	김 규 민	27			9	주 닝 요	후10				
0	2	8	10(3)									8(6)	16	1	0

• 9월19일 19:30 흐림 탄천 종합 647명
• 주심_이지형 부심_이영운·설귀선 대기심_김영수 경기감독관_허기태

성남 1 1 전반 0 / 0 후반 0 **0 김천**

퇴장	경고	파울	ST(유)	교체	선수명	배번	위치	위치	배번	선수명	교체	ST(유)	파울	경고	퇴장
0	0	0	0		김 영 광	41	GK	GK	31	강 현 무		0	0	0	0
0	1	2	1(1)		정 승 용	23	DF	DF	23	박 민 규		1	0	0	0
0	0	0			패 트 릭	5	DF	DF	28	윤 종 규	28	2	0	0	0
0	0	0			조 성 욱	20	DF	DF	35	이 상 민		0	0	0	0
0	1	0	17		김 훈	17	DF	DF	34	김 재 우		0	0	0	0
0	0	0			박 태 준	55	MF	MF	32	김 동 현	32	1	0	0	0
0	0	0			이 상 민	14	MF	MF	26	원 두 재		2	4	0	0
0	4(1)	47			박 상 혁	11	MF	MF	17	김 진 규	39	0	0	0	0
0	0	0			이 준 상	27	FW	MF	37	이 준 석		0	0	0	0
0	0	0			이 종 호	10	FW	FW	38	최 병 욱	38	0	0	0	0
0	2	2(1)	15		전 성 수	15	FW	FW	40	이 영 재		2(1)	0	0	0
0					최 필 수	1			18	신 송 훈					
0					강 의 빈	3			28	김 태 현	후43	2	1	0	
0				후27	이 지 훈	17			14	윤 석 주		0			
0					김 현 태	6	대기	대기	32	김 진 규	후0				
0				후22	신 재 원	15			39	강 현 묵	후0				
0				후15	박 지 원	47			37	이 중 민	후37				
0	3	11	13(5)									11(1)	14	1	0

● 전반 29분 이준상 PAL 내 ↷ 이종호 GA 정면 H-ST-G (득점: 이종호, 도움: 이준상) 왼쪽

충북청주 0 : 1 서울E

• 9월 19일 19:30 흐림 청주 종합 2,057명
• 주심_최승환 부심_이병주·신재환 대기심_김재홍 경기감독관_구상범

0 전반 1
0 후반 0

퇴장	경고	파울	ST(유)	교체	선수명	배번	위치	배번	선수명	교체	ST(유)	파울	경고	퇴장
0	1	1	0		박대한	21	GK	23	문정인		0	0	1	0
0	0	0	0	14	구현준	19	DF	27	조동재	82	0	1	0	0
0	0	2	0	6	이한샘	3	DF	92	이인재		0	0	0	0
0	0	1	0	98	이민형	5	DF	3	김민규		0	0	1	0
0	1	0	0		박진성	24	MF	13	차승현		0	0	0	0
0	0	2	1		홍원진	99	MF	44	츠바사	AK	0	1	0	0
0	1	0	1		김명순	39	MF	6	이상민		0	2	0	0
0	0	1	5(3)		피터	17	MF	8	이시헌	17	1(1)	1	0	0
0	0	0	0		장혁진	8	MF	40	브루노		0	0	0	0
0	0		4(3)		조르지	9	FW	16	변경준		2(2)	1	0	0
0	0	2	2	11	김도현	23	FW	11	박정인	22	0	0	0	0
0	0	0	0		정진욱	18		1	강정묵		0	0	0	0
0	0	0	후0		양지훈	11		29	김수안	전43	0	0	0	0
0	0		후31		이승엽	22		30	박창환	후16	0	0	0	0
0	0		후11		이정태	14	대기	9	까데나		0	0	0	0
0		3(2)	후11		이찬재	98		82	송시우	후37	0	0	0	0
0	0	0	0		김원균	40		10	이동률		0	0	0	0
0	0		후31		문상윤	6		22	호난	후37	1(1)	0	0	0
0	3	13	20(8)			0					4(4)	9	4	0

● 전반 27분 브루노 MFR FK ⌒ 변경준 GAR H-ST-G (득점: 변경준, 도움: 브루노) 오른쪽

충남아산 0 : 1 전남

• 9월 20일 19:30 비 아산 이순신 515명
• 주심_오현정 부심_구은석·홍석찬 대기심_최철준 경기감독관_이경춘

0 전반 0
0 후반 1

퇴장	경고	파울	ST(유)	교체	선수명	배번	위치	배번	선수명	교체	ST(유)	파울	경고	퇴장
0	0	0	0	37	박주원	21	GK	98	안준수		0	0	0	0
0	0	0	0		이호인	3	DF	28	김수범		0	0	0	0
0	0	0	0		김혜성	16	DF	6	장성재	25	0	0	0	0
0	0	0	0		조윤성	20	DF	2	유지하		0	0	0	0
0	2	2	1		이학민	14	MF	66	이규혁		0	0	0	0
0	0	0	0		김강국	22	MF	16	이후권		1	0	0	0
0	0	0	0		박세직	24	MF	9	하남		1(1)	1	0	0
0	0	1	0		정성호	13	MF	88	박태원	27	1	0	0	0
0	3	3(3)			강민규	11	FW	11	플라나		4(2)	4	0	0
0	0		96		지언학	29	MF	19	이용재	10	2(1)	3	0	0
0		후38			문현호	37		99	조성빈		0	0	0	0
0					이재성	15		17	여승원		0	0	0	0
0					강준혁	99		25	조지훈	후0	0	0	0	0
0		후38			김승호	13	대기	7	임찬울		0	0	0	0
0		후0			송민기	7		35	노건우		0	0	0	0
0		후25			박대훈	19		27	추상훈	후0	0	0	0	0
0	2(2)	전7/19			하파엘	96		10	발디비아	후33	4(1)	0	0	0
0	2	5	8(5)			0					15(7)	11	1	0

● 후반 9분 플라나 MFR ⌒ 추상훈 GAL H-ST-G (득점: 추상훈, 도움: 플라나) 왼쪽

안양 1 : 1 경남

• 9월 20일 19:00 비 안양 종합 1,539명
• 주심_박종명 부심_서영규·주현민 대기심_임정수 경기감독관_김종민

1 전반 0
0 후반 1

퇴장	경고	파울	ST(유)	교체	선수명	배번	위치	배번	선수명	교체	ST(유)	파울	경고	퇴장
0	0	0	0		김성동	23	GK	1	고동민		0	0	0	0
0	0	0	0		박종현	5	DF	18	이준재	15	0	2	1	0
0	0	0	0	97	안용우	7	DF	5	김영찬		0	1	0	0
0	0	3(2)	81		브루노	9	DF	73	박재환		0	0	0	0
0		3(1)			조성준	11	MF	7	박민서		1	1	0	0
0	1	1	0		김형진	15	MF	19	설현진	10	1(1)	1	0	0
0	1	1	0		이동수	20	MF	16	이광진		0	1	0	0
0	0	2	0		김동진	22	DF	26	이민혁	4	1	1	0	0
0	0	0	14		문성우	28	MF	27	레오	77	1	1	0	0
0	0	4	0		백동규	30	FW	9	조향기	7	2(1)	0	0	0
0	0	1	0		이태희	32	FW	42	유준하		2	0	0	0
0					김태훈	31		0	윤오		0	0	0	0
0	0	후09			홍창범	14		15	우주성	후33	0	0	0	0
0					김정민	26		4	송홍민	후33	0	0	0	0
0	0	후29			연제민	40	대기	88	이강희		0	0	0	0
0	0	후29			공민현	81		7	원기종	후31	0	0	0	0
0	0	후38			주현우	9		10	모재현	후24	0	0	0	0
0	0	후18			야고	97		77	박민서	후24	0	0	0	0
0	2	11	8(4)			0					12(2)	11	1	0

● 전반 30분 안용우 C.KR ⌒ 브루노 GAR 내 H-ST-G (득점: 브루노, 도움: 안용우) 가운데
● 후반 12분 조향기 AK 내 R-ST-G (득점: 조향기) 오른쪽

천안 1 : 0 부천

• 9월 20일 19:30 비 천안 종합 433명
• 주심_설태환 부심_강도준·김수현 대기심_고민국 경기감독관_허태식

1 전반 0
0 후반 0

퇴장	경고	파울	ST(유)	교체	선수명	배번	위치	배번	선수명	교체	ST(유)	파울	경고	퇴장
0	0	0	0		김민준	1	GK	1	이주현		0	0	0	0
0	0	0	0		차오연	6	DF	5	이용혁		1	0	0	0
0	1	3	0		이광준	3	DF	6	닐손주니어		4(4)	0	0	0
0	0	0	0		김주환	2	DF	20	서명관		2(1)	0	0	0
0	0	1	0		박준강	37	MF	37	김선호	23	0	0	0	0
0	1	2(1)			이민수	14	MF	23	카즈	2	0	0	0	0
0	0	0	0		신형민	32	MF	10	조수철	27	0	0	0	0
0	0	0	0		정석화	8	FW	29	정희웅	31	0	0	0	0
0	1(1)	27			오현교	22	FW	77	강재우	15	1(1)	1	0	0
0	0	0	0		장백규	19	MF	18	이의형		0	0	0	0
0	1	3	1		모	19	FW	9	루페타		0	1	0	0
0					임민혁	26		25	이범수		0	0	0	0
0					오윤석	23		21	박형진	후19	0	0	0	0
0	0	후29			이재원	5		31	감한솔	후0	1(1)	0	0	0
0	0	후38			김창수	39	대기	14	최재영		0	0	0	0
0	1(1)	후0			파울리뇨	99		15	송진규	후0	0	0	0	0
0	0	후38			다미르	10		7	김규민	후24	0	0	0	0
0	0	1(1)	후9/10		이석규	27		42	루페타	후0	0	0	0	0
0	1	12	7(5)			0					13(7)	8	0	0

● 전반 21분 장백규 MFL FK R-ST-G (득점: 장백규) 오른쪽

• 9월 23일 16:00 맑음 김천 종합 1,187명
• 주심_설태환 부심_강도준·김동민 대기심_성덕효 경기감독관_양정환

김천 4 | 2 전반 0 / 2 후반 1 | **1 안양**

퇴장	경고	파울	ST(유)	교체	선수명	배번	위치	배번	선수명	교체	ST(유)	파울	경고	퇴장
0	0	0	0		강현무	31	GK	23	김성동		0	0	0	0
0	1	1	0	36	김륜성	12	DF	2	정준연	10	1	0	0	0
0	0	1	1		윤종규	24	DF	5	박종현		0	1	1	0
0	0	0	0		이상민	35	DF	4	안용우		0	0	0	0
0	0	0	0		김재우	34	DF	7	브루노	81	4(4)	1	0	0
0	1	0	0	17	김현욱	25	MF	26	김정민	32	1(1)	1	0	0
0	0	2(1)			원두재	26	MF	28	문성우		2	0	0	0
0	0	0	0	14	김진규	32	MF	30	백동규		1	0	0	0
0		3(3)		23	정치인	29	FW	90	구대영	22	0	0	0	0
0				38	최병찬	8	FW	99	야 고		4(1)	1	1	0
0					강현묵	39	FW	97	주현우		0	0	0	0
					신송훈	18		21	김태현					
0	0	1(1)		후28	박민규	23		10	라에르시오	후38				
				후28	윤석주	14		20	이동수	후33	1(1)			
0	0	1(1)		후28	김준범	17	대기	대기	22	김동진	후38	0	0	0	0
				후31	구본철	36		32	이제민	후26				
0		3(1)		후10	김민준	29		40	연제민					
					이영준	40		81	공민현	후26				
0	1	8	11(7)			0		0			14(9)	8	2	1

● 전반 21분 강현무 자기 측 back pass 정치인 AK 내 L-ST-G (득점: 정치인, 도움: 강현무) 왼쪽
● 전반 30분 윤종규 PAR 내 ~ 정치인 GAR 내 R-ST-G (득점: 정치인, 도움: 윤종규) 오른쪽
● 후반 18분 정치인 GA 정면 내 L-ST-G (득점: 정치인) 왼쪽
● 후반 48분 구본철 AKL ~ 박민규 GAL 내 L-ST-G (득점: 박민규, 도움: 구본철) 왼쪽

• 9월 23일 18:30 흐림 광양 전용 3,526명
• 주심_신용준 부심_신재환·박남수 대기심_안재훈 경기감독관_혀태식

전남 1 | 1 전반 2 / 0 후반 1 | **3 천안**

퇴장	경고	파울	ST(유)	교체	선수명	배번	위치	배번	선수명	교체	ST(유)	파울	경고	퇴장
0	0	0	0		안준수	98	GK	1	김민준		0	0	0	0
0	0	0	0		김수범	28	DF	6	차오연		0	0	0	0
0	1	2	0		장성재	6	DF	3	이광준		0	0	0	0
0	2	1	0		유지하	2	DF	37	박준강	27	2	0	0	0
0	0	0	0		아스나위	14	DF	14	이민수	39	3(3)	3	0	0
0	1	1	0		조지훈	25	MF	32	신형민		0	1	1	0
0		1(1)			발디비아	10	MF	7	정석화	88	1(1)	1	0	0
0		2			노건우	35	MF	27	김현중		0	0	0	0
0	2(1)				플라나	11	MF	19	장백규		0	0	0	0
0		9			지상욱	12	FW	96	파울리뇨		4(2)	0	0	0
					조성빈	99		41	김동건					
					이규혁	66		23	오윤석					
0	0	0	0	전44	이후권	16		5	이재원	전23	1(1)	0	0	0
					유헤이	24	대기	대기	39	김창수	후36				
					박태용	88		18	김종석	후23	3(2)	1	0	0
0				후22	추상훈	9		8	윤용호	후18	1(1)	2	0	0
0				후이	허 남	9		27	이석규	후36	3	0	0	0
0	5	8	5(2)			0		0			17(10)	10	1	0

● 전반 11분 발디비아 MFR ~ 플라나 PA 정면 L-ST-G (득점: 플라나, 도움: 발디비아) 오른쪽

● 전반 22분 장백규 PAR ~ 파울리뇨 GA 정면 L-ST-G (득점: 파울리뇨, 도움: 장백규) 오른쪽
● 전반 40분 파울리뇨 PA 정면 내 ~ 이민수 PK 좌측지점 R-ST-G (득점: 이민수, 도움: 파울리뇨) 오른쪽
● 후반 23분 이광준 AK 내 H ~ 파울리뇨 PK 우측지점 L-ST-G (득점: 파울리뇨, 도움: 이광준) 오른쪽

• 9월 23일 13:30 맑음 탄천 종합 7,789명
• 주심_채상병 부심_설귀선·김종희 대기심_오현진 경기감독관_나승화

성남 0 | 0 전반 1 / 0 후반 0 | **1 충북청주**

퇴장	경고	파울	ST(유)	교체	선수명	배번	위치	배번	선수명	교체	ST(유)	파울	경고	퇴장
0	0	0	0		김영광	41	GK	21	박대한		0	0	0	0
0	0	0	1(1)		정승용	23	DF	14	이정택		0	1	1	0
0	1	1	1		패트릭	5	DF	3	이한샘		0	0	0	0
0	0	0	0		조성욱	20	DF	40	김원균		1	1	0	0
0	0	0		17	김훈민	37	MF	24	박진성	19	0	0	0	0
0	0	1(1)			박태준	55	MF	99	홍원진		1	1	0	0
0	2	1			이상민	4	MF	8	장혁진		1	0	0	0
0	6(5)				박상혁	47	MF	39	김명순		0	2	1	0
0	1			15	이준상	18	FW	98	로페		2(1)	2	0	0
0	1			47	이종호	10	FW	11	양지훈		2	1	0	0
0	1				전성수	33	FW	23	조르지		3(2)	1	0	0
					최필수	1		18	정진욱					
0				후이	강의빈	3		22	이승엽					
0				후이	이지훈	17		29	강민성					
0				후13	데닐손	6	대기	대기	11	김민형	후이				
0				후13	신재원	15		98	이승재	후이				
0				후34	박지원	47		2	김지운					
								19	구현준	후45				
0	1	8	15(9)			0		0			11(5)	8	1	0

● 전반 18분 양지훈 GAR R-ST-G (득점: 양지훈) 왼쪽

• 9월 24일 13:30 맑음 김포솔터축구장 2,461명
• 주심_최규현 부심_이양우·김수현 대기심_이경순 경기감독관_이경춘

김포 1 | 0 전반 0 / 1 후반 0 | **0 충남아산**

퇴장	경고	파울	ST(유)	교체	선수명	배번	위치	배번	선수명	교체	ST(유)	파울	경고	퇴장
0	0	0	0		박청효	13	GK	1	박한근	37	0	0	0	0
0	1	3	0	44	박경록	3	DF	3	이호인		1	0	0	0
0		1	1		김태한	8	DF	16	김혜성		0	1	1	0
0					조성권	2	DF	20	조윤성		0	0	0	0
0	1				서재민	21	MF	12	김주성		0	0	0	0
0		2(1)			김이석	8	MF	22	김강국		2(1)	1	0	0
0	1			11	장윤호	7	MF	24	박세직		2(1)	1	0	0
0				91	김성민	17	MF	96	하 파엘		1	0	0	0
0	1(1)				김종석	10	MF	99	강준혁		2	0	0	0
0					루이스	24	FW	10	두아르테		2(1)	0	0	0
0				20	주닝요	8	FW	90	아폰자		1(1)	4	0	0
					이상욱			37	문현호	후32				
0				후32	이상혁	44		5	배수용					
0					이강연	26		27	박성우	후32				
0				후이	박광일	91	대기	대기	13	김승호	후25				
0				후19	파블로	11		7	송승민					
0				후32	배재우	22		11	강민규	후11				
0				후16	윤민호	32		19	박대훈	후32				
0	2	10	7(2)			0		0			12(3)	10	2	0

● 후반 22분 윤민호 MF 정면 ~ 루이스 PA 정면 내 R-ST-G (득점: 루이스, 도움: 윤민호) 왼쪽

서울E 3 - 4 안산

• 9월24일 16:00 맑음 목동 종합 7,266명
• 주심_ 정화수 부심_ 구은석·김태형 대기심_ 설태환 경기감독관_ 김용세

서울E 3 (1 전반 0 / 2 후반 4) **4 안산**

퇴장	경고	파울	ST(유)	교체	선수명	배번	위치	위치	배번	선수명	교체	ST(유)	파울	경고	퇴장
0	0	0	0		문정인	23	GK	GK	1	이승빈		0	0	0	0
0	1	2	0		조동재	27	DF	DF	14	김재성		0	3	1	0
0	0	1	0	44	이인재	92	DF	DF	20	김정호		0	0	0	0
0	0	1	0		김수안	29	DF	DF	23	장유섭		0	0	1	0
0	0	1	0		이상민	44	MF	DF	33	이택근	21	1	2	0	0
0	0	0	0		김원식	15	MF	MF	7	최한솔		4	2	2	0
0	1	1(1)			브루노	40	MF	MF	8	김진현	24	1	1	0	0
0	1	2		28	이동률	11	MF	MF	10	노경호		0	0	0	0
0		3(3)			유정완	17	MF	MF	13	정지용		4(4)	0	0	0
0	4(3)				변경준	16	DF	MF	37	이규빈	3	2	2	0	0
0	1	1		22	박정인	11	FW	FW	5	정주	2	2(2)			
					주현성	31			21	김선우					
0	1	0		후29	황정욱	28			4	고태규	후28				
					차승현	13			5	정재민	후10	5(2)			
			전40	츠바사	44	대기	대기	22	이준	후34					
					이시헌	21			24	윤주태	후5	5(5)			
					송시우	82			26	박준배					
0		2(1)	후39	호난	22			32	강준모	후10	1(1)				
0	3	17	13(8)			0			0			21(15)	13	2	0

- ●전반 32분 이인재 GAR 내 H~ 유정완 GAR L-ST-G (득점: 유정완, 도움: 이인재) 왼쪽
- ●후반 15분 조동재 PAL ⌒ 변경준 GAR 내 H-ST-G (득점: 변경준, 도움: 조동재) 오른쪽
- ●후반 49분 김수안 AK 정면 H~ 호난 GA 정면 내 L-ST-G (득점: 호난, 도움: 김수안) 왼쪽
- ●후반 23분 윤주태 GAL 내 L-ST-G (득점: 윤주태) 가운데
- ●후반 29분 노경호 C.KL ⌒ 정재민 GA 정면 내 H-ST-G (득점: 정재민, 도움: 노경호) 가운데
- ●후반 41분 김재성 PAR ⌒ 정재민 GA 정면 H-ST-G (득점: 정재민, 도움: 김재성) 왼쪽
- ●후반 51분 정지용 PAR 내 ~ 윤주태 GAR L-ST-G (득점: 윤주태, 도움: 정지용) 왼쪽

안양 1 - 1 성남

• 9월30일 13:30 흐림 안양 종합 2,174명
• 주심_ 안재훈 부심_ 천진희·신재환 대기심_ 최승환 경기감독관_ 차상해

안양 1 (0 전반 1 / 1 후반 0) **1 성남**

퇴장	경고	파울	ST(유)	교체	선수명	배번	위치	위치	배번	선수명	교체	ST(유)	파울	경고	퇴장
0	0	0	0		김성동	23	GK	GK	41	김영광		0	0	0	0
0	1	0		40	정준연	2	MF	MF	23	정승용		0	1	1	0
0	1	2	4(1)		브루노	9	FW	FW	3	강의빈	77	0	1	1	0
0	1	1(1)		90	조성준	11	MF	DF	20	조성욱		0	0	0	0
0	1	1(1)			김형진	15	DF	DF	17	이지훈		0	0	0	0
0				20	이동수	20	MF	MF	55	박태준		0	0	0	0
0	0	0			김동진	22	MF	MF	4	이상민		1(1)	2	0	0
0					백동규	30	MF	MF	30	박상혁		0	0	0	0
0	1				이태희	32	DF	FW	27	이준상	33	3(2)	0	0	0
0	3(3)	90			주현우	99	MF	MF	47	박지원		0	0	0	0
0					김태훈	21			1	최필수					
0	1	2	후24	안용우	7			77	유선	후32					
0	2(1)	후28	라에르시오	10			7	권순형	후32						
0					김륜도	18	대기	대기	28	양태양					
0	4	후49	문성우	9			18	김원준							
0	2	후24	연제민	40			33	전성수	후14						
0	4	후49	구대영	90			99	크리스	후28						
0	2	13	16(8)			0			0			7(5)	13	4	0

- ●후반 38분 주현우 MFR ⌒ 라에르시오 GA 정면 H-ST-G (득점: 라에르시오, 도움: 주현우) 왼쪽
- ●전반 32분 박지원 GAR R-ST-G (득점: 박지원) 오른쪽

부천 1 - 0 경남

• 9월24일 18:30 맑음 부천 종합 3,039명
• 주심_ 오현진 부심_ 홍석찬·박남수 대기심_ 최승환 경기감독관_ 당성증

부천 1 (0 전반 0 / 1 후반 0) **0 경남**

퇴장	경고	파울	ST(유)	교체	선수명	배번	위치	위치	배번	선수명	교체	ST(유)	파울	경고	퇴장
0	0	0	0		이범수	25	GK	GK	1	고동민		0	0	0	0
0	0	0	0		서명관	20	DF	DF	18	이준재		0	0	0	0
0	0	0			닐손주니어	6	DF	DF	3	김영찬		0	0	0	0
0	0	2	0		이동희	5	DF	DF	88	이강희		0	0	0	0
0					박형진	21	MF	DF	21	박민서		0	0	0	0
0					카즈	23	MF	MF	19	설현진	10	0	0	0	0
0		2(1)	10	최재영	14	MF	MF	26	이민혁	16	1(1)					
0	0	0			정희웅	29	MF	MF	4	송홍민	5	0	0	0	0
0	1				김보용	9	MF	FW	27	레오	7					
0	1	1(1)	42	이의형	18	FW	FW	9	조향기	7	0				
0	3(2)				김호남	19	FW	FW	79	이종언		1(1)				
0					이주현	1			25	이윤오					
0					이용혁	5			73	박재환					
0					유승현	66	대기	대기	15	우주성					
0	후48	조수철	10			16	이광진	후13	1						
0	후20	하모스	7			77	박민서	후13	1(1)	1	0				
0	후20	루페타	42			10	모재현	후13	1(1)						
0					강재우	77			7	원기종	후13	1				
0	0	8	7(4)			0			0			3(3)	18	0	0

- ●후반 39분 김영찬 GAL 내 H 자책골 (득점: 김영찬) 왼쪽

안산 1 - 1 김포

• 9월30일 16:00 흐림 안산 와~스타디움 873명
• 주심_ 박세진 부심_ 강도준·이병주 대기심_ 오현정 경기감독관_ 허기태

안산 1 (0 전반 0 / 1 후반 1) **1 김포**

퇴장	경고	파울	ST(유)	교체	선수명	배번	위치	위치	배번	선수명	교체	ST(유)	파울	경고	퇴장
0	0	0	0		이승빈	1	GK	GK	13	박청효		0	0	0	0
0	1	1			정용희	15	DF	DF	3	박경록		0	2	0	0
0	1	1			김정호	20	DF	DF	4	김태한		0	0	0	0
0					장유섭	23	DF	DF	30	조성권		0	0	0	0
0			24	이택근	33	DF	MF	21	서재민		5(1)	2	0	0		
0	3(1)	32	김진현	8	MF	MF	8	김이석	17	0	1	0	0		
0					노경호	10	MF	MF	7	장윤호	11	1(1)	2	0	0
0	3(1)	32	정지용	11	MF	MF	44	박광일	44	1	1	0	0		
0					김재성	14	MF	FW	10	김종석	17				
0					김경준	9	FW	FW	24	루이스	4(2)	0	0			
0					김경준	9	FW	FW	22	배재우	99				
0					김영호	31			1	이상욱					
0	후9	정재민	5			44	이상혁	후16	0	1	0				
0	후22	이현규	19			26	이강연								
0	후47	이준희	22	대기	대기	17	김성민	후35	0	1	0				
0	후9	윤주태	24			11	파블로후	41							
0					박준배	26			99	손석용후	2(2)	2	1	0		
0	후22	강준모	32			32	윤민호후	9							
0	1	11	12(5)			0			0			15(6)	21	3	0

- ●후반 54분 윤주태 PK-R-G (득점: 윤주태) 왼쪽
- ●후반 38분 이상혁 AK 정면 ~ 루이스 GAL L-ST-G (득점: 루이스, 도움: 이상혁) 왼쪽

• 9월 30일 18:30 흐림 아산 이순신 1,019명
• 주심_성덕호 부심_박남수·김동민 대기심_이지형 경기감독관_김성기

충남아산 1 | 전반 0 / 후반 1 | **0 서울E**

퇴장	경고	파울	ST(유)	교체	선수명	배번	위치	위치	배번	선수명	교체	ST(유)	파울	경고	퇴장
0	0	0	0		박한근	1	GK	GK	23	문정인		0	0	0	0
0	0	0	0		이호인	3	DF	DF	27	조동재	7	0	0	0	0
0	2	0			조유성	20	DF	DF	29	김수안		0	1	0	0
0	1	0			이은범	47	DF	DF	15	김원식		0	2	0	0
0	1	13			김주성	3	MF	MF	13	차승현	20	0	0	0	0
0	2	3(1)	16		이학민	14	MF	MF	6	이상민		1(1)	0	0	0
0	2	1			김강국	22	MF	MF	40	브루노		3(2)	0	1	0
0	1	1			박세직	24	MF	MF	17	유정완	11	0	1	1	0
0	3	1			송승민	7	FW	FW	82	송시우	10	2(1)	2	1	0
0	0	2	2		강민규	11	FW	FW	16	변경준		0	1	0	0
0	0	1	4(1)	90	박대훈	19	FW	FW	32	호 난	30	2(2)	0	0	0
0	0	0			문현호	37			1	강정묵			0	0	0
0	0	0			박성우	27			42	이정문			0	0	0
0	0		후0		김승호	13			7	서보민	후0		0	0	0
0			후32	대기	김혜성	16	대기	대기	20	박준영	후0		0	0	0
					두아르테	10			30	박창준	후0				
0	0	1	후46		아폰자	90			4	이동률	후22	1(1)	0	0	0
					하파엘	96			11	박정인	후22				
0	0	16	15(3)									12(7)	7	1	0

● 후반 9분 김승호 MFL ~ 박대훈 GA 정면 L-ST-G (득점: 박대훈, 도움: 김승호) 오른쪽

• 10월 01일 16:00 맑음 천안 종합 1,466명
• 주심_최승환 부심_이영운·김수현 대기심_박세진 경기감독관_혀태식

천안 1 | 전반 0 / 후반 3 | **3 김천**

퇴장	경고	파울	ST(유)	교체	선수명	배번	위치	위치	배번	선수명	교체	ST(유)	파울	경고	퇴장
0	0	0	0		김민준	1	GK	GK	31	강현무		0	0	1	0
0	0	0			김주환	2	DF	DF	12	김륜성		1	0	0	0
0	0	0			이광준	3	DF	DF	24	윤종규		3	0	0	0
0	0	0			차오연	5	DF	DF	35	이상민		0	0	0	0
0	0	0			박준강	37	DF	DF	34	김재우		0	0	0	0
0	1	0			이민수	14	MF	MF	39	강현묵	40	2(2)	0	2	0
0	1	0			신형민	32	MF	MF	26	원두재		1	1	1	0
0		8			정석화		MF	MF	32	김진규	36	3(1)	0	0	0
0	3	2(1)			파울리뇨	96	MF	FW	7	최병찬	38	1	0	0	0
0		0			모 따	9	FW	FW	14	김현욱		0	0	0	0
0		0			임민혁	36			18	신송훈			0	0	0
0			후37		오윤석	23			23	박민규			0	0	0
0			후25		이재원	5			14	윤석주	후18		0	0	0
0			후25	대기	김종민	8	대기	대기	36	구본철	후18	1(1)	1	0	0
0			후0		다미르	10			20	이준석	후39		0	0	0
0			후05		장백규				38	김민준	후0		0	0	0
					김종민	18			40	이영준	후45	1	0	0	0
0	3	6	2(1)									12(5)	12	3	0

● 후반 42분 윤용호 AK 내 ~ 파울리뇨 PK 좌 측지점 L-ST-G (득점: 파울리뇨, 도움: 윤용호) 왼쪽

● 후반 11분 김륜성 GAL H→ 강현묵 GAL L-ST-G (득점: 강현묵, 도움: 김륜성) 왼쪽
● 후반 22분 김진규 GAR R-ST-G (득점: 김진규) 오른쪽
● 후반 49분 이영준 AKR ~ 구본철 PK 우측지점 R-ST-G (득점: 구본철, 도움: 이영준) 왼쪽

• 10월 01일 13:30 맑음 청주 종합 4,930명
• 주심_설태환 부심_이양우·신재환 대기심_오현정 경기감독관_김종민

충북청주 0 | 전반 0 / 후반 0 | **0 부천**

퇴장	경고	파울	ST(유)	교체	선수명	배번	위치	위치	배번	선수명	교체	ST(유)	파울	경고	퇴장
0	0	0	0		박대한	21	GK	GK	25	이범수		0	0	0	0
0	0	3	1(1)	5	구현준	19	DF	DF	20	서명관		0	1	0	0
0	1	1	1		이한샘	4	DF	DF	6	닐손주니오		0	0	0	0
0	1	1			이정택	14	DF	DF	3	이동희		0	0	0	
0	0	2	2		박진성	24	MF	MF	21	박형진	37	1(1)	0	1	0
0	3	1			홍원진	99	MF	MF	23	카 즈		0	1	0	0
0	1	1			장혁진	8	MF	MF	14	최재영		0	1	0	0
0	0	1	1		김명순	39	MF	MF	29	정희웅	2	0	0	0	
0	0	2		98	강민승	29	FW	FW	7	하 모스		0	0	0	0
0	1	4(3)			조르지	7	FW	FW	42	루페타	22	3(2)	1	0	0
0	0	2	1	13	양지훈	11	FW	FW	15	송진규		0	0	0	0
					류원우	1			1	이주현					
0			후0		이승재	98			5	이용혁			0	0	0
0			후		이승엽	22			37	김선호	후31		0	0	0
		후		대기	정기운	24	대기	대기	10	조수철					
0			후44		이민형	5			18	이의형	후19		0	0	0
					김지운	2			19	김호남	후19				
0			후44		박 건	13			22	한지호	후31		0	0	0
0	3	16	11(4)									8(3)	7	1	0

• 10월 01일 18:30 맑음 창원 축구센터 5,437명
• 주심_김영수 부심_주현민·김종희 대기심_최규현 경기감독관_양정환

경남 0 | 전반 0 / 후반 1 | **1 부산**

퇴장	경고	파울	ST(유)	교체	선수명	배번	위치	위치	배번	선수명	교체	ST(유)	파울	경고	퇴장
0	0	0	0		고동민	1	GK	GK	1	구상민		0	0	0	0
0	0	1	1(1)		이준재	18	DF	DF	20	이한도		0	2	1	0
0	0	1			이강희	88	DF	DF	33	김상준	5	1	0	1	0
0					박재환	73	DF	DF	39	민상기		0	0	0	0
0	1	3			박민서	21	DF	MF	2	어정원		0	1	0	0
0	3	1(1)			모재현	10	MF	MF	10	라마스	81	4(1)	0	0	2
0		0			송홍민	4	MF	MF	18	임민혁	55	0	0	0	0
0	1				김민혁	66	MF	MF	30	최지묵			0	0	0
				27	카스트로	4	MF	MF	9	김 찬	49	1(1)	3	0	0
				19	글레이손	96	FW	FW	11	김정환	7		0	0	0
0	0	1			원기종	7	FW	FW	23	성호영		4(2)	0	0	0
0					이윤오	25			41	황병근					
0					우주성	15			5	조위제	후40				
0					이찬욱	3			7	페 신	후35				
0			후4	대기	설현진	19	대기	대기	14	정원진			0	0	0
			079		레 오	21			55	강상윤	후48				
0			후43		이종언	79			81	여 름	후40				
					조향기	9			49	박동진	후35				
0	3	10	7(2)									11(6)	9	3	0

● 후반 34분 라마스 PK-L-G (득점: 라마스) 왼쪽

김천 3 : 1 부천

- 10월07일 13:30 맑음 김천 종합 1,094명
- 주심_안재훈 부심_홍석찬·주현민 대기심_이지형 경기감독관_김성기

김천 3 | 2 전반 0 / 1 후반 1 | 1 부천

퇴장	경고	파울	ST(유)	교체	선수명	배번	위치	위치	배번	선수명	교체	ST(유)	파울	경고	퇴장
0	0	0	0		강현무	31	GK	GK	25	이범수		0	0	0	0
0	0	0	0	18	김민규	23	DF	DF	20	서명관		0	1	0	0
0	0	0	1	12	윤종규	24	DF	DF	6	닙슨주니어		1(1)	0	0	0
0	0	3	0		이상민	35	DF	DF	5	이동민		0	0	0	0
0	0	0	0		김재우	34	MF	MF	21	박형진		1	0	0	0
0	0	0	2(1)		강현묵	39	MF	MF	23	카즈		1(1)	0	0	0
0	1	2	0		원두재	26	MF	MF	14	최재영	10	0	0	1	0
0		1(1)		14	김진규	32	MF	MF	29	정희웅	99	0	1	0	0
0		2(1)		17	이준석	29	FW	MF	22	김보용		2(1)	1	0	0
0		2(1)		38	이영준	40	FW	FW	19	김호형	42	0	0	0	0
0		1			김현욱	25	FW	FW	9	김호남		2(1)	1	0	0
			후		신송훈	18			1	이주현	후				
			후44		김륜성	12			5	이용혁	후				
			후25		윤석주	14			10	조수철	후14				
					구본철	36	대기	대기	22	한지호	후14				
			후25		김준범	17			27	김규민					
					김동현	30			42	루페타	후	2(1)	1		
			후0		김민준	38			99	박호민	후32	2(1)	1	0	
0	1	4	9(4)									14(6)	7	0	0

- 전반 38분 김현욱 PAR TL ~ 이준석 GAR R-ST-G (득점: 이준석, 도움: 김현욱) 왼쪽
- 전반 47분 윤종규 PAR 내 ~ 이영준 GAR L-ST-G (득점: 이영준, 도움: 윤종규) 왼쪽
- 후반 49분 김륜성 MFL ~ 강현묵 GAL R-ST-G (득점: 강현묵, 도움: 김륜성) 왼쪽
- 후반 2분 루페타 PAR ~ 김호남 PAR 내 L-ST-G (득점: 김호남, 도움: 루페타) 왼쪽

성남 2 : 0 충남아산

- 10월07일 16:00 맑음 탄천 종합 1,780명
- 주심_최철준 부심_구은석·김수현 대기심_오현정 경기감독관_나승화

성남 2 | 2 전반 0 / 0 후반 0 | 0 충남아산

퇴장	경고	파울	ST(유)	교체	선수명	배번	위치	위치	배번	선수명	교체	ST(유)	파울	경고	퇴장
0	0	0	0		김영광	600	GK	GK	1	박한근	37	0	0	0	0
0	1	1	0	44	김진래	16	DF	DF	3	이호인		1(1)	0	0	0
0	0	1	0		강의빈	3	DF	DF	20	조윤성		0	0	0	1
0		2	0		조성욱	20	DF	DF	47	이은범		0	0	0	0
0		2	1(1)		정승용	23	DF	MF	23	김주성	13	2	0	0	0
0		2			이상민	4	MF	MF	10	두아르테		1	1	0	0
0	0	0	99		이준상	27	MF	MF	14	이학민	27	0	0	0	0
0	1				권순형	8	MF	MF	22	김강국		4(2)	1	0	0
0		2(2)			박상혁	8	MF	MF	24	박세직		0	0	0	0
0	0	1	0		박지원	47	MF	FW	7	송승민	96	3(2)	2	0	0
0	2	3(2)			박종호	10	FW	FW	19	하대원	19	0	0	0	0
					최필수	5			37	문현호	후34				
					패트릭	5			27	박성우	후				
0	1	1(1)	후19		양태양	28			13	김승호	후	1(1)			
			후32		양시후	44	대기	대기	16	김혜성	후				
			후32		문창진	18			11	김민규					
			후32		전성수	9			90	아폰자	후23				
			후10		크리스	99			96	하파엘	후34				
0	3	16	9(6)									14(6)	9	1	1

- 전반 42분 정승용 MFR FK L-ST-G (득점: 정승용) 왼쪽
- 전반 46분 박상혁 C.KL ~ 이종호 GAL H-ST-G (득점: 이종호, 도움: 박상혁) 왼쪽

부산 0 : 0 천안

- 10월07일 13:30 맑음 부산 아시아드 3,696명
- 주심_설태환 부심_설귀선·김동민 대기심_이경순 경기감독관_김용세

부산 0 | 0 전반 0 / 0 후반 0 | 0 천안

퇴장	경고	파울	ST(유)	교체	선수명	배번	위치	위치	배번	선수명	교체	ST(유)	파울	경고	퇴장
0	0	0	0		구상민	1	GK	GK	1	김민준		0	0	0	0
0	0	1	0		이한도	20	DF	DF	2	김주환		0	0	0	0
0	0	1	1	81	김상준	33	DF	DF	5	이재원		0	1	1	0
0		1	0		민상기	39	DF	DF	6	차오연		0	1	1	0
0	1	0		14	어정원	2	DF	MF	37	박준강	21	0	0	0	0
0	0	0	3		라마스	10	MF	MF	14	이민수		1	1	0	0
0	0	1	1		임민혁	18	MF	MF	32	신형민		0	0	0	0
0	0	1	0		최지묵	5	MF	MF	7	정석화		0	0	0	0
0	1	1		49	김찬	9	MF	MF	2	오현교	27	0	1	1	0
0	1	2(2)		7	김정환		FW	FW	96	파울리뉴		2	0	0	0
0	0	0		55	성호영		FW	FW	9	모따	18	0	0	0	0
					황병근	41			36	임민혁	후				
			후11		페신	7			30	한규진					
			후38		정원진	14	대기	대기	21	신원호	후40				
			후23		김상윤	55			8	윤용호	후				
			후0		여름	81			27	이석규	후13				
0	0	1(1)	후23		박동진	49			18	김종민	후31				
0	1	10	11(3)									4(2)	13	4	0

전남 3 : 2 안산

- 10월07일 16:00 흐림 광양 전용 2,523명
- 주심_최규현 부심_이영운·신재환 대기심_성덕효 경기감독관_허기태

전남 3 | 1 전반 1 / 2 후반 1 | 2 안산

퇴장	경고	파울	ST(유)	교체	선수명	배번	위치	위치	배번	선수명	교체	ST(유)	파울	경고	퇴장
0	0	0	0	99	안준수	98	GK	GK	1	이승빈		0	0	0	0
0	0	0	0		김수범	28	DF	DF	14	김재성		0	1	0	0
0	0	1	0		장성재	6	DF	DF	20	김정호		0	1	0	0
0	0	1	0		조지훈	25	DF	DF	23	장유섭		0	0	0	0
0	1	2		66	아스나위	14	DF	DF	33	이택근		1(1)	1	0	0
0	0	1	0		발디비아	10	MF	MF	7	최한솔		0	0	0	0
0	1	1		24	유헤이		MF	MF	10	노경호	21	0	0	0	0
0	0	1	0		이후권	16	MF	MF	11	정지용	19	1	1	0	0
0	2	6(5)		26	플라나		MF	MF	32	김범수	32	1(1)	4	0	0
0	2(1)				하남	9	FW	MF	17	김범수		1(1)	4	0	0
0	1	1	35		박태용	88	FW	FW	9	김경준	5	3	2	0	0
					조성빈	99			31	김영호		0			
			전32		이규혁	66			19	이현규	후30				
			후		이석현		대기	대기	22	이준희					
			후		노건우	35			24	윤주태	후	2(1)			
					추상훈				32	강준모	후30				
					이용재	19			34	고민우					
0	3	9	13(7)									14(4)	12	1	0

- 전반 15분 플라나 PA 정면 내 L-ST-G (득점: 플라나) 왼쪽
- 후반 10분 플라나 PAR 내 ~ 발디비아 PAL 내 R-ST-G (득점: 발디비아, 도움: 플라나) 오른쪽
- 후반 13분 발디비아 PA 정면 내 ~ 플라나 GAR L-ST-G (득점: 플라나, 도움: 발디비아) 왼쪽
- 전반 47분 김범수 PAR L-ST-G (득점: 김범수) 왼쪽
- 후반 29분 윤주태 GAL L-ST-G (득점: 윤주태) 왼쪽

서울E 1 : 3 경남

• 10월 07일 18:30 맑음 목동 종합 4,222명
• 주심_오현진 부심_이병주·김경민 대기심_박세진 경기감독관_김종민

		1 전반 1
서울E 1		0 후반 2	3 경남

퇴장	경고	파울	ST(유)	교체	선수명	배번	위치	위치	배번	선수명	교체	ST(유)	파울	경고	퇴장
0	0	0	0		문정인	23	GK	GK	1	고동민		0	0	0	0
0	0	2	0		이상민	6	DF	DF	15	우주성	18	1(1)	3	0	0
0	0	1	0		이인재	92	DF	DF	88	이강희		1	0	0	0
0	0	0	0		박준영	20	DF	DF	3	이찬욱		2(1)	0	0	0
0	0	0	0		차승현	13	DF	DF	21	박민서		1(1)	0	0	0
0	0	0	0	7	박창환	30	MF	MF	10	모재현			0	0	0
0	1	2(1)			브루노	40	MF	MF	96	카스트로		1(1)	2	1	0
0	0	1	0		변경준	16	MF	MF	26	이민혁		3	0	0	
0	1(1)			22	유정완	17	MF	MF	7	레 오	19	1(1)	0	0	0
0	0	1(1)		15	원기종	82	FW	FW	9	원기종		3(2)	0	0	0
0	0	2(2)			박정인	11	FW	FW	79	글레이손		2(2)	3	0	0
					주현성	31			25	이윤오					
				후11	김원식	15			5	김영찬					
				후32	서보민	7			18	이준재	후32				
					박경민	33	대기	대기		송홍민	후43				
					곽성욱	8			79	조 향 기	후50				
					츠바사	44			18	설현진	후09	2(2)	1	0	
			2(2)	후23	난	22			9	조향기	후50				
0	1	10	10(7)									18(13)	11	1	0

● 전반 17분 차승현 PAR 내 → 송시우 PAR 내 L-ST-G (득점: 송시우, 도움: 차승현) 오른쪽

● 전반 43분 모재현 PAR 내 → 원기종 GAL 내 L-ST-G (득점: 원기종, 도움: 모재현) 왼쪽
● 후반 40분 글레이손 PK-R-G (득점: 글레이손) 왼쪽
● 후반 51분 박민서 GAL → 이종언 PK 좌측지점 R-ST-G (득점: 이종언, 도움: 박민서) 왼쪽

천안 3 : 1 성남

• 10월 21일 13:30 맑음 천안 종합 1,251명
• 주심_고민국 부심_홍석찬·신재환 대기심_김재홍 경기감독관_허기태

		1 전반 0
천안 3		2 후반 1	1 성남

퇴장	경고	파울	ST(유)	교체	선수명	배번	위치	위치	배번	선수명	교체	ST(유)	파울	경고	퇴장
0	0	0	0		임민혁	36	GK	GK	41	김영광		0	0	0	0
0	0	2	0		김주환	2	DF	DF	23	정승용		0	1	1	0
0	0	1	0		이광준	3	DF	DF	3	강의빈		0	0	0	0
0	0	0	0		박 원	15	DF	DF	20	조성욱		0	0	0	0
0	1	2		29	박준강	37	DF	DF	17	이지훈		0	0	0	0
0	0	1		4	이민수	14	MF	MF	4	이상민		0	0	0	0
0	0	1	0		신형진	32	MF	MF	27	이준상	99	0	0	0	0
0	0	2		23	정석화		MF	MF	55	박태준		0	0	0	0
0	1	0		17	오 다재	27	MF	MF	8	박상혁	93	1	0	0	0
0	2	8(3)			파울리뇨	96	FW	FW	11	가브리엘		1(1)	0	0	0
0		3(3)			모 따	94	FW	FW	10	이종호		1(1)	2	1	0
					김효원	31			1	최필수					
				후26	김성주	4			5	패트릭					
				후39	오윤식	23			6	김현태	후37	1(1)	0	0	0
				후39	윤용호	8	대기	대기	29	양태양	후37	1(1)	0	0	0
				후39	한재훈	39			33	전성수					
				후12	이찬협	17			99	진성욱	후22				
					김종민	18			99	크리스	27(33)				
0	0	10	13(6)									4(4)	9	2	1

● 전반 45분 정석화 AK 정면 → 파울리뇨 GAL L-ST-G (득점: 파울리뇨, 도움: 정석화) 오른쪽
● 후반 10분 정석화 MFR ⌒ 파울리뇨 GAR L-ST-G (득점: 파울리뇨, 도움: 정석화) 오른쪽
● 후반 32분 파울리뇨 PAR 내 → 모따 PA 정면 내 L-ST-G (득점: 모따, 도움: 파울리뇨) 가운데

● 후반 38분 양태양 PK지점 L-ST-G (득점: 양태양) 왼쪽

김포 3 : 0 안양

• 10월 07일 18:30 맑음 김포솔터축구장 1,890명
• 주심_정화수 부심_이양우·김종혁 대기심_김재홍 경기감독관_당성증

		0 전반 0
김포 3		0 후반 0	0 안양

퇴장	경고	파울	ST(유)	교체	선수명	배번	위치	위치	배번	선수명	교체	ST(유)	파울	경고	퇴장
0	0	0	0		박청효	13	GK	GK	21	김태훈			0	0	0
0	0	0	0		박경록	3	DF	FW	9	브루노		1	2	0	1
0	0	1	0		김태한	4	DF	FW	11	조성준		1	0	0	0
0	0	0	1		조성권	2	DF	DF	15	김형진		1	0	0	0
0	0	1	0	34	서재원	21	MF	MF	20	이동수		0	0	0	0
0	0	3(1)			김이석	8	MF	MF	22	김동진		1	1	0	0
0	0	0	0		이강연	4	MF	MF	32	문성우		0	1	0	0
0	0	0	7		박광일	91	MF	MF	30	백동규		0	0	0	0
0	0	0	19		윤민호	32	MF	MF	40	연제민	25	0	0	0	0
1	2	2(1)			루이스	24	FW	FW	97	야 고		1(1)	0	0	0
1		1	0		배재우	99	FW	FW	99	주현우		0	0	0	0
					이상욱				1	박성수					
			1(1)	후34	이상혁	44			2	정준연					
					김민호	2			7	안용우	후40				
				전20/44	장윤호	7	대기	대기	10	라에르시오	후20				
				후42	송준석	34			25	김하준	후40				
				후42	송창석	19			26	김정현	후20	2(2)	1	0	1
				후12	김성민	17			32	이태희	전41				
0	1	7	12(5)									8(4)	18	1	0

● 후반 5분 김이석 AK 내 R-ST-G (득점: 김이석) 왼쪽
● 후반 35분 이상혁 MF 정면 → 김성민 GAR R-ST-G (득점: 김성민, 도움: 이상혁) 오른쪽
● 후반 46분 김정민 GA 정면 R 자책골 (득점: 김정민) 가운데

부천 1 : 1 안양

• 10월 21일 16:00 맑음 부천 종합 3,804명
• 주심_박종명 부심_김경민·김태식 대기심_설태환 경기감독관_구상범

		0 전반 1
부천 1		1 후반 0	1 안양

퇴장	경고	파울	ST(유)	교체	선수명	배번	위치	위치	배번	선수명	교체	ST(유)	파울	경고	퇴장
0	0	0	0		이범수	25	GK	GK	21	김태훈		0	0	0	0
0	0	0	0		이용혁	5	DF	DF	4	이창용		0	1	0	0
0	0	1(1)			닐손주니어	6	DF	DF	5	박종현		0	1	0	0
0	0	0	0		서명관	20	MF	MF	7	안용우	10	4(2)	0	1	0
0	0	0	0		박형진	21	MF	MF	20	이동수		1	0	0	0
0	0	0	0		카 즈	23	MF	MF	22	김동진		1	1	0	0
0	0	0	0		최재영	14	MF	MF	32	문성우		0	1	0	0
0	0	1	0		정희웅	29	MF	MF	30	백동규		0	0	0	0
0	2	4(1)			안재준	11	FW	FW	81	공민현		2(1)	1	0	0
0	0	10		10	김호남	10	FW	FW	97	야 고		2(1)	1	0	0
					이주현	1			99	주현우					
					이주현	1			1	박성수					
					이동희	3			6	김정현	후				
					김준형	8	대기	대기	8	황기욱	후				
		1(1)	후		조수철	10			10	라에르시오	후23				
			후		김규민	7			25	김하준	후41				
			후		루페타	42			32	이태희					
					박호민	10			40	연제민					
0	2	12	9(3)									7(3)	14	1	0

● 후반 13분 카즈 PAL FK → 닐손주니어 GAL H-ST-G (득점: 닐손주니어, 도움: 카즈) 오른쪽

● 전반 1분 야고 PAR 내 → 안용우 GAR L-ST-G (득점: 안용우, 도움: 야고) 가운데

충남아산 1 : 2 부산

- 10월 21일 18:30 맑음 아산 이순신 1,255명
- 주심_최승환 부심_이영운·김종희 대기심_오현정 경기감독관_김성기

충남아산 1 — 전반 1 / 후반 0 · 1 후반 1 — **2 부산**

퇴장	경고	파울	ST(유)	교체	선수명	배번	위치	위치	배번	선수명	교체	ST(유)	파울	경고	퇴장
0	0	0	0		박주원	21	GK	GK	1	구상민		0	0	0	0
0	0	0	0		이호인	3	DF	DF	5	조위제		1(1)	2	1	0
0	1	1	1		배수용	5	DF	DF	20	이한도		0	1	0	0
0		1			이은범	47	DF	DF	26	최지묵		0	1	1	0
0	2	0			김주성	13	MF	MF		최준		1(1)	2	1	0
0	2	1(1)			김강국	22	MF	MF	11	김정환	55	2(2)	1	0	0
0					박세직	24	MF	MF	18	임민혁		0	1	0	0
0		14			김성우	14	MF	MF	81	여름	33	1	1	0	0
0		96			송승민	96	FW	FW	7	페신		1	1	0	0
0	2	1(1)			강민규	11	FW	FW	49	강민	4(2)	2	1	0	0
0		4(3)			박대훈	19	FW	FW	10	라마스	99	3(2)	0	0	0
				후36	문현호	37			41	황명근					
				후	이학민	14			23	성호영	후				
					김성주	17			33	김상준					
				후	김승호	16			55	강상윤	후28				
					김혜성	16			49	박동진	후40				
				후12	두아르테				96	프랭클린					
				후36	하파엘	96			99	최건주	후40				
0		11	9(4)									12(8)	11	3	0

- ● 전반 14분 박세직 MFL ⌒ 박대훈 PA 정면 내 R-ST-G (득점: 박대훈, 도움: 박세직) 가운데
- ● 전반 5분 최준 자기 측 HL 정면 ~ 김정환 GAL R-ST-G (득점: 김정환, 도움: 최준) 오른쪽
- ● 후반 8분 김찬 GAR 내 R-ST-G (득점: 김찬) 오른쪽

충북청주 1 : 1 경남

- 10월 22일 16:00 맑음 청주 종합 3,616명
- 주심_최광호 부심_강도준·박남수 대기심_안재훈 경기감독관_이경춘

충북청주 1 — 전반 0 / 후반 1 · 1 후반 1 — **1 경남**

퇴장	경고	파울	ST(유)	교체	선수명	배번	위치	위치	배번	선수명	교체	ST(유)	파울	경고	퇴장
0	0	0	0		류원우	1	GK	GK	1	고동민		0	0	0	0
0	0	3	0		이정택	14	DF	DF	15	우주성	18	0	0	0	0
0	0	2			이한샘	3	DF	DF	88	이강희		2(1)	0	0	0
0								DF	6	이찬욱		0	0	0	0
0	0	0			박진성	24	MF	MF	21	박민서		0	1	0	0
0					박건	13	MF	MF	10	모재현		1(1)	3		
0					김명순	39	MF	MF	95	카스트로		2(1)	0	0	0
0	4(1)				피터	17	MF	MF	26	이민혁		0	2	0	0
0					장혁진	8	MF	MF	27	설현진	0	77	0	0	0
0	1	1			조르지	77	FW	FW	19	원기종	19	1(1)	0	0	0
0					강민승	29	FW	FW	96	글레이손	29	1(1)	0	0	0
					박대한	21			31	손정현					
				후	양지훈	11			5	김영찬					
				후40	정민우	77			18	이준재	후37				
					구현준	19	대기	대기	4	홍민	후13				
				후28	문상윤	98			77	박민서					
									19	설현진	후18				
				후40	김지운				99	조상준	후13	1(1)	0		
0	2	12	8(3)									10(5)	5	0	0

- ● 전반 13분 강민승 MFL ⌒ 이민형 GAR L-ST-G (득점: 이민형, 도움: 강민승) 가운데
- ● 후반 45분 모재현 PK-R-G (득점: 모재현) 왼쪽

김포 2 : 1 전남

- 10월 22일 13:30 맑음 김포솔터축구장 2,884명
- 주심_박세진 부심_구은석·김동민 대기심_이지형 경기감독관_차상해

김포 2 — 전반 1 / 후반 1 · 1 후반 0 — **1 전남**

퇴장	경고	파울	ST(유)	교체	선수명	배번	위치	위치	배번	선수명	교체	ST(유)	파울	경고	퇴장
0	0	0	0		박청효	13	GK	GK	98	안준수		0	0	0	0
0	0	1	1(1)		박경록	3	DF	DF	28	김수범		0	0	1	0
0	0	4			김태한	4	DF	DF	26	신일수		0	1	1	0
0	0	2			조성권	2	DF	DF	6	유지하		0	0	0	0
0	1		99		서재민	1	MF	MF	66	이규혁		0	1	0	0
0	4	2			김이석	8	MF	MF	88	박태용	8	0	1	1	0
0	1				김종석	10	MF	MF	77	김건오	10	1	1	0	0
0		34			박광일	34	MF	MF	24	유헤이		0	1	0	0
0		19			윤민호	32	MF	MF	35	노건우	27	0	1	0	0
0	4(2)				루이스	24	FW	MF	11	플라나		3(1)	0	0	0
0	1	1(1)		17	배재우	17	FW	FW							
					이상욱				99	조성빈					
					이상혁	44			3	최희원					
				후	김성민	17			17	여승원					
				후28	장윤호	7	대기	대기	8	이석현	후20				
				후38	송준석	34			27	추상훈	후20				
				후	윤창호	19			10	발디비아	후37				
				후38	손석용	99			1	하남	후37				
0		10	10(7)									9(3)	8	2	1

- ● 전반 43분 윤민호 AK 정면 ~ 박경록 PAL 내 R-ST-G (득점: 박경록, 도움: 윤민호) 왼쪽
- ● 후반 42분 루이스 PAL 내 ~ 김이석 PK 좌측 지점 R-ST-G (득점: 김이석, 도움: 루이스) 오른쪽
- ● 전반 26분 박태용 C.KL ⌒ 이용재 GAR 내 H-ST-G (득점: 이용재, 도움: 박태용) 오른쪽

안산 3 : 7 김천

- 10월 22일 18:30 맑음 안산 와스타디움 1,165명
- 주심_최철준 부심_이병주·김수현 대기심_임정수 경기감독관_김용세

안산 3 — 전반 2 / 후반 4 · 1 후반 3 — **7 김천**

퇴장	경고	파울	ST(유)	교체	선수명	배번	위치	위치	배번	선수명	교체	ST(유)	파울	경고	퇴장
0	0	0	0		이승빈	1	GK	GK	18	신송훈		0	0	0	0
0	0	1	1		김재성	14	DF	DF	23	박민규	11	0	0	0	0
0	1	3			김정호	20	DF	DF	24	윤종규		1(1)	2	1	0
0		15			장유섭	23	DF	DF	35	김현욱		1(1)	0	0	0
0	1	1(1)			이택근	23	MF	MF	9	김재우		0	0	0	0
0	1				최한솔	7	MF	MF	39	강현묵	25	2(1)	1	0	0
0	1	24			김진현	8	MF	MF	26	문두재	36	3(1)	1	0	0
0	1	3(3)			노경호	88	MF	MF	32	김진규		3(1)	1	0	0
0					정지용	11	MF	FW	13	이준석	후	5(2)	0	0	0
0	2	32			김범수	17	FW	FW	7	최병찬		7(6)	0	0	0
0	2	2(2)		37	김범수			FW	40	이영준	2	2(2)	0	0	0
					김영호				41	강준혁					
				후	정재민	5			11	이유현	후23				
				후18	정용희	15			30	김동현	후32				
				전38	윤주태	24	대기	대기	36	구본철	후38				
					박준배	26			17	김준범					
					박규모	32			25	김현욱	후				
				후13	이규배	37			38	김민준	후				
0	2	12	12(9)									24(16)	9	1	0

- ● 전반 28분 김경준 GAL ~ 최한솔 PK 좌측점 L-ST-G (득점: 최한솔, 도움: 김경준) 오른쪽
- ● 전반 40분 김경준 GAL ~ 이택근 PK 좌측점 R-ST-G (득점: 이택근, 도움: 김경준) 왼쪽
- ● 후반 22분 윤주태 MFL ~ 노경호 MF 정면 R-ST-G (득점: 노경호, 도움: 윤주태) 왼쪽
- ● 전반 15분 윤종규 PAR ~ 최병찬 GAR R-ST-G (득점: 최병찬, 도움: 윤종규) 왼쪽
- ● 전반 21분 최병찬 AKR R-ST-G (득점: 최병찬) 왼쪽
- ● 전반 23분 김진규 MFR FK ⌒ 이상민 GA 정면 H-ST-G (득점: 이상민, 도움: 김진규) 가운데
- ● 전반 41분 강현묵 GAR R-ST-G (득점: 강현묵) 가운데
- ● 후반 11분 강현묵 PAR → 이영준 GA 정면 R-ST-G (득점: 이영준, 도움: 강현묵) 왼쪽
- ● 후반 32분 김민준 C.KL ⌒ 최병찬 GAL H-ST-G (득점: 최병찬, 도움: 김민준) 왼쪽
- ● 후반 49분 윤종규 AK 정면 L-ST-G (득점: 윤종규) 왼쪽

• 10월 28일 13:30 맑음 창원 축구센터 3,914명
• 주심_안재훈 부심_주현민·서영규 대기심_박세진 경기감독관_허태식

경남 4 〔1 전반 1 / 3 후반 1〕 2 안산

퇴장	경고	파울	ST(유)	교체	선수명	배번	위치	위치	배번	선수명	교체	ST(유)	파울	경고	퇴장
0	0	0	0		고동민	21	GK	GK	1	이승빈		0	0	0	0
0	0	2	3(1)		이준재	18	DF	DF	14	김재성		0	1	1	0
0	0	0	1		이강희	88	DF	DF	20	김정호		0	0	0	0
0	0	1	0		이찬욱	3	DF	DF	3	장유섭		0	0	0	0
0	0	0	1		박민서	21	DF	DF	33	이택근	18	0	2	1	0
0	0	1	2(1)		모재현	10	MF	MF	7	최한솔		0	0	0	0
0	1	2		9	카스트로	95	MF	MF	10	노경호		1	2	0	0
0	0		3(2)		송홍민	4	MF	MF	32	김범수		0	0	0	0
0	1			26	설현진	19	MF	MF	24	윤주태		3(2)	1	0	0
0	0		3(1)		박민서	21	DF	FW	26	정재민		1(1)	1	0	0
0	1		1(1)	99	글레이손	96	FW		31	김영호					
					손정현	31			35	이건웅					
					김영찬	5				김경준	후				
					우주성	15			18	김대경	후34				
0	1(1)			후12	이민혁	26	대기	대기	19	이상민	후42				
				후34	윤준하	42			26	박준배	후37				
0	1			후19	조항기	19			34	강준모	후34				
0	1	2		후42	조상준	99									
0	3	16	24(9)									6(3)	9	2	0

● 전반 15분 글레이손 GA 정면 내 L-ST-G (득점: 글레이손) 가운데
● 후반 23분 송홍민 C.KR ~ 조항기 GA 정면 내 H-ST-G (득점: 조항기, 도움: 송홍민) 왼쪽
● 후반 38분 모재현 MFR ~ 이준재 GAR R-ST-G (득점: 이준재, 도움: 모재현) 왼쪽
● 후반 45분 송홍민 PK-R-G (득점: 송홍민) 왼쪽

● 전반 36분 이규비 PAR ~ 윤주태 GAR R-ST-G (득점: 윤주태, 도움: 이규비) 오른쪽
● 후반 12분 윤주태 PK-R-G (득점: 윤주태) 가운데

• 10월 28일 18:30 맑음 안양 종합 3,182명
• 주심_오현진 부심_설귀선·김동민 대기심_최규현 경기감독관_김종민

안양 3 〔0 전반 0 / 3 후반 0〕 0 서울E

퇴장	경고	파울	ST(유)	교체	선수명	배번	위치	위치	배번	선수명	교체	ST(유)	파울	경고	퇴장
0	0	0	0		김태훈	21	GK	GK	23	문정인		0	0	0	0
0	0	0			이창용	4	DF	DF	27	조동재		1	0	0	0
0	1	0	1		박종현	5	DF	DF	14	이재익		0	0	0	0
0	2	1(1)	8		김정현	8	DF	DF	3	김민규		0	0	0	0
0	0	1			안용우	7	FW	DF	13	차오연		0	0	0	0
0	1	0			김동진	22	MF	MF	6	이상민		0	0	0	0
0	1	0		20	문성우	28	MF	MF	40	브루노		3(1)	1	0	0
0	0				백동규	30	MF	MF	33	박경민	92	1	0	0	0
0	1	25			공민현	81	FW	MF	8	곽성욱	82	0	0	0	0
0	2	2			야 고	97	FW	MF	16	변경준		3	1	0	0
0	1		32		조현우	99	FW	FW	11	박정호	29	1	0	0	0
					박성수				77	윤보상					
				후41	황기욱	8			92	이인재	후19				
0	1			후	라에르시오	10			5	김원식					
0	1			후29	이동수	20	대기	대기	29	김수안	후31				
0	1(1)			후34	김하준	25			2	황태현					
0	1			후29	이태희	32			44	츠바사					
					연제민	40			82	송시우	후31				
0	1	14	14(7)									7(1)	3	1	0

● 후반 3분 이창용 센터서클 ~ 김동진 PA 정면 내 R-ST-G (득점: 김동진, 도움: 이창용) 오른쪽
● 후반 28분 공민현 PK지점 R-ST-G (득점: 공민현) 가운데
● 후반 46분 이태희 PAR 내 ~ 김하준 GAR 내 L-ST-G (득점: 김하준, 도움: 이태희) 가운데

• 10월 28일 16:00 맑음 아산 이순신 4,354명
• 주심_성덕효 부심_구은석·김수현 대기심_이규순 경기감독관_나승화

충남아산 2 〔1 전반 0 / 1 후반 0〕 0 천안

퇴장	경고	파울	ST(유)	교체	선수명	배번	위치	위치	배번	선수명	교체	ST(유)	파울	경고	퇴장
0	0	0	0	37	박주원		GK	GK	36	임민혁		0	0	0	0
0	1	2	0		이호인	3	DF	DF	2	김주환	23	0	1	0	0
0	1	0		6	이학민	14	DF	DF	3	이광준		0	0	0	0
0	0	1			조윤성	20	DF	DF	5	이재원		0	3	0	0
0	0				이은범	47	DF	DF	37	박준강	29	0	0	0	0
0	1	0	13		김주성	2	MF	MF	14	이민수		0	1	0	0
1	3	3(1)	10		송승민	7	MF	MF	31	신형민	8	0	1	0	0
0	1				김강국	22	MF	MF	7	정석화		2(2)	1	1	0
0	1				박세직	24	MF	MF	4	오현교		0	0	0	0
0	4	3(2)	96		강민규	11	MF	MF	96	파울리뇨		5(1)	1	0	0
0	1	3(2)			박대훈	19	FW	FW	9	모 따		3(1)	0	0	0
				후48	문현호	37			41	김동건					
					강준혁	99			6	김성주	후34	1(1)	1	0	0
0	1			후48	김승호	36			77	다 이					
				후	김주공	14	대기	대기	23	오윤석	후18	0	0	0	0
					김혜성	16			8	윤용호	후33				
0	0			후40	두아르테	10			2	이찬협					
0	1			후40	하파엘	96			29	안재훈	후18				
0	3	16	9(5)									12(5)	13	3	0

● 전반 15분 김주성 HLL ~ 박대훈 PAL 내 R-ST-G (득점: 박대훈, 도움: 김주성) 왼쪽
● 후반 6분 박대훈 GAL ~ 강민규 GAR 내 R-ST-G (득점: 강민규, 도움: 박대훈) 오른쪽

• 10월 29일 13:30 맑음 광양 전용 2,180명
• 주심_설태환 부심_홍석찬·이병주 대기심_박종명 경기감독관_이정춘

전남 3 〔1 전반 0 / 2 후반 0〕 0 충북청주

퇴장	경고	파울	ST(유)	교체	선수명	배번	위치	위치	배번	선수명	교체	ST(유)	파울	경고	퇴장
0	0	0	0		안준수	98	GK	GK	21	박대한		0	0	0	0
0	0	1	1		이규혁	66	DF	DF	3	이정택		0	0	0	0
0	2	1	0		신일수	26	DF	DF	14	이한샘		1(1)	1	0	0
0	0	2	1		유지하	2	DF	DF	5	이민형	17	0	0	0	0
0	1	0			아스나위	14	MF	MF	20	이찬우	19	0	2	0	0
0	1	0	25		이후권	16	MF	MF	99	홍원진		0	0	0	0
0	2	3(2)			발디비아	8	MF	MF	8	장혁진		1	0	0	0
0	0	2			유헤이	24	MF	MF	23	김명순	2	1	0	0	0
0	0		35		박태용	88	FW	FW	7	피 터	98	1	2	0	0
0	1(1)				플라나	11	FW	FW	29	김민승	11	0	0	0	0
0	1				이용재	19	FW	FW	9	조르지		8(2)	2	0	0
					김다솔	31			1	류원우		0	0	0	0
0	1			후	조지훈	25			98	이승재	후21	0	0	0	0
					이석현				11	양지훈	후				
0	1			후39	추상훈		대기	대기	17	정기운	후28	5(4)	1	0	0
0	1(1)			후	노건우	35			19	구현준	후21				
				후36	최성진	3			6	문상윤					
0	후17/22				하 남	9			2	김지운	후21	0	0	0	0
0	1											21(9)	11	1	0

● 전반 37분 발디비아 PAL 내 ~ 플라나 PK지점 L-ST-G (득점: 플라나, 도움: 발디비아) 왼쪽
● 후반 5분 발디비아 MF 정면 ~ 이용재 PAR 내 R-ST-G (득점: 이용재, 도움: 발디비아) 가운데
● 후반 18분 하남 GA 정면 H ~ 노건우 GAR 내 H-ST-G (득점: 노건우, 도움: 하남) 가운데

579

부산 2 : 1 부천

- 10월 29일 16:00 맑음 부산 아시아드 13,340명
- 주심_정회수 부심_강도준·박남수 대기심_고민국 경기감독관_양정환

부산 2 | 0 전반 1 / 2 후반 0 | 1 부천

퇴장	경고	파울	ST(유)	교체	선수명	배번	위치	위치	배번	선수명	교체	ST(유)	파울	경고	퇴장
0	0	0	0		구상민	1	GK	GK	25	이범수		0	0	0	0
0	0	0	0	66	어정원	2	DF	DF	20	서명관		0	0	0	0
0	0	0	0		조위제	5	DF	DF	6	닐손주니어	9	1(1)	0	4	0
0	0	0	1		이한도	20	DF	DF	3	이용혁		2	0	0	0
0	1	1	2(2)		최준	6	MF	MF	21	박형진	27	0	3	0	0
0	0	0	1	14	김정환	11	MF	MF	8	김준형	22	0	0	0	0
0	3	0			임민혁	18	MF	MF	23	카즈		0	0	0	0
0	0	0	55		여름	81	MF	MF	19	김호남	31	1(1)	1	0	0
0	5(3)	33			라마스	10	FW	FW	29	정희웅		0	2	0	0
0	7				성호영	23	FW	FW	18	안재준		1(1)	1	0	0
0	0	1	1		박동진	49	FW	FW	18	이의형	99	2(1)	0	0	0
					황병근	41			1	이주현					
				후23	박세진	66			5	이용혁					
				후11	페신	7			31	김한솔	후27				
				후23	정원진	14	대기	대기	9	김보용	후46				
				후46	김상준	33			22	서보민					
				후11	강상윤	55			27	김규민	후48				
					최건주	99			99	박호민	후27	2(1)			
0	6	11(5)		0							0	10(4)	12	1	0

- 후반 24분 최준 GAR R-ST-G (득점: 최준) 왼쪽
- 후반 40분 라마스 PK-L-G (득점: 라마스) 오른쪽
- 전반 28분 김호남 AKR R-ST-G (득점: 김호남) 가운데

서울E 0 : 2 성남

- 11월 11일 13:30 맑음 목동 종합 5,689명
- 주심_박종명 부심_이병주·박남수 대기심_박세진 경기감독관_나승화

서울E 0 | 0 전반 1 / 0 후반 1 | 2 성남

퇴장	경고	파울	ST(유)	교체	선수명	배번	위치	위치	배번	선수명	교체	ST(유)	파울	경고	퇴장
0	0	0	0		문정인	23	GK	GK	41	김영광		0	0	0	0
0	0	1	1		이재익	14	DF	DF	23	김성준	1	2	0	0	0
0	0	0	0		이인재	92	DF	DF	77	유선		0	1	0	0
0	0	0	0		김민규	3	DF	DF	20	김민준		0	1	1	0
0	1	1	4(1)		조동재	27	MF	MF	29	장효준		0	0	0	0
0	6				츠바사	44	MF	MF	6	김현태		0	2	1	0
0	2	1(1)	29		김원식	15	MF	MF	15	신재원	33	3(2)	2	1	0
0	0				변경준	16	MF	MF	55	박태준		0	0	0	0
0	1	82			박정인	11	FW	FW	96	가브리엘		2	0	0	0
0	0	3(1)			호	7	FW	FW	11	박지원		2(2)	0	0	0
0	2(1)	33			브루노	40	FW	FW	93	진성욱		4(1)	2	2	0
					주현성	31			30	정명제					
				후37	김수안	29			44	양시후					
					차승현	13			7	권순형	후46				
				후47	박경민	33	대기	대기	8	박상혁	후42				
					서보미	7			28	양태양					
				후17	이상민	6			18	김원진					
				후17	송시우	82			21	전성수	후21				
0	8	12(5)		0							0	12(6)	13	3	0

- 전반 41분 신재원 GA 정면 R-ST-G (득점: 신재원) 왼쪽
- 후반 42분 전성수 PAL 내 ~ 박지원 GAR 내 R-ST-G (득점: 박지원, 도움: 전성수) 오른쪽

김천 2 : 0 김포

- 10월 29일 18:30 맑음 김천 종합 1,319명
- 주심_최광호 부심_이양우·김종희 대기심_최승환 경기감독관_김성기

김천 2 | 0 전반 0 / 2 후반 0 | 0 김포

퇴장	경고	파울	ST(유)	교체	선수명	배번	위치	위치	배번	선수명	교체	ST(유)	파울	경고	퇴장
0	0	0	0		김준홍	41	GK	GK	13	박청효		0	0	0	0
0	0	0	0	24	박민규	23	DF	DF	4	김태호		0	0	0	0
0	0	1	0		이유현	11	DF	DF	4	김태한		1	1	0	0
0	0	0	1		이상민	35	DF	DF	2	조성권		1	0	0	0
0	0	0	1		김재우	34	MF	MF	21	송준석	21	0	1	0	0
0	0	3	0		강현묵	39	MF	MF	44	이상혁		0	1	0	0
0	0	0	0		원두재	26	MF	MF	7	장윤호		0	0	0	0
0	2(1)	1	32		김진규		MF	MF	91	김광일	17	0	0	0	0
0	0	2(2)	17		이준석	17	FW	FW	8	김이석		1(1)	3	0	0
0	3(2)	38			최병찬	38	FW	FW	24	루이스		2(1)	0	0	0
0	0	1	25		이영준	40	FW	FW	32	윤민호		0	0	0	0
					신송훈					이상욱					
				후39	윤종규	24			20	김이호	후39				
				후31	김현욱	30			44	윤민호	후41				
					구본철	36	대기	대기	23	최재훈					
				후31	김준범	17			10	김종석	후7				
				후17	김현욱	45			17	김성민	후7				
0	0	2	후0	김민준	38				22	배재우	후5/20				
0	8	12(5)		0							0	6(2)	11	0	0

- 후반 3분 김민준 PAR ⌒ 이준석 GA 정면 R-ST-G (득점: 이준석, 도움: 김민준) 오른쪽
- 후반 30분 김현욱 GAL ⌒ 김진규 GAR R-ST-G (득점: 김진규, 도움: 김현욱) 왼쪽

충북청주 1 : 0 충남아산

- 11월 11일 16:00 맑음 청주 종합 3,896명
- 주심_최철주 부심_구은석·김종희 대기심_고민국 경기감독관_차상해

충북청주 1 | 0 전반 0 / 1 후반 0 | 0 충남아산

퇴장	경고	파울	ST(유)	교체	선수명	배번	위치	위치	배번	선수명	교체	ST(유)	파울	경고	퇴장
0	1	0	0		류원우	1	GK	GK	21	박주원	37	0	0	0	0
0	0	0	0		이정택	14	DF	DF	14	이학민		1	0	0	0
0	0	0	0		이한샘	3	DF	DF	20	조윤성		0	0	0	0
0	0	0	5		김원균	40	DF	DF	47	이은범		0	0	0	0
0	1	1(1)	17		양지훈	7	MF	MF	99	강준혁	16	0	0	0	0
0	2	1			홍원진	99	MF	MF	7	송승민		0	3	0	0
0	0	19			김명순	39	MF	MF	18	김승호		1(1)	1	0	0
0	2	3(1)			피터	4	MF	MF	22	김강국		0	1	0	0
0	0	1			장혁진	8	MF	MF	7	김택근		0	0	0	0
0	4(1)	9			조르지	9	FW	FW	24	박세직		0	0	0	0
0	23				강민승	23	FW	FW	11	강민규	96	0	0	0	0
					정진욱	18			37	문현호	후40				
				후18	이승재	98			27	박성우					
				후31/08	김도현	25			6	김종국					
				후18	한진준		대기	대기	16	김민석	후40				
				후18	이민형	5			30	김혜성	후30				
					문상윤	6			19	박대훈	후22	3(2)			
				후39	정기운	17			96	하파엘	후30				
0	4	17	9(3)	0							0	8(3)	14	2	0

- 후반 20분 양지훈 AK 내 R-ST-G (득점: 양지훈) 왼쪽

경남 1 : 1 김천

• 11월 11일 18:30 맑음 창원축구센터 7,547명
• 주심_정회수 부심_신재환·홍석찬 대기심_설태환 경기감독관_허태식

경남 1 | 0 전반 0 / 1 후반 1 | 1 김천

퇴장	경고	파울	ST(유)	교체	선수명	배번	위치	위치	배번	선수명	교체	ST(유)	파울	경고	퇴장
0	0	0	0		고동민	1	GK	GK	18	신송훈		0	0	0	0
0	0	0	0	9	우주성	15	DF	DF	23	박민규		0	0	0	0
0	1	0	0		이찬욱	3	DF	DF	11	이유현		2(1)	2	0	0
0	1	1	0		이강희	88	DF	DF	35	이상민		1	0	0	0
0	0	0	1(1)	33	박민서	21	DF	DF	32	김재우		0	0	0	0
0	1	1		42	모재현	10	MF	MF	39	강현묵	25	1(1)	0	1	0
0	0	1(1)			송홍민	4	MF	MF	26	원두재		0	0	0	0
0	0	0		95	이민혁	26	MF	MF	32	김진규	36	2	0	0	0
0	0	1(1)		96	설현빈	19	MF	FW	26	원두재	38	0	0	0	0
0	0	0			이준재	14	FW	FW	7	병찬		0	0	0	0
0	0	0	1(1)	77	박민서		FW	FW	40	이영준		3(2)	0	0	0
					손정현	31			41	김준홍					
					박재환	73			24	윤종규					
				후46	이민기	33			30	김동현	후31				
				후0	카스트로	95		대기	36	구본철	후	1(1)	0	0	0
				후28	윤주하	42			29	정치인	후17				
				후16	조향기				25	김현욱	후44				
			1(1)	후16	글레이손	96			38	김민준	후				
0	0	5	8(6)			0			0			13(5)	8	1	0

● 후반 41분 박민서(21) MFL L-ST-G (득점: 박민서(21)) 오른쪽
● 후반 9분 김진규 PA 정면 ~ 이영준 GAR R-ST-G (득점: 이영준, 도움: 김진규) 왼쪽

천안 0 : 0 김포

• 11월 12일 16:00 맑음 천안종합 1,196명
• 주심_임정수 부심_강도준·김동민 대기심_오현정 경기감독관_구상범

천안 0 | 0 전반 0 / 0 후반 0 | 0 김포

퇴장	경고	파울	ST(유)	교체	선수명	배번	위치	위치	배번	선수명	교체	ST(유)	파울	경고	퇴장
0	0	0	0		임민혁	36	GK	GK	1	이상욱		0	0	0	0
0	1	0	0	22	신원호	31	MF	DF	3	박경록		0	0	1	0
0	1	0	2(1)		이광준	3	DF	DF	4	김태한		2	1	0	0
0	0	0	0		김성주	4	DF	DF	20	조성권		0	0	0	0
0	2	3	1		이재원	5	DF	MF	34	송준석		1	1	0	0
0	0	0	0		박준강	37	MF	MF	26	이강연	23	0	1	0	0
0	1	0		39	이민수	14	MF	MF	7	장윤호	9	0	0	0	0
0	0	0	0		신형민	13	MF	MF	91	박광일		0	0	0	0
0	0	0		13	파울리뉴	96	FW	FW	24	루이스		3(2)	2	1	0
0	0	0			모따	7	FW	FW	17	김성민	10	1(1)	0	0	0
					김효준	31			13	박청효					
				후0	김창수	39			20	김민호	후33				
					오윤석	23			21	서재민					
				후14	오현교	21		대기	23	최재훈	후33				
					이찬협	27			10	김종석	후20	1(1)			
				후38	허승우	13			27	임도훈					
									9	주닝요	후6	2(1)			
0	3	10	4(1)			0			0			12(6)	11	2	0

안산 2 : 3 안양

• 11월 12일 13:30 맑음 안산와스타디움 1,715명
• 주심_김재홍 부심_주현민·김수현 대기심_박종명 경기감독관_허기태

안산 2 | 0 전반 1 / 2 후반 2 | 3 안양

퇴장	경고	파울	ST(유)	교체	선수명	배번	위치	위치	배번	선수명	교체	ST(유)	파울	경고	퇴장
0	0	0	0		이승빈	1	GK	GK	21	김태훈		0	0	0	0
0	0	2	0		김재성	3	DF	DF	4	이창용		0	1	0	0
0	0	0		35	김대경	18	DF	DF	5	박종현		0	0	1	0
0	0	0	1(1)		김정호	20	DF	MF	6	김정현		1(1)	4	1	0
0	0	0	0		이택근	33	FW	FW	7	안용우	9	0	2	0	0
0	0	0	0		최한솔		MF	MF	20	이동수		1	0	0	0
0	0	0		19	김진현		MF	MF	8	김동진		3(2)	1	1	0
0	0	0		24	노경호	10	MF	MF		문성우	97	0	1	0	0
0	1	2(2)		27	정지용	11	MF	DF	30	백동규		0	0	0	0
0	0	1		3	이규닌	37	MF	MF		이태희	8	0	0	1	0
0	3	2(1)			김경준	9	FW	FW		공민현	99	2(1)	0	0	0
					박성수	1			1	박성수					
	1	4	0	후0	김채운	3			8	황기욱	후45				
					정용희	15			9	브루노	후0	4(3)			
				후15	이현규	19		대기	15	김형진					
		4(3)		후0	윤주태	14			25	김하준	후45				
				후29	신재혁	27			97	야고	전28	1(1)			
				후39	이건웅	35			99	주현우	후25				
0	4	10	12(8)			0			0			14(11)	14	1	0

● 후반 2분 정지용 PAR 내 R-ST-G (득점: 정지용) 왼쪽
● 후반 49분 신재혁 GAR R-ST-G (득점: 신재혁) 오른쪽
● 전반 5분 김정현 GAL 내 R-ST-G (득점: 김정현) 가운데
● 전반 36분 김동진 GAL 내 EL L-ST-G (득점: 김동진) 왼쪽
● 후반 52분 브루노 GAL R-ST-G (득점: 브루노) 왼쪽

전남 3 : 0 부산

• 11월 12일 18:30 맑음 광양전용 3,120명
• 주심_최규현 부심_이양우·서영규 대기심_최승환 경기감독관_김성기

전남 3 | 2 전반 0 / 1 후반 0 | 0 부산

퇴장	경고	파울	ST(유)	교체	선수명	배번	위치	위치	배번	선수명	교체	ST(유)	파울	경고	퇴장
0	1	0	0		안준수	98	GK	GK	1	구상민		0	0	0	0
0	1	1	0	12	여승원	17	DF	DF	33	조위제		1	1	1	0
0	1	0	0		장성재	6	DF	DF	20	이한도		0	0	0	0
0	0	0	0		유지하	2	DF	DF	66	박세진	2	0	0	1	0
0	0	0	0		아스나위	14	MF	MF	6	최준		0	0	0	0
0	0	0	0		조지훈	66	MF	MF	11	정원진	55	0	0	0	0
0	0	0		27	임찬울	8	MF	MF	18	임민혁		0	0	0	0
0	1	1(1)		35	발디비아		MF	MF	81	여름	49	0	0	0	0
0	1	2(2)		24	박태용	88	MF	FW	9	김찬		7(1)	2	0	0
0	0	0	0		플라나	11	MF	FW	10	라마스	99	3(1)	1	0	0
0	0	1		9	유헤이	19	FW	FW	23	성호영	7	2	0	0	0
					김다솔	31			41	황병근					
					최희원	3			2	어정원	후0				
				후43	노건우	35			39	민상기					
				후37	유헤이	24		대기	7	페신	후0				
				후0	추상훈	27			55	강상윤	후0				
0			1(1)	후43	지상욱	12			49	박동진	후13				
				후15	하남	9			99	최건주	후37	1(1)			
0	2	8	7(4)			0			0			14(2)	5	1	0

● 전반 11분 임찬울 PAL ⌒ 박태용 GAL H-ST-G (득점: 박태용, 도움: 임찬울) 가운데
● 전반 16분 임찬울 MF 정면 ~ 박태용 PAL 내 R-ST-G (득점: 박태용, 도움: 임찬울) 왼쪽
● 후반 50분 플라나 PAR ⌒ 지상욱 AK 정면 R-ST-G (득점: 지상욱, 도움: 플라나) 오른쪽

김천 1 : 0 서울E

- 11월 26일 15:00 맑음 김천 종합 2,482명
- 주심_최광호 부심_강도준·김종희 대기심_임정수 경기감독관_나승화

김천 1   1 전반 0 / 0 후반 0   **0 서울E**

퇴장	경고	파울	ST(유)	교체	선수명	배번	위치	위치	배번	선수명	교체	ST(유)	파울	경고	퇴장
0	0	0	0		김준홍	41	GK	GK	31	주현성		0	0	0	0
0	0	1	1		박민규	13	DF	DF	92	이인재		1(1)	1	1	0
0	1	1	0		이유현	11	DF	DF	21	김민규		0	0	0	0
0	0	0	1		이상민	35	DF	DF	20	박준영		0	0	0	0
0	0	0	1		김재우	34	DF	DF	27	조동재	33	1	0	0	0
0	0	0	1	24	강현묵		MF	MF	6	이상민		0	0	0	0
0	0	0	1		원두재	26	MF	MF	44	츠바사		2(1)	1	1	0
0	1	2(1)	38	30	김진규	32	MF	FW	16	변경준		0	0	0	0
0	1	1)	36		김현욱	25	FW	FW	22	호난	29	0	0	0	0
0	0	5	5	37	이영준	40	FW	MF	82	송시우		2	1	0	0
					신송훈	18			23	문정인					
				후41	윤종규	24			29	김수안	후0				
					김태현	36			7	서보민					
0	1	3	0	후0	김동현	7	대기	대기	13	차승현					
0				후27	구본철	23			15	김원식					
				후41	이중민	37			8	곽성욱					
0	0	0	1	후0	김민준	38			33	박경민	후0				
0	2	16	11(2)									5(2)	5	2	0

- ●전반 37분 김현욱 GA 정면 L-ST-G (득점: 김현욱) 왼쪽

안양 2 : 1 천안

- 11월 26일 15:00 흐림 안양 종합 3,792명
- 주심_설태환 부심_신재환·서영규 대기심_박세진 경기감독관_구상범

안양 2   2 전반 0 / 0 후반 1   **1 천안**

퇴장	경고	파울	ST(유)	교체	선수명	배번	위치	위치	배번	선수명	교체	ST(유)	파울	경고	퇴장
0	0	0	0		김태훈	21	GK	GK	36	임민혁		0	0	0	0
0	0	1	0		이창용	20	DF	DF	21	신원호	23	0	0	0	0
0	0	0	0		박종현	5	DF	DF	3	이광준	28	0	1	0	0
0	1	1(1)	0		김정현	28	DF	DF	39	김주환	17	1	1	0	0
0	0	3(2)			이동수	20	MF	DF	5	김창수	17	0	1	0	0
0	1	1(1)			김동진	22	MF	MF	32	신형민		0	2	0	0
0	2	1	1		문성우	28	MF	MF	14	이민수		0	0	0	0
0	0	0	0		백동규	27	MF	MF	7	정석화		0	0	0	0
0	0	0	9		공민현	31	MF	MF	8	한원교		1	1	0	0
0	4(4)	2(1)			야고	97	MF	MF	96	파울리뇨		4(3)	2	0	0
0	1	3	0		주현우	99	FW	FW	9	모따		3(1)	4	1	0
					박성수	1			31	김효준					
				후0	안용우	7			33	최상헌					
				후48	황기욱	8				오윤석	전29/25				
				후25	브루노	5	대기	대기	28	문건호	후16				
					김형진	15			17	이한울					
				후48	김하준	23			29	한재훈	후16				
				후37	이태희	32			13	허승우	후41				
0	1	12	10(8)									8(4)	14	1	0

- ●전반 6분 주현우 PAL EL FK ∩ 이동수 GA 정면 내 H-ST-G (득점: 이동수, 도움: 주현우) 가운데
- ●전반 17분 야고 GAR R-ST-G (득점: 야고) 오른쪽
- ●후반 27분 파울리뇨 MFR ∩ 모따 PK 좌측 지점 H-ST-G (득점: 모따, 도움: 파울리뇨) 왼쪽

성남 0 : 2 안산

- 11월 26일 15:00 맑음 탄천 종합 1,629명
- 주심_고민국 부심_김동민·김경민 대기심_최철준 경기감독관_양정환

성남 0   0 전반 1 / 0 후반 1   **2 안산**

퇴장	경고	파울	ST(유)	교체	선수명	배번	위치	위치	배번	선수명	교체	ST(유)	파울	경고	퇴장
0	0	0	0		김영광	41	GK	GK	1	이승빈		0	0	0	0
0	0	0	3(3)		정승용	23	DF	DF	15	정용희		0	0	0	0
0	1	1	0		유선	77	DF	DF	20	김정호		1(1)	0	0	0
0	0	3	0		조성욱	20	DF	DF	35	건웅	40	2	0	0	0
0	0	0	0	33	장효준	29	DF	MF	7	최한솔		1(1)	0	0	0
0	0	0	8		권순형	7	MF	MF	10	노경호		8	2	1	0
0	1	4(2)	28		신재원	15	MF	MF	14	김재성		2	0	0	0
0	1	0	0		박태준	55	MF	MF	33	이택근		1(1)	3	1	0
0	4(3)				가브리엘	96	MF	MF	5	정재용	24	0	1	0	0
0	1	1	1	18	박지원	47	MF	FW	11	정지용		3(1)	2	0	0
0	0	2(1)			진성욱	9	FW	FW	17	김범수		0	1	0	0
					정명제	30			31	김영호					
					양시후	44			3	김채운					
					김현태	16			8	김진래	후48				
0	0	2(1)		후15	박상혁	11	대기	대기	19	이택근					
				후40	양태양	28			24	윤주태	후32				
0	1	1	0	후40	김원준	18			23	강준모	후21				
0	0	0	1	전36	전성수	33			40	박준영	후0				
0	2	11	17(10)									10(6)	13	2	0

- ●전반 9분 최한솔 MF 정면 FK R-ST-G (득점: 최한솔) 왼쪽
- ●후반 37분 윤주태 AK 정면 R-ST-G (득점: 윤주태) 왼쪽

부천 4 : 1 전남

- 11월 26일 15:00 흐림 부천 종합 4,059명
- 주심_송민석 부심_이병주·박남수 대기심_박종명 경기감독관_김종민

부천 4   1 전반 0 / 3 후반 1   **1 전남**

퇴장	경고	파울	ST(유)	교체	선수명	배번	위치	위치	배번	선수명	교체	ST(유)	파울	경고	퇴장
0	0	0	0		이범수	25	GK	GK	98	안준수		0	0	0	0
0	1	0	0		서명관	20	DF	DF	17	여승원		0	1	0	0
0	0	2(1)			닐손주니어	6	DF	DF	6	장성재	24	0	0	0	0
0	1	1	1		이동희	3	DF	DF	23	유지하		0	4	0	0
0	0	0		27	박형진	21	DF	DF	14	아스나위		0	0	0	0
0	0	0	0		최재영	14	MF	MF	25	조지훈		0	0	0	0
0	0	0	8		카즈	23	MF	MF	35	임찬울	35	1(1)	1	0	0
0	0	1(1)			정희웅	29	MF	MF	10	발디비아		1(1)	1	0	0
0	2	1(1)	22		조수철	10	FW	FW	88	박태용	9	0	0	0	0
0	2	2(1)	5		루페타	42	FW	FW	11	플라나		3(3)	1	0	0
0	1	11	0		이의형	11	FW	FW	19	이유재	12	2(1)	2	0	0
					이주현	1			31	김다솔					
0	0	0		후35	이용혁	3			26	신일수					
0	0	0		후24	김준형	8			35	노건우	후19				
0	3(3)			후0	안재준	11	대기	대기	8	이석현					
0	0	0		후47	김규민	27			24	유헤이	후0				
					박호민	99			12	지상욱	후26				
									9	하남	후0				
0	1	14	13(8)									8(6)	9	0	0

- ●전반 37분 닐손주니어 PK-R-G (득점: 닐손주니어) 가운데
- ●후반 15분 조수철 자기 측 MF 정면 ∩ 안재준 PAR 내 L-ST-G (득점: 안재준, 도움: 조수철) 오른쪽
- ●후반 32분 조수철 센타서클 ∩ 안재준 PAR 내 R-ST-G (득점: 안재준, 도움: 조수철) 왼쪽
- ●후반 53분 안재준 PAR 내 R-ST-G (득점: 안재준) 가운데
- ●전반 21분 발디비아 PK-R-G (득점: 발디비아) 왼쪽

경기 1

- 11월 26일 15:00 흐림 김포솔터축구장 2,060명
- 주심 안재훈 부심 이양우·주현민 대기심 최승환 경기감독관 김용세

김포 0 — 전반 0 / 후반 1 — 1 경남

퇴장	경고	파울	ST(유)	교체	선수명	배번	위치	위치	배번	선수명	교체	ST(유)	파울	경고	퇴장
0	0	0	0		박청효	13	GK	GK	1	고동민		0	0	0	0
0	1	2	0		김민호	20	DF	DF	15	우주성	18	1(1)	1	0	0
0	0	1	1		김태한	4	DF	DF	3	이찬욱		0	0	1	0
0	1	1	1(1)	30	조성권	6	DF	DF	73	박재환	88	0	2	1	0
0	0	1	0	91	임도훈	27	MF	MF	21	박민서		1	0	0	0
0	1	2	0	10	이강연	26	MF	MF	99	조상준	42	1	3	1	0
0	1	1	0		최재훈	23	MF	MF	4	송홍민		1(1)	1	0	0
0	1	1	0	34	서재민	21	MF	MF	95	카스트로		0	2	0	0
0	1	0	0		윤민호	32	MF	MF	77	박민서		1	0	0	0
0	0	1	0		루이스	24	FW	FW	96	글레이손	19	0	1	0	0
0	1(1)		0		주닝요	7	FW	FW	7	원기종		1(1)	0	0	0
0	0	0	0		이상욱	1			31	손정현					
0	0	0	0	후37	김종민	30			88	이강희	후14				
0	0	0	0	후37	송준서	34			26	이민혁	후28				
0	0	0	0	후12	박광일	91	대기	대기	18	이준재	후14				
0	1(1)	1	0	후17	김종석	10			42	유준하	후33				
0	0	0	0		이상혁	44			9	조향기					
0	0	1	0	후0	김성민	17			19	설현진	후14	1(1)	1	0	0
0	4	13	6(3)									8(6)	13	2	0

●후반 21분 원기종 PAL ⌒ 박민서⑦ GAR 내 R-ST-G (득점: 박민서⑦, 도움: 원기종) 오른쪽

경기 2

- 11월 29일 19:00 흐림 창원 축구센터 2,099명
- 주심 오현진 부심 구은석·설귀선 대기심 설태환 경기감독관 하태식

경남 0 — 전반 0 / 후반 0 — 0 부천

퇴장	경고	파울	ST(유)	교체	선수명	배번	위치	위치	배번	선수명	교체	ST(유)	파울	경고	퇴장
0	0	0	0		고동민	1	GK	GK	25	이범수		0	0	0	0
0	0	0	0		이준재	18	DF	DF	5	이용혁		0	1	0	0
0	1	1	0		이강희	88	DF	DF	6	닐손주니어		2(1)	0	0	0
0	0	0	0	21	이민기	33	DF	DF	3	서명관		0	0	0	0
0	0	0	0		7	설현진	19	MF	MF	21	박형진	27	0	1	0	0
0	3	1	0	15	송홍민	4	MF	MF	14	최재영	18	1	0	0	0
0	0	1	0		이민	26	MF	MF	23	카즈		1	1	0	0
0	0	0	0		이상	99	MF	MF	29	정희웅		1	0	0	0
0	0	0	0		글레이손	77	FW	DF	54	우철		8	1	1	0
0	0	0	0	77	조향기	9	FW	FW	42	루페타	11	1	0	0	0
0			0					FW	22	한지호	99	0	0	0	0
0	0	0	0		손정현	31			1	이주현					
0	0	0	0	후42	우주성	15			3	이동희					
0	0	0	0	후21	박민서	21			8	김준형	후24				
0	0	0	0		유준하	42	대기	대기	11	안재준	전55	2	1	0	0
0	0	0	0	후0	박민서	7			18	이의형	후32	1	0	0	0
0	2(1)	1	0	후21	원기종	7			27	김규민	후24				
0	0	0	0	후21	카스트로	95			99	박호민	후24				
0	1	7(1)	0									11(1)	10	1	0

경기 3

- 11월 26일 15:00 맑음 부산 아시아드 5,764명
- 주심 정회수 부심 설귀선·홍석찬 대기심 오현정 경기감독관 이경춘

부산 1 — 전반 0 / 후반 1 — 1 충북청주

퇴장	경고	파울	ST(유)	교체	선수명	배번	위치	위치	배번	선수명	교체	ST(유)	파울	경고	퇴장
0	0	0	0		구상민	1	GK	GK	18	정진욱		0	0	1	0
0	0	0	1(1)		어정원	2	DF	DF	14	이정택		0	3	1	0
0	0	1	1		조위제	5	DF	DF	40	김원균		0	2	1	0
0	0	0	0		이한도	20	DF	DF	22	이승엽	19	0	0	0	0
0	0	0	0		최준	6	MF	MF	99	홍원진		0	0	0	0
0	0	0	0	49	김정현	11	MF	MF	39	김명순		1	1	0	0
0	0	0	0	55	임민혁	6	MF	MF	7	피터	77	1	0	0	0
0	2	1	0	14	어름	81	MF	MF	8	장혁진		0	0	0	0
0	1	1	0	23	페신	7	FW	FW	9	조르지		2(2)	0	0	0
0	1	4(2)			정원진	8	FW	FW	27	유지원	30	0	0	0	0
0	1	7(3)	39		라마스	10	FW		1	류원우					
0	0	0	0		황병근	41			77	정민우	후19				
0	0	0	0	후46	민상기	39			30	이우영	22/13	1(1)	0	0	0
0	0	0	0	후46	정원진	14		대기	17	정기운	후				
0	0	0	0	후36	성호영	23	대기		19	구현준	후				
0	0	0	0	후13	강상윤	55			4	문상윤					
0	0	0	0		이승기	88			13	박건					
0	1	1	0	후0	박동진	49									
0	4	10	16(7)									4(4)	1	4	0

●후반 23분 라마스 MF 정면 ~ 페신 PK 우측 지점 L-ST-G (득점: 페신, 도움: 라마스) 왼쪽
●후반 49분 김명순 PAR ~ 조르지 PAL 내 R-ST-G (득점: 조르지, 도움: 김명순) 오른쪽

경기 4

- 12월 02일 16:30 맑음 김포솔터축구장 2,442명
- 주심 정회수 부심 이양우·주현민 대기심 최규현 경기감독관 구상범

김포 2 — 전반 2 / 후반 0 — 1 경남

퇴장	경고	파울	ST(유)	교체	선수명	배번	위치	위치	배번	선수명	교체	ST(유)	파울	경고	퇴장
0	0	0	0		박청효	13	GK	GK	1	고동민		0	0	0	0
0	0	2	0		박경록	3	DF	DF	15	우주성	18	0	0	0	0
0	0	0	0		김태한	4	DF	DF	6	이강희		0	1	0	0
0	0	0	0		조성권	6	DF	DF	73	박재환		0	1	0	0
0	0	0	0	34	서재민	21	MF	MF	21	박민서		1	1	1	0
0	2	3(1)			김이석	8	MF	MF	19	설현진		0	0	0	0
0	1	0	7		최재훈	23	MF	MF	95	카스트로		1(1)	1	0	0
0	1	0	0		박광일	91	MF	MF	4	이승	42	1(1)	2	0	0
0	3(2)	1	0	17	김종석	10	MF	MF	99	유준하		1(1)	2	0	0
0	5(4)	26			루이스	24	FW	FW	9	조향기		0	0	0	0
0	6	3(2)			주닝요	7	FW	FW	7	원기종		1(1)	0	0	0
0	0	0	0		이상욱	1			31	손정현					
0	0	0	0		김민호	20			3	이찬욱					
0	0	0	0	후32	송준서	34			4	이재명					
0	0	0	0	후44	이강연	26	대기	대기	4	송홍민	후				
0	0	0	0	후16	장윤호	7			23	조상준	후	0	1	0	0
0	0	0	0		송창석	19			77	박민서					
0	0	0	0	후16	김성민	17			96	글레이손					
0	2	17	13(9)									7(3)	9	1	1

●전반 29분 김종석 MF 정면 ~ 루이스 AKL L-ST-G (득점: 루이스, 도움: 김종석) 왼쪽
●전반 45분 김종석 GAL L-ST-G (득점: 김종석) 오른쪽
●전반 35분 원기종 GAR R-ST-G (득점: 원기종) 가운데

제1조 (목적) 본 대회요강은 K LEAGUE 1(이하 'K리그1') 11위 클럽과 K LEAGUE 2(이하 'K리그2') 2위 클럽, K리그1 10위 클럽과 K리그2 플레이오프 승자 클럽 간의 승강 플레이오프 대회 및 경기 운영에 관한 사항을 규정함을 목적으로 한다.

제2조 (용어의 정의) 본 대회요강에서 '클럽'이라 함은 연맹의 회원단체인 축구단을, '팀'이라 함은 해당 클럽의 팀을, '홈 클럽'이라 함은 홈경기를 개최하는 클럽을 지칭한다.

제3조 (명칭) 본 대회명은 '하나원큐 K리그 승강 플레이오프 2023'으로 한다.

제4조 (주최, 주관) 본 대회는 연맹이 주최(대회를 총괄하여 책임지는 자)하고, 홈 클럽이 주관(주최자의 위임을 받아 대회를 운영하는 자)한다. 홈 클럽의 주관권은 제3자에게 양도할 수 없다.

제5조 (승강 플레이오프) 승강 플레이오프 1은 K리그1 11위 클럽과 K리그2 2위 클럽, 승강 플레이오프 2는 K리그1 10위 클럽과 K리그2 플레이오프 승자 클럽이 실시하여 승자가 2024년 K리그1 리그에 참가하고 패자는 2024년 K리그2 리그에 참가한다. 단, 2024 K리그 클럽 라이선스를 부여받은 클럽에 한한다.

제6조 (일정) 본 대회는 2023.12.06(수), 12.09(토) 양일간 개최하며, 경기일정(대진)은 아래의 경기일정표에 의한다.

구분		경기일	경기시간	대진	장소
승강 플레이오프 1	1차전	12.06(수)	19:00	K리그2 2위 vs K리그1 11위	K리그2 2위 클럽 홈 경기장
	2차전	12.09(토)	14:00	K리그1 11위 vs K리그2 2위	K리그1 11위 클럽 홈 경기장
승강 플레이오프 2	1차전	12.06(수)	19:00	K리그2 플레이오프 승자 vs K리그1 10위	K리그2 플레이오프 승자 클럽 홈 경기장
	2차전	12.09(토)	14:00	K리그1 10위 vs K리그2 플레이오프 승자	K리그1 10위 홈 경기장

제7조 (경기 개시 시간) 경기시간은 사전에 연맹이 지정한 경기시간에 의한다.

제8조 (대회방식) 1. 본 대회 방식은 K리그1 11위 클럽과 K리그2 2위 클럽, K리그1 10위 클럽과 K리그2 플레이오프 승자 클럽 간 Home & Away 방식으로 각각 2경기씩 실시되며, 1차전 홈 경기는 K리그2 클럽 홈에서 개최한다.

2. 승강 플레이오프는 1차전, 2차전 각 90분(전/후반 45분) 경기를 개최한다.

3. 1, 2차전이 종료된 시점에서 승리수가 많은 팀을 승자로 한다.

4. 1, 2차전이 종료된 시점에서 승리수가 같은 경우에는 다음 순서에 의해 승자를 결정한다.
   1) 1, 2차전 90분 경기 합산 득실차
   2) 합산 득실차가 동일할 경우, 연장전(전/후반 15분) 개최
   3) 연장전 무승부 시, 승부차기로 승리팀 최종 결정(PK방식 각 클럽 5명씩 승패가 결정되지 않을 경우, 6명 이후는 1명씩 승패가 결정 날 때까지)

제9조 (경기장) 1. 모든 클럽은 최상의 상태에서 홈경기를 실시할 수 있도록 경기장을 유지·관리할 책임이 있다.

2. 본 대회는 원칙적으로 축구전용경기장에서 개최되어야 한다.

3. 경기장은 법령이 정하는 시설 안전 기준을 충족하여야 한다.

4. 홈 클럽은 경기장을 방문하는 관람객을 위해 관중상해보험에 가입해야 하며, 보험증권을 연맹에 경기 개최 전에 제출하여야 한다. 홈 클럽이 연고지역 외 기타 경기장에서 K리그 경기를 개최하고자 할 경우에는 연맹에 경기개최 승인 요청 시 보험증권을 첨부하여 제출하여야 한다.

5. 각 클럽은 경기장 시설(물)에 대해 연맹의 승인을 득하여야 한다.

6. 경기장은 연맹의 경기장 시설 기준을 준수하여야 하며, 다음 각 호의 조건을 충족하여야 한다.

1) 그라운드는 천연잔디구장으로 길이 105m, 너비 68m를 권고하며, 천연잔디 또는 하이브리드 잔디여야 한다. 단 하이브리드 잔디를 사용할 경우 사전에 연맹의 승인을 득해야 하며, 아래 기준을 충족시켜야 한다.
   ① 기준 - 인조잔디 내 인체 유해성분이 검출되지 않을 것
   - 전체 그라운드 면적 대비 인조잔디 함유 비율 5% 미만
   - 최초 설치 시 아래 기준치를 상회하는 성능일 것

충격흡수성	수직방향변형	잔디길이
(51~68)%	(4~10)mm	(21~25)mm
회전저항	수직공반발	공구름
(25~50)N/m	(0.6~1.0)m	(4~8)m

   ② 제출서류: 샘플(1m²), 제품규격서, 유해성 검출 시험 결과표, 설치/유지 관리 계획서
   ③ 승인절차 - 신청일로부터 60일 이내 승인
   - 필요시, 현장테스트 진행(최소 10m² 이상의 예비 포지 사전 마련)
   ④ 그라운드 관리 미흡으로 인한 문제 발생 소지 있을 경우, 사용이 제한될 수 있음

2) 공식경기의 잔디 길이는 2~2.5cm로 유지되어야 하며, 전체에 걸쳐 동일한 길이여야 한다.

3) 그라운드 외측 주변에는 원칙적으로 축구전용경기장의 경우는 5m 이상, 육상경기겸용경기장의 경우 1.5m 이상의 잔디 부분이 확보되어야 한다.

4) 골포스트 및 바는 흰색의 둥근 모양(직경12cm)의 철제 관으로 제작되고, 원칙적으로 고정식이어야 한다. 또한 볼의 반발력에 영향을 줄 수 있는 비철제 보강재 사용을 금한다.

5) 골네트는 원칙적으로 흰색(연맹의 승인을 득한 경우는 제외)이어야 하며, 골네트는 골대 후방에 폴을 세워 안전한 방법으로 부착하여야 한다. 폴은 골대와 구별되는 어두운 색상이어야 한다.

6) 코너 깃발은 연맹이 지정한 것을 사용하여야 한다.

7) 각종 라인은 국제축구연맹(이하 'FIFA') 또는 아시아축구연맹(이하 'AFC')이 정한 규격에 따라야 하며, 라인 폭은 12cm로 선명하고 명료하게 그려야 한다.(원칙적으로 페인트 방식으로 한다.)

7. 필드(그라운드 및 그 주변 부분)에는 경기 운영에 영향을 주거나 선수에게 위험의 우려가 있는 것을 방치 또는 설치해서는 안 된다.

8. 공식경기에서 그라운드에 살수(撒水)를 하는 경우, 다음 각 호에 따라 실시한다.
   1) 살수는 경기 킥오프 전 및 하프타임에 실시하며, 경기장에 걸쳐 균등하게 해야 한다.
   2) 경기감독관은 경기 시간 및 날씨, 그라운드 상태, 당일 경기장 행사 등을 고려하여 살수 횟수와 시간을 정하고 이를 홈 클럽 및 원정 클럽 관계자들에게 사전 통보한다.
   3) 홈 클럽은 경기감독관이 정한 횟수와 시간에 따라 살수를 실시해야 하며, 이를 위반할 경우 상벌규정 유형별 징계기준 제5조 사.항에 의거 해당 클럽에 제재를 부과할 수 있다.

9. 경기장 관중석은 K리그1 클럽의 경우 좌석수 10,000석 이상, K리그2 클럽의 경우 좌석수 5,000명 이상을 충족하여야 한다. 이에 미달할 경우 연맹의 사전 승인을 득하여야 한다.

10. 홈 클럽은 상대 클럽(이하 원정 클럽)을 응원하는 관중을 위해 경기장 전체 좌석수의 5% 이상의 좌석을 배분해야 하며, 원정 클럽이 경기 개최 일주일 전까지 추가 좌석 분배를 요청할 경우 홈 클럽과 협의하여 추가 좌석 분배를 결정할 수 있다. 또한, 원정 클럽 관중을 위한 전용출입문, 화장실, 매점 시설 등을 독립적으로 사용할 수 있도록 마련해야 한다.

11. 경기장은 다음 항목의 부대시설을 갖추어야 하며, 세부사항은 K리그 경

기장 시설기준을 따른다.

1) 양 팀 선수대기실(냉·난방 및 냉·온수 가능)

2) 심판대기실(냉·난방 및 냉·온수 가능)

3) 경기관계자(경기감독관, TSG 위원, 심판평가관) 대기실

4) 운영 본부실   5) 실내 기자회견장

6) 기자실 및 사진기자실 7) 중계방송사룸(TV중계스태프룸)

8) 의무실   9) 도핑검사실(냉·난방 및 냉·온수 가능)

10) 장내방송 시스템 및 장내방송실

11) 통제실, 경찰 대기실, 소방 대기실   12) VIP룸

13) MCG, TSG석 및 심판평가관석   14) 기록석   15) 기자석

16) TV중계 부스   17) 전광판   18) TV카메라 설치 공간

19) 종합 안내소   20) 입장권 판매소

21) 식음료 및 축구 관련 상품 판매소   22) TV중계차 주차 공간

23) 케이블 시설 공간   24) 전송용기자재 등 설치 공간

25) 태극기, 연맹기, 대회기   26) 태극기, 대회 깃발, 리그 깃발, 양
팀 클럽 깃발 등을 게재할 수 있는 게양대

27) 믹스드 존(Mixed Zone)   28) 기타 연맹이 정하는 시설, 장비

제10조 (조명장치)   1. 경기장에는 그라운드 평균 1,200lux 이상 조도를 가진
조명 장치를 설치하여 조명의 밝음을 균일하게 유지하여야 한다. 또한 정
전에 대비하여 1,000lux 이상의 조도를 갖춘 비상조명 장치를 구 비하여
야 한다.

2. 홈 클럽은 경기장 조명 장치의 이상 유·무를 사전에 확인하여 장애를 미
연에 방지하는 한편, 고장 시 신속하게 수리할 수 있도록 모든 조치와 최
선의 노력을 다하여야 한다.

제11조 (벤치)   1. 팀 벤치는 원칙적으로 다음 요건을 충족하여야 한다.

1) FIFA가 정한 규격의 기술지역(테크니컬에어리어) 내에 설치하여야 한다.

2) 벤치 터치라인으로부터 5m 이상 떨어지는 한편 그 끝이 하프라인으로
부터 8m 떨어지는 위치에 설치하여야 한다.

3) 최소 20인 이상 앉을 수 있는 좌석이 준비되어야 하며, 지붕을 설치할
경우 투명한 재질로 해야 한다.

2. 홈 팀 벤치는 본부석에서 그라운드를 향해 좌측에 설치하여야 한다. 단 사
전 승인 시 우측에 홈 팀 벤치의 설치가 가능하다.

3. 홈, 원정 팀 벤치에는 팀명을 표기한 안내물을 부착하여야 한다.

4. 제4의 심판(대기심판) 벤치를 준비하여야 하며, 다음의 요건을 충족하여
야 한다.

1) 벤치 터치라인으로부터 5m 이상 떨어지는 그라운드 중앙에 설치하여
야 한다. 단, 방송사의 요청 시에는 카메라 위치에 방해가 되지 않는 위
치에 설치하여야 한다.

2) 지붕을 설치할 경우 투명한 재질로 해야 하며, 지붕이 관중의 시야를
방해해서는 안 된다.

3) 대기심판 벤치 내에는 최소 3인 이상 앉을 수 있는 좌석과 테이블이 준
비되어야 한다.

제12조 (의료시설)   홈 클럽은 선수단, 관계자, 관중 등을 위해 경기개시 90
분 전부터 경기종료 후 모든 관중 및 관계자가 퇴장할 때까지 의료진(의
사, 간호사, 1급 응급구조사)과 1대의 특수구급차를 포함하여 최소 2대 이
상의 구급차를 반드시 대기시켜야 한다. 이를 위반할 경우, 연맹 상벌 규
정에 따라 제재할 수 있다.

제13조 (경기장에서의 고지)   1. 홈 클럽은 경기장에서 다음의 각 항목 사항
을 전광판 및 장내 아나운서(멘트)를 통해 고지하여야 한다.

1) 공식 대회명칭(반드시 지정된 방식과 형태에 맞게 전광판 노출)

2) 선수, 심판 및 경기감독관, 심판평가관 소개

3) 대회방식 및 경기방식

4) K리그 선수 입장곡(K리그 앤섬 'K League Entrance' BGM)

5) 선수 및 심판 교체

6) 득점자 및 득점시간(득점 직후에)

7) 추가시간(전·후반 전광판 고지 및 장내아나운서 멘트 동시 실시)

8) 유료관중 수(후반전 15~30분 발표, 전광판 표출과 동시에 장내 아나운
서 발표)

9) 경기 중, 경기정보 전광판 표출(양 팀 출전선수명단, 경고, 퇴장, 득점)

10) 지진 등 비상상황 발생 시 대피방안

11) VAR 리뷰를 진행할 경우, VAR 영상 판독 문구 전광판 표출

12) 상기 항 이외 연맹이 지정하는 사항

2. 홈 클럽은 경기 전·후 및 하프타임에 다음의 각 항목 사항을 실시하는 것
이 가능하다.

1) 다음 경기예정 및 안내 2) 연맹의 사전 승인을 얻은 광고 선전

3) 음악방송   4) 팀 또는 선수에 관한 정보 안내

5) 상기 1~4호 이외 연맹의 승인을 얻은 사항

제14조 (경기장 점검)   1. 클럽이 기타 경기장에서 경기를 개최하고자 할 경
우 해당 경기개최 14일 전까지 연맹에 시설 점검을 요청하여 경기장 실사
를 받아야 하며, 이때 제출하여야 하는 서류는 다음과 같다.

1) 경기장 시설 현황   2) 홈경기 안전계획서

2. 연맹의 보완 지시가 있을 경우 이에 대한 이행 결과를 경기개최 7일 전까
지 서면 보고하여야 한다.

3. 연맹은 서면보고접수 후 재점검을 통해 문제점 보완이 미흡하다고 판단될
경우 경기 개최를 불허한다. 이 경우 홈 클럽은 연고지역 내에서 '법령', 'K
리그 경기장 시설기준'에 부합하는 타 경기장(대체구장)을 선정하여 상기
1항, 2항의 절차에 따라 연맹의 승인을 받아야 한다.

4. 홈 클럽이 원하는 경기장에서 경기개최가 불가능하다고 판단될 경우, 본
대회요강 제17조 2항에 따른다. (연맹 경기규정 31조 2항)

5. 상기 4항을 이행하지 않는 클럽은 본 대회요강 제19조 1항에 따른다.(연
맹 경기규정 33조 1항)

제15조 (악천후의 경우 대비조치)   1. 홈 클럽은 강설 또는 강우 등 악천후의
경우에도 홈경기가 개최될 수 있도록 최선의 노력을 다하여야 한다.

2. 악천후로 인하여 경기개최가 불가능하다고 판단될 경우, 경기감독관은 경
기개최 3시간 전까지 경기개최 중지를 결정하여야 한다.

제16조 (경기중지 결정)   1. 경기 전 또는 경기 중 중대한 불상사 등으로 경기
를 계속하기 어려운 사태가 발생하였을 경우, 주심은 경기 감독관에게 경
기 중지를 요청할 수 있으며, 경기감독관은 동 요청에 의거하여 홈 클럽
및 원정 클럽 관계자의 의견을 참고한 후 경기 중지를 결정할 수 있다.

2. 상기 1항의 경우 또는 관중의 난동 등으로 경기장의 질서 유지가 어려운
경우, 경기감독관은 주심의 경기중지 요청이 없더라도 경기 중지를 결정
할 수 있다.

3. 경기 개최 3시간 전부터 경기 종료 시까지 경기 개최 지역에 미세먼지, 초미
세먼지, 황사 등에 관한 경보가 발령되었거나 경보 발령 기준농도를 초과하
는 상태인 경우, 경기감독관은 경기의 취소 또는 연기를 결정할 수 있다.

4. 경기감독관은 경기중지 결정을 내린 후, 지체 없이 그 사유를 연맹에 보고
하여야 한다.

제17조 (불가항력으로 인한 경기 취소·중지 및 재경기)   1. 공식경기가 악천
후, 천재지변, 기타 클럽의 통제범위를 벗어난 불가항력적 상황, 경기장
조건, 선수단과 관계자 및 관중의 안전이 우려되는 긴급한 상황 등 부득이
한 사유로 취소·중지된 경우, 그다음 날 같은 경기장에서 재경기를 개최
함을 원칙으로 한다.

2. 그다음 날 같은 경기장에서 재경기를 개최하기 어려운 사정이 있을 경우
에는 연맹이 재경기의 일시 및 경기장을 정한다.

3. 경기장 준비부족, 시설미비, 관중의 소요 등 홈 클럽의 귀책사유로 인하여
공식경기가 취소·중지된 경우 원정 클럽은 그 시점으로부터 24시간 이
내에 자신의 홈 경기로 재경기를 개최할 것을 신청할 수 있으며, 이 경우
홈/원정의 변경 여부는 연맹이 결정한다.

4. 재경기 방식에 대해서는 다음 각 호에 의한다.
   1) 이전 경기에서 양 클럽의 득실차가 없을 때는 90분간 재경기를 실시한다.
   2) 이전 경기에서 양 클럽의 득실차가 있을 때는 중지 시점에서부터 잔여 시간만의 재경기를 실시한다.
5. 재경기 시, 상기 4항 1호의 경우 이전 경기에서 발생된 경고, 퇴장 기록만이 인정되며 선수교체는 팀당 최대 5명까지 가능하다. 상기 4항 2호의 경우 이전 경기에서 발생된 모든 기록이 인정되며 선수교체는 이전 경기를 포함하여 3명까지 할 수 있다.
6. 재경기 시, 이전 경기에서 발생된 경고 및 퇴장은 유효하며, 경고 및 퇴장에 대한 처벌(징계)은 경기순서대로 연계 적용한다.

제18조 (귀책사유가 있는 클럽의 비용 보상) 1. 홈 클럽의 귀책사유에 의해 공식경기가 개최불능 또는 중지(중단)되었을 경우, 홈 클럽은 원정 클럽에 교통비 및 숙식비를 보상하여야 한다.
2. 원정 클럽의 귀책사유에 의해 공식경기가 개최불능 또는 중지(중단)되었을 경우, 원정 클럽은 홈 클럽에 발생한 경기준비 비용 및 입장권 환불 수수료, 교통비 및 숙식비를 보상하여야 한다.
3. 상기 1항, 2항과 관련하여 천재지변 등 불가항력에 의한 경우는 제외한다.

제19조 (패배로 간주되는 경우) 1. 공식경기 개최거부 또는 속행 거부 등(경기장 질서문란, 관중의 난동 포함) 어느 한 클럽의 귀책사유로 인하여 공식경기가 개최불능 또는 중지(중단)되었을 경우, 그 귀책사유가 있는 클럽이 0 : 3 패배한 것으로 간주한다.
2. 공식경기에 무자격선수가 출장한 것이 경기 중 또는 경기 후 발각되어 경기 종료 후 48시간 이내에 상대 클럽으로부터 이의가 제기된 경우, 무자격선수가 출장한 클럽이 0 : 3 패배한 것으로 간주한다. 다만 경기 중 무자격선수가 출장한 것이 발각되었을 경우, 해당 선수를 퇴장시키고 경기는 속행한다.
3. 상기 1항, 2항에 따라 어느 한 클럽의 패배를 결정한 경우에도 양 클럽 선수의 개인기록(출장, 경고, 퇴장, 득점, 도움 등)은 그대로 인정한다.
4. 상기 2항의 무자격 선수는 K리그 미등록 선수, 경고누적 또는 퇴장으로 인하여 출전이 정지된 선수, 상벌 위원회 징계, 외국인 출전제한 규정을 위반한 선수 등 그 시점에서 경기출전 자격이 없는 모든 선수를 의미한다.

제20조 (경기결과 보고) 모든 공식경기의 경기결과 보고는 경기감독관 보고서, 심판 보고서, 경기기록부에 의한다.

제21조 (경기규칙) 본 대회의 경기는 FIFA 및 KFA의 경기규칙에 따라 실시되며, 특별한 사항이 발생 시에는 연맹이 결정한다.

제22조 (Video Assistant Referee 시행) 1. VAR는 주심 및 심판진을 지원하고 경기 결과를 바꿀 수 있는 명백한 오심을 변경해 공정한 판정을 증대하기 위해 시행하며 본 대회에서는 아래의 4가지 상황에 대해서만 VAR를 적용한다.
   1) 득점 상황 2) PK(Penalty Kick) 상황 3) 퇴장 상황 4) 징계조치 오류
2. VAR의 시행과 관련하여 선수, 코칭스태프, 구단 임직원의 준수사항은 다음과 같다.
   1) 'TV' 신호(Signal)를 그리는 동작을 취하거나 구두로 VAR 확인을 요청할 수 없다. 이를 위반할 시, 다음과 같은 제재가 내려진다.
      ① 선수 - 경고   ② 코칭스태프 및 구단 임직원 - 퇴장
   2) 주심 판독 지역(Referee Review Area, 이하 'RRA')에는 오직 주심과 RA(Review Assistant), 심판진만이 진입할 수 있다. 이를 위반할 시 다음과 같은 제재가 내려진다.
      ① 선수 - 경고   ② 코칭스태프 및 구단 임직원 - 퇴장
3. VAR의 시행과 관련하여 홈 클럽의 준수사항은 다음과 같다.
   1) 홈 클럽은 VAR가 공식심판진임을 인지하고 VAR 차량에 심판실과 동일한 안전계획을 수립해 안전관리를 제공해야 하며, 안전관리 미흡 등 홈 클럽의 귀책사유로 인한 차량 및 장비의 파손 등이 발생하는 경우 이에 따른 손해를 연맹에 배상하여야 한다.
   2) 홈 클럽은 RRA에 심판진과 RA 외 다른 누구도 진입할 수 없도록 관리

해야 하며, 관련 안전사고 예방의 의무와 책임이 있다.
   3) 홈 클럽은 VAR 상황 발생 시 판독 중임을 뜻하는 이미지를 판독 종료 시점까지 전광판에 노출해야 하며, 관련 장면 영상을 전광판을 통해 리플레이할 수 없다.
   4) 홈 클럽이 상기 제1호부터 제3호까지에서 정한 준수사항을 위반하는 경우, 연맹 상벌 규정 유형별 징계 기준 11조에 따른 징계를 받을 수 있다.
4. 아래와 같은 사유로 경기 전 또는 경기 중 VAR 운영이 불가하여도 경기 진행에 영향을 미치지 않는다.
   1) VAR 장비가 작동하지 않은 경우
   2) VAR 판정에 오심이 발생하는 경우
   3) VAR 판독을 진행하지 않겠다고 결정을 내린 경우(안전문제, 신변위협 등)
   4) VAR 판독이 불가능한 경우(영상 앵글의 문제점, 노이즈현상 등)
5. VAR의 시행과 관련해 VAR 및 RO는 다음과 같다.
   1) VAR, AVAR(Assistant VAR) 또는 RO(Replay Operator)가 경기 전 또는 경기 중에 정상적인 업무를 수행할 수 없는 경우, 대체인력은 반드시 그 역할 수행이 가능한 자격을 갖춰야만 한다.
   2) VAR 또는 RO의 자격을 갖춘 인원 및 대체인력이 없을 경우, 해당 경기는 VAR의 운용 없이 경기를 시작 또는 재개하여야 한다.
   3) AVAR의 자격을 갖춘 인원 및 대체 인력이 없을 경우, 해당 경기는 VAR의 운용 없이 경기를 시작 또는 재개하여야 한다. 단, 이례적인 상황 하에서, 양팀이 서면으로 VAR 및 RO만으로 VAR을 운용하기로 합의할 경우는 제외한다.
6. 이 외 사항에 대해서는 IFAB(국제축구평의회)와 FIFA(국제축구연맹)이 정한 바에 따른다.

제23조 (전자장비 사용) 1. 웨어러블 전자 퍼포먼스 트래킹 시스템(EPTS) 사용을 원하는 경우, FIFA 품질 프로그램(FIFA Quality Programme) 기준에 부합하는 제품만 사용 가능하며, 사전에 연맹에 승인을 받아야 한다.
2. 선수들(대기 선수/교체된 선수/퇴장 선수 포함)은 전자 장비를 일절 사용하거나 착용해서는 안 된다(단, 웨어러블 EPTS 장비는 예외).
3. 스태프는 선수의 복지와 안전 및 전술적/코칭의 직접 관련이 있는 경우에 한해 소형, 이동식, 휴대용 장비(마이크, 헤드폰, 이어폰, 스마트폰, 스마트 워치, 태블릿PC, 노트북 등)를 사용할 수 있다.
4. 전자장비 사용에 대하여 개막일 전까지 연맹에 승인을 받아야 한다. 단, 시즌 중 사용 승인 신청을 할 경우 경기 1일 전까지 연맹에 사용 승인을 받아야 한다.
5. 허가되지 않은 전자 장비를 사용하거나, 전자/통신 장비를 이용한 판정 항의 시 기술 지역에서 퇴장된다.

제24조 (경기시간 준수) 1. 본 대회는 90분(전 · 후반 각 45분) 경기를 실시한다.
2. 모든 클럽은 미리 정해진 경기시작시간(킥오프 타임)과 경기 중 휴식시간(하프타임)을 반드시 준수하여야 한다. 하프타임 휴식은 15분을 초과할 수 없으며, 양팀 출전선수는 후반전 출전을 위해 후반전 개시 3분 전(하프타임 12분)까지 심판진과 함께 대기 장소에 집결하여야 한다.
3. 클럽이 경기시작시간 또는 하프타임 종료시간을 준수하지 아니하여 예정된 경기시작 또는 재개시간이 1분 이상 지연될 경우, 아래 각 호에 따라 해당 클럽에 제재금을 부과할 수 있다.
   1) 1회 미준수 시: 100만 원의 제재금 2) 2회 미준수 시: 200만 원의 제재금
   3) 3회 이상 미준수 시: 400만 원의 제재금 및 상벌위원회 제소
4. 경기에 참가하는 팀(코칭스태프, 팀 스태프 포함)은 경기시작 100분 전에 경기장에 도착하여야 한다.
   1) 어느 한 팀이 경기시작 40분 전까지 경기장에 도착하지 못할 경우, 해당 팀은 경기감독관에게 그 사유와 도착예정 시간을 통보하여야 하며, 경기감독관은 경기시간 변경 유무를 심판 및 양팀 대표자와 협의를 통해 결정한 후, 연맹으로 통보한다.
   2) 경기시간이 변경될 경우, 홈 클럽은 전광판 및 아나운서 멘트를 통해

변경된 경기시간과 변경사유에 대해 고지해야 한다.

3) 어느 한 팀이 경기시작 시각까지 경기장에 도착하지 않는 경우, 상대팀은 45분간 대기할 의무가 있다. 45분간 대기했음에도 불구하고 상대팀이 도착하지 않을 경우, 경기감독관은 16조 1항에 의한다.

4) 경기중지에 따라 발생되는 모든 비용에 대한 배상, 책임은 귀책사유가 있는 클럽에 있으며 18조에 따른다.

5) 홈/원정팀은 경기개최지로의 이동정보를 사전에 숙지할 책임이 있으며, 상황에 따른 추가 이동시간이 필요한지 확인해야 한다. 만일, 팀의 도착 지연으로 킥오프가 지연될 경우, 연맹은 귀책사유가 있는 클럽에 재제를 부과할 수 있다.

제25조 (워밍업 & 쿨다운) 1. 출전선수명단에 포함된 선수 및 스태프는 그 라운드에서 경기 시작 전또는 하프타임 중 몸풀기 운동(이하 '워밍업') 및 경기 종료 후 몸풀기 운동(이하 '쿨다운')을 할 수 있다.

2. 경기 시작 전 워밍업은 킥오프 50분 전에 시작하여 20분 전에 종료한다.

3. 홈 클럽은 워밍업으로 인한 잔디 훼손을 방지하기 위하여 경기감독관에게 이동식 골대 사용, 스프린트 연습 구역 지정, 워밍업 제한 구역 지정 등을 요청할 수 있다.

4. 경기감독관은 제3항에 대한 요청이 있을 경우, 잔디 상태, 양 클럽 간 형평, 기타 조건을 고려하여 이를 승인하거나 일부를 변경하여 승인할 수 있고, 양 클럽은 경기감독관이 승인한 사항을 준수하여야 한다.

5. 홈 클럽은 양 클럽의 선수단에 하프타임 이벤트의 내용, 위치, 시간 등에 관하여 사전에 고지하여야 하고, 하프타임 중 워밍업을 하는 선수 및 스태프는 고지된 이벤트와 관련된 기물 또는 사람과 충돌하거나 이벤트 진행을 방해하지 않도록 주의하여야 한다.

6. 경기 종료 후 쿨다운은 시작한 시점으로부터 20분 이내에 종료해야 한다.

7. 쿨 다운을 할 때에는 볼을 사용할 수 없고, 경기감독관이 워밍업 제한구역을 지정한 경우 해당 구역에서는 실시할 수 없다.

제26조 (출전자격) 1. K리그 선수규정 5조에 의거하여 선수 등록을 완료한 선수만이 공식경기에 출전할 자격을 갖는다.

2. K리그 선수규정 6조에 의거하여 연맹에 등록을 완료한 코칭스태프 및 팀 스태프 중 출전선수명단에 등재된 자만이 공식경기 중 벤치에 착석할 수 있으며, 경기 중 기술지역에서의 선수지도행위는 1명만이 할 수 있다.(통역 1명 대동 가능)

3. 제재 중인 지도자(코칭스태프, 팀 스태프 포함)는 다음 항목을 준수하여야 한다.

1) 출전정지제재 중이거나 경기 중 퇴장 조치된 지도자는 공식경기에서 관중석을 제외한 지역에 대해 출입이 제한되며, 그라운드에서 사전 훈련 및 경기 중 어떠한 지도(지시) 행위도 불가하다.

2) 징계 중인 지도자(원정팀 포함)가 경기를 관전하고자 할 경우, 홈 클럽은 본부석 쪽에 좌석을 제공하여야 하며, 해당 지도자의 안전을 위한 조치를 취해야 한다.

3) 상기 제1호를 위반할 경우, 연맹 상벌규정 제12조 제2항에 해당하는 제재를 부과할 수 있다.

4. 경고, 퇴장, 상벌위원회 징계 등에 따라 출전이 정지된 선수, 코칭스태프, 팀 스태프의 출전으로 인한 모든 책임은 해당 클럽에 있다.

5. 준프로 계약을 체결한 선수의 공식경기 출전은 선수규정 부칙 및 '준프로 계약 시행 세칙'을 따른다.

제27조 (출전선수명단 제출의무) 1. 공식경기에 참가하는 홈 클럽과 원정 클럽은 경기 개시 90분 전까지 경기감독관에게 출전선수명단을 제출하여 승인을 받아야 하며, 출전선수 스타팅 포메이션(Starting Formation)을 별지로 함께 제출하여야 한다.

2. 출전선수명단에는 출전 선수, 코칭스태프 및 팀 스태프 명단, 유니폼 색상이 포함되어야 하며, 제출된 인원만이 해당 공식경기 출전과 팀 벤치 착석 및 기술지역 출입, 선수 지도를 할 수 있다. 단, 출전선수명단 에 등재할 수

있는 코칭스태프 및 팀 스태프의 수는 11명까지로 하며 스카우트, 전력분석관, 장비담당자는 벤치에 착석할 수 없다.

3. 출전선수명단 승인 후에는 선수명단 변경을 할 수 없다. 다만, 경기 개시 전에 선발 출전선수 중 부상 등의 불가피한 사유로 경기출전이 불가능한 선수가 발생한 경우에 그 선발 선수를 후보 선수와 교체할 수 있다.

4. 본 대회의 출전선수명단은 18명을 원칙으로 하며, 다음 사항을 반드시 준수하여야 한다.

1) 골키퍼(GK)는 반드시 국내 선수이어야 하며, 후보 골키퍼(GK)는 반드시 1명이 포함되어야 한다.

2) 외국 국적 선수의 경우, 출전선수명단에 3명까지 등록할 수 있으며 3명까지 경기 출전이 가능하다. 단, AFC 가맹국 국적의 외국 국적 선수에 한하여 1명을 추가 등록 및 출전시킬 수 있다.

3) 국내 U22(2001.01.01 이후 출생자) 국내선수는 출전선수명단에 최소 2명 이상 포함(등록)되어야 한다. 만일 국내 U22 선수가 출전선수명단에 포함되어 있지 않을 경우, 해당 인원만큼 출전선수명단에서 제외한다 (즉, 국내 U22 선수가 1명 포함될 경우 출전선수명단은 17명으로 하며, 전혀 포함되지 않을 경우 출전선수명단은 16명으로 한다).

4) 출전선수명단에 포함된 국내 U22 선수 1명은 반드시 의무선발출전을 해야 한다. 만일 국내 U22 선수가 의무선발출전을 하지 않을 경우, 선수교체 가능인원은 2명으로 제한한다(제28조 2항 참조).

U22 선수 각급대표 소집 인원	출전선수명단(엔트리)		U22선수		선수교체 가능인원	비고
	U22선수 포함 인원	등록가능 인원	의무 선발	교체 출전		
0명	0명	16명	0명	-	2명	연장전 진행 시 U22 선수 출전 여부와 관계없이 추가 1명 교체 가능
	1명	17명	0명	무관	2명	
			1명	-	3명	
	2명 이상	18명	0명	무관	3명	
			1명	-	3명	
			2명	1명 이상 무관	5명	
1명	0명	17명	0명	-	3명	
	1명 이상	18명	0명	1명 이상 무관	3명	
			1명	무관	3명	
2명 이상	0명	18명	0명	-	5명	

5. 순연 경기 및 재경기(90분 재경기에 한함)의 출전선수명단은 다시 제출하여야 한다.

제28조 (선수교체) 1. 본 대회의 선수 교체는 경기감독관이 승인한 출전선수명단에 의해 후보선수명단 내에서만 가능하다.

2. 본 대회요강 제27조 4항 4호에 의거, 국내 U22 선수가 선발 출전하지 않을 경우, 해당 클럽은 90분 경기에서 2명까지 선수교체가 가능하며, 선발 출전할 경우에는 3명까지 가능하다. 90분 경기 내 승부가 결정되지 않아 연장전에 돌입하게 될 경우, 연장전 시작 전 또는 이후 최대 1명을 추가로 교체할 수 있다.

3. 상기 2항을 준수한 경우 선수 교체는 90분 경기에서 3명까지 가능하나, 후보 명단에 포함된 U22선수가 교체출전하는 경우에 한하여 교체가능 인원은 최대 5명까지 가능하다. 단, 이 경우 반드시 4번째 교체명단 내에 U22선수가 포함되어야 하며, 만약 선발로 U22선수가 2명 이상 출전 시에는 교체 출전여부와 관계없이 최대 5명의 선수교체가 가능하다.

4. 선수 교체 횟수는 경기 중에 최대 3회 가능하며, 하프타임 종료 후 후반전 킥오프 전에 한 차례 추가로 선수교체가 가능하다. 90분 경기 내 승부가 결정되지 않아 연장전에 돌입하게 될 경우, 90분 경기 중 U22 선수 출전 여부와 관계없이 1명을 추가로 교체할 수 있으며 선수 교체 횟수도 1회 추가된다. 단, 90분 경기 종료 후부터 연장전 시작 전과 연장전 하프타임의 교체는 교체 횟수에서 차감되지 않는다.

5. 승부차기는 선수 교체가 허용되지 않는다. 단, 연장전에 허용된 최대수(2명)의 교체를 다하지 못한 팀이 승부차기를 행할 때, 골키퍼(GK)가 부상을

이유로 임무를 계속할 수 없다면 교체할 수 있다.

6. 출전선수명단 승인(경기감독관 서명) 후, 선발출전선수 11명 중 경기출전이 불가한 선수가 발생할 경우, 전반전 킥오프 전까지 경기감독관의 승인 하에 출전선수명단의 교체 대상선수 7명에 한하여 교체할 수 있으며, 교체된 선수는 후보선수명단으로 포함되나 해당 경기에 출전할 수 없다.

1) 상기 6항의 경우 선수교체 인원으로 적용되지 않는다.

2) 선발 출전선수 11명 중 국내 U22(2001.01.01. 이후 출생자) 의무선발 출전선수가 출전이 불가하여 후보 선수명단 내의 국내 U22 선수와 교체될 경우 선수교체 가능인원은 3명으로 유지된다. 단, 국내 U22 선수가 아닌 선수와 교체될 경우 제27조 4항 4호에 의하여 선수교체 가능 인원은 2명으로 제한한다.

3) 출전선수명단 내 교체 대상선수 7명 중 경기출전이 불가한 선수가 발생하더라도 해당 선수는 명단 외 선수와 교체할 수 없다.

제29조 (출전정지)　1. K리그1 및 K리그2에서 받은 경고, 퇴장에 의한 출전 정지는 연계 적용하지 않으며, 승강 플레이오프 1차전에서 받은 퇴장(경고 2회 퇴장 포함)은 다음 경기(승강PO 2차전)에 출전정지가 적용된다.

2. 경고 2회 퇴장에 의한 출전정지는 다음 경기(승강PO 2차전)에 적용되며, 제재금은 일백만 원(1,000,000원)이 부과된다.

3. 직접 퇴장에 의한 출전정지는 다음 경기(승강PO 2차전)에 적용되며, 제재금은 일백이십만 원(1,200,000원)이 부과된다.

4. 경고 1회 후 직접 퇴장에 의한 출전정지는 다음 경기(승강PO 2차전)에 적용되며, 제재금은 일백오십만 원(1,500,000원)이 부과된다.

5. 제재금은 본 대회 종료 15일 이내에 납부하여야 한다.

6. 상벌위원회 징계로 인한 출전정지 징계는 시즌 및 대회에 관계없이 연계 적용한다.

7. 선수이면서 코칭스태프로 등록된 자가 선수로서 출장정지제재를 받은 경우 그 제재의 이행을 완료할 때까지 코칭스태프로서 경기에 출장할 수 없다. 코칭스태프로서 출장정지제재를 받은 경우에도 그 제재의 이행을 완료할 때까지 선수로서 경기에 출장할 수 없다.

8. 선수이면서 코칭스태프로 등록된 자의 경고누적으로 인한 출장정지 및 제재금 부과 기준은 코칭스태프의 예에 따르며, 누적에 산입되는 경고의 횟수는 선수로서 받은 경고와 코칭스태프로서 받은 경고를 모두 더한 것으로 한다.

9. 경고, 퇴장, 상벌위원회 징계 등에 따라 출전이 정지된 선수, 코칭스태프, 팀 스태프의 출전으로 인한 모든 책임은 해당 클럽에 있다.

제30조 (유니폼)　1. 본 대회는 K리그 마케팅 규정상의 팀 색상 및 유니폼 규정에 따라 반드시 연맹이 승인하고 지정한 유니폼을 착용해야 한다.

2. 선수 번호(배번)는 1번~99번으로 한정하며, 배번 1번은 GK에 한하는 출전선수명단에 기재된 선수 번호와 일치하여야 하며, 배번의 식별이 가능하도록 명확하게 표시되어 있어야 한다.

3. 팀의 주장은 주장인 것을 명확하게 표시하는 완장(Armband)을 착용하여야 한다.

4. 공식경기에 참가하는 모든 클럽은 제1유니폼과 제2유니폼을 필히 지참함을 원칙으로 하며, 경기 전 연맹(경기감독관) 및 상대 클럽과 유니폼 착용 색상과 관련하여 사전 조율하여야 한다. 조율이 되지 않을 경우, 연맹(경기감독관)이 최종 결정한다. 이를 따르지 않을 경우, 위반한 클럽에 제재금 500만 원을 부과할 수 있다.

5. 유니폼 안에 착용하는 이너웨어의 색상은 아래 각 호에 따른다.

1) 상의 이너웨어의 색상은 유니폼 상의 소매의 주색상과 일치해야 한다. 단, 유니폼 상의 소매 부분의 주색상이 상대팀 유니폼의 주색상과 동일하거나 유사할 경우에는 유니폼 상의의 주색상으로 착용할 수 있다. 이를 위반할 경우 공식경기 출전이 불가하다.

2) 하의 이너웨어의 색상은 유니폼 하의 끝부분의 색상과 일치해야 한다. 단, 유니폼 하의 끝부분의 색상이 상대팀 유니폼의 주색상과 동일하거

나 유사할 경우에는 유니폼 하의의 주색상으로 착용할 수 있다. 이를 위반할 경우 공식경기 출전이 불가하다.

6. 스타킹과 발목밴드(테이핑)는 동일 색상(계열)이어야 한다. 이를 위반할 경우 심판은 시정을 명할 수 있고, 이에 불응할 경우 경기출전을 금지시킬 수 있다.

제31조 (사용구)　본 대회의 공식 사용구는 오션즈 프로(OCEAUNZ PRO)로 한다.

제32조 (경기관계자 미팅)　1. 경기시작 60~50분 전(양팀 감독 인터뷰 진행 전) 경기감독관실에서 실시한다.

2. 참석자는 해당 경기의 경기감독관, 심판평가관, 주심, 양 팀 감독, 홈경기 운영자(필요시)로 한다. 홈경기 담당자는 당일 홈경기 관련 특이사항이 있는 경우에만 참석한다.

3. 주요내용은 아래와 같다.

1) 경기 관련 주요방침　　2) 판정 가이드라인 등 심판판정에 관한 사항
3) 기타 해당경기 특이사항 공유

제33조 (경기 전후 인터뷰 및 기자회견)　1. 홈 클럽은 공동취재구역인 믹스드 존(Mixed Zone)과 기자회견실을 반드시 마련하고, 양 클럽 홍보담당자는 경기 전 인터뷰, 경기 후 플래시인터뷰, 공식기자회견, 믹스드 존 인터뷰가 원활히 이뤄질 수 있도록 협조하여야 한다.

2. 취재기자는 킥오프 90분 전부터 60분 전까지 홈팀이 지정한 장소(라커룸 출입구 인근 통로, 그라운드 진입 통로, 그라운드 주변 등)에서 선수에게 질문할 수 있고, 선수의 동의하에 인터뷰할 수 있다. 취재기자는 선수단의 경기 전 워밍업이 시작되기 전에 그라운드에서 나와 실내로 입장해야 한다.

3. 경기 중계방송사(HB)는 아래 각 호의 인터뷰를 실시할 수 있으며, 양 클럽은 인터뷰 실시에 적극 협조한다.

1) 경기 킥오프 전 70분 내지 60분 전 양 클럽 감독 대상 인터뷰
2) 경기 전반전 종료 직후 양 클럽 감독 또는 수훈선수 대상 인터뷰
3) 경기 후반전 종료 직후 양 클럽 감독 또는 수훈선수 대상 인터뷰

4. 경기 당일 중계방송을 하지 않는 중계권 보유 방송사(RTV)는 경기 후반전 종료 후 양 팀의 감독 또는 수훈선수를 대상으로 하는 인터뷰를 실시할 수 있으며, 양 클럽은 인터뷰 실시에 적극 협조한다. 단, RTV의 인터뷰는 HB의 인터뷰가 종료된 후에 실시한다.

5. 홈 클럽은 경기 킥오프 50분 전부터 30분 전까지 라커룸 출입구 인근 통로에서 양 팀 감독과 취재기자가 참석하는 경기 전 인터뷰를 실시한다. 단, 위 장소에서 사전 인터뷰를 진행하기 어려운 사정이 있을 경우 구단은 다른 장소에서 인터뷰를 실시할 수 있다. 이 경우 사전에 취재기자들에게 인터뷰 장소를 공지하여야 한다.

6. 홈 클럽은 경기 종료 후 20분 이내에 경기장 내 기자회견실에서 양 클럽의 감독과 미디어가 요청하는 수훈선수가 참석하는 공식기자회견을 개최한다. 단, 수훈선수는 경기에 참가한 선수에 한한다. 양 클럽 홍보담당는 감독 및 미디어 요청 선수가 공식기자회견에 참석할 수 있도록 협조한다.

7. 공식 기자회견의 순서는 원정 - 홈 클럽 순으로 진행하는 것을 원칙으로 하되, 양 클럽 홍보담당자의 합의에 따라 변경할 수 있다.

8. 미디어 부재로 공식기자회견을 개최하지 않을 경우, 홈 클럽 홍보담당자는 양 클럽 감독의 코멘트를 경기 종료 1시간 이내에 각 언론사에 배포한다.

9. 출장정지제재 중이거나 경기 중 퇴장 조치된 코칭스태프는 공식경기 당일 위 제1항의 활동을 포함한 모든 미디어 인터뷰 활동을 해서는 안 되고, 업무대행자가 각 활동을 대신 수행하여야 한다.

10. 홈 클럽은 경기 종료 후 양 팀 선수단이 라커룸에서 나와 차량에 탑승하기 위해 이동하는 동선에 믹스드존을 설치한다. 경기장 구조로 인해 해당 위치에 믹스드존을 설치하기 어려운 경우 홈 클럽은 라커룸 출입구 인근 통로 또는 그에 인접한 장소에 취재구역을 지정하고 취재기자와 선수가 만나 인터뷰를 할 수 있도록 협조한다. 믹스드존에서는 취재기자가 선수

에게 질문할 수 있다.

11. 모든 기자회견은 연맹이 지정한 인터뷰 배경막(백드롭)을 배경으로 실시하여야 한다.

12. 인터뷰를 실시하지 않거나 공식기자회견에 참석하지 않을 경우, 해당 클럽과 선수, 감독에게 제재금(50만 원 이상)을 부과할 수 있다.

13. 인터뷰에서는 경기의 판정이나 심판과 관련하여 일체의 부정적인 언급이나 표현을 할 수 없으며, 위반 시 다음 각 호에 의한다.

　1) 각 클럽 소속 선수, 코칭스태프, 팀 스태프, 임직원 등 모든 관계자에게 적용되며, 위반할 시 상벌규정 유형별 징계기준 제2조 가, 항 혹은 나, 항을 적용하여 제재를 부과한다.

　2) 공식 인터뷰뿐만 아니라 대중에게 공개될 수 있는 어떠한 경로를 통한 언급이나 표현에도 적용된다.

14. 그 밖의 사항은 '2023 K리그 미디어 가이드라인'을 준수하여야 한다.

15. '2023 K리그 미디어가이드라인'을 준수하지 않을 경우, 해당시즌 팀 미디어 운영에 제한을 받을 수 있다.

제34조 (중계방송협조)　

1. 홈 클럽은 경기시작 4시간 전부터 경기종료 후 1시간까지 연맹, 심판, 선수, 스폰서, 중계제작사, 미디어를 포함한 모든 경기관계자가 원활한 경기진행 및 중계방송을 위해 요청하는 시설 및 서비스를 반드시 제공해야 할 책임이 있다.

2. 홈경기 담당자는 중계제작사의 도착시간을 기점으로 TV컴파운드(TV Compound)에 중계제작에 필요한 전력(단상220V) 또는 3상 4선식(380V), 배전함 메인 전원 최소 100A 이상, 배선차단기 및 백업 전압(UPS 또는 발전기) 모두 구비)을 공급해야 하며, OB밴 주차 및 설치를 위해 평지의 대형 중계차가 가능한 구역을 확보하고, OB밴의 밤샘 주차가 필요한 경우 이에 대한 관리 및 경비를 시행하여야 한다. 홈경기 담당자는 중계제작사의 요청 시 중계제작사의 요구조건에 부합하는 조명을 제공하여야 하며, 별도의 취소 요청이 있을 때까지 이를 유지하여야 한다.

3. 홈 클럽은 중계방송의 원활한 제작과 송출을 위해 HB 전용 별도의 '중계방송사룸'(미디어룸과 별개)을 반드시 마련하여야 하며, 중계에 필요한 케이블 시설 공간, 각종 전송용 기자재를 반드시 제공하여야 한다. 이 외, 기타 중계방송에 필요한 시설 또는 설비의 경우 HB에 우선 사용권을 부여한다.

4. 홈경기 담당자와 경기감독관 또는 대기심(매치 오피셜 - Match Officials)은 팀 벤치 앞 터치라인(Touchline) 및 대기심(4th official) 테이블 근처에 위치한 피치사이드 카메라(표준 카메라 플랜 기준 3,4,5번 카메라)와 골대 근처에 위치한 카메라(8,9,10번 카메라)에 대한 리뷰를 진행해야 한다. 만약 담당자들 간의 의견이 합의점을 찾지 못할 경우, 경기감독관이 최종 결정을 내린다. 단, 3번 피치사이드 카메라의 경우 일반 카메라일 시 3번 카메라의 위치는 팀 벤치 및 대기심 테이블과 동일 선상을 이루어야 하며, 하프라인을 기준으로 좌측에 위치한다. (우측은 대기심 테이블 위치) 3번 피치사이드 카메라가 로바디 카메라인 경우, 카메라가 피치 중앙, 대기심이 카메라 뒤에 위치한다.

5. 홈 클럽은 사전에 연맹과 협의 하에 지정한 표준 카메라 포지션은 반드시 고정하고 유지하여야 하며, 모든 카메라 포지션은 안전을 위한 안정적 플랫폼 및 우천시를 대비한 가림막 공간 또는 설비를 마련하여야 한다. 또한, 일부 경기에 한하여 기존 중계장비 이외의 특수 카메라 설치가 필요할 시, 최대한 협조한다.

6. 중계제작사는 버스 도착 시 양 팀 감독과 인터뷰를 진행할 권리를 가지고 있으며, 인터뷰는 버스 도착지점과 드레싱룸 사이 공간에 K리그가 제공하는 인터뷰 백드롭 앞에서 진행해야 한다. 인터뷰는 킥오프 전 60분~20분 사이에 진행하며, 진행시간은 90초 이내로 최대 3개의 질문을 초과할 수 없다. 만약 감독 또는 감독대행이 외국인인 경우, 해당 팀은 통역 인원을 준비해야 한다.

7. 중계제작사는 경기종료 시 감독 또는 선수 중 양 팀 각각 1인과 인터뷰를 진행할 권리를 가지고 있으며, 인터뷰는 피치 또는 피치와 드레싱룸 사이

공간에 K리그가 제공하는 인터뷰 백드롭 앞에서 진행해야 한다. 중계제작사는 최소 경기 종료 15분 전까지, 양 클럽 홍보 담당자(Media Officer)에게 희망 인터뷰 선수를 전달해야 한다. 양 클럽 홍보 담당자는 감독과 인터뷰 요청 선수를 경기종료 즉시 인터뷰 백드롭 앞으로 인계해야 한다. 만약 감독 또는 감독대행이 외국인인 경우, 해당 팀은 통역 인원을 준비해야 한다.

6. 백드롭은 2.5m×2.5m 사이즈로 리그 로고와 스폰서 로고를 포함한 디자인으로 제작된다. 연맹에서 각 클럽에 제공하며, 홈 클럽에게 관리의 책임이 있다. 감독 도착 인터뷰 및 하프타임과 경기 종료 후 피치사이드[Pitchside]의 플래시 인터뷰 시 각 팀은 K리그 공식 백드롭을 필수로 사용해야 한다.

7. 그 밖의 중계방송 관련 사항은 'K리그 중계방송제작가이드라인'을 준수해야 한다.

제35조 (경기장 안전과 질서유지)　

1. 홈 클럽은 경기개시 2시간 전부터 경기종료 후 모든 관중 및 관계자가 퇴장할 때까지 선수, 팀 스태프, 심판을 비롯한 전 관계자와 관중의 안전 및 질서 유지에 대한 의무와 책임이 있다.

2. 홈 클럽은 상기 1항의 의무 실시를 위해 최선의 노력을 다해야 하며, 경기장 안전 및 질서를 어지럽히는 관중에 대해 그 입장을 제한하고 강제 퇴장시키는 등의 적절한 조치를 취할 수 있다.

3. 연맹, 클럽, 선수, 코칭스태프 및 팀 스태프, 관계자를 비방하는 사안이나, 경기진행 및 안전에 지장을 줄 수 있는 모든 사안에 대해서 관련 클럽은 즉각 이를 시정 조치하여야 한다.

4. 경기감독관은 상기 3항에 해당하는 사안을 경기 중 또는 경기전후에 발견하였을 경우, 관련 클럽에 시정 조치를 요구할 수 있으며, 관련 클럽은 경기감독관의 지시에 따라야 한다.

5. 상기, 3, 4항의 사안이 시정 조치되지 않을 경우, 상벌규정 유형별 징계기준 제5조 마 항 및 사.항에 의거, 해당 클럽에 제재를 부과할 수 있다.

6. 관중의 소요, 난동으로 인해 경기 진행에 문제가 발생하거나, 선수, 심판, 코칭스태프 및 팀 스태프, 미디어를 비롯한 관중의 안전과 경기장 질서 유지에 문제가 발생할 경우에는 관련 클럽이 사유를 불문하고 그에 대한 일체의 책임을 부담한다.

7. 홈 클럽은 선수단 구역과 양팀 선수대기실 출입구에 경호요원을 상시 배치하여야 한다. 또한 해당구역을 확인할 수 있는 CCTV를 설치해야 하며, 관련 영상을 15일간 보관해야 한다.

8. 연맹에서 제정한 '안전 가이드라인'을 준수하지 않을 경우, 상벌규정 유형별 징계 기준 제5조 바 항 및 사 항에 의거 해당 클럽에 제재를 부과할 수 있다.

제36조 (홈경기 관리책임자, 홈경기 안전책임자 선정 및 경기장 안전요강)　

모든 클럽은 경기장 안전 및 원활한 진행을 위해 홈경기 관리책임자 및 홈경기 안전책임자를 선정하여 연맹에 보고하여야 하며, 아래의 경기장 안전요강을 숙지하여 실행하고 관중에게 사전 공지 또는 고지하여야 한다. 또한 홈경기 관리책임자 및 홈경기 안전책임자는 경기감독관의 업무 및 지시 사항에 대해 최대한 협조하여야 한다.

1. 반입금지물: 경기장에 입장하려는 사람 또는 입장한 사람은 홈경기 관리책임자 및 홈경기 안전책임자가 특별히 필요 사항에 의해 허락했을 경우를 제외하고 다음의 각 호에 명시된 것을 가지고 입장할 수 없다.

　1) 경기장 관리자에 의해 반입을 금지하고 있는 것

　2) 정치적, 사상적, 종교적인 주의 또는 주장 또는 관념을 표시하거나 또는 연상시키고 혹은 대회의 운영 에 지장을 미칠 우려가 있는 게시판, 간판, 현수막, 플래카드, 문서, 도면, 인쇄물 등

　3) 연맹의 승인을 득하지 않은 특정의 회사 또는 영리기업의 광고를 목적으로 하여 특정의 회사명, 제품 명 등을 표시한 것(특정 회사, 제품을 연상시키는 것 포함)

　4) 그 외 경기운영 또는 진행을 방해하여 타인에게 불편을 주거나 또는 위험하게 하거나 혹은 그러한 우려가 있거나 또는 운영담당·보안담당,

589

경비종사원이 위험성을 인정하는 것

2. 금지행위: 경기장에 입장하려는 사람 또는 입장한 사람은 홈경기 관리책임자 및 홈경기 안전책임자가 특별히 필요 사항에 의해 허락했을 경우를 제외하고는 다음의 각 호에 명시되는 행위를 해서는 안 된다.

   1) 경기장 관리자에 의해 금지되고 있는 행위
   2) 정당한 입장권 또는 통행증을 소지하지 않고 입장하는 것
   3) 항의 집회, 데모 등 대회의 원활한 운영을 저해할 우려가 있는 행위
   4) 알코올, 약물 그 외 물질을 소유 및 복용한 상태로 경기장에 입장하는 행위 또는 경기장에 이러한 물질을 방치해 두어 이것들의 영향에 의해 경기운영 또는 타인의 행위 등을 저해하는 행위(알코올 등의 영향에 의해 정상적인 행위를 할 수 없는 우려가 있는 상태일 경우 입장 불가)
   5) 해당 경기장(시설) 및 관련 장소에서 권유, 연설, 집회, 포교 등의 행위
   6) 정해진 장소 외에서 차량을 운전하거나 주차하는 것
   7) 상행위, 기부금 모집, 광고물의 게시 등의 행위
   8) 정해진 장소 외에 쓰레기 및 오물을 폐기하는 것
   9) 연맹의 승인 없이 영리목적으로 경기장면, 식전행사, 관객 등을 사진 또는 비디오로 촬영하는 것
   10) 연맹의 승인 없이 대회의 음성, 영상의 전부 또는 일부를 인터넷 및 미디어를 통해 전달하는 것
   11) 경기운영 또는 진행을 방해하여 타인에게 폐를 끼치거나 또는 위험을 미치거나 혹은 그러한 우려가 있으면서 경비종사원이 위험성을 인정한 행위

3. 경기장 관련: 경기장에 입장하려는 사람 또는 입장한 사람은 다음의 각 호에 명시하는 사항에 준수하여야 한다.

   1) 입장권, 신분증, 통행증 등의 제시가 요구되었을 때는 이것을 제시해야 함
   2) 안전 확보를 위해 수화물, 소지품 등의 검사가 요구되었을 때는 이것에 따라야 함
   3) 사건·사고가 발생하거나 또는 발생 우려가 예상되는 경우, 경비 종사원 또는 치안 당국의 지시, 안내, 유도 등에 따라 행동할 것

4. 입장거부 또는 퇴장명령

   1) 홈경기 관리책임자 및 홈경기 안전책임자는 상기 1항, 2항, 3항의 경기장 안전요강을 위반한 사람의 입장을 거부하여 경기장으로부터의 퇴장을 명령할 수 있으며, 상기 1항에 의거하여 반입금지물 몰수 등 필요한 조치를 취할 수 있다.
   2) 홈경기 관리책임자 및 홈경기 안전책임자는 전항에 해당하는 사람 중

에서 특히 고의, 상습으로 확인된 사람에 대해서는 이후 개최되는 연맹 주최의 공식경기에 입장을 거부할 수 있다.

   3) 홈경기 관리책임자 및 홈경기 안전책임자에 의해 입장이 거부되거나 경기장에서 퇴장을 받았던 사람은 입장권 구입 대금의 환불을 요구할 수 없다.

5. 권한의 위임: 홈경기 관리책임자는 특정 시설에 대해 그 권한을 타인에게 위임할 수 있다.

6. 안전 가이드라인 준수: 모든 클럽은 연맹이 정한 'K리그 안전가이드라인'을 준수하여야 한다.

제37조 (기타 유의사항)_ 각 클럽은 아래의 사항을 숙지하고 준수하여야 한다.

1. 모든 취재 및 방송중계 활동을 위한 미디어 관련 입장자는 2023 미디어 가이드라인을 준수하여야 한다.
2. 경기에 참가하는 선수단(코칭스태프, 팀 스태프 포함)은 경기시작 100분 전에 경기장에 도착하여야 한다.
3. 오픈경기는 본 경기 개최 1시간(60분) 전까지 반드시 종료되어야 하며, 연맹에 사전 승인을 받아야 한다.
4. 선수는 신체보호를 위해 반드시 정강이 보호대를 착용하고 경기에 임해야 한다.
5. 경기 중 클럽의 임원, 코칭스태프, 팀 스태프, 선수는 경기장 내에서 흡연을 할 수 없으며, 이를 위반할 경우 퇴장 조치한다.
6. 체육진흥투표권(스포츠토토 등) 발매 이상 징후 대응경보 발생 시, 경기시작 90분 전 대응 미팅에 관계자(경기감독관, 양 클럽 관계자 및 감독) 등이 참석하여야 한다.
7. 경기 중, 교체대상 선수의 워밍업은 연맹이 사전에 지정한 장소에서 실시해야 한다.
8. 심판 판정에 대한 제소는 불가하다.
9. 전자 퍼포먼스/트래킹 시스템(EPTS)을 사용하는 경우, 사전 승인을 득하여야 한다.
10. 클럽은 경기 중 전력분석용 팀 카메라 1대를 상층 카메라구역에 설치할 수 있다. 원정 클럽이 팀 카메라를 설치하는 경우 홈 클럽에 승인을 득하여야 한다.

제38조 (부칙)_ 본 대회요강에 명시되지 않은 사항은 K리그 규정, FIFA 규정, K리그 이사회 결정에 의거하여 시행한다.

하나원큐 K리그 승강플레이오프 2023 경기기록부

• 12월 06일 19:00 흐림 부산 아시아드 4,047명
• 주심_ 고형진 부심_ 김지욱·성주경 대기심_ 신용준 경기감독관_ 김성기

					부산 2		0 전반 1		1 수원FC						
							2 후반 0								

퇴장	경고	파울	ST(유)	교체	선수명	배번	위치	위치	배번	선수명	교체	ST(유)	파울	경고	퇴장
0	0	0	0		구 상 민	1	GK	GK	17	노 동 건		0	0	0	0
0	0	1	0		조 위 제	5	DF	DF	2	정 동 호	13	0	0	0	0
0	0	1	0		이 한 도	20	DF	DF	3	박 철 우		1	2	1	0
0	1	1	1		박 세 진	66	DF	DF	5	잭 슨		0	0	1	0
0	0	1			최 준	4	MF	DF	25	우고고메스		0	0	0	0
0	0	1	2(1)	11	정 원 진	14	MF	MF	28	이 영 재		1	1	0	0
0	0	1			임 민 혁	18	MF	MF	55	김 선 민		1	0	1	0
0	0		81		강 상 윤	55	MF	MF	71	김 도 윤	29	0	1	0	0
0	0	1	7(4)		라 마 스	10	FW	FW	7	김 현		1(1)	1	0	0
0	1	4			성 호 영	25	FW	FW	66	이 광 혁		0	0	0	0
0	0	1			박 동 진	49	FW	FW	37	바우테르스		1	1	1	0
0	0	0			황 병 근	41			1	박 배 종		0	0	0	0
0	0	0		후19	어 정 원	2			13	오 인 표	후12	0	1	0	0
0	0	0			민 상 기	39			66	박 병 현	후26	0	0	0	0
0	0	0		후44	여 름	81	대기	대기	14	윤빛가람					
0	0	0		후0	이 승 기	7			10	로 페 즈	후0	2(2)	1	0	0
0	0	0		후11	김 정 환	11			11	이 승 우	후0	2(2)	1	0	0
0	0	1		후19	김 찬	9			29	장 재 웅	후10	1(1)	0	0	0
0	0	12	18(5)			0						9(6)	13	4	0

● 후반 39분 라마스 PK-L-G (득점: 라마스) 오른쪽
● 후반 53분 라마스 PK-L-G (득점: 라마스) 왼쪽

● 전반 42분 이영재 MFR ~ 장재웅 PA 정면 L-ST-G (득점: 장재웅, 도움: 이영재) 왼쪽

• 12월 09일 14:00 흐림 수원 종합 6,987명
• 주심_ 김종혁 부심_ 윤재열·곽승순 대기심_ 김우성 경기감독관_ 차상해

					수원FC 5		0 전반 1		2 부산						
							2 후반 0								
							2 연장전반 0								
							1 연장후반 1								

퇴장	경고	파울	ST(유)	교체	선수명	배번	위치	위치	배번	선수명	교체	ST(유)	파울	경고	퇴장
0	1	0	0		노 동 건	17	GK	GK	1	구 상 민		0	0	0	0
0	0	0	1	29	정 동 호	2	DF	DF	20	이 한 도		1	0	0	0
0	0	3(1)			잭 슨	5	DF	DF	39	민 상 기		0	0	0	0
0	0	3(1)	66		우고고메스	25	DF	DF	66	박 세 진	11	0	2	0	0
0	0	0			이 용	88	DF	MF	4	최 준		1(1)	1	0	0
0	0	1	10		박 철 우	3	MF	MF	14	정 원 진		0	0	0	0
0	1	2(1)	24		오 인 표	13	MF	MF	18	임 민 혁	33	0	0	0	0
0	0	6(6)			윤빛가람	14	MF	MF	55	강 상 윤	8	0	0	0	0
0	0	4(3)			이 영 재	28	MF	FW	49	박 동 진		2(2)	1	0	0
0	0	1	8		김 현	7	FW	FW	10	라 마 스		6(3)	0	0	0
0	0	2	22		김 도 윤	71	FW	FW	88	성 호 영		0	0	0	0
0	0	0			박 배 종	1			41	황 병 근		0	0	0	0
0	0	0		후19	김 주 엽	24			2	어 정 원	후31	1(1)	1	0	0
0	0	0		후0	박 병 현	66			33	김 상 준		0	0	0	0
0	0	1(1)	연장	후0	정 재 용	8	대기	대기	11	김 정 환	후0	1(1)	0	0	0
0	7(5)			후0	로 페 즈	10			81	여 름	후0	1(1)	0	0	0
0	0	3(3)		후0	이 광 혁	22			88	이 승 기	후2	2(2)	0	0	0
0	0	0		후44	장 재 웅	29			49	박 동 진	후	0	0	0	0
0	4	17	34(22)			0						19(11)	2	0	0

● 후반 33분 김주엽 PAL 내 ~ 김현 PA 정면 내 R-ST-G (득점: 김현, 도움: 김주엽) 오른쪽
● 후반 40분 이영재 PAL 내 L-ST-G (득점: 이영재) 오른쪽
● 연장 전반 5분 이광혁 PA 정면 내 L-ST-G (득점: 이광혁) 왼쪽
● 연장 전반 11분 로페즈 PAR ~ 정재웅 PA 정면 내 R-ST-G (득점: 정재웅, 도움: 로페즈) 오른쪽
● 연장 후반 12분 로페즈 GA 정면 R-ST-G (득점: 로페즈) 오른쪽

● 전반 15분 김찬 AK 정면 ~ 최준 PAR 내 R-ST-G (득점: 최준, 도움: 김찬) 왼쪽
● 연장 후반 9분 최준 PAR 내 ⌐ 김정환 GA 정면 H-ST-G (득점: 김정환, 도움: 최준) 왼쪽

• 12월 06일 19:00 흐림 김포솔터축구장 3,736명
• 주심_ 정동식 부심_ 김계용·강동호 대기심_ 박병진 경기감독관_ 김용세

					김포 0		0 전반 0		0 강원						
							0 후반 0								

퇴장	경고	파울	ST(유)	교체	선수명	배번	위치	위치	배번	선수명	교체	ST(유)	파울	경고	퇴장
0	0	0	0		박 청 효	13	GK	GK	31	이 광 연		0	0	0	0
0	0	0	0		박 경 록	3	DF	DF	88	황 문 기	24	0	0	0	0
0	0	0	1		김 태 한	4	DF	DF	2	김 영 빈		1	1	0	0
0	0	0			조 성 권	2	DF	DF	74	강 투 지		1	1	0	0
0	0	1			송 준 석	34	MF	DF	20	윤 석 영		0	0	0	0
0	0	0			김 이 석	8	MF	MF	6	알리바예프		0	1	0	0
0	1	1			최 재 훈	23	MF	MF	4	서 민 우		0	0	0	0
0	1	1		20	박 광 일	91	MF	MF	17	갈 레 고	17	3(2)	2	0	0
0	0	1		32	김 종 석	10	MF	MF	10	김 대 원		1(1)	1	0	0
0	0	0	1(1)		루 이 스	24	FW	FW	33	이 승 원	73	0	0	0	0
0	0	0			주 닝 요	9	FW	FW	9	주 닝 요	6	0	0	0	0
0	0	0			이 상 욱	1			1	유 상 훈		0	0	0	0
0	0	0		후32	김 민 호	20			26	조 현 태	후41	0	0	0	0
0	0	0			서 재 민	21			24	김 진 호	후41	0	0	0	0
0	0	0			이 강 연	26	대기	대기	7	한 국 영					
0	0	0		후39	장 윤 호	7			17	유 인 수	후0	0	0	0	0
0	0	0		후21	윤 민 호	32			73	윤 일 록	후0/26	0	0	0	0
0	0	0		후32	성 민	17			63	가브리엘	후0	1(1)	1	0	0
0	2	16	4(1)			0						8(4)	9	0	0

• 12월 09일 14:00 맑음 강릉 종합 10,130명
• 주심_ 이동준 부심_ 박상준·방기열 대기심_ 채상협 경기감독관_ 나승화

					강원 2		1 전반 0		1 김포						
							2 후반 1								

퇴장	경고	파울	ST(유)	교체	선수명	배번	위치	위치	배번	선수명	교체	ST(유)	파울	경고	퇴장
0	0	0	0		이 광 연	31	GK	GK	13	박 청 효		0	0	0	0
0	0	0	0		황 문 기	88	DF	DF	3	박 경 록	17	0	0	0	0
0	0	0	0		김 영 빈	2	DF	DF	4	김 태 한		0	0	0	0
0	0	0	0		강 투 지	74	DF	DF	2	조 성 권		1(1)	1	0	0
0	0	0	0		윤 석 영	20	MF	MF	34	송 준 석		0	0	0	0
0	1	2(1)			알리바예프	6	MF	MF	8	김 이 석		0	0	0	0
0	0	0			서 민 우	4	MF	MF	23	최 재 훈		0	1	0	0
0	0	0	11		유 인 수	17	MF	MF	91	박 광 일		0	0	0	0
0	1	2(1)	63		김 대 원	10	MF	MF	32	윤 민 호		0	0	0	0
0	0	0			박 상 혁	63	FW	FW	10	김 종 석		0	0	0	0
0	0	0	24		이 정 협	18	FW	FW	9	주 닝 요		2(1)	1	0	0
0	0	0			유 상 훈	1			1	이 상 욱		0	0	0	0
0	0	0		후38	조 현 태	26			20	김 민 호	후34	0	0	0	0
0	0	1(1)		후29	김 진 호	24			21	서 재 민	후34	0	0	0	0
0	0	0		후38	한 국 영	8	대기	대기	26	이 강 연		0	0	0	0
0	0	0			갈 레 고	17			7	장 윤 호		0	0	0	0
0	0	4(3)		전40	가브리엘	63			17	김 종 석	후34	0	0	0	0
0	3	7	11(6)			0						6(2)	10	1	1

● 후반 5분 가브리엘 AKL R-ST-G (득점: 가브리엘) 오른쪽
● 후반 30분 황문기 PAR → 가브리엘 PAR 내 R-ST-G (득점: 가브리엘, 도움: 황문기) 오른쪽

● 후반 13분 조성권 GAL 내 L-ST-G (득점: 조성권) 왼쪽

제1조 (대회명)_ 본 대회는 '2023 K리그 주니어 U18'이라 한다.

제2조 (주최, 주관, 후원)_ 본 대회는 사단법인 대한축구협회(이하 '협회')와 사단법인 한국프로축구연맹(이하 '연맹')이 공동 주최하며, 해당 팀 프로구단(이하 '구단')이 주관한다.

제3조 (대회조직위원회 구성)_ 본 대회의 원활한 운영을 위해 주최 측은 대회운영본부(이하 '운영본부')를 별도로 구성한다.

제4조 (대회기간, 일자, 장소, 대회방식)_ 1. 대회기간: 2023년 3월 4일 ~ 11월 11일(기간은 운영본부의 결정에 따라 변동 가능)

2. 본 대회는 토요일 개최를 원칙으로 하며, 대회의 공정성을 위하여 마지막 라운드의 모든 경기는 반드시 동일 일시에 실시한다.

3. 본 대회는 FIFA 경기규칙에 준하는 경기장으로 구단 연고지역 내에서 개최하는 것을 원칙으로 한다. 주최 측이 승인한 천연 잔디 구장 개최를 원칙으로 하되, 사전 운영본부의 승인을 득할 경우 인조 잔디구장의 개최도 가능하다.

4. 경우에 따라 일정 및 장소는 변경될 수 있다. 단 팀 사정으로 인한 일정 변경 시 양 구단 합의 후 경기 7일 전(경기시간 기준 '-168시간')까지 운영본부로 사전 통보를 해야 하며, 반드시 경기 5일 전(경기시간 기준 '-120시간')까지 운영본부의 최종 승인을 얻어야 한다. 또한 해당 지역의 미세먼지 경보 시, 경기 일정 연기를 적극 권장하며 해당 운영본부가 결정한다.

1) 환경부 기준(2018. 3.27)

등급	미세먼지(PM10)	초미세먼지(PM2.5)	운영지침
나쁨	81~150	36~75	당일 경기시간 조정 또는 경기일 연기 권장
매우 나쁨	150 이상	76 이상	당일 경기일 연기 권장

2) 환경부 안전기준(2시간 연속 기준)

등급	미세먼지(PM10)	초미세먼지(PM2.5)	운영지침
주의보	150 μm/m³ 지속	75 μm/m³ 지속	경기일 연기 적극 권장
경보	300 μm/m³ 지속	150 μm/m³ 지속	경기일 연기 (의무사항)

5. 4항의 경기 일정변경을 비롯한 모든 대안을 강구함에도 불구하고, 홈 팀의 사정으로 홈 팀 경기장에서 경기 진행이 불가할 경우, 해당 경기의 장소 결정권은 원정팀에 귀속되며, 원정팀 역시 경기 개최가 불가할 경우 가능한 중립경기장에서 경기를 개최한다. 이 역시 여의치 않을 경우, 운영본부는 아래 19조에 따라 홈팀의 몰수패를 선언할 수 있다.

6. 본 대회의 참가팀 및 조편성은 아래와 같다.

참가팀수	참가팀명 (학교/클럽명)
24팀	**A조 총 12팀:** FC서울(FC서울 U18 서울오산고), 강원(강원FC U18 강릉제일고), 김포(경기김포FC U18), 부천(경기부천FC1995 U18), 서울E(서울이랜드FC U18), 성남(경기성남FCU18 풍생고), 수원FC(경기수원FC U18), 수원삼성(경기수원삼성U18 매탄고), 안산(경기안산그리너스 U18), 안양(경기안양FC U18 안양공고), 인천(인천유나이티드U18 대건고), 제주(제주유나이티드 U18)
	B조 총 12팀: 경남(경남FC U18 진주고), 광주(광주FC U18 금호고), 김천(경북김천상무FC U18 경북미용예술고), 대구(대구FC U18 현풍고), 대전(대전하나시티즌 U18 충남기계공고), 부산(부산아이파크 U18 개성고), 울산(울산현대 U18 현대고), 전남(전남드래곤즈 U18 광양제철고), 전북(전북현대 U18 전주영생고), 천안(충남천안시티FC U18), 충남아산(충남아산FC U18), 포항(경북포항스틸러스 U18 포철고)

7. 전기리그(1 Round robin, 1~11라운드) 결과에 따라 각 조 1~6위, 총 12개 팀이 상위그룹(A조)에 편성되고, 이외 12팀이 하위그룹(B조)에 편성되어 후기리그(1 Round robin, 12~22라운드)를 진행한다.

제5조 (참가팀, 선수, 지도자의 자격)_

1. 본 대회의 참가자격은 2023년도 협회에 등록을 필한 U18 클럽팀(고교 팀 포함)과 선수, 임원, 지도자에 한한다. 단, 지도자의 경우 협회가 발급한 지도자 자격증 2급(AFC B급(감독), AFC C급(코치)) 이상을 취득한 자에 한해 참가가 가능하다. 팀은 감독에 해당하는 급의 자격증 소지자 1명 이상을 반드시 등록하여야 한다.

감독	코치	GK코치	피지컬코치 (2022년부터 적용)
AFC B급 이상	AFC C급 이상	GK Lv 1	피트니스 Lv 1

2. 지도자와 임원(축구부장, 트레이너, 의무, 행정 등)은 시기에 상관없이 등록 승인을 받은 후 리그 참가 신청을 할 수 있다.

3. 징계 중인 지도자 및 임원은 리그 참가 신청이 가능하다. 단, 경기 중 벤치 착석과 선수 지도(지도자)의 경우는 징계 해제 이후부터 할 수 있다.

4. 지도자 및 임원은 중복으로 참가신청 할 수 없다(팀 단장의 중복 신청만 허용한다).

제6조 (선수의 참가신청)_ 1. 선수의 참가신청은 정기 등록 기간(매년 1월 부터 3월 중) 및 추가 등록 기간(매월 5월, 7월, 8월 및 9월) 및 신규 등록 기간(매월 초 3일간 / 협회 근무일 기준)에 등록을 필한 자에 한하여 가능하다.

2. 참가팀은 출전선수 명단 제출(60분 전)까지 18명 이상 참가신청을 하여야 한다.

3. 선수의 리그 경기 출전은 리그 참가신청한 날로부터 가능하다.

4. 참가신청은 등록된 선수에 한하여 시기에 상관없이 할 수 있다.

5. 리그 참가 신청 시 유니폼 번호는 1번부터 99번까지 가능하며 중복되지 않아야 한다. 선수는 리그 첫 경기 이후 유니폼 번호를 변경할 수 없다. 단, 선수의 이적이나 탈퇴로 인해 유니폼 번호가 결번될 경우, 추가로 리그 참가 신청을 하는 선수는 비어 있는 번호를 사용할 수 있다. 본 규정은 왕중왕전까지 연계 적용한다.

6. 분쟁 조정(협회 선수위원회 결정) 등의 사유로 등록을 요청한 경우 신청일을 기준(등록기간 내)으로 등록 및 참가신청이 가능하다.

제7조 (선수 활동의 개시)_ 1. 유급 선수로 등록한 자는 유급 연도에 최종출전한 경기일로부터 만 1년 동안 출전이 제한된다. 팀은 연령초과자를 2명까지 리그(왕중왕전 포함)에 참가 신청할 수 있다.

2. 해체된 팀의 선수는 참가 신청한 날로부터 경기에 출전할 수 있다. 해체된 팀의 선수가 다른 팀으로 이적할 경우, 시기에 상관없이 등록 승인을 받은 후 리그 참가 신청을 한 날로부터 경기에 출전할 수 있다.

3. 해외의 학교 또는 팀으로 그 소속을 옮긴 선수가 귀국하여 원래의 국내 소속팀으로 복귀할 경우, 등록 기간 내 국제 이적 절차를 거쳐 등록 승인을 받은 후 리그 참가 신청이 가능하며, 참가 신청한 날로부터 경기에 출전할 수 있다(국제이적확인서를 요청할 수 있는 기한은 협회가 정한 등록 마감일 업무 종료 시각까지이며, 국제이적확인서가 등록기간이 지나서 수신되더라도 수신일을 기점으로 등록이 유효하다).

4. 외국인 선수는 FIFA 규정 및 협회 등록규정에 의거하여 선수등록 후 리그 참가 신청이 가능하다.

5. 신규 등록(최초 등록) 선수는 리그 참가 신청을 한 날로부터 경기에 출전할 수 있다.

6. 위 1항에서 5항까지의 규정은 본 대회에만 해당되며, 방학 중 전국 대회를 포함한 다른 대회의 이적 선수 출전 규정은 해당 대회의 규정에 따른다.

제8조 (경기규칙)_ 본 대회는 FIFA(국제축구연맹, 이하 'FIFA') 경기규칙에 준

하여 실시하며, 명문화되지 않은 사항은 협회 초중고리그 운영 규정 및 운영본부의 결정에 따른다.

제9조 (경기시간)　본 대회의 경기 시간은 전·후반 각 45분으로 하고, 필요시 전·후반 각 15분의 연장전을 실시한다. 하프타임 휴식 시간은 '10분 전·후'로 하되 15분을 초과하지 않으며, 원활한 경기진행을 위해 운영본부의 통제에 따라야 한다.

제10조 (공식 사용구)　본 대회의 공식 사용구는 협회가 지정하는 5호 공인구로 한다.

제11조 (순위결정 및 왕중왕전 진출)　1. 본 대회 승점은 승 3점, 무 1점, 패 0점으로 한다.

2. 본 대회 순위결정은 리그 최종성적을 기준으로 승점을 우선으로 하되 승점이 같은 경우 골득실차 - 다득점 - 승자승(승점 → 골 득실차 순으로 비교) - 페어플레이 점수 - 추첨 순으로 정한다. 단, 3개 팀 이상 다득점까지 동률일 경우 승자승을 적용하지 않고 '페어플레이 점수 - 추첨' 순으로 순위를 결정한다.

※ 페어플레이 점수 부여 방식은 대한축구협회 초중고 축구리그 운영규정에 따른다.

3. 왕중왕전 진출 팀 수, 개최 유무 및 방식 등은 협회가 통합 온라인 시스템(joinkfa.com) 등을 통해 별도 공지한다.

4. 코로나19를 비롯한 불가항력으로 리그 경기 진행이 불가할 경우, 순위결정 및 시상은 운영본부의 결정에 따른다.

제12조 (선수의 출전 및 교체)　1. 본 대회의 경기에 참가하는 팀은 경기 당일 리그 참가신청서를 대한축구협회 통합 온라인시스템(joinkfa.com)으로 접속하여 출력 후, 경기 개시 60분 전까지 출전 선수 18명(선발 출전 11명과 교체 대상 7명)의 명단과 KFA 등록증을 해당 리그운영경기감독관에게 제출해야 함을 원칙으로 한다.

1) 선발 출전선수 11명은 KFA 등록증을 소지하고 장비 검사를 받아야 한다.

2) 경기 중 교체 선수는 본인의 KFA 등록증을 직접 감독관 또는 대기심판에게 제출하여 교체 승인을 받은 후 교체하여야 한다.

3) KFA 등록증을 제출하지 않은 선수는 해당 경기에 출전할 수 없다.

4) KFA 등록증 발급은 KFA 등록증 발급 매뉴얼을 따른다.

2. 선수교체는 팀당 7명 이내로 하되, 경기 개시 전에 제출된 교체 대상 선수(7명)에 한한다.

3. 팀이 출전선수 명단을 제출한 후 선수를 교체하고자 할 경우,

1) 기제출된 출전선수 11명과 교체 대상 선수 7명 간에만 허용하며, 경기 개시 전까지 리그운영감독관 승인하에 교체할 수 있다.

2) 경기 개시 전 선발 또는 기존 출전선수와 교체선수가 바뀐 것을 주심에게 알리지 않았을 경우 다음과 같이 조치하며, 보고된 사항은 공정소위원회에 회부한다.

FIFA 경기규칙서 규칙　3. 선수 내　5. 위반과 처벌

경기 전
ㅇ 주심은 교체 선수가 계속 경기하는 것을 허락한다.
ㅇ 해당 교체 선수에게 어떠한 징계도 내리지 않는다.
ㅇ 선수는 교체선수가 될 수 있다.
ㅇ 교체 허용수는 감소하지 않는다.
ㅇ 주심은 이에 대해 해당 기관에 보고한다.

하프타임 또는 연장전(교체 허용 수가 남아 있는 경우에 한함)
ㅇ 주심은 교체 선수가 계속 경기하는 것을 허락한다.
ㅇ 해당 교체 선수에게 어떠한 징계도 내리지 않는다.
ㅇ 선수는 교체선수가 될 수 없다.
ㅇ 교체 허용수는 감소한다.
ㅇ 주심은 이에 대해 해당 기관에 보고한다.

---

4. 다음과 같은 조건의 선수가 경기에 출전하였을 경우에는 즉시 퇴장조치한 후(교체 불가) 경기는 계속 진행하며, 해당 팀의 지도자에 대해서는 공정소위원회에 회부한다.

1) 이적 후 출전 제한 기간 미경과 선수

2) 징계기간 미경과 선수

3) 유급선수의 경우 유급 직전연도 리그 출전일이 미경과한 선수

5. 참가신청서에 기재된 선수 중 출전 선수명단(선발출전 선수, 교체 선수)에 포함되지 않는 선수가 출전한 경우, 해당 선수는 기존 출전 선수와 즉시 재교체하여 경기를 진행하며 교체 허용 수는 감소하지 않는다. 경기 종료 후 위의 사항이 발견되었을 경우 경기 결과는 그대로 인정하며, 해당 팀은 공정소위원회에 회부된다.

6. 동일일자에 2경기 이상(U18, U15리그 당일 고/저학년 경기) 개최되는 경우, 선수당 출전시간은 총 90분을 초과할 수 없으며, 출전시간 계산은 리그운영감독관이 작성한 기록지를 기준으로 한다. 이때 추가시간은 출전 시간 계산에 포함하지 않는다.

1) 선수가 동일일자에 개최된 2경기에 90분 이상 출전한 경우, 해당 선수는 고학년 대회(U18, U15)의 다음 1경기(경기 번호의 변동에 관계없이 가장 가까운 일정의 경기)에 출전하지 못한다. 만약 출전 정지인 선수가 다음 경기에 출전하였을 경우 해당 선수 및 지도자는 공정소위원회에 회부되며, 징계 수위는 협회 운영규정 내 '유형별 긴급제재 징계 기준표'에 따른다.

2) GK는 부상, 대표팀 소집, 준프로 계약 체결(프로팀 소집), 기타 등의 사유가 인정되는 경우에 한해 90분을 초과하여 출전이 가능하다. 이 경우, 출전선수명단 제출 시 해당 사유를 명기하여 리그운영감독관에게 제출해야 한다.

제13조 (벤치 착석 대상)　1. 경기 중 벤치에 앉을 수 있는 사람은 리그 참가신청서에 기재된 지도자 및 선수, 임원(축구부장, 트레이너, 의무, 행정 등)에 한한다.

2. 임원의 경우 벤치 착석은 가능하나 지도는 불가하다.

3. 지도자, 임원은 반드시 자격증 또는 KFA 등록증을 패용하고 팀 벤치에 착석하여야 한다.

4. 징계 중인 지도자, 임원, 선수는 징계 해제 이후부터 벤치에 착석할 수 있다.

5. 벤치 착석 인원 중 KFA 등록증 또는 자격증을 패용한 지도자에 한하여 지도행위가 가능하며, 비정상적인 지도행위(임원의 지도행위, 관중석에서의 지도행위 등)는 리그운영감독관 판단하에 경기장에서 퇴장 조치할 수 있다. 또한 해당 팀은 공정소위원회에 회부한다.

6. 지도자 및 팀 임원의 경우 선수의 복지와 안전, 전술적/코칭의 목적과 직접적으로 관련이 되어 있을 경우에 한하여 소형, 이동식, 손에 휴대할 수 있는 장비(즉 마이크, 헤드폰, 이어폰, 핸드폰/스마트폰, 스마트워치, 태블릿PC, 노트북)는 사용할 수 있다. 허가되지 않은 전자 장비를 사용하거나 또는 전자/통신 장비를 사용한 결과를 이용하여 부적절한 행동을 보인다면 기술지역에서 퇴장 조치한다.

제14조 (경기 운영)　1. 홈 팀은 다음과 같은 경기 시설, 물품, 인력을 준비해야 할 의무가 있다.

1) 시설: 경기장 라인, 코너그기 대 및 코너깃발, 팀 벤치, 본부석/심판석의 자, 책상, 텐트, 스코어보드(팀명, 점수판), 의료인석 대기석, 선수/심판 대기실, 골대/골망, 화장실, 팀 연습장(워밍업 공간), 주차시설 등

2) 물품: 시합구, 볼펌프, 들것, 교체판, 스태프 조끼, 리그 현수막, 벤치팀명 부착물, 구급차, 구급 물품(의료백), 각종 대기실 부착물 등

3) 인력: 경기운영 보조요원, 안전/시설담당, 의료진, 볼보이, 들것요원 등

4) 기타: 각종 서류(경기보고서, 운영감독관 보고서, 사고/상황보고서, 심판 보고서, 출전선수 명단, 선수 교체표, 리그 참가신청서) 지정 병원

2. 홈 팀은 경기 중 또는 경기 전, 후에 선수, 코칭스태프, 심판을 비롯한 전 관계자와 관중의 안전 및 질서 유지에 대한 의무와 책임이 있다.

제15조 (응급치료비 보조)_ 1. 경기 중 발생한 부상선수에 대한 치료비는 팀 명의의 공문으로 운영본부를 경유하여 중앙조직위원회에 신청한다.

2. 최초 부상일로부터 반드시 20일 이내 신청하여야 하며, 기한 내 신청하지 않은 팀 또는 단체는 지원 대상에서 제외된다.

3. 경기 당일 발생한 응급치료비에 한하여 200,000원까지만 지원한다.

4. 제출서류: 1) 해당 팀 소속 구단 공문 1부

　　2) 해당선수가 출전한 경기의 경기보고서 사본 1부

　　※ 경기보고서에 있는 부상선수 발생 보고서에 기재된 선수에 한하여 치료비 지급

　　3) 진료영수증 원본

　　4) 해당선수 계좌사본(선수 본인 계좌 이외의 계좌일 경우 지원 불가)

　　5) 해당선수 주민등록등본(해당 선수의 주민번호 전체 표출)

제16조 (재경기 실시)_ 1. 불가항력적인 사유(필드상황, 날씨, 정전에 의한 조명 문제 등)로 인해 경기 중단 또는 진행이 불가능하게 된 경기를 '순연경기'라 하고, 순연된 경기의 개최를 '재경기'라 한다.

2. 재경기는 중앙 조직위원회 또는 운영본부가 결정하는 일시, 장소에서 실시한다.

3. 득점차가 있을 때는 중단 시점에서부터 잔여 시간만의 재경기를 갖는다.

　　1) 출전선수 및 교체대상 선수의 명단은 순연경기 중단 시점과 동일하여야 한다.

　　2) 선수교체는 순연경기를 포함하여 팀당 7명 이내로 한다.

　　3) 순연경기에서 발생된 모든 기록(득점, 도움, 경고, 퇴장 등)은 유효하다.

4. 득점차가 없을 때는 전·후반 경기를 새로 시작한다.

　　1) 출전선수 및 교체대상 선수의 명단은 순연경기와 동일하지 않아도 된다.

　　2) 선수교체는 순연경기와 관계없이 팀당 7명 이내로 한다.

　　3) 경기 기록은 순연경기에서 발생된 경고, 퇴장 기록만 인정한다.

5. 경고(2회 누적 포함), 퇴장, 징계 등 출전정지 대상자는 경기번호의 변동에 관계없이 가장 가까운 일정의 경기 순서대로 연계 적용한다.

6. 심판은 교체 배정할 수 있다.

제17조 (경고)_ 1. 경기 중 경고 2회로 퇴장당한 선수, 지도자 또는 팀 임원은 다음 1경기(경기 번호의 변동에 관계없이 가장 가까운 일정의 경기)에 출전하지 못한다.

2. 경기 중 1회 경고를 받은 선수, 지도자 또는 팀 임원이 경고 없이 바로 퇴장을 당할 경우, 다음 1경기(경기 번호의 변동에 관계없이 가장 가까운 일정의 경기)에 출전하지 못하며, 당초에 받은 경고는 그대로 누적된다.

3. 경고를 1회 받은 선수, 지도자 또는 팀 임원이 다른 경기에서 경고 2회로 퇴장당했을 경우, 퇴장 당시 받은 경고 2회는 경고 누적 횟수에서 제외된다. 당초에 받은 경고는 그대로 누적된다.

4. 본 대회의 서로 다른 경기에서 각 1회씩 최초 3회 누적하여 경고를 받은 선수, 지도자 또는 팀 임원은 다음 1경기(경기 번호의 변동에 관계없이 가장 가까운 일정의 경기)에 출전할 수 없다.

5. 4항의 출전정지 이후에 추가로 서로 다른 경기에서 각 1회씩 2회 누적 경고를 받은 선수, 지도자 또는 팀 임원은 다음 1경기(경기 번호의 변동에 관계없이 가장 가까운 일정의 경기)에 출전할 수 없다.

6. 본 대회에서 받은 경고(누적 경고 포함)는 플레이오프전 및 왕중왕전에 연계되지 않는다. 플레이오프전에 받은 경고 또한 왕중왕전에 연계되지 않는다.

7. 선수, 지도자 또는 팀 임원이 본 리그 기간 중 이적하더라도 이미 받은 경고는 새로 이적한 팀에서 연계 적용한다.

8. 경고 누적으로 인한 출전정지 대상 경기가 몰수 또는 실격 처리된 경우, 출전정지 이행으로 간주한다.

제18조 (퇴장)_ 1. 경기 도중 퇴장 당한 선수, 지도자, 임원은 다음 1경기(경기 번호의 변동에 관계없이 가장 가까운 일정의 경기)에 출전하지 못한다.

2. 퇴장 사유의 경중에 따라 공정소위원회 및 중앙 조직위원회는 잔여 경기의 출전금지 횟수를 결정할 수 있다.

3. 본 대회 최종 경기에서 당한 퇴장은 왕중왕전에 연계 적용된다.

4. 경기 도중 선수들을 터치라인 근처로 불러 모아 경기를 중단시키는 지도자 또는 임원은 즉시 퇴장 조치하고, 리그공정위원회에 회부한다.

5. 주심의 허락 없이 경기장에 무단 입장하거나, 시설 및 기물 파괴, 폭력 조장 및 선동, 오물투척 등 질서 위반행위를 한 지도자와 임원은 즉시 퇴장 조치하고 공정소위원회에 회부한다.

6. 경기 도중 퇴장당한 선수가 본 리그 기간 중 이적하더라도 본 리그에서는 퇴장의 효력이 그대로 연계 적용된다.

7. 퇴장으로 인한 출전정지 대상 경기가 몰수 또는 실격 처리된 경우, 출전정지 이행으로 간주한다.

제19조 (몰수)_ 1. 몰수라 함은 경기 결과에 관계없이 해당 경기에 대한 팀의 자격 상실을 말한다.

2. 다음 경우에 해당하는 팀은 몰수 처리한다.

　　1) 팀이 일정표상의 경기 개시 시각 15분 전까지 경기장에 도착하지 않을 경우. 단, 천재지변 등 불가피한 사유는 제외한다.

　　2) 등록은 하였으나 리그 참가신청서 명단에 없는 선수가 출전했을 경우

　　3) 경기 당일 일정표상에 명시된 경기 시간 15분 전까지 KFA 등록증 소지자가 7명 미만일 경우

　　4) 경기 도중 심판 판정 또는 기타 사유로 팀이 경기를 지연하거나 집단으로 경기장을 이탈한 뒤 감독관 등으로부터 경기 재개 통보를 받은 후 3분 이내에 경기에 임하지 않을 경우

　　5) 위 '4)'의 경기 지연 또는 경기장 이탈 행위를 한 팀이 3분 이내에 경기에 임했으나 경기 재개 후 재차 경기를 지연하거나 집단으로 경기장을 이탈한 뒤, 감독관 등으로부터 경기 재개 통보를 받은 후 주어진 3분 중에서 잔여 시간 내에 경기를 재개하지 않을 경우

　　6) 등록하지 않은 선수가 경기에 출전한 경우

　　7) 다른 선수의 KFA 등록증을 제출 후 경기에 참가시킬 경우

　　8) 그 외의 경기 출전 자격 위반 행위나 경기 포기 행위를 할 경우

3. 해당 경기 몰수 팀에 대해서는 패 처리하며, 상대팀에게는 스코어 3 : 0 승리로 처리한다. 또한 본 대회에서는 승점 3점을 준다. 단, 세 골 차 이상으로 승리했거나 이기고 있었을 경우에는 해당 스코어를 그대로 인정한다.

4. 몰수 처리 경기라 하더라도 득점, 경고, 퇴장 등 양팀 선수 개인의 경기 기록 및 실적은 인정한다. 단, 몰수팀의 출전 자격이 없는 선수가 경기출전 시 해당 선수의 기록 및 실적은 인정하지 않는다.

제20조 (실격)_ 1. 실격이라 함은 본 대회 모든 경기에 대한 팀의 자격 상실을 말한다.

2. 다음 경우에 해당하는 팀은 실격으로 처리한다.

　　1) 참가 신청 후 본 대회 전체 일정에 대한 불참 의사를 밝힌 경우

　　2) 본 대회의 잔여 경기를 더 이상 치를 수 없는 상황이 발생한 경우

　　3) 본 대회에서 2회 몰수된 경우

3. 대회 전체경기 수의 1/2 이상을 수행하지 않았을 때, 실격된 경우에는 실격 팀과의 잔여 경기를 허용하지 않으며 대회에서 얻은 승점 및 스코어를 모두 무효 처리한다. 단, 대회 전체 경기수의 1/2 후에 실격 팀이 발생한 경우에는 이전 경기결과를 인정하고, 잔여경기는 3 : 0으로 처리한다.

4. 실격 팀과의 경기라 하더라도 득점, 경고, 퇴장 등 양팀 선수 개인의 경기 기록 및 실적은 인정한다. 단, 실격 팀의 출전 자격이 없는 선수가 경기출전 시 해당 선수의 기록 및 실적은 인정하지 않는다.

제 21조 (징계 회부 사항)_ 경기와 관련하여 아래 사항에 대해서는 공정소위원회에 회부하여 징계를 심의한다.

1. 징계기간 미경과 선수가 출전하였을 경우

2. 징계 중인 지도자가 팀 벤치 또는 공개된 장소에서 지도 행위를 했을 경우

3. 경기 중 지도자 또는 임원이 벤치 이외의 장소에서 팀을 지도했을 경우

4. 경기 중 앰프를 사용한 응원을 했을 경우

5. 몰수 또는 실격 행위를 했을 경우

6. 등록 또는 리그 참가 신청과 관련한 문제로 인해 징계 심의가 필요한 경우

7. 근거 없이 경기 진행에 지장을 주는 항의를 하였다고 판단될 경우

8. 기타 대회 중 발생한 경기장 질서문란 행위 및 경기 중 또는 경기 후에라도 심각한 반칙행위나 불법 행위가 적발되어 징계 심의가 필요하다고 인정되는 경우

9. 유급선수가 유급 직전 년도에 최종 출전한 경기일이 경과하지 않은 상태에서 출전하였을 경우

10. 경기 중 폭언, 폭설(욕설), 인격모독, 성희롱 행위를 한 지도자, 임원, 선수의 경우

11. 이적 후 출전 정지 기간 미경과 선수가 출전하였을 경우

12. 3명 이상의 연령초과선수를 출전시킨 경우 (조기입학으로 인하여 유급한 자는 제외)

13. KFA 등록증을 패용하지 않은 지도자, 선수, 임원이 팀 벤치에 착석하거나 지도행위를 할 수 없는 사람이 지도행위를 한 경우

제22조 (시상) 본 대회의 시상은 전반기(1~11R) 1회, 후반기(12~22R) 1회로 총 2회 진행하며, 내역은 다음과 같다.

1. 단체상 : 우승, 준우승, 3위, 페어플레이팀

※ 후반기의 우승, 준우승, 3위는 상위그룹(A조)만 시상한다.

※ 후반기 페어플레이팀은 상하위 그룹(A,B조) 통합하여 시상한다.

2. 개인상 : 최우수선수상, 득점상, 수비상, GK상, 최우수지도자상, 득점상

3. 득점상의 경우 다득점 선수 - 출전경기수가 적은 선수 - 출전시간이 적은 선수 순으로 한다.

4. 득점상의 경우 3명 이상일 때는 시상을 취소한다.

5. 대회 중 퇴장조치 이상의 징계를 받은 선수 및 지도자는 경중에 따라 시상에서 제외될 수 있다.

6. 본 대회에서 몰수 이상(승점 감점 포함)의 팀 징계를 받을 경우 모든 시상 및 포상의 지급 대상에서 제외하고 환수조치한다.

7. 전체 경기수 중 30% 이상의 경기를 미실시한 구단과 그 소속 선수는 단체상 및 개인상 시상에서 제외한다.

8. 특별한 사유가 발생할 경우 시상 내역이 변경될 수 있으며, 시상에 관련한 사항은 운영본부 결정에 의한다.

제23조 (도핑) 1. 도핑방지규정은 선수의 건강보호와 공정한 경기운영을 위함이며, 협회에 등록된 선수 및 임원은 한국도핑방지위원회[www.kada-ad.or.kr]의 규정을 숙지하고 준수할 의무가 있다.

2. 본 대회 기간 중 한국도핑방지위원회(이하 'KADA')에서 불특정 지목되어진 선수는 KADA에서 시행하는 도핑검사 절차를 반드시 준수해야 한다.

3. 본 대회 전 또는 기간 중 치료를 위해 금지약물을 복용할 경우, KADA의 지침에 따라 해당 선수는 치료 목적 사용면책(이하 'TUE') 신청서를 작성/제출해야 한다.

4. 협회 등록 소속 선수 및 관계자(감독, 코치, 트레이너, 팀의무, 기타임원 등 모든 관계자)는 항상 도핑을 방지할 의무가 있으며, 본 규정에 따라 KADA의 도핑검사 절차에 어떠한 방식으로도 관여할 수 없다.

5. 도핑검사 후 금지물질이 검출될 경우 KADA의 제재 조치를 따라야 한다.

제24조 (기타) 1. 경기에 참가하는 팀은 경기 당일 유니폼 2벌(스타킹 포함)을 필히 지참하여야 한다. 경기에 참가하는 두 팀의 유니폼(스타킹 포함) 색상이 동일할 때는 원정팀이 보조 유니폼(스타킹 포함)을 착용한다. 이도 동일하거나 색상 구분이 명확하지 않을 경우에는 홈팀이 보조 유니폼을 착용한다(이 외의 상황은 리그운영감독관 및 심판진의 결정에 따른다).

2. 경기에 출전하는 선수의 상하 유니폼 번호는 반드시 리그 참가신청서에 기재된 것과 동일해야 하며, 번호 표기는 유니폼 색상과 명확히 판별할 수 있게 해야 한다. 번호가 동일하지 않을 경우 해당 선수는 참가 신청서에 기재된 번호가 새겨진 유니폼으로 갈아입은 후 출전해야 한다. 이를 위반하는 선수는 해당 경기에 출전할 수 없다.

3. 경기에 출전하는 모든 선수들(선발선수 11명 외 교체선수 포함)은 KFA 등록증을 지참하여 경기 시작 전 리그운영감독관에게 제출하여 확인을 받아야 한다. KFA 등록증을 지참하지 않았을 시, 해당 선수는 경기에 출전하지 못한다. 교체 선수는 본인의 KFA 등록증을 지참 후 리그운영감독관에게 직접 제출하여 교체 승인 후 교체되어야 한다.

4. 출전선수는 신체 보호를 위해 반드시 정강이 보호대(Shin Guard)를 착용하고 경기에 임해야 한다.

5. 기능성 의류를 입고 출전할 때는, 상·하 유니폼과 각각 동일한 색상을 입어야 한다.

6. 경기에 출전하는 팀의 주장 선수는 완장을 차고 경기에 출전하여야 한다.

7. 스타킹 위에 테이핑 또는 비슷한 재질의 색상은 스타킹의 주 색상과 같아야 한다.

8. 경기에 참가하는 팀은 팀과 무관한 국내외 다른 팀의 엠블럼이나 명칭을 사용할 수 없으며, 다른 선수의 이름이 부착된 유니폼을 착용해서는 안 된다.

9. 대회에 참가하는 모든 선수는 참가팀에서 반드시 심장, 호흡기관 등 신체 건강에 이상이 없는지 점검한 후 선수를 출전시켜야 하며, 이로 인한 사고가 발생할 경우 해당 팀에 그 책임이 있다.

10. 참가팀은 선수 부상을 비롯한 각종 사고에 대비하기 위해 보험 가입을 권장한다.

11. 경기와 관련한 제소는 육하원칙에 의해 팀 대표자 명의로 공문을 작성하여 경기 종료 후 48시간 이내에 하여야 한다. 경기 중 제소는 허용하지 않으며, 심판 판정에 대한 제소는 대상에서 제외한다.

12. 리그에 참가하는 팀은 반드시 리그운영규정을 확인하고 숙지해야 할 의무가 있다. 또한 경고, 퇴장, 공정(상)위원회 징계 등에 따라 출전이 정지된 선수, 지도자, 임원의 출전으로 인한 모든 책임 및 미확인(숙지)에 따른 불이익은 해당 팀이 감수하여야 한다.

13. 리그에 참가하는 팀은 반드시 대한축구협회 통합 온라인 시스템(joinkfa.com)을 통하여 리그 참가에 관한 일체의 정보(공문서, 안내문,공지사항 등)를 확인할 의무가 있으며, 미확인(숙지)에 따른 불이익은 참가팀이 감수하여야 한다.

14. 대회운영은 협회 국내대회승인 및 운영규정에 의거하여 실시한다.

15. 본 대회는 협회 및 운영본부로부터 기승인된 EPTS 시스템을 운영하며, 세부사항은 FIFA 경기규정서(규칙 4.선수의 장비 내 4.기타 장비)에 따른다.

16. '코로나19' 관련 상황 발생 시, 연맹 및 협회에서 배포한 '코로나19' 대응 매뉴얼에 따른다.

제25조 (마케팅 권리) 1. 본 대회 마케팅과 관련된 모든 권리는 운영본부에 있으며, 미승인된 마케팅의 활동은 금지한다.

2. 참가팀은 운영본부의 상업적 권리 사용에 대해 적극 협조하여야 한다.

제26조 (부칙) 1. 본 대회규정에 명시되지 않은 사항은 운영본부의 결정 및 전국 초중고 축구리그 운영 규정에 따른다.

2. 대회 중 징계사항은 대회운영본부의 확인 후, 초중고 리그 공정위원회의 결정에 따른다.

2023 K리그 주니어 U18 경기일정표 및 결과

A그룹 전반기

경기일자	경기시간	홈팀	경기결과	원정팀	경기장소
03.03(금)	14:00	서울	8:0	김포	GS챔피언스파크
03.04(토)	14:00	안양	2:1	서울E	자유공원
	14:00	부천	1:0	강원	북부수원생태공원
	11:00	안산	0:3	인천	안산유소년스포츠타운1구장
	10:30	제주	4:1	성남	공천포A구장
03.11(토)	11:00	안산	1:5	서울	안산유소년스포츠타운1구장
	10:00	서울E	4:2	김포	청평생활체육공원
	14:00	강원	1:2	수원FC	강릉제일고
03.18(토)	14:00	서울	2:0	서울E	GS챔피언스파크
	11:00	인천	2:0	부천	송도LNG주경기장
	14:00	안양	0:0	안산	자유공원
	14:00	김포	1:7	수원	김포솔터축구장 인조
03.24(금)	14:00	수원FC	2:0	부천	수원종합운동장 보조구장
03.25(토)	14:00	수원	6:0	안양	수원W 인조1
	11:00	안산	0:0	성남	안산유소년스포츠타운1구장
	15:00	서울	3:1	강원	GS챔피언스파크
03.29(수)	14:00	부천	2:2	안양	북부수원생태공원
03.31(금)	14:00	김포	1:4	수원FC	김포솔터축구장 인조
04.01(토)	16:00	성남	0:0	수원	성남축구센터
	13:45	부천	1:0	서울E	북부수원생태공원
	14:00	안양	0:4	서울	자유공원
	11:00	인천	2:1	제주	인천유나이티드 축구센터
04.07(금)	16:00	수원FC	0:1	서울	수원종합운동장 보조구장
04.08(토)	14:00	안양	1:2	강원	자유공원
	15:00	수원	2:2	부천	수원W 인조1
	14:00	김포	0:3	인천	김포솔터축구장 인조
	11:00	제주	2:2	안산	공천포A구장
	10:00	서울E	1:4	성남	청평생활체육공원
04.15(토)	17:00	성남	4:1	안양	성남축구센터
	14:00	서울	2:2	수원	GS챔피언스파크
	10:00	서울E	3:2	강원	청평생활체육공원
	15:00	인천	3:1	수원FC	송도LNG축구장(주)
	14:00	안산	3:2	김포	안산유소년스포츠타운1구장
04.22(토)	14:00	강원	4:2	성남	강릉제일고
	14:00	안양	2:1	김포	자유공원
	14:00	서울	4:1	부천	GS챔피언스파크
	11:00	안산	2:4	서울E	안산유소년스포츠타운1구장
	15:00	수원	2:2	인천	수원W 인조1
04.26(수)	20:00	서울E	0:2	인천	아시아퍼시픽국제학교
	14:00	부천	1:3	제주	북부수원생태공원
04.29(토)	14:00	제주	1:4	수원	공천포A구장
	12:00	강원	4:0	안산	강릉제일고
05.19(금)	16:00	수원FC	5:1	안양	수원종합운동장 보조구장
05.20(토)	14:00	부천	3:1	안산	북부수원생태공원
	10:00	김포	2:3	성남	양촌골든밸리 축구장

경기일자	경기시간	홈팀	경기결과	원정팀	경기장소
	14:00	인천	0:2	강원	승기구장
	14:00	수원	4:2	서울E	수원W 인조1
05.24(수)	14:00	제주	3:1	서울	제주클럽하우스
05.26(금)	14:00	수원	1:3	수원FC	수원W 인조1
05.27(토)	14:00	성남	2:1	인천	성남축구센터
	14:00	강원	4:1	제주	강릉제일고
05.31(수)	11:00	제주	0:2	수원FC	공천포A구장
06.02(금)	18:00	서울E	2:2	수원FC	수원종합운동장 보조구장
	15:00	서울	2:0	인천	GS챔피언스파크
06.03(토)	16:00	성남	0:1	부천	성남축구센터
	11:00	안산	0:4	수원	안산유소년스포츠타운1구장
	14:00	강원	3:1	김포	강릉제일고
	14:00	안양	1:3	제주	자유공원
06.07(수)	18:00	수원FC	0:2	성남	성남축구센터
	11:00	제주	2:0	김포	공천포A구장
06.10(토)	14:00	성남	1:0	서울	성남축구센터
	14:00	강원	3:2	수원	강릉제일고
	14:00	인천	2:1	안양	중구국민체육센터
	14:00	서울E	4:2	제주	청평생활체육공원
	14:00	김포	0:7	부천	김포솔터축구장 인조
	14:00	수원FC	6:0	안산	수원W 인조2

B그룹 전반기

경기일자	경기시간	홈팀	경기결과	원정팀	경기장소
03.04(토)	14:00	포항	2:2	전남	포철고 포항진다구장
	14:00	울산	2:1	전북	미포구장
	14:00	천안	0:2	경남	천안축구센터인조3구장
	13:00	부산	0:0	김천	개성고등학교
	14:00	광주	4:1	대전	금호고등학교
03.11(토)	14:00	경남	3:3	전남	진주문산스포츠파크
	14:00	대구	4:0	천안	현풍고
	14:00	대전	0:3	포항	안영생활체육공원
	14:00	김천	1:0	충남아산	대한법률구조공단 법문화교육센터
	10:30	전북	3:1	부산	전북현대클럽하우스
	14:00	울산	0:2	광주	미포구장
03.18(토)	14:00	대구	1:1	대전	현풍고
	14:00	경남	1:1	김천	진주문산스포츠파크
	14:00	포항	1:0	천안	포철고 인조잔디구장
	14:00	광주	1:1	충남아산	금호고등학교
	11:00	전남	2:3	전북	송죽구장
	14:00	부산	1:2	울산	개성고등학교
03.25(토)	14:00	천안	1:5	전북	천안축구센터인조3구장
	14:00	부산	2:3	전남	개성고등학교
	14:00	광주	2:2	대구	금호고등학교
	14:00	대전	3:7	김천	안영생활체육공원

Section
7

2023
경
기
기
록
부

경기일자	경기시간	홈팀	경기결과	원정팀	경기장소
	14:00	충남아산	0:1	포항	아산선장축구장 2구장
	14:00	울산	1:0	경남	서부구장
04.01(토)	10:00	전남	0:1	광주	송죽구장
	14:00	대구	1:1	부산	현풍고
	10:30	전북	2:0	경남	전북현대클럽하우스
	14:00	김천	5:1	천안	대한법률구조공단 법문화교육센터
	14:00	포항	3:0	울산	포철고 인조잔디구장
	14:00	충남아산	0:6	대전	아산선장축구장 2구장
04.08(토)	14:00	천안	1:4	대전	천안축구센터인조3구장
	14:00	김천	0:2	대구	대한법률구조공단 법문화교육센터
	10:00	전남	0:6	울산	송죽구장
	14:00	부산	3:3	광주	개성고등학교
	14:00	포항	0:3	전북	포철고 인조잔디구장
04.15(토)	14:00	부산	4:0	천안	개성고등학교
	14:00	대구	1:2	전남	현풍고
	14:00	대전	0:1	경남	안양생활체육공원
	14:00	울산	3:1	충남아산	서부구장
04.22(토)	14:00	충남아산	2:2	부산	아산선장축구장 2구장
	12:00	울산	2:2	천안	서부구장
	14:00	김천	0:3	포항	대한법률구조공단 법문화교육센터
	14:00	경남	1:0	광주	진주문산스포츠파크
	12:00	전북	1:3	대구	전북현대클럽하우스
04.26(수)	14:00	충남아산	1:1	대구	아산선장축구장 2구장
04.29(토)	14:00	광주	0:0	포항	금호고등학교
	14:00	경남	0:0	부산	진주문산스포츠파크
	12:00	천안	1:4	광주	천안축구센터인조2구장
	14:00	충남아산	1:0	전남	아산선장축구장 2구장
	14:00	대전	1:5	전북	안양생활체육공원
05.27(토)	14:00	경남	2:2	충남아산	진주문산스포츠파크
	10:30	전북	2:0	김천	전북현대클럽하우스
	14:00	포항	0:0	대구	포철고 인조잔디구장
06.03(토)	10:00	전남	4:2	김천	송죽구장
	14:00	대구	1:0	경남	현풍고
	14:00	광주	4:1	전북	금호고등학교
	14:00	부산	2:4	포항	개성고등학교
	14:00	울산	1:3	대전	서부구장
	12:00	천안	0:5	충남아산	천안축구센터인조3구장
06.06(화)	14:00	경남	0:2	포항	모덕체육공원
06.07(수)	15:00	전남	2:1	대전	송죽구장
	14:00	김천	1:4	울산	대한법률구조공단 법문화교육센터
06.10(토)	14:00	대전	1:4	부산	안양생활체육공원
	14:00	김천	0:5	광주	대한법률구조공단 법문화교육센터
	14:00	전북	3:1	충남아산	전북현대클럽하우스
	14:00	대구	0:0	울산	현풍고
	14:00	전남	3:1	천안	송죽구장

A그룹 후반기 상위스플릿

경기일자	경기시간	홈팀	경기결과	원정팀	경기장소
06.24(토)	10:00	광주	1:2	성남	금호고등학교
	15:00	대구	0:0	수원FC	현풍고
	10:30	서울	2:2	전남	GS챔피언스파크
	10:30	전북	1:3	포항	전북현대클럽하우스
06.30(금)	17:00	수원FC	4:1	강원	수원종합운동장 보조구장
07.01(토)	10:00	전남	3:2	수원	송죽구장
	14:00	포항	2:0	울산	포철고 인조잔디구장
	18:00	서울	2:0	광주	GS챔피언스파크
	10:30	전북	3:6	인천	전북현대클럽하우스
08.26(토)	17:00	수원	2:1	수원FC	수원W 인조1
09.01(금)	18:00	수원FC	0:5	성남	수원종합운동장 보조구장
09.02(토)	14:00	광주	5:3	강원	금호고등학교
09.09(토)	10:00	전남	0:0	대구	송죽구장
	14:00	울산	3:2	수원FC	서부구장
09.13(수)	16:00	강원	0:3	울산	강릉제일고
	17:00	광주	2:0	전북	금호고등학교
09.15(금)	18:00	수원FC	1:2	인천	수원종합운동장 보조구장
09.16(토)	14:00	전남	3:0	강원	송죽구장
	10:30	전북	3:0	울산	전북현대클럽하우스
	14:00	포항	4:1	대구	포철고 인조잔디구장
		광주	4:2	수원	금호고등학교
09.20(수)	14:30	전북	2:2	수원	전북현대클럽하우스
09.22(금)	11:00	서울	6:0	울산	GS챔피언스파크
09.23(토)	16:00	인천	1:1	수원	송도NG축구장(주)
	14:00	강원	2:1	포항	강릉제일고
	11:00	대구	2:1	광주	현풍고
09.27(수)	14:00	울산	1:3	성남	서부구장
	10:00	포항	5:4	인천	포철고 인조잔디구장
10.06(금)	18:00	수원FC	0:6	포항	수원종합운동장 보조구장
10.07(토)	14:00	울산	2:2	전남	서부구장
	16:00	성남	2:0	수원	성남축구센터
	16:00	인천	2:3	광주	송도NG축구장(주)
	15:00	강원	2:2	서울	강릉제일고
	14:00	대구	2:3	전북	현풍고
10.10(화)	14:00	인천	1:3	서울	송도NG축구장(주)
10.14(토)	14:00	포항	1:1	전남	포철고 인조잔디구장
10.20(금)	14:00	인천	3:3	대구	송도NG축구장(보조)
10.21(토)	14:00	포항	1:1	성남	포철고 인조잔디구장
	10:30	전북	0:4	서울	전북현대클럽하우스
	14:00	수원	1:1	강원	수원W 인조1
	14:00	광주	1:0	울산	금호고등학교
	14:00	전남	5:1	수원FC	송죽구장
10.25(수)	14:00	수원	1:4	포항	수원W 인조1
	15:30	강원	1:2	전북	강릉제일고
	15:00	서울	4:2	성남	GS챔피언스파크

경기일자	경기시간	홈팀	경기결과	원정팀	경기장소
10.27(금)	18:00	수원FC	1:5	광주	수원종합운동장 보조구장
10.28(토)	15:00	울산	4:3	대구	현대중학교
	16:00	성남	2:4	전북	성남축구센터
	15:00	서울	0:1	수원	GS챔피언스파크
11.01(수)	15:00	대구	0:1	서울	현풍고
	10:30	성남	0:2	전남	성남축구센터
	15:00	강원	0:0	인천	강릉제일고
11.03(금)	14:00	수원	1:2	울산	수원W 인조1
	14:00	인천	2:2	성남	중구국민체육센터
11.04(토)	10:30	전북	3:5	전남	전북현대클럽하우스
	14:00	서울	5:2	수원FC	GS챔피언스파크
	14:00	광주	2:3	포항	금호고등학교
	14:00	대구	1:2	강원	현풍고
11.08(수)	17:00	성남	0:2	대구	성남축구센터
	10:00	인천	1:2	전남	송도LNG축구장(주)
11.11(토)	14:00	울산	2:1	인천	서부구장
	14:00	수원	6:0	대구	수원W 인조1
	14:00	포항	2:1	서울	포철고 인조잔디구장
	14:00	전남	3:1	광주	송죽구장
	14:00	성남	2:0	강원	성남축구센터
	14:00	수원FC	8:2	전북	수원종합운동장 보조구장

B그룹 후반기_하위스플릿

경기일자	경기시간	홈팀	경기결과	원정팀	경기장소
06.24(토)	18:00	대전	2:1	천안	안영생활체육공원
	14:00	김포	1:1	안양	김포솔터축구장 인조
	14:00	서울E	3:2	충남아산	가평종합보조 희망구장
	11:00	김천	4:3	안산	대한법률구조공단 법문화교육센터
07.01(토)	10:00	충남아산	3:1	대전	아산선장축구장 2구장
	16:00	제주	0:1	경남	공천포A구장
	17:00	부천	1:1	김포	북부수자원생태공원
08.18(금)	17:00	안양	1:1	김천	자유공원
08.26(토)	17:00	서울E	3:3	부천	청평생활체육공원
	18:00	대전	2:0	안산	안영생활체육공원
	10:30	경남	6:0	안양	진주문산스포츠파크
	17:00	부산	2:1	김천	개성고등학교
09.02(토)	14:00	충남아산	2:0	부천	아산선장축구장 2구장
	14:00	천안	3:1	김포	청당체육공원
	11:00	안산	1:3	경남	안산유소년스포츠타운 2구장
	17:00	부산	1:1	대전	개성고등학교
	14:00	김천	3:3	제주	대한법률구조공단 법문화교육센터
09.08(금)	14:00	부천	1:1	안산	북부수자원생태공원
09.09(토)	14:00	김포	0:3	제주	김포솔터축구장 인조
	18:00	대전	3:1	김천	안영생활체육공원
	14:00	충남아산	3:1	안양	아산선장축구장 2구장
	10:00	서울E	0:2	부산	청평생활체육공원

경기일자	경기시간	홈팀	경기결과	원정팀	경기장소
	15:00	경남	2:0	천안	진주문산스포츠파크
09.16(토)	14:00	제주	1:4	대전	외도1구장
	16:00	부산	3:0	김포	개성고등학교
	14:00	안양	2:7	부천	자유공원
	14:00	천안	2:2	서울E	천안축구센터인조3구장
	11:00	김천	1:0	경남	대한법률구조공단 법문화교육센터
	11:00	안산	0:7	충남아산	안산유소년스포츠타운 2구장
09.22(금)	14:00	안양	2:1	서울E	자유공원
09.23(토)	15:00	부산	0:1	제주	개성고등학교
	11:00	경남	0:1	부천	진주문산스포츠파크
10.05(목)	14:00	충남아산	2:0	제주	아산선장축구장 2구장
10.07(토)	14:00	부천	2:2	천안	북부수자원생태공원
	11:00	김포	0:5	김천	김포솔터축구장 인조
	14:00	경남	1:0	부산	산청남부체육공원
	14:00	안양	2:0	안산	자유공원
	10:00	서울E	1:1	대전	청평생활체육공원
10.13(금)	16:00	김포	0:1	충남아산	김포솔터축구장 인조
10.14(토)	11:00	안산	0:2	서울E	와동인조잔디구장
10.20(금)	18:00	천안	0:4	충남아산	천안축구센터인조1구장
	14:00	제주	1:2	안양	공천포A구장
10.21(토)	14:00	대전	1:2	부천	안영생활체육공원
	13:00	김천	1:5	서울E	대한법률구조공단 법문화교육센터
	14:00	경남	4:1	김포	진주문산스포츠파크
	11:00	부산	2:0	안산	개성고등학교
10.25(수)	14:00	천안	2:4	부산	천안축구센터인조3구장
10.27(금)	17:00	대전	2:1	김포	안영생활체육공원
10.28(토)	14:00	부천	2:1	김천	북부수자원생태공원
	14:00	충남아산	4:1	부산	아산선장축구장 2구장
	14:00	안양	1:0	천안	자유공원
	10:00	서울E	1:2	경남	청평생활체육공원
	14:00	안산	2:0	제주	안산유소년스포츠타운 2구장
11.01(수)	14:00	천안	2:2	안산	천안축구센터인조3구장
11.03(금)	14:00	제주	2:0	부천	공천포A구장
11.04(토)	11:00	김포	3:4	서울E	김포솔터축구장 인조
	14:00	경남	1:1	대전	진주문산스포츠파크
	14:00	김천	0:2	충남아산	대한법률구조공단 법문화교육센터
	14:00	부산	1:1	안양	개성고등학교
11.07(화)	14:00	제주	1:1	천안	공천포A구장
11.10(금)	14:00	천안	1:3	김천	천안축구센터인조3구장
11.11(토)	14:00	충남아산	0:1	경남	아산선장축구장 2구장
	14:00	안양	2:2	대전	자유공원
	14:00	안산	3:1	김포	안산유소년스포츠타운 2구장
	14:00	제주	1:2	서울E	공천포A구장
	14:00	부천	4:0	부산	북부수자원생태공원

2023 K리그 주니어 U18 팀 순위

A그룹 전반기

순위	팀명	경기수	승점	승	무	패	득점	실점	득실차
1	서울	11	25	8	1	2	32	9	23
2	수원FC	11	22	7	1	3	27	12	15
3	강원	11	21	7	0	4	26	16	10
4	인천	11	20	6	2	3	18	11	7
5	성남	11	20	6	2	3	19	14	5
6	수원	11	19	5	4	2	34	16	18
7	부천	11	18	5	3	3	19	14	5
8	제주	11	16	5	1	5	22	22	0
9	서울E	11	13	4	1	6	21	25	-4
10	안양	11	8	2	2	7	11	30	-19
11	안산	11	6	1	3	7	9	33	-24
12	김포	11	0	0	0	11	10	46	-36

A그룹 후반기_ 상위스플릿

순위	팀명	경기수	승점	승	무	패	득점	실점	득실차
1	전북	11	24	8	0	3	29	15	14
2	포항	11	24	7	3	1	19	7	12
3	광주	11	22	6	4	1	26	10	16
4	울산	11	20	6	2	3	21	14	7
5	대구	11	18	4	6	1	16	8	8
6	전남	11	17	5	2	4	21	23	-2
7	경남	11	13	3	4	4	10	12	-2
8	부산	11	11	2	5	4	20	19	1
9	김천	11	11	3	2	6	17	25	-8
10	충남아산	11	10	2	4	5	14	20	-6
11	대전	11	10	3	1	7	21	29	-8
12	천안	11	1	0	1	10	7	39	-32

B그룹 전반기

순위	팀명	경기수	승점	승	무	패	득점	실점	득실차
1	전북	11	24	8	0	3	29	15	14
2	포항	11	24	7	3	1	19	7	12
3	광주	11	22	6	4	1	26	10	16
4	울산	11	20	6	2	3	21	14	7
5	대구	11	18	4	6	1	16	8	8
6	전남	11	17	5	2	4	21	23	-2
7	경남	11	13	3	4	4	10	12	-2
8	부산	11	11	2	5	4	20	19	1
9	김천	11	11	3	2	6	17	25	-8
10	충남아산	11	10	2	4	5	14	20	-6
11	대전	11	10	3	1	7	21	29	-8
12	천안	11	1	0	1	10	7	39	-32

B그룹 후반기_ 하위스플릿

순위	팀명	경기수	승점	승	무	패	득점	실점	득실차
1	충남아산	11	27	9	0	2	30	7	23
2	경남	11	25	8	1	2	21	6	15
3	부천	11	19	5	4	2	23	15	8
4	대전	11	19	5	4	2	20	14	6
5	서울E	11	18	5	3	3	24	19	5
6	부산	11	17	5	2	4	16	15	1
7	안양	11	16	4	4	3	15	23	-8
8	김천	11	14	4	2	5	21	22	-1
9	제주	11	11	3	2	6	13	17	-4
10	안산	11	8	2	2	7	12	26	-14
11	천안	11	7	1	4	6	14	24	-10
12	김포	11	2	0	2	9	9	30	-21

AFC 챔피언스리그 2023~2024

F조	경기	승	무	패	득	실	득실	승점
방콕 유나이티드 (THA)	6	4	1	1	11	8	3	13
전북 현대 모터스 (KOR)	6	4	0	2	12	9	3	12
라이언 시티 (SGP)	6	2	0	4	5	9	-4	6
킷치 SC (HKG)	6	1	1	4	7	9	-2	4

I조	경기	승	무	패	득	실	득실	승점
가와사키 프론탈레 (JPN)	6	3	2	1	17	6	11	16
울산 현대 (KOR)	6	2	3	1	12	8	4	10
조호르 FC (MAS)	6	2	1	3	11	13	-2	9
BG 빠툼 유나이티드 (THA)	6	2	0	4	9	22	-13	0

G조	경기	승	무	패	득	실	득실	승점
요코하마 F. 마리노스 (JPN)	6	4	0	2	12	7	5	12
산둥 타이산 (CHN)	6	4	0	2	14	7	7	12
인천 유나이티드 (KOR)	6	4	0	2	14	9	5	12
카야 FC 일로일로 (PHI)	6	0	0	6	4	21	-17	0

J조	경기	승	무	패	득	실	득실	승점
포항 스틸러스 (KOR)	6	5	1	0	14	5	9	16
우라와 레즈 다이아몬즈 (JPN)	6	2	1	3	12	9	3	7
하노이 FC (VIE)	6	2	0	4	7	16	-9	6
우한 싼전 (CHN)	6	1	2	3	8	11	-3	5

F조

일자	한국시각	홈팀	스코어	원정팀
09.20	19:00	전북 현대 모터스 (KOR)	2 : 1	킷치 SC (HKG)
09.20	21:00	라이언 시티 (SGP)	1 : 2	방콕 유나이티드 (THA)
10.04	21:00	킷치 SC (HKG)	1 : 2	라이언 시티 (SGP)
10.04	21:00	방콕 유나이티드 (THA)	3 : 2	전북 현대 모터스 (KOR)
10.25	19:00	전북 현대 모터스 (KOR)	3 : 0	라이언 시티 (SGP)
10.25	21:00	킷치 SC (HKG)	1 : 2	방콕 유나이티드 (THA)
11.08	19:00	라이언 시티 (SGP)	2 : 0	전북 현대 모터스 (KOR)
11.08	21:00	방콕 유나이티드 (THA)	1 : 1	킷치 SC (HKG)
11.29	19:00	킷치 SC (HKG)	1 : 2	전북 현대 모터스 (KOR)
11.29	23:00	방콕 유나이티드 (THA)	1 : 0	라이언 시티 (SGP)
12.13	19:00	전북 현대 모터스 (KOR)	3 : 2	방콕 유나이티드 (THA)
12.13	19:00	라이언 시티 (SGP)	0 : 2	킷치 SC (HKG)

G조

일자	한국시각	홈팀	스코어	원정팀
09.19	19:00	요코하마 F. 마리노스 (JPN)	2 : 4	인천 유나이티드 (KOR)
09.19	21:00	카야 FC 일로일로 (PHI)	1 : 3	산둥 타이산 (CHN)
10.03	19:00	인천 유나이티드 (KOR)	4 : 0	카야 FC 일로일로 (PHI)
10.03	21:00	산둥 타이산 (CHN)	0 : 1	요코하마 F. 마리노스 (JPN)
10.25	19:00	인천 유나이티드 (KOR)	0 : 2	산둥 타이산 (CHN)
10.25	19:00	요코하마 F. 마리노스 (JPN)	3 : 0	카야 FC 일로일로 (PHI)
11.07	19:00	산둥 타이산 (CHN)	3 : 1	인천 유나이티드 (KOR)
11.07	21:00	카야 FC 일로일로 (PHI)	1 : 2	요코하마 F. 마리노스 (JPN)
11.28	19:00	인천 유나이티드 (KOR)	2 : 1	요코하마 F. 마리노스 (JPN)
11.28	21:00	산둥 타이산 (CHN)	6 : 1	카야 FC 일로일로 (PHI)
12.13	17:00	요코하마 F. 마리노스 (JPN)	3 : 0	산둥 타이산 (CHN)
12.13	17:00	카야 FC 일로일로 (PHI)	1 : 3	인천 유나이티드 (KOR)

I조

일자	한국시각	홈팀	스코어	원정팀
09.19	19:00	울산 현대 (KOR)	3 : 1	BG 빠툼 유나이티드 (THA)
09.19	21:00	조호르 FC (MAS)	0 : 1	가와사키 프론탈레 (JPN)
10.03	19:00	가와사키 프론탈레 (JPN)	1 : 0	울산 현대 (KOR)
10.03	21:00	BG 빠툼 유나이티드 (THA)	2 : 4	조호르 FC (MAS)
10.24	19:00	울산 현대 (KOR)	3 : 1	조호르 FC (MAS)
10.24	21:00	BG 빠툼 유나이티드 (THA)	2 : 4	가와사키 프론탈레 (JPN)
11.07	19:00	가와사키 프론탈레 (JPN)	4 : 2	BG 빠툼 유나이티드 (THA)
11.07	21:00	조호르 FC (MAS)	2 : 1	울산 현대 (KOR)
11.28	19:00	BG 빠툼 유나이티드 (THA)	1 : 3	울산 현대 (KOR)
11.28	19:00	가와사키 프론탈레 (JPN)	5 : 0	조호르 FC (MAS)
12.12	19:00	울산 현대 (KOR)	2 : 2	가와사키 프론탈레 (JPN)
12.12	19:00	조호르 FC (MAS)	4 : 1	BG 빠툼 유나이티드 (THA)

J조

일자	한국시각	홈팀	스코어	원정팀
09.20	21:00	우한 싼전 (CHN)	2 : 2	우라와 레즈 (JPN)
09.20	21:00	하노이 FC (VIE)	2 : 4	포항 스틸러스 (KOR)
10.04	19:00	우라와 레즈 (JPN)	6 : 0	하노이 FC (VIE)
10.04	19:00	포항 스틸러스 (KOR)	3 : 1	우한 싼전 (CHN)
10.24	19:00	우라와 레즈 (JPN)	0 : 2	포항 스틸러스 (KOR)
10.24	21:00	우한 싼전 (CHN)	2 : 1	하노이 FC (VIE)
11.08	19:00	포항 스틸러스 (KOR)	2 : 1	우라와 레즈 (JPN)
11.08	21:00	하노이 FC (VIE)	2 : 1	우한 싼전 (CHN)
11.29	19:00	우라와 레즈 (JPN)	2 : 1	우한 싼전 (CHN)
11.29	19:00	포항 스틸러스 (KOR)	2 : 0	하노이 FC (VIE)
12.06	21:00	우한 싼전 (CHN)	1 : 1	포항 스틸러스 (KOR)
12.06	21:00	하노이 FC (VIE)	2 : 1	우라와 레즈 (JPN)

Section 8

시 즌 별 기 타 기 록

역대 시즌별 팀 순위

연도	구분	대회명		1위	2위	3위	4위	5위	6위	7위
1983	정규 리그	83 수퍼리그		할렐루야 6승 8무 2패	대우 6승 7무 3패	유공 5승 7무 4패	포항제철 6승 4무 6패	국민은행 3승 2무 11패		
1984	정규 리그	84 축구대제전 수퍼리그	전기	유공 9승 2무 3패	대우 9승 2무 3패	현대 6승 6무 2패	할렐루야 5승 3무 6패	럭키금성 5승 3무 6패	포항제철 3승 5무 6패	한일은행 3승 4무 7패
			후기	대우 8승 4무 2패	현대 7승 4무 3패	포항제철 7승 2무 5패	할렐루야 5승 5무 4패	유공 4승 7무 3패	한일은행 2승 5무 7패	럭키금성 3승 3무 8패
			챔피언 결정전	대우 1승 1무	유공 1무 1패					
1985	정규 리그	85 축구대제전 수퍼리그		럭키금성 10승 7무 4패	포항제철 9승 7무 5패	대우 9승 7무 5패	현대 10승 4무 7패	유공 7승 5무 9패	상무 6승 7무 8패	한일은행 3승 10무 8패
1986	정규 리그	86 축구 대제전	춘계	포항제철 3승 5무 2패	럭키금성 3승 5무 2패	유공 4승 2무 4패	대우 4승 2무 4패	한일은행 3승 3무 4패	현대 2승 5무 4패	
			추계	럭키금성 7승 2무 1패	현대 5승 4무 1패	대우 6승 4패	유공 3승 3무 4패	포항제철 2승 2무 6패	한일은행 1승 1무 8패	
			챔피언 결정전	포항제철 1승 1무	럭키금성 1무 1패					
	리그 컵	86 프로축구 선수권대회		현대 10승 3무 3패	대우 7승 2무 7패	유공 4승 7무 5패	포항제철 6승 1무 9패	럭키금성 4승 5무 7패		
1987	정규 리그	87 한국프로축구 대회		대우 16승 14무 2패	포항제철 16승 8무 8패	유공 9승 9무 14패	현대 7승 12무 13패	럭키금성 7승 7무 18패		
1988	정규 리그	88 한국프로축구 대회		포항제철 9승 9무 6패	현대 10승 5무 9패	유공 8승 8무 8패	럭키금성 6승 11무 7패	대우 8승 5무 11패		
1989	정규 리그	89 한국프로축구 대회		유공 17승 15무 8패	럭키금성 15승 17무 8패	대우 14승 14무 12패	포항제철 13승 14무 13패	일화 6승 21무 13패	현대 7승 15무 18패	
1990	정규 리그	90 한국프로축구 대회		럭키금성 14승 11무 5패	대우 12승 11무 7패	포항제철 9승 10무 11패	유공 8승 12무 10패	현대 6승 14무 10패	일화 7승 9무 14패	
1991	정규 리그	91 한국프로축구 대회		대우 17승 18무 5패	현대 13승 16무 11패	포항제철 12승 15무 13패	유공 10승 17무 13패	일화 13승 11무 16패	LG 9승 15무 16패	
1992	정규 리그	92 한국프로축구 대회		포항제철 13승 9무 8패	일화 10승 14무 6패	현대 13승 6무 11패	LG 8승 13무 9패	대우 7승 14무 9패	유공 7승 8무 15패	
	리그 컵	92 아디다스컵		일화 7승 3패	LG 5승 5패	포항제철 5승 5패	유공 6승 4패	현대 4승 6패	대우 3승 7패	
1993	정규 리그	93 한국프로축구 대회		일화 13승 11무 6패	LG 10승 11무 9패	현대 10승 10무 10패	포항제철 8승 14무 8패	유공 7승 13무 10패	대우 5승 15무 10패	
	리그 컵	93 아디다스컵		포항제철 4승 1패	현대 4승 1패	대우 3승 2패	LG 2승 3패	일화 2승 3패	유공 5패	
1994	정규 리그	94 하이트배 코리안리그		일화 15승 9무 6패	유공 14승 9무 7패	포항제철 13승 11무 6패	현대 11승 13무 6패	LG 12승 7무 11패	대우 7승 6무 17패	전북버팔로 3승 5무 22패
	리그 컵	94 아디다스컵		유공 3승 2무 1패	LG 3승 2무 1패	대우 2승 3무 1패	일화 2승 2무 2패	현대 1승 3무 2패	전북버팔로 2승 4패	포항제철 1승 2무 3패
1995	정규 리그	95 하이트배 코리안리그	전기	일화 10승 3무 1패	현대 7승 5무 2패	포항 7승 5무 2패	대우 5승 6무 3패	유공 4승 4무 6패	전남 4승 4무 6패	전북 4승 10패
			후기	포항 8승 5무 1패	유공 5승 5무 4패	현대 4승 7무 3패	전북 5승 4무 5패	전남 4승 5무 5패	LG 3승 6무 5패	일화 3승 6무 5패
			참피온	일화 1승 2무	포항 2무 1패					
	리그 컵	95 아디다스컵		현대 5승 2무	일화 3승 4무	대우 3승 2무 2패	전북 2승 2무 3패	유공 2승 2무 3패	LG 1승 3무 3패	포항 1승 3무 3패
1996	정규 리그	96 라피도컵 프로축구대회	전기	울산 11승 3무 2패	포항 10승 2무 4패	수원 9승 3무 4패	부천SK 5승 5무 6패	전북 5승 4무 7패	전남 5승 4무 7패	부산 4승 3무 9패
			후기	수원 9승 6무 1패	부천SK 8승 4무 4패	포항 6승 5무 5패	부산 5승 5무 6패	천안 6승 3무 7패	전남 4승 6무 6패	전북 5승 3무 8패
			참피온	울산 1승 1패	수원 1승 1패					
	리그 컵	96 아디다스컵		부천SK 5승 2무 1패	포항 3승 3무 2패	부산 3승 3무 2패	울산 3승 2무 3패	천안 3승 2무 3패	수원 3승 2무 3패	전북 2승 3무 3패
1997	정규 리그	97 라피도컵 프로축구대회		부산 11승 4무 3패	전남 10승 6무 2패	울산 8승 6무 4패	포항 8승 6무 4패	수원 7승 7무 4패	전북 6승 8무 4패	대전 3승 7무 8패
	리그 컵	97 아디다스컵		부산 4승 4무 1패	전남 3승 5무 1패	울산 3승 5무 1패	천안 3승 5무 1패	부천SK 3승 4무 2패	수원 2승 5무 2패	포항 2승 4무 3패
		97 프로 스펙스컵	A조	포항 4승 4무	전남 4승 4무	안양LG 2승 4무 2패	울산 2승 2무 4패	전북 2무 7패		
			B조	부산 5승 2무 1패	수원 5승 2무 1패	부천SK 4승 4무	천안 3승 1무	대전 1무 7패		
			4강전	부산 2승 1무	포항 1승 1무 1패	전남 1패	수원 1패			

8위	9위	10위	11위	12위	13위	14위	15위	16위
국민은행 1승 4무 9패								
국민은행 2승 4무 8패								
할렐루야 3승 7무 11패								
LG 2승 4무 8패								
대우 4승 2무 8패								
전남 1승 3무 3패								
안양LG 4승 3무 9패	**천안** 2승 5무 9패							
안양LG 4승 5무 7패	**울산** 5승 11패							
안양LG 2승 3무 3패	**전남** 1승 2무 5패							
천안 2승 7무 9패	**안양LG** 1승 8무 9패	**부천SK** 2승 5무 11패						
대전 1승 4무 4패	**전북** 1승 4무 4패	**안양LG** 6무 3패						

연도	구분	대회명		1위	2위	3위	4위	5위	6위	7위
1998	정규리그	98 현대컵 K-리그	일반	수원 12승6패	울산 11승7패	포항 10승8패	전남 9승9패	부산 10승8패	전북 9승9패	부천SK 9승9패
			PO	수원 1승1무	울산 1승1무2패	포항 2승1패	전남 1패			
	리그컵	98 필립모리스 코리아컵		부산 8승1패	부천SK 6승3패	안양LG 5승4패	수원 5승4패	천안 5승4패	대전 3승6패	전북 3승6패
		98 아디다스 코리아컵	A조	울산 5승3패	안양LG 4승4패	수원 6승2패	대전 3승5패	부산 2승6패		
			B조	부천SK 6승2패	포항 4승4패	전남 3승5패	전북 4승4패	천안 3승5패		
			4강전	울산 2승1무	부천SK 1승1무1패	포항 1패	안양LG 1패			
1999	정규리그	99 바이코리아컵 K-리그	일반	수원 21승6패	부천SK 18승9패	전남 17승10패	부산 14승13패	포항 12승15패	울산 12승15패	전북 12승15패
			PO	수원 2승	부산 3승2패	부천SK 2패	전남 1패			
	리그컵	99 아디다스컵		수원 3승	안양LG 3승1패	전남 1승1패	포항 1승1패	울산 1패	천안 1패[공동6위]	대전 1패[공동6위]
		99 대한화재컵	A조	수원 5승3패	부산 5승3패	부천SK 4승4패	대전 3승5패	포항 3승5패		
			B조	울산 5승3패	천안 5승3패	전북 4승4패	안양LG 4승4패	전남 2승6패		
			4강전	수원 2승1무	부산 1승1무1패	천안 1무[공동3위]	울산 1무[공동3위]			
2000	정규리그	2000 삼성 디지털 K-리그	일반	안양LG 19승8패	성남일화 18승9패	전북 15승12패	부천SK 16승11패	수원 14승13패	부산 11승16패	전남 12승15패
			PO	안양LG 2승	부천SK 2승3패	성남일화 1승1패	전북 1패			
	리그컵	2000 아디다스컵		수원 3승	성남일화 2승1패	전남 1승1패	안양LG 1승1패	대전 1패	울산 1승1패	부산 1승1패
		2000 대한화재컵	A조	부천SK 6승2패	포항 4승4패	전북 3승5패	수원 4승4패	안양LG 3승5패		
			B조	전남 6승2패	성남일화 4승4패	울산 5승3패	부산 3승5패	대전 2승6패		
			4강전	부천SK 2승	전남 1승1패	포항 1패	성남일화 1패			
2001	정규리그	2001 포스코 K-리그		성남일화 11승12무4패	안양LG 11승10무6패	수원 12승5무10패	부산 10승11무6패	포항 10승8무9패	울산 10승6무11패	부천SK 7승14무6패
	리그컵	아디다스컵 2001	A조	수원 5승3패	성남일화 5승3패	포항 4승4패	안양LG 3승5패	전남 3승5패		
			B조	부산 6승2패	전북 5승3패	대전 4승4패	울산 3승5패	부천SK 2승6패		
			4강전	수원 2승1무	부산 1승1무1패	성남일화 1무	전북 1패			
2002	정규리그	2002 삼성 파브 K-리그		성남일화 14승7무6패	울산 13승8무6패	수원 12승9무6패	안양LG 11승7무9패	전남 9승10무8패	포항 9승9무9패	전북 8승11무8패
	리그컵	아디다스컵 2002	A조	수원 4승4패	성남일화 5승3패	부천SK 4승4패	전남 4승4패	포항 3승5패		
			B조	안양LG 7승1패	울산 5승3패	전남 3승5패	대전 3승5패	부산 2승6패		
			4강전	성남일화 2승1무	울산 1승1무1패	수원 1패	안양LG 1패			
2003	정규리그	삼성 하우젠 K-리그 2003		성남일화 27승10무7패	울산 20승13무11패	수원 19승15무10패	전남 17승20무7패	전북 18승15무11패	대전 18승11무15패	포항 17승13무14패
2004	정규리그	삼성 하우젠 K-리그 2004	전기	포항 6승5무1패	전남 5승5무2패	울산 5승4무2패	수원 5승3무4패	서울 3승7무2패	전남 3승6무3패	광주상무 3승6무3패
			후기	수원 7승2무3패	전남 6승4무2패	울산 6승3무3패	인천 4승5무3패	서울 4승5무3패	부산 4승4무4패	대구 4승4무4패
			PO	수원 2승1무	포항 1승1무1패	울산 1패	전남 1패			
	리그컵	삼성 하우젠컵 2004		성남일화 6승4무2패	대전 5승5무2패	수원 4승7무1패	전북 5승4무3패	울산 4승5무3패	전남 5승1무6패	포항 4승3무5패
2005	정규리그	삼성 하우젠 K-리그 2005	전기	부산 7승4무1패	인천 7승3무2패	울산 7승1무4패	포항 6승3무3패	서울 5승4무3패	성남일화 4승4무4패	부천SK 4승4무4패
			후기	성남일화 8승3무1패	부천SK 8승2무2패	울산 6승3무3패	대구 6승3무3패	인천 6승3무3패	포항 5승4무3패	대전 4승4무4패
			PO	울산 2승1패	인천 2승1패	성남일화 1패	부산 1패			
	리그컵	삼성 하우젠컵 2005		수원 7승4무1패	울산 6승5무1패	포항 4승8무	부천SK 5승3무4패	서울 5승2무5패	인천 4승3무5패	대구 4승3무5패

8위	9위	10위	11위	12위	13위	14위	15위	16위
	대전 6승 12패	천안 5승 13패						
울산 3승 6패	포항 4승 5패	전남 3승 6패						
대전 9승 18패	안양LG 10승 17패	천안 10승 17패						
부천SK 1패	전북 1패	부산 1패						
대전 10승 17패	포항 12승 15패	울산 8승 19패						
포항 1패	부천SK 1패[공동9위]	전북 1패[공동9위]						
전남 6승 10무 11패	전북 5승 10무 12패	대전 5승 10무 12패						
부천SK 8승 8무 11패	부산 6승 8무 13패	대전 1승 11무 15패						
안양LG 14승 14무 16패	부산 13승 10무 21패	광주상무 13승 7무 24패	대구 7승 16무 21패	부천SK 3승 12무 29패				
성남일화 4승 3무 5패	부산 2승 8무 2패	대구 3승 3무 6패	대전 2승 6무 4패	부천SK 1승 8무 3패	인천 2승 3무 7패			
광주상무 3승 5무 4패	성남일화 3승 5무 4패	부천SK 3승 5무 4패	대전 4승 2무 6패	전북 3승 3무 6패	포항 2승 9무 7패			
대구 2승 9무 1패	인천 3승 6무 3패	광주상무 4승 2무 6패	부천SK 2승 6무 4패	서울 2승 4무 6패	부산 2승 4무 6패			
대전 2승 8무 2패	수원 3승 5무 4패	전남 3승 5무 4패	전북 2승 3무 7패	대구 2승 3무 7패	광주상무 1승 3무 8패			
수원 3승 5무 4패	서울 3승 4무 5패	전남 4승 1무 7패	광주상무 3승 2무 7패	전북 2승 3무 7패	부산 3무 9패			
성남일화 3승 5무 4패	전남 3승 5무 4패	대전 3승 4무 5패	광주상무 3승 3무 6패	전북 2승 5무 5패	부산 2승 4무 6패			

연도	구분	대회명		1위	2위	3위	4위	5위	6위	7위
2006	정규리그	삼성 하우젠 K-리그 2006	전기	성남일화 10승2무1패	포항 6승4무3패	대전 4승7무2패	서울 3승7무3패	전남 2승10무1패	부산 4승4무5패	전북 3승7무3패
			후기	수원 8승3무2패	포항 7승4무2패	서울 6승5무2패	대구 6승3무4패	울산 5승5무3패	인천 5승4무4패	전남 5승3무5패
			PO	성남일화 3승	수원 1승2패	포항 1패	서울 1패			
	리그컵	삼성 하우젠컵 2006		서울 8승3무2패	성남일화 6승4무3패	경남 7승1무5패	대전 5승6무2패	울산 6승3무4패	전북 6승2무5패	전남 6승2무5패
2007	정규리그	삼성 하우젠 K-리그 2007	일반	성남일화 16승7무3패	수원 15승6무5패	울산 12승9무5패	경남 13승5무8패	포항 11승6무9패	대전 10승7무9패	서울 8승13무5패
			PO	포항 5승	성남일화 2패	수원 1패	울산 1승1패	경남 1패	대전 1패	
	리그컵	삼성 하우젠컵 2007	A조	울산 5승4무1패	경남 6승1무3패	대구 4승1무5패	전북 3승5무4패	포항 2승5무3패	제주 2승2무7패	
			B조	서울 6승3무1패	수원 5승2무3패	광주상무 3승3무4패	부산 2승5무3패	대전 2승5무2패	경남 1승4무5패	
			PO	울산 2승	서울 1승1패	수원 1승1패	인천 1승1패	전남 1패	성남일화 1패	
2008	정규리그	삼성 하우젠 K-리그 2008	일반	수원 17승3무6패	서울 15승9무2패	성남일화 15승6무5패	울산 14승7무5패	포항 13승5무8패	전북 11승4무11패	인천 9승9무8패
			PO	수원 1승1무	서울 1무1패	울산 2승1무	전북 2승1패	성남일화 1패	포항 1패	
	리그컵	삼성 하우젠컵 2008	A조	수원 6승3무1패	부산 5승1무4패	서울 4승2무4패	경남 3승4무3패	제주 2승3무5패	인천 2승3무5패	
			B조	전북 5승4무1패	성남일화 6승1무3패	울산 4승4무2패	대전 4승2무4패	대구 3승2무5패	광주상무 3무7패	
			PO	수원 2승	전남 2승1패	포항 1승1패	전북 1패	성남일화 1패	부산 1패	
2009	정규리그	2009 K-리그	일반	전북 17승6무5패	포항 14승9무5패	서울 16승5무7패	성남일화 13승6무9패	인천 11승10무7패	전남 11승9무8패	경남 10승10무8패
			챔피언십	전북 1승1무	성남일화 3승1무1패	포항 1패	전남 1패	서울 1패	인천 1패	
	리그컵	피스컵 코리아 2009	A조	성남일화 3승2무	인천 2승2무1패	대구 2승1무2패	전남 2승1무2패	대전 2승3패	강원 1승4패	
			B조	제주 3승2무	부산 2승2무	전북 1승2무2패	경남 1승1무2패	광주상무 1무3패		
			PO	포항 4승1무1패	부산 3승1무2패	울산 2승2패[공동3위]	서울 2승1무1패[공동3위]	성남일화 1승1패[공동5위]	인천 1무1패[공동5위]	제주 2패[공동5위]
2010	정규리그	쏘나타 K리그 2010	일반	서울 20승2무6패	제주 17승8무3패	전북 15승6무7패	울산 15승9무8패	성남일화 13승9무6패	경남 13승9무6패	수원 12승5무11패
			챔피언십	서울 1승1무	제주 1승1무1패	전북 2승1패	성남일화 1승1패	울산 1패	경남 1패	
	리그컵	포스코컵 2010	A조	전북 3승1무	경남 3승1무	수원 2승2무	전남 1승2무2패	강원 4패		
			B조	서울 2승2무	제주 2승1무1패	울산 1승2무1패	성남일화 1승2무1패	광주상무 2무2패		
			C조	부산 3승1무	대구 2승2패	포항 2승2무1패	인천 2승1무2패	대전 1승2무2패		
			본선토너먼트	서울 3승	전북 2승1패	경남 1승1패[공동3위]	수원 1승1패[공동3위]	부산 1패[공동5위]	대구 1패[공동5위]	제주 1패[공동5위]
2011	정규리그	현대오일뱅크 K리그 2011	일반	전북 18승9무3패	포항 17승8무5패	서울 16승7무7패	수원 17승4무9패	부산 13승7무10패	울산 13승9무8패	전남 11승10무9패
			챔피언십	전북 2승	울산 2승2패	포항 1패	수원 1승1패	서울 1패	부산 1패	
	리그컵	러시앤캐시컵 2011	A조	포항 4승1패	경남 3승1무1패	성남일화 2승2무1패	인천 2승3패	대구 1승2무2패	대전 1무4패	
			B조	부산 4승1패	울산 4승1패	전남 3승1무1패	강원 1승1무3패	상주 1승4패	광주 1승4패	
			본선토너먼트	울산 3승	부산 2승	경남 1승1패[공동3위]	수원 1패[공동3위]	제주 1패[공동5위]	포항 1패[공동5위]	서울 1패[공동5위]
2012	정규리그	현대오일뱅크 K리그 2012	일반	서울 19승7무4패	전북 17승8무5패	수원 15승8무7패	울산 15승8무7패	포항 15승5무10패	제주 12승10무8패	경남 11승10무9패
			그룹A	서울 10승2무2패	포항 8승3무3패	전북 5승5무4패	제주 5승5무4패	수원 5승5무4패	울산 3승6무5패	경남 2승4무8패
			그룹B							
			최종	서울 29승9무6패	전북 22승13무9패	포항 23승8무13패	수원 20승13무11패	울산 18승14무12패	제주 16승15무13패	부산 13승14무17패

8위	9위	10위	11위	12위	13위	14위	15위	16위
수원 3승7무3패	울산 3승6무4패	인천 2승8무3패	대구 2승7무4패	광주상무 2승7무4패	경남 3승4무6패	제주 1승6무6패		
부산 5승3무5패	성남일화 4승5무4패	제주 4승4무5패	경남 4승1무8패	대전 3승3무7패	전북 2승4무7패	광주상무 3승1무9패		
제주 6승2무5패	포항 6승1무6패	부산 4승2무7패	광주상무 4승2무7패	수원 2승6무5패	대구 2승6무5패	인천 1승4무8패		
전북 9승9무8패	인천 8승9무9패	전남 7승9무10패	제주 8승6무12패	대구 6승6무14패	부산 4승8무14패	광주상무 2승6무18패		
경남 10승5무11패	전남 8승5무13패	제주 7승7무12패	대구 8승2무16패	부산 5승7무14패	대전 3승12무11패	광주상무 3승7무16패		
울산 9승9무10패	대전 8승9무11패	수원 8승8무12패	광주상무 9승3무16패	부산 7승8무13패	강원 7승7무14패	제주 7승7무14패	대구 5승8무15패	
수원 2패[공동5위]								
부산 8승9무11패	포항 8승9무11패	전남 8승6무12패	인천 8승7무13패	강원 8승6무14패	대전 5승7무16패	광주상무 3승10무15패	대구 5승4무19패	
울산 1패[공동5위]								
경남 12승6무12패	제주 10승10무10패	성남일화 9승8무13패	광주 9승4무13패	대구 8승9무13패	인천 6승14무10패	상주 7승8무15패	대전 6승9무15패	강원 3승6무21패
전북 1패[공동5위]								
경남 12승4무14패	인천 10승10무10패	대구 10승9무11패	성남일화 10승7무13패	전남 7승8무15패	대전 7승7무16패	광주 6승9무15패	상주 7승6무17패	강원 7승4무19패
부산 1승4무9패								
	인천 7승6무1패	강원 7승3무4패	전남 6승6무2패	대구 6승4무4패	대전 6승4무4패	광주 4승6무4패	성남일화 4승3무4패	상주 14패
경남 14승8무22패	인천 17승16무11패	대구 16승13무15패	전남 13승14무17패	성남일화 14승10무20패	대전 13승11무20패	강원 14승7무23패	광주 10승15무19패	상주 7승6무31패

연도	구분	대회명	1위	2위	3위	4위	5위	6위	7위
2013	K리그1/정규리그	현대오일뱅크 K리그 클래식 2013	일반	포항 14승7무5패	울산 14승6무6패	전북 14승6무6패	서울 13승7무6패	수원 12승5무9패	인천 11승8무7패	부산 11승8무7패
			그룹A	포항 7승4무1패	울산 8승1무3패	서울 4승4무4패	전북 4승3무5패	수원 3승3무6패	부산 3승3무6패	인천 1승6무5패
			그룹B							
			최종	포항 21승11무6패	울산 22승7무9패	전북 18승9무11패	서울 17승11무10패	수원 15승8무15패	부산 14승10무14패	인천 12승15무12패
	K리그2/정규리그	현대오일뱅크 K리그 챌린지 2013		상주 23승8무4패	경찰 20승4무11패	광주 16승5무14패	수원FC 13승8무14패	안양 12승9무14패	고양 10승11무14패	부천 8승9무18패
	승강PO	현대오일뱅크 K리그 승강 플레이오프 2013		상주 1승1패	강원 1승1패					
2014	K리그1/정규리그	현대오일뱅크 K리그 클래식 2014	일반	전북 20승8무5패	수원 16승10무7패	포항 16승7무10패	서울 13승11무9패	제주 13승11무9패	울산 13승8무12패	전남 13승6무14패
			그룹A	전북 4승1무0패	수원 3승0무1패	서울 2승2무1패	제주 1승1무3패	포항 0승3무2패	울산 0승3무2패	
			그룹B							부산 3승1무1패
			최종	전북 24승9무5패	수원 19승10무9패	서울 15승13무10패	포항 16승10무12패	제주 14승12무12패	울산 14승9무15패	전남 13승11무14패
	K리그2/정규리그	현대오일뱅크 K리그 챌린지 2014	일반	대전 20승10무6패	안산경찰청 16승11무9패	강원 16승6무14패	광주 13승12무11패	안양 15승6무15패	수원FC 12승12무12패	대구 13승8무15패
			PO		광주 2승	안산경찰청 1패	강원 1패			
			최종	대전 20승10무6패	광주 15승12무11패	안산경찰청 16승11무10패	강원 16승6무15패	안양 15승6무15패	수원FC 12승12무12패	대구 13승8무15패
	승강PO	현대오일뱅크 K리그 승강 플레이오프 2014		광주 1승1무	경남 1무1패					
2015	K리그1/정규리그	현대오일뱅크 K리그 클래식 2015	일반	전북 21승5무7패	수원 17승9무7패	포항 15승11무7패	성남 14승12무7패	서울 15승9무9패	제주 13승7무13패	인천 12승9무12패
			그룹A	포항 3승1무1패	서울 2승2무1패	수원 2승1무2패	성남 1승3무1패	전북 1승2무2패	제주 1승1무3패	
			그룹B							울산 4승1무0패
			최종	전북 22승7무9패	수원 19승10무9패	포항 18승12무8패	서울 17승11무10패	성남 15승15무8패	제주 14승8무16패	울산 13승14무11패
	K리그2/정규리그	현대오일뱅크 K리그 챌린지 2015	일반	상주 20승7무13패	대구 18승9무13패	수원FC 18승9무11패	서울이랜드 16승13무11패	부천 15승10무15패	안양 13승15무12패	강원 13승12무15패
			PO		수원FC 1승1무0패	대구 0승0무1패	서울이랜드 0승1무1패			
			최종	상주 20승7무13패	수원FC 19승12무11패	대구 18승13무10패	서울이랜드 16승14무11패	부천 15승10무15패	안양 13승15무12패	강원 13승12무15패
	승강PO	현대오일뱅크 K리그 승강 플레이오프 2015		수원FC 2승0무0패	부산 0승0무2패					
2016	K리그1/정규리그	현대오일뱅크 K리그 클래식 2016	일반	전북 18승15무0패	서울 17승6무10패	제주 14승7무12패	울산 13승9무11패	전남 11승10무12패	상주 12승6무15패	성남 11승8무14패
			그룹A	서울 4승1무0패	제주 3승1무1패	전북 2승1무2패	울산 1승3무1패	전남 1승1무3패	상주 0승1무4패	
			그룹B							수원 3승2무0패
			최종	서울 21승7무10패	전북 20승16무2패	제주 17승8무13패	울산 14승12무12패	전남 12승11무15패	상주 12승7무19패	수원 10승18무10패
	K리그2/정규리그	현대오일뱅크 K리그 챌린지 2016	일반	안산무궁화 21승7무12패	대구 19승13무8패	부천 19승10무11패	강원 19승9무12패	부산 19승7무14패	서울이랜드 17승10무13패	대전 15승10무15패
			PO			강원 2승	부천 1패	부산 1패		
			최종	안산무궁화 21승7무12패	대구 19승13무8패	강원 21승9무12패	부천 19승10무12패	부산 19승7무15패	서울이랜드 17승13무10패	대전 15승10무15패
	승강PO	현대오일뱅크 K리그 승강 플레이오프 2016		강원 2무	성남 2무					

8위	9위	10위	11위	12위	13위	14위	15위	16위
성남일화 11승7무8패	**제주** 10승9무7패	**전남** 6승11무9패	**경남** 4승10무12패	**대구** 4승8무14패	**강원** 2승9무15패	**대전** 2승8무16패		
강원 6승3무3패	**성남** 6승2무4패	**제주** 6승1무5패	**대전** 5승3무4패	**경남** 4승3무5패	**대구** 2승6무4패	**전남** 3승2무7패		
성남일화 17승9무12패	**제주** 16승10무12패	**전남** 9승13무16패	**경남** 8승13무17패	**강원** 8승12무18패	**대구** 6승14무18패	**대전** 7승11무20패		
충주 7승8무20패								
인천 8승6무14패	**부산** 7승12무14패	**성남** 7승10무16패	**경남** 6승13무14패	**상주** 6승11무16패				
성남 2승3무0패	**전남** 1승3무1패	**상주** 1승2ㅜ2패	**경남** 1승2무2패	**인천** 0승3무2패				
부산 10승13무15	**성남** 9승13무16패	**인천** 8승16무14패	**경남** 7승15무16패	**상주** 7승13무18패				
고양 11승14무11패	**충주** 6승16무14패	**부천** 6승9무21패						
고양 11승14무11패	**충주** 6승16무14패	**부천** 6승9무21패						
인천 13승12무13패	**전남** 12승13무13패	**광주** 10승12무16패	**부산** 5승11무22패	**대전** 4승7무27패				
광주 2승1무2패	**전남** 2승1무2패	**인천** 1승3무1패	**대전** 2승0무3패	**부산** 0승2무3패				
인천 13승12무13패	**전남** 12승13무13패	**광주** 10승12무16패	**부산** 5승11무22패	**대전** 4승7무27패				
고양 13승10무17패	**경남** 10승13무17패	**안산경찰청** 9승15무16패	**충주** 10승11무19패					
고양 13승10무17패	**경남** 10승13무17패	**안산경찰청** 9승15무16패	**충주** 10승11무19패					
포항 11승8무14패	**광주** 10승11무12패	**수원** 7승16무10패	**인천** 8승11무14패	**수원FC** 8승9무16패				
인천 3승1무1패	**수원FC** 2승0무3패	**광주** 1승3무1패	**포항** 1승2무2패	**성남** 0승2무3패				
광주 11승14무13패	**포항** 12승10무16패	**인천** 11승12무15패	**성남** 11승10무17패	**수원FC** 10승9무19패				
경남 18승6무16패	**안양** 11승13무16패	**충주** 7승8무25패	**고양** 2승10무28패					
경남 18승6무16패	**안양** 11승13무16패	**충주** 7승8무25패	**고양** 2승10무28패					

연도	구분	대회명		1위	2위	3위	4위	5위	6위	7위
2017	K리그1 /정규 리그	KEB하나은 행 K리그 클래식 2017	일반	전북 19승8무6패	제주 17승8무8패	울산 16승11무6패	수원 14승11무8패	서울 14승11무8패	강원 12승10무11패	포항 11승7무15패
			그룹A	수원 3승2무0패	전북 3승1무1패	서울 2승2무1패	제주 2승1무2패	강원 1승0무4패	울산 1승0무4패	
			그룹B							포항 4승0무0패
			최종	전북 22승9무7패	제주 19승9무10패	수원 17승13무8패	울산 17승11무10패	서울 16승13무9패	강원 13승10무15패	포항 11승7무16패
	K리그2 /정규 리그	KEB하나은 행 K리그 챌린지 2017	일반	경남 24승7무5패	부산 19승11무6패	아산 15승9무12패	성남 13승14무9패	부천 15승7무14패	수원FC 11승12무13패	안양 10승9무17패
			PO		부산 1승0무	아산 1승1패	성남 1패			
			최종	경남 24승7무5패	부산 20승11무6패	아산 15승9무12패	성남 13승14무10패	부천 15승7무14패	수원FC 11승12무13패	안양 10승9무17패
	승강 PO	KEB하나은행 K리그 승강 플레이오프 2017		상주 1승1패	부산 1승1패					
		2차전 후 승부차기로 상주 잔류								
2018	K리그1 /정규 리그	KEB하나은 행 K리그1 2018	일반	전북 24승5무4패	경남 16승10무7패	울산 15승11무7패	수원 10승10무10패	포항 13승9무10패	제주 11승11무11패	강원 10승9무14패
			그룹A	제주 3승1무1패	전북 2승3무	울산 2승1무2패	포항 2승1무2패	경남 2승1무2패	수원 1무4패	
			그룹B							인천 4승1패
			최종	전북 26승8무4패	경남 18승11무9패	울산 17승12무9패	포항 15승9무14패	제주 14승12무12패	수원 13승11무14패	대구 14승8무16패
	K리그2 /정규 리그	KEB하나은 행 K리그2 2018	일반	아산 21승9무6패	성남 18승11무7패	부산 14승14무8패	대전 15승8무13패	광주 11승15무10패	안양 12승8무16패	수원FC 13승3무20패
			PO			부산 1승	대전 1승1패	광주 1패		
			최종	아산 21승9무6패	성남 18승11무7패	부산 14승14무8패	대전 15승8무14패	광주 16승8무14패	안양 12승8무16패	수원FC 13승3무20패
	승강 PO	KEB하나은행 K리그 승강 플레이오프 2018		서울 1승1무	부산 1무1패					
2019	K리그1 /정규 리그	하나원큐 K 리그1 2019	일반	울산 20승9무4패	전북 19승11무2패	서울 15승9무9패	대구 12승14무7패	포항 14승6무13패	강원 13승7무13패	상주 13승7무13패
			파이 널A	전북 3승2무	울산 3승1무1패	포항 2승2무1패	대구 1승2무2패	강원 1승1무3패	서울 2무3패	
			파이 널B							상주 3승2무
			최종	전북 22승13무3패	울산 23승10무5패	서울 15승11무12패	포항 16승8무14패	대구 13승16무9패	강원 14승8무16패	상주 16승7무15패
	K리그2 /정규 리그	하나원큐 K 리그2 2019	일반	광주 21승10무5패	부산 18승13무5패	안양 15승11무12패	부천 14승9무13패	안산 14승9무14패	전남 13승9무14패	아산 12승8무16패
			PO		부산 1승	안양 1무1패	부천 1무			
			최종	광주 21승10무5패	부산 19승13무5패	안양 15승11무12패	부천 14승10무13패	안산 14승9무14패	전남 13승9무14패	아산 12승8무16패
	승강 PO	하나원큐 K리그 2019 승강 플레이오프		부산 1승1무	경남 1무1패					
2020	K리그1 /정규 리그	하나원큐 K 리그1 2020	일반	울산 15승5무2패	전북 15승3무4패	포항 11승5무6패	상주 11승5무6패	대구 8승7무7패	광주 6승7무9패	서울 7승4무11패
			파이 널A	포항 4승1패	전북 4승1패	울산 2승1무2패	대구 2승1무2패	상주 2승3패	광주 5패	
			파이 널B							강원 3승1무1패
			최종	전북 19승3무5패	울산 17승6무4패	포항 15승5무7패	상주 13승5무9패	대구 10승8무9패	광주 6승7무14패	서울 9승7무11패
	K리그2 /정규 리그	하나원큐 K 리그2 2020	일반	제주 18승6무3패	수원FC 17승3무7패	경남 10승9무8패	대전하나 11승6무10패	서울이랜드 11승6무10패	전남 8승14무5패	안산 7승7무13패
			PO		수원FC 2무	경남 1무	대전하나 1무			
			최종	제주 18승6무3패	수원FC 17승4무7패	경남 10승11무8패	대전하나 11승7무10패	서울이랜드 11승6무10패	전남 8승14무5패	안산 7승7무13패

8위	9위	10위	11위	12위	13위	14위	15위	16위
대구 8승 12무 13패	전남 8승 9무 16패	상주 8승 9무 16패	인천 6승 15무 12패	광주 4승 11무 18패				
대구 3승 2무 0패	광주 2승 1무 2패	인천 1승 3무 1패	상주 0승 2무 3패	전남 0승 2무 3패				
대구 11승 14무 13패	인천 7승 18무 13패	전남 8승 11무 19패	상주 8승 11무 19패	광주 6승 12무 20패				
서울이랜드 7승 14무 15패	안산 7승 12무 17패	대전 6승 11무 19패						
서울이랜드 7승 14무 15패	안산 7승 12무 17패	대전 6승 11무 19패						
대구 11승 6무 16패	서울 8승 11무 14패	상주 8승 9무 16패	전남 8승 8무 17패	인천 6승 12무 15패				
대구 3승 2무	강원 2승 1무 2패	상주 2승 1무 2패	서울 1승 2무 2패	전남 5패				
부천 10승 6무 19패	안산 10승 9무 17패	서울이랜드 10승 7무 19패						
부천 10승 6무 19패	안산 10승 9무 17패	서울이랜드 10승 7무 19패						
수원 10승 10무 13패	성남 10승 8무 15패	경남 5승 13무 15패	인천 5승 11무 17패	제주 4승 11무 18패				
수원 2승 2무 1패	인천 2승 2무 1패	성남 2승 1무 2패	경남 1승 2무 2패	제주 1승 1무 3패				
수원 12승 12무 14패	성남 12승 9무 17패	인천 7승 13무 18패	경남 6승 15무 17패	제주 5승 12무 21패				
수원FC 11승 10무 15패	대전 8승 11무 17패	서울이랜드 5승 10무 21패						
수원FC 11승 10무 15패	대전 8승 11무 17패	서울이랜드 5승 10무 21패						
강원 6승 6무 10패	성남 5승 7무 10패	부산 4승 9무 9패	수원 5승 6무 11패	인천 4승 6무 12패				
수원 3승 1무 1패	인천 3승 2무	성남 2승 3무	부산 1승 1무 3패	서울 1승 1무 3패				
수원 8승 7무 12패	서울 8승 5무 14패	성남 7승 7무 13패	인천 7승 6무 14패	부산 5승 10무 12패				
부천 7승 5무 15패	안양 6승 7무 14패	충남아산 5승 7무 15패						
부천 7승 5무 15패	안양 6승 7무 14패	충남아산 5승 7무 15패						

연도	구분	대회명		1위	2위	3위	4위	5위	6위	7위
2021	K리그1/정규리그	하나원큐 K리그1 2021	일반	전북 18승10무5패	울산 18승10무5패	대구 13승10무10패	수원FC 12승9무12패	제주 10승15무8패	수원 12승9무12패	포항 11승9무13패
			파이널A	전북 4승1패	울산 3승1무1패	제주 3승2패	수원FC 2승3패	대구 2승3패	수원 1무4패	
			파이널B							서울 3승1무1패
			최종	전북 22승10무6패	울산 21승11무6패	대구 15승10무13패	제주 13승15무10패	수원FC 14승9무7패	수원 12승10무16패	서울 12승11무15패
	K리그2/정규리그	하나원큐 K리그2 2021	일반	김천 20승11무5패	안양 17승11무8패	대전하나 17승7무12패	전남 13승13무10패	부산 12승9무15패	경남 11승10무15패	안산 11승10무15패
			PO		대전하나 1승1무	안양 1패	전남 1무			
			최종	김천 20승11무5패	대전하나 18승8무12패	안양 17승11무8패	전남 13승14무10패	부산 12승9무15패	경남 11승10무15패	안산 11승10무15패
	승강PO	하나원큐 K리그 2021 승강 플레이오프		강원 1승1패	대전하나 1승1패					
2022	K리그1/정규리그	하나원큐 K리그1 2022	일반	울산 19승9무5패	전북 17승10무6패	포항 15승9무8패	인천 12승13무8패	제주 12승10무11패	강원 13승6무14패	수원FC 12승8무13패
			파이널A	전북 4승1패	울산 3승1무1패	제주 2승3패	포항 1승2무2패	인천 1승2무2패	강원 1승1무3패	
			파이널B							대구 3승2무
			최종	울산 22승10무6패	전북 21승10무7패	포항 16승12무10패	인천 13승15무10패	제주 14승10무14패	강원 14승7무17패	수원FC 13승9무16패
	K리그2/정규리그	하나원큐 K리그2 2022	일반	광주 25승11무4패	대전하나 21승11무8패	안양 19승12무9패	부천 17승10무13패	경남 16승8무16패	충남아산 13승13무14패	서울이랜드 11승15무14패
			PO			안양 1무	경남 1승1무	부천 1패		
			최종	광주 25승11무4패	대전하나 21승11무8패	안양 19승13무9패	경남 17승9무16패	부천 17승10무14패	충남아산 13승13무14패	서울이랜드 11승15무14패
	승강PO	하나원큐 K리그 2022 승강 플레이오프		대전하나 2승	수원 1승1무	안양 1무1패	김천 2패			
2023	K리그1/정규리그	하나원큐 K리그1 2023	일반	울산 20승7무6패	포항 15승13무5패	광주 15승9무9패	전북 14승7무12패	대구 12승13무8패	인천 12승12무9패	서울 12승11무10패
			파이널A	울산 3승0무2패	인천 2승2무1패	전북 2승2무1패	포항 1승3무1패	광주 1승2무2패	대구 1승1무3패	
			파이널B							서울 2승2무1패
			최종	울산 23승7무8패	포항 16승16무6패	광주 16승11무11패	전북 16승9무13패	인천 14승14무10패	대구 13승14무11패	서울 14승13무11패
	K리그2/정규리그	하나원큐 K리그2 2023	일반	김천 22승5무9패	부산 20승10무6패	김포 16승12무8패	경남 15승12무9패	부천 16승9무11패	안양 15승9무12패	전남 16승5무15패
			PO			김포 1승	경남 1무1패	부천 1무		
			최종	김천 22승5무9패	부산 20승10무6패	김포 17승12무8패	경남 15승13무10패	부천 16승10무11패	안양 15승9무12패	전남 16승5무15패
	승강PO	하나원큐 K리그 2023 승강 플레이오프		강원 1승1패	수원FC 1승1패	부산 1승1패	김포 1무1패			

8위	9위	10위	11위	12위	13위	14위	15위	16위
인천 11승 7무 15패	서울 9승 10무 14패	강원 9승 10무 14패	성남 9승 10무 14패	광주 9승 5무 19패				
인천 1승 4무	성남 2승 1무 2패	강원 1승 3무 1패	광주 1승 2무 2패	포항 1승 1무 3패				
인천 12승 11무 15패	포항 12승 10무 16패	성남 11승 11무 16패	강원 10승 13무 15패	광주 10승 7무 21패				
충남아산 11승 8무 17패	서울이랜드 8승 13무 15패	부천 9승 10무 17패						
충남아산 11승 8무 17패	서울이랜드 8승 13무 15패	부천 9승 10무 17패						
서울 10승 11무 12패	대구 7승 14무 12패	김천 8승 10무 15패	수원 8승 10무 15패	성남 6승 7무 20패				
수원 3승 1무 1패	성남 1승 2무 2패	서울 1승 2무 2패	김천 4무 1패	수원FC 1승 1무 3패				
대구 10승 16무 12패	서울 11승 13무 14패	수원 11승 11무 16패	김천 8승 14무 16패	성남 7승 9무 22패				
김포 10승 11무 19패	안산 8승 13무 19패	부산 9승 9무 22패	전남 6승 17무 17패					
김포 10승 11무 19패	안산 8승 13무 19패	부산 9승 9무 22패	전남 6승 17무 17패					
대전하나 11승 12무 10패	제주 9승 8무 16패	수원FC 8승 7무 18패	강원 4승 14무 15패	수원 6승 7무 20패				
수원 2승 2무 1패	강원 2승 2무 1패	대전하나 1승 3무 1패	제주 1승 3무 1패	수원FC 0승 2무 3패				
대전하나 12승 15무 11패	제주 10승 11무 17패	강원 6승 16무 16패	수원FC 8승 9무 21패	수원 8승 9무 21패				
충북청주 13승 13무 10패	성남 11승 11무 14패	충남아산 12승 6무 18패	서울이랜드 10승 5무 21패	안산 6승 7무 23패	천안 5승 10무 21패			
충북청주 13승 13무 10패	성남 11승 11무 14패	충남아산 12승 6무 18패	서울이랜드 10승 5무 21패	안산 6승 7무 23패	천안 5승 10무 21패			

역대 대회방식 변천사

연도	정규리그			리그컵	
	대회명	방식	경기수(참가팀)	대회명(방식)	경기수(참가팀)
1983	83 수퍼리그	단일리그	40경기 (5팀)		
1984	84 축구대제전 수퍼리그	전후기리그, 챔피언결정전	114경기 (8팀)	-	
1985	85 축구대제전 수퍼리그	단일리그	84경기 (8팀)	-	
1986	86 축구대제전	춘계리그, 추계리그, 챔피언결정전	62경기 (6팀)	86 프로축구선수권대회	40경기 (5팀)
1987	87 한국프로축구대회	단일리그	80경기 (5팀)	-	
1988	88 한국프로축구대회	단일리그	60경기 (5팀)	-	
1989	89 한국프로축구대회	단일리그	120경기 (6팀)	-	
1990	90 한국프로축구대회	단일리그	90경기 (6팀)	-	
1991	91 한국프로축구대회	단일리그	120경기 (6팀)	-	
1992	92 한국프로축구대회	단일리그	92경기 (6팀)	92 아디다스컵(신설)	30경기 (6팀)
1993	93 한국프로축구대회	단일리그	90경기 (6팀)	93 아디다스컵	15경기 (6팀)
1994	94 하이트배 코리안리그	단일리그	105경기 (7팀)	94 아디다스컵	21경기 (7팀)
1995	95 하이트배 코리안리그	전후기리그, 챔피언결정전	115경기 (8팀)	95 아디다스컵	28경기 (8팀)
1996	96 라피도컵 프로축구대회	전후기리그, 챔피언결정전	146경기 (9팀)	96 아디다스컵	36경기 (9팀)
1997	97 라피도컵 프로축구대회	단일리그	90경기 (10팀)	97 아디다스컵	45경기 (10팀)
				97 프로스펙스컵(조별리그)	44경기 (10팀)
1998	98 현대컵 K-리그	단일리그, 4강결승(준플레이오프, 플레이오프, 챔피언결정전 등 5경기)	95경기 (10팀)	98 필립모리스코리아컵	45경기 (10팀)
				98 아디다스코리아컵(조별리그)	44경기 (10팀)
1999	99 바이코리아컵 K-리그	단일리그, 4강결승(준플레이오프, 플레이오프, 챔피언결정전 등 5경기)	140경기 (10팀)	99 대한화재컵(조별리그)	44경기 (10팀)
				99 아디다스컵(토너먼트)	9경기 (10팀)
2000	2000 삼성 디지털 K-리그	단일리그, 4강결승(준플레이오프, 플레이오프, 챔피언결정전 등 5경기)	140경기 (10팀)	2000 대한화재컵(조별리그)	43경기 (10팀)
				2000 아디다스컵(토너먼트)	9경기 (10팀)
2001	2001 포스코 K-리그	단일리그(3라운드)	135경기 (10팀)	아디다스컵 2001(조별리그)	44경기 (10팀)
2002	2002 삼성 파브 K-리그	단일리그(3라운드)	135경기 (10팀)	아디다스컵 2002(조별리그)	44경기 (10팀)
2003	삼성 하우젠 K-리그 2003	단일리그(4라운드)	264경기 (12팀)	-	-
2004	삼성 하우젠 K-리그 2004	전후기리그, 4강결승(전기우승 - 통합차상위전, 후기우승 - 통합최상위전, 챔피언결정전)	160경기 (13팀)	삼성 하우젠컵 2004	78경기 (13팀)
2005	삼성 하우젠 K-리그 2005	전후기리그, 4강결승(전기우승 - 통합차상위전, 후기우승 - 통합최상위전, 챔피언결정전)	160경기 (13팀)	삼성 하우젠컵 2005	78경기 (13팀)
2006	삼성 하우젠 K-리그 2006	전후기리그, 4강결승(전기우승 - 통합차상위전, 후기우승 - 통합최상위전, 챔피언결정전)	186경기 (14팀)	삼성 하우젠컵 2006	91경기 (14팀)
2007	삼성 하우젠 K-리그 2007	6강플레이오프, 준플레이오프, 플레이오프, 챔피언결정전	188경기 (14팀)	삼성 하우젠컵 2007(조별리그)	65경기 (14팀)
2008	삼성 하우젠 K-리그 2008	6강플레이오프, 준플레이오프, 플레이오프, 챔피언결정전	188경기 (14팀)	삼성 하우젠컵 2008(조별리그)	65경기 (14팀)
2009	2009 K-리그	6강플레이오프, 준플레이오프, 플레이오프, 챔피언결정전	216경기 (15팀)	피스컵 코리아2009(조별리그)	39경기 (15팀)
2010	쏘나타 K리그 2010	6강플레이오프, 준플레이오프, 플레이오프, 챔피언결정전	216경기 (15팀)	포스코컵 2010(조별리그)	37경기 (15팀)
2011	현대오일뱅크 K리그 2011	6강플레이오프, 준플레이오프, 플레이오프, 챔피언결정전	246경기 (16팀)	러시앤캐시컵 2011(조별리그)	37경기 (16팀)
2012	현대오일뱅크 K리그 2012	단일리그 / 상하위 스플릿리그(그룹A, 그룹B)	352경기 (16팀)	-	-
2013	현대오일뱅크 K리그 클래식 2013	1부리그 단일리그 / 상하위 스플릿리그(그룹A, 그룹B)	266경기 (14팀)		
	현대오일뱅크 K리그 챌린지 2013	2부리그 단일리그	140경기 (8팀)		
	현대오일뱅크 K리그 승강 플레이오프 2013	승강 플레이오프	2경기 (2팀)		
2014	현대오일뱅크 K리그 클래식 2014	1부리그 단일리그 / 상하위 스플릿리그(그룹A, 그룹B)	228경기 (12팀)	-	-

연도	정규리그			리그컵	
	대회명	방식	경기수(참가팀)	대회명(방식)	경기수(참가팀)
	현대오일뱅크 K리그 챌린지 2014	2부리그 단일리그	182경기(10팀)	-	-
	현대오일뱅크 K리그 승강 플레이오프 2014	승강 플레이오프	2경기 (2팀)		
2015	현대오일뱅크 K리그 클래식 2015	1부리그 단일리그 / 상하위 스플릿리그(그룹A, 그룹B)	228경기(12팀)	-	-
	현대오일뱅크 K리그 챌린지 2015	2부리그 단일리그	222경기(11팀)		
	현대오일뱅크 K리그 승강 플레이오프 2015	승강 플레이오프	2경기 (2팀)		
2016	현대오일뱅크 K리그 클래식 2016	1부리그 단일리그 / 상하위 스플릿리그(그룹A, 그룹B)	228경기(12팀)	-	-
	현대오일뱅크 K리그 챌린지 2016	2부리그 단일리그	222경기(11팀)		
	현대오일뱅크 K리그 승강 플레이오프 2016	승강 플레이오프	2경기 (2팀)		
2017	KEB하나은행 K리그 클래식 2017	1부리그 단일리그 / 상하위 스플릿리그(그룹A, 그룹B)	228경기(12팀)	-	-
	KEB하나은행 K리그 챌린지 2017	2부리그 단일리그	182경기(10팀)		
	KEB하나은행 K리그 승강 플레이오프 2017	승강 플레이오프	2경기 (2팀)		
2018	KEB하나은행 K리그1 2018	1부리그 단일리그 / 상하위 스플릿리그(그룹A, 그룹B)	228경기(12팀)	-	-
	KEB하나은행 K리그2 2018	2부리그 단일리그	182경기(10팀)		
	KEB하나은행 K리그 승강 플레이오프 2018	승강 플레이오프	2경기 (2팀)		
2019	하나원큐 K리그1 2019	1부리그 단일리그 / 상하위 파이널리그(파이널A, 파이널B)	228경기(12팀)	-	-
	하나원큐 K리그2 2019	2부리그 단일리그	182경기(10팀)		
	하나원큐 K리그 2019 승강 플레이오프	승강 플레이오프	2경기 (2팀)		
2020	하나원큐 K리그1 2020	1부리그 단일리그 / 상하위 파이널리그(파이널A, 파이널B)	162경기(12팀)	-	-
	하나원큐 K리그2 2020	2부리그 단일리그	137경기(10팀)		
2021	하나원큐 K리그1 2021	1부리그 단일리그 / 상하위 파이널리그(파이널A, 파이널B)	228경기(12팀)	-	-
	하나원큐 K리그2 2021	2부리그 단일리그	182경기(10팀)		
	하나원큐 K리그 2021 승강 플레이오프	승강 플레이오프	2경기 (2팀)		
2022	하나원큐 K리그1 2022	1부리그 단일리그 / 상하위 파이널리그(파이널A, 파이널B)	228경기(12팀)	-	-
	하나원큐 K리그2 2022	2부리그 단일리그	222경기(11팀)		
	하나원큐 K리그 2022 승강 플레이오프	승강 플레이오프	4경기 (4팀)		
2023	하나원큐 K리그1 2023	1부리그 단일리그 / 상하위 파이널리그(파이널A, 파이널B)	228경기(12팀)	-	-
	하나원큐 K리그2 2023	2부리그 단일리그	236경기(13팀)		
	하나원큐 K리그 2021 승강 플레이오프	승강 플레이오프	4경기 (4팀)		

* 2016년 이후 순위 결정 방식: 승점 - 다득점 - 득실차 - 다승 - 승자승 - 벌점 - 추천 순

역대 신인선수선발 제도 변천사

연도	방식
1983~1987	자유선발
1988~2001	드래프트
2002~2005	자유선발
2006~2012	드래프트
2013~2015	드래프트 +자유선발
2016~	자유선발

역대 외국인 선수 보유 및 출전한도 변천사

연도	등록인원	출전인원	비고
1983~1993	2	2	
1994	3	2	출전인원은 2명으로 하되 대표선수 차출에 비례하여 3명 이상 차출 시 3명 출전가능
1995	3	3	
1996~2000	5	3	1996년부터 외국인 GK 출전제한(1996년 전 경기 출전, 1997년 2/3 출전, 1998년 1/3 출전 가능), 1999년부터 외국인 GK 영입 금지
2001~2002	7	3	월드컵 지원으로 인한 대표선수 차출로 한시적 운영
2003~2004	5	3	
2005	4	3	
2006~2008	3	3	
2009~2019	3+1	3+1	아시아 쿼터(1명) 시행
2020~2022	3+1+1	3+1+1	아시아 쿼터(1명), 아세안(ASEAN) 쿼터(1명) 시행
2023~	5+1	3+1	K리그1: 아시아 쿼터(1명) 시행
	3+1+1	3+1+1	K리그2: 아시아 쿼터(1명), 아세안(ASEAN) 쿼터(1명) 시행

역대 승점제도 변천사

연도	대회	승점현황
1983	수퍼리그	90분승 2점, 무승부 1점
1984	축구대제전 수퍼리그	90분승 3점, 득점무승부 2점, 무득점무승부 1점
1985	축구대제전 수퍼리그	
1986	축구대제전	
	프로축구선수권대회	
1987	한국프로축구대회	
1988	한국프로축구대회	90분승 2점, 무승부 1점
1989	한국프로축구대회	
1990	한국프로축구대회	
1991	한국프로축구대회	
1992	한국프로축구대회	
	아디다스컵	90분승 3점, 무승부 시 승부차기(승 1.5점, 패 1점), 연장전 없음
1993	한국프로축구대회	90분승 4점, 무승부 시 승부차기(승 2점, 패 1점), 연장전 없음
	아디다스컵	90분승 2점, 무승부 시 승부차기 승 2점
1994	하이트배 코리안리그	
	아디다스컵	
1995	하이트배 코리안리그	
	아디다스컵	
1996	라피도컵 프로축구대회	90분승 3점, 무승부 1점
	아디다스컵	
1997	라피도컵 프로축구대회	
	아디다스컵	
	프로스펙스컵(조별리그)	
1998	현대컵 K-리그	
	필립모리스코리아컵	
	아디다스코리아컵(조별리그)	90분승 3점, 연장승 2점, 승부차기 승 1점
1999	바이코리아컵 K-리그	
	대한화재컵(조별리그)	
	아디다스컵(토너먼트)	

연도	대회	승점현황
2000	삼성 디지털 K-리그	90분승 3점, 연장승 2점, 승부차기 승 1점
	대한화재컵(조별리그)	
	아디다스컵(토너먼트)	
2001	포스코 K-리그	90분승 3점, 무승부 1점
	아디다스컵(조별리그)	90분승 3점, 연장승 2점, 승부차기 승 1점
2002	삼성 파브 K-리그	
	아디다스컵(조별리그)	
2003	삼성 하우젠 K-리그	
2004	삼성 하우젠 K-리그	
	삼성 하우젠컵	
2005	삼성 하우젠 K-리그	
	삼성 하우젠컵	
2006	삼성 하우젠 K-리그	
	삼성 하우젠컵	
2007	삼성 하우젠 K-리그	
	삼성 하우젠컵(조별리그)	
2008	삼성 하우젠 K-리그	
	삼성 하우젠컵(조별리그)	
2009	K-리그	90분승 3점, 무승부 1점
	피스컵 코리아(조별리그)	
2010	쏘나타 K리그	
	포스코컵(조별리그)	
2011	현대오일뱅크 K리그	
	러시앤캐시컵(조별리그)	
2012	현대오일뱅크 K리그	
2013	현대오일뱅크 K리그 클래식	
	현대오일뱅크 K리그 챌린지	
2014	현대오일뱅크 K리그 클래식	
	현대오일뱅크 K리그 챌린지	
2015	현대오일뱅크 K리그 클래식	
	현대오일뱅크 K리그 챌린지	
2016	현대오일뱅크 K리그 클래식	
	현대오일뱅크 K리그 챌린지	

연도	대회	승점현황
2017	KEB하나은행 K리그 클래식	
	KEB하나은행 K리그 챌린지	
2018	KEB하나은행 K리그1	
	KEB하나은행 K리그2	90분승 3점, 무승부 1점
2019	하나원큐 K리그1	
	하나원큐 K리그2	
2020	하나원큐 K리그1	
	하나원큐 K리그2	

연도	대회	승점현황
2020	하나원큐 K리그1	
	하나원큐 K리그2	
2021	하나원큐 K리그1	
	하나원큐 K리그2	90분승 3점, 무승부 1점
2022	하나원큐 K리그1	
	하나원큐 K리그2	
2023	하나원큐 K리그1	
	하나원큐 K리그2	

역대 관중 기록 _ K리그 BC(1983~2012년)

연도	경기수(경기일)	총관중수	평균 관중수	우승팀	비고
1983	40 (20)	419,478	20,974	할렐루야	
1984	114 (58)	536,801	9,255	대우	챔피언결정전 포함
1985	84 (42)	226,486	5,393	럭키금성	
1986	102 (53)	179,752	3,392	포항제철	챔피언결정전 포함
1987	78	341,330	4,376	대우	총 80경기 중 부산 기권승 2경기 제외
1988	60	360,650	6,011	포항제철	
1989	120	778,000	6,483	유공	
1990	90	527,850	5,865	럭키금성	
1991	121	1,480,127	12,232	대우	올스타전 포함
1992	123	1,353,573	11,005	포항제철	챔피언결정전, 올스타전 포함
1993	105	851,190	8,107	일화	
1994	126	893,217	7,089	일화	
1995	144	1,516,514	10,531	일화	챔피언결정전, 올스타전 포함
1996	182	1,911,347	10,502	울산 현대	챔피언결정전 포함
1997	180	1,218,836	6,771	부산 대우	올스타전포함
1998	185	2,179,288	11,780	수원 삼성	플레이오프 올스타전 포함
1999	195(191)	2,752,953	14,413	수원 삼성	수퍼컵, 올스타전, 플레이오프 포함
2000	194(190)	1,909,839	10,052	안양 LG	수퍼컵, 올스타전, 플레이오프 포함
2001	181	2,306,861	12,745	성남 일화	수퍼컵, 올스타전 포함
2002	181	2,651,901	14,651	성남 일화	수퍼컵, 올스타전 포함
2003	265	2,448,868	9,241	성남 일화	올스타전 포함
2004	240	2,429,422	10,123	수원 삼성	수퍼컵, 올스타전 포함
2005	240	2,873,351	11,972	울산 현대	수퍼컵, 올스타전 포함
2006	279	2,455,484	8,801	성남 일화	수퍼컵, 올스타전 포함
2007	254	2,746,749	10,814	포항 스틸러스	
2008	253	2,945,400	11,642	수원 삼성	
2009	256	2,811,561	10,983	전북 현대	올스타전 포함
2010	254	2,735,904	10,771	FC서울	올스타전 포함
2011	283	3,030,586	10,709	전북 현대	
2012	352(338)	2,419,143	7,157	FC서울	올스타전 포함, 인천 무관중 경기 제외, 상주 기권경기 제외
합계		51,292,461			

- 1999, 2000 아디다스컵 5경기 기준
- 1일 2경기 또는 3경기 시 1경기로 평균처리
- 2012년부터 실관중 집계

역대 관중 기록 _ K리그1

연도	경기수	총관중수	평균 관중수	우승팀
2013	266	2,036,413	7,656	포항 스틸러스
2014	228	1,808,220	7,931	전북 현대
2015	228	1,760,238	7,720	전북 현대
2016	228	1,794,855	7,872	FC서울
2017	228	1,482,483	6,502	전북 현대
2018	228	1,241,320	5,444	전북 현대
2019	228	1,827,061	8,013	전북 현대
2020	162	86,640	2,475	전북 현대
2021	228	444,473	1,949	전북 현대
2022	228	1,099,031	4,820	울산 현대
2023	228	2,447,147	10,733	울산 현대
합계		16,027,881		

역대 관중 기록 _ K리그2

연도	경기수	총관중수	평균 관중수	우승팀
2013	140	235,846	1,685	상주 상무
2014	182	221,799	1,219	대전 시티즌
2015	222	356,924	1,606	상주 상무
2016	222	335,384	1,511	안산 무궁화
2017	182	426,645	2,344	경남FC
2018	182	310,627	1,707	아산 무궁화
2019	182	536,217	2,946	광주FC
2020	137	27,717	792	제주 유나이티드
2021	182	118,975	653	김천 상무
2022	222	301,107	1,356	광주FC
2023	236	558,432	2,366	김천 상무
합계		3,429,673		

- 2018년부터 유료관중 집계
- 2020년: 코로나19로 무관중 경기(K리그1 127경기, K리그2 102경기) 및 관중 제한 입장(K리그1 35경기, K리그2 35경기) 실시
- 2021년: 코로나19로 무관중 경기(K리그1 39경기, K리그2 39경기) 및 관중 제한 입장(K리그1 189경기, K리그2 143경기) 실시

역대 관중 기록 _ K리그 승강 플레이오프

연도	경기수	총관중수	평균 관중수	잔류/승격 팀	비고
2013	2	10,550	5,275	상주 상무	클래식 13위팀 vs 챌린지 1위팀
2014	2	4,636	2,318	광주FC	클래식 11위팀 vs 챌린지 2~4위 플레이오프 진출팀
2015	2	8,482	4,241	수원FC	
2016	2	9,587	4,794	강원FC	클래식 11위팀 vs 챌린지 3~5위 플레이오프 진출팀
2017	2	4,036	2,018	상주 상무	클래식 11위팀 vs 챌린지 2~4위 플레이오프 진출팀
2018	2	18,681	9,341	FC서울	K리그1 11위팀 vs K리그2 3~5위 플레이오프 진출팀
2019	2	13,646	6,823	부산 아이파크	
2020	-	-	-		승강 플레이오프 미개최
2021	2	10,325	5,162	강원FC	K리그1 11위팀 vs K리그2 3~5위 플레이오프 진출팀
2022	4	29,168	7,292	수원, 대전	K리그1 11위팀 vs K리그2 2위팀 /
2023	4	24,900	6,225	수원FC, 강원	K리그1 10위팀 vs K리그2 3~5위 플레이오프 진출팀
합계		69,618			

- 2018년부터 유료관중 집계
- 2021년: 코로나19로 관중 제한 입장 실시

역대 시즌별 개인상 수상자

구분	감독상	MVP	득점상	도움상	감투상	모범상	베스트11				심판상	우수GK상	수비상	신인선수상	특별상
							GK	DF	MF	FW					
1983	함흥철(할렐)	박성화(할렐)	박윤기(유공)	박창선(할렐)	이강조(유공)	이춘석(대우)	조병득(할렐)	박성화(할렐) 김철수(포철) 장외룡(대우) 이강조(유공)	조광래(대우) 박창선(할렐)	박윤기(유공) 이길용(포철) 이춘석(대우) 김용세(유공)		조병득(할렐)			**•인기상:** 조광래(대우) **•응원상:** 국민은행
1984	장운수(대우)	박창선(대우)	백종철(현대)	렌스베르겐(현대)	정용환(대우)	조영증(럭금)	오연교(유공)	정용환(대우) 박경훈(포철) 박성화(할렐) 정종수(유공)	박창선(대우) 허정무(현대) 조영증(럭금)	최순호(포철) 이태호(대우) 백종철(현대)	나윤식	오연교(유공)			
1985	박세학(럭금)	한문배(럭금)	피아퐁(럭금)	피아퐁(럭금)	김용세(유공)	최강희(현대)	김현태(럭금)	장외룡(현대) 한문배(럭금) 최강희(현대) 김철수(포철)	박상인(할렐) 이흥실(럭금) 박항서(럭금)	김용세(유공) 피아퐁(럭금) 강득수(럭금)	최길수	김현태(럭금)		이흥실(포철)	
1986	최은택(포철)	이흥실(포철) 최강희(현대)	정해원(대우) 함현기(현대)	강득수(럭금) 전영수(현대)	민진홍(대우)	박성화(포철)	김현태(럭금)	조영증(럭금) 김평석(현대) 최강희(현대) 박노봉(대우)	조민국(럭금) 이흥실(포철) 윤성효(한일)	김용세(유공) 정해원(대우) 함현기(현대)	심건택	김현태(럭금) 호성호(현대)		함현기(현대)	정해원(대우)
1987	이차만(대우)	정해원(대우)	최상국(포철)	최기봉(유공)	박노봉(대우)	김풍주(대우)	김풍주(대우)	박경훈(포철) 정용환(대우) 최기봉(유공) 구상범(럭금)	김삼수(현대) 노수진(유공) 이흥실(포철)	최상국(포철) 정해원(대우) 김주성(대우)	박경인	조병득(포철)		김주성(대우)	
1988	이회택(포철)	박경훈(포철)	이기근(포철)	김종부(포철)	최진한(럭금) 손형선(대우)	최강희(현대)	오연교(대우)	최강희(현대) 최태진(대우) 손형선(대우) 강태식(포철)	최진한(럭금) 김상호(포철) 황보관(유공)	이기근(포철) 함현기(현대) 신동철(유공)	이도하	오연교(현대)		황보관(유공)	
1989	김정남(유공)	노수진(유공)	조긍연(포철)	이흥실(포철)	조긍연(포철)	강재순(현대)	차상광(럭금)	임종헌(일화) 조윤환(유공) 최윤겸(유공) 이영익(럭금)	이흥실(포철) 조덕제(대우) 강재순(현대)	윤상철(럭금) 조긍연(포철) 노수진(유공)		차상광(럭금)		고정운(일화)	
1990	고재욱(럭금)	최진한(럭금)	윤상철(럭금)	최대식(럭금)	최태진(럭금)	이태호(대우)	유대순(유공)	최영준(럭금) 이재희(대우) 최태진(럭금) 임종헌(일화)	최진한(럭금) 이흥실(포철) 이태호(대우) 최대식(럭금)	윤상철(럭금) 이태호(대우) 송주석(현대)	길기철	유대순(유공)		송주석(현대)	
1991	비츠케이(대우)	정용환(대우)	이기근(포철)	김준현(유공)	최진한(대우)	정용환(대우)	김풍주(대우)	정용환(대우) 박현용(대우) 테 드(유공)	김현석(현대) 이영진(LG) 김주성(대우) 최강희(현대) 이상윤(일화)	이기근(포철) 고정운(일화)	이상용		박현용(대우)	조우석(일화)	
1992	이회택(포철)	홍명보(포철)	임근재(LG)	신동철(유공)	박창현(포철)	이태호(대우)	사리체프(일화)	홍명보(포철) 이종화(일화) 박정배(LG)	신홍기(현대) 김현석(현대) 신태용(일화) 박태하(포철) 신동철(유공)	박창현(포철) 임근재(LG)	노병일	사리체프(일화)		신태용(일화)	
1993	박종환(일화)	이상윤(일화)	차상해(포철)	윤상철(LG)	윤상철(LG)	최영일(현대)	사리체프(일화)	이종화(일화) 유동관(포철)	김판근(대우) 신태용(일화) 김동해(LG) 이상윤(일화) 김봉길(유공)	차상해(포철) 윤상철(LG)	김광택		이종화(일화)	정광석(대우)	
1994	박종환(일화)	고정운(일화)	윤상철(LG)	고정운(일화)	이광종(유공)	정종수(현대)	사리체프(일화)	안익수(일화) 유상철(현대) 홍명보(포철) 허기태(유공)	신태용(일화) 고정운(일화) 황보관(유공)	윤상철(LG) 라 데(포철) 김경래(버팔로)	박해용	사리체프(일화)		최용수(LG)	
1995	박종환(일화)	신태용(일화)	노상래(전남)	아미르(대우)			사리체프(일화)	최영일(현대) 홍명보(포항) 허기태(유공)	신태용(일화) 고정운(일화) 김현석(현대) 김판근(LG) 아미르(대우)	황선홍(포항) 노상래(전남)	김진옥			노상래(전남)	

구분	감독상	MP	득점상	도움상	베스트 11				최우수주심상	최우수부심상	신인선수상	특별상
					GK	DF	MF	FW				
1996	고재욱 (울산)	김현석 (울산)	신태용 (천안)	라데 (포항)	김병지 (울산)	윤성효(수원) 김주성(부산) 허기태(부천SK)	신태용(천안) 바데아(수원) 홍명보(포항) 하석주(부산) 김현석(울산)	라데(포항) 세르게이 (부천SK)	김용대	김회성	박건하 (수원)	
1997	이차만 (부산)	김주성 (부산)	김현석 (울산)	데니스 (수원)	신범철 (부산)	김주성(부산) 마시엘(전남) 안익수(포항)	김현석(울산) 신진원(대전) 김인완(전남) 이진행(수원) 정재권(부산)	마니치(부산) 스카첸코(전남)	이재성	곽경만	신진원 (대전)	
1998	김호 (수원)	고종수 (수원)	유상철 (울산)	정수 (울산)	김병지 (울산)	안익수(포항) 마시엘(전남) 이임생(부천SK)	고종수(수원) 유상철(울산) 백승철(포항) 안정환(부산) 정정수(울산)	사사(수원) 김현석(울산)	한병화	김회성	이동국 (포항)	김병재(울산)/ GK 필드골
1999	김호 (수원)	안정환 (부산)	사사 (수원)	변재섭 (전북)	이운재 (수원)	신홍기(수원) 김주성(부산) 마시엘(전남) 강철(부천SK)	서정원(수원) 고종수(수원) 데니스(수원) 고정운(포항)	안정환(부산) 사사(수원)	한병화	김용대	이성재 (부천SK)	이용발(부천SK)
2000	조광래 (안양LG)	최용수 (안양LG)	김도훈 (전북)	안드레 (안양LG)	신의손 (안양LG)	강철(부천SK) 이임생(부천SK) 김현수(성남일) 마시엘(전남)	안드레(안양LG) 신태용(성남일) 전경준(부천SK) 데니스(수원)	최용수(안양LG) 김도훈(전북)	이상용	곽경만	양현정 (전북)	이용발(부천SK) 조성환(부천SK)
2001	차경복 (성남)	신태용 (성남)	산드로 (수원)	우르모브 (부산)	신의손 (안양LG)	우르모브(부산) 김현수(성남일) 김용희(성남일) 이영표(안양LG)	신태용(성남일) 서정원(수원) 송종국(부산) 남기일(부천SK)	우성용(부산) 산드로(수원)	김진옥	김계수	송종국 (부산)	신의손(안양LG) 이용발(부천SK)
2002	차경복 (성남일)	김대의 (성남일)	에드밀손 (전북)	이천수 (울산)	이운재 (수원)	김현수(성남일) 김태영(전남) 최진철(전북) 홍명보(포항)	신태용(성남일) 이천수(울산) 안드레(안양LG) 서정원(수원)	김대의(성남일) 유상철(울산)	권종철	원창호	이천수 (울산)	김기동(부천SK) 이용발(전북)
2003	차경복 (성남일)	김도훈 (성남일)	김도훈 (성남일)	에드밀손 (전북)	서동명 (울산)	최진철(전북) 김태영(전남) 김현수(성남일) 산토스(포항)	이관우(대전) 이성남(성남일) 신태용(성남일) 김남일(전남)	김도훈(성남일) 마그노(전북)	권종철	김선진	정조국 (안양LG)	
2004	차범근 (수원)	나드손 (수원)	모따 (전남)	홍순학 (대구)	이운재 (수원)	산토스(포항) 유경렬(울산) 무사(수원) 곽희주(수원)	김동진(서울) 따바레즈(포항) 김두현(수원) 김대의(수원)	나드손(수원) 모따(전남)	이상용	원창호	문민귀 (포항)	김병지(포항) 조준호(부천SK) 신태용(성남일)/최다 경기 출전
2005	장외룡 (인천)	이천수 (울산)	마차도 (울산)	히칼도 (서울)	김병지 (포항)	조용형(부천SK) 김영철(성남일) 임중용(인천) 유경렬(울산)	이천수(울산) 김두현(성남일) 이호(울산) 조원희(수원)	박주영(서울) 마차도(울산)	이영철	원창호	박주영 (서울)	조준호(부천SK) 김병지(포항)
2006	김학범 (성남일)	김두현 (성남일)	우성용 (성남일)	슈바 (대전)	박호진 (수원)	마토(수원) 김영철(성남일) 장학영(성남일) 최진철(전북)	김두현(성남일) 이관우(수원) 백지훈(수원) 뽀삐(부산)	우성용(성남일) 김은중(서울)	이영철	안상기	염기훈 (전북)	김병지(서울) 최은성(대전) 이정래(경남)
2007	파리아스 (포항)	따바레즈 (포항)	까보레 (경남)	따바레즈 (포항)	김병지 (서울)	마토(수원) 황재원(포항) 장학영(성남일) 아디(서울)	따바레즈(포항) 이관우(수원) 김기동(포항) 김두현(성남일)	까보레(경남) 이근호(대구)	이상용	강창구	하태균 (수원)	김병지(서울) 김영철(성남일) 김용대(성남일) 장학영(성남일) 염동균(전남)
2008	차범근 (수원)	이운재 (수원)	두두 (성남일)	브라질리아 (울산)	이운재 (수원)	아디(서울) 마토(수원) 박동혁(울산) 최효진(포항)	기성용(서울) 이청용(서울) 조원희(수원) 김형범(전북)	에두(수원) 이근호(대구)	고금복	손재선	이승렬 (서울)	백민철(대구)
2009	최강희 (전북)	이동국 (전북)	이동국 (전북)	루이스 (전북)	신화용 (포항)	김형일(포항) 황재원(포항) 최효진(포항) 김상식(전북)	최태욱(전북) 기성용(서울) 에닝요(전북) 김정우(성남일)	이동국(전북) 데닐손(포항)	최광보	원창호	김영후 (강원)	김영광(울산) 김병지(경남)/통산 500경기 출전 '판타스틱플레이어상' 이동국(전북)

구분	감독상	MVP	득점상	도움상	베스트 11				최우수주심상	최우수부심상	신인선수상	특별상	판타스틱플레이어상
					GK	DF	MF	FW					
2010	박경훈(제주)	김은중(제주)	유병수(인천)	구자철(제주)	김용대(서울)	최효진(서울) 아디(서울) 사샤(성남일) 홍정호(제주)	구자철(제주) 에닝요(전북) 몰리나(성남일) 윤빛가람(경남)	김은중(제주) 데안(서울)	최명용	정해상	윤빛가람(경남)	김용대(서울) 김병지(경남) 백민철(대구)	구자철(제주)
2011	최강희(전북)	이동국(전북)	데안(서울)	이동국(전북)	김영광(울산)	박원재(전북) 곽태휘(울산) 조성환(전북) 최철순(전북)	염기훈(수원) 윤빛가람(경남) 하대성(서울) 에닝요(전북)	이동국(전북) 데안(서울)	최광보	김정식	이승기(광주)		이동국(전북)
2012	최용수(서울)	데안(서울)	데안(서울)	몰리나(서울)	김용대(서울)	아디(서울) 곽태휘(울산) 정인환(인천) 김창수(부산)	몰리나(서울) 황진성(포항) 하대성(서울) 이근호(울산)	데안(서울) 이동국(전북)	최명용	김용수	이명주(포항)	김병지(경남/통산 600경기 출전) 김용대(서울)	데안(서울)
2013 K리그1	황선홍(포항)	김신욱(울산)	데안(서울)	몰리나(서울)	김승규(울산)	아디(서울) 김치곤(울산) 김원일(포항) 이용(울산)	고무열(포항) 이명주(포항) 하대성(서울) 레오나르도(전북)	데안(서울) 김신욱(울산)	유선호	손재선	영플레이어상 고무열(포항)	권정혁(인천)	김신욱(울산)
2013 K리그2	박항서(상주)	이근호(상주)	이근호(상주)	염기훈(경찰/수원*)	김호준(상주/제주)*	최철순(상주) 김형일(상주/포항)* 이재성(상주) 오범석(경찰)	염기훈(경찰/수원)* 이호(상주) 최진수(안양) 김영후(경찰/강원)*	이근호(상주) 알렉스(고양)					
2014 K리그1	최강희(전북)	이동국(전북)	산토스(수원)	이승기(전북)	권순태(전북)	홍철(수원) 김주영(서울) 윌킨슨(전북) 차두리(서울)	임상협(부산) 고명진(서울) 이승기(전북) 한교원(전북)	이동국(전북) 산토스(수원)	최명용	노태식	김승대(포항)	김병지(전남)	이동국(전북)
2014 K리그2	조진호(대전)	아드리아노(대전)	아드리아노(대전)	최진호(강원)	박주원(대전)	이재권(안산경) 허재원(대구) 윤원일(대전) 임창우(대전)	김호남(광주) 이용래(안산경) 최진수(안양) 최진호(강원)	아드리아노(대전) 알렉스(강원)					
2015 K리그1	최강희(전북)	이동국(전북)	김신욱(울산)	염기훈(수원)	권순태(전북)	홍철(수원) 요니치(인천) 김기희(전북) 차두리(서울)	염기훈(수원) 이재성(전북) 권창훈(수원) 송진형(제주)	이동국(전북) 아드리아노(서울)			이재성(전북)	신화용(포항) 오스마르(서울)	이동국(전북)
2015 K리그2	조덕제(수원FC)	조나탄(대구)	조나탄(대구)	김재성(서울E)	조현우(대구)	박진포(상주) 신형민(안산경) 강민수(상주) 이용(상주)	고경민(안양) 이승기(상주) 조원희(서울E) 김재성(서울E)	조나탄(대구) 주민규(서울E)					
2016 K리그1	황선홍(서울)	정조국(광주)	정조국(광주)	염기훈(수원)	권순태(전북)	고광민(서울) 오스마르(서울) 요니치(인천) 정운(제주)	로페즈(전북) 레오나르도(전북) 이재성(전북) 권창훈(수원)	정조국(광주) 아드리아노(서울)			안현범(제주)		레오나르도(전북)
2016 K리그2	손현준(대구)	김동찬(대전)	김동찬(대전)	이호석(경남)	조현우(대구)	정승용(강원) 황재원(대구) 이한샘(강원) 정우재(대구)	세징야(대구) 이현승(안산무) 황인범(대전) 바그닝요(부천)	김동찬(대전) 포프(부산)				김한빈(충주)	
2017 K리그1	최강희(전북)	이재성⑰(전북)	조나탄(수원)	손준호(포항)	조현우(대구)	김진수(전북) 김민재(전북) 오반석(제주) 최철순(전북)	염기훈(수원) 이재성⑰(전북) 이창민(제주) 이승기(전북)	이근호(강원) 조나탄(수원)	김종혁	이정민	김민재(전북)	이동국(전북/통산 200골 달성) 김영광(서울E)	조나탄(수원)
2017 K리그2	김종부(경남)	말컹(경남)	말컹(경남)	장혁진(안산)	이범수(경남)	최재수(경남) 박지수(경남) 이반(경남) 우주성(경남)	정원진(경남) 문기한(부천) 황인범(대전) 배기종(경남)	말컹(경남) 이정협(부산)					

* 시즌 중 전역.

구분	감독상	MVP	득점상	도움상	베스트 11				최우수 주심상	최우수 부심상	영플레이어상	특별상	아디다스 탱고 어워드
					GK	DF	MF	FW					
2018 K리그1	최강희(전북)	말 컹(경남)	말 컹(경남)	세징야(대구)	조현우(대구)	홍 철(수원), 리차드(울산), 김민재(전북), 이 용(전북)	네게바(경남), 최영준(경남), 아길라르(인천), 로페즈(전북)	말 컹(경남), 주니오(울산)	김대용	김계용	한승규(울산)	강현무(포항), 김승대(포항)	강현무(포항)
2018 K리그2	박동혁(아산)	나상호(광주)	나상호(광주)	호물로(부산)	김영광(서울E)	김문환(부산), 이한샘(아산), 윤영선(성남), 서보민(성남)	황인범(대전), 호물로(부산), 이명주(아산), 안현범(아산)	나상호(광주), 키 쭈(대전)				김영광(서울E)	
2019 K리그1	모라이스(전북)	김보경(울산)	타가트(수원)	문선민(전북)	조현우(대구)	김태환(울산), 홍정호(전북), 홍 철(수원), 이 용(전북)	김보경(울산), 문선민(전북), 세징야(대구), 완델손(포항)	주니오(울산), 타가트(수원)	이동준	윤광열	김지현(강원)	송범근(전북), 한국영(강원)	김대원(대구)
2019 K리그2	박진섭(광주)	이동준(부산)	펠리페(광주)	정재희(전남)	윤평국(광주)	김문환(부산), 닐손주니어(부천), 아슐마토프(광주), 이으뜸(광주)	김상원(안양), 알렉스(안양), 이동준(부산), 호물로(부산)	조규성(안양), 치솜(수원FC)					
2020 K리그1	김기동(포항)	손준호(전북)	주니오(울산)	강상우(포항)	조현우(울산)	김태환(울산), 홍정호(전북), 권경원(상주), 강상우(포항)	손준호(전북), 한교원(전북), 세징야(대구), 팔로세비치(포항)	주니오(울산), 일류첸코(포항)	-	-	송민규(포항)	강현무(포항), 조현우(울산), 송범근(전북)	-
2020 K리그2	남기일(제주)	안병준(수원FC)	안병준(수원FC)	김영욱(제주)	오승훈(제주)	정우재(제주), 정 운(제주), 조유민(수원FC), 안현범(제주)	공민현(제주), 이창민(제주), 김영욱(제주), 백성동(경남)	레안드로(서울E), 안병준(수원FC)			이동률(제주)		
2021 K리그1	김상식(전북)	홍정호(전북)	주민규(제주)	김보경(전북)	조현우(울산)	강상우(포항), 불투이스(울산), 홍정호(전북), 이기제(수원)	임상협(수원FC), 바 코(울산), 세징야(대구), 이동준(울산)	라스(수원FC), 주민규(제주)	-	-	설영우(울산)	김영광(성남), 조현우(울산)	
2021 K리그2	김태완(김천)	안병준(부산)	안병준(부산)	주현우(안양)	구성윤(김천)	서영재(대전), 주현우(안양), 정승현(김천), 최 준(부산)	김경중(안양), 박진섭(김천), 김현욱(전남), 마 사(대전)	안병준(부산), 조나탄(안양)			김인균(충남아산)		
2022 K리그1	홍명보(울산)	이청용(울산)	조규성(전북)	이기제(수원)	조현우(울산)	김진수(전북), 김영권(울산), 박진섭(전북), 김태환(울산)	김대원(강원), 세징야(대구), 신진호(포항), 이청용(울산)	조규성(전북), 주민규(제주)	-	-	양현준(강원)		EA Most Selected Player / 이범영(수원FC)
2022 K리그2	이정효(광주)	안영규(광주)	티아고(경남)	아코스티(안양)	김경민(광주)	조현택(부천), 조유민(대전), 안영규(광주), 두현석(광주)	윌리안(대전), 박한빈(광주), 이순민(광주), 엄지성(광주)	유강현(충남아산), 티아고(경남)			엄지성(광주)	정민기(안양)	
2023 K리그1	홍명보(울산)	김영권(울산)	주민규(울산)	백성동(포항)	조현우(울산)	완델손(포항), 김영권(울산), 그랜트(포항), 설영우(울산)	제르소(인천), 오베르단(포항), 이순민(광주), 엄원상(울산)	주민규(울산), 제 카(포항)	-	-	정호연(광주)	이차근(대전), 황인재(포항)	-
2023 K리그2	고정운(김포)	발디비아(전남)	루이스(김포)	발디비아(전남)	구성민(부산)	김동진(안양), 이한도(부산), 이상민(김천), 최 준(부산)	김진규(김천), 발디비아(전남), 원두재(김천), 모재현(경남)	루이스(김포), 조르지(충북청주)			안재준(부천)	구성민(부산)	

- 특별상 수상 내역 별도표기 없는 수상자는 모두 전 경기 전 시간 출전자

K LEAGUE ANNUAL REPORT 2024

2024 K리그 연감 : 1983~2023

ⓒ (사) 한국프로축구연맹, 2024

엮은이 | (사) 한국프로축구연맹
펴낸이 | 김종수
펴낸곳 | 한울엠플러스(주)

초판 1쇄 인쇄 | 2024년 3월 2일
초판 1쇄 발행 | 2024년 3월 17일

주소 | 10881 경기도 파주시 광인사길 153 한울시소빌딩 3층
전화 | 031-955-0655
팩스 | 031-955-0656
홈페이지 | www.hanulmplus.kr
등록번호 | 제406-2015-000143호

Printed in Korea.
ISBN 978-89-460-8304-2 03690